第二产业卷（下册）编辑委员会

中国经济普查年鉴

China Economic Census Yearbook 2004

第二产业卷 | 下册

国务院第一次全国经济普查领导小组办公室 编

中国统计出版社
China Statistics Press

第二产业卷（下）目录

第一篇　规模以上工业企业科技情况

A、科技活动主要指标

B、科技活动企业分布情况

C、科技活动人员情况

D、科技活动经费筹集情况

E、科技活动经费内部支出情况

F、科技活动经费外部支出情况

G、研究与试验发展（R&D）活动情况

H、企业办科技机构情况

I、科技项目情况

J、新产品开发及生产情况

K、专利情况

L、技术改造和技术获取情况

第二篇 建筑业企业生产经营及财务状况

A、综合

B、总承包和专业承包企业

1、综合

2、按经济类型分组

C 、总承包企业

D 、专业承包企业

E、劳务分包企业

F、资质以外企业

G、非建筑业企业所属建筑业产业活动单位

H、建筑业个体经营户

第1篇

规模以上工业企业科技情况

A. 科技活动主要指标

1-A-1 工业企业科技活动主要指标

主要指标	单位	规模以上工业企业	1.大中型工业企业	2.小型工业企业
科技活动企业分布情况				
工业企业数	个	276474	27692	248782
#有科技活动的企业	个	32924	10620	22304
#有R&D活动的企业	个	17075	6566	10509
#有新产品开发的企业	个	18838	6991	11847
#有科技机构的企业	个	13906	6468	7438
科技活动人员情况				
科技活动人员合计	人	1838010	1449644	388366
#1. 参加科技项目人员	人	1205618	925685	279933
2. 科技管理和服务人员	人	632392	523959	108433
#科学家和工程师	人	1064329	842066	222263
##高中级技术职称人员	人	634511	514655	119856
科技活动经费筹集情况				
科技活动经费筹集总额	万元	25051857	20909958	4141899
1. 政府资金	万元	881805	647607	234198
2. 企业资金	万元	21545142	18327493	3217649
3. 金融机构贷款	万元	2101515	1552933	548582
4. 其他资金	万元	523395	381925	141470
科技活动经费支出情况				
科技活动经费内部支出	万元	24022281	20021808	4000473
#1. 经常费支出	万元	21465037	18123292	3341745
##劳务费	万元	5408641	4460802	947839
2. 科研基建费支出	万元	2557245	1898515	658730
科技活动经费外部支出	万元	2137321	1954272	183049
#对研究院所和高校支出	万元	698900	612141	86759
对其他企业支出	万元	992466	929140	63326

1-A-1 续表

主要指标	单位	规模以上工业企业	1.大中型工业企业	2.小型工业企业
研究与试验发展（R&D）情况				
R&D人员	人	812299	654043	158256
R&D人员折合全时当量	人年	541863	438242	103621
R&D项目数	项	53641	36509	17132
R&D经费内部支出	万元	11045509	9544905	1500604
工业企业办科技机构情况				
企业办科技机构数	个	17555	9083	8472
科技机构科技活动人员	人	643574	528382	115192
#博士毕业	人	6648	4884	1764
硕士毕业	人	30642	25052	5590
科技机构科技经费内部支出	万元	8415603	7456426	959177
科技机构仪器设备原价	万元	7933074	7058898	874176
科技项目情况				
科技项目数	项	104547	67827	36720
项目经费内部支出	万元	16474307	13804155	2670152
新产品开发及生产情况				
新产品开发项目数	项	76176	46579	29597
新产品开发经费	万元	9656964	8209420	1447544
新产品产值	万元	230321687	205529958	24791729
新产品销售收入	万元	228085839	204212346	23873493
#出口	万元	53122361	48537048	4585313
专利情况				
专利申请数	项	64569	42318	22251
#发明专利	项	20456	13908	6548
拥有发明专利数	项	30315	17988	12327
技术改造和技术获取情况				
技术改造经费支出	万元	29555959	25906031	3649928
技术引进经费支出	万元	3973636	3679496	294140
消化吸收经费支出	万元	612062	539700	72362
购买国内技术经费支出	万元	824822	699192	125630

1-A-2 分登记注册类型工业企业

主要指标	单位	国有及国有控股企业	内资企业	国有企业	集体企业
科技活动企业分布情况					
工业企业数	个	35705	219309	23416	18095
#有科技活动的企业	个	6963	26327	2809	1118
#有R&D活动的企业	个	4413	13584	1669	461
#有新产品开发的企业	个	4421	15043	1601	479
#有科技机构的企业	个	3624	11287	1353	386
科技活动人员情况					
科技活动人员合计	人	993730	1524159	317227	36058
#1. 参加科技项目人员	人	607530	983317	192034	24276
2. 科技管理和服务人员	人	386200	540842	125193	11782
#科学家和工程师	人	587152	878873	180745	20614
##高中级技术职称人员	人	399849	552473	130543	8781
科技活动经费筹集情况					
科技活动经费筹集总额	万元	12001948	18505010	2968233	646362
1. 政府资金	万元	537084	814784	139996	9109
2. 企业资金	万元	10492497	15499317	2649725	572846
3. 金融机构贷款	万元	718754	1790971	102642	59209
4. 其他资金	万元	253614	399938	75870	5199
科技活动经费支出情况					
科技活动经费内部支出	万元	11805487	17938473	3047561	657545
#1. 经常费支出	万元	10554001	15826043	2744848	586095
##劳务费	万元	2766749	4046684	675714	90343
2. 科研基建费支出	万元	1251486	2112430	302713	71450
科技活动经费外部支出	万元	1128725	1391907	198306	56302
#对研究院所和高校支出	万元	403917	618139	96597	11578
对其他企业支出	万元	539181	576273	88099	11424
研究与试验发展（R&D）情况					
R&D人员	人	445283	664849	130044	15072
R&D人员折合全时当量	人年	299599	444367	82207	9277
R&D项目数	项	28319	44641	9183	1560
R&D经费内部支出	万元	5413275	8050468	1320907	312701
工业企业办科技机构情况					
企业办科技机构数	个	5283	14327	1956	496
科技机构科技活动人员	人	333267	538709	95145	9822
#博士毕业	人	2528	5194	371	117
硕士毕业	人	16069	23345	2811	274
科技机构科技经费内部支出	万元	4044641	6417990	817765	190262
科技机构仪器设备原价	万元	4326638	6349541	1091466	117893
科技项目情况					
科技项目数	项	52273	87654	16421	2615
项目经费内部支出	万元	7712441	12126713	2054210	424452
新产品开发及生产情况					
新产品开发项目数	项	33605	62706	10250	2247
新产品开发经费	万元	4459600	6871098	1061644	283323
新产品产值	万元	104739939	136374114	16368971	7622507
新产品销售收入	万元	104393640	135178506	16661970	7319692
#出口	万元	11121654	18762008	1878948	1161599
专利情况					
专利申请数	项	14792	46452	3741	1482
#发明专利	项	4012	13578	1006	414
拥有发明专利数	项	9244	23734	2620	714
技术改造和技术获取情况					
技术改造经费支出	万元	19679204	25906185	6583341	353357
技术引进经费支出	万元	2413539	2107381	483068	29820
消化吸收经费支出	万元	316133	420541	43577	12177
购买国内技术经费支出	万元	509029	732375	150329	16077

科技活动主要指标

					港澳台商	外 商
股份合作企业	联营企业	有限责任公司	股份有限公司	私营企业	投资企业	投资企业
8215	1439	41234	7171	119358	28399	28766
993	146	8209	2226	10800	2971	3626
435	80	4575	1509	4843	1478	2013
590	92	5074	1491	5705	1670	2125
345	54	3924	1503	3717	1223	1396
19234	8928	633461	303965	204607	121579	192272
13521	5991	394348	201839	150912	87321	134980
5713	2937	239113	102126	53695	34258	57292
9597	5604	367235	183711	111019	67110	118346
5249	3492	236067	111563	56614	31655	50383
188599	161526	7405803	4719232	2411963	2087526	4459322
8039	2452	393885	131346	129713	29980	37041
144105	142874	6046590	4096407	1844863	1868387	4177438
30570	15072	776302	440004	366883	156258	154286
5886	1129	189027	51475	70505	32901	90557
187705	138943	7279315	4374748	2248510	2000657	4083151
161283	134512	6316289	3981357	1898335	1815042	3823951
36489	39386	1731732	1023091	449023	436636	925321
26422	4432	963025	393391	350174	185615	259200
8431	12662	575596	447297	93092	137235	608179
4948	7145	283665	160982	53225	38289	42472
2293	5404	229416	216905	22732	90594	325600
8034	2506	282956	146238	79683	55007	92443
5368	1651	194345	98497	52822	36789	60707
721	213	17732	7917	7299	3619	5381
78880	64740	3286918	2138143	845384	889852	2105189
389	67	5103	2071	4239	1607	1621
6516	4002	217286	135258	70568	43977	60888
81	30	2029	1638	927	462	992
217	105	8681	8549	2708	1823	5474
58575	83193	2758538	1869384	640038	655266	1342347
32830	30907	2603244	1824761	648215	572779	1010753
1641	553	35660	14196	16541	6946	9947
118815	93864	4846694	2969624	1616105	1371233	2976361
1287	365	25351	9889	13294	5404	8066
76441	30465	2742528	1781380	894678	883462	1902404
1342059	939594	56018196	36947132	17110293	25709169	68238404
1267094	932218	56529244	36232161	16211489	25682491	67224843
308507	146871	6683483	4865034	3715751	10977307	23383047
833	172	15415	8993	15790	6646	11471
333	57	5700	2433	3627	1689	5189
513	64	8110	5219	6486	2700	3881
181826	348563	9846728	5997692	2593412	1450621	2199153
2985	58163	781122	672414	78265	220341	1645914
4078	3480	198855	118114	40157	31134	160388
5966	11189	254829	212960	81014	40864	51583

1-A-3 分登记注册类型大中型工业企业

主要指标	单位	国有及国有控股企业	内资企业		
				国有企业	集体企业
科技活动企业分布情况					
工业企业数	个	7903	18791	3680	936
#有科技活动的企业	个	4172	8140	1640	220
#有R&D活动的企业	个	2864	5138	1045	109
#有新产品开发的企业	个	2871	5430	1019	125
#有科技机构的企业	个	2701	5228	972	123
科技活动人员情况					
科技活动人员合计	人	919818	1212782	288679	24395
#1. 参加科技项目人员	人	557550	758411	173542	16200
2. 科技管理和服务人员	人	362268	454371	115137	8195
#科学家和工程师	人	542340	700676	163803	15168
##高中级技术职称人员	人	371501	453583	119284	5830
科技活动经费筹集情况					
科技活动经费筹集总额	万元	11415130	15354228	2825052	533388
1. 政府资金	万元	489889	600967	123888	6130
2. 企业资金	万元	10046088	13127399	2543111	479857
3. 金融机构贷款	万元	652493	1337802	90967	44889
4. 其他资金	万元	226660	288060	67087	2512
科技活动经费支出情况					
科技活动经费内部支出	万元	11187371	14990682	2900775	544738
#1. 经常费支出	万元	10052144	13407843	2621236	494305
##劳务费	万元	2603632	3371028	626456	68166
2. 科研基建费支出	万元	1135227	1582840	279539	50433
科技活动经费外部支出	万元	1094042	1258901	188403	52830
#对研究院所和高校支出	万元	386576	546265	90171	9056
对其他企业支出	万元	527173	533341	85661	10747
研究与试验发展（R&D）情况					
R&D人员	人	414834	538736	118817	10628
R&D人员折合全时当量	人年	278921	361804	74774	6325
R&D项目数	项	24685	30953	7769	1081
R&D经费内部支出	万元	5157041	6968336	1257480	272518
工业企业办科技机构情况					
企业办科技机构数	个	4210	7385	1482	179
科技机构科技活动人员	人	315180	445560	88539	6870
#博士毕业	人	2339	3799	343	93
硕士毕业	人	15195	18991	2599	225
科技机构科技经费内部支出	万元	3911739	5704623	786369	172052
科技机构仪器设备原价	万元	4188301	5716686	1058825	90716
科技项目情况					
科技项目数	项	45295	57976	13665	1550
项目经费内部支出	万元	7323545	10158618	1961909	348782
新产品开发及生产情况					
新产品开发项目数	项	28134	38861	8138	1414
新产品开发经费	万元	4252978	5816963	1019218	239075
新产品产值	万元	101824773	119413656	15913216	6848252
新产品销售收入	万元	101623427	118884944	16266772	6608509
#出口	万元	10743787	16402331	1859412	1102968
专利情况					
专利申请数	项	11990	28298	2258	1065
#发明专利	项	3280	8312	683	221
拥有发明专利数	项	7450	13884	1531	292
技术改造和技术获取情况					
技术改造经费支出	万元	19218589	22925878	6411801	205760
技术引进经费支出	万元	2382399	1987093	472601	26264
消化吸收经费支出	万元	303765	372870	41901	10514
购买国内技术经费支出	万元	493943	642303	144577	12709

科技活动主要指标

股份合作企业	联营企业	有限责任公司	股份有限公司	私营企业	港澳台商投资企业	外商投资企业
370	116	6684	2456	4525	4201	4700
142	39	3085	1506	1503	1070	1410
82	22	1968	1110	799	582	846
85	25	2114	1117	943	651	910
85	19	2013	1167	849	553	687
8062	6686	522402	283803	78348	88134	148728
5530	4453	314040	187203	57198	62622	104652
2532	2233	208362	96600	21150	25512	44076
3800	4200	301422	170040	42082	48842	92548
1909	2771	198549	104046	21120	23072	38000
82500	143906	6249283	4489162	1028833	1692372	3863359
2455	779	333873	111441	22292	21701	24939
63499	130033	5153247	3924642	832112	1539891	3660202
14645	12685	610697	405644	157984	109425	105707
1900	410	151466	47435	16446	21355	72510
92372	122124	6162411	4162748	1002332	1605869	3425257
79246	118568	5404229	3813020	874655	1487191	3228259
13776	34127	1471105	977214	179546	333886	755888
13125	3556	758182	349728	127677	118678	196998
3493	11538	525405	432338	44678	122165	573206
2343	6692	257196	152888	27918	31845	34031
837	4834	211734	212026	7503	84547	311251
3478	1784	236752	137007	30036	40937	74370
2354	1220	163982	92425	20582	27921	48516
183	126	12826	7140	1821	2118	3438
37309	58606	2866246	2065199	408611	743741	1832828
102	28	2893	1684	1017	841	857
2705	3403	184131	128143	31769	33551	49271
33	13	1547	1472	298	332	753
85	80	7002	7940	1060	1372	4689
32809	78341	2467256	1818061	349736	563819	1187983
9975	27237	2356821	1767787	405325	485655	856557
386	317	25370	12726	3954	3963	5888
53956	81896	4102068	2841188	766475	1105643	2539894
293	157	16928	8724	3201	2999	4719
35487	22295	2345280	1721251	434254	726836	1665622
652609	858685	50201154	35926242	8997922	22925399	63190903
627888	855028	50769911	35246245	8496105	22968451	62358951
208036	141761	5924108	4813687	2352146	10130318	22004400
188	87	10575	7850	6264	4929	9091
71	16	4182	2081	1058	1157	4439
117	16	5553	4388	1987	1612	2492
85527	336044	8915789	5891029	1079199	1093393	1886760
1787	57836	725291	668321	33447	186540	1505864
1545	3435	183063	115313	17100	24207	142623
1826	10565	225838	206749	40040	20388	36501

1-A-4 制造业企业

主要指标	单位	制造业合计	农副食品加工业	食品制造业	饮料制造业
科技活动企业分布情况					
工业企业数	个	256999	14097	5528	3469
#有科技活动的企业	个	31657	948	628	464
#有R&D活动的企业	个	16506	403	308	242
#有新产品开发的企业	个	18614	404	367	267
#有科技机构的企业	个	13489	391	286	237
科技活动人员情况					
科技活动人员合计	人	1620103	23777	20151	19904
#1. 参加科技项目人员	人	1071195	16018	12611	13022
2. 科技管理和服务人员	人	548908	7759	7540	6882
#科学家和工程师	人	932446	12901	10424	9901
##高中级技术职称人员	人	538984	6153	4953	5476
科技活动经费筹集情况					
科技活动经费筹集总额	万元	23315531	256149	201719	318116
1. 政府资金	万元	844345	14709	10352	6957
2. 企业资金	万元	19990958	195096	163701	282861
3. 金融机构贷款	万元	2027860	38514	22619	23865
4. 其他资金	万元	452367	7830	5048	4434
科技活动经费支出情况					
科技活动经费内部支出	万元	22326765	255076	206457	301543
#1. 经常费支出	万元	19950237	209409	180489	271143
##劳务费	万元	4879137	38104	48308	46588
2. 科研基建费支出	万元	2376528	45667	25968	30401
科技活动经费外部支出	万元	1906035	11786	15702	16649
#对研究院所和高校支出	万元	597367	9567	8934	7759
对其他企业支出	万元	871805	1564	4604	6367
研究与试验发展（R&D）情况					
R&D人员	人	726017	9547	8282	7154
R&D人员折合全时当量	人年	489808	5840	4466	4822
R&D项目数	项	48507	656	622	624
R&D经费内部支出	万元	10412696	96184	79072	126670
工业企业办科技机构情况					
企业办科技机构数	个	16706	429	325	293
科技机构科技活动人员	人	589788	8552	7513	8067
#博士毕业	人	6255	161	125	55
硕士毕业	人	27194	341	405	279
科技机构科技经费内部支出	万元	7966493	83382	63217	119681
科技机构仪器设备原价	万元	7304846	54777	77725	162015
科技项目情况					
科技项目数	项	93746	1364	1266	1154
项目经费内部支出	万元	15374602	168475	127189	217283
新产品开发及生产情况					
新产品开发项目数	项	73554	1010	1019	851
新产品开发经费	万元	9527080	71689	65007	106338
新产品产值	万元	228440071	1478958	1398947	1784832
新产品销售收入	万元	226323509	1449393	1402970	2132465
#出口	万元	52819926	285821	130311	65865
专利情况					
专利申请数	项	63154	692	1414	1223
#发明专利	项	20080	300	281	211
拥有发明专利数	项	29414	294	478	878
技术改造和技术获取情况					
技术改造经费支出	万元	26591090	267083	190843	402567
技术引进经费支出	万元	3837395	15307	34165	25358
消化吸收经费支出	万元	573010	2576	7927	8939
购买国内技术经费支出	万元	762593	9170	17925	7554

科技活动主要指标

烟草制品业	纺织业	纺织服装、鞋、帽制造业	皮革、毛皮、羽毛(绒)及其制品业	木材加工及木、竹、藤、棕、草制品业	家具制造业
210	24192	12029	6393	5017	3025
86	1814	597	606	216	173
64	767	223	139	86	55
65	1016	256	406	93	73
64	599	104	131	78	57
6784	65891	14385	9327	4129	3343
4493	45404	9283	7478	3220	2275
2291	20487	5102	1849	909	1068
4152	26044	6172	3110	2428	1504
2470	14405	2127	1436	1444	640
154908	681267	114488	78719	73227	35469
6362	8451	2320	931	984	252
136544	554712	97701	73198	64732	33306
10314	107425	13107	3384	6923	1732
1689	10679	1361	1206	587	178
170962	694627	145092	76403	64083	36786
148649	588197	124275	68486	57833	33653
44998	126932	43178	20724	10711	11419
22313	106431	20818	7918	6250	3132
11166	18099	6479	2546	5536	602
3302	11368	3538	1887	2943	160
7865	4145	2859	524	2389	59
3613	24083	4452	3462	1552	1246
2383	15007	3379	2780	1029	860
412	1327	242	156	106	60
52506	295876	59794	26669	28499	20434
66	718	125	140	90	67
2916	21956	3842	4134	1719	1557
34	130	32	33	33	9
202	348	76	42	32	23
75282	221873	38073	30579	17205	17527
143094	301051	33151	18835	21066	8857
630	3921	680	808	299	220
92548	471810	89575	58421	52479	29552
377	3369	434	542	213	183
24729	294290	52677	42724	28099	18778
2737788	7554264	2196057	1487548	636671	707347
2623840	7165567	2132288	1491976	609954	693775
7141	2847816	883411	551549	90587	298216
117	1754	293	146	225	525
40	364	42	24	116	81
83	387	59	41	140	197
566628	953195	177500	85538	79258	28308
71344	183022	49483	1914	16053	592
2056	14009	6826	1564	1546	435
46597	49696	3022	1705	2069	593

1-A-4 续表 1

主要指标	单位	造纸及纸制品业	印刷业和记录媒介的复制	文教体育用品制造业	石油加工、炼焦及核燃料加工业
科技活动企业分布情况					
工业企业数	个	7473	5139	3382	2019
#有科技活动的企业	个	449	230	242	180
#有R&D活动的企业	个	170	96	118	112
#有新产品开发的企业	个	172	99	139	85
#有科技机构的企业	个	175	73	94	105
科技活动人员情况					
科技活动人员合计	人	18839	7167	6799	23367
#1. 参加科技项目人员	人	13112	5218	5237	13852
2. 科技管理和服务人员	人	5727	1949	1562	9515
#科学家和工程师	人	9283	3612	3410	13910
##高中级技术职称人员	人	4756	1914	1703	10402
科技活动经费筹集情况					
科技活动经费筹集总额	万元	264863	81009	61615	440236
1. 政府资金	万元	4435	1247	1606	68345
2. 企业资金	万元	243505	68701	54759	341545
3. 金融机构贷款	万元	9673	10126	4732	19734
4. 其他资金	万元	7250	935	518	10612
科技活动经费支出情况					
科技活动经费内部支出	万元	278864	77344	74829	358700
#1. 经常费支出	万元	229639	72130	59879	319620
##劳务费	万元	39361	20555	16650	72918
2. 科研基建费支出	万元	49225	5214	14950	39081
科技活动经费外部支出	万元	15737	3611	890	29132
#对研究院所和高校支出	万元	3345	1785	442	12742
对其他企业支出	万元	3644	1750	364	13183
研究与试验发展（R&D）情况					
R&D人员	人	6788	2820	3291	9055
R&D人员折合全时当量	人年	4298	1591	2328	6165
R&D项目数	项	325	220	251	829
R&D经费内部支出	万元	95629	27394	33551	109532
工业企业办科技机构情况					
企业办科技机构数	个	206	77	122	144
科技机构科技活动人员	人	6328	2571	3096	7715
#博士毕业	人	49	15	19	82
硕士毕业	人	145	56	56	525
科技机构科技经费内部支出	万元	108344	31484	25794	104190
科技机构仪器设备原价	万元	99083	38226	17613	127413
科技项目情况					
科技项目数	项	745	479	500	1513
项目经费内部支出	万元	178228	54892	43884	206965
新产品开发及生产情况					
新产品开发项目数	项	450	252	416	655
新产品开发经费	万元	95961	25689	31068	54674
新产品产值	万元	2652838	453979	572756	1826557
新产品销售收入	万元	2597743	513736	584713	1879368
#出口	万元	141402	55908	346182	29434
专利情况					
专利申请数	项	207	274	1506	431
#发明专利	项	81	71	442	213
拥有发明专利数	项	92	54	603	692
技术改造和技术获取情况					
技术改造经费支出	万元	304101	117760	31985	1605552
技术引进经费支出	万元	61821	23756	3675	91242
消化吸收经费支出	万元	2818	1613	444	28974
购买国内技术经费支出	万元	6501	6020	781	86547

化学原料及化学制品制造业	医药制造业	化学纤维制造业	橡胶制品业	塑料制品业	非金属矿物制品业
18759	4709	1536	3168	12269	19960
3105	1737	228	413	999	1738
1740	1114	126	196	454	822
1737	1200	132	228	533	667
1558	1020	109	178	320	723
127196	73371	14271	18643	20966	54041
85525	49012	10038	11872	14767	35984
41671	24359	4233	6771	6199	18057
70761	47430	7806	8635	11478	25875
44019	26039	4994	4624	5607	14461
2063826	1039320	282150	266336	368265	535927
51308	58227	7572	4901	7025	18752
1716568	844194	253518	237633	285824	447700
235856	119078	19719	22224	68428	57872
60094	17821	1341	1579	6989	11603
1964589	913312	238705	260917	331643	498950
1740532	746718	223046	241303	284691	433567
370326	173719	33718	57920	50639	98181
224057	166594	15658	19615	46953	65383
140940	179175	6841	13548	12925	22269
67565	110468	4043	8959	5174	11558
47849	57835	1693	3955	5739	6899
53510	31621	5948	6673	8365	21895
35369	21527	2962	4871	5447	13686
4290	3870	342	715	688	1404
833078	387528	88408	109683	124406	206365
1931	1200	116	204	362	853
49043	27882	4914	7535	7061	19053
644	776	31	29	66	160
2058	2197	110	117	250	450
619248	330013	81051	143521	81596	136431
777296	342232	85660	166877	125082	126229
8003	6664	722	1601	1608	2983
1372580	569943	196476	173918	247793	349472
5601	5720	477	1179	1258	1964
571281	366458	107133	135515	123524	165143
11808758	5238418	2294213	2682419	2698926	3222605
11459343	4857860	2208224	2508848	2676715	3312877
1422752	674443	188648	686898	520599	913708
2857	2583	271	353	1209	2071
1260	1484	70	89	357	683
1888	1407	87	173	748	1056
3031982	791428	351279	266248	234721	917814
319119	62993	77926	28893	35020	41441
29694	30925	3864	8579	14707	15494
62667	71990	21204	8570	5872	14260

1-A-4 续表 2

主要指标	单位	黑色金属冶炼及压延加工业	有色金属冶炼及压延加工业	金属制品业	通用设备制造业
科技活动企业分布情况					
工业企业数	个	7141	5300	14131	20569
#有科技活动的企业	个	531	627	1040	3280
#有R&D活动的企业	个	269	334	477	1672
#有新产品开发的企业	个	243	305	568	2125
#有科技机构的企业	个	213	300	346	1402
科技活动人员情况					
科技活动人员合计	人	126980	50202	29003	154612
#1. 参加科技项目人员	人	74047	29172	20170	99271
2. 科技管理和服务人员	人	52933	21030	8833	55341
#科学家和工程师	人	70329	29594	16735	87699
##高中级技术职称人员	人	51895	20414	9333	57218
科技活动经费筹集情况					
科技活动经费筹集总额	万元	2387973	570212	358252	1380802
1. 政府资金	万元	10159	16086	11186	47633
2. 企业资金	万元	2214281	471031	308585	1198429
3. 金融机构贷款	万元	160057	64386	29349	113784
4. 其他资金	万元	3475	18710	9132	20956
科技活动经费支出情况					
科技活动经费内部支出	万元	2331296	642901	344421	1403738
#1. 经常费支出	万元	2187854	527946	303937	1236510
##劳务费	万元	332381	127375	70593	363878
2. 科研基建费支出	万元	143442	114955	40484	167228
科技活动经费外部支出	万元	146609	26299	18987	95291
#对研究院所和高校支出	万元	67959	14006	7250	31793
对其他企业支出	万元	67347	9372	7470	51800
研究与试验发展（R&D）情况					
R&D人员	人	44244	24005	11579	66787
R&D人员折合全时当量	人年	26763	12012	7406	47220
R&D项目数	项	1855	1253	1029	5523
R&D经费内部支出	万元	907368	241449	116123	646184
工业企业办科技机构情况					
企业办科技机构数	个	285	400	400	1773
科技机构科技活动人员	人	30234	15089	8633	57023
#博士毕业	人	213	139	87	333
硕士毕业	人	1106	458	290	1388
科技机构科技经费内部支出	万元	512785	157504	97721	501014
科技机构仪器设备原价	万元	452842	133479	100268	532328
科技项目情况					
科技项目数	项	4276	2228	2140	10803
项目经费内部支出	万元	1701556	345723	246996	941747
新产品开发及生产情况					
新产品开发项目数	项	2086	1210	1635	8902
新产品开发经费	万元	852668	148965	115748	688767
新产品产值	万元	18024223	3798873	2387922	13549742
新产品销售收入	万元	19282705	3808825	2319455	12719727
#出口	万元	1512174	524384	746052	2038540
专利情况					
专利申请数	项	962	962	2354	4572
#发明专利	项	305	323	682	952
拥有发明专利数	项	556	767	1160	2463
技术改造和技术获取情况					
技术改造经费支出	万元	7847762	1398033	381819	1181431
技术引进经费支出	万元	414719	184273	24237	147444
消化吸收经费支出	万元	51765	63092	5495	28509
购买国内技术经费支出	万元	71384	34986	3088	23959

专用设备 制造业	交通运输设备 制造业	电气机械 及器材制造业	通信设备、计算机 及其他电子设备 制造业	仪器仪表及文化、 办公用机械 制造业	工艺品及其他 制造业
10925	11823	16145	9161	3916	5128
2424	2166	2879	2385	1139	308
1389	1144	1603	1521	719	135
1535	1493	1901	1565	757	173
1064	984	1252	1045	470	106
118205	200209	139107	210814	44102	14271
73591	132267	93321	151151	30984	8646
44614	67942	45786	59663	13118	5625
72348	115237	81831	145175	28137	6391
45879	70336	42644	64308	15808	3477
1163634	2724462	2258850	4620554	427758	102605
71068	222728	47010	110005	22541	11080
975617	2303162	1959948	4046532	346397	68527
89861	124432	223735	379766	34021	13096
27088	74140	28156	84252	24799	9901
1072743	2785444	2212258	4071853	408932	101817
981521	2375820	1967327	3881030	367355	85703
298447	530892	436569	1238266	127908	27260
91222	409624	244931	190823	41577	16114
71176	350617	163590	486419	28930	4349
36395	72776	50122	32125	7623	1688
20308	192182	48861	278873	19901	2378
50809	100819	63914	121918	22781	5722
37474	68993	41523	87631	17179	4748
3718	5362	5188	4807	2242	371
485104	1366793	1084625	2497394	215214	50429
1357	1247	1575	1461	600	135
49000	73124	50975	90363	15035	4807
312	568	538	1381	175	23
1416	2705	2238	8838	927	113
415292	1023167	893080	1891676	112551	32898
452164	941515	646255	1192359	106009	20481
6822	10094	9529	8198	3789	678
736171	1723855	1468050	3152727	285644	69399
5792	8463	8315	7277	3362	522
524757	1323647	1091315	2183885	174805	41169
8562915	45987120	23592379	55181345	3309282	589173
7905555	44741527	23620918	55664618	3308422	624255
861329	3124223	5987064	26540204	1072294	272766
4442	5864	11393	10210	3484	738
1120	748	4015	5066	502	143
4092	1818	3751	3982	1136	327
697650	2212154	1178496	983474	228316	77233
58303	644885	132325	1026657	54459	6952
15482	66013	52137	101706	5086	729
32811	100919	39467	28238	3892	1037

1-A-5 大中型制造业企业

主要指标	单位	制造业合计	农副食品加工业	食品制造业	饮料制造业
科技活动企业分布情况					
工业企业数	个	24616	906	575	542
#有科技活动的企业	个	9834	185	192	216
#有R&D活动的企业	个	6132	95	115	125
#有新产品开发的企业	个	6819	101	131	154
#有科技机构的企业	个	6135	115	128	138
科技活动人员情况					
科技活动人员合计	人	1239867	14257	13840	16275
#1. 参加科技项目人员	人	796359	9414	8032	10436
2. 科技管理和服务人员	人	443508	4843	5808	5839
#科学家和工程师	人	714576	7683	6614	8031
##高中级技术职称人员	人	421947	3624	2988	4460
科技活动经费筹集情况					
科技活动经费筹集总额	万元	19243146	131459	142353	284426
1. 政府资金	万元	611654	6921	7166	5214
2. 企业资金	万元	16835021	109029	120160	256845
3. 金融机构贷款	万元	1484215	14392	12006	19440
4. 其他资金	万元	312257	1118	3020	2928
科技活动经费支出情况					
科技活动经费内部支出	万元	18433249	132442	151684	273172
#1. 经常费支出	万元	16668016	112795	137749	246786
##劳务费	万元	3949893	20834	36651	40092
2. 科研基建费支出	万元	1765233	19646	13935	26386
科技活动经费外部支出	万元	1730376	7278	11365	15221
#对研究院所和高校支出	万元	513877	6132	5779	7116
对其他企业支出	万元	812274	961	3773	6121
研究与试验发展（R&D）情况					
R&D人员	人	569837	5877	6075	5990
R&D人员折合全时当量	人年	387226	3486	3115	4140
R&D项目数	项	31599	336	342	478
R&D经费内部支出	万元	8927621	53777	64065	118054
工业企业办科技机构情况					
企业办科技机构数	个	8327	139	161	187
科技机构科技活动人员	人	475750	5582	5857	7037
#博士毕业	人	4501	89	89	44
硕士毕业	人	21635	205	311	243
科技机构科技经费内部支出	万元	7012069	54942	50974	113116
科技机构仪器设备原价	万元	6435498	39270	62436	156590
科技项目情况					
科技项目数	项	57575	545	634	837
项目经费内部支出	万元	12750153	86503	91758	200184
新产品开发及生产情况					
新产品开发项目数	项	44149	425	501	614
新产品开发经费	万元	8084166	42140	48984	99188
新产品产值	万元	203824273	680722	1128147	1516676
新产品销售收入	万元	202599495	683901	1144354	1868105
#出口	万元	48237067	166379	99536	34324
专利情况					
专利申请数	项	40925	252	1104	971
#发明专利	项	13547	75	165	141
拥有发明专利数	项	17102	123	301	630
技术改造和技术获取情况					
技术改造经费支出	万元	23355691	149395	136555	366620
技术引进经费支出	万元	3544805	13239	31361	14023
消化吸收经费支出	万元	508020	1379	7010	7626
购买国内技术经费支出	万元	641295	3923	16563	6014

科技活动主要指标

烟草制品业	纺织业	纺织服装、鞋、帽制造业	皮革、毛皮、羽毛(绒)及其制品业	木材加工及木、竹、藤、棕、草制品业	家具制造业
124	2449	837	534	202	264
76	650	139	113	46	50
59	357	62	50	24	24
61	412	68	81	28	26
61	363	57	68	28	26
6644	51744	10658	5135	2232	2105
4368	35345	6526	4133	1853	1397
2276	16399	4132	1002	379	708
4059	20325	5291	1988	1395	910
2433	11632	1806	862	939	346
154111	558437	93844	45456	55160	26407
6362	6104	2008	724	209	120
135768	452983	79921	41786	50266	25227
10314	90591	11015	2023	4530	980
1667	8759	900	923	155	80
170163	549066	120765	46828	46527	27784
147866	485630	104585	42345	42646	25682
44787	97300	36559	13835	6959	9595
22297	63436	16180	4483	3881	2101
11165	14588	6151	1785	5058	323
3302	9144	3400	1439	2631	22
7864	3112	2679	337	2223	21
3563	19770	3194	2419	864	972
2359	12464	2388	2052	571	705
403	916	95	70	52	24
52158	253159	54083	19363	23102	18429
63	466	74	76	37	35
2861	18724	3299	3288	1225	1127
33	101	32	27	30	2
201	289	66	33	22	16
74625	201486	35116	25564	13175	14456
139184	266950	32478	14271	17893	7841
613	2683	295	163	124	82
91775	388443	73910	37094	40305	22763
366	2369	219	132	94	69
24325	239561	44332	27354	22348	14968
2684147	5906469	1840812	1002299	456125	576320
2590784	5594324	1775161	1017881	447647	567337
7141	2320163	692772	321776	50133	243154
115	719	249	105	111	124
39	134	31	8	86	10
82	197	35	24	87	34
558259	646706	138282	45374	35979	16856
71239	174598	48786	563	15874	179
2056	11572	6260	5	1066	325
46597	43148	2879	148	1240	96

1-A-5 续表 1

主要指标	单位	造纸及纸制品业	印刷业和记录媒介的复制	文教体育用品制造业	石油加工、炼焦及核燃料加工业
科技活动企业分布情况					
工业企业数	个	612	295	337	367
#有科技活动的企业	个	180	59	69	113
#有R&D活动的企业	个	93	26	41	77
#有新产品开发的企业	个	87	38	48	54
#有科技机构的企业	个	102	38	37	69
科技活动人员情况					
科技活动人员合计	人	15922	4197	4707	22352
#1. 参加科技项目人员	人	11098	3081	3600	13108
2. 科技管理和服务人员	人	4824	1116	1107	9244
#科学家和工程师	人	7971	2087	2316	13331
##高中级技术职称人员	人	4103	1134	1184	10061
科技活动经费筹集情况					
科技活动经费筹集总额	万元	232529	42372	42711	357846
1. 政府资金	万元	2935	800	1129	6433
2. 企业资金	万元	217969	38939	38013	323094
3. 金融机构贷款	万元	6538	2545	3500	17844
4. 其他资金	万元	5086	88	69	10475
科技活动经费支出情况					
科技活动经费内部支出	万元	239964	39475	54674	338583
#1. 经常费支出	万元	200606	38582	43099	300233
##劳务费	万元	30595	12514	11661	66627
2. 科研基建费支出	万元	39358	894	11575	38349
科技活动经费外部支出	万元	14850	2785	513	27593
#对研究院所和高校支出	万元	3103	1186	220	11761
对其他企业支出	万元	3261	1597	212	12938
研究与试验发展（R&D）情况					
R&D人员	人	5936	1819	2393	8593
R&D人员折合全时当量	人年	3830	991	1807	5870
R&D项目数	项	230	123	120	735
R&D经费内部支出	万元	84822	17235	24129	102484
工业企业办科技机构情况					
企业办科技机构数	个	132	39	64	102
科技机构科技活动人员	人	5669	1818	2305	7242
#博士毕业	人	44	5	16	68
硕士毕业	人	131	31	39	508
科技机构科技经费内部支出	万元	103547	22417	21263	99729
科技机构仪器设备原价	万元	88309	32132	14818	123555
科技项目情况					
科技项目数	项	487	243	206	1374
项目经费内部支出	万元	152291	28329	29269	193028
新产品开发及生产情况					
新产品开发项目数	项	277	100	178	549
新产品开发经费	万元	87030	17129	20745	45894
新产品产值	万元	2339890	300987	360577	1685079
新产品销售收入	万元	2297622	380594	354488	1750059
#出口	万元	124044	41063	219987	26642
专利情况					
专利申请数	项	109	181	676	389
#发明专利	项	67	42	128	188
拥有发明专利数	项	57	20	210	688
技术改造和技术获取情况					
技术改造经费支出	万元	240551	67014	14660	1555622
技术引进经费支出	万元	26765	19483	3636	90533
消化吸收经费支出	万元	2594	1213	335	27320
购买国内技术经费支出	万元	5240	5189	270	85220

化学原料及化学制品制造业	医药制造业	化学纤维制造业	橡胶制品业	塑料制品业	非金属矿物制品业
1664	751	223	360	722	1804
845	571	113	139	208	510
544	423	65	87	119	271
545	457	77	95	132	272
614	446	70	93	109	267
89797	46594	12499	14237	11225	36814
58799	29270	8672	8516	7773	24070
30998	17324	3827	5721	3452	12744
49043	30277	6900	6385	6244	17953
31972	16873	4500	3328	2973	10107
1641069	700985	258960	230085	218093	411401
32059	34997	6928	2822	4403	12968
1383070	604651	233200	208969	180082	349264
180203	56184	17810	17724	29970	43468
45737	5153	1023	571	3638	5702
1550307	613700	215544	224526	204254	355799
1393362	520317	201149	210466	184454	323607
285374	115260	29768	50252	28753	65943
156945	93384	14395	14060	19800	32192
123034	142049	5398	12289	7636	17577
57245	89376	3585	8144	3341	9525
43045	46182	1175	3698	2979	6128
37482	19902	5031	4951	4777	15610
25144	13931	2521	3783	3200	10083
2391	2308	285	550	272	798
676867	281812	79431	99437	83026	160514
820	587	75	112	130	347
36027	18182	4322	6389	4077	13342
352	446	23	20	43	90
1256	1376	92	92	174	315
499764	235824	75291	135976	54755	107774
673723	256297	79095	159544	47733	103562
4392	3721	586	1186	589	1621
1096699	382704	179064	148476	157866	266664
2809	3232	362	824	449	1046
420039	264970	97810	121502	72423	133826
9212363	4191678	2025521	2450437	1733626	2229294
9030519	3887153	1953739	2280433	1720694	2353903
989454	533750	180440	641802	362108	716976
1606	1696	128	249	440	1220
649	1018	52	43	137	433
1034	902	56	119	375	565
2775005	571002	283474	233943	100107	724687
301250	57500	62896	28247	26160	33245
24423	23488	3482	7358	13046	13180
51540	46002	8116	7904	2259	9262

1-A-5 续表 2

主要指标	单位	黑色金属冶炼及压延加工业	有色金属冶炼及压延加工业	金属制品业	通用设备制造业
科技活动企业分布情况					
工业企业数	个	927	558	807	1650
#有科技活动的企业	个	256	251	248	954
#有R&D活动的企业	个	166	169	133	597
#有新产品开发的企业	个	157	142	181	741
#有科技机构的企业	个	143	164	128	607
科技活动人员情况					
科技活动人员合计	人	122063	43180	18469	113040
#1. 参加科技项目人员	人	70494	24006	12664	69839
2. 科技管理和服务人员	人	51569	19174	5805	43201
#科学家和工程师	人	68193	25710	11038	64875
##高中级技术职称人员	人	50763	18315	6375	43524
科技活动经费筹集情况					
科技活动经费筹集总额	万元	2310096	468545	250425	1044756
1. 政府资金	万元	9623	11258	8228	36390
2. 企业资金	万元	2140413	390991	220174	925147
3. 金融机构贷款	万元	157304	49508	14570	71381
4. 其他资金	万元	2756	16788	7453	11838
科技活动经费支出情况					
科技活动经费内部支出	万元	2261250	533019	243836	1038912
#1. 经常费支出	万元	2124521	429982	221283	941822
##劳务费	万元	323049	102037	49199	280913
2. 科研基建费支出	万元	136729	103037	22553	97090
科技活动经费外部支出	万元	145479	22850	16655	83867
#对研究院所和高校支出	万元	67463	12751	6212	26605
对其他企业支出	万元	66822	8336	6767	47783
研究与试验发展（R&D）情况					
R&D人员	人	42280	20994	7377	50373
R&D人员折合全时当量	人年	25801	9979	4881	36494
R&D项目数	项	1745	985	530	3813
R&D经费内部支出	万元	886566	198657	83989	509239
工业企业办科技机构情况					
企业办科技机构数	个	208	212	151	839
科技机构科技活动人员	人	29231	13064	6048	44051
#博士毕业	人	207	117	66	231
硕士毕业	人	1068	403	213	1044
科技机构科技经费内部支出	万元	501925	139179	78013	406048
科技机构仪器设备原价	万元	422950	120174	82190	466846
科技项目情况					
科技项目数	项	4021	1674	1089	6892
项目经费内部支出	万元	1649668	273028	179778	701181
新产品开发及生产情况					
新产品开发项目数	项	1905	816	833	5635
新产品开发经费	万元	835993	118078	83685	540235
新产品产值	万元	17583430	2899061	1684254	11402079
新产品销售收入	万元	18870594	2937234	1628870	10576372
#出口	万元	1488617	454992	541350	1721453
专利情况					
专利申请数	项	921	770	1093	2597
#发明专利	项	287	237	242	424
拥有发明专利数	项	518	580	460	1148
技术改造和技术获取情况					
技术改造经费支出	万元	7703845	1273816	272065	825353
技术引进经费支出	万元	412325	165934	21273	131692
消化吸收经费支出	万元	50760	61998	3188	23285
购买国内技术经费支出	万元	67805	28904	1909	16516

专用设备制造业	交通运输设备制造业	电气机械及器材制造业	通信设备、计算机及其他电子设备制造业	仪器仪表及文化、办公用机械制造业	工艺品及其他制造业
1003	1668	1761	1934	390	340
626	969	906	847	209	93
428	611	596	570	150	55
496	757	674	583	164	57
413	633	566	476	124	52
80504	177688	100546	169361	22024	11741
46097	115812	65327	120566	15330	6721
34407	61876	35219	48795	6694	5020
49050	102648	59825	116287	13037	5105
32599	63186	30505	51057	7427	2867
804567	2461946	1845951	4135216	219329	74594
56076	214133	30143	83090	11654	10760
674572	2107086	1628136	3663988	184905	50354
57944	80644	178948	316431	12030	4380
15976	60083	8725	71707	10740	9101
760563	2534322	1791728	3619481	216958	77917
703927	2153403	1599292	3462866	202663	66290
203489	478451	336963	1082785	67558	22087
56636	380919	192436	156615	14295	11627
53272	341233	149404	465919	21222	3807
29457	68847	43795	27601	3194	1498
12179	187246	45153	270319	17174	2187
34276	92432	47681	101593	12894	4719
26032	63419	31088	73083	9998	4012
2056	4466	3390	2847	997	242
346521	1274728	934264	2262135	125810	39766
559	837	770	836	191	78
37290	67237	39788	78395	8251	4022
178	507	389	1173	60	19
845	2478	1763	7900	421	100
334946	968045	791988	1759109	63994	29031
399256	882367	555432	1100173	73558	16875
3503	7763	5701	4726	1422	401
515759	1548586	1160214	2845320	157101	52384
3017	6512	5021	4200	1301	294
395602	1215769	912495	2003785	102796	31163
7060120	44470114	21047439	52493753	2516259	346443
6503817	43262036	21223190	52981835	2548295	368416
704703	2985265	5557959	25879488	986426	145172
2098	4849	8353	8286	1132	382
354	490	3297	4511	188	71
1881	1239	2135	3149	344	109
555661	2031078	955644	882724	139583	55811
48325	595998	120146	1006124	19016	4398
9507	60553	44867	98007	1757	360
25357	98192	33045	25230	2179	542

B. 科技活动企业分布情况

1-B-1 分登记注册类型工业企业科技活动分布情况

单位：个

行业	规模以上工业企业数	#有科技活动	#有R&D活动	#有新产品开发	#有科技机构
合计	**276474**	**32924**	**17075**	**18838**	**13906**
国有及国有控股企业	35705	6963	4413	4421	3624
内资企业	219309	26327	13584	15043	11287
国有企业	23416	2809	1669	1601	1353
集体企业	18095	1118	461	479	386
股份合作企业	8215	993	435	590	345
联营企业	1439	146	80	92	54
国有联营企业	278	50	27	31	16
集体联营企业	395	23	12	13	7
国有与集体联营企业	427	39	19	26	17
其他联营企业	339	34	22	22	14
有限责任公司	41234	8209	4575	5074	3924
国有独资公司	1449	644	456	460	446
其他有限责任公司	39785	7565	4119	4614	3478
股份有限公司	7171	2226	1509	1491	1503
私营企业	119358	10800	4843	5705	3717
私营独资企业	26525	1282	450	476	348
私营合伙企业	6049	305	87	107	68
私营有限责任公司	82079	8731	4065	4878	3088
私营股份有限公司	4705	482	241	244	213
其他企业	381	26	12	11	5
港、澳、台商投资企业	28399	2971	1478	1670	1223
合资经营企业（港或澳、台资）	10694	1642	869	1048	694
合作经营企业（港或澳、台资）	1863	157	93	66	78
港、澳、台商独资经营企业	15541	1095	467	502	407
港、澳、台商投资股份有限公司	301	77	49	54	44
外商投资企业	28766	3626	2013	2125	1396
中外合资经营企业	12930	2175	1194	1382	866
中外合作经营企业	1711	180	115	94	78
外资企业	13758	1175	629	585	389
外商投资股份有限公司	367	96	75	64	63

1-B-2 分行业工业企业科技活动分布情况

单位：个

行业	规模以上工业企业数	#有科技活动	#有R&D活动	#有新产品开发	#有科技机构
合计	**276474**	**32924**	**17075**	**18838**	**13906**
采矿业	**10755**	**593**	**265**	**143**	**233**
煤炭开采和洗选业	5249	263	98	59	98
烟煤和无烟煤的开采洗选	5069	252	93	59	94
褐煤的开采洗选	161	10	4		4
其他煤炭采选	19	1	1		
石油和天然气开采业	183	58	49	20	37
天然原油和天然气开采	118	37	32	8	24
与石油和天然气开采有关的服务活动	65	21	17	12	13
黑色金属矿采选业	1664	50	23	8	10
铁矿采选	1511	41	22	7	9
其他黑色金属矿采选	153	9	1	1	1
有色金属矿采选业	1465	121	52	22	42
常用有色金属矿采选	752	53	25	12	19
贵金属矿采选	490	49	19	6	14
稀有稀土金属矿采选	223	19	8	4	9
非金属矿采选业	2182	101	43	34	46
土砂石开采	1491	41	15	12	15
化学矿采选	186	14	6	3	6
采盐	197	26	12	11	15
石棉及其他非金属矿采选	308	20	10	8	10
制造业	**256999**	**31657**	**16506**	**18614**	**13489**
农副食品加工业	14097	948	403	404	391
谷物磨制	3143	136	43	40	54
饲料加工	2268	208	92	88	76
植物油加工	1572	86	31	31	32
制糖	329	37	16	7	23
屠宰及肉类加工	2439	144	66	55	60
水产品加工	1549	143	61	78	48
蔬菜、水果和坚果加工	1627	108	49	67	57
其他农副食品加工	1170	86	45	38	41
食品制造业	5528	628	308	367	286
焙烤食品制造	932	60	23	26	22
糖果、巧克力及蜜饯制造	416	41	18	25	14
方便食品制造	722	54	29	31	25
液体乳及乳制品制造	692	104	54	66	63
罐头制造	676	65	19	38	23
调味品、发酵制品制造	854	104	55	60	53

1-B-2 续表 1 单位：个

行业	规模以上工业企业数	#有科技活动	#有R&D活动	#有新产品开发	#有科技机构
其他食品制造	1236	200	110	121	86
饮料制造业	3469	464	242	267	237
酒精制造	150	18	11	8	7
酒的制造	1839	298	156	180	165
软饮料制造	983	94	43	52	42
精制茶加工	497	54	32	27	23
烟草制品业	210	86	64	65	64
烟叶复烤	62	5	1	1	
卷烟制造	114	75	57	62	59
其他烟草制品加工	34	6	6	2	5
纺织业	24192	1814	767	1016	599
棉、化纤纺织及印染精加工	10293	782	365	402	292
毛纺织和染整精加工	1405	133	49	77	49
麻纺织	361	39	21	23	18
丝绢纺织及精加工	2358	225	85	109	59
纺织制成品制造	3666	276	124	170	95
针织品、编织品及其制品制造	6109	359	123	235	86
纺织服装、鞋、帽制造业	12029	597	223	256	104
纺织服装制造	11295	556	216	231	93
纺织面料鞋的制造	451	32	7	22	10
制帽	283	9		3	1
皮革、毛皮、羽毛(绒)及其制品业	6393	606	139	406	131
皮革鞣制加工	772	62	26	37	23
皮革制品制造	4899	505	100	351	98
毛皮鞣制及制品加工	364	25	9	11	6
羽毛(绒)加工及制品制造	358	14	4	7	4
木材加工及木、竹、藤、棕、草制品业	5017	216	86	93	78
锯材、木片加工	546	12	4	5	6
人造板制造	2718	129	54	51	50
木制品制造	1153	47	20	19	11
竹、藤、棕、草制品制造	600	28	8	18	11
家具制造业	3025	173	55	73	57
木质家具制造	1886	95	26	31	28
竹、藤家具制造	42	1	1		
金属家具制造	731	58	20	34	22
塑料家具制造	64	3	2	2	2
其他家具制造	302	16	6	6	5
造纸及纸制品业	7473	449	170	172	175
纸浆制造	119	15	11	6	9

1-B-2 续表 2

单位：个

行业	规模以上工业企业数	#有科技活动	#有R&D活动	#有新产品开发	#有科技机构
造纸	3350	262	112	109	120
纸制品制造	4004	172	47	57	46
印刷业和记录媒介的复制	5139	230	96	99	73
印刷	4777	206	81	89	62
装订及其他印刷服务活动	265	11	6	6	6
记录媒介的复制	97	13	9	4	5
文教体育用品制造业	3382	242	118	139	94
文化用品制造	805	54	30	41	24
体育用品制造	792	62	33	39	30
乐器制造	235	24	13	14	10
玩具制造	1406	87	32	33	26
游艺器材及娱乐用品制造	144	15	10	12	4
石油加工、炼焦及核燃料加工业	2019	180	112	85	105
精炼石油产品的制造	1110	143	99	74	88
炼焦	905	35	11	10	16
核燃料加工	4	2	2	1	1
化学原料及化学制品制造业	18759	3105	1740	1737	1558
基础化学原料制造	4672	697	360	347	337
肥料制造	1923	274	130	111	152
农药制造	741	238	146	165	141
涂料、油墨、颜料及类似产品制造	3304	527	290	324	257
合成材料制造	1686	341	204	196	158
专用化学产品制造	5031	829	505	469	398
日用化学产品制造	1402	199	105	125	115
医药制造业	4709	1737	1114	1200	1020
化学药品原药制造	945	373	236	261	221
化学药品制剂制造	1055	457	285	344	293
中药饮片加工	357	75	41	36	42
中成药制造	1210	475	323	331	283
兽用药品制造	316	80	47	56	41
生物、生化制品的制造	432	219	143	136	110
卫生材料及医药用品制造	394	58	39	36	30
化学纤维制造业	1536	228	126	132	109
纤维素纤维原料及纤维制造	188	34	19	17	20
合成纤维制造	1348	194	107	115	89
橡胶制品业	3168	413	196	228	178
轮胎制造	433	65	37	45	40
橡胶板、管、带的制造	673	110	48	59	50
橡胶零件制造	685	97	49	53	38

1-B-2 续表 3

单位：个

行业	规模以上工业企业数	#有科技活动	#有R&D活动	#有新产品开发	#有科技机构
再生橡胶制造	134	13	4	4	3
日用及医用橡胶制品制造	244	34	13	13	16
橡胶靴鞋制造	636	52	24	30	16
其他橡胶制品制造	363	42	21	24	15
塑料制品业	12269	999	454	533	320
塑料薄膜制造	1366	136	76	78	49
塑料板、管、型材的制造	2105	244	129	135	96
塑料丝、绳及编织品的制造	1543	68	32	25	16
泡沫塑料制造	841	60	28	30	19
塑料人造革、合成革制造	358	50	17	37	18
塑料包装箱及容器制造	1386	97	44	54	32
塑料零件制造	1491	129	60	68	42
日用塑料制造	1859	123	33	72	20
其他塑料制品制造	1320	92	35	34	28
非金属矿物制品业	19960	1738	822	667	723
水泥、石灰和石膏的制造	5491	340	133	66	120
水泥及石膏制品制造	2706	162	64	55	52
砖瓦、石材及其他建筑材料制造	4615	253	122	96	102
玻璃及玻璃制品制造	2746	357	150	158	112
陶瓷制品制造	1499	276	171	113	155
耐火材料制品制造	1375	175	88	85	87
石墨及其他非金属矿物制品制造	1528	175	94	94	95
黑色金属冶炼及压延加工业	7141	531	269	243	213
炼铁	1068	43	16	13	18
炼钢	413	48	28	24	27
钢压延加工	4126	364	191	177	135
铁合金冶炼	1534	76	34	29	33
有色金属冶炼及压延加工业	5300	627	334	305	300
常用有色金属冶炼	1490	187	93	64	98
贵金属冶炼	212	27	18	8	16
稀有稀土金属冶炼	400	65	37	42	33
有色金属合金制造	405	56	32	29	22
有色金属压延加工	2793	292	154	162	131
金属制品业	14131	1040	477	568	346
结构性金属制品制造	4049	254	117	134	91
金属工具制造	1721	179	83	108	64
集装箱及金属包装容器制造	1209	101	49	43	24
金属丝绳及其制品的制造	1079	82	44	55	35
建筑、安全用金属制品制造	1843	140	60	82	45

1-B-2 续表 4

单位：个

行业	规模以上工业企业数	#有科技活动	#有R&D活动	#有新产品开发	#有科技机构
金属表面处理及热处理加工	1194	67	23	27	19
搪瓷制品制造	217	16	6	11	7
不锈钢及类似日用金属制品制造	1632	105	38	62	33
其他金属制品制造	1187	96	57	46	28
通用设备制造业	20569	3280	1672	2125	1402
锅炉及原动机制造	1266	256	151	187	154
金属加工机械制造	2005	449	269	335	217
起重运输设备制造	1361	246	123	144	113
泵、阀门、压缩机及类似机械的制造	3368	749	386	548	303
轴承、齿轮、传动和驱动部件的制造	2047	310	152	193	138
烘炉、熔炉及电炉制造	194	28	15	16	15
风机、衡器、包装设备等通用设备制造	3020	620	335	405	280
通用零部件制造及机械修理	3075	242	90	125	73
金属铸、锻加工	4233	380	151	172	109
专用设备制造业	10925	2424	1389	1535	1064
矿山、冶金、建筑专用设备制造	2204	492	294	317	236
化工、木材、非金属加工专用设备制造	2291	381	196	225	156
食品、饮料、烟草及饲料生产专用设备制造	667	146	66	89	71
印刷、制药、日化生产专用设备制造	778	178	98	115	75
纺织、服装和皮革工业专用设备制造	1351	288	148	206	121
电子和电工机械专用设备制造	660	190	124	129	94
农、林、牧、渔专用机械制造	964	144	72	89	61
医疗仪器设备及器械制造	735	262	169	165	97
环保、社会公共安全及其他专用设备制造	1275	343	222	200	153
交通运输设备制造业	11823	2166	1144	1493	984
铁路运输设备制造	706	139	90	102	67
汽车制造	7602	1441	768	1000	670
摩托车制造	1462	270	108	174	88
自行车制造	903	72	33	43	25
船舶及浮动装置制造	808	123	59	78	50
航空航天器制造	176	107	79	88	79
交通器材及其他交通运输设备制造	166	14	7	8	5
电气机械及器材制造业	16145	2879	1603	1901	1252
电机制造	1731	414	226	274	174
输配电及控制设备制造	4924	1011	603	665	412
电线、电缆、光缆及电工器材制造	3681	488	256	311	214
电池制造	849	185	114	105	99
家用电力器具制造	1972	354	205	271	189
非电力家用器具制造	333	66	34	42	27

1-B-2 续表 5 单位：个

行业	规模以上工业企业数	#有科技活动	#有R&D活动	#有新产品开发	#有科技机构
照明器具制造	2249	271	122	167	109
其他电气机械及器材制造	406	90	43	66	28
通信设备、计算机及其他电子设备制造业	9161	2385	1521	1565	1045
通信设备制造	1267	500	330	336	212
雷达及配套设备制造	47	26	20	20	19
广播电视设备制造	393	112	73	74	56
电子计算机制造	1173	352	240	223	127
电子器件制造	1404	419	285	279	167
电子元件制造	3534	670	389	439	299
家用视听设备制造	906	197	111	134	112
其他电子设备制造	437	109	73	60	53
仪器仪表及文化、办公用机械制造业	3916	1139	719	757	470
通用仪器仪表制造	1806	623	405	407	261
专用仪器仪表制造	560	222	144	149	96
钟表与计时仪器制造	396	45	23	35	16
光学仪器及眼镜制造	655	119	67	84	55
文化、办公用机械制造	409	109	64	72	36
其他仪器仪表的制造及修理	90	21	16	10	6
工艺品及其他制造业	5128	308	135	173	106
工艺美术品制造	3536	175	51	91	50
日用杂品制造	1138	59	31	39	18
煤制品制造	76	3	1		1
核辐射加工	7	5	5	3	1
其他未列明的制造业	371	66	47	40	36
废弃资源和废旧材料回收加工业	386	25	8	10	5
金属废料和碎屑的加工处理	267	16	3	5	4
非金属废料和碎屑的加工处理	119	9	5	5	1
电力、燃气及水的生产和供应业	**8720**	**674**	**304**	**81**	**184**
电力、热力的生产和供应业	5531	509	234	63	138
电力生产	3169	316	141	25	79
电力供应	1655	155	76	35	51
热力生产和供应	707	38	17	3	8
燃气生产和供应业	497	39	16	7	8
水的生产和供应业	2692	126	54	11	38
自来水的生产和供应	2559	113	49	7	33
污水处理及其再生利用	126	10	4	2	3
其他水的处理、利用与分配	7	3	1	2	2

1-B-3 国有及国有控股制造业企业科技活动分布情况

单位：个

行业	规模以上工业企业数	#有科技活动	#有R&D活动	#有新产品开发	#有科技机构
合计	**27084**	**6050**	**3949**	**4244**	**3285**
农副食品加工业	2057	97	51	48	59
食品制造业	908	89	41	62	39
饮料制造业	766	110	64	71	69
烟草制品业	168	79	59	63	61
纺织业	1253	242	146	179	121
纺织服装、鞋、帽制造业	387	23	9	12	5
皮革、毛皮、羽毛(绒)及其制品业	144	9	5	7	6
木材加工及木、竹、藤、棕、草制品业	345	32	24	19	17
家具制造业	146	15	9	9	5
造纸及纸制品业	535	64	43	32	40
印刷业和记录媒介的复制	1560	45	25	28	18
文教体育用品制造业	125	23	15	16	10
石油加工、炼焦及核燃料加工业	278	85	63	46	56
化学原料及化学制品制造业	2251	618	418	380	367
医药制造业	835	372	265	289	244
化学纤维制造业	123	54	40	40	32
橡胶制品业	253	73	52	54	42
塑料制品业	633	91	53	52	32
非金属矿物制品业	2452	320	165	153	140
黑色金属冶炼及压延加工业	553	143	98	102	86
有色金属冶炼及压延加工业	534	186	119	105	103
金属制品业	980	134	78	91	62
通用设备制造业	2307	631	406	503	342
专用设备制造业	1812	596	403	436	304
交通运输设备制造业	2404	710	457	555	437
电气机械及器材制造业	1273	375	238	276	181
通信设备、计算机及其他电子设备制造业	1038	510	365	394	258
仪器仪表及文化、办公用机械制造业	660	268	193	189	117
工艺品及其他制造业	283	56	45	33	32

1-B-4 内资制造业企业科技活动分布情况

单位：个

行　　业	规模以上工业企业数	#有科技活动	#有R&D活动	#有新产品开发	#有科技机构
合　　计	**200587**	**25131**	**13051**	**14820**	**10885**
农副食品加工业	11964	805	334	334	330
食品制造业	4256	516	240	298	238
饮料制造业	2905	382	202	219	197
烟草制品业	203	85	63	65	64
纺织业	18956	1417	606	780	455
纺织服装、鞋、帽制造业	6911	392	148	168	76
皮革、毛皮、羽毛(绒)及其制品业	3869	451	90	315	74
木材加工及木、竹、藤、棕、草制品业	4087	170	68	70	60
家具制造业	1966	117	41	53	43
造纸及纸制品业	6251	367	135	136	140
印刷业和记录媒介的复制	4443	166	69	71	48
文教体育用品制造业	1796	148	79	93	64
石油加工、炼焦及核燃料加工业	1855	159	104	77	95
化学原料及化学制品制造业	15748	2649	1482	1467	1332
医药制造业	3829	1390	876	962	825
化学纤维制造业	1234	178	103	104	87
橡胶制品业	2385	328	156	178	139
塑料制品业	8782	729	331	404	225
非金属矿物制品业	17537	1446	667	538	590
黑色金属冶炼及压延加工业	6629	463	228	212	187
有色金属冶炼及压延加工业	4649	545	284	265	263
金属制品业	11307	836	385	465	282
通用设备制造业	17488	2781	1415	1812	1207
专用设备制造业	8851	2074	1183	1328	944
交通运输设备制造业	9815	1742	900	1214	814
电气机械及器材制造业	12219	2218	1239	1468	986
通信设备、计算机及其他电子设备制造业	4484	1440	954	993	654
仪器仪表及文化、办公用机械制造业	2614	891	557	593	375
工艺品及其他制造业	3268	225	106	130	87

1-B-5 港澳台商投资制造业企业科技活动分布情况

单位：个

行　　业	规模以上工业企业数	#有科技活动	#有R&D活动	#有新产品开发	#有科技机构
合　　计	**28013**	**2933**	**1463**	**1669**	**1218**
农副食品加工业	741	64	31	31	32
食品制造业	516	48	27	33	20
饮料制造业	210	29	10	19	14
烟草制品业	4	1	1		
纺织业	3020	231	92	143	84
纺织服装、鞋、帽制造业	2745	103	41	44	19
皮革、毛皮、羽毛(绒)及其制品业	1366	77	26	44	35
木材加工及木、竹、藤、棕、草制品业	487	26	11	13	11
家具制造业	557	27	6	10	8
造纸及纸制品业	734	48	17	18	21
印刷业和记录媒介的复制	420	41	18	18	17
文教体育用品制造业	920	56	21	26	16
石油加工、炼焦及核燃料加工业	69	13	4	6	6
化学原料及化学制品制造业	1399	201	106	117	98
医药制造业	354	146	108	110	89
化学纤维制造业	183	29	13	15	16
橡胶制品业	382	26	11	15	14
塑料制品业	1985	155	66	73	57
非金属矿物制品业	1172	155	77	55	75
黑色金属冶炼及压延加工业	240	36	19	17	15
有色金属冶炼及压延加工业	336	31	18	13	14
金属制品业	1450	105	43	53	36
通用设备制造业	1168	162	79	94	63
专用设备制造业	914	143	77	84	53
交通运输设备制造业	760	118	60	76	42
电气机械及器材制造业	2012	303	159	200	130
通信设备、计算机及其他电子设备制造业	2231	415	244	254	180
仪器仪表及文化、办公用机械制造业	578	103	64	69	43
工艺品及其他制造业	1026	39	14	19	10

1-B-6 外商投资制造业企业科技活动分布情况

单位：个

行业	规模以上工业企业数	#有科技活动	#有R&D活动	#有新产品开发	#有科技机构
合计	**28399**	**3593**	**1992**	**2125**	**1386**
农副食品加工业	1392	79	38	39	29
食品制造业	756	64	41	36	28
饮料制造业	354	53	30	29	26
烟草制品业	3				
纺织业	2216	166	69	93	60
纺织服装、鞋、帽制造业	2373	102	34	44	9
皮革、毛皮、羽毛(绒)及其制品业	1158	78	23	47	22
木材加工及木、竹、藤、棕、草制品业	443	20	7	10	7
家具制造业	502	29	8	10	6
造纸及纸制品业	488	34	18	18	14
印刷业和记录媒介的复制	276	23	9	10	8
文教体育用品制造业	666	38	18	20	14
石油加工、炼焦及核燃料加工业	95	8	4	2	4
化学原料及化学制品制造业	1612	255	152	153	128
医药制造业	526	201	130	128	106
化学纤维制造业	119	21	10	13	6
橡胶制品业	401	59	29	35	25
塑料制品业	1502	115	57	56	38
非金属矿物制品业	1251	137	78	74	58
黑色金属冶炼及压延加工业	272	32	22	14	11
有色金属冶炼及压延加工业	315	51	32	27	23
金属制品业	1374	99	49	50	28
通用设备制造业	1913	337	178	219	132
专用设备制造业	1160	207	129	123	67
交通运输设备制造业	1248	306	184	203	128
电气机械及器材制造业	1914	358	205	233	136
通信设备、计算机及其他电子设备制造业	2446	530	323	318	211
仪器仪表及文化、办公用机械制造业	724	145	98	95	52
工艺品及其他制造业	834	44	15	24	9

1-B-7 各地区国有及国有控股工业企业科技活动分布情况

单位：个

地区	规模以上工业企业数	#有科技活动	#有R&D活动	#有新产品开发	#有科技机构
全国	**35705**	**6963**	**4413**	**4421**	**3624**
东部地区	16570	3651	2399	2371	1705
中部地区	10508	1792	1097	1119	1043
西部地区	8627	1520	917	931	876
东北地区	4664	553	379	349	308
北京	2164	520	416	305	164
天津	1898	350	241	217	135
河北	1504	322	173	179	188
山西	1557	159	79	107	115
内蒙古	509	81	38	35	38
辽宁	2150	257	182	170	145
吉林	1258	146	84	86	84
黑龙江	1256	150	113	93	79
上海	1830	596	364	470	181
江苏	1172	416	270	287	264
浙江	1117	237	124	166	110
安徽	691	199	108	126	123
福建	901	153	107	109	69
江西	1228	194	117	113	100
山东	1499	380	248	218	223
河南	1715	327	192	181	175
湖北	1326	316	216	209	186
湖南	1477	301	188	204	181
广东	2089	398	261	243	217
广西	1428	146	89	93	80
海南	246	22	13	7	9
重庆	529	198	116	154	110
四川	1059	286	181	176	148
贵州	1101	142	86	103	89
云南	784	146	89	73	87
西藏	165	2	1	1	1
陕西	1248	270	172	166	166
甘肃	840	141	95	75	77
青海	186	22	20	10	18
宁夏	161	28	19	18	17
新疆	617	58	11	27	45

1-B-8 各地区工业企业科技活动分布情况

单位：个

地区	规模以上工业企业数	#有科技活动	#有R&D活动	#有新产品开发	#有科技机构
全国	**276474**	**32924**	**17075**	**18838**	**13906**
东部地区	202229	23569	12236	13772	9332
中部地区	45616	5669	2912	3107	2840
西部地区	28629	3686	1927	1959	1734
东北地区	17212	1548	871	839	680
北京	6871	1351	1066	714	421
天津	6462	726	487	410	227
河北	9284	959	441	461	467
山西	5013	355	159	228	233
内蒙古	2275	187	67	86	76
辽宁	10635	903	480	469	371
吉林	3280	302	154	173	153
黑龙江	3297	343	237	197	156
上海	15766	1387	791	993	417
江苏	40848	5454	2877	2696	2141
浙江	41358	6419	2667	4857	2320
安徽	4778	732	339	477	415
福建	11918	1061	624	677	423
江西	4019	454	248	236	208
山东	23915	2205	1110	948	1041
河南	11474	1424	619	650	641
湖北	6232	974	583	541	510
湖南	7523	1085	573	605	524
广东	34584	3049	1664	1522	1474
广西	3749	353	194	211	182
海南	588	55	29	25	30
重庆	2634	519	248	352	213
四川	7413	1130	597	538	468
贵州	2545	235	141	160	133
云南	2332	309	159	145	148
西藏	187	4	1	2	2
陕西	3012	462	260	235	242
甘肃	1927	260	165	127	142
青海	463	42	33	18	26
宁夏	662	87	45	46	39
新疆	1430	98	17	39	63

1-B-9 各地区内资工业企业科技活动分布情况

单位：个

地 区	规模以上工业企业数	#有科技活动	#有R&D活动	#有新产品开发	#有科技机构
全 国	**219309**	**26327**	**13584**	**15043**	**11287**
东部地区	149744	17741	9155	10432	7090
中部地区	42710	5184	2671	2819	2587
西部地区	26855	3402	1758	1792	1610
东北地区	14569	1358	770	726	607
北 京	5531	1105	863	589	358
天 津	4805	566	381	324	177
河 北	8376	837	368	408	419
山 西	4881	335	150	215	219
内蒙古	2157	171	62	77	67
辽 宁	8475	763	406	385	322
吉 林	3001	279	143	159	143
黑龙江	3093	316	221	182	142
上 海	10104	857	490	623	248
江 苏	31745	4074	2160	2022	1673
浙 江	34469	5263	2162	3962	1858
安 徽	4339	665	311	438	383
福 建	7094	587	355	370	229
江 西	3590	413	225	216	188
山 东	19600	1928	963	821	920
河 南	11019	1322	569	587	587
湖 北	5662	849	521	472	448
湖 南	7125	1005	531	550	477
广 东	19048	1712	980	906	860
广 西	3392	316	171	187	164
海 南	497	49	27	22	26
重 庆	2453	459	219	312	188
四 川	6930	1051	546	496	440
贵 州	2429	224	132	153	127
云 南	2159	285	148	129	139
西 藏	186	4	1	2	2
陕 西	2837	425	231	215	222
甘 肃	1877	256	162	125	140
青 海	444	37	28	17	24
宁 夏	624	80	41	41	36
新 疆	1367	94	17	38	61

1-B-10 各地区港澳台商投资工业企业科技活动分布情况

单位：个

地区	规模以上工业企业数	#有科技活动	#有R&D活动	#有新产品开发	#有科技机构
全国	**28399**	**2971**	**1478**	**1670**	**1223**
东部地区	26346	2660	1313	1489	1075
中部地区	1345	207	105	120	104
西部地区	708	104	60	61	44
东北地区	613	56	26	32	18
北京	372	61	53	33	18
天津	372	35	19	19	13
河北	307	39	18	21	21
山西	62	8	6	6	6
内蒙古	41	5	1	2	2
辽宁	488	44	20	25	13
吉林	67	7	3	6	4
黑龙江	58	5	3	1	1
上海	2015	135	77	90	41
江苏	4079	588	282	276	190
浙江	3406	552	242	421	219
安徽	178	28	9	13	12
福建	3111	265	150	181	120
江西	252	19	12	11	11
山东	995	84	36	33	34
河南	210	36	16	19	17
湖北	279	54	27	30	22
湖南	239	50	29	34	31
广东	11151	853	415	388	403
广西	189	18	10	12	9
海南	50	4	1	2	3
重庆	61	20	11	13	10
四川	166	25	14	15	9
贵州	51	5	4	2	2
云南	91	14	7	10	5
西藏					
陕西	54	10	8	5	6
甘肃	22	3	2	2	1
青海	9	3	3		
宁夏	7				
新疆	17	1			

1-B-11 各地区外商投资工业企业科技活动分布情况

单位：个

地 区	规模以上工业企业数	#有科技活动	#有R&D活动	#有新产品开发	#有科技机构
全 国	**28766**	**3626**	**2013**	**2125**	**1396**
东部地区	26139	3168	1768	1851	1167
中部地区	1561	278	136	168	149
西部地区	1066	180	109	106	80
东北地区	2030	134	75	81	55
北 京	968	185	150	92	45
天 津	1285	125	87	67	37
河 北	601	83	55	32	27
山 西	70	12	3	7	8
内蒙古	77	11	4	7	7
辽 宁	1672	96	54	59	36
吉 林	212	16	8	8	6
黑龙江	146	22	13	14	13
上 海	3647	395	224	280	128
江 苏	5024	792	435	398	278
浙 江	3483	604	263	474	243
安 徽	261	39	19	26	20
福 建	1713	209	119	126	74
江 西	177	22	11	9	9
山 东	3320	193	111	94	87
河 南	245	66	34	44	37
湖 北	291	71	35	39	40
湖 南	159	30	13	21	16
广 东	4385	484	269	228	211
广 西	168	19	13	12	9
海 南	41	2	1	1	1
重 庆	120	40	18	27	15
四 川	317	54	37	27	19
贵 州	65	6	5	5	4
云 南	82	10	4	6	4
西 藏	1				
陕 西	121	27	21	15	14
甘 肃	28	1	1		1
青 海	10	2	2	1	2
宁 夏	31	7	4	5	3
新 疆	46	3		1	2

1-B-12 分登记注册类型大中型工业企业科技活动分布情况

单位：个

行业	企业数	#有科技活动	#有R&D活动	#有新产品开发	#有科技机构
合计	**27692**	**10620**	**6566**	**6991**	**6468**
国有及国有控股企业	7903	4172	2864	2871	2701
内资企业	18791	8140	5138	5430	5228
国有企业	3680	1640	1045	1019	972
集体企业	936	220	109	125	123
股份合作企业	370	142	82	85	85
联营企业	116	39	22	25	19
国有联营企业	51	17	11	10	8
集体联营企业	18	3	1	2	
国有与集体联营企业	31	16	8	11	8
其他联营企业	16	3	2	2	3
有限责任公司	6684	3085	1968	2114	2013
国有独资公司	810	540	398	401	398
其他有限责任公司	5874	2545	1570	1713	1615
股份有限公司	2456	1506	1110	1117	1167
私营企业	4525	1503	799	943	849
私营独资企业	341	73	39	36	42
私营合伙企业	61	14	6	7	9
私营有限责任公司	3823	1311	692	833	732
私营股份有限公司	300	105	62	67	66
其他企业	24	5	3	2	
港、澳、台商投资企业	4201	1070	582	651	553
合资经营企业（港或澳、台资）	1617	554	325	380	310
合作经营企业（港或澳、台资）	222	45	25	23	21
港、澳、台商独资经营企业	2273	421	197	207	184
港、澳、台商投资股份有限公司	89	50	35	41	38
外商投资企业	4700	1410	846	910	687
中外合资经营企业	2044	809	491	569	414
中外合作经营企业	227	50	33	28	27
外资企业	2301	480	265	261	191
外商投资股份有限公司	128	71	57	52	55

1-B-13 分行业大中型工业企业科技活动分布情况

单位：个

行业	企业数	#有科技活动	#有R&D活动	#有新产品开发	#有科技机构
合计	**27692**	**10620**	**6566**	**6991**	**6468**
采矿业	**1147**	**329**	**203**	**113**	**189**
煤炭开采和洗选业	628	158	84	56	90
烟煤和无烟煤的开采洗选	600	149	80	56	86
褐煤的开采洗选	28	9	4		4
其他煤炭采选					
石油和天然气开采业	71	45	40	18	37
天然原油和天然气开采	48	29	27	6	24
与石油和天然气开采有关的服务活动	23	16	13	12	13
黑色金属矿采选业	146	27	17	7	8
铁矿采选	131	24	16	6	7
其他黑色金属矿采选	15	3	1	1	1
有色金属矿采选业	193	61	37	16	30
常用有色金属矿采选	89	28	18	7	13
贵金属矿采选	80	27	15	6	13
稀有稀土金属矿采选	24	6	4	3	4
非金属矿采选业	108	38	25	16	24
土砂石开采	25	5	5	2	4
化学矿采选	23	9	5	2	5
采盐	42	20	12	10	12
石棉及其他非金属矿采选	18	4	3	2	3
制造业	**24616**	**9834**	**6132**	**6819**	**6135**
农副食品加工业	906	185	95	101	115
谷物磨制	57	16	9	13	11
饲料加工	58	12	7	10	10
植物油加工	94	21	7	11	12
制糖	163	27	11	5	17
屠宰及肉类加工	210	45	23	20	30
水产品加工	171	33	19	20	12
蔬菜、水果和坚果加工	85	22	13	17	15
其他农副食品加工	68	9	6	5	8
食品制造业	575	192	115	131	128
焙烤食品制造	84	16	8	9	10
糖果、巧克力及蜜饯制造	38	11	6	7	4
方便食品制造	98	25	15	15	14
液体乳及乳制品制造	121	52	32	40	38
罐头制造	59	14	8	11	8
调味品、发酵制品制造	96	41	22	26	29

1-B-13 续表 1 单位：个

行业	企业数	#有科技活动	#有R&D活动	#有新产品开发	#有科技机构
其他食品制造	79	33	24	23	25
饮料制造业	542	216	125	154	138
酒精制造	22	10	7	5	5
酒的制造	397	179	103	132	119
软饮料制造	114	23	12	16	12
精制茶加工	9	4	3	1	2
烟草制品业	124	76	59	61	61
烟叶复烤	29	2			
卷烟制造	89	70	55	59	57
其他烟草制品加工	6	4	4	2	4
纺织业	2449	650	357	412	363
棉、化纤纺织及印染精加工	1436	367	201	220	204
毛纺织和染整精加工	165	58	35	37	37
麻纺织	59	22	12	14	14
丝绢纺织及精加工	195	68	32	38	32
纺织制成品制造	216	55	34	41	33
针织品、编织品及其制品制造	378	80	43	62	43
纺织服装、鞋、帽制造业	837	139	62	68	57
纺织服装制造	791	132	61	67	54
纺织面料鞋的制造	29	3	1	1	2
制帽	17	4			1
皮革、毛皮、羽毛(绒)及其制品业	534	113	50	81	68
皮革鞣制加工	66	14	7	12	8
皮革制品制造	428	88	37	60	55
毛皮鞣制及制品加工	15	6	4	5	3
羽毛(绒)加工及制品制造	25	5	2	4	2
木材加工及木、竹、藤、棕、草制品业	202	46	24	28	28
锯材、木片加工	21	6	3	4	4
人造板制造	128	32	17	20	22
木制品制造	46	7	4	3	1
竹、藤、棕、草制品制造	7	1		1	1
家具制造业	264	50	24	26	26
木质家具制造	152	24	10	8	10
竹、藤家具制造	2				
金属家具制造	76	21	12	17	13
塑料家具制造	5	1	1		1
其他家具制造	29	4	1	1	2
造纸及纸制品业	612	180	93	87	102
纸浆制造	28	14	10	6	8

1-B-13 续表 2

单位：个

行业	企业数	#有科技活动	#有R&D活动	#有新产品开发	#有科技机构
造纸	410	133	71	66	78
纸制品制造	174	33	12	15	16
印刷业和记录媒介的复制	295	59	26	38	38
印刷	276	53	22	35	34
装订及其他印刷服务活动	14	3	2	2	3
记录媒介的复制	5	3	2	1	1
文教体育用品制造业	337	69	41	48	37
文化用品制造	52	13	10	12	7
体育用品制造	91	24	14	18	17
乐器制造	25	9	6	6	3
玩具制造	162	21	9	10	10
游艺器材及娱乐用品制造	7	2	2	2	
石油加工、炼焦及核燃料加工业	367	113	77	54	69
精炼石油产品的制造	133	84	65	45	55
炼焦	232	27	10	8	13
核燃料加工	2	2	2	1	1
化学原料及化学制品制造业	1664	845	544	545	614
基础化学原料制造	436	217	137	136	158
肥料制造	438	167	83	76	110
农药制造	99	70	50	54	56
涂料、油墨、颜料及类似产品制造	145	82	51	58	61
合成材料制造	133	81	62	61	57
专用化学产品制造	299	171	123	114	125
日用化学产品制造	114	57	38	46	47
医药制造业	751	571	423	457	446
化学药品原药制造	161	132	97	104	105
化学药品制剂制造	256	190	133	160	155
中药饮片加工	18	16	11	8	11
中成药制造	234	176	139	143	132
兽用药品制造	18	13	10	9	11
生物、生化制品的制造	37	33	27	25	25
卫生材料及医药用品制造	27	11	6	8	7
化学纤维制造业	223	113	65	77	70
纤维素纤维原料及纤维制造	40	25	15	14	17
合成纤维制造	183	88	50	63	53
橡胶制品业	360	139	87	95	93
轮胎制造	122	51	32	38	35
橡胶板、管、带的制造	53	30	19	21	22
橡胶零件制造	52	20	11	12	11

1-B-13 续表 3　　单位：个

行业	企业数	#有科技活动	#有R&D活动	#有新产品开发	#有科技机构
再生橡胶制造	2	1		1	
日用及医用橡胶制品制造	37	15	7	9	11
橡胶靴鞋制造	70	16	12	10	10
其他橡胶制品制造	24	6	6	4	4
塑料制品业	722	208	119	132	109
塑料薄膜制造	72	38	26	27	26
塑料板、管、型材的制造	104	43	31	30	27
塑料丝、绳及编织品的制造	63	17	12	7	9
泡沫塑料制造	22	6	4	4	5
塑料人造革、合成革制造	53	19	10	15	8
塑料包装箱及容器制造	61	14	9	10	9
塑料零件制造	154	36	17	16	15
日用塑料制造	107	22	6	16	5
其他塑料制品制造	86	13	4	7	5
非金属矿物制品业	1804	510	271	272	267
水泥、石灰和石膏的制造	808	153	67	41	75
水泥及石膏制品制造	117	30	13	15	7
砖瓦、石材及其他建筑材料制造	215	48	26	23	22
玻璃及玻璃制品制造	316	124	70	80	67
陶瓷制品制造	140	57	34	40	33
耐火材料制品制造	103	51	30	37	31
石墨及其他非金属矿物制品制造	105	47	31	36	32
黑色金属冶炼及压延加工业	927	256	166	157	143
炼铁	211	27	11	11	13
炼钢	145	37	25	20	25
钢压延加工	451	165	113	107	89
铁合金冶炼	120	27	17	19	16
有色金属冶炼及压延加工业	558	251	169	142	164
常用有色金属冶炼	248	98	64	42	65
贵金属冶炼	31	15	11	3	9
稀有稀土金属冶炼	41	23	18	19	17
有色金属合金制造	16	10	8	8	6
有色金属压延加工	222	105	68	70	67
金属制品业	807	248	133	181	128
结构性金属制品制造	231	73	35	50	31
金属工具制造	112	43	25	35	29
集装箱及金属包装容器制造	98	31	18	20	12
金属丝绳及其制品的制造	58	19	14	17	12
建筑、安全用金属制品制造	101	29	12	21	17

1-B-13 续表 4

单位：个

行 业	企业数	#有科技活动	#有R&D活动	#有新产品开发	#有科技机构
金属表面处理及热处理加工	23	6	1	3	3
搪瓷制品制造	15	3	1	1	2
不锈钢及类似日用金属制品制造	100	21	12	17	10
其他金属制品制造	69	23	15	17	12
通用设备制造业	1650	954	597	741	607
锅炉及原动机制造	188	126	87	105	90
金属加工机械制造	201	142	103	129	103
起重运输设备制造	150	93	60	66	61
泵、阀门、压缩机及类似机械的制造	287	190	118	155	111
轴承、齿轮、传动和驱动部件的制造	231	122	69	89	78
烘炉、熔炉及电炉制造	6	1	1	1	1
风机、衡器、包装设备等通用设备制造	270	165	103	126	103
通用零部件制造及机械修理	128	43	21	27	21
金属铸、锻加工	189	72	35	43	39
专用设备制造业	1003	626	428	496	413
矿山、冶金、建筑专用设备制造	278	183	127	145	126
化工、木材、非金属加工专用设备制造	183	89	57	65	50
食品、饮料、烟草及饲料生产专用设备制造	43	32	13	19	19
印刷、制药、日化生产专用设备制造	64	36	32	33	22
纺织、服装和皮革工业专用设备制造	114	83	56	68	53
电子和电工机械专用设备制造	90	59	45	50	44
农、林、牧、渔专用机械制造	93	51	32	40	38
医疗仪器设备及器械制造	62	33	25	29	23
环保、社会公共安全及其他专用设备制造	76	60	41	47	38
交通运输设备制造业	1668	969	611	757	633
铁路运输设备制造	101	62	47	52	45
汽车制造	1056	635	391	489	411
摩托车制造	181	99	57	78	60
自行车制造	94	19	10	11	9
船舶及浮动装置制造	120	64	40	49	37
航空航天器制造	113	89	66	77	70
交通器材及其他交通运输设备制造	3	1		1	1
电气机械及器材制造业	1761	906	596	674	566
电机制造	227	146	96	110	92
输配电及控制设备制造	460	244	173	188	145
电线、电缆、光缆及电工器材制造	328	160	103	128	102
电池制造	158	71	46	44	50
家用电力器具制造	354	178	118	138	113
非电力家用器具制造	33	21	14	13	13

1-B-13 续表 5 单位：个

行业	企业数	#有科技活动	#有R&D活动	#有新产品开发	#有科技机构
照明器具制造	179	71	40	42	45
其他电气机械及器材制造	22	15	6	11	6
通信设备、计算机及其他电子设备制造业	1934	847	570	583	476
通信设备制造	241	144	106	99	88
雷达及配套设备制造	22	18	12	15	14
广播电视设备制造	39	19	14	16	13
电子计算机制造	346	122	77	79	54
电子器件制造	319	151	109	102	81
电子元件制造	691	276	178	191	146
家用视听设备制造	245	106	66	72	72
其他电子设备制造	31	11	8	9	8
仪器仪表及文化、办公用机械制造业	390	209	150	164	124
通用仪器仪表制造	120	80	61	62	57
专用仪器仪表制造	39	34	26	29	20
钟表与计时仪器制造	41	14	9	13	8
光学仪器及眼镜制造	89	44	32	35	28
文化、办公用机械制造	96	36	21	25	10
其他仪器仪表的制造及修理	5	1	1		1
工艺品及其他制造业	340	93	55	57	52
工艺美术品制造	191	35	14	18	17
日用杂品制造	95	22	11	16	8
煤制品制造					
核辐射加工					
其他未列明的制造业	54	36	30	23	27
废弃资源和废旧材料回收加工业	10	1			
金属废料和碎屑的加工处理	9	1			
非金属废料和碎屑的加工处理	1				
电力、燃气及水的生产和供应业	**1929**	**457**	**231**	**59**	**144**
电力、热力的生产和供应业	1657	367	180	47	111
电力生产	764	229	109	16	58
电力供应	786	118	64	29	47
热力生产和供应	107	20	7	2	6
燃气生产和供应业	92	29	13	7	6
水的生产和供应业	180	61	38	5	27
自来水的生产和供应	177	58	36	4	25
污水处理及其再生利用	3	3	2	1	2

1-B-14 国有及国有控股大中型制造业企业科技活动分布情况

单位：个

行业	企业数	#有科技活动	#有R&D活动	#有新产品开发	#有科技机构
合计	**5539**	**3470**	**2465**	**2711**	**2397**
农副食品加工业	150	38	25	24	30
食品制造业	83	44	24	35	26
饮料制造业	162	78	48	58	54
烟草制品业	112	71	56	59	58
纺织业	346	160	104	123	96
纺织服装、鞋、帽制造业	49	10	6	8	5
皮革、毛皮、羽毛(绒)及其制品业	11	5	4	5	5
木材加工及木、竹、藤、棕、草制品业	48	17	14	13	11
家具制造业	8	3	3	3	2
造纸及纸制品业	101	47	37	26	33
印刷业和记录媒介的复制	104	19	9	16	13
文教体育用品制造业	11	9	8	7	4
石油加工、炼焦及核燃料加工业	132	75	58	40	51
化学原料及化学制品制造业	640	379	267	254	281
医药制造业	227	195	158	167	155
化学纤维制造业	58	38	27	28	26
橡胶制品业	68	47	35	41	35
塑料制品业	38	20	15	16	10
非金属矿物制品业	446	173	101	99	93
黑色金属冶炼及压延加工业	207	121	88	97	79
有色金属冶炼及压延加工业	200	132	92	78	88
金属制品业	113	59	36	49	36
通用设备制造业	504	371	261	316	242
专用设备制造业	377	301	219	257	208
交通运输设备制造业	679	517	354	433	383
电气机械及器材制造业	241	184	128	156	121
通信设备、计算机及其他电子设备制造业	289	242	193	209	171
仪器仪表及文化、办公用机械制造业	92	80	65	71	55
工艺品及其他制造业	42	35	30	23	26

1-B-15 内资大中型制造业企业科技活动分布情况

单位：个

行业	企业数	#有科技活动	#有R&D活动	#有新产品开发	#有科技机构
合计	**15861**	**7389**	**4725**	**5258**	**4905**
农副食品加工业	653	149	77	82	98
食品制造业	361	145	86	102	104
饮料制造业	351	165	101	121	110
烟草制品业	121	75	58	61	61
纺织业	1673	508	279	320	281
纺织服装、鞋、帽制造业	353	85	39	46	44
皮革、毛皮、羽毛(绒)及其制品业	158	48	27	38	35
木材加工及木、竹、藤、棕、草制品业	123	35	21	22	21
家具制造业	80	26	15	16	17
造纸及纸制品业	431	137	72	67	82
印刷业和记录媒介的复制	185	34	16	21	23
文教体育用品制造业	80	32	21	25	19
石油加工、炼焦及核燃料加工业	340	105	74	51	66
化学原料及化学制品制造业	1443	743	482	475	552
医药制造业	593	466	348	372	371
化学纤维制造业	165	89	56	66	61
橡胶制品业	187	95	64	71	70
塑料制品业	267	120	75	79	68
非金属矿物制品业	1481	421	228	219	227
黑色金属冶炼及压延加工业	813	225	144	141	129
有色金属冶炼及压延加工业	460	221	147	124	145
金属制品业	476	186	102	139	102
通用设备制造业	1266	784	504	624	521
专用设备制造业	787	552	381	449	376
交通运输设备制造业	1231	763	470	606	519
电气机械及器材制造业	965	624	417	481	422
通信设备、计算机及其他电子设备制造业	488	354	273	286	245
仪器仪表及文化、办公用机械制造业	169	132	100	109	93
工艺品及其他制造业	154	69	48	45	43

1-B-16 港澳台商投资大中型制造业企业科技活动分布情况

单位：个

行　　业	企业数	#有科技活动	#有R&D活动	#有新产品开发	#有科技机构
合　计	**4139**	**1052**	**573**	**651**	**549**
农副食品加工业	92	15	8	8	9
食品制造业	84	18	8	12	8
饮料制造业	64	14	5	10	7
烟草制品业	2	1	1		
纺织业	475	88	50	58	49
纺织服装、鞋、帽制造业	293	36	19	17	10
皮革、毛皮、羽毛(绒)及其制品业	192	36	14	23	19
木材加工及木、竹、藤、棕、草制品业	37	7	2	5	6
家具制造业	98	13	4	5	6
造纸及纸制品业	93	24	10	8	12
印刷业和记录媒介的复制	71	15	6	10	10
文教体育用品制造业	176	22	11	14	9
石油加工、炼焦及核燃料加工业	18	6	2	2	2
化学原料及化学制品制造业	91	42	24	27	24
医药制造业	61	45	34	36	35
化学纤维制造业	33	14	5	6	7
橡胶制品业	71	14	7	9	9
塑料制品业	264	54	29	34	29
非金属矿物制品业	158	44	21	21	20
黑色金属冶炼及压延加工业	55	15	10	9	7
有色金属冶炼及压延加工业	52	14	9	7	7
金属制品业	171	31	13	20	13
通用设备制造业	125	47	23	31	26
专用设备制造业	85	30	20	20	17
交通运输设备制造业	119	41	25	28	22
电气机械及器材制造业	380	131	79	87	74
通信设备、计算机及其他电子设备制造业	579	188	107	112	90
仪器仪表及文化、办公用机械制造业	95	34	23	26	17
工艺品及其他制造业	104	13	4	6	5

1-B-17 外商投资大中型制造业企业科技活动分布情况

单位：个

行业	企业数	#有科技活动	#有R&D活动	#有新产品开发	#有科技机构
合计	**4616**	**1393**	**834**	**910**	**681**
农副食品加工业	161	21	10	11	8
食品制造业	130	29	21	17	16
饮料制造业	127	37	19	23	21
烟草制品业	1				
纺织业	301	54	28	34	33
纺织服装、鞋、帽制造业	191	18	4	5	3
皮革、毛皮、羽毛(绒)及其制品业	184	29	9	20	14
木材加工及木、竹、藤、棕、草制品业	42	4	1	1	1
家具制造业	86	11	5	5	3
造纸及纸制品业	88	19	11	12	8
印刷业和记录媒介的复制	39	10	4	7	5
文教体育用品制造业	81	15	9	9	9
石油加工、炼焦及核燃料加工业	9	2	1	1	1
化学原料及化学制品制造业	130	60	38	43	38
医药制造业	97	60	41	49	40
化学纤维制造业	25	10	4	5	2
橡胶制品业	102	30	16	15	14
塑料制品业	191	34	15	19	12
非金属矿物制品业	165	45	22	32	20
黑色金属冶炼及压延加工业	59	16	12	7	7
有色金属冶炼及压延加工业	46	16	13	11	12
金属制品业	160	31	18	22	13
通用设备制造业	259	123	70	86	60
专用设备制造业	131	44	27	27	20
交通运输设备制造业	318	165	116	123	92
电气机械及器材制造业	416	151	100	106	70
通信设备、计算机及其他电子设备制造业	867	305	190	185	141
仪器仪表及文化、办公用机械制造业	126	43	27	29	14
工艺品及其他制造业	82	11	3	6	4

1-B-18 各地区大中型工业企业科技活动分布情况

单位：个

地 区	企业数	#有科技活动	#有R&D活动	#有新产品开发	#有科技机构
全 国	**27692**	**10620**	**6566**	**6991**	**6468**
东部地区	18719	6950	4258	4592	4069
中部地区	5145	2045	1294	1361	1368
西部地区	3828	1625	1014	1038	1031
东北地区	1837	595	402	394	371
北 京	496	231	204	154	106
天 津	516	201	156	136	114
河 北	1164	402	211	242	269
山 西	771	196	100	128	144
内蒙古	337	97	47	46	55
辽 宁	964	322	212	213	191
吉 林	394	127	75	82	89
黑龙江	479	146	115	99	91
上 海	1352	524	328	420	206
江 苏	3157	1569	956	972	894
浙 江	3043	1349	749	1032	845
安 徽	593	342	167	232	227
福 建	1015	349	229	251	201
江 西	396	163	123	111	108
山 东	2943	918	585	535	599
河 南	1189	456	271	277	292
湖 北	747	334	243	228	224
湖 南	576	281	200	204	193
广 东	4009	1067	618	628	634
广 西	422	160	101	106	105
海 南	60	18	10	9	10
重 庆	435	262	145	207	147
四 川	909	397	265	251	243
贵 州	261	110	75	89	83
云 南	375	144	86	71	87
西 藏	8	1	1	1	1
陕 西	467	227	156	143	157
甘 肃	238	100	76	58	63
青 海	58	23	21	10	16
宁 夏	115	49	29	30	28
新 疆	203	55	12	26	46

1-B-19 各地区国有及国有控股大中型工业企业科技活动分布情况

单位：个

地区	企业数	#有科技活动	#有R&D活动	#有新产品开发	#有科技机构
全国	**7903**	**4172**	**2864**	**2871**	**2701**
东部地区	3499	2009	1396	1416	1214
中部地区	2431	1147	791	778	799
西部地区	1973	1016	677	677	688
东北地区	857	372	278	257	248
北京	257	158	140	116	75
天津	189	131	103	95	79
河北	421	206	113	119	138
山西	314	126	70	85	98
内蒙古	144	58	34	27	31
辽宁	372	185	140	131	117
吉林	211	85	53	55	64
黑龙江	274	102	85	71	67
上海	419	305	200	255	129
江苏	381	282	193	204	194
浙江	234	126	71	88	77
安徽	250	152	84	99	102
福建	171	91	67	67	54
江西	250	111	83	75	75
山东	589	277	196	176	187
河南	487	201	135	123	130
湖北	351	208	153	151	141
湖南	294	162	128	119	122
广东	441	238	168	162	160
广西	228	94	68	63	64
海南	25	10	5	3	4
重庆	211	146	89	125	94
四川	332	184	129	126	121
贵州	182	87	56	68	66
云南	197	97	65	53	62
西藏	6	1	1	1	1
陕西	303	185	131	122	131
甘肃	160	79	60	46	51
青海	40	18	17	8	15
宁夏	47	25	17	17	16
新疆	123	42	10	21	36

1-B-20 各地区内资大中型工业企业科技活动分布情况

单位: 个

地 区	企业数	#有科技活动	#有R&D活动	#有新产品开发	#有科技机构
全 国	**18791**	**8140**	**5138**	**5430**	**5228**
东部地区	10646	4770	3010	3231	3009
中部地区	4635	1864	1191	1244	1259
西部地区	3510	1506	937	955	960
东北地区	1460	526	362	344	335
北 京	328	178	159	122	86
天 津	291	145	117	103	90
河 北	1004	349	179	214	239
山 西	731	184	93	122	135
内蒙古	311	91	44	41	50
辽 宁	682	271	183	176	166
吉 林	348	121	72	78	86
黑龙江	430	134	107	90	83
上 海	542	279	172	227	109
江 苏	1817	1065	665	703	688
浙 江	2075	1017	573	777	661
安 徽	521	310	154	214	211
福 建	380	159	111	111	97
江 西	350	151	115	105	103
山 东	2334	816	529	481	543
河 南	1096	418	248	251	268
湖 北	643	292	217	202	199
湖 南	516	254	185	182	174
广 东	1143	473	312	308	320
广 西	370	143	90	94	97
海 南	50	18	10	9	10
重 庆	386	231	128	184	131
四 川	819	368	247	232	227
贵 州	248	106	71	86	81
云 南	348	134	80	62	80
西 藏	8	1	1	1	1
陕 西	436	217	147	137	148
甘 肃	228	98	74	57	61
青 海	53	19	17	9	14
宁 夏	109	45	26	26	26
新 疆	194	53	12	26	44

1-B-21 各地区港澳台商投资大中型工业企业科技活动分布情况

单位：个

地 区	企业数	#有科技活动	#有R&D活动	#有新产品开发	#有科技机构
全 国	**4201**	**1070**	**582**	**651**	**553**
东部地区	3882	963	520	581	490
中部地区	216	74	41	49	43
西部地区	103	33	21	21	20
东北地区	94	18	10	9	7
北 京	43	14	13	9	5
天 津	46	9	5	8	4
河 北	57	23	14	15	16
山 西	16	5	4	3	4
内蒙古	5				
辽 宁	70	14	8	7	5
吉 林	12	3	1	2	2
黑龙江	12	1	1		
上 海	231	56	37	44	22
江 苏	545	194	95	97	76
浙 江	484	161	87	125	93
安 徽	30	13	4	8	5
福 建	388	112	68	83	67
江 西	27	7	5	4	3
山 东	162	28	14	13	12
河 南	42	14	8	7	10
湖 北	42	13	7	9	7
湖 南	35	18	11	16	12
广 东	1853	352	179	180	190
广 西	23	6	2	4	2
海 南	3				
重 庆	12	8	6	6	6
四 川	24	6	3	4	4
贵 州	3	1	1		
云 南	12	6	3	5	4
西 藏					
陕 西	11	3	3	1	3
甘 肃	6	1	1	1	1
青 海	3	2	2		
宁 夏					
新 疆	4				

1-B-22 各地区外商投资大中型工业企业科技活动分布情况

单位：个

地区	企业数	#有科技活动	#有R&D活动	#有新产品开发	#有科技机构
全国	**4700**	**1410**	**846**	**910**	**687**
东部地区	4191	1217	728	780	570
中部地区	294	107	62	68	66
西部地区	215	86	56	62	51
东北地区	283	51	30	41	29
北京	125	39	32	23	15
天津	179	47	34	25	20
河北	103	30	18	13	14
山西	24	7	3	3	5
内蒙古	21	6	3	5	5
辽宁	212	37	21	30	20
吉林	34	3	2	2	1
黑龙江	37	11	7	9	8
上海	579	189	119	149	75
江苏	795	310	196	172	130
浙江	484	171	89	130	91
安徽	42	19	9	10	11
福建	247	78	50	57	37
江西	19	5	3	2	2
山东	447	74	42	41	44
河南	51	24	15	19	14
湖北	62	29	19	17	18
湖南	25	9	4	6	7
广东	1013	242	127	140	124
广西	29	11	9	8	6
海南	7				
重庆	37	23	11	17	10
四川	66	23	15	15	12
贵州	10	3	3	3	2
云南	15	4	3	4	3
西藏					
陕西	20	7	6	5	6
甘肃	4	1	1		1
青海	2	2	2	1	2
宁夏	6	4	3	4	2
新疆	5	2			2

C.科技活动人员情况

1-C-1 分登记注册类型工业企业科技活动人员情况

单位：人

行业	科技活动人员合计	#1.参加科技项目人员	2.科技管理和服务人员	#科学家和工程师	高中级技术职称人员
合计	**1838010**	**1205618**	**632392**	**1064329**	**634511**
国有及国有控股企业	993730	607530	386200	587152	399849
内资企业	1524159	983317	540842	878873	552473
国有企业	317227	192034	125193	180745	130543
集体企业	36058	24276	11782	20614	8781
股份合作企业	19234	13521	5713	9597	5249
联营企业	8928	5991	2937	5604	3492
国有联营企业	6494	4339	2155	4174	2837
集体联营企业	373	269	104	252	90
国有与集体联营企业	1239	782	457	616	332
其他联营企业	822	601	221	562	233
有限责任公司	633461	394348	239113	367235	236067
国有独资公司	201361	120077	81284	118847	86185
其他有限责任公司	432100	274271	157829	248388	149882
股份有限公司	303965	201839	102126	183711	111563
私营企业	204607	150912	53695	111019	56614
私营独资企业	13963	9577	4386	6433	3372
私营合伙企业	3326	2404	922	1222	605
私营有限责任公司	173841	129458	44383	95295	48595
私营股份有限公司	13477	9473	4004	8069	4042
其他企业	679	396	283	348	164
港、澳、台商投资企业	121579	87321	34258	67110	31655
合资经营企业（港或澳、台资）	65068	48310	16758	36179	17512
合作经营企业（港或澳、台资）	5049	4133	916	2385	1216
港、澳、台商独资经营企业	38094	26283	11811	20574	7503
港、澳、台商投资股份有限公司	13368	8595	4773	7972	5424
外商投资企业	192272	134980	57292	118346	50383
中外合资经营企业	101188	70546	30642	59822	29033
中外合作经营企业	6376	3781	2595	4116	1410
外资企业	62417	45697	16720	40618	13252
外商投资股份有限公司	22291	14956	7335	13790	6688

1-C-2 分行业工业企业科技活动人员情况

单位：人

行业	科技活动人员合计	#1.参加科技项目人员	2.科技管理和服务人员	#科学家和工程师	高中级技术职称人员
合计	**1838010**	**1205618**	**632392**	**1064329**	**634511**
采矿业	**159047**	**93993**	**65054**	**91644**	**64885**
煤炭开采和洗选业	91650	55061	36589	44080	35293
烟煤和无烟煤的开采洗选	90533	54570	35963	43493	34786
褐煤的开采洗选	1114	488	626	584	505
其他煤炭采选	3	3		3	2
石油和天然气开采业	54172	29321	24851	39893	24449
天然原油和天然气开采	38566	18317	20249	27487	15125
与石油和天然气开采有关的服务活动	15606	11004	4602	12406	9324
黑色金属矿采选业	5671	4099	1572	3344	2528
铁矿采选	5292	3777	1515	3273	2480
其他黑色金属矿采选	379	322	57	71	48
有色金属矿采选业	4755	3508	1247	2766	1766
常用有色金属矿采选	1768	1428	340	1088	822
贵金属矿采选	2075	1435	640	1004	658
稀有稀土金属矿采选	912	645	267	674	286
非金属矿采选业	2799	2004	795	1561	849
土砂石开采	457	337	120	205	120
化学矿采选	658	502	156	551	230
采盐	1468	1052	416	708	461
石棉及其他非金属矿采选	216	113	103	97	38
制造业	**1620103**	**1071195**	**548908**	**932446**	**538984**
农副食品加工业	23777	16018	7759	12901	6153
谷物磨制	2210	1322	888	1176	523
饲料加工	3775	2438	1337	2555	1158
植物油加工	1617	900	717	883	428
制糖	2357	1971	386	1170	578
屠宰及肉类加工	7200	4387	2813	3987	1980
水产品加工	3191	2417	774	1228	573
蔬菜、水果和坚果加工	2157	1719	438	1192	504
其他农副食品加工	1270	864	406	710	409
食品制造业	20151	12611	7540	10424	4953
焙烤食品制造	889	640	249	494	268
糖果、巧克力及蜜饯制造	862	599	263	417	149
方便食品制造	1768	854	914	851	283
液体乳及乳制品制造	3954	2277	1677	2813	1135
罐头制造	1988	1817	171	498	215
调味品、发酵制品制造	6588	3553	3035	2742	1545

1-C-2 续表 1 单位：人

行业	科技活动人员合计	#1.参加科技项目人员	2.科技管理和服务人员	#科学家和工程师	高中级技术职称人员
其他食品制造	4102	2871	1231	2609	1358
饮料制造业	19904	13022	6882	9901	5476
酒精制造	866	653	213	437	231
酒的制造	15602	9999	5603	7579	4257
软饮料制造	2734	1876	858	1501	808
精制茶加工	702	494	208	384	180
烟草制品业	6784	4493	2291	4152	2470
烟叶复烤	64	49	15	24	18
卷烟制造	6513	4311	2202	4051	2393
其他烟草制品加工	207	133	74	77	59
纺织业	65891	45404	20487	26044	14405
棉、化纤纺织及印染精加工	39426	27540	11886	14315	8690
毛纺织和染整精加工	5208	3756	1452	2246	1188
麻纺织	1724	1180	544	835	644
丝绢纺织及精加工	4894	3358	1536	1949	933
纺织制成品制造	6696	4354	2342	3076	1292
针织品、编织品及其制品制造	7943	5216	2727	3623	1658
纺织服装、鞋、帽制造业	14385	9283	5102	6172	2127
纺织服装制造	13982	8981	5001	6045	2090
纺织面料鞋的制造	248	210	38	84	28
制帽	155	92	63	43	9
皮革、毛皮、羽毛(绒)及其制品业	9327	7478	1849	3110	1436
皮革鞣制加工	1692	1343	349	604	295
皮革制品制造	6975	5653	1322	2164	983
毛皮鞣制及制品加工	344	271	73	212	94
羽毛(绒)加工及制品制造	316	211	105	130	64
木材加工及木、竹、藤、棕、草制品业	4129	3220	909	2428	1444
锯材、木片加工	232	217	15	148	84
人造板制造	2940	2328	612	1708	1062
木制品制造	708	464	244	441	248
竹、藤、棕、草制品制造	249	211	38	131	50
家具制造业	3343	2275	1068	1504	640
木质家具制造	1717	1034	683	752	322
竹、藤家具制造	10	10		10	10
金属家具制造	1309	1037	272	612	261
塑料家具制造	52	46	6	35	11
其他家具制造	255	148	107	95	36
造纸及纸制品业	18839	13112	5727	9283	4756
纸浆制造	1060	601	459	573	405

1-C-2 续表 2

单位：人

行业	科技活动人员合计	#1.参加科技项目人员	2.科技管理和服务人员	#科学家和工程师	高中级技术职称人员
造纸	14909	10526	4383	7528	3824
纸制品制造	2870	1985	885	1182	527
印刷业和记录媒介的复制	7167	5218	1949	3612	1914
印刷	6102	4610	1492	3045	1688
装订及其他印刷服务活动	610	395	215	310	121
记录媒介的复制	455	213	242	257	105
文教体育用品制造业	6799	5237	1562	3410	1703
文化用品制造	1315	978	337	562	276
体育用品制造	2279	1697	582	1031	469
乐器制造	647	564	83	439	230
玩具制造	2073	1635	438	1021	542
游艺器材及娱乐用品制造	485	363	122	357	186
石油加工、炼焦及核燃料加工业	23367	13852	9515	13910	10402
精炼石油产品的制造	17798	11117	6681	10665	8071
炼焦	5132	2530	2602	2820	2049
核燃料加工	437	205	232	425	282
化学原料及化学制品制造业	127196	85525	41671	70761	44019
基础化学原料制造	29150	18591	10559	16075	10410
肥料制造	21524	15625	5899	11486	7555
农药制造	10810	7296	3514	6188	3312
涂料、油墨、颜料及类似产品制造	12741	8480	4261	7652	4277
合成材料制造	22608	15198	7410	11702	7534
专用化学产品制造	23362	15183	8179	13055	8290
日用化学产品制造	7001	5152	1849	4603	2641
医药制造业	73371	49012	24359	47430	26039
化学药品原药制造	19899	13607	6292	12719	7268
化学药品制剂制造	20613	13753	6860	13527	7508
中药饮片加工	2322	1780	542	1446	703
中成药制造	17877	11557	6320	11658	6336
兽用药品制造	2128	1422	706	1379	725
生物、生化制品的制造	8630	5279	3351	5357	2683
卫生材料及医药用品制造	1902	1614	288	1344	816
化学纤维制造业	14271	10038	4233	7806	4994
纤维素纤维原料及纤维制造	3971	2940	1031	2149	1332
合成纤维制造	10300	7098	3202	5657	3662
橡胶制品业	18643	11872	6771	8635	4624
轮胎制造	8194	4378	3816	3953	1880
橡胶板、管、带的制造	3033	2176	857	1619	974
橡胶零件制造	3013	1701	1312	1227	662

1-C-2 续表 3

单位：人

行业	科技活动人员合计	#1.参加科技项目人员	2.科技管理和服务人员	#科学家和工程师	高中级技术职称人员
再生橡胶制造	351	305	46	95	61
日用及医用橡胶制品制造	896	643	253	443	304
橡胶靴鞋制造	2214	2008	206	761	443
其他橡胶制品制造	942	661	281	537	300
塑料制品业	20966	14767	6199	11478	5607
塑料薄膜制造	4778	2974	1804	2677	1407
塑料板、管、型材的制造	5968	4196	1772	3489	1838
塑料丝、绳及编织品的制造	1000	720	280	530	237
泡沫塑料制造	809	666	143	418	213
塑料人造革、合成革制造	1176	842	334	558	209
塑料包装箱及容器制造	1603	1128	475	779	374
塑料零件制造	3040	2325	715	1708	715
日用塑料制造	1381	1098	283	680	263
其他塑料制品制造	1211	818	393	639	351
非金属矿物制品业	54041	35984	18057	25875	14461
水泥、石灰和石膏的制造	12456	8138	4318	4968	3131
水泥及石膏制品制造	2796	2061	735	1567	1023
砖瓦、石材及其他建筑材料制造	4178	2920	1258	2044	978
玻璃及玻璃制品制造	13225	9407	3818	6956	3629
陶瓷制品制造	7250	4902	2348	3540	1951
耐火材料制品制造	7950	4361	3589	3260	1637
石墨及其他非金属矿物制品制造	6186	4195	1991	3540	2112
黑色金属冶炼及压延加工业	126980	74047	52933	70329	51895
炼铁	4659	3632	1027	2402	1626
炼钢	22785	11575	11210	13732	9369
钢压延加工	94698	55481	39217	52439	39631
铁合金冶炼	4838	3359	1479	1756	1269
有色金属冶炼及压延加工业	50202	29172	21030	29594	20414
常用有色金属冶炼	23322	12892	10430	13778	10701
贵金属冶炼	1423	1110	313	827	618
稀有稀土金属冶炼	3860	2844	1016	2321	1458
有色金属合金制造	2983	1209	1774	2123	1463
有色金属压延加工	18614	11117	7497	10545	6174
金属制品业	29003	20170	8833	16735	9333
结构性金属制品制造	7516	5582	1934	4870	2473
金属工具制造	4329	3297	1032	2657	1621
集装箱及金属包装容器制造	2583	1437	1146	1387	822
金属丝绳及其制品的制造	4722	2663	2059	2131	1281
建筑、安全用金属制品制造	3202	2272	930	1553	773

1-C-2 续表 4

单位：人

行业	科技活动人员合计	#1.参加科技项目人员	2.科技管理和服务人员	#科学家和工程师	高中级技术职称人员
金属表面处理及热处理加工	982	713	269	498	242
搪瓷制品制造	360	260	100	189	104
不锈钢及类似日用金属制品制造	1848	1396	452	1016	400
其他金属制品制造	3461	2550	911	2434	1617
通用设备制造业	154612	99271	55341	87699	57218
锅炉及原动机制造	25675	15020	10655	15848	10402
金属加工机械制造	30064	17401	12663	15673	11191
起重运输设备制造	17307	10609	6698	9492	6175
泵、阀门、压缩机及类似机械的制造	24431	15684	8747	13470	8238
轴承、齿轮、传动和驱动部件的制造	15652	11802	3850	8946	6431
烘炉、熔炉及电炉制造	779	483	296	480	364
风机、衡器、包装设备等通用设备制造	25247	17859	7388	15760	9655
通用零部件制造及机械修理	6750	4338	2412	3357	1994
金属铸、锻加工	8707	6075	2632	4673	2768
专用设备制造业	118205	73591	44614	72348	45879
矿山、冶金、建筑专用设备制造	30312	18577	11735	19327	13662
化工、木材、非金属加工专用设备制造	13159	8955	4204	7922	4500
食品、饮料、烟草及饲料生产专用设备制造	6479	4229	2250	3412	2070
印刷、制药、日化生产专用设备制造	6271	4060	2211	3335	2065
纺织、服装和皮革工业专用设备制造	13280	7924	5356	7577	4923
电子和电工机械专用设备制造	19006	9024	9982	12044	7497
农、林、牧、渔专用机械制造	11413	8330	3083	6821	4666
医疗仪器设备及器械制造	7732	5353	2379	5367	2646
环保、社会公共安全及其他专用设备制造	10553	7139	3414	6543	3850
交通运输设备制造业	200209	132267	67942	115237	70336
铁路运输设备制造	22571	14619	7952	14380	10277
汽车制造	97235	68138	29097	62376	33970
摩托车制造	12746	9889	2857	7355	4159
自行车制造	1543	999	544	723	384
船舶及浮动装置制造	12382	8686	3696	7124	4717
航空航天器制造	53402	29772	23630	23095	16727
交通器材及其他交通运输设备制造	330	164	166	184	102
电气机械及器材制造业	139107	93321	45786	81831	42644
电机制造	22232	13825	8407	13040	8106
输配电及控制设备制造	46669	31059	15610	27336	15365
电线、电缆、光缆及电工器材制造	18217	12733	5484	9935	5639
电池制造	8928	5824	3104	5488	2788
家用电力器具制造	31782	21568	10214	20348	7738
非电力家用器具制造	2237	1744	493	896	461

1-C-2 续表 5

单位：人

行业	科技活动人员合计	#1.参加科技项目人员	2.科技管理和服务人员	#科学家和工程师	高中级技术职称人员
照明器具制造	6372	4554	1818	3092	1590
其他电气机械及器材制造	2670	2014	656	1696	957
通信设备、计算机及其他电子设备制造业	210814	151151	59663	145175	64308
通信设备制造	64985	50810	14175	54558	26134
雷达及配套设备制造	4389	2187	2202	2516	1782
广播电视设备制造	4395	3415	980	3291	1442
电子计算机制造	39374	28759	10615	28655	9485
电子器件制造	31157	21337	9820	17708	8462
电子元件制造	37238	23692	13546	20141	9304
家用视听设备制造	24916	17490	7426	15286	6214
其他电子设备制造	4360	3461	899	3020	1485
仪器仪表及文化、办公用机械制造业	44102	30984	13118	28137	15808
通用仪器仪表制造	20656	14538	6118	14486	8268
专用仪器仪表制造	8329	5648	2681	5402	3444
钟表与计时仪器制造	1814	1158	656	706	369
光学仪器及眼镜制造	7883	5514	2369	3972	2096
文化、办公用机械制造	4777	3593	1184	3096	1423
其他仪器仪表的制造及修理	643	533	110	475	208
工艺品及其他制造业	14271	8646	5625	6391	3477
工艺美术品制造	3843	2974	869	1382	648
日用杂品制造	1153	922	231	567	281
煤制品制造	11	10	1	10	8
核辐射加工	124	114	10	92	57
其他未列明的制造业	9140	4626	4514	4340	2483
废弃资源和废旧材料回收加工业	247	154	93	134	49
金属废料和碎屑的加工处理	159	80	79	63	22
非金属废料和碎屑的加工处理	88	74	14	71	27
电力、燃气及水的生产和供应业	**58860**	**40430**	**18430**	**40239**	**30642**
电力、热力的生产和供应业	52830	36421	16409	36001	27738
电力生产	24804	16331	8473	15434	11275
电力供应	26997	19421	7576	19841	16031
热力生产和供应	1029	669	360	726	432
燃气生产和供应业	2068	1246	822	1346	767
水的生产和供应业	3962	2763	1199	2892	2137
自来水的生产和供应	3734	2624	1110	2716	2028
污水处理及其再生利用	195	108	87	145	100
其他水的处理、利用与分配	33	31	2	31	9

1-C-3 国有及国有控股制造业企业科技活动人员情况

单位：人

行业	科技活动人员合计	#1.参加科技项目人员	2.科技管理和服务人员	#科学家和工程师	高中级技术职称人员
合计	**783306**	**478301**	**305005**	**459495**	**306896**
农副食品加工业	6382	4073	2309	3634	1586
食品制造业	5836	3119	2717	2401	1346
饮料制造业	7777	5331	2446	3793	2398
烟草制品业	6638	4420	2218	4073	2413
纺织业	24296	15813	8483	8360	6130
纺织服装、鞋、帽制造业	1051	424	627	375	142
皮革、毛皮、羽毛(绒)及其制品业	216	104	112	92	61
木材加工及木、竹、藤、棕、草制品业	1296	999	297	770	604
家具制造业	768	604	164	493	134
造纸及纸制品业	8194	5899	2295	4364	2407
印刷业和记录媒介的复制	3074	2335	739	1893	1103
文教体育用品制造业	827	573	254	420	277
石油加工、炼焦及核燃料加工业	18957	11083	7874	11608	8871
化学原料及化学制品制造业	63342	41516	21826	35529	24698
医药制造业	27556	17066	10490	17988	10325
化学纤维制造业	7400	5062	2338	4265	2867
橡胶制品业	6866	4232	2634	3234	2161
塑料制品业	4709	2736	1973	2904	1565
非金属矿物制品业	16953	11147	5806	8972	5713
黑色金属冶炼及压延加工业	107397	60709	46688	60269	46471
有色金属冶炼及压延加工业	31700	16499	15201	19497	15187
金属制品业	7644	5160	2484	5578	3696
通用设备制造业	75376	44401	30975	43148	31420
专用设备制造业	64096	35211	28885	40372	28437
交通运输设备制造业	145109	92122	52987	83624	53824
电气机械及器材制造业	36426	20331	16095	22236	14179
通信设备、计算机及其他电子设备制造业	77834	52280	25554	54595	29212
仪器仪表及文化、办公用机械制造业	16579	10537	6042	10775	7180
工艺品及其他制造业	9007	4515	4492	4233	2489

1-C-4 内资制造业企业科技活动人员情况

单位：人

行业	科技活动人员合计	#1.参加科技项目人员	2.科技管理和服务人员	#科学家和工程师	高中级技术职称人员
合计	**1310372**	**851446**	**458926**	**749855**	**459074**
农副食品加工业	20562	13853	6709	11164	5316
食品制造业	16157	9622	6535	8362	4202
饮料制造业	15412	10392	5020	7818	4275
烟草制品业	6766	4479	2287	4138	2460
纺织业	52416	35541	16875	20623	11979
纺织服装、鞋、帽制造业	10773	6820	3953	4961	1726
皮革、毛皮、羽毛(绒)及其制品业	6078	5086	992	1979	915
木材加工及木、竹、藤、棕、草制品业	3373	2593	780	2004	1267
家具制造业	2167	1638	529	1047	498
造纸及纸制品业	12454	8740	3714	6532	3602
印刷业和记录媒介的复制	5189	3759	1430	2655	1520
文教体育用品制造业	4107	3068	1039	2112	1121
石油加工、炼焦及核燃料加工业	21350	12665	8685	12789	9511
化学原料及化学制品制造业	112512	75928	36584	62171	39425
医药制造业	61538	40471	21067	39146	21834
化学纤维制造业	10820	7408	3412	5884	3691
橡胶制品业	14248	8948	5300	6750	3653
塑料制品业	14708	10281	4427	8266	4305
非金属矿物制品业	46719	30354	16365	22416	12929
黑色金属冶炼及压延加工业	120784	69310	51474	66686	49555
有色金属冶炼及压延加工业	44871	25614	19257	26424	18791
金属制品业	23676	16365	7311	13844	8017
通用设备制造业	131958	83298	48660	74285	49133
专用设备制造业	104072	65107	38965	64346	41477
交通运输设备制造业	170566	110539	60027	96339	61015
电气机械及器材制造业	110261	73157	37104	65060	35150
通信设备、计算机及其他电子设备制造业	120123	85677	34446	84102	45377
仪器仪表及文化、办公用机械制造业	33415	22836	10579	22033	13089
工艺品及其他制造业	13116	7769	5347	5819	3204

1-C-5 港澳台商投资制造业企业科技活动人员情况

单位：人

行业	科技活动人员合计	#1.参加科技项目人员	2.科技管理和服务人员	#科学家和工程师	
					高中级技术职称人员
合计	**120051**	**86025**	**34026**	**65927**	**30751**
农副食品加工业	1631	1077	554	844	474
食品制造业	948	628	320	602	208
饮料制造业	926	682	244	438	217
烟草制品业	18	14	4	14	10
纺织业	7548	5381	2167	2890	1329
纺织服装、鞋、帽制造业	2065	1550	515	714	301
皮革、毛皮、羽毛(绒)及其制品业	1428	1152	276	521	241
木材加工及木、竹、藤、棕、草制品业	379	336	43	208	115
家具制造业	522	259	263	87	24
造纸及纸制品业	2366	1637	729	1258	569
印刷业和记录媒介的复制	1497	1145	352	651	219
文教体育用品制造业	1470	1203	267	596	300
石油加工、炼焦及核燃料加工业	1678	950	728	992	837
化学原料及化学制品制造业	6274	4329	1945	3619	2112
医药制造业	4392	3503	889	3042	1639
化学纤维制造业	2665	1969	696	1511	1011
橡胶制品业	1459	1094	365	650	444
塑料制品业	3319	2457	862	1909	735
非金属矿物制品业	3857	3020	837	1590	734
黑色金属冶炼及压延加工业	4893	3984	909	2793	1870
有色金属冶炼及压延加工业	1911	1344	567	1157	573
金属制品业	3503	2526	977	1797	765
通用设备制造业	4823	3152	1671	2763	1542
专用设备制造业	6780	3580	3200	3594	1897
交通运输设备制造业	5394	3744	1650	3191	1762
电气机械及器材制造业	12658	8768	3890	6912	3095
通信设备、计算机及其他电子设备制造业	29796	21942	7854	18685	6392
仪器仪表及文化、办公用机械制造业	5248	4138	1110	2571	1176
工艺品及其他制造业	571	451	120	310	155

1-C-6 外商投资制造业企业科技活动人员情况

单位：人

行业	科技活动人员合计	#1.参加科技项目人员	2.科技管理和服务人员	#科学家和工程师	高中级技术职称人员
合计	**189680**	**133724**	**55956**	**116664**	**49159**
农副食品加工业	1584	1088	496	893	363
食品制造业	3046	2361	685	1460	543
饮料制造业	3566	1948	1618	1645	984
烟草制品业					
纺织业	5927	4482	1445	2531	1097
纺织服装、鞋、帽制造业	1547	913	634	497	100
皮革、毛皮、羽毛(绒)及其制品业	1821	1240	581	610	280
木材加工及木、竹、藤、棕、草制品业	377	291	86	216	62
家具制造业	654	378	276	370	118
造纸及纸制品业	4019	2735	1284	1493	585
印刷业和记录媒介的复制	481	314	167	306	175
文教体育用品制造业	1222	966	256	702	282
石油加工、炼焦及核燃料加工业	339	237	102	129	54
化学原料及化学制品制造业	8410	5268	3142	4971	2482
医药制造业	7441	5038	2403	5242	2566
化学纤维制造业	786	661	125	411	292
橡胶制品业	2936	1830	1106	1235	527
塑料制品业	2939	2029	910	1303	567
非金属矿物制品业	3465	2610	855	1869	798
黑色金属冶炼及压延加工业	1303	753	550	850	470
有色金属冶炼及压延加工业	3420	2214	1206	2013	1050
金属制品业	1824	1279	545	1094	551
通用设备制造业	17831	12821	5010	10651	6543
专用设备制造业	7353	4904	2449	4408	2505
交通运输设备制造业	24249	17984	6265	15707	7559
电气机械及器材制造业	16188	11396	4792	9859	4399
通信设备、计算机及其他电子设备制造业	60895	43532	17363	42388	12539
仪器仪表及文化、办公用机械制造业	5439	4010	1429	3533	1543
工艺品及其他制造业	584	426	158	262	118

1-C-7 各地区工业企业科技活动人员情况

单位：人

地区	科技活动人员合计	#1.参加科技项目人员	2.科技管理和服务人员	#科学家和工程师	高中级技术职称人员
全国	**1838010**	**1205618**	**632392**	**1064329**	**634511**
东部地区	1093489	760290	333199	646921	363879
中部地区	446249	261342	184907	246754	157967
西部地区	298272	183986	114286	170654	112665
东北地区	169508	104866	64642	110635	69971
北京	55601	37017	18584	41267	22636
天津	37598	24312	13286	20990	13075
河北	69174	41241	27933	42488	31443
山西	61544	33579	27965	30189	22641
内蒙古	18842	10494	8348	10574	7383
辽宁	95317	67406	27911	60358	42894
吉林	20409	13053	7356	14000	7784
黑龙江	53782	24407	29375	36277	19293
上海	77310	48703	28607	49019	28617
江苏	227770	160593	67177	122748	66865
浙江	142550	112648	29902	76602	37403
安徽	50209	34405	15804	27632	17362
福建	42933	35755	7178	25148	12428
江西	39242	19859	19383	17167	11349
山东	170441	105006	65435	95074	55510
河南	95232	58725	36507	49379	33492
湖北	67805	42958	24847	41058	25979
湖南	58026	34356	23670	31052	20067
广东	173135	126325	46810	111943	52504
广西	21206	14082	7124	12035	6822
海南	1660	1284	376	1284	504
重庆	35505	24654	10851	22627	13696
四川	89937	55896	34041	50336	32301
贵州	18122	11091	7031	10425	6300
云南	15257	12202	3055	8630	6357
西藏	237	66	171	88	48
陕西	57522	28868	28654	29747	20741
甘肃	23076	12326	10750	13563	10515
青海	3693	2565	1128	2186	1560
宁夏	4889	4036	853	3350	1864
新疆	9986	7706	2280	7093	5078

1-C-8 各地区国有及国有控股工业企业科技活动人员情况

单位：人

地区	科技活动人员合计	#1.参加科技项目人员	2.科技管理和服务人员	#科学家和工程师	高中级技术职称人员
全国	**993730**	**607530**	**386200**	**587152**	**399849**
东部地区	463189	305963	157226	287365	195018
中部地区	314238	175660	138578	175821	117383
西部地区	216303	125907	90396	123966	87448
东北地区	137961	82183	55778	92061	59389
北京	34369	21933	12436	25306	15392
天津	24045	15316	8729	13670	9623
河北	50387	30749	19638	31860	25030
山西	53701	28544	25157	26050	20371
内蒙古	13991	7262	6729	7536	5636
辽宁	74627	52226	22401	48583	36386
吉林	15067	9374	5693	10727	5984
黑龙江	48267	20583	27684	32751	17019
上海	47564	29784	17780	29453	19974
江苏	70518	45924	24594	38458	26484
浙江	15364	11631	3733	9693	6410
安徽	27530	19743	7787	16220	10716
福建	14698	11686	3012	9187	5134
江西	31263	14793	16470	12724	8739
山东	81598	51239	30359	47476	31479
河南	58051	35317	22734	31745	23776
湖北	43171	27418	15753	26523	17474
湖南	37188	19888	17300	19081	13304
广东	49157	34782	14375	32983	18782
广西	12886	7562	5324	7575	4496
海南	862	693	169	696	324
重庆	24116	16248	7868	15683	9987
四川	52543	30767	21776	29297	21352
贵州	16205	9680	6525	9172	5642
云南	10881	8842	2039	6765	5356
西藏	42	26	16	42	17
陕西	52036	24670	27366	26047	18508
甘肃	19191	9709	9482	11730	9367
青海	3155	2136	1019	1850	1364
宁夏	2976	2478	498	2152	1255
新疆	8281	6527	1754	6117	4468

1-C-9 各地区内资工业企业科技活动人员情况

单位：人

地区	科技活动人员合计	#1.参加科技项目人员	2.科技管理和服务人员	#科学家和工程师	高中级技术职称人员
全国	**1524159**	**983317**	**540842**	**878873**	**552473**
东部地区	827763	569879	257884	488712	296723
中部地区	413435	240839	172596	227808	147531
西部地区	282961	172599	110362	162353	108219
东北地区	160192	98041	62151	104563	66651
北京	45792	30285	15507	34325	19618
天津	28743	18181	10562	16558	11192
河北	63105	37607	25498	38841	29051
山西	59716	32815	26901	29145	22009
内蒙古	17566	9637	7929	9963	6995
辽宁	88811	62508	26303	56240	40657
吉林	19579	12698	6881	13637	7576
黑龙江	51802	22835	28967	34686	18418
上海	39299	25784	13515	24593	16624
江苏	173219	120415	52804	91882	53117
浙江	111076	87491	23585	59098	30798
安徽	45889	31457	14432	25366	16342
福建	21841	17654	4187	12731	7659
江西	36234	18204	18030	15437	10417
山东	154246	94399	59847	87260	51595
河南	88429	54031	34398	45699	31469
湖北	58140	37213	20927	35274	22517
湖南	53646	31586	22060	28564	18783
广东	100085	74352	25733	65992	35930
广西	17688	11155	6533	10266	6171
海南	1546	1203	343	1192	482
重庆	32594	22327	10267	20636	12494
四川	86259	53112	33147	48464	31219
贵州	17739	10920	6819	10237	6191
云南	14728	11733	2995	8307	6158
西藏	237	66	171	88	48
陕西	56111	28074	28037	28914	20244
甘肃	22462	12077	10385	13411	10406
青海	3586	2472	1114	2115	1513
宁夏	4382	3605	777	3040	1771
新疆	9609	7421	2188	6912	5009

1-C-10 各地区港澳台商投资工业企业科技活动人员情况

单位：人

地区	科技活动人员合计	#1.参加科技项目人员	2.科技管理和服务人员	#科学家和工程师	高中级技术职称人员
全国	**121579**	**87321**	**34258**	**67110**	**31655**
东部地区	106601	77136	29465	58724	26782
中部地区	10580	6959	3621	5997	3369
西部地区	4398	3226	1172	2389	1504
东北地区	2647	1890	757	1770	1021
北京	2941	1924	1017	2058	839
天津	1442	922	520	611	273
河北	3384	2477	907	2048	1273
山西	1131	282	849	597	448
内蒙古	93	68	25	25	10
辽宁	1936	1310	626	1162	754
吉林	120	73	47	104	45
黑龙江	591	507	84	504	222
上海	9160	5338	3822	4713	3017
江苏	21272	15197	6075	10701	5354
浙江	13823	10858	2965	7048	2872
安徽	899	685	214	529	267
福建	12969	11173	1796	7814	2531
江西	594	355	239	372	203
山东	3317	2348	969	1776	907
河南	2787	2337	450	1385	720
湖北	1856	1227	629	1217	651
湖南	2602	1493	1109	1289	813
广东	36301	25555	10746	20759	8945
广西	780	584	196	435	243
海南	56	34	22	34	17
重庆	1440	1200	240	1007	772
四川	707	584	123	419	185
贵州	82	63	19	52	25
云南	314	288	26	153	96
西藏					
陕西	362	184	178	160	81
甘肃	547	182	365	85	57
青海	55	55		35	27
宁夏					
新疆	18	18		18	8

1-C-11 各地区外商投资工业企业科技活动人员情况

单位：人

地 区	科技活动人员合计	#1.参加科技项目人员	2.科技管理和服务人员	#科学家和工程师	高中级技术职称人员
全 国	**192272**	**134980**	**57292**	**118346**	**50383**
东部地区	159125	113275	45850	99485	40374
中部地区	22234	13544	8690	12949	7067
西部地区	10913	8161	2752	5912	2942
东北地区	6669	4935	1734	4302	2299
北 京	6868	4808	2060	4884	2179
天 津	7413	5209	2204	3821	1610
河 北	2685	1157	1528	1599	1119
山 西	697	482	215	447	184
内蒙古	1183	789	394	586	378
辽 宁	4570	3588	982	2956	1483
吉 林	710	282	428	259	163
黑龙江	1389	1065	324	1087	653
上 海	28851	17581	11270	19713	8976
江 苏	33279	24981	8298	20165	8394
浙 江	17651	14299	3352	10456	3733
安 徽	3421	2263	1158	1737	753
福 建	8123	6928	1195	4603	2238
江 西	2414	1300	1114	1358	729
山 东	12878	8259	4619	6038	3008
河 南	4016	2357	1659	2295	1303
湖 北	7809	4518	3291	4567	2811
湖 南	1778	1277	501	1199	471
广 东	36749	26418	10331	25192	7629
广 西	2738	2343	395	1334	408
海 南	58	47	11	58	5
重 庆	1471	1127	344	984	430
四 川	2971	2200	771	1453	897
贵 州	301	108	193	136	84
云 南	215	181	34	170	103
西 藏					
陕 西	1049	610	439	673	416
甘 肃	67	67		67	52
青 海	52	38	14	36	20
宁 夏	507	431	76	310	93
新 疆	359	267	92	163	61

1-C-12 分登记注册类型大中型工业企业科技活动人员情况

单位：人

行业	科技活动人员合计	#1.参加科技项目人员	2.科技管理和服务人员	#科学家和工程师	高中级技术职称人员
合计	**1449644**	**925685**	**523959**	**842066**	**514655**
国有及国有控股企业	919818	557550	362268	542340	371501
内资企业	1212782	758411	454371	700676	453583
国有企业	288679	173542	115137	163803	119284
集体企业	24395	16200	8195	15168	5830
股份合作企业	8062	5530	2532	3800	1909
联营企业	6686	4453	2233	4200	2771
国有联营企业	5760	3885	1875	3680	2549
集体联营企业	117	82	35	82	5
国有与集体联营企业	649	393	256	317	191
其他联营企业	160	93	67	121	26
有限责任公司	522402	314040	208362	301422	198549
国有独资公司	197365	117275	80090	116303	84473
其他有限责任公司	325037	196765	128272	185119	114076
股份有限公司	283803	187203	96600	170040	104046
私营企业	78348	57198	21150	42082	21120
私营独资企业	3159	2124	1035	1557	809
私营合伙企业	863	770	93	339	142
私营有限责任公司	67738	49715	18023	36258	18364
私营股份有限公司	6588	4589	1999	3928	1805
其他企业	407	245	162	161	74
港、澳、台商投资企业	88134	62622	25512	48842	23072
合资经营企业（港或澳、台资）	45433	33768	11665	25357	12052
合作经营企业（港或澳、台资）	3085	2641	444	1438	790
港、澳、台商独资经营企业	26838	18071	8767	14488	5010
港、澳、台商投资股份有限公司	12778	8142	4636	7559	5220
外商投资企业	148728	104652	44076	92548	38000
中外合资经营企业	74203	51477	22726	44083	20952
中外合作经营企业	3740	1971	1769	2662	747
外资企业	50327	36944	13383	32946	10239
外商投资股份有限公司	20458	14260	6198	12857	6062

1-C-13　分行业大中型工业企业科技活动人员情况

单位：人

行　　业	科技活动人员合计	#1.参加科技项目人员	2.科技管理和服务人员	#科学家和工 程 师	高中级技术职称人员
合计	**1449644**	**925685**	**523959**	**842066**	**514655**
采矿业	**156586**	**92249**	**64337**	**90425**	**64150**
煤炭开采和洗选业	90761	54457	36304	43760	35170
烟煤和无烟煤的开采洗选	89647	53969	35678	43176	34665
褐煤的开采洗选	1114	488	626	584	505
其他煤炭采选					
石油和天然气开采业	53864	29062	24802	39627	24220
天然原油和天然气开采	38323	18116	20207	27271	14940
与石油和天然气开采有关的服务活动	15541	10946	4595	12356	9280
黑色金属矿采选业	5476	3960	1516	3241	2465
铁矿采选	5101	3638	1463	3170	2417
其他黑色金属矿采选	375	322	53	71	48
有色金属矿采选业	4258	3203	1055	2511	1597
常用有色金属矿采选	1485	1238	247	958	726
贵金属矿采选	1980	1389	591	926	617
稀有稀土金属矿采选	793	576	217	627	254
非金属矿采选业	2227	1567	660	1286	698
土砂石开采	133	101	32	65	39
化学矿采选	628	472	156	539	222
采盐	1336	950	386	628	417
石棉及其他非金属矿采选	130	44	86	54	20
制造业	**1239867**	**796359**	**443508**	**714576**	**421947**
农副食品加工业	14257	9414	4843	7683	3624
谷物磨制	911	425	486	568	211
饲料加工	1034	447	587	800	359
植物油加工	766	426	340	453	221
制糖	2237	1904	333	1067	533
屠宰及肉类加工	6157	3746	2411	3427	1672
水产品加工	1675	1292	383	575	292
蔬菜、水果和坚果加工	1024	854	170	571	193
其他农副食品加工	453	320	133	222	143
食品制造业	13840	8032	5808	6614	2988
焙烤食品制造	418	297	121	251	137
糖果、巧克力及蜜饯制造	447	288	159	203	64
方便食品制造	1245	526	719	594	193
液体乳及乳制品制造	3225	1774	1451	2323	853
罐头制造	1522	1456	66	253	85
调味品、发酵制品制造	5324	2617	2707	2030	1143

1-C-13 续表 1 单位：人

行　　业	科技活动人员合计	#1.参加科技项目人员	2.科技管理和服务人员	#科学家和工程师	高中级技术职称人员
其他食品制造	1659	1074	585	960	513
饮料制造业	16275	10436	5839	8031	4460
酒精制造	698	561	137	308	203
酒的制造	13823	8673	5150	6808	3805
软饮料制造	1656	1135	521	859	435
精制茶加工	98	67	31	56	17
烟草制品业	6644	4368	2276	4059	2433
烟叶复烤	20	9	11	9	7
卷烟制造	6439	4246	2193	3987	2374
其他烟草制品加工	185	113	72	63	52
纺织业	51744	35345	16399	20325	11632
棉、化纤纺织及印染精加工	33872	23405	10467	12163	7496
毛纺织和染整精加工	4355	3249	1106	1965	1051
麻纺织	1460	979	481	697	578
丝绢纺织及精加工	2937	1948	989	1195	552
纺织制成品制造	3824	2392	1432	1694	669
针织品、编织品及其制品制造	5296	3372	1924	2611	1286
纺织服装、鞋、帽制造业	10658	6526	4132	5291	1806
纺织服装制造	10473	6395	4078	5251	1795
纺织面料鞋的制造	52	51	1	4	4
制帽	133	80	53	36	7
皮革、毛皮、羽毛(绒)及其制品业	5135	4133	1002	1988	862
皮革鞣制加工	818	646	172	310	119
皮革制品制造	3851	3135	716	1425	627
毛皮鞣制及制品加工	226	189	37	142	60
羽毛(绒)加工及制品制造	240	163	77	111	56
木材加工及木、竹、藤、棕、草制品业	2232	1853	379	1395	939
锯材、木片加工	197	188	9	126	80
人造板制造	1797	1511	286	1106	761
木制品制造	206	122	84	153	98
竹、藤、棕、草制品制造	32	32		10	
家具制造业	2105	1397	708	910	346
木质家具制造	975	540	435	359	145
竹、藤家具制造					
金属家具制造	1022	801	221	501	194
塑料家具制造	8	8		8	
其他家具制造	100	48	52	42	7
造纸及纸制品业	15922	11098	4824	7971	4103
纸浆制造	1037	582	455	571	403

1-C-13 续表 2 单位：人

行业	科技活动人员合计	#1.参加科技项目人员	2.科技管理和服务人员	#科学家和工程师	高中级技术职称人员
造纸	13429	9435	3994	6819	3457
纸制品制造	1456	1081	375	581	243
印刷业和记录媒介的复制	4197	3081	1116	2087	1134
印刷	3579	2800	779	1808	1012
装订及其他印刷服务活动	425	241	184	223	97
记录媒介的复制	193	40	153	56	25
文教体育用品制造业	4707	3600	1107	2316	1184
文化用品制造	706	536	170	330	158
体育用品制造	1799	1343	456	711	303
乐器制造	424	369	55	267	145
玩具制造	1501	1158	343	786	467
游艺器材及娱乐用品制造	277	194	83	222	111
石油加工、炼焦及核燃料加工业	22352	13108	9244	13331	10061
精炼石油产品的制造	16837	10417	6420	10115	7748
炼焦	5078	2486	2592	2791	2031
核燃料加工	437	205	232	425	282
化学原料及化学制品制造业	89797	58799	30998	49043	31972
基础化学原料制造	21799	13303	8496	12214	8211
肥料制造	19765	14538	5227	10581	7075
农药制造	7564	4995	2569	4011	2198
涂料、油墨、颜料及类似产品制造	5610	3563	2047	3519	2141
合成材料制造	17570	11576	5994	8915	5974
专用化学产品制造	12590	7247	5343	6473	4354
日用化学产品制造	4899	3577	1322	3330	2019
医药制造业	46594	29270	17324	30277	16873
化学药品原药制造	14989	10007	4982	9735	5694
化学药品制剂制造	14273	8809	5464	9324	5192
中药饮片加工	980	749	231	616	316
中成药制造	10862	6626	4236	7260	3924
兽用药品制造	773	516	257	541	263
生物、生化制品的制造	3811	1711	2100	2090	1051
卫生材料及医药用品制造	906	852	54	711	433
化学纤维制造业	12499	8672	3827	6900	4500
纤维素纤维原料及纤维制造	3835	2826	1009	2066	1284
合成纤维制造	8664	5846	2818	4834	3216
橡胶制品业	14237	8516	5721	6385	3328
轮胎制造	7932	4157	3775	3835	1813
橡胶板、管、带的制造	1614	1047	567	927	564
橡胶零件制造	1473	598	875	423	224

1-C-13 续表 3

单位：人

行业	科技活动人员合计	#1.参加科技项目人员	2.科技管理和服务人员	#科学家和工程师	高中级技术职称人员
再生橡胶制造	226	226		30	23
日用及医用橡胶制品制造	623	428	195	307	202
橡胶靴鞋制造	1989	1821	168	685	395
其他橡胶制品制造	380	239	141	178	107
塑料制品业	11225	7773	3452	6244	2973
塑料薄膜制造	3290	1915	1375	1850	1029
塑料板、管、型材的制造	2777	1908	869	1707	842
塑料丝、绳及编织品的制造	572	422	150	327	146
泡沫塑料制造	321	266	55	138	106
塑料人造革、合成革制造	717	527	190	358	123
塑料包装箱及容器制造	709	486	223	320	143
塑料零件制造	1791	1387	404	947	362
日用塑料制造	642	534	108	336	98
其他塑料制品制造	406	328	78	261	124
非金属矿物制品业	36814	24070	12744	17953	10107
水泥、石灰和石膏的制造	9568	6285	3283	3927	2528
水泥及石膏制品制造	1071	790	281	743	482
砖瓦、石材及其他建筑材料制造	1501	999	502	764	304
玻璃及玻璃制品制造	10401	7644	2757	5809	3033
陶瓷制品制造	3615	2243	1372	2094	1139
耐火材料制品制造	6288	3221	3067	2210	1112
石墨及其他非金属矿物制品制造	4370	2888	1482	2406	1509
黑色金属冶炼及压延加工业	122063	70494	51569	68193	50763
炼铁	4412	3514	898	2289	1560
炼钢	22028	10965	11063	13540	9239
钢压延加工	91852	53522	38330	50992	38893
铁合金冶炼	3771	2493	1278	1372	1071
有色金属冶炼及压延加工业	43180	24006	19174	25710	18315
常用有色金属冶炼	22011	11894	10117	13115	10353
贵金属冶炼	1305	1017	288	753	568
稀有稀土金属冶炼	2883	2027	856	1766	1116
有色金属合金制造	2026	619	1407	1652	1151
有色金属压延加工	14955	8449	6506	8424	5127
金属制品业	18469	12664	5805	11038	6375
结构性金属制品制造	4933	3766	1167	3374	1711
金属工具制造	2586	2037	549	1757	1152
集装箱及金属包装容器制造	1563	896	667	854	481
金属丝绳及其制品的制造	3667	1843	1824	1600	1008
建筑、安全用金属制品制造	1973	1333	640	891	431

1-C-13 续表 4 单位：人

行业	科技活动人员合计	#1.参加科技项目人员	2.科技管理和服务人员	#科学家和工程师	高中级技术职称人员
金属表面处理及热处理加工	261	218	43	100	51
搪瓷制品制造	139	69	70	74	53
不锈钢及类似日用金属制品制造	822	639	183	536	187
其他金属制品制造	2525	1863	662	1852	1301
通用设备制造业	113040	69839	43201	64875	43524
锅炉及原动机制造	22226	12470	9756	13872	9219
金属加工机械制造	22495	11861	10634	11330	8453
起重运输设备制造	14634	8814	5820	7869	5148
泵、阀门、压缩机及类似机械的制造	15263	9241	6022	8740	5359
轴承、齿轮、传动和驱动部件的制造	12393	9364	3029	7330	5416
烘炉、熔炉及电炉制造	14	14		14	11
风机、衡器、包装设备等通用设备制造	17049	11962	5087	10836	6899
通用零部件制造及机械修理	4498	2830	1668	2210	1291
金属铸、锻加工	4468	3283	1185	2674	1728
专用设备制造业	80504	46097	34407	49050	32599
矿山、冶金、建筑专用设备制造	24784	14657	10127	15662	11287
化工、木材、非金属加工专用设备制造	7082	4478	2604	4134	2504
食品、饮料、烟草及饲料生产专用设备制造	3459	2030	1429	1786	1098
印刷、制药、日化生产专用设备制造	3399	1924	1475	1823	1093
纺织、服装和皮革工业专用设备制造	9394	4990	4404	5403	3692
电子和电工机械专用设备制造	15576	6615	8961	9631	6107
农、林、牧、渔专用机械制造	9394	6809	2585	5735	4061
医疗仪器设备及器械制造	2933	1907	1026	2136	1054
环保、社会公共安全及其他专用设备制造	4483	2687	1796	2740	1703
交通运输设备制造业	177688	115812	61876	102648	63186
铁路运输设备制造	20699	13288	7411	13221	9559
汽车制造	81443	56790	24653	53691	29096
摩托车制造	10466	8153	2313	6190	3514
自行车制造	868	470	398	368	195
船舶及浮动装置制造	11358	7824	3534	6460	4385
航空航天器制造	52756	29287	23469	22701	16430
交通器材及其他交通运输设备制造	98		98	17	7
电气机械及器材制造业	100546	65327	35219	59825	30505
电机制造	17640	10956	6684	10667	6752
输配电及控制设备制造	29661	18648	11013	16939	9480
电线、电缆、光缆及电工器材制造	12541	8548	3993	6965	4002
电池制造	6104	3810	2294	3767	1923
家用电力器具制造	28278	18794	9484	18588	6885
非电力家用器具制造	1642	1272	370	562	302

1-C-13 续表 5

单位：人

行　　业	科技活动人员合计	#1.参加科技项目人员	2.科技管理和服务人员	#科学家和工程师	高中级技术职称人员
照明器具制造	3447	2444	1003	1636	786
其他电气机械及器材制造	1233	855	378	701	375
通信设备、计算机及其他电子设备制造业	169361	120566	48795	116287	51057
通信设备制造	53951	42660	11291	46275	22558
雷达及配套设备制造	3978	1809	2169	2288	1632
广播电视设备制造	1913	1402	511	1409	588
电子计算机制造	32460	23648	8812	23071	7227
电子器件制造	23563	15718	7845	12355	5840
电子元件制造	29157	18044	11113	15865	6875
家用视听设备制造	22789	16035	6754	13919	5685
其他电子设备制造	1550	1250	300	1105	652
仪器仪表及文化、办公用机械制造业	22024	15330	6694	13037	7427
通用仪器仪表制造	7853	5302	2551	5304	3238
专用仪器仪表制造	3604	2387	1217	1988	1414
钟表与计时仪器制造	1047	626	421	415	192
光学仪器及眼镜制造	5895	4255	1640	3018	1571
文化、办公用机械制造	3605	2740	865	2292	1007
其他仪器仪表的制造及修理	20	20		20	5
工艺品及其他制造业	11741	6721	5020	5105	2867
工艺美术品制造	2351	1873	478	737	340
日用杂品制造	821	673	148	421	223
煤制品制造					
核辐射加工					
其他未列明的制造业	8569	4175	4394	3947	2304
废弃资源和废旧材料回收加工业	17	12	5	5	4
金属废料和碎屑的加工处理	17	12	5	5	4
非金属废料和碎屑的加工处理					
电力、燃气及水的生产和供应业	**53191**	**37077**	**16114**	**37065**	**28558**
电力、热力的生产和供应业	47922	33612	14310	33302	25945
电力生产	21633	14554	7079	13661	10131
电力供应	25521	18547	6974	19091	15481
热力生产和供应	768	511	257	550	333
燃气生产和供应业	1980	1214	766	1305	737
水的生产和供应业	3289	2251	1038	2458	1876
自来水的生产和供应	3169	2209	960	2371	1828
污水处理及其再生利用	120	42	78	87	48
其他水的处理、利用与分配					

1-C-14 国有及国有控股大中型制造业企业科技活动人员情况

单位：人

行业	科技活动人员合计	#1.参加科技项目人员	2.科技管理和服务人员	#科学家和工程师	高中级技术职称人员
合计	**714897**	**431549**	**283348**	**417757**	**280636**
农副食品加工业	5031	3184	1847	3017	1279
食品制造业	5032	2546	2486	1837	1041
饮料制造业	7125	4892	2233	3512	2217
烟草制品业	6520	4311	2209	3993	2384
纺织业	21989	14250	7739	7401	5461
纺织服装、鞋、帽制造业	892	367	525	330	121
皮革、毛皮、羽毛(绒)及其制品业	193	89	104	82	54
木材加工及木、竹、藤、棕、草制品业	934	711	223	581	459
家具制造业	418	377	41	343	68
造纸及纸制品业	7879	5684	2195	4232	2327
印刷业和记录媒介的复制	2338	1755	583	1349	812
文教体育用品制造业	605	424	181	275	170
石油加工、炼焦及核燃料加工业	18767	10959	7808	11502	8801
化学原料及化学制品制造业	58075	37848	20227	32192	22609
医药制造业	23276	13749	9527	14935	8592
化学纤维制造业	7167	4897	2270	4122	2781
橡胶制品业	6219	3777	2442	2754	1806
塑料制品业	3357	1838	1519	2072	1122
非金属矿物制品业	14179	9179	5000	7565	4852
黑色金属冶炼及压延加工业	106187	59779	46408	59687	46144
有色金属冶炼及压延加工业	30039	15263	14776	18588	14552
金属制品业	6099	4096	2003	4549	3161
通用设备制造业	67222	39143	28079	38444	28172
专用设备制造业	56276	30124	26152	35157	24898
交通运输设备制造业	139782	88233	51549	80563	51818
电气机械及器材制造业	30705	16709	13996	19137	12160
通信设备、计算机及其他电子设备制造业	68843	46121	22722	48725	25827
仪器仪表及文化、办公用机械制造业	11226	7097	4129	6903	4665
工艺品及其他制造业	8522	4147	4375	3910	2283

1-C-15 内资大中型制造业企业科技活动人员情况

单位：人

行业	科技活动人员合计	#1.参加科技项目人员	2.科技管理和服务人员	#科学家和工程师	高中级技术职称人员
合计	**1005300**	**630873**	**374427**	**575080**	**362248**
农副食品加工业	13058	8606	4452	7052	3292
食品制造业	10841	5737	5104	5159	2517
饮料制造业	12297	8209	4088	6183	3384
烟草制品业	6626	4354	2272	4045	2423
纺织业	41452	27747	13705	16316	9729
纺织服装、鞋、帽制造业	8617	5206	3411	4447	1548
皮革、毛皮、羽毛(绒)及其制品业	2991	2582	409	1212	515
木材加工及木、竹、藤、棕、草制品业	1978	1621	357	1265	878
家具制造业	1199	924	275	528	241
造纸及纸制品业	9976	7022	2954	5458	3036
印刷业和记录媒介的复制	2859	2095	764	1547	899
文教体育用品制造业	2570	1845	725	1313	741
石油加工、炼焦及核燃料加工业	20495	12031	8464	12319	9221
化学原料及化学制品制造业	81562	53778	27784	44270	29233
医药制造业	40524	25069	15455	25900	14590
化学纤维制造业	9552	6458	3094	5215	3326
橡胶制品业	10635	6186	4449	4924	2591
塑料制品业	7522	4927	2595	4293	2276
非金属矿物制品业	32628	20765	11863	15853	9353
黑色金属冶炼及压延加工业	116738	66371	50367	64961	48627
有色金属冶炼及压延加工业	39112	21322	17790	23223	17011
金属制品业	15243	10208	5035	9236	5639
通用设备制造业	96354	58080	38274	54928	37293
专用设备制造业	73074	42530	30544	45064	30085
交通运输设备制造业	152447	97223	55224	86438	55158
电气机械及器材制造业	78736	50326	28410	46953	25020
通信设备、计算机及其他电子设备制造业	90016	63558	26458	62926	35139
仪器仪表及文化、办公用机械制造业	15111	9871	5240	9270	5766
工艺品及其他制造业	11070	6210	4860	4777	2713

1-C-16 港澳台商投资大中型制造业企业科技活动人员情况

单位：人

行业	科技活动人员合计	#1.参加科技项目人员	2.科技管理和服务人员	#科学家和工程师	高中级技术职称人员
合计	**87109**	**61773**	**25336**	**47962**	**22359**
农副食品加工业	635	429	206	342	216
食品制造业	501	338	163	335	111
饮料制造业	646	447	199	313	156
烟草制品业	18	14	4	14	10
纺织业	5508	3830	1678	2051	997
纺织服装、鞋、帽制造业	1278	929	349	564	225
皮革、毛皮、羽毛(绒)及其制品业	926	756	170	303	117
木材加工及木、竹、藤、棕、草制品业	173	164	9	88	45
家具制造业	418	184	234	51	9
造纸及纸制品业	2087	1452	635	1112	516
印刷业和记录媒介的复制	1048	814	234	384	130
文教体育用品制造业	1114	960	154	436	243
石油加工、炼焦及核燃料加工业	1609	884	725	938	810
化学原料及化学制品制造业	3482	2267	1215	2037	1354
医药制造业	2221	1748	473	1598	790
化学纤维制造业	2424	1781	643	1383	948
橡胶制品业	1291	980	311	554	394
塑料制品业	2038	1552	486	1199	429
非金属矿物制品业	2303	1849	454	961	348
黑色金属冶炼及压延加工业	4364	3555	809	2541	1732
有色金属冶炼及压延加工业	1463	1096	367	888	446
金属制品业	2335	1785	550	1207	475
通用设备制造业	2885	1793	1092	1759	1025
专用设备制造业	3920	1547	2373	2076	1245
交通运输设备制造业	4088	2757	1331	2426	1379
电气机械及器材制造业	9967	6789	3178	5348	2336
通信设备、计算机及其他电子设备制造业	24445	17742	6703	15084	4981
仪器仪表及文化、办公用机械制造业	3512	3017	495	1738	780
工艺品及其他制造业	410	314	96	232	112

1-C-17 外商投资大中型制造业企业科技活动人员情况

单位：人

行业	科技活动人员合计	#1.参加科技项目人员	2.科技管理和服务人员	#科学家和工程师	高中级技术职称人员
合计	**147458**	**103713**	**43745**	**91534**	**37340**
农副食品加工业	564	379	185	289	116
食品制造业	2498	1957	541	1120	360
饮料制造业	3332	1780	1552	1535	920
烟草制品业					
纺织业	4784	3768	1016	1958	906
纺织服装、鞋、帽制造业	763	391	372	280	33
皮革、毛皮、羽毛(绒)及其制品业	1218	795	423	473	230
木材加工及木、竹、藤、棕、草制品业	81	68	13	42	16
家具制造业	488	289	199	331	96
造纸及纸制品业	3859	2624	1235	1401	551
印刷业和记录媒介的复制	290	172	118	156	105
文教体育用品制造业	1023	795	228	567	200
石油加工、炼焦及核燃料加工业	248	193	55	74	30
化学原料及化学制品制造业	4753	2754	1999	2736	1385
医药制造业	3849	2453	1396	2779	1493
化学纤维制造业	523	433	90	302	226
橡胶制品业	2311	1350	961	907	343
塑料制品业	1665	1294	371	752	268
非金属矿物制品业	1883	1456	427	1139	406
黑色金属冶炼及压延加工业	961	568	393	691	404
有色金属冶炼及压延加工业	2605	1588	1017	1599	858
金属制品业	891	671	220	595	261
通用设备制造业	13801	9966	3835	8188	5206
专用设备制造业	3510	2020	1490	1910	1269
交通运输设备制造业	21153	15832	5321	13784	6649
电气机械及器材制造业	11843	8212	3631	7524	3149
通信设备、计算机及其他电子设备制造业	54900	39266	15634	38277	10937
仪器仪表及文化、办公用机械制造业	3401	2442	959	2029	881
工艺品及其他制造业	261	197	64	96	42

1-C-18 各地区大中型工业企业科技活动人员情况

单位：人

地区	科技活动人员合计	#1.参加科技项目人员	2.科技管理和服务人员	#科学家和工程师	高中级技术职称人员
全国	**1449644**	**925685**	**523959**	**842066**	**514655**
东部地区	821725	562323	259402	491839	283470
中部地区	373722	211156	162566	204944	133644
西部地区	254197	152206	101991	145283	97541
东北地区	150521	90705	59816	98213	62148
北京	33800	21023	12777	24479	13670
天津	26796	17317	9479	14677	9522
河北	60090	36386	23704	37416	28045
山西	57365	30781	26584	27646	21250
内蒙古	17709	9663	8046	9849	6958
辽宁	84327	58919	25408	53077	38374
吉林	16459	10256	6203	11519	6270
黑龙江	49735	21530	28205	33617	17504
上海	58550	36240	22310	37420	22547
江苏	169503	117298	52205	91093	51199
浙江	79488	61372	18116	45147	21268
安徽	41543	28398	13145	22743	14515
福建	30943	25750	5193	17982	8748
江西	33086	16395	16691	13893	9506
山东	144155	90303	53852	81315	47848
河南	78564	47001	31563	41243	28893
湖北	53740	32954	20786	31760	20416
湖南	43230	23841	19389	22523	15290
广东	133181	97011	36170	88488	41941
广西	16942	10986	5956	9636	5440
海南	892	704	188	745	308
重庆	31021	21567	9454	20291	12195
四川	74918	44971	29947	41389	27095
贵州	15425	9154	6271	8719	5202
云南	11826	9555	2271	6860	5271
西藏	22	6	16	22	8
陕西	52122	24963	27159	26272	18734
甘肃	17989	8903	9086	11117	9004
青海	3166	2117	1049	1829	1339
宁夏	3988	3294	694	2790	1567
新疆	9069	7027	2042	6509	4728

1-C-19 各地区国有及国有控股大中型工业企业科技活动人员情况

单位：人

地区	科技活动人员合计	#1.参加科技项目人员	2.科技管理和服务人员	#科学家和工程师	高中级技术职称人员
全国	**919818**	**557550**	**362268**	**542340**	**371501**
东部地区	421262	277847	143415	261045	178640
中部地区	297364	164342	133022	166027	111053
西部地区	201192	115361	85831	115268	81808
东北地区	132625	78236	54389	88611	56970
北京	25920	15904	10016	18828	11389
天津	19129	12271	6858	10865	7853
河北	47426	29181	18245	30195	23723
山西	52942	28001	24941	25636	20078
内蒙古	13634	6995	6639	7274	5496
辽宁	71830	49995	21835	46751	35077
吉林	13593	8421	5172	9811	5367
黑龙江	47202	19820	27382	32049	16526
上海	40562	25393	15169	25447	17515
江苏	67250	43646	23604	36531	25376
浙江	13075	9817	3258	8252	5509
安徽	26386	18899	7487	15519	10273
福建	13482	10708	2774	8464	4696
江西	28663	13540	15123	11470	7940
山东	76950	48725	28225	44612	29657
河南	54862	33201	21661	30186	22766
湖北	39822	24880	14942	24115	15895
湖南	33894	17580	16314	17241	12208
广东	45037	31713	13324	30593	17614
广西	11697	6710	4987	6958	4059
海南	601	494	107	507	231
重庆	22802	15422	7380	14972	9484
四川	49350	28341	21009	27319	20132
贵州	14455	8511	5944	8155	4869
云南	9703	7849	1854	6043	4876
西藏	22	6	16	22	8
陕西	49476	22900	26576	24567	17630
甘肃	16280	7946	8334	10332	8438
青海	2964	1982	982	1683	1264
宁夏	2881	2411	470	2089	1222
新疆	7928	6288	1640	5854	4330

1-C-20 各地区内资大中型工业企业科技活动人员情况

单位：人

地 区	科技活动人员合计	#1.参加科技项目人员	2.科技管理和服务人员	#科学家和工 程 师	高中级技术职称人员
全 国	**1212782**	**758411**	**454371**	**700676**	**453583**
东部地区	621565	419207	202358	371088	233815
中部地区	348377	195504	152873	190466	125488
西部地区	242840	143700	99140	139122	94280
东北地区	143630	85771	57859	93788	59741
北 京	27275	16787	10488	20074	11907
天 津	20386	12883	7503	11642	8345
河 北	55283	33218	22065	34388	26065
山 西	55888	30200	25688	26817	20706
内蒙古	16618	8929	7689	9310	6606
辽 宁	79647	55485	24162	50214	36822
吉 林	15937	10139	5798	11384	6196
黑龙江	48046	20147	27899	32190	16723
上 海	27331	17801	9530	17157	12372
江 苏	128841	87292	41549	68457	41053
浙 江	59795	45738	14057	33465	17440
安 徽	38186	26028	12158	20965	13737
福 建	14478	11510	2968	8248	5283
江 西	31061	15198	15863	12667	8780
山 东	133165	82339	50826	76126	45377
河 南	73194	43336	29858	38403	27336
湖 北	45792	28391	17401	27202	17635
湖 南	40273	22065	18208	20838	14375
广 东	74472	55450	19022	50572	28843
广 西	14018	8501	5517	8205	4965
海 南	892	704	188	745	308
重 庆	28542	19567	8975	18576	11156
四 川	72471	43207	29264	40271	26454
贵 州	15179	9079	6100	8619	5137
云 南	11563	9323	2240	6690	5156
西 藏	22	6	16	22	8
陕 西	51211	24556	26655	25764	18405
甘 肃	17887	8816	9071	11024	8932
青 海	3079	2044	1035	1758	1292
宁 夏	3530	2904	626	2529	1494
新 疆	8720	6768	1952	6354	4675

1-C-21 各地区港澳台商投资大中型工业企业科技活动人员情况

单位：人

地 区	科技活动人员合计	#1.参加科技项目人员	2.科技管理和服务人员	#科学家和工程师	高中级技术职称人员
全 国	**88134**	**62622**	**25512**	**48842**	**23072**
东部地区	78125	56017	22108	43066	19567
中部地区	7656	4820	2836	4282	2467
西部地区	2353	1785	568	1494	1038
东北地区	1753	1212	541	1191	717
北 京	2327	1449	878	1577	622
天 津	734	423	311	344	151
河 北	3083	2345	738	1918	1182
山 西	1067	252	815	567	429
内蒙古					
辽 宁	1174	722	452	669	496
吉 林	51	19	32	51	17
黑龙江	528	471	57	471	204
上 海	7166	4117	3049	3426	2421
江 苏	15672	11086	4586	7430	3938
浙 江	8360	6364	1996	4444	1607
安 徽	560	443	117	376	159
福 建	10413	9066	1347	6341	1819
江 西	270	194	76	195	128
山 东	2023	1587	436	1062	541
河 南	2329	1962	367	1099	561
湖 北	1051	609	442	633	344
湖 南	1800	870	930	890	625
广 东	27173	18858	8315	15855	6790
广 西	340	223	117	180	117
海 南					
重 庆	1291	1087	204	921	723
四 川	249	202	47	186	63
贵 州	9	8	1	4	3
云 南	147	130	17	74	53
西 藏					
陕 西	247	80	167	68	32
甘 肃	35	20	15	26	20
青 海	35	35		35	27
宁 夏					
新 疆					

1-C-22 各地区外商投资大中型工业企业科技活动人员情况

单位：人

地区	科技活动人员合计	#1.参加科技项目人员	2.科技管理和服务人员	#科学家和工程师	高中级技术职称人员
全国	**148728**	**104652**	**44076**	**92548**	**38000**
东部地区	122035	87099	34936	77685	30088
中部地区	17689	10832	6857	10196	5689
西部地区	9004	6721	2283	4667	2223
东北地区	5138	3722	1416	3234	1690
北京	4198	2787	1411	2828	1141
天津	5676	4011	1665	2691	1026
河北	1724	823	901	1110	798
山西	410	329	81	262	115
内蒙古	1091	734	357	539	352
辽宁	3506	2712	794	2194	1056
吉林	471	98	373	84	57
黑龙江	1161	912	249	956	577
上海	24053	14322	9731	16837	7754
江苏	24990	18920	6070	15206	6208
浙江	11333	9270	2063	7238	2221
安徽	2797	1927	870	1402	619
福建	6052	5174	878	3393	1646
江西	1755	1003	752	1031	598
山东	8967	6377	2590	4127	1930
河南	3041	1703	1338	1741	996
湖北	6897	3954	2943	3925	2437
湖南	1157	906	251	795	290
广东	31536	22703	8833	22061	6308
广西	2584	2262	322	1251	358
海南					
重庆	1188	913	275	794	316
四川	2198	1562	636	932	578
贵州	237	67	170	96	62
云南	116	102	14	96	62
西藏					
陕西	664	327	337	440	297
甘肃	67	67		67	52
青海	52	38	14	36	20
宁夏	458	390	68	261	73
新疆	349	259	90	155	53

D.科技活动经费筹集情况

1-D-1 分登记注册类型工业企业科技活动经费筹集情况

单位：万元

行业	科技活动经费筹集总额	政府资金	企业资金	金融机构贷款	其他资金
合计	**25051857**	**881805**	**21545142**	**2101515**	**523395**
国有及国有控股企业	12001948	537084	10492497	718754	253614
内资企业	18505010	814784	15499317	1790971	399938
国有企业	2968233	139996	2649725	102642	75870
集体企业	646362	9109	572846	59209	5199
股份合作企业	188599	8039	144105	30570	5886
联营企业	161526	2452	142874	15072	1129
国有联营企业	124331	1172	121094	1450	616
集体联营企业	3370	92	2163	1115	
国有与集体联营企业	24801	1029	12802	10970	
其他联营企业	9024	159	6816	1537	513
有限责任公司	7405803	393885	6046590	776302	189027
国有独资公司	2144049	138009	1796594	137994	71452
其他有限责任公司	5261754	255876	4249996	638307	117575
股份有限公司	4719232	131346	4096407	440004	51475
私营企业	2411963	129713	1844863	366883	70505
私营独资企业	134296	2336	109463	17979	4518
私营合伙企业	26899	692	24022	1730	455
私营有限责任公司	2084670	121203	1573068	329900	60498
私营股份有限公司	166099	5482	138309	17274	5034
其他企业	3292	245	1907	290	850
港、澳、台商投资企业	2087526	29980	1868387	156258	32901
合资经营企业（港或澳、台资）	1039570	19960	883640	118061	17909
合作经营企业（港或澳、台资）	72958	1156	63972	4150	3680
港、澳、台商独资经营企业	713980	6559	680023	16397	11001
港、澳、台商投资股份有限公司	261019	2306	240753	17650	310
外商投资企业	4459322	37041	4177438	154286	90557
中外合资经营企业	2542086	25000	2365707	110257	41121
中外合作经营企业	88680	965	83648	2911	1156
外资企业	1461480	5407	1378769	31037	46267
外商投资股份有限公司	367075	5668	349314	10081	2012

1-D-2 分行业工业企业科技活动经费筹集情况

单位：万元

行业	科技活动经费筹集总额	政府资金	企业资金	金融机构贷款	其他资金
合计	**25051857**	**881805**	**21545142**	**2101515**	**523395**
采矿业	**1188194**	**22695**	**1043239**	**55744**	**66516**
煤炭开采和洗选业	576622	17271	535007	22506	1839
烟煤和无烟煤的开采洗选	572275	17170	530761	22506	1839
褐煤的开采洗选	4218	101	4117		
其他煤炭采选	129		129		
石油和天然气开采业	499215	2042	419719	17552	59902
天然原油和天然气开采	418173	357	380532	2000	35285
与石油和天然气开采有关的服务活动	81042	1685	39187	15552	24617
黑色金属矿采选业	36311	1176	23120	11000	1015
铁矿采选	24444	1021	19408	3000	1015
其他黑色金属矿采选	11867	155	3712	8000	
有色金属矿采选业	45610	784	37680	3539	3607
常用有色金属矿采选	9592	631	8680	200	82
贵金属矿采选	24634	153	21567	714	2200
稀有稀土金属矿采选	11384		7434	2625	1325
非金属矿采选业	30437	1423	27713	1147	154
土砂石开采	3890	665	2855	340	30
化学矿采选	13171	570	12501	100	
采盐	11960	173	11277	487	24
石棉及其他非金属矿采选	1416	15	1081	220	100
制造业	**23315531**	**844345**	**19990958**	**2027860**	**452367**
农副食品加工业	256149	14709	195096	38514	7830
谷物磨制	25645	1962	17914	5267	502
饲料加工	49653	1918	35538	11190	1007
植物油加工	37500	2275	27877	3705	3643
制糖	18874	1231	14164	3288	191
屠宰及肉类加工	65650	1772	60461	3278	138
水产品加工	25097	2236	17411	3794	1656
蔬菜、水果和坚果加工	20779	2604	13538	4284	354
其他农副食品加工	12952	711	8192	3708	340
食品制造业	201719	10352	163701	22619	5048
焙烤食品制造	7958	237	7268	373	80
糖果、巧克力及蜜饯制造	8404	286	8017	100	1
方便食品制造	13246	656	8915	3639	35
液体乳及乳制品制造	57221	3788	49284	3569	580
罐头制造	7588	781	5341	1130	336
调味品、发酵制品制造	57262	1384	49926	3880	2073

1-D-2 续表 1 单位：万元

行业	科技活动经费筹集总额	政府资金	企业资金	金融机构贷款	其他资金
其他食品制造	50042	3221	34950	9928	1943
饮料制造业	318116	6957	282861	23865	4434
酒精制造	23863	370	15937	6804	752
酒的制造	205406	4388	187964	10354	2700
软饮料制造	82492	1213	74742	5936	601
精制茶加工	6357	987	4218	770	381
烟草制品业	154908	6362	136544	10314	1689
烟叶复烤	404		302		102
卷烟制造	152758	6244	134843	10164	1507
其他烟草制品加工	1746	118	1399	150	80
纺织业	681267	8451	554712	107425	10679
棉、化纤纺织及印染精加工	309076	3092	269436	30598	5950
毛纺织和染整精加工	67307	391	56705	8291	1921
麻纺织	19423	492	5274	13549	107
丝绢纺织及精加工	56835	1424	41092	12816	1503
纺织制成品制造	113758	1238	78435	33323	762
针织品、编织品及其制品制造	114868	1814	103770	8848	436
纺织服装、鞋、帽制造业	114488	2320	97701	13107	1361
纺织服装制造	110025	2317	93297	13077	1334
纺织面料鞋的制造	1368	3	1308	30	27
制帽	3095		3095		
皮革、毛皮、羽毛(绒)及其制品业	78719	931	73198	3384	1206
皮革鞣制加工	21954	148	18624	2255	927
皮革制品制造	52176	303	50635	1009	229
毛皮鞣制及制品加工	2309	33	2206	20	50
羽毛(绒)加工及制品制造	2279	447	1732	100	
木材加工及木、竹、藤、棕、草制品业	73227	984	64732	6923	587
锯材、木片加工	3095		2585	400	110
人造板制造	58603	525	52948	4783	347
木制品制造	7410	352	6078	850	130
竹、藤、棕、草制品制造	4118	108	3120	890	
家具制造业	35469	252	33306	1732	178
木质家具制造	6993	164	5628	1032	169
竹、藤家具制造	6		6		
金属家具制造	23993	5	23978		10
塑料家具制造	1170		1070	100	
其他家具制造	3307	83	2624	600	
造纸及纸制品业	264863	4435	243505	9673	7250
纸浆制造	6993	473	6277		243

1-D-2 续表 2

单位：万元

行业	科技活动经费				
	筹集总额	政府资金	企业资金	金融机构贷款	其他资金
造纸	227829	3402	212150	6337	5939
纸制品制造	30042	560	25079	3336	1068
印刷业和记录媒介的复制	81009	1247	68701	10126	935
印刷	73172	942	61738	9616	875
装订及其他印刷服务活动	4132	31	3631	410	60
记录媒介的复制	3705	274	3331	100	
文教体育用品制造业	61615	1606	54759	4732	518
文化用品制造	14848	345	14279	110	115
体育用品制造	16614	290	14124	2110	89
乐器制造	7427	475	6862	65	26
玩具制造	19782	496	16550	2447	289
游艺器材及娱乐用品制造	2944		2944		
石油加工、炼焦及核燃料加工业	440236	68345	341545	19734	10612
精炼石油产品的制造	349044	66697	256407	16614	9327
炼焦	81826	1648	75773	3120	1285
核燃料加工	9366		9366		
化学原料及化学制品制造业	2063826	51308	1716568	235856	60094
基础化学原料制造	461481	10384	381320	58919	10858
肥料制造	380628	5327	275445	82883	16973
农药制造	141344	5097	121991	11056	3200
涂料、油墨、颜料及类似产品制造	156063	3439	127062	20699	4863
合成材料制造	526028	5193	499669	11861	9306
专用化学产品制造	294145	20184	212093	47773	14094
日用化学产品制造	104137	1684	98987	2665	801
医药制造业	1039320	58227	844194	119078	17821
化学药品原药制造	270644	12603	222319	33830	1892
化学药品制剂制造	346592	11865	296297	32034	6396
中药饮片加工	32741	1063	26156	3537	1985
中成药制造	246587	19734	195792	27867	3195
兽用药品制造	19181	1537	12828	4410	406
生物、生化制品的制造	99629	10500	72436	14198	2496
卫生材料及医药用品制造	23946	925	18366	3203	1452
化学纤维制造业	282150	7572	253518	19719	1341
纤维素纤维原料及纤维制造	83308	264	75669	7189	187
合成纤维制造	198841	7308	177849	12530	1154
橡胶制品业	266336	4901	237633	22224	1579
轮胎制造	169476	1167	152612	15496	201
橡胶板、管、带的制造	31761	760	26286	4011	705
橡胶零件制造	22416	1085	20321	705	304

1-D-2 续表 3 单位：万元

行业	科技活动经费				
	筹集总额	政府资金	企业资金	金融机构贷款	其他资金
再生橡胶制造	2086	356	1433	250	48
日用及医用橡胶制品制造	4832	165	4350	22	295
橡胶靴鞋制造	27224	234	26870	120	
其他橡胶制品制造	8542	1135	5762	1620	26
塑料制品业	368265	7025	285824	68428	6989
塑料薄膜制造	100656	2566	73681	22248	2162
塑料板、管、型材的制造	98278	2662	75768	18097	1752
塑料丝、绳及编织品的制造	5401	238	4558	482	123
泡沫塑料制造	7626	116	5636	478	1396
塑料人造革、合成革制造	32095	371	28249	3183	292
塑料包装箱及容器制造	31490	132	24259	6869	229
塑料零件制造	46663	387	38432	7716	128
日用塑料制造	16824	223	14284	2195	123
其他塑料制品制造	29233	332	20957	7160	785
非金属矿物制品业	535927	18752	447700	57872	11603
水泥、石灰和石膏的制造	123591	476	107167	14016	1932
水泥及石膏制品制造	27677	820	21854	4727	277
砖瓦、石材及其他建筑材料制造	42696	1498	34148	6250	800
玻璃及玻璃制品制造	192324	7223	163570	16719	4811
陶瓷制品制造	52389	2785	39982	8508	1114
耐火材料制品制造	39375	1844	31711	5118	703
石墨及其他非金属矿物制品制造	57876	4109	49268	2534	1966
黑色金属冶炼及压延加工业	2387973	10159	2214281	160057	3475
炼铁	74277	169	72015	1666	427
炼钢	482015	2222	453405	26357	32
钢压延加工	1794415	7190	1653162	131684	2380
铁合金冶炼	37265	579	35699	350	637
有色金属冶炼及压延加工业	570212	16086	471031	64386	18710
常用有色金属冶炼	215588	3928	174590	35653	1417
贵金属冶炼	20574	205	19762	170	437
稀有稀土金属冶炼	39178	3204	31417	4355	203
有色金属合金制造	34448	3082	27061	3545	760
有色金属压延加工	260424	5667	218202	20662	15893
金属制品业	358252	11186	308585	29349	9132
结构性金属制品制造	70230	493	65645	3620	472
金属工具制造	59852	885	49808	4016	5143
集装箱及金属包装容器制造	38947	388	31938	6413	208
金属丝绳及其制品的制造	74433	3196	62831	6650	1756
建筑、安全用金属制品制造	28539	624	26520	988	407

1-D-2 续表 4

单位：万元

行业	科技活动经费				
	筹集总额	政府资金	企业资金	金融机构贷款	其他资金
金属表面处理及热处理加工	22914	275	21876	405	358
搪瓷制品制造	7039	10	4805	2126	98
不锈钢及类似日用金属制品制造	17015	731	13316	2778	190
其他金属制品制造	39282	4584	31846	2353	499
通用设备制造业	1380802	47633	1198429	113784	20956
锅炉及原动机制造	258136	6336	233615	17293	893
金属加工机械制造	211116	12396	170637	25231	2853
起重运输设备制造	184961	2418	174364	5685	2493
泵、阀门、压缩机及类似机械的制造	200149	6625	171053	17126	5345
轴承、齿轮、传动和驱动部件的制造	129553	7870	104658	14446	2579
烘炉、熔炉及电炉制造	5558	263	2475	2720	99
风机、衡器、包装设备等通用设备制造	264530	7307	233980	21678	1565
通用零部件制造及机械修理	43605	1878	37014	2366	2348
金属铸、锻加工	83195	2541	70633	7240	2782
专用设备制造业	1163634	71068	975617	89861	27088
矿山、冶金、建筑专用设备制造	303346	10906	268395	19187	4857
化工、木材、非金属加工专用设备制造	124853	5000	108173	9984	1695
食品、饮料、烟草及饲料生产专用设备制造	42048	1572	34761	3862	1854
印刷、制药、日化生产专用设备制造	56367	1611	46669	7510	577
纺织、服装和皮革工业专用设备制造	144910	3409	121439	18328	1735
电子和电工机械专用设备制造	153669	34289	104665	5135	9580
农、林、牧、渔专用机械制造	105644	1303	101802	1416	1124
医疗仪器设备及器械制造	100713	6294	87229	6246	944
环保、社会公共安全及其他专用设备制造	132084	6684	102485	18194	4721
交通运输设备制造业	2724462	222728	2303162	124432	74140
铁路运输设备制造	155159	6284	137488	4870	6517
汽车制造	1798379	41412	1652862	83660	20445
摩托车制造	191597	1994	168541	16411	4650
自行车制造	11012	265	7811	2770	166
船舶及浮动装置制造	171215	20891	130668	7825	11831
航空航天器制造	390002	151782	198909	8835	30476
交通器材及其他交通运输设备制造	7099	100	6883	60	56
电气机械及器材制造业	2258850	47010	1959948	223735	28156
电机制造	195133	7834	171157	14287	1855
输配电及控制设备制造	533949	17331	435552	65309	15756
电线、电缆、光缆及电工器材制造	310936	6990	249680	50361	3905
电池制造	113553	6494	88813	15943	2302
家用电力器具制造	987218	6190	909892	68022	3114
非电力家用器具制造	21563	897	18141	2460	66

1-D-2 续表 5

单位：万元

行业	科技活动经费筹集总额	政府资金	企业资金	金融机构贷款	其他资金
照明器具制造	69619	900	61244	6852	623
其他电气机械及器材制造	26881	375	25470	500	536
通信设备、计算机及其他电子设备制造业	4620554	110005	4046532	379766	84252
通信设备制造	1598613	43564	1315055	210210	29785
雷达及配套设备制造	33138	2320	24923	2700	3195
广播电视设备制造	44875	4703	34528	5219	425
电子计算机制造	938854	15170	881886	19753	22044
电子器件制造	637024	20122	553504	46840	16559
电子元件制造	596331	15329	553957	22776	4270
家用视听设备制造	726548	7309	648093	63868	7278
其他电子设备制造	45172	1490	34586	8400	696
仪器仪表及文化、办公用机械制造业	427758	22541	346397	34021	24799
通用仪器仪表制造	202634	10963	166848	18382	6441
专用仪器仪表制造	62544	3894	49921	2841	5888
钟表与计时仪器制造	11351	553	10663	110	25
光学仪器及眼镜制造	55179	5347	40871	8429	532
文化、办公用机械制造	88947	1456	72133	3460	11898
其他仪器仪表的制造及修理	7103	328	5960	800	15
工艺品及其他制造业	102605	11080	68527	13096	9901
工艺美术品制造	32608	1092	23468	7146	903
日用杂品制造	14562	295	11057	3010	200
煤制品制造	20			10	10
核辐射加工	4050	154	1064	2800	31
其他未列明的制造业	51365	9540	32939	130	8757
废弃资源和废旧材料回收加工业	2821	114	2651	50	6
金属废料和碎屑的加工处理	1298	40	1258		
非金属废料和碎屑的加工处理	1523	74	1393	50	6
电力、燃气及水的生产和供应业	**548132**	**14765**	**510945**	**17911**	**4512**
电力、热力的生产和供应业	515481	12342	482684	16393	4062
电力生产	231880	4098	222203	3158	2421
电力供应	265691	8205	253260	2590	1636
热力生产和供应	17910	40	7221	10645	4
燃气生产和供应业	9955	123	9684	40	108
水的生产和供应业	22697	2300	18577	1478	342
自来水的生产和供应	20687	2056	17168	1128	335
污水处理及其再生利用	1790	244	1196	350	
其他水的处理、利用与分配	220		213		7

1-D-3 国有及国有控股制造业企业科技活动经费筹集情况

单位：万元

行业	科技活动经费筹集总额	政府资金	企业资金	金融机构贷款	其他资金
合计	**10369750**	**501601**	**9026871**	**657119**	**184158**
农副食品加工业	49678	4622	36134	8275	647
食品制造业	29091	2773	24036	520	1762
饮料制造业	146960	3407	136639	6352	562
烟草制品业	152639	6276	134511	10164	1689
纺织业	171503	2616	137874	26558	4456
纺织服装、鞋、帽制造业	4068	182	2251	1625	10
皮革、毛皮、羽毛(绒)及其制品业	707		707		
木材加工及木、竹、藤、棕、草制品业	12006	257	10782	770	196
家具制造业	15878	90	15608	180	
造纸及纸制品业	93927	1982	88262	1602	2081
印刷业和记录媒介的复制	27952	235	26904	750	63
文教体育用品制造业	8574	445	7222	850	58
石油加工、炼焦及核燃料加工业	252083	5774	234009	2348	9953
化学原料及化学制品制造业	1056616	24717	889748	118009	24142
医药制造业	310672	20951	264463	22300	2957
化学纤维制造业	177670	5736	167527	3560	847
橡胶制品业	98516	3240	87488	7405	383
塑料制品业	81293	2351	63181	13292	2470
非金属矿物制品业	160850	6336	134038	18653	1824
黑色金属冶炼及压延加工业	1990930	7309	1860587	122007	1028
有色金属冶炼及压延加工业	316402	10734	249796	39594	16278
金属制品业	76821	7124	64228	3394	2074
通用设备制造业	678304	29007	597656	42685	8957
专用设备制造业	562516	50899	473626	21730	16262
交通运输设备制造业	1923166	213568	1604458	47210	57931
电气机械及器材制造业	350870	13965	321968	9999	4939
通信设备、计算机及其他电子设备制造业	1447924	55771	1261994	121462	8698
仪器仪表及文化、办公用机械制造业	119434	11544	99741	2946	5203
工艺品及其他制造业	52698	9694	31434	2880	8691

1-D-4 内资制造业企业科技活动经费筹集情况

单位：万元

行业	科技活动经费筹集总额	政府资金	企业资金	金融机构贷款	其他资金
合计	**16829218**	**777887**	**14004263**	**1717958**	**329110**
农副食品加工业	223309	12678	167159	37086	6386
食品制造业	161358	9444	126344	20623	4947
饮料制造业	213644	5852	190827	13122	3843
烟草制品业	154406	6362	136041	10314	1689
纺织业	514701	6732	407249	92719	8001
纺织服装、鞋、帽制造业	81322	2193	68756	9243	1130
皮革、毛皮、羽毛(绒)及其制品业	44837	716	40592	2524	1006
木材加工及木、竹、藤、棕、草制品业	61040	930	54190	5370	551
家具制造业	17165	252	15083	1732	98
造纸及纸制品业	171141	3331	155141	8347	4323
印刷业和记录媒介的复制	57232	1065	46058	9211	898
文教体育用品制造业	33441	1180	27890	4185	187
石油加工、炼焦及核燃料加工业	387004	68079	290100	18234	10590
化学原料及化学制品制造业	1751301	46947	1427518	220178	56658
医药制造业	799427	49281	637491	102289	10366
化学纤维制造业	196255	7024	171256	16634	1341
橡胶制品业	188880	4250	166531	16604	1496
塑料制品业	257933	6026	192707	53822	5378
非金属矿物制品业	437972	17212	359552	51587	9622
黑色金属冶炼及压延加工业	2213072	8663	2065559	135527	3324
有色金属冶炼及压延加工业	458073	14850	375312	49827	18084
金属制品业	268709	10004	231379	18587	8739
通用设备制造业	1080889	43762	915928	104759	16441
专用设备制造业	995301	67983	822546	78412	26360
交通运输设备制造业	1965806	219525	1589288	90569	66425
电气机械及器材制造业	1721881	40042	1468822	189706	23311
通信设备、计算机及其他电子设备制造业	2006068	91975	1581560	318316	14217
仪器仪表及文化、办公用机械制造业	274448	21257	212723	26096	14371
工艺品及其他制造业	91175	10163	59397	12286	9330

1-D-5 港澳台商投资制造业企业科技活动经费筹集情况

单位：万元

行业	科技活动经费				
	筹集总额	政府资金	企业资金	金融机构贷款	其他资金
合计	**2047146**	**29543**	**1828819**	**156083**	**32701**
农副食品加工业	18219	1405	15261	450	1102
食品制造业	11108	465	9193	1450	
饮料制造业	14183	237	12316	1630	
烟草制品业	503		503		
纺织业	87705	546	81337	5084	739
纺织服装、鞋、帽制造业	23292	120	20200	2752	220
皮革、毛皮、羽毛(绒)及其制品业	15056	119	14791	100	46
木材加工及木、竹、藤、棕、草制品业	5790	40	4841	903	6
家具制造业	2776		2696		80
造纸及纸制品业	15448	216	11509	920	2803
印刷业和记录媒介的复制	14909	66	14183	660	
文教体育用品制造业	12869	53	12426	120	270
石油加工、炼焦及核燃料加工业	46176	266	44388	1500	22
化学原料及化学制品制造业	115977	1499	106756	6351	1371
医药制造业	80913	1872	65262	8818	4960
化学纤维制造业	70696	468	67143	3085	
橡胶制品业	19730	399	16331	3000	
塑料制品业	62496	774	51795	8599	1329
非金属矿物制品业	44310	798	40389	2585	539
黑色金属冶炼及压延加工业	125413	1431	101881	22030	71
有色金属冶炼及压延加工业	38393	174	31654	6166	400
金属制品业	61275	1022	50638	9252	363
通用设备制造业	49358	334	44189	3191	1644
专用设备制造业	71389	1592	65363	4025	409
交通运输设备制造业	106341	1206	93679	11230	226
电气机械及器材制造业	160821	2741	138998	17833	1248
通信设备、计算机及其他电子设备制造业	697683	10361	650800	30165	6356
仪器仪表及文化、办公用机械制造业	66529	464	54520	3535	8010
工艺品及其他制造业	6886	875	4881	650	480

1-D-6 外商投资制造业企业科技活动经费筹集情况

单位：万元

行业	科技活动经费筹集总额	政府资金	企业资金	金融机构贷款	其他资金
合计	**4439167**	**36915**	**4157876**	**153819**	**90557**
农副食品加工业	14622	626	12676	978	341
食品制造业	29253	443	28164	546	100
饮料制造业	90290	868	79718	9112	591
烟草制品业					
纺织业	78861	1173	66126	9622	1940
纺织服装、鞋、帽制造业	9874	7	8745	1112	10
皮革、毛皮、羽毛(绒)及其制品业	18826	96	17815	760	155
木材加工及木、竹、藤、棕、草制品业	6396	15	5701	650	30
家具制造业	15527		15527		
造纸及纸制品业	78273	888	76855	406	124
印刷业和记录媒介的复制	8868	116	8460	255	37
文教体育用品制造业	15305	373	14443	427	62
石油加工、炼焦及核燃料加工业	7057		7057		
化学原料及化学制品制造业	196548	2862	182294	9327	2065
医药制造业	158980	7073	141440	7972	2495
化学纤维制造业	15199	80	15119		
橡胶制品业	57726	252	54771	2620	83
塑料制品业	47837	226	41322	6007	282
非金属矿物制品业	53645	743	47760	3700	1442
黑色金属冶炼及压延加工业	49488	66	46842	2500	80
有色金属冶炼及压延加工业	73746	1062	64066	8393	226
金属制品业	28268	160	26568	1510	30
通用设备制造业	250555	3538	238312	5834	2871
专用设备制造业	96944	1493	87707	7425	319
交通运输设备制造业	652315	1997	620195	22633	7490
电气机械及器材制造业	376149	4227	352128	16196	3597
通信设备、计算机及其他电子设备制造业	1916804	7669	1814172	31285	63678
仪器仪表及文化、办公用机械制造业	86781	820	79153	4390	2417
工艺品及其他制造业	4544	42	4250	160	92

1-D-7 各地区工业企业科技活动经费筹集情况

单位：万元

地区	科技活动经费 筹集总额	政府资金	企业资金	金融机构贷款	其他资金
全国	**25051857**	**881805**	**21545142**	**2101515**	**523395**
东部地区	17712178	495672	15380600	1512750	323156
中部地区	4284455	180520	3625602	363453	114880
西部地区	3055225	205613	2538941	225313	85359
东北地区	1921171	104080	1660227	122360	34504
北京	987661	48680	849724	56965	32292
天津	725396	7722	642343	56822	18510
河北	592904	14901	535580	31079	11343
山西	509260	25466	429217	40004	14573
内蒙古	161177	13564	142837	4121	654
辽宁	1251420	68129	1085822	92158	5312
吉林	230889	5338	217614	5370	2566
黑龙江	438862	30613	356790	24833	26626
上海	1989703	28987	1881978	62787	15951
江苏	3879812	65567	3365190	349522	99533
浙江	2024131	65013	1714912	210606	33601
安徽	771327	16876	617335	124321	12796
福建	705519	16871	604923	79246	4479
江西	271844	24019	227873	16659	3292
山东	2491557	101992	2134536	197531	57500
河南	841744	21196	736984	63037	20528
湖北	698053	38442	584055	55860	19696
湖南	522476	18570	455733	33370	14803
广东	3041133	77418	2544104	374995	44616
广西	267859	14689	219599	32190	1381
海南	22943	394	21489	1040	20
重庆	388913	20685	338052	24060	6117
四川	858378	33015	730304	68265	26794
贵州	153736	11854	128105	10427	3350
云南	181054	10953	140801	26116	3184
西藏	237	50	137		50
陕西	543087	74578	418722	15585	34203
甘肃	187245	14023	156138	12499	4586
青海	73752	3195	45699	23600	1258
宁夏	56462	4385	45435	5804	839
新疆	183325	4623	173112	2646	2945

1-D-8 各地区国有及国有控股工业企业科技活动经费筹集情况

单位：万元

地区	科技活动经费筹集总额	政府资金	企业资金	金融机构贷款	其他资金
全国	**12001948**	**537084**	**10492497**	**718754**	**253614**
东部地区	6901581	225085	6136988	425554	113953
中部地区	2993450	138350	2575859	209822	69419
西部地区	2106918	173649	1779650	83378	70242
东北地区	1597337	84565	1400801	81826	30145
北京	533897	37561	442169	35434	18733
天津	358527	6593	308079	33222	10633
河北	461167	10799	417302	24428	8638
山西	394707	21032	349751	21258	2666
内蒙古	90219	11921	74912	2833	554
辽宁	1035569	57628	909424	66021	2496
吉林	176629	2821	171131	1335	1343
黑龙江	385139	24117	320246	14470	26306
上海	1047137	21577	998990	16597	9973
江苏	1001153	29572	901604	53152	16826
浙江	245727	17871	212362	14476	1019
安徽	506847	9262	404747	90645	2193
福建	219983	6688	177206	35973	117
江西	212177	21682	176780	11574	2141
山东	1210409	16527	1054773	99109	40001
河南	506825	12510	462692	21658	9965
湖北	474118	32157	391713	35441	14808
湖南	337008	14770	298801	13441	9996
广东	778822	20233	705926	47144	5518
广西	196180	11606	169289	14188	1097
海南	9189	37	9153		
重庆	273725	17611	240245	12708	3160
四川	424903	25382	361794	17236	20492
贵州	128824	8839	112841	4167	2976
云南	135424	8397	111160	14544	1324
西藏	92	50	42		
陕西	490173	72825	371015	12475	33858
甘肃	146382	10642	130802	1427	3511
青海	40551	2917	36266	900	468
宁夏	32280	2158	28022	2100	
新疆	148166	1301	143262	800	2802

1-D-9 各地区内资工业企业科技活动经费筹集情况

单位：万元

地区	科技活动经费筹集总额	政府资金	企业资金	金融机构贷款	其他资金
全国	**18505010**	**814784**	**15499317**	**1790971**	**399938**
东部地区	11881624	435815	9998765	1240954	206091
中部地区	3802364	176161	3175928	341441	108834
西部地区	2821022	202808	2324624	208576	85014
东北地区	1765535	100432	1525704	107321	32078
北京	604876	43085	487106	51706	22980
天津	440314	7296	366978	53942	12099
河北	543518	13848	490927	28699	10043
山西	485138	25444	407455	37674	14565
内蒙古	129123	13014	112370	3084	654
辽宁	1142159	64995	990224	82917	4023
吉林	222720	5243	210761	5180	1536
黑龙江	400656	30193	324720	19225	26518
上海	664760	23756	600148	32024	8833
江苏	2571953	55273	2190058	270138	56484
浙江	1498823	57385	1239571	177382	24486
安徽	699720	16314	548872	123450	11085
福建	279046	9702	228552	38189	2604
江西	221230	23570	179689	15109	2862
山东	2303152	97747	1969487	182019	53899
河南	751855	20695	653920	57777	19462
湖北	549617	36181	442862	52302	18272
湖南	471428	18522	407649	30725	14532
广东	1811264	62341	1415404	322900	10620
广西	210897	14150	163776	31590	1381
海南	21758	387	20311	1040	20
重庆	331614	20265	283624	21610	6116
四川	807774	32699	692162	56248	26665
贵州	151418	11842	126000	10427	3150
云南	173758	10734	133939	25916	3169
西藏	237	50	137		50
陕西	528346	74178	404481	15485	34203
甘肃	184006	13880	153281	12260	4586
青海	70215	3115	42243	23600	1258
宁夏	52409	4274	41492	5804	839
新疆	181224	4608	171120	2552	2945

1-D-10 各地区港澳台商投资工业企业科技活动经费筹集情况

单位：万元

地区	科技活动经费筹集总额	政府资金	企业资金	金融机构贷款	其他资金
全国	**2087526**	**29980**	**1868387**	**156258**	**32901**
东部地区	1919006	28557	1714655	145969	29824
中部地区	121682	640	113365	4641	3036
西部地区	46838	783	40367	5648	40
东北地区	22197	2106	13862	6061	168
北京	179266	409	169273	2269	7315
天津	11236	53	10563	600	20
河北	27348	201	26247	200	700
山西	9729	12	8379	1330	8
内蒙古	3236		2199	1037	
辽宁	18843	1931	10683	6061	168
吉林	1652	60	1592		
黑龙江	1703	115	1588		
上海	215802	1251	201470	10417	2664
江苏	373546	4516	324466	40035	4530
浙江	212595	3368	185345	18291	5591
安徽	22058	10	20478	165	1405
福建	218670	5295	186268	26077	1030
江西	11933	4	10269	1230	430
山东	21853	700	20363	650	140
河南	30780	48	29122	1175	434
湖北	19849	353	18693	296	507
湖南	23979	38	23244	445	252
广东	639132	10832	579264	41370	7667
广西	4398	120	4028	250	
海南	714		714		
重庆	24506	110	22094	2300	1
四川	7580	6	5713	1822	39
贵州	246		246		
云南	4182	204	3978		
西藏					
陕西	1355	200	1155		
甘肃	910	143	528	239	
青海	307		307		
宁夏					
新疆	120		120		

1-D-11 各地区外商投资工业企业科技活动经费筹集情况

单位：万元

地区	科技活动经费筹集总额	政府资金	企业资金	金融机构贷款	其他资金
全国	**4459322**	**37041**	**4177438**	**154286**	**90557**
东部地区	3911548	31300	3667180	125826	87241
中部地区	360409	3719	336309	17371	3011
西部地区	187365	2022	173949	11089	305
东北地区	133439	1542	120661	8978	2259
北京	203519	5186	193346	2990	1998
天津	273846	373	264802	2280	6391
河北	22038	852	18406	2180	600
山西	14393	10	13383	1000	
内蒙古	28818	550	28268		
辽宁	90419	1202	84916	3180	1121
吉林	6517	35	5262	190	1030
黑龙江	36504	305	30483	5608	108
上海	1109141	3979	1080360	20347	4455
江苏	934312	5778	850666	39349	38519
浙江	312712	4260	289996	14933	3524
安徽	49549	552	47985	706	305
福建	207803	1875	190103	14981	845
江西	38681	446	37915	320	
山东	166552	3545	144685	14861	3461
河南	59110	453	53941	4085	631
湖北	128586	1908	122500	3262	916
湖南	27069	10	24839	2200	20
广东	590736	4245	549437	10726	26329
广西	52564	419	51795	350	
海南	471	7	464		
重庆	32794	310	32334	150	
四川	43025	310	32430	10195	90
贵州	2071	12	1859		200
云南	3114	15	2885	200	14
西藏					
陕西	13386	200	13086	100	
甘肃	2329		2329		
青海	3230	80	3150		
宁夏	4054	111	3943		
新疆	1981	15	1872	94	

1-D-12 分登记注册类型大中型工业企业科技活动经费筹集情况

单位：万元

行　　业	科技活动经费筹集总额	政府资金	企业资金	金融机构贷款	其他资金
合计	**20909958**	**647607**	**18327493**	**1552933**	**381925**
国有及国有控股企业	11415130	489889	10046088	652493	226660
内资企业	15354228	600967	13127399	1337802	288060
国有企业	2825052	123888	2543111	90967	67087
集体企业	533388	6130	479857	44889	2512
股份合作企业	82500	2455	63499	14645	1900
联营企业	143906	779	130033	12685	410
国有联营企业	118446	362	116724	950	410
集体联营企业	1610		505	1105	
国有与集体联营企业	21171	399	10272	10500	
其他联营企业	2680	18	2532	130	
有限责任公司	6249283	333873	5153247	610697	151466
国有独资公司	2099948	135523	1760283	132999	71142
其他有限责任公司	4149336	198349	3392964	477698	80325
股份有限公司	4489162	111441	3924642	405644	47435
私营企业	1028833	22292	832112	157984	16446
私营独资企业	42179	253	38443	2990	493
私营合伙企业	9314	12	9270	2	30
私营有限责任公司	901235	19190	715187	153118	13741
私营股份有限公司	76106	2837	69213	1874	2182
其他企业	2103	110	898	290	805
港、澳、台商投资企业	1692372	21701	1539891	109425	21355
合资经营企业（港或澳、台资）	793286	13834	682412	84726	12313
合作经营企业（港或澳、台资）	61986	935	54749	3500	2802
港、澳、台商独资经营企业	591268	4649	571401	9179	6040
港、澳、台商投资股份有限公司	245832	2283	231329	12020	200
外商投资企业	3863359	24939	3660202	105707	72510
中外合资经营企业	2160706	16740	2040807	72370	30790
中外合作经营企业	57291	258	54329	2200	504
外资企业	1288210	2706	1223913	21977	39614
外商投资股份有限公司	357152	5236	341153	9161	1602

1-D-13 分行业大中型工业企业科技活动经费筹集情况

单位：万元

行业	科技活动经费筹集总额	政府资金	企业资金	金融机构贷款	其他资金
合计	**20909958**	**647607**	**18327493**	**1552933**	**381925**
采矿业	**1159456**	**22378**	**1017534**	**53770**	**65775**
煤炭开采和洗选业	573187	17039	532395	22084	1670
烟煤和无烟煤的开采洗选	568969	16938	528278	22084	1670
褐煤的开采洗选	4218	101	4117		
其他煤炭采选					
石油和天然气开采业	485846	2012	406381	17552	59902
天然原油和天然气开采	405785	357	368144	2000	35285
与石油和天然气开采有关的服务活动	80061	1655	38237	15552	24617
黑色金属矿采选业	32376	1176	19385	11000	815
铁矿采选	20509	1021	15673	3000	815
其他黑色金属矿采选	11867	155	3712	8000	
有色金属矿采选业	41676	784	34614	3014	3264
常用有色金属矿采选	7694	631	7041		23
贵金属矿采选	23313	153	20646	514	2000
稀有稀土金属矿采选	10669		6928	2500	1241
非金属矿采选业	26372	1368	24760	120	124
土砂石开采	2377	625	1752		
化学矿采选	12851	570	12181	100	
采盐	10486	173	10269	20	24
石棉及其他非金属矿采选	658		558		100
制造业	**19243146**	**611654**	**16835021**	**1484215**	**312257**
农副食品加工业	131459	6921	109029	14392	1118
谷物磨制	9135	842	6978	1150	165
饲料加工	9409	135	6354	2817	103
植物油加工	13674	1398	12076	200	
制糖	18247	1228	13690	3138	191
屠宰及肉类加工	54098	1023	51108	1925	42
水产品加工	10445	687	7716	1440	603
蔬菜、水果和坚果加工	11697	1458	6518	3722	
其他农副食品加工	4753	150	4588		15
食品制造业	142353	7166	120160	12006	3020
焙烤食品制造	5333	130	4960	203	40
糖果、巧克力及蜜饯制造	5088	70	5018		
方便食品制造	11379	427	7328	3604	20
液体乳及乳制品制造	51734	3478	45764	2110	383
罐头制造	2762	582	1901		279
调味品、发酵制品制造	43283	1197	39147	1959	980

1-D-13 续表 1 单位：万元

行业	科技活动经费筹集总额	政府资金	企业资金	金融机构贷款	其他资金
其他食品制造	22776	1283	16044	4130	1319
饮料制造业	284426	5214	256845	19440	2928
酒精制造	22137	370	14211	6804	752
酒的制造	191387	3844	176815	8693	2035
软饮料制造	70529	864	65582	3942	140
精制茶加工	374	136	237		1
烟草制品业	154111	6362	135768	10314	1667
烟叶复烤	320		220		100
卷烟制造	152345	6244	134430	10164	1507
其他烟草制品加工	1446	118	1119	150	60
纺织业	558437	6104	452983	90591	8759
棉、化纤纺织及印染精加工	266907	2395	234823	24624	5066
毛纺织和染整精加工	60955	391	50470	8176	1919
麻纺织	17408	155	4482	12664	107
丝绢纺织及精加工	38279	804	27506	9160	809
纺织制成品制造	83758	849	51551	30899	459
针织品、编织品及其制品制造	91129	1510	84152	5068	399
纺织服装、鞋、帽制造业	93844	2008	79921	11015	900
纺织服装制造	90535	2008	76613	11015	900
纺织面料鞋的制造	254		254		
制帽	3054		3054		
皮革、毛皮、羽毛(绒)及其制品业	45456	724	41786	2023	923
皮革鞣制加工	14650	12	12901	935	802
皮革制品制造	28999	248	27642	988	121
毛皮鞣制及制品加工	562	17	545		
羽毛(绒)加工及制品制造	1246	447	699	100	
木材加工及木、竹、藤、棕、草制品业	55160	209	50266	4530	155
锯材、木片加工	2120		2120		
人造板制造	49833	180	45568	3930	155
木制品制造	3047	29	2418	600	
竹、藤、棕、草制品制造	160		160		
家具制造业	26407	120	25227	980	80
木质家具制造	2348	102	1786	380	80
竹、藤家具制造					
金属家具制造	21018		21018		
塑料家具制造	640		640		
其他家具制造	2401	18	1783	600	
造纸及纸制品业	232529	2935	217969	6538	5086
纸浆制造	6975	458	6274		243

1-D-13 续表 2

单位：万元

行业	科技活动经费筹集总额	政府资金	企业资金	金融机构贷款	其他资金
造纸	209066	2331	198053	4538	4143
纸制品制造	16488	146	13642	2000	700
印刷业和记录媒介的复制	42372	800	38939	2545	88
印刷	39324	626	36126	2545	28
装订及其他印刷服务活动	1860		1800		60
记录媒介的复制	1188	174	1014		
文教体育用品制造业	42711	1129	38013	3500	69
文化用品制造	7249	229	6970	50	
体育用品制造	13158	145	11564	1400	49
乐器制造	5673	435	5239		
玩具制造	14845	320	12455	2050	20
游艺器材及娱乐用品制造	1785		1785		
石油加工、炼焦及核燃料加工业	357846	6433	323094	17844	10475
精炼石油产品的制造	269895	6393	239589	14724	9190
炼焦	78585	40	74139	3120	1285
核燃料加工	9366		9366		
化学原料及化学制品制造业	1641069	32059	1383070	180203	45737
基础化学原料制造	377048	7235	318433	45790	5590
肥料制造	359147	4365	259906	78412	16464
农药制造	100013	2157	87729	8099	2028
涂料、油墨、颜料及类似产品制造	84293	1038	64884	14780	3592
合成材料制造	467418	3783	448665	6905	8065
专用化学产品制造	169181	12193	121511	25918	9560
日用化学产品制造	83969	1289	81943	300	438
医药制造业	700985	34997	604651	56184	5153
化学药品原药制造	211623	10988	174561	25109	965
化学药品制剂制造	261595	8733	236886	15526	450
中药饮片加工	11491	450	9065	1174	802
中成药制造	167098	11708	143817	10575	998
兽用药品制造	5465	707	3958	800	
生物、生化制品的制造	30102	2088	26708	500	807
卫生材料及医药用品制造	13610	324	9656	2500	1130
化学纤维制造业	258960	6928	233200	17810	1023
纤维素纤维原料及纤维制造	82104	163	74647	7189	105
合成纤维制造	176857	6765	158552	10621	918
橡胶制品业	230085	2822	208969	17724	571
轮胎制造	166172	1006	151305	13731	131
橡胶板、管、带的制造	15194	332	12411	2301	150
橡胶零件制造	13397	138	12709	550	

1-D-13 续表 3

单位：万元

行业	科技活动经费				
	筹集总额	政府资金	企业资金	金融机构贷款	其他资金
再生橡胶制造	800	250	550		
日用及医用橡胶制品制造	3251	12	2927	22	290
橡胶靴鞋制造	26268	214	25934	120	
其他橡胶制品制造	5003	870	3133	1000	
塑料制品业	218093	4403	180082	29970	3638
塑料薄膜制造	59940	1941	42319	13750	1930
塑料板、管、型材的制造	58678	1582	52271	4264	561
塑料丝、绳及编织品的制造	3044	45	2709	280	10
泡沫塑料制造	3030	50	1911	200	869
塑料人造革、合成革制造	19578	313	18367	650	248
塑料包装箱及容器制造	16204		12810	3394	
塑料零件制造	29150	155	26077	2898	20
日用塑料制造	8958	110	7313	1535	
其他塑料制品制造	19511	206	16305	3000	
非金属矿物制品业	411401	12968	349264	43468	5702
水泥、石灰和石膏的制造	111504	282	96640	13349	1233
水泥及石膏制品制造	13225	473	9282	3432	39
砖瓦、石材及其他建筑材料制造	21379	75	19030	2160	114
玻璃及玻璃制品制造	169752	6643	144359	14915	3836
陶瓷制品制造	34365	1661	26142	6331	231
耐火材料制品制造	24196	1410	20546	2120	120
石墨及其他非金属矿物制品制造	36980	2425	33266	1160	129
黑色金属冶炼及压延加工业	2310096	9623	2140413	157304	2756
炼铁	73082	169	70820	1666	427
炼钢	461158	2222	432551	26354	32
钢压延加工	1741951	6687	1604144	129104	2017
铁合金冶炼	33904	546	32898	180	280
有色金属冶炼及压延加工业	468545	11258	390991	49508	16788
常用有色金属冶炼	192519	3679	158911	29333	595
贵金属冶炼	18324	172	18152		
稀有稀土金属冶炼	26220	1362	22644	2080	134
有色金属合金制造	20787	1912	15848	2700	328
有色金属压延加工	210695	4134	175437	15394	15730
金属制品业	250425	8228	220174	14570	7453
结构性金属制品制造	47027	124	44431	2288	184
金属工具制造	43876	725	36968	1228	4956
集装箱及金属包装容器制造	29026	253	24565	4208	
金属丝绳及其制品的制造	64322	2836	55328	4403	1755
建筑、安全用金属制品制造	18886	407	17827	300	352

1-D-13 续表 4

单位：万元

行业	科技活动经费筹集总额	政府资金	企业资金	金融机构贷款	其他资金
金属表面处理及热处理加工	16761		16761		
搪瓷制品制造	3425		2445	980	
不锈钢及类似日用金属制品制造	8870	41	7980	800	49
其他金属制品制造	18233	3843	13870	363	157
通用设备制造业	1044756	36390	925147	71381	11838
锅炉及原动机制造	238511	5450	218152	14481	428
金属加工机械制造	143560	10530	117398	13959	1673
起重运输设备制造	163942	2035	157356	2750	1801
泵、阀门、压缩机及类似机械的制造	135919	4359	116354	11437	3769
轴承、齿轮、传动和驱动部件的制造	101291	6693	82062	10376	2160
烘炉、熔炉及电炉制造	260		260		
风机、衡器、包装设备等通用设备制造	187402	4761	168679	13167	795
通用零部件制造及机械修理	25363	1260	22726	700	676
金属铸、锻加工	48508	1304	42159	4512	535
专用设备制造业	804567	56076	674572	57944	15976
矿山、冶金、建筑专用设备制造	257257	8968	230567	15755	1967
化工、木材、非金属加工专用设备制造	75736	2680	67543	4318	1195
食品、饮料、烟草及饲料生产专用设备制造	22025	1091	17426	2065	1444
印刷、制药、日化生产专用设备制造	33837	736	30823	2028	250
纺织、服装和皮革工业专用设备制造	109089	2673	89174	16073	1169
电子和电工机械专用设备制造	127120	31799	82694	4239	8388
农、林、牧、渔专用机械制造	78705	362	76661	900	782
医疗仪器设备及器械制造	26532	3785	21299	1380	68
环保、社会公共安全及其他专用设备制造	74268	3983	58385	11187	713
交通运输设备制造业	2461946	214133	2107086	80644	60083
铁路运输设备制造	134486	6152	121023	1800	5511
汽车制造	1597596	34022	1503542	47709	12323
摩托车制造	173312	1754	153532	14180	3846
自行车制造	4497	138	3759	600	
船舶及浮动装置制造	159608	20704	123069	7700	8135
航空航天器制造	386448	151362	196162	8655	30268
交通器材及其他交通运输设备制造	6000		6000		
电气机械及器材制造业	1845951	30143	1628136	178948	8725
电机制造	151104	4174	136464	10081	385
输配电及控制设备制造	370650	10111	305680	51417	3442
电线、电缆、光缆及电工器材制造	213615	3705	173845	35077	988
电池制造	75643	5458	58628	10563	994
家用电力器具制造	958712	5844	883645	66362	2861
非电力家用器具制造	16130	490	13930	1710	

1-D-13 续表 5 单位：万元

行业	科技活动经费				
	筹集总额	政府资金	企业资金	金融机构贷款	其他资金
照明器具制造	44304	234	40277	3738	55
其他电气机械及器材制造	15794	127	15667		
通信设备、计算机及其他电子设备制造业	4135216	83090	3663988	316431	71707
通信设备制造	1453483	37410	1200592	189872	25609
雷达及配套设备制造	29720	2300	22855	2700	1865
广播电视设备制造	20566	847	19389	200	130
电子计算机制造	849278	9723	808501	11150	19904
电子器件制造	537011	14170	476617	32275	13949
电子元件制造	523169	11733	490736	17716	2985
家用视听设备制造	709991	6370	635088	61269	7264
其他电子设备制造	11998	537	10211	1250	
仪器仪表及文化、办公用机械制造业	219329	11654	184905	12030	10740
通用仪器仪表制造	69980	4682	58168	4740	2391
专用仪器仪表制造	28308	1372	25002	840	1094
钟表与计时仪器制造	5743	185	5558		
光学仪器及眼镜制造	42584	4326	32943	5060	255
文化、办公用机械制造	70915	1089	61435	1391	7000
其他仪器仪表的制造及修理	1800		1800		
工艺品及其他制造业	74594	10760	50354	4380	9101
工艺美术品制造	14799	935	12164	1450	250
日用杂品制造	11337	285	8002	2850	200
煤制品制造					
核辐射加工					
其他未列明的制造业	48458	9540	30188	80	8650
废弃资源和废旧材料回收加工业	19		19		
金属废料和碎屑的加工处理	19		19		
非金属废料和碎屑的加工处理					
电力、燃气及水的生产和供应业	**507356**	**13575**	**474938**	**14949**	**3894**
电力、热力的生产和供应业	480034	11950	450429	13989	3667
电力生产	206233	3998	197344	2658	2233
电力供应	256933	7912	246831	756	1433
热力生产和供应	16869	40	6254	10575	
燃气生产和供应业	9738	113	9517		108
水的生产和供应业	17584	1513	14991	960	120
自来水的生产和供应	17302	1474	14748	960	120
污水处理及其再生利用	281	39	243		
其他水的处理、利用与分配					

1-D-14 国有及国有控股大中型制造业企业科技活动经费筹集情况

单位：万元

行业	科技活动经费筹集总额	政府资金	企业资金	金融机构贷款	其他资金
合计	**9819252**	**455233**	**8612275**	**594010**	**157734**
农副食品加工业	35321	2471	31041	1758	50
食品制造业	25850	2544	21224	430	1652
饮料制造业	143257	3118	133440	6352	347
烟草制品业	151891	6276	133784	10164	1667
纺织业	161570	2121	129460	25835	4155
纺织服装、鞋、帽制造业	3763		2138	1625	
皮革、毛皮、羽毛(绒)及其制品业	446		446		
木材加工及木、竹、藤、棕、草制品业	9682	98	8699	730	155
家具制造业	14911	40	14691	180	
造纸及纸制品业	92547	1851	87083	1602	2011
印刷业和记录媒介的复制	20892	178	19901	750	63
文教体育用品制造业	6497	415	5271	800	12
石油加工、炼焦及核燃料加工业	249102	5774	231027	2348	9953
化学原料及化学制品制造业	1004804	20398	855567	106669	22170
医药制造业	265288	15603	229227	19056	1402
化学纤维制造业	175793	5378	166090	3560	765
橡胶制品业	95395	2172	85542	7400	281
塑料制品业	63037	1846	52369	7192	1630
非金属矿物制品业	141751	4988	117244	18428	1092
黑色金属冶炼及压延加工业	1978625	7057	1848783	122007	778
有色金属冶炼及压延加工业	293269	7558	233231	36274	16207
金属制品业	69140	6897	57204	3094	1944
通用设备制造业	620142	26535	550624	36274	6709
专用设备制造业	515559	46413	436359	19995	12792
交通运输设备制造业	1873472	208720	1573463	38232	53056
电气机械及器材制造业	312706	10390	292183	6139	3993
通信设备、计算机及其他电子设备制造业	1363736	48493	1195456	115627	4161
仪器仪表及文化、办公用机械制造业	83836	8359	72025	1411	2042
工艺品及其他制造业	46971	9540	28702	80	8650

1–D–15 内资大中型制造业企业科技活动经费筹集情况

单位：万元

行业	科技活动经费筹集总额	政府资金	企业资金	金融机构贷款	其他资金
合计	**13729643**	**565577**	**11676417**	**1269258**	**218391**
农副食品加工业	119888	6591	98701	13969	627
食品制造业	110444	6696	89621	11106	3020
饮料制造业	185268	4189	169825	8897	2357
烟草制品业	153608	6362	135266	10314	1667
纺织业	429801	4911	337839	80843	6209
纺织服装、鞋、帽制造业	68548	1911	57784	7953	900
皮革、毛皮、羽毛(绒)及其制品业	24250	617	20808	1903	923
木材加工及木、竹、藤、棕、草制品业	49219	189	44945	3930	155
家具制造业	9082	120	7972	980	10
造纸及纸制品业	144102	1932	134374	5512	2283
印刷业和记录媒介的复制	27161	684	24099	2290	88
文教体育用品制造业	20912	840	16553	3450	69
石油加工、炼焦及核燃料加工业	307977	6258	274922	16344	10453
化学原料及化学制品制造业	1417878	29583	1170897	173426	43971
医药制造业	538415	31095	454326	48490	4504
化学纤维制造业	182450	6798	159119	15510	1023
橡胶制品业	163886	2370	147221	13724	571
塑料制品业	153717	3777	126010	21281	2649
非金属矿物制品业	336679	11721	281119	38508	5332
黑色金属冶炼及压延加工业	2160417	8147	2016790	132804	2676
有色金属冶炼及压延加工业	378175	10127	311859	39421	16768
金属制品业	185846	7741	161026	9670	7409
通用设备制造业	803294	33719	694754	65063	9759
专用设备制造业	712454	54590	589284	52674	15906
交通运输设备制造业	1790720	211558	1457773	66408	54981
电气机械及器材制造业	1395564	24291	1215678	148431	7164
通信设备、计算机及其他电子设备制造业	1681887	67981	1342099	266203	5604
仪器仪表及文化、办公用机械制造业	110530	10877	90463	6525	2665
工艺品及其他制造业	67454	9905	45269	3630	8650

1-D-16 港澳台商投资大中型制造业企业科技活动经费筹集情况

单位：万元

行业	科技活动经费筹集总额	政府资金	企业资金	金融机构贷款	其他资金
合计	**1660747**	**21264**	**1508878**	**109250**	**21355**
农副食品加工业	7819	204	6775	350	491
食品制造业	6857	150	5807	900	
饮料制造业	12652	159	11063	1430	
烟草制品业	503		503		
纺织业	62682	435	59794	1810	643
纺织服装、鞋、帽制造业	20218	90	17628	2500	
皮革、毛皮、羽毛(绒)及其制品业	7722	95	7527	100	
木材加工及木、竹、藤、棕、草制品业	3730	20	3110	600	
家具制造业	2278		2208		70
造纸及纸制品业	11983	165	8295	720	2803
印刷业和记录媒介的复制	10824		10824		
文教体育用品制造业	10822	28	10744	50	
石油加工、炼焦及核燃料加工业	44719	175	43022	1500	22
化学原料及化学制品制造业	89644	809	85299	2782	754
医药制造业	48504	812	44027	3549	115
化学纤维制造业	65507	110	63097	2300	
橡胶制品业	18558	330	15228	3000	
塑料制品业	34424	576	26504	6375	969
非金属矿物制品业	34818	657	32451	1630	80
黑色金属冶炼及压延加工业	107176	1430	83746	22000	
有色金属冶炼及压延加工业	31898	171	27633	4094	
金属制品业	47195	386	41866	4900	44
通用设备制造业	30011	115	27465	2176	254
专用设备制造业	44984	929	42666	1390	
交通运输设备制造业	88729	883	84746	3100	
电气机械及器材制造业	133986	2325	114879	16252	530
通信设备、计算机及其他电子设备制造业	622823	9209	584532	22917	6165
仪器仪表及文化、办公用机械制造业	54137	147	43801	2225	7965
工艺品及其他制造业	5545	855	3640	600	450

1-D-17 外商投资大中型制造业企业科技活动经费筹集情况

单位：万元

行业	科技活动经费筹集总额	政府资金	企业资金	金融机构贷款	其他资金
合计	**3852756**	**24813**	**3649726**	**105707**	**72510**
农副食品加工业	3753	127	3553	73	
食品制造业	25052	320	24732		
饮料制造业	86507	867	75957	9112	571
烟草制品业					
纺织业	65953	758	55350	7938	1907
纺织服装、鞋、帽制造业	5078	7	4509	562	
皮革、毛皮、羽毛(绒)及其制品业	13483	13	13451	20	
木材加工及木、竹、藤、棕、草制品业	2210		2210		
家具制造业	15047		15047		
造纸及纸制品业	76444	838	75300	306	
印刷业和记录媒介的复制	4387	116	4016	255	
文教体育用品制造业	10977	261	10716		
石油加工、炼焦及核燃料加工业	5150		5150		
化学原料及化学制品制造业	133547	1667	126873	3995	1012
医药制造业	114067	3090	106298	4145	534
化学纤维制造业	11004	20	10984		
橡胶制品业	47642	122	46520	1000	
塑料制品业	29952	50	27568	2314	20
非金属矿物制品业	39904	590	35694	3330	290
黑色金属冶炼及压延加工业	42503	46	39877	2500	80
有色金属冶炼及压延加工业	58472	960	51500	5993	20
金属制品业	17384	102	17282		
通用设备制造业	211451	2557	202927	4142	1825
专用设备制造业	47129	557	42623	3880	70
交通运输设备制造业	582498	1692	564568	11136	5102
电气机械及器材制造业	316401	3526	297580	14265	1031
通信设备、计算机及其他电子设备制造业	1830506	5900	1737356	27311	59938
仪器仪表及文化、办公用机械制造业	54661	630	50641	3280	110
工艺品及其他制造业	1595		1445	150	

1-D-18 各地区大中型工业企业科技活动经费筹集情况

单位：万元

地区	科技活动经费筹集总额	政府资金	企业资金	金融机构贷款	其他资金
全国	**20909958**	**647607**	**18327493**	**1552933**	**381925**
东部地区	14462049	320006	12803393	1106327	232322
中部地区	3724515	147892	3231777	270839	74007
西部地区	2723395	179709	2292322	175767	75597
东北地区	1716108	87983	1516896	80076	31154
北京	697366	34123	610579	33934	18731
天津	612967	5246	558116	36562	13044
河北	553860	13205	506029	25798	8828
山西	448189	22327	394051	29068	2744
内蒙古	150315	12489	134469	2973	384
辽宁	1117696	59932	993948	61211	2606
吉林	200814	2953	192223	3335	2303
黑龙江	397597	25098	330725	15530	26245
上海	1730433	20525	1663499	37742	8667
江苏	3094867	48815	2711715	255310	79027
浙江	1239240	38436	1083588	106654	10561
安徽	688099	12881	564584	106812	3823
福建	530268	10694	461679	57332	563
江西	241255	22531	203484	13607	1633
山东	2289178	33934	2018912	182582	53750
河南	725705	18533	652905	41338	12930
湖北	603538	30058	516316	42655	14508
湖南	419317	13512	377490	18495	9821
广东	2586462	54871	2185863	309202	36526
广西	237526	12434	195721	28282	1089
海南	9712	226	9466		20
重庆	360950	19795	312909	23060	5187
四川	737520	28527	629493	56430	23070
贵州	131379	8177	113756	6486	2961
云南	141266	7173	119148	12692	2253
西藏	12		12		
陕西	513495	71600	397140	11190	33565
甘肃	159326	9368	138031	8644	3282
青海	69994	2551	43626	22900	918
宁夏	47042	3856	40776	2310	100
新疆	174570	3740	167242	800	2787

1-D-19 各地区国有及国有控股大中型工业企业科技活动经费筹集情况

单位：万元

地 区	科技活动经费筹集总额	政府资金	企业资金	金融机构贷款	其他资金
全 国	**11415130**	**489889**	**10046088**	**652493**	**226660**
东部地区	6480072	200809	5806430	378380	94454
中部地区	2912664	128372	2518358	201104	64831
西部地区	2022394	160708	1721300	73010	67376
东北地区	1542762	82351	1358820	71656	29936
北 京	430235	29826	359150	29734	11525
天 津	312937	4929	278889	21282	7837
河 北	452350	10004	410747	23808	7790
山 西	390900	20580	346638	21058	2624
内蒙古	87534	11182	73171	2798	384
辽 宁	992212	56535	876363	56891	2423
吉 林	171445	2475	166362	1335	1273
黑龙江	379105	23341	316094	13430	26240
上 海	963343	18117	927127	13591	4508
江 苏	965446	26980	877150	46676	14640
浙 江	212816	15768	185252	10916	880
安 徽	497487	8587	398753	88378	1769
福 建	208195	6274	166212	35695	15
江 西	201507	21262	168436	10186	1623
山 东	1195047	15766	1041404	98214	39663
河 南	494698	12109	451953	20812	9824
湖 北	456391	27196	382481	34064	12650
湖 南	321131	12822	287641	11841	8828
广 东	741489	16605	678137	41574	5173
广 西	191187	10625	165380	14123	1059
海 南	6004	5	5999		
重 庆	267360	17280	234403	12658	3019
四 川	400527	23419	342672	15527	18908
贵 州	120181	7408	106806	3136	2831
云 南	120355	6390	103647	9074	1244
西 藏	12		12		
陕 西	478033	70929	362779	10760	33565
甘 肃	139314	7965	127092	1133	3124
青 海	39728	2421	35940	900	468
宁 夏	31749	1978	27671	2100	
新 疆	146413	1112	141727	800	2775

1-D-20 各地区内资大中型工业企业科技活动经费筹集情况

单位：万元

地区	科技活动经费筹集总额	政府资金	企业资金	金融机构贷款	其他资金
全国	**15354228**	**600967**	**13127399**	**1337802**	**288060**
东部地区	9517090	278151	8181660	915267	142013
中部地区	3309956	145022	2834712	259722	70501
西部地区	2527181	177794	2111027	162813	75546
东北地区	1588754	85955	1400460	72356	29984
北京	379718	30895	306365	30934	11525
天津	353899	5150	304905	35962	7882
河北	510211	12434	465301	24518	7958
山西	432748	22317	378619	29068	2744
内蒙古	122473	11959	107157	2973	384
辽宁	1027944	58014	908913	58581	2436
吉林	199036	2953	191445	3335	1303
黑龙江	361775	24988	300102	10440	26245
上海	525409	16434	491316	14855	2804
江苏	1994142	40666	1715394	195912	42170
浙江	878238	34722	741791	92081	9644
安徽	624397	12378	502754	106647	2618
福建	182923	4918	154577	23213	214
江西	199523	22531	161752	13607	1633
山东	2137671	31177	1884957	170251	51286
河南	647601	18143	577191	39338	12930
湖北	469934	28208	387902	40593	13231
湖南	374943	13504	334948	16695	9797
广东	1517225	43516	1198675	268960	6074
广西	187838	12150	146667	27932	1089
海南	9712	226	9466		20
重庆	309149	19395	263957	20610	5187
四川	699813	28241	602267	46285	23020
贵州	130131	8177	112508	6486	2961
云南	136368	7147	114276	12692	2253
西藏	12		12		
陕西	501344	71420	385170	11190	33565
甘肃	156977	9365	135694	8635	3282
青海	66568	2471	40279	22900	918
宁夏	43779	3745	37624	2310	100
新疆	172729	3725	165416	800	2787

1-D-21 各地区港澳台商投资大中型工业企业科技活动经费筹集情况

单位：万元

地 区	科技活动经费筹集总额	政府资金	企业资金	金融机构贷款	其他资金
全 国	**1692372**	**21701**	**1539891**	**109425**	**21355**
东部地区	1560302	21451	1412555	106651	19646
中部地区	100240	94	97972	465	1709
西部地区	31830	157	29364	2309	
东北地区	11033	1628	9156	100	150
北 京	169233	262	159765	2000	7206
天 津	5267	53	4614	600	
河 北	25837	201	24936		700
山 西	8245		8245		
内蒙古					
辽 宁	9482	1628	7604	100	150
吉 林	359		359		
黑龙江	1192		1192		
上 海	180701	952	170374	6900	2475
江 苏	296339	3605	256084	33682	2969
浙 江	139176	1452	128264	9095	365
安 徽	20144		18774	165	1205
福 建	183907	4340	157930	21408	229
江 西	7366		7366		
山 东	12809	186	12503	100	20
河 南	27045	5	27040		
湖 北	14298	81	13718		500
湖 南	21592	8	21280	300	4
广 东	537553	8771	490483	32766	5533
广 西	1687	25	1662		
海 南					
重 庆	23973	100	21573	2300	
四 川	2510	3	2507		
贵 州					
云 南	3083	26	3057		
西 藏					
陕 西	361		361		
甘 肃	20	3	8	9	
青 海	197		197		
宁 夏					
新 疆					

1-D-22 各地区外商投资大中型工业企业科技活动经费筹集情况

单位：万元

地 区	科技活动经费筹集总额	政府资金	企业资金	金融机构贷款	其他资金
全 国	**3863359**	**24939**	**3660202**	**105707**	**72510**
东部地区	3384657	20405	3209179	84410	70663
中部地区	314319	2777	299093	10652	1797
西部地区	164384	1757	151931	10645	50
东北地区	116320	400	107280	7620	1020
北 京	148415	2966	144449	1000	
天 津	253802	43	248598		5161
河 北	17813	571	15793	1280	170
山 西	7197	10	7187		
内蒙古	27842	530	27312		
辽 宁	80271	290	77431	2530	20
吉 林	1420		420		1000
黑龙江	34630	110	29430	5090	
上 海	1024322	3139	1001809	15987	3388
江 苏	804387	4544	740238	25717	33888
浙 江	221826	2262	213533	5478	553
安 徽	43559	502	43057		
福 建	163438	1436	149172	12711	120
江 西	34366		34366		
山 东	138699	2571	121453	12231	2444
河 南	51059	385	48674	2000	
湖 北	119306	1770	114697	2062	777
湖 南	22782		21262	1500	20
广 东	531684	2584	496705	7476	24919
广 西	48002	259	47393	350	
海 南					
重 庆	27828	300	27378	150	
四 川	35196	282	24719	10145	50
贵 州	1248		1248		
云 南	1815		1815		
西 藏					
陕 西	11790	180	11610		
甘 肃	2329		2329		
青 海	3230	80	3150		
宁 夏	3263	111	3152		
新 疆	1841	15	1826		

E. 科技活动经费内部支出情况

1-E-1 分登记注册类型工业企业科技活动经费内部支出情况

单位：万元

行业	科技活动经费内部支出	#1. 经常费支出	劳务费	2. 科研基建支出	#固定资产购建支出
合计	**24022281**	**21465037**	**5408641**	**2557245**	**8268482**
国有及国有控股企业	11805487	10554001	2766749	1251486	3876032
内资企业	17938473	15826043	4046684	2112430	6395729
国有企业	3047561	2744848	675714	302713	1024729
集体企业	657545	586095	90343	71450	293642
股份合作企业	187705	161283	36489	26422	75671
联营企业	138943	134512	39386	4432	43571
国有联营企业	111875	110064	33956	1811	33724
集体联营企业	3376	3000	706	376	1052
国有与集体联营企业	15141	13048	2916	2092	6872
其他联营企业	8552	8400	1808	152	1923
有限责任公司	7279315	6316289	1731732	963025	2576677
国有独资公司	2146185	1939025	507156	207160	618175
其他有限责任公司	5133130	4377264	1224576	755866	1958502
股份有限公司	4374748	3981357	1023091	393391	1443895
私营企业	2248510	1898335	449023	350174	935494
私营独资企业	139068	110539	24442	28530	60575
私营合伙企业	30194	22060	4985	8134	12856
私营有限责任公司	1898710	1620421	390962	278288	777710
私营股份有限公司	180538	145316	28634	35222	84354
其他企业	4147	3324	906	823	2051
港、澳、台商投资企业	2000657	1815042	436636	185615	655647
合资经营企业（港或澳、台资）	1035264	899432	219442	135832	385908
合作经营企业（港或澳、台资）	74543	66394	19230	8149	18612
港、澳、台商独资经营企业	672032	638804	155224	33228	186959
港、澳、台商投资股份有限公司	218818	210412	42739	8406	64168
外商投资企业	4083151	3823951	925321	259200	1217106
中外合资经营企业	2232708	2080722	445904	151986	721854
中外合作经营企业	96961	90083	18545	6879	32758
外资企业	1415824	1325354	351738	90470	376413
外商投资股份有限公司	337658	327793	109135	9866	86081

1-E-2 分行业工业企业科技活动经费内部支出情况

单位：万元

行业	科技活动经费内部支出	#1. 经常费支出	劳务费	2. 科研基建支出	#固定资产购建支出
合计	**24022281**	**21465037**	**5408641**	**2557245**	**8268482**
采矿业	**1157566**	**1067638**	**387901**	**89929**	**357026**
煤炭开采和洗选业	561247	517387	162502	43860	236320
烟煤和无烟煤的开采洗选	557599	513749	161326	43850	234429
褐煤的开采洗选	3519	3509	1174	10	1891
其他煤炭采选	129	129	2		
石油和天然气开采业	484904	452802	199586	32102	75337
天然原油和天然气开采	391824	361696	155106	30128	64394
与石油和天然气开采有关的服务活动	93080	91106	44480	1974	10942
黑色金属矿采选业	35738	34294	8101	1443	14340
铁矿采选	23251	22423	7758	829	6604
其他黑色金属矿采选	12487	11872	343	615	7736
有色金属矿采选业	41468	36746	13179	4723	10824
常用有色金属矿采选	10154	8468	3223	1686	3763
贵金属矿采选	22800	20375	5756	2426	5944
稀有稀土金属矿采选	8514	7903	4201	611	1117
非金属矿采选业	34209	26408	4533	7801	20206
土砂石开采	3660	2658	818	1002	1610
化学矿采选	13974	12353	983	1620	8051
采盐	12715	9978	2417	2737	7456
石棉及其他非金属矿采选	3860	1420	315	2441	3089
制造业	**22326765**	**19950237**	**4879137**	**2376528**	**7674817**
农副食品加工业	255076	209409	38104	45667	121090
谷物磨制	30532	20825	4145	9707	16776
饲料加工	43979	38231	7040	5748	15619
植物油加工	29298	25262	2838	4036	18090
制糖	14133	13289	2712	845	4879
屠宰及肉类加工	68502	62137	9850	6366	29106
水产品加工	31607	25184	5518	6423	14838
蔬菜、水果和坚果加工	25278	15540	3847	9738	16456
其他农副食品加工	11747	8941	2154	2806	5326
食品制造业	206457	180489	48308	25968	81943
焙烤食品制造	8588	6753	2709	1835	3707
糖果、巧克力及蜜饯制造	8093	6150	2892	1943	2868
方便食品制造	16448	13911	4799	2537	7815
液体乳及乳制品制造	60316	52791	11011	7525	25531
罐头制造	8570	6141	1736	2429	4608
调味品、发酵制品制造	63824	59830	14642	3994	23955

1-E-2 续表 1 单位：万元

行业	科技活动经费内部支出	#1. 经常费支出	劳务费	2. 科研基建支出	#固定资产购建支出
其他食品制造	40618	34913	10519	5706	13459
饮料制造业	301543	271143	46588	30401	144787
酒精制造	22322	21459	1387	863	16346
酒的制造	195267	174925	31116	20342	89801
软饮料制造	78747	70296	12981	8451	36137
精制茶加工	5208	4463	1104	744	2503
烟草制品业	170962	148649	44998	22313	62465
烟叶复烤	243	228	65	15	133
卷烟制造	169094	146941	44686	22153	61816
其他烟草制品加工	1625	1480	248	145	516
纺织业	694627	588197	126932	106431	285779
棉、化纤纺织及印染精加工	360075	287657	63601	72418	157963
毛纺织和染整精加工	76715	65522	14596	11193	32254
麻纺织	16337	14831	2360	1506	7688
丝绢纺织及精加工	52731	47675	10915	5056	21431
纺织制成品制造	75260	67845	15307	7416	32272
针织品、编织品及其制品制造	113510	104667	20154	8843	34172
纺织服装、鞋、帽制造业	145092	124275	43178	20818	49459
纺织服装制造	140396	119828	40625	20569	48532
纺织面料鞋的制造	1585	1336	395	249	649
制帽	3112	3112	2158		278
皮革、毛皮、羽毛(绒)及其制品业	76403	68486	20724	7918	22290
皮革鞣制加工	20662	19499	4216	1163	4338
皮革制品制造	50457	44708	15531	5748	15317
毛皮鞣制及制品加工	2727	2270	518	457	1229
羽毛(绒)加工及制品制造	2558	2009	461	549	1407
木材加工及木、竹、藤、棕、草制品业	64083	57833	10711	6250	18968
锯材、木片加工	2693	2567	583	126	491
人造板制造	50752	45828	8348	4924	13954
木制品制造	7475	6683	1241	792	3346
竹、藤、棕、草制品制造	3164	2756	539	408	1177
家具制造业	36786	33653	11419	3132	9814
木质家具制造	8128	6576	2476	1553	3509
竹、藤家具制造	4	4	3		1
金属家具制造	24788	23450	8390	1337	5332
塑料家具制造	1468	1370	182	98	302
其他家具制造	2399	2254	368	145	670
造纸及纸制品业	278864	229639	39361	49225	117987
纸浆制造	7401	6837	1644	564	3340

1-E-2 续表 2

单位：万元

行业	科技活动经费内部支出	#1. 经常费支出	劳务费	2. 科研基建支出	#固定资产购建支出
造纸	232775	196070	33150	36705	89631
纸制品制造	38688	26733	4567	11956	25016
印刷业和记录媒介的复制	77344	72130	20555	5214	25209
印刷	70746	65789	18529	4957	23533
装订及其他印刷服务活动	3233	3150	1047	82	906
记录媒介的复制	3365	3190	979	175	770
文教体育用品制造业	74829	59879	16650	14950	29396
文化用品制造	15531	14120	4346	1411	5061
体育用品制造	19325	16076	3824	3249	8105
乐器制造	12014	7609	1582	4405	5944
玩具制造	24951	19081	5957	5869	9938
游艺器材及娱乐用品制造	3008	2993	943	15	348
石油加工、炼焦及核燃料加工业	358700	319620	72918	39081	158295
精炼石油产品的制造	271958	246688	63444	25270	114190
炼焦	79465	65654	8227	13810	40667
核燃料加工	7278	7278	1247		3437
化学原料及化学制品制造业	1964589	1740532	370326	224057	837470
基础化学原料制造	422977	351047	75118	71931	204166
肥料制造	350452	321741	56989	28711	166804
农药制造	139260	117155	25075	22105	66373
涂料、油墨、颜料及类似产品制造	185222	156514	39901	28708	79390
合成材料制造	502906	470327	99593	32579	184055
专用化学产品制造	260188	232853	49923	27335	105125
日用化学产品制造	103584	90896	23727	12688	31558
医药制造业	913312	746718	173719	166594	376225
化学药品原药制造	259497	209064	42265	50433	123735
化学药品制剂制造	302387	250349	57901	52039	117738
中药饮片加工	24407	22565	4171	1842	8383
中成药制造	202399	161743	39794	40656	82204
兽用药品制造	16072	12233	3226	3839	7396
生物、生化制品的制造	85156	70209	20789	14947	29777
卫生材料及医药用品制造	23395	20557	5573	2838	6993
化学纤维制造业	238705	223046	33718	15658	85920
纤维素纤维原料及纤维制造	58520	54093	11482	4427	25529
合成纤维制造	180185	168954	22236	11231	60391
橡胶制品业	260917	241303	57920	19615	98084
轮胎制造	166576	156203	27939	10373	65837
橡胶板、管、带的制造	28542	24288	6030	4254	13052
橡胶零件制造	23901	22815	9706	1086	5983

1-E-2 续表 3

单位：万元

行业	科技活动经费内部支出	#1. 经常费支出	劳务费	2. 科研基建支出	#固定资产购建支出
再生橡胶制造	2071	1841	775	231	869
日用及医用橡胶制品制造	5786	5057	1483	729	1820
橡胶靴鞋制造	25444	23026	9417	2418	7594
其他橡胶制品制造	8597	8074	2570	523	2929
塑料制品业	331643	284691	50639	46953	164284
塑料薄膜制造	84471	76718	12321	7753	40785
塑料板、管、型材的制造	94791	82246	13330	12545	47471
塑料丝、绳及编织品的制造	5794	4623	1253	1170	2801
泡沫塑料制造	8295	7205	1489	1090	3895
塑料人造革、合成革制造	20519	18385	3809	2134	8229
塑料包装箱及容器制造	40124	28477	4841	11647	24425
塑料零件制造	45530	39239	7975	6291	19692
日用塑料制造	14503	13042	3185	1461	6077
其他塑料制品制造	17617	14756	2435	2861	10910
非金属矿物制品业	498950	433567	98181	65383	209445
水泥、石灰和石膏的制造	112639	101633	17522	11006	55197
水泥及石膏制品制造	31372	23379	5815	7993	17181
砖瓦、石材及其他建筑材料制造	51589	44138	10879	7451	21406
玻璃及玻璃制品制造	154824	138289	27763	16535	60217
陶瓷制品制造	63288	51597	13820	11691	23860
耐火材料制品制造	39554	36045	12872	3509	13748
石墨及其他非金属矿物制品制造	45684	38485	9511	7198	17838
黑色金属冶炼及压延加工业	2331296	2187854	332381	143442	774353
炼铁	44282	40107	9599	4176	15139
炼钢	473078	456814	58372	16264	149949
钢压延加工	1774861	1655655	253281	119206	595867
铁合金冶炼	39075	35279	11129	3796	13398
有色金属冶炼及压延加工业	642901	527946	127375	114955	295265
常用有色金属冶炼	224295	200855	56897	23440	90610
贵金属冶炼	17399	16648	3593	751	6578
稀有稀土金属冶炼	36942	30482	7229	6460	15863
有色金属合金制造	30238	27297	7934	2940	11643
有色金属压延加工	334027	252663	51722	81364	170571
金属制品业	344421	303937	70593	40484	139764
结构性金属制品制造	71611	66441	15840	5170	21776
金属工具制造	56882	52955	9662	3927	21807
集装箱及金属包装容器制造	37774	33473	7981	4301	15909
金属丝绳及其制品的制造	66895	57206	8147	9689	30250
建筑、安全用金属制品制造	29716	27256	12252	2460	9524

1-E-2 续表 4

单位：万元

行业	科技活动经费内部支出	#1. 经常费支出	劳务费	2. 科研基建支出	#固定资产购建支出
金属表面处理及热处理加工	22486	21403	2758	1084	13841
搪瓷制品制造	5673	3487	1030	2186	2808
不锈钢及类似日用金属制品制造	18632	15442	3624	3190	8485
其他金属制品制造	34752	26275	9298	8477	15366
通用设备制造业	1403738	1236510	363878	167228	422039
锅炉及原动机制造	241167	210638	66715	30529	70445
金属加工机械制造	233530	191723	64137	41807	68682
起重运输设备制造	203587	179639	55880	23948	57311
泵、阀门、压缩机及类似机械的制造	213946	191956	49673	21990	62534
轴承、齿轮、传动和驱动部件的制造	121455	114716	28220	6739	40401
烘炉、熔炉及电炉制造	4774	4604	1737	170	945
风机、衡器、包装设备等通用设备制造	252895	234841	67394	18055	65057
通用零部件制造及机械修理	44918	38660	12952	6258	16185
金属铸、锻加工	87465	69732	17170	17732	40480
专用设备制造业	1072743	981521	298447	91222	279452
矿山、冶金、建筑专用设备制造	291243	267540	80679	23703	54339
化工、木材、非金属加工专用设备制造	131169	110704	32061	20465	45372
食品、饮料、烟草及饲料生产专用设备制造	44418	41561	15024	2857	8583
印刷、制药、日化生产专用设备制造	54885	49036	14800	5849	19179
纺织、服装和皮革工业专用设备制造	145806	134846	34137	10960	52061
电子和电工机械专用设备制造	140586	133986	38707	6600	26517
农、林、牧、渔专用机械制造	86642	80998	22409	5645	31473
医疗仪器设备及器械制造	83278	75839	32675	7440	16515
环保、社会公共安全及其他专用设备制造	94715	87012	27955	7703	25412
交通运输设备制造业	2785444	2375820	530892	409624	943820
铁路运输设备制造	140969	129759	39016	11210	42217
汽车制造	1825397	1566575	309678	258822	637025
摩托车制造	161362	150927	27901	10435	48314
自行车制造	13641	12325	2930	1316	5512
船舶及浮动装置制造	165674	132749	41769	32926	58915
航空航天器制造	471043	376661	108940	94382	151037
交通器材及其他交通运输设备制造	7359	6825	658	534	801
电气机械及器材制造业	2212258	1967327	436569	244931	799943
电机制造	205910	189207	52444	16703	59645
输配电及控制设备制造	520757	473870	142896	46887	142965
电线、电缆、光缆及电工器材制造	326861	280059	52540	46802	143297
电池制造	141478	99484	28373	41994	76082
家用电力器具制造	902325	822314	126455	80011	338082
非电力家用器具制造	23067	16808	5433	6260	9184

1-E-2 续表 5

单位：万元

行业	科技活动经费内部支出	#1. 经常费支出	劳务费	2. 科研基建支出	#固定资产购建支出
照明器具制造	65405	60711	19735	4693	22885
其他电气机械及器材制造	26455	24873	8693	1582	7804
通信设备、计算机及其他电子设备制造业	4071853	3881030	1238266	190823	979818
通信设备制造	1375963	1356752	655318	19211	165160
雷达及配套设备制造	35298	33345	13227	1953	6596
广播电视设备制造	51818	44025	16205	7793	15833
电子计算机制造	865116	837555	195236	27561	161774
电子器件制造	586308	544303	141715	42005	209362
电子元件制造	550901	477408	93373	73494	286031
家用视听设备制造	573394	556184	109719	17209	129494
其他电子设备制造	33055	31458	13473	1598	5569
仪器仪表及文化、办公用机械制造业	408932	367355	127908	41577	110887
通用仪器仪表制造	200277	174558	64357	25720	53339
专用仪器仪表制造	69900	60934	22207	8967	17725
钟表与计时仪器制造	11665	11055	3195	611	3223
光学仪器及眼镜制造	46968	42537	14931	4432	16829
文化、办公用机械制造	72204	70889	20151	1314	18280
其他仪器仪表的制造及修理	7917	7383	3066	534	1492
工艺品及其他制造业	101817	85703	27260	16114	29403
工艺美术品制造	32511	27010	7733	5501	10682
日用杂品制造	13819	12536	3665	1283	4104
煤制品制造	536	21	13	515	517
核辐射加工	892	566	314	326	409
其他未列明的制造业	54060	45570	15536	8490	13693
废弃资源和废旧材料回收加工业	2479	1977	620	502	1163
金属废料和碎屑的加工处理	1474	1008	402	465	734
非金属废料和碎屑的加工处理	1005	969	218	37	429
电力、燃气及水的生产和供应业	**537950**	**447162**	**141603**	**90788**	**236640**
电力、热力的生产和供应业	464711	418564	129871	46147	183487
电力生产	237812	204310	60606	33502	93856
电力供应	217446	208079	67154	9368	83746
热力生产和供应	9452	6175	2111	3277	5885
燃气生产和供应业	31605	9913	3679	21693	25604
水的生产和供应业	41634	18685	8053	22949	27549
自来水的生产和供应	40034	17087	7189	22947	27335
污水处理及其再生利用	1381	1379	775	2	175
其他水的处理、利用与分配	219	219	89		38

1-E-3 国有及国有控股制造业企业科技活动经费内部支出情况

单位：万元

行业	科技活动经费内部支出	#1. 经常费支出	劳务费	2. 科研基建支出	#固定资产购建支出
合计	**10232095**	**9125451**	**2257540**	**1106644**	**3338984**
农副食品加工业	57269	45723	9138	11546	20487
食品制造业	31033	28588	10147	2446	10397
饮料制造业	139016	126890	18832	12126	68212
烟草制品业	168723	146445	44720	22278	61392
纺织业	206510	164198	34251	42312	91499
纺织服装、鞋、帽制造业	4397	3866	2140	531	1199
皮革、毛皮、羽毛(绒)及其制品业	712	712	233		216
木材加工及木、竹、藤、棕、草制品业	9187	8068	1981	1119	3020
家具制造业	16416	15636	6027	780	2902
造纸及纸制品业	99379	85868	15089	13511	40281
印刷业和记录媒介的复制	26179	25813	6256	366	5690
文教体育用品制造业	12592	8430	1615	4162	5831
石油加工、炼焦及核燃料加工业	229216	213125	58156	16091	87589
化学原料及化学制品制造业	984730	881038	210168	103692	389285
医药制造业	303409	241250	62694	62158	134782
化学纤维制造业	131158	122754	17876	8404	39811
橡胶制品业	96267	89384	20499	6882	33589
塑料制品业	78929	71470	10645	7460	38718
非金属矿物制品业	152629	137949	28966	14680	70046
黑色金属冶炼及压延加工业	1911295	1800760	284212	110535	604994
有色金属冶炼及压延加工业	355714	282122	80317	73592	156061
金属制品业	81181	69982	17414	11198	29819
通用设备制造业	676869	604710	195662	72159	158386
专用设备制造业	532983	504912	156231	28072	105189
交通运输设备制造业	2090961	1757589	386834	333372	692065
电气机械及器材制造业	361214	326621	97497	34593	106076
通信设备、计算机及其他电子设备制造业	1297215	1201002	418161	96213	343757
仪器仪表及文化、办公用机械制造业	125316	116696	46433	8620	25309
工艺品及其他制造业	51599	43852	15348	7747	12382

1-E-4 内资制造业企业科技活动经费内部支出情况

单位：万元

行业	科技活动经费内部支出	#1. 经常费支出	劳务费	2. 科研基建支出	#固定资产购建支出
合计	**16323655**	**14370926**	**3532590**	**1952729**	**5844898**
农副食品加工业	216873	179903	31601	36970	102828
食品制造业	162406	141494	36510	20912	68668
饮料制造业	204077	175117	30252	28960	106605
烟草制品业	170460	148146	44848	22313	62113
纺织业	518941	427512	91857	91429	224781
纺织服装、鞋、帽制造业	100244	92808	33035	7436	25570
皮革、毛皮、羽毛(绒)及其制品业	44896	39256	11982	5640	13748
木材加工及木、竹、藤、棕、草制品业	53091	47566	8724	5526	15881
家具制造业	16718	14772	3955	1945	6311
造纸及纸制品业	168696	141575	22954	27121	78664
印刷业和记录媒介的复制	52545	48185	11726	4360	18165
文教体育用品制造业	38762	30804	9754	7957	15166
石油加工、炼焦及核燃料加工业	312175	280089	66372	32086	138147
化学原料及化学制品制造业	1674067	1482133	314061	191934	718126
医药制造业	692201	549613	131973	142589	311225
化学纤维制造业	171769	158130	26494	13639	72977
橡胶制品业	185194	169900	43038	15294	69225
塑料制品业	225444	191777	32541	33667	114214
非金属矿物制品业	387697	330782	74815	56915	173333
黑色金属冶炼及压延加工业	2170618	2029497	307879	141121	740291
有色金属冶炼及压延加工业	521786	413772	111965	108014	234774
金属制品业	253871	222180	48643	31692	102494
通用设备制造业	1084354	952866	281844	131489	313914
专用设备制造业	902811	821763	249524	81048	218409
交通运输设备制造业	2055784	1688999	392794	366785	768329
电气机械及器材制造业	1660077	1481393	325155	178684	602500
通信设备、计算机及其他电子设备制造业	1936718	1810569	677667	126149	441371
仪器仪表及文化、办公用机械制造业	251232	223177	85731	28055	62787
工艺品及其他制造业	88750	76052	24516	12698	23672

1-E-5 港澳台商投资制造业企业科技活动经费内部支出情况

单位：万元

行业	科技活动经费内部支出	#1. 经常费支出	劳务费	2. 科研基建支出	#固定资产购建支出
合计	**1942180**	**1776190**	**427592**	**165990**	**622315**
农副食品加工业	20987	16394	3566	4593	9856
食品制造业	12152	9961	3184	2191	4761
饮料制造业	13891	13587	3886	304	4548
烟草制品业	503	503	150		353
纺织业	91097	83548	19419	7549	28423
纺织服装、鞋、帽制造业	23930	21096	6982	2834	10630
皮革、毛皮、羽毛(绒)及其制品业	13483	12500	3836	983	4181
木材加工及木、竹、藤、棕、草制品业	4964	4679	912	286	1723
家具制造业	3129	2943	1164	186	394
造纸及纸制品业	38564	18833	7316	19732	25570
印刷业和记录媒介的复制	13689	13544	5777	145	3759
文教体育用品制造业	18697	13693	3240	5005	7984
石油加工、炼焦及核燃料加工业	36075	33100	5658	2975	12620
化学原料及化学制品制造业	110830	97995	24092	12835	35935
医药制造业	73358	61335	11016	12024	29603
化学纤维制造业	55864	53893	4621	1971	9603
橡胶制品业	19607	19510	4264	97	3361
塑料制品业	53059	45672	9429	7387	25083
非金属矿物制品业	49376	46945	12851	2431	14680
黑色金属冶炼及压延加工业	111547	110023	17401	1524	22723
有色金属冶炼及压延加工业	43869	42632	4830	1238	21269
金属制品业	60194	54189	15881	6006	24716
通用设备制造业	46611	44924	14224	1687	12026
专用设备制造业	71111	69047	19057	2065	26806
交通运输设备制造业	87243	81255	17663	5988	28502
电气机械及器材制造业	177149	134290	34589	42859	76925
通信设备、计算机及其他电子设备制造业	633968	615893	159439	18075	161759
仪器仪表及文化、办公用机械制造业	49800	47652	11428	2148	11797
工艺品及其他制造业	6774	5900	1621	874	2427

1-E-6 外商投资制造业企业科技活动经费内部支出情况

单位：万元

行业	科技活动经费内部支出	#1. 经常费支出	劳务费	2. 科研基建支出	#固定资产购建支出
合计	**4060930**	**3803121**	**918956**	**257810**	**1207603**
农副食品加工业	17215	13112	2938	4104	8406
食品制造业	31899	29033	8614	2866	8514
饮料制造业	83576	82439	12449	1137	33635
烟草制品业					
纺织业	84590	77137	15657	7453	32575
纺织服装、鞋、帽制造业	20919	10371	3161	10548	13259
皮革、毛皮、羽毛(绒)及其制品业	18024	16730	4907	1294	4362
木材加工及木、竹、藤、棕、草制品业	6028	5589	1075	439	1364
家具制造业	16939	15939	6300	1000	3109
造纸及纸制品业	71604	69231	9091	2372	13753
印刷业和记录媒介的复制	11110	10401	3052	709	3285
文教体育用品制造业	17370	15382	3657	1988	6246
石油加工、炼焦及核燃料加工业	10450	6431	888	4019	7527
化学原料及化学制品制造业	179692	160405	32174	19288	83409
医药制造业	147753	135771	30730	11982	35398
化学纤维制造业	11072	11024	2603	48	3340
橡胶制品业	56116	51893	10619	4223	25498
塑料制品业	53141	47242	8669	5899	24986
非金属矿物制品业	61877	55840	10516	6037	21432
黑色金属冶炼及压延加工业	49132	48334	7101	798	11339
有色金属冶炼及压延加工业	77246	71542	10580	5704	39222
金属制品业	30356	27569	6069	2787	12554
通用设备制造业	272773	238721	67811	34052	96099
专用设备制造业	98821	90712	29867	8109	34236
交通运输设备制造业	642417	605566	120434	36851	146989
电气机械及器材制造业	375032	351644	76826	23388	120518
通信设备、计算机及其他电子设备制造业	1501167	1454567	401160	46600	376687
仪器仪表及文化、办公用机械制造业	107900	96526	30749	11374	36304
工艺品及其他制造业	6293	3751	1124	2543	3304

1-E-7 各地区工业企业科技活动经费内部支出情况

单位：万元

地区	科技活动经费内部支出	#1. 经常费支出	劳务费	2. 科研基建支出	#固定资产购建支出
全国	**24022281**	**21465037**	**5408641**	**2557245**	**8268482**
东部地区	16727487	15180241	3826032	1547245	5380041
中部地区	4185607	3610939	956423	574668	1664120
西部地区	3109188	2673856	626185	435331	1224320
东北地区	1846896	1661528	412326	185368	510369
北京	822324	778813	191483	43512	149135
天津	656355	534785	125175	121570	250523
河北	560664	505688	115351	54977	192192
山西	470648	411565	119862	59084	216461
内蒙古	187052	145305	37833	41747	73323
辽宁	1184240	1102242	216353	81998	279367
吉林	292613	223533	53557	69080	131827
黑龙江	370044	335753	142416	34291	99175
上海	2089372	1934468	410273	154904	630372
江苏	3647478	3271225	776818	376253	1265497
浙江	1820837	1665030	440258	155807	621635
安徽	750027	686832	108518	63195	345652
福建	665779	585194	134593	80585	277834
江西	261481	237320	65341	24161	96744
山东	2436014	2201904	464666	234109	909700
河南	812000	680425	158770	131575	368712
湖北	704225	632195	183445	72031	189472
湖南	524569	403317	124514	121252	216077
广东	2827181	2585247	946542	241934	799061
广西	273591	243787	40630	29805	95425
海南	17243	15646	4522	1597	4725
重庆	409074	319691	76697	89383	161638
四川	887772	779813	184555	107959	362392
贵州	150329	128142	35168	22187	56471
云南	177476	158206	31023	19269	62346
西藏	182	178	86	4	15
陕西	610926	517689	114922	93238	281952
甘肃	145019	129150	44939	15869	54903
青海	46337	41755	11920	4582	13724
宁夏	48232	45479	8772	2754	17185
新疆	173197	164661	39640	8536	44947

1-E-8 各地区国有及国有控股工业企业科技活动经费内部支出情况

单位：万元

地区	科技活动经费内部支出	#1. 经常费支出	劳务费	2. 科研基建支出	#固定资产购建支出
全国	11805487	10554001	2766749	1251486	3876032
东部地区	6589632	6023534	1578971	566098	1894215
中部地区	2968795	2609673	713203	359122	1120719
西部地区	2247060	1920794	474575	326266	861097
东北地区	1527618	1395260	348516	132358	374850
北京	408630	379297	111300	29333	75449
天津	409073	310555	60582	98518	192784
河北	430522	394855	87969	35667	147793
山西	379876	343535	108679	36341	166165
内蒙古	100087	81192	24294	18895	33997
辽宁	963704	916750	175793	46954	184854
吉林	235078	178091	40612	56987	107663
黑龙江	328836	300419	132110	28417	82334
上海	1067874	980667	216394	87207	307861
江苏	975144	862268	242294	112876	285953
浙江	214978	202003	50929	12975	61327
安徽	480211	457963	68620	22248	224198
福建	205131	182430	50343	22701	81463
江西	205716	185756	53026	19961	74463
山东	1193414	1110088	260756	83326	390731
河南	511274	442102	110242	69172	221539
湖北	493531	446074	116487	47457	117317
湖南	334272	255733	83427	78539	127041
广东	712544	676411	321012	36133	164210
广西	201440	185447	27368	15993	59874
海南	8621	8211	1599	410	1789
重庆	299508	221656	57961	77852	123384
四川	503614	426551	117450	77064	207406
贵州	129054	111489	31815	17564	44293
云南	132662	123841	24247	8821	37012
西藏	93	93	56		
陕西	561771	470387	101936	91384	266885
甘肃	109144	101532	39969	7612	32713
青海	41141	39277	11175	1863	10225
宁夏	28564	27696	6153	868	7292
新疆	139982	131631	32152	8351	38016

1-E-9 各地区内资工业企业科技活动经费内部支出情况

单位：万元

地 区	科技活动经费内部支出	#1. 经常费支出	劳务费	2. 科研基建支出	#固定资产购建支出
全 国	**17938473**	**15826043**	**4046684**	**2112430**	**6395729**
东部地区	11332457	10172503	2623170	1159955	3753190
中部地区	3735228	3206281	839183	528947	1475104
西部地区	2870788	2447260	584331	423528	1167434
东北地区	1702119	1529151	371236	172969	453474
北 京	517012	477983	138905	39029	88347
天 津	467433	357430	70629	110004	213089
河 北	508287	457768	104613	50519	181158
山 西	442750	391294	116967	51457	197571
内蒙古	152307	116269	32748	36039	61422
辽 宁	1081111	1008345	197549	72766	237824
吉 林	283759	216352	51546	67407	126665
黑龙江	337250	304454	122140	32796	88985
上 海	657010	579669	145306	77341	226267
江 苏	2587259	2287790	539580	299469	942170
浙 江	1314596	1188740	305438	125856	463464
安 徽	681871	630022	99505	51849	311851
福 建	275171	230936	55853	44235	128680
江 西	212278	189451	58485	22827	76903
山 东	2238766	2029126	427519	209640	845044
河 南	737277	609394	138961	127883	343262
湖 北	573510	511624	138012	61886	145922
湖 南	466533	353691	113566	112843	183946
广 东	1669836	1540337	633555	129500	422820
广 西	205265	177861	33126	27404	86071
海 南	15978	14381	4223	1597	4327
重 庆	361320	272966	67205	88355	153472
四 川	833321	727109	172309	106212	343093
贵 州	148312	126141	34544	22171	56050
云 南	171253	151985	29518	19268	60226
西 藏	182	178	86	4	15
陕 西	599027	506276	112529	92751	280536
甘 肃	141669	126132	44818	15537	54329
青 海	42806	38224	11597	4582	11460
宁 夏	44179	41462	7663	2717	15960
新 疆	171147	162657	38190	8490	44802

1-E-10 各地区港澳台商投资工业企业科技活动经费内部支出情况

单位：万元

地区	科技活动经费内部支出	#1. 经常费支出	劳务费	2. 科研基建支出	#固定资产购建支出
全国	**2000657**	**1815042**	**436636**	**185615**	**655647**
东部地区	1830357	1666729	396699	163628	590031
中部地区	128514	114572	31301	13942	47811
西部地区	41786	33741	8636	8045	17806
东北地区	20492	19368	6115	1124	2831
北京	179103	176550	21217	2553	29811
天津	10998	10511	3656	488	2698
河北	27658	27655	5166	4	3155
山西	12179	9459	2053	2720	6524
内蒙古	5857	177	66	5680	5710
辽宁	17680	17099	4935	581	1968
吉林	1387	944	308	443	652
黑龙江	1425	1325	873	100	212
上海	187677	182752	44359	4925	60786
江苏	385636	346151	69089	39485	135047
浙江	194330	183127	50284	11203	74233
安徽	23611	22908	1498	703	8555
福建	192670	168658	43969	24012	66871
江西	10367	9664	999	703	4355
山东	20860	18882	6659	1978	6226
河南	27471	26081	13055	1390	9191
湖北	24045	20542	5135	3503	8873
湖南	28031	23650	7380	4381	9449
广东	612994	534594	147202	78400	209055
广西	5497	4106	1651	1391	2374
海南	750	750	164		183
重庆	18425	17897	4121	528	5763
四川	5631	5549	1181	82	1400
贵州	371	371	178		13
云南	3397	3395	675	2	1659
西藏					
陕西	1169	1139	337	30	300
甘肃	1037	705	112	332	574
青海	282	282	196		14
宁夏					
新疆	120	120	120		

1-E-11 各地区外商投资工业企业科技活动经费内部支出情况

单位：万元

地区	科技活动经费内部支出	#1. 经常费支出	劳务费	2. 科研基建支出	#固定资产购建支出
全国	**4083151**	**3823951**	**925321**	**259200**	**1217106**
东部地区	3564672	3341010	806163	223663	1036821
中部地区	321865	290086	85940	31779	141205
西部地区	196614	192855	33219	3759	39080
东北地区	124285	113010	34975	11276	54064
北京	126209	124280	31360	1930	30977
天津	177924	166845	50890	11079	34736
河北	24719	20265	5572	4453	7879
山西	15720	10812	842	4908	12366
内蒙古	28888	28860	5020	29	6191
辽宁	85449	76798	13869	8651	39575
吉林	7467	6237	1704	1230	4510
黑龙江	31370	29975	19403	1395	9979
上海	1244685	1172047	220608	72638	343319
江苏	674583	637284	168149	37300	188280
浙江	311911	293163	84536	18748	83938
安徽	44545	33901	7515	10643	25245
福建	197938	185600	34771	12339	82283
江西	38836	38205	5857	631	15486
山东	176388	153896	30489	22492	58430
河南	47252	44950	6755	2303	16259
湖北	106670	100029	40298	6641	34677
湖南	30006	25977	3568	4029	22683
广东	544350	510316	165784	34034	167187
广西	62829	61820	5854	1010	6980
海南	516	516	136		215
重庆	29328	28829	5371	499	2403
四川	48820	47155	11066	1665	17899
贵州	1645	1629	447	16	409
云南	2826	2826	830		461
西藏					
陕西	10730	10274	2055	456	1116
甘肃	2313	2313	9		
青海	3250	3250	128		2250
宁夏	4054	4017	1110	37	1225
新疆	1930	1884	1330	46	145

1-E-12 分登记注册类型大中型工业企业科技活动经费内部支出情况

单位：万元

行业	科技活动经费内部支出	#1. 经常费支出	劳务费	2. 科研基建支出	#固定资产购建支出
合计	**20021808**	**18123292**	**4460802**	**1898515**	**6712683**
国有及国有控股企业	11187371	10052144	2603632	1135227	3657295
内资企业	14990682	13407843	3371028	1582840	5215876
国有企业	2900775	2621236	626456	279539	981075
集体企业	544738	494305	68166	50433	244828
股份合作企业	92372	79246	13776	13125	38370
联营企业	122124	118568	34127	3556	39737
国有联营企业	106122	104594	32110	1528	32541
集体联营企业	1610	1610	108		300
国有与集体联营企业	11729	9734	1768	1996	6193
其他联营企业	2663	2631	142	32	703
有限责任公司	6162411	5404229	1471105	758182	2131597
国有独资公司	2071651	1896291	496710	175360	576796
其他有限责任公司	4090760	3507938	974396	582822	1554801
股份有限公司	4162748	3813020	977214	349728	1359726
私营企业	1002332	874655	179546	127677	418895
私营独资企业	42531	37056	5690	5475	16280
私营合伙企业	10251	9359	1406	893	2330
私营有限责任公司	852505	747913	157514	104592	355148
私营股份有限公司	97044	80327	14935	16717	45137
其他企业	3184	2584	637	600	1648
港、澳、台商投资企业	1605869	1487191	333886	118678	506857
合资经营企业（港或澳、台资）	777573	692460	161314	85113	279673
合作经营企业（港或澳、台资）	61578	55785	15174	5793	13507
港、澳、台商独资经营企业	559518	540022	117627	19496	151524
港、澳、台商投资股份有限公司	207199	198924	39770	8276	62153
外商投资企业	3425257	3228259	755888	196998	989951
中外合资经营企业	1809428	1697771	341756	111658	572726
中外合作经营企业	60798	56194	9875	4605	22731
外资企业	1226810	1155312	298246	71499	312496
外商投资股份有限公司	328220	318983	106012	9237	81998

1-E-13　分行业大中型工业企业科技活动经费内部支出情况

单位：万元

行业	科技活动经费内部支出	#1. 经常费支出	劳务费	2. 科研基建支出	#固定资产购建支出
合计	**20021808**	**18123292**	**4460802**	**1898515**	**6712683**
采矿业	**1128020**	**1046715**	**383241**	**81305**	**344963**
煤炭开采和洗选业	555207	514535	161514	40672	232477
烟煤和无烟煤的开采洗选	551698	511026	160341	40672	230596
褐煤的开采洗选	3509	3509	1174		1881
其他煤炭采选					
石油和天然气开采业	474379	442319	198185	32060	75211
天然原油和天然气开采	381986	351901	153879	30086	64300
与石油和天然气开采有关的服务活动	92392	90418	44306	1974	10911
黑色金属矿采选业	33701	32922	7593	779	13147
铁矿采选	21344	21055	7255	289	5536
其他黑色金属矿采选	12357	11867	338	490	7611
有色金属矿采选业	37056	33949	12360	3107	8462
常用有色金属矿采选	7098	6476	2837	622	2105
贵金属矿采选	22143	20044	5485	2100	5612
稀有稀土金属矿采选	7814	7429	4037	385	745
非金属矿采选业	27677	22991	3588	4686	15666
土砂石开采	1307	1250	330	57	191
化学矿采选	13905	12313	957	1592	8021
采盐	11529	8792	2120	2737	6923
石棉及其他非金属矿采选	936	636	181	300	530
制造业	**18433249**	**16668016**	**3949893**	**1765233**	**6181912**
农副食品加工业	132442	112795	20834	19646	60165
谷物磨制	10148	6720	1198	3428	6817
饲料加工	6411	4889	1689	1522	2924
植物油加工	10313	9259	1279	1053	5283
制糖	13588	12784	2574	804	4748
屠宰及肉类加工	59301	55747	8276	3555	23605
水产品加工	15025	11245	2822	3779	6951
蔬菜、水果和坚果加工	12936	7858	1917	5078	8842
其他农副食品加工	4721	4293	1080	427	995
食品制造业	151684	137749	36651	13935	55571
焙烤食品制造	5271	4608	2175	663	1609
糖果、巧克力及蜜饯制造	4339	3945	2354	394	662
方便食品制造	14368	12307	4171	2061	6875
液体乳及乳制品制造	54256	49002	9872	5254	22123
罐头制造	2943	2452	1104	491	797
调味品、发酵制品制造	50761	48184	11789	2577	17316

1-E-13 续表 1

单位：万元

行业	科技活动经费内部支出	#1. 经常费支出	劳务费	2. 科研基建支出	#固定资产购建支出
其他食品制造	19746	17250	5185	2495	6190
饮料制造业	273172	246786	40092	26386	132736
酒精制造	20882	20071	1162	811	15899
酒的制造	185211	165572	28721	19639	85763
软饮料制造	66729	60793	10098	5936	31019
精制茶加工	350	350	110		56
烟草制品业	170163	147866	44787	22297	62070
烟叶复烤	153	153	23		110
卷烟制造	168682	146530	44579	22152	61594
其他烟草制品加工	1328	1183	186	145	366
纺织业	549066	485630	97300	63436	213895
棉、化纤纺织及印染精加工	291752	249830	54072	41923	115224
毛纺织和染整精加工	67521	59272	12487	8249	28043
麻纺织	13676	12753	1878	923	6632
丝绢纺织及精加工	36215	32617	6335	3598	15316
纺织制成品制造	52270	48309	8765	3961	23398
针织品、编织品及其制品制造	87632	82849	13764	4783	25283
纺织服装、鞋、帽制造业	120765	104585	36559	16180	41048
纺织服装制造	117467	101287	34346	16180	40749
纺织面料鞋的制造	246	246	88		31
制帽	3053	3053	2125		268
皮革、毛皮、羽毛(绒)及其制品业	46828	42345	13835	4483	11646
皮革鞣制加工	13932	13409	2821	523	2430
皮革制品制造	31021	27353	10444	3667	8306
毛皮鞣制及制品加工	683	607	259	76	251
羽毛(绒)加工及制品制造	1193	976	312	217	659
木材加工及木、竹、藤、棕、草制品业	46527	42646	6959	3881	11659
锯材、木片加工	1983	1982	432	2	204
人造板制造	41126	37679	6103	3447	10213
木制品制造	3258	2825	334	433	1203
竹、藤、棕、草制品制造	160	160	90		40
家具制造业	27784	25682	9595	2101	6208
木质家具制造	3867	2686	1406	1180	1760
竹、藤家具制造					
金属家具制造	21456	20633	7897	823	4114
塑料家具制造	974	876	73	98	132
其他家具制造	1487	1487	220		201
造纸及纸制品业	239964	200606	30595	39358	97593
纸浆制造	7084	6545	1384	539	3311

1-E-13 续表 2

单位：万元

行业	科技活动经费内部支出	#1. 经常费支出	劳务费	2. 科研基建支出	#固定资产购建支出
造纸	211760	179692	27102	32068	79071
纸制品制造	21120	14369	2109	6751	15211
印刷业和记录媒介的复制	39475	38582	12514	894	10747
印刷	36851	36007	11684	844	10004
装订及其他印刷服务活动	1846	1846	630		473
记录媒介的复制	779	729	201	50	270
文教体育用品制造业	54674	43099	11661	11575	22476
文化用品制造	7517	7404	2138	113	2569
体育用品制造	15476	12923	3139	2553	6696
乐器制造	10023	5876	1144	4147	5421
玩具制造	19858	15111	4696	4747	7695
游艺器材及娱乐用品制造	1800	1785	544	15	95
石油加工、炼焦及核燃料加工业	338583	300233	66627	38349	150395
精炼石油产品的制造	252252	227519	57259	24732	106585
炼焦	79053	65436	8120	13617	40373
核燃料加工	7278	7278	1247		3437
化学原料及化学制品制造业	1550307	1393362	285374	156945	664572
基础化学原料制造	344372	287339	60829	57033	167408
肥料制造	332105	305001	54604	27105	156316
农药制造	108116	90852	17843	17265	54189
涂料、油墨、颜料及类似产品制造	96434	88833	21093	7602	41833
合成材料制造	437082	410039	87153	27043	160939
专用化学产品制造	150432	137702	25902	12730	60541
日用化学产品制造	81766	73597	17950	8169	23346
医药制造业	613700	520317	115260	93384	238395
化学药品原药制造	198598	163817	30767	34781	94154
化学药品制剂制造	223224	189332	42310	33893	79131
中药饮片加工	8778	8406	1955	373	2493
中成药制造	138125	115574	28548	22551	50493
兽用药品制造	4329	3647	775	682	2059
生物、生化制品的制造	28116	27470	7907	646	7610
卫生材料及医药用品制造	12529	12071	2999	458	2455
化学纤维制造业	215544	201149	29768	14395	77336
纤维素纤维原料及纤维制造	57159	53087	11303	4071	24589
合成纤维制造	158385	148061	18466	10324	52748
橡胶制品业	224526	210466	50252	14060	80772
轮胎制造	164553	154253	27537	10300	65420
橡胶板、管、带的制造	13461	12641	3456	820	3398
橡胶零件制造	13180	12498	6722	682	2527

1-E-13 续表 3 单位：万元

行业	科技活动经费内部支出	#1. 经常费支出	劳务费	2. 科研基建支出	#固定资产购建支出
再生橡胶制造	758	758	592		
日用及医用橡胶制品制造	3119	3099	1058	20	738
橡胶靴鞋制造	24322	22169	9212	2153	7138
其他橡胶制品制造	5134	5049	1675	85	1550
塑料制品业	204254	184454	28753	19800	101129
塑料薄膜制造	55656	52667	8075	2989	27662
塑料板、管、型材的制造	63712	55695	6977	8018	34096
塑料丝、绳及编织品的制造	2403	2246	570	156	1117
泡沫塑料制造	3806	2978	349	828	2597
塑料人造革、合成革制造	12628	12393	2729	236	4423
塑料包装箱及容器制造	18410	16436	2384	1974	8414
塑料零件制造	32373	27570	5117	4803	14062
日用塑料制造	7529	7359	1614	170	3096
其他塑料制品制造	7736	7110	939	626	5662
非金属矿物制品业	355799	323607	65943	32192	141921
水泥、石灰和石膏的制造	93601	89405	13739	4196	43095
水泥及石膏制品制造	12860	11566	2250	1293	5346
砖瓦、石材及其他建筑材料制造	23945	22699	3503	1246	9036
玻璃及玻璃制品制造	129821	116931	22831	12891	48672
陶瓷制品制造	41603	33640	7427	7963	16350
耐火材料制品制造	27610	25974	10017	1636	9790
石墨及其他非金属矿物制品制造	26359	23392	6176	2968	9632
黑色金属冶炼及压延加工业	2261250	2124521	323049	136729	746622
炼铁	41610	38926	9230	2684	13452
炼钢	457866	441761	57159	16106	143131
钢压延加工	1727947	1612638	246612	115309	579486
铁合金冶炼	33827	31196	10048	2631	10552
有色金属冶炼及压延加工业	533019	429982	102037	103037	249955
常用有色金属冶炼	202342	182348	53581	19994	79604
贵金属冶炼	15392	14887	3345	505	5812
稀有稀土金属冶炼	24508	19801	5251	4707	9782
有色金属合金制造	15818	14533	5835	1286	4755
有色金属压延加工	274958	198413	34026	76545	150002
金属制品业	243836	221283	49199	22553	96358
结构性金属制品制造	50884	48305	10576	2578	15303
金属工具制造	40296	39021	6718	1275	14018
集装箱及金属包装容器制造	26302	22470	5529	3832	12704
金属丝绳及其制品的制造	54861	47979	6364	6882	23554
建筑、安全用金属制品制造	18693	17948	9611	745	4932

1-E-13 续表 4

单位：万元

行业	科技活动经费内部支出	#1. 经常费支出	劳务费	2. 科研基建支出	#固定资产购建支出
金属表面处理及热处理加工	16361	16161	1019	200	11474
搪瓷制品制造	3150	2505	527	645	1091
不锈钢及类似日用金属制品制造	11544	9200	1661	2344	5601
其他金属制品制造	21746	17694	7194	4052	7683
通用设备制造业	1038912	941822	280913	97090	281952
锅炉及原动机制造	221118	194751	61398	26367	62048
金属加工机械制造	149041	136280	48849	12761	30846
起重运输设备制造	177739	160013	50247	17726	46250
泵、阀门、压缩机及类似机械的制造	134026	122687	32975	11339	36076
轴承、齿轮、传动和驱动部件的制造	92242	89243	21456	2999	28966
烘炉、熔炉及电炉制造	260	260	34		20
风机、衡器、包装设备等通用设备制造	178924	168406	46747	10518	41900
通用零部件制造及机械修理	26549	23767	8461	2783	7914
金属铸、锻加工	59013	46415	10748	12598	27932
专用设备制造业	760563	703927	203489	56636	191962
矿山、冶金、建筑专用设备制造	246531	229180	69301	17351	41907
化工、木材、非金属加工专用设备制造	84675	69625	19335	15050	30520
食品、饮料、烟草及饲料生产专用设备制造	26758	25313	9631	1445	4048
印刷、制药、日化生产专用设备制造	33394	32111	9259	1283	10345
纺织、服装和皮革工业专用设备制造	110934	103928	25890	7006	40486
电子和电工机械专用设备制造	113111	109160	28417	3951	20548
农、林、牧、渔专用机械制造	74395	70086	19146	4309	27681
医疗仪器设备及器械制造	30327	27153	10410	3173	5165
环保、社会公共安全及其他专用设备制造	40438	37371	12101	3067	11262
交通运输设备制造业	2534322	2153403	478451	380919	837608
铁路运输设备制造	125524	115081	33817	10443	39913
汽车制造	1634862	1395103	272211	239759	552415
摩托车制造	141297	134480	23463	6817	38761
自行车制造	5279	4666	1489	613	2031
船舶及浮动装置制造	153279	124471	39697	28808	53428
航空航天器制造	467881	373602	107476	94279	150660
交通器材及其他交通运输设备制造	6200	6000	300	200	400
电气机械及器材制造业	1791728	1599292	336963	192436	646094
电机制造	157246	145823	43452	11424	46084
输配电及控制设备制造	357329	327034	94011	30295	93632
电线、电缆、光缆及电工器材制造	233650	197318	36084	36332	99643
电池制造	109902	68474	22234	41428	64074
家用电力器具制造	864495	795136	119107	69359	319705
非电力家用器具制造	13072	13003	4363	69	1978

1-E-13 续表 5

单位：万元

行业	科技活动经费内部支出	#1. 经常费支出	劳务费	2. 科研基建支出	#固定资产购建支出
照明器具制造	42687	39268	12956	3420	16834
其他电气机械及器材制造	13347	13237	4754	110	4144
通信设备、计算机及其他电子设备制造业	3619481	3462866	1082785	156615	871021
通信设备制造	1236601	1222144	594562	14456	143731
雷达及配套设备制造	32419	30466	12534	1953	6476
广播电视设备制造	29075	25125	7621	3950	9783
电子计算机制造	770560	752666	167001	17894	140443
电子器件制造	497827	461133	115366	36694	181869
电子元件制造	481902	416762	75947	65140	260459
家用视听设备制造	558358	542919	104152	15439	125356
其他电子设备制造	12739	11650	5602	1089	2905
仪器仪表及文化、办公用机械制造业	216958	202663	67558	14295	59629
通用仪器仪表制造	74388	66960	24943	7428	19286
专用仪器仪表制造	33453	31087	10009	2366	7520
钟表与计时仪器制造	6399	5871	2059	529	2462
光学仪器及眼镜制造	37832	34674	12148	3158	12968
文化、办公用机械制造	63061	62247	17149	814	16818
其他仪器仪表的制造及修理	1825	1825	1250		575
工艺品及其他制造业	77917	66290	22087	11627	20380
工艺美术品制造	17655	14134	4531	3521	5667
日用杂品制造	10308	9594	2969	714	2645
煤制品制造					
核辐射加工					
其他未列明的制造业	49954	42562	14587	7392	12069
废弃资源和废旧材料回收加工业	10	10	4		
金属废料和碎屑的加工处理	10	10	4		
非金属废料和碎屑的加工处理					
电力、燃气及水的生产和供应业	**460539**	**408562**	**127668**	**51978**	**185809**
电力、热力的生产和供应业	400190	383890	117662	16300	142602
电力生产	185220	177064	51666	8157	59834
电力供应	208374	202146	64590	6228	78622
热力生产和供应	6596	4681	1407	1915	4145
燃气生产和供应业	31184	9695	3570	21489	25308
水的生产和供应业	29166	14977	6435	14189	17899
自来水的生产和供应	28431	14243	6070	14189	17769
污水处理及其再生利用	734	734	365		130
其他水的处理、利用与分配					

1-E-14 国有及国有控股大中型制造业企业科技活动经费内部支出情况

单位：万元

行业	科技活动经费内部支出	#1. 经常费支出	劳务费	2. 科研基建支出	#固定资产购建支出
合计	**9659994**	**8654639**	**2105751**	**1005354**	**3141186**
农副食品加工业	39877	31400	7079	8477	14102
食品制造业	27601	25300	8534	2301	9634
饮料制造业	133402	121710	16546	11692	66714
烟草制品业	167963	145701	44537	22262	60999
纺织业	170549	154558	30985	15990	62832
纺织服装、鞋、帽制造业	3918	3402	1815	517	1154
皮革、毛皮、羽毛(绒)及其制品业	434	434	186		27
木材加工及木、竹、藤、棕、草制品业	7146	6085	1362	1061	2563
家具制造业	15393	14651	5713	742	2598
造纸及纸制品业	97975	84656	14450	13320	39887
印刷业和记录媒介的复制	17986	17986	4257		4752
文教体育用品制造业	10373	6691	1173	3682	5187
石油加工、炼焦及核燃料加工业	226430	210439	57006	15992	87046
化学原料及化学制品制造业	941567	844201	198177	97366	374481
医药制造业	259879	207701	51130	52178	117725
化学纤维制造业	129461	121110	17468	8352	39336
橡胶制品业	93538	86970	19505	6568	32894
塑料制品业	62221	59011	8092	3210	29671
非金属矿物制品业	131114	121393	24562	9721	59211
黑色金属冶炼及压延加工业	1899457	1789005	282740	110453	602259
有色金属冶炼及压延加工业	336755	264554	76434	72201	148578
金属制品业	73075	62984	14717	10092	27423
通用设备制造业	599355	553656	179953	45700	125516
专用设备制造业	480558	455353	137258	25205	95963
交通运输设备制造业	2048882	1718733	374902	330150	675511
电气机械及器材制造业	324645	292007	86384	32638	97697
通信设备、计算机及其他电子设备制造业	1223351	1131058	393561	92293	327550
仪器仪表及文化、办公用机械制造业	87800	81958	32702	5841	18219
工艺品及其他制造业	49289	41936	14525	7352	11660

1-E-15 内资大中型制造业企业科技活动经费内部支出情况

单位：万元

行业	科技活动经费内部支出	#1. 经常费支出	劳务费	2. 科研基建支出	#固定资产购建支出
合计	**13443485**	**11993236**	**2869756**	**1450249**	**4701321**
农副食品加工业	117725	102228	18641	15498	51735
食品制造业	116036	106228	27464	9809	45595
饮料制造业	179270	154032	24655	25239	95653
烟草制品业	169661	147363	44637	22297	61717
纺织业	406766	354600	71109	52167	165887
纺织服装、鞋、帽制造业	87143	81583	29336	5560	21918
皮革、毛皮、羽毛(绒)及其制品业	24405	21034	7121	3371	6820
木材加工及木、竹、藤、棕、草制品业	40842	36976	6090	3866	10384
家具制造业	8832	7886	2531	946	3053
造纸及纸制品业	140426	121161	18767	19264	61899
印刷业和记录媒介的复制	23504	23299	5877	205	6141
文教体育用品制造业	26511	20687	5896	5823	10770
石油加工、炼焦及核燃料加工业	295010	263640	60839	31369	130810
化学原料及化学制品制造业	1360632	1219024	250538	141607	585151
医药制造业	469954	386874	90058	83080	202016
化学纤维制造业	157215	144782	23932	12433	67154
橡胶制品业	159654	148989	36914	10665	58643
塑料制品业	133556	121103	17347	12454	67797
非金属矿物制品业	275864	249908	51870	25956	117983
黑色金属冶炼及压延加工业	2119672	1984395	300457	135277	718505
有色金属冶炼及压延加工业	438941	341157	90335	97784	204250
金属制品业	181039	163557	32638	17482	70179
通用设备制造业	788093	721760	216607	66333	192853
专用设备制造业	663451	613073	180936	50378	148045
交通运输设备制造业	1888067	1541432	355746	346635	699133
电气机械及器材制造业	1342289	1207539	251408	134750	483076
通信设备、计算机及其他电子设备制造业	1645243	1545475	587210	99768	369646
仪器仪表及文化、办公用机械制造业	114980	103231	40502	11749	28730
工艺品及其他制造业	68696	60211	20293	8485	15779

1-E-16 港澳台商投资大中型制造业企业科技活动经费内部支出情况

单位：万元

行业	科技活动经费内部支出	#1. 经常费支出	劳务费	2. 科研基建支出	#固定资产购建支出
合计	**1574715**	**1456118**	**327126**	**118597**	**494388**
农副食品加工业	7742	7150	1312	592	3570
食品制造业	8563	6535	1855	2028	3479
饮料制造业	12569	12274	3645	295	4291
烟草制品业	503	503	150		353
纺织业	69463	65173	13681	4290	20144
纺织服装、鞋、帽制造业	19777	17773	5463	2004	9167
皮革、毛皮、羽毛(绒)及其制品业	9312	8826	2836	486	2214
木材加工及木、竹、藤、棕、草制品业	3321	3306	541	15	983
家具制造业	2692	2506	950	186	286
造纸及纸制品业	30541	12130	3211	18411	22800
印刷业和记录媒介的复制	9627	9627	4167		2685
文教体育用品制造业	16080	11340	2647	4741	7313
石油加工、炼焦及核燃料加工业	34769	31802	5460	2967	12390
化学原料及化学制品制造业	76998	73016	17922	3982	20467
医药制造业	42440	37726	6001	4714	16457
化学纤维制造业	51189	49243	3749	1946	8256
橡胶制品业	18369	18333	3897	36	3010
塑料制品业	37757	32047	5957	5709	18264
非金属矿物制品业	34966	34011	7474	955	9256
黑色金属冶炼及压延加工业	99440	98474	16288	967	19497
有色金属冶炼及压延加工业	39428	38763	3616	665	20036
金属制品业	43860	41180	13225	2680	17478
通用设备制造业	28703	28114	8329	589	6436
专用设备制造业	45982	45334	10763	648	20130
交通运输设备制造业	70342	67367	14587	2975	21899
电气机械及器材制造业	153207	112405	27111	40802	68908
通信设备、计算机及其他电子设备制造业	563330	549573	133575	13757	142829
仪器仪表及文化、办公用机械制造业	38488	37013	7487	1475	9840
工艺品及其他制造业	5258	4575	1230	683	1951

1-E-17 外商投资大中型制造业企业科技活动经费内部支出情况

单位：万元

行业	科技活动经费内部支出	#1. 经常费支出	劳务费	2. 科研基建支出	#固定资产购建支出
合计	**3415049**	**3218662**	**753011**	**196387**	**986203**
农副食品加工业	6974	3418	881	3557	4860
食品制造业	27084	24986	7332	2099	6497
饮料制造业	81333	80481	11792	853	32792
烟草制品业					
纺织业	72836	65857	12509	6979	27865
纺织服装、鞋、帽制造业	13845	5229	1760	8616	9964
皮革、毛皮、羽毛(绒)及其制品业	13111	12486	3878	626	2613
木材加工及木、竹、藤、棕、草制品业	2363	2363	329		292
家具制造业	16260	15290	6114	970	2869
造纸及纸制品业	68998	67315	8618	1683	12895
印刷业和记录媒介的复制	6345	5656	2471	689	1922
文教体育用品制造业	12084	11072	3119	1011	4392
石油加工、炼焦及核燃料加工业	8804	4791	328	4013	7195
化学原料及化学制品制造业	112678	101322	16915	11356	58954
医药制造业	101306	95717	19201	5589	19921
化学纤维制造业	7139	7123	2087	16	1926
橡胶制品业	46503	43144	9441	3359	19118
塑料制品业	32941	31304	5449	1637	15069
非金属矿物制品业	44969	39688	6599	5281	14682
黑色金属冶炼及压延加工业	42138	41652	6305	486	8619
有色金属冶炼及压延加工业	54650	50062	8086	4588	25669
金属制品业	18936	16545	3335	2391	8702
通用设备制造业	222116	191948	55977	30168	82662
专用设备制造业	51130	45520	11790	5610	23787
交通运输设备制造业	575913	544603	108119	31309	116575
电气机械及器材制造业	296232	279348	58444	16884	94110
通信设备、计算机及其他电子设备制造业	1410908	1367818	362000	43090	358545
仪器仪表及文化、办公用机械制造业	63490	62419	19569	1071	21058
工艺品及其他制造业	3964	1504	564	2459	2650

1-E-18 各地区大中型工业企业科技活动经费内部支出情况

单位：万元

地区	科技活动经费内部支出	#1．经常费支出	劳务费	2．科研基建支出	#固定资产购建支出
全国	**20021808**	**18123292**	**4460802**	**1898515**	**6712683**
东部地区	13594886	12515414	3074071	1079472	4222808
中部地区	3631544	3188760	832839	442784	1405528
西部地区	2795378	2419119	553892	376260	1084348
东北地区	1642028	1513189	376948	128839	419783
北京	563868	533863	118870	30005	108967
天津	529879	443672	101464	86207	193893
河北	513343	466759	102691	46584	174993
山西	427607	381575	114538	46031	193139
内蒙古	164892	138166	35870	26726	55460
辽宁	1048478	1002430	194591	46048	226129
吉林	258398	200834	46943	57563	112436
黑龙江	335153	309925	135414	25228	81218
上海	1785733	1664151	325232	121582	539648
江苏	2822780	2597539	609299	225241	906145
浙江	1149793	1061722	286731	88071	371921
安徽	658781	615217	94895	43564	300542
福建	491935	440772	103288	51163	200148
江西	230038	209638	57896	20401	85020
山东	2269489	2064328	413119	205162	848887
河南	714574	609378	139293	105197	319381
湖北	584694	531876	144226	52817	145835
湖南	422299	330317	99633	91983	167959
广东	2411060	2232382	817279	178679	649810
广西	244429	222010	34609	22418	80482
海南	8529	7796	1507	732	2266
重庆	382149	297295	69609	84854	151061
四川	771300	677465	154789	93835	315545
贵州	133248	113696	30777	19552	48618
云南	142885	128792	25562	14093	48121
西藏	61	61	53		
陕西	586313	494181	106352	92132	277326
甘肃	121400	111414	39774	9985	41894
青海	41650	39733	11281	1917	10394
宁夏	41823	39509	7608	2314	13770
新疆	165230	156797	37609	8433	41677

1-E-19 各地区国有及国有控股大中型工业企业科技活动经费内部支出情况

单位：万元

地 区	科技活动经费内部支出	#1. 经常费支出	劳务费	2. 科研基建支出	#固定资产购建支出
全 国	**11187371**	**10052144**	**2603632**	**1135227**	**3657295**
东部地区	6147520	5663613	1464129	483907	1743719
中部地区	2869349	2534856	687920	334493	1075293
西部地区	2170502	1853675	451584	316827	838283
东北地区	1445408	1345721	337878	99687	334408
北 京	315008	289522	82327	25485	60879
天 津	346181	277897	52576	68284	152796
河 北	419887	385313	84203	34574	144251
山 西	376071	339961	107685	36110	165206
内蒙古	95163	78818	23610	16345	30142
辽 宁	901719	877419	168799	24300	157484
吉 林	227405	173750	38525	53655	103663
黑龙江	316284	294552	130555	21732	73261
上 海	988012	904141	191558	83871	290186
江 苏	933384	833227	232125	100157	264912
浙 江	189224	178834	43571	10389	53594
安 徽	469278	449636	66496	19642	219592
福 建	190472	171732	47246	18740	74063
江 西	196578	177271	50420	19308	70520
山 东	1176383	1093856	252726	82527	387015
河 南	498957	431219	106513	67738	216877
湖 北	469150	426760	109823	42390	107216
湖 南	315624	241706	77904	73918	118957
广 东	681465	646098	308116	35367	157322
广 西	197528	182220	26344	15308	58035
海 南	5786	5573	882	212	1219
重 庆	292760	215860	55831	76900	121034
四 川	485755	409323	110442	76432	203733
贵 州	121681	104675	28925	17006	42591
云 南	118441	110974	22194	7467	33160
西 藏	61	61	53		
陕 西	551552	460817	98454	90735	265243
甘 肃	100871	95313	37498	5558	29123
青 海	40377	38514	10931	1863	10202
宁 夏	28091	27228	5968	863	7179
新 疆	138223	129872	31334	8351	37842

1-E-20 各地区内资大中型工业企业科技活动经费内部支出情况

单位：万元

地 区	科技活动经费内部支出	#1. 经常费支出	劳务费	2. 科研基建支出	#固定资产购建支出
全 国	**14990682**	**13407843**	**3371028**	**1582840**	**5215876**
东部地区	9111581	8314415	2104848	797166	2912151
中部地区	3273429	2859920	742874	413510	1255541
西部地区	2605672	2233508	523306	372164	1048183
东北地区	1523787	1403621	341314	120166	373057
北 京	313243	287523	81793	25719	57322
天 津	369525	293114	55357	76411	166116
河 北	466679	424393	94510	42286	164920
山 西	408133	367233	112142	40900	180951
内蒙古	137000	110300	31231	26700	49574
辽 宁	963270	924308	179782	38962	189436
吉 林	256491	199151	45775	57340	112140
黑龙江	304027	280163	115757	23864	71481
上 海	516084	455409	103587	60675	184268
江 苏	1997240	1809053	424816	188188	676173
浙 江	778636	710344	181531	68291	263986
安 徽	600185	567232	87505	32953	270375
福 建	176535	152955	39433	23579	80338
江 西	188888	169172	52469	19716	67882
山 东	2111371	1925695	385589	185676	800232
河 南	649251	546854	122016	102397	297289
湖 北	489267	442962	116216	46305	111708
湖 南	377189	287153	90995	90036	143716
广 东	1410469	1323823	556945	86646	327094
广 西	182054	161015	28449	21038	74192
海 南	8529	7796	1507	732	2266
重 庆	338680	254609	61389	84072	144034
四 川	741154	648931	148655	92223	304449
贵 州	131993	112458	30359	19535	48505
云 南	138808	124716	24630	14093	46276
西 藏	61	61	53		
陕 西	576722	484820	104825	91902	276434
甘 肃	119022	109048	39733	9973	41872
青 海	38228	36311	11067	1917	8131
宁 夏	38561	36283	6624	2278	13138
新 疆	163389	154957	36291	8433	41579

1-E-21 各地区港澳台商投资大中型工业企业科技活动经费内部支出情况

单位：万元

地 区	科技活动经费内部支出	#1. 经常费支出	劳务费	2. 科研基建支出	#固定资产购建支出
全 国	**1605869**	**1487191**	**333886**	**118678**	**506857**
东部地区	1482509	1369185	301874	113324	465333
中部地区	98657	94063	26451	4594	32900
西部地区	24702	23942	5561	760	8624
东北地区	12379	11886	4314	493	872
北 京	170356	167814	19011	2542	29203
天 津	5581	5116	1253	465	1043
河 北	26161	26159	4520	2	3053
山 西	8523	8015	1903	508	3831
内蒙古					
辽 宁	11087	10600	3459	487	775
吉 林	270	264	83	6	77
黑龙江	1022	1022	773		20
上 海	152307	147641	30210	4665	55145
江 苏	282372	271387	48211	10986	84672
浙 江	135193	128731	36553	6462	52951
安 徽	20201	19877	961	325	7311
福 建	162320	140998	37673	21322	55576
江 西	7387	6702	613	685	2965
山 东	11355	10209	4725	1146	2620
河 南	24136	23054	11975	1083	8199
湖 北	14356	14256	3874	101	4235
湖 南	22762	20874	6271	1888	6263
广 东	525778	460531	116259	65247	180295
广 西	1984	1599	600	385	911
海 南					
重 庆	17669	17318	3898	351	5466
四 川	1944	1941	464	2	484
贵 州	52	52	42		
云 南	2486	2486	365		1543
西 藏					
陕 西	331	321	74	10	185
甘 肃	65	53	32	12	22
青 海	172	172	86		14
宁 夏					
新 疆					

1-E-22 各地区外商投资大中型工业企业科技活动经费内部支出情况

单位：万元

地区	科技活动经费内部支出	#1. 经常费支出	劳务费	2. 科研基建支出	#固定资产购建支出
全国	**3425257**	**3228259**	**755888**	**196998**	**989951**
东部地区	3000796	2831814	667349	168983	845324
中部地区	259457	234777	63513	24680	117087
西部地区	165004	161668	25025	3336	27540
东北地区	105862	97681	31319	8181	45855
北京	80270	78526	18067	1744	22441
天津	154773	145442	44855	9331	26734
河北	20503	16207	3660	4296	7021
山西	10951	6328	493	4624	8357
内蒙古	27892	27866	4639	27	5886
辽宁	74121	67522	11350	6599	35919
吉林	1637	1420	1085	218	219
黑龙江	30104	28740	18884	1364	9717
上海	1117342	1061100	191436	56242	300234
江苏	543168	517100	136272	26068	145300
浙江	235965	222647	68647	13318	54984
安徽	38395	28109	6430	10286	22856
福建	153080	146818	26183	6262	64235
江西	33763	33763	4815		14173
山东	146763	128424	22805	18339	46035
河南	41187	39470	5303	1717	13893
湖北	81071	74659	24136	6412	29892
湖南	22349	22290	2368	59	17980
广东	474813	448028	144076	26785	142421
广西	60391	59396	5559	995	5379
海南					
重庆	25800	25369	4322	431	1561
四川	28202	26593	5670	1610	10613
贵州	1203	1187	376	16	113
云南	1591	1591	566		302
西藏					
陕西	9259	9039	1453	220	706
甘肃	2313	2313	9		
青海	3250	3250	128		2250
宁夏	3263	3226	985	37	633
新疆	1841	1841	1318		98

F. 科技活动经费外部支出情况

1-F-1 分登记注册类型工业企业科技活动经费外部支出情况

单位：万元

行　　业	科技活动经费外部支出	对研究院所和高校支出	对其他企业支出
合计	**2137321**	**698900**	**992466**
国有及国有控股企业	1128725	403917	539181
内资企业	1391907	618139	576273
国有企业	198306	96597	88099
集体企业	56302	11578	11424
股份合作企业	8431	4948	2293
联营企业	12662	7145	5404
国有联营企业	11385	6475	4898
集体联营企业	184	10	92
国有与集体联营企业	797	450	337
其他联营企业	297	210	76
有限责任公司	575596	283665	229416
国有独资公司	166453	79898	71553
其他有限责任公司	409143	203767	157863
股份有限公司	447297	160982	216905
私营企业	93092	53225	22732
私营独资企业	4165	2431	800
私营合伙企业	1142	407	186
私营有限责任公司	82500	47973	20696
私营股份有限公司	5286	2414	1050
其他企业	221		
港、澳、台商投资企业	137235	38289	90594
合资经营企业（港或澳、台资）	86738	23520	58802
合作经营企业（港或澳、台资）	2074	486	1169
港、澳、台商独资经营企业	26061	4877	18075
港、澳、台商投资股份有限公司	22362	9407	12548
外商投资企业	608179	42472	325600
中外合资经营企业	475491	30195	275983
中外合作经营企业	3616	619	1957
外资企业	85999	5026	14828
外商投资股份有限公司	43073	6632	32832

1-F-2 分行业工业企业科技活动经费外部支出情况

单位：万元

行业	科技活动经费外部支出	对研究院所和高校支出	对其他企业支出
合计	**2137321**	**698900**	**992466**
采矿业	**122107**	**65779**	**50253**
煤炭开采和洗选业	54134	31416	20720
烟煤和无烟煤的开采洗选	53511	30879	20635
褐煤的开采洗选	623	538	85
其他煤炭采选			
石油和天然气开采业	54310	28562	24632
天然原油和天然气开采	48836	25349	22542
与石油和天然气开采有关的服务活动	5473	3214	2091
黑色金属矿采选业	4124	2426	1495
铁矿采选	4124	2426	1495
其他黑色金属矿采选			
有色金属矿采选业	8167	2624	2810
常用有色金属矿采选	2252	1858	294
贵金属矿采选	3257	612	2487
稀有稀土金属矿采选	2657	154	28
非金属矿采选业	1373	750	596
土砂石开采	240	158	82
化学矿采选	454	384	70
采盐	678	208	444
石棉及其他非金属矿采选			
制造业	**1906035**	**597367**	**871805**
农副食品加工业	11786	9567	1564
谷物磨制	1340	1248	78
饲料加工	2733	2319	270
植物油加工	2060	1770	109
制糖	833	611	221
屠宰及肉类加工	2692	2094	598
水产品加工	511	387	102
蔬菜、水果和坚果加工	1075	735	83
其他农副食品加工	541	403	104
食品制造业	15702	8934	4604
焙烤食品制造	1141	442	668
糖果、巧克力及蜜饯制造	95	13	65
方便食品制造	1142	328	755
液体乳及乳制品制造	4078	1950	1161
罐头制造	250	216	31
调味品、发酵制品制造	3196	1971	434

1-F-2 续表 1 单位：万元

行业	科技活动		
	经费外部支出	对研究院所和高校支出	对其他企业支出
其他食品制造	5801	4015	1490
饮料制造业	16649	7759	6367
酒精制造	902	417	138
酒的制造	9163	3876	4845
软饮料制造	6118	3076	1309
精制茶加工	465	390	75
烟草制品业	11166	3302	7865
烟叶复烤	1		1
卷烟制造	11145	3282	7864
其他烟草制品加工	20	20	
纺织业	18099	11368	4145
棉、化纤纺织及印染精加工	8374	5552	1048
毛纺织和染整精加工	1695	1159	164
麻纺织	430	415	15
丝绢纺织及精加工	1226	855	240
纺织制成品制造	3066	1954	899
针织品、编织品及其制品制造	3309	1432	1779
纺织服装、鞋、帽制造业	6479	3538	2859
纺织服装制造	6454	3538	2834
纺织面料鞋的制造	25		25
制帽			
皮革、毛皮、羽毛(绒)及其制品业	2546	1887	524
皮革鞣制加工	966	935	25
皮革制品制造	1520	919	472
毛皮鞣制及制品加工	60	33	27
羽毛(绒)加工及制品制造			
木材加工及木、竹、藤、棕、草制品业	5536	2943	2389
锯材、木片加工	152	152	
人造板制造	4978	2546	2227
木制品制造	257	232	25
竹、藤、棕、草制品制造	149	12	137
家具制造业	602	160	59
木质家具制造	257	109	48
竹、藤家具制造			
金属家具制造	312	21	11
塑料家具制造			
其他家具制造	33	30	
造纸及纸制品业	15737	3345	3644
纸浆制造	213	174	39

1-F-2 续表 2

单位：万元

行业	科技活动经费外部支出	对研究院所和高校支出	对其他企业支出
造纸	14685	2592	3382
纸制品制造	839	579	224
印刷业和记录媒介的复制	3611	1785	1750
印刷	3456	1679	1702
装订及其他印刷服务活动	49		48
记录媒介的复制	106	106	
文教体育用品制造业	890	442	364
文化用品制造	258	104	87
体育用品制造	345	235	93
乐器制造	160	82	78
玩具制造	105	20	85
游艺器材及娱乐用品制造	21		21
石油加工、炼焦及核燃料加工业	29132	12742	13183
精炼石油产品的制造	25187	10957	11447
炼焦	2047	525	1099
核燃料加工	1898	1260	638
化学原料及化学制品制造业	140940	67565	47849
基础化学原料制造	43267	13680	20812
肥料制造	21582	14413	4042
农药制造	9782	6469	2867
涂料、油墨、颜料及类似产品制造	5419	2270	842
合成材料制造	36090	19460	9301
专用化学产品制造	17930	7837	8146
日用化学产品制造	6872	3436	1839
医药制造业	179175	110468	57835
化学药品原药制造	40194	27831	9392
化学药品制剂制造	74035	46385	25479
中药饮片加工	2012	1277	344
中成药制造	49833	26955	19184
兽用药品制造	1508	1281	113
生物、生化制品的制造	9602	5836	2475
卫生材料及医药用品制造	1993	903	849
化学纤维制造业	6841	4043	1693
纤维素纤维原料及纤维制造	2159	1702	422
合成纤维制造	4682	2341	1270
橡胶制品业	13548	8959	3955
轮胎制造	7098	3552	3143
橡胶板、管、带的制造	994	652	153
橡胶零件制造	926	608	307

1-F-2 续表 3

单位：万元

行　　业	科技活动经费外部支出	对研究院所和高校支出	对其他企业支出
再生橡胶制造	107	51	31
日用及医用橡胶制品制造	38	38	
橡胶靴鞋制造	3665	3664	
其他橡胶制品制造	721	395	321
塑料制品业	12925	5174	5739
塑料薄膜制造	4782	1931	2569
塑料板、管、型材的制造	3196	1869	955
塑料丝、绳及编织品的制造	311	216	95
泡沫塑料制造	508	5	273
塑料人造革、合成革制造	642	180	452
塑料包装箱及容器制造	222	140	54
塑料零件制造	1513	521	906
日用塑料制造	1444	226	283
其他塑料制品制造	308	87	154
非金属矿物制品业	22269	11558	6899
水泥、石灰和石膏的制造	4610	2487	1295
水泥及石膏制品制造	2444	1438	801
砖瓦、石材及其他建筑材料制造	1048	400	108
玻璃及玻璃制品制造	9413	5737	3255
陶瓷制品制造	1370	391	436
耐火材料制品制造	1239	528	255
石墨及其他非金属矿物制品制造	2144	578	750
黑色金属冶炼及压延加工业	146609	67959	67347
炼铁	35364	11002	23133
炼钢	19413	13871	5415
钢压延加工	89430	42120	37389
铁合金冶炼	2402	965	1410
有色金属冶炼及压延加工业	26299	14006	9372
常用有色金属冶炼	13885	7963	4760
贵金属冶炼	1098	611	150
稀有稀土金属冶炼	892	439	308
有色金属合金制造	271	168	44
有色金属压延加工	10153	4825	4110
金属制品业	18987	7250	7470
结构性金属制品制造	2708	1637	768
金属工具制造	1042	560	429
集装箱及金属包装容器制造	7248	860	3990
金属丝绳及其制品的制造	5201	3325	882
建筑、安全用金属制品制造	504	77	285

1-F-2 续表 4

单位：万元

行业	科技活动		
	经费外部支出	对研究院所和高校支出	对其他企业支出
金属表面处理及热处理加工	546	106	384
搪瓷制品制造	56	35	15
不锈钢及类似日用金属制品制造	298	101	196
其他金属制品制造	1385	549	521
通用设备制造业	95291	31793	51800
锅炉及原动机制造	38823	10043	26152
金属加工机械制造	4409	2253	1375
起重运输设备制造	11328	3494	7206
泵、阀门、压缩机及类似机械的制造	12859	4073	6779
轴承、齿轮、传动和驱动部件的制造	5528	1943	2602
烘炉、熔炉及电炉制造	171	101	
风机、衡器、包装设备等通用设备制造	17891	7601	5813
通用零部件制造及机械修理	1350	1120	217
金属铸、锻加工	2933	1165	1656
专用设备制造业	71176	36395	20308
矿山、冶金、建筑专用设备制造	23539	9456	4833
化工、木材、非金属加工专用设备制造	7951	2084	4536
食品、饮料、烟草及饲料生产专用设备制造	1966	931	978
印刷、制药、日化生产专用设备制造	2523	1658	815
纺织、服装和皮革工业专用设备制造	6836	2957	2621
电子和电工机械专用设备制造	12062	9090	1714
农、林、牧、渔专用机械制造	5248	3298	1790
医疗仪器设备及器械制造	5781	3580	1836
环保、社会公共安全及其他专用设备制造	5269	3341	1186
交通运输设备制造业	350617	72776	192182
铁路运输设备制造	21236	9668	7593
汽车制造	235354	22798	136741
摩托车制造	27640	9967	15346
自行车制造	467	94	281
船舶及浮动装置制造	34686	14510	18182
航空航天器制造	31054	15589	14009
交通器材及其他交通运输设备制造	180	150	30
电气机械及器材制造业	163590	50122	48861
电机制造	10562	7183	3068
输配电及控制设备制造	26560	14836	6977
电线、电缆、光缆及电工器材制造	10342	6521	1902
电池制造	3218	1466	965
家用电力器具制造	102985	17222	33542
非电力家用器具制造	4225	871	309

1-F-2 续表 5 单位：万元

行　　业	科技活动经费外部支出	对研究院所和高校支出	对其他企业支出
照明器具制造	3659	1746	1032
其他电气机械及器材制造	2039	278	1066
通信设备、计算机及其他电子设备制造业	486419	32125	278873
通信设备制造	242500	7494	204205
雷达及配套设备制造	3474	2412	902
广播电视设备制造	1705	308	1120
电子计算机制造	17329	6052	6822
电子器件制造	83952	3528	22196
电子元件制造	50344	3210	3516
家用视听设备制造	86245	8780	39916
其他电子设备制造	871	342	196
仪器仪表及文化、办公用机械制造业	28930	7623	19901
通用仪器仪表制造	7982	4952	2142
专用仪器仪表制造	3727	1594	1970
钟表与计时仪器制造	139	25	90
光学仪器及眼镜制造	3004	885	2119
文化、办公用机械制造	14010	108	13570
其他仪器仪表的制造及修理	68	58	10
工艺品及其他制造业	4349	1688	2378
工艺美术品制造	1170	667	250
日用杂品制造	965	275	672
煤制品制造			
核辐射加工			
其他未列明的制造业	2213	746	1455
废弃资源和废旧材料回收加工业	136	94	27
金属废料和碎屑的加工处理	75	70	4
非金属废料和碎屑的加工处理	62	24	23
电力、燃气及水的生产和供应业	**109179**	**35754**	**70409**
电力、热力的生产和供应业	105083	35155	66973
电力生产	37274	10511	25649
电力供应	67612	24526	41245
热力生产和供应	196	117	78
燃气生产和供应业	745	49	696
水的生产和供应业	3352	550	2740
自来水的生产和供应	2981	467	2460
污水处理及其再生利用	369	82	280
其他水的处理、利用与分配	1	1	

1-F-3 国有及国有控股制造业企业科技活动经费外部支出情况

单位：万元

行业	科技活动经费外部支出	对研究院所和高校支出	对其他企业支出
合 计	**906673**	**305622**	**421734**
农副食品加工业	3131	2836	296
食品制造业	3066	1188	512
饮料制造业	6498	2507	3975
烟草制品业	11166	3302	7865
纺织业	5630	2609	1494
纺织服装、鞋、帽制造业	79	26	52
皮革、毛皮、羽毛(绒)及其制品业	10	10	
木材加工及木、竹、藤、棕、草制品业	986	405	379
家具制造业	373	93	20
造纸及纸制品业	4122	1095	2208
印刷业和记录媒介的复制	2025	450	1574
文教体育用品制造业	122	121	
石油加工、炼焦及核燃料加工业	24020	9954	11265
化学原料及化学制品制造业	86915	40792	36191
医药制造业	50027	34273	13635
化学纤维制造业	4191	3093	1088
橡胶制品业	9786	6383	3402
塑料制品业	3801	1617	2140
非金属矿物制品业	5014	1997	2227
黑色金属冶炼及压延加工业	130939	56460	65582
有色金属冶炼及压延加工业	15962	8938	6086
金属制品业	5484	3729	1735
通用设备制造业	58174	14281	37458
专用设备制造业	35965	23750	6210
交通运输设备制造业	279075	55185	141689
电气机械及器材制造业	19808	10388	5321
通信设备、计算机及其他电子设备制造业	132081	17010	64859
仪器仪表及文化、办公用机械制造业	6063	2437	3019
工艺品及其他制造业	2161	697	1453

1-F-4 内资制造业企业科技活动经费外部支出情况

单位：万元

行业	科技活动经费外部支出	对研究院所和高校支出	对其他企业支出
合计	**1166558**	**518838**	**459106**
农副食品加工业	9791	7844	1344
食品制造业	12061	7477	2704
饮料制造业	13611	6474	6283
烟草制品业	11166	3302	7865
纺织业	14851	9347	3171
纺织服装、鞋、帽制造业	4347	2285	1979
皮革、毛皮、羽毛(绒)及其制品业	1395	930	445
木材加工及木、竹、藤、棕、草制品业	5337	2775	2357
家具制造业	482	160	43
造纸及纸制品业	12498	2375	1545
印刷业和记录媒介的复制	3071	1317	1688
文教体育用品制造业	606	354	232
石油加工、炼焦及核燃料加工业	26628	11950	12178
化学原料及化学制品制造业	117272	58337	39573
医药制造业	152650	96854	46893
化学纤维制造业	4182	3225	686
橡胶制品业	12893	8435	3838
塑料制品业	10875	4717	4468
非金属矿物制品业	18838	11006	4875
黑色金属冶炼及压延加工业	136553	65104	60431
有色金属冶炼及压延加工业	23656	13372	9020
金属制品业	10168	6066	2332
通用设备制造业	72633	26307	37004
专用设备制造业	60573	34413	17281
交通运输设备制造业	206344	61481	128975
电气机械及器材制造业	113090	41356	21331
通信设备、计算机及其他电子设备制造业	95115	23451	34113
仪器仪表及文化、办公用机械制造业	12556	7014	4517
工艺品及其他制造业	3230	1070	1908

1-F-5 港澳台商投资制造业企业科技活动经费外部支出情况

单位：万元

行业	科技活动经费外部支出	对研究院所和高校支出	对其他企业支出
合计	**132579**	**36591**	**87636**
农副食品加工业	983	932	
食品制造业	2749	914	1559
饮料制造业	666	661	5
烟草制品业			
纺织业	2540	1732	564
纺织服装、鞋、帽制造业	1992	1240	752
皮革、毛皮、羽毛(绒)及其制品业	115		21
木材加工及木、竹、藤、棕、草制品业	168	168	
家具制造业	17		17
造纸及纸制品业	534	248	286
印刷业和记录媒介的复制	447	418	19
文教体育用品制造业	39		39
石油加工、炼焦及核燃料加工业	1792	787	1005
化学原料及化学制品制造业	9642	5332	4079
医药制造业	10051	3824	5778
化学纤维制造业	1791	790	590
橡胶制品业	246	166	75
塑料制品业	1011	243	474
非金属矿物制品业	1625	281	1181
黑色金属冶炼及压延加工业	8078	1110	6916
有色金属冶炼及压延加工业	305	210	90
金属制品业	6259	1107	4596
通用设备制造业	1381	533	519
专用设备制造业	1938	979	503
交通运输设备制造业	13416	5465	7931
电气机械及器材制造业	19715	1387	17455
通信设备、计算机及其他电子设备制造业	30828	7242	19788
仪器仪表及文化、办公用机械制造业	13288	225	13058
工艺品及其他制造业	963	598	337

1-F-6 外商投资制造业企业科技活动经费外部支出情况

单位：万元

行　　业	科技活动经费外部支出	对研究院所和高校支出	对其他企业支出
合　计	**606898**	**41937**	**325063**
农副食品加工业	1011	791	220
食品制造业	892	542	341
饮料制造业	2372	623	80
烟草制品业			
纺织业	709	289	410
纺织服装、鞋、帽制造业	140	13	127
皮革、毛皮、羽毛(绒)及其制品业	1036	957	59
木材加工及木、竹、藤、棕、草制品业	32		32
家具制造业	103		
造纸及纸制品业	2705	722	1814
印刷业和记录媒介的复制	92	50	42
文教体育用品制造业	245	88	92
石油加工、炼焦及核燃料加工业	712	5	
化学原料及化学制品制造业	14026	3897	4198
医药制造业	16474	9790	5164
化学纤维制造业	869	28	416
橡胶制品业	409	358	42
塑料制品业	1039	214	796
非金属矿物制品业	1805	272	843
黑色金属冶炼及压延加工业	1978	1745	
有色金属冶炼及压延加工业	2338	424	262
金属制品业	2561	77	542
通用设备制造业	21277	4953	14277
专用设备制造业	8665	1003	2525
交通运输设备制造业	130858	5831	55276
电气机械及器材制造业	30785	7379	10075
通信设备、计算机及其他电子设备制造业	360476	1433	224971
仪器仪表及文化、办公用机械制造业	3086	383	2327
工艺品及其他制造业	156	20	133

1-F-7 各地区工业企业科技活动经费外部支出情况

单位：万元

地区	科技活动经费外部支出	对研究院所和高校支出	对其他企业支出
全国	**2137321**	**698900**	**992466**
东部地区	1585051	470911	710512
中部地区	282327	121133	135372
西部地区	269944	106856	146582
东北地区	140301	61987	67373
北京	97524	30963	20813
天津	146449	19520	125408
河北	54788	18618	34130
山西	33074	17163	12801
内蒙古	7592	3812	3543
辽宁	91162	37949	46244
吉林	8361	5254	1751
黑龙江	40779	18785	19378
上海	228412	31375	102290
江苏	330047	109439	113106
浙江	128142	76873	41542
安徽	58275	17554	37862
福建	65818	14667	46286
江西	20841	8796	10959
山东	192294	89123	52480
河南	43853	24395	13280
湖北	34736	14732	16802
湖南	42408	14455	22540
广东	244772	40399	125619
广西	13275	6591	4496
海南	5644	1986	2594
重庆	64235	15648	47896
四川	55082	28715	17943
贵州	14393	4911	9423
云南	15253	6335	7954
西藏	70	12	23
陕西	34609	14422	17851
甘肃	43070	15244	26877
青海	3770	2648	1122
宁夏	2715	1131	964
新疆	15881	7390	8491

1-F-8 各地区国有及国有控股工业企业科技活动经费外部支出情况

单位：万元

地 区	科技活动经费外部支出	对研究院所和高校支出	对其他企业支出
全 国	**1128725**	**403917**	**539181**
东部地区	690339	233790	298267
中部地区	218429	91052	111260
西部地区	219957	79075	129654
东北地区	125271	54420	62007
北 京	71519	28042	17347
天 津	21911	14945	5715
河 北	30555	12947	16414
山 西	30526	16101	12326
内蒙古	4274	1996	2272
辽 宁	83050	34967	41884
吉 林	4108	2573	879
黑龙江	38113	16881	19245
上 海	186592	28321	80915
江 苏	104105	26737	36375
浙 江	30421	17309	12337
安 徽	40470	11038	28411
福 建	30274	7753	21795
江 西	17910	7586	9544
山 东	88074	52355	33612
河 南	30569	15666	10658
湖 北	21510	10004	9484
湖 南	35223	11203	20714
广 东	42692	10011	31642
广 西	8605	3802	2705
海 南	1148	404	232
重 庆	56986	11815	44713
四 川	32471	15353	12503
贵 州	12807	4068	8693
云 南	12320	5127	6473
西 藏	40	2	23
陕 西	29299	12232	15097
甘 肃	42214	14669	26772
青 海	3744	2628	1116
宁 夏	2213	892	796
新 疆	14984	6493	8491

1-F-9 各地区内资工业企业科技活动经费外部支出情况

单位：万元

地区	科技活动经费外部支出	对研究院所和高校支出	对其他企业支出
全国	**1391907**	**618139**	**576273**
东部地区	897051	402777	335223
中部地区	241749	112578	106411
西部地区	253107	102784	134639
东北地区	120039	59973	49374
北京	71292	29564	19806
天津	37805	18856	17717
河北	48078	14689	31747
山西	32266	16765	12789
内蒙古	7589	3812	3543
辽宁	77364	37246	33154
吉林	7706	5154	1340
黑龙江	34970	17573	14881
上海	74493	16123	47330
江苏	179639	95554	66241
浙江	106957	67045	34267
安徽	42327	16607	22938
福建	23312	9518	10550
江西	19381	8109	10186
山东	181403	85679	48787
河南	36469	21775	10728
湖北	27115	12669	11353
湖南	41517	13927	22197
广东	91273	26725	23030
广西	11068	5291	3589
海南	5436	1778	2594
重庆	56371	14721	41060
四川	52967	28290	16818
贵州	14360	4877	9423
云南	14467	5843	7698
西藏	70	12	23
陕西	30921	13669	15033
甘肃	43070	15244	26877
青海	3715	2593	1122
宁夏	2715	1131	964
新疆	15794	7303	8491

1-F-10 各地区港澳台商投资工业企业科技活动经费外部支出情况

单位：万元

地区	科技活动经费外部支出	对研究院所和高校支出	对其他企业支出
全　国	**137235**	**38289**	**90594**
东部地区	122612	33990	80686
中部地区	6686	2804	3680
西部地区	7937	1495	6228
东北地区	2584	744	1697
北　京	1065	193	434
天　津	164	70	94
河　北	4442	2140	2199
山　西	69	59	10
内蒙古			
辽　宁	1746	439	1307
吉　林	588	75	370
黑龙江	250	230	20
上　海	19263	7939	10397
江　苏	10667	5130	4587
浙　江	8581	3845	4430
安　徽	96	47	37
福　建	39207	3798	34223
江　西	978	401	577
山　东	1248	580	627
河　南	3224	1103	2100
湖　北	798	361	411
湖　南	683	528	155
广　东	36022	9648	22390
广　西	411	70	341
海　南	209	209	
重　庆	6544	885	5659
四　川	241	112	31
贵　州			
云　南	496	327	132
西　藏			
陕　西	190	46	66
甘　肃			
青　海	55	55	
宁　夏			
新　疆			

1-F-11 各地区外商投资工业企业科技活动经费外部支出情况

单位：万元

地 区	科技活动经费外部支出	对研究院所和高校支出	对其他企业支出
全 国	**608179**	**42472**	**325600**
东部地区	565388	34145	294603
中部地区	33892	5751	25282
西部地区	8900	2577	5714
东北地区	17679	1270	16302
北 京	25168	1206	573
天 津	108480	594	107597
河 北	2268	1788	184
山 西	740	339	2
内蒙古	3		
辽 宁	12052	263	11784
吉 林	67	25	41
黑龙江	5559	982	4477
上 海	134657	7313	44563
江 苏	139741	8754	42279
浙 江	12604	5983	2845
安 徽	15852	900	14887
福 建	3299	1352	1514
江 西	482	286	196
山 东	9643	2864	3066
河 南	4160	1517	453
湖 北	6823	1703	5039
湖 南	209		188
广 东	117477	4027	80198
广 西	1796	1229	566
海 南			
重 庆	1320	42	1178
四 川	1874	313	1095
贵 州	33	33	
云 南	290	165	124
西 藏			
陕 西	3498	707	2751
甘 肃			
青 海			
宁 夏			
新 疆	87	87	

1-F-12 分登记注册类型大中型工业企业科技活动经费外部支出情况

单位：万元

行业	科技活动经费外部支出	对研究院所和高校支出	对其他企业支出
合计	**1954272**	**612141**	**929140**
国有及国有控股企业	1094042	386576	527173
内资企业	1258901	546265	533341
国有企业	188403	90171	85661
集体企业	52830	9056	10747
股份合作企业	3493	2343	837
联营企业	11538	6692	4834
国有联营企业	10962	6423	4527
集体联营企业	35	2	33
国有与集体联营企业	524	257	267
其他联营企业	18	10	7
有限责任公司	525405	257196	211734
国有独资公司	165242	79034	71208
其他有限责任公司	360163	178162	140526
股份有限公司	432338	152888	212026
私营企业	44678	27918	7503
私营独资企业	1768	1063	255
私营合伙企业	863	241	94
私营有限责任公司	39372	25769	6617
私营股份有限公司	2675	844	537
其他企业	216		
港、澳、台商投资企业	122165	31845	84547
合资经营企业（港或澳、台资）	77758	19445	54526
合作经营企业（港或澳、台资）	1712	306	1005
港、澳、台商独资经营企业	21019	2770	16706
港、澳、台商投资股份有限公司	21675	9324	12310
外商投资企业	573206	34031	311251
中外合资经营企业	451785	23381	265847
中外合作经营企业	2119	65	1873
外资企业	76575	4022	10976
外商投资股份有限公司	42727	6562	32555

1-F-13 分行业大中型工业企业科技活动经费外部支出情况

单位：万元

行业	科技活动经费外部支出	对研究院所和高校支出	对其他企业支出
合计	**1954272**	**612141**	**929140**
采矿业	**118737**	**63961**	**48796**
煤炭开采和洗选业	54093	31375	20720
烟煤和无烟煤的开采洗选	53470	30837	20635
褐煤的开采洗选	623	538	85
其他煤炭采选			
石油和天然气开采业	51741	27071	23555
天然原油和天然气开采	46310	23900	21464
与石油和天然气开采有关的服务活动	5431	3172	2091
黑色金属矿采选业	3964	2316	1445
铁矿采选	3964	2316	1445
其他黑色金属矿采选			
有色金属矿采选业	7637	2493	2506
常用有色金属矿采选	2128	1828	291
贵金属矿采选	2860	520	2187
稀有稀土金属矿采选	2648	145	28
非金属矿采选业	1302	705	570
土砂石开采	185	129	56
化学矿采选	454	384	70
采盐	663	193	444
石棉及其他非金属矿采选			
制造业	**1730376**	**513877**	**812274**
农副食品加工业	7278	6132	961
谷物磨制	1041	1039	2
饲料加工	557	488	25
植物油加工	1635	1595	41
制糖	702	493	209
屠宰及肉类加工	2385	1817	568
水产品加工	240	180	60
蔬菜、水果和坚果加工	597	399	57
其他农副食品加工	122	122	
食品制造业	11365	5779	3773
焙烤食品制造	949	309	609
糖果、巧克力及蜜饯制造	81		65
方便食品制造	1037	229	748
液体乳及乳制品制造	3567	1654	1127
罐头制造	81	60	21
调味品、发酵制品制造	2384	1331	262

1-F-13 续表 1 单位：万元

行业	科技活动 经费外部支出	对研究院所和高校支出	对其他企业支出
其他食品制造	3268	2197	940
饮料制造业	15221	7116	6121
酒精制造	501	417	85
酒的制造	8864	3754	4736
软饮料制造	5804	2894	1300
精制茶加工	51	51	
烟草制品业	11165	3302	7864
烟叶复烤			
卷烟制造	11145	3282	7864
其他烟草制品加工	20	20	
纺织业	14588	9144	3112
棉、化纤纺织及印染精加工	6979	4591	784
毛纺织和染整精加工	1689	1154	163
麻纺织	314	299	15
丝绢纺织及精加工	948	659	159
纺织制成品制造	1486	1075	277
针织品、编织品及其制品制造	3172	1365	1715
纺织服装、鞋、帽制造业	6151	3400	2679
纺织服装制造	6151	3400	2679
纺织面料鞋的制造			
制帽			
皮革、毛皮、羽毛(绒)及其制品业	1785	1439	337
皮革鞣制加工	798	798	
皮革制品制造	972	626	337
毛皮鞣制及制品加工	15	15	
羽毛(绒)加工及制品制造			
木材加工及木、竹、藤、棕、草制品业	5058	2631	2223
锯材、木片加工	152	152	
人造板制造	4698	2271	2223
木制品制造	208	208	
竹、藤、棕、草制品制造			
家具制造业	323	22	21
木质家具制造	26	6	20
竹、藤家具制造			
金属家具制造	287	6	1
塑料家具制造			
其他家具制造	10	10	
造纸及纸制品业	14850	3103	3261
纸浆制造	213	174	39

1-F-13 续表 2

单位：万元

行　　业	科技活动经费外部支出	对研究院所和高校支出	对其他企业支出
造纸	14042	2474	3082
纸制品制造	595	455	140
印刷业和记录媒介的复制	2785	1186	1597
印刷	2779	1180	1597
装订及其他印刷服务活动			
记录媒介的复制	6	6	
文教体育用品制造业	513	220	212
文化用品制造	142	60	14
体育用品制造	136	88	35
乐器制造	130	52	78
玩具制造	105	20	85
游艺器材及娱乐用品制造			
石油加工、炼焦及核燃料加工业	27593	11761	12938
精炼石油产品的制造	23649	9976	11202
炼焦	2047	525	1099
核燃料加工	1898	1260	638
化学原料及化学制品制造业	123034	57245	43045
基础化学原料制造	39310	11755	19008
肥料制造	21200	14247	3915
农药制造	7833	5418	2295
涂料、油墨、颜料及类似产品制造	3421	1106	325
合成材料制造	34035	18316	9015
专用化学产品制造	13289	4935	7117
日用化学产品制造	3947	1468	1370
医药制造业	142049	89376	46182
化学药品原药制造	35328	24500	8011
化学药品制剂制造	62098	40764	20209
中药饮片加工	617	475	142
中成药制造	38666	20243	16170
兽用药品制造	896	849	
生物、生化制品的制造	2895	1898	811
卫生材料及医药用品制造	1551	648	840
化学纤维制造业	5398	3585	1175
纤维素纤维原料及纤维制造	2077	1642	411
合成纤维制造	3321	1942	764
橡胶制品业	12289	8144	3698
轮胎制造	7031	3492	3135
橡胶板、管、带的制造	206	145	26
橡胶零件制造	765	487	276

1-F-13 续表 3 单位：万元

行业	科技活动		
	经费外部支出	对研究院所和高校支出	对其他企业支出
再生橡胶制造			
日用及医用橡胶制品制造	8	8	
橡胶靴鞋制造	3665	3664	
其他橡胶制品制造	615	348	262
塑料制品业	7636	3341	2979
塑料薄膜制造	3294	1323	1719
塑料板、管、型材的制造	1750	1394	296
塑料丝、绳及编织品的制造	233	154	80
泡沫塑料制造	40		30
塑料人造革、合成革制造	347	80	257
塑料包装箱及容器制造	211	129	54
塑料零件制造	648	259	389
日用塑料制造	945	2	33
其他塑料制品制造	168		123
非金属矿物制品业	17577	9525	6128
水泥、石灰和石膏的制造	3833	2366	1196
水泥及石膏制品制造	1197	640	558
砖瓦、石材及其他建筑材料制造	211	65	
玻璃及玻璃制品制造	9116	5589	3196
陶瓷制品制造	987	292	389
耐火材料制品制造	897	311	186
石墨及其他非金属矿物制品制造	1336	263	604
黑色金属冶炼及压延加工业	145479	67463	66822
炼铁	35330	10972	23133
炼钢	19406	13864	5415
钢压延加工	88705	41759	37132
铁合金冶炼	2037	868	1142
有色金属冶炼及压延加工业	22850	12751	8336
常用有色金属冶炼	12824	7623	4239
贵金属冶炼	853	455	60
稀有稀土金属冶炼	421	263	13
有色金属合金制造	206	161	32
有色金属压延加工	8547	4249	3992
金属制品业	16655	6212	6767
结构性金属制品制造	2076	1371	654
金属工具制造	404	229	164
集装箱及金属包装容器制造	7176	835	3963
金属丝绳及其制品的制造	4931	3156	813
建筑、安全用金属制品制造	452	49	274

1-F-13 续表 4

单位：万元

行业	科技活动经费外部支出	对研究院所和高校支出	对其他企业支出
金属表面处理及热处理加工	360	13	347
搪瓷制品制造	30	30	
不锈钢及类似日用金属制品制造	109	66	43
其他金属制品制造	1117	464	508
通用设备制造业	83867	26605	47783
锅炉及原动机制造	38535	9893	26120
金属加工机械制造	2976	1426	1145
起重运输设备制造	10140	2400	7162
泵、阀门、压缩机及类似机械的制造	11047	2996	6514
轴承、齿轮、传动和驱动部件的制造	4372	1322	2267
烘炉、熔炉及电炉制造			
风机、衡器、包装设备等通用设备制造	14097	6858	3686
通用零部件制造及机械修理	952	937	14
金属铸、锻加工	1747	773	876
专用设备制造业	53272	29457	12179
矿山、冶金、建筑专用设备制造	19051	8590	2554
化工、木材、非金属加工专用设备制造	6568	1457	3954
食品、饮料、烟草及饲料生产专用设备制造	500	317	156
印刷、制药、日化生产专用设备制造	1484	1047	434
纺织、服装和皮革工业专用设备制造	4800	2179	1873
电子和电工机械专用设备制造	10839	8755	1069
农、林、牧、渔专用机械制造	4701	2967	1642
医疗仪器设备及器械制造	2544	2502	4
环保、社会公共安全及其他专用设备制造	2786	1644	493
交通运输设备制造业	341233	68847	187246
铁路运输设备制造	19396	8002	7425
汽车制造	229155	21116	132550
摩托车制造	27270	9853	15138
自行车制造	250	66	94
船舶及浮动装置制造	34321	14306	18040
航空航天器制造	30841	15504	13999
交通器材及其他交通运输设备制造			
电气机械及器材制造业	149404	43795	45153
电机制造	9625	6569	2875
输配电及控制设备制造	19710	11917	5355
电线、电缆、光缆及电工器材制造	8505	5400	1640
电池制造	2021	1289	295
家用电力器具制造	102046	16554	33313
非电力家用器具制造	3832	619	239

1-F-13 续表 5　　单位：万元

行　业	科技活动经费外部支出	对研究院所和高校支出	对其他企业支出
照明器具制造	1870	1285	469
其他电气机械及器材制造	1795	162	968
通信设备、计算机及其他电子设备制造业	465919	27601	270319
通信设备制造	236190	6057	200997
雷达及配套设备制造	3085	2147	779
广播电视设备制造	806		806
电子计算机制造	14931	5163	5689
电子器件制造	80923	2738	20778
电子元件制造	43503	2540	1515
家用视听设备制造	85981	8708	39722
其他电子设备制造	501	248	33
仪器仪表及文化、办公用机械制造业	21222	3194	17174
通用仪器仪表制造	2702	1736	472
专用仪器仪表制造	2343	993	1310
钟表与计时仪器制造	93	3	90
光学仪器及眼镜制造	2500	413	2087
文化、办公用机械制造	13585	49	13215
其他仪器仪表的制造及修理			
工艺品及其他制造业	3807	1498	2187
工艺美术品制造	826	576	141
日用杂品制造	922	256	666
煤制品制造			
核辐射加工			
其他未列明的制造业	2059	667	1380
废弃资源和废旧材料回收加工业	10	5	4
金属废料和碎屑的加工处理	10	5	4
非金属废料和碎屑的加工处理			
电力、燃气及水的生产和供应业	**105160**	**34303**	**68069**
电力、热力的生产和供应业	101572	33825	65000
电力生产	35417	9655	24857
电力供应	65962	24053	40068
热力生产和供应	193	117	75
燃气生产和供应业	740	49	691
水的生产和供应业	2847	429	2378
自来水的生产和供应	2838	420	2378
污水处理及其再生利用	9	9	
其他水的处理、利用与分配			

1-F-14 国有及国有控股大中型制造业企业科技活动经费外部支出情况

单位：万元

行业	科技活动经费外部支出	对研究院所和高校支出	对其他企业支出
合计	**876803**	**289864**	**412835**
农副食品加工业	2830	2567	264
食品制造业	2693	971	406
饮料制造业	6388	2487	3885
烟草制品业	11165	3302	7864
纺织业	5439	2459	1457
纺织服装、鞋、帽制造业	79	26	52
皮革、毛皮、羽毛(绒)及其制品业	10	10	
木材加工及木、竹、藤、棕、草制品业	980	399	379
家具制造业	260		
造纸及纸制品业	4118	1095	2208
印刷业和记录媒介的复制	1890	346	1545
文教体育用品制造业	6	4	
石油加工、炼焦及核燃料加工业	22813	9093	11226
化学原料及化学制品制造业	84283	38850	35616
医药制造业	41457	28525	11168
化学纤维制造业	4160	3093	1068
橡胶制品业	9718	6361	3357
塑料制品业	3171	1611	1560
非金属矿物制品业	3949	1839	2016
黑色金属冶炼及压延加工业	130521	56196	65436
有色金属冶炼及压延加工业	15221	8714	5855
金属制品业	5205	3634	1570
通用设备制造业	56631	13465	37201
专用设备制造业	33311	22139	5550
交通运输设备制造业	276568	53495	140912
电气机械及器材制造业	16902	10071	4701
通信设备、计算机及其他电子设备制造业	129454	16290	63329
仪器仪表及文化、办公用机械制造业	5524	2159	2831
工艺品及其他制造业	2059	667	1380

1-F-15 内资大中型制造业企业科技活动经费外部支出情况

单位：万元

行业	科技活动经费外部支出	对研究院所和高校支出	对其他企业支出
合计	**1039259**	**448944**	**419685**
农副食品加工业	6892	5813	934
食品制造业	8485	5024	1929
饮料制造业	12359	5866	6121
烟草制品业	11165	3302	7864
纺织业	12150	7446	2609
纺织服装、鞋、帽制造业	4162	2215	1875
皮革、毛皮、羽毛(绒)及其制品业	983	652	331
木材加工及木、竹、藤、棕、草制品业	4890	2463	2223
家具制造业	306	22	5
造纸及纸制品业	11989	2207	1464
印刷业和记录媒介的复制	2264	718	1543
文教体育用品制造业	298	162	120
石油加工、炼焦及核燃料加工业	25396	10969	11933
化学原料及化学制品制造业	103484	50656	36048
医药制造业	122188	79266	37055
化学纤维制造业	3479	2767	499
橡胶制品业	11668	7647	3583
塑料制品业	6881	3121	2536
非金属矿物制品业	14734	9087	4193
黑色金属冶炼及压延加工业	135716	64656	60046
有色金属冶炼及压延加工业	21304	12276	8074
金属制品业	8305	5109	1998
通用设备制造业	64367	21555	35131
专用设备制造业	47888	28297	11859
交通运输设备制造业	199259	58083	125648
电气机械及器材制造业	104573	35951	19549
通信设备、计算机及其他电子设备制造业	84807	19726	29783
仪器仪表及文化、办公用机械制造业	6435	2984	2918
工艺品及其他制造业	2823	900	1811

1-F-16 港澳台商投资大中型制造业企业科技活动经费外部支出情况

单位：万元

行业	科技活动经费外部支出	对研究院所和高校支出	对其他企业支出
合计	**118976**	**31437**	**81766**
农副食品加工业	200	160	
食品制造业	2267	440	1551
饮料制造业	631	631	
烟草制品业			
纺织业	2219	1518	468
纺织服装、鞋、帽制造业	1862	1185	677
皮革、毛皮、羽毛(绒)及其制品业	8		
木材加工及木、竹、藤、棕、草制品业	168	168	
家具制造业	17		17
造纸及纸制品业	204	204	
印刷业和记录媒介的复制	429	418	11
文教体育用品制造业			
石油加工、炼焦及核燃料加工业	1792	787	1005
化学原料及化学制品制造业	8361	4837	3352
医药制造业	7046	2557	4437
化学纤维制造业	1380	790	590
橡胶制品业	229	154	75
塑料制品业	334	209	62
非金属矿物制品业	1607	269	1181
黑色金属冶炼及压延加工业	7895	1072	6776
有色金属冶炼及压延加工业	60	60	
金属制品业	6148	1097	4514
通用设备制造业	688	393	295
专用设备制造业	795	691	78
交通运输设备制造业	12926	5080	7826
电气机械及器材制造业	18300	1254	16614
通信设备、计算机及其他电子设备制造业	29609	6751	19159
仪器仪表及文化、办公用机械制造业	12857	118	12739
工艺品及其他制造业	945	598	337

1-F-17 外商投资大中型制造业企业科技活动经费外部支出情况

单位：万元

行业	科技活动经费外部支出	对研究院所和高校支出	对其他企业支出
合计	**572141**	**33496**	**310823**
农副食品加工业	186	160	27
食品制造业	613	315	293
饮料制造业	2232	619	
烟草制品业			
纺织业	218	180	35
纺织服装、鞋、帽制造业	127		127
皮革、毛皮、羽毛(绒)及其制品业	793	787	6
木材加工及木、竹、藤、棕、草制品业			
家具制造业			
造纸及纸制品业	2658	692	1797
印刷业和记录媒介的复制	92	50	42
文教体育用品制造业	215	58	92
石油加工、炼焦及核燃料加工业	405	5	
化学原料及化学制品制造业	11189	1752	3645
医药制造业	12815	7553	4690
化学纤维制造业	539	28	87
橡胶制品业	392	343	40
塑料制品业	421	12	381
非金属矿物制品业	1236	170	754
黑色金属冶炼及压延加工业	1868	1735	
有色金属冶炼及压延加工业	1486	415	262
金属制品业	2203	7	254
通用设备制造业	18812	4657	12357
专用设备制造业	4590	469	242
交通运输设备制造业	129049	5684	53772
电气机械及器材制造业	26531	6590	8990
通信设备、计算机及其他电子设备制造业	351504	1124	221376
仪器仪表及文化、办公用机械制造业	1930	92	1517
工艺品及其他制造业	39		39

1-F-18 各地区大中型工业企业科技活动经费外部支出情况

单位：万元

地 区	科技活动经费外部支出	对研究院所和高校支出	对其他企业支出
全 国	**1954272**	**612141**	**929140**
东部地区	1440852	403413	661452
中部地区	261382	110518	128373
西部地区	252038	98210	139315
东北地区	132218	57154	65444
北 京	78102	23526	16466
天 津	143739	18489	124016
河 北	52711	17296	33828
山 西	31563	16767	12551
内蒙古	7337	3582	3525
辽 宁	86787	35511	45051
吉 林	6131	3899	1131
黑龙江	39301	17744	19262
上 海	216360	27891	95961
江 苏	297547	93458	102199
浙 江	95108	55835	32164
安 徽	55515	15938	37207
福 建	57373	11783	42934
江 西	19820	8309	10667
山 东	184497	85804	50022
河 南	40869	22646	12609
湖 北	28169	12315	13061
湖 南	40014	12900	21886
广 东	226582	32508	118694
广 西	12273	6106	4027
海 南	2047	1312	117
重 庆	62449	14392	47418
四 川	48490	26055	14931
贵 州	12862	4523	8337
云 南	12115	5023	6345
西 藏	2	2	
陕 西	32614	13227	17478
甘 肃	42248	14728	26751
青 海	3638	2527	1111
宁 夏	2522	1045	908
新 疆	15488	7003	8485

1-F-19 各地区国有及国有控股大中型工业企业科技活动经费外部支出情况

单位：万元

地 区	科技活动经费外部支出	对研究院所和高校支出	对其他企业支出
全 国	**1094042**	**386576**	**527173**
东部地区	663027	220525	288734
中部地区	215338	89645	110118
西部地区	215678	76405	128321
东北地区	123850	53175	61907
北 京	61752	22933	15308
天 津	20669	14521	5080
河 北	29812	12400	16400
山 西	30070	16045	12220
内蒙古	4169	1906	2258
辽 宁	82090	34059	41836
吉 林	3744	2319	826
黑龙江	38016	16798	19245
上 海	182182	27028	78393
江 苏	102437	26201	35562
浙 江	27325	15157	11724
安 徽	40090	10804	28280
福 建	29160	7440	21120
江 西	17699	7478	9456
山 东	86725	51711	32908
河 南	30208	15503	10506
湖 北	20610	9727	8922
湖 南	34902	10972	20664
广 东	40362	9077	30403
广 西	8292	3649	2545
海 南	513		
重 庆	56291	11261	44573
四 川	32026	15111	12315
贵 州	12251	4027	8222
云 南	11308	4403	6298
西 藏	2	2	
陕 西	28539	11675	14972
甘 肃	42023	14512	26747
青 海	3636	2525	1111
宁 夏	2173	852	796
新 疆	14969	6484	8485

1-F-20 各地区内资大中型工业企业科技活动经费外部支出情况

单位：万元

地区	科技活动经费外部支出	对研究院所和高校支出	对其他企业支出
全国	**1258901**	**546265**	**533341**
东部地区	796452	348417	302778
中部地区	225239	103124	102319
西部地区	237210	94725	128244
东北地区	112885	55431	47935
北京	59657	22730	16229
天津	35522	18047	16408
河北	46507	13519	31449
山西	30790	16393	12551
内蒙古	7334	3582	3525
辽宁	73218	34925	32070
吉林	6036	3854	1081
黑龙江	33631	16652	14784
上海	67253	13118	43814
江苏	157824	82205	61194
浙江	79675	49702	26559
安徽	39804	15129	22319
福建	18895	7804	8969
江西	18600	7772	9984
山东	175557	83229	46711
河南	33744	20098	10132
湖北	23082	10640	9731
湖南	39552	12586	21738
广东	80297	21828	19259
广西	10392	4987	3264
海南	2047	1312	117
重庆	54649	13470	40639
四川	47328	25688	14246
贵州	12829	4489	8337
云南	11493	4574	6171
西藏	2	2	
陕西	29344	12686	14809
甘肃	42248	14728	26751
青海	3583	2472	1111
宁夏	2522	1045	908
新疆	15488	7003	8485

1-F-21 各地区港澳台商投资大中型工业企业科技活动经费外部支出情况

单位：万元

地 区	科技活动经费外部支出	对研究院所和高校支出	对其他企业支出
全 国	**122165**	**31845**	**84547**
东部地区	109986	28537	75825
中部地区	4751	1944	2788
西部地区	7428	1365	5935
东北地区	1941	639	1302
北 京	120	78	42
天 津	149	59	90
河 北	4368	2125	2196
山 西	39	39	
内蒙古			
辽 宁	1676	424	1252
吉 林	95	45	50
黑龙江	170	170	
上 海	17791	7826	9507
江 苏	8581	3983	3989
浙 江	7321	3077	3966
安 徽	13		3
福 建	37207	3529	33260
江 西	738	251	487
山 东	906	332	533
河 南	3183	1073	2100
湖 北	52	52	
湖 南	462	314	148
广 东	31868	7103	20990
广 西	207	10	197
海 南			
重 庆	6488	882	5606
四 川	210	112	
贵 州			
云 南	438	306	132
西 藏			
陕 西	30		
甘 肃			
青 海	55	55	
宁 夏			
新 疆			

1-F-22 各地区外商投资大中型工业企业科技活动经费外部支出情况

单位：万元

地区	科技活动经费外部支出	对研究院所和高校支出	对其他企业支出
全 国	**573206**	**34031**	**311251**
东部地区	534414	26460	282850
中部地区	31392	5451	23266
西部地区	7400	2120	5136
东北地区	17392	1084	16206
北 京	18325	719	196
天 津	108068	384	107519
河 北	1835	1652	183
山 西	735	335	
内蒙古	3		
辽 宁	11893	162	11729
吉 林			
黑龙江	5499	922	4477
上 海	131316	6947	42640
江 苏	131143	7270	37016
浙 江	8112	3056	1639
安 徽	15698	810	14885
福 建	1271	450	705
江 西	482	286	196
山 东	8034	2244	2778
河 南	3942	1476	377
湖 北	5036	1623	3330
湖 南			
广 东	114417	3577	78446
广 西	1675	1108	566
海 南			
重 庆	1313	40	1173
四 川	951	255	685
贵 州	33	33	
云 南	185	142	42
西 藏			
陕 西	3241	541	2669
甘 肃			
青 海			
宁 夏			
新 疆			

G. 研究与试验发展(R&D)活动情况

1-G-1 分登记注册类型工业企业研究与试验发展 (R&D)活动情况

行业	R&D人员 (人)	R&D人员折合全时当量 (人年)	科学家和工程师	R&D项目数 (项)	R&D经费内部支出 (万元)
合计	**812299**	**541863**	**401483**	**53641**	**11045509**
国有及国有控股企业	445283	299599	229030	28319	5413275
内资企业	664849	444367	329791	44641	8050468
国有企业	130044	82207	60639	9183	1320907
集体企业	15072	9277	6796	1560	312701
股份合作企业	8034	5368	3695	721	78880
联营企业	2506	1651	1287	213	64740
国有联营企业	1759	1187	937	113	55411
集体联营企业	112	69	50	25	658
国有与集体联营企业	274	194	150	51	3302
其他联营企业	361	202	151	24	5368
有限责任公司	282956	194345	147518	17732	3286918
国有独资公司	94861	65485	49590	5388	1046501
其他有限责任公司	188095	128861	97927	12344	2240418
股份有限公司	146238	98497	74860	7917	2138143
私营企业	79683	52822	34873	7299	845384
私营独资企业	5071	3077	1845	520	46030
私营合伙企业	911	575	344	91	8333
私营有限责任公司	67706	45372	29979	6305	711559
私营股份有限公司	5995	3798	2705	383	79463
其他企业	316	198	124	16	2795
港、澳、台商投资企业	55007	36789	25425	3619	889852
合资经营企业(港或澳、台资)	29699	19715	13200	2079	419905
合作经营企业(港或澳、台资)	2207	1028	727	124	39274
港、澳、台商独资经营企业	17032	11474	8211	953	366971
港、澳、台商投资股份有限公司	6069	4572	3287	463	63703
外商投资企业	92443	60707	46267	5381	2105189
中外合资经营企业	45586	30682	23277	3094	1161895
中外合作经营企业	2511	1345	1000	227	51565
外资企业	32416	20778	15841	1243	667507
外商投资股份有限公司	11930	7902	6149	817	224221

1-G-2 分行业工业企业研究与试验发展（R&D)活动情况

行业	R&D人员（人）	R&D人员折合全时当量（人年）	科学家和工程师	R&D项目数（项）	R&D经费内部支出（万元）
合计	**812299**	**541863**	**401483**	**53641**	**11045509**
采矿业	**66309**	**42316**	**34305**	**3411**	**501619**
煤炭开采和洗选业	32491	18537	13816	1208	259061
烟煤和无烟煤的开采洗选	32326	18444	13726	1196	258455
褐煤的开采洗选	162	91	88	11	606
其他煤炭采选	3	2	2	1	
石油和天然气开采业	28175	21530	18791	1866	218582
天然原油和天然气开采	20230	16134	14530	1197	184742
与石油和天然气开采有关的服务活动	7945	5396	4261	669	33841
黑色金属矿采选业	2361	454	360	93	3313
铁矿采选	2301	418	348	92	2594
其他黑色金属矿采选	60	36	12	1	719
有色金属矿采选业	1973	987	703	126	13331
常用有色金属矿采选	711	314	272	68	2658
贵金属矿采选	868	565	361	40	8295
稀有稀土金属矿采选	394	108	70	18	2378
非金属矿采选业	1309	808	636	118	7332
土砂石开采	146	104	95	20	1556
化学矿采选	366	175	157	21	1578
采盐	682	454	320	68	3214
石棉及其他非金属矿采选	115	77	64	9	984
制造业	**726017**	**489808**	**358578**	**48507**	**10412696**
农副食品加工业	9547	5840	4089	656	96184
谷物磨制	623	377	274	47	10418
饲料加工	1409	993	781	109	18431
植物油加工	384	255	184	30	6974
制糖	1142	944	820	30	7837
屠宰及肉类加工	2766	1180	896	228	26448
水产品加工	1723	1190	489	78	12946
蔬菜、水果和坚果加工	848	594	420	76	7722
其他农副食品加工	652	305	224	58	5410
食品制造业	8282	4466	3183	622	79072
焙烤食品制造	255	141	105	19	2332
糖果、巧克力及蜜饯制造	246	138	62	23	3473
方便食品制造	609	380	274	51	6997
液体乳及乳制品制造	1285	865	766	148	16315
罐头制造	1367	138	80	22	1112
调味品、发酵制品制造	2645	1547	994	137	29386

1-G-2 续表 1

行业	R&D人员（人）	R&D人员折合全时当量（人年）	科学家和工程师	R&D项目数（项）	R&D经费内部支出（万元）
其他食品制造	1875	1258	902	222	19457
饮料制造业	7154	4822	3239	624	126670
酒精制造	307	226	179	26	12051
酒的制造	5670	3761	2423	476	83697
软饮料制造	913	667	518	77	28426
精制茶加工	264	169	119	45	2496
烟草制品业	3613	2383	1882	412	52506
烟叶复烤	6	3	3	3	17
卷烟制造	3450	2296	1856	387	51122
其他烟草制品加工	157	84	23	22	1367
纺织业	24083	15007	8033	1327	295876
棉、化纤纺织及印染精加工	13830	8296	3953	715	140094
毛纺织和染整精加工	2001	872	569	103	37243
麻纺织	678	432	261	41	10225
丝绢纺织及精加工	1830	1157	532	115	23878
纺织制成品制造	2699	1849	994	192	35960
针织品、编织品及其制品制造	3045	2400	1725	161	48476
纺织服装、鞋、帽制造业	4452	3379	1586	242	59794
纺织服装制造	4414	3354	1576	235	59332
纺织面料鞋的制造	38	25	10	7	462
制帽					
皮革、毛皮、羽毛(绒)及其制品业	3462	2780	1136	156	26669
皮革鞣制加工	777	548	214	35	11305
皮革制品制造	2349	1963	758	107	14144
毛皮鞣制及制品加工	205	139	102	10	730
羽毛(绒)加工及制品制造	131	129	62	4	489
木材加工及木、竹、藤、棕、草制品业	1552	1029	727	106	28499
锯材、木片加工	32	30	24	1	29
人造板制造	1225	814	567	72	24799
木制品制造	251	161	117	28	3186
竹、藤、棕、草制品制造	44	23	19	5	485
家具制造业	1246	860	514	60	20434
木质家具制造	588	295	116	19	2217
竹、藤家具制造	10	2	2	1	4
金属家具制造	550	504	362	29	16874
塑料家具制造	37	37	24	4	1161
其他家具制造	61	22	11	7	178
造纸及纸制品业	6788	4298	3110	325	95629
纸浆制造	396	327	185	31	3109

1-G-2 续表 2

行业	R&D人员（人）	R&D人员折合全时当量（人年）	科学家和工程师	R&D项目数（项）	R&D经费内部支出（万元）
造纸	5359	3586	2628	236	84700
纸制品制造	1033	385	297	58	7821
印刷业和记录媒介的复制	2820	1591	1066	220	27394
印刷	2221	1227	788	165	23576
装订及其他印刷服务活动	256	142	106	37	1724
记录媒介的复制	343	221	172	18	2094
文教体育用品制造业	3291	2328	1265	251	33551
文化用品制造	666	420	209	58	8899
体育用品制造	1236	981	453	70	10533
乐器制造	459	414	302	45	5355
玩具制造	633	445	246	54	7562
游艺器材及娱乐用品制造	297	68	55	24	1203
石油加工、炼焦及核燃料加工业	9055	6165	4463	829	109532
精炼石油产品的制造	7650	5366	3875	775	93807
炼焦	1021	551	363	43	9248
核燃料加工	384	247	225	11	6476
化学原料及化学制品制造业	53510	35369	24683	4290	833078
基础化学原料制造	11404	7840	5371	942	152708
肥料制造	7187	5539	4038	341	121920
农药制造	4916	3400	2118	354	51506
涂料、油墨、颜料及类似产品制造	5778	4150	3175	599	69088
合成材料制造	11122	6113	4277	689	268777
专用化学产品制造	10639	6806	4656	1064	120953
日用化学产品制造	2464	1521	1047	301	48126
医药制造业	31621	21527	16632	3870	387528
化学药品原药制造	8566	6397	4823	894	104622
化学药品制剂制造	8406	5276	3899	1115	115245
中药饮片加工	884	565	449	110	11182
中成药制造	8101	5056	3990	1130	99533
兽用药品制造	981	670	495	86	6047
生物、生化制品的制造	3750	2842	2351	448	39890
卫生材料及医药用品制造	933	722	625	87	11009
化学纤维制造业	5948	2962	1902	342	88408
纤维素纤维原料及纤维制造	1478	730	533	84	27755
合成纤维制造	4470	2232	1370	258	60653
橡胶制品业	6673	4871	3097	715	109683
轮胎制造	2551	1707	1286	296	71699
橡胶板、管、带的制造	1203	839	622	86	10401
橡胶零件制造	993	633	412	95	7906

1-G-2 续表 3

行业	R&D人员(人)	R&D人员折合全时当量(人年)	科学家和工程师	R&D项目数(项)	R&D经费内部支出(万元)
再生橡胶制造	44	30	27	5	294
日用及医用橡胶制品制造	307	271	111	33	1601
橡胶靴鞋制造	1092	985	392	167	13492
其他橡胶制品制造	483	407	248	33	4291
塑料制品业	8365	5447	3821	688	124406
塑料薄膜制造	2211	1497	1073	201	43360
塑料板、管、型材的制造	2508	1741	1131	188	30610
塑料丝、绳及编织品的制造	376	216	170	30	2537
泡沫塑料制造	323	142	110	21	3637
塑料人造革、合成革制造	570	347	187	26	10939
塑料包装箱及容器制造	449	302	239	58	7376
塑料零件制造	1314	791	628	95	16070
日用塑料制造	310	230	177	29	3485
其他塑料制品制造	304	181	106	40	6392
非金属矿物制品业	21895	13686	8289	1404	206365
水泥、石灰和石膏的制造	3161	1663	903	221	44793
水泥及石膏制品制造	948	603	404	96	7325
砖瓦、石材及其他建筑材料制造	1817	1194	700	149	20032
玻璃及玻璃制品制造	6024	3904	2565	350	71641
陶瓷制品制造	3079	2158	1407	222	28019
耐火材料制品制造	3762	2996	1439	178	22106
石墨及其他非金属矿物制品制造	3104	1168	872	188	12449
黑色金属冶炼及压延加工业	44244	26763	20333	1855	907368
炼铁	1441	650	289	83	14401
炼钢	9617	6705	4841	243	199590
钢压延加工	31406	18541	14666	1482	678458
铁合金冶炼	1780	867	537	47	14919
有色金属冶炼及压延加工业	24005	12012	8242	1253	241449
常用有色金属冶炼	11558	5867	3770	579	82116
贵金属冶炼	943	492	297	46	10894
稀有稀土金属冶炼	1144	772	553	100	12719
有色金属合金制造	1285	769	515	136	10958
有色金属压延加工	9075	4112	3108	392	124762
金属制品业	11579	7406	5249	1029	116123
结构性金属制品制造	2708	1563	1208	227	24508
金属工具制造	1964	1187	815	177	18188
集装箱及金属包装容器制造	927	512	340	104	12445
金属丝绳及其制品的制造	1527	930	637	115	29597
建筑、安全用金属制品制造	1310	1014	525	111	9597

1-G-2 续表 4

行业	R&D人员(人)	R&D人员折合全时当量(人年)	科学家和工程师	R&D项目数(项)	R&D经费内部支出(万元)
金属表面处理及热处理加工	322	170	90	48	2409
搪瓷制品制造	124	84	73	28	674
不锈钢及类似日用金属制品制造	485	333	236	75	4348
其他金属制品制造	2212	1613	1324	144	14359
通用设备制造业	66787	47220	34841	5523	646184
锅炉及原动机制造	10128	8103	6009	608	94720
金属加工机械制造	14019	9384	6811	1041	109410
起重运输设备制造	7080	5121	4279	469	103213
泵、阀门、压缩机及类似机械的制造	10178	7141	5141	1006	100232
轴承、齿轮、传动和驱动部件的制造	8446	5629	4100	1000	67300
烘炉、熔炉及电炉制造	321	291	228	12	1542
风机、衡器、包装设备等通用设备制造	11442	8259	5992	919	123419
通用零部件制造及机械修理	1926	1231	853	178	12639
金属铸、锻加工	3247	2060	1428	290	33711
专用设备制造业	50809	37474	29335	3718	485104
矿山、冶金、建筑专用设备制造	11059	7619	6205	983	129437
化工、木材、非金属加工专用设备制造	4399	2855	2205	386	45044
食品、饮料、烟草及饲料生产专用设备制造	1977	1227	949	154	15293
印刷、制药、日化生产专用设备制造	3308	2229	1475	266	28536
纺织、服装和皮革工业专用设备制造	6468	4684	3437	376	62209
电子和电工机械专用设备制造	9904	8464	7085	414	77075
农、林、牧、渔专用机械制造	4086	3249	2478	231	22999
医疗仪器设备及器械制造	4168	3378	2808	422	51987
环保、社会公共安全及其他专用设备制造	5440	3769	2693	486	52523
交通运输设备制造业	100819	68993	49665	5362	1366793
铁路运输设备制造	9148	6871	5401	506	59313
汽车制造	45428	31002	24333	3288	934667
摩托车制造	4362	3302	2230	355	63216
自行车制造	593	440	256	43	6053
船舶及浮动装置制造	4562	3143	2434	336	49373
航空航天器制造	36643	24192	14985	825	253938
交通器材及其他交通运输设备制造	83	44	27	9	233
电气机械及器材制造业	63914	41523	31249	5188	1084625
电机制造	10444	6812	5125	742	86716
输配电及控制设备制造	20352	14297	10869	1686	240740
电线、电缆、光缆及电工器材制造	6946	3540	2366	472	117930
电池制造	4194	3035	2323	340	48122
家用电力器具制造	16969	10418	8525	1499	545978
非电力家用器具制造	1265	1067	352	86	7769

1-G-2 续表 5

行　业	R&D人员（人）	R&D人员折合全时当量（人年）	科学家和工程师	R&D项目数（项）	R&D经费内部支出（万元）
照明器具制造	2745	1612	1054	254	25189
其他电气机械及器材制造	999	742	634	109	12181
通信设备、计算机及其他电子设备制造业	121918	87631	71139	4807	2497394
通信设备制造	45754	33869	31287	1104	1143629
雷达及配套设备制造	2121	1960	1573	80	22155
广播电视设备制造	2489	1744	1406	212	28763
电子计算机制造	23585	15576	13451	680	421848
电子器件制造	17361	11611	7953	1010	319174
电子元件制造	15360	9612	5955	1028	221776
家用视听设备制造	13484	11961	8419	521	321368
其他电子设备制造	1764	1299	1094	172	18682
仪器仪表及文化、办公用机械制造业	22781	17179	13124	2242	215214
通用仪器仪表制造	10517	7983	6524	1292	100859
专用仪器仪表制造	4394	3353	2389	471	38926
钟表与计时仪器制造	844	661	401	56	5898
光学仪器及眼镜制造	4228	3041	2003	205	29801
文化、办公用机械制造	2325	1734	1482	175	34289
其他仪器仪表的制造及修理	473	407	325	43	5441
工艺品及其他制造业	5722	4748	2640	371	50429
工艺美术品制造	1224	994	458	69	16443
日用杂品制造	466	346	191	60	5559
煤制品制造	10	10	10	1	19
核辐射加工	114	87	65	12	457
其他未列明的制造业	3908	3311	1916	229	27951
废弃资源和废旧材料回收加工业	82	49	43	20	737
金属废料和碎屑的加工处理	20	15	15	5	172
非金属废料和碎屑的加工处理	62	34	29	15	565
电力、燃气及水的生产和供应业	**19973**	**9739**	**8599**	**1723**	**131194**
电力、热力的生产和供应业	17654	8656	7692	1512	119116
电力生产	8190	3195	2729	567	54983
电力供应	9207	5319	4890	926	62375
热力生产和供应	257	142	74	19	1758
燃气生产和供应业	747	214	193	40	2188
水的生产和供应业	1572	869	715	171	9890
自来水的生产和供应	1465	824	676	147	9043
污水处理及其再生利用	87	28	22	16	773
其他水的处理、利用与分配	20	17	17	8	74

1-G-3 国有及国有控股制造业企业研究与试验发展（R&D)活动情况

行业	R&D人员（人）	R&D人员折合全时当量（人年）	科学家和工程师	R&D项目数（项）	R&D经费内部支出（万元）
合计	**361199**	**248469**	**186800**	**23367**	**4795744**
农副食品加工业	3369	2177	1667	241	32609
食品制造业	2294	1431	955	130	13642
饮料制造业	3275	2495	1573	247	67638
烟草制品业	3544	2361	1867	405	51859
纺织业	8472	5884	2897	496	79277
纺织服装、鞋、帽制造业	155	130	67	17	643
皮革、毛皮、羽毛(绒)及其制品业	46	34	24	4	137
木材加工及木、竹、藤、棕、草制品业	728	490	323	50	5483
家具制造业	454	280	205	15	14355
造纸及纸制品业	3387	2165	1570	149	34499
印刷业和记录媒介的复制	966	577	466	128	8423
文教体育用品制造业	365	221	124	55	4946
石油加工、炼焦及核燃料加工业	7865	5314	3994	743	70692
化学原料及化学制品制造业	28673	19398	13560	2002	409694
医药制造业	11977	8610	6580	1623	122878
化学纤维制造业	2943	1210	878	227	40483
橡胶制品业	2795	2416	1423	445	46678
塑料制品业	2068	1430	1077	164	38497
非金属矿物制品业	6130	3911	2816	516	56981
黑色金属冶炼及压延加工业	38100	23152	18007	1567	786895
有色金属冶炼及压延加工业	15374	7910	5676	914	135955
金属制品业	3472	2491	2105	300	36068
通用设备制造业	35170	27085	20498	2980	341024
专用设备制造业	27445	21197	17624	1716	254982
交通运输设备制造业	79063	53902	38646	3761	1089206
电气机械及器材制造业	15346	10148	8227	1229	160416
通信设备、计算机及其他电子设备制造业	44556	31273	26284	2044	783416
仪器仪表及文化、办公用机械制造业	9293	7454	5759	975	81274
工艺品及其他制造业	3874	3326	1907	224	27095

1-G-4 内资制造业企业研究与试验发展(R&D)活动情况

行业	R&D人员(人)	R&D人员折合全时当量(人年)	科学家和工程师	R&D项目数(项)	R&D经费内部支出(万元)
合计	**579826**	**392793**	**287267**	**39620**	**7430507**
农副食品加工业	8201	5068	3518	542	84169
食品制造业	5730	3792	2691	484	56424
饮料制造业	5693	3787	2465	493	73966
烟草制品业	3599	2381	1880	410	52003
纺织业	18563	12293	6491	1072	205535
纺织服装、鞋、帽制造业	3545	2641	1321	162	49844
皮革、毛皮、羽毛(绒)及其制品业	2237	1758	766	106	14774
木材加工及木、竹、藤、棕、草制品业	1318	859	621	87	24386
家具制造业	925	585	313	43	5113
造纸及纸制品业	4710	3356	2394	244	57921
印刷业和记录媒介的复制	1824	1142	797	184	15861
文教体育用品制造业	1702	1124	719	163	16320
石油加工、炼焦及核燃料加工业	8435	5608	4012	741	101485
化学原料及化学制品制造业	47570	31170	21894	3679	694756
医药制造业	25893	17767	13720	3190	291062
化学纤维制造业	4320	2346	1476	215	70457
橡胶制品业	5307	3784	2424	629	84896
塑料制品业	6030	3994	2872	539	89312
非金属矿物制品业	18781	11439	7080	1215	152430
黑色金属冶炼及压延加工业	42102	25072	19045	1713	863664
有色金属冶炼及压延加工业	21613	10759	7266	1121	185755
金属制品业	9214	5813	4324	836	91753
通用设备制造业	56541	39844	29628	4797	501840
专用设备制造业	44470	32839	25941	3255	407354
交通运输设备制造业	85435	57935	40938	4274	931250
电气机械及器材制造业	50988	32887	24537	4246	824547
通信设备、计算机及其他电子设备制造业	72280	54838	45158	3058	1304441
仪器仪表及文化、办公用机械制造业	17381	13384	10484	1789	132647
工艺品及其他制造业	5353	4493	2461	318	45882

1-G-5 港澳台商投资制造业企业研究与试验发展 (R&D)活动情况

行业	R&D人员(人)	R&D人员折合全时当量(人年)	科学家和工程师	R&D项目数(项)	R&D经费内部支出(万元)
合计	**54602**	**36600**	**25266**	**3576**	**887351**
农副食品加工业	631	367	263	45	6160
食品制造业	396	163	120	60	4117
饮料制造业	142	79	65	12	1476
烟草制品业	14	2	2	2	503
纺织业	3540	1398	692	161	56445
纺织服装、鞋、帽制造业	595	500	197	47	8033
皮革、毛皮、羽毛(绒)及其制品业	736	621	190	30	5133
木材加工及木、竹、藤、棕、草制品业	110	63	40	11	1163
家具制造业	106	92	38	7	1501
造纸及纸制品业	1104	527	466	40	8809
印刷业和记录媒介的复制	696	266	126	23	4921
文教体育用品制造业	796	586	149	33	6231
石油加工、炼焦及核燃料加工业	570	513	424	85	5840
化学原料及化学制品制造业	2698	1975	1281	275	48637
医药制造业	2503	1465	982	288	37576
化学纤维制造业	1235	426	280	100	12338
橡胶制品业	303	260	183	24	5861
塑料制品业	1141	701	462	83	12831
非金属矿物制品业	1711	1194	543	88	21112
黑色金属冶炼及压延加工业	1544	1393	1063	100	28052
有色金属冶炼及压延加工业	781	466	341	39	13790
金属制品业	1683	1223	710	105	13559
通用设备制造业	1743	1178	848	173	17904
专用设备制造业	2792	1867	1386	153	30755
交通运输设备制造业	2412	1731	1392	230	43592
电气机械及器材制造业	5662	3547	2586	377	68655
通信设备、计算机及其他电子设备制造业	16140	12032	9195	805	390746
仪器仪表及文化、办公用机械制造业	2668	1848	1144	157	28909
工艺品及其他制造业	150	119	97	23	2705

1-G-6 外商投资制造业企业研究与试验发展（R&D)活动情况

行业	R&D人员（人）	R&D人员折合全时当量（人年）	科学家和工程师	R&D项目数（项）	R&D经费内部支出（万元）
合计	**91589**	**60415**	**46045**	**5311**	**2094838**
农副食品加工业	715	405	308	69	5856
食品制造业	2156	512	372	78	18532
饮料制造业	1319	956	710	119	51228
烟草制品业					
纺织业	1980	1316	850	94	33897
纺织服装、鞋、帽制造业	312	239	68	33	1916
皮革、毛皮、羽毛(绒)及其制品业	489	401	180	20	6762
木材加工及木、竹、藤、棕、草制品业	124	107	66	8	2950
家具制造业	215	182	163	10	13820
造纸及纸制品业	974	415	249	41	28900
印刷业和记录媒介的复制	300	183	143	13	6613
文教体育用品制造业	793	618	397	55	11000
石油加工、炼焦及核燃料加工业	50	44	27	3	2207
化学原料及化学制品制造业	3242	2224	1508	336	89685
医药制造业	3225	2295	1929	392	58890
化学纤维制造业	393	190	146	27	5613
橡胶制品业	1063	827	491	62	18926
塑料制品业	1194	752	487	66	22263
非金属矿物制品业	1403	1054	667	101	32823
黑色金属冶炼及压延加工业	598	298	225	42	15652
有色金属冶炼及压延加工业	1611	788	635	93	41905
金属制品业	682	369	214	88	10811
通用设备制造业	8503	6198	4365	553	126440
专用设备制造业	3547	2769	2008	310	46995
交通运输设备制造业	12972	9327	7335	858	391951
电气机械及器材制造业	7264	5088	4125	565	191423
通信设备、计算机及其他电子设备制造业	33498	20762	16786	944	802207
仪器仪表及文化、办公用机械制造业	2732	1946	1496	296	53658
工艺品及其他制造业	219	137	82	30	1842

1-G-7 各地区工业企业研究与试验发展（R&D)活动情况

地 区	R&D人员（人）	R&D人员折合全时当量（人年）	科学家和工程师	R&D项目数（项）	R&D经费内部支出（万元）
全 国	**812299**	**541863**	**401483**	**53641**	**11045509**
东部地区	507222	345291	254650	34550	8434277
中部地区	179317	118187	89076	11189	1571677
西部地区	125760	78386	57758	7902	1039555
东北地区	87006	59285	45663	5696	1080910
北 京	35695	29998	25462	3411	602546
天 津	18220	12124	8113	1563	284454
河 北	26289	19451	15095	1744	260405
山 西	18065	9384	7249	782	165503
内蒙古	6809	5579	4565	203	49782
辽 宁	48613	32436	23146	2565	759634
吉 林	8928	5074	4250	541	124848
黑龙江	29465	21775	18267	2590	196428
上 海	34300	21854	16900	3007	927730
江 苏	101702	69654	47611	6318	1530561
浙 江	58420	42507	28045	5538	880654
安 徽	15390	10300	6940	1166	209564
福 建	24182	18519	12718	1636	360048
江 西	16947	10335	6886	915	150868
山 东	71675	43800	32123	4842	1185772
河 南	38248	25197	19199	2403	274981
湖 北	31012	21065	14643	1715	263306
湖 南	21262	15057	11641	1077	186180
广 东	87231	54474	44984	3815	1631096
广 西	9492	4956	3675	607	66248
海 南	895	475	451	111	11378
重 庆	14480	11111	8506	1315	154250
四 川	35740	22473	15623	2254	277068
贵 州	6453	3927	2917	473	64875
云 南	5766	3978	2568	571	43881
西 藏	6	4	3		10
陕 西	28176	15714	11660	1187	257862
甘 肃	10875	4888	3518	532	46215
青 海	2283	1306	1106	126	20137
宁 夏	2565	2094	1611	216	23220
新 疆	3115	2357	2007	418	36008

1-G-8 各地区国有及国有控股工业企业研究与试验发展（R&D)活动情况

地区	R&D人员(人)	R&D人员折合全时当量(人年)	科学家和工程师	R&D项目数(项)	R&D经费内部支出(万元)
全国	**445283**	**299599**	**229030**	**28319**	**5413275**
东部地区	219822	152189	116717	14478	3507011
中部地区	131399	88559	67923	7998	1173876
西部地区	94062	58851	44390	5843	732388
东北地区	73413	49941	39237	4587	973870
北京	21789	17755	14781	1963	268011
天津	10508	6680	5062	1001	122898
河北	20618	15589	12104	1291	221218
山西	16288	8395	6518	684	153922
内蒙古	5711	4840	4044	132	31346
辽宁	39348	25868	18869	1845	685960
吉林	7359	4093	3575	419	108554
黑龙江	26706	19981	16793	2323	179356
上海	19665	13266	10015	1925	545053
江苏	31041	21538	15798	1975	431614
浙江	7255	5134	3645	547	92532
安徽	9271	6374	4435	705	148861
福建	7933	6197	4685	553	110878
江西	13491	8283	5378	649	118438
山东	33911	22891	16940	2266	565994
河南	24485	16902	13264	1557	176734
湖北	21019	14728	9898	1048	171207
湖南	12780	9803	8062	613	116804
广东	27256	16975	14531	1064	455264
广西	5998	3578	2618	368	48390
海南	498	296	287	48	7589
重庆	10872	8445	6684	949	113771
四川	19710	12134	9100	1450	99847
贵州	5543	3279	2390	383	57796
云南	4406	3056	2021	458	36314
西藏	6	4	3		10
陕西	25822	14330	10458	981	237843
甘肃	9196	4201	2974	436	40245
青海	1932	1232	1051	113	18960
宁夏	1901	1538	1177	164	18163
新疆	2965	2213	1871	409	29704

1-G-9 各地区内资工业企业研究与试验发展（R&D)活动情况

地区	R&D人员（人）	R&D人员折合全时当量（人年）	科学家和工程师	R&D项目数（项）	R&D经费内部支出（万元）
全国	**664849**	**444367**	**329791**	**44641**	**8050468**
东部地区	380747	261056	193271	26875	5753959
中部地区	165017	108281	81343	10325	1339641
西部地区	119085	75030	55177	7441	956868
东北地区	82036	55939	42904	5269	1012334
北京	29171	24784	20964	2911	346232
天津	13161	8283	6268	1309	146572
河北	24418	18241	14101	1512	240647
山西	17420	8843	6731	765	161692
内蒙古	6463	5338	4408	185	36470
辽宁	45414	30446	21481	2348	721889
吉林	8687	4880	4105	524	122563
黑龙江	27935	20614	17318	2397	167882
上海	15387	9288	7046	1601	250708
江苏	76827	53397	36199	4962	1122393
浙江	42777	30434	19405	4415	575591
安徽	13940	9199	6101	1101	187888
福建	11972	8751	6152	917	128573
江西	15617	9862	6468	825	118008
山东	66010	40281	29851	4504	1091975
河南	35277	23219	17938	2160	234953
湖北	26440	17645	11892	1541	190471
湖南	19701	14019	10791	1012	156183
广东	54781	36721	31390	2304	1118621
广西	7433	4577	3396	555	40480
海南	829	430	413	92	10758
重庆	13357	10140	7663	1191	143097
四川	34309	21784	15123	2166	257848
贵州	6175	3726	2748	456	63255
云南	5500	3755	2421	525	42296
西藏	6	4	3		10
陕西	27597	15412	11385	1097	253009
甘肃	10720	4879	3515	528	43812
青海	2186	1278	1090	119	19635
宁夏	2224	1779	1418	201	20948
新疆	3115	2357	2007	418	36008

1-G-10 各地区港澳台投资工业企业研究与试验发展（R&D)活动情况

地 区	R&D人员（人）	R&D人员折合全时当量（人年）	科学家和工程师	R&D项目数（项）	R&D经费内部支出（万元）
全 国	**55007**	**36789**	**25425**	**3619**	**889852**
东部地区	48281	32300	22152	3121	834127
中部地区	5093	3300	2346	324	48710
西部地区	1633	1189	927	174	7016
东北地区	1390	923	732	69	8109
北 京	1921	1666	1583	140	148885
天 津	526	423	124	20	4344
河 北	858	489	394	92	9453
山 西	609	512	491	13	2011
内蒙古	4	3	1		193
辽 宁	818	471	310	55	7052
吉 林	60	56	49	6	598
黑龙江	512	396	373	8	459
上 海	3882	2522	1847	360	77220
江 苏	8541	5558	3487	537	113838
浙 江	6519	4387	2801	541	116798
安 徽	159	99	80	19	373
福 建	7657	6509	4306	404	105943
江 西	195	118	81	17	3915
山 东	1564	725	364	94	9197
河 南	1876	1179	641	169	22837
湖 北	759	456	318	39	8726
湖 南	923	485	311	53	9791
广 东	15976	9533	6925	876	241240
广 西	212	105	91	26	961
海 南	19	19	13	2	158
重 庆	698	675	598	80	2533
四 川	208	119	61	16	1529
贵 州	65	36	26	10	171
云 南	161	142	67	23	743
西 藏					
陕 西	142	78	69	11	515
甘 肃	88	6	2	2	90
青 海	55	25	13	6	282
宁 夏					
新 疆					

1-G-11 各地区外商投资工业企业研究与试验发展（R&D）活动情况

地区	R&D人员 (人)	R&D人员折合全时当量 (人年)	科学家和工程师	R&D项目数 (项)	R&D经费内部支出 (万元)
全国	**92443**	**60707**	**46267**	**5381**	**2105189**
东部地区	78194	51934	39226	4554	1846191
中部地区	9207	6606	5387	540	183327
西部地区	5042	2167	1653	287	75671
东北地区	3580	2423	2027	358	60467
北京	4603	3547	2914	360	107429
天津	4533	3417	1721	234	133538
河北	1013	721	600	140	10305
山西	36	28	27	4	1800
内蒙古	342	238	155	18	13119
辽宁	2381	1519	1355	162	30693
吉林	181	138	96	11	1688
黑龙江	1018	765	576	185	28086
上海	15031	10044	8008	1046	599802
江苏	16334	10699	7925	819	294330
浙江	9124	7687	5840	582	188265
安徽	1291	1002	759	46	21302
福建	4553	3260	2260	315	125532
江西	1135	355	337	73	28945
山东	4101	2795	1909	244	84600
河南	1095	799	620	74	17191
湖北	3813	2964	2433	135	64109
湖南	638	554	539	12	20205
广东	16474	8219	6669	635	271236
广西	1847	274	188	26	24807
海南	47	25	25	17	461
重庆	425	296	245	44	8620
四川	1223	570	439	72	17691
贵州	213	165	143	7	1449
云南	105	81	81	23	842
西藏					
陕西	437	224	205	79	4338
甘肃	67	2	2	2	2313
青海	42	3	3	1	220
宁夏	341	315	192	15	2272
新疆					

1-G-12 分登记注册类型大中型工业企业研究与试验发展（R&D)活动情况

行业	R&D人员（人）	R&D人员折合全时当量（人年）	科学家和工程师	R&D项目数（项）	R&D经费内部支出（万元）
合计	**654043**	**438242**	**327198**	**36509**	**9544905**
国有及国有控股企业	414834	278921	213353	24685	5157041
内资企业	538736	361804	270225	30953	6968336
国有企业	118817	74774	55140	7769	1257480
集体企业	10628	6325	4917	1081	272518
股份合作企业	3478	2354	1543	183	37309
联营企业	1784	1220	951	126	58606
国有联营企业	1532	1033	813	91	53733
集体联营企业	8	5	4		35
国有与集体联营企业	154	97	79	33	2741
其他联营企业	90	84	55	2	2098
有限责任公司	236752	163982	124551	12826	2866246
国有独资公司	92760	63969	48345	5186	1018238
其他有限责任公司	143992	100013	76206	7640	1848008
股份有限公司	137007	92425	70119	7140	2065199
私营企业	30036	20582	12925	1821	408611
私营独资企业	1207	729	519	84	15735
私营合伙企业	91	76	58	10	3238
私营有限责任公司	25565	17791	10956	1582	340062
私营股份有限公司	3173	1986	1393	145	49576
其他企业	234	144	78	7	2367
港、澳、台商投资企业	40937	27921	19473	2118	743741
合资经营企业（港或澳、台资）	21365	14420	9684	1184	330601
合作经营企业（港或澳、台资）	1528	626	474	52	33930
港、澳、台商独资经营企业	12325	8535	6238	462	321155
港、澳、台商投资股份有限公司	5719	4340	3076	420	58055
外商投资企业	74370	48516	37500	3438	1832828
中外合资经营企业	34367	23093	17764	1897	986681
中外合作经营企业	1553	657	496	90	32650
外资企业	26924	17104	13286	671	592064
外商投资股份有限公司	11526	7663	5953	780	221432

1-G-13 分行业大中型工业企业研究与试验发展（R&D)活动情况

行业	R&D人员（人）	R&D人员折合全时当量（人年）	科学家和工程师	R&D项目数（项）	R&D经费内部支出（万元）
合计	**654043**	**438242**	**327198**	**36509**	**9544905**
采矿业	**65498**	**41928**	**34080**	**3319**	**497430**
煤炭开采和洗选业	32238	18401	13774	1195	258467
烟煤和无烟煤的开采洗选	32076	18310	13685	1184	257862
褐煤的开采洗选	162	91	88	11	606
其他煤炭采选					
石油和天然气开采业	27994	21453	18720	1836	217296
天然原油和天然气开采	20079	16083	14480	1171	183901
与石油和天然气开采有关的服务活动	7915	5371	4241	665	33395
黑色金属矿采选业	2290	430	347	84	2890
铁矿采选	2230	394	335	83	2171
其他黑色金属矿采选	60	36	12	1	719
有色金属矿采选业	1805	896	646	107	12713
常用有色金属矿采选	631	284	246	56	2413
贵金属矿采选	822	535	345	36	8223
稀有稀土金属矿采选	352	77	55	15	2077
非金属矿采选业	1171	747	593	97	6064
土砂石开采	73	62	58	8	961
化学矿采选	348	174	157	19	1578
采盐	682	454	320	68	3214
石棉及其他非金属矿采选	68	58	58	2	311
制造业	**569837**	**387226**	**285030**	**31599**	**8927621**
农副食品加工业	5877	3486	2429	336	53777
谷物磨制	243	171	134	14	2796
饲料加工	264	170	135	5	1784
植物油加工	178	123	76	9	3500
制糖	1073	888	764	26	7417
屠宰及肉类加工	2339	924	726	191	23568
水产品加工	951	677	233	38	6341
蔬菜、水果和坚果加工	507	367	237	37	4897
其他农副食品加工	322	167	123	16	3474
食品制造业	6075	3115	2140	342	64065
焙烤食品制造	99	60	35	8	1327
糖果、巧克力及蜜饯制造	160	86	32	14	3053
方便食品制造	371	192	128	36	6458
液体乳及乳制品制造	1076	754	682	121	15007
罐头制造	1280	96	47	10	494
调味品、发酵制品制造	2295	1346	868	89	25997

1-G-13 续表 1

行　　业	R&D人员	R&D人员折合全时当量		R&D项目数	R&D经费内部支出
	(人)	(人年)	科学家和工程师	(项)	(万元)
其他食品制造	794	582	347	64	11731
饮料制造业	5990	4140	2768	478	118054
酒精制造	251	198	151	20	11233
酒的制造	5137	3450	2218	417	80715
软饮料制造	548	466	379	32	25946
精制茶加工	54	26	20	9	160
烟草制品业	3563	2359	1863	403	52158
烟叶复烤					
卷烟制造	3426	2282	1844	384	51089
其他烟草制品加工	137	77	19	19	1069
纺织业	19770	12464	6639	916	253159
棉、化纤纺织及印染精加工	12127	7316	3404	558	119263
毛纺织和染整精加工	1844	773	512	88	35609
麻纺织	553	359	194	26	9561
丝绢纺织及精加工	1313	861	370	67	19907
纺织制成品制造	1727	1301	689	81	28872
针织品、编织品及其制品制造	2206	1854	1469	96	39946
纺织服装、鞋、帽制造业	3194	2388	1374	95	54083
纺织服装制造	3188	2382	1374	93	53989
纺织面料鞋的制造	6	6		2	94
制帽					
皮革、毛皮、羽毛(绒)及其制品业	2419	2052	896	70	19363
皮革鞣制加工	441	361	142	14	8297
皮革制品制造	1708	1468	614	48	10312
毛皮鞣制及制品加工	158	112	84	6	333
羽毛(绒)加工及制品制造	112	112	57	2	421
木材加工及木、竹、藤、棕、草制品业	864	571	453	52	23102
锯材、木片加工	31	29	23	1	29
人造板制造	712	450	361	38	21288
木制品制造	121	91	68	13	1785
竹、藤、棕、草制品制造					
家具制造业	972	705	442	24	18429
木质家具制造	445	215	85	5	1187
竹、藤家具制造					
金属家具制造	504	471	342	18	16312
塑料家具制造	8	8	8	1	886
其他家具制造	15	11	7		44
造纸及纸制品业	5936	3830	2791	230	84822
纸浆制造	377	312	185	29	3091

1-G-13 续表 2

行业	R&D人员（人）	R&D人员折合全时当量（人年）	科学家和工程师	R&D项目数（项）	R&D经费内部支出（万元）
造纸	5041	3402	2508	186	77972
纸制品制造	518	116	98	15	3759
印刷业和记录媒介的复制	1819	991	657	123	17235
印刷	1478	795	509	87	15731
装订及其他印刷服务活动	160	76	64	34	1092
记录媒介的复制	181	120	85	2	413
文教体育用品制造业	2393	1807	980	120	24129
文化用品制造	458	270	152	26	4710
体育用品制造	974	854	364	34	8896
乐器制造	362	346	243	28	4570
玩具制造	409	324	209	30	5581
游艺器材及娱乐用品制造	190	12	12	2	372
石油加工、炼焦及核燃料加工业	8593	5870	4268	735	102484
精炼石油产品的制造	7205	5081	3685	682	86824
炼焦	1004	542	358	42	9183
核燃料加工	384	247	225	11	6476
化学原料及化学制品制造业	37482	25144	17360	2391	676867
基础化学原料制造	8278	5921	4058	637	122574
肥料制造	6747	5264	3834	293	116939
农药制造	3564	2614	1547	220	40673
涂料、油墨、颜料及类似产品制造	2695	1986	1575	166	40813
合成材料制造	8914	4807	3289	453	245302
专用化学产品制造	5614	3475	2315	431	70938
日用化学产品制造	1670	1076	741	191	39629
医药制造业	19902	13931	10751	2308	281812
化学药品原药制造	6457	4896	3644	572	81994
化学药品制剂制造	5800	3710	2728	703	93820
中药饮片加工	334	205	163	35	4768
中成药制造	4958	3251	2638	789	76256
兽用药品制造	372	235	139	23	1835
生物、生化制品的制造	1550	1235	1044	156	16769
卫生材料及医药用品制造	431	398	394	30	6371
化学纤维制造业	5031	2521	1607	285	79431
纤维素纤维原料及纤维制造	1385	685	509	80	26969
合成纤维制造	3646	1836	1098	205	52462
橡胶制品业	4951	3783	2404	550	99437
轮胎制造	2442	1682	1267	290	71012
橡胶板、管、带的制造	692	498	424	49	7574
橡胶零件制造	327	235	139	27	3752

1-G-13 续表 3

行业	R&D人员（人）	R&D人员折合全时当量（人年）	科学家和工程师	R&D项目数（项）	R&D经费内部支出（万元）
再生橡胶制造					
日用及医用橡胶制品制造	159	138	36	16	473
橡胶靴鞋制造	1045	964	386	156	13245
其他橡胶制品制造	286	265	152	12	3381
塑料制品业	4777	3200	2318	272	83026
塑料薄膜制造	1629	1131	856	135	32719
塑料板、管、型材的制造	1300	1021	684	58	21761
塑料丝、绳及编织品的制造	215	84	70	12	1393
泡沫塑料制造	93	34	26	2	1640
塑料人造革、合成革制造	417	244	144	16	6743
塑料包装箱及容器制造	200	128	98	12	3340
塑料零件制造	759	420	325	25	11009
日用塑料制造	121	103	98	6	1856
其他塑料制品制造	43	36	16	6	2565
非金属矿物制品业	15610	10083	6160	798	160514
水泥、石灰和石膏的制造	2264	1264	725	150	40089
水泥及石膏制品制造	318	179	114	25	2797
砖瓦、石材及其他建筑材料制造	670	491	343	61	12321
玻璃及玻璃制品制造	5227	3498	2313	272	62199
陶瓷制品制造	1657	1317	971	95	19233
耐火材料制品制造	2967	2562	1079	86	16383
石墨及其他非金属矿物制品制造	2507	772	615	109	7492
黑色金属冶炼及压延加工业	42280	25801	19787	1745	886566
炼铁	1384	599	245	78	13938
炼钢	9124	6552	4788	232	191123
钢压延加工	30463	17902	14275	1408	667992
铁合金冶炼	1309	748	480	27	13513
有色金属冶炼及压延加工业	20994	9979	6881	985	198657
常用有色金属冶炼	10980	5482	3537	544	76911
贵金属冶炼	874	434	268	37	9492
稀有稀土金属冶炼	788	468	355	52	8936
有色金属合金制造	891	535	343	93	6842
有色金属压延加工	7461	3060	2378	259	96475
金属制品业	7377	4881	3560	530	83989
结构性金属制品制造	1701	946	743	128	16986
金属工具制造	1178	702	542	96	13115
集装箱及金属包装容器制造	538	321	209	57	7883
金属丝绳及其制品的制造	1123	642	464	65	27109
建筑、安全用金属制品制造	863	776	351	45	6788

1-G-13 续表 4

行业	R&D人员 (人)	R&D人员折合全时当量 (人年)	科学家和工程师	R&D项目数 (项)	R&D经费内部支出 (万元)
金属表面处理及热处理加工	22	7	5	3	110
搪瓷制品制造	38	34	34	2	63
不锈钢及类似日用金属制品制造	235	160	123	43	1850
其他金属制品制造	1679	1293	1089	91	10085
通用设备制造业	50373	36494	27219	3813	509239
锅炉及原动机制造	8840	7257	5414	509	88111
金属加工机械制造	10612	6953	5005	749	74307
起重运输设备制造	6181	4527	3826	377	96754
泵、阀门、压缩机及类似机械的制造	6726	4912	3637	584	73711
轴承、齿轮、传动和驱动部件的制造	7021	4713	3480	874	53932
烘炉、熔炉及电炉制造	14	14	14	2	110
风机、衡器、包装设备等通用设备制造	8139	6207	4462	494	91994
通用零部件制造及机械修理	1177	779	567	82	6779
金属铸、锻加工	1663	1132	813	142	23542
专用设备制造业	34276	26032	20929	2056	346521
矿山、冶金、建筑专用设备制造	8936	6218	5113	756	113663
化工、木材、非金属加工专用设备制造	2212	1416	1111	172	28772
食品、饮料、烟草及饲料生产专用设备制造	862	643	514	38	7987
印刷、制药、日化生产专用设备制造	1965	1260	906	139	20891
纺织、服装和皮革工业专用设备制造	4949	3763	2818	233	48703
电子和电工机械专用设备制造	8508	7332	6173	250	67360
农、林、牧、渔专用机械制造	3130	2511	1949	150	16784
医疗仪器设备及器械制造	1645	1421	1254	145	19482
环保、社会公共安全及其他专用设备制造	2069	1469	1091	173	22879
交通运输设备制造业	92432	63419	45786	4466	1274728
铁路运输设备制造	8431	6314	4955	424	52115
汽车制造	39481	27088	21593	2683	863976
摩托车制造	3581	2821	1943	240	57680
自行车制造	310	261	146	15	2338
船舶及浮动装置制造	4277	2909	2287	308	46117
航空航天器制造	36352	24026	14862	796	252502
交通器材及其他交通运输设备制造					
电气机械及器材制造业	47681	31088	23889	3390	934264
电机制造	8453	5532	4141	499	65918
输配电及控制设备制造	12952	9387	7282	889	180465
电线、电缆、光缆及电工器材制造	4711	2280	1633	265	82982
电池制造	2796	2145	1727	235	39782
家用电力器具制造	15607	9491	7916	1335	533480
非电力家用器具制造	1031	950	262	47	5912

1-G-13 续表 5

行业	R&D人员(人)	R&D人员折合全时当量(人年)	科学家和工程师	R&D项目数(项)	R&D经费内部支出(万元)
照明器具制造	1750	981	641	89	19377
其他电气机械及器材制造	381	322	288	31	6348
通信设备、计算机及其他电子设备制造业	101593	73083	59223	2847	2262135
通信设备制造	40635	30056	28084	623	1063161
雷达及配套设备制造	1796	1658	1408	60	19305
广播电视设备制造	1101	735	577	85	17017
电子计算机制造	19599	12569	10728	313	376673
电子器件制造	13292	8954	5710	602	277802
电子元件制造	11905	7285	4454	679	188352
家用视听设备制造	12779	11512	8034	442	315050
其他电子设备制造	486	314	228	43	4776
仪器仪表及文化、办公用机械制造业	12894	9998	7320	997	125810
通用仪器仪表制造	4656	3801	3045	530	43736
专用仪器仪表制造	2187	1685	1022	182	22083
钟表与计时仪器制造	641	539	312	30	2494
光学仪器及眼镜制造	3615	2605	1753	142	26470
文化、办公用机械制造	1775	1366	1186	112	29202
其他仪器仪表的制造及修理	20	1	1	1	1825
工艺品及其他制造业	4719	4012	2136	242	39766
工艺美术品制造	796	702	268	33	9987
日用杂品制造	302	227	137	26	3209
煤制品制造					
核辐射加工					
其他未列明的制造业	3621	3082	1732	183	26570
废弃资源和废旧材料回收加工业					
金属废料和碎屑的加工处理					
非金属废料和碎屑的加工处理					
电力、燃气及水的生产和供应业	**18708**	**9088**	**8088**	**1591**	**119855**
电力、热力的生产和供应业	16617	8139	7278	1413	109211
电力生产	7624	2881	2480	515	47288
电力供应	8847	5176	4757	887	60903
热力生产和供应	146	82	42	11	1020
燃气生产和供应业	725	209	188	35	2085
水的生产和供应业	1366	740	622	143	8559
自来水的生产和供应	1307	723	610	129	8076
污水处理及其再生利用	59	17	12	14	483
其他水的处理、利用与分配					

1-G-14 国有及国有控股大中型制造业企业研究与试验发展（R&D)活动情况

行业	R&D人员(人)	R&D人员折合全时当量(人年)	科学家和工程师	R&D项目数(项)	R&D经费内部支出(万元)
合 计	**331913**	**228317**	**171525**	**19854**	**4546590**
农副食品加工业	2879	1807	1496	212	22350
食品制造业	2094	1309	844	94	12942
饮料制造业	3125	2429	1520	222	66849
烟草制品业	3510	2345	1854	399	51552
纺织业	7844	5472	2649	414	74199
纺织服装、鞋、帽制造业	117	101	55	16	527
皮革、毛皮、羽毛(绒)及其制品业	43	31	21	3	124
木材加工及木、竹、藤、棕、草制品业	505	288	211	37	4163
家具制造业	377	226	192	8	13935
造纸及纸制品业	3324	2130	1553	133	34087
印刷业和记录媒介的复制	671	442	365	95	6239
文教体育用品制造业	263	176	98	33	4278
石油加工、炼焦及核燃料加工业	7750	5245	3949	707	69072
化学原料及化学制品制造业	26029	17667	12173	1655	389858
医药制造业	9982	7172	5408	1244	107661
化学纤维制造业	2808	1150	827	212	39252
橡胶制品业	2468	2171	1281	402	45303
塑料制品业	1576	1136	875	116	33975
非金属矿物制品业	5162	3317	2411	387	49513
黑色金属冶炼及压延加工业	37438	22871	17860	1538	777840
有色金属冶炼及压延加工业	14598	7379	5362	821	130045
金属制品业	2855	2139	1846	211	33287
通用设备制造业	31877	24589	18523	2639	306021
专用设备制造业	24000	18864	15705	1353	224332
交通运输设备制造业	77007	52580	37748	3531	1070617
电气机械及器材制造业	12934	8634	7126	985	148708
通信设备、计算机及其他电子设备制造业	40246	28060	23687	1579	744242
仪器仪表及文化、办公用机械制造业	6857	5530	4180	629	59675
工艺品及其他制造业	3574	3059	1707	179	25944

1-G-15 内资大中型制造业企业研究与试验发展（R&D)活动情况

行业	R&D人员（人）	R&D人员折合全时当量（人年）	科学家和工程师	R&D项目数（项）	R&D经费内部支出（万元）
合　计	**455422**	**311094**	**228285**	**26112**	**6358184**
农副食品加工业	5383	3266	2296	287	49565
食品制造业	3998	2646	1793	262	45751
饮料制造业	4645	3188	2062	366	67114
烟草制品业	3549	2357	1860	401	51656
纺织业	15203	10286	5351	749	173267
纺织服装、鞋、帽制造业	2710	1968	1196	62	46018
皮革、毛皮、羽毛(绒)及其制品业	1524	1276	617	44	9756
木材加工及木、竹、藤、棕、草制品业	839	553	441	49	20648
家具制造业	683	444	246	11	3340
造纸及纸制品业	4018	2980	2140	167	52842
印刷业和记录媒介的复制	1116	694	516	107	10816
文教体育用品制造业	1070	724	492	64	11126
石油加工、炼焦及核燃料加工业	8040	5365	3851	653	95615
化学原料及化学制品制造业	34249	22784	15859	2121	574020
医药制造业	17085	11957	9196	1980	218599
化学纤维制造业	3672	2027	1257	173	65221
橡胶制品业	3784	2816	1805	491	76107
塑料制品业	3213	2216	1678	208	59031
非金属矿物制品业	13437	8460	5351	702	118159
黑色金属冶炼及压延加工业	40427	24342	18602	1619	847036
有色金属冶炼及压延加工业	19161	9086	6125	877	149335
金属制品业	5805	3731	2920	426	66672
通用设备制造业	42539	30717	23172	3379	389387
专用设备制造业	31265	23792	19093	1878	306813
交通运输设备制造业	78612	53364	37836	3562	866267
电气机械及器材制造业	37873	24388	18476	2813	715370
通信设备、计算机及其他电子设备制造业	57559	44289	36269	1634	1159029
仪器仪表及文化、办公用机械制造业	9399	7477	5732	807	72789
工艺品及其他制造业	4564	3903	2054	220	36839

1-G-16 港澳台商投资大中型制造业企业研究与试验发展（R&D)活动情况

行业	R&D人员（人）	R&D人员折合全时当量（人年）	科学家和工程师	R&D项目数（项）	R&D经费内部支出（万元）
合　计	**40710**	**27807**	**19386**	**2097**	**742327**
农副食品加工业	210	115	64	14	2475
食品制造业	165	51	44	41	1790
饮料制造业	106	46	33	8	596
烟草制品业	14	2	2	2	503
纺织业	2893	1041	558	111	48975
纺织服装、鞋、帽制造业	455	395	175	29	7095
皮革、毛皮、羽毛(绒)及其制品业	582	519	160	16	4182
木材加工及木、竹、藤、棕、草制品业	13	10	6	2	704
家具制造业	83	83	33	5	1314
造纸及纸制品业	1011	473	436	31	4135
印刷业和记录媒介的复制	502	199	78	7	3262
文教体育用品制造业	632	537	133	15	5324
石油加工、炼焦及核燃料加工业	548	501	414	82	5239
化学原料及化学制品制造业	1530	1191	777	130	35768
医药制造业	1232	723	457	127	26291
化学纤维制造业	1130	363	231	91	10718
橡胶制品业	270	240	169	19	5409
塑料制品业	749	472	298	43	8705
非金属矿物制品业	1295	929	399	38	17297
黑色金属冶炼及压延加工业	1379	1254	1017	94	27385
有色金属冶炼及压延加工业	572	340	252	33	11756
金属制品业	1238	982	535	51	9267
通用设备制造业	986	711	523	83	10683
专用设备制造业	1391	992	889	62	17330
交通运输设备制造业	1943	1394	1121	173	40223
电气机械及器材制造业	4414	2743	2045	197	59161
通信设备、计算机及其他电子设备制造业	13243	10013	7666	520	352690
仪器仪表及文化、办公用机械制造业	2040	1416	811	62	21767
工艺品及其他制造业	84	71	60	11	2286

1-G-17 外商投资大中型制造业企业研究与试验发展（R&D)活动情况

行业	R&D人员（人）	R&D人员折合全时当量（人年）	科学家和工程师	R&D项目数（项）	R&D经费内部支出（万元）
合　计	**73705**	**48325**	**37359**	**3390**	**1827109**
农副食品加工业	284	105	69	35	1737
食品制造业	1912	418	302	39	16524
饮料制造业	1239	906	674	104	50345
烟草制品业					
纺织业	1674	1137	730	56	30918
纺织服装、鞋、帽制造业	29	26	3	4	970
皮革、毛皮、羽毛(绒)及其制品业	313	257	120	10	5426
木材加工及木、竹、藤、棕、草制品业	12	8	7	1	1750
家具制造业	206	178	162	8	13775
造纸及纸制品业	907	376	214	32	27845
印刷业和记录媒介的复制	201	98	63	9	3157
文教体育用品制造业	691	545	355	41	7679
石油加工、炼焦及核燃料加工业	5	4	3		1630
化学原料及化学制品制造业	1703	1169	724	140	67079
医药制造业	1585	1251	1098	201	36923
化学纤维制造业	229	131	118	21	3493
橡胶制品业	897	728	430	40	17921
塑料制品业	815	513	342	21	15291
非金属矿物制品业	878	694	411	58	25058
黑色金属冶炼及压延加工业	474	205	168	32	12145
有色金属冶炼及压延加工业	1261	553	504	75	37566
金属制品业	334	168	105	53	8050
通用设备制造业	6848	5066	3524	351	109169
专用设备制造业	1620	1248	947	116	22378
交通运输设备制造业	11877	8662	6829	731	368238
电气机械及器材制造业	5394	3956	3368	380	159733
通信设备、计算机及其他电子设备制造业	30791	18781	15287	693	750416
仪器仪表及文化、办公用机械制造业	1455	1106	778	128	31254
工艺品及其他制造业	71	38	22	11	641

1-G-18 各地区大中型工业企业研究与试验发展（R&D)活动情况

地 区	R&D人员 (人)	R&D人员折合全时当量 (人年)	科学家和工程师	R&D项目数 (项)	R&D经费内部支出 (万元)
全 国	**654043**	**438242**	**327198**	**36509**	**9544905**
东部地区	391314	266219	198111	21453	7183079
中部地区	153615	102509	77761	8841	1407658
西部地区	109114	69513	51325	6215	954168
东北地区	77959	53365	40999	4774	1001577
北 京	21922	17727	15177	1438	412199
天 津	12928	8906	5912	958	244217
河 北	23872	17774	13890	1574	248944
山 西	17121	8801	6784	714	159728
内蒙古	6564	5436	4439	174	48402
辽 宁	42888	28689	20156	1990	699084
吉 林	7572	4153	3590	415	118512
黑龙江	27499	20522	17253	2369	183981
上 海	26661	16802	13266	1997	821069
江 苏	74852	52164	36120	3823	1239904
浙 江	36644	27394	18586	2445	622376
安 徽	12759	8590	5759	867	184162
福 建	17577	13651	9233	994	291900
江 西	14760	9042	5969	712	134953
山 东	62733	38349	27989	4095	1121522
河 南	33156	22072	17060	1895	249587
湖 北	25451	17704	12154	1240	218378
湖 南	15297	11624	9192	629	158358
广 东	70760	44469	37501	2113	1475602
广 西	8103	4181	3126	429	57335
海 南	477	294	282	26	6263
重 庆	13056	10120	7819	1049	146463
四 川	29751	19657	13674	1750	244604
贵 州	5177	3030	2205	352	59043
云 南	4653	3290	2109	433	33286
西 藏	6	4	3		10
陕 西	26003	14523	10679	942	249286
甘 肃	8479	3857	2818	364	39987
青 海	2014	1229	1051	117	18927
宁 夏	2233	1859	1419	193	21296
新 疆	3075	2327	1983	412	35530

1-G-19 各地区国有及国有控股大中型工业企业研究与试验发展（R&D)活动情况

地 区	R&D人员（人）	R&D人员折合全时当量（人年）	科学家和工程师	R&D项目数（项）	R&D经费内部支出（万元）
全 国	**414834**	**278921**	**213353**	**24685**	**5157041**
东部地区	201309	138788	106215	12079	3310254
中部地区	125240	84651	65213	7396	1141871
西部地区	88285	55482	41926	5210	704916
东北地区	70473	47992	37652	4295	936862
北 京	16625	13203	11080	1170	199587
天 津	8276	5335	4058	700	107943
河 北	19913	15114	11753	1250	217409
山 西	16192	8327	6476	672	153517
内蒙古	5655	4796	4000	119	31178
辽 宁	37538	24640	17841	1674	653266
吉 林	6739	3629	3250	357	106830
黑龙江	26196	19722	16561	2264	176766
上 海	16917	11369	8634	1550	520935
江 苏	29691	20674	15142	1840	418967
浙 江	6396	4450	3097	413	81663
安 徽	8783	6041	4194	648	143780
福 建	7260	5751	4351	464	105850
江 西	12542	7686	5007	563	113231
山 东	32855	22262	16379	2120	559706
河 南	23541	16270	12823	1460	173157
湖 北	19670	13971	9342	925	163570
湖 南	11577	9004	7561	507	111019
广 东	25501	15780	13674	884	439679
广 西	5684	3428	2516	331	47365
海 南	337	211	205	14	5250
重 庆	10387	8070	6413	837	110462
四 川	18381	11338	8538	1329	92911
贵 州	4727	2679	1915	313	54488
云 南	3954	2809	1847	392	29156
西 藏	6	4	3		10
陕 西	24908	13838	10031	863	235170
甘 肃	7905	3597	2610	346	38059
青 海	1888	1211	1036	112	18599
宁 夏	1833	1502	1151	161	17923
新 疆	2957	2209	1867	407	29597

1-G-20 各地区内资大中型工业企业研究与试验发展（R&D）活动情况

地 区	R&D人员（人）	R&D人员折合全时当量（人年）	科学家和工程师	R&D项目数（项）	R&D经费内部支出（万元）
全 国	**538736**	**361804**	**270225**	**30953**	**6968336**
东部地区	293163	200896	149897	16855	4878520
中部地区	141683	94012	71037	8193	1206661
西部地区	103890	66897	49291	5905	883155
东北地区	74272	50814	38887	4457	944246
北 京	17764	14601	12321	1255	203077
天 津	9117	5886	4521	806	116987
河 北	22393	16823	13086	1373	231173
山 西	16515	8286	6290	699	156060
内蒙古	6232	5201	4287	157	35299
辽 宁	40737	27320	19020	1862	670957
吉 林	7428	4037	3509	409	117239
黑龙江	26107	19456	16359	2186	156051
上 海	10473	6046	4555	973	205551
江 苏	56211	39844	27475	3088	911903
浙 江	25181	18297	11786	1855	375212
安 徽	11530	7598	4982	837	164195
福 建	7716	5650	3857	519	91855
江 西	13867	8811	5750	654	107700
山 东	58881	35860	26508	3876	1041652
河 南	30441	20262	15923	1693	211965
湖 北	21494	14613	9652	1101	162695
湖 南	14301	10947	8572	614	130756
广 东	44213	30275	26485	1222	1023890
广 西	6196	3896	2940	402	33974
海 南	477	294	282	26	6263
重 庆	12056	9226	7031	955	136451
四 川	28917	19274	13381	1702	231152
贵 州	4977	2876	2075	343	57890
云 南	4469	3129	1994	397	32123
西 藏	6	4	3		10
陕 西	25717	14352	10515	885	245291
甘 肃	8392	3850	2815	361	37672
青 海	1937	1213	1036	111	18536
宁 夏	1916	1549	1231	180	19227
新 疆	3075	2327	1983	412	35530

1-G-21 各地区港澳台商投资大中型工业企业研究与试验发展（R&D）活动情况

地区	R&D人员（人）	R&D人员折合全时当量（人年）	科学家和工程师	R&D项目数（项）	R&D经费内部支出（万元）
全国	**40937**	**27921**	**19473**	**2118**	**743741**
东部地区	35954	24455	16858	1780	698127
中部地区	3943	2630	1921	223	41959
西部地区	1040	836	694	115	3656
东北地区	959	691	549	35	5431
北京	1492	1282	1252	57	141832
天津	149	87	48	5	1864
河北	824	465	376	92	9372
山西	570	487	467	11	1867
内蒙古					
辽宁	462	308	169	26	4800
吉林	26	25	22	3	252
黑龙江	471	358	358	6	380
上海	3014	1924	1443	231	60818
江苏	5883	3881	2288	295	80462
浙江	4550	3030	1978	270	92198
安徽	120	73	63	4	205
福建	6217	5471	3616	270	89388
江西	95	47	37	6	1839
山东	1111	559	261	61	7360
河南	1793	1121	594	160	22169
湖北	360	280	188	21	6752
湖南	508	239	192	12	8495
广东	12252	7449	5428	473	210034
广西	95	35	23	8	159
海南					
重庆	669	657	586	69	2398
四川	64	13	11	9	129
贵州	8	8	4	3	52
云南	94	94	48	17	493
西藏					
陕西	55	10	9	3	251
甘肃	20	6	1	1	2
青海	35	13	13	5	172
宁夏					
新疆					

1-G-22 各地区外商投资大中型工业企业研究与试验发展（R&D)活动情况

地区	R&D人员（人）	R&D人员折合全时当量（人年）	科学家和工程师	R&D项目数（项）	R&D经费内部支出（万元）
全　国	**74370**	**48516**	**37500**	**3438**	**1832828**
东部地区	62197	40868	31357	2818	1606432
中部地区	7989	5867	4803	425	159038
西部地区	4184	1781	1340	195	67358
东北地区	2728	1860	1563	282	51899
北　京	2666	1843	1605	126	67290
天　津	3662	2933	1342	147	125365
河　北	655	486	428	109	8399
山　西	36	28	27	4	1800
内蒙古	332	235	152	17	13103
辽　宁	1689	1061	967	102	23327
吉　林	118	91	59	3	1021
黑龙江	921	708	537	177	27551
上　海	13174	8833	7268	793	554701
江　苏	12758	8440	6357	440	247538
浙　江	6913	6067	4822	320	154966
安　徽	1109	919	714	26	19761
福　建	3644	2530	1760	205	110657
江　西	798	184	182	52	25414
山　东	2741	1930	1220	158	72510
河　南	922	689	543	42	15453
湖　北	3597	2811	2314	118	48931
湖　南	488	438	427	3	19107
广　东	14295	6745	5588	418	241679
广　西	1812	249	164	19	23203
海　南					
重　庆	331	237	202	25	7614
四　川	770	371	282	39	13323
贵　州	192	146	126	6	1100
云　南	90	67	67	19	670
西　藏					
陕　西	231	161	156	54	3744
甘　肃	67	2	2	2	2313
青　海	42	3	3	1	220
宁　夏	317	310	187	13	2068
新　疆					

H. 企业办科技机构情况

1-H-1 分登记注册类型工业企业办科技机构情况

行业	企业办科技机构数(个)	机构科技活动人员(人)	#博士毕业	#硕士毕业	机构科技经费内部支出(万元)	机构仪器设备原价(万元)
合计	**17555**	**643574**	**6648**	**30642**	**8415603**	**7933074**
国有及国有控股企业	5283	333267	2528	16069	4044641	4326638
内资企业	14327	538709	5194	23345	6417990	6349541
国有企业	1956	95145	371	2811	817765	1091466
集体企业	496	9822	117	274	190262	117893
股份合作企业	389	6516	81	217	58575	32830
联营企业	67	4002	30	105	83193	30907
国有联营企业	21	3169	23	83	74565	24152
集体联营企业	7	40	2	1	401	164
国有与集体联营企业	18	444	3	14	5486	4290
其他联营企业	21	349	2	7	2741	2301
有限责任公司	5103	217286	2029	8681	2758538	2603244
国有独资公司	825	62182	403	2640	748133	792602
其他有限责任公司	4278	155104	1626	6041	2010405	1810641
股份有限公司	2071	135258	1638	8549	1869384	1824761
私营企业	4239	70568	927	2708	640038	648215
私营独资企业	387	4200	43	87	29687	35520
私营合伙企业	81	774	4	10	11291	3226
私营有限责任公司	3504	60545	790	2304	554418	569408
私营股份有限公司	267	5049	90	307	44642	40061
其他企业	6	112	1		235	225
港、澳、台商投资企业	1607	43977	462	1823	655266	572779
合资经营企业（港或澳、台资）	986	24084	241	989	380270	284865
合作经营企业（港或澳、台资）	88	2510	22	59	32274	25500
港、澳、台商独资经营企业	450	12531	131	520	168236	72489
港、澳、台商投资股份有限公司	83	4852	68	255	74486	189925
外商投资企业	1621	60888	992	5474	1342347	1010753
中外合资经营企业	1009	34042	440	2241	767147	568155
中外合作经营企业	84	1746	21	86	20015	20468
外资企业	432	16660	354	1784	374957	280840
外商投资股份有限公司	96	8440	177	1363	180228	141290

1-H-2 分行业工业企业办科技机构情况

行业	企业办科技机构数（个）	机构科技活动人员（人）	#博士毕业	#硕士毕业	机构科技经费内部支出（万元）	机构仪器设备原价（万元）
合计	**17555**	**643574**	**6648**	**30642**	**8415603**	**7933074**
采矿业	**569**	**43558**	**318**	**2829**	**375499**	**413613**
煤炭开采和洗选业	191	15841	81	470	79321	78689
烟煤和无烟煤的开采洗选	186	15572	81	465	78126	77693
褐煤的开采洗选	5	269		5	1196	996
其他煤炭采选						
石油和天然气开采业	257	25029	196	2264	269922	319251
天然原油和天然气开采	135	17833	170	1839	227898	249365
与石油和天然气开采有关的服务活动	122	7196	26	425	42024	69886
黑色金属矿采选业	17	411	6	30	2576	1322
铁矿采选	16	399	6	30	2575	1322
其他黑色金属矿采选	1	12			1	
有色金属矿采选业	48	1296	13	40	11172	8293
常用有色金属矿采选	21	378	1	11	1343	921
贵金属矿采选	18	788	11	20	8251	6547
稀有稀土金属矿采选	9	130	1	9	1578	825
非金属矿采选业	56	981	22	25	12509	6058
土砂石开采	16	103	10	16	631	385
化学矿采选	8	288	11	3	7251	2343
采盐	22	445	1	6	4165	2714
石棉及其他非金属矿采选	10	145			462	616
制造业	**16706**	**589788**	**6255**	**27194**	**7966493**	**7304846**
农副食品加工业	429	8552	161	341	83382	54777
谷物磨制	58	720	18	42	12456	5202
饲料加工	82	1151	62	84	10152	6514
植物油加工	33	552	13	40	8759	4975
制糖	24	755	6	7	4950	4565
屠宰及肉类加工	78	2809	24	95	29827	25397
水产品加工	50	785	8	20	6130	2996
蔬菜、水果和坚果加工	62	1154	11	25	6331	3465
其他农副食品加工	42	626	19	28	4777	1664
食品制造业	325	7513	125	405	63217	77725
焙烤食品制造	23	375	7	13	2897	3156
糖果、巧克力及蜜饯制造	15	160		4	1114	857
方便食品制造	28	665	12	32	5856	6546
液体乳及乳制品制造	77	1329	40	132	13838	14588
罐头制造	30	337	2	11	1350	10511
调味品、发酵制品制造	63	3268	15	61	24212	15334

1-H-2 续表 1

行业	企业办科技机构数（个）	机构科技活动人员（人）	#博士毕业	#硕士毕业	机构科技经费内部支出（万元）	机构仪器设备原价（万元）
其他食品制造	89	1379	49	152	13950	26734
饮料制造业	293	8067	55	279	119681	162015
酒精制造	9	204	3	23	11785	5101
酒的制造	210	6780	30	161	75426	84868
软饮料制造	49	839	21	89	31170	71610
精制茶加工	25	244	1	6	1299	436
烟草制品业	66	2916	34	202	75282	143094
烟叶复烤						
卷烟制造	61	2766	34	200	74413	142325
其他烟草制品加工	5	150		2	869	768
纺织业	718	21956	130	348	221873	301051
棉、化纤纺织及印染精加工	354	12653	55	141	101075	169709
毛纺织和染整精加工	67	2302	22	54	32077	22396
麻纺织	19	596		3	2606	4359
丝绢纺织及精加工	62	1187	6	16	16215	12301
纺织制成品制造	114	2005	19	51	20817	20879
针织品、编织品及其制品制造	102	3213	28	83	49083	71407
纺织服装、鞋、帽制造业	125	3842	32	76	38073	33151
纺织服装制造	114	3735	32	74	37329	33000
纺织面料鞋的制造	10	69		2	546	30
制帽	1	38			198	121
皮革、毛皮、羽毛(绒)及其制品业	140	4134	33	42	30579	18835
皮革鞣制加工	24	566	10	7	11935	6238
皮革制品制造	106	3367	8	29	17160	11098
毛皮鞣制及制品加工	6	114			992	994
羽毛(绒)加工及制品制造	4	87	15	6	493	504
木材加工及木、竹、藤、棕、草制品业	90	1719	33	32	17205	21066
锯材、木片加工	6	99	1	1	1897	6
人造板制造	60	1349	29	22	12527	19095
木制品制造	12	152	3	7	1554	1529
竹、藤、棕、草制品制造	12	119		2	1226	436
家具制造业	67	1557	9	23	17527	8857
木质家具制造	35	641		1	2376	937
竹、藤家具制造						
金属家具制造	25	816	9	19	13423	7774
塑料家具制造	2	24			1152	130
其他家具制造	5	76		3	576	17
造纸及纸制品业	206	6328	49	145	108344	99083
纸浆制造	13	325		14	1081	2075

1-H-2 续表 2

行业	企业办科技机构数（个）	机构科技活动人员（人）	#博士毕业	#硕士毕业	机构科技经费内部支出（万元）	机构仪器设备原价（万元）
造纸	147	5449	43	113	102596	84690
纸制品制造	46	554	6	18	4667	12318
印刷业和记录媒介的复制	77	2571	15	56	31484	38226
印刷	64	2101	11	37	28399	33351
装订及其他印刷服务活动	7	330	2	12	2047	2402
记录媒介的复制	6	140	2	7	1038	2473
文教体育用品制造业	122	3096	19	56	25794	17613
文化用品制造	24	795	9	20	6731	6340
体育用品制造	40	976	2	10	6004	4434
乐器制造	15	359	2	5	4530	1394
玩具制造	39	891	5	17	8281	5409
游艺器材及娱乐用品制造	4	75	1	4	248	35
石油加工、炼焦及核燃料加工业	144	7715	82	525	104190	127413
精炼石油产品的制造	124	6634	71	469	92390	117051
炼焦	18	784	10	48	4701	3879
核燃料加工	2	297	1	8	7100	6483
化学原料及化学制品制造业	1931	49043	644	2058	619248	777296
基础化学原料制造	408	12077	124	385	154971	160947
肥料制造	199	6404	45	179	92049	43046
农药制造	173	3947	89	212	47312	85337
涂料、油墨、颜料及类似产品制造	273	6142	84	278	68201	85330
合成材料制造	240	7435	117	334	111620	201182
专用化学产品制造	498	9701	128	445	95094	141196
日用化学产品制造	140	3337	57	225	50003	60260
医药制造业	1200	27882	776	2197	330013	342232
化学药品原药制造	264	7142	157	406	82621	95077
化学药品制剂制造	345	8483	167	621	108369	118754
中药饮片加工	46	1053	39	81	12453	8813
中成药制造	332	7177	217	564	81876	81397
兽用药品制造	47	770	28	38	5339	3234
生物、生化制品的制造	134	2722	155	446	28851	30787
卫生材料及医药用品制造	32	535	13	41	10505	4170
化学纤维制造业	116	4914	31	110	81051	85660
纤维素纤维原料及纤维制造	20	920	7	20	20447	11690
合成纤维制造	96	3994	24	90	60604	73969
橡胶制品业	204	7535	29	117	143521	166877
轮胎制造	49	3758	12	55	102699	131461
橡胶板、管、带的制造	52	1164	6	22	9674	16137
橡胶零件制造	41	1373	7	28	12417	9021

1-H-2 续表 3

行业	企业办科技机构数（个）	机构科技活动人员（人）	#博士毕业	#硕士毕业	机构科技经费内部支出（万元）	机构仪器设备原价（万元）
再生橡胶制造	3	21			101	73
日用及医用橡胶制品制造	17	298		2	2007	1376
橡胶靴鞋制造	23	560	1		13318	5969
其他橡胶制品制造	19	361	3	10	3305	2841
塑料制品业	362	7061	66	250	81596	125082
塑料薄膜制造	57	1605	24	101	18111	41793
塑料板、管、型材的制造	112	2301	22	95	28579	26617
塑料丝、绳及编织品的制造	17	241	1	2	973	7276
泡沫塑料制造	21	334	4	8	2672	972
塑料人造革、合成革制造	19	411		5	3040	22178
塑料包装箱及容器制造	32	480	4	10	12137	7443
塑料零件制造	48	1152	6	24	12506	15816
日用塑料制造	20	210		2	1267	2017
其他塑料制品制造	36	327	5	3	2311	970
非金属矿物制品业	853	19053	160	450	136431	126229
水泥、石灰和石膏的制造	131	3005	9	43	21737	23320
水泥及石膏制品制造	58	699	9	25	3765	5198
砖瓦、石材及其他建筑材料制造	113	1476	12	28	8447	7016
玻璃及玻璃制品制造	145	4445	32	110	49352	50383
陶瓷制品制造	187	3110	14	29	17892	7889
耐火材料制品制造	105	2774	30	74	16886	12648
石墨及其他非金属矿物制品制造	114	3544	54	141	18353	19775
黑色金属冶炼及压延加工业	285	30234	213	1106	512785	452842
炼铁	27	2118	4	53	15429	28297
炼钢	36	7348	30	257	112659	131849
钢压延加工	184	19499	176	784	371867	285834
铁合金冶炼	38	1269	3	12	12830	6862
有色金属冶炼及压延加工业	400	15089	139	458	157504	133479
常用有色金属冶炼	144	5852	41	137	45502	59802
贵金属冶炼	24	403	13	20	11263	2628
稀有稀土金属冶炼	41	947	16	41	10805	11948
有色金属合金制造	23	549	5	28	4635	1696
有色金属压延加工	168	7338	64	232	85299	57405
金属制品业	400	8633	87	290	97721	100268
结构性金属制品制造	106	1973	25	68	14311	9967
金属工具制造	78	1582	3	24	16143	23430
集装箱及金属包装容器制造	26	511	3	17	5172	14476
金属丝绳及其制品的制造	39	1395	13	51	38304	32306
建筑、安全用金属制品制造	56	1303	11	31	11108	4446

1-H-2 续表 4

行业	企业办科技机构数(个)	机构科技活动人员(人)	#博士毕业	#硕士毕业	机构科技经费内部支出(万元)	机构仪器设备原价(万元)
金属表面处理及热处理加工	22	226	3	5	2123	798
搪瓷制品制造	8	102	3	4	603	82
不锈钢及类似日用金属制品制造	35	825	5	26	4761	6495
其他金属制品制造	30	716	21	64	5197	8270
通用设备制造业	1773	57023	333	1388	501014	532328
锅炉及原动机制造	175	9161	43	196	88102	90741
金属加工机械制造	278	11528	41	225	86506	57918
起重运输设备制造	170	6463	24	183	73371	43277
泵、阀门、压缩机及类似机械的制造	377	9371	64	197	70750	55926
轴承、齿轮、传动和驱动部件的制造	155	5396	41	113	48510	163307
烘炉、熔炉及电炉制造	28	283	4	10	1008	522
风机、衡器、包装设备等通用设备制造	381	10290	83	373	96418	92870
通用零部件制造及机械修理	81	1674	16	44	15089	12617
金属铸、锻加工	128	2857	17	47	21261	15151
专用设备制造业	1357	49000	312	1416	415292	452164
矿山、冶金、建筑专用设备制造	295	14826	59	377	135294	89811
化工、木材、非金属加工专用设备制造	174	4465	28	95	36694	75304
食品、饮料、烟草及饲料生产专用设备制造	87	2271	6	25	16469	19787
印刷、制药、日化生产专用设备制造	81	2346	15	81	15016	15658
纺织、服装和皮革工业专用设备制造	146	6071	18	85	54051	136971
电子和电工机械专用设备制造	161	6637	32	181	51525	47357
农、林、牧、渔专用机械制造	86	4842	19	93	47534	28378
医疗仪器设备及器械制造	117	3229	73	299	27855	15434
环保、社会公共安全及其他专用设备制造	210	4313	62	180	30854	23465
交通运输设备制造业	1247	73124	568	2705	1023167	941515
铁路运输设备制造	90	6132	18	198	48778	66040
汽车制造	830	41930	433	1793	716517	616982
摩托车制造	114	5663	46	202	78025	63911
自行车制造	26	459	7	14	3362	3211
船舶及浮动装置制造	58	4744	42	144	48859	19047
航空航天器制造	121	14037	21	346	127190	171134
交通器材及其他交通运输设备制造	8	159	1	8	435	1191
电气机械及器材制造业	1575	50975	538	2238	893080	646255
电机制造	206	8418	65	244	66145	62278
输配电及控制设备制造	465	15404	139	616	162659	174475
电线、电缆、光缆及电工器材制造	261	5935	89	276	104143	125628
电池制造	138	3778	76	277	50274	30548
家用电力器具制造	296	14131	123	669	462989	193921
非电力家用器具制造	30	694	19	42	9767	1570

1-H-2 续表 5

行业	企业办科技机构数（个）	机构科技活动人员（人）	#博士毕业	#硕士毕业	机构科技经费内部支出（万元）	机构仪器设备原价（万元）
照明器具制造	143	1961	21	54	27152	44484
其他电气机械及器材制造	36	654	6	60	9952	13350
通信设备、计算机及其他电子设备制造业	1461	90363	1381	8838	1891676	1192359
通信设备制造	299	40288	719	5121	962119	501294
雷达及配套设备制造	33	1935	9	44	16748	36896
广播电视设备制造	66	1674	23	194	18957	9080
电子计算机制造	163	10116	122	870	191069	113281
电子器件制造	344	8833	232	1138	174237	186957
电子元件制造	354	13781	105	479	127384	219788
家用视听设备制造	143	11703	119	651	384729	116022
其他电子设备制造	59	2033	52	341	16435	9041
仪器仪表及文化、办公用机械制造业	600	15035	175	927	112551	106009
通用仪器仪表制造	331	8219	105	592	68629	55177
专用仪器仪表制造	132	2864	34	130	17787	16634
钟表与计时仪器制造	21	465	5	10	2989	2363
光学仪器及眼镜制造	65	2518	18	113	14341	24046
文化、办公用机械制造	42	811	10	57	7961	6453
其他仪器仪表的制造及修理	9	158	3	25	845	1336
工艺品及其他制造业	135	4807	23	113	32898	20481
工艺美术品制造	57	1253	15	43	7991	3613
日用杂品制造	18	279	3	5	2044	2315
煤制品制造	1	10		1	19	51
核辐射加工	2	20			50	200
其他未列明的制造业	57	3245	5	64	22794	14301
废弃资源和废旧材料回收加工业	5	51	3	3	316	866
金属废料和碎屑的加工处理	4	49	3	3	292	860
非金属废料和碎屑的加工处理	1	2			24	6
电力、燃气及水的生产和供应业	**280**	**10228**	**75**	**619**	**73611**	**214615**
电力、热力的生产和供应业	226	9264	52	544	66243	207504
电力生产	109	5079	15	116	36920	151890
电力供应	109	4024	37	421	28426	55367
热力生产和供应	8	161		7	897	248
燃气生产和供应业	8	220	1	8	1701	334
水的生产和供应业	46	744	22	67	5668	6777
自来水的生产和供应	39	679	20	60	5052	5607
污水处理及其再生利用	3	39	2	7	494	941
其他水的处理、利用与分配	4	26			122	230

1-H-3 国有及国有控股制造业企业办科技机构情况

行　业	企业办科技机构数（个）	机构科技活动人员（人）	#博士毕业	#硕士毕业	机构科技经费内部支出（万元）	机构仪器设备原价（万元）
合　计	**4522**	**280793**	**2159**	**12671**	**3615240**	**3706235**
农副食品加工业	64	2097	27	47	22362	11381
食品制造业	50	2806	16	45	9033	17690
饮料制造业	89	2906	20	102	59036	126703
烟草制品业	63	2818	34	200	74671	142064
纺织业	170	7412	26	74	61727	108479
纺织服装、鞋、帽制造业	7	396			1279	63
皮革、毛皮、羽毛(绒)及其制品业	7	128			484	792
木材加工及木、竹、藤、棕、草制品业	21	479	3	5	2300	2844
家具制造业	10	381		5	11017	4783
造纸及纸制品业	60	2831	12	48	41912	26741
印刷业和记录媒介的复制	18	1249	10	28	15500	25263
文教体育用品制造业	14	306	1	4	4735	3069
石油加工、炼焦及核燃料加工业	83	6229	59	462	82442	109473
化学原料及化学制品制造业	494	23957	189	876	324629	334871
医药制造业	324	9085	160	620	108938	132578
化学纤维制造业	37	1843	10	58	33373	33152
橡胶制品业	54	2547	7	28	53502	66187
塑料制品业	42	1474	18	109	15673	24229
非金属矿物制品业	178	5489	33	120	42477	56485
黑色金属冶炼及压延加工业	143	23949	178	1002	355938	399196
有色金属冶炼及压延加工业	140	8206	45	195	70175	71234
金属制品业	71	1952	18	97	34340	47522
通用设备制造业	527	28464	115	667	253264	322362
专用设备制造业	402	27745	74	536	246621	283343
交通运输设备制造业	586	51087	429	2005	751506	691538
电气机械及器材制造业	243	15056	72	519	160970	164241
通信设备、计算机及其他电子设备制造业	412	41035	569	4491	717339	430985
仪器仪表及文化、办公用机械制造业	159	5711	30	270	38507	54994
工艺品及其他制造业	54	3155	4	58	21491	13975

1-H-4 内资制造业企业办科技机构情况

行 业	企业办科技机构数（个）	机构科技活动人员（人）	#博士毕业	#硕士毕业	机构科技经费内部支出（万元）	机构仪器设备原价（万元）
合 计	**13501**	**485257**	**4809**	**19929**	**5976659**	**5726196**
农副食品加工业	362	7522	127	290	73814	46787
食品制造业	270	6611	107	305	45751	57209
饮料制造业	244	6207	41	179	75892	138302
烟草制品业	66	2916	34	202	75282	143094
纺织业	541	16085	75	227	163339	246007
纺织服装、鞋、帽制造业	97	3242	17	52	32451	31748
皮革、毛皮、羽毛(绒)及其制品业	80	2606	23	21	14686	13797
木材加工及木、竹、藤、棕、草制品业	72	1382	31	26	12819	10457
家具制造业	53	990	9	15	4760	4038
造纸及纸制品业	164	4636	35	110	57935	76120
印刷业和记录媒介的复制	51	1774	13	42	21768	30984
文教体育用品制造业	77	1778	10	35	14832	8111
石油加工、炼焦及核燃料加工业	128	6871	68	442	95031	96780
化学原料及化学制品制造业	1625	43527	513	1658	537475	630790
医药制造业	967	22776	609	1806	272143	291150
化学纤维制造业	94	4189	30	77	71757	51170
橡胶制品业	163	6048	20	89	115002	138113
塑料制品业	257	5272	53	204	44538	78485
非金属矿物制品业	705	16341	142	405	104630	103193
黑色金属冶炼及压延加工业	259	27805	196	1055	448358	430922
有色金属冶炼及压延加工业	358	13332	122	415	138763	122616
金属制品业	331	7244	72	233	77845	85536
通用设备制造业	1556	50360	250	1093	392916	457035
专用设备制造业	1233	43876	249	1157	355829	355730
交通运输设备制造业	1046	60835	481	1916	732589	694403
电气机械及器材制造业	1231	41459	396	1765	680773	504913
通信设备、计算机及其他电子设备制造业	873	62780	936	5296	1206195	779893
仪器仪表及文化、办公用机械制造业	478	12286	141	726	79206	78741
工艺品及其他制造业	116	4476	9	87	30115	19368

1-H-5 港澳台商投资制造业企业办科技机构情况

行业	企业办科技机构数（个）	机构科技活动人员（人）	#博士毕业	#硕士毕业	机构科技经费内部支出（万元）	机构仪器设备原价（万元）
合计	**1602**	**43905**	**462**	**1822**	**651837**	**572642**
农副食品加工业	34	644	15	15	5027	5670
食品制造业	23	269	2	28	2853	14676
饮料制造业	14	285	2	11	2681	3761
烟草制品业						
纺织业	101	3151	19	53	39893	22487
纺织服装、鞋、帽制造业	19	510	15	24	5442	1282
皮革、毛皮、羽毛(绒)及其制品业	37	754	4	10	5324	2409
木材加工及木、竹、藤、棕、草制品业	11	224	2	3	2826	9755
家具制造业	8	198			1321	128
造纸及纸制品业	23	445	4	19	3404	7799
印刷业和记录媒介的复制	18	599		5	5911	5528
文教体育用品制造业	19	476	6	8	2723	1808
石油加工、炼焦及核燃料加工业	12	775	13	80	8123	30130
化学原料及化学制品制造业	156	2546	66	196	35283	109770
医药制造业	97	2135	36	106	16722	15176
化学纤维制造业	16	565		26	5683	27947
橡胶制品业	14	384	3	8	12513	8967
塑料制品业	65	1018	7	26	23954	14699
非金属矿物制品业	85	1688	8	13	16309	3202
黑色金属冶炼及压延加工业	15	1788	12	47	61629	18828
有色金属冶炼及压延加工业	15	927	3	11	8904	1730
金属制品业	40	1022	13	41	14441	7016
通用设备制造业	70	1334	12	48	9832	10625
专用设备制造业	53	3020	15	59	33316	84875
交通运输设备制造业	47	1911	10	67	44015	20395
电气机械及器材制造业	184	4843	72	222	74694	29235
通信设备、计算机及其他电子设备制造业	351	10656	93	587	190252	101885
仪器仪表及文化、办公用机械制造业	65	1550	16	85	16293	12115
工艺品及其他制造业	10	188	14	24	2469	745

1-H-6 外商投资制造业企业办科技机构情况

行业	企业办科技机构数（个）	机构科技活动人员（人）	#博士毕业	#硕士毕业	机构科技经费内部支出（万元）	机构仪器设备原价（万元）
合计	**1603**	**60626**	**984**	**5443**	**1337997**	**1006008**
农副食品加工业	33	386	19	36	4541	2319
食品制造业	32	633	16	72	14613	5841
饮料制造业	35	1575	12	89	41108	19952
烟草制品业						
纺织业	76	2720	36	68	18641	32558
纺织服装、鞋、帽制造业	9	90			180	120
皮革、毛皮、羽毛(绒)及其制品业	23	774	6	11	10569	2629
木材加工及木、竹、藤、棕、草制品业	7	113		3	1560	854
家具制造业	6	369		8	11446	4692
造纸及纸制品业	19	1247	10	16	47005	15164
印刷业和记录媒介的复制	8	198	2	9	3804	1714
文教体育用品制造业	26	842	3	13	8238	7694
石油加工、炼焦及核燃料加工业	4	69	1	3	1035	504
化学原料及化学制品制造业	150	2970	65	204	46490	36737
医药制造业	136	2971	131	285	41148	35907
化学纤维制造业	6	160	1	7	3611	6543
橡胶制品业	27	1103	6	20	16007	19796
塑料制品业	40	771	6	20	13103	31898
非金属矿物制品业	63	1024	10	32	15492	19835
黑色金属冶炼及压延加工业	11	641	5	4	2798	3092
有色金属冶炼及压延加工业	27	830	14	32	9838	9133
金属制品业	29	367	2	16	5436	7716
通用设备制造业	147	5329	71	247	98266	64668
专用设备制造业	71	2104	48	200	26147	11559
交通运输设备制造业	154	10378	77	722	246563	226717
电气机械及器材制造业	160	4673	70	251	137613	112108
通信设备、计算机及其他电子设备制造业	237	16927	352	2955	495229	310580
仪器仪表及文化、办公用机械制造业	57	1199	18	116	17052	15154
工艺品及其他制造业	9	143		2	314	368

1-H-7 各地区工业企业办科技机构情况

地区	企业办科技机构数（个）	机构科技活动人员（人）	#博士毕业	#硕士毕业	机构科技经费内部支出（万元）	机构仪器设备原价（万元）
全国	**17555**	**643574**	**6648**	**30642**	**8415603**	**7933074**
东部地区	11527	404708	4547	21191	6128643	5350409
中部地区	3794	136960	1485	5958	1233062	1418762
西部地区	2234	101906	616	3493	1053898	1163903
东北地区	941	54278	399	2325	513394	562944
北京	470	15900	280	1600	222756	270280
天津	344	12640	133	577	223078	296920
河北	588	24335	156	853	205154	204659
山西	308	13682	95	478	115354	148107
内蒙古	97	5138	60	262	48768	68202
辽宁	504	30182	203	981	274919	272443
吉林	206	9312	89	315	123751	66300
黑龙江	231	14784	107	1029	114724	224201
上海	458	21070	550	3264	534467	503122
江苏	2814	74462	676	2436	1122181	804359
浙江	2492	61029	632	2113	756252	1089816
安徽	500	17348	431	997	230119	194511
福建	473	16160	138	476	230935	118495
江西	256	9298	54	249	80138	73114
山东	1588	70762	599	2896	1036713	771748
河南	874	31839	219	941	221114	327839
湖北	581	22376	216	1216	198010	206226
湖南	838	18321	274	733	149852	178464
广东	1754	77325	1167	5928	1514353	1013788
广西	203	6112	62	254	77208	57034
海南	42	843	13	67	7837	4780
重庆	251	12139	91	424	136236	104197
四川	598	32118	193	1162	336233	313209
贵州	153	7278	29	127	78746	56807
云南	178	5011	19	111	52448	83417
西藏	3	11			20	6
陕西	352	17097	80	630	151862	192377
甘肃	222	7583	26	191	36491	63179
青海	45	1757	13	30	20937	10947
宁夏	54	2218	9	26	20233	52915
新疆	78	5444	34	276	94714	161613

1-H-8 各地区国有及国有控股工业企业办科技机构情况

地区	企业办科技机构数（个）	机构科技活动人员（人）	#博士毕业	#硕士毕业	机构科技经费内部支出（万元）	机构仪器设备原价（万元）
全国	**5283**	**333267**	**2528**	**16069**	**4044641**	**4326638**
东部地区	2554	166628	1524	9912	2407180	2249225
中部地区	1501	92103	750	3999	856234	1101249
西部地区	1228	74536	254	2158	781226	976164
东北地区	502	43525	218	1832	420508	459814
北京	189	9812	141	894	138227	206679
天津	216	9567	58	313	134913	232332
河北	271	17063	68	636	149926	178947
山西	161	11011	67	390	102809	137063
内蒙古	48	3558	11	146	30762	60026
辽宁	245	23304	117	687	210659	194747
吉林	123	7025	30	212	102203	49192
黑龙江	134	13196	71	933	107646	215876
上海	209	12150	261	1152	323259	362011
江苏	424	21907	113	719	281728	315887
浙江	130	7036	46	417	88057	123665
安徽	166	8826	274	609	127021	120737
福建	88	4714	43	213	88168	50413
江西	140	6586	21	132	59758	57030
山东	484	34243	254	1653	556051	383666
河南	280	18274	84	522	128766	266782
湖北	229	15306	128	851	122209	147218
湖南	268	11879	75	350	105822	107352
广东	282	26325	420	3207	431332	200061
广西	86	3592	16	96	56714	40882
海南	16	507	3	21	4862	816
重庆	140	8546	44	248	94957	80693
四川	219	19326	52	535	190983	233332
贵州	108	6368	16	80	71449	48902
云南	99	3621	9	83	43942	72271
西藏	2	6			10	
陕西	264	15126	45	507	142635	184032
甘肃	144	6681	16	179	30074	59610
青海	37	1557	10	27	19789	10631
宁夏	25	1558	5	23	14545	45910
新疆	56	4597	30	234	85366	139875

1-H-9 各地区内资工业企业办科技机构情况

地区	企业办科技机构数（个）	机构科技活动人员（人）	#博士毕业	#硕士毕业	机构科技经费内部支出（万元）	机构仪器设备原价（万元）
全国	**14327**	**538709**	**5194**	**23345**	**6417990**	**6349541**
东部地区	8757	316033	3286	14817	4339132	4033324
中部地区	3478	126073	1355	5421	1096385	1219905
西部地区	2092	96603	553	3107	982473	1096313
东北地区	851	51120	385	2180	465271	528134
北京	403	13614	207	1280	165162	239765
天津	277	10564	92	388	146700	235854
河北	532	22272	127	778	181925	194263
山西	284	12785	92	450	108207	87284
内蒙古	80	4551	41	216	40278	67228
辽宁	445	28123	197	870	245723	254545
吉林	192	8732	88	309	122150	64403
黑龙江	214	14265	100	1001	97398	209186
上海	274	8593	197	625	143808	136155
江苏	2066	58762	532	1859	751941	586127
浙江	2006	49725	495	1744	593758	847595
安徽	460	16076	407	911	215420	170132
福建	263	6447	64	192	85273	46210
江西	234	8795	49	229	75432	68181
山东	1406	64609	492	2723	981661	724188
河南	804	30533	193	875	197369	319699
湖北	511	18597	189	979	142190	145211
湖南	779	16290	237	667	138220	155809
广东	1047	52562	871	4294	1035722	764183
广西	182	5294	51	217	53844	28851
海南	38	762	12	64	7459	4439
重庆	226	11193	88	387	117375	80066
四川	568	31179	176	969	328411	307843
贵州	147	7170	28	121	78284	56174
云南	169	4725	16	103	48831	79216
西藏	3	11			20	6
陕西	328	16303	71	589	148749	189359
甘肃	219	7481	26	191	34174	63179
青海	43	1723	13	28	20032	10947
宁夏	51	1878	9	15	17924	51918
新疆	76	5095	34	271	94550	161526

1-H-10 各地区港澳台商投资工业企业办科技机构情况

地区	企业办科技机构数(个)	机构科技活动人员(人)	#博士毕业	#硕士毕业	机构科技经费内部支出(万元)	机构仪器设备原价(万元)
全国	**1607**	**43977**	**462**	**1823**	**655266**	**572779**
东部地区	1442	39078	398	1619	618291	471648
中部地区	116	3796	55	160	27383	76864
西部地区	49	1103	9	44	9592	24267
东北地区	21	386	1	8	4252	1499
北京	18	620	8	33	11428	18275
天津	18	324	1	7	1687	5667
河北	23	1196	17	34	13781	3355
山西	6	791	1	19	6822	60775
内蒙古	2	63		1	149	30
辽宁	16	300	1	6	3600	1251
吉林	4	78		2	532	168
黑龙江	1	8			120	80
上海	49	2491	33	218	54390	84538
江苏	444	6518	46	228	124381	58892
浙江	233	5075	76	149	54047	128127
安徽	12	150	4	25	1630	4918
福建	126	6937	37	190	105076	49462
江西	12	192	1	7	1166	2572
山东	46	1272	8	14	6941	8413
河南	19	359	4	24	4871	2229
湖北	24	599	12	38	3757	1304
湖南	38	1619	33	45	8487	4818
广东	466	14322	170	737	242845	113328
广西	10	227	4	8	2268	1447
海南	3	23	1	3	117	341
重庆	10	245	1	5	1926	19587
四川	11	247	3	13	2621	1620
贵州	2	17			46	10
云南	5	163	1	5	2079	1425
西藏						
陕西	7	106		12	499	147
甘肃	2	35			4	
青海						
宁夏						
新疆						

1-H-11 各地区外商投资工业企业办科技机构情况

地区	企业办科技机构数（个）	机构科技活动人员（人）	#博士毕业	#硕士毕业	机构科技经费内部支出（万元）	机构仪器设备原价（万元）
全国	**1621**	**60888**	**992**	**5474**	**1342347**	**1010753**
东部地区	1328	49597	863	4755	1171221	845437
中部地区	200	7091	75	377	109293	121993
西部地区	93	4200	54	342	61833	43323
东北地区	69	2772	13	137	43871	33311
北京	49	1666	65	287	46165	12239
天津	49	1752	40	182	74691	55400
河北	33	867	12	41	9448	7042
山西	18	106	2	9	326	48
内蒙古	15	524	19	45	8342	944
辽宁	43	1759	5	105	25596	16647
吉林	10	502	1	4	1069	1729
黑龙江	16	511	7	28	17206	14935
上海	135	9986	320	2421	336269	282429
江苏	304	9182	98	349	245859	159339
浙江	253	6229	61	220	108448	114094
安徽	28	1122	20	61	13070	19462
福建	84	2776	37	94	40586	22823
江西	10	311	4	13	3540	2362
山东	136	4881	99	159	48111	39146
河南	51	947	22	42	18874	5910
湖北	46	3180	15	199	52063	59712
湖南	21	412	4	21	3146	17836
广东	241	10441	126	897	235787	136277
广西	11	591	7	29	21096	26736
海南	1	58			261	
重庆	15	701	2	32	16935	4544
四川	19	692	14	180	5201	3747
贵州	4	91	1	6	416	623
云南	4	123	2	3	1539	2776
西藏						
陕西	17	688	9	29	2614	2871
甘肃	1	67			2313	
青海	2	34		2	905	
宁夏	3	340		11	2309	997
新疆	2	349		5	165	87

1-H-12 分登记注册类型大中型工业企业办科技机构情况

行业	企业办科技机构数（个）	机构科技活动人员（人）	#博士毕业	#硕士毕业	机构科技经费内部支出（万元）	机构仪器设备原价（万元）
合计	**9083**	**528382**	**4884**	**25052**	**7456426**	**7058898**
国有及国有控股企业	4210	315180	2339	15195	3911739	4188301
内资企业	7385	445560	3799	18991	5704623	5716686
国有企业	1482	88539	343	2599	786369	1058825
集体企业	179	6870	93	225	172052	90716
股份合作企业	102	2705	33	85	32809	9975
联营企业	28	3403	13	80	78341	27237
国有联营企业	13	3031	13	73	74081	23143
集体联营企业						
国有与集体联营企业	9	233		7	3585	2469
其他联营企业	6	139			675	1625
有限责任公司	2893	184131	1547	7002	2467256	2356821
国有独资公司	771	60443	391	2564	720882	774370
其他有限责任公司	2122	123688	1156	4438	1746374	1582450
股份有限公司	1684	128143	1472	7940	1818061	1767787
私营企业	1017	31769	298	1060	349736	405325
私营独资企业	45	1297	6	24	12910	19968
私营合伙企业	9	253	4	3	7606	1187
私营有限责任公司	872	27273	243	835	298614	353585
私营股份有限公司	91	2946	45	198	30605	30586
其他企业						
港、澳、台商投资企业	841	33551	332	1372	563819	485655
合资经营企业（港或澳、台资）	529	17985	168	744	325409	231470
合作经营企业（港或澳、台资）	26	1562	17	42	27974	13458
港、澳、台商独资经营企业	209	9304	81	339	138806	53259
港、澳、台商投资股份有限公司	77	4700	66	247	71630	187468
外商投资企业	857	49271	753	4689	1187983	856557
中外合资经营企业	524	26180	306	1785	658066	448373
中外合作经营企业	29	1154	3	42	13612	17052
外资企业	217	13611	271	1509	337202	250560
外商投资股份有限公司	87	8326	173	1353	179104	140573

1-H-13 分行业大中型工业企业办科技机构情况

行业	企业办科技机构数（个）	机构科技活动人员（人）	#博士毕业	#硕士毕业	机构科技经费内部支出（万元）	机构仪器设备原价（万元）
合计	**9083**	**528382**	**4884**	**25052**	**7456426**	**7058898**
采矿业	**522**	**43150**	**308**	**2812**	**374115**	**412762**
煤炭开采和洗选业	181	15697	79	467	79086	78658
烟煤和无烟煤的开采洗选	176	15428	79	462	77891	77662
褐煤的开采洗选	5	269		5	1196	996
其他煤炭采选						
石油和天然气开采业	257	25029	196	2264	269922	319251
天然原油和天然气开采	135	17833	170	1839	227898	249365
与石油和天然气开采有关的服务活动	122	7196	26	425	42024	69886
黑色金属矿采选业	15	394	5	30	2534	1322
铁矿采选	14	382	5	30	2533	1322
其他黑色金属矿采选	1	12			1	
有色金属矿采选业	36	1173	13	40	10954	8157
常用有色金属矿采选	15	323	1	11	1312	886
贵金属矿采选	17	779	11	20	8239	6542
稀有稀土金属矿采选	4	71	1	9	1403	729
非金属矿采选业	33	857	15	11	11619	5373
土砂石开采	4	47	3	2	194	96
化学矿采选	7	278	11	3	7246	2343
采盐	19	424	1	6	4005	2594
石棉及其他非金属矿采选	3	108			174	340
制造业	**8327**	**475750**	**4501**	**21635**	**7012069**	**6435498**
农副食品加工业	139	5582	89	205	54942	39270
谷物磨制	12	274	16	27	4652	2600
饲料加工	12	455	21	26	1953	2913
植物油加工	13	385	7	28	6767	3826
制糖	17	668	5	7	4509	4210
屠宰及肉类加工	46	2519	23	87	28311	21361
水产品加工	13	331		7	2155	1268
蔬菜、水果和坚果加工	18	670	7	11	3719	2132
其他农副食品加工	8	280	10	12	2877	961
食品制造业	161	5857	89	311	50974	62436
焙烤食品制造	11	248	6	9	2661	1426
糖果、巧克力及蜜饯制造	4	37		1	349	390
方便食品制造	15	536	11	31	5481	5830
液体乳及乳制品制造	51	1143	34	126	12711	12246
罐头制造	14	183		7	645	10115
调味品、发酵制品制造	38	2997	12	51	20290	11789

1-H-13 续表 1

行业	企业办科技机构数(个)	机构科技活动人员(人)	#博士毕业	#硕士毕业	机构科技经费内部支出(万元)	机构仪器设备原价(万元)
其他食品制造	28	713	26	86	8836	20640
饮料制造业	187	7037	44	243	113116	156590
酒精制造	7	180	3	22	11559	4925
酒的制造	162	6271	29	144	72052	81241
软饮料制造	15	546	12	77	29315	70228
精制茶加工	3	40			190	195
烟草制品业	63	2861	33	201	74625	139184
烟叶复烤						
卷烟制造	59	2723	33	199	74035	138545
其他烟草制品加工	4	138		2	589	638
纺织业	466	18724	101	289	201486	266950
棉、化纤纺织及印染精加工	263	11213	47	131	93020	150847
毛纺织和染整精加工	55	2171	22	50	31643	22272
麻纺织	15	565		1	2505	4161
丝绢纺织及精加工	34	771	4	14	11805	8609
纺织制成品制造	45	1229	7	23	17289	17884
针织品、编织品及其制品制造	54	2775	21	70	45225	63177
纺织服装、鞋、帽制造业	74	3299	32	66	35116	32478
纺织服装制造	71	3251	32	66	34689	32352
纺织面料鞋的制造	2	10			229	5
制帽	1	38			198	121
皮革、毛皮、羽毛(绒)及其制品业	76	3288	27	33	25564	14271
皮革鞣制加工	8	366	6	5	9814	5713
皮革制品制造	63	2791	7	26	15060	8331
毛皮鞣制及制品加工	3	81			350	117
羽毛(绒)加工及制品制造	2	50	14	2	340	110
木材加工及木、竹、藤、棕、草制品业	37	1225	30	22	13175	17893
锯材、木片加工	4	90	1	1	1887	6
人造板制造	31	1056	28	19	10945	17650
木制品制造	1	47	1	2	183	237
竹、藤、棕、草制品制造	1	32			160	
家具制造业	35	1127	2	16	14456	7841
木质家具制造	17	399			623	275
竹、藤家具制造						
金属家具制造	15	700	2	13	12857	7551
塑料家具制造	1	8			876	5
其他家具制造	2	20		3	101	10
造纸及纸制品业	132	5669	44	131	103547	88309
纸浆制造	12	306		14	1063	2067

1-H-13 续表 2

行业	企业办科技机构数(个)	机构科技活动人员(人)	#博士毕业	#硕士毕业	机构科技经费内部支出(万元)	机构仪器设备原价(万元)
造纸	104	5088	40	107	100269	79710
纸制品制造	16	275	4	10	2215	6532
印刷业和记录媒介的复制	39	1818	5	31	22417	32132
印刷	35	1554	3	19	20542	30745
装订及其他印刷服务活动	3	243	2	11	1825	1347
记录媒介的复制	1	21		1	50	40
文教体育用品制造业	64	2305	16	39	21263	14818
文化用品制造	7	562	9	17	5909	5667
体育用品制造	26	773	2	5	4670	3119
乐器制造	8	276		2	3456	854
玩具制造	23	694	5	15	7229	5179
游艺器材及娱乐用品制造						
石油加工、炼焦及核燃料加工业	102	7242	68	508	99729	123555
精炼石油产品的制造	86	6203	57	453	87989	113230
炼焦	14	742	10	47	4640	3842
核燃料加工	2	297	1	8	7100	6483
化学原料及化学制品制造业	820	36027	352	1256	499764	673723
基础化学原料制造	220	9709	80	271	135477	142199
肥料制造	140	5915	36	159	89441	39892
农药制造	80	2810	46	114	37738	75136
涂料、油墨、颜料及类似产品制造	67	3480	22	118	41300	67621
合成材料制造	80	5814	75	218	94214	186488
专用化学产品制造	165	5904	46	204	59116	106970
日用化学产品制造	68	2395	47	172	42478	55416
医药制造业	587	18182	446	1376	235824	256297
化学药品原药制造	143	5216	90	291	67403	77343
化学药品制剂制造	198	6068	103	450	78860	100893
中药饮片加工	15	609	27	57	4175	4735
中成药制造	170	4593	148	359	63763	61326
兽用药品制造	12	313	17	13	2612	823
生物、生化制品的制造	40	1158	53	194	12001	9065
卫生材料及医药用品制造	9	225	8	12	7010	2112
化学纤维制造业	75	4322	23	92	75291	79095
纤维素纤维原料及纤维制造	17	867	7	20	19825	10743
合成纤维制造	58	3455	16	72	55467	68352
橡胶制品业	112	6389	20	92	135976	159544
轮胎制造	44	3559	11	52	101932	130700
橡胶板、管、带的制造	24	766	4	13	6711	13231
橡胶零件制造	11	1076	4	24	10637	6087

1-H-13 续表 3

行业	企业办科技机构数(个)	机构科技活动人员(人)	#博士毕业	#硕士毕业	机构科技经费内部支出(万元)	机构仪器设备原价(万元)
再生橡胶制造						
日用及医用橡胶制品制造	12	261		1	1176	1329
橡胶靴鞋制造	17	496			13120	5895
其他橡胶制品制造	4	231	1	2	2401	2302
塑料制品业	130	4077	43	174	54755	47733
塑料薄膜制造	33	1279	15	77	13965	14320
塑料板、管、型材的制造	37	1142	17	64	20330	15113
塑料丝、绳及编织品的制造	10	152		2	469	155
泡沫塑料制造	5	202	1	7	2005	495
塑料人造革、合成革制造	9	213		1	1841	1407
塑料包装箱及容器制造	9	163	4	7	6995	5207
塑料零件制造	17	673	3	13	7826	10436
日用塑料制造	5	85			602	227
其他塑料制品制造	5	168	3	3	721	374
非金属矿物制品业	347	13342	90	315	107774	103562
水泥、石灰和石膏的制造	84	2352	8	35	18874	22207
水泥及石膏制品制造	8	151		5	714	761
砖瓦、石材及其他建筑材料制造	28	580	2	10	5092	2289
玻璃及玻璃制品制造	98	3978	29	90	46768	47286
陶瓷制品制造	51	1516	7	14	11077	4334
耐火材料制品制造	39	1998	15	54	12532	10983
石墨及其他非金属矿物制品制造	39	2767	29	107	12718	15702
黑色金属冶炼及压延加工业	208	29231	207	1068	501925	422950
炼铁	20	2047	2	52	15318	28268
炼钢	34	7292	30	253	108870	115776
钢压延加工	134	18902	172	754	365687	272853
铁合金冶炼	20	990	3	9	12050	6052
有色金属冶炼及压延加工业	212	13064	117	403	139179	120174
常用有色金属冶炼	92	5409	30	118	40973	56811
贵金属冶炼	17	348	12	19	10426	1609
稀有稀土金属冶炼	18	666	16	35	8168	10956
有色金属合金制造	7	371	3	22	3152	779
有色金属压延加工	78	6270	56	209	76459	50020
金属制品业	151	6048	66	213	78013	82190
结构性金属制品制造	38	1205	20	48	9875	6518
金属工具制造	32	1127	3	19	11452	16686
集装箱及金属包装容器制造	14	390	3	16	4395	14012
金属丝绳及其制品的制造	15	1157	12	45	35851	28832
建筑、安全用金属制品制造	22	989	11	20	8031	3748

1-H-13 续表 4

行业	企业办科技机构数（个）	机构科技活动人员（人）	#博士毕业	#硕士毕业	机构科技经费内部支出（万元）	机构仪器设备原价（万元）
金属表面处理及热处理加工	4	62	1	3	168	68
搪瓷制品制造	2	37	2	2	430	66
不锈钢及类似日用金属制品制造	11	545	3	15	3957	4813
其他金属制品制造	13	536	11	45	3854	7448
通用设备制造业	839	44051	231	1044	406048	466846
锅炉及原动机制造	106	8043	30	166	83338	84988
金属加工机械制造	135	8986	34	169	61419	51056
起重运输设备制造	115	5778	20	168	70137	41221
泵、阀门、压缩机及类似机械的制造	142	6230	44	143	50746	38667
轴承、齿轮、传动和驱动部件的制造	95	4446	35	98	39097	156338
烘炉、熔炉及电炉制造	1	14			260	20
风机、衡器、包装设备等通用设备制造	167	7728	56	255	73710	77921
通用零部件制造及机械修理	23	958	3	18	11153	9587
金属铸、锻加工	55	1868	9	27	16189	7050
专用设备制造业	559	37290	178	845	334946	399256
矿山、冶金、建筑专用设备制造	167	12971	43	293	123972	85948
化工、木材、非金属加工专用设备制造	58	2495	11	47	24252	64392
食品、饮料、烟草及饲料生产专用设备制造	24	1240	1	13	11094	16699
印刷、制药、日化生产专用设备制造	23	1366	7	24	10118	11415
纺织、服装和皮革工业专用设备制造	74	4969	14	70	44641	130384
电子和电工机械专用设备制造	69	5769	14	96	46076	43639
农、林、牧、渔专用机械制造	55	4352	17	82	45338	25389
医疗仪器设备及器械制造	34	1862	37	143	13808	8475
环保、社会公共安全及其他专用设备制造	55	2266	34	77	15647	12916
交通运输设备制造业	837	67237	507	2478	968045	882367
铁路运输设备制造	67	5695	15	169	43415	60103
汽车制造	522	37505	398	1659	674894	567893
摩托车制造	86	5263	42	197	75622	61996
自行车制造	10	274	3	4	1422	2620
船舶及浮动装置制造	44	4557	36	114	46869	18730
航空航天器制造	107	13845	13	333	125723	170225
交通器材及其他交通运输设备制造	1	98		2	100	800
电气机械及器材制造业	770	39788	389	1763	791988	555432
电机制造	113	7136	47	184	56370	54775
输配电及控制设备制造	180	10944	70	391	128748	144553
电线、电缆、光缆及电工器材制造	123	4126	64	206	78169	91493
电池制造	67	2905	61	248	43868	26020
家用电力器具制造	201	12813	112	624	449190	187125
非电力家用器具制造	15	438	17	40	8124	520

1-H-13 续表 5

行业	企业办科技机构数(个)	机构科技活动人员(人)	#博士毕业	#硕士毕业	机构科技经费内部支出(万元)	机构仪器设备原价(万元)
照明器具制造	58	1103	14	24	19753	39598
其他电气机械及器材制造	13	323	4	46	7765	11349
通信设备、计算机及其他电子设备制造业	836	78395	1173	7900	1759109	1100173
通信设备制造	165	37130	661	4796	910231	482414
雷达及配套设备制造	28	1792	5	43	14218	36316
广播电视设备制造	19	713	8	104	12742	6496
电子计算机制造	81	8351	75	705	173262	90976
电子器件制造	250	7134	193	1028	154834	168665
电子元件制造	187	11192	83	398	107435	199173
家用视听设备制造	98	11005	117	592	378098	113004
其他电子设备制造	8	1078	31	234	8287	3128
仪器仪表及文化、办公用机械制造业	191	8251	60	421	63994	73558
通用仪器仪表制造	101	4171	43	285	34880	32807
专用仪器仪表制造	29	1338	3	41	8838	10201
钟表与计时仪器制造	11	358		9	2360	2020
光学仪器及眼镜制造	33	1948	13	63	12013	22278
文化、办公用机械制造	16	416	1	18	5897	5053
其他仪器仪表的制造及修理	1	20		5	5	1200
工艺品及其他制造业	78	4022	19	100	29031	16875
工艺美术品制造	22	787	13	38	6108	1709
日用杂品制造	8	215	3	5	1387	1818
煤制品制造						
核辐射加工						
其他未列明的制造业	48	3020	3	57	21536	13348
废弃资源和废旧材料回收加工业						
金属废料和碎屑的加工处理						
非金属废料和碎屑的加工处理						
电力、燃气及水的生产和供应业	**234**	**9482**	**75**	**605**	**70242**	**210638**
电力、热力的生产和供应业	197	8668	52	532	63325	204319
电力生产	86	4621	15	104	34139	148737
电力供应	105	3911	37	421	28362	55359
热力生产和供应	6	136		7	824	223
燃气生产和供应业	6	203	1	8	1645	294
水的生产和供应业	31	611	22	65	5272	6024
自来水的生产和供应	29	575	20	59	4789	5084
污水处理及其再生利用	2	36	2	6	483	941
其他水的处理、利用与分配						

1-H-14 国有及国有控股大中型制造业企业办科技机构情况

行业	企业办科技机构数（个）	机构科技活动人员（人）	#博士毕业	#硕士毕业	机构科技经费内部支出（万元）	机构仪器设备原价（万元）
合计	**3487**	**263346**	**1970**	**11809**	**3484867**	**3569654**
农副食品加工业	34	1496	25	36	15711	8030
食品制造业	35	2668	14	38	8583	17477
饮料制造业	73	2774	20	101	58604	126523
烟草制品业	60	2763	33	199	74014	138154
纺织业	137	6930	24	66	60142	105678
纺织服装、鞋、帽制造业	7	396			1279	63
皮革、毛皮、羽毛(绒)及其制品业	6	125			290	250
木材加工及木、竹、藤、棕、草制品业	14	407	3	5	2018	2733
家具制造业	7	299		5	10563	4704
造纸及纸制品业	53	2749	12	47	41716	26252
印刷业和记录媒介的复制	13	974	2	16	10179	21861
文教体育用品制造业	8	216		1	4149	1583
石油加工、炼焦及核燃料加工业	75	6141	58	456	81844	109151
化学原料及化学制品制造业	399	22374	155	714	312971	319373
医药制造业	230	7550	130	491	97006	115737
化学纤维制造业	31	1789	8	57	33186	33017
橡胶制品业	44	2462	7	27	53136	64906
塑料制品业	19	1236	17	103	11959	16543
非金属矿物制品业	125	4707	24	96	39827	53295
黑色金属冶炼及压延加工业	131	23709	176	989	351728	383268
有色金属冶炼及压延加工业	124	7922	39	185	69137	69934
金属制品业	43	1651	17	90	32622	45163
通用设备制造业	390	26256	110	620	233003	316547
专用设备制造业	290	25494	65	456	235394	276201
交通运输设备制造业	523	50108	414	1936	744818	683349
电气机械及器材制造业	164	14044	62	478	152308	159683
通信设备、计算机及其他电子设备制造业	315	38827	535	4357	697947	411480
仪器仪表及文化、办公用机械制造业	90	4264	17	184	29882	45357
工艺品及其他制造业	47	3015	3	56	20851	13348

1-H-15 内资大中型制造业企业办科技机构情况

行业	企业办科技机构数（个）	机构科技活动人员（人）	#博士毕业	#硕士毕业	机构科技经费内部支出（万元）	机构仪器设备原价（万元）
合计	**6645**	**393189**	**3424**	**15605**	**5267876**	**5098167**
农副食品加工业	120	5094	68	181	51344	37073
食品制造业	130	5176	71	222	35466	44652
饮料制造业	152	5311	32	153	70657	135436
烟草制品业	63	2861	33	201	74625	139184
纺织业	355	13779	60	192	149141	224222
纺织服装、鞋、帽制造业	61	2905	17	46	30590	31394
皮革、毛皮、羽毛(绒)及其制品业	40	2085	21	16	12034	11144
木材加工及木、竹、藤、棕、草制品业	30	1039	28	20	10589	8273
家具制造业	26	639	2	8	1760	3027
造纸及纸制品业	105	4124	31	96	53936	67665
印刷业和记录媒介的复制	23	1213	3	20	14832	27244
文教体育用品制造业	31	1172	8	22	11933	6035
石油加工、炼焦及核燃料加工业	93	6486	55	429	91904	93676
化学原料及化学制品制造业	729	32828	277	1027	439492	545420
医药制造业	482	15387	382	1180	201449	225715
化学纤维制造业	66	3819	22	63	68271	49017
橡胶制品业	87	5104	14	70	108394	131519
塑料制品业	84	2991	33	149	25396	36240
非金属矿物制品业	296	11717	82	292	83898	85131
黑色金属冶炼及压延加工业	194	27006	190	1024	439701	408044
有色金属冶炼及压延加工业	190	11653	102	366	123642	112709
金属制品业	121	5087	52	166	63042	74046
通用设备制造业	739	38894	171	818	311384	402080
专用设备制造业	522	33970	155	757	296945	315872
交通运输设备制造业	695	56083	433	1734	694048	651456
电气机械及器材制造业	583	32500	264	1353	599104	446565
通信设备、计算机及其他电子设备制造业	421	53799	769	4604	1130464	715777
仪器仪表及文化、办公用机械制造业	138	6698	44	321	47444	53674
工艺品及其他制造业	69	3769	5	75	26395	15879

1-H-16 港澳台商投资大中型制造业企业办科技机构情况

行业	企业办科技机构数(个)	机构科技活动人员(人)	#博士毕业	#硕士毕业	机构科技经费内部支出(万元)	机构仪器设备原价(万元)
合计	**837**	**33491**	**332**	**1371**	**560500**	**485518**
农副食品加工业	11	353	12	3	2021	1362
食品制造业	11	177	2	22	2200	12836
饮料制造业	7	201	2	11	1854	1447
烟草制品业						
纺织业	63	2552	10	41	35559	17140
纺织服装、鞋、帽制造业	10	381	15	20	4501	974
皮革、毛皮、羽毛(绒)及其制品业	21	541	1	7	4295	1004
木材加工及木、竹、藤、棕、草制品业	6	154	2	2	2426	9620
家具制造业	6	182			1317	128
造纸及纸制品业	14	348	4	19	2947	7235
印刷业和记录媒介的复制	11	434		2	4327	3393
文教体育用品制造业	12	349	6	8	1927	1395
石油加工、炼焦及核燃料加工业	8	744	13	79	7815	29876
化学原料及化学制品制造业	38	1482	39	122	27931	102193
医药制造业	40	1094	7	60	9125	9477
化学纤维制造业	7	426		23	4516	24462
橡胶制品业	9	352	3	7	12425	8941
塑料制品业	34	673	7	12	19441	9945
非金属矿物制品业	28	1031	6	7	11958	1940
黑色金属冶炼及压延加工业	7	1645	12	41	60172	12927
有色金属冶炼及压延加工业	7	827	3	11	8027	822
金属制品业	16	734	13	36	11945	5513
通用设备制造业	29	827	7	23	7010	9595
专用设备制造业	17	2274	5	33	26109	77961
交通运输设备制造业	26	1536	4	56	38621	17208
电气机械及器材制造业	99	3970	64	197	68112	25954
通信设备、计算机及其他电子设备制造业	257	8939	67	445	168099	81096
仪器仪表及文化、办公用机械制造业	38	1115	14	60	13459	10363
工艺品及其他制造业	5	150	14	24	2362	710

1-H-17 外商投资大中型制造业企业办科技机构情况

行业	企业办科技机构数（个）	机构科技活动人员（人）	#博士毕业	#硕士毕业	机构科技经费内部支出（万元）	机构仪器设备原价（万元）
合计	**845**	**49070**	**745**	**4659**	**1183692**	**851814**
农副食品加工业	8	135	9	21	1577	835
食品制造业	20	504	16	67	13307	4948
饮料制造业	28	1525	10	79	40605	19707
烟草制品业						
纺织业	48	2393	31	56	16785	25588
纺织服装、鞋、帽制造业	3	13			25	110
皮革、毛皮、羽毛(绒)及其制品业	15	662	5	10	9236	2123
木材加工及木、竹、藤、棕、草制品业	1	32			160	
家具制造业	3	306		8	11380	4685
造纸及纸制品业	13	1197	9	16	46665	13409
印刷业和记录媒介的复制	5	171	2	9	3259	1494
文教体育用品制造业	21	784	2	9	7403	7388
石油加工、炼焦及核燃料加工业	1	12			10	3
化学原料及化学制品制造业	53	1717	36	107	32341	26109
医药制造业	65	1701	57	136	25250	21105
化学纤维制造业	2	77	1	6	2505	5616
橡胶制品业	16	933	3	15	15157	19084
塑料制品业	12	413	3	13	9918	1548
非金属矿物制品业	23	594	2	16	11918	16491
黑色金属冶炼及压延加工业	7	580	5	3	2052	1979
有色金属冶炼及压延加工业	15	584	12	26	7510	6643
金属制品业	14	227	1	11	3026	2631
通用设备制造业	71	4330	53	203	87655	55172
专用设备制造业	20	1046	18	55	11892	5422
交通运输设备制造业	116	9618	70	688	235376	213704
电气机械及器材制造业	88	3318	61	213	124772	82914
通信设备、计算机及其他电子设备制造业	158	15657	337	2851	460545	303299
仪器仪表及文化、办公用机械制造业	15	438	2	40	3090	9521
工艺品及其他制造业	4	103		1	274	285

1-H-18 各地区大中型工业企业办科技机构情况

地 区	企业办科技机构数(个)	机构科技活动人员(人)	#博士毕业	#硕士毕业	机构科技经费内部支出(万元)	机构仪器设备原价(万元)
全 国	**9083**	**528382**	**4884**	**25052**	**7456426**	**7058898**
东部地区	5693	323640	3387	17229	5368146	4645934
中部地区	1936	114156	1062	4894	1096701	1301602
西部地区	1454	90586	435	2929	991578	1111362
东北地区	596	48836	278	2052	457577	521058
北 京	141	10291	145	937	152035	207891
天 津	198	10790	118	504	211055	268248
河 北	373	21920	126	772	191212	190506
山 西	202	12207	79	440	109111	142011
内蒙古	75	4901	58	245	47093	67710
辽 宁	306	26730	119	811	231590	241109
吉 林	137	8351	77	269	118657	59774
黑龙江	153	13755	82	972	107331	220176
上 海	234	17535	466	2925	489179	474350
江 苏	1373	55986	442	1693	958699	696140
浙 江	947	39158	388	1430	533236	807837
安 徽	291	14239	369	789	205489	173956
福 建	243	12853	78	316	187373	101843
江 西	141	7541	32	194	69195	67993
山 东	1045	64073	510	2621	1002320	729007
河 南	444	26777	163	787	199684	307522
湖 北	274	17783	139	962	157311	185163
湖 南	294	13503	121	481	129922	145008
广 东	818	63790	990	5180	1405461	925509
广 西	116	4969	39	203	69685	51700
海 南	15	514	5	40	5987	3494
重 庆	183	11255	75	374	130800	99834
四 川	351	28632	113	910	316975	296161
贵 州	100	6244	21	101	72354	51700
云 南	109	3968	13	93	47223	75599
西 藏	2	6			10	
陕 西	247	15541	53	513	145375	187430
甘 肃	133	6370	15	180	30410	58578
青 海	35	1456	10	29	19947	10487
宁 夏	43	2074	8	18	18131	52167
新 疆	60	5170	30	263	93575	159996

1-H-19 各地区国有及国有控股大中型工业企业办科技机构情况

地区	企业办科技机构数(个)	机构科技活动人员(人)	#博士毕业	#硕士毕业	机构科技经费内部支出(万元)	机构仪器设备原价(万元)
全国	**4210**	**315180**	**2339**	**15195**	**3911739**	**4188301**
东部地区	1995	156800	1393	9342	2314785	2149938
中部地区	1204	87600	706	3809	831931	1079899
西部地区	1011	70780	240	2044	765023	958464
东北地区	436	41926	202	1768	391542	435299
北京	98	8043	100	697	121494	185188
天津	145	8533	54	286	130357	224015
河北	214	16196	61	607	146472	169908
山西	137	10777	65	384	102354	135705
内蒙古	41	3489	10	142	29992	59718
辽宁	214	22193	106	641	185530	172290
吉林	100	6753	25	196	101619	47661
黑龙江	122	12980	71	931	104393	215348
上海	153	11106	244	1073	313088	350737
江苏	343	20668	99	674	269905	309382
浙江	93	6272	40	374	81643	118096
安徽	141	8470	270	588	121614	117524
福建	71	4509	37	203	84220	47661
江西	101	5994	21	125	57658	55691
山东	437	33605	243	1629	552444	379177
河南	232	17479	81	507	126106	261897
湖北	182	14180	108	754	116586	144234
湖南	189	10967	65	324	101602	101839
广东	219	25295	407	3142	425042	193033
广西	68	3376	15	92	56087	40660
海南	8	380	2	16	4590	450
重庆	123	8302	43	240	93740	79760
四川	189	18706	50	502	186490	227549
贵州	82	5670	16	76	68545	45509
云南	70	3223	8	74	41833	69450
西藏	2	6			10	
陕西	217	14480	41	469	140754	181637
甘肃	115	6121	15	179	29077	58108
青海	34	1426	10	27	19047	10487
宁夏	24	1534	5	16	14304	45825
新疆	46	4447	27	227	85143	139762

1-H-20 各地区内资大中型工业企业办科技机构情况

地 区	企业办科技机构数(个)	机构科技活动人员(人)	#博士毕业	#硕士毕业	机构科技经费内部支出(万元)	机构仪器设备原价(万元)
全 国	**7385**	**445560**	**3799**	**18991**	**5704623**	**5716686**
东部地区	4231	253426	2425	11887	3786354	3551915
中部地区	1784	105925	982	4474	990389	1115103
西部地区	1370	86209	392	2630	927880	1049668
东北地区	543	46311	270	1924	413294	490250
北 京	117	8687	98	730	115763	191058
天 津	158	9124	85	342	138814	226446
河 北	337	20085	103	711	169038	181013
山 西	183	11391	76	413	103496	81507
内蒙古	62	4393	39	200	39135	66769
辽 宁	271	25042	116	710	204538	225344
吉 林	130	7929	77	266	118382	59611
黑龙江	142	13340	77	948	90374	205295
上 海	127	6202	143	420	120723	121337
江 苏	948	44432	367	1359	635073	511493
浙 江	750	31959	291	1183	417593	642809
安 徽	271	13278	350	726	193254	150500
福 建	126	4431	31	101	54411	35586
江 西	135	7400	31	187	68454	64849
山 东	934	59306	427	2494	958106	699054
河 南	408	25874	142	729	178127	301533
湖 北	245	14759	121	770	118809	127886
湖 南	270	11954	108	435	119494	123922
广 东	448	43644	759	3797	966308	714281
广 西	108	4351	33	177	48558	25578
海 南	15	514	5	40	5987	3494
重 庆	167	10434	74	350	113164	77173
四 川	333	27930	103	746	311494	292261
贵 州	98	6176	21	98	72047	51162
云 南	102	3742	11	86	43917	71449
西 藏	2	6			10	
陕 西	236	14908	48	494	142947	185048
甘 肃	130	6268	15	180	28093	58578
青 海	33	1422	10	27	19042	10487
宁 夏	41	1758	8	14	16062	51255
新 疆	58	4821	30	258	93411	159909

1-H-21 各地区港澳台商投资大中型工业企业办科技机构情况

地 区	企业办科技机构数（个）	机构科技活动人员（人）	#博士毕业	#硕士毕业	机构科技经费内部支出（万元）	机构仪器设备原价（万元）
全 国	**841**	**33551**	**332**	**1372**	**563819**	**485655**
东部地区	767	30288	305	1252	537581	391982
中部地区	50	2630	25	103	20965	72034
西部地区	24	633	2	17	5274	21639
东北地区	10	237	1	6	3684	925
北 京	5	447	3	16	8855	13026
天 津	8	175	1	4	1138	3199
河 北	18	1159	17	34	13657	3292
山 西	4	742	1	18	5439	60462
内蒙古						
辽 宁	8	186	1	4	3430	810
吉 林	2	51		2	254	115
黑龙江						
上 海	29	2156	27	198	49801	81165
江 苏	278	4698	25	129	106402	49150
浙 江	102	3235	66	118	36811	104051
安 徽	5	66	4	12	836	4676
福 建	72	6236	24	153	99089	45806
江 西	4	54	1	7	371	938
山 东	24	784	5	9	2600	4790
河 南	12	256	4	23	4097	1706
湖 北	7	209	4	12	2270	650
湖 南	16	1252	11	29	7700	3486
广 东	223	11212	136	587	215798	86693
广 西	2	61			166	452
海 南						
重 庆	6	219		3	1664	19508
四 川	6	160	1	5	1139	228
贵 州						
云 南	4	115	1	5	2010	1415
西 藏						
陕 西	4	43		4	291	35
甘 肃	2	35			4	
青 海						
宁 夏						
新 疆						

1-H-22 各地区外商投资大中型工业企业办科技机构情况

地 区	企业办科技机构数（个）	机构科技活动人员（人）	#博士毕业	#硕士毕业	机构科技经费内部支出（万元）	机构仪器设备原价（万元）
全 国	**857**	**49271**	**753**	**4689**	**1187983**	**856557**
东部地区	695	39926	657	4090	1044212	702037
中部地区	102	5601	55	317	85347	114465
西部地区	60	3744	41	282	58424	40055
东北地区	43	2288	7	122	40599	29884
北 京	19	1157	44	191	27418	3806
天 津	32	1491	32	158	71102	38603
河 北	18	676	6	27	8518	6202
山 西	15	74	2	9	177	42
内蒙古	13	508	19	45	7958	941
辽 宁	27	1502	2	97	23622	14955
吉 林	5	371		1	21	48
黑龙江	11	415	5	24	16956	14881
上 海	78	9177	296	2307	318655	271849
江 苏	147	6856	50	205	217223	135497
浙 江	95	3964	31	129	78832	60976
安 徽	15	895	15	51	11400	18780
福 建	45	2186	23	62	33874	20452
江 西	2	87			370	2206
山 东	87	3983	78	118	41614	25163
河 南	24	647	17	35	17461	4282
湖 北	22	2815	14	180	36233	56627
湖 南	8	297	2	17	2729	17600
广 东	147	8934	95	796	223354	124534
广 西	6	557	6	26	20962	25670
海 南						
重 庆	10	602	1	21	15973	3153
四 川	12	542	9	159	4342	3672
贵 州	2	68		3	307	538
云 南	3	111	1	2	1296	2736
西 藏						
陕 西	7	590	5	15	2136	2347
甘 肃	1	67			2313	
青 海	2	34		2	905	
宁 夏	2	316		4	2068	912
新 疆	2	349		5	165	87

Ⅰ.科技项目情况

1-Ⅰ-1 工业企业科技项目情况

行业	科技项目数（项）	参加项目人员（人）	科学家和工程师	项目经费内部支出（万元）
合计	**104547**	**1205648**	**820966**	**16474307**
按项目来源分组				
国家科技项目	5619	108068	71529	1338269
地方科技项目	7729	99619	69609	1628627
其他企业委托科技项目	5137	46703	30015	434526
本企业自选科技项目	81540	890033	608604	12129780
来自国外的科技项目	1487	20300	13608	419693
其它科技项目	3035	40925	27601	523412
按项目合作形式分组				
与国外合作	1985	33621	22095	745211
与国内高校合作	6754	90521	62433	1077092
与国内科研机构合作	5476	75863	51599	998465
与国内注册的外商独资企业合作	867	13615	8352	225569
与国内注册的其他企业合作	5505	56923	37284	660759
本企业所办科技机构为主自主完成	40508	474076	338795	6905417
由本企业有关部门组成联合攻关小组协作完成	39318	416971	272338	5195239
其他	4134	44058	28070	666556
按项目活动类型分组				
基础研究	505	5267	3567	74091
应用研究	6031	75465	54191	662371
试验发展	47105	569923	402917	8475900
研究与试验发展成果应用	50906	554993	360291	7261946
按项目技术经济目标分组				
开发全新产品	49721	546392	370506	8190325
增加原有产品的功能	10235	127516	88248	1646279
提高产品性能	16220	184895	125031	2333238
提高劳动生产率	10312	124842	84246	1591573
减少能源消耗	2864	39704	26398	509106
节省原材料	2043	21553	13969	212867
减少环境污染	2551	34631	21312	421069
其他	10601	126115	91256	1569851

1-I-2 分登记注册类型工业企业科技项目情况

行业	科技项目数（项）	参加项目人员（人）	科学家和工程师	项目经费内部支出（万元）
合计	**104547**	**1205648**	**820966**	**16474307**
国有及国有控股企业	52273	607530	431056	7712441
内资企业	87654	983317	670757	12126713
国有企业	16421	192034	134090	2054210
集体企业	2615	24276	15061	424452
股份合作企业	1641	13521	8138	118815
联营企业	553	5991	4441	93864
国有联营企业	317	4339	3281	74632
集体联营企业	37	269	222	1276
国有与集体联营企业	129	782	463	10976
其他联营企业	70	601	475	6981
有限责任公司	35660	394348	270858	4846694
国有独资公司	10684	120077	83509	1448858
其他有限责任公司	24976	274271	187349	3397836
股份有限公司	14196	201839	143136	2969624
私营企业	16541	150912	94794	1616105
私营独资企业	1238	9577	5555	95165
私营合伙企业	295	2404	1053	20207
私营有限责任公司	14137	129458	81810	1381559
私营股份有限公司	871	9473	6376	119174
其他企业	27	396	239	2950
港、澳、台商投资企业	6946	87321	55463	1371233
合资经营企业（港或澳、台资）	3976	48310	30838	728433
合作经营企业（港或澳、台资）	280	4133	2235	56458
港、澳、台商独资经营企业	1866	26283	16750	442840
港、澳、台商投资股份有限公司	824	8595	5640	143502
外商投资企业	9947	135010	94746	2976361
中外合资经营企业	6077	70566	48208	1529745
中外合作经营企业	410	3781	2782	62012
外资企业	2402	45707	34119	1126779
外商投资股份有限公司	1058	14956	9637	257825

1-I-3 分行业工业企业科技项目情况

行业	科技项目数（项）	参加项目人员（人）	科学家和工程师	项目经费内部支出（万元）
合计	**104547**	**1205648**	**820966**	**16474307**
采矿业	**6873**	**93993**	**67832**	**773861**
煤炭开采和洗选业	3170	55061	37292	433422
烟煤和无烟煤的开采洗选	3091	54570	36832	430845
褐煤的开采洗选	78	488	457	2577
其他煤炭采选	1	3	3	
石油和天然气开采业	2946	29321	24787	261599
天然原油和天然气开采	1818	18317	15850	217834
与石油和天然气开采有关的服务活动	1128	11004	8937	43766
黑色金属矿采选业	291	4099	2164	28210
铁矿采选	287	3777	2105	16416
其他黑色金属矿采选	4	322	59	11794
有色金属矿采选业	265	3508	2255	29117
常用有色金属矿采选	135	1428	994	7134
贵金属矿采选	91	1435	865	17858
稀有稀土金属矿采选	39	645	396	4126
非金属矿采选业	201	2004	1334	21513
土砂石开采	48	337	175	2066
化学矿采选	37	502	462	11475
采盐	101	1052	635	6953
石棉及其他非金属矿采选	15	113	62	1020
制造业	**93746**	**1071225**	**722500**	**15374602**
农副食品加工业	1364	16018	10148	168475
谷物磨制	149	1322	791	18724
饲料加工	255	2438	1824	28090
植物油加工	73	900	638	21294
制糖	69	1971	1117	11617
屠宰及肉类加工	341	4387	3001	48711
水产品加工	200	2417	1056	20737
蔬菜、水果和坚果加工	176	1719	1138	12756
其他农副食品加工	101	864	583	6546
食品制造业	1266	12611	7551	127189
焙烤食品制造	66	640	421	4465
糖果、巧克力及蜜饯制造	66	599	253	3234
方便食品制造	107	854	590	10541
液体乳及乳制品制造	278	2277	1879	32742
罐头制造	86	1817	460	4763
调味品、发酵制品制造	257	3553	1812	42492

1-I-3 续表 1

行业	科技项目数（项）	参加项目人员（人）	科学家和工程师	项目经费内部支出（万元）
其他食品制造	406	2871	2136	28952
饮料制造业	1154	13022	8059	217283
酒精制造	50	653	364	21078
酒的制造	839	9999	5971	133678
软饮料制造	189	1876	1387	58759
精制茶加工	76	494	337	3767
烟草制品业	630	4493	3175	92548
烟叶复烤	6	49	24	195
卷烟制造	602	4311	3099	90995
其他烟草制品加工	22	133	52	1358
纺织业	3921	45404	20849	471810
棉、化纤纺织及印染精加工	2386	27540	11213	227461
毛纺织和染整精加工	247	3756	1897	54647
麻纺织	68	1180	758	13167
丝绢纺织及精加工	311	3358	1548	38854
纺织制成品制造	436	4354	2397	55584
针织品、编织品及其制品制造	473	5216	3036	82097
纺织服装、鞋、帽制造业	680	9283	3454	89575
纺织服装制造	618	8981	3343	86043
纺织面料鞋的制造	53	210	78	1251
制帽	9	92	33	2281
皮革、毛皮、羽毛(绒)及其制品业	808	7478	2750	58421
皮革鞣制加工	72	1343	543	17667
皮革制品制造	706	5653	1905	37497
毛皮鞣制及制品加工	20	271	201	1909
羽毛(绒)加工及制品制造	10	211	101	1349
木材加工及木、竹、藤、棕、草制品业	299	3220	2062	52479
锯材、木片加工	23	217	140	2503
人造板制造	173	2328	1489	43111
木制品制造	65	464	302	4926
竹、藤、棕、草制品制造	38	211	131	1939
家具制造业	220	2275	1242	29552
木质家具制造	103	1034	547	4925
竹、藤家具制造	1	10	10	4
金属家具制造	85	1037	573	21812
塑料家具制造	17	46	33	1134
其他家具制造	14	148	79	1678
造纸及纸制品业	745	13112	7682	178228
纸浆制造	50	601	394	5784

1-I-3 续表 2

行业	科技项目数（项）	参加项目人员（人）	科学家和工程师	项目经费内部支出（万元）
造纸	536	10526	6246	147710
纸制品制造	159	1985	1042	24734
印刷业和记录媒介的复制	479	5218	3004	54892
印刷	414	4610	2603	49799
装订及其他印刷服务活动	43	395	218	2721
记录媒介的复制	22	213	183	2373
文教体育用品制造业	500	5237	3025	43884
文化用品制造	141	978	474	10184
体育用品制造	136	1697	902	13423
乐器制造	62	564	406	4580
玩具制造	120	1635	948	13736
游艺器材及娱乐用品制造	41	363	295	1961
石油加工、炼焦及核燃料加工业	1513	13852	9743	206965
精炼石油产品的制造	1375	11117	8173	148979
炼焦	127	2530	1381	53194
核燃料加工	11	205	189	4792
化学原料及化学制品制造业	8003	85545	55201	1372580
基础化学原料制造	1848	18591	12395	262270
肥料制造	776	15625	9319	275332
农药制造	695	7296	4620	98209
涂料、油墨、颜料及类似产品制造	1128	8480	5971	116752
合成材料制造	1268	15218	9262	367903
专用化学产品制造	1766	15183	10064	180283
日用化学产品制造	522	5152	3570	71832
医药制造业	6664	49012	37090	569943
化学药品原药制造	1483	13607	9922	161811
化学药品制剂制造	2164	13753	10447	176721
中药饮片加工	184	1780	1316	20565
中成药制造	1783	11557	8931	128707
兽用药品制造	203	1422	1012	9712
生物、生化制品的制造	708	5279	4243	53925
卫生材料及医药用品制造	139	1614	1219	18503
化学纤维制造业	722	10038	5930	196476
纤维素纤维原料及纤维制造	176	2940	1812	44920
合成纤维制造	546	7098	4118	151556
橡胶制品业	1601	11872	6596	173918
轮胎制造	526	4378	2723	107033
橡胶板、管、带的制造	203	2176	1327	19135
橡胶零件制造	205	1701	1044	15999

1-I-3 续表 3

行 业	科技项目数(项)	参加项目人员(人)	科学家和工程师	项目经费内部支出(万元)
再生橡胶制造	15	305	65	1701
日用及医用橡胶制品制造	65	643	330	2682
橡胶靴鞋制造	513	2008	700	22527
其他橡胶制品制造	74	661	407	4841
塑料制品业	1608	14767	9398	247793
塑料薄膜制造	338	2974	2059	72227
塑料板、管、型材的制造	445	4196	2896	68212
塑料丝、绳及编织品的制造	75	720	435	4105
泡沫塑料制造	70	666	331	6026
塑料人造革、合成革制造	70	842	503	15625
塑料包装箱及容器制造	139	1128	623	23931
塑料零件制造	213	2325	1432	34690
日用塑料制造	163	1098	595	10032
其他塑料制品制造	95	818	524	12946
非金属矿物制品业	2983	35984	21137	349472
水泥、石灰和石膏的制造	619	8138	3904	89821
水泥及石膏制品制造	208	2061	1305	18523
砖瓦、石材及其他建筑材料制造	280	2920	1724	31494
玻璃及玻璃制品制造	705	9407	5893	115960
陶瓷制品制造	488	4902	2838	38881
耐火材料制品制造	330	4361	2471	24200
石墨及其他非金属矿物制品制造	353	4195	3002	30593
黑色金属冶炼及压延加工业	4276	74047	51122	1701556
炼铁	221	3632	1870	30900
炼钢	504	11575	6932	320839
钢压延加工	3435	55481	40892	1322465
铁合金冶炼	116	3359	1428	27352
有色金属冶炼及压延加工业	2228	29172	18017	345723
常用有色金属冶炼	969	12892	7578	90457
贵金属冶炼	65	1110	731	15235
稀有稀土金属冶炼	221	2844	1903	26566
有色金属合金制造	190	1209	801	17680
有色金属压延加工	783	11117	7004	195787
金属制品业	2140	20170	13930	246996
结构性金属制品制造	437	5582	4140	56065
金属工具制造	395	3297	2226	46778
集装箱及金属包装容器制造	221	1437	947	23142
金属丝绳及其制品的制造	205	2663	1906	49275
建筑、安全用金属制品制造	280	2272	1301	17825

1-I-3 续表 4

行业	科技项目数（项）	参加项目人员（人）	科学家和工程师	项目经费内部支出（万元）
金属表面处理及热处理加工	102	713	393	18798
搪瓷制品制造	41	260	169	2371
不锈钢及类似日用金属制品制造	216	1396	870	13675
其他金属制品制造	243	2550	1978	19067
通用设备制造业	10803	99271	68366	941747
锅炉及原动机制造	1566	15020	10972	141416
金属加工机械制造	1774	17401	12197	154555
起重运输设备制造	886	10609	7201	116420
泵、阀门、压缩机及类似机械的制造	2023	15684	10455	143523
轴承、齿轮、传动和驱动部件的制造	1618	11802	7886	97838
烘炉、熔炉及电炉制造	38	483	357	3008
风机、衡器、包装设备等通用设备制造	1827	17859	12978	198886
通用零部件制造及机械修理	442	4338	2691	31449
金属铸、锻加工	629	6075	3629	54653
专用设备制造业	6822	73591	53628	736171
矿山、冶金、建筑专用设备制造	1649	18577	14341	195087
化工、木材、非金属加工专用设备制造	849	8955	6306	93625
食品、饮料、烟草及饲料生产专用设备制造	371	4229	2770	33336
印刷、制药、日化生产专用设备制造	454	4060	2613	36082
纺织、服装和皮革工业专用设备制造	750	7924	5325	99952
电子和电工机械专用设备制造	676	9024	7108	94452
农、林、牧、渔专用机械制造	538	8330	5673	59814
医疗仪器设备及器械制造	736	5353	4260	54912
环保、社会公共安全及其他专用设备制造	799	7139	5232	68911
交通运输设备制造业	10094	132267	88788	1723855
铁路运输设备制造	940	14619	10082	85667
汽车制造	6350	68138	49631	1117059
摩托车制造	978	9889	6384	132425
自行车制造	133	999	604	10513
船舶及浮动装置制造	650	8686	5765	112618
航空航天器制造	1018	29772	16197	264826
交通器材及其他交通运输设备制造	25	164	125	749
电气机械及器材制造业	9529	93321	64454	1468050
电机制造	1426	13825	9798	139683
输配电及控制设备制造	3377	31059	21027	356629
电线、电缆、光缆及电工器材制造	1039	12733	8077	235674
电池制造	571	5824	4206	85999
家用电力器具制造	2178	21568	16519	575092
非电力家用器具制造	147	1744	744	9458

1-I-3 续表 5

行　　业	科技项目数 (项)	参加项目人员 (人)	科学家和 工 程 师	项目经费 内部支出 (万元)
照明器具制造	550	4554	2606	48022
其他电气机械及器材制造	241	2014	1477	17494
通信设备、计算机及其他电子设备制造业	8198	151161	118433	3152727
通信设备制造	1857	50810	46987	1216209
雷达及配套设备制造	163	2187	1844	22159
广播电视设备制造	339	3415	2682	35796
电子计算机制造	1035	28769	24294	662170
电子器件制造	1620	21337	13550	357966
电子元件制造	1909	23692	14163	378867
家用视听设备制造	973	17490	12257	453294
其他电子设备制造	302	3461	2656	26267
仪器仪表及文化、办公用机械制造业	3789	30984	23045	285644
通用仪器仪表制造	2104	14538	11780	133523
专用仪器仪表制造	769	5648	4159	48010
钟表与计时仪器制造	190	1158	643	8414
光学仪器及眼镜制造	373	5514	3345	36007
文化、办公用机械制造	288	3593	2684	53830
其他仪器仪表的制造及修理	65	533	434	5861
工艺品及其他制造业	678	8646	4532	69399
工艺美术品制造	209	2974	1196	23112
日用杂品制造	120	922	501	9955
煤制品制造	1	10	10	19
核辐射加工	12	114	82	379
其他未列明的制造业	336	4626	2743	35934
废弃资源和废旧材料回收加工业	29	154	89	1252
金属废料和碎屑的加工处理	12	80	32	348
非金属废料和碎屑的加工处理	17	74	57	904
电力、燃气及水的生产和供应业	**3928**	**40430**	**30634**	**325844**
电力、热力的生产和供应业	3519	36421	27696	304765
电力生产	1380	16331	10676	154472
电力供应	2060	19421	16546	145626
热力生产和供应	79	669	474	4667
燃气生产和供应业	94	1246	1042	6349
水的生产和供应业	315	2763	1896	14730
自来水的生产和供应	280	2624	1778	13954
污水处理及其再生利用	22	108	89	587
其他水的处理、利用与分配	13	31	29	189

1-I-4 国有及国有控股制造业企业科技项目情况

行业	科技项目数（项）	参加项目人员（人）	科学家和工程师	项目经费内部支出（万元）
合计	**41923**	**478301**	**335805**	**6680377**
农副食品加工业	351	4073	2869	39914
食品制造业	261	3119	1640	22218
饮料制造业	425	5331	2965	96989
烟草制品业	618	4420	3119	90349
纺织业	1749	15813	6510	123982
纺织服装、鞋、帽制造业	67	424	180	1533
皮革、毛皮、羽毛(绒)及其制品业	16	104	86	274
木材加工及木、竹、藤、棕、草制品业	94	999	642	7611
家具制造业	32	604	427	14463
造纸及纸制品业	273	5899	3647	71325
印刷业和记录媒介的复制	266	2335	1476	18524
文教体育用品制造业	95	573	349	4312
石油加工、炼焦及核燃料加工业	1277	11083	8154	137241
化学原料及化学制品制造业	3465	41516	26884	660064
医药制造业	2435	17066	13016	173983
化学纤维制造业	448	5062	3146	110430
橡胶制品业	970	4232	2203	66447
塑料制品业	321	2736	2100	64063
非金属矿物制品业	1036	11147	7098	109397
黑色金属冶炼及压延加工业	3643	60709	43986	1364486
有色金属冶炼及压延加工业	1528	16499	10708	147058
金属制品业	575	5160	4275	55982
通用设备制造业	5209	44401	32468	428347
专用设备制造业	2888	35211	27262	347469
交通运输设备制造业	6291	92122	62134	1223614
电气机械及器材制造业	2437	20331	14987	224073
通信设备、计算机及其他电子设备制造业	3455	52280	42565	949504
仪器仪表及文化、办公用机械制造业	1383	10537	8267	92214
工艺品及其他制造业	315	4515	2642	34513

1-I-5 内资制造业企业科技项目情况

行　　业	科技项目数（项）	参加项目人员（人）	科学家和工程师	项目经费内部支出（万元）
合　计	**77126**	**851446**	**574193**	**11075650**
农副食品加工业	1125	13853	8742	145908
食品制造业	1052	9622	6162	107391
饮料制造业	914	10392	6380	132666
烟草制品业	628	4479	3161	92046
纺织业	3282	35541	16428	342050
纺织服装、鞋、帽制造业	485	6820	2630	63942
皮革、毛皮、羽毛(绒)及其制品业	639	5086	1856	34173
木材加工及木、竹、藤、棕、草制品业	241	2593	1709	43588
家具制造业	155	1638	862	11759
造纸及纸制品业	569	8740	5275	116032
印刷业和记录媒介的复制	386	3759	2230	39335
文教体育用品制造业	327	3068	1840	23159
石油加工、炼焦及核燃料加工业	1332	12665	8881	184052
化学原料及化学制品制造业	6876	75928	48774	1172697
医药制造业	5519	40471	30420	439212
化学纤维制造业	442	7408	4474	137184
橡胶制品业	1376	8948	5228	110717
塑料制品业	1235	10281	6717	166784
非金属矿物制品业	2515	30354	18088	267256
黑色金属冶炼及压延加工业	4045	69310	47969	1578937
有色金属冶炼及压延加工业	2008	25614	15839	284456
金属制品业	1727	16365	11578	187474
通用设备制造业	9258	83298	57811	747610
专用设备制造业	5982	65107	47592	615962
交通运输设备制造业	8334	110539	73328	1204967
电气机械及器材制造业	7723	73157	49906	1064406
通信设备、计算机及其他电子设备制造业	5360	85677	68497	1522934
仪器仪表及文化、办公用机械制造业	3025	22836	17680	177057
工艺品及其他制造业	543	7769	4071	61066

1-I-6 港澳台商投资制造业企业科技项目情况

行 业	科技项目数 (项)	参加项目人员 (人)	科学家和工程师	项目经费内部支出 (万元)
合 计	**6823**	**86025**	**54521**	**1335587**
农副食品加工业	113	1077	660	13282
食品制造业	101	628	465	6347
饮料制造业	45	682	385	12051
烟草制品业	2	14	14	503
纺织业	365	5381	2276	69147
纺织服装、鞋、帽制造业	116	1550	542	19583
皮革、毛皮、羽毛(绒)及其制品业	79	1152	409	8921
木材加工及木、竹、藤、棕、草制品业	34	336	190	4546
家具制造业	24	259	80	2322
造纸及纸制品业	66	1637	1137	14924
印刷业和记录媒介的复制	67	1145	570	11054
文教体育用品制造业	83	1203	537	8449
石油加工、炼焦及核燃料加工业	173	950	762	19145
化学原料及化学制品制造业	500	4329	2913	78182
医药制造业	474	3503	2615	48421
化学纤维制造业	229	1969	1076	50592
橡胶制品业	77	1094	448	17389
塑料制品业	215	2457	1566	38390
非金属矿物制品业	235	3020	1468	37791
黑色金属冶炼及压延加工业	168	3984	2595	80784
有色金属冶炼及压延加工业	75	1344	793	29053
金属制品业	222	2526	1480	40915
通用设备制造业	373	3152	2179	31989
专用设备制造业	303	3580	2478	51771
交通运输设备制造业	352	3744	2479	63523
电气机械及器材制造业	793	8768	6109	100637
通信设备、计算机及其他电子设备制造业	1164	21942	15578	429751
仪器仪表及文化、办公用机械制造业	311	4138	2451	40954
工艺品及其他制造业	63	451	258	4816

1-I-7 外商投资制造业企业科技项目情况

行业	科技项目数（项）	参加项目人员（人）	科学家和工程师	项目经费内部支出（万元）
合计	**9797**	**133754**	**93786**	**2963365**
农副食品加工业	126	1088	746	9284
食品制造业	113	2361	924	13451
饮料制造业	195	1948	1294	72566
烟草制品业				
纺织业	274	4482	2145	60613
纺织服装、鞋、帽制造业	79	913	282	6050
皮革、毛皮、羽毛(绒)及其制品业	90	1240	485	15326
木材加工及木、竹、藤、棕、草制品业	24	291	163	4344
家具制造业	41	378	300	15472
造纸及纸制品业	110	2735	1270	47272
印刷业和记录媒介的复制	26	314	204	4503
文教体育用品制造业	90	966	648	12275
石油加工、炼焦及核燃料加工业	8	237	100	3768
化学原料及化学制品制造业	627	5288	3514	121701
医药制造业	671	5038	4055	82310
化学纤维制造业	51	661	380	8700
橡胶制品业	148	1830	920	45812
塑料制品业	158	2029	1115	42619
非金属矿物制品业	233	2610	1581	44425
黑色金属冶炼及压延加工业	63	753	558	41836
有色金属冶炼及压延加工业	145	2214	1385	32213
金属制品业	191	1279	872	18608
通用设备制造业	1172	12821	8376	162148
专用设备制造业	537	4904	3558	68438
交通运输设备制造业	1408	17984	12981	455365
电气机械及器材制造业	1013	11396	8439	303006
通信设备、计算机及其他电子设备制造业	1674	43542	34358	1200042
仪器仪表及文化、办公用机械制造业	453	4010	2914	67634
工艺品及其他制造业	72	426	203	3518

1-I-8 各地区工业企业科技项目情况

地　区	科技项目数 (项)	参加项目人员 (人)	科学家和工程师	项目经费内部支出 (万元)
全　国	**104547**	**1205648**	**820966**	**16474307**
东部地区	66722	760320	513921	11956982
中部地区	21424	261342	179738	2599497
西部地区	16401	183986	127307	1917828
东北地区	8369	104866	79346	1387949
北　京	4388	37017	30548	503349
天　津	2508	24312	16039	410036
河　北	3769	41241	29681	411562
山　西	2254	33579	22104	347711
内蒙古	745	10494	7726	95293
辽　宁	3963	67406	48505	983698
吉　林	1082	13053	10958	174925
黑龙江	3324	24407	19883	229326
上　海	6114	48703	36070	1315439
江　苏	12182	160623	96849	2758035
浙　江	13640	112648	67809	1543767
安　徽	2986	34405	21800	567325
福　建	2552	35755	23018	550531
江　西	1498	19859	12612	142285
山　东	9900	105006	69145	1481516
河　南	4830	58725	38487	538432
湖　北	3212	42958	30088	341547
湖　南	2238	34356	23806	257946
广　东	7504	126325	95163	1985687
广　西	1224	14082	9430	185617
海　南	202	1284	1094	13363
重　庆	2886	24654	18138	264216
四　川	4445	55896	37532	516111
贵　州	970	11091	8097	100080
云　南	1169	12202	7474	134016
西　藏	4	66	66	153
陕　西	2138	28868	19318	384024
甘　肃	1023	12326	8375	72804
青　海	219	2565	1932	20418
宁　夏	549	4036	2923	43259
新　疆	1029	7706	6296	101837

1-I-9 各地区国有及国有控股工业企业科技项目情况

地区	科技项目数（项）	参加项目人员（人）	科学家和工程师	项目经费内部支出（万元）
全国	**52273**	**607530**	**431056**	**7712441**
东部地区	26823	305963	219126	4591015
中部地区	14001	175660	122889	1811740
西部地区	11449	125907	89041	1309686
东北地区	6366	82183	63428	1164993
北京	2468	21933	17654	246771
天津	1711	15316	10559	237764
河北	2744	30749	22649	329296
山西	1855	28544	18795	291551
内蒙古	517	7262	5353	48694
辽宁	2747	52226	38187	825836
吉林	703	9374	8258	139535
黑龙江	2916	20583	16983	199621
上海	4044	29784	21925	633059
江苏	3588	45924	28243	667631
浙江	1135	11631	8272	191397
安徽	1600	19743	12961	377934
福建	829	11686	8346	167297
江西	1033	14793	8934	100917
山东	5593	51239	35134	742589
河南	2871	35317	23821	338662
湖北	1825	27418	18618	216992
湖南	1198	19888	14519	146527
广东	1869	34782	27548	542495
广西	702	7562	5472	138253
海南	95	693	609	6880
重庆	1807	16248	12232	172091
四川	2644	30767	21153	231780
贵州	800	9680	6971	87833
云南	906	8842	5698	104009
西藏	2	26	26	68
陕西	1778	24670	16107	347758
甘肃	809	9709	6899	51048
青海	196	2136	1678	18966
宁夏	397	2478	1868	26120
新疆	891	6527	5584	83068

1-I-10 各地区内资工业企业科技项目情况

地 区	科技项目数 (项)	参加项目人员 (人)	科学家和工程师	项目经费内部支出 (万元)
全 国	**87654**	**983317**	**670757**	**12126713**
东部地区	52341	569879	385425	8076546
中部地区	19816	240839	165278	2308573
西部地区	15497	172599	120054	1741594
东北地区	7771	98041	74173	1271980
北 京	3715	30285	24969	337914
天 津	2112	18181	12681	269445
河 北	3403	37607	27324	380887
山 西	2207	32815	21600	334930
内蒙古	679	9637	7206	67315
辽 宁	3624	62508	44922	900183
吉 林	1044	12698	10674	172159
黑龙江	3103	22835	18577	199638
上 海	3594	25784	18837	366369
江 苏	9425	120415	71296	1909952
浙 江	11117	87491	52072	1102780
安 徽	2738	31457	19936	515660
福 建	1492	17654	11533	215439
江 西	1370	18204	11580	129573
山 东	9228	94399	63558	1344377
河 南	4413	54031	35433	474305
湖 北	2849	37213	25572	264849
湖 南	2092	31586	21906	217458
广 东	4454	74352	57211	1236850
广 西	1121	11155	7988	138986
海 南	177	1203	1022	12352
重 庆	2637	22327	16298	231632
四 川	4268	53112	35816	470099
贵 州	945	10920	7944	98490
云 南	1089	11733	7155	128386
西 藏	4	66	66	153
陕 西	2006	28074	18679	379455
甘 肃	1017	12077	8246	69927
青 海	211	2472	1861	17607
宁 夏	498	3605	2643	39712
新 疆	1022	7421	6152	99834

1-I-11 各地区港澳台商投资工业企业科技项目情况

地 区	科技项目数（项）	参加项目人员（人）	科学家和工程师	项目经费内部支出（万元）
全 国	**6946**	**87321**	**55463**	**1371233**
东部地区	6080	77136	48483	1260130
中部地区	549	6959	4762	92389
西部地区	317	3226	2218	18715
东北地区	126	1890	1400	13597
北 京	185	1924	1766	80644
天 津	64	922	407	8947
河 北	141	2477	1334	18161
山 西	27	282	180	3824
内蒙古	5	68	25	103
辽 宁	106	1310	836	12160
吉 林	8	73	67	782
黑龙江	12	507	497	656
上 海	628	5338	3634	128741
江 苏	1171	15197	8830	291744
浙 江	1157	10858	6195	166313
安 徽	61	685	467	21329
福 建	594	11173	7187	159041
江 西	32	355	294	7865
山 东	191	2348	1284	13465
河 南	208	2337	1308	25130
湖 北	91	1227	937	15621
湖 南	110	1493	1012	17182
广 东	1835	25555	16985	380364
广 西	51	584	372	3514
海 南	8	34	25	550
重 庆	132	1200	970	5248
四 川	43	584	377	4701
贵 州	13	63	52	371
云 南	41	288	153	3188
西 藏				
陕 西	21	184	154	623
甘 肃	4	182	62	564
青 海	6	55	35	282
宁 夏				
新 疆	1	18	18	120

1-I-12 各地区外商投资工业企业科技项目情况

地区	科技项目数 (项)	参加项目人员 (人)	科学家和 工程师	项目经费 内部支出 (万元)
全国	**9947**	**135010**	**94746**	**2976361**
东部地区	8301	113305	80013	2620306
中部地区	1059	13544	9698	198536
西部地区	587	8161	5035	157520
东北地区	472	4935	3773	102372
北京	488	4808	3813	84790
天津	332	5209	2951	131645
河北	225	1157	1023	12514
山西	20	482	324	8957
内蒙古	61	789	495	27875
辽宁	233	3588	2747	71356
吉林	30	282	217	1983
黑龙江	209	1065	809	29033
上海	1892	17581	13599	820329
江苏	1586	25011	16723	556339
浙江	1366	14299	9542	274675
安徽	187	2263	1397	30336
福建	466	6928	4298	176051
江西	96	1300	738	4846
山东	481	8259	4303	123674
河南	209	2357	1746	38997
湖北	272	4518	3579	61077
湖南	36	1277	888	23307
广东	1215	26418	20967	368472
广西	52	2343	1070	43117
海南	17	47	47	461
重庆	117	1127	870	27336
四川	134	2200	1339	41311
贵州	12	108	101	1219
云南	39	181	166	2442
西藏				
陕西	111	610	485	3947
甘肃	2	67	67	2313
青海	2	38	36	2530
宁夏	51	431	280	3547
新疆	6	267	126	1884

1-I-13 分登记注册类型大中型工业企业科技项目情况

行　　业	科技项目数(项)	参加项目人员(人)	科学家和工程师	项目经费内部支出(万元)
合计	**67827**	**925715**	**634593**	**13804155**
国有及国有控股企业	45295	557550	395778	7323545
内资企业	57976	758411	520839	10158618
国有企业	13665	173542	121401	1961909
集体企业	1550	16200	10461	348782
股份合作企业	386	5530	3175	53956
联营企业	317	4453	3317	81896
国有联营企业	241	3885	2926	70767
集体联营企业	2	82	82	87
国有与集体联营企业	71	393	248	8430
其他联营企业	3	93	61	2614
有限责任公司	25370	314040	215486	4102068
国有独资公司	10353	117275	81311	1410209
其他有限责任公司	15017	196765	134175	2691859
股份有限公司	12726	187203	131815	2841188
私营企业	3954	57198	35066	766475
私营独资企业	139	2124	1357	32721
私营合伙企业	28	770	280	8847
私营有限责任公司	3459	49715	30370	658446
私营股份有限公司	328	4589	3059	66462
其他企业	8	245	118	2343
港、澳、台商投资企业	3963	62622	39967	1105643
合资经营企业（港或澳、台资）	2122	33768	21535	558472
合作经营企业（港或澳、台资）	122	2641	1363	48954
港、澳、台商独资经营企业	956	18071	11816	363333
港、澳、台商投资股份有限公司	763	8142	5253	134885
外商投资企业	5888	104682	73787	2539894
中外合资经营企业	3454	51497	35167	1248243
中外合作经营企业	143	1971	1557	37394
外资企业	1289	36954	27905	1000024
外商投资股份有限公司	1002	14260	9158	254234

1-I-14 分行业大中型工业企业科技项目情况

行业	科技项目数(项)	参加项目人员(人)	科学家和工程师	项目经费内部支出(万元)
合计	**67827**	**925715**	**634593**	**13804155**
采矿业	**6670**	**92249**	**66844**	**755064**
煤炭开采和洗选业	3126	54457	37048	431364
烟煤和无烟煤的开采洗选	3048	53969	36591	428788
褐煤的开采洗选	78	488	457	2577
其他煤炭采选				
石油和天然气开采业	2897	29062	24538	251183
天然原油和天然气开采	1777	18116	15651	208088
与石油和天然气开采有关的服务活动	1120	10946	8887	43095
黑色金属矿采选业	277	3960	2078	27283
铁矿采选	273	3638	2019	15490
其他黑色金属矿采选	4	322	59	11794
有色金属矿采选业	224	3203	2086	26688
常用有色金属矿采选	107	1238	880	5405
贵金属矿采选	86	1389	835	17567
稀有稀土金属矿采选	31	576	371	3717
非金属矿采选业	146	1567	1094	18545
土砂石开采	16	101	62	969
化学矿采选	34	472	450	11455
采盐	93	950	555	5827
石棉及其他非金属矿采选	3	44	27	294
制造业	**57575**	**796389**	**539243**	**12750153**
农副食品加工业	545	9414	5723	86503
谷物磨制	39	425	277	5544
饲料加工	21	447	310	2446
植物油加工	23	426	310	6501
制糖	63	1904	1053	11172
屠宰及肉类加工	254	3746	2560	42869
水产品加工	60	1292	474	7813
蔬菜、水果和坚果加工	66	854	556	7031
其他农副食品加工	19	320	183	3127
食品制造业	634	8032	4362	91758
焙烤食品制造	28	297	198	2620
糖果、巧克力及蜜饯制造	26	288	84	1318
方便食品制造	74	526	374	9368
液体乳及乳制品制造	204	1774	1454	29494
罐头制造	41	1456	239	1702
调味品、发酵制品制造	154	2617	1273	32804

1-I-14 续表 1

行　　业	科技项目数（项）	参加项目人员（人）	科学家和工程师	项目经费内部支出（万元）
其他食品制造	107	1074	740	14452
饮料制造业	837	10436	6460	200184
酒精制造	39	561	279	20000
酒的制造	698	8673	5277	126320
软饮料制造	88	1135	851	53553
精制茶加工	12	67	53	310
烟草制品业	613	4368	3084	91775
烟叶复烤	1	9	9	130
卷烟制造	593	4246	3037	90584
其他烟草制品加工	19	113	38	1061
纺织业	2683	35345	16023	388443
棉、化纤纺织及印染精加工	1969	23405	9320	196477
毛纺织和染整精加工	180	3249	1694	50836
麻纺织	45	979	622	11325
丝绢纺织及精加工	128	1948	861	26072
纺织制成品制造	149	2392	1301	41102
针织品、编织品及其制品制造	212	3372	2225	62631
纺织服装、鞋、帽制造业	295	6526	2750	73910
纺织服装制造	280	6395	2720	71434
纺织面料鞋的制造	10	51	4	246
制帽	5	80	26	2230
皮革、毛皮、羽毛(绒)及其制品业	163	4133	1727	37094
皮革鞣制加工	25	646	266	12698
皮革制品制造	123	3135	1238	23045
毛皮鞣制及制品加工	10	189	140	546
羽毛(绒)加工及制品制造	5	163	83	805
木材加工及木、竹、藤、棕、草制品业	124	1853	1245	40305
锯材、木片加工	19	188	118	1920
人造板制造	89	1511	1013	36477
木制品制造	15	122	104	1748
竹、藤、棕、草制品制造	1	32	10	160
家具制造业	82	1397	788	22763
木质家具制造	32	540	278	1597
竹、藤家具制造				
金属家具制造	46	801	471	19339
塑料家具制造	1	8	8	640
其他家具制造	3	48	31	1187
造纸及纸制品业	487	11098	6530	152291
纸浆制造	48	582	394	5766

1-I-14 续表 2

行业	科技项目数（项）	参加项目人员（人）	科学家和工程师	项目经费内部支出（万元）
造纸	398	9435	5593	132780
纸制品制造	41	1081	543	13745
印刷业和记录媒介的复制	243	3081	1709	28329
印刷	205	2800	1538	26282
装订及其他印刷服务活动	35	241	131	1432
记录媒介的复制	3	40	40	615
文教体育用品制造业	206	3600	2094	29269
文化用品制造	36	536	284	4967
体育用品制造	73	1343	647	10641
乐器制造	31	369	241	2861
玩具制造	56	1158	728	9979
游艺器材及娱乐用品制造	10	194	194	821
石油加工、炼焦及核燃料加工业	1374	13108	9257	193028
精炼石油产品的制造	1240	10417	7713	135259
炼焦	123	2486	1355	52976
核燃料加工	11	205	189	4792
化学原料及化学制品制造业	4392	58819	37006	1096699
基础化学原料制造	1205	13303	9128	207720
肥料制造	662	14538	8635	262198
农药制造	360	4995	2776	76970
涂料、油墨、颜料及类似产品制造	360	3563	2591	67040
合成材料制造	795	11596	6924	319201
专用化学产品制造	700	7247	4481	103325
日用化学产品制造	310	3577	2471	60245
医药制造业	3721	29270	22339	382704
化学药品原药制造	927	10007	7388	125601
化学药品制剂制造	1316	8809	6638	123330
中药饮片加工	62	749	598	7530
中成药制造	1122	6626	5221	91169
兽用药品制造	62	516	382	3405
生物、生化制品的制造	188	1711	1437	20512
卫生材料及医药用品制造	44	852	675	11156
化学纤维制造业	586	8672	5161	179064
纤维素纤维原料及纤维制造	163	2826	1741	43937
合成纤维制造	423	5846	3420	135127
橡胶制品业	1186	8516	4738	148476
轮胎制造	498	4157	2611	105425
橡胶板、管、带的制造	94	1047	796	8917
橡胶零件制造	55	598	356	7137

1-I-14 续表 3

行　　业	科技项目数（项）	参加项目人员（人）	科学家和工程师	项目经费内部支出（万元）
再生橡胶制造	3	226	18	758
日用及医用橡胶制品制造	41	428	222	1311
橡胶靴鞋制造	476	1821	634	21835
其他橡胶制品制造	19	239	101	3094
塑料制品业	589	7773	4987	157866
塑料薄膜制造	193	1915	1377	49801
塑料板、管、型材的制造	154	1908	1375	44306
塑料丝、绳及编织品的制造	36	422	276	2082
泡沫塑料制造	18	266	71	2236
塑料人造革、合成革制造	33	527	322	10089
塑料包装箱及容器制造	34	486	247	12706
塑料零件制造	53	1387	774	24700
日用塑料制造	49	534	315	5110
其他塑料制品制造	19	328	230	6837
非金属矿物制品业	1621	24070	14353	266664
水泥、石灰和石膏的制造	449	6285	3118	79820
水泥及石膏制品制造	62	790	590	9468
砖瓦、石材及其他建筑材料制造	82	999	623	16140
玻璃及玻璃制品制造	500	7644	4922	99132
陶瓷制品制造	183	2243	1507	28631
耐火材料制品制造	162	3221	1540	15896
石墨及其他非金属矿物制品制造	183	2888	2053	17578
黑色金属冶炼及压延加工业	4021	70494	49477	1649668
炼铁	205	3514	1793	30219
炼钢	488	10965	6744	308780
钢压延加工	3258	53522	39819	1287051
铁合金冶炼	70	2493	1121	23619
有色金属冶炼及压延加工业	1674	24006	14738	273028
常用有色金属冶炼	889	11894	6954	79431
贵金属冶炼	52	1017	668	13992
稀有稀土金属冶炼	117	2027	1365	17792
有色金属合金制造	126	619	460	6233
有色金属压延加工	490	8449	5291	155581
金属制品业	1089	12664	9228	179778
结构性金属制品制造	222	3766	2941	43888
金属工具制造	205	2037	1457	35226
集装箱及金属包装容器制造	118	896	587	14644
金属丝绳及其制品的制造	120	1843	1421	40763
建筑、安全用金属制品制造	124	1333	730	9526

1-I-14 续表 4

行　　业	科技项目数 (项)	参加项目人员 (人)	科学家和 工 程 师	项目经费 内部支出 (万元)
金属表面处理及热处理加工	12	218	99	14673
搪瓷制品制造	4	69	61	1467
不锈钢及类似日用金属制品制造	122	639	459	8279
其他金属制品制造	162	1863	1473	11312
通用设备制造业	6892	69839	49229	701181
锅炉及原动机制造	1324	12470	9262	128770
金属加工机械制造	1147	11861	8523	105606
起重运输设备制造	670	8814	5955	100312
泵、阀门、压缩机及类似机械的制造	1013	9241	6390	94508
轴承、齿轮、传动和驱动部件的制造	1335	9364	6462	75076
烘炉、熔炉及电炉制造	2	14	14	110
风机、衡器、包装设备等通用设备制造	931	11962	8833	141841
通用零部件制造及机械修理	171	2830	1758	19634
金属铸、锻加工	299	3283	2032	35325
专用设备制造业	3503	46097	34291	515759
矿山、冶金、建筑专用设备制造	1180	14657	11476	165091
化工、木材、非金属加工专用设备制造	354	4478	3165	60821
食品、饮料、烟草及饲料生产专用设备制造	131	2030	1339	19839
印刷、制药、日化生产专用设备制造	211	1924	1346	21608
纺织、服装和皮革工业专用设备制造	406	4990	3445	75227
电子和电工机械专用设备制造	374	6615	5143	74510
农、林、牧、渔专用机械制造	372	6809	4713	51091
医疗仪器设备及器械制造	209	1907	1604	18270
环保、社会公共安全及其他专用设备制造	266	2687	2060	29303
交通运输设备制造业	7763	115812	78111	1548586
铁路运输设备制造	731	13288	9143	73069
汽车制造	4808	56790	42265	987564
摩托车制造	656	8153	5303	117563
自行车制造	36	470	288	3447
船舶及浮动装置制造	571	7824	5261	104890
航空航天器制造	961	29287	15851	262053
交通器材及其他交通运输设备制造				
电气机械及器材制造业	5701	65327	45459	1160214
电机制造	938	10956	7795	101918
输配电及控制设备制造	1759	18648	12085	237345
电线、电缆、光缆及电工器材制造	547	8548	5458	162463
电池制造	367	3810	2804	60776
家用电力器具制造	1770	18794	14898	553585
非电力家用器具制造	70	1272	430	6373

1-I-14 续表 5

行业	科技项目数（项）	参加项目人员（人）	科学家和工程师	项目经费内部支出（万元）
照明器具制造	174	2444	1373	29552
其他电气机械及器材制造	76	855	616	8201
通信设备、计算机及其他电子设备制造业	4726	120576	94263	2845320
通信设备制造	1039	42660	40050	1123854
雷达及配套设备制造	132	1809	1642	19335
广播电视设备制造	108	1402	1082	20041
电子计算机制造	490	23658	19730	606900
电子器件制造	900	15718	9025	293258
电子元件制造	1186	18044	10699	330903
家用视听设备制造	799	16035	11065	442116
其他电子设备制造	72	1250	970	8913
仪器仪表及文化、办公用机械制造业	1422	15330	10702	157101
通用仪器仪表制造	719	5302	4217	51520
专用仪器仪表制造	227	2387	1563	24419
钟表与计时仪器制造	108	626	368	3670
光学仪器及眼镜制造	202	4255	2505	29166
文化、办公用机械制造	165	2740	2029	46501
其他仪器仪表的制造及修理	1	20	20	1825
工艺品及其他制造业	401	6721	3404	52384
工艺美术品制造	69	1873	627	11715
日用杂品制造	66	673	377	7286
煤制品制造				
核辐射加工				
其他未列明的制造业	266	4175	2400	33383
废弃资源和废旧材料回收加工业	2	12	5	10
金属废料和碎屑的加工处理	2	12	5	10
非金属废料和碎屑的加工处理				
电力、燃气及水的生产和供应业	**3582**	**37077**	**28506**	**298938**
电力、热力的生产和供应业	3246	33612	25964	280923
电力生产	1235	14554	9674	136219
电力供应	1957	18547	15917	140865
热力生产和供应	54	511	373	3839
燃气生产和供应业	88	1214	1014	6211
水的生产和供应业	248	2251	1528	11804
自来水的生产和供应	232	2209	1494	11535
污水处理及其再生利用	16	42	34	269
其他水的处理、利用与分配				

1-I-15 国有及国有控股大中型制造业企业科技项目情况

行业	科技项目数(项)	参加项目人员(人)	科学家和工程师	项目经费内部支出(万元)
合计	**35280**	**431549**	**302570**	**6317235**
农副食品加工业	267	3184	2364	26368
食品制造业	172	2546	1213	19681
饮料制造业	377	4892	2728	95596
烟草制品业	604	4311	3041	89615
纺织业	1572	14250	5674	117723
纺织服装、鞋、帽制造业	58	367	152	1364
皮革、毛皮、羽毛(绒)及其制品业	10	89	77	259
木材加工及木、竹、藤、棕、草制品业	67	711	471	5752
家具制造业	8	377	343	13861
造纸及纸制品业	245	5684	3541	70575
印刷业和记录媒介的复制	188	1755	1062	11635
文教体育用品制造业	52	424	232	2774
石油加工、炼焦及核燃料加工业	1232	10959	8074	135080
化学原料及化学制品制造业	2948	37848	24191	629373
医药制造业	1807	13749	10397	150381
化学纤维制造业	420	4897	3013	108951
橡胶制品业	895	3777	1915	64863
塑料制品业	190	1838	1462	53313
非金属矿物制品业	780	9179	5979	96292
黑色金属冶炼及压延加工业	3599	59779	43529	1355796
有色金属冶炼及压延加工业	1344	15263	9962	134868
金属制品业	407	4096	3490	51064
通用设备制造业	4514	39143	28794	384697
专用设备制造业	2196	30124	23293	314028
交通运输设备制造业	5716	88233	59488	1191894
电气机械及器材制造业	1915	16709	12495	199051
通信设备、计算机及其他电子设备制造业	2628	46121	37880	895789
仪器仪表及文化、办公用机械制造业	807	7097	5345	63776
工艺品及其他制造业	262	4147	2365	32818

1-I-16 内资大中型制造业企业科技项目情况

行　　业	科技项目数（项）	参加项目人员（人）	科学家和工程师	项目经费内部支出（万元）
合　计	**47912**	**630873**	**426865**	**9141486**
农副食品加工业	471	8606	5245	77804
食品制造业	506	5737	3442	77758
饮料制造业	639	8209	4967	118517
烟草制品业	611	4354	3070	91273
纺织业	2345	27747	12737	281893
纺织服装、鞋、帽制造业	214	5206	2219	54871
皮革、毛皮、羽毛(绒)及其制品业	87	2582	1143	19171
木材加工及木、竹、藤、棕、草制品业	112	1621	1132	34760
家具制造业	50	924	475	5905
造纸及纸制品业	348	7022	4340	98065
印刷业和记录媒介的复制	194	2095	1256	17255
文教体育用品制造业	103	1845	1151	14974
石油加工、炼焦及核燃料加工业	1206	12031	8475	171995
化学原料及化学制品制造业	3931	53778	33654	959997
医药制造业	3188	25069	18997	303182
化学纤维制造业	337	6458	3923	126880
橡胶制品业	1041	6186	3696	94251
塑料制品业	410	4927	3361	103044
非金属矿物制品业	1422	20765	12505	205161
黑色金属冶炼及压延加工业	3828	66371	46638	1541019
有色金属冶炼及压延加工业	1520	21322	13091	229761
金属制品业	878	10208	7707	139501
通用设备制造业	5944	58080	41541	550150
专用设备制造业	3184	42530	31567	451215
交通运输设备制造业	6475	97223	64745	1082415
电气机械及器材制造业	4621	50326	34316	838876
通信设备、计算机及其他电子设备制造业	2824	63558	50873	1320765
仪器仪表及文化、办公用机械制造业	1085	9871	7451	83874
工艺品及其他制造业	336	6210	3143	47146

1-I-17 港澳台商投资大中型制造业企业科技项目情况

行业	科技项目数（项）	参加项目人员（人）	科学家和工程师	项目经费内部支出（万元）
合计	**3890**	**61773**	**39313**	**1077049**
农副食品加工业	29	429	243	5692
食品制造业	64	338	265	4063
饮料制造业	28	447	284	10812
烟草制品业	2	14	14	503
纺织业	193	3830	1552	54519
纺织服装、鞋、帽制造业	68	929	411	16747
皮革、毛皮、羽毛(绒)及其制品业	38	756	224	6393
木材加工及木、竹、藤、棕、草制品业	9	164	85	3291
家具制造业	14	184	46	1907
造纸及纸制品业	44	1452	1006	8729
印刷业和记录媒介的复制	34	814	369	8191
文教体育用品制造业	39	960	421	6257
石油加工、炼焦及核燃料加工业	164	884	708	17862
化学原料及化学制品制造业	219	2267	1649	58741
医药制造业	215	1748	1341	27549
化学纤维制造业	209	1781	957	47334
橡胶制品业	60	980	379	16432
塑料制品业	112	1552	972	26455
非金属矿物制品业	90	1849	875	29171
黑色金属冶炼及压延加工业	148	3555	2374	72916
有色金属冶炼及压延加工业	55	1096	638	27453
金属制品业	122	1785	1027	30301
通用设备制造业	204	1793	1344	18777
专用设备制造业	132	1547	1281	31854
交通运输设备制造业	228	2757	1832	50748
电气机械及器材制造业	472	6789	4755	82810
通信设备、计算机及其他电子设备制造业	715	17742	12397	376045
仪器仪表及文化、办公用机械制造业	147	3017	1675	31735
工艺品及其他制造业	36	314	189	3763

1-I-18 外商投资大中型制造业企业科技项目情况

行业	科技项目数(项)	参加项目人员(人)	科学家和工程师	项目经费内部支出(万元)
合计	**5773**	**103743**	**73065**	**2531619**
农副食品加工业	45	379	235	3008
食品制造业	64	1957	655	9937
饮料制造业	170	1780	1209	70855
烟草制品业				
纺织业	145	3768	1734	52031
纺织服装、鞋、帽制造业	13	391	120	2292
皮革、毛皮、羽毛(绒)及其制品业	38	795	360	11531
木材加工及木、竹、藤、棕、草制品业	3	68	28	2254
家具制造业	18	289	267	14952
造纸及纸制品业	95	2624	1184	45497
印刷业和记录媒介的复制	15	172	84	2882
文教体育用品制造业	64	795	522	8038
石油加工、炼焦及核燃料加工业	4	193	74	3170
化学原料及化学制品制造业	242	2774	1703	77962
医药制造业	318	2453	2001	51972
化学纤维制造业	40	433	281	4850
橡胶制品业	85	1350	663	37792
塑料制品业	67	1294	654	28368
非金属矿物制品业	109	1456	973	32332
黑色金属冶炼及压延加工业	45	568	465	35733
有色金属冶炼及压延加工业	99	1588	1009	15814
金属制品业	89	671	494	9977
通用设备制造业	744	9966	6344	132254
专用设备制造业	187	2020	1443	32690
交通运输设备制造业	1060	15832	11534	415424
电气机械及器材制造业	608	8212	6388	238529
通信设备、计算机及其他电子设备制造业	1187	39276	30993	1148509
仪器仪表及文化、办公用机械制造业	190	2442	1576	41492
工艺品及其他制造业	29	197	72	1475

1-I-19 各地区大中型工业企业科技项目情况

地　区	科技项目数 (项)	参加项目人员 (人)	科学家和 工程师	项目经费 内部支出 (万元)
全　国	**67827**	**925715**	**634593**	**13804155**
东部地区	39395	562353	383278	9803182
中部地区	15906	211156	145464	2289232
西部地区	12526	152206	105851	1711741
东北地区	6697	90705	68518	1263948
北　京	1739	21023	17141	306609
天　津	1548	17317	11284	348759
河　北	3188	36386	26371	383295
山　西	1973	30781	20050	323991
内蒙古	626	9663	7067	88535
辽　宁	2996	58919	42019	897782
吉　林	747	10256	8869	158903
黑龙江	2954	21530	17630	207264
上　海	3935	36240	27074	1131774
江　苏	7192	117328	69581	2190730
浙　江	4859	61372	39030	993612
安　徽	2185	28398	17842	509152
福　建	1461	25750	16295	418951
江　西	1130	16395	10127	120968
山　东	8349	90303	58809	1392220
河　南	3542	47001	31529	480073
湖　北	2126	32954	22531	279593
湖　南	1249	23841	16886	209289
广　东	4063	97011	75054	1732910
广　西	812	10986	7372	169453
海　南	65	704	620	6542
重　庆	2260	21567	16123	244440
四　川	3283	44971	30174	431886
贵　州	668	9154	6655	88325
云　南	831	9555	5850	108043
西　藏	1	6	6	61
陕　西	1694	24963	16336	368428
甘　肃	710	8903	6339	60691
青　海	201	2117	1726	18974
宁　夏	489	3294	2425	37508
新　疆	951	7027	5778	95398

1-I-20 各地区国有及国有控股大中型工业企业科技项目情况

地 区	科技项目数 (项)	参加项目人员 (人)	科学家和工程师	项目经费内部支出 (万元)
全 国	**45295**	**557550**	**395778**	**7323545**
东部地区	22514	277847	198851	4312486
中部地区	12700	164342	115004	1752688
西部地区	10081	115361	81923	1258372
东北地区	5894	78236	60547	1121704
北 京	1436	15904	12685	177775
天 津	1242	12271	8463	217304
河 北	2576	29181	21609	322624
山 西	1790	28001	18414	288512
内蒙古	481	6995	5116	46426
辽 宁	2489	49995	36619	791069
吉 林	591	8421	7577	136296
黑龙江	2814	19820	16351	194340
上 海	3116	25393	18805	578637
江 苏	3306	43646	26647	644341
浙 江	824	9817	7016	169412
安 徽	1478	18899	12347	370015
福 建	686	10708	7669	156889
江 西	895	13540	8133	94336
山 东	5281	48725	33353	730552
河 南	2610	33201	22553	329484
湖 北	1560	24880	16606	203209
湖 南	962	17580	13023	136497
广 东	1514	31713	25547	518976
广 西	575	6710	4938	135912
海 南	44	494	438	4906
重 庆	1636	15422	11684	167027
四 川	2386	28341	19537	217923
贵 州	606	8511	6149	83020
云 南	744	7849	5047	92297
西 藏	1	6	6	61
陕 西	1553	22900	14883	342364
甘 肃	654	7946	5775	47307
青 海	193	1982	1607	18552
宁 夏	390	2411	1813	25694
新 疆	862	6288	5368	81789

1-I-21 各地区内资大中型工业企业科技项目情况

地　区	科技项目数（项）	参加项目人员（人）	科学家和工程师	项目经费内部支出（万元）
全　国	**57976**	**758411**	**520839**	**10158618**
东部地区	31223	419207	286040	6543164
中部地区	14827	195504	134309	2043270
西部地区	11926	143700	100490	1572183
东北地区	6289	85771	64843	1165565
北　京	1487	16787	13607	188152
天　津	1340	12883	8957	224589
河　北	2902	33218	24389	356102
山　西	1936	30200	19653	317080
内蒙古	571	8929	6607	61637
辽　宁	2794	55485	39604	828819
吉　林	741	10139	8782	157829
黑龙江	2754	20147	16457	178917
上　海	2232	17801	13084	276380
江　苏	5635	87292	51050	1501256
浙　江	3795	45738	28532	661436
安　徽	2019	26028	16306	465960
福　建	810	11510	7264	144474
江　西	1049	15198	9441	114449
山　东	7943	82339	55052	1276551
河　南	3238	43336	29195	423011
湖　北	1903	28391	18971	213448
湖　南	1187	22065	15504	172576
广　东	2220	55450	43881	1078863
广　西	750	8501	6224	127366
海　南	65	704	620	6542
重　庆	2073	19567	14526	215237
四　川	3181	43207	29106	408252
贵　州	657	9079	6590	87482
云　南	789	9323	5683	104286
西　藏	1	6	6	61
陕　西	1614	24556	15980	364931
甘　肃	707	8816	6267	58376
青　海	194	2044	1655	16272
宁　夏	443	2904	2186	34727
新　疆	946	6768	5660	93557

1-I-22 各地区港澳台商投资大中型工业企业科技项目情况

地区	科技项目数(项)	参加项目人员(人)	科学家和工程师	项目经费内部支出(万元)
全国	**3963**	**62622**	**39967**	**1105643**
东部地区	3439	56017	35205	1017732
中部地区	333	4820	3351	78013
西部地区	191	1785	1411	9898
东北地区	62	1212	877	6496
北京	82	1449	1355	73268
天津	17	423	212	3875
河北	127	2345	1253	17000
山西	22	252	157	2380
内蒙古				
辽宁	53	722	389	5964
吉林	3	19	17	152
黑龙江	6	471	471	380
上海	430	4117	2642	98403
江苏	720	11086	6016	230144
浙江	497	6364	3816	119930
安徽	27	443	343	18448
福建	375	9066	5866	134532
江西	14	194	172	5674
山东	100	1587	796	7420
河南	175	1962	1037	22808
湖北	40	609	457	12365
湖南	46	870	697	15805
广东	1038	18858	12860	327195
广西	21	223	156	1060
海南				
重庆	111	1087	893	4690
四川	21	202	176	1283
贵州	3	8	4	52
云南	20	130	74	2341
西藏				
陕西	9	80	68	298
甘肃	1	20	5	2
青海	5	35	35	172
宁夏				
新疆				

1-I-23 各地区外商投资大中型工业企业科技项目情况

地 区	科技项目数 (项)	参加项目人员 (人)	科学家和工程师	项目经费内部支出 (万元)
全 国	**5888**	**104682**	**73787**	**2539894**
东部地区	4733	87129	62033	2242285
中部地区	746	10832	7804	167949
西部地区	409	6721	3950	129660
东北地区	346	3722	2798	91887
北 京	170	2787	2179	45189
天 津	191	4011	2115	120295
河 北	159	823	729	10192
山 西	15	329	240	4530
内蒙古	55	734	460	26898
辽 宁	149	2712	2026	62999
吉 林	3	98	70	921
黑龙江	194	912	702	27967
上 海	1273	14322	11348	756990
江 苏	837	18950	12515	459329
浙 江	567	9270	6682	212246
安 徽	139	1927	1193	24745
福 建	276	5174	3165	139945
江 西	67	1003	514	845
山 东	306	6377	2961	108249
河 南	129	1703	1297	34254
湖 北	183	3954	3103	53779
湖 南	16	906	685	20908
广 东	805	22703	18313	326852
广 西	41	2262	992	41027
海 南				
重 庆	76	913	704	24513
四 川	81	1562	892	22351
贵 州	8	67	61	791
云 南	22	102	93	1415
西 藏				
陕 西	71	327	288	3199
甘 肃	2	67	67	2313
青 海	2	38	36	2530
宁 夏	46	390	239	2781
新 疆	5	259	118	1841

J. 新产品开发及生产情况

1-J-1 分登记注册类型工业企业新产品开发及生产情况

单位：万元

行 业	新产品开发项目数（项）	新产品开发经费	新产品产值	新产品销售收入	出口
合计	**76176**	**9656964**	**230321687**	**228085839**	**53122361**
国有及国有控股企业	33605	4459600	104739939	104393640	11121654
内资企业	62706	6871098	136374114	135178506	18762008
国有企业	10250	1061644	16368971	16661970	1878948
集体企业	2247	283323	7622507	7319692	1161599
股份合作企业	1287	76441	1342059	1267094	308507
联营企业	365	30465	939594	932218	146871
国有联营企业	154	16936	758256	754336	135100
集体联营企业	35	1268	9641	8759	2726
国有与集体联营企业	117	8596	143186	140807	7773
其他联营企业	59	3666	28511	28317	1273
有限责任公司	25351	2742528	56018196	56529244	6683483
国有独资公司	6723	822237	15905681	17143720	1762647
其他有限责任公司	18628	1920291	40112515	39385524	4920836
股份有限公司	9889	1781380	36947132	36232161	4865034
私营企业	13294	894678	17110293	16211489	3715751
私营独资企业	946	57641	1187804	1060105	180692
私营合伙企业	201	12991	221663	203238	34698
私营有限责任公司	11436	776977	14857726	14155784	3334085
私营股份有限公司	711	47069	843101	792362	166277
其他企业	23	638	25363	24639	1814
港、澳、台商投资企业	5404	883462	25709169	25682491	10977307
合资经营企业（港或澳、台资）	3152	455574	11946811	11470934	3721156
合作经营企业（港或澳、台资）	197	33026	618183	640128	465026
港、澳、台商独资经营企业	1573	306596	11148646	11480117	6426792
港、澳、台商投资股份有限公司	482	88267	1995530	2091312	364334
外商投资企业	8066	1902404	68238404	67224843	23383047
中外合资经营企业	4884	1017844	44217443	42918430	9707884
中外合作经营企业	294	34219	595419	534127	267805
外资企业	2042	646798	18399329	18967783	12219134
外商投资股份有限公司	846	203543	5026214	4804504	1188224

1-J-2 分行业工业企业新产品开发及生产情况

单位：万元

行业	新产品开发项目数（项）	新产品开发经费	新产品产值	新产品销售收入	出口
合计	**76176**	**9656964**	**230321687**	**228085839**	**53122361**
采矿业	**1545**	**101233**	**1571630**	**1505604**	**300211**
煤炭开采和洗选业	551	60970	1118988	1059572	277067
烟煤和无烟煤的开采洗选	535	60970	1118345	1058938	277067
褐煤的开采洗选	15		510	500	
其他煤炭采选	1		134	134	
石油和天然气开采业	757	11680	304309	315103	16357
天然原油和天然气开采	266	1105	165691	164594	
与石油和天然气开采有关的服务活动	491	10575	138618	150509	16357
黑色金属矿采选业	80	12710	15105	17075	500
铁矿采选	79	1791	15105	17075	500
其他黑色金属矿采选	1	10919			
有色金属矿采选业	64	5550	67796	42642	1806
常用有色金属矿采选	29	1511	17653	12962	6
贵金属矿采选	19	1591	30366	10391	
稀有稀土金属矿采选	16	2447	19777	19289	1800
非金属矿采选业	93	10324	65432	71213	4481
土砂石开采	24	388	28982	28968	124
化学矿采选	15	8455	11507	13505	100
采盐	48	1136	10801	10908	1378
石棉及其他非金属矿采选	6	344	14143	17831	2879
制造业	**73554**	**9527080**	**228440071**	**226323509**	**52819926**
农副食品加工业	1010	71689	1478958	1449393	285821
谷物磨制	99	6392	115379	112888	6262
饲料加工	194	10817	363836	347482	5750
植物油加工	55	6302	211331	229456	572
制糖	21	2418	27060	26777	2253
屠宰及肉类加工	301	26136	351951	334828	75025
水产品加工	137	11038	234261	225839	140327
蔬菜、水果和坚果加工	134	6568	115751	112894	40656
其他农副食品加工	69	2018	59390	59229	14975
食品制造业	1019	65007	1398947	1402970	130311
焙烤食品制造	58	2104	72599	72865	1766
糖果、巧克力及蜜饯制造	54	3867	35706	38068	5055
方便食品制造	89	5636	144815	137002	18895
液体乳及乳制品制造	229	19321	684161	683178	48
罐头制造	69	2765	62860	54020	24288
调味品、发酵制品制造	191	17433	170061	196096	49306

1-J-2 续表 1

单位：万元

行 业	新产品开发项目数（项）	新产品开发经费	新产品产值	新产品销售收入	出口
其他食品制造	329	13881	228744	221741	30954
饮料制造业	851	106338	1784832	2132465	65865
酒精制造	22	2549	85675	82680	4806
酒的制造	612	71710	1204651	1571880	28376
软饮料制造	164	30347	441868	429548	9844
精制茶加工	53	1732	52640	48358	22839
烟草制品业	377	24729	2737788	2623840	7141
烟叶复烤	1	15	45132	24588	
卷烟制造	363	24262	2681896	2588781	7103
其他烟草制品加工	13	452	10760	10472	38
纺织业	3369	294290	7554264	7165567	2847816
棉、化纤纺织及印染精加工	2113	140907	3896393	3742081	1262543
毛纺织和染整精加工	210	33761	600728	532846	345338
麻纺织	54	11349	117840	107576	39517
丝绢纺织及精加工	244	17579	707484	645823	199948
纺织制成品制造	360	40323	687835	661639	272050
针织品、编织品及其制品制造	388	50371	1543983	1475604	728420
纺织服装、鞋、帽制造业	434	52677	2196057	2132288	883411
纺织服装制造	407	51663	2144380	2082439	858407
纺织面料鞋的制造	22	974	43483	41597	20414
制帽	5	40	8194	8252	4590
皮革、毛皮、羽毛(绒)及其制品业	542	42724	1487548	1491976	551549
皮革鞣制加工	57	15668	372127	362475	97321
皮革制品制造	461	25415	1036440	1056430	412731
毛皮鞣制及制品加工	17	1250	42314	38228	16709
羽毛(绒)加工及制品制造	7	391	36667	34842	24788
木材加工及木、竹、藤、棕、草制品业	213	28099	636671	609954	90587
锯材、木片加工	16	858	2951	2931	
人造板制造	126	23244	508017	489736	34408
木制品制造	40	2909	99041	92445	43901
竹、藤、棕、草制品制造	31	1089	26662	24843	12278
家具制造业	183	18778	707347	693775	298216
木质家具制造	82	2988	130279	122814	56373
竹、藤家具制造	1		410	406	15
金属家具制造	72	15080	490166	484872	165654
塑料家具制造	16	494	3494	2988	783
其他家具制造	12	216	82999	82694	75391
造纸及纸制品业	450	95961	2652838	2597743	141402
纸浆制造	16	2414	77221	70320	461

1-J-2 续表 2

单位：万元

行业	新产品开发项目数（项）	新产品开发经费	新产品产值	新产品销售收入	出口
造纸	329	86360	2291646	2250134	117080
纸制品制造	105	7186	283972	277288	23861
印刷业和记录媒介的复制	252	25689	453979	513736	55908
印刷	225	23603	418643	482956	52255
装订及其他印刷服务活动	13	1239	13163	12343	1612
记录媒介的复制	14	847	22173	18437	2041
文教体育用品制造业	416	31068	572756	584713	346182
文化用品制造	109	8815	150563	168894	90271
体育用品制造	110	8711	161528	154283	68991
乐器制造	61	5752	63773	61460	30791
玩具制造	97	6381	181836	182507	142845
游艺器材及娱乐用品制造	39	1408	15055	17569	13283
石油加工、炼焦及核燃料加工业	655	54674	1826557	1879368	29434
精炼石油产品的制造	608	42878	1636131	1657008	6524
炼焦	40	9097	144763	175327	22910
核燃料加工	7	2699	45663	47033	
化学原料及化学制品制造业	5601	571281	11808758	11459343	1422752
基础化学原料制造	1054	106312	2570626	2428139	316061
肥料制造	347	72989	1080994	1101078	101954
农药制造	556	66570	767776	724424	259529
涂料、油墨、颜料及类似产品制造	956	68855	1116777	1039957	139979
合成材料制造	868	114062	4142191	4076391	264854
专用化学产品制造	1367	102260	1387137	1351316	244052
日用化学产品制造	453	40233	743257	738039	96323
医药制造业	5720	366458	5238418	4857860	674443
化学药品原药制造	1212	98503	1418020	1408224	531636
化学药品制剂制造	1920	123706	2024716	1799148	37607
中药饮片加工	148	8544	103974	98644	15739
中成药制造	1537	85469	1123268	993490	25297
兽用药品制造	184	6744	64131	66087	14653
生物、生化制品的制造	600	36676	393321	358845	44759
卫生材料及医药用品制造	119	6815	110988	133423	4752
化学纤维制造业	477	107133	2294213	2208224	188648
纤维素纤维原料及纤维制造	93	20300	184871	181433	31999
合成纤维制造	384	86833	2109342	2026791	156649
橡胶制品业	1179	135515	2682419	2508848	686898
轮胎制造	432	93120	2064069	1892402	597158
橡胶板、管、带的制造	177	13882	178291	168190	28479
橡胶零件制造	176	11240	111471	113954	12529

1-J-2 续表 3

单位：万元

行　　业	新产品开发项目数（项）	新产品开发经费	新产品产值	新产品销售收入	出　口
再生橡胶制造	7	1249	19555	18718	897
日用及医用橡胶制品制造	51	1264	53276	52328	11989
橡胶靴鞋制造	275	11426	208421	216625	27787
其他橡胶制品制造	61	3335	47338	46631	8060
塑料制品业	1258	123524	2698926	2676715	520599
塑料薄膜制造	263	24802	901410	922165	47571
塑料板、管、型材的制造	328	39929	612603	593896	55271
塑料丝、绳及编织品的制造	56	1889	44788	45002	9291
泡沫塑料制造	51	2771	78918	76948	45677
塑料人造革、合成革制造	53	12752	188617	187716	47838
塑料包装箱及容器制造	117	11567	196437	191659	49254
塑料零件制造	184	14588	287969	275156	134112
日用塑料制造	137	7402	279351	275620	102610
其他塑料制品制造	69	7823	108832	108555	28976
非金属矿物制品业	1964	165143	3222605	3312877	913708
水泥、石灰和石膏的制造	200	23935	500452	608211	10050
水泥及石膏制品制造	144	8498	205577	204768	16298
砖瓦、石材及其他建筑材料制造	177	17678	312826	285077	18583
玻璃及玻璃制品制造	542	59365	1021917	1073821	381157
陶瓷制品制造	376	22235	507932	527049	337368
耐火材料制品制造	255	16169	343485	306707	71805
石墨及其他非金属矿物制品制造	270	17263	330415	307245	78447
黑色金属冶炼及压延加工业	2086	852668	18024223	19282705	1512174
炼铁	62	3256	227068	278222	6223
炼钢	216	206370	2907004	2932174	160173
钢压延加工	1739	631955	14611053	15795503	1311828
铁合金冶炼	69	11087	279098	276806	33951
有色金属冶炼及压延加工业	1210	148965	3798873	3808825	524384
常用有色金属冶炼	344	24735	976313	932310	93547
贵金属冶炼	21	1997	108016	106862	23513
稀有稀土金属冶炼	156	8878	283952	240544	53146
有色金属合金制造	143	7264	175393	195863	50618
有色金属压延加工	546	106091	2255200	2333246	303560
金属制品业	1635	115748	2387922	2319455	746052
结构性金属制品制造	329	25726	598676	609611	109888
金属工具制造	310	26685	257763	239876	131470
集装箱及金属包装容器制造	141	12214	332872	328406	233498
金属丝绳及其制品的制造	177	16483	337532	339871	43710
建筑、安全用金属制品制造	215	8617	195721	186559	79493

1-J-2 续表 4　　单位：万元

行　　业	新产品开发项目数（项）	新产品开发经费	新产品产值	新产品销售收入	出　口
金属表面处理及热处理加工	67	9111	96496	98841	2808
搪瓷制品制造	32	1253	41744	40213	5375
不锈钢及类似日用金属制品制造	201	7481	289087	246737	100529
其他金属制品制造	163	8178	238029	229341	39280
通用设备制造业	8902	688767	13549742	12719727	2038540
锅炉及原动机制造	1104	115421	4073790	3537328	198505
金属加工机械制造	1547	113782	984966	911266	44456
起重运输设备制造	745	99772	2557769	2617338	766607
泵、阀门、压缩机及类似机械的制造	1739	107575	1513573	1521728	255365
轴承、齿轮、传动和驱动部件的制造	1313	58787	616125	597606	165405
烘炉、熔炉及电炉制造	27	1887	45392	45667	1176
风机、衡器、包装设备等通用设备制造	1539	139829	2738311	2512975	417729
通用零部件制造及机械修理	379	20997	409191	385609	116138
金属铸、锻加工	509	30718	610626	590211	73159
专用设备制造业	5792	524757	8562915	7905555	861329
矿山、冶金、建筑专用设备制造	1365	149507	2484005	2191961	171136
化工、木材、非金属加工专用设备制造	683	53743	682071	620476	90936
食品、饮料、烟草及饲料生产专用设备制造	317	24977	194880	167536	26529
印刷、制药、日化生产专用设备制造	388	25797	348684	329437	43219
纺织、服装和皮革工业专用设备制造	677	81093	1101131	1019201	205364
电子和电工机械专用设备制造	615	66663	907419	785701	107601
农、林、牧、渔专用机械制造	432	45392	1798984	1760010	63145
医疗仪器设备及器械制造	660	34155	434305	381592	70538
环保、社会公共安全及其他专用设备制造	655	43431	611436	649641	82861
交通运输设备制造业	8463	1323647	45987120	44741527	3124223
铁路运输设备制造	767	61490	1285724	1194738	136600
汽车制造	5462	844418	35748386	35209124	819461
摩托车制造	848	106082	2997944	2561726	380387
自行车制造	110	6603	273351	268224	147565
船舶及浮动装置制造	426	68109	3388986	3294524	1517452
航空航天器制造	832	230534	2214036	2135667	52759
交通器材及其他交通运输设备制造	18	6412	78693	77523	70000
电气机械及器材制造业	8315	1091315	23592379	23620918	5987064
电机制造	1240	91668	2254377	2113727	420569
输配电及控制设备制造	2964	246850	3609698	3727616	227244
电线、电缆、光缆及电工器材制造	896	146007	1960671	1923461	164629
电池制造	478	43368	1160479	1303745	609601
家用电力器具制造	1931	512876	13456642	13482681	4177845
非电力家用器具制造	122	5910	277192	265249	50318

1-J-2 续表 5 单位：万元

行业	新产品开发项目数（项）	新产品开发经费	新产品产值	新产品销售收入	出口
照明器具制造	469	31299	629635	586023	319681
其他电气机械及器材制造	215	13336	243685	218416	17178
通信设备、计算机及其他电子设备制造业	7277	2183885	55181345	55664618	26540204
通信设备制造	1739	706976	21107645	21147134	8868165
雷达及配套设备制造	152	18186	146284	134652	12524
广播电视设备制造	311	25978	206447	214184	105144
电子计算机制造	929	581054	12322621	13174981	7774467
电子器件制造	1275	279266	6178479	6005833	2795634
电子元件制造	1679	175322	3621302	3450043	1984497
家用视听设备制造	910	380605	11355307	11345633	4981461
其他电子设备制造	282	16497	243259	192157	18312
仪器仪表及文化、办公用机械制造业	3362	174805	3309282	3308422	1072294
通用仪器仪表制造	1825	79818	1024911	964338	84099
专用仪器仪表制造	714	32798	403346	387285	76546
钟表与计时仪器制造	174	7501	62871	63818	32129
光学仪器及眼镜制造	329	22795	437077	467144	179798
文化、办公用机械制造	260	30543	1368345	1416111	699710
其他仪器仪表的制造及修理	60	1351	12733	9726	12
工艺品及其他制造业	522	41169	589173	624255	272766
工艺美术品制造	161	14938	308258	313295	178367
日用杂品制造	104	8448	128873	166130	90156
煤制品制造			4041	4724	
核辐射加工	8	216	922	718	6
其他未列明的制造业	249	17566	147079	139388	4239
废弃资源和废旧材料回收加工业	20	580	23217	25849	207
金属废料和碎屑的加工处理	9	234	13655	15654	
非金属废料和碎屑的加工处理	11	345	9561	10195	207
电力、燃气及水的生产和供应业	**1077**	**28651**	**309987**	**256726**	**2224**
电力、热力的生产和供应业	970	27140	295769	242594	2224
电力生产	399	15567	262942	213308	2224
电力供应	541	11475	12135	8419	
热力生产和供应	30	98	20692	20868	
燃气生产和供应业	10	825	9974	9494	
水的生产和供应业	97	686	4244	4637	
自来水的生产和供应	78	449	3913	4076	
污水处理及其再生利用	11	102			
其他水的处理、利用与分配	8	135	331	561	

1-J-3 国有及国有控股制造业企业新产品开发及生产情况

单位：万元

行业	新产品开发项目数（项）	新产品开发经费	新产品产值	新产品销售收入	出口
合计	**31136**	**4342218**	**103224033**	**102929253**	**10822130**
农副食品加工业	283	18316	203844	225099	12374
食品制造业	193	10857	156445	141121	13006
饮料制造业	282	56266	630331	1107158	22799
烟草制品业	371	23168	2728449	2614561	7141
纺织业	1611	91366	1682005	1520213	518701
纺织服装、鞋、帽制造业	55	1520	42172	41057	11770
皮革、毛皮、羽毛(绒)及其制品业	15	273	15472	15458	13337
木材加工及木、竹、藤、棕、草制品业	51	5028	38668	30854	4845
家具制造业	26	10524	364766	367277	95696
造纸及纸制品业	158	38405	740450	712690	21408
印刷业和记录媒介的复制	104	9209	108921	174921	497
文教体育用品制造业	73	5533	64965	78432	17650
石油加工、炼焦及核燃料加工业	517	25486	1211454	1264379	4472
化学原料及化学制品制造业	2213	253618	6441729	6395016	389750
医药制造业	2049	111740	1501719	1451671	254342
化学纤维制造业	255	51859	891876	894029	112667
橡胶制品业	638	53959	830870	778500	153927
塑料制品业	197	21793	424273	422751	30168
非金属矿物制品业	648	51740	752883	832280	207187
黑色金属冶炼及压延加工业	1668	692799	13886634	15303564	1199405
有色金属冶炼及压延加工业	706	60462	1498839	1478625	224552
金属制品业	392	26513	364340	366879	93268
通用设备制造业	4252	357115	7256009	6700917	908979
专用设备制造业	2458	281798	4377766	4054727	265600
交通运输设备制造业	5286	978988	37064763	36696638	1891825
电气机械及器材制造业	2108	207427	3879701	3585045	545502
通信设备、计算机及其他电子设备制造业	3048	814178	15127473	14808007	3607909
仪器仪表及文化、办公用机械制造业	1248	65213	786527	734533	189722
工艺品及其他制造业	231	17066	150634	132853	3631

1-J-4 内资制造业企业新产品开发及生产情况

单位：万元

行业	新产品开发项目数（项）	新产品开发经费	新产品产值	新产品销售收入	出口
合计	**60129**	**6741352**	**134519500**	**133438980**	**18459573**
农副食品加工业	832	62763	1122062	1107793	169038
食品制造业	835	45735	949117	933804	65982
饮料制造业	657	72357	1356806	1740819	52030
烟草制品业	377	24729	2729522	2615533	7141
纺织业	2845	221962	5398268	5100700	1672832
纺织服装、鞋、帽制造业	310	37503	1706456	1625147	568276
皮革、毛皮、羽毛(绒)及其制品业	425	25136	986204	962958	266405
木材加工及木、竹、藤、棕、草制品业	174	23969	507757	487293	44557
家具制造业	129	7316	185647	180718	84868
造纸及纸制品业	328	59084	1260664	1241842	28715
印刷业和记录媒介的复制	193	16008	355063	396285	39974
文教体育用品制造业	281	17355	355195	349772	174341
石油加工、炼焦及核燃料加工业	560	47829	1303002	1344551	5013
化学原料及化学制品制造业	4716	484011	9664590	9403620	990615
医药制造业	4744	278178	4080601	3805522	582311
化学纤维制造业	336	75752	1667091	1598164	174920
橡胶制品业	977	108158	1686440	1530682	427165
塑料制品业	937	80411	1889993	1868728	201482
非金属矿物制品业	1617	121938	2460553	2495992	523975
黑色金属冶炼及压延加工业	1966	768553	17042387	18276119	1398252
有色金属冶炼及压延加工业	1083	119642	3349344	3378716	433659
金属制品业	1345	89053	1645399	1553883	302884
通用设备制造业	7597	546133	9533888	8771380	1261802
专用设备制造业	5076	448953	7224525	6678266	555856
交通运输设备制造业	7075	926928	23452190	23043627	2246444
电气机械及器材制造业	6769	834554	16806272	17133560	3095413
通信设备、计算机及其他电子设备制造业	4861	1046260	14020797	14114018	2675876
仪器仪表及文化、办公用机械制造业	2668	114795	1314628	1234662	238713
工艺品及其他制造业	401	35780	448398	444905	171035

1-J-5 港澳台商投资制造业企业新产品开发及生产情况

单位：万元

行业	新产品开发项目数（项）	新产品开发经费	新产品产值	新产品销售收入	出口
合计	5376	883324	25691341	25666532	10977307
农副食品加工业	81	4610	154154	144775	62379
食品制造业	93	4327	153866	154542	8539
饮料制造业	41	2650	47878	47033	238
烟草制品业			8266	8307	
纺织业	307	46505	1118216	1046640	648996
纺织服装、鞋、帽制造业	72	12705	371199	382785	235965
皮革、毛皮、羽毛(绒)及其制品业	56	5809	207874	242497	123707
木材加工及木、竹、藤、棕、草制品业	24	2738	65270	62828	7275
家具制造业	20	534	30438	30820	26671
造纸及纸制品业	44	4157	176677	172461	11252
印刷业和记录媒介的复制	40	5027	72072	90366	4802
文教体育用品制造业	53	4507	84387	99692	58971
石油加工、炼焦及核燃料加工业	90	6316	510570	510518	1982
化学原料及化学制品制造业	365	30707	834594	817124	149655
医药制造业	401	33599	293276	267587	40534
化学纤维制造业	118	27376	491752	479747	5318
橡胶制品业	64	7414	125508	129061	30589
塑料制品业	181	21363	412107	417563	157201
非金属矿物制品业	154	16134	301907	373526	186216
黑色金属冶炼及压延加工业	75	56650	781642	811419	91222
有色金属冶炼及压延加工业	59	14318	160389	162986	22169
金属制品业	168	16475	366534	386134	161421
通用设备制造业	314	21691	549728	538057	129033
专用设备制造业	267	33536	513210	493222	157599
交通运输设备制造业	293	44949	1580662	1587000	315207
电气机械及器材制造业	718	60003	1994674	1845272	1043570
通信设备、计算机及其他电子设备制造业	935	367253	13058841	13038620	6793646
仪器仪表及文化、办公用机械制造业	287	29338	1133216	1191939	435379
工艺品及其他制造业	56	2636	85861	128087	67566

1-J-6 外商投资制造业企业新产品开发及生产情况

单位：万元

行业	新产品开发项目数（项）	新产品开发经费	新产品产值	新产品销售收入	出口
合计	**8049**	**1902404**	**68229230**	**67217998**	**23383047**
农副食品加工业	97	4315	202742	196825	54404
食品制造业	91	14946	295964	314624	55790
饮料制造业	153	31331	380149	344613	13597
烟草制品业					
纺织业	217	25823	1037780	1018227	525988
纺织服装、鞋、帽制造业	52	2470	118402	124356	79169
皮革、毛皮、羽毛(绒)及其制品业	61	11779	293469	286522	161437
木材加工及木、竹、藤、棕、草制品业	15	1392	63644	59834	38756
家具制造业	34	10929	491263	482237	186677
造纸及纸制品业	78	32719	1215498	1183440	101434
印刷业和记录媒介的复制	19	4654	26844	27084	11132
文教体育用品制造业	82	9206	133174	135250	112870
石油加工、炼焦及核燃料加工业	5	529	12986	24299	22440
化学原料及化学制品制造业	520	56563	1309574	1238599	282482
医药制造业	575	54681	864541	784751	51599
化学纤维制造业	23	4005	135370	130313	8410
橡胶制品业	138	19943	870471	849105	229144
塑料制品业	140	21750	396825	390424	161917
非金属矿物制品业	193	27070	460144	443359	203517
黑色金属冶炼及压延加工业	45	27465	200194	195167	22700
有色金属冶炼及压延加工业	68	15005	289140	267123	68556
金属制品业	122	10220	375989	379437	281747
通用设备制造业	991	120944	3466126	3410291	647706
专用设备制造业	449	42268	825180	734067	147874
交通运输设备制造业	1095	351771	20954268	20110901	562572
电气机械及器材制造业	828	196758	4791433	4642086	1848081
通信设备、计算机及其他电子设备制造业	1481	770372	28101708	28511980	17070683
仪器仪表及文化、办公用机械制造业	407	30673	861438	881822	398201
工艺品及其他制造业	65	2754	54915	51263	34165

1-J-7 各地区工业企业新产品开发及生产情况

单位：万元

地区	新产品开发项目数（项）	新产品开发经费	新产品产值	新产品销售收入	出口
全国	**76176**	**9656964**	**230321687**	**228085839**	**53122361**
东部地区	50944	7384921	182877181	181990674	49179285
中部地区	14053	1357620	27962329	25752388	2262526
西部地区	11179	914423	19482177	20342778	1680551
东北地区	5967	756235	13626083	12910538	1425663
北京	3364	364608	10361927	11052142	1745237
天津	1875	212066	13939993	13557417	6526934
河北	2324	219191	3698145	3694886	396336
山西	961	114303	2236504	1946480	333973
内蒙古	414	40711	1355988	2643012	291443
辽宁	2881	550115	9725732	9397620	1251001
吉林	824	95138	1567694	1563069	76255
黑龙江	2262	110982	2332658	1949849	98406
上海	4651	1140386	27681960	28221766	7049243
江苏	9428	1457350	29233039	27638099	5641021
浙江	11232	1040418	24148446	23409319	6781016
安徽	1922	222055	4425967	4198972	363610
福建	1928	310579	8426464	8281089	3946488
江西	1013	87493	1931602	1763042	151372
山东	7252	928990	22771762	23286960	3824981
河南	3122	243735	4996447	4671530	576556
湖北	2458	307234	5649222	5087244	213464
湖南	1491	176680	4822235	4572202	448890
广东	5858	1153829	32222318	32780523	12016316
广西	911	56838	2844717	2757457	114078
海南	151	7391	667396	670854	710
重庆	2295	172622	5198017	5089043	346153
四川	3052	288312	5001444	5001408	554435
贵州	758	61168	781158	757732	74681
云南	732	61497	812715	739428	32182
西藏	4	22	448	559	
陕西	1558	175951	2360473	2181959	175853
甘肃	577	18367	503843	446930	32750
青海	74	8848	58139	38551	484
宁夏	416	20384	255623	261582	44475
新疆	388	9704	309613	425117	14018

1-J-8 各地区国有及国有控股工业企业新产品开发及生产情况

单位：万元

地区	新产品开发项目数（项）	新产品开发经费	新产品产值	新产品销售收入	出口
全国	**33605**	**4459600**	**104739939**	**104393640**	**11121654**
东部地区	17864	2859440	73547692	73925978	8975378
中部地区	8456	951584	18072235	16547621	1475810
西部地区	7285	648576	13120012	13920041	670466
东北地区	4284	636263	11399030	10870467	1175434
北京	1814	159581	5427115	5736288	424546
天津	1214	110300	2652318	2681937	192240
河北	1514	157746	2463221	2482529	241452
山西	707	101537	2037639	1747315	291124
内蒙古	234	28273	623358	1947763	92939
辽宁	1853	471375	7927870	7722460	1026906
吉林	497	65276	1303446	1340713	59271
黑龙江	1934	99612	2167714	1807295	89257
上海	2872	518990	17688278	18325612	1978297
江苏	2411	377163	9462693	9183524	1031884
浙江	803	120182	3000545	2742323	672497
安徽	845	119157	2699875	2644136	172852
福建	499	102788	2448872	2343611	405197
江西	641	64738	1415685	1263479	112234
山东	3560	440670	10381649	11148630	1070282
河南	1680	144261	2601014	2498638	340521
湖北	1410	244978	3240142	2730457	106741
湖南	742	112025	2606721	2515589	303810
广东	1270	395356	11463239	10931135	1932053
广西	497	40638	2423209	2333377	57313
海南	54	5290	631893	627931	25
重庆	1387	119732	3741133	3617286	152980
四川	1655	149449	2191412	2221011	121178
贵州	627	54772	640362	642150	29158
云南	551	51005	656620	562437	16958
西藏	2	7	28	239	
陕西	1252	164103	2039975	1884157	139150
甘肃	428	13624	429876	379949	25296
青海	53	8393	54399	27245	269
宁夏	308	12486	122957	112622	34661
新疆	291	6091	196683	191805	564

1-J-9　各地区内资工业企业新产品开发及生产情况

单位：万元

地　区	新产品开发项目数（项）	新产品开发经费	新产品产值	新产品销售收入	出　口
全　国	**62706**	**6871098**	**136374114**	**135178506**	**18762008**
东部地区	39268	4817207	99059557	98579316	15563498
中部地区	12974	1197614	21926053	20247543	1878636
西部地区	10464	856277	15388504	16351647	1319874
东北地区	5473	693064	10881802	10574091	972304
北　京	2830	190975	5260499	5723840	379609
天　津	1555	125732	2667143	2684918	202260
河　北	2068	192773	3144284	3087269	263846
山　西	928	107446	2163356	1863842	303583
内蒙古	360	33450	834666	2133707	96232
辽　宁	2592	511331	7835472	7847415	811695
吉　林	787	90548	1505995	1508033	64459
黑龙江	2094	91186	1540335	1218643	96150
上　海	2571	255608	6417878	6548427	921785
江　苏	7190	1078038	20982821	19682913	2625066
浙　江	9107	761493	18142975	17586610	4383537
安　徽	1738	196614	3566089	3362938	262878
福　建	1039	100502	1623643	1536774	222192
江　西	959	80483	1889715	1730400	148165
山　东	6740	868351	21022124	21595984	3054915
河　南	2893	212135	3944537	3755047	415829
湖　北	2202	257700	3449614	3112282	172088
湖　南	1373	161502	3866412	3696357	415484
广　东	3446	725358	11310446	11641325	2698308
广　西	825	43421	1712672	1642210	101045
海　南	130	7046	652274	643843	285
重　庆	2137	160184	3561379	3500709	291045
四　川	2914	274428	4622491	4657584	525503
贵　州	740	60052	688887	676650	32550
云　南	655	58872	767813	676635	26355
西　藏	4	22	448	559	
陕　西	1436	171703	2207590	2039247	174312
甘　肃	574	18285	497371	441795	32300
青　海	66	8648	58139	29656	269
宁　夏	368	17517	136978	137330	26246
新　疆	385	9695	300071	415568	14018

1-J-10 各地区港澳台商投资工业企业新产品开发及生产情况

单位：万元

地区	新产品开发项目数（项）	新产品开发经费	新产品产值	新产品销售收入	出口
全国	**5404**	**883462**	**25709169**	**25682491**	**10977307**
东部地区	4854	834106	24439722	24443008	10812464
中部地区	330	43272	960104	891193	144574
西部地区	220	6083	309343	348289	20268
东北地区	105	6182	204929	206862	19310
北京	163	121697	2227053	2548208	206603
天津	57	6437	63254	62572	19358
河北	116	15409	318128	365225	83505
山西	21	5983	52885	51873	7916
内蒙古	4	79	53	26	
辽宁	85	5374	197359	200745	18678
吉林	8	688	2742	1144	632
黑龙江	12	120	4828	4973	
上海	467	90012	3223150	3274338	1512123
江苏	899	167966	2054045	1966323	894149
浙江	976	114213	2826421	2729902	1066165
安徽	34	2985	158326	135402	14611
福建	522	115167	5629513	5698298	3442408
江西	24	3461	18639	13081	
山东	126	6900	231809	225950	67262
河南	62	9761	387273	371957	99521
湖北	80	8647	97596	101295	10174
湖南	89	11628	237817	211469	11721
广东	1438	190745	7668713	7358881	3502109
广西	42	1260	40801	42415	4186
海南	5	187	278	12568	105
重庆	67	2049	215616	235212	7064
四川	30	935	30649	27542	4301
贵州	8	217	1739	1298	
云南	39	1173	11705	32984	3785
西藏					
陕西	20	288	2308	3677	483
甘肃	3	82	6473	5135	450
青海					
宁夏					
新疆					

1-J-11 各地区外商投资工业企业新产品开发及生产情况

单位：万元

地区	新产品开发项目数（项）	新产品开发经费	新产品产值	新产品销售收入	出口
全国	**8066**	**1902404**	**68238404**	**67224843**	**23383047**
东部地区	6822	1733607	59377902	58968350	22803322
中部地区	749	116734	5076171	4613652	239316
西部地区	495	52063	3784331	3642842	340408
东北地区	389	56988	2539352	2129584	434049
北京	371	51935	2874375	2780094	1159025
天津	263	79896	11209597	10809927	6305316
河北	140	11010	235734	242392	48985
山西	12	875	20264	30765	22475
内蒙古	50	7181	521270	509278	195211
辽宁	204	33409	1692901	1349460	420628
吉林	29	3902	58957	53891	11165
黑龙江	156	19676	787495	726233	2256
上海	1613	794767	18040932	18399001	4615335
江苏	1339	211346	6196173	5988863	2121806
浙江	1149	164712	3179050	3092808	1331314
安徽	150	22457	701552	700631	86121
福建	367	94910	1173308	1046018	281888
江西	30	3549	23249	19562	3207
山东	386	53739	1517830	1465027	702805
河南	167	21838	664637	544526	61206
湖北	176	40887	2102013	1873668	31201
湖南	29	3550	718005	664376	21686
广东	974	237726	13243159	13780317	5815900
广西	44	12157	1091245	1072833	8847
海南	16	158	14844	14444	320
重庆	91	10390	1421022	1353123	48044
四川	108	12949	348304	316281	24631
贵州	10	899	90532	79784	42131
云南	38	1452	33197	29810	2042
西藏					
陕西	102	3960	150575	139035	1058
甘肃					
青海	2	200		8895	216
宁夏	48	2866	118645	124252	18229
新疆	2	10	9542	9550	

1-J-12 分登记注册类型大中型工业企业新产品开发及生产情况

单位：万元

行业	新产品开发项目数（项）	新产品开发经费	新产品产值	新产品销售收入	出口
合计	**46579**	**8209420**	**205529958**	**204212346**	**48537048**
国有及国有控股企业	28134	4252978	101824773	101623427	10743787
内资企业	38861	5816963	119413656	118884944	16402331
国有企业	8138	1019218	15913216	16266772	1859412
集体企业	1414	239075	6848252	6608509	1102968
股份合作企业	293	35487	652609	627888	208036
联营企业	157	22295	858685	855028	141761
国有联营企业	89	14638	732351	730539	134571
集体联营企业	2	552	1000	650	50
国有与集体联营企业	64	6061	122549	121396	6407
其他联营企业	2	1045	2786	2443	733
有限责任公司	16928	2345280	50201154	50769911	5924108
国有独资公司	6465	794192	15843176	17086032	1755866
其他有限责任公司	10463	1551088	34357978	33683879	4168242
股份有限公司	8724	1721251	35926242	35246245	4813687
私营企业	3201	434254	8997922	8496105	2352146
私营独资企业	113	18670	257398	183097	30321
私营合伙企业	18	7470	83354	80051	9197
私营有限责任公司	2791	385727	8117379	7727943	2168941
私营股份有限公司	279	22388	539791	505014	143687
其他企业	6	104	15575	14486	213
港、澳、台商投资企业	2999	726836	22925399	22968451	10130318
合资经营企业（港或澳、台资）	1650	357097	10164685	9756295	3330795
合作经营企业（港或澳、台资）	74	28179	489720	514787	411952
港、澳、台商独资经营企业	837	257927	10389458	10715782	6068768
港、澳、台商投资股份有限公司	438	83633	1881535	1981586	318803
外商投资企业	4719	1665622	63190903	62358951	22004400
中外合资经营企业	2712	859809	40879157	39685645	8952110
中外合作经营企业	92	18343	369258	341080	197390
外资企业	1101	585170	16964813	17580047	11690874
外商投资股份有限公司	814	202300	4977676	4752179	1164027

1-J-13 分行业大中型工业企业新产品开发及生产情况

单位：万元

行业	新产品开发项目数（项）	新产品开发经费	新产品产值	新产品销售收入	出口
合计	**46579**	**8209420**	**205529958**	**204212346**	**48537048**
采矿业	**1476**	**100485**	**1459204**	**1418078**	**297757**
煤炭开采和洗选业	541	60935	1100929	1040807	277046
烟煤和无烟煤的开采洗选	526	60935	1100929	1040807	277046
褐煤的开采洗选	15				
其他煤炭采选					
石油和天然气开采业	745	11649	296578	307388	16357
天然原油和天然气开采	259	1074	157961	156879	
与石油和天然气开采有关的服务活动	486	10575	138618	150509	16357
黑色金属矿采选业	79	12650	2023	3993	500
铁矿采选	78	1731	2023	3993	500
其他黑色金属矿采选	1	10919			
有色金属矿采选业	47	5503	35998	31293	
常用有色金属矿采选	18	1474	13179	8652	
贵金属矿采选	18	1591	8294	8343	
稀有稀土金属矿采选	11	2438	14525	14298	
非金属矿采选业	64	9749	23676	34596	3854
土砂石开采	8	115	4643	4383	64
化学矿采选	12	8435	2000	7480	100
采盐	42	1135	7977	8532	1378
石棉及其他非金属矿采选	2	64	9056	14202	2312
制造业	**44149**	**8084166**	**203824273**	**202599495**	**48237067**
农副食品加工业	425	42140	680722	683901	166379
谷物磨制	34	2514	42390	41482	1496
饲料加工	17	1991	82594	79328	987
植物油加工	20	3080	94624	115212	8
制糖	17	2041	24777	24773	1712
屠宰及肉类加工	231	24334	271078	258752	60768
水产品加工	50	3539	108308	107187	88819
蔬菜、水果和坚果加工	45	4117	48996	48590	9090
其他农副食品加工	11	524	7954	8576	3500
食品制造业	501	48984	1128147	1144354	99536
焙烤食品制造	25	1398	51079	52278	1556
糖果、巧克力及蜜饯制造	22	3439	17343	16343	1433
方便食品制造	61	4902	100763	95245	18365
液体乳及乳制品制造	170	17651	650728	651906	33
罐头制造	34	583	26784	24474	10288
调味品、发酵制品制造	103	13996	136320	164884	46869

1-J-13 续表 1

单位：万元

行业	新产品开发项目数（项）	新产品开发经费	新产品产值	新产品销售收入	出口
其他食品制造	86	7015	145130	139224	20993
饮料制造业	614	99188	1516676	1868105	34324
酒精制造	19	2030	84426	81486	4806
酒的制造	509	69256	1141897	1514610	27824
软饮料制造	76	27807	287977	269982	1242
精制茶加工	10	95	2377	2028	452
烟草制品业	366	24325	2684147	2590784	7141
烟叶复烤					
卷烟制造	354	23873	2681871	2588779	7103
其他烟草制品加工	12	452	2277	2005	38
纺织业	2369	239561	5906469	5594324	2320163
棉、化纤纺织及印染精加工	1775	120251	3219699	3107906	1109712
毛纺织和染整精加工	150	30501	558003	483378	325891
麻纺织	36	9987	92014	82218	34425
丝绢纺织及精加工	102	10442	469614	419202	92883
纺织制成品制造	128	32239	337694	326596	162422
针织品、编织品及其制品制造	178	36140	1229445	1175024	594831
纺织服装、鞋、帽制造业	219	44332	1840812	1775161	692772
纺织服装制造	211	44238	1829957	1765700	683311
纺织面料鞋的制造	6	94	10856	9461	9461
制帽					
皮革、毛皮、羽毛(绒)及其制品业	132	27354	1002299	1017881	321776
皮革鞣制加工	21	11612	297525	292215	88030
皮革制品制造	97	14885	673518	696527	205149
毛皮鞣制及制品加工	9	535	13966	12034	11703
羽毛(绒)加工及制品制造	5	322	17290	17105	16895
木材加工及木、竹、藤、棕、草制品业	94	22348	456125	447647	50133
锯材、木片加工	14	840	109	105	
人造板制造	70	19921	429053	421699	25488
木制品制造	9	1427	25964	24843	23645
竹、藤、棕、草制品制造	1	160	1000	1000	1000
家具制造业	69	14968	576320	567337	243154
木质家具制造	27	648	55213	49952	36183
竹、藤家具制造					
金属家具制造	40	14265	456614	452940	143193
塑料家具制造					
其他家具制造	2	55	64494	64445	63778
造纸及纸制品业	277	87030	2339890	2297622	124044
纸浆制造	16	2414	75822	68950	461

1-J-13 续表 2

单位：万元

行业	新产品开发项目数（项）	新产品开发经费	新产品产值	新产品销售收入	出口
造纸	237	81414	2099564	2064175	111637
纸制品制造	24	3202	164504	164497	11945
印刷业和记录媒介的复制	100	17129	300987	380594	41063
印刷	90	16799	295213	374874	39451
装订及其他印刷服务活动	9	240	5765	5720	1612
记录媒介的复制	1	90	10		
文教体育用品制造业	178	20745	360577	354488	219987
文化用品制造	35	4689	95267	93982	70227
体育用品制造	59	6604	108963	101770	32717
乐器制造	30	4790	45033	43354	13815
玩具制造	45	4142	105314	107382	95227
游艺器材及娱乐用品制造	9	520	6000	8000	8000
石油加工、炼焦及核燃料加工业	549	45894	1685079	1750059	26642
精炼石油产品的制造	504	34174	1498269	1531359	3780
炼焦	38	9021	141147	171667	22862
核燃料加工	7	2699	45663	47033	
化学原料及化学制品制造业	2809	420039	9212363	9030519	989454
基础化学原料制造	639	83013	2118116	1998547	212594
肥料制造	272	71140	1032406	1057339	100913
农药制造	289	52222	594386	563101	198044
涂料、油墨、颜料及类似产品制造	295	32506	572732	540935	57044
合成材料制造	492	87731	3611421	3579389	204992
专用化学产品制造	547	59215	719238	736810	162924
日用化学产品制造	275	34213	564065	554399	52944
医药制造业	3232	264970	4191678	3887153	533750
化学药品原药制造	761	75644	1207702	1206584	461054
化学药品制剂制造	1208	98525	1679576	1488174	28084
中药饮片加工	45	4373	45496	40512	
中成药制造	972	67016	965494	873740	19335
兽用药品制造	60	1687	28210	29598	387
生物、生化制品的制造	145	15178	197218	180182	23810
卫生材料及医药用品制造	41	2548	67982	68364	1080
化学纤维制造业	362	97810	2025521	1953739	180440
纤维素纤维原料及纤维制造	82	19555	180837	177568	31999
合成纤维制造	280	78255	1844683	1776171	148441
橡胶制品业	824	121502	2450437	2280433	641802
轮胎制造	406	92367	2003603	1833044	581638
橡胶板、管、带的制造	77	8258	122955	116380	18818
橡胶零件制造	48	6238	66103	65058	5665

1-J-13 续表 3

单位：万元

行　　业	新产品开发项目数（项）	新产品开发经费	新产品产值	新产品销售收入	出口
再生橡胶制造			15639	14819	661
日用及医用橡胶制品制造	28	931	25762	24833	8717
橡胶靴鞋制造	250	10902	188467	197999	22178
其他橡胶制品制造	15	2048	27908	28300	4125
塑料制品业	449	72423	1733626	1720694	362108
塑料薄膜制造	137	12135	673502	681307	33247
塑料板、管、型材的制造	113	27034	360459	348471	43818
塑料丝、绳及编织品的制造	26	430	18030	18350	5132
泡沫塑料制造	16	1416	48849	50179	41756
塑料人造革、合成革制造	27	7938	91740	89354	33298
塑料包装箱及容器制造	27	6953	103904	101862	3363
塑料零件制造	45	7419	187044	180778	112946
日用塑料制造	48	4242	203667	204946	74443
其他塑料制品制造	10	4857	46430	45448	14106
非金属矿物制品业	1046	133826	2229294	2353903	716976
水泥、石灰和石膏的制造	141	22757	417268	529765	9680
水泥及石膏制品制造	51	5622	51933	59779	8258
砖瓦、石材及其他建筑材料制造	53	11892	155252	136410	8504
玻璃及玻璃制品制造	385	51690	828398	882362	351175
陶瓷制品制造	156	17775	312620	332688	222613
耐火材料制品制造	130	12087	243982	211037	68430
石墨及其他非金属矿物制品制造	130	12003	219840	201861	48317
黑色金属冶炼及压延加工业	1905	835993	17583430	18870594	1488617
炼铁	55	2856	214519	271105	1841
炼钢	202	206066	2888984	2915688	160173
钢压延加工	1609	616701	14291859	15492168	1299227
铁合金冶炼	39	10370	188068	191633	27376
有色金属冶炼及压延加工业	816	118078	2899061	2937234	454992
常用有色金属冶炼	293	21156	720817	684247	83978
贵金属冶炼	13	784	56589	55600	20952
稀有稀土金属冶炼	78	6126	213761	186637	38228
有色金属合金制造	89	4689	83652	92779	42199
有色金属压延加工	343	85323	1824243	1917971	269635
金属制品业	833	83685	1684254	1628870	541350
结构性金属制品制造	171	20229	409282	417632	66817
金属工具制造	149	19005	159269	141668	80943
集装箱及金属包装容器制造	77	9256	284076	282503	231443
金属丝绳及其制品的制造	104	13377	286347	282848	35072
建筑、安全用金属制品制造	96	4675	86833	80064	32712

1-J-13 续表 4 单位：万元

行业	新产品开发项目数（项）	新产品开发经费	新产品产值	新产品销售收入	出口
金属表面处理及热处理加工	8	7375	65617	67939	508
搪瓷制品制造	4	600	18821	18482	335
不锈钢及类似日用金属制品制造	119	4635	186187	156213	62297
其他金属制品制造	105	4534	187823	181520	31224
通用设备制造业	5635	540235	11402079	10576372	1721453
锅炉及原动机制造	916	107392	3909518	3384851	193631
金属加工机械制造	1009	75303	771185	708748	30718
起重运输设备制造	565	91511	2436130	2500274	748907
泵、阀门、压缩机及类似机械的制造	862	75050	1018195	964231	171910
轴承、齿轮、传动和驱动部件的制造	1079	48048	432043	417025	132189
烘炉、熔炉及电炉制造			1150	890	
风机、衡器、包装设备等通用设备制造	789	108023	2108009	1905718	311668
通用零部件制造及机械修理	158	13615	299578	282073	82627
金属铸、锻加工	257	21184	426271	412562	49802
专用设备制造业	3017	395602	7060120	6503817	704703
矿山、冶金、建筑专用设备制造	971	130985	2243915	1973698	163445
化工、木材、非金属加工专用设备制造	279	33187	464504	415582	59119
食品、饮料、烟草及饲料生产专用设备制造	120	15334	117513	97623	18576
印刷、制药、日化生产专用设备制造	175	17167	229905	219734	32854
纺织、服装和皮革工业专用设备制造	383	64602	890925	819431	175382
电子和电工机械专用设备制造	353	55990	805148	693049	96915
农、林、牧、渔专用机械制造	303	40483	1664007	1626432	49990
医疗仪器设备及器械制造	194	14124	272390	228245	51729
环保、社会公共安全及其他专用设备制造	239	23731	371812	430024	56693
交通运输设备制造业	6512	1215769	44470114	43262036	2985265
铁路运输设备制造	581	52968	1244056	1153526	136467
汽车制造	4182	764059	34504660	33981465	720647
摩托车制造	565	98867	2892611	2466543	363973
自行车制造	27	2205	210750	210826	132070
船舶及浮动装置制造	377	62680	3346632	3255128	1511549
航空航天器制造	780	228990	2201404	2124848	50860
交通器材及其他交通运输设备制造			70000	69700	69700
电气机械及器材制造业	5021	912495	21047439	21223190	5557959
电机制造	812	71929	1974473	1850441	351589
输配电及控制设备制造	1557	182424	2726510	2866657	191010
电线、电缆、光缆及电工器材制造	497	105008	1466469	1483190	136241
电池制造	312	24435	908853	1082723	535821
家用电力器具制造	1588	497035	13141507	13173341	4078587
非电力家用器具制造	57	4150	241617	231431	44332

1-J-13 续表 5 单位：万元

行业	新产品开发项目数（项）	新产品开发经费	新产品产值	新产品销售收入	出口
照明器具制造	134	20101	411890	374977	210901
其他电气机械及器材制造	64	7414	176121	160431	9481
通信设备、计算机及其他电子设备制造业	4200	2003785	52493753	52981835	25879488
通信设备制造	973	643312	20229464	20271794	8717671
雷达及配套设备制造	121	17511	127200	116682	12524
广播电视设备制造	103	17297	120816	134152	80840
电子计算机制造	465	555684	11946921	12717503	7695398
电子器件制造	676	242990	5688863	5529541	2705299
电子元件制造	1047	148326	3131777	2983369	1808817
家用视听设备制造	745	371674	11143041	11132313	4848651
其他电子设备制造	70	6990	105671	96482	10287
仪器仪表及文化、办公用机械制造业	1301	102796	2516259	2548295	986426
通用仪器仪表制造	653	33848	472442	438256	48243
专用仪器仪表制造	219	20347	291458	279615	64004
钟表与计时仪器制造	100	3327	40594	41749	25684
光学仪器及眼镜制造	182	18916	389845	427185	160174
文化、办公用机械制造	146	26358	1321920	1361490	688321
其他仪器仪表的制造及修理					
工艺品及其他制造业	294	31163	346443	368416	145172
工艺美术品制造	51	8441	123275	117207	76393
日用杂品制造	54	6648	89267	123438	65277
煤制品制造					
核辐射加工					
其他未列明的制造业	189	16074	133901	127771	3503
废弃资源和废旧材料回收加工业			153	141	
金属废料和碎屑的加工处理			153	141	
非金属废料和碎屑的加工处理					
电力、燃气及水的生产和供应业	**954**	**24769**	**246481**	**194773**	**2224**
电力、热力的生产和供应业	874	23614	235656	184311	2224
电力生产	346	12321	224168	173916	2224
电力供应	510	11205	9328	8235	
热力生产和供应	18	88	2160	2160	
燃气生产和供应业	8	825	9262	8782	
水的生产和供应业	72	330	1563	1680	
自来水的生产和供应	64	328	1563	1680	
污水处理及其再生利用	8	1			
其他水的处理、利用与分配					

1-J-14 国有及国有控股大中型制造业企业新产品开发及生产情况

单位：万元

行业	新产品开发项目数（项）	新产品开发经费	新产品产值	新产品销售收入	出口
合计	**25771**	**4136629**	**100338926**	**100186754**	**10444263**
农副食品加工业	227	15027	136928	157678	6418
食品制造业	122	9002	131145	115039	11374
饮料制造业	249	55845	605573	1055466	18400
烟草制品业	361	22764	2683291	2589972	7141
纺织业	1481	87453	1537889	1395776	499824
纺织服装、鞋、帽制造业	51	1396	32495	31970	8532
皮革、毛皮、羽毛(绒)及其制品业	9	253	14884	14884	13088
木材加工及木、竹、藤、棕、草制品业	41	3952	21991	20435	984
家具制造业	6	10007	352331	355213	89377
造纸及纸制品业	139	38213	731335	704599	21408
印刷业和记录媒介的复制	60	7168	89517	154419	
文教体育用品制造业	51	4535	53846	51954	12040
石油加工、炼焦及核燃料加工业	486	24689	1152143	1206528	4148
化学原料及化学制品制造业	1826	239330	6199682	6189800	345407
医药制造业	1542	94916	1381845	1345244	239988
化学纤维制造业	230	50705	868048	871256	111538
橡胶制品业	576	52789	819387	767170	153039
塑料制品业	106	16956	369239	367833	29693
非金属矿物制品业	488	46014	668963	725010	201347
黑色金属冶炼及压延加工业	1639	692557	13878591	15296464	1199342
有色金属冶炼及压延加工业	584	56571	1366851	1346700	223620
金属制品业	269	23269	314009	317713	77325
通用设备制造业	3642	321237	7035847	6488965	895956
专用设备制造业	1899	262533	4217918	3905525	256579
交通运输设备制造业	4797	958784	36761968	36423693	1884377
电气机械及器材制造业	1657	193526	3697874	3413664	512783
通信设备、计算机及其他电子设备制造业	2300	781519	14454040	14152124	3441263
仪器仪表及文化、办公用机械制造业	742	49548	627396	593892	175773
工艺品及其他制造业	191	16074	133901	127771	3503

1-J-15 内资大中型制造业企业新产品开发及生产情况

单位：万元

行业	新产品开发项目数（项）	新产品开发经费	新产品产值	新产品销售收入	出口
合计	**36459**	**5691709**	**117715454**	**117279533**	**16102350**
农副食品加工业	363	38424	576738	580773	109292
食品制造业	394	32716	746153	736667	46273
饮料制造业	457	66968	1204073	1572163	24649
烟草制品业	366	24325	2684147	2590784	7141
纺织业	2095	181953	4223699	3995052	1372093
纺织服装、鞋、帽制造业	167	32705	1496473	1419655	462693
皮革、毛皮、羽毛(绒)及其制品业	73	13197	605843	594143	109980
木材加工及木、竹、藤、棕、草制品业	86	20144	379144	373226	22132
家具制造业	43	4011	92066	91764	50453
造纸及纸制品业	183	52589	1054668	1045647	22058
印刷业和记录媒介的复制	65	9289	243425	301301	33055
文教体育用品制造业	92	11914	232081	211298	106073
石油加工、炼焦及核燃料加工业	465	40672	1211091	1264735	2221
化学原料及化学制品制造业	2476	373534	7970421	7837874	757186
医药制造业	2761	208711	3441416	3206958	498605
化学纤维制造业	247	69875	1506385	1444808	171816
橡胶制品业	698	97071	1492821	1338446	395906
塑料制品业	293	42351	1249581	1243949	135826
非金属矿物制品业	893	100044	1688151	1781981	431015
黑色金属冶炼及压延加工业	1809	756234	16694549	17952968	1379503
有色金属冶炼及压延加工业	740	100349	2621643	2673773	378794
金属制品业	686	64548	1159809	1092739	201917
通用设备制造业	4817	422534	7859554	7079905	1062484
专用设备制造业	2757	352029	6133533	5653182	489761
交通运输设备制造业	5519	850140	22397988	22026951	2175417
电气机械及器材制造业	4095	698505	14999791	15432492	2888249
通信设备、计算机及其他电子设备制造业	2597	937495	12651998	12708334	2489966
仪器仪表及文化、办公用机械制造业	988	61236	827612	775406	195100
工艺品及其他制造业	234	28150	270449	252416	82692

1-J-16 港澳台商投资大中型制造业企业新产品开发及生产情况

单位：万元

行业	新产品开发项目数（项）	新产品开发经费	新产品产值	新产品销售收入	出口
合计	**2980**	**726836**	**22921570**	**22964622**	**10130318**
农副食品加工业	23	1987	74918	74810	50332
食品制造业	58	3166	122691	123493	6180
饮料制造业	25	1651	36823	36132	100
烟草制品业					
纺织业	162	36745	810342	759315	507454
纺织服装、鞋、帽制造业	47	11346	303062	312132	200210
皮革、毛皮、羽毛(绒)及其制品业	28	4109	169125	201592	96917
木材加工及木、竹、藤、棕、草制品业	5	2044	51568	49893	3474
家具制造业	11	302	9135	9484	9484
造纸及纸制品业	28	2524	95978	95357	2121
印刷业和记录媒介的复制	23	3851	47387	69583	4770
文教体育用品制造业	30	3617	25448	37343	25364
石油加工、炼焦及核燃料加工业	83	5211	462788	462811	1982
化学原料及化学制品制造业	146	17968	550375	548370	89794
医药制造业	190	18189	169160	145777	16161
化学纤维制造业	100	25548	421628	413749	1133
橡胶制品业	49	6718	117546	121309	29018
塑料制品业	100	15728	271455	268528	101684
非金属矿物制品业	56	12178	187418	229056	127109
黑色金属冶炼及压延加工业	60	55716	731913	764438	87082
有色金属冶炼及压延加工业	45	12798	107861	114152	19292
金属制品业	96	12779	237648	252490	105948
通用设备制造业	178	12455	400360	399166	101519
专用设备制造业	115	20357	399370	389273	131903
交通运输设备制造业	192	38119	1509026	1520356	292509
电气机械及器材制造业	424	48686	1802694	1667362	980209
通信设备、计算机及其他电子设备制造业	540	328274	12653890	12650496	6658699
仪器仪表及文化、办公用机械制造业	134	22762	1088016	1143532	427168
工艺品及其他制造业	32	2010	63949	104625	52704

1-J-17 外商投资大中型制造业企业新产品开发及生产情况

单位：万元

行业	新产品开发项目数（项）	新产品开发经费	新产品产值	新产品销售收入	出口
合计	**4710**	**1665622**	**63187249**	**62355341**	**22004400**
农副食品加工业	39	1730	29066	28318	6756
食品制造业	49	13102	259302	284194	47083
饮料制造业	132	30569	275781	259810	9575
烟草制品业					
纺织业	112	20863	872428	839957	440615
纺织服装、鞋、帽制造业	5	281	41278	43373	29869
皮革、毛皮、羽毛(绒)及其制品业	31	10048	227331	222145	114880
木材加工及木、竹、藤、棕、草制品业	3	160	25414	24527	24527
家具制造业	15	10654	475120	466089	183217
造纸及纸制品业	66	31918	1189244	1156618	99865
印刷业和记录媒介的复制	12	3989	10175	9710	3238
文教体育用品制造业	56	5214	103047	105847	88550
石油加工、炼焦及核燃料加工业	1	11	11200	22514	22440
化学原料及化学制品制造业	187	28537	691567	644275	142474
医药制造业	281	38070	581102	534418	18984
化学纤维制造业	15	2388	97508	95183	7491
橡胶制品业	77	17713	840070	820677	216877
塑料制品业	56	14345	212590	208216	124598
非金属矿物制品业	97	21605	353725	342866	158852
黑色金属冶炼及压延加工业	36	24043	156968	153188	22033
有色金属冶炼及压延加工业	31	4931	169558	149309	56906
金属制品业	51	6358	286797	283642	233485
通用设备制造业	640	105245	3142165	3097302	557450
专用设备制造业	145	23216	527218	461361	83039
交通运输设备制造业	801	327510	20563100	19714730	517338
电气机械及器材制造业	502	165305	4244955	4123336	1689500
通信设备、计算机及其他电子设备制造业	1063	738016	27187865	27623005	16730823
仪器仪表及文化、办公用机械制造业	179	18798	600632	629357	364158
工艺品及其他制造业	28	1003	12045	11375	9777

1-J-18 各地区大中型工业企业新产品开发及生产情况

单位：万元

地区	新产品开发项目数（项）	新产品开发经费	新产品产值	新产品销售收入	出口
全国	**46579**	**8209420**	**205529958**	**204212346**	**48537048**
东部地区	28644	6155136	162106148	162003045	44963280
中部地区	9802	1202406	25263537	23161785	2055154
西部地区	8133	851878	18160272	19047516	1518614
东北地区	4567	684279	12731877	12148461	1365968
北京	1222	277785	8956388	9645363	1656032
天津	1085	179975	13404081	13027742	6470691
河北	1878	201455	3403213	3433635	361963
山西	772	106365	2129901	1848753	332470
内蒙古	321	38418	1327958	2615427	284794
辽宁	2061	499486	9044686	8790693	1199076
吉林	550	83219	1445215	1478121	71289
黑龙江	1956	101574	2241975	1879647	95604
上海	2845	1011379	26113560	26565552	6886824
江苏	5362	1159030	25406827	24140530	5054441
浙江	4033	651958	15801162	15297779	4561169
安徽	1302	194838	3948978	3745446	307176
福建	1031	237266	7765274	7648386	3811105
江西	721	73117	1783348	1623717	131903
山东	6045	892503	21676458	22261453	3686688
河南	2174	218764	4389266	4070229	549720
湖北	1559	283738	5075617	4491459	162267
湖南	768	140792	4249238	4024412	404727
广东	3050	1038335	29889026	30551860	11275032
广西	589	49969	2691805	2608265	105034
海南	32	5966	645472	640052	260
重庆	1780	163480	4980436	4883322	329110
四川	2125	268690	4467362	4421756	499254
贵州	504	55089	680504	673824	31250
云南	500	56296	679032	634110	27247
西藏	1	7	28	239	
陕西	1178	169288	2288097	2112417	166184
甘肃	357	15209	463473	409320	28506
青海	57	7906	52473	36197	484
宁夏	379	18791	244385	252705	42483
新疆	342	8735	284720	399935	4269

1-J-19 各地区国有及国有控股大中型工业企业新产品开发及生产情况

单位：万元

地　区	新产品开发项目数（项）	新产品开发经费	新产品产值	新产品销售收入	出　口
全　国	**28134**	**4252978**	**101824773**	**101623427**	**10743787**
东部地区	14429	2700795	71230504	71646395	8634216
中部地区	7466	923204	17724153	16271790	1458177
西部地区	6239	628979	12870116	13705242	651394
东北地区	3900	610591	11192319	10706123	1169045
北　京	992	129776	4947252	5257480	408939
天　津	825	97382	2490420	2530394	171779
河　北	1374	151601	2404110	2446341	238290
山　西	664	100146	2025467	1734468	291088
内蒙古	212	27233	618046	1942375	92639
辽　宁	1634	448882	7762197	7577779	1021200
吉　林	421	63646	1271047	1328874	58758
黑龙江	1845	98062	2159075	1799470	89087
上　海	2135	483972	17105816	17687077	1895959
江　苏	2181	362404	9200589	8934936	961360
浙　江	566	105310	2594032	2349749	549502
安　徽	771	116903	2648263	2595855	165811
福　建	385	96456	2378462	2276933	399351
江　西	534	59480	1386680	1237686	111403
山　东	3342	437114	10361008	11126918	1068419
河　南	1482	140877	2545182	2448195	339408
湖　北	1181	239653	3144595	2667165	104545
湖　南	568	104435	2543845	2460078	298077
广　东	983	382923	11364088	10839920	1919416
广　西	405	39264	2397416	2309163	51758
海　南	12	4975	622530	618867	
重　庆	1256	117242	3708399	3582750	149782
四　川	1460	144676	2148593	2180579	116947
贵　州	455	50863	617108	626340	28991
云　南	446	49529	572707	503421	13151
西　藏	1	7	28	239	
陕　西	1057	161569	2025375	1868640	138336
甘　肃	318	12667	416165	364216	24297
青　海	50	7661	50773	25942	269
宁　夏	304	12426	121103	110786	34661
新　疆	275	5840	194404	190795	564

1-J-20 各地区内资大中型工业企业新产品开发及生产情况

单位：万元

地区	新产品开发项目数（项）	新产品开发经费	新产品产值	新产品销售收入	出口
全国	**38861**	**5816963**	**119413656**	**118884944**	**16402331**
东部地区	22049	3950509	85463140	85528623	13444709
中部地区	9143	1066341	19609285	18037030	1714015
西部地区	7669	800113	14341231	15319292	1243607
东北地区	4233	632159	10184396	9984254	937660
北京	1042	123518	4391295	4824737	345436
天津	920	102190	2401247	2429851	180317
河北	1683	177101	2883127	2855778	243414
山西	746	100849	2061570	1770874	302079
内蒙古	275	31324	821590	2119900	94188
辽宁	1884	466866	7332615	7395148	782777
吉林	544	82889	1395244	1432745	60125
黑龙江	1805	82404	1456538	1156361	94759
上海	1425	200167	5791632	5877324	858846
江苏	4138	858283	18383016	17303848	2337695
浙江	3122	451505	11964591	11541812	3023173
安徽	1168	171561	3175146	3013553	216444
福建	475	62528	1306395	1234970	177570
江西	706	71500	1771328	1614677	131903
山东	5730	842624	20190382	20823203	2998552
河南	2039	189479	3415469	3225615	396882
湖北	1413	238612	2987978	2623778	136230
湖南	722	129048	3346012	3199428	375593
广东	1598	659762	10182807	10611340	2496671
广西	534	37900	1593994	1530172	96062
海南	32	5966	636033	630613	260
重庆	1673	153093	3395035	3346373	285307
四川	2046	255962	4150198	4135892	486552
贵州	496	54288	650438	648605	31250
云南	459	54288	667624	602401	24775
西藏	1	7	28	239	
陕西	1104	165618	2141030	1976649	166184
甘肃	356	15207	463353	409240	28506
青海	50	7706	52473	27302	269
宁夏	335	15984	130291	132134	26246
新疆	340	8735	275178	390386	4269

1-J-21 各地区港澳台商投资大中型工业企业新产品开发及生产情况

单位：万元

地区	新产品开发项目数（项）	新产品开发经费	新产品产值	新产品销售收入	
					出口
全国	**2999**	**726836**	**22925399**	**22968451**	**10130318**
东部地区	2721	688775	21875069	21944501	9982350
中部地区	161	34617	810607	744975	130562
西部地区	117	3444	239723	278975	17406
东北地区	52	3580	120305	131265	531
北京	69	117879	2176109	2495851	205036
天津	14	3681	40745	40301	11399
河北	106	15262	317321	364654	83479
山西	18	5313	48667	47655	7916
内蒙古					
辽宁	43	3470	116605	129365	531
吉林	3	110	1969	376	
黑龙江			1731	1524	
上海	309	66495	3028690	3060994	1494839
江苏	523	133535	1734993	1669000	817819
浙江	431	80148	1832862	1796795	730324
安徽	19	2766	121203	96177	10321
福建	342	101642	5476232	5545934	3394649
江西	12	1492	3910	861	
山东	72	2888	149393	147479	54432
河南	32	8462	369451	354918	96075
湖北	38	6194	59933	64083	6050
湖南	33	10279	203745	179382	10201
广东	812	163775	7002118	6694128	3189843
广西	18	449	10957	9613	3782
海南					
重庆	50	1729	210539	230782	7064
四川	13	477	10805	8835	4089
贵州	2				
云南	20	718	6952	29360	2472
西藏					
陕西	8	70	350	305	
甘肃	1	2	120	80	
青海					
宁夏					
新疆					

1-J-22 各地区外商投资大中型工业企业新产品开发及生产情况

单位：万元

地区	新产品开发项目数（项）	新产品开发经费	新产品产值	新产品销售收入	
					出口
全国	**4719**	**1665622**	**63190903**	**62358951**	**22004400**
东部地区	3874	1515852	54767939	54529922	21536221
中部地区	498	101449	4843646	4379780	210578
西部地区	347	48321	3579318	3449250	257602
东北地区	282	48540	2427176	2032943	427778
北京	111	36388	2388984	2324775	1105561
天津	151	74104	10962089	10557590	6278975
河北	89	9092	202765	213204	35070
山西	8	203	19664	30225	22475
内蒙古	46	7095	506368	495527	190606
辽宁	134	29150	1595466	1266180	415769
吉林	3	220	48003	45001	11165
黑龙江	145	19170	783707	721762	845
上海	1111	744717	17293238	17627234	4533139
江苏	701	167212	5288818	5167682	1898927
浙江	480	120305	2003710	1959172	807673
安徽	115	20511	652629	635716	80411
福建	214	73096	982647	867482	238886
江西	3	125	8110	8179	
山东	243	46991	1336683	1290772	633705
河南	103	20823	604346	489696	56763
湖北	108	38932	2027707	1803599	19986
湖南	13	1465	699481	645603	18933
广东	640	214798	12704101	13246393	5588517
广西	37	11619	1086854	1068481	5190
海南			9439	9439	
重庆	57	8658	1374862	1306168	36739
四川	66	12251	306359	277029	8614
贵州	6	801	30066	25219	
云南	21	1290	4456	2348	
西藏					
陕西	66	3600	146717	135462	
甘肃					
青海	2	200		8895	216
宁夏	44	2806	114094	120571	16237
新疆			9542	9550	

K. 专利情况

1-K-1 分登记注册类型工业企业专利情况

单位：件

行　　业	专利申请数	发明专利	拥有发明专利数
合计	**64569**	**20456**	**30315**
国有及国有控股企业	14792	4012	9244
内资企业	46452	13578	23734
国有企业	3741	1006	2620
集体企业	1482	414	714
股份合作企业	833	333	513
联营企业	172	57	64
国有联营企业	67	26	20
集体联营企业	42	6	8
国有与集体联营企业	30	7	16
其他联营企业	33	18	20
有限责任公司	15415	5700	8110
国有独资公司	2430	555	974
其他有限责任公司	12985	5145	7136
股份有限公司	8993	2433	5219
私营企业	15790	3627	6486
私营独资企业	1022	214	357
私营合伙企业	246	37	239
私营有限责任公司	13749	3214	5542
私营股份有限公司	773	162	348
其他企业	26	8	8
港、澳、台商投资企业	6646	1689	2700
合资经营企业（港或澳、台资）	3814	807	1504
合作经营企业（港或澳、台资）	206	45	62
港、澳、台商独资经营企业	2071	682	951
港、澳、台商投资股份有限公司	555	155	183
外商投资企业	11471	5189	3881
中外合资经营企业	6682	3867	1715
中外合作经营企业	326	73	112
外资企业	3480	987	1832
外商投资股份有限公司	983	262	222

1-K-2 分行业工业企业专利情况

单位：件

行业	专利申请数	发明专利	拥有发明专利数
合计	**64569**	**20456**	**30315**
采矿业	**1049**	**225**	**612**
煤炭开采和洗选业	212	48	101
烟煤和无烟煤的开采洗选	211	48	100
褐煤的开采洗选	1		1
其他煤炭采选			
石油和天然气开采业	773	139	479
天然原油和天然气开采	412	73	357
与石油和天然气开采有关的服务活动	361	66	122
黑色金属矿采选业	13	7	8
铁矿采选	13	7	8
其他黑色金属矿采选			
有色金属矿采选业	14	10	7
常用有色金属矿采选	4	4	2
贵金属矿采选	5	4	5
稀有稀土金属矿采选	5	2	
非金属矿采选业	37	21	17
土砂石开采	10	6	5
化学矿采选	13	11	5
采盐	14	4	6
石棉及其他非金属矿采选			1
制造业	**63154**	**20080**	**29414**
农副食品加工业	692	300	294
谷物磨制	73	25	24
饲料加工	165	106	69
植物油加工	71	11	27
制糖	6	5	9
屠宰及肉类加工	148	26	52
水产品加工	28	17	16
蔬菜、水果和坚果加工	120	68	72
其他农副食品加工	81	42	25
食品制造业	1414	281	478
焙烤食品制造	107	10	9
糖果、巧克力及蜜饯制造	275	16	87
方便食品制造	243	34	72
液体乳及乳制品制造	447	47	61
罐头制造	28	7	4
调味品、发酵制品制造	130	50	88

1-K-2 续表 1

单位: 件

行　　业	专利申请数	发明专利	拥有发明专利数
其他食品制造	184	117	157
饮料制造业	1223	211	878
酒精制造	2	2	5
酒的制造	947	140	612
软饮料制造	253	58	112
精制茶加工	21	11	149
烟草制品业	117	40	83
烟叶复烤			
卷烟制造	109	37	80
其他烟草制品加工	8	3	3
纺织业	1754	364	387
棉、化纤纺织及印染精加工	501	87	65
毛纺织和染整精加工	119	13	11
麻纺织	8	5	8
丝绢纺织及精加工	64	12	17
纺织制成品制造	509	33	205
针织品、编织品及其制品制造	553	214	81
纺织服装、鞋、帽制造业	293	42	59
纺织服装制造	276	42	52
纺织面料鞋的制造	17		7
制帽			
皮革、毛皮、羽毛(绒)及其制品业	146	24	41
皮革鞣制加工	5	2	2
皮革制品制造	105	20	25
毛皮鞣制及制品加工	34	2	14
羽毛(绒)加工及制品制造	2		
木材加工及木、竹、藤、棕、草制品业	225	116	140
锯材、木片加工			1
人造板制造	131	92	95
木制品制造	30	9	27
竹、藤、棕、草制品制造	64	15	17
家具制造业	525	81	197
木质家具制造	126	32	45
竹、藤家具制造			
金属家具制造	227	43	42
塑料家具制造	22	2	18
其他家具制造	150	4	92
造纸及纸制品业	207	81	92
纸浆制造	2	2	

1-K-2 续表 2

单位：件

行业	专利申请数	发明专利	拥有发明专利数
造纸	115	70	62
纸制品制造	90	9	30
印刷业和记录媒介的复制	274	71	54
印刷	251	59	50
装订及其他印刷服务活动	10	4	
记录媒介的复制	13	8	4
文教体育用品制造业	1506	442	603
文化用品制造	676	232	250
体育用品制造	349	82	102
乐器制造	59	15	23
玩具制造	371	100	143
游艺器材及娱乐用品制造	51	13	85
石油加工、炼焦及核燃料加工业	431	213	692
精炼石油产品的制造	404	193	680
炼焦	23	17	8
核燃料加工	4	3	4
化学原料及化学制品制造业	2857	1260	1888
基础化学原料制造	415	249	358
肥料制造	156	104	149
农药制造	226	104	128
涂料、油墨、颜料及类似产品制造	491	200	222
合成材料制造	593	210	292
专用化学产品制造	561	317	528
日用化学产品制造	415	76	211
医药制造业	2583	1484	1407
化学药品原药制造	305	201	298
化学药品制剂制造	699	360	249
中药饮片加工	161	119	56
中成药制造	1001	579	531
兽用药品制造	43	32	53
生物、生化制品的制造	268	169	161
卫生材料及医药用品制造	106	24	59
化学纤维制造业	271	70	87
纤维素纤维原料及纤维制造	74	28	27
合成纤维制造	197	42	60
橡胶制品业	353	89	173
轮胎制造	150	10	62
橡胶板、管、带的制造	90	38	59
橡胶零件制造	50	17	25

1-K-2 续表 3 单位: 件

行 业	专利申请数	发明专利	拥有发明专利数
再生橡胶制造	3	1	1
日用及医用橡胶制品制造	10	2	6
橡胶靴鞋制造	21	5	8
其他橡胶制品制造	29	16	12
塑料制品业	1209	357	748
塑料薄膜制造	118	38	75
塑料板、管、型材的制造	249	86	122
塑料丝、绳及编织品的制造	23	12	23
泡沫塑料制造	44	16	19
塑料人造革、合成革制造	4	4	2
塑料包装箱及容器制造	74	25	76
塑料零件制造	176	33	190
日用塑料制造	448	124	226
其他塑料制品制造	73	19	15
非金属矿物制品业	2071	683	1056
水泥、石灰和石膏的制造	70	21	56
水泥及石膏制品制造	262	35	162
砖瓦、石材及其他建筑材料制造	298	111	137
玻璃及玻璃制品制造	425	104	130
陶瓷制品制造	798	317	461
耐火材料制品制造	94	49	38
石墨及其他非金属矿物制品制造	124	46	72
黑色金属冶炼及压延加工业	962	305	556
炼铁	18	7	9
炼钢	136	26	80
钢压延加工	782	264	437
铁合金冶炼	26	8	30
有色金属冶炼及压延加工业	962	323	767
常用有色金属冶炼	189	94	169
贵金属冶炼	14	3	6
稀有稀土金属冶炼	31	30	91
有色金属合金制造	73	29	102
有色金属压延加工	655	167	399
金属制品业	2354	682	1160
结构性金属制品制造	487	91	244
金属工具制造	480	128	190
集装箱及金属包装容器制造	162	46	75
金属丝绳及其制品的制造	89	24	19
建筑、安全用金属制品制造	582	97	198

1-K-2 续表 4

单位：件

行业	专利申请数	发明专利	拥有发明专利数
金属表面处理及热处理加工	32	10	28
搪瓷制品制造	12	8	10
不锈钢及类似日用金属制品制造	306	137	243
其他金属制品制造	204	141	153
通用设备制造业	4572	952	2463
锅炉及原动机制造	448	87	292
金属加工机械制造	535	126	246
起重运输设备制造	489	66	179
泵、阀门、压缩机及类似机械的制造	1069	194	614
轴承、齿轮、传动和驱动部件的制造	357	74	152
烘炉、熔炉及电炉制造	42	10	20
风机、衡器、包装设备等通用设备制造	1303	299	661
通用零部件制造及机械修理	207	48	214
金属铸、锻加工	122	48	85
专用设备制造业	4442	1120	4092
矿山、冶金、建筑专用设备制造	900	240	674
化工、木材、非金属加工专用设备制造	579	224	460
食品、饮料、烟草及饲料生产专用设备制造	303	75	139
印刷、制药、日化生产专用设备制造	259	46	181
纺织、服装和皮革工业专用设备制造	587	93	229
电子和电工机械专用设备制造	411	130	957
农、林、牧、渔专用机械制造	388	41	794
医疗仪器设备及器械制造	340	113	274
环保、社会公共安全及其他专用设备制造	675	158	384
交通运输设备制造业	5864	748	1818
铁路运输设备制造	162	23	95
汽车制造	2457	475	986
摩托车制造	2786	100	318
自行车制造	166	40	296
船舶及浮动装置制造	87	46	32
航空航天器制造	175	59	78
交通器材及其他交通运输设备制造	31	5	13
电气机械及器材制造业	11393	4015	3751
电机制造	457	156	324
输配电及控制设备制造	1700	403	818
电线、电缆、光缆及电工器材制造	586	148	709
电池制造	707	203	352
家用电力器具制造	6599	2817	909
非电力家用器具制造	316	65	221

1-K-2 续表 5 单位: 件

行　　业	专利申请数	发明专利	拥有发明专利数
照明器具制造	791	173	375
其他电气机械及器材制造	237	50	43
通信设备、计算机及其他电子设备制造业	10210	5066	3982
通信设备制造	3846	2610	1686
雷达及配套设备制造	17	1	27
广播电视设备制造	262	71	38
电子计算机制造	1666	609	848
电子器件制造	1371	641	484
电子元件制造	774	204	523
家用视听设备制造	2083	880	281
其他电子设备制造	191	50	95
仪器仪表及文化、办公用机械制造业	3484	502	1136
通用仪器仪表制造	1368	226	563
专用仪器仪表制造	1170	49	165
钟表与计时仪器制造	189	24	52
光学仪器及眼镜制造	291	63	221
文化、办公用机械制造	421	123	102
其他仪器仪表的制造及修理	45	17	33
工艺品及其他制造业	738	143	327
工艺美术品制造	335	92	230
日用杂品制造	373	32	49
煤制品制造	4		5
核辐射加工	4	3	4
其他未列明的制造业	22	16	39
废弃资源和废旧材料回收加工业	22	15	5
金属废料和碎屑的加工处理	5	4	3
非金属废料和碎屑的加工处理	17	11	2
电力、燃气及水的生产和供应业	**366**	**151**	**289**
电力、热力的生产和供应业	277	112	273
电力生产	158	67	183
电力供应	117	43	90
热力生产和供应	2	2	
燃气生产和供应业	18	4	4
水的生产和供应业	71	35	12
自来水的生产和供应	20	18	2
污水处理及其再生利用	43	9	6
其他水的处理、利用与分配	8	8	4

1-K-3 国有及国有控股制造业企业专利情况

单位：件

行业	专利申请数	发明专利	拥有发明专利数
合计	**13424**	**3673**	**8375**
农副食品加工业	115	22	82
食品制造业	179	42	84
饮料制造业	577	71	282
烟草制品业	112	36	80
纺织业	514	212	55
纺织服装、鞋、帽制造业	15		2
皮革、毛皮、羽毛(绒)及其制品业			
木材加工及木、竹、藤、棕、草制品业	10	3	10
家具制造业	28	2	4
造纸及纸制品业	35	21	31
印刷业和记录媒介的复制	62	18	3
文教体育用品制造业	78	3	9
石油加工、炼焦及核燃料加工业	214	155	664
化学原料及化学制品制造业	891	473	996
医药制造业	666	368	472
化学纤维制造业	102	40	45
橡胶制品业	108	19	43
塑料制品业	137	54	60
非金属矿物制品业	330	108	166
黑色金属冶炼及压延加工业	795	244	436
有色金属冶炼及压延加工业	352	179	319
金属制品业	245	57	117
通用设备制造业	969	203	311
专用设备制造业	1114	184	2067
交通运输设备制造业	1393	231	397
电气机械及器材制造业	811	153	313
通信设备、计算机及其他电子设备制造业	2228	681	1131
仪器仪表及文化、办公用机械制造业	1324	78	159
工艺品及其他制造业	20	16	37

1-K-4 内资制造业企业专利情况

单位：件

行业	专利申请数	发明专利	拥有发明专利数
合 计	**45045**	**13208**	**22834**
农副食品加工业	569	242	229
食品制造业	874	239	442
饮料制造业	1073	173	772
烟草制品业	117	40	83
纺织业	1403	303	230
纺织服装、鞋、帽制造业	269	33	46
皮革、毛皮、羽毛(绒)及其制品业	79	20	24
木材加工及木、竹、藤、棕、草制品业	78	24	51
家具制造业	365	40	157
造纸及纸制品业	155	80	86
印刷业和记录媒介的复制	167	61	42
文教体育用品制造业	1060	383	523
石油加工、炼焦及核燃料加工业	230	149	619
化学原料及化学制品制造业	2040	1112	1668
医药制造业	2014	1133	1158
化学纤维制造业	233	52	69
橡胶制品业	306	77	148
塑料制品业	909	275	491
非金属矿物制品业	1452	492	813
黑色金属冶炼及压延加工业	906	293	521
有色金属冶炼及压延加工业	919	315	687
金属制品业	1709	513	969
通用设备制造业	3787	786	2120
专用设备制造业	3868	912	3746
交通运输设备制造业	5020	615	1357
电气机械及器材制造业	6541	1346	2594
通信设备、计算机及其他电子设备制造业	5608	3065	2222
仪器仪表及文化、办公用机械制造业	2754	331	806
工艺品及其他制造业	518	89	156

1-K-5 港澳台商投资制造业企业专利情况

单位：件

行业	专利申请数	发明专利	拥有发明专利数
合计	**6644**	**1687**	**2700**
农副食品加工业	55	44	48
食品制造业	115	19	25
饮料制造业	46	32	29
烟草制品业			
纺织业	125	41	53
纺织服装、鞋、帽制造业	11	8	5
皮革、毛皮、羽毛(绒)及其制品业	31	2	4
木材加工及木、竹、藤、棕、草制品业	44	5	5
家具制造业	35	16	10
造纸及纸制品业	8	1	2
印刷业和记录媒介的复制	12	3	4
文教体育用品制造业	145	24	40
石油加工、炼焦及核燃料加工业	194	59	71
化学原料及化学制品制造业	138	68	87
医药制造业	171	76	73
化学纤维制造业	26	11	15
橡胶制品业	20	3	4
塑料制品业	157	51	163
非金属矿物制品业	349	115	139
黑色金属冶炼及压延加工业	42	2	16
有色金属冶炼及压延加工业	9	1	6
金属制品业	413	56	74
通用设备制造业	168	44	116
专用设备制造业	179	59	149
交通运输设备制造业	335	40	55
电气机械及器材制造业	1543	229	562
通信设备、计算机及其他电子设备制造业	1554	531	582
仪器仪表及文化、办公用机械制造业	566	110	238
工艺品及其他制造业	153	37	125

1-K-6 外商投资制造业企业专利情况

单位：件

行业	专利申请数	发明专利	拥有发明专利数
合计	**11465**	**5185**	**3880**
农副食品加工业	68	14	17
食品制造业	425	23	11
饮料制造业	104	6	77
烟草制品业			
纺织业	226	20	104
纺织服装、鞋、帽制造业	13	1	8
皮革、毛皮、羽毛(绒)及其制品业	36	2	13
木材加工及木、竹、藤、棕、草制品业	103	87	84
家具制造业	125	25	30
造纸及纸制品业	44		4
印刷业和记录媒介的复制	95	7	8
文教体育用品制造业	301	35	40
石油加工、炼焦及核燃料加工业	7	5	2
化学原料及化学制品制造业	679	80	133
医药制造业	398	275	176
化学纤维制造业	12	7	3
橡胶制品业	27	9	21
塑料制品业	143	31	94
非金属矿物制品业	270	76	104
黑色金属冶炼及压延加工业	14	10	19
有色金属冶炼及压延加工业	34	7	74
金属制品业	232	113	117
通用设备制造业	617	122	227
专用设备制造业	395	149	197
交通运输设备制造业	509	93	406
电气机械及器材制造业	3309	2440	595
通信设备、计算机及其他电子设备制造业	3048	1470	1178
仪器仪表及文化、办公用机械制造业	164	61	92
工艺品及其他制造业	67	17	46

1-K-7 各地区工业企业专利情况

单位：件

地区	专利申请数	发明专利	拥有发明专利数
全国	**64569**	**20456**	**30315**
东部地区	48299	16448	21313
中部地区	7715	2467	5874
西部地区	8555	1541	3128
东北地区	2578	742	1706
北京	2330	931	2367
天津	3198	2613	807
河北	1205	398	638
山西	320	107	1079
内蒙古	397	69	189
辽宁	1230	398	896
吉林	487	103	204
黑龙江	861	241	606
上海	5414	2034	1094
江苏	7110	1800	2990
浙江	9849	2701	5070
安徽	1078	273	478
福建	1308	299	870
江西	296	108	148
山东	4884	1202	2145
河南	1827	445	810
湖北	1127	445	1077
湖南	1719	745	1472
广东	11728	4053	4373
广西	755	140	196
海南	43	19	63
重庆	2918	184	484
四川	2448	477	927
贵州	335	128	212
云南	380	158	197
西藏	1		
陕西	529	165	344
甘肃	227	81	266
青海	73	41	42
宁夏	143	22	106
新疆	349	76	165

1-K-8 各地区国有及国有控股工业企业专利情况

单位：件

地区	专利申请数	发明专利	拥有发明专利数
全国	**14792**	**4012**	**9244**
东部地区	8163	2285	4738
中部地区	3396	1130	3001
西部地区	3233	597	1505
东北地区	1259	357	824
北京	941	326	1618
天津	466	136	207
河北	391	114	119
山西	185	45	964
内蒙古	44	19	55
辽宁	495	143	316
吉林	214	48	94
黑龙江	550	166	414
上海	2168	617	461
江苏	824	253	420
浙江	242	121	205
安徽	486	91	151
福建	177	47	137
江西	143	49	68
山东	1462	272	650
河南	678	171	357
湖北	486	196	540
湖南	654	364	413
广东	988	253	604
广西	200	30	70
海南	9	3	1
重庆	415	53	172
四川	1566	170	434
贵州	167	42	94
云南	160	80	134
西藏	1		
陕西	331	96	148
甘肃	151	58	203
青海	44	14	29
宁夏	24	12	38
新疆	130	23	128

1-K-9 各地区内资工业企业专利情况

单位：件

地区	专利申请数	发明专利	拥有发明专利数
全国	**46452**	**13578**	**23734**
东部地区	31790	9932	15378
中部地区	6812	2307	5619
西部地区	7850	1339	2737
东北地区	2206	702	1641
北京	1486	550	2053
天津	773	317	368
河北	1022	370	583
山西	304	101	1069
内蒙古	133	50	110
辽宁	928	367	849
吉林	479	103	200
黑龙江	799	232	592
上海	2483	686	626
江苏	5129	1274	1945
浙江	7598	2040	3798
安徽	1019	263	464
福建	590	139	426
江西	272	104	138
山东	4163	948	1963
河南	1342	402	776
湖北	949	389	959
湖南	1648	713	1421
广东	7582	3225	2709
广西	633	105	152
海南	36	16	58
重庆	2827	167	447
四川	2320	397	815
贵州	324	121	145
云南	330	137	179
西藏	1		
陕西	494	145	316
甘肃	224	78	262
青海	73	41	42
宁夏	143	22	104
新疆	348	76	165

1-K-10 各地区港澳台商投资工业企业专利情况

单位：件

地区	专利申请数	发明专利	拥有发明专利数
全国	**6646**	**1689**	**2700**
东部地区	6241	1534	2509
中部地区	236	67	83
西部地区	169	88	108
东北地区	14	7	12
北京	476	198	120
天津	21	12	11
河北	93	11	19
山西	11	3	7
内蒙古	2	2	
辽宁	13	6	11
吉林			
黑龙江	1	1	1
上海	549	124	153
江苏	728	219	306
浙江	1053	323	732
安徽	15	4	3
福建	440	88	288
江西	12	3	6
山东	31	9	29
河南	111	15	14
湖北	26	13	16
湖南	60	28	36
广东	2834	541	839
广西	36	35	41
海南	3	3	1
重庆	65	3	16
四川	39	24	28
贵州	8	7	7
云南	11	9	7
西藏			
陕西	5	5	5
甘肃	3	3	4
青海			
宁夏			
新疆			

1-K-11 各地区外商投资工业企业专利情况

单位：件

地区	专利申请数	发明专利	拥有发明专利数
全国	**11471**	**5189**	**3881**
东部地区	10268	4982	3426
中部地区	667	93	172
西部地区	536	114	283
东北地区	358	33	53
北京	368	183	194
天津	2404	2284	428
河北	90	17	36
山西	5	3	3
内蒙古	262	17	79
辽宁	289	25	36
吉林	8		4
黑龙江	61	8	13
上海	2382	1224	315
江苏	1253	307	739
浙江	1198	338	540
安徽	44	6	11
福建	278	72	156
江西	12	1	4
山东	690	245	153
河南	374	28	20
湖北	152	43	102
湖南	11	4	15
广东	1312	287	825
广西	86		3
海南	4		4
重庆	26	14	21
四川	89	56	84
贵州	3		60
云南	39	12	11
西藏			
陕西	30	15	23
甘肃			
青海			
宁夏			2
新疆	1		

1-K-12　分登记注册类型大中型工业企业专利情况

单位：件

行　　业	专利申请数	发明专利	拥有发明专利数
合计	**42318**	**13908**	**17988**
国有及国有控股企业	11990	3280	7450
内资企业	28298	8312	13884
国有企业	2258	683	1531
集体企业	1065	221	292
股份合作企业	188	71	117
联营企业	87	16	16
国有联营企业	37	11	9
集体联营企业	35		
国有与集体联营企业	12	3	7
其他联营企业	3	2	
有限责任公司	10575	4182	5553
国有独资公司	2375	539	914
其他有限责任公司	8200	3643	4639
股份有限公司	7850	2081	4388
私营企业	6264	1058	1987
私营独资企业	165	14	21
私营合伙企业	166		158
私营有限责任公司	5616	953	1615
私营股份有限公司	317	91	193
其他企业	11		
港、澳、台商投资企业	4929	1157	1612
合资经营企业（港或澳、台资）	2800	516	743
合作经营企业（港或澳、台资）	98	11	26
港、澳、台商独资经营企业	1515	483	662
港、澳、台商投资股份有限公司	516	147	181
外商投资企业	9091	4439	2492
中外合资经营企业	5553	3448	935
中外合作经营企业	212	13	46
外资企业	2361	728	1306
外商投资股份有限公司	965	250	205

1-K-13 分行业大中型工业企业专利情况

单位：件

行业	专利申请数	发明专利	拥有发明专利数
合计	**42318**	**13908**	**17988**
采矿业	**1037**	**220**	**605**
煤炭开采和洗选业	210	48	101
烟煤和无烟煤的开采洗选	209	48	100
褐煤的开采洗选	1		1
其他煤炭采选			
石油和天然气开采业	771	137	475
天然原油和天然气开采	411	72	357
与石油和天然气开采有关的服务活动	360	65	118
黑色金属矿采选业	12	6	8
铁矿采选	12	6	8
其他黑色金属矿采选			
有色金属矿采选业	12	9	7
常用有色金属矿采选	4	4	2
贵金属矿采选	5	4	5
稀有稀土金属矿采选	3	1	
非金属矿采选业	32	20	14
土砂石开采	7	5	3
化学矿采选	13	11	5
采盐	12	4	6
石棉及其他非金属矿采选			
制造业	**40925**	**13547**	**17102**
农副食品加工业	252	75	123
谷物磨制	61	22	18
饲料加工	10	7	4
植物油加工	55	5	15
制糖	3	3	9
屠宰及肉类加工	67	3	18
水产品加工	8	5	5
蔬菜、水果和坚果加工	26	13	43
其他农副食品加工	22	17	11
食品制造业	1104	165	301
焙烤食品制造	78	4	1
糖果、巧克力及蜜饯制造	207	8	58
方便食品制造	230	34	71
液体乳及乳制品制造	436	41	50
罐头制造	16	1	2
调味品、发酵制品制造	80	36	65

1-K-13 续表 1 单位：件

行　业	专利申请数	发明专利	拥有发明专利数
其他食品制造	57	41	54
饮料制造业	971	141	630
酒精制造	2	2	5
酒的制造	825	116	551
软饮料制造	144	23	74
精制茶加工			
烟草制品业	115	39	82
烟叶复烤			
卷烟制造	108	37	80
其他烟草制品加工	7	2	2
纺织业	719	134	197
棉、化纤纺织及印染精加工	126	64	50
毛纺织和染整精加工	105	7	8
麻纺织	4	3	2
丝绢纺织及精加工	50	8	9
纺织制成品制造	179	12	77
针织品、编织品及其制品制造	255	40	51
纺织服装、鞋、帽制造业	249	31	35
纺织服装制造	249	31	35
纺织面料鞋的制造			
制帽			
皮革、毛皮、羽毛(绒)及其制品业	105	8	24
皮革鞣制加工	1		1
皮革制品制造	71	8	11
毛皮鞣制及制品加工	31		12
羽毛(绒)加工及制品制造	2		
木材加工及木、竹、藤、棕、草制品业	111	86	87
锯材、木片加工			
人造板制造	104	81	83
木制品制造	2	2	1
竹、藤、棕、草制品制造	5	3	3
家具制造业	124	10	34
木质家具制造	42	1	20
竹、藤家具制造			
金属家具制造	82	9	14
塑料家具制造			
其他家具制造			
造纸及纸制品业	109	67	57
纸浆制造	2	2	

1-K-13 续表 2

单位：件

行业	专利申请数		拥有发明专利数
		发明专利	
造纸	97	63	55
纸制品制造	10	2	2
印刷业和记录媒介的复制	181	42	20
印刷	171	36	19
装订及其他印刷服务活动	7	4	
记录媒介的复制	3	2	1
文教体育用品制造业	676	128	210
文化用品制造	163	18	17
体育用品制造	215	35	69
乐器制造	27	10	9
玩具制造	245	63	65
游艺器材及娱乐用品制造	26	2	50
石油加工、炼焦及核燃料加工业	389	188	688
精炼石油产品的制造	367	171	676
炼焦	18	14	8
核燃料加工	4	3	4
化学原料及化学制品制造业	1606	649	1034
基础化学原料制造	295	160	254
肥料制造	106	78	109
农药制造	116	46	49
涂料、油墨、颜料及类似产品制造	84	66	37
合成材料制造	485	137	240
专用化学产品制造	170	118	178
日用化学产品制造	350	44	167
医药制造业	1696	1018	902
化学药品原药制造	230	153	246
化学药品制剂制造	560	290	180
中药饮片加工	108	97	18
中成药制造	687	421	385
兽用药品制造	12	9	15
生物、生化制品的制造	69	43	31
卫生材料及医药用品制造	30	5	27
化学纤维制造业	128	52	56
纤维素纤维原料及纤维制造	63	20	21
合成纤维制造	65	32	35
橡胶制品业	249	43	119
轮胎制造	148	8	59
橡胶板、管、带的制造	38	16	34
橡胶零件制造	26	3	8

1-K-13 续表 3 单位：件

行业	专利申请数	发明专利	拥有发明专利数
再生橡胶制造			
日用及医用橡胶制品制造	3	1	5
橡胶靴鞋制造	17	5	8
其他橡胶制品制造	17	10	5
塑料制品业	440	137	375
塑料薄膜制造	75	19	61
塑料板、管、型材的制造	95	42	16
塑料丝、绳及编织品的制造	3	3	10
泡沫塑料制造	11	9	9
塑料人造革、合成革制造	1	1	
塑料包装箱及容器制造	25	5	14
塑料零件制造	72	9	142
日用塑料制造	140	47	116
其他塑料制品制造	18	2	7
非金属矿物制品业	1220	433	565
水泥、石灰和石膏的制造	33	15	50
水泥及石膏制品制造	15	4	8
砖瓦、石材及其他建筑材料制造	192	72	73
玻璃及玻璃制品制造	371	83	88
陶瓷制品制造	500	212	306
耐火材料制品制造	41	25	16
石墨及其他非金属矿物制品制造	68	22	24
黑色金属冶炼及压延加工业	921	287	518
炼铁	18	7	9
炼钢	132	25	79
钢压延加工	751	251	409
铁合金冶炼	20	4	21
有色金属冶炼及压延加工业	770	237	580
常用有色金属冶炼	168	79	158
贵金属冶炼	11	2	5
稀有稀土金属冶炼	9	8	38
有色金属合金制造	40	20	26
有色金属压延加工	542	128	353
金属制品业	1093	242	460
结构性金属制品制造	226	48	132
金属工具制造	200	40	92
集装箱及金属包装容器制造	86	23	33
金属丝绳及其制品的制造	81	17	5
建筑、安全用金属制品制造	358	46	101

1-K-13 续表 4 单位：件

行 业	专利申请数	发明专利	拥有发明专利数
金属表面处理及热处理加工			
搪瓷制品制造	4	3	4
不锈钢及类似日用金属制品制造	107	51	41
其他金属制品制造	31	14	52
通用设备制造业	2597	424	1148
锅炉及原动机制造	274	47	116
金属加工机械制造	290	67	111
起重运输设备制造	340	41	113
泵、阀门、压缩机及类似机械的制造	509	73	235
轴承、齿轮、传动和驱动部件的制造	275	39	92
烘炉、熔炉及电炉制造	4	1	1
风机、衡器、包装设备等通用设备制造	729	113	274
通用零部件制造及机械修理	101	16	164
金属铸、锻加工	75	27	42
专用设备制造业	2098	354	1881
矿山、冶金、建筑专用设备制造	443	47	347
化工、木材、非金属加工专用设备制造	230	59	161
食品、饮料、烟草及饲料生产专用设备制造	109	16	16
印刷、制药、日化生产专用设备制造	100	5	76
纺织、服装和皮革工业专用设备制造	378	63	126
电子和电工机械专用设备制造	259	76	849
农、林、牧、渔专用机械制造	308	17	87
医疗仪器设备及器械制造	68	22	114
环保、社会公共安全及其他专用设备制造	203	49	105
交通运输设备制造业	4849	490	1239
铁路运输设备制造	85	14	43
汽车制造	1810	294	616
摩托车制造	2623	71	231
自行车制造	88	28	249
船舶及浮动装置制造	77	40	27
航空航天器制造	155	43	73
交通器材及其他交通运输设备制造	11		
电气机械及器材制造业	8353	3297	2135
电机制造	305	78	210
输配电及控制设备制造	799	186	302
电线、电缆、光缆及电工器材制造	417	93	607
电池制造	463	148	130
家用电力器具制造	5825	2709	607
非电力家用器具制造	184	21	165

1-K-13 续表 5 单位：件

行业	专利申请数	发明专利	拥有发明专利数
照明器具制造	257	51	96
其他电气机械及器材制造	103	11	18
通信设备、计算机及其他电子设备制造业	8286	4511	3149
通信设备制造	3363	2473	1442
雷达及配套设备制造	17	1	27
广播电视设备制造	44	10	7
电子计算机制造	1300	517	696
电子器件制造	1065	542	354
电子元件制造	533	129	384
家用视听设备制造	1931	827	239
其他电子设备制造	33	12	
仪器仪表及文化、办公用机械制造业	1132	188	344
通用仪器仪表制造	547	54	127
专用仪器仪表制造	23	1	10
钟表与计时仪器制造	83	7	27
光学仪器及眼镜制造	222	37	153
文化、办公用机械制造	257	89	27
其他仪器仪表的制造及修理			
工艺品及其他制造业	382	71	109
工艺美术品制造	78	34	67
日用杂品制造	288	24	9
煤制品制造			
核辐射加工			
其他未列明的制造业	16	13	33
废弃资源和废旧材料回收加工业			
金属废料和碎屑的加工处理			
非金属废料和碎屑的加工处理			
电力、燃气及水的生产和供应业	**356**	**141**	**281**
电力、热力的生产和供应业	275	110	270
电力生产	158	67	183
电力供应	116	42	87
热力生产和供应	1	1	
燃气生产和供应业	18	4	3
水的生产和供应业	63	27	8
自来水的生产和供应	20	18	2
污水处理及其再生利用	43	9	6
其他水的处理、利用与分配			

1-K-14 国有及国有控股大中型制造业企业专利情况

单位：件

行业	专利申请数	发明专利	拥有发明专利数
合计	**10626**	**2945**	**6586**
农副食品加工业	65	13	69
食品制造业	144	33	58
饮料制造业	562	64	281
烟草制品业	111	36	80
纺织业	269	35	38
纺织服装、鞋、帽制造业	15		1
皮革、毛皮、羽毛(绒)及其制品业			
木材加工及木、竹、藤、棕、草制品业	4	3	3
家具制造业	25	1	1
造纸及纸制品业	35	21	30
印刷业和记录媒介的复制	53	18	3
文教体育用品制造业	33	1	
石油加工、炼焦及核燃料加工业	214	155	664
化学原料及化学制品制造业	771	393	763
医药制造业	554	306	398
化学纤维制造业	93	38	40
橡胶制品业	95	10	41
塑料制品业	72	36	41
非金属矿物制品业	265	73	99
黑色金属冶炼及压延加工业	787	241	426
有色金属冶炼及压延加工业	311	145	251
金属制品业	192	42	84
通用设备制造业	851	160	248
专用设备制造业	929	139	1264
交通运输设备制造业	1287	188	360
电气机械及器材制造业	681	122	216
通信设备、计算机及其他电子设备制造业	1970	628	1022
仪器仪表及文化、办公用机械制造业	222	31	72
工艺品及其他制造业	16	13	33

1-K-15 内资大中型制造业企业专利情况

单位：件

行　　业	专利申请数	发明专利	拥有发明专利数
合　　计	**26911**	**7955**	**12998**
农副食品加工业	198	67	121
食品制造业	643	139	286
饮料制造业	832	108	536
烟草制品业	115	39	82
纺织业	503	84	155
纺织服装、鞋、帽制造业	243	26	33
皮革、毛皮、羽毛(绒)及其制品业	44	8	9
木材加工及木、竹、藤、棕、草制品业	27	5	11
家具制造业	86	1	22
造纸及纸制品业	98	66	52
印刷业和记录媒介的复制	84	35	10
文教体育用品制造业	403	94	169
石油加工、炼焦及核燃料加工业	191	127	615
化学原料及化学制品制造业	1075	600	936
医药制造业	1342	767	757
化学纤维制造业	95	35	45
橡胶制品业	216	39	108
塑料制品业	231	78	148
非金属矿物制品业	772	309	449
黑色金属冶炼及压延加工业	867	276	487
有色金属冶炼及压延加工业	738	232	566
金属制品业	633	169	390
通用设备制造业	2159	355	1020
专用设备制造业	1906	316	1815
交通运输设备制造业	4190	414	899
电气机械及器材制造业	4112	756	1336
通信设备、计算机及其他电子设备制造业	4243	2690	1698
仪器仪表及文化、办公用机械制造业	646	74	156
工艺品及其他制造业	219	46	87

1-K-16 港澳台商投资大中型制造业企业专利情况

单位：件

行　　业	专利申请数	发明专利	拥有发明专利数
合　计	**4929**	**1157**	**1612**
农副食品加工业			
食品制造业	57	10	10
饮料制造业	37	27	23
烟草制品业			
纺织业	102	37	35
纺织服装、鞋、帽制造业	5	4	1
皮革、毛皮、羽毛(绒)及其制品业	29		3
木材加工及木、竹、藤、棕、草制品业	3		
家具制造业	9	9	8
造纸及纸制品业	1	1	1
印刷业和记录媒介的复制	3	1	3
文教体育用品制造业	44	13	21
石油加工、炼焦及核燃料加工业	194	59	71
化学原料及化学制品制造业	72	22	43
医药制造业	82	32	20
化学纤维制造业	24	10	9
橡胶制品业	17	2	2
塑料制品业	113	41	151
非金属矿物制品业	224	74	56
黑色金属冶炼及压延加工业	42	2	16
有色金属冶炼及压延加工业	7	1	6
金属制品业	343	39	34
通用设备制造业	85	13	35
专用设备制造业	67	10	23
交通运输设备制造业	262	17	26
电气机械及器材制造业	1268	184	437
通信设备、计算机及其他电子设备制造业	1295	437	402
仪器仪表及文化、办公用机械制造业	424	92	156
工艺品及其他制造业	120	20	20

1-K-17 外商投资大中型制造业企业专利情况

单位：件

行业	专利申请数	发明专利	拥有发明专利数
合计	**9085**	**4435**	**2492**
农副食品加工业	54	8	2
食品制造业	404	16	5
饮料制造业	102	6	71
烟草制品业			
纺织业	114	13	7
纺织服装、鞋、帽制造业	1	1	1
皮革、毛皮、羽毛(绒)及其制品业	32		12
木材加工及木、竹、藤、棕、草制品业	81	81	76
家具制造业	29		4
造纸及纸制品业	10		4
印刷业和记录媒介的复制	94	6	7
文教体育用品制造业	229	21	20
石油加工、炼焦及核燃料加工业	4	2	2
化学原料及化学制品制造业	459	27	55
医药制造业	272	219	125
化学纤维制造业	9	7	2
橡胶制品业	16	2	9
塑料制品业	96	18	76
非金属矿物制品业	224	50	60
黑色金属冶炼及压延加工业	12	9	15
有色金属冶炼及压延加工业	25	4	8
金属制品业	117	34	36
通用设备制造业	353	56	93
专用设备制造业	125	28	43
交通运输设备制造业	397	59	314
电气机械及器材制造业	2973	2357	362
通信设备、计算机及其他电子设备制造业	2748	1384	1049
仪器仪表及文化、办公用机械制造业	62	22	32
工艺品及其他制造业	43	5	2

1-K-18 各地区大中型工业企业专利情况

单位：件

地 区	专利申请数	发明专利	拥有发明专利数
全 国	**42318**	**13908**	**17988**
东部地区	31423	11619	11889
中部地区	4932	1325	3979
西部地区	5963	964	2120
东北地区	1830	444	1054
北 京	1377	544	987
天 津	2977	2540	632
河 北	975	303	453
山 西	248	81	1044
内蒙古	352	42	89
辽 宁	809	190	447
吉 林	378	69	139
黑龙江	643	185	468
上 海	3879	1611	705
江 苏	3878	972	1639
浙 江	4078	1049	1953
安 徽	706	154	258
福 建	802	184	559
江 西	178	75	90
山 东	4064	933	1543
河 南	1453	289	521
湖 北	579	222	502
湖 南	747	250	957
广 东	8571	3286	2939
广 西	439	73	95
海 南	13	7	32
重 庆	2743	141	346
四 川	1050	311	655
贵 州	176	49	160
云 南	251	87	119
西 藏	1		
陕 西	363	120	189
甘 肃	166	64	215
青 海	44	14	29
宁 夏	82	13	96
新 疆	296	50	127

1-K-19 各地区国有及国有控股大中型工业企业专利情况

单位：件

地区	专利申请数	发明专利	拥有发明专利数
全国	**11990**	**3280**	**7450**
东部地区	7005	1924	3416
中部地区	2947	843	2689
西部地区	2038	513	1345
东北地区	1167	334	794
北京	687	239	739
天津	380	109	157
河北	367	107	110
山西	183	44	958
内蒙古	42	18	52
辽宁	464	133	308
吉林	180	46	83
黑龙江	523	155	403
上海	1694	501	334
江苏	757	231	361
浙江	168	77	142
安徽	463	81	115
福建	165	39	133
江西	123	46	59
山东	1433	268	607
河南	644	145	290
湖北	434	163	395
湖南	397	163	386
广东	889	219	524
广西	190	26	53
海南	1	1	1
重庆	403	50	158
四川	588	160	408
贵州	127	30	81
云南	102	47	93
西藏	1		
陕西	280	86	131
甘肃	137	53	199
青海	44	14	29
宁夏	22	10	35
新疆	102	19	106

1-K-20 各地区内资大中型工业企业专利情况

单位：件

地 区	专利申请数	发明专利	拥有发明专利数
全 国	**28298**	**8312**	**13884**
东部地区	18687	6238	8077
中部地区	4221	1228	3871
西部地区	5390	846	1936
东北地区	1517	427	1029
北 京	797	267	820
天 津	603	260	224
河 北	809	279	406
山 西	236	76	1037
内蒙古	97	28	81
辽 宁	548	178	433
吉 林	374	69	138
黑龙江	595	180	458
上 海	1387	373	326
江 苏	2719	636	1038
浙 江	2749	704	1343
安 徽	675	152	257
福 建	208	72	208
江 西	174	75	89
山 东	3444	724	1431
河 南	997	259	518
湖 北	464	190	434
湖 南	706	227	940
广 东	5410	2738	1816
广 西	338	58	90
海 南	13	7	32
重 庆	2659	128	320
四 川	970	255	581
贵 州	173	49	100
云 南	216	79	116
西 藏	1		
陕 西	349	108	182
甘 肃	166	64	215
青 海	44	14	29
宁 夏	82	13	95
新 疆	295	50	127

1-K-21 各地区港澳台商投资大中型工业企业专利情况

单位：件

地　区	专利申请数	发明专利	拥有发明专利数
全　国	**4929**	**1157**	**1612**
东部地区	4695	1098	1579
中部地区	151	37	14
西部地区	83	22	19
东北地区	7	1	3
北　京	461	190	107
天　津	12	12	11
河　北	85	11	15
山　西	7	2	4
内蒙古			
辽　宁	6		2
吉　林			
黑龙江	1	1	1
上　海	385	88	115
江　苏	489	156	155
浙　江	630	178	357
安　徽	4	1	
福　建	361	60	222
江　西	4		
山　东	13	2	4
河　南	98	11	2
湖　北	2		
湖　南	35	22	7
广　东	2253	401	591
广　西	15	15	2
海　南			
重　庆	62	1	12
四　川	6	6	5
贵　州			
云　南			
西　藏			
陕　西			
甘　肃			
青　海			
宁　夏			
新　疆			

1-K-22 各地区外商投资大中型工业企业专利情况

单位：件

地区	专利申请数	发明专利	拥有发明专利数
全 国	**9091**	**4439**	**2492**
东部地区	8041	4283	2233
中部地区	560	60	94
西部地区	490	96	165
东北地区	306	16	22
北 京	119	87	60
天 津	2362	2268	397
河 北	81	13	32
山 西	5	3	3
内蒙古	255	14	8
辽 宁	255	12	12
吉 林	4		1
黑龙江	47	4	9
上 海	2107	1150	264
江 苏	670	180	446
浙 江	699	167	253
安 徽	27	1	1
福 建	233	52	129
江 西			1
山 东	607	207	108
河 南	358	19	1
湖 北	113	32	68
湖 南	6	1	10
广 东	908	147	532
广 西	86		3
海 南			
重 庆	22	12	14
四 川	74	50	69
贵 州	3		60
云 南	35	8	3
西 藏			
陕 西	14	12	7
甘 肃			
青 海			
宁 夏			1
新 疆	1		

L. 技术改造和技术获取情况

1-L-1 分登记注册类型工业企业技术改造和技术获取情况

单位：万元

行业	技术改造经费支出	技术引进经费支出	消化吸收经费支出	购买国内技术经费支出
合计	**29555959**	**3973636**	**612062**	**824822**
国有及国有控股企业	19679204	2413539	316133	509029
内资企业	25906185	2107381	420541	732375
国有企业	6583341	483068	43577	150329
集体企业	353357	29820	12177	16077
股份合作企业	181826	2985	4078	5966
联营企业	348563	58163	3480	11189
国有联营企业	315513	51036	3269	10553
集体联营企业	6277	21	173	390
国有与集体联营企业	18039	7088	21	86
其他联营企业	8734	18	18	160
有限责任公司	9846728	781122	198855	254829
国有独资公司	3964662	256221	46736	74036
其他有限责任公司	5882065	524901	152118	180794
股份有限公司	5997692	672414	118114	212960
私营企业	2593412	78265	40157	81014
私营独资企业	175738	760	2452	5297
私营合伙企业	58058	70	1009	637
私营有限责任公司	2270303	63095	34139	69548
私营股份有限公司	89313	14340	2556	5533
其他企业	1268	1545	102	12
港、澳、台商投资企业	1450621	220341	31134	40864
合资经营企业（港或澳、台资）	947677	133801	20188	30550
合作经营企业（港或澳、台资）	41142	4003	940	515
港、澳、台商独资经营企业	214691	49778	3655	4597
港、澳、台商投资股份有限公司	247111	32759	6352	5203
外商投资企业	2199153	1645914	160388	51583
中外合资经营企业	1588510	1307697	116290	38606
中外合作经营企业	66967	56716	1859	380
外资企业	246026	216582	36050	5037
外商投资股份有限公司	297650	64919	6189	7560

1-L-2 分行业工业企业技术改造和技术获取情况

单位：万元

行业	技术改造经费支出	技术引进经费支出	消化吸收经费支出	购买国内技术经费支出
合计	**29555959**	**3973636**	**612062**	**824822**
采矿业	**1195783**	**109355**	**32480**	**28759**
煤炭开采和洗选业	892802	56354	17194	23801
烟煤和无烟煤的开采洗选	881979	56354	17194	23630
褐煤的开采洗选	10782			171
其他煤炭采选	42			
石油和天然气开采业	97648	39831	957	1773
天然原油和天然气开采	55803	2510	178	1136
与石油和天然气开采有关的服务活动	41845	37321	780	637
黑色金属矿采选业	47125	1150	5482	947
铁矿采选	46728	1150	5310	942
其他黑色金属矿采选	397		172	5
有色金属矿采选业	67986	10843	3513	1264
常用有色金属矿采选	29484	10313	2075	103
贵金属矿采选	25216	24	1336	150
稀有稀土金属矿采选	13286	507	102	1011
非金属矿采选业	90222	1177	5334	973
土砂石开采	13731		302	168
化学矿采选	43475		1	20
采盐	28275	1177	5022	785
石棉及其他非金属矿采选	4741		10	
制造业	**26591090**	**3837395**	**573010**	**762593**
农副食品加工业	267083	15307	2576	9170
谷物磨制	20025	743	239	1879
饲料加工	16390	831	245	1832
植物油加工	27442	415	444	2001
制糖	86237	2008	195	264
屠宰及肉类加工	41333	7590	918	482
水产品加工	40740	1396	204	875
蔬菜、水果和坚果加工	26307	2234	128	373
其他农副食品加工	8609	89	203	1465
食品制造业	190843	34165	7927	17925
焙烤食品制造	4181	416	715	598
糖果、巧克力及蜜饯制造	2977	5	23	21
方便食品制造	3555	2155	569	116
液体乳及乳制品制造	90924	22205	3550	14960
罐头制造	6772	2007	165	28
调味品、发酵制品制造	32427	242	1696	814

1-L-2 续表 1

单位：万元

行业	技术改造经费支出	技术引进经费支出	消化吸收经费支出	购买国内技术经费支出
其他食品制造	50007	7136	1209	1387
饮料制造业	402567	25358	8939	7554
酒精制造	67386			162
酒的制造	287190	11239	7497	6854
软饮料制造	41912	14119	1421	531
精制茶加工	6080		22	8
烟草制品业	566628	71344	2056	46597
烟叶复烤	8209	105		
卷烟制造	556350	71239	2056	46597
其他烟草制品加工	2069			
纺织业	953195	183022	14009	49696
棉、化纤纺织及印染精加工	608264	155420	10708	34394
毛纺织和染整精加工	38044	3046	413	2204
麻纺织	20542	300	43	3333
丝绢纺织及精加工	81813	5494	801	2715
纺织制成品制造	104431	11176	800	2329
针织品、编织品及其制品制造	100102	7586	1244	4720
纺织服装、鞋、帽制造业	177500	49483	6826	3022
纺织服装制造	175143	49483	6824	3016
纺织面料鞋的制造	1292		2	5
制帽	1065			1
皮革、毛皮、羽毛(绒)及其制品业	85538	1914	1564	1705
皮革鞣制加工	27281	523	427	603
皮革制品制造	47020	635	26	259
毛皮鞣制及制品加工	5014	44	309	7
羽毛(绒)加工及制品制造	6223	712	803	837
木材加工及木、竹、藤、棕、草制品业	79258	16053	1546	2069
锯材、木片加工	1874	2	11	39
人造板制造	60917	15806	1333	1883
木制品制造	7160	245	111	144
竹、藤、棕、草制品制造	9308		91	4
家具制造业	28308	592	435	593
木质家具制造	10483	399	101	132
竹、藤家具制造	1			
金属家具制造	6374	183	326	346
塑料家具制造	194			
其他家具制造	11257	10	8	114
造纸及纸制品业	304101	61821	2818	6501
纸浆制造	15055	651	241	609

1-L-2 续表 2

单位：万元

行　　业	技术改造经费支出	技术引进经费支出	消化吸收经费支出	购买国内技术经费支出
造纸	247823	52299	2016	4902
纸制品制造	41224	8871	561	991
印刷业和记录媒介的复制	117760	23756	1613	6020
印刷	105422	18592	1244	2760
装订及其他印刷服务活动	11442	3805	210	3260
记录媒介的复制	895	1360	160	
文教体育用品制造业	31985	3675	444	781
文化用品制造	5566	4	25	165
体育用品制造	7566	170	51	170
乐器制造	7011	143	121	212
玩具制造	5737	3358	232	234
游艺器材及娱乐用品制造	6105		15	
石油加工、炼焦及核燃料加工业	1605552	91242	28974	86547
精炼石油产品的制造	1362931	85102	27008	85273
炼焦	185333	6140	1966	1274
核燃料加工	57288			
化学原料及化学制品制造业	3031982	319119	29694	62667
基础化学原料制造	876095	85205	5707	16896
肥料制造	678249	22819	5635	10413
农药制造	165870	5809	4247	4062
涂料、油墨、颜料及类似产品制造	113562	1988	2354	2286
合成材料制造	922615	186679	6236	16514
专用化学产品制造	215568	12270	4030	10626
日用化学产品制造	60023	4350	1486	1870
医药制造业	791428	62993	30925	71990
化学药品原药制造	276871	11734	8289	16814
化学药品制剂制造	207324	31148	16655	32683
中药饮片加工	31625	406	169	3356
中成药制造	217335	13837	4838	13898
兽用药品制造	8367	832	313	127
生物、生化制品的制造	37182	1827	567	4936
卫生材料及医药用品制造	12724	3210	94	177
化学纤维制造业	351279	77926	3864	21204
纤维素纤维原料及纤维制造	32496	1186	1325	4464
合成纤维制造	318783	76740	2540	16740
橡胶制品业	266248	28893	8579	8570
轮胎制造	204178	25414	5512	4048
橡胶板、管、带的制造	29625	631	444	576
橡胶零件制造	13156	581	818	2701

1-L-2 续表 3

单位：万元

行业	技术改造经费支出	技术引进经费支出	消化吸收经费支出	购买国内技术经费支出
再生橡胶制造	3677	132		205
日用及医用橡胶制品制造	6990		408	7
橡胶靴鞋制造	5034	2091	1197	892
其他橡胶制品制造	3588	45	200	140
塑料制品业	234721	35020	14707	5872
塑料薄膜制造	75384	4904	410	607
塑料板、管、型材的制造	66876	20087	11445	3089
塑料丝、绳及编织品的制造	9682	40	91	92
泡沫塑料制造	5414	256	5	142
塑料人造革、合成革制造	15974	60	902	999
塑料包装箱及容器制造	17581	4434	1431	409
塑料零件制造	21827	2516	293	351
日用塑料制造	12987	67	1	77
其他塑料制品制造	8997	2655	131	106
非金属矿物制品业	917814	41441	15494	14260
水泥、石灰和石膏的制造	408211	1957	1691	5639
水泥及石膏制品制造	62120	4970	2480	1283
砖瓦、石材及其他建筑材料制造	51572	5040	1920	2027
玻璃及玻璃制品制造	315389	14673	7603	3311
陶瓷制品制造	27040	1512	817	308
耐火材料制品制造	24135	3045	348	614
石墨及其他非金属矿物制品制造	29346	10244	635	1077
黑色金属冶炼及压延加工业	7847762	414719	51765	71384
炼铁	298143	658	1058	1567
炼钢	1602911	66070	13110	30183
钢压延加工	5914604	347991	36916	39488
铁合金冶炼	32104		682	146
有色金属冶炼及压延加工业	1398033	184273	63092	34986
常用有色金属冶炼	942936	18596	12603	15740
贵金属冶炼	7292	25	154	536
稀有稀土金属冶炼	32274	200	283	154
有色金属合金制造	25789	16360	1665	263
有色金属压延加工	389742	149093	48386	18293
金属制品业	381819	24237	5495	3088
结构性金属制品制造	74291	3164	1041	1068
金属工具制造	47158	1275	970	150
集装箱及金属包装容器制造	37113	1915	363	420
金属丝绳及其制品的制造	80278	15151	1422	
建筑、安全用金属制品制造	22534	1780	650	598

1-L-2 续表 4 单位：万元

行业	技术改造经费支出	技术引进经费支出	消化吸收经费支出	购买国内技术经费支出
金属表面处理及热处理加工	53330	47	287	49
搪瓷制品制造	3717	2		120
不锈钢及类似日用金属制品制造	23769	593	519	287
其他金属制品制造	39629	311	242	396
通用设备制造业	1181431	147444	28509	23959
锅炉及原动机制造	315746	58522	10144	5299
金属加工机械制造	156672	8797	1284	6975
起重运输设备制造	83272	41653	6113	2346
泵、阀门、压缩机及类似机械的制造	146271	5393	1780	2992
轴承、齿轮、传动和驱动部件的制造	120366	6249	1302	696
烘炉、熔炉及电炉制造	5758	145	55	90
风机、衡器、包装设备等通用设备制造	190782	11257	3973	1903
通用零部件制造及机械修理	40908	5042	218	1194
金属铸、锻加工	121656	10386	3642	2465
专用设备制造业	697650	58303	15482	32811
矿山、冶金、建筑专用设备制造	242746	30293	5922	16390
化工、木材、非金属加工专用设备制造	85763	3744	2736	2591
食品、饮料、烟草及饲料生产专用设备制造	15903	276	335	563
印刷、制药、日化生产专用设备制造	21076	699	467	468
纺织、服装和皮革工业专用设备制造	103578	3788	2354	1532
电子和电工机械专用设备制造	99535	9581	275	827
农、林、牧、渔专用机械制造	65180	1892	1362	8305
医疗仪器设备及器械制造	18193	3346	585	268
环保、社会公共安全及其他专用设备制造	45677	4684	1447	1867
交通运输设备制造业	2212154	644885	66013	100919
铁路运输设备制造	89925	10399	341	3219
汽车制造	1553343	555697	57466	64392
摩托车制造	74951	17500	1434	5131
自行车制造	15489	675	125	488
船舶及浮动装置制造	183790	27011	5057	15284
航空航天器制造	294269	33603	1585	12400
交通器材及其他交通运输设备制造	388		5	6
电气机械及器材制造业	1178496	132325	52137	39467
电机制造	277027	11331	7828	2532
输配电及控制设备制造	275759	21874	8779	7432
电线、电缆、光缆及电工器材制造	174672	16190	3810	5470
电池制造	41785	7936	502	2060
家用电力器具制造	343922	67456	29139	17491
非电力家用器具制造	17976	980	103	177

1-L-2 续表 5 单位：万元

行　　业	技术改造经费支出	技术引进经费支出	消化吸收经费支出	购买国内技术经费支出
照明器具制造	38062	5312	980	3430
其他电气机械及器材制造	9295	1247	996	877
通信设备、计算机及其他电子设备制造业	983474	1026657	101706	28238
通信设备制造	101422	402812	9816	14517
雷达及配套设备制造	17927	1551	80	484
广播电视设备制造	9028	699	78	78
电子计算机制造	37115	8644	1573	367
电子器件制造	266250	315339	45662	3845
电子元件制造	382098	76227	14341	5688
家用视听设备制造	155825	220516	29958	2906
其他电子设备制造	13808	870	199	352
仪器仪表及文化、办公用机械制造业	228316	54459	5086	3892
通用仪器仪表制造	68553	27444	3394	1843
专用仪器仪表制造	21208	5181	1176	204
钟表与计时仪器制造	5236	485	21	210
光学仪器及眼镜制造	72255	4681	267	934
文化、办公用机械制造	60816	16668	208	680
其他仪器仪表的制造及修理	248		20	22
工艺品及其他制造业	77233	6952	729	1037
工艺美术品制造	37590	2343	314	708
日用杂品制造	7880	478	134	172
煤制品制造	189		13	
核辐射加工	66	200	200	20
其他未列明的制造业	31508	3930	68	138
废弃资源和废旧材料回收加工业	935	19	3	69
金属废料和碎屑的加工处理	868		3	8
非金属废料和碎屑的加工处理	67	19		61
电力、燃气及水的生产和供应业	**1769086**	**26886**	**6572**	**33470**
电力、热力的生产和供应业	1665467	25457	6163	32288
电力生产	770171	24876	5322	21158
电力供应	864005	111	826	11131
热力生产和供应	31291	470	15	
燃气生产和供应业	28696	1349	4	88
水的生产和供应业	74923	81	406	1094
自来水的生产和供应	73659	81	340	814
污水处理及其再生利用	1229		5	280
其他水的处理、利用与分配	35		61	

1-L-3 国有及国有控股制造业企业技术改造和技术获取情况

单位：万元

行业	技术改造经费支出	技术引进经费支出	消化吸收经费支出	购买国内技术经费支出
合计	**17183096**	**2279363**	**278899**	**451150**
农副食品加工业	82393	7834	895	623
食品制造业	23754	2325	1418	830
饮料制造业	284705	5052	1034	3147
烟草制品业	565403	71239	2056	46597
纺织业	240584	109175	5212	26419
纺织服装、鞋、帽制造业	1291		58	1
皮革、毛皮、羽毛(绒)及其制品业	490			
木材加工及木、竹、藤、棕、草制品业	25809	15758	487	930
家具制造业	230		260	5
造纸及纸制品业	123294	6119	886	4207
印刷业和记录媒介的复制	46549	16045	1422	4452
文教体育用品制造业	5492	38	27	143
石油加工、炼焦及核燃料加工业	1238102	82923	26961	81471
化学原料及化学制品制造业	2101987	277620	15308	42675
医药制造业	294723	28670	13535	25117
化学纤维制造业	131827	30042	1796	4984
橡胶制品业	71648	13944	2572	3288
塑料制品业	32674	19647	1951	1143
非金属矿物制品业	260991	26047	8946	2266
黑色金属冶炼及压延加工业	6989302	396318	36751	32946
有色金属冶炼及压延加工业	1066189	158394	53915	21925
金属制品业	55348	4122	1309	275
通用设备制造业	588099	105117	12806	12110
专用设备制造业	342157	37198	4717	21636
交通运输设备制造业	1699496	532386	44685	88707
电气机械及器材制造业	309349	26835	10286	5131
通信设备、计算机及其他电子设备制造业	444125	297672	28017	18139
仪器仪表及文化、办公用机械制造业	126892	4891	1332	1828
工艺品及其他制造业	30197	3953	258	157

1-L-4 内资制造业企业技术改造和技术获取情况

单位：万元

行业	技术改造经费支出	技术引进经费支出	消化吸收经费支出	购买国内技术经费支出
合计	**23187089**	**1972405**	**386228**	**670482**
农副食品加工业	241260	13980	2031	8601
食品制造业	161909	28853	6497	17614
饮料制造业	363836	22015	8142	7009
烟草制品业	566027	71344	2056	46597
纺织业	748256	139849	12878	44688
纺织服装、鞋、帽制造业	86635	16332	5173	2674
皮革、毛皮、羽毛(绒)及其制品业	52579	1594	1543	1223
木材加工及木、竹、藤、棕、草制品业	66182	15867	1509	2024
家具制造业	23462	171	374	575
造纸及纸制品业	267361	25515	2712	3874
印刷业和记录媒介的复制	103587	22886	1389	5906
文教体育用品制造业	21552	3528	398	369
石油加工、炼焦及核燃料加工业	1560226	87467	28973	85859
化学原料及化学制品制造业	2756564	277378	19689	55752
医药制造业	722392	49342	28489	61927
化学纤维制造业	218153	36197	3346	8171
橡胶制品业	186775	15684	6673	7232
塑料制品业	187277	29801	14298	5419
非金属矿物制品业	773153	35556	13399	11130
黑色金属冶炼及压延加工业	7477494	404176	34408	64904
有色金属冶炼及压延加工业	1289584	157991	57745	29463
金属制品业	322183	17076	2866	2309
通用设备制造业	1013513	93153	15523	21091
专用设备制造业	620684	47393	12676	28992
交通运输设备制造业	1559356	203782	44984	89464
电气机械及器材制造业	989354	63291	40391	36618
通信设备、计算机及其他电子设备制造业	577891	78564	16098	17683
仪器仪表及文化、办公用机械制造业	171460	7765	1393	2643
工艺品及其他制造业	57631	5838	573	603

1-L-5 港澳台商投资制造业企业技术改造和技术获取情况

单位：万元

行业	技术改造经费支出	技术引进经费支出	消化吸收经费支出	购买国内技术经费支出
合计	**1289226**	**220041**	**31092**	**40823**
农副食品加工业	13841	986	305	249
食品制造业	4811	1996	208	172
饮料制造业	4047	15	30	60
烟草制品业	601			
纺织业	118902	2650	211	1137
纺织服装、鞋、帽制造业	82129	32513	1651	298
皮革、毛皮、羽毛(绒)及其制品业	8900	233		469
木材加工及木、竹、藤、棕、草制品业	3664	59	18	5
家具制造业	767	295		17
造纸及纸制品业	24584	2	17	15
印刷业和记录媒介的复制	8208	41	224	12
文教体育用品制造业	2187	30	18	
石油加工、炼焦及核燃料加工业	29350	3068	2	203
化学原料及化学制品制造业	123417	23438	7237	5503
医药制造业	35145	3915	324	1687
化学纤维制造业	118216	38304	100	12749
橡胶制品业	18014		328	263
塑料制品业	34597	1402	403	372
非金属矿物制品业	36995	1324	1619	1955
黑色金属冶炼及压延加工业	150235	6491	687	1337
有色金属冶炼及压延加工业	37546	2552	1345	393
金属制品业	43671	2920	2299	722
通用设备制造业	38012	1572	3862	626
专用设备制造业	37247	2456	995	1096
交通运输设备制造业	88503	10584	3433	1020
电气机械及器材制造业	34335	5129	2748	1415
通信设备、计算机及其他电子设备制造业	164302	77112	2519	7868
仪器仪表及文化、办公用机械制造业	10884	671	359	804
工艺品及其他制造业	16118	284	150	375

1-L-6 外商投资制造业企业技术改造和技术获取情况

单位：万元

行　　业	技术改造经费支出	技术引进经费支出	消化吸收经费支出	购买国内技术经费支出
合　计	**2114775**	**1644949**	**155690**	**51288**
农副食品加工业	11982	341	240	320
食品制造业	24124	3316	1222	139
饮料制造业	34684	3328	768	486
烟草制品业				
纺织业	86037	40522	920	3872
纺织服装、鞋、帽制造业	8736	638	2	50
皮革、毛皮、羽毛(绒)及其制品业	24059	86	22	14
木材加工及木、竹、藤、棕、草制品业	9413	127	19	41
家具制造业	4080	126	61	
造纸及纸制品业	12156	36304	89	2613
印刷业和记录媒介的复制	5964	829		102
文教体育用品制造业	8246	117	28	412
石油加工、炼焦及核燃料加工业	15976	708		485
化学原料及化学制品制造业	152001	18303	2769	1412
医药制造业	33891	9736	2112	8376
化学纤维制造业	14909	3425	418	284
橡胶制品业	61458	13209	1578	1075
塑料制品业	12847	3817	7	81
非金属矿物制品业	107667	4561	476	1175
黑色金属冶炼及压延加工业	220034	4053	16671	5143
有色金属冶炼及压延加工业	70903	23730	4002	5130
金属制品业	15966	4241	330	56
通用设备制造业	129906	52718	9125	2242
专用设备制造业	39718	8455	1812	2723
交通运输设备制造业	564295	430519	17596	10436
电气机械及器材制造业	154807	63905	8998	1434
通信设备、计算机及其他电子设备制造业	241281	870982	83089	2686
仪器仪表及文化、办公用机械制造业	45972	46023	3333	445
工艺品及其他制造业	3485	830	6	59

1-L-7 各地区工业企业技术改造和技术获取情况

单位：万元

地 区	技术改造经费支出	技术引进经费支出	消化吸收经费支出	购买国内技术经费支出
全 国	**29555959**	**3973636**	**612062**	**824822**
东部地区	17296322	2762745	392436	470995
中部地区	7141782	735879	122233	189817
西部地区	5117856	475012	97393	164010
东北地区	2865505	383471	32457	55875
北 京	331392	328915	3607	6824
天 津	365474	166574	9027	7526
河 北	1025393	137597	19419	30812
山 西	1310431	58093	9655	20743
内蒙古	336631	32584	1550	6245
辽 宁	2002209	219403	11921	16176
吉 林	425504	85558	4940	9606
黑龙江	437791	78510	15596	30093
上 海	1526957	587931	84995	42659
江 苏	3575420	620376	80440	117709
浙 江	3430724	207437	45989	60652
安 徽	1187103	94817	26748	16740
福 建	360132	69119	11280	28694
江 西	514770	49381	11980	25312
山 东	3501649	142066	38313	86798
河 南	1026400	134722	23174	33012
湖 北	1241903	167566	16383	43230
湖 南	997878	67233	13758	11081
广 东	1158143	282841	87203	70537
广 西	578502	34965	1915	12532
海 南	18829	486	242	2608
重 庆	652715	254679	50309	37299
四 川	1301198	51242	21583	45841
贵 州	520304	4046	1134	5079
云 南	252481	9679	770	16259
西 藏	2420		15	55
陕 西	616419	61100	15690	28592
甘 肃	329912	16037	3520	6077
青 海	18544	90	30	17
宁 夏	145025	9059	695	2052
新 疆	363706	1532	182	3963

1-L-8 各地区国有及国有控股工业企业技术改造和技术获取情况

单位：万元

地 区	技术改造经费支出	技术引进经费支出	消化吸收经费支出	购买国内技术经 费 支 出
全 国	**19679204**	**2413539**	**316133**	**509029**
东部地区	9767596	1321372	154938	250074
中部地区	5901072	656374	81897	146195
西部地区	4010535	435793	79298	112759
东北地区	2711047	363356	25012	43238
北 京	297816	82945	2989	4800
天 津	261912	17576	8076	6083
河 北	841888	113318	3762	12627
山 西	1038126	54507	6646	17707
内蒙古	255059	14879	726	4074
辽 宁	1937773	204546	8381	11992
吉 林	366073	82197	1288	1807
黑龙江	407201	76613	15343	29439
上 海	1395464	359600	26203	33716
江 苏	1011332	283298	28006	57452
浙 江	761426	27729	19020	11998
安 徽	976026	69761	21661	6589
福 建	224112	34379	1933	21329
江 西	414228	48044	11199	22944
山 东	2470950	80327	20514	45203
河 南	796861	123908	6516	22584
湖 北	1093308	150893	11858	37689
湖 南	809249	50450	7388	7437
广 东	553896	117654	35899	44875
广 西	484417	32161	656	9140
海 南	11028		156	
重 庆	598712	248886	49077	33892
四 川	758762	44972	8518	11612
贵 州	452001	2967	822	3432
云 南	208954	9008	164	14476
西 藏	2420		15	
陕 西	561195	58876	15497	26471
甘 肃	304899	15954	3300	5680
青 海	14492	90		4
宁 夏	87443	7037	479	430
新 疆	282181	965	43	3550

1-L-9 各地区内资工业企业技术改造和技术获取情况

单位：万元

地区	技术改造经费支出	技术引进经费支出	消化吸收经费支出	购买国内技术经费支出
全国	**25906185**	**2107381**	**420541**	**732375**
东部地区	14388276	1226596	218795	399243
中部地区	6736603	538439	106321	182841
西部地区	4781307	342346	95425	150291
东北地区	2799860	223645	28769	55070
北京	289898	56588	3016	5205
天津	279630	13918	7945	6034
河北	911984	134748	17343	28540
山西	1289742	56878	9555	20743
内蒙古	330974	20959	1508	6075
辽宁	1972658	65113	9499	15956
吉林	412285	85196	3760	9083
黑龙江	414917	73336	15510	30031
上海	1110977	200858	14596	29246
江苏	2928064	382663	56414	97056
浙江	2474078	74364	19865	50839
安徽	1070383	73063	25186	13882
福建	240431	40925	4957	20747
江西	487544	42123	8145	25291
山东	3362156	130446	34921	81267
河南	989203	115440	20689	32684
湖北	1146139	36372	10419	40360
湖南	926389	56031	13057	10767
广东	800523	126488	49996	61746
广西	507324	14362	1318	5251
海南	17877	486	242	2608
重庆	448841	159650	50110	34667
四川	1274767	50791	20867	43003
贵州	519173	3939	904	5079
云南	250322	9607	745	16151
西藏	2420		15	55
陕西	604524	60207	15530	27927
甘肃	329662	16037	3520	6052
青海	10670	90	30	17
宁夏	139063	5172	695	2052
新疆	363566	1532	182	3963

1-L-10 各地区港澳台商投资工业企业技术改造和技术获取情况

单位：万元

地区	技术改造经费支出	技术引进经费支出	消化吸收经费支出	购买国内技术经费支出
全国	**1450621**	**220341**	**31134**	**40864**
东部地区	1299290	195759	28574	37703
中部地区	90450	18083	1680	2114
西部地区	60881	6499	880	1047
东北地区	15302	2338	1268	498
北京	9433	2709	14	297
天津	796	215	36	87
河北	75505	1596	1278	350
山西	4042	1215	100	
内蒙古	4283			
辽宁	12152	2338	1268	120
吉林	2650			378
黑龙江	500			
上海	129267	25460	7298	5562
江苏	330271	30040	3930	13024
浙江	359834	58248	3957	4477
安徽	16756	24	100	38
福建	59989	15535	5160	6518
江西	9771	422	687	18
山东	53211	1704	1308	207
河南	16722	16185	447	113
湖北	16255	227	335	1255
湖南	23754	10	12	312
广东	268790	57913	4325	7062
广西	10601	20	87	14
海南	43			
重庆	29801	6479	113	527
四川	5009		655	129
贵州	519			
云南	861		25	6
西藏				
陕西	5428			346
甘肃	250			25
青海	4129			
宁夏				
新疆				

1-L-11 各地区外商投资工业企业技术改造和技术获取情况

单位：万元

地 区	技术改造经费支出	技术引进经费支出	消化吸收经费支出	购买国内技术经费支出
全 国	**2199153**	**1645914**	**160388**	**51583**
东部地区	1608755	1340390	145068	34048
中部地区	314729	179357	14233	4862
西部地区	275669	126167	1088	12673
东北地区	50342	157487	2421	307
北 京	32061	269618	578	1323
天 津	85048	152442	1046	1405
河 北	37903	1253	798	1922
山 西	16647			
内蒙古	1375	11625	42	170
辽 宁	17399	151952	1155	100
吉 林	10570	361	1180	145
黑龙江	22374	5174	86	62
上 海	286713	361612	63101	7851
江 苏	317086	207673	20096	7628
浙 江	596812	74825	22167	5336
安 徽	99964	21730	1461	2820
福 建	59713	12659	1162	1430
江 西	17455	6837	3148	3
山 东	86282	9916	2084	5324
河 南	20475	3096	2038	215
湖 北	79510	130967	5630	1615
湖 南	47735	11193	689	2
广 东	88830	98440	32882	1729
广 西	60577	20583	510	7268
海 南	909			
重 庆	174073	88550	85	2105
四 川	21422	451	60	2709
贵 州	611	107	230	
云 南	1298	71		102
西 藏				
陕 西	6467	894	160	319
甘 肃				
青 海	3744			
宁 夏	5962	3887		
新 疆	140			

1-L-12 分登记注册类型大中型工业企业技术改造和技术获取情况

单位：万元

行业	技术改造经费支出	技术引进经费支出	消化吸收经费支出	购买国内技术经费支出
合计	**25906031**	**3679496**	**539700**	**699192**
国有及国有控股企业	19218589	2382399	303765	493943
内资企业	22925878	1987093	372870	642303
国有企业	6411801	472601	41901	144577
集体企业	205760	26264	10514	12709
股份合作企业	85527	1787	1545	1826
联营企业	336044	57836	3435	10565
国有联营企业	313869	51032	3259	10535
集体联营企业	3543	21	161	
国有与集体联营企业	17337	6783	15	
其他联营企业	1296			30
有限责任公司	8915789	725291	183063	225838
国有独资公司	3877343	250978	45899	73766
其他有限责任公司	5038446	474313	137164	152072
股份有限公司	5891029	668321	115313	206749
私营企业	1079199	33447	17100	40040
私营独资企业	18870	95	231	1458
私营合伙企业	10121			200
私营有限责任公司	1014857	27519	15543	35207
私营股份有限公司	35350	5834	1326	3176
其他企业	729	1545		
港、澳、台商投资企业	1093393	186540	24207	20388
合资经营企业（港或澳、台资）	659419	106527	15470	13166
合作经营企业（港或澳、台资）	29191	2069	259	61
港、澳、台商独资经营企业	162521	45703	2569	2031
港、澳、台商投资股份有限公司	242261	32240	5908	5130
外商投资企业	1886760	1505864	142623	36501
中外合资经营企业	1383140	1217215	101757	26568
中外合作经营企业	27692	32772	62	144
外资企业	185410	191440	34616	2312
外商投资股份有限公司	290518	64438	6188	7477

1-L-13 分行业大中型工业企业技术改造和技术获取情况

单位：万元

行　　业	技术改造经费支出	技术引进经费支出	消化吸收经费支出	购买国内技术经费支出
合计	**25906031**	**3679496**	**539700**	**699192**
采矿业	**991194**	**108234**	**26718**	**27521**
煤炭开采和洗选业	740003	56239	16951	23091
烟煤和无烟煤的开采洗选	737604	56239	16951	22990
褐煤的开采洗选	2399			101
其他煤炭采选				
石油和天然气开采业	97607	39831	957	1773
天然原油和天然气开采	55762	2510	178	1136
与石油和天然气开采有关的服务活动	41845	37321	780	637
黑色金属矿采选业	40644	150	5110	542
铁矿采选	40628	150	5110	542
其他黑色金属矿采选	16			
有色金属矿采选业	56087	10838	3336	1214
常用有色金属矿采选	21452	10308	2061	85
贵金属矿采选	22189	24	1275	118
稀有稀土金属矿采选	12446	507		1011
非金属矿采选业	56853	1177	364	900
土砂石开采	1347			115
化学矿采选	32403			
采盐	22526	1177	354	785
石棉及其他非金属矿采选	577		10	
制造业	**23355691**	**3544805**	**508020**	**641295**
农副食品加工业	149395	13239	1379	3923
谷物磨制	4984	77	7	1355
饲料加工	1847	205	63	373
植物油加工	8667	35	70	710
制糖	72601	2008	160	240
屠宰及肉类加工	26279	7572	882	421
水产品加工	25425	1045	152	657
蔬菜、水果和坚果加工	8228	2208	1	69
其他农副食品加工	1365	89	43	98
食品制造业	136555	31361	7010	16563
焙烤食品制造	344	296	319	111
糖果、巧克力及蜜饯制造	1731		16	20
方便食品制造	2271	6	508	79
液体乳及乳制品制造	76402	22201	3533	14952
罐头制造	1417	1971	80	10
调味品、发酵制品制造	22695	233	1664	466

1-L-13 续表 1

单位：万元

行业	技术改造经费支出	技术引进经费支出	消化吸收经费支出	购买国内技术经费支出
其他食品制造	31697	6654	889	926
饮料制造业	366620	14023	7626	6014
酒精制造	63730			162
酒的制造	276008	11180	6884	5532
软饮料制造	26304	2843	742	320
精制茶加工	578			
烟草制品业	558259	71239	2056	46597
烟叶复烤	404			
卷烟制造	556259	71239	2056	46597
其他烟草制品加工	1597			
纺织业	646706	174598	11572	43148
棉、化纤纺织及印染精加工	429889	151388	9651	31210
毛纺织和染整精加工	28058	3007	413	2199
麻纺织	18234	300	43	3319
丝绢纺织及精加工	46901	3872	426	1050
纺织制成品制造	67674	9535	306	1245
针织品、编织品及其制品制造	55950	6496	734	4126
纺织服装、鞋、帽制造业	138282	48786	6260	2879
纺织服装制造	137876	48786	6260	2879
纺织面料鞋的制造				
制帽	406			
皮革、毛皮、羽毛(绒)及其制品业	45374	563	5	148
皮革鞣制加工	19457	35		
皮革制品制造	22755	528	5	120
毛皮鞣制及制品加工	210			
羽毛(绒)加工及制品制造	2951			28
木材加工及木、竹、藤、棕、草制品业	35979	15874	1066	1240
锯材、木片加工	10			
人造板制造	32526	15717	1045	1135
木制品制造	443	157	21	105
竹、藤、棕、草制品制造	3000			
家具制造业	16856	179	325	96
木质家具制造	752	179	65	5
竹、藤家具制造				
金属家具制造	5307		260	91
塑料家具制造	98			
其他家具制造	10700			
造纸及纸制品业	240551	26765	2594	5240
纸浆制造	14910	651	196	597

1-L-13 续表 2 单位：万元

行 业	技术改造经费支出	技术引进经费支出	消化吸收经费支出	购买国内技术经 费 支 出
造纸	211764	23447	1898	4460
纸制品制造	13877	2667	500	183
印刷业和记录媒介的复制	67014	19483	1213	5189
印刷	55172	16177	1003	1929
装订及其他印刷服务活动	11282	3276	210	3260
记录媒介的复制	560	30		
文教体育用品制造业	14660	3636	335	270
文化用品制造	2865	4		120
体育用品制造	1756	169	40	150
乐器制造	5947	105	78	
玩具制造	467	3358	217	
游艺器材及娱乐用品制造	3625			
石油加工、炼焦及核燃料加工业	1555622	90533	27320	85220
精炼石油产品的制造	1355838	84393	27008	83999
炼焦	142496	6140	312	1221
核燃料加工	57288			
化学原料及化学制品制造业	2775005	301250	24423	51540
基础化学原料制造	785932	78573	4363	15134
肥料制造	658843	22702	5554	9834
农药制造	142004	5339	3994	2735
涂料、油墨、颜料及类似产品制造	80379	298	777	649
合成材料制造	898088	183344	5262	14846
专用化学产品制造	163573	7309	3073	7381
日用化学产品制造	46186	3686	1400	963
医药制造业	571002	57500	23488	46002
化学药品原药制造	248384	11169	7335	14307
化学药品制剂制造	162651	27311	13065	18968
中药饮片加工	3823	386	10	1290
中成药制造	128992	13656	2736	10007
兽用药品制造	4502	780		16
生物、生化制品的制造	15647	1614	330	1334
卫生材料及医药用品制造	7003	2585	12	80
化学纤维制造业	283474	62896	3482	8116
纤维素纤维原料及纤维制造	31676	1186	1325	4464
合成纤维制造	251798	61710	2157	3652
橡胶制品业	233943	28247	7358	7904
轮胎制造	198015	25294	5462	4048
橡胶板、管、带的制造	19688	581	303	476
橡胶零件制造	6461	287	400	2500

1-L-13 续表 3

单位：万元

行业	技术改造经费支出	技术引进经费支出	消化吸收经费支出	购买国内技术经费支出
再生橡胶制造	1076			
日用及医用橡胶制品制造	6058		8	
橡胶靴鞋制造	1942	2085	1186	880
其他橡胶制品制造	704			
塑料制品业	100107	26160	13046	2259
塑料薄膜制造	27520	62	255	90
塑料板、管、型材的制造	37412	19902	11000	1104
塑料丝、绳及编织品的制造	3190	35		41
泡沫塑料制造	2108	32	5	31
塑料人造革、合成革制造	8351	10	862	917
塑料包装箱及容器制造	9026	2037	833	15
塑料零件制造	5427	1820	91	61
日用塑料制造	4367			
其他塑料制品制造	2706	2262		
非金属矿物制品业	724687	33245	13180	9262
水泥、石灰和石膏的制造	351434	1477	460	4108
水泥及石膏制品制造	32434	4713	2405	543
砖瓦、石材及其他建筑材料制造	21627	863	1725	878
玻璃及玻璃制品制造	269386	13566	7377	2493
陶瓷制品制造	18614	1307	799	153
耐火材料制品制造	14488	1803	207	176
石墨及其他非金属矿物制品制造	16705	9517	207	912
黑色金属冶炼及压延加工业	7703845	412325	50760	67805
炼铁	289269	658	1048	964
炼钢	1576444	66070	13110	30181
钢压延加工	5822012	345596	35996	36600
铁合金冶炼	16119		607	60
有色金属冶炼及压延加工业	1273816	165934	61998	28904
常用有色金属冶炼	908747	17612	12520	15495
贵金属冶炼	5035		154	440
稀有稀土金属冶炼	26049	68	52	122
有色金属合金制造	9619	4554	1334	36
有色金属压延加工	324367	143700	47939	12811
金属制品业	272065	21273	3188	1909
结构性金属制品制造	52961	2467	583	696
金属工具制造	31810	740	484	43
集装箱及金属包装容器制造	28836	1778	301	411
金属丝绳及其制品的制造	67669	14173	929	
建筑、安全用金属制品制造	7683	1670	637	227

1-L-13 续表 4　　单位：万元

行　　业	技术改造经费支出	技术引进经费支出	消化吸收经费支出	购买国内技术经费支出
金属表面处理及热处理加工	37671			
搪瓷制品制造	27			120
不锈钢及类似日用金属制品制造	15079	135	184	217
其他金属制品制造	30330	311	71	196
通用设备制造业	825353	131692	23285	16516
锅炉及原动机制造	290816	58252	9728	4142
金属加工机械制造	86835	3230	560	6465
起重运输设备制造	71955	41262	5929	1513
泵、阀门、压缩机及类似机械的制造	85500	4521	1353	986
轴承、齿轮、传动和驱动部件的制造	87851	5187	306	321
烘炉、熔炉及电炉制造				
风机、衡器、包装设备等通用设备制造	117476	6887	2304	927
通用零部件制造及机械修理	17458	3108	165	951
金属铸、锻加工	67463	9245	2940	1212
专用设备制造业	555661	48325	9507	25357
矿山、冶金、建筑专用设备制造	210618	28937	4462	13750
化工、木材、非金属加工专用设备制造	61084	3305	1301	654
食品、饮料、烟草及饲料生产专用设备制造	5274	159	210	206
印刷、制药、日化生产专用设备制造	10891	206	305	252
纺织、服装和皮革工业专用设备制造	82257	1743	1545	768
电子和电工机械专用设备制造	93769	8724	30	451
农、林、牧、渔专用机械制造	52730	1703	464	8284
医疗仪器设备及器械制造	10769	2965	319	200
环保、社会公共安全及其他专用设备制造	28269	583	872	792
交通运输设备制造业	2031078	595998	60553	98192
铁路运输设备制造	74834	9998	335	3207
汽车制造	1431899	508534	52220	62226
摩托车制造	60287	16957	1369	5017
自行车制造	5171	20	110	290
船舶及浮动装置制造	169540	27003	4934	15172
航空航天器制造	289297	33486	1585	12280
交通器材及其他交通运输设备制造	50			
电气机械及器材制造业	955644	120146	44867	33045
电机制造	242093	10642	7000	1940
输配电及控制设备制造	212692	16050	5896	5184
电线、电缆、光缆及电工器材制造	117254	14724	1563	3936
电池制造	31458	7475	379	1472
家用电力器具制造	323343	64687	28594	16517
非电力家用器具制造	3432	980	67	

1-L-13 续表 5 单位: 万元

行业	技术改造经费支出	技术引进经费支出	消化吸收经费支出	购买国内技术经费支出
照明器具制造	19450	4586	478	3166
其他电气机械及器材制造	5922	1002	892	832
通信设备、计算机及其他电子设备制造业	882724	1006124	98007	25230
通信设备制造	80008	395215	9391	14121
雷达及配套设备制造	17880	1551	80	484
广播电视设备制造	7226	550		13
电子计算机制造	31491	6051	705	178
电子器件制造	231828	311271	44356	2163
电子元件制造	352523	71021	13597	5262
家用视听设备制造	151602	220465	29878	2740
其他电子设备制造	10167			270
仪器仪表及文化、办公用机械制造业	139583	19016	1757	2179
通用仪器仪表制造	19773	1674	762	613
专用仪器仪表制造	10622	714	751	39
钟表与计时仪器制造	4957	453	16	196
光学仪器及眼镜制造	48040	192	75	837
文化、办公用机械制造	56191	15983	153	494
其他仪器仪表的制造及修理				
工艺品及其他制造业	55811	4398	360	542
工艺美术品制造	20210	760	179	270
日用杂品制造	5497	458	114	135
煤制品制造				
核辐射加工				
其他未列明的制造业	30105	3180	68	137
废弃资源和废旧材料回收加工业	21			8
金属废料和碎屑的加工处理	21			8
非金属废料和碎屑的加工处理				
电力、燃气及水的生产和供应业	**1559147**	**26456**	**4962**	**30376**
电力、热力的生产和供应业	1474472	25027	4628	29844
电力生产	636154	24446	3960	18963
电力供应	828880	111	653	10881
热力生产和供应	9439	470	15	
燃气生产和供应业	27100	1349	4	88
水的生产和供应业	57575	81	330	445
自来水的生产和供应	57352	81	330	445
污水处理及其再生利用	223			
其他水的处理、利用与分配				

1-L-14 国有及国有控股大中型制造业企业技术改造和技术获取情况

单位：万元

行业	技术改造经费支出	技术引进经费支出	消化吸收经费支出	购买国内技术经费支出
合计	**16870613**	**2248303**	**272295**	**437117**
农副食品加工业	73892	7819	841	514
食品制造业	21829	2319	1248	570
饮料制造业	280279	5041	404	2738
烟草制品业	557983	71239	2056	46597
纺织业	221223	108434	5034	26151
纺织服装、鞋、帽制造业	1166		58	1
皮革、毛皮、羽毛(绒)及其制品业	227			
木材加工及木、竹、藤、棕、草制品业	24972	15758	477	910
家具制造业	1		260	5
造纸及纸制品业	121201	6119	841	4177
印刷业和记录媒介的复制	38684	15436	1145	3945
文教体育用品制造业	5439			130
石油加工、炼焦及核燃料加工业	1235814	82345	26961	80223
化学原料及化学制品制造业	2070566	273067	15133	40981
医药制造业	267696	28629	12901	19281
化学纤维制造业	128883	30042	1796	4906
橡胶制品业	68346	13934	2486	3238
塑料制品业	30558	19627	1927	1066
非金属矿物制品业	227527	24829	8539	1491
黑色金属冶炼及压延加工业	6984652	396318	36746	32742
有色金属冶炼及压延加工业	1055127	158389	53911	21868
金属制品业	52099	3137	1237	264
通用设备制造业	514576	99384	12091	11675
专用设备制造业	334097	34614	3339	21225
交通运输设备制造业	1686570	527848	44179	88496
电气机械及器材制造业	302944	24885	10056	4424
通信设备、计算机及其他电子设备制造业	434502	295024	27344	17860
仪器仪表及文化、办公用机械制造业	100223	1065	1233	1500
工艺品及其他制造业	29539	3003	53	137

1-L-15 内资大中型制造业企业技术改造和技术获取情况

单位：万元

行　　业	技术改造经费支出	技术引进经费支出	消化吸收经费支出	购买国内技术经 费 支 出
合　计	**20534344**	**1853367**	**341205**	**584701**
农副食品加工业	138729	12861	1230	3590
食品制造业	115593	28343	5615	16314
饮料制造业	333990	10945	6874	5943
烟草制品业	557863	71239	2056	46597
纺织业	490727	133417	10701	39748
纺织服装、鞋、帽制造业	62686	16248	4609	2600
皮革、毛皮、羽毛(绒)及其制品业	22204	435	5	6
木材加工及木、竹、藤、棕、草制品业	30856	15865	1048	1235
家具制造业	13272	151	325	96
造纸及纸制品业	210467	24877	2554	3075
印刷业和记录媒介的复制	54715	19183	1145	5177
文教体育用品制造业	7732	3527	307	70
石油加工、炼焦及核燃料加工业	1510296	87465	27318	84927
化学原料及化学制品制造业	2544927	269319	16308	46296
医药制造业	537289	46228	21939	39342
化学纤维制造业	196122	35933	3096	7807
橡胶制品业	158746	15352	5801	6886
塑料制品业	78680	23280	12858	2078
非金属矿物制品业	599031	29809	11115	7354
黑色金属冶炼及压延加工业	7342911	403984	34005	62861
有色金属冶炼及压延加工业	1202565	156355	56744	28658
金属制品业	227241	15301	1294	1532
通用设备制造业	690220	81564	12452	14394
专用设备制造业	505562	44334	8218	22791
交通运输设备制造业	1418101	175907	42227	87374
电气机械及器材制造业	814055	57362	35412	31123
通信设备、计算机及其他电子设备制造业	510574	68478	15005	15059
仪器仪表及文化、办公用机械制造业	117728	1490	734	1412
工艺品及其他制造业	41440	4114	211	347

1-L-16 港澳台商投资大中型制造业企业技术改造和技术获取情况

单位：万元

行 业	技术改造经费支出	技术引进经费支出	消化吸收经费支出	购买国内技术经费支出
合 计	**1010313**	**186540**	**24192**	**20388**
农副食品加工业	4384	226	1	69
食品制造业	1002	1991	200	111
饮料制造业	2705		25	29
烟草制品业	396			
纺织业	89517	1529	155	888
纺织服装、鞋、帽制造业	73442	32513	1651	279
皮革、毛皮、羽毛(绒)及其制品业	3208	128		142
木材加工及木、竹、藤、棕、草制品业	88	9	18	5
家具制造业	170			
造纸及纸制品业	19738			
印刷业和记录媒介的复制	7881		68	12
文教体育用品制造业	807			
石油加工、炼焦及核燃料加工业	29350	3068	2	203
化学原料及化学制品制造业	100278	18060	5434	4723
医药制造业	11772	3915	134	456
化学纤维制造业	87080	23538	50	25
橡胶制品业	17354		8	
塑料制品业	19826	1097	183	181
非金属矿物制品业	27426	626	1615	1434
黑色金属冶炼及压延加工业	146143	6456	92	400
有色金属冶炼及压延加工业	14339	2425	1253	108
金属制品业	37450	2662	1667	366
通用设备制造业	24906	558	2640	94
专用设备制造业	30492	901	857	944
交通运输设备制造业	70497	6797	3311	490
电气机械及器材制造业	22779	3944	2497	687
通信设备、计算机及其他电子设备制造业	145494	75215	2022	7837
仪器仪表及文化、办公用机械制造业	9304	599	163	712
工艺品及其他制造业	12485	284	150	195

1-L-17 外商投资大中型制造业企业技术改造和技术获取情况

单位：万元

行　　业	技术改造经费支出	技术引进经费支出	消化吸收经费支出	购买国内技术经费支出
合　计	**1811034**	**1504899**	**142623**	**36206**
农副食品加工业	6282	152	147	264
食品制造业	19960	1026	1194	139
饮料制造业	29924	3078	726	42
烟草制品业				
纺织业	66462	39652	717	2513
纺织服装、鞋、帽制造业	2154	25		
皮革、毛皮、羽毛(绒)及其制品业	19961			
木材加工及木、竹、藤、棕、草制品业	5034			
家具制造业	3414	28		
造纸及纸制品业	10346	1888	41	2165
印刷业和记录媒介的复制	4417	300		
文教体育用品制造业	6121	109	28	200
石油加工、炼焦及核燃料加工业	15976			90
化学原料及化学制品制造业	129800	13871	2680	521
医药制造业	21941	7357	1415	6203
化学纤维制造业	271	3425	336	284
橡胶制品业	57844	12894	1550	1018
塑料制品业	1601	1783	5	
非金属矿物制品业	98230	2811	450	474
黑色金属冶炼及压延加工业	214791	1885	16664	4543
有色金属冶炼及压延加工业	56912	7154	4002	138
金属制品业	7374	3311	227	11
通用设备制造业	110227	49571	8194	2028
专用设备制造业	19608	3090	432	1621
交通运输设备制造业	542480	413293	15015	10328
电气机械及器材制造业	118811	58840	6959	1235
通信设备、计算机及其他电子设备制造业	226657	862431	80981	2334
仪器仪表及文化、办公用机械制造业	12551	16926	860	55
工艺品及其他制造业	1886			

1-L-18 各地区大中型工业企业技术改造和技术获取情况

单位：万元

地区	技术改造经费支出	技术引进经费支出	消化吸收经费支出	购买国内技术经费支出
全国	**25906031**	**3679496**	**539700**	**699192**
东部地区	14634944	2528660	345938	386481
中部地区	6620041	695260	100564	158755
西部地区	4651046	455576	93197	153957
东北地区	2737874	369638	27182	46747
北京	319115	314287	2872	2865
天津	301090	163259	7901	6578
河北	997904	137388	18568	29658
山西	1155824	54788	7736	18144
内蒙古	310510	20988	1529	6157
辽宁	1920915	210968	10182	14075
吉林	386558	84493	1415	2695
黑龙江	430401	74177	15585	29977
上海	1453102	540190	79823	33743
江苏	2666644	549744	63688	90289
浙江	2328232	151700	35094	40682
安徽	1097978	85003	22844	10095
福建	311979	64123	9801	25842
江西	497761	48822	11270	24384
山东	3358731	138257	34805	80177
河南	960696	127227	18360	27226
湖北	1172728	154054	13862	38464
湖南	918096	66696	9492	7769
广东	961223	258259	82962	61465
广西	539229	33388	1762	11368
海南	16007	486	242	1108
重庆	622896	253162	50241	36568
四川	1068697	47248	19216	41492
贵州	467524	3966	414	4525
云南	219630	9627	723	15479
西藏	560		15	
陕西	594114	60553	15510	27010
甘肃	318315	16013	2985	5579
青海	16351	90	30	4
宁夏	142265	9012	629	1850
新疆	350956	1529	143	3925

1-L-19 各地区国有及国有控股大中型工业企业技术改造和技术获取情况

单位：万元

地 区	技术改造经费支出	技术引进经费支出	消化吸收经费支出	购买国内技术经 费 支 出
全 国	**19218589**	**2382399**	**303765**	**493943**
东部地区	9504550	1301186	146185	242644
中部地区	5811199	651066	79902	141299
西部地区	3902839	430148	77678	110000
东北地区	2645721	353648	24358	42688
北 京	292423	79397	2872	2560
天 津	213423	16150	7618	5560
河 北	833509	113276	3742	12305
山 西	993924	54507	6638	17544
内蒙古	242088	14879	726	4074
辽 宁	1876265	199249	7871	11607
吉 林	364424	82092	1148	1645
黑龙江	405031	72307	15339	29436
上 海	1378912	355956	25789	32279
江 苏	983822	280174	21334	56928
浙 江	711773	26793	18824	11522
安 徽	968532	69724	21299	5926
福 建	214215	34319	1898	21232
江 西	407285	47957	10968	22434
山 东	2445401	79533	20278	44520
河 南	788999	123908	5707	21166
湖 北	1085880	150130	11655	35826
湖 南	797123	50441	7148	7323
广 东	544779	116339	35802	44130
广 西	476083	32057	586	8936
海 南	10028		156	
重 庆	585490	247620	49050	33561
四 川	724648	41263	8176	10627
贵 州	439962	2887	102	3162
云 南	202926	9008	164	14372
西 藏	560		15	
陕 西	549832	58410	15409	25993
甘 肃	300092	15933	2932	5318
青 海	14387	90		4
宁 夏	87092	7037	474	430
新 疆	279679	965	43	3524

1-L-20 各地区内资大中型工业企业技术改造和技术获取情况

单位：万元

地区	技术改造经费支出	技术引进经费支出	消化吸收经费支出	购买国内技术经费支出
全国	**22925878**	**1987093**	**372870**	**642303**
东部地区	12329189	1146570	193423	345808
中部地区	6250068	505215	87439	155422
西部地区	4346621	335308	92008	141073
东北地区	2688508	212186	25253	46465
北京	281426	52121	2859	2422
天津	219143	12925	7118	5493
河北	886256	134671	16522	27832
山西	1135626	54788	7736	18144
内蒙古	309640	20959	1487	5987
辽宁	1897218	58663	8339	13855
吉林	383100	84493	1415	2695
黑龙江	408190	69030	15499	29915
上海	1084170	199356	13102	25990
江苏	2232518	345268	49653	83168
浙江	1557276	55111	11466	34031
安徽	990778	64549	22023	8742
福建	214114	38718	4371	19125
江西	471950	41815	7445	24384
山东	3233706	129010	32409	75789
河南	927688	110263	16069	27059
湖北	1083306	24737	8427	36944
湖南	849429	55540	8825	7538
广东	707616	120242	47343	56994
广西	480955	12785	1173	4091
海南	15748	486	242	1108
重庆	420963	158690	50055	33981
四川	1051207	46894	19179	39078
贵州	467063	3859	184	4525
云南	219239	9597	698	15371
西藏	560		15	
陕西	582449	59766	15430	26710
甘肃	318305	16013	2985	5554
青海	8621	90	30	4
宁夏	136687	5125	629	1850
新疆	350931	1529	143	3925

1-L-21 各地区港澳台商投资大中型工业企业技术改造和技术获取情况

单位：万元

地 区	技术改造经费支出	技术引进经费支出	消化吸收经费支出	购买国内技术经费支出
全 国	**1093393**	**186540**	**24207**	**20388**
东部地区	971294	163781	22925	19139
中部地区	78637	16282	1041	267
西部地区	43463	6477	240	983
东北地区	11922	483	1139	120
北 京	9035	2653	14	297
天 津	416	142	35	85
河 北	74831	1596	1273	50
山 西	3551			
内蒙古				
辽 宁	11248	483	1139	120
吉 林	374			
黑龙江	300			
上 海	123667	25362	6862	5466
江 苏	221352	12587	1881	650
浙 江	253829	55124	2851	2436
安 徽	14655	24		28
福 建	53031	15184	4884	6218
江 西	8442	258	677	
山 东	50342	933	968	52
河 南	15566	16000	350	
湖 北	14309		14	8
湖 南	21440			231
广 东	173543	49717	3018	3765
广 西	3337	20	78	10
海 南				
重 庆	28311	6457	103	519
四 川	2322		34	123
贵 州				
云 南	88		25	6
西 藏				
陕 西	5266			300
甘 肃	10			25
青 海	4129			
宁 夏				
新 疆				

1-L-22 各地区外商投资大中型工业企业技术改造和技术获取情况

单位：万元

地区	技术改造经费支出	技术引进经费支出	消化吸收经费支出	购买国内技术经费支出
全国	**1886760**	**1505864**	**142623**	**36501**
东部地区	1334461	1218310	129590	21535
中部地区	291337	173764	12084	3066
西部地区	260962	113791	949	11900
东北地区	37445	156969	791	162
北京	28655	259513		146
天津	81532	150191	749	1000
河北	36817	1122	773	1776
山西	16647			
内蒙古	869	29	42	170
辽宁	12449	151822	705	100
吉林	3084			
黑龙江	21911	5147	86	62
上海	245266	315472	59859	2287
江苏	212775	191889	12154	6471
浙江	517127	41465	20777	4214
安徽	92545	20430	821	1325
福建	44835	10221	546	499
江西	17368	6749	3148	
山东	74683	8315	1429	4336
河南	17442	965	1940	167
湖北	75113	129317	5421	1512
湖南	47227	11156	667	
广东	80065	88300	32601	706
广西	54937	20583	510	7268
海南	259			
重庆	173623	88015	83	2069
四川	15167	353	3	2292
贵州	461	107	230	
云南	303	30		102
西藏				
陕西	6399	787	80	
甘肃				
青海	3600			
宁夏	5578	3887		
新疆	25			

第2篇

建筑业企业生产经营及财务状况

A. 综合

2-A-1 各地区全社会建筑业企业、单位和个体经营户个数

单位：个

地区	企业合计	总承包和专业承包企业	劳务分包企业	资质以外企业	非建筑业企业所属建筑业产业活动单位	建筑业个体经营户
全国	**114417**	**59018**	**3104**	**52295**	**2867**	**564832**
北京	5793	2545	81	3167	125	3175
天津	2296	1151	141	1004	38	2176
河北	3140	2099	185	856	104	51588
山西	2403	1490	88	825	111	6234
内蒙古	1263	664	11	588	42	7131
辽宁	6349	2985	168	3196	132	12458
吉林	1599	996	45	558	48	5479
黑龙江	2779	1815	95	869	130	2947
上海	11346	2611	65	8670	314	916
江苏	11263	5173	670	5420	147	42355
浙江	7377	3741	228	3408	87	31644
安徽	3962	1917	127	1918	89	34540
福建	2994	1601	90	1303	23	32541
江西	1910	1263	21	626	47	36793
山东	10212	5377	348	4487	173	52332
河南	5209	2422	130	2657	128	58906
湖北	3935	2296	100	1539	146	31139
湖南	2860	1881	139	840	91	30507
广东	8066	3951	35	4080	174	13481
广西	1452	997	15	440	40	15502
海南	533	154		379	63	2779
重庆	2741	2346	57	338	49	5956
四川	5161	3853	121	1187	113	39814
贵州	945	613	1	331	25	6166
云南	2319	1572	11	736	69	5736
西藏	150	141		9	2	299
陕西	2525	826	7	1692	51	21534
甘肃	1595	914	28	653	65	6289
青海	454	378	4	72	14	432
宁夏	684	461	20	203	12	2847
新疆	1102	785	73	244	215	1136

2-A-2　各地区全社会建筑业企业、单位和个体经营户年末从业人员

单位：万人

地区	合计	总承包和专业承包企业	劳务分包企业	资质以外企业	非建筑业企业所属建筑业产业活动单位	建筑业个体经营户
全国	**3248.31**	**2500.28**	**77.90**	**191.22**	**17.27**	**461.64**
北京	72.29	57.65	1.66	10.34	0.35	2.28
天津	30.24	24.22	1.02	3.48	0.49	1.03
河北	192.22	112.53	6.75	5.14	1.10	66.70
山西	67.12	57.38	0.67	3.41	0.69	4.96
内蒙古	35.01	27.75	0.05	3.08	0.35	3.78
辽宁	117.88	99.75	0.79	9.01	0.78	7.55
吉林	46.65	33.15	0.09	5.49	0.71	7.21
黑龙江	53.75	46.96	0.52	3.23	0.95	2.09
上海	92.47	72.30	0.73	17.98	1.27	0.19
江苏	363.52	287.64	18.79	22.68	0.48	33.93
浙江	293.91	265.97	7.09	6.62	0.18	14.05
安徽	127.04	91.81	7.01	8.31	0.58	19.33
福建	72.87	54.05	4.55	4.15	0.02	10.10
江西	78.92	58.85	0.14	2.82	0.13	16.99
山东	310.12	223.59	3.04	20.94	1.30	61.26
河南	202.73	107.17	4.34	19.93	0.74	70.55
湖北	129.15	107.09	3.39	6.59	0.57	11.50
湖南	143.16	115.34	3.82	3.23	0.55	20.21
广东	171.44	151.58	0.52	10.44	0.53	8.37
广西	44.73	34.97	1.46	1.72	0.16	6.41
海南	10.09	7.12		0.99	0.39	1.60
重庆	94.46	86.67	3.29	1.48	0.36	2.66
四川	231.62	164.95	7.42	4.30	0.88	54.07
贵州	33.91	29.94	0.01	0.95	0.08	2.94
云南	58.46	51.64	0.16	2.39	0.22	4.04
西藏	3.93	3.69		0.06	0.00	0.18
陕西	65.26	43.74	0.05	7.31	0.38	13.78
甘肃	59.53	46.10	0.16	3.93	0.46	8.87
青海	10.02	9.32	0.01	0.23	0.13	0.33
宁夏	12.13	8.30	0.05	0.35	0.10	3.32
新疆	23.67	19.04	0.33	0.63	2.32	1.37

2-A-3 各地区全社会建筑业企业建筑业总产值

单位：亿元

地 区	企业合计	总承包和专业承包企业	劳务分包企业	资质以外企业
全 国	**30998.35**	**29021.45**	**204.34**	**1772.56**
北 京	1787.69	1656.96	14.60	116.13
天 津	692.55	653.71	3.66	35.18
河 北	1046.86	1004.04	10.78	32.04
山 西	735.31	712.57	1.16	21.57
内蒙古	382.38	354.51	0.15	27.72
辽 宁	1333.57	1245.15	3.31	85.11
吉 林	500.47	411.11	0.39	88.98
黑龙江	536.56	515.98	1.28	19.30
上 海	1969.15	1688.80	8.03	272.31
江 苏	3933.92	3655.62	62.74	215.57
浙 江	3982.02	3895.64	15.68	70.69
安 徽	851.48	788.76	8.88	53.84
福 建	710.69	671.63	7.71	31.34
江 西	484.21	461.77	0.52	21.93
山 东	2165.47	1969.01	14.47	181.99
河 南	932.58	817.13	11.54	103.91
湖 北	1179.61	1112.13	8.49	58.99
湖 南	1061.42	1027.89	6.64	26.89
广 东	2045.74	1900.84	1.02	143.89
广 西	339.69	328.66	1.30	9.73
海 南	68.35	58.58		9.77
重 庆	705.72	690.28	6.45	9.00
四 川	1351.42	1309.38	11.84	30.20
贵 州	260.64	255.45	0.00	5.18
云 南	462.89	448.25	0.26	14.38
西 藏	29.39	29.08		0.31
陕 西	583.07	523.08	0.09	59.91
甘 肃	310.91	293.89	0.65	16.38
青 海	89.74	88.64	0.14	0.96
宁 夏	113.77	111.19	0.30	2.28
新 疆	351.07	341.71	2.29	7.07

2-A-4 各地区全社会建筑业企业资产总计

单位：亿元

地区	企业合计	总承包和专业承包企业	劳务分包企业	资质以外企业
全 国	**31110.82**	**28564.62**	**130.64**	**2415.56**
北 京	3102.14	2856.43	19.92	225.78
天 津	723.83	660.18	3.88	59.77
河 北	1003.32	945.94	3.97	53.40
山 西	827.35	791.61	1.41	34.33
内蒙古	339.57	301.31	0.21	38.04
辽 宁	1234.83	1124.86	8.97	100.99
吉 林	501.66	461.69	0.90	39.07
黑龙江	700.71	674.40	1.90	24.41
上 海	2508.04	2023.89	2.48	481.67
江 苏	2993.06	2744.99	32.66	215.41
浙 江	2324.02	2198.77	8.72	116.53
安 徽	754.58	679.89	6.73	67.96
福 建	704.21	634.50	3.09	66.62
江 西	444.62	417.35	0.50	26.76
山 东	2188.57	2034.27	11.63	142.67
河 南	898.31	820.68	3.89	73.74
湖 北	1159.43	1068.60	6.59	84.24
湖 南	778.40	754.26	2.57	21.57
广 东	2842.24	2553.19	0.70	288.34
广 西	427.91	406.49	1.34	20.08
海 南	86.74	69.77		16.97
重 庆	629.49	617.00	1.76	10.74
四 川	1412.36	1356.67	4.39	51.30
贵 州	282.43	270.81	0.02	11.60
云 南	571.40	541.16	0.17	30.08
西 藏	47.37	46.91		0.46
陕 西	616.18	535.37	0.12	80.70
甘 肃	364.78	346.86	0.48	17.45
青 海	111.10	109.27	0.07	1.76
宁 夏	144.46	140.00	0.32	4.14
新 疆	387.72	377.49	1.25	8.99

2-A-5 各行业全社会建筑业企业个数

单位：个

行业	合计	总承包和专业承包企业	劳务分包企业	资质以外企业
总计	**114417**	**59018**	**3104**	**52295**
房屋和土木工程建筑业	52466	34839	1527	16100
房屋工程建筑	35577	25205	1164	9208
土木工程建筑	16889	9634	363	6892
铁路道路隧道桥梁	6550	4366	65	2119
水利和港口	2229	1500	13	716
工矿	1073	540	17	516
架线和管道	3366	1755	115	1496
其他	3671	1473	153	2045
建筑安装业	21140	9391	725	11024
建筑装饰业	31953	11937	238	19778
其他建筑业	8858	2851	614	5393

2-A-6 各行业全社会建筑业企业年末从业人员

单位：万人

行业	合计	总承包和专包企业	劳务分包企业	资质以外企业
总计	**2769.40**	**2500.28**	**77.90**	**191.22**
房屋和土木工程建筑业	2330.99	2179.91	47.12	103.96
房屋工程建筑	1862.20	1751.32	41.77	69.11
土木工程建筑	468.79	428.59	5.34	34.86
铁路道路隧道桥梁	259.62	244.87	1.26	13.49
水利和港口	72.65	67.79	0.05	4.81
工矿	43.98	41.07	0.09	2.83
架线和管道	57.09	49.10	0.90	7.09
其他	35.44	25.77	3.04	6.63
建筑安装业	243.41	201.43	4.66	37.32
建筑装饰业	118.15	84.16	2.09	31.89
其他建筑业	76.85	34.78	24.02	18.05

2-A-7 各行业全社会建筑业总产值

单位：亿元

行业	合计	总承包和专业承包企业	劳务分包企业	资质以外企业
总计	**30998.35**	**29021.45**	**204.34**	**1772.56**
房屋和土木工程建筑业	25972.23	24915.62	124.6	932.01
房屋工程建筑	17859.42	17221.16	105.96	532.3
土木工程建筑	8112.81	7694.46	18.64	399.71
铁路道路隧道桥梁	4968.46	4808.77	5.89	153.8
水利和港口	1161.22	1083.58	0.12	77.52
工矿	717.45	694.57	0.40	22.48
架线和管道	850.71	769.59	5.28	75.84
其他	414.99	337.95	6.96	70.08
建筑安装业	3035.16	2604.22	21.43	409.51
建筑装饰业	1310.96	1044.71	11.16	255.09
其他建筑业	679.99	456.89	47.15	175.95

2-A-8 各行业全社会建筑业企业资产总计

单位：亿元

行业	合计	总承包和专业承包企业	劳务分包企业	资质以外企业
总计	**31110.82**	**28564.62**	**130.64**	**2415.56**
房屋和土木工程建筑业	24988.47	23716	80.37	1192.11
房屋工程建筑	15421.35	14869.68	62.67	488.99
土木工程建筑	9567.12	8846.31	17.70	703.11
铁路道路隧道桥梁	5701.44	5399.27	4.33	297.85
水利和港口	1478.25	1326.02	0.15	152.08
工矿	740.70	690.21	0.59	49.91
架线和管道	1179.90	1050.61	6.47	122.82
其他	466.82	380.21	6.16	80.45
建筑安装业	3707.16	3138.76	20.18	548.22
建筑装饰业	1485.42	1102.57	8.85	374.01
其他建筑业	929.77	607.29	21.24	301.23

B. 总承包和专业承包企业

1. 综合

2-B-1.1 按经济类型划分的总承包和专业承包企业主要经济指标

指　　标		合　　计	内资企业	#国　　有	#集　　体
企业个数	(个)	59018	58121	6513	8959
从业人员	(万人)	2500.28	2485.35	467.36	386.40
自有固定资产原价	(亿元)	7148.84	7074.46	2364.08	762.64
自有固定资产净价	(亿元)	4844.55	4796.22	1498.11	538.77
自有机械设备年末总台数	(万台)	846.64	839.16	148.51	152.66
自有机械设备年末净值	(亿元)	2324.52	2305.99	603.79	261.96
自有机械设备年末总功率	(万千瓦)	14584.05	14519.80	3513.53	2122.74
建筑业总产值	(亿元)	29021.45	28681.96	7325.61	2756.12
本年固定资产折旧	(亿元)	380.39	376.17	124.86	32.10
应付工资	(亿元)	3157.72	3130.38	682.33	377.47
应付福利费	(亿元)	344.10	341.86	83.19	38.58
工程结算税金及附加	(亿元)	894.10	885.42	234.92	84.94
管理费用中的税金	(亿元)	42.09	41.62	10.09	5.77
营业利润	(亿元)	656.19	645.76	73.49	67.65
房屋建筑施工面积	(万平方米)	310985.71	309108.94	52397.94	42858.27
房屋建筑竣工面积	(万平方米)	147364.04	146600.10	20552.46	23393.34
利润总额	(亿元)	719.25	708.46	94.96	70.61
税金总额	(亿元)	936.19	927.04	245.02	90.71
劳动生产率					
按总产值计算	(元/人)	107942	107515	135168	72707
技术装备率	(元/人)	9297	9278	12919	6780
动力装备率	(千瓦/人)	5.8	5.8	7.5	5.5
房屋建筑面积竣工率	(%)	47.4	47.4	39.2	54.6
产值利润率	(%)	2.5	2.5	1.3	2.6
产值利税率	(%)	5.7	5.7	4.6	5.9

2-B-1.1 续表

指标		港澳台商投资企业	#港澳台商独资企业	外商投资企业	#外商独资企业
企业个数	(个)	511	58	386	49
从业人员	(万人)	6.81	0.45	8.12	0.63
自有固定资产原价	(亿元)	33.76	2.32	40.62	2.07
自有固定资产净价	(亿元)	20.81	2.17	27.52	1.30
自有机械设备年末总台数	(万台)	3.85	0.11	3.62	0.10
自有机械设备年末净值	(亿元)	6.66	0.24	11.88	0.64
自有机械设备年末总功率	(万千瓦)	31.87	1.21	32.38	0.68
建筑业总产值	(亿元)	137.03	6.99	202.46	28.44
本年固定资产折旧	(亿元)	1.78	0.15	2.42	0.15
应付工资	(亿元)	10.27	0.57	17.06	2.34
应付福利费	(亿元)	0.71	0.04	1.54	0.13
工程结算税金及附加	(亿元)	3.69	0.26	5.00	0.95
管理费用中的税金	(亿元)	0.30	0.17	0.18	0.02
营业利润	(亿元)	2.63	-0.13	7.80	0.37
房屋建筑施工面积	(万平方米)	537.03	21.74	1339.74	98.97
房屋建筑竣工面积	(万平方米)	219.98	12.05	543.96	44.93
利润总额	(亿元)	3.15	-0.09	7.64	0.31
税金总额	(亿元)	3.99	0.43	5.16	0.97
劳动生产率					
按总产值计算	(元/人)	147899	130058	249324	374524
技术装备率	(元/人)	9775	5473	14630	10235
动力装备率	(千瓦/人)	4.7	2.7	4.0	1.1
房屋建筑面积竣工率	(%)	41.0	55.4	40.6	45.4
产值利润率	(%)	2.3		3.8	1.1
产值利税率	(%)	5.2	4.8	6.3	4.5

2-B-1.2 总承包和专业承包企业主要经济指标完成情况

指 标	计量单位	2004年	2003年	2004年比2003年增减(%)
建筑业总产值	亿元	29021.5	23083.9	25.7
建筑业增加值	亿元	5615.7	4654.7	20.6
本年提取的固定资产折旧	亿元	380.4	332.8	14.3
应付工资	亿元	3157.7	2618.5	20.6
应付福利费	亿元	344.1	302.4	13.8
工程结算税金及附加	亿元	894.1	720.3	24.1
营业利润	亿元	656.2	501.8	30.8
房屋建筑施工面积	万平方米	310985.7	259377.1	19.9
房屋建筑竣工面积	万平方米	147364.0	122827.6	20.0
年末自有施工机械设备净值	亿元	2324.5	2404.0	-3.3
年末自有施工机械设备总功率	万千瓦	14584.1	11712.4	24.5
实收资本	亿元	7774.7	6540.8	18.9
资产合计	亿元	28564.6	23541.9	21.3
#流动资产	亿元	20326.6	16603.4	22.4
固定资产	亿元	5549.5	5144.7	7.9
负债合计	亿元	18240.5	14992.4	21.7
#流动负债	亿元	17231.0	14181.3	21.5
长期负债	亿元	1009.5	811.1	24.5
资产负债率	%	63.9	63.7	0.3
税金总额	亿元	936.2	758.7	23.4
利润总额	亿元	719.2	519.9	38.3
按建筑业总产值计算的劳动生产率	元/人	107942	86666	24.5
按建筑业增加值计算的劳动生产率	元/人	20887	17476	19.5
房屋建筑面积竣工率	%	47.4	47.4	
技术装备率	元/人	9297	9957	
动力装备率	千瓦/人	5.8	4.9	
产值利税率	%	5.7	5.5	
产值利润率	%	2.5	2.3	
人均利税	元/人	6157	4800	
建筑业企业个数	个	59018	48688	
计算建筑业劳动生产率的平均人数	万人	2688.6	2663.5	

2-B-1.3 各地区总承包和专业承包企业签订合同情况

单位：万元

地区	合同总额	上年结转合同额	本年新签合同额
全国	**461991704**	**160566897**	**301424807**
北京	32885883	12468385	20417498
天津	11138462	3744902	7393560
河北	14909997	4820552	10089445
山西	12413811	4043234	8370577
内蒙古	4830461	1761351	3069110
辽宁	17982848	5428503	12554345
吉林	6669148	2253034	4416114
黑龙江	6627594	1959982	4667612
上海	32758380	13055408	19702972
江苏	46576634	13335686	33240947
浙江	63402382	23516304	39886078
安徽	11678168	3209789	8468379
福建	10537498	3809138	6728361
江西	7099842	2387149	4712693
山东	26025715	8195654	17830061
河南	13186109	4554632	8631477
湖北	18835481	5375788	13459693
湖南	17008133	5957172	11050961
广东	35680150	14913792	20766358
广西	5500670	2233878	3266791
海南	909497	389149	520348
重庆	9992622	3404231	6588392
四川	20527147	7049137	13478010
贵州	4359466	1923784	2435682
云南	7663565	2524569	5138995
西藏	395849	139901	255948
陕西	10357649	4132609	6225040
甘肃	4069819	1450034	2619785
青海	1732697	739565	993131
宁夏	1510528	438499	1072030
新疆	4725501	1351086	3374415

2-B-1.4 各地区总承包和专业承包企业承包工程完成情况

单位：万元

地区	直接从建设单位承揽工程完成的产值	自行完成施工产值	分包出去工程的产值	从建设单位以外承揽工程完成的产值
全国	**285865987**	**276063175**	**9802811**	**14151335**
北京	16594093	15777436	816657	792155
天津	6635876	6228937	406940	308131
河北	9945119	9857789	87330	182603
山西	7128221	6924151	204070	201599
内蒙古	3491275	3480611	10664	64480
辽宁	12273962	12088412	185550	363069
吉林	4064133	4046819	17314	64287
黑龙江	5157544	5083221	74324	76611
上海	16828134	14445850	2382284	2442152
江苏	34174514	33238861	935653	3317301
浙江	37936208	37515633	420576	1440804
安徽	7741870	7589821	152049	297736
福建	6593941	6518191	75750	198132
江西	4614500	4504714	109787	112980
山东	19380179	19044750	335430	645312
河南	8027437	7854457	172980	316890
湖北	11275876	10725726	550149	395611
湖南	10027603	9944886	82717	334029
广东	19805573	17794004	2011569	1214395
广西	3145187	3127837	17350	158806
海南	580172	577327	2845	8507
重庆	6861553	6658357	203196	244418
四川	12829824	12634121	195703	459708
贵州	2553982	2529403	24580	25127
云南	4409434	4379076	30359	103444
西藏	288908	285133	3774	5669
陕西	5194100	5082331	111769	148435
甘肃	2896135	2831944	64191	106910
青海	880149	843926	36223	42480
宁夏	1109557	1094796	14761	17118
新疆	3420927	3354657	66270	62436

2-B-1.5 各地区总承包和专业承包企业总产值和竣工产值

单位：万元

地区	建筑业总产值	#装饰装修产值	#在外省完成的产值	按构成分组			竣工产值
				建筑工程产值	安装工程产值	其他产值	
全国	**290214510**	**18117723**	**66956255**	**245366970**	**33169823**	**11677718**	**202663728**
北京	16569591	2969414	3732665	14380278	1819396	369917	10705675
天津	6537068	258188	1970724	5286785	997378	252904	3962917
河北	10040393	322894	2970913	8183303	1233048	624041	6864121
山西	7125750	231849	2269510	6038744	746327	340679	3583999
内蒙古	3545091	81261	199065	2949369	502804	92918	2631560
辽宁	12451481	829790	2353415	10102084	1991819	357578	8478317
吉林	4111106	125437	1062728	3416128	584507	110471	2535968
黑龙江	5159832	296914	782995	4010869	969770	179193	4060431
上海	16888002	1770293	2552593	13277286	2583577	1027140	11404584
江苏	36556163	1829207	12036844	32319642	3329888	906633	28462131
浙江	38956437	2312832	13460064	34000437	3721473	1234527	26544092
安徽	7887558	422731	1924481	6662449	859638	365472	5371734
福建	6716323	416387	1406957	5772662	720472	223190	4665706
江西	4617693	184463	776744	3915358	422527	279808	3491073
山东	19690062	1085668	2316871	16149765	2703617	836679	13510746
河南	8171347	328642	2209287	6749146	1090482	331720	5385018
湖北	11121338	489379	3137965	9267430	1003737	850171	7030814
湖南	10278915	381815	2426910	8665730	828452	784733	6891318
广东	19008399	2114941	2111931	15958116	2364799	685483	14756873
广西	3286644	208434	220243	2830903	372171	83570	2355424
海南	585834	66146	52064	468978	68336	48520	366967
重庆	6902774	346108	693947	6018257	608842	275676	4683281
四川	13093829	515200	3070957	11049111	1369248	675470	10202163
贵州	2554529	37483	436981	2113473	356051	85005	1738848
云南	4482520	176384	354771	3930619	412621	139279	3180215
西藏	290802	6873	1024	266987	13554	10261	238032
陕西	5230766	76270	1524939	4712973	365591	152203	3244471
甘肃	2938853	92784	460640	2352125	461904	124824	2221299
青海	886406	17593	176812	724674	132328	29403	551898
宁夏	1111913	28023	65812	956622	138957	16335	963136
新疆	3417093	94321	195406	2836668	396509	183916	2580918

2-B-1.6 各地区总承包和专业承包企业房屋建筑面积

地区	房屋建筑施工面积(万平方米)	#本年新开工	#实行投标承包面积	#本年新开工	房屋建筑竣工面积(万平方米)	房屋建筑面积竣工率(%)
全国	**310985.7**	**179448.6**	**243704.4**	**146728.6**	**147364.0**	**47.4**
北京	14424.4	6272.9	12480.7	5682.1	5257.7	36.5
天津	3506.4	1922.6	3034.1	1619.7	1618.7	46.2
河北	11169.2	6991.7	8881.4	6073.7	5836.6	52.3
山西	3926.0	2278.6	2937.2	1812.6	1525.6	38.9
内蒙古	2561.8	1734.6	1930.6	1450.2	1603.6	62.6
辽宁	8805.6	5896.1	7356.8	4918.4	4751.2	54.0
吉林	2822.9	1897.9	2559.7	1730.3	1749.9	62.0
黑龙江	3777.5	2348.4	3068.1	1986.2	2414.1	63.9
上海	11518.7	7306.9	8114.9	5006.8	4557.0	39.6
江苏	43174.2	26800.3	36227.1	22924.0	21760.4	50.4
浙江	50982.4	28687.2	42149.3	23735.0	20380.5	40.0
安徽	8370.7	5267.4	6528.3	4363.0	4758.5	56.8
福建	7587.2	4044.2	5033.9	2854.5	3587.1	47.3
江西	6210.4	3802.0	5073.4	3301.2	3400.0	54.7
山东	21640.4	13243.3	16009.6	10618.8	11263.0	52.0
河南	9086.5	5057.2	7532.2	4479.1	4186.9	46.1
湖北	11772.3	7292.1	8863.6	5919.5	6647.1	56.5
湖南	12523.0	7303.5	10048.4	6242.5	6250.7	49.9
广东	26480.4	12085.6	17572.4	8209.9	9834.6	37.1
广西	4709.7	2583.8	3568.1	2049.5	1955.9	41.5
海南	677.7	350.7	521.3	276.5	302.4	44.6
重庆	10184.5	5876.0	7429.0	4859.8	5167.7	50.7
四川	15897.0	9622.6	11357.0	7549.2	8838.0	55.6
贵州	2891.8	1300.2	2271.7	1154.9	1251.2	43.3
云南	4293.4	2662.4	3159.3	2042.5	2503.2	58.3
西藏	183.3	142.7	121.1	103.7	146.2	79.8
陕西	4289.7	2255.9	3489.0	1889.9	1884.3	43.9
甘肃	3149.5	1757.8	2615.3	1520.5	1606.0	51.0
青海	438.3	251.0	332.0	183.7	263.3	60.1
宁夏	1118.7	621.4	1012.2	557.7	579.4	51.8
新疆	2812.3	1791.5	2426.8	1613.2	1483.3	52.7

2-B-1.7 各地区按主要用途分的总承包和专业承包企业房屋建筑竣工面积

单位：万平方米

地区	合计	厂房、仓库	住宅	办公用房	批发和零售用房	住宿和餐饮用房
全国	**147364.0**	**26176.3**	**81859.4**	**12933.3**	**3802.8**	**2345.6**
北京	5257.7	511.4	3409.9	533.3	130.3	35.4
天津	1618.7	395.1	745.7	97.5	76.4	7.1
河北	5836.6	654.0	3729.5	462.7	141.3	70.1
山西	1525.6	236.9	832.1	155.8	49.3	33.5
内蒙古	1603.6	154.9	841.0	242.2	56.4	38.4
辽宁	4751.2	686.8	2993.4	343.7	126.4	75.7
吉林	1749.9	212.4	1095.1	129.9	32.5	22.5
黑龙江	2414.1	248.2	1460.6	170.7	60.2	25.4
上海	4557.0	1580.9	2087.7	313.9	69.8	31.7
江苏	21760.4	4638.5	11793.7	1851.4	514.3	297.7
浙江	20380.5	5769.4	9419.1	1889.2	466.4	350.8
安徽	4758.5	648.6	2674.7	412.7	144.6	93.9
福建	3587.1	802.6	1972.0	248.9	37.4	46.1
江西	3400.0	282.3	2137.6	316.2	107.2	49.6
山东	11263.0	2165.8	6453.3	879.0	309.5	163.5
河南	4186.9	548.6	2369.2	443.0	120.8	70.4
湖北	6647.1	1014.2	3714.9	583.9	71.1	74.6
湖南	6250.7	589.7	3445.1	787.7	240.7	130.4
广东	9834.6	2646.1	4691.8	785.1	185.1	157.1
广西	1955.9	147.4	1229.8	204.8	32.0	44.2
海南	302.4	14.6	167.7	20.1	3.8	5.6
重庆	5167.7	484.4	3522.6	351.4	203.2	66.3
四川	8838.0	930.9	5552.9	667.2	301.0	207.5
贵州	1251.2	109.8	699.1	115.6	20.2	21.0
云南	2503.2	274.0	1186.8	305.0	98.6	82.7
西藏	146.2	9.2	62.0	35.1	1.0	6.0
陕西	1884.3	142.0	1176.2	199.9	23.6	60.5
甘肃	1606.0	123.0	1014.2	153.8	40.0	24.1
青海	263.3	18.0	177.8	33.2	6.1	4.8
宁夏	579.4	39.2	370.2	63.5	28.9	9.6
新疆	1483.3	97.4	833.2	136.7	104.7	39.4

2-B-1.7 续表 单位：万平方米

地区	居民服务业用房	教育用房	文化、体育和娱乐用房	卫生医疗用房	科研用房	其他用房
全国	**2340.3**	**8675.9**	**1693.8**	**1437.2**	**482.4**	**5617.1**
北京	58.5	196.6	58.7	47.0	34.8	241.7
天津	26.5	79.0	30.5	29.5	10.6	120.8
河北	132.7	332.8	65.6	45.1	4.3	198.5
山西	21.2	100.7	13.5	12.8	7.2	62.5
内蒙古	27.8	113.9	24.1	19.2	0.8	84.9
辽宁	65.7	250.8	39.7	21.0	7.8	140.1
吉林	19.3	94.7	20.6	17.4	1.5	103.9
黑龙江	61.3	164.9	39.6	43.0	1.4	138.7
上海	17.5	168.2	46.6	61.8	9.9	169.0
江苏	387.3	1157.4	222.9	209.1	64.3	623.7
浙江	310.8	1084.6	260.1	177.6	89.4	563.1
安徽	122.9	401.5	50.0	44.0	9.6	155.9
福建	73.9	192.0	43.6	33.5	10.9	126.2
江西	64.5	231.5	30.7	35.2	4.6	140.5
山东	170.8	571.5	81.1	59.8	31.4	377.4
河南	48.1	337.4	53.8	57.7	11.4	126.3
湖北	67.8	441.5	80.5	91.6	33.5	473.4
湖南	107.7	491.1	78.0	89.3	8.6	282.2
广东	137.7	552.9	123.7	37.6	62.2	455.3
广西	20.3	140.1	32.8	20.3	3.0	81.3
海南	9.5	20.7	7.2	6.1	0.7	46.4
重庆	71.3	222.1	67.2	20.3	18.4	140.4
四川	115.8	533.6	94.1	87.0	17.8	330.3
贵州	33.8	137.7	23.3	29.6	4.2	56.8
云南	45.5	239.6	34.1	54.7	9.9	172.4
西藏	4.7	13.0	2.1	1.1	0.3	11.6
陕西	22.9	158.9	20.4	19.1	14.4	46.4
甘肃	35.7	118.2	17.0	29.1	5.5	45.4
青海	1.9	6.7	2.0	1.2	0.3	11.3
宁夏	8.6	29.7	8.5	5.3	0.2	15.6
新疆	48.3	92.3	21.7	31.1	3.4	75.1

2-B-1.8 各地区按主要用途分的总承包和专业承包企业房屋建筑竣工价值

单位：万元

地区	合计	厂房、仓库	住宅	办公用房	批发和零售用房	住宿和餐饮用房
全国	**114307228**	**19342894**	**60108485**	**11795934**	**3005177**	**1994788**
北京	6668647	652610	3890282	889339	175111	60276
天津	1620389	344530	615199	141081	94400	6962
河北	4317538	608792	2493551	405374	103985	57145
山西	1184781	228368	566730	140949	32552	30441
内蒙古	1212621	147640	578106	193107	43631	28587
辽宁	3831007	613859	2212004	318583	121251	72462
吉林	1375354	240166	739849	107409	21384	17466
黑龙江	2092750	251281	1147374	167644	53102	23680
上海	4680061	1406940	2116934	413260	67646	31811
江苏	17323190	3333817	9108165	1659786	400361	306669
浙江	16973751	3736067	8069019	1884172	401088	339538
安徽	2967728	431985	1607778	286286	91211	53064
福建	2809378	547527	1523380	224924	32697	36737
江西	1779969	160387	1049340	168897	59120	29436
山东	8152152	1513776	4445741	733322	237106	124522
河南	2628579	371278	1388364	337137	75823	44311
湖北	4337058	676514	2232636	458980	40202	45834
湖南	4399071	435198	2231424	682878	158549	94289
广东	8269082	1794375	4012364	748435	153200	134497
广西	1330869	99757	779503	165107	21337	50147
海南	253301	12329	154458	20261	2372	5096
重庆	3327787	374432	2112298	268215	153256	45008
四川	5429014	674094	3152973	462425	202233	143172
贵州	733470	86049	360721	74212	17517	15426
云南	1799628	186084	844864	242806	82169	56990
西藏	132508	9955	50949	36537	858	5997
陕西	1560287	123345	905475	210224	17439	62985
甘肃	1191410	121028	688230	128910	30171	20782
青海	209662	17132	132710	30633	5705	4220
宁夏	429359	34582	245651	58022	23377	10557
新疆	1286825	108998	652413	137023	86326	36688

2-B-1.8 续表

单位：万元

地区	居民服务业用房	教育用房	文化、体育和娱乐用房	卫生医疗用房	科研用房	其他用房
全国	**1941890**	**7242075**	**1769783**	**1361260**	**557672**	**5187269**
北京	75030	327141	106827	84947	53537	353548
天津	35904	101168	52749	52395	24616	151385
河北	112008	251231	56513	39245	12350	177343
山西	15743	75883	12003	11897	8940	61276
内蒙古	25826	92232	22504	18995	796	61198
辽宁	59996	224924	38613	23976	5904	139435
吉林	19159	84168	22020	13050	1172	109513
黑龙江	72062	160205	42404	42104	1137	131758
上海	22282	217910	95932	93387	14569	199390
江苏	342734	1023020	220098	180932	72667	674941
浙江	288053	1080762	319447	208559	107078	539969
安徽	77050	253134	36844	31914	5234	93229
福建	69091	154343	47307	38482	9569	125322
江西	42209	136355	20356	19781	3080	91008
山东	135993	477694	78728	43701	33639	327932
河南	26674	219201	43708	32735	8879	80470
湖北	46085	299101	67386	73266	36082	360972
湖南	75089	358209	66778	69114	6487	221058
广东	109840	554055	144330	40119	75238	502629
广西	12941	88478	28346	19575	4588	61090
海南	6271	17400	7159	4758	1219	21979
重庆	45826	138210	49625	18129	9574	113215
四川	72054	336939	69736	60930	22776	231683
贵州	23204	66983	15435	21759	2946	49218
云南	30824	169078	27822	41644	5107	112241
西藏	3585	11692	2901	1252	547	8234
陕西	22662	120853	22121	17092	15955	42138
甘肃	23360	81993	14613	20139	9393	52791
青海	1517	4449	1783	1060	189	10265
宁夏	6564	24303	8120	5088	173	12924
新疆	42254	90962	27577	31235	4231	69119

2-B-1.9 各地区总承包和专业承包企业施工机械设备情况

地 区	年末自有施工机械设备总台数（台）	年末自有施工机械设备总功率(千瓦)	年末自有施工机械设备净值（万元）	技术装备率（元/人）	动力装备率（千瓦/人）
全 国	**8466386**	**145840503**	**23245244**	**9297**	**5.8**
北 京	301573	4816528	752200	13047	8.4
天 津	100833	2500579	621503	25659	10.3
河 北	479072	6514005	989809	8796	5.8
山 西	212202	3837203	637221	11105	6.7
内蒙古	98762	2933526	320464	11548	10.6
辽 宁	273098	6061957	1127784	11306	6.1
吉 林	109357	2353994	394559	11902	7.1
黑龙江	188208	4437981	712957	15182	9.5
上 海	179268	2937017	804364	11126	4.1
江 苏	740250	11637712	2267891	7884	4.0
浙 江	645073	8370330	1808813	6801	3.1
安 徽	348638	4500817	689986	7515	4.9
福 建	188406	2777158	458432	8481	5.1
江 西	156426	2344805	417914	7101	4.0
山 东	624166	19179416	1608184	7193	8.6
河 南	450132	5587237	1037803	9684	5.2
湖 北	441866	6615788	1163782	10867	6.2
湖 南	415760	5946728	924825	8018	5.2
广 东	735081	15119585	1611083	10629	10.0
广 西	199917	2538951	327574	9368	7.3
海 南	21919	563498	74056	10404	7.9
重 庆	200968	2846017	632541	7298	3.3
四 川	455994	6529478	1304786	7910	4.0
贵 州	75234	1225572	239685	8006	4.1
云 南	209806	3024930	603840	11693	5.9
西 藏	12896	300485	56450	15287	8.1
陕 西	181952	2963121	492416	11258	6.8
甘 肃	229821	3489955	501184	10871	7.6
青 海	48156	968377	145422	15608	10.4
宁 夏	43057	879658	160071	19275	10.6
新 疆	98495	2038095	357647	18788	10.7

2-B-1.10 各地区总承包和专业承包企业建筑材料消耗情况

地 区	钢材 (吨)	木材 (立方米)	水泥 (吨)	玻璃		铝材 (吨)
				重量箱	平方米	
全 国	**147599378**	**69913087**	**621580876**	**58610035**	**322731402**	**12975779**
北 京	7540453	1857881	14308367	2194093	6970219	87027
天 津	2427651	494376	7770209	849621	5560970	1666519
河 北	5838109	1594591	21999720	1187255	16381629	239825
山 西	5766733	921533	10426408	398681	2257761	85445
内蒙古	1306138	545262	7881661	336737	3981309	18940
辽 宁	4993768	2284967	22719665	2191643	11845662	131603
吉 林	5714620	1677456	17121833	196384	2697007	65464
黑龙江	2425503	1829820	10537962	1087803	24343361	83192
上 海	6822489	1697254	15401729	1193492	6444934	1133428
江 苏	17176219	5354967	72850624	11755245	33885582	2135532
浙 江	21237228	10987218	111020075	15811794	67275541	1692253
安 徽	3519509	1567606	16162933	646863	7139146	262789
福 建	3325206	2359612	11068050	1000268	6624292	380058
江 西	2203600	2168929	12248074	403744	4892165	73278
山 东	6915857	3498988	34102661	2204332	19338900	451439
河 南	3468611	1987258	21070048	1524183	9796230	569033
湖 北	5693287	3280372	24818402	719810	7930163	806228
湖 南	7725895	8037975	59707735	1899867	17722937	679456
广 东	10114082	6645525	32527687	4414431	17159057	880376
广 西	5329249	3086539	10634022	1053848	4920005	326690
海 南	328954	413028	967695	154116	471395	107822
重 庆	3313845	1634079	17096477	1308101	10335106	344068
四 川	4996828	2145259	25846324	3443076	16305271	179284
贵 州	1693892	540421	6109376	532541	2792108	181216
云 南	2237848	583135	8386087	497835	4776711	72668
西 藏	81720	141725	320418	10764	208108	2528
陕 西	2174650	1229829	8477865	590097	3542688	48441
甘 肃	1392032	463841	6027559	316206	2077229	173130
青 海	304449	99425	1296432	56771	636108	16952
宁 夏	471755	159673	2113543	248292	1093268	40027
新 疆	1059198	624543	10561235	382142	3326540	41068

2-B-1.11 各地区总承包和专业承包企业主要生产效益指标

地 区	建筑业企业个数(个)	计算建筑业劳动生产率的平均人数(人)	按总产值计算的劳动生产率(元/人)	人均竣工产值(元/人)	人均施工面积(平方米/人)	人均竣工面积(平方米/人)
全 国	**59018**	**26886030**	**107942**	**75379**	**115.7**	**54.8**
北 京	2545	1117297	148301	95818	129.1	47.1
天 津	1151	381335	171426	103922	91.9	42.4
河 北	2099	1139492	88113	60238	98.0	51.2
山 西	1490	589542	120869	60793	66.6	25.9
内蒙古	664	399266	88790	65910	64.2	40.2
辽 宁	2985	1180745	105454	71805	74.6	40.2
吉 林	996	426403	96414	59474	66.2	41.0
黑龙江	1815	630696	81812	64380	59.9	38.3
上 海	2611	995338	169671	114580	115.7	45.8
江 苏	5173	3054373	119685	93185	141.4	71.2
浙 江	3741	2712481	143619	97859	188.0	75.1
安 徽	1917	913589	86336	58798	91.6	52.1
福 建	1601	569154	118005	81976	133.3	63.0
江 西	1263	536269	86108	65099	115.8	63.4
山 东	5377	2387355	82476	56593	90.6	47.2
河 南	2422	997749	81898	53972	91.1	42.0
湖 北	2296	1023299	108681	68707	115.0	65.0
湖 南	1881	1127603	91157	61115	111.1	55.4
广 东	3951	1537659	123619	95970	172.2	64.0
广 西	997	345207	95208	68232	136.4	56.7
海 南	154	72656	80631	50507	93.3	41.6
重 庆	2346	820516	84127	57077	124.1	63.0
四 川	3853	1671926	78316	61020	95.1	52.9
贵 州	613	278748	91643	62381	103.7	44.9
云 南	1572	496482	90286	64055	86.5	50.4
西 藏	141	30116	96561	79038	60.9	48.6
陕 西	826	430438	121522	75376	99.7	43.8
甘 肃	914	444233	66156	50003	70.9	36.2
青 海	378	104982	84434	52571	41.7	25.1
宁 夏	461	156520	71040	61534	71.5	37.0
新 疆	785	314561	108631	82048	89.4	47.2

2-B-1.12 各地区总承包和专业承包企业营业额

单位：万元

地区	企业营业额	在境外完成的营业额	企业总产值	#建筑业总产值
全国	**348309879**	**5701377**	**342608502**	**290214510**
北京	19646818	1990516	17656303	16569591
天津	7657043	182390	7474653	6537068
河北	10582117	145168	10436949	10040393
山西	7545701	57409	7488292	7125750
内蒙古	3691403	17665	3673739	3545091
辽宁	12851700	129008	12722692	12451481
吉林	4340945	52938	4288007	4111106
黑龙江	5533951	47249	5486702	5159832
上海	20035132	136994	19898138	16888002
江苏	39176791	893394	38283397	36556163
浙江	40041581	205243	39836339	38956437
安徽	8569169	147998	8421171	7887558
福建	7503145	248751	7254394	6716323
江西	4864330	46841	4817489	4617693
山东	53577763	263936	53313826	19690062
河南	8764322	117433	8646889	8171347
湖北	12538891	197216	12341676	11121338
湖南	12611159	202001	12409158	10278915
广东	21649368	141073	21508295	19008399
广西	3653064	15058	3638006	3286644
海南	590792	80	590712	585834
重庆	7278150	9818	7268332	6902774
四川	13661404	256252	13405152	13093829
贵州	2656186	5650	2650536	2554529
云南	4745707	43702	4702005	4482520
西藏	311927	2361	309566	290802
陕西	5485279	93524	5391756	5230766
甘肃	3099602	30731	3068871	2938853
青海	921752	170	921582	886406
宁夏	1170674	9308	1161365	1111913
新疆	3554016	11503	3542514	3417093

2-B-1.3 各地区总承包和专业承包企业资产构成

单位：万元

地区	资产合计	#流动资产小计	#长期投资	#固定资产小计	#无形及递延资产
全国	**285646246**	**203265734**	**19470648**	**55495119**	**6190649**
北京	28564340	19342905	6341232	2488264	271168
天津	6601823	4796481	331990	1328808	85894
河北	9459441	6425463	267291	2413022	296149
山西	7916052	5277814	624760	1885806	93874
内蒙古	3013141	2018352	72804	825379	86020
辽宁	11248567	8008780	359784	2592277	265330
吉林	4616913	3369512	129801	1000439	98875
黑龙江	6743974	4548989	329132	1760846	92630
上海	20238882	15309759	1945559	2579750	275562
江苏	27449949	21729618	934206	4269548	442090
浙江	21987709	17306968	1072829	3256881	260567
安徽	6798908	4669126	157065	1651988	301671
福建	6345042	4811156	316241	1111762	89082
江西	4173544	2734670	179383	1081920	163444
山东	20342745	14865658	694647	4056389	660315
河南	8206814	5311041	244752	2334855	268221
湖北	10685958	6631605	796757	2765169	439456
湖南	7542573	4905431	246704	2100128	244234
广东	25531935	19234813	1433643	4275370	429646
广西	4064943	2551776	415298	982380	109373
海南	697679	447256	32639	189477	27829
重庆	6169953	4301406	255561	1433780	154868
四川	13566709	8757116	1182112	3144433	429533
贵州	2708139	1942350	94963	571569	85544
云南	5411556	3457842	361419	1428396	147234
西藏	469117	236922	35437	177096	17816
陕西	5353673	3792655	245362	1202167	93596
甘肃	3468552	2247429	81936	1076248	48924
青海	1092706	678773	39461	341665	19063
宁夏	1399993	934403	76159	356279	29799
新疆	3774915	2619664	171721	813030	162844

2-B-1.14 各地区总承包和专业承包企业流动资产、无形及递延资产

单位：万元

地区	流动资产	#存货	无形及递延资产	#无形资产
全国	**203265734**	**52691493**	**6190649**	**5520472**
北京	19342905	4706624	271168	190449
天津	4796481	1092831	85894	76235
河北	6425463	1460810	296149	284332
山西	5277814	882833	93874	88499
内蒙古	2018352	393827	86020	81814
辽宁	8008780	1623406	265330	237571
吉林	3369512	438428	98875	88861
黑龙江	4548989	875774	92630	82146
上海	15309759	4395522	275562	216804
江苏	21729618	7248149	442090	401751
浙江	17306968	5387694	260567	232312
安徽	4669126	1037441	301671	281038
福建	4811156	1526040	89082	76666
江西	2734670	747414	163444	148213
山东	14865658	3264500	660315	582836
河南	5311041	1387716	268221	248863
湖北	6631605	1435287	439456	394944
湖南	4905431	1092621	244234	225663
广东	19234813	6051789	429646	360911
广西	2551776	621597	109373	97935
海南	447256	93456	27829	26911
重庆	4301406	1419422	154868	139124
四川	8757116	2295961	429533	399660
贵州	1942350	364228	85544	81166
云南	3457842	784206	147234	136879
西藏	236922	38784	17816	16598
陕西	3792655	775404	93596	81108
甘肃	2247429	442923	48924	46350
青海	678773	203573	19063	17091
宁夏	934403	235291	29799	28955
新疆	2619664	367942	162844	148789

2-B-1.15　各地区总承包和专业承包企业固定资产情况

单位：万元

地　区	固定资产小计	固定资产原价	#生产经营用	固定资产折旧	#本年折旧	在建工程
全　国	**55495119**	**71488491**	**53812383**	**23042906**	**3803787**	**5470159**
北　京	2488264	3444563	2596539	1258054	207658	265357
天　津	1328808	1905044	1461041	687699	106707	96667
河　北	2413022	3136215	2393599	978623	164130	185714
山　西	1885806	2447732	1845115	707267	141174	104226
内蒙古	825379	1037390	863694	314874	57525	68873
辽　宁	2592277	3749912	3013069	1264707	181371	86571
吉　林	1000439	1401180	967720	467654	78720	43913
黑龙江	1760846	2305225	1899292	674340	103703	97862
上　海	2579750	3731935	2324865	1467540	196648	258393
江　苏	4269548	5621795	4433435	1901127	314147	418293
浙　江	3256881	4157713	3480103	1246311	247064	206090
安　徽	1651988	2031921	1539261	612989	101288	194079
福　建	1111762	1368834	1048925	444391	63374	109389
江　西	1081920	1321846	954236	381298	52065	75050
山　东	4056389	5135892	3882088	1652268	297164	393524
河　南	2334855	2796993	2032840	796227	168721	264223
湖　北	2765169	3588865	2300582	1095541	170243	208251
湖　南	2100128	2674177	1958179	860993	138157	226258
广　东	4275370	5093076	3943001	1813711	261849	882989
广　西	982380	1090879	823563	304617	42457	181790
海　南	189477	165156	104876	32851	4828	44106
重　庆	1433780	1718007	1377262	482529	83513	169244
四　川	3144433	3944115	2852930	1242790	217171	361434
贵　州	571569	712584	515873	218014	38986	53666
云　南	1428396	1828415	1392380	572303	91980	137695
西　藏	177096	188539	129604	46809	18308	19966
陕　西	1202167	1562541	1200133	488366	83212	93572
甘　肃	1076248	1327981	991979	377678	55856	93063
青　海	341665	445275	273791	143982	27256	30760
宁　夏	356279	473555	370685	136590	26000	14208
新　疆	813030	1081135	841727	370767	62515	84935

2-B-1.16 各地区总承包和专业承包企业负债及所有者权益

单位：万元

地 区	负债合计	流动负债	长期负债	所有者权益	#实收资本
全 国	**182404791**	**172309803**	**10094988**	**103239617**	**77746956**
北 京	18534282	16692563	1841719	10028220	6877985
天 津	4709172	4432011	277161	1892651	1518547
河 北	5608520	5204327	404193	3850921	2923164
山 西	5366254	4877253	489002	2549798	2321915
内蒙古	1793571	1650694	142877	1219570	932652
辽 宁	6832760	6616442	216318	4415808	3495460
吉 林	3247185	3152544	94642	1369728	1181527
黑龙江	3971281	3768441	202841	2772692	2470335
上 海	13432313	12718762	713551	6806568	3899438
江 苏	19318520	18795407	523113	8131428	5882433
浙 江	14682624	14260128	422497	7305085	4920035
安 徽	4216847	3989094	227753	2582061	2087456
福 建	3911136	3813412	97724	2433907	2081562
江 西	2503348	2353992	149356	1670196	1421507
山 东	13267649	12682964	584685	7075096	5340181
河 南	4834661	4622032	212629	3372153	2924031
湖 北	6050428	5587502	462926	4635530	3425953
湖 南	4337304	4004996	332309	3205269	2618128
广 东	17277460	16384872	892589	8254475	5528087
广 西	2353287	2070493	282794	1711656	1298811
海 南	396618	334191	62427	301061	224614
重 庆	3178944	2971818	207127	2991009	2533813
四 川	7527089	7100184	426905	6039620	4621972
贵 州	1786501	1665829	120672	921638	740613
云 南	3238337	2988484	249854	2173219	1851149
西 藏	157241	142342	14899	311877	246340
陕 西	3695236	3506699	188538	1658437	1377417
甘 肃	2058073	1958491	99582	1410479	1199987
青 海	634171	608858	25314	458535	406926
宁 夏	876832	851724	25109	523161	478932
新 疆	2607145	2503257	103888	1167770	915989

2-B-1.17 各地区总承包和专业承包企业实收资本

单位：万元

地区	合计	国家资本	集体资本	法人资本	个人资本	港澳台资本	外商资本
全国	**77746956**	**18674314**	**8044020**	**23111614**	**27191773**	**377500**	**347735**
北京	6877985	3517687	272538	2001669	989965	51092	45032
天津	1518547	323708	132162	738229	297357	15395	11696
河北	2923164	613086	279793	841204	1185868	2456	756
山西	2321915	965823	118702	788203	439824	8211	1152
内蒙古	932652	197792	95797	86285	552510		268
辽宁	3495460	1086932	452417	615483	1288245	10919	41464
吉林	1181527	496597	83621	315776	275828	3056	6650
黑龙江	2470335	679935	212915	669189	897639	5098	5559
上海	3899438	705841	309194	1442154	1279700	72062	90488
江苏	5882433	711423	449580	1720015	2930717	41357	29341
浙江	4920035	266552	294251	1233619	3107789	9352	8473
安徽	2087456	518627	278504	670160	610829	5409	3927
福建	2081562	317880	194501	443419	1084920	25132	15710
江西	1421507	451119	245607	383648	330328	8071	2734
山东	5340181	806491	879117	1655345	1958096	19315	21817
河南	2924031	735200	364889	884663	923742	13562	1975
湖北	3425953	734568	342876	1368331	955645	8782	15750
湖南	2618128	666604	449240	755708	735196	9373	2007
广东	5528087	994213	683101	2191555	1585872	52216	21130
广西	1298811	498961	252904	309388	234032	1490	2037
海南	224614	53448	24426	80721	53947		12073
重庆	2533813	258018	216325	684621	1369367	2576	2906
四川	4621972	1119301	487050	1025367	1983523	3596	3135
贵州	740613	363596	118948	95367	160716	1987	
云南	1851149	326711	261160	583386	679141	716	35
西藏	246340	61933	25865	104978	53034	530	
陕西	1377417	379631	198761	527487	271414		125
甘肃	1199987	315340	179609	374487	325436	3676	1438
青海	406926	143755	32556	137964	91999	596	56
宁夏	478932	140140	23526	101883	213323	60	
新疆	915989	223404	84087	281310	325771	1416	

2-B-1.18 各地区总承包和专业承包企业收入情况

单位：万元

地 区	工程结算收入	工程结算成本	工程结算税金及附加	工程结算利润	经营费用	其他业务收入	#其他业务利润
全 国	**274775122**	**244326338**	**8941034**	**19950842**	**1556909**	**6154754**	**1028953**
北 京	18569465	16539161	538286	1369455	122564	468583	86958
天 津	6786075	6105847	188495	471533	20201	166213	16395
河 北	9675716	8502615	341114	759147	72840	216424	24693
山 西	7311464	6559461	227820	472487	51696	132265	27620
内蒙古	3365729	2926390	121698	307093	10548	50674	9546
辽 宁	11807153	10463468	384887	912626	46171	277659	42947
吉 林	4034839	3607080	129071	276766	21923	55320	13079
黑龙江	5241338	4671491	170937	374827	24083	69600	7509
上 海	19232678	17247177	545323	1333562	106617	499313	89500
江 苏	27846939	24750679	938869	2011392	145998	717035	106098
浙 江	33076013	29922077	1138361	1950561	65014	397663	64911
安 徽	7534146	6657816	265401	569307	41623	217021	22466
福 建	6319292	5683398	222131	394960	18803	100908	26957
江 西	4066161	3635267	135792	280357	14744	58390	10664
山 东	17639447	15375478	562440	1543432	158097	585887	79044
河 南	7924987	7028735	259353	600678	36222	148010	23158
湖 北	11004925	9670366	361670	874919	97970	348902	49364
湖 南	9552876	8486108	335313	683171	48284	112476	26682
广 东	21533921	19046853	717155	1639704	130210	521314	120669
广 西	3103317	2780453	110271	199750	12843	83119	19070
海 南	543735	466779	18592	49700	8664	964	569
重 庆	6302513	5603213	212111	462191	24998	122508	17792
四 川	12058100	10648780	381906	939576	87839	272353	43833
贵 州	2565900	2299559	83172	155223	27946	52460	14767
云 南	4242823	3740330	137333	327288	37872	89937	16221
西 藏	279604	236406	7512	28146	7541	4957	821
陕 西	5103464	4535786	157714	338705	71258	148976	21237
甘 肃	2891257	2552278	87773	232426	18780	66450	14587
青 海	818130	729881	24750	58897	4602	16090	4398
宁 夏	1089951	973196	33509	79254	3992	34871	5909
新 疆	3253164	2880211	102277	253710	16967	118413	21491

2-B-1.19 各地区总承包和专业承包企业费用情况

单位：万元

地区	管理费用	#税金	#财产保险费	#差旅费	#工会经费	财务费用	#利息支出
全国	**13093912**	**420881**	**113657**	**591533**	**191407**	**1323730**	**942474**
北京	1113752	13499	4238	46045	8745	129159	108866
天津	346360	9037	1635	14018	3664	21952	16923
河北	517717	19628	3866	18864	7472	45302	32521
山西	392785	9140	2336	24952	5916	30647	25758
内蒙古	167666	12841	2218	6531	2333	22772	17379
辽宁	631410	17279	4790	23864	12069	41742	25888
吉林	236429	6060	1267	10446	2770	16841	14977
黑龙江	313175	7755	1725	14311	4215	29123	19149
上海	871662	12807	3678	32657	8811	34678	35101
江苏	1215901	36252	10419	55236	20369	102553	64888
浙江	908792	39464	10648	58800	14161	138649	114923
安徽	408840	15557	3728	16683	15870	34313	22408
福建	254541	8663	1588	11142	2946	17114	13626
江西	203550	8282	2328	9611	2544	18232	12387
山东	870830	43312	10959	36714	13364	122652	84353
河南	408356	16962	4473	18898	5522	39707	24055
湖北	594463	22062	8500	27591	9756	65767	38089
湖南	416899	19496	5207	20902	5769	54925	32889
广东	1035500	30864	7473	35275	11930	106782	60711
广西	162425	6691	1016	6952	2319	10584	6588
海南	19250	553	18	1043	115	1008	486
重庆	276725	8980	2987	14008	3740	32880	23198
四川	648334	20464	8541	34601	12693	84459	52996
贵州	114280	3626	1043	5398	1565	9916	7769
云南	226399	7518	2040	11034	3309	29040	21299
西藏	12682	1006	133	785	162	1247	559
陕西	253750	8358	2633	13448	3226	32322	24137
甘肃	164844	5382	1636	6896	1945	19074	14518
青海	50817	1531	619	2308	677	4108	2669
宁夏	58057	1604	271	2385	817	8391	6752
新疆	197721	6208	1647	10136	2614	17795	16612

2-B-1.20 各地区总承包和专业承包企业利润及税金情况

单位：万元

地区	利润总额	#应交所得税	税金总额	工程结算税金及附加	管理费用中的税金
全国	**7192468**	**1920046**	**9361916**	**8941034**	**420881**
北京	379578	97141	551785	538286	13499
天津	125943	47958	197532	188495	9037
河北	246200	77941	360742	341114	19628
山西	78450	23799	236960	227820	9140
内蒙古	127165	20641	134539	121698	12841
辽宁	293520	108701	402166	384887	17279
吉林	42391	17718	135131	129071	6060
黑龙江	44850	30248	178692	170937	7755
上海	668703	103280	558130	545323	12807
江苏	820677	242727	975121	938869	36252
浙江	997326	291488	1177825	1138361	39464
安徽	152987	38118	280958	265401	15557
福建	157343	45651	230795	222131	8663
江西	73777	23232	144074	135792	8282
山东	647971	166188	605752	562440	43312
河南	191762	40405	276315	259353	16962
湖北	284090	70020	383732	361670	22062
湖南	255705	58696	354809	335313	19496
广东	689142	173796	748019	717155	30864
广西	48715	16552	116961	110271	6691
海南	30235	6778	19145	18592	553
重庆	180833	50951	221091	212111	8980
四川	276323	70046	402370	381906	20464
贵州	43502	10761	86798	83172	3626
云南	90420	24465	144851	137333	7518
西藏	17795	2354	8518	7512	1006
陕西	69938	17242	166073	157714	8358
甘肃	68473	17149	93155	87773	5382
青海	6063	2021	26281	24750	1531
宁夏	16779	5643	35113	33509	1604
新疆	65813	18338	108485	102277	6208

2-B-1.21 各地区总承包和专业承包企业主要经济效益指标

地 区	产值利润率(%)	产值利税率(%)	资本利润率(%)	资本利税率(%)	人均利润(元/人)	人均利税(元/人)	资产负债率(%)
全 国	**2.5**	**5.7**	**9.3**	**21.3**	**2675**	**6157**	**63.9**
北 京	2.3	5.6	5.5	13.5	3397	8336	64.9
天 津	1.9	4.9	8.3	21.3	3303	8483	71.3
河 北	2.5	6.0	8.4	20.8	2161	5326	59.3
山 西	1.1	4.4	3.4	13.6	1331	5350	67.8
内蒙古	3.6	7.4	13.6	28.1	3185	6555	59.5
辽 宁	2.4	5.6	8.4	19.9	2486	5892	60.7
吉 林	1.0	4.3	3.6	15.0	994	4163	70.3
黑龙江	0.9	4.3	1.8	9.0	711	3544	58.9
上 海	4.0	7.3	17.1	31.5	6718	12326	66.4
江 苏	2.2	4.9	14.0	30.5	2687	5879	70.4
浙 江	2.6	5.6	20.3	44.2	3677	8019	66.8
安 徽	1.9	5.5	7.3	20.8	1675	4750	62.0
福 建	2.3	5.8	7.6	18.6	2765	6820	61.6
江 西	1.6	4.7	5.2	15.3	1376	4062	60.0
山 东	3.3	6.4	12.1	23.5	2714	5252	65.2
河 南	2.3	5.7	6.6	16.0	1922	4691	58.9
湖 北	2.6	6.0	8.3	19.5	2776	6526	56.6
湖 南	2.5	5.9	9.8	23.3	2268	5414	57.5
广 东	3.6	7.6	12.5	26.0	4482	9346	67.7
广 西	1.5	5.0	3.8	12.8	1411	4799	57.9
海 南	5.2	8.4	13.5	22.0	4161	6796	56.8
重 庆	2.6	5.8	7.1	15.9	2204	4898	51.5
四 川	2.1	5.2	6.0	14.7	1653	4059	55.5
贵 州	1.7	5.1	5.9	17.6	1561	4674	66.0
云 南	2.0	5.2	4.9	12.7	1821	4739	59.8
西 藏	6.1	9.0	7.2	10.7	5909	8737	33.5
陕 西	1.3	4.5	5.1	17.1	1625	5483	69.0
甘 肃	2.3	5.5	5.7	13.5	1541	3638	59.3
青 海	0.7	3.6	1.5	7.9	578	3081	58.0
宁 夏	1.5	4.7	3.5	10.8	1072	3315	62.6
新 疆	1.9	5.1	7.2	19.0	2092	5541	69.1

2. 按经济类型分组

2-B-2.1 各地区国有总承包和专业承包企业签订合同情况

单位：万元

地 区	合同总额	上年结转合同额	本年新签合同额
全 国	**136084743**	**50267318**	**85817426**
北 京	13463009	4751783	8711226
天 津	4516288	1519495	2996793
河 北	5485583	1919780	3565804
山 西	5385314	1262685	4122629
内蒙古	643602	414416	229186
辽 宁	5387142	1745232	3641910
吉 林	4059472	1580057	2479415
黑龙江	1788498	510216	1278283
上 海	7154813	2611048	4543765
江 苏	6836181	2402286	4433896
浙 江	3587079	1786350	1800729
安 徽	3413158	1063002	2350156
福 建	2981333	1269736	1711597
江 西	2634725	921665	1713060
山 东	6867407	2408964	4458443
河 南	5059239	1910035	3149204
湖 北	5998603	1772961	4225643
湖 南	7344264	2688275	4655989
广 东	13645572	5622699	8022873
广 西	3014124	1403033	1611091
海 南	484192	225857	258335
重 庆	1758067	601697	1156370
四 川	8535405	3114677	5420728
贵 州	3158452	1428569	1729883
云 南	2592570	1087173	1505397
西 藏	70083	19207	50876
陕 西	5608312	2481777	3126535
甘 肃	1365378	589771	775606
青 海	1208456	537909	670547
宁 夏	568746	193195	375551
新 疆	1469679	423771	1045909

2-B-2.2 各地区国有总承包和专业承包企业承包工程完成情况

单位：万元

地区	直接从建设单位承揽工程完成的产值	自行完成施工产值	分包出去工程的产值	从建设单位以外承揽工程完成的产值
全国	**74890546**	**69992830**	**4897716**	**3263246**
北京	5718966	5424528	294438	234608
天津	2722918	2479350	243568	78875
河北	3341284	3330749	10536	40288
山西	3004075	2846360	157715	123579
内蒙古	378716	378716		3049
辽宁	3534599	3379239	155359	169497
吉林	2053973	2045899	8074	31644
黑龙江	1407357	1355450	51907	15692
上海	3650446	2974639	675808	394124
江苏	4746014	4268691	477323	197117
浙江	1787978	1630184	157794	153800
安徽	2156516	2056683	99833	80335
福建	1735431	1682496	52935	120731
江西	1593580	1515937	77642	50101
山东	4290070	4082087	207983	116363
河南	2842378	2734194	108184	106224
湖北	3667691	3495491	172200	169425
湖南	3627551	3575308	52242	84602
广东	6717008	5355737	1361271	532351
广西	1558931	1555982	2949	93096
海南	243933	242970	964	205
重庆	1128902	991766	137136	57672
四川	4308469	4176824	131645	206680
贵州	1695393	1680220	15173	13803
云南	1325195	1314898	10297	47992
西藏	49829	49829		
陕西	2779223	2697378	81845	79754
甘肃	1021345	967371	53973	31608
青海	492803	465170	27633	1490
宁夏	365252	351282	13970	6817
新疆	944722	887400	57322	21725

2-B-2.3 各地区国有总承包和专业承包企业总产值和竣工产值

单位：万元

地区	建筑业总产值	#装饰装修产值	#在外省完成的产值	按构成分组：建筑工程产值	按构成分组：安装工程产值	按构成分组：其他产值	竣工产值
全国	**73256076**	**2409065**	**21160042**	**60076961**	**10369038**	**2810077**	**46309034**
北京	5659136	677898	1942388	4919015	633415	106706	3190833
天津	2558226	49154	1145295	2162175	329582	66468	1556903
河北	3371037	53997	1497119	2578091	591086	201860	1763456
山西	2969939	60011	658432	2482750	388189	99000	1462765
内蒙古	381765	1649	25726	325642	39148	16976	200334
辽宁	3548736	81016	886599	2648991	725570	174174	2250758
吉林	2077542	24718	837077	1928475	116466	32601	1084772
黑龙江	1371141	38500	274082	848557	474336	48249	1042318
上海	3368763	155578	1162418	2610832	537290	220641	2352386
江苏	4465808	66884	1269546	3535220	762986	167602	3157080
浙江	1783984	12386	165939	1265064	403125	115795	1186014
安徽	2137019	65945	669741	1789003	290116	57900	1357427
福建	1803227	76658	301182	1696254	79415	27559	1186037
江西	1566038	44255	316802	1305744	214838	45456	1095852
山东	4198451	144282	967928	3292053	755723	150675	2639444
河南	2840418	42110	938241	2152924	574691	112804	1849685
湖北	3664916	46071	1545577	3032535	377449	254931	2180205
湖南	3659911	71665	1464757	3055638	446480	157793	2115342
广东	5888088	369298	969201	5196361	542508	149219	4535461
广西	1649077	102991	150680	1453323	161991	33763	1134001
海南	243175	3733	7779	230238	9664	3273	165461
重庆	1049438	50178	266473	877733	127444	44261	620233
四川	4383504	86924	1726799	3472986	628410	282108	2408011
贵州	1694023	10674	303089	1362444	282815	48764	1177995
云南	1362890	11126	288738	1206033	131573	25284	932884
西藏	49829	1171		43129	2168	4532	47913
陕西	2777132	29510	796971	2476548	213586	86997	1637577
甘肃	998980	19605	236143	745521	223627	29832	821879
青海	466660	481	174605	357974	100999	7686	233246
宁夏	358100	442	26411	270125	79463	8511	290748
新疆	909125	10155	144304	755582	124885	28657	632014

2-B-2.4 各地区国有总承包和专业承包企业房屋建筑面积

地区	房屋建筑施工面积(万平方米)	#本年新开工	#实行投标承包面积	#本年新开工	房屋建筑竣工面积(万平方米)	房屋建筑面积竣工率(%)
全国	**52397.9**	**25959.8**	**43752.6**	**22510.6**	**20552.5**	**39.2**
北京	4924.1	2283.3	4534.6	2212.5	1532.4	31.1
天津	1221.3	600.0	1027.5	460.6	474.8	38.9
河北	1799.5	864.5	1629.8	738.5	696.4	38.7
山西	1689.6	890.3	1294.1	680.4	502.4	29.7
内蒙古	32.8	26.7	27.1	23.3	25.4	77.4
辽宁	1308.5	639.3	1199.6	606.5	519.9	39.7
吉林	1257.0	754.2	1195.2	716.6	721.4	57.4
黑龙江	580.9	365.5	492.2	318.5	404.7	69.7
上海	2003.7	928.0	1722.5	788.6	635.9	31.7
江苏	2887.3	1623.8	2176.1	1243.3	1274.4	44.1
浙江	576.9	295.8	447.5	214.7	152.5	26.4
安徽	1574.6	833.9	1385.4	752.3	669.6	42.5
福建	1587.7	726.8	1189.8	579.3	657.8	41.4
江西	1361.8	737.7	1172.4	620.4	626.3	46.0
山东	3013.1	1461.2	2366.7	1227.6	1152.8	38.3
河南	1981.2	1035.0	1720.0	963.7	821.1	41.4
湖北	2587.8	1360.7	2068.1	1172.5	1192.0	46.1
湖南	2762.4	1321.7	2376.5	1210.7	1148.5	41.6
广东	6842.1	3206.8	5293.0	2706.6	2335.2	34.1
广西	1869.7	877.7	1543.1	706.0	673.4	36.0
海南	325.5	169.0	292.0	147.4	135.0	41.5
重庆	898.5	482.9	736.1	416.6	363.8	40.5
四川	3437.5	1745.6	2800.6	1517.7	1544.6	44.9
贵州	1482.5	592.7	1258.1	561.6	551.9	37.2
云南	1005.2	485.7	854.3	427.9	411.7	41.0
西藏	20.0	17.2	17.0	14.4	19.0	94.8
陕西	1824.4	870.1	1628.5	800.6	671.5	36.8
甘肃	741.6	317.1	605.5	284.9	285.8	38.5
青海	53.6	28.6	36.2	19.8	29.9	55.8
宁夏	312.3	150.6	303.3	148.8	134.1	42.9
新疆	435.0	267.2	359.4	228.4	188.0	43.2

2-B-2.5 各地区按主要用途分的国有总承包和专业承包企业房屋建筑竣工面积

单位：万平方米

地区	合计	厂房、仓库	住宅	办公用房	批发和零售用房	住宿和餐饮用房
全国	**20552.5**	**3346.3**	**10725.2**	**2121.1**	**569.4**	**345.3**
北京	1532.4	100.8	915.5	196.5	77.0	19.6
天津	474.8	115.6	222.3	23.1	19.2	0.4
河北	696.4	158.6	359.0	71.4	12.1	8.4
山西	502.4	124.4	217.1	48.2	18.0	17.6
内蒙古	25.4	5.7	11.1	0.5	2.5	
辽宁	519.9	73.2	317.1	36.7	5.6	10.3
吉林	721.4	89.7	470.7	56.7	5.7	5.7
黑龙江	404.7	55.0	228.7	11.3	1.7	7.6
上海	635.9	198.4	259.9	51.3	12.1	9.0
江苏	1274.4	316.0	559.0	179.1	40.4	33.3
浙江	152.5	37.9	91.5	3.6	5.1	6.3
安徽	669.6	141.3	342.5	48.9	22.7	3.8
福建	657.8	61.0	394.8	64.5	8.5	3.1
江西	626.3	80.8	352.0	70.0	28.4	5.4
山东	1152.8	187.3	577.2	125.5	30.7	5.8
河南	821.1	141.3	433.7	67.3	47.6	8.9
湖北	1192.0	220.5	577.5	93.4	14.6	13.4
湖南	1148.5	117.0	593.8	184.3	46.2	20.3
广东	2335.2	431.5	1153.1	225.4	28.2	31.1
广西	673.4	40.6	422.3	83.2	17.5	21.9
海南	135.0	10.4	77.7	7.9	3.7	1.9
重庆	363.8	65.2	154.1	41.8	16.7	8.0
四川	1544.6	277.9	770.3	175.4	43.3	25.4
贵州	551.9	78.7	287.1	42.1	10.5	17.3
云南	411.7	50.3	186.0	61.3	26.7	14.1
西藏	19.0	0.5	7.6	3.0		0.6
陕西	671.5	73.1	383.3	79.7	4.6	34.0
甘肃	285.8	40.7	167.2	29.3	12.1	2.6
青海	29.9	5.8	14.3	3.2	1.3	0.2
宁夏	134.1	23.3	70.2	20.6	2.9	2.0
新疆	188.0	23.4	108.6	15.9	4.0	7.3

2-B-2.5 续表 单位：万平方米

地 区	居民服务业用 房	教育用房	文化、体育和娱乐用房	卫生医疗用房	科研用房	其他用房
全 国	**305.5**	**1232.3**	**403.0**	**276.0**	**147.8**	**1080.6**
北 京	13.7	60.5	31.1	27.5	11.9	78.3
天 津	17.8	18.3	13.2	1.2	0.5	43.2
河 北	15.4	24.6	9.3	7.7	4.3	25.5
山 西	5.5	32.9	2.7	3.5	7.1	25.4
内蒙古	4.9	0.3				0.4
辽 宁	10.2	35.7	6.0	3.9	3.5	17.8
吉 林	9.5	25.4	8.2	7.1	0.2	42.5
黑龙江	5.1	21.9	10.8	18.5	0.9	43.0
上 海	1.0	35.3	9.2	4.5	0.4	55.0
江 苏	15.1	51.6	11.8	23.8	2.0	42.2
浙 江		1.2	5.8		0.6	0.5
安 徽	13.5	45.6	13.0	8.5	2.8	27.0
福 建	26.2	32.1	16.3	12.6	3.5	35.1
江 西	10.9	43.3	7.1	7.6	0.2	20.7
山 东	22.2	84.0	33.7	13.9	6.1	66.4
河 南	5.4	63.8	14.4	7.2	2.5	29.2
湖 北	19.1	69.8	18.1	17.4	16.9	131.2
湖 南	23.4	64.1	25.2	22.1	3.0	49.0
广 东	21.5	180.6	56.3	9.1	43.2	155.2
广 西	9.7	30.4	11.2	8.3	0.6	27.7
海 南	3.7	11.5	4.5	1.6	0.6	11.5
重 庆	2.4	41.3	15.8	2.7	11.4	4.5
四 川	12.5	110.6	32.9	18.9	9.2	68.3
贵 州	21.0	30.3	15.8	18.2	3.5	27.4
云 南	1.6	33.9	8.2	13.2	0.4	16.1
西 藏	0.9	0.3		0.1	0.3	5.7
陕 西	5.7	45.9	9.5	7.1	11.5	16.9
甘 肃	2.2	18.5	3.1	3.7	0.6	5.9
青 海	0.1	1.2	0.2	0.2		3.6
宁 夏		6.2	6.3	2.3	0.1	0.3
新 疆	5.2	11.5	3.3	3.8		5.0

2-B-2.6 各地区按主要用途分的国有总承包和专业承包企业房屋建筑竣工价值

单位：万元

地区	合计	厂房、仓库	住宅	办公用房	批发和零售用房	住宿和餐饮用房
全国	**19135083**	**3389000**	**8844624**	**2322603**	**501746**	**381030**
北京	2097575	161096	1111630	342742	110977	33995
天津	520633	123254	198646	56154	23758	305
河北	729860	234810	278078	85456	8706	9188
山西	447753	146900	151987	48161	11683	16549
内蒙古	18394	3602	6232	388	1975	
辽宁	408766	61809	222020	37343	4602	11226
吉林	582554	91236	329211	51719	3421	4204
黑龙江	370172	76737	178971	12179	1106	6188
上海	683931	187137	298135	54878	5798	10081
江苏	1122862	273826	461668	168181	32082	37864
浙江	140241	37158	83841	3251	2794	6668
安徽	542633	136056	261954	41574	15240	2833
福建	626555	46524	337050	68999	8435	3661
江西	383000	51786	191613	44582	19191	4621
山东	1024697	204296	444628	127049	19713	3855
河南	561264	101967	273351	56810	32309	5520
湖北	1054271	202975	409345	113547	10122	15464
湖南	1018646	99928	483456	201865	36226	17932
广东	2643547	451276	1193177	267431	33832	34334
广西	538763	42099	289185	81803	13065	36035
海南	123857	9028	67574	9652	2315	2036
重庆	322903	100935	95888	43756	16399	3966
四川	1140228	247376	508050	128524	29078	22093
贵州	387130	69936	168160	37380	10417	13536
云南	363498	41598	147589	63225	24845	21594
西藏	13383	298	5187	2725		443
陕西	701802	72840	381835	98629	3974	41142
甘肃	249301	50334	124698	31192	11114	3760
青海	25566	6539	10175	3056	1135	123
宁夏	110699	23696	48116	19429	3191	2746
新疆	180601	31950	83172	20926	4245	9069

2-B-2.6 续表 单位：万元

地区	居民服务业用房	教育用房	文化、体育和娱乐用房	卫生医疗用房	科研用房	其他用房
全国	**289083**	**1213141**	**471353**	**276169**	**171266**	**1275067**
北京	17484	103179	58694	39880	13452	104446
天津	17188	22435	23355	1519	666	53355
河北	16482	26354	8060	8489	12350	41889
山西	4345	28091	1999	4590	8886	24562
内蒙古	5680	227				289
辽宁	9591	26844	3598	3514	2964	25255
吉林	10702	25220	8591	5283	136	52832
黑龙江	5637	20142	9343	18862	774	40233
上海	1462	51426	19036	5699	728	49553
江苏	10692	47975	14586	19882	3727	52380
浙江		999	4510		450	571
安徽	10060	35140	10755	8350	1666	19005
福建	35027	35618	22198	17560	2719	48763
江西	9722	36116	5418	6521	163	13268
山东	24422	91508	31242	8689	5406	63889
河南	3904	48919	11911	5335	1626	19613
湖北	11279	63656	19944	9644	18622	179673
湖南	20646	58217	29055	25084	2676	43561
广东	21136	222286	83340	7954	56465	272317
广西	6052	24118	11773	10788	1838	22007
海南	3008	11397	4239	1398	1120	12089
重庆	1219	24704	17690	4302	4382	9663
四川	9833	79044	27892	18844	13079	56417
贵州	17025	20685	11964	15506	2325	20196
云南	2410	28303	7226	11121	270	15319
西藏	655	251		74	547	3204
陕西	5990	46380	12850	8772	13760	15630
甘肃	2177	15409	2998	2468	368	4783
青海	46	819	187	164		3323
宁夏		4247	6355	2593	83	242
新疆	5212	13433	2547	3286	20	6741

2-B-2.7 各地区国有总承包和专业承包企业施工机械设备情况

地 区	年末自有施工机械设备总台数(台)	年末自有施工机械设备总功率(千瓦)	年末自有施工机械设备净值(万元)	技术装备率(元/人)	动力装备率(千瓦/人)
全 国	**1485122**	**35135317**	**6037890**	**12919**	**7.5**
北 京	47451	1479712	249947	16523	9.8
天 津	31146	961812	223257	30216	13.0
河 北	91359	1750269	253659	13170	9.1
山 西	52064	1186268	188622	10524	6.6
内蒙古	6622	209915	30224	13060	9.1
辽 宁	68546	2134277	390148	18258	10.0
吉 林	42341	1025844	173666	11374	6.7
黑龙江	43653	1176973	157527	13720	10.3
上 海	28926	794612	234417	18035	6.1
江 苏	91861	2106390	366834	12063	6.9
浙 江	29292	558246	144875	18646	7.2
安 徽	52864	1288881	196990	11739	7.7
福 建	19443	454174	66505	6935	4.7
江 西	40865	1003009	156323	9465	6.1
山 东	71352	2731155	324872	12122	10.2
河 南	102984	1897809	370519	13710	7.0
湖 北	98051	1892192	299719	10646	6.7
湖 南	83681	2005289	273091	9788	7.2
广 东	153228	2738845	513276	14832	7.9
广 西	39460	890485	128844	8954	6.2
海 南	8008	256984	21020	5261	6.4
重 庆	19605	380309	70294	7466	4.0
四 川	80885	1698039	373994	12366	5.6
贵 州	31068	611489	139726	9078	4.0
云 南	27407	642814	124770	12952	6.7
西 藏	940	23153	16135	24183	3.5
陕 西	37581	1002774	196213	13644	7.0
甘 肃	37805	989454	131458	13117	9.9
青 海	15783	479788	75075	25746	16.5
宁 夏	10761	239052	38850	16599	10.2
新 疆	20090	525304	107043	20250	9.9

2-B-2.8 各地区国有总承包和专业承包企业营业额

单位：万元

地 区	企业营业额	在境外完成的营业额	企业总产值	#建筑业总产值
全 国	**80851592**	**3208972**	**77642620**	**73256076**
北 京	8162030	1940473	6221557	5659136
天 津	2739764	76258	2663506	2558226
河 北	3576261	37064	3539197	3371037
山 西	3175685	22035	3153650	2969939
内蒙古	393658	11324	382334	381765
辽 宁	3733966	25851	3708115	3548736
吉 林	2201189	7481	2193708	2077542
黑龙江	1471700	28906	1442794	1371141
上 海	3988179	95014	3893165	3368763
江 苏	5075570	204309	4871261	4465808
浙 江	1824301	10109	1814192	1783984
安 徽	2360986	55246	2305740	2137019
福 建	1865335	20541	1844793	1803227
江 西	1652319	23065	1629254	1566038
山 东	4665533	156593	4508941	4198451
河 南	3025550	49977	2975573	2840418
湖 北	3885140	46351	3838789	3664916
湖 南	3919364	95257	3824107	3659911
广 东	6138309	20735	6117574	5888088
广 西	1920270	9937	1910333	1649077
海 南	245210	80	245130	243175
重 庆	1155430	9337	1146093	1049438
四 川	4641224	144255	4496969	4383504
贵 州	1721175	3211	1717964	1694023
云 南	1424198	15652	1408546	1362890
西 藏	60203		60203	49829
陕 西	2928622	75822	2852800	2777132
甘 肃	1091994	17892	1074101	998980
青 海	496155	163	495992	466660
宁 夏	369990		369990	358100
新 疆	942283	6034	936248	909125

2-B-2.9 各地区国有总承包和专业承包企业资产构成

单位：万元

地 区	资产合计	#流动资产小计	#长期投资	#固定资产小计	#无形及递延资产
全 国	**88963661**	**59248707**	**10696036**	**17061102**	**1466659**
北 京	14869919	8104386	5493659	1108517	100991
天 津	2590144	1879305	203629	466200	14918
河 北	3315143	2313489	76443	784246	97647
山 西	3927283	2493833	461711	927607	26041
内蒙古	262565	154602	3675	88212	14996
辽 宁	3357443	2365137	50479	880472	52283
吉 林	2214230	1651465	64087	441398	46126
黑龙江	1780365	1239286	69399	447881	18797
上 海	5368299	3176044	986374	1084609	101491
江 苏	4304397	3262878	155639	814641	55405
浙 江	1425510	1083888	53567	259382	8904
安 徽	2005396	1420037	32927	438866	104619
福 建	1589140	1173519	140740	247205	21157
江 西	1816731	1196745	110631	451570	48394
山 东	4504501	3392014	121093	838688	122001
河 南	3069340	2049736	115258	817942	59658
湖 北	3253660	2129627	110801	893982	95546
湖 南	2914512	1984564	105480	720768	72428
广 东	8868848	6336812	716826	1663695	111885
广 西	2207580	1357087	345864	465299	35221
海 南	206882	145468	3555	50793	6769
重 庆	1180583	819148	110299	216348	31671
四 川	4824356	3180276	709014	839117	70417
贵 州	1693573	1272982	42691	315744	49686
云 南	1543518	996740	153580	352573	34758
西 藏	96634	50286	1510	41794	2852
陕 西	2497382	1850567	136776	473093	25059
甘 肃	1254102	809976	18400	405732	16608
青 海	535522	342621	23646	154230	2693
宁 夏	395092	246621	38812	102698	4995
新 疆	1091011	769570	39473	267800	12647

2-B-2.10 各地区国有总承包和专业承包企业流动资产、无形及递延资产

单位：万元

地区	流动资产	#存货	无形及递延资产	#无形资产
全国	**59248707**	**11307651**	**1466659**	**1227424**
北京	8104386	1550508	100991	40096
天津	1879305	368254	14918	13159
河北	2313489	415688	97647	94825
山西	2493833	301490	26041	25049
内蒙古	154602	16585	14996	13522
辽宁	2365137	452885	52283	39073
吉林	1651465	228178	46126	39264
黑龙江	1239286	180955	18797	17391
上海	3176044	767731	101491	100993
江苏	3262878	838591	55405	51476
浙江	1083888	268588	8904	6755
安徽	1420037	221322	104619	103243
福建	1173519	207889	21157	18237
江西	1196745	253536	48394	40756
山东	3392014	494520	122001	82844
河南	2049736	408821	59658	54031
湖北	2129627	399513	95546	64441
湖南	1984564	311433	72428	66176
广东	6336812	1554140	111885	88558
广西	1357087	290363	35221	32867
海南	145468	8812	6769	6374
重庆	819148	151891	31671	30687
四川	3180276	522291	70417	61799
贵州	1272982	200219	49686	47451
云南	996740	200326	34758	33813
西藏	50286	8497	2852	2827
陕西	1850567	310509	25059	17884
甘肃	809976	146785	16608	15853
青海	342621	74950	2693	1783
宁夏	246621	48425	4995	4837
新疆	769570	103955	12647	11363

2-B-2.11 各地区国有总承包和专业承包企业固定资产情况

单位：万元

地 区	固定资产小计	固定资产原价	#生产经营用	固定资产折旧	#本年折旧	在建工程
全 国	**17061102**	**23640793**	**17113633**	**8659659**	**1248851**	**1660334**
北 京	1108517	1557533	1170659	586700	90925	123443
天 津	466200	755427	634963	321236	39431	30014
河 北	784246	1092576	753527	385084	58197	64670
山 西	927607	1221963	916694	341704	64476	34733
内蒙古	88212	127836	106363	47173	6187	1158
辽 宁	880472	1435807	1160592	583288	75081	21692
吉 林	441398	675301	456350	259177	36840	16184
黑龙江	447881	652811	541647	233567	26292	20914
上 海	1084609	1628773	715391	662026	71379	79820
江 苏	814641	1213005	778362	469625	45000	42441
浙 江	259382	384468	318158	146199	24583	16367
安 徽	438866	597716	466317	207516	26157	41416
福 建	247205	338064	251595	159385	15266	21863
江 西	451570	596237	413663	194356	22252	17541
山 东	838688	1211541	948571	448119	78641	56685
河 南	817942	1064253	750690	343124	76814	77747
湖 北	893982	1194598	801914	379368	57391	63858
湖 南	720768	1013294	719734	385157	56906	74429
广 东	1663695	1895205	1555490	724733	91571	456551
广 西	465299	538118	426520	186399	22128	110394
海 南	50793	50674	28171	15411	1357	3711
重 庆	216348	286135	241652	100154	15034	26019
四 川	839117	1244347	905876	489275	83989	70914
贵 州	315744	428907	310000	153006	27675	25068
云 南	352573	473390	353399	171263	26079	48975
西 藏	41794	46376	38569	9485	4341	662
陕 西	473093	690200	498561	243416	38363	18112
甘 肃	405732	501455	344271	141780	21154	36250
青 海	154230	217396	130080	83472	16570	16028
宁 夏	102698	140818	94929	41589	6738	1581
新 疆	267800	366569	280926	146872	22037	41094

2-B-2.12 各地区国有总承包和专业承包企业负债及所有者权益

单位：万元

地 区	负债合计	流动负债	长期负债	所有者权益	#实收资本
全 国	**61451492**	**56208859**	**5242632**	**27510331**	**19905359**
北 京	8808325	7332238	1476086	6059756	3773686
天 津	1983877	1818493	165384	606267	561352
河 北	2446543	2133538	313005	868601	669595
山 西	2834806	2457179	377626	1092478	1054122
内蒙古	168930	152509	16421	93636	62110
辽 宁	2349514	2233812	115702	1007930	839074
吉 林	1742529	1685987	56542	471702	470875
黑龙江	1217846	1145836	72010	562519	560945
上 海	3098118	2775732	322385	2270181	817237
江 苏	3355586	3223925	131661	948810	756613
浙 江	1008926	980675	28251	416585	279306
安 徽	1476774	1376971	99803	528622	484393
福 建	1145166	1122645	22522	443974	336896
江 西	1226743	1128950	97793	589989	481910
山 东	3357499	3198194	159305	1147003	856075
河 南	2158991	2104159	54832	910349	832340
湖 北	2204302	2067850	136452	1049358	802223
湖 南	2031863	1833844	198019	882649	725196
广 东	6453178	5982956	470221	2415671	1546220
广 西	1393738	1160736	233001	813842	568869
海 南	149270	118955	30315	57612	58004
重 庆	815426	768715	46711	365157	343323
四 川	3325610	3134041	191569	1498746	999550
贵 州	1261721	1166226	95495	431852	331037
云 南	1110652	973137	137516	432866	370459
西 藏	51114	45679	5435	45520	30684
陕 西	1922544	1832595	89950	574838	471416
甘 肃	848488	809571	38916	405615	329684
青 海	361765	346779	14986	173757	145830
宁 夏	272371	263662	8709	122721	125708
新 疆	869281	833271	36009	221730	220627

2-B-2.13 各地区国有总承包和专业承包企业实收资本

单位：万元

地区	合计	国家资本	集体资本	法人资本	个人资本	港澳台资本	外商资本
全国	**19905359**	**15700413**	**4691**	**4196957**	**3298**		
北京	3773686	3362436		411251			
天津	561352	274417		286935			
河北	669595	515324		154271			
山西	1054122	827776		226346			
内蒙古	62110	62109		1			
辽宁	839074	817741		21332			
吉林	470875	435409		35466			
黑龙江	560945	508842		52103			
上海	817237	484606		331431	1200		
江苏	756613	547078		209535			
浙江	279306	176307		101959	1040		
安徽	484393	409321		75072			
福建	336896	255014	520	81362			
江西	481910	375410		106290	210		
山东	856075	651345		204729			
河南	832340	637598		194742			
湖北	802223	544061		258161			
湖南	725196	569023		156173			
广东	1546220	865487		680733			
广西	568869	456664		112205			
海南	58004	53388		4616			
重庆	343323	223451		119873			
四川	999550	968269	32	31249			
贵州	331037	330115		922			
云南	370459	288960	1039	79927	534		
西藏	30684	18761		11923			
陕西	471416	335118		136298			
甘肃	329684	274634		55050			
青海	145830	131081	3100	11335	314		
宁夏	125708	125389		319			
新疆	220627	175281		45346			

2-B-2.14 各地区国有总承包和专业承包企业收入情况

单位：万元

地 区	工程结算收入	工程结算成本	工程结算税金及附加	工程结算利润	经营费用	其他业务收入	#其他业务利润
全 国	**76367031**	**68752176**	**2349243**	**4978097**	**287515**	**2199304**	**337513**
北 京	7234489	6554926	199491	463178	16895	194758	33910
天 津	2580828	2357436	75438	145910	2044	54741	5452
河 北	3207013	2834785	118178	241877	12173	146782	9427
山 西	3171387	2849785	96762	210170	14671	67104	16923
内蒙古	364185	321398	14166	26868	1753	1391	267
辽 宁	3336997	2992878	103991	235005	5123	162517	19477
吉 林	2019045	1831727	59308	118837	9173	26569	5598
黑龙江	1502631	1346867	51915	98759	5090	32504	1587
上 海	3933315	3572159	113039	235316	12801	175801	20831
江 苏	4340874	3909990	139141	268189	23556	93695	9558
浙 江	1897451	1691563	52546	150706	2637	29396	7343
安 徽	2030746	1808958	75173	137260	9355	97338	6951
福 建	1745642	1597520	57393	87955	2774	41525	10647
江 西	1510283	1354251	48177	105707	2148	27101	4694
山 东	4097800	3630155	129059	322255	16332	137332	16736
河 南	2878855	2565205	93827	214245	5577	79855	11786
湖 北	3552978	3157522	116776	259670	19011	116899	14323
湖 南	3352923	3024127	101417	221086	6292	46502	12317
广 东	7654669	6990939	228720	412525	22485	174875	41907
广 西	1564210	1429387	50035	81936	2852	58349	11506
海 南	225387	199882	7938	14079	3488	515	443
重 庆	1152160	1048915	32414	64397	6434	30683	7206
四 川	4317562	3864356	121609	317019	14579	172605	25453
贵 州	1777889	1613293	53634	92325	18637	36273	10565
云 南	1387969	1246652	42071	95288	3959	38500	4438
西 藏	51393	45104	1383	4292	614	498	262
陕 西	2791810	2511698	86473	159343	34296	67655	11269
甘 肃	979088	876263	27871	70463	4491	31126	4384
青 海	431902	382202	13004	34490	2206	11512	3057
宁 夏	365324	331853	11523	21685	263	15961	2223
新 疆	910226	810382	26773	67263	5808	28945	6974

2-B-2.15 各地区国有总承包和专业承包企业费用情况

单位：万元

地区	管理费用	#税金	#财产保险费	#差旅费	#工会经费	财务费用	#利息支出
全国	**4198136**	**100915**	**28121**	**196006**	**66324**	**382372**	**285868**
北京	433675	4857	1194	16693	3730	61263	48551
天津	135742	3704	508	6619	1770	6511	5573
河北	215625	6180	679	7796	3115	19605	16353
山西	183805	3535	1090	12231	3346	13637	11448
内蒙古	15512	1236	287	466	211	1925	1390
辽宁	226857	6478	2112	9810	5026	14989	10445
吉林	114380	1782	371	5652	1157	9291	8985
黑龙江	90201	1840	387	3959	1824	9839	3957
上海	212166	2893	735	10661	2762	8929	10147
江苏	185707	3664	1304	7353	3298	12201	8885
浙江	104101	5248	1053	4623	1292	3428	2555
安徽	123065	3160	517	5310	1833	6939	5341
福建	79388	1442	202	3389	1110	7629	6473
江西	82152	1554	427	3824	1442	7391	5819
山东	240899	7525	2510	10965	4586	18864	14965
河南	166207	5635	1840	7874	2634	11944	7474
湖北	211808	5862	2433	10340	3252	19270	11702
湖南	166335	5140	1198	10788	2367	17153	12227
广东	334547	9274	1682	12426	4790	41665	26349
广西	82241	1768	430	3820	1560	5189	4454
海南	6943	150	3	289	55	501	243
重庆	51684	1235	921	2948	1214	3367	2449
四川	258657	4939	2540	13156	7141	35723	22778
贵州	74707	1939	695	3724	994	7568	6028
云南	83845	1709	662	4310	1409	8134	6426
西藏	3952	473	14	157	37	277	150
陕西	131271	2695	699	7922	1717	15812	13463
甘肃	68983	1270	557	2652	1049	5790	4821
青海	30177	708	362	1505	500	1811	1105
宁夏	19747	583	83	990	325	1550	1317
新疆	63757	2438	627	3756	782	4179	3996

2-B-2.16 各地区国有总承包和专业承包企业利润及税金情况

单位：万元

地 区	利润总额	#应交所得税	税金总额	工程结算税金及附加	管理费用中的税金
全 国	**949610**	**276095**	**2450159**	**2349243**	**100915**
北 京	129669	18901	204347	199491	4857
天 津	13537	9011	79142	75438	3704
河 北	25380	10667	124358	118178	6180
山 西	29673	9505	100297	96762	3535
内蒙古	8269	809	15402	14166	1236
辽 宁	21013	14599	110469	103991	6478
吉 林	583	4050	61090	59308	1782
黑龙江	-3328	6002	53754	51915	1840
上 海	90198	14007	115932	113039	2893
江 苏	79711	23577	142805	139141	3664
浙 江	39155	16083	57794	52546	5248
安 徽	15584	4556	78333	75173	3160
福 建	12745	5111	58835	57393	1442
江 西	22085	7465	49730	48177	1554
山 东	78225	21745	136584	129059	7525
河 南	56030	9474	99462	93827	5635
湖 北	41648	15570	122637	116776	5862
湖 南	55328	12506	106558	101417	5140
广 东	91869	30313	237994	228720	9274
广 西	3420	3761	51803	50035	1768
海 南	6754	1582	8088	7938	150
重 庆	20676	5954	33650	32414	1235
四 川	54949	10276	126548	121609	4939
贵 州	14426	4603	55574	53634	1939
云 南	5367	3140	43780	42071	1709
西 藏	64	155	1855	1383	473
陕 西	22044	5599	89169	86473	2695
甘 肃	1405	2644	29141	27871	1270
青 海	3095	790	13712	13004	708
宁 夏	2024	916	12105	11523	583
新 疆	8013	2725	29211	26773	2438

2-B-2.17 各地区集体总承包和专业承包企业签订合同情况

单位：万元

地 区	合同总额	上年结转合同额	本年新签合同额
全 国	**36934316**	**11439376**	**25494940**
北 京	1691518	637927	1053591
天 津	569771	131579	438193
河 北	887628	281901	605727
山 西	340285	84340	255945
内蒙古	44870	13584	31286
辽 宁	1617004	323827	1293176
吉 林	197987	25859	172128
黑龙江	525245	127002	398243
上 海	1234570	423367	811204
江 苏	3952869	780924	3171946
浙 江	3622829	1399404	2223425
安 徽	1120080	272212	847868
福 建	1489497	526546	962951
江 西	1749587	552248	1197339
山 东	3792858	1034835	2758023
河 南	1143416	361282	782135
湖 北	1048437	238451	809986
湖 南	1916358	620296	1296063
广 东	3896675	1657529	2239146
广 西	874420	310820	563600
海 南	161015	45153	115862
重 庆	817088	270071	547017
四 川	1689361	483368	1205992
贵 州	267459	102687	164772
云 南	791379	210506	580873
西 藏	54099	20122	33976
陕 西	683539	288761	394778
甘 肃	561570	171986	389584
青 海	50418	13459	36959
宁 夏	42311	15018	27293
新 疆	100174	14313	85862

2-B-2.18 各地区集体总承包和专业承包企业承包工程完成情况

单位：万元

地 区	直接从建设单位承揽工程完成的产值	自行完成施工产值	分包出去工程的产值	从建设单位以外承揽工程完成的产值
全 国	**27014935**	**26724634**	**290301**	**836585**
北 京	1227292	1196054	31238	34345
天 津	485763	471928	13835	25638
河 北	722504	722454	50	5434
山 西	282631	281218	1413	15143
内蒙古	36819	36819		1961
辽 宁	1273790	1273119	671	19300
吉 林	192667	191128	1539	3782
黑龙江	482444	470603	11842	23732
上 海	886549	855553	30996	84693
江 苏	3221146	3177051	44095	157239
浙 江	2122854	2061257	61597	127049
安 徽	911139	903269	7870	34034
福 建	883318	880372	2946	19013
江 西	1181626	1180345	1281	4489
山 东	3081729	3069060	12669	53665
河 南	817556	812552	5004	20700
湖 北	843700	840444	3256	23033
湖 南	1402089	1387048	15041	28235
广 东	2350387	2331770	18617	43780
广 西	558296	557105	1191	26164
海 南	116930	116930		428
重 庆	655997	652862	3136	12048
四 川	1361794	1353240	8554	32574
贵 州	192879	192839	40	1227
云 南	655058	652672	2386	11054
西 藏	52378	50658	1720	1353
陕 西	430349	427478	2870	6778
甘 肃	417084	413963	3121	10006
青 海	47335	46089	1247	56
宁 夏	39192	39192		1468
新 疆	81643	79568	2075	8166

2-B-2.19 各地区集体总承包和专业承包企业总产值和竣工产值

单位：万元

地区	建筑业总产值	#装饰装修产值	#在外省完成的产值	按构成分组 建筑工程产值	安装工程产值	其他产值	竣工产值
全国	**27561219**	**1182518**	**3207248**	**23547394**	**2903400**	**1110426**	**21703263**
北京	1230399	148457	4629	906668	298777	24954	1051505
天津	497565	21888	13061	368404	106135	23026	402096
河北	727887	26239	137533	617175	86942	23770	599074
山西	296361	17596	2081	234896	50977	10488	236234
内蒙古	38780			22561	16129	90	29421
辽宁	1292419	39493	41127	976057	267665	48697	1105594
吉林	194909	12462	5510	140374	48271	6264	150698
黑龙江	494335	35381	34784	396824	71215	26296	424568
上海	940246	61088	32981	744916	121809	73521	712546
江苏	3334290	74424	906114	3083644	156446	94200	2780498
浙江	2188306	66302	864841	1967444	201059	19803	1540571
安徽	937303	49732	109865	711826	169032	56445	717919
福建	899384	26335	117266	826596	64085	8704	656690
江西	1184834	48765	158414	978601	74032	132201	895451
山东	3122725	124899	101160	2612242	367647	142836	2322438
河南	833252	48257	57434	699650	101723	31879	629929
湖北	863477	31452	54491	743306	50499	69672	688556
湖南	1415283	70322	199019	1253473	89092	72718	1135876
广东	2375550	128907	87931	2133607	173819	68123	1843774
广西	583269	25016	3060	551300	17460	14509	446191
海南	117358	4477	2359	112109	2214	3035	86452
重庆	664910	27852	47133	592226	48573	24112	496186
四川	1385814	36619	189167	1198686	133044	54084	1175891
贵州	194066	1698	40	163898	27126	3042	157041
云南	663726	32195	8339	580815	51165	31747	522129
西藏	52011	972	347	46025	3858	2129	45110
陕西	434256	8360	3444	407524	19152	7580	315980
甘肃	423969	9702	19024	359963	44387	19619	372310
青海	46145	471		35597	2331	8216	43464
宁夏	40659	2225	6097	34805	3377	2477	40871
新疆	87734	933		46185	35358	6191	78203

2-B-2.20 各地区集体总承包和专业承包企业房屋建筑面积

地 区	房屋建筑施工面积(万平方米)	#本年新开工	#实行投标承包面积	#本年新开工	房屋建筑竣工面积(万平方米)	房屋建筑面积竣工率(%)
全 国	**42858.3**	**26574.2**	**31245.7**	**20176.3**	**23393.3**	**54.6**
北 京	1160.1	495.4	779.5	325.7	615.6	53.1
天 津	492.5	336.1	410.1	290.3	300.6	61.0
河 北	1237.8	859.5	899.1	743.6	716.4	57.9
山 西	417.4	281.8	279.7	212.2	263.9	63.2
内蒙古	35.1	26.6	27.9	23.5	28.6	81.5
辽 宁	1330.9	968.0	1090.8	834.4	867.1	65.2
吉 林	163.2	141.2	147.1	126.7	137.2	84.1
黑龙江	558.9	361.5	449.2	311.0	358.8	64.2
上 海	790.2	612.2	444.7	320.0	423.8	53.6
江 苏	4521.5	3228.2	3744.8	2591.1	2747.7	60.8
浙 江	3231.3	1724.9	2607.7	1032.4	1261.9	39.1
安 徽	1496.2	1009.5	1141.3	783.6	913.7	61.1
福 建	1594.7	834.4	983.9	564.4	674.5	42.3
江 西	2422.8	1521.4	2059.8	1385.6	1253.9	51.8
山 东	4732.4	3173.0	3381.6	2427.9	2717.1	57.4
河 南	1635.6	929.2	1266.2	770.0	851.9	52.1
湖 北	1638.1	1165.1	1176.7	893.8	941.3	57.5
湖 南	2577.5	1593.2	2051.9	1335.2	1481.5	57.5
广 东	5071.9	2587.9	2865.0	1510.4	2270.6	44.8
广 西	1322.0	850.3	900.9	628.8	636.4	48.1
海 南	236.9	132.6	191.5	102.8	112.5	47.5
重 庆	1025.5	574.7	681.5	457.3	617.2	60.2
四 川	2268.5	1402.1	1507.5	1082.4	1454.4	64.1
贵 州	468.3	242.4	363.5	216.4	233.7	49.9
云 南	847.7	569.3	567.8	419.1	573.0	67.6
西 藏	35.6	28.9	12.5	8.9	34.2	96.2
陕 西	727.9	375.2	535.1	328.2	372.5	51.2
甘 肃	682.7	452.4	585.4	379.8	445.7	65.3
青 海	57.2	42.0	31.5	25.0	37.3	65.3
宁 夏	56.0	36.9	44.8	31.8	37.3	66.6
新 疆	21.9	18.1	16.8	14.0	12.9	58.9

2-B-2.21 各地区按主要用途分的集体总承包和专业承包企业房屋建筑竣工面积

单位：万平方米

地区	合计	厂房、仓库	住宅	办公用房	批发和零售用房	住宿和餐饮用房
全国	**23393.3**	**3739.6**	**13568.9**	**1952.5**	**508.4**	**418.7**
北京	615.6	62.7	469.1	31.3	0.1	1.8
天津	300.6	69.5	173.5	17.6	0.7	1.6
河北	716.4	65.1	490.6	54.7	22.3	9.4
山西	263.9	19.7	170.6	24.1	5.6	4.6
内蒙古	28.6	1.2	17.2	1.9	0.9	0.2
辽宁	867.1	124.5	554.5	76.1	16.7	17.2
吉林	137.2	7.1	90.7	15.9	5.1	0.1
黑龙江	358.8	32.6	254.5	32.9	5.2	
上海	423.8	235.4	145.3	14.9	1.0	0.0
江苏	2747.7	570.4	1521.2	225.1	51.7	27.0
浙江	1261.9	404.7	515.0	108.3	23.7	42.3
安徽	913.7	101.0	519.1	87.0	27.7	15.7
福建	674.5	101.1	411.3	36.3	8.1	12.6
江西	1253.9	67.1	843.9	123.0	33.6	23.8
山东	2717.1	425.1	1715.2	222.5	57.3	38.2
河南	851.9	126.1	472.0	74.3	26.8	22.5
湖北	941.3	146.4	583.9	69.1	19.1	15.4
湖南	1481.5	140.1	817.8	154.8	62.1	28.8
广东	2270.6	691.3	996.5	180.3	39.6	31.5
广西	636.4	41.0	392.5	58.6	3.9	10.3
海南	112.5	2.6	47.9	6.5	0.1	2.1
重庆	617.2	41.2	436.6	49.4	22.7	5.5
四川	1454.4	125.9	916.2	103.1	35.6	63.5
贵州	233.7	9.0	136.8	24.6	2.1	2.2
云南	573.0	69.9	292.8	66.1	10.9	19.5
西藏	34.2	1.5	17.8	5.1	0.4	2.4
陕西	372.5	28.1	220.1	40.1	5.2	13.9
甘肃	445.7	20.7	294.5	40.8	19.0	4.5
青海	37.3	4.5	23.2	2.4	0.5	1.6
宁夏	37.3	2.1	24.5	3.6	0.3	
新疆	12.9	2.0	4.1	2.0	0.4	0.3

2-B-2.21 续表 单位：万平方米

地 区	居民服务业用房	教育用房	文化、体育和娱乐用房	卫生医疗用房	科研用房	其他用房
全 国	**434.6**	**1479.7**	**236.6**	**201.7**	**43.5**	**809.2**
北 京	7.1	18.5	2.6	0.7	0.4	21.3
天 津	1.7	14.5	5.8	1.6	0.9	13.1
河 北	7.5	36.6	6.3	2.5		21.4
山 西	5.3	20.9	3.4	4.3		5.3
内蒙古	2.0	2.1		0.0		3.1
辽 宁	12.0	34.6	4.5	4.8	1.5	20.8
吉 林	2.5	7.0		2.2	0.2	6.5
黑龙江	8.8	13.6	1.8	3.2		6.1
上 海		16.3	3.7	0.7		6.4
江 苏	77.5	151.1	21.8	13.4	9.7	78.8
浙 江	5.1	68.2	27.3	8.0	1.4	57.8
安 徽	29.6	81.5	8.2	9.0	0.9	34.0
福 建	24.3	53.0	6.4	3.1	1.4	16.9
江 西	16.6	61.3	11.8	16.5	0.5	55.8
山 东	42.7	117.3	8.2	13.4	4.5	72.7
河 南	13.6	70.9	7.7	14.3	0.5	23.1
湖 北	7.2	53.6	11.5	11.0	0.0	23.9
湖 南	38.0	129.4	25.0	23.7	1.7	60.2
广 东	50.5	143.9	32.8	13.2	4.2	86.8
广 西	5.8	64.9	14.2	6.0	1.5	37.9
海 南	5.7	8.3	0.4	4.5	0.2	34.2
重 庆	9.1	29.0	4.7	0.7	3.0	15.4
四 川	32.7	112.7	8.7	15.7	1.0	39.3
贵 州	2.4	44.7	1.9	3.6	0.0	6.4
云 南	10.8	43.2	8.2	10.1	6.6	35.1
西 藏	2.3	4.3	0.1			0.3
陕 西	2.5	38.7	4.9	4.1	2.3	12.5
甘 肃	8.0	35.7	4.2	10.4	0.8	6.9
青 海	0.8	2.0	0.6	0.3	0.1	1.4
宁 夏	2.3	0.6				3.9
新 疆	0.4	1.3		0.5		2.0

2-B-2.22 各地区按主要用途分的集体总承包和专业承包企业房屋建筑竣工价值

单位：万元

地区	合计	厂房、仓库	住宅	办公用房	批发和零售用房	住宿和餐饮用房
全国	**15589241**	**2447332**	**8781848**	**1439379**	**343759**	**302598**
北京	640736	60224	478517	40903	37	1937
天津	219685	46996	124468	16180	430	1186
河北	466358	46986	298087	43692	17424	6195
山西	172573	12358	111049	16801	3181	3173
内蒙古	19135	704	11544	1417	646	129
辽宁	639611	102231	384436	64632	10942	15377
吉林	98852	7111	63387	11496	3385	110
黑龙江	284875	30621	195505	26437	3944	
上海	356924	193706	120018	16555	1070	6
江苏	2055391	375047	1090958	196464	44003	25806
浙江	1043953	274378	442776	97512	18206	41053
安徽	509593	56900	284870	52734	16210	8993
福建	498822	67502	296567	31629	6732	11688
江西	645259	33699	426672	59931	15901	13324
山东	1833806	286936	1115681	166771	40155	26105
河南	473725	67673	260883	42762	14225	14255
湖北	522916	81110	318837	42044	9438	8980
湖南	865976	84308	451213	98803	39072	18510
广东	1457748	390054	659575	134679	26602	23520
广西	364277	21958	214745	39163	2081	7610
海南	72847	2404	41332	6008	35	1521
重庆	367457	23741	250828	30822	18309	3349
四川	845699	88768	501470	66354	26585	37786
贵州	105589	4345	60156	11514	1293	1150
云南	395371	42679	208435	48070	6870	14295
西藏	32196	2598	15680	6674	193	1914
陕西	257075	17828	139949	37129	3324	10908
甘肃	276358	16398	177581	26069	12783	2279
青海	31784	4459	19413	1648	322	1221
宁夏	22944	1616	13502	2759	210	
新疆	11706	1998	3715	1729	150	220

2-B-2.22 续表 单位：万元

地 区	居民服务业用 房	教育用房	文化、体育和娱乐用房	卫生医疗用房	科研用房	其他用房
全 国	**322418**	**1001517**	**195353**	**137716**	**35723**	**581599**
北 京	10045	20455	3768	900	402	23547
天 津	1226	12472	3410	2074	354	10889
河 北	5707	23623	5283	1319		18042
山 西	3810	13130	2824	2829		3417
内蒙古	1228	1464		24		1980
辽 宁	9818	28745	3433	4034	1177	14786
吉 林	2215	5578		1456	69	4045
黑龙江	6997	11648	2304	2651		4769
上 海		15327	2545	1436		6260
江 苏	83681	130257	19485	9905	11619	68167
浙 江	4420	64516	40203	7966	834	52090
安 徽	16802	45467	5295	4789	341	17193
福 建	17457	45616	5752	2912	1193	11775
江 西	10601	31271	7409	7386	242	38824
山 东	32663	88076	6380	8885	4661	57494
河 南	7284	40248	4468	7762	236	13929
湖 北	3005	29623	6615	6013	26	17227
湖 南	27529	75491	17087	15760	675	37528
广 东	28534	98484	24339	13745	3102	55115
广 西	3310	34078	10014	3689	1941	25688
海 南	3173	5459	170	3360	99	9286
重 庆	6421	15976	2489	332	2560	12631
四 川	17083	64694	5645	8960	863	27492
贵 州	1016	17757	990	1511	12	5848
云 南	6832	30878	6366	7492	2843	20611
西 藏	1033	3249	120			735
陕 西	1846	25517	5768	2820	1694	10293
甘 肃	6306	19574	2573	6942	720	5135
青 海	538	1320	623	272	60	1908
宁 夏	1482	440				2936
新 疆	358	1084		492		1960

2-B-2.23 各地区集体总承包和专业承包企业施工机械设备情况

地区	年末自有施工机械设备总台数(台)	年末自有施工机械设备总功率(千瓦)	年末自有施工机械设备净值(万元)	技术装备率(元/人)	动力装备率(千瓦/人)
全国	**1526571**	**21227362**	**2619615**	**6780**	**5.5**
北京	32866	408625	55475	7883	5.8
天津	23569	294327	35375	8750	7.3
河北	54654	619299	76998	6275	5.0
山西	32124	333402	41414	6667	5.4
内蒙古	2431	29696	3184	8481	7.9
辽宁	54736	897352	132365	7266	4.9
吉林	12931	214494	20840	5680	5.8
黑龙江	21970	402629	68340	14190	8.4
上海	11783	212189	29792	5793	4.1
江苏	94215	1275251	228693	6463	3.6
浙江	54836	584727	115741	6144	3.1
安徽	64900	690625	84502	5058	4.1
福建	30263	402077	78598	8612	4.4
江西	44506	392993	59189	3157	2.1
山东	159603	3808941	253389	4840	7.3
河南	77180	679491	117419	7146	4.1
湖北	68139	738961	106939	6642	4.6
湖南	107663	1104969	147497	6256	4.7
广东	187045	3483513	288786	8426	10.2
广西	86012	844735	83597	10041	10.1
海南	6775	209845	10003	6409	13.4
重庆	25480	384675	70713	6764	3.7
四川	82012	900336	159380	6411	3.6
贵州	16976	166964	28110	6229	3.7
云南	57112	663371	126562	11291	5.9
西藏	1273	41389	8037	12207	6.3
陕西	44902	630922	65917	7559	7.2
甘肃	57490	605026	91412	8570	5.7
青海	6821	75917	6844	5529	6.1
宁夏	3228	74741	10586	28071	19.8
新疆	3076	55880	13920	27636	11.1

2-B-2.24 各地区集体总承包和专业承包企业营业额

单位：万元

地区	企业营业额	在境外完成的营业额	企业总产值	#建筑业总产值
全国	**30233616**	**214907**	**30018708**	**27561219**
北京	1326012	2583	1323429	1230399
天津	869565	3901	865664	497565
河北	744621	12594	732028	727887
山西	305525		305525	296361
内蒙古	38887		38887	38780
辽宁	1326402	1332	1325070	1292419
吉林	195861	2	195859	194909
黑龙江	666710	294	666417	494335
上海	970594	4393	966201	940246
江苏	3499884	45615	3454269	3334290
浙江	2216768	845	2215923	2188306
安徽	988326	15521	972805	937303
福建	911153	4960	906193	899384
江西	1267777		1267777	1184834
山东	3350822	19727	3331096	3122725
河南	908500	8886	899614	833252
湖北	1640441	2438	1638003	863477
湖南	1587040	44001	1543039	1415283
广东	2554428	6877	2547551	2375550
广西	595334	2185	593149	583269
海南	117368		117368	117358
重庆	694548		694548	664910
四川	1414311	13454	1400858	1385814
贵州	233894	2188	231706	194066
云南	683832	12472	671360	663726
西藏	55625	360	55265	52011
陕西	441276	2134	439142	434256
甘肃	446779	8140	438639	423969
青海	46295	7	46289	46145
宁夏	41729		41729	40659
新疆	93308		93308	87734

2-B-2.25 各地区集体总承包和专业承包企业资产构成

单位：万元

地 区	资产合计	#流动资产小计	#长期投资	#固定资产小计	#无形及递延资产
全 国	**25738713**	**17914063**	**772687**	**6295824**	**683790**
北 京	1594114	1313189	51998	206192	14010
天 津	513562	389513	18181	88754	7999
河 北	636742	414845	16428	190698	14164
山 西	371468	245042	8840	108641	8193
内蒙古	39164	23202	2905	11765	1141
辽 宁	1304777	902921	44972	316566	38635
吉 林	242981	167117	5995	66858	2338
黑龙江	532323	337227	7835	175206	11848
上 海	947419	827319	27177	84876	3848
江 苏	2432653	1929512	49733	414705	31367
浙 江	1394412	1115575	50280	212606	14286
安 徽	840659	544545	36513	231562	26823
福 建	972563	733223	35815	185050	16799
江 西	793990	534941	19631	190223	48771
山 东	3023324	2103786	95310	701126	115924
河 南	770872	429111	9428	292701	38293
湖 北	625232	322460	11728	258416	29904
湖 南	1055287	610527	28112	363337	48896
广 东	2933210	2189266	94535	594262	48414
广 西	664096	359591	15440	248490	39331
海 南	74856	37486	856	34572	1885
重 庆	586081	404363	14189	159194	7711
四 川	1267381	779435	51776	385035	49294
贵 州	241523	136163	8827	83532	12635
云 南	604655	324552	23600	232818	22871
西 藏	70949	33153	3483	28014	5603
陕 西	523222	317881	4727	185488	11992
甘 肃	450936	248927	19497	176189	4597
青 海	72739	42998	1769	22507	4566
宁 夏	54640	32916	4454	16657	569
新 疆	102882	63280	8655	29783	1086

2-B-2.26 各地区集体总承包和专业承包企业流动资产、无形及递延资产

单位：万元

地 区	流动资产	#存 货	无形及递延资产	#无形资产
全 国	**17914063**	**6437083**	**683790**	**610072**
北 京	1313189	595638	14010	11831
天 津	389513	125228	7999	7791
河 北	414845	132571	14164	13212
山 西	245042	70149	8193	7245
内蒙古	23202	6816	1141	1112
辽 宁	902921	185335	38635	34717
吉 林	167117	30730	2338	1760
黑龙江	337227	99103	11848	11017
上 海	827319	333257	3848	3263
江 苏	1929512	740627	31367	28509
浙 江	1115575	412430	14286	13214
安 徽	544545	141083	26823	17522
福 建	733223	357829	16799	15079
江 西	534941	222171	48771	46596
山 东	2103786	609310	115924	103715
河 南	429111	144376	38293	35699
湖 北	322460	107656	29904	26284
湖 南	610527	182888	48896	44338
广 东	2189266	1034326	48414	36352
广 西	359591	120162	39331	35309
海 南	37486	9723	1885	1841
重 庆	404363	183975	7711	6464
四 川	779435	287071	49294	47125
贵 州	136163	40885	12635	12092
云 南	324552	96152	22871	22261
西 藏	33153	4225	5603	4775
陕 西	317881	76685	11992	10569
甘 肃	248927	62222	4597	4378
青 海	42998	9100	4566	4392
宁 夏	32916	8817	569	529
新 疆	63280	6546	1086	1081

2-B-2.27 各地区集体总承包和专业承包企业固定资产情况

单位：万元

地区	固定资产小计	固定资产原价	#生产经营用	固定资产折旧	#本年折旧	在建工程
全国	**6295824**	**7626402**	**5618631**	**2238745**	**320960**	**680726**
北京	206192	264423	191441	91389	13428	30275
天津	88754	106097	81328	32775	4942	13392
河北	190698	236455	184036	65453	8316	11837
山西	108641	137608	92819	38014	6268	5030
内蒙古	11765	17718	15554	6310	596	300
辽宁	316566	453503	362753	148626	18246	7527
吉林	66858	88813	67168	27945	2976	1858
黑龙江	175206	225589	180724	64437	10378	8049
上海	84876	102312	64553	32940	5924	14104
江苏	414705	553712	436710	191738	30627	34737
浙江	212606	280820	236234	82211	10805	8485
安徽	231562	261341	188674	76003	11107	37897
福建	185050	223635	166763	59576	7686	13409
江西	190223	207663	147551	57262	6681	24976
山东	701126	843954	628307	282305	47565	102068
河南	292701	318819	226976	75642	14013	39505
湖北	258416	307944	196348	76768	9649	20613
湖南	363337	410115	273837	116349	19167	49257
广东	594262	726773	527613	226658	23691	82538
广西	248490	253248	176534	52677	7918	41916
海南	34572	35336	15862	4416	501	2683
重庆	159194	192352	147341	60597	8916	25187
四川	385035	474981	340453	140413	17902	36923
贵州	83532	81860	51697	15791	1919	15281
云南	232818	282464	220595	77113	10380	17894
西藏	28014	27377	15974	5766	3094	2991
陕西	185488	207948	170921	45906	6144	16157
甘肃	176189	206603	153407	50574	7520	13387
青海	22507	31760	16541	11794	1210	1337
宁夏	16657	21775	16932	6094	849	960
新疆	29783	43408	22987	15205	2545	152

2-B-2.28 各地区集体总承包和专业承包企业负债及所有者权益

单位：万元

地 区	负债合计	流动负债	长期负债	所有者权益	#实收资本
全 国	**15359897**	**14747315**	**612582**	**10378816**	**8085288**
北 京	1144981	1135325	9656	449133	320257
天 津	319086	316183	2903	194476	148156
河 北	340598	330179	10419	296144	227714
山 西	228708	219970	8739	142760	120923
内蒙古	19921	18971	950	19244	16394
辽 宁	774639	763174	11465	530138	432516
吉 林	153458	144551	8907	89524	74396
黑龙江	291482	284678	6803	240841	213664
上 海	687535	678586	8948	259884	188510
江 苏	1634924	1594118	40806	797729	557586
浙 江	960945	947673	13272	433468	297992
安 徽	469181	443856	25326	371478	294333
福 建	619242	602119	17122	353322	308205
江 西	484558	467862	16696	309432	264985
山 东	1880810	1828120	52690	1142514	853610
河 南	349197	313651	35546	421675	360559
湖 北	228349	201068	27281	396884	304488
湖 南	504535	466837	37698	550752	447661
广 东	1983867	1862596	121270	949343	680591
广 西	321971	309487	12484	342125	267701
海 南	29548	28511	1038	45308	35563
重 庆	307895	277758	30137	278186	231069
四 川	612253	571695	40558	655129	526723
贵 州	117345	111125	6221	124178	105292
云 南	253116	240381	12735	351538	294270
西 藏	18244	12580	5663	52706	37049
陕 西	287574	261764	25810	235648	192504
甘 肃	211036	195538	15498	239901	192344
青 海	32476	27364	5112	40262	32130
宁 夏	27935	27737	198	26705	23022
新 疆	64491	63859	632	38391	35078

2-B-2.29 各地区集体总承包和专业承包企业实收资本

单位：万元

地区	合计	国家资本	集体资本	法人资本	个人资本	港澳台资本	外商资本
全国	**8085288**	**22386**	**5740985**	**1503076**	**817786**	**5**	**1050**
北京	320257	302	166634	88008	65313		
天津	148156		107494	31493	9169		
河北	227714	20	153875	52325	21494		
山西	120923	889	77321	33016	9697		
内蒙古	16394		16394				
辽宁	432516	100	348746	39903	43766		
吉林	74396		58980	12905	2511		
黑龙江	213664		162519	33950	17194		
上海	188510	3194	132626	32575	20115		
江苏	557586	2316	296344	134891	124036		
浙江	297992	274	190320	45270	62128		
安徽	294333	485	201451	59866	32531		
福建	308205	960	135730	57233	114283		
江西	264985	200	215547	34860	13928		450
山东	853610	4636	651482	134425	63062	5	
河南	360559	1923	251171	72368	35099		
湖北	304488		212360	68113	23416		600
湖南	447661	281	330643	101186	15552		
广东	680591	410	547567	117330	15284		
广西	267701	107	222590	37924	7080		
海南	35563	60	23182	10681	1640		
重庆	231069		153810	38049	39211		
四川	526723	721	407624	63591	54787		
贵州	105292	420	102037	2142	693		
云南	294270	1745	202450	78430	11646		
西藏	37049		19827	17188	34		
陕西	192504	1692	151638	37621	1554		
甘肃	192344	560	128127	54997	8660		
青海	32130	1000	27021	1270	2838		
宁夏	23022		16175	6700	147		
新疆	35078	91	29301	4768	919		

2-B-2.30 各地区集体总承包和专业承包企业收入情况

单位：万元

地区	工程结算收入	工程结算成本	工程结算税金及附加	工程结算利润	经营费用	其他业务收入	#其他业务利润
全国	**24155352**	**21244770**	**849365**	**1853525**	**207692**	**392572**	**83615**
北京	1268500	1093874	39456	123088	12082	10220	3869
天津	499851	437623	18583	42422	1223	5858	2825
河北	703470	612836	24355	58338	7941	4404	699
山西	289176	249953	10173	22935	6115	4936	2149
内蒙古	34688	29595	1241	3689	163	16	7
辽宁	1232804	1088336	43870	95874	4724	29703	6568
吉林	199411	175195	6461	15977	1779	3773	527
黑龙江	471349	422160	15501	30759	2930	2639	437
上海	966710	865900	28277	60655	11879	5761	2196
江苏	2239286	1972325	81592	175421	9950	46460	7997
浙江	1786395	1623542	62063	98313	2478	6949	2414
安徽	876011	763710	30332	71738	10232	35120	6677
福建	819664	752249	30124	35015	2276	5878	3699
江西	903126	821782	28874	48601	3869	14596	3071
山东	2689864	2326582	87219	243731	32331	70576	7156
河南	719021	627015	25727	57834	8445	28369	2106
湖北	824039	703612	32191	78672	9564	12077	1110
湖南	1327546	1177081	51767	92034	6664	12056	2843
广东	2132612	1848112	81105	178677	24718	24011	9802
广西	511191	449713	22420	34632	4427	3578	1398
海南	113361	99709	3773	7469	2410	218	82
重庆	566113	508052	20990	35544	1528	15644	1271
四川	1219228	1064505	42699	97402	14622	18521	4341
贵州	165115	146046	6952	10218	1899	2658	978
云南	561445	497159	19382	38902	6003	2976	1565
西藏	43651	36778	1036	4771	1066	825	168
陕西	380064	319679	13447	34812	12126	6546	2117
甘肃	436117	376104	14519	42165	3329	13534	3592
青海	46275	41013	1369	3486	408	863	467
宁夏	40056	35749	1204	3053	49	1132	487
新疆	89210	78782	2666	7297	465	2678	1000

2-B-2.31 各地区集体总承包和专业承包企业费用情况

单位：万元

地区	管理费用	#税金	#财产保险费	#差旅费	#工会经费	财务费用	#利息支出
全国	**1147540**	**57712**	**13166**	**37422**	**14736**	**113073**	**60918**
北京	68577	1156	489	2029	441	2968	1115
天津	29088	1028	148	624	245	1524	1233
河北	34894	1545	228	746	384	2675	1437
山西	20361	962	190	855	360	1501	1005
内蒙古	2708	147	1	57	22	129	29
辽宁	77223	2020	645	2133	1643	3227	1998
吉林	14585	496	191	429	221	1033	513
黑龙江	26305	1129	366	751	361	1130	734
上海	36614	561	178	810	290	1573	618
江苏	104342	2664	1031	3108	1281	9409	5723
浙江	53218	1585	353	2481	1124	4753	2560
安徽	48409	2521	707	1910	964	3938	2196
福建	25930	954	86	840	282	1540	1007
江西	36739	2363	422	1134	418	3094	1570
山东	127585	9282	1517	3644	1564	19987	12823
河南	35616	3450	635	1299	391	4272	1994
湖北	43233	3708	1015	1361	763	6253	2265
湖南	53973	4288	1348	1838	663	7211	3387
广东	105107	5397	654	2100	723	10659	5123
广西	21364	2463	249	686	177	2074	858
海南	2879	174	3	91	16	137	20
重庆	24046	1048	235	1369	285	2997	1782
四川	63078	3074	1318	3699	1030	8175	4747
贵州	8788	697	88	207	154	446	234
云南	22311	1414	201	896	314	3765	1934
西藏	2129	100	21	77	8	183	19
陕西	23741	1772	633	1138	345	3661	1740
甘肃	20946	1173	105	509	145	3975	1838
青海	2970	225	46	177	30	479	341
宁夏	2677	42	1	69	30	259	59
新疆	8105	272	65	357	65	47	16

2-B-2.32 各地区集体总承包和专业承包企业利润及税金情况

单位：万元

地区	利润总额	#应交所得税	税金总额	工程结算税金及附加	管理费用中的税金
全国	**706065**	**196987**	**907077**	**849365**	**57712**
北京	54164	16496	40612	39456	1156
天津	14291	5395	19611	18583	1028
河北	23185	6684	25900	24355	1545
山西	3480	1405	11135	10173	962
内蒙古	1167	345	1387	1241	147
辽宁	20782	11887	45889	43870	2020
吉林	2503	764	6956	6461	496
黑龙江	2926	2075	16629	15501	1129
上海	29592	6489	28838	28277	561
江苏	73328	18368	84256	81592	2664
浙江	42985	15463	63648	62063	1585
安徽	27936	7085	32853	30332	2521
福建	12819	6338	31078	30124	954
江西	12844	4036	31237	28874	2363
山东	105160	25908	96501	87219	9282
河南	22718	4575	29178	25727	3450
湖北	30133	7285	35899	32191	3708
湖南	36844	6049	56056	51767	4288
广东	76322	22470	86502	81105	5397
广西	12851	3976	24883	22420	2463
海南	4693	908	3947	3773	174
重庆	10678	3584	22037	20990	1048
四川	31065	6947	45773	42699	3074
贵州	2179	733	7649	6952	697
云南	15190	3609	20796	19382	1414
西藏	2598	300	1136	1036	100
陕西	9886	2200	15219	13447	1772
甘肃	20728	4680	15692	14519	1173
青海	332	257	1593	1369	225
宁夏	465	257	1247	1204	42
新疆	2222	421	2938	2666	272

2-B-2.33 各地区私营总承包和专业承包企业签订合同情况

单位：万元

地 区	合同总额		
		上年结转合同额	本年新签合同额
全 国	**75877078**	**22625253**	**53251825**
北 京	1720286	598783	1121503
天 津	520120	100889	419231
河 北	2080575	484753	1595822
山 西	618634	160705	457929
内蒙古	793149	193468	599681
辽 宁	3178801	676785	2502016
吉 林	278382	63244	215138
黑龙江	712504	198967	513537
上 海	5799625	1876485	3923140
江 苏	12161817	3050161	9111656
浙 江	20091831	6667049	13424781
安 徽	1767106	422067	1345039
福 建	1895265	533392	1361872
江 西	674478	230663	443815
山 东	3640346	1007277	2633069
河 南	1557474	547200	1010274
湖 北	1943412	447609	1495803
湖 南	1388883	488376	900507
广 东	5020213	1777166	3243047
广 西	446742	156742	290000
海 南	107329	23724	83605
重 庆	2552035	787763	1764273
四 川	3575067	1167686	2407382
贵 州	150110	48602	101508
云 南	1187338	338496	848842
西 藏	85093	16548	68545
陕 西	429923	156772	273152
甘 肃	438195	137457	300738
青 海	141955	57636	84320
宁 夏	353040	102141	250899
新 疆	567349	106645	460704

2-B-2.34 各地区私营总承包和专业承包企业承包工程完成情况

单位：万元

地区	直接从建设单位承揽工程完成的产值	自行完成施工产值	分包出去工程的产值	从建设单位以外承揽工程完成的产值
全国	**53743668**	**53056614**	**687055**	**3597520**
北京	1110261	1097312	12949	139448
天津	399476	385665	13812	39614
河北	1370734	1364421	6313	20501
山西	459860	453757	6103	26519
内蒙古	600553	598013	2540	3121
辽宁	2478011	2474723	3288	50458
吉林	240850	240850		5099
黑龙江	568137	565568	2569	10793
上海	4070155	3851336	218819	589311
江苏	9142891	9044873	98018	1315407
浙江	12954339	12898896	55443	564372
安徽	1377794	1361267	16527	56941
福建	1376241	1367851	8390	31794
江西	446000	427606	18394	22598
山东	3006471	2992400	14071	106543
河南	1140360	1133189	7171	26633
湖北	1369660	1356322	13338	55233
湖南	847748	844675	3074	40547
广东	3172001	3040663	131338	292774
广西	295035	294712	323	6874
海南	100005	99770	235	2586
重庆	1923405	1910883	12522	58100
四川	2748324	2720381	27943	73676
贵州	113176	106189	6987	2666
云南	895268	893921	1347	16394
西藏	69043	68711	332	175
陕西	318071	317690	381	4316
甘肃	308312	305700	2612	19852
青海	95844	95546	297	9185
宁夏	268113	268024	89	1975
新疆	477531	475704	1828	4014

2-B-2.35 各地区私营总承包和专业承包企业总产值和竣工产值

单位：万元

地区	建筑业总产值	#装饰装修产值	#在外省完成的产值	按构成分组：建筑工程产值	按构成分组：安装工程产值	按构成分组：其他产值	竣工产值
全国	**56654134**	**5414594**	**9264068**	**48423743**	**5553425**	**2676966**	**42546342**
北京	1236760	410387	24824	848235	317580	70946	841354
天津	425278	63383	25666	222910	122170	80199	315355
河北	1384922	88466	114253	1192734	99953	92235	1041942
山西	480276	74970	25126	348249	82451	49576	297340
内蒙古	601134	31325	12431	535776	38468	26890	493173
辽宁	2525181	282922	356649	2157718	328294	39169	2035885
吉林	245949	20584	29314	201007	41281	3662	135158
黑龙江	576361	69420	59149	449112	106648	20601	420633
上海	4440647	505304	282444	3522435	621890	296322	3077293
江苏	10360280	739278	2682345	9441165	700027	219088	8292627
浙江	13463268	1025119	3972284	12065194	923881	474193	9937164
安徽	1418207	160393	171050	1135090	185887	97231	1010474
福建	1399645	173853	349816	1107899	175890	115856	1038393
江西	450203	54369	48400	377164	32700	40339	365091
山东	3098943	278523	133814	2490210	433452	175281	2324867
河南	1159822	121203	111402	1011796	71417	76609	774976
湖北	1411554	135374	48167	1138380	122142	151033	942523
湖南	885222	79153	70823	754517	46707	83998	694552
广东	3333437	562837	292346	2628569	531874	172994	2588948
广西	301586	25135	2932	261494	35200	4892	231564
海南	102356	1865		53094	10861	38401	40613
重庆	1968983	129114	127621	1744602	150354	74027	1365483
四川	2794058	197688	288313	2476089	189353	128615	2185542
贵州	108854	5432	461	98533	3491	6831	71183
云南	910315	80373	3401	810361	65666	34288	750190
西藏	68886	2723	56	65102	2209	1575	57297
陕西	322006	8509	9465	291409	19861	10735	282371
甘肃	325552	28533	16950	271846	31767	21939	256779
青海	104731	6313	1061	85159	12006	7566	92690
宁夏	269999	21891	2722	258180	9366	2453	231277
新疆	479718	30157	784	379716	40578	59424	353604

2-B-2.36 各地区私营总承包和专业承包企业房屋建筑面积

地 区	房屋建筑施工面积（万平方米）	#本年新开工	#实行投标承包面积	#本年新开工	房屋建筑竣工面积（万平方米）	房屋建筑面积竣工率（%）
全 国	**71933.8**	**45461.6**	**51477.5**	**35112.7**	**37362.3**	**51.9**
北 京	432.3	249.6	303.3	176.5	184.3	42.6
天 津	262.9	172.8	174.5	119.2	145.9	55.5
河 北	2236.9	1517.8	1616.5	1248.7	1175.3	52.5
山 西	379.9	238.5	225.3	177.6	211.3	55.6
内蒙古	768.4	521.3	538.0	432.1	503.7	65.6
辽 宁	2305.4	1797.8	1932.1	1473.9	1399.0	60.7
吉 林	161.4	119.7	139.8	94.4	117.5	72.8
黑龙江	496.0	322.2	375.1	266.9	348.3	70.2
上 海	3397.1	2561.4	2157.8	1507.4	1624.2	47.8
江 苏	12287.6	8026.6	8958.2	6446.5	6738.5	54.8
浙 江	19292.0	11422.3	14638.8	9114.7	8485.6	44.0
安 徽	2123.7	1417.2	1596.6	1151.6	1334.1	62.8
福 建	1584.0	978.0	997.1	676.2	860.1	54.3
江 西	821.0	555.4	596.8	442.5	526.2	64.1
山 东	4061.1	2638.0	2772.6	2010.0	2415.8	59.5
河 南	2012.6	1191.5	1741.2	1071.8	851.3	42.3
湖 北	2217.7	1490.9	1592.4	1168.4	1276.7	57.6
湖 南	1334.0	830.7	914.0	653.2	782.8	58.7
广 东	4065.6	2145.0	2145.1	1304.1	1850.4	45.5
广 西	499.3	266.5	412.5	238.3	199.4	39.9
海 南	54.9	26.6	18.5	15.9	31.5	57.4
重 庆	3168.9	1935.3	2057.1	1403.9	1675.7	52.9
四 川	4503.0	2858.9	3098.1	2202.0	2646.9	58.8
贵 州	291.2	164.8	138.3	114.6	133.2	45.7
云 南	1249.2	811.6	873.5	639.3	759.6	60.8
西 藏	84.6	64.4	60.6	55.0	51.7	61.1
陕 西	558.2	317.1	341.5	191.7	304.4	54.5
甘 肃	516.2	304.6	380.9	275.1	275.1	53.3
青 海	131.0	60.7	100.3	44.8	77.4	59.1
宁 夏	303.5	188.2	270.6	163.0	173.9	57.3
新 疆	334.3	266.3	310.4	233.5	202.6	60.6

2-B-2.37 各地区按主要用途分的私营总承包和专业承包企业房屋建筑竣工面积

单位：万平方米

地区	合计	厂房、仓库	住宅	办公用房	批发和零售用房	住宿和餐饮用房
全国	**37362.3**	**8286.6**	**20450.8**	**2904.1**	**1052.5**	**603.6**
北京	184.3	43.6	118.0	6.2	1.7	1.1
天津	145.9	62.3	53.0	10.9	3.8	0.1
河北	1175.3	121.1	758.0	94.5	25.9	18.4
山西	211.3	32.3	123.8	18.7	4.5	2.1
内蒙古	503.7	34.5	278.8	89.6	14.1	8.8
辽宁	1399.0	250.3	844.1	67.5	49.8	24.5
吉林	117.5	14.0	79.9	7.2	5.6	0.1
黑龙江	348.3	24.5	191.4	37.1	14.1	3.6
上海	1624.2	560.9	848.8	66.0	31.0	8.4
江苏	6738.5	1616.5	3624.7	454.2	220.9	90.7
浙江	8485.6	2859.6	3883.2	715.4	162.6	130.2
安徽	1334.1	194.8	779.5	117.3	44.2	36.1
福建	860.1	327.7	358.3	44.6	16.8	21.1
江西	526.2	41.3	304.3	44.9	21.4	14.0
山东	2415.8	571.7	1376.9	139.5	73.2	32.4
河南	851.3	63.6	553.1	127.7	7.0	12.5
湖北	1276.7	258.1	728.2	104.2	19.9	28.7
湖南	782.8	59.4	469.1	86.2	36.2	26.2
广东	1850.4	597.5	864.1	141.3	33.4	28.1
广西	199.4	16.4	136.2	14.2	9.4	0.6
海南	31.5	0.0	27.6	2.1		
重庆	1675.7	172.7	1174.0	109.0	51.5	17.9
四川	2646.9	218.5	1765.1	165.5	138.6	54.5
贵州	133.2	2.6	79.5	12.3	4.0	0.8
云南	759.6	83.4	355.4	105.1	24.0	17.7
西藏	51.7	0.1	27.7	12.5	0.1	0.8
陕西	304.4	14.9	200.5	27.9	5.4	5.2
甘肃	275.1	26.1	159.6	28.0	4.9	8.7
青海	77.4	3.0	55.6	11.6	2.2	1.3
宁夏	173.9	3.8	110.6	22.8	13.5	2.6
新疆	202.6	11.2	121.9	19.9	12.7	6.2

2-B-2.37 续表 单位：万平方米

地区	居民服务业用房	教育用房	文化、体育和娱乐用房	卫生医疗用房	科研用房	其他用房
全国	**492.4**	**1814.1**	**330.1**	**286.0**	**44.5**	**1097.9**
北京	3.1	3.9	0.3	1.3	0.2	5.0
天津		6.4	3.0	0.5	0.0	5.8
河北	9.6	63.7	15.8	6.3		62.1
山西	4.5	12.8	3.2	1.1	0.1	8.1
内蒙古	8.5	34.2	4.9	7.5	0.2	22.6
辽宁	27.5	65.6	15.2	2.4	0.3	51.7
吉林	0.3	4.1	1.4	0.7		4.3
黑龙江	8.9	34.8	11.7	6.2		16.0
上海	6.8	51.8	4.8	7.5	4.7	33.6
江苏	109.2	332.5	60.4	54.1	7.6	167.8
浙江	65.9	331.7	57.9	55.1	10.0	214.1
安徽	25.3	91.6	8.1	9.6	2.1	25.4
福建	4.3	26.5	15.2	10.0	2.8	32.8
江西	18.6	51.9	6.8	7.2	0.2	15.6
山东	42.4	104.9	8.0	8.6	4.1	54.0
河南	5.0	42.9	4.7	8.8	2.1	23.8
湖北	3.6	65.1	21.0	15.7	0.6	31.5
湖南	7.0	60.5	4.1	5.7	0.5	28.0
广东	40.6	54.7	12.0	7.3	0.7	70.6
广西	2.2	13.3	1.4	1.4		4.2
海南		0.4	1.1			0.2
重庆	26.0	63.9	20.3	8.2	0.6	31.6
四川	29.4	125.4	22.8	29.5	4.4	93.3
贵州	7.8	14.3	4.4	2.9	0.2	4.3
云南	15.3	81.5	9.9	13.9	2.4	50.9
西藏	1.0	5.9	1.2	0.4		2.0
陕西	3.7	34.2	3.0	3.0		6.6
甘肃	6.2	15.8	3.4	6.2	0.5	15.7
青海	0.4	1.6	0.6			1.1
宁夏	3.4	9.0	1.4	2.3	0.1	4.4
新疆	5.8	9.0	2.1	2.8	0.1	10.9

2-B-2.38 各地区按主要用途分的私营总承包和专业承包企业房屋建筑竣工价值

单位：万元

地区	合计	厂房、仓库	住宅	办公用房	批发和零售用房	住宿和餐饮用房
全国	**26199825**	**5217726**	**14280071**	**2301436**	**778689**	**446548**
北京	180071	23748	126345	7379	1316	1870
天津	89875	33278	33946	6875	5680	26
河北	825532	101450	504217	81439	18137	11178
山西	147669	19231	90783	12580	3890	1666
内蒙古	369780	27301	190844	69384	10113	6661
辽宁	1244112	227101	732666	66391	48876	25657
吉林	82286	8698	54956	6486	3777	108
黑龙江	311874	20063	156137	39382	13795	2392
上海	1471790	424671	793370	79903	32957	8428
江苏	4836868	1051694	2570387	357818	152824	76538
浙江	6157069	1630247	3037834	589042	135126	112340
安徽	778993	109808	445281	75815	27434	20872
福建	669245	242565	278221	39482	13709	14517
江西	247416	18630	136219	22163	11652	8553
山东	1622344	346339	935833	103569	52879	20388
河南	519346	35688	312964	104473	4547	7085
湖北	743087	126110	435394	71484	10063	7729
湖南	515004	40276	292119	67113	24441	16239
广东	1321646	367846	661320	111810	24411	19409
广西	144052	11592	95159	13046	5438	341
海南	35041	5	30989	2088		
重庆	1017629	113629	693577	73873	35737	14084
四川	1504333	135442	942650	112513	91025	36956
贵州	57296	1356	30969	6071	3560	345
云南	512012	53704	234378	76934	14603	11796
西藏	45907	279	21012	12541	159	736
陕西	208085	11401	127474	24346	3518	4303
甘肃	201891	22511	109175	22282	3200	7276
青海	64396	2358	43831	11184	2761	1430
宁夏	121977	2869	73699	17225	10905	2418
新疆	153201	7840	88322	16747	12153	5209

2-B-2.38 续表　　　　单位：万元

地　区	居民服务业用　　房	教育用房	文化、体育和娱乐用房	卫生医疗用房	科研用房	其他用房
全　国	**361519**	**1374323**	**277662**	**246893**	**37944**	**877015**
北　京	4879	6805	1000	1484	191	5054
天　津		4593	1500	295	2	3680
河　北	6477	47223	14261	6655		34495
山　西	2985	8048	2972	593	55	4867
内蒙古	7252	25987	4953	8576	430	18281
辽　宁	25752	62335	9934	1845	208	43347
吉　林	342	3037	1355	350		3178
黑龙江	8821	37572	11949	6081		15683
上　海	6672	54667	16248	12050	4491	38334
江　苏	85342	273653	49864	49116	6629	163005
浙　江	50719	291863	57193	56856	10266	185584
安　徽	12855	57240	5289	6858	1189	16353
福　建	3025	21263	15331	10362	3064	27707
江　西	12461	22447	3227	3853	112	8100
山　东	28574	73030	6566	6809	2893	45465
河　南	2987	27308	3497	4829	1485	14484
湖　北	1600	41518	13576	12126	546	22941
湖　南	3325	42750	2721	4254	332	21435
广　东	30810	40182	10944	6361	1014	47538
广　西	1754	10106	1568	1504		3546
海　南		268	1450			241
重　庆	17279	35128	9141	4575	743	19865
四　川	19057	73175	13510	18943	2112	58950
贵　州	2926	5838	1835	1419	136	2841
云　南	9934	54825	7864	10807	1605	35562
西　藏	1124	5656	1749	572		2079
陕　西	3873	22854	1619	1915		6782
甘　肃	4134	10822	3202	4575	282	14431
青　海	300	1087	500			944
宁　夏	2527	5935	1075	1794	90	3440
新　疆	3735	7111	1771	1436	71	8806

2-B-2.39 各地区私营总承包和专业承包企业施工机械设备情况

地区	年末自有施工机械设备总台数(台)	年末自有施工机械设备总功率(千瓦)	年末自有施工机械设备净值(万元)	技术装备率(元/人)	动力装备率(千瓦/人)
全国	**2094928**	**27237371**	**5057867**	**8489**	**4.6**
北京	47249	619975	96376	11319	7.3
天津	11316	228859	46351	12100	6.0
河北	98271	1091712	179398	7496	4.6
山西	54837	684449	132206	14370	7.4
内蒙古	22015	425078	57642	9638	7.1
辽宁	60654	1087586	256929	11733	5.0
吉林	15458	285561	44586	17554	11.2
黑龙江	27829	498698	102699	17213	8.4
上海	58156	679384	166311	5803	2.4
江苏	221435	2909129	668391	7452	3.2
浙江	289842	3458465	759744	7206	3.3
安徽	98443	834060	139958	6280	3.7
福建	57129	737022	127123	8666	5.0
江西	25300	303766	60367	8709	4.4
山东	136849	2991050	313935	6831	6.5
河南	100686	859717	180805	8593	4.1
湖北	92398	1054149	215867	11412	5.6
湖南	53048	552362	90464	7320	4.5
广东	170940	2496399	284727	9788	8.6
广西	25065	241988	30994	6777	5.3
海南	2490	39807	33446	56930	6.8
重庆	64026	856672	221114	7883	3.1
四川	135094	1580502	324410	6907	3.4
贵州	9299	106913	17761	6099	3.7
云南	70828	826827	178158	12457	5.8
西藏	6759	114507	16172	12353	8.7
陕西	32270	329501	80462	15266	6.3
甘肃	58521	576232	88257	11127	7.3
青海	12099	192029	27084	13822	9.8
宁夏	15988	284086	57072	24180	12.0
新疆	20634	290886	59055	22217	10.9

2-B-2.40 各地区私营总承包和专业承包企业营业额

单位：万元

地区	企业营业额	在境外完成的营业额	企业总产值	#建筑业总产值
全国	**60172462**	**580392**	**59592070**	**56654134**
北京	1263366	3607	1259759	1236760
天津	502994	1361	501633	425278
河北	1442567	7017	1435550	1384922
山西	487927	210	487718	480276
内蒙古	692057	4551	687506	601134
辽宁	2551371	2831	2548541	2525181
吉林	247068	173	246895	245949
黑龙江	595601	475	595126	576361
上海	4754832	9749	4745083	4440647
江苏	10913366	211477	10701890	10360280
浙江	13693201	61049	13632152	13463268
安徽	1451620	22493	1429127	1418207
福建	1440925	24726	1416199	1399645
江西	476632	14752	461880	450203
山东	3230552	24655	3205898	3098943
河南	1215815	43924	1171891	1159822
湖北	1452776	23432	1429344	1411554
湖南	1030056	11630	1018426	885222
广东	4738519	72697	4665822	3333437
广西	343385	113	343272	301586
海南	103604		103604	102356
重庆	2027073		2027073	1968983
四川	2850688	16428	2834261	2794058
贵州	118562	165	118397	108854
云南	941107	10238	930869	910315
西藏	75143	2001	73142	68886
陕西	323195		323195	322006
甘肃	332714	4699	328015	325552
青海	105943		105943	104731
宁夏	282773	5874	276898	269999
新疆	487030	68	486962	479718

2-B-2.41 各地区私营总承包和专业承包企业资产构成

单位：万元

地 区	资产合计	#流动资产小计	#长期投资	#固定资产小计	#无形及递延资产
全 国	**49314936**	**35661668**	**1719784**	**10681580**	**1123010**
北 京	1417644	1090002	62283	245085	16400
天 津	565201	419357	16559	111866	12900
河 北	1303034	813397	50600	404301	32894
山 西	682925	411967	15895	246688	7558
内蒙古	589459	371828	18458	182139	16357
辽 宁	2074070	1389256	49556	566843	67280
吉 林	327534	204529	4190	114172	3812
黑龙江	1012880	637819	133529	233763	6122
上 海	4473242	3693482	193470	478542	96417
江 苏	7796668	6335904	160836	1166464	114589
浙 江	8177141	6358378	369132	1330077	97313
安 徽	970534	617272	19572	297672	32090
福 建	1249121	919687	52960	257447	17202
江 西	405080	253792	8779	124734	17471
山 东	3084640	2169370	63720	758586	85839
河 南	1146623	710268	23982	380363	27806
湖 北	1189267	692232	29529	425764	37418
湖 南	602831	379365	20599	180387	21377
广 东	3892305	2985745	137279	674241	82357
广 西	393801	277594	21945	81081	12905
海 南	235350	124854	23579	77986	8817
重 庆	1713588	1180428	50254	436378	41561
四 川	2638316	1703146	71642	734040	118016
贵 州	144729	88191	1669	47401	7250
云 南	1111316	607606	35856	423896	40381
西 藏	128802	58746	7621	57867	4304
陕 西	477216	257846	19436	168638	30738
甘 肃	391147	209510	4818	170289	5744
青 海	155903	85770	6946	58076	5030
宁 夏	372912	229647	12295	120232	10028
新 疆	591659	384681	32801	126564	45036

2-B-2.42 各地区私营总承包和专业承包企业流动资产、无形及递延资产

单位：万元

地 区	流动资产	#存 货	无形及递延资产	#无形资产
全 国	**35661668**	**10830338**	**1123010**	**965669**
北 京	1090002	318115	16400	13067
天 津	419357	107732	12900	9850
河 北	813397	234900	32894	30315
山 西	411967	116778	7558	6498
内蒙古	371828	76273	16357	14991
辽 宁	1389256	296608	67280	61275
吉 林	204529	41248	3812	3587
黑龙江	637819	139181	6122	5349
上 海	3693482	1019982	96417	50253
江 苏	6335904	2226764	114589	106747
浙 江	6358378	2115932	97313	84722
安 徽	617272	182681	32090	29082
福 建	919687	283278	17202	14302
江 西	253792	87732	17471	14967
山 东	2169370	559703	85839	79650
河 南	710268	207872	27806	24048
湖 北	692232	238725	37418	34265
湖 南	379365	93442	21377	19360
广 东	2985745	931731	82357	67852
广 西	277594	62212	12905	12532
海 南	124854	31842	8817	8357
重 庆	1180428	401824	41561	33442
四 川	1703146	572365	118016	109871
贵 州	88191	26702	7250	6833
云 南	607606	161117	40381	36349
西 藏	58746	13354	4304	3954
陕 西	257846	74824	30738	29862
甘 肃	209510	58336	5744	4867
青 海	85770	36105	5030	4605
宁 夏	229647	52072	10028	9689
新 疆	384681	60910	45036	35132

2-B-2.43 各地区私营总承包和专业承包企业固定资产情况

单位：万元

地区	固定资产小计	固定资产原价	#生产经营用	固定资产折旧	#本年折旧	在建工程
全国	**10681580**	**12387831**	**9546641**	**3083091**	**669000**	**1052125**
北京	245085	287352	218043	82210	21053	34255
天津	111866	117134	82089	26191	7838	12982
河北	404301	449124	358829	107454	21421	32482
山西	246688	275160	209278	51781	14949	18331
内蒙古	182139	189898	154933	36498	8342	24297
辽宁	566843	677591	547454	145956	32702	27851
吉林	114172	137027	87712	32054	7445	4606
黑龙江	233763	263140	214799	50479	13389	18843
上海	478542	522414	356230	138289	29838	87853
江苏	1166464	1401364	1168204	414143	84767	143230
浙江	1330077	1672428	1401246	468390	105973	73208
安徽	297672	316334	233298	68433	13466	41682
福建	257447	306288	237497	76308	17754	21345
江西	124734	135543	103274	27067	5430	11144
山东	758586	888509	658060	224034	52431	65991
河南	380363	430599	291942	89006	17184	30384
湖北	425764	475123	366962	84618	17920	27744
湖南	180387	200142	140395	47347	10082	23705
广东	674241	818030	601297	254665	51719	95523
广西	81081	88837	68156	19289	4254	10842
海南	77986	47100	38349	5346	1304	36232
重庆	436378	503551	408485	122533	25720	45247
四川	734040	845704	614026	204110	38470	65243
贵州	47401	45157	32570	7796	1675	8299
云南	423896	493805	360730	117637	22298	33634
西藏	57867	55896	25862	10906	6017	7257
陕西	168638	179463	133811	33015	7783	14170
甘肃	170289	186792	135664	41535	6392	16709
青海	58076	66588	42555	13140	3219	3714
宁夏	120232	154851	126130	41823	9512	6476
新疆	126564	156889	128765	41037	8654	8849

2-B-2.44 各地区私营总承包和专业承包企业负债及所有者权益

单位：万元

地区	负债合计	流动负债	长期负债	所有者权益	#实收资本
全国	**26189833**	**25073473**	**1116360**	**23125103**	**18408399**
北京	696053	688401	7651	721592	663233
天津	306166	287863	18303	259035	239228
河北	497377	476738	20639	805657	609356
山西	240201	224871	15330	442724	391900
内蒙古	288706	244385	44321	300753	228922
辽宁	968027	947169	20858	1106043	887729
吉林	140000	133617	6383	187534	154801
黑龙江	457213	430896	26317	555667	443581
上海	2770496	2640167	130329	1702745	1249223
江苏	5190791	5080579	110212	2605877	1877521
浙江	5155530	5012406	143125	3021611	2196635
安徽	429622	409880	19741	540913	433301
福建	547553	531520	16033	701568	632819
江西	158883	145981	12902	246197	212590
山东	1604314	1516617	87698	1480325	1239121
河南	429391	388898	40493	717232	647816
湖北	440714	408045	32669	748553	628509
湖南	266360	248487	17873	336471	268578
广东	2081544	1991077	90467	1810761	1311824
广西	214708	205766	8942	179094	160998
海南	140252	111353	28899	95098	67515
重庆	654286	614841	39445	1059302	893147
四川	1137367	1074565	62802	1500949	1275154
贵州	53604	49354	4250	91125	81790
云南	420384	388994	31390	690933	609607
西藏	29007	25768	3239	99796	84636
陕西	197934	170761	27173	279282	238163
甘肃	122950	114750	8200	268197	232814
青海	66113	64538	1575	89790	80193
宁夏	174008	163521	10487	198904	173513
新疆	310279	281666	28613	281379	194183

2-B-2.45 各地区私营总承包和专业承包企业实收资本

单位：万元

地区	合计	国家资本	集体资本	法人资本	个人资本	港澳台资本	外商资本
全国	**18408399**	**45**	**565**	**4298533**	**14109123**		**133**
北京	663233			123969	539265		
天津	239228			83250	155978		
河北	609356			162212	447143		
山西	391900	45		130157	261698		
内蒙古	228922			525	228397		
辽宁	887729			132219	755510		
吉林	154801			52023	102778		
黑龙江	443581			74047	369534		
上海	1249223			324720	924503		
江苏	1877521			325970	1551550		
浙江	2196635			325748	1870888		
安徽	433301			101104	332197		
福建	632819			108318	524367		133
江西	212590		482	49615	162493		
山东	1239121			347555	891567		
河南	647816			173684	474133		
湖北	628509			217752	410758		
湖南	268578			83671	184907		
广东	1311824			456690	855133		
广西	160998			23290	137707		
海南	67515			37440	30075		
重庆	893147			188763	704385		
四川	1275154			247505	1027649		
贵州	81790			5624	76166		
云南	609607			201716	407891		
西藏	84636		50	43427	41159		
陕西	238163		33	110346	127785		
甘肃	232814			84867	147947		
青海	80193			21172	59020		
宁夏	173513			26025	147488		
新疆	194183			35130	159054		

2-B-2.46 各地区私营总承包和专业承包企业收入情况

单位：万元

地区	工程结算收入	工程结算成本	工程结算税金及附加	工程结算利润	经营费用	其他业务收入	#其他业务利润
全国	**50508708**	**44036397**	**1757680**	**4337247**	**377385**	**524267**	**116324**
北京	1205452	996940	36521	151444	20547	21079	7283
天津	459081	403623	14504	37162	3791	12583	1295
河北	1352220	1157951	49637	130117	14514	3658	1308
山西	468329	389274	17334	49209	12512	4813	873
内蒙古	578962	491378	20433	65585	1567	3318	743
辽宁	2384048	2069520	85492	221013	8023	16708	3741
吉林	247360	211560	8483	25169	2149	2778	862
黑龙江	549231	470693	17467	53300	7771	7057	685
上海	4693484	4072260	138306	443554	39363	40025	10362
江苏	8002060	7067075	277646	613127	44211	90178	21832
浙江	11405178	10214871	410381	757093	22834	99975	17528
安徽	1227987	1064508	46023	107099	10357	6611	1660
福建	1306584	1140694	48342	112484	5064	15120	2809
江西	395241	345438	14126	32455	3221	2722	532
山东	2622902	2209801	90254	285725	37121	23609	4924
河南	1051870	937869	35670	73284	5047	2894	1270
湖北	1323232	1135189	44898	126197	16949	6575	2397
湖南	828335	722413	32636	68624	4662	8949	1074
广东	3505521	2977061	129167	360329	38964	81548	17290
广西	286167	253482	10083	20261	2341	7919	1984
海南	81989	67559	2729	10411	1290	56	1
重庆	1675532	1467090	58370	142049	8023	14019	2382
四川	2440452	2114257	84667	214661	26866	24015	4845
贵州	96711	84373	4338	6865	1135	1258	313
云南	818704	689119	28409	82106	19070	9862	3387
西藏	72937	59480	2535	8624	2299	1340	127
陕西	297289	248819	10533	32037	5900	1753	792
甘肃	332189	282466	12541	33966	3216	2680	640
青海	97408	88496	3119	4903	890	874	280
宁夏	253097	216679	8160	25903	2355	6214	1658
新疆	449158	386459	14876	42492	5331	4075	1449

2-B-2.47 各地区私营总承包和专业承包企业费用情况

单位：万元

地 区	管理费用	#税 金	#财产保险费	#差旅费	#工会经费	财务费用	#利息支出
全 国	**2246599**	**92718**	**25300**	**113650**	**21810**	**279005**	**187858**
北 京	125669	1288	496	3759	345	3079	2320
天 津	30698	602	260	1140	109	2407	848
河 北	63888	3370	979	2246	436	8072	5077
山 西	32639	1055	484	2501	231	3041	1903
内蒙古	25703	3500	372	1015	413	5600	3094
辽 宁	106254	3380	822	3424	1027	10311	6931
吉 林	14906	649	133	586	175	1879	1636
黑龙江	36566	1237	287	1910	166	6036	5026
上 海	172817	3784	1261	6165	1289	11051	7480
江 苏	324073	10213	3560	17295	3415	34230	21938
浙 江	338665	18377	4185	27432	4132	64085	54027
安 徽	66577	3625	903	2849	890	6459	3479
福 建	50576	2054	552	2649	603	5118	3305
江 西	19328	972	235	1372	126	2220	1319
山 东	134380	8769	1936	6374	1613	23565	14285
河 南	45210	2377	710	2460	530	6538	3186
湖 北	70966	3235	1152	2644	907	9456	3782
湖 南	31760	2423	302	1319	222	6487	3079
广 东	211427	5918	1835	7949	1762	16092	8947
广 西	18489	600	111	899	139	442	192
海 南	2746	97	5	154	19	218	203
重 庆	74997	3163	742	3487	784	10749	6420
四 川	118602	5766	2037	7166	1778	17655	11511
贵 州	4482	372	84	224	32	646	322
云 南	44055	2050	650	2358	259	7551	4797
西 藏	2751	207	67	297	17	360	74
陕 西	15779	980	434	964	111	4049	3103
甘 肃	15855	1097	351	1100	44	3068	1730
青 海	5172	323	51	148	28	586	402
宁 夏	14929	379	71	632	131	4254	3976
新 疆	26642	857	233	1132	76	3703	3468

2-B-2.48 各地区私营总承包和专业承包企业利润及税金情况

单位：万元

地区	利润总额	#应交所得税	税金总额	工程结算税金及附加	管理费用中的税金
全国	**1993983**	**509350**	**1850398**	**1757680**	**92718**
北京	31525	10918	37810	36521	1288
天津	6771	2922	15107	14504	602
河北	62907	19687	53007	49637	3370
山西	14630	4584	18389	17334	1055
内蒙古	35300	6001	23933	20433	3500
辽宁	110531	40192	88873	85492	3380
吉林	9679	2200	9133	8483	649
黑龙江	17148	5335	18704	17467	1237
上海	293117	38044	142090	138306	3784
江苏	274491	82108	287859	277646	10213
浙江	375665	106348	428757	410381	18377
安徽	35651	9801	49647	46023	3625
福建	62647	13232	50396	48342	2054
江西	11765	4298	15098	14126	972
山东	136577	34204	99023	90254	8769
河南	24733	7808	38047	35670	2377
湖北	50306	12902	48133	44898	3235
湖南	32278	7403	35059	32636	2423
广东	152844	37356	135085	129167	5918
广西	4488	1581	10683	10083	600
海南	7443	1845	2826	2729	97
重庆	60899	16025	61533	58370	3163
四川	85331	22950	90434	84667	5766
贵州	2172	745	4710	4338	372
云南	34546	7873	30459	28409	2050
西藏	7326	689	2741	2535	207
陕西	13092	3934	11513	10533	980
甘肃	17806	2578	13638	12541	1097
青海	-371	430	3442	3119	323
宁夏	8004	2259	8540	8160	379
新疆	14686	3098	15732	14876	857

2-B-2.49 各地区联营总承包和专业承包企业签订合同情况

单位：万元

地区	合同总额	上年结转合同额	本年新签合同额
全国	**1557146**	**624161**	**932985**
北京	2464	236	2228
天津	13308	4199	9109
河北	42362	20442	21921
山西	1997	1007	990
内蒙古	543		543
辽宁	33583	9372	24211
吉林	12297		12297
黑龙江	21010	13171	7839
上海	79147	18374	60773
江苏	40924	14339	26585
浙江	14023	3269	10754
安徽	290652	86114	204538
福建	16283	5546	10737
江西	4313	535	3778
山东	191199	84778	106421
河南	19522	2114	17408
湖北	298277	116662	181615
湖南	23318	3511	19807
广东	334790	203954	130837
广西			
海南	2073		2073
重庆	18931	2957	15974
四川	50033	14712	35321
贵州	2230	807	1424
云南	13781	5840	7940
西藏	6798	5932	866
陕西	22519	6215	16304
甘肃	176	76	100
青海			
宁夏			
新疆	596		596

2-B-2.50 各地区联营总承包和专业承包企业承包工程完成情况

单位：万元

地 区	直接从建设单位承揽工程完成的产值	自行完成施工产值	分包出去工程的产值	从建设单位以外承揽工程完成的产值
全 国	**1038934**	**985536**	**53398**	**28270**
北 京	2464	2464		
天 津	14205	14185	20	
河 北	30732	30732		
山 西	1560	1364	196	
内蒙古	543	543		
辽 宁	28569	28569		1861
吉 林	12297	12297		
黑龙江	20251	20251		
上 海	52488	49758	2730	7022
江 苏	40440	38000	2440	
浙 江	10424	10424		
安 徽	208537	197099	11438	984
福 建	13624	13624		1288
江 西	5133	5133		11
山 东	75546	75475	71	239
河 南	18147	18147		
湖 北	148325	143739	4586	5755
湖 南	19754	19625	129	201
广 东	261522	230159	31363	9835
广 西	746	619	127	
海 南	515	515		
重 庆	16966	16966		30
四 川	33112	33112		520
贵 州	957	957		226
云 南	8405	8405		
西 藏	1673	1375	298	298
陕 西	11332	11332		
甘 肃	116	116		
青 海				
宁 夏				
新 疆	553	553		

2-B-2.51 各地区联营总承包和专业承包企业总产值和竣工产值

单位：万元

地区	建筑业总产值	#装饰装修产值	#在外省完成的产值	按构成分组：建筑工程产值	安装工程产值	其他产值	竣工产值
全国	**1013806**	**46418**	**140591**	**911049**	**78887**	**23870**	**666473**
北京	2464	2351		2351	113		2464
天津	14185	4256		12947	821	417	9503
河北	30732		13500	30178	290	264	34541
山西	1364	330		744	600	20	180
内蒙古	543			543			543
辽宁	30430	1129	3405	13788	16629	13	13745
吉林	12297			12297			12297
黑龙江	20251	3120		17621	2430	200	15011
上海	56780	7179	100	36722	14402	5656	37562
江苏	38000		12557	33137	3480	1383	24935
浙江	10424	634	145	7678	2653	93	7760
安徽	198083	1931	16890	181886	7090	9107	129116
福建	14912	1520	1625	12559	1797	557	8262
江西	5143			5143			2543
山东	75714	1290	59534	74245	344	1125	78535
河南	18147		6168	15625	2522		16580
湖北	149494	6346	13976	145024	3820	650	78070
湖南	19826		3719	17721	1905	200	18268
广东	239994	14195	6841	221196	16196	2601	113088
广西	619			619			
海南	515				515		
重庆	16996	259	936	16476	330	190	21478
四川	33632	763	567	30205	2724	702	28281
贵州	1183			1084		99	1295
云南	8405	445	628	7680	162	563	2731
西藏	1673			1673			293
陕西	11332			11302		30	8747
甘肃	116	116		53	63		102
青海							
宁夏							
新疆	553	553		553			545

2-B-2.52 各地区联营总承包和专业承包企业房屋建筑面积

地　区	房屋建筑施工面积（万平方米）	#本年新开工	#实行投标承包面积	#本年新开工	房屋建筑竣工面积（万平方米）	房屋建筑面积竣工率（%）
全　国	**966.3**	**471.1**	**674.1**	**418.4**	**593.7**	**61.4**
北　京						
天　津	4.2	0.3	3.8		4.2	100.0
河　北	52.3	17.6	39.6	17.6	37.8	72.3
山　西	2.5	1.7	1.7	1.6		
内蒙古	1.0	1.0	1.0	1.0	1.0	100.0
辽　宁	3.7					
吉　林	18.7	18.7	18.7	18.7	18.7	100.0
黑龙江	17.4	8.3	10.8	7.8	11.9	68.5
上　海	34.3	29.6	24.9	13.3	19.4	56.4
江　苏						
浙　江						
安　徽	297.2	157.2	288.8	154.5	132.3	44.5
福　建	10.3	6.9	10.3	6.9	3.5	34.2
江　西	4.2	1.8	4.2	1.8	3.6	85.6
山　东	3.6	1.9	3.6	1.9	3.6	97.8
河　南	23.5	18.3	22.7	17.9	14.3	60.7
湖　北	265.1	53.8	70.9	53.1	205.8	77.6
湖　南	27.9	23.4	25.9	22.4	24.7	88.4
广　东	71.6	33.3	53.6	22.2	20.4	28.5
广　西						
海　南						
重　庆	36.4	27.2	25.0	25.0	32.9	90.5
四　川	59.5	46.7	50.3	39.9	44.2	74.2
贵　州	4.4	3.2	0.3	0.2	3.8	86.3
云　南	0.2	0.2			0.2	100.0
西　藏	0.4	0.2	0.2	0.2	0.3	75.4
陕　西	27.9	20.0	17.8	12.5	11.4	40.8
甘　肃						
青　海						
宁　夏						
新　疆						

2-B-2.53 各地区按主要用途分的联营总承包和专业承包企业房屋建筑竣工面积

单位：万平方米

地 区	合 计	厂房、仓库	住 宅	办公用房	批发和零售用房	住宿和餐饮用房
全 国	**593.7**	**67.4**	**238.9**	**39.0**	**9.6**	**10.9**
北 京						
天 津	4.2	0.3	3.8			
河 北	37.8		35.3	0.6		0.2
山 西						
内蒙古	1.0	1.0				
辽 宁						
吉 林	18.7		14.4	0.5		
黑龙江	11.9	5.3	4.0	0.5		
上 海	19.4	9.8	6.1	2.9		
江 苏						
浙 江						
安 徽	132.3	18.1	67.4	12.8	8.6	2.6
福 建	3.5	0.4	2.8	0.3		
江 西	3.6	1.0	0.7	0.4		
山 东	3.6		3.2			
河 南	14.3		10.4	3.1	0.2	
湖 北	205.8	0.8	15.0	10.0		
湖 南	24.7		16.6	2.5		2.5
广 东	20.4	4.2	12.6	0.3		
广 西						
海 南						
重 庆	32.9	9.8	21.6		0.5	
四 川	44.2	16.1	14.9	3.3		5.5
贵 州	3.8	0.5	1.9	0.5	0.4	
云 南	0.2	0.1				
西 藏	0.3		0.1			
陕 西	11.4		8.2	1.4		
甘 肃						
青 海						
宁 夏						
新 疆						

2-B-2.53 续表　　　　单位：万平方米

地　区	居民服务业用　　房	教育用房	文化、体育和娱乐用房	卫生医疗用房	科研用房	其他用房
全　国	**7.0**	**26.5**	**3.8**	**3.9**		**186.6**
北　京						
天　津						
河　北		0.3		0.8		0.8
山　西						
内蒙古						
辽　宁						
吉　林		2.2		0.2		1.4
黑龙江	0.3	0.9		0.4		0.4
上　海		0.3		0.1		0.2
江　苏						
浙　江						
安　徽	5.7	13.3	1.5	0.1		2.1
福　建						
江　西	0.3	0.7	0.3	0.2		
山　东						0.4
河　南	0.3		0.3			
湖　北		0.8	0.9	0.1		178.3
湖　南		1.3		1.8		
广　东		1.7				1.6
广　西						
海　南						
重　庆		0.8				0.3
四　川		2.7	0.7			1.0
贵　州		0.3				0.1
云　南						0.1
西　藏						0.2
陕　西	0.4	1.2		0.2		
甘　肃						
青　海						
宁　夏						
新　疆						

2-B-2.54 各地区按主要用途分的联营总承包和专业承包企业房屋建筑竣工价值

单位：万元

地区	合计	厂房、仓库	住宅	办公用房	批发和零售用房	住宿和餐饮用房
全国	**333778**	**42399**	**158875**	**33527**	**4865**	**6475**
北京						
天津	3177	442	2735			
河北	33898		31852	635		180
山西						
内蒙古	543	543				
辽宁						
吉林	12297		8998	357		
黑龙江	11346	4646	3430	750		
上海	16481	7111	6317	2710		
江苏						
浙江						
安徽	87741	9915	42480	11202	4338	1669
福建	1954	130	1704	120		
江西	2543	663	324	198		
山东	2092		1403			
河南	11746		8605	2620	100	
湖北	71779	462	10378	10182		
湖南	11843		6941	1775		1473
广东	12115	2066	8230	175		
广西						
海南						
重庆	18417	7294	10278		318	
四川	26368	8901	8966	1685		3111
贵州	1228	172	558	209	109	
云南	162	55				42
西藏	293		173			
陕西	7755		5502	909		
甘肃						
青海						
宁夏						
新疆						

2-B-2.54 续表 单位：万元

地 区	居民服务业用 房	教育用房	文化、体育和娱乐用房	卫生医疗用房	科研用房	其他用房
全 国	**4289**	**21638**	**4880**	**3047**		**53782**
北 京						
天 津						
河 北		157		738		336
山 西						
内蒙古						
辽 宁						
吉 林		1892		140		910
黑龙江	350	1240		490		440
上 海		171		58		114
江 苏						
浙 江						
安 徽	3178	11561	2092	105		1201
福 建						
江 西	114	741	132	371		
山 东						689
河 南	270		150			
湖 北		510	1593	56		48599
湖 南		761		893		
广 东		888				756
广 西						
海 南						
重 庆		391				136
四 川		2406	900			400
贵 州	7	128	13	15		16
云 南						65
西 藏						120
陕 西	370	793		181		
甘 肃						
青 海						
宁 夏						
新 疆						

2-B-2.55 各地区联营总承包和专业承包企业施工机械设备情况

地区	年末自有施工机械设备总台数(台)	年末自有施工机械设备总功率(千瓦)	年末自有施工机械设备净值(万元)	技术装备率(元/人)	动力装备率(千瓦/人)
全国	**26438**	**470771**	**82505**	**8894**	**5.1**
北京					
天津	516	16088	1428	21738	24.5
河北	1220	10458	1575	3216	2.1
山西	78	990	240	6446	2.7
内蒙古	30	800	123	16400	10.7
辽宁	716	8325	1393	10446	6.2
吉林	361	6955	1100	8118	5.1
黑龙江	682	5926	5904	32495	3.3
上海	872	8094	1826	4510	2.0
江苏	1013	16842	1596	5101	5.4
浙江	563	7830	1133	11888	8.2
安徽	5749	82568	14050	6274	3.7
福建	588	10478	2613	17763	7.1
江西	226	2900	171	6863	11.6
山东	758	49311	6275	11526	9.1
河南	3770	23840	1278	2942	5.5
湖北	1651	81845	8492	9223	8.9
湖南	361	4266	1545	12749	3.5
广东	3440	90239	18242	13893	6.9
广西	49	561	66	5240	4.5
海南					
重庆	516	5207	3631	12023	1.7
四川	809	6334	2631	3194	0.8
贵州	120	718	141	7966	4.1
云南	571	20347	5177	40891	16.1
西藏	71	210	593	5558	0.2
陕西	1690	9320	1246	5738	4.3
甘肃	6	175	13	2083	2.9
青海					
宁夏					
新疆	12	144	26	4778	2.7

2-B-2.56 各地区联营总承包和专业承包企业营业额

单位：万元

地区	企业营业额	在境外完成的营业额	企业总产值	#建筑业总产值
全国	**1093816**	**12135**	**1081681**	**1013806**
北京	2464		2464	2464
天津	14272		14272	14185
河北	40175		40175	30732
山西	1410		1410	1364
内蒙古	543		543	543
辽宁	30700		30700	30430
吉林	12297		12297	12297
黑龙江	20251		20251	20251
上海	58694		58694	56780
江苏	40440		40440	38000
浙江	10424		10424	10424
安徽	221724	1600	220124	198083
福建	14912		14912	14912
江西	5143		5143	5143
山东	75714		75714	75714
河南	18147		18147	18147
湖北	166906	6616	160290	149494
湖南	23745	3919	19826	19826
广东	259478		259478	239994
广西	746		746	619
海南	515		515	515
重庆	17036		17036	16996
四川	34257		34257	33632
贵州	1183		1183	1183
云南	8405		8405	8405
西藏	2221		2221	1673
陕西	11332		11332	11332
甘肃	116		116	116
青海				
宁夏				
新疆	568		568	553

2-B-2.57 各地区联营总承包和专业承包企业资产构成

单位：万元

地区	资产合计	#流动资产小计	#长期投资	#固定资产小计	#无形及递延资产
全国	**1028690**	**800450**	**17681**	**168032**	**37347**
北京	1118	1110		8	
天津	13557	10170	15	3371	
河北	16303	9266	20	7014	3
山西	8706	6737	275	1688	6
内蒙古	1215	868		342	5
辽宁	22576	16978	82	5235	281
吉林	9527	8342		1169	16
黑龙江	38096	28253		6644	1002
上海	80886	70360	1613	8687	106
江苏	40226	36273	399	3521	9
浙江	12657	11151	57	1448	1
安徽	176760	129426	2950	28398	15819
福建	22309	18121	88	3804	294
江西	4264	1813		2451	
山东	53783	44836	380	8499	
河南	8395	3259	2	4769	365
湖北	191474	155409	8219	19358	8441
湖南	11040	5569	1441	3911	118
广东	233210	197425	800	28265	4956
广西	1299	1233		66	
海南	1405	112		1279	13
重庆	13313	4513	4	7433	1020
四川	30052	20096	504	7169	2202
贵州	1067	219		795	18
云南	9818	2827	80	6911	
西藏	11757	7445	750	943	2620
陕西	12487	7416		4700	40
甘肃	165	149		16	
青海					
宁夏					
新疆	1227	1075	1	139	12

2-B-2.58 各地区联营总承包和专业承包企业流动资产、无形及递延资产

单位：万元

地区	流动资产	#存货	无形及递延资产	#无形资产
全国	**800450**	**188544**	**37347**	**35762**
北京	1110	124		
天津	10170	1788		
河北	9266	4978	3	3
山西	6737	5257	6	3
内蒙古	868	489	5	5
辽宁	16978	2197	281	260
吉林	8342	204	16	16
黑龙江	28253	11617	1002	941
上海	70360	13683	106	100
江苏	36273	11535	9	1
浙江	11151	2786	1	0
安徽	129426	37371	15819	15724
福建	18121	5244	294	278
江西	1813	554		
山东	44836	3298		
河南	3259	790	365	365
湖北	155409	17092	8441	8422
湖南	5569	2252	118	115
广东	197425	53714	4956	4725
广西	1233	2		
海南	112		13	10
重庆	4513	1101	1020	1015
四川	20096	8042	2202	1158
贵州	219	109	18	1
云南	2827	1686		
西藏	7445	94	2620	2620
陕西	7416	2296	40	
甘肃	149	63		
青海				
宁夏				
新疆	1075	178	12	

2-B-2.59 各地区联营总承包和专业承包企业固定资产情况

单位：万元

地区	固定资产小计	固定资产原价	#生产经营用	固定资产折旧	#本年折旧	在建工程
全国	**168032**	**231260**	**181692**	**88089**	**12703**	**20623**
北京	8	32		25	6	
天津	3371	6014	5980	2643	286	
河北	7014	5588	5071	1254	180	2415
山西	1688	1737	1684	218	100	160
内蒙古	342	387	304	45		
辽宁	5235	9277	6146	4043	249	
吉林	1169	2081	2081	912	175	
黑龙江	6644	9725	8656	3202	156	120
上海	8687	6754	3803	3072	355	4877
江苏	3521	6197	4720	2811	751	131
浙江	1448	2959	2651	1511	174	
安徽	28398	40914	32846	13897	2092	1273
福建	3804	5177	3483	1976	172	604
江西	2451	2653	2091	653	376	118
山东	8499	16363	13705	8429	1045	5
河南	4769	5858	3004	1170	203	81
湖北	19358	28964	20743	12592	982	2535
湖南	3911	3219	2319	879	38	1341
广东	28265	46801	39358	22250	4482	3234
广西	66	90	76	25	17	
海南	1279	212		67		1067
重庆	7433	8098	6959	757	83	92
四川	7169	8033	6418	3297	253	978
贵州	795	957	214	162	45	
云南	6911	6444	5280	286	51	752
西藏	943	1206	822	406	87	
陕西	4700	5188	2959	1328	344	841
甘肃	16	18	16	2	2	
青海						
宁夏						
新疆	139	315	304	179	3	

2-B-2.60 各地区联营总承包和专业承包企业负债及所有者权益

单位：万元

地 区	负债合计	流动负债	长期负债	所有者权益	#实收资本
全 国	**702783**	**675913**	**26870**	**325907**	**274258**
北 京	529	498	31	589	629
天 津	11523	11346	177	2034	7998
河 北	7215	7215		9088	7157
山 西	7015	7015		1691	826
内蒙古	465	465		750	716
辽 宁	10492	10000	492	12084	8676
吉 林	6864	6840	24	2663	2115
黑龙江	21505	21121	383	16592	16360
上 海	53381	53374	7	27505	12970
江 苏	29390	29313	77	10836	9182
浙 江	8165	8165		4492	3500
安 徽	130520	129054	1466	46240	54232
福 建	14243	14243		8066	7675
江 西	1298	1012	286	2966	2821
山 东	37615	37569	46	16168	16977
河 南	2463	2361	102	5932	5490
湖 北	155659	148648	7011	35815	29304
湖 南	4900	3380	1520	6139	5466
广 东	162455	161614	841	70755	40094
广 西	238	238		1061	664
海 南	674	674		730	730
重 庆	6295	6154	141	7018	12007
四 川	17280	3716	13563	12772	11785
贵 州	101	65	36	966	958
云 南	503	503		9316	5621
西 藏	6298	5957	341	5459	3700
陕 西	4979	4729	250	7508	5804
甘 肃	52	52		113	110
青 海					
宁 夏					
新 疆	667	592	75	560	694

2-B-2.61 各地区联营总承包和专业承包企业实收资本

单位：万元

地区	合计	国家资本	集体资本	法人资本	个人资本	港澳台资本	外商资本
全国	**274258**	**72142**	**69879**	**81969**	**49168**	**1100**	
北京	629		449	180			
天津	7998		477	6573	948		
河北	7157	1269	650		5238		
山西	826		368	88	370		
内蒙古	716				716		
辽宁	8676	2985	4514	977	200		
吉林	2115	145	1970				
黑龙江	16360	611	14180	1528	40		
上海	12970	1090	4394	2144	5342		
江苏	9182	2127	791	6209	54		
浙江	3500	787	1285	1178	250		
安徽	54232	29055	15685	4668	4823		
福建	7675	2604	1935	1300	1836		
江西	2821	405	1911	505			
山东	16977	2659	543	13440	334		
河南	5490	2449	836		2204		
湖北	29304	15387	2931	6671	4315		
湖南	5466	2050	1105	1901	410		
广东	40094	2284	8364	22054	6292	1100	
广西	664	204	460				
海南	730		730				
重庆	12007	320	1422	6438	3827		
四川	11785	1990	569	3152	6074		
贵州	958		347		611		
云南	5621	20	2184	301	3115		
西藏	3700	948	200	2552			
陕西	5804	2652	1090		2063		
甘肃	110			110			
青海							
宁夏							
新疆	694	99	489		106		

2-B-2.62 各地区联营总承包和专业承包企业收入情况

单位：万元

地区	工程结算收入	工程结算成本	工程结算税金及附加	工程结算利润	经营费用	其他业务收入	#其他业务利润
全国	**1011013**	**911370**	**30342**	**65212**	**4088**	**18942**	**5637**
北京	2696	2472	72	140	13	66	45
天津	14357	13949	374	33	1	178	71
河北	35600	32506	1140	1828	126		
山西	1160	883	66	180	31		
内蒙古	543	505	1	34	3		
辽宁	29456	27179	924	1305	48	328	59
吉林	11621	10244	445	931		7	7
黑龙江	20987	19285	709	888	105		
上海	57598	51237	1714	4600	46	4281	2024
江苏	33411	29950	1058	2069	334	172	32
浙江	9289	7553	311	1367	58	119	108
安徽	178212	163263	6240	8595	114	3782	1259
福建	15487	14466	482	467	72	30	
江西	6273	5407	201	612	53	15	
山东	75104	68973	2411	3114	606	3	-12
河南	17226	14531	335	2304	57		
湖北	142520	128265	4051	10083	121	8049	1564
湖南	16486	13905	597	1831	154	109	21
广东	283684	255454	7078	19550	1603	795	424
广西	706	263	18	305	120		
海南	515	310	40	158	7		
重庆	17107	15408	622	1074	3	28	3
四川	23456	21369	782	1126	181	8	7
贵州	1087	766	65	129	127	22	22
云南	2699	2450	93	141	15	32	
西藏	1673	676	128	852	17	914	
陕西	11332	9454	364	1450	64		
甘肃	175	142	6	19	9		
青海							
宁夏							
新疆	553	504	17	31		4	3

2-B-2.63 各地区联营总承包和专业承包企业费用情况

单位：万元

地区	管理费用	#税金	#财产保险费	#差旅费	#工会经费	财务费用	#利息支出
全国	**46199**	**1011**	**463**	**2265**	**524**	**3080**	**2085**
北京	157	5		1		28	28
天津	911	7	8	4	25	155	155
河北	628	27		1		26	11
山西	126	18	30	3	1	27	13
内蒙古	8	1	1	1		20	20
辽宁	1100	71		41	13	161	53
吉林	843	93			4	16	16
黑龙江	827	16		30	23	26	25
上海	3892	11	3	42	5	295	20
江苏	1927	26	1	28	27	-31	-34
浙江	1063	8		25	4	6	6
安徽	8822	262	260	483	217	337	292
福建	603	46		157	8	-33	-2
江西	533	1		30	6	-1	-1
山东	1831	23	5	233	18	667	261
河南	446	14	2		8	33	
湖北	9663	150	82	732	105	325	268
湖南	606	53	11	15	11	45	7
广东	9470	60	34	280	24	664	728
广西	65					-5	-5
海南	41	24				7	
重庆	711	10	15	71	3	25	25
四川	696	31	10	56	15	160	149
贵州	71			4	5	3	3
云南	29	7	2	6		7	
西藏	255	1		13	1	74	35
陕西	833	43		11	3	36	5
甘肃	12						
青海							
宁夏							
新疆	32	3				9	9

2-B-2.64 各地区联营总承包和专业承包企业利润及税金情况

单位：万元

地区	利润总额	#应交所得税	税金总额	工程结算税金及附加	管理费用中的税金
全国	**21923**	**4912**	**31354**	**30342**	**1011**
北京	10	3	77	72	5
天津	-985	21	381	374	7
河北	1188	351	1167	1140	27
山西	27	16	84	66	18
内蒙古	7	3	3	1	1
辽宁	-127	132	995	924	71
吉林	23	11	538	445	93
黑龙江	36	34	725	709	16
上海	2879	524	1725	1714	11
江苏	154	113	1084	1058	26
浙江	466	125	319	311	8
安徽	842	636	6502	6240	262
福建	-81	57	528	482	46
江西	48	2	202	201	1
山东	603	87	2435	2411	23
河南	1825	14	348	335	14
湖北	1819	74	4201	4051	150
湖南	1224	348	650	597	53
广东	9647	1684	7138	7078	60
广西	244	36	18	18	
海南	110	36	64	40	24
重庆	339	122	632	622	10
四川	275	56	812	782	31
贵州	77	8	65	65	
云南	104	4	100	93	7
西藏	586	211	129	128	1
陕西	585	201	407	364	43
甘肃	6	2	6	6	
青海					
宁夏					
新疆	-7		20	17	3

2-B-2.65 各地区股份制总承包和专业承包企业签订合同情况

单位：万元

地区	合同总额	上年结转合同额	本年新签合同额
全国	**206412777**	**74100567**	**132312210**
北京	15350832	6273895	9076937
天津	5357202	1957924	3399278
河北	6391349	2110035	4281314
山西	6477042	2648460	3828582
内蒙古	3547645	1211442	2336204
辽宁	7188120	2383472	4804648
吉林	2162570	811116	1351454
黑龙江	6062245	1890821	4171424
上海	17893775	7928902	9964872
江苏	26990069	9076629	17913439
浙江	28317374	10356947	17960427
安徽	5429646	1512261	3917384
福建	3245890	1174836	2071054
江西	3752570	1281973	2470598
山东	10247287	3211744	7035544
河南	6258928	2074832	4184097
湖北	9558792	2704776	6854016
湖南	6524520	2610732	3913787
广东	10285453	4409580	5875873
广西	1023334	313843	709491
海南	448032	169178	278853
重庆	6213720	2295372	3918349
四川	4925839	1590105	3335734
贵州	1914338	646900	1267438
云南	1957371	585653	1371719
西藏	323983	148422	175561
陕西	3662477	1198799	2463678
甘肃	1445102	457703	987398
青海	411206	149651	261556
宁夏	682213	191073	491140
新疆	2363856	723491	1640365

2-B-2.66 各地区股份制总承包和专业承包企业承包工程完成情况

单位：万元

地 区	直接从建设单位承揽工程完成的产值	自行完成施工产值	分包出去工程的产值	从建设单位以外承揽工程完成的产值
全 国	**125679806**	**122036176**	**3643630**	**5962704**
北 京	8129542	7690764	438778	317848
天 津	2887838	2754375	133463	108123
河 北	4462057	4391626	70431	116380
山 西	3706384	3667060	39324	35260
内蒙古	2585697	2578253	7444	56019
辽 宁	4513891	4487671	26220	111279
吉 林	1683599	1675667	7932	27916
黑龙江	3286261	3044280	241981	198808
上 海	9047624	7953485	1094140	1133686
江 苏	18021613	17712184	309429	1581002
浙 江	16911049	16780356	130693	484160
安 徽	3117927	3102466	15461	98771
福 建	2178633	2169708	8924	24780
江 西	2627820	2578975	48845	131156
山 东	7784980	7716109	68871	271004
河 南	3921477	3834718	86760	167152
湖 北	5228886	4911445	317441	139488
湖 南	3914681	3775881	138800	206611
广 东	5925619	5623324	302295	252755
广 西	650878	637652	13227	26226
海 南	345151	333022	12129	14115
重 庆	3933096	3885036	48061	158567
四 川	3278895	3259741	19155	93283
贵 州	1006452	1000072	6380	21620
云 南	1053190	1041117	12073	12807
西 藏	218122	214047	4075	4256
陕 西	1676541	1650671	25870	69617
甘 肃	993890	991253	2637	33001
青 海	304018	296972	7046	31627
宁 夏	497672	496970	702	11904
新 疆	1786322	1781277	5045	23485

2-B-2.67 各地区股份制总承包和专业承包企业总产值和竣工产值

单位：万元

地区	建筑业总产值	#装饰装修产值	#在外省完成的产值	按构成分组：建筑工程产值	安装工程产值	其他产值	竣工产值
全国	**127998880**	**7588293**	**32396106**	**109602618**	**13522995**	**4873267**	**88911722**
北京	8008612	1465129	1681703	7370315	479192	159105	5335591
天津	2862498	92886	762712	2427510	366487	68501	1594448
河北	4508006	144951	1205396	3753700	453032	301274	3408398
山西	3702320	72658	1579908	3285658	234147	182514	1822403
内蒙古	2634273	50723	207642	2173999	405370	54904	1924570
辽宁	4598951	209665	1024666	3790976	678025	129950	2920695
吉林	1703583	82547	210135	1333411	327514	42657	1300863
黑龙江	3243088	156307	473826	2828184	320414	94490	2375317
上海	9087170	691899	2639304	7400520	1319820	366830	6331365
江苏	19293185	856199	7383996	16989774	1782309	521103	13987810
浙江	17264516	1006633	6123887	14978231	1769898	516387	11322204
安徽	3201237	123297	998667	2900389	180121	120727	2104344
福建	2194488	96472	523920	1750014	380621	63853	1624222
江西	2710131	154829	534754	2276749	295534	137848	1953969
山东	7987113	407539	892639	6725830	991509	269774	5289205
河南	4001869	113686	1228089	3528327	319453	154090	2616845
湖北	5050933	259856	1344781	4078232	445870	526831	3222173
湖南	3982492	203176	624645	3429049	279865	273578	2777145
广东	5876079	827505	592387	4731381	894606	250092	4717595
广西	663878	45774	63237	487668	148269	27941	467851
海南	347137	32583	47963	284740	46204	16194	245014
重庆	4043602	133954	440493	3534634	350736	158232	4054636
四川	3353024	162338	638186	2873854	313917	165254	2294916
贵州	1021691	37669	156367	885276	94718	41698	625259
云南	1053923	29862	31181	916769	107692	29463	673911
西藏	218303	13604	1088	188084	15441	14778	154140
陕西	1720288	25082	753531	1560609	125673	34007	1028817
甘肃	1024254	27789	148963	831572	138960	53722	645711
青海	328599	8750	9004	305069	17912	5618	232559
宁夏	508874	2923	22724	452297	45691	10887	416367
新疆	1804761	52010	50318	1529798	193996	80967	1443383

2-B-2.68 各地区股份制总承包和专业承包企业房屋建筑面积

地区	房屋建筑施工面积（万平方米）	#本年新开工	#实行投标承包面积	#本年新开工	房屋建筑竣工面积（万平方米）	房屋建筑面积竣工率（%）
全国	**140543.8**	**79291.0**	**114724.0**	**67427.1**	**64421.0**	**45.8**
北京	7799.5	3198.3	6800.0	2921.0	2887.2	37.0
天津	1457.0	768.0	1404.5	742.6	669.8	46.0
河北	5831.9	3724.6	4688.8	3317.6	3202.4	54.9
山西	1747.1	1077.1	1380.9	940.5	535.2	30.6
内蒙古	1884.8	1286.7	1519.8	996.0	1044.9	55.4
辽宁	3609.0	2322.5	2911.2	1947.4	1889.3	52.3
吉林	1145.7	712.8	1005.0	618.4	729.4	63.7
黑龙江	2655.8	1518.5	1893.3	1250.5	1262.4	47.5
上海	8079.0	4735.3	6679.7	3876.7	1769.3	21.9
江苏	25267.9	14643.3	23031.4	13485.3	10884.7	43.1
浙江	21908.1	11927.7	18819.5	10461.1	10203.3	46.6
安徽	2698.5	1668.1	1961.0	1358.1	1689.9	62.6
福建	2515.9	1383.4	1686.1	977.2	1349.6	53.6
江西	3165.0	1958.7	2338.5	1645.9	977.9	30.9
山东	8480.0	5059.1	6524.0	4199.3	4859.7	57.3
河南	4244.4	2519.9	3542.4	2257.5	1646.0	38.8
湖北	5200.0	3300.3	4047.3	2703.9	2999.6	57.7
湖南	5471.5	3001.2	4290.0	2494.1	2786.2	50.9
广东	8971.9	3513.7	6108.3	2165.0	3307.1	36.9
广西	827.6	469.4	582.3	398.2	432.4	52.3
海南	414.4	230.2	319.0	195.5	23.4	5.7
重庆	6053.8	3533.9	4580.4	3076.6	2467.2	40.8
四川	4286.9	2697.5	2957.5	2012.0	3122.2	72.8
贵州	943.5	518.5	708.9	374.7	328.7	34.8
云南	831.3	535.9	619.2	411.0	755.5	90.9
西藏	233.2	140.7	183.9	115.6	41.0	17.6
陕西	1202.1	701.1	1030.9	591.1	524.5	43.6
甘肃	962.7	547.7	820.9	456.8	599.3	62.3
青海	208.4	123.7	176.7	96.7	118.7	56.9
宁夏	526.8	290.3	465.8	259.1	234.1	44.4
新疆	1920.1	1183.0	1646.8	1081.6	1079.9	56.2

2-B-2.69 各地区按主要用途分的股份制总承包和专业承包企业房屋建筑竣工面积

单位：万平方米

地 区	合 计	厂房、仓库	住 宅	办公用房	批发和零售用房	住宿和餐饮用房
全 国	**64421.0**	**10283.7**	**36461.4**	**5862.2**	**1650.5**	**955.9**
北 京	2887.2	297.4	1900.6	288.5	51.5	12.8
天 津	669.8	128.7	291.2	44.5	52.8	5.1
河 北	3202.4	308.7	2080.1	240.6	81.0	33.6
山 西	535.2	59.3	310.5	63.5	21.2	9.2
内蒙古	1044.9	112.5	533.9	150.2	39.0	29.4
辽 宁	1889.3	219.8	1246.2	160.7	47.1	23.1
吉 林	729.4	101.4	419.2	49.7	16.0	15.5
黑龙江	1262.4	130.7	754.0	88.9	39.2	14.2
上 海	1769.3	511.5	811.9	177.9	25.0	13.7
江 苏	10884.7	2101.5	6019.2	989.0	199.9	146.3
浙 江	10203.3	2231.5	4902.9	1061.5	274.5	167.1
安 徽	1689.9	185.4	959.1	145.0	41.5	35.1
福 建	1349.6	307.8	773.0	99.0	4.1	8.4
江 西	977.9	92.0	625.5	77.5	23.8	6.4
山 东	4859.7	943.4	2722.2	383.3	147.5	86.0
河 南	1646.0	217.3	898.4	170.2	39.3	26.5
湖 北	2999.6	380.7	1806.2	298.6	17.5	17.1
湖 南	2786.2	271.4	1530.7	356.1	95.8	51.9
广 东	3307.1	913.0	1639.6	236.1	82.8	66.4
广 西	432.4	47.3	268.0	47.5	1.1	11.2
海 南	23.4	1.5	14.5	3.5		1.6
重 庆	2467.2	195.1	1726.6	151.2	111.9	34.9
四 川	3122.2	292.6	2067.4	219.4	83.3	58.0
贵 州	328.7	18.9	193.7	36.2	3.3	0.7
云 南	755.5	70.3	352.3	71.3	37.0	31.3
西 藏	41.0	7.1	8.7	14.5	0.5	2.2
陕 西	524.5	25.9	364.1	50.8	8.3	7.4
甘 肃	599.3	35.4	393.0	55.7	4.0	8.3
青 海	118.7	4.8	84.8	16.1	2.1	1.7
宁 夏	234.1	10.0	164.9	16.5	12.2	5.0
新 疆	1079.9	60.7	598.7	98.9	87.6	25.7

2-B-2.69 续表 单位：万平方米

地 区	居民服务业用房	教育用房	文化、体育和娱乐用房	卫生医疗用房	科研用房	其他用房
全 国	**1091.1**	**4096.6**	**717.1**	**653.6**	**239.3**	**2409.6**
北 京	34.6	113.7	23.8	7.5	22.2	134.7
天 津	7.0	39.7	8.5	26.1	9.2	57.1
河 北	100.2	207.4	34.1	27.9		88.7
山 西	5.9	34.0	4.1	3.7		23.7
内蒙古	12.5	77.3	19.2	11.7	0.6	58.7
辽 宁	16.0	103.9	14.1	9.3	2.5	46.5
吉 林	3.0	55.9	11.1	7.3	1.1	49.3
黑龙江	38.1	93.7	15.3	14.7	0.4	73.2
上 海	9.7	63.4	28.9	49.0	4.8	73.4
江 苏	185.5	617.6	128.9	117.9	44.9	334.0
浙 江	239.9	681.8	168.7	114.4	77.5	283.6
安 徽	48.3	169.2	19.1	16.7	3.8	66.7
福 建	19.1	80.3	5.8	7.5	3.1	41.5
江 西	18.2	74.0	4.8	3.7	3.7	48.3
山 东	61.5	262.6	29.5	23.7	16.6	183.4
河 南	23.8	159.8	26.8	27.4	6.3	50.2
湖 北	37.9	250.7	28.9	43.5	15.6	102.8
湖 南	39.2	235.8	23.7	36.1	3.4	142.1
广 东	24.9	171.5	22.6	8.0	7.4	134.9
广 西	2.5	31.6	6.0	4.7	0.9	11.5
海 南	0.2	0.4	1.2			0.5
重 庆	33.7	87.2	26.5	8.7	3.5	87.9
四 川	38.2	180.2	29.1	22.8	3.1	128.0
贵 州	2.5	48.1	1.2	4.9	0.5	18.7
云 南	17.6	80.7	7.7	16.7	0.6	70.1
西 藏	0.6	2.6	0.8	0.5		3.4
陕 西	10.6	38.9	3.0	4.8	0.5	10.4
甘 肃	19.3	48.2	6.3	8.8	3.6	16.8
青 海	0.7	1.9	0.6	0.6	0.2	5.2
宁 夏	2.9	13.9	0.8	0.7		7.1
新 疆	37.0	70.5	16.3	24.0	3.3	57.2

2-B-2.70 各地区按主要用途分的股份制总承包和专业承包企业房屋建筑竣工价值

单位：万元

地区	合计	厂房、仓库	住宅	办公用房	批发和零售用房	住宿和餐饮用房
全国	**52196507**	**7916836**	**27692549**	**5645927**	**1368916**	**843813**
北京	3672979	392099	2162700	478576	62780	22474
天津	770981	130023	254209	60308	64532	5445
河北	2257399	225247	1377943	193487	59718	30375
山西	407153	49358	205601	62139	13798	9053
内蒙古	804769	115490	369485	121919	30897	21797
辽宁	1482101	204517	852540	148260	54961	19725
吉林	582305	133056	271043	37352	10800	12344
黑龙江	1089690	119173	588622	88896	34258	15100
上海	2077760	542827	882369	258603	26669	12554
江苏	9181841	1606605	4898063	933416	169716	166090
浙江	9426944	1634319	4475840	1194123	244638	170477
安徽	1034685	111515	569346	103805	27988	18352
福建	982684	186735	587632	83294	3821	6094
江西	493790	55610	286965	41774	12376	2937
山东	3583964	647818	1905906	327749	123756	73305
河南	1061359	165831	531710	130302	24642	17451
湖北	1934353	265537	1056979	215697	10578	13661
湖南	1976296	209691	990366	311942	58590	39713
广东	2788737	579434	1464648	231990	67184	57234
广西	273609	23302	172230	30012	754	6067
海南	21556	892	14562	2512	22	1539
重庆	1593080	128631	1053893	119764	82492	23609
四川	1896926	193607	1181516	153021	55421	42734
贵州	182227	10242	100878	19039	2138	395
云南	526187	48049	254289	53801	35851	9260
西藏	40729	6781	8897	14598	506	2903
陕西	385570	21277	250714	49212	6623	6631
甘肃	463861	31786	276776	49367	3074	7467
青海	87916	3776	59291	14745	1487	1446
宁夏	173739	6401	110334	18609	9071	5393
新疆	941318	67209	477204	97620	69778	22190

2-B-2.70 续表 单位：万元

地 区	居民服务业用房	教育用房	文化、体育和娱乐用房	卫生医疗用房	科研用房	其他用房
全 国	**956830**	**3608576**	**816322**	**666996**	**306594**	**2373149**
北 京	42622	196702	41819	14474	39342	219391
天 津	17491	61565	24484	48507	23593	80825
河 北	83342	153765	28909	22045		82567
山 西	4603	26614	4058	3499		28430
内蒙古	11666	64554	17551	10395	366	40648
辽 宁	14836	97306	21649	14058	1555	52697
吉 林	1960	48342	12074	5820	968	48548
黑龙江	50257	89602	18808	14020	363	70590
上 海	14149	94589	58048	74146	9350	104458
江 苏	163021	567262	135663	102030	50624	389352
浙 江	232915	722644	217193	143737	95529	295529
安 徽	33855	103475	13414	11812	2038	39086
福 建	13582	50528	4026	7303	2593	37077
江 西	9310	45638	4171	1650	2564	30796
山 东	49336	223202	32981	19198	20679	160036
河 南	12230	102727	23683	14809	5532	32444
湖 北	30202	163694	25658	45403	16884	90060
湖 南	23589	180850	17863	23122	2804	117766
广 东	29247	191645	25707	12059	8736	120853
广 西	1825	20176	4992	3594	809	9849
海 南	90	276	1300			363
重 庆	20907	62012	20305	8921	1890	70656
四 川	23900	115806	21790	14184	6722	88226
贵 州	2229	22575	633	3308	473	20318
云 南	11428	54757	6367	11394	389	40603
西 藏	774	2536	1032	606		2097
陕 西	10583	25308	1884	3404	501	9433
甘 肃	10744	36188	5840	6155	8023	28442
青 海	633	1223	473	624	129	4090
宁 夏	2555	13682	689	701		6306
新 疆	32948	69334	23259	26022	4140	51613

2-B-2.71 各地区股份制总承包和专业承包企业施工机械设备情况

地 区	年末自有施工机械设备总台数(台)	年末自有施工机械设备总功率(千瓦)	年末自有施工机械设备净值(万元)	技术装备率(元/人)	动力装备率(千瓦/人)
全 国	**3247869**	**60923859**	**9234594**	**9023**	**6.0**
北 京	161887	2264809	340356	13278	8.8
天 津	30543	960530	307904	37713	11.8
河 北	231442	3028889	476476	8441	5.4
山 西	79458	1775803	302082	11339	6.7
内蒙古	63270	2165372	216724	11146	11.1
辽 宁	87152	1930624	326920	9122	5.4
吉 林	45884	1328293	215155	16853	10.4
黑龙江	82469	1985599	406426	18649	9.1
上 海	101448	1399446	315872	7728	3.4
江 苏	319770	5133656	948552	7073	3.8
浙 江	260648	3519112	731360	6382	3.1
安 徽	113282	1527100	240705	7958	5.0
福 建	69842	1052042	174329	8930	5.4
江 西	94382	3635845	220473	7198	11.9
山 东	231049	6828495	662846	7641	7.9
河 南	170226	2274561	455257	10445	5.2
湖 北	172636	2696903	453350	9570	5.7
湖 南	156754	2956521	384464	8857	6.8
广 东	189111	5074310	428963	9636	11.4
广 西	41572	506303	71940	11011	7.7
海 南	12417	172705	39483	8730	3.8
重 庆	113782	1739723	343801	6806	3.4
四 川	124812	1700339	335201	7221	3.7
贵 州	29129	592867	102710	9444	5.5
云 南	40213	643535	120547	9980	5.3
西 藏	10615	151680	22875	8932	5.9
陕 西	69157	1040184	153011	9537	6.5
甘 肃	64380	1182765	171174	11663	8.1
青 海	14070	252573	44255	12870	7.3
宁 夏	15303	336685	50224	13230	8.9
新 疆	51166	1066590	171163	17804	11.1

2-B-2.72 各地区股份制总承包和专业承包企业营业额

单位：万元

地区	企业营业额	在境外完成的营业额	企业总产值	#建筑业总产值
全国	**171997018**	**1663688**	**170333330**	**127998880**
北京	8443931	41929	8402002	8008612
天津	3350836	100870	3249966	2862498
河北	4760614	88493	4672121	4508006
山西	3899704	35164	3864540	3702320
内蒙古	2743350	65140	2678210	2634273
辽宁	4770629	77926	4692703	4598951
吉林	1721360	589	1720771	1703583
黑龙江	3747312	40750	3706562	3243088
上海	10956297	159423	10796874	9087170
江苏	20587719	302432	20285288	19293185
浙江	17799585	102555	17697030	17264516
安徽	3545323	57186	3488137	3201237
福建	2857659	194376	2663283	2194488
江西	2947658	15731	2931927	2710131
山东	40879492	59174	40820318	7987113
河南	4375671	24156	4351514	4001869
湖北	5322262	131728	5190534	5050933
湖南	5748546	20226	5728320	3982492
广东	6569356	31181	6538175	5876079
广西	702332	2238	700094	663878
海南	388505	481	388024	347137
重庆	4264333	11313	4253019	4043602
四川	3499495	70802	3428693	3353024
贵州	1064906	5427	1059479	1021691
云南	1184047		1184047	1053923
西藏	223290		223290	218303
陕西	1818972	15567	1803405	1720288
甘肃	1053504		1053504	1024254
青海	335901	2850	333051	328599
宁夏	542986	1924	541061	508874
新疆	1891448	4060	1887388	1804761

2-B-2.73 各地区股份制总承包和专业承包企业资产构成

单位：万元

地区	资产合计	#流动资产小计	#长期投资	#固定资产小计	#无形及递延资产
全国	**116491401**	**86305919**	**6198312**	**20677006**	**2790800**
北京	10188377	8399723	726583	891493	125710
天津	2712303	1931541	93470	626161	42347
河北	4168566	2859665	123020	1023172	150960
山西	2881746	2085741	137171	592628	52070
内蒙古	2116832	1464970	47343	542430	53411
辽宁	4137400	3075811	212403	747239	92214
吉林	1781844	1307220	55448	367605	45976
黑龙江	3316008	2260146	116539	881495	54543
上海	8552165	6838006	723081	827050	71640
江苏	12430511	9797400	563216	1802857	234713
浙江	10746303	8544835	596783	1421212	136985
安徽	2771620	1932693	63972	648856	121332
福建	2371945	1852674	82226	399511	30857
江西	1121327	723164	39829	305778	48572
山东	9395868	6964953	401443	1678397	330515
河南	3181643	2096604	95821	831546	142040
湖北	5370286	3291657	634890	1156343	265841
湖南	2905184	1887210	89534	822305	97831
广东	9071650	7083511	479967	1241891	170026
广西	763293	525919	31923	183089	21886
海南	124244	94455	4650	24226	904
重庆	2645626	1869107	80608	607733	72891
四川	4742625	3025196	345562	1170909	187439
贵州	621562	439821	41444	123721	15954
云南	2117688	1506008	148241	407952	49087
西藏	159947	86698	22073	48043	2438
陕西	1842859	1358713	84423	369973	25768
甘肃	1365335	974633	38259	322462	21917
青海	326666	205989	7048	106422	6773
宁夏	576948	424849	20599	116661	14208
新疆	1983032	1397010	90746	387848	103949

2-B-2.74 各地区股份制总承包和专业承包企业流动资产、无形及递延资产

单位：万元

地 区	流动资产	#存 货	无形及递延资产	#无形资产
全 国	**86305919**	**23115090**	**2790800**	**2598099**
北 京	8399723	2146999	125710	112303
天 津	1931541	433592	42347	38083
河 北	2859665	668290	150960	145501
山 西	2085741	383694	52070	49703
内蒙古	1464970	293400	53411	52074
辽 宁	3075811	643825	92214	88672
吉 林	1307220	135043	45976	43627
黑龙江	2260146	431675	54543	47133
上 海	6838006	2102462	71640	60517
江 苏	9797400	3334277	234713	209315
浙 江	8544835	2552701	136985	124640
安 徽	1932693	451565	121332	114516
福 建	1852674	643690	30857	26715
江 西	723164	171610	48572	45738
山 东	6964953	1547292	330515	310749
河 南	2096604	619150	142040	134671
湖 北	3291657	664284	265841	259331
湖 南	1887210	498232	97831	92098
广 东	7083511	2335911	170026	152642
广 西	525919	146085	21886	17225
海 南	94455	16541	904	888
重 庆	1869107	674529	72891	67517
四 川	3025196	899434	187439	177612
贵 州	439821	95841	15954	14789
云 南	1506008	322598	49087	44321
西 藏	86698	12614	2438	2423
陕 西	1358713	311058	25768	22793
甘 肃	974633	173730	21917	21194
青 海	205989	82947	6773	6312
宁 夏	424849	125977	14208	13900
新 疆	1397010	196047	103949	101098

2-B-2.75 各地区股份制总承包和专业承包企业固定资产情况

单位：万元

地区	固定资产小计	固定资产原价	#生产经营用	固定资产折旧	#本年折旧	在建工程
全国	**20677006**	**26757094**	**20767071**	**8685106**	**1505425**	**2016141**
北京	891493	1279140	984766	473327	79056	72166
天津	626161	877586	638773	290424	51585	36345
河北	1023172	1347632	1088529	417376	75692	73625
山西	592628	800249	615716	271600	54437	45783
内蒙古	542430	700870	586150	224460	42303	42920
辽宁	747239	1074752	879719	356569	51458	26378
吉林	367605	486494	351210	145035	30536	21265
黑龙江	881495	1127810	929827	312198	52329	49777
上海	827050	1331547	1075713	582433	80120	69351
江苏	1802857	2361325	1981119	796742	148034	193027
浙江	1421212	1772427	1480810	534520	102597	107369
安徽	648856	806843	612884	244140	47995	71004
福建	399511	472930	377018	137752	21058	50825
江西	305778	368633	276866	97833	16536	21095
山东	1678397	2073953	1560341	652626	111138	163225
河南	831546	969365	755145	284408	59951	114205
湖北	1156343	1567187	905946	537477	83642	92576
湖南	822305	1036242	814564	307559	51422	76000
广东	1241891	1501069	1143395	547166	85781	240079
广西	183089	206070	148589	45703	7958	18519
海南	24226	30839	22123	7230	1586	413
重庆	607733	718026	566217	194907	33469	72271
四川	1170909	1359551	979489	401615	75958	187047
贵州	123721	155001	120978	40935	7649	5018
云南	407952	566924	448531	204185	32885	36180
西藏	48043	57214	47907	20210	4762	9056
陕西	369973	479447	393586	164680	30558	44293
甘肃	322462	430748	356508	142909	20645	26643
青海	106422	128880	84485	35354	6224	9682
宁夏	116661	156066	132649	47069	8897	5191
新疆	387848	512274	407521	166665	29167	34813

2-B-2.76 各地区股份制总承包和专业承包企业负债及所有者权益

单位：万元

地 区	负债合计	流动负债	长期负债	所有者权益	#实收资本
全 国	**76125323**	**73123818**	**3001506**	**40366077**	**29769898**
北 京	7567797	7223358	344440	2620579	1944965
天 津	1942618	1852345	90274	769684	502662
河 北	2307822	2248129	59694	1860744	1400176
山 西	2031065	1943998	87067	850681	734181
内蒙古	1313516	1232330	81186	803316	622738
辽 宁	2528256	2468761	59495	1609143	1208142
吉 林	1183089	1160302	22787	598755	464832
黑龙江	1955145	1857819	97327	1360863	1210488
上 海	6277193	6047713	229481	2274972	1386238
江 苏	8827003	8591717	235287	3603508	2559168
浙 江	7373446	7136570	236876	3372857	2100110
安 徽	1694899	1613637	81263	1076721	805121
福 建	1511240	1469467	41772	860705	733831
江 西	617667	596321	21346	503659	445350
山 东	6220272	5964659	255614	3175596	2280146
河 南	1878090	1796588	81503	1303553	1064441
湖 北	3003144	2744444	258700	2367142	1626865
湖 南	1502613	1426780	75833	1402571	1143698
广 东	6238704	6046270	192434	2832946	1819796
广 西	400698	372425	28273	362595	293145
海 南	39878	37702	2175	84366	50355
重 庆	1382317	1291649	90668	1263309	1038419
四 川	2396930	2279362	117568	2345695	1785880
贵 州	351056	336386	14670	270506	218593
云 南	1438987	1373660	65327	678701	563839
西 藏	52328	52108	220	107619	89741
陕 西	1282140	1236785	45355	560719	469087
甘 肃	873257	836290	36967	492077	439362
青 海	172920	169279	3641	153747	147796
宁 夏	402163	396455	5708	174785	156589
新 疆	1359070	1320511	38559	623962	464143

2-B-2.77 各地区股份制总承包和专业承包企业实收资本

单位：万元

地区	合计	国家资本	集体资本	法人资本	个人资本	港澳台资本	外商资本
全国	**29769898**	**2829573**	**2173086**	**12626205**	**12098938**	**30826**	**11271**
北京	1944965	149378	101461	1305137	384829	560	3600
天津	502662	45073	23803	314626	116160	3000	
河北	1400176	96207	124463	468005	711501		
山西	734181	137002	40993	388331	167856		
内蒙古	622738	135682	79404	84255	323397		
辽宁	1208142	255235	94725	385170	472385	386	242
吉林	464832	60289	22671	211037	170539		296
黑龙江	1210488	170393	35615	498401	505930	149	
上海	1386238	207689	164961	684397	327209	1343	640
江苏	2559168	158184	146844	1010056	1238416	5169	500
浙江	2100110	85924	96649	747047	1170490		
安徽	805121	79039	59282	425466	241236	99	
福建	733831	56612	53601	183352	439764	503	
江西	445350	74857	27667	188338	153529	960	
山东	2280146	146083	219615	924451	984472	4443	1082
河南	1064441	93138	109620	441215	410868	9599	
湖北	1626865	173939	125196	809606	512956	619	4550
湖南	1143698	93618	112926	404449	532525	180	
广东	1819796	123270	126557	865940	702886	1142	
广西	293145	41986	29234	133821	87430	675	
海南	50355		513	27609	22233		
重庆	1038419	32891	61094	327936	615339	800	360
四川	1785880	147946	77784	670682	889468		
贵州	218593	32981	16564	85803	83246		
云南	563839	35749	54493	220443	253154		
西藏	89741	42224	5788	29888	11841		
陕西	469087	40169	46000	243222	139696		
甘肃	439362	40147	51482	178431	168703	600	
青海	147796	11674	2435	104186	29501		
宁夏	156589	14711	7351	68840	65688		
新疆	464143	47487	54297	196067	165692	600	

2-B-2.78 各地区股份制总承包和专业承包企业收入情况

单位：万元

地区	工程结算收入	工程结算成本	工程结算税金及附加	工程结算利润	经营费用	其他业务收入	#其他业务利润
全国	**118993911**	**106136926**	**3854855**	**8361729**	**640401**	**2890359**	**468239**
北京	8374810	7459332	250117	594784	70576	240406	41311
天津	3056704	2748579	74774	227711	5641	64385	5680
河北	4359648	3849490	147213	325203	37741	61499	13251
山西	3350470	3042290	102559	187445	18175	54909	7455
内蒙古	2385824	2082575	85750	210441	7059	45949	8529
辽宁	4485101	4004692	141463	314174	24772	66832	12374
吉林	1526884	1354684	53355	110865	7981	22193	6085
黑龙江	2631136	2353943	83288	185804	8101	26525	4800
上海	8706333	7911081	242766	517839	34646	260213	48936
江苏	12838589	11430273	428510	917154	62652	467092	64009
浙江	17658410	16095122	607628	921074	34586	225203	36174
安徽	3190657	2831595	106661	240948	11454	72808	5836
福建	2308287	2069212	82733	148005	8337	38040	9612
江西	1237790	1096943	44038	91438	5371	13921	2347
山东	7950047	6966948	247198	666019	69882	345411	49263
河南	3232685	2863256	103021	249385	17023	36868	7979
湖北	5126276	4515178	162589	396513	51996	205229	29905
湖南	3992434	3519530	147569	295172	30164	44716	10383
广东	7556812	6636368	259783	623409	37252	227904	47302
广西	728869	636714	26864	62253	3038	13243	4165
海南	79469	66010	2831	9780	848	152	31
重庆	2861075	2537191	98596	216300	8989	62068	6867
四川	4022191	3552860	130653	307386	31292	56624	8967
贵州	523975	454032	18149	45667	6127	12229	2870
云南	1459222	1293653	46895	109876	8798	35534	6777
西藏	109922	94349	2430	9607	3536	1249	137
陕西	1622945	1446112	46897	111064	18872	73022	7060
甘肃	1142857	1016525	32812	85786	7733	19068	5931
青海	241000	216864	7215	15823	1099	2841	594
宁夏	431031	388497	12609	28602	1323	11563	1541
新疆	1802460	1603028	57890	136202	5340	82665	12068

2-B-2.79 各地区股份制总承包和专业承包企业费用情况

单位：万元

地区	管理费用	#税金	#财产保险费	#差旅费	#工会经费	财务费用	#利息支出
全国	**5220934**	**162298**	**45232**	**228456**	**86232**	**523304**	**391909**
北京	449200	5911	1925	21427	4037	60621	55790
天津	131822	1948	597	5341	1469	10379	8893
河北	201402	8412	1959	8035	3534	14817	9650
山西	153517	3562	535	9239	1958	11996	10987
内蒙古	123376	7945	1558	4990	1679	15102	12848
辽宁	202488	5128	1110	7484	4081	10707	5764
吉林	90174	3006	554	3735	1213	4584	3805
黑龙江	155369	3524	684	7633	1751	12017	9374
上海	395620	4885	1348	12510	4303	8961	13074
江苏	574373	19278	4340	25334	12265	44620	27365
浙江	402379	13996	4965	22171	7200	63202	53057
安徽	159751	5947	1337	5984	11937	16519	11002
福建	91378	3988	720	3714	918	2399	2648
江西	63554	3388	1236	3202	551	5439	3617
山东	352885	16292	4788	14940	5438	57490	40765
河南	158784	5444	1256	6852	1953	16401	10922
湖北	255936	8963	3807	12394	4710	30268	20031
湖南	160864	7496	2320	6780	2488	23605	13906
广东	347531	9819	3122	11275	4417	33420	18266
广西	39472	1819	223	1535	443	2866	1071
海南	4889	86	8	447	22	147	25
重庆	123054	3492	1069	6067	1454	15650	12482
四川	205385	6642	2566	10384	2714	22576	13749
贵州	26088	614	176	1227	380	1265	1183
云南	75343	2298	516	3447	1327	9536	8105
西藏	3565	203	31	242	100	352	281
陕西	82114	2868	867	3413	1050	8765	5827
甘肃	58751	1834	620	2606	705	6225	6113
青海	12342	277	160	477	118	1230	822
宁夏	20649	600	117	691	333	2326	1401
新疆	98880	2638	721	4885	1688	9821	9088

2-B-2.80 各地区股份制总承包和专业承包企业利润及税金情况

单位：万元

地 区	利润总额	#应交所得税	税金总额	工程结算税金及附加	管理费用中的税金
全 国	**3399753**	**905044**	**4017153**	**3854855**	**162298**
北 京	165975	48020	256028	250117	5911
天 津	90847	29606	76722	74774	1948
河 北	133096	40470	155625	147213	8412
山 西	30534	8196	106122	102559	3562
内蒙古	82305	13480	93694	85750	7945
辽 宁	114537	39745	146592	141463	5128
吉 林	26190	10664	56361	53355	3006
黑龙江	27180	16597	86811	83288	3524
上 海	228667	37553	247651	242766	4885
江 苏	383966	114735	447788	428510	19278
浙 江	528244	151751	621624	607628	13996
安 徽	71690	15582	112608	106661	5947
福 建	65444	20120	86722	82733	3988
江 西	26807	7355	47426	44038	3388
山 东	317361	81496	263490	247198	16292
河 南	85430	18137	108465	103021	5444
湖 北	159350	33800	171552	162589	8963
湖 南	129345	32126	155065	147569	7496
广 东	337691	79475	269602	259783	9819
广 西	27437	7061	28683	26864	1819
海 南	5218	1437	2917	2831	86
重 庆	87691	25123	102087	98596	3492
四 川	104643	29721	137295	130653	6642
贵 州	24717	4671	18763	18149	614
云 南	35035	9763	49193	46895	2298
西 藏	7125	997	2632	2430	203
陕 西	24343	5308	49765	46897	2868
甘 肃	28780	7239	34646	32812	1834
青 海	2971	542	7491	7215	277
宁 夏	6338	2210	13208	12609	600
新 疆	40799	12065	60528	57890	2638

2-B-2.81 各地区外商投资总承包和专业承包企业签订合同情况

单位：万元

地区	合同总额	上年结转合同额	本年新签合同额
全国	**3016581**	**908338**	**2108243**
北京	444193	156886	287306
天津	64301	17821	46480
河北	4094	996	3098
山西	28137	14949	13188
内蒙古	2371	510	1861
辽宁	519574	259569	260004
吉林	29074	13200	15874
黑龙江	78264	3827	74437
上海	761137	127325	633812
江苏	346739	73152	273587
浙江	397618	94822	302797
安徽	17354	3160	14194
福建	55030	13793	41237
江西	3864	62	3802
山东	41071	6344	34727
河南	11289	614	10675
湖北	20600	4845	15755
湖南	2317	868	1449
广东	107036	62775	44261
广西	17629	1569	16060
海南	47452	46248	1204
重庆	1182	354	828
四川	13618	4275	9344
贵州			
云南	1837	197	1640
西藏			
陕西	20		20
甘肃	582	179	403
青海	200		200
宁夏			
新疆			

2-B-2.82 各地区外商投资总承包和专业承包企业承包工程完成情况

单位：万元

地 区	直接从建设单位承揽工程完成的产值	自行完成施工产值	分包出去工程的产值	从建设单位以外承揽工程完成的产值
全 国	**1962560**	**1800352**	**162208**	**224235**
北 京	269792	235891	33900	44184
天 津	53864	53864		
河 北	2455	2455		
山 西	10755	10755		228
内蒙古	1281	1281		
辽 宁	296486	296474	11	10703
吉 林	18036	18036		
黑龙江	42619	42619		305
上 海	467961	359860	108101	97682
江 苏	274551	264648	9903	21969
浙 江	263951	259573	4378	37746
安 徽	13007	12120	887	4410
福 建	45008	44963	46	1036
江 西	1555	1555		1204
山 东	37398	37074	324	996
河 南	10366	10366		
湖 北	14236	14236		408
湖 南	2317	2317		
广 东	75915	71257	4659	1830
广 西	9332	9332		
海 南	41425	41425		
重 庆	1565	1565		2
四 川	6317	6317		1345
贵 州				
云 南	1606	1606		65
西 藏				
陕 西	25	25		
甘 肃	738	738		
青 海				122
宁 夏				
新 疆				

2-B-2.83 各地区外商投资总承包和专业承包企业总产值和竣工产值

单位：万元

地区	建筑业总产值	#装饰装修产值	#在外省完成的产值	按构成分组			竣工产值
				建筑工程产值	安装工程产值	其他产值	
全国	**2024587**	**800867**	**597335**	**1571597**	**395998**	**56992**	**1361433**
北京	280075	163918	60362	222636	54707	2732	168932
天津	53864	7147	23201	38833	11780	3251	24840
河北	2455	1660				2455	2455
山西	10983	102		9538	1445		3636
内蒙古	1281	144		336	801	144	801
辽宁	307178	182912	29613	264301	40675	2202	163098
吉林	18036	100	2412	17936		100	19472
黑龙江	42924	1524	25930	42837		87	14119
上海	457542	170618	104238	334916	100800	21826	273696
江苏	286617	166157	71154	239588	44007	3022	268071
浙江	297319	17696	212681	234329	62869	121	228148
安徽	16530	2112	2642	8979	4722	2829	9775
福建	45998	4821	7861	32571	8520	4908	21026
江西	2760	317		2465	278	17	2520
山东	38070	2826	3595	21005	6225	10840	32245
河南	10366	536	9379	9672	158	536	10007
湖北	14644	9484	1108	13707	322	615	9751
湖南	2317	268		268	2049		
广东	73087	33376	12170	43113	29725	249	58594
广西	9332	832		9332			9285
海南	41425	31239	30991	16365	24891	169	31790
重庆	1566	1179		1566			556
四川	7662	1422		5181	1594	888	6565
贵州							
云南	1671			1671			1671
西藏							
陕西	25	25			25		25
甘肃	738	332		332	406		356
青海	122	122		122			
宁夏							
新疆							

2-B-2.84 各地区外商投资总承包和专业承包企业房屋建筑面积

地 区	房屋建筑施工面积（万平方米）	#本年新开工	#实行投标承包面积	#本年新开工	房屋建筑竣工面积（万平方米）	房屋建筑面积竣工率（%）
全 国	**1339.7**	**1130.9**	**1083.1**	**593.9**	**544.0**	**40.6**
北 京	54.8	22.2	39.2	22.2	19.7	35.9
天 津	55.3	38.2	6.6	4.9	20.2	36.6
河 北						
山 西	31.3	21.6	22.3	12.6	4.9	15.5
内蒙古						
辽 宁	72.9	55.8	55.7	40.5	56.3	77.2
吉 林	25.6	25.6	25.6	25.6	25.6	100.0
黑龙江						
上 海	92.6	78.1	70.9	70.5	41.1	44.4
江 苏	55.0	29.3	44.3	28.4	39.3	71.3
浙 江	833.5	792.9	773.0	360.0	265.3	31.8
安 徽	9.0	5.8	5.8	5.3	5.0	55.6
福 建	56.7	27.9	5.2	5.2	27.9	49.2
江 西	2.1	2.1	1.3	1.3	2.1	99.0
山 东	16.9	11.6	11.2	9.6	13.7	80.7
河 南						
湖 北	13.6	8.9	11.1	5.7	10.3	75.5
湖 南						
广 东						
广 西	10.6	8.7	8.7		10.6	100.0
海 南	6.4					
重 庆	1.2	0.1	0.1	0.1	1.0	87.6
四 川	2.0	2.0	2.0	2.0	1.0	50.0
贵 州						
云 南	0.1	0.1	0.1	0.1	0.1	100.0
西 藏						
陕 西						
甘 肃						
青 海						
宁 夏						
新 疆						

2-B-2.85 各地区按主要用途分的外商投资总承包和专业承包企业房屋建筑竣工面积

单位：万平方米

地区	合计	厂房、仓库	住宅	办公用房	批发和零售用房	住宿和餐饮用房
全国	**544.0**	**331.1**	**135.9**	**17.6**	**7.9**	**4.2**
北京	19.7	5.5		0.5		
天津	20.2	18.6				
河北						
山西	4.9	1.1	2.2	1.3		
内蒙古						
辽宁	56.3	14.2	17.0	2.4	7.1	0.6
吉林	25.6	0.3	20.2			1.1
黑龙江						
上海	41.1	34.1	5.2	0.2		0.5
江苏	39.3	14.3	23.2	0.7		0.3
浙江	265.3	229.5	24.2	0.2	0.5	1.6
安徽	5.0	1.2	1.9	1.1		
福建	27.9	3.6	20.3	4.0		
江西	2.1		1.2	0.5		
山东	13.7	8.7	4.2	0.3		
河南						
湖北	10.3		4.0	6.2		
湖南						
广东						
广西	10.6		10.6			
海南						
重庆	1.0		1.0			
四川	1.0		0.6	0.1	0.3	
贵州						
云南	0.1					
西藏						
陕西						
甘肃						
青海						
宁夏						
新疆						

2-B-2.85 续表 单位：万平方米

地 区	居民服务业用 房	教育用房	文化、体育和娱乐用房	卫生医疗用房	科研用房	其他用房
全 国	**3.9**	**15.3**	**1.9**	**11.1**	**0.2**	**14.9**
北 京			1.0	10.1	0.2	2.4
天 津						1.6
河 北						
山 西			0.1	0.3		
内蒙古						
辽 宁		11.0		0.7		3.3
吉 林	3.9	0.1				
黑龙江						
上 海		1.1				
江 苏		0.5				0.1
浙 江		1.7	0.4			7.1
安 徽		0.4				0.3
福 建						
江 西		0.3				
山 东			0.4			
河 南						
湖 北						
湖 南						
广 东						
广 西						
海 南						
重 庆						
四 川						
贵 州						
云 南						
西 藏						
陕 西						
甘 肃						
青 海						
宁 夏						
新 疆						

2-B-2.86 各地区按主要用途分的外商投资总承包和专业承包企业房屋建筑竣工价值

单位：万元

地区	合计	厂房、仓库	住宅	办公用房	批发和零售用房	住宿和餐饮用房
全国	**479754**	**266467**	**127909**	**14507**	**2319**	**5294**
北京	45297	12860		1422		
天津	13174	10538				
河北						
山西	3534	521	1210	1268		
内蒙古						
辽宁	44605	15915	10955	1819	1870	477
吉林	17060	66	12254			700
黑龙江						
上海	49150	42496	3854	328		742
江苏	63012	17033	43899	482		372
浙江	196322	158044	27528	144	324	3000
安徽	3728	1058	1271	957		
福建	16095	3451	11244	1400		
江西	960		547	250		
山东	10233	4485	4716	489		
河南						
湖北	7591		1703	5888		
湖南						
广东						
广西	8100		8100			
海南						
重庆	387		387			
四川	410		240	36	125	
贵州						
云南	94			24		3
西藏						
陕西						
甘肃						
青海						
宁夏						
新疆						

2-B-2.86 续表 单位：万元

地区	居民服务业用房	教育用房	文化、体育和娱乐用房	卫生医疗用房	科研用房	其他用房
全国	**3940**	**13753**	**2579**	**29120**	**219**	**13647**
北京			1546	28209	150	1110
天津						2636
河北						
山西			150	386		
内蒙古						
辽宁		9694		525		3350
吉林	3940	100				
黑龙江						
上海		1730				
江苏		1022			69	136
浙江		739	349			6195
安徽		252				190
福建						
江西		143				20
山东		8	534			
河南						
湖北						
湖南						
广东						
广西						
海南						
重庆						
四川						9
贵州						
云南		65				2
西藏						
陕西						
甘肃						
青海						
宁夏						
新疆						

2-B-2.87 各地区外商投资总承包和专业承包企业施工机械设备情况

地区	年末自有施工机械设备总台数(台)	年末自有施工机械设备总功率(千瓦)	年末自有施工机械设备净值(万元)	技术装备率(元/人)	动力装备率(千瓦/人)
全国	**36248**	**323798**	**118799**	**14630**	**4.0**
北京	6698	22708	7293	11242	3.5
天津	2115	7665	2883	18980	5.0
河北	1288	1085	609	20846	3.7
山西	82	780	191	2346	1.0
内蒙古	107	1470	232	13488	8.5
辽宁	3401	43193	19425	15702	3.5
吉林	343	13175	198	1425	9.5
黑龙江	880	42467	9235	29723	13.7
上海	2896	47693	40810	57961	6.8
江苏	2917	13929	6041	6957	1.6
浙江	2220	31179	4759	3132	2.1
安徽	782	7261	1371	4789	2.5
福建	943	6435	2577	13041	3.3
江西	165	1767	154	2489	2.9
山东	1233	22709	7482	16226	4.9
河南	56	346	263	5857	0.8
湖北	2797	7947	2127	11324	4.2
湖南	30	682	124	3547	2.0
广东	2757	29845	7500	9998	4.0
广西	1872	5808	1702	11102	3.8
海南	293	5519	362	5472	8.3
重庆	987	1037	763	30024	4.1
四川	981	4879	428	4396	5.0
贵州					
云南	75	3407	1568	72588	15.8
西藏					
陕西					
甘肃	304	592	661	33211	3.0
青海	26	220	45	12500	6.1
宁夏					
新疆					

2-B-2.88 各地区外商投资总承包和专业承包企业营业额

单位：万元

地区	企业营业额	在境外完成的营业额	企业总产值	#建筑业总产值
全　国	**2173192**	**3412**	**2169780**	**2024587**
北　京	293120		293120	280075
天　津	53864		53864	53864
河　北	2455		2455	2455
山　西	10983		10983	10983
内蒙古	2341		2341	1281
辽　宁	308534		308534	307178
吉　林	20448	2412	18036	18036
黑龙江	42924		42924	42924
上　海	538017		538017	457542
江　苏	301586		301586	286617
浙　江	307339		307339	297319
安　徽	18466		18466	16530
福　建	48639		48639	45998
江　西	2760		2760	2760
山　东	39703		39703	38070
河　南	12368		12368	10366
湖　北	14644		14644	14644
湖　南	2339		2339	2317
广　东	89600	999	88601	73087
广　西	9332		9332	9332
海　南	41425		41425	41425
重　庆	1566		1566	1566
四　川	7663		7662	7662
贵　州				
云　南	2102		2102	1671
西　藏				
陕　西	25		25	25
甘　肃	738		738	738
青　海	212		212	122
宁　夏				
新　疆				

2-B-2.89 各地区外商投资总承包和专业承包企业资产构成

单位：万元

地区	资产合计	#流动资产小计	#长期投资	#固定资产小计	#无形及递延资产
全国	**1995935**	**1620223**	**30287**	**301622**	**40177**
北京	277610	244753	5790	25742	847
天津	83629	75987		6299	1342
河北	6520	4334	750	1436	
山西	8542	7493	856	192	1
内蒙古	3907	2883	422	491	111
辽宁	260978	198918	673	47641	13048
吉林	14565	7181		7354	
黑龙江	43123	30057	1830	11014	184
上海	469721	388313	6691	73321	1291
江苏	219508	189636	2676	24118	3038
浙江	184043	154419	1165	26214	1988
安徽	18960	14774	706	2936	535
福建	46260	34351	1849	8794	1262
江西	4936	2440		2308	189
山东	76139	46905	2058	24590	2528
河南	11134	9536	240	1349	1
湖北	23044	15505	1489	3605	1837
湖南	1869	1635		233	
广东	127026	101562	841	22529	1758
广西	10363	7228		3107	28
海南	54942	44880		621	9442
重庆	5588	3612	25	1949	2
四川	37440	30860	2105	2828	688
贵州					
云南	2500	932		1568	
西藏					
陕西	507	233		274	
甘肃	2898	1706	70	1064	58
青海	184	88	50	46	
宁夏					
新疆					

2-B-2.90 各地区外商投资总承包和专业承包企业流动资产、无形及递延资产

单位：万元

地区	流动资产	#存货	无形及递延资产	#无形资产
全国	**1620223**	**360789**	**40177**	**37271**
北京	244753	55694	847	112
天津	75987	37342	1342	1322
河北	4334	778		
山西	7493	73	1	1
内蒙古	2883	263	111	111
辽宁	198918	36658	13048	12489
吉林	7181	2257		
黑龙江	30057	6020	184	184
上海	388313	58643	1291	1173
江苏	189636	49094	3038	2861
浙江	154419	24046	1988	1982
安徽	14774	2058	535	509
福建	34351	4618	1262	1248
江西	2440	671	189	110
山东	46905	10979	2528	2381
河南	9536	3370	1	1
湖北	15505	1683	1837	1835
湖南	1635	88		
广东	101562	33317	1758	779
广西	7228	2565	28	
海南	44880	26539	9442	9442
重庆	3612	570	2	
四川	30860	3112	688	675
贵州				
云南	932	20		
西藏				
陕西	233	32		
甘肃	1706	243	58	58
青海	88	56		
宁夏				
新疆				

2-B-2.91 各地区外商投资总承包和专业承包企业固定资产情况

单位：万元

地 区	固定资产小计	固定资产原价	#生产经营用	固定资产折旧	#本年折旧	在建工程
全 国	**301622**	**406245**	**290417**	**131028**	**24235**	**17766**
北 京	25742	33842	17282	12191	1989	4066
天 津	6299	9416	5337	4237	582	1035
河 北	1436	1618	810	772	113	591
山 西	192	435	274	243	30	
内蒙古	491	681	390	388	97	198
辽 宁	47641	65851	45262	20946	2949	2693
吉 林	7354	8756	2359	1630	535	
黑龙江	11014	20534	18166	9646	938	126
上 海	73321	95309	75859	25212	6624	1116
江 苏	24118	24382	16411	5996	1518	3990
浙 江	26214	35213	32604	9570	2364	567
安 徽	2936	3480	3018	1145	198	597
福 建	8794	8271	3971	3498	575	375
江 西	2308	3806	3693	1674	227	176
山 东	24590	36483	28879	12230	2655	152
河 南	1349	2663	1194	1320	188	
湖 北	3605	5078	1331	1606	315	133
湖 南	233	310	143	155	67	78
广 东	22529	35509	22994	14568	1615	1476
广 西	3107	3360	2768	253	47	
海 南	621	994	371	381	80	
重 庆	1949	3062	1762	1113	104	
四 川	2828	4059	2773	1675	179	328
贵 州						
云 南	1568	1489	1202	250	142	
西 藏						
陕 西	274	295	295	21	21	
甘 肃	1064	1260	1224	268	76	72
青 海	46	89	45	43	8	
宁 夏						
新 疆						

2-B-2.92 各地区外商投资总承包和专业承包企业负债及所有者权益

单位：万元

地区	负债合计	流动负债	长期负债	所有者权益	#实收资本
全国	**1284812**	**1251094**	**33719**	**711123**	**574027**
北京	193788	191479	2309	83822	81310
天津	60512	60497	15	23117	19662
河北	2738	2738		3783	3074
山西	7037	7037		1505	1759
内蒙古	2035	2035		1871	1772
辽宁	140811	134169	6642	120167	92052
吉林	5028	5028		9537	9112
黑龙江	17094	17094		26030	16693
上海	323486	302860	20626	146235	122599
江苏	137438	136588	850	82070	51744
浙江	147848	147658	190	36196	23775
安徽	10240	10240		8720	7096
福建	26421	26421		19840	17874
江西	1235	1235		3701	3689
山东	43260	42380	880	32879	32855
河南	6514	6514		4620	4795
湖北	7265	6849	417	15779	15466
湖南	754	754		1115	2007
广东	80088	78296	1792	46938	34811
广西	811	811		9552	3861
海南	36995	36995		17947	12448
重庆	3753	3753		1834	3179
四川	27581	27581		9859	8150
贵州					
云南	465	465		2035	2035
西藏					
陕西	65	65		442	442
甘肃	1426	1426		1472	1714
青海	125	125		59	56
宁夏					
新疆					

2-B-2.93 各地区外商投资总承包和专业承包企业实收资本

单位：万元

地区	合计	国家资本	集体资本	法人资本	个人资本	港澳台资本	外商资本
全国	**574027**	**15488**	**15549**	**172559**	**26880**	**14130**	**329421**
北京	81310	4261	2607	31355	248	1406	41432
天津	19662	1874		6091			11696
河北	3074			2318			756
山西	1759	25		510	71		1152
内蒙古	1772			1504			268
辽宁	92052	6257	2610	30897	10443	623	41222
吉林	9112	329		1000		1430	6353
黑龙江	16693			8197	26	2911	5559
上海	122599	795	2516	29154	1037	749	88348
江苏	51744	1110	668	16460	4282	382	28841
浙江	23775		2830	10189	667	1617	8473
安徽	7096	236	508	2384	42		3927
福建	17874	120	258	3630	39	110	13717
江西	3689			1237	169		2283
山东	32855	241	3356	10501	488	34	18235
河南	4795	92		1313	1415		1975
湖北	15466		184	2099	2284	298	10600
湖南	2007						2007
广东	34811	50	13	6709	2339	4570	21130
广西	3861			1449	375		2037
海南	12448			375			12073
重庆	3179	99		534			2546
四川	8150			4397	618		3135
贵州							
云南	2035				2000		35
西藏							
陕西	442				317		125
甘肃	1714			255	21		1438
青海	56						56
宁夏							
新疆							

2-B-2.94 各地区外商投资总承包和专业承包企业收入情况

单位：万元

地 区	工程结算收入	工程结算成本	工程结算税金及附加	工程结算利润	经营费用	其他业务收入	#其他业务利润
全 国	**2045042**	**1768321**	**49960**	**207435**	**19327**	**57039**	**8538**
北 京	326145	289438	8140	27508	1060	1094	386
天 津	43929	38099	888	4743	200	495	163
河 北	2455	1963	72	415	6		
山 西	6361	5946	192	185	38	60	51
内蒙古	1526	940	108	476	2		
辽 宁	284295	233031	7440	40401	3422	1182	698
吉 林	15602	14368	572	642	21		
黑龙江	41784	36978	1266	3507	33		
上 海	527635	457738	13221	51591	5086	9213	2826
江 苏	225345	194092	6054	21616	3583	422	294
浙 江	259855	236285	3674	17539	2358	35336	904
安 徽	13286	10603	304	2276	103	820	83
福 建	52559	46398	774	5273	114	188	86
江 西	3098	2632	68	396	1		
山 东	37491	29825	1071	5931	664	574	183
河 南	12382	10572	387	1354	70		
湖 北	12412	11125	384	817	85	65	61
湖 南	2317	1916	83	282	37	28	12
广 东	112802	94579	3255	13219	1750	7490	2734
广 西	9305	8393	283	579	49	7	5
海 南	43013	33308	1280	7802	622	23	13
重 庆	1236	1134	118	-17	1	1	
四 川	9059	7958	291	788	21		
贵 州							
云 南	350	226	12	112			
西 藏							
陕 西	25	24			1		
甘 肃	565	565	17	-19	2	41	41
青 海	212	187	6	19			
宁 夏							
新 疆							

2-B-2.95 各地区外商投资总承包和专业承包企业费用情况

单位：万元

地 区	管理费用	#税 金	#财产保险费	#差旅费	#工会经费	财务费用	#利息支出
全 国	**125936**	**1675**	**545**	**8690**	**1257**	**12007**	**7830**
北 京	24636	181	80	1492	130	226	126
天 津	4754	117	5	190	40	217	149
河 北	329		6	14		57	5
山 西	352	1		14		-24	
内蒙古	360	12		2	9	-2	-2
辽 宁	14473	160	68	805	258	2129	496
吉 林	696	27	16	13		38	24
黑龙江	2972	5		20	84	70	48
上 海	31821	292	71	1612	112	2761	2517
江 苏	15110	268	64	903	55	1177	258
浙 江	6441	167	77	1895	390	2994	2572
安 徽	949	36	3	136	27	104	98
福 建	2797	60	11	186	9	232	114
江 西	339	2	7	12		18	
山 东	4774	79	86	228	53	544	236
河 南	1075	5	17	350	5	216	196
湖 北	569	105	4	52	7	174	25
湖 南	313			79	3	-2	-2
广 东	9830	134	24	541	64	962	960
广 西	360						
海 南	1752	23		62	3	-2	-4
重 庆	205			9		19	
四 川	795	2	4	65	9	82	-5
贵 州							
云 南	35	1	4	2		11	11
西 藏							
陕 西	13						
甘 肃	169			8		8	8
青 海	20						
宁 夏							
新 疆							

2-B-2.96 各地区外商投资总承包和专业承包企业利润及税金情况

单位：万元

地 区	利润总额	#应交所得税	税金总额	工程结算税金及附加	管理费用中的税金
全 国	**76430**	**16175**	**51635**	**49960**	**1675**
北 京	877	2488	8321	8140	181
天 津	-155	140	1005	888	117
河 北	70	30	72	72	
山 西	-36	1	193	192	1
内蒙古	118	3	120	108	12
辽 宁	24983	1433	7600	7440	160
吉 林	-93	18	599	572	27
黑龙江	463	95	1271	1266	5
上 海	20526	5149	13513	13221	292
江 苏	5040	2672	6322	6054	268
浙 江	9007	1401	3840	3674	167
安 徽	1185	416	340	304	36
福 建	2267	427	834	774	60
江 西	40	15	70	68	2
山 东	968	310	1151	1071	79
河 南	58	6	392	387	5
湖 北	153	26	489	384	105
湖 南	-18	9	83	83	
广 东	5132	422	3388	3255	134
广 西	223	127	283	283	
海 南	6017	969	1303	1280	23
重 庆	-248	2	118	118	
四 川	-43	7	293	291	2
贵 州					
云 南	67	5	12	12	1
西 藏					
陕 西	-12				
甘 肃	-159	6	17	17	
青 海	-1		6	6	
宁 夏					
新 疆					

2-B-2.97 各地区港澳台商投资总承包和专业承包企业签订合同情况

单位：万元

地区	合同总额	上年结转合同额	本年新签合同额
全国	**1701086**	**500534**	**1200552**
北京	213582	48874	164708
天津	49589	10484	39105
河北	12105	112	11993
山西	23598	11376	12223
内蒙古			
辽宁	53173	11701	41472
吉林	7088	2113	4976
黑龙江	4341	2224	2117
上海	388648	89006	299643
江苏	161785	32438	129347
浙江	97345	25646	71699
安徽	14280	4978	9302
福建	107399	26720	80679
江西	21748	14981	6767
山东	71928	10938	60989
河南	7139	2146	4993
湖北	17607	3783	13824
湖南	22767	4498	18268
广东	387972	193287	194685
广西	1691	42	1650
海南			
重庆	22150	2994	19156
四川	11362	1272	10090
贵州	428	427	1
云南	871	265	606
西藏	28		28
陕西			
甘肃	266	201	66
青海	1303		1303
宁夏	173		173
新疆	720	29	691

2-B-2.98 各地区港澳台商投资总承包和专业承包企业承包工程完成情况

单位：万元

地区	直接从建设单位承揽工程完成的产值	自行完成施工产值	分包出去工程的产值	从建设单位以外承揽工程完成的产值
全国	**1206622**	**1138643**	**67979**	**231667**
北京	135777	130423	5354	21722
天津	25507	23294	2213	53092
河北	12046	12046		
山西	21117	21117		1201
内蒙古				
辽宁	45852	45852		54
吉林	15117	15117		94
黑龙江	4579	4579		
上海	253983	228528	25455	89322
江苏	143626	143475	152	7721
浙江	68522	68522		1337
安徽	9548	9548		3748
福建	59438	59438		886
江西	15251	15251		
山东	71565	71085	480	1942
河南	6300	6300		84
湖北	12653	11700	953	953
湖南	14755	14255	500	3640
广东	250281	217409	32873	44704
广西	1303	1303		
海南				
重庆	20924	20924		380
四川	9714	9714		720
贵州	294	294		69
云南	4576	4576		
西藏	28	28		
陕西				
甘肃	266	266		
青海	1217	1217		
宁夏	923	923		
新疆	1461	1461		

2-B-2.99 各地区港澳台商投资总承包和专业承包企业总产值和竣工产值

单位：万元

地区	建筑业总产值	#装饰装修产值	#在外省完成的产值	按构成分组			竣工产值
				建筑工程产值	安装工程产值	其他产值	
全国	**1370310**	**648182**	**147083**	**962601**	**316804**	**90905**	**880083**
北京	152145	101275	18760	111058	35613	5474	114995
天津	76386	18094	789	19045	55635	1706	19649
河北	12046	7580	3113	9008	1045	1993	10475
山西	22317	6440	7002	20717	182	1418	16070
内蒙古							
辽宁	45905	35162	15836	37347	8558		29519
吉林	15211	5581		5477	9630	104	5521
黑龙江	4579	4573	610	4541		38	
上海	317849	206387	35657	240390	43767	33692	203704
江苏	151195	59146	10412	111276	27872	12048	126772
浙江	69859	8605	2821	54996	14863		52176
安徽	13296	983	10365	11726	1570		8131
福建	60324	34308	7229	51519	4017	4789	38757
江西	15251	1663		10078	3589	1585	10205
山东	73027	16043	1276	65070	6888	1069	49347
河南	6384	1857	308	1438	4129	817	6361
湖北	12653	6701	2091	5527	7057	69	1693
湖南	17894	6986	852	16691	374	830	5233
广东	262113	99807	28900	154168	84264	23681	162316
广西	1303	820		984		319	960
海南							
重庆	21304	20746		20651	558	95	7774
四川	10434	2268	935	7571	1813	1050	4264
贵州	363	199	129	294		69	115
云南	4576	552		552	4024		4338
西藏	28			28			28
陕西							
甘肃	266	215		198	7	62	204
青海	1217	1160		1217			
宁夏	923	923		923			173
新疆	1461	111		111	1350		1305

2-B-2.100 各地区港澳台商投资总承包和专业承包企业房屋建筑面积

地区	房屋建筑施工面积（万平方米）	#本年新开工	#实行投标承包面积	#本年新开工	房屋建筑竣工面积（万平方米）	房屋建筑面积竣工率（%）
全国	**537.0**	**308.4**	**430.7**	**267.0**	**220.0**	**41.0**
北京	53.6	24.2	24.2	24.2	18.4	34.3
天津	6.2	5.1				
河北	3.2	3.2	3.2	3.2	3.2	100.0
山西	7.9	7.9			7.9	100.0
内蒙古						
辽宁	2.7	2.7	2.7	2.7	2.6	95.6
吉林						
黑龙江						
上海	56.2	40.6	39.6	39.6	43.3	77.1
江苏	17.2	15.3	14.5	11.1	15.7	91.5
浙江	20.0	13.4	7.5	7.5	12.0	60.1
安徽	9.8	2.9	9.2	2.5	9.8	100.0
福建	37.2	23.9	37.1	23.9	13.7	36.8
江西	13.0		13.0		10.0	76.9
山东	28.7	22.5	27.5	20.9	26.8	93.4
河南						
湖北	0.4	0.4			0.2	44.4
湖南	20.3	18.9	8.6	7.2	5.0	24.7
广东	252.0	119.1	235.4	117.4	50.9	20.2
广西	1.5	1.5	1.5			
海南						
重庆						
四川	5.9	5.4	5.4	5.4	0.4	7.6
贵州						
云南						
西藏						
陕西						
甘肃						
青海	1.4	1.4	1.4	1.4		
宁夏						
新疆						

2-B-2.101 各地区按主要用途分的港澳台商投资总承包和专业承包企业房屋建筑竣工面积

单位：万平方米

地区	合计	厂房、仓库	住宅	办公用房	批发和零售用房	住宿和餐饮用房
全国	**220.0**	**94.2**	**87.1**	**14.9**	**2.1**	**4.1**
北京	18.4	1.4	6.6	10.4		
天津						
河北	3.2	0.6	2.2	0.4		
山西	7.9		7.9			
内蒙古						
辽宁	2.6	2.6				
吉林						
黑龙江						
上海	43.3	30.7	10.6	0.8	0.6	
江苏	15.7	13.0	2.4	0.4		
浙江	12.0	6.3	2.3	0.2		3.3
安徽	9.8	6.8	2.5	0.5		
福建	13.7	0.9	11.5			0.8
江西	10.0		10.0			
山东	26.8	22.0	4.3		0.4	
河南						
湖北	0.2			0.2		
湖南	5.0	1.3	0.7			
广东	50.9	8.7	25.9	1.6	1.1	
广西						
海南						
重庆						
四川	0.4			0.4		
贵州						
云南						
西藏						
陕西						
甘肃						
青海						
宁夏						
新疆						

2-B-2.101 续表 单位：万平方米

地 区	居民服务业用 房	教育用房	文化、体育和娱乐用房	卫生医疗用房	科研用房	其他用房
全 国	**0.1**	**0.6**	**0.1**	**0.3**	**6.8**	**9.8**
北 京						
天 津						
河 北						
山 西						
内蒙古						
辽 宁						
吉 林						
黑龙江						
上 海						0.5
江 苏						
浙 江						
安 徽						
福 建		0.1		0.3		
江 西						
山 东						0.1
河 南						
湖 北						
湖 南			0.1			2.9
广 东	0.1	0.5			6.8	6.2
广 西						
海 南						
重 庆						
四 川						
贵 州						
云 南						
西 藏						
陕 西						
甘 肃						
青 海						
宁 夏						
新 疆						

2-B-2.102 各地区按主要用途分的港澳台商投资总承包和专业承包企业房屋建筑竣工价值

单位：万元

地 区	合 计	厂房、仓库	住 宅	办公用房	批发和零售用房	住宿和餐饮用房
全 国	**180220**	**46924**	**82282**	**23363**	**3594**	**6778**
北 京	31988	2582	11090	18317		
天 津						
河 北	1880	300	1320	260		
山 西	6101		6101			
内蒙古						
辽 宁	867	867				
吉 林						
黑龙江						
上 海	24025	8992	12872	283	1153	
江 苏	11916	5589	2372	1522	1000	
浙 江	9222	1922	1200	100		6000
安 徽	7934	6734	1000	200		
福 建	14023	620	10962			778
江 西	7000		7000			
山 东	17941	15049	2592		270	
河 南						
湖 北	39			39		
湖 南	1703	570	360			
广 东	45289	3699	25415	2350	1171	
广 西						
海 南						
重 庆						
四 川	292			292		
贵 州						
云 南						
西 藏						
陕 西						
甘 肃						
青 海						
宁 夏						
新 疆						

2-B-2.102 续表 单位：万元

地　区	居民服务业用　房	教育用房	文化、体育和娱乐用房	卫生医疗用房	科研用房	其他用房
全　国	**113**	**1888**	**608**	**345**	**5922**	**8403**
北　京						
天　津						
河　北						
山　西						
内蒙古						
辽　宁						
吉　林						
黑龙江						
上　海			55			670
江　苏			500			933
浙　江						
安　徽						
福　建		1318		345		
江　西						
山　东						30
河　南						
湖　北						
湖　南			53			720
广　东	113	570			5922	6050
广　西						
海　南						
重　庆						
四　川						
贵　州						
云　南						
西　藏						
陕　西						
甘　肃						
青　海						
宁　夏						
新　疆						

2-B-2.103 各地区港澳台商投资总承包和专业承包企业施工机械设备情况

地区	年末自有施工机械设备总台数(台)	年末自有施工机械设备总功率(千瓦)	年末自有施工机械设备净值(万元)	技术装备率(元/人)	动力装备率(千瓦/人)
全国	**38506**	**318658**	**66595**	**9775**	**4.7**
北京	5422	20699	2753	4122	3.1
天津	1105	3472	1238	6535	1.8
河北	306	9608	935	11448	11.8
山西	1628	34790	1773	10292	20.2
内蒙古					
辽宁	1450	8681	3090	9592	2.7
吉林	338	2174	287	2673	2.0
黑龙江	100	467	210	3670	0.8
上海	4386	17313	9351	9641	1.8
江苏	4920	52954	14767	17768	6.4
浙江	967	19048	2523	5701	4.3
安徽	368	4008	1498	11925	3.2
福建	3676	12093	2142	4438	2.5
江西	498	9389	4289	18439	4.0
山东	2520	34093	6351	13522	7.3
河南	508	5597	578	12500	12.1
湖北	1599	4308	1913	25995	5.9
湖南	437	7641	2009	7801	3.0
广东	6243	59853	8607	8578	6.0
广西	23	48	50	1466	0.1
海南					
重庆	983	1052	630	7792	1.3
四川	298	1386	317	4080	1.8
贵州	18	294	232	55262	7.0
云南	53	1393	66	5946	12.5
西藏	1	246	420	120000	7.0
陕西					
甘肃	520	4572	382	20428	24.4
青海	44	420	22	1280	2.4
宁夏	26	49	25	1531	0.3
新疆	69	3010	139	8528	18.5

2-B-2.104 各地区港澳台商投资总承包和专业承包企业营业额

单位：万元

地区	企业营业额	在境外完成的营业额	企业总产值	#建筑业总产值
全国	**1436181**	**14969**	**1421213**	**1370310**
北京	155896	1924	153972	152145
天津	76682		76682	76386
河北	12046		12046	12046
山西	27117		27117	22317
内蒙古				
辽宁	46293		46293	45905
吉林	15211		15211	15211
黑龙江	4579		4579	4579
上海	333682		333682	317849
江苏	158246	5175	153071	151195
浙江	71083		71083	69859
安徽	13310		13310	13296
福建	60338		60338	60324
江西	15251		15251	15251
山东	77218		77218	73027
河南	6384		6384	6384
湖北	12653		12653	12653
湖南	17894		17894	17894
广东	290232	7870	282362	262113
广西	1303		1303	1303
海南				
重庆	21317		21317	21304
四川	10434		10434	10434
贵州	363		363	363
云南	4576		4576	4576
西藏	28		28	28
陕西				
甘肃	266		266	266
青海	1217		1217	1217
宁夏	923		923	923
新疆	1640		1640	1461

2-B-2.105 各地区港澳台商投资总承包和专业承包企业资产构成

单位：万元

地区	资产合计	#流动资产小计	#长期投资	#固定资产小计	#无形及递延资产
全国	**1775264**	**1483424**	**22764**	**225020**	**41649**
北京	215558	189742	919	11229	13210
天津	80171	64002	30	10548	5470
河北	8983	6771		1798	415
山西	34911	26556	13	8338	5
内蒙古					
辽宁	81077	53532	75	26445	952
吉林	26231	23659	81	1884	607
黑龙江	8121	5990		2129	2
上海	347150	316233	7155	22664	769
江苏	196522	156729	1646	35810	2287
浙江	47643	38722	1845	5942	1090
安徽	10957	7727		2790	421
福建	80010	69270	2412	6912	1394
江西	27216	21776	513	4857	46
山东	82257	61797	1607	18161	654
河南	12805	10831		1938	20
湖北	21131	16963	101	3956	104
湖南	30838	24734	266	2263	3576
广东	405686	340493	3396	50487	10250
广西	3192	3127		65	
海南					
重庆	9546	7874	73	1599	
四川	13669	9501	1357	2464	266
贵州	5685	4974	334	377	
云南	13709	13573	3	125	
西藏	1028	594		434	
陕西					
甘肃	3969	2529	894	497	
青海	1693	1307	1	384	
宁夏	401	371		30	
新疆	5104	4048	45	897	114

2-B-2.106 各地区港澳台商投资总承包和专业承包企业流动资产、无形及递延资产

单位：万元

地　区	流动资产	#存　货	无形及递延资产	#无形资产
全　国	**1483424**	**389035**	**41649**	**39354**
北　京	189742	39546	13210	13041
天　津	64002	16545	5470	5359
河　北	6771	2931	415	412
山　西	26556	5346	5	
内蒙古				
辽　宁	53532	4802	952	448
吉　林	23659	768	607	607
黑龙江	5990	1195	2	
上　海	316233	99765	769	506
江　苏	156729	38495	2287	2199
浙　江	38722	11211	1090	999
安　徽	7727	962	421	420
福　建	69270	20244	1394	758
江　西	21776	11140	46	46
山　东	61797	11411	654	647
河　南	10831	2226	20	10
湖　北	16963	2740	104	
湖　南	24734	2684	3576	3576
广　东	340493	108650	10250	10002
广　西	3127	67		
海　南				
重　庆	7874	1076		
四　川	9501	2923	266	210
贵　州	4974	473		
云　南	13573	1568		
西　藏	594			
陕　西				
甘　肃	2529	1545		
青　海	1307	416		
宁　夏	371			
新　疆	4048	307	114	114

2-B-2.107 各地区港澳台商投资总承包和专业承包企业固定资产情况

单位：万元

地 区	固定资产小计	固定资产原价	#生产经营用	固定资产折旧	#本年折旧	在建工程
全 国	**225020**	**337614**	**230717**	**129461**	**17814**	**12444**
北 京	11229	22241	14348	12213	1202	1153
天 津	10548	13324	8880	5007	1230	2175
河 北	1798	2609	2266	974	173	95
山 西	8338	10537	8651	3689	901	188
内蒙古						
辽 宁	26445	31042	9307	5027	545	430
吉 林	1884	2710	842	900	213	
黑龙江	2129	2390	2352	295	53	34
上 海	22664	44826	33318	23569	2408	1273
江 苏	35810	52660	40340	18269	3039	709
浙 江	5942	9399	8400	3911	568	94
安 徽	2790	4480	1723	1741	226	
福 建	6912	11179	8367	5420	807	744
江 西	4857	7311	7097	2454	562	
山 东	18161	29539	14513	12827	1798	1228
河 南	1938	2904	2635	1009	231	43
湖 北	3956	5627	4254	2315	206	623
湖 南	2263	3969	3597	1796	201	
广 东	50487	69689	52854	23671	2989	3588
广 西	65	124	124	69	1	10
海 南						
重 庆	1599	1954	1659	356	53	
四 川	2464	3793	1464	1329	121	
贵 州	377	701	414	323	24	
云 南	125	743	602	651	50	32
西 藏	434	470	470	36	8	
陕 西						
甘 肃	497	1107	889	610	68	
青 海	384	562	84	178	25	
宁 夏	30	45	45	15	4	
新 疆	897	1680	1224	810	109	26

2-B-2.108 各地区港澳台商投资总承包和专业承包企业负债及所有者权益

单位：万元

地 区	负债合计	流动负债	长期负债	所有者权益	#实收资本
全 国	**1101963**	**1069978**	**31985**	**673301**	**617832**
北 京	122809	121264	1545	92749	93904
天 津	67278	67278		12894	21935
河 北	3650	3350	300	5333	4522
山 西	17090	16850	240	17821	18074
内蒙古					
辽 宁	57489	55826	1664	23588	21764
吉 林	16218	16218		10013	5397
黑龙江	2678	2678		5442	4361
上 海	222104	220329	1775	125046	122661
江 苏	127019	123224	3795	69503	60299
浙 江	27766	26982	783	19877	18716
安 徽	3441	3441		7517	7580
福 建	38331	38057	274	41679	39859
江 西	12964	12630	334	14252	10162
山 东	50085	46420	3665	32172	29394
河 南	8518	8486	32	4288	5479
湖 北	4290	4246	44	16841	13784
湖 南	14269	13151	1118	16569	18164
广 东	277625	262061	15564	128062	94752
广 西	1510	1510		1682	1486
海 南					
重 庆	3598	3598		5948	6057
四 川	5209	4364	844	8460	8150
贵 州	2674	2674		3012	2943
云 南	9750	9749	1	3959	1618
西 藏	250	250		778	530
陕 西					
甘 肃	864	864		3105	3959
青 海	772	772		921	921
宁 夏	356	349	7	45	100
新 疆	3357	3357		1747	1262

2-B-2.109 各地区港澳台商投资总承包和专业承包企业实收资本

单位：万元

地区	合计	国家资本	集体资本	法人资本	个人资本	港澳台资本	外商资本
全国	**617832**	**32938**	**25493**	**204960**	**19643**	**331440**	**3360**
北京	93904	1311	1387	41770	311	49126	
天津	21935	2345		6121	1075	12395	
河北	4522		805	1262		2456	
山西	18074	87	20	9747	9	8211	
内蒙古							
辽宁	21764	4613	1822	4684	735	9910	
吉林	5397	425		3346		1626	
黑龙江	4361			512	1811	2038	
上海	122661	8467	4697	37733	294	69970	1500
江苏	60299	609	3306	15064	5515	35806	
浙江	18716	3260	3167	2228	2326	7736	
安徽	7580	491	949	830		5310	
福建	39859	2270	2458	8223	529	24519	1860
江西	10162	247		2804		7111	
山东	29394	1477	3734	8152	1197	14834	
河南	5479		262	1254		3963	
湖北	13784	1150	1071	3498	200	7866	
湖南	18164	1275		6968	728	9193	
广东	94752	2712	600	42097	3938	45404	
广西	1486		421	250		815	
海南							
重庆	6057	1258		2480	544	1776	
四川	8150	375	389	3790		3596	
贵州	2943	80		876		1987	
云南	1618		406	496		716	
西藏	530					530	
陕西							
甘肃	3959			777	106	3076	
青海	921				325	596	
宁夏	100	40				60	
新疆	1262	446				816	

2-B-2.110 各地区港澳台商投资总承包和专业承包企业收入情况

单位：万元

地 区	工程结算收 入	工程结算成 本	工程结算税金及附加	工程结算利 润	经营费用	其他业务收 入	#其他业务利 润
全 国	**1380510**	**1204486**	**36861**	**119834**	**19328**	**62481**	**8136**
北 京	157373	142180	4489	9313	1391	960	153
天 津	76728	59184	1778	8510	7257	27921	882
河 北	12005	10222	409	1082	291	12	8
山 西	24459	21266	726	2330	137	445	169
内蒙古							
辽 宁	34148	29889	1030	3171	58	389	30
吉 林	14917	9302	447	4346	821		
黑龙江	3870	2839	123	907			
上 海	347604	316801	7999	20009	2796	4020	2326
江 苏	133296	116958	3577	11246	1515	18982	2378
浙 江	59435	53142	1759	4471	63	685	441
安 徽	13371	11694	436	1234	7	543	
福 建	66093	58626	2112	5234	121	72	52
江 西	10351	8815	308	1148	80	36	19
山 东	80292	71092	1835	6679	685	71	16
河 南	6820	4630	184	2006		9	5
湖 北	10479	8483	307	1558	131		
湖 南	13389	10486	424	2218	262	52	33
广 东	287822	244341	8047	31995	3439	4691	1210
广 西	1111	923	33	149	6		
海 南							
重 庆	12846	11654	386	806		65	63
四 川	4832	3996	149	474	212	302	155
贵 州	1122	1049	33	19	22	20	20
云 南	4518	4091	153	273		3032	54
西 藏	28	20	1	-1	8	130	127
陕 西							
甘 肃	266	212	8	45	1		
青 海	1333	1119	37	177			
宁 夏	443	418	13	10	2		
新 疆	1558	1056	55	424	23	45	-2

2-B-2.111 各地区港澳台商投资总承包和专业承包企业费用情况

单位：万元

地 区	管理费用	#税 金	#财产保险费	#差旅费	#工会经费	财务费用	#利息支出
全 国	**92808**	**2989**	**607**	**4556**	**397**	**8854**	**4776**
北 京	11839	101	54	644	62	975	936
天 津	11374	1618	93	63	2	299	-23
河 北	752	92	16	23	4	21	-11
山 西	1969	7	7	110	20	452	401
内蒙古							
辽 宁	2776	32	28	163	14	198	182
吉 林	845	7	3	30		-1	-1
黑龙江	112	3	1	5		8	-11
上 海	18733	381	82	858	51	1109	1244
江 苏	8501	119	107	1155	28	876	729
浙 江	2925	83	17	174	20	182	146
安 徽	1188	4		4	2	7	
福 建	3491	111	16	198	16	231	82
江 西	906	3	1	38	2	72	63
山 东	3569	75	30	122	3	611	361
河 南	850	1	1	45	1	215	209
湖 北	1084	20	4	30	1	-12	-15
湖 南	1727	19	17	40	9	202	64
广 东	17589	262	122	705	152	3321	338
广 西	130			10		3	3
海 南							
重 庆	781	14	1	48		7	7
四 川	472	1	3	46	3	67	52
贵 州	143	5		12	1	-13	
云 南	400		2	2		-23	-23
西 藏	30	23					
陕 西							
甘 肃	129	9	3	21	2	10	9
青 海	137					3	
宁 夏	54			4			
新 疆	305		1	6	4	35	35

2-B-2.112 各地区港澳台商投资总承包和专业承包企业利润及税金情况

单位：万元

地区	利润总额	#应交所得税	税金总额	工程结算税金及附加	管理费用中的税金
全国	**31454**	**7340**	**39850**	**36861**	**2989**
北京	-2642	314	4590	4489	101
天津	-932	25	3396	1778	1618
河北	316	34	502	409	92
山西	143	91	733	726	7
内蒙古					
辽宁	373	242	1063	1030	32
吉林	3506	11	455	447	7
黑龙江	366	66	126	123	3
上海	3726	1515	8380	7999	381
江苏	3270	933	3695	3577	119
浙江	1803	318	1843	1759	83
安徽	31	22	439	436	4
福建	1289	268	2224	2112	111
江西	190	62	311	308	3
山东	2474	507	1910	1835	75
河南	942	384	186	184	1
湖北	489	229	327	307	20
湖南	325	149	442	424	19
广东	15637	2076	8309	8047	262
广西	16	7	34	33	
海南					
重庆	73	30	400	386	14
四川	76	25	150	149	1
贵州	-69		38	33	5
云南	-38	2	153	153	0
西藏	96	1	24	1	23
陕西					
甘肃	-93		17	8	9
青海	38	1	37	37	
宁夏	-51		13	13	
新疆	100	29	55	55	

3. 按行业分组

2-B-3.1 各行业总承包和专业承包企业签订合同情况

单位：万元

行业	合同总额	上年结转合同额	本年新签合同额
总计	**461991704**	**160566897**	**301424807**
房屋和土木工程建筑业	406667872	145442040	261225832
房屋工程建筑	267591633	94359563	173232070
土木工程建筑	139076239	51082477	87993762
铁路道路隧道桥梁	91177988	34292356	57016132
水利和港口	21161362	8871242	12290120
工矿	12590878	4354487	8236391
架线和管道	9456093	2348641	7107452
其他	4689919	1346250	3343669
建筑安装业	37385031	11174637	26210394
建筑装饰业	12244216	2639021	9605195
其他建筑业	5694585	1311200	4383385

2-B-3.2 各行业总承包和专业承包企业承包工程完成情况

单位：万元

地区	直接从建设单位承揽工程完成的产值	自行完成施工产值	分包出去工程的产值	从建设单位以外承揽工程完成的产值
总计	**285865987**	**276063175**	**9802811**	**14151335**
房屋和土木工程建筑业	246634146	238677194	7956952	10479031
房屋工程建筑	169509510	165738968	3770542	6472629
土木工程建筑	77124636	72938226	4186410	4006402
铁路道路隧道桥梁	47586006	45791039	1794967	2296636
水利和港口	11178729	10228846	949883	606978
工矿	7170506	6435597	734909	510144
架线和管道	7874026	7337942	536084	357912
其他	3315369	3144802	170567	234732
建筑安装业	25456618	23927365	1529253	2114868
建筑装饰业	9723485	9536673	186813	910459
其他建筑业	4051738	3921944	129794	646977

2-B-3.3 各行业总承包和专业承包企业总产值和竣工产值

单位：万元

行业	建筑业总产值	#装饰装修产值	#在外省完成的产值
总计	**290214510**	**18117723**	**66956255**
房屋和土木工程建筑业	249156225	8144479	59735733
房屋工程建筑	172211598	7548086	37096682
土木工程建筑	76944628	596393	22639051
铁路道路隧道桥梁	48087675	247766	15124528
水利和港口	10835823	110794	3309362
工矿	6945741	70885	2401412
架线和管道	7695853	77805	1259244
其他	3379534	89143	544505
建筑安装业	26042233	960944	4800535
建筑装饰业	10447132	8896790	1687976
其他建筑业	4568921	115510	732011

2-B-3.3 续表

单位：万元

行业	按构成分组			竣工产值
	建筑工程产值	安装工程产值	其他产值	
总计	**245366970**	**33169823**	**11677718**	**202663728**
房屋和土木工程建筑业	225345020	15789207	8021999	173818371
房屋工程建筑	159930602	7564898	4716098	126153818
土木工程建筑	65414418	8224309	3305901	47664553
铁路道路隧道桥梁	45908755	598414	1580506	29611645
水利和港口	9743141	440634	652049	5891426
工矿	4156990	2402949	385803	3949535
架线和管道	2797714	4524927	373212	6121451
其他	2807819	257384	314331	2090497
建筑安装业	9508852	15265202	1268178	18344342
建筑装饰业	7750746	1325795	1370591	7302536
其他建筑业	2762352	789619	1016950	3198478

2-B-3.4 各行业总承包和专业承包企业房屋建筑面积

行业	房屋建筑施工面积(万平方米)	#本年新开工	#实行投标承包面积	#本年新开工	房屋建筑竣工面积(万平方米)	房屋建筑面积竣工率(%)
总计	**310985.7**	**179448.6**	**243704.4**	**146728.6**	**147364.0**	**47.4**
房屋和土木工程建筑业	300291.7	172769.9	236569.5	142018	141785.6	47.2
房屋工程建筑	291155.3	167220.9	229660.9	138112.5	138018.3	47.4
土木工程建筑	9136.4	5549.0	6908.6	3905.5	3767.3	41.2
铁路道路隧道桥梁	3405.0	1994.8	2595.3	1483.8	1496.3	43.9
水利和港口	755.4	451.6	578.1	350.5	344.5	45.6
工矿	2284.5	1516.2	1906.6	930.9	731.8	32.0
架线和管道	838.6	563.4	626.1	435.9	281.7	33.6
其他	1852.9	1023.0	1202.5	704.4	912.9	49.3
建筑安装业	9705.1	6047.1	6586.6	4305.3	5053.8	52.1
建筑装饰业	159.2	99.9	79.7	52.8	64.4	40.5
其他建筑业	829.7	531.7	468.7	352.5	460.3	55.5

2-B-3.5 各行业总承包和专业承包企业机械设备情况

行业	年末自有施工机械设备总台数(台)	年末自有施工机械设备总功率(千瓦)	年末自有施工机械设备净值(万元)	技术装备率(元/人)	动力装备率(千瓦/人)
总计	**8466386**	**145840503**	**23245244**	**9297**	**5.8**
房屋和土木工程建筑业	6986442	123876218	20197835	9265	5.7
房屋工程建筑	5640605	75016775	11501077	6567	4.3
土木工程建筑	1345837	48859443	8696759	20291	11.4
铁路道路隧道桥梁	652899	29138352	5153506	21046	11.9
水利和港口	301692	9401556	1922025	28353	13.9
工矿	150629	4273354	736405	17933	10.4
架线和管道	161023	3452153	555799	11320	7.0
其他	79594	2594028	329023	12767	10.1
建筑安装业	822798	12046543	1831652	9093	6.0
建筑装饰业	503861	4173979	503265	5980	5.0
其他建筑业	153285	5743763	712492	20488	16.5

2-B-3.6 按主要用途分的各行业总承包和专业承包企业房屋建筑竣工面积

单位：万平方米

行业	合计	厂房、仓库	住宅	办公用房	批发和零售用房	住宿和餐饮用房
总计	**147364.0**	**26176.3**	**81859.4**	**12933.3**	**3802.8**	**2345.6**
房屋和土木工程建筑业	141785.6	24656.1	79193.1	12409.7	3645.1	2266.8
房屋工程建筑	138018.3	23502.8	77627.3	12130.1	3578.0	2223.8
土木工程建筑	3767.3	1153.3	1565.8	279.6	67.1	43.0
铁路道路隧道桥梁	1496.3	327.6	784.7	120.2	19.6	10.1
水利和港口	344.5	75.5	173.1	31.6	13.8	2.4
工矿	731.8	465.7	162.8	41.9	3.2	9.5
架线和管道	281.7	98.1	104.9	32.4	8.8	9.4
其他	912.9	186.4	340.4	53.4	21.8	11.6
建筑安装业	5053.8	1335.6	2508.3	458.9	144.1	69.2
建筑装饰业	64.4	4.5	23.2	17.3	5.0	2.4
其他建筑业	460.3	180.1	134.8	47.4	8.6	7.2

2-B-3.6 续表

单位：万平方米

行业	居民服务业用房	教育用房	文化、体育和娱乐用房	卫生医疗用房	科研用房	其他用房
总计	**2340.3**	**8675.9**	**1693.8**	**1437.2**	**482.4**	**5617.1**
房屋和土木工程建筑业	2279.9	8442.4	1642.8	1385.2	468.4	5396.1
房屋工程建筑	2231.9	8299.5	1609.2	1362.6	458.6	4994.5
土木工程建筑	48.1	142.9	33.6	22.6	9.8	401.6
铁路道路隧道桥梁	26.0	57.6	8.2	12.7	3.2	126.6
水利和港口	3.1	25.3	2.7	2.1		14.9
工矿	3.1	20.7	8.7	1.6	1.6	13.0
架线和管道	1.3	6.0	3.3	1.1	0.4	16.1
其他	14.6	33.3	10.8	5.1	4.6	231.1
建筑安装业	58.2	221.3	43.2	51.0	13.6	150.3
建筑装饰业	0.5	0.2	2.8			8.6
其他建筑业	1.6	12.1	5.0	1.0	0.4	62.1

2-B-3.7 按主要用途分的各行业总承包和专业承包企业房屋建筑竣工价值

单位：万元

行业	合计	厂房、仓库	住宅	办公用房	批发和零售用房	住宿和餐饮用房
总计	**114307228**	**19342894**	**60108485**	**11795934**	**3005177**	**1994788**
房屋和土木工程建筑业	110097788	18252668	58204337	11326346	2891408	1932384
房屋工程建筑	106877633	17135330	57002611	11049293	2823717	1889652
土木工程建筑	3220155	1117338	1201726	277053	67691	42732
铁路道路隧道桥梁	1216597	212917	626517	111211	12901	9206
水利和港口	275711	66276	120963	26214	13165	2219
工矿	778156	538923	116076	64169	2527	10216
架线和管道	266904	111944	81690	29530	7761	7286
其他	682787	187278	256480	45929	31337	13806
建筑安装业	3788694	978928	1784982	417095	103764	55823
建筑装饰业	73159	4166	25232	22392	4901	2293
其他建筑业	347587	107132	93935	30102	5105	4288

2-B-3.7 续表

单位：万元

行业	居民服务业用房	教育用房	文化、体育和娱乐用房	卫生医疗用房	科研用房	其他用房
总计	**1941890**	**7242075**	**1769783**	**1361260**	**557672**	**5187269**
房屋和土木工程建筑业	1898201	7061151	1718260	1327359	537609	4948066
房屋工程建筑	1854098	6936511	1678378	1301771	527515	4678758
土木工程建筑	44103	124640	39883	25587	10093	269308
铁路道路隧道桥梁	23877	44272	8528	12386	4512	150270
水利和港口	2844	26060	2442	2079		13449
工矿	3039	18833	8348	3015	1222	11790
架线和管道	709	4154	3446	1808	420	18157
其他	13635	31322	17120	6300	3939	75643
建筑安装业	41987	172704	37386	32617	17871	145537
建筑装饰业	399	266	2201	578	1211	9521
其他建筑业	1304	7954	11936	707	981	84144

2-B-3.8 各行业总承包和专业承包企业资产构成

单位：万元

行业	资产合计	#流动资产小计	#长期投资	#固定资产小计	#无形及递延资产
总计	**285646246**	**203265734**	**19470648**	**55495119**	**6190649**
房屋和土木工程建筑业	237159973	167231926	16907666	46733022	5279142
房屋工程建筑	148696841	107527694	8806770	28104661	3641558
土木工程建筑	88463132	59704232	8100896	18628361	1637585
铁路道路隧道桥梁	53992704	37130029	5068203	10715002	855167
水利和港口	13260164	7709900	1611065	3411379	443111
工矿	6902065	4646634	630747	1466463	120735
架线和管道	10506091	7402990	667435	2260812	148576
其他	3802109	2814679	123446	774704	69995
建筑安装业	31387622	23544101	1576134	5497316	604014
建筑装饰业	11025716	8623190	349284	1843996	183897
其他建筑业	6072936	3866517	637564	1420786	123595

2-B-3.9 各行业总承包和专业承包企业流动资产、无形及递延资产

单位：万元

行业	流动资产	#存货	#无形及递延资产	#无形资产
总计	**203265734**	**52691493**	**6190649**	**5520472**
房屋和土木工程建筑业	167231926	42846595	5279142	4764224
房屋工程建筑	107527694	29933536	3641558	3308705
土木工程建筑	59704232	12913059	1637585	1455519
铁路道路隧道桥梁	37130029	8138700	855167	777283
水利和港口	7709900	1350876	443111	386905
工矿	4646634	859177	120735	108818
架线和管道	7402990	1907038	148576	119059
其他	2814679	657268	69995	63455
建筑安装业	23544101	6590800	604014	509923
建筑装饰业	8623190	2349440	183897	138599
其他建筑业	3866517	904658	123595	107726

2-B-3.10 各行业总承包和专业承包企业固定资产情况

单位：万元

行业	固定资产小计	固定资产原价	#生产经营用	固定资产折旧	#本年折旧	在建工程
总计	**55495119**	**71488491**	**53812383**	**23042906**	**3803787**	**5470159**
房屋和土木工程建筑业	46733022	60157755	45486493	19372620	3147227	4595106
房屋工程建筑	28104661	33298793	24845293	9399450	1501088	3256831
土木工程建筑	18628361	26858963	20641200	9973171	1646139	1338275
铁路道路隧道桥梁	10715002	15235332	12187678	5568500	983868	821770
水利和港口	3411379	5187845	4009239	2099272	296217	267415
工矿	1466463	2256501	1843879	865578	139675	59730
架线和管道	2260812	3158987	1818971	1116782	167700	136473
其他	774704	1020298	781433	323040	58679	52888
建筑安装业	5497316	7211061	5335875	2398367	413802	554782
建筑装饰业	1843996	2206101	1440817	620306	120764	199545
其他建筑业	1420786	1913574	1549197	651613	121994	120726

2-B-3.11 各行业总承包和专业承包企业负债及所有者权益

单位：万元

行业	负债合计	流动负债	长期负债	所有者权益	#实收资本
总计	**182404791**	**172309803**	**10094988**	**103239617**	**77746956**
房屋和土木工程建筑业	152663225	143693469	8969757	84494909	62522455
房屋工程建筑	94755523	90241026	4514497	53939480	40450631
土木工程建筑	57907703	53452443	4455260	30555429	22071825
铁路道路隧道桥梁	35544881	32848865	2696016	18447823	13506068
水利和港口	8524976	7367758	1157218	4735188	3252027
工矿	4939192	4651833	287360	1962873	1696156
架线和管道	6512030	6298189	213841	3994061	2413552
其他	2386623	2285799	100825	1415485	1204021
建筑安装业	20522399	19864808	657590	10865224	8538515
建筑装饰业	5791098	5569501	221598	5234617	4551977
其他建筑业	3428069	3182026	246044	2644867	2134008

2-B-3.12 各行业总承包和专业承包企业实收资本

单位：万元

行业	合计	国家资本	集体资本	法人资本	个人资本	港澳台资本	外商资本
总计	**77746956**	**18674314**	**8044020**	**23111614**	**27191773**	**377500**	**347735**
房屋和土木工程建筑业	62522455	16520287	6850733	17936224	20909483	136286	169442
房屋工程建筑	40450631	6854182	5678363	11319577	16398607	88495	111407
土木工程建筑	22071825	9666104	1172371	6616647	4510876	47791	58036
铁路道路隧道桥梁	13506068	6325023	579516	3782368	2778052	23918	17194
水利和港口	3252027	1563820	122229	1122359	440781	1375	1463
工矿	1696156	896614	87493	495647	188525	1761	26117
架线和管道	2413552	570593	278579	887508	654597	18118	4157
其他	1204021	310054	104554	328766	448922	2620	9105
建筑安装业	8538515	1411110	871186	3028790	3091518	68936	66976
建筑装饰业	4551977	212256	205340	1449820	2440706	147510	96346
其他建筑业	2134008	530661	116761	696779	750067	24769	14971

2-B-3.13 各行业总承包和专业承包企业收入情况

单位：万元

行业	工程结算收入	工程结算成本	工程结算税金及附加	工程结算利润	经营费用	其他业务收入	#其他业务利润
总计	**274775122**	**244326338**	**8941034**	**19950842**	**1556909**	**6154754**	**1028953**
房屋和土木工程建筑业	234261776	209662798	7676777	15783618	1138584	4749050	751889
房屋工程建筑	154589679	139171144	5266498	9428355	723682	2634670	429339
土木工程建筑	79672097	70491654	2410279	6355264	414901	2114380	322550
铁路道路隧道桥梁	48864245	43789865	1489916	3374847	209617	731261	132586
水利和港口	11901478	10483076	354784	1015364	48255	429478	53348
工矿	7429901	6561350	212639	630350	25561	289563	31204
架线和管道	7989045	6594517	242660	1051416	100452	555703	88272
其他	3487429	3062845	110280	283286	31017	108375	17139
建筑安装业	26292476	22574918	811400	2655214	250945	1140300	211823
建筑装饰业	9889937	8390797	322384	1052030	124727	151421	42447
其他建筑业	4330933	3697825	130474	459980	42653	113983	22794

2-B-3.14 各行业总承包和专业承包企业费用情况

单位：万元

行业	管理费用	#税金	#财产保险费	#差旅费	#工会经费	财务费用	#利息支出
总计	**13093912**	**420881**	**113657**	**591533**	**191407**	**1323730**	**942474**
房屋和土木工程建筑业	10025626	333390	90949	449005	157474	1160631	834509
房屋工程建筑	5726607	226900	51374	236815	83158	761559	535989
土木工程建筑	4299019	106491	39575	212191	74316	399072	298520
铁路道路隧道桥梁	2184188	59921	22853	112680	38486	252453	202465
水利和港口	689785	13320	6072	34108	10148	94479	60350
工矿	483475	10690	3286	26181	10648	26972	22176
架线和管道	731874	16854	5735	29744	9570	11703	4001
其他	209697	5706	1629	9477	5465	13465	9529
建筑安装业	1998435	56660	13528	87175	27228	89732	59887
建筑装饰业	748765	20752	5263	37751	3590	44192	28506
其他建筑业	321086	10079	3918	17602	3115	29175	19573

2-B-3.15 各行业总承包和专业承包企业利润及税金情况

单位：万元

行业	利润总额	#应交所得税	税金总额	工程结算税金及附加	管理费用中的税金
总计	**7192468**	**1920046**	**9361916**	**8941034**	**420881**
房屋和土木工程建筑业	5826232	1562050	8010167	7676777	333390
房屋工程建筑	3687315	1002611	5493398	5266498	226900
土木工程建筑	2138917	559440	2516769	2410279	106491
铁路道路隧道桥梁	1207751	300057	1549836	1489916	59921
水利和港口	277533	64030	368103	354784	13320
工矿	149100	46584	223330	212639	10690
架线和管道	419566	126480	259514	242660	16854
其他	84967	22288	115986	110280	5706
建筑安装业	894078	235122	868060	811400	56660
建筑装饰业	315817	85715	343137	322384	20752
其他建筑业	156342	37159	140553	130474	10079

4. 按中央、地方分组

2-B-4.1 各地区中央总承包和专业承包企业签订合同情况

单位：万元

地区	合同总额	上年结转合同额	本年新签合同额
全国	**103463734**	**39483306**	**63980428**
北京	13647635	5262823	8384812
天津	6211778	2139801	4071977
河北	4263576	1547308	2716269
山西	7592752	2449935	5142818
内蒙古	529291	228199	301092
辽宁	4654315	2092343	2561972
吉林	2848617	1115337	1733280
黑龙江	1192698	340255	852444
上海	7309600	2697117	4612483
江苏	2250932	698265	1552667
浙江	1909773	1188281	721492
安徽	2975102	822867	2152235
福建	1411363	699059	712304
江西	1273117	392033	881085
山东	5796772	2396035	3400736
河南	4935481	1769221	3166260
湖北	8493984	2925865	5568119
湖南	2970784	1225448	1745336
广东	3065509	1221755	1843754
广西	648916	333919	314997
海南	16124	2221	13903
重庆	1007709	401623	606086
四川	6256242	2404454	3851789
贵州	1347088	762454	584635
云南	1407463	671398	736065
西藏			
陕西	5956404	2461430	3494974
甘肃	999134	309318	689816
青海	953279	474081	479198
宁夏	234633	106737	127896
新疆	1303661	343727	959935

2-B-4.2 各地区中央总承包和专业承包企业承包工程完成情况

单位：万元

地区	直接从建设单位承揽工程完成的产值	自行完成施工产值	分包出去工程的产值	从建设单位以外承揽工程完成的产值
全国	**50964560**	**47393246**	**3571314**	**1992899**
北京	6095133	5715582	379551	140074
天津	3116352	2839507	276844	37315
河北	2365137	2297726	67411	10890
山西	3582157	3428967	153190	88043
内蒙古	275079	275079		8014
辽宁	2422779	2327590	95189	96099
吉林	1000799	997547	3252	27896
黑龙江	811396	763430	47965	11490
上海	3865526	3326110	539416	260745
江苏	1633833	1299593	334240	60759
浙江	789181	637061	152120	111429
安徽	1445630	1407464	38166	20099
福建	717785	705032	12753	4037
江西	688662	659342	29319	2978
山东	3159552	2969071	190481	70189
河南	2261662	2196263	65400	161698
湖北	4207103	3758039	449064	153572
湖南	1293814	1282107	11707	115727
广东	1600149	1182913	417236	247424
广西	305516	300104	5412	52587
海南	9284	8320	964	
重庆	459661	446684	12977	24430
四川	2869441	2757708	111732	171566
贵州	803318	789691	13627	369
云南	513927	508250	5677	109
西藏				
陕西	2540540	2472802	67738	70433
甘肃	743968	701224	42744	21067
青海	350752	330702	20050	925
宁夏	155573	141603	13970	619
新疆	880854	867735	13119	22317

2-B-4.3 各地区中央总承包和专业承包企业总产值和竣工产值

单位：万元

地区	建筑业总产值	#装饰装修产值	#在外省完成的产值	按构成分组 建筑工程产值	安装工程产值	其他产值	竣工产值
全国	**49386145**	**1190571**	**25526037**	**39406466**	**8239040**	**1740639**	**26390962**
北京	5855657	633583	2856553	5150514	614222	90921	2984283
天津	2876823	14635	1708737	2341457	460981	74385	1458449
河北	2308615	19286	1632073	1649060	561002	98553	1122445
山西	3517010	14897	2043667	3042461	299651	174898	1419223
内蒙古	283093	10755	26920	266992	13354	2748	150310
辽宁	2423689	61943	1323289	1830470	481414	111805	1095148
吉林	1025443	555	738522	817747	200623	7072	515226
黑龙江	774921	23378	254931	331705	413807	29409	528945
上海	3586855	127539	1513046	2646419	756570	183867	1846298
江苏	1360353	16705	596317	783269	560141	16943	900981
浙江	748490	52	159437	419438	237431	91621	416234
安徽	1427564	2231	1048920	1289443	132630	5490	878843
福建	709068	7473	262139	670861	30659	7548	376689
江西	662320	16152	268793	519218	136822	6281	483255
山东	3039260	47302	1559745	2367459	631530	40271	1705215
河南	2357961	8760	1510335	1811322	494795	51843	1240916
湖北	3911610	29635	2486056	3402188	370685	138738	2159167
湖南	1397834	22015	1007500	1121914	222094	53825	846976
广东	1430337	21603	233766	1267931	98307	64099	874038
广西	352691	12313	99055	232161	100171	20359	284076
海南	8320			513	7734	73	6436
重庆	471114	7259	219877	376113	66986	28015	244480
四川	2929274	44946	1601661	2323720	369418	236137	1186786
贵州	790060	10026	211115	545831	217253	26976	628220
云南	508359	2843	260222	418965	70359	19036	358229
西藏							
陕西	2543234	18823	1273816	2264479	192705	86050	1273664
甘肃	722291	8132	295229	443308	238044	40939	482643
青海	331627		164773	243382	83201	5045	152553
宁夏	142223	140	15360	58480	81233	2509	120237
新疆	890052	7589	154183	769650	95219	25183	650998

2-B-4.4 各地区中央总承包和专业承包企业房屋建筑面积

地区	房屋建筑施工面积（万平方米）	#本年新开工	#实行投标承包面积	#本年新开工	房屋建筑竣工面积（万平方米）	房屋建筑面积竣工率（%）
全国	**20131.4**	**9525.4**	**18119.8**	**8755.6**	**6381.8**	**31.7**
北京	4928.1	2142.9	4597.0	2084.5	1373.4	27.9
天津	834.1	422.0	829.7	396.6	339.8	40.7
河北	702.4	304.8	674.8	299.1	187.0	26.6
山西	762.5	381.3	658.4	350.0	163.7	21.5
内蒙古	46.2	38.0	25.0	24.1	21.1	45.6
辽宁	295.8	119.8	286.4	116.8	108.0	36.5
吉林	150.2	89.8	136.2	82.7	78.7	52.4
黑龙江	130.3	96.9	113.1	84.0	84.2	64.6
上海	1799.0	931.1	1704.1	869.0	412.2	22.9
江苏	541.6	197.5	533.7	196.7	161.7	29.9
浙江	168.4	109.4	47.9	29.7	18.1	10.7
安徽	314.3	147.2	314.1	147.1	93.5	29.8
福建	336.6	200.6	297.6	183.5	98.8	29.3
江西	144.5	61.9	134.6	59.4	59.6	41.2
山东	1001.4	453.4	692.7	360.7	344.5	34.4
河南	682.0	278.1	654.7	269.0	185.6	27.2
湖北	2566.5	1280.4	2292.0	1152.4	998.1	38.9
湖南	769.3	316.5	689.9	309.2	218.6	28.4
广东	1068.2	510.9	933.7	487.2	287.9	27.0
广西	103.2	46.1	88.8	37.1	50.7	49.1
海南	0.6	0.6	0.6	0.6	0.6	100.0
重庆	268.9	154.1	240.5	137.0	91.9	34.2
四川	784.2	386.7	681.4	339.8	260.3	33.2
贵州	495.3	163.5	479.8	162.1	210.9	42.6
云南	47.9	27.0	24.1	15.7	10.0	20.9
西藏						
陕西	451.1	208.8	402.4	176.6	156.9	34.8
甘肃	100.5	34.4	68.5	18.6	35.1	34.9
青海	19.0	5.5	17.0	3.3	9.9	52.2
宁夏	68.3	55.9	67.2	55.9	15.7	23.0
新疆	550.9	360.2	433.8	307.3	305.3	55.4

2-B-4.5 各地区按主要用途分的中央总承包和专业承包企业房屋建筑竣工面积

单位：万平方米

地区	合计	厂房、仓库	住宅	办公用房	批发和零售用房	住宿和餐饮用房
全国	**6381.8**	**1501.6**	**2846.0**	**636.3**	**142.0**	**84.4**
北京	1373.4	154.3	741.9	207.0	38.5	12.6
天津	339.8	117.8	103.5	32.7	17.0	0.7
河北	187.0	62.0	78.6	14.0	3.0	2.9
山西	163.7	90.7	40.1	13.3	0.4	3.6
内蒙古	21.1	1.8	12.4	0.5		
辽宁	108.0	34.3	50.8	8.3	1.7	0.3
吉林	78.7	23.2	37.3	5.6		
黑龙江	84.2	26.2	43.6	2.6	0.1	1.0
上海	412.2	144.4	129.5	45.3	13.8	6.2
江苏	161.7	80.7	32.9	17.8	2.1	
浙江	18.1	16.5	0.4	0.7		0.4
安徽	93.5	45.8	23.6	3.9	0.3	
福建	98.8	7.1	57.3	4.8		
江西	59.6	13.1	26.9	2.8	4.6	0.3
山东	344.5	63.4	140.0	31.7	1.9	0.2
河南	185.6	67.1	60.8	8.6	21.4	
湖北	998.1	162.8	456.3	97.8	9.8	3.8
湖南	218.6	27.9	106.1	51.3		2.1
广东	287.9	78.5	155.9	12.8	3.0	4.6
广西	50.7	2.0	43.2	1.2	0.6	
海南	0.6		0.6			
重庆	91.9	40.7	31.7	3.8		
四川	260.3	103.1	106.9	10.1	5.4	4.1
贵州	210.9	36.9	95.0	11.6	5.7	11.0
云南	10.0	4.2	4.1	0.8		0.1
西藏						
陕西	156.9	48.0	59.5	14.6	0.1	17.5
甘肃	35.1	3.5	22.0	5.6		
青海	9.9	3.4	6.3	0.2		
宁夏	15.7	5.7	8.9	1.1		
新疆	305.3	36.5	169.7	25.8	12.7	13.0

2-B-4.5 续表 单位：万平方米

地区	居民服务业用房	教育用房	文化、体育和娱乐用房	卫生医疗用房	科研用房	其他用房
全国	**85.4**	**443.7**	**111.2**	**101.8**	**45.9**	**383.4**
北京	10.0	84.7	18.6	27.8	12.2	65.7
天津	16.8	10.7	13.2	5.0	0.5	21.9
河北	1.7	7.0	0.5	1.9	0.6	14.8
山西	0.1	8.0	0.5	1.2	0.2	5.7
内蒙古		2.0				4.4
辽宁	1.0	2.3	1.1			8.1
吉林		0.3		1.3		11.0
黑龙江	2.3	6.4	0.9	0.3		0.6
上海	0.0	14.8	7.5	3.6		47.2
江苏		11.6	2.5	1.7		12.5
浙江						0.1
安徽	6.9	6.3			0.2	6.5
福建	3.5	6.1	0.4	2.0		17.6
江西	0.1	8.0	0.2			3.6
山东	7.0	46.7	24.8	8.3	0.1	20.2
河南	1.3	14.0	4.7			7.7
湖北	4.7	147.6	10.9	19.8	17.4	67.4
湖南	2.1	8.9	6.8	8.9		4.6
广东	0.1	9.5			6.8	16.8
广西			0.3			3.4
海南						
重庆		4.1	7.3	2.9	0.5	0.9
四川	0.8	8.3	1.9	4.0	1.0	14.8
贵州	20.7	5.2	4.7	6.9	2.4	10.9
云南						0.7
西藏						
陕西	0.2	9.7		0.1	3.5	3.7
甘肃		0.2	0.1			3.5
青海						
宁夏						
新疆	6.4	21.0	4.4	6.0	0.8	9.0

2-B-4.6 各地区按主要用途分的中央总承包和专业承包企业房屋建筑竣工价值

单位：万元

地区	合计	厂房、仓库	住宅	办公用房	批发和零售用房	住宿和餐饮用房
全国	**7091882**	**1896148**	**2687627**	**897136**	**154021**	**94633**
北京	1915044	246082	925314	344019	51353	20039
天津	424288	145102	98170	67845	22180	841
河北	218231	105167	57802	16791	3072	4819
山西	179238	114651	33399	13128	329	5607
内蒙古	14268	1553	7274	299		
辽宁	87665	24662	33008	11428	1674	221
吉林	115398	64230	27385	2388		
黑龙江	85005	35339	31961	2756	59	1363
上海	481256	217705	118322	47441	15833	7093
江苏	175336	78529	37918	23917	2288	
浙江	23440	22321	287	395		317
安徽	98628	53323	23609	4815	225	
福建	104789	6932	52059	7005		
江西	48599	7693	20144	2384	5129	300
山东	355760	90033	131901	34347	1415	112
河南	148786	52487	42880	8875	17391	
湖北	863651	137983	330864	129558	6692	2319
湖南	259675	22044	121153	70599		2192
广东	342188	102501	156969	18841	3873	3223
广西	44324	1801	38246	1105	728	
海南	513		513			
重庆	127506	80148	21755	7711		
四川	256922	125036	80600	8163	2815	3478
贵州	186454	41444	71890	10585	7812	8683
云南	8842	3474	3887	665		130
西藏						
陕西	185633	52438	69541	21682	183	23969
甘肃	55008	3808	22244	10852		
青海	7113	2446	4512	155		
宁夏	11341	5315	4906	1120		
新疆	266980	51904	119116	28264	10971	9927

2-B-4.6 续表 单位：万元

地区	居民服务业用房	教育用房	文化、体育和娱乐用房	卫生医疗用房	科研用房	其他用房
全国	**77620**	**477096**	**141678**	**113309**	**55485**	**497129**
北京	10748	149271	25972	40144	18951	83152
天津	15969	12011	23355	5605	666	32547
河北	503	10014	609	2001	670	16784
山西	37	5462	200	1453	78	4894
内蒙古		1715				3428
辽宁	864	2769	722			12317
吉林		459		1798		19138
黑龙江	2943	8523	1054	402		605
上海	10	17099	16813	4328		36613
江苏		12377	3675	1810	1211	13611
浙江						119
安徽	5192	4905			120	6439
福建	5757	8048	365	3118		21505
江西	52	10903	165			1830
山东	5536	43115	22134	5425	24	21719
河南	966	13953	5124			7110
湖北	2655	98875	12464	11466	19187	111589
湖南	1323	15492	9471	12083		5319
广东	113	9901			5922	40844
广西			225			2220
海南						
重庆		5135	7589	4456	310	402
四川	827	10539	1615	6246	1370	16234
贵州	17017	4747	5067	6748	1302	11158
云南						686
西藏						
陕西	90	10768		84	4848	2031
甘肃		163	246			17694
青海						
宁夏						
新疆	7018	20855	4814	6143	826	7142

2-B-4.7 各地区中央总承包和专业承包企业施工机械设备情况

地 区	年末自有施工机械设备总台数(台)	年末自有施工机械设备总功率(千瓦)	年末自有施工机械设备净值(万元)	技术装备率(元/人)	动力装备率(千瓦/人)
全 国	**552129**	**18211290**	**3566043**	**17604**	**9.0**
北 京	46952	1357868	247585	17142	9.4
天 津	21133	964772	356199	59223	16.0
河 北	35766	1014146	149264	15764	10.7
山 西	24165	864951	151446	9780	5.6
内蒙古	5661	1120471	16965	8482	56.0
辽 宁	29901	1015495	206377	16642	8.2
吉 林	19713	456896	77636	11526	6.8
黑龙江	19868	539707	84076	21065	13.5
上 海	27070	937507	301396	24850	7.7
江 苏	19843	261889	69891	13805	5.2
浙 江	10881	186467	59529	34776	10.9
安 徽	11158	283350	90110	17798	5.6
福 建	6475	159558	16637	6223	6.0
江 西	7476	211720	35970	8391	4.9
山 东	27455	1391419	242030	17497	10.1
河 南	33008	1091622	191324	14313	8.2
湖 北	46930	1223159	274615	16898	7.5
湖 南	19474	851833	105594	15260	12.3
广 东	13798	544865	95044	24265	13.9
广 西	12270	368663	51334	22339	16.0
海 南	67	1543	146	2156	2.3
重 庆	3513	129834	24519	8011	4.2
四 川	32333	984426	268093	22099	8.1
贵 州	8696	195551	48865	12437	5.0
云 南	10586	258366	54195	19362	9.2
西 藏					
陕 西	19880	838685	154419	14227	7.7
甘 肃	10011	276415	55125	14103	7.1
青 海	6622	142212	45740	28192	8.8
宁 夏	3889	65268	17646	26741	9.9
新 疆	17535	472632	74276	12742	7.5

2-B-4.8 各地区中央总承包和专业承包企业主要生产效益指标

地 区	建筑业企业个数(个)	计算建筑业劳动生产率的平均人数(人)	按总产值计算的劳动生产率(元/人)	人均竣工产值(元/人)	人均施工面积(平方米/人)	人均竣工面积(平方米/人)
全 国	**1569**	**2462655**	**200540**	**107165**	**81.7**	**25.9**
北 京	188	326907	179123	91288	150.7	42.0
天 津	77	108133	266045	134875	77.1	31.4
河 北	70	115733	199478	96986	60.7	16.2
山 西	69	161544	217712	87854	47.2	10.1
内蒙古	13	22106	128061	67995	20.9	9.5
辽 宁	95	124821	194173	87737	23.7	8.6
吉 林	40	66604	153961	77357	22.6	11.8
黑龙江	59	58409	132671	90559	22.3	14.4
上 海	85	147008	243990	125592	122.4	28.0
江 苏	38	65078	209034	138446	83.2	24.9
浙 江	13	21498	348167	193615	78.3	8.4
安 徽	29	64532	221218	136187	48.7	14.5
福 建	27	38495	184198	97854	87.4	25.7
江 西	29	39196	168976	123292	36.9	15.2
山 东	93	166906	182094	102166	60.0	20.6
河 南	61	152273	154851	81493	44.8	12.2
湖 北	103	151932	257458	142114	168.9	65.7
湖 南	35	74711	187099	113367	103.0	29.3
广 东	67	54161	264090	161378	197.2	53.2
广 西	15	22220	158727	127847	46.4	22.8
海 南	5	681	122172	94502	9.4	9.4
重 庆	24	33726	139689	72490	79.7	27.2
四 川	94	137624	212846	86234	57.0	18.9
贵 州	23	37150	212668	169104	133.3	56.8
云 南	18	21791	233288	164393	22.0	4.6
西 藏						
陕 西	51	96008	264898	132662	47.0	16.3
甘 肃	45	40227	179554	119980	25.0	8.7
青 海	13	17703	187328	86173	10.8	5.6
宁 夏	13	13985	101696	85975	48.8	11.2
新 疆	77	81493	109218	79884	67.6	37.5

2-B-4.9 各地区中央总承包和专业承包企业营业额

单位：万元

地区	企业营业额	在境外完成的营业额	企业总产值	#建筑业总产值
全国	**55616160**	**2709323**	**52906837**	**49386145**
北京	8010719	1902671	6108047	5855657
天津	3386648	155513	3231136	2876823
河北	2526001	41228	2484773	2308615
山西	3766240	50513	3715727	3517010
内蒙古	283894	300	283594	283093
辽宁	2537590	26126	2511465	2423689
吉林	1216411	41533	1174878	1025443
黑龙江	838502	4165	834338	774921
上海	4157970	11112	4146859	3586855
江苏	1694521	56529	1637992	1360353
浙江	759644	4320	755324	748490
安徽	1702307	11416	1690891	1427564
福建	725282	2800	722482	709068
江西	685006	1992	683014	662320
山东	3247189	28772	3218418	3039260
河南	2483792	27564	2456228	2357961
湖北	4282286	125763	4156523	3911610
湖南	1533219	21190	1512029	1397834
广东	1512228	18689	1493539	1430337
广西	392356	656	391700	352691
海南	10077		10077	8320
重庆	506384		506384	471114
四川	3156496	139091	3017405	2929274
贵州	805745		805745	790060
云南	555780	13895	541885	508359
西藏				
陕西	2652656	17334	2635321	2543234
甘肃	745120	188	744932	722291
青海	359053	163	358890	331627
宁夏	143082		143082	142223
新疆	939965	5803	934162	890052

2-B-4.10 各地区中央总承包和专业承包企业资产构成

单位：万元

地 区	资产合计	#流动资产小计	#长期投资	#固定资产小计	#无形及递延资产
全 国	**51468006**	**35071451**	**7654736**	**7812739**	**601810**
北 京	12831795	6848717	4888830	930661	106974
天 津	2390805	1710980	90492	549592	18195
河 北	1864875	1439701	55790	337760	18137
山 西	2614186	1957675	178911	410729	53431
内蒙古	172328	123338	3331	42410	1195
辽 宁	1818085	1365607	66254	370865	9984
吉 林	852945	639597	18783	157318	27627
黑龙江	882464	644055	45087	189955	3253
上 海	3918792	2892683	377859	619047	10245
江 苏	1062649	855783	35408	152599	16622
浙 江	495565	341469	21260	110408	3494
安 徽	1004485	778538	19793	171489	32071
福 建	442325	349672	15348	70370	3219
江 西	557713	413545	30705	102781	9141
山 东	2631277	2042637	99835	452420	18306
河 南	2058493	1559487	78805	389031	17578
湖 北	4336857	2846550	640337	649022	173268
湖 南	1100919	832890	50611	182753	6606
广 东	1497482	1162063	74757	231621	12215
广 西	543760	288654	109572	138970	6352
海 南	17971	14880	288	2007	796
重 庆	365400	270240	12496	78002	3331
四 川	3003495	1942328	513275	508930	20733
贵 州	602530	463588	33611	95204	2388
云 南	382231	278775	10186	90590	2280
西 藏					
陕 西	2068505	1589616	103318	350594	15812
甘 肃	691668	533755	13527	139862	3613
青 海	295848	201444	16749	64088	1325
宁 夏	122610	74468	9128	36546	687
新 疆	839948	608719	40394	187116	2935

2-B-4.11 各地区中央总承包和专业承包企业流动资产、无形及递延资产

单位：万元

地 区	流动资产	#存 货	无形及递延资产	#无形资产
全 国	**35071451**	**6534650**	**601810**	**510407**
北 京	6848717	1232772	106974	50688
天 津	1710980	366910	18195	17379
河 北	1439701	299716	18137	17416
山 西	1957675	317624	53431	52269
内蒙古	123338	19700	1195	1134
辽 宁	1365607	286907	9984	9256
吉 林	639597	159404	27627	26971
黑龙江	644055	158249	3253	2658
上 海	2892683	677170	10245	8648
江 苏	855783	178507	16622	16061
浙 江	341469	55698	3494	2636
安 徽	778538	126415	32071	31660
福 建	349672	60497	3219	1935
江 西	413545	99032	9141	8792
山 东	2042637	359716	18306	16373
河 南	1559487	330228	17578	15928
湖 北	2846550	436296	173268	169346
湖 南	832890	135503	6606	2646
广 东	1162063	168544	12215	9834
广 西	288654	49462	6352	5896
海 南	14880	663	796	626
重 庆	270240	37253	3331	3322
四 川	1942328	320835	20733	19720
贵 州	463588	51686	2388	733
云 南	278775	53017	2280	1838
西 藏				
陕 西	1589616	314114	15812	10241
甘 肃	533755	97870	3613	3500
青 海	201444	25316	1325	419
宁 夏	74468	18755	687	618
新 疆	608719	96793	2935	1866

2-B-4.12 各地区中央总承包和专业承包企业固定资产情况

单位：万元

地区	固定资产小计	固定资产原价	#生产经营用	固定资产折旧	#本年折旧	在建工程
全国	**7812739**	**12603376**	**9978741**	**5410957**	**870554**	**533396**
北京	930661	1360978	1036366	541278	87417	100584
天津	549592	958698	827003	436113	59435	25708
河北	337760	568021	479264	245591	39617	13282
山西	410729	631382	474245	252983	51131	24621
内蒙古	42410	65500	60696	27219	5266	2132
辽宁	370865	685195	572821	328455	46578	13647
吉林	157318	268671	196122	115537	19961	3336
黑龙江	189955	330544	292747	142904	20057	2225
上海	619047	1096741	952399	518778	62725	35711
江苏	152599	238885	193866	93545	11287	5254
浙江	110408	175275	138424	72648	12584	7133
安徽	171489	270427	228023	106007	17737	447
福建	70370	112681	90166	45600	8520	3056
江西	102781	167792	120615	72980	8059	3055
山东	452420	748582	608810	325566	50732	28314
河南	389031	609583	492325	266135	64456	40031
湖北	649022	1059433	570900	474032	70726	54533
湖南	182753	326898	283631	152195	25472	7961
广东	231621	339973	274382	131846	21386	11938
广西	138970	180245	148102	71026	9068	29503
海南	2007	1887	1511	1014	314	1067
重庆	78002	114557	102406	38229	6178	933
四川	508930	811355	618311	352046	68245	47601
贵州	95204	128554	110572	50061	10418	14955
云南	90590	155452	136458	66860	12761	1995
西藏						
陕西	350594	535208	445686	219031	38068	27595
甘肃	139862	224484	200707	87834	11410	4005
青海	64088	123664	71309	60085	12825	509
宁夏	36546	51922	45785	16662	3178	843
新疆	187116	260794	205088	98697	14946	21424

2-B-4.13 各地区中央总承包和专业承包企业负债及所有者权益

单位：万元

地区	负债合计	流动负债	长期负债	所有者权益	#实收资本
全国	**36879042**	**34063701**	**2815342**	**14588964**	**10569507**
北京	7321094	5878273	1442821	5510701	3717043
天津	1812582	1732600	79982	578223	386282
河北	1526074	1480006	46069	338800	258464
山西	2128433	2062601	65832	485753	449936
内蒙古	128803	122467	6336	43525	35727
辽宁	1371873	1359187	12686	446212	394960
吉林	667474	634946	32528	185472	161102
黑龙江	649288	635751	13536	233177	266914
上海	3088245	2837892	250353	830547	489934
江苏	895660	886874	8786	166989	147635
浙江	330694	321088	9606	164871	113346
安徽	790189	769255	20934	214296	152275
福建	334946	330168	4778	107379	88182
江西	436955	419652	17303	120758	98504
山东	2088699	1987041	101658	542578	458041
河南	1653212	1602112	51100	405281	368961
湖北	2994709	2780246	214463	1342148	826271
湖南	875068	851343	23725	225851	215705
广东	1192830	1141696	51134	304652	250679
广西	338428	204948	133480	205333	97240
海南	8026	7976	50	9945	4610
重庆	282592	279411	3181	82808	88207
四川	2084858	1984494	100364	918637	583127
贵州	456591	431562	25028	145939	85057
云南	291972	283150	8821	90259	79046
西藏					
陕西	1656000	1601148	54852	412505	325649
甘肃	528688	521472	7216	162980	155939
青海	220659	217842	2817	75189	66150
宁夏	88023	87908	115	34587	32368
新疆	636381	610592	25789	203568	172154

2-B-4.14 各地区中央总承包和专业承包企业实收资本

单位：万元

地区	合计	国家资本	集体资本	法人资本	个人资本	港澳台资本	外商资本
全国	**10569507**	**5581818**	**196205**	**4528717**	**233137**	**20203**	**9427**
北京	3717043	2980418	26443	679842	17970	9170	3200
天津	386282	110153	11504	248017	16486		123
河北	258464	79374	16961	158292	3836		
山西	449936	78868	8565	361008	1495		
内蒙古	35727	29669		1224	4834		
辽宁	394960	308723	32190	51819	1638	590	
吉林	161102	121353	1359	32120	6270		
黑龙江	266914	161647	10802	91176	3289		
上海	489934	56929	20830	403789	364	6314	1709
江苏	147635	35315	1230	107846	3243		
浙江	113346	39072		74274			
安徽	152275	8678	31	143289	195		83
福建	88182	12456	92	74574	1061		
江西	98504	21834	4401	71970	300		
山东	458041	128928	11947	308704	8462		
河南	368961	78853	6367	283368	374		
湖北	826271	110541	9676	575515	125747	480	4313
湖南	215705	85661	2581	127167	296		
广东	250679	92674	1032	153248	2115	1610	
广西	97240	58595	288	38047	310		
海南	4610	2095	730	1785			
重庆	88207	38877		47427	1833	70	
四川	583127	487149	10375	75663	9941		
贵州	85057	80115	522		2450	1970	
云南	79046	23254	1261	53044	1488		
西藏							
陕西	325649	117428	5950	197090	5181		
甘肃	155939	69570	1215	84782	372		
青海	66150	52857	3109	9869	314		
宁夏	32368	14155	730	14009	3474		
新疆	172154	96581	6016	59759	9798		

2-B-4.15 各地区中央总承包和专业承包企业收入情况

单位：万元

地 区	工程结算收入	工程结算成本	工程结算税金及附加	工程结算利润	经营费用	其他业务收入	#其他业务利润
全 国	**54076353**	**48743177**	**1572811**	**3592390**	**167976**	**1655720**	**202627**
北 京	7547297	6882876	208260	437001	19160	177011	22368
天 津	3127486	2811389	86349	227407	2341	46949	2048
河 北	2315816	2058662	75715	175023	6416	115229	6942
山 西	3724305	3408920	110590	192808	11987	54983	12730
内蒙古	271991	242224	12712	15651	1404	1223	241
辽 宁	2389909	2158677	69201	148314	13717	122563	12571
吉 林	1042057	944416	29182	64869	3590	11083	5660
黑龙江	934535	837031	34513	61064	1927	12275	1610
上 海	4338182	3888254	126414	316282	7232	257004	24697
江 苏	1649454	1502200	50690	95134	1431	35545	2903
浙 江	955584	852891	23127	78973	593	7542	1480
安 徽	1622414	1450373	50169	115167	6705	52369	-1033
福 建	753418	681902	25358	43674	2484	15579	1273
江 西	631727	564637	18991	46729	1370	19909	2807
山 东	3075510	2746347	88480	229074	11609	43197	8073
河 南	2536539	2285992	80559	165820	4168	40611	5613
湖 北	4067243	3651170	117970	273553	24550	221210	33234
湖 南	1410429	1277498	38343	93236	1352	19455	3983
广 东	1875121	1719611	52915	99474	3121	33842	6334
广 西	364171	320221	11395	32327	227	26885	2424
海 南	10061	6483	360	3118	100	16	16
重 庆	474778	427949	14712	29951	2167	12129	2826
四 川	2957895	2639893	74782	237648	5572	154006	17728
贵 州	792318	702020	24712	59381	6205	24752	5939
云 南	544210	482938	15969	42960	2343	10037	332
西 藏							
陕 西	2687143	2436225	78973	156275	15670	80698	8049
甘 肃	692415	617886	14558	55466	4504	13194	581
青 海	313186	277243	9736	25639	568	10535	2610
宁 夏	156617	141531	4729	10238	120	955	397
新 疆	814544	725718	23350	60134	5342	34933	8193

2-B-4.16 各地区中央总承包和专业承包企业费用情况

单位：万元

地 区	管理费用	#税 金	#财产保险费	#差旅费	#工会经费	财务费用	#利息支出
全 国	**2920809**	**45869**	**14275**	**150104**	**56973**	**238092**	**198919**
北 京	377264	4130	999	18509	3168	50237	37294
天 津	147579	3380	462	7146	2065	5530	5053
河 北	144408	3566	716	7007	3222	13522	12021
山 西	172684	2460	702	10144	2719	8663	10571
内蒙古	12816	259	293	421	247	1039	820
辽 宁	152306	3072	968	7567	2441	7491	5335
吉 林	54622	846	112	2999	747	6012	5558
黑龙江	53504	1214	297	2577	1123	1539	1472
上 海	274954	3232	803	12204	3557	9670	10882
江 苏	78042	829	385	3257	1783	5307	4795
浙 江	50253	661	435	2777	619	1656	1358
安 徽	86683	1071	120	1663	10979	6967	4849
福 建	36230	734	140	1722	490	1558	1770
江 西	39718	423	115	2122	690	3390	3459
山 东	164523	3268	2029	9271	3053	13206	10972
河 南	127393	3127	439	7933	1992	11286	8367
湖 北	217057	2786	1017	13424	3619	20976	20991
湖 南	83353	1784	429	4794	1332	7646	6917
广 东	81679	1283	292	3206	1266	8044	6493
广 西	25391	368	113	1527	602	3323	1990
海 南	1005	36		2	7	-25	-32
重 庆	21587	516	421	1721	938	1832	1718
四 川	186359	1840	781	10381	5777	24852	14391
贵 州	39202	426	72	1427	524	2207	1622
云 南	37494	442	114	1661	559	1090	1259
西 藏							
陕 西	120438	2160	966	7009	1505	12789	11477
甘 肃	45802	649	282	2027	766	3705	3454
青 海	24280	507	236	1251	430	1054	680
宁 夏	7495	164	22	324	83	-16	-39
新 疆	56691	637	517	4030	671	3543	3423

2-B-4.17 各地区中央总承包和专业承包企业利润及税金情况

单位：万元

地区	利润总额	#应交所得税	税金总额	工程结算税金及附加	管理费用中的税金
全国	**785074**	**175095**	**1618679**	**1572811**	**45869**
北京	138390	21244	212390	208260	4130
天津	81238	29318	89728	86349	3380
河北	32296	9893	79281	75715	3566
山西	21890	5499	113050	110590	2460
内蒙古	1887	545	12971	12712	259
辽宁	10475	5374	72272	69201	3072
吉林	9570	4590	30028	29182	846
黑龙江	7994	4164	35727	34513	1214
上海	75525	11799	129646	126414	3232
江苏	16472	4114	51518	50690	829
浙江	16892	8759	23788	23127	661
安徽	21608	1565	51240	50169	1071
福建	8271	2222	26092	25358	734
江西	5517	1478	19414	18991	423
山东	61982	12346	91748	88480	3268
河南	34900	4647	83686	80559	3127
湖北	72020	15525	120757	117970	2786
湖南	9209	3370	40127	38343	1784
广东	21752	5878	54197	52915	1283
广西	7119	970	11763	11395	368
海南	1871	638	395	360	36
重庆	10911	1223	15228	14712	516
四川	50010	5896	76622	74782	1840
贵州	20913	3709	25138	24712	426
云南	1289	811	16410	15969	442
西藏					
陕西	26371	4367	81133	78973	2160
甘肃	5185	2682	15207	14558	649
青海	699	380	10243	9736	507
宁夏	2152	858	4893	4729	164
新疆	10669	1234	23986	23350	637

2-B-4.18 各地区中央总承包和专业承包企业主要经济效益指标

地区	产值利润率(%)	产值利税率(%)	资本利润率(%)	资本利税率(%)	人均利润(元/人)	人均利税(元/人)	资产负债率(%)
全国	**1.6**	**4.9**	**7.4**	**22.7**	**3188**	**9761**	**66.2**
北京	2.4	6.0	3.7	9.4	4233	10730	45.8
天津	2.8	5.9	21.0	44.3	7513	15811	72.5
河北	1.4	4.8	12.5	43.2	2791	9641	79.4
山西	0.6	3.8	4.9	30.0	1355	8353	78.9
内蒙古	0.7	5.2	5.3	41.6	854	6721	71.1
辽宁	0.4	3.4	2.7	21.0	839	6629	74.8
吉林	0.9	3.9	5.9	24.6	1437	5945	74.4
黑龙江	1.0	5.6	3.0	16.4	1369	7485	72.0
上海	2.1	5.7	15.4	41.9	5138	13956	72.4
江苏	1.2	5.0	11.2	46.1	2531	10447	83.5
浙江	2.3	5.4	14.9	35.9	7857	18923	64.8
安徽	1.5	5.1	14.2	47.8	3348	11289	76.6
福建	1.2	4.8	9.4	39.0	2149	8927	74.6
江西	0.8	3.8	5.6	25.3	1407	6360	75.2
山东	2.0	5.1	13.5	33.6	3714	9211	75.5
河南	1.5	5.0	9.5	32.1	2292	7788	77.8
湖北	1.8	4.9	8.7	23.3	4740	12688	64.1
湖南	0.7	3.5	4.3	22.9	1233	6604	77.3
广东	1.5	5.3	8.7	30.3	4016	14023	76.2
广西	2.0	5.4	7.3	19.4	3204	8498	37.7
海南	22.5	27.2	40.6	49.2	27471	33275	44.4
重庆	2.3	5.5	12.4	29.6	3235	7750	76.5
四川	1.7	4.3	8.6	21.7	3634	9201	66.1
贵州	2.6	5.8	24.6	54.1	5629	12396	71.6
云南	0.3	3.5	1.6	22.4	591	8122	74.1
西藏							
陕西	1.0	4.2	8.1	33.0	2747	11197	77.4
甘肃	0.7	2.8	3.3	13.1	1289	5069	75.4
青海	0.2	3.3	1.1	16.5	395	6181	73.6
宁夏	1.5	5.0	6.6	21.8	1539	5037	71.7
新疆	1.2	3.9	6.2	20.1	1309	4253	72.7

2-B-4.19 各地区地方总承包和专业承包企业签订合同情况

单位：万元

地区	合同总额	上年结转合同额	本年新签合同额
全国	**358527971**	**121083592**	**237444379**
北京	19238248	7205563	12032686
天津	4926684	1605101	3321583
河北	10646421	3273244	7373176
山西	4821059	1593299	3227759
内蒙古	4301169	1533152	2768018
辽宁	13328533	3336160	9992373
吉林	3820531	1137697	2682834
黑龙江	5434896	1619728	3815168
上海	25448780	10358291	15090489
江苏	44325702	12637422	31688281
浙江	61492609	22328023	39164586
安徽	8703066	2386922	6316143
福建	9126135	3110079	6016057
江西	5826725	1995116	3831609
山东	20228944	5799619	14429325
河南	8250629	2785412	5465217
湖北	10341497	2449923	7891574
湖南	14037349	4731724	9305625
广东	32614641	13692037	18922604
广西	4851754	1899959	2951795
海南	893374	386928	506446
重庆	8984913	3002608	5982305
四川	14270905	4644683	9626222
贵州	3012378	1161331	1851047
云南	6256102	1853172	4402930
西藏	395849	139901	255948
陕西	4401245	1671180	2730065
甘肃	3070684	1140716	1929969
青海	779418	265484	513934
宁夏	1275895	331762	944134
新疆	3421839	1007359	2414480

2-B-4.20 各地区地方总承包和专业承包企业承包工程完成情况

单位：万元

地区	直接从建设单位承揽工程完成的产值	自行完成施工产值	分包出去工程的产值	从建设单位以外承揽工程完成的产值
全 国	**234901427**	**228669930**	**6231497**	**12158436**
北 京	10498960	10061854	437106	652080
天 津	3519525	3389429	130095	270816
河 北	7579982	7560064	19918	171714
山 西	3546063	3495183	50880	113557
内蒙古	3216196	3205532	10664	56466
辽 宁	9851183	9760822	90361	266970
吉 林	3063334	3049272	14062	36392
黑龙江	4346149	4319790	26358	65121
上 海	12962608	11119740	1842868	2181407
江 苏	32540682	31939268	601414	3256542
浙 江	37147028	36878572	268456	1329376
安 徽	6296241	6182357	113884	277637
福 建	5876156	5813159	62997	194095
江 西	3925839	3845371	80467	110002
山 东	16220627	16075678	144949	575123
河 南	5765775	5658195	107580	155192
湖 北	7068773	6967688	101085	242040
湖 南	8733789	8662779	71010	218302
广 东	18205425	16611091	1594334	966971
广 西	2839672	2827733	11938	106219
海 南	570888	569007	1881	8507
重 庆	6401892	6211673	190219	219988
四 川	9960383	9876413	83971	288142
贵 州	1750664	1739712	10953	24758
云 南	3895507	3870826	24682	103335
西 藏	288908	285133	3774	5669
陕 西	2653560	2609529	44031	78003
甘 肃	2152167	2130720	21447	85843
青 海	529397	513224	16173	41554
宁 夏	953984	953193	791	16498
新 疆	2540072	2486922	53150	40119

2-B-4.21 各地区地方总承包和专业承包企业总产值和竣工产值

单位：万元

地区	建筑业总产值	#装饰装修产值	#在外省完成的产值	按构成分组：建筑工程产值	安装工程产值	其他产值	竣工产值
全国	**240828366**	**16927152**	**41430218**	**205960504**	**24930783**	**9937079**	**176272766**
北京	10713934	2335831	876112	9229764	1205174	278996	7721392
天津	3660245	243553	261987	2945328	536398	178519	2504468
河北	7731777	303607	1338840	6534243	672047	525488	5741675
山西	3608740	216952	225842	2996283	446676	165781	2164776
内蒙古	3261998	70506	172145	2682377	489451	90170	2481250
辽宁	10027792	767847	1030125	8271614	1510406	245773	7383169
吉林	3085664	124882	324206	2598382	383883	103399	2020742
黑龙江	4384911	273537	528064	3679164	555963	149784	3531487
上海	13301147	1642754	1039547	10630867	1827007	843273	9558285
江苏	35195810	1812502	11440526	31536373	2769747	889691	27561150
浙江	38207947	2312780	13300627	33580999	3484042	1142907	26127858
安徽	6459994	420500	875561	5373006	727007	359981	4492892
福建	6007255	408915	1144818	5101801	689812	215641	4289016
江西	3955373	168310	507951	3396141	285706	273527	3007818
山东	16650802	1038365	757126	13782306	2072087	796409	11805531
河南	5813387	319882	698953	4937824	595687	279876	4144102
湖北	7209727	459744	651909	5865243	633052	711433	4871647
湖南	8881081	359800	1419410	7543816	606358	730907	6044342
广东	17578062	2093337	1878165	14690186	2266492	621384	13882835
广西	2933953	196121	121188	2598742	272000	63211	2071349
海南	577514	66146	52064	468465	60603	48447	360531
重庆	6431661	338850	474071	5642144	541856	247661	4438801
四川	10164555	470254	1469296	8725391	999831	439333	9015377
贵州	1764469	27457	225866	1567642	138798	58029	1110628
云南	3974161	173540	94549	3511655	342262	120244	2821986
西藏	290802	6873	1024	266987	13554	10261	238032
陕西	2687532	57447	251123	2448493	172886	66153	1970808
甘肃	2216563	84652	165411	1908817	223860	83886	1738657
青海	554778	17593	12039	481292	49128	24359	399345
宁夏	969691	27883	50452	898142	57723	13825	842899
新疆	2527041	86732	41222	2067017	301290	158733	1929920

2-B-4.22 各地区地方总承包和专业承包企业房屋建筑面积

地区	房屋建筑施工面积(万平方米)	#本年新开工	#实行投标承包面积	#本年新开工	房屋建筑竣工面积(万平方米)	房屋建筑面积竣工率(%)
全国	**290854.3**	**169923.2**	**225584.6**	**137973.0**	**140982.3**	**48.5**
北京	9496.3	4130.0	7883.8	3597.6	3884.3	40.9
天津	2672.2	1500.6	2204.4	1223.1	1278.9	47.9
河北	10466.8	6686.9	8206.7	5774.6	5649.6	54.0
山西	3163.5	1897.3	2278.8	1462.6	1361.9	43.0
内蒙古	2515.6	1696.6	1905.6	1426.0	1582.6	62.9
辽宁	8509.9	5776.3	7070.4	4801.6	4643.2	54.6
吉林	2672.7	1808.2	2423.5	1647.6	1671.1	62.5
黑龙江	3647.1	2251.5	2955.0	1902.2	2329.9	63.9
上海	9719.8	6375.7	6410.9	4137.8	4144.9	42.6
江苏	42632.6	26602.8	35693.4	22727.4	21598.7	50.7
浙江	50814.0	28577.8	42101.4	23705.3	20362.4	40.1
安徽	8056.5	5120.2	6214.2	4215.9	4665.0	57.9
福建	7250.6	3843.5	4736.3	2671.0	3488.3	48.1
江西	6065.9	3740.1	4938.8	3241.8	3340.4	55.1
山东	20639.1	12789.9	15316.9	10258.1	10918.5	52.9
河南	8404.5	4779.1	6877.4	4210.1	4001.2	47.6
湖北	9205.8	6011.8	6571.6	4767.1	5648.9	61.4
湖南	11753.6	6987.0	9358.5	5933.4	6032.1	51.3
广东	25412.2	11574.8	16638.6	7722.7	9546.7	37.6
广西	4606.5	2537.7	3479.3	2012.4	1905.3	41.4
海南	677.0	350.0	520.6	275.8	301.8	44.6
重庆	9915.5	5721.9	7188.5	4722.8	5075.8	51.2
四川	15112.7	9235.9	10675.6	7209.4	8577.6	56.8
贵州	2396.4	1136.8	1791.8	992.9	1040.4	43.4
云南	4245.5	2635.3	3135.2	2026.8	2493.2	58.7
西藏	183.3	142.7	121.1	103.7	146.2	79.8
陕西	3838.7	2047.1	3086.7	1713.4	1727.4	45.0
甘肃	3049.0	1723.4	2546.7	1501.9	1570.9	51.5
青海	419.3	245.6	315.0	180.4	253.4	60.4
宁夏	1050.4	565.5	944.9	501.9	563.7	53.7
新疆	2261.4	1431.3	1993.0	1305.9	1178.0	52.1

2-B-4.23 各地区按主要用途分的地方总承包和专业承包企业房屋建筑竣工面积

单位：万平方米

地区	合计	厂房、仓库	住宅	办公用房	批发和零售用房	住宿和餐饮用房
全国	**140982.3**	**24674.7**	**79013.3**	**12297.0**	**3660.8**	**2261.2**
北京	3884.3	357.1	2668.0	326.3	91.8	22.8
天津	1278.9	277.3	642.2	64.8	59.4	6.4
河北	5649.6	592.0	3650.9	448.7	138.3	67.2
山西	1361.9	146.2	792.1	142.5	48.9	29.9
内蒙古	1582.6	153.1	828.6	241.7	56.4	38.4
辽宁	4643.2	652.6	2942.6	335.4	124.7	75.4
吉林	1671.1	189.2	1057.8	124.3	32.5	22.5
黑龙江	2329.9	222.0	1417.0	168.1	60.1	24.4
上海	4144.9	1436.5	1958.2	268.6	56.0	25.5
江苏	21598.7	4557.8	11760.8	1833.6	512.2	297.7
浙江	20362.4	5752.9	9418.6	1888.5	466.4	350.3
安徽	4665.0	602.8	2651.2	408.8	144.4	93.9
福建	3488.3	795.5	1914.8	244.0	37.4	46.1
江西	3340.4	269.2	2110.7	313.4	102.6	49.4
山东	10918.5	2102.4	6313.3	847.3	307.6	163.3
河南	4001.2	481.5	2308.4	434.4	99.4	70.4
湖北	5648.9	851.5	3258.6	486.1	61.3	70.8
湖南	6032.1	561.8	3339.1	736.4	240.7	128.3
广东	9546.7	2567.6	4536.0	772.3	182.1	152.5
广西	1905.3	145.4	1186.6	203.6	31.3	44.2
海南	301.8	14.6	167.1	20.1	3.8	5.6
重庆	5075.8	443.8	3490.9	347.6	203.2	66.3
四川	8577.6	827.8	5446.0	657.1	295.6	203.4
贵州	1040.4	72.9	604.1	104.1	14.5	10.0
云南	2493.2	269.8	1182.6	304.2	98.6	82.5
西藏	146.2	9.2	62.0	35.1	1.0	6.0
陕西	1727.4	93.9	1116.6	185.4	23.5	42.9
甘肃	1570.9	119.5	992.2	148.2	40.0	24.1
青海	253.4	14.6	171.5	33.0	6.1	4.8
宁夏	563.7	33.5	361.3	62.4	28.9	9.6
新疆	1178.0	60.9	663.5	110.8	92.0	26.4

2-B-4.23 续表 单位：万平方米

地 区	居民服务业用房	教育用房	文化、体育和娱乐用房	卫生医疗用房	科研用房	其他用房
全 国	**2254.9**	**8232.3**	**1582.6**	**1335.4**	**436.4**	**5233.7**
北 京	48.6	111.9	40.1	19.2	22.6	176.0
天 津	9.7	68.3	17.3	24.5	10.1	98.9
河 北	131.0	325.8	65.1	43.3	3.7	183.7
山 西	21.1	92.7	13.0	11.6	7.0	56.8
内蒙古	27.8	111.9	24.1	19.2	0.8	80.4
辽 宁	64.7	248.5	38.6	21.0	7.8	132.0
吉 林	19.3	94.5	20.6	16.1	1.5	92.8
黑龙江	59.0	158.5	38.7	42.7	1.4	138.1
上 海	17.4	153.4	39.2	58.2	9.9	121.8
江 苏	387.3	1145.8	220.5	207.5	64.3	611.1
浙 江	310.8	1084.6	260.1	177.6	89.4	563.0
安 徽	116.0	395.2	50.0	44.0	9.5	149.4
福 建	70.4	185.9	43.2	31.5	10.9	108.6
江 西	64.4	223.5	30.5	35.2	4.6	136.9
山 东	163.8	524.7	56.2	51.4	31.3	357.2
河 南	46.9	323.4	49.1	57.7	11.4	118.6
湖 北	63.2	293.9	69.6	71.8	16.2	406.1
湖 南	105.6	482.3	71.2	80.4	8.6	277.6
广 东	137.6	543.4	123.7	37.6	55.4	438.5
广 西	20.3	140.1	32.5	20.3	3.0	78.0
海 南	9.5	20.7	7.2	6.1	0.7	46.4
重 庆	71.3	218.0	59.9	17.4	18.0	139.5
四 川	115.0	525.3	92.2	82.9	16.8	315.5
贵 州	13.1	132.5	18.6	22.7	1.9	45.9
云 南	45.5	239.6	34.1	54.7	9.9	171.7
西 藏	4.7	13.0	2.1	1.1	0.3	11.6
陕 西	22.8	149.2	20.4	19.1	10.9	42.7
甘 肃	35.7	118.0	16.9	29.1	5.5	41.8
青 海	1.9	6.7	2.0	1.2	0.3	11.3
宁 夏	8.6	29.7	8.5	5.3	0.2	15.6
新 疆	42.0	71.3	17.3	25.1	2.6	66.1

2-B-4.24 各地区按主要用途分的地方总承包和专业承包企业房屋建筑竣工价值

单位：万元

地 区	合 计	厂房、仓库	住 宅	办公用房	批发和零售用房	住宿和餐饮用房
全 国	**107215346**	**17446746**	**57420858**	**10898798**	**2851156**	**1900155**
北 京	4753603	406528	2964967	545319	123758	40237
天 津	1196100	199429	517030	73236	72220	6121
河 北	4099307	503626	2435749	388583	100913	52326
山 西	1005543	113717	533331	127822	32223	24834
内蒙古	1198354	146088	570832	192809	43631	28587
辽 宁	3743342	589196	2178997	307154	119577	72241
吉 林	1259957	175937	712465	105020	21384	17466
黑龙江	2007745	215942	1115413	164888	53043	22317
上 海	4198805	1189235	1998613	365819	51813	24718
江 苏	17147854	3255289	9070248	1635869	398073	306669
浙 江	16950311	3713746	8068732	1883776	401088	339221
安 徽	2869100	378662	1584169	281471	90986	53064
福 建	2704589	540595	1471322	217919	32697	36737
江 西	1731369	152694	1029196	166513	53991	29136
山 东	7796392	1423743	4313840	698975	235691	124410
河 南	2479794	318791	1345484	328262	58432	44311
湖 北	3473407	538531	1901772	329422	33509	43514
湖 南	4139396	413154	2110272	612278	158549	92097
广 东	7926894	1691874	3855395	729594	149327	131274
广 西	1286545	97956	741258	164002	20609	50147
海 南	252788	12329	153945	20261	2372	5096
重 庆	3200281	294284	2090543	260504	153256	45008
四 川	5172092	549058	3072374	454262	199419	139694
贵 州	547016	44605	288831	63627	9705	6743
云 南	1790786	182610	840977	242141	82169	56859
西 藏	132508	9955	50949	36537	858	5997
陕 西	1374654	70907	835933	188541	17256	39016
甘 肃	1136402	117221	665986	118057	30171	20782
青 海	202550	14685	128198	30478	5705	4220
宁 夏	418018	29267	240745	56902	23377	10557
新 疆	1019844	57094	533297	108758	75355	26762

2-B-4.24 续表 单位：万元

地 区	居民服务业用 房	教育用房	文化、体育和娱乐用房	卫生医疗用房	科研用房	其他用房
全 国	**1864270**	**6764979**	**1628105**	**1247951**	**502187**	**4690150**
北 京	64282	177870	80855	44803	34586	270396
天 津	19936	89158	29394	46790	23950	118838
河 北	111504	241217	55904	37244	11680	160560
山 西	15706	70420	11803	10444	8862	56382
内蒙古	25826	90516	22504	18995	796	57770
辽 宁	59132	222155	37891	23976	5904	127118
吉 林	19159	83710	22020	11251	1172	90375
黑龙江	69119	151682	41349	41702	1137	131154
上 海	22272	200811	79119	89060	14569	162776
江 苏	342734	1010643	216423	179121	71456	661330
浙 江	288053	1080762	319447	208559	107078	539860
安 徽	71858	248229	36844	31914	5114	86790
福 建	63333	146295	46942	35364	9569	103817
江 西	42157	125453	20191	19781	3080	89178
山 东	130457	434580	56594	38276	33615	306212
河 南	25708	205248	38584	32735	8879	73361
湖 北	43431	200226	54922	61801	16895	249383
湖 南	73766	342717	57307	57031	6487	215739
广 东	109727	544154	144330	40119	69316	461785
广 西	12941	88478	28121	19575	4588	58870
海 南	6271	17400	7159	4758	1219	21979
重 庆	45826	133075	42036	13673	9264	112813
四 川	71228	326400	68122	54684	21406	215449
贵 州	6187	62236	10368	15011	1644	38060
云 南	30824	169078	27822	41644	5107	111555
西 藏	3585	11692	2901	1252	547	8234
陕 西	22572	110085	22121	17008	11107	40107
甘 肃	23360	81830	14367	20139	9393	35096
青 海	1517	4449	1783	1060	189	10265
宁 夏	6564	24303	8120	5088	173	12924
新 疆	35236	70107	22762	25092	3405	61977

2-B-4.25 各地区地方总承包和专业承包企业施工机械设备情况

地 区	年末自有施工机械设备总台数（台）	年末自有施工机械设备总功率(千瓦)	年末自有施工机械设备净值（万元）	技术装备率（元/人）	动力装备率（千瓦/人）
全 国	**7914257**	**127629213**	**19679201**	**8565**	**5.6**
北 京	254621	3458660	504615	11678	8.0
天 津	79700	1535807	265304	14571	8.4
河 北	443306	5499859	840545	8155	5.3
山 西	188037	2972252	485776	11594	7.1
内蒙古	93101	1813055	303499	11786	7.0
辽 宁	243197	5046462	921406	10548	5.8
吉 林	89644	1897098	316923	11998	7.2
黑龙江	168340	3898274	628881	14635	9.1
上 海	152198	1999510	502968	8359	3.3
江 苏	720407	11375823	2198000	7778	4.0
浙 江	634192	8183863	1749284	6620	3.1
安 徽	337480	4217467	599876	6915	4.9
福 建	181931	2617600	441795	8598	5.1
江 西	148950	2133085	381945	7000	3.9
山 东	596711	17787997	1366154	6513	8.5
河 南	417124	4495615	846479	9024	4.8
湖 北	394936	5392629	889167	9788	5.9
湖 南	396286	5094895	819232	7556	4.7
广 东	721283	14574720	1516040	10267	9.9
广 西	187647	2170288	276241	8455	6.6
海 南	21852	561955	73910	10484	8.0
重 庆	197455	2716183	608022	7272	3.2
四 川	423661	5545052	1036693	6784	3.6
贵 州	66538	1030021	190820	7337	4.0
云 南	199220	2766564	549645	11254	5.7
西 藏	12896	300485	56450	15287	8.1
陕 西	162072	2124436	337997	10278	6.5
甘 肃	219810	3213540	446059	10572	7.6
青 海	41534	826165	99683	12955	10.7
宁 夏	39168	814390	142424	18631	10.7
新 疆	80960	1565463	283370	20910	11.6

2-B-4.26 各地区地方总承包和专业承包企业主要生产效益指标

地区	建筑业企业个数(个)	计算建筑业劳动生产率的平均人数(人)	按总产值计算的劳动生产率(元/人)	人均竣工产值(元/人)	人均施工面积(平方米/人)	人均竣工面积(平方米/人)
全国	**57449**	**24423375**	**98606**	**72174**	**119.1**	**57.7**
北京	2357	790390	135553	97691	120.1	49.1
天津	1074	273202	133976	91671	97.8	46.8
河北	2029	1023759	75523	56084	102.2	55.2
山西	1421	427998	84317	50579	73.9	31.8
内蒙古	651	377160	86488	65788	66.7	42.0
辽宁	2890	1055924	94967	69921	80.6	44.0
吉林	956	359799	85761	56163	74.3	46.4
黑龙江	1756	572287	76621	61708	63.7	40.7
上海	2526	848330	156792	112672	114.6	48.9
江苏	5135	2989295	117740	92199	142.6	72.3
浙江	3728	2690983	141985	97094	188.8	75.7
安徽	1888	849057	76084	52916	94.9	54.9
福建	1574	530659	113204	80824	136.6	65.7
江西	1234	497073	79573	60511	122.0	67.2
山东	5284	2220449	74988	53167	92.9	49.2
河南	2361	845476	68759	49015	99.4	47.3
湖北	2193	871367	82740	55908	105.6	64.8
湖南	1846	1052892	84349	57407	111.6	57.3
广东	3884	1483498	118491	93582	171.3	64.4
广西	982	322987	90838	64131	142.6	59.0
海南	149	71975	80238	50091	94.1	41.9
重庆	2322	786790	81746	56417	126.0	64.5
四川	3759	1534302	66249	58759	98.5	55.9
贵州	590	241598	73033	45970	99.2	43.1
云南	1554	474691	83721	59449	89.4	52.5
西藏	141	30116	96561	79038	60.9	48.6
陕西	775	334430	80362	58930	114.8	51.7
甘肃	869	404006	54865	43035	75.5	38.9
青海	365	87279	63564	45755	48.0	29.0
宁夏	448	142535	68032	59136	73.7	39.5
新疆	708	233068	108425	82805	97.0	50.5

2-B-4.27 各地区地方总承包和专业承包企业营业额

单位：万元

地　区	企业营业额	在境外完成的营业额	企业总产值	#建筑业总产值
全　国	**292693719**	**2992054**	**289701665**	**240828366**
北　京	11636100	87845	11548255	10713934
天　津	4270395	26877	4243518	3660245
河　北	8056116	103940	7952176	7731777
山　西	3779462	6897	3772565	3608740
内蒙古	3407510	17365	3390145	3261998
辽　宁	10314109	102882	10211227	10027792
吉　林	3124534	11405	3113128	3085664
黑龙江	4695449	43084	4652365	4384911
上　海	15877162	125882	15751280	13301147
江　苏	37482270	836865	36645405	35195810
浙　江	39281937	200923	39081015	38207947
安　徽	6866863	136582	6730281	6459994
福　建	6777863	245951	6531912	6007255
江　西	4179324	44849	4134475	3955373
山　东	50330573	235165	50095409	16650802
河　南	6280531	89869	6190662	5813387
湖　北	8256605	71453	8185152	7209727
湖　南	11077940	180811	10897129	8881081
广　东	20137140	122385	20014755	17578062
广　西	3260707	14402	3246305	2933953
海　南	580715	80	580635	577514
重　庆	6771766	9818	6761948	6431661
四　川	10504908	117161	10387748	10164555
贵　州	1850441	5650	1844791	1764469
云　南	4189927	29808	4160120	3974161
西　藏	311927	2361	309566	290802
陕　西	2832623	76189	2756434	2687532
甘　肃	2354483	30543	2323939	2216563
青　海	562698	7	562692	554778
宁　夏	1027592	9308	1018283	969691
新　疆	2614051	5699	2608352	2527041

2-B-4.28 各地区地方总承包和专业承包企业资产构成

单位：万元

地 区	资产合计	#流动资产小计	#长期投资	#固定资产小计	#无形及递延资产
全 国	**234178240**	**168194283**	**11815912**	**47682381**	**5588839**
北 京	15732545	12494188	1452401	1557603	164195
天 津	4211018	3085501	241498	779216	67699
河 北	7594566	4985762	211500	2075262	278011
山 西	5301867	3320139	445849	1475077	40443
内蒙古	2840813	1895014	69473	782969	84824
辽 宁	9430483	6643174	293530	2221412	255345
吉 林	3763968	2729915	111019	843121	71248
黑龙江	5861510	3904934	284045	1570890	89377
上 海	16320090	12417076	1567700	1960702	265317
江 苏	26387300	20873836	898798	4116949	425469
浙 江	21492144	16965499	1051569	3146473	257073
安 徽	5794423	3890589	137272	1480499	269601
福 建	5902717	4461485	300894	1041392	85863
江 西	3615831	2321126	148678	979140	154303
山 东	17711468	12823021	594812	3603969	642009
河 南	6148321	3751554	165947	1945825	250643
湖 北	6349101	3785055	156420	2116147	266188
湖 南	6441655	4072541	196094	1917375	237628
广 东	24034453	18072750	1358886	4043749	417431
广 西	3521183	2263122	305726	843410	103021
海 南	679708	432375	32351	187471	27033
重 庆	5804554	4031167	243066	1355778	151537
四 川	10563214	6814788	668837	2635503	408800
贵 州	2105610	1478762	61352	476365	83156
云 南	5029326	3179067	351234	1337806	144954
西 藏	469117	236922	35437	177096	17816
陕 西	3285168	2203039	142045	851573	77785
甘 肃	2776884	1713674	68410	936386	45311
青 海	796858	477330	22712	277577	17737
宁 夏	1277383	859935	67032	319732	29112
新 疆	2934967	2010945	131327	625914	159909

2-B-4.29 各地区地方总承包和专业承包企业流动资产、无形及递延资产

单位：万元

地 区	流动资产	#存 货	无形及递延资产	#无形资产
全 国	**168194283**	**46156843**	**5588839**	**5010065**
北 京	12494188	3473852	164195	139762
天 津	3085501	725921	67699	58856
河 北	4985762	1161094	278011	266916
山 西	3320139	565209	40443	36230
内蒙古	1895014	374127	84824	80680
辽 宁	6643174	1336499	255345	228315
吉 林	2729915	279024	71248	61889
黑龙江	3904934	717525	89377	79488
上 海	12417076	3718352	265317	208156
江 苏	20873836	7069642	425469	385690
浙 江	16965499	5331996	257073	229675
安 徽	3890589	911026	269601	249378
福 建	4461485	1465543	85863	74731
江 西	2321126	648382	154303	139422
山 东	12823021	2904784	642009	566463
河 南	3751554	1057488	250643	232935
湖 北	3785055	998991	266188	225598
湖 南	4072541	957118	237628	223016
广 东	18072750	5883245	417431	351077
广 西	2263122	572136	103021	92039
海 南	432375	92793	27033	26285
重 庆	4031167	1382169	151537	135803
四 川	6814788	1975126	408800	379939
贵 州	1478762	312543	83156	80434
云 南	3179067	731189	144954	135041
西 藏	236922	38784	17816	16598
陕 西	2203039	461290	77785	70868
甘 肃	1713674	345053	45311	42851
青 海	477330	178257	17737	16672
宁 夏	859935	216536	29112	28336
新 疆	2010945	271149	159909	146922

2-B-4.30 各地区地方总承包和专业承包企业固定资产情况

单位：万元

地区	固定资产小计	固定资产原价	#生产经营用	固定资产折旧	#本年折旧	在建工程
全国	**47682381**	**58885115**	**43833642**	**17631950**	**2933233**	**4936762**
北京	1557603	2083585	1560173	716776	120241	164773
天津	779216	946346	634038	251586	47272	70959
河北	2075262	2568194	1914335	733032	124513	172432
山西	1475077	1816350	1370870	454284	90043	79604
内蒙古	782969	971890	802998	287655	52259	66741
辽宁	2221412	3064718	2440248	936252	134793	72924
吉林	843121	1132509	771598	352117	58759	40577
黑龙江	1570890	1974681	1606545	531436	83646	95638
上海	1960702	2635194	1372466	948761	133923	222682
江苏	4116949	5382910	4239569	1807581	302860	413039
浙江	3146473	3982438	3341679	1173662	234480	198957
安徽	1480499	1761494	1311238	506982	83551	193633
福建	1041392	1256153	958759	398791	54854	106333
江西	979140	1154054	833621	308318	44006	71994
山东	3603969	4387311	3273278	1326702	246433	365210
河南	1945825	2187411	1540516	530093	104266	224193
湖北	2116147	2529432	1729682	621509	99517	153718
湖南	1917375	2347279	1674548	708798	112685	218296
广东	4043749	4753104	3668619	1681865	240462	871051
广西	843410	910635	675461	233591	33389	152287
海南	187471	163268	103364	31836	4514	43039
重庆	1355778	1603451	1274856	444301	77335	168311
四川	2635503	3132760	2234619	890744	148926	313832
贵州	476365	584030	405301	167953	28568	38711
云南	1337806	1672964	1255921	505443	79220	135700
西藏	177096	188539	129604	46809	18308	19966
陕西	851573	1027332	754447	269335	45143	65978
甘肃	936386	1103498	791272	289844	44446	89057
青海	277577	321612	202481	83897	14431	30251
宁夏	319732	421634	324900	119928	22822	13365
新疆	625914	820341	636639	272070	47569	63511

2-B-4.31 各地区地方总承包和专业承包企业负债及所有者权益

单位：万元

地 区	负债合计	流动负债	长期负债	所有者权益	#实收资本
全 国	**145525749**	**138246102**	**7279647**	**88650653**	**67177449**
北 京	11213188	10814290	398898	4517519	3160942
天 津	2896591	2699411	197180	1314428	1132265
河 北	4082445	3724321	358124	3512121	2664700
山 西	3237821	2814652	423170	2064045	1871979
内蒙古	1664768	1528227	136541	1176045	896925
辽 宁	5460887	5257255	203632	3969596	3100500
吉 林	2579712	2517598	62114	1184256	1020425
黑龙江	3321994	3132689	189304	2539516	2203421
上 海	10344069	9880870	463199	5976021	3409504
江 苏	18422860	17908533	514327	7964439	5734798
浙 江	14351931	13939040	412891	7140214	4806689
安 徽	3426658	3219840	206819	2367765	1935181
福 建	3576190	3483244	92945	2326527	1993379
江 西	2066393	1934341	132053	1549438	1323003
山 东	11178950	10695923	483027	6532518	4882140
河 南	3181449	3019920	161529	2966872	2555070
湖 北	3055719	2807256	248463	3293382	2599682
湖 南	3462237	3153653	308583	2979418	2402423
广 东	16084630	15243176	841454	7949823	5277408
广 西	2014860	1865545	149315	1506323	1201571
海 南	388592	326215	62377	291116	220004
重 庆	2896353	2692407	203946	2908201	2445606
四 川	5442231	5115690	326541	5120983	4038846
贵 州	1329910	1234267	95644	775699	655557
云 南	2946366	2705333	241032	2082960	1772103
西 藏	157241	142342	14899	311877	246340
陕 西	2039237	1905551	133686	1245931	1051768
甘 肃	1529385	1437019	92366	1247499	1044047
青 海	413512	391016	22496	383346	340776
宁 夏	788809	763816	24993	488574	446564
新 疆	1970765	1892665	78099	964202	743834

2-B-4.32 各地区地方总承包和专业承包企业实收资本

单位：万元

地区	合计	国家资本	集体资本	法人资本	个人资本	港澳台资本	外商资本
全国	**67177449**	**13092496**	**7847815**	**18582897**	**26958636**	**357297**	**338307**
北京	3160942	537270	246095	1321828	971995	41922	41832
天津	1132265	213556	120658	490212	280871	15395	11574
河北	2664700	533713	262832	682912	1182032	2456	756
山西	1871979	886955	110137	427195	438329	8211	1152
内蒙古	896925	168123	95797	85061	547676		268
辽宁	3100500	778209	420227	563664	1286607	10329	41464
吉林	1020425	375244	82262	283655	269557	3056	6650
黑龙江	2203421	518289	202113	578013	894350	5098	5559
上海	3409504	648912	288364	1038365	1279336	65748	88779
江苏	5734798	676108	448349	1612169	2927474	41357	29341
浙江	4806689	227480	294251	1159345	3107789	9352	8473
安徽	1935181	509949	278474	526871	610634	5409	3845
福建	1993379	305424	194410	368845	1083859	25132	15710
江西	1323003	429286	241206	311679	330028	8071	2734
山东	4882140	677563	867170	1346641	1949633	19315	21817
河南	2555070	656347	358522	601295	923369	13562	1975
湖北	2599682	624028	333200	792816	829899	8302	11437
湖南	2402423	580943	446659	628541	734900	9373	2007
广东	5277408	901539	682069	2038307	1583757	50606	21130
广西	1201571	440366	252616	271341	233722	1490	2037
海南	220004	51353	23695	78936	53947		12073
重庆	2445606	219141	216325	637194	1367534	2507	2906
四川	4038846	632152	476675	949705	1973583	3596	3135
贵州	655557	283480	118426	95367	158266	17	
云南	1772103	303457	259900	530342	677654	716	35
西藏	246340	61933	25865	104978	53034	530	
陕西	1051768	262203	192811	330397	266233		125
甘肃	1044047	245770	178394	289705	325064	3676	1438
青海	340776	90898	29447	128095	91685	596	56
宁夏	446564	125985	22796	87874	209849	60	
新疆	743834	126824	78071	221551	315973	1416	

2-B-4.33 各地区地方总承包和专业承包企业收入情况

单位：万元

地区	工程结算收入	工程结算成本	工程结算税金及附加	工程结算利润	经营费用	其他业务收入	#其他业务利润
全国	**220698769**	**195583161**	**7368224**	**16358452**	**1388933**	**4499034**	**826326**
北京	11022168	9656286	330026	932454	103403	291573	64590
天津	3658590	3294458	102146	244126	17859	119263	14347
河北	7359900	6443953	265399	584125	66424	101194	17751
山西	3587159	3150541	117230	279679	39709	77283	14889
内蒙古	3093738	2684166	108986	291442	9144	49451	9305
辽宁	9417244	8304791	315686	764312	32454	155096	30376
吉林	2992782	2662664	99889	211897	18332	44236	7419
黑龙江	4306804	3834461	136424	313763	22156	57325	5899
上海	14894496	13358922	418908	1017281	99385	242309	64803
江苏	26197484	23248480	888180	1916257	144568	681490	103195
浙江	32120429	29069186	1115234	1871588	64421	390121	63431
安徽	5911732	5207443	215233	454139	34917	164651	23499
福建	5565874	5001496	196774	351286	16318	85329	25684
江西	3434434	3070630	116802	233628	13374	38481	7857
山东	14563937	12629132	473960	1314358	146488	542691	70971
河南	5388449	4742743	178794	434858	32054	107399	17545
湖北	6937682	6019196	243700	601367	73419	127692	16129
湖南	8142448	7208610	296970	589935	46932	93021	22700
广东	19658801	17327242	664240	1540230	127089	487472	114336
广西	2739146	2460232	98876	167423	12616	56233	16646
海南	533674	460296	18232	46582	8564	948	554
重庆	5827735	5175263	197399	432240	22832	110379	14967
四川	9100205	8008887	307124	701928	82267	118347	26104
贵州	1773583	1597539	58460	95842	21742	27708	8828
云南	3698612	3257392	121364	284328	35529	79900	15890
西藏	279604	236406	7512	28146	7540	4957	821
陕西	2416321	2099562	78741	182430	55588	68278	13188
甘肃	2198842	1934391	73215	176959	14276	53256	14006
青海	504944	452638	15014	33258	4034	5555	1788
宁夏	933334	831665	28781	69016	3873	33916	5512
新疆	2438620	2154492	78927	193576	11625	83479	13298

2-B-4.34 各地区地方总承包和专业承包企业费用情况

单位：万元

地区	管理费用	#税金	#财产保险费	#差旅费	#工会经费	财务费用	#利息支出
全国	**10173103**	**375013**	**99383**	**441428**	**134434**	**1085639**	**743556**
北京	736488	9369	3239	27536	5578	78922	71572
天津	198782	5657	1173	6872	1599	16423	11870
河北	373309	16062	3150	11858	4250	31780	20500
山西	220101	6680	1633	14808	3197	21984	15187
内蒙古	154850	12582	1925	6109	2086	21733	16559
辽宁	479104	14207	3823	16297	9629	34251	20553
吉林	181807	5214	1155	7447	2023	10829	9419
黑龙江	259671	6541	1428	11734	3092	27584	17677
上海	596709	9576	2874	20452	5254	25008	24219
江苏	1137859	35423	10035	51979	18586	97246	60093
浙江	858539	38803	10213	56023	13541	136993	113564
安徽	322157	14485	3608	15020	4891	27346	17559
福建	218311	7929	1448	9420	2456	15557	11855
江西	163833	7859	2213	7489	1854	14842	8928
山东	706307	40044	8930	27442	10311	109446	73381
河南	280964	13835	4035	10965	3530	28421	15688
湖北	377407	19276	7483	14166	6137	44791	17099
湖南	333547	17711	4777	16109	4436	47279	25972
广东	953821	29581	7181	32069	10664	98737	54219
广西	137034	6323	903	5425	1717	7260	4598
海南	18245	518	18	1041	108	1033	518
重庆	255138	8464	2566	12288	2802	31049	21480
四川	461975	18624	7760	24219	6916	59607	38605
贵州	75078	3200	971	3970	1041	7709	6148
云南	188905	7077	1927	9373	2750	27951	20041
西藏	12682	1006	133	785	162	1247	559
陕西	133312	6198	1667	6439	1721	19533	12660
甘肃	119042	4733	1354	4869	1179	15369	11065
青海	26537	1024	383	1057	247	3054	1989
宁夏	50562	1440	250	2061	735	8407	6791
新疆	141030	5572	1130	6106	1943	14252	13189

2-B-4.35 各地区地方总承包和专业承包企业利润及税金情况

单位：万元

地 区	利润总额	#应交所得税	税金总额	工程结算税金及附加	管理费用中的税金
全 国	**6407394**	**1744951**	**7743236**	**7368224**	**375013**
北 京	241188	75897	339394	330026	9369
天 津	44705	18640	107804	102146	5657
河 北	213904	68049	281461	265399	16062
山 西	56560	18300	123910	117230	6680
内蒙古	125278	20097	121569	108986	12582
辽 宁	283045	103327	329894	315686	14207
吉 林	32821	13127	105103	99889	5214
黑龙江	36856	26085	142965	136424	6541
上 海	593178	91481	428484	418908	9576
江 苏	804205	238613	923603	888180	35423
浙 江	980434	282729	1154037	1115234	38803
安 徽	131379	36553	229718	215233	14485
福 建	149073	43430	204703	196774	7929
江 西	68261	21754	124661	116802	7859
山 东	585990	153842	514004	473960	40044
河 南	156862	35758	192629	178794	13835
湖 北	212070	54494	262976	243700	19276
湖 南	246497	55326	314681	296970	17711
广 东	667390	167918	693822	664240	29581
广 西	41597	15582	105198	98876	6323
海 南	28365	6141	18750	18232	518
重 庆	169922	49728	205864	197399	8464
四 川	226313	64149	325748	307124	18624
贵 州	22589	7053	61660	58460	3200
云 南	89131	23654	128441	121364	7077
西 藏	17795	2354	8518	7512	1006
陕 西	43567	12875	84939	78741	6198
甘 肃	63288	14467	77949	73215	4733
青 海	5364	1641	16037	15014	1024
宁 夏	14627	4785	30220	28781	1440
新 疆	55144	17104	84499	78927	5572

2-B-4.36 各地区地方总承包和专业承包企业主要经济效益指标

地区	产值利润率(%)	产值利税率(%)	资本利润率(%)	资本利税率(%)	人均利润(元/人)	人均利税(元/人)	资产负债率(%)
全国	**2.7**	**5.9**	**9.5**	**21.1**	**2623**	**5794**	**62.1**
北京	2.3	5.4	7.6	18.4	3051	7346	71.3
天津	1.2	4.2	3.9	13.5	1636	5582	68.8
河北	2.8	6.4	8.0	18.6	2089	4839	53.8
山西	1.6	5.0	3.0	9.6	1321	4217	61.1
内蒙古	3.8	7.6	14.0	27.5	3322	6545	58.6
辽宁	2.8	6.1	9.1	19.8	2681	5805	57.9
吉林	1.1	4.5	3.2	13.5	912	3833	68.5
黑龙江	0.8	4.1	1.7	8.2	644	3142	56.7
上海	4.5	7.7	17.4	30.0	6992	12043	63.4
江苏	2.3	4.9	14.0	30.1	2690	5780	69.8
浙江	2.6	5.6	20.4	44.4	3643	7932	66.8
安徽	2.0	5.6	6.8	18.7	1547	4253	59.1
福建	2.5	5.9	7.5	17.7	2809	6667	60.6
江西	1.7	4.9	5.2	14.6	1373	3881	57.1
山东	3.5	6.6	12.0	22.5	2639	4954	63.1
河南	2.7	6.0	6.1	13.7	1855	4134	51.7
湖北	2.9	6.6	8.2	18.3	2434	5452	48.1
湖南	2.8	6.3	10.3	23.4	2341	5330	53.7
广东	3.8	7.7	12.6	25.8	4499	9176	66.9
广西	1.4	5.0	3.5	12.2	1288	4545	57.2
海南	4.9	8.2	12.9	21.4	3941	6546	57.2
重庆	2.6	5.8	6.9	15.4	2160	4776	49.9
四川	2.2	5.4	5.6	13.7	1475	3598	51.5
贵州	1.3	4.8	3.4	12.9	935	3487	63.2
云南	2.2	5.5	5.0	12.3	1878	4583	58.6
西藏	6.1	9.0	7.2	10.7	5909	8737	33.5
陕西	1.6	4.8	4.1	12.2	1303	3843	62.1
甘肃	2.9	6.4	6.1	13.5	1566	3496	55.1
青海	1.0	3.9	1.6	6.3	615	2452	51.9
宁夏	1.5	4.6	3.3	10.0	1026	3146	61.8
新疆	2.2	5.5	7.4	18.8	2366	5992	67.1

C.总承包企业

2-C-1 各地区总承包建筑业企业签订合同情况

单位：万元

地区	合同总额	上年结转合同额	本年新签合同额
全国	**411868190**	**148197576**	**263670614**
北京	29023586	11348138	17675448
天津	8891558	3080593	5810964
河北	13572779	4515660	9057119
山西	11207841	3719039	7488802
内蒙古	4546609	1659183	2887426
辽宁	15214882	4797043	10417840
吉林	6245384	2199590	4045793
黑龙江	5926148	1816277	4109871
上海	28804547	11922271	16882276
江苏	40740165	12225390	28514775
浙江	58504712	22389254	36115458
安徽	10543444	3018044	7525400
福建	9172322	3451919	5720403
江西	6194802	2102582	4092220
山东	23768603	7781010	15987593
河南	11586153	4099059	7487094
湖北	15802715	4855666	10947049
湖南	16082885	5738217	10344669
广东	29596173	13104424	16491749
广西	5138893	2138910	2999983
海南	816321	334869	481452
重庆	9049158	3204239	5844920
四川	18668079	6562810	12105269
贵州	4243602	1891076	2352527
云南	7239493	2424838	4814655
西藏	366037	127371	238666
陕西	9832910	3965096	5867814
甘肃	3697408	1322008	2375400
青海	1619473	715878	903595
宁夏	1375568	405936	969632
新疆	4395940	1281187	3114753

2-C-2 各地区总承包建筑业企业承包工程完成情况

单位：万元

地区	直接从建设单位承揽工程完成的产值	自行完成施工产值	分包出去工程的产值	从建设单位以外承揽工程完成的产值
全国	**249516843**	**240755232**	**8761611**	**10448236**
北京	14033225	13257935	775289	427797
天津	5049384	4783413	265971	88709
河北	8890487	8812258	78229	119116
山西	6296738	6097559	199180	165083
内蒙古	3256696	3249192	7504	59682
辽宁	10045556	9882868	162688	319841
吉林	3668224	3656446	11778	37079
黑龙江	4578116	4508142	69974	59174
上海	13956956	11729978	2226979	1861923
江苏	29677391	28868648	808743	2649543
浙江	34190669	33836129	354541	1102595
安徽	6836277	6700481	135796	183230
福建	5609060	5538835	70225	159136
江西	3973987	3876495	97492	74919
山东	17289127	16972749	316378	489235
河南	7069787	6906607	163181	257679
湖北	9560850	9068972	491878	257889
湖南	9383754	9306761	76993	287456
广东	15994233	14252818	1741415	764305
广西	2896903	2880232	16671	125755
海南	503569	501421	2148	6549
重庆	6118194	5934878	183316	169229
四川	11523344	11340170	183174	373140
贵州	2446797	2424091	22707	21223
云南	4050892	4023899	26993	86964
西藏	262740	258966	3774	3823
陕西	4865270	4758987	106283	117204
甘肃	2600957	2550926	50031	88204
青海	764126	729740	34386	32453
宁夏	978934	964262	14672	9369
新疆	3144604	3081378	63226	49936

2-C-3 各地区总承包建筑业总产值和竣工产值

单位：万元

地区	建筑业总产值	#装饰装修产值	#在外省完成的产值	按构成分组 建筑工程产值	安装工程产值	其他产值	竣工产值
全国	**251203469**	**8532883**	**60651266**	**223244074**	**19900287**	**8059107**	**174879820**
北京	13685732	1748799	3463827	12550029	889037	246666	8822046
天津	4872122	59524	1713713	4359795	401578	110750	2982299
河北	8931374	158669	2654867	7797403	810235	323736	6038660
山西	6262641	122142	2100226	5558208	484876	219558	3097307
内蒙古	3308874	62936	189626	2806607	430947	71320	2428161
辽宁	10202708	234953	2087312	8951009	977095	274605	6819193
吉林	3693525	57273	1045541	3256580	353238	83707	2330544
黑龙江	4567315	189399	712861	3776167	651032	140116	3721917
上海	13591901	660871	2250355	11508456	1372092	711353	9211036
江苏	31518191	625055	11085741	28985088	1980398	552705	24233968
浙江	34938723	1254581	12742348	31664239	2280497	993987	23407493
安徽	6883711	200184	1746810	6105141	569339	209232	4684158
福建	5697971	182501	1298742	5197584	366145	134243	3993123
江西	3951414	91771	598388	3472450	292865	186100	3037918
山东	17461983	680515	2129025	15003432	1953103	505448	11781489
河南	7164285	193866	1880673	6112658	801737	249890	4730067
湖北	9326861	242544	2735273	8254977	569354	502529	6106280
湖南	9594217	274331	2299153	8326486	566945	700786	6514293
广东	15017123	640743	1235810	13659479	920688	436956	11607579
广西	3005987	158936	206178	2679040	255599	71348	2132445
海南	507970	7478	9376	438471	23462	46036	313384
重庆	6104107	106275	655003	5601175	321416	181516	4219313
四川	11713310	282361	2789950	10302573	900179	510558	9135958
贵州	2445314	23027	436178	2056238	316810	72266	1672223
云南	4110863	96860	346131	3674100	320075	116688	2934688
西藏	262789	6461	1024	241996	11585	9208	220573
陕西	4876190	49838	1379377	4501447	256115	118629	3056155
甘肃	2639130	55867	444903	2188022	351097	100011	1990885
青海	762193	5685	171710	665005	79551	17637	457207
宁夏	973630	9219	48227	858870	104825	9936	838096
新疆	3131314	50220	192917	2691353	288373	151588	2361367

2-C-4 各地区总承包建筑业企业房屋建筑面积

地 区	房屋建筑施工面积(万平方米)	#本年新开工	#实行投标承包面积	#本年新开工	房屋建筑竣工面积(万平方米)	房屋建筑面积竣工率(%)
全 国	**301909.8**	**173083.7**	**237922.5**	**142756.6**	**142689.9**	**47.3**
北 京	14118.2	6135.4	12245.7	5578.2	5201.0	36.8
天 津	3293.9	1773.7	2961.9	1565.4	1532.9	46.5
河 北	10960.9	6841.5	8756.0	5958.1	5718.1	52.2
山 西	3838.2	2214.4	2883.0	1766.8	1477.2	38.5
内蒙古	2528.7	1708.8	1900.5	1426.6	1574.5	62.3
辽 宁	8541.1	5682.4	7180.2	4768.0	4596.4	53.8
吉 林	2768.4	1857.9	2520.7	1696.3	1712.1	61.8
黑龙江	3723.4	2304.6	3039.1	1963.6	2368.0	63.6
上 海	11106.4	6955.7	7931.0	4842.2	4311.0	38.8
江 苏	42431.7	26260.4	35753.9	22530.3	21309.7	50.2
浙 江	49512.5	27408.1	41093.2	23209.0	19713.5	39.8
安 徽	8112.1	5074.6	6390.7	4259.0	4585.3	56.5
福 建	7393.0	3917.5	4956.9	2806.7	3442.3	46.6
江 西	6087.5	3742.5	4982.6	3252.3	3320.3	54.5
山 东	20862.8	12714.3	15565.6	10280.4	10796.1	51.7
河 南	8810.4	4865.6	7333.4	4320.8	4055.4	46.0
湖 北	10225.1	6309.7	7820.6	5144.1	5725.4	56.0
湖 南	12414.8	7227.2	9996.3	6198.5	6205.0	50.0
广 东	25414.9	11425.0	16829.3	7747.6	9501.5	37.4
广 西	4676.1	2558.5	3550.9	2039.1	1943.3	41.6
海 南	677.5	350.5	521.3	276.5	302.4	44.6
重 庆	10067.5	5838.6	7396.8	4834.8	5114.4	50.8
四 川	15514.5	9361.6	11095.4	7364.8	8631.3	55.6
贵 州	2859.1	1285.3	2261.8	1146.7	1236.9	43.3
云 南	4232.8	2616.4	3134.5	2019.1	2465.2	58.2
西 藏	160.0	120.5	100.1	84.4	138.0	86.3
陕 西	4192.5	2196.6	3423.5	1854.7	1843.8	44.0
甘 肃	3081.6	1727.1	2571.3	1498.2	1575.6	51.1
青 海	429.7	242.5	326.2	177.9	259.4	60.4
宁 夏	1117.7	620.8	1011.8	557.4	578.6	51.8
新 疆	2757.0	1746.2	2388.0	1589.1	1455.6	52.8

2-C-5 各地区按主要用途分的总承包建筑业企业房屋建筑竣工面积

单位：万平方米

地区	合计	厂房、仓库	住宅	办公用房	批发和零售用房	住宿和餐饮用房
全国	**142689.9**	**24275.1**	**80106.8**	**12589.8**	**3733.5**	**2290.8**
北京	5201.0	485.8	3394.7	528.6	130.3	35.0
天津	1532.9	329.0	740.6	91.4	75.5	7.0
河北	5718.1	633.9	3660.4	453.3	139.9	70.1
山西	1477.2	223.4	809.6	151.9	48.3	33.5
内蒙古	1574.5	153.7	823.6	241.8	54.7	37.9
辽宁	4596.4	653.5	2905.6	325.0	119.0	75.7
吉林	1712.1	199.8	1078.1	121.7	32.5	22.5
黑龙江	2368.0	243.1	1428.5	166.9	60.2	24.2
上海	4311.0	1477.4	1965.8	306.5	69.2	31.4
江苏	21309.7	4451.4	11609.5	1819.8	510.1	291.8
浙江	19713.5	5178.5	9387.3	1876.2	465.4	349.2
安徽	4585.3	562.0	2627.7	405.4	142.7	90.6
福建	3442.3	714.2	1930.7	240.8	37.1	45.2
江西	3320.3	259.6	2104.6	312.6	106.2	48.6
山东	10796.1	1973.3	6273.6	841.8	301.9	163.2
河南	4055.4	515.0	2316.2	430.2	111.6	64.6
湖北	5725.4	805.3	3251.1	505.6	60.1	55.5
湖南	6205.0	572.2	3431.8	784.9	240.3	130.2
广东	9501.5	2570.6	4570.7	740.9	182.7	152.4
广西	1943.3	141.3	1227.3	202.3	32.0	44.1
海南	302.4	14.6	167.7	20.1	3.8	5.6
重庆	5114.4	468.7	3497.8	345.6	203.2	65.9
四川	8631.3	871.1	5453.3	651.7	293.9	200.8
贵州	1236.9	109.8	690.3	114.1	20.2	21.0
云南	2465.2	258.7	1175.4	302.6	97.3	82.0
西藏	138.0	9.2	58.8	32.9	1.0	5.2
陕西	1843.8	135.0	1159.1	193.8	23.6	59.8
甘肃	1575.6	118.9	997.3	152.7	33.9	23.9
青海	259.4	17.9	175.0	32.8	6.1	4.7
宁夏	578.6	38.8	369.9	63.5	28.9	9.6
新疆	1455.6	89.2	824.8	132.4	102.1	39.3

2-C-5 续表 单位：万平方米

地区	居民服务业用房	教育用房	文化、体育和娱乐用房	卫生医疗用房	科研用房	其他用房
全国	**2298.2**	**8527.3**	**1616.1**	**1406.2**	**446.9**	**5399.0**
北京	57.6	196.5	54.7	42.3	34.6	240.9
天津	25.5	77.0	27.5	29.5	10.6	119.4
河北	130.0	324.9	62.9	45.0	4.3	193.4
山西	21.2	100.6	11.4	12.3	7.2	57.9
内蒙古	27.2	111.5	23.9	18.8	0.8	80.4
辽宁	65.7	250.1	35.7	20.7	7.5	137.7
吉林	19.3	94.7	20.6	17.4	1.5	103.9
黑龙江	60.5	163.5	39.3	43.0	1.4	137.3
上海	16.8	167.8	45.4	59.5	9.9	161.4
江苏	385.0	1143.7	217.7	208.1	61.5	611.2
浙江	310.6	1082.7	242.4	177.6	89.4	554.2
安徽	121.2	392.9	48.0	42.7	9.0	143.1
福建	73.5	191.7	43.3	32.2	9.4	124.3
江西	64.4	231.4	27.2	35.2	4.6	125.7
山东	165.9	555.0	78.3	58.7	31.2	353.1
河南	46.7	328.6	51.6	55.2	11.4	124.2
湖北	52.8	383.6	69.9	80.4	27.7	433.4
湖南	107.6	490.3	78.0	89.1	8.6	271.9
广东	131.1	549.0	115.6	35.6	38.1	414.6
广西	20.3	138.8	32.8	20.3	3.0	81.3
海南	9.5	20.7	7.2	6.1	0.7	46.4
重庆	71.0	220.7	63.7	20.3	18.4	139.1
四川	115.3	528.6	93.0	86.4	17.8	319.3
贵州	33.8	134.3	23.1	29.3	4.2	56.8
云南	45.3	237.3	34.0	54.5	9.9	168.1
西藏	3.4	12.7	2.1	0.8	0.3	11.6
陕西	22.8	153.8	18.3	19.0	14.4	44.2
甘肃	35.7	118.0	16.6	28.9	5.5	44.2
青海	1.9	6.7	2.0	1.2	0.3	10.9
宁夏	8.6	29.7	8.5	5.3	0.2	15.6
新疆	47.9	90.6	21.5	30.7	3.4	73.7

2-C-6 各地区按主要用途分的总承包建筑业企业房屋建筑竣工价值

单位：万元

地区	合计	厂房、仓库	住宅	办公用房	批发和零售用房	住宿和餐饮用房
全国	**111310461**	**18376120**	**58891621**	**11544632**	**2960954**	**1968287**
北京	6618279	644210	3874361	883456	175111	59210
天津	1578601	314400	612550	137360	93496	6936
河北	4225432	598024	2439149	399232	103580	57145
山西	1153959	220591	550782	138767	31853	30439
内蒙古	1191138	146513	565414	192438	41602	28187
辽宁	3742273	598592	2160380	306130	119261	72042
吉林	1349629	231752	725939	104077	21384	17466
黑龙江	2057622	247906	1122410	163751	53102	23206
上海	4480564	1338288	2008310	407020	66835	31561
江苏	16976451	3229300	8960142	1631979	392517	301449
浙江	16618221	3467006	8043850	1870241	400549	337860
安徽	2876291	395126	1575273	281971	90565	51064
福建	2735027	507305	1498363	220722	32571	35830
江西	1743155	150001	1034098	166907	58710	28936
山东	7863751	1424833	4328165	711068	230469	124462
河南	2563022	356135	1362232	330516	71397	41593
湖北	3842424	593423	1956917	407864	35526	44624
湖南	4370993	427076	2220487	680311	158301	94166
广东	7931324	1704940	3903883	708307	151950	131684
广西	1320628	96871	777105	162183	21326	50000
海南	253301	12329	154458	20261	2372	5096
重庆	3296737	367024	2095103	265252	153230	44864
四川	5298562	637788	3092023	452328	199399	138811
贵州	726957	86049	356327	73593	17517	15426
云南	1772503	178992	834663	241096	81850	56639
西藏	123374	9955	47825	33798	858	5100
陕西	1529701	117628	893157	205477	17439	62691
甘肃	1168883	118177	676722	128217	24171	20457
青海	205420	17013	129434	30464	5705	4146
宁夏	428770	34206	245438	58022	23377	10557
新疆	1267472	104668	646661	131826	84933	36646

2-C-6 续表 单位：万元

地区	居民服务业用房	教育用房	文化、体育和娱乐用房	卫生医疗用房	科研用房	其他用房
全国	**1913365**	**7143604**	**1686912**	**1331868**	**507398**	**4985700**
北京	74618	327006	95924	78268	53365	352749
天津	35236	99595	51249	52395	24613	150771
河北	110500	246203	53543	39174	12350	166533
山西	15725	75790	10153	11728	8911	59222
内蒙古	25470	90367	22334	18598	796	59420
辽宁	59996	224409	34613	23628	5696	137524
吉林	19089	84168	22020	13050	1172	109513
黑龙江	71278	159346	42234	42104	1137	131149
上海	21702	217444	94356	89683	14569	190795
江苏	340864	1009630	214444	176402	67738	651986
浙江	287913	1079686	293742	208039	107078	522256
安徽	76143	248172	35540	31299	5031	86107
福建	68901	154114	47125	37334	8699	124064
江西	42155	136305	18676	19781	3080	84507
山东	131388	463757	75912	42568	33574	297556
河南	25674	214313	42083	31577	8879	78624
湖北	37772	268734	61900	67853	31566	336245
湖南	75063	357270	66778	68988	6487	216067
广东	105000	551833	135252	38639	36028	463809
广西	12926	86723	28326	19545	4538	61085
海南	6271	17400	7159	4758	1219	21979
重庆	45665	137456	47978	18129	9574	112464
四川	71893	332984	68677	60126	22776	221758
贵州	23204	65731	15347	21600	2946	49218
云南	30698	165794	27754	41526	5107	108385
西藏	2141	11296	2901	933	547	8019
陕西	22572	117685	19230	17002	15955	40865
甘肃	23360	81843	14342	20049	9393	52151
青海	1517	4449	1783	1060	189	9660
宁夏	6564	24303	8120	5088	173	12924
新疆	42069	89798	27419	30944	4213	68296

2-C-7 各地区总承包建筑业企业施工机械设备情况

地 区	年末自有施工机械设备总台数(台)	年末自有施工机械设备总功率(千瓦)	年末自有施工机械设备净值(万元)	技术装备率(元/人)	动力装备率(千瓦/人)
全 国	**7064859**	**123171898**	**19633021**	**8950**	**5.6**
北 京	215176	3983147	600399	13709	9.1
天 津	64565	1737494	353516	22477	11.0
河 北	433298	5819336	855000	8472	5.8
山 西	165887	2964844	498380	10554	6.3
内蒙古	92107	2786044	292935	11357	10.8
辽 宁	208769	4885881	890913	11174	6.1
吉 林	88658	2007116	344250	12269	7.2
黑龙江	156993	3915463	621837	15367	9.7
上 海	130145	2376640	643875	11098	4.1
江 苏	584341	9408826	1773222	7011	3.7
浙 江	533152	7198466	1555892	6499	3.0
安 徽	296832	3912664	602368	7559	4.9
福 建	142325	2389319	389553	8390	5.1
江 西	137495	2034468	365603	6855	3.8
山 东	539563	14947189	1377780	6919	7.5
河 南	393600	4813183	877582	9184	5.0
湖 北	339951	5174450	926877	10470	5.8
湖 南	373827	5414929	836094	7769	5.0
广 东	596458	13032620	1383317	10702	10.1
广 西	183499	2370634	305437	9524	7.4
海 南	17956	525152	66468	10137	8.0
重 庆	170660	2575337	572027	7304	3.3
四 川	394395	5905224	1186087	7853	3.9
贵 州	69583	1135207	230799	8257	4.1
云 南	195272	2749152	555216	11633	5.8
西 藏	9084	234952	53342	15410	6.8
陕 西	164609	2655292	459890	11295	6.5
甘 肃	200521	2899416	443775	10520	6.9
青 海	42158	852242	127136	15619	10.5
宁 夏	36238	697190	129256	19228	10.4
新 疆	87742	1770021	314193	18267	10.3

2-C-8 各地区总承包建筑业企业营业额

单位：万元

地区	企业营业额	在境外完成的营业额	企业总产值	#建筑业总产值
全国	**306268011**	**5425735**	**300842276**	**251203469**
北京	16603857	1983914	14619943	13685732
天津	5770590	165616	5604974	4872122
河北	9410139	139503	9270636	8931374
山西	6660289	56781	6603508	6262641
内蒙古	3387801	16595	3371206	3308874
辽宁	10520400	127593	10392807	10202708
吉林	3916331	52238	3864093	3693525
黑龙江	4913249	47164	4866085	4567315
上海	16342653	126559	16216094	13591901
江苏	33878472	844312	33034160	31518191
浙江	35908207	196320	35711887	34938723
安徽	7526471	144338	7382133	6883711
福建	6057667	233380	5824286	5697971
江西	4166610	44468	4122142	3951414
山东	51260139	259929	51000210	17461983
河南	7652789	109043	7543746	7164285
湖北	10665145	173390	10491755	9326861
湖南	11784866	187366	11597500	9594217
广东	17255089	60279	17194810	15017123
广西	3357363	13584	3343779	3005987
海南	512908	80	512828	507970
重庆	6428389	9818	6418571	6104107
四川	12243370	249687	11993683	11713310
贵州	2543456	5564	2537892	2445314
云南	4293059	41488	4251571	4110863
西藏	283526	2361	281165	262789
陕西	5104346	82938	5021408	4876190
甘肃	2763357	30516	2732841	2639130
青海	795764	170	795594	762193
宁夏	1016883	9308	1007575	973630
新疆	3244828	11435	3233394	3131314

2-C-9 各地区总承包建筑业企业资产构成

单位：万元

地区	资产合计	#流动资产小计	#长期投资	#固定资产小计	#无形及递延资产
全国	**238748497**	**169198853**	**17520062**	**45674274**	**5285870**
北京	24920330	16394558	6173559	2015701	223450
天津	4612096	3390912	287542	832553	52988
河北	8171411	5528348	227897	2092979	267327
山西	6735761	4468303	606254	1564243	70517
内蒙古	2754379	1854872	65593	747436	76102
辽宁	8791118	6332451	294113	1936612	208274
吉林	4063988	3011681	95023	850940	88830
黑龙江	5686740	3860164	200484	1528970	85572
上海	15781121	12014545	1808330	1625758	214154
江苏	21777426	17364465	713954	3283283	357300
浙江	18118039	14366680	866126	2622400	192852
安徽	5739472	3943104	105863	1405967	267387
福建	5154715	3867134	260690	935516	78241
江西	3529000	2282381	157517	930612	145619
山东	17380697	12863802	544990	3355533	558150
河南	7046336	4553832	216594	1995265	239764
湖北	8732671	5384709	735526	2181481	393623
湖南	6670896	4302834	218063	1882509	223385
广东	20763477	15496764	1244676	3533324	353545
广西	3678169	2269969	392271	911528	98504
海南	572338	346008	23764	174456	27638
重庆	5190125	3602437	219223	1213536	132488
四川	11680691	7434856	1100334	2712983	381703
贵州	2518160	1804527	78051	538251	83715
云南	4807622	3056706	314875	1294940	128455
西藏	426334	214754	35125	161708	13373
陕西	4985115	3525344	236533	1118872	86360
甘肃	2955078	1911442	53498	934359	42856
青海	982449	612658	33278	305141	17899
宁夏	1164067	792103	66241	276121	26316
新疆	3358678	2346513	144076	711300	149483

2-C-10 各地区总承包建筑业企业流动资产、无形及递延资产

单位：万元

地 区	流动资产	#存 货	无形及递延资产	#无形资产
全 国	**169198853**	**43581855**	**5285870**	**4810722**
北 京	16394558	3757256	223450	150534
天 津	3390912	683158	52988	47950
河 北	5528348	1270478	267327	257302
山 西	4468303	713371	70517	67133
内蒙古	1854872	364106	76102	72454
辽 宁	6332451	1265786	208274	186172
吉 林	3011681	388611	88830	85024
黑龙江	3860164	712520	85572	76880
上 海	12014545	3310612	214154	197295
江 苏	17364465	5897900	357300	325158
浙 江	14366680	4562482	192852	173345
安 徽	3943104	892852	267387	256809
福 建	3867134	1261970	78241	67797
江 西	2282381	635161	145619	134815
山 东	12863802	2842487	558150	524387
河 南	4553832	1195314	239764	222341
湖 北	5384709	1107946	393623	357210
湖 南	4302834	953654	223385	206034
广 东	15496764	5171260	353545	296185
广 西	2269969	562205	98504	91806
海 南	346008	54148	27638	26792
重 庆	3602437	1215532	132488	120964
四 川	7434856	1921878	381703	360435
贵 州	1804527	323928	83715	80263
云 南	3056706	674022	128455	119385
西 藏	214754	35830	13373	12156
陕 西	3525344	722056	86360	74438
甘 肃	1911442	371716	42856	41126
青 海	612658	179997	17899	16195
宁 夏	792103	203612	26316	25749
新 疆	2346513	330008	149483	136588

2-C-11 各地区总承包建筑业企业固定资产情况

单位：万元

地 区	固定资产小计	固定资产原价	#生产经营用	固定资产折旧	#本年折旧	在建工程
全 国	**45674274**	**58695137**	**44815801**	**18958667**	**3065007**	**4655452**
北 京	2015701	2831294	2136270	1046958	166554	203508
天 津	832553	1257760	931166	480596	65318	49908
河 北	2092979	2698078	2079132	835977	132977	170062
山 西	1564243	2049804	1539729	594040	118662	78026
内蒙古	747436	949687	796340	289160	53404	61764
辽 宁	1936612	2849383	2306089	988127	135869	62290
吉 林	850940	1216064	854461	413000	65615	32234
黑龙江	1528970	2023657	1669564	599160	88019	77363
上 海	1625758	2374407	1912286	980644	130971	210949
江 苏	3283283	4369890	3418457	1514091	240963	332661
浙 江	2622400	3373288	2822093	1009064	197959	154182
安 徽	1405967	1741633	1313632	532000	85479	163770
福 建	935516	1129477	877386	366064	48945	97681
江 西	930612	1121430	810866	315763	42280	68787
山 东	3355533	4239626	3214856	1371162	247956	330425
河 南	1995265	2350105	1721927	645637	134963	233974
湖 北	2181481	2883201	1810581	907134	134542	152577
湖 南	1882509	2379102	1748785	760101	121293	208542
广 东	3533324	4087934	3217515	1468382	202425	822605
广 西	911528	998981	755010	273303	36983	173085
海 南	174456	147651	94744	28670	4168	42843
重 庆	1213536	1461971	1187836	407653	70306	136011
四 川	2712983	3382601	2511139	1055463	184752	314180
贵 州	538251	673916	490804	206456	36636	48697
云 南	1294940	1647640	1263820	507670	81639	123838
西 藏	161708	173675	126739	43895	16766	18979
陕 西	1118872	1451438	1118857	453138	76197	87474
甘 肃	934359	1135981	834001	317293	45562	83443
青 海	305141	397712	242908	130276	24703	28700
宁 夏	276121	357518	277640	96826	19095	11206
新 疆	711300	940233	731169	320967	54006	75687

2-C-12 各地区总承包建筑业企业负债及所有者权益

单位：万元

地 区	负债合计	流动负债	长期负债	所有者权益	#实收资本
全 国	**155358809**	**146304431**	**9054378**	**83387849**	**62226505**
北 京	16218059	14418094	1799966	8700432	5703432
天 津	3531706	3278582	253124	1080390	931740
河 北	4953593	4569672	383921	3217819	2477517
山 西	4698890	4251002	447888	2036871	1858361
内蒙古	1653048	1536630	116417	1101331	841331
辽 宁	5560623	5384552	176071	3230495	2510739
吉 林	2964076	2883069	81007	1099913	958174
黑龙江	3420272	3243272	177001	2266468	2068562
上 海	10944614	10284244	660370	4836507	2936269
江 苏	15587693	15149827	437866	6189733	4330341
浙 江	12250705	11918453	332252	5867334	3920172
安 徽	3676928	3472394	204534	2062543	1666047
福 建	3305215	3214662	90553	1849500	1565467
江 西	2144503	2022497	122006	1384498	1174967
山 东	11612419	11115899	496520	5768278	4267846
河 南	4247990	4072641	175349	2798346	2411329
湖 北	5001320	4606161	395159	3731351	2686876
湖 南	3817848	3522711	295137	2853048	2320212
广 东	14336068	13552278	783790	6427409	4156156
广 西	2150405	1874310	276096	1527764	1148535
海 南	324141	262112	62030	248197	192185
重 庆	2724624	2549555	175070	2465501	2047871
四 川	6511442	6166972	344469	5169249	3866322
贵 州	1682749	1570453	112296	835410	660589
云 南	2927444	2695401	232043	1880178	1583172
西 藏	143562	129326	14236	282772	223007
陕 西	3458516	3278437	180078	1526599	1266425
甘 肃	1786551	1698289	88262	1168527	987634
青 海	588122	565091	23031	394326	347489
宁 夏	752496	729251	23245	411571	373937
新 疆	2383188	2288597	94591	975490	743804

2-C-13 各地区总承包建筑业企业实收资本

单位：万元

地区	合计	国家资本	集体资本	法人资本	个人资本	港澳台资本	外商资本
全国	**62226505**	**16612187**	**6849644**	**17975705**	**20494281**	**130621**	**164067**
北京	5703432	3403861	185879	1592057	482930	20074	18632
天津	931740	255476	77205	513638	83368		2052
河北	2477517	551360	252018	678176	995709	254	
山西	1858361	883363	96413	598866	277287	1320	1112
内蒙古	841331	187854	85139	74517	493821		
辽宁	2510739	870020	323619	444323	855528	1756	15493
吉林	958174	443735	66822	231690	209394	2180	4353
黑龙江	2068562	625391	176835	559801	699215	3060	4262
上海	2936269	589309	237805	1110985	908773	28435	60962
江苏	4330341	574809	358251	1277326	2097389	10650	11916
浙江	3920172	196589	263302	984598	2471531	3340	812
安徽	1666047	459804	237476	515666	449043	3947	112
福建	1565467	285538	165086	314917	784395	7396	8134
江西	1174967	382934	224816	302414	258969	4423	1410
山东	4267846	689176	730044	1268156	1568010	6032	6428
河南	2411329	659658	326433	708515	707053	9579	92
湖北	2686876	601098	287297	1081611	704367	1700	10803
湖南	2320212	586892	410015	665574	650111	7620	
广东	4156156	861366	616966	1549631	1110206	13783	4204
广西	1148535	485112	233272	255759	171805	675	1912
海南	192185	52724	23662	68885	36914		10000
重庆	2047871	206772	201825	511476	1127518		281
四川	3866322	988521	429275	810642	1635451	1370	1062
贵州	660589	337678	111946	81802	127194	1970	
云南	1583172	301841	243545	477987	559764		35
西藏	223007	56879	19713	103447	42967		
陕西	1266425	354616	187669	477516	246624		
甘肃	987634	268610	159091	303578	256355		
青海	347489	134830	30198	109514	72488	459	
宁夏	373937	113020	21079	78727	161111		
新疆	743804	203350	66948	223914	248992	600	

2-C-14 各地区总承包建筑业企业收入情况

单位：万元

地 区	工程结算收入	工程结算成本	工程结算税金及附加	工程结算利润	经营费用	其他业务收入	#其他业务利润
全 国	**236601497**	**212131104**	**7754770**	**15610304**	**1105319**	**4735883**	**781051**
北 京	15622244	14045660	454162	1042653	79769	408950	68033
天 津	5037455	4628025	143232	262352	3845	83581	7716
河 北	8538875	7561666	297811	625907	53491	185550	20109
山 西	6433037	5806700	199578	388283	38476	108648	26468
内蒙古	3144018	2745035	114054	275602	9328	48315	9025
辽 宁	9678489	8675527	317432	654921	30609	213467	29046
吉 林	3617101	3268022	115994	215681	17403	48504	11273
黑龙江	4638393	4162089	152952	305604	17748	44608	5195
上 海	15687889	14209180	454976	963544	60189	409745	72513
江 苏	23523480	21082729	801970	1541114	97668	469285	64982
浙 江	29449540	26852299	1023891	1529668	43682	246268	44748
安 徽	6595574	5877953	231354	459063	27204	165332	11446
福 建	5293704	4813059	186918	281765	11962	70607	20050
江 西	3473089	3115415	117576	229211	10888	46401	8723
山 东	15578251	13692568	500460	1264777	120446	485413	66916
河 南	6951714	6193226	229151	502508	26828	112522	19703
湖 北	9223429	8183523	303676	672048	64182	299524	46138
湖 南	8874316	7923411	313008	597020	40876	91433	21802
广 东	17080766	15276180	571152	1151230	82204	342778	82678
广 西	2813039	2542760	100237	160310	9732	73851	14794
海 南	459958	400862	14848	36695	7553	727	482
重 庆	5527398	4955474	187194	365986	18744	94447	13801
四 川	10750163	9544152	338388	795085	72537	237941	35464
贵 州	2454601	2204791	79314	144555	25941	48122	13248
云 南	3886178	3444609	125654	284308	31607	76595	12954
西 藏	254574	216342	6688	24379	7165	4260	543
陕 西	4773384	4251323	148371	308341	65348	136084	17835
甘 肃	2576856	2285167	79105	198105	14479	41383	9075
青 海	756391	675766	22861	54346	3418	14884	3992
宁 夏	950341	857947	29635	60766	1993	19160	3332
新 疆	2957251	2639643	93128	214476	10004	107499	18968

2-C-15 各地区总承包建筑业企业费用情况

单位：万元

地区	管理费用	#税　金	#财产保险费	#差旅费	#工会经费	财务费用	#利息支出
全国	**10092107**	**337056**	**90127**	**446129**	**162667**	**1166612**	**843337**
北京	842423	9804	3222	35329	7455	125529	107359
天津	217680	5197	1022	10206	2579	17977	15392
河北	427933	15904	2878	14402	6165	40056	29647
山西	324883	7691	1752	20112	5205	25707	21900
内蒙古	149013	11601	2188	6121	2179	20628	15754
辽宁	442385	11978	3330	15906	9886	33976	22490
吉林	187034	4776	1016	8888	2221	15658	14134
黑龙江	256656	6066	1201	11063	3712	24029	14974
上海	625000	9037	2743	23706	7429	31579	30491
江苏	893572	28444	7753	38130	17296	85134	55366
浙江	686257	30526	8452	43127	11433	117306	96701
安徽	331781	12867	3129	10968	14774	29233	19462
福建	177663	5830	853	7360	2317	14790	11913
江西	165281	7397	2103	7634	2041	15112	10103
山东	706135	36399	9232	29140	12044	105492	74123
河南	337283	15013	3678	14790	4590	33626	20317
湖北	456905	17365	6037	22127	7366	55335	34867
湖南	352581	16326	3997	16845	4995	51577	31674
广东	706931	23089	5590	21281	9497	91296	51457
广西	132535	5690	840	5414	1992	9925	6214
海南	14056	411	11	623	106	910	424
重庆	210076	6731	2604	10164	3287	29838	21341
四川	527575	17731	7678	28280	11439	78161	48927
贵州	104167	3315	982	4957	1422	9508	7545
云南	191171	6555	1809	9358	3015	27287	19847
西藏	11510	893	129	753	154	1177	546
陕西	226124	7339	2433	11963	2899	30885	23166
甘肃	135136	4760	1280	5432	1531	16928	13129
青海	45332	1374	574	2062	628	3741	2513
宁夏	41864	1296	212	1461	650	7538	5997
新疆	165166	5653	1400	8528	2361	16673	15567

2-C-16 各地区总承包建筑业企业利润及税金情况

单位：万元

地区	利润总额	#应交所得税	税金总额	工程结算税金及附加	管理费用中的税金
全国	**5661011**	**1495028**	**8091826**	**7754770**	**337056**
北京	303749	71524	463967	454162	9804
天津	40776	15791	148429	143232	5197
河北	197871	61958	313715	297811	15904
山西	64866	17675	207269	199578	7691
内蒙古	118686	18182	125655	114054	11601
辽宁	212973	85962	329410	317432	11978
吉林	29492	13151	120770	115994	4776
黑龙江	32726	24307	159018	152952	6066
上海	512180	75614	464014	454976	9037
江苏	638785	189738	830414	801970	28444
浙江	782717	233296	1054417	1023891	30526
安徽	111778	27720	244221	231354	12867
福建	115067	33778	192748	186918	5830
江西	60450	19021	124973	117576	7397
山东	533824	137112	536859	500460	36399
河南	163801	32051	244164	229151	15013
湖北	220688	54031	321041	303676	17365
湖南	229879	52143	329334	313008	16326
广东	502887	127015	594241	571152	23089
广西	33194	12403	105927	100237	5690
海南	22496	5270	15259	14848	411
重庆	149541	41755	193925	187194	6731
四川	248937	60393	356119	338388	17731
贵州	41236	10090	82628	79314	3315
云南	79380	21133	132209	125654	6555
西藏	14564	2154	7581	6688	893
陕西	64835	15280	155710	148371	7339
甘肃	58997	14665	83865	79105	4760
青海	6971	1663	24236	22861	1374
宁夏	12779	4212	30931	29635	1296
新疆	54887	15942	98781	93128	5653

D. 专业承包企业

2-D-1 各地区专业承包建筑业企业签订合同情况

单位：万元

地 区	合同总额	上年结转合同额	本年新签合同额
全 国	**50123514**	**12369322**	**37754193**
北 京	3862297	1120247	2742050
天 津	2246904	664308	1582596
河 北	1337218	304892	1032326
山 西	1205970	324195	881775
内蒙古	283851	102168	181684
辽 宁	2767965	631460	2136505
吉 林	423764	53444	370321
黑龙江	701446	143705	557741
上 海	3953833	1133137	2820696
江 苏	5836469	1110297	4726172
浙 江	4897670	1127050	3770620
安 徽	1134724	191745	942979
福 建	1365177	357219	1007958
江 西	905040	284566	620473
山 东	2257112	414645	1842467
河 南	1599957	455573	1144384
湖 北	3032766	520122	2512644
湖 南	925248	218955	706292
广 东	6083977	1809368	4274609
广 西	361776	94968	266808
海 南	93176	54280	38896
重 庆	943464	199992	743472
四 川	1859068	486327	1372742
贵 州	115864	32708	83156
云 南	424071	99731	324340
西 藏	29812	12530	17282
陕 西	524739	167514	357225
甘 肃	372411	128026	244385
青 海	113224	23687	89536
宁 夏	134961	32563	102398
新 疆	329561	69900	259661

2-D-2 各地区专业承包建筑业企业承包工程完成情况

单位：万元

地 区	直接从建设单位承揽工程完成的产值	自行完成施工产值	分包出去工程的产值	从建设单位以外承揽工程完成的产值
全 国	**36349143**	**35307943**	**1041200**	**3703099**
北 京	2560868	2519501	41367	364358
天 津	1586493	1445524	140969	219422
河 北	1054632	1045531	9101	63487
山 西	831483	826592	4890	36517
内蒙古	234580	231419	3160	4798
辽 宁	2228406	2205544	22862	43229
吉 林	395909	390373	5536	27208
黑龙江	579429	575079	4350	17438
上 海	2871178	2715872	155306	580229
江 苏	4497124	4370214	126910	667758
浙 江	3745539	3679504	66035	338210
安 徽	905594	889340	16254	114506
福 建	984881	979356	5525	38995
江 西	640513	628219	12294	38060
山 东	2091053	2072001	19052	156077
河 南	957650	947851	9799	59211
湖 北	1715025	1656754	58271	137723
湖 南	643849	638124	5725	46573
广 东	3811340	3541186	270155	450090
广 西	248284	247605	679	33052
海 南	76603	75906	697	1958
重 庆	743359	723479	19881	75189
四 川	1306480	1293951	12529	86568
贵 州	107185	105312	1873	3903
云 南	358543	355176	3366	16480
西 藏	26168	26168		1846
陕 西	328831	323345	5486	31232
甘 肃	295178	281017	14160	18706
青 海	116023	114186	1836	10026
宁 夏	130623	130534	89	7749
新 疆	276323	273279	3044	12500

2-D-3 各地区专业承包建筑业总产值和竣工产值

单位：万元

地区	建筑业总产值	#装饰装修产值	#在外省完成的产值	按构成分组：建筑工程产值	按构成分组：安装工程产值	按构成分组：其他产值	竣工产值
全国	**39011042**	**9584839**	**6304990**	**22122896**	**13269535**	**3618611**	**27783908**
北京	2883859	1220616	268838	1830249	930360	123250	1883629
天津	1664946	198664	257011	926991	595801	142154	980618
河北	1109018	164225	316045	385901	422813	300305	825461
山西	863109	109707	169283	480537	261450	121122	486692
内蒙古	236217	18325	9439	142762	71858	21598	203399
辽宁	2248773	594837	266102	1151075	1014725	82973	1659124
吉林	417582	68164	17187	159548	231269	26765	205424
黑龙江	592517	107516	70135	234702	318738	39077	338515
上海	3296102	1109423	302238	1768830	1211484	315788	2193548
江苏	5037972	1204152	951103	3334554	1349489	353929	4228163
浙江	4017714	1058252	717715	2336198	1440976	240540	3136599
安徽	1003846	222547	177671	557308	290299	156240	687577
福建	1018352	233886	108215	575078	354327	88947	672583
江西	666279	92692	178356	442909	129663	93708	453155
山东	2228079	405152	187846	1146334	750514	331231	1729257
河南	1007062	134776	328615	636488	288745	81829	654951
湖北	1794477	246835	402692	1012453	434383	347642	924534
湖南	684698	107484	127757	339244	261507	83946	377025
广东	3991276	1474198	876121	2298637	1444112	248527	3149293
广西	280656	49497	14065	151863	116571	12222	222980
海南	77864	58667	42688	30506	44874	2484	53583
重庆	798668	239833	38945	417082	287426	94160	463968
四川	1380519	232839	281007	746538	469069	164912	1066206
贵州	109215	14456	803	57235	39241	12739	66625
云南	371657	79523	8640	256520	92546	22591	245527
西藏	28014	413		24992	1968	1054	17459
陕西	354576	26432	145562	211526	109476	33574	188317
甘肃	299724	36918	15737	164104	110807	24813	230415
青海	124212	11907	5102	59669	52777	11766	94691
宁夏	138283	18803	17585	97753	34132	6399	125040
新疆	285779	44101	2489	145315	108137	32328	219551

2-D-4 各地区专业承包建筑业企业房屋建筑面积

地区	房屋建筑施工面积(万平方米)	#本年新开工	#实行投标承包面积	#本年新开工	房屋建筑竣工面积(万平方米)	房屋建筑面积竣工率(%)
全国	**9075.9**	**6364.9**	**5781.9**	**3972.1**	**4674.2**	**51.5**
北京	306.2	137.5	235.1	103.9	56.7	18.5
天津	212.5	149.0	72.2	54.3	85.8	40.4
河北	208.3	150.2	125.4	115.6	118.5	56.9
山西	87.8	64.3	54.2	45.8	48.4	55.1
内蒙古	33.1	25.8	30.1	23.6	29.2	88.2
辽宁	264.6	213.7	176.6	150.4	154.8	58.5
吉林	54.4	40.1	39.0	34.0	37.8	69.4
黑龙江	54.1	43.8	29.1	22.6	46.1	85.3
上海	412.4	351.2	183.9	164.5	246.0	59.7
江苏	742.5	540.0	473.3	393.8	450.8	60.7
浙江	1470.0	1279.1	1056.1	526.0	667.1	45.4
安徽	258.6	192.8	137.6	104.0	173.2	67.0
福建	194.2	126.7	77.1	47.8	144.7	74.5
江西	123.0	59.5	90.7	48.9	79.7	64.9
山东	777.6	529.0	443.9	338.3	467.0	60.1
河南	276.1	191.5	198.8	158.3	131.5	47.6
湖北	1547.2	982.4	1043.0	775.4	921.7	59.6
湖南	108.2	76.3	52.1	44.0	45.7	42.2
广东	1065.5	660.6	743.0	462.3	333.2	31.3
广西	33.6	25.3	17.1	10.4	12.6	37.5
海南	0.2	0.2				
重庆	116.9	37.5	32.2	25.0	53.2	45.5
四川	382.5	261.0	261.6	184.4	206.7	54.0
贵州	32.7	14.9	9.9	8.3	14.3	43.8
云南	60.6	45.9	24.8	23.4	38.0	62.7
西藏	23.3	22.1	20.9	19.3	8.2	35.2
陕西	97.3	59.3	65.5	35.2	40.5	41.7
甘肃	67.9	30.8	44.0	22.3	30.4	44.8
青海	8.6	8.6	5.7	5.7	3.9	45.1
宁夏	1.0	0.6	0.3	0.3	0.8	84.9
新疆	55.3	45.3	38.8	24.1	27.8	50.2

2-D-5 各地区按主要用途分的专业承包建筑业企业房屋建筑竣工面积

单位：万平方米

地区	合计	厂房、仓库	住宅	办公用房	批发和零售用房	住宿和餐饮用房
全国	**4674.2**	**1901.2**	**1752.6**	**343.4**	**69.3**	**54.8**
北京	56.7	25.6	15.2	4.8		0.3
天津	85.8	66.1	5.1	6.1	0.9	0.1
河北	118.5	20.1	69.1	9.5	1.3	
山西	48.4	13.5	22.5	3.9	1.0	
内蒙古	29.2	1.2	17.4	0.4	1.7	0.5
辽宁	154.8	33.3	87.8	18.7	7.4	
吉林	37.8	12.5	17.1	8.1		
黑龙江	46.1	5.1	32.1	3.8		1.2
上海	246.0	103.5	121.9	7.4	0.6	0.3
江苏	450.8	187.1	184.3	31.6	4.2	5.9
浙江	667.1	590.9	31.8	13.0	1.0	1.6
安徽	173.2	86.7	47.1	7.4	2.0	3.3
福建	144.7	88.4	41.3	8.1	0.3	0.9
江西	79.7	22.7	33.0	3.6	1.0	1.0
山东	467.0	192.5	179.7	37.2	7.6	0.3
河南	131.5	33.5	53.1	12.8	9.3	5.8
湖北	921.7	208.9	463.8	78.3	11.1	19.0
湖南	45.7	17.6	13.4	2.7	0.4	0.2
广东	333.2	75.5	121.1	44.2	2.4	4.8
广西	12.6	6.1	2.6	2.4		0.1
海南						
重庆	53.2	15.7	24.8	5.8	0.1	0.4
四川	206.7	59.8	99.6	15.5	7.1	6.6
贵州	14.3		8.8	1.5		
云南	38.0	15.2	11.3	2.4	1.3	0.6
西藏	8.2		3.2	2.3		0.9
陕西	40.5	6.9	17.1	6.1		0.6
甘肃	30.4	4.0	17.0	1.1	6.1	0.2
青海	3.9	0.1	2.8	0.4		0.1
宁夏	0.8	0.5	0.4			
新疆	27.8	8.2	8.4	4.3	2.7	0.1

2-D-5 续表 单位：万平方米

地区	居民服务业用房	教育用房	文化、体育和娱乐用房	卫生医疗用房	科研用房	其他用房
全国	**42.1**	**148.6**	**77.6**	**31.0**	**35.5**	**218.1**
北京	1.0	0.1	4.0	4.8	0.2	0.8
天津	1.1	2.0	3.0			1.4
河北	2.7	7.9	2.7	0.1		5.1
山西		0.1	2.1	0.5	0.1	4.6
内蒙古	0.6	2.4	0.2	0.4		4.5
辽宁		0.7	4.0	0.3	0.3	2.4
吉林						
黑龙江	0.8	1.4	0.3			1.4
上海	0.7	0.5	1.3	2.3		7.6
江苏	2.4	13.7	5.3	1.0	2.7	12.5
浙江	0.2	2.0	17.7			9.0
安徽	1.7	8.6	2.0	1.3	0.6	12.8
福建	0.4	0.3	0.4	1.3	1.5	1.9
江西	0.1	0.1	3.5			14.8
山东	4.8	16.5	2.7	1.1	0.2	24.4
河南	1.4	8.8	2.2	2.5		2.1
湖北	15.0	57.9	10.6	11.2	5.8	40.0
湖南		0.8		0.3		10.3
广东	6.5	3.9	8.1	2.1	24.1	40.7
广西		1.4				
海南						
重庆	0.3	1.5	3.5			1.2
四川	0.4	5.0	1.1	0.6		11.0
贵州		3.4	0.2	0.3		
云南	0.2	2.3	0.1	0.1		4.3
西藏	1.3	0.3		0.3		0.1
陕西	0.1	5.1	2.1	0.2		2.2
甘肃		0.2	0.4	0.1		1.2
青海						0.4
宁夏						
新疆	0.4	1.7	0.2	0.4		1.5

2-D-6 各地区按主要用途分的专业承包建筑业企业房屋建筑竣工价值

单位：万元

地区	合计	厂房、仓库	住宅	办公用房	批发和零售用房	住宿和餐饮用房
全国	**2996767**	**966775**	**1216864**	**251302**	**44223**	**26501**
北京	50368	8399	15921	5883		1066
天津	41788	30131	2650	3721	904	26
河北	92106	10769	54403	6142	406	
山西	30822	7777	15948	2183	699	2
内蒙古	21483	1127	12692	669	2030	400
辽宁	88735	15267	51624	12452	1990	420
吉林	25726	8414	13911	3331		
黑龙江	35129	3375	24964	3893		474
上海	199497	68652	108624	6240	811	250
江苏	346739	104518	148024	27807	7843	5220
浙江	355530	269062	25169	13931	538	1678
安徽	91437	36859	32504	4315	645	2000
福建	74351	40221	25018	4202	127	908
江西	36814	10386	15242	1990	410	500
山东	288401	88943	117576	22254	6638	60
河南	65557	15143	26132	6621	4425	2718
湖北	494635	83092	275719	51116	4675	1210
湖南	28078	8122	10937	2567	249	123
广东	337759	89435	108481	40128	1250	2814
广西	10241	2886	2398	2924	11	147
海南						
重庆	31051	7409	17195	2963	26	144
四川	130453	36306	60950	10097	2834	4361
贵州	6513		4394	620		
云南	27125	7092	10200	1711	320	351
西藏	9134		3124	2739		897
陕西	30586	5717	12317	4746		294
甘肃	22527	2851	11508	692	6000	324
青海	4243	119	3276	169		74
宁夏	589	376	213			
新疆	19353	4329	5753	5197	1393	42

2-D-6 续表 单位：万元

地区	居民服务业用房	教育用房	文化、体育和娱乐用房	卫生医疗用房	科研用房	其他用房
全国	**28525**	**98471**	**82871**	**29392**	**50274**	**201570**
北京	412	135	10902	6679	172	799
天津	668	1573	1500		2	613
河北	1508	5028	2970	71		10810
山西	18	93	1850	170	30	2054
内蒙古	356	1865	170	397		1778
辽宁		515	4000	348	208	1911
吉林	70					
黑龙江	785	859	170			609
上海	580	466	1576	3704		8594
江苏	1870	13390	5654	4530	4930	22955
浙江	140	1075	25705	520		17713
安徽	908	4962	1304	615	203	7122
福建	190	229	182	1148	870	1258
江西	54	50	1680			6501
山东	4605	13937	2816	1133	65	30375
河南	1000	4889	1625	1158		1847
湖北	8314	30367	5486	5413	4516	24727
湖南	26	938		125		4991
广东	4840	2222	9078	1480	39211	38820
广西	15	1755	20	30	50	5
海南						
重庆	162	754	1648			750
四川	162	3955	1060	803		9925
贵州		1253	88	159		
云南	126	3284	68	118		3856
西藏	1444	396		320		215
陕西	90	3167	2891	90		1273
甘肃		151	271	90		640
青海						605
宁夏						
新疆	184	1164	158	292	18	823

2-D-7 各地区专业承包建筑业企业施工机械设备情况

地 区	年末自有施工机械设备总台数(台)	年末自有施工机械设备总功率(千瓦)	年末自有施工机械设备净值(万元)	技术装备率(元/人)	动力装备率(千瓦/人)
全 国	**1401527**	**22668605**	**3612223**	**11780**	**7.4**
北 京	86397	833381	151800	10954	6.0
天 津	36268	763085	267987	31550	9.0
河 北	45774	694669	134809	11605	6.0
山 西	46315	872359	138841	13666	8.6
内蒙古	6655	147482	27530	14064	7.5
辽 宁	64329	1176076	236871	11829	5.9
吉 林	20699	346878	50309	9877	6.8
黑龙江	31215	522518	91120	14029	8.0
上 海	49123	560377	160489	11238	3.9
江 苏	155909	2228886	494669	14241	6.4
浙 江	111921	1171864	252921	9522	4.4
安 徽	51806	588153	87618	7225	4.9
福 建	46081	387839	68879	9032	5.1
江 西	18931	310337	52311	9483	5.6
山 东	84603	4232227	230404	9419	17.3
河 南	56532	774054	160221	13796	6.7
湖 北	101915	1441338	236905	12761	7.8
湖 南	41933	531799	88731	11482	6.9
广 东	138623	2086965	227766	10202	9.3
广 西	16418	168317	22137	7636	5.8
海 南	3963	38346	7588	13522	6.8
重 庆	30308	270680	60514	7241	3.2
四 川	61599	624254	118699	8535	4.5
贵 州	5651	90365	8886	4470	4.5
云 南	14534	275778	48624	12429	7.0
西 藏	3812	65533	3107	13451	28.4
陕 西	17343	307829	325256	10753	10.2
甘 肃	29300	590539	57409	14646	15.1
青 海	5998	116135	18286	15534	9.9
宁 夏	6819	182468	30815	19476	11.5
新 疆	10753	268074	43454	23682	14.6

2-D-8 各地区专业承包建筑业企业营业额

单位：万元

地区	企业营业额	在境外完成的营业额	企业总产值	#建筑业总产值
全国	**42041868**	**275642**	**41766227**	**39011042**
北京	3042962	6602	3036359	2883859
天津	1886453	16774	1869679	1664946
河北	1171978	5665	1166313	1109018
山西	885412	628	884784	863109
内蒙古	303602	1070	302532	236217
辽宁	2331300	1415	2329886	2248773
吉林	424614	700	423914	417582
黑龙江	620702	85	620617	592517
上海	3692479	10435	3682044	3296102
江苏	5298319	49082	5249237	5037972
浙江	4133375	8923	4124452	4017714
安徽	1042698	3660	1039038	1003846
福建	1445479	15371	1430108	1018352
江西	697720	2373	695347	666279
山东	2317624	4008	2313617	2228079
河南	1111533	8390	1103143	1007062
湖北	1873746	23826	1849920	1794477
湖南	826293	14635	811658	684698
广东	4394279	80795	4313484	3991276
广西	295700	1474	294226	280656
海南	77884		77884	77864
重庆	849761		849761	798668
四川	1418034	6564	1411470	1380519
贵州	112730	86	112644	109215
云南	452648	2214	450434	371657
西藏	28401		28401	28014
陕西	380934	10585	370348	354576
甘肃	336245	215	336030	299724
青海	125988		125988	124212
宁夏	153790		153790	138283
新疆	309188	68	309120	285779

2-D-9 各地区专业承包建筑业企业资产构成

单位：万元

地区	资产合计	#流动资产小计	#长期投资	#固定资产小计	#无形及递延资产
全国	**46897750**	**34066881**	**1950587**	**9820845**	**904779**
北京	3644010	2948348	167672	472563	47718
天津	1989727	1405569	44448	496256	32906
河北	1288030	897116	39394	320044	28822
山西	1180291	809511	18506	321563	23357
内蒙古	258763	163480	7211	77943	9917
辽宁	2457449	1676329	65671	655665	57056
吉林	552925	357832	34778	149498	10045
黑龙江	1057234	688825	128648	231876	7058
上海	4457760	3295214	137229	953991	61408
江苏	5672523	4365154	220252	986265	84790
浙江	3869670	2940288	206704	634481	67715
安徽	1059436	726023	51202	246022	34284
福建	1190328	944022	55551	176246	10841
江西	644544	452290	21866	151308	17825
山东	2962048	2001857	149657	700856	102165
河南	1160478	757209	28158	339590	28457
湖北	1953287	1246897	61231	583688	45832
湖南	871678	602597	28641	217619	20849
广东	4768459	3738049	188967	742046	76101
广西	386774	281806	23027	70852	10869
海南	125341	101247	8875	15022	191
重庆	979828	698969	36338	220244	22380
四川	1886018	1322260	81777	431451	47829
贵州	189980	137823	16912	33318	1829
云南	603935	401136	46544	133455	18778
西藏	42783	22168	312	15388	4442
陕西	368559	267311	8830	83295	7237
甘肃	513474	335987	28439	141889	6068
青海	110258	66116	6183	36524	1164
宁夏	235926	142300	9918	80158	3484
新疆	416237	273152	27645	101731	13361

2-D-10 各地区专业承包建筑业企业流动资产、无形及递延资产

单位：万元

地 区	流动资产	#存 货	无形及递延资产	#无形资产
全 国	**34066881**	**9109638**	**904779**	**709750**
北 京	2948348	949368	47718	39915
天 津	1405569	409673	32906	28284
河 北	897116	190332	28822	27030
山 西	809511	169462	23357	21366
内蒙古	163480	29721	9917	9361
辽 宁	1676329	357620	57056	51399
吉 林	357832	49817	10045	3836
黑龙江	688825	163254	7058	5266
上 海	3295214	1084910	61408	19509
江 苏	4365154	1350250	84790	76593
浙 江	2940288	825212	67715	58967
安 徽	726023	144589	34284	24229
福 建	944022	264070	10841	8869
江 西	452290	112253	17825	13398
山 东	2001857	422013	102165	58449
河 南	757209	192402	28457	26522
湖 北	1246897	327342	45832	37734
湖 南	602597	138966	20849	19629
广 东	3738049	880529	76101	64726
广 西	281806	59393	10869	6128
海 南	101247	39308	191	120
重 庆	698969	203890	22380	18160
四 川	1322260	374083	47829	39225
贵 州	137823	40300	1829	903
云 南	401136	110183	18778	17494
西 藏	22168	2954	4442	4442
陕 西	267311	53348	7237	6670
甘 肃	335987	71207	6068	5224
青 海	66116	23576	1164	896
宁 夏	142300	31678	3484	3205
新 疆	273152	37934	13361	12201

2-D-11 各地区专业承包建筑业企业固定资产情况

单位：万元

地 区	固定资产小计	固定资产原价	#生产经营用	固定资产折旧	#本年折旧	在建工程
全 国	**9820845**	**12793354**	**8996582**	**4084239**	**738780**	**814707**
北 京	472563	613270	460269	211096	41105	61849
天 津	496256	647284	529875	207104	41389	46759
河 北	320044	438137	314467	142646	31153	15651
山 西	321563	397927	305387	113227	22512	26199
内蒙古	77943	87703	67354	25714	4121	7109
辽 宁	655665	900529	706980	276580	45502	24281
吉 林	149498	185116	113259	54654	13104	11679
黑龙江	231876	281568	229728	75180	15684	20499
上 海	953991	1357528	412579	486895	65676	47444
江 苏	986265	1251905	1014978	387036	73184	85632
浙 江	634481	784425	658010	237246	49105	51907
安 徽	246022	290288	225629	80989	15809	30310
福 建	176246	239357	171539	78326	14429	11708
江 西	151308	200416	143369	65534	9785	6262
山 东	700856	896266	667232	281105	49208	63099
河 南	339590	446888	310913	150591	33759	30249
湖 北	583688	705663	490001	188407	35701	55674
湖 南	217619	295075	209393	100892	16864	17716
广 东	742046	1005143	725485	345329	59423	60384
广 西	70852	91898	68553	31315	5473	8705
海 南	15022	17505	10132	4181	660	1263
重 庆	220244	256036	189426	74876	13208	33233
四 川	431451	561514	341791	187327	32419	47254
贵 州	33318	38668	25069	11557	2351	4969
云 南	133455	180775	128560	64633	10341	13857
西 藏	15388	14864	2865	2914	1542	987
陕 西	83295	111103	81276	35228	7015	6098
甘 肃	141889	192000	157978	60384	10293	9620
青 海	36524	47563	30883	13706	2553	2061
宁 夏	80158	116038	93045	39765	6905	3003
新 疆	101731	140902	110559	49801	8509	9248

2-D-12 各地区专业承包建筑业企业负债及所有者权益

单位：万元

地区	负债合计	流动负债	长期负债	所有者权益	#实收资本
全国	**27045982**	**26005372**	**1040610**	**19851768**	**15520451**
北京	2316223	2274470	41753	1327787	1174552
天津	1177466	1153429	24037	812261	586807
河北	654927	634655	20272	633103	445646
山西	667364	626250	41114	512927	463554
内蒙古	140524	114064	26460	118239	91321
辽宁	1272137	1231890	40247	1185312	984720
吉林	283110	269475	13635	269815	223353
黑龙江	551009	525169	25840	506224	401773
上海	2487699	2434519	53181	1970061	963169
江苏	3730827	3645580	85247	1941696	1552093
浙江	2431920	2341675	90245	1437750	999863
安徽	539919	516700	23218	519518	421409
福建	605921	598751	7171	584406	516094
江西	358846	331495	27350	285698	246541
山东	1655230	1567065	88164	1306819	1072335
河南	586671	549391	37280	573807	512702
湖北	1049108	981341	67767	904180	739077
湖南	519457	482285	37172	352221	297916
广东	2941392	2832593	108799	1827067	1371931
广西	202882	196183	6699	183892	150276
海南	72476	72079	397	52864	32429
重庆	454320	422263	32057	525508	485942
四川	1015647	933212	82436	870371	755650
贵州	103752	95376	8375	86228	80025
云南	310893	293083	17810	293042	267977
西藏	13679	13016	663	29104	23333
陕西	236721	228262	8459	131838	110992
甘肃	271522	260202	11320	241952	212353
青海	46049	43767	2282	64209	59437
宁夏	124336	122473	1863	111590	104995
新疆	223957	214660	9297	192280	172185

2-D-13 各地区专业承包建筑业企业实收资本

单位：万元

地区	合计	国家资本	集体资本	法人资本	个人资本	港澳台资本	外商资本
全国	**15520451**	**2062127**	**1194376**	**5135909**	**6697492**	**246879**	**183667**
北京	1174552	113826	86660	409613	507036	31018	26401
天津	586807	68232	54956	224591	213989	15395	9645
河北	445646	61726	27775	163028	190159	2202	756
山西	463554	82460	22289	189337	162537	6891	40
内蒙古	91321	9937	10659	11768	58689		268
辽宁	984720	216911	128798	171160	432717	9163	25971
吉林	223353	52863	16799	84086	66433	876	2296
黑龙江	401773	54545	36080	109389	198424	2038	1297
上海	963169	116532	71389	331169	370926	43627	29526
江苏	1552093	136614	91329	442689	833329	30707	17425
浙江	999863	69962	30949	249021	636258	6012	7661
安徽	421409	58823	41028	154494	161786	1462	3815
福建	516094	32342	29415	128501	300525	17736	7576
江西	246541	68185	20791	81234	71359	3648	1323
山东	1072335	117315	149072	387189	390086	13284	15390
河南	512702	75542	38457	176148	216689	3983	1883
湖北	739077	133470	55579	286720	251279	7082	4948
湖南	297916	79711	39225	90134	85085	1753	2007
广东	1371931	132847	66135	641924	475666	38433	16926
广西	150276	13848	19632	53629	62228	815	125
海南	32429	724	764	11836	17033		2073
重庆	485942	51246	14500	173145	241849	2576	2625
四川	755650	130780	57775	214725	348072	2226	2073
贵州	80025	25917	7003	13566	33522	17	
云南	267977	24870	17615	105399	119377	716	
西藏	23333	5054	6152	1531	10067	530	
陕西	110992	25015	11092	49970	24790		125
甘肃	212353	46731	20518	70910	69081	3676	1438
青海	59437	8925	2359	28450	19511	137	56
宁夏	104995	27121	2447	23156	52212	60	
新疆	172185	20054	17139	57397	76779	816	

2-D-14 各地区专业承包建筑业企业收入情况

单位：万元

地区	工程结算收入	工程结算成本	工程结算税金及附加	工程结算利润	经营费用	其他业务收入	#其他业务利润
全国	**38173626**	**32195234**	**1186265**	**4340538**	**451589**	**1418871**	**247902**
北京	2947221	2493502	84123	326802	42794	59633	18925
天津	1748621	1477822	45263	209181	16355	82632	8679
河北	1136841	940949	43303	133241	19349	30873	4584
山西	878427	752761	28242	84204	13220	23618	1152
内蒙古	221710	181355	7644	31491	1220	2360	521
辽宁	2128664	1787941	67455	257705	15563	64191	13902
吉林	417738	339057	13076	61085	4520	6815	1806
黑龙江	602945	509403	17985	69223	6335	24992	2314
上海	3544789	3037997	90346	370019	46428	89568	16987
江苏	4323458	3667951	136899	470278	48330	247750	41117
浙江	3626473	3069778	114470	420894	21332	151396	20163
安徽	938573	779863	34048	110243	14419	51689	11020
福建	1025588	870340	35213	113195	6841	30301	6907
江西	593071	519853	18217	51146	3856	11990	1940
山东	2061197	1682910	61980	278655	37652	100474	12128
河南	973274	835509	30202	98170	9393	35487	3455
湖北	1781496	1486844	57994	202871	33788	49378	3226
湖南	678561	562697	22305	86150	7409	21043	4881
广东	4453156	3770672	146003	488475	48006	178536	37991
广西	290278	237693	10034	39440	3112	9268	4275
海南	83777	65917	3744	13005	1111	238	87
重庆	775115	647738	24917	96205	6255	28061	3991
四川	1307937	1104627	43517	144491	15302	34412	8369
贵州	111299	94768	3858	10668	2005	4338	1519
云南	356645	295721	11679	42980	6265	13343	3268
西藏	25030	20064	824	3767	375	697	278
陕西	330080	284463	9344	30364	5910	12893	3402
甘肃	314401	267110	8668	34321	4301	25067	5512
青海	61739	54115	1888	4551	1184	1206	406
宁夏	139610	115249	3875	18487	1999	15710	2577
新疆	295913	240568	9149	39234	6962	10914	2523

2-D-15 各地区专业承包建筑业企业费用情况

单位：万元

地 区	管理费用	#税 金	#财产保险费	#差旅费	#工会经费	财务费用	#利息支出
全 国	**3001805**	**83825**	**23530**	**145403**	**28740**	**157119**	**99137**
北 京	271329	3695	1016	10716	1290	3630	1507
天 津	128680	3840	613	3812	1085	3975	1531
河 北	89784	3724	988	4462	1307	5245	2874
山 西	67902	1449	584	4840	711	4940	3858
内蒙古	18653	1240	30	410	154	2143	1625
辽 宁	189025	5301	1460	7958	2184	7766	3398
吉 林	49395	1284	251	1558	549	1183	844
黑龙江	56520	1689	523	3248	503	5093	4175
上 海	246662	3770	935	8951	1382	3100	4609
江 苏	322329	7808	2666	17106	3074	17419	9522
浙 江	222535	8938	2197	15673	2727	21342	18222
安 徽	77059	2690	599	5715	1096	5080	2946
福 建	76878	2834	735	3783	629	2324	1713
江 西	38269	885	225	1977	503	3119	2284
山 东	164695	6914	1726	7574	1319	17159	10230
河 南	71073	1949	796	4108	931	6081	3738
湖 北	137558	4697	2462	5464	2390	10433	3222
湖 南	64318	3170	1210	4057	774	3348	1215
广 东	328569	7775	1883	13994	2433	15485	9254
广 西	29890	1001	175	1538	327	658	374
海 南	5194	142	8	420	8	99	62
重 庆	66650	2249	383	3844	453	3042	1857
四 川	120759	2734	863	6321	1254	6298	4070
贵 州	10113	312	62	440	144	408	225
云 南	35228	963	231	1676	294	1754	1453
西 藏	1172	113	3	33	8	69	13
陕 西	27626	1019	200	1485	328	1437	971
甘 肃	29708	622	356	1464	414	2146	1390
青 海	5486	157	44	246	49	366	156
宁 夏	16193	308	59	924	167	853	755
新 疆	32555	555	247	1608	254	1122	1045

2-D-16 各地区专业承包建筑业企业利润及税金情况

单位：万元

地区	利润总额	#应交所得税	税金总额	工程结算税金及附加	管理费用中的税金
全国	**1531457**	**425018**	**1270090**	**1186265**	**83825**
北京	75829	25617	87818	84123	3695
天津	85167	32167	49103	45263	3840
河北	48330	15984	47027	43303	3724
山西	13584	6124	29691	28242	1449
内蒙古	8479	2459	8885	7644	1240
辽宁	80547	22739	72756	67455	5301
吉林	12899	4567	14360	13076	1284
黑龙江	12124	5942	19674	17985	1689
上海	156523	27667	94116	90346	3770
江苏	181892	52988	144707	136899	7808
浙江	214608	58192	123408	114470	8938
安徽	41209	10398	36737	34048	2690
福建	42276	11874	38047	35213	2834
江西	13327	4212	19102	18217	885
山东	114147	29076	68893	61980	6914
河南	27961	8354	32151	30202	1949
湖北	63402	15989	62692	57994	4697
湖南	25827	6553	25475	22305	3170
广东	186255	46781	153778	146003	7775
广西	15522	4149	11035	10034	1001
海南	7739	1508	3886	3744	142
重庆	31292	9196	27166	24917	2249
四川	27386	9652	46251	43517	2734
贵州	2267	671	4170	3858	312
云南	11041	3332	12642	11679	963
西藏	3230	199	936	824	113
陕西	5103	1962	10363	9344	1019
甘肃	9476	2483	9290	8668	622
青海	-908	358	2045	1888	157
宁夏	4000	1431	4183	3875	308
新疆	10926	2396	9704	9149	555

E. 劳务分包企业

2-E-1 各地区劳务分包建筑业企业生产经营情况

单位：万元

地区	建筑业总产值	营业收入	工程结算税金及附加	利润总额	从业人员劳动报酬	#劳动、待业保险费
全国	**2043389**	**1743137**	**52693**	**55441**	**770723**	**15451**
北京	145952	154979	1756	7052	21675	32
天津	36563	45708	1575	188	9465	389
河北	107817	96029	2964	6514	49434	1107
山西	11621	10786	424	304	5667	81
内蒙古	1464	1454	51	-136	400	20
辽宁	33088	37509	1347	-978	8612	608
吉林	3852	3891	124	127	912	62
黑龙江	12756	11250	329	66	2418	164
上海	80335	68500	1799	1804	17308	892
江苏	627383	434007	17606	10717	201763	4412
浙江	156820	166731	5194	4991	78459	1270
安徽	88785	86632	2576	3071	51338	1037
福建	77140	72779	1187	93	47621	134
江西	5191	4628	172	73	1077	26
山东	144739	117836	3909	6758	22642	835
河南	115359	73389	1415	8423	40216	1795
湖北	84856	77719	1412	796	39953	783
湖南	66436	62694	4110	1404	36247	674
广东	10156	12201	352	32	6803	399
广西	12985	9302	304	50	8342	101
海南						
重庆	64451	53803	1245	1383	34375	168
四川	118401	107559	1777	2762	72603	322
贵州	14	243	5	7	77	
云南	2631	3214	59	106	2342	7
西藏						
陕西	873	873	42	58	506	
甘肃	6516	2692	104	41	816	22
青海	1361	735	23	-29	161	
宁夏	2971	2992	134	9	417	11
新疆	22875	23004	700	-245	9076	103

2-E-2 各地区劳务分包建筑业企业个数和人员情况

地 区	企业个数(个)	计算劳动生产率的平均人数(人)	年末从业人数(人)	#管理人员	#工程技术人员	#现场施工工人
全 国	**3104**	**670215**	**778979**	**58020**	**57414**	**616313**
北 京	81	16150	16589	1692	1743	13079
天 津	141	10720	10245	1026	879	8485
河 北	185	52303	67492	5824	5150	50127
山 西	88	6152	6662	854	706	5216
内蒙古	11	455	459	155	61	245
辽 宁	168	9590	7866	1205	1129	5474
吉 林	45	940	938	156	146	512
黑龙江	95	3562	5227	668	559	2436
上 海	65	10782	7283	603	553	5983
江 苏	670	181091	187869	14949	11727	159232
浙 江	228	51795	70864	4240	5226	61755
安 徽	127	45216	70113	4051	5020	51703
福 建	90	39356	45488	1030	869	35846
江 西	21	1218	1365	115	222	807
山 东	348	28863	30393	3263	3912	23243
河 南	130	41034	43384	3633	3812	36682
湖 北	100	27359	33947	2630	2202	25560
湖 南	139	24460	38249	3819	3740	20694
广 东	35	2835	5215	252	188	2744
广 西	15	12997	14624	155	108	13111
海 南						
重 庆	57	26204	32872	1581	1369	28948
四 川	121	66472	74173	5148	7077	59156
贵 州	1	50	87	12	4	38
云 南	11	1610	1639	108	210	1527
西 藏						
陕 西	7	423	452	84	68	141
甘 肃	28	1412	1566	181	325	984
青 海	4	274	123	35	21	51
宁 夏	20	529	483	113	121	281
新 疆	73	6363	3312	438	267	2253

F. 资质以外企业

2-F-1 各地区资质以外建筑业总产值和竣工产值

单位：万元

地 区	建筑业总产值	#装饰装修产值	按构成分组 建筑工程产值	安装工程产值	其他产值	竣工产值
全 国	**17725569**	**2892319**	**10359098**	**4328236**	**3038236**	**9546435**
北 京	1161309	249856	655005	379253	127052	718957
天 津	351831	42332	127024	177734	47073	177968
河 北	320400	31753	201909	66548	51944	227717
山 西	215723	40799	140440	47801	27482	109269
内蒙古	277200	27564	201614	58993	16594	149615
辽 宁	851107	123773	518313	261716	71078	513961
吉 林	889781	105336	489929	185544	214308	153650
黑龙江	193011	15220	81334	64636	47041	97872
上 海	2723120	664643	1179024	722942	821154	1039409
江 苏	2155694	243134	1371938	501773	281984	1413305
浙 江	706921	153684	404731	191948	110242	551546
安 徽	538434	58890	313851	90984	133599	371734
福 建	313448	49261	135093	84517	93839	158304
江 西	219259	30227	143089	34722	41448	124257
山 东	1819855	248037	1236424	325147	258284	1100404
河 南	1039131	96227	844994	127133	67004	821400
湖 北	589932	91131	395613	78657	115663	279876
湖 南	268893	44364	137445	58058	73390	159990
广 东	1438880	308281	731632	545161	162088	533396
广 西	97294	14811	56036	34532	6726	51024
海 南	97713	16561	60682	19459	17572	40720
重 庆	89963	9735	50538	28070	11355	36000
四 川	301990	91799	158828	84413	58750	134462
贵 州	51821	10364	25843	15831	10147	17015
云 南	143779	33787	95425	30776	17578	76868
西 藏	3052	1024	2832	50	170	3095
陕 西	599072	63266	428903	60004	110165	329684
甘 肃	163775	16363	117557	18587	27631	82306
青 海	9620	1498	3841	2853	2926	6550
宁 夏	22819	4252	14404	5446	2968	12071
新 疆	70745	4349	34810	24948	10986	54014

2-F-2 各地区资质以外建筑业企业房屋建筑面积

地 区	房屋建筑施工面积(万平方米)	#本年新开工	房屋建筑竣工面积(万平方米)	#住 宅	房屋建筑面积竣工率(%)
全 国	**9257.2**	**5935.1**	**5925.8**	**3640.5**	**64.0**
北 京	315.1	170.0	151.6	69.5	48.1
天 津	89.1	45.1	64.8	35.7	72.7
河 北	251.2	163.9	146.3	88.5	58.3
山 西	100.7	64.5	62.2	48.6	61.8
内蒙古	145.6	95.3	90.8	55.3	62.4
辽 宁	412.9	220.2	223.8	149.1	54.2
吉 林	154.0	84.7	41.9	29.6	27.2
黑龙江	77.8	63.5	62.5	42.9	80.3
上 海	265.7	107.3	94.7	37.7	35.7
江 苏	1626.6	1029.4	918.5	547.4	56.5
浙 江	103.2	38.8	77.3	16.7	74.9
安 徽	553.2	406.8	400.1	282.3	72.3
福 建	75.8	31.2	30.6	13.1	40.3
江 西	196.8	114.9	119.5	64.7	60.7
山 东	1530.9	1058.8	1091.7	661.4	71.3
河 南	1587.1	1184.2	1314.5	891.8	82.8
湖 北	238.0	139.1	141.1	72.1	59.3
湖 南	206.8	127.1	163.1	101.6	78.8
广 东	403.9	215.1	198.9	100.9	49.2
广 西	26.3	16.4	10.0	9.1	38.2
海 南	21.0	8.8	11.3	5.3	53.8
重 庆	62.8	31.0	24.5	18.4	39.0
四 川	169.6	121.3	70.6	27.6	41.6
贵 州	9.1	3.3	6.7	4.0	73.7
云 南	57.4	27.3	28.8	21.2	50.2
西 藏	1.8	1.4	1.8	0.5	100.0
陕 西	406.3	252.5	272.3	187.4	67.0
甘 肃	144.6	100.0	89.0	51.9	61.5
青 海	4.3	3.2	2.1	1.5	49.6
宁 夏	2.9	2.6	2.5	2.0	86.2
新 疆	16.8	7.5	12.4	2.7	73.7

2-F-3 各地区资质以外建筑业企业资产负债情况

单位：万元

地 区	资产总计	负债合计	固定资产原价	本年折旧	实收资本
全 国	**24155624**	**12480156**	**6305558**	**554335**	**8326460**
北 京	2257799	1266192	448614	25470	784912
天 津	597656	356194	130178	6830	269742
河 北	534012	252298	262153	15447	212122
山 西	343303	152174	113504	11640	149196
内蒙古	380394	218258	123810	9758	114209
辽 宁	1009945	556229	327726	35504	417387
吉 林	390744	203048	147039	11850	133103
黑龙江	244105	91653	100115	9939	133412
上 海	4816708	2446742	849812	65439	1410941
江 苏	2154063	1223619	518724	55936	685588
浙 江	1165270	647255	238029	21851	404657
安 徽	679612	329634	173136	13170	271190
福 建	666246	400610	102938	9667	233442
江 西	267614	125432	94013	4435	103373
山 东	1426703	569935	608289	57794	582125
河 南	737395	297451	307040	29438	334528
湖 北	842394	408853	249368	35242	257379
湖 南	215745	107456	67177	7019	82367
广 东	2883384	1791676	511468	55629	788887
广 西	200776	111246	39397	4105	75934
海 南	169736	74047	32434	2167	78907
重 庆	107366	41668	29171	3648	52693
四 川	512954	189364	127494	10236	232105
贵 州	115952	48969	22333	1632	40760
云 南	300789	173033	86064	10361	106288
西 藏	4622	911	2162	97	3077
陕 西	806970	247709	465845	29851	229026
甘 肃	174529	86233	73118	5447	71787
青 海	17564	5884	7772	684	9590
宁 夏	41402	13356	13648	1244	23406
新 疆	89873	43030	32987	2807	34327

2-F-4 各地区资质以外建筑业企业损益及分配情况

单位：万元

地区	营业收入	#主营业务收入	主营业务成本	主营业务税金及附加	费用合计	营业利润	利润总额
全国	**17788118**	**17330716**	**13938706**	**628740**	**1941288**	**1247333**	**1017845**
北京	1432603	1327349	1081021	37520	196184	42023	62078
天津	353777	345428	275564	14472	51507	23770	17634
河北	443893	438286	352644	13916	34295	40903	32622
山西	212264	209140	175949	6883	22984	6289	3979
内蒙古	281993	271485	215658	10787	23773	28406	16150
辽宁	895350	880006	737092	30426	92858	21071	7281
吉林	932366	929826	738222	31363	43485	125698	73832
黑龙江	190722	187948	141229	5691	21137	29202	3063
上海	2891035	2833545	2206901	90160	298669	255255	202856
江苏	1847120	1810718	1464610	65067	198043	99674	83023
浙江	753018	721371	601804	25671	90510	29237	32289
安徽	448748	430975	443907	17194	48520	27372	25768
福建	303108	295992	250458	9782	37617	6060	6369
江西	207849	203885	169592	7739	21981	11360	12304
山东	1722277	1698031	1333296	63951	181518	166067	156289
河南	1020269	1002597	752343	40591	108602	117845	108669
湖北	549032	539569	442999	17464	56886	29808	5888
湖南	243324	239687	189336	8992	26690	19661	15435
广东	1489170	1446889	1165119	54620	201539	73025	78629
广西	111634	105315	85096	3576	16858	2163	2107
海南	97733	96186	81481	3161	12180	1000	-76
重庆	129908	127864	112870	5197	13328	5356	2556
四川	314023	304628	242538	10144	43838	10951	10654
贵州	57463	56216	44552	1916	8136	2830	2208
云南	147249	133782	105566	5653	23013	6122	5474
西藏	2169	2059	1727	110	68	174	173
陕西	467895	457458	338197	37299	40617	49041	36873
甘肃	138735	134912	110666	5952	12250	11392	7369
青海	9463	9188	7467	314	1649	34	-153
宁夏	24191	22920	18057	732	4128	1161	1029
新疆	69740	67463	52744	2399	8425	4384	5475

2-F-5 各地区资质以外建筑业企业个数和人员情况

地区	企业个数(个)	计算劳动生产率的平均人数(人)	年末从业人数(人)	#管理人员	#工程技术人员	#现场施工工人
全国	**52295**	**1939820**	**1912218**	**249062**	**253610**	**1249342**
北京	3167	104162	103417	19583	17398	55296
天津	1004	35296	34761	5301	6368	23950
河北	856	51470	51396	7424	8231	31060
山西	825	30459	34141	5227	5019	16609
内蒙古	588	34279	30839	4631	4012	19381
辽宁	3196	103172	90078	15063	13657	63407
吉林	558	65817	54949	4483	4885	40072
黑龙江	869	31217	32273	4057	3724	15745
上海	8670	233326	179840	21863	21915	92959
江苏	5420	221887	226841	27069	24440	170297
浙江	3408	69027	66193	11598	10667	40553
安徽	1918	65542	83072	9562	9439	57950
福建	1303	42334	41451	6535	6151	23914
江西	626	26006	28185	3440	4222	16953
山东	4487	212817	209353	23063	25497	155657
河南	2657	179679	199321	17339	24177	151416
湖北	1539	64111	65903	9366	9960	42284
湖南	840	33200	32348	3982	4815	19495
广东	4080	111288	104442	19045	16756	57800
广西	440	16668	17213	2318	2660	10899
海南	379	10285	9893	1718	1425	6148
重庆	338	13830	14807	1912	1815	9220
四川	1187	37770	43000	6105	6285	26299
贵州	331	10100	9475	1520	1341	5486
云南	736	19693	23947	4350	4308	14700
西藏	9	483	557	99	65	305
陕西	1692	68398	73075	6391	7823	47961
甘肃	653	31922	39327	3611	4069	26920
青海	72	2143	2318	404	391	1550
宁夏	203	3833	3548	771	773	1582
新疆	244	9606	6255	1232	1322	3474

G. 非建筑业企业所属建筑产业活动单位

2-G-1 各地区非建筑业企业所属建筑业产业活动单位基本情况

地 区	单位数（个）	从业人员（人）	经营性收入（万元）
全 国	**2867**	**172720**	**2151436**
北 京	125	3544	30888
天 津	38	4902	73324
河 北	104	10985	141153
山 西	111	6912	38411
内蒙古	42	3524	43355
辽 宁	132	7780	70365
吉 林	48	7100	43163
黑龙江	130	9505	49303
上 海	314	12719	212953
江 苏	147	4775	113090
浙 江	87	1764	35906
安 徽	89	5810	38440
福 建	23	245	3569
江 西	47	1322	22992
山 东	173	12980	155394
河 南	128	7419	385455
湖 北	146	5742	39929
湖 南	91	5454	113687
广 东	174	5270	76547
广 西	40	1638	13368
海 南	63	3902	6957
重 庆	49	3585	26062
四 川	113	8844	59224
贵 州	25	832	6850
云 南	69	2244	21122
西 藏	2	6	97
陕 西	51	3787	30030
甘 肃	65	4614	47586
青 海	14	1345	9510
宁 夏	12	1019	12144
新 疆	215	23152	230563

H. 建筑业个体经营户

2-H-1 各地区建筑业个体经营户生产经营情况

地区	户数（个）	从业人员（人）	经营性收入（万元）	营业支出（万元）	固定资产原价（万元）
全国	**564832**	**4616411**	**21646341**	**16284825**	**3480073**
北京	3175	22840	80181	60747	11519
天津	2176	10275	161794	101065	33639
河北	51588	667010	2459652	1976305	387855
山西	6234	49641	174325	49348	31161
内蒙古	7131	37818	342768	225633	37043
辽宁	12458	75533	491034	372442	78837
吉林	5479	72051	399378	297253	84515
黑龙江	2947	20892	90346	63643	22418
上海	916	1904	6522	4575	1652
江苏	42355	339293	1913903	1533802	307498
浙江	31644	140539	551906	410615	271497
安徽	34540	193264	1178754	817941	152633
福建	32541	100986	501177	362964	122439
江西	36793	169877	801766	546099	72619
山东	52332	612555	4149595	3055327	725828
河南	58906	705545	1322589	973193	383384
湖北	31139	114968	969551	710297	95631
湖南	30507	202115	1520313	1192133	130324
广东	13481	83686	642994	455712	66328
广西	15502	64143	350202	270083	58122
海南	2779	15973	38921	29320	2649
重庆	5956	26595	113559	86597	12442
四川	39814	540717	2137829	1769719	130351
贵州	6166	29351	97072	75109	15731
云南	5736	40373	163997	129815	61876
西藏	299	1807	4556	3180	3045
陕西	21534	137835	481215	388108	84442
甘肃	6289	88723	319561	180553	57292
青海	432	3284	5423	4009	1189
宁夏	2847	33166	99639	78432	26840
新疆	1136	13652	75819	60806	9274

附 录

主要指标解释

规模以上工业企业科技情况

科技活动人员 指工业企业在报告年度直接从事或参与科技活动的人员，包括参加科技项目人员、从事科技活动管理和为科技活动提供直接服务的人员。

参加科技项目人员 指编入各类科技活动项目组并从事(或参与)项目研究活动的人员。

科技管理和服务人员 指企业中专门从事科技活动管理和为科技活动提供直接服务的人员。

科学家和工程师 指科技活动人员中具有高、中级技术职称（职务）的人员和不具有高、中级技术职称（职务）的大学本科及以上学历人员。

高中级技术职称人员 指企业科技活动人员中已评定高级和中级技术职称(职务)的人员。

科技活动经费筹集总额 指企业在报告年度从各种渠道筹集到的计划用于科技活动的经费，包括企业资金、金融机构贷款、政府资金、国外资金、其他资金等。

企业科技活动经费内部支出 指企业在报告年度用于企业内部开展科技活动实际支出的费用。包括经常费支出和科研基建费支出。

经常费支出 指企业为开展科技活动使用非基建项目资金支付的科技活动人员劳务费、设备购置费和其他日常支出。

科研基建费支出 指企业在报告年度为改善科研条件，提高研制开发能力，使用基本建设资金、技措技改等资金进行新建、改建、扩建、购置、安装科研用固定资产、以及进行科研设备改造及大修理等的实际支出。

劳务费 指以货币或实物形式直接或间接支付给科技活动人员的劳动报酬及各种补贴，包括各种形式的工资、补助工资、津贴、价格补贴、住房补贴、奖金、福利、失业保险、养老保险、医疗保险、工伤保险、人民助学金等。

科技活动经费外部支出 指企业在报告年度委托其他单位或与其他单位合作开展科技活动而支付给其他单位的经费。

对研究院所和高校支出 指报告年度内企业委托或与国内独立研究院所或高等学校合作开展科技活动而支付予其的经费。

对其他企业支出 指报告年度内企业委托或与国内其他企业合作开展科技活动而支付予其的经费。

研究与试验发展(R&D)人员 指企业科技活动人员中从事基础研究、应用研究和试验发展三类活动的人员。

R&D 人员折合全时当量 指报告年度企业研究与试验发展（R&D）人员按实际从事研发活动的时间计算的工作量。

研究与试验发展(R&D)经费内部支出 指报告年度在企业科技活动经费内部支出中用于基础研究、应用研究和试验发展三类项目的费用支出以及用于这三类项目的管理和服务的费用支出。

新产品开发经费支出 指报告年度内在企业科技活动经费内部支出中用于新产品研究开发的经费支出。包括新产品的研究、设计、模型研制、测试、试验等费用支出。

新产品产值 指报告年度本企业生产的新产品的产值。新产品是指采用新技术原理、新设计构思研制、生产的全新产品，或在结构、材质、工艺等某一方面比原有产品有明显改进，从而显著提高了产品性能或扩大了使用功能的产品。

新产品销售收入 指报告年度本企业销售新产品实现的销售收入。

新产品出口收入 指报告年度本企业将新产品出售给外贸部门和直接出售给外商所实现的销售收入。

专利申请数 指企业在报告年度内向专利行政部门提出专利申请并被受理的件数。

发明专利申请数 指企业在报告年度内向专利行政部门提出发明专利申请并被受理的件数。

拥有发明专利数 指企业作为专利权人在报告年度拥有的、经国内外专利行政部门授权且在有效期内的发明专利件数。

技术改造经费支出 指本企业在报告年度进行技术改造而发生的费用支出。技术改造指企业在坚持科技进步的前提下，将科技成果应用于生产的各个领域(产品、设备、工艺等)，用先进技术改造落后技术，用先进工艺代替落后工艺、设备，实现以内涵为主的扩大再生产，从而提高产品质量、促进产品更新换代、节约能源、降低消耗，全面提高综合经济效益。

技术引进经费支出 指企业在报告年度用于购买国外技术的费用支出，包括产品设计、工艺流程、图纸、配方、专利等技术资料的费用支出，以及购买关键设备、仪器、样机和样件等的费用支出。

消化吸收经费支出 指本企业在报告年度对国外引进项目进行消化吸收所支付的经费。包括人员培训费、测绘费、参加消化吸收人员的工资、工装、工艺开发费、必备的配套设备费、翻版费等。

购买国内技术经费支出 指本企业在报告年度购买国内其他单位科技成果的经费支出。包括购买产品设计、工艺流程、图纸、配方、专利、技术诀窍及关键设备等的费用支出。

建筑业

根据《第一次全国经济普查方案》的规定，建筑业普查资料中的建筑业企业分为资质内企业和资质外企业，资质内企业是指具有新的建筑业资质等级的总承包、专业承包、劳务分包企业；资质外企业是指没有取得建筑业资质，但实际从事建筑生产经营活动的企业。非建筑业企业所属建筑业产业活动单位是指行业性质为非建筑业企业所属的建筑业产业活动单位。建筑业个体经营户是指实际从事建筑生产经营活动的城镇、农村个体经营户。

建筑业普查资料的编排包含了建筑业企业、建筑业产业活动单位和建筑业个体经营户三个部分的内容，但侧重于总承包和专业承包建筑业企业资料。建筑业普查资料的分组较为详细，包含了按地区、按经济类型、按行业等分组。在各分组中又分别设置了反映建筑业总产值、各种用途的房屋建筑竣工面积、技术装备、实收资本、资产和负债、利润和税金等方面情况的表式。

使用本篇资料时请注意：企业部分的资料只包含 2004 年有建筑施工活动的建筑业企业，不包含当年没有从事建筑生产活动的企业。

签订的合同额 指建筑业企业在报告期直接同建设单位签订合同的总价款和以前年度同建设单位签定合同的未完工程跨入本年度继续施工工程合同的总价款余额。

上年结转合同额 指以前年度同建设单位签订合同的未完工程跨入本年度继续施工工程合同的总价款余额。

本年新签合同额 指建筑业企业在报告期内同建设单位直接新签订的各种国内工程合同的总价款，不包括与其他建筑业企业新签的分包合同额。

直接从建设单位承揽工程完成的产值 指总承包企业或专业承包企业直接与建设单位(业主)签订的承包合同(包括报告期及以往年度签订的合同，不包括无效合同和中途解除的合同)，在报告期内完成的工程总值。包括企业向其他专业承包企业或劳务分包企业分包出去的工程所完成产值，还包括分包企业缴纳的管理费。

自行完成施工产值 指总承包企业或专业承包企业直接与建设单位(业主)签订的总承包合同或专业承包合同中，自行完成的工程总值。包括总承包企业和专业承包企业自行完成的工作量和分包企业缴纳的管理费。

分包出去工程的产值 指专业承包企业或劳务分包企业与总承包企业或专业承包企业签订的专业承包或劳务分包合同中在报告期所完成的产值。分包企业如果是一个独立核算的经济实体，其完成的产量产值，不包括在总承包企业或专业承包企业自行完成产值中。

从建设单位以外承揽工程完成的产值 指总承包企业或专业承包企业从其他总承包企业或专业承包企业处承揽工程而完成的产值。不包括总承包企业或专业承包企业从建设单位承揽工程中自行完成的产值和分包企业缴纳的管理费。

建筑业总产值 建筑业总产值是以货币表现的建筑业企业在一定时期内生产的建筑业产品和服务的总和。建筑业总产值包括建筑工程产值、安装工程产值和其他产值三部分内容。

装饰装修产值 包括装饰、装修两部分产值。装修装饰指对新旧房屋及建筑物进行的内外装修装饰；对新建房屋及建筑物经过施工后，尚未完全达到使用标准，而进行的二次装修装饰；以及对原有房屋经使用若干年后进行的二次内外装饰。包括抹灰、门窗、玻璃、吊顶、隔断、饰面板(砖)、涂料、裱糊、刷浆、花饰等。

在外省完成的产值 指建筑业企业在其他省份施工所完成的建筑业产值。

竣工产值 一般是以单位工程为对象，当该工程按照设计所规定的工程内容全部完成，达到了设计规定的交工条件，经有关部门检查验收鉴定合格的单位工程价值，即为竣工产值。竣工产值包括范围应是报告期内竣工单位工程从开工到竣工的全部自行完成的价值，如果一个单位工程跨两个年度施工，其竣工价值应当包括上年度完成的价值。有些大型单位工程，如大型厂房、高级宾馆、各种管道、公路、铁路等，能够分跨、分层、分段施工并按合同规定，能够分开交付使用的，可以分开计算竣工产值。竣工产值不包括附属辅助企业或内部核算的其他单位为外单位生产和服务的价值。

房屋建筑施工面积 指报告期内施过工的全部房屋建筑面积，它包括本期新开工的面积、上期跨入本期继续施工的房屋面积、上期停缓建在本期恢复施工的房屋面积、本期竣工的房屋面积以及本期施工后又停缓建的房屋面积。

房屋新开工面积 指在报告期内新开工的各个房屋单位工程的建筑面积之和。它不包括在上期开工跨入报告期继续施工的房屋建筑面积和上期停缓建而在本期复工的建筑面积。新开工面积用于反映报告期内投入施工的房屋建筑规模，为科学组织施工提供依据。

实行投标承包面积 是指报告期内建筑施工企业经过投标招标而承担的全部房屋建筑面积。

房屋建筑竣工面积 指在报告期内房屋建筑按照设计要求已全部完工，达到了使用条件，经检查验收鉴定合格的房屋建筑面积。计算房屋竣工面积，必须严格执行房屋竣工验收标准。对民用建筑来讲，一般应按设计要求在土建工程和房屋本身附属的水、卫、气、暖等工程已经完工，通风、电梯等设备已安装完毕，做到水通、灯亮、经验收鉴定合格，并正式交付给使用单位后，才能计算竣工面积。对于工业及科研等生产性房屋建筑：一般应按设计要求在土建工程(包括水、暖、电、卫、通风)及属于房屋组成部分的生活间、操作间等已经完成，经验收合格后才计算竣工面积。只差安装工艺设备、管线工程的亦可以计算竣工面积。

竣工房屋价值 指在报告期内按规定已经上报竣工的房屋本身的建造价值。一般按房屋设计和预算规定的内容计算。可按"竣工结算价"或"中标价"填报。

年末自有施工机械设备净值 指本企业(或单位)自有施工机械设备经过使用、磨损后实际存在的价值，即原值减去折旧后的净额。

年末自有施工机械设备总台数 指年末本企业(或单位)自有的直接用于工程施工的各种机械设备的台数。但不包括附属辅助生产机械设备、运输机械设备、生产试验机械设备的台数。

年末自有施工机械设备总功率 指年末本企业(或单位)自有的直接用于工程施工的各种机械设备年末总功率，按设定能力或查定能力计算。包括施工机械本身的动力和为该机械服务的单独动力设备，如电动机等。但不包括附属辅助生产机械设备、运输机械设备、生产试验机械设备的功率。计量单位用千瓦，动力换算可按1马力=0.735千瓦折合成千瓦数。电焊机、变压器、锅炉不计算动力。

企业总产值 指建筑业企业在报告期内全部经济活动的最终成果的货币表现。在企业总产值中除包括建筑业总产值外,还包括建筑业企业从事其他经济活动所创造的价值(如工业产值、交通运输产值、商业服务业产值、其他产值收入和劳务收入等)。

境外完成的营业额 指建筑业企业报告期内在国外及港、澳、台等区域所有经营活动的货币表现。

资产总计 是企业拥有或控制的能以货币计量的经济资源，包括各种财产、债权和其他权利。建筑业企业的资产其按流动性分为：流动资产、长期投资、固定资产、无形资产、递延资产和其他资产。即：

资产总计=流动资产+长期投资+固定资产+无形资产+递延资产+其他资产

负债合计 是企业所承担的能以货币计量、将以资产或劳务偿付的债务。负债一般按其偿还期长短分为流动负债和长期负债。

(1)流动负债合计 指将在一年或者超过一年的一个营业周期内偿还的债务。包括短期借款、应付票据、应付帐款、预收帐款、应付工资、应交税金、应付利润、其他应付款、预提费用等。本项根据"资产负债表"中"流动负债合计"项的期末数填列。

(2)长期负债合计 指偿还期在一年或者超过一年的一个营业周期以上的债务。它是除了投资人投入企业的资本以外，企业向债权人筹集，可供企业长期使用的资金。本项根据"资产负债表"中"长期负债合计"项的期末数填列。

所有者权益合计 是企业投资人对企业净资产的所有权，企业净资产等于企业全部资产减去全部负债后的余额。其中包括实收资本、资本公积、盈余公积和未分配利润四部分。本项根据"资产负债表"中"所有者权益合计"项的期末数填列。

实收资本 指企业实际收到的投资人投入的资本。按照投资主体划分为国家资本、集体资本、法人资本、个人资本、港澳台资本和外商资本六种。企业在填报实收资本时，应根据会计"资产负债表"中"实收资本"项的期末数填列，实收资本中如有外币形式投入的资本，要折合成人民币形式填报。

工程结算收入(主营业务收入) 指本企业承包工程实现的工程价款结算收入以及向发包单位收取的除工程价款以外按规定列作营业收入的各种款项，如临时设施费、劳动保险费、施工机构调迁费等以及向发包单位收取的各种索赔款。本项根据"损益表"中"工程结算收入"项的本年累计数填列。

工程结算成本(主营业务成本) 指在报告期内与发包单位办理工程价款结算的已完工程实际成本。本项根据"损益表"中"工程结算成本"项的本年累计数填列。

工程结算税金及附加(业务税金及附加) 指因从事建筑业生产活动，取得工程价款结算收入而按规定应该交纳的营业税、城市维护建设税等以及随同营业税金一并计算交纳的教育费附加等。根据会计"利润表"中对应指标年末累计数填列。

工程结算利润 指已结算工程实现的利润。

其计算公式为：

工程结算利润=工程结算收入-工程结算成本-经营费用-工程结算税金及附加

本项根据"损益表"中"工程结算利润"项的本年累计数填列(亏损以"-"号表示)。

其他业务收入 指企业除工程结算收入外的其他业务收入，如产品销售收入、机械作业收入、材料销售收入、无形资产转让收入、固定资产出租收入等。本项根据会计"其他业务收入"科目的本年贷方发生额归纳填报。

营业收入(企业总收入) 指与企业生产经营直接有关的各项收入，包括工程结算收入与其他业务收入。即：

企业总收入=工程结算收入+其他业务收入

其他业务利润 指企业除结算收入外的其他业务收入扣除其他业务支出(包括其他业务成本及应负担的费用、税金)后的净收益(如为净支出应以"-"号表示)。本项目根据"损益表"中"其他业务利润"项的本年累计数填列。

经营费用 指企业从事施工生产活动过程中发生的各项费用。包括应由企业负担的运输费、装卸费、包装费、保险费、维修费、展览费、差旅费、广告费和其他经费。

根据会计"利润表"中对应指标计算填列。执行2001年《企业会计制度》的企业，用"营业费用"年末数代替。

管理费用 指企业行政管理部门为组织和管理生产经营活动而发生的各项费用。包括公司经费、工会经费、职工教育经费、劳动保险费、待业保险费、董事会费、咨询费、审计费、诉讼费、排污费、绿化费、税金、土地使用费、土地损失补偿费、技术转让费、技术开发费、无形资产摊销、开办费摊销、业务招待费、坏帐损失、存货盘亏、毁损和报废(减盘盈)损失，以及其他管理费用。本项根据"损益表"中"管理费用"项的本年累计数填列。

营业利润 指企业生产经营活动所实现的利润。分为主营业务利润和其他利润。

营业利润=工程结算利润+其他业务利润-管理费用-财务费用

本项根据"损益表"中"营业利润"项的本年累计数填列。

营业外收入 指企业经营业务以外的收入。根据企业会计"损益表"中"营业外收入"项的年末数填列。

营业外支出 指企业经营业务外的支出。根据企业会计"损益表"中"营业外支出"项的年末数填列。

利润总额 指企业在工程施工生产过程中，取得工程价款收入、机械作业收入等，扣除投入的成本及其他一系列费用，再加减非经营性质的收支及投资收益，即为施工企业全年实现的利润总额（或亏损总额）。亏损以"-"号表示。本项根据"损益表"中"利润总额"项的本年累计数填列。

利润总额=营业利润+投资收益+营业外收入-营业外支出

从业人员劳动报酬 指在报告期内支付给本单位从业人员的全部劳动报酬，包括工资、福利费、奖金、津贴及各种补助。根据会计"应付工资"、"应付福利费"本年贷方累计发生额及其他会计核算资料计算填列。

第二产业卷（上册）编辑委员会

中国经济普查年鉴

China Economic Census Yearbook 2004

第二产业卷 | 上册

国务院第一次全国经济普查领导小组办公室 编

中国统计出版社
China Statistics Press

第二产业卷（上）目录

第一篇　工业企业生产经营及财务状况

A.　行业部分

B.　地区部分

第二篇　主要工业产品产量及能源消费量

A、主要工业产品产量

B、能源消费量

第 1 篇

工业企业生产经营及财务状况

A. 行业部分

1-A-1 全部工业企业

行业	企业单位数(个)	亏损企业	工业总产值(当年价格)	工业销售产值(当年价格)	出口交货值
总计	**1375263**	**246231**	**222315.93**	**217690.93**	**41529.30**
总计中：轻工业	576319	110680	72115.18	70317.45	18553.27
总计中：重工业	798944	135551	150200.75	147373.49	22976.04
总计中：大型企业	2135	236	69483.38	68649.75	13261.72
中型企业	25557	4697	63891.30	62459.68	15399.38
小型企业	1347571	241298	88941.24	86581.51	12868.20
按登记注册类型分组					
内资企业	1269098	207183	155178.16	151851.71	12062.50
国有企业	25339	10651	23519.12	23286.49	867.10
集体企业	141772	27592	9819.04	9603.48	678.42
股份合作企业	50097	8285	3396.73	3295.17	342.09
联营企业	6547	1322	1033.43	1017.31	77.63
国有联营企业	756	263	522.80	517.06	43.33
集体联营企业	2924	449	175.11	168.61	5.85
国有与集体联营企业	1064	306	169.23	167.72	14.87
其他联营企业	1803	304	166.30	163.91	13.57
有限责任公司	102392	27530	44042.82	43148.65	3282.42
国有独资公司	2083	732	9960.17	9861.44	569.81
其他有限责任公司	100309	26798	34082.65	33287.21	2712.61
股份有限公司	17427	4216	23120.84	22732.06	1826.85
私营企业	902647	125818	49705.23	48240.12	4955.59
私营独资企业	459709	35781	13409.74	13054.68	769.70
私营合伙企业	92023	8047	2876.23	2799.11	128.93
私营有限责任公司	327629	77010	31131.92	30175.13	3891.88
私营股份有限公司	23286	4980	2287.34	2211.20	165.08
其他企业	22877	1769	540.94	528.44	32.41
港、澳、台商投资企业	54910	20438	24386.41	23848.89	10621.29
合资经营企业(港或澳、台资)	16745	5525	9793.71	9539.69	2798.55
合作经营企业(港或澳、台资)	3473	1199	1470.21	1451.01	685.38
港、澳、台商独资经营企业	34104	13531	11859.65	11608.37	6972.05
港、澳、台商投资股份有限公司	588	183	1262.85	1249.82	165.32
外商投资企业	51255	18610	42751.35	41990.33	18845.51
中外合资经营企业	21420	6859	19967.71	19602.61	5891.08
中外合作经营企业	2818	964	1666.62	1591.51	551.00
外资企业	26335	10590	19420.38	19121.65	12092.44
外商投资股份有限公司	682	197	1696.64	1674.57	310.99
按行业大类分组					
采矿业	78919	6288	12421.71	12246.57	391.33
煤炭开采和洗选业	26843	2446	4735.20	4664.39	187.59
石油和天然气开采业	482	95	4630.17	4596.98	120.94

主要经济指标

单位：亿元

年末存货	资产总计	固定资产原价	本年折旧	负债合计	实收资本	国家资本
29705.86	**240706.77**	**104614.99**	**8381.45**	**136785.02**	**70572.26**	**17475.17**
10612.89	68562.56	26341.97	2004.17	38676.07	21014.76	2667.03
19092.97	172144.21	78273.02	6377.28	98108.95	49557.50	14808.14
8879.45	78771.10	37690.68	3388.17	43994.83	17837.77	7707.38
9535.05	75407.38	31073.13	2416.14	43703.38	20986.17	6641.98
11291.35	86528.30	35851.18	2577.13	49086.81	31748.32	3125.81
20400.82	180905.15	82009.85	6322.83	103635.85	49380.19	16468.27
3597.95	44694.46	21905.90	1573.53	25762.90	11816.21	9108.70
1111.62	8019.28	3271.19	248.48	5001.97	2096.97	67.26
421.07	2858.35	1086.18	82.89	1683.86	741.53	31.49
148.42	1368.39	714.39	44.98	887.01	329.33	100.16
75.13	837.46	499.21	30.34	580.48	146.37	74.31
18.48	150.47	70.24	5.04	83.29	54.18	3.49
31.30	217.37	85.25	5.29	133.65	69.72	18.59
23.52	163.10	59.69	4.30	89.58	59.05	3.77
6814.09	60663.84	27383.67	2069.13	36526.94	16372.25	5281.17
1563.52	19236.56	8889.86	724.03	10832.37	5285.16	3283.71
5250.57	41427.29	18493.81	1345.11	25694.57	11087.09	1997.46
3314.06	26635.07	12535.75	1199.64	13766.10	5985.37	1827.30
4955.65	36224.92	14836.00	1086.97	19807.47	11849.11	38.20
846.88	7667.78	3865.49	287.22	3455.00	3042.22	9.92
168.67	1747.31	941.14	72.59	729.81	801.98	3.51
3673.53	24776.81	9232.07	672.79	14572.39	7367.06	20.94
266.57	2033.03	797.30	54.36	1050.27	637.85	3.84
37.98	440.82	276.77	17.20	199.59	189.42	13.99
3699.15	22819.32	8667.74	775.74	12753.82	8131.38	315.48
1485.45	9706.19	3713.58	315.33	5821.22	2985.88	235.67
199.17	1410.85	601.87	64.00	795.77	515.79	27.09
1845.83	10259.84	3752.18	341.00	5515.62	4192.58	4.27
168.71	1442.44	600.11	55.41	621.20	437.12	48.46
5605.89	36982.30	13937.40	1282.88	20395.36	13060.70	691.42
2688.24	17289.99	6306.70	571.74	9507.06	6028.74	540.97
239.59	1757.61	842.40	67.98	993.09	689.28	53.73
2406.34	15339.13	5600.78	541.28	8775.44	5651.71	1.92
271.72	2595.57	1187.51	101.89	1119.75	690.97	94.81
836.41	16975.84	10110.78	1043.06	8276.03	6005.18	2745.78
395.44	7801.70	4115.61	300.50	4535.68	2278.96	1235.46
209.17	6110.39	4567.73	638.92	2259.97	2605.08	1198.02

1-A-1 续表 1

行业	企业单位数(个)	亏损企业	工业总产值(当年价格)	工业销售产值(当年价格)	出口交货值
黑色金属矿采选业	10262	808	980.93	951.38	5.17
有色金属矿采选业	6087	685	913.53	897.38	32.02
非金属矿采选业	34981	2232	1151.50	1126.25	45.37
其他采矿业	264	22	10.38	10.20	0.23
制造业	1258586	231614	193961.06	189572.75	41045.53
农副食品加工业	69669	7871	9543.82	9317.22	1022.01
食品制造业	29896	5769	3288.25	3189.25	341.72
饮料制造业	25526	4177	2737.09	2672.73	113.56
烟草制品业	287	48	2597.21	2590.61	25.33
纺织业	83103	15752	11655.12	11386.93	3145.30
纺织服装、鞋、帽制造业	48286	12064	4668.52	4542.05	2258.69
皮革、毛皮、羽毛(绒)及其制品业	22699	3709	3133.23	3049.10	1633.19
木材加工及木、竹、藤、棕、草制品业	39938	4446	2002.36	1943.62	343.41
家具制造业	23913	3952	1495.46	1464.75	673.89
造纸及纸制品业	39721	7315	3971.24	3864.58	272.54
印刷业和记录媒介的复制	41241	8735	1744.24	1690.77	123.09
文教体育用品制造业	14622	3163	1428.45	1397.66	882.98
石油加工、炼焦及核燃料加工业	7163	1412	9088.84	8994.40	228.96
化学原料及化学制品制造业	75179	15442	14027.74	13649.14	1277.97
医药制造业	11296	3502	3365.85	3180.44	347.51
化学纤维制造业	3383	865	1994.19	1944.48	86.97
橡胶制品业	15190	2865	2047.60	2009.45	476.69
塑料制品业	69751	13516	5253.29	5151.30	1170.39
非金属矿物制品业	157861	16763	9951.20	9753.09	809.36
黑色金属冶炼及压延加工业	20526	3761	17309.81	17041.56	951.38
有色金属冶炼及压延加工业	15186	2985	6244.08	6164.96	625.42
金属制品业	81028	15350	6359.66	6172.74	1626.66
通用设备制造业	113789	20588	10270.75	9936.36	1431.90
专用设备制造业	55147	12703	5824.81	5652.95	625.26
交通运输设备制造业	53852	11297	14538.43	14269.28	1368.45
电气机械及器材制造业	60144	14018	12036.69	11729.79	3211.22
通信设备、计算机及其他电子设备制造业	27339	8900	22594.03	22131.19	13809.57
仪器仪表及文化、办公用机械制造业	16716	4780	2408.83	2368.21	1206.85
工艺品及其他制造业	32580	5439	2119.76	2060.72	954.06
废弃资源和废旧材料回收加工业	3555	427	260.52	253.44	1.20
电力、燃气及水的生产和供应业	37758	8329	15933.16	15871.61	92.44
电力、热力的生产和供应业	24607	4802	14904.26	14867.44	87.02
燃气生产和供应业	1447	450	437.98	432.71	4.53
水的生产和供应业	11704	3077	590.92	571.45	0.89

单位：亿元

年末存货	资产总计	固定资产原价	本年折旧	负债合计	实收资本	
						国家资本
84.02	1052.23	412.10	29.85	479.31	402.49	116.07
69.01	891.31	401.70	28.37	469.95	265.49	90.26
78.43	1109.34	608.79	45.03	524.77	449.89	105.89
0.35	10.88	4.85	0.40	6.36	3.26	0.09
28417.86	181497.67	68441.62	5533.43	105822.59	52472.13	7939.08
983.68	6200.79	2507.33	157.92	3673.27	1843.04	167.51
421.40	3400.67	1386.53	101.17	1886.66	1143.77	67.60
586.56	3765.19	1539.30	109.82	2088.48	1212.38	180.13
909.91	3020.81	728.75	81.28	1122.54	419.57	374.76
1719.93	10777.70	4509.76	344.79	6714.15	3096.25	257.14
611.91	3556.77	1141.83	98.71	1972.88	1208.19	25.75
409.38	2014.93	620.49	48.27	1146.36	669.83	12.61
270.25	1711.41	825.58	52.63	911.83	621.35	54.19
249.04	1253.30	446.02	32.90	690.52	457.36	13.65
536.71	4904.06	2349.02	154.80	2998.36	1449.23	158.61
234.28	2205.88	1029.76	99.74	1108.66	847.21	125.59
217.88	1139.70	382.44	32.65	598.87	424.82	8.81
885.49	5326.68	2744.68	239.35	2846.86	1394.90	468.05
1746.10	14126.70	6178.07	488.46	7893.61	4414.22	826.67
584.05	5282.54	1883.14	124.07	2731.04	1634.57	204.38
254.10	2254.35	1120.57	83.54	1339.44	725.99	115.47
304.70	2088.00	917.23	74.69	1272.74	634.92	59.78
700.62	5082.98	2068.82	176.06	2825.51	1806.22	79.59
1314.78	11627.90	5622.12	412.18	6618.31	3818.43	437.04
2464.10	16130.58	7532.83	685.59	9676.44	3435.79	1287.33
933.66	5700.73	2490.77	163.77	3652.41	1395.96	365.65
952.24	5535.37	1843.42	146.79	3235.20	1787.59	105.42
1985.28	10672.88	3296.96	251.41	6602.33	2905.91	363.61
1361.65	6844.52	2043.53	156.56	4222.59	2084.36	337.02
2588.63	15455.03	4647.74	366.88	9095.53	4327.02	1190.04
1874.95	10628.82	2731.16	237.31	6415.74	2908.66	229.49
2597.53	16655.34	4553.04	505.74	10174.24	4411.90	295.41
396.56	2243.71	595.85	56.74	1280.92	723.24	74.71
296.36	1729.24	665.33	46.28	931.76	617.35	51.84
26.13	161.10	39.55	3.32	95.35	52.13	1.23
451.59	42233.26	26062.59	1804.95	22686.40	12094.95	6790.31
376.88	37983.19	23287.94	1643.13	20754.16	10565.58	5874.34
43.65	1179.91	680.01	46.09	554.36	484.16	212.02
31.07	3070.17	2094.64	115.73	1377.88	1045.22	703.95

1-A-1 续表 2

行业	集体资本	法人资本	个人资本	港澳台资本	外商资本	主营业务收入
总计	**2849.18**	**20497.60**	**13729.62**	**6267.19**	**9753.50**	**218442.81**
总计中：轻工业	994.79	4967.99	5487.34	3174.94	3722.67	69653.74
总计中：重工业	1854.39	15529.61	8242.28	3092.25	6030.83	148789.08
总计中：大型企业	235.23	6953.31	845.83	610.39	1485.63	71150.97
中型企业	609.43	5654.49	2303.81	2122.98	3653.48	62907.56
小型企业	2004.52	7889.79	10579.99	3533.82	4614.38	84304.11
按登记注册类型分组						
内资企业	2521.73	16792.13	13160.52	222.13	215.42	152295.27
国有企业	31.83	2600.34	45.84	11.88	17.61	24180.57
集体企业	1527.85	279.48	192.12	20.02	10.24	9379.74
股份合作企业	95.93	237.19	372.25	2.60	2.07	3197.64
联营企业	58.85	135.69	32.87	1.03	0.74	992.73
国有联营企业	1.13	67.99	2.78	0.00	0.15	498.75
集体联营企业	27.00	13.01	10.31	0.17	0.21	164.87
国有与集体联营企业	18.65	30.83	1.65	0.01		168.36
其他联营企业	12.07	23.85	18.12	0.86	0.38	160.75
有限责任公司	473.09	8119.41	2345.19	58.59	94.80	43798.69
国有独资公司	7.07	1925.38	31.19	18.12	19.69	10423.19
其他有限责任公司	466.02	6194.03	2314.00	40.47	75.11	33375.50
股份有限公司	196.16	2604.70	1199.87	92.09	65.24	22813.23
私营企业	125.77	2752.07	8881.51	27.90	23.66	47415.22
私营独资企业	32.55	639.31	2348.61	8.58	3.26	12828.35
私营合伙企业	16.03	159.34	620.97	1.35	0.79	2752.90
私营有限责任公司	65.31	1746.62	5500.13	15.24	18.82	29674.45
私营股份有限公司	11.88	206.79	411.81	2.74	0.79	2159.53
其他企业	12.25	63.25	90.85	8.01	1.06	517.46
港、澳、台商投资企业	169.49	1342.97	274.33	5735.01	294.11	23640.82
合资经营企业(港或澳、台资)	138.93	995.62	190.57	1369.00	56.10	9365.57
合作经营企业(港或澳、台资)	19.53	120.71	10.32	302.73	35.42	1446.81
港、澳、台商独资经营企业	6.04	85.52	37.87	3863.19	195.69	11464.46
港、澳、台商投资股份有限公司	5.00	141.12	35.57	200.09	6.90	1363.98
外商投资企业	157.96	2362.51	294.78	310.06	9243.98	42506.72
中外合资经营企业	134.63	1846.47	229.38	138.36	3138.93	19533.47
中外合作经营企业	13.18	155.43	12.73	37.92	416.29	1578.65
外资企业	2.26	94.93	18.32	105.78	5428.51	19696.82
外商投资股份有限公司	7.89	265.68	34.34	28.00	260.24	1697.78
按行业大类分组						
采矿业	276.08	2157.74	724.33	68.75	32.48	12334.24
煤炭开采和洗选业	133.45	567.43	333.51	2.18	6.92	4802.26
石油和天然气开采业	55.27	1279.22	12.73	52.82	7.03	4541.43

单位：亿元

主营业务成　本	主营业务税金及附加	费用合计	营业利润	利润总额	亏损企业亏损额	从业人员劳动报酬	劳动、失业保险费	全部从业人员年平均人数（万人）
185401.63	**3058.89**	**20723.75**	**12582.03**	**13065.39**	**2171.83**	**12011.60**	**538.22**	**9303.94**
58000.78	1594.11	7629.37	3010.51	3103.66	831.24	4345.31	118.97	3909.16
127400.86	1464.78	13094.38	9571.51	9961.72	1340.59	7666.29	419.25	5394.78
58636.15	1363.32	5842.02	5396.34	5538.15	292.63	3006.47	254.97	1378.33
52532.05	827.76	6510.30	3316.39	3645.76	602.66	3163.40	139.54	2130.12
74233.44	867.81	8371.43	3869.30	3881.48	1276.54	5841.73	143.71	5795.49
128860.54	2749.85	14798.41	8966.05	9258.39	1461.01	8889.96	482.60	7312.53
19721.94	1119.28	2682.94	851.23	1088.92	429.97	1605.07	160.14	892.41
8005.86	109.81	844.69	490.39	502.50	84.93	626.34	20.38	688.08
2751.82	31.40	286.80	146.50	156.18	21.23	206.07	5.83	205.61
830.36	9.67	114.57	45.66	51.18	12.53	62.28	2.22	43.97
408.40	4.12	64.28	24.55	26.36	6.54	25.65	1.16	9.85
138.52	2.44	15.20	9.82	11.22	1.46	13.28	0.26	14.00
147.21	1.45	18.86	3.33	5.70	2.51	12.84	0.52	9.90
136.23	1.66	16.23	7.97	7.91	2.02	10.52	0.27	10.21
36019.87	532.11	4881.44	2763.59	2863.70	449.33	2491.42	191.63	1693.26
8364.97	239.50	1299.30	585.60	637.70	100.71	768.99	80.35	370.72
27654.90	292.61	3582.14	2177.98	2226.00	348.61	1722.44	111.29	1322.54
18128.83	352.88	2157.92	2124.21	2140.21	185.20	850.93	52.76	506.51
42973.89	583.35	3785.88	2501.75	2415.94	274.10	3002.72	48.36	3225.14
10812.98	246.04	973.63	994.78	916.10	41.13	939.87	14.81	1138.87
4265.54	61.63	221.05	229.81	212.06	9.78	229.87	3.70	271.41
26051.34	252.55	2406.77	1162.88	1165.92	207.86	1717.46	27.84	1689.26
1844.03	23.13	184.44	114.28	121.85	15.34	115.51	2.01	125.60
427.97	11.36	44.16	42.72	39.75	3.73	45.13	1.28	57.55
20457.45	91.10	2021.05	1147.43	1225.98	273.42	1413.38	24.98	1038.14
8072.03	31.60	815.52	488.75	501.18	100.93	457.53	8.35	307.19
1265.61	5.42	115.14	75.91	77.67	15.98	92.31	1.80	67.72
9978.43	43.86	984.34	474.77	524.82	153.29	816.27	11.99	642.03
1141.38	10.22	106.06	108.00	122.32	3.22	47.27	2.84	21.21
36083.64	217.94	3904.29	2468.54	2581.03	437.40	1708.26	30.64	953.27
16307.35	175.11	1877.62	1266.84	1305.38	157.56	699.66	14.47	381.63
1205.62	2.77	244.49	145.75	149.69	16.83	88.23	1.88	52.52
17289.35	29.03	1586.80	866.61	884.71	257.46	849.13	11.01	492.27
1281.32	11.03	195.38	189.34	241.25	5.54	71.24	3.28	26.85
7657.51	288.11	1696.28	2643.46	2557.47	112.78	1288.28	99.80	868.46
3227.80	101.76	983.06	504.55	447.62	36.64	756.97	60.75	540.19
2202.62	120.37	334.35	1774.67	1744.65	57.45	288.21	27.81	98.16

1-A-1 续表 3

行业	集体资本	法人资本	个人资本	港澳台资本	外商资本	主营业务收入
黑色金属矿采选业	19.47	137.97	126.40	1.78	0.81	971.24
有色金属矿采选业	28.99	68.59	70.93	1.39	5.34	902.30
非金属矿采选业	37.44	104.16	179.48	10.57	12.37	1106.69
其他采矿业	1.46	0.38	1.29	0.01	0.02	10.32
制造业	2325.96	14355.51	12589.62	5915.19	9346.78	189520.02
农副食品加工业	94.50	498.40	683.09	127.14	272.41	9282.83
食品制造业	51.24	317.84	285.70	116.09	305.30	3154.51
饮料制造业	50.22	353.04	256.70	112.61	259.69	2673.21
烟草制品业	2.10	39.22	0.77	1.26	1.46	2574.53
纺织业	147.60	643.69	1055.55	602.29	389.98	11237.13
纺织服装、鞋、帽制造业	69.53	232.11	372.52	301.78	206.51	4445.40
皮革、毛皮、羽毛(绒)及其制品业	24.44	92.54	206.06	187.97	146.22	3003.09
木材加工及木、竹、藤、棕、草制品业	28.98	144.96	250.46	71.00	71.76	1922.14
家具制造业	17.12	94.96	149.26	94.19	88.18	1446.61
造纸及纸制品业	84.84	314.96	379.61	172.46	338.75	3806.39
印刷业和记录媒介的复制	58.05	210.70	281.46	112.39	59.02	1681.26
文教体育用品制造业	14.15	57.28	91.99	166.04	86.56	1379.27
石油加工、炼焦及核燃料加工业	22.37	609.62	190.45	53.97	50.44	9123.94
化学原料及化学制品制造业	160.93	1587.51	847.32	290.67	701.11	13702.91
医药制造业	71.26	629.58	420.27	84.85	224.23	3139.19
化学纤维制造业	26.83	285.33	121.72	82.05	94.59	1932.72
橡胶制品业	24.51	143.46	126.50	91.20	189.46	1951.26
塑料制品业	104.78	352.95	523.73	398.89	346.28	5118.38
非金属矿物制品业	288.56	1085.38	1304.00	286.19	417.26	9496.00
黑色金属冶炼及压延加工业	123.43	1076.25	596.53	145.49	206.76	17434.63
有色金属冶炼及压延加工业	93.21	463.16	269.39	104.92	99.63	6179.93
金属制品业	119.77	399.11	604.38	267.74	291.18	6108.93
通用设备制造业	173.26	744.97	912.13	177.08	534.86	9750.08
专用设备制造业	81.96	563.39	631.66	174.01	296.33	5616.24
交通运输设备制造业	112.86	1416.79	531.47	215.97	859.89	14167.03
电气机械及器材制造业	165.57	723.24	745.28	385.67	659.40	11633.22
通信设备、计算机及其他电子设备制造业	53.21	985.75	402.88	819.38	1855.25	22879.24
仪器仪表及文化、办公用机械制造业	21.22	165.67	150.44	125.54	185.67	2391.24
工艺品及其他制造业	33.58	109.81	178.92	141.93	101.28	2034.70
废弃资源和废旧材料回收加工业	5.90	13.84	19.39	4.43	7.34	254.00
电力、燃气及水的生产和供应业	247.13	3984.35	415.67	283.25	374.23	16588.56
电力、热力的生产和供应业	168.63	3609.94	354.77	243.02	314.88	15461.90
燃气生产和供应业	6.45	196.93	16.81	21.56	30.39	564.96
水的生产和供应业	72.05	177.48	44.10	18.67	28.96	561.70

单位：亿元

主营业务成本	主营业务税金及附加	费用合计	营业利润	利润总额	亏损企业亏损额	从业人员劳动报酬	劳动、失业保险费	全部从业人员年平均人数（万人）
688.67	24.22	123.94	143.24	146.37	5.48	73.22	3.56	62.00
671.25	10.07	103.54	123.57	128.29	5.19	64.28	3.75	54.50
859.00	31.35	150.03	96.86	90.00	7.98	104.92	3.92	112.88
8.16	0.34	1.36	0.57	0.54	0.04	0.67	0.01	0.74
163274.92	2670.23	17671.41	9214.03	9547.60	1826.28	9885.13	367.02	8080.62
8299.25	57.55	609.72	334.97	333.73	72.63	269.97	6.30	296.24
2513.26	23.12	503.97	152.17	154.18	48.75	181.69	4.38	159.80
1869.02	156.59	523.28	169.49	171.61	49.48	137.85	4.75	122.14
943.38	1018.52	290.40	329.79	366.22	7.80	96.04	11.20	20.21
10140.21	62.00	788.33	303.89	317.82	128.00	744.97	17.82	763.46
3852.89	26.50	574.72	172.33	173.15	43.64	515.73	6.97	481.71
2650.73	18.62	223.47	117.72	118.28	20.90	286.87	3.48	275.97
1674.17	23.76	175.91	92.04	95.41	19.42	130.84	2.26	157.52
1229.40	12.35	140.90	71.77	68.95	14.26	114.38	2.09	107.99
3285.11	26.34	354.89	173.16	182.94	45.75	208.18	5.16	200.90
1377.26	15.76	195.18	114.57	111.86	21.79	148.92	9.22	127.01
1209.73	7.44	133.27	45.87	47.48	15.23	157.25	2.88	148.56
8117.07	318.72	398.70	339.12	293.31	51.60	146.47	13.51	77.99
11175.20	109.02	1541.36	915.46	932.35	131.29	577.78	32.32	444.76
2045.16	22.61	842.19	246.29	264.31	58.30	197.44	10.51	132.48
1768.59	10.18	115.81	44.08	47.00	26.80	58.43	2.46	43.26
1654.61	23.14	205.12	84.25	84.38	25.26	121.22	3.39	109.14
4474.49	35.16	469.54	230.92	218.99	61.96	318.15	7.53	291.59
7809.14	124.66	1049.58	583.95	622.63	107.51	750.90	17.53	839.75
15277.04	89.75	1009.73	1127.28	1124.66	65.23	592.21	51.69	309.29
5492.88	29.10	396.26	300.07	312.97	37.85	210.83	10.36	147.24
7287.24	41.32	524.16	283.71	284.17	57.97	396.70	10.00	350.25
8172.61	69.06	1076.98	536.86	552.72	93.77	658.72	25.10	528.13
4657.45	34.44	738.51	255.99	287.41	77.72	413.08	21.10	309.65
11974.45	217.39	1410.10	668.87	813.19	127.60	685.95	41.08	432.77
9849.46	44.66	1249.33	501.28	526.48	105.40	594.51	15.35	445.38
20486.21	25.96	1638.78	811.05	823.86	254.01	790.85	15.93	435.48
2013.14	8.26	282.89	102.91	110.10	38.79	165.37	6.83	113.95
1745.09	16.39	194.17	95.65	98.38	15.86	204.52	5.63	199.35
230.69	1.86	14.19	8.51	9.05	1.69	9.32	0.21	8.66
14469.20	100.55	1356.06	724.53	960.32	232.77	838.19	71.40	354.86
13534.99	88.25	1138.69	729.84	937.42	183.74	720.55	64.35	278.72
506.96	3.09	67.78	-0.74	14.30	18.99	31.37	2.15	17.64
427.25	9.21	149.60	-4.57	8.60	30.04	86.26	4.89	58.50

1-A-2 规模以上工业企业

行业	企业单位数（个）	亏损企业	工业总产值（当年价）	工业销售产值（当年价）	出口交货值
总计	**276474**	**58203**	**201722.19**	**197805.15**	**40484.17**
一、按登记注册类型分组					
内资企业	219309	42210	135726.99	133068.81	11500.61
国有企业	23417	9977	23424.99	23194.73	866.68
中央企业	2779	1040	12715.80	12609.82	372.81
地方企业	20638	8937	10709.19	10584.90	493.86
集体企业	18095	2988	7865.41	7708.04	633.31
股份合作企业	8215	1188	2641.38	2573.53	315.33
联营企业	1439	305	931.93	918.81	75.69
国有联营企业	278	84	516.06	510.43	43.20
集体联营企业	395	67	120.43	115.59	4.91
国有与集体联营企业	427	94	158.90	157.54	14.62
其他联营企业	339	60	136.54	135.24	12.95
有限责任公司	41234	8919	42675.04	41878.52	3236.44
国有独资公司	1449	496	9948.21	9849.64	569.78
其他有限责任公司	39785	8423	32726.83	32028.88	2666.67
股份有限公司	7171	1400	22901.60	22522.20	1821.33
私营企业	119357	17367	35141.25	34128.06	4532.36
私营独资企业	26525	2415	5677.13	5534.13	593.62
私营合作企业	6049	623	1256.35	1227.07	99.54
私营有限责任公司	82078	13505	26299.00	25519.54	3684.56
私营股份有限公司	4705	824	1908.77	1847.31	154.63
其他企业	381	66	145.37	144.93	19.47
港、澳、台商投资企业	28399	8076	23747.99	23226.00	10316.07
合资经营企业(港或澳、台资)	10694	2762	9657.90	9409.07	2770.17
合作经营企业(港或澳、台资)	1863	459	1428.97	1410.28	664.20
港澳台商独资经营企业	15541	4789	11404.14	11162.56	6718.82
港澳台商投资股份有限公司	301	66	1256.98	1244.08	162.88
外商投资企业	28766	7917	42247.22	41510.34	18667.50
中外合资经营企业	12930	3038	19783.33	19427.00	5847.24
中外合作经营企业	1711	421	1640.23	1565.63	541.90
外资企业	13758	4371	19135.89	18851.76	11969.44
外商投资股份有限公司	367	87	1687.76	1665.95	308.92
二、按经济组织类型分组					
独资企业	97336	24540	67507.56	66451.22	20781.88
国有企业	23417	9977	23424.99	23194.73	866.68
集体企业	18095	2988	7865.41	7708.04	633.31
私营独资企业	26525	2415	5677.13	5534.13	593.62
港澳台商独资经营企业	15541	4789	11404.14	11162.56	6718.82
外资企业	13758	4371	19135.89	18851.76	11969.44
合作、合伙企业	19658	3062	8044.23	7840.26	1716.13
股份合作企业	8215	1188	2641.38	2573.53	315.33
国有联营企业	278	84	516.06	510.43	43.20
集体联营企业	395	67	120.43	115.59	4.91
国有与集体联营企业	427	94	158.90	157.54	14.62
其他联营企业	339	60	136.54	135.24	12.95
私营合伙企业	6049	623	1256.35	1227.07	99.54
合作经营企业(港或澳、台资)	381	66	145.37	144.93	19.47
中外合作经营企业	1863	459	1428.97	1410.28	664.20
其他企业（内资）	1711	421	1640.23	1565.63	541.90

主要经济指标

单位：亿元

资产合计	流动资产合计	应收账款净额	存货	产成品	流动资产年平均余额	固定资产合计
215358.47	**97183.74**	**23084.41**	**27515.29**	**9458.50**	**90788.50**	**92236.98**
159756.68	66568.60	13644.61	18513.22	6618.83	62521.65	71345.89
44418.42	14040.37	2240.72	3583.67	907.07	13539.45	21708.41
25340.54	6719.95	898.11	1798.52	304.09	6476.19	12059.89
19077.89	7320.42	1342.62	1785.14	602.98	7063.26	9648.51
5285.44	2990.13	795.79	809.29	359.60	2819.74	1771.35
2000.94	1133.76	352.73	317.71	146.63	1062.28	678.85
1146.72	443.66	95.76	128.58	45.73	416.23	599.98
798.04	250.28	43.24	71.98	20.96	229.81	475.59
81.26	44.93	12.44	11.59	5.00	41.90	29.69
161.94	84.50	24.08	26.06	12.04	82.89	62.72
105.48	63.95	16.00	18.95	7.73	61.63	31.97
57091.35	24064.07	4548.07	6538.19	2266.30	22526.77	25922.68
18872.66	6912.10	873.60	1555.68	435.04	6531.82	8824.39
38218.69	17151.97	3674.47	4982.51	1831.25	15994.95	17098.29
25990.12	10771.74	1981.05	3260.56	1215.29	10135.92	12255.26
23724.80	13080.46	3619.05	3860.66	1671.50	11978.21	8366.25
2794.45	1503.69	478.75	437.81	202.67	1403.61	1093.73
579.21	309.89	96.23	91.97	42.29	290.88	228.43
18810.35	10491.05	2865.47	3108.55	1338.34	9566.69	6499.48
1540.79	775.84	178.61	222.33	88.20	717.02	544.61
98.88	44.40	11.44	14.56	6.73	43.05	43.12
20918.37	11487.11	3401.82	3527.83	1151.00	10422.49	7745.36
9089.61	4927.49	1206.07	1419.93	537.95	4529.07	3465.55
1307.06	671.38	187.52	187.36	59.94	632.72	541.74
9099.10	5319.38	1898.00	1753.17	505.15	4708.69	3147.64
1422.60	568.86	110.22	167.37	47.97	552.01	590.43
34683.42	19128.04	6037.98	5474.23	1688.67	17844.36	13145.73
16321.40	9196.07	2446.39	2623.51	869.29	8667.48	5981.29
1655.55	776.91	219.32	229.87	72.73	736.11	793.04
14329.31	8228.74	3157.54	2350.72	659.59	7605.44	5196.55
2377.17	926.32	214.73	270.14	87.05	835.33	1174.85
75926.72	32082.30	8570.80	8934.67	2634.07	30076.93	32917.68
44418.42	14040.37	2240.72	3583.67	907.07	13539.45	21708.41
5285.44	2990.13	795.79	809.29	359.60	2819.74	1771.35
2794.45	1503.69	478.75	437.81	202.67	1403.61	1093.73
9099.10	5319.38	1898.00	1753.17	505.15	4708.69	3147.64
14329.31	8228.74	3157.54	2350.72	659.59	7605.44	5196.55
6788.37	3380.00	963.00	970.04	374.05	3181.27	2885.15
2000.94	1133.76	352.73	317.71	146.63	1062.28	678.85
798.04	250.28	43.24	71.98	20.96	229.81	475.59
81.26	44.93	12.44	11.59	5.00	41.90	29.69
161.94	84.50	24.08	26.06	12.04	82.89	62.72
105.48	63.95	16.00	18.95	7.73	61.63	31.97
579.21	309.89	96.23	91.97	42.29	290.88	228.43
98.88	44.40	11.44	14.56	6.73	43.05	43.12
1307.06	671.38	187.52	187.36	59.94	632.72	541.74
1655.55	776.91	219.32	229.87	72.73	736.11	793.04

1-A-2 续表 1

行业	企业单位数（个）	亏损企业	工业总产值（当年价）	工业销售产值（当年价）	出口交货值
股份有限公司	12544	2377	27755.12	27279.54	2447.75
股份有限公司(内资)	7171	1400	22901.60	22522.20	1821.33
私营股份有限公司	4705	824	1908.77	1847.31	154.63
港澳台商投资股份有限公司	301	66	1256.98	1244.08	162.88
外商投资股份有限公司	367	87	1687.76	1665.95	308.92
有限责任公司	146936	28224	98415.28	96234.13	15538.42
国有独资公司	1449	496	9948.21	9849.64	569.78
私营有限责任公司	39785	8423	32726.83	32028.88	2666.67
合资经营企业(港或澳、台资)	82078	13505	26299.00	25519.54	3684.56
中外合资经营企业	10694	2762	9657.90	9409.07	2770.17
其他有限责任公司	12930	3038	19783.33	19427.00	5847.24
三、在总计中：亏损企业	58203	58203	23895.69	23203.92	5241.97
在总计中：国有控股企业	35597	13320	70228.99	69426.99	4433.82
在总计中：农村工业	10024	1179	4767.04	4646.63	497.62
在总计中：轻工业	123586	27215	63819.06	62286.16	17828.83
重工业	152888	30988	137903.13	135518.99	22655.34
在总计中：大型企业	2135	236	69483.38	68649.75	13261.72
中型企业	25557	4697	63891.30	62459.68	15399.38
小型企业	248782	53270	68347.51	66695.72	11823.08
四、按行业分					
采矿业	10755	1338	10788.60	10663.09	386.50
煤炭开采和洗选业	5249	634	4066.35	4010.69	186.97
烟煤和无烟煤的开采洗选	5069	602	3927.18	3869.33	177.21
褐煤的开采洗选	161	27	117.45	117.03	0.28
其他煤炭采选	19	5	21.72	24.33	9.48
石油和天然气开采业	183	33	4601.50	4569.41	120.91
天然原油和天然气开采	118	13	3995.86	3997.16	109.99
与石油和天然气开采有关的服务活动	65	20	605.64	572.26	10.92
黑色金属矿采选业	1664	210	725.36	708.33	4.95
铁矿采选	1511	188	684.82	669.38	2.17
其他黑色金属矿采选	153	22	40.54	38.94	2.78
有色金属矿采选业	1465	171	801.61	789.34	31.07
常用有色金属矿采选	752	94	261.70	257.46	4.73
铜矿采选	136	18	77.68	78.06	
铅锌矿采选	390	44	127.16	124.25	0.67
镍钴矿采选	20	3	6.23	5.62	
锡矿采选	53	3	14.86	14.75	0.22
锑矿采选	17	4	2.64	2.67	0.09
铝矿采选	16	3	3.48	3.42	
镁矿采选	68	10	17.27	16.92	3.68
其他常用有色金属矿采选	52	9	12.38	11.77	0.07
贵金属矿采选	490	55	426.99	422.35	
金矿采选	470	49	420.94	416.65	
银矿采选	20	6	6.05	5.70	
其他贵金属矿采选					
稀有稀土金属矿采选	223	22	112.92	109.53	26.35
钨钼矿采选	173	13	89.94	87.41	22.50
稀土金属矿采选	22	3	14.72	14.06	3.66
放射性金属矿采选	10	2	3.06	3.11	0.13
其他稀有金属矿采选	18	4	5.20	4.96	0.06

单位: 亿元

资产合计	流动资产合计	应收账款净额	存货	产成品	流动资产年平均余额	固定资产合计
31330.67	13042.76	2484.61	3920.40	1438.51	12240.28	14565.16
25990.12	10771.74	1981.05	3260.56	1215.29	10135.92	12255.26
1540.79	775.84	178.61	222.33	88.20	717.02	544.61
1422.60	568.86	110.22	167.37	47.97	552.01	590.43
2377.17	926.32	214.73	270.14	87.05	835.33	1174.85
101312.70	48678.68	11066.00	13690.18	5011.87	45290.01	41868.99
18872.66	6912.10	873.60	1555.68	435.04	6531.82	8824.39
38218.69	17151.97	3674.47	4982.51	1831.25	15994.95	17098.29
18810.35	10491.05	2865.47	3108.55	1338.34	9566.69	6499.48
9089.61	4927.49	1206.07	1419.93	537.95	4529.07	3465.55
16321.40	9196.07	2446.39	2623.51	869.29	8667.48	5981.29
36891.34	15762.21	3697.42	4920.40	1829.74	15036.56	16783.86
109708.25	39376.20	6540.97	10616.09	3025.98	37557.64	54204.05
3000.96	1606.39	409.07	453.67	187.67	1499.70	1191.87
58523.41	30422.23	7031.50	9684.17	3555.04	28700.35	21503.65
156835.06	66761.51	16052.91	17831.12	5903.46	62088.15	70733.33
78771.10	32585.66	5547.94	8879.45	2472.15	30673.27	37690.68
75407.38	33179.46	8454.77	9535.05	3324.84	30955.34	31073.13
61179.99	31418.62	9081.70	9100.79	3661.51	29159.88	23473.17
15404.58	4967.00	827.95	778.27	289.19	4520.17	9083.39
7065.57	2705.60	389.77	377.70	137.57	2431.72	3625.97
6754.90	2570.44	362.87	363.99	132.81	2315.35	3482.03
289.35	115.70	16.34	11.76	4.74	103.38	142.39
21.32	19.47	10.56	1.94	0.02	12.98	1.55
6033.04	1300.85	240.65	205.87	58.38	1228.71	4508.52
4766.92	785.88	94.42	109.36	45.64	725.07	3877.32
1266.12	514.97	146.23	96.51	12.74	503.64	631.20
840.30	375.82	80.63	75.06	34.48	329.25	282.81
777.41	346.46	71.98	66.78	30.44	302.85	259.14
62.89	29.37	8.65	8.28	4.04	26.41	23.67
763.79	302.64	43.53	64.03	26.55	264.92	326.08
356.94	136.56	22.11	32.01	15.34	123.78	140.68
140.80	41.73	6.60	9.05	4.87	42.13	46.04
166.01	69.67	8.80	14.75	6.49	59.62	75.02
5.34	2.56	0.63	0.64	0.18	2.48	2.20
12.67	4.91	0.90	1.45	0.25	3.72	6.49
3.76	1.67	0.26	0.43	0.12	1.48	1.51
4.48	2.14	0.24	0.82	0.40	2.09	1.81
16.65	9.36	3.33	3.58	2.37	8.74	5.45
7.24	4.51	1.35	1.30	0.66	3.53	2.16
300.94	104.38	12.74	22.13	6.15	93.48	152.06
288.47	100.55	11.84	21.17	5.50	90.34	145.36
12.47	3.83	0.89	0.96	0.65	3.14	6.70
105.91	61.69	8.69	9.89	5.06	47.67	33.34
85.21	51.90	7.00	6.77	3.60	38.64	24.26
6.96	3.60	0.84	1.41	0.49	3.49	2.92
5.38	2.45	0.09	0.57	0.33	1.98	2.78
8.36	3.75	0.76	1.15	0.65	3.56	3.38

1-A-2 续表 2

行业	企业单位数（个）	亏损企业	工业总产值（当年价）	工业销售产值（当年价）	出口交货值
非金属矿采选业	2182	289	587.98	579.57	42.38
土砂石开采	1491	171	319.97	312.54	11.67
石灰石、石膏开采	385	46	90.81	88.37	0.12
建筑装饰用石开采	267	28	70.69	68.26	3.99
耐火土石开采	154	19	34.01	34.06	4.07
粘土及其他土砂石开采	685	78	124.46	121.85	3.50
化学矿采选	186	40	80.03	78.74	15.63
采盐	197	32	112.71	114.90	6.84
石棉及其他非金属矿采选	308	46	75.27	73.39	8.25
石棉、云母矿采选	22	1	7.53	6.43	0.04
石墨、滑石采选	93	12	31.97	31.25	6.65
宝石、玉石开采	11		5.50	5.31	0.23
其他非金属矿采选	182	33	30.28	30.40	1.33
其他采矿业	12	1	5.80	5.76	0.21
制造业	256999	53234	175283.47	171550.13	40005.76
农副食品加工业	14097	2740	8344.89	8154.99	990.56
谷物磨制	3143	455	978.64	964.60	11.40
饲料加工	2268	484	1257.36	1243.19	13.66
植物油加工	1572	407	1838.36	1809.43	34.68
食用植物油加工	1502	393	1814.53	1786.50	33.85
非食用植物油加工	70	14	23.83	22.92	0.83
制糖	329	92	332.82	310.34	3.85
屠宰及肉类加工	2439	549	1652.36	1613.06	149.53
畜禽屠宰	1539	352	1012.84	987.89	55.23
肉制品及副产品加工	900	197	639.52	625.17	94.30
水产品加工	1549	290	1142.31	1104.85	474.77
水产品冷冻加工	1095	191	930.05	898.26	386.28
鱼糜制品及水产品干腌制加工	294	60	148.60	145.88	77.71
水产饲料制造	101	23	39.63	39.17	0.85
鱼油提取及制品的制造	7	2	2.02	1.92	0.52
其他水产品加工	52	14	22.01	19.64	9.40
蔬菜、水果和坚果加工	1627	247	490.44	474.16	208.48
其他农副食品加工	1170	216	652.61	635.35	94.19
淀粉及淀粉制品的制造	554	92	370.11	353.73	30.41
豆制品制造	175	45	122.64	125.26	10.10
蛋品加工	66	10	21.07	20.32	2.10
其他未列明的农副食品加工	375	69	138.79	136.04	51.58
食品制造业	5528	1347	2899.08	2813.01	330.38
焙烤食品制造	932	211	304.16	300.94	17.96
糕点、面包制造	484	129	91.17	90.90	8.13
饼干及其他焙烤食品制造	448	82	212.99	210.03	9.82
糖果、巧克力及蜜饯制造	416	82	212.36	207.24	24.44
糖果、巧克力制造	256	60	175.87	173.00	17.40
蜜饯制作	160	22	36.49	34.24	7.04
方便食品制造	722	166	478.07	471.64	33.45
米、面制品制造	314	63	79.85	78.36	5.96
速冻食品制造	173	43	62.84	59.75	12.09
方便面及其他方便食品制造	235	60	335.39	333.53	15.39
液体乳及乳制品制造	692	219	702.74	680.55	8.38
罐头制造	676	175	237.84	218.19	101.02

单位：亿元

资产合计	流动资产合计	应收账款净额	存货	产成品	流动资产年平均余额	固定资产合计
695.35	278.18	72.29	55.54	32.16	261.77	337.52
227.33	97.85	29.76	20.01	11.57	93.31	99.13
82.18	30.31	9.68	4.46	2.74	29.87	36.05
37.52	16.70	4.19	4.27	2.62	15.20	16.68
24.87	15.25	3.74	3.77	2.24	14.73	6.63
82.76	35.59	12.15	7.50	3.96	33.51	39.77
189.56	63.53	10.62	12.16	6.24	60.05	109.58
215.05	88.62	23.51	15.42	9.72	81.71	101.54
63.41	28.18	8.40	7.96	4.63	26.70	27.26
11.36	4.75	1.58	1.84	1.23	4.64	5.72
23.51	10.49	2.87	2.89	1.41	10.03	9.62
1.29	0.59	0.11	0.34	0.31	0.56	0.60
27.26	12.34	3.84	2.89	1.67	11.48	11.32
6.53	3.91	1.07	0.07	0.05	3.80	2.49
159577.66	84521.54	20955.88	26295.83	9134.27	78732.28	58057.13
5107.77	2605.67	470.64	908.00	394.33	2475.56	1904.61
527.90	270.51	48.25	99.97	31.90	257.33	211.32
569.60	321.06	73.84	96.97	21.27	310.77	169.89
1043.76	618.99	66.23	238.15	103.12	613.97	336.00
1026.28	611.69	65.02	235.59	101.52	607.05	330.15
17.49	7.29	1.21	2.57	1.60	6.92	5.85
480.94	188.53	24.09	58.68	42.33	169.21	211.01
1043.62	468.25	92.37	148.83	72.98	439.52	419.20
541.01	220.67	45.36	69.96	43.02	213.66	240.01
502.60	247.58	47.01	78.88	29.95	225.86	179.18
627.43	340.82	81.72	123.81	62.89	323.79	224.03
470.79	250.91	59.31	91.50	46.32	236.46	181.84
113.53	65.64	13.27	25.95	13.78	62.63	30.00
27.57	17.58	7.49	3.71	0.98	17.87	6.99
4.28	1.19	0.20	0.22	0.07	1.83	0.70
11.26	5.51	1.45	2.43	1.74	5.00	4.49
372.09	199.29	40.05	76.95	31.24	179.32	134.86
442.43	198.22	44.08	64.64	28.61	181.65	198.32
257.00	94.30	24.88	31.81	17.95	87.94	136.51
81.05	40.23	5.16	13.48	3.60	38.82	31.88
13.18	6.54	1.65	1.60	0.79	5.86	3.86
91.20	57.15	12.39	17.75	6.26	49.04	26.06
2851.35	1356.17	300.67	371.44	163.53	1350.50	1105.08
253.82	126.08	33.17	28.51	8.04	122.80	104.89
82.14	43.22	10.95	8.68	2.00	40.82	30.48
171.68	82.85	22.23	19.83	6.05	81.98	74.41
220.61	110.86	27.98	37.48	20.26	111.45	70.98
186.36	92.75	24.13	29.98	17.53	93.92	59.25
34.25	18.11	3.85	7.51	2.73	17.53	11.74
418.95	182.19	41.68	52.18	18.90	253.15	179.52
62.35	28.90	4.83	8.26	3.20	25.82	24.56
68.76	36.99	10.07	12.85	7.88	34.15	25.96
287.84	116.31	26.78	31.07	7.82	193.19	129.00
597.01	257.89	52.86	61.73	24.75	234.13	247.16
261.21	140.62	26.16	57.77	37.37	133.19	88.28

1-A-2 续表 3

行业	企业单位数(个)	亏损企业	工业总产值(当年价)	工业销售产值(当年价)	出口交货值
肉、禽类罐头制造	72	16	21.17	21.56	6.51
水产品罐头制造	38	13	12.29	9.53	3.12
蔬菜、水果罐头制造	519	137	180.16	163.47	90.12
其他罐头食品制造	47	9	24.21	23.63	1.26
调味品、发酵制品制造	854	233	460.91	449.82	56.06
味精制造	101	44	144.17	141.31	2.75
酱油、食醋及类似制品的制造	391	127	110.07	107.60	6.81
其他调味品、发酵制品制造	362	62	206.67	200.90	46.51
其他食品制造	1236	261	503.01	484.64	89.08
营养、保健食品制造	260	57	119.94	114.12	8.98
冷冻饮品及食用冰制造	206	53	67.37	65.30	1.74
盐加工	75	18	24.74	24.16	0.58
食品及饲料添加剂制造	456	88	184.34	178.77	46.15
其他未列明的食品制造	239	45	106.61	102.30	31.62
饮料制造业	3469	862	2440.92	2389.40	106.62
酒精制造	150	50	107.27	105.02	2.44
酒的制造	1839	461	1363.07	1321.85	29.82
白酒制造	960	192	564.78	532.86	16.93
啤酒制造	570	194	650.43	648.13	7.31
黄酒制造	104	22	34.02	33.83	2.23
葡萄酒制造	123	34	78.32	72.67	2.84
其他酒制造	82	19	35.52	34.35	0.50
软饮料制造	983	282	882.13	877.38	44.31
碳酸饮料制造	143	37	263.13	271.30	2.94
瓶(罐)装饮用水制造	300	95	102.26	102.31	0.22
果菜汁及果菜汁饮料制造	263	92	183.41	174.02	31.32
含乳饮料和植物蛋白饮料制造	128	21	99.69	97.94	2.00
固体饮料制造	64	14	120.08	118.32	4.56
茶饮料及其他软饮料制造	85	23	113.57	113.48	3.28
精制茶加工	497	69	88.44	85.15	30.05
烟草制品业	210	33	2596.03	2589.48	25.25
烟叶复烤	62	9	51.90	58.76	1.64
卷烟制造	114	12	2530.85	2517.20	22.39
其他烟草制品加工	34	12	13.27	13.51	1.22
纺织业	24192	5375	10355.52	10125.79	3040.34
棉、化纤纺织及印染精加工	10293	2472	5670.01	5553.61	1249.48
棉、化纤纺织加工	8247	1933	4367.05	4267.41	763.57
棉、化纤印染精加工	2046	539	1302.96	1286.20	485.91
毛纺织和染整精加工	1405	362	759.33	740.99	198.96
毛条加工	181	55	125.07	123.58	21.28
毛纺织	1044	251	548.74	536.14	132.03
毛染整精加工	180	56	85.52	81.27	45.66
麻纺织	361	94	170.13	162.93	29.87
丝绢纺织及精加工	2358	495	788.72	771.11	177.95
缫丝加工	629	187	165.14	163.25	36.40
绢纺和丝织加工	1460	245	478.93	465.40	84.96
丝印染精加工	269	63	144.64	142.46	56.60
纺织制成品制造	3666	771	1222.97	1189.47	467.69
棉及化纤制品制造	1682	353	594.54	575.92	276.53
毛制品制造	247	49	106.27	102.59	43.48

单位: 亿元

资产合计	流动资产合计	应收账款净额	存货	产成品	流动资产年平均余额	固定资产合计
20.19	10.72	2.54	4.74	2.51	10.56	7.04
16.61	8.64	1.42	2.60	1.35	7.85	4.62
201.62	112.10	20.48	46.99	31.96	106.22	68.47
22.78	9.15	1.72	3.44	1.56	8.56	8.15
613.39	282.15	58.48	69.30	24.27	260.37	243.67
170.45	69.60	22.92	16.67	6.38	70.70	74.31
144.25	82.12	9.38	22.99	6.53	71.25	46.32
298.69	130.43	26.18	29.64	11.36	118.42	123.03
486.37	256.39	60.33	64.47	29.94	235.41	170.57
127.19	78.86	18.30	16.64	8.37	71.86	26.29
59.90	22.05	4.78	6.91	2.79	21.46	32.76
35.82	16.41	4.42	3.56	1.46	14.33	15.54
160.52	84.67	21.84	23.32	11.02	78.44	60.96
102.93	54.40	10.98	14.05	6.31	49.33	35.02
3251.98	1537.24	212.15	531.80	173.69	1474.82	1266.85
120.71	45.97	9.41	14.84	6.97	43.93	62.74
2110.48	996.72	120.23	392.45	111.12	965.07	814.41
895.18	489.81	61.90	208.04	63.12	470.41	283.32
977.08	367.56	40.28	123.34	21.63	357.60	456.49
69.38	40.86	4.42	21.03	12.60	39.00	20.84
126.36	74.75	9.12	33.36	12.10	72.24	41.05
42.49	23.74	4.51	6.69	1.67	25.81	12.72
937.04	450.67	70.60	106.82	47.21	421.13	362.68
244.45	125.53	16.20	25.28	10.06	128.02	82.70
133.52	66.03	9.20	12.60	3.53	51.98	56.89
272.03	123.11	25.30	43.94	26.21	116.20	120.29
104.17	45.40	5.37	7.57	2.47	41.56	35.90
80.78	44.90	7.85	5.76	2.32	39.05	25.07
102.09	45.71	6.69	11.68	2.62	44.34	41.83
83.75	43.87	11.91	17.68	8.39	44.69	27.01
3014.85	1865.54	152.60	909.42	44.82	1711.64	726.80
133.17	68.24	19.14	26.16	18.00	63.70	57.29
2863.76	1788.92	131.19	881.64	26.06	1640.52	662.52
17.92	8.39	2.26	1.62	0.75	7.42	6.99
9352.12	4657.62	981.99	1587.23	693.81	4447.15	3794.64
5093.31	2369.70	442.02	819.09	363.58	2280.94	2259.58
3950.26	1820.30	302.64	669.72	300.50	1762.85	1763.74
1143.05	549.40	139.39	149.37	63.08	518.09	495.84
790.53	426.42	92.05	167.16	77.28	408.50	271.63
125.12	64.62	11.04	28.42	11.74	58.59	47.78
581.41	313.65	65.39	120.02	57.08	304.33	191.56
83.99	48.15	15.62	18.72	8.46	45.58	32.29
182.60	102.66	22.69	43.59	21.88	111.78	65.73
744.63	364.85	76.10	113.25	50.18	336.71	305.01
139.14	80.14	13.66	39.94	12.87	74.65	45.04
464.94	222.10	47.05	61.04	33.35	204.37	200.04
140.54	62.61	15.39	12.27	3.96	57.68	59.93
1064.83	563.33	142.29	172.62	67.98	531.86	386.78
417.55	237.76	54.77	84.60	33.25	224.62	140.96
98.25	54.71	13.47	19.02	6.59	51.56	35.35

1-A-2 续表 4

行业	企业单位数（个）	亏损企业	工业总产值（当年价）	工业销售产值（当年价）	出口交货值
麻制品制造	62	17	9.28	9.13	0.84
丝制品制造	204	37	56.35	55.82	26.62
绳、索、缆的制造	187	32	39.08	37.97	11.86
纺织带和帘子布制造	321	55	144.74	141.39	31.06
无纺布制造	481	108	128.57	125.02	28.26
其他纺织制成品制造	482	120	144.15	141.64	49.03
针织品、编织品及其制品制造	6109	1181	1744.36	1707.68	916.39
棉、化纤针织品及编织品制造	3734	697	1062.33	1032.81	563.55
毛针织品及编织品制造	1861	367	545.31	541.48	283.48
丝针织品及编织品制造	262	64	78.80	76.27	47.96
其他针织品及编织品制造	252	53	57.91	57.12	21.40
纺织服装、鞋、帽制造业	12029	2760	3996.25	3889.16	2138.82
纺织服装制造	11295	2609	3802.69	3700.87	2011.20
纺织面料鞋的制造	451	86	130.31	125.78	79.56
制帽	283	65	63.25	62.50	48.06
皮革、毛皮、羽毛(绒)及其制品业	6393	1090	2766.38	2693.48	1566.66
皮革鞣制加工	772	125	505.23	486.18	146.22
皮革制品制造	4899	857	1936.26	1895.72	1257.99
皮鞋制造	2398	340	1183.98	1163.79	727.87
皮革服装制造	560	107	204.34	199.08	139.78
皮箱、包(袋)制造	1368	285	350.26	340.61	255.18
皮手套及皮装饰制品制造	348	72	91.46	87.53	72.23
其他皮革制品制造	225	53	106.22	104.71	62.94
毛皮鞣制及制品加工	364	46	118.73	113.73	56.85
毛皮鞣制加工	83	11	27.44	25.40	9.19
毛皮服装加工	167	24	58.93	57.30	32.59
其他毛皮制品加工	114	11	32.36	31.02	15.08
羽毛(绒)加工及制品制造	358	62	206.16	197.85	105.59
羽毛(绒)加工	154	26	68.86	66.46	20.13
羽毛(绒)制品加工	204	36	137.30	131.40	85.47
木材加工及木、竹、藤、棕、草制品业	5017	909	1385.90	1346.82	315.41
锯材、木片加工	546	131	115.32	112.05	29.66
锯材加工	364	79	83.58	81.95	22.51
木片加工	182	52	31.74	30.09	7.15
人造板制造	2718	477	873.83	844.65	115.66
胶合板制造	1555	227	418.22	407.29	63.20
纤维板制造	351	84	231.65	222.94	9.52
刨花板制造	167	38	47.69	45.68	1.07
其他人造板、材制造	645	128	176.26	168.74	41.87
木制品制造	1153	222	290.06	287.73	114.79
建筑用木料及木材组件加工	499	103	160.95	161.79	55.84
木容器制造	265	43	45.03	43.77	14.39
软木制品及其他木制品制造	389	76	84.08	82.17	44.56
竹、藤、棕、草制品制造	600	79	106.70	102.39	55.30
家具制造业	3025	611	1154.79	1130.89	642.13
木质家具制造	1886	393	606.74	591.22	307.31
竹、藤家具制造	42	8	11.02	10.61	8.46
金属家具制造	731	135	360.15	352.17	203.20
塑料家具制造	64	11	16.17	15.76	10.21
其他家具制造	302	64	160.72	161.13	112.95

单位：亿元

资产合计	流动资产合计	应收账款净额	存货	产成品	流动资产年平均余额	固定资产合计
12.55	6.27	1.32	2.40	1.43	5.63	4.44
50.22	31.01	7.33	8.02	2.92	27.66	15.71
26.24	13.35	4.32	4.89	1.76	12.62	10.26
146.40	71.80	21.55	18.29	7.42	68.41	62.04
188.80	82.11	21.58	16.82	8.13	80.84	68.61
124.83	66.30	17.94	18.57	6.47	60.52	49.40
1476.23	830.67	206.84	271.52	112.91	777.36	505.90
857.34	467.74	120.33	146.36	56.42	432.63	325.27
500.46	296.53	68.48	105.91	49.43	282.81	137.85
63.56	36.46	9.82	11.05	3.81	34.29	22.22
54.88	29.93	8.22	8.21	3.25	27.63	20.56
2805.13	1700.76	393.70	531.71	209.84	1556.53	827.05
2678.44	1622.64	373.25	505.40	202.58	1482.30	787.77
81.11	51.70	13.10	17.39	5.39	49.62	22.79
45.58	26.43	7.34	8.93	1.87	24.61	16.49
1663.15	1052.98	286.10	375.08	113.96	993.51	458.45
316.66	207.52	44.87	96.42	29.46	194.51	87.64
1148.77	714.25	204.80	226.18	65.64	675.64	327.08
722.70	431.47	128.86	142.96	40.92	408.01	223.71
96.98	61.35	17.14	19.22	6.81	62.02	22.42
207.82	133.75	37.34	37.81	10.86	123.74	57.19
45.33	32.38	8.63	11.36	4.23	30.36	10.03
75.94	55.30	12.82	14.83	2.83	51.50	13.73
78.58	45.46	11.36	20.37	5.87	41.12	19.57
17.10	9.75	2.19	4.86	1.76	8.96	6.27
31.05	21.37	4.92	9.58	2.04	18.24	8.05
30.42	14.33	4.25	5.92	2.06	13.92	5.26
119.14	85.75	25.06	32.11	12.98	82.25	24.16
33.87	22.99	7.80	8.64	2.87	22.15	7.41
85.27	62.76	17.26	23.48	10.12	60.10	16.75
1214.62	566.57	121.77	223.36	81.97	531.37	524.17
113.78	58.08	9.37	24.09	7.81	54.34	47.29
90.63	45.46	6.68	18.08	6.11	42.09	38.48
23.15	12.62	2.69	6.01	1.71	12.25	8.80
809.60	346.67	71.66	134.56	50.70	325.79	375.56
271.09	134.92	39.29	55.73	20.09	129.02	100.68
306.40	110.03	15.61	36.08	15.40	102.28	167.91
93.48	29.36	4.56	8.07	3.39	28.13	56.07
138.63	72.35	12.20	34.68	11.82	66.36	50.90
236.50	128.88	31.34	53.72	18.72	120.75	83.65
151.91	77.61	15.69	36.03	13.95	73.58	58.59
27.95	18.48	6.69	4.74	1.08	16.77	7.01
56.64	32.79	8.96	12.95	3.69	30.41	18.05
54.74	32.94	9.39	10.99	4.74	30.48	17.68
901.21	526.81	132.22	202.49	57.39	470.57	285.74
520.04	277.74	60.26	109.01	31.82	253.34	180.23
6.50	3.69	0.70	2.18	0.74	3.55	2.47
240.96	157.02	48.86	58.65	18.40	141.85	67.89
13.20	8.58	2.96	2.30	0.73	7.68	3.65
120.50	79.78	19.44	30.36	5.71	64.17	31.49

1-A-2 续表 5

行业	企业单位数（个）	亏损企业	工业总产值（当年价）	工业销售产值（当年价）	出口交货值
造纸及纸制品业	7473	1594	3371.94	3280.88	255.99
纸浆制造	119	34	95.35	89.11	0.68
造纸	3350	774	2117.05	2054.99	98.70
机制纸及纸板制造	2961	696	1969.12	1910.36	83.11
手工纸制造	20	3	4.28	4.16	0.75
加工纸制造	369	75	143.65	140.46	14.84
纸制品制造	4004	786	1159.54	1136.78	156.61
纸和纸板容器的制造	2895	547	816.70	798.15	102.81
其他纸制品制造	1109	239	342.84	338.64	53.80
印刷业和记录媒介的复制	5139	1279	1199.13	1167.97	115.34
印刷	4777	1176	1105.41	1077.32	102.33
书、报、刊印刷	2123	653	390.58	380.08	45.05
本册印制	431	118	77.07	75.24	19.40
包装装潢及其他印刷	2223	405	637.76	621.99	37.88
装订及其他印刷服务活动	265	66	56.68	55.32	5.75
记录媒介的复制	97	37	37.04	35.33	7.27
文教体育用品制造业	3382	703	1216.94	1192.68	830.66
文化用品制造	805	119	209.45	203.96	96.35
文具制造	282	46	77.09	75.01	43.25
笔的制造	379	47	90.15	87.47	47.05
教学用模型及教具制造	77	15	25.96	25.64	0.57
墨水、墨汁制造	16	2	5.09	4.76	1.43
其他文化用品制造	51	9	11.16	11.07	4.04
体育用品制造	792	197	325.22	318.88	217.76
球类制造	129	51	34.17	33.59	21.26
体育器材及配件制造	225	47	91.52	89.78	53.42
训练健身器材制造	206	46	99.90	98.24	73.98
运动防护用具制造	89	24	38.03	37.82	32.89
其他体育用品制造	143	29	61.59	59.46	36.22
乐器制造	235	35	92.09	89.58	44.05
中乐器制造	29	2	6.01	5.92	3.33
西乐器制造	133	24	58.80	56.70	30.58
电子乐器制造	30	4	18.69	18.31	7.50
其他乐器及零件制造	43	5	8.59	8.64	2.64
玩具制造	1406	327	548.93	539.76	443.03
游艺器材及娱乐用品制造	144	25	41.24	40.49	29.47
露天游乐场所游乐设备制造	93	14	27.63	27.26	21.01
游艺用品及室内游艺器材制造	51	11	13.61	13.24	8.46
石油加工、炼焦及核燃料加工业	2019	469	8926.51	8842.95	228.28
精炼石油产品的制造	1110	259	7836.28	7769.28	159.02
原油加工及石油制品制造	1097	254	7834.74	7767.80	159.02
人造原油生产	13	5	1.55	1.48	
炼焦	905	210	1062.60	1045.96	69.06
化学原料及化学制品制造业	18759	3660	12952.69	12611.58	1251.09
基础化学原料制造	4672	993	3159.83	3103.90	261.46
无机酸制造	514	98	209.01	203.73	19.75
无机碱制造	335	65	589.96	585.55	37.40
无机盐制造	1204	291	459.02	445.64	50.40
有机化学原料制造	1737	359	1549.93	1528.89	111.89

单位：亿元

资产合计	流动资产合计	应收账款净额	存货	产成品	流动资产年平均余额	固定资产合计
4146.79	1718.03	493.33	484.51	194.07	1647.44	2001.24
308.43	84.47	9.28	30.60	8.34	87.30	121.98
2814.25	1082.24	265.52	317.28	136.54	1045.73	1483.05
2668.61	1006.95	243.49	293.23	125.34	973.23	1425.71
3.60	1.93	0.30	0.82	0.39	2.06	1.35
142.05	73.37	21.73	23.23	10.81	70.44	55.99
1024.11	551.32	218.53	136.63	49.19	514.42	396.21
724.44	394.42	159.23	92.50	31.01	364.45	277.80
299.66	156.90	59.30	44.13	18.17	149.97	118.40
1596.36	756.96	221.26	180.63	59.51	720.20	683.92
1437.90	691.92	204.61	164.77	53.76	657.79	609.79
540.81	231.68	65.45	62.53	18.90	216.92	269.49
88.47	47.22	11.87	12.85	4.37	43.67	32.08
808.62	413.01	127.29	89.39	30.49	397.20	308.22
68.37	30.99	8.98	8.03	2.26	30.83	32.29
90.09	34.05	7.68	7.83	3.49	31.58	41.84
906.96	535.93	158.62	192.07	58.93	498.92	281.88
170.58	101.90	30.01	32.39	12.85	95.64	50.48
61.64	35.75	11.31	12.45	4.44	32.45	20.69
76.47	45.92	12.66	14.27	5.98	44.50	22.95
19.78	11.94	3.27	2.71	1.51	10.68	3.68
4.11	2.78	1.33	0.98	0.38	2.73	1.04
8.59	5.51	1.44	2.00	0.54	5.29	2.12
247.81	146.42	46.13	53.70	16.72	126.80	73.27
26.14	13.60	3.50	6.16	2.00	12.86	9.05
78.90	49.13	14.92	19.10	6.08	39.32	23.10
65.06	44.19	16.11	12.58	4.09	39.21	15.97
38.97	17.41	4.95	7.32	1.40	15.29	11.75
38.74	22.10	6.65	8.54	3.14	20.11	13.40
91.13	54.86	13.74	22.34	7.15	51.86	29.09
4.23	2.90	0.72	0.90	0.31	2.70	1.11
68.41	39.51	9.92	16.99	5.64	37.38	22.94
9.94	6.50	1.29	2.52	0.60	6.20	2.77
8.55	5.96	1.81	1.93	0.60	5.57	2.27
365.66	212.55	65.03	77.93	20.66	208.05	120.79
31.78	20.21	3.72	5.71	1.54	16.56	8.25
19.10	12.02	2.39	2.51	0.32	9.29	5.24
12.68	8.19	1.32	3.20	1.22	7.27	3.00
5118.22	2121.54	284.35	874.68	270.69	1913.05	2658.21
3741.69	1481.78	185.02	700.41	199.84	1319.46	2056.12
3740.33	1481.11	184.90	700.25	199.75	1318.73	2055.47
1.36	0.67	0.12	0.16	0.10	0.73	0.65
1303.18	620.13	98.33	169.37	69.79	572.83	566.95
12744.02	5699.11	1293.19	1615.64	665.67	5303.39	5582.31
3346.86	1294.70	273.08	324.54	135.15	1237.10	1586.49
220.87	104.89	23.77	26.01	11.00	95.30	81.60
810.09	288.61	58.49	57.17	22.11	293.78	411.10
433.93	194.65	48.36	53.72	25.86	180.10	180.66
1466.90	538.66	98.43	144.72	55.78	507.14	708.98

1-A-2 续表 6

行业	企业单位数（个）	亏损企业	工业总产值（当年价）	工业销售产值（当年价）	出口交货值
其他基础化学原料制造	882	180	351.90	340.10	42.03
肥料制造	1923	434	1819.75	1780.08	67.79
氮肥制造	572	131	1012.03	991.84	31.76
磷肥制造	395	107	232.33	226.87	21.73
钾肥制造	55	15	38.67	38.37	0.01
复混肥料制造	720	153	486.36	474.58	13.38
有机肥料及微生物肥料制造	113	11	30.07	28.98	0.57
其他肥料制造	68	17	20.30	19.45	0.35
农药制造	741	152	473.09	457.99	111.48
化学农药制造	644	133	426.31	413.25	103.02
生物化学农药及微生物农药制造	97	19	46.78	44.74	8.46
涂料、油墨、颜料及类似产品制造	3304	584	1341.13	1317.87	232.86
涂料制造	1772	302	661.19	646.03	82.19
油墨及类似产品制造	321	55	103.93	105.81	15.57
颜料制造	369	57	163.54	166.50	43.00
染料制造	585	125	338.88	326.20	84.43
密封用填料及类似品制造	257	45	73.59	73.34	7.67
合成材料制造	1686	323	2854.11	2788.79	175.80
初级形态的塑料及合成树脂制造	1097	190	1466.09	1433.96	111.05
合成橡胶制造	173	42	133.32	131.09	17.56
合成纤维单(聚合)体的制造	210	46	1151.64	1122.66	30.68
其他合成材料制造	206	45	103.06	101.08	16.52
专用化学产品制造	5031	848	2055.09	1996.75	305.49
化学试剂和助剂制造	2006	335	878.29	853.04	71.77
专项化学用品制造	1069	184	484.14	470.61	55.60
林产化学产品制造	333	102	66.63	63.68	13.76
炸药及火工产品制造	776	61	195.50	193.68	34.24
信息化学品制造	218	43	219.53	212.50	91.41
环境污染处理专用药剂材料制造	64	16	25.31	24.30	5.71
动物胶制造	85	10	20.16	19.97	2.18
其他专用化学产品制造	480	97	165.52	158.97	30.81
日用化学产品制造	1402	326	1249.68	1166.19	96.21
肥皂及合成洗涤剂制造	405	108	651.38	588.51	17.26
化妆品制造	338	88	284.88	274.43	33.77
口腔清洁用品制造	45	13	65.46	59.90	6.35
香料、香精制造	355	59	151.85	149.66	24.76
其他日用化学产品制造	259	58	96.10	93.70	14.07
医药制造业	4709	1232	3241.26	3067.47	343.44
化学药品原药制造	945	245	783.56	751.94	217.78
化学药品制剂制造	1055	319	1068.40	1019.02	34.87
中药饮片加工	357	82	119.37	111.30	7.45
中成药制造	1210	341	838.31	775.38	15.67
兽用药品制造	316	70	84.11	78.95	9.94
生物、生化制品的制造	432	98	209.55	196.83	26.78
卫生材料及医药用品制造	394	77	137.96	134.04	30.95
化学纤维制造业	1536	450	1952.99	1905.33	85.50
纤维素纤维原料及纤维制造	188	49	249.91	244.48	17.94
化纤浆粕制造	54	17	49.97	48.86	1.75
人造纤维(纤维素纤维)制造	134	32	199.94	195.62	16.19
合成纤维制造	1348	401	1703.08	1660.85	67.56

单位：亿元

资产合计	流动资产合计	应收账款净额	存货		流动资产年平均余额	固定资产合计
				产成品		
415.07	167.89	44.04	42.92	20.41	160.77	204.14
2460.43	877.04	99.61	245.97	91.12	823.36	1306.71
1523.55	459.34	42.77	113.58	38.73	457.85	882.96
279.97	119.02	16.57	33.45	13.11	90.25	122.28
89.20	41.06	3.82	8.42	2.65	34.26	43.12
516.49	236.89	31.39	83.87	33.51	221.33	233.51
20.28	8.71	2.61	2.82	1.36	7.73	8.90
30.94	12.02	2.45	3.82	1.75	11.94	15.93
503.62	275.92	59.00	88.60	46.75	261.68	160.42
453.87	248.60	52.80	80.45	42.24	236.15	143.42
49.75	27.32	6.20	8.15	4.51	25.53	17.00
1147.08	706.74	245.15	198.16	90.00	657.63	322.74
565.88	367.84	134.32	97.72	40.01	343.38	134.11
99.84	59.59	23.79	17.78	8.00	56.23	28.76
144.06	77.25	22.62	22.33	12.21	74.95	54.23
290.63	174.12	53.13	51.87	26.89	157.07	90.55
46.67	27.93	11.30	8.45	2.90	26.00	15.08
2406.00	974.27	185.73	323.94	117.58	888.24	1205.14
1234.59	534.93	123.14	162.66	60.42	484.43	580.05
122.66	64.04	17.38	17.12	6.65	57.47	48.40
963.30	331.20	29.35	131.81	44.59	305.49	546.11
85.45	44.09	15.86	12.35	5.92	40.85	30.59
1908.80	965.38	285.23	260.67	111.03	878.79	736.45
764.99	407.59	119.09	96.87	43.89	370.98	286.80
368.77	203.20	58.21	60.98	24.67	181.13	123.10
61.80	30.18	7.61	11.72	6.44	28.41	18.96
216.13	105.29	29.71	29.05	13.31	96.73	88.31
307.67	113.75	35.27	30.65	10.45	104.60	157.20
25.96	10.40	3.63	4.71	2.00	8.37	7.93
26.02	13.04	3.31	4.78	1.68	12.81	10.44
137.46	81.94	28.40	21.90	8.59	75.77	43.71
971.23	605.07	145.39	173.76	74.03	556.59	264.35
431.60	274.21	54.35	75.26	35.11	247.90	114.34
243.90	155.20	47.30	39.10	18.78	152.19	57.30
68.48	39.62	8.86	7.26	3.66	27.15	19.95
149.66	92.27	25.59	36.44	8.93	88.53	47.02
77.58	43.77	9.29	15.70	7.55	40.82	25.75
4719.03	2284.43	605.73	544.80	239.36	2191.00	1670.60
1174.97	535.70	134.25	130.16	54.70	504.66	455.68
1403.28	676.74	206.42	152.02	71.61	645.01	505.53
168.04	83.75	24.79	24.66	10.31	79.10	58.54
1355.03	681.74	161.66	157.87	70.30	676.96	429.83
83.14	41.27	11.32	14.01	6.35	38.90	32.13
381.27	187.24	46.20	47.95	17.03	176.57	137.57
153.31	77.98	21.10	18.11	9.06	69.81	51.32
2122.46	842.90	102.76	248.47	100.47	780.44	1071.31
360.77	126.84	14.27	42.00	15.88	121.52	191.13
50.14	21.42	2.49	8.77	3.49	21.37	20.70
310.63	105.42	11.78	33.23	12.39	100.15	170.43
1761.69	716.06	88.49	206.47	84.58	658.92	880.18

1-A-2 续表 7

行　　业	企业单位数（个）	亏损企业	工业总产值（当年价）	工业销售产值（当年价）	出口交货值
锦纶纤维制造	168	41	142.42	140.76	14.17
涤纶纤维制造	672	245	1288.71	1257.20	30.25
腈纶纤维制造	38	9	63.38	63.10	5.00
维纶纤维制造	10	3	27.35	26.99	4.35
其他合成纤维制造	460	103	181.21	172.79	13.79
橡胶制品业	3168	625	1818.40	1786.75	465.54
轮胎制造	433	97	971.45	958.29	224.57
车辆、飞机及工程机械轮胎制造	309	64	916.61	902.74	213.24
力车胎制造	82	23	44.21	44.86	10.96
轮胎翻新加工	42	10	10.62	10.69	0.37
橡胶板、管、带的制造	673	117	186.28	180.27	17.37
橡胶零件制造	685	99	160.37	158.25	39.83
再生橡胶制造	134	27	32.12	31.57	1.17
日用及医用橡胶制品制造	244	61	113.81	112.27	44.59
橡胶靴鞋制造	636	143	253.73	247.68	102.64
其他橡胶制品制造	363	81	100.65	98.43	35.37
塑料制品业	12269	2538	4190.40	4118.41	1102.16
塑料薄膜制造	1366	319	683.68	673.08	134.41
塑料板、管、型材的制造	2105	508	792.67	778.61	77.08
塑料丝、绳及编织品的制造	1543	328	327.76	319.43	50.97
泡沫塑料制造	841	173	228.69	224.50	41.73
塑料人造革、合成革制造	358	69	257.37	251.17	47.02
塑料包装箱及容器制造	1386	289	412.06	403.52	74.26
塑料零件制造	1491	251	521.80	512.30	202.46
日用塑料制造	1859	323	538.00	523.75	283.34
塑料鞋制造	396	52	104.89	101.65	59.79
日用塑料杂品制造	1463	271	433.11	422.10	223.54
其他塑料制品制造	1320	278	428.38	432.04	190.89
非金属矿物制品业	19960	4246	7459.87	7347.86	764.60
水泥、石灰和石膏的制造	5491	1587	2408.94	2435.68	18.25
水泥制造	5251	1538	2360.10	2386.86	17.90
石灰和石膏制造	240	49	48.83	48.82	0.35
水泥及石膏制品制造	2706	666	1003.90	976.40	11.51
水泥制品制造	1893	500	755.52	736.46	2.87
砼结构构件制造	406	85	122.99	116.23	4.87
石棉水泥制品制造	90	19	27.58	26.75	0.42
轻质建筑材料制造	246	48	76.35	76.12	2.65
其他水泥制品制造	71	14	21.46	20.84	0.70
砖瓦、石材及其他建筑材料制造	4615	606	1324.91	1267.43	156.87
粘土砖瓦及建筑砌块制造	1367	205	192.70	186.71	0.97
建筑陶瓷制品制造	1169	156	592.67	559.41	42.60
建筑用石加工	1323	125	362.21	352.97	105.02
防水建筑材料制造	280	31	65.56	61.63	0.40
隔热和隔音材料制造	223	36	47.73	45.51	4.43
其他建筑材料制造	253	53	64.06	61.19	3.45
玻璃及玻璃制品制造	2746	560	1234.02	1198.95	221.97
平板玻璃制造	227	48	286.38	276.83	32.40
技术玻璃制品制造	435	87	205.35	198.45	41.17
光学玻璃制造	99	24	55.94	54.80	28.29
玻璃仪器制造	114	24	55.32	52.54	1.56

单位：亿元

资产合计	流动资产合计	应收账款净额	存货	产成品	流动资产年平均余额	固定资产合计
183.67	72.67	13.86	17.49	7.91	69.62	70.78
1187.44	503.78	49.02	145.61	56.61	456.97	585.51
104.51	31.09	3.96	10.14	3.40	30.26	68.41
37.73	9.82	1.83	3.43	1.21	9.95	23.09
248.33	98.71	19.83	29.80	15.46	92.12	132.38
1833.02	926.61	274.95	274.84	127.53	854.16	748.96
1044.58	480.29	126.75	144.54	71.49	435.91	484.52
986.64	450.18	116.77	134.36	67.70	412.03	462.16
51.23	26.19	8.37	9.07	3.37	20.48	19.76
6.71	3.92	1.61	1.11	0.42	3.40	2.60
196.28	108.23	37.80	30.71	15.93	103.72	71.38
172.94	95.71	37.60	25.17	10.47	89.47	62.49
18.24	10.58	4.09	2.95	1.22	9.82	6.64
87.19	52.00	16.03	14.67	5.48	47.47	29.11
215.83	123.46	31.78	40.69	16.79	115.98	65.00
97.97	56.33	20.89	16.11	6.16	51.79	29.81
3952.88	2084.70	662.35	592.36	245.82	1929.60	1507.54
722.33	327.99	89.29	95.86	40.50	304.35	326.60
882.57	473.78	122.61	133.47	69.39	443.95	330.20
257.76	133.52	40.93	40.78	18.38	123.46	101.22
174.46	108.60	42.20	29.00	12.27	104.14	53.94
205.70	109.98	28.42	31.91	10.05	97.61	80.04
499.35	231.07	70.96	59.77	23.51	219.70	191.62
482.08	271.69	118.60	64.99	23.55	244.80	177.64
375.25	223.92	75.63	74.78	26.10	206.33	124.52
56.42	37.38	15.27	10.55	3.70	35.26	15.10
318.83	186.53	60.37	64.23	22.39	171.07	109.41
353.36	204.14	73.72	61.80	22.08	185.26	121.76
9375.45	4050.56	1094.29	1123.32	523.03	3801.97	4297.86
3735.17	1261.31	296.05	311.27	105.74	1196.12	2060.03
3697.40	1245.15	291.37	307.74	104.08	1180.97	2042.42
37.78	16.16	4.68	3.53	1.66	15.15	17.61
1130.23	654.22	258.85	165.62	89.75	606.40	383.62
864.46	518.98	215.25	124.93	65.92	479.30	280.26
118.25	72.22	24.52	24.38	15.78	65.72	36.91
19.62	10.65	3.77	4.06	2.02	10.07	7.07
103.48	39.34	11.46	9.87	4.93	38.08	49.81
24.41	13.03	3.85	2.37	1.10	13.23	9.56
1137.41	533.22	113.97	189.81	106.25	500.80	475.56
181.40	78.82	16.03	19.67	9.92	77.62	80.74
537.08	234.86	39.69	97.68	66.83	219.28	253.63
230.94	122.84	28.08	46.97	17.93	112.73	74.69
61.79	34.48	9.24	8.57	4.17	33.32	22.01
54.84	27.02	9.53	6.02	3.09	25.48	18.77
71.36	35.21	11.41	10.89	4.31	32.37	25.74
1755.46	757.01	178.36	196.57	91.46	701.41	787.30
611.23	222.84	22.68	46.94	16.62	206.77	313.44
283.79	134.13	34.23	32.31	13.35	120.52	112.88
66.33	30.87	12.00	9.66	3.59	27.85	29.08
57.73	27.51	6.10	6.71	4.53	26.09	23.48

1-A-2 续表 8

行　　业	企业单位数（个）	亏损企业	工业总产值（当年价）	工业销售产值（当年价）	出口交货值
日用玻璃制品及玻璃包装容器制造	838	203	255.50	249.17	53.11
玻璃保温容器制造	61	22	19.55	18.51	5.38
玻璃纤维及制品制造	422	52	173.54	172.14	43.02
玻璃纤维增强塑料制品制造	354	55	113.74	110.39	8.91
其他玻璃制品制造	196	45	68.72	66.11	8.13
陶瓷制品制造	1499	298	522.36	526.37	223.80
卫生陶瓷制品制造	223	40	165.93	165.09	50.72
特种陶瓷制品制造	336	71	100.69	97.13	25.79
日用陶瓷制品制造	677	159	201.30	211.32	104.26
园林、陈设艺术及其他陶瓷制品制造	263	28	54.44	52.83	43.03
耐火材料制品制造	1375	215	479.19	467.02	63.79
石棉制品制造	133	20	24.95	23.62	3.19
云母制品制造	47	5	9.90	9.55	1.65
耐火陶瓷制品及其他耐火材料制造	1195	190	444.33	433.84	58.94
石墨及其他非金属矿物制品制造	1528	314	486.56	476.03	68.42
石墨及碳素制品制造	587	118	227.35	223.49	25.75
其他非金属矿物制品制造	941	196	259.21	252.54	42.67
黑色金属冶炼及压延加工业	7141	1644	16948.86	16693.30	947.71
炼铁	1068	293	1375.42	1336.58	36.74
炼钢	413	125	3175.80	3118.42	98.62
钢压延加工	4126	788	11564.66	11425.46	666.04
铁合金冶炼	1534	438	832.99	812.84	146.30
有色金属冶炼及压延加工业	5300	1138	5986.81	5915.24	619.54
常用有色金属冶炼	1490	369	2657.97	2627.49	291.10
铜冶炼	240	50	703.21	703.71	34.63
铅锌冶炼	463	100	476.28	461.16	67.89
镍钴冶炼	47	11	152.00	149.79	17.31
锡冶炼	52	13	118.14	115.95	30.51
锑冶炼	63	15	25.97	25.28	5.13
铝冶炼	368	101	1061.86	1053.80	112.58
镁冶炼	140	49	72.55	69.66	14.33
其他常用有色金属冶炼	117	30	47.97	48.13	8.71
贵金属冶炼	212	36	207.97	205.82	10.30
金冶炼	124	18	140.12	138.68	2.39
银冶炼	72	15	62.99	62.33	7.85
其他贵金属冶炼	16	3	4.86	4.81	0.06
稀有稀土金属冶炼	400	90	275.16	265.24	68.62
钨钼冶炼	107	16	104.96	103.15	26.71
稀土金属冶炼	149	28	101.01	96.87	27.06
其他稀有金属冶炼	144	46	69.20	65.22	14.85
有色金属合金制造	405	75	225.72	220.26	33.37
有色金属压延加工	2793	568	2619.98	2596.44	216.15
常用有色金属压延加工	2635	539	2479.86	2459.43	194.07
贵金属压延加工	51	10	49.50	48.32	3.32
稀有稀土金属压延加工	107	19	90.63	88.69	18.75
金属制品业	14131	2506	5157.93	5033.14	1549.11
结构性金属制品制造	4049	760	1415.69	1376.70	173.63
金属结构制造	3118	583	1117.81	1089.54	143.97
金属门窗制造	931	177	297.88	287.17	29.66
金属工具制造	1721	252	497.84	484.09	242.75

单位：亿元

资产合计	流动资产合计	应收账款净额	存货	产成品	流动资产年平均余额	固定资产合计
272.13	141.99	38.02	47.60	27.84	133.57	96.30
17.64	8.98	2.20	3.05	1.79	8.80	7.49
252.62	92.77	28.35	22.56	10.72	88.47	129.21
104.92	56.95	20.59	16.84	7.76	52.59	38.13
89.09	40.99	14.17	10.89	5.26	36.75	37.28
570.41	273.87	62.82	86.76	47.78	258.18	238.97
157.97	66.14	13.23	22.18	11.33	63.63	77.00
120.66	58.94	19.19	17.87	8.89	52.07	50.40
257.64	130.83	25.04	40.56	24.41	124.76	97.85
34.14	17.96	5.36	6.16	3.16	17.72	13.72
469.74	264.91	100.54	72.95	37.69	253.74	157.19
27.17	16.77	5.84	4.44	2.07	15.44	8.27
9.28	4.36	1.83	1.22	0.57	4.12	2.61
433.29	243.79	92.87	67.29	35.06	234.19	146.30
577.02	306.02	83.70	100.35	44.36	285.32	195.20
274.50	151.26	41.55	51.62	19.16	142.75	89.16
302.51	154.76	42.15	48.73	25.20	142.56	106.04
15595.01	6913.63	697.76	2434.55	657.43	6280.47	7322.69
1110.39	552.58	74.50	196.07	66.63	504.23	489.33
3146.29	1376.77	110.35	450.51	106.68	1261.71	1495.44
10763.25	4666.57	439.70	1667.96	429.06	4235.02	5120.34
575.08	317.71	73.21	120.02	55.05	279.51	217.58
5412.24	2572.96	452.80	906.04	260.41	2367.46	2377.60
2941.34	1281.27	144.40	498.85	112.71	1188.76	1444.81
674.76	350.14	23.98	163.81	27.42	308.87	265.74
500.65	258.77	30.63	99.75	29.47	238.93	201.82
160.49	91.07	4.84	42.65	6.10	78.76	64.60
112.43	46.02	7.77	16.83	5.91	44.29	54.07
23.83	13.98	1.67	5.88	2.29	12.59	8.13
1376.39	473.79	65.49	155.57	35.56	462.71	812.63
54.54	28.29	6.17	8.45	3.70	26.43	22.28
38.26	19.21	3.86	5.92	2.27	16.17	15.54
137.91	66.64	5.72	18.48	3.61	65.74	46.81
118.99	53.32	3.82	13.92	1.88	52.45	43.66
16.93	12.07	1.55	4.12	1.55	11.40	2.63
1.98	1.25	0.35	0.43	0.18	1.89	0.53
238.78	124.02	26.71	48.96	21.41	112.88	75.80
57.71	33.23	8.70	10.36	4.92	27.08	13.60
117.39	57.55	13.62	22.97	10.85	53.24	37.60
63.68	33.24	4.39	15.62	5.63	32.56	24.60
166.37	96.02	30.11	30.53	12.48	84.89	54.44
1927.85	1005.01	245.86	309.22	110.20	915.19	755.74
1798.81	946.34	236.27	286.06	102.80	860.65	696.54
29.80	16.27	2.76	6.04	2.32	15.45	6.51
99.23	42.41	6.84	17.12	5.08	39.08	52.69
4230.47	2573.48	785.34	811.59	305.67	2352.80	1270.30
1207.27	762.85	222.27	245.90	90.67	708.68	351.10
947.54	606.36	179.39	193.42	69.87	566.81	268.07
259.73	156.49	42.88	52.48	20.80	141.87	83.03
444.75	263.50	81.02	81.46	37.11	248.94	137.96

1-A-2 续表 9

行业	企业单位数(个)	亏损企业	工业总产值(当年价)	工业销售产值(当年价)	出口交货值
切削工具制造	439	63	163.66	155.44	54.50
手工具制造	597	92	149.62	146.95	87.51
农用及园林用金属工具制造	127	19	26.25	25.62	12.96
刀剪及类似日用金属工具制造	267	25	70.17	67.82	44.34
其他金属工具制造	291	53	88.14	88.27	43.43
集装箱及金属包装容器制造	1209	269	832.39	802.77	430.87
集装箱制造	73	11	422.31	404.10	392.55
金属压力容器制造	354	81	137.10	133.04	11.11
金属包装容器制造	782	177	272.99	265.63	27.21
金属丝绳及其制品的制造	1079	185	504.30	499.36	85.89
建筑、安全用金属制品制造	1843	298	551.67	531.84	211.91
建筑、家具用金属配件制造	958	136	277.71	271.23	140.06
建筑装饰及水暖管道零件制造	593	101	206.72	195.23	60.29
安全、消防用金属制品制造	163	23	39.70	38.70	7.52
其他建筑、安全用金属制品制造	129	38	27.54	26.68	4.05
金属表面处理及热处理加工	1194	182	342.90	337.93	23.25
搪瓷制品制造	217	56	68.09	67.12	18.79
工业生产配套用搪瓷制品制造	51	9	15.85	15.43	0.72
搪瓷卫生洁具制造	33	10	13.50	13.51	3.16
搪瓷日用品及其他搪瓷制品制造	133	37	38.75	38.18	14.91
不锈钢及类似日用金属制品制造	1632	296	536.97	525.17	258.01
金属制厨房调理及卫生器具制造	301	42	89.60	88.85	38.32
金属制厨用器皿及餐具制造	758	153	286.39	280.18	176.00
其他日用金属制品制造	573	101	160.98	156.13	43.70
其他金属制品制造	1187	208	408.06	408.15	104.00
铸币及贵金属制实验室用品制造	9	1	20.50	20.41	0.66
其他未列明的金属制品制造	1178	207	387.56	387.73	103.34
通用设备制造业	20568	3436	8523.89	8261.02	1389.33
锅炉及原动机制造	1266	287	1122.45	1082.26	70.10
锅炉及辅助设备制造	613	135	411.84	402.03	12.01
内燃机及配件制造	526	123	514.85	502.53	50.25
汽轮机及辅机制造	66	14	176.54	159.76	5.94
水轮机及辅机制造	42	9	16.35	15.05	1.27
其他原动机制造	19	6	2.87	2.88	0.63
金属加工机械制造	2005	354	769.50	736.40	68.91
金属切削机床制造	536	103	346.39	331.27	28.37
金属成形机床制造	377	57	139.82	132.27	9.48
铸造机械制造	295	48	81.58	77.32	6.25
金属切割及焊接设备制造	251	48	65.55	62.01	7.05
机床附件制造	209	36	46.48	45.64	4.79
其他金属加工机械制造	337	62	89.69	87.88	12.97
起重运输设备制造	1361	259	1126.02	1107.22	162.97
泵、阀门、压缩机及类似机械的制造	3368	501	1262.81	1221.32	251.02
泵及真空设备制造	954	158	304.27	292.26	46.38
气体压缩机械制造	265	60	267.11	258.24	31.94
阀门和旋塞的制造	1362	168	429.65	418.93	137.33
液压和气压动力机械及元件制造	787	115	261.78	251.89	35.37
轴承、齿轮、传动和驱动部件的制造	2047	296	725.30	699.09	164.87
轴承制造	1305	172	467.44	449.07	123.37
齿轮、传动和驱动部件制造	742	124	257.86	250.02	41.51

单位：亿元

资产合计	流动资产合计	应收账款净额	存货	产成品	流动资产年平均余额	固定资产合计
191.57	112.56	33.40	38.26	22.14	106.78	61.67
116.40	70.43	21.53	20.83	7.79	65.99	38.02
16.02	8.81	2.32	3.29	1.27	8.05	6.22
47.87	29.89	8.64	6.09	2.35	28.39	12.90
72.88	41.82	15.13	12.99	3.55	39.73	19.16
659.01	429.84	146.36	154.18	55.22	372.44	177.11
240.77	187.90	72.24	76.09	30.98	157.30	39.57
138.95	78.86	21.14	27.84	8.42	72.89	41.00
279.29	163.07	52.98	50.25	15.82	142.24	96.54
438.98	243.35	74.91	62.88	25.16	225.38	148.18
419.96	245.42	80.98	75.78	29.19	230.92	118.94
190.00	116.67	38.38	35.35	10.91	110.38	55.16
179.76	95.72	30.73	30.83	14.04	90.58	50.22
28.31	17.92	6.42	5.87	2.88	17.21	8.19
21.89	15.10	5.46	3.73	1.37	12.75	5.37
267.09	153.02	48.18	32.67	12.77	139.71	98.10
56.61	27.24	5.99	10.71	5.79	25.93	19.55
7.25	4.69	1.50	1.87	1.03	4.35	1.74
14.76	5.52	0.83	2.40	1.23	5.26	7.29
34.61	17.02	3.66	6.45	3.53	16.33	10.52
403.20	247.01	63.40	87.44	28.55	216.65	113.67
60.20	36.54	8.79	14.27	5.00	32.69	18.87
245.75	152.13	35.48	54.55	15.49	129.73	64.30
97.24	58.35	19.14	18.62	8.07	54.23	30.50
333.61	201.26	62.22	60.57	21.20	184.14	105.69
28.90	12.76	1.93	4.78	0.31	11.16	15.25
304.72	188.49	60.28	55.79	20.90	172.98	90.44
8889.28	5608.06	1555.98	1759.49	609.58	5137.73	2342.99
1791.62	1247.07	216.35	328.50	70.24	1068.59	300.26
699.45	534.84	89.37	153.07	24.30	436.23	85.26
570.77	345.80	90.65	94.88	39.97	334.55	164.80
485.13	342.39	31.76	69.82	3.62	276.80	41.41
30.38	20.68	3.57	9.03	2.02	17.77	6.82
5.89	3.36	1.00	1.69	0.32	3.25	1.97
897.43	533.45	119.54	200.29	73.43	503.60	248.76
497.32	291.78	52.28	112.62	40.10	275.08	129.16
159.56	94.66	23.43	38.23	14.05	93.17	47.28
62.07	36.35	10.71	13.53	5.36	33.17	20.94
52.22	32.93	10.94	10.15	3.76	27.83	13.20
54.45	34.05	10.84	10.88	4.75	32.09	15.87
71.81	43.68	11.35	14.88	5.40	42.25	22.31
1027.47	694.26	190.21	253.62	70.23	647.25	243.05
1296.37	794.51	259.53	249.02	95.66	740.02	375.92
346.58	215.41	70.43	72.81	26.72	205.47	94.59
290.83	177.18	52.74	51.55	20.72	163.94	90.07
391.13	242.50	86.23	71.97	28.35	221.04	110.30
267.83	159.42	50.13	52.69	19.87	149.57	80.96
860.94	488.36	168.40	171.25	86.75	461.51	301.57
616.95	354.59	127.47	123.70	66.50	337.61	208.61
243.99	133.77	40.93	47.56	20.25	123.90	92.96

1-A-2 续表 10

行业	企业单位数（个）	亏损企业	工业总产值（当年价）	工业销售产值（当年价）	出口交货值
烘炉、熔炉及电炉制造	194	31	64.45	62.43	20.55
风机、衡器、包装设备等通用设备制造	3020	519	1531.53	1490.61	364.18
风机、风扇制造	428	81	167.85	162.42	24.16
气体、液体分离及纯净设备制造	420	68	151.88	147.54	10.74
制冷、空调设备制造	707	130	582.82	572.72	55.70
风动和电动工具制造	475	74	310.32	305.76	230.88
喷枪及类似器具制造	110	22	34.07	33.21	12.61
包装专用设备制造	213	32	81.64	74.48	9.07
衡器制造	156	31	51.09	48.87	13.02
其他通用设备制造	511	81	151.85	145.60	7.98
通用零部件制造及机械修理	3075	429	765.86	742.32	160.17
金属密封件制造	231	24	77.98	74.25	5.96
紧固件、弹簧制造	1417	137	360.66	353.79	119.69
机械零部件加工及设备修理	983	199	195.29	186.15	9.71
其他通用零部件制造	444	69	131.94	128.14	24.82
金属铸、锻加工	4232	760	1155.95	1119.37	126.56
钢铁铸件制造	3314	617	842.24	816.10	88.83
锻件及粉末冶金制品制造	918	143	313.71	303.27	37.73
专用设备制造业	10925	2209	5066.36	4924.47	603.98
矿山、冶金、建筑专用设备制造	2204	462	1439.47	1398.30	62.11
采矿、采石设备制造	634	121	315.00	304.28	7.36
石油钻采专用设备制造	358	62	168.13	165.99	14.92
建筑工程用机械制造	486	116	580.17	565.60	25.11
建筑材料生产专用机械制造	358	89	122.33	117.02	4.94
冶金专用设备制造	368	74	253.83	245.41	9.78
化工、木材、非金属加工专用设备制造	2291	427	793.10	775.07	114.62
炼油、化工生产专用设备制造	315	60	118.21	113.21	3.06
橡胶加工专用设备制造	134	16	55.12	53.24	5.15
塑料加工专用设备制造	410	70	184.98	187.02	28.04
木材加工机械制造	123	28	75.94	73.87	7.53
模具制造	1253	242	345.19	334.10	70.73
其他非金属加工专用设备制造	56	11	13.67	13.64	0.12
食品、饮料、烟草及饲料生产专用设备制造	667	141	192.07	185.64	22.59
食品、饮料、烟草工业专用设备制造	321	61	110.47	107.21	14.82
农副食品加工专用设备制造	293	67	66.91	63.95	7.13
饲料生产专用设备制造	53	13	14.69	14.48	0.64
印刷、制药、日化生产专用设备制造	778	150	237.69	227.92	24.22
制浆和造纸专用设备制造	247	44	71.55	68.26	2.29
印刷专用设备制造	229	45	81.80	77.70	7.81
日用化工专用设备制造	27	3	5.53	5.17	0.20
制药专用设备制造	125	22	29.58	28.31	1.20
照明器具生产专用设备制造	58	15	18.08	17.88	10.37
玻璃、陶瓷和搪瓷制品生产专用设备制造	63	13	22.81	22.07	1.86
其他日用品生产专用设备制造	29	8	8.34	8.52	0.48
纺织、服装和皮革工业专用设备制造	1351	265	576.78	557.13	104.50
纺织专用设备制造	909	182	374.89	363.17	36.51
皮革、毛皮及其制品加工专用设备制造	46	8	17.92	17.30	3.00
缝纫机械制造	325	61	162.60	155.81	63.24
其他服装加工专用设备制造	71	14	21.36	20.85	1.75
电子和电工机械专用设备制造	660	153	474.17	466.12	105.14

单位：亿元

资产合计	流动资产合计	应收账款净额	存货	产成品	流动资产年平均余额	固定资产合计
46.89	33.01	10.04	11.21	2.45	30.13	8.18
1451.95	929.27	283.53	275.59	91.02	873.46	360.50
166.18	112.46	30.92	32.69	12.23	104.81	33.75
160.76	106.99	34.35	31.59	10.48	100.98	31.45
588.30	368.43	111.72	103.74	33.93	347.30	149.21
210.31	141.24	50.39	35.68	11.54	131.52	53.76
32.08	18.63	5.76	5.92	1.88	18.33	10.14
94.18	58.35	13.87	22.40	6.46	55.41	25.34
43.34	30.47	10.71	8.85	2.45	28.03	9.10
156.80	92.69	25.81	34.72	12.06	87.09	47.75
661.38	397.80	146.23	107.23	44.04	358.15	204.23
61.80	38.64	16.15	8.63	3.98	34.65	19.13
293.69	177.17	68.53	51.14	22.61	162.48	91.72
196.09	110.27	35.59	26.61	9.18	98.33	63.91
109.79	71.72	25.96	20.85	8.27	62.69	29.47
855.24	490.34	162.15	162.79	75.75	455.02	300.53
592.97	339.33	113.96	113.95	57.10	317.55	208.39
262.27	151.01	48.19	48.84	18.65	137.48	92.14
5781.81	3498.63	927.48	1222.25	450.30	3310.26	1613.52
1723.28	1114.09	298.31	427.62	169.36	1034.39	398.84
417.73	251.69	59.37	94.33	33.45	237.07	105.64
205.12	129.82	50.50	38.29	16.69	119.76	43.77
572.00	396.69	105.89	172.70	83.99	372.18	122.81
136.53	87.97	22.87	34.69	13.85	88.17	32.11
391.90	247.93	59.68	87.62	21.38	217.22	94.52
879.10	528.59	164.92	175.41	57.88	547.57	285.42
160.22	100.78	26.67	33.80	11.59	153.99	43.77
52.67	36.40	8.85	14.13	3.09	34.72	13.62
197.55	137.74	43.68	50.05	19.69	128.96	43.58
50.85	31.64	4.89	14.93	4.86	31.31	14.41
404.41	213.83	79.35	59.98	17.94	191.12	166.12
13.39	8.21	1.49	2.51	0.71	7.46	3.93
209.58	122.99	32.24	48.44	18.96	121.87	62.71
129.68	78.04	22.04	28.46	9.69	77.51	36.96
66.85	36.01	8.45	15.98	7.71	35.32	22.71
13.04	8.94	1.75	4.00	1.56	9.03	3.05
313.49	178.69	39.32	69.79	26.23	164.23	95.67
92.84	53.14	12.11	20.60	7.62	49.04	33.09
132.54	69.00	13.57	27.77	10.60	65.01	38.05
5.19	2.81	0.80	0.85	0.24	2.63	1.86
31.61	20.80	5.91	7.35	3.62	18.56	8.51
16.79	9.90	2.82	3.98	1.30	8.87	5.24
27.54	18.53	3.25	7.35	2.04	16.30	7.26
6.97	4.52	0.85	1.90	0.82	3.84	1.66
623.82	380.90	97.91	129.19	53.55	375.06	156.96
414.61	253.69	59.23	85.43	34.67	255.48	103.91
15.41	9.97	1.99	5.00	1.68	9.07	4.37
174.64	105.47	32.66	34.55	15.57	98.52	43.60
19.16	11.77	4.03	4.21	1.64	11.99	5.09
714.28	346.41	87.35	112.20	31.08	308.27	267.66

1-A-2 续表 11

行业	企业单位数（个）	亏损企业	工业总产值（当年价）	工业销售产值（当年价）	出口交货值
电工机械专用设备制造	235	46	56.36	54.16	6.54
电子工业专用设备制造	330	71	182.71	172.74	77.99
航空、航天及其他专用设备制造	35	10	17.36	15.94	1.49
农、林、牧、渔专用机械制造	964	237	663.33	659.13	41.01
拖拉机制造	196	67	216.07	215.52	13.02
机械化农业及园艺机具制造	294	70	164.61	164.77	18.70
营林及木竹采伐机械制造	12	3	2.76	2.58	0.72
畜牧机械制造	27	7	6.43	6.61	2.12
渔业机械制造	35	7	11.09	10.60	3.80
农林牧渔机械配件制造	252	50	74.03	71.84	1.40
其他农林牧渔业机械制造及机械修理	148	33	188.35	187.21	1.24
医疗仪器设备及器械制造	735	138	296.41	286.22	100.78
医疗诊断、监护及治疗设备制造	208	44	113.24	110.82	33.73
口腔科用设备及器具制造	17	3	4.53	4.39	0.39
实验室及医用消毒设备和器具的制造	37	4	9.12	8.48	0.29
医疗、外科及兽医用器械制造	237	40	99.73	96.65	43.93
机械治疗及病房护理设备制造	66	14	16.93	16.05	4.26
假肢、人工器官及植(介)入器械制造	54	14	21.45	19.49	12.33
其他医疗设备及器械制造	116	19	31.40	30.35	5.86
环保、社会公共安全及其他专用设备制造	1275	236	393.35	368.94	29.01
环境污染防治专用设备制造	560	78	168.99	159.88	6.11
地质勘查专用设备制造	29	10	10.33	9.91	0.21
邮政专用机械及器材制造	6	3	0.83	0.83	0.34
商业、饮食、服务业专用设备制造	37	8	11.07	11.65	1.34
社会公共安全设备及器材制造	158	36	53.89	49.92	13.12
交通安全及管制专用设备制造	49	10	8.04	7.71	0.15
水资源专用机械制造	92	17	23.49	21.35	0.76
其他专用设备制造	344	74	116.71	107.69	6.98
交通运输设备制造业	11824	2514	13795.51	13547.95	1352.59
铁路运输设备制造	706	127	550.05	536.00	33.53
铁路机车车辆及动车组制造	43	9	278.82	273.32	17.83
工矿有轨专用车辆制造	22	7	16.91	15.73	8.44
铁路机车车辆配件制造	282	57	99.92	98.92	4.02
铁路专用设备及器材、配件制造	196	30	70.72	67.42	2.70
其他铁路设备制造及设备修理	163	24	83.67	80.61	0.54
汽车制造	7602	1713	10279.82	10106.65	524.26
汽车整车制造	293	103	5637.76	5533.12	55.92
改装汽车制造	448	166	842.10	830.32	11.79
电车制造	13	5	2.54	2.47	0.20
汽车车身、挂车的制造	215	52	123.61	119.46	9.16
汽车零部件及配件制造	5593	1031	3545.48	3495.53	446.72
汽车修理	1040	356	128.32	125.75	0.47
摩托车制造	1462	241	1093.89	1078.08	184.47
摩托车整车制造	235	69	621.21	614.46	131.49
摩托车零部件及配件制造	1227	172	472.68	463.62	52.98
自行车制造	903	194	433.09	424.51	219.67
脚踏自行车及残疾人座车制造	670	153	352.70	345.60	192.91
助动自行车制造	233	41	80.39	78.91	26.76
船舶及浮动装置制造	809	166	859.85	842.64	328.55
金属船舶制造	333	69	639.46	627.38	256.66

单位：亿元

资产合计	流动资产合计	应收账款净额	存货		流动资产年平均余额	固定资产合计
				产成品		
51.99	35.17	12.53	11.37	4.19	31.17	12.17
176.51	102.55	33.55	36.57	12.46	86.46	55.35
38.01	22.16	4.88	5.96	1.74	19.16	10.87
502.01	290.42	61.67	104.58	37.89	276.88	160.71
249.35	148.45	31.75	49.35	16.96	148.07	77.55
127.20	74.84	15.09	31.34	12.98	68.06	36.97
3.90	2.10	0.57	0.84	0.43	1.83	0.88
5.34	3.93	0.96	1.80	0.83	3.54	1.26
4.49	2.72	0.82	1.20	0.54	2.58	1.31
42.88	25.15	7.76	8.58	3.80	23.30	13.90
68.86	33.24	4.72	11.46	2.35	29.50	28.83
319.68	204.71	58.86	60.61	20.88	183.92	85.13
124.48	84.43	21.99	24.99	8.86	76.85	28.43
4.50	3.06	0.90	1.25	0.56	3.00	1.06
15.68	10.28	2.63	3.56	1.50	9.68	3.93
90.37	50.45	16.29	15.50	4.72	46.64	32.33
18.52	11.68	3.40	3.24	1.71	11.74	4.07
23.28	15.78	7.38	3.83	1.61	13.65	5.88
42.85	29.03	6.28	8.25	1.93	22.36	9.43
496.59	331.84	86.89	94.41	34.46	298.07	100.41
225.54	147.37	40.53	36.68	10.64	132.62	42.94
17.26	9.37	1.76	4.17	2.60	8.97	5.86
1.65	1.01	0.20	0.50	0.18	0.94	0.60
22.00	13.24	3.77	2.31	0.79	13.65	3.02
60.54	41.54	11.17	11.50	5.41	36.87	13.54
8.86	6.79	1.74	2.33	0.85	6.17	1.46
21.79	16.32	3.45	7.01	1.80	14.78	4.56
138.93	96.20	24.27	29.91	12.20	84.08	28.44
14432.13	8127.81	1642.90	2500.97	742.35	7757.01	4241.33
663.45	393.48	122.23	139.23	33.23	385.84	213.47
319.21	188.59	48.71	75.94	13.51	190.14	109.34
15.14	10.05	3.06	4.12	0.78	8.60	3.15
122.11	72.30	30.17	18.82	5.90	70.48	37.71
96.26	68.66	22.34	25.73	9.96	65.41	19.98
110.73	53.87	17.95	14.62	3.08	51.21	43.29
9988.86	5438.59	1091.46	1587.02	589.55	5270.32	2899.31
5384.08	2828.27	358.31	826.77	294.83	2810.35	1500.53
634.37	406.53	86.48	137.31	47.95	376.34	149.07
4.98	2.38	0.19	0.47	0.06	2.38	1.10
94.32	52.45	11.82	21.22	7.74	50.40	22.95
3703.24	2057.00	621.56	574.59	232.29	1947.36	1171.58
167.86	91.95	13.09	26.66	6.67	83.49	54.07
917.72	544.48	138.61	128.65	56.35	502.95	254.60
540.15	318.34	61.11	63.34	29.16	290.61	135.11
377.57	226.14	77.50	65.31	27.19	212.34	119.49
312.87	199.34	73.62	54.31	19.02	183.21	82.18
262.70	165.95	64.59	44.07	15.15	153.52	70.18
50.17	33.38	9.03	10.24	3.87	29.69	12.00
1409.86	913.07	85.11	391.56	12.43	825.31	410.25
1112.68	756.06	55.36	333.06	5.21	691.92	288.98

1-A-2 续表 12

行业	企业单位数(个)	亏损企业	工业总产值(当年价)	工业销售产值(当年价)	出口交货值
非金属船舶制造	31	10	9.15	8.91	2.65
娱乐船和运动船的建造和修理	23	4	4.18	4.17	2.09
船用配套设备制造	192	32	63.05	60.27	11.13
船舶修理及拆船	215	48	139.49	137.83	54.68
航标器材及其他浮动装置的制造	15	3	4.53	4.07	1.34
航空航天器制造	176	39	501.65	490.58	42.44
飞机制造及修理	153	36	469.73	459.62	41.73
航天器制造	18	3	30.72	29.84	0.03
其他飞行器制造	5		1.20	1.12	0.67
交通器材及其他交通运输设备制造	166	34	77.17	69.50	19.67
潜水及水下救捞装备制造	6	1	1.28	1.28	0.35
交通管理用金属标志及设施制造	91	14	19.43	18.43	2.40
其他交通运输设备制造	69	19	56.47	49.80	16.92
电气机械及器材制造业	16145	3116	11233.34	10954.22	3154.48
电机制造	1731	329	1118.90	1084.16	313.42
发电机及发电机组制造	393	80	338.12	318.46	39.54
电动机制造	714	129	399.35	390.55	84.64
微电机及其他电机制造	624	120	381.43	375.15	189.25
输配电及控制设备制造	4924	865	2443.44	2367.45	450.30
变压器、整流器和电感器制造	1240	271	715.89	692.67	154.64
电容器及其配套设备制造	287	58	102.67	98.88	28.06
配电开关控制设备制造	2201	333	981.83	944.56	59.03
电力电子元器件制造	733	131	401.91	394.66	183.32
其他输配电及控制设备制造	463	72	241.13	236.67	25.25
电线、电缆、光缆及电工器材制造	3681	710	2524.43	2467.98	326.34
电线电缆制造	3018	581	2149.30	2099.49	262.22
光纤、光缆制造	135	40	151.86	150.78	15.11
绝缘制品制造	314	50	136.27	132.64	27.40
其他电工器材制造	214	39	87.00	85.07	21.61
电池制造	849	222	804.34	779.03	340.40
家用电力器具制造	1972	423	3268.84	3202.82	1234.15
家用制冷电器具制造	171	46	509.71	490.44	135.47
家用空气调节器制造	223	66	1535.15	1505.39	457.75
家用通风电器具制造	200	43	181.00	179.46	81.42
家用厨房电器具制造	456	93	447.19	440.83	278.88
家用清洁卫生电器具制造	204	47	268.60	265.07	106.89
家用美容、保健电器具制造	116	12	65.64	66.48	45.79
家用电力器具专用配件制造	265	45	90.15	86.06	18.52
其他家用电力器具制造	337	71	171.40	169.10	109.40
非电力家用器具制造	333	64	153.23	152.00	38.29
燃气、太阳能及类似能源的器具制造	263	53	122.06	120.43	20.78
其他非电力家用器具制造	70	11	31.18	31.57	17.50
照明器具制造	2249	431	798.73	782.90	434.06
电光源制造	549	131	213.75	209.95	97.25
照明灯具制造	1214	214	412.10	403.30	239.00
灯用电器附件及其他照明器具制造	486	86	172.88	169.65	97.81
其他电气机械及器材制造	406	72	121.43	117.88	17.52
车辆专用照明及电气信号设备装置制造	192	30	70.44	68.73	13.20
其他未列明的电气机械制造	214	42	50.99	49.16	4.32
通信设备、计算机及其他电子设备制造业	9161	2421	22260.33	21810.90	13752.15

单位: 亿元

资产合计	流动资产合计	应收账款净额	存货	产成品	流动资产年平均余额	固定资产合计
8.01	4.56	0.90	1.73	0.50	3.82	2.58
5.14	3.11	0.45	1.42	0.13	2.73	1.60
80.29	50.58	13.11	16.69	3.39	44.44	23.31
196.43	95.45	14.55	37.26	2.58	79.50	90.50
7.32	3.30	0.74	1.40	0.62	2.90	3.28
1096.95	610.90	125.39	192.57	28.80	563.44	370.85
1018.67	561.34	121.03	169.35	26.20	518.29	344.78
76.08	48.51	4.30	22.79	2.50	44.26	25.22
2.20	1.05	0.07	0.43	0.10	0.89	0.85
42.42	27.95	6.47	7.63	2.97	25.94	10.66
0.94	0.72	0.22	0.19	0.05	0.71	0.21
20.51	14.38	3.38	3.88	1.76	13.02	4.67
20.97	12.84	2.87	3.57	1.16	12.21	5.78
9484.16	6101.36	2064.85	1745.94	693.48	5601.05	2309.64
1084.52	736.03	207.04	220.07	70.96	652.08	251.65
431.56	325.45	60.48	92.57	20.68	278.10	73.73
381.29	233.73	73.24	80.15	33.87	213.80	100.03
271.67	176.85	73.32	47.35	16.41	160.17	77.89
2537.42	1672.75	652.84	449.19	159.51	1527.80	562.58
767.59	504.94	191.19	146.13	55.67	456.96	178.56
100.61	61.28	23.39	19.23	8.35	56.12	31.32
1005.16	676.96	269.73	176.04	61.93	617.45	208.48
324.75	204.66	81.66	54.45	18.36	185.75	87.87
339.30	224.92	86.87	53.34	15.21	211.52	56.34
1951.64	1248.36	522.76	304.44	140.73	1153.36	512.33
1576.03	1024.57	422.27	252.51	122.18	939.41	393.71
181.55	106.46	49.38	22.13	7.37	107.67	59.83
116.66	73.51	32.73	18.27	6.85	66.41	35.01
77.40	43.82	18.37	11.52	4.32	39.87	23.78
711.76	430.81	143.11	119.04	39.70	373.14	206.58
2370.22	1505.61	382.70	504.10	232.42	1421.22	543.64
483.91	298.48	70.90	90.15	46.98	286.36	114.38
993.58	649.06	134.31	242.84	134.13	616.02	190.65
113.58	72.15	17.84	31.24	10.71	63.27	30.50
297.91	194.62	58.03	60.70	10.97	176.10	76.75
244.49	145.35	52.30	37.80	16.85	144.80	67.68
48.28	31.51	8.24	8.68	2.43	31.30	13.12
72.40	44.13	18.55	10.96	4.13	37.90	16.71
116.06	70.31	22.54	21.73	6.24	65.47	33.85
109.86	68.54	17.45	23.91	8.52	61.27	32.53
87.71	55.17	14.07	19.49	7.29	49.26	24.58
22.15	13.37	3.39	4.41	1.23	12.01	7.96
613.32	377.57	120.14	106.79	35.01	355.41	167.09
201.43	109.89	33.42	29.17	12.06	107.52	59.61
295.51	192.89	61.30	53.65	15.95	177.25	75.54
116.38	74.79	25.43	23.97	7.00	70.63	31.94
105.41	61.68	18.82	18.39	6.64	56.77	33.23
60.55	34.73	10.62	10.94	4.20	32.24	20.02
44.86	26.95	8.19	7.45	2.43	24.54	13.21
15759.06	10185.53	3969.81	2518.75	791.64	9369.18	4223.66

1-A-2 续表 13

行业	企业单位数（个）	亏损企业	工业总产值（当年价）	工业销售产值（当年价）	出口交货值
通信设备制造	1267	336	4818.52	4726.98	1890.97
通信传输设备制造	292	75	295.70	343.04	56.34
通信交换设备制造	166	48	930.97	897.78	205.30
通信终端设备制造	239	73	366.81	361.12	196.69
移动通信及终端设备制造	284	86	3049.50	2960.68	1397.82
其他通信设备制造	286	54	175.53	164.36	34.81
雷达及配套设备制造	47	8	64.50	62.05	4.06
广播电视设备制造	393	93	188.11	181.94	92.17
广播电视节目制作及发射设备制造	52	9	15.57	14.87	0.87
广播电视接收设备及器材制造	260	62	126.43	122.74	75.91
应用电视设备及其他广播电视设备制造	81	22	46.11	44.33	15.38
电子计算机制造	1173	384	8253.63	8119.87	6492.23
电子计算机整机制造	245	87	4525.96	4449.18	3527.65
计算机网络设备制造	176	58	234.16	229.18	85.35
电子计算机外部设备制造	752	239	3493.52	3441.51	2879.23
电子器件制造	1404	390	2672.59	2603.53	1664.20
电子真空器件制造	148	37	605.72	588.80	208.32
半导体分立器件制造	317	92	214.29	203.69	123.46
集成电路制造	394	120	986.13	969.63	786.64
光电子器件及其他电子器件制造	545	141	866.46	841.41	545.77
电子元件制造	3534	807	3275.60	3173.25	2019.51
电子元件及组件制造	2959	667	2272.07	2204.87	1338.59
印制电路板制造	575	140	1003.53	968.38	680.92
家用视听设备制造	906	299	2790.13	2751.87	1502.49
家用影视设备制造	385	127	2196.13	2159.64	1022.64
家用音响设备制造	521	172	594.00	592.23	479.86
其他电子设备制造	437	104	197.25	191.41	86.51
仪器仪表及文化、办公用机械制造业	3916	806	2193.15	2159.30	1185.22
通用仪器仪表制造	1806	315	617.21	598.45	86.35
工业自动控制系统装置制造	748	129	282.56	272.33	17.63
电工仪器仪表制造	273	59	82.04	80.53	12.89
绘图、计算及测量仪器制造	145	21	43.52	42.46	21.52
实验分析仪器制造	232	45	55.24	54.91	19.18
试验机制造	79	14	20.39	19.76	1.23
供应用仪表及其他通用仪器制造	329	47	133.46	128.45	13.89
专用仪器仪表制造	560	125	173.23	168.38	27.29
环境监测专用仪器仪表制造	56	9	12.48	12.51	1.66
汽车及其他用计数仪表制造	97	19	58.46	56.93	9.71
导航、气象及海洋专用仪器制造	64	17	28.85	27.52	2.45
农林牧渔专用仪器仪表制造	5	1	0.88	0.91	0.58
地质勘探和地震专用仪器制造	39	7	10.14	9.64	0.37
教学专用仪器制造	63	16	8.82	8.54	0.71
核子及核辐射测量仪器制造	9	4	2.18	2.09	
电子测量仪器制造	129	34	32.29	31.71	7.65
其他专用仪器制造	98	18	19.13	18.54	4.15
钟表与计时仪器制造	396	115	117.91	114.63	77.44
光学仪器及眼镜制造	655	120	303.18	298.55	169.28
光学仪器制造	316	74	205.83	203.78	107.17
眼镜制造	339	46	97.35	94.77	62.11
文化、办公用机械制造	409	113	946.88	945.33	807.07

单位：亿元

资产合计	流动资产合计	应收账款净额	存货	产成品	流动资产年平均余额	固定资产合计
3578.84	2759.59	885.99	691.29	230.49	2607.89	477.35
491.54	364.88	116.56	94.82	40.43	362.03	70.27
1094.99	859.45	268.08	213.49	82.63	783.31	138.64
256.60	177.51	65.81	47.48	14.19	170.04	54.61
1508.71	1226.99	390.34	300.88	84.71	1163.53	168.19
227.00	130.76	45.20	34.63	8.53	128.98	45.65
133.07	81.11	17.11	20.66	2.37	81.03	36.87
200.39	146.04	42.86	35.01	10.43	119.50	39.15
44.58	28.90	4.24	6.63	2.04	27.49	9.98
105.96	78.56	26.24	18.07	6.08	55.44	22.21
49.86	38.59	12.38	10.31	2.32	36.57	6.95
3846.81	2828.46	1449.92	585.03	141.75	2503.75	726.06
1825.20	1404.52	743.26	280.13	50.87	1253.55	236.75
207.32	164.02	64.59	37.91	13.73	142.51	27.73
1814.29	1259.92	642.08	266.98	77.15	1107.69	461.58
3130.21	1364.57	462.71	301.06	88.02	1260.18	1475.16
825.78	370.88	108.70	61.90	27.42	351.64	334.19
334.10	138.54	48.37	36.80	11.64	130.90	172.32
1277.87	478.99	167.96	98.51	18.51	438.99	725.19
692.46	376.17	137.68	103.85	30.46	338.63	243.46
2906.58	1640.98	688.76	443.78	134.10	1473.87	1068.91
2088.53	1200.61	479.63	322.41	111.01	1078.77	730.76
818.05	440.37	209.13	121.37	23.10	395.09	338.15
1713.89	1215.87	374.05	407.74	174.60	1203.13	324.53
1423.02	1016.59	294.60	339.64	155.20	1003.18	255.83
290.88	199.29	79.45	68.10	19.40	199.95	68.71
249.26	148.89	48.40	34.19	9.89	119.85	75.61
1908.63	1237.51	411.46	353.11	113.22	1157.95	478.88
743.73	500.31	160.13	130.31	40.70	458.30	157.31
333.97	241.16	74.73	64.73	15.50	220.03	61.26
130.89	78.50	26.37	18.88	6.90	71.84	31.53
43.48	26.84	7.05	8.48	4.48	25.52	13.03
67.45	46.39	14.47	12.24	3.11	40.54	13.13
36.59	19.31	3.67	5.24	2.05	17.97	10.20
131.35	88.11	33.84	20.74	8.66	82.41	28.17
222.51	142.26	43.41	40.07	15.08	137.70	57.48
13.33	9.53	2.46	2.62	0.64	9.17	2.14
63.61	42.05	11.94	10.98	4.54	41.57	14.97
47.99	25.65	6.47	8.91	3.22	24.48	16.85
0.82	0.57	0.09	0.16	0.04	0.66	0.26
19.07	12.38	4.80	3.24	1.43	13.98	5.73
10.58	7.09	2.75	1.98	0.74	6.53	2.61
6.20	3.37	0.68	1.00	0.33	3.68	2.03
37.28	25.01	8.71	6.41	2.14	22.07	8.50
23.62	16.61	5.50	4.77	2.00	15.57	4.40
118.75	70.51	19.62	27.67	8.77	64.99	35.69
308.93	162.67	52.68	51.61	18.98	154.63	117.96
209.19	104.65	36.04	33.41	12.90	102.17	86.33
99.74	58.01	16.64	18.19	6.08	52.46	31.64
487.80	343.69	129.12	97.94	28.37	325.63	105.19

1-A-2 续表 14

行业	企业单位数(个)	亏损企业	工业总产值(当年价)	工业销售产值(当年价)	出口交货值
电影机械制造	11	2	6.92	6.50	4.08
幻灯及投影设备制造	21	5	24.05	24.83	18.30
照相机及器材制造	126	45	447.14	447.14	408.87
复印和胶印设备制造	92	20	317.11	317.86	277.54
计算器及货币专用设备制造	105	27	120.79	118.37	75.96
其他文化、办公用机械制造	54	14	30.86	30.63	22.32
其他仪器仪表的制造及修理	90	18	34.74	33.97	17.80
工艺品及其他制造业	5128	849	1644.60	1598.55	851.99
工艺美术品制造	3536	580	1116.18	1081.78	653.17
雕塑工艺品制造	443	60	97.97	95.06	61.46
金属工艺品制造	416	81	106.96	104.73	66.54
漆器工艺品制造	142	17	21.11	20.49	18.07
花画工艺品制造	210	43	63.07	61.59	48.63
天然植物纤维编织工艺品制造	380	46	78.37	77.36	63.23
抽纱刺绣工艺品制造	486	62	135.15	131.78	82.90
地毯、挂毯制造	320	67	113.47	108.71	50.24
珠宝首饰及有关物品的制造	285	76	254.51	244.53	76.40
其他工艺美术品制造	854	128	245.57	237.53	185.69
日用杂品制造	1138	156	343.94	336.83	178.05
制镜及类似品加工	72	13	21.70	20.07	3.85
鬃毛加工、制刷及清扫工具的制造	258	35	83.10	81.50	45.91
其他日用杂品制造	808	108	239.14	235.26	128.29
煤制品制造	76	29	12.07	11.54	0.08
其他未列明的制造业	371	82	171.85	167.85	20.69
废弃资源和废旧材料回收加工业	386	72	202.79	197.16	0.88
金属废料和碎屑的加工处理	267	56	181.08	176.04	0.48
非金属废料和碎屑的加工处理	119	16	21.71	21.12	0.40
电力、燃气及水的生产和供应业	8720	3631	15650.13	15591.92	91.91
电力、热力的生产和供应业	5531	2119	14718.14	14682.79	86.70
电力生产	3169	1370	5634.20	5608.46	86.21
火力发电	1290	550	4699.33	4677.94	35.76
水力发电	1811	805	691.44	687.92	0.63
核力发电	5		201.39	201.44	49.82
其他能源发电	63	15	42.04	41.15	
电力供应	1655	360	8816.50	8810.03	0.33
热力生产和供应	707	389	267.44	264.29	0.15
燃气生产和供应业	497	196	418.80	413.51	4.46
水的生产和供应业	2692	1316	513.20	495.62	0.75
自来水的生产和供应	2559	1269	487.35	470.49	0.61
污水处理及其再生利用	126	45	25.12	24.25	0.08
其他水的处理、利用与分配	7	2	0.72	0.87	0.06

单位：亿元

资产合计	流动资产合计	应收账款净额	存货	产成品	流动资产年平均余额	固定资产合计
7.69	4.40	0.55	1.74	0.58	4.42	2.35
12.05	9.52	4.28	2.78	0.62	9.42	1.72
201.59	132.37	50.88	38.59	8.62	129.38	47.96
145.53	108.52	40.18	29.32	10.91	87.68	28.48
94.27	72.50	28.49	21.28	6.22	70.58	18.01
26.65	16.37	4.74	4.22	1.44	24.16	6.66
26.91	18.08	6.50	5.51	1.33	16.70	5.24
1299.42	734.31	185.04	249.16	82.88	675.80	461.44
692.09	418.19	103.72	151.77	57.82	387.27	212.60
59.38	32.22	7.47	12.43	3.80	30.28	21.57
77.15	45.14	10.56	14.72	5.27	40.55	23.76
17.20	9.11	2.34	2.49	0.77	8.30	5.54
36.41	19.51	4.80	6.00	1.84	18.64	14.04
31.12	19.40	5.09	4.80	1.89	18.58	9.79
105.27	55.16	16.13	14.49	4.32	51.41	42.90
98.32	51.83	12.83	21.10	9.52	49.78	37.53
134.83	99.85	22.49	48.53	22.57	91.45	22.86
132.40	85.98	22.01	27.20	7.84	78.27	34.61
271.91	159.48	47.61	48.27	13.42	144.07	89.34
20.07	10.74	2.24	2.53	0.98	10.98	7.00
45.10	26.07	6.68	10.09	3.08	24.12	16.11
206.74	122.67	38.70	35.65	9.35	108.97	66.23
9.22	5.57	1.01	1.31	0.63	5.03	2.81
325.07	150.42	32.59	47.56	10.97	138.83	156.25
108.07	78.10	19.79	22.11	8.91	70.75	17.85
76.52	58.27	15.56	19.54	8.11	52.74	11.39
31.55	19.83	4.23	2.58	0.80	18.01	6.47
40376.23	7695.21	1300.58	441.19	35.04	7536.05	25096.46
36535.01	6724.55	1169.55	372.47	26.05	6642.33	22586.13
16671.63	3120.98	773.56	282.50	20.26	2936.30	12353.56
10479.03	2282.37	603.69	238.21	18.87	2197.64	7517.14
5137.01	639.31	142.00	15.74	1.27	597.17	4033.87
933.25	168.36	22.31	26.49		112.72	720.58
122.34	30.95	5.56	2.06	0.12	28.78	81.96
18789.89	3288.42	327.82	60.90	4.85	3423.99	9593.84
1073.49	315.16	68.17	29.08	0.94	282.04	638.73
1094.28	316.69	39.49	41.39	7.14	297.72	638.51
2746.95	653.97	91.54	27.33	1.85	595.99	1871.82
2469.57	591.87	84.42	26.42	1.76	541.06	1674.76
276.52	61.60	7.01	0.70	0.02	54.47	196.85
0.85	0.51	0.12	0.20	0.07	0.47	0.21

1-A-2 续表 15

行业	固定资产原价	生产经营用	累计折旧	本年折旧	固定资产净值
总计	**125761.85**	**111772.39**	**43624.39**	**7478.74**	**82137.47**
一、按登记注册类型分组					
内资企业	96373.94	85283.97	33323.84	5539.21	63050.10
国有企业	29389.00	24423.62	10154.80	1557.00	19234.20
中央企业	16536.02	14332.58	5756.85	949.21	10779.17
地方企业	12852.98	10091.04	4397.95	607.79	8455.03
集体企业	2453.81	2104.16	825.85	129.91	1627.96
股份合作企业	924.93	800.81	316.96	50.59	607.97
联营企业	750.76	691.90	207.21	38.02	543.55
国有联营企业	568.42	542.83	141.29	28.94	427.13
集体联营企业	43.50	36.01	15.27	2.31	28.23
国有与集体联营企业	94.72	74.92	36.66	4.13	58.06
其他联营企业	44.11	38.13	13.98	2.64	30.13
有限责任公司	34407.22	30912.04	11775.50	1962.06	22631.72
国有独资公司	12259.61	10832.56	4690.71	720.21	7568.90
其他有限责任公司	22147.61	20079.48	7084.79	1241.85	15062.82
股份有限公司	18399.93	17530.70	7670.03	1180.01	10729.89
私营企业	9992.56	8774.22	2359.68	619.08	7632.88
私营独资企业	1331.49	1161.99	298.76	77.69	1032.73
私营合作企业	280.81	241.16	62.85	17.90	217.96
私营有限责任公司	7747.45	6819.48	1849.51	485.72	5897.94
私营股份有限公司	632.81	551.58	148.56	37.77	484.25
其他企业	55.73	46.52	13.81	2.54	41.92
港、澳、台商投资企业	11404.34	10322.68	4217.38	709.89	7186.96
合资经营企业(港或澳、台资)	5013.98	4598.76	1844.55	298.32	3169.43
合作经营企业(港或澳、台资)	986.35	924.04	478.34	59.41	508.01
港澳台商独资经营企业	4404.22	3847.58	1426.83	297.32	2977.39
港澳台商投资股份有限公司	999.79	952.29	467.66	54.84	532.13
外商投资企业	17983.58	16165.74	6083.17	1229.64	11900.41
中外合资经营企业	8260.43	7501.79	2982.39	550.47	5278.04
中外合作经营企业	1056.03	971.55	348.54	64.26	707.48
外资企业	6933.18	6090.71	2066.03	513.88	4867.16
外商投资股份有限公司	1733.94	1601.68	686.22	101.03	1047.72
二、按经济组织类型分组					
独资企业	44511.70	37628.07	14772.27	2575.81	29739.43
国有企业	29389.00	24423.62	10154.80	1557.00	19234.20
集体企业	2453.81	2104.16	825.85	129.91	1627.96
私营独资企业	1331.49	1161.99	298.76	77.69	1032.73
港澳台商独资经营企业	4404.22	3847.58	1426.83	297.32	2977.39
外资企业	6933.18	6090.71	2066.03	513.88	4867.16
合作、合伙企业	4054.60	3675.98	1427.71	232.71	2626.90
股份合作企业	924.93	800.81	316.96	50.59	607.97
国有联营企业	568.42	542.83	141.29	28.94	427.13
集体联营企业	43.50	36.01	15.27	2.31	28.23
国有与集体联营企业	94.72	74.92	36.66	4.13	58.06
其他联营企业	44.11	38.13	13.98	2.64	30.13
私营合伙企业	280.81	241.16	62.85	17.90	217.96
合作经营企业(港或澳、台资)	55.73	46.52	13.81	2.54	41.92
中外合作经营企业	986.35	924.04	478.34	59.41	508.01
其他企业（内资）	1056.03	971.55	348.54	64.26	707.48

单位：亿元

固定资产净值年平均余额	负债合计	流动负债合计		长期负债合计	所有者权益		
			应付账款		合计	实收资本	国家资本
79749.41	**124847.41**	**94649.34**	**25420.32**	**28871.50**	**90286.70**	**58050.18**	**16946.87**
61176.84	93569.07	67948.83	14826.44	24480.23	65987.91	39640.08	15997.93
18808.23	25584.02	15948.30	3100.89	9295.74	18768.71	11726.88	9028.57
10609.98	12599.16	6972.62	1556.13	5520.53	12681.42	7207.17	5639.45
8198.25	12984.86	8975.68	1544.76	3775.21	6087.30	4519.70	3389.13
1607.80	3280.21	2811.87	691.56	411.00	2005.24	1088.05	25.23
593.72	1223.77	1053.07	247.87	153.30	777.12	417.01	19.97
531.00	761.88	435.56	94.18	322.40	384.84	235.27	77.44
416.34	548.79	253.49	48.82	294.41	249.25	131.33	64.20
28.43	47.04	39.84	11.31	6.00	34.22	22.85	1.13
57.34	101.95	84.97	19.78	16.70	59.98	50.19	10.27
28.88	64.10	57.26	14.27	5.29	41.38	30.90	1.84
21790.49	34689.61	24889.43	5257.39	9536.07	22307.00	14787.20	5032.29
7404.25	10685.26	7152.02	1382.04	3505.93	8117.09	5097.98	3130.01
14386.24	24004.35	17737.41	3875.35	6030.13	14189.91	9689.21	1902.28
10337.66	13446.15	9903.02	2203.83	3273.28	12504.74	5651.08	1791.82
7467.75	14529.31	12866.37	3217.50	1478.86	9195.48	5701.54	18.42
1024.48	1616.94	1411.77	411.27	176.08	1177.51	729.11	2.29
216.24	316.04	274.29	79.92	31.53	263.17	178.09	0.96
5755.94	11750.77	10463.23	2567.96	1158.06	7059.58	4408.10	12.35
471.08	845.56	717.08	158.35	113.18	695.22	386.25	2.81
40.19	54.11	41.21	13.21	9.60	44.77	33.05	4.18
7011.72	11865.61	10176.59	3829.02	1595.67	9045.88	6836.76	294.14
3093.89	5490.20	4515.31	1221.11	928.93	3592.53	2595.67	218.58
516.97	738.95	597.76	221.60	133.39	568.11	451.02	24.17
2879.44	5021.79	4582.51	2277.03	406.41	4077.31	3364.82	3.13
521.41	614.67	481.01	109.28	126.94	807.93	425.26	48.26
11560.85	19412.73	16523.92	6764.87	2795.60	15252.92	11573.34	654.80
5138.89	9010.27	7770.34	2593.00	1199.52	7311.13	5433.26	510.61
695.79	946.86	706.83	222.98	232.36	708.69	608.35	47.87
4686.66	8385.40	7269.03	3784.29	1075.53	5943.91	4908.02	1.51
1039.51	1070.20	777.72	164.60	288.19	1289.19	623.70	94.80
29006.62	43888.35	32023.49	10265.04	11364.76	31972.68	21816.88	9060.74
18808.23	25584.02	15948.30	3100.89	9295.74	18768.71	11726.88	9028.57
1607.80	3280.21	2811.87	691.56	411.00	2005.24	1088.05	25.23
1024.48	1616.94	1411.77	411.27	176.08	1177.51	729.11	2.29
2879.44	5021.79	4582.51	2277.03	406.41	4077.31	3364.82	3.13
4686.66	8385.40	7269.03	3784.29	1075.53	5943.91	4908.02	1.51
2593.91	4041.63	3108.72	879.76	882.57	2746.70	1922.78	174.60
593.72	1223.77	1053.07	247.87	153.30	777.12	417.01	19.97
416.34	548.79	253.49	48.82	294.41	249.25	131.33	64.20
28.43	47.04	39.84	11.31	6.00	34.22	22.85	1.13
57.34	101.95	84.97	19.78	16.70	59.98	50.19	10.27
28.88	64.10	57.26	14.27	5.29	41.38	30.90	1.84
216.24	316.04	274.29	79.92	31.53	263.17	178.09	0.96
40.19	54.11	41.21	13.21	9.60	44.77	33.05	4.18
516.97	738.95	597.76	221.60	133.39	568.11	451.02	24.17
695.79	946.86	706.83	222.98	232.36	708.69	608.35	47.87

1-A-2 续表 16

行业	固定资产原价	生产经营用	累计折旧	本年折旧	固定资产净值
股份有限公司	21766.47	20636.26	8972.47	1373.65	12794.00
股份有限公司(内资)	18399.93	17530.70	7670.03	1180.01	10729.89
私营股份有限公司	632.81	551.58	148.56	37.77	484.25
港澳台商投资股份有限公司	999.79	952.29	467.66	54.84	532.13
外商投资股份有限公司	1733.94	1601.68	686.22	101.03	1047.72
有限责任公司	55429.08	49832.08	18451.94	3296.57	36977.13
国有独资公司	12259.61	10832.56	4690.71	720.21	7568.90
私营有限责任公司	22147.61	20079.48	7084.79	1241.85	15062.82
合资经营企业(港或澳、台资)	7747.45	6819.48	1849.51	485.72	5897.94
中外合资经营企业	5013.98	4598.76	1844.55	298.32	3169.43
其他有限责任公司	8260.43	7501.79	2982.39	550.47	5278.04
三、在总计中：亏损企业	22789.68	19717.41	7613.68	1205.22	15175.99
在总计中：国有控股企业	76599.42	68252.30	28952.03	4403.08	47647.39
在总计中：农村工业	1524.68	1307.23	427.27	85.41	1097.41
在总计中：轻工业	28567.57	25008.72	9154.63	1648.42	19412.95
重工业	97194.28	86763.67	34469.76	5830.32	62724.52
在总计中：大型企业	53793.16	47913.12	20900.91	3388.17	32892.26
中型企业	41995.74	37695.81	14184.97	2416.14	27810.77
小型企业	29972.95	26163.46	8538.51	1674.43	21434.43
四、按行业分					
采矿业	14552.93	13278.91	6294.24	969.32	8258.69
煤炭开采和洗选业	4716.83	3999.13	1601.94	265.21	3114.89
烟煤和无烟煤的开采洗选	4559.60	3868.44	1548.12	255.52	3011.48
褐煤的开采洗选	155.48	129.07	53.42	9.56	102.07
其他煤炭采选	1.75	1.63	0.41	0.13	1.35
石油和天然气开采业	8585.78	8245.28	4280.83	635.02	4304.96
天然原油和天然气开采	7578.63	7437.66	3907.04	577.57	3671.59
与石油和天然气开采有关的服务活动	1007.15	807.61	373.79	57.45	633.37
黑色金属矿采选业	381.01	300.62	128.73	21.69	252.28
铁矿采选	350.29	279.66	118.35	20.40	231.94
其他黑色金属矿采选	30.72	20.96	10.38	1.30	20.34
有色金属矿采选业	437.10	369.16	150.85	22.70	286.25
常用有色金属矿采选	181.47	153.60	63.88	10.25	117.59
铜矿采选	65.88	58.05	24.35	3.54	41.53
铅锌矿采选	90.12	73.40	32.48	5.19	57.64
镍钴矿采选	2.88	2.54	0.94	0.19	1.95
锡矿采选	8.68	7.39	2.52	0.73	6.16
锑矿采选	2.15	1.66	0.70	0.09	1.46
铝矿采选	2.23	2.01	0.68	0.09	1.56
镁矿采选	6.60	6.00	1.41	0.30	5.20
其他常用有色金属矿采选	2.91	2.56	0.81	0.13	2.10
贵金属矿采选	208.61	176.13	69.58	10.24	139.03
金矿采选	199.72	168.55	66.59	9.72	133.13
银矿采选	8.89	7.57	2.99	0.52	5.90
其他贵金属矿采选					
稀有稀土金属矿采选	47.02	39.44	17.39	2.21	29.62
钨钼矿采选	35.25	29.35	12.87	1.53	22.39
稀土金属矿采选	3.48	3.08	1.06	0.28	2.42
放射性金属矿采选	3.88	3.13	1.89	0.22	1.99
其他稀有金属矿采选	4.41	3.87	1.58	0.17	2.83

单位：亿元

固定资产净值年平均余额	负债合计	流动负债合计	应付账款	长期负债合计	所有者权益合计	实收资本	国家资本
12369.66	15976.58	11878.83	2636.07	3801.60	15297.08	7086.29	1937.70
10337.66	13446.15	9903.02	2203.83	3273.28	12504.74	5651.08	1791.82
471.08	845.56	717.08	158.35	113.18	695.22	386.25	2.81
521.41	614.67	481.01	109.28	126.94	807.93	425.26	48.26
1039.51	1070.20	777.72	164.60	288.19	1289.19	623.70	94.80
35779.22	60940.85	47638.32	11639.45	12822.58	40270.24	27224.22	5773.84
7404.25	10685.26	7152.02	1382.04	3505.93	8117.09	5097.98	3130.01
14386.24	24004.35	17737.41	3875.35	6030.13	14189.91	9689.21	1902.28
5755.94	11750.77	10463.23	2567.96	1158.06	7059.58	4408.10	12.35
3093.89	5490.20	4515.31	1221.11	928.93	3592.53	2595.67	218.58
5138.89	9010.27	7770.34	2593.00	1199.52	7311.13	5433.26	510.61
14971.84	26677.73	20328.84	5053.10	6077.79	10184.30	12299.84	3624.73
46283.30	62005.79	40771.99	8583.28	20500.94	47479.25	29109.91	16316.27
1073.97	1659.56	1418.15	364.57	220.12	1341.40	788.80	8.07
19033.60	33791.65	28772.96	7348.46	4679.46	24704.18	16001.13	2512.63
60715.81	91055.76	65876.38	18071.86	24192.04	65582.52	42049.05	14434.24
31582.32	43994.83	31801.03	8590.43	11803.73	34566.48	17837.77	7707.38
27120.95	43703.38	32563.73	8455.63	10737.00	31696.98	20986.17	6641.98
21046.13	37149.20	30284.59	8374.27	6330.76	24023.23	19226.23	2597.50
7988.21	7734.05	5228.49	1187.42	2321.39	7601.10	5196.87	2706.66
3013.83	4281.81	2830.83	479.40	1381.79	2755.26	1902.71	1227.06
2913.52	4096.19	2702.17	456.24	1325.90	2630.21	1797.15	1182.92
99.07	166.53	109.81	14.73	55.65	122.83	104.09	43.84
1.23	19.10	18.85	8.42	0.24	2.22	1.48	0.30
4149.45	2238.47	1431.62	536.58	705.03	3753.87	2572.15	1172.62
3550.90	1558.91	816.41	352.34	646.09	3167.92	1854.93	903.95
598.55	679.56	615.21	184.24	58.95	585.96	717.22	268.67
248.38	405.22	347.30	79.28	53.31	434.91	290.82	114.86
227.50	358.81	314.86	71.43	39.58	418.60	280.01	110.05
20.88	46.41	32.44	7.85	13.73	16.31	10.82	4.81
279.31	419.90	316.42	44.24	100.60	343.89	196.49	89.13
114.72	201.04	164.39	23.54	35.47	155.90	107.40	51.00
42.48	78.13	63.29	6.47	14.62	62.68	52.07	40.54
54.43	93.51	76.54	11.63	16.54	72.50	41.05	8.60
1.93	2.82	2.37	0.43	0.38	2.52	1.15	0.22
5.90	6.22	4.17	0.36	2.04	6.44	4.22	0.78
1.36	2.94	2.57	0.38	0.28	0.82	0.62	0.26
1.63	1.92	1.09	0.44	0.81	2.56	1.84	0.13
5.05	10.13	9.37	2.10	0.42	6.51	4.67	0.04
1.95	5.38	4.99	1.73	0.38	1.87	1.78	0.43
136.59	169.23	111.26	14.31	57.03	131.71	66.84	31.85
130.57	157.83	106.07	13.72	51.11	130.64	64.42	30.03
6.02	11.40	5.19	0.59	5.92	1.07	2.42	1.82
28.01	49.63	40.77	6.39	8.10	56.27	22.25	6.28
21.13	37.86	32.88	4.47	4.27	47.35	13.62	5.15
2.46	3.39	2.61	0.97	0.73	3.57	2.47	0.07
1.72	4.45	2.30	0.17	2.14	0.93	2.28	0.22
2.70	3.93	2.97	0.77	0.96	4.43	3.88	0.84

1-A-2 续表 17

行业	固定资产原价	生产经营用	累计折旧	本年折旧	固定资产净值
非金属矿采选业	427.95	361.63	130.10	24.43	297.84
土砂石开采	131.74	112.97	36.84	7.68	94.90
石灰石、石膏开采	47.76	38.93	13.01	2.27	34.75
建筑装饰用石开采	24.08	21.82	8.01	1.57	16.07
耐火土石开采	9.50	8.03	3.53	0.60	5.97
粘土及其他土砂石开采	50.40	44.19	12.30	3.25	38.11
化学矿采选	137.67	118.94	39.70	8.40	97.97
采盐	123.44	100.69	42.37	6.37	81.07
石棉及其他非金属矿采选	35.09	29.03	11.19	1.98	23.90
石棉、云母矿采选	6.36	4.66	2.07	0.38	4.28
石墨、滑石采选	13.38	11.13	4.94	0.68	8.44
宝石、玉石开采	0.50	0.44	0.13	0.03	0.37
其他非金属矿采选	14.85	12.80	4.04	0.89	10.81
其他采矿业	4.26	3.10	1.79	0.25	2.47
制造业	78457.16	69260.37	26846.27	4758.10	51610.89
农副食品加工业	2394.29	2061.95	649.45	119.73	1744.83
谷物磨制	260.07	217.74	61.64	12.47	198.44
饲料加工	244.94	208.21	83.87	14.48	161.08
植物油加工	393.04	332.34	94.74	21.08	298.30
食用植物油加工	385.98	327.21	93.17	20.74	292.81
非食用植物油加工	7.06	5.14	1.57	0.34	5.48
制糖	312.44	281.30	115.09	15.10	197.35
屠宰及肉类加工	507.88	431.19	120.83	24.54	387.06
畜禽屠宰	275.26	235.10	58.17	12.32	217.09
肉制品及副产品加工	232.63	196.09	62.66	12.22	169.97
水产品加工	288.65	253.80	86.64	13.47	202.00
水产品冷冻加工	230.71	205.68	67.58	9.91	163.14
鱼糜制品及水产品干腌制加工	41.35	34.93	14.05	2.30	27.30
水产饲料制造	9.96	7.78	3.48	0.59	6.48
鱼油提取及制品的制造	0.96	0.55	0.26	0.04	0.70
其他水产品加工	5.66	4.87	1.27	0.64	4.39
蔬菜、水果和坚果加工	160.00	136.20	38.20	8.29	121.81
其他农副食品加工	227.25	201.16	48.45	10.31	178.80
淀粉及淀粉制品的制造	153.22	137.27	31.24	6.63	121.98
豆制品制造	36.83	30.82	7.93	1.89	28.90
蛋品加工	4.72	3.98	1.16	0.23	3.56
其他未列明的农副食品加工	32.48	29.10	8.12	1.56	24.36
食品制造业	1451.23	1246.81	446.85	81.50	1004.38
焙烤食品制造	149.28	129.92	53.99	9.24	95.30
糕点、面包制造	42.23	35.65	14.50	2.49	27.73
饼干及其他焙烤食品制造	107.05	94.27	39.49	6.76	67.57
糖果、巧克力及蜜饯制造	106.50	88.65	37.29	5.73	69.21
糖果、巧克力制造	91.54	75.72	32.95	5.08	58.58
蜜饯制作	14.97	12.94	4.34	0.65	10.63
方便食品制造	261.43	222.66	86.08	14.39	175.34
米、面制品制造	31.38	28.09	6.70	1.13	24.69
速冻食品制造	33.39	29.42	9.32	1.62	24.07
方便面及其他方便食品制造	196.65	165.14	70.06	11.64	126.59
液体乳及乳制品制造	299.14	260.49	76.07	20.21	223.07
罐头制造	117.33	100.88	34.80	5.51	82.53

单位：亿元

固定资产净值年平均余额	负债合计	流动负债合计	应付账款	长期负债合计	所有者权益 合计	实收资本	国家资本
294.84	383.98	297.68	45.68	80.64	311.30	233.17	102.93
92.89	117.51	98.36	21.70	16.48	109.82	77.13	9.45
34.25	39.57	33.01	6.11	5.60	42.60	26.07	5.34
16.33	18.92	16.76	3.22	1.89	18.61	16.00	1.03
6.01	15.72	14.36	3.57	1.16	9.14	7.37	0.58
36.31	43.29	34.23	8.80	7.83	39.46	27.68	2.50
98.08	94.38	60.74	9.43	32.19	95.19	87.12	59.73
80.11	137.91	111.22	9.39	25.75	77.14	48.40	27.22
23.76	34.19	27.37	5.15	6.22	29.16	20.53	6.53
4.32	6.79	5.68	0.56	1.01	4.57	4.36	3.62
8.33	12.90	9.70	2.21	3.14	10.60	7.01	2.04
0.36	0.31	0.26	0.12	0.06	0.97	0.43	0.01
10.75	14.18	11.74	2.27	2.01	13.01	8.73	0.87
2.40	4.67	4.64	2.23	0.01	1.86	1.52	0.06
49959.52	95170.60	80563.05	22456.77	13597.81	64255.93	41592.48	7649.38
1705.36	3187.96	2759.93	536.13	384.96	1919.47	1323.09	150.00
195.85	327.51	266.60	56.20	53.74	200.24	160.75	26.60
159.01	329.75	294.55	74.66	32.41	239.79	165.08	15.31
289.51	747.44	680.23	125.30	60.63	296.26	227.05	18.51
284.26	739.13	672.85	124.16	59.71	287.09	218.91	16.13
5.26	8.31	7.39	1.14	0.92	9.17	8.14	2.38
191.42	317.29	267.55	36.14	47.75	163.62	96.45	28.47
374.47	632.83	541.47	82.94	83.57	410.77	251.50	39.28
209.38	315.09	260.10	36.16	51.63	225.91	138.95	25.64
165.09	317.74	281.37	46.78	31.94	184.86	112.55	13.64
200.48	371.07	322.18	67.09	40.90	256.36	167.59	9.16
161.99	273.55	234.27	46.03	33.18	197.24	126.19	8.28
26.87	74.09	67.30	15.67	5.46	39.43	28.11	0.59
6.42	15.99	14.79	3.92	1.07	11.58	8.36	0.23
0.83	1.61	1.11	0.38	0.06	2.67	0.74	0.06
4.37	5.83	4.70	1.08	1.12	5.43	4.19	
119.40	214.43	186.50	45.98	22.98	157.66	118.78	3.25
175.22	247.63	200.85	47.80	42.99	194.77	135.89	9.42
120.10	142.59	105.34	28.29	34.78	114.39	79.18	5.74
28.33	48.02	44.02	7.64	3.81	33.03	26.02	1.82
3.44	6.06	5.41	0.72	0.62	7.12	3.91	0.11
23.36	50.96	46.08	11.15	3.79	40.24	26.78	1.74
1059.89	1616.80	1365.27	308.35	237.67	1234.20	863.40	57.84
94.82	144.92	131.04	33.70	12.05	108.88	104.46	3.37
28.10	51.21	44.41	13.62	5.78	30.91	30.89	1.89
66.72	93.70	86.63	20.08	6.27	77.97	73.57	1.48
67.65	114.56	88.46	21.32	25.78	106.04	76.30	0.77
57.59	96.79	73.93	19.13	22.66	89.57	65.50	0.57
10.06	17.77	14.53	2.19	3.12	16.48	10.81	0.19
254.39	227.92	190.87	57.82	34.88	191.01	141.16	6.20
24.24	37.87	30.15	5.03	7.21	24.47	16.42	2.13
22.61	42.84	38.34	11.31	4.35	25.92	20.99	0.74
207.53	147.22	122.38	41.48	23.32	140.63	103.75	3.33
203.43	314.96	262.65	70.09	49.01	282.05	169.80	12.35
80.47	175.79	158.75	32.71	16.43	85.19	64.18	5.04

1-A-2 续表 18

行　　业	固定资产原价	生产经营用	累计折旧	本年折旧	固定资产净值
肉、禽类罐头制造	10.50	9.13	3.82	0.40	6.67
水产品罐头制造	6.19	5.06	2.30	0.21	3.89
蔬菜、水果罐头制造	87.06	73.89	23.57	4.14	63.49
其他罐头食品制造	13.58	12.80	5.11	0.75	8.47
调味品、发酵制品制造	292.91	255.13	85.46	13.62	207.45
味精制造	101.53	83.88	36.59	4.16	64.95
酱油、食醋及类似制品的制造	61.42	52.64	19.65	2.92	41.78
其他调味品、发酵制品制造	129.96	118.61	29.23	6.55	100.73
其他食品制造	224.64	189.08	73.16	12.80	151.48
营养、保健食品制造	32.21	26.25	8.52	1.54	23.69
冷冻饮品及食用冰制造	48.26	39.03	17.05	2.51	31.22
盐加工	25.23	21.24	11.33	1.39	13.89
食品及饲料添加剂制造	74.67	65.67	23.45	4.73	51.23
其他未列明的食品制造	44.27	36.89	12.81	2.63	31.46
饮料制造业	1774.04	1543.87	597.22	92.92	1176.82
酒精制造	67.31	62.66	15.70	3.28	51.61
酒的制造	1164.07	1013.32	407.43	58.35	756.63
白酒制造	370.83	296.72	107.40	16.77	263.43
啤酒制造	698.68	634.64	272.53	37.09	426.15
黄酒制造	27.31	24.93	10.52	1.21	16.79
葡萄酒制造	52.80	46.66	14.07	2.62	38.73
其他酒制造	14.45	10.37	2.91	0.66	11.54
软饮料制造	508.81	439.34	165.34	29.29	343.48
碳酸饮料制造	141.26	118.71	61.89	8.10	79.37
瓶(罐)装饮用水制造	83.54	73.43	27.78	6.01	55.76
果菜汁及果菜汁饮料制造	138.77	122.14	29.83	7.27	108.94
含乳饮料和植物蛋白饮料制造	49.38	40.95	15.17	2.60	34.21
固体饮料制造	40.28	34.08	16.23	1.96	24.05
茶饮料及其他软饮料制造	55.59	50.02	14.43	3.35	41.16
精制茶加工	33.85	28.54	8.75	2.01	25.10
烟草制品业	1169.18	956.78	533.52	81.16	635.66
烟叶复烤	80.98	70.99	26.76	5.64	54.21
卷烟制造	1077.59	876.06	503.50	74.86	574.09
其他烟草制品加工	10.62	9.74	3.26	0.67	7.36
纺织业	5042.50	4450.01	1588.64	293.24	3453.86
棉、化纤纺织及印染精加工	2978.17	2645.58	929.87	168.52	2048.30
棉、化纤纺织加工	2313.73	2062.41	721.54	127.26	1592.19
棉、化纤印染精加工	664.45	583.17	208.33	41.26	456.11
毛纺织和染整精加工	393.65	343.20	145.54	20.60	248.11
毛条加工	62.67	58.51	16.57	2.77	46.10
毛纺织	282.98	239.15	111.26	15.19	171.72
毛染整精加工	47.99	45.55	17.71	2.64	30.28
麻纺织	82.62	74.47	23.76	4.50	58.86
丝绢纺织及精加工	416.35	364.52	130.96	25.11	285.39
缫丝加工	61.08	52.89	17.90	2.87	43.17
绢纺和丝织加工	271.47	237.55	84.70	16.58	186.77
丝印染精加工	83.80	74.08	28.36	5.66	55.44
纺织制成品制造	497.29	439.16	149.05	31.50	348.23
棉及化纤制品制造	173.18	150.07	51.00	9.75	122.19
毛制品制造	48.69	42.91	15.94	2.49	32.75

单位：亿元

固定资产净值年平均余额	负债合计	流动负债合计	应付账款	长期负债合计	所有者权益合计	实收资本	国家资本
6.61	14.04	12.74	2.68	1.25	6.15	6.03	1.40
3.86	9.94	9.28	1.51	0.67	6.67	4.62	0.15
61.67	139.04	125.68	26.89	12.88	62.35	44.05	3.42
8.33	12.77	11.06	1.64	1.63	10.02	9.48	0.07
209.15	374.89	307.87	43.22	64.92	238.41	140.57	20.83
63.16	108.94	81.32	8.21	27.34	61.51	45.03	7.90
40.97	94.60	81.59	10.26	12.03	49.64	37.43	6.10
105.02	171.35	144.97	24.75	25.55	127.26	58.11	6.83
149.98	263.75	225.63	49.48	34.59	222.61	166.92	9.28
23.14	57.84	54.56	13.44	3.15	69.35	36.84	0.31
31.43	41.91	38.10	6.42	3.30	17.99	36.94	0.90
12.93	20.84	16.04	2.83	4.77	14.98	11.88	3.01
51.48	85.83	68.43	18.67	16.24	74.69	51.83	1.76
31.00	57.33	48.50	8.13	7.13	45.60	29.44	3.30
1171.88	1845.62	1587.65	248.11	239.92	1406.13	964.25	168.76
58.68	87.56	74.04	13.45	12.71	33.15	24.94	3.70
748.44	1174.87	1011.24	132.81	150.98	935.47	595.66	143.21
256.92	493.38	443.41	56.41	46.12	401.70	181.22	81.04
425.09	552.71	458.21	60.72	88.16	424.37	360.02	53.80
16.29	38.35	35.26	4.88	3.01	31.03	14.68	2.42
38.58	66.15	54.79	8.14	11.36	60.21	28.31	4.98
11.56	24.28	19.58	2.66	2.34	18.16	11.43	0.98
340.31	533.86	463.36	92.99	66.50	403.16	318.24	18.91
80.74	128.20	110.04	29.90	18.03	116.23	87.95	4.86
55.31	83.30	72.92	18.42	9.91	50.22	53.28	4.55
106.66	165.13	138.67	21.61	25.32	106.90	83.43	3.65
33.45	62.77	58.78	10.29	3.63	41.40	36.02	4.13
23.82	34.55	32.55	4.69	1.99	46.23	24.43	0.70
40.33	59.91	50.39	8.09	7.63	42.18	33.13	1.02
24.45	49.33	39.01	8.86	9.72	34.34	25.42	2.93
622.91	1119.13	1059.74	224.62	52.46	1894.42	418.29	374.37
53.77	75.06	71.50	14.80	3.49	56.81	37.29	20.06
562.04	1034.97	979.53	208.05	48.59	1828.79	375.11	353.47
7.10	9.10	8.71	1.77	0.38	8.82	5.89	0.84
3365.22	5972.10	5000.32	1007.96	912.53	3379.07	2429.61	231.20
1993.55	3268.70	2683.12	488.60	552.60	1824.61	1262.16	145.81
1552.57	2570.74	2063.12	338.26	479.96	1379.51	943.23	130.31
440.98	697.96	619.99	150.34	72.63	445.10	318.93	15.50
238.14	507.10	432.57	94.11	72.71	283.43	228.29	31.19
42.81	82.31	63.07	13.84	19.07	42.81	35.79	1.04
168.10	369.25	315.78	48.56	51.87	212.15	167.83	29.31
27.22	55.53	53.72	31.71	1.76	28.47	24.67	0.84
56.48	119.77	96.80	22.99	21.77	62.82	40.98	5.08
281.21	513.91	424.62	67.05	86.17	230.71	165.32	14.04
43.18	98.64	89.10	12.52	8.87	40.50	28.59	2.49
183.44	317.95	252.30	39.60	64.29	147.00	99.82	10.16
54.59	97.33	83.22	14.93	13.02	43.22	36.91	1.39
339.31	695.41	582.30	119.92	106.69	369.03	296.36	15.62
118.23	288.58	246.11	54.85	39.89	128.97	96.12	4.28
32.33	74.33	64.72	13.35	9.59	23.52	22.59	1.02

1-A-2 续表 19

行　　业	固定资产原价	生产经营用	累计折旧	本年折旧	固定资产净值
麻制品制造	5.52	4.42	1.51	0.17	4.01
丝制品制造	18.41	16.64	4.39	1.31	14.02
绳、索、缆的制造	14.24	11.89	4.77	0.75	9.47
纺织带和帘子布制造	79.33	74.13	23.27	7.43	56.06
无纺布制造	91.63	80.05	28.77	5.62	62.86
其他纺织制成品制造	66.29	59.04	19.40	3.98	46.89
针织品、编织品及其制品制造	674.42	583.08	209.46	43.02	464.97
棉、化纤针织品及编织品制造	437.34	380.32	138.18	28.14	299.15
毛针织品及编织品制造	182.20	153.91	53.71	10.87	128.49
丝针织品及编织品制造	26.80	24.42	8.90	2.12	17.89
其他针织品及编织品制造	28.09	24.43	8.65	1.89	19.44
纺织服装、鞋、帽制造业	1097.63	939.61	351.70	72.97	745.93
纺织服装制造	1040.97	892.32	332.87	69.33	708.10
纺织面料鞋的制造	34.41	29.83	12.18	2.25	22.22
制帽	22.25	17.46	6.64	1.39	15.61
皮革、毛皮、羽毛(绒)及其制品业	619.07	524.55	190.98	36.42	428.09
皮革鞣制加工	114.47	100.89	33.09	6.67	81.38
皮革制品制造	451.24	382.53	144.48	27.22	306.76
皮鞋制造	314.08	266.18	105.38	19.39	208.70
皮革服装制造	28.35	25.22	7.09	1.52	21.26
皮箱、包(袋)制造	76.93	63.15	23.13	4.47	53.79
皮手套及皮装饰制品制造	13.25	11.41	4.10	0.78	9.15
其他皮革制品制造	18.64	16.57	4.78	1.06	13.86
毛皮鞣制及制品加工	24.57	18.77	5.92	1.01	18.65
毛皮鞣制加工	7.63	5.12	1.62	0.28	6.01
毛皮服装加工	10.25	8.14	2.69	0.45	7.56
其他毛皮制品加工	6.69	5.51	1.61	0.28	5.08
羽毛(绒)加工及制品制造	28.78	22.37	7.49	1.52	21.29
羽毛(绒)加工	9.21	6.82	2.19	0.41	7.01
羽毛(绒)制品加工	19.58	15.54	5.29	1.11	14.28
木材加工及木、竹、藤、棕、草制品业	645.10	557.66	167.86	34.58	477.23
锯材、木片加工	60.87	50.54	17.05	3.06	43.81
锯材加工	49.07	40.92	13.45	1.97	35.62
木片加工	11.79	9.62	3.60	1.09	8.19
人造板制造	454.64	394.06	117.28	24.43	337.36
胶合板制造	129.97	114.86	34.21	6.93	95.76
纤维板制造	188.26	168.86	45.69	10.23	142.57
刨花板制造	66.61	51.82	16.86	2.89	49.75
其他人造板、材制造	69.80	58.52	20.52	4.38	49.28
木制品制造	107.59	93.57	27.95	5.83	79.64
建筑用木料及木材组件加工	74.59	65.42	17.98	4.12	56.61
木容器制造	9.51	7.87	3.21	0.50	6.30
软木制品及其他木制品制造	23.49	20.27	6.76	1.21	16.73
竹、藤、棕、草制品制造	22.00	19.49	5.58	1.26	16.41
家具制造业	351.07	301.51	95.22	20.68	255.85
木质家具制造	221.61	189.03	58.23	12.48	163.37
竹、藤家具制造	3.05	2.95	0.71	0.19	2.35
金属家具制造	86.00	74.03	25.07	5.67	60.93
塑料家具制造	4.65	4.08	1.05	0.30	3.60
其他家具制造	35.76	31.42	10.16	2.04	25.60

单位：亿元

固定资产净值年平均余额	负债合计	流动负债合计		长期负债合计	所有者权益		
			应付账款		合计	实收资本	国家资本
3.98	11.45	9.98	1.59	1.45	1.10	2.21	0.34
13.18	29.17	26.46	5.92	2.66	21.05	13.36	0.86
9.69	15.02	12.98	3.43	1.71	11.22	8.49	0.43
53.66	95.43	77.40	12.28	16.86	50.97	39.43	2.22
62.00	108.71	82.73	13.44	24.86	80.09	64.66	5.44
46.24	72.72	61.91	15.05	9.66	52.11	49.50	1.03
456.53	867.21	780.91	215.29	72.59	608.47	436.50	19.46
292.64	516.32	465.10	132.26	46.61	340.55	262.06	9.37
126.98	284.24	255.13	64.53	20.59	216.14	133.84	7.17
17.89	36.55	33.58	11.01	2.92	27.00	19.96	0.94
19.02	30.09	27.11	7.49	2.47	24.78	20.64	1.98
732.25	1607.47	1474.73	412.12	113.53	1197.66	795.20	22.73
695.45	1531.61	1403.88	382.01	109.37	1146.82	752.66	21.31
21.66	49.42	47.08	19.76	1.56	31.69	26.43	1.36
15.13	26.43	23.77	10.35	2.60	19.15	16.12	0.06
421.50	986.53	911.88	317.31	64.89	676.62	482.34	9.81
78.98	194.91	179.37	54.06	14.66	121.74	79.16	0.92
303.01	663.67	613.07	232.72	42.61	485.11	359.94	5.12
206.82	404.48	371.46	146.85	29.44	318.22	240.83	3.58
21.49	59.51	52.95	15.34	4.53	37.47	25.78	0.21
52.15	124.32	118.55	47.17	4.61	83.51	64.90	0.97
9.18	27.98	25.99	9.68	1.20	17.35	14.65	0.07
13.36	47.38	44.12	13.67	2.84	28.57	13.78	0.29
18.44	43.06	39.97	11.54	2.75	35.52	19.34	1.13
5.91	11.93	10.80	3.26	1.12	5.17	4.74	0.22
7.39	17.10	16.63	4.97	0.29	13.96	9.88	0.77
5.14	14.03	12.55	3.31	1.34	16.39	4.72	0.14
21.07	84.90	79.46	19.00	4.86	34.24	23.90	2.64
6.98	20.77	18.97	6.52	1.51	13.10	8.77	0.33
14.09	64.13	60.49	12.48	3.35	21.14	15.13	2.30
469.43	711.99	542.97	123.55	155.09	502.63	368.75	49.84
43.38	61.65	49.96	10.37	7.98	52.13	37.53	9.81
35.04	47.82	40.00	8.40	6.68	42.81	29.07	9.46
8.33	13.83	9.96	1.97	1.30	9.31	8.46	0.35
331.06	478.45	348.51	68.97	122.14	331.15	228.48	32.07
95.39	154.20	132.39	29.49	17.04	116.89	84.96	2.79
137.46	188.61	117.59	18.33	70.06	117.78	79.06	16.72
50.41	58.30	31.16	3.48	26.69	35.17	25.96	10.64
47.79	77.34	67.37	17.66	8.35	61.30	38.49	1.92
78.86	144.18	120.37	37.38	22.80	92.32	82.86	7.47
56.00	94.40	74.76	19.97	18.91	57.51	56.95	5.07
6.33	16.97	15.96	6.64	0.93	10.98	8.20	1.75
16.53	32.81	29.65	10.77	2.95	23.83	17.71	0.64
16.15	27.71	24.13	6.84	2.17	27.03	19.88	0.50
246.09	527.38	476.56	183.18	44.27	373.83	278.46	11.70
157.46	290.07	254.55	81.76	30.35	229.98	172.15	10.45
2.27	4.36	3.99	1.58	0.36	2.14	2.33	
59.30	150.57	141.30	62.07	8.10	90.39	69.25	0.66
3.41	8.17	7.56	2.61	0.60	5.03	4.02	0.01
23.65	74.21	69.16	35.16	4.86	46.29	30.70	0.58

1-A-2 续表 20

行业	固定资产原价	生产经营用	累计折旧	本年折旧	固定资产净值
造纸及纸制品业	2423.80	2189.21	644.41	128.11	1779.39
纸浆制造	164.18	146.59	42.64	7.97	121.54
造纸	1720.67	1567.59	441.48	88.10	1279.19
机制纸及纸板制造	1644.26	1498.51	417.37	84.22	1226.89
手工纸制造	1.83	1.40	0.50	0.05	1.33
加工纸制造	74.57	67.68	23.61	3.83	50.96
纸制品制造	538.95	475.04	160.29	32.04	378.67
纸和纸板容器的制造	379.70	331.23	115.97	22.45	263.73
其他纸制品制造	159.26	143.81	44.32	9.60	114.94
印刷业和记录媒介的复制	1004.58	890.14	367.77	67.86	636.82
印刷	896.58	792.60	329.93	60.23	566.65
书、报、刊印刷	399.85	348.98	146.64	26.12	253.21
本册印制	45.23	38.48	13.59	3.19	31.64
包装装潢及其他印刷	451.49	405.14	169.69	30.92	281.80
装订及其他印刷服务活动	45.09	39.76	18.16	2.86	26.93
记录媒介的复制	62.92	57.78	19.68	4.76	43.24
文教体育用品制造业	402.57	340.11	140.61	25.12	261.96
文化用品制造	67.65	59.34	23.28	4.04	44.37
文具制造	28.46	25.56	10.68	1.75	17.78
笔的制造	29.91	26.01	8.98	1.60	20.93
教学用模型及教具制造	4.17	3.54	1.24	0.28	2.93
墨水、墨汁制造	1.63	1.33	0.68	0.08	0.95
其他文化用品制造	3.48	2.91	1.70	0.32	1.78
体育用品制造	102.65	86.50	34.93	6.58	67.72
球类制造	13.54	12.21	4.67	0.82	8.86
体育器材及配件制造	31.82	26.37	10.79	1.63	21.02
训练健身器材制造	19.56	16.84	5.50	1.34	14.06
运动防护用具制造	19.78	15.97	8.32	1.62	11.46
其他体育用品制造	17.95	15.10	5.65	1.18	12.30
乐器制造	41.63	34.03	15.55	2.29	26.08
中乐器制造	1.58	1.43	0.49	0.10	1.09
西乐器制造	31.56	25.02	11.36	1.57	20.20
电子乐器制造	4.99	4.52	2.41	0.39	2.57
其他乐器及零件制造	3.51	3.06	1.28	0.23	2.23
玩具制造	181.08	152.55	64.61	11.67	116.47
游艺器材及娱乐用品制造	9.56	7.69	2.24	0.53	7.31
露天游乐场所游乐设备制造	5.48	3.99	0.98	0.29	4.50
游艺用品及室内游艺器材制造	4.08	3.70	1.27	0.24	2.81
石油加工、炼焦及核燃料加工业	4265.04	4049.99	1798.69	233.63	2466.36
精炼石油产品的制造	3557.30	3424.02	1623.11	194.86	1934.19
原油加工及石油制品制造	3556.76	3423.68	1623.00	194.85	1933.76
人造原油生产	0.54	0.35	0.10	0.02	0.43
炼焦	666.50	590.78	163.06	36.34	503.44
化学原料及化学制品制造业	7952.72	7102.90	2970.15	444.47	4982.57
基础化学原料制造	2247.06	2000.07	823.74	135.51	1423.32
无机酸制造	111.80	99.60	42.36	6.49	69.44
无机碱制造	577.46	487.03	229.07	31.85	348.39
无机盐制造	219.95	191.67	68.88	13.51	151.07
有机化学原料制造	1077.96	993.13	400.80	68.54	677.16

单位：亿元

固定资产净值年平均余额	负债合计	流动负债合计	应付账款	长期负债合计	所有者权益 合计	实收资本	国家资本
1722.90	2600.78	1923.76	412.99	657.29	1525.33	1100.92	146.11
111.93	213.37	86.14	16.54	126.08	94.91	104.68	35.54
1243.31	1780.48	1298.42	232.67	470.25	1013.23	664.58	100.97
1190.89	1692.18	1226.79	210.88	454.30	955.89	619.26	98.15
1.45	1.77	1.61	0.43	0.07	1.83	0.84	0.39
50.97	86.54	70.02	21.36	15.87	55.51	44.47	2.43
367.66	606.92	539.20	163.78	60.97	417.18	331.66	9.60
254.36	430.71	387.96	115.50	39.23	293.73	221.88	6.83
113.30	176.21	151.24	48.28	21.74	123.45	109.78	2.77
619.20	842.61	722.30	188.55	111.37	753.51	518.43	118.09
550.87	764.29	661.04	167.80	94.83	673.36	457.13	103.56
246.23	296.16	250.90	63.38	43.04	244.40	174.06	53.98
30.65	51.07	46.36	12.14	3.66	37.40	26.28	2.36
273.99	417.06	363.78	92.28	48.13	391.56	256.79	47.21
26.89	31.34	25.61	8.91	5.61	37.04	26.41	7.69
41.44	46.97	35.65	11.84	10.94	43.11	34.88	6.83
258.67	489.66	456.99	188.36	27.85	417.30	303.00	7.27
44.96	88.60	83.70	27.54	3.89	81.98	55.21	2.18
18.25	30.59	29.23	10.56	1.29	31.04	24.14	0.22
20.90	45.34	42.42	12.49	2.00	31.12	23.77	1.55
3.02	5.72	5.48	1.59	0.22	14.07	3.54	0.21
0.95	2.26	2.22	0.97	0.03	1.85	0.57	0.03
1.84	4.70	4.34	1.93	0.35	3.89	3.19	0.16
66.77	136.87	127.64	63.82	7.16	110.93	82.64	1.79
8.58	15.78	15.36	5.35	0.42	10.36	9.71	0.04
20.90	44.05	41.25	21.37	2.56	34.86	28.86	0.77
13.64	40.11	37.39	19.69	1.90	24.95	17.16	0.96
11.44	16.62	15.32	8.99	0.40	22.34	13.41	0.01
12.22	20.31	18.32	8.42	1.88	18.43	13.50	
26.98	45.01	39.96	13.35	4.84	46.12	25.67	3.05
1.00	1.94	1.84	1.05	0.09	2.29	1.32	0.03
19.69	35.27	30.69	9.03	4.43	33.14	17.99	2.59
4.04	3.85	3.64	1.71	0.20	6.09	3.25	0.40
2.24	3.96	3.77	1.55	0.11	4.60	3.11	0.03
113.14	199.42	186.72	77.88	11.34	166.25	130.52	0.25
6.82	19.75	18.96	5.78	0.62	12.03	8.96	0.01
4.06	12.37	12.11	3.79	0.17	6.73	5.11	
2.75	7.38	6.85	1.99	0.45	5.30	3.85	0.01
2358.19	2761.30	2193.20	502.88	478.94	2347.89	1290.61	466.67
1855.68	1897.27	1484.47	345.19	330.17	1844.40	962.76	398.75
1855.20	1896.20	1483.45	345.04	330.11	1844.11	962.26	398.74
0.48	1.07	1.02	0.15	0.06	0.29	0.50	0.01
473.02	818.40	676.14	154.05	135.72	475.78	314.54	63.47
4952.78	7220.46	5609.11	1328.13	1497.88	5516.72	3755.20	803.50
1453.95	1902.36	1474.02	307.01	410.85	1442.94	1028.36	250.95
70.27	133.77	107.98	23.84	24.19	87.10	48.97	7.93
344.40	493.53	365.26	68.21	119.30	315.36	186.91	97.09
149.63	263.68	209.64	48.37	52.37	170.16	117.43	24.53
716.94	772.96	612.17	125.85	156.95	693.69	540.89	98.13

1-A-2 续表 21

行业	固定资产原价	生产经营用	累计折旧	本年折旧	固定资产净值
其他基础化学原料制造	259.89	228.65	82.64	15.12	177.26
肥料制造	1774.96	1604.66	657.38	86.75	1117.58
氮肥制造	1272.62	1169.71	482.47	59.82	790.15
磷肥制造	151.50	135.95	53.35	7.63	98.15
钾肥制造	54.09	43.63	14.27	3.65	39.82
复混肥料制造	270.28	231.42	98.41	14.68	171.88
有机肥料及微生物肥料制造	9.89	8.75	1.73	0.53	8.16
其他肥料制造	16.58	15.20	7.17	0.45	9.42
农药制造	217.11	191.97	78.60	11.70	138.50
化学农药制造	195.96	172.19	72.92	10.51	123.04
生物化学农药及微生物农药制造	21.15	19.78	5.69	1.19	15.46
涂料、油墨、颜料及类似产品制造	444.41	374.60	154.70	27.51	289.71
涂料制造	185.32	148.06	64.38	11.10	120.94
油墨及类似产品制造	40.65	33.59	13.89	2.69	26.77
颜料制造	74.43	67.28	25.24	5.00	49.19
染料制造	124.62	108.82	45.62	7.43	79.00
密封用填料及类似品制造	19.39	16.85	5.57	1.28	13.81
合成材料制造	1898.18	1782.33	803.22	98.85	1094.95
初级形态的塑料及合成树脂制造	931.53	855.35	386.89	49.84	544.64
合成橡胶制造	59.38	48.35	13.28	3.04	46.10
合成纤维单(聚合)体的制造	870.51	846.74	393.25	43.73	477.26
其他合成材料制造	36.76	31.89	9.81	2.24	26.95
专用化学产品制造	990.68	810.50	315.04	61.67	675.64
化学试剂和助剂制造	385.48	306.81	125.62	25.16	259.85
专项化学用品制造	167.02	144.17	56.66	11.94	110.36
林产化学产品制造	27.83	22.69	8.24	1.54	19.59
炸药及火工产品制造	122.28	103.29	41.45	4.76	80.82
信息化学品制造	204.09	163.10	57.42	13.72	146.67
环境污染处理专用药剂材料制造	9.91	7.85	2.15	0.66	7.76
动物胶制造	12.84	11.34	3.41	0.57	9.43
其他专用化学产品制造	61.24	51.25	20.08	3.31	41.16
日用化学产品制造	380.32	338.77	137.46	22.50	242.87
肥皂及合成洗涤剂制造	178.28	166.06	72.24	10.76	106.03
化妆品制造	82.18	70.64	26.71	4.63	55.47
口腔清洁用品制造	30.35	27.41	10.02	1.69	20.32
香料、香精制造	55.62	44.93	18.43	3.34	37.20
其他日用化学产品制造	33.89	29.74	10.05	2.08	23.84
医药制造业	2013.20	1740.79	558.32	109.86	1454.88
化学药品原药制造	566.99	515.29	171.62	30.07	395.37
化学药品制剂制造	638.57	552.44	180.51	35.26	458.06
中药饮片加工	64.40	55.04	14.68	2.83	49.72
中成药制造	464.84	382.79	107.73	24.85	357.11
兽用药品制造	40.48	34.90	12.25	2.24	28.24
生物、生化制品的制造	170.71	143.37	51.36	10.50	119.35
卫生材料及医药用品制造	67.21	56.97	20.17	4.11	47.04
化学纤维制造业	1422.53	1322.77	472.03	80.55	950.50
纤维素纤维原料及纤维制造	251.82	241.42	89.47	13.38	162.35
化纤浆粕制造	25.65	21.76	6.20	1.12	19.44
人造纤维(纤维素纤维)制造	226.17	219.65	83.27	12.27	142.90
合成纤维制造	1170.71	1081.35	382.56	67.17	788.15

单位：亿元

固定资产净值年平均余额	负债合计	流动负债合计		长期负债合计	所有者权益		
			应付账款		合　计	实收资本	
							国家资本
172.71	238.43	178.96	40.74	58.04	176.64	134.16	23.27
1088.22	1548.63	1019.02	191.41	507.72	906.80	586.38	231.29
771.52	976.20	588.11	89.33	370.54	543.01	349.70	162.59
96.94	185.45	144.47	43.82	39.98	94.46	66.08	30.84
33.23	45.59	26.36	6.73	17.60	43.61	32.17	18.49
169.38	310.62	238.82	47.13	70.50	205.27	125.05	16.53
7.78	9.59	8.15	2.22	1.32	10.68	5.91	0.56
9.37	21.18	13.11	2.18	7.79	9.76	7.46	2.27
135.26	302.50	259.32	50.97	38.26	201.11	121.58	19.21
120.89	280.46	239.15	47.11	36.48	173.41	106.91	16.64
14.38	22.04	20.17	3.86	1.78	27.71	14.67	2.57
285.37	628.98	556.37	168.58	49.78	517.99	338.46	24.87
119.90	301.38	271.15	91.04	17.36	264.49	163.97	9.12
26.27	47.51	42.40	18.55	3.18	52.34	37.42	4.75
47.51	81.32	67.21	16.12	13.96	62.74	41.06	2.24
77.70	174.97	153.85	35.45	13.42	115.55	80.75	8.50
13.98	23.80	21.76	7.42	1.86	22.88	15.25	0.27
1087.45	1269.84	946.39	253.18	295.72	1136.16	766.25	126.22
542.06	619.38	486.19	155.00	130.57	615.21	411.64	24.07
48.27	66.38	60.94	14.97	4.77	56.28	43.10	1.51
470.72	532.35	356.42	69.81	153.18	430.95	281.99	98.83
26.39	51.73	42.84	13.40	7.20	33.72	29.53	1.80
662.34	1045.16	865.44	212.15	162.44	863.47	600.94	128.27
259.53	417.86	347.23	82.33	64.94	347.12	277.75	69.80
104.51	210.13	179.50	50.76	22.59	158.64	102.76	8.41
18.68	36.17	27.78	5.80	7.57	25.62	15.87	2.31
79.97	123.88	101.12	18.81	21.56	92.25	53.75	20.71
143.80	145.41	113.86	26.98	30.39	162.26	83.00	17.91
7.38	12.30	10.99	7.02	1.30	13.67	14.11	5.38
8.43	12.84	10.51	2.10	2.17	13.01	8.97	1.74
40.04	86.57	74.46	18.34	11.92	50.89	44.73	2.01
240.20	522.98	488.55	144.84	33.12	448.25	313.23	22.70
101.33	229.24	214.81	58.60	14.13	202.36	145.14	14.44
57.83	128.55	124.50	35.59	3.90	115.35	85.88	3.28
19.65	28.16	26.32	7.73	1.80	40.32	17.22	1.73
37.13	86.48	77.60	29.18	8.58	63.18	40.80	1.66
24.26	50.55	45.33	13.75	4.71	27.03	24.20	1.60
1371.59	2445.93	2047.51	384.67	377.73	2270.00	1330.93	193.22
370.44	675.48	556.79	108.69	112.54	497.01	304.95	75.19
429.25	725.59	620.08	117.94	100.35	677.68	440.27	47.11
45.40	95.91	76.98	17.09	16.53	72.12	43.18	4.01
338.47	663.09	556.83	96.62	101.67	691.33	342.35	43.40
27.60	46.23	37.95	8.01	7.84	36.91	23.79	1.98
114.82	162.33	130.39	23.45	30.61	218.93	129.62	17.76
45.61	77.29	68.50	12.86	8.18	76.01	46.77	3.77
940.84	1269.08	934.50	163.70	324.75	853.38	666.10	111.84
162.91	207.79	154.60	29.17	50.95	152.98	94.59	27.54
22.44	36.10	25.50	3.85	10.27	14.04	11.68	4.66
140.47	171.69	129.10	25.31	40.68	138.94	82.91	22.88
777.93	1061.29	779.90	134.54	273.80	700.40	571.51	84.30

1-A-2 续表 22

行业	固定资产原价	生产经营用	累计折旧	本年折旧	固定资产净值
锦纶纤维制造	115.11	109.09	48.24	5.86	66.87
涤纶纤维制造	754.49	712.51	235.85	45.06	518.64
腈纶纤维制造	108.78	80.53	46.65	5.06	62.13
维纶纤维制造	28.30	26.50	9.99	1.55	18.30
其他合成纤维制造	164.02	152.72	41.82	9.64	122.20
橡胶制品业	945.44	853.02	285.77	50.10	659.67
轮胎制造	576.21	537.14	162.88	28.70	413.32
车辆、飞机及工程机械轮胎制造	544.51	509.38	151.88	26.94	392.64
力车胎制造	28.48	24.89	10.12	1.62	18.35
轮胎翻新加工	3.21	2.87	0.88	0.13	2.33
橡胶板、管、带的制造	95.65	80.64	33.08	5.06	62.57
橡胶零件制造	86.36	74.79	28.95	5.42	57.41
再生橡胶制造	8.99	7.70	2.98	0.60	6.01
日用及医用橡胶制品制造	40.16	33.14	13.41	2.34	26.75
橡胶靴鞋制造	92.96	81.36	29.98	5.21	62.98
其他橡胶制品制造	45.10	38.24	14.48	2.79	30.62
塑料制品业	2032.51	1779.37	638.30	132.26	1394.21
塑料薄膜制造	421.17	363.73	130.27	24.54	290.90
塑料板、管、型材的制造	411.00	366.47	110.94	24.07	300.07
塑料丝、绳及编织品的制造	139.69	115.76	44.67	8.11	95.03
泡沫塑料制造	78.47	67.04	28.27	5.93	50.20
塑料人造革、合成革制造	110.48	100.34	35.55	7.25	74.93
塑料包装箱及容器制造	271.12	236.29	91.49	19.63	179.63
塑料零件制造	242.54	215.80	73.37	18.95	169.17
日用塑料制造	182.50	160.29	65.33	12.43	117.16
塑料鞋制造	22.72	20.91	8.39	1.35	14.33
日用塑料杂品制造	159.77	139.39	56.94	11.09	102.83
其他塑料制品制造	175.55	153.65	58.42	11.34	117.12
非金属矿物制品业	5690.38	5068.53	1755.59	314.09	3934.79
水泥、石灰和石膏的制造	2724.43	2453.05	837.89	137.03	1886.54
水泥制造	2699.48	2429.98	829.67	135.78	1869.81
石灰和石膏制造	24.96	23.07	8.23	1.25	16.73
水泥及石膏制品制造	522.51	453.30	168.84	38.24	353.66
水泥制品制造	388.99	347.40	127.34	30.39	261.65
砼结构构件制造	51.89	42.71	16.84	3.48	35.05
石棉水泥制品制造	10.03	7.74	3.27	0.63	6.76
轻质建筑材料制造	58.60	46.16	17.59	2.91	41.01
其他水泥制品制造	13.00	9.29	3.81	0.83	9.19
砖瓦、石材及其他建筑材料制造	664.44	578.90	206.71	40.26	457.73
粘土砖瓦及建筑砌块制造	107.73	90.88	31.78	5.97	75.95
建筑陶瓷制品制造	364.60	324.60	118.71	23.52	245.90
建筑用石加工	99.61	81.41	28.41	5.98	71.21
防水建筑材料制造	31.28	27.22	9.62	1.58	21.66
隔热和隔音材料制造	29.37	26.40	10.46	1.59	18.91
其他建筑材料制造	31.84	28.39	7.73	1.62	24.11
玻璃及玻璃制品制造	988.69	890.44	296.24	56.56	692.45
平板玻璃制造	389.17	358.55	127.67	19.51	261.51
技术玻璃制品制造	140.71	118.04	38.35	9.24	102.36
光学玻璃制造	33.64	30.70	8.42	1.85	25.22
玻璃仪器制造	27.96	23.68	7.91	1.78	20.05

单位：亿元

固定资产净值年平均余额	负债合计	流动负债合计	应付账款	长期负债合计	所有者权益合计	实收资本	国家资本
68.10	108.78	66.62	8.55	39.40	74.89	57.07	19.57
513.81	738.89	554.16	100.79	180.47	448.55	312.00	40.91
59.03	44.85	33.83	7.20	11.02	59.66	114.88	15.40
17.03	22.80	15.69	1.95	7.12	14.93	9.40	2.91
119.95	145.97	109.61	16.06	35.79	102.36	78.17	5.51
616.32	1124.64	912.14	234.11	202.10	707.38	518.31	53.58
375.79	665.69	498.87	113.78	162.96	377.89	264.41	30.76
355.76	633.35	471.52	105.72	158.11	352.29	245.18	30.29
17.74	27.40	23.09	6.93	4.18	23.82	16.96	0.22
2.29	4.93	4.26	1.13	0.67	1.78	2.27	0.25
60.86	118.26	105.15	24.23	12.51	78.02	57.13	9.21
55.11	87.99	79.62	25.79	6.04	84.94	58.86	2.48
5.96	11.56	9.84	2.36	1.51	6.68	5.04	0.06
26.64	57.36	50.07	15.28	6.81	29.83	36.18	1.83
61.37	132.03	122.94	34.58	7.55	83.80	63.24	7.52
30.59	51.76	45.65	18.09	4.73	46.21	33.45	1.73
1365.34	2265.40	1960.43	561.41	278.22	1687.48	1260.39	67.32
287.76	424.65	328.18	71.78	91.32	297.68	216.56	15.51
293.55	526.28	435.84	90.15	79.36	356.29	259.57	16.30
96.57	143.72	124.31	25.91	16.93	114.04	96.29	22.27
48.90	103.46	96.79	37.41	6.16	71.01	55.35	1.65
73.41	134.78	121.93	22.50	12.01	70.92	65.76	2.01
171.55	265.33	237.45	55.23	26.24	234.02	163.14	2.67
160.95	264.53	242.89	103.19	20.87	217.56	143.93	2.51
115.92	215.82	202.18	81.34	11.13	159.44	129.55	1.41
14.26	33.25	31.14	12.64	1.01	23.17	20.49	0.34
101.66	182.57	171.04	68.70	10.11	136.27	109.07	1.08
116.73	186.83	170.85	73.89	14.22	166.53	130.26	2.99
3849.30	5674.86	4357.30	1011.21	1240.58	3697.54	2693.24	413.99
1848.45	2292.64	1584.15	304.98	683.66	1439.74	1022.20	187.60
1832.46	2272.68	1567.49	299.80	680.63	1421.92	1005.80	186.71
15.99	19.95	16.66	5.18	3.03	17.82	16.40	0.89
346.78	710.94	640.06	226.54	64.42	419.28	336.54	38.95
257.48	556.58	507.14	185.90	43.44	307.87	247.78	25.48
34.41	77.62	71.87	25.52	5.51	40.63	32.26	4.62
6.87	12.76	11.85	3.63	0.86	6.86	4.36	1.16
39.22	51.61	37.95	8.47	13.50	51.87	42.18	5.92
8.80	12.37	11.25	3.02	1.12	12.04	9.96	1.77
457.55	620.95	526.08	123.36	82.78	516.46	374.20	30.89
76.39	97.14	77.61	16.30	17.19	84.26	60.68	18.53
245.91	313.21	269.16	60.84	37.18	223.87	148.29	3.46
70.97	111.91	93.34	25.32	16.38	119.03	92.41	2.48
21.61	36.43	31.24	5.45	5.07	25.36	20.49	1.44
19.69	22.82	19.09	5.91	3.33	32.02	26.87	0.88
22.98	39.45	35.64	9.55	3.63	31.90	25.46	4.09
662.59	1044.95	794.32	161.78	242.13	710.33	495.96	78.15
252.47	373.68	268.24	36.20	103.82	237.55	144.69	48.06
95.52	157.23	123.92	23.89	31.13	126.56	88.64	3.41
23.63	31.01	26.28	11.52	4.32	35.31	23.38	1.15
19.45	37.29	29.84	6.77	5.73	20.44	13.13	4.28

1-A-2 续表 23

行业	固定资产原价	生产经营用	累计折旧	本年折旧	固定资产净值
日用玻璃制品及玻璃包装容器制造	145.20	130.45	54.31	9.39	90.89
玻璃保温容器制造	9.76	7.74	2.62	0.46	7.14
玻璃纤维及制品制造	149.27	136.51	33.00	8.53	116.28
玻璃纤维增强塑料制品制造	46.54	40.86	11.32	2.62	35.22
其他玻璃制品制造	46.42	43.89	12.65	3.19	33.78
陶瓷制品制造	318.18	283.96	95.67	16.15	222.51
卫生陶瓷制品制造	101.57	90.64	29.32	5.55	72.26
特种陶瓷制品制造	65.56	59.48	20.13	4.09	45.43
日用陶瓷制品制造	133.26	118.73	41.42	5.46	91.84
园林、陈设艺术及其他陶瓷制品制造	17.79	15.11	4.80	1.05	12.99
耐火材料制品制造	210.05	181.31	65.96	11.56	144.09
石棉制品制造	11.42	9.80	3.64	0.70	7.78
云母制品制造	3.49	2.91	1.13	0.19	2.36
耐火陶瓷制品及其他耐火材料制造	195.13	168.60	61.18	10.67	133.95
石墨及其他非金属矿物制品制造	262.08	227.56	84.27	14.30	177.81
石墨及碳素制品制造	123.13	107.29	40.11	7.18	83.02
其他非金属矿物制品制造	138.95	120.27	44.16	7.13	94.79
黑色金属冶炼及压延加工业	9705.96	8677.15	3649.70	673.07	6056.27
炼铁	571.96	525.22	147.83	35.40	424.14
炼钢	1818.53	1571.33	629.12	114.40	1189.41
钢压延加工	7064.38	6365.96	2807.16	509.52	4257.23
铁合金冶炼	251.08	214.64	65.60	13.75	185.49
有色金属冶炼及压延加工业	2975.50	2696.57	930.45	155.55	2045.06
常用有色金属冶炼	1794.71	1664.45	576.28	93.51	1218.43
铜冶炼	355.38	329.75	123.10	14.19	232.28
铅锌冶炼	237.12	215.57	75.68	13.07	161.43
镍钴冶炼	91.69	84.37	39.67	6.24	52.02
锡冶炼	71.93	57.82	20.14	2.27	51.79
锑冶炼	11.47	6.86	4.22	0.46	7.25
铝冶炼	982.59	930.65	303.23	54.46	679.36
镁冶炼	24.70	20.97	5.04	1.47	19.66
其他常用有色金属冶炼	19.83	18.45	5.19	1.35	14.64
贵金属冶炼	65.09	53.75	25.31	4.19	39.77
金冶炼	61.01	50.00	24.25	3.95	36.76
银冶炼	3.44	3.20	0.89	0.20	2.55
其他贵金属冶炼	0.63	0.56	0.17	0.04	0.46
稀有稀土金属冶炼	96.83	87.74	30.87	5.68	65.95
钨钼冶炼	14.97	13.20	3.57	0.87	11.39
稀土金属冶炼	50.90	46.50	17.47	2.55	33.43
其他稀有金属冶炼	30.96	28.04	9.83	2.26	21.13
有色金属合金制造	69.63	58.54	20.43	4.02	49.20
有色金属压延加工	949.25	832.09	277.55	48.15	671.69
常用有色金属压延加工	876.39	763.71	258.26	44.10	618.14
贵金属压延加工	7.18	5.87	2.05	0.56	5.13
稀有稀土金属压延加工	65.67	62.51	17.25	3.49	48.43
金属制品业	1709.61	1458.57	536.02	99.49	1173.60
结构性金属制品制造	436.57	370.32	114.01	24.15	322.56
金属结构制造	337.44	287.63	90.85	18.88	246.59
金属门窗制造	99.12	82.69	23.16	5.27	75.96
金属工具制造	197.22	170.47	70.40	11.53	126.82

单位：亿元

固定资产净值年平均余额	负债合计	流动负债合计	应付账款	长期负债合计	所有者权益 合计	实收资本	国家资本
89.86	169.49	142.82	33.56	25.19	102.46	78.80	5.35
6.60	12.09	10.51	2.91	1.55	5.55	5.76	0.23
106.82	146.01	99.86	22.10	45.83	106.60	78.64	10.71
35.16	64.81	54.98	14.30	9.44	40.10	32.98	2.40
33.08	53.34	37.86	10.53	15.12	35.75	29.94	2.56
220.38	368.73	266.95	56.98	85.46	201.63	171.80	20.22
72.10	95.49	55.46	13.31	27.10	62.48	53.10	0.82
44.02	69.79	57.32	14.26	11.76	50.87	42.38	4.62
90.97	187.76	140.44	25.05	45.10	69.88	61.50	14.68
13.30	15.68	13.73	4.36	1.51	18.41	14.83	0.11
137.72	273.63	240.76	67.50	29.96	196.11	135.03	17.96
7.67	18.82	15.00	4.15	3.19	8.35	7.34	0.82
2.37	5.08	4.06	1.57	1.02	4.19	2.30	1.12
127.68	249.73	221.71	61.78	25.75	183.57	125.39	16.01
175.83	363.02	304.98	70.06	52.17	214.00	157.50	40.22
82.07	176.41	148.81	34.80	25.36	98.09	65.64	18.15
93.76	186.60	156.17	35.26	26.81	115.91	91.86	22.07
5691.45	9412.83	7555.78	1631.77	1820.93	6100.04	3190.74	1283.55
384.27	746.37	646.19	193.63	92.35	364.02	245.18	67.09
1114.80	2054.44	1592.79	373.29	455.85	1091.85	519.47	243.10
4013.40	6238.07	4983.06	958.37	1236.39	4443.14	2273.06	941.06
178.99	373.96	333.74	106.48	36.34	201.03	153.03	32.29
1944.48	3496.91	2699.11	504.84	767.62	1915.34	1267.98	359.21
1146.07	2012.05	1451.82	246.34	541.30	929.29	581.68	225.37
220.88	467.71	330.14	61.51	137.21	207.04	136.32	66.14
162.49	336.37	249.01	52.38	70.34	164.28	107.21	19.92
48.88	93.10	71.46	16.24	21.64	67.38	50.98	28.07
48.85	70.20	64.19	7.77	6.00	42.23	29.96	18.82
7.09	14.53	12.23	1.43	2.21	9.30	6.17	0.62
625.66	971.59	675.28	95.59	295.53	404.80	223.39	90.81
19.28	35.21	29.84	6.35	4.99	19.33	15.30	0.46
12.94	23.33	19.68	5.06	3.37	14.94	12.35	0.53
39.94	73.34	55.49	8.05	17.56	64.57	30.80	8.24
36.90	63.53	46.42	5.77	16.91	55.46	23.67	8.12
2.60	8.66	8.02	1.90	0.56	8.28	6.38	0.12
0.43	1.15	1.06	0.38	0.10	0.83	0.75	
65.10	130.99	113.51	30.08	14.23	107.78	65.13	9.58
12.17	32.04	29.67	7.32	2.08	25.67	11.91	1.45
31.88	63.40	56.02	12.87	6.65	53.99	36.64	7.04
21.05	35.56	27.82	9.89	5.49	28.12	16.58	1.08
46.07	97.74	86.18	26.07	11.00	68.63	51.96	16.37
647.31	1182.79	992.10	194.31	183.53	745.06	538.41	99.66
596.07	1122.03	943.38	183.57	172.47	676.78	505.21	88.66
4.68	15.32	13.40	2.51	1.92	14.48	6.16	2.55
46.56	45.44	35.32	8.22	9.15	53.79	27.04	8.46
1136.33	2559.96	2296.86	646.82	221.87	1670.51	1177.06	94.20
311.31	735.71	674.88	175.13	51.02	471.56	339.44	21.22
238.18	587.06	538.67	139.71	40.33	360.48	262.70	18.04
73.13	148.65	136.21	35.42	10.69	111.08	76.75	3.18
122.39	261.28	229.52	66.03	28.26	183.47	125.05	13.54

1-A-2 续表 24

行 业	固定资产原价	生产经营用	累计折旧	本年折旧	固定资产净值
切削工具制造	88.14	80.03	33.59	5.07	54.54
手工具制造	52.15	43.00	17.83	2.93	34.31
农用及园林用金属工具制造	7.87	6.81	2.13	0.32	5.74
刀剪及类似日用金属工具制造	19.87	17.76	7.17	1.36	12.70
其他金属工具制造	29.19	22.88	9.67	1.85	19.52
集装箱及金属包装容器制造	278.95	226.57	109.63	14.40	169.32
集装箱制造	62.17	52.01	23.36	3.42	38.81
金属压力容器制造	54.74	42.69	18.59	2.30	36.15
金属包装容器制造	162.04	131.87	67.68	8.67	94.36
金属丝绳及其制品的制造	192.35	172.27	56.80	11.01	135.55
建筑、安全用金属制品制造	152.99	131.82	44.19	8.97	108.80
建筑、家具用金属配件制造	71.10	62.09	21.83	4.43	49.27
建筑装饰及水暖管道零件制造	64.28	55.06	17.05	3.42	47.23
安全、消防用金属制品制造	10.72	8.63	3.20	0.67	7.52
其他建筑、安全用金属制品制造	6.88	6.04	2.11	0.45	4.77
金属表面处理及热处理加工	120.12	107.04	31.57	8.72	88.55
搪瓷制品制造	29.99	25.31	8.84	1.52	21.16
工业生产配套用搪瓷制品制造	2.78	2.29	1.19	0.18	1.59
搪瓷卫生洁具制造	10.87	10.73	3.96	0.52	6.91
搪瓷日用品及其他搪瓷制品制造	16.34	12.29	3.69	0.82	12.66
不锈钢及类似日用金属制品制造	157.37	136.68	51.84	10.09	105.53
金属制厨房调理及卫生器具制造	25.90	22.97	8.11	1.79	17.79
金属制厨用器皿及餐具制造	87.17	75.71	29.49	5.43	57.68
其他日用金属制品制造	44.30	37.99	14.24	2.87	30.06
其他金属制品制造	144.06	118.10	48.75	9.09	95.31
铸币及贵金属制实验室用品制造	24.64	18.62	11.77	1.74	12.87
其他未列明的金属制品制造	119.42	99.48	36.98	7.35	82.44
通用设备制造业	3299.90	2845.77	1201.81	190.01	2098.09
锅炉及原动机制造	426.22	361.77	172.53	24.13	253.69
锅炉及辅助设备制造	123.48	102.28	47.66	5.43	75.82
内燃机及配件制造	224.75	194.10	88.90	10.17	135.85
汽轮机及辅机制造	64.32	54.90	30.25	8.02	34.07
水轮机及辅机制造	11.13	9.11	5.03	0.43	6.10
其他原动机制造	2.54	1.38	0.69	0.09	1.85
金属加工机械制造	354.69	305.98	140.54	17.89	214.15
金属切削机床制造	190.02	166.80	82.40	9.24	107.61
金属成形机床制造	66.23	58.36	25.30	3.56	40.94
铸造机械制造	27.19	19.99	8.31	1.53	18.88
金属切割及焊接设备制造	15.83	13.20	4.19	0.94	11.64
机床附件制造	25.29	21.51	10.92	1.16	14.37
其他金属加工机械制造	30.13	26.12	9.42	1.46	20.72
起重运输设备制造	334.89	270.53	113.55	17.10	221.34
泵、阀门、压缩机及类似机械的制造	530.04	461.72	194.91	29.45	335.13
泵及真空设备制造	129.43	110.38	46.84	6.34	82.60
气体压缩机械制造	143.39	127.61	60.35	8.30	83.04
阀门和旋塞的制造	145.42	124.75	47.12	8.16	98.30
液压和气压动力机械及元件制造	111.80	98.98	40.60	6.65	71.20
轴承、齿轮、传动和驱动部件的制造	439.74	394.43	166.50	26.07	273.23
轴承制造	300.83	270.77	115.18	18.03	185.65
齿轮、传动和驱动部件制造	138.91	123.66	51.32	8.05	87.58

单位：亿元

固定资产净值年平均余额	负债合计	流动负债合计	应付账款	长期负债合计	所有者权益合计	实收资本	国家资本
51.57	119.28	100.37	24.02	18.03	72.29	50.47	8.19
33.73	74.67	67.76	20.15	5.14	41.74	28.12	1.68
5.68	8.31	7.95	2.82	0.32	7.71	5.80	0.20
12.44	21.26	19.39	6.17	1.21	26.61	16.07	0.26
18.97	37.77	34.04	12.86	3.56	35.11	24.58	3.22
163.49	424.61	388.25	113.20	33.73	234.40	173.20	14.53
37.16	164.86	161.11	56.86	3.74	75.91	40.98	2.00
33.90	100.71	85.00	21.12	14.23	38.24	32.09	6.12
92.43	159.04	142.13	35.22	15.76	120.24	100.13	6.41
132.35	270.13	218.90	50.81	46.31	168.84	98.70	15.38
105.84	244.17	213.62	65.53	17.72	175.79	122.41	4.47
47.71	110.30	101.26	34.08	7.60	79.70	61.80	1.05
46.04	104.74	85.30	23.27	8.28	75.02	45.80	2.88
7.32	14.86	14.34	4.80	0.46	13.45	9.01	0.35
4.77	14.27	12.71	3.38	1.39	7.62	5.80	0.19
85.71	169.20	153.15	40.06	14.40	97.90	72.23	2.21
20.46	38.25	32.53	7.91	3.53	18.36	16.37	1.60
1.50	4.61	3.80	1.49	0.20	2.64	1.47	0.05
7.03	9.71	8.90	1.07	0.80	5.04	8.44	0.27
11.93	23.93	19.82	5.34	2.53	10.67	6.47	1.28
104.79	229.42	210.39	69.05	16.77	173.78	121.91	2.67
17.81	32.58	29.76	10.20	2.49	27.62	24.13	0.10
57.52	140.83	128.67	41.52	11.42	104.93	63.19	1.94
29.46	56.01	51.95	17.33	2.86	41.23	34.59	0.63
89.98	187.20	175.62	59.10	10.15	146.42	107.75	18.58
12.00	10.91	10.32	2.17	0.60	17.99	15.56	9.82
77.98	176.29	165.31	56.93	9.55	128.43	92.19	8.76
2042.06	5646.21	5033.42	1272.10	481.61	3234.97	2142.81	347.25
239.43	1306.63	1152.07	200.96	79.96	484.08	261.61	71.12
70.34	559.93	541.39	76.53	17.41	139.52	91.13	17.83
127.59	375.20	320.40	104.33	54.42	194.66	112.68	36.31
33.67	341.12	261.79	16.37	6.43	144.02	49.79	15.51
6.12	25.61	24.42	3.10	1.18	4.76	7.20	0.92
1.72	4.77	4.07	0.63	0.51	1.12	0.81	0.55
212.18	602.99	530.91	118.24	68.71	294.44	218.16	60.20
108.49	347.07	302.36	57.88	44.29	150.25	118.39	38.81
40.76	103.50	90.10	21.19	13.07	56.07	38.25	6.78
18.72	38.78	35.33	10.16	3.03	23.28	17.06	4.50
9.90	29.88	27.88	6.48	1.94	22.34	13.60	0.69
14.51	35.04	31.44	9.88	3.50	19.41	13.59	4.66
19.80	48.71	43.78	12.66	2.88	23.09	17.27	4.75
216.66	677.89	614.35	154.44	61.95	342.42	217.47	35.78
328.08	741.61	670.91	201.97	65.25	554.76	397.90	42.96
81.97	208.66	184.85	48.22	23.14	137.92	96.78	18.63
83.09	178.40	165.87	50.99	10.13	112.43	89.15	5.23
94.42	210.06	194.58	62.19	14.47	181.07	123.96	7.27
68.60	144.49	125.61	40.57	17.51	123.34	88.01	11.84
266.71	507.38	447.59	118.82	57.31	353.56	248.97	48.08
184.56	350.73	310.27	84.67	38.57	266.22	180.38	35.48
82.15	156.65	137.32	34.15	18.74	87.33	68.59	12.59

1-A-2 续表 25

行业	固定资产原价	生产经营用	累计折旧	本年折旧	固定资产净值
烘炉、熔炉及电炉制造	11.77	9.81	3.68	0.68	8.10
风机、衡器、包装设备等通用设备制造	508.95	432.58	181.74	29.09	327.21
风机、风扇制造	54.61	46.32	22.63	3.33	31.98
气体、液体分离及纯净设备制造	44.39	38.01	15.87	2.50	28.53
制冷、空调设备制造	205.23	174.50	73.10	12.12	132.13
风动和电动工具制造	74.53	62.79	24.42	4.59	50.11
喷枪及类似器具制造	12.17	10.73	3.01	0.53	9.16
包装专用设备制造	36.00	31.11	12.70	1.82	23.31
衡器制造	13.48	11.50	4.98	0.67	8.50
其他通用设备制造	68.53	57.63	25.03	3.54	43.50
通用零部件制造及机械修理	280.51	243.81	95.77	21.71	184.75
金属密封件制造	26.18	23.51	8.94	1.87	17.24
紧固件、弹簧制造	130.94	115.68	43.68	10.02	87.26
机械零部件加工及设备修理	83.42	68.35	29.01	6.74	54.42
其他通用零部件制造	39.97	36.27	14.14	3.07	25.83
金属铸、锻加工	413.08	365.15	132.61	23.87	280.48
钢铁铸件制造	281.90	249.81	86.66	16.61	195.24
锻件及粉末冶金制品制造	131.19	115.34	45.95	7.27	85.24
专用设备制造业	2241.87	1848.31	792.04	120.23	1449.83
矿山、冶金、建筑专用设备制造	579.47	477.40	226.64	25.85	352.83
采矿、采石设备制造	153.40	116.70	58.93	5.32	94.47
石油钻采专用设备制造	66.55	52.14	25.11	3.38	41.44
建筑工程用机械制造	158.37	140.30	55.04	8.96	103.33
建筑材料生产专用机械制造	46.00	38.06	17.05	2.39	28.95
冶金专用设备制造	155.16	130.20	70.52	5.81	84.64
化工、木材、非金属加工专用设备制造	394.85	339.95	126.40	23.52	268.45
炼油、化工生产专用设备制造	65.77	56.94	25.44	2.48	40.34
橡胶加工专用设备制造	19.93	15.38	8.26	0.88	11.67
塑料加工专用设备制造	58.97	52.60	18.45	3.40	40.52
木材加工机械制造	21.30	17.91	8.50	1.11	12.80
模具制造	223.66	192.42	64.27	15.22	159.39
其他非金属加工专用设备制造	5.21	4.70	1.48	0.42	3.73
食品、饮料、烟草及饲料生产专用设备制造	87.34	71.83	29.52	4.63	57.82
食品、饮料、烟草工业专用设备制造	51.56	44.82	17.55	3.23	34.01
农副食品加工专用设备制造	31.37	23.57	10.25	1.17	21.11
饲料生产专用设备制造	4.41	3.43	1.72	0.22	2.70
印刷、制药、日化生产专用设备制造	134.14	112.79	49.21	7.29	84.93
制浆和造纸专用设备制造	43.49	35.88	14.95	2.30	28.54
印刷专用设备制造	55.84	48.43	21.75	3.15	34.09
日用化工专用设备制造	2.11	1.52	0.59	0.13	1.52
制药专用设备制造	10.50	8.18	3.08	0.55	7.42
照明器具生产专用设备制造	9.76	7.33	4.06	0.53	5.71
玻璃、陶瓷和搪瓷制品生产专用设备制造	10.25	9.41	4.10	0.54	6.14
其他日用品生产专用设备制造	2.19	2.03	0.68	0.10	1.51
纺织、服装和皮革工业专用设备制造	239.84	203.61	92.44	12.89	147.39
纺织专用设备制造	162.81	138.96	67.05	8.33	95.77
皮革、毛皮及其制品加工专用设备制造	5.98	5.13	1.85	0.20	4.12
缝纫机械制造	63.68	53.43	20.80	4.00	42.88
其他服装加工专用设备制造	7.37	6.09	2.74	0.36	4.62
电子和电工机械专用设备制造	348.55	273.73	113.90	22.56	234.65

单位：亿元

固定资产净值年平均余额	负债合计	流动负债合计	应付账款	长期负债合计	所有者权益合计	实收资本	国家资本
7.82	32.80	30.09	10.58	1.41	14.09	9.38	0.45
318.44	854.86	788.50	237.13	49.90	597.07	366.46	36.44
31.48	108.79	102.28	33.12	5.16	57.39	35.18	5.09
28.33	107.79	92.07	21.68	5.32	52.97	32.27	3.02
127.96	316.50	296.08	86.97	17.25	271.79	149.31	16.36
47.60	123.28	118.14	49.04	4.87	87.03	55.26	2.95
9.24	20.23	18.73	5.26	1.49	11.85	8.67	0.44
22.55	53.68	47.41	11.01	5.52	40.49	31.27	1.78
8.59	26.49	24.84	8.66	1.57	16.85	10.73	0.94
42.70	98.11	88.95	21.39	8.73	58.69	43.77	5.86
179.78	383.70	342.43	102.39	35.28	277.67	190.84	21.55
16.72	31.17	28.34	9.54	2.52	30.62	16.27	1.27
83.79	163.23	149.18	42.29	10.95	130.46	98.66	4.09
53.69	118.86	100.89	30.74	15.93	77.23	53.68	14.75
25.59	70.44	64.01	19.82	5.88	39.36	22.24	1.44
272.97	538.36	456.57	127.57	61.83	316.88	232.02	30.67
191.22	372.67	314.71	90.03	39.24	220.30	161.63	19.47
81.75	165.69	141.86	37.54	22.59	96.58	70.39	11.20
1396.98	3681.97	3290.23	874.57	361.81	2097.64	1453.86	322.77
339.07	1205.51	1094.80	266.62	103.45	517.54	373.53	139.29
90.83	305.63	268.54	49.02	35.92	111.87	96.96	55.59
40.99	124.15	114.49	37.73	9.25	80.96	58.43	19.30
98.96	366.37	336.66	115.31	28.04	205.62	107.65	23.85
29.78	103.74	95.82	18.92	6.44	32.79	31.93	6.23
78.50	305.62	279.29	45.64	23.81	86.29	78.57	34.32
249.28	512.44	465.41	142.96	44.67	366.66	256.71	25.24
39.92	112.22	101.56	17.35	10.34	48.00	41.92	16.41
11.11	35.81	32.81	8.17	2.92	16.87	11.85	0.54
39.68	111.78	104.69	42.11	6.93	85.77	41.15	1.34
12.09	36.57	33.00	5.93	3.20	14.28	11.23	1.71
143.27	206.77	184.83	67.48	20.60	197.64	147.40	5.17
3.21	9.29	8.51	1.91	0.68	4.10	3.17	0.08
57.00	124.89	113.44	24.87	10.59	84.69	57.26	12.04
33.35	79.30	72.02	15.54	6.94	50.38	33.85	8.29
21.09	36.03	32.62	7.81	2.91	30.81	19.80	2.92
2.56	9.55	8.80	1.53	0.73	3.49	3.61	0.84
81.87	187.21	166.95	40.04	18.96	126.28	87.35	8.33
28.60	67.61	56.90	12.87	9.77	25.23	23.12	2.91
32.53	64.53	59.37	15.64	4.94	68.01	40.72	4.25
1.73	3.12	2.64	0.83	0.47	2.08	1.68	0.06
7.03	21.44	19.79	3.22	1.60	10.17	6.46	0.49
5.29	8.88	7.87	2.55	1.01	7.91	8.09	0.39
5.46	18.19	17.36	4.13	0.83	9.35	5.03	0.22
1.23	3.44	3.02	0.81	0.34	3.54	2.26	0.01
143.49	365.39	332.40	102.74	30.48	258.43	162.78	26.11
95.15	253.11	229.73	65.74	21.02	161.50	104.30	19.44
3.73	11.51	10.34	2.38	1.17	3.90	2.76	0.61
40.06	88.16	80.87	30.44	7.22	86.48	50.11	3.64
4.55	12.61	11.47	4.18	1.06	6.55	5.62	2.42
225.98	464.83	387.66	96.27	76.29	247.48	166.48	37.01

1-A-2 续表 26

行　业	固定资产原价	生产经营用	累计折旧	本年折旧	固定资产净值
电工机械专用设备制造	16.47	13.46	5.50	1.11	10.97
电子工业专用设备制造	73.95	65.13	23.08	4.93	50.87
航空、航天及其他专用设备制造	14.42	10.21	4.19	0.80	10.23
农、林、牧、渔专用机械制造	217.62	177.95	76.45	10.71	141.18
拖拉机制造	110.27	82.76	44.60	4.58	65.66
机械化农业及园艺机具制造	48.10	42.98	14.48	2.23	33.62
营林及木竹采伐机械制造	1.51	1.38	0.65	0.07	0.86
畜牧机械制造	1.88	1.06	0.67	0.09	1.21
渔业机械制造	1.78	1.44	0.67	0.12	1.11
农林牧渔机械配件制造	19.46	17.12	6.31	1.35	13.16
其他农林牧渔业机械制造及机械修理	34.62	31.20	9.06	2.28	25.56
医疗仪器设备及器械制造	108.87	91.56	34.20	6.12	74.67
医疗诊断、监护及治疗设备制造	35.17	28.50	10.80	1.65	24.36
口腔科用设备及器具制造	1.57	1.33	0.57	0.08	1.00
实验室及医用消毒设备和器具的制造	4.75	4.35	1.74	0.25	3.01
医疗、外科及兽医用器械制造	43.75	38.31	14.28	2.54	29.47
机械治疗及病房护理设备制造	5.49	4.96	2.12	0.39	3.38
假肢、人工器官及植(介)入器械制造	7.37	5.57	2.15	0.39	5.22
其他医疗设备及器械制造	10.77	8.54	2.55	0.81	8.23
环保、社会公共安全及其他专用设备制造	131.19	99.50	43.27	6.66	87.91
环境污染防治专用设备制造	53.32	41.02	16.35	2.48	36.97
地质勘查专用设备制造	9.68	6.90	4.23	0.32	5.45
邮政专用机械及器材制造	0.97	0.73	0.44	0.02	0.54
商业、饮食、服务业专用设备制造	4.59	3.34	1.74	0.34	2.85
社会公共安全设备及器材制造	15.82	13.42	4.98	0.92	10.84
交通安全及管制专用设备制造	1.72	1.42	0.48	0.10	1.24
水资源专用机械制造	6.72	5.11	2.57	0.34	4.15
其他专用设备制造	38.35	27.57	12.49	2.14	25.86
交通运输设备制造业	5537.10	4828.08	1987.18	334.95	3549.92
铁路运输设备制造	306.19	245.56	111.38	13.85	194.81
铁路机车车辆及动车组制造	159.49	131.75	61.57	7.16	97.91
工矿有轨专用车辆制造	6.48	5.67	1.96	0.15	4.52
铁路机车车辆配件制造	52.29	45.27	17.69	2.61	34.60
铁路专用设备及器材、配件制造	30.10	25.26	11.95	1.60	18.15
其他铁路设备制造及设备修理	57.83	37.63	18.21	2.33	39.62
汽车制造	3721.45	3283.93	1345.09	250.39	2376.36
汽车整车制造	1859.33	1683.49	710.29	133.67	1149.04
改装汽车制造	177.87	143.69	55.66	9.22	122.21
电车制造	1.19	1.05	0.31	0.04	0.88
汽车车身、挂车的制造	27.99	25.37	9.01	1.74	18.98
汽车零部件及配件制造	1579.41	1373.24	544.01	101.91	1035.40
汽车修理	75.65	57.09	25.80	3.82	49.85
摩托车制造	374.17	335.22	140.13	22.28	234.04
摩托车整车制造	207.07	187.28	83.31	11.65	123.77
摩托车零部件及配件制造	167.09	147.94	56.82	10.63	110.27
自行车制造	118.85	99.60	45.01	6.61	73.85
脚踏自行车及残疾人座车制造	105.41	87.50	42.07	5.71	63.34
助动自行车制造	13.44	12.11	2.93	0.90	10.51
船舶及浮动装置制造	515.75	427.10	158.26	19.47	357.50
金属船舶制造	349.38	288.57	103.55	12.34	245.83

单位：亿元

固定资产净值年平均余额	负债合计	流动负债合计	应付账款	长期负债合计	所有者权益合计	实收资本	国家资本
10.80	32.29	29.52	9.79	2.48	19.69	14.63	3.54
51.34	93.08	83.61	32.52	9.27	83.43	53.20	3.47
9.56	22.43	19.47	3.88	2.96	15.58	8.71	2.32
141.23	337.99	298.20	84.75	38.23	164.03	122.59	50.04
68.93	177.58	153.63	39.48	23.56	71.77	67.83	40.52
32.52	83.49	74.89	26.14	7.77	43.70	33.61	5.00
0.90	2.32	2.11	0.67	0.20	1.58	1.13	0.45
1.15	3.71	3.56	0.98	0.14	1.62	1.20	0.09
1.09	2.62	2.38	1.14	0.11	1.87	1.02	0.05
13.20	30.00	25.47	6.36	4.42	12.88	7.66	1.37
23.44	38.26	36.15	9.98	2.03	30.60	10.15	2.57
72.98	159.93	140.55	49.17	18.47	159.75	100.30	6.40
24.29	60.76	54.12	18.19	6.47	63.72	35.72	3.23
1.09	2.74	2.55	0.60	0.12	1.76	1.23	0.01
3.17	8.70	7.58	2.34	1.07	6.98	4.49	0.72
28.91	45.35	39.54	13.49	5.68	45.02	32.87	0.86
3.28	10.71	8.48	3.14	2.02	7.81	8.00	0.22
4.74	11.65	11.14	7.19	0.50	11.64	6.62	0.86
7.50	20.02	17.14	4.23	2.61	22.83	11.37	0.49
86.07	323.79	290.82	67.13	20.67	172.80	126.85	18.29
35.63	140.33	129.62	25.87	9.69	85.21	56.17	6.47
5.51	26.16	13.06	2.10	2.65	-8.90	4.32	3.48
0.54	1.49	1.42	0.24	0.07	0.16	0.33	0.32
2.85	11.47	11.12	2.81	0.17	10.53	9.81	1.82
10.26	35.38	33.21	9.03	2.06	25.17	14.76	0.52
1.23	5.21	5.05	1.47	0.16	3.65	2.57	0.28
4.15	16.10	15.40	2.88	0.51	5.70	4.79	0.85
25.90	87.65	81.95	22.74	5.36	51.29	34.10	4.56
3385.85	8606.28	7550.98	2293.88	1003.76	5821.31	3813.82	1173.61
187.66	431.34	408.52	155.12	20.90	232.11	191.70	69.11
90.97	212.03	199.09	86.14	12.88	107.18	89.44	27.67
4.47	11.31	10.97	2.52	0.35	3.82	3.99	2.26
33.75	79.76	75.70	25.76	3.49	42.35	38.33	13.95
17.85	60.88	57.59	16.52	2.73	35.38	25.18	5.21
40.61	67.35	65.18	24.18	1.46	43.38	34.75	20.01
2266.35	5383.22	4776.18	1646.06	566.03	4601.36	2744.09	712.79
1088.94	2717.29	2437.83	874.34	265.43	2665.65	1480.06	484.37
121.45	439.81	410.01	148.09	26.56	192.00	142.05	46.16
0.89	3.11	2.03	0.40	1.08	1.87	1.01	0.18
18.19	58.85	52.32	14.57	3.82	35.47	20.40	3.24
987.21	2060.18	1780.97	592.28	258.59	1642.49	1048.74	167.84
49.67	103.98	93.01	16.37	10.55	63.88	51.82	11.01
231.80	638.94	576.05	185.57	60.57	278.78	217.37	46.81
125.71	400.07	362.05	108.18	37.76	140.08	109.97	34.51
106.09	238.87	214.00	77.39	22.81	138.70	107.40	12.29
72.46	230.96	205.57	79.62	20.89	81.90	99.10	7.77
62.37	198.79	174.40	67.70	19.89	63.91	84.09	7.57
10.08	32.18	31.17	11.93	0.99	17.99	15.01	0.21
342.14	1157.62	982.57	112.37	173.70	252.09	221.41	82.92
232.22	959.69	820.95	86.39	137.94	152.83	140.13	50.84

1-A-2 续表 27

行业	固定资产原价	生产经营用	累计折旧	本年折旧	固定资产净值
非金属船舶制造	3.05	2.55	0.74	0.20	2.31
娱乐船和运动船的建造和修理	2.06	1.66	0.58	0.10	1.47
船用配套设备制造	30.84	23.00	10.35	1.40	20.49
船舶修理及拆船	126.25	108.05	42.16	5.28	84.09
航标器材及其他浮动装置的制造	4.17	3.27	0.87	0.15	3.30
航空航天器制造	485.98	424.23	182.20	21.42	303.78
飞机制造及修理	449.68	390.23	166.60	18.92	283.09
航天器制造	34.64	33.09	14.81	2.36	19.82
其他飞行器制造	1.67	0.91	0.79	0.13	0.88
交通器材及其他交通运输设备制造	14.71	12.45	5.12	0.93	9.59
潜水及水下救捞装备制造	0.30	0.27	0.10	0.02	0.20
交通管理用金属标志及设施制造	6.23	5.20	1.97	0.42	4.26
其他交通运输设备制造	8.17	6.98	3.05	0.49	5.13
电气机械及器材制造业	3192.31	2751.43	1120.72	202.60	2071.60
电机制造	364.09	308.29	142.24	21.47	221.85
发电机及发电机组制造	103.97	91.22	44.04	6.22	59.93
电动机制造	141.87	116.15	51.78	7.50	90.09
微电机及其他电机制造	118.24	100.92	46.42	7.75	71.83
输配电及控制设备制造	736.05	620.88	246.85	48.01	489.20
变压器、整流器和电感器制造	245.27	207.38	84.28	15.04	160.99
电容器及其配套设备制造	44.96	38.83	15.76	3.54	29.20
配电开关控制设备制造	254.06	212.20	84.18	15.88	169.88
电力电子元器件制造	117.71	100.62	37.27	8.88	80.44
其他输配电及控制设备制造	74.05	61.85	25.36	4.67	48.69
电线、电缆、光缆及电工器材制造	719.26	614.69	249.45	45.06	469.81
电线电缆制造	550.19	470.54	189.76	33.17	360.43
光纤、光缆制造	89.01	75.80	31.89	7.17	57.12
绝缘制品制造	49.35	41.20	19.44	2.89	29.91
其他电工器材制造	30.71	27.15	8.35	1.83	22.36
电池制造	261.58	231.16	79.13	18.22	182.45
家用电力器具制造	793.60	707.03	297.67	49.42	495.94
家用制冷电器具制造	179.18	157.86	74.25	11.25	104.93
家用空气调节器制造	275.00	251.50	103.25	16.05	171.75
家用通风电器具制造	46.17	40.72	17.96	3.45	28.21
家用厨房电器具制造	103.08	90.43	32.65	6.11	70.43
家用清洁卫生电器具制造	102.07	90.47	39.80	5.48	62.27
家用美容、保健电器具制造	17.70	15.80	6.65	2.41	11.04
家用电力器具专用配件制造	22.33	19.59	7.26	1.74	15.07
其他家用电力器具制造	48.08	40.65	15.85	2.92	32.24
非电力家用器具制造	42.21	35.27	13.43	2.69	28.78
燃气、太阳能及类似能源的器具制造	33.01	27.52	11.02	2.09	21.99
其他非电力家用器具制造	9.20	7.75	2.41	0.60	6.79
照明器具制造	233.53	196.92	79.44	14.96	154.09
电光源制造	91.51	73.77	34.55	6.05	56.96
照明灯具制造	98.89	86.54	30.37	6.07	68.51
灯用电器附件及其他照明器具制造	43.13	36.61	14.51	2.84	28.61
其他电气机械及器材制造	42.00	37.20	12.51	2.78	29.49
车辆专用照明及电气信号设备装置制造	25.14	22.67	8.09	1.98	17.05
其他未列明的电气机械制造	16.86	14.53	4.42	0.79	12.44
通信设备、计算机及其他电子设备制造业	5804.23	5120.94	1957.14	483.37	3847.09

单位：亿元

固定资产净值年平均余额	负债合计	流动负债合计	应付账款	长期负债合计	所有者权益合计	实收资本	国家资本
2.35	5.36	4.85	1.43	0.51	2.65	1.58	0.11
1.44	2.66	2.52	0.87	0.02	2.47	2.29	0.01
19.31	59.80	50.99	9.88	8.69	20.49	17.11	4.19
83.47	125.35	99.02	12.93	26.22	71.08	56.89	26.69
3.35	4.75	4.23	0.87	0.33	2.57	3.41	1.08
276.18	737.12	576.69	109.15	160.08	359.72	331.69	253.30
256.51	683.31	531.39	104.12	151.57	335.25	318.23	244.12
18.73	52.59	44.14	4.60	8.45	23.49	11.45	8.81
0.94	1.22	1.16	0.43	0.06	0.98	2.01	0.37
9.27	27.09	25.39	5.99	1.60	15.33	8.46	0.90
0.21	0.47	0.43	0.18	0.03	0.47	0.22	0.12
4.08	12.70	11.92	2.32	0.76	7.81	3.61	0.33
4.99	13.92	13.04	3.48	0.81	7.05	4.62	0.46
2027.24	5812.12	5365.11	1791.38	396.24	3672.04	2363.17	213.11
213.48	738.11	682.81	188.67	52.35	346.41	243.48	36.17
57.47	329.25	311.12	44.69	18.03	102.30	75.72	13.20
87.25	247.20	221.53	69.47	23.35	134.10	94.61	19.91
68.76	161.66	150.17	74.51	10.97	110.01	73.14	3.06
474.39	1503.19	1376.10	480.66	113.40	1034.23	638.46	58.19
156.89	482.87	443.30	141.25	33.91	284.72	186.55	18.01
27.53	55.82	47.22	19.93	8.24	44.78	31.59	1.49
165.84	585.40	543.66	194.18	37.18	419.76	262.22	26.14
76.81	179.54	163.70	69.26	13.72	145.21	96.92	3.82
47.33	199.55	178.22	56.04	20.36	139.75	61.18	8.73
455.18	1161.73	1054.63	282.73	101.21	789.91	516.87	45.45
349.05	949.20	872.62	221.57	71.80	626.83	397.94	33.17
55.45	92.24	75.23	23.61	16.37	89.32	66.08	8.23
29.35	74.28	64.98	22.34	8.96	42.38	29.36	3.56
21.33	46.01	41.81	15.20	4.09	31.39	23.50	0.49
178.22	432.78	391.80	135.59	38.41	278.98	191.46	19.56
497.54	1503.58	1417.79	532.51	64.53	866.64	533.62	40.96
101.30	320.00	294.88	77.65	24.22	163.91	136.10	21.86
180.74	607.54	577.30	224.01	14.16	386.04	143.84	5.81
27.42	80.62	74.58	35.13	3.62	32.95	26.16	0.52
68.99	201.15	194.14	85.27	6.56	96.77	66.05	4.64
63.26	162.09	151.62	55.51	10.28	82.40	94.73	6.00
10.27	27.51	25.86	12.74	1.13	20.77	13.57	0.02
14.57	40.49	38.44	15.67	1.46	31.92	17.53	1.53
31.00	64.18	60.98	26.52	3.10	51.88	35.64	0.59
28.35	68.32	63.57	20.45	4.53	41.54	31.89	1.95
21.24	53.08	49.13	14.82	3.74	34.62	25.80	1.93
7.12	15.24	14.44	5.63	0.79	6.91	6.08	0.02
151.36	346.35	326.31	130.94	18.54	266.97	174.49	9.15
56.83	100.04	93.10	36.01	6.77	101.39	62.83	6.80
66.70	177.73	166.80	65.96	9.83	117.78	79.96	2.01
27.84	68.58	66.40	28.97	1.94	47.80	31.70	0.34
28.71	58.06	52.11	19.84	3.27	47.36	32.90	1.68
16.65	33.55	29.15	10.29	2.05	27.00	17.96	0.23
12.06	24.50	22.95	9.55	1.21	20.36	14.94	1.45
3642.38	9766.20	8787.33	4492.81	930.51	5985.85	3855.62	281.86

1-A-2 续表 28

行业	固定资产原价	生产经营用	累计折旧	本年折旧	固定资产净值
通信设备制造	739.84	602.92	289.22	55.69	450.62
通信传输设备制造	95.32	79.50	32.45	6.78	62.87
通信交换设备制造	222.19	173.39	85.82	13.52	136.36
通信终端设备制造	83.56	68.92	33.88	5.95	49.68
移动通信及终端设备制造	276.06	229.67	116.86	25.32	159.20
其他通信设备制造	62.70	51.44	20.21	4.12	42.50
雷达及配套设备制造	48.29	35.98	18.07	2.33	30.22
广播电视设备制造	45.14	36.10	14.00	3.55	31.13
广播电视节目制作及发射设备制造	7.51	5.83	2.47	0.34	5.04
广播电视接收设备及器材制造	28.78	23.82	8.45	2.42	20.33
应用电视设备及其他广播电视设备制造	8.85	6.45	3.08	0.79	5.76
电子计算机制造	864.76	738.60	238.53	68.38	626.22
电子计算机整机制造	276.17	250.26	64.31	22.08	211.85
计算机网络设备制造	33.67	28.44	7.71	2.67	25.95
电子计算机外部设备制造	554.92	459.90	166.50	43.63	388.42
电子器件制造	2054.62	1893.67	695.24	194.91	1359.38
电子真空器件制造	555.94	528.64	231.43	49.22	324.51
半导体分立器件制造	211.89	176.83	56.53	16.32	155.36
集成电路制造	961.06	887.40	315.57	104.11	645.49
光电子器件及其他电子器件制造	325.73	300.81	91.70	25.26	234.03
电子元件制造	1487.06	1319.39	484.04	110.89	1003.02
电子元件及组件制造	1033.31	912.40	349.82	75.48	683.49
印制电路板制造	453.75	406.99	134.22	35.40	319.53
家用视听设备制造	502.37	440.30	203.52	43.93	298.85
家用影视设备制造	390.39	349.43	159.02	36.19	231.38
家用音响设备制造	111.98	90.87	44.51	7.74	67.47
其他电子设备制造	62.16	53.96	14.52	3.70	47.64
仪器仪表及文化、办公用机械制造业	690.49	597.47	241.38	47.21	449.11
通用仪器仪表制造	211.84	180.39	72.94	12.84	138.90
工业自动控制系统装置制造	85.40	73.87	30.58	4.78	54.82
电工仪器仪表制造	42.51	34.25	14.88	2.58	27.63
绘图、计算及测量仪器制造	17.46	15.12	5.84	0.84	11.61
实验分析仪器制造	18.44	16.75	6.00	1.25	12.43
试验机制造	11.58	9.66	3.33	0.65	8.25
供应用仪表及其他通用仪器制造	36.44	30.73	12.30	2.75	24.15
专用仪器仪表制造	79.25	63.54	28.21	5.20	51.04
环境监测专用仪器仪表制造	2.85	2.44	0.87	0.22	1.98
汽车及其他用计数仪表制造	21.59	18.20	7.39	1.78	14.20
导航、气象及海洋专用仪器制造	21.78	15.18	8.50	1.10	13.28
农林牧渔专用仪器仪表制造	0.35	0.28	0.09	0.01	0.26
地质勘探和地震专用仪器制造	9.49	8.09	3.88	0.59	5.61
教学专用仪器制造	3.44	3.06	0.94	0.15	2.50
核子及核辐射测量仪器制造	2.74	2.25	1.02	0.10	1.72
电子测量仪器制造	10.43	8.62	3.33	0.87	7.10
其他专用仪器制造	6.59	5.41	2.20	0.39	4.40
钟表与计时仪器制造	59.35	50.05	25.87	3.47	33.48
光学仪器及眼镜制造	157.88	141.62	46.71	9.90	111.18
光学仪器制造	109.57	99.99	28.18	6.72	81.39
眼镜制造	48.31	41.63	18.52	3.18	29.79
文化、办公用机械制造	174.37	155.67	65.28	15.33	109.09

单位：亿元

固定资产净值年平均余额	负债合计	流动负债合计	应付账款	长期负债合计	所有者权益合计	实收资本	国家资本
437.84	2108.58	1989.37	810.60	99.20	1463.39	626.80	55.44
62.63	335.46	301.54	95.18	23.13	156.08	93.74	23.84
125.68	633.54	583.50	176.68	48.78	461.45	187.65	11.36
49.53	162.08	150.51	70.46	10.20	94.52	67.76	5.97
159.61	869.03	854.60	429.31	8.11	632.80	225.57	6.66
40.38	108.46	99.22	38.97	8.97	118.54	52.08	7.61
28.47	87.16	68.69	11.95	10.96	45.91	29.36	18.75
30.39	115.69	106.39	39.19	8.63	84.70	51.94	3.96
4.88	30.65	27.31	3.15	3.34	13.92	11.98	1.59
19.85	53.98	50.78	27.41	3.00	51.98	26.88	1.18
5.66	31.06	28.30	8.63	2.28	18.80	13.08	1.18
577.57	2779.51	2645.43	1800.01	130.18	1067.18	657.38	28.57
197.51	1462.03	1400.87	990.63	60.44	363.04	176.49	17.09
22.49	136.05	129.62	61.93	6.13	71.27	54.58	3.15
357.57	1181.43	1114.93	747.46	63.60	632.86	426.30	8.33
1273.28	1776.90	1350.18	585.10	422.19	1353.31	1138.36	85.44
341.51	443.41	362.09	88.54	80.55	382.37	235.00	38.50
130.00	191.46	147.48	45.02	42.50	142.64	127.62	8.09
584.24	735.88	486.32	271.64	249.41	541.99	548.44	8.89
217.53	406.15	354.29	179.91	49.73	286.31	227.30	29.96
946.98	1663.71	1468.59	715.21	187.82	1242.87	930.55	44.52
646.75	1180.36	1042.01	487.89	133.32	908.16	660.51	42.22
300.23	483.34	426.58	227.32	54.50	334.71	270.03	2.30
301.26	1088.99	1054.54	487.80	31.49	624.91	358.64	43.02
235.22	916.72	890.75	390.23	24.88	506.29	281.12	41.37
66.04	172.26	163.78	97.57	6.60	118.62	77.52	1.65
46.60	145.68	104.14	42.94	40.06	103.58	62.60	2.17
434.48	1107.83	995.37	404.31	100.21	800.80	555.88	67.88
136.19	441.49	402.64	112.56	36.70	302.24	193.33	30.07
53.27	194.87	180.66	47.93	13.37	139.11	84.58	15.86
27.37	79.22	71.98	21.61	6.61	51.67	37.61	3.50
10.73	28.49	26.41	6.42	2.09	14.98	11.83	1.03
12.45	41.51	38.79	11.57	2.43	25.94	18.34	2.47
8.41	20.19	13.95	2.68	6.20	16.40	7.82	3.49
23.97	77.21	70.85	22.34	6.00	54.14	33.14	3.72
49.84	127.13	103.81	33.94	22.87	95.38	68.28	17.11
1.92	5.56	4.73	1.95	0.82	7.77	6.15	0.31
13.62	29.66	26.66	11.51	2.98	33.96	16.81	1.13
12.73	29.88	21.25	4.30	8.44	18.12	10.93	2.36
0.25	0.41	0.41	0.24		0.41	0.20	
5.93	17.08	11.26	2.91	5.82	1.99	10.78	8.11
2.57	5.59	5.39	1.45	0.18	4.99	3.14	0.56
1.73	5.16	3.56	0.41	1.60	1.03	1.68	1.26
6.86	20.15	17.54	6.63	2.53	17.14	11.47	1.67
4.22	13.65	13.00	4.53	0.50	9.97	7.12	1.72
34.01	77.24	62.61	24.03	11.76	41.51	45.79	5.15
104.07	171.51	154.33	59.92	16.73	137.41	99.62	6.51
75.10	122.99	109.00	44.54	13.73	86.20	59.99	6.49
28.96	48.52	45.32	15.38	3.00	51.21	39.63	0.02
105.14	272.68	255.87	167.18	10.54	215.12	142.46	8.47

1-A-2 续表 29

行　　业	固定资产原价	生产经营用	累计折旧	本年折旧	固定资产净值
电影机械制造	4.32	2.97	2.06	0.24	2.27
幻灯及投影设备制造	2.61	2.21	0.92	0.25	1.69
照相机及器材制造	85.15	78.76	30.68	8.73	54.48
复印和胶印设备制造	47.60	41.20	20.24	3.57	27.35
计算器及货币专用设备制造	25.19	22.96	8.16	1.76	17.04
其他文化、办公用机械制造	9.49	7.56	3.22	0.78	6.26
其他仪器仪表的制造及修理	7.80	6.20	2.37	0.47	5.42
工艺品及其他制造业	579.86	497.74	169.67	30.53	410.19
工艺美术品制造	273.97	237.15	79.11	15.12	194.86
雕塑工艺品制造	27.85	24.59	7.84	1.45	20.02
金属工艺品制造	31.05	26.10	9.06	1.71	21.99
漆器工艺品制造	7.21	6.22	2.05	0.33	5.15
花画工艺品制造	17.85	13.04	6.29	1.33	11.56
天然植物纤维编织工艺品制造	11.90	10.10	2.78	0.81	9.12
抽纱刺绣工艺品制造	54.73	49.77	15.37	3.39	39.36
地毯、挂毯制造	49.46	44.29	15.37	2.62	34.09
珠宝首饰及有关物品的制造	29.21	24.26	8.96	1.44	20.25
其他工艺美术品制造	44.71	38.77	11.39	2.04	33.32
日用杂品制造	117.81	104.01	35.60	6.63	82.20
制镜及类似品加工	8.61	7.30	2.41	0.58	6.20
鬃毛加工、制刷及清扫工具的制造	20.11	18.04	5.94	1.11	14.17
其他日用杂品制造	89.09	78.67	27.25	4.93	61.83
煤制品制造	3.77	2.99	1.08	0.22	2.70
其他未列明的制造业	183.81	153.14	53.75	8.54	130.06
废弃资源和废旧材料回收加工业	23.43	18.75	7.09	1.80	16.34
金属废料和碎屑的加工处理	15.82	12.60	5.46	1.36	10.36
非金属废料和碎屑的加工处理	7.61	6.15	1.63	0.44	5.99
电力、燃气及水的生产和供应业	32751.76	29233.10	10483.88	1751.33	22267.89
电力、热力的生产和供应业	29722.15	26556.27	9596.68	1605.74	20125.47
电力生产	17023.15	16019.09	6017.27	828.42	11005.89
火力发电	11169.43	10445.64	4585.83	603.17	6583.60
水力发电	4788.53	4525.21	1155.50	172.63	3633.04
核力发电	966.64	954.40	249.80	46.40	716.83
其他能源发电	98.55	93.84	26.13	6.22	72.41
电力供应	11904.43	9798.06	3375.85	738.67	8528.58
热力生产和供应	794.56	739.12	203.56	38.66	591.00
燃气生产和供应业	768.38	652.02	210.10	43.76	558.28
水的生产和供应业	2261.23	2024.81	677.10	101.82	1584.14
自来水的生产和供应	2094.97	1865.59	656.47	96.52	1438.50
污水处理及其再生利用	165.99	159.10	20.56	5.27	145.43
其他水的处理、利用与分配	0.27	0.13	0.06	0.03	0.20

单位：亿元

固定资产净值年平均余额	负债合计	流动负债合计		长期负债合计	所有者权益		
			应付账款		合　计	实收资本	
							国家资本
2.31	4.12	2.57	0.31	1.54	3.58	2.39	0.57
1.65	7.03	6.71	5.32	0.31	5.03	4.35	
52.49	111.67	104.50	75.03	2.37	89.92	63.29	4.50
25.87	84.93	80.71	50.12	4.20	60.61	34.77	1.92
16.94	50.79	50.11	31.63	0.66	43.49	28.93	0.46
5.88	14.15	11.26	4.78	1.46	12.51	8.73	1.02
5.23	17.78	16.12	6.69	1.62	9.13	6.40	0.58
393.44	737.79	627.51	183.62	103.95	561.59	387.61	47.62
191.67	381.08	349.77	97.63	26.52	311.00	214.54	5.51
19.92	29.86	27.42	7.87	2.06	29.52	22.56	0.24
21.17	41.29	37.12	9.20	3.89	35.86	22.81	0.35
5.17	8.63	7.86	2.24	0.54	8.57	6.32	0.05
11.80	18.32	17.26	7.37	0.90	18.09	14.37	0.16
9.26	15.53	14.65	4.19	0.69	15.59	10.61	0.01
38.95	60.20	53.93	13.53	4.80	45.07	31.92	0.51
32.34	60.91	52.60	15.14	8.13	37.41	26.23	2.85
20.55	80.87	76.85	16.80	3.18	53.97	36.19	0.86
32.51	65.48	62.10	21.31	2.31	66.92	43.53	0.49
78.26	148.14	138.02	42.87	9.26	123.73	85.31	0.25
5.47	11.46	9.69	1.85	1.63	8.61	4.97	0.10
13.58	25.24	23.01	7.57	2.20	19.82	12.70	0.08
59.21	111.44	105.33	33.45	5.42	95.31	67.65	0.07
2.73	6.07	4.97	1.16	0.98	3.15	2.40	0.38
120.42	202.00	134.46	41.93	66.98	123.08	84.83	41.29
15.18	72.81	65.06	23.32	7.27	35.27	23.42	0.47
9.47	53.46	49.29	19.81	3.77	23.07	14.98	0.36
5.70	19.35	15.77	3.51	3.50	12.20	8.44	0.11
21801.68	21942.77	8857.80	1776.14	12952.30	18429.67	11260.83	6590.82
19715.99	20184.87	7889.02	1647.09	12181.29	16346.34	9925.72	5709.30
10966.16	10807.82	3864.46	608.10	6851.66	5860.05	4504.09	1850.39
6537.26	6772.89	2939.25	516.69	3761.19	3706.06	2813.27	706.34
3653.91	3236.57	780.37	74.24	2437.91	1896.75	1555.56	1084.61
704.49	721.36	105.91	10.00	615.45	211.89	102.62	51.11
70.50	77.00	38.93	7.18	37.11	45.34	32.64	8.33
8192.21	8724.91	3586.47	960.62	5125.57	10064.95	5175.34	3695.92
557.61	652.14	438.09	78.36	204.05	421.35	246.29	162.99
545.45	512.71	326.94	53.76	174.45	581.56	447.65	208.61
1540.24	1245.18	641.84	75.30	596.57	1501.76	887.46	672.91
1400.42	1124.73	609.14	71.53	509.31	1344.84	778.77	592.19
139.64	120.03	32.27	3.56	87.26	156.50	108.39	80.72
0.19	0.43	0.43	0.20		0.43	0.30	

1-A-2 续表 30

行业	集体资本	法人资本	个人资本	港澳台资本	外商资本
总计	**1817.45**	**17557.96**	**7869.57**	**5186.69**	**8671.64**
一、按登记注册类型分组					
内资企业	1547.74	14278.31	7435.90	177.29	202.91
国有企业	30.24	2593.49	45.13	11.85	17.60
中央企业	4.07	1556.59	1.14	0.35	5.58
地方企业	26.16	1036.90	43.99	11.50	12.02
集体企业	810.14	156.75	74.21	12.94	8.79
股份合作企业	54.70	146.09	193.24	1.92	1.09
联营企业	29.01	109.09	18.47	0.76	0.52
国有联营企业	0.63	63.92	2.42		0.15
集体联营企业	10.18	7.60	3.85	0.04	0.05
国有与集体联营企业	13.09	25.93	0.89		
其他联营企业	5.09	11.63	11.31	0.72	0.32
有限责任公司	384.92	7361.23	1860.12	55.54	93.09
国有独资公司	6.78	1892.50	30.89	18.12	19.68
其他有限责任公司	378.14	5468.73	1829.23	37.43	73.41
股份有限公司	174.16	2447.30	1098.19	74.70	64.90
私营企业	61.94	1449.65	4138.56	16.38	16.60
私营独资企业	8.41	185.99	528.20	3.20	1.02
私营合作企业	5.39	43.28	127.81	0.45	0.20
私营有限责任公司	41.31	1091.47	3237.46	10.45	15.06
私营股份有限公司	6.83	128.91	245.09	2.29	0.32
其他企业	2.64	14.71	7.99	3.21	0.32
港、澳、台商投资企业	141.70	1193.48	206.96	4756.58	243.90
合资经营企业(港或澳、台资)	116.14	878.14	151.31	1181.90	49.60
合作经营企业(港或澳、台资)	16.41	111.39	7.45	257.59	34.00
港澳台商独资经营企业	4.55	64.15	13.68	3123.83	155.48
港澳台商投资股份有限公司	4.60	139.81	34.51	193.25	4.83
外商投资企业	128.02	2086.17	226.70	252.81	8224.83
中外合资经营企业	109.21	1644.10	174.09	119.94	2875.30
中外合作经营企业	10.25	136.35	9.84	27.67	376.36
外资企业	1.28	78.43	8.90	78.23	4739.67
外商投资股份有限公司	7.27	227.29	33.87	26.97	233.50
二、按经济组织类型分组					
独资企业	854.62	3078.80	670.12	3230.05	4922.55
国有企业	30.24	2593.49	45.13	11.85	17.60
集体企业	810.14	156.75	74.21	12.94	8.79
私营独资企业	8.41	185.99	528.20	3.20	1.02
港澳台商独资经营企业	4.55	64.15	13.68	3123.83	155.48
外资企业	1.28	78.43	8.90	78.23	4739.67
合作、合伙企业	118.39	560.90	364.80	291.59	412.49
股份合作企业	54.70	146.09	193.24	1.92	1.09
国有联营企业	0.63	63.92	2.42		0.15
集体联营企业	10.18	7.60	3.85	0.04	0.05
国有与集体联营企业	13.09	25.93	0.89		
其他联营企业	5.09	11.63	11.31	0.72	0.32
私营合伙企业	5.39	43.28	127.81	0.45	0.20
合作经营企业(港或澳、台资)	2.64	14.71	7.99	3.21	0.32
中外合作经营企业	16.41	111.39	7.45	257.59	34.00
其他企业（内资）	10.25	136.35	9.84	27.67	376.36

单位：亿元

主营业务收入	主营业务成本	主营业务税金及附加	其他业务收入	其他业务利润	营业费用	管理费用	税金
198908.87	**167246.40**	**2616.25**	**5007.16**	**896.09**	**6045.35**	**9820.71**	**345.36**
133803.02	111596.86	2319.36	3897.02	633.18	3619.10	7098.11	271.38
24077.58	19645.00	1117.95	961.50	155.93	441.34	1753.12	52.23
13224.95	10640.38	890.85	531.00	68.09	179.73	803.04	23.31
10852.63	9004.61	227.10	430.50	87.84	261.61	950.07	28.93
7517.11	6503.71	61.00	112.92	28.82	205.99	309.46	15.80
2513.00	2184.63	17.64	25.52	11.36	66.63	114.27	5.34
896.33	751.77	7.21	19.56	4.88	18.42	55.65	1.65
492.19	402.98	4.00	5.59	1.15	8.32	32.73	0.88
112.98	95.75	1.04	0.77	0.82	2.84	5.49	0.26
158.42	138.86	1.25	11.86	2.50	3.19	11.17	0.25
132.73	114.17	0.93	1.33	0.41	4.07	6.25	0.27
42564.19	34974.40	509.07	1751.97	248.18	1241.61	2540.41	96.36
10412.25	8353.42	239.33	751.18	71.89	253.81	844.71	27.20
32151.94	26620.97	269.74	1000.78	176.29	987.80	1695.70	69.16
22609.62	17963.17	347.83	627.37	76.46	746.64	1105.00	36.26
33487.25	29452.27	257.14	397.57	107.06	895.78	1214.94	63.53
5397.18	4698.79	55.72	28.90	13.10	140.74	164.05	13.98
1198.74	1041.85	14.13	9.28	3.71	30.97	37.74	3.20
25092.19	22161.62	173.23	332.28	83.26	670.30	946.38	42.20
1799.14	1550.01	14.06	27.11	6.99	53.78	66.76	4.15
137.95	121.92	1.51	0.62	0.49	2.68	5.27	0.20
23067.09	19964.22	84.88	435.72	95.95	726.70	963.01	27.16
9238.44	7962.28	30.05	197.25	40.56	311.59	362.78	10.17
1410.87	1235.22	4.87	13.89	4.00	34.73	56.98	1.72
11058.90	9629.80	39.81	177.13	43.31	340.81	492.85	13.63
1358.87	1136.92	10.15	47.45	8.08	39.55	50.40	1.64
42038.76	35685.32	212.02	674.42	166.97	1699.55	1759.59	46.83
19359.68	16159.26	172.71	415.86	76.72	856.91	819.96	21.10
1552.84	1183.80	2.38	21.69	6.68	133.32	84.00	2.45
19436.71	17067.43	25.98	203.82	79.06	626.30	770.66	21.00
1689.53	1274.83	10.94	33.06	4.51	83.01	84.96	2.27
67487.49	57544.72	1300.46	1484.27	320.23	1755.18	3490.15	116.65
24077.58	19645.00	1117.95	961.50	155.93	441.34	1753.12	52.23
7517.11	6503.71	61.00	112.92	28.82	205.99	309.46	15.80
5397.18	4698.79	55.72	28.90	13.10	140.74	164.05	13.98
11058.90	9629.80	39.81	177.13	43.31	340.81	492.85	13.63
19436.71	17067.43	25.98	203.82	79.06	626.30	770.66	21.00
7709.73	6519.19	47.74	90.55	31.11	286.76	353.90	14.57
2513.00	2184.63	17.64	25.52	11.36	66.63	114.27	5.34
492.19	402.98	4.00	5.59	1.15	8.32	32.73	0.88
112.98	95.75	1.04	0.77	0.82	2.84	5.49	0.26
158.42	138.86	1.25	11.86	2.50	3.19	11.17	0.25
132.73	114.17	0.93	1.33	0.41	4.07	6.25	0.27
1198.74	1041.85	14.13	9.28	3.71	30.97	37.74	3.20
137.95	121.92	1.51	0.62	0.49	2.68	5.27	0.20
1410.87	1235.22	4.87	13.89	4.00	34.73	56.98	1.72
1552.84	1183.80	2.38	21.69	6.68	133.32	84.00	2.45

1-A-2 续表 31

行业					
	集体资本	法人资本	个人资本	港澳台资本	外商资本
股份有限公司	192.86	2943.32	1411.67	297.21	303.55
股份有限公司(内资)	174.16	2447.30	1098.19	74.70	64.90
私营股份有限公司	6.83	128.91	245.09	2.29	0.32
港澳台商投资股份有限公司	4.60	139.81	34.51	193.25	4.83
外商投资股份有限公司	7.27	227.29	33.87	26.97	233.50
有限责任公司	651.58	10974.94	5422.98	1367.84	3033.05
国有独资公司	6.78	1892.50	30.89	18.12	19.68
私营有限责任公司	378.14	5468.73	1829.23	37.43	73.41
合资经营企业(港或澳、台资)	41.31	1091.47	3237.46	10.45	15.06
中外合资经营企业	116.14	878.14	151.31	1181.90	49.60
其他有限责任公司	109.21	1644.10	174.09	119.94	2875.30
三、在总计中：亏损企业	350.84	3389.13	1193.50	1358.43	2383.21
在总计中：国有控股企业	164.72	10556.03	779.19	400.56	893.15
在总计中：农村工业	357.65	156.05	136.19	66.94	63.90
在总计中：轻工业	624.43	3847.56	3167.96	2585.36	3263.19
重工业	1193.02	13710.40	4701.61	2601.33	5408.45
在总计中：大型企业	235.23	6953.31	845.83	610.39	1485.63
中型企业	609.43	5654.49	2303.81	2122.98	3653.48
小型企业	972.79	4950.16	4719.93	2453.32	3532.52
四、按行业分					
采矿业	169.57	1976.79	255.56	63.48	24.81
煤炭开采和洗选业	64.46	482.32	121.09	1.63	6.15
烟煤和无烟煤的开采洗选	62.01	427.73	117.84	0.57	6.07
褐煤的开采洗选	2.35	54.45	3.12	0.25	0.08
其他煤炭采选	0.11	0.14	0.12	0.81	
石油和天然气开采业	54.86	1277.11	8.11	52.82	6.63
天然原油和天然气开采	2.80	882.74	6.68	52.82	5.94
与石油和天然气开采有关的服务活动	52.07	394.38	1.42		0.68
黑色金属矿采选业	12.71	109.82	51.93	1.20	0.31
铁矿采选	12.39	107.16	48.96	1.16	0.28
其他黑色金属矿采选	0.32	2.66	2.97	0.03	0.03
有色金属矿采选业	22.01	49.14	31.19	1.04	3.98
常用有色金属矿采选	5.84	28.50	19.54	0.81	1.70
铜矿采选	1.21	7.48	2.70		0.14
铅锌矿采选	2.76	18.07	10.46	0.25	0.92
镍钴矿采选	0.10	0.37	0.40	0.07	
锡矿采选	0.13	1.08	1.70	0.32	0.20
锑矿采选	0.06	0.21	0.09		
铝矿采选	0.81	0.72	0.17		
镁矿采选	0.62	0.17	3.34	0.06	0.43
其他常用有色金属矿采选	0.15	0.40	0.68	0.12	
贵金属矿采选	15.10	11.78	6.14	0.10	1.88
金矿采选	15.07	11.43	6.02		1.88
银矿采选	0.03	0.35	0.12	0.10	
其他贵金属矿采选					
稀有稀土金属矿采选	1.08	8.87	5.51	0.12	0.40
钨钼矿采选	0.92	3.75	3.58	0.12	0.10
稀土金属矿采选	0.08	0.90	1.42		
放射性金属矿采选		2.06			
其他稀有金属矿采选	0.08	2.16	0.50		0.30

单位：亿元

主营业务收入	主营业务成本	主营业务税金及附加	其他业务收入	其他业务利润	营业费用	管理费用	税　金
27457.16	21924.94	382.98	734.98	96.04	922.99	1307.13	44.33
22609.62	17963.17	347.83	627.37	76.46	746.64	1105.00	36.26
1799.14	1550.01	14.06	27.11	6.99	53.78	66.76	4.15
1358.87	1136.92	10.15	47.45	8.08	39.55	50.40	1.64
1689.53	1274.83	10.94	33.06	4.51	83.01	84.96	2.27
96254.49	81257.55	885.07	2697.35	448.72	3080.41	4669.53	169.82
10412.25	8353.42	239.33	751.18	71.89	253.81	844.71	27.20
32151.94	26620.97	269.74	1000.78	176.29	987.80	1695.70	69.16
25092.19	22161.62	173.23	332.28	83.26	670.30	946.38	42.20
9238.44	7962.28	30.05	197.25	40.56	311.59	362.78	10.17
19359.68	16159.26	172.71	415.86	76.72	856.91	819.96	21.10
23384.40	21758.70	249.26	797.46	109.32	790.17	1813.22	57.02
71430.99	57187.96	1921.90	2918.85	389.25	1692.23	4567.40	146.51
4547.07	3914.16	33.09	45.12	16.85	116.48	150.96	9.84
61782.92	51349.24	1438.15	1270.47	265.24	2896.87	3006.90	109.06
137125.95	115897.17	1178.11	3736.68	630.85	3148.47	6813.81	236.30
71150.97	58636.15	1363.32	2661.08	267.90	1748.23	3306.55	110.22
62888.07	52532.05	827.76	1418.22	318.34	2332.72	3223.16	107.30
64869.83	56078.21	425.17	927.86	309.85	1964.41	3291.00	127.84
10755.09	6495.12	217.18	727.36	46.24	321.43	1064.78	41.72
4157.91	2796.24	64.35	435.99	22.51	212.19	608.48	14.63
4005.60	2686.66	61.93	428.34	21.84	203.03	590.04	13.89
128.58	86.88	2.38	7.62	0.60	9.03	18.12	0.73
23.73	22.70	0.03	0.03	0.07	0.13	0.31	0.01
4500.47	2164.68	119.80	241.47	9.28	37.56	272.05	20.23
3725.35	1444.27	109.32	173.39	6.77	31.42	203.95	16.05
775.12	720.40	10.48	68.08	2.51	6.15	68.10	4.18
730.06	507.04	14.49	31.93	5.62	21.30	69.81	2.23
687.24	477.01	13.88	30.62	5.38	19.28	65.08	2.11
42.82	30.03	0.61	1.30	0.24	2.02	4.72	0.12
795.24	590.14	6.34	10.01	4.31	13.90	66.26	2.49
269.34	194.08	3.06	5.83	2.37	7.58	28.67	1.23
83.34	61.81	0.68	2.77	0.81	1.55	10.29	0.23
130.43	89.01	1.79	2.38	0.80	3.21	14.85	0.67
5.63	3.32	0.07	0.07	0.02	0.31	0.58	0.02
14.73	10.51	0.20	0.20	0.60	0.42	1.47	0.21
2.85	2.00	0.04	0.04	0.01	0.02	0.34	0.01
3.84	3.25	0.12		0.01	0.16	0.14	0.01
16.53	13.67	0.10	0.24	0.06	1.31	0.61	0.05
11.99	10.50	0.08	0.11	0.07	0.60	0.40	0.04
415.09	329.61	2.33	2.01	1.52	4.99	26.94	1.06
409.56	325.97	2.23	1.96	1.50	4.87	25.88	0.96
5.53	3.64	0.09	0.04	0.03	0.12	1.07	0.10
110.80	66.45	0.96	2.18	0.42	1.33	10.64	0.21
89.85	48.64	0.72	1.79	0.14	0.92	8.94	0.15
13.63	11.94	0.21	0.19	0.16	0.23	0.35	0.01
2.39	1.75		0.03	0.01	0.03	0.80	0.03
4.94	4.12	0.02	0.17	0.11	0.14	0.55	0.01

1-A-2 续表 32

行业	集体资本	法人资本	个人资本	港澳台资本	外商资本
非金属矿采选业	14.24	58.40	43.08	6.79	7.74
土砂石开采	7.04	24.69	25.22	5.64	5.09
石灰石、石膏开采	2.44	10.38	6.71	0.95	0.25
建筑装饰用石开采	1.25	4.35	5.71	2.57	1.09
耐火土石开采	0.29	1.90	3.99	0.01	0.60
粘土及其他土砂石开采	3.06	8.05	8.81	2.11	3.15
化学矿采选	2.22	21.11	3.98	0.04	0.05
采盐	2.44	8.41	9.18	0.56	0.60
石棉及其他非金属矿采选	2.54	4.20	4.70	0.55	2.00
石棉、云母矿采选	0.23	0.21	0.30		
石墨、滑石采选	1.28	0.79	1.89	0.26	0.74
宝石、玉石开采	0.15	0.16	0.10	0.01	
其他非金属矿采选	0.88	3.04	2.41	0.27	1.26
其他采矿业	1.28		0.17		0.01
制造业	1522.73	11831.99	7430.68	4856.14	8301.57
农副食品加工业	62.28	368.41	388.82	112.22	241.36
谷物磨制	5.67	51.50	60.24	9.51	7.22
饲料加工	4.85	45.96	54.80	15.77	28.39
植物油加工	7.31	53.20	62.99	14.16	70.89
食用植物油加工	7.18	48.94	61.90	14.05	70.71
非食用植物油加工	0.13	4.26	1.09	0.10	0.18
制糖	4.26	31.54	19.47	6.70	6.00
屠宰及肉类加工	5.53	78.65	74.58	18.86	34.59
畜禽屠宰	3.94	40.89	46.52	8.27	13.68
肉制品及副产品加工	1.59	37.76	28.06	10.58	20.91
水产品加工	22.29	40.45	42.35	19.18	34.16
水产品冷冻加工	18.37	30.86	32.76	12.32	23.60
鱼糜制品及水产品干腌制加工	3.34	6.38	5.40	4.69	7.71
水产饲料制造	0.13	2.26	2.34	1.76	1.64
鱼油提取及制品的制造		0.04	0.19		0.46
其他水产品加工	0.45	0.91	1.67	0.41	0.74
蔬菜、水果和坚果加工	3.36	27.05	38.54	17.06	29.53
其他农副食品加工	9.01	40.06	35.84	10.99	30.58
淀粉及淀粉制品的制造	6.16	24.81	21.50	5.55	15.42
豆制品制造	0.82	8.88	4.72	1.66	8.11
蛋品加工	0.75	0.88	2.00	0.03	0.14
其他未列明的农副食品加工	1.28	5.48	7.62	3.74	6.91
食品制造业	34.83	244.79	159.56	96.29	270.11
焙烤食品制造	2.19	17.05	13.72	18.33	49.79
糕点、面包制造	0.78	5.89	3.29	8.04	11.00
饼干及其他焙烤食品制造	1.41	11.16	10.43	10.29	38.79
糖果、巧克力及蜜饯制造	2.69	11.58	9.23	8.54	43.49
糖果、巧克力制造	2.13	8.48	5.31	6.70	42.31
蜜饯制作	0.57	3.10	3.92	1.83	1.18
方便食品制造	4.37	32.45	26.13	30.87	41.14
米、面制品制造	1.24	5.87	4.77	1.53	0.88
速冻食品制造	0.55	5.00	4.44	3.98	6.29
方便面及其他方便食品制造	2.59	21.58	16.92	25.36	33.97
液体乳及乳制品制造	5.33	76.27	34.89	7.92	33.04
罐头制造	2.09	25.52	15.06	7.64	8.82

单位：亿元

主营业务收入	主营业务成本	主营业务税金及附加	其他业务收入	其他业务利润	营业费用	管理费用	税金
565.52	432.33	12.01	7.95	4.52	36.38	47.52	2.14
301.97	245.16	5.51	3.16	1.67	14.86	17.76	1.00
86.76	72.14	1.51	1.89	0.73	3.84	6.06	0.28
62.74	52.50	1.09	0.19	0.17	1.97	2.58	0.20
33.67	25.92	0.48	0.32	0.20	3.32	1.92	0.06
118.80	94.61	2.43	0.75	0.57	5.72	7.20	0.46
83.82	61.61	1.14	1.31	0.35	5.52	10.32	0.46
113.23	74.11	4.52	3.04	1.39	11.08	14.37	0.47
66.50	51.45	0.84	0.44	1.11	4.92	5.06	0.21
5.95	4.62	0.08	0.09	0.16	0.20	0.87	0.03
27.87	21.99	0.19	0.28	0.53	2.33	1.84	0.09
5.28	4.55	0.15		0.26	0.14	0.23	0.01
27.40	20.29	0.42	0.08	0.15	2.24	2.12	0.08
5.90	4.69	0.19			0.10	0.67	
171837.30	146466.65	2307.03	4068.86	767.65	5637.88	8118.59	278.04
8136.12	7346.42	33.79	122.92	22.75	212.14	206.84	10.49
951.45	863.59	5.79	9.08	2.79	24.64	22.42	1.83
1236.63	1120.57	5.07	8.53	2.61	37.23	34.68	1.16
1820.22	1715.61	5.16	63.40	3.24	38.93	27.39	1.80
1798.48	1696.09	4.91	63.15	3.14	38.62	26.92	1.78
21.73	19.52	0.25	0.25	0.10	0.31	0.47	0.03
316.21	248.57	2.22	8.06	1.74	8.51	21.19	1.08
1681.03	1518.12	5.12	19.40	6.38	43.90	40.52	1.76
992.49	901.94	3.30	10.53	3.23	22.47	22.78	1.09
688.55	616.18	1.81	8.87	3.15	21.43	17.74	0.67
1042.89	944.91	4.60	6.31	2.73	19.52	24.95	1.03
835.50	757.72	4.02	5.58	2.35	14.74	19.44	0.85
143.69	129.60	0.43	0.60	0.29	2.88	3.36	0.13
38.44	34.41	0.07	0.07	0.04	1.17	1.44	0.03
1.89	1.56				0.15	0.10	
23.37	21.62	0.08	0.06	0.05	0.58	0.60	0.02
465.20	399.75	2.33	4.47	1.33	19.85	16.65	0.90
622.48	535.31	3.49	3.66	1.93	19.56	19.05	0.92
346.13	286.75	2.13	1.62	0.85	10.65	10.61	0.50
123.90	115.96	0.43	0.92	0.79	3.45	3.70	0.15
17.63	15.57	0.09	0.47	0.04	0.63	0.62	0.02
134.82	117.04	0.85	0.65	0.24	4.84	4.12	0.24
2782.17	2188.67	14.57	52.41	12.08	285.80	136.88	7.07
294.40	232.38	1.75	4.05	1.41	32.86	16.93	0.59
90.07	67.87	0.54	1.35	0.79	11.43	6.49	0.15
204.33	164.51	1.20	2.70	0.62	21.43	10.44	0.44
201.25	141.39	1.10	2.64	0.36	32.59	12.25	1.66
166.81	113.46	0.83	2.43	0.28	30.50	10.93	1.59
34.44	27.93	0.26	0.21	0.08	2.08	1.32	0.07
468.53	389.29	1.92	17.24	1.72	39.04	17.12	0.82
77.56	68.38	0.31	0.91	0.16	2.53	2.52	0.14
59.53	47.89	0.26	0.83	0.36	5.13	3.64	0.10
331.44	273.02	1.36	15.50	1.20	31.37	10.97	0.58
683.79	524.36	3.79	14.39	1.78	93.21	26.05	1.31
217.19	184.91	1.31	1.80	2.87	11.43	9.88	0.48

1-A-2 续表 33

行业	集体资本	法人资本	个人资本	港澳台资本	外商资本
肉、禽类罐头制造	0.18	3.03	0.98	0.23	0.22
水产品罐头制造		2.74	0.75	0.43	0.54
蔬菜、水果罐头制造	1.73	17.79	11.93	3.47	5.71
其他罐头食品制造	0.18	1.97	1.40	3.51	2.34
调味品、发酵制品制造	9.87	37.05	25.23	6.75	40.83
味精制造	6.11	13.53	7.64	0.99	8.86
酱油、食醋及类似制品的制造	2.03	8.98	6.96	4.10	9.26
其他调味品、发酵制品制造	1.73	14.54	10.63	1.66	22.71
其他食品制造	8.27	44.87	35.29	16.23	52.98
营养、保健食品制造	2.56	12.41	7.04	5.76	8.77
冷冻饮品及食用冰制造	0.84	6.25	5.84	2.05	21.06
盐加工	0.23	6.50	2.11	0.02	
食品及饲料添加剂制造	2.30	14.11	15.61	4.56	13.49
其他未列明的食品制造	2.34	5.60	4.70	3.84	9.66
饮料制造业	27.74	281.02	139.73	101.30	245.70
酒精制造	1.04	12.40	5.79	0.46	1.55
酒的制造	16.07	148.94	92.97	50.28	144.18
白酒制造	5.44	37.56	53.27	0.47	3.44
啤酒制造	10.24	88.97	26.18	47.03	133.80
黄酒制造	0.30	7.36	2.92	0.91	0.77
葡萄酒制造	0.09	10.86	6.48	1.87	4.02
其他酒制造		4.18	4.13		2.15
软饮料制造	8.80	113.10	30.60	49.26	97.56
碳酸饮料制造	1.76	31.55	4.61	15.17	30.01
瓶(罐)装饮用水制造	1.27	18.52	4.24	8.16	16.54
果菜汁及果菜汁饮料制造	1.73	38.52	12.14	11.84	15.54
含乳饮料和植物蛋白饮料制造	0.98	12.62	6.60	4.72	6.98
固体饮料制造	0.03	3.31	1.82	1.26	17.31
茶饮料及其他软饮料制造	3.03	8.58	1.18	8.13	11.19
精制茶加工	1.84	6.59	10.36	1.30	2.40
烟草制品业	1.76	39.00	0.62	1.26	1.29
烟叶复烤	0.01	16.72	0.01	0.50	
卷烟制造	0.88	18.67	0.16	0.64	1.29
其他烟草制品加工	0.87	3.62	0.45	0.12	
纺织业	107.36	527.97	730.77	496.98	335.33
棉、化纤纺织及印染精加工	53.72	268.10	399.83	255.57	139.13
棉、化纤纺织加工	43.43	214.77	318.90	144.49	91.33
棉、化纤印染精加工	10.29	53.33	80.93	111.08	47.79
毛纺织和染整精加工	11.16	54.51	57.87	44.17	29.38
毛条加工	2.17	8.21	9.06	11.23	4.08
毛纺织	8.35	44.52	44.87	18.17	22.60
毛染整精加工	0.64	1.78	3.94	14.77	2.70
麻纺织	3.06	12.25	12.83	4.94	2.82
丝绢纺织及精加工	8.84	39.81	70.01	22.85	9.77
缫丝加工	1.65	6.15	16.93	0.34	1.04
绢纺和丝织加工	4.73	24.84	38.54	14.80	6.76
丝印染精加工	2.46	8.83	14.55	7.71	1.98
纺织制成品制造	12.60	67.93	77.54	46.95	75.73
棉及化纤制品制造	4.61	22.92	31.63	12.45	20.23
毛制品制造	2.29	4.99	7.08	4.24	2.97

单位：亿元

主营业务收入	主营业务成本	主营业务税金及附加	其他业务收入	其他业务利润	营业费用	管理费用	
							税　金
21.63	19.14	0.10	0.43	0.07	0.70	0.97	0.05
10.50	8.25	0.05	0.23	0.15	0.61	1.02	0.03
163.76	138.81	1.11	0.97	2.59	8.95	6.98	0.36
21.30	18.70	0.04	0.18	0.06	1.16	0.91	0.04
443.93	356.64	1.93	6.59	1.65	29.41	26.22	1.34
127.54	112.81	0.38	3.13	0.46	4.39	5.59	0.19
114.07	85.64	0.67	1.31	0.75	12.15	10.29	0.38
202.32	158.19	0.88	2.15	0.45	12.87	10.34	0.76
473.08	359.70	2.78	5.70	2.28	47.27	28.43	0.87
106.24	59.41	0.64	1.05	0.86	23.65	8.62	0.19
65.28	51.05	0.30	0.56	0.21	9.23	3.94	0.16
24.14	16.92	0.68	0.60	0.22	2.72	2.78	0.11
175.36	149.70	0.71	3.03	0.75	5.94	7.94	0.24
102.06	82.62	0.45	0.45	0.25	5.74	5.14	0.17
2393.19	1643.77	146.28	66.29	15.21	292.37	162.81	6.46
101.76	88.71	3.32	1.99	0.39	3.09	3.75	0.21
1291.07	811.32	134.71	28.72	10.31	153.18	103.22	4.14
516.35	300.67	61.63	5.67	2.48	57.07	43.40	1.87
631.95	419.51	64.77	17.44	4.45	77.08	50.14	1.77
34.56	23.63	1.87	0.82	0.18	3.49	2.75	0.11
74.37	45.30	4.54	4.74	0.61	10.75	4.62	0.19
33.83	22.20	1.92	0.05	2.59	4.79	2.31	0.20
917.54	673.43	7.46	35.03	4.00	132.20	51.68	1.81
261.07	175.75	0.57	2.37	1.35	48.81	15.86	0.87
165.51	132.09	1.08	16.07	0.55	23.64	5.43	0.19
167.39	128.55	0.68	3.79	0.72	19.21	18.94	0.25
93.33	69.27	0.34	6.69	1.18	12.59	5.29	0.30
116.58	82.30	4.66	5.40	0.23	12.25	2.77	0.10
113.66	85.47	0.14	0.72	-0.02	15.70	3.40	0.10
82.82	70.32	0.79	0.54	0.51	3.90	4.16	0.30
2573.40	942.51	1018.48	111.73	9.31	85.83	184.68	4.04
65.07	43.78	0.48	2.11	1.51	2.94	8.05	0.35
2495.14	888.75	1017.78	109.32	7.67	82.56	174.94	3.66
13.18	9.98	0.21	0.30	0.14	0.33	1.69	0.03
10021.11	9080.17	41.13	242.26	42.04	171.85	365.99	16.54
5501.53	5050.37	22.90	168.70	21.46	75.90	178.97	8.79
4236.21	3890.67	18.05	159.26	17.37	57.80	137.99	6.94
1265.32	1159.71	4.85	9.44	4.09	18.09	40.99	1.85
724.94	653.85	2.62	18.26	2.87	10.29	27.74	1.29
125.36	113.80	0.41	5.31	0.64	1.40	4.88	0.32
517.72	464.36	2.07	12.32	2.06	8.24	20.26	0.89
81.85	75.68	0.14	0.63	0.17	0.64	2.60	0.08
159.19	140.69	1.08	3.33	0.42	3.03	6.15	0.39
768.38	709.68	3.20	15.05	4.31	8.78	23.14	0.97
161.09	150.08	0.82	6.32	1.27	1.26	5.14	0.26
465.70	430.41	1.79	7.25	2.39	5.52	13.06	0.58
141.59	129.20	0.59	1.47	0.65	2.00	4.95	0.13
1176.39	1036.24	4.76	17.15	7.02	32.44	50.49	2.43
575.40	508.62	2.30	8.81	5.07	15.89	22.91	1.31
97.66	86.55	0.49	1.28	0.29	2.72	4.01	0.15

1-A-2 续表 34

行业	集体资本	法人资本	个人资本	港澳台资本	外商资本
麻制品制造	0.09	0.92	0.58	0.19	0.09
丝制品制造	0.19	2.63	4.73	3.25	1.70
绳、索、缆的制造	0.98	1.00	1.95	2.12	2.02
纺织带和帘子布制造	0.63	14.29	7.73	5.70	8.85
无纺布制造	3.03	14.87	16.91	8.11	16.31
其他纺织制成品制造	0.78	6.30	6.92	10.90	23.56
针织品、编织品及其制品制造	17.98	85.36	112.68	122.51	78.51
棉、化纤针织品及编织品制造	11.36	48.25	65.95	71.81	55.32
毛针织品及编织品制造	4.98	30.43	35.00	40.10	16.15
丝针织品及编织品制造	1.03	4.60	5.83	3.41	4.15
其他针织品及编织品制造	0.61	2.08	5.90	7.18	2.89
纺织服装、鞋、帽制造业	43.71	160.86	202.32	214.42	151.16
纺织服装制造	41.36	156.03	191.26	202.09	140.62
纺织面料鞋的制造	1.64	3.54	6.55	7.77	5.57
制帽	0.72	1.29	4.52	4.55	4.98
皮革、毛皮、羽毛(绒)及其制品业	14.89	63.20	116.50	155.41	122.54
皮革鞣制加工	3.54	13.49	23.33	15.20	22.67
皮革制品制造	10.08	41.85	77.11	132.16	93.63
皮鞋制造	6.94	25.66	49.21	94.20	61.24
皮革服装制造	0.51	4.03	12.36	4.37	4.31
皮箱、包(袋)制造	2.01	8.28	10.87	25.22	17.56
皮手套及皮装饰制品制造	0.34	1.72	2.45	5.43	4.64
其他皮革制品制造	0.28	2.16	2.23	2.95	5.87
毛皮鞣制及制品加工	0.90	3.99	7.18	3.45	2.68
毛皮鞣制加工	0.54	1.30	1.58	0.37	0.73
毛皮服装加工	0.07	1.68	4.02	2.41	0.93
其他毛皮制品加工	0.30	1.02	1.58	0.68	1.01
羽毛(绒)加工及制品制造	0.37	3.86	8.88	4.59	3.57
羽毛(绒)加工	0.07	1.32	5.42	0.78	0.85
羽毛(绒)制品加工	0.30	2.54	3.45	3.81	2.72
木材加工及木、竹、藤、棕、草制品业	13.47	90.01	101.99	54.33	59.12
锯材、木片加工	0.68	7.71	9.52	6.07	3.73
锯材加工	0.47	6.24	6.05	5.32	1.54
木片加工	0.21	1.48	3.48	0.75	2.19
人造板制造	8.07	62.41	67.95	32.78	25.21
胶合板制造	4.67	19.50	37.19	9.73	11.08
纤维板制造	2.14	24.08	16.26	10.67	9.19
刨花板制造	0.52	6.32	3.37	4.92	0.19
其他人造板、材制造	0.73	12.50	11.12	7.47	4.75
木制品制造	2.86	15.87	16.74	12.22	27.70
建筑用木料及木材组件加工	1.63	10.57	10.81	7.57	21.30
木容器制造	0.71	1.58	1.92	1.45	0.81
软木制品及其他木制品制造	0.53	3.73	4.01	3.19	5.60
竹、藤、棕、草制品制造	1.86	4.01	7.78	3.25	2.48
家具制造业	7.56	59.50	57.30	73.64	68.76
木质家具制造	4.55	39.09	37.28	40.36	40.42
竹、藤家具制造	0.05	0.26	0.39	1.33	0.30
金属家具制造	2.17	13.55	13.73	20.98	18.17
塑料家具制造	0.10	0.59	0.83	1.32	1.17
其他家具制造	0.69	5.99	5.07	9.65	8.70

单位：亿元

主营业务收入	主营业务成本	主营业务税金及附加	其他业务收入	其他业务利润	营业费用	管理费用	税　金
8.66	7.66	0.05	0.01	0.02	0.31	0.47	0.03
55.10	44.95	0.19	0.52	0.24	2.04	3.34	0.10
37.13	31.98	0.22	0.28	0.04	1.47	1.59	0.09
137.50	122.92	0.58	2.34	0.50	2.37	5.71	0.19
125.61	108.56	0.51	1.78	0.40	4.03	6.14	0.25
139.34	125.01	0.43	2.13	0.46	3.60	6.33	0.31
1690.68	1489.33	6.58	19.77	5.96	41.41	79.49	2.67
1025.38	903.89	4.05	12.64	3.45	25.80	47.78	1.68
530.22	467.12	1.88	4.03	2.15	12.66	25.11	0.78
76.98	67.76	0.25	2.10	0.27	1.51	3.72	0.08
58.10	50.56	0.40	1.01	0.09	1.44	2.88	0.12
3802.17	3306.53	15.43	35.68	13.78	125.32	190.19	6.00
3615.36	3141.78	14.64	32.93	13.20	120.46	179.21	5.65
125.49	111.64	0.56	0.93	0.42	2.92	6.76	0.26
61.32	53.11	0.23	1.81	0.16	1.94	4.23	0.09
2657.03	2358.04	11.62	13.60	6.09	57.30	110.80	4.12
477.48	429.53	2.38	4.28	1.51	6.28	10.54	0.73
1876.56	1656.76	7.85	6.75	3.89	44.19	92.28	3.06
1145.17	1006.33	4.67	3.01	1.96	27.98	62.29	2.13
202.63	180.80	1.16	1.63	0.87	4.39	6.18	0.18
335.68	298.24	1.25	1.21	0.66	8.60	16.85	0.43
88.39	80.33	0.27	0.14	0.26	1.46	3.18	0.17
104.70	91.06	0.50	0.77	0.14	1.76	3.78	0.14
110.47	97.79	0.64	0.55	0.22	2.66	3.18	0.15
25.99	22.46	0.14	0.08	0.03	0.83	0.73	0.04
55.75	49.53	0.31	0.36	0.14	1.16	1.61	0.06
28.73	25.79	0.19	0.11	0.05	0.67	0.84	0.05
192.53	173.97	0.75	2.01	0.47	4.17	4.80	0.18
66.40	61.63	0.19	0.37	0.23	0.77	1.48	0.08
126.13	112.34	0.56	1.64	0.24	3.40	3.32	0.10
1329.22	1170.98	8.74	23.10	4.81	40.56	49.06	2.43
111.24	95.90	0.89	3.39	0.86	4.55	5.18	0.25
80.13	68.93	0.71	3.30	0.82	3.51	3.95	0.17
31.11	26.97	0.18	0.09	0.04	1.04	1.23	0.08
836.39	743.38	5.58	16.06	2.24	23.03	27.81	1.47
402.15	366.66	2.84	9.09	1.04	8.31	9.80	0.69
224.64	193.21	1.35	5.09	0.73	7.84	9.70	0.37
44.04	37.57	0.26	0.76	0.09	2.34	2.64	0.11
165.56	145.94	1.13	1.11	0.38	4.55	5.67	0.31
282.43	246.84	1.47	3.22	1.32	9.42	12.20	0.53
158.41	138.90	0.59	1.97	0.78	5.45	6.40	0.33
42.73	37.22	0.32	0.93	0.24	1.35	2.07	0.06
81.29	70.72	0.56	0.32	0.29	2.62	3.72	0.13
99.17	84.86	0.80	0.44	0.39	3.56	3.88	0.18
1119.09	959.97	5.05	6.72	2.88	42.02	52.31	2.79
585.30	499.42	3.15	4.01	1.40	21.42	29.01	1.14
10.52	8.87	0.19			0.56	0.44	0.05
350.21	305.10	1.32	1.71	0.98	11.53	14.92	0.40
15.71	13.49	0.06	0.09	0.02	0.51	0.78	0.03
157.35	133.09	0.33	0.91	0.49	7.99	7.15	1.18

1-A-2 续表 35

行业	集体资本	法人资本	个人资本	港澳台资本	外商资本
造纸及纸制品业	59.26	229.55	204.84	144.69	316.48
纸浆制造	0.40	28.16	3.64	3.40	33.54
造纸	40.82	142.90	136.24	66.03	177.62
机制纸及纸板制造	37.57	131.49	128.71	59.00	164.33
手工纸制造	0.01	0.03	0.26	0.13	0.02
加工纸制造	3.24	11.37	7.27	6.90	13.26
纸制品制造	18.03	58.49	64.96	75.25	105.32
纸和纸板容器的制造	13.03	40.20	49.56	50.70	61.56
其他纸制品制造	5.00	18.29	15.40	24.55	43.77
印刷业和记录媒介的复制	24.76	134.65	97.69	94.81	48.43
印刷	19.60	111.76	92.60	87.89	41.74
书、报、刊印刷	7.93	34.76	30.43	34.72	12.24
本册印制	0.61	7.68	6.62	4.68	4.32
包装装潢及其他印刷	11.07	69.32	55.54	48.48	25.18
装订及其他印刷服务活动	3.41	6.76	2.51	3.69	2.35
记录媒介的复制	1.76	16.13	2.58	3.24	4.34
文教体育用品制造业	7.90	37.59	46.49	135.33	68.42
文化用品制造	1.19	10.12	13.32	15.98	12.41
文具制造	0.33	3.76	4.42	10.72	4.68
笔的制造	0.69	4.66	6.77	3.73	6.37
教学用模型及教具制造	0.08	1.22	1.71	0.14	0.17
墨水、墨汁制造	0.06	0.19	0.06	0.02	0.20
其他文化用品制造	0.03	0.29	0.36	1.37	0.99
体育用品制造	1.80	7.79	11.39	37.29	22.58
球类制造	0.37	1.57	1.18	4.53	2.03
体育器材及配件制造	0.87	2.77	4.53	14.24	5.67
训练健身器材制造	0.15	1.70	2.41	6.07	5.87
运动防护用具制造	0.24	0.41	0.24	7.58	4.92
其他体育用品制造	0.16	1.34	3.03	4.87	4.10
乐器制造	0.98	4.26	2.86	4.03	10.49
中乐器制造	0.09	0.23	0.30	0.05	0.62
西乐器制造	0.64	2.89	1.74	2.95	7.17
电子乐器制造	0.06	0.88	0.50	0.84	0.59
其他乐器及零件制造	0.20	0.26	0.32	0.19	2.11
玩具制造	3.74	13.54	14.79	76.28	21.91
游艺器材及娱乐用品制造	0.19	1.87	4.12	1.75	1.03
露天游乐场所游乐设备制造	0.06	0.48	3.66	0.18	0.73
游艺用品及室内游艺器材制造	0.13	1.38	0.47	1.57	0.29
石油加工、炼焦及核燃料加工业	18.31	563.88	143.46	51.65	46.64
精炼石油产品的制造	11.70	414.57	54.53	42.27	40.93
原油加工及石油制品制造	11.70	414.53	54.12	42.25	40.91
人造原油生产		0.04	0.41	0.02	0.03
炼焦	6.60	140.47	88.93	9.38	5.69
化学原料及化学制品制造业	111.74	1402.14	554.64	246.86	636.33
基础化学原料制造	28.23	508.07	134.75	28.47	77.89
无机酸制造	1.90	16.75	16.04	2.43	3.93
无机碱制造	2.00	57.65	21.60	2.32	6.25
无机盐制造	6.67	43.73	30.83	4.16	7.50
有机化学原料制造	12.47	349.82	45.51	12.02	22.94

单位：亿元

主营业务收入	主营业务成本	主营业务税金及附加	其他业务收入	其他业务利润	营业费用	管理费用	税　金
3232.17	2797.43	15.27	67.30	13.39	100.68	134.28	6.39
87.34	76.16	0.64	1.42	0.22	2.28	5.38	0.38
2030.62	1752.26	9.75	48.21	7.11	58.56	78.75	4.08
1887.83	1627.74	9.29	45.09	6.49	54.68	72.46	3.85
4.35	3.78	0.04	0.01	0.01	0.09	0.22	0.03
138.44	120.75	0.42	3.11	0.62	3.79	6.07	0.20
1114.21	969.01	4.88	17.67	6.06	39.85	50.15	1.93
779.02	686.29	3.43	10.02	4.39	23.08	34.51	1.32
335.18	282.71	1.45	7.65	1.66	16.76	15.64	0.61
1165.99	945.29	5.97	26.33	11.62	29.56	96.35	2.98
1076.73	875.80	5.53	25.02	10.94	26.40	86.78	2.46
374.61	315.27	2.12	9.80	5.16	8.06	36.76	1.12
74.45	61.85	0.29	1.13	0.47	2.81	5.09	0.12
627.67	498.67	3.13	14.09	5.31	15.54	44.93	1.22
53.77	42.00	0.32	0.62	0.35	1.72	5.49	0.14
35.50	27.50	0.12	0.68	0.33	1.44	4.08	0.38
1179.25	1040.24	4.18	9.75	6.23	33.85	67.15	1.91
205.40	174.46	0.91	1.47	0.83	7.55	12.44	0.40
75.11	64.67	0.28	0.39	0.22	2.97	4.46	0.18
88.29	75.65	0.39	0.97	0.49	2.69	5.41	0.16
25.16	20.06	0.21	0.06	0.07	1.27	1.36	0.03
5.86	4.45	0.01	0.03	0.02	0.25	0.59	0.01
10.98	9.63	0.02	0.02	0.02	0.37	0.61	0.02
317.16	280.20	0.93	2.62	0.85	8.30	16.61	0.43
34.05	30.54	0.08	0.33	0.10	0.79	1.90	0.06
89.42	77.88	0.29	0.67	0.37	2.52	4.80	0.17
98.17	87.67	0.34	0.28	0.20	2.72	3.99	0.11
36.94	32.63	0.05	0.31	0.05	1.08	2.69	0.03
58.59	51.48	0.17	1.04	0.13	1.19	3.23	0.06
90.55	74.83	0.35	2.11	0.41	2.71	6.53	0.17
6.28	5.36	0.02	0.11	0.01	0.24	0.40	0.01
57.38	46.43	0.28	1.32	0.36	1.75	4.74	0.13
18.18	15.67	0.02	0.59	0.03	0.55	0.81	0.02
8.71	7.36	0.04	0.09	0.01	0.17	0.57	0.01
526.63	475.82	1.72	3.30	3.98	14.15	29.58	0.80
39.51	34.94	0.26	0.26	0.15	1.13	2.00	0.12
26.52	23.74	0.22	0.23	0.13	0.58	1.04	0.09
12.99	11.20	0.04	0.03	0.02	0.55	0.96	0.02
8994.46	8011.43	314.40	207.44	24.38	113.32	217.52	5.83
7900.84	7126.55	301.52	178.57	14.92	56.94	168.76	3.89
7899.36	7125.22	301.52	178.55	14.92	56.91	168.71	3.89
1.48	1.32		0.02		0.03	0.05	
1064.50	860.25	12.30	28.33	9.40	56.13	46.97	1.90
12681.44	10328.71	84.76	382.08	44.56	572.23	673.58	24.98
3125.90	2614.44	21.78	165.30	13.48	88.61	179.53	5.96
198.67	164.68	1.20	7.50	1.50	7.74	10.52	0.44
583.43	479.24	3.19	14.85	1.96	15.62	46.51	1.62
444.80	373.29	2.52	6.92	2.04	22.46	21.38	0.85
1554.51	1318.13	12.75	128.16	4.34	28.64	80.19	2.45

1-A-2 续表 36

行业	集体资本	法人资本	个人资本	港澳台资本	外商资本
其他基础化学原料制造	5.19	40.12	20.77	7.54	37.27
肥料制造	7.54	236.52	93.83	6.15	11.06
氮肥制造	2.69	129.90	49.41	1.87	3.24
磷肥制造	1.31	16.62	15.70	0.13	1.47
钾肥制造	0.15	7.04	3.93	2.50	0.05
复混肥料制造	2.52	79.21	20.98	0.80	5.00
有机肥料及微生物肥料制造	0.19	1.83	2.13	0.54	0.66
其他肥料制造	0.67	1.91	1.68	0.30	0.63
农药制造	4.57	41.01	38.28	4.95	13.58
化学农药制造	4.36	35.04	33.41	4.72	12.75
生物化学农药及微生物农药制造	0.21	5.97	4.86	0.24	0.83
涂料、油墨、颜料及类似产品制造	25.93	65.48	70.20	47.35	104.62
涂料制造	16.56	27.01	33.94	29.24	48.10
油墨及类似产品制造	0.95	4.79	6.56	4.89	15.48
颜料制造	2.04	12.33	10.18	4.47	9.80
染料制造	6.02	19.15	16.03	6.10	24.95
密封用填料及类似品制造	0.36	2.20	3.48	2.66	6.28
合成材料制造	13.52	314.26	77.20	58.48	176.58
初级形态的塑料及合成树脂制造	7.94	211.25	48.18	24.91	95.28
合成橡胶制造	1.47	8.31	5.04	5.17	21.60
合成纤维单(聚合)体的制造	3.59	89.21	18.89	26.87	44.60
其他合成材料制造	0.52	5.50	5.09	1.53	15.09
专用化学产品制造	27.01	173.56	101.42	47.31	123.37
化学试剂和助剂制造	13.74	91.37	45.26	17.42	40.15
专项化学用品制造	5.43	31.26	20.63	10.54	26.49
林产化学产品制造	1.09	3.98	4.85	0.87	2.77
炸药及火工产品制造	2.81	15.43	12.40	0.72	1.67
信息化学品制造	1.33	18.65	5.73	13.80	25.58
环境污染处理专用药剂材料制造	0.36	1.18	1.89	0.11	5.20
动物胶制造	0.18	1.91	3.44	0.16	1.55
其他专用化学产品制造	2.06	9.79	7.21	3.69	19.96
日用化学产品制造	4.95	63.24	38.96	54.15	129.23
肥皂及合成洗涤剂制造	1.96	26.80	10.50	42.69	48.76
化妆品制造	1.01	13.07	9.09	6.23	53.21
口腔清洁用品制造	0.19	4.52	3.15	0.35	7.28
香料、香精制造	1.02	15.19	7.11	3.84	11.98
其他日用化学产品制造	0.77	3.66	9.12	1.04	8.00
医药制造业	55.49	515.18	297.29	67.73	202.02
化学药品原药制造	12.62	97.25	67.50	13.32	39.06
化学药品制剂制造	23.32	167.14	78.10	25.06	99.54
中药饮片加工	3.08	15.35	12.36	4.51	3.87
中成药制造	12.92	151.37	102.65	13.44	18.56
兽用药品制造	0.63	8.57	7.14	0.18	5.28
生物、生化制品的制造	1.96	59.97	16.93	7.51	25.50
卫生材料及医药用品制造	0.95	15.52	12.61	3.70	10.22
化学纤维制造业	18.64	265.96	106.76	74.48	88.42
纤维素纤维原料及纤维制造	2.32	31.85	12.72	4.63	15.54
化纤浆粕制造	0.53	3.27	2.60	0.04	0.57
人造纤维(纤维素纤维)制造	1.78	28.58	10.12	4.59	14.96
合成纤维制造	16.33	234.11	94.04	69.85	72.89

单位：亿元

主营业务收入	主营业务成本	主营业务税金及附加	其他业务收入	其他业务利润	营业费用	管理费用	税金
344.50	279.09	2.12	7.88	3.65	14.15	20.92	0.60
1774.86	1479.68	7.52	36.69	8.45	43.03	97.57	5.52
993.81	820.82	4.53	23.32	4.39	16.51	61.60	4.07
222.95	191.59	0.79	2.19	1.25	6.94	12.20	0.39
37.86	21.66	0.51	0.40	0.27	1.94	3.15	0.10
474.57	406.01	1.45	9.90	2.16	16.02	18.50	0.82
27.23	23.20	0.14	0.62	0.06	1.07	0.93	0.10
18.43	16.41	0.09	0.26	0.31	0.56	1.19	0.04
462.16	387.69	1.76	8.33	1.76	18.05	28.14	0.99
416.11	351.13	1.45	8.18	1.70	15.68	25.82	0.93
46.05	36.56	0.31	0.15	0.07	2.37	2.32	0.06
1283.45	1055.43	5.27	21.24	4.67	62.91	75.93	2.27
636.25	509.75	2.71	11.85	2.63	41.96	42.66	1.20
100.63	81.12	0.31	1.10	0.25	4.37	7.15	0.21
159.89	135.54	0.74	1.92	0.57	5.08	7.82	0.25
316.85	269.35	1.22	5.10	0.86	8.23	14.38	0.46
69.83	59.67	0.29	1.28	0.37	3.28	3.91	0.16
2837.90	2429.75	16.48	92.28	5.14	44.52	96.26	3.21
1471.27	1254.73	6.64	42.64	4.28	26.10	58.52	2.04
133.79	110.78	0.29	2.72	0.45	5.26	5.73	0.17
1137.59	982.26	9.26	45.34	-0.08	10.16	27.07	0.88
95.26	81.99	0.29	1.58	0.50	3.00	4.94	0.12
1987.30	1634.27	13.43	40.31	8.46	77.34	116.57	4.96
856.28	723.74	4.91	18.15	3.48	28.50	45.71	2.07
461.31	391.33	1.83	9.03	3.13	16.38	22.69	1.08
63.23	55.81	0.40	0.89	0.26	2.33	2.69	0.13
191.51	142.88	4.99	3.07	0.72	9.12	21.96	0.87
213.25	150.58	0.42	5.45	0.30	13.07	11.78	0.32
23.17	19.33	0.07	0.08		0.81	1.33	0.03
20.01	16.37	0.07	0.12	0.06	0.78	1.18	0.09
158.54	134.23	0.74	3.51	0.52	6.34	9.23	0.38
1209.85	727.46	18.52	17.94	2.59	237.78	79.59	2.06
625.58	339.15	6.89	10.68	1.21	150.13	30.62	0.68
274.80	156.30	10.23	3.04	0.31	58.11	26.55	0.49
67.67	44.06	0.22	1.93	0.57	15.36	6.13	0.12
149.43	114.69	0.67	1.74	0.28	5.73	11.21	0.64
92.38	73.25	0.50	0.55	0.22	8.44	5.06	0.14
3032.96	1961.13	20.50	39.77	15.88	468.73	284.44	9.67
777.95	616.37	2.71	12.03	3.31	42.45	59.12	3.17
979.81	564.59	7.50	15.74	5.97	211.09	95.90	2.39
110.97	79.05	1.00	0.72	0.33	13.10	8.79	0.31
759.97	426.73	6.82	5.18	3.08	159.84	80.91	2.21
77.39	58.79	0.50	0.84	0.28	5.59	6.24	0.42
193.99	116.84	1.30	2.31	1.60	24.48	24.55	0.70
132.89	98.75	0.67	2.94	1.30	12.19	8.93	0.47
1893.84	1734.61	9.55	100.27	9.17	20.48	60.52	2.40
240.13	197.17	1.01	7.71	1.17	4.13	14.04	0.60
43.21	37.35	0.23	0.34	0.12	1.06	2.03	0.08
196.92	159.82	0.77	7.37	1.05	3.08	12.01	0.52
1653.72	1537.44	8.54	92.57	8.01	16.34	46.47	1.80

1-A-2 续表 37

行　　业	集体资本	法人资本	个人资本	港澳台资本	外商资本
锦纶纤维制造	0.28	13.06	9.99	2.82	11.34
涤纶纤维制造	15.31	104.37	63.80	57.17	30.44
腈纶纤维制造		95.72	0.66	1.35	1.75
维纶纤维制造	0.09	1.06	4.62	0.70	0.03
其他合成纤维制造	0.65	19.90	14.97	7.81	29.33
橡胶制品业	16.37	119.91	70.85	81.10	176.48
轮胎制造	5.89	62.70	18.40	34.90	111.76
车辆、飞机及工程机械轮胎制造	4.59	57.21	15.03	31.31	106.74
力车胎制造	1.07	4.76	3.05	3.41	4.45
轮胎翻新加工	0.23	0.73	0.32	0.18	0.57
橡胶板、管、带的制造	4.17	12.10	16.00	2.65	13.00
橡胶零件制造	2.38	10.59	11.75	10.97	20.70
再生橡胶制造	0.15	2.38	2.01	0.16	0.29
日用及医用橡胶制品制造	0.66	15.01	6.27	3.77	8.64
橡胶靴鞋制造	2.01	11.89	11.65	21.71	8.45
其他橡胶制品制造	1.12	5.24	4.78	6.93	13.65
塑料制品业	66.78	250.27	265.17	319.65	291.20
塑料薄膜制造	15.57	51.91	39.88	49.98	43.69
塑料板、管、型材的制造	21.09	68.49	65.78	44.59	43.32
塑料丝、绳及编织品的制造	7.46	15.02	33.69	9.06	8.79
泡沫塑料制造	3.66	7.47	9.56	20.12	12.89
塑料人造革、合成革制造	1.90	12.36	22.47	13.13	13.89
塑料包装箱及容器制造	5.49	48.21	29.93	40.49	36.35
塑料零件制造	4.09	15.89	20.58	45.58	55.27
日用塑料制造	4.09	16.22	24.98	48.99	33.86
塑料鞋制造	1.42	3.34	5.95	6.58	2.86
日用塑料杂品制造	2.67	12.88	19.03	42.40	31.00
其他塑料制品制造	3.42	14.71	18.29	47.71	43.14
非金属矿物制品业	167.91	817.17	677.86	242.39	373.93
水泥、石灰和石膏的制造	76.64	362.39	238.72	64.99	91.86
水泥制造	75.27	358.42	235.32	64.18	85.90
石灰和石膏制造	1.37	3.97	3.40	0.81	5.96
水泥及石膏制品制造	18.27	105.68	97.91	24.82	50.90
水泥制品制造	13.04	83.42	73.54	19.99	32.31
砼结构构件制造	3.44	9.39	11.06	2.12	1.63
石棉水泥制品制造	0.32	1.03	1.19	0.24	0.42
轻质建筑材料制造	1.10	7.63	10.26	1.64	15.63
其他水泥制品制造	0.37	4.20	1.86	0.84	0.92
砖瓦、石材及其他建筑材料制造	23.34	100.32	118.93	49.62	51.11
粘土砖瓦及建筑砌块制造	8.04	17.45	14.08	0.51	2.07
建筑陶瓷制品制造	7.07	36.04	52.68	31.27	17.77
建筑用石加工	3.95	21.37	34.48	14.66	15.47
防水建筑材料制造	1.20	10.05	4.84	0.49	2.47
隔热和隔音材料制造	1.27	8.39	4.87	1.26	10.21
其他建筑材料制造	1.81	7.02	7.98	1.43	3.12
玻璃及玻璃制品制造	14.63	142.32	82.89	63.90	114.08
平板玻璃制造	4.30	38.58	19.20	11.13	23.43
技术玻璃制品制造	2.03	36.74	13.74	14.06	18.65
光学玻璃制造	0.13	7.70	1.24	1.25	11.92
玻璃仪器制造	0.19	4.47	3.16	0.37	0.67

单位：亿元

主营业务收入	主营业务成本	主营业务税金及附加	其他业务收入	其他业务利润	营业费用	管理费用	税 金
139.22	126.51	0.55	10.31	0.59	1.88	4.78	0.18
1252.36	1179.49	6.99	76.95	5.24	9.50	27.96	1.18
65.88	58.97	0.19	0.68	0.14	0.59	5.46	0.12
26.47	23.25	0.09	1.66	0.15	0.61	1.31	0.04
169.79	149.22	0.72	2.97	1.89	3.77	6.96	0.28
1732.85	1470.71	19.01	29.34	7.73	64.58	91.96	4.08
913.39	774.00	15.04	18.96	3.59	37.59	37.23	2.43
858.84	726.56	14.35	17.20	3.25	36.10	34.93	2.33
43.97	38.31	0.64	1.58	0.28	1.34	1.84	0.09
10.58	9.13	0.05	0.18	0.06	0.15	0.45	0.01
181.97	150.10	1.02	2.47	0.94	7.49	16.12	0.41
154.48	122.21	0.75	2.38	1.20	5.90	13.89	0.34
30.54	27.04	0.22	0.23	0.13	0.70	1.30	0.07
110.31	95.75	0.20	1.07	0.47	4.05	5.49	0.18
243.57	219.54	1.49	3.32	1.03	5.61	11.52	0.53
98.59	82.07	0.30	0.90	0.37	3.25	6.41	0.12
4106.27	3606.47	17.77	81.85	18.18	111.36	213.13	6.70
677.58	612.74	1.81	19.17	3.12	14.19	26.18	0.89
790.63	689.43	5.22	13.18	2.84	27.50	33.21	1.48
311.85	273.65	2.05	8.30	1.04	7.55	12.52	0.76
220.74	197.87	0.51	3.55	0.94	4.92	9.52	0.29
250.93	227.66	0.88	2.97	0.66	3.20	7.61	0.36
396.90	342.92	1.36	8.18	2.29	9.94	18.34	0.59
513.61	429.84	1.52	13.54	3.02	18.75	31.51	0.76
521.35	461.07	1.97	3.95	1.78	14.01	22.16	0.90
100.35	91.66	0.40	1.08	0.45	2.01	3.61	0.15
421.00	369.41	1.57	2.88	1.34	12.00	18.55	0.75
422.69	371.29	2.46	9.00	2.49	11.30	52.10	0.67
7118.95	5904.42	60.13	109.89	36.99	284.48	410.53	21.39
2301.94	1915.47	20.98	36.91	9.62	79.06	150.18	7.58
2255.76	1877.86	20.27	36.30	9.17	76.63	147.28	7.18
46.18	37.62	0.72	0.62	0.46	2.43	2.90	0.40
951.28	819.81	7.96	12.72	5.36	31.17	51.68	1.90
718.24	624.66	6.14	9.75	3.89	20.88	38.36	1.36
109.85	95.27	1.02	2.01	1.08	2.74	5.62	0.24
26.37	21.27	0.17	0.09	0.08	1.74	1.73	0.07
77.15	62.81	0.41	0.79	0.24	4.92	4.37	0.18
19.67	15.80	0.21	0.08	0.06	0.89	1.59	0.06
1229.71	1034.36	11.09	8.79	4.03	47.73	59.03	4.73
179.68	147.76	2.25	1.51	0.98	6.41	11.35	0.60
543.39	466.20	4.11	2.60	1.22	18.94	20.33	1.05
339.68	282.64	3.40	1.09	0.89	13.99	16.56	2.64
60.17	49.69	0.56	0.65	0.27	2.94	3.44	0.23
46.55	37.66	0.21	0.69	0.16	2.39	3.34	0.08
60.24	50.42	0.56	2.25	0.52	3.07	4.01	0.13
1203.02	966.93	7.03	24.53	7.12	46.28	71.66	3.40
288.85	222.41	1.39	5.50	2.07	7.68	20.95	1.27
202.88	161.66	1.31	9.22	1.07	8.08	10.85	0.53
55.16	43.61	0.09	0.81	0.26	1.39	4.44	0.08
50.44	41.92	0.26	0.49	0.09	1.69	1.95	0.14

1-A-2 续表 38

行业	集体资本	法人资本	个人资本	港澳台资本	外商资本
日用玻璃制品及玻璃包装容器制造	3.75	13.63	17.91	22.83	15.33
玻璃保温容器制造	0.29	1.45	1.16	0.58	2.05
玻璃纤维及制品制造	2.28	21.41	9.61	10.86	23.76
玻璃纤维增强塑料制品制造	1.23	8.43	11.93	0.93	8.07
其他玻璃制品制造	0.43	9.91	4.95	1.90	10.19
陶瓷制品制造	13.46	33.58	36.54	29.77	38.23
卫生陶瓷制品制造	5.92	8.70	7.65	12.39	17.62
特种陶瓷制品制造	3.38	6.35	8.42	4.86	14.75
日用陶瓷制品制造	3.77	15.48	16.25	7.25	4.07
园林、陈设艺术及其他陶瓷制品制造	0.39	3.04	4.22	5.28	1.79
耐火材料制品制造	10.78	31.56	57.13	2.56	15.04
石棉制品制造	0.52	1.52	1.96	0.16	2.36
云母制品制造	0.26	0.28	0.44	0.07	0.13
耐火陶瓷制品及其他耐火材料制造	10.00	29.77	54.73	2.33	12.55
石墨及其他非金属矿物制品制造	10.78	41.32	45.74	6.73	12.72
石墨及碳素制品制造	7.19	15.15	19.13	1.17	4.87
其他非金属矿物制品制造	3.59	26.17	26.61	5.56	7.85
黑色金属冶炼及压延加工业	104.68	993.40	485.78	134.51	188.81
炼铁	14.58	77.88	73.06	3.60	8.98
炼钢	13.10	141.52	77.27	37.34	7.13
钢压延加工	67.66	722.30	283.14	91.03	167.86
铁合金冶炼	9.34	51.69	52.32	2.54	4.84
有色金属冶炼及压延加工业	82.05	432.19	213.01	94.42	87.10
常用有色金属冶炼	12.04	223.49	87.17	19.77	13.85
铜冶炼	3.49	40.23	12.48	12.02	1.95
铅锌冶炼	2.94	62.73	19.00	0.79	1.82
镍钴冶炼	0.58	20.65	1.00	0.19	0.48
锡冶炼	0.55	4.19	5.57	0.08	0.75
锑冶炼	0.34	4.35	0.71	0.16	
铝冶炼	3.22	80.37	35.23	5.56	8.21
镁冶炼	0.81	3.76	9.24	0.42	0.61
其他常用有色金属冶炼	0.10	7.19	3.95	0.55	0.02
贵金属冶炼	1.41	11.24	9.07	0.41	0.43
金冶炼	0.97	9.80	4.42		0.36
银冶炼	0.37	1.28	4.47	0.10	0.03
其他贵金属冶炼	0.06	0.16	0.18	0.31	0.04
稀有稀土金属冶炼	2.43	27.93	17.59	3.11	4.50
钨钼冶炼	0.29	4.74	4.62	0.43	0.38
稀土金属冶炼	1.56	14.23	8.34	2.00	3.46
其他稀有金属冶炼	0.58	8.96	4.63	0.68	0.65
有色金属合金制造	1.20	9.07	10.64	4.66	10.03
有色金属压延加工	64.98	160.47	88.54	66.48	58.29
常用有色金属压延加工	64.34	152.52	83.16	65.36	51.16
贵金属压延加工	0.38	0.53	1.95	0.45	0.31
稀有稀土金属压延加工	0.26	7.41	3.42	0.66	6.82
金属制品业	67.60	268.42	299.73	211.25	235.86
结构性金属制品制造	21.41	93.87	116.79	33.82	52.33
金属结构制造	16.73	73.09	86.69	27.72	40.43
金属门窗制造	4.68	20.79	30.10	6.10	11.90
金属工具制造	5.34	21.75	32.24	22.16	30.02

单位：亿元

主营业务收入	主营业务成本	主营业务税金及附加	其他业务收入	其他业务利润	营业费用	管理费用	税　金
247.54	209.67	1.75	4.33	1.64	12.25	13.57	0.60
17.86	15.75	0.07	0.05	0.35	0.67	1.02	0.04
172.59	137.36	1.06	2.60	0.95	5.64	9.95	0.49
104.27	85.29	0.65	1.10	0.36	5.65	5.24	0.14
63.43	49.27	0.45	0.44	0.33	3.23	3.70	0.10
504.41	413.55	3.39	3.49	4.78	24.61	28.64	1.50
158.15	128.76	1.15	1.09	3.02	6.36	6.51	0.24
95.17	74.80	0.75	0.90	0.77	4.64	6.60	0.41
198.31	166.38	1.05	1.06	0.65	11.13	12.30	0.69
52.79	43.61	0.44	0.44	0.34	2.49	3.23	0.16
456.91	357.71	6.62	15.25	2.82	33.37	24.88	1.05
23.50	19.42	0.16	0.20	0.23	1.23	1.77	0.06
9.09	7.45	0.05	0.06	0.06	0.29	0.45	0.01
424.32	330.83	6.41	14.99	2.53	31.86	22.66	0.98
471.68	396.59	3.07	8.20	3.26	22.26	24.46	1.22
219.08	183.50	1.24	5.70	1.83	11.37	10.94	0.73
252.60	213.08	1.83	2.50	1.43	10.89	13.52	0.49
17099.58	14990.63	82.05	571.77	69.48	175.61	619.71	25.00
1331.73	1189.52	8.87	53.09	4.24	20.69	34.36	1.89
3356.93	3006.38	14.12	138.32	17.24	23.96	113.52	4.25
11580.35	10069.67	53.53	362.82	45.93	109.40	446.10	17.54
830.57	725.06	5.53	17.54	2.06	21.57	25.73	1.32
5934.67	5273.63	24.66	144.62	23.35	76.65	215.48	9.08
2688.92	2314.73	11.97	57.33	11.39	34.49	122.32	5.02
764.20	696.62	1.86	15.36	1.68	6.08	18.84	0.86
461.10	411.97	3.10	6.81	1.69	7.91	17.97	0.73
170.91	122.83	1.28	0.80	-0.02	1.32	25.50	0.89
116.87	104.39	0.70	2.44	0.50	1.41	8.23	0.32
25.90	21.72	0.14	0.13	0.11	0.31	1.60	0.05
1038.13	856.86	4.36	30.63	7.21	14.93	46.44	1.99
66.71	60.10	0.16	0.65	0.11	1.61	2.07	0.05
45.09	40.26	0.37	0.51	0.12	0.93	1.66	0.12
203.46	170.81	0.92	2.29	0.57	0.88	10.89	0.22
137.20	111.08	0.41	1.83	0.47	0.53	10.22	0.18
61.55	55.20	0.50	0.46	0.10	0.33	0.56	0.03
4.71	4.53	0.02		0.01	0.02	0.11	
266.80	234.73	2.03	3.54	2.20	4.27	11.64	0.37
103.75	89.55	1.01	0.58	0.11	0.91	4.34	0.09
97.03	84.95	0.73	1.70	1.70	1.92	4.16	0.19
66.02	60.23	0.29	1.25	0.40	1.43	3.14	0.09
218.85	199.22	0.57	11.84	1.83	3.61	8.66	0.30
2556.63	2354.13	9.18	69.62	7.34	33.40	61.98	3.17
2419.84	2243.69	8.56	65.45	7.06	31.20	55.76	2.98
47.49	44.02	0.13	0.26	0.02	0.30	1.16	0.07
89.31	66.42	0.49	3.91	0.26	1.90	5.06	0.12
4990.34	4357.44	21.25	94.56	27.30	135.42	224.60	7.80
1344.15	1177.36	7.35	21.62	7.41	36.52	63.55	2.15
1062.49	937.03	5.59	18.40	6.22	26.73	48.05	1.65
281.66	240.34	1.76	3.23	1.19	9.79	15.50	0.50
480.41	404.81	1.87	6.58	2.70	14.59	28.57	0.87

1-A-2 续表 39

行业	集体资本	法人资本	个人资本	港澳台资本	外商资本
切削工具制造	2.15	9.84	11.15	3.75	15.39
手工具制造	1.00	4.23	10.25	7.19	3.78
农用及园林用金属工具制造	0.31	0.84	2.03	1.37	1.05
刀剪及类似日用金属工具制造	1.19	4.08	3.01	1.83	5.71
其他金属工具制造	0.69	2.75	5.80	8.02	4.10
集装箱及金属包装容器制造	9.34	43.07	24.35	35.49	46.43
集装箱制造	1.66	14.80	1.30	7.57	13.65
金属压力容器制造	2.70	8.46	10.47	0.94	3.40
金属包装容器制造	4.98	19.81	12.57	26.98	29.38
金属丝绳及其制品的制造	8.47	26.23	21.67	13.24	13.71
建筑、安全用金属制品制造	6.13	20.83	36.24	23.25	31.50
建筑、家具用金属配件制造	2.30	7.70	16.82	15.23	18.71
建筑装饰及水暖管道零件制造	2.98	10.09	12.32	7.02	10.50
安全、消防用金属制品制造	0.66	1.15	4.99	0.47	1.39
其他建筑、安全用金属制品制造	0.19	1.90	2.10	0.53	0.90
金属表面处理及热处理加工	5.69	14.03	16.99	21.11	12.20
搪瓷制品制造	1.40	3.44	2.87	1.04	6.02
工业生产配套用搪瓷制品制造	0.33	0.28	0.60	0.14	0.06
搪瓷卫生洁具制造	0.51	1.36	0.28	0.10	5.92
搪瓷日用品及其他搪瓷制品制造	0.55	1.80	1.99	0.80	0.04
不锈钢及类似日用金属制品制造	3.65	22.30	29.03	36.18	28.07
金属制厨房调理及卫生器具制造	0.53	4.79	4.67	9.55	4.50
金属制厨用器皿及餐具制造	2.45	9.33	18.95	18.01	12.49
其他日用金属制品制造	0.67	8.18	5.40	8.62	11.09
其他金属制品制造	6.17	22.89	19.55	24.96	15.60
铸币及贵金属制实验室用品制造		5.52	0.22		
其他未列明的金属制品制造	6.17	17.37	19.33	24.96	15.60
通用设备制造业	101.23	582.80	495.48	141.52	474.53
锅炉及原动机制造	11.76	93.67	39.10	6.51	39.45
锅炉及辅助设备制造	7.12	32.87	17.67	0.74	14.90
内燃机及配件制造	3.56	33.79	18.84	4.78	15.39
汽轮机及辅机制造	0.86	24.39	1.64	0.95	6.45
水轮机及辅机制造	0.21	2.53	0.83		2.70
其他原动机制造	0.01	0.08	0.12	0.04	0.01
金属加工机械制造	6.83	73.16	40.37	15.43	22.18
金属切削机床制造	1.79	51.71	14.29	3.30	8.50
金属成形机床制造	1.75	9.94	9.88	3.05	6.85
铸造机械制造	0.94	3.13	3.51	2.17	2.81
金属切割及焊接设备制造	0.65	3.17	4.93	1.44	2.70
机床附件制造	0.68	2.01	3.46	2.03	0.75
其他金属加工机械制造	1.02	3.19	4.30	3.43	0.57
起重运输设备制造	10.89	55.03	51.49	7.09	57.19
泵、阀门、压缩机及类似机械的制造	17.35	91.74	110.47	21.12	114.26
泵及真空设备制造	6.29	21.35	32.06	1.81	16.63
气体压缩机械制造	1.46	29.66	8.14	7.68	36.98
阀门和旋塞的制造	7.15	21.23	52.90	5.16	30.26
液压和气压动力机械及元件制造	2.45	19.50	17.37	6.46	30.40
轴承、齿轮、传动和驱动部件的制造	9.47	53.50	47.09	15.49	75.34
轴承制造	6.00	33.90	29.06	11.93	64.01
齿轮、传动和驱动部件制造	3.47	19.60	18.04	3.57	11.33

单位：亿元

主营业务收入	主营业务成本	主营业务税金及附加	其他业务收入	其他业务利润	营业费用	管理费用	税　金
152.16	121.86	0.63	2.93	0.96	5.43	10.80	0.30
145.74	127.54	0.55	1.41	0.84	3.66	8.87	0.27
24.70	21.12	0.18	0.26	0.03	0.55	1.03	0.05
70.90	59.54	0.25	1.26	0.47	2.75	3.72	0.14
86.91	74.75	0.25	0.72	0.40	2.20	4.14	0.11
803.66	696.45	2.39	17.21	5.62	20.19	27.61	0.87
404.03	349.66	0.05	3.45	2.71	10.04	6.51	0.26
131.19	112.02	0.51	4.60	0.89	3.18	8.05	0.18
268.45	234.76	1.83	9.16	2.02	6.97	13.05	0.42
502.70	440.88	2.04	21.49	2.08	12.54	18.16	0.58
524.53	455.07	2.39	5.39	2.04	16.05	26.65	1.43
266.95	233.95	1.03	3.08	0.79	6.93	13.96	0.37
192.45	166.36	1.00	1.61	0.94	6.37	8.50	0.37
38.35	30.86	0.24	0.30	0.16	1.89	2.90	0.65
26.78	23.91	0.12	0.40	0.14	0.87	1.30	0.04
332.93	295.91	1.49	7.83	2.14	4.93	13.33	0.42
67.33	60.20	0.53	0.52	0.57	1.92	3.04	0.17
16.11	14.10	0.13	0.04	0.06	0.40	0.69	0.03
13.45	11.68	0.04	0.13	0.10	0.75	0.67	0.04
37.77	34.42	0.36	0.36	0.41	0.77	1.68	0.10
519.37	458.24	1.79	6.13	3.79	19.71	22.45	0.76
89.46	76.25	0.42	0.83	0.41	4.87	4.18	0.14
276.46	243.25	0.97	4.23	2.67	11.95	11.57	0.41
153.45	138.74	0.40	1.07	0.70	2.89	6.70	0.21
415.26	368.51	1.40	7.78	0.95	8.97	21.25	0.56
19.84	12.81	0.17	0.20	0.07	0.12	3.55	0.05
395.42	355.70	1.24	7.58	0.88	8.85	17.70	0.51
8103.00	6766.52	39.03	239.03	58.36	279.95	542.88	18.15
1038.95	864.80	3.62	45.16	9.06	30.38	86.64	2.31
365.99	310.32	1.43	8.75	2.25	9.10	30.13	0.86
507.71	426.72	1.81	28.22	6.03	16.38	38.73	1.03
148.37	113.46	0.33	7.52	0.66	4.15	15.89	0.30
13.98	11.76	0.05	0.59	0.11	0.64	1.58	0.12
2.90	2.54	0.01	0.08	0.03	0.11	0.30	
727.73	598.60	4.98	20.84	5.94	27.22	61.73	3.78
330.97	267.81	2.62	11.01	2.46	13.23	33.23	2.85
130.16	107.51	0.86	3.32	1.22	5.16	10.08	0.33
76.03	64.22	0.33	1.50	0.51	2.29	4.39	0.25
61.25	49.83	0.19	0.92	0.59	2.58	4.58	0.10
43.72	35.90	0.47	1.39	0.68	1.28	4.27	0.10
85.60	73.34	0.50	2.69	0.48	2.67	5.18	0.14
1082.74	914.04	3.50	58.68	5.95	40.38	66.77	1.59
1215.63	984.11	6.16	26.31	14.52	51.39	87.78	2.63
288.92	228.82	1.66	3.27	1.45	16.28	24.64	0.63
268.14	220.23	0.42	6.48	1.91	10.12	15.67	0.33
414.29	340.36	2.81	11.98	9.68	15.97	27.83	1.01
244.29	194.71	1.26	4.58	1.48	9.00	19.64	0.66
681.43	569.64	3.68	19.60	5.39	19.80	47.41	1.34
435.62	364.84	2.20	14.27	3.52	12.39	30.79	0.84
245.81	204.81	1.47	5.33	1.87	7.42	16.62	0.50

1-A-2 续表 40

行业	集体资本	法人资本	个人资本	港澳台资本	外商资本
烘炉、熔炉及电炉制造	0.43	1.83	3.06	1.23	2.38
风机、衡器、包装设备等通用设备制造	15.11	106.28	91.95	26.20	90.48
风机、风扇制造	3.56	12.38	8.41	2.64	3.12
气体、液体分离及纯净设备制造	1.63	10.90	8.84	2.81	5.07
制冷、空调设备制造	3.63	47.20	29.21	10.35	42.55
风动和电动工具制造	1.23	8.73	15.74	4.58	22.03
喷枪及类似器具制造	0.20	3.64	2.54	0.77	1.08
包装专用设备制造	2.19	12.35	9.83	1.20	3.92
衡器制造	0.31	1.42	3.38	0.83	3.84
其他通用设备制造	2.35	9.67	13.99	3.03	8.87
通用零部件制造及机械修理	12.37	40.18	44.08	34.89	37.78
金属密封件制造	0.61	2.86	3.77	0.71	7.06
紧固件、弹簧制造	4.84	13.83	22.75	30.65	22.49
机械零部件加工及设备修理	5.91	15.76	11.90	1.52	3.85
其他通用零部件制造	1.01	7.74	5.66	2.01	4.38
金属铸、锻加工	17.04	67.42	67.86	13.57	35.47
钢铁铸件制造	12.34	43.77	52.34	8.84	24.88
锻件及粉末冶金制品制造	4.70	23.65	15.52	4.74	10.59
专用设备制造业	47.12	443.00	279.54	126.36	235.06
矿山、冶金、建筑专用设备制造	12.04	115.21	74.22	4.89	27.88
采矿、采石设备制造	2.79	20.68	14.55	0.28	3.05
石油钻采专用设备制造	2.78	16.07	14.98	0.78	4.51
建筑工程用机械制造	3.93	35.58	24.47	3.20	16.63
建筑材料生产专用机械制造	1.39	11.40	11.06	0.36	1.50
冶金专用设备制造	1.14	31.48	9.15	0.27	2.20
化工、木材、非金属加工专用设备制造	6.66	51.97	40.92	61.48	70.43
炼油、化工生产专用设备制造	1.14	14.00	7.46	0.62	2.29
橡胶加工专用设备制造	0.19	5.09	2.28	1.34	2.40
塑料加工专用设备制造	2.89	8.27	10.35	11.36	6.95
木材加工机械制造	0.72	2.73	3.05	0.86	2.15
模具制造	1.25	21.21	16.71	46.57	56.49
其他非金属加工专用设备制造	0.47	0.68	1.07	0.73	0.15
食品、饮料、烟草及饲料生产专用设备制造	3.91	16.40	17.86	1.60	5.45
食品、饮料、烟草工业专用设备制造	1.70	11.74	7.15	1.39	3.58
农副食品加工专用设备制造	2.17	3.51	9.61	0.15	1.44
饲料生产专用设备制造	0.04	1.15	1.09	0.06	0.42
印刷、制药、日化生产专用设备制造	5.43	23.50	22.40	7.52	20.17
制浆和造纸专用设备制造	2.39	4.80	5.52	0.99	6.51
印刷专用设备制造	1.76	15.43	8.08	3.86	7.34
日用化工专用设备制造	0.02	0.30	0.83	0.06	0.41
制药专用设备制造	0.08	1.63	3.38	0.58	0.30
照明器具生产专用设备制造	0.08	0.38	2.49	1.54	3.21
玻璃、陶瓷和搪瓷制品生产专用设备制造	0.56	0.69	1.75	0.43	1.37
其他日用品生产专用设备制造	0.55	0.27	0.35	0.05	1.03
纺织、服装和皮革工业专用设备制造	4.84	47.27	34.36	21.27	28.92
纺织专用设备制造	3.41	34.05	20.10	15.11	12.18
皮革、毛皮及其制品加工专用设备制造	0.09	0.41	0.92	0.21	0.51
缝纫机械制造	1.09	12.17	12.25	5.50	15.46
其他服装加工专用设备制造	0.25	0.64	1.09	0.45	0.77
电子和电工机械专用设备制造	1.75	81.11	10.12	14.71	21.78

单位：亿元

主营业务收入	主营业务成本	主营业务税金及附加	其他业务收入	其他业务利润	营业费用	管理费用	税　金
61.73	51.61	0.21	0.93	0.43	2.07	3.55	0.05
1459.14	1185.37	5.82	32.62	8.60	64.95	98.04	2.82
157.56	126.77	0.82	1.42	1.12	7.17	13.36	0.35
146.11	115.91	0.59	2.47	0.95	6.22	10.68	0.29
555.01	443.02	2.06	18.43	2.83	28.75	34.92	0.87
301.57	260.21	0.87	3.60	0.84	6.79	16.25	0.46
33.31	27.35	0.19	0.41	0.35	1.50	2.24	0.05
75.38	62.56	0.31	1.36	0.69	3.86	5.71	0.32
49.63	38.61	0.17	2.16	0.68	3.01	3.69	0.08
140.56	110.94	0.82	2.77	1.15	7.66	11.19	0.38
734.16	628.46	3.95	12.62	4.18	19.88	42.58	1.29
73.04	57.06	0.39	1.39	0.19	3.08	4.98	0.12
354.93	308.35	1.55	4.74	1.71	10.34	16.74	0.56
182.16	155.88	1.40	3.53	1.34	3.51	14.00	0.44
124.03	107.18	0.61	2.96	0.94	2.95	6.86	0.17
1101.48	969.88	7.10	22.29	4.30	23.88	48.37	2.34
797.48	704.97	5.28	17.75	2.50	17.65	33.46	1.68
304.01	264.91	1.82	4.53	1.80	6.23	14.91	0.66
4903.23	4070.92	21.94	130.96	37.10	199.03	383.83	10.94
1400.59	1174.54	5.84	51.15	11.06	58.82	102.11	3.64
296.64	251.64	1.67	10.62	2.27	9.96	27.30	0.85
160.51	127.80	0.83	3.83	1.38	5.98	13.38	0.99
583.83	488.90	1.41	20.60	3.79	31.58	31.59	0.91
115.33	96.54	0.69	1.83	1.08	4.37	8.54	0.31
244.28	209.66	1.24	14.27	2.54	6.93	21.29	0.56
758.43	619.52	3.51	11.93	5.67	22.55	55.21	1.37
112.43	94.10	0.53	1.39	0.74	3.47	10.69	0.29
48.70	40.14	0.39	0.68	0.29	1.11	3.36	0.10
180.84	147.89	0.59	4.14	1.56	7.93	9.22	0.23
67.41	59.29	0.36	0.99	0.33	1.37	3.56	0.10
335.09	266.53	1.56	4.65	2.61	8.20	27.46	0.59
13.97	11.57	0.09	0.08	0.15	0.48	0.92	0.06
181.48	145.78	1.12	3.94	1.87	7.51	16.54	0.51
105.98	83.20	0.66	2.58	0.75	4.39	11.17	0.24
61.09	50.55	0.33	1.12	0.94	2.65	4.27	0.23
14.41	12.03	0.13	0.24	0.18	0.48	1.10	0.04
222.10	177.05	0.92	4.73	1.90	11.13	19.73	0.79
65.48	53.77	0.30	1.08	0.96	2.43	5.10	0.33
77.10	59.13	0.24	2.49	0.48	4.52	8.32	0.23
4.85	3.93	0.02	0.02	0.02	0.30	0.36	0.04
27.24	21.31	0.22	0.51	0.23	1.73	2.52	0.09
17.99	14.69	0.04	0.28	0.11	0.61	1.47	0.04
21.50	17.92	0.07	0.33	0.10	0.89	1.37	0.04
7.94	6.30	0.04	0.02	0.01	0.66	0.58	0.01
570.45	483.79	1.93	18.04	4.00	15.12	42.09	1.06
377.66	321.71	1.41	15.65	2.91	10.18	29.41	0.77
16.77	14.52	0.05	0.11	0.06	0.50	1.05	0.07
155.70	129.95	0.33	2.04	0.93	3.76	9.90	0.19
20.32	17.61	0.15	0.24	0.11	0.67	1.73	0.03
462.88	387.05	1.87	12.15	3.29	28.65	52.10	0.93

1-A-2 续表 41

行业	集体资本	法人资本	个人资本	港澳台资本	外商资本
电工机械专用设备制造	0.91	2.85	4.09	1.56	1.69
电子工业专用设备制造	0.62	11.59	5.36	12.69	19.46
航空、航天及其他专用设备制造	0.06	5.01	0.22	0.46	0.63
农、林、牧、渔专用机械制造	3.46	36.96	20.01	2.32	9.80
拖拉机制造	0.39	17.24	6.38	0.27	3.03
机械化农业及园艺机具制造	0.80	14.41	6.30	1.45	5.65
营林及木竹采伐机械制造	0.02	0.60	0.06		
畜牧机械制造	0.05	0.51	0.20	0.01	0.33
渔业机械制造	0.03	0.06	0.31	0.08	0.48
农林牧渔机械配件制造	0.54	1.60	3.96		0.18
其他农林牧渔业机械制造及机械修理	1.63	2.53	2.81	0.50	0.11
医疗仪器设备及器械制造	2.64	27.96	22.29	6.75	34.25
医疗诊断、监护及治疗设备制造	1.05	13.70	7.70	1.22	8.82
口腔科用设备及器具制造		0.60	0.31	0.15	0.15
实验室及医用消毒设备和器具的制造	0.37	1.47	0.86	0.28	0.78
医疗、外科及兽医用器械制造	1.00	6.12	9.05	1.72	14.12
机械治疗及病房护理设备制造	0.06	0.72	1.61	1.49	3.89
假肢、人工器官及植(介)入器械制造	0.01	1.42	0.52	0.53	3.28
其他医疗设备及器械制造	0.17	3.92	2.24	1.36	3.20
环保、社会公共安全及其他专用设备制造	6.39	42.62	37.36	5.82	16.36
环境污染防治专用设备制造	3.38	16.82	20.20	1.60	7.70
地质勘查专用设备制造	0.34	0.20	0.29		
邮政专用机械及器材制造			0.01		
商业、饮食、服务业专用设备制造	0.46	3.65	2.38	0.14	1.36
社会公共安全设备及器材制造	0.81	5.81	4.91	0.58	2.14
交通安全及管制专用设备制造	0.04	0.93	1.21		0.10
水资源专用机械制造	0.25	0.79	2.65	0.18	0.06
其他专用设备制造	1.11	14.42	5.71	3.31	5.00
交通运输设备制造业	69.28	1272.46	342.85	162.88	792.75
铁路运输设备制造	4.60	99.12	11.81	0.26	6.81
铁路机车车辆及动车组制造	0.44	56.87	2.10		2.37
工矿有轨专用车辆制造	0.01	0.99	0.12		0.60
铁路机车车辆配件制造	2.20	14.35	4.43	0.10	3.31
铁路专用设备及器材、配件制造	1.27	15.70	2.71	0.15	0.13
其他铁路设备制造及设备修理	0.67	11.21	2.46	0.01	0.39
汽车制造	49.76	946.14	246.29	98.94	690.16
汽车整车制造	3.56	558.14	45.58	26.21	362.20
改装汽车制造	4.17	56.82	20.05	4.00	10.86
电车制造		0.35	0.30		0.18
汽车车身、挂车的制造	0.81	7.81	6.46	0.47	1.62
汽车零部件及配件制造	36.99	308.42	162.09	61.87	311.54
汽车修理	4.24	14.59	11.82	6.40	3.77
摩托车制造	6.84	59.18	46.86	20.56	37.13
摩托车整车制造	2.37	31.28	17.67	4.28	19.85
摩托车零部件及配件制造	4.46	27.90	29.19	16.27	17.28
自行车制造	2.44	18.38	16.99	31.03	22.48
脚踏自行车及残疾人座车制造	1.90	14.83	10.87	28.88	20.04
助动自行车制造	0.54	3.55	6.12	2.14	2.44
船舶及浮动装置制造	5.20	91.30	14.43	7.80	19.77
金属船舶制造	1.96	64.81	8.54	2.35	11.62

单位：亿元

主营业务收入	主营业务成本	主营业务税金及附加	其他业务收入	其他业务利润	营业费用	管理费用	税金
54.18	44.85	0.30	0.83	0.50	1.82	4.43	0.18
171.64	143.81	0.32	2.90	1.35	4.36	11.74	0.31
16.75	12.68	0.05	0.39	0.18	0.50	3.03	0.06
648.41	582.75	2.38	13.24	4.26	16.68	31.28	1.17
213.76	192.99	0.59	6.41	1.43	6.17	14.62	0.57
166.51	147.49	0.68	4.32	1.02	5.22	8.49	0.27
2.54	1.98	0.01	0.07	0.03	0.09	0.28	0.01
6.68	5.57	0.09	0.13	0.08	0.44	0.55	0.01
9.20	8.33	0.04	0.05	0.04	0.16	0.33	0.01
65.70	58.13	0.52	1.07	0.46	1.25	2.77	0.13
184.02	168.26	0.45	1.19	1.21	3.34	4.26	0.18
284.98	205.55	1.81	8.05	2.01	19.86	31.93	0.52
108.77	73.42	0.86	6.09	0.54	8.87	16.21	0.18
3.95	2.92	0.02	0.03	0.01	0.33	0.44	0.01
8.26	5.93	0.07	0.08	0.08	0.92	0.96	0.03
98.08	77.53	0.26	0.76	0.51	4.39	7.36	0.20
15.82	11.07	0.32	0.36	0.13	1.60	1.58	0.04
20.05	15.09	0.02	0.28	0.22	1.46	2.26	0.02
30.05	19.58	0.25	0.47	0.51	2.30	3.12	0.04
373.90	294.88	2.55	7.73	3.04	18.70	32.83	0.95
161.38	129.75	1.19	3.63	0.94	7.02	12.85	0.35
9.97	7.53	0.07	0.59	0.24	0.39	2.02	0.06
0.86	0.73		0.06	0.05	0.01	0.29	0.01
12.27	9.80	0.06	0.24	0.19	0.93	1.02	0.07
50.62	37.94	0.52	0.70	0.33	2.92	4.81	0.16
7.60	5.84	0.07	0.09	0.07	0.39	0.88	0.01
21.11	17.26	0.08	0.64	0.18	1.09	1.53	0.07
110.09	86.03	0.56	1.79	1.04	5.95	9.43	0.23
13454.62	11381.99	203.71	633.41	91.79	409.61	795.58	20.39
537.93	463.41	2.27	35.99	3.16	8.89	53.71	1.18
271.91	241.27	0.85	24.77	1.06	2.88	23.07	0.52
15.85	14.90	0.06	0.14	0.03	0.25	0.88	0.02
99.58	84.09	0.61	2.98	0.76	2.19	10.56	0.31
63.91	49.16	0.40	4.44	0.63	2.00	9.59	0.12
86.68	74.00	0.35	3.67	0.67	1.57	9.61	0.20
10059.26	8431.93	167.51	520.84	67.40	328.31	551.54	14.65
5521.18	4587.40	149.87	370.07	35.10	207.37	256.58	6.77
796.69	715.27	3.54	34.45	4.95	23.22	36.03	1.11
2.79	2.55	0.01	0.04	0.03	0.06	0.18	
117.95	100.01	0.96	2.49	0.95	3.69	4.74	0.16
3435.29	2868.30	12.11	101.03	24.08	87.64	237.86	6.16
185.36	158.40	1.01	12.76	2.30	6.33	16.14	0.45
1056.07	907.79	29.77	33.84	6.70	41.55	48.01	1.38
600.89	503.79	27.29	27.16	4.94	30.17	28.09	0.69
455.18	404.00	2.48	6.68	1.76	11.38	19.92	0.69
430.46	382.11	0.79	4.12	2.00	13.58	17.38	0.54
352.98	314.57	0.49	2.91	1.82	10.33	13.96	0.42
77.47	67.54	0.31	1.21	0.18	3.24	3.43	0.12
810.99	744.74	2.09	25.32	8.51	7.75	49.61	1.45
608.19	573.60	1.37	12.48	4.60	3.59	31.18	1.05

1-A-2 续表 42

行业	集体资本	法人资本	个人资本	港澳台资本	外商资本
非金属船舶制造	0.03	0.15	0.63	0.52	0.13
娱乐船和运动船的建造和修理	0.40	0.13	0.13	0.77	0.86
船用配套设备制造	1.97	5.27	2.46	0.15	3.08
船舶修理及拆船	0.83	19.13	2.55	3.68	4.02
航标器材及其他浮动装置的制造	0.01	1.82	0.12	0.32	0.06
航空航天器制造	0.04	54.69	4.69	3.66	15.31
飞机制造及修理	0.03	52.07	4.33	3.66	14.03
航天器制造	0.01	2.62	0.01		
其他飞行器制造			0.36		1.29
交通器材及其他交通运输设备制造	0.41	3.65	1.78	0.64	1.08
潜水及水下救捞装备制造			0.02	0.08	0.01
交通管理用金属标志及设施制造	0.33	1.22	1.27	0.24	0.23
其他交通运输设备制造	0.08	2.43	0.49	0.32	0.84
电气机械及器材制造业	120.54	601.85	508.88	320.11	598.67
电机制造	5.43	64.21	43.49	22.33	71.85
发电机及发电机组制造	1.27	32.66	9.56	3.26	15.76
电动机制造	1.43	21.73	22.41	10.82	18.31
微电机及其他电机制造	2.72	9.82	11.51	8.25	37.78
输配电及控制设备制造	32.66	177.75	181.43	66.40	122.02
变压器、整流器和电感器制造	9.03	52.46	46.82	17.05	43.16
电容器及其配套设备制造	1.70	5.43	5.66	9.32	7.99
配电开关控制设备制造	18.25	80.32	91.57	14.68	31.27
电力电子元器件制造	1.93	15.26	23.90	19.32	32.70
其他输配电及控制设备制造	1.76	24.29	13.47	6.04	6.90
电线、电缆、光缆及电工器材制造	40.02	127.37	145.47	59.35	99.22
电线电缆制造	34.74	98.10	125.72	42.93	63.28
光纤、光缆制造	2.92	17.01	9.90	6.52	21.50
绝缘制品制造	1.48	5.56	4.98	6.59	7.20
其他电工器材制造	0.89	6.70	4.88	3.30	7.24
电池制造	4.23	43.16	22.47	36.94	65.11
家用电力器具制造	31.10	143.49	66.37	81.64	170.06
家用制冷电器具制造	5.00	47.46	14.48	7.35	39.94
家用空气调节器制造	7.79	45.26	16.63	16.45	51.90
家用通风电器具制造	3.94	3.72	4.14	10.11	3.73
家用厨房电器具制造	2.83	13.87	8.84	19.33	16.53
家用清洁卫生电器具制造	8.50	22.41	8.83	7.32	41.68
家用美容、保健电器具制造	0.15	1.32	2.28	3.34	6.47
家用电力器具专用配件制造	0.79	4.95	3.33	3.92	3.01
其他家用电力器具制造	2.09	4.51	7.84	13.82	6.80
非电力家用器具制造	0.74	6.18	5.75	4.96	12.30
燃气、太阳能及类似能源的器具制造	0.68	5.84	4.64	1.68	11.03
其他非电力家用器具制造	0.05	0.34	1.11	3.28	1.27
照明器具制造	5.26	29.63	37.88	45.91	46.66
电光源制造	2.35	9.61	9.10	10.89	24.08
照明灯具制造	2.05	14.05	21.76	24.80	15.29
灯用电器附件及其他照明器具制造	0.86	5.97	7.02	10.21	7.29
其他电气机械及器材制造	1.11	10.05	6.02	2.58	11.46
车辆专用照明及电气信号设备装置制造	0.78	5.34	3.85	2.02	5.73
其他未列明的电气机械制造	0.33	4.70	2.17	0.56	5.73
通信设备、计算机及其他电子设备制造业	38.92	856.34	281.92	696.07	1700.51

单位：亿元

主营业务收入	主营业务成本	主营业务税金及附加	其他业务收入	其他业务利润	营业费用	管理费用	税　金
8.31	7.33	0.03	0.08	0.01	0.24	0.49	0.04
4.17	3.52	0.01	0.06	0.06	0.11	0.33	
62.44	52.04	0.30	7.44	0.67	1.62	6.21	0.10
123.71	104.64	0.37	5.00	3.06	2.08	11.12	0.25
4.17	3.61	0.01	0.27	0.10	0.11	0.29	0.01
498.37	397.31	1.04	12.91	3.84	8.24	72.79	1.09
468.24	376.52	1.02	12.46	3.66	8.04	66.70	1.06
29.02	19.92	0.01	0.45	0.18	0.17	6.01	0.03
1.12	0.87				0.03	0.09	
61.53	54.68	0.24	0.39	0.18	1.29	2.54	0.09
1.10	0.92	0.01	0.13	0.05	0.05	0.13	
18.41	14.87	0.17	0.11	0.11	0.39	1.21	0.04
42.02	38.90	0.07	0.15	0.01	0.85	1.20	0.04
10871.43	9204.68	32.87	196.39	52.65	514.65	535.60	16.68
1068.74	914.44	3.47	24.79	7.31	30.17	67.09	1.99
312.90	258.98	1.00	8.64	2.04	8.88	23.31	0.66
381.92	323.52	1.80	10.80	2.60	13.33	27.02	0.82
373.91	331.93	0.68	5.35	2.67	7.96	16.75	0.51
2351.11	1883.50	9.95	37.67	14.93	108.62	168.30	5.15
684.61	561.66	3.32	13.71	3.22	35.01	45.52	1.55
97.86	80.76	0.43	0.59	0.49	3.64	7.09	0.17
939.00	731.02	4.03	14.60	6.83	46.23	69.36	2.45
385.58	320.48	1.04	4.45	1.56	10.36	25.75	0.71
244.07	189.58	1.13	4.33	2.84	13.38	20.57	0.28
2432.97	2133.54	8.08	32.36	8.98	78.61	87.06	3.19
2065.53	1821.52	7.08	27.78	7.14	63.50	67.41	2.64
146.21	124.73	0.34	1.92	0.50	7.92	7.69	0.21
136.86	116.04	0.37	2.05	1.00	4.12	6.85	0.17
84.37	71.25	0.30	0.61	0.34	3.07	5.12	0.17
768.72	669.89	1.28	15.22	4.19	23.68	34.84	1.36
3227.40	2737.78	5.81	74.99	11.66	229.74	118.30	3.32
495.19	414.02	0.69	21.56	2.30	38.98	16.36	0.46
1550.26	1297.37	2.39	27.82	4.81	130.41	51.36	1.26
174.34	152.35	0.36	1.41	0.52	8.47	7.25	0.42
430.16	379.68	0.74	11.91	2.66	17.49	14.24	0.47
259.82	221.30	0.49	9.39	0.61	23.68	12.58	0.38
67.02	53.75	0.19	0.41	0.03	3.31	4.81	0.06
82.42	73.28	0.19	1.33	0.24	1.59	4.07	0.12
168.19	146.04	0.75	1.19	0.47	5.82	7.64	0.15
149.15	122.77	0.49	2.04	0.48	12.13	7.91	0.29
118.14	95.28	0.39	1.80	0.37	11.64	6.77	0.24
31.01	27.48	0.09	0.24	0.11	0.49	1.13	0.04
764.75	654.57	3.40	6.42	3.58	27.02	42.76	1.20
198.53	168.14	0.63	1.97	0.67	5.64	11.81	0.40
399.65	342.82	2.25	3.27	2.29	15.36	21.11	0.55
166.57	143.61	0.51	1.18	0.63	6.02	9.84	0.25
108.59	88.20	0.40	2.90	1.51	4.67	9.35	0.20
64.07	51.14	0.19	0.87	0.30	2.56	5.54	0.11
44.52	37.06	0.20	2.03	1.22	2.11	3.81	0.09
22565.39	20224.16	21.68	281.17	68.61	615.23	843.74	16.83

1-A-2 续表 43

行业	集体资本	法人资本	个人资本	港澳台资本	外商资本
通信设备制造	11.66	205.69	86.45	48.03	219.54
通信传输设备制造	1.65	32.98	9.52	9.06	16.69
通信交换设备制造	5.90	69.31	50.14	2.46	48.49
通信终端设备制造	0.46	29.87	5.66	12.89	12.91
移动通信及终端设备制造	3.02	57.34	14.15	18.93	125.47
其他通信设备制造	0.63	16.19	6.97	4.69	15.98
雷达及配套设备制造	0.49	8.48	0.90	0.32	0.41
广播电视设备制造	1.17	15.60	13.24	7.23	10.73
广播电视节目制作及发射设备制造	0.03	5.71	4.15	0.28	0.21
广播电视接收设备及器材制造	0.65	6.20	4.20	6.70	7.94
应用电视设备及其他广播电视设备制造	0.48	3.69	4.89	0.26	2.58
电子计算机制造	3.54	120.56	31.02	163.64	310.05
电子计算机整机制造	0.79	38.47	8.96	33.01	78.17
计算机网络设备制造	1.11	13.96	6.36	15.58	14.43
电子计算机外部设备制造	1.64	68.14	15.71	115.05	217.44
电子器件制造	5.46	258.26	47.64	128.77	612.80
电子真空器件制造	0.34	82.72	16.21	12.61	84.62
半导体分立器件制造	0.73	21.37	5.25	19.22	72.96
集成电路制造	1.48	110.68	12.82	54.99	359.57
光电子器件及其他电子器件制造	2.91	43.49	13.35	41.94	95.65
电子元件制造	13.22	135.26	63.34	246.66	427.54
电子元件及组件制造	11.67	111.93	55.57	145.93	293.20
印制电路板制造	1.55	23.33	7.78	100.73	134.34
家用视听设备制造	2.46	96.84	28.81	88.48	99.03
家用影视设备制造	1.18	85.60	24.11	54.53	74.33
家用音响设备制造	1.28	11.25	4.69	33.95	24.70
其他电子设备制造	0.92	15.64	10.52	12.94	20.42
仪器仪表及文化、办公用机械制造业	10.82	129.95	79.95	102.17	165.11
通用仪器仪表制造	5.53	64.95	46.49	11.72	34.57
工业自动控制系统装置制造	3.04	27.21	19.28	3.58	15.61
电工仪器仪表制造	0.70	17.40	8.47	2.25	5.30
绘图、计算及测量仪器制造	0.39	1.55	2.46	2.76	3.64
实验分析仪器制造	0.42	5.53	3.76	0.63	5.52
试验机制造	0.07	1.06	2.59	0.07	0.54
供应用仪表及其他通用仪器制造	0.90	12.19	9.95	2.43	3.96
专用仪器仪表制造	1.02	22.20	10.96	4.71	12.29
环境监测专用仪器仪表制造	0.05	1.64	2.28	0.52	1.34
汽车及其他用计数仪表制造	0.32	7.61	1.99	0.92	4.84
导航、气象及海洋专用仪器制造	0.12	6.78	0.71	0.27	0.69
农林牧渔专用仪器仪表制造	0.02	0.02	0.06		0.10
地质勘探和地震专用仪器制造	0.23	1.12	0.24		1.08
教学专用仪器制造	0.05	0.88	1.61	0.03	0.02
核子及核辐射测量仪器制造		0.24	0.18		
电子测量仪器制造	0.19	1.82	2.22	2.43	3.14
其他专用仪器制造	0.03	2.08	1.68	0.53	1.08
钟表与计时仪器制造	1.14	4.90	3.70	20.92	9.98
光学仪器及眼镜制造	1.63	21.08	9.84	29.84	30.73
光学仪器制造	1.04	15.91	3.53	15.23	17.80
眼镜制造	0.59	5.17	6.32	14.61	12.93
文化、办公用机械制造	0.77	15.12	7.65	34.63	75.82

单位：亿元

主营业务收入	主营业务成本	主营业务税金及附加	其他业务收入	其他业务利润	营业费用	管理费用	税金
4860.41	4071.06	9.78	84.11	28.78	229.86	237.01	3.39
403.66	333.86	0.59	5.17	2.56	17.14	37.13	0.42
966.05	666.70	5.59	12.57	2.87	91.08	99.02	1.09
360.40	318.69	0.34	1.67	0.03	13.57	18.92	0.25
2962.06	2617.19	2.52	60.15	21.90	100.46	65.62	1.38
168.25	134.61	0.74	4.55	1.42	7.61	16.33	0.25
60.55	43.51	0.06	1.78	0.71	1.03	12.14	0.11
183.25	153.06	0.52	2.21	0.84	6.37	12.91	0.25
15.02	10.96	0.19	0.45	0.19	0.76	2.25	0.05
120.86	103.33	0.19	1.38	0.42	3.59	7.02	0.14
47.37	38.77	0.14	0.38	0.23	2.02	3.64	0.07
8746.25	8236.63	2.71	39.02	10.20	152.68	160.44	3.51
5041.07	4797.78	1.08	12.99	2.62	91.39	68.79	1.33
241.94	201.18	0.63	4.44	1.08	13.78	18.29	0.24
3463.25	3237.67	1.00	21.58	6.50	47.52	73.36	1.94
2619.01	2297.89	1.99	26.44	6.10	42.94	134.43	3.90
589.29	492.81	0.51	11.98	2.83	18.31	31.63	1.01
203.86	176.33	0.24	2.60	1.35	3.31	13.28	0.31
969.96	873.13	0.60	6.22	2.76	8.34	45.46	1.31
855.90	755.61	0.65	5.65	-0.85	12.97	44.05	1.27
3172.40	2784.31	4.05	35.15	13.30	54.93	150.06	3.51
2197.79	1906.43	3.69	30.77	10.13	44.61	118.80	2.76
974.61	877.88	0.36	4.39	3.17	10.32	31.26	0.75
2730.53	2477.35	1.67	90.42	7.93	120.61	123.04	1.92
2138.60	1930.47	1.41	87.75	5.80	104.01	101.59	1.37
591.93	546.88	0.26	2.67	2.13	16.60	21.46	0.55
192.97	160.37	0.89	2.04	0.75	6.80	13.69	0.24
2187.52	1848.52	5.22	30.24	15.30	74.24	156.95	3.99
601.37	458.49	2.85	15.30	7.75	35.31	66.79	1.19
279.20	213.28	1.39	7.22	4.08	15.95	30.48	0.45
80.45	60.81	0.34	2.19	1.02	4.78	9.67	0.18
42.83	34.40	0.15	1.93	0.50	2.22	3.68	0.10
56.17	40.67	0.26	1.14	1.10	3.42	9.24	0.12
19.12	14.46	0.08	0.35	0.08	1.00	2.36	0.06
123.60	94.87	0.63	2.47	0.96	7.94	11.34	0.28
168.07	123.36	0.68	3.65	2.27	9.33	23.60	0.39
12.23	8.45	0.13	0.24	0.10	0.96	1.65	0.05
56.28	42.62	0.14	0.73	0.72	2.48	5.44	0.07
26.83	18.56	0.10	0.61	0.30	1.04	5.72	0.07
0.89	0.70		0.02		0.04	0.10	
9.99	8.29	0.06	0.88	0.34	0.62	3.61	0.07
8.33	6.51	0.04	0.21	0.09	0.64	0.92	0.03
2.22	1.55	0.01	0.27	0.16	0.17	0.75	0.02
32.20	23.27	0.10	0.49	0.37	2.21	3.34	0.05
19.10	13.42	0.09	0.18	0.18	1.18	2.06	0.03
111.90	96.78	0.34	2.22	0.87	3.48	9.29	0.22
307.51	259.99	0.48	3.53	1.55	7.94	24.15	0.61
215.37	186.70	0.27	2.93	1.24	3.67	16.98	0.40
92.14	73.29	0.21	0.60	0.31	4.27	7.17	0.21
965.45	881.68	0.43	5.13	2.57	16.89	30.66	1.48

1-A-2 续表 44

行业	集体资本	法人资本	个人资本	港澳台资本	外商资本
电影机械制造		0.20	0.13	1.17	0.31
幻灯及投影设备制造		0.37	0.05	2.32	1.60
照相机及器材制造	0.04	4.74	2.28	9.38	42.35
复印和胶印设备制造	0.49	4.86	0.95	4.38	22.17
计算器及货币专用设备制造	0.21	4.21	3.16	14.00	6.90
其他文化、办公用机械制造	0.03	0.73	1.09	3.38	2.49
其他仪器仪表的制造及修理	0.74	1.71	1.30	0.34	1.72
工艺品及其他制造业	16.60	73.30	75.62	99.51	74.95
工艺美术品制造	9.23	44.29	51.73	62.23	41.55
雕塑工艺品制造	0.23	3.70	4.35	6.05	7.99
金属工艺品制造	0.72	4.73	5.14	7.69	4.19
漆器工艺品制造	0.55	1.32	1.90	2.05	0.45
花画工艺品制造	0.49	1.72	1.79	6.94	3.27
天然植物纤维编织工艺品制造	0.41	3.33	3.73	1.89	1.24
抽纱刺绣工艺品制造	1.79	7.03	7.97	7.66	6.95
地毯、挂毯制造	2.53	6.00	6.58	2.90	5.37
珠宝首饰及有关物品的制造	2.15	8.05	9.32	10.42	5.39
其他工艺美术品制造	0.36	8.41	10.94	16.65	6.68
日用杂品制造	1.56	9.07	19.89	30.37	24.17
制镜及类似品加工	0.51	0.52	1.67	0.35	1.82
鬃毛加工、制刷及清扫工具的制造	0.49	1.55	3.47	2.93	4.18
其他日用杂品制造	0.57	7.00	14.74	27.10	18.17
煤制品制造	0.68	0.53	0.72	0.03	0.06
其他未列明的制造业	5.13	19.09	3.27	6.88	9.17
废弃资源和废旧材料回收加工业	3.12	7.23	5.30	2.82	4.48
金属废料和碎屑的加工处理	2.82	3.02	2.87	2.31	3.58
非金属废料和碎屑的加工处理	0.30	4.20	2.43	0.51	0.90
电力、燃气及水的生产和供应业	125.16	3749.19	183.32	267.08	345.26
电力、热力的生产和供应业	96.35	3430.31	161.51	234.53	293.71
电力生产	81.67	1921.08	134.04	228.98	287.92
火力发电	52.57	1479.63	83.55	215.09	276.08
水力发电	29.04	380.99	47.11	3.66	10.14
核力发电		43.23		8.28	
其他能源发电	0.05	17.23	3.37	1.96	1.70
电力供应	9.34	1456.53	7.91	1.84	3.80
热力生产和供应	5.34	52.70	19.56	3.71	1.99
燃气生产和供应业	4.60	180.66	9.27	18.17	26.34
水的生产和供应业	24.20	138.22	12.54	14.38	25.21
自来水的生产和供应	23.07	117.83	10.58	10.90	24.21
污水处理及其再生利用	1.13	20.26	1.83	3.45	1.00
其他水的处理、利用与分配		0.13	0.14	0.03	

单位: 亿元

主营业务收入	主营业务成本	主营业务税金及附加	其他业务收入	其他业务利润	营业费用	管理费用	税金
6.40	5.66	0.01	0.13	0.13	0.16	0.56	0.01
24.97	22.88		0.11	0.11	0.40	0.76	0.01
455.48	429.90	0.04	1.76	0.63	4.38	9.96	1.16
328.32	295.83	0.22	1.56	1.03	6.30	10.32	0.18
118.17	101.25	0.11	1.42	0.59	4.04	7.30	0.09
32.12	26.17	0.05	0.15	0.08	1.62	1.75	0.04
33.22	28.22	0.44	0.41	0.29	1.29	2.46	0.09
1577.92	1367.93	7.26	16.48	6.11	42.05	85.58	2.73
1065.77	935.73	5.18	8.72	3.77	29.03	48.53	1.78
90.28	76.08	0.59	0.23	0.35	3.46	5.26	0.24
103.10	87.33	0.52	1.88	0.39	3.44	6.66	0.16
20.25	17.40	0.11	0.14	0.10	0.61	1.46	0.05
61.39	54.72	0.16	0.19	0.24	1.49	3.03	0.13
79.01	68.99	0.52	0.05	0.30	3.47	2.44	0.13
130.01	113.32	0.81	0.55	0.37	3.09	6.35	0.26
106.76	92.07	0.30	2.17	0.34	3.35	5.08	0.28
247.85	227.84	0.79	2.95	0.74	3.62	8.57	0.17
227.12	197.97	1.39	0.56	0.94	6.50	9.67	0.36
335.60	290.34	1.48	2.89	1.74	9.48	15.10	0.68
20.57	17.68	0.09	0.26	0.05	0.51	1.20	0.02
79.61	70.88	0.34	0.54	0.54	2.28	2.91	0.13
235.42	201.78	1.05	2.08	1.15	6.69	10.99	0.53
12.02	9.71	0.12	0.16	0.11	0.55	0.79	0.03
163.95	131.74	0.46	4.65	0.47	2.96	21.03	0.24
197.95	182.72	0.74	1.50	0.54	2.97	5.63	0.19
176.71	165.57	0.57	1.01	0.39	2.48	4.32	0.15
21.24	17.16	0.17	0.50	0.15	0.49	1.31	0.04
16316.48	14284.63	92.03	210.95	82.20	86.04	637.34	25.60
15280.56	13420.35	82.08	144.51	57.09	42.18	514.82	20.45
5700.45	4484.09	40.29	63.37	20.19	17.50	262.83	13.16
4784.65	3953.03	29.11	55.86	16.11	11.00	187.47	10.56
683.61	398.10	9.26	7.00	3.88	4.94	64.18	2.47
194.89	103.85	1.48	0.31	0.06	0.71	8.64	0.05
37.30	29.11	0.45	0.20	0.14	0.84	2.54	0.09
9303.74	8676.80	40.01	71.79	32.70	21.36	225.44	6.05
276.37	259.46	1.78	9.35	4.21	3.31	26.55	1.25
545.54	491.52	2.52	25.11	10.85	19.85	36.57	1.41
490.38	372.76	7.43	41.33	14.26	24.02	85.95	3.74
462.29	353.90	6.40	41.07	14.15	23.45	82.45	3.68
27.24	18.28	1.02	0.25	0.10	0.41	3.42	0.06
0.86	0.59	0.01	0.01	0.01	0.16	0.08	

1-A-2 续表 45

行业	财务费用	利息支出	营业利润	投资收益	补贴收入
总计	**2481.69**	**2255.89**	**11301.11**	**605.84**	**594.20**
一、按登记注册类型分组					
内资企业	1984.82	1858.28	7614.46	527.53	512.59
国有企业	476.34	469.64	830.40	243.37	145.49
中央企业	249.89	255.42	579.73	206.20	74.56
地方企业	226.45	214.22	250.67	37.17	70.94
集体企业	80.05	65.99	368.96	2.55	42.49
股份合作企业	29.90	25.46	106.93	2.45	16.49
联营企业	25.67	24.18	42.79	0.61	1.99
国有联营企业	20.93	20.47	25.45	0.02	0.55
集体联营企业	1.10	0.95	6.91	0.14	0.56
国有与集体联营企业	1.77	1.66	4.18	0.33	0.50
其他联营企业	1.87	1.10	6.24	0.11	0.38
有限责任公司	742.68	707.47	2744.34	129.86	179.28
国有独资公司	196.07	199.80	590.32	91.49	54.74
其他有限责任公司	546.61	507.67	2154.03	38.36	124.53
股份有限公司	272.62	263.49	2117.83	118.10	49.39
私营企业	356.62	301.05	1397.97	30.56	77.20
私营独资企业	50.98	40.27	280.93	1.70	6.59
私营合作企业	9.64	7.48	63.67	0.83	1.29
私营有限责任公司	272.52	232.84	964.10	15.97	64.79
私营股份有限公司	23.48	20.45	89.28	12.06	4.54
其他企业	0.95	1.01	5.24	0.04	0.25
港、澳、台商投资企业	193.31	164.17	1173.43	27.89	27.63
合资经营企业(港或澳、台资)	112.50	99.07	495.71	5.31	14.47
合作经营企业(港或澳、台资)	14.89	11.01	77.37		1.55
港澳台商独资经营企业	51.04	41.02	492.37	4.44	10.42
港澳台商投资股份有限公司	14.88	13.07	107.98	18.14	1.18
外商投资企业	303.56	233.43	2513.21	50.42	53.98
中外合资经营企业	154.45	127.05	1281.69	22.13	30.96
中外合作经营企业	20.20	16.25	147.10	0.29	2.01
外资企业	103.00	69.57	895.45	11.49	17.57
外商投资股份有限公司	25.91	20.56	188.97	16.51	3.45
二、按经济组织类型分组					
独资企业	761.41	686.50	2868.10	263.55	222.57
国有企业	476.34	469.64	830.40	243.37	145.49
集体企业	80.05	65.99	368.96	2.55	42.49
私营独资企业	50.98	40.27	280.93	1.70	6.59
港澳台商独资经营企业	51.04	41.02	492.37	4.44	10.42
外资企业	103.00	69.57	895.45	11.49	17.57
合作、合伙企业	101.24	85.40	443.11	4.21	23.58
股份合作企业	29.90	25.46	106.93	2.45	16.49
国有联营企业	20.93	20.47	25.45	0.02	0.55
集体联营企业	1.10	0.95	6.91	0.14	0.56
国有与集体联营企业	1.77	1.66	4.18	0.33	0.50
其他联营企业	1.87	1.10	6.24	0.11	0.38
私营合伙企业	9.64	7.48	63.67	0.83	1.29
合作经营企业(港或澳、台资)	0.95	1.01	5.24	0.04	0.25
中外合作经营企业	14.89	11.01	77.37		1.55
其他企业（内资）	20.20	16.25	147.10	0.29	2.01

单位：亿元

利润总额	亏损企业亏损额	应交所得税	本年应付工资总额	主营业务应付工资总额	本年应付福利费总额	主营业务应付福利费总额	本年应交增值税	全部从业人员年平均人数（万人）
11929.30	**1747.92**	**2102.58**	**9792.77**	**8957.19**	**1173.79**	**1041.56**	**6912.78**	**6622.09**
8053.33	1179.93	1698.29	6892.52	6298.30	908.79	799.00	5404.12	4866.83
1070.56	423.60	332.46	1593.26	1405.93	231.14	195.53	1291.78	883.96
773.40	165.49	208.60	769.64	671.04	111.62	99.06	754.83	295.16
297.16	258.10	123.86	823.62	734.89	119.52	96.46	536.95	588.80
395.28	37.44	80.47	357.69	329.73	40.22	36.77	238.30	334.89
120.77	11.62	26.29	128.58	119.74	16.42	15.00	82.13	116.77
46.94	7.90	15.20	48.80	45.98	6.18	5.76	36.00	27.86
27.53	4.93	10.00	24.12	23.37	3.24	3.12	22.80	8.15
7.69	0.62	1.87	7.20	6.50	0.92	0.78	4.43	6.27
5.19	1.35	1.66	10.65	10.01	1.30	1.18	4.92	7.64
6.54	1.01	1.67	6.84	6.10	0.72	0.68	3.86	5.79
2847.12	385.56	581.35	2330.30	2127.39	312.71	280.78	1897.39	1508.27
638.67	97.84	203.58	765.84	670.43	108.37	92.48	575.56	367.06
2208.45	287.72	377.77	1564.46	1456.96	204.35	188.30	1321.82	1141.20
2137.58	172.45	385.24	824.66	765.03	113.64	100.82	891.14	472.87
1429.74	140.65	276.55	1602.69	1499.08	188.02	163.99	964.44	1515.43
274.39	14.08	48.16	251.36	236.86	22.95	21.22	160.38	261.46
58.68	2.83	9.45	61.61	58.20	5.94	5.53	36.57	62.83
996.07	115.26	202.00	1213.54	1134.72	150.72	129.51	714.13	1114.89
100.60	8.48	16.95	76.18	69.30	8.41	7.72	53.37	76.24
5.33	0.70	0.72	6.53	5.42	0.46	0.36	2.94	6.79
1253.35	208.79	127.94	1287.50	1179.66	92.38	83.09	533.11	892.68
509.74	85.38	61.94	434.82	405.50	39.17	36.14	246.75	284.08
78.63	12.21	9.43	83.73	76.30	5.16	4.45	43.08	57.44
542.67	108.41	44.41	722.91	654.66	41.94	36.89	192.87	531.54
122.31	2.80	12.15	46.05	43.20	6.11	5.61	50.40	19.60
2622.62	359.20	276.36	1612.75	1479.23	172.62	159.47	975.56	862.58
1322.30	131.04	132.49	667.77	622.76	80.49	75.07	542.58	350.61
151.86	13.31	17.91	82.90	75.34	8.50	7.62	70.82	47.02
916.16	209.98	91.85	792.54	713.08	75.02	68.38	281.30	439.65
232.30	4.87	34.11	69.53	68.04	8.60	8.39	80.85	25.30
3199.07	793.51	597.36	3717.76	3340.26	411.28	358.79	2164.63	2451.50
1070.56	423.60	332.46	1593.26	1405.93	231.14	195.53	1291.78	883.96
395.28	37.44	80.47	357.69	329.73	40.22	36.77	238.30	334.89
274.39	14.08	48.16	251.36	236.86	22.95	21.22	160.38	261.46
542.67	108.41	44.41	722.91	654.66	41.94	36.89	192.87	531.54
916.16	209.98	91.85	792.54	713.08	75.02	68.38	281.30	439.65
462.21	48.57	78.99	412.16	380.98	42.66	38.72	271.54	318.72
120.77	11.62	26.29	128.58	119.74	16.42	15.00	82.13	116.77
27.53	4.93	10.00	24.12	23.37	3.24	3.12	22.80	8.15
7.69	0.62	1.87	7.20	6.50	0.92	0.78	4.43	6.27
5.19	1.35	1.66	10.65	10.01	1.30	1.18	4.92	7.64
6.54	1.01	1.67	6.84	6.10	0.72	0.68	3.86	5.79
58.68	2.83	9.45	61.61	58.20	5.94	5.53	36.57	62.83
5.33	0.70	0.72	6.53	5.42	0.46	0.36	2.94	6.79
78.63	12.21	9.43	83.73	76.30	5.16	4.45	43.08	57.44
151.86	13.31	17.91	82.90	75.34	8.50	7.62	70.82	47.02

1-A-2 续表 46

行业	财务费用	利息支出	营业利润	投资收益	补贴收入
股份有限公司	336.89	317.56	2504.06	164.81	58.55
股份有限公司(内资)	272.62	263.49	2117.83	118.10	49.39
私营股份有限公司	23.48	20.45	89.28	12.06	4.54
港澳台商投资股份有限公司	14.88	13.07	107.98	18.14	1.18
外商投资股份有限公司	25.91	20.56	188.97	16.51	3.45
有限责任公司	1282.14	1166.42	5485.84	173.27	289.50
国有独资公司	196.07	199.80	590.32	91.49	54.74
私营有限责任公司	546.61	507.67	2154.03	38.36	124.53
合资经营企业(港或澳、台资)	272.52	232.84	964.10	15.97	64.79
中外合资经营企业	112.50	99.07	495.71	5.31	14.47
其他有限责任公司	154.45	127.05	1281.69	22.13	30.96
三、在总计中：亏损企业	502.73	450.69	-1582.87	-10.13	86.03
在总计中：国有控股企业	1209.36	1180.47	5133.40	455.82	305.46
在总计中：农村工业	46.89	37.64	295.10	2.27	16.64
在总计中：轻工业	684.96	599.90	2599.98	94.26	134.17
重工业	1796.72	1655.98	8701.13	511.59	460.03
在总计中：大型企业	787.25	761.66	5396.34	338.54	183.01
中型企业	954.42	866.19	3316.39	217.11	204.38
小型企业	740.02	628.04	2588.38	50.20	206.82
四、按行业分					
采矿业	127.32	130.19	2426.62	33.51	39.59
煤炭开采和洗选业	75.72	73.86	398.41	7.62	31.82
烟煤和无烟煤的开采洗选	74.19	72.01	387.48	8.10	30.51
褐煤的开采洗选	1.30	1.63	10.60	-0.48	1.31
其他煤炭采选	0.23	0.23	0.32		
石油和天然气开采业	22.98	32.21	1773.65	6.08	0.51
天然原油和天然气开采	20.18	29.08	1802.19	0.77	0.35
与石油和天然气开采有关的服务活动	2.80	3.13	-28.54	5.31	0.16
黑色金属矿采选业	8.83	8.08	112.30	10.46	1.74
铁矿采选	8.10	7.41	107.12	10.57	1.65
其他黑色金属矿采选	0.74	0.68	5.18	-0.11	0.09
有色金属矿采选业	11.17	8.62	109.67	9.22	3.97
常用有色金属矿采选	5.33	3.76	31.30	6.98	0.73
铜矿采选	1.60	0.93	6.80	6.32	0.33
铅锌矿采选	2.69	1.91	20.36	0.65	0.27
镍钴矿采选	0.04	0.04	1.31		0.01
锡矿采选	0.34	0.28	1.66		0.01
锑矿采选	0.06	0.06	0.24	0.01	0.02
铝矿采选	0.09	0.08	0.09		
镁矿采选	0.39	0.37	0.51		0.07
其他常用有色金属矿采选	0.11	0.10	0.34		0.02
贵金属矿采选	5.23	4.39	46.84	0.72	2.66
金矿采选	4.97	4.13	46.47	0.72	2.62
银矿采选	0.26	0.26	0.37		0.04
其他贵金属矿采选					
稀有稀土金属矿采选	0.61	0.48	31.53	1.53	0.58
钨钼矿采选	0.40	0.33	30.75	1.52	0.40
稀土金属矿采选	0.07	0.07	0.95		
放射性金属矿采选	0.07	0.01	-0.33		0.15
其他稀有金属矿采选	0.08	0.07	0.16		0.03

单位：亿元

利润总额	亏损企业亏损额	应交所得税	本年应付工资总额	主营业务应付工资总额	本年应付福利费总额	主营业务应付福利费总额	本年应交增值税	全部从业人员年平均人数（万人）
2592.79	188.60	448.45	1016.42	945.57	136.76	122.54	1075.76	594.02
2137.58	172.45	385.24	824.66	765.03	113.64	100.82	891.14	472.87
100.60	8.48	16.95	76.18	69.30	8.41	7.72	53.37	76.24
122.31	2.80	12.15	46.05	43.20	6.11	5.61	50.40	19.60
232.30	4.87	34.11	69.53	68.04	8.60	8.39	80.85	25.30
5675.23	717.24	977.78	4646.43	4290.38	583.10	521.50	3400.85	3257.85
638.67	97.84	203.58	765.84	670.43	108.37	92.48	575.56	367.06
2208.45	287.72	377.77	1564.46	1456.96	204.35	188.30	1321.82	1141.20
996.07	115.26	202.00	1213.54	1134.72	150.72	129.51	714.13	1114.89
509.74	85.38	61.94	434.82	405.50	39.17	36.14	246.75	284.08
1322.30	131.04	132.49	667.77	622.76	80.49	75.07	542.58	350.61
-1747.92	1747.92	20.14	1733.31	1550.90	191.89	169.00	676.04	1332.03
5453.10	836.73	1063.91	3857.44	3476.64	551.34	481.67	3514.68	1973.20
306.82	12.10	47.01	206.12	193.65	20.95	19.41	126.40	192.18
2748.26	639.36	554.23	3433.09	3171.56	367.56	317.70	1905.90	2788.12
9181.03	1108.56	1548.36	6359.67	5785.63	806.24	723.86	5006.88	3833.96
5538.15	292.63	970.84	3006.47	2692.93	409.22	365.30	2805.89	1378.33
3645.76	602.66	629.45	3163.40	2928.74	384.15	341.61	2184.37	2130.12
2745.39	852.63	502.29	3622.90	3335.52	380.42	334.65	1922.52	3113.64
2358.69	97.42	316.53	1070.07	939.94	147.21	124.98	839.12	636.78
349.83	29.31	107.66	633.37	539.14	89.10	72.57	323.84	419.91
339.97	28.52	105.43	617.56	525.46	86.71	70.58	313.55	408.06
9.54	0.76	2.19	15.49	13.36	2.36	1.95	9.98	11.64
0.32	0.02	0.04	0.32	0.32	0.03	0.03	0.30	0.21
1744.71	56.42	153.79	283.17	263.14	38.83	35.83	410.18	96.12
1783.15	2.13	152.12	151.77	146.24	19.88	18.85	362.45	47.54
-38.44	54.29	1.67	131.40	116.90	18.95	16.98	47.73	48.58
117.96	3.62	27.45	53.60	45.27	7.24	5.83	49.07	38.81
113.20	2.60	26.26	49.76	41.58	6.77	5.39	46.21	35.45
4.77	1.02	1.19	3.84	3.69	0.46	0.44	2.86	3.36
115.70	3.40	20.50	52.13	48.73	6.44	5.78	27.28	39.17
35.65	1.50	5.58	25.41	23.46	3.04	2.67	16.90	17.48
11.21	0.22	1.61	8.25	7.76	1.05	0.96	4.75	5.13
20.38	0.74	3.29	13.42	12.42	1.52	1.37	9.20	9.45
1.25	0.07	0.27	0.46	0.45	0.06	0.05	0.47	0.37
1.59	0.02	0.10	1.39	1.23	0.14	0.13	0.93	0.90
0.24	0.13	0.05	0.28	0.24	0.03	0.03	0.19	0.24
0.07	0.15	0.03	0.16	0.16	0.01	0.01	0.08	0.19
0.59	0.11	0.20	0.99	0.81	0.20	0.09	0.66	0.78
0.33	0.06	0.04	0.45	0.39	0.04	0.03	0.61	0.42
49.42	1.36	8.73	18.15	17.44	2.26	2.14	3.64	16.17
49.02	1.27	8.63	17.33	16.65	2.16	2.04	3.28	15.52
0.40	0.09	0.11	0.82	0.79	0.10	0.10	0.37	0.65
30.63	0.53	6.18	8.57	7.83	1.14	0.97	6.74	5.52
30.06	0.05	6.00	6.92	6.41	0.94	0.80	5.75	4.04
0.73	0.05	0.13	0.46	0.45	0.06	0.06	0.63	0.45
-0.33	0.38	0.01	0.73	0.59	0.09	0.07		0.65
0.16	0.05	0.03	0.47	0.38	0.06	0.05	0.36	0.38

1-A-2 续表 47

行业	财务费用	利息支出	营业利润	投资收益	补贴收入
非金属矿采选业	8.56	7.40	32.44	0.13	1.54
土砂石开采	2.89	2.41	17.33	-0.22	0.39
石灰石、石膏开采	0.83	0.77	4.21	0.14	0.13
建筑装饰用石开采	0.55	0.41	3.98	-0.49	0.05
耐火土石开采	0.35	0.30	1.73	0.08	0.09
粘土及其他土砂石开采	1.16	0.93	7.41	0.04	0.13
化学矿采选	2.00	1.86	3.54	0.18	0.72
采盐	2.69	2.54	7.92	0.02	0.26
石棉及其他非金属矿采选	0.99	0.59	3.64	0.15	0.17
石棉、云母矿采选	0.09	0.09	0.15		0.07
石墨、滑石采选	0.24	0.18	1.43	0.01	0.01
宝石、玉石开采	0.01	0.01	0.17	0.14	
其他非金属矿采选	0.65	0.31	1.88		0.09
其他采矿业	0.07	0.01	0.15		
制造业	1778.26	1570.38	8192.68	420.07	446.19
农副食品加工业	86.53	74.97	242.03	5.37	21.16
谷物磨制	8.74	7.40	26.54	0.45	0.98
饲料加工	8.37	7.34	24.04	0.02	10.61
植物油加工	19.08	17.61	18.84	-0.83	1.52
食用植物油加工	18.94	17.49	18.10	-0.76	1.49
非食用植物油加工	0.14	0.12	0.74	-0.07	0.03
制糖	8.08	7.82	28.34	2.40	0.69
屠宰及肉类加工	15.66	13.64	53.84	1.69	4.13
畜禽屠宰	8.29	7.15	29.42	0.69	2.44
肉制品及副产品加工	7.37	6.49	24.42	1.00	1.69
水产品加工	11.64	9.06	38.24	0.12	1.37
水产品冷冻加工	8.99	6.71	32.40	0.13	0.79
鱼糜制品及水产品干腌制加工	2.18	1.99	4.27		0.16
水产饲料制造	0.33	0.27	1.02	-0.02	0.38
鱼油提取及制品的制造	0.01	0.01	0.03		
其他水产品加工	0.13	0.08	0.52		0.03
蔬菜、水果和坚果加工	5.65	4.54	22.71	0.45	0.96
其他农副食品加工	9.32	7.57	29.49	1.06	0.90
淀粉及淀粉制品的制造	6.04	4.64	19.95	0.58	0.52
豆制品制造	1.35	1.19	2.73	0.12	0.13
蛋品加工	0.24	0.22	0.56	0.34	0.10
其他未列明的农副食品加工	1.70	1.52	6.25	0.02	0.15
食品制造业	33.54	29.37	129.99	6.92	5.72
焙烤食品制造	2.37	1.78	9.97	0.19	0.39
糕点、面包制造	0.55	0.30	3.46	0.07	0.05
饼干及其他焙烤食品制造	1.82	1.48	6.51	0.12	0.33
糖果、巧克力及蜜饯制造	1.81	1.49	12.89	0.03	0.38
糖果、巧克力制造	1.35	1.04	10.33	0.01	0.31
蜜饯制作	0.46	0.45	2.56	0.02	0.07
方便食品制造	5.00	4.63	15.41	0.22	1.04
米、面制品制造	0.91	0.77	2.50	0.01	0.13
速冻食品制造	0.87	0.82	1.62	-0.05	0.27
方便面及其他方便食品制造	3.23	3.04	11.28	0.26	0.64
液体乳及乳制品制造	5.62	5.11	34.48	2.81	1.77
罐头制造	4.40	4.01	4.42	0.86	0.47

单位：亿元

利润总额	亏损企业亏损额	应交所得税	本年应付工资总额	主营业务应付工资总额	本年应付福利费总额	主营业务应付福利费总额	本年应交增值税	全部从业人员年平均人数（万人）
30.32	4.68	7.09	47.55	43.42	5.51	4.89	28.68	42.59
16.58	2.07	3.58	21.65	20.25	2.45	2.14	12.03	19.73
4.31	0.56	0.88	7.90	7.32	1.02	0.83	4.05	7.36
3.34	0.53	0.72	3.98	3.80	0.39	0.36	1.88	3.69
1.82	0.11	0.46	2.03	1.97	0.22	0.20	1.65	1.91
7.11	0.87	1.52	7.74	7.16	0.82	0.74	4.45	6.77
3.25	1.13	1.06	7.55	6.50	0.96	0.84	4.21	6.01
6.94	0.97	1.75	13.34	12.24	1.60	1.46	9.82	11.71
3.56	0.51	0.69	5.02	4.43	0.51	0.46	2.62	5.13
0.43	0.01	0.08	1.22	0.86	0.11	0.09	0.32	1.03
1.26	0.33	0.26	1.86	1.79	0.18	0.17	1.07	1.94
0.18		0.02	0.17	0.16	0.01	0.01	0.05	0.17
1.70	0.17	0.33	1.77	1.62	0.21	0.19	1.17	1.99
0.16		0.04	0.24	0.24	0.09	0.09	0.08	0.17
8662.08	1431.19	1591.35	7919.70	7277.41	918.02	815.37	5072.12	5667.34
248.23	61.57	36.13	197.55	184.77	21.02	19.43	111.09	196.51
25.70	4.46	3.68	19.82	18.38	1.85	1.72	9.97	20.63
31.41	8.62	5.00	23.63	21.60	2.91	2.63	7.59	19.51
16.44	23.59	4.28	19.24	17.94	2.41	2.26	15.44	18.68
15.79	23.37	4.23	18.78	17.53	2.36	2.21	15.18	18.23
0.65	0.22	0.05	0.46	0.40	0.05	0.05	0.26	0.46
29.23	3.42	4.30	18.01	16.71	2.37	2.11	19.78	15.26
48.80	8.27	8.68	47.19	44.68	5.54	5.20	21.28	51.99
25.50	4.46	3.91	29.02	27.74	3.03	2.84	9.10	32.39
23.30	3.81	4.77	18.17	16.94	2.51	2.36	12.18	19.60
39.24	5.79	5.10	31.61	29.71	2.73	2.55	16.34	29.84
33.02	4.08	4.10	25.16	23.46	2.21	2.05	12.26	23.75
4.42	1.00	0.71	4.72	4.58	0.37	0.35	3.51	4.74
1.32	0.51	0.21	0.96	0.94	0.11	0.10	0.22	0.68
0.02	0.04		0.08	0.08	0.01	0.01	0.02	0.09
0.46	0.17	0.08	0.68	0.64	0.04	0.03	0.33	0.59
23.33	2.61	2.60	21.00	19.93	1.62	1.49	8.62	22.62
34.07	4.81	2.48	17.04	15.82	1.60	1.48	12.08	17.97
25.97	1.83	1.48	8.58	7.91	0.80	0.73	7.16	9.75
1.16	2.11	0.29	3.69	3.35	0.38	0.36	1.97	3.31
0.92	0.10	0.09	0.48	0.46	0.05	0.05	0.28	0.54
6.01	0.77	0.63	4.29	4.09	0.36	0.34	2.67	4.37
135.36	37.14	23.18	144.88	130.03	15.88	13.79	107.70	110.88
11.04	3.85	2.23	19.25	17.45	1.94	1.74	14.45	15.67
3.50	1.39	0.83	7.88	7.32	0.62	0.55	4.12	6.10
7.54	2.45	1.40	11.37	10.13	1.32	1.18	10.33	9.57
12.83	3.82	1.82	14.90	11.04	1.10	0.99	10.86	7.88
10.18	3.69	1.61	13.08	9.32	0.92	0.83	10.12	5.84
2.65	0.13	0.21	1.82	1.72	0.18	0.16	0.73	2.04
16.03	3.93	2.36	25.11	22.24	2.66	2.41	17.95	21.89
2.62	0.45	0.27	2.93	2.65	0.31	0.29	1.01	3.50
1.84	0.70	0.30	4.99	4.49	0.39	0.37	2.03	4.70
11.58	2.78	1.79	17.19	15.10	1.95	1.75	14.91	13.69
36.35	8.22	5.87	28.13	25.89	3.86	3.20	25.71	17.72
5.14	3.01	1.21	13.72	13.03	1.24	1.12	5.17	13.49

1-A-2 续表 48

行业	财务费用	利息支出	营业利润	投资收益	补贴收入
肉、禽类罐头制造	0.30	0.28	0.37	0.01	0.06
水产品罐头制造	0.23	0.21	-0.22	0.13	0.02
蔬菜、水果罐头制造	3.63	3.32	4.25	0.42	0.33
其他罐头食品制造	0.24	0.20	0.02	0.30	0.07
调味品、发酵制品制造	9.33	8.07	21.51	2.28	0.61
味精制造	4.51	3.63	0.50	0.52	0.31
酱油、食醋及类似制品的制造	1.31	0.80	4.29	0.16	0.07
其他调味品、发酵制品制造	3.51	3.63	16.72	1.59	0.23
其他食品制造	5.02	4.26	31.31	0.55	1.06
营养、保健食品制造	0.64	0.52	13.51	0.40	0.24
冷冻饮品及食用冰制造	0.88	0.75	-0.04	0.01	0.11
盐加工	0.26	0.25	1.38		0.08
食品及饲料添加剂制造	2.10	1.77	9.24	0.09	0.54
其他未列明的食品制造	1.13	0.97	7.22	0.05	0.09
饮料制造业	31.62	29.19	148.50	7.83	5.66
酒精制造	2.26	2.17	1.05	-0.23	2.26
酒的制造	19.92	18.56	88.84	4.98	2.40
白酒制造	7.93	7.56	47.21	2.01	0.83
啤酒制造	9.65	8.76	28.46	2.41	1.41
黄酒制造	0.76	0.76	2.23	0.17	0.03
葡萄酒制造	1.17	1.11	8.79	0.31	0.07
其他酒制造	0.41	0.37	2.15	0.07	0.06
软饮料制造	7.95	7.17	55.29	3.00	0.78
碳酸饮料制造	0.84	0.85	20.69	0.47	0.01
瓶(罐)装饮用水制造	0.64	0.80	4.25	0.03	0.18
果菜汁及果菜汁饮料制造	3.80	3.24	9.08	0.57	0.30
含乳饮料和植物蛋白饮料制造	0.78	0.63	4.72	0.67	0.18
固体饮料制造	0.40	0.36	8.95	0.60	0.04
茶饮料及其他软饮料制造	1.49	1.29	7.59	0.65	0.06
精制茶加工	1.49	1.29	3.32	0.09	0.23
烟草制品业	19.63	19.74	329.72	34.61	12.85
烟叶复烤	1.78	1.77	9.02	0.02	0.20
卷烟制造	17.77	17.88	319.67	34.58	12.64
其他烟草制品加工	0.08	0.08	1.03		
纺织业	143.58	127.07	251.02	6.64	15.43
棉、化纤纺织及印染精加工	82.03	73.67	107.68	2.63	8.22
棉、化纤纺织加工	66.11	59.47	79.98	2.33	6.06
棉、化纤印染精加工	15.92	14.20	27.70	0.30	2.16
毛纺织和染整精加工	12.18	10.36	21.05	1.00	1.03
毛条加工	2.16	1.76	3.36	0.09	0.16
毛纺织	9.45	8.00	15.40	0.83	0.84
毛染整精加工	0.56	0.60	2.29	0.08	0.04
麻纺织	2.83	2.47	5.95	0.30	0.24
丝绢纺织及精加工	13.18	12.08	14.47	0.70	1.58
缫丝加工	2.68	2.50	2.57	0.02	0.43
绢纺和丝织加工	7.96	7.27	9.05	0.64	0.80
丝印染精加工	2.55	2.32	2.85	0.04	0.36
纺织制成品制造	14.78	12.51	40.43	1.25	1.93
棉及化纤制品制造	5.97	4.90	22.53	0.11	0.88
毛制品制造	1.48	1.67	2.28	0.02	0.22

单位：亿元

利润总额	亏损企业亏损额	应交所得税	本年应付工资总额	主营业务应付工资总额	本年应付福利费总额	主营业务应付福利费总额	本年应交增值税	全部从业人员年平均人数（万人）
0.41	0.28	0.12	1.46	1.40	0.15	0.14	0.56	1.26
0.04	0.32	0.05	0.86	0.77	0.06	0.05	0.24	0.76
4.30	2.12	0.95	10.29	9.82	0.93	0.85	3.81	10.74
0.39	0.30	0.09	1.11	1.04	0.10	0.09	0.55	0.73
23.68	8.31	5.51	22.47	20.62	2.41	2.19	16.48	17.80
1.00	4.28	1.00	5.33	5.07	0.57	0.55	3.64	5.38
4.71	3.23	1.24	8.71	7.70	0.85	0.75	5.31	5.63
17.96	0.80	3.28	8.44	7.84	0.98	0.90	7.53	6.78
30.30	6.00	4.17	21.30	19.76	2.68	2.14	17.08	16.43
12.35	1.62	1.52	4.04	3.73	0.48	0.45	6.91	2.58
0.15	1.67	0.25	3.62	3.37	0.49	0.32	2.28	3.10
0.94	0.16	0.22	2.25	2.04	0.26	0.22	1.78	2.10
9.64	1.06	1.38	6.37	5.82	0.83	0.69	4.22	4.69
7.23	1.50	0.81	5.03	4.79	0.61	0.45	1.89	3.96
155.16	39.97	42.24	109.89	100.49	14.52	13.21	135.26	83.92
1.75	1.63	0.47	3.21	2.66	0.30	0.25	2.70	3.76
91.55	22.65	31.44	67.40	61.90	8.90	8.22	89.22	57.04
48.33	5.08	19.62	26.40	24.30	3.25	3.11	35.53	28.71
29.50	16.10	8.35	35.07	32.13	4.58	4.13	44.96	23.91
2.38	0.33	0.64	2.39	2.30	0.30	0.27	2.20	1.74
9.09	0.97	2.55	2.73	2.60	0.67	0.66	4.85	1.78
2.25	0.18	0.29	0.81	0.57	0.10	0.06	1.68	0.90
58.35	15.20	9.71	35.23	32.31	4.92	4.38	41.16	19.21
21.57	3.98	3.57	11.85	10.83	2.22	1.96	14.51	4.00
4.40	2.65	0.86	6.23	5.53	0.69	0.61	6.64	3.70
9.22	4.08	1.48	5.54	5.14	0.47	0.43	6.12	4.52
5.67	1.92	1.11	3.71	3.30	0.69	0.64	4.05	2.78
9.52	0.44	1.72	5.06	4.99	0.70	0.64	5.13	2.62
7.98	2.14	0.96	2.85	2.52	0.15	0.11	4.70	1.59
3.51	0.49	0.62	4.05	3.62	0.39	0.36	2.19	3.91
366.20	7.71	107.86	95.79	90.72	22.78	12.80	300.51	19.88
7.02	1.43	2.37	4.75	4.23	9.73	0.55	5.37	2.70
358.18	5.95	105.12	89.98	85.49	12.89	12.11	294.34	16.25
0.99	0.33	0.38	1.06	1.00	0.15	0.14	0.79	0.93
272.62	104.05	60.92	599.33	565.74	72.87	58.41	247.48	587.92
125.82	59.30	30.82	295.82	277.49	43.14	30.83	136.98	306.40
88.90	46.89	24.42	239.77	225.20	27.91	26.10	111.60	260.97
36.93	12.41	6.40	56.05	52.29	15.23	4.72	25.38	45.43
20.28	12.37	4.76	35.79	33.97	4.18	3.96	16.09	36.53
2.92	1.05	0.57	4.86	4.65	0.60	0.57	3.04	5.56
14.95	10.50	3.62	26.64	25.60	3.34	3.18	11.78	27.81
2.41	0.82	0.57	4.29	3.72	0.24	0.21	1.27	3.16
5.88	1.78	0.97	12.59	12.00	1.41	1.30	4.33	15.07
15.79	7.44	4.42	40.52	38.47	4.29	4.03	21.82	39.48
2.78	1.86	0.76	10.91	10.45	1.19	1.13	5.47	14.39
9.68	4.13	2.74	22.71	21.59	2.40	2.25	10.54	19.45
3.33	1.45	0.92	6.90	6.43	0.70	0.65	5.82	5.65
42.40	10.59	9.42	66.92	63.32	6.87	6.32	27.41	61.17
22.64	3.50	5.10	33.51	32.06	3.44	3.21	12.52	31.18
2.63	1.17	0.60	6.17	5.88	0.58	0.56	2.14	6.14

1-A-2 续表 49

行　　业	财务费用	利息支出	营业利润	投资收益	补贴收入
麻制品制造	0.15	0.12	0.04	0.04	0.04
丝制品制造	0.98	0.78	3.32	-0.08	0.08
绳、索、缆的制造	0.38	0.30	1.48		0.05
纺织带和帘子布制造	2.40	1.96	4.15	0.05	0.07
无纺布制造	1.94	1.61	3.79	1.07	0.45
其他纺织制成品制造	1.49	1.16	2.85	0.03	0.15
针织品、编织品及其制品制造	18.57	15.98	61.45	0.76	2.42
棉、化纤针织品及编织品制造	10.56	9.02	35.34	0.37	1.56
毛针织品及编织品制造	6.73	6.05	21.23	0.39	0.64
丝针织品及编织品制造	0.68	0.56	2.76	-0.02	0.16
其他针织品及编织品制造	0.60	0.35	2.13	0.02	0.07
纺织服装、鞋、帽制造业	28.88	23.34	150.55	3.97	4.63
纺织服装制造	27.83	22.50	145.61	3.97	4.46
纺织面料鞋的制造	0.72	0.59	3.24		0.10
制帽	0.32	0.25	1.70	0.01	0.07
皮革、毛皮、羽毛(绒)及其制品业	19.24	15.18	98.33	1.56	3.22
皮革鞣制加工	5.56	4.33	22.17	0.61	0.87
皮革制品制造	10.39	8.10	65.57	0.88	1.51
皮鞋制造	6.04	4.58	37.12	0.51	0.83
皮革服装制造	1.59	1.38	9.26	0.09	0.21
皮箱、包(袋)制造	1.60	1.20	9.55	0.12	0.34
皮手套及皮装饰制品制造	0.52	0.39	2.45	0.03	0.08
其他皮革制品制造	0.64	0.56	7.18	0.14	0.05
毛皮鞣制及制品加工	1.21	0.96	5.24	0.03	0.06
毛皮鞣制加工	0.44	0.36	1.40		
毛皮服装加工	0.43	0.33	2.83	0.03	0.03
其他毛皮制品加工	0.33	0.27	1.02		0.03
羽毛(绒)加工及制品制造	2.08	1.78	5.35	0.04	0.79
羽毛(绒)加工	0.65	0.53	1.22	0.04	0.21
羽毛(绒)制品加工	1.43	1.25	4.13		0.58
木材加工及木、竹、藤、棕、草制品业	19.13	14.88	44.21	0.94	9.85
锯材、木片加工	1.34	1.07	3.54	0.09	0.69
锯材加工	1.11	0.92	2.43	0.04	0.61
木片加工	0.23	0.16	1.12	0.05	0.08
人造板制造	13.59	10.78	26.17	0.79	8.48
胶合板制造	4.91	3.98	12.12	0.09	1.40
纤维板制造	5.97	4.21	7.15	0.45	5.14
刨花板制造	0.99	0.93	0.21	0.12	1.49
其他人造板、材制造	1.71	1.67	6.69	0.12	0.45
木制品制造	3.27	2.29	9.68	0.12	0.40
建筑用木料及木材组件加工	2.17	1.66	5.12	0.03	0.17
木容器制造	0.21	0.16	1.78	0.08	0.14
软木制品及其他木制品制造	0.89	0.48	2.77	0.01	0.09
竹、藤、棕、草制品制造	0.93	0.73	4.82	-0.06	0.29
家具制造业	9.39	7.82	48.44	0.01	1.08
木质家具制造	6.29	5.33	24.49	0.10	0.54
竹、藤家具制造	0.10	0.09	0.24		
金属家具制造	2.06	1.69	14.79	-0.08	0.36
塑料家具制造	0.17	0.16	0.65		0.03
其他家具制造	0.77	0.54	8.27		0.15

单位：亿元

利润总额	亏损企业亏损额	应交所得税	本年应付工资总额	主营业务应付工资总额	本年应付福利费总额	主营业务应付福利费总额	本年应交增值税	全部从业人员年平均人数（万人）
0.12	0.20	0.04	0.74	0.71	0.11	0.11	0.24	0.90
3.06	0.51	0.28	3.32	3.05	0.34	0.30	1.07	3.00
1.52	0.18	0.25	2.39	2.22	0.22	0.20	0.96	2.38
4.12	1.35	1.27	6.54	6.11	0.76	0.71	3.86	5.75
5.46	1.55	1.13	5.76	5.36	0.64	0.57	2.86	4.46
2.85	2.13	0.74	8.49	7.93	0.78	0.68	3.75	7.35
62.46	12.57	10.53	147.70	140.49	12.98	11.97	40.85	129.27
37.14	7.40	6.45	82.54	77.95	7.70	7.02	22.95	69.94
20.27	4.06	3.25	52.53	50.45	4.23	3.95	14.48	48.58
2.78	0.44	0.58	7.40	7.13	0.69	0.66	2.13	5.79
2.27	0.67	0.25	5.23	4.97	0.36	0.34	1.29	4.95
154.60	24.56	26.73	389.33	360.53	31.79	29.06	90.78	331.91
149.68	23.19	25.81	364.74	337.39	30.25	27.66	87.39	308.45
3.32	1.02	0.61	16.92	16.14	0.90	0.82	2.15	16.48
1.61	0.36	0.30	7.67	7.00	0.64	0.58	1.24	6.98
100.32	14.45	15.28	234.56	218.68	16.79	15.32	53.35	211.22
23.95	1.84	2.39	14.18	13.48	1.26	1.17	9.33	12.84
64.97	11.56	11.07	209.38	194.92	14.67	13.34	37.94	187.64
36.50	7.14	7.90	142.13	131.92	10.23	9.18	22.89	126.49
9.51	0.81	0.70	11.49	10.84	0.87	0.82	4.21	11.62
9.49	2.50	1.62	40.17	37.34	2.65	2.47	6.47	35.79
2.45	0.44	0.26	8.00	7.61	0.57	0.55	2.26	8.08
7.03	0.67	0.58	7.59	7.21	0.35	0.32	2.10	5.65
5.18	0.52	0.88	4.65	4.41	0.32	0.30	2.18	4.89
1.31	0.18	0.20	0.71	0.67	0.07	0.06	0.47	0.96
2.85	0.15	0.47	2.78	2.67	0.19	0.17	1.27	2.71
1.01	0.19	0.20	1.16	1.07	0.06	0.06	0.44	1.22
6.22	0.53	0.95	6.34	5.87	0.54	0.52	3.90	5.86
1.40	0.25	0.31	1.23	1.13	0.11	0.10	1.44	1.30
4.82	0.28	0.63	5.11	4.74	0.43	0.41	2.46	4.56
52.15	13.09	8.32	73.42	67.20	6.82	6.05	36.03	76.80
4.22	1.37	0.40	7.64	6.68	0.76	0.68	2.66	8.90
2.97	1.17	0.27	6.03	5.34	0.62	0.55	1.95	7.13
1.25	0.19	0.13	1.61	1.34	0.14	0.12	0.71	1.77
32.93	8.55	5.51	40.18	37.08	3.90	3.45	24.29	43.13
13.17	2.46	2.28	20.69	19.14	1.75	1.56	9.35	23.30
11.14	3.80	1.87	8.51	7.89	1.07	0.95	8.67	8.18
1.50	0.71	0.16	2.77	2.39	0.35	0.28	2.21	3.54
7.12	1.58	1.19	8.21	7.66	0.74	0.65	4.05	8.12
10.70	2.85	1.77	18.02	16.27	1.58	1.39	6.26	16.33
5.97	1.98	1.03	7.65	6.87	0.73	0.64	2.94	6.66
1.96	0.21	0.32	3.38	3.09	0.28	0.24	1.22	2.96
2.77	0.67	0.42	6.99	6.31	0.56	0.51	2.10	6.72
4.30	0.32	0.64	7.58	7.17	0.58	0.54	2.82	8.43
48.93	8.06	6.14	78.83	73.01	5.51	5.07	20.47	64.94
24.42	4.82	3.22	45.33	42.62	3.40	3.15	11.14	39.96
0.14	0.19	0.03	0.85	0.80	0.04	0.04	0.14	0.95
15.71	2.07	2.05	21.92	19.85	1.48	1.34	6.59	16.35
0.66	0.15	0.09	1.35	1.28	0.10	0.09	0.24	0.95
7.99	0.83	0.76	9.39	8.46	0.50	0.45	2.37	6.72

1-A-2 续表 50

行业	财务费用	利息支出	营业利润	投资收益	补贴收入
造纸及纸制品业	67.45	60.12	139.98	5.22	8.75
纸浆制造	5.33	4.86	-2.00	-0.03	0.49
造纸	49.99	45.61	92.93	4.65	5.75
机制纸及纸板制造	48.09	44.07	88.18	4.51	5.57
手工纸制造	0.03	0.03	0.18		0.01
加工纸制造	1.87	1.51	4.58	0.14	0.18
纸制品制造	12.12	9.65	49.05	0.60	2.51
纸和纸板容器的制造	8.35	7.03	33.93	0.58	2.07
其他纸制品制造	3.77	2.62	15.11	0.02	0.44
印刷业和记录媒介的复制	13.10	12.41	83.56	2.88	3.54
印刷	12.01	11.35	77.49	2.63	3.13
书、报、刊印刷	4.59	4.12	12.67	0.89	1.21
本册印制	0.71	0.59	4.33	0.41	0.21
包装装潢及其他印刷	6.70	6.64	60.49	1.34	1.70
装订及其他印刷服务活动	0.43	0.40	4.01	0.19	0.23
记录媒介的复制	0.66	0.67	2.07	0.06	0.17
文教体育用品制造业	7.33	5.50	38.89	1.13	1.33
文化用品制造	1.69	1.18	9.30	0.16	0.37
文具制造	0.71	0.42	2.23	0.08	0.08
笔的制造	0.85	0.64	3.95	0.07	0.28
教学用模型及教具制造	0.08	0.08	2.21		0.01
墨水、墨汁制造	0.01	0.01	0.58		
其他文化用品制造	0.04	0.02	0.33		
体育用品制造	1.57	1.21	10.22	0.23	0.40
球类制造	0.21	0.17	0.61	0.11	0.03
体育器材及配件制造	0.50	0.37	3.53	0.03	0.07
训练健身器材制造	0.49	0.37	3.10	-0.04	0.12
运动防护用具制造	0.11	0.09	0.60		0.02
其他体育用品制造	0.26	0.22	2.36	0.12	0.15
乐器制造	0.92	0.75	5.68	0.07	0.06
中乐器制造	0.03	0.02	0.28	0.01	
西乐器制造	0.79	0.66	3.76	0.07	0.04
电子乐器制造	0.04	0.02	1.12		
其他乐器及零件制造	0.06	0.05	0.52		0.02
玩具制造	2.81	2.07	12.75	0.57	0.46
游艺器材及娱乐用品制造	0.35	0.29	0.95	0.10	0.04
露天游乐场所游乐设备制造	0.26	0.22	0.78	0.01	0.02
游艺用品及室内游艺器材制造	0.09	0.07	0.17	0.09	0.01
石油加工、炼焦及核燃料加工业	55.50	51.25	329.64	4.93	8.17
精炼石油产品的制造	31.79	28.73	261.45	1.28	2.29
原油加工及石油制品制造	31.78	28.72	261.39	1.28	2.29
人造原油生产	0.01	0.01	0.06		
炼焦	22.58	21.36	67.37	1.82	5.86
化学原料及化学制品制造业	170.29	153.29	859.83	34.47	43.44
基础化学原料制造	49.86	46.87	184.08	11.23	13.25
无机酸制造	3.27	2.93	12.81	1.43	0.73
无机碱制造	12.35	12.07	28.35	2.48	0.76
无机盐制造	6.09	5.64	23.27	1.63	2.00
有机化学原料制造	22.30	21.01	95.84	4.51	8.49

单位：亿元

利润总额	亏损企业亏损额	应交所得税	本年应付工资总额	主营业务应付工资总额	本年应付福利费总额	主营业务应付福利费总额	本年应交增值税	全部从业人员年平均人数（万人）
153.86	35.62	30.77	152.61	139.75	16.09	14.84	116.95	130.44
-1.63	5.16	0.68	5.38	4.19	0.84	0.72	4.53	4.48
98.94	20.34	20.85	85.53	79.02	9.58	9.01	78.86	77.06
94.00	19.10	20.05	79.47	73.39	8.99	8.46	75.37	72.38
0.11		0.02	0.27	0.25	0.05	0.04	0.07	0.29
4.84	1.24	0.78	5.79	5.38	0.54	0.51	3.42	4.39
56.56	10.12	9.25	61.70	56.55	5.67	5.12	33.56	48.91
35.52	6.43	6.95	44.20	40.73	4.24	3.83	23.41	35.22
21.04	3.70	2.30	17.50	15.82	1.43	1.29	10.15	13.69
89.12	11.94	17.96	94.48	84.41	10.71	9.39	51.33	63.50
82.90	10.30	16.47	86.78	77.55	9.94	8.69	47.33	59.20
15.64	4.70	3.83	39.41	35.42	4.50	4.05	15.17	28.25
4.66	0.70	0.80	6.39	5.59	0.57	0.51	2.61	5.03
62.60	4.90	11.84	40.98	36.54	4.87	4.13	29.55	25.92
4.14	0.58	1.07	5.06	4.58	0.49	0.45	2.49	3.09
2.08	1.05	0.43	2.63	2.28	0.28	0.25	1.50	1.21
40.67	9.77	7.43	124.52	114.31	8.71	7.74	19.41	107.54
9.84	1.49	1.75	16.08	15.03	1.51	1.34	3.86	13.19
2.34	0.57	0.59	6.78	6.34	0.44	0.40	1.18	5.73
4.39	0.70	0.71	7.33	6.86	0.79	0.72	1.72	6.00
2.20	0.08	0.35	0.84	0.81	0.11	0.11	0.51	0.73
0.58		0.06	0.41	0.37	0.10	0.05	0.22	0.18
0.33	0.14	0.04	0.71	0.66	0.07	0.06	0.23	0.56
10.46	2.92	1.92	28.19	24.28	2.00	1.61	5.14	23.40
0.69	0.61	0.17	3.97	3.87	0.29	0.27	0.50	3.37
3.50	0.64	0.44	9.09	6.10	0.69	0.38	1.76	7.75
2.95	0.94	0.57	5.52	5.34	0.41	0.38	1.92	4.07
0.68	0.34	0.18	5.51	5.19	0.30	0.27	0.17	4.55
2.64	0.39	0.56	4.10	3.79	0.32	0.30	0.80	3.68
5.61	0.52	0.99	8.59	8.04	0.80	0.73	2.13	6.09
0.29	0.01	0.05	0.58	0.55	0.05	0.05	0.12	0.50
3.72	0.49	0.71	6.31	5.84	0.67	0.61	1.67	4.43
1.09	0.01	0.14	0.97	0.94	0.05	0.04	0.13	0.61
0.51	0.01	0.10	0.73	0.71	0.04	0.03	0.21	0.55
13.54	4.73	2.53	68.71	64.07	4.05	3.72	7.49	62.50
1.22	0.10	0.25	2.96	2.89	0.35	0.32	0.77	2.34
0.80	0.05	0.18	1.57	1.54	0.19	0.18	0.63	1.15
0.42	0.05	0.07	1.40	1.35	0.16	0.14	0.15	1.19
284.41	49.71	67.58	137.78	124.53	18.81	17.14	284.66	67.97
210.30	44.41	52.49	99.07	89.76	14.05	12.68	195.91	36.28
210.26	44.39	52.47	99.01	89.71	14.04	12.68	195.87	36.23
0.04	0.02	0.02	0.06	0.05	0.01		0.03	0.05
71.61	5.30	15.06	36.78	32.86	4.50	4.19	87.83	30.78
883.28	106.35	154.37	483.19	446.77	64.84	58.89	452.93	326.35
186.66	18.94	31.69	126.44	117.49	17.28	15.65	125.98	87.62
14.28	1.38	2.17	8.35	7.61	1.17	1.07	7.59	7.10
28.49	3.29	7.00	31.03	28.50	4.55	3.90	29.97	19.72
25.02	3.88	5.07	21.42	20.23	2.74	2.55	18.35	19.87
95.45	6.48	13.34	50.47	47.50	6.86	6.43	52.47	29.41

1-A-2 续表 51

行业	财务费用	利息支出	营业利润	投资收益	补贴收入
其他基础化学原料制造	5.84	5.22	23.81	1.18	1.26
肥料制造	38.89	37.88	108.25	5.20	12.37
氮肥制造	24.81	24.85	66.98	3.21	6.30
磷肥制造	4.27	4.09	8.41	0.38	1.69
钾肥制造	1.21	1.18	6.12	0.12	0.44
复混肥料制造	7.86	7.15	24.63	1.48	3.88
有机肥料及微生物肥料制造	0.30	0.26	2.02		0.04
其他肥料制造	0.44	0.35	0.10	0.01	0.02
农药制造	7.51	6.95	20.59	0.43	1.21
化学农药制造	7.13	6.62	16.85	0.41	1.08
生物化学农药及微生物农药制造	0.38	0.34	3.74	0.02	0.13
涂料、油墨、颜料及类似产品制造	11.15	9.67	79.18	1.78	3.55
涂料制造	4.41	3.69	38.32	1.06	1.39
油墨及类似产品制造	0.63	0.50	7.08	0.35	0.19
颜料制造	1.87	1.60	9.51	0.10	0.62
染料制造	3.79	3.53	21.88	0.34	1.11
密封用填料及类似品制造	0.45	0.34	2.38	-0.06	0.24
合成材料制造	30.45	25.90	227.25	7.14	3.16
初级形态的塑料及合成树脂制造	13.56	12.04	116.33	3.16	1.49
合成橡胶制造	1.28	0.90	10.95	0.15	0.28
合成纤维单(聚合)体的制造	14.44	12.08	95.48	3.79	1.24
其他合成材料制造	1.17	0.88	4.48	0.04	0.16
专用化学产品制造	23.97	20.34	107.70	3.94	8.76
化学试剂和助剂制造	10.27	9.34	45.72	1.39	3.13
专项化学用品制造	4.14	3.56	27.90	-0.33	1.52
林产化学产品制造	0.89	0.80	1.29	0.07	0.29
炸药及火工产品制造	3.33	3.15	8.07	0.27	3.19
信息化学品制造	3.31	1.86	14.58	2.30	0.25
环境污染处理专用药剂材料制造	0.21	0.09	1.84	0.01	0.03
动物胶制造	0.23	0.20	1.44		0.06
其他专用化学产品制造	1.59	1.35	6.88	0.24	0.30
日用化学产品制造	8.46	5.66	132.77	4.75	1.14
肥皂及合成洗涤剂制造	3.70	1.92	94.64	1.47	0.43
化妆品制造	1.78	1.35	21.23	0.93	0.24
口腔清洁用品制造	0.52	0.56	1.46	2.18	0.08
香料、香精制造	1.46	1.18	12.31	0.14	0.17
其他日用化学产品制造	0.99	0.65	3.12	0.02	0.23
医药制造业	55.19	51.73	255.07	16.36	8.67
化学药品原药制造	15.41	14.82	42.53	6.46	1.87
化学药品制剂制造	16.68	14.48	89.39	2.77	2.29
中药饮片加工	1.96	1.70	6.75	0.42	0.32
中成药制造	14.36	14.26	77.05	4.71	3.23
兽用药品制造	0.98	0.83	5.58	0.05	0.14
生物、生化制品的制造	4.07	3.93	23.01	1.13	0.64
卫生材料及医药用品制造	1.73	1.70	10.76	0.84	0.18
化学纤维制造业	30.37	26.77	43.27	1.36	4.27
纤维素纤维原料及纤维制造	5.84	4.42	15.15	0.10	0.27
化纤浆粕制造	0.71	0.68	1.82	-0.46	0.18
人造纤维(纤维素纤维)制造	5.13	3.74	13.33	0.56	0.09
合成纤维制造	24.53	22.35	28.12	1.27	4.00

单位：亿元

利润总额	亏损企业亏损额	应交所得税	本年应付工资总额		本年应付福利费总额		本年应交增值税	全部从业人员年平均人数（万人）
				主营业务应付工资总额		主营业务应付福利费总额		
23.42	3.91	4.11	15.17	13.65	1.96	1.71	17.59	11.51
110.95	10.02	20.72	84.86	78.41	11.09	10.06	48.84	69.87
69.00	5.45	13.16	55.63	51.01	7.46	6.74	36.01	43.97
8.18	1.25	1.63	9.42	8.58	1.12	1.00	5.03	10.14
6.34	0.82	1.21	2.03	1.86	0.25	0.23	0.44	1.14
25.63	1.93	4.41	16.09	15.45	2.10	1.94	6.39	12.53
1.69	0.08	0.24	0.76	0.72	0.07	0.07	0.58	0.78
0.12	0.48	0.08	0.92	0.78	0.08	0.08	0.40	1.32
20.27	4.33	5.12	18.21	16.40	2.52	2.11	7.62	14.42
16.47	4.04	4.47	16.47	14.87	2.30	1.94	5.91	13.05
3.81	0.28	0.65	1.74	1.54	0.22	0.17	1.71	1.37
82.98	8.70	13.43	51.35	47.72	7.34	6.86	37.28	31.26
40.66	5.04	6.11	26.79	25.16	4.37	4.16	18.97	14.13
7.29	0.66	1.13	4.90	4.44	0.56	0.52	3.34	2.54
9.79	0.79	1.56	6.28	5.96	0.73	0.70	5.06	4.64
22.76	1.77	4.25	10.40	9.41	1.38	1.22	8.04	8.17
2.48	0.44	0.39	2.97	2.76	0.30	0.27	1.87	1.79
210.75	34.45	41.05	63.43	57.84	8.28	7.58	86.39	30.52
116.86	5.75	25.05	38.16	34.68	5.36	4.82	45.66	18.04
11.18	1.05	0.62	4.66	3.57	0.46	0.43	3.00	3.15
78.05	26.72	14.87	17.41	16.57	2.01	1.89	33.01	7.14
4.66	0.93	0.51	3.20	3.03	0.45	0.43	4.72	2.19
134.02	17.08	23.04	92.33	85.34	11.42	10.25	68.09	69.81
48.24	8.04	11.75	32.54	30.42	4.38	4.07	27.63	22.85
26.66	3.43	4.33	16.42	15.08	1.98	1.71	13.70	10.81
1.41	0.67	0.26	2.76	2.50	0.28	0.26	1.87	2.76
10.32	1.31	2.43	24.65	22.61	2.86	2.47	12.91	23.85
37.00	1.79	2.13	8.56	8.21	0.86	0.79	6.75	4.20
1.18	0.31	0.12	0.68	0.59	0.08	0.07	0.56	0.52
1.43	0.08	0.24	0.83	0.76	0.09	0.08	0.77	0.92
7.78	1.45	1.77	5.88	5.16	0.88	0.78	3.89	3.91
137.64	12.83	19.32	46.57	43.57	6.92	6.37	78.73	22.85
95.42	6.22	12.61	17.62	16.88	2.71	2.64	48.46	8.17
22.45	3.01	3.44	13.30	12.85	2.10	1.80	17.74	5.63
3.66	0.85	0.67	3.63	3.32	0.48	0.44	3.92	1.44
12.67	1.52	1.61	7.45	6.39	1.10	1.03	5.36	3.42
3.44	1.23	0.99	4.56	4.13	0.52	0.46	3.25	4.20
274.98	39.54	48.44	181.11	169.07	23.56	21.80	185.09	114.38
49.48	10.55	10.43	38.37	35.97	5.11	4.79	28.06	27.33
94.05	15.73	17.14	62.66	59.17	8.66	8.17	72.92	32.21
7.22	1.23	0.72	5.57	5.06	0.69	0.61	5.29	4.29
80.26	7.58	14.28	49.66	45.92	6.07	5.43	59.48	33.34
6.58	0.66	0.83	4.33	3.96	0.59	0.52	2.25	3.74
24.94	2.96	3.10	12.01	11.11	1.40	1.30	11.06	6.19
12.45	0.83	1.93	8.51	7.87	1.04	0.96	6.01	7.28
45.75	25.37	10.36	54.92	48.58	7.83	6.96	43.80	39.19
14.93	3.09	3.39	11.79	10.70	2.16	1.94	10.62	9.22
1.24	1.09	0.46	1.56	1.43	0.17	0.16	1.70	1.83
13.70	2.00	2.92	10.23	9.27	1.99	1.78	8.92	7.39
30.81	22.28	6.97	43.13	37.88	5.67	5.02	33.19	29.97

1-A-2 续表 52

行业	财务费用	利息支出	营业利润	投资收益	补贴收入
锦纶纤维制造	2.57	2.38	3.78	0.88	0.20
涤纶纤维制造	17.64	16.01	15.64	0.15	3.32
腈纶纤维制造	0.87	0.86	-0.55	-0.06	
维纶纤维制造	0.72	0.71	0.64	0.01	0.16
其他合成纤维制造	2.73	2.38	8.62	0.29	0.31
橡胶制品业	25.06	22.16	72.44	1.50	2.32
轮胎制造	15.78	14.57	37.47	0.45	0.84
车辆、飞机及工程机械轮胎制造	15.15	14.05	35.33	0.40	0.80
力车胎制造	0.52	0.47	1.47	0.05	0.03
轮胎翻新加工	0.10	0.05	0.66		0.02
橡胶板、管、带的制造	2.86	2.45	5.66	-0.06	0.32
橡胶零件制造	1.78	1.52	11.08	0.02	0.53
再生橡胶制造	0.31	0.21	1.16	0.01	0.04
日用及医用橡胶制品制造	1.24	0.95	4.30	0.24	0.25
橡胶靴鞋制造	2.30	1.92	7.09	0.33	0.21
其他橡胶制品制造	0.79	0.55	5.68	0.51	0.13
塑料制品业	44.27	38.96	170.06	4.01	6.98
塑料薄膜制造	9.73	8.92	19.19	1.08	0.95
塑料板、管、型材的制造	12.65	12.06	25.38	0.77	1.69
塑料丝、绳及编织品的制造	3.20	2.79	12.23	0.23	0.46
泡沫塑料制造	1.54	1.29	6.99	0.08	0.29
塑料人造革、合成革制造	2.62	2.05	9.55	-0.05	0.33
塑料包装箱及容器制造	4.64	4.17	24.56	0.73	0.57
塑料零件制造	4.09	3.18	37.72	0.38	0.91
日用塑料制造	3.30	2.56	17.86	0.09	0.58
塑料鞋制造	0.49	0.40	2.17	0.01	0.08
日用塑料杂品制造	2.81	2.16	15.69	0.09	0.50
其他塑料制品制造	2.48	1.95	16.59	0.71	1.19
非金属矿物制品业	127.17	112.07	359.29	16.45	69.32
水泥、石灰和石膏的制造	56.18	50.18	93.04	2.68	52.35
水泥制造	55.63	49.70	91.00	2.60	51.89
石灰和石膏制造	0.55	0.48	2.05	0.08	0.46
水泥及石膏制品制造	10.31	8.83	33.06	0.81	6.13
水泥制品制造	7.83	6.94	22.76	0.47	4.40
砼结构构件制造	0.99	0.86	4.19	0.06	0.27
石棉水泥制品制造	0.42	0.41	1.02	0.06	0.10
轻质建筑材料制造	0.82	0.49	4.13	0.18	1.18
其他水泥制品制造	0.25	0.14	0.96	0.05	0.19
砖瓦、石材及其他建筑材料制造	14.03	11.82	62.11	3.39	3.25
粘土砖瓦及建筑砌块制造	2.14	1.77	8.87	0.17	1.40
建筑陶瓷制品制造	6.67	5.86	24.03	0.23	0.43
建筑用石加工	3.49	2.84	20.84	2.70	0.15
防水建筑材料制造	0.80	0.65	2.59	0.02	0.46
隔热和隔音材料制造	0.36	0.29	2.85	0.10	0.39
其他建筑材料制造	0.57	0.41	2.94	0.17	0.41
玻璃及玻璃制品制造	22.18	20.02	90.60	7.72	3.05
平板玻璃制造	8.46	8.25	28.95	2.10	1.29
技术玻璃制品制造	3.91	3.23	17.11	4.52	0.53
光学玻璃制造	0.43	0.40	5.44	0.07	0.21
玻璃仪器制造	0.59	0.50	4.09	0.09	0.08

单位：亿元

利润总额	亏损企业亏损额	应交所得税	本年应付工资总额	本年应付主营业务应付工资总额	本年应付福利费总额	本年应付主营业务应付福利费总额	本年应交增值税	全部从业人员年平均人数（万人）
4.70	1.33	0.87	4.48	4.20	0.53	0.49	2.89	3.40
17.23	15.96	4.15	27.69	23.59	3.44	2.92	23.06	19.11
-0.72	2.74	0.15	3.23	3.15	0.78	0.77	2.16	1.64
0.70	0.06	0.11	1.24	0.70	0.15	0.10	1.01	0.94
8.91	2.20	1.69	6.50	6.23	0.77	0.73	4.07	4.89
74.32	20.39	14.19	98.17	90.88	10.16	9.37	43.42	80.78
37.55	8.40	6.47	32.79	30.57	3.52	3.28	21.04	22.86
35.31	7.89	5.96	29.20	27.86	3.23	3.03	19.08	20.14
1.54	0.49	0.37	3.27	2.51	0.25	0.24	1.61	2.40
0.70	0.02	0.14	0.32	0.21	0.03	0.02	0.35	0.33
5.10	4.95	1.87	11.87	11.04	1.51	1.40	6.18	10.92
12.49	1.61	2.17	14.64	13.56	1.70	1.59	6.17	11.34
1.18	0.23	0.28	1.38	1.27	0.14	0.13	0.93	1.49
4.25	1.30	1.01	6.12	5.73	0.74	0.68	1.68	5.42
7.54	2.83	1.55	24.60	23.11	2.00	1.77	5.04	23.74
6.22	1.06	0.84	6.78	5.60	0.55	0.51	2.39	5.01
174.90	41.91	30.46	222.18	202.54	21.50	19.37	92.64	175.20
19.61	10.77	4.25	21.91	20.31	2.24	2.07	11.16	16.05
27.43	10.00	6.16	29.91	27.57	3.20	2.94	19.98	23.89
11.10	2.57	2.12	22.13	20.07	2.21	2.04	8.52	22.37
7.19	1.78	1.35	9.69	8.47	1.39	0.98	4.66	7.52
9.47	2.12	1.70	8.52	8.10	1.19	1.11	4.95	6.49
25.53	3.90	3.87	22.05	20.04	2.17	1.97	11.98	17.08
38.62	4.23	5.09	39.08	36.20	3.41	3.15	13.36	26.33
17.92	3.27	3.12	40.81	36.29	3.71	3.36	10.39	32.01
2.25	0.30	0.41	9.00	8.66	0.93	0.89	2.23	7.67
15.67	2.96	2.70	31.80	27.64	2.78	2.47	8.16	24.34
18.04	3.28	2.81	28.10	25.48	1.97	1.75	7.64	23.46
418.88	83.20	81.39	452.10	420.12	51.24	46.82	325.72	415.32
136.04	30.30	30.30	147.44	136.95	19.05	17.55	145.40	142.72
133.34	30.15	29.62	144.23	134.05	18.76	17.28	143.29	139.83
2.69	0.15	0.67	3.21	2.89	0.29	0.27	2.11	2.89
38.32	11.24	6.97	48.30	44.66	5.47	4.89	39.23	34.60
26.77	8.83	5.33	35.70	33.23	4.11	3.71	32.34	24.03
4.21	1.07	0.69	6.20	5.49	0.64	0.58	3.63	4.99
1.16	0.39	0.10	1.41	1.36	0.11	0.10	0.43	1.54
4.97	0.74	0.63	3.79	3.44	0.50	0.38	2.00	3.25
1.21	0.20	0.22	1.20	1.14	0.12	0.12	0.83	0.79
65.10	9.58	10.81	78.87	71.73	6.58	5.86	37.72	73.25
9.22	1.90	1.52	20.85	19.32	2.04	1.86	6.07	24.00
24.16	4.76	5.01	30.84	26.85	2.28	1.99	18.01	28.60
21.92	1.08	2.68	18.74	17.90	1.34	1.21	7.99	13.92
2.96	0.83	0.59	2.91	2.66	0.33	0.28	1.91	2.70
3.42	0.61	0.56	2.60	2.46	0.30	0.28	1.92	1.87
3.42	0.41	0.46	2.93	2.55	0.29	0.25	1.82	2.16
98.16	12.08	14.25	75.66	70.43	8.58	7.71	46.69	66.15
31.38	2.13	5.07	15.31	14.34	1.72	1.63	14.23	11.97
21.39	1.70	2.28	10.18	9.07	0.90	0.83	6.03	7.48
4.88	1.32	0.65	4.54	4.37	0.66	0.63	1.40	2.93
3.97	0.20	0.57	2.72	2.63	0.35	0.33	1.58	2.90

1-A-2 续表 53

行业	财务费用	利息支出	营业利润	投资收益	补贴收入
日用玻璃制品及玻璃包装容器制造	3.03	2.64	8.16	0.04	0.40
玻璃保温容器制造	0.16	0.16	-0.30		0.01
玻璃纤维及制品制造	3.28	2.90	16.27	0.66	0.36
玻璃纤维增强塑料制品制造	1.10	0.87	6.79	0.21	0.10
其他玻璃制品制造	1.21	1.08	4.10	0.03	0.06
陶瓷制品制造	8.74	7.57	26.26	0.64	0.69
卫生陶瓷制品制造	1.87	1.62	12.72	0.22	0.15
特种陶瓷制品制造	1.81	1.40	7.34	-0.02	0.22
日用陶瓷制品制造	4.71	4.27	3.96	0.43	0.28
园林、陈设艺术及其他陶瓷制品制造	0.35	0.28	2.24		0.04
耐火材料制品制造	7.49	6.42	32.01	0.71	2.08
石棉制品制造	0.38	0.27	0.65		0.09
云母制品制造	0.11	0.08	0.70		0.05
耐火陶瓷制品及其他耐火材料制造	7.00	6.06	30.67	0.71	1.94
石墨及其他非金属矿物制品制造	8.24	7.22	22.21	0.51	1.77
石墨及碳素制品制造	4.69	3.95	11.46	0.35	1.04
其他非金属矿物制品制造	3.56	3.27	10.75	0.16	0.73
黑色金属冶炼及压延加工业	187.67	172.24	1106.01	29.01	20.38
炼铁	16.79	13.84	63.18	0.69	3.23
炼钢	39.28	36.73	178.69	1.36	2.82
钢压延加工	124.42	114.77	819.10	27.07	10.90
铁合金冶炼	7.18	6.91	45.05	-0.11	3.44
有色金属冶炼及压延加工业	86.21	78.44	292.44	4.41	29.92
常用有色金属冶炼	49.50	45.90	166.14	-0.08	14.46
铜冶炼	11.62	11.51	29.97	-1.34	4.23
铅锌冶炼	11.12	10.43	11.08	0.46	4.26
镍钴冶炼	1.67	1.63	18.32	0.05	0.65
锡冶炼	2.10	1.96	3.37	-0.11	2.61
锑冶炼	0.47	0.42	1.44		0.20
铝冶炼	21.11	18.58	98.49	0.83	1.91
镁冶炼	1.02	0.96	2.05	0.02	0.57
其他常用有色金属冶炼	0.40	0.41	1.42	0.01	0.04
贵金属冶炼	1.84	1.63	15.82	1.00	1.82
金冶炼	1.54	1.39	13.49	0.99	1.28
银冶炼	0.30	0.24	2.29	0.02	0.49
其他贵金属冶炼	0.01		0.03		0.05
稀有稀土金属冶炼	3.08	2.85	13.78	1.30	1.69
钨钼冶炼	0.83	0.75	6.79	0.91	1.20
稀土金属冶炼	1.58	1.54	4.78	0.48	0.25
其他稀有金属冶炼	0.67	0.56	2.22	-0.08	0.25
有色金属合金制造	1.99	1.70	6.99	0.70	0.98
有色金属压延加工	29.80	26.36	89.71	1.49	10.97
常用有色金属压延加工	28.79	25.53	73.32	1.54	10.72
贵金属压延加工	0.40	0.20	1.48	0.12	0.03
稀有稀土金属压延加工	0.60	0.63	14.91	-0.18	0.22
金属制品业	47.77	39.87	226.90	5.89	9.03
结构性金属制品制造	12.86	11.03	50.45	0.84	2.00
金属结构制造	10.09	8.71	37.68	0.79	1.60
金属门窗制造	2.77	2.32	12.77	0.05	0.41
金属工具制造	4.85	3.93	27.67	1.51	0.87

单位：亿元

利润总额	亏损企业亏损额	应交所得税	本年应付工资总额	主营业务应付工资总额	本年应付福利费总额	主营业务应付福利费总额	本年应交增值税	全部从业人员年平均人数（万人）
7.97	2.98	1.78	21.66	20.81	2.38	2.14	10.00	22.90
-0.08	0.71	0.18	1.65	1.45	0.15	0.13	0.45	1.73
17.49	0.80	2.03	10.20	9.14	1.26	1.04	5.76	8.92
7.01	1.59	1.15	5.37	5.11	0.58	0.55	4.66	4.14
4.15	0.64	0.54	4.04	3.51	0.58	0.44	2.59	3.18
24.84	11.46	5.73	53.96	51.03	5.16	4.84	17.18	53.12
13.28	2.36	1.76	10.14	9.09	1.05	0.93	4.58	7.21
6.54	2.41	1.66	7.02	6.35	0.76	0.70	3.92	5.99
2.79	6.39	1.59	28.22	27.41	2.80	2.66	6.83	32.09
2.23	0.31	0.72	8.58	8.18	0.55	0.54	1.85	7.84
33.22	2.36	7.81	24.38	22.83	3.14	2.88	22.40	24.04
0.77	0.25	0.18	1.59	1.45	0.23	0.20	0.88	1.66
0.71	0.02	0.14	0.47	0.44	0.05	0.05	0.41	0.56
31.74	2.08	7.49	22.32	20.94	2.86	2.64	21.11	21.82
23.21	6.18	5.51	23.50	22.50	3.25	3.08	17.10	21.43
11.86	2.41	2.81	10.63	10.26	1.52	1.44	8.73	9.47
11.35	3.77	2.70	12.86	12.24	1.73	1.64	8.37	11.96
1105.86	59.30	243.71	564.80	496.08	73.30	63.42	652.89	277.27
62.35	10.32	10.72	45.58	43.50	5.65	5.39	64.32	35.94
175.67	20.86	50.19	106.85	73.18	14.18	9.60	131.72	50.55
823.31	23.12	172.90	384.96	354.10	50.07	45.38	422.67	165.91
44.53	4.99	9.90	27.41	25.30	3.40	3.05	34.18	24.87
305.40	32.03	64.38	193.86	175.25	28.98	23.55	188.64	127.33
165.96	17.02	37.61	102.73	93.19	18.07	13.57	113.67	64.67
29.86	2.52	3.22	18.31	17.61	2.69	2.59	27.83	13.03
11.79	4.93	2.76	17.78	16.74	2.59	2.41	20.57	14.06
16.22	0.10	3.70	13.33	12.03	1.76	1.58	10.17	4.33
4.66	0.21	0.70	6.53	5.78	0.88	0.71	5.39	5.18
1.58	0.12	0.23	1.48	1.46	0.20	0.20	1.37	1.44
98.98	7.97	26.18	39.39	33.93	9.23	5.39	44.62	20.97
1.82	0.85	0.54	3.93	3.80	0.51	0.49	2.14	4.01
1.05	0.31	0.27	1.99	1.85	0.21	0.19	1.58	1.65
17.08	0.54	3.89	9.27	6.98	0.92	0.86	3.97	5.55
15.20	0.42	3.68	8.68	6.42	0.86	0.80	1.01	5.00
1.79	0.08	0.20	0.49	0.46	0.05	0.04	2.75	0.48
0.08	0.04	0.01	0.10	0.10	0.01	0.01	0.21	0.07
15.31	1.86	3.39	9.12	8.54	1.18	1.09	9.02	6.80
8.42	0.30	1.94	2.08	1.96	0.24	0.23	4.65	1.48
4.79	0.67	0.92	3.85	3.68	0.54	0.51	2.42	2.81
2.11	0.89	0.54	3.19	2.90	0.39	0.35	1.96	2.51
7.49	0.73	1.39	8.02	7.29	1.45	1.36	4.80	5.02
99.57	11.89	18.09	64.72	59.25	7.36	6.66	57.18	45.29
83.22	10.92	13.95	60.11	55.06	6.78	6.16	52.01	42.45
1.53	0.12	0.21	0.69	0.64	0.09	0.09	0.53	0.45
14.81	0.84	3.93	3.92	3.55	0.48	0.42	4.64	2.39
234.01	36.43	41.14	277.69	254.71	29.25	26.16	115.75	213.11
52.59	10.04	10.24	67.50	61.51	7.29	6.60	31.39	51.73
40.06	7.98	7.72	53.03	47.86	5.84	5.25	25.29	40.15
12.53	2.06	2.51	14.47	13.65	1.45	1.35	6.10	11.58
27.60	5.72	5.91	38.52	36.43	4.41	4.08	13.90	30.96

1-A-2 续表 54

行业	财务费用	利息支出	营业利润	投资收益	补贴收入
切削工具制造	2.45	2.04	11.89	0.52	0.29
手工具制造	1.30	1.10	4.64	0.04	0.34
农用及园林用金属工具制造	0.21	0.17	1.19		0.03
刀剪及类似日用金属工具制造	0.20	0.12	4.72	0.45	0.13
其他金属工具制造	0.69	0.50	5.22	0.51	0.08
集装箱及金属包装容器制造	7.09	5.71	51.42	1.22	0.90
集装箱制造	2.32	1.78	36.94	0.34	0.07
金属压力容器制造	1.83	1.48	2.47	0.73	0.40
金属包装容器制造	2.93	2.44	12.00	0.15	0.43
金属丝绳及其制品的制造	7.33	6.39	24.29	0.59	0.65
建筑、安全用金属制品制造	4.49	3.66	22.06	0.36	1.00
建筑、家具用金属配件制造	2.04	1.53	10.85	0.31	0.26
建筑装饰及水暖管道零件制造	1.94	1.76	8.57	0.03	0.60
安全、消防用金属制品制造	0.25	0.20	2.15	0.01	0.09
其他建筑、安全用金属制品制造	0.26	0.16	0.48		0.05
金属表面处理及热处理加工	2.92	2.51	16.55	0.02	2.28
搪瓷制品制造	0.76	0.64	1.64	0.01	0.05
工业生产配套用搪瓷制品制造	0.13	0.12	0.71		0.02
搪瓷卫生洁具制造	0.15	0.11	0.23		0.01
搪瓷日用品及其他搪瓷制品制造	0.48	0.41	0.69	0.01	0.02
不锈钢及类似日用金属制品制造	5.05	4.04	15.44	0.59	0.53
金属制厨房调理及卫生器具制造	0.79	0.71	3.17	0.03	0.06
金属制厨用器皿及餐具制造	3.49	2.77	7.95	0.63	0.35
其他日用金属制品制造	0.78	0.56	4.31	-0.07	0.11
其他金属制品制造	2.41	1.95	17.40	0.75	0.73
铸币及贵金属制实验室用品制造	-0.01	-0.01	3.27	0.02	
其他未列明的金属制品制造	2.41	1.96	14.12	0.73	0.73
通用设备制造业	81.17	69.52	444.76	17.10	17.89
锅炉及原动机制造	7.06	6.88	54.52	5.56	1.69
锅炉及辅助设备制造	1.46	1.63	16.52	1.58	0.29
内燃机及配件制造	6.57	5.95	21.59	3.71	1.27
汽轮机及辅机制造	-1.20	-0.91	16.45	0.30	0.12
水轮机及辅机制造	0.14	0.13	0.12	-0.03	0.01
其他原动机制造	0.09	0.09	-0.16		
金属加工机械制造	10.23	8.81	32.01	3.61	2.16
金属切削机床制造	6.03	5.30	11.70	1.83	1.31
金属成形机床制造	1.87	1.61	5.81	0.26	0.28
铸造机械制造	0.79	0.66	4.60	0.54	0.26
金属切割及焊接设备制造	0.37	0.26	4.44	0.09	0.07
机床附件制造	0.58	0.54	1.95	0.85	0.12
其他金属加工机械制造	0.59	0.43	3.51	0.05	0.11
起重运输设备制造	9.15	6.14	55.31	1.23	1.67
泵、阀门、压缩机及类似机械的制造	13.31	11.81	79.94	1.25	2.02
泵及真空设备制造	3.94	3.55	15.10	0.12	0.82
气体压缩机械制造	2.79	2.58	20.47	0.46	0.13
阀门和旋塞的制造	4.05	3.67	25.72	0.38	0.75
液压和气压动力机械及元件制造	2.53	2.01	18.65	0.30	0.33
轴承、齿轮、传动和驱动部件的制造	10.44	9.75	33.85	0.99	2.51
轴承制造	6.88	6.44	21.72	0.89	1.87
齿轮、传动和驱动部件制造	3.56	3.32	12.13	0.09	0.64

单位：亿元

利润总额	亏损企业亏损额	应交所得税	本年应付工资总额	本年应付工资总额：主营业务应付工资总额	本年应付福利费总额	本年应付福利费总额：主营业务应付福利费总额	本年应交增值税	全部从业人员年平均人数（万人）
11.67	1.80	2.59	12.84	12.22	1.57	1.46	5.68	10.44
3.89	3.12	1.32	11.18	10.84	1.26	1.19	3.75	9.55
1.30	0.17	0.19	1.63	1.60	0.16	0.15	0.56	1.52
5.22	0.16	0.74	7.11	6.32	0.90	0.80	2.12	5.42
5.52	0.48	1.07	5.76	5.45	0.52	0.48	1.80	4.03
53.64	4.01	6.26	33.74	31.04	3.80	3.43	12.17	19.34
37.64	0.57	3.58	13.41	13.04	1.43	1.34	1.44	4.15
3.74	1.30	0.94	7.10	6.28	0.96	0.85	3.28	5.78
12.26	2.14	1.73	13.23	11.72	1.41	1.25	7.46	9.41
24.90	2.04	4.37	17.72	16.41	2.13	1.89	12.48	15.59
23.79	3.04	3.67	36.59	33.91	4.00	3.26	12.88	30.30
12.53	1.37	1.88	20.29	18.60	2.52	1.93	6.13	16.49
8.94	1.33	1.35	12.59	11.80	1.05	0.96	5.38	10.62
1.75	0.12	0.29	2.29	2.18	0.25	0.23	0.81	2.02
0.56	0.21	0.14	1.43	1.33	0.18	0.15	0.56	1.17
15.31	2.48	2.82	19.72	16.84	1.95	1.76	9.70	15.47
1.61	0.97	0.32	4.58	4.33	0.44	0.37	2.09	4.03
0.72	0.03	0.03	0.57	0.53	0.06	0.06	0.99	0.53
0.22	0.46	0.05	0.91	0.89	0.12	0.11	0.37	0.59
0.66	0.48	0.23	3.11	2.90	0.26	0.19	0.74	2.91
16.17	4.45	2.96	34.88	31.63	2.85	2.60	10.22	28.85
3.36	0.70	0.62	4.78	4.60	0.54	0.51	2.43	3.81
8.52	2.64	1.66	20.26	18.20	1.60	1.46	4.89	16.79
4.28	1.11	0.68	9.85	8.83	0.71	0.62	2.90	8.26
18.40	3.68	4.60	24.44	22.61	2.38	2.18	10.92	16.84
3.23		1.19	1.98	1.97	0.26	0.26	1.58	0.48
15.17	3.68	3.41	22.46	20.64	2.12	1.92	9.33	16.36
469.75	66.53	84.87	494.82	463.57	62.75	57.95	255.55	343.74
59.33	9.81	12.85	62.27	59.50	8.10	7.65	28.19	36.69
17.38	3.19	3.88	19.82	18.58	2.53	2.38	7.61	12.75
25.36	5.89	5.02	29.56	28.43	3.76	3.51	16.59	19.19
16.65	0.19	3.83	10.96	10.66	1.55	1.51	3.51	3.33
0.09	0.33	0.11	1.54	1.48	0.22	0.21	0.41	0.99
-0.15	0.21	0.02	0.38	0.36	0.05	0.04	0.07	0.43
37.05	7.87	6.28	57.44	52.64	7.10	6.54	26.22	39.12
14.24	4.68	2.34	29.04	26.57	3.75	3.45	13.10	18.38
6.15	0.76	1.21	10.04	9.40	1.28	1.20	4.11	7.12
4.99	0.55	0.65	4.72	3.93	0.50	0.41	2.38	3.68
4.54	0.53	1.05	3.51	3.26	0.38	0.36	2.01	2.30
3.67	0.46	0.43	4.59	4.30	0.60	0.57	1.90	3.38
3.47	0.89	0.60	5.53	5.19	0.59	0.55	2.72	4.25
58.10	6.49	10.37	48.19	43.74	6.52	5.94	30.78	28.28
81.28	9.07	13.87	76.59	72.02	10.08	9.24	42.06	53.60
16.36	2.28	3.33	19.70	18.51	2.40	2.18	10.38	14.98
19.54	2.60	2.51	12.55	12.16	1.85	1.72	8.16	6.95
26.41	1.78	4.77	27.10	24.87	3.39	3.01	14.17	20.06
18.96	2.41	3.26	17.24	16.48	2.45	2.32	9.35	11.61
36.33	8.29	7.86	56.84	53.32	7.76	7.16	22.40	43.76
23.76	5.85	4.99	38.65	36.88	4.78	4.54	14.62	30.67
12.57	2.44	2.87	18.19	16.44	2.98	2.62	7.78	13.09

1-A-2 续表 55

行业	财务费用	利息支出	营业利润	投资收益	补贴收入
烘炉、熔炉及电炉制造	0.19	0.22	4.54	0.01	0.06
风机、衡器、包装设备等通用设备制造	13.56	11.33	99.33	3.98	2.61
风机、风扇制造	1.16	1.04	9.26	0.28	0.14
气体、液体分离及纯净设备制造	1.18	1.00	12.19	0.62	0.31
制冷、空调设备制造	6.05	4.94	42.42	2.60	1.36
风动和电动工具制造	1.91	1.61	16.22	0.40	0.39
喷枪及类似器具制造	0.39	0.23	1.72	0.07	0.06
包装专用设备制造	0.71	0.68	3.61	-0.07	0.08
衡器制造	0.47	0.39	4.34	0.08	0.01
其他通用设备制造	1.68	1.44	9.57		0.26
通用零部件制造及机械修理	5.88	4.93	41.19	0.15	1.69
金属密封件制造	0.57	0.36	7.09	-0.08	0.22
紧固件、弹簧制造	2.98	2.49	20.26	0.10	0.59
机械零部件加工及设备修理	1.18	1.04	7.62	0.08	0.49
其他通用零部件制造	1.16	1.04	6.22	0.05	0.40
金属铸、锻加工	11.36	9.64	44.06	0.32	3.46
钢铁铸件制造	7.83	6.62	29.71	0.14	2.44
锻件及粉末冶金制品制造	3.52	3.02	14.35	0.18	1.02
专用设备制造业	54.52	49.20	224.15	19.18	16.39
矿山、冶金、建筑专用设备制造	18.36	17.02	50.25	4.26	4.08
采矿、采石设备制造	4.25	4.08	3.91	1.84	2.23
石油钻采专用设备制造	1.60	1.51	11.98	0.30	0.29
建筑工程用机械制造	7.57	6.64	25.48	1.00	0.55
建筑材料生产专用机械制造	1.41	1.33	4.78	0.24	0.24
冶金专用设备制造	3.52	3.45	4.10	0.88	0.77
化工、木材、非金属加工专用设备制造	6.87	5.66	56.32	0.70	1.99
炼油、化工生产专用设备制造	1.39	1.32	2.98	0.48	0.25
橡胶加工专用设备制造	0.55	0.44	3.21	0.01	0.09
塑料加工专用设备制造	1.39	1.20	15.09	0.33	0.64
木材加工机械制造	0.52	0.42	2.61	-0.14	0.11
模具制造	2.89	2.20	31.52	0.02	0.89
其他非金属加工专用设备制造	0.14	0.08	0.91		0.01
食品、饮料、烟草及饲料生产专用设备制造	2.39	2.03	10.50	0.12	0.58
食品、饮料、烟草工业专用设备制造	1.48	1.22	6.49	0.10	0.53
农副食品加工专用设备制造	0.79	0.70	3.20	0.01	0.04
饲料生产专用设备制造	0.12	0.11	0.80	0.02	
印刷、制药、日化生产专用设备制造	2.75	2.34	12.91	1.28	0.29
制浆和造纸专用设备制造	1.09	0.98	3.71	0.03	0.04
印刷专用设备制造	0.89	0.73	4.61	1.16	0.14
日用化工专用设备制造	0.05	0.02	0.24	0.02	
制药专用设备制造	0.29	0.26	1.66	0.04	0.04
照明器具生产专用设备制造	0.16	0.14	1.20	0.04	0.04
玻璃、陶瓷和搪瓷制品生产专用设备制造	0.17	0.11	1.16	0.03	0.01
其他日用品生产专用设备制造	0.11	0.09	0.33	-0.02	0.02
纺织、服装和皮革工业专用设备制造	4.57	3.96	26.23	4.20	1.00
纺织专用设备制造	2.69	2.30	14.76	1.78	0.67
皮革、毛皮及其制品加工专用设备制造	0.21	0.19	0.49		0.03
缝纫机械制造	1.51	1.30	10.91	2.23	0.19
其他服装加工专用设备制造	0.17	0.16	0.07	0.19	0.11
电子和电工机械专用设备制造	7.41	7.15	8.09	7.12	5.02

单位：亿元

利润总额	亏损企业亏损额	应交所得税	本年应付工资总额	主营业务应付工资总额	本年应付福利费总额	主营业务应付福利费总额	本年应交增值税	全部从业人员年平均人数（万人）
4.60	0.38	0.38	2.94	2.69	0.32	0.29	1.40	2.13
103.73	13.80	17.56	78.20	74.35	9.65	8.83	47.24	49.23
9.16	1.64	1.96	10.68	10.21	1.12	1.06	7.35	6.95
13.02	0.40	2.54	8.48	8.04	1.17	1.02	5.33	5.72
44.81	5.34	7.29	23.86	22.69	3.36	3.00	20.15	12.52
17.77	2.07	2.19	14.90	14.41	1.54	1.48	4.04	10.00
1.88	0.21	0.38	2.09	1.92	0.26	0.23	0.99	1.59
3.59	1.22	0.87	5.02	4.73	0.61	0.55	2.37	3.49
4.45	0.44	0.65	3.32	3.19	0.49	0.46	1.17	2.07
9.04	2.48	1.69	9.85	9.16	1.11	1.02	5.83	6.88
42.99	3.80	7.19	48.79	45.09	5.83	5.40	22.17	37.03
6.96	0.52	1.19	4.30	3.99	0.63	0.60	3.03	3.00
21.98	1.26	3.23	19.92	18.76	2.17	2.02	8.61	15.07
7.59	1.57	1.50	16.31	14.75	2.04	1.86	6.81	12.64
6.47	0.47	1.27	8.26	7.59	0.98	0.93	3.72	6.33
46.34	7.01	8.51	63.57	60.22	7.38	6.91	35.08	53.92
31.44	5.48	5.84	47.83	45.35	5.44	5.10	25.89	40.97
14.90	1.53	2.67	15.74	14.87	1.94	1.81	9.20	12.95
259.67	55.91	47.05	329.57	303.91	39.85	36.14	145.99	219.93
56.05	17.20	10.86	81.27	74.03	10.77	9.71	45.73	53.62
7.10	4.83	1.61	22.53	20.32	3.23	2.88	9.85	18.29
12.90	1.42	2.01	10.99	9.63	1.41	1.24	6.17	6.80
25.48	7.23	4.57	22.13	20.84	2.79	2.56	17.86	12.66
4.60	1.94	1.09	6.72	6.23	0.86	0.79	4.36	5.39
5.97	1.78	1.57	18.90	17.01	2.49	2.23	7.49	10.49
57.65	7.15	7.70	59.47	54.05	6.05	5.37	27.76	35.25
3.44	1.65	0.90	8.58	8.24	1.11	1.01	4.19	5.66
3.36	0.10	0.50	3.02	2.79	0.32	0.30	1.56	2.00
16.40	0.66	1.76	9.67	8.74	1.35	1.23	5.37	5.46
1.95	0.90	0.80	3.03	2.89	0.40	0.38	1.81	2.47
31.59	3.75	3.52	34.45	30.73	2.80	2.38	14.37	19.07
0.91	0.09	0.23	0.71	0.67	0.07	0.07	0.47	0.58
13.36	1.39	2.13	13.65	13.15	1.68	1.61	5.95	9.95
9.75	0.82	1.38	8.58	8.27	1.12	1.07	4.28	4.81
3.03	0.45	0.63	4.34	4.20	0.48	0.46	1.47	4.59
0.58	0.12	0.13	0.73	0.68	0.08	0.07	0.20	0.55
14.15	3.04	2.58	17.99	16.82	2.32	2.13	9.29	12.37
3.60	0.87	0.45	4.51	4.09	0.52	0.45	2.77	3.96
6.36	1.38	1.39	7.10	6.68	1.00	0.93	3.86	3.83
0.26	0.01	0.02	0.30	0.28	0.03	0.02	0.18	0.22
1.75	0.39	0.28	2.25	2.16	0.36	0.34	1.25	1.44
0.71	0.09	0.17	1.91	1.76	0.18	0.17	0.40	1.55
1.19	0.20	0.18	1.46	1.42	0.20	0.19	0.53	1.01
0.28	0.11	0.10	0.46	0.43	0.04	0.03	0.30	0.36
31.63	3.89	6.06	35.91	33.91	4.44	4.11	17.41	24.10
17.27	2.54	2.97	24.01	22.92	2.97	2.79	12.17	16.20
0.47	0.07	0.14	0.96	0.90	0.11	0.10	0.43	0.80
13.31	0.77	2.74	9.47	8.73	1.21	1.07	4.09	6.07
0.58	0.50	0.20	1.47	1.36	0.15	0.14	0.72	1.03
18.36	8.06	3.31	44.38	39.57	4.92	4.39	8.18	30.43

1-A-2 续表 56

行业	财务费用	利息支出	营业利润	投资收益	补贴收入
电工机械专用设备制造	0.44	0.38	3.27	0.02	0.12
电子工业专用设备制造	1.21	0.86	11.80	0.35	0.32
武器弹药制造	5.54	5.68	-7.42	6.80	4.40
农、林、牧、渔专用机械制造	5.79	5.61	13.22	-0.13	0.57
拖拉机制造	3.32	3.41	-2.65	0.45	0.31
机械化农业及园艺机具制造	1.14	1.04	4.48	-0.62	0.14
营林及木竹采伐机械制造	0.02	0.01	0.18		0.01
畜牧机械制造	0.06	0.03	0.09		0.01
渔业机械制造	0.02	0.02	0.36		0.01
农林牧渔机械配件制造	0.77	0.62	2.61	-0.02	0.06
其他农林牧渔业机械制造及机械修理	0.45	0.47	8.14	0.07	0.02
医疗仪器设备及器械制造	2.29	1.82	24.33	0.16	1.69
医疗诊断、监护及治疗设备制造	0.70	0.59	8.57	0.06	0.92
口腔科用设备及器具制造	0.08	0.07	0.17	0.02	
实验室及医用消毒设备和器具的制造	0.12	0.08	0.35	0.03	0.02
医疗、外科及兽医用器械制造	0.95	0.82	8.03	0.05	0.21
机械治疗及病房护理设备制造	0.15	0.09	0.63	0.01	0.02
假肢、人工器官及植(介)入器械制造	0.10	0.04	1.33		0.15
其他医疗设备及器械制造	0.20	0.12	5.25	-0.01	0.37
环保、社会公共安全及其他专用设备制造	4.08	3.62	22.32	1.47	1.17
环境污染防治专用设备制造	1.79	1.61	9.63	0.66	0.44
地质勘查专用设备制造	0.36	0.36	-0.19	0.01	0.05
邮政专用机械及器材制造	0.02	0.03	-0.15		
商业、饮食、服务业专用设备制造	0.16	0.17	0.59	0.53	0.06
社会公共安全设备及器材制造	0.36	0.20	4.45	0.05	0.26
交通安全及管制专用设备制造	0.06	0.04	0.48		0.03
水资源专用机械制造	0.26	0.24	0.67		0.01
其他专用设备制造	1.07	0.97	6.85	0.23	0.33
交通运输设备制造业	106.15	96.42	633.18	132.51	43.44
铁路运输设备制造	5.02	4.65	6.75	3.61	0.96
铁路机车车辆及动车组制造	2.15	2.05	1.95	1.44	0.05
工矿有轨专用车辆制造	0.23	0.13	-0.47		0.12
铁路机车车辆配件制造	1.16	1.01	1.75	0.58	0.42
铁路专用设备及器材、配件制造	0.63	0.58	2.61	1.09	0.22
其他铁路设备制造及设备修理	0.86	0.88	0.91	0.50	0.15
汽车制造	68.92	61.30	572.44	124.72	20.30
汽车整车制造	22.70	21.81	321.88	85.92	9.86
改装汽车制造	5.10	4.74	29.84	0.35	1.32
电车制造	0.01	0.01		-0.01	0.01
汽车车身、挂车的制造	0.93	0.75	9.15	0.13	0.05
汽车零部件及配件制造	38.44	32.84	206.84	37.87	8.81
汽车修理	1.75	1.15	4.71	0.46	0.25
摩托车制造	9.40	8.53	22.48	0.63	2.21
摩托车整车制造	4.96	4.74	8.21	0.52	1.10
摩托车零部件及配件制造	4.44	3.79	14.27	0.11	1.11
自行车制造	2.46	2.09	12.34	0.31	0.44
脚踏自行车及残疾人座车制造	1.82	1.57	10.08	0.28	0.35
助动自行车制造	0.64	0.52	2.26	0.03	0.09
船舶及浮动装置制造	11.10	10.73	3.58	1.57	14.10
金属船舶制造	8.14	8.05	-4.96	1.37	11.50

单位：亿元

利润总额	亏损企业亏损额	应交所得税	本年应付工资总额		本年应付福利费总额		本年应交增值税	全部从业人员年平均人数（万人）
				主营业务应付工资总额		主营业务应付福利费总额		
2.71	0.75	0.51	3.63	3.20	0.48	0.43	1.71	3.41
12.53	2.36	1.42	12.19	10.43	0.94	0.87	3.75	7.16
2.67	4.52	0.44	26.98	24.47	3.30	2.90	2.49	18.76
13.52	7.92	5.57	29.22	28.10	3.72	3.48	7.30	25.78
-1.28	5.12	0.95	12.47	12.09	1.69	1.53	2.15	9.79
4.01	2.08	1.45	7.00	6.58	0.81	0.77	2.10	6.14
0.12	0.05	0.02	0.24	0.23	0.03	0.03	0.10	0.21
0.10	0.23	0.07	0.39	0.32	0.05	0.04	0.25	0.24
0.37	0.01	0.11	0.52	0.50	0.05	0.04	0.12	0.46
2.61	0.32	0.68	3.53	3.40	0.43	0.42	1.59	4.10
7.58	0.11	2.29	5.07	4.98	0.66	0.64	0.99	4.83
29.84	3.01	4.03	22.32	20.62	2.60	2.23	10.92	13.14
13.63	1.31	1.91	7.02	6.38	0.83	0.59	4.60	2.93
0.20	0.12	0.04	0.31	0.26	0.03	0.03	0.13	0.22
0.40	0.02	0.07	0.88	0.84	0.11	0.10	0.44	0.63
8.12	0.55	1.23	8.92	8.53	1.07	1.01	3.07	6.42
0.69	0.35	0.15	1.32	1.14	0.14	0.12	0.62	0.91
1.45	0.23	0.15	1.73	1.60	0.14	0.11	0.69	0.73
5.34	0.43	0.47	2.14	1.88	0.29	0.27	1.38	1.29
25.11	4.26	4.83	25.36	23.65	3.34	3.12	13.46	15.30
10.98	1.02	2.18	8.72	8.22	1.13	1.08	5.44	5.90
0.06	0.41	0.13	1.62	1.55	0.22	0.21	0.62	1.14
-0.15	0.16		0.21	0.07	0.03	0.01	0.03	0.09
1.10	0.39	0.08	0.90	0.88	0.10	0.10	0.55	0.47
4.67	0.41	0.79	4.37	4.09	0.60	0.57	2.06	2.21
0.43	0.16	0.07	0.55	0.54	0.10	0.09	0.28	0.34
0.59	0.27	0.18	1.34	1.18	0.17	0.15	0.51	1.10
7.42	1.43	1.39	7.65	7.12	1.00	0.91	3.97	4.04
784.61	108.19	96.19	604.33	562.83	85.74	79.60	379.54	341.31
9.73	4.73	2.01	52.36	49.21	7.69	7.30	20.87	31.25
2.60	1.44	0.25	22.94	21.68	3.33	3.21	9.50	12.34
-0.30	0.44	0.14	0.84	0.69	0.13	0.11	0.58	0.86
2.17	2.05	0.69	10.54	9.68	1.49	1.37	5.21	6.99
4.00	0.35	0.64	7.05	6.82	1.23	1.20	2.87	4.12
1.27	0.45	0.29	10.99	10.34	1.50	1.41	2.72	6.93
697.87	73.13	78.19	366.56	344.16	53.72	50.36	307.72	199.69
402.19	29.68	33.08	128.60	123.36	23.39	22.54	163.69	45.39
32.76	5.70	6.08	26.41	24.28	3.29	2.96	17.15	16.23
	0.08	0.01	0.20	0.17	0.02	0.02	0.05	0.17
9.26	1.49	1.35	5.05	4.51	0.66	0.59	7.11	3.89
248.77	34.21	36.15	193.92	180.60	24.84	22.91	113.86	125.84
4.89	1.96	1.52	12.39	11.24	1.52	1.35	5.86	8.18
25.40	9.66	6.62	45.38	40.49	5.73	5.14	23.43	36.25
9.69	6.00	2.97	18.15	15.48	2.30	2.02	11.96	11.67
15.71	3.66	3.65	27.23	25.01	3.43	3.13	11.47	24.58
12.67	3.94	1.92	22.40	19.45	2.17	1.89	6.61	17.80
10.34	3.23	1.41	18.77	16.12	1.80	1.56	4.74	14.93
2.33	0.71	0.51	3.63	3.32	0.38	0.33	1.86	2.88
18.34	9.91	3.75	54.94	49.81	7.62	6.88	12.95	26.61
6.82	8.33	2.26	34.20	31.41	4.88	4.39	7.27	16.27

1-A-2 续表 57

行　　业	财务费用	利息支出	营业利润	投资收益	补贴收入
非金属船舶制造	0.07	0.05	0.26		0.01
娱乐船和运动船的建造和修理	0.03	0.03	0.21		
船用配套设备制造	0.96	0.88	1.34	0.03	0.60
船舶修理及拆船	1.76	1.59	6.62	0.18	1.97
航标器材及其他浮动装置的制造	0.14	0.14	0.10		0.01
航空航天器制造	8.81	8.91	13.43	1.67	5.34
飞机制造及修理	8.52	8.63	10.51	1.62	4.98
航天器制造	0.27	0.27	2.82	0.05	0.36
其他飞行器制造	0.02	0.02	0.11		
交通器材及其他交通运输设备制造	0.45	0.20	2.16		0.09
潜水及水下救捞装备制造			0.05	-0.01	
交通管理用金属标志及设施制造	0.16	0.15	1.39		0.04
其他交通运输设备制造	0.29	0.05	0.72	0.01	0.06
电气机械及器材制造业	93.11	82.02	478.13	24.10	20.09
电机制造	8.83	7.52	48.39	5.06	1.63
发电机及发电机组制造	2.20	2.09	20.12	2.32	0.40
电动机制造	4.42	3.84	13.59	2.06	0.56
微电机及其他电机制造	2.21	1.60	14.67	0.68	0.66
输配电及控制设备制造	23.94	23.75	162.90	12.57	6.39
变压器、整流器和电感器制造	8.24	7.59	32.31	2.04	1.70
电容器及其配套设备制造	0.88	0.74	5.41	0.34	0.27
配电开关控制设备制造	8.53	7.01	83.57	6.23	2.43
电力电子元器件制造	2.53	4.81	23.22	0.45	0.76
其他输配电及控制设备制造	3.75	3.60	18.39	3.51	1.24
电线、电缆、光缆及电工器材制造	27.42	23.68	101.92	1.76	6.27
电线电缆制造	22.81	20.06	86.94	1.20	5.23
光纤、光缆制造	2.32	1.72	3.73	0.32	0.70
绝缘制品制造	1.43	1.22	7.88	0.11	0.22
其他电工器材制造	0.86	0.69	3.37	0.14	0.12
电池制造	6.16	5.30	38.36	0.86	1.28
家用电力器具制造	20.79	16.73	78.90	2.71	3.11
家用制冷电器具制造	5.18	4.72	7.87	0.13	0.65
家用空气调节器制造	6.13	5.27	41.93	1.97	1.38
家用通风电器具制造	1.08	0.84	3.97	-0.01	0.08
家用厨房电器具制造	3.75	2.17	11.40	0.31	0.12
家用清洁卫生电器具制造	2.67	2.38	-0.36	-0.52	0.45
家用美容、保健电器具制造	0.30	0.19	3.92	0.03	0.03
家用电力器具专用配件制造	0.67	0.52	2.72	0.79	0.13
其他家用电力器具制造	1.01	0.65	7.46	0.01	0.27
非电力家用器具制造	0.88	0.77	5.64	0.10	0.20
燃气、太阳能及类似能源的器具制造	0.73	0.66	3.96	0.09	0.16
其他非电力家用器具制造	0.15	0.11	1.68	0.01	0.04
照明器具制造	4.32	3.77	35.27	1.10	0.93
电光源制造	1.19	1.06	11.84	0.17	0.21
照明灯具制造	2.29	2.05	17.07	0.34	0.41
灯用电器附件及其他照明器具制造	0.84	0.66	6.37	0.59	0.32
其他电气机械及器材制造	0.78	0.49	6.75	-0.07	0.28
车辆专用照明及电气信号设备装置制造	0.58	0.34	4.44	0.07	0.23
其他未列明的电气机械制造	0.20	0.14	2.32	-0.14	0.05
通信设备、计算机及其他电子设备制造业	107.16	83.85	822.06	28.61	40.97

单位：亿元

利润总额	亏损企业亏损额	应交所得税	本年应付工资总额	主营业务应付工资总额	本年应付福利费总额	主营业务应付福利费总额	本年应交增值税	全部从业人员年平均人数（万人）
0.16	0.05	0.02	0.73	0.70	0.08	0.08	0.25	0.49
0.22	0.07	0.03	0.44	0.39	0.03	0.03	0.11	0.28
2.32	0.47	0.41	5.82	5.06	0.79	0.72	2.19	3.38
8.70	0.89	1.01	13.49	12.00	1.78	1.61	3.05	6.03
0.12	0.12	0.03	0.26	0.25	0.05	0.05	0.09	0.16
18.39	6.50	3.15	59.73	56.95	8.43	7.65	6.38	27.18
15.23	6.48	2.93	53.58	50.94	7.49	6.97	6.29	25.46
3.05	0.02	0.22	6.03	5.89	0.94	0.68	0.09	1.68
0.11			0.12	0.12			0.01	0.04
2.22	0.33	0.55	2.95	2.76	0.39	0.37	1.58	2.53
0.04	0.01	0.01	0.17	0.16	0.02	0.02	0.14	0.12
1.42	0.12	0.34	0.95	0.85	0.11	0.09	0.59	0.74
0.76	0.20	0.21	1.83	1.75	0.27	0.26	0.85	1.66
507.62	79.81	88.85	509.41	459.46	54.25	49.31	257.89	348.68
55.87	6.53	9.71	70.68	61.59	7.34	6.89	26.12	43.95
22.49	1.45	3.69	18.05	16.69	2.20	2.11	9.89	9.19
17.12	2.98	3.34	24.09	23.15	3.19	3.03	9.94	16.90
16.26	2.10	2.68	28.54	21.75	1.96	1.76	6.29	17.86
179.13	15.96	29.64	137.62	127.22	14.95	13.42	79.43	90.23
34.82	6.28	6.51	41.98	38.44	4.37	3.98	19.59	28.86
5.71	0.97	1.21	6.78	6.39	0.75	0.69	3.08	4.78
91.08	4.68	15.43	51.55	47.78	6.30	5.47	39.59	31.77
24.53	2.77	3.11	23.84	22.03	2.03	1.87	8.31	16.70
22.99	1.27	3.39	13.46	12.57	1.51	1.41	8.85	8.12
105.89	18.61	22.39	75.01	66.80	8.07	7.38	51.18	54.93
90.26	12.44	19.11	58.32	53.38	6.30	5.74	41.42	44.71
4.08	4.25	1.58	4.50	3.76	0.54	0.47	4.24	2.20
7.98	0.87	1.06	6.17	5.37	0.71	0.67	3.55	4.72
3.57	1.05	0.63	6.02	4.29	0.52	0.50	1.96	3.28
37.16	6.43	4.74	39.44	34.56	5.02	4.47	13.70	29.09
80.66	24.70	14.27	109.31	97.52	10.63	9.44	62.04	70.54
8.07	2.60	0.81	12.83	12.42	1.38	1.33	8.50	7.37
43.63	4.73	7.06	30.14	27.65	3.47	3.32	31.01	15.26
4.15	1.14	0.90	10.57	9.02	0.62	0.50	3.43	8.01
11.80	3.53	1.39	23.96	18.96	1.82	1.28	7.38	17.02
-1.54	11.22	1.71	10.69	10.12	1.21	1.16	5.56	6.39
4.09	0.25	0.50	4.70	4.14	0.41	0.33	1.05	3.35
3.64	0.32	0.55	5.26	4.78	0.61	0.57	1.81	4.47
6.81	0.92	1.34	11.15	10.41	1.11	0.95	3.31	8.66
5.81	1.27	1.27	9.08	8.59	1.43	1.40	3.84	5.71
4.54	1.16	0.99	7.39	6.96	1.31	1.29	3.12	4.36
1.27	0.11	0.28	1.68	1.63	0.12	0.11	0.73	1.35
36.39	5.14	5.98	60.35	55.76	5.95	5.51	17.49	49.05
11.65	1.64	1.83	17.38	16.59	2.26	2.07	5.49	14.78
17.69	2.40	3.01	28.93	26.56	2.55	2.36	8.58	23.54
7.05	1.10	1.14	14.04	12.61	1.14	1.08	3.43	10.74
6.71	1.16	0.85	7.92	7.43	0.85	0.79	4.09	5.19
4.54	0.43	0.57	4.05	3.81	0.43	0.40	2.50	2.78
2.16	0.73	0.28	3.87	3.62	0.42	0.39	1.59	2.40
837.54	221.55	107.71	734.40	667.55	76.10	69.91	264.22	378.79

1-A-2 续表 58

行业	财务费用	利息支出	营业利润	投资收益	补贴收入
通信设备制造	27.33	21.04	312.42	22.55	17.84
通信传输设备制造	4.51	4.20	11.55	4.49	1.61
通信交换设备制造	12.38	10.67	93.91	4.09	12.29
通信终端设备制造	1.40	1.38	7.05	0.71	0.40
移动通信及终端设备制造	7.51	3.89	191.15	12.59	2.61
其他通信设备制造	1.53	0.90	8.76	0.68	0.93
雷达及配套设备制造	0.78	0.86	3.72	0.55	0.22
广播电视设备制造	1.54	1.33	9.59	0.23	0.64
广播电视节目制作及发射设备制造	0.42	0.39	0.63	0.13	0.17
广播电视接收设备及器材制造	0.66	0.51	6.51	0.18	0.17
应用电视设备及其他广播电视设备制造	0.46	0.44	2.44	-0.08	0.30
电子计算机制造	18.30	12.16	181.95	11.88	8.88
电子计算机整机制造	9.66	5.01	76.90	10.30	7.52
计算机网络设备制造	1.69	1.35	8.03	-0.09	0.70
电子计算机外部设备制造	6.94	5.81	97.02	1.67	0.66
电子器件制造	28.55	24.37	113.63	9.97	7.90
电子真空器件制造	11.56	10.34	37.22	4.65	0.17
半导体分立器件制造	2.64	2.17	9.58	1.27	0.41
集成电路制造	8.25	8.60	38.72	1.44	6.62
光电子器件及其他电子器件制造	6.10	3.26	28.10	2.62	0.71
电子元件制造	19.87	15.26	175.58	4.61	3.06
电子元件及组件制造	15.21	12.00	123.25	4.32	2.77
印制电路板制造	4.66	3.26	52.32	0.29	0.29
家用视听设备制造	9.20	7.55	15.08	-21.30	1.67
家用影视设备制造	7.98	6.54	-0.77	-21.64	1.23
家用音响设备制造	1.23	1.02	15.85	0.34	0.44
其他电子设备制造	1.59	1.27	10.10	0.11	0.75
仪器仪表及文化、办公用机械制造业	12.54	11.15	100.01	1.92	5.81
通用仪器仪表制造	6.37	5.62	42.43	-0.13	3.15
工业自动控制系统装置制造	2.47	2.24	23.26	-2.07	1.54
电工仪器仪表制造	1.36	1.32	4.41	0.81	0.32
绘图、计算及测量仪器制造	0.51	0.50	2.28	0.10	0.09
实验分析仪器制造	0.44	0.32	3.14	0.40	0.31
试验机制造	0.18	0.16	1.11	0.32	0.03
供应用仪表及其他通用仪器制造	1.40	1.09	8.22	0.31	0.87
专用仪器仪表制造	2.00	1.74	10.50	0.35	0.97
环境监测专用仪器仪表制造	0.13	0.10	1.06		0.02
汽车及其他用计数仪表制造	0.50	0.38	5.37	0.05	0.11
导航、气象及海洋专用仪器制造	0.48	0.46	1.16	0.04	0.56
农林牧渔专用仪器仪表制造			0.04		
地质勘探和地震专用仪器制造	0.35	0.35	-2.50	-0.08	0.03
教学专用仪器制造	0.11	0.10	0.19		0.02
核子及核辐射测量仪器制造	0.01	0.01	-0.10	0.04	0.02
电子测量仪器制造	0.25	0.19	3.14	0.25	0.19
其他专用仪器制造	0.17	0.15	2.15	0.03	0.02
钟表与计时仪器制造	0.72	0.47	1.49	0.09	0.29
光学仪器及眼镜制造	2.30	1.79	13.54	0.78	1.01
光学仪器制造	1.63	1.26	7.05	0.32	0.86
眼镜制造	0.67	0.53	6.50	0.46	0.15
文化、办公用机械制造	0.97	1.43	31.02	0.82	0.33

单位：亿元

利润总额	亏损企业亏损额	应交所得税	本年应付工资总额	本年应付主营业务应付工资总额	本年应付福利费总额	本年应付主营业务应付福利费总额	本年应交增值税	全部从业人员年平均人数（万人）
323.13	34.67	43.45	150.53	137.56	20.68	19.03	85.74	46.84
17.32	3.47	2.57	16.78	15.18	3.85	3.70	13.59	6.34
84.49	7.04	16.44	50.28	48.57	6.52	6.26	36.50	7.95
7.98	4.18	1.00	17.40	14.75	1.35	1.20	3.73	10.26
202.91	18.94	22.20	53.43	47.73	7.24	6.42	26.87	16.08
10.43	1.03	1.25	12.64	11.35	1.72	1.45	5.06	6.21
4.67	0.88	0.58	7.21	7.01	0.93	0.90	0.45	3.47
10.09	2.90	1.43	12.14	11.00	1.09	0.98	3.95	7.79
0.97	0.72	0.18	1.63	1.55	0.24	0.22	0.72	0.83
6.55	1.39	0.87	7.99	7.22	0.57	0.54	1.94	5.79
2.57	0.80	0.38	2.52	2.23	0.28	0.22	1.29	1.17
193.94	29.95	17.93	150.08	127.08	13.00	12.02	52.14	74.69
91.70	10.25	9.12	61.34	44.27	4.99	4.59	22.39	27.13
7.23	3.39	1.31	9.70	9.13	1.17	1.11	5.94	3.43
95.00	16.31	7.49	79.04	73.68	6.84	6.32	23.81	44.13
122.31	47.77	14.72	114.49	105.41	12.57	11.46	42.32	53.09
40.29	8.06	6.77	23.43	22.49	3.32	3.22	15.91	8.77
10.13	6.52	1.94	12.85	11.80	1.49	1.34	3.58	7.86
42.90	18.29	2.76	41.13	38.62	4.14	3.61	11.54	16.96
28.99	14.90	3.26	37.08	32.50	3.61	3.29	11.29	19.50
178.69	24.89	20.36	204.92	190.60	20.43	18.76	49.60	133.12
125.85	17.71	16.10	158.00	146.93	16.88	15.50	36.26	108.05
52.84	7.18	4.26	46.92	43.66	3.55	3.26	13.34	25.07
-6.09	78.48	8.24	81.35	76.12	6.40	5.82	25.56	50.89
-21.80	74.91	6.08	48.78	45.71	4.79	4.41	20.63	27.29
15.71	3.57	2.17	32.58	30.41	1.60	1.40	4.93	23.59
10.79	2.01	1.00	13.69	12.77	1.00	0.95	4.45	8.91
107.84	28.42	15.32	136.18	124.32	14.61	13.28	52.64	84.34
44.65	13.96	6.79	44.46	40.58	5.54	5.05	25.25	24.60
20.98	7.40	3.25	19.31	17.28	2.41	2.26	12.24	8.85
6.11	2.69	0.95	6.96	6.33	0.86	0.79	3.41	4.38
2.69	0.20	0.32	3.95	3.62	0.41	0.39	1.37	2.90
3.66	1.64	0.68	4.68	4.46	0.64	0.60	2.07	2.29
1.93	0.27	0.19	1.64	1.42	0.20	0.18	0.87	1.14
9.28	1.76	1.41	7.93	7.47	1.01	0.83	5.29	5.04
10.93	5.36	2.25	15.37	14.10	2.19	1.96	6.70	8.53
0.72	0.13	0.11	0.81	0.69	0.10	0.09	0.44	0.40
5.78	0.24	0.91	3.17	3.01	0.44	0.41	2.22	1.79
1.71	0.29	0.32	4.10	3.73	0.55	0.51	0.79	2.03
0.04		0.01	0.09	0.07			0.01	0.07
-2.84	3.56	0.09	1.23	1.12	0.18	0.17	0.66	0.72
0.23	0.19	0.11	0.71	0.68	0.09	0.09	0.29	0.53
-0.02	0.12	0.02	0.46	0.44	0.13	0.05	0.13	0.28
3.10	0.63	0.38	3.10	2.87	0.51	0.47	1.26	1.63
2.20	0.20	0.31	1.70	1.50	0.18	0.17	0.89	1.07
2.01	2.47	0.54	14.38	11.93	0.91	0.73	2.10	11.61
14.94	2.77	2.39	27.48	25.12	2.53	2.24	8.11	20.43
7.60	2.24	1.37	15.55	13.87	1.45	1.33	5.25	10.93
7.34	0.53	1.01	11.92	11.26	1.09	0.92	2.86	9.49
34.19	3.47	3.20	32.10	30.38	3.26	3.13	9.63	17.91

1-A-2 续表 59

行业	财务费用	利息支出	营业利润	投资收益	补贴收入
电影机械制造	0.01	0.01	0.12	0.03	
幻灯及投影设备制造	0.04	0.01	0.99		
照相机及器材制造	0.27	1.02	11.79	0.08	0.04
复印和胶印设备制造	0.14	0.05	10.81	0.75	0.04
计算器及货币专用设备制造	0.31	0.22	4.89	-0.05	0.23
其他文化、办公用机械制造	0.19	0.11	2.41	0.01	0.02
其他仪器仪表的制造及修理	0.19	0.11	1.04	0.01	0.05
工艺品及其他制造业	13.63	10.98	65.23	1.57	5.41
工艺美术品制造	8.51	6.45	40.92	1.09	1.09
雕塑工艺品制造	0.76	0.45	3.67	0.04	0.10
金属工艺品制造	1.11	0.90	4.68	0.38	0.09
漆器工艺品制造	0.13	0.09	0.46		0.01
花画工艺品制造	0.27	0.19	1.92		0.02
天然植物纤维编织工艺品制造	0.46	0.28	3.19	0.01	0.17
抽纱刺绣工艺品制造	1.37	1.08	5.56	0.12	0.16
地毯、挂毯制造	1.13	0.99	5.21	0.03	0.09
珠宝首饰及有关物品的制造	1.65	1.36	6.46	0.40	0.29
其他工艺美术品制造	1.63	1.11	9.76	0.12	0.15
日用杂品制造	2.80	2.31	17.57	0.20	0.43
制镜及类似品加工	0.14	0.14	0.96	0.09	0.03
鬃毛加工、制刷及清扫工具的制造	0.60	0.49	2.90	0.04	0.07
其他日用杂品制造	2.06	1.69	13.71	0.07	0.33
煤制品制造	0.05	0.05	0.88	0.02	0.04
其他未列明的制造业	2.27	2.17	5.84	0.27	3.85
废弃资源和废旧材料回收加工业	1.08	0.88	4.97	-0.39	0.45
金属废料和碎屑的加工处理	0.77	0.57	3.08	-0.46	0.23
非金属废料和碎屑的加工处理	0.31	0.31	1.89	0.07	0.22
电力、燃气及水的生产和供应业	576.10	555.31	681.81	152.26	108.42
电力、热力的生产和供应业	546.02	528.50	690.02	143.58	84.76
电力生产	351.26	328.32	566.87	45.83	30.10
火力发电	203.00	189.69	428.35	21.66	12.32
水力发电	103.31	99.10	97.98	23.67	10.35
核力发电	42.71	37.51	37.55	0.30	6.58
其他能源发电	2.24	2.03	3.00	0.20	0.85
电力供应	183.91	189.52	143.92	97.26	42.28
热力生产和供应	10.85	10.66	-20.77	0.50	12.39
燃气生产和供应业	6.98	5.93	-1.04	5.27	11.11
水的生产和供应业	23.10	20.88	-7.17	3.41	12.54
自来水的生产和供应	21.63	19.48	-9.70	3.35	11.31
污水处理及其再生利用	1.46	1.41	2.50	0.07	1.24
其他水的处理、利用与分配			0.03		

单位：亿元

利润总额	亏损企业亏损额	应交所得税	本年应付工资总额	主营业务应付工资总额	本年应付福利费总额	主营业务应付福利费总额	本年应交增值税	全部从业人员年平均人数（万人）
0.15	0.03	0.01	0.84	0.82	0.04	0.04	0.12	0.73
0.99	0.10	0.05	0.52	0.43	0.04	0.03	0.13	0.26
11.06	1.47	1.01	13.20	12.71	1.84	1.80	3.27	7.47
14.25	0.42	1.31	9.58	8.77	0.62	0.57	2.82	4.22
5.27	1.03	0.62	5.91	5.71	0.54	0.52	2.59	3.86
2.48	0.42	0.20	2.05	1.95	0.19	0.17	0.70	1.37
1.11	0.40	0.16	2.39	2.21	0.17	0.16	0.85	1.25
70.13	7.66	11.39	144.71	132.82	11.17	10.09	36.78	124.22
42.06	4.70	6.85	98.77	89.99	6.50	5.78	24.59	87.84
3.71	0.31	0.62	12.09	10.42	0.71	0.68	2.51	10.31
5.05	0.80	1.06	13.57	12.98	0.80	0.66	2.74	9.88
0.44	0.07	0.11	2.67	2.52	0.23	0.22	0.83	2.38
1.75	0.40	0.20	6.92	5.55	0.35	0.21	0.80	6.18
3.09	0.10	0.40	6.41	6.15	0.32	0.30	1.70	7.18
5.59	0.28	0.82	10.59	10.11	1.00	0.94	3.91	9.84
5.51	1.01	0.84	9.87	8.31	0.81	0.76	3.60	10.28
7.15	1.03	0.74	12.60	11.43	0.90	0.77	2.61	9.30
9.77	0.69	2.06	24.06	22.53	1.39	1.25	5.89	22.50
17.75	1.31	2.69	26.39	24.75	2.25	2.07	8.32	23.38
1.06	0.14	0.19	1.03	0.99	0.12	0.10	0.54	0.77
2.93	0.30	0.60	5.66	5.07	0.61	0.54	1.88	5.29
13.76	0.88	1.89	19.71	18.69	1.51	1.43	5.90	17.32
0.91	0.19	0.15	0.74	0.57	0.09	0.07	0.45	0.59
9.39	1.45	1.70	18.75	17.45	2.32	2.17	3.40	12.37
5.91	0.94	0.95	5.30	4.78	0.59	0.53	3.63	3.99
3.73	0.66	0.55	4.19	3.77	0.47	0.43	2.89	3.28
2.18	0.29	0.40	1.11	1.01	0.12	0.11	0.73	0.71
908.52	219.31	194.71	803.00	739.83	108.56	101.20	1001.54	317.97
888.21	175.63	182.44	697.91	645.13	94.49	88.89	960.63	255.08
632.62	126.54	123.09	302.27	284.72	41.98	39.17	518.76	115.88
454.77	95.12	87.19	239.38	227.81	33.65	31.62	415.01	85.68
130.54	30.38	30.27	55.97	50.48	7.05	6.35	81.04	29.23
43.89		5.04	4.87	4.58	1.02	0.97	20.70	0.38
3.42	1.05	0.59	2.05	1.85	0.26	0.23	2.01	0.59
264.44	29.54	57.71	370.97	338.11	49.16	46.74	430.28	123.62
-8.85	19.55	1.64	24.67	22.31	3.34	2.98	11.60	15.58
13.95	17.72	4.83	29.43	26.58	3.89	3.47	16.49	15.60
6.36	25.96	7.44	75.65	68.12	10.19	8.84	24.42	47.28
2.59	23.94	5.66	73.01	65.78	9.88	8.57	24.22	46.07
3.75	2.02	1.77	2.56	2.27	0.30	0.27	0.16	1.17
0.03	0.01	0.01	0.09	0.07			0.03	0.04

1-A-3 规模以上国有控股工业企业

行业	企业单位数（个）	亏损企业	工业总产值（当年价）	工业销售产值（当年价）	出口交货值
总计	**35597**	**13320**	**70228.99**	**69426.99**	**4433.82**
在总计中:					
亏损企业	13320	13320	8273.84	8123.08	470.18
在总计中:					
中央企业	4211	1378	30786.04	30564.37	1188.85
地方企业	31386	11942	39442.95	38862.61	3244.97
在总计中:					
轻工业	12998	5353	10147.07	9967.43	1052.55
重工业	22599	7967	60081.92	59459.55	3381.27
在总计中:					
大型企业	1218	172	45524.84	45095.99	2798.90
中型企业	6681	1792	18053.74	17791.62	1237.38
小型企业	27698	11356	6650.41	6539.37	397.54
采矿业	2074	458	7910.23	7811.85	251.01
煤炭开采和洗选业	1088	254	3013.75	2963.50	172.90
烟煤和无烟煤的开采洗选	1031	237	2933.96	2884.00	172.83
褐煤的开采洗选	47	12	79.02	78.75	0.07
其他煤炭采选	10	5	0.78	0.76	
石油和天然气开采业	111	14	4208.40	4165.86	36.94
天然原油和天然气开采	86	4	3621.95	3612.16	26.02
与石油和天然气开采有关的服务活动	25	10	586.45	553.69	10.92
黑色金属矿采选业	146	23	207.08	205.53	3.78
铁矿采选	115	15	194.36	193.29	1.60
其他黑色金属矿采选	31	8	12.73	12.24	2.18
有色金属矿采选业	342	66	324.07	319.58	20.02
常用有色金属矿采选	129	23	104.50	104.30	0.67
铜矿采选	37	4	52.88	53.85	
铅锌矿采选	59	11	44.14	43.39	0.59
镍钴矿采选	4	1	1.07	0.81	
锡矿采选	8	3	3.52	3.42	
锑矿采选	6	2	1.21	1.19	0.09
铝矿采选	4	1	0.26	0.24	
镁矿采选	2		0.02	0.02	
其他常用有色金属矿采选	9	1	1.39	1.37	
贵金属矿采选	163	35	174.31	172.54	
金矿采选	152	31	170.38	168.76	
银矿采选	11	4	3.93	3.78	
稀有稀土金属矿采选	50	8	45.26	42.75	19.35
钨钼矿采选	28	5	38.10	35.53	19.18
稀土金属矿采选	7	1	2.90	2.85	
放射性金属矿采选	9	2	2.87	2.93	0.13
其他稀有金属矿采选	6		1.40	1.44	0.04
非金属矿采选业	384	101	156.91	157.36	17.37
土砂石开采	186	51	30.76	30.66	0.87
石灰石、石膏开采	55	15	10.09	9.94	0.04

主要经济指标

单位：亿元

资产合计	流动资产合计	应收账款净额	存货	产成品	流动资产年平均余额	固定资产合计
109708.25	**39376.20**	**6540.97**	**10616.09**	**3025.98**	**37557.64**	**54204.05**
18624.37	6687.99	1332.34	1856.98	648.39	6572.73	9433.41
48495.66	14001.76	2010.22	3870.93	760.75	13314.17	25819.80
61212.59	25374.45	4530.74	6745.16	2265.24	24243.46	28384.26
16571.10	7668.29	1231.08	2522.07	709.95	7340.28	6556.65
93137.15	31707.91	5309.88	8094.02	2316.04	30217.36	47647.40
60852.60	22598.02	2864.96	6108.22	1512.01	21500.83	31485.55
35158.52	11670.38	2527.67	3223.35	992.34	11208.87	16146.97
13697.12	5107.81	1148.34	1284.52	521.63	4847.93	6571.53
13282.85	3993.69	599.98	594.18	201.52	3638.61	8213.43
6160.16	2264.46	294.77	306.13	105.06	2033.81	3262.74
5907.74	2164.61	281.97	297.27	102.21	1944.94	3133.55
251.74	99.56	12.72	8.82	2.85	88.58	128.82
0.69	0.30	0.08	0.04		0.29	0.37
5839.11	1255.14	229.04	199.19	56.16	1180.59	4419.13
4603.31	752.54	84.98	104.32	43.54	688.88	3802.80
1235.80	502.61	144.06	94.88	12.62	491.70	616.33
455.66	171.12	27.47	29.40	11.12	150.84	142.82
411.68	152.43	21.35	24.74	9.33	133.54	124.77
43.98	18.70	6.12	4.65	1.80	17.30	18.05
433.56	160.22	15.36	31.94	13.30	140.61	174.67
207.55	66.99	6.96	13.91	6.91	63.09	75.84
116.81	32.56	4.34	6.79	3.74	33.43	34.49
79.76	30.15	1.64	6.01	2.76	25.64	36.87
0.84	0.30		0.16	0.02	0.37	0.40
5.63	2.18	0.50	0.40	0.20	1.98	2.36
2.70	1.00	0.19	0.36	0.09	0.96	1.13
0.24	0.09	0.02	0.06	0.02	0.09	0.10
0.43	0.06	0.02	0.01	0.01	0.07	0.05
1.14	0.63	0.26	0.11	0.06	0.56	0.44
166.03	57.79	6.09	12.87	3.41	51.73	81.22
157.32	55.19	5.50	12.24	3.00	49.79	76.10
8.71	2.60	0.58	0.63	0.41	1.94	5.12
59.98	35.44	2.30	5.17	2.98	25.78	17.61
50.23	31.25	1.86	3.93	2.33	22.38	13.01
0.76	0.49	0.01	0.17	0.03	0.44	0.22
4.58	2.08	0.09	0.52	0.31	1.57	2.37
4.41	1.62	0.34	0.55	0.30	1.39	2.01
394.18	142.69	33.33	27.51	15.86	132.74	214.05
59.61	22.51	5.86	3.56	2.23	21.58	28.05
33.85	10.60	2.28	1.24	0.83	10.07	16.35

1-A-3 续表 1

行　　业	企业单位数（个）	亏损企业	工业总产值（当年价）	工业销售产值（当年价）	出口交货值
建筑装饰用石开采	24	6	6.08	6.05	
耐火土石开采	19	5	5.67	5.96	0.77
粘土及其他土砂石开采	88	25	8.93	8.72	0.06
化学矿采选	50	15	51.95	51.19	11.96
采盐	99	24	63.17	64.99	2.39
石棉及其他非金属矿采选	49	11	11.03	10.51	2.15
石棉、云母矿采选	9		4.03	3.51	0.04
石墨、滑石采选	12	3	5.02	5.05	1.99
宝石、玉石开采	2				
其他非金属矿采选	26	8	1.98	1.95	0.12
其他采矿业	3		0.02	0.02	
制造业	27071	9999	48495.26	47828.29	4093.19
农副食品加工业	2057	679	970.70	961.76	62.55
谷物磨制	633	193	171.68	172.94	3.02
饲料加工	302	103	99.24	98.83	1.48
植物油加工	202	78	184.05	185.40	2.21
食用植物油加工	196	78	180.56	181.94	2.03
非食用植物油加工	6		3.49	3.46	0.18
制糖	97	19	106.38	100.07	1.57
屠宰及肉类加工	537	181	310.76	306.12	20.73
畜禽屠宰	423	140	156.60	155.65	3.26
肉制品及副产品加工	114	41	154.16	150.48	17.46
水产品加工	95	46	47.11	46.28	23.80
水产品冷冻加工	74	35	36.71	36.33	19.67
鱼糜制品及水产品干腌制加工	14	9	8.44	7.95	4.13
水产饲料制造	4	1	1.74	1.78	
鱼油提取及制品的制造	2	1	0.22	0.22	
其他水产品加工	1				
蔬菜、水果和坚果加工	55	17	11.11	10.86	3.37
其他农副食品加工	136	42	40.38	41.26	6.37
淀粉及淀粉制品的制造	61	18	23.13	22.82	1.20
豆制品制造	34	12	8.46	9.57	0.95
蛋品加工	8	1	0.92	1.01	0.03
其他未列明的农副食品加工	33	11	7.87	7.86	4.19
食品制造业	908	334	328.30	313.93	47.62
焙烤食品制造	197	61	11.39	11.19	0.54
糕点、面包制造	160	51	7.28	7.14	0.38
饼干及其他焙烤食品制造	37	10	4.11	4.05	0.16
糖果、巧克力及蜜饯制造	39	13	6.98	6.83	0.69
糖果、巧克力制造	30	9	6.85	6.66	0.69
蜜饯制作	9	4	0.12	0.17	
方便食品制造	115	44	20.30	19.51	1.37
米、面制品制造	71	26	6.59	6.50	0.04
速冻食品制造	25	12	3.90	3.52	0.87
方便面及其他方便食品制造	19	6	9.82	9.49	0.46
液体乳及乳制品制造	106	57	94.89	90.54	0.55

单位：亿元

资产合计	流动资产合计	应收账款净额	存货	产成品	流动资产年平均余额	固定资产合计
4.20	2.42	0.39	0.29	0.18	2.42	1.43
4.91	2.99	0.99	1.00	0.73	2.94	1.57
16.65	6.50	2.20	1.02	0.48	6.15	8.70
151.44	45.85	6.58	9.09	4.41	41.99	94.94
159.15	64.81	18.39	11.91	7.48	59.99	79.72
23.98	9.51	2.50	2.95	1.74	9.18	11.33
8.91	3.81	1.39	1.53	1.02	3.72	4.75
9.92	3.43	0.71	0.92	0.40	3.39	4.28
0.26	0.03	0.01	0.03	0.02	0.03	0.22
4.89	2.24	0.40	0.48	0.30	2.05	2.07
0.18	0.05	0.01	0.01	0.01	0.03	0.02
60661.54	28917.91	4890.51	9681.26	2796.21	27534.12	23857.20
940.67	440.52	65.96	149.93	63.58	415.61	370.40
178.42	98.67	15.94	37.99	11.45	91.45	64.94
85.99	42.36	8.38	10.61	2.24	42.17	26.09
144.76	77.91	6.75	33.37	11.91	82.08	49.31
140.13	76.84	6.58	33.05	11.68	80.72	48.64
4.63	1.07	0.16	0.33	0.23	1.36	0.67
172.06	71.13	7.76	21.35	14.82	54.45	75.00
235.36	91.29	16.52	25.04	13.17	86.36	103.81
113.54	41.55	8.91	9.26	5.72	39.55	58.14
121.82	49.74	7.61	15.78	7.45	46.81	45.67
55.97	30.73	4.82	12.92	5.92	30.82	19.21
41.20	22.91	4.11	8.63	3.90	22.07	15.61
12.66	6.73	0.29	3.91	1.95	7.62	2.98
1.67	0.89	0.36	0.35	0.05	0.92	0.41
0.31	0.18	0.05	0.03	0.02	0.19	0.10
0.12	0.02				0.02	0.11
14.96	6.13	0.81	2.52	1.09	5.97	7.33
53.15	22.30	4.99	6.12	2.98	22.31	24.71
32.79	12.19	2.45	3.36	1.84	12.54	17.16
11.69	4.76	0.87	0.73	0.36	4.87	4.97
1.00	0.54	0.09	0.25	0.19	0.50	0.33
7.67	4.82	1.58	1.78	0.58	4.40	2.25
594.98	267.20	60.08	57.22	22.82	253.61	214.34
24.49	12.97	2.18	1.27	0.34	12.60	8.86
15.04	7.19	1.43	0.87	0.17	7.09	6.32
9.45	5.78	0.74	0.41	0.17	5.51	2.54
15.72	7.80	3.03	1.21	0.50	7.77	4.71
14.87	7.48	2.96	1.17	0.49	7.45	4.34
0.86	0.32	0.07	0.04		0.32	0.37
31.36	9.99	2.94	2.48	1.47	10.01	18.64
8.28	2.96	0.60	1.17	0.87	3.06	4.21
8.16	2.70	0.63	0.67	0.42	2.71	5.01
14.92	4.33	1.71	0.64	0.19	4.24	9.41
112.15	45.76	11.15	9.38	3.45	42.96	39.23

1-A-3 续表 2

行业	企业单位数(个)	亏损企业	工业总产值(当年价)	工业销售产值(当年价)	出口交货值
罐头制造	70	23	28.24	25.67	9.59
肉、禽类罐头制造	12	6	6.02	6.70	2.34
水产品罐头制造	7	3	2.21	2.27	0.37
蔬菜、水果罐头制造	47	14	18.33	15.04	6.82
其他罐头食品制造	4		1.68	1.65	0.07
调味品、发酵制品制造	204	81	99.94	96.25	13.62
味精制造	19	10	41.07	40.19	0.55
酱油、食醋及类似制品的制造	144	63	15.27	14.58	0.28
其他调味品、发酵制品制造	41	8	43.60	41.48	12.79
其他食品制造	177	55	66.56	63.94	21.26
营养、保健食品制造	13	2	1.08	0.97	
冷冻饮品及食用冰制造	38	17	4.79	4.55	0.23
盐加工	46	11	15.89	15.57	0.48
食品及饲料添加剂制造	50	16	8.40	8.26	1.01
其他未列明的食品制造	30	9	36.41	34.59	19.54
饮料制造业	766	296	626.27	605.07	29.50
酒精制造	30	13	38.39	38.16	1.41
酒的制造	439	157	504.29	486.05	19.98
白酒制造	244	80	273.25	251.17	15.14
啤酒制造	121	48	195.94	199.74	3.36
黄酒制造	28	10	18.38	19.30	1.01
葡萄酒制造	30	11	7.30	5.98	0.18
其他酒制造	16	8	9.42	9.86	0.28
软饮料制造	206	89	77.31	74.78	6.04
碳酸饮料制造	36	17	33.16	32.11	0.35
瓶(罐)装饮用水制造	102	47	14.39	14.34	0.01
果菜汁及果菜汁饮料制造	40	16	14.12	13.08	5.58
含乳饮料和植物蛋白饮料制造	11	4	13.75	13.43	0.01
固体饮料制造	12	3	1.11	1.05	0.09
茶饮料及其他软饮料制造	5	2	0.78	0.77	
精制茶加工	91	37	6.28	6.08	2.07
烟草制品业	168	28	2567.69	2560.20	24.96
烟叶复烤	54	9	47.83	53.81	1.64
卷烟制造	96	10	2515.32	2501.43	22.25
其他烟草制品加工	18	9	4.55	4.96	1.07
纺织业	1253	601	932.06	919.63	250.92
棉、化纤纺织及印染精加工	559	273	615.51	611.25	160.40
棉、化纤纺织加工	460	226	541.38	536.89	117.09
棉、化纤印染精加工	99	47	74.13	74.36	43.32
毛纺织和染整精加工	116	70	76.75	73.70	14.56
毛条加工	13	7	19.14	19.21	1.89
毛纺织	95	58	56.15	52.96	12.67
毛染整精加工	8	5	1.45	1.54	
麻纺织	38	17	32.12	30.36	9.83
丝绢纺织及精加工	113	51	61.35	60.25	11.03
缫丝加工	34	16	13.21	13.32	3.11

单位：亿元

资产合计	流动资产合计	应收账款净额	存货	产成品	流动资产年平均余额	固定资产合计
73.40	39.21	6.97	10.11	6.61	37.86	21.62
7.48	4.40	1.03	1.93	1.10	4.30	2.40
9.05	4.23	0.81	0.70	0.34	4.12	2.63
55.61	29.62	4.98	7.14	5.02	28.57	16.34
1.27	0.96	0.15	0.33	0.16	0.88	0.25
251.62	108.69	23.48	24.50	6.46	100.54	88.41
64.82	29.37	14.17	5.31	2.65	33.27	18.45
42.67	22.46	1.94	11.72	1.07	16.36	14.33
144.13	56.86	7.37	7.47	2.74	50.91	55.63
86.23	42.78	10.33	8.27	3.99	41.87	32.86
1.51	0.74	0.16	0.26	0.09	0.62	0.71
9.68	3.49	0.84	0.81	0.35	3.74	4.95
27.71	12.72	3.73	2.72	1.13	11.64	12.07
8.93	4.55	0.97	0.83	0.39	4.45	3.35
38.40	21.28	4.63	3.65	2.02	21.42	11.77
1209.89	570.42	68.87	207.82	58.58	554.51	435.05
63.02	22.50	6.36	6.61	3.26	23.20	34.58
1007.22	478.70	53.82	185.84	46.79	465.16	357.38
565.98	307.57	35.56	129.66	31.26	296.33	190.92
365.50	129.27	11.47	36.44	6.08	129.15	142.01
41.33	22.24	2.35	12.66	7.95	21.70	13.98
17.77	9.08	1.58	3.68	1.01	7.49	5.83
16.63	10.54	2.87	3.39	0.49	10.48	4.65
126.93	61.91	7.06	12.93	7.08	58.79	38.93
33.93	18.35	1.76	3.58	1.38	17.75	9.80
21.90	10.37	0.94	2.46	0.91	9.57	8.80
27.18	14.57	2.84	5.51	4.20	14.34	9.67
38.82	16.55	0.87	1.03	0.53	15.02	8.75
2.45	1.47	0.56	0.17	0.05	1.49	0.59
2.65	0.61	0.08	0.19	0.01	0.61	1.33
12.72	7.31	1.63	2.45	1.45	7.35	4.15
2979.50	1845.87	146.11	905.67	43.71	1695.02	714.57
119.12	61.02	15.70	24.66	17.62	58.36	50.89
2851.46	1781.09	129.49	880.05	25.50	1632.73	659.05
8.92	3.76	0.91	0.96	0.59	3.94	4.62
1587.49	717.94	119.84	250.59	129.74	732.97	638.16
932.10	409.78	61.20	143.83	70.96	424.66	403.83
830.02	363.69	50.84	130.17	63.23	379.09	362.12
102.08	46.09	10.37	13.67	7.73	45.57	41.71
177.40	81.31	16.34	31.37	19.45	84.06	71.76
27.02	8.32	0.73	4.70	2.11	8.85	15.22
147.54	71.68	15.38	26.03	16.92	73.90	55.54
2.83	1.32	0.23	0.64	0.42	1.30	1.00
51.54	27.86	4.48	14.50	8.80	26.19	18.81
116.90	48.46	6.38	11.71	5.92	45.77	46.84
15.30	7.23	1.30	3.10	0.66	6.14	6.69

1-A-3 续表 3

行业	企业单位数(个)	亏损企业	工业总产值(当年价)	工业销售产值(当年价)	出口交货值
绢纺和丝织加工	53	24	41.10	40.07	7.16
丝印染精加工	26	11	7.05	6.86	0.77
纺织制成品制造	206	97	59.76	58.66	19.17
棉及化纤制品制造	89	46	35.76	35.00	14.31
毛制品制造	19	11	4.60	4.70	2.00
麻制品制造	18	8	1.59	1.63	0.07
丝制品制造	8	5	1.66	1.66	0.44
绳、索、缆的制造	12	3	1.37	1.33	0.05
纺织带和帘子布制造	15	6	3.29	3.36	0.31
无纺布制造	23	7	8.58	8.05	1.63
其他纺织制成品制造	22	11	2.91	2.94	0.35
针织品、编织品及其制品制造	221	93	86.56	85.42	35.92
棉、化纤针织品及编织品制造	133	64	47.44	47.99	20.10
毛针织品及编织品制造	61	17	35.33	33.65	14.35
丝针织品及编织品制造	11	7	1.41	1.42	0.88
其他针织品及编织品制造	16	5	2.38	2.37	0.59
纺织服装、鞋、帽制造业	387	131	104.42	102.45	39.95
纺织服装制造	370	126	100.67	98.70	37.51
纺织面料鞋的制造	12	4	2.69	2.70	1.46
制帽	5	1	1.06	1.05	0.99
皮革、毛皮、羽毛(绒)及其制品业	144	50	30.58	29.40	11.73
皮革鞣制加工	25	8	4.89	5.00	2.02
皮革制品制造	83	31	15.64	15.50	7.13
皮鞋制造	43	17	8.57	8.37	2.73
皮革服装制造	13	5	3.29	3.26	2.80
皮箱、包(袋)制造	16	4	3.22	3.33	1.31
皮手套及皮装饰制品制造	2	1	0.22	0.20	0.19
其他皮革制品制造	9	4	0.34	0.34	0.10
毛皮鞣制及制品加工	15	4	2.39	2.49	1.00
毛皮鞣制加工	8	3	0.09	0.09	0.04
毛皮服装加工	2		2.07	2.15	0.76
其他毛皮制品加工	5	1	0.23	0.25	0.21
羽毛(绒)加工及制品制造	21	7	7.66	6.41	1.57
羽毛(绒)加工	4	3	0.12	0.11	
羽毛(绒)制品加工	17	4	7.55	6.29	1.57
木材加工及木、竹、藤、棕、草制品业	345	130	125.05	122.69	18.08
锯材、木片加工	99	36	27.52	27.76	7.64
锯材加工	83	27	26.61	26.89	7.31
木片加工	16	9	0.91	0.87	0.32
人造板制造	139	56	75.95	73.48	1.92
胶合板制造	36	13	10.81	10.53	0.06
纤维板制造	56	21	36.86	35.93	0.30
刨花板制造	29	11	22.38	21.44	0.17
其他人造板、材制造	18	11	5.90	5.58	1.39
木制品制造	91	36	20.38	20.30	7.97
建筑用木料及木材组件加工	38	17	14.63	14.80	6.49

单位：亿元

资产合计	流动资产合计	应收账款净额	存货	产成品	流动资产年平均余额	固定资产合计
88.58	35.95	3.73	7.60	4.61	34.34	35.41
13.02	5.28	1.35	1.01	0.65	5.29	4.74
153.17	64.07	10.44	16.08	8.46	65.16	49.16
59.17	29.80	4.58	10.04	5.11	28.44	22.22
19.08	8.68	2.35	1.39	0.72	8.25	7.98
6.34	2.73	0.39	0.74	0.41	2.35	2.40
3.60	1.84	0.47	0.52	0.33	1.92	1.21
2.57	1.17	0.19	0.35	0.20	1.04	0.90
5.14	1.89	0.46	0.76	0.52	1.96	2.45
52.09	15.63	1.52	1.37	0.74	18.87	9.67
5.17	2.34	0.47	0.90	0.44	2.33	2.33
156.38	86.46	21.00	33.10	16.15	87.12	47.76
74.45	35.97	7.85	14.42	8.65	36.92	27.16
72.75	45.52	12.37	16.75	6.44	45.72	17.33
4.15	1.92	0.40	0.89	0.43	1.94	1.70
5.03	3.07	0.38	1.04	0.63	2.54	1.57
129.64	76.16	12.07	26.05	12.72	72.61	39.12
126.26	74.13	11.63	25.18	12.33	70.48	38.31
2.87	1.67	0.33	0.80	0.36	1.74	0.68
0.51	0.36	0.11	0.07	0.03	0.39	0.13
58.91	33.46	5.38	12.76	7.81	32.94	17.37
7.10	3.96	0.80	1.83	0.93	3.73	2.66
31.28	17.51	3.90	3.80	1.73	17.63	8.77
14.36	8.08	1.34	2.63	1.37	8.07	5.17
1.77	1.16	0.51	0.42	0.10	1.06	0.29
12.55	7.35	1.95	0.59	0.21	7.58	2.50
0.28	0.26		0.10	0.02	0.26	0.01
2.31	0.66	0.09	0.06	0.03	0.66	0.80
4.81	1.84	0.20	0.87	0.24	1.93	2.70
2.38	0.53	0.08	0.23	0.08	0.59	1.74
1.70	1.09	0.10	0.55	0.13	1.12	0.47
0.72	0.22	0.03	0.09	0.03	0.23	0.49
15.73	10.14	0.48	6.26	4.91	9.65	3.23
1.49	0.32	0.06	0.03	0.02	0.30	1.17
14.24	9.82	0.42	6.22	4.88	9.35	2.07
272.34	96.59	15.60	32.48	12.43	96.23	145.15
53.90	24.14	3.73	8.27	3.24	23.86	25.98
51.28	22.34	3.14	7.97	3.15	22.17	25.27
2.61	1.79	0.59	0.29	0.10	1.69	0.71
181.54	56.60	8.28	17.10	6.29	55.62	102.53
23.73	7.62	1.22	2.26	0.97	7.58	7.29
83.17	25.72	3.92	7.54	3.07	25.28	50.37
61.63	17.14	2.46	4.45	1.52	16.80	39.05
13.01	6.12	0.68	2.85	0.73	5.96	5.81
35.79	15.26	3.49	6.78	2.81	16.16	16.28
25.04	9.74	1.72	5.08	2.05	10.54	12.70

1-A-3 续表 4

行业	企业单位数(个)	亏损企业	工业总产值(当年价)	工业销售产值(当年价)	出口交货值
木容器制造	28	9	2.79	2.70	0.05
软木制品及其他木制品制造	25	10	2.96	2.80	1.43
竹、藤、棕、草制品制造	16	2	1.20	1.14	0.56
家具制造业	145	55	57.52	57.15	17.70
木质家具制造	106	42	15.47	15.19	7.72
金属家具制造	29	9	41.17	41.07	9.84
塑料家具制造	2				
其他家具制造	8	4	0.88	0.89	0.14
造纸及纸制品业	535	218	485.97	474.66	14.18
纸浆制造	30	14	57.35	52.59	0.20
造纸	277	117	390.51	384.93	12.45
机制纸及纸板制造	247	102	378.25	373.46	12.15
手工纸制造	4	1	0.38	0.47	0.26
加工纸制造	26	14	11.88	10.99	0.05
纸制品制造	228	87	38.12	37.15	1.53
纸和纸板容器的制造	170	62	30.11	29.09	1.46
其他纸制品制造	58	25	8.01	8.06	0.07
印刷业和记录媒介的复制	1554	672	292.34	285.17	2.39
印刷	1419	618	262.81	256.21	1.12
书、报、刊印刷	954	429	130.90	127.12	0.29
本册印制	181	73	9.98	9.56	0.27
包装装潢及其他印刷	284	116	121.93	119.53	0.56
装订及其他印刷服务活动	94	38	15.47	15.45	
记录媒介的复制	41	16	14.06	13.51	1.27
文教体育用品制造业	125	52	39.49	39.01	12.26
文化用品制造	60	26	7.21	7.39	2.99
文具制造	8	1	0.67	0.72	0.02
笔的制造	23	11	5.50	5.60	2.95
教学用模型及教具制造	20	10	0.49	0.49	
墨水、墨汁制造	4	2	0.16	0.16	0.01
其他文化用品制造	5	2	0.39	0.42	
体育用品制造	24	11	13.29	12.86	1.74
球类制造	6	1	2.40	2.31	0.58
体育器材及配件制造	9	4	10.06	9.84	0.95
训练健身器材制造	6	4	0.82	0.69	0.21
运动防护用具制造	3	2	0.02	0.02	
其他体育用品制造					
乐器制造	22	7	15.95	15.78	5.67
中乐器制造	2		0.04	0.04	
西乐器制造	17	6	15.62	15.51	5.58
电子乐器制造	2	1	0.14	0.11	0.09
其他乐器及零件制造	1		0.15	0.12	
玩具制造	17	8	2.84	2.79	1.86
游艺器材及娱乐用品制造	2		0.20	0.20	
露天游乐场所游乐设备制造	1		0.18	0.18	
游艺用品及室内游艺器材制造	1		0.02	0.02	

单位: 亿元

资产合计	流动资产合计				流动资产年平均余额	固定资产合计
		应收账款净额	存　货	产成品		
6.52	2.84	0.76	0.63	0.18	2.84	2.36
4.23	2.69	1.00	1.06	0.58	2.78	1.22
1.12	0.59	0.10	0.33	0.09	0.58	0.36
60.64	31.94	9.07	8.86	3.15	33.74	16.64
37.28	15.02	2.39	4.80	1.93	14.90	11.89
21.90	16.09	6.37	3.80	1.09	17.99	4.32
0.32	0.03				0.03	0.17
1.15	0.81	0.30	0.26	0.13	0.83	0.26
1058.91	376.74	83.82	109.71	43.29	371.94	589.87
163.37	43.96	5.05	16.26	5.60	41.97	104.66
845.82	305.31	68.86	85.67	34.02	303.93	467.62
821.19	290.92	65.25	82.00	32.07	290.13	459.88
1.61	0.82	0.06	0.38	0.26	0.97	0.53
23.03	13.58	3.55	3.29	1.69	12.83	7.21
49.73	27.47	9.91	7.77	3.67	26.04	17.60
37.56	20.52	7.65	5.98	2.90	19.76	13.18
12.17	6.95	2.25	1.79	0.77	6.27	4.42
567.65	236.79	48.00	53.03	19.33	225.17	258.77
506.69	213.28	43.18	47.51	17.05	202.85	226.87
240.11	92.88	22.23	22.83	8.67	86.95	128.15
20.38	10.17	2.01	2.25	1.05	10.55	8.00
246.20	110.23	18.94	22.43	7.33	105.35	90.73
22.52	7.66	1.39	1.77	0.41	8.51	13.37
38.44	15.84	3.43	3.74	1.86	13.81	18.53
73.57	41.39	10.64	12.87	5.11	40.30	20.82
20.90	11.47	2.89	2.75	1.28	11.73	4.65
3.54	1.30	0.26	0.17	0.06	1.22	0.80
15.34	8.65	2.33	2.07	1.07	8.98	3.47
0.75	0.58	0.19	0.21	0.09	0.59	0.13
0.38	0.15	0.02	0.07	0.04	0.13	0.15
0.89	0.79	0.10	0.23	0.02	0.81	0.10
16.93	9.85	2.23	2.51	0.97	8.93	3.78
2.70	1.12	0.21	0.49	0.24	1.18	0.84
10.39	6.66	1.65	1.52	0.44	6.05	2.09
3.81	2.04	0.36	0.51	0.29	1.67	0.85
0.02	0.02	0.01			0.02	
32.35	17.61	4.98	7.18	2.66	17.24	11.54
0.11	0.09	0.01	0.02	0.01	0.10	0.01
31.77	17.18	4.87	7.04	2.59	16.81	11.41
0.21	0.18	0.03	0.06	0.02	0.18	0.02
0.26	0.16	0.07	0.06	0.04	0.15	0.10
3.20	2.31	0.50	0.37	0.20	2.24	0.82
0.19	0.14	0.04	0.05	0.01	0.17	0.04
0.13	0.11	0.04	0.03		0.13	0.01
0.06	0.03	0.01	0.02	0.01	0.03	0.03

1-A-3 续表 5

行业	企业单位数（个）	亏损企业	工业总产值（当年价）	工业销售产值（当年价）	出口交货值
石油加工、炼焦及核燃料加工业	278	76	6959.01	6909.91	160.33
精炼石油产品的制造	197	61	6680.69	6632.98	151.67
原油加工及石油制品制造	196	61	6680.69	6632.98	151.67
人造原油生产	1				
炼焦	78	15	250.82	249.34	8.45
化学原料及化学制品制造业	2251	727	4290.64	4248.00	244.30
基础化学原料制造	601	186	1491.04	1478.35	86.11
无机酸制造	50	16	39.12	39.31	2.50
无机碱制造	88	19	418.50	416.11	24.93
无机盐制造	124	43	79.06	75.48	11.74
有机化学原料制造	190	65	860.13	856.51	31.87
其他基础化学原料制造	149	43	94.23	90.94	15.07
肥料制造	451	146	862.70	852.30	43.62
氮肥制造	192	42	540.36	529.74	24.63
磷肥制造	110	43	89.24	88.33	7.95
钾肥制造	13	4	23.28	23.51	
复混肥料制造	111	46	199.87	200.93	10.80
有机肥料及微生物肥料制造	6	1	1.68	1.66	
其他肥料制造	19	10	8.27	8.13	0.23
农药制造	113	40	106.87	105.11	26.15
化学农药制造	102	37	102.57	100.78	24.82
生物化学农药及微生物农药制造	11	3	4.30	4.33	1.33
涂料、油墨、颜料及类似产品制造	222	83	105.77	104.77	13.80
涂料制造	121	37	55.98	55.89	4.81
油墨及类似产品制造	20	7	11.28	10.81	1.02
颜料制造	26	9	19.42	18.50	2.29
染料制造	42	24	16.56	17.03	5.09
密封用填料及类似品制造	13	6	2.54	2.54	0.59
合成材料制造	142	45	1263.79	1252.28	24.22
初级形态的塑料及合成树脂制造	84	22	583.99	578.15	17.53
合成橡胶制造	11	3	16.69	16.99	0.21
合成纤维单(聚合)体的制造	28	9	657.59	651.49	6.44
其他合成材料制造	19	11	5.52	5.66	0.05
专用化学产品制造	555	156	322.37	319.81	39.60
化学试剂和助剂制造	189	54	133.67	133.43	11.86
专项化学用品制造	79	18	44.16	43.94	5.06
林产化学产品制造	47	18	12.31	12.17	3.63
炸药及火工产品制造	135	29	75.58	75.26	2.32
信息化学品制造	42	11	43.49	42.92	15.66
环境污染处理专用药剂材料制造	3	2	0.20	0.10	0.04
动物胶制造	8		2.72	2.68	0.10
其他专用化学产品制造	52	24	10.23	9.30	0.93
日用化学产品制造	167	71	138.09	135.37	10.81
肥皂及合成洗涤剂制造	75	35	57.58	57.31	2.21
化妆品制造	24	9	34.24	33.71	1.02

单位：亿元

资产合计	流动资产合计	应收账款净额	存货	产成品	流动资产年平均余额	固定资产合计
3514.31	1308.40	157.77	627.52	176.72	1182.45	1993.90
3061.17	1138.44	127.48	590.94	163.15	1012.28	1780.58
3061.02	1138.38	127.46	590.93	163.14	1012.22	1780.51
0.15	0.06	0.01	0.01		0.06	0.07
379.86	150.40	29.30	31.71	12.52	149.46	178.20
5897.67	2070.11	314.31	565.90	201.62	1996.68	3041.27
2017.78	661.77	109.88	154.06	56.48	657.66	1033.04
55.60	22.70	6.41	6.65	2.11	22.74	24.88
658.47	226.49	44.62	41.28	14.75	236.04	341.05
150.84	52.01	9.48	14.42	6.42	49.89	68.14
985.81	299.84	35.20	77.36	26.37	290.95	506.89
167.07	60.74	14.17	14.34	6.84	58.05	92.09
1585.50	500.71	54.41	127.82	43.15	475.25	923.24
1052.92	291.92	28.76	68.77	22.57	279.79	638.04
128.76	48.17	8.38	14.33	4.53	47.51	72.70
65.05	30.07	2.05	4.60	1.18	24.97	32.55
316.37	123.18	13.78	37.73	13.78	115.52	166.55
2.52	0.29	0.05	0.14	0.07	0.28	2.03
19.88	7.07	1.39	2.25	1.03	7.17	11.37
171.95	85.20	14.20	27.01	13.68	82.67	57.94
161.81	79.64	13.22	25.78	12.91	77.54	54.97
10.14	5.56	0.98	1.23	0.77	5.13	2.97
155.93	77.85	23.68	21.99	10.48	74.79	53.54
72.76	42.36	13.65	10.33	4.39	42.14	16.10
14.23	8.28	2.71	2.67	1.41	8.26	3.18
30.31	12.00	2.88	3.38	1.82	10.39	16.03
36.29	13.84	3.96	5.22	2.69	12.63	17.56
2.33	1.37	0.47	0.39	0.17	1.37	0.67
1176.82	376.18	33.96	138.83	43.23	360.70	675.61
616.60	192.11	20.45	60.24	20.86	181.23	355.97
19.01	7.06	1.50	2.31	0.31	6.83	9.40
533.82	172.78	11.26	75.05	21.40	168.47	307.97
7.38	4.24	0.75	1.23	0.66	4.18	2.27
552.52	234.32	50.12	59.79	24.65	226.26	229.42
204.49	91.23	17.85	19.32	7.98	87.63	88.96
67.83	27.12	5.76	7.00	3.36	26.17	23.83
24.77	8.29	2.02	2.53	1.39	7.66	7.88
125.41	55.38	12.99	14.92	6.21	52.69	57.16
100.04	41.09	8.18	12.13	3.53	40.69	41.30
5.37	0.26	0.08	0.03	0.01	0.25	0.02
8.43	3.23	0.74	1.29	0.62	3.85	4.04
16.18	7.72	2.51	2.56	1.55	7.31	6.22
237.18	134.08	28.06	36.41	9.95	119.35	68.48
93.41	50.54	15.51	11.11	4.05	50.26	25.93
53.66	31.79	5.07	5.44	2.62	30.29	11.24

1-A-3 续表 6

行业	企业单位数(个)	亏损企业	工业总产值(当年价)	工业销售产值(当年价)	出口交货值
口腔清洁用品制造	9	2	21.01	20.39	1.61
香料、香精制造	25	12	19.39	18.12	5.48
其他日用化学产品制造	34	13	5.88	5.83	0.49
医药制造业	834	273	890.71	858.05	112.52
化学药品原药制造	135	48	286.38	280.79	92.95
化学药品制剂制造	221	72	262.74	258.52	8.45
中药饮片加工	49	20	12.82	12.06	0.77
中成药制造	263	78	260.38	242.80	6.20
兽用药品制造	57	26	9.70	9.16	2.63
生物、生化制品的制造	70	18	40.42	37.05	0.60
卫生材料及医药用品制造	39	11	18.26	17.67	0.94
化学纤维制造业	123	46	500.76	495.59	24.08
纤维素纤维原料及纤维制造	32	13	135.37	132.78	12.76
化纤浆粕制造	12	6	21.56	21.18	0.31
人造纤维(纤维素纤维)制造	20	7	113.81	111.60	12.44
合成纤维制造	91	33	365.39	362.81	11.33
锦纶纤维制造	21	8	51.84	51.91	6.69
涤纶纤维制造	39	14	225.60	224.29	2.86
腈纶纤维制造	7	1	55.04	53.94	
维纶纤维制造	2		20.74	20.45	1.68
其他合成纤维制造	22	10	12.17	12.22	0.10
橡胶制品业	253	106	310.06	310.72	73.47
轮胎制造	50	20	198.87	200.31	54.67
车辆、飞机及工程机械轮胎制造	33	10	194.14	195.56	53.84
力车胎制造	4	2	3.75	3.80	0.83
轮胎翻新加工	13	8	0.98	0.94	
橡胶板、管、带的制造	63	23	26.84	26.50	0.70
橡胶零件制造	48	14	11.68	11.34	0.63
再生橡胶制造	7	2	0.60	0.57	
日用及医用橡胶制品制造	24	12	9.91	9.93	4.27
橡胶靴鞋制造	39	25	56.64	56.43	12.66
其他橡胶制品制造	22	10	5.52	5.65	0.54
塑料制品业	633	268	308.95	302.69	13.97
塑料薄膜制造	103	47	90.79	90.44	4.75
塑料板、管、型材的制造	147	66	107.72	105.02	4.79
塑料丝、绳及编织品的制造	109	50	17.74	17.44	0.27
泡沫塑料制造	32	7	6.18	6.01	0.29
塑料人造革、合成革制造	10	6	6.79	6.11	1.85
塑料包装箱及容器制造	65	33	39.28	38.60	0.06
塑料零件制造	52	14	12.23	11.34	0.63
日用塑料制造	61	26	6.37	6.04	0.81
塑料鞋制造	8	3	0.73	0.69	0.33
日用塑料杂品制造	53	23	5.64	5.34	0.48
其他塑料制品制造	54	19	21.85	21.69	0.52
非金属矿物制品业	2450	900	1156.01	1137.77	60.84
水泥、石灰和石膏的制造	827	297	586.39	581.78	2.34

单位：亿元

资产合计	流动资产合计	应收账款净额	存货	产成品	流动资产年平均余额	固定资产合计
35.82	21.66	4.06	2.66	1.35	8.02	10.07
42.61	23.71	2.20	15.64	1.40	24.43	17.57
11.68	6.39	1.22	1.55	0.53	6.35	3.67
1742.03	805.12	208.55	183.17	72.34	791.11	581.90
593.87	255.52	68.34	55.98	21.81	246.54	225.05
458.41	201.54	57.10	46.01	20.32	197.46	155.35
27.68	15.87	4.68	4.87	1.74	16.39	6.25
515.04	257.32	59.06	53.82	19.45	261.66	142.25
12.87	7.12	2.05	2.07	0.99	6.43	4.98
111.95	54.36	13.83	17.43	6.28	50.54	40.40
22.21	13.37	3.48	2.99	1.76	12.08	7.62
803.39	252.86	31.40	79.55	25.34	263.09	435.89
222.76	69.82	7.37	26.09	10.10	71.04	125.13
27.80	11.35	0.75	5.00	2.01	12.10	10.57
194.95	58.47	6.62	21.09	8.09	58.94	114.56
580.64	183.05	24.03	53.46	15.25	192.05	310.76
114.85	40.53	7.48	5.23	2.23	39.89	39.81
306.16	95.79	9.22	33.12	7.44	104.31	170.96
97.38	27.36	3.23	9.00	3.04	27.35	65.53
27.51	7.48	1.36	2.83	1.08	7.61	17.98
34.74	11.90	2.75	3.28	1.47	12.90	16.48
507.04	236.59	56.91	73.10	36.85	230.05	211.88
318.20	140.85	33.19	45.50	23.01	137.55	151.37
306.74	136.26	32.42	44.34	22.55	132.82	147.36
10.00	3.69	0.45	0.85	0.29	3.99	3.53
1.46	0.90	0.32	0.31	0.16	0.74	0.48
52.18	25.92	8.32	8.21	4.34	25.37	19.64
24.49	11.43	3.92	3.03	1.45	11.66	8.84
1.74	1.07	0.66	0.09	0.06	1.06	0.42
14.63	7.33	2.66	1.90	1.06	7.05	5.69
85.15	45.32	6.19	13.53	6.47	42.59	22.20
10.66	4.66	1.98	0.83	0.46	4.78	3.71
497.07	223.26	41.59	66.80	33.61	218.78	223.67
151.89	55.52	11.30	17.75	7.08	58.05	78.62
183.44	84.43	16.63	25.84	13.96	86.34	79.54
40.79	16.45	2.59	3.76	1.81	15.49	19.95
10.22	5.97	1.56	2.04	0.73	5.68	2.92
7.08	3.13	0.95	1.02	0.32	3.46	3.41
58.87	32.54	2.59	8.36	5.54	26.19	23.58
13.61	7.14	2.27	1.95	1.00	6.67	4.86
11.28	6.33	1.65	2.10	1.11	6.47	3.58
1.96	0.59	0.17	0.33	0.15	0.57	0.66
9.32	5.74	1.48	1.77	0.96	5.90	2.92
19.88	11.74	2.04	3.98	2.05	10.41	7.20
2656.75	1046.74	284.07	261.93	113.04	1021.94	1258.60
1342.88	430.21	111.62	99.52	30.91	419.07	751.26

1-A-3 续表 7

行　业	企业单位数（个）	亏损企业	工业总产值（当年价）	工业销售产值（当年价）	出口交货值
水泥制造	800	286	580.92	576.34	2.34
石灰和石膏制造	27	11	5.47	5.44	
水泥及石膏制品制造	504	198	178.97	174.64	0.31
水泥制品制造	360	130	140.43	138.14	
砼结构构件制造	88	38	18.34	16.95	0.27
石棉水泥制品制造	15	10	2.86	2.65	
轻质建筑材料制造	33	17	16.12	15.81	
其他水泥制品制造	8	3	1.21	1.09	0.04
砖瓦、石材及其他建筑材料制造	450	144	55.04	51.87	2.38
粘土砖瓦及建筑砌块制造	284	92	20.39	20.06	0.04
建筑陶瓷制品制造	35	14	11.61	10.21	1.04
建筑用石加工	53	17	8.61	8.38	0.94
防水建筑材料制造	20	6	2.96	3.01	
隔热和隔音材料制造	28	6	7.26	6.88	0.35
其他建筑材料制造	30	9	4.21	3.32	0.02
玻璃及玻璃制品制造	224	82	180.38	177.95	30.00
平板玻璃制造	38	10	94.24	92.48	10.75
技术玻璃制品制造	30	11	15.10	14.46	3.96
光学玻璃制造	12	3	7.20	7.31	1.56
玻璃仪器制造	12	8	3.78	3.36	0.20
日用玻璃制品及玻璃包装容器制造	49	24	14.23	14.52	1.05
玻璃保温容器制造	6	4	2.59	2.37	0.34
玻璃纤维及制品制造	31	7	24.01	24.99	10.23
玻璃纤维增强塑料制品制造	29	7	11.10	10.32	0.55
其他玻璃制品制造	17	8	8.14	8.15	1.36
陶瓷制品制造	164	76	42.38	41.34	12.04
卫生陶瓷制品制造	20	12	4.46	4.41	0.23
特种陶瓷制品制造	45	20	11.50	10.82	0.44
日用陶瓷制品制造	93	43	25.46	25.19	11.21
园林、陈设艺术及其他陶瓷制品制造	6	1	0.96	0.91	0.16
耐火材料制品制造	105	42	38.57	36.56	2.74
石棉制品制造	17	6	1.25	1.18	
云母制品制造	8	3	1.31	1.25	0.25
耐火陶瓷制品及其他耐火材料制造	80	33	36.01	34.13	2.48
石墨及其他非金属矿物制品制造	176	61	74.29	73.63	11.03
石墨及碳素制品制造	60	25	31.15	31.30	5.69
其他非金属矿物制品制造	116	36	43.14	42.33	5.34
黑色金属冶炼及压延加工业	553	161	8586.07	8556.98	568.59
炼铁	75	14	439.04	441.51	26.57
炼钢	48	16	1716.94	1705.85	69.31
钢压延加工	298	95	6276.38	6259.94	443.48
铁合金冶炼	132	36	153.71	149.68	29.24
有色金属冶炼及压延加工业	534	163	2133.26	2115.82	275.38
常用有色金属冶炼	198	58	1526.72	1520.24	199.13
铜冶炼	33	10	424.47	429.34	31.54
铅锌冶炼	46	6	218.29	208.82	45.76

单位：亿元

资产合计	流动资产合计	应收账款净额	存货	产成品	流动资产年平均余额	固定资产合计
1336.72	427.61	110.92	98.80	30.44	416.62	747.88
6.15	2.60	0.70	0.72	0.47	2.45	3.38
286.97	160.00	69.69	36.86	18.96	152.68	98.42
205.58	125.09	58.58	27.26	13.50	118.86	62.94
25.07	15.74	5.79	4.73	2.86	14.44	7.90
8.16	4.76	2.06	1.46	0.75	4.77	2.63
46.16	13.73	3.18	3.12	1.65	14.04	23.83
2.01	0.68	0.08	0.28	0.20	0.57	1.12
131.77	54.29	12.42	13.04	7.77	54.42	54.49
66.60	27.24	4.94	5.34	3.02	28.02	29.30
21.63	8.04	1.40	3.02	2.19	7.71	8.33
9.57	4.94	1.40	1.29	0.64	5.18	3.42
9.74	3.87	1.27	0.70	0.47	3.79	4.68
15.28	6.62	2.17	1.56	0.71	6.25	4.00
8.96	3.58	1.24	1.13	0.74	3.46	4.76
458.80	182.81	35.91	45.87	21.77	173.00	207.88
249.56	93.68	12.49	19.56	7.42	88.82	116.93
30.38	11.97	3.52	3.31	1.58	11.03	15.65
15.09	6.67	1.47	2.32	0.94	6.82	7.51
11.09	4.65	0.65	1.37	1.12	4.65	3.76
44.41	19.78	5.44	7.01	5.04	18.54	16.59
4.07	2.26	0.36	0.93	0.72	2.25	1.76
63.74	23.24	5.79	4.97	1.98	21.32	30.80
19.81	11.59	3.68	3.91	1.79	11.12	6.67
20.64	8.97	2.52	2.49	1.19	8.45	8.21
152.43	72.83	13.04	20.67	13.25	73.20	57.61
18.23	8.53	0.89	1.71	1.24	8.52	8.78
29.85	13.50	2.96	4.67	2.44	12.06	11.12
102.70	50.18	9.00	14.22	9.54	51.90	37.04
1.66	0.63	0.20	0.08	0.03	0.73	0.67
70.20	34.30	11.81	10.48	5.40	42.85	28.47
3.65	1.89	0.82	0.29	0.17	1.72	1.39
4.46	1.57	0.53	0.34	0.20	1.45	0.85
62.09	30.84	10.46	9.86	5.03	39.68	26.23
213.69	112.29	29.59	35.48	14.98	106.73	60.46
97.45	54.02	13.12	18.14	5.49	51.92	24.57
116.23	58.27	16.46	17.34	9.49	54.81	35.89
10139.14	3983.96	323.84	1452.14	305.33	3615.18	5173.96
507.82	220.04	23.27	64.91	19.64	207.33	257.36
2125.23	901.32	54.51	280.16	51.19	814.08	1022.38
7351.28	2788.15	230.23	1076.53	221.60	2524.20	3827.11
154.82	74.45	15.82	30.54	12.91	69.58	67.11
2844.57	1201.96	135.69	470.08	102.33	1118.00	1389.21
2090.16	864.21	79.01	359.09	64.38	800.75	1081.45
568.58	274.52	14.23	130.81	18.41	241.97	243.67
292.35	144.21	16.72	58.49	15.34	136.98	132.13

1-A-3 续表 8

行业	企业单位数（个）	亏损企业	工业总产值（当年价）	工业销售产值（当年价）	出口交货值
镍钴冶炼	11	2	130.24	128.84	12.16
锡冶炼	7	2	62.09	60.55	20.43
锑冶炼	14	3	12.42	12.08	3.86
铝冶炼	62	27	668.32	669.81	84.01
镁冶炼	11	2	3.45	3.29	0.74
其他常用有色金属冶炼	14	6	7.43	7.51	0.64
贵金属冶炼	61	8	83.68	82.60	2.34
金冶炼	57	7	81.39	80.30	2.34
银冶炼	3	1	1.59	1.59	
其他贵金属冶炼	1		0.69	0.71	
稀有稀土金属冶炼	42	14	62.02	61.35	21.09
钨钼冶炼	7	3	19.64	20.34	8.71
稀土金属冶炼	21	7	20.54	19.84	7.74
其他稀有金属冶炼	14	4	21.84	21.17	4.63
有色金属合金制造	39	10	51.23	50.76	13.90
有色金属压延加工	194	73	409.62	400.88	38.92
常用有色金属压延加工	166	66	348.32	339.23	30.84
贵金属压延加工	11	3	11.68	11.93	0.89
稀有稀土金属压延加工	17	4	49.62	49.73	7.20
金属制品业	980	383	440.39	433.71	76.79
结构性金属制品制造	339	131	105.32	103.86	6.42
金属结构制造	245	90	95.05	93.65	6.17
金属门窗制造	94	41	10.27	10.21	0.25
金属工具制造	126	44	48.73	49.00	13.27
切削工具制造	71	23	28.25	26.21	2.70
手工具制造	22	12	4.28	4.19	0.26
农用及园林用金属工具制造	8	2	0.83	0.79	
刀剪及类似日用金属工具制造	5	1	0.63	0.59	0.25
其他金属工具制造	20	6	14.73	17.23	10.06
集装箱及金属包装容器制造	127	55	81.05	76.11	33.83
集装箱制造	6	3	35.79	32.61	30.99
金属压力容器制造	53	20	25.48	24.49	2.46
金属包装容器制造	68	32	19.79	19.01	0.38
金属丝绳及其制品的制造	81	37	103.65	105.88	12.39
建筑、安全用金属制品制造	77	27	16.16	15.71	2.89
建筑、家具用金属配件制造	22	8	5.20	5.24	1.89
建筑装饰及水暖管道零件制造	31	10	7.79	7.48	0.14
安全、消防用金属制品制造	11	3	0.72	0.69	
其他建筑、安全用金属制品制造	13	6	2.44	2.30	0.86
金属表面处理及热处理加工	60	16	9.97	9.98	0.02
搪瓷制品制造	60	16	9.97	9.98	0.02
工业生产配套用搪瓷制品制造	14	8	6.32	6.29	0.90
搪瓷卫生洁具制造	2	1	0.01	0.01	
搪瓷日用品及其他搪瓷制品制造	12	7	6.31	6.28	0.90
不锈钢及类似日用金属制品制造	60	33	9.17	8.98	3.39
金属制厨房调理及卫生器具制造	5	3	0.62	0.63	0.20

单位：亿元

资产合计	流动资产合计	应收账款净额	存货	产成品	流动资产年平均余额	固定资产合计
147.45	82.81	2.99	38.96	4.74	71.03	60.61
98.46	35.29	4.86	11.85	3.69	35.14	51.50
14.12	7.49	0.76	2.86	0.84	6.84	5.99
955.45	313.51	38.65	114.20	20.57	304.50	581.20
3.29	1.42	0.23	0.66	0.45	1.52	1.65
10.46	4.96	0.55	1.26	0.35	2.77	4.70
83.53	36.48	2.17	8.54	1.32	36.11	30.04
82.79	36.04	2.14	8.34	1.30	35.66	29.77
0.69	0.40	0.03	0.19	0.03	0.40	0.26
0.05	0.04		0.01		0.05	0.01
102.74	43.96	8.38	18.29	8.12	42.28	31.92
25.49	9.94	2.22	1.93	0.96	7.00	6.55
48.94	19.23	4.68	7.90	4.96	19.24	14.23
28.31	14.79	1.48	8.46	2.20	16.05	11.14
66.10	32.28	7.19	11.25	4.47	31.26	22.96
502.03	225.03	38.95	72.91	24.03	207.60	222.83
435.60	198.03	36.65	62.60	20.67	183.28	187.99
8.33	3.83	0.20	1.63	0.75	3.75	2.26
58.10	23.18	2.10	8.68	2.60	20.56	32.58
648.13	355.80	88.81	119.27	49.08	339.63	223.74
143.39	79.94	19.25	34.09	13.68	81.62	50.12
124.33	69.95	16.05	30.36	11.96	72.14	42.93
19.06	9.99	3.20	3.73	1.72	9.48	7.19
97.87	53.01	17.76	20.02	10.96	52.99	31.29
58.91	33.83	10.11	14.50	8.91	35.00	20.27
9.35	5.07	0.90	2.24	0.96	4.78	3.57
0.99	0.41	0.18	0.15	0.08	0.38	0.58
3.61	1.04	0.17	0.24	0.10	0.98	0.25
25.01	12.66	6.39	2.90	0.91	11.85	6.63
102.88	59.46	15.93	20.06	5.64	51.65	33.06
24.65	18.20	6.17	5.75	1.06	15.09	3.73
47.98	24.25	6.00	9.19	2.26	22.31	19.26
30.24	17.01	3.76	5.11	2.32	14.24	10.07
148.84	84.67	19.77	20.72	9.35	78.82	48.31
23.95	14.81	3.91	4.36	1.76	13.84	7.08
4.80	3.98	1.12	0.40	0.17	3.49	0.69
14.90	7.69	2.03	2.96	1.25	7.96	5.61
1.54	1.12	0.17	0.30	0.12	1.01	0.23
2.71	2.01	0.59	0.71	0.22	1.37	0.55
12.98	5.26	1.06	1.41	0.53	5.69	7.07
12.98	5.26	1.06	1.41	0.53	5.69	7.07
8.47	3.79	0.63	1.43	0.83	4.00	3.96
0.16	0.07	0.02	0.05	0.03	0.08	0.09
8.31	3.72	0.62	1.39	0.80	3.92	3.87
16.53	8.55	2.82	3.32	1.60	8.35	6.35
0.32	0.23	0.06	0.11	0.02	0.22	0.09

1-A-3 续表 9

行业	企业单位数（个）	亏损企业	工业总产值（当年价）	工业销售产值（当年价）	出口交货值
金属制厨用器皿及餐具制造	28	16	3.70	3.66	2.57
其他日用金属制品制造	27	14	4.85	4.69	0.61
其他金属制品制造	96	32	60.03	57.89	3.69
铸币及贵金属制实验室用品制造	6		20.23	20.14	0.56
其他未列明的金属制品制造	90	32	39.79	37.75	3.13
通用设备制造业	2305	901	2114.28	2042.14	158.09
锅炉及原动机制造	237	99	646.35	622.56	27.41
锅炉及辅助设备制造	99	47	235.72	232.73	7.69
内燃机及配件制造	104	43	259.17	255.47	14.50
汽轮机及辅机制造	18	4	144.58	127.57	5.12
水轮机及辅机制造	10	1	6.21	6.02	0.08
其他原动机制造	6	4	0.67	0.76	0.02
金属加工机械制造	367	135	246.49	237.80	10.33
金属切削机床制造	164	48	186.65	180.39	7.54
金属成形机床制造	46	13	28.59	26.78	0.68
铸造机械制造	27	10	7.73	7.41	0.46
金属切割及焊接设备制造	26	12	1.82	1.69	0.11
机床附件制造	48	24	10.46	10.41	1.39
其他金属加工机械制造	56	28	11.24	11.12	0.16
起重运输设备制造	186	79	417.43	398.04	67.18
泵、阀门、压缩机及类似机械的制造	347	133	188.10	180.87	9.95
泵及真空设备制造	138	52	45.94	42.92	1.86
气体压缩机械制造	40	20	78.40	75.96	3.83
阀门和旋塞的制造	83	30	27.61	27.56	2.48
液压和气压动力机械及元件制造	86	31	36.14	34.43	1.77
轴承、齿轮、传动和驱动部件的制造	188	91	130.30	128.77	14.11
轴承制造	106	51	81.20	81.75	10.27
齿轮、传动和驱动部件制造	82	40	49.10	47.01	3.84
烘炉、熔炉及电炉制造	18	5	4.11	3.62	0.01
风机、衡器、包装设备等通用设备制造	304	113	269.18	264.51	15.82
风机、风扇制造	47	17	43.01	41.32	0.64
气体、液体分离及纯净设备制造	37	15	29.98	29.79	1.06
制冷、空调设备制造	89	27	152.49	151.26	9.16
风动和电动工具制造	17	12	5.55	5.67	3.24
喷枪及类似器具制造	5	3	1.45	1.34	
包装专用设备制造	30	11	10.41	9.79	0.48
衡器制造	23	9	3.44	3.16	0.17
其他通用设备制造	56	19	22.87	22.17	1.06
通用零部件制造及机械修理	372	129	68.02	65.21	1.67
金属密封件制造	21	7	5.06	4.96	0.12
紧固件、弹簧制造	65	21	11.93	11.94	0.73
机械零部件加工及设备修理	241	82	43.47	41.13	0.23
其他通用零部件制造	45	19	7.56	7.17	0.58
金属铸、锻加工	286	117	144.31	140.77	11.62
钢铁铸件制造	217	86	92.79	90.58	6.46
锻件及粉末冶金制品制造	69	31	51.52	50.20	5.16

单位：亿元

资产合计	流动资产合计	应收账款净额	存货	产成品	流动资产年平均余额	固定资产合计
7.66	4.82	1.79	1.93	1.06	4.81	2.47
8.55	3.50	0.98	1.29	0.51	3.32	3.79
93.22	46.31	7.68	13.86	4.75	42.67	36.50
28.46	12.67	1.92	4.73	0.29	11.07	14.91
64.76	33.64	5.76	9.13	4.45	31.60	21.59
3555.13	2273.67	463.24	721.32	221.02	2066.46	804.64
1321.99	930.91	130.06	227.22	32.51	782.61	192.61
506.54	408.34	53.28	107.34	7.40	321.65	38.49
363.75	210.12	46.45	54.24	22.37	204.54	113.98
432.95	300.56	27.91	60.28	1.89	245.80	35.23
14.72	9.58	1.74	4.09	0.80	8.29	3.68
4.03	2.32	0.67	1.27	0.06	2.35	1.22
447.88	258.95	46.25	98.57	34.23	251.44	123.38
337.93	194.65	31.86	72.39	23.36	187.94	89.59
49.52	29.17	6.63	13.87	5.07	30.09	14.17
15.69	7.06	1.73	2.88	1.36	6.43	6.93
4.32	3.06	0.92	0.75	0.34	2.73	0.71
19.25	12.15	3.03	5.05	2.58	12.05	5.97
21.17	12.86	2.09	3.63	1.51	12.22	6.01
472.83	313.61	73.08	123.62	32.79	281.54	112.05
336.12	198.29	55.73	69.65	29.10	188.57	97.65
108.90	66.37	17.96	24.24	8.35	62.17	31.22
105.08	63.34	17.26	20.90	9.28	61.65	31.03
52.86	32.52	9.90	10.88	5.08	29.15	14.33
69.28	36.06	10.62	13.63	6.39	35.61	21.07
279.77	174.54	57.66	67.06	39.68	170.41	76.27
213.61	140.35	50.28	52.30	32.63	137.38	48.35
66.16	34.19	7.38	14.76	7.04	33.03	27.92
5.96	3.90	0.92	1.47	0.32	3.65	1.66
390.32	234.62	63.60	74.49	28.77	238.22	87.52
62.85	44.64	8.59	9.25	3.70	44.08	10.18
46.19	25.07	8.21	7.77	3.80	27.80	7.05
180.96	106.09	32.46	33.81	11.93	107.39	41.71
14.17	8.63	3.02	2.79	1.32	10.09	4.43
6.46	3.26	0.93	0.95	0.44	3.41	3.06
26.33	15.11	3.48	6.67	2.09	15.27	5.92
6.60	3.82	1.59	1.14	0.60	3.98	1.65
46.76	27.99	5.34	12.11	4.90	26.21	13.52
114.50	57.23	13.63	17.11	6.80	53.14	44.06
5.04	2.97	0.87	0.92	0.52	2.77	1.79
20.11	10.27	2.70	3.30	1.54	9.57	8.12
77.58	37.68	7.96	10.43	3.85	34.69	31.14
11.77	6.31	2.11	2.46	0.89	6.12	3.02
185.77	101.61	22.32	42.14	16.82	96.87	69.44
120.12	62.06	15.66	24.24	11.58	60.25	46.38
65.65	39.56	6.65	17.91	5.23	36.62	23.07

1-A-3 续表 10

行业	企业单位数（个）	亏损企业	工业总产值（当年价）	工业销售产值（当年价）	出口交货值
专用设备制造业	1812	721	1521.42	1484.56	87.13
矿山、冶金、建筑专用设备制造	483	207	573.91	554.18	23.77
采矿、采石设备制造	177	72	159.78	153.12	3.07
石油钻采专用设备制造	72	20	58.69	59.11	7.86
建筑工程用机械制造	93	44	169.49	163.50	3.58
建筑材料生产专用机械制造	59	37	24.70	22.81	0.68
冶金专用设备制造	82	34	161.25	155.64	8.58
化工、木材、非金属加工专用设备制造	206	81	87.36	84.01	5.13
炼油、化工生产专用设备制造	71	27	43.01	40.63	0.88
橡胶加工专用设备制造	15	4	15.27	15.08	2.63
塑料加工专用设备制造	21	9	4.12	4.09	0.57
木材加工机械制造	15	10	4.26	4.30	0.08
模具制造	77	27	20.25	19.46	0.96
其他非金属加工专用设备制造	7	4	0.46	0.46	
食品、饮料、烟草及饲料生产专用设备制造	133	54	38.71	38.15	1.59
食品、饮料、烟草工业专用设备制造	52	16	30.99	30.75	1.10
农副食品加工专用设备制造	69	32	6.68	6.26	0.33
饲料生产专用设备制造	12	6	1.04	1.13	0.16
印刷、制药、日化生产专用设备制造	92	34	37.67	35.91	2.12
制浆和造纸专用设备制造	25	13	4.47	4.14	0.09
印刷专用设备制造	32	7	27.69	26.30	1.98
日用化工专用设备制造	3		0.30	0.29	0.06
制药专用设备制造	18	8	3.76	3.74	
照明器具生产专用设备制造	5	2	0.62	0.60	
玻璃、陶瓷和搪瓷制品生产专用设备制造	6	2	0.58	0.61	
其他日用品生产专用设备制造	3	2	0.26	0.23	
纺织、服装和皮革工业专用设备制造	135	63	116.63	114.96	13.39
纺织专用设备制造	97	42	100.85	99.20	10.98
皮革、毛皮及其制品加工专用设备制造	5	3	0.27	0.25	
缝纫机械制造	27	16	12.48	12.53	2.05
其他服装加工专用设备制造	6	2	3.03	2.97	0.36
电子和电工机械专用设备制造	158	57	276.21	275.71	22.83
电工机械专用设备制造	24	10	9.47	9.34	0.05
电子工业专用设备制造	54	16	36.54	32.09	3.48
航空、航天及其他专用设备制造	24	8	13.29	11.86	0.35
农、林、牧、渔专用机械制造	249	106	260.51	260.85	12.03
拖拉机制造	42	31	107.69	107.38	9.72
机械化农业及园艺机具制造	85	36	53.91	54.80	1.37
营林及木竹采伐机械制造	5	2	0.66	0.63	
畜牧机械制造	6	2	0.55	0.61	
渔业机械制造	5	2	0.17	0.21	0.03
农林牧渔机械配件制造	40	10	2.33	2.24	
其他农林牧渔业机械制造及机械修理	66	23	95.19	94.99	0.92
医疗仪器设备及器械制造	137	44	35.79	34.21	4.58
医疗诊断、监护及治疗设备制造	45	18	12.86	12.12	0.81
口腔科用设备及器具制造	5	2	0.94	0.94	0.06

单位：亿元

资产合计	流动资产合计	应收账款净额	存货	产成品	流动资产年平均余额	固定资产合计
2555.49	1443.91	317.95	537.92	195.42	1440.24	751.81
946.75	579.59	134.30	235.19	87.30	539.96	235.05
311.72	182.79	36.23	72.39	25.76	174.95	78.85
98.75	56.20	19.11	19.83	9.07	52.16	21.57
183.04	119.23	26.59	57.97	28.69	114.38	42.89
52.24	33.13	8.66	14.60	6.74	34.63	13.55
301.01	188.24	43.72	70.40	17.04	163.83	78.20
170.80	99.69	23.41	35.49	13.03	154.55	52.11
92.77	52.82	10.96	20.02	6.38	107.65	28.33
18.82	12.24	3.77	4.28	0.99	11.78	5.53
13.96	9.89	2.53	4.12	2.20	10.95	2.22
11.24	6.38	0.88	2.37	1.17	6.86	3.18
32.47	17.20	5.24	4.45	2.28	16.13	12.64
1.54	1.17	0.04	0.26	0.01	1.17	0.22
73.95	43.46	11.12	17.03	5.38	43.13	22.18
54.51	32.44	9.30	12.23	3.15	32.23	15.75
15.86	8.37	1.37	3.65	1.96	8.13	5.67
3.59	2.64	0.45	1.15	0.26	2.78	0.77
86.56	44.04	10.95	18.69	8.36	42.58	23.68
15.08	7.92	2.04	2.45	1.08	6.32	5.70
60.33	29.05	6.92	13.03	5.50	28.94	14.30
0.42	0.29	0.06	0.15		0.31	0.13
7.48	4.61	1.28	2.09	1.33	4.98	2.70
1.64	1.04	0.40	0.39	0.11	0.97	0.56
1.34	0.96	0.21	0.48	0.28	0.85	0.26
0.26	0.18	0.03	0.09	0.05	0.22	0.04
228.51	131.56	23.15	46.12	22.30	145.84	50.18
182.06	105.47	18.43	38.27	18.03	116.67	41.45
1.02	0.28	0.05	0.11	0.06	0.31	0.71
40.17	23.04	4.08	6.38	3.62	25.56	6.49
5.26	2.77	0.59	1.36	0.59	3.31	1.53
554.38	247.66	55.47	75.39	19.25	223.08	219.52
14.93	9.73	2.73	3.70	1.59	9.02	3.90
60.65	33.58	12.06	8.53	3.46	27.45	17.20
34.33	19.64	4.33	5.15	1.58	16.58	10.00
271.71	153.10	31.00	56.61	19.60	154.05	94.51
180.23	103.69	24.07	33.96	11.54	108.36	60.63
50.23	29.01	4.50	14.55	6.08	27.25	14.39
1.51	0.99	0.17	0.37	0.21	0.97	0.52
1.48	1.05	0.07	0.60	0.37	1.05	0.38
0.62	0.30	0.10	0.08	0.05	0.29	0.24
3.96	2.00	0.56	0.54	0.20	2.03	1.46
33.68	16.07	1.53	6.51	1.16	14.11	16.89
69.61	43.73	9.26	14.39	4.32	43.34	19.97
34.11	21.14	3.61	6.83	2.19	21.14	9.71
1.21	1.00	0.40	0.33	0.11	1.03	0.17

1-A-3 续表 11

行业	企业单位数(个)	亏损企业	工业总产值(当年价)	工业销售产值(当年价)	出口交货值
实验室及医用消毒设备和器具的制造	6		4.53	4.28	0.20
医疗、外科及兽医用器械制造	30	7	14.96	14.22	3.46
机械治疗及病房护理设备制造	5	3	0.08	0.08	
假肢、人工器官及植(介)入器械制造	27	8	1.38	1.53	
其他医疗设备及器械制造	19	6	1.04	1.04	0.05
环保、社会公共安全及其他专用设备制造	219	75	94.63	86.60	1.69
环境污染防治专用设备制造	65	19	34.07	32.55	0.59
地质勘查专用设备制造	22	9	7.27	6.96	0.18
邮政专用机械及器材制造	4	2	0.34	0.39	
商业、饮食、服务业专用设备制造	7	5	2.95	3.37	0.46
社会公共安全设备及器材制造	25	11	6.35	6.17	0.06
交通安全及管制专用设备制造	10	3	1.92	1.96	
水资源专用机械制造	21	10	7.05	5.71	
其他专用设备制造	65	16	34.68	29.49	0.40
交通运输设备制造业	2403	894	7676.67	7557.74	394.51
铁路运输设备制造	354	90	419.49	408.85	21.61
铁路机车车辆及动车组制造	27	7	249.48	244.09	17.43
工矿有轨专用车辆制造	9	4	3.35	3.36	
铁路机车车辆配件制造	106	38	50.48	50.47	1.22
铁路专用设备及器材、配件制造	89	21	46.26	44.01	2.61
其他铁路设备制造及设备修理	123	20	69.93	66.91	0.35
汽车制造	1493	604	5956.79	5865.52	67.64
汽车整车制造	153	50	4639.20	4561.17	47.19
改装汽车制造	172	84	392.46	388.82	3.02
电车制造	3	2	0.13	0.13	
汽车车身、挂车的制造	25	14	10.89	10.71	
汽车零部件及配件制造	651	225	882.00	873.89	17.39
汽车修理	489	229	32.10	30.80	0.04
摩托车制造	86	40	244.28	241.45	38.74
摩托车整车制造	32	15	205.90	203.91	37.65
摩托车零部件及配件制造	54	25	38.38	37.54	1.08
自行车制造	48	23	16.92	16.96	7.74
脚踏自行车及残疾人座车制造	40	19	13.72	13.39	7.39
助动自行车制造	8	4	3.20	3.57	0.34
船舶及浮动装置制造	246	93	564.76	560.68	228.55
金属船舶制造	90	38	440.58	438.34	179.82
非金属船舶制造	6	4	1.43	1.23	0.10
娱乐船和运动船的建造和修理	2	1	0.13	0.11	
船用配套设备制造	39	13	26.07	24.69	5.53
船舶修理及拆船	102	34	93.61	93.83	42.33
航标器材及其他浮动装置的制造	7	3	2.94	2.48	0.76
航空航天器制造	141	25	469.89	459.79	30.24
飞机制造及修理	124	24	439.24	430.02	30.21
航天器制造	16	1	30.58	29.70	0.03
其他飞行器制造	1		0.07	0.07	
交通器材及其他交通运输设备制造	35	19	4.53	4.49	

单位：亿元

资产合计	流动资产合计	应收账款净额	存货	产成品	流动资产年平均余额	固定资产合计
9.44	6.50	1.68	2.25	0.95	5.93	2.25
17.11	10.34	2.93	3.60	0.74	10.85	5.24
0.43	0.21	0.08	0.07	0.01	0.38	0.20
4.43	2.39	0.31	0.55	0.19	2.19	1.81
2.88	2.15	0.25	0.75	0.14	1.82	0.58
153.21	101.08	19.28	39.01	15.88	93.70	34.61
64.16	42.02	7.26	14.12	3.87	40.65	12.32
14.03	7.00	0.92	3.66	2.41	6.82	5.56
1.40	0.87	0.15	0.42	0.12	0.82	0.49
5.07	3.19	1.07	0.72	0.16	2.90	1.15
10.64	6.77	1.17	2.82	1.55	6.59	3.11
2.76	2.19	0.38	1.10	0.42	2.16	0.34
9.16	7.03	1.12	3.69	0.71	6.37	1.86
46.00	32.01	7.20	12.48	6.66	27.40	9.76
9231.40	5064.62	783.53	1618.02	421.87	4947.41	2735.78
540.88	310.99	87.67	118.28	27.48	310.22	182.75
289.35	171.65	41.93	71.24	13.01	174.04	98.61
6.36	3.41	1.38	1.29	0.34	3.31	1.34
76.27	40.75	15.97	11.68	3.77	41.93	27.35
69.95	50.10	15.15	20.86	7.49	48.33	14.41
98.95	45.09	13.24	13.20	2.86	42.62	41.04
6140.75	3209.19	482.45	941.65	339.89	3198.23	1778.51
4444.45	2337.24	287.51	672.24	234.73	2343.56	1271.42
353.01	213.92	49.81	64.52	19.80	205.59	87.14
3.30	1.62	0.02	0.16	0.03	1.71	0.54
21.19	9.87	2.07	3.67	1.33	10.83	5.08
1251.58	611.65	138.75	188.63	79.32	604.77	389.89
67.22	34.88	4.28	12.43	4.69	31.78	24.43
337.44	187.93	32.82	41.73	19.94	179.12	95.09
283.30	157.55	25.66	30.76	15.32	153.30	74.61
54.14	30.38	7.15	10.97	4.63	25.82	20.48
43.55	27.95	6.95	3.43	1.48	28.14	8.81
40.45	26.39	6.66	2.98	1.33	26.43	8.04
3.11	1.56	0.29	0.45	0.14	1.71	0.77
1119.65	740.25	54.95	326.03	4.91	686.51	321.04
909.63	628.34	37.69	280.25	0.65	593.49	232.81
1.78	1.14	0.11	0.30	0.26	0.85	0.50
0.22	0.10	0.01	0.07		0.09	0.07
47.47	30.44	6.22	11.37	2.25	26.47	15.13
155.21	77.93	10.43	32.95	1.15	63.62	69.90
5.34	2.29	0.49	1.10	0.59	1.98	2.63
1043.10	585.00	117.88	185.73	27.83	541.88	347.62
967.08	536.54	113.61	162.95	25.33	497.66	322.42
76.00	48.44	4.27	22.78	2.50	44.20	25.20
0.02	0.02				0.02	
6.02	3.32	0.81	1.17	0.34	3.31	1.96

1-A-3 续表 12

行业	企业单位数（个）	亏损企业	工业总产值（当年价）	工业销售产值（当年价）	出口交货值
潜水及水下救捞装备制造	2	1	0.38	0.41	
交通管理用金属标志及设施制造	14	7	1.79	1.77	
其他交通运输设备制造	19	11	2.37	2.32	
电气机械及器材制造业	1273	478	1260.91	1223.46	138.18
电机制造	182	60	235.84	230.56	16.28
发电机及发电机组制造	54	14	133.10	131.01	9.94
电动机制造	88	29	89.74	86.86	4.80
微电机及其他电机制造	40	17	13.00	12.69	1.54
输配电及控制设备制造	511	187	376.02	366.37	24.28
变压器、整流器和电感器制造	148	57	134.86	131.33	10.17
电容器及其配套设备制造	16	9	9.64	9.32	0.15
配电开关控制设备制造	237	81	119.71	115.49	6.53
电力电子元器件制造	69	26	34.36	34.27	2.47
其他输配电及控制设备制造	41	14	77.44	75.97	4.96
电线、电缆、光缆及电工器材制造	232	90	187.57	187.07	4.88
电线电缆制造	171	62	142.74	145.35	2.75
光纤、光缆制造	19	8	25.55	24.05	1.59
绝缘制品制造	30	14	15.48	14.11	0.48
其他电工器材制造	12	6	3.80	3.55	0.05
电池制造	93	40	64.84	62.79	22.13
家用电力器具制造	90	36	346.07	326.29	61.83
家用制冷电器具制造	23	7	78.77	79.06	10.89
家用空气调节器制造	17	10	240.02	219.47	42.46
家用通风电器具制造	8	2	5.99	6.11	3.63
家用厨房电器具制造	9	5	4.61	4.75	0.83
家用清洁卫生电器具制造	11	6	10.08	10.41	1.46
家用美容、保健电器具制造	1		0.84	0.82	
家用电力器具专用配件制造	11	2	2.33	2.20	0.16
其他家用电力器具制造	10	4	3.42	3.46	2.39
非电力家用器具制造	17	8	4.36	4.38	0.22
燃气、太阳能及类似能源的器具制造	15	8	4.35	4.36	0.22
其他非电力家用器具制造	2		0.01	0.01	
照明器具制造	82	32	25.00	24.65	7.17
电光源制造	34	17	7.99	7.75	3.24
照明灯具制造	29	10	7.63	7.27	0.87
灯用电器附件及其他照明器具制造	19	5	9.38	9.63	3.07
其他电气机械及器材制造	66	25	21.20	21.35	1.39
车辆专用照明及电气信号设备装置制造	14	4	15.73	16.21	0.81
其他未列明的电气机械制造	52	21	5.47	5.14	0.58
通信设备、计算机及其他电子设备制造业	1038	326	3382.78	3287.83	1129.62
通信设备制造	257	90	1111.73	1068.11	189.12
通信传输设备制造	71	21	106.42	108.73	15.87
通信交换设备制造	39	12	479.01	460.89	82.54
通信终端设备制造	45	20	48.85	47.55	7.16
移动通信及终端设备制造	39	19	443.49	418.60	82.66
其他通信设备制造	63	18	33.95	32.35	0.90

单位：亿元

资产合计	流动资产合计	应收账款净额	存货	产成品	流动资产年平均余额	固定资产合计
0.53	0.46	0.11	0.08	0.01	0.48	0.07
2.08	1.21	0.48	0.40	0.13	1.04	0.67
3.42	1.66	0.21	0.69	0.20	1.79	1.22
1933.62	1196.10	332.00	352.32	143.52	1122.08	443.98
463.76	322.79	58.44	95.97	28.11	283.78	87.93
292.20	225.57	33.44	60.28	11.82	192.44	42.90
148.19	85.22	22.69	30.72	13.22	79.03	36.98
23.36	12.01	2.30	4.97	3.07	12.32	8.04
621.98	391.36	145.19	110.65	40.52	373.02	129.22
212.83	132.85	48.28	43.23	16.98	120.34	56.89
12.61	8.23	3.60	2.38	1.33	7.61	2.82
182.57	118.05	43.58	33.66	12.95	113.67	34.36
56.07	39.25	15.55	10.86	4.77	35.62	12.47
157.90	92.97	34.18	20.52	4.49	95.78	22.67
300.83	164.55	64.57	44.68	23.13	165.22	86.33
216.69	120.06	43.69	33.60	18.26	121.78	55.03
53.04	27.76	15.91	5.64	2.60	28.75	19.71
26.35	13.25	3.92	4.17	1.61	11.16	10.46
4.75	3.48	1.05	1.26	0.66	3.54	1.13
116.08	60.74	16.23	18.31	8.21	63.14	38.65
365.32	222.07	38.74	70.91	38.01	201.50	80.02
126.37	64.76	15.57	17.52	7.01	63.40	32.43
158.48	123.96	13.37	43.68	26.95	103.45	23.79
5.06	2.23	0.33	0.91	0.38	2.11	1.29
17.72	7.06	3.58	1.22	0.45	6.94	3.56
44.39	19.79	4.52	6.84	2.93	21.11	16.59
0.37	0.33	0.19	0.03	0.01	0.35	0.04
9.91	2.22	1.00	0.34	0.12	2.49	1.19
3.03	1.72	0.18	0.39	0.16	1.66	1.15
6.83	3.64	0.71	1.77	0.87	3.57	2.33
6.81	3.62	0.71	1.77	0.86	3.56	2.32
0.03	0.01				0.01	0.01
36.04	19.56	4.96	6.03	3.38	19.80	11.10
14.09	7.60	2.03	2.44	1.88	7.62	4.65
9.34	5.41	1.33	1.67	0.62	5.29	3.23
12.61	6.55	1.59	1.92	0.88	6.90	3.22
22.79	11.39	3.17	4.00	1.29	12.05	8.41
13.21	6.04	1.62	2.65	1.00	6.85	6.13
9.57	5.35	1.55	1.35	0.29	5.19	2.28
3783.71	2272.61	601.54	588.28	229.13	2222.46	841.75
1111.96	827.19	226.83	231.78	87.16	821.20	140.31
256.60	190.99	46.77	44.09	16.19	191.61	35.09
432.44	354.10	116.46	83.04	33.37	340.51	46.40
69.77	43.19	8.32	11.08	3.42	45.36	15.92
260.87	198.01	41.81	83.24	30.65	202.81	30.13
92.29	40.91	13.47	10.33	3.52	40.91	12.76

1-A-3 续表 13

行业	企业单位数（个）	亏损企业	工业总产值（当年价）	工业销售产值（当年价）	出口交货值
雷达及配套设备制造	35	7	57.48	54.86	2.64
广播电视设备制造	36	15	13.85	13.32	5.19
广播电视节目制作及发射设备制造	17	5	5.48	5.23	0.28
广播电视接收设备及器材制造	14	8	5.02	4.87	2.58
应用电视设备及其他广播电视设备制造	5	2	3.35	3.22	2.32
电子计算机制造	102	33	816.85	799.86	474.64
电子计算机整机制造	40	12	657.21	641.03	386.14
计算机网络设备制造	18	10	21.16	22.75	
电子计算机外部设备制造	44	11	138.49	136.08	88.50
电子器件制造	203	56	428.53	419.40	130.85
电子真空器件制造	39	14	194.67	186.78	26.36
半导体分立器件制造	59	23	27.29	24.91	5.42
集成电路制造	36	7	60.12	61.72	31.74
光电子器件及其他电子器件制造	69	12	146.45	145.98	67.33
电子元件制造	270	75	301.71	285.79	135.14
电子元件及组件制造	252	71	283.91	268.31	130.50
印制电路板制造	18	4	17.80	17.48	4.63
家用视听设备制造	86	36	633.96	628.82	191.61
家用影视设备制造	65	26	558.60	553.49	132.46
家用音响设备制造	21	10	75.36	75.32	59.15
其他电子设备制造	49	14	18.67	17.68	0.43
仪器仪表及文化、办公用机械制造业	660	232	259.69	251.77	35.25
通用仪器仪表制造	329	108	120.48	117.35	4.29
工业自动控制系统装置制造	139	41	78.41	75.79	2.12
电工仪器仪表制造	41	20	10.51	9.82	0.72
绘图、计算及测量仪器制造	20	9	5.37	5.15	0.54
实验分析仪器制造	47	15	8.46	8.99	0.15
试验机制造	22	6	4.04	4.04	0.60
供应用仪表及其他通用仪器制造	60	17	13.70	13.56	0.16
专用仪器仪表制造	160	55	56.89	54.92	9.56
环境监测专用仪器仪表制造	14	2	1.55	1.51	
汽车及其他用计数仪表制造	14	5	18.53	18.23	6.92
导航、气象及海洋专用仪器制造	34	12	20.76	19.66	0.79
地质勘探和地震专用仪器制造	14	4	5.14	4.81	0.09
教学专用仪器制造	24	10	1.03	1.03	0.01
核子及核辐射测量仪器制造	5	3	1.30	1.37	
电子测量仪器制造	33	11	5.40	5.15	0.88
其他专用仪器制造	22	8	3.18	3.17	0.86
钟表与计时仪器制造	35	22	9.40	8.80	1.76
光学仪器及眼镜制造	78	26	41.16	40.11	6.65
光学仪器制造	70	25	38.27	37.48	6.58
眼镜制造	8	1	2.89	2.63	0.06
文化、办公用机械制造	36	12	27.54	26.46	12.24
电影机械制造	3	1	1.23	1.19	0.05
幻灯及投影设备制造	2	1	0.16	0.16	

单位：亿元

资产合计	流动资产合计	应收账款净额	存　货	产成品	流动资产年平均余额	固定资产合计
125.32	76.38	15.56	19.61	2.05	76.23	35.54
30.31	24.93	5.24	6.70	1.69	24.07	3.66
18.10	15.01	1.59	3.40	1.09	14.11	1.86
4.19	3.44	0.94	1.39	0.32	3.06	0.58
8.02	6.48	2.71	1.91	0.28	6.90	1.23
611.62	337.75	130.19	56.58	20.63	323.11	120.85
397.95	230.27	97.19	34.44	11.57	217.08	40.33
38.18	29.37	6.51	5.50	3.27	30.13	4.68
175.49	78.11	26.48	16.64	5.79	75.90	75.84
849.27	372.81	83.08	78.38	28.48	362.50	302.73
447.26	181.67	35.26	33.43	15.48	182.48	161.33
75.05	33.60	9.99	9.03	4.48	33.57	29.97
145.83	54.59	12.58	12.76	2.42	50.80	62.96
181.13	102.95	25.25	23.17	6.11	95.64	48.47
448.53	253.91	64.45	66.77	29.12	240.36	140.31
427.15	240.88	59.47	62.99	27.76	228.96	133.91
21.38	13.02	4.98	3.78	1.37	11.40	6.40
562.45	357.16	69.49	122.73	57.83	353.20	85.74
530.62	333.88	59.06	114.85	54.85	329.11	80.14
31.83	23.28	10.42	7.88	2.97	24.09	5.60
44.26	22.48	6.71	5.73	2.16	21.78	12.61
509.13	305.82	78.72	88.00	33.33	301.57	136.86
238.02	154.29	39.57	42.51	14.00	145.91	53.62
136.60	97.95	26.58	26.75	6.65	90.47	24.78
29.21	13.87	3.14	4.51	1.74	12.54	11.08
11.95	8.06	1.68	2.82	2.11	8.64	2.94
16.99	10.05	1.88	2.75	1.12	9.93	3.18
20.38	9.93	1.33	1.68	0.60	9.88	4.95
22.90	14.43	4.96	4.00	1.78	14.46	6.69
95.80	56.72	15.83	17.29	6.79	57.49	30.14
2.79	2.39	0.68	0.59	0.04	2.26	0.18
17.90	12.39	3.55	3.44	1.51	12.13	4.67
39.88	20.21	5.36	7.03	2.49	19.02	15.38
12.27	7.91	3.27	2.00	1.16	9.99	3.75
2.02	1.46	0.42	0.49	0.17	1.44	0.46
5.26	2.70	0.48	0.81	0.26	3.04	1.95
9.46	5.74	1.30	1.88	0.76	5.93	2.69
6.22	3.92	0.77	1.06	0.40	3.68	1.07
28.92	16.61	3.87	5.66	2.36	15.80	7.18
96.00	46.64	11.53	13.50	6.82	50.80	38.22
87.33	41.78	10.85	12.50	6.20	46.72	36.13
8.68	4.86	0.68	1.00	0.62	4.09	2.09
44.93	28.05	7.16	7.90	3.14	28.06	6.67
2.53	1.40	0.29	0.59	0.29	1.41	0.83
0.35	0.26	0.02	0.16	0.09	0.29	0.04

1-A-3 续表 14

行业	企业单位数（个）	亏损企业	工业总产值（当年价）	工业销售产值（当年价）	出口交货值
照相机及器材制造	14	8	1.62	1.70	1.02
复印和胶印设备制造	7	1	6.05	6.06	4.50
计算器及货币专用设备制造	6		17.81	16.69	6.36
其他文化、办公用机械制造	4	1	0.66	0.65	0.31
其他仪器仪表的制造及修理	22	9	4.23	4.13	0.76
工艺品及其他制造业	283	93	136.43	133.84	8.28
工艺美术品制造	141	51	32.01	31.50	5.90
雕塑工艺品制造	13	5	0.30	0.36	
金属工艺品制造	19	8	0.93	0.96	0.12
漆器工艺品制造	4	1	0.10	0.10	0.01
花画工艺品制造	5	1	0.47	0.48	0.10
天然植物纤维编织工艺品制造	5	2	0.28	0.24	0.20
抽纱刺绣工艺品制造	17	7	1.37	1.35	0.84
地毯、挂毯制造	29	13	4.46	4.24	0.48
珠宝首饰及有关物品的制造	25	7	21.42	21.08	3.51
其他工艺美术品制造	24	7	2.68	2.70	0.63
日用杂品制造	12	5	0.59	0.57	0.36
制镜及类似品加工	1				
鬃毛加工、制刷及清扫工具的制造	4	1	0.23	0.20	0.10
其他日用杂品制造	7	4	0.36	0.36	0.27
煤制品制造	23	10	0.94	0.88	
其他未列明的制造业	100	25	102.34	100.34	2.02
废弃资源和废旧材料回收加工业	21	5	6.83	6.59	
金属废料和碎屑的加工处理	16	3	6.70	6.44	
非金属废料和碎屑的加工处理	5	2	0.13	0.15	
电力、燃气及水的生产和供应业	6452	2863	13823.50	13786.84	89.62
电力、热力的生产和供应业	3966	1535	13145.75	13125.59	84.93
电力生产	2015	977	4241.11	4229.09	84.44
火力发电	698	296	3451.16	3441.73	34.50
水力发电	1282	672	579.16	576.67	0.12
核力发电	5		201.39	201.44	49.82
其他能源发电	30	9	9.40	9.25	
电力供应	1534	321	8732.56	8726.80	0.33
热力生产和供应	417	237	172.08	169.70	0.15
燃气生产和供应业	259	125	261.60	258.98	4.13
水的生产和供应业	2227	1203	416.15	402.27	0.56
自来水的生产和供应	2157	1174	397.90	384.84	0.56
污水处理及其再生利用	69	29	18.24	17.42	
其他水的处理、利用与分配	1		0.01	0.01	

单位：亿元

资产合计	流动资产合计	应收账款净额	存　货	产成品	流动资产年平均余额	固定资产合计
15.19	7.02	0.74	1.68	0.63	7.26	1.99
13.29	7.14	1.79	1.42	0.48	6.14	2.77
12.62	11.61	4.12	3.85	1.55	12.33	0.76
0.94	0.62	0.20	0.20	0.09	0.63	0.27
5.46	3.51	0.77	1.13	0.21	3.50	1.03
303.98	138.58	24.55	48.10	13.19	129.87	146.30
37.83	22.08	3.18	10.17	5.75	22.11	11.47
0.84	0.45	0.03	0.27	0.22	0.46	0.19
3.77	2.40	0.34	0.68	0.24	2.46	1.14
1.41	0.27	0.12	0.10	0.07	0.26	0.14
0.55	0.41	0.04	0.02	0.01	0.36	0.14
0.22	0.13	0.03	0.04	0.03	0.13	0.08
1.91	1.06	0.29	0.38	0.18	1.08	0.73
11.47	5.30	1.32	2.48	1.69	5.27	4.93
13.02	8.99	0.69	5.37	2.82	9.19	3.13
4.64	3.08	0.31	0.84	0.49	2.90	1.00
1.33	0.45	0.12	0.16	0.03	0.50	0.69
0.09						
0.25	0.13	0.05	0.05	0.02	0.11	0.08
0.99	0.33	0.07	0.10	0.02	0.39	0.61
2.58	1.25	0.07	0.11	0.05	1.26	1.02
261.11	114.15	21.08	37.41	7.32	105.40	132.68
4.79	2.77	0.61	0.86	0.21	2.49	1.80
4.49	2.63	0.58	0.85	0.20	2.37	1.64
0.30	0.15	0.03	0.01	0.01	0.12	0.15
35763.85	6464.61	1050.48	340.65	28.26	6384.91	22133.43
32480.02	5670.21	948.24	290.24	23.15	5652.90	19935.38
13035.50	2187.63	575.72	210.02	17.66	2052.30	9964.90
7643.88	1506.11	435.10	169.74	16.60	1470.57	5666.52
4398.63	503.49	117.11	13.23	1.06	459.79	3531.81
933.25	168.36	22.31	26.49		112.72	720.58
59.75	9.67	1.19	0.56		9.22	45.99
18624.65	3242.91	319.35	58.65	4.75	3385.30	9495.81
819.87	239.67	53.16	21.56	0.74	215.30	474.68
869.98	232.16	28.79	28.61	3.67	223.56	526.73
2413.85	562.24	73.45	21.81	1.44	508.45	1671.31
2170.23	509.04	68.15	21.48	1.44	460.81	1495.30
243.61	53.20	5.29	0.33		47.64	176.01
0.01	0.01				0.01	

1-A-3 续表 15

行　　业	固定资产原价	生产经营用	累计折旧	本年折旧	固定资产净值
总　计	**76599.42**	**68252.30**	**28952.03**	**4403.08**	**47647.39**
在总计中:					
亏损企业	13169.19	11313.85	4753.06	625.00	8416.13
在总计中:					
中央企业	38966.06	35859.39	15716.30	2380.63	23249.77
地方企业	37633.36	32392.91	13235.74	2022.46	24397.63
在总计中:					
轻工业	8996.90	7771.80	3238.04	452.38	5758.86
重工业	67602.52	60480.50	25713.99	3950.70	41888.53
在总计中:					
大型企业	45899.70	40773.04	18393.20	2854.04	27506.50
中型企业	22371.47	20251.34	8005.85	1177.26	14365.62
小型企业	8328.25	7227.93	2552.98	371.79	5775.27
采矿业	13506.74	12372.93	6049.41	909.23	7457.33
煤炭开采和洗选业	4287.44	3638.90	1500.41	239.19	2787.02
烟煤和无烟煤的开采洗选	4144.79	3520.64	1450.43	231.38	2694.35
褐煤的开采洗选	142.17	117.87	49.86	7.80	92.31
其他煤炭采选	0.49	0.40	0.12	0.01	0.37
石油和天然气开采业	8488.87	8151.99	4271.02	632.44	4217.85
天然原油和天然气开采	7501.47	7361.79	3901.32	575.78	3600.15
与石油和天然气开采有关的服务活动	987.40	790.20	369.70	56.66	617.70
黑色金属矿采选业	219.12	158.43	95.81	11.08	123.32
铁矿采选	195.36	143.62	87.14	10.24	108.21
其他黑色金属矿采选	23.77	14.81	8.67	0.84	15.10
有色金属矿采选业	246.40	204.88	98.05	12.40	148.35
常用有色金属矿采选	103.99	87.09	42.27	5.57	61.71
铜矿采选	51.45	45.67	20.19	2.70	31.26
铅锌矿采选	46.11	36.16	19.77	2.62	26.34
镍钴矿采选	0.58	0.37	0.28	0.02	0.31
锡矿采选	3.37	2.94	1.19	0.15	2.19
锑矿采选	1.64	1.24	0.56	0.05	1.08
铝矿采选	0.08	0.08	0.01	0.01	0.07
镁矿采选	0.08	0.04	0.03		0.05
其他常用有色金属矿采选	0.66	0.58	0.24	0.02	0.42
贵金属矿采选	115.56	96.05	44.36	5.94	71.21
金矿采选	108.75	89.80	41.94	5.54	66.81
银矿采选	6.81	6.25	2.41	0.40	4.40
稀有稀土金属矿采选	26.86	21.74	11.43	0.89	15.43
钨钼矿采选	20.34	16.18	8.64	0.58	11.70
稀土金属矿采选	0.31	0.27	0.07	0.01	0.24
放射性金属矿采选	3.43	3.02	1.48	0.20	1.95
其他稀有金属矿采选	2.77	2.27	1.24	0.10	1.53
非金属矿采选业	264.78	218.64	84.08	14.13	180.70
土砂石开采	39.54	30.60	12.26	1.39	27.28
石灰石、石膏开采	22.70	16.55	6.76	0.71	15.93

单位：亿元

固定资产净值年平均余额	负债合计	流动负债合计		长期负债合计	所有者权益		
			应付账款		合　　计	实收资本	
							国家资本
46283.30	**62005.79**	**40771.99**	**8583.28**	**20500.94**	**47479.25**	**29109.91**	**16316.27**
8374.32	13862.11	9489.74	1729.27	4206.74	4732.94	5754.04	3487.92
22768.22	24781.59	13881.67	3258.88	10537.22	23597.16	13850.03	8110.68
23515.09	37224.20	26890.32	5324.40	9963.72	23882.09	15259.88	8205.59
5638.57	9283.07	7373.48	1277.60	1822.04	7261.11	4022.59	2316.32
40644.73	52722.72	33398.51	7305.68	18678.91	40218.15	25087.32	13999.95
26468.88	32987.86	22399.17	5174.77	10250.06	27654.96	14689.17	7531.03
14130.71	19669.82	12180.95	2294.69	7286.99	15481.69	10305.28	6412.31
5683.72	9348.11	6191.87	1113.81	2963.89	4342.60	4115.46	2372.92
7203.02	6593.59	4293.36	979.00	2142.59	6619.90	4575.08	2694.42
2691.60	3756.57	2401.04	396.73	1297.81	2375.10	1675.28	1220.87
2602.22	3610.19	2309.79	384.53	1243.54	2269.05	1579.48	1176.74
89.01	145.92	90.98	12.10	54.09	105.82	95.47	43.84
0.37	0.45	0.28	0.09	0.18	0.23	0.33	0.30
4063.25	2187.18	1391.96	522.15	698.18	3611.23	2452.97	1172.50
3479.46	1527.01	789.98	341.68	645.38	3036.21	1792.03	903.95
583.79	660.17	601.98	180.47	52.79	575.02	660.94	268.55
125.05	185.58	154.06	26.69	31.22	269.91	197.17	113.26
109.12	150.58	131.72	21.45	18.60	261.10	190.24	108.47
15.93	35.00	22.34	5.24	12.61	8.81	6.93	4.79
144.75	242.48	181.27	16.87	60.43	191.08	111.95	86.71
59.81	120.55	97.70	7.79	22.19	87.01	65.14	50.92
31.85	64.25	52.82	3.79	11.25	52.56	45.82	40.54
23.93	47.88	38.59	3.30	9.29	31.88	17.13	8.56
0.28	0.47	0.25	0.01	0.14	0.37	0.22	0.22
2.20	3.79	2.68	0.16	1.10	1.84	1.08	0.78
1.01	2.58	2.21	0.25	0.28	0.12	0.30	0.26
0.07	0.17	0.17	0.13		0.06	0.09	0.09
0.06	0.46	0.16			-0.03	0.04	0.04
0.42	0.94	0.81	0.14	0.13	0.20	0.46	0.43
70.39	95.14	62.01	6.91	33.07	70.90	36.17	29.60
65.70	86.11	57.90	6.44	28.17	71.21	34.22	27.78
4.69	9.02	4.12	0.47	4.91	-0.31	1.95	1.82
14.55	26.80	21.56	2.18	5.18	33.18	10.64	6.19
11.19	20.51	17.48	1.71	3.02	29.73	6.37	5.12
0.24	0.51	0.46	0.07		0.25	0.27	0.07
1.67	4.07	2.20	0.13	1.87	0.51	1.86	0.22
1.44	1.71	1.42	0.27	0.29	2.69	2.15	0.77
178.28	221.66	164.92	16.48	54.96	172.52	137.64	101.01
26.41	28.74	22.85	3.25	5.78	30.87	19.95	8.64
15.94	13.33	10.78	1.14	2.54	20.53	11.84	4.64

1-A-3 续表 16

行　　业	固定资产原价	生产经营用	累计折旧	本年折旧	固定资产净值
建筑装饰用石开采	1.93	1.62	0.49	0.06	1.44
耐火土石开采	2.94	2.46	1.59	0.15	1.35
粘土及其他土砂石开采	11.97	9.97	3.42	0.46	8.55
化学矿采选	118.88	104.00	34.31	7.29	84.56
采盐	91.79	72.55	31.67	4.78	60.11
石棉及其他非金属矿采选	14.58	11.50	5.83	0.67	8.75
石棉、云母矿采选	5.02	3.86	1.53	0.24	3.49
石墨、滑石采选	6.50	5.18	3.06	0.29	3.44
宝石、玉石开采	0.03	0.02	0.01		0.02
其他非金属矿采选	3.03	2.44	1.23	0.14	1.80
其他采矿业	0.12	0.10	0.03		0.09
制造业	34344.13	30368.50	13793.17	1943.11	20550.96
农副食品加工业	486.85	414.11	147.84	20.45	339.01
谷物磨制	83.11	65.09	24.00	3.75	59.11
饲料加工	36.82	28.49	11.95	1.46	24.87
植物油加工	51.47	43.68	14.04	1.80	37.43
食用植物油加工	50.10	42.50	13.33	1.70	36.77
非食用植物油加工	1.37	1.18	0.71	0.11	0.66
制糖	112.23	102.24	40.07	5.04	72.16
屠宰及肉类加工	134.01	113.00	34.31	5.36	99.71
畜禽屠宰	69.02	58.37	15.93	1.94	53.09
肉制品及副产品加工	64.99	54.62	18.38	3.42	46.61
水产品加工	29.64	26.93	12.29	1.56	17.36
水产品冷冻加工	24.06	21.89	9.96	1.29	14.10
鱼糜制品及水产品干腌制加工	4.61	4.27	1.97	0.25	2.65
水产饲料制造	0.71	0.56	0.30	0.02	0.41
鱼油提取及制品的制造	0.13	0.11	0.03		0.10
其他水产品加工	0.13	0.10	0.02		0.11
蔬菜、水果和坚果加工	8.23	7.07	2.38	0.35	5.86
其他农副食品加工	31.34	27.61	8.82	1.12	22.52
淀粉及淀粉制品的制造	21.30	19.41	5.67	0.73	15.63
豆制品制造	6.35	5.04	1.92	0.27	4.43
蛋品加工	0.55	0.41	0.23	0.01	0.32
其他未列明的农副食品加工	3.13	2.75	0.99	0.11	2.14
食品制造业	274.11	226.09	91.92	12.31	182.19
焙烤食品制造	11.02	8.76	3.96	0.58	7.05
糕点、面包制造	7.80	5.82	2.55	0.28	5.25
饼干及其他焙烤食品制造	3.22	2.94	1.41	0.30	1.81
糖果、巧克力及蜜饯制造	10.19	9.07	3.99	0.32	6.20
糖果、巧克力制造	9.85	8.76	3.95	0.31	5.91
蜜饯制作	0.33	0.31	0.04		0.29
方便食品制造	24.98	22.20	7.33	0.90	17.65
米、面制品制造	6.21	5.15	2.12	0.23	4.09
速冻食品制造	5.69	4.55	1.53	0.26	4.16
方便面及其他方便食品制造	13.09	12.50	3.69	0.40	9.40
液体乳及乳制品制造	50.06	43.29	16.55	2.83	33.51

单位：亿元

固定资产净值年平均余额	负债合计	流动负债合计		长期负债合计	所有者权益		
			应付账款		合　　计	实收资本	
							国家资本
1.42	2.52	2.43	0.23	0.09	1.68	1.34	1.03
1.31	4.21	3.89	0.68	0.23	0.69	1.48	0.58
7.74	8.68	5.74	1.20	2.91	7.97	5.30	2.39
84.57	73.02	44.31	5.64	27.80	78.43	75.37	59.72
58.55	106.23	87.00	6.39	18.47	52.91	34.34	26.52
8.75	13.67	10.76	1.20	2.90	10.31	7.97	6.14
3.58	5.21	4.33	0.42	0.89	3.70	3.64	3.55
3.42	5.53	3.89	0.54	1.64	4.40	2.82	2.02
0.02	0.05	0.03		0.02	0.21	0.01	0.01
1.73	2.88	2.52	0.23	0.36	2.00	1.51	0.56
0.09	0.11	0.11	0.07		0.07	0.06	0.06
19879.12	36250.25	29020.03	6038.28	6761.34	24260.99	14652.24	7113.62
331.96	667.18	564.11	74.94	89.84	273.16	221.58	126.89
57.35	140.22	111.98	21.12	24.45	38.05	43.83	23.79
23.48	54.97	49.28	7.67	4.97	30.96	25.17	12.72
38.85	122.57	108.93	8.85	11.57	22.13	26.62	13.55
37.97	120.29	107.15	8.80	11.07	19.78	24.22	11.20
0.88	2.28	1.79	0.05	0.49	2.35	2.40	2.35
67.89	111.68	97.40	11.93	13.21	60.35	34.18	20.57
99.30	151.72	128.53	14.98	19.46	83.62	60.22	36.79
53.17	78.76	63.64	4.84	13.79	34.76	30.52	24.57
46.13	72.96	64.89	10.14	5.67	48.86	29.70	12.23
17.41	39.15	34.91	4.81	4.22	16.81	12.69	8.82
14.21	30.05	26.19	3.65	3.83	11.16	9.85	7.97
2.58	8.01	7.88	1.08	0.13	4.65	2.46	0.56
0.41	0.92	0.76	0.05	0.15	0.76	0.29	0.23
0.10	0.10	0.04	0.02	0.06	0.21	0.09	0.06
0.11	0.08	0.04	0.01	0.04	0.04		
5.84	10.53	7.08	1.37	3.23	4.43	3.24	2.50
21.85	36.33	25.99	4.21	8.74	16.80	15.63	8.14
15.23	25.48	16.78	2.60	7.20	7.29	8.15	4.66
4.19	5.45	4.56	0.50	0.88	6.24	4.73	1.76
0.31	0.56	0.53	0.05	0.03	0.43	0.29	0.11
2.12	4.84	4.11	1.06	0.63	2.83	2.46	1.63
186.72	393.05	326.65	49.08	62.06	201.58	128.10	47.49
7.09	20.72	17.36	2.13	2.89	3.75	6.62	2.88
5.29	14.58	12.14	1.37	2.10	0.44	4.87	1.77
1.80	6.15	5.22	0.76	0.79	3.31	1.75	1.12
6.38	10.20	9.43	0.96	0.75	5.52	4.88	0.72
6.09	9.57	8.89	0.92	0.66	5.30	4.70	0.57
0.29	0.63	0.54	0.04	0.09	0.23	0.18	0.15
17.73	22.26	17.60	2.85	4.57	9.09	9.43	4.51
4.18	7.81	6.11	0.75	1.64	0.46	2.55	1.64
3.94	5.27	3.30	0.96	1.96	2.89	2.14	0.72
9.61	9.18	8.18	1.13	0.97	5.74	4.74	2.16
33.55	61.88	50.37	16.36	10.17	50.27	35.72	10.24

1-A-3 续表 17

行　　业	固定资产原价	生产经营用	累计折旧	本年折旧	固定资产净值
罐头制造	34.18	26.19	12.61	1.19	21.56
肉、禽类罐头制造	4.13	3.63	2.05	0.14	2.08
水产品罐头制造	3.89	3.12	1.67	0.05	2.22
蔬菜、水果罐头制造	25.60	18.96	8.57	0.96	17.02
其他罐头食品制造	0.57	0.47	0.32	0.03	0.24
调味品、发酵制品制造	97.89	78.35	30.25	4.17	67.64
味精制造	32.61	19.52	15.48	1.08	17.12
酱油、食醋及类似制品的制造	18.01	14.66	5.65	0.73	12.36
其他调味品、发酵制品制造	47.27	44.17	9.11	2.36	38.16
其他食品制造	45.79	38.23	17.23	2.32	28.57
营养、保健食品制造	0.78	0.68	0.17	0.04	0.61
冷冻饮品及食用冰制造	6.32	4.96	1.74	0.29	4.58
盐加工	20.38	17.13	9.88	1.16	10.50
食品及饲料添加剂制造	4.08	3.37	0.93	0.12	3.15
其他未列明的食品制造	14.24	12.10	4.51	0.70	9.73
饮料制造业	587.03	501.68	196.96	29.53	390.07
酒精制造	35.15	33.43	10.24	1.67	24.92
酒的制造	488.36	416.49	163.88	24.63	324.48
白酒制造	244.78	196.10	70.43	10.95	174.35
啤酒制造	212.80	193.85	83.19	12.29	129.61
黄酒制造	17.00	15.35	6.59	0.72	10.41
葡萄酒制造	7.93	6.86	2.37	0.35	5.56
其他酒制造	5.85	4.32	1.30	0.32	4.55
软饮料制造	57.54	46.58	20.53	2.94	37.02
碳酸饮料制造	16.75	12.88	7.04	0.77	9.71
瓶(罐)装饮用水制造	14.27	12.93	5.68	1.01	8.58
果菜汁及果菜汁饮料制造	12.57	10.55	3.81	0.55	8.76
含乳饮料和植物蛋白饮料制造	11.69	8.11	3.32	0.55	8.37
固体饮料制造	0.98	0.93	0.40	0.05	0.58
茶饮料及其他软饮料制造	1.27	1.18	0.27	0.01	1.01
精制茶加工	5.97	5.19	2.31	0.28	3.66
烟草制品业	1148.68	938.57	525.66	79.79	623.02
烟叶复烤	72.46	63.64	24.51	5.01	47.95
卷烟制造	1069.53	868.32	499.25	74.34	570.28
其他烟草制品加工	6.69	6.60	1.90	0.44	4.79
纺织业	953.65	800.77	375.31	41.57	578.34
棉、化纤纺织及印染精加工	617.39	522.41	252.52	27.58	364.87
棉、化纤纺织加工	557.22	475.28	230.18	24.91	327.04
棉、化纤印染精加工	60.17	47.13	22.34	2.67	37.83
毛纺织和染整精加工	108.25	89.89	45.00	4.57	63.24
毛条加工	19.37	18.42	4.63	0.79	14.75
毛纺织	86.76	69.61	39.46	3.71	47.30
毛染整精加工	2.12	1.86	0.92	0.07	1.20
麻纺织	29.03	26.55	11.31	1.35	17.72
丝绢纺织及精加工	65.50	55.73	22.26	3.12	43.23
缫丝加工	9.13	7.08	2.70	0.25	6.43

单位: 亿元

固定资产净值年平均余额	负债合计	流动负债合计		长期负债合计	所有者权益		
			应付账款		合计	实收资本	
							国家资本
20.56	49.16	43.98	7.79	5.12	24.02	16.24	4.44
1.98	6.39	5.81	0.64	0.58	1.09	2.76	1.37
2.25	5.35	5.14	0.67	0.21	3.70	2.49	0.12
16.08	36.56	32.19	6.27	4.33	18.82	10.74	2.95
0.25	0.85	0.84	0.20		0.42	0.26	
72.77	177.96	146.46	12.89	30.83	73.58	33.49	17.86
16.81	52.97	38.88	1.74	14.00	11.85	9.27	6.21
12.65	28.38	22.09	1.81	5.75	14.28	8.59	5.39
43.31	96.61	85.49	9.33	11.09	47.44	15.64	6.27
28.64	50.87	41.45	6.11	7.72	35.37	21.72	6.83
0.58	0.80	0.55	0.08	0.25	0.71	0.62	0.14
4.17	6.53	5.48	0.39	0.75	3.15	3.19	0.52
10.14	16.41	12.31	2.46	4.07	11.31	8.96	2.81
3.17	5.22	4.13	0.63	1.07	3.71	3.16	1.26
10.58	21.92	18.98	2.54	1.58	16.49	5.80	2.09
390.19	650.02	567.20	67.44	80.55	559.68	269.50	138.16
32.50	50.32	41.32	7.98	8.60	12.70	8.10	3.32
315.90	517.10	452.85	48.04	63.15	490.02	214.56	119.20
167.87	296.42	269.27	26.41	26.46	269.46	104.40	79.95
127.90	180.94	149.88	16.73	30.69	184.57	92.51	32.51
9.94	19.36	17.48	2.82	1.86	21.97	8.27	2.38
5.57	9.49	6.97	1.30	2.52	8.28	6.54	3.38
4.62	10.89	9.26	0.78	1.63	5.74	2.85	0.98
38.00	71.85	64.62	9.92	6.69	55.06	42.31	13.09
10.40	17.23	14.17	3.37	2.95	16.68	10.17	1.42
8.64	10.14	9.06	1.50	0.90	11.76	10.25	4.44
8.83	14.69	13.17	2.05	1.43	12.49	8.68	3.25
8.41	26.02	25.51	2.62	0.46	12.80	11.95	3.34
0.58	1.61	1.14	0.29	0.45	0.84	0.97	0.37
1.14	2.16	1.56	0.09	0.49	0.49	0.29	0.28
3.78	10.74	8.41	1.50	2.11	1.90	4.52	2.55
610.24	1101.85	1043.38	219.70	51.64	1876.35	407.86	373.88
47.58	69.02	65.91	12.11	3.11	48.80	33.92	20.06
558.12	1028.80	973.53	206.99	48.45	1822.65	371.15	353.00
4.54	4.02	3.93	0.60	0.09	4.90	2.79	0.83
583.08	1205.31	917.43	116.30	261.71	381.22	396.78	216.85
372.02	670.73	510.58	69.75	144.47	261.36	234.46	139.08
334.81	591.26	452.56	58.52	126.25	238.76	210.30	124.60
37.21	79.48	58.02	11.23	18.22	22.60	24.15	14.48
60.80	146.01	115.85	10.29	29.29	31.39	52.85	27.81
12.66	15.57	7.96	0.67	7.61	11.45	8.61	0.93
46.91	127.48	105.15	8.78	21.46	20.07	43.02	26.04
1.24	2.96	2.74	0.84	0.22	-0.12	1.22	0.84
17.95	43.21	33.24	6.78	9.97	8.33	9.54	5.07
42.40	93.25	68.31	7.37	23.91	23.65	26.29	13.69
6.87	14.27	12.94	2.75	1.23	1.03	3.70	2.28

1-A-3 续表 18

行业	固定资产原价	生产经营用	累计折旧	本年折旧	固定资产净值
绢纺和丝织加工	48.14	41.52	15.83	2.63	32.30
丝印染精加工	8.23	7.12	3.74	0.24	4.50
纺织制成品制造	60.63	47.02	17.65	2.16	42.98
棉及化纤制品制造	25.85	20.52	8.00	1.11	17.85
毛制品制造	10.75	9.41	3.22	0.23	7.53
麻制品制造	3.04	2.31	0.90	0.02	2.14
丝制品制造	1.93	1.43	0.92	0.11	1.02
绳、索、缆的制造	0.88	0.80	0.24	0.03	0.64
纺织带和帘子布制造	2.65	2.06	0.69	0.08	1.95
无纺布制造	12.04	7.64	2.88	0.50	9.16
其他纺织制成品制造	3.49	2.85	0.80	0.08	2.69
针织品、编织品及其制品制造	72.86	59.17	26.57	2.79	46.29
棉、化纤针织品及编织品制造	40.37	33.16	14.35	1.28	26.02
毛针织品及编织品制造	27.27	21.64	10.01	1.29	17.26
丝针织品及编织品制造	2.32	1.81	0.81	0.05	1.51
其他针织品及编织品制造	2.90	2.56	1.40	0.18	1.50
纺织服装、鞋、帽制造业	57.75	45.78	20.96	2.84	36.79
纺织服装制造	56.38	44.63	20.37	2.73	36.01
纺织面料鞋的制造	1.15	0.99	0.50	0.10	0.65
制帽	0.22	0.16	0.09	0.01	0.13
皮革、毛皮、羽毛(绒)及其制品业	26.06	18.01	9.98	0.76	16.08
皮革鞣制加工	4.27	3.85	1.68	0.14	2.59
皮革制品制造	14.01	11.58	6.07	0.44	7.94
皮鞋制造	8.24	6.24	3.67	0.27	4.57
皮革服装制造	0.48	0.40	0.25	0.01	0.23
皮箱、包(袋)制造	4.27	3.94	1.84	0.14	2.43
皮手套及皮装饰制品制造	0.04	0.03	0.03		0.01
其他皮革制品制造	0.99	0.98	0.28	0.02	0.70
毛皮鞣制及制品加工	3.93	1.03	1.22	0.03	2.71
毛皮鞣制加工	2.20	0.40	0.46	0.01	1.74
毛皮服装加工	1.09	0.54	0.61	0.02	0.48
其他毛皮制品加工	0.63	0.09	0.15		0.49
羽毛(绒)加工及制品制造	3.86	1.56	1.02	0.15	2.84
羽毛(绒)加工	1.27	0.24	0.23		1.04
羽毛(绒)制品加工	2.59	1.31	0.78	0.15	1.80
木材加工及木、竹、藤、棕、草制品业	187.04	152.97	56.71	7.73	130.33
锯材、木片加工	34.11	28.41	10.38	1.37	23.73
锯材加工	32.96	27.53	9.86	1.33	23.10
木片加工	1.15	0.88	0.53	0.04	0.62
人造板制造	130.79	107.08	40.15	5.42	90.64
胶合板制造	13.51	10.11	5.10	0.50	8.41
纤维板制造	63.32	56.24	21.42	3.22	41.91
刨花板制造	45.88	33.41	11.19	1.43	34.70
其他人造板、材制造	8.07	7.33	2.44	0.28	5.63
木制品制造	21.34	16.80	5.82	0.91	15.52
建筑用木料及木材组件加工	16.03	12.42	3.78	0.71	12.25

单位：亿元

固定资产净值年平均余额	负债合计	流动负债合计	应付账款	长期负债合计	所有者权益合计	实收资本	国家资本
30.92	66.77	47.51	3.95	18.34	21.81	18.06	10.10
4.61	12.21	7.86	0.67	4.34	0.81	4.52	1.31
42.64	133.40	98.50	7.71	34.52	19.37	35.04	14.11
18.13	56.74	45.72	3.52	10.66	2.42	10.69	4.11
7.57	23.23	16.28	1.02	6.95	-4.55	3.80	1.02
2.15	8.19	7.27	0.82	0.93	-1.85	0.44	0.33
1.11	3.88	2.51	0.65	1.37	-0.28	0.85	0.71
0.63	1.39	0.79	0.17	0.60	1.18	0.58	0.42
1.39	2.84	1.80	0.31	1.04	2.30	2.11	1.60
8.89	32.10	20.88	0.74	11.22	19.99	15.34	5.05
2.76	5.02	3.25	0.46	1.75	0.15	1.23	0.87
47.26	118.71	90.95	14.41	19.55	37.12	38.61	17.09
25.75	61.66	47.04	7.26	13.29	12.32	18.03	7.33
18.27	50.85	38.79	6.29	5.19	21.82	16.47	7.02
1.57	3.08	2.86	0.47	0.22	1.06	1.62	0.88
1.67	3.12	2.26	0.39	0.84	1.92	2.48	1.87
36.77	87.52	74.74	14.39	11.95	42.11	38.29	19.72
35.98	85.21	72.51	13.84	11.89	41.05	36.93	18.60
0.66	1.99	1.93	0.44	0.05	0.88	1.16	1.06
0.13	0.32	0.31	0.11	0.01	0.19	0.21	0.06
16.50	51.50	42.64	7.87	8.66	7.40	15.14	8.92
2.61	6.60	5.54	1.01	1.04	0.50	2.43	0.60
8.14	24.11	19.35	4.01	4.63	7.17	8.83	4.60
4.74	13.08	10.16	1.40	2.89	1.28	5.50	3.16
0.24	1.17	0.98	0.53	0.09	0.60	0.40	0.20
2.44	7.55	7.12	1.97	0.43	5.01	2.53	0.94
0.01	0.27	0.27	0.06		0.01	0.03	0.03
0.70	2.05	0.81	0.06	1.23	0.26	0.38	0.28
2.66	4.91	3.89	0.83	1.02	-0.10	1.18	1.13
1.68	3.22	2.34	0.30	0.87	-0.84	0.23	0.22
0.49	1.07	1.07	0.38		0.63	0.78	0.77
0.49	0.62	0.48	0.15	0.14	0.10	0.17	0.14
3.09	15.89	13.87	2.02	1.97	-0.16	2.69	2.59
1.04	1.47	0.84	0.23	0.64	0.02	0.36	0.32
2.05	14.41	13.03	1.78	1.34	-0.18	2.33	2.27
132.83	175.49	107.57	15.24	63.04	96.84	77.07	45.17
23.56	29.38	23.69	2.40	5.01	24.52	14.41	9.75
22.93	26.26	20.74	1.89	4.84	25.02	14.10	9.45
0.63	3.12	2.95	0.51	0.18	-0.51	0.31	0.30
93.31	121.25	65.24	9.14	51.89	60.29	47.13	29.10
8.79	17.69	13.18	0.70	2.59	6.03	5.45	2.69
43.75	53.08	27.70	4.74	24.78	30.09	27.39	14.71
35.15	41.09	17.69	2.03	23.24	20.54	12.68	10.50
5.61	9.38	6.66	1.66	1.28	3.63	1.61	1.20
15.51	24.32	18.16	3.49	6.11	11.47	15.03	5.91
12.10	18.47	12.70	2.34	5.73	6.57	10.90	3.75

1-A-3 续表 19

行业	固定资产原价	生产经营用	累计折旧	本年折旧	固定资产净值
木容器制造	3.36	2.56	1.25	0.10	2.11
软木制品及其他木制品制造	1.95	1.82	0.79	0.10	1.16
竹、藤、棕、草制品制造	0.79	0.67	0.35	0.03	0.44
家具制造业	22.88	19.63	7.76	0.87	15.12
木质家具制造	15.51	13.67	4.63	0.44	10.88
金属家具制造	6.49	5.20	2.75	0.38	3.73
塑料家具制造	0.32	0.31	0.05		0.27
其他家具制造	0.56	0.45	0.32	0.04	0.24
造纸及纸制品业	714.06	629.54	201.40	34.53	512.66
纸浆制造	135.85	122.51	37.13	6.65	98.72
造纸	553.70	485.25	156.18	26.72	397.52
机制纸及纸板制造	543.84	477.15	150.81	26.31	393.03
手工纸制造	0.85	0.48	0.35	0.01	0.51
加工纸制造	9.00	7.62	5.02	0.40	3.98
纸制品制造	24.52	21.77	8.09	1.15	16.43
纸和纸板容器的制造	19.32	17.20	7.02	0.93	12.30
其他纸制品制造	5.20	4.57	1.08	0.23	4.13
印刷业和记录媒介的复制	396.48	344.01	163.99	25.95	232.49
印刷	354.67	307.63	147.36	22.90	207.31
书、报、刊印刷	200.97	170.36	80.39	12.57	120.58
本册印制	11.82	9.48	4.06	0.98	7.76
包装装潢及其他印刷	141.89	127.79	62.91	9.35	78.97
装订及其他印刷服务活动	15.55	13.75	7.01	1.10	8.54
记录媒介的复制	26.25	22.63	9.62	1.94	16.63
文教体育用品制造业	29.59	24.54	12.07	1.20	17.52
文化用品制造	7.46	6.02	3.43	0.25	4.03
文具制造	1.27	1.08	0.78	0.02	0.49
笔的制造	5.51	4.36	2.32	0.20	3.20
教学用模型及教具制造	0.21	0.20	0.08	0.01	0.12
墨水、墨汁制造	0.21	0.18	0.09	0.01	0.12
其他文化用品制造	0.26	0.20	0.16	0.02	0.10
体育用品制造	5.53	5.00	2.09	0.25	3.44
球类制造	1.26	1.10	0.41	0.06	0.84
体育器材及配件制造	2.87	2.65	1.08	0.12	1.79
训练健身器材制造	1.40	1.25	0.60	0.07	0.81
运动防护用具制造					
其他体育用品制造					
乐器制造	15.37	12.59	5.86	0.65	9.51
中乐器制造	0.02	0.01	0.01		0.01
西乐器制造	15.17	12.41	5.78	0.64	9.38
电子乐器制造	0.03	0.02	0.01		0.02
其他乐器及零件制造	0.16	0.15	0.06	0.01	0.10
玩具制造	1.18	0.89	0.68	0.05	0.50
游艺器材及娱乐用品制造	0.05	0.05	0.01		0.04
露天游乐场所游乐设备制造	0.02	0.02	0.01		0.01
游艺用品及室内游艺器材制造	0.03	0.03	0.01		0.03

单位：亿元

固定资产净值年平均余额	负债合计	流动负债合计	应付账款	长期负债合计	所有者权益合计	实收资本	国家资本
2.17	3.21	2.91	0.41	0.30	3.31	2.61	1.71
1.25	2.64	2.55	0.74	0.09	1.59	1.53	0.45
0.45	0.55	0.48	0.21	0.02	0.56	0.49	0.42
14.60	34.98	29.52	8.57	5.19	25.66	18.12	10.68
10.47	20.08	15.81	3.09	4.04	17.19	13.86	9.98
3.62	13.90	13.08	5.30	0.79	8.00	3.80	0.58
0.27	0.40	0.08		0.32	-0.09	0.01	0.01
0.24	0.59	0.54	0.18	0.04	0.56	0.44	0.11
496.17	698.12	454.91	74.05	238.54	340.12	242.34	135.51
92.89	119.77	50.61	7.18	68.21	43.45	60.40	35.35
386.97	544.12	375.25	58.39	165.98	281.16	168.46	93.38
382.17	527.05	360.19	55.76	163.97	273.60	163.04	91.08
0.63	0.65	0.60	0.06	0.04	0.96	0.36	0.36
4.17	16.42	14.46	2.57	1.96	6.61	5.07	1.94
16.31	34.22	29.05	8.47	4.35	15.50	13.47	6.79
12.42	25.35	21.63	6.53	3.07	12.21	9.95	4.52
3.90	8.87	7.42	1.95	1.28	3.29	3.52	2.27
227.16	284.08	229.18	40.35	53.29	283.32	184.68	111.69
202.68	257.96	210.79	35.62	45.71	248.48	160.23	97.37
116.80	129.00	102.61	19.31	25.49	110.86	76.76	52.67
7.35	13.30	11.76	1.50	1.49	7.07	5.42	2.07
78.53	115.65	96.42	14.81	18.72	130.54	78.05	42.64
8.49	8.31	4.93	1.96	3.37	14.21	10.07	7.63
15.99	17.81	13.45	2.76	4.22	20.63	14.37	6.68
17.50	43.08	37.85	7.48	4.92	30.49	18.35	6.15
4.30	12.07	11.27	1.80	0.80	8.83	8.17	2.09
0.63	1.68	1.61	0.16	0.06	1.86	1.91	0.22
3.31	9.23	8.67	1.42	0.56	6.11	5.65	1.50
0.14	0.38	0.36	0.09	0.02	0.37	0.18	0.17
0.12	0.23	0.22	0.02	0.01	0.15	0.12	0.03
0.11	0.56	0.42	0.10	0.14	0.33	0.30	0.16
3.35	10.58	9.95	2.69	0.62	6.35	5.25	1.64
0.76	1.59	1.58	0.37	0.01	1.11	1.20	0.04
1.78	7.23	6.99	1.95	0.24	3.16	3.03	0.68
0.81	1.74	1.38	0.36	0.36	2.08	1.01	0.91
	0.02	0.01				0.01	0.01
9.30	17.65	14.16	2.72	3.49	14.70	4.57	2.26
0.01	0.02	0.02			0.09	0.03	0.03
9.17	17.36	13.89	2.66	3.47	14.42	4.30	2.12
0.02	0.13	0.11	0.01	0.02	0.08	0.15	0.08
0.09	0.15	0.15	0.05		0.11	0.08	0.03
0.50	2.65	2.34	0.25	0.01	0.54	0.35	0.15
0.04	0.12	0.12	0.01		0.07	0.01	0.01
0.01	0.10	0.10	0.01		0.03		
0.03	0.02	0.02			0.04	0.01	0.01

1-A-3 续表 20

行业	固定资产原价		累计折旧		固定资产净值
		生产经营用		本年折旧	
石油加工、炼焦及核燃料加工业	3525.85	3380.05	1625.44	196.20	1900.41
精炼石油产品的制造	3220.78	3119.67	1511.29	178.59	1709.50
原油加工及石油制品制造	3220.66	3119.63	1511.23	178.59	1709.43
人造原油生产	0.13	0.04	0.06		0.07
炼焦	263.87	225.23	101.67	15.18	162.20
化学原料及化学制品制造业	4664.07	4216.30	1949.04	237.02	2715.03
基础化学原料制造	1533.51	1363.98	601.80	88.29	931.71
无机酸制造	38.32	33.73	17.95	1.76	20.37
无机碱制造	483.30	402.35	195.90	25.09	287.41
无机盐制造	73.03	61.35	24.45	3.65	48.58
有机化学原料制造	827.31	767.33	328.85	52.22	498.46
其他基础化学原料制造	111.55	99.23	34.66	5.56	76.89
肥料制造	1272.33	1155.09	497.06	57.56	775.27
氮肥制造	940.89	870.10	372.75	41.38	568.15
磷肥制造	89.20	80.85	31.34	4.38	57.85
钾肥制造	40.68	31.85	10.51	2.39	30.17
复混肥料制造	188.22	159.79	76.16	9.08	112.07
有机肥料及微生物肥料制造	2.10	1.97	0.30	0.10	1.80
其他肥料制造	11.24	10.53	6.00	0.22	5.24
农药制造	73.71	64.70	29.13	3.78	44.58
化学农药制造	69.96	61.21	27.71	3.55	42.25
生物化学农药及微生物农药制造	3.75	3.49	1.42	0.23	2.33
涂料、油墨、颜料及类似产品制造	75.67	60.91	30.44	3.63	45.23
涂料制造	25.47	18.47	11.24	1.37	14.24
油墨及类似产品制造	6.59	4.43	3.55	0.48	3.04
颜料制造	21.07	19.88	7.87	1.08	13.20
染料制造	21.57	17.21	7.44	0.67	14.12
密封用填料及类似品制造	0.96	0.91	0.34	0.03	0.62
合成材料制造	1278.68	1219.39	629.51	61.91	649.16
初级形态的塑料及合成树脂制造	643.42	597.44	294.61	31.90	348.80
合成橡胶制造	12.41	12.33	4.47	0.60	7.94
合成纤维单(聚合)体的制造	619.04	606.01	328.66	29.21	290.38
其他合成材料制造	3.81	3.61	1.78	0.20	2.04
专用化学产品制造	330.20	265.09	119.14	17.20	211.06
化学试剂和助剂制造	135.64	97.84	53.81	8.53	81.83
专项化学用品制造	32.40	26.50	11.96	1.32	20.44
林产化学产品制造	12.23	9.06	3.47	0.61	8.76
炸药及火工产品制造	80.01	67.12	28.53	2.35	51.49
信息化学品制造	56.54	53.09	17.31	3.80	39.23
环境污染处理专用药剂材料制造	0.02	0.02			0.02
动物胶制造	4.84	4.06	1.23	0.19	3.61
其他专用化学产品制造	8.51	7.41	2.82	0.40	5.69
日用化学产品制造	99.97	87.15	41.96	4.66	58.01
肥皂及合成洗涤剂制造	47.66	42.21	22.72	2.19	24.95
化妆品制造	15.85	13.58	5.13	0.58	10.73

单位：亿元

固定资产净值年平均余额	负债合计	流动负债合计		长期负债合计	所有者权益		
			应付账款		合　　计	实收资本	
							国家资本
1817.46	1742.26	1328.55	310.40	332.38	1763.02	943.11	438.48
1640.44	1472.54	1132.12	274.95	262.92	1588.61	801.29	371.61
1640.32	1472.33	1131.92	274.93	262.91	1588.67	801.28	371.60
0.13	0.21	0.20	0.02	0.01	-0.06	0.01	0.01
147.54	224.11	163.84	31.81	56.43	146.74	128.53	62.41
2740.11	3290.51	2287.48	408.19	939.98	2600.50	1864.00	768.05
970.97	1112.95	811.80	150.79	291.47	903.28	669.08	243.46
21.18	39.50	28.68	4.74	10.81	16.10	11.75	6.16
284.23	395.36	286.62	53.20	100.37	261.91	154.31	96.64
49.34	92.67	64.36	11.34	27.56	58.08	43.64	22.27
540.44	483.79	366.84	69.55	116.76	501.76	405.47	96.47
75.78	101.63	65.29	11.95	35.95	65.44	53.91	21.91
764.07	993.55	578.11	87.79	402.47	586.94	413.62	227.52
563.97	675.61	367.40	49.45	297.31	372.97	266.34	159.98
57.59	86.29	58.09	12.52	27.71	42.40	35.47	30.63
23.76	32.04	14.94	2.47	16.06	33.02	23.86	18.15
111.79	183.14	127.93	21.74	54.67	132.63	83.41	16.06
1.74	1.14	1.14	0.09		1.38	1.06	0.46
5.22	15.34	8.62	1.51	6.72	4.54	3.47	2.25
43.75	106.74	87.03	16.50	15.17	65.20	40.26	17.27
41.68	102.85	83.47	16.02	14.84	58.96	36.13	14.79
2.08	3.89	3.56	0.47	0.33	6.25	4.14	2.48
45.05	99.00	81.42	17.83	14.77	56.82	43.03	19.92
14.21	43.12	41.02	8.40	1.90	29.64	19.21	8.54
3.05	5.91	5.58	2.06	0.22	8.33	4.19	1.69
12.15	19.60	12.56	2.93	6.98	10.71	8.32	1.59
15.01	28.84	21.19	4.11	5.21	7.34	10.90	7.91
0.63	1.53	1.08	0.34	0.45	0.80	0.41	0.19
646.18	547.97	386.32	67.52	139.32	628.85	407.87	121.03
346.06	249.28	172.78	31.78	76.41	367.32	236.19	19.84
8.11	9.24	8.29	1.60	0.95	9.77	4.12	0.96
289.78	281.75	199.13	33.25	60.64	252.06	165.25	98.76
2.22	7.69	6.12	0.89	1.31	-0.31	2.30	1.46
210.46	304.58	228.57	35.69	65.41	247.94	226.64	119.96
86.28	114.25	89.23	14.31	21.80	90.24	128.56	67.91
19.08	44.38	32.50	4.92	5.17	23.45	18.25	5.30
8.09	14.43	9.52	1.50	4.47	10.35	4.04	2.09
51.54	72.52	56.46	8.39	15.81	52.89	31.10	19.78
37.37	42.09	28.09	4.16	14.01	57.95	33.29	17.28
0.01	0.12	0.12	0.01		5.25	5.30	5.00
2.61	4.04	2.93	0.54	1.11	4.39	2.51	1.40
5.46	12.76	9.71	1.86	3.04	3.42	3.59	1.19
59.64	125.71	114.23	32.06	11.37	111.47	63.49	18.89
25.82	53.94	48.02	12.32	5.87	39.47	32.35	13.54
9.82	18.70	18.25	5.65	0.45	34.95	11.31	1.63

1-A-3 续表 21

行业	固定资产原价	生产经营用	累计折旧	本年折旧	固定资产净值
口腔清洁用品制造	13.87	13.55	4.93	0.64	8.94
香料、香精制造	17.93	14.25	7.80	0.97	10.13
其他日用化学产品制造	4.65	3.55	1.39	0.27	3.27
医药制造业	744.00	653.27	236.24	37.95	507.76
化学药品原药制造	295.77	275.50	98.82	14.61	196.94
化学药品制剂制造	203.17	175.42	63.74	10.29	139.43
中药饮片加工	9.31	7.86	3.10	0.49	6.21
中成药制造	158.08	129.20	42.78	7.92	115.30
兽用药品制造	7.28	5.90	3.13	0.40	4.16
生物、生化制品的制造	57.82	47.71	19.04	3.49	38.78
卫生材料及医药用品制造	12.56	11.68	5.62	0.75	6.95
化学纤维制造业	674.44	625.94	274.01	32.24	400.42
纤维素纤维原料及纤维制造	168.03	163.07	62.12	8.73	105.91
化纤浆粕制造	12.66	10.56	3.30	0.43	9.36
人造纤维(纤维素纤维)制造	155.36	152.51	58.81	8.30	96.55
合成纤维制造	506.41	462.87	211.90	23.51	294.51
锦纶纤维制造	73.26	69.86	34.94	3.13	38.32
涤纶纤维制造	279.40	269.75	115.38	13.17	164.02
腈纶纤维制造	104.38	76.62	44.94	4.73	59.44
维纶纤维制造	22.72	22.24	7.71	1.15	15.02
其他合成纤维制造	26.64	24.41	8.93	1.33	17.72
橡胶制品业	272.27	251.29	93.63	11.37	178.64
轮胎制造	186.06	176.84	63.79	7.76	122.27
车辆、飞机及工程机械轮胎制造	179.06	169.93	60.58	7.61	118.47
力车胎制造	6.20	6.17	2.86	0.13	3.34
轮胎翻新加工	0.81	0.74	0.35	0.01	0.46
橡胶板、管、带的制造	28.56	24.21	10.97	1.03	17.59
橡胶零件制造	13.52	12.37	5.44	0.42	8.07
再生橡胶制造	0.58	0.56	0.18	0.03	0.39
日用及医用橡胶制品制造	9.25	8.27	3.91	0.37	5.34
橡胶靴鞋制造	29.51	25.60	8.16	1.47	21.35
其他橡胶制品制造	4.81	3.43	1.17	0.29	3.63
塑料制品业	292.39	242.28	92.42	14.62	199.97
塑料薄膜制造	100.40	79.25	33.74	4.59	66.66
塑料板、管、型材的制造	95.97	89.18	24.67	4.59	71.30
塑料丝、绳及编织品的制造	29.46	17.44	10.03	0.92	19.44
泡沫塑料制造	4.52	2.74	2.08	0.30	2.44
塑料人造革、合成革制造	4.84	4.46	2.13	0.16	2.72
塑料包装箱及容器制造	34.78	29.30	11.24	2.94	23.53
塑料零件制造	6.83	6.06	2.38	0.36	4.45
日用塑料制造	5.09	4.27	1.77	0.20	3.33
塑料鞋制造	0.95	0.77	0.34	0.02	0.61
日用塑料杂品制造	4.15	3.50	1.43	0.18	2.72
其他塑料制品制造	10.49	9.57	4.40	0.57	6.09
非金属矿物制品业	1695.64	1507.77	592.16	76.42	1103.48
水泥、石灰和石膏的制造	994.35	899.53	336.46	42.74	657.89

单位: 亿元

固定资产净值年平均余额	负债合计	流动负债合计	应付账款	长期负债合计	所有者权益合计	实收资本	国家资本
8.73	12.62	12.14	2.67	0.46	23.20	8.05	1.49
11.56	29.33	25.51	10.18	3.77	13.28	9.72	0.70
3.71	11.12	10.30	1.24	0.81	0.56	2.06	1.53
465.51	884.50	749.96	126.59	131.56	855.04	458.72	169.94
180.43	332.68	275.30	53.47	56.36	258.70	152.35	69.11
123.77	231.98	203.56	33.30	28.40	226.43	140.52	37.43
6.05	17.51	15.63	3.06	1.87	10.17	6.54	3.40
108.52	239.07	204.48	28.39	33.19	275.97	119.25	39.90
4.24	7.24	5.74	1.02	1.44	5.63	3.10	1.40
35.48	44.32	34.66	6.01	9.26	67.62	29.33	15.78
7.02	11.69	10.57	1.32	1.04	10.52	7.62	2.92
401.45	443.02	306.98	38.77	127.71	360.37	319.85	107.14
108.04	122.50	95.51	15.59	25.02	100.26	57.06	26.22
12.69	21.73	14.66	1.75	7.02	6.07	7.12	4.66
95.35	100.77	80.86	13.85	18.00	94.19	49.94	21.56
293.41	320.52	211.47	23.18	102.68	260.12	262.79	80.92
39.97	72.17	34.39	2.32	35.10	42.68	28.77	19.36
164.39	165.20	115.08	12.90	46.44	140.96	105.36	38.95
56.21	40.68	29.71	6.29	10.97	56.70	112.44	15.40
14.34	17.56	11.56	1.01	5.99	9.95	3.90	2.91
18.50	24.91	20.73	0.66	4.18	9.84	12.33	4.31
165.32	339.83	257.25	46.93	77.90	166.21	135.17	49.22
110.82	215.10	148.23	28.16	63.79	102.10	80.65	27.85
107.01	208.93	142.71	27.24	63.13	96.81	76.17	27.48
3.34	4.20	3.87	0.65	0.34	5.80	4.00	0.13
0.47	1.97	1.65	0.27	0.32	-0.51	0.48	0.23
16.74	34.59	30.26	5.04	4.16	17.59	13.49	8.74
7.91	13.66	11.13	1.69	1.18	10.82	9.07	2.28
0.41	1.72	1.56	0.19	0.16	0.02	0.18	0.05
5.64	10.90	6.73	1.29	4.17	3.72	14.22	1.61
20.15	58.17	54.18	9.72	3.93	26.98	14.42	7.43
3.64	5.67	5.16	0.84	0.51	4.99	3.16	1.27
191.73	319.12	248.45	33.86	66.89	177.95	127.67	60.36
66.62	95.65	67.11	9.48	26.61	56.24	37.08	14.37
67.92	112.30	84.52	11.47	27.37	71.14	38.47	13.93
18.66	21.64	16.62	1.95	4.82	19.15	24.06	21.61
2.37	6.38	5.58	1.27	0.78	3.84	3.32	1.49
2.79	10.69	7.78	0.60	2.91	-3.60	2.34	1.80
19.63	45.49	44.19	3.39	0.93	13.38	6.47	1.60
3.98	7.81	6.82	2.29	0.87	5.80	4.24	1.98
3.39	8.23	6.62	1.49	0.88	3.06	3.36	0.95
0.62	1.77	0.99	0.20	0.06	0.19	0.51	0.23
2.77	6.46	5.63	1.28	0.82	2.87	2.85	0.72
6.36	10.93	9.20	1.92	1.71	8.95	8.33	2.65
1072.17	1704.04	1239.15	238.20	435.68	949.66	742.39	370.69
634.94	817.49	542.55	97.68	269.25	522.59	378.73	168.45

1-A-3 续表 22

行　　业	固定资产原价	生产经营用	累计折旧	本年折旧	固定资产净值
水泥制造	988.90	894.72	334.11	42.52	654.79
石灰和石膏制造	5.45	4.81	2.35	0.22	3.10
水泥及石膏制品制造	135.69	111.64	52.78	8.41	82.91
水泥制品制造	94.01	81.20	38.40	6.33	55.60
砼结构构件制造	12.08	9.21	4.45	0.51	7.63
石棉水泥制品制造	4.32	3.07	1.76	0.35	2.56
轻质建筑材料制造	24.04	17.55	8.00	1.17	16.04
其他水泥制品制造	1.24	0.60	0.16	0.04	1.07
砖瓦、石材及其他建筑材料制造	79.83	65.64	26.11	3.81	53.72
粘土砖瓦及建筑砌块制造	38.85	31.66	12.02	2.35	26.83
建筑陶瓷制品制造	12.85	9.54	5.12	0.64	7.74
建筑用石加工	4.89	3.22	2.14	0.24	2.75
防水建筑材料制造	8.56	7.80	2.61	0.18	5.94
隔热和隔音材料制造	7.92	7.77	3.15	0.29	4.77
其他建筑材料制造	6.75	5.64	1.07	0.11	5.69
玻璃及玻璃制品制造	275.02	246.16	93.66	13.46	181.36
平板玻璃制造	160.69	146.41	57.32	7.54	103.37
技术玻璃制品制造	21.14	17.90	6.07	0.93	15.07
光学玻璃制造	9.55	9.15	2.43	0.43	7.12
玻璃仪器制造	5.41	3.75	2.23	0.13	3.18
日用玻璃制品及玻璃包装容器制造	23.01	19.86	7.84	0.83	15.17
玻璃保温容器制造	2.04	1.23	0.60	0.07	1.43
玻璃纤维及制品制造	33.77	30.77	9.04	2.69	24.73
玻璃纤维增强塑料制品制造	8.82	7.40	2.82	0.29	6.00
其他玻璃制品制造	10.59	9.68	5.30	0.54	5.29
陶瓷制品制造	78.69	69.38	27.17	2.52	51.52
卫生陶瓷制品制造	10.65	9.60	2.74	0.27	7.91
特种陶瓷制品制造	15.09	14.08	5.85	0.84	9.24
日用陶瓷制品制造	52.09	44.86	18.37	1.37	33.72
园林、陈设艺术及其他陶瓷制品制造	0.85	0.84	0.21	0.04	0.65
耐火材料制品制造	41.12	36.26	16.71	1.80	24.42
石棉制品制造	2.11	1.93	0.86	0.08	1.26
云母制品制造	1.28	0.94	0.48	0.06	0.80
耐火陶瓷制品及其他耐火材料制造	37.73	33.39	15.37	1.67	22.37
石墨及其他非金属矿物制品制造	90.94	79.17	39.27	3.68	51.67
石墨及碳素制品制造	39.53	32.66	17.71	1.85	21.83
其他非金属矿物制品制造	51.41	46.51	21.56	1.83	29.85
黑色金属冶炼及压延加工业	7351.55	6536.28	3147.65	530.98	4203.91
炼铁	322.92	298.83	110.48	20.40	212.44
炼钢	1344.69	1137.92	536.78	87.06	807.92
钢压延加工	5589.38	5019.29	2469.45	420.00	3119.92
铁合金冶炼	94.57	80.24	30.94	3.52	63.63
有色金属冶炼及压延加工业	1829.63	1681.44	653.86	90.96	1175.76
常用有色金属冶炼	1394.10	1304.00	493.22	72.18	900.88
铜冶炼	327.27	306.61	114.80	12.45	212.47
铅锌冶炼	155.06	142.30	54.87	7.63	100.20

单位：亿元

固定资产净值年平均余额	负债合计	流动负债合计	应付账款	长期负债合计	所有者权益合计	实收资本	国家资本
631.91	813.35	539.03	96.36	268.63	520.58	376.86	167.63
3.03	4.14	3.51	1.32	0.63	2.02	1.88	0.82
81.54	198.75	171.49	57.96	23.95	88.21	74.58	34.11
55.95	147.67	131.10	49.12	13.28	57.90	51.84	23.82
7.62	18.01	16.74	5.33	1.25	7.06	6.63	3.79
2.66	6.57	6.04	1.41	0.53	1.59	1.57	1.16
14.31	25.29	16.58	1.87	8.72	20.87	13.75	5.27
1.01	1.21	1.03	0.24	0.17	0.80	0.80	0.07
53.38	82.60	63.58	11.61	17.83	49.17	46.46	28.18
27.89	34.82	25.89	4.22	7.96	31.78	23.07	18.23
7.80	22.71	18.64	2.45	3.95	-1.08	5.51	2.64
3.09	6.68	5.06	1.45	1.58	2.89	2.75	1.70
5.53	5.87	5.27	0.86	0.60	3.87	2.94	1.42
4.46	7.33	5.25	1.25	2.05	7.94	6.95	0.45
4.61	5.20	3.47	1.37	1.70	3.76	5.24	3.74
174.25	278.15	218.12	32.20	57.75	180.47	125.94	65.92
100.78	140.42	114.06	14.73	26.36	109.14	62.99	39.76
13.44	17.16	13.97	1.99	1.24	13.22	12.54	3.18
6.63	7.25	4.72	0.86	2.50	7.84	3.45	1.13
3.17	8.03	7.07	1.69	0.96	3.06	3.61	3.60
14.35	37.38	29.25	4.44	8.03	6.85	6.00	3.68
1.45	4.65	3.92	0.65	0.74	-0.58	0.54	0.23
23.01	37.58	24.90	2.85	12.68	26.16	21.80	9.55
6.25	15.67	11.43	3.18	4.03	4.13	4.67	2.23
5.16	10.01	8.79	1.83	1.21	10.63	10.36	2.56
51.41	132.11	83.19	10.81	36.46	20.27	32.71	18.91
8.07	19.38	5.83	0.51	2.44	-1.16	3.05	0.82
8.93	19.80	16.25	2.26	3.03	10.05	9.37	4.54
33.77	91.73	60.79	7.73	30.19	10.96	19.55	13.47
0.65	1.19	0.33	0.30	0.80	0.42	0.75	0.09
24.04	49.30	41.43	11.45	7.44	20.90	24.76	16.70
1.29	4.29	2.92	0.38	1.05	-0.64	0.83	0.72
0.82	2.52	2.03	0.95	0.49	1.94	1.19	1.07
21.93	42.50	36.48	10.12	5.90	19.60	22.75	14.91
52.61	145.64	118.79	16.49	23.01	68.05	59.19	38.42
22.04	65.05	54.17	6.95	9.62	32.40	23.79	16.75
30.58	80.59	64.62	9.54	13.39	35.65	35.40	21.66
3966.11	5814.18	4422.48	950.54	1382.71	4242.83	2068.04	1266.67
172.40	325.53	278.62	76.23	46.89	182.29	109.56	66.46
754.65	1376.18	1030.24	224.82	345.94	749.05	353.48	235.76
2977.93	4003.28	3020.01	615.70	976.40	3265.95	1563.63	934.53
61.14	109.19	93.61	33.79	13.48	45.54	41.37	29.93
1108.92	1905.31	1358.18	216.66	533.97	939.26	654.32	350.51
843.14	1448.81	1001.75	147.72	435.12	641.35	399.36	223.52
200.90	395.87	264.72	48.69	131.15	172.71	115.05	66.09
101.91	205.30	140.49	22.26	53.09	87.06	59.72	19.81

1-A-3 续表 23

行业	固定资产原价	生产经营用	累计折旧	本年折旧	固定资产净值
镍钴冶炼	87.77	80.69	38.90	6.04	48.87
锡冶炼	68.39	55.03	19.08	2.04	49.31
锑冶炼	8.58	4.55	3.41	0.33	5.17
铝冶炼	738.01	706.56	258.72	42.84	479.29
镁冶炼	1.72	1.22	0.40	0.06	1.32
其他常用有色金属冶炼	7.29	7.04	3.04	0.79	4.26
贵金属冶炼	41.65	33.92	16.81	2.75	24.84
金冶炼	41.28	33.55	16.70	2.73	24.58
银冶炼	0.34	0.34	0.08	0.01	0.26
其他贵金属冶炼	0.03	0.03	0.02		0.01
稀有稀土金属冶炼	39.21	35.48	14.60	2.02	24.61
钨钼冶炼	5.77	4.74	0.88	0.24	4.90
稀土金属冶炼	19.25	17.74	8.09	0.93	11.17
其他稀有金属冶炼	14.18	12.99	5.63	0.85	8.55
有色金属合金制造	33.83	26.04	13.22	1.81	20.61
有色金属压延加工	320.84	282.01	116.02	12.20	204.82
常用有色金属压延加工	275.31	238.88	101.66	9.50	173.65
贵金属压延加工	2.37	1.81	0.74	0.12	1.63
稀有稀土金属压延加工	43.16	41.32	13.61	2.58	29.54
金属制品业	304.37	248.88	109.83	13.48	194.54
结构性金属制品制造	72.13	59.39	23.90	3.15	48.24
金属结构制造	62.54	52.49	20.73	2.78	41.81
金属门窗制造	9.60	6.90	3.17	0.37	6.43
金属工具制造	47.76	41.11	21.12	2.51	26.64
切削工具制造	32.48	29.49	15.09	1.79	17.39
手工具制造	4.94	3.86	1.89	0.18	3.05
农用及园林用金属工具制造	0.72	0.49	0.20	0.03	0.52
刀剪及类似日用金属工具制造	0.52	0.40	0.29	0.03	0.23
其他金属工具制造	9.10	6.87	3.65	0.49	5.45
集装箱及金属包装容器制造	45.05	36.55	16.83	1.80	28.22
集装箱制造	7.94	7.04	3.35	0.40	4.59
金属压力容器制造	20.91	14.85	6.45	0.59	14.46
金属包装容器制造	16.20	14.67	7.03	0.82	9.17
金属丝绳及其制品的制造	61.79	52.37	20.29	2.23	41.50
建筑、安全用金属制品制造	10.21	8.01	3.56	0.38	6.65
建筑、家具用金属配件制造	1.08	1.02	0.43	0.07	0.65
建筑装饰及水暖管道零件制造	7.52	5.58	2.28	0.23	5.24
安全、消防用金属制品制造	0.46	0.40	0.24	0.02	0.22
其他建筑、安全用金属制品制造	1.15	1.00	0.61	0.06	0.54
金属表面处理及热处理加工	5.55	4.24	1.48	0.27	4.06
搪瓷制品制造	5.55	4.24	1.48	0.27	4.06
工业生产配套用搪瓷制品制造	4.42	2.81	0.78	0.14	3.64
搪瓷卫生洁具制造	0.14	0.12	0.05		0.09
搪瓷日用品及其他搪瓷制品制造	4.28	2.68	0.73	0.14	3.55
不锈钢及类似日用金属制品制造	9.32	7.38	3.16	0.36	6.16
金属制厨房调理及卫生器具制造	0.18	0.15	0.09	0.01	0.09

单位: 亿元

固定资产净值年平均余额	负债合计	流动负债合计		长期负债合计	所有者权益		
			应付账款		合　计	实收资本	国家资本
45.75	84.87	63.45	12.89	21.42	62.57	48.31	28.07
46.51	60.82	54.85	4.68	5.97	37.64	25.43	18.77
4.98	7.92	6.51	0.55	1.41	6.21	4.52	0.57
438.94	684.43	463.93	57.40	220.36	271.02	141.82	89.22
1.35	2.16	1.84	0.23	0.24	1.13	1.23	0.46
2.80	7.45	5.97	1.01	1.48	3.01	3.28	0.53
25.06	42.66	30.09	4.51	12.38	40.87	15.05	7.79
24.79	42.18	29.71	4.43	12.28	40.61	14.81	7.67
0.26	0.47	0.38	0.09	0.10	0.22	0.22	0.12
0.01	0.01	0.01			0.04	0.03	
25.82	48.02	40.70	11.11	6.59	54.72	29.70	9.14
5.58	13.62	12.57	2.18	1.05	11.87	5.44	1.44
11.72	21.45	18.47	5.12	2.24	27.49	17.13	6.67
8.51	12.95	9.65	3.81	3.30	15.36	7.12	1.02
18.51	39.61	33.33	6.09	6.23	26.49	20.20	16.30
196.39	326.20	252.32	47.22	73.65	175.83	190.00	93.76
167.21	301.10	230.42	42.96	70.58	134.50	173.13	83.32
1.37	3.81	3.67	0.58	0.14	4.52	2.76	2.55
27.81	21.28	18.22	3.68	2.93	36.82	14.11	7.90
188.04	444.05	368.44	85.78	68.62	204.08	175.38	85.87
46.93	96.76	83.91	22.77	10.65	46.63	42.57	20.23
40.48	83.07	72.29	20.61	8.96	41.27	34.68	17.13
6.45	13.69	11.61	2.16	1.69	5.36	7.89	3.10
25.92	67.13	53.28	10.19	13.56	30.74	25.01	13.07
16.68	46.44	35.91	6.54	10.33	12.47	13.67	7.98
2.75	6.21	5.34	0.76	0.83	3.15	2.38	1.62
0.52	0.77	0.75	0.10	0.01	0.22	0.20	0.20
0.24	1.50	1.42	0.10	0.07	2.11	1.11	0.06
5.72	12.21	9.85	2.70	2.30	12.80	7.66	3.21
25.89	82.33	68.95	16.41	12.68	20.56	24.37	11.98
4.32	21.46	20.66	6.78	0.80	3.20	5.09	1.44
12.41	39.87	30.54	7.00	8.65	8.11	9.44	5.80
9.15	20.99	17.76	2.63	3.23	9.25	9.83	4.74
43.27	100.66	77.61	18.03	22.01	48.18	27.76	14.73
6.65	17.91	14.81	3.01	2.39	6.04	7.85	3.61
0.67	2.75	2.47	0.85	0.28	2.05	1.14	0.39
5.29	12.00	9.25	1.22	2.04	2.90	5.39	2.70
0.22	1.41	1.37	0.29	0.04	0.13	0.35	0.34
0.46	1.75	1.71	0.65	0.03	0.96	0.96	0.18
4.10	8.86	7.41	1.29	1.45	4.12	5.17	1.38
4.10	8.86	7.41	1.29	1.45	4.12	5.17	1.38
3.26	8.00	5.27	1.21	1.25	0.47	2.27	1.33
0.09	0.18	0.18	0.02		-0.02	0.05	0.05
3.16	7.82	5.09	1.19	1.25	0.48	2.22	1.28
6.04	14.77	12.72	2.09	1.82	1.77	5.49	1.65
0.09	0.18	0.06	0.05	0.04	0.14	0.19	0.07

1-A-3 续表 24

行业	固定资产原价	生产经营用	累计折旧	本年折旧	固定资产净值
金属制厨用器皿及餐具制造	3.89	3.26	1.50	0.12	2.39
其他日用金属制品制造	5.25	3.97	1.57	0.23	3.68
其他金属制品制造	48.14	37.03	18.71	2.64	29.43
铸币及贵金属制实验室用品制造	24.26	18.52	11.73	1.74	12.53
其他未列明的金属制品制造	23.88	18.50	6.98	0.90	16.90
通用设备制造业	1206.95	1032.91	512.03	57.77	694.92
锅炉及原动机制造	271.54	229.90	116.11	16.61	155.44
锅炉及辅助设备制造	58.76	51.22	25.62	2.56	33.14
内燃机及配件制造	150.30	127.55	61.63	6.27	88.67
汽轮机及辅机制造	54.63	46.02	25.81	7.54	28.81
水轮机及辅机制造	6.22	4.56	2.64	0.20	3.59
其他原动机制造	1.63	0.55	0.40	0.04	1.23
金属加工机械制造	186.02	160.79	82.55	7.58	103.47
金属切削机床制造	131.49	116.43	58.87	5.58	72.61
金属成形机床制造	23.81	21.58	10.88	0.96	12.94
铸造机械制造	9.19	4.78	3.15	0.28	6.03
金属切割及焊接设备制造	1.22	0.84	0.57	0.04	0.64
机床附件制造	11.71	9.81	6.12	0.40	5.58
其他金属加工机械制造	8.61	7.35	2.95	0.31	5.66
起重运输设备制造	159.19	129.52	58.00	7.46	101.19
泵、阀门、压缩机及类似机械的制造	151.62	130.59	66.38	6.93	85.24
泵及真空设备制造	42.38	35.80	16.65	1.51	25.73
气体压缩机械制造	57.47	49.42	27.47	3.32	30.00
阀门和旋塞的制造	21.29	18.65	9.15	0.82	12.14
液压和气压动力机械及元件制造	30.48	26.72	13.11	1.28	17.37
轴承、齿轮、传动和驱动部件的制造	127.68	114.61	60.47	5.12	67.21
轴承制造	81.33	73.96	40.02	3.43	41.31
齿轮、传动和驱动部件制造	46.35	40.65	20.45	1.69	25.90
烘炉、熔炉及电炉制造	2.05	1.92	0.74	0.09	1.31
风机、衡器、包装设备等通用设备制造	142.06	121.47	60.34	6.76	81.72
风机、风扇制造	19.49	17.17	9.72	1.04	9.77
气体、液体分离及纯净设备制造	12.01	10.79	5.35	0.53	6.66
制冷、空调设备制造	63.84	56.18	25.68	3.63	38.17
风动和电动工具制造	6.96	5.69	2.93	0.31	4.04
喷枪及类似器具制造	3.51	3.33	0.65	0.07	2.86
包装专用设备制造	10.70	9.25	4.87	0.38	5.82
衡器制造	2.98	2.25	1.39	0.09	1.59
其他通用设备制造	22.56	16.81	9.75	0.72	12.81
通用零部件制造及机械修理	56.37	43.62	21.08	2.51	35.29
金属密封件制造	2.52	2.13	0.90	0.15	1.62
紧固件、弹簧制造	11.43	9.66	4.17	0.43	7.27
机械零部件加工及设备修理	37.53	27.50	14.04	1.79	23.50
其他通用零部件制造	4.88	4.33	1.98	0.14	2.91
金属铸、锻加工	110.41	100.49	46.36	4.71	64.05
钢铁铸件制造	72.01	66.78	28.99	3.28	43.02
锻件及粉末冶金制品制造	38.39	33.71	17.37	1.44	21.02

单位：亿元

固定资产净值年平均余额	负债合计	流动负债合计	应付账款	长期负债合计	所有者权益合计	实收资本	国家资本
2.47	8.11	6.59	0.94	1.47	-0.45	2.07	1.09
3.48	6.48	6.06	1.11	0.31	2.07	3.24	0.49
25.98	47.65	44.49	10.77	2.83	45.57	34.89	17.88
11.66	10.75	10.18	2.11	0.57	17.71	15.35	9.82
14.32	36.90	34.32	8.66	2.26	27.86	19.54	8.06
676.84	2519.48	2165.72	374.27	253.89	1027.55	706.55	324.42
143.02	996.81	864.93	121.41	57.93	324.26	165.00	69.05
28.15	429.81	419.09	48.32	9.93	76.72	48.00	17.26
82.19	246.10	200.94	57.99	44.90	116.74	66.77	35.09
27.91	303.76	228.45	13.09	2.48	129.20	45.39	15.24
3.63	13.81	13.66	1.67	0.15	0.91	4.27	0.91
1.13	3.34	2.79	0.35	0.46	0.69	0.56	0.55
103.33	328.18	279.51	44.46	46.53	119.70	109.83	58.32
73.09	246.46	212.01	33.03	34.27	91.47	82.02	37.59
12.66	36.27	29.24	4.48	7.02	13.25	9.82	6.63
6.05	11.22	9.50	1.54	1.71	4.48	4.65	4.44
0.63	3.52	3.25	0.46	0.27	0.80	0.77	0.38
5.63	14.03	11.88	2.71	2.06	5.23	5.55	4.60
5.27	16.68	13.63	2.25	1.19	4.48	7.01	4.68
100.63	338.41	294.67	52.80	43.63	127.26	75.30	33.80
85.27	216.15	189.49	40.59	24.85	119.97	94.26	39.45
25.89	72.06	63.24	10.04	8.79	36.85	26.40	17.64
30.20	67.31	63.09	15.81	3.47	37.77	33.06	5.20
11.98	36.33	31.45	8.19	4.80	16.53	10.94	5.87
17.21	40.45	31.71	6.55	7.78	28.82	23.86	10.73
66.11	181.03	153.27	28.26	26.73	98.74	69.83	42.17
42.85	130.00	109.70	19.82	19.30	83.61	51.94	32.70
23.26	51.03	43.58	8.44	7.43	15.13	17.90	9.46
1.19	4.50	4.39	0.69	0.10	1.46	1.02	0.27
80.20	256.29	224.93	50.18	19.71	134.01	101.54	34.17
8.72	47.33	43.70	12.04	2.47	15.52	11.72	5.07
6.68	37.04	23.89	3.66	3.15	9.15	7.12	2.29
37.34	98.52	92.76	25.41	5.50	82.44	48.98	15.66
4.13	12.18	10.87	1.55	1.31	1.99	4.64	2.89
3.07	5.35	4.39	0.67	0.96	1.11	1.29	0.31
5.78	17.64	15.12	2.37	2.46	8.66	13.46	1.39
1.57	4.92	4.27	0.64	0.63	1.68	1.30	0.90
12.90	33.32	29.93	3.84	3.24	13.44	13.03	5.66
35.00	73.21	56.16	11.77	15.33	41.29	31.98	20.02
1.68	3.44	2.65	0.52	0.79	1.60	1.21	0.51
7.32	13.99	11.27	2.19	1.72	6.11	7.87	3.79
23.05	47.97	35.38	6.92	11.94	29.60	20.62	14.28
2.95	7.80	6.87	2.14	0.88	3.97	2.28	1.44
62.09	124.90	98.36	24.11	19.10	60.87	57.78	27.17
41.83	80.72	63.06	16.22	10.25	39.40	34.67	16.41
20.26	44.18	35.30	7.89	8.84	21.47	23.11	10.76

1-A-3 续表 25

行业	固定资产原价	生产经营用	累计折旧	本年折旧	固定资产净值
专用设备制造业	1091.92	866.92	427.29	47.56	664.63
矿山、冶金、建筑专用设备制造	363.49	292.33	153.89	12.35	209.60
采矿、采石设备制造	118.10	87.14	47.56	3.25	70.53
石油钻采专用设备制造	34.33	25.21	13.95	1.58	20.37
建筑工程用机械制造	57.52	52.13	20.28	2.28	37.24
建筑材料生产专用机械制造	21.18	17.48	9.43	0.94	11.74
冶金专用设备制造	132.37	110.38	62.66	4.28	69.71
化工、木材、非金属加工专用设备制造	83.39	71.47	35.54	2.84	47.85
炼油、化工生产专用设备制造	43.15	38.13	16.88	1.21	26.28
橡胶加工专用设备制造	9.43	6.50	4.73	0.28	4.69
塑料加工专用设备制造	4.44	4.08	2.33	0.18	2.12
木材加工机械制造	5.14	4.40	2.41	0.20	2.73
模具制造	20.98	18.12	9.15	0.96	11.84
其他非金属加工专用设备制造	0.25	0.24	0.05		0.20
食品、饮料、烟草及饲料生产专用设备制造	33.53	27.44	12.11	1.70	21.41
食品、饮料、烟草工业专用设备制造	24.17	21.76	8.89	1.52	15.28
农副食品加工专用设备制造	7.99	4.82	2.63	0.14	5.36
饲料生产专用设备制造	1.36	0.85	0.59	0.04	0.77
印刷、制药、日化生产专用设备制造	35.24	28.73	13.94	1.65	21.30
制浆和造纸专用设备制造	9.07	6.03	3.69	0.62	5.38
印刷专用设备制造	21.12	18.98	8.33	0.84	12.79
日用化工专用设备制造	0.21	0.15	0.09	0.01	0.13
制药专用设备制造	3.51	2.58	1.32	0.11	2.20
照明器具生产专用设备制造	0.80	0.47	0.27	0.02	0.53
玻璃、陶瓷和搪瓷制品生产专用设备制造	0.46	0.46	0.22	0.04	0.24
其他日用品生产专用设备制造	0.07	0.07	0.03		0.04
纺织、服装和皮革工业专用设备制造	92.32	79.03	44.06	3.17	48.26
纺织专用设备制造	75.16	63.57	36.09	2.64	39.07
皮革、毛皮及其制品加工专用设备制造	1.12	0.85	0.27	-0.07	0.84
缝纫机械制造	13.33	12.06	6.51	0.49	6.82
其他服装加工专用设备制造	2.71	2.55	1.18	0.11	1.53
电子和电工机械专用设备制造	281.97	213.36	92.06	17.72	189.92
电工机械专用设备制造	5.50	4.48	1.77	0.32	3.73
电子工业专用设备制造	21.20	16.21	6.18	1.01	15.02
航空、航天及其他专用设备制造	12.98	9.02	3.57	0.72	9.40
农、林、牧、渔专用机械制造	128.94	100.87	48.15	4.83	80.80
拖拉机制造	85.00	60.71	34.85	2.91	50.15
机械化农业及园艺机具制造	20.10	17.79	7.17	0.71	12.94
营林及木竹采伐机械制造	0.71	0.62	0.20	0.02	0.51
畜牧机械制造	0.51	0.23	0.16	0.02	0.35
渔业机械制造	0.26	0.16	0.08	0.01	0.19
农林牧渔机械配件制造	2.27	1.91	0.97	0.07	1.30
其他农林牧渔业机械制造及机械修理	20.09	19.45	4.72	1.09	15.36
医疗仪器设备及器械制造	24.24	19.58	9.42	1.16	14.82
医疗诊断、监护及治疗设备制造	11.50	8.97	4.34	0.45	7.16
口腔科用设备及器具制造	0.36	0.29	0.20	0.02	0.17

单位：亿元

固定资产净值年平均余额	负债合计	流动负债合计	应付账款	长期负债合计	所有者权益合计	实收资本	国家资本
646.26	1789.89	1553.79	312.08	216.51	763.40	610.88	306.68
202.33	705.20	632.18	118.04	68.44	241.32	217.99	133.91
68.07	233.70	202.78	29.69	30.69	77.78	73.68	55.14
20.84	63.87	57.55	16.02	6.31	34.88	30.77	18.99
35.98	113.45	104.50	31.13	8.11	69.60	38.93	19.74
12.90	47.12	43.09	6.63	2.83	5.12	12.91	6.12
64.53	247.08	224.26	34.56	20.51	53.93	61.70	33.93
44.34	122.27	103.80	17.70	18.45	48.54	46.31	22.80
25.99	67.76	60.47	8.30	7.29	25.00	26.85	16.04
4.63	15.27	13.23	3.32	2.04	3.56	3.79	0.44
2.35	9.01	8.04	1.38	0.96	4.95	3.95	0.91
2.80	8.94	7.63	1.25	1.31	2.30	2.86	1.10
8.38	20.00	13.27	3.41	6.73	12.47	8.70	4.25
0.20	1.29	1.17	0.04	0.12	0.25	0.16	0.06
21.16	48.25	43.22	8.45	4.58	25.71	20.71	11.31
14.97	33.94	30.40	6.32	3.46	20.56	16.44	8.19
5.51	10.97	9.88	1.70	0.75	4.89	3.14	2.40
0.68	3.33	2.94	0.44	0.37	0.26	1.14	0.72
21.04	49.70	45.28	7.47	3.90	36.86	20.99	7.42
6.02	15.34	13.75	1.36	1.08	-0.26	2.69	2.10
12.01	24.64	22.81	5.12	1.84	35.69	15.98	4.17
0.13	0.23	0.21	0.03	0.02	0.19	0.06	0.06
2.07	7.50	6.94	0.73	0.56	-0.01	1.10	0.49
0.54	1.08	0.83	0.13	0.25	0.56	0.40	0.39
0.24	0.77	0.62	0.07	0.15	0.57	0.67	0.21
0.04	0.13	0.13	0.04	0.01	0.13	0.09	0.01
47.97	133.01	118.58	29.38	12.55	95.50	68.06	24.61
39.63	111.57	98.80	25.54	10.90	70.49	50.06	18.32
0.85	1.29	1.24	0.05	0.05	-0.27	0.80	0.60
5.95	16.74	15.69	3.00	1.05	23.43	14.87	3.36
1.55	3.41	2.85	0.78	0.56	1.85	2.33	2.32
182.61	380.72	311.68	64.93	68.65	171.69	113.41	36.25
3.79	10.54	9.38	2.58	1.16	4.38	4.27	3.33
16.54	35.84	32.63	9.36	3.21	24.81	12.85	3.06
8.66	20.14	17.37	3.23	2.77	14.19	7.49	2.30
81.46	192.21	165.80	40.02	25.73	79.50	66.20	48.08
53.13	130.45	110.83	25.81	19.29	49.78	49.49	39.61
12.87	37.61	33.67	10.19	3.66	12.62	11.47	4.88
0.52	0.92	0.74	0.22	0.19	0.59	0.62	0.45
0.35	1.04	1.02	0.08	0.01	0.43	0.19	0.09
0.18	0.16	0.14	0.05	0.01	0.47	0.09	0.05
1.34	3.92	3.00	0.60	0.92	0.04	0.84	0.79
13.07	18.11	16.41	3.07	1.65	15.57	3.51	2.20
14.58	37.10	31.47	6.96	5.62	32.52	19.50	4.83
6.80	18.21	14.27	2.86	3.94	15.89	10.13	2.13
0.18	0.89	0.88	0.24	0.01	0.32	0.42	0.01

1-A-3 续表 26

行业	固定资产原价	生产经营用	累计折旧	本年折旧	固定资产净值
实验室及医用消毒设备和器具的制造	2.47	2.37	0.96	0.10	1.51
医疗、外科及兽医用器械制造	6.91	6.04	2.85	0.47	4.06
机械治疗及病房护理设备制造	0.34	0.17	0.14		0.20
假肢、人工器官及植(介)入器械制造	1.72	1.08	0.54	0.09	1.18
其他医疗设备及器械制造	0.94	0.67	0.39	0.04	0.54
环保、社会公共安全及其他专用设备制造	48.79	34.10	18.12	2.13	30.67
环境污染防治专用设备制造	15.22	10.70	4.93	0.59	10.29
地质勘查专用设备制造	8.62	5.88	3.49	0.27	5.13
邮政专用机械及器材制造	0.92	0.68	0.43	0.02	0.49
商业、饮食、服务业专用设备制造	1.67	0.85	0.56	0.11	1.11
社会公共安全设备及器材制造	3.50	2.64	1.26	0.16	2.24
交通安全及管制专用设备制造	0.40	0.36	0.11	0.02	0.28
水资源专用机械制造	3.00	2.18	1.33	0.09	1.68
其他专用设备制造	15.45	10.81	6.00	0.87	9.45
交通运输设备制造业	3597.43	3118.46	1388.97	213.29	2208.46
铁路运输设备制造	266.37	210.92	100.70	11.55	165.67
铁路机车车辆及动车组制造	146.76	119.80	59.56	6.34	87.19
工矿有轨专用车辆制造	4.10	3.68	1.39	0.08	2.71
铁路机车车辆配件制造	38.38	33.57	13.18	1.81	25.20
铁路专用设备及器材、配件制造	22.51	19.14	9.43	1.18	13.08
其他铁路设备制造及设备修理	54.62	34.72	17.14	2.15	37.48
汽车制造	2298.23	2029.17	911.12	160.13	1387.10
汽车整车制造	1581.18	1426.26	620.72	116.21	960.46
改装汽车制造	112.70	87.59	38.51	5.64	74.19
电车制造	0.56	0.52	0.14	0.02	0.42
汽车车身、挂车的制造	5.52	5.00	2.09	0.34	3.43
汽车零部件及配件制造	565.45	487.63	238.93	36.48	326.52
汽车修理	32.81	22.18	10.73	1.45	22.08
摩托车制造	154.85	140.79	65.94	7.47	88.91
摩托车整车制造	123.00	113.61	53.18	6.10	69.82
摩托车零部件及配件制造	31.85	27.17	12.76	1.37	19.09
自行车制造	14.18	9.79	6.90	0.42	7.28
脚踏自行车及残疾人座车制造	13.39	9.02	6.70	0.33	6.69
助动自行车制造	0.79	0.77	0.20	0.09	0.59
船舶及浮动装置制造	406.04	328.51	130.58	14.49	275.46
金属船舶制造	282.21	227.47	87.84	9.41	194.37
非金属船舶制造	0.54	0.51	0.09	0.02	0.44
娱乐船和运动船的建造和修理	0.18	0.17	0.12	0.01	0.07
船用配套设备制造	19.89	14.20	7.01	0.84	12.88
船舶修理及拆船	99.91	83.72	34.88	4.09	65.04
航标器材及其他浮动装置的制造	3.31	2.44	0.64	0.12	2.67
航空航天器制造	454.56	396.52	172.56	19.09	282.00
飞机制造及修理	419.94	363.45	157.75	16.73	262.19
航天器制造	34.62	33.07	14.81	2.36	19.81
其他飞行器制造					
交通器材及其他交通运输设备制造	3.20	2.76	1.17	0.14	2.03

单位：亿元

固定资产净值年平均余额	负债合计	流动负债合计	应付账款	长期负债合计	所有者权益 合　　计	实收资本	国家资本
1.62	5.34	4.46	1.60	0.88	4.10	1.92	0.72
4.13	8.78	8.53	1.83	0.25	8.33	4.60	0.66
0.20	0.41	0.10	0.02	0.30	0.03	0.23	0.22
1.13	1.40	1.21	0.22	0.19	3.03	1.67	0.79
0.52	2.06	2.02	0.19	0.04	0.82	0.54	0.31
30.76	121.45	101.77	19.12	8.59	31.76	37.71	17.45
10.07	45.72	42.21	7.34	2.89	18.44	13.88	6.07
5.17	24.28	11.57	1.18	2.25	-10.25	3.56	3.39
0.50	1.25	1.23	0.20	0.02	0.15	0.32	0.32
1.07	3.20	3.17	0.80	0.04	1.87	3.02	1.70
2.21	7.52	6.68	1.46	0.84	3.12	2.83	0.47
0.28	1.56	1.55	0.42	0.01	1.19	1.00	0.21
1.80	8.05	7.69	1.16	0.34	1.12	1.15	0.85
9.66	29.87	27.66	6.56	2.20	16.13	11.94	4.45
2103.95	5505.19	4761.24	1311.15	715.10	3721.67	2345.27	1049.79
160.13	350.29	331.28	123.86	17.68	190.60	163.85	69.02
81.36	193.08	181.50	78.42	11.52	96.27	81.72	27.67
2.71	4.78	4.47	1.29	0.31	1.59	2.47	2.26
24.47	48.65	46.01	13.80	2.59	27.62	27.25	13.93
13.07	44.48	42.08	10.44	1.91	25.46	19.86	5.16
38.52	59.30	57.23	19.92	1.35	39.65	32.56	19.99
1327.16	3180.31	2789.01	944.45	365.90	2956.17	1615.40	598.02
910.87	2209.86	1960.13	697.46	235.90	2233.45	1128.71	391.84
75.63	246.12	226.98	85.75	16.79	104.32	77.56	39.83
0.42	2.26	1.33	0.16	0.92	1.04	0.44	0.18
3.49	14.02	9.86	2.56	1.53	7.17	5.98	2.89
314.85	664.11	551.44	152.02	106.34	586.90	386.52	154.07
21.91	43.94	39.27	6.50	4.42	23.28	16.18	9.21
90.58	261.55	223.69	49.84	37.57	75.89	71.89	44.19
71.51	220.19	190.30	38.08	29.89	63.10	50.98	32.06
19.08	41.36	33.39	11.77	7.68	12.78	20.91	12.13
7.58	47.09	43.50	9.99	2.52	-3.54	16.26	7.39
6.98	45.95	42.49	9.39	2.40	-5.51	14.64	7.21
0.60	1.14	1.01	0.61	0.12	1.97	1.62	0.18
262.49	951.08	810.70	77.88	139.98	168.41	167.46	80.53
183.32	804.09	692.90	61.62	111.16	105.38	108.96	49.08
0.45	1.35	1.30	0.38	0.06	0.43	0.17	0.11
0.07	0.16	0.14	0.02		0.06	0.06	0.01
11.83	39.22	33.01	4.17	6.12	8.25	8.39	3.78
64.10	102.48	80.11	11.06	22.31	52.73	47.32	26.47
2.72	3.77	3.24	0.62	0.33	1.57	2.55	1.08
254.14	710.54	559.00	104.21	151.20	332.45	309.14	249.76
235.43	658.01	514.92	99.62	142.75	308.95	297.69	240.94
18.72	52.53	44.08	4.59	8.45	23.47	11.43	8.81
					0.02	0.01	0.01
1.86	4.33	4.07	0.91	0.25	1.70	1.27	0.88

1-A-3 续表 27

行业	固定资产原价	生产经营用	累计折旧	本年折旧	固定资产净值
潜水及水下救捞装备制造	0.14	0.14	0.07	0.01	0.07
交通管理用金属标志及设施制造	0.99	0.80	0.24	0.04	0.75
其他交通运输设备制造	2.07	1.81	0.86	0.09	1.21
电气机械及器材制造业	624.18	518.20	252.83	30.67	371.35
电机制造	136.34	111.84	61.55	7.41	74.79
发电机及发电机组制造	67.93	59.81	32.77	4.27	35.16
电动机制造	55.66	41.55	23.26	2.54	32.40
微电机及其他电机制造	12.75	10.48	5.52	0.60	7.23
输配电及控制设备制造	169.29	138.96	64.53	7.92	104.77
变压器、整流器和电感器制造	77.90	64.96	27.40	3.41	50.50
电容器及其配套设备制造	5.19	4.64	2.33	0.28	2.86
配电开关控制设备制造	42.89	33.04	18.96	2.09	23.93
电力电子元器件制造	15.63	12.10	6.36	0.69	9.27
其他输配电及控制设备制造	27.70	24.22	9.48	1.45	18.21
电线、电缆、光缆及电工器材制造	127.10	103.40	53.49	5.83	73.61
电线电缆制造	81.47	65.79	35.82	3.44	45.64
光纤、光缆制造	30.53	26.52	11.52	2.07	19.02
绝缘制品制造	13.45	10.12	5.51	0.26	7.94
其他电工器材制造	1.65	0.98	0.65	0.07	1.01
电池制造	47.51	42.00	16.86	2.61	30.64
家用电力器具制造	112.12	94.96	44.61	5.28	67.52
家用制冷电器具制造	47.46	37.68	18.96	1.85	28.50
家用空气调节器制造	32.04	28.22	11.85	1.59	20.19
家用通风电器具制造	2.26	2.19	1.02	0.10	1.24
家用厨房电器具制造	3.96	3.75	1.30	0.04	2.67
家用清洁卫生电器具制造	22.98	19.79	10.09	1.49	12.88
家用美容、保健电器具制造	0.07	0.04	0.04	0.01	0.04
家用电力器具专用配件制造	1.00	0.95	0.13	0.04	0.87
其他家用电力器具制造	2.35	2.34	1.21	0.16	1.14
非电力家用器具制造	3.45	2.88	1.41	0.15	2.04
燃气、太阳能及类似能源的器具制造	3.44	2.87	1.41	0.15	2.03
其他非电力家用器具制造	0.01	0.01			0.01
照明器具制造	15.49	12.03	5.26	0.68	10.23
电光源制造	6.60	5.05	2.16	0.27	4.43
照明灯具制造	4.29	3.27	1.26	0.12	3.04
灯用电器附件及其他照明器具制造	4.60	3.72	1.84	0.29	2.76
其他电气机械及器材制造	12.87	12.13	5.12	0.79	7.75
车辆专用照明及电气信号设备装置制造	9.07	8.88	3.39	0.63	5.68
其他未列明的电气机械制造	3.80	3.25	1.73	0.16	2.07
通信设备、计算机及其他电子设备制造业	1213.10	1065.12	497.27	78.33	715.83
通信设备制造	202.42	156.38	74.94	11.99	127.48
通信传输设备制造	49.75	37.81	19.80	2.86	29.95
通信交换设备制造	67.13	45.85	21.69	3.39	45.44
通信终端设备制造	23.56	20.40	11.12	0.99	12.44
移动通信及终端设备制造	42.64	37.20	14.59	3.65	28.05
其他通信设备制造	19.34	15.12	7.75	1.10	11.60

单位：亿元

固定资产净值年平均余额	负债合计	流动负债合计		长期负债合计	所有者权益		
			应付账款		合　计	实收资本	
							国家资本
0.07	0.21	0.19	0.04	0.02	0.32	0.12	0.12
0.69	1.22	1.17	0.53	0.04	0.86	0.43	0.30
1.10	2.90	2.71	0.35	0.19	0.52	0.71	0.46
363.65	1371.87	1229.42	264.37	136.18	561.75	408.26	177.82
71.39	349.69	322.15	37.86	27.05	114.06	82.37	33.11
33.28	234.12	220.52	16.54	13.55	58.08	42.67	12.44
30.79	98.75	88.69	18.75	9.63	49.44	33.34	17.89
7.33	16.82	12.94	2.57	3.87	6.54	6.36	2.78
102.12	420.18	374.22	85.40	41.93	201.80	119.24	52.65
48.27	147.65	134.54	30.09	10.44	65.19	39.50	15.94
2.91	7.95	6.74	1.61	1.21	4.66	3.20	1.44
23.49	124.59	110.48	31.14	13.42	57.98	42.66	23.37
9.81	39.12	32.69	5.81	5.76	16.95	9.23	3.75
17.63	100.88	89.78	16.74	11.09	57.02	24.64	8.15
72.06	208.16	178.23	29.00	28.89	92.67	76.91	36.41
46.11	156.15	139.97	21.59	15.27	60.53	52.86	26.69
17.40	25.03	17.26	4.53	7.77	28.01	16.19	5.96
7.53	23.95	18.58	2.34	5.25	2.40	6.53	3.34
1.02	3.03	2.42	0.54	0.60	1.72	1.33	0.41
31.28	74.74	64.51	10.73	9.83	41.34	33.80	15.30
66.86	278.69	255.82	94.35	22.86	86.64	73.89	29.67
28.84	92.19	79.73	21.84	12.47	34.18	36.66	14.98
19.18	125.86	124.85	59.66	1.02	32.62	18.10	3.99
1.13	3.66	3.28	0.98	0.38	1.39	0.80	0.52
2.69	12.42	11.03	2.55	1.39	5.30	5.36	4.64
12.92	40.39	33.08	8.19	7.31	4.00	9.67	3.88
0.04	0.29	0.29	0.23		0.07	0.04	0.02
0.87	2.02	1.99	0.39	0.04	7.89	2.10	1.52
1.18	1.84	1.58	0.50	0.26	1.18	1.17	0.13
2.12	4.13	3.09	0.33	1.04	2.70	3.04	1.87
2.11	4.11	3.07	0.31	1.04	2.69	3.01	1.85
0.01	0.02	0.02	0.02		0.01	0.02	0.02
10.35	23.70	19.88	4.56	3.72	12.34	12.15	7.28
4.46	9.14	7.68	1.87	1.37	4.94	6.48	5.14
3.11	7.63	5.44	1.25	2.18	1.72	2.38	1.87
2.78	6.93	6.76	1.45	0.17	5.68	3.29	0.27
7.47	12.58	11.51	2.14	0.86	10.21	6.86	1.52
5.36	6.83	6.58	1.04	0.25	6.38	4.57	0.09
2.12	5.75	4.92	1.10	0.62	3.82	2.29	1.43
700.42	2234.23	1932.26	530.68	279.34	1542.48	868.54	239.83
125.37	708.84	640.26	178.39	56.35	396.24	177.03	50.87
29.90	181.23	150.17	21.83	19.67	75.37	47.70	23.53
43.77	263.41	242.98	75.45	20.19	169.02	51.49	8.78
12.52	41.45	34.27	6.50	6.63	28.32	23.83	5.94
26.81	189.13	185.08	67.06	4.00	64.86	34.77	5.07
12.37	33.62	27.76	7.55	5.86	58.67	19.25	7.54

1-A-3 续表 28

行业	固定资产原价	生产经营用	累计折旧	本年折旧	固定资产净值
雷达及配套设备制造	46.27	33.98	17.18	2.17	29.09
广播电视设备制造	6.32	4.07	2.83	0.26	3.49
广播电视节目制作及发射设备制造	3.38	2.36	1.61	0.12	1.76
广播电视接收设备及器材制造	1.29	0.95	0.79	0.03	0.50
应用电视设备及其他广播电视设备制造	1.66	0.76	0.43	0.12	1.23
电子计算机制造	92.81	80.20	26.89	4.46	65.92
电子计算机整机制造	45.83	44.16	13.66	2.14	32.17
计算机网络设备制造	6.73	5.38	1.94	0.47	4.79
电子计算机外部设备制造	40.25	30.66	11.29	1.85	28.96
电子器件制造	510.14	479.65	238.27	40.85	271.87
电子真空器件制造	261.20	246.88	106.51	17.16	154.69
半导体分立器件制造	34.48	28.92	12.18	1.83	22.30
集成电路制造	146.30	137.67	96.53	15.16	49.77
光电子器件及其他电子器件制造	68.15	66.18	23.05	6.69	45.11
电子元件制造	207.50	186.05	80.03	11.76	127.48
电子元件及组件制造	195.36	174.75	74.18	10.81	121.18
印制电路板制造	12.14	11.30	5.85	0.94	6.29
家用视听设备制造	133.79	113.51	54.14	6.32	79.66
家用影视设备制造	124.39	105.35	50.11	5.80	74.28
家用音响设备制造	9.40	8.15	4.02	0.52	5.38
其他电子设备制造	13.85	11.28	3.00	0.53	10.85
仪器仪表及文化、办公用机械制造业	196.28	162.64	77.00	9.35	119.28
通用仪器仪表制造	77.03	65.12	31.00	3.47	46.03
工业自动控制系统装置制造	36.86	31.94	15.63	1.49	21.23
电工仪器仪表制造	15.58	11.00	6.16	0.76	9.43
绘图、计算及测量仪器制造	4.57	4.20	1.92	0.17	2.65
实验分析仪器制造	4.77	4.29	2.12	0.21	2.65
试验机制造	5.38	4.92	1.41	0.28	3.97
供应用仪表及其他通用仪器制造	9.86	8.78	3.76	0.56	6.10
专用仪器仪表制造	43.62	33.37	17.93	2.38	25.69
环境监测专用仪器仪表制造	0.32	0.29	0.17	0.03	0.15
汽车及其他用计数仪表制造	8.08	6.63	3.57	0.58	4.50
导航、气象及海洋专用仪器制造	19.20	13.08	7.29	0.83	11.91
地质勘探和地震专用仪器制造	6.81	5.62	3.10	0.44	3.71
教学专用仪器制造	0.71	0.60	0.30	0.03	0.41
核子及核辐射测量仪器制造	2.59	2.13	0.95	0.08	1.64
电子测量仪器制造	3.62	2.95	1.50	0.28	2.11
其他专用仪器制造	2.28	2.08	1.04	0.11	1.24
钟表与计时仪器制造	13.00	9.11	6.70	0.39	6.30
光学仪器及眼镜制造	50.70	44.90	16.04	2.48	34.66
光学仪器制造	48.09	43.41	15.20	2.37	32.89
眼镜制造	2.61	1.49	0.84	0.11	1.77
文化、办公用机械制造	10.51	9.07	4.63	0.56	5.88
电影机械制造	1.27	0.63	0.50	0.05	0.76
幻灯及投影设备制造	0.07	0.07	0.03		0.04

单位：亿元

固定资产净值年平均余额	负债合计	流动负债合计	应付账款	长期负债合计	所有者权益合计	实收资本	国家资本
27.37	82.38	64.99	10.48	9.88	42.94	27.58	18.70
3.49	25.72	23.22	4.41	2.50	4.60	6.62	3.83
1.79	16.98	16.27	1.92	0.71	1.13	3.01	1.56
0.52	3.43	3.06	1.24	0.37	0.76	1.43	1.15
1.18	5.31	3.89	1.25	1.41	2.71	2.17	1.11
54.87	336.05	306.52	130.06	28.93	275.45	131.02	26.72
31.58	243.97	217.69	99.28	26.07	153.85	53.82	17.09
4.92	23.25	22.86	3.35	0.20	14.93	10.87	2.93
18.38	68.82	65.97	27.43	2.66	106.67	66.33	6.70
277.19	436.80	323.98	70.13	112.64	412.47	287.69	71.47
155.68	232.46	185.11	33.87	47.28	214.80	112.74	36.67
22.43	53.00	32.73	5.65	20.17	22.04	20.06	7.32
54.13	62.53	31.06	9.23	31.47	83.30	103.62	3.74
44.95	88.81	75.08	21.37	13.73	92.32	51.27	23.73
121.23	278.65	226.37	58.99	50.52	169.88	118.98	38.80
115.16	267.84	216.32	54.34	49.78	159.31	112.56	37.11
6.07	10.81	10.05	4.66	0.74	10.57	6.41	1.69
78.97	345.04	329.92	75.57	14.77	217.41	110.47	27.40
73.58	322.85	309.06	65.08	13.44	207.77	102.76	25.90
5.39	22.19	20.86	10.49	1.33	9.64	7.71	1.50
11.93	20.75	17.00	2.66	3.76	23.51	9.15	2.05
115.48	348.95	282.37	57.97	63.39	160.18	132.78	60.04
45.43	163.20	142.29	25.69	20.60	74.82	63.33	27.42
21.19	88.80	80.87	13.93	7.64	47.80	33.72	15.23
9.26	23.85	20.47	3.85	3.38	5.36	9.32	3.41
2.06	12.73	11.87	1.60	0.86	-0.79	1.94	1.03
3.01	10.26	9.17	1.61	1.09	6.73	6.03	2.00
4.03	10.56	5.79	1.10	4.78	9.82	5.30	3.39
5.89	17.00	14.12	3.60	2.86	5.90	7.02	2.37
25.43	65.72	46.58	10.68	18.96	30.07	30.45	16.45
0.15	1.27	1.20	0.31	0.06	1.52	1.24	0.30
4.40	8.21	6.81	3.40	1.40	9.69	5.08	0.76
11.43	25.76	17.53	2.89	8.13	14.12	8.54	2.33
4.08	14.21	8.53	1.31	5.67	-1.94	8.19	8.11
0.40	1.21	1.18	0.20	0.01	0.81	0.59	0.56
1.65	4.92	3.32	0.39	1.60	0.34	1.12	1.11
2.07	6.41	4.53	1.05	1.81	3.05	2.95	1.59
1.24	3.74	3.47	1.12	0.27	2.48	2.74	1.70
6.34	31.30	21.87	3.75	7.02	-2.39	6.16	5.12
31.31	58.97	47.18	11.24	11.55	37.03	17.38	5.65
29.73	55.53	44.37	10.33	10.92	31.79	15.35	5.64
1.58	3.44	2.80	0.91	0.63	5.24	2.03	0.01
6.24	26.08	21.32	5.95	4.74	18.85	13.82	4.81
0.78	2.00	1.34	0.25	0.66	0.52	0.38	0.34
0.04	0.39	0.08	0.03	0.31	-0.04	0.20	

1-A-3 续表 29

行业	固定资产原价	生产经营用	累计折旧	本年折旧	固定资产净值
照相机及器材制造	3.19	2.83	1.30	0.23	1.89
复印和胶印设备制造	4.22	3.94	2.06	0.13	2.16
计算器及货币专用设备制造	1.35	1.31	0.59	0.15	0.75
其他文化、办公用机械制造	0.42	0.29	0.15	0.02	0.27
其他仪器仪表的制造及修理	1.43	1.07	0.70	0.06	0.73
工艺品及其他制造业	173.22	142.98	51.97	7.22	121.25
工艺美术品制造	15.52	12.73	4.91	0.58	10.60
雕塑工艺品制造	0.34	0.21	0.13	0.01	0.21
金属工艺品制造	1.72	0.72	0.68	0.08	1.03
漆器工艺品制造	0.34	0.23	0.15	0.01	0.18
花画工艺品制造	0.18	0.17	0.05	0.01	0.13
天然植物纤维编织工艺品制造	0.06	0.04	0.02		0.04
抽纱刺绣工艺品制造	1.24	1.13	0.51	0.06	0.73
地毯、挂毯制造	6.15	5.58	1.77	0.18	4.38
珠宝首饰及有关物品的制造	4.15	3.53	1.15	0.14	3.00
其他工艺美术品制造	1.36	1.13	0.45	0.09	0.91
日用杂品制造	1.03	0.78	0.44	0.04	0.59
制镜及类似品加工					
鬃毛加工、制刷及清扫工具的制造	0.18	0.13	0.09	0.01	0.08
其他日用杂品制造	0.85	0.65	0.34	0.03	0.51
煤制品制造	1.35	1.08	0.39	0.03	0.97
其他未列明的制造业	154.82	127.93	46.10	6.54	108.72
废弃资源和废旧材料回收加工业	2.67	2.06	0.97	0.18	1.70
金属废料和碎屑的加工处理	2.43	1.86	0.89	0.17	1.54
非金属废料和碎屑的加工处理	0.24	0.20	0.09	0.01	0.15
电力、燃气及水的生产和供应业	28748.55	25510.87	9109.45	1550.73	19639.10
电力、热力的生产和供应业	26103.53	23164.80	8326.27	1426.49	17777.25
电力生产	13700.27	12895.20	4816.97	663.94	8883.30
火力发电	8485.84	7897.51	3501.89	463.78	4983.95
水力发电	4190.51	3988.33	1046.71	150.50	3143.80
核力发电	966.64	954.40	249.80	46.40	716.83
其他能源发电	57.29	54.96	18.57	3.26	38.72
电力供应	11789.83	9698.14	3348.84	733.08	8440.99
热力生产和供应	613.42	571.47	160.46	29.47	452.96
燃气生产和供应业	644.62	546.24	182.64	34.79	461.98
水的生产和供应业	2000.41	1799.83	600.54	89.46	1399.86
自来水的生产和供应	1855.49	1660.74	583.13	85.10	1272.36
污水处理及其再生利用	144.92	139.09	17.42	4.36	127.50
其他水的处理、利用与分配					

单位：亿元

固定资产净值年平均余额	负债合计	流动负债合计	应付账款	长期负债合计	所有者权益 合计	实收资本	国家资本
2.18	8.53	7.45	0.62	1.08	6.66	6.98	3.50
2.09	8.53	6.25	1.66	2.27	4.76	3.62	0.77
0.88	6.15	5.79	3.34	0.36	6.47	2.34	0.15
0.28	0.47	0.40	0.06	0.06	0.47	0.29	0.05
0.72	3.67	3.13	0.66	0.51	1.79	1.64	0.58
110.72	199.19	130.97	35.19	67.83	104.75	71.78	46.74
10.90	27.51	24.75	3.92	2.58	10.32	11.20	5.01
0.22	0.76	0.67	0.04	0.08	0.09	0.24	0.18
1.07	3.10	3.02	0.29	0.08	0.66	1.07	0.35
0.19	0.45	0.35	0.02	0.05	0.96	0.06	0.05
0.13	0.34	0.34	0.01	0.01	0.20	0.17	0.16
0.04	0.23	0.21	0.08	0.03	-0.01	0.01	0.01
0.75	1.47	0.89	0.27	0.47	0.44	0.58	0.51
4.05	9.24	7.55	1.82	1.69	2.23	4.10	2.64
3.56	8.86	8.80	0.73	0.06	4.16	3.56	0.63
0.90	3.05	2.93	0.66	0.12	1.59	1.42	0.49
0.61	1.04	0.60	0.11	0.44	0.25	0.65	0.14
	0.09	0.01		0.08		0.01	0.01
0.09	0.17	0.17	0.04		0.04	0.13	0.07
0.53	0.78	0.42	0.07	0.36	0.21	0.52	0.06
0.96	1.61	1.20	0.06	0.40	0.97	0.53	0.38
97.89	168.53	104.13	31.06	64.20	92.58	58.88	41.01
1.29	2.46	2.16	1.25	0.30	2.33	1.74	0.27
1.13	2.30	2.00	1.18	0.30	2.19	1.61	0.17
0.16	0.16	0.16	0.07		0.14	0.13	0.10
19201.16	19161.95	7458.60	1565.99	11597.01	16598.36	9882.59	6508.23
17393.77	17716.23	6694.93	1470.17	10929.30	14760.25	8713.25	5643.30
8862.07	8620.63	2846.01	462.46	5704.04	4411.36	3394.63	1801.93
4942.81	5080.64	2115.65	396.59	2906.15	2563.16	1925.98	666.29
3176.45	2778.80	608.55	54.37	2158.51	1616.39	1350.26	1076.53
704.49	721.36	105.91	10.00	615.45	211.89	102.62	51.11
38.33	39.83	15.90	1.50	23.94	19.91	15.77	8.00
8106.24	8614.85	3529.98	953.10	5072.15	10009.77	5132.93	3689.44
425.46	480.75	318.94	54.61	153.10	339.12	185.69	151.94
447.28	384.77	232.47	34.34	142.08	485.21	367.60	203.63
1360.10	1060.95	531.20	61.49	525.64	1352.90	801.74	661.29
1238.10	955.23	507.86	59.79	443.60	1215.00	706.13	583.32
122.00	105.72	23.33	1.70	82.04	137.89	95.61	77.97
					0.01		

1-A-3 续表 30

行业	集体资本	法人资本	个人资本	港澳台资本	外商资本
总计	**164.72**	**10556.03**	**779.19**	**400.56**	**893.15**
在总计中:					
亏损企业	46.58	1923.71	76.07	55.65	164.12
在总计中:					
中央企业	22.46	5339.11	125.69	84.20	167.89
地方企业	142.26	5216.92	653.50	316.36	725.26
在总计中:					
轻工业	43.98	1143.25	243.57	103.41	172.07
重工业	120.74	9412.78	535.63	297.15	721.08
在总计中:					
大型企业	33.00	6247.69	380.20	160.14	337.11
中型企业	71.68	3022.78	297.64	140.53	360.33
小型企业	60.04	1285.55	101.36	99.88	195.71
采矿业	14.84	1814.17	35.28	10.48	5.89
煤炭开采和洗选业	10.04	418.13	24.10	0.36	1.77
烟煤和无烟煤的开采洗选	9.85	367.28	23.74	0.11	1.77
褐煤的开采洗选	0.20	50.82	0.37	0.25	
其他煤炭采选		0.03			
石油和天然气开采业	2.48	1260.66	5.13	9.76	2.44
天然原油和天然气开采	2.48	868.27	5.13	9.76	2.44
与石油和天然气开采有关的服务活动		392.39			
黑色金属矿采选业	0.38	82.31	1.08	0.14	
铁矿采选	0.22	81.11	0.30	0.14	
其他黑色金属矿采选	0.16	1.20	0.78		
有色金属矿采选业	1.09	20.64	2.47	0.11	0.93
常用有色金属矿采选	0.61	11.90	0.90	0.11	0.71
铜矿采选	0.44	4.59	0.26		
铅锌矿采选	0.13	7.01	0.61	0.11	0.71
镍钴矿采选					
锡矿采选		0.30			
锑矿采选	0.04				
铝矿采选					
镁矿采选					
其他常用有色金属矿采选			0.02		
贵金属矿采选	0.36	4.66	1.40		0.16
金矿采选	0.36	4.53	1.39		0.16
银矿采选		0.13	0.01		
稀有稀土金属矿采选	0.12	4.08	0.18		0.07
钨钼矿采选	0.12	1.06	0.07		
稀土金属矿采选		0.09	0.11		
放射性金属矿采选		1.63			
其他稀有金属矿采选		1.30			0.07
非金属矿采选业	0.86	32.42	2.50	0.11	0.75
土砂石开采	0.42	10.45	0.43		0.02
石灰石、石膏开采	0.04	7.02	0.14		

单位：亿元

主营业务收入	主营业务成本	主营业务 税金及附加	其他业务收入	其他业务利润	营业费用	管理费用	税　金
71430.99	**57187.96**	**1921.90**	**2918.85**	**389.25**	**1692.23**	**4567.40**	**146.51**
8436.63	7689.35	179.21	455.42	60.35	242.01	863.82	30.60
31408.99	24408.43	1372.52	1235.02	126.41	406.80	1608.06	56.78
40022.00	32779.54	549.38	1683.83	262.85	1285.43	2959.33	89.73
10124.83	7063.36	1118.85	375.56	80.58	539.91	800.23	24.86
61306.16	50124.60	803.05	2543.29	308.68	1152.32	3767.16	121.66
47320.81	37829.98	1278.11	2100.73	187.82	948.07	2610.05	87.63
18079.75	14328.23	600.72	614.82	126.54	544.95	1376.88	40.89
6030.43	5029.75	43.07	203.29	74.89	199.20	580.46	17.99
8100.54	4619.93	161.36	697.75	34.12	222.69	905.56	33.00
3123.84	2057.12	43.99	422.38	18.28	162.04	530.39	10.76
3032.14	1991.08	42.59	415.64	17.95	159.25	515.56	10.26
91.12	65.62	1.40	6.74	0.33	2.72	14.74	0.50
0.58	0.42	0.01			0.07	0.09	
4265.00	2082.45	106.08	240.48	8.99	36.41	265.75	19.72
3508.91	1376.92	96.11	173.24	6.58	30.79	199.72	15.99
756.09	705.53	9.96	67.24	2.41	5.62	66.03	3.73
227.06	142.38	4.94	24.61	2.07	5.16	42.22	1.08
210.79	131.53	4.78	23.73	1.89	4.27	39.51	0.98
16.27	10.85	0.15	0.88	0.18	0.90	2.71	0.09
324.56	232.09	1.77	5.70	2.22	3.80	42.57	0.80
114.86	77.33	0.82	3.22	1.01	2.41	18.24	0.24
57.74	42.65	0.32	1.64	0.60	1.00	8.50	0.12
49.72	30.04	0.39	1.41	0.23	1.23	8.39	0.11
0.88	0.50	0.02			0.05	0.20	
3.45	1.76	0.03	0.16	0.14	0.02	0.76	
1.41	1.02	0.01		0.01		0.27	
0.24	0.11	0.04			0.05	0.04	
0.02	0.01		0.02	0.02	0.01	0.01	
1.42	1.24	0.01			0.05	0.07	
164.85	134.06	0.65	1.46	1.01	0.81	16.31	0.43
161.24	131.73	0.58	1.43	0.99	0.75	15.56	0.35
3.61	2.34	0.07	0.03	0.02	0.06	0.74	0.08
44.85	20.69	0.29	1.02	0.20	0.58	8.03	0.13
38.34	15.36	0.19	0.83	0.10	0.47	6.88	0.09
2.80	2.59	0.10			0.01	0.05	
2.21	1.63		0.03	0.01	0.03	0.74	0.03
1.50	1.10	0.01	0.15	0.09	0.06	0.36	0.01
159.85	105.71	4.58	4.58	2.55	15.27	24.61	0.65
29.70	20.83	0.55	1.69	0.69	1.94	4.62	0.17
10.26	7.03	0.25	1.35	0.54	0.67	2.20	0.09

1-A-3 续表 31

行　业	集体资本	法人资本	个人资本	港澳台资本	外商资本
建筑装饰用石开采	0.04	0.04	0.21		0.02
耐火土石开采	0.02	0.83	0.05		
粘土及其他土砂石开采	0.32	2.56	0.03		
化学矿采选		15.52	0.14		
采盐	0.16	5.37	1.79		0.50
石棉及其他非金属矿采选	0.29	1.08	0.14	0.11	0.23
石棉、云母矿采选		0.09			
石墨、滑石采选	0.26	0.15	0.09	0.11	0.19
宝石、玉石开采					
其他非金属矿采选	0.02	0.84	0.05		0.04
其他采矿业					
制造业	119.78	5664.60	670.33	313.59	770.32
农副食品加工业	3.83	56.31	19.23	6.00	9.32
谷物磨制	0.51	15.11	2.85	1.18	0.40
饲料加工	0.32	4.10	6.18	0.83	1.02
植物油加工	1.78	9.90	0.27	0.13	0.99
食用植物油加工	1.78	9.85	0.27	0.13	0.99
非食用植物油加工		0.05			
制糖	0.41	8.11	4.11	0.34	0.63
屠宰及肉类加工	0.48	11.63	5.29	2.38	3.66
畜禽屠宰	0.25	4.54	1.13		0.04
肉制品及副产品加工	0.22	7.09	4.17	2.37	3.62
水产品加工	0.14	2.42	0.06	0.36	0.90
水产品冷冻加工	0.10	0.87	0.01	0.06	0.84
鱼糜制品及水产品干腌制加工	0.04	1.48	0.04	0.27	0.06
水产饲料制造		0.03		0.03	
鱼油提取及制品的制造		0.03			
其他水产品加工					
蔬菜、水果和坚果加工		0.33	0.06	0.27	0.07
其他农副食品加工	0.19	4.71	0.40	0.52	1.65
淀粉及淀粉制品的制造		1.90	0.16	0.45	0.99
豆制品制造	0.15	2.26	0.11		0.46
蛋品加工		0.12	0.06		
其他未列明的农副食品加工	0.05	0.44	0.07	0.07	0.21
食品制造业	1.51	54.79	10.79	7.37	6.14
焙烤食品制造		2.29	0.13	0.89	0.42
糕点、面包制造		1.80	0.03	0.88	0.40
饼干及其他焙烤食品制造		0.49	0.10	0.02	0.03
糖果、巧克力及蜜饯制造		3.34		0.08	0.73
糖果、巧克力制造		3.31		0.08	0.73
蜜饯制作		0.03			
方便食品制造	0.02	2.82	0.36	1.27	0.45
米、面制品制造	0.02	0.72	0.15		0.01
速冻食品制造		1.29	0.03		0.11
方便面及其他方便食品制造		0.81	0.18	1.27	0.32
液体乳及乳制品制造	0.85	15.86	4.00	3.38	1.39

单位: 亿元

主营业务收入	主营业务成本	主营业务税金及附加	其他业务收入	其他业务利润	营业费用	管理费用	税 金
5.28	4.36	0.04	0.02	0.02	0.26	0.22	0.01
5.72	4.27	0.08	0.22	0.03	0.49	0.71	0.02
8.44	5.16	0.18	0.11	0.09	0.52	1.49	0.05
55.93	41.74	0.54	0.93	0.19	3.77	7.24	0.16
64.80	36.27	3.38	1.63	1.11	8.51	11.39	0.30
9.42	6.87	0.11	0.32	0.56	1.04	1.37	0.02
2.94	2.31	0.04	0.09	0.06	0.08	0.52	
4.77	3.38	0.03	0.23	0.50	0.85	0.56	0.01
1.71	1.18	0.03			0.11	0.29	
0.23	0.19	0.01				0.02	
48801.99	39721.60	1676.51	2032.39	284.51	1398.76	3115.86	91.70
1030.93	924.07	5.63	15.83	5.82	30.33	38.26	1.91
167.54	153.60	0.64	1.39	0.80	6.25	6.31	0.32
106.94	95.22	1.66	1.18	0.52	3.22	4.58	0.09
195.12	182.74	1.11	3.64	0.74	3.23	4.44	0.24
192.72	180.58	1.07	3.54	0.67	3.17	4.38	0.24
2.40	2.15	0.04	0.10	0.07	0.05	0.06	0.01
102.40	79.61	0.83	2.03	0.68	2.34	7.67	0.56
361.18	327.72	0.88	5.85	1.87	10.73	9.75	0.48
155.18	141.56	0.53	3.76	0.90	4.23	5.64	0.35
206.00	186.16	0.35	2.10	0.97	6.50	4.11	0.13
47.80	43.33	0.32	0.74	0.46	1.27	2.26	0.07
37.75	33.53	0.31	0.49	0.39	0.97	1.78	0.06
8.06	7.92	0.01	0.24	0.06	0.27	0.37	0.01
1.78	1.72		0.02	0.02	0.02	0.06	
0.21	0.16				0.01	0.05	
10.06	8.19	0.06	0.26	0.09	0.63	0.80	0.04
39.88	33.67	0.12	0.73	0.66	2.67	2.47	0.11
21.47	18.16	0.06	0.46	0.25	1.42	1.05	0.05
9.46	7.94	0.04	0.20	0.36	0.78	0.82	0.03
1.19	1.00		0.03	0.02	0.11	0.09	
7.77	6.57	0.01	0.05	0.02	0.36	0.52	0.02
333.44	264.65	1.77	12.35	2.24	31.94	23.59	0.97
11.22	8.14	0.14	0.31	0.28	1.11	1.53	0.06
7.24	5.05	0.04	0.25	0.23	0.87	1.10	0.03
3.98	3.09	0.10	0.06	0.05	0.25	0.43	0.03
6.15	4.62	0.08	0.14	0.05	0.44	0.63	0.01
6.02	4.54	0.08	0.14	0.05	0.43	0.59	0.01
0.12	0.08				0.01	0.04	
19.43	15.65	0.05	0.36	0.22	1.20	2.06	0.05
6.40	5.73	0.01	0.24	0.08	0.34	0.54	0.01
3.90	2.96	0.02	0.11	0.12	0.48	0.62	0.02
9.13	6.96	0.02		0.02	0.38	0.91	0.02
112.15	87.03	0.34	7.81	0.47	17.84	4.84	0.13

1-A-3 续表 32

行业	集体资本	法人资本	个人资本	港澳台资本	外商资本
罐头制造	0.03	10.05	1.42	0.24	0.06
肉、禽类罐头制造		1.27	0.01	0.11	
水产品罐头制造		2.34	0.01		0.01
蔬菜、水果罐头制造		6.30	1.40	0.04	0.05
其他罐头食品制造	0.03	0.14		0.09	
调味品、发酵制品制造	0.39	8.07	4.15	0.26	2.76
味精制造	0.10	1.14	0.29		1.53
酱油、食醋及类似制品的制造	0.10	1.94	0.88	0.26	0.02
其他调味品、发酵制品制造	0.19	5.00	2.97		1.21
其他食品制造	0.22	12.36	0.74	1.24	0.33
营养、保健食品制造		0.46			0.02
冷冻饮品及食用冰制造		2.34	0.05	0.20	0.07
盐加工	0.14	5.76	0.25		
食品及饲料添加剂制造	0.03	1.33	0.38	0.09	0.07
其他未列明的食品制造	0.05	2.46	0.07	0.95	0.18
饮料制造业	1.84	73.50	26.36	9.44	20.20
酒精制造		3.94	0.53	0.23	0.09
酒的制造	0.94	52.04	24.32	4.83	13.23
白酒制造	0.78	7.31	15.63	0.07	0.66
啤酒制造	0.09	37.13	6.72	4.14	11.91
黄酒制造	0.05	4.31	1.22	0.22	0.08
葡萄酒制造	0.01	2.27	0.01	0.40	0.47
其他酒制造		1.02	0.74		0.10
软饮料制造	0.31	16.29	1.48	4.29	6.86
碳酸饮料制造		4.11	0.17	1.57	2.89
瓶(罐)装饮用水制造	0.19	2.32	0.03	1.37	1.90
果菜汁及果菜汁饮料制造	0.01	3.45	1.13	0.13	0.72
含乳饮料和植物蛋白饮料制造	0.10	5.95		1.21	1.35
固体饮料制造		0.45	0.15		
茶饮料及其他软饮料制造		0.01			
精制茶加工	0.59	1.23	0.03	0.09	0.03
烟草制品业	0.30	32.80	0.02	0.86	
烟叶复烤		13.64		0.22	
卷烟制造	0.28	17.24		0.64	
其他烟草制品加工	0.02	1.91	0.02		
纺织业	4.37	124.85	28.59	11.84	10.28
棉、化纤纺织及印染精加工	2.35	70.94	10.65	6.75	4.68
棉、化纤纺织加工	2.05	63.55	10.16	5.58	4.36
棉、化纤印染精加工	0.30	7.39	0.49	1.17	0.32
毛纺织和染整精加工	0.06	15.22	6.74	1.14	1.87
毛条加工	0.06	4.97	2.63	0.02	
毛纺织		9.88	4.11	1.11	1.87
毛染整精加工		0.38			
麻纺织	0.48	3.13	0.40	0.08	0.39
丝绢纺织及精加工	0.47	10.32	1.35	0.37	0.08
缫丝加工	0.20	0.96	0.22		0.04

单位：亿元

主营业务收入	主营业务成本	主营业务税金及附加	其他业务收入	其他业务利润	营业费用	管理费用	税金
31.20	26.40	0.09	0.70	0.30	1.97	2.15	0.06
7.02	6.43	0.02	0.32		0.14	0.35	0.02
2.23	1.93	0.02	0.15	0.11	0.26	0.63	0.01
20.29	16.75	0.05	0.22	0.18	1.37	1.09	0.03
1.65	1.30				0.21	0.08	
90.22	72.83	0.39	1.65	0.37	5.62	7.30	0.48
27.69	23.92	0.15	0.41	0.07	1.41	2.34	0.06
15.96	11.92	0.12	0.96	0.22	1.65	2.15	0.09
46.57	36.99	0.13	0.28	0.08	2.56	2.81	0.33
63.08	49.97	0.67	1.37	0.55	3.75	5.08	0.18
0.96	0.56	0.01	0.02	0.02	0.09	0.22	
4.38	3.45	0.03	0.31	0.09	0.35	0.77	0.04
15.92	10.54	0.53	0.48	0.20	2.14	2.11	0.07
8.05	6.47	0.02	0.35	0.19	0.39	0.75	0.02
33.76	28.96	0.08	0.22	0.04	0.78	1.22	0.05
611.53	373.89	58.95	15.33	4.52	73.55	51.58	2.03
37.57	31.84	1.38	0.83	0.10	1.92	1.84	0.10
490.42	281.11	57.28	13.39	3.78	58.51	43.63	1.65
253.98	129.50	33.60	3.43	1.43	32.71	24.08	0.87
197.95	126.16	21.39	9.22	2.21	20.73	16.82	0.60
20.41	13.54	1.08	0.64	0.09	2.47	1.55	0.07
5.75	3.61	0.36	0.10	0.04	0.81	0.50	0.03
12.32	8.30	0.87	0.01	0.01	1.80	0.68	0.07
77.48	56.10	0.20	0.88	0.48	12.74	5.26	0.23
33.62	24.75		0.31	0.18	4.72	1.65	0.06
14.29	8.93	0.06	0.39	0.22	4.93	1.33	0.02
13.27	10.72	0.02	0.16	0.03	0.98	0.83	0.03
14.46	10.39	0.07	0.01	0.05	2.02	1.24	0.12
1.07	0.86	0.02	0.02	0.01	0.08	0.07	
0.77	0.46	0.03			0.02	0.13	
6.06	4.84	0.08	0.23	0.15	0.37	0.85	0.06
2538.00	916.40	1017.10	111.23	9.10	84.85	181.58	3.98
53.85	35.37	0.45	1.99	1.48	2.57	7.31	0.33
2479.46	878.09	1016.58	109.14	7.57	82.07	173.23	3.64
4.68	2.94	0.07	0.11	0.05	0.22	1.05	0.02
935.48	856.42	3.08	32.98	8.70	17.74	70.12	2.49
624.31	580.50	1.82	24.68	5.30	9.56	42.83	1.68
551.56	512.34	1.75	22.50	4.45	8.22	39.08	1.46
72.74	68.16	0.07	2.18	0.85	1.34	3.75	0.22
72.70	66.08	0.29	2.14	0.90	1.63	8.10	0.27
19.50	17.90	0.08	0.38	0.04	0.23	0.82	0.03
51.65	46.79	0.22	1.76	0.86	1.36	7.14	0.23
1.54	1.40		0.01		0.04	0.14	0.01
30.99	28.24	0.26	0.72	0.12	0.76	2.15	0.07
60.53	55.56	0.22	1.65	0.89	1.16	4.21	0.15
12.52	11.63	0.08	0.35	0.13	0.14	0.79	0.03

1-A-3 续表 33

行业	集体资本	法人资本	个人资本	港澳台资本	外商资本
绢纺和丝织加工	0.13	6.60	1.08	0.15	
丝印染精加工	0.14	2.76	0.05	0.22	0.05
纺织制成品制造	0.51	11.71	6.06	0.62	2.03
棉及化纤制品制造	0.36	4.62	0.88	0.17	0.56
毛制品制造		1.63	0.02		1.12
麻制品制造		0.10	0.01		
丝制品制造	0.04	0.03	0.06	0.01	
绳、索、缆的制造		0.13	0.03		
纺织带和帘子布制造		0.31	0.12		0.08
无纺布制造	0.10	4.69	4.85	0.40	0.25
其他纺织制成品制造		0.21	0.10	0.04	0.02
针织品、编织品及其制品制造	0.50	13.53	3.38	2.88	1.23
棉、化纤针织品及编织品制造	0.12	8.20	0.68	1.08	0.62
毛针织品及编织品制造	0.37	4.30	2.64	1.78	0.36
丝针织品及编织品制造		0.72		0.02	
其他针织品及编织品制造		0.30	0.05		0.25
纺织服装、鞋、帽制造业	1.51	12.33	1.46	1.01	2.26
纺织服装制造	1.44	12.18	1.45	1.01	2.24
纺织面料鞋的制造	0.05	0.03			0.02
制帽	0.02	0.12	0.01		
皮革、毛皮、羽毛(绒)及其制品业	0.11	4.66	0.02	0.23	1.20
皮革鞣制加工		1.58	0.01	0.06	0.18
皮革制品制造	0.09	3.03	0.01	0.13	0.98
皮鞋制造	0.03	2.23		0.07	
皮革服装制造		0.06	0.01	0.02	0.11
皮箱、包(袋)制造		0.72		0.01	0.86
皮手套及皮装饰制品制造					
其他皮革制品制造	0.06	0.01		0.03	0.01
毛皮鞣制及制品加工	0.01	0.01		0.02	0.01
毛皮鞣制加工		0.01			
毛皮服装加工	0.01				
其他毛皮制品加工				0.02	0.01
羽毛(绒)加工及制品制造		0.05		0.02	0.03
羽毛(绒)加工					0.03
羽毛(绒)制品加工		0.05		0.02	
木材加工及木、竹、藤、棕、草制品业	0.69	16.18	3.62	6.77	4.64
锯材、木片加工	0.01	2.79	1.52	0.35	
锯材加工	0.01	2.78	1.52	0.35	
木片加工		0.01			
人造板制造	0.20	8.57	0.96	4.70	3.60
胶合板制造	0.17	1.94	0.65		
纤维板制造		4.49	0.26	4.44	3.50
刨花板制造	0.03	1.95	0.05	0.11	0.04
其他人造板、材制造		0.19		0.16	0.06
木制品制造	0.48	4.76	1.14	1.72	1.02
建筑用木料及木材组件加工	0.48	3.37	1.12	1.44	0.73

单位：亿元

主营业务收入	主营业务成本	主营业务税金及附加	其他业务收入	其他业务利润	营业费用	管理费用	税　金
41.11	37.54	0.12	1.10	0.64	0.84	2.75	0.11
6.90	6.40	0.02	0.19	0.11	0.18	0.68	0.01
64.10	55.00	0.27	1.91	0.51	1.82	4.70	0.14
38.33	34.07	0.07	0.72	0.19	0.88	1.97	0.06
4.75	4.03	0.01	0.33	0.11	0.20	0.68	0.03
1.49	1.32	0.01	0.01		0.05	0.19	0.01
1.62	1.40	0.01	0.08	0.03	0.06	0.30	
1.34	1.12	0.02	0.01		0.03	0.11	
3.40	3.10	0.01	0.11	0.03	0.06	0.26	
10.13	7.50	0.15	0.34	0.09	0.43	0.77	0.03
3.04	2.46	0.01	0.31	0.05	0.11	0.42	0.01
82.86	71.03	0.21	1.89	0.98	2.81	8.13	0.18
45.13	38.47	0.12	0.95	0.41	1.79	4.96	0.11
33.91	29.27	0.08	0.85	0.53	0.90	2.63	0.06
1.42	1.23		0.07	0.04	0.07	0.20	
2.39	2.07		0.02		0.05	0.33	
101.46	87.18	0.50	3.11	1.50	2.99	9.54	0.21
97.60	83.63	0.49	3.01	1.46	2.91	9.17	0.21
2.81	2.62		0.10	0.03	0.06	0.30	
1.05	0.93		0.01		0.02	0.08	
27.80	23.70	0.09	0.72	0.37	0.83	3.02	0.07
5.13	4.84		0.17	0.16	0.05	0.36	
16.29	13.43	0.07	0.42	0.18	0.40	2.05	0.03
8.56	7.38	0.03	0.22	0.08	0.32	1.01	0.02
3.20	2.99		0.02	0.02	0.02	0.12	
3.99	2.61	0.03	0.18	0.09	0.04	0.83	
0.20	0.17						
0.35	0.28	0.01			0.01	0.09	
2.50	2.22		0.08	0.02	0.04	0.17	
0.09	0.07					0.02	
2.15	1.90		0.05	0.01	0.03	0.15	
0.26	0.26		0.02			0.01	
3.88	3.20	0.02	0.05	0.01	0.34	0.45	0.03
0.11	0.11		0.02	0.03		0.07	
3.76	3.09	0.02	0.03	-0.02	0.34	0.38	0.03
129.48	111.04	0.64	4.82	0.72	6.49	9.82	0.35
28.95	23.90	0.17	1.88	0.23	1.58	2.49	0.07
27.65	22.77	0.16	1.86	0.22	1.53	2.30	0.06
1.30	1.14		0.02	0.01	0.04	0.19	0.01
78.85	68.36	0.40	1.79	0.30	3.87	5.85	0.23
10.04	8.34	0.14	0.43	0.02	0.50	1.11	0.03
42.27	36.94	0.16	0.72	0.18	1.83	2.89	0.11
20.61	17.60	0.09	0.55	0.07	1.29	1.48	0.07
5.93	5.48	0.01	0.07	0.02	0.25	0.37	0.02
20.59	17.85	0.07	1.15	0.19	1.02	1.34	0.05
15.05	12.97	0.05	0.69	0.07	0.86	0.78	0.03

1-A-3 续表 34

行业	集体资本	法人资本	个人资本	港澳台资本	外商资本
木容器制造		0.89	0.01		
软木制品及其他木制品制造		0.50	0.01	0.28	0.29
竹、藤、棕、草制品制造		0.06			0.01
家具制造业	0.44	5.16	0.11	0.42	1.31
木质家具制造	0.21	3.00	0.10	0.36	0.21
金属家具制造	0.06	2.11	0.01		1.04
塑料家具制造					
其他家具制造	0.17	0.05		0.06	0.06
造纸及纸制品业	3.99	62.76	18.63	8.31	13.14
纸浆制造		23.52	1.05		0.48
造纸	3.27	35.27	16.78	7.96	11.80
机制纸及纸板制造	3.01	33.66	16.13	7.36	11.80
手工纸制造					
加工纸制造	0.26	1.61	0.66	0.60	
纸制品制造	0.72	3.97	0.80	0.35	0.85
纸和纸板容器的制造	0.65	2.90	0.79	0.32	0.78
其他纸制品制造	0.06	1.07	0.01	0.03	0.08
印刷业和记录媒介的复制	2.37	48.22	7.05	8.70	6.65
印刷	2.07	40.72	6.71	8.04	5.32
书、报、刊印刷	1.09	17.69	1.31	3.71	0.28
本册印制	0.11	1.80	0.12	0.09	1.22
包装装潢及其他印刷	0.86	21.23	5.27	4.23	3.82
装订及其他印刷服务活动	0.04	2.21	0.04	0.12	0.02
记录媒介的复制	0.26	5.28	0.30	0.54	1.31
文教体育用品制造业	0.48	8.62	0.86	1.88	0.37
文化用品制造	0.02	4.03	0.35	1.56	0.13
文具制造		1.68	0.01		
笔的制造	0.01	2.15	0.34	1.52	0.13
教学用模型及教具制造		0.02			
墨水、墨汁制造		0.09			
其他文化用品制造	0.01	0.10		0.03	
体育用品制造	0.40	2.61	0.40	0.02	0.18
球类制造		1.00			0.16
体育器材及配件制造	0.40	1.51	0.40	0.02	0.02
训练健身器材制造		0.10			
运动防护用具制造					
其他体育用品制造					
乐器制造	0.05	1.83	0.10	0.27	0.06
中乐器制造					
西乐器制造	0.03	1.83	0.03	0.27	0.03
电子乐器制造			0.07		
其他乐器及零件制造	0.03				0.03
玩具制造		0.15	0.01	0.03	
游艺器材及娱乐用品制造					
露天游乐场所游乐设备制造					
游艺用品及室内游艺器材制造					

单位: 亿元

主营业务收入	主营业务成本	主营业务税金及附加	其他业务收入	其他业务利润	营业费用	管理费用	税　金
2.67	2.37	0.02	0.45	0.10	0.05	0.35	0.01
2.87	2.51	0.01	0.02	0.02	0.11	0.22	0.01
1.10	0.94				0.02	0.14	
58.48	49.57	0.09	0.78	0.53	1.70	3.10	0.09
15.08	12.91	0.07	0.42	0.24	0.84	1.45	0.05
42.53	35.96	0.02	0.35	0.25	0.77	1.57	0.04
0.86	0.70			0.04	0.09	0.08	
490.15	409.42	2.17	17.36	2.13	18.65	30.96	1.29
52.11	44.67	0.31	0.96	0.11	1.62	4.02	0.27
401.92	334.17	1.68	14.98	1.53	15.97	23.77	0.93
390.55	324.34	1.66	14.67	1.51	15.56	22.57	0.91
0.45	0.26				0.02	0.13	
10.92	9.56	0.02	0.30	0.03	0.40	1.06	0.02
36.12	30.59	0.18	1.42	0.49	1.06	3.18	0.09
28.09	24.23	0.12	0.96	0.42	0.82	2.39	0.07
8.03	6.35	0.05	0.46	0.07	0.24	0.79	0.02
293.73	220.43	2.03	14.62	6.32	5.92	43.86	1.27
263.83	198.43	1.85	14.09	5.99	4.83	39.29	0.84
126.52	102.44	0.89	6.85	3.63	2.71	21.20	0.55
9.85	7.19	0.05	0.29	0.17	0.36	1.27	0.02
127.47	88.80	0.91	6.94	2.19	1.76	16.82	0.27
15.51	10.90	0.12	0.14	0.06	0.35	2.44	0.07
14.39	11.10	0.06	0.40	0.27	0.74	2.14	0.36
41.62	33.13	0.16	2.38	0.75	1.66	6.09	0.13
8.70	7.14	0.02	0.52	0.33	0.22	1.85	0.03
0.71	0.59		0.02	0.01	0.04	0.24	
6.92	5.68		0.48	0.30	0.13	1.40	0.02
0.46	0.38		0.01		0.02	0.10	
0.16	0.12		0.01	0.01		0.05	
0.44	0.36				0.04	0.05	
12.82	11.18	0.02	0.61	0.13	0.60	1.14	0.03
2.59	2.12		0.10	0.03	0.15	0.26	0.01
9.46	8.43	0.02	0.46	0.07	0.40	0.67	0.02
0.76	0.63		0.04	0.04	0.03	0.21	
0.01	0.01				0.01		
16.78	12.24	0.11	1.16	0.23	0.73	2.36	0.07
0.04	0.03					0.01	
16.51	12.07	0.11	1.16	0.23	0.70	2.29	0.07
0.11	0.07				0.02	0.01	
0.13	0.07					0.05	
3.11	2.37	0.01	0.09	0.02	0.11	0.70	
0.20	0.20			0.04		0.03	
0.18	0.18			0.04		0.03	
0.02	0.01						

1-A-3 续表 35

行业	集体资本	法人资本	个人资本	港澳台资本	外商资本
石油加工、炼焦及核燃料加工业	0.67	448.32	16.67	34.95	4.03
精炼石油产品的制造	0.20	377.23	13.91	34.46	3.87
原油加工及石油制品制造	0.20	377.23	13.91	34.46	3.87
人造原油生产					
炼焦	0.47	62.26	2.76	0.49	0.14
化学原料及化学制品制造业	8.82	946.04	77.34	19.77	43.97
基础化学原料制造	1.97	389.77	17.85	6.72	9.30
无机酸制造	0.23	3.92	0.92	0.06	0.45
无机碱制造	0.02	44.63	11.61	1.28	0.12
无机盐制造	0.15	17.27	2.17	0.21	1.56
有机化学原料制造	1.26	303.04	2.10	0.67	1.94
其他基础化学原料制造	0.30	20.92	1.04	4.49	5.23
肥料制造	2.56	162.01	18.14	0.62	2.76
氮肥制造	1.18	91.74	12.14	0.26	1.05
磷肥制造	0.13	2.34	2.32	0.03	0.02
钾肥制造		5.12	0.47	0.12	
复混肥料制造	0.77	62.15	2.94	0.02	1.47
有机肥料及微生物肥料制造		0.38			0.22
其他肥料制造	0.47	0.29	0.27	0.19	
农药制造	0.60	15.01	6.08	1.25	0.06
化学农药制造	0.56	14.30	5.21	1.25	0.02
生物化学农药及微生物农药制造	0.04	0.70	0.87		0.05
涂料、油墨、颜料及类似产品制造	0.56	15.99	3.52	0.49	2.55
涂料制造	0.14	5.98	2.89	0.41	1.24
油墨及类似产品制造		1.62	0.30	0.06	0.52
颜料制造	0.06	5.98	0.11	0.01	0.57
染料制造	0.35	2.25	0.21	0.01	0.18
密封用填料及类似品制造	0.01	0.17			0.04
合成材料制造	1.00	241.45	19.52	6.88	17.99
初级形态的塑料及合成树脂制造	0.12	183.87	13.91	5.31	13.14
合成橡胶制造	0.03	2.30	0.01		0.82
合成纤维单(聚合)体的制造	0.85	54.88	5.54	1.57	3.65
其他合成材料制造		0.40	0.06		0.38
专用化学产品制造	2.00	92.22	6.31	1.44	4.71
化学试剂和助剂制造	1.44	56.47	2.17	0.19	0.38
专项化学用品制造	0.14	11.75	0.30	0.06	0.69
林产化学产品制造	0.05	1.25	0.59	0.01	0.05
炸药及火工产品制造	0.23	9.42	1.36	0.29	0.01
信息化学品制造		10.85	0.85	0.75	3.56
环境污染处理专用药剂材料制造	0.14	0.17			
动物胶制造		0.40	0.70		
其他专用化学产品制造		1.91	0.33	0.14	0.01
日用化学产品制造	0.12	29.57	5.92	2.38	6.61
肥皂及合成洗涤剂制造	0.05	10.91	3.75	1.38	2.72
化妆品制造	0.04	7.06	0.80	1.00	0.78

单位：亿元

主营业务收入	主营业务成本	主营业务税金及附加	其他业务收入	其他业务利润	营业费用	管理费用	税金
6996.26	6274.33	285.46	175.85	14.94	45.98	166.30	3.70
6706.32	6036.68	282.81	157.12	13.00	38.58	143.32	3.08
6706.32	6036.68	282.81	157.12	13.00	38.58	143.32	3.08
260.94	213.09	2.08	18.19	1.88	7.17	21.21	0.58
4388.66	3560.63	34.77	223.42	16.13	107.47	299.03	10.91
1525.97	1251.44	14.21	130.91	5.76	31.64	112.25	3.35
40.96	32.56	0.23	1.94	0.21	1.51	2.80	0.14
418.50	342.81	2.30	10.95	1.31	10.09	37.11	1.17
77.89	65.32	0.33	2.15	0.49	3.41	6.44	0.27
888.85	731.76	10.48	112.64	2.61	12.59	56.80	1.53
99.78	78.99	0.87	3.23	1.14	4.04	9.11	0.23
873.11	702.82	4.08	23.61	4.65	19.62	59.80	3.71
552.88	441.71	2.94	16.40	2.36	9.14	40.29	3.05
86.86	73.33	0.28	0.83	0.65	2.89	6.42	0.21
22.81	10.48	0.29	0.05	0.23	0.52	1.98	0.02
201.35	168.91	0.55	6.12	1.18	6.70	10.39	0.42
1.60	1.30				0.25	0.02	
7.61	7.08	0.02	0.21	0.23	0.13	0.69	0.01
112.45	96.92	0.19	2.88	0.56	4.14	8.03	0.35
108.10	93.63	0.12	2.82	0.55	3.99	7.54	0.35
4.35	3.29	0.07	0.06	0.01	0.15	0.48	
104.97	86.11	0.42	6.69	1.04	4.89	12.57	0.23
56.29	45.81	0.19	4.65	0.68	2.69	7.22	0.13
10.95	8.31	0.07	0.08	0.01	0.56	0.99	0.02
18.45	15.14	0.07	0.30	0.20	0.71	1.80	0.04
16.75	14.69	0.08	1.37	0.10	0.80	2.37	0.05
2.53	2.15	0.01	0.30	0.06	0.14	0.19	
1290.62	1046.08	11.90	37.98	0.58	15.13	53.64	1.42
594.54	468.28	3.05	11.75	1.35	8.03	31.82	0.86
17.21	14.50	0.07	0.36	0.02	0.71	1.10	0.04
673.29	558.36	8.76	25.54	-0.82	6.15	20.05	0.50
5.58	4.94	0.02	0.33	0.02	0.24	0.68	0.01
338.11	272.14	2.26	13.04	2.35	12.83	39.04	1.52
147.11	122.30	1.23	5.11	0.63	4.47	15.64	1.00
46.07	38.25	0.17	1.33	0.65	1.49	4.89	0.11
12.58	10.92	0.05	0.07	0.04	0.45	0.85	0.02
75.77	56.52	0.60	2.65	0.46	3.87	12.40	0.26
43.72	34.08	0.11	3.49	0.51	1.46	4.08	0.10
0.10	0.08				0.01	0.03	
2.66	1.89	0.02	0.02	0.01	0.34	0.24	0.01
10.11	8.11	0.09	0.37	0.06	0.74	0.91	0.02
143.41	105.13	1.71	8.31	1.19	19.22	13.71	0.34
58.97	52.18	0.18	4.97	0.68	4.28	4.25	0.17
39.02	18.93	1.34	1.03	0.12	11.53	4.58	0.08

1-A-3 续表 36

行业	集体资本	法人资本	个人资本	港澳台资本	外商资本
口腔清洁用品制造	0.03	3.68	1.21		1.65
香料、香精制造		7.44	0.11		1.46
其他日用化学产品制造		0.48	0.04		
医药制造业	12.96	167.28	66.65	11.88	30.00
化学药品原药制造	4.24	39.19	20.99	6.90	11.92
化学药品制剂制造	5.33	65.96	16.72	2.74	12.34
中药饮片加工	0.17	2.32	0.50	0.04	0.12
中成药制造	3.15	46.44	26.10	1.33	2.34
兽用药品制造		0.93	0.08	0.02	0.67
生物、生化制品的制造	0.01	9.31	2.17	0.65	1.42
卫生材料及医药用品制造	0.07	3.15	0.11	0.19	1.18
化学纤维制造业	2.34	167.80	16.89	16.63	9.05
纤维素纤维原料及纤维制造	1.86	15.91	5.93	0.19	6.95
化纤浆粕制造	0.50	1.57	0.39		
人造纤维(纤维素纤维)制造	1.36	14.34	5.54	0.19	6.95
合成纤维制造	0.48	151.90	10.96	16.44	2.10
锦纶纤维制造		6.50	1.50	0.48	0.93
涤纶纤维制造	0.05	45.24	6.37	14.31	0.44
腈纶纤维制造		95.56	0.03	1.33	0.12
维纶纤维制造			0.99		
其他合成纤维制造	0.43	4.60	2.06	0.32	0.61
橡胶制品业	0.63	61.33	5.40	6.74	11.85
轮胎制造	0.21	34.93	1.88	6.03	9.76
车辆、飞机及工程机械轮胎制造	0.19	30.88	1.84	6.02	9.76
力车胎制造		3.83	0.03	0.01	
轮胎翻新加工	0.02	0.22	0.01		
橡胶板、管、带的制造	0.14	3.05	1.14	0.01	0.42
橡胶零件制造	0.02	4.73	0.11	0.42	1.50
再生橡胶制造		0.12			
日用及医用橡胶制品制造	0.11	12.35	0.06	0.03	0.05
橡胶靴鞋制造	0.09	5.03	1.49	0.25	0.13
其他橡胶制品制造	0.05	1.12	0.72		
塑料制品业	2.49	44.83	9.56	4.60	5.82
塑料薄膜制造	0.34	13.42	3.93	1.60	3.42
塑料板、管、型材的制造	0.69	17.25	4.76	0.79	1.05
塑料丝、绳及编织品的制造	0.35	1.66	0.21	0.22	0.03
泡沫塑料制造	0.21	1.37	0.16	0.08	0.02
塑料人造革、合成革制造	0.10	0.06		0.38	
塑料包装箱及容器制造	0.30	3.83	0.16	0.32	0.25
塑料零件制造	0.30	1.31	0.17	0.24	0.25
日用塑料制造	0.08	1.96	0.02	0.22	0.12
塑料鞋制造	0.03	0.18		0.07	
日用塑料杂品制造	0.05	1.78	0.02	0.16	0.12
其他塑料制品制造	0.12	3.98	0.15	0.74	0.69
非金属矿物制品业	10.89	280.75	39.39	14.01	26.65
水泥、石灰和石膏的制造	5.68	169.79	20.95	6.05	7.81

单位: 亿元

主营业务收入	主营业务成本	主营业务税金及附加	其他业务收入	其他业务利润	营业费用	管理费用	税金
21.64	15.88	0.08	1.50	0.46	2.86	1.71	0.06
18.41	13.55	0.04	0.67	-0.10	0.31	2.52	0.02
5.38	4.59	0.07	0.14	0.04	0.26	0.65	0.01
912.70	597.92	5.36	16.33	5.10	123.51	106.67	3.32
312.68	244.12	0.83	5.52	1.20	17.42	29.17	1.64
256.92	156.70	1.85	7.38	2.04	44.24	32.70	0.62
15.00	11.74	0.07	0.11	0.10	1.36	1.48	0.09
263.86	150.80	2.19	2.27	1.18	51.55	31.22	0.76
8.93	6.03	0.03	0.17	0.09	0.68	1.62	0.03
37.65	19.51	0.34	0.81	0.41	4.16	8.54	0.16
17.65	9.00	0.06	0.07	0.07	4.12	1.94	0.03
495.62	436.63	1.73	27.16	2.62	6.47	31.44	1.07
130.13	101.57	0.53	6.46	0.73	1.85	9.26	0.39
15.52	13.44	0.10	0.16	0.04	0.30	0.83	0.04
114.61	88.13	0.43	6.30	0.69	1.55	8.43	0.35
365.49	335.06	1.21	20.69	1.89	4.62	22.18	0.68
51.44	46.21	0.09	7.84	0.36	0.78	2.30	0.07
224.96	209.83	0.84	10.25	1.16	2.66	12.35	0.44
56.44	50.64	0.18	0.62	0.12	0.45	5.17	0.11
19.98	17.34	0.07	1.47	0.14	0.42	1.08	0.03
12.67	11.05	0.02	0.51	0.11	0.32	1.29	0.03
311.47	261.31	6.07	11.62	2.55	13.93	22.10	0.58
197.20	163.79	5.28	7.63	1.17	9.54	10.47	0.30
192.48	159.75	5.22	6.73	1.02	9.45	9.68	0.27
3.81	3.21	0.06	0.89	0.15	0.08	0.72	0.02
0.91	0.83		0.01		0.02	0.07	0.01
27.71	22.11	0.13	1.10	0.32	1.57	4.66	0.09
11.41	8.21	0.06	0.53	0.31	0.60	2.33	0.02
0.55	0.50		0.06	0.01	0.01	0.11	
9.94	8.16	0.03	0.30	0.08	0.36	1.23	0.02
58.98	54.08	0.53	1.81	0.56	1.49	2.68	0.13
5.68	4.45	0.03	0.20	0.10	0.37	0.63	0.01
327.57	289.99	0.90	17.57	2.46	9.06	17.91	0.70
96.28	90.18	0.17	11.16	1.04	2.03	6.21	0.18
126.61	112.11	0.40	1.91	0.65	4.65	5.04	0.32
17.51	15.51	0.07	0.90	0.12	0.38	1.28	0.10
6.84	5.93	0.01	0.11	0.04	0.23	0.58	0.02
6.71	6.16	0.01	0.11	0.07	0.14	0.39	0.01
35.19	26.92	0.14	0.84	0.12	0.63	1.40	0.03
11.01	9.30	0.04	0.52	0.22	0.24	1.04	0.02
5.79	4.76	0.02	0.16	0.03	0.22	0.60	0.01
0.71	0.63				0.01	0.06	
5.08	4.13	0.02	0.16	0.03	0.21	0.54	0.01
21.63	19.12	0.04	1.85	0.17	0.54	1.38	0.02
1141.97	919.15	7.51	55.53	12.95	54.50	118.00	4.77
569.65	452.84	4.48	27.15	4.79	30.52	57.33	2.28

1-A-3 续表 37

行业					
	集体资本	法人资本	个人资本	港澳台资本	外商资本
水泥制造	5.66	168.85	20.86	6.05	7.81
石灰和石膏制造	0.02	0.94	0.10		
水泥及石膏制品制造	2.33	27.15	4.84	1.92	4.22
水泥制品制造	2.23	19.37	1.76	1.58	3.07
砼结构构件制造	0.06	2.41	0.21	0.06	0.10
石棉水泥制品制造	0.04	0.01			0.36
轻质建筑材料制造		4.91	2.59	0.28	0.69
其他水泥制品制造		0.45	0.28		
砖瓦、石材及其他建筑材料制造	0.48	15.21	0.59	0.98	1.02
粘土砖瓦及建筑砌块制造	0.18	3.79	0.31	0.11	0.44
建筑陶瓷制品制造	0.16	2.10	0.17	0.09	0.35
建筑用石加工	0.07	0.66	0.08	0.15	0.09
防水建筑材料制造		1.40	0.02	0.02	0.07
隔热和隔音材料制造	0.02	5.86	0.01	0.60	
其他建筑材料制造	0.04	1.40			0.07
玻璃及玻璃制品制造	1.02	39.26	6.02	3.30	10.42
平板玻璃制造		15.47	3.36	1.30	3.10
技术玻璃制品制造	0.79	5.31	0.22	1.14	1.89
光学玻璃制造	0.03	1.97	0.01		0.32
玻璃仪器制造					
日用玻璃制品及玻璃包装容器制造	0.07	1.45	0.28	0.24	0.28
玻璃保温容器制造	0.12	0.02	0.18		
玻璃纤维及制品制造	0.01	8.82	0.05	0.15	3.23
玻璃纤维增强塑料制品制造		1.78	0.38	0.05	0.23
其他玻璃制品制造		4.45	1.53	0.43	1.38
陶瓷制品制造	0.24	8.68	2.17	0.95	1.76
卫生陶瓷制品制造		2.03	0.03	0.17	
特种陶瓷制品制造	0.09	2.69	0.26	0.06	1.74
日用陶瓷制品制造	0.15	3.31	1.87	0.72	0.03
园林、陈设艺术及其他陶瓷制品制造		0.65	0.01		
耐火材料制品制造	0.29	6.11	0.88		0.78
石棉制品制造		0.10	0.01		
云母制品制造		0.11			
耐火陶瓷制品及其他耐火材料制造	0.29	5.90	0.87		0.78
石墨及其他非金属矿物制品制造	0.86	14.55	3.93	0.81	0.62
石墨及碳素制品制造	0.78	4.05	1.60	0.12	0.49
其他非金属矿物制品制造	0.08	10.50	2.33	0.70	0.14
黑色金属冶炼及压延加工业	10.78	662.78	64.08	39.26	24.47
炼铁	1.01	37.24	1.16	1.29	2.40
炼钢	8.39	93.31	4.78	11.23	
钢压延加工	0.96	523.72	56.06	26.29	22.07
铁合金冶炼	0.42	8.50	2.08	0.44	
有色金属冶炼及压延加工业	3.17	241.94	31.98	16.13	10.59
常用有色金属冶炼	1.36	135.69	19.41	12.85	6.53
铜冶炼	0.11	31.29	5.50	11.86	0.20
铅锌冶炼	0.12	37.23	2.07		0.49

单位：亿元

主营业务收入	主营业务成本	主营业务税金及附加	其他业务收入	其他业务利润	营业费用	管理费用	税　金
564.55	448.93	4.36	26.78	4.71	30.32	56.75	2.27
5.10	3.91	0.12	0.37	0.08	0.20	0.58	0.02
175.91	152.00	1.02	5.93	1.81	5.55	15.28	0.45
137.94	120.94	0.82	5.04	1.47	3.57	11.62	0.29
17.77	14.84	0.15	0.46	0.22	0.41	1.51	0.05
2.47	1.99	0.02	0.02	0.01	0.12	0.55	0.04
16.61	13.37	0.02	0.36	0.09	1.38	1.40	0.06
1.12	0.87	0.01	0.06	0.02	0.07	0.21	
51.17	41.17	0.39	2.04	0.64	2.60	6.99	0.19
19.31	15.19	0.18	0.95	0.49	1.00	3.17	0.13
10.16	8.21	0.07	0.48	-0.11	0.41	1.18	0.02
6.97	5.46	0.09	0.18	0.07	0.34	0.86	0.02
3.65	3.34	0.01	0.12	0.10	0.21	0.47	0.02
7.85	6.28	0.02	0.11	0.04	0.47	0.95	0.01
3.23	2.70	0.02	0.20	0.05	0.16	0.37	
189.42	144.26	0.89	5.23	2.12	7.66	20.35	1.00
104.59	80.29	0.50	2.52	0.90	3.42	10.85	0.74
14.29	11.23	0.02	0.30	0.23	0.57	1.75	0.08
7.26	5.06	0.03	0.13	0.06	0.24	1.25	0.02
3.16	2.74	0.01	0.31	0.07	0.10	0.33	0.01
14.83	11.90	0.10	0.99	0.47	1.06	1.54	0.05
2.49	2.40	0.01			0.09	0.22	0.01
24.91	17.72	0.13	0.40	0.28	1.02	2.38	0.07
10.13	7.57	0.07	0.53	0.07	0.84	0.98	0.02
7.78	5.33	0.03	0.05	0.05	0.33	1.04	0.01
39.89	31.68	0.17	1.24	0.43	2.98	5.69	0.21
3.18	2.79	0.02	0.13	0.17	0.26	0.42	0.01
10.63	7.58	0.06	0.73	0.19	0.91	1.34	0.08
25.21	20.62	0.09	0.38	0.08	1.78	3.86	0.11
0.86	0.70	0.01	0.01	-0.01	0.03	0.06	
36.93	30.90	0.23	9.98	1.39	1.87	4.06	0.11
1.12	0.99	0.01	0.05	0.03	0.02	0.26	0.01
1.28	1.05	0.01	0.04	0.01	0.07	0.13	
34.53	28.86	0.21	9.88	1.35	1.78	3.67	0.10
79.01	66.29	0.33	3.95	1.78	3.34	8.30	0.53
35.19	29.68	0.16	2.64	1.17	1.21	3.79	0.38
43.81	36.61	0.17	1.32	0.60	2.13	4.51	0.15
8935.65	7494.42	51.20	368.96	38.27	98.06	467.92	16.30
448.41	383.03	2.09	25.74	0.89	9.54	17.99	0.65
1911.30	1664.71	9.10	123.83	12.66	16.61	90.86	2.76
6414.04	5309.22	39.40	215.29	24.21	67.76	350.79	12.66
161.90	137.44	0.61	4.11	0.51	4.15	8.29	0.23
2191.53	1818.38	9.06	89.98	9.88	27.93	135.14	4.90
1601.77	1310.77	7.01	39.13	6.99	19.48	98.51	3.86
491.27	438.45	1.14	10.41	0.07	3.81	13.49	0.70
215.99	189.02	0.86	3.12	0.63	3.26	12.35	0.42

1-A-3 续表 38

行业	集体资本	法人资本	个人资本	港澳台资本	外商资本
镍钴冶炼	0.07	20.02	0.15		
锡冶炼	0.49	3.86	2.31		
锑冶炼	0.08	3.83	0.03		
铝冶炼	0.35	36.17	9.28	0.97	5.84
镁冶炼	0.13	0.57	0.05	0.01	
其他常用有色金属冶炼		2.73	0.02		
贵金属冶炼	0.13	5.60	1.53		
金冶炼	0.08	5.53	1.53		
银冶炼	0.02	0.07			
其他贵金属冶炼	0.03				
稀有稀土金属冶炼	0.72	12.87	5.79	0.56	0.62
钨钼冶炼		3.11	0.60		0.29
稀土金属冶炼	0.72	5.09	3.78	0.56	0.31
其他稀有金属冶炼	0.01	4.67	1.40		0.01
有色金属合金制造	0.04	2.98	0.86	0.02	
有色金属压延加工	0.92	84.80	4.38	2.71	3.43
常用有色金属压延加工	0.87	81.30	2.43	2.33	2.87
贵金属压延加工	0.04	0.16	0.01		
稀有稀土金属压延加工		3.34	1.94	0.38	0.56
金属制品业	2.73	61.75	11.28	6.09	7.65
结构性金属制品制造	0.94	16.46	2.30	0.25	2.38
金属结构制造	0.59	12.78	2.12	0.16	1.90
金属门窗制造	0.35	3.68	0.17	0.09	0.49
金属工具制造	0.04	6.40	2.77	1.94	0.80
切削工具制造	0.03	4.10	0.69	0.20	0.68
手工具制造		0.60	0.08	0.08	
农用及园林用金属工具制造					
刀剪及类似日用金属工具制造	0.01	0.98	0.06		
其他金属工具制造		0.73	1.94	1.65	0.12
集装箱及金属包装容器制造	0.11	7.93	0.62	1.86	1.87
集装箱制造		2.57		0.45	0.63
金属压力容器制造	0.07	2.84	0.35	0.05	0.33
金属包装容器制造	0.04	2.52	0.27	1.36	0.90
金属丝绳及其制品的制造	0.37	8.25	3.09	1.19	0.13
建筑、安全用金属制品制造	0.11	2.47	0.18	0.44	1.04
建筑、家具用金属配件制造	0.09	0.31	0.03		0.32
建筑装饰及水暖管道零件制造	0.01	1.91	0.13	0.44	0.19
安全、消防用金属制品制造			0.01		
其他建筑、安全用金属制品制造		0.24			0.53
金属表面处理及热处理加工	0.17	2.58	0.16	0.05	0.82
搪瓷制品制造	0.17	2.58	0.16	0.05	0.82
工业生产配套用搪瓷制品制造		0.84	0.06	0.04	
搪瓷卫生洁具制造					
搪瓷日用品及其他搪瓷制品制造		0.84	0.06	0.04	
不锈钢及类似日用金属制品制造		3.48	0.07	0.29	
金属制厨房调理及卫生器具制造		0.06		0.06	

单位：亿元

主营业务收入	主营业务成本	主营业务税金及附加	其他业务收入	其他业务利润	营业费用	管理费用	税　金
150.46	104.94	1.23	0.53	-0.05	1.15	25.05	0.87
61.59	47.71	0.37	2.29	0.47	1.00	7.28	0.23
12.35	10.40	0.05	0.02	0.04	0.06	1.00	0.03
659.86	511.27	3.31	22.46	5.78	9.92	38.59	1.59
2.88	2.65	0.02	0.04		0.06	0.17	
7.38	6.34	0.03	0.26	0.04	0.23	0.59	0.02
80.08	61.11	0.19	1.42	0.29	0.28	7.22	0.11
77.68	58.82	0.19	1.39	0.29	0.28	7.15	0.10
1.68	1.58		0.03			0.06	
0.72	0.71					0.01	
62.14	48.10	0.27	1.28	0.31	1.08	6.02	0.13
20.00	11.69	0.09	0.22	0.05	0.19	3.12	0.03
20.63	17.29	0.13	0.40	0.14	0.54	1.46	0.06
21.52	19.12	0.05	0.66	0.11	0.35	1.44	0.04
49.97	43.95	0.13	7.54	0.73	1.17	4.03	0.14
397.56	354.45	1.47	40.61	1.56	5.91	19.35	0.68
336.30	310.30	1.08	36.94	1.43	5.07	15.56	0.61
11.57	11.09	0.02	0.12	-0.03	0.06	0.37	0.01
49.70	33.06	0.37	3.55	0.16	0.77	3.42	0.06
430.43	364.53	1.80	25.37	4.70	13.27	37.30	0.84
95.95	84.84	0.69	3.22	1.24	2.34	9.53	0.24
85.95	76.07	0.59	2.62	0.93	1.97	8.20	0.21
10.00	8.78	0.10	0.60	0.32	0.38	1.33	0.03
48.58	37.01	0.29	1.94	0.97	1.69	5.87	0.11
25.37	18.67	0.23	1.12	0.42	1.13	4.08	0.09
4.83	4.18	0.03	0.34	0.19	0.11	0.68	0.01
0.79	0.67	0.01			0.02	0.06	
0.68	0.60		0.09	0.17	0.02	0.12	
16.92	12.90	0.02	0.39	0.19	0.41	0.92	0.01
76.54	66.89	0.13	3.71	0.78	2.46	4.97	0.15
32.49	28.80		0.15	0.15	1.00	0.79	0.03
24.89	21.53	0.08	2.52	0.34	0.71	2.70	0.06
19.16	16.56	0.05	1.04	0.29	0.75	1.48	0.06
107.95	92.13	0.27	13.67	0.72	4.16	5.57	0.13
15.02	11.71	0.06	0.29	0.10	0.73	1.75	0.04
5.34	3.59	0.01	0.05	0.03	0.25	0.81	0.01
6.75	5.52	0.03	0.21	0.05	0.35	0.62	0.02
0.61	0.48		0.02	0.02	0.03	0.14	
2.32	2.12	0.02	0.02		0.11	0.18	
10.13	9.01	0.04	0.63	0.13	0.19	1.00	0.02
10.13	9.01	0.04	0.63	0.13	0.19	1.00	0.02
6.27	6.15	0.01	0.16	0.17	0.02	0.50	0.01
0.01	0.01					0.01	
6.26	6.14	0.01	0.16	0.17	0.02	0.50	0.01
9.05	8.39	0.02	0.09	0.22	0.32	1.08	0.02
0.66	0.55				0.03	0.06	

1-A-3 续表 39

行业	集体资本	法人资本	个人资本	港澳台资本	外商资本
金属制厨用器皿及餐具制造		0.79	0.07	0.12	
其他日用金属制品制造		2.63		0.11	
其他金属制品制造	0.98	13.33	2.05	0.02	0.62
铸币及贵金属制实验室用品制造		5.52			
其他未列明的金属制品制造	0.98	7.81	2.05	0.02	0.62
通用设备制造业	10.18	273.75	28.61	6.72	62.87
锅炉及原动机制造	0.85	64.90	5.42	2.65	22.12
锅炉及辅助设备制造	0.48	21.25	2.03		6.98
内燃机及配件制造	0.35	18.53	3.03	2.65	7.12
汽轮机及辅机制造	0.02	23.93	0.35		5.85
水轮机及辅机制造		1.19	0.01		2.17
其他原动机制造	0.01			0.01	
金属加工机械制造	0.66	46.62	2.85	0.39	0.99
金属切削机床制造	0.45	40.80	2.20	0.07	0.91
金属成形机床制造	0.05	2.90	0.18	0.05	
铸造机械制造		0.17		0.03	0.02
金属切割及焊接设备制造		0.38	0.01		0.01
机床附件制造	0.02	0.62	0.02	0.24	0.04
其他金属加工机械制造	0.13	1.75	0.44		
起重运输设备制造	4.45	24.01	4.55	0.38	8.12
泵、阀门、压缩机及类似机械的制造	0.81	38.11	6.00	1.18	8.71
泵及真空设备制造	0.64	5.15	2.12	0.01	0.83
气体压缩机械制造	0.15	18.82	0.75	0.77	7.37
阀门和旋塞的制造	0.01	3.43	1.38	0.05	0.20
液压和气压动力机械及元件制造	0.01	10.71	1.76	0.35	0.30
轴承、齿轮、传动和驱动部件的制造	1.44	18.75	2.87	0.22	4.39
轴承制造	1.16	11.93	2.37	0.16	3.62
齿轮、传动和驱动部件制造	0.28	6.82	0.50	0.06	0.77
烘炉、熔炉及电炉制造	0.09	0.60	0.06		
风机、衡器、包装设备等通用设备制造	0.56	46.85	5.02	1.40	13.55
风机、风扇制造	0.07	6.36	0.20		0.03
气体、液体分离及纯净设备制造	0.18	4.33	0.27	0.01	0.04
制冷、空调设备制造	0.29	18.57	1.89	1.36	11.21
风动和电动工具制造		1.12			0.62
喷枪及类似器具制造		0.99			
包装专用设备制造	0.01	9.56	2.30		0.20
衡器制造	0.01	0.10	0.27		0.02
其他通用设备制造		5.81	0.09	0.03	1.43
通用零部件制造及机械修理	0.90	9.04	0.95	0.31	0.76
金属密封件制造	0.04	0.65	0.01		0.01
紧固件、弹簧制造	0.32	2.90	0.18	0.31	0.37
机械零部件加工及设备修理	0.46	4.92	0.65		0.32
其他通用零部件制造	0.09	0.57	0.12		0.06
金属铸、锻加工	0.42	24.88	0.88	0.20	4.23
钢铁铸件制造	0.40	12.70	0.80	0.20	4.16
锻件及粉末冶金制品制造	0.02	12.18	0.08		0.07

单位：亿元

主营业务收入	主营业务成本	主营业务税金及附加	其他业务收入	其他业务利润	营业费用	管理费用	
							税 金
3.67	3.36	0.01	0.05	0.17	0.15	0.35	0.01
4.71	4.48	0.01	0.04	0.05	0.14	0.67	0.01
60.93	48.40	0.28	1.66	0.37	1.35	7.02	0.13
19.57	12.56	0.17	0.20	0.07	0.12	3.54	0.05
41.36	35.84	0.12	1.46	0.30	1.24	3.48	0.07
1998.21	1648.99	8.53	123.19	21.27	67.72	198.36	6.61
583.77	480.76	1.65	29.82	6.25	16.21	57.53	1.45
204.98	178.11	0.41	3.98	1.28	3.04	17.02	0.43
257.68	210.30	1.09	18.83	4.42	9.29	26.91	0.66
115.19	87.37	0.12	6.82	0.51	3.61	12.73	0.25
5.12	4.27	0.02	0.16	0.03	0.23	0.70	0.10
0.80	0.71		0.05	0.02	0.05	0.16	
238.84	193.90	2.35	12.40	3.12	8.53	31.04	2.69
183.59	148.96	2.06	8.30	1.79	6.44	23.14	2.46
26.26	21.04	0.13	1.30	0.51	1.13	3.35	0.12
7.53	6.46	0.02	1.06	0.19	0.24	0.86	0.03
1.74	1.39	0.01	0.14	0.08	0.08	0.41	0.01
9.08	6.97	0.07	0.87	0.38	0.33	1.93	0.04
10.63	9.08	0.06	0.71	0.18	0.30	1.33	0.03
401.05	344.30	1.21	43.99	3.57	11.55	27.74	0.57
178.02	139.11	0.69	6.68	2.03	8.28	21.22	0.51
41.10	30.63	0.30	0.82	0.44	2.23	6.81	0.17
75.44	61.96	0.10	3.28	0.92	3.08	5.21	0.09
28.56	21.72	0.12	1.19	0.35	1.74	3.95	0.12
32.92	24.80	0.17	1.40	0.32	1.23	5.25	0.13
127.15	104.35	0.50	9.69	2.07	5.62	14.90	0.33
81.63	67.22	0.33	8.58	1.59	3.66	9.51	0.20
45.52	37.13	0.17	1.11	0.48	1.96	5.39	0.13
3.61	3.03	0.02	0.06	0.04	0.12	0.45	0.01
255.06	201.60	0.74	12.53	2.39	13.02	25.29	0.60
40.54	29.40	0.27	0.40	0.31	1.79	5.14	0.11
28.86	22.03	0.11	0.89	0.22	1.38	2.64	0.06
144.01	116.41	0.21	8.67	0.84	7.51	10.57	0.20
5.46	4.90	0.01	0.45	0.11	0.24	1.17	0.02
1.36	1.04	0.01	0.05	0.03	0.04	0.39	0.01
11.10	9.54	0.03	0.90	0.46	0.44	1.78	0.10
3.66	2.71	0.02	0.08	0.05	0.41	0.70	0.02
20.07	15.58	0.08	1.09	0.39	1.22	2.89	0.07
66.38	55.45	0.45	3.80	0.99	1.67	8.34	0.17
4.70	3.50	0.09	0.05	-0.01	0.29	0.62	0.02
11.46	9.48	0.06	0.88	0.23	0.46	1.53	0.04
42.76	35.99	0.28	1.51	0.61	0.72	5.56	0.09
7.47	6.48	0.02	1.36	0.15	0.20	0.63	0.01
144.33	126.48	0.94	4.20	0.81	2.72	11.85	0.28
88.94	76.73	0.79	2.88	0.56	1.83	7.94	0.21
55.40	49.76	0.15	1.32	0.25	0.89	3.91	0.07

1-A-3 续表 40

行业	集体资本	法人资本	个人资本	港澳台资本	外商资本
专用设备制造业	5.47	248.57	30.94	8.05	11.17
矿山、冶金、建筑专用设备制造	0.96	68.76	11.40	0.31	2.64
采矿、采石设备制造	0.17	15.53	2.41	0.20	0.23
石油钻采专用设备制造	0.21	8.13	1.27	0.07	2.10
建筑工程用机械制造	0.44	11.49	7.06	0.02	0.18
建筑材料生产专用机械制造	0.10	6.39	0.25		0.05
冶金专用设备制造	0.05	27.23	0.42	0.01	0.08
化工、木材、非金属加工专用设备制造	0.16	19.12	2.81	0.33	1.09
炼油、化工生产专用设备制造	0.10	9.01	1.29	0.01	0.40
橡胶加工专用设备制造		2.96	0.39		
塑料加工专用设备制造	0.02	2.71	0.24	0.07	
木材加工机械制造		1.11	0.64		
模具制造	0.03	3.23	0.25	0.25	0.69
其他非金属加工专用设备制造		0.10			
食品、饮料、烟草及饲料生产专用设备制造	0.76	7.77	0.76		0.10
食品、饮料、烟草工业专用设备制造	0.71	7.20	0.31		0.03
农副食品加工专用设备制造	0.05	0.24	0.43		0.02
饲料生产专用设备制造		0.33	0.02		0.06
印刷、制药、日化生产专用设备制造	0.57	9.08	1.95	0.49	1.48
制浆和造纸专用设备制造		0.53	0.05	0.02	
印刷专用设备制造	0.47	7.92	1.87	0.47	1.08
日用化工专用设备制造					
制药专用设备制造	0.04	0.56	0.01		
照明器具生产专用设备制造		0.01			
玻璃、陶瓷和搪瓷制品生产专用设备制造		0.03	0.03		0.40
其他日用品生产专用设备制造	0.06	0.02			
纺织、服装和皮革工业专用设备制造	0.89	28.55	4.70	6.62	2.68
纺织专用设备制造	0.65	20.86	3.56	4.18	2.49
皮革、毛皮及其制品加工专用设备制造					0.20
缝纫机械制造	0.23	7.69	1.14	2.44	
其他服装加工专用设备制造	0.01				
电子和电工机械专用设备制造	0.14	74.35	2.24	0.07	0.37
电工机械专用设备制造	0.04	0.50	0.12		0.29
电子工业专用设备制造	0.04	7.69	2.00	0.05	0.01
航空、航天及其他专用设备制造	0.06	4.93	0.11	0.02	0.07
农、林、牧、渔专用机械制造	1.13	14.79	2.00	0.13	0.07
拖拉机制造		8.64	1.23		
机械化农业及园艺机具制造	0.01	5.71	0.69	0.13	0.06
营林及木竹采伐机械制造		0.13	0.04		
畜牧机械制造		0.08	0.02		
渔业机械制造		0.02	0.01		0.01
农林牧渔机械配件制造		0.03	0.01		
其他农林牧渔业机械制造及机械修理	1.12	0.18	0.01		
医疗仪器设备及器械制造	0.07	10.01	3.07	0.04	1.49
医疗诊断、监护及治疗设备制造	0.01	6.98	0.69	0.01	0.32
口腔科用设备及器具制造		0.26	0.01		0.14

单位：亿元

主营业务收入	主营业务成本	主营业务税金及附加	其他业务收入	其他业务利润	营业费用	管理费用	税　金
1506.13	1260.05	6.11	73.27	14.16	68.38	169.82	4.50
546.64	456.15	2.39	32.21	5.16	21.61	57.79	2.20
149.04	125.21	0.75	7.80	1.33	4.91	19.48	0.56
57.11	44.36	0.34	1.71	0.59	2.17	6.32	0.80
161.72	133.63	0.51	9.44	0.85	9.24	12.47	0.30
23.33	19.41	0.12	0.92	0.49	0.92	3.21	0.10
155.44	133.55	0.67	12.34	1.91	4.38	16.30	0.45
87.04	72.75	0.37	1.89	0.79	2.04	11.13	0.26
39.70	32.84	0.19	0.65	0.34	1.17	5.75	0.13
14.09	11.83	0.05	0.31	0.05	0.25	1.39	0.04
8.73	8.35	0.01	0.42	0.10	0.14	0.76	0.02
5.14	4.10	0.02	0.10	0.08	0.15	0.86	0.02
18.93	15.25	0.09	0.40	0.21	0.34	2.36	0.05
0.45	0.38					0.01	
36.90	25.54	0.28	2.26	0.65	1.54	7.70	0.14
30.03	20.22	0.21	1.80	0.33	1.15	6.31	0.11
5.67	4.42	0.06	0.41	0.31	0.31	1.17	0.03
1.20	0.90		0.05	0.01	0.09	0.22	0.01
36.66	28.13	0.16	1.38	0.55	2.36	5.36	0.15
3.88	3.48	0.04	0.14	0.07	0.15	0.78	0.03
27.46	20.41	0.09	0.81	0.29	1.90	3.45	0.09
0.28	0.20				0.01	0.05	
3.67	2.90	0.02	0.38	0.16	0.25	0.81	0.01
0.51	0.43		0.02	0.01	0.01	0.14	0.02
0.64	0.48		0.03	0.01	0.04	0.10	
0.23	0.22					0.03	
136.64	114.86	0.40	13.02	1.63	3.41	15.15	0.36
119.73	101.39	0.33	12.48	1.38	2.93	12.52	0.31
0.23	0.23		0.03	0.02		0.07	
13.26	10.47	0.05	0.39	0.19	0.28	1.75	0.03
3.43	2.78	0.01	0.12	0.05	0.20	0.81	0.01
273.99	227.14	1.36	9.12	1.76	23.69	40.00	0.54
9.43	7.38	0.04	0.24	0.13	0.42	1.16	0.04
32.43	25.44	0.09	0.58	0.23	0.96	3.69	0.07
12.61	9.15	0.02	0.29	0.15	0.37	2.68	0.05
261.54	237.42	0.51	8.46	1.76	6.49	16.45	0.48
110.62	99.22	0.15	5.05	0.90	3.59	10.28	0.32
52.89	47.84	0.04	2.54	0.41	1.78	3.45	0.07
0.62	0.42		0.02		0.03	0.15	
0.60	0.51				0.02	0.05	
0.21	0.15		0.03	0.01	0.01	0.06	
1.96	1.72	0.01	0.04	0.01	0.03	0.24	0.01
94.63	87.55	0.29	0.78	0.43	1.04	2.23	0.07
35.18	24.13	0.16	1.55	0.65	3.19	5.72	0.11
12.52	8.63	0.08	0.83	0.22	1.23	2.37	0.05
0.94	0.69		0.01	0.01	0.13	0.20	

1-A-3 续表 41

行业	集体资本	法人资本	个人资本	港澳台资本	外商资本
实验室及医用消毒设备和器具的制造		0.79	0.12		0.29
医疗、外科及兽医用器械制造	0.05	1.03	2.12	0.03	0.70
机械治疗及病房护理设备制造		0.01			
假肢、人工器官及植(介)入器械制造	0.01	0.71	0.13		0.04
其他医疗设备及器械制造		0.23			
环保、社会公共安全及其他专用设备制造	0.81	16.13	1.99	0.08	1.25
环境污染防治专用设备制造	0.70	5.39	1.39	0.06	0.27
地质勘查专用设备制造		0.17			
邮政专用机械及器材制造					
商业、饮食、服务业专用设备制造		0.57			0.75
社会公共安全设备及器材制造	0.02	2.15	0.13	0.01	0.05
交通安全及管制专用设备制造	0.03	0.65	0.10		0.01
水资源专用机械制造	0.05	0.22	0.02		0.01
其他专用设备制造		6.96	0.35	0.01	0.16
交通运输设备制造业	9.36	875.64	64.32	33.15	313.02
铁路运输设备制造	0.79	87.57	3.89	0.08	2.50
铁路机车车辆及动车组制造	0.03	52.14	1.39		0.50
工矿有轨专用车辆制造	0.01	0.05	0.05		0.10
铁路机车车辆配件制造	0.32	10.58	0.47	0.05	1.91
铁路专用设备及器材、配件制造	0.32	14.26	0.10	0.02	
其他铁路设备制造及设备修理	0.12	10.55	1.89	0.01	
汽车制造	7.28	639.78	50.50	27.39	292.43
汽车整车制造	1.73	451.78	28.08	12.59	242.68
改装汽车制造	0.14	31.70	1.06	1.43	3.41
电车制造		0.26			
汽车车身、挂车的制造	0.31	2.48	0.13	0.12	0.05
汽车零部件及配件制造	4.72	147.45	20.97	13.15	46.16
汽车修理	0.38	6.12	0.26	0.10	0.12
摩托车制造	0.06	11.87	4.42	0.76	10.59
摩托车整车制造	0.03	8.04	4.09		6.77
摩托车零部件及配件制造	0.03	3.83	0.33	0.76	3.81
自行车制造	0.91	5.22	0.73	1.96	0.04
脚踏自行车及残疾人座车制造	0.91	4.03	0.49	1.96	0.04
助动自行车制造		1.20	0.24		
船舶及浮动装置制造	0.30	78.65	1.60	2.95	3.43
金属船舶制造	0.18	56.41	1.31	1.85	0.12
非金属船舶制造		0.06			
娱乐船和运动船的建造和修理		0.05			
船用配套设备制造	0.04	4.24	0.13		0.21
船舶修理及拆船	0.08	16.76	0.14	0.77	3.10
航标器材及其他浮动装置的制造		1.14	0.01	0.32	
航空航天器制造		52.20	3.16	0.01	4.01
飞机制造及修理		49.58	3.16	0.01	4.01
航天器制造		2.62			
其他飞行器制造					
交通器材及其他交通运输设备制造	0.01	0.34	0.02		0.01

单位：亿元

主营业务收入	主营业务成本	主营业务税金及附加	其他业务收入	其他业务利润	营业费用	管理费用	税金
4.16	2.96	0.02	0.02	0.07	0.50	0.49	0.02
14.77	9.98	0.05	0.31	0.17	1.08	1.78	0.03
0.08	0.05		0.05	0.02	0.01	0.07	
1.69	1.10	0.01	0.18	0.12	0.17	0.57	
1.02	0.72	0.01	0.15	0.05	0.07	0.24	
91.54	73.92	0.48	3.37	1.20	4.05	10.52	0.26
35.84	30.64	0.17	1.42	0.20	0.96	3.36	0.09
6.71	5.15	0.05	0.33	0.21	0.33	1.58	0.05
0.43	0.33		0.05	0.04	0.01	0.27	0.01
3.37	2.67	0.01	0.01	0.02	0.24	0.38	0.01
5.11	3.66	0.04	0.35	0.19	0.33	0.97	0.02
1.91	1.55	0.02	0.01		0.05	0.22	
5.80	5.21	0.02	0.60	0.12	0.07	0.59	0.02
32.36	24.71	0.18	0.61	0.41	2.05	3.14	0.07
7590.08	6360.07	153.65	448.26	58.31	235.85	491.69	11.49
407.40	352.50	1.58	32.99	2.75	6.11	42.27	0.88
241.02	214.36	0.73	24.48	1.24	2.63	20.47	0.47
3.46	3.35	0.04	0.02	0.01	0.03	0.47	0.01
50.19	42.44	0.33	1.76	0.51	0.96	5.99	0.15
41.07	31.11	0.22	3.71	0.45	1.35	6.99	0.07
71.66	61.25	0.26	3.03	0.53	1.14	8.36	0.19
5910.78	4899.78	141.24	368.22	42.10	207.74	324.11	8.23
4564.68	3757.89	135.85	285.20	30.03	168.60	208.58	5.69
381.33	352.74	1.59	27.04	2.64	9.84	20.55	0.58
1.01	0.97		0.03	0.02	0.01	0.09	
10.98	9.71	0.02	0.39	0.31	0.22	1.20	0.02
875.15	708.25	3.51	49.53	7.91	27.09	87.81	1.76
77.64	70.21	0.27	6.03	1.18	1.98	5.89	0.17
230.98	195.17	9.20	13.01	3.06	12.36	16.16	0.35
194.80	162.61	9.13	12.01	2.74	11.50	12.97	0.30
36.18	32.56	0.07	1.00	0.32	0.86	3.19	0.05
20.46	18.35	0.03	0.22	0.12	0.78	2.46	0.03
16.88	15.51	0.02	0.22	0.11	0.44	2.05	0.02
3.58	2.84	0.01		0.01	0.34	0.42	
548.40	517.63	0.57	20.92	6.55	2.33	36.46	0.97
434.01	420.26	0.30	11.07	3.84	0.69	24.78	0.71
1.23	1.13				0.02	0.09	0.01
0.09	0.10		0.03	0.02		0.03	
28.19	23.54	0.13	7.06	0.40	0.55	3.46	0.04
82.22	70.21	0.14	2.50	2.19	1.01	7.89	0.21
2.66	2.40	0.01	0.26	0.09	0.05	0.22	0.01
467.57	372.80	1.00	12.72	3.68	6.49	69.69	1.00
438.63	352.94	0.99	12.27	3.51	6.32	63.69	0.97
28.88	19.79	0.01	0.45	0.17	0.17	6.00	0.03
0.07	0.07						
4.48	3.85	0.04	0.17	0.05	0.04	0.54	0.03

1-A-3　续表 42

行　　业					
	集体资本	法人资本	个人资本	港澳台资本	外商资本
潜水及水下救捞装备制造					
交通管理用金属标志及设施制造	0.01	0.10	0.02		
其他交通运输设备制造		0.24			0.01
电气机械及器材制造业	7.39	161.02	23.03	8.24	30.76
电机制造	0.32	39.97	3.84	2.08	3.05
发电机及发电机组制造	0.26	24.70	1.23	1.98	2.06
电动机制造	0.04	13.00	2.39	0.01	0.02
微电机及其他电机制造	0.03	2.27	0.22	0.09	0.97
输配电及控制设备制造	1.82	47.08	5.83	1.06	10.79
变压器、整流器和电感器制造	0.46	14.88	2.47	0.10	5.66
电容器及其配套设备制造		1.43	0.06	0.12	0.15
配电开关控制设备制造	0.50	12.75	1.28	0.77	4.00
电力电子元器件制造	0.29	3.18	1.67		0.34
其他输配电及控制设备制造	0.58	14.85	0.35	0.07	0.65
电线、电缆、光缆及电工器材制造	3.32	25.06	2.71	2.94	6.47
电线电缆制造	3.28	17.77	1.74	0.25	3.12
光纤、光缆制造	0.03	4.99	0.87	1.00	3.34
绝缘制品制造	0.01	1.46	0.04	1.69	
其他电工器材制造		0.84	0.06		0.01
电池制造	0.97	15.80	0.74	0.72	0.27
家用电力器具制造	0.84	25.54	9.70	1.28	6.85
家用制冷电器具制造	0.43	12.68	5.71	1.05	1.82
家用空气调节器制造	0.09	8.25	2.31	0.05	3.40
家用通风电器具制造		0.06	0.01	0.06	0.14
家用厨房电器具制造		0.09	0.18	0.10	0.36
家用清洁卫生电器具制造	0.29	3.76	1.17		0.56
家用美容、保健电器具制造					0.02
家用电力器具专用配件制造	0.02	0.21	0.31	0.02	0.03
其他家用电力器具制造		0.50	0.02		0.52
非电力家用器具制造	0.01	0.85	0.03		0.28
燃气、太阳能及类似能源的器具制造	0.01	0.85	0.03		0.28
其他非电力家用器具制造					
照明器具制造	0.10	3.65	0.09	0.16	0.88
电光源制造	0.05	0.30	0.07	0.03	0.88
照明灯具制造	0.04	0.35	0.01	0.10	
灯用电器附件及其他照明器具制造	0.01	2.99		0.02	
其他电气机械及器材制造		3.07	0.10		2.16
车辆专用照明及电气信号设备装置制造		2.33	0.02		2.12
其他未列明的电气机械制造		0.74	0.08		0.04
通信设备、计算机及其他电子设备制造业	7.56	446.23	58.24	20.88	95.81
通信设备制造	3.89	95.25	10.24	2.53	14.25
通信传输设备制造	0.40	17.44	3.60	0.69	2.05
通信交换设备制造	3.02	32.45	2.90	0.01	4.32
通信终端设备制造	0.01	16.22	0.23	0.74	0.70
移动通信及终端设备制造	0.37	21.87	2.17	0.63	4.65
其他通信设备制造	0.09	7.27	1.35	0.46	2.54

单位：亿元

主营业务收入	主营业务成本	主营业务税金及附加	其他业务收入	其他业务利润	营业费用	管理费用	税　金
0.23	0.18		0.11	0.06	0.01	0.09	
1.91	1.63	0.01	0.02	0.01	0.02	0.16	
2.34	2.03	0.02	0.04	-0.02	0.01	0.29	0.02
1200.06	964.73	4.01	52.26	15.52	70.95	104.25	2.82
221.95	173.10	0.82	8.96	2.18	7.98	27.07	0.69
122.75	95.72	0.45	4.26	0.89	3.22	13.81	0.31
86.57	67.15	0.35	4.08	0.96	4.32	11.64	0.34
12.64	10.23	0.02	0.62	0.33	0.44	1.62	0.04
375.78	292.79	1.35	11.59	4.69	24.69	38.89	1.06
134.37	108.98	0.43	4.90	0.98	8.27	12.18	0.35
9.40	6.23	0.06	0.04	0.06	0.85	1.24	0.03
116.89	88.24	0.42	3.84	1.66	7.33	12.35	0.38
31.45	24.31	0.20	0.47	0.32	1.92	4.24	0.24
83.66	65.04	0.23	2.34	1.67	6.32	8.89	0.07
191.41	166.60	0.58	9.75	1.48	7.87	14.32	0.47
146.26	129.90	0.39	7.76	1.21	5.23	9.81	0.33
25.34	20.98	0.12	0.53	0.09	1.73	2.21	0.08
16.15	12.74	0.06	1.32	0.13	0.76	1.96	0.05
3.67	2.97	0.02	0.13	0.04	0.15	0.34	0.01
67.37	56.60	0.16	2.13	2.20	3.20	5.83	0.15
293.99	235.48	0.90	16.82	3.30	24.56	12.10	0.34
76.68	67.27	0.34	2.68	0.64	4.19	4.15	0.12
189.62	144.22	0.46	13.09	2.23	17.68	4.62	0.15
5.19	4.44		0.15	0.13	0.25	0.53	0.01
4.21	3.20	0.07	0.15	0.01	0.20	0.31	0.01
11.86	10.76	0.02	0.41	0.21	2.06	1.85	0.04
0.87	0.83		0.02	0.01	0.01	0.02	
2.22	2.01		0.13		0.03	0.16	
3.34	2.75		0.20	0.08	0.14	0.45	0.01
4.28	3.43	0.01	0.23	0.06	0.35	0.45	0.01
4.27	3.42	0.01	0.23	0.06	0.35	0.45	0.01
0.01	0.01						
24.00	19.29	0.13	1.10	0.51	1.52	2.81	0.04
7.08	6.14	0.01	0.42	0.29	0.28	0.91	0.01
7.18	5.18	0.05	0.19	0.06	0.78	0.91	0.01
9.73	7.98	0.07	0.49	0.16	0.46	0.99	0.02
21.29	17.43	0.05	1.69	1.10	0.78	2.78	0.06
16.08	12.59	0.01	0.49	0.05	0.60	1.69	0.03
5.20	4.84	0.04	1.20	1.05	0.19	1.09	0.03
3374.38	2880.07	6.60	73.60	16.27	163.08	209.31	3.55
1099.05	918.35	2.77	34.74	4.94	71.46	69.25	0.79
137.03	114.44	0.29	3.62	1.57	5.69	13.00	0.14
471.00	362.57	1.87	2.94	1.03	37.51	28.33	0.28
46.43	38.16	0.13	0.48	0.47	1.46	6.15	0.05
410.79	378.40	0.21	26.16	1.20	24.60	16.02	0.19
33.80	24.77	0.26	1.53	0.67	2.20	5.75	0.13

1-A-3 续表 43

行业	集体资本	法人资本	个人资本	港澳台资本	外商资本
雷达及配套设备制造	0.34	7.90	0.23	0.05	0.36
广播电视设备制造	0.01	2.09	0.37	0.20	0.12
广播电视节目制作及发射设备制造	0.01	1.39	0.05		
广播电视接收设备及器材制造		0.03	0.05	0.08	0.12
应用电视设备及其他广播电视设备制造		0.67	0.27	0.12	
电子计算机制造	0.51	77.32	5.41	1.57	19.49
电子计算机整机制造		27.16	1.41	0.02	8.13
计算机网络设备制造	0.50	5.01	1.86	0.05	0.52
电子计算机外部设备制造	0.01	45.15	2.13	1.51	10.83
电子器件制造	0.28	140.24	22.69	9.74	43.26
电子真空器件制造	0.02	47.01	13.63	8.30	7.11
半导体分立器件制造	0.16	9.23	0.99	0.75	1.61
集成电路制造		64.78	3.13	0.07	31.89
光电子器件及其他电子器件制造	0.09	19.21	4.94	0.63	2.65
电子元件制造	2.17	59.20	9.85	2.99	5.97
电子元件及组件制造	2.14	56.42	9.75	1.88	5.26
印制电路板制造	0.03	2.78	0.11	1.11	0.71
家用视听设备制造	0.37	57.80	8.98	3.79	12.14
家用影视设备制造	0.37	53.92	8.57	3.20	10.80
家用音响设备制造		3.88	0.41	0.59	1.34
其他电子设备制造		6.43	0.47		0.20
仪器仪表及文化、办公用机械制造业	1.46	53.73	8.45	3.28	5.82
通用仪器仪表制造	0.71	25.44	5.57	1.09	3.09
工业自动控制系统装置制造	0.43	11.71	3.20	0.82	2.33
电工仪器仪表制造	0.20	5.10	0.38		0.24
绘图、计算及测量仪器制造		0.83	0.03		0.05
实验分析仪器制造	0.02	3.90	0.03	0.07	0.01
试验机制造		0.20	1.39		0.31
供应用仪表及其他通用仪器制造	0.06	3.70	0.53	0.20	0.16
专用仪器仪表制造	0.15	11.42	0.60	0.04	1.78
环境监测专用仪器仪表制造		0.72	0.13		0.09
汽车及其他用计数仪表制造		2.93	0.03		1.36
导航、气象及海洋专用仪器制造	0.01	6.16	0.04		
地质勘探和地震专用仪器制造	0.02	0.03	0.04		
教学专用仪器制造	0.03				
核子及核辐射测量仪器制造		0.01			
电子测量仪器制造	0.08	0.85	0.06	0.04	0.32
其他专用仪器制造	0.01	0.72	0.30		0.01
钟表与计时仪器制造	0.08	0.57	0.29	0.11	
光学仪器及眼镜制造	0.37	10.16	0.19	0.36	0.66
光学仪器制造	0.37	8.30	0.18	0.36	0.50
眼镜制造		1.86			0.16
文化、办公用机械制造	0.09	5.51	1.56	1.67	0.18
电影机械制造		0.04			
幻灯及投影设备制造		0.20			

单位：亿元

主营业务收入	主营业务成本	主营业务税金及附加	其他业务收入	其他业务利润	营业费用	管理费用	税　金
53.19	37.97	0.05	1.73	0.66	0.78	11.26	0.10
16.50	13.28	0.07	0.45	0.15	1.02	1.88	0.03
5.07	3.96	0.03	0.19	0.08	0.19	1.04	0.02
4.40	3.87		0.17	-0.01	0.19	0.33	
7.03	5.44	0.04	0.09	0.08	0.64	0.52	0.01
811.48	712.41	0.84	7.04	1.64	29.96	40.52	0.68
656.79	576.48	0.68	4.60	0.50	23.67	32.25	0.47
26.52	19.82	0.07	1.03	0.55	3.87	3.04	0.04
128.16	116.12	0.09	1.42	0.59	2.42	5.23	0.18
429.88	356.04	0.83	13.39	3.95	12.59	37.20	0.78
191.00	152.85	0.33	10.08	1.77	7.66	14.45	0.34
24.91	19.43	0.12	0.71	0.50	0.80	3.36	0.10
61.70	50.90	0.12	1.03	0.48	0.93	6.27	0.16
152.28	132.87	0.27	1.58	1.20	3.20	13.12	0.17
293.58	246.25	1.20	9.74	2.28	6.39	25.16	0.60
274.53	230.45	1.17	9.58	2.21	6.06	24.19	0.58
19.05	15.80	0.02	0.16	0.07	0.33	0.97	0.02
651.76	581.73	0.77	6.19	2.51	39.53	20.82	0.53
576.63	512.85	0.76	5.75	2.20	38.26	18.74	0.50
75.13	68.88	0.01	0.45	0.31	1.27	2.08	0.03
18.94	14.03	0.09	0.31	0.13	1.35	3.20	0.05
262.77	199.55	1.00	12.42	5.48	13.65	47.97	0.66
117.72	87.92	0.62	6.38	1.92	7.82	22.04	0.30
75.47	56.64	0.40	3.39	0.81	4.85	13.49	0.13
10.53	8.15	0.03	0.72	0.47	0.69	2.48	0.04
4.94	3.33	0.04	1.24	0.09	0.38	1.09	0.02
8.53	5.99	0.07	0.57	0.46	0.58	2.20	0.04
4.07	3.10	0.01	0.25	0.01	0.20	0.65	0.02
14.18	10.71	0.08	0.21	0.09	1.11	2.12	0.04
54.28	38.88	0.22	2.26	1.43	2.29	12.38	0.18
1.58	1.02	0.03	0.04	0.01	0.13	0.31	
18.17	13.23	0.03	0.38	0.51	0.59	2.05	0.01
19.02	12.77	0.08	0.39	0.17	0.63	4.65	0.06
4.80	4.52	0.03	0.80	0.29	0.34	2.97	0.06
1.03	0.82	0.01	0.08	0.06	0.05	0.28	
1.49	1.02	0.01	0.27	0.16	0.11	0.60	0.02
5.10	3.64	0.01	0.21	0.16	0.26	0.94	0.01
3.10	1.85	0.02	0.09	0.07	0.18	0.60	0.01
9.27	7.29	0.03	0.39	0.20	0.57	1.99	0.04
51.07	40.12	0.08	1.70	0.75	1.60	8.19	0.11
48.26	38.33	0.08	1.65	0.72	1.32	7.47	0.10
2.81	1.79		0.05	0.03	0.28	0.72	0.01
26.98	23.04	0.03	1.56	1.12	1.09	2.64	0.04
1.01	0.91		0.11	0.05	0.05	0.12	0.01
0.16	0.12			-0.01	0.01	0.02	

1-A-3 续表 44

行业	集体资本	法人资本	个人资本	港澳台资本	外商资本
照相机及器材制造		1.99	1.26	0.10	0.13
复印和胶印设备制造	0.09	2.66	0.10		
计算器及货币专用设备制造		0.40	0.18	1.56	0.05
其他文化、办公用机械制造		0.22	0.02	0.01	
其他仪器仪表的制造及修理	0.06	0.62	0.25	0.01	0.12
工艺品及其他制造业	1.39	21.46	0.73	0.38	1.09
工艺美术品制造	0.41	4.91	0.36	0.33	0.17
雕塑工艺品制造		0.05			
金属工艺品制造	0.05	0.51	0.02	0.15	
漆器工艺品制造	0.01				
花画工艺品制造		0.01			
天然植物纤维编织工艺品制造					
抽纱刺绣工艺品制造		0.04	0.02		
地毯、挂毯制造	0.29	1.02			0.14
珠宝首饰及有关物品的制造	0.06	2.39	0.30	0.18	
其他工艺美术品制造		0.89	0.02		0.02
日用杂品制造	0.06	0.30			0.15
制镜及类似品加工					
鬃毛加工、制刷及清扫工具的制造		0.03			0.03
其他日用杂品制造	0.06	0.27			0.12
煤制品制造		0.11	0.02	0.03	
其他未列明的制造业	0.91	15.83	0.34	0.02	0.77
废弃资源和废旧材料回收加工业	0.05	1.22	0.01		0.20
金属废料和碎屑的加工处理	0.05	1.18	0.01		0.20
非金属废料和碎屑的加工处理		0.04			
电力、燃气及水的生产和供应业	30.10	3077.26	73.58	76.49	116.93
电力、热力的生产和供应业	26.26	2820.14	63.33	65.50	94.71
电力生产	23.64	1357.63	52.57	64.99	93.87
火力发电	16.80	1055.66	41.63	55.47	90.13
水力发电	6.80	252.46	10.49	1.24	2.75
核力发电		43.23		8.28	
其他能源发电	0.04	6.28	0.45		1.00
电力供应	1.94	1435.13	5.55	0.26	0.61
热力生产和供应	0.68	27.38	5.21	0.25	0.23
燃气生产和供应业	2.32	146.70	4.85	5.33	4.77
水的生产和供应业	1.51	110.42	5.40	5.66	17.45
自来水的生产和供应	1.51	97.39	4.28	2.26	17.37
污水处理及其再生利用		13.03	1.12	3.40	0.08
其他水的处理、利用与分配					

单位：亿元

主营业务收入	主营业务成本	主营业务税金及附加	其他业务收入	其他业务利润	营业费用	管理费用	税金
1.71	1.45		0.66	0.55	0.04	0.53	0.01
6.86	6.37	0.01	0.60	0.41	0.13	0.92	0.02
16.64	13.73	0.01	0.14	0.10	0.82	0.96	0.01
0.61	0.48		0.06	0.02	0.04	0.08	
3.44	2.30	0.02	0.12	0.07	0.28	0.73	0.01
137.84	113.33	0.50	6.01	1.18	2.22	20.57	0.19
37.84	34.08	0.29	1.67	0.89	1.10	2.76	0.06
0.32	0.19		0.04	0.05	0.05	0.13	0.01
1.07	0.85		0.24	0.12	0.04	0.41	0.01
0.10	0.08		0.10	0.04	0.01	0.06	
0.46	0.13		0.03	0.02	0.01	0.06	
0.22	0.19				0.01	0.02	
1.33	1.21		0.13	0.10	0.04	0.22	0.01
4.24	3.74	0.01	0.15	0.12	0.16	0.53	0.01
26.00	24.04	0.25	0.70	0.18	0.64	0.87	0.02
4.09	3.63	0.01	0.29	0.26	0.13	0.44	
0.54	0.50				0.02	0.08	
0.20	0.16				0.01	0.02	
0.34	0.34				0.01	0.05	
1.06	0.59	0.01	0.04	0.01	0.08	0.18	
97.81	77.76	0.19	4.23	0.26	0.99	17.43	0.12
8.57	7.63	0.05	0.09	0.02	0.06	0.53	0.01
8.40	7.48	0.05	0.09	0.02	0.06	0.52	0.01
0.17	0.15					0.02	
14528.47	12846.44	84.03	188.72	70.63	70.78	545.97	21.80
13778.28	12220.18	75.57	131.52	49.65	33.45	444.35	17.32
4375.85	3443.58	34.89	53.49	14.28	11.23	204.47	10.39
3602.05	2995.89	25.44	46.92	10.80	7.58	140.96	8.51
568.99	336.18	7.86	6.16	3.33	2.88	53.51	1.81
194.89	103.85	1.48	0.31	0.06	0.71	8.64	0.05
9.91	7.66	0.12	0.10	0.09	0.05	1.35	0.02
9220.25	8603.77	39.40	70.76	32.35	20.07	220.15	5.91
182.19	172.83	1.28	7.27	3.02	2.15	19.73	1.03
356.17	320.32	1.86	20.63	8.65	16.00	28.42	1.09
394.02	305.94	6.59	36.56	12.33	21.33	73.20	3.39
374.63	294.10	5.68	36.51	12.26	21.18	70.72	3.36
19.38	11.83	0.92	0.05	0.07	0.15	2.48	0.04
0.01	0.01						

1-A-3 续表 45

行业	财务费用	利息支出	营业利润	投资收益	补贴收入
总　计	**1209.36**	**1180.47**	**5133.40**	**455.82**	**305.46**
在总计中:					
亏损企业	275.55	258.86	-731.31	-0.36	56.36
在总计中:					
中央企业	503.93	512.37	3162.44	282.57	128.35
地方企业	705.43	668.10	1970.96	173.24	177.11
在总计中:					
轻工业	162.50	160.33	491.27	51.90	47.25
重工业	1046.85	1020.14	4642.12	403.92	258.21
在总计中:					
大型企业	589.53	590.54	4117.06	289.28	151.94
中型企业	456.22	438.79	921.35	158.86	112.11
小型企业	163.61	151.14	94.98	7.68	41.41
采矿业	97.30	105.36	2038.86	31.85	34.46
煤炭开采和洗选业	62.98	62.67	266.96	7.49	28.72
烟煤和无烟煤的开采洗选	61.96	61.33	261.79	7.78	27.41
褐煤的开采洗选	1.00	1.33	5.18	-0.29	1.31
其他煤炭采选	0.01	0.01	-0.01		
石油和天然气开采业	21.76	31.82	1690.18	6.11	0.49
天然原油和天然气开采	19.07	28.75	1719.77	0.75	0.34
与石油和天然气开采有关的服务活动	2.69	3.07	-29.60	5.36	0.15
黑色金属矿采选业	2.67	2.62	32.08	10.40	0.88
铁矿采选	2.21	2.16	30.19	10.48	0.87
其他黑色金属矿采选	0.46	0.45	1.90	-0.08	0.02
有色金属矿采选业	5.96	4.46	41.69	7.60	3.20
常用有色金属矿采选	3.48	2.05	14.55	6.87	0.45
铜矿采选	1.41	0.73	4.68	6.32	0.30
铅锌矿采选	1.88	1.12	8.95	0.53	0.12
镍钴矿采选			0.11		0.01
锡矿采选	0.11	0.11	0.77		
锑矿采选	0.06	0.06	0.01	0.01	0.02
铝矿采选			0.01		
镁矿采选					
其他常用有色金属矿采选	0.02	0.02	0.02		
贵金属矿采选	2.37	2.40	11.70	0.35	2.21
金矿采选	2.16	2.19	11.50	0.35	2.17
银矿采选	0.21	0.21	0.20		0.04
稀有稀土金属矿采选	0.11	0.02	15.44	0.38	0.55
钨钼矿采选	0.01	-0.01	15.70	0.39	0.37
稀土金属矿采选	0.01	0.01	0.04		
放射性金属矿采选	0.07	0.01	-0.33		0.15
其他稀有金属矿采选	0.02	0.02	0.03		0.03
非金属矿采选业	3.94	3.79	7.94	0.25	1.16
土砂石开采	0.45	0.42	1.59	0.09	0.17
石灰石、石膏开采	0.19	0.19	0.39	0.04	0.09

单位：亿元

利润总额	亏损企业亏损额	应交所得税	本年应付工资总额	主营业务应付工资总额	本年应付福利费总额	主营业务应付福利费总额	本年应交增值税	全部从业人员年平均人数（万人）
5453.10	**836.73**	**1063.91**	**3857.44**	**3476.64**	**551.34**	**481.67**	**3514.68**	**1973.20**
-836.73	836.73	8.85	759.12	662.90	103.27	89.87	354.78	507.69
3356.89	271.36	547.69	1444.96	1289.89	206.95	183.27	1728.17	530.10
2096.22	565.38	516.22	2412.48	2186.75	344.39	298.40	1786.51	1443.10
557.36	221.84	188.36	593.37	542.93	92.40	75.70	595.69	395.49
4895.74	614.89	875.55	3264.08	2933.72	458.94	405.97	2918.99	1577.71
4196.21	215.85	765.30	2297.09	2052.15	329.32	290.56	2307.34	973.00
1137.24	333.68	238.17	1103.65	1018.34	163.82	140.56	951.55	638.10
119.65	287.21	60.44	456.70	406.15	58.20	50.55	255.79	362.10
1930.28	87.53	250.68	869.23	750.78	124.25	103.80	692.41	465.14
222.74	25.50	78.20	510.64	422.39	75.12	59.49	252.43	319.94
218.14	24.88	77.16	498.54	412.09	73.25	57.94	245.13	310.61
4.61	0.59	1.02	12.01	10.21	1.85	1.54	7.25	9.22
-0.02	0.02	0.01	0.10	0.10	0.01	0.01	0.06	0.10
1612.67	55.85	152.40	280.01	260.20	38.40	35.47	400.45	94.66
1652.79	2.00	151.32	150.12	144.74	19.71	18.69	353.74	46.96
-40.12	53.85	1.08	129.89	115.45	18.69	16.78	46.71	47.71
40.10	1.46	7.87	28.24	22.10	4.22	3.08	16.89	14.53
38.52	0.49	7.22	26.61	20.52	4.00	2.88	16.01	13.24
1.58	0.97	0.64	1.63	1.59	0.22	0.20	0.88	1.29
47.62	1.99	9.91	29.24	27.26	3.78	3.43	10.78	18.82
18.85	0.65	3.07	13.55	12.61	1.64	1.53	7.33	7.41
9.26	0.05	1.17	6.05	5.71	0.75	0.71	2.98	3.39
8.72	0.43	1.80	6.41	5.97	0.76	0.70	3.75	3.44
0.11	0.01	0.05	0.17	0.17	0.02	0.02	0.08	0.12
0.73	0.02	0.02	0.61	0.48	0.07	0.07	0.33	0.23
0.01	0.12	0.02	0.22	0.19	0.03	0.02	0.08	0.17
			0.01	0.01			0.03	0.01
			0.01					
0.02	0.02	0.01	0.07	0.07	0.01	0.01	0.08	0.05
14.17	0.94	4.27	10.07	9.66	1.36	1.27	1.19	8.36
13.95	0.87	4.20	9.65	9.26	1.31	1.22	0.92	7.95
0.22	0.07	0.07	0.42	0.40	0.05	0.04	0.27	0.42
14.60	0.40	2.57	5.62	5.00	0.79	0.64	2.25	3.04
14.83	0.01	2.56	4.59	4.18	0.66	0.54	1.93	2.09
0.04	0.01		0.07	0.06			0.21	0.11
-0.33	0.38	0.01	0.67	0.53	0.08	0.06		0.59
0.07			0.29	0.21	0.04	0.03	0.11	0.25
7.13	2.74	2.30	21.09	18.82	2.74	2.32	11.87	17.18
1.66	0.79	0.72	4.09	3.54	0.58	0.40	1.86	3.25
0.47	0.36	0.22	1.96	1.53	0.35	0.18	0.75	1.41

1-A-3 续表 46

行　　业	财务费用	利息支出	营业利润	投资收益	补贴收入
建筑装饰用石开采	0.07	0.06	0.39		
耐火土石开采	0.06	0.06	0.15	0.03	0.06
粘土及其他土砂石开采	0.12	0.10	0.66	0.02	0.02
化学矿采选	1.51	1.43	1.77	0.15	0.67
采盐	1.86	1.82	4.56	0.01	0.21
石棉及其他非金属矿采选	0.13	0.12	0.03		0.11
石棉、云母矿采选	0.06	0.06	-0.03		0.07
石墨、滑石采选	0.04	0.04	0.01		
宝石、玉石开采					
其他非金属矿采选	0.02	0.02	0.04		0.04
其他采矿业			0.01		
制造业	614.75	590.19	2575.59	278.19	173.32
农副食品加工业	12.84	13.49	21.65	0.17	2.66
谷物磨制	1.84	1.85	-0.26	0.13	0.36
饲料加工	1.07	1.03	-0.29	-0.53	0.43
植物油加工	2.94	2.93	1.35	-0.04	0.17
食用植物油加工	2.91	2.91	1.22	0.03	0.17
非食用植物油加工	0.02	0.02	0.13	-0.07	
制糖	2.76	2.71	9.81	0.18	0.33
屠宰及肉类加工	2.54	2.35	9.47	0.30	1.04
畜禽屠宰	1.31	1.15	1.72	0.15	0.75
肉制品及副产品加工	1.24	1.19	7.75	0.16	0.29
水产品加工	0.82	1.79	0.30	0.04	0.14
水产品冷冻加工	0.72	1.69	0.87	0.04	0.06
鱼糜制品及水产品干腌制加工	0.09	0.08	-0.54		0.03
水产饲料制造	0.01	0.01	-0.02		0.04
鱼油提取及制品的制造			-0.01		
其他水产品加工					
蔬菜、水果和坚果加工	0.24	0.24	0.46	0.03	0.04
其他农副食品加工	0.63	0.59	0.80	0.06	0.15
淀粉及淀粉制品的制造	0.50	0.47	0.55	0.02	0.10
豆制品制造	0.04	0.04	-0.05	0.05	0.01
蛋品加工	0.01	0.01			
其他未列明的农副食品加工	0.08	0.07	0.30	-0.01	0.03
食品制造业	7.68	7.51	6.67	5.13	0.73
焙烤食品制造	0.11	0.10	0.53	0.05	0.02
糕点、面包制造	0.04	0.04	0.39	0.05	0.01
饼干及其他焙烤食品制造	0.07	0.07	0.14		
糖果、巧克力及蜜饯制造	0.25	0.24	0.18	0.02	0.03
糖果、巧克力制造	0.24	0.24	0.19	0.02	0.03
蜜饯制作	0.01	0.01	-0.02		
方便食品制造	0.27	0.27	0.42		0.12
米、面制品制造	0.14	0.13	-0.29		0.06
速冻食品制造	0.09	0.10	-0.13		0.03
方便面及其他方便食品制造	0.04	0.04	0.84		0.03
液体乳及乳制品制造	0.85	0.84	2.12	2.67	0.25

单位: 亿元

利润总额	亏损企业亏损额	应交所得税	本年应付工资总额	主营业务应付工资总额	本年应付福利费总额	主营业务应付福利费总额	本年应交增值税	全部从业人员年平均人数(万人)
0.38	0.09	0.15	0.31	0.31	0.02	0.02	0.20	0.34
0.19	0.07	0.07	0.72	0.69	0.08	0.07	0.30	0.60
0.62	0.27	0.28	1.09	1.00	0.13	0.12	0.60	0.90
1.44	0.85	0.50	4.91	4.41	0.70	0.63	2.37	3.55
3.79	0.83	0.96	10.46	9.47	1.29	1.16	6.97	8.81
0.25	0.27	0.12	1.63	1.40	0.16	0.14	0.67	1.58
0.19		0.02	0.76	0.57	0.08	0.06	0.20	0.66
-0.01	0.24	0.08	0.61	0.58	0.06	0.05	0.35	0.62
								0.02
0.07	0.03	0.02	0.26	0.25	0.03	0.03	0.12	0.29
0.02			0.01	0.01				0.01
2790.76	569.13	648.09	2263.70	2058.89	329.32	286.67	1949.38	1227.54
20.13	13.78	5.33	31.20	28.22	4.41	4.00	18.63	29.69
-0.05	2.64	0.26	4.33	3.74	0.47	0.44	1.33	4.93
-0.61	3.01	0.38	2.23	1.75	0.33	0.30	0.33	1.84
0.75	2.21	0.38	2.92	2.65	0.31	0.27	1.90	2.74
0.69	2.21	0.38	2.82	2.58	0.30	0.26	1.86	2.68
0.06			0.11	0.07	0.01	0.01	0.04	0.05
9.52	0.87	1.26	6.77	6.35	0.96	0.86	7.35	5.25
8.74	3.20	2.57	9.41	8.79	1.74	1.60	5.42	10.01
0.76	1.69	0.28	5.77	5.42	0.75	0.65	1.30	6.12
7.99	1.52	2.29	3.63	3.37	0.99	0.95	4.12	3.89
0.24	1.11	0.16	2.56	2.33	0.21	0.19	0.80	2.32
0.73	0.58	0.15	2.00	1.81	0.17	0.16	0.73	1.85
-0.49	0.52		0.47	0.45	0.03	0.03	0.06	0.41
0.02			0.04	0.04				0.02
-0.01	0.01		0.04	0.04	0.01	0.01	0.02	0.03
0.31	0.20	0.09	0.81	0.74	0.10	0.09	0.32	0.92
1.21	0.53	0.24	2.17	1.87	0.29	0.26	1.17	1.68
0.74	0.23	0.13	0.85	0.71	0.10	0.08	0.63	0.84
0.09	0.16	0.05	1.01	0.87	0.16	0.14	0.45	0.54
0.02	0.01		0.05	0.04			0.03	0.05
0.36	0.13	0.05	0.27	0.25	0.04	0.03	0.07	0.24
10.81	7.47	3.31	21.99	19.93	3.27	2.63	12.93	16.69
0.52	0.30	0.13	1.47	1.14	0.20	0.18	0.75	1.28
0.39	0.25	0.08	1.06	0.95	0.15	0.13	0.47	0.96
0.13	0.05	0.06	0.41	0.19	0.05	0.04	0.29	0.32
0.11	0.26	0.02	0.75	0.71	0.09	0.09	0.36	0.53
0.13	0.23	0.02	0.73	0.69	0.09	0.08	0.36	0.47
-0.02	0.02		0.03	0.03				0.06
0.52	0.65	0.27	1.97	1.77	0.44	0.41	0.71	1.24
-0.19	0.26		0.39	0.36	0.06	0.05	0.13	0.49
-0.04	0.16		0.48	0.46	0.07	0.07	0.23	0.35
0.75	0.22	0.26	1.10	0.95	0.31	0.29	0.35	0.40
4.41	1.38	0.72	6.07	5.69	1.11	0.67	4.68	3.75

1-A-3 续表 47

行业	财务费用	利息支出	营业利润	投资收益	补贴收入
罐头制造	0.90	0.92	-0.16	0.65	0.03
肉、禽类罐头制造	0.10	0.10	-0.01	0.01	
水产品罐头制造	0.09	0.09	-0.60	0.15	0.01
蔬菜、水果罐头制造	0.70	0.72	0.38	0.49	0.02
其他罐头食品制造	0.01	0.01	0.06		
调味品、发酵制品制造	4.58	4.42	-0.01	1.71	0.07
味精制造	2.60	2.14	-2.57	0.42	0.02
酱油、食醋及类似制品的制造	0.27	0.19	0.10	0.03	0.02
其他调味品、发酵制品制造	1.72	2.10	2.45	1.26	0.03
其他食品制造	0.72	0.71	3.61	0.03	0.21
营养、保健食品制造			0.10		
冷冻饮品及食用冰制造	0.09	0.07	-0.23		0.05
盐加工	0.19	0.20	1.01		0.06
食品及饲料添加剂制造	0.09	0.07	0.29		0.07
其他未列明的食品制造	0.35	0.36	2.44	0.03	0.03
饮料制造业	10.06	9.46	49.09	3.32	3.47
酒精制造	1.36	1.37	-0.54	-0.24	2.23
酒的制造	7.81	7.35	45.07	2.96	1.15
白酒制造	4.09	4.03	30.80	1.19	0.49
啤酒制造	2.99	2.58	11.96	1.53	0.64
黄酒制造	0.41	0.42	1.43	0.17	0.02
葡萄酒制造	0.16	0.17	0.35	0.06	
其他酒制造	0.16	0.17	0.52		
软饮料制造	0.70	0.61	4.73	0.59	0.07
碳酸饮料制造	0.08	0.08	2.58	0.43	
瓶(罐)装饮用水制造	-0.01	0.01	1.08	0.01	0.02
果菜汁及果菜汁饮料制造	0.36	0.27	0.43	0.17	0.01
含乳饮料和植物蛋白饮料制造	0.24	0.21	0.56	-0.06	0.03
固体饮料制造	0.03	0.03			
茶饮料及其他软饮料制造		0.01	0.08	0.04	
精制茶加工	0.19	0.13	-0.17	0.01	0.02
烟草制品业	19.42	19.53	325.70	34.61	12.84
烟叶复烤	1.67	1.66	7.28	0.02	0.20
卷烟制造	17.70	17.82	318.04	34.58	12.64
其他烟草制品加工	0.05	0.05	0.38		
纺织业	21.61	20.82	-24.34	0.63	2.69
棉、化纤纺织及印染精加工	12.69	12.17	-16.77	0.64	1.68
棉、化纤纺织加工	11.63	11.12	-16.16	0.71	1.61
棉、化纤印染精加工	1.06	1.05	-0.61	-0.07	0.07
毛纺织和染整精加工	3.02	2.67	-5.06	-0.66	0.09
毛条加工	0.45	0.35	0.07	0.03	
毛纺织	2.53	2.28	-5.06	-0.69	0.09
毛染整精加工	0.04	0.04	-0.07		
麻纺织	0.70	0.61	-0.80	0.03	0.07
丝绢纺织及精加工	1.62	1.59	-1.43	0.32	0.40
缫丝加工	0.21	0.18	-0.21		0.02

单位：亿元

利润总额	亏损企业亏损额	应交所得税	本年应付工资总额	主营业务应付工资总额	本年应付福利费总额	主营业务应付福利费总额	本年应交增值税	全部从业人员年平均人数（万人）
0.81	0.46	0.18	2.23	2.15	0.25	0.23	0.96	1.60
-0.05	0.15	0.02	0.76	0.75	0.08	0.08	0.23	0.46
0.09	0.03	0.01	0.24	0.22	0.03	0.02	0.08	0.16
0.71	0.28	0.13	1.13	1.06	0.13	0.12	0.58	0.93
0.06		0.02	0.11	0.11	0.01	0.01	0.08	0.05
1.15	3.76	1.30	5.30	4.57	0.68	0.60	3.26	5.31
-2.63	3.22	0.03	1.29	1.25	0.15	0.14	0.93	1.44
0.26	0.40	0.16	1.84	1.44	0.24	0.21	0.93	1.76
3.52	0.14	1.12	2.17	1.87	0.29	0.25	1.39	2.12
3.29	0.66	0.68	4.19	3.91	0.50	0.45	2.21	2.98
0.09		0.02	0.13	0.13	0.01	0.01	0.08	0.08
-0.15	0.26	0.02	0.44	0.35	0.06	0.05	0.15	0.35
0.58	0.09	0.16	1.49	1.35	0.18	0.15	1.30	1.32
0.25	0.12	0.03	0.47	0.43	0.05	0.05	0.29	0.36
2.51	0.19	0.45	1.65	1.64	0.19	0.19	0.39	0.87
52.50	10.46	19.53	33.55	30.63	5.02	4.65	45.61	27.07
0.17	0.69	0.15	1.42	1.02	0.13	0.10	1.18	1.55
47.26	7.97	18.40	27.44	25.32	3.82	3.55	40.24	22.48
31.65	3.27	14.10	13.95	12.47	1.99	1.89	21.60	13.96
13.09	4.28	3.78	11.68	11.10	1.58	1.45	16.45	7.21
1.63	0.21	0.41	1.37	1.32	0.19	0.16	1.39	0.84
0.42	0.16	0.06	0.30	0.29	0.04	0.04	0.27	0.32
0.48	0.04	0.06	0.14	0.13	0.02	0.02	0.54	0.15
5.23	1.53	0.96	3.98	3.69	1.00	0.96	4.01	2.26
3.23	0.37	0.47	1.68	1.57	0.47	0.46	1.62	0.55
1.20	0.18	0.15	1.14	1.04	0.08	0.07	0.93	0.72
0.60	0.23	0.07	0.52	0.49	0.06	0.05	0.56	0.51
-0.01	0.71	0.19	0.42	0.41	0.37	0.36	0.85	0.32
0.02	0.01		0.14	0.11	0.01	0.01	0.03	0.08
0.18	0.03	0.07	0.08	0.07	0.01	0.01	0.02	0.07
-0.15	0.28	0.02	0.70	0.59	0.07	0.06	0.18	0.79
362.55	7.64	107.15	93.67	88.72	22.47	12.54	298.43	18.67
5.66	1.43	1.93	4.25	3.73	9.65	0.50	4.86	2.30
356.53	5.92	104.99	88.86	84.45	12.74	11.96	293.12	15.70
0.35	0.29	0.24	0.56	0.54	0.08	0.08	0.45	0.67
-23.67	41.61	3.85	80.97	75.16	11.87	10.98	32.65	89.72
-13.38	22.23	2.06	53.06	48.97	7.92	7.30	21.84	62.42
-12.80	20.68	1.89	49.01	45.46	7.39	6.85	20.77	59.12
-0.58	1.55	0.17	4.05	3.50	0.53	0.45	1.08	3.30
-7.63	9.14	0.35	6.21	6.03	1.13	1.10	2.10	6.71
0.07	0.42	0.16	1.10	1.07	0.15	0.14	0.67	0.90
-7.65	8.65	0.20	5.00	4.85	0.97	0.94	1.40	5.68
-0.06	0.07		0.11	0.11	0.01	0.01	0.03	0.13
-1.07	1.37	0.07	3.97	3.64	0.58	0.51	1.19	4.71
-1.73	3.21	0.27	4.19	3.78	0.58	0.53	1.82	4.26
-0.34	0.77	0.04	1.00	0.91	0.13	0.12	0.50	1.70

1-A-3 续表 48

行业	财务费用	利息支出	营业利润	投资收益	补贴收入
绢纺和丝织加工	1.18	1.17	-0.70	0.30	0.37
丝印染精加工	0.24	0.24	-0.53	0.02	0.01
纺织制成品制造	1.24	1.56	0.06	0.95	0.28
棉及化纤制品制造	0.84	0.84	0.44	-0.06	0.07
毛制品制造	0.09	0.43	-0.58	0.02	0.01
麻制品制造	0.07	0.07	-0.14		0.02
丝制品制造	0.03	0.03	-0.14	-0.08	
绳、索、缆的制造	0.01	0.01	0.05		
纺织带和帘子布制造	0.02	0.02		0.02	
无纺布制造	0.14	0.12	0.37	1.05	0.17
其他纺织制成品制造	0.06	0.05	0.05		0.01
针织品、编织品及其制品制造	2.33	2.22	-0.35	-0.64	0.18
棉、化纤针织品及编织品制造	0.81	0.73	-0.66	0.20	0.08
毛针织品及编织品制造	1.51	1.48	0.43	-0.84	0.08
丝针织品及编织品制造			-0.05		
其他针织品及编织品制造			-0.06		0.01
纺织服装、鞋、帽制造业	0.83	0.75	1.56	0.14	0.28
纺织服装制造	0.82	0.73	1.68	0.14	0.28
纺织面料鞋的制造	0.02	0.01	-0.15		
制帽			0.02		
皮革、毛皮、羽毛(绒)及其制品业	0.60	0.53	0.11	0.06	0.04
皮革鞣制加工	0.09	0.09	-0.05		
皮革制品制造	0.34	0.29	0.20	0.06	0.03
皮鞋制造	0.16	0.13	-0.28	0.04	0.03
皮革服装制造	0.03	0.01	0.04		
皮箱、包(袋)制造	0.11	0.11	0.53	0.02	
皮手套及皮装饰制品制造					
其他皮革制品制造	0.04	0.03	-0.08		
毛皮鞣制及制品加工	0.07	0.07	0.02		
毛皮鞣制加工	0.06	0.06	-0.06		
毛皮服装加工	0.01		0.08		
其他毛皮制品加工					
羽毛(绒)加工及制品制造	0.10	0.08	-0.06		
羽毛(绒)加工	0.03	0.03	-0.07		
羽毛(绒)制品加工	0.07	0.06			
木材加工及木、竹、藤、棕、草制品业	2.81	2.71	-0.66	0.27	3.24
锯材、木片加工	0.40	0.40	0.64	0.03	0.46
锯材加工	0.39	0.39	0.72	0.03	0.46
木片加工	0.01	0.01	-0.08		
人造板制造	1.87	1.81	-1.20	0.23	2.69
胶合板制造	0.28	0.29	-0.30	0.04	0.21
纤维板制造	0.90	0.87	-0.43	0.04	1.49
刨花板制造	0.58	0.56	-0.35	0.14	0.97
其他人造板、材制造	0.10	0.09	-0.12		0.02
木制品制造	0.52	0.49	-0.08	0.01	0.09
建筑用木料及木材组件加工	0.45	0.42	-0.07		0.03

单位：亿元

利润总额	亏损企业亏损额	应交所得税	本年应付工资总额	主营业务应付工资总额	本年应付福利费总额	主营业务应付福利费总额	本年应交增值税	全部从业人员年平均人数（万人）
-0.87	1.83	0.21	2.54	2.29	0.37	0.35	1.06	2.08
-0.52	0.62	0.01	0.65	0.59	0.07	0.07	0.26	0.48
1.23	2.28	0.84	5.09	4.74	0.74	0.65	2.02	4.62
0.53	0.82	0.26	2.69	2.50	0.45	0.43	1.18	2.64
-0.57	0.66	0.01	0.47	0.44	0.05	0.05	0.15	0.38
-0.13	0.15	0.01	0.18	0.17	0.02	0.02	0.07	0.22
-0.26	0.30	0.01	0.20	0.20	0.03	0.03	0.07	0.33
	0.05	0.01	0.18	0.18	0.02	0.02	0.06	0.20
0.02	0.07	0.01	0.22	0.21	0.04	0.04	0.06	0.17
1.54	0.09	0.47	0.52	0.48	0.04	0.03	0.28	0.39
0.10	0.13	0.07	0.62	0.55	0.09	0.03	0.15	0.29
-1.10	3.39	0.26	8.44	8.01	0.93	0.89	3.67	7.00
-0.30	1.75	0.16	4.87	4.52	0.54	0.51	1.44	4.01
-0.75	1.47	0.09	3.05	3.00	0.28	0.27	2.11	2.44
-0.07	0.08		0.23	0.23	0.05	0.04	0.06	0.27
0.02	0.09		0.30	0.26	0.07	0.06	0.06	0.28
1.33	2.05	0.33	13.49	11.88	1.47	1.30	2.38	12.66
1.46	1.89	0.32	13.00	11.44	1.42	1.25	2.31	12.26
-0.15	0.16		0.40	0.34	0.02	0.02	0.07	0.34
0.02		0.01	0.09	0.09	0.03	0.03	0.01	0.06
0.06	1.36	0.07	3.07	2.63	0.34	0.31	0.80	3.21
-0.04	0.23	0.01	0.34	0.33	0.02	0.02	0.08	0.23
0.12	0.97	0.02	2.00	1.77	0.26	0.24	0.61	1.92
-0.27	0.51		1.34	1.23	0.19	0.17	0.30	1.22
0.02	0.05	0.01	0.18	0.18	0.02	0.02	0.02	0.24
0.46	0.31	0.01	0.40	0.31	0.04	0.04	0.27	0.35
-0.01	0.01						0.01	0.05
-0.09	0.09		0.07	0.05			0.01	0.07
0.02	0.08	0.03	0.22	0.22	0.03	0.03		0.28
-0.08	0.08		0.03	0.02				0.10
0.09		0.03	0.18	0.18	0.03	0.03		0.17
			0.01	0.01				0.01
-0.03	0.08	0.01	0.51	0.31	0.02	0.02	0.12	0.77
-0.07	0.07		0.02	0.01				0.05
0.03	0.02	0.01	0.49	0.30	0.02	0.02	0.12	0.72
1.96	4.05	0.58	10.28	8.82	1.30	1.07	4.91	11.20
1.18	0.50	0.09	3.28	2.88	0.45	0.40	0.87	4.04
1.24	0.43	0.09	3.19	2.82	0.44	0.39	0.85	3.94
-0.06	0.07		0.09	0.06	0.01	0.01	0.02	0.10
0.84	2.90	0.41	4.96	4.24	0.64	0.50	3.59	5.44
0.10	0.31	0.05	0.95	0.66	0.11	0.06	0.47	1.15
0.15	2.06	0.29	2.31	2.07	0.31	0.26	1.80	2.09
0.56	0.37	0.02	1.28	1.10	0.20	0.17	1.07	1.77
0.03	0.17	0.05	0.42	0.41	0.02	0.02	0.25	0.43
-0.05	0.62	0.08	1.83	1.52	0.19	0.14	0.42	1.54
-0.08	0.52	0.06	1.06	0.81	0.10	0.07	0.27	0.86

1-A-3 续表 49

行业	财务费用	利息支出	营业利润	投资收益	补贴收入
木容器制造	0.03	0.03	-0.02	0.01	0.05
软木制品及其他木制品制造	0.04	0.03		0.01	
竹、藤、棕、草制品制造	0.01	0.01	-0.01		
家具制造业	0.28	0.29	4.35	-0.01	0.15
木质家具制造	0.22	0.19	-0.03	0.11	0.11
金属家具制造	0.04	0.09	4.42	-0.12	0.04
塑料家具制造					
其他家具制造	0.01	0.01	-0.03		
造纸及纸制品业	18.59	18.61	11.94	2.27	2.20
纸浆制造	4.97	4.54	-3.39	-0.08	0.34
造纸	13.10	13.63	14.76	2.33	1.68
机制纸及纸板制造	12.93	13.47	14.96	2.29	1.66
手工纸制造	0.01	0.02	0.03		
加工纸制造	0.16	0.14	-0.23	0.04	0.02
纸制品制造	0.52	0.45	0.57	0.02	0.18
纸和纸板容器的制造	0.41	0.36	0.49	0.02	0.16
其他纸制品制造	0.11	0.09	0.07		0.02
印刷业和记录媒介的复制	3.19	3.79	23.45	1.48	0.98
印刷	2.95	3.54	21.28	1.41	0.80
书、报、刊印刷	1.84	1.64	1.35	0.63	0.58
本册印制	0.22	0.18	0.86	0.06	0.03
包装装潢及其他印刷	0.89	1.72	19.08	0.72	0.18
装订及其他印刷服务活动	0.04	0.04	1.72	0.05	0.05
记录媒介的复制	0.20	0.21	0.45	0.02	0.13
文教体育用品制造业	0.77	0.72	0.57	0.30	0.02
文化用品制造	0.10	0.09	-0.28	0.17	0.01
文具制造	0.01	0.01	-0.16	0.04	
笔的制造	0.08	0.08	-0.07	0.13	
教学用模型及教具制造			-0.03		
墨水、墨汁制造					
其他文化用品制造			-0.01		
体育用品制造	0.13	0.13	-0.13	0.07	0.01
球类制造	0.05	0.05	0.04	0.07	
体育器材及配件制造	0.08	0.08	-0.07		
训练健身器材制造			-0.09		0.01
运动防护用具制造					
其他体育用品制造					
乐器制造	0.51	0.48	1.05	0.06	
中乐器制造					
西乐器制造	0.51	0.47	1.05	0.06	
电子乐器制造	0.01	0.01	-0.01		
其他乐器及零件制造			0.01		
玩具制造	0.02	0.02	-0.08		
游艺器材及娱乐用品制造				0.01	
露天游乐场所游乐设备制造				0.01	
游艺用品及室内游艺器材制造					

单位：亿元

利润总额	亏损企业亏损额	应交所得税	本年应付工资总额	主营业务应付工资总额	本年应付福利费总额	主营业务应付福利费总额	本年应交增值税	全部从业人员年平均人数（万人）
0.03	0.07	0.01	0.59	0.53	0.06	0.05	0.09	0.52
	0.04		0.19	0.18	0.03	0.03	0.07	0.17
-0.01	0.02		0.20	0.17	0.03	0.02	0.03	0.18
4.42	0.58	0.44	3.49	3.15	0.36	0.33	1.29	2.10
0.08	0.41	0.05	1.79	1.65	0.18	0.16	0.39	1.45
4.35	0.15	0.40	1.61	1.41	0.17	0.17	0.85	0.55
-0.01	0.02		0.09	0.09	0.01	0.01	0.04	0.09
15.10	16.50	6.86	25.38	23.25	3.45	3.22	24.84	20.34
-3.15	4.80	0.37	2.82	2.63	0.58	0.56	3.32	2.64
17.61	10.57	6.22	19.59	17.98	2.49	2.32	20.17	15.10
17.77	9.91	6.12	18.70	17.25	2.36	2.20	19.80	14.45
0.02		0.01	0.16	0.13	0.04	0.03	0.03	0.16
-0.18	0.66	0.10	0.73	0.60	0.09	0.08	0.34	0.49
0.64	1.12	0.27	2.97	2.64	0.38	0.34	1.36	2.60
0.59	0.66	0.15	2.42	2.20	0.31	0.29	1.06	2.13
0.04	0.47	0.12	0.55	0.44	0.06	0.05	0.30	0.47
26.73	5.80	7.15	32.83	29.00	4.42	3.87	18.41	18.97
24.32	5.39	6.34	30.03	26.43	4.06	3.55	16.49	17.67
3.29	3.25	1.56	18.67	16.88	2.50	2.23	6.91	12.51
0.96	0.29	0.14	1.23	0.95	0.15	0.14	0.62	0.91
20.08	1.85	4.64	10.13	8.60	1.42	1.18	8.96	4.26
1.83	0.16	0.64	1.52	1.43	0.21	0.19	1.12	0.75
0.58	0.25	0.17	1.28	1.14	0.15	0.13	0.80	0.54
1.28	1.14	0.61	4.31	4.06	0.54	0.51	1.54	3.22
0.12	0.54	0.14	0.96	0.86	0.11	0.10	0.36	0.61
0.12		0.01	0.13	0.12	0.02	0.02	0.03	0.07
0.04	0.48	0.07	0.67	0.59	0.07	0.06	0.25	0.41
-0.02	0.04	0.06	0.07	0.06	0.01	0.01	0.04	0.08
			0.04	0.04			0.01	0.03
-0.02	0.02		0.05	0.05			0.02	0.03
-0.04	0.27	0.05	0.87	0.82	0.09	0.09	0.34	0.86
0.11	0.05	0.03	0.29	0.29	0.03	0.03	0.10	0.16
-0.08	0.15	0.02	0.42	0.38	0.04	0.04	0.21	0.52
-0.07	0.07		0.16	0.15	0.02	0.02	0.03	0.18
1.26	0.21	0.41	1.99	1.94	0.29	0.29	0.67	0.94
			0.02	0.02				0.01
1.25	0.21	0.41	1.93	1.89	0.29	0.29	0.65	0.90
			0.02	0.02				0.01
0.01			0.03	0.02			0.01	0.02
-0.07	0.12	0.01	0.48	0.43	0.04	0.03	0.16	0.80
0.01			0.01	0.01			0.01	0.01
0.01			0.01	0.01			0.01	

1-A-3 续表 50

行业	财务费用		营业利润	投资收益	补贴收入
		利息支出			
石油加工、炼焦及核燃料加工业	30.88	27.85	240.13	2.64	5.08
精炼石油产品的制造	24.01	21.32	226.17	-0.28	1.79
原油加工及石油制品制造	24.01	21.32	226.17	-0.28	1.79
人造原油生产					
炼焦	5.74	5.37	13.14	1.09	3.27
化学原料及化学制品制造业	81.26	79.75	316.71	16.72	21.19
基础化学原料制造	30.23	29.89	92.41	6.77	8.25
无机酸制造	1.20	1.20	2.96	0.62	0.12
无机碱制造	9.64	9.72	17.64	1.60	0.45
无机盐制造	1.51	1.48	1.42	0.74	0.14
有机化学原料制造	15.32	14.97	64.97	3.85	7.03
其他基础化学原料制造	2.55	2.52	5.42	-0.05	0.50
肥料制造	25.96	25.66	59.37	3.81	6.71
氮肥制造	18.18	18.33	39.84	2.73	3.84
磷肥制造	2.11	2.05	2.75	-0.22	0.92
钾肥制造	1.02	1.03	5.58		0.11
复混肥料制造	4.40	4.02	11.48	1.29	1.82
有机肥料及微生物肥料制造			0.02		0.02
其他肥料制造	0.23	0.23	-0.30	0.01	0.01
农药制造	2.40	2.34	1.92	0.14	0.71
化学农药制造	2.32	2.28	1.61	0.13	0.67
生物化学农药及微生物农药制造	0.08	0.06	0.31	0.01	0.04
涂料、油墨、颜料及类似产品制造	1.44	1.30	0.91	0.55	0.48
涂料制造	0.62	0.50	0.47	0.47	0.22
油墨及类似产品制造	0.10	0.09	0.94	0.12	0.02
颜料制造	0.26	0.26	0.69	0.03	0.20
染料制造	0.44	0.44	-1.28	0.03	0.02
密封用填料及类似品制造	0.01	0.01	0.08	-0.09	0.02
合成材料制造	13.07	12.67	152.34	1.19	0.72
初级形态的塑料及合成树脂制造	6.28	6.21	78.42	1.90	0.52
合成橡胶制造	0.28	0.27	0.60	0.01	0.09
合成纤维单(聚合)体的制造	6.47	6.14	73.64	-0.72	0.06
其他合成材料制造	0.05	0.05	-0.32		0.05
专用化学产品制造	6.39	6.23	6.93	2.73	4.08
化学试剂和助剂制造	2.81	2.73	0.62	0.51	0.38
专项化学用品制造	0.56	0.53	1.39	-0.44	0.37
林产化学产品制造	0.31	0.30	-0.02	0.08	0.14
炸药及火工产品制造	1.71	1.72	0.94	0.24	3.06
信息化学品制造	0.69	0.63	3.81	2.30	0.11
环境污染处理专用药剂材料制造	0.01	0.01	-0.02		
动物胶制造	0.05	0.05	0.14		
其他专用化学产品制造	0.26	0.27	0.07	0.05	0.02
日用化学产品制造	1.78	1.66	2.84	1.55	0.24
肥皂及合成洗涤剂制造	0.94	0.92	-2.16	0.07	0.14
化妆品制造	0.24	0.22	2.52	0.91	0.06

单位：亿元

利润总额	亏损企业亏损额	应交所得税	本年应付工资总额	主营业务应付工资总额	本年应付福利费总额	主营业务应付福利费总额	本年应交增值税	全部从业人员年平均人数（万人）
196.92	41.09	48.20	99.50	89.27	13.80	12.57	188.20	35.18
177.86	39.50	44.36	82.95	75.01	11.84	10.71	168.29	26.48
177.86	39.50	44.36	82.95	75.01	11.84	10.71	168.29	26.48
16.56	1.59	3.81	14.62	12.36	1.71	1.60	19.00	7.79
305.67	58.14	65.01	201.68	184.85	28.05	25.07	178.10	116.33
91.82	9.26	15.27	68.36	63.43	9.92	8.86	69.61	37.34
3.44	0.47	0.24	1.98	1.86	0.32	0.30	1.92	1.47
17.29	2.62	4.77	24.18	22.14	3.70	3.13	22.83	14.32
2.08	1.31	0.57	4.75	4.42	0.65	0.60	2.92	4.16
64.02	2.63	8.45	31.17	29.52	4.32	4.06	35.65	13.44
4.99	2.23	1.23	6.28	5.50	0.92	0.78	6.29	3.96
65.11	5.58	11.05	48.07	44.08	6.21	5.57	29.04	33.31
44.12	2.89	7.18	32.95	29.66	4.34	3.78	23.63	22.16
1.95	0.78	0.52	4.76	4.33	0.55	0.49	1.61	4.72
5.52	0.30	1.01	1.37	1.33	0.19	0.19	0.22	0.65
13.86	1.16	2.30	8.49	8.36	1.10	1.08	3.32	4.94
0.04		0.01	0.02	0.01			0.01	0.02
-0.38	0.45	0.02	0.49	0.38	0.03	0.03	0.25	0.81
2.11	2.36	1.21	4.91	4.51	0.80	0.60	1.28	3.86
1.73	2.30	1.19	4.60	4.21	0.76	0.56	1.18	3.67
0.37	0.06	0.03	0.31	0.30	0.04	0.04	0.09	0.19
3.45	1.98	0.83	7.05	6.55	0.91	0.85	3.62	4.25
1.47	0.97	0.45	3.64	3.38	0.46	0.44	1.89	1.93
1.08	0.06	0.17	0.78	0.77	0.11	0.10	0.46	0.28
0.81	0.16	0.13	1.26	1.21	0.13	0.13	0.73	0.74
0.08	0.75	0.07	1.23	1.05	0.19	0.16	0.49	1.21
0.01	0.03		0.14	0.14	0.02	0.02	0.05	0.08
128.47	27.58	32.76	34.86	31.82	4.70	4.26	54.21	12.94
77.25	2.95	19.52	20.94	18.70	2.96	2.60	28.23	7.60
0.57	0.34	0.11	1.17	1.06	0.18	0.17	0.77	0.91
50.89	23.97	13.13	12.34	11.68	1.51	1.43	25.05	4.08
-0.24	0.32		0.41	0.38	0.06	0.05	0.15	0.34
10.96	7.63	2.61	29.97	27.12	4.29	3.79	14.40	19.71
0.60	4.80	0.88	11.53	10.73	1.61	1.49	5.83	6.33
0.94	0.93	0.22	3.36	2.99	0.47	0.34	1.31	1.67
0.14	0.23	0.06	0.77	0.74	0.10	0.09	0.51	0.72
3.10	1.16	0.73	10.67	9.36	1.42	1.25	5.10	8.70
5.93	0.17	0.59	2.82	2.56	0.53	0.48	1.22	1.55
-0.01	0.01		0.01	0.01				0.01
0.13		0.02	0.16	0.14	0.03	0.03	0.17	0.22
0.14	0.32	0.10	0.65	0.59	0.14	0.11	0.26	0.50
3.75	3.75	1.26	8.45	7.34	1.20	1.13	5.94	4.92
-1.89	2.40	0.08	3.05	2.97	0.34	0.32	1.85	2.36
3.36	0.07	0.69	1.28	1.28	0.26	0.26	2.58	0.50

1-A-3 续表 51

行业	财务费用	利息支出	营业利润	投资收益	补贴收入
口腔清洁用品制造	0.13	0.14	0.94	0.46	0.01
香料、香精制造	0.31	0.32	1.59	0.10	
其他日用化学产品制造	0.16	0.07	-0.04		0.03
医药制造业	17.74	19.20	66.93	13.08	1.99
化学药品原药制造	7.49	7.64	14.30	5.18	0.31
化学药品制剂制造	4.11	4.00	20.18	2.08	0.71
中药饮片加工	0.39	0.38	-0.10	0.44	0.05
中成药制造	4.75	6.02	24.88	4.22	0.79
兽用药品制造	0.08	0.07	0.62		0.01
生物、生化制品的制造	0.90	0.95	4.55	1.09	0.09
卫生材料及医药用品制造	0.03	0.12	2.49	0.06	0.04
化学纤维制造业	10.10	8.97	8.15	1.05	0.42
纤维素纤维原料及纤维制造	3.89	2.74	10.11	0.09	0.06
化纤浆粕制造	0.28	0.28	0.73	-0.46	0.02
人造纤维(纤维素纤维)制造	3.61	2.46	9.38	0.55	0.04
合成纤维制造	6.21	6.23	-1.95	0.96	0.36
锦纶纤维制造	1.53	1.49	0.95	0.87	0.03
涤纶纤维制造	2.99	3.04	-2.75	-0.11	0.17
腈纶纤维制造	0.80	0.81	-0.67	-0.06	
维纶纤维制造	0.57	0.57	0.63	0.01	0.16
其他合成纤维制造	0.32	0.32	-0.11	0.26	0.01
橡胶制品业	7.22	6.81	4.78	0.32	0.54
轮胎制造	5.13	4.78	4.52	-0.06	0.24
车辆、飞机及工程机械轮胎制造	5.04	4.69	4.75	-0.10	0.23
力车胎制造	0.08	0.09	-0.19	0.04	
轮胎翻新加工	0.01	0.01	-0.03		0.01
橡胶板、管、带的制造	0.78	0.78	-0.30	0.22	0.05
橡胶零件制造	0.21	0.21	0.28	-0.19	0.15
再生橡胶制造	0.01	0.01	-0.02	0.01	
日用及医用橡胶制品制造	0.27	0.23	0.23	0.03	0.05
橡胶靴鞋制造	0.70	0.71	0.06	0.33	0.05
其他橡胶制品制造	0.11	0.08	0.01	-0.02	0.01
塑料制品业	5.63	6.03	9.91	1.40	0.75
塑料薄膜制造	2.46	2.49	-0.40	0.74	0.25
塑料板、管、型材的制造	2.37	2.84	2.67	0.18	0.19
塑料丝、绳及编织品的制造	0.24	0.22	0.25	-0.02	0.02
泡沫塑料制造	0.06	0.05		0.03	0.03
塑料人造革、合成革制造	0.10	0.09			0.01
塑料包装箱及容器制造	0.10	0.09	6.09	0.09	0.04
塑料零件制造	0.12	0.10	0.52	0.24	0.01
日用塑料制造	0.05	0.05	0.16		0.02
塑料鞋制造					
日用塑料杂品制造	0.05	0.04	0.15		0.02
其他塑料制品制造	0.12	0.11	0.62	0.12	0.17
非金属矿物制品业	32.58	30.42	22.60	3.75	22.92
水泥、石灰和石膏的制造	18.34	17.36	12.62	0.62	18.40

单位：亿元

利润总额	亏损企业亏损额	应交所得税	本年应付工资总额	主营业务应付工资总额	本年应付福利费总额	主营业务应付福利费总额	本年应交增值税	全部从业人员年平均人数（万人）
1.37	0.11	0.19	1.49	1.37	0.23	0.21	0.95	0.54
1.02	0.87	0.27	2.22	1.43	0.33	0.30	0.37	1.05
-0.11	0.31	0.04	0.41	0.30	0.04	0.03	0.19	0.47
81.40	13.67	16.02	65.93	62.04	9.27	8.72	57.89	36.13
19.17	5.60	3.95	18.26	17.34	2.57	2.47	11.90	12.23
23.43	4.38	5.10	20.90	20.04	3.13	2.99	19.83	10.16
0.56	0.35	0.07	1.24	1.12	0.18	0.17	0.58	0.64
29.14	2.31	5.61	19.45	18.02	2.60	2.35	21.35	10.25
0.61	0.20	0.15	0.90	0.71	0.12	0.08	0.35	0.52
5.87	0.71	0.75	3.98	3.75	0.51	0.48	2.33	1.76
2.62	0.13	0.39	1.21	1.05	0.17	0.17	1.55	0.58
6.82	15.12	3.80	23.51	18.98	4.17	3.48	17.22	13.44
9.91	2.32	2.52	7.55	6.66	1.67	1.48	6.54	5.46
0.03	0.92	0.20	0.61	0.51	0.07	0.07	0.58	0.83
9.88	1.40	2.32	6.94	6.16	1.60	1.42	5.96	4.63
-3.09	12.80	1.28	15.95	12.32	2.49	2.00	10.68	7.98
1.65	0.72	0.48	1.87	1.71	0.22	0.20	1.30	1.18
-4.64	8.69	0.47	9.60	6.71	1.29	0.89	6.11	4.57
-0.84	2.65	0.11	2.88	2.83	0.74	0.74	2.05	1.25
0.74		0.11	0.80	0.27	0.10	0.05	0.77	0.57
-0.01	0.75	0.12	0.80	0.80	0.13	0.12	0.45	0.41
5.02	5.80	1.79	17.88	17.07	2.36	2.18	8.88	13.20
3.96	2.72	1.06	8.79	8.54	1.17	1.14	5.32	5.55
4.15	2.51	1.05	8.15	7.91	1.08	1.05	5.10	5.15
-0.17	0.19	0.02	0.58	0.58	0.08	0.08	0.19	0.32
-0.02	0.02		0.06	0.05	0.01	0.01	0.02	0.07
-0.22	1.13	0.15	2.50	2.24	0.35	0.32	1.24	2.14
1.13	0.16	0.13	1.40	1.28	0.15	0.14	0.72	0.86
-0.02	0.04		0.06	0.06	0.01	0.01	0.03	0.11
-0.24	0.46	0.02	0.99	0.97	0.24	0.23	0.28	0.87
0.40	1.04	0.40	3.69	3.63	0.37	0.29	1.17	3.38
0.01	0.24	0.02	0.45	0.36	0.06	0.06	0.12	0.29
11.24	6.47	2.76	13.95	12.88	1.73	1.61	8.12	10.15
0.12	2.89	0.54	3.93	3.64	0.50	0.48	1.88	2.39
2.96	1.73	0.93	3.83	3.58	0.44	0.42	2.43	2.86
-0.01	0.66	0.13	1.63	1.45	0.23	0.20	0.90	1.66
0.26	0.04	0.07	0.43	0.35	0.05	0.04	0.23	0.29
	0.19	0.01	0.37	0.32	0.07	0.07	0.06	0.21
6.14	0.50	0.65	1.02	0.97	0.16	0.15	1.43	0.76
0.78	0.13	0.14	1.11	1.05	0.11	0.10	0.43	0.70
0.13	0.12	0.07	0.66	0.62	0.08	0.08	0.22	0.53
-0.02	0.03		0.10	0.10	0.01	0.01	0.03	0.13
0.15	0.09	0.06	0.55	0.51	0.07	0.07	0.19	0.40
0.87	0.22	0.22	0.98	0.89	0.10	0.09	0.56	0.73
39.76	33.75	11.57	94.16	86.02	13.11	11.99	67.97	78.80
26.97	13.09	6.19	44.63	40.79	7.00	6.44	42.00	36.93

1-A-3 续表 52

行业	财务费用	利息支出	营业利润	投资收益	补贴收入
水泥制造	18.28	17.30	12.49	0.62	18.38
石灰和石膏制造	0.06	0.06	0.13		0.01
水泥及石膏制品制造	1.85	1.42	0.59	0.57	1.95
水泥制品制造	1.54	1.28	0.82	0.32	1.36
砼结构构件制造	0.16	0.18	-0.28	0.02	0.04
石棉水泥制品制造	0.10	0.10	-0.38	0.03	0.03
轻质建筑材料制造	0.04	-0.16	0.47	0.15	0.51
其他水泥制品制造		0.02	-0.05	0.04	
砖瓦、石材及其他建筑材料制造	0.84	0.98	-0.22	0.27	1.05
粘土砖瓦及建筑砌块制造	0.26	0.43	-0.12	0.05	0.45
建筑陶瓷制品制造	0.27	0.28	-0.36		0.02
建筑用石加工	0.10	0.10	0.24	0.01	0.02
防水建筑材料制造	0.06	0.06	-0.33	0.03	0.39
隔热和隔音材料制造	0.10	0.09	0.24	0.18	0.12
其他建筑材料制造	0.05	0.03	0.11		0.06
玻璃及玻璃制品制造	5.60	5.40	12.59	2.00	0.61
平板玻璃制造	3.35	3.38	7.10	1.74	0.22
技术玻璃制品制造	0.41	0.32	0.56	0.02	0.08
光学玻璃制造	0.09	0.10	0.57		0.11
玻璃仪器制造	0.12	0.12	-0.08	0.07	0.01
日用玻璃制品及玻璃包装容器制造	0.37	0.36	0.03	0.03	0.12
玻璃保温容器制造	0.05	0.05	-0.31		
玻璃纤维及制品制造	0.96	0.85	2.98	0.03	0.04
玻璃纤维增强塑料制品制造	0.15	0.15	0.60	0.11	0.02
其他玻璃制品制造	0.10	0.09	1.13		0.01
陶瓷制品制造	2.95	2.91	-3.37	-0.07	0.17
卫生陶瓷制品制造	0.09	0.08	-0.36	-0.01	0.06
特种陶瓷制品制造	0.34	0.32	0.52		0.03
日用陶瓷制品制造	2.51	2.50	-3.59	-0.06	0.08
园林、陈设艺术及其他陶瓷制品制造	0.01	0.01	0.05		
耐火材料制品制造	0.59	0.53	0.78	0.18	0.33
石棉制品制造	0.04	0.04	-0.14		
云母制品制造	0.03	0.03	0.12		
耐火陶瓷制品及其他耐火材料制造	0.52	0.46	0.81	0.18	0.32
石墨及其他非金属矿物制品制造	2.41	1.82	-0.38	0.18	0.42
石墨及碳素制品制造	1.48	0.96	0.02	0.19	0.03
其他非金属矿物制品制造	0.93	0.86	-0.41	-0.01	0.39
黑色金属冶炼及压延加工业	108.34	102.03	752.67	20.64	9.93
炼铁	6.59	5.77	30.05	0.39	0.27
炼钢	25.50	24.79	117.49	0.98	1.86
钢压延加工	74.17	69.46	594.85	19.27	7.56
铁合金冶炼	2.07	2.02	10.28		0.24
有色金属冶炼及压延加工业	44.11	42.45	166.40	3.49	6.23
常用有色金属冶炼	34.36	32.87	137.40	-0.21	3.43
铜冶炼	9.77	9.68	24.70	-1.15	0.99
铅锌冶炼	7.17	7.12	4.14	0.15	0.09

单位：亿元

利润总额	亏损企业亏损额	应交所得税	本年应付工资总额	主营业务应付工资总额	本年应付福利费总额	主营业务应付福利费总额	本年应交增值税	全部从业人员年平均人数（万人）
26.85	13.04	6.15	44.14	40.37	6.95	6.39	41.68	36.48
0.12	0.04	0.04	0.50	0.42	0.05	0.05	0.32	0.45
3.10	3.98	0.86	12.40	11.38	1.60	1.51	6.96	8.33
2.58	2.60	0.75	9.58	8.97	1.25	1.18	5.87	6.11
-0.23	0.65	0.06	1.55	1.26	0.18	0.17	0.65	1.23
-0.29	0.30		0.34	0.32	0.04	0.04	0.10	0.27
1.04	0.40	0.05	0.80	0.70	0.11	0.10	0.27	0.64
-0.01	0.03		0.14	0.14	0.02	0.02	0.06	0.08
0.34	2.58	0.41	6.45	5.44	0.62	0.51	2.35	7.11
-0.02	1.21	0.11	4.02	3.54	0.35	0.30	0.95	5.01
-0.46	0.82	0.06	0.94	0.54	0.09	0.06	0.52	0.94
0.29	0.15	0.13	0.49	0.46	0.05	0.04	0.25	0.46
-0.13	0.22		0.33	0.30	0.04	0.02	0.10	0.25
0.50	0.05	0.06	0.45	0.42	0.08	0.07	0.35	0.24
0.17	0.13	0.05	0.22	0.17	0.03	0.02	0.18	0.22
14.32	2.80	2.86	14.83	13.50	1.98	1.71	9.40	10.43
8.45	0.97	1.68	6.92	6.61	0.92	0.88	5.37	4.60
0.64	0.40	0.15	1.22	1.10	0.14	0.12	0.50	0.75
0.69		0.07	0.95	0.86	0.12	0.11	0.37	0.65
0.01	0.06		0.36	0.32	0.05	0.04	0.12	0.32
0.12	0.54	0.18	1.64	1.57	0.22	0.21	0.89	1.50
-0.19	0.21	0.10	0.32	0.27	0.03	0.03	0.12	0.30
2.89	0.39	0.35	2.12	1.52	0.31	0.15	1.10	1.43
0.70	0.17	0.20	0.53	0.48	0.08	0.08	0.43	0.43
1.00	0.06	0.14	0.78	0.76	0.10	0.09	0.51	0.43
-5.29	6.87	0.24	6.46	6.06	0.63	0.61	1.66	7.83
-0.38	0.51		0.76	0.70	0.08	0.08	0.22	0.82
-0.40	1.24	0.11	1.08	0.94	0.10	0.09	0.59	0.92
-4.57	5.12	0.11	4.53	4.33	0.44	0.43	0.82	5.98
0.05		0.01	0.09	0.09	0.01	0.01	0.03	0.10
0.65	0.90	0.40	3.67	3.38	0.51	0.47	2.26	3.12
-0.12	0.15	0.02	0.15	0.14	0.05	0.05	0.07	0.17
0.11	0.02	0.03	0.05	0.05	0.01	0.01	0.09	0.07
0.65	0.74	0.35	3.47	3.19	0.45	0.41	2.09	2.88
-0.32	3.54	0.62	5.70	5.47	0.77	0.74	3.34	5.06
-0.22	1.69	0.36	2.69	2.63	0.34	0.33	1.86	2.24
-0.10	1.84	0.26	3.00	2.83	0.43	0.41	1.49	2.82
749.33	23.77	185.82	394.99	337.09	51.35	42.93	421.52	143.67
29.11	0.43	3.00	21.26	20.39	2.69	2.60	24.62	10.79
114.13	13.61	37.81	78.37	46.15	10.67	6.28	83.80	29.23
596.69	8.79	142.84	288.43	264.38	37.18	33.35	306.93	99.08
9.40	0.94	2.17	6.93	6.17	0.81	0.71	6.16	4.57
165.53	15.52	39.98	109.91	97.55	19.13	14.59	91.57	58.63
131.00	9.39	31.35	77.88	69.65	14.97	10.66	77.90	41.15
21.62	1.69	1.98	14.82	14.42	2.26	2.20	19.75	9.94
3.61	2.69	1.75	10.79	10.21	1.74	1.65	9.36	6.99

1-A-3 续表 53

行业	财务费用	利息支出	营业利润	投资收益	补贴收入
镍钴冶炼	1.50	1.48	16.55	0.05	0.60
锡冶炼	1.78	1.76	4.04	-0.12	0.76
锑冶炼	0.28	0.26	0.42		0.09
铝冶炼	13.71	12.43	87.47	0.84	0.83
镁冶炼	0.04	0.04	-0.05		0.04
其他常用有色金属冶炼	0.10	0.10	0.13	0.02	0.03
贵金属冶炼	0.87	0.72	10.70	0.97	1.04
金冶炼	0.85	0.71	10.66	0.97	1.03
银冶炼	0.01	0.01	0.03		
其他贵金属冶炼					
稀有稀土金属冶炼	0.96	0.90	6.08	1.24	0.18
钨钼冶炼	0.32	0.29	4.62	0.86	0.02
稀土金属冶炼	0.46	0.48	0.91	0.46	0.07
其他稀有金属冶炼	0.18	0.13	0.56	-0.08	0.09
有色金属合金制造	0.62	0.61	1.00	0.64	0.22
有色金属压延加工	7.31	7.34	11.22	0.86	1.36
常用有色金属压延加工	6.98	6.93	-0.69	0.92	1.19
贵金属压延加工	0.04	0.04	-0.04	0.12	0.03
稀有稀土金属压延加工	0.29	0.37	11.95	-0.18	0.14
金属制品业	6.34	5.65	12.58	1.87	1.17
结构性金属制品制造	1.15	1.09	-1.27	0.16	0.21
金属结构制造	1.03	0.98	-1.08	0.18	0.12
金属门窗制造	0.12	0.12	-0.19	-0.01	0.09
金属工具制造	1.14	0.98	3.30	0.99	0.12
切削工具制造	0.70	0.66	0.87	0.06	0.07
手工具制造	0.08	0.08	-0.11		0.01
农用及园林用金属工具制造			0.03		
刀剪及类似日用金属工具制造	0.01	0.01	0.09	0.44	
其他金属工具制造	0.35	0.24	2.41	0.50	0.03
集装箱及金属包装容器制造	1.25	1.13	1.57	0.07	0.30
集装箱制造	0.33	0.25	1.72		
金属压力容器制造	0.59	0.57	-0.36	0.08	0.27
金属包装容器制造	0.32	0.31	0.20	-0.01	0.03
金属丝绳及其制品的制造	2.12	1.80	4.40	0.36	0.07
建筑、安全用金属制品制造	0.13	0.13	1.01		0.11
建筑、家具用金属配件制造	-0.01		0.98		0.03
建筑装饰及水暖管道零件制造	0.11	0.10	0.14		0.05
安全、消防用金属制品制造	0.01	0.01	-0.03		0.02
其他建筑、安全用金属制品制造	0.03	0.02	-0.08		0.01
金属表面处理及热处理加工	0.08	0.08	-0.11	-0.04	0.06
搪瓷制品制造	0.08	0.08	-0.11	-0.04	0.06
工业生产配套用搪瓷制品制造	0.04	0.05	-0.28		
搪瓷卫生洁具制造					
搪瓷日用品及其他搪瓷制品制造	0.04	0.05	-0.28		
不锈钢及类似日用金属制品制造	0.11	0.11	-0.28	-0.07	0.03
金属制厨房调理及卫生器具制造			-0.02		

单位: 亿元

利润总额	亏损企业亏损额	应交所得税	本年应付工资总额	主营业务应付工资总额	本年应付福利费总额	主营业务应付福利费总额	本年应交增值税	全部从业人员年平均人数(万人)
14.44		3.57	12.80	11.52	1.71	1.53	9.39	3.86
3.66	0.03	0.59	5.87	5.20	0.81	0.65	2.41	4.55
0.50	0.02	0.10	0.86	0.86	0.14	0.14	0.60	0.94
87.05	4.84	23.32	31.91	26.69	8.22	4.41	35.91	14.23
-0.05	0.10	0.02	0.27	0.24	0.03	0.03	0.14	0.28
0.16	0.02	0.03	0.56	0.50	0.07	0.06	0.34	0.36
12.23	0.20	3.07	6.43	4.35	0.59	0.58	0.71	3.06
12.21	0.20	3.06	6.37	4.30	0.59	0.57	0.66	3.00
0.02		0.01	0.05	0.05	0.01	0.01	0.05	0.06
			0.01	0.01				
6.86	0.49	1.37	3.74	3.49	0.54	0.50	1.78	2.16
5.08	0.05	1.09	0.93	0.90	0.11	0.10	0.73	0.49
1.37	0.20	0.16	1.44	1.36	0.23	0.22	0.46	0.95
0.41	0.24	0.11	1.37	1.23	0.20	0.17	0.59	0.72
2.14	0.12	0.22	4.02	3.59	0.98	0.96	1.35	1.94
13.30	5.32	3.98	17.84	16.47	2.04	1.89	9.84	10.32
1.37	4.83	0.66	15.25	14.23	1.68	1.59	6.00	9.02
0.09	0.02	0.04	0.22	0.20	0.03	0.03	0.12	0.09
11.84	0.48	3.28	2.37	2.05	0.33	0.27	3.72	1.21
16.17	10.41	4.56	31.26	27.97	3.96	3.45	13.48	20.25
-0.94	4.04	0.44	8.90	7.58	1.10	0.97	3.22	5.63
-0.76	3.49	0.38	7.86	6.70	0.97	0.87	2.86	4.66
-0.18	0.55	0.06	1.03	0.88	0.13	0.11	0.37	0.97
4.42	0.94	0.87	6.19	5.87	0.83	0.78	1.89	4.35
1.05	0.62	0.31	4.30	4.05	0.56	0.52	1.23	3.24
-0.13	0.23		0.63	0.60	0.09	0.08	0.22	0.52
0.03			0.07	0.07	0.01	0.01	0.02	0.07
0.54	0.01	0.02	0.15	0.14	0.02	0.02	0.03	0.11
2.94	0.09	0.54	1.04	1.01	0.15	0.15	0.39	0.42
1.83	1.66	0.55	4.73	4.25	0.54	0.45	1.08	2.81
1.70	0.34	0.27	1.14	1.14	0.01	0.01	0.03	0.31
-0.04	0.68	0.16	2.25	1.90	0.36	0.29	0.41	1.64
0.17	0.65	0.11	1.34	1.20	0.17	0.14	0.64	0.87
5.65	0.90	0.72	3.52	3.06	0.57	0.43	3.42	2.77
1.14	0.27	0.15	1.12	1.04	0.12	0.11	0.52	0.90
1.01	0.04	0.08	0.30	0.28	0.02	0.02	0.24	0.19
0.22	0.10	0.06	0.53	0.49	0.07	0.06	0.23	0.51
-0.01	0.02		0.10	0.09			0.03	0.11
-0.07	0.11	0.01	0.20	0.19	0.02	0.02	0.03	0.09
-0.09	0.56	0.11	0.73	0.64	0.09	0.08	0.35	0.48
-0.09	0.56	0.11	0.73	0.64	0.09	0.08	0.35	0.48
-0.26	0.30		0.27	0.21	0.03	0.02	0.10	0.23
			0.01					0.02
-0.26	0.29		0.26	0.20	0.03	0.02	0.10	0.21
-0.38	0.64	0.03	1.02	0.86	0.09	0.07	0.20	0.84
-0.02	0.02		0.04	0.04			0.01	0.03

1-A-3 续表 54

行业	财务费用	利息支出	营业利润	投资收益	补贴收入
金属制厨用器皿及餐具制造	0.06	0.05	-0.04		0.03
其他日用金属制品制造	0.05	0.05	-0.23	-0.06	
其他金属制品制造	0.31	0.30	4.25	0.39	0.26
铸币及贵金属制实验室用品制造	-0.01	-0.01	3.27	0.02	
其他未列明的金属制品制造	0.32	0.31	0.98	0.37	0.26
通用设备制造业	27.78	24.13	69.63	10.30	6.24
锅炉及原动机制造	3.05	3.62	31.85	4.73	1.23
锅炉及辅助设备制造	-0.47	-0.12	8.96	1.44	0.09
内燃机及配件制造	4.55	4.40	10.19	2.99	1.07
汽轮机及辅机制造	-1.15	-0.79	13.00	0.31	0.06
水轮机及辅机制造	0.04	0.04	-0.10		
其他原动机制造	0.07	0.07	-0.20		
金属加工机械制造	5.50	4.70	0.26	1.85	1.08
金属切削机床制造	4.36	3.61	0.21	1.67	0.86
金属成形机床制造	0.58	0.58	0.51	0.19	0.07
铸造机械制造	0.26	0.24	-0.08		0.04
金属切割及焊接设备制造	0.02	0.02	-0.12	-0.03	0.01
机床附件制造	0.17	0.15	-0.16		0.03
其他金属加工机械制造	0.11	0.09	-0.11	0.02	0.07
起重运输设备制造	5.33	2.62	15.43	0.48	0.71
泵、阀门、压缩机及类似机械的制造	3.77	3.61	6.83	0.72	0.26
泵及真空设备制造	1.27	1.26	0.33		0.13
气体压缩机械制造	1.36	1.24	4.44	0.46	0.01
阀门和旋塞的制造	0.50	0.50	0.89	-0.01	0.08
液压和气压动力机械及元件制造	0.64	0.60	1.17	0.28	0.04
轴承、齿轮、传动和驱动部件的制造	3.97	3.81	-0.22	0.58	1.10
轴承制造	2.98	3.00	-0.63	0.62	0.89
齿轮、传动和驱动部件制造	0.99	0.81	0.41	-0.03	0.21
烘炉、熔炉及电炉制造	0.02	0.02	0.01		
风机、衡器、包装设备等通用设备制造	3.94	3.50	12.77	1.95	0.60
风机、风扇制造	0.43	0.41	3.81	-0.08	0.04
气体、液体分离及纯净设备制造	0.36	0.35	2.55	0.09	0.12
制冷、空调设备制造	1.80	1.41	8.30	1.94	0.18
风动和电动工具制造	0.20	0.20	-0.97	-0.03	0.04
喷枪及类似器具制造	0.03	0.03	-0.17		0.02
包装专用设备制造	0.25	0.25	-0.54	-0.07	0.04
衡器制造	0.23	0.22	-0.37	0.07	
其他通用设备制造	0.64	0.63	0.17	0.03	0.17
通用零部件制造及机械修理	0.51	0.46	1.12	0.01	0.32
金属密封件制造	0.02	0.02	0.17	-0.09	0.05
紧固件、弹簧制造	0.13	0.13	0.09	0.01	0.04
机械零部件加工及设备修理	0.26	0.23	0.73	0.08	0.21
其他通用零部件制造	0.10	0.09	0.14	0.01	0.02
金属铸、锻加工	1.69	1.79	1.57	-0.02	0.95
钢铁铸件制造	0.85	0.93	1.20	-0.01	0.60
锻件及粉末冶金制品制造	0.84	0.86	0.36	-0.01	0.35

单位：亿元

利润总额	亏损企业亏损额	应交所得税	本年应付工资总额	主营业务应付工资总额	本年应付福利费总额	主营业务应付福利费总额	本年应交增值税	全部从业人员年平均人数（万人）
-0.11	0.26	0.02	0.58	0.48	0.04	0.03	0.06	0.48
-0.25	0.36	0.01	0.39	0.35	0.04	0.03	0.13	0.33
4.78	1.09	1.70	4.79	4.47	0.60	0.54	2.70	2.23
3.22		1.19	1.96	1.95	0.26	0.25	1.58	0.46
1.56	1.09	0.51	2.83	2.52	0.34	0.29	1.12	1.77
85.48	33.50	19.37	150.91	141.65	21.01	19.49	67.81	88.56
35.92	7.43	7.50	35.54	34.03	4.94	4.67	15.41	16.90
9.59	2.17	1.95	9.61	9.07	1.29	1.23	2.36	4.54
13.34	4.79	2.74	16.45	15.78	2.21	2.05	10.40	9.30
13.28	0.07	2.78	8.60	8.33	1.30	1.26	2.46	2.43
-0.10	0.20	0.02	0.69	0.66	0.11	0.11	0.16	0.40
-0.20	0.21		0.19	0.18	0.02	0.02	0.02	0.24
3.35	5.57	1.09	26.09	24.03	3.28	2.99	10.59	16.23
2.34	4.05	0.91	18.64	17.23	2.27	2.07	7.91	11.09
0.66	0.39	0.10	3.14	2.90	0.42	0.39	1.27	1.85
-0.03	0.16	0.01	0.81	0.73	0.11	0.09	0.32	0.64
-0.14	0.26	0.02	0.29	0.25	0.04	0.03	0.06	0.22
0.63	0.39	0.02	1.84	1.65	0.27	0.25	0.62	1.33
-0.11	0.33	0.04	1.37	1.27	0.17	0.15	0.41	1.10
17.13	3.87	2.96	18.30	17.59	2.76	2.67	9.17	9.90
7.67	3.42	1.80	17.28	16.06	2.06	1.93	7.51	10.48
0.58	1.12	0.33	5.02	4.60	0.66	0.61	1.78	3.62
4.82	1.04	0.76	5.20	5.09	0.49	0.48	2.71	2.37
0.91	0.47	0.25	2.94	2.54	0.37	0.33	1.20	1.92
1.37	0.79	0.45	4.11	3.84	0.54	0.51	1.82	2.58
0.99	4.11	1.12	15.09	13.97	2.72	2.44	5.65	12.21
0.55	2.66	0.45	10.06	9.88	1.35	1.33	3.71	9.25
0.44	1.45	0.67	5.03	4.09	1.37	1.11	1.94	2.96
0.02	0.10	0.02	0.32	0.30	0.04	0.04	0.12	0.18
15.73	5.42	3.68	17.62	16.95	2.55	2.34	11.66	8.79
3.71	0.61	0.81	3.99	3.88	0.50	0.48	2.82	1.31
2.87	0.09	0.85	2.08	1.96	0.28	0.22	1.10	1.31
9.95	1.87	1.80	6.56	6.45	1.16	1.08	6.30	2.77
	0.58		0.60	0.55	0.04	0.03	0.15	0.37
-0.09	0.12		0.27	0.19	0.04	0.03	0.05	0.16
-0.62	0.94	0.14	1.14	1.09	0.14	0.14	0.38	0.84
-0.26	0.38	0.03	0.41	0.39	0.07	0.07	0.17	0.27
0.17	0.84	0.05	2.57	2.43	0.33	0.30	0.69	1.76
1.84	1.22	0.39	8.32	7.24	1.14	1.02	2.89	6.58
0.12	0.13	0.07	0.63	0.54	0.08	0.06	0.19	0.27
1.11	0.18	0.07	1.42	1.29	0.14	0.14	0.48	0.99
0.48	0.76	0.17	5.51	4.80	0.81	0.72	1.93	4.47
0.13	0.14	0.07	0.76	0.60	0.11	0.10	0.29	0.85
2.83	2.35	0.81	12.36	11.49	1.53	1.39	4.81	7.30
1.96	1.70	0.71	8.54	7.86	1.04	0.95	3.52	4.56
0.87	0.66	0.10	3.81	3.63	0.48	0.44	1.29	2.74

1-A-3 续表 55

行业	财务费用	利息支出	营业利润	投资收益	补贴收入
专用设备制造业	24.65	24.50	10.34	14.63	9.74
矿山、冶金、建筑专用设备制造	9.71	9.34	4.94	2.92	3.00
采矿、采石设备制造	3.30	3.29	-2.75	1.78	2.03
石油钻采专用设备制造	0.89	0.86	3.54	0.14	0.05
建筑工程用机械制造	2.04	1.70	4.96	0.13	0.32
建筑材料生产专用机械制造	0.61	0.62	-0.44	0.05	0.02
冶金专用设备制造	2.87	2.87	-0.37	0.82	0.58
化工、木材、非金属加工专用设备制造	1.52	1.53	0.32	0.39	0.32
炼油、化工生产专用设备制造	0.82	0.84	-0.38	0.46	0.02
橡胶加工专用设备制造	0.24	0.21	0.33		0.03
塑料加工专用设备制造	0.11	0.10	-0.46	0.07	0.04
木材加工机械制造	0.13	0.13	0.03	-0.15	0.01
模具制造	0.22	0.25	0.75	0.01	0.23
其他非金属加工专用设备制造			0.06		
食品、饮料、烟草及饲料生产专用设备制造	0.68	0.66	1.77	0.03	0.44
食品、饮料、烟草工业专用设备制造	0.51	0.51	1.80	0.04	0.42
农副食品加工专用设备制造	0.13	0.11	-0.08	-0.01	0.02
饲料生产专用设备制造	0.04	0.04	0.04		
印刷、制药、日化生产专用设备制造	0.57	0.57	0.77	1.20	0.05
制浆和造纸专用设备制造	0.15	0.12	-0.65	0.02	
印刷专用设备制造	0.29	0.32	1.57	1.17	0.02
日用化工专用设备制造			0.01		
制药专用设备制造	0.08	0.08	-0.05	0.01	
照明器具生产专用设备制造			-0.07		0.03
玻璃、陶瓷和搪瓷制品生产专用设备制造	0.04	0.04	-0.02		
其他日用品生产专用设备制造			-0.02		
纺织、服装和皮革工业专用设备制造	0.96	1.00	3.32	2.65	0.17
纺织专用设备制造	0.61	0.65	3.43	1.55	0.15
皮革、毛皮及其制品加工专用设备制造			-0.06		
缝纫机械制造	0.28	0.26	0.36	0.91	
其他服装加工专用设备制造	0.06	0.08	-0.41	0.19	0.02
电子和电工机械专用设备制造	6.31	6.37	-3.76	7.03	4.71
电工机械专用设备制造	0.19	0.17	1.00	0.01	0.05
电子工业专用设备制造	0.40	0.34	2.08	0.24	0.07
航空、航天及其他专用设备制造	0.21	0.22	0.32	-0.06	0.18
农、林、牧、渔专用机械制造	3.15	3.31	-0.79	-0.22	0.41
拖拉机制造	2.64	2.82	-4.38	0.38	0.28
机械化农业及园艺机具制造	0.36	0.39	-0.15	-0.63	0.08
营林及木竹采伐机械制造	0.01				
畜牧机械制造			0.01		
渔业机械制造					0.01
农林牧渔机械配件制造	0.02	0.02	-0.04	-0.01	0.01
其他农林牧渔业机械制造及机械修理	0.12	0.09	3.77	0.03	0.02
医疗仪器设备及器械制造	0.46	0.47	2.23	0.21	0.30
医疗诊断、监护及治疗设备制造	0.18	0.19	0.25	0.15	0.11
口腔科用设备及器具制造	0.02	0.02	-0.10	0.02	

单位：亿元

利润总额	亏损企业亏损额	应交所得税	本年应付工资总额		本年应付福利费总额		本年应交增值税	全部从业人员年平均人数（万人）
				主营业务应付工资总额		主营业务应付福利费总额		
36.08	30.08	10.54	132.22	121.91	17.67	15.99	40.97	84.32
10.90	10.99	2.24	45.04	40.64	6.19	5.52	16.77	27.21
0.29	3.98	0.44	15.11	13.59	2.31	2.06	5.32	10.92
4.06	1.12	0.53	4.96	4.27	0.66	0.58	2.29	2.71
5.94	3.13	0.71	8.55	8.05	1.03	0.93	3.80	4.78
-0.57	1.29	0.07	2.22	2.08	0.31	0.29	0.83	1.67
1.18	1.48	0.48	14.19	12.65	1.89	1.67	4.53	7.12
1.52	2.00	0.59	9.02	8.50	1.20	1.07	3.57	5.40
0.02	1.21	0.15	4.43	4.29	0.59	0.55	1.62	2.84
0.37	0.01	0.05	1.03	0.96	0.12	0.10	0.49	0.56
0.20	0.06	0.05	0.60	0.55	0.11	0.07	0.14	0.38
-0.18	0.28	0.05	0.54	0.52	0.09	0.08	0.18	0.41
1.04	0.43	0.29	2.39	2.14	0.29	0.26	1.12	1.15
0.06	0.01		0.04	0.04			0.01	0.05
2.24	0.80	0.70	4.94	4.82	0.66	0.65	2.25	2.75
2.30	0.49	0.65	4.13	4.04	0.56	0.55	2.07	1.63
-0.09	0.24	0.02	0.70	0.67	0.09	0.09	0.17	1.02
0.02	0.07	0.02	0.11	0.10	0.01	0.01	0.01	0.10
2.04	1.25	0.47	4.32	4.07	0.65	0.63	2.01	2.38
-0.60	0.62	0.01	0.58	0.45	0.07	0.06	0.23	0.63
2.76	0.20	0.43	2.81	2.73	0.46	0.45	1.48	1.19
0.01			0.05	0.05	0.01	0.01	0.02	0.03
-0.04	0.28	0.02	0.65	0.61	0.08	0.08	0.22	0.30
-0.04	0.04		0.12	0.12	0.01	0.01	0.03	0.13
-0.02	0.07		0.09	0.09	0.02	0.02	0.02	0.07
-0.03	0.03		0.03	0.03			0.01	0.03
6.46	1.52	0.80	11.44	10.78	1.52	1.43	5.12	6.47
5.35	0.89	0.63	9.54	9.18	1.23	1.18	4.38	5.41
-0.05	0.05		0.03	0.03	0.01	0.01		0.03
1.36	0.28	0.17	1.34	1.06	0.21	0.18	0.61	0.76
-0.20	0.29		0.53	0.50	0.07	0.07	0.12	0.27
6.62	4.87	1.88	31.19	28.20	3.89	3.43	3.99	21.16
0.45	0.27	0.08	0.62	0.40	0.12	0.09	0.34	0.50
2.64	0.20	0.45	2.53	2.34	0.32	0.29	1.01	1.22
0.35	0.39	0.92	1.28	1.21	0.18	0.17	0.16	0.92
0.50	5.80	2.35	13.25	12.86	1.85	1.70	2.17	11.87
-2.90	4.37	0.54	7.36	7.20	1.07	0.96	1.42	6.13
-0.48	1.21	0.44	2.37	2.28	0.30	0.29	0.47	2.09
	0.01		0.12	0.11	0.02	0.01	0.05	0.10
0.02		0.01	0.06	0.02	0.01		0.03	0.05
0.02			0.04	0.03	0.01		0.02	0.03
-0.05	0.11	0.01	0.20	0.18	0.01	0.01	0.05	0.29
3.89	0.09	1.36	3.10	3.04	0.43	0.42	0.15	3.17
2.77	0.60	0.51	4.99	4.61	0.63	0.54	1.88	2.51
0.53	0.37	0.11	1.94	1.75	0.24	0.21	0.70	0.77
-0.08	0.11	0.01	0.10	0.07	0.01	0.01	0.04	0.05

1-A-3 续表 56

行业	财务费用	利息支出	营业利润	投资收益	补贴收入
实验室及医用消毒设备和器具的制造	0.06	0.06	0.19	0.03	
医疗、外科及兽医用器械制造	0.18	0.19	1.89	0.01	0.03
机械治疗及病房护理设备制造			-0.03		
假肢、人工器官及植(介)入器械制造	-0.01	-0.01			0.14
其他医疗设备及器械制造	0.01	0.01	0.03		0.01
环保、社会公共安全及其他专用设备制造	1.30	1.24	1.52	0.42	0.34
环境污染防治专用设备制造	0.41	0.40	0.59	0.26	0.07
地质勘查专用设备制造	0.35	0.35	-0.55		0.05
邮政专用机械及器材制造	0.02	0.02	-0.16		
商业、饮食、服务业专用设备制造		0.01	0.07	-0.07	
社会公共安全设备及器材制造	0.09	0.07	0.16	0.01	0.01
交通安全及管制专用设备制造	0.02	0.01	0.10		
水资源专用机械制造	0.10	0.10	-0.05		
其他专用设备制造	0.31	0.28	1.36	0.22	0.20
交通运输设备制造业	54.68	50.90	349.32	114.96	30.28
铁路运输设备制造	3.98	3.89	2.89	3.56	0.61
铁路机车车辆及动车组制造	1.83	1.86	1.43	1.44	0.05
工矿有轨专用车辆制造	0.11	0.06	-0.54		0.12
铁路机车车辆配件制造	0.81	0.71	0.31	0.56	0.23
铁路专用设备及器材、配件制造	0.43	0.40	1.35	1.08	0.10
其他铁路设备制造及设备修理	0.81	0.86	0.34	0.48	0.11
汽车制造	29.92	25.97	348.48	108.04	12.41
汽车整车制造	16.96	13.58	295.97	76.88	7.83
改装汽车制造	2.71	2.43	8.66	0.40	0.57
电车制造		0.01	-0.04	-0.01	
汽车车身、挂车的制造	0.16	0.15	-0.03	0.10	0.03
汽车零部件及配件制造	9.76	9.50	43.99	30.55	3.88
汽车修理	0.33	0.30	-0.08	0.12	0.10
摩托车制造	3.96	4.01	-2.72	0.27	0.50
摩托车整车制造	3.18	3.29	-1.77	0.20	0.39
摩托车零部件及配件制造	0.77	0.73	-0.96	0.06	0.11
自行车制造	0.41	0.38	-1.11	0.30	0.06
脚踏自行车及残疾人座车制造	0.40	0.37	-1.14	0.27	0.05
助动自行车制造	0.01	0.01	0.03	0.03	0.01
船舶及浮动装置制造	8.13	8.26	-10.63	1.53	12.43
金属船舶制造	6.07	6.36	-14.06	1.35	11.49
非金属船舶制造	0.01	0.01	-0.02		
娱乐船和运动船的建造和修理					
船用配套设备制造	0.72	0.69	-0.45	0.03	0.48
船舶修理及拆船	1.20	1.07	3.96	0.15	0.44
航标器材及其他浮动装置的制造	0.13	0.13	-0.06		0.01
航空航天器制造	8.26	8.38	12.37	1.26	4.28
飞机制造及修理	7.99	8.11	9.56	1.21	3.92
航天器制造	0.27	0.27	2.81	0.05	0.36
其他飞行器制造					
交通器材及其他交通运输设备制造	0.02	0.01	0.04		

单位: 亿元

利润总额	亏损企业亏损额	应交所得税	本年应付工资总额	主营业务应付工资总额	本年应付福利费总额	主营业务应付福利费总额	本年应交增值税	全部从业人员年平均人数(万人)
0.24		0.05	0.43	0.43	0.06	0.06	0.23	0.27
1.96	0.03	0.33	1.83	1.78	0.23	0.19	0.80	1.02
-0.03	0.03		0.04	0.01	0.01		0.01	0.05
0.11	0.02	0.01	0.45	0.36	0.06	0.04	0.05	0.24
0.04	0.02	0.01	0.20	0.20	0.03	0.03	0.05	0.11
3.04	2.24	0.99	8.05	7.43	1.08	1.02	3.21	4.58
1.70	0.55	0.45	2.29	2.08	0.33	0.32	1.03	1.33
-0.33	0.41	0.01	1.31	1.24	0.18	0.18	0.41	0.98
-0.16	0.16		0.18	0.04	0.02	0.01	0.02	0.06
	0.23	0.01	0.35	0.35	0.04	0.04	0.20	0.14
0.18	0.22	0.05	0.72	0.67	0.11	0.11	0.25	0.44
0.03	0.06	0.01	0.13	0.13	0.01	0.01	0.04	0.09
-0.15	0.25	0.03	0.55	0.48	0.07	0.06	0.14	0.42
1.77	0.36	0.44	2.53	2.44	0.31	0.29	1.12	1.11
472.72	63.72	49.41	336.94	316.93	52.40	49.32	218.83	156.59
5.94	3.37	1.07	41.88	39.45	6.21	5.91	14.28	23.63
2.24	1.14	0.22	20.67	19.43	3.05	2.94	7.51	11.41
-0.38	0.39	0.10	0.39	0.29	0.09	0.07	0.15	0.48
0.79	1.15	0.25	6.31	5.78	0.85	0.77	2.87	3.65
2.62	0.31	0.34	4.94	4.90	0.89	0.88	1.72	2.47
0.66	0.38	0.16	9.57	9.04	1.33	1.25	2.02	5.61
450.41	39.53	42.65	184.99	176.29	30.98	29.71	187.48	80.97
365.98	20.78	30.18	101.68	98.37	20.38	19.92	142.54	34.81
10.97	3.88	3.89	15.79	14.94	2.00	1.87	8.31	8.88
-0.05	0.08		0.05	0.04	0.01	0.01		0.05
0.12	1.04	0.13	0.73	0.70	0.10	0.09	0.52	0.52
73.21	12.65	8.13	61.98	58.00	7.86	7.27	34.33	33.32
0.18	1.11	0.31	4.74	4.23	0.63	0.56	1.79	3.39
-1.45	5.76	1.18	11.76	9.55	1.44	1.21	5.60	7.10
-0.62	3.71	1.00	8.88	7.15	0.95	0.79	4.77	4.91
-0.82	2.04	0.18	2.87	2.40	0.49	0.42	0.83	2.19
-0.97	1.26	0.06	1.17	0.99	0.14	0.12	0.54	1.04
-0.98	1.14	0.02	0.98	0.80	0.11	0.10	0.41	0.92
0.02	0.12	0.04	0.19	0.19	0.02	0.02	0.13	0.11
2.80	8.74	1.57	40.11	36.01	5.67	5.04	6.32	16.85
-2.08	7.62	1.02	27.15	24.57	3.83	3.38	3.39	11.53
-0.02	0.03		0.04	0.04	0.01	0.01	0.01	0.04
			0.02	0.02			0.01	0.01
0.44	0.21	0.10	3.25	2.80	0.42	0.37	0.96	1.45
4.50	0.76	0.45	9.48	8.42	1.37	1.25	1.90	3.72
-0.04	0.12		0.17	0.16	0.04	0.04	0.06	0.09
15.99	4.86	2.84	56.59	54.19	7.91	7.26	4.47	26.60
12.94	4.85	2.63	50.57	48.31	6.97	6.59	4.39	24.92
3.05	0.01	0.21	6.02	5.88	0.94	0.68	0.08	1.68
-0.01	0.19	0.04	0.45	0.45	0.06	0.06	0.14	0.40

1-A-3 续表 57

行业	财务费用	利息支出	营业利润	投资收益	补贴收入
潜水及水下救捞装备制造				-0.01	
交通管理用金属标志及设施制造	0.01	0.01	0.08		
其他交通运输设备制造	0.01		-0.04		
电气机械及器材制造业	18.93	21.37	29.68	13.01	3.61
电机制造	2.71	2.71	12.16	4.21	0.36
发电机及发电机组制造	1.06	1.04	9.36	2.17	0.20
电动机制造	1.31	1.38	2.48	1.95	0.14
微电机及其他电机制造	0.34	0.29	0.32	0.09	0.02
输配电及控制设备制造	7.91	10.45	14.84	6.34	2.02
变压器、整流器和电感器制造	2.73	2.54	2.88	0.56	0.78
电容器及其配套设备制造	0.19	0.19	0.93	0.15	0.01
配电开关控制设备制造	1.93	1.75	8.15	2.27	0.27
电力电子元器件制造	0.69	3.46	0.38	0.10	0.32
其他输配电及控制设备制造	2.38	2.52	2.50	3.27	0.63
电线、电缆、光缆及电工器材制造	4.08	3.87	-0.69	0.83	0.19
电线电缆制造	2.95	2.80	-0.80	0.61	0.08
光纤、光缆制造	0.61	0.56	-0.16	0.14	0.06
绝缘制品制造	0.47	0.46	0.17	0.08	0.05
其他电工器材制造	0.04	0.04	0.10		
电池制造	1.00	1.24	1.06	0.05	0.24
家用电力器具制造	2.83	2.77	0.40	1.15	0.72
家用制冷电器具制造	1.49	1.48	-0.58	0.16	0.58
家用空气调节器制造	0.06	0.07	4.41	0.85	0.06
家用通风电器具制造	0.06	0.05	0.03	-0.06	0.04
家用厨房电器具制造	0.32	0.32	-0.01		
家用清洁卫生电器具制造	0.89	0.84	-3.52	-0.30	0.03
家用美容、保健电器具制造			0.01		
家用电力器具专用配件制造	0.02	0.01	0.01	0.49	
其他家用电力器具制造		-0.01	0.05		
非电力家用器具制造	0.04	0.04	0.08		0.03
燃气、太阳能及类似能源的器具制造	0.04	0.04	0.08		0.03
其他非电力家用器具制造					
照明器具制造	0.24	0.23	0.58	0.54	0.01
电光源制造	0.10	0.10	-0.07	0.03	0.01
照明灯具制造	0.01		0.39	0.02	
灯用电器附件及其他照明器具制造	0.13	0.13	0.27	0.49	
其他电气机械及器材制造	0.12	0.07	1.24	-0.11	0.04
车辆专用照明及电气信号设备装置制造	0.10	0.05	1.15	0.04	0.04
其他未列明的电气机械制造	0.02	0.02	0.09	-0.15	0.01
通信设备、计算机及其他电子设备制造业	39.48	35.56	90.18	11.97	17.16
通信设备制造	14.21	13.02	25.51	11.75	12.63
通信传输设备制造	2.89	3.34	0.32	3.71	0.22
通信交换设备制造	6.44	5.46	35.23	2.88	10.78
通信终端设备制造	0.52	0.52	0.07	0.20	0.10
移动通信及终端设备制造	3.72	3.10	-10.97	4.68	1.00
其他通信设备制造	0.64	0.60	0.86	0.28	0.52

单位：亿元

利润总额	亏损企业亏损额	应交所得税	本年应付工资总额	主营业务应付工资总额	本年应付福利费总额	主营业务应付福利费总额	本年应交增值税	全部从业人员年平均人数（万人）
-0.01	0.01		0.07	0.07	0.01	0.01	0.01	0.04
0.03	0.07	0.03	0.09	0.09	0.01	0.01	0.05	0.10
-0.04	0.11	0.02	0.28	0.28	0.04	0.04	0.08	0.26
43.08	23.65	9.88	71.60	65.74	9.62	8.81	39.74	41.10
16.06	2.09	2.80	20.68	19.67	2.79	2.67	9.07	10.80
10.95	0.50	1.68	10.57	10.10	1.42	1.37	5.35	4.48
4.72	0.94	0.94	8.86	8.58	1.26	1.20	3.15	5.30
0.40	0.65	0.19	1.25	0.99	0.11	0.10	0.56	1.03
23.05	5.30	4.14	24.35	21.92	3.27	2.87	14.67	12.31
3.90	2.41	1.12	8.93	8.02	1.11	1.02	4.64	4.19
1.03	0.15	0.23	0.81	0.75	0.11	0.11	0.62	0.45
11.07	1.69	1.86	8.94	7.95	1.29	1.03	5.97	4.78
0.75	0.63	0.33	2.09	1.92	0.30	0.28	1.13	1.40
6.30	0.41	0.58	3.57	3.28	0.45	0.44	2.30	1.48
-0.20	5.95	1.07	9.18	8.05	1.08	1.01	4.99	6.20
-0.54	4.70	0.86	6.48	6.02	0.78	0.73	3.39	4.76
0.03	0.72	0.08	1.24	0.92	0.10	0.10	0.95	0.46
0.20	0.48	0.12	0.87	0.77	0.13	0.11	0.53	0.76
0.11	0.05	0.01	0.59	0.34	0.07	0.07	0.12	0.22
1.15	1.74	0.43	4.61	3.78	0.65	0.50	1.92	3.57
1.01	7.22	1.04	8.44	8.18	1.25	1.23	7.14	5.61
0.35	0.53	0.13	2.56	2.38	0.52	0.50	1.41	1.74
5.15	0.86	0.81	3.68	3.66	0.46	0.46	5.37	1.84
0.02	0.36		0.28	0.28	0.02	0.02	0.02	0.21
-0.52	0.56		0.27	0.26	0.01	0.01	0.03	0.38
-4.57	4.83	0.06	1.09	1.09	0.15	0.15	0.22	1.13
0.01			0.03	0.03	0.01	0.01	0.01	0.02
0.55	0.02	0.02	0.17	0.13	0.02	0.02	0.03	0.14
0.03	0.06	0.01	0.36	0.35	0.05	0.05	0.05	0.16
0.10	0.16	0.05	0.35	0.35	0.06	0.06	0.16	0.24
0.10	0.16	0.05	0.35	0.35	0.06	0.06	0.16	0.24
0.78	0.71	0.11	2.23	2.15	0.26	0.25	0.77	1.55
-0.27	0.56		0.83	0.79	0.13	0.12	0.30	0.69
0.34	0.13	0.02	0.75	0.72	0.06	0.06	0.27	0.37
0.71	0.02	0.09	0.64	0.63	0.07	0.07	0.20	0.49
1.12	0.47	0.24	1.76	1.64	0.25	0.23	1.02	0.83
1.19	0.14	0.20	0.67	0.67	0.12	0.12	0.75	0.24
-0.08	0.33	0.05	1.09	0.97	0.13	0.12	0.26	0.59
93.02	65.41	20.84	118.31	110.44	16.03	14.95	54.25	50.01
26.33	19.15	6.28	35.31	31.35	4.52	4.10	15.61	12.25
4.75	1.62	0.66	7.43	6.79	0.91	0.84	2.16	2.83
24.94	2.65	3.57	12.48	11.42	1.56	1.43	8.41	3.62
0.48	1.56	0.26	3.68	3.47	0.43	0.40	0.93	1.63
-5.65	12.98	1.46	7.64	6.17	1.13	1.01	2.60	2.34
1.80	0.34	0.34	4.09	3.50	0.50	0.42	1.50	1.81

1-A-3 续表 58

行业	财务费用	利息支出	营业利润	投资收益	补贴收入
雷达及配套设备制造	0.69	0.76	3.11	0.51	0.22
广播电视设备制造	0.34	0.33	0.12		0.17
广播电视节目制作及发射设备制造	0.21	0.21	-0.29	0.11	
广播电视接收设备及器材制造	0.02	0.03	0.03	-0.01	
应用电视设备及其他广播电视设备制造	0.10	0.10	0.37	-0.10	0.17
电子计算机制造	5.47	3.79	24.38	9.19	0.78
电子计算机整机制造	4.23	2.47	20.33	8.92	0.42
计算机网络设备制造	0.72	0.74	-0.43	-0.10	0.22
电子计算机外部设备制造	0.51	0.58	4.48	0.37	0.15
电子器件制造	10.43	9.97	15.97	7.41	2.00
电子真空器件制造	6.39	6.13	11.03	4.33	0.09
半导体分立器件制造	1.10	1.00	0.61	0.44	0.08
集成电路制造	1.54	1.29	2.36	0.29	1.47
光电子器件及其他电子器件制造	1.40	1.55	1.96	2.36	0.36
电子元件制造	3.95	3.64	13.80	3.14	0.77
电子元件及组件制造	3.89	3.53	11.92	2.93	0.72
印制电路板制造	0.06	0.11	1.88	0.22	0.05
家用视听设备制造	3.86	3.51	7.41	-20.15	0.46
家用影视设备制造	3.47	3.15	4.60	-20.31	0.43
家用音响设备制造	0.39	0.35	2.81	0.16	0.03
其他电子设备制造	0.52	0.54	-0.12	0.11	0.12
仪器仪表及文化、办公用机械制造业	4.15	4.17	5.36	-0.26	2.63
通用仪器仪表制造	2.03	2.07	3.12	-1.81	0.98
工业自动控制系统装置制造	1.12	1.19	3.76	-2.50	0.35
电工仪器仪表制造	0.36	0.33	-0.80	-0.02	0.16
绘图、计算及测量仪器制造	0.20	0.20	-0.02		0.01
实验分析仪器制造	0.10	0.10	0.08	0.35	0.10
试验机制造	0.04	0.05	0.06	0.32	
供应用仪表及其他通用仪器制造	0.21	0.21	0.04	0.03	0.36
专用仪器仪表制造	0.97	0.93	0.54	0.05	0.67
环境监测专用仪器仪表制造			0.14		
汽车及其他用计数仪表制造	0.05	0.03	2.33		0.01
导航、气象及海洋专用仪器制造	0.44	0.42	0.60	0.04	0.50
地质勘探和地震专用仪器制造	0.35	0.35	-3.02	-0.07	0.01
教学专用仪器制造	0.02	0.02	-0.10		
核子及核辐射测量仪器制造	0.01	0.01	-0.10	0.04	0.02
电子测量仪器制造	0.04	0.03	0.26		0.11
其他专用仪器制造	0.08	0.08	0.42	0.03	0.01
钟表与计时仪器制造	0.14	0.20	-0.53	0.08	0.08
光学仪器及眼镜制造	0.86	0.81	0.85	0.59	0.77
光学仪器制造	0.86	0.81	0.81	0.21	0.76
眼镜制造			0.04	0.39	0.02
文化、办公用机械制造	0.13	0.14	1.19	0.83	0.12
电影机械制造			-0.02	0.03	
幻灯及投影设备制造	0.02	0.02	-0.01		

单位：亿元

利润总额	亏损企业亏损额	应交所得税	本年应付工资总额	本年应付工资总额：主营业务应付工资总额	本年应付福利费总额	本年应付福利费总额：主营业务应付福利费总额	本年应交增值税	全部从业人员年平均人数（万人）
3.86	0.82	0.49	6.63	6.44	0.88	0.85	0.31	3.07
0.10	0.83	0.09	1.53	1.46	0.18	0.17	0.53	0.63
-0.16	0.61	0.04	0.75	0.73	0.10	0.10	0.24	0.41
-0.01	0.07		0.19	0.16	0.02	0.02	0.03	0.07
0.28	0.15	0.04	0.59	0.58	0.06	0.06	0.25	0.15
33.31	3.61	2.77	14.83	14.28	1.22	1.13	8.16	4.77
29.98	0.88	2.08	8.85	8.72	0.59	0.54	5.67	2.50
-1.23	2.15	0.07	2.09	1.93	0.26	0.25	0.97	0.54
4.56	0.59	0.62	3.89	3.63	0.37	0.35	1.52	1.73
25.00	9.90	4.93	25.85	24.63	3.61	3.39	14.33	9.67
15.15	1.69	3.36	10.64	10.22	1.41	1.34	7.79	3.63
1.06	1.29	0.39	2.50	2.33	0.36	0.34	0.89	1.65
4.41	0.47	0.38	4.33	4.02	0.84	0.76	2.81	1.10
4.38	6.44	0.79	8.37	8.05	1.00	0.95	2.83	3.29
16.99	2.59	3.59	19.46	17.99	3.59	3.34	7.80	12.49
14.91	2.52	3.31	17.92	16.50	3.38	3.13	7.24	11.78
2.08	0.07	0.29	1.54	1.49	0.21	0.21	0.56	0.70
-12.69	28.05	2.61	13.12	12.79	1.78	1.72	6.93	6.41
-15.43	27.64	2.27	11.65	11.36	1.67	1.62	6.42	5.22
2.73	0.42	0.34	1.47	1.43	0.11	0.10	0.50	1.19
0.13	0.47	0.09	1.58	1.49	0.25	0.24	0.59	0.71
5.95	14.82	2.50	29.13	26.99	4.41	3.93	9.75	16.82
1.30	8.15	1.02	12.85	11.98	2.00	1.85	5.59	6.99
-0.27	6.35	0.65	6.93	6.48	1.11	1.06	3.41	3.07
-0.61	1.21	0.09	1.61	1.47	0.26	0.25	0.39	1.29
0.09	0.06	0.02	1.01	0.99	0.14	0.14	0.44	0.82
0.56	0.17	0.08	1.28	1.17	0.17	0.16	0.53	0.54
0.95	0.13	0.03	0.55	0.48	0.06	0.06	0.20	0.31
0.59	0.24	0.16	1.48	1.38	0.26	0.18	0.62	0.96
0.88	4.34	0.78	7.05	6.68	1.08	0.94	2.10	3.94
0.11	0.02	0.01	0.15	0.14	0.02	0.02	0.07	0.09
2.33	0.18	0.35	1.19	1.17	0.18	0.16	0.66	0.59
1.08	0.12	0.19	3.33	3.11	0.46	0.43	0.50	1.77
-3.37	3.56	0.03	0.67	0.63	0.11	0.10	0.38	0.45
-0.07	0.09	0.01	0.21	0.19	0.03	0.02	0.06	0.15
-0.08	0.11		0.40	0.38	0.13	0.04	0.08	0.25
0.39	0.17	0.10	0.67	0.63	0.12	0.12	0.22	0.39
0.50	0.09	0.10	0.43	0.42	0.05	0.04	0.14	0.26
-0.39	1.21	0.10	1.34	1.14	0.21	0.12	0.42	0.98
1.73	0.70	0.32	5.58	5.01	0.77	0.70	0.79	3.77
1.28	0.70	0.31	5.15	4.58	0.72	0.64	0.72	3.61
0.45		0.01	0.43	0.43	0.06	0.06	0.07	0.16
2.24	0.20	0.25	1.84	1.76	0.31	0.30	0.68	0.87
0.01			0.13	0.13	0.02	0.02	0.04	0.16
-0.01	0.01		0.01	0.01			0.01	

1-A-3 续表 59

行业	财务费用	利息支出	营业利润	投资收益	补贴收入
照相机及器材制造	0.05	0.07	0.20	0.08	
复印和胶印设备制造	0.05	0.05	-0.21	0.71	0.01
计算器及货币专用设备制造		-0.01	1.21		0.11
其他文化、办公用机械制造	0.01	0.01	0.03	0.01	
其他仪器仪表的制造及修理	0.01	0.01	0.19	0.01	0.01
工艺品及其他制造业	2.21	2.17	-0.13	0.25	4.03
工艺美术品制造	0.49	0.42	0.03	-0.02	0.19
雕塑工艺品制造	0.01	0.01	-0.01		0.01
金属工艺品制造	0.07	0.06	-0.19		0.02
漆器工艺品制造	0.01		-0.01		
花画工艺品制造			0.28		
天然植物纤维编织工艺品制造	0.01	0.01	-0.02		
抽纱刺绣工艺品制造	0.02	0.02	-0.04		
地毯、挂毯制造	0.10	0.13	-0.21		0.01
珠宝首饰及有关物品的制造	0.27	0.19	0.12		0.15
其他工艺美术品制造	0.01	0.01	0.12	-0.02	
日用杂品制造	0.01	0.01	-0.07		0.02
制镜及类似品加工					
鬃毛加工、制刷及清扫工具的制造	0.01	0.01			
其他日用杂品制造			-0.07		0.02
煤制品制造			0.22	0.02	
其他未列明的制造业	1.70	1.75	-0.34	0.25	3.81
废弃资源和废旧材料回收加工业		0.02	0.26	0.01	0.09
金属废料和碎屑的加工处理		0.02	0.26	0.01	0.09
非金属废料和碎屑的加工处理					
电力、燃气及水的生产和供应业	497.30	484.92	518.94	145.77	97.68
电力、热力的生产和供应业	473.91	463.79	542.14	137.50	74.95
电力生产	284.76	268.55	417.74	39.94	23.38
火力发电	153.23	146.20	300.78	18.19	6.21
水力发电	87.35	83.49	79.98	21.24	10.17
核力发电	42.71	37.51	37.55	0.30	6.58
其他能源发电	1.47	1.36	-0.57	0.22	0.42
电力供应	181.55	187.62	142.47	96.97	42.25
热力生产和供应	7.60	7.62	-18.07	0.58	9.32
燃气生产和供应业	5.26	4.69	-6.50	5.11	10.56
水的生产和供应业	18.13	16.44	-16.70	3.17	12.17
自来水的生产和供应	16.86	15.17	-19.39	3.10	11.04
污水处理及其再生利用	1.27	1.27	2.69	0.06	1.13
其他水的处理、利用与分配			0.01		

单位：亿元

利润总额	亏损企业亏损额	应交所得税	本年应付工资总额	主营业务应付工资总额	本年应付福利费总额	主营业务应付福利费总额	本年应交增值税	全部从业人员年平均人数（万人）
0.06	0.13	0.01	0.33	0.32	0.04	0.04	0.05	0.22
0.82	0.06	0.12	0.66	0.66	0.08	0.08	0.08	0.34
1.33		0.12	0.66	0.59	0.16	0.15	0.47	0.09
0.03			0.05	0.04			0.02	0.05
0.18	0.21	0.03	0.46	0.43	0.03	0.03	0.16	0.26
3.03	1.74	0.73	17.21	15.78	2.28	2.13	2.31	10.63
0.19	0.59	0.13	2.23	1.80	0.25	0.23	0.97	1.67
	0.01		0.34	0.06	0.01	0.01	0.03	0.08
-0.09	0.14	0.01	0.27	0.26	0.03	0.02	0.07	0.16
-0.01	0.01		0.05	0.04	0.01		0.02	0.04
0.27			0.05	0.05			0.03	0.06
-0.02	0.02		0.03	0.03			0.01	0.03
-0.04	0.04		0.20	0.18	0.03	0.02	0.03	0.15
-0.20	0.27	0.03	0.34	0.30	0.07	0.06	0.11	0.50
0.26	0.08	0.08	0.44	0.39	0.05	0.05	0.32	0.28
0.01	0.03	0.01	0.52	0.49	0.06	0.05	0.35	0.37
-0.05	0.07		0.07	0.07	0.03	0.02	0.03	0.07
	0.01		0.03	0.03			0.01	0.02
-0.05	0.06		0.04	0.04	0.02	0.02	0.02	0.05
0.23	0.05	0.03	0.22	0.18	0.02	0.01	0.01	0.11
2.65	1.01	0.56	14.64	13.68	1.98	1.86	1.26	8.74
0.36	0.04	0.08	0.38	0.29	0.04	0.04	0.34	0.20
0.35	0.03	0.08	0.37	0.28	0.04	0.03	0.33	0.19
	0.01		0.01	0.01			0.01	0.01
732.06	180.08	165.14	724.51	666.98	97.77	91.21	872.88	280.52
727.16	142.54	156.10	631.43	582.68	85.22	80.20	838.84	224.09
473.59	99.92	98.35	246.50	232.00	34.07	31.68	405.58	91.43
320.09	72.03	66.97	193.59	183.97	26.83	25.14	313.37	66.82
109.56	26.87	26.19	46.99	42.48	6.08	5.44	70.65	23.91
43.89		5.04	4.87	4.58	1.02	0.97	20.70	0.38
0.05	1.02	0.15	1.04	0.98	0.14	0.13	0.86	0.32
262.69	27.86	56.85	366.75	334.42	48.59	46.25	425.80	121.33
-9.13	14.76	0.90	18.18	16.26	2.57	2.26	7.47	11.34
8.93	13.70	4.07	25.25	23.00	3.38	3.02	13.42	13.25
-4.03	23.84	4.97	67.84	61.30	9.17	7.99	20.62	43.17
-7.80	22.55	3.34	65.94	59.57	8.95	7.79	20.58	42.33
3.77	1.29	1.63	1.90	1.72	0.22	0.19	0.04	0.84

1-A-4 规模以上私营工业企业

行业	企业单位数（个）	亏损企业	工业总产值（当年价）	工业销售产值（当年价）	出口交货值
总计	**119357**	**17367**	**35141.25**	**34128.06**	**4532.36**
在总计中:					
大型企业	99	5	1373.41	1338.29	197.64
中型企业	4426	525	8136.21	7892.49	1285.94
小型企业	114832	16837	25631.63	24897.28	3048.77
采矿业	4162	417	985.68	971.13	12.51
煤炭开采和洗选业	1714	164	356.32	355.14	0.60
石油和天然气开采业	12	2	2.84	2.83	
黑色金属矿采选业	991	122	301.85	293.34	0.40
有色金属矿采选业	537	48	142.79	140.84	4.39
非金属矿采选业	903	81	181.06	178.20	7.11
其他采矿业	5		0.82	0.78	
制造业	114838	16840	34077.23	33080.44	4519.85
农副食品加工业	6742	896	2510.80	2449.07	218.46
食品制造业	2040	354	568.41	550.52	50.32
饮料制造业	1265	185	327.18	311.55	22.90
烟草制品业	2	1	0.22	0.22	
纺织业	13783	2379	3924.36	3810.31	818.01
纺织服装、鞋、帽制造业	5086	894	1111.81	1082.95	467.83
皮革、毛皮、羽毛(绒)及其制品业	2800	304	745.23	724.43	278.16
木材加工及木、竹、藤、棕、草制品业	3010	358	649.99	629.89	100.33
家具制造业	1441	170	327.29	318.20	89.07
造纸及纸制品业	3665	660	906.48	877.94	24.19
印刷业和记录媒介的复制	1759	232	287.85	280.39	10.58
文教体育用品制造业	1341	141	309.09	300.27	149.50
石油加工、炼焦及核燃料加工业	967	198	670.24	648.92	9.06
化学原料及化学制品制造业	7930	1187	2351.42	2283.63	190.55
医药制造业	1357	294	410.11	384.41	45.09
化学纤维制造业	862	230	502.44	489.12	7.46
橡胶制品业	1279	158	364.22	352.24	43.79
塑料制品业	5564	742	1173.56	1144.16	123.07
非金属矿物制品业	8932	1446	2412.31	2348.69	156.02
黑色金属冶炼及压延加工业	4028	864	3005.50	2913.85	75.39
有色金属冶炼及压延加工业	2568	487	1333.93	1332.78	74.64
金属制品业	7123	843	1717.11	1663.78	302.67
通用设备制造业	9863	1082	2343.82	2263.13	322.85
专用设备制造业	4442	528	1024.05	982.07	51.53
交通运输设备制造业	4494	611	1494.25	1450.84	185.06
电气机械及器材制造业	6652	834	2077.15	2010.66	330.57
通信设备、计算机及其他电子设备制造业	2370	402	754.03	726.51	121.21
仪器仪表及文化、办公用机械制造业	1177	120	232.07	224.36	46.17
工艺品及其他制造业	2154	222	484.56	468.57	204.85
废弃资源和废旧材料回收加工业	142	18	57.79	56.99	0.52
电力、燃气及水的生产和供应业	357	110	78.34	76.48	
电力、热力的生产和供应业	257	89	61.13	59.89	
燃气生产和供应业	44	9	9.86	9.58	
水的生产和供应业	56	12	7.35	7.02	

主要经济指标

单位：亿元

资产合计	流动资产合计	应收账款净额	存货	产成品	流动资产年平均余额	固定资产合计
23724.80	**13080.46**	**3619.05**	**3860.66**	**1671.50**	**11978.21**	**8366.25**
1287.12	688.20	97.19	170.77	59.77	596.70	443.51
6607.48	3542.86	798.70	1050.14	448.48	3219.91	2299.42
15830.20	8849.39	2723.15	2639.76	1163.24	8161.60	5623.31
682.36	332.17	81.86	73.01	37.26	306.17	277.87
254.50	116.22	26.08	23.37	11.68	114.36	110.71
3.36	0.97	0.30	0.07	0.02	0.89	2.22
216.08	110.29	28.47	25.10	12.82	98.13	81.20
97.98	49.98	11.05	12.71	5.34	40.44	38.31
110.12	54.61	15.93	11.73	7.37	52.28	45.20
0.33	0.09	0.03	0.03	0.03	0.07	0.23
22797.89	12681.71	3524.58	3783.44	1634.00	11608.67	7943.78
1203.63	626.59	128.66	218.88	96.36	580.75	442.80
408.21	192.00	41.49	64.93	26.53	178.14	169.46
309.48	141.35	27.12	57.17	25.32	129.00	128.58
0.20	0.06	0.01	0.02	0.01	0.06	0.10
2729.67	1413.36	331.88	451.54	209.99	1310.79	1094.42
633.89	392.05	99.33	128.36	56.41	360.10	187.61
354.33	216.02	59.68	68.86	26.53	199.32	109.27
390.19	198.63	52.95	82.91	32.22	186.87	149.94
218.07	123.01	29.80	40.24	15.40	110.97	74.75
675.27	346.85	115.72	92.94	42.09	321.75	269.58
271.60	128.82	49.71	29.59	9.72	122.29	120.78
177.30	105.92	34.82	30.08	11.83	97.40	57.42
606.11	328.66	50.84	98.80	42.30	300.87	235.84
1549.50	826.86	241.14	246.37	113.98	757.34	567.05
470.34	221.28	53.55	67.98	30.99	204.95	175.06
339.15	168.72	17.65	43.69	20.54	140.17	144.73
225.07	124.04	44.11	34.17	16.77	113.62	85.33
764.04	428.61	149.04	111.56	49.33	394.57	271.54
2094.12	934.82	254.59	275.24	134.81	859.72	962.28
1648.74	943.91	141.21	305.84	125.74	872.87	580.32
677.47	398.79	99.47	129.59	54.86	370.34	198.91
1126.01	683.65	212.15	189.32	79.44	620.96	330.94
1617.98	1002.91	350.57	293.82	125.51	930.78	477.14
797.30	495.77	156.02	153.36	62.37	447.21	221.39
1067.31	647.63	208.99	164.86	63.77	574.50	292.44
1417.56	919.28	347.39	225.79	94.43	820.94	344.21
547.14	372.77	130.40	98.12	34.39	331.78	119.94
197.41	131.24	45.24	31.11	11.82	118.64	42.09
258.89	153.05	46.54	43.92	18.86	138.23	85.33
21.93	15.04	4.49	4.39	1.69	13.74	4.54
244.55	66.59	12.61	4.22	0.24	63.37	144.61
209.27	55.94	11.07	3.44	0.06	53.10	125.88
12.72	4.92	0.70	0.47	0.13	4.66	5.02
22.55	5.72	0.84	0.31	0.05	5.61	13.70

1-A-4 续表 1

行业	固定资产原价	生产经营用	累计折旧	本年折旧	固定资产净值
总计	**9992.56**	**8774.22**	**2359.68**	**619.08**	**7632.88**
在总计中:					
大型企业	517.93	456.18	139.86	33.38	378.07
中型企业	2747.67	2420.63	698.42	176.01	2049.25
小型企业	6726.96	5897.41	1521.39	409.69	5205.57
采矿业	327.29	287.61	70.16	21.93	257.13
煤炭开采和洗选业	125.06	106.40	25.05	7.97	100.02
石油和天然气开采业	3.06	3.02	0.86	0.36	2.20
黑色金属矿采选业	92.01	83.02	16.53	6.22	75.48
有色金属矿采选业	49.38	44.54	13.73	3.45	35.65
非金属矿采选业	57.50	50.41	13.95	3.92	43.55
其他采矿业	0.28	0.23	0.04	0.02	0.24
制造业	9490.58	8329.34	2251.60	588.36	7238.98
农副食品加工业	516.41	440.41	102.83	28.70	413.58
食品制造业	195.68	167.35	42.54	10.29	153.14
饮料制造业	153.73	132.28	31.25	7.31	122.49
烟草制品业	0.07	0.07	0.02		0.05
纺织业	1355.56	1213.23	336.21	87.38	1019.35
纺织服装、鞋、帽制造业	227.35	197.09	56.47	15.28	170.88
皮革、毛皮、羽毛(绒)及其制品业	127.61	109.19	26.64	6.87	100.97
木材加工及木、竹、藤、棕、草制品业	178.46	155.42	35.26	10.74	143.20
家具制造业	85.77	73.54	18.96	4.60	66.82
造纸及纸制品业	328.09	296.99	78.61	19.19	249.48
印刷业和记录媒介的复制	150.15	133.70	38.12	10.28	112.04
文教体育用品制造业	67.42	59.52	15.77	4.46	51.65
石油加工、炼焦及核燃料加工业	244.50	218.08	41.39	13.09	203.11
化学原料及化学制品制造业	688.81	609.15	176.23	44.79	512.58
医药制造业	195.79	164.47	41.15	11.36	154.64
化学纤维制造业	163.92	152.30	33.96	11.23	129.96
橡胶制品业	104.46	92.56	25.01	5.09	79.46
塑料制品业	330.79	293.14	81.14	21.80	249.65
非金属矿物制品业	1189.89	1052.56	311.11	77.31	878.78
黑色金属冶炼及压延加工业	617.56	549.60	105.61	36.65	511.95
有色金属冶炼及压延加工业	236.46	205.49	56.93	15.20	179.53
金属制品业	395.57	344.93	90.44	23.53	305.12
通用设备制造业	602.58	520.80	165.04	36.51	437.54
专用设备制造业	268.59	230.53	71.00	16.53	197.59
交通运输设备制造业	355.80	305.41	92.92	22.40	262.88
电气机械及器材制造业	411.56	350.44	103.27	26.45	308.29
通信设备、计算机及其他电子设备制造业	146.23	128.10	38.35	11.28	107.88
仪器仪表及文化、办公用机械制造业	49.57	42.90	13.01	3.46	36.56
工艺品及其他制造业	96.54	85.62	20.86	5.92	75.69
废弃资源和废旧材料回收加工业	5.64	4.48	1.51	0.65	4.13
电力、燃气及水的生产和供应业	174.69	157.26	37.92	8.79	136.77
电力、热力的生产和供应业	149.23	135.56	31.70	7.49	117.53
燃气生产和供应业	8.13	7.85	1.80	0.35	6.34
水的生产和供应业	17.32	13.85	4.42	0.96	12.90

单位：亿元

固定资产净值年平均余额	负债合计	流动负债合计		长期负债合计	所有者权益		
			应付账款		合　计	实收资本	国家资本
7467.75	**14529.31**	**12866.37**	**3217.50**	**1478.86**	**9195.48**	**5701.54**	**18.42**
355.72	801.04	669.71	127.47	125.87	486.08	165.80	
1987.95	4164.59	3617.35	765.25	499.10	2442.89	1315.32	7.98
5124.08	9563.68	8579.31	2324.78	853.88	6266.52	4220.42	10.44
252.17	374.49	316.10	80.71	50.93	307.87	194.17	0.94
99.12	134.65	109.26	24.79	22.21	119.84	81.62	0.60
2.19	1.54	1.30	0.84	0.24	1.82	1.76	
72.92	125.87	110.24	32.28	13.04	90.21	49.48	0.06
34.53	51.97	43.54	9.88	7.99	46.00	27.43	0.11
43.18	60.23	51.58	12.87	7.45	49.88	33.75	0.17
0.23	0.21	0.19	0.04		0.11	0.13	
7081.10	13998.77	12448.40	3123.98	1375.70	8799.11	5447.27	17.08
411.63	688.32	588.91	126.34	85.91	515.31	314.62	1.48
150.39	229.84	193.76	48.55	31.69	178.37	118.31	0.29
119.29	174.78	143.48	28.39	27.40	134.71	88.41	0.93
0.05	0.14	0.14			0.05	0.05	
997.49	1791.43	1596.49	317.51	181.11	938.23	603.46	0.21
168.75	400.54	372.56	103.51	22.70	233.35	150.83	0.05
98.54	204.47	192.78	54.57	9.24	149.86	95.58	0.05
138.51	206.28	176.71	40.53	24.57	183.91	113.16	0.27
64.98	119.98	108.21	27.08	9.85	98.09	65.83	0.08
247.97	417.67	356.36	90.32	54.38	257.60	168.55	0.42
108.21	167.79	145.51	44.14	18.89	103.80	72.10	0.04
50.57	105.17	98.50	30.54	5.86	72.13	42.34	
196.16	384.76	339.59	82.31	43.41	221.35	122.52	0.35
492.44	936.76	807.19	199.70	116.63	612.74	358.14	0.65
146.70	254.31	209.17	44.72	43.37	216.03	139.91	0.94
128.04	234.35	196.79	28.73	36.91	104.80	67.52	
75.38	133.29	119.29	28.92	12.42	91.77	49.23	0.05
247.18	464.32	421.46	99.51	37.33	299.72	196.53	0.28
870.50	1222.29	1003.31	255.41	200.22	871.82	552.22	4.49
506.98	1084.10	987.54	225.62	85.91	564.64	358.34	2.58
176.61	427.40	381.31	86.76	38.39	250.07	149.61	0.26
295.54	695.98	638.63	149.48	47.38	430.03	275.65	0.24
427.43	998.28	917.79	259.45	63.33	619.70	376.02	0.95
191.01	498.65	462.73	127.73	31.81	298.65	185.50	0.93
253.51	690.47	628.27	186.14	56.66	376.84	217.18	0.69
300.58	878.35	815.00	255.47	54.33	539.21	321.40	0.29
102.87	312.07	291.11	108.82	18.22	235.08	124.97	0.12
35.42	109.88	103.51	33.82	5.14	87.53	51.04	0.28
74.41	152.73	139.94	36.05	11.01	106.15	63.93	0.19
3.98	14.35	12.36	3.86	1.62	7.57	4.33	
134.47	156.05	101.87	12.81	52.22	88.49	60.11	0.40
115.26	133.43	86.00	11.15	45.71	75.84	51.79	0.40
6.43	8.42	5.85	0.82	2.33	4.30	2.84	
12.79	14.20	10.01	0.84	4.18	8.35	5.48	

1-A-4 续表 2

行业	集体资本	法人资本	个人资本	港澳台资本	外商资本
总计	**61.94**	**1449.65**	**4138.56**	**16.38**	**16.60**
在总计中:					
大型企业	2.31	54.66	100.00	0.78	8.06
中型企业	17.41	343.26	937.22	6.61	2.84
小型企业	42.22	1051.73	3101.34	8.99	5.71
采矿业	5.91	46.79	140.26	0.10	0.17
煤炭开采和洗选业	3.15	19.38	58.42	0.07	
石油和天然气开采业		0.18	1.59		
黑色金属矿采选业	0.49	11.11	37.80	0.01	
有色金属矿采选业	1.68	6.13	19.32	0.02	0.17
非金属矿采选业	0.59	9.99	23.01		
其他采矿业			0.13		
制造业	54.81	1377.77	3965.01	16.16	16.43
农副食品加工业	4.19	91.14	216.07	1.23	0.52
食品制造业	1.99	37.06	75.92	0.63	2.43
饮料制造业	0.50	27.05	59.68	0.21	0.04
烟草制品业	0.05		0.01		
纺织业	4.04	125.57	467.52	2.28	3.84
纺织服装、鞋、帽制造业	1.18	32.27	115.48	1.16	0.68
皮革、毛皮、羽毛(绒)及其制品业	0.45	17.45	76.68	0.38	0.56
木材加工及木、竹、藤、棕、草制品业	0.87	33.46	78.25	0.07	0.24
家具制造业	0.53	23.14	41.70	0.17	0.21
造纸及纸制品业	2.76	43.74	119.64	1.73	0.25
印刷业和记录媒介的复制	0.62	16.60	54.60	0.03	0.22
文教体育用品制造业	0.17	8.85	33.07	0.04	0.21
石油加工、炼焦及核燃料加工业	1.83	42.55	77.78		0.02
化学原料及化学制品制造业	4.57	93.79	257.91	0.80	0.41
医药制造业	3.03	47.39	88.51		0.05
化学纤维制造业	0.34	13.88	53.02	0.06	0.22
橡胶制品业	0.13	12.82	36.22	0.01	
塑料制品业	1.61	45.19	147.89	1.46	0.10
非金属矿物制品业	6.45	144.17	395.82	0.67	0.62
黑色金属冶炼及压延加工业	2.60	82.79	269.30	0.86	0.20
有色金属冶炼及压延加工业	1.77	40.51	106.30	0.62	0.15
金属制品业	3.41	69.27	200.39	2.03	0.31
通用设备制造业	3.74	88.52	280.48	0.58	1.75
专用设备制造业	1.46	44.44	138.06	0.10	0.52
交通运输设备制造业	1.81	53.45	160.06	0.46	0.71
电气机械及器材制造业	3.34	76.21	240.44	0.22	0.90
通信设备、计算机及其他电子设备制造业	0.68	36.58	87.30	0.13	0.16
仪器仪表及文化、办公用机械制造业	0.20	13.12	37.39	0.05	
工艺品及其他制造业	0.31	15.98	46.18	0.18	1.09
废弃资源和废旧材料回收加工业	0.20	0.78	3.35		
电力、燃气及水的生产和供应业	1.22	25.08	33.29	0.12	
电力、热力的生产和供应业	0.64	21.46	29.17	0.12	
燃气生产和供应业	0.08	0.85	1.91		
水的生产和供应业	0.50	2.78	2.20		

单位：亿元

主营业务收入	主营业务成本	主营业务税金及附加	其他业务收入	其他业务利润	营业费用	管理费用	税　金
33487.25	**29452.27**	**257.14**	**397.57**	**107.06**	**895.78**	**1214.94**	**63.53**
1339.79	1154.46	10.50	51.55	6.71	42.87	32.68	1.45
7766.51	6801.01	49.79	137.12	29.53	226.02	268.83	11.72
24380.94	21496.80	196.85	208.90	70.82	626.90	913.43	50.36
961.97	729.91	18.16	9.96	3.55	40.67	51.86	3.59
354.99	270.02	7.47	3.49	0.58	18.81	20.24	1.64
2.93	2.22	0.05	0.04	0.02	0.07	0.08	
293.64	212.21	5.74	4.26	1.67	9.21	16.38	0.81
140.06	109.57	1.66	1.41	0.75	3.13	6.44	0.59
169.64	135.31	3.24	0.77	0.53	9.43	8.70	0.54
0.71	0.58	0.01			0.02	0.03	
32449.41	28660.02	238.24	386.37	102.82	853.54	1157.70	59.55
2397.83	2168.02	14.49	22.20	5.72	59.00	53.56	3.72
532.45	452.12	4.11	3.50	1.98	27.01	19.84	1.40
299.60	233.05	14.78	3.05	3.44	18.68	25.87	0.88
0.21	0.21						
3753.42	3420.65	21.45	43.08	10.24	54.29	105.75	5.83
1058.95	934.04	5.91	5.44	2.43	31.04	45.83	1.90
720.84	640.54	4.87	2.81	1.33	15.56	23.24	1.50
620.62	551.54	5.50	5.16	1.70	15.52	15.93	1.15
311.10	264.99	2.62	0.85	0.76	12.82	13.19	0.60
850.57	763.44	6.37	8.20	3.22	17.41	27.55	1.77
276.07	238.12	1.75	1.65	1.22	6.85	14.36	0.67
292.58	253.11	1.96	1.17	0.85	10.24	12.93	0.62
642.86	549.95	7.54	8.96	3.25	27.31	17.42	0.97
2243.17	1948.70	16.44	44.33	6.55	70.95	86.35	4.93
366.01	278.36	3.85	3.37	1.71	30.13	25.73	1.21
483.84	456.38	2.09	14.82	1.83	3.23	8.01	0.40
335.21	289.69	2.82	1.51	0.59	9.43	13.65	0.60
1131.22	1003.25	7.81	12.15	2.46	26.88	39.72	2.00
2284.10	1930.62	27.41	11.65	7.28	80.30	99.62	6.05
2913.62	2713.99	15.10	66.76	8.64	30.17	47.38	3.53
1285.97	1214.48	7.06	20.32	3.72	15.78	23.69	1.43
1637.20	1447.23	10.86	17.18	5.20	40.14	61.96	3.17
2213.25	1911.53	14.64	22.56	6.88	66.21	102.98	4.61
954.95	804.77	6.68	12.18	4.54	33.15	54.11	2.23
1415.88	1230.26	13.01	23.26	6.13	38.35	59.05	2.61
1965.96	1705.03	11.40	16.01	5.33	67.43	84.05	3.19
723.18	618.78	2.94	7.30	2.54	22.67	40.81	0.96
224.48	179.93	1.45	2.23	1.15	10.35	17.22	0.47
458.72	405.93	2.99	4.35	1.94	11.63	16.63	1.03
55.53	51.29	0.34	0.30	0.17	1.01	1.25	0.10
75.87	62.35	0.75	1.23	0.68	1.57	5.38	0.40
58.56	49.01	0.52	0.80	0.34	0.84	3.86	0.34
10.00	8.02	0.14	0.20	0.10	0.46	0.62	0.02
7.32	5.31	0.08	0.24	0.24	0.28	0.90	0.03

1-A-4 续表 3

行业	财务费用	利息支出	营业利润	投资收益	补贴收入
总计	**356.62**	**301.05**	**1397.97**	**30.56**	**77.20**
在总计中:					
大型企业	20.54	15.71	82.26	7.55	3.91
中型企业	110.12	95.47	356.47	8.35	22.35
小型企业	225.95	189.87	959.24	14.66	50.94
采矿业	11.61	9.91	106.66	1.86	2.25
煤炭开采和洗选业	4.07	3.66	32.05	0.24	1.69
石油和天然气开采业	0.02	0.02	0.08		
黑色金属矿采选业	3.90	3.35	46.75	0.09	0.26
有色金属矿采选业	1.48	1.33	17.30	1.34	0.20
非金属矿采选业	2.13	1.55	10.44	0.20	0.10
其他采矿业	0.01		0.03		
制造业	340.70	286.48	1289.07	28.27	73.76
农副食品加工业	24.81	20.36	76.54	1.68	7.34
食品制造业	6.17	5.22	22.66	-0.07	0.86
饮料制造业	4.49	3.76	15.54	0.70	0.48
烟草制品业					
纺织业	48.90	41.68	106.64	0.96	4.17
纺织服装、鞋、帽制造业	7.80	6.40	34.83	1.42	0.83
皮革、毛皮、羽毛(绒)及其制品业	5.59	4.65	31.57	0.42	0.66
木材加工及木、竹、藤、棕、草制品业	6.92	5.43	26.61	0.20	2.01
家具制造业	3.28	2.72	13.52	0.06	0.26
造纸及纸制品业	10.73	9.17	31.47	0.47	1.60
印刷业和记录媒介的复制	3.24	2.83	12.49	0.14	0.63
文教体育用品制造业	2.22	1.71	12.47	0.15	0.19
石油加工、炼焦及核燃料加工业	11.24	9.89	32.53	0.19	1.10
化学原料及化学制品制造业	25.40	20.19	100.23	1.75	5.73
医药制造业	6.25	5.84	22.81	0.17	1.26
化学纤维制造业	5.79	5.08	9.46	0.06	0.91
橡胶制品业	3.82	3.24	15.69	0.07	0.28
塑料制品业	10.90	9.14	46.20	0.64	1.42
非金属矿物制品业	32.70	27.79	119.52	3.93	16.41
黑色金属冶炼及压延加工业	22.56	18.89	89.94	5.66	3.92
有色金属冶炼及压延加工业	11.25	10.09	32.32	0.72	7.55
金属制品业	15.27	12.78	64.37	1.26	2.89
通用设备制造业	20.66	17.44	106.07	1.32	2.25
专用设备制造业	8.91	7.38	49.46	0.65	1.37
交通运输设备制造业	13.96	11.46	59.10	1.44	2.34
电气机械及器材制造业	17.42	14.94	84.58	1.82	3.59
通信设备、计算机及其他电子设备制造业	4.58	3.65	37.88	1.10	2.43
仪器仪表及文化、办公用机械制造业	2.01	1.67	13.40	0.43	0.84
工艺品及其他制造业	3.57	2.89	19.81	0.92	0.38
废弃资源和废旧材料回收加工业	0.26	0.20	1.38	0.03	0.07
电力、燃气及水的生产和供应业	4.31	4.66	2.24	0.43	1.19
电力、热力的生产和供应业	3.88	4.31	0.94	0.42	1.16
燃气生产和供应业	0.16	0.12	0.73		
水的生产和供应业	0.27	0.23	0.57		0.03

单位：亿元

利润总额	亏损企业亏损额	应交所得税	本年应付工资总额	主营业务应付工资总额	本年应付福利费总额	主营业务应付福利费总额	本年应交增值税	全部从业人员年平均人数（万人）
1429.74	**140.65**	**276.55**	**1602.69**	**1499.08**	**188.02**	**163.99**	**964.44**	**1515.43**
90.84	2.23	16.59	40.10	37.65	5.33	4.94	40.85	33.24
373.43	26.46	77.33	332.48	310.86	41.03	37.72	232.04	296.14
965.47	111.96	182.64	1230.11	1150.58	141.66	121.33	691.55	1186.05
104.20	4.29	23.16	69.47	65.93	7.17	6.71	54.40	61.50
31.30	1.71	5.40	37.08	35.57	3.61	3.38	21.18	30.37
0.05	0.09	0.01	0.13	0.09	0.02	0.01	0.11	0.15
45.63	1.41	12.40	14.03	12.95	1.69	1.57	18.98	13.32
17.55	0.58	3.35	7.85	7.45	0.80	0.74	7.30	6.85
9.64	0.50	1.99	10.33	9.82	1.05	1.00	6.80	10.77
0.04		0.01	0.05	0.05			0.03	0.04
1321.83	133.94	252.55	1529.00	1429.29	180.34	156.81	906.47	1450.36
80.24	10.14	10.81	55.73	52.62	5.83	5.37	32.45	63.70
21.78	3.13	3.93	25.50	23.61	2.28	2.13	13.01	28.78
15.54	2.08	2.77	12.47	11.13	1.30	1.15	9.87	14.48
			0.01	0.01			0.01	0.02
108.54	16.70	21.95	207.46	196.60	31.72	20.53	92.07	207.53
35.69	3.61	7.56	102.98	96.16	10.57	9.79	30.31	94.94
32.01	1.67	4.70	50.54	47.80	4.98	4.62	18.18	48.74
27.72	1.65	4.22	31.26	29.44	2.76	2.55	15.80	35.24
13.27	0.89	2.30	20.37	19.09	1.95	1.78	8.12	19.66
31.20	4.82	6.44	39.40	37.18	4.11	3.81	26.53	41.57
12.35	1.43	2.94	18.08	16.31	2.12	1.81	9.21	15.68
12.24	0.61	2.27	22.71	21.58	2.57	2.40	7.34	21.56
31.95	2.63	6.48	13.73	12.94	1.68	1.57	40.13	14.30
101.79	7.58	17.77	79.77	74.49	10.11	9.13	57.25	75.02
22.02	3.40	3.94	18.50	16.82	2.28	2.03	15.00	17.64
10.10	2.29	1.88	9.76	9.32	1.29	1.22	7.80	9.30
15.60	1.31	3.25	17.11	16.02	1.96	1.85	9.00	17.42
45.86	3.74	8.76	56.43	52.66	6.31	5.85	28.99	52.73
132.26	12.50	27.36	134.30	125.72	14.62	13.24	95.61	138.68
92.91	16.53	17.54	62.33	59.08	7.55	7.09	74.99	58.29
34.69	5.34	6.71	28.78	26.63	3.48	3.14	36.84	25.67
64.14	4.14	13.21	87.49	81.24	10.02	9.14	41.07	77.29
106.76	7.16	22.01	122.79	116.95	14.62	13.65	68.87	105.75
48.25	4.34	10.30	54.85	51.12	6.63	6.04	31.52	46.01
60.47	4.55	11.84	69.79	64.12	8.80	8.06	38.79	62.88
87.43	5.28	19.08	92.05	84.65	10.73	9.87	54.98	77.67
38.94	4.67	5.72	43.34	39.48	4.88	4.36	20.22	34.24
15.16	0.74	2.62	15.59	14.22	1.94	1.75	8.25	12.13
21.34	0.92	3.92	34.76	31.31	3.15	2.79	13.18	32.53
1.57	0.10	0.24	1.11	1.00	0.10	0.09	1.08	0.92
3.71	2.42	0.84	4.23	3.87	0.51	0.47	3.57	3.57
2.46	2.08	0.61	3.21	2.94	0.37	0.34	3.14	2.85
0.64	0.12	0.07	0.31	0.29	0.06	0.06	0.15	0.24
0.61	0.22	0.16	0.71	0.64	0.08	0.08	0.28	0.47

1-A-5 规模以上外商投资和港澳台商投资

行业	企业单位数（个）	亏损企业	工业总产值（当年价）	工业销售产值（当年价）	出口交货值
总计	**57165**	**15993**	**65995.21**	**64736.33**	**28983.57**
在总计中:					
大型企业	496	44	19034.78	18735.78	9787.74
中型企业	8405	1608	26729.11	26149.19	11865.55
小型企业	48264	14341	20231.31	19851.36	7330.28
在总计中：按工业行业门大中小类分					
采矿业	214	65	506.76	518.17	109.47
煤炭开采和洗选业	26	7	73.71	76.26	12.40
石油和天然气开采业	7	1	357.39	368.38	83.94
黑色金属矿采选业	23	6	12.57	11.37	0.05
有色金属矿采选业	38	5	19.24	19.65	2.16
非金属矿采选业	119	45	43.64	42.30	10.70
其他采矿业	1	1	0.21	0.21	0.21
制造业	56412	15738	63667.17	62409.28	28823.40
农副食品加工业	2133	554	2500.17	2448.21	532.59
食品制造业	1272	378	1129.59	1107.31	159.79
饮料制造业	564	187	894.89	900.87	38.04
烟草制品业	7		8.31	8.97	0.14
纺织业	5236	1535	2809.35	2760.51	1462.31
纺织服装、鞋、帽制造业	5118	1431	1920.62	1878.00	1296.60
皮革、毛皮、羽毛(绒)及其制品业	2524	628	1491.68	1453.94	1116.83
木材加工及木、竹、藤、棕、草制品业	930	291	374.12	365.35	172.09
家具制造业	1059	341	695.03	682.33	516.16
造纸及纸制品业	1222	347	1142.28	1115.15	206.76
印刷业和记录媒介的复制	696	194	398.10	387.87	98.08
文教体育用品制造业	1586	462	733.44	722.57	594.99
石油加工、炼焦及核燃料加工业	164	51	906.83	907.99	108.22
化学原料及化学制品制造业	3011	754	3388.95	3274.81	596.21
医药制造业	880	252	813.26	764.45	98.61
化学纤维制造业	302	103	573.74	561.37	44.10
橡胶制品业	783	235	728.30	717.16	296.65
塑料制品业	3487	1081	1869.26	1841.48	887.35
非金属矿物制品业	2423	642	1454.85	1423.71	401.80
黑色金属冶炼及压延加工业	512	143	2142.89	2090.93	171.29
有色金属冶炼及压延加工业	651	192	1019.64	995.17	201.01
金属制品业	2824	776	1918.50	1879.31	1087.43
通用设备制造业	3081	693	2465.42	2384.61	789.23
专用设备制造业	2074	517	1259.93	1244.28	398.41
交通运输设备制造业	2008	528	5900.81	5794.42	676.01
电气机械及器材制造业	3926	1130	4349.44	4260.19	2207.39
通信设备、计算机及其他电子设备制造业	4677	1495	18525.55	18215.42	13095.94
仪器仪表及文化、办公用机械制造业	1302	337	1492.47	1484.22	1081.07
工艺品及其他制造业	1860	424	678.89	661.77	487.92
废弃资源和废旧材料回收加工业	100	37	80.85	76.92	0.35
电力、燃气及水的生产和供应业	539	190	1821.29	1808.88	50.70
电力、热力的生产和供应业	389	140	1656.00	1646.46	50.29
燃气生产和供应业	92	38	119.71	117.86	0.33
水的生产和供应业	58	12	45.58	44.56	0.08

工业企业主要经济指标

单位：亿元

资产合计	流动资产合计	应收账款净额	存货	产成品	流动资产年平均余额	固定资产合计
55601.79	**30615.15**	**9439.80**	**9002.07**	**2839.67**	**28266.85**	**20891.09**
12585.60	7290.36	2260.22	1997.75	607.91	6834.24	4352.66
24002.15	12744.98	4015.58	3777.35	1158.27	11739.31	9638.76
19014.05	10579.81	3163.99	3226.97	1073.49	9693.30	6899.67
327.38	114.97	23.60	20.80	7.60	99.53	144.07
84.65	47.90	13.55	5.70	1.91	37.67	30.40
140.95	23.99	1.30	4.82	1.86	25.03	69.43
10.78	6.65	1.11	2.17	1.18	6.22	3.31
48.19	19.12	2.51	3.10	0.42	14.83	20.28
42.56	17.19	5.12	5.01	2.23	15.66	20.51
0.25	0.12	0.01			0.12	0.13
51132.47	29488.38	9194.91	8892.59	2828.66	27275.02	17904.01
1473.29	824.88	150.42	313.12	131.88	787.70	534.41
1068.03	540.22	131.12	141.48	64.50	589.67	395.22
1091.11	499.49	68.70	132.19	39.67	482.77	469.80
15.66	9.30	1.16	1.55	0.32	8.66	6.13
2746.69	1436.49	341.69	500.71	182.43	1373.87	1093.21
1269.02	807.33	202.94	255.09	88.36	742.51	372.63
994.49	642.62	183.22	241.68	59.63	603.93	264.76
370.24	183.09	36.36	76.16	24.44	171.96	154.55
554.22	339.19	87.07	143.41	33.86	300.01	169.15
1766.01	690.64	204.56	191.39	65.76	668.90	880.00
503.33	268.19	84.39	72.21	21.89	249.33	201.45
570.12	341.43	100.29	135.71	35.68	315.89	181.65
672.52	285.76	47.06	108.00	22.68	260.83	323.12
2993.68	1572.58	453.84	479.09	192.00	1414.61	1183.28
959.42	519.68	139.22	124.75	56.68	496.37	342.90
668.91	239.12	33.02	87.39	30.29	215.94	389.12
865.53	420.47	131.51	131.42	52.39	379.36	381.23
1962.42	1049.74	352.71	313.95	110.85	963.84	769.83
2093.99	921.59	272.45	261.89	115.52	850.02	969.94
1713.33	875.82	121.35	306.09	88.21	790.90	740.63
901.90	452.80	111.24	168.28	42.40	409.90	399.40
1589.50	1000.85	323.31	352.10	108.28	900.84	489.20
2441.75	1599.94	471.06	524.17	140.44	1458.28	691.03
1322.09	854.48	264.91	298.81	101.44	796.19	355.22
4804.83	2799.26	543.16	864.15	276.20	2701.22	1570.20
3298.54	2141.01	790.37	652.92	204.81	1954.88	934.39
10934.02	7192.58	3220.42	1694.62	448.05	6478.00	3232.73
937.93	642.83	234.54	197.92	52.06	600.76	237.03
509.36	305.48	84.35	110.70	32.53	280.61	165.16
40.56	31.50	8.47	11.63	5.41	27.26	6.64
4141.95	1011.79	221.29	88.68	3.41	892.30	2843.01
3728.05	886.46	204.16	75.64	0.60	786.96	2604.04
186.69	64.21	7.72	12.13	2.73	56.41	89.55
227.21	61.12	9.40	0.91	0.08	48.94	149.42

1-A-5 续表 1

行业	固定资产原价	生产经营用	累计折旧	本年折旧	固定资产净值
总计	**29387.92**	**26488.41**	**10300.55**	**1939.53**	**19087.37**
在总计中:					
大型企业	6199.50	5741.06	2392.42	450.54	3807.08
中型企业	13533.08	12204.85	4736.14	883.37	8796.94
小型企业	9655.34	8542.51	3171.99	605.62	6483.35
在总计中:按工业行业门大中小类分					
采矿业	154.31	141.53	24.60	7.98	129.71
煤炭开采和洗选业	33.93	29.75	6.06	2.81	27.87
石油和天然气开采业	71.76	71.69	2.47	1.73	69.29
黑色金属矿采选业	3.69	3.46	0.59	0.24	3.10
有色金属矿采选业	18.09	11.93	5.19	1.17	12.90
非金属矿采选业	26.66	24.52	10.25	2.02	16.41
其他采矿业	0.18	0.18	0.05	0.01	0.13
制造业	24735.07	22051.84	8369.29	1687.06	16365.78
农副食品加工业	737.20	644.96	239.72	40.74	497.48
食品制造业	599.86	508.18	226.24	39.52	373.61
饮料制造业	751.14	672.92	295.39	43.15	455.75
烟草制品业	12.20	7.88	6.05	0.78	6.15
纺织业	1556.39	1390.69	534.61	98.45	1021.78
纺织服装、鞋、帽制造业	542.03	467.35	195.47	39.40	346.57
皮革、毛皮、羽毛(绒)及其制品业	380.83	325.49	133.46	24.36	247.37
木材加工及木、竹、藤、棕、草制品业	209.18	187.96	65.28	12.07	143.90
家具制造业	210.69	180.05	60.37	13.51	150.33
造纸及纸制品业	1040.91	950.74	277.10	55.34	763.81
印刷业和记录媒介的复制	317.60	286.75	123.33	21.83	194.27
文教体育用品制造业	274.84	229.44	103.91	17.67	170.93
石油加工、炼焦及核燃料加工业	503.30	476.42	211.38	29.26	291.92
化学原料及化学制品制造业	1582.17	1400.72	513.34	98.07	1068.83
医药制造业	466.62	402.96	148.70	27.28	317.92
化学纤维制造业	508.58	491.73	166.52	29.80	342.05
橡胶制品业	490.88	450.79	148.65	28.82	342.23
塑料制品业	1105.35	976.90	372.79	74.91	732.56
非金属矿物制品业	1332.78	1206.12	423.12	78.38	909.66
黑色金属冶炼及压延加工业	806.50	757.93	199.22	45.76	607.27
有色金属冶炼及压延加工业	510.88	471.26	144.73	25.34	366.15
金属制品业	719.72	616.14	250.61	45.63	469.11
通用设备制造业	1004.94	886.42	362.18	68.09	642.75
专用设备制造业	514.58	436.27	172.85	34.33	341.72
交通运输设备制造业	2077.74	1900.52	763.96	147.61	1313.79
电气机械及器材制造业	1384.61	1206.64	510.88	100.95	873.73
通信设备、计算机及其他电子设备制造业	4481.72	3982.51	1511.86	402.38	2969.87
仪器仪表及文化、办公用机械制造业	370.84	328.90	130.71	29.86	240.13
工艺品及其他制造业	233.38	200.88	75.36	13.28	158.02
废弃资源和废旧材料回收加工业	7.60	6.32	1.47	0.48	6.13
电力、燃气及水的生产和供应业	4498.54	4295.05	1906.66	244.49	2591.88
电力、热力的生产和供应业	4225.24	4050.61	1843.36	233.90	2381.87
燃气生产和供应业	102.44	87.65	20.49	4.18	81.95
水的生产和供应业	170.86	156.78	42.81	6.40	128.05

单位：亿元

固定资产净值年平均余额	负债合计	流动负债合计		长期负债合计	所有者权益		
			应付账款		合计	实收资本	
							国家资本
18572.57	**31278.34**	**26700.51**	**10593.89**	**4391.27**	**24298.79**	**18410.09**	**948.93**
3715.93	7397.08	6534.24	3069.13	851.12	5163.86	2808.42	276.90
8518.51	13525.83	11340.49	4291.05	2109.89	10476.32	7789.27	379.64
6338.13	10355.44	8825.79	3233.70	1430.25	8658.61	7812.41	292.39
122.34	138.75	117.03	29.18	20.51	188.63	98.16	4.44
22.78	55.17	45.87	11.68	9.13	29.47	15.69	2.51
70.05	24.72	22.59	8.96	2.13	116.23	52.01	0.08
3.04	7.21	7.05	2.15	0.08	3.57	2.83	0.23
10.46	27.51	21.02	2.11	6.31	20.67	8.81	0.32
15.90	23.95	20.32	4.28	2.87	18.61	18.77	1.30
0.11	0.18	0.18			0.07	0.05	
15832.61	28993.30	25594.04	10435.05	3238.48	22114.51	16933.33	731.83
479.41	914.17	829.57	205.53	79.68	559.12	463.29	19.61
448.56	552.22	486.64	137.07	63.62	515.81	430.43	9.85
460.09	612.91	518.39	91.64	91.71	478.19	480.77	38.15
6.09	5.73	5.73	0.83		9.94	7.51	0.40
993.68	1485.47	1319.64	373.53	158.47	1261.22	1070.51	22.28
339.17	690.50	647.93	225.06	33.78	578.53	445.48	4.13
242.90	578.38	546.82	224.59	25.85	416.10	319.22	1.67
140.73	219.53	167.19	51.56	50.63	150.71	150.31	8.25
143.62	330.85	305.99	141.78	22.02	223.37	173.89	0.66
736.59	1067.23	766.19	173.98	297.72	681.00	572.92	29.50
187.51	231.61	209.23	73.03	21.09	271.72	206.45	11.92
169.05	293.32	279.02	137.63	10.39	276.80	226.33	2.64
284.13	325.69	245.95	53.90	76.30	346.82	167.45	3.70
1059.00	1562.19	1312.32	443.45	235.01	1431.48	1094.69	43.99
308.24	483.57	418.56	92.32	61.42	475.85	361.17	18.41
335.16	335.73	235.85	58.43	99.76	333.18	259.70	19.15
314.94	501.35	399.80	129.10	99.40	364.17	309.82	13.34
716.83	1040.48	914.96	354.94	113.70	921.94	779.21	12.66
893.61	1116.28	830.60	222.38	275.83	977.71	840.41	35.43
550.57	1083.84	881.37	194.57	196.08	629.49	412.33	28.91
353.87	536.20	431.08	103.16	102.71	365.70	267.38	17.44
455.34	887.23	821.17	301.89	59.37	702.26	563.89	17.25
622.71	1338.53	1259.42	416.09	73.69	1103.22	807.20	31.81
324.46	688.72	647.59	270.32	39.30	633.37	446.84	14.85
1238.95	2437.07	2210.32	875.53	217.13	2367.76	1568.52	229.30
847.24	1895.04	1789.62	808.79	94.60	1403.51	1111.97	30.13
2790.13	6992.93	6368.41	3894.52	606.95	3934.21	2870.70	54.06
231.48	504.36	479.06	277.96	18.21	433.56	309.46	9.61
153.11	252.85	237.38	88.97	13.04	256.50	205.17	2.61
5.45	29.30	28.25	12.51	1.02	11.26	10.31	0.09
2617.62	2146.30	989.44	129.65	1132.28	1995.65	1378.60	212.67
2421.39	1956.65	880.09	111.79	1061.44	1771.40	1225.62	183.48
69.66	115.59	78.55	15.52	27.82	71.10	66.65	11.44
126.56	74.06	30.79	2.34	43.02	153.15	86.33	17.75

1-A-5 续表 2

行业	集体资本	法人资本	个人资本	港澳台资本	外商资本
总计	**269.72**	**3279.65**	**433.66**	**5009.40**	**8468.73**
在总计中:					
大型企业	16.65	611.22	48.62	495.60	1359.43
中型企业	103.24	1470.76	153.76	2083.03	3598.83
小型企业	149.83	1197.67	231.28	2430.77	3510.47
在总计中: 按工业行业门大中小类分					
采矿业	0.76	16.84	1.86	53.31	20.96
煤炭开采和洗选业	0.13	5.63	0.17	1.50	5.75
石油和天然气开采业		4.84		43.06	4.04
黑色金属矿采选业	0.04	0.71	0.36	1.18	0.31
有色金属矿采选业	0.01	3.35	0.75	0.92	3.46
非金属矿采选业	0.58	2.32	0.54	6.65	7.38
其他采矿业			0.04		0.01
制造业	244.94	2717.14	422.34	4703.97	8113.12
农副食品加工业	9.35	74.32	20.18	105.60	234.24
食品制造业	2.53	50.13	11.62	95.14	261.17
饮料制造业	6.63	86.55	8.61	98.59	242.23
烟草制品业		4.20	0.36	1.26	1.29
纺织业	26.03	146.83	58.71	489.22	327.44
纺织服装、鞋、帽制造业	9.60	50.56	23.71	211.11	146.38
皮革、毛皮、羽毛(绒)及其制品业	5.90	27.50	11.00	151.67	121.49
木材加工及木、竹、藤、棕、草制品业	2.00	22.62	4.66	53.96	58.82
家具制造业	2.50	24.47	4.60	73.41	68.24
造纸及纸制品业	4.75	71.07	10.33	142.48	314.80
印刷业和记录媒介的复制	5.96	43.24	3.73	93.51	48.09
文教体育用品制造业	2.87	13.00	5.72	134.34	67.75
石油加工、炼焦及核燃料加工业	1.86	61.32	10.10	44.27	46.19
化学原料及化学制品制造业	12.62	154.73	20.50	242.12	620.74
医药制造业	4.95	79.48	9.49	59.17	189.66
化学纤维制造业	4.81	66.04	8.65	74.12	86.94
橡胶制品业	2.95	34.02	3.92	80.86	174.73
塑料制品业	27.58	100.25	31.69	317.09	289.94
非金属矿物制品业	18.39	154.68	23.93	238.84	369.13
黑色金属冶炼及压延加工业	6.81	94.12	17.34	101.70	163.45
有色金属冶炼及压延加工业	13.18	56.31	10.62	84.97	84.87
金属制品业	12.42	75.70	16.63	207.14	234.75
通用设备制造业	11.51	144.59	21.10	135.91	462.29
专用设备制造业	5.47	58.91	11.75	124.87	230.98
交通运输设备制造业	10.01	401.99	18.41	147.00	761.81
电气机械及器材制造业	18.05	157.19	21.39	306.48	578.73
通信设备、计算机及其他电子设备制造业	11.20	411.04	22.38	687.33	1684.69
仪器仪表及文化、办公用机械制造业	2.46	29.25	3.67	100.01	164.48
工艺品及其他制造业	2.18	20.92	7.09	98.99	73.37
废弃资源和废旧材料回收加工业	0.37	2.11	0.49	2.82	4.43
电力、燃气及水的生产和供应业	24.02	545.68	9.46	252.12	334.66
电力、热力的生产和供应业	22.69	506.22	8.13	221.54	283.55
燃气生产和供应业	0.97	10.37	0.18	17.38	26.32
水的生产和供应业	0.36	29.09	1.15	13.20	24.78

单位：亿元

主营业务收入	主营业务成本	主营业务税金及附加	其他业务收入	其他业务利润	营业费用	管理费用	税金
65105.85	**55649.54**	**296.90**	**1110.13**	**262.91**	**2426.25**	**2722.60**	**73.98**
18874.07	16424.09	151.04	375.33	61.86	590.66	513.73	16.83
26716.78	22625.79	83.63	433.32	109.72	1135.43	1121.75	30.79
19515.00	16599.65	62.23	301.49	91.34	700.16	1087.12	26.37
353.21	163.27	12.98	1.93	0.60	19.70	11.87	0.19
74.41	48.48	0.21	1.08	0.28	14.28	3.14	0.05
200.86	57.97	12.20	0.21	0.01	0.17	3.63	0.01
11.27	9.27	0.08	0.10	0.06	0.27	0.50	
25.56	15.09	0.12	0.25	0.06	1.06	1.71	0.04
40.90	32.30	0.35	0.29	0.19	3.90	2.87	0.09
0.21	0.16				0.02	0.02	
62913.40	54079.94	280.21	1091.86	252.27	2396.63	2638.28	70.98
2435.39	2215.90	4.25	55.44	4.96	70.43	59.22	2.10
1106.79	805.23	3.42	28.47	3.48	167.23	61.50	3.22
937.23	629.57	38.29	33.12	4.90	156.55	56.57	1.93
9.03	4.40	1.16	0.10	0.07	0.26	1.39	0.01
2726.46	2452.78	5.77	43.00	11.36	58.89	112.07	3.68
1841.22	1598.76	4.67	12.29	7.17	64.82	101.96	2.66
1439.66	1290.50	3.51	5.29	3.28	28.62	64.01	1.81
355.99	314.04	0.70	6.96	1.28	12.69	15.53	0.48
677.92	585.44	1.43	4.32	1.51	23.52	31.68	1.86
1115.73	937.67	2.30	29.03	5.74	46.06	50.71	1.57
387.27	310.61	0.49	6.87	2.79	11.12	24.94	0.80
718.77	642.53	1.17	4.40	4.26	18.88	42.74	0.99
915.71	775.21	13.47	20.66	1.79	21.02	21.25	0.72
3288.79	2457.90	17.68	59.71	10.03	316.89	166.51	3.98
733.98	413.87	3.00	7.65	4.73	159.28	68.40	1.53
561.57	502.01	3.70	10.21	3.02	8.73	16.32	0.63
724.47	608.58	7.69	11.57	2.92	32.91	38.20	2.27
1836.54	1600.50	4.20	31.82	9.47	56.31	123.51	2.65
1416.03	1149.19	3.57	23.51	8.31	66.27	81.97	2.47
2134.11	1917.10	2.12	55.02	7.19	17.47	41.16	1.59
999.32	892.48	0.89	16.29	1.43	13.27	27.47	1.10
1884.64	1634.26	2.06	34.12	12.30	54.49	78.57	1.89
2391.95	1925.92	3.96	56.61	21.44	96.82	154.80	3.13
1273.29	1025.07	2.17	31.66	11.55	53.73	92.75	1.63
5735.56	4673.16	135.93	251.22	34.70	199.72	273.87	6.84
4223.10	3589.29	4.16	60.89	17.78	185.21	200.13	5.09
18797.70	17164.88	5.57	175.69	46.60	395.02	520.58	11.11
1508.00	1324.32	0.77	12.25	6.13	38.96	73.25	2.13
660.19	566.38	2.04	3.38	2.00	20.40	35.97	1.12
77.00	72.37	0.07	0.30	0.08	1.06	1.27	0.02
1839.24	1406.34	3.71	16.35	10.04	9.92	72.45	2.81
1642.68	1235.75	2.97	8.44	5.18	4.32	62.02	2.57
153.38	142.99	0.31	3.90	2.96	3.84	5.52	0.10
43.18	27.59	0.43	4.02	1.91	1.76	4.92	0.14

1-A-5 续表 3

行　　业	财务费用	利息支出	营业利润	投资收益	补贴收入
总　计	**496.87**	**397.60**	**3686.65**	**78.31**	**81.61**
在总计中:					
大型企业	85.47	67.14	1140.94	39.84	22.61
中型企业	233.70	190.96	1599.06	28.52	34.32
小型企业	177.70	139.50	946.64	9.95	24.68
在总计中：按工业行业门大中小类分					
采矿业	3.57	1.99	95.68	-0.20	0.07
煤炭开采和洗选业	0.73	0.75	7.93	-0.02	
石油和天然气开采业	0.96	0.19	78.26		
黑色金属矿采选业	0.06	0.05	1.17		0.04
有色金属矿采选业	1.38	0.67	6.93	0.31	
非金属矿采选业	0.43	0.32	1.40	-0.50	0.03
其他采矿业					
制造业	423.80	334.13	3299.46	70.79	74.87
农副食品加工业	20.57	16.94	62.82	1.11	2.67
食品制造业	7.11	5.69	66.34	3.37	1.58
饮料制造业	8.14	7.74	55.28	1.50	1.50
烟草制品业	0.03	0.05	1.85		
纺织业	31.77	26.91	75.39	2.79	2.75
纺织服装、鞋、帽制造业	10.79	8.03	71.31	0.45	1.44
皮革、毛皮、羽毛(绒)及其制品业	9.24	7.05	42.27	0.72	1.55
木材加工及木、竹、藤、棕、草制品业	4.90	3.69	8.51	-0.05	2.63
家具制造业	4.09	3.38	30.22	-0.14	0.43
造纸及纸制品业	24.42	20.19	60.59	1.60	1.74
印刷业和记录媒介的复制	3.35	3.12	38.62	0.35	0.25
文教体育用品制造业	3.25	2.15	20.76	0.27	0.77
石油加工、炼焦及核燃料加工业	7.66	8.53	80.16	3.21	0.60
化学原料及化学制品制造业	30.30	22.32	285.63	5.59	3.52
医药制造业	9.88	7.75	84.75	0.46	1.11
化学纤维制造业	7.32	6.70	23.45	-0.11	0.38
橡胶制品业	10.29	9.25	33.00	0.23	0.31
塑料制品业	17.48	14.62	80.52	0.73	1.67
非金属矿物制品业	21.68	17.55	100.41	6.66	4.13
黑色金属冶炼及压延加工业	23.30	19.86	136.19	1.14	0.41
有色金属冶炼及压延加工业	14.17	11.92	52.11	-0.45	0.49
金属制品业	13.52	10.38	109.00	0.97	1.42
通用设备制造业	14.77	9.93	208.16	2.14	2.19
专用设备制造业	9.21	6.67	101.84	2.80	1.67
交通运输设备制造业	24.52	19.36	456.81	15.20	8.35
电气机械及器材制造业	23.89	17.28	216.34	3.31	2.16
通信设备、计算机及其他电子设备制造业	59.28	40.42	696.10	16.45	27.65
仪器仪表及文化、办公用机械制造业	3.57	2.87	68.02	0.35	0.85
工艺品及其他制造业	4.79	3.39	31.28	0.16	0.66
废弃资源和废旧材料回收加工业	0.50	0.37	1.74	0.01	0.02
电力、燃气及水的生产和供应业	69.50	61.49	291.50	7.73	6.67
电力、热力的生产和供应业	66.91	59.48	279.68	7.45	4.82
燃气生产和供应业	1.05	0.67	2.89	-0.03	1.14
水的生产和供应业	1.54	1.34	8.93	0.30	0.71

单位：亿元

利润总额	亏损企业 亏损额	应交所得税	本年应付 工资总额	主营业务 应付工资总额	本年应付 福利费总额	主营业务应付 福利费总额	本年应交 增值税	全部从业人员 年平均人数 （万人）
3875.97	**567.99**	**404.30**	**2900.25**	**2658.89**	**265.00**	**242.56**	**1508.66**	**1755.26**
1203.04	36.97	120.06	519.04	465.46	61.16	58.21	352.67	225.13
1659.53	195.36	178.17	1234.86	1142.93	115.95	105.64	681.67	725.53
1013.40	335.67	106.06	1146.34	1050.49	87.89	78.70	474.32	804.60
142.63	1.19	2.52	7.36	6.63	0.74	0.56	13.60	3.67
7.06	0.06	1.23	2.07	1.89	0.23	0.21	3.51	1.15
125.84	0.02	0.09	1.08	1.06	0.09	0.09	6.51	0.13
1.16	0.08	0.18	0.53	0.43	0.03	0.02	0.49	0.40
7.22	0.16	0.71	1.77	1.56	0.22	0.11	1.47	0.58
1.35	0.88	0.32	1.89	1.68	0.16	0.13	1.62	1.40
			0.01	0.01				0.01
3431.17	547.20	364.11	2834.71	2597.10	255.75	233.88	1345.43	1735.48
71.65	22.61	9.37	56.97	53.42	4.85	4.56	28.13	46.16
68.14	22.47	8.58	61.32	52.75	6.25	5.38	58.27	31.54
55.82	22.44	10.47	41.87	38.27	5.67	5.13	57.85	18.38
1.82		0.16	0.78	0.78	0.15	0.15	1.11	0.32
85.71	33.01	10.92	182.46	172.36	13.92	12.57	50.55	147.15
72.64	15.92	8.66	221.19	206.55	13.76	12.66	38.73	173.74
42.44	10.99	5.66	153.20	142.32	9.00	8.10	23.95	132.79
10.43	7.60	1.49	20.30	18.45	1.50	1.31	8.32	17.21
30.11	6.39	2.61	49.53	45.91	2.60	2.42	9.00	36.95
70.10	11.17	9.23	50.42	43.87	4.05	3.56	38.50	30.06
39.03	3.41	4.84	29.15	25.82	2.32	2.09	15.17	16.22
21.19	7.90	3.31	87.36	79.66	4.71	4.00	7.81	73.10
79.23	3.47	9.86	13.47	11.81	1.61	1.47	38.29	5.00
314.67	28.27	31.71	100.16	93.17	13.24	12.38	132.13	39.77
85.62	13.47	10.74	48.50	45.80	5.67	5.34	55.35	19.74
21.95	6.72	3.04	15.60	14.91	2.21	2.13	12.35	7.90
32.67	10.99	4.24	46.12	42.26	3.49	3.15	16.10	31.63
82.04	26.24	10.22	116.23	104.03	8.97	7.84	34.40	79.08
109.49	21.48	11.29	85.31	79.47	7.67	6.93	54.00	54.60
135.99	8.08	9.15	36.55	34.34	5.31	5.06	55.47	19.11
48.89	6.71	5.34	24.07	22.70	2.34	2.17	19.26	14.15
111.70	17.01	12.40	104.19	95.92	8.76	7.61	28.77	63.85
209.60	19.09	25.29	125.59	116.72	14.31	13.14	63.18	58.40
106.18	13.69	10.01	80.99	73.19	7.17	6.35	39.13	38.07
484.61	41.06	37.84	175.42	164.68	26.41	24.94	177.98	68.57
216.90	41.59	24.80	227.72	199.93	19.06	17.69	73.20	139.81
718.21	109.98	71.66	534.16	483.48	50.70	46.75	170.28	269.01
70.83	10.73	7.52	73.42	67.60	6.45	5.85	24.85	42.07
31.46	4.26	3.55	71.52	65.83	3.49	3.09	12.21	60.29
2.03	0.44	0.14	1.14	1.11	0.08	0.08	1.09	0.78
302.17	19.60	37.66	58.18	55.16	8.51	8.11	149.63	16.11
289.36	16.27	35.17	50.32	48.31	7.76	7.47	146.18	13.36
3.06	3.18	0.35	3.80	3.10	0.32	0.24	1.66	1.71
9.75	0.16	2.15	4.05	3.75	0.44	0.41	1.79	1.05

1-A-6 规模以上大中型工业企业

行业	企业单位数（个）	亏损企业	工业总产值（当年价）	工业销售产值（当年价）	出口交货值
总计	**27692**	**4933**	**133374.68**	**131109.42**	**28661.10**
一、按登记注册类型分组					
内资企业	18791	3281	87610.79	86224.45	7007.81
国有企业	3680	1075	20632.72	20445.72	813.58
集体企业	936	142	3198.96	3156.77	372.67
股份合作企业	370	31	772.35	748.37	127.94
联营企业	116	14	542.64	538.92	56.60
国有联营企业	51	6	427.79	424.36	41.29
集体联营企业	18	1	24.11	23.57	1.84
国有与集体联营企业	31	4	55.83	55.26	6.34
其他联营企业	16	3	34.90	35.73	7.13
有限责任公司	6684	1172	31869.16	31350.45	2417.16
国有独资公司	810	220	9655.93	9559.89	564.14
其他有限责任公司	5874	952	22213.23	21790.57	1853.02
股份有限公司	2456	312	21016.88	20684.02	1724.05
私营企业	4525	530	9509.62	9230.78	1483.58
私营独资企业	341	35	638.20	622.60	86.04
私营合作企业	61	8	104.27	102.73	10.52
私营有限责任公司	3823	454	8016.47	7777.54	1305.52
私营股份有限公司	300	33	750.68	727.91	81.51
其他企业	24	5	68.46	69.43	12.23
港、澳、台商投资企业	4201	767	14752.02	14412.17	6881.34
合资经营企业(港或澳、台资)	1617	269	5785.42	5630.27	1708.45
合作经营企业(港或澳、台资)	222	25	846.26	838.97	443.46
港澳台商独资经营企业	2273	464	6987.33	6817.93	4598.36
港澳台商投资股份有限公司	89	9	1133.01	1125.00	131.07
外商投资企业	4700	885	31011.88	30472.80	14771.95
中外合资经营企业	2044	322	14428.98	14169.10	4384.31
中外合作经营企业	227	40	1007.79	941.64	333.60
外资企业	2301	513	14039.77	13845.22	9780.42
外商投资股份有限公司	128	10	1535.34	1516.85	273.62
二、在总计中：亏损企业	4933	4933	13460.95	13166.02	3224.23
在总计中：国有控股企业	7899	1964	63578.58	62887.61	4036.28
在总计中：农村工业	609	49	2037.94	2000.81	266.65
在总计中：轻工业	11274	2077	35767.25	34977.48	10414.83
在总计中：重工业	16418	2856	97607.43	96131.95	18246.26
在总计中：大型企业	2135	236	69483.38	68649.75	13261.72
在总计中：中型企业	25557	4697	63891.30	62459.68	15399.38
三、按工业行业分					
采矿业	1147	133	8238.23	8131.14	262.93
煤炭开采和洗选业	628	85	3097.91	3044.80	175.46

主要经济指标

单位：亿元

资产合计	流动资产合计	应收账款净额	存货	产成品	流动资产年平均余额	固定资产合计
154178.47	**65765.12**	**14002.71**	**18414.50**	**5796.99**	**61628.62**	**68763.81**
117590.73	45729.78	7726.90	12639.40	4030.81	43055.07	54772.39
37816.97	11621.53	1725.04	2986.68	649.82	11200.33	18585.89
2383.10	1265.55	238.52	355.58	150.35	1187.99	798.72
670.90	346.07	80.31	99.99	44.83	322.35	252.74
782.36	261.65	43.39	74.10	21.68	239.87	445.63
685.71	209.16	30.85	60.26	16.17	188.92	410.65
16.68	9.46	1.71	1.94	0.65	8.25	6.29
55.41	28.82	7.33	8.23	3.68	28.90	21.26
24.56	14.21	3.50	3.67	1.18	13.79	7.42
44422.53	18304.27	3020.30	4920.10	1561.06	17159.49	20596.64
17904.98	6597.17	823.32	1499.02	412.35	6231.04	8456.77
26517.55	11707.10	2196.99	3421.09	1148.71	10928.44	12139.87
23585.25	9683.06	1720.79	2975.70	1091.75	9112.84	11336.22
7894.60	4231.07	895.90	1220.90	508.25	3816.61	2742.94
464.40	241.90	51.47	73.89	30.97	219.60	177.60
67.18	38.30	8.76	10.09	4.60	34.73	21.33
6599.53	3578.53	766.94	1038.95	437.99	3216.18	2297.27
763.49	372.34	68.73	97.97	34.69	346.10	246.74
35.01	16.58	2.66	6.35	3.07	15.59	13.61
12601.55	6860.85	2038.88	2109.72	655.22	6201.13	4762.78
5136.85	2781.85	644.64	820.49	294.88	2589.52	2002.45
765.58	359.91	94.87	95.50	29.27	334.54	351.14
5414.57	3221.74	1208.34	1042.97	290.51	2788.92	1862.60
1284.54	497.35	91.04	150.77	40.55	488.16	546.60
23986.20	13174.49	4236.92	3665.39	1110.96	12372.41	9228.64
11375.43	6338.01	1628.83	1804.19	575.69	6003.56	4252.16
944.30	424.71	109.77	130.87	40.61	398.49	481.05
9399.47	5538.95	2300.38	1479.21	413.03	5181.52	3352.84
2266.99	872.81	197.95	251.12	81.63	788.85	1142.60
20077.91	8182.85	1893.35	2451.80	827.28	7874.40	9699.48
96011.12	34268.40	5392.63	9331.57	2504.35	32709.70	47632.52
1462.54	718.94	124.84	203.31	76.20	665.53	642.66
35711.26	18445.03	3797.48	6027.23	2043.10	17427.91	13098.17
118467.21	47320.09	10205.22	12387.28	3753.89	44200.71	55665.64
78771.10	32585.66	5547.94	8879.45	2472.15	30673.27	37690.68
75407.38	33179.46	8454.77	9535.05	3324.84	30955.34	31073.13
13596.02	4177.61	626.94	621.58	213.18	3811.99	8266.89
6346.96	2375.23	305.52	314.77	108.70	2135.54	3304.63

1-A-6 续表 1

行业	企业单位数(个)	亏损企业	工业总产值(当年价)	工业销售产值(当年价)	出口交货值
石油和天然气开采业	71	12	4175.62	4132.75	36.97
黑色金属矿采选业	146	9	341.20	336.14	4.59
有色金属矿采选业	193	13	447.17	440.04	25.59
非金属矿采选业	108	14	172.56	173.64	20.31
其他采矿业	1		3.77	3.77	
制造业	24616	4212	112184.70	110050.94	28357.92
农副食品加工业	906	147	3516.66	3426.12	456.83
食品制造业	575	128	1732.19	1691.41	156.51
饮料制造业	542	124	1657.76	1631.63	51.62
烟草制品业	124	9	2555.16	2549.89	24.95
纺织业	2449	601	5180.09	5082.81	1700.20
纺织服装、鞋、帽制造业	837	117	1614.32	1562.78	786.40
皮革、毛皮、羽毛(绒)及其制品业	534	75	1255.61	1226.36	778.42
木材加工及木、竹、藤、棕、草制品业	202	32	406.76	397.69	119.24
家具制造业	264	43	548.65	538.70	396.25
造纸及纸制品业	612	115	1735.04	1687.68	146.57
印刷业和记录媒介的复制	295	45	457.97	443.99	70.66
文教体育用品制造业	337	47	586.69	576.87	443.02
石油加工、炼焦及核燃料加工业	367	74	7997.46	7943.09	207.94
化学原料及化学制品制造业	1664	244	7463.27	7248.87	671.09
医药制造业	751	86	2035.28	1947.53	230.43
化学纤维制造业	223	51	1415.91	1385.91	57.59
橡胶制品业	360	80	1225.15	1206.41	333.02
塑料制品业	722	102	1493.70	1477.91	569.54
非金属矿物制品业	1804	292	3122.85	3068.35	369.58
黑色金属冶炼及压延加工业	927	181	13716.19	13555.82	781.09
有色金属冶炼及压延加工业	558	101	3539.56	3486.92	460.39
金属制品业	807	109	1985.54	1940.80	874.37
通用设备制造业	1650	216	4381.60	4260.19	804.02
专用设备制造业	1003	179	2854.81	2777.96	378.70
交通运输设备制造业	1668	295	11090.32	10884.19	1060.24
电气机械及器材制造业	1761	260	6958.96	6795.39	2322.51
通信设备、计算机及其他电子设备制造业	1934	364	19575.50	19201.53	12812.98
仪器仪表及文化、办公用机械制造业	390	58	1399.84	1389.45	969.69
工艺品及其他制造业	340	36	645.53	629.03	324.08
废弃资源和废旧材料回收加工业	10	1	36.33	35.64	
电力、燃气及水的生产和供应业	1929	588	12951.76	12927.35	40.25
电力、热力的生产和供应业	1657	476	12462.39	12444.28	36.11
燃气生产和供应业	92	40	210.20	209.40	4.13
水的生产和供应业	180	72	279.17	273.67	

单位: 亿元

资产合计	流动资产合计	应收账款净额	存　货	产成品	流动资产年平均余额	固定资产合计
5762.65	1228.73	223.85	199.49	56.00	1166.56	4363.33
575.10	240.04	45.20	42.02	17.02	210.43	177.56
535.35	195.33	20.40	39.07	16.68	168.75	227.73
370.95	135.04	31.01	26.22	14.78	127.51	191.86
5.01	3.24	0.96			3.20	1.77
107771.17	55532.67	12377.69	17472.91	5555.62	51762.80	40434.51
2519.23	1262.98	201.42	429.42	194.26	1178.28	940.48
1738.08	807.55	163.68	198.71	84.55	830.73	667.80
2228.96	1072.16	123.90	356.60	100.66	1024.85	845.37
2931.71	1825.21	142.08	899.05	38.72	1675.66	693.41
5441.43	2598.98	460.75	928.71	395.79	2517.08	2239.08
1406.53	823.86	160.08	261.71	105.52	743.21	419.76
852.86	544.59	142.26	206.87	56.61	512.54	225.03
473.69	212.79	37.91	86.51	28.85	198.69	210.23
457.72	275.66	68.65	117.58	28.85	241.59	140.54
2612.70	965.31	236.77	277.59	109.09	935.96	1418.50
638.12	299.30	76.92	75.04	23.49	288.37	278.75
485.14	277.83	82.24	105.82	30.74	258.29	153.04
4441.51	1747.26	205.51	746.41	219.36	1577.89	2405.93
8261.47	3262.77	523.75	888.66	345.71	3068.80	3979.46
2905.10	1440.08	388.83	321.88	136.28	1395.55	1021.47
1606.48	622.22	67.97	185.15	68.41	571.25	820.14
1338.18	644.12	178.97	193.45	90.83	591.38	577.41
1590.95	802.00	232.92	238.98	91.04	743.47	610.65
5109.77	2047.29	461.97	521.70	225.76	1935.47	2413.31
13647.42	5805.08	473.80	2051.33	493.92	5266.58	6710.49
4136.96	1801.26	242.37	657.00	168.46	1647.40	1984.56
1809.63	1101.97	318.89	352.26	128.16	986.04	515.11
5320.35	3421.85	818.06	1073.23	339.70	3115.06	1314.03
3469.82	2064.03	517.34	746.51	275.30	1989.27	968.19
11685.90	6508.18	1153.98	2048.76	592.23	6249.19	3430.26
5992.17	3837.78	1209.99	1123.00	442.52	3505.21	1417.52
12927.47	8422.73	3370.98	2068.07	648.59	7746.43	3489.19
1051.73	668.87	230.82	189.01	60.38	633.98	280.69
671.29	357.09	81.33	120.13	30.89	322.81	260.84
18.80	11.88	3.53	3.78	0.98	11.79	3.28
32811.29	6054.84	998.08	320.02	28.19	6053.83	20062.42
30431.03	5493.16	922.01	281.09	23.58	5534.25	18440.51
731.36	191.09	25.26	25.65	3.70	187.34	465.43
1648.90	370.60	50.81	13.27	0.91	332.24	1156.48

1-A-6 续表 2

行业	固定资产原价	生产经营用	累计折旧	本年折旧	固定资产净值
总计	**95788.91**	**85608.93**	**35085.87**	**5804.31**	**60703.03**
一、按登记注册类型分组					
内资企业	76056.33	67663.02	27957.31	4470.41	48099.01
国有企业	25409.03	21149.55	8898.97	1406.59	16510.06
集体企业	1076.11	936.88	350.11	54.46	726.01
股份合作企业	336.66	298.16	116.46	17.96	220.21
联营企业	533.21	502.87	137.16	26.99	396.05
国有联营企业	482.00	463.77	117.65	24.69	364.36
集体联营企业	9.73	8.54	3.50	0.46	6.23
国有与集体联营企业	32.66	22.64	13.39	1.39	19.27
其他联营企业	8.82	7.92	2.62	0.46	6.19
有限责任公司	28159.89	25351.35	10248.46	1632.55	17911.43
国有独资公司	11798.50	10450.81	4556.80	698.63	7241.70
其他有限责任公司	16361.38	14900.54	5691.65	933.92	10669.73
股份有限公司	17256.14	16531.27	7361.67	1121.56	9894.47
私营企业	3265.60	2876.80	838.29	209.39	2427.32
私营独资企业	208.82	178.81	46.75	12.31	162.07
私营合作企业	26.93	19.87	6.79	1.71	20.14
私营有限责任公司	2746.63	2430.11	708.05	177.09	2038.58
私营股份有限公司	283.23	248.02	76.70	18.29	206.53
其他企业	19.68	16.13	6.21	0.90	13.47
港、澳、台商投资企业	7041.29	6431.27	2692.03	446.37	4349.26
合资经营企业(港或澳、台资)	2845.91	2624.41	1058.84	172.34	1787.06
合作经营企业(港或澳、台资)	625.95	603.78	307.88	41.20	318.08
港澳台商独资经营企业	2626.43	2298.92	874.78	180.81	1751.65
港澳台商投资股份有限公司	943.00	904.16	450.53	52.02	492.47
外商投资企业	12691.29	11514.63	4436.53	887.53	8254.76
中外合资经营企业	5864.17	5382.21	2183.16	395.37	3681.01
中外合作经营企业	617.38	570.53	180.90	35.43	436.48
外资企业	4519.58	3998.26	1400.64	358.41	3118.94
外商投资股份有限公司	1690.16	1563.63	671.83	98.33	1018.33
二、在总计中：亏损企业	13805.43	12042.74	5033.45	760.26	8771.98
在总计中：国有控股企业	68271.17	61024.37	26399.05	4031.30	41872.13
在总计中：农村工业	768.32	662.31	185.10	40.86	583.22
在总计中：轻工业	17669.26	15567.16	6034.11	1031.15	11635.15
在总计中：重工业	78119.64	70041.77	29051.76	4773.17	49067.88
在总计中：大型企业	53793.16	47913.12	20900.91	3388.17	32892.26
在总计中：中型企业	41995.74	37695.81	14184.97	2416.14	27810.77
三、按工业行业分					
采矿业	13531.89	12413.17	6025.77	911.39	7506.12
煤炭开采和洗选业	4333.30	3683.28	1511.91	244.61	2821.40

单位：亿元

固定资产净值年平均余额	负债合计	流动负债合计		长期负债合计	所有者权益		
			应付账款		合　　计	实收资本	
							国家资本
58703.28	**87698.21**	**64364.76**	**17046.05**	**22540.74**	**66263.47**	**38823.94**	**14349.36**
46468.84	66775.31	46490.03	9685.87	19579.72	50623.29	28226.26	13692.81
16085.53	20534.35	12455.54	2566.96	7881.07	17220.99	9951.40	7519.38
706.54	1414.80	1208.81	246.68	182.97	968.31	453.02	10.05
210.82	409.97	338.89	64.18	66.02	260.93	111.02	6.22
386.83	533.24	264.03	47.30	268.59	249.13	123.84	49.48
355.56	477.17	212.64	38.42	263.91	208.55	95.04	47.75
5.88	8.46	7.83	1.74	0.64	8.21	4.20	
19.34	34.94	32.06	4.85	2.88	20.47	15.34	1.52
6.06	12.67	11.51	2.29	1.16	11.89	9.26	0.21
17217.60	26814.38	19053.62	3857.23	7569.16	17516.88	11197.65	4395.56
7081.60	10144.75	6779.13	1327.49	3344.85	7689.95	4734.22	2821.01
10136.00	16669.63	12274.49	2529.74	4224.31	9826.93	6463.43	1574.54
9505.30	12083.28	8867.32	2005.73	2983.76	11462.73	4897.00	1703.69
2343.67	4965.63	4287.07	892.72	624.98	2928.97	1481.12	7.98
158.60	296.17	249.68	62.62	43.49	168.23	85.46	0.84
19.73	43.13	39.20	7.78	2.15	24.05	13.25	
1964.93	4218.55	3655.29	755.17	522.87	2380.98	1234.18	6.14
200.41	407.78	342.91	67.15	56.46	355.71	148.23	1.00
12.56	19.66	14.75	5.07	3.16	15.35	11.19	0.45
4227.81	7265.35	6221.02	2425.64	999.34	5329.31	3538.50	167.06
1735.81	3160.03	2604.01	720.49	533.97	1969.94	1244.15	111.56
328.63	416.31	322.49	136.41	88.70	349.27	229.34	10.74
1681.56	3154.46	2877.39	1479.71	264.89	2260.11	1688.40	1.94
481.80	534.55	417.13	89.03	111.77	750.00	376.60	42.82
8006.63	13657.55	11653.71	4934.54	1961.68	10310.87	7059.19	489.48
3570.42	6332.18	5453.00	1871.45	861.84	5043.24	3478.46	378.08
420.85	560.01	404.46	129.07	155.45	384.29	287.28	19.36
3002.97	5750.62	5066.82	2787.94	661.54	3648.85	2716.68	0.18
1012.39	1014.73	729.42	146.09	282.86	1234.49	576.77	91.86
8645.51	14443.26	10651.77	2693.25	3658.02	5605.34	6231.86	2337.99
40599.59	52657.68	34580.12	7469.46	17537.05	43136.66	24994.45	13943.34
560.56	784.31	652.87	140.42	124.89	678.23	361.86	0.78
11368.18	20080.52	16981.80	4220.58	2961.76	15607.37	8497.88	1731.16
47335.10	67617.70	47382.95	12825.48	19578.98	50656.09	30326.06	12618.20
31582.32	43994.83	31801.03	8590.43	11803.73	34566.48	17837.77	7707.38
27120.95	43703.38	32563.73	8455.63	10737.00	31696.98	20986.17	6641.98
7245.83	6772.67	4445.71	1002.66	2164.45	6754.17	4655.24	2621.13
2724.67	3865.64	2490.60	404.06	1317.58	2452.83	1688.31	1184.68

1-A-6 续表 3

行业	固定资产原价	生产经营用	累计折旧	本年折旧	固定资产净值
石油和天然气开采业	8386.15	8068.75	4220.35	622.71	4165.80
黑色金属矿采选业	261.31	195.23	105.27	14.27	156.04
有色金属矿采选业	305.59	255.75	109.49	15.32	196.09
非金属矿采选业	242.35	207.61	77.24	14.30	165.11
其他采矿业	3.18	2.55	1.51	0.18	1.68
制造业	55612.68	49558.28	20236.19	3423.29	35376.49
农副食品加工业	1174.73	1036.95	334.24	56.52	840.49
食品制造业	885.98	762.49	283.59	51.06	602.40
饮料制造业	1225.94	1066.96	451.07	66.64	774.87
烟草制品业	1119.85	914.54	516.73	78.11	603.13
纺织业	3031.72	2671.95	1028.51	174.91	2003.20
纺织服装、鞋、帽制造业	548.81	470.81	179.15	37.59	369.65
皮革、毛皮、羽毛(绒)及其制品业	311.71	264.19	102.57	19.44	209.14
木材加工及木、竹、藤、棕、草制品业	259.89	226.87	79.92	14.04	179.96
家具制造业	168.48	144.48	46.59	10.70	121.88
造纸及纸制品业	1670.21	1532.25	440.39	88.16	1229.83
印刷业和记录媒介的复制	421.31	367.53	165.21	29.00	256.11
文教体育用品制造业	224.63	186.31	82.22	13.66	142.41
石油加工、炼焦及核燃料加工业	3971.73	3795.55	1734.58	219.05	2237.14
化学原料及化学制品制造业	5870.70	5314.29	2337.79	316.49	3532.91
医药制造业	1250.86	1098.10	370.06	67.52	880.79
化学纤维制造业	1114.37	1037.71	396.39	63.36	717.98
橡胶制品业	711.04	653.46	213.40	36.60	497.63
塑料制品业	822.96	708.12	264.90	54.21	558.05
非金属矿物制品业	3192.24	2898.34	1024.45	168.06	2167.79
黑色金属冶炼及压延加工业	8980.77	8038.22	3494.36	635.88	5486.41
有色金属冶炼及压延加工业	2494.83	2279.64	802.09	127.66	1692.74
金属制品业	695.91	593.28	225.32	38.41	470.59
通用设备制造业	1918.13	1667.81	758.85	112.81	1159.28
专用设备制造业	1383.46	1142.52	523.25	72.25	860.21
交通运输设备制造业	4520.90	3978.06	1690.98	275.67	2829.92
电气机械及器材制造业	2014.40	1744.00	753.08	128.41	1261.32
通信设备、计算机及其他电子设备制造业	4884.10	4319.40	1690.22	420.56	3193.88
仪器仪表及文化、办公用机械制造业	413.84	364.31	146.34	30.56	267.50
工艺品及其他制造业	323.97	276.54	97.63	15.36	226.34
废弃资源和废旧材料回收加工业	5.21	3.60	2.29	0.59	2.92
电力、燃气及水的生产和供应业	26644.33	23637.48	8823.91	1469.63	17820.42
电力、热力的生产和供应业	24669.78	21867.47	8201.91	1372.94	16467.87
燃气生产和供应业	566.75	483.27	165.98	31.66	400.77
水的生产和供应业	1407.81	1286.73	456.03	65.02	951.78

单位：亿元

固定资产净值年平均余额	负债合计	流动负债合计	应付账款	长期负债合计	所有者权益		
					合计	实收资本	国家资本
4008.93	2164.40	1375.58	517.05	687.27	3557.55	2490.62	1164.70
155.78	252.95	213.53	41.39	37.69	322.15	217.98	109.63
188.86	285.70	213.43	22.24	71.76	249.64	128.89	79.36
165.91	200.49	149.10	15.80	50.15	170.46	128.18	82.77
1.68	3.48	3.48	2.11		1.53	1.27	
33978.85	63711.32	53057.45	14581.66	10085.61	43913.44	25118.84	6106.55
809.33	1563.73	1362.93	227.59	190.30	955.51	528.87	64.84
663.75	960.80	812.99	175.08	143.16	777.05	462.83	29.41
771.20	1200.31	1051.95	152.35	139.22	1028.65	612.99	133.70
590.17	1063.66	1012.04	214.65	50.13	1868.06	395.10	362.27
1929.82	3428.63	2771.21	492.52	631.84	2012.79	1254.77	160.20
356.86	788.09	707.55	163.56	73.33	618.45	341.07	12.46
206.03	508.78	469.76	172.07	36.80	344.08	209.04	4.67
176.87	275.28	204.35	40.08	65.25	198.41	121.06	27.52
114.21	274.56	247.93	106.73	23.45	183.15	118.95	1.44
1186.55	1622.16	1129.00	197.78	486.08	970.00	620.47	116.59
245.83	320.99	275.91	66.39	43.17	317.13	202.17	64.31
140.71	251.59	232.02	97.65	16.79	233.56	145.73	2.73
2136.22	2350.42	1832.39	405.33	432.60	2082.06	1103.01	448.42
3508.33	4596.88	3361.01	683.36	1164.20	3658.03	2302.70	689.47
821.13	1481.20	1237.01	231.16	234.94	1421.42	658.06	120.08
711.86	929.61	683.06	124.08	246.16	676.87	500.43	104.72
456.53	837.38	658.86	156.28	174.28	499.80	351.48	44.22
539.63	890.54	762.15	208.99	118.90	700.40	429.65	31.14
2098.71	3029.38	2214.96	405.13	777.76	2077.64	1349.28	274.12
5124.17	8166.40	6432.64	1351.34	1712.70	5398.97	2590.23	1175.61
1597.88	2663.49	1961.95	329.02	680.18	1473.47	920.49	323.75
446.71	1067.53	948.96	247.05	101.34	742.10	420.23	45.61
1124.36	3459.84	3058.27	667.90	306.05	1852.47	1109.32	234.82
820.29	2234.50	1972.12	503.50	244.55	1233.12	787.61	235.09
2690.11	6932.34	6043.76	1811.49	856.52	4749.03	2942.96	990.93
1229.42	3699.82	3435.56	1106.25	237.63	2292.36	1321.84	133.08
3011.11	8096.78	7308.89	3907.32	757.09	4823.69	2872.96	197.78
256.45	619.59	554.02	249.58	59.15	432.13	272.88	37.44
212.12	384.93	304.82	84.47	79.31	286.36	169.95	40.12
2.46	12.14	9.39	2.95	2.75	6.67	2.70	
17478.60	17214.23	6861.59	1461.73	10290.68	15595.86	9049.86	5621.68
16159.59	16247.73	6338.59	1399.26	9848.29	14182.09	8213.97	5047.86
394.40	304.27	190.14	28.06	113.96	427.09	315.71	166.74
924.62	662.22	332.86	34.41	328.43	986.68	520.18	407.08

1-A-6 续表 4

行业	集体资本	法人资本	个人资本	港澳台资本	外商资本
总计	**844.66**	**12607.80**	**3149.63**	**2733.37**	**5139.12**
一、按登记注册类型分组					
内资企业	724.77	10525.82	2947.25	154.74	180.85
国有企业	19.65	2355.22	30.59	10.83	15.74
集体企业	335.25	69.61	22.35	9.35	6.42
股份合作企业	12.68	48.70	42.80	0.21	0.42
联营企业	6.52	59.27	7.81	0.65	0.11
国有联营企业	0.35	44.80	2.04		0.10
集体联营企业	1.46	2.01	0.72		0.01
国有与集体联营企业	2.62	11.06	0.15		
其他联营企业	2.10	1.40	4.90	0.65	
有限责任公司	208.39	5539.30	914.81	50.67	88.93
国有独资公司	6.04	1838.86	30.52	18.11	19.68
其他有限责任公司	202.35	3700.44	884.29	32.56	69.26
股份有限公司	122.28	2050.42	888.63	73.66	58.32
私营企业	19.72	397.92	1037.22	7.39	10.89
私营独资企业	1.37	19.81	62.06	1.16	0.22
私营合作企业	0.92	3.71	8.62		
私营有限责任公司	15.39	326.78	870.74	4.47	10.65
私营股份有限公司	2.03	47.62	95.80	1.76	0.02
其他企业	0.28	5.39	3.05	1.99	0.02
港、澳、台商投资企业	64.20	627.47	97.07	2436.01	146.68
合资经营企业(港或澳、台资)	59.90	397.48	57.21	601.01	16.99
合作经营企业(港或澳、台资)	2.87	70.53	2.19	113.78	29.24
港澳台商独资经营企业	0.30	30.00	4.84	1554.24	97.08
港澳台商投资股份有限公司	1.13	129.46	32.83	166.98	3.37
外商投资企业	55.69	1454.51	105.31	142.62	4811.58
中外合资经营企业	47.12	1103.58	66.76	62.36	1820.54
中外合作经营企业	2.41	82.42	2.79	14.04	166.26
外资企业	0.16	46.05	3.29	42.57	2624.44
外商投资股份有限公司	6.00	222.46	32.47	23.65	200.34
二、在总计中：亏损企业	102.13	1938.01	300.55	467.35	1085.82
在总计中：国有控股企业	104.68	9270.47	677.84	300.68	697.44
在总计中：农村工业	171.27	67.15	50.68	30.45	41.54
在总计中：轻工业	306.22	2091.48	1234.12	1327.64	1807.24
在总计中：重工业	538.44	10516.32	1915.51	1405.72	3331.88
在总计中：大型企业	235.23	6953.31	845.83	610.39	1485.63
在总计中：中型企业	609.43	5654.49	2303.81	2122.98	3653.48
三、按工业行业分					
采矿业	90.23	1837.25	87.85	11.08	7.71
煤炭开采和洗选业	20.72	431.61	49.21	0.03	2.06

单位：亿元

主营业务收入	主营业务成本	主营业务税金及附加	其他业务收入	其他业务利润	营业费用	管理费用	税　金
134039.04	**111168.19**	**2191.08**	**4079.30**	**586.25**	**4080.94**	**6529.71**	**217.52**
88448.19	72118.30	1956.41	3270.65	414.67	2354.84	4894.24	169.90
21834.30	17749.14	1094.72	864.08	112.31	368.04	1438.21	41.70
3097.46	2676.69	21.61	59.18	8.87	97.78	115.95	6.53
732.88	627.57	5.20	8.54	2.87	22.57	29.66	1.31
520.02	428.78	4.15	14.31	2.33	7.18	33.16	0.76
404.12	326.77	3.45	4.33	0.66	4.90	27.06	0.57
23.64	20.19	0.18	0.28	0.23	0.77	1.10	0.03
57.35	51.07	0.29	9.65	1.41	1.15	3.91	0.07
34.91	30.75	0.23	0.05	0.04	0.36	1.08	0.09
32251.59	26147.95	437.07	1533.37	184.12	910.74	1966.06	74.87
10123.56	8108.23	237.32	739.31	67.46	245.04	815.75	26.31
22128.03	18039.72	199.75	794.06	116.67	665.70	1150.31	48.56
20842.53	16475.29	333.05	602.22	67.86	679.04	1007.78	31.52
9106.31	7955.47	60.29	188.67	36.24	268.89	301.51	13.17
614.09	527.67	4.27	6.10	2.05	18.52	15.31	1.01
102.17	92.52	0.38	4.61	0.22	2.59	2.72	0.11
7678.59	6730.44	51.83	162.21	30.93	226.57	257.72	10.77
711.46	604.84	3.81	15.75	3.05	21.20	25.76	1.28
63.11	57.40	0.32	0.29	0.07	0.61	1.91	0.04
14474.33	12541.68	51.13	290.17	55.33	487.36	532.05	15.70
5532.23	4737.45	18.60	113.31	22.50	204.23	194.80	5.64
836.72	724.22	3.64	5.29	1.59	18.77	25.20	0.92
6871.94	6052.85	19.09	127.06	24.07	228.93	267.42	7.67
1233.44	1027.16	9.80	44.51	7.18	35.43	44.63	1.47
31116.52	26508.21	183.54	518.48	116.24	1238.74	1103.43	31.92
14139.42	11752.04	157.04	334.00	53.96	634.53	547.00	14.40
935.25	671.34	1.13	15.20	3.76	105.31	46.73	1.55
14449.64	12894.13	15.16	138.01	54.44	420.36	430.82	13.82
1592.21	1190.71	10.21	31.27	4.08	78.54	78.87	2.15
13517.74	12503.43	194.74	571.08	51.84	435.02	958.38	33.06
65400.56	52158.21	1878.83	2715.56	314.36	1493.03	3986.93	128.52
1957.19	1694.68	10.74	23.25	6.55	47.64	54.14	4.84
35020.06	27966.65	1269.01	959.63	153.90	1984.64	1710.44	58.30
99018.98	83201.54	922.07	3119.67	432.35	2096.31	4819.27	159.22
71150.97	58636.15	1363.32	2661.08	267.90	1748.23	3306.55	110.22
62888.07	52532.05	827.76	1418.22	318.34	2332.72	3223.16	107.30
8424.32	4818.11	165.66	706.02	35.99	233.93	930.93	33.69
3203.41	2075.59	46.04	427.88	19.38	167.23	544.06	10.73

1-A-6 续表 5

行业	集体资本	法人资本	个人资本	港澳台资本	外商资本
石油和天然气开采业	53.86	1253.52	6.19	9.76	2.59
黑色金属矿采选业	5.19	89.23	13.82	0.11	
有色金属矿采选业	7.13	31.43	8.63	0.10	2.25
非金属矿采选业	2.07	31.46	10.00	1.07	0.81
其他采矿业	1.27				
制造业	712.52	7817.10	2975.97	2575.80	4930.89
农副食品加工业	30.81	157.46	117.70	43.10	114.96
食品制造业	20.72	133.40	69.55	42.40	167.33
饮料制造业	14.52	163.88	64.88	72.03	163.98
烟草制品业	1.11	30.45	0.13	1.14	
纺织业	53.18	299.23	317.16	258.10	166.90
纺织服装、鞋、帽制造业	23.15	79.00	76.44	91.35	58.69
皮革、毛皮、羽毛(绒)及其制品业	5.37	23.61	34.39	74.09	66.91
木材加工及木、竹、藤、棕、草制品业	6.50	27.42	17.49	17.38	24.75
家具制造业	2.03	24.87	14.76	38.43	37.42
造纸及纸制品业	30.82	132.22	68.02	73.29	199.52
印刷业和记录媒介的复制	7.19	46.60	21.27	46.51	16.29
文教体育用品制造业	2.57	16.07	16.72	75.22	32.41
石油加工、炼焦及核燃料加工业	8.95	500.57	80.58	43.91	20.58
化学原料及化学制品制造业	40.04	1041.58	234.54	99.10	197.96
医药制造业	34.01	251.24	142.43	29.32	80.98
化学纤维制造业	13.90	221.25	62.48	46.25	51.84
橡胶制品业	7.48	89.06	26.16	51.75	132.81
塑料制品业	24.42	70.81	71.59	132.68	99.01
非金属矿物制品业	56.29	462.08	236.12	128.41	192.25
黑色金属冶炼及压延加工业	69.96	840.30	277.14	99.89	127.33
有色金属冶炼及压延加工业	61.99	335.56	100.93	65.65	32.61
金属制品业	20.83	99.45	86.05	87.55	80.74
通用设备制造业	38.42	351.55	167.72	58.21	258.61
专用设备制造业	21.61	288.82	101.17	49.91	91.01
交通运输设备制造业	33.36	1065.64	168.91	88.63	595.49
电气机械及器材制造业	54.52	354.00	202.45	187.53	390.26
通信设备、计算机及其他电子设备制造业	18.76	621.40	159.34	477.63	1398.06
仪器仪表及文化、办公用机械制造业	1.98	58.34	21.24	56.49	97.39
工艺品及其他制造业	7.05	30.65	18.49	38.97	34.68
废弃资源和废旧材料回收加工业	0.99	0.58	0.12	0.90	0.11
电力、燃气及水的生产和供应业	41.91	2953.45	85.82	146.48	200.52
电力、热力的生产和供应业	37.59	2734.40	76.17	137.33	180.62
燃气生产和供应业	1.99	132.72	4.42	4.00	5.85
水的生产和供应业	2.33	86.33	5.22	5.16	14.06

单位：亿元

主营业务收入	主营业务成本	主营业务税金及附加	其他业务收入	其他业务利润	营业费用	管理费用	税金
4232.97	2072.29	105.72	239.56	8.39	36.49	265.33	20.09
361.07	231.63	6.49	27.30	3.56	7.59	49.40	1.00
443.90	313.39	2.73	6.13	2.44	6.55	48.28	1.33
179.20	122.23	4.56	5.15	2.21	16.07	23.29	0.54
3.77	2.98	0.12				0.57	
111505.17	93846.21	1950.08	3208.35	490.22	3791.90	5132.98	165.01
3466.70	3093.89	10.55	61.75	9.27	90.14	81.60	3.61
1680.37	1283.58	7.95	37.02	6.51	208.03	75.45	4.39
1670.91	1090.46	121.63	56.74	11.98	229.29	110.19	4.32
2532.62	914.69	1016.96	110.68	8.98	84.35	179.68	3.85
5076.54	4582.69	16.83	182.33	23.07	88.28	183.71	8.59
1529.33	1289.56	6.27	20.78	5.74	63.65	71.83	2.30
1207.89	1063.47	3.18	6.97	2.35	27.96	52.88	1.36
398.52	344.05	1.33	14.60	1.41	14.74	15.89	0.52
539.28	460.96	0.79	4.19	1.17	20.37	23.60	1.73
1681.21	1423.76	6.10	50.01	7.34	59.65	70.54	3.50
450.76	349.67	2.16	14.55	6.21	11.14	40.47	1.25
576.88	503.60	1.57	6.84	4.11	15.70	31.08	0.89
8091.83	7221.96	308.20	181.54	20.56	81.76	191.33	4.50
7398.12	5835.45	51.64	277.22	22.46	370.26	419.49	14.47
1979.68	1226.78	12.31	28.74	9.06	343.61	177.88	6.12
1377.26	1252.57	7.35	89.14	7.06	14.30	47.48	1.81
1167.86	985.75	15.43	24.22	5.45	48.01	57.58	2.90
1500.50	1302.66	5.03	43.87	8.64	45.51	92.11	2.18
3042.18	2432.38	22.72	78.78	20.16	136.72	196.06	10.60
14000.89	12104.53	67.77	487.12	56.92	137.68	555.41	21.09
3553.34	3041.35	13.74	108.11	15.64	51.37	162.65	6.61
1939.93	1657.98	5.79	51.61	11.66	58.17	81.61	2.27
4177.39	3428.10	15.56	184.90	36.18	157.15	301.06	9.63
2805.77	2339.63	9.46	95.65	19.32	118.91	217.75	5.90
10857.36	9150.29	186.46	576.66	74.03	345.46	624.01	15.14
6779.04	5671.32	14.45	152.45	35.37	385.55	313.24	9.36
19952.27	17992.29	15.29	237.14	50.80	532.21	642.51	12.84
1414.17	1240.69	1.35	13.86	6.26	36.65	75.95	2.38
619.82	527.57	2.11	10.45	2.39	14.84	38.87	0.87
36.76	34.54	0.11	0.43	0.11	0.44	1.07	0.01
14109.55	12503.87	75.34	164.93	60.04	55.11	465.80	18.82
13540.80	12026.42	70.54	123.83	45.91	25.77	399.57	15.80
299.42	266.74	1.66	16.50	6.64	14.08	23.63	0.85
269.33	210.71	3.15	24.60	7.50	15.26	42.60	2.17

1-A-6 续表 6

行业	财务费用	利息支出	营业利润	投资收益	补贴收入
总计	**1741.67**	**1627.84**	**8712.73**	**555.65**	**387.38**
一、按登记注册类型分组					
内资企业	1422.50	1369.74	5972.73	487.28	330.45
国有企业	407.32	404.47	918.53	236.11	126.34
集体企业	37.30	31.34	153.30	0.48	7.46
股份合作企业	11.67	9.89	37.69	0.38	5.43
联营企业	20.20	19.69	29.24	0.22	0.55
国有联营企业	18.95	18.59	24.38	-0.01	0.39
集体联营企业	0.20	0.20	1.53	-0.01	0.02
国有与集体联营企业	0.66	0.60	1.23	0.24	0.15
其他联营企业	0.40	0.31	2.10		
有限责任公司	571.73	555.32	2350.72	125.13	122.44
国有独资公司	186.91	190.95	589.39	79.47	52.78
其他有限责任公司	384.82	364.37	1761.33	45.65	69.66
股份有限公司	243.29	237.60	2042.49	109.06	41.92
私营企业	130.66	111.18	438.73	15.90	26.26
私营独资企业	8.74	7.39	38.38	0.12	0.88
私营合作企业	1.06	0.96	3.05	0.06	0.13
私营有限责任公司	109.24	92.70	352.15	4.91	23.32
私营股份有限公司	11.63	10.13	45.16	10.82	1.93
其他企业	0.32	0.25	2.02		0.05
港、澳、台商投资企业	119.31	103.05	783.30	26.41	16.94
合资经营企业(港或澳、台资)	66.58	58.55	326.43	3.81	8.35
合作经营企业(港或澳、台资)	9.36	7.43	57.72	0.46	0.50
港澳台商独资经营企业	29.91	25.35	295.30	4.37	7.06
港澳台商投资股份有限公司	13.46	11.73	103.86	17.77	1.03
外商投资企业	199.86	155.05	1956.70	41.95	39.99
中外合资经营企业	101.59	82.96	1003.05	18.66	22.69
中外合作经营企业	13.31	10.68	112.33	0.05	0.73
外资企业	59.79	41.37	656.90	9.03	13.48
外商投资股份有限公司	25.17	20.04	184.42	14.22	3.09
二、在总计中：亏损企业	293.30	267.68	-811.39	19.99	50.84
在总计中：国有控股企业	1045.75	1029.33	5038.41	448.14	264.05
在总计中：农村工业	21.99	17.91	134.98	1.09	2.41
在总计中：轻工业	414.00	372.28	1762.14	95.24	77.24
在总计中：重工业	1327.66	1255.57	6950.59	460.40	310.14
在总计中：大型企业	787.25	761.66	5396.34	338.54	183.01
在总计中：中型企业	954.42	866.19	3316.39	217.11	204.38
三、按工业行业分					
采矿业	103.93	110.92	2119.22	31.04	33.64
煤炭开采和洗选业	66.09	65.56	304.32	6.90	28.03

单位：亿元

利润总额	亏损企业亏损额	应交所得税	本年应付工资总额	主营业务应付工资总额	本年应付福利费总额	主营业务应付福利费总额	本年应交增值税	全部从业人员年平均人数（万人）
9183.91	**895.29**	**1600.29**	**6169.87**	**5621.67**	**793.37**	**706.91**	**4990.26**	**3508.45**
6321.34	662.96	1302.06	4415.97	4013.28	616.26	543.05	3955.92	2557.79
1146.09	256.76	314.13	1334.12	1179.27	198.62	167.74	1188.50	648.74
156.11	9.91	30.46	115.82	106.38	13.53	12.39	81.29	100.97
42.77	2.22	10.25	31.17	28.36	3.92	3.57	22.10	26.90
31.95	3.32	10.90	27.36	26.24	3.64	3.45	22.81	10.40
26.44	2.83	9.26	19.95	19.54	2.71	2.66	19.34	5.30
1.47	0.11	0.49	1.82	1.64	0.31	0.22	0.89	1.36
1.88	0.27	0.49	3.80	3.73	0.50	0.47	1.59	2.16
2.16	0.11	0.66	1.79	1.34	0.11	0.10	1.00	1.58
2424.62	217.07	473.42	1787.19	1628.98	245.98	220.85	1533.72	1039.14
628.23	81.87	201.48	747.08	654.09	105.83	90.36	563.63	354.13
1796.38	135.20	271.94	1040.11	974.89	140.16	130.49	970.09	685.01
2053.39	144.77	368.76	745.52	693.94	104.03	92.27	833.50	399.77
464.27	28.69	93.92	372.58	348.51	46.36	42.66	272.89	329.38
38.22	1.26	7.78	23.68	22.55	2.32	2.14	18.73	23.76
3.08	0.20	0.55	3.52	3.21	0.36	0.32	3.46	3.70
367.81	25.80	76.28	318.01	298.67	40.46	37.22	227.85	277.29
55.16	1.43	9.31	27.37	24.08	3.22	2.98	22.85	24.63
2.13	0.22	0.22	2.21	1.58	0.18	0.12	1.10	2.48
810.45	75.65	88.21	718.37	662.39	55.89	50.89	337.47	451.37
337.25	31.45	39.98	241.44	226.23	23.10	21.70	148.90	142.87
58.41	2.94	6.55	40.26	36.82	2.51	2.10	27.75	24.47
297.02	40.80	30.10	395.97	361.08	24.67	21.92	112.77	268.47
117.77	0.46	11.57	40.69	38.26	5.60	5.18	48.04	15.57
2052.12	156.67	210.02	1035.54	946.01	121.22	112.96	696.87	499.29
1032.63	60.48	96.91	422.37	394.18	56.75	53.31	394.43	189.93
114.52	3.35	13.62	45.38	41.17	5.08	4.53	51.17	23.15
679.96	89.61	65.83	503.71	447.76	51.26	47.15	172.90	264.80
225.01	3.24	33.66	64.08	62.90	8.13	7.97	78.38	21.42
-895.29	895.29	12.13	910.73	809.99	110.71	97.73	418.00	588.62
5333.45	549.53	1003.47	3400.74	3070.49	493.15	431.13	3258.89	1611.10
135.50	2.02	18.08	72.04	67.68	7.41	6.86	43.14	63.70
1914.15	277.46	391.08	1736.08	1607.26	201.42	176.01	1227.00	1238.60
7269.75	617.83	1209.21	4433.79	4014.41	591.95	530.90	3763.26	2269.85
5538.15	292.63	970.84	3006.47	2692.93	409.22	365.30	2805.89	1378.33
3645.76	602.66	629.45	3163.40	2928.74	384.15	341.61	2184.37	2130.12
2007.89	83.39	271.34	893.22	773.32	127.58	107.04	717.10	480.49
259.81	23.78	87.92	524.96	435.94	76.82	61.14	265.90	328.15

1-A-6 续表 7

行 业	财务费用	利息支出	营业利润	投资收益	补贴收入
石油和天然气开采业	20.92	30.98	1670.47	5.86	0.49
黑色金属矿采选业	4.98	4.70	63.74	10.31	0.97
有色金属矿采选业	7.66	5.64	69.61	7.80	3.22
非金属矿采选业	4.26	4.04	11.00	0.17	0.94
其他采矿业	0.03		0.08		
制造业	1193.99	1081.94	6004.67	379.00	269.12
农副食品加工业	42.93	39.28	137.16	2.96	5.87
食品制造业	20.58	18.43	90.42	5.66	3.01
饮料制造业	20.73	19.06	117.32	5.77	4.20
烟草制品业	18.81	18.91	325.22	34.61	12.80
纺织业	91.39	82.43	128.54	5.69	8.70
纺织服装、鞋、帽制造业	15.75	13.17	86.17	2.28	2.33
皮革、毛皮、羽毛(绒)及其制品业	9.15	7.40	48.82	1.23	1.44
木材加工及木、竹、藤、棕、草制品业	8.13	6.36	15.08	0.49	4.29
家具制造业	4.38	3.94	28.38		0.54
造纸及纸制品业	48.05	43.36	87.82	3.62	4.43
印刷业和记录媒介的复制	5.15	5.29	46.64	1.57	0.96
文教体育用品制造业	3.87	2.96	22.87	1.02	0.68
石油加工、炼焦及核燃料加工业	47.29	43.86	289.12	3.54	5.85
化学原料及化学制品制造业	115.80	107.95	601.39	29.87	28.19
医药制造业	34.36	33.49	192.02	12.30	4.61
化学纤维制造业	22.77	20.00	36.26	1.70	3.29
橡胶制品业	19.08	17.55	48.63	1.69	0.97
塑料制品业	18.39	16.96	85.08	2.34	2.07
非金属矿物制品业	73.49	65.79	198.20	13.14	41.63
黑色金属冶炼及压延加工业	164.97	152.81	1021.91	21.30	13.47
有色金属冶炼及压延加工业	66.27	61.25	241.67	3.64	9.28
金属制品业	22.24	19.44	119.42	3.77	4.10
通用设备制造业	45.64	40.92	256.98	12.34	8.83
专用设备制造业	35.68	33.77	120.43	16.80	10.69
交通运输设备制造业	79.49	74.46	534.84	125.56	34.85
电气机械及器材制造业	59.24	53.66	311.65	18.48	9.91
通信设备、计算机及其他电子设备制造业	87.16	67.76	726.61	47.22	35.10
仪器仪表及文化、办公用机械制造业	6.94	6.11	53.57	0.07	2.80
工艺品及其他制造业	6.02	5.32	31.99	0.82	4.21
废弃资源和废旧材料回收加工业	0.25	0.25	0.47	-0.48	0.03
电力、燃气及水的生产和供应业	443.75	434.98	588.84	145.61	84.62
电力、热力的生产和供应业	429.80	422.43	598.89	138.36	65.93
燃气生产和供应业	3.71	3.36	-4.24	4.39	9.78
水的生产和供应业	10.24	9.19	-5.81	2.86	8.91

单位: 亿元

利润总额	亏损企业亏损额	应交所得税	本年应付工资总额	主营业务应付工资总额	本年应付福利费总额	主营业务应付福利费总额	本年应交增值税	全部从业人员年平均人数(万人)
1593.45	56.00	149.11	279.66	259.91	38.39	35.49	398.17	94.89
70.15	1.24	15.96	35.08	28.03	5.16	3.95	26.44	20.99
73.99	1.43	15.67	33.75	31.73	4.50	4.13	14.35	21.63
10.40	0.94	2.66	19.62	17.57	2.62	2.26	12.24	14.73
0.08		0.03	0.15	0.15	0.08	0.08		0.11
6380.63	685.06	1166.67	4611.54	4233.18	575.26	514.55	3402.79	2795.72
144.80	16.93	19.69	86.13	80.98	9.92	9.37	55.99	79.88
94.72	18.05	15.14	86.05	76.52	10.07	8.57	71.84	55.82
122.05	22.05	35.82	78.25	71.74	11.03	10.06	105.79	51.72
362.96	6.22	106.97	92.68	87.88	22.35	12.40	296.70	17.84
149.13	53.26	34.98	288.41	272.87	33.88	31.06	134.01	280.74
88.85	4.80	15.94	125.67	115.10	10.95	9.90	33.50	97.98
51.01	4.49	7.85	109.56	102.36	7.84	7.17	20.56	89.52
20.74	2.61	3.22	20.23	18.50	2.18	1.96	11.41	18.84
29.44	2.54	3.18	37.41	35.23	2.31	2.17	7.41	27.93
99.67	13.41	17.98	74.53	69.02	8.05	7.67	66.35	57.38
49.93	1.63	9.61	36.77	32.60	4.08	3.50	21.84	20.27
24.91	2.56	4.02	60.47	54.86	3.81	3.24	6.80	47.84
244.67	43.94	59.63	120.19	108.52	16.68	15.22	249.20	52.60
619.02	53.50	112.25	291.27	269.28	41.90	38.35	295.65	174.29
207.16	10.16	35.93	118.24	112.54	16.01	15.07	130.70	66.74
38.87	17.05	8.27	40.43	35.00	6.20	5.42	34.21	26.39
49.73	12.11	9.55	57.05	53.73	6.09	5.74	27.28	42.32
88.02	6.12	13.21	79.45	73.33	7.95	7.13	29.46	55.64
240.66	29.97	44.41	190.07	176.35	23.58	21.67	156.38	154.78
1019.39	35.63	229.76	495.48	431.80	65.51	56.36	583.17	213.98
241.18	17.17	51.70	144.60	130.29	23.11	18.28	124.67	85.57
120.38	10.98	20.20	105.25	96.65	11.18	10.07	39.54	68.87
272.42	24.09	46.85	249.12	234.19	33.58	31.30	127.60	145.38
148.25	23.41	25.98	186.56	173.39	23.35	21.44	75.58	112.84
671.51	65.00	73.96	449.51	423.27	67.42	63.18	298.49	221.65
331.25	33.32	53.93	296.43	265.29	32.36	29.71	151.18	181.11
757.02	136.59	93.41	563.26	513.88	61.06	56.63	208.06	264.96
56.84	15.69	7.17	69.67	65.47	7.75	7.32	25.40	40.65
35.67	1.77	5.96	57.93	51.81	4.97	4.53	13.45	41.54
0.41	0.03	0.12	0.88	0.71	0.08	0.07	0.55	0.65
795.39	126.83	162.28	665.11	615.17	90.53	85.32	870.38	232.24
781.24	104.60	154.25	603.89	558.80	82.16	77.87	843.91	202.53
9.60	11.04	3.84	21.99	20.14	2.95	2.66	12.43	10.95
4.54	11.19	4.18	39.23	36.23	5.42	4.79	14.04	18.75

1-A-7 规模以下工业企业

行业	企业单位数(个)	亏损企业	工业总产值(当年价)	工业销售产值(当年价)	出口交货值	年末存货
总计	**1098789**	**188028**	**20593.73**	**19885.78**	**1045.13**	**2841.02**
采矿业	68164	4950	1633.11	1583.48	4.83	94.07
煤炭开采和洗选业	21594	1812	668.85	653.70	0.62	29.61
石油和天然气开采业	299	62	28.66	27.56	0.03	3.42
黑色金属矿采选业	8598	598	255.57	243.06	0.22	19.65
有色金属矿采选业	4622	514	111.91	108.04	0.95	7.57
非金属矿采选业	32799	1943	563.52	546.68	2.99	33.51
其他采矿业	252	21	4.59	4.44	0.02	0.31
制造业	1001587	178380	18677.59	18022.62	1039.77	2735.80
农副食品加工业	55572	5131	1198.93	1162.24	31.45	102.68
食品制造业	24368	4422	389.16	376.24	11.33	61.20
饮料制造业	22057	3315	296.17	283.33	6.93	59.98
烟草制品业	77	15	1.19	1.13	0.08	0.59
纺织业	58911	10377	1299.60	1261.14	104.96	197.17
纺织服装、鞋、帽制造业	36257	9304	672.27	652.89	119.87	99.93
皮革、毛皮、羽毛(绒)及其制品业	16306	2619	366.85	355.62	66.53	42.23
木材加工及木、竹、藤、棕、草制品业	34921	3537	616.46	596.80	27.99	62.89
家具制造业	20888	3341	340.67	333.86	31.76	55.89
造纸及纸制品业	32248	5721	599.30	583.70	16.55	68.90
印刷业和记录媒介的复制	36102	7456	545.11	522.80	7.75	59.85
文教体育用品制造业	11240	2460	211.51	204.98	52.32	33.93
石油加工、炼焦及核燃料加工业	5144	943	162.32	151.44	0.68	57.95
化学原料及化学制品制造业	56420	11782	1075.05	1037.56	26.88	159.82
医药制造业	6587	2270	124.58	112.97	4.07	46.27
化学纤维制造业	1847	415	41.21	39.15	1.47	8.13
橡胶制品业	12022	2240	229.19	222.70	11.15	38.35
塑料制品业	57482	10978	1062.89	1032.89	68.23	134.89
非金属矿物制品业	137901	12517	2491.33	2405.24	44.75	270.30
黑色金属冶炼及压延加工业	13385	2117	360.94	348.26	3.68	45.85
有色金属冶炼及压延加工业	9886	1847	257.28	249.72	5.88	40.26
金属制品业	66897	12844	1201.74	1139.60	77.55	176.55
通用设备制造业	93221	17152	1746.87	1675.34	42.57	277.70
专用设备制造业	44222	10494	758.45	728.47	21.28	160.34
交通运输设备制造业	42028	8783	742.92	721.33	15.85	109.23
电气机械及器材制造业	43999	10902	803.35	775.57	56.75	155.82
通信设备、计算机及其他电子设备制造业	18178	6479	333.69	320.29	57.43	91.31
仪器仪表及文化、办公用机械制造业	12800	3974	215.69	208.91	21.63	53.09
工艺品及其他制造业	27452	4590	475.16	462.17	102.07	58.71
废弃资源和废旧材料回收加工业	3169	355	57.72	56.28	0.32	5.98
电力、燃气及水的生产和供应业	29038	4698	283.03	279.68	0.53	11.15
电力、热力的生产和供应业	19076	2683	186.13	184.65	0.32	4.75
燃气生产和供应业	950	254	19.19	19.20	0.07	2.70
水的生产和供应业	9012	1761	77.72	75.83	0.14	3.70

注：规模以下企业指年主营业务收入在500万元以下的企业。

主要经济指标

单位：亿元

资产总计	固定资产原价	本年折旧	负债合计	实收资本	国家资本	集体资本
25348.30	**12378.01**	**902.70**	**11937.61**	**12522.08**	**528.31**	**1031.73**
1571.26	1027.39	73.75	541.98	808.31	39.12	106.52
736.12	489.64	35.29	253.86	376.25	8.40	68.99
77.35	59.20	3.90	21.49	32.94	25.40	0.40
211.93	129.29	8.15	74.09	111.66	1.21	6.77
127.52	75.63	5.67	50.05	68.99	1.12	6.97
413.98	271.27	20.60	140.79	216.72	2.96	23.20
4.35	2.36	0.15	1.69	1.74	0.03	0.18
21920.01	10384.49	775.33	10652.00	10879.65	289.70	803.24
1093.02	602.72	38.19	485.31	519.95	17.51	32.22
549.32	281.45	19.67	269.87	280.37	9.76	16.41
513.21	272.45	16.90	242.86	248.13	11.37	22.47
5.96	1.95	0.12	3.41	1.28	0.40	0.34
1425.58	715.12	51.55	742.05	666.64	25.94	40.24
751.65	314.78	25.73	365.41	412.99	3.02	25.81
351.78	162.04	11.85	159.82	187.50	2.80	9.56
496.79	301.41	18.05	199.84	252.60	4.35	15.50
352.09	160.28	12.22	163.14	178.90	1.95	9.56
757.27	347.78	26.68	397.58	348.31	12.50	25.58
609.52	345.84	31.89	266.06	328.78	7.50	33.29
232.74	100.56	7.54	109.21	121.82	1.54	6.25
208.45	86.47	5.72	85.56	104.28	1.37	4.06
1382.68	595.76	43.98	673.15	659.02	23.17	49.19
563.51	212.54	14.21	285.11	303.64	11.16	15.77
131.89	49.26	2.98	70.36	59.89	3.63	8.18
254.97	168.28	24.59	148.10	116.61	6.20	8.14
1130.10	561.28	43.80	560.11	545.83	12.27	38.00
2252.45	1324.26	98.09	943.45	1125.19	23.05	120.65
535.56	210.14	12.52	263.60	245.04	3.78	18.74
288.49	113.17	8.22	155.51	127.98	6.44	11.16
1304.91	573.12	47.30	675.24	610.53	11.21	52.17
1783.60	953.97	61.41	956.12	763.11	16.36	72.03
1062.71	430.00	36.32	540.62	630.50	14.25	34.84
1022.89	406.41	31.93	489.25	513.20	16.44	43.58
1144.66	421.52	34.71	603.62	545.49	16.38	45.03
896.29	329.38	22.37	408.04	556.27	13.55	14.29
335.08	116.97	9.53	173.09	167.36	6.82	10.40
429.82	203.89	15.74	193.97	229.75	4.22	16.97
53.02	21.69	1.52	22.54	28.70	0.76	2.78
1857.03	966.13	53.63	743.63	834.13	199.49	121.97
1448.18	701.80	37.39	569.28	639.86	165.04	72.28
85.63	41.50	2.32	41.65	36.51	3.41	1.84
323.22	222.83	13.91	132.70	157.76	31.03	47.85

1-A-7 续表

行业	法人资本	个人资本	港澳台资本	外商资本	产品销售收入	产品销售成本
总计	**2939.64**	**5860.06**	**1080.50**	**1081.86**	**19533.94**	**18155.23**
采矿业	180.95	468.77	5.27	7.67	1579.14	1162.39
煤炭开采和洗选业	85.11	212.43	0.55	0.77	644.35	431.56
石油和天然气开采业	2.11	4.62		0.40	40.97	37.95
黑色金属矿采选业	28.15	74.47	0.58	0.49	241.17	181.63
有色金属矿采选业	19.45	39.74	0.35	1.37	107.06	81.10
非金属矿采选业	45.76	136.39	3.78	4.63	541.17	426.67
其他采矿业	0.38	1.13	0.01	0.01	4.42	3.48
制造业	2523.52	5158.93	1059.05	1045.21	17682.72	16808.28
农副食品加工业	129.99	294.27	14.91	31.05	1146.71	952.82
食品制造业	73.05	126.14	19.81	35.20	372.35	324.59
饮料制造业	72.01	116.97	11.31	13.99	280.02	225.25
烟草制品业	0.22	0.15		0.17	1.13	0.87
纺织业	115.72	324.78	105.31	54.65	1216.02	1060.03
纺织服装、鞋、帽制造业	71.25	170.19	87.37	55.35	643.23	546.36
皮革、毛皮、羽毛(绒)及其制品业	29.34	89.56	32.57	23.67	346.06	292.68
木材加工及木、竹、藤、棕、草制品业	54.95	148.48	16.68	12.65	592.92	503.19
家具制造业	35.46	91.95	20.56	19.41	327.52	269.43
造纸及纸制品业	85.42	174.77	27.77	22.27	574.22	487.68
印刷业和记录媒介的复制	76.06	183.77	17.58	10.59	515.27	431.97
文教体育用品制造业	19.69	45.50	30.71	18.13	200.02	169.49
石油加工、炼焦及核燃料加工业	45.74	46.99	2.32	3.80	129.47	105.63
化学原料及化学制品制造业	185.37	292.69	43.82	64.78	1021.47	846.49
医药制造业	114.40	122.99	17.12	22.20	106.22	84.03
化学纤维制造业	19.37	14.96	7.57	6.17	38.87	33.98
橡胶制品业	23.55	55.65	10.10	12.98	218.42	183.90
塑料制品业	102.68	258.56	79.24	55.08	1012.11	868.03
非金属矿物制品业	268.22	626.15	43.80	43.33	2377.06	1904.72
黑色金属冶炼及压延加工业	82.84	110.75	10.98	17.95	335.06	286.41
有色金属冶炼及压延加工业	30.97	56.39	10.49	12.53	245.27	219.26
金属制品业	130.69	304.65	56.48	55.32	1118.60	2929.79
通用设备制造业	162.18	416.65	35.56	60.33	1647.08	1406.09
专用设备制造业	120.39	352.12	47.65	61.27	713.01	586.52
交通运输设备制造业	144.33	188.62	53.10	67.13	712.41	592.46
电气机械及器材制造业	121.40	236.40	65.55	60.73	761.79	644.78
通信设备、计算机及其他电子设备制造业	129.41	120.97	123.32	154.74	313.85	262.04
仪器仪表及文化、办公用机械制造业	35.72	70.49	23.36	20.56	203.72	164.63
工艺品及其他制造业	36.50	103.30	42.42	26.33	456.78	377.16
废弃资源和废旧材料回收加工业	6.61	14.09	1.61	2.85	56.05	47.96
电力、燃气及水的生产和供应业	235.16	232.35	16.17	28.98	272.08	184.57
电力、热力的生产和供应业	179.63	193.26	8.48	21.17	181.34	114.65
燃气生产和供应业	16.27	7.53	3.40	4.05	19.42	15.43
水的生产和供应业	39.26	31.56	4.29	3.76	71.32	54.49

单位：亿元

产品销售税金及附加	费用合计	营业利润	利润总额	亏损企业亏损额	从业人员劳动报酬	劳动、待业保险费	全部从业人员年平均人数（万人）
442.63	**2376.00**	**1280.92**	**1136.09**	**423.91**	**2218.83**	**75.50**	**2681.85**
70.93	182.74	216.84	198.78	15.36	218.21	4.73	231.68
37.40	86.68	106.14	97.78	7.33	123.60	2.93	120.27
0.57	1.76	1.02	-0.06	1.04	5.04	0.09	2.03
9.73	23.99	30.94	28.41	1.87	19.62	0.36	23.19
3.73	12.22	13.90	12.59	1.80	12.15	0.25	15.32
19.35	57.58	64.43	59.68	3.30	57.37	1.09	70.30
0.15	0.52	0.42	0.38	0.03	0.43	0.01	0.57
363.19	2136.68	1021.35	885.51	395.09	1965.43	68.58	2413.28
23.76	104.21	92.94	85.50	11.06	72.42	1.91	99.73
8.55	47.75	22.17	18.82	11.60	36.81	1.69	48.91
10.31	36.49	20.99	16.45	9.51	27.96	0.96	38.22
0.04	0.26	0.07	0.02	0.09	0.25	0.01	0.34
20.86	106.90	52.87	45.20	23.95	145.64	4.44	175.54
11.08	230.32	21.78	18.55	19.08	126.40	3.71	149.80
7.00	36.13	19.39	17.96	6.45	52.32	1.71	64.75
15.02	67.16	47.83	43.26	6.33	57.42	1.09	80.72
7.30	37.18	23.33	20.02	6.20	35.55	1.27	43.05
11.07	52.48	33.19	29.08	10.13	55.58	1.80	70.46
9.79	56.17	31.01	22.74	9.85	54.44	3.06	63.51
3.26	24.94	6.98	6.81	5.46	32.73	1.33	41.03
4.32	12.37	9.48	8.91	1.90	8.69	0.24	10.02
24.27	125.26	55.64	49.07	24.94	94.59	3.31	118.42
2.11	33.83	-8.78	-10.67	18.76	16.33	0.80	18.10
0.63	4.44	0.81	1.26	1.43	3.51	0.12	4.07
4.13	23.52	11.81	10.06	4.87	23.05	0.95	28.36
17.39	100.78	60.86	44.09	20.04	95.97	4.06	116.39
64.52	227.39	224.66	203.74	24.31	298.80	4.80	424.44
7.70	26.73	21.27	18.80	5.94	27.41	0.80	32.02
4.43	17.92	7.63	7.57	5.82	16.97	0.55	19.91
20.07	116.37	56.81	50.17	21.54	119.01	4.84	137.14
30.03	172.98	92.10	82.97	27.25	163.90	6.30	184.38
12.50	101.13	31.83	27.74	21.81	83.50	3.94	89.72
13.68	98.75	35.69	28.58	19.41	81.63	3.76	91.47
11.79	105.96	23.15	18.87	25.59	85.10	4.26	96.70
4.27	72.65	-11.02	-13.68	32.46	56.45	2.93	56.68
3.04	39.16	2.90	2.26	10.37	29.19	1.84	29.61
9.14	52.92	30.43	28.26	8.20	59.81	1.97	75.13
1.12	4.51	3.54	3.15	0.75	4.02	0.12	4.67
8.52	56.58	42.72	51.80	13.46	35.19	2.19	36.89
6.16	35.67	39.82	49.21	8.11	22.64	1.38	23.64
0.57	4.39	0.30	0.36	1.28	1.95	0.13	2.04
1.78	16.52	2.60	2.24	4.07	10.61	0.68	11.21

B. 地区部分

1-B-1 全部工业企业

地　区	企业单位数（个）	亏损企业	工业总产值（当年价格）	工业销售产值（当年价格）	出口交货值	年末存货
全　国	**1375263**	**246231**	**222315.93**	**217690.93**	**41529.30**	**29705.86**
北　京	31670	12846	5974.70	5841.02	701.60	1066.83
天　津	25650	8140	6119.08	6048.18	1473.31	802.85
河　北	64630	6488	10194.40	9999.41	495.79	1202.24
山　西	28883	3670	4173.93	4072.26	238.97	664.19
内蒙古	11849	1895	2327.48	2290.61	109.03	318.82
辽　宁	54607	17343	9140.61	8960.30	1310.38	1524.21
吉　林	16363	3595	3551.72	3503.98	108.88	469.98
黑龙江	20303	4873	3955.70	3859.58	78.06	602.99
上　海	55806	11914	14594.15	14391.02	4083.36	2228.35
江　苏	188841	34411	29476.66	28782.60	6982.21	3522.24
浙　江	188919	25675	21227.20	20727.16	4901.83	2461.05
安　徽	39265	6896	4236.39	4157.83	268.71	596.65
福　建	49838	8007	7516.05	7297.84	2427.77	907.37
江　西	29467	3073	2736.69	2683.17	174.17	346.63
山　东	120672	13268	24678.50	24126.48	2998.91	2540.05
河　南	76895	5674	9236.80	9068.20	350.82	1031.59
湖　北	29262	6617	5329.23	5181.44	241.92	840.22
湖　南	43925	3939	4341.88	4291.82	244.00	590.90
广　东	137650	35883	31519.61	30821.46	13334.49	4224.68
广　西	19081	3924	2242.26	2172.37	133.79	341.82
海　南	2066	736	429.42	419.63	29.50	58.91
重　庆	20509	3241	2598.84	2585.69	139.77	371.09
四　川	43759	7514	5303.64	5291.95	265.67	928.22
贵　州	11121	2950	1546.17	1487.03	66.64	245.81
云　南	14403	3878	2344.07	2301.21	98.38	513.29
西　藏	356	54	24.85	23.10	0.11	6.41
陕　西	25785	3383	3150.79	3060.09	108.41	543.29
甘　肃	11663	2191	1695.79	1658.21	62.58	320.77
青　海	2199	688	388.12	383.15	26.19	68.34
宁　夏	4019	1005	605.19	588.27	42.24	104.90
新　疆	5807	2460	1656.02	1615.88	31.79	261.17

注：全部工业指规模以上工业和规模以下工业的总和。规模以上工业指全部国有及年主营业务收入在500万元以上的非国有企业。

主要经济指标

单位：亿元

资产总计	固定资产原价	本年折旧	负债合计	实收资本		
					国家资本	集体资本
240706.77	**104614.99**	**8381.45**	**136785.02**	**70572.26**	**17475.17**	**2849.18**
13451.79	3322.08	231.99	4697.74	5328.98	2662.68	76.52
6143.96	2476.96	243.71	3479.69	2037.14	353.67	74.63
9562.64	4735.21	361.36	5684.46	2544.00	850.32	149.19
6690.45	3351.30	230.48	4247.69	1653.00	652.57	111.63
3648.07	1866.93	199.17	2096.42	1085.02	296.31	28.82
12249.49	5538.81	437.45	7141.77	3861.31	1490.79	173.51
4611.88	2177.68	175.06	2652.30	1451.29	650.61	42.77
5637.04	2990.53	272.73	3199.72	1817.18	464.74	55.11
15574.41	5842.65	632.04	8034.29	4908.34	462.18	191.92
25274.81	10173.96	801.90	15458.40	6951.94	559.35	296.58
20379.32	7746.86	607.91	11707.10	5517.34	345.46	166.26
4964.71	2368.23	182.20	2953.91	1369.65	496.16	55.45
6937.00	3014.86	240.31	3483.60	2471.54	302.23	63.11
3112.75	1511.75	96.45	1881.40	1036.22	309.64	31.76
20552.12	9398.78	725.65	11931.55	4830.82	1283.55	351.87
9130.85	4589.39	322.65	5490.36	2452.46	681.75	170.52
7982.03	4129.67	241.89	4585.42	2539.40	1134.60	79.65
4746.82	2341.41	189.84	2796.64	1409.54	399.94	66.34
26514.48	10118.86	894.61	15143.85	8304.54	532.27	244.43
2995.91	1503.99	93.05	1810.13	772.24	269.16	35.66
735.69	306.40	23.40	424.16	235.47	66.04	6.70
3109.97	1320.98	97.44	1839.22	855.59	210.07	29.80
7550.00	3515.93	316.63	4664.61	1891.11	648.40	71.95
2674.85	1444.60	88.48	1693.54	748.11	333.69	17.17
4008.96	1839.66	132.53	2106.92	987.69	329.24	52.87
115.59	73.06	2.61	25.99	69.02	56.27	4.77
4968.23	2614.74	220.98	3149.64	1161.82	500.79	57.67
2673.92	1495.52	89.19	1680.73	945.77	487.81	103.63
1040.49	639.32	35.02	687.33	239.73	82.70	17.11
952.30	489.34	37.03	601.96	269.78	114.31	5.72
2716.23	1675.52	157.65	1434.48	826.22	447.87	16.05

1-B-1 续表

地 区	法人资本	个人资本	港澳台资本	外商资本	主营业务收入	主营业务成本
全 国	**20497.60**	**13729.62**	**6267.19**	**9753.50**	**218442.81**	**185401.63**
北 京	1670.80	328.71	106.61	483.66	6225.22	5244.46
天 津	815.11	210.51	73.55	509.67	6113.21	5197.60
河 北	583.92	723.36	78.53	158.69	9954.67	8427.93
山 西	519.33	319.66	17.54	32.28	4137.27	3197.32
内蒙古	529.50	197.31	11.83	21.25	2330.90	1859.00
辽 宁	974.42	607.13	130.25	485.21	9052.39	7696.00
吉 林	484.22	143.56	21.71	108.42	3354.51	2802.44
黑龙江	1001.60	226.97	10.79	57.98	4012.67	2789.85
上 海	1667.95	502.49	443.67	1640.13	15266.68	12777.87
江 苏	1503.51	1743.30	867.33	1981.86	28639.41	25208.81
浙 江	1410.03	2323.84	580.49	691.26	20719.19	17862.06
安 徽	334.30	299.07	51.41	133.26	4186.60	3407.16
福 建	345.17	649.67	613.66	497.71	7287.11	6185.11
江 西	307.80	289.05	63.80	34.18	2691.95	2279.37
山 东	1286.96	1130.25	159.89	618.30	23885.02	20133.49
河 南	795.35	695.79	47.37	61.68	8896.40	7361.50
湖 北	734.06	311.00	51.91	228.18	5117.80	4245.60
湖 南	490.71	352.37	40.50	59.68	4218.30	3339.51
广 东	2156.83	1075.13	2715.78	1580.10	30843.68	28557.18
广 西	235.21	131.96	34.87	65.40	2197.12	1809.14
海 南	83.08	16.73	8.85	54.06	431.60	341.14
重 庆	355.23	171.36	26.28	62.85	2551.98	2074.64
四 川	531.64	522.75	31.65	84.73	5195.40	4221.95
贵 州	233.90	134.93	15.67	12.74	1467.27	1107.99
云 南	393.70	168.57	14.17	29.14	2290.58	1616.54
西 藏	5.00	2.80	0.03	0.15	25.59	17.07
陕 西	358.13	192.15	22.63	30.44	3026.10	2280.36
甘 肃	259.92	79.85	5.87	8.68	1697.49	1386.72
青 海	114.15	21.96	1.62	2.18	385.11	287.76
宁 夏	65.25	71.01	0.81	12.68	569.81	479.35
新 疆	250.84	86.38	18.14	6.95	1671.77	1206.73

单位：亿元

主营业务税金及附加	费用合计	营业利润	利润总额	亏损企业亏损额	从业人员劳动报酬	劳动、失业保险费	全部从业人员年平均人数（万人）
3058.89	**20723.75**	**12582.03**	**13065.39**	**2171.83**	**12011.60**	**538.22**	**9303.94**
48.85	727.16	247.69	389.85	100.95	342.25	15.68	158.03
56.88	504.57	409.83	408.26	76.60	252.58	17.32	168.93
115.42	811.83	677.88	646.57	95.13	492.39	40.16	440.99
62.40	589.82	277.05	282.61	34.37	337.13	18.34	278.13
37.49	257.74	187.96	161.40	21.68	147.22	8.64	110.14
110.39	873.71	410.28	434.31	141.02	478.96	31.01	354.20
73.89	347.58	137.80	197.13	57.39	173.08	15.44	138.29
114.18	377.20	757.08	753.10	67.36	226.79	19.25	187.48
176.99	1475.46	939.88	1058.84	170.20	713.80	29.96	340.93
211.08	2230.60	1161.58	1196.67	222.60	1333.76	40.63	1018.91
227.64	1707.27	1018.97	1106.97	105.93	1127.96	26.15	861.59
86.55	437.31	260.84	255.32	41.63	263.95	18.20	235.81
88.85	627.07	381.87	427.21	49.69	459.74	8.05	364.53
60.57	252.53	117.53	122.31	27.33	182.38	9.94	179.17
259.35	1991.46	1617.46	1561.54	125.45	1039.55	42.73	935.93
138.36	830.22	616.25	619.06	60.49	507.44	33.04	530.25
98.93	588.37	224.55	279.07	65.28	297.47	11.91	235.48
183.13	476.57	266.00	230.43	48.85	305.68	14.75	262.40
240.30	2715.11	1431.23	1478.15	273.13	1833.88	43.69	1338.13
38.25	252.25	123.23	131.16	29.84	148.20	11.95	126.67
9.60	54.71	29.39	28.73	6.98	20.46	1.21	14.77
51.46	326.13	116.22	144.19	24.47	173.65	9.30	144.62
88.32	833.95	230.17	222.27	110.82	349.98	22.18	297.31
64.32	216.86	81.47	76.67	26.07	122.82	8.10	93.89
233.66	292.74	179.93	222.08	30.84	141.58	10.65	103.53
0.46	6.22	3.51	3.74	0.32	3.60	0.16	2.31
85.32	394.57	304.04	290.04	49.08	223.55	13.25	175.43
51.77	214.66	76.28	63.97	33.45	134.61	7.28	98.09
5.05	49.74	40.39	33.74	12.31	28.20	1.15	18.10
6.30	74.97	19.00	16.96	12.81	45.89	1.81	33.11
33.14	185.33	236.69	223.05	49.76	103.06	6.33	56.81

1-B-2 规模以上工业企业

地区	企业单位数（个）	亏损企业	工业总产值（当年价）	工业销售产值（当年价）	出口交货值
全国	**276474**	**58203**	**201722.19**	**197805.15**	**40484.17**
北京	6871	1888	5733.25	5616.08	695.60
天津	6462	1944	5854.50	5794.13	1460.62
河北	9284	1691	8681.67	8550.99	474.64
山西	5013	1123	3771.04	3689.67	234.36
内蒙古	2275	523	2095.94	2071.36	107.11
辽宁	10635	3211	8603.90	8442.65	1282.96
吉林	3280	969	3343.78	3302.90	105.99
黑龙江	3297	1056	3718.77	3631.96	76.08
上海	15766	2956	13968.11	13782.17	4049.52
江苏	40848	8466	26682.39	26079.55	6888.02
浙江	41358	5166	18727.98	18294.55	4715.62
安徽	4778	1453	3660.15	3601.15	255.62
福建	11918	2092	6783.42	6589.04	2341.09
江西	4019	1056	2211.98	2170.94	159.42
山东	23915	3407	22521.01	22038.17	2911.14
河南	11474	1625	7575.59	7449.37	342.69
湖北	6232	1741	4960.25	4868.66	234.98
湖南	7523	1534	3654.07	3616.95	235.98
广东	34584	8317	29554.92	28902.30	12933.67
广西	3749	1305	2025.48	1964.65	125.24
海南	588	251	407.23	399.51	28.84
重庆	2634	546	2142.73	2139.88	136.59
四川	7413	1525	4716.85	4722.80	262.78
贵州	2545	909	1394.91	1338.77	65.90
云南	2332	850	2092.05	2059.68	94.22
西藏	187	30	22.70	21.07	0.10
陕西	3012	1004	2735.22	2664.98	104.04
甘肃	1927	614	1582.60	1553.74	61.75
青海	463	181	374.22	370.43	26.08
宁夏	662	231	553.66	539.71	41.88
新疆	1430	539	1571.84	1537.36	31.65

主要经济指标

单位：亿元

资产合计	流动资产合计	应收账款净额	存货	产成品	流动资产年平均余额	固定资产合计
215358.47	**97183.74**	**23084.41**	**27515.29**	**9458.50**	**90788.50**	**92236.98**
12049.44	3435.13	773.39	945.68	334.26	3302.53	3045.20
5613.27	2783.64	696.20	741.01	231.65	2682.98	2275.86
8312.36	3563.06	615.56	1088.57	398.53	3370.50	4003.95
5975.70	2408.60	386.38	617.66	238.04	2240.13	2962.97
3305.96	1168.30	192.64	295.90	124.73	1033.52	1700.92
11050.45	4770.35	1001.12	1412.85	471.75	4579.10	5026.97
4266.28	1563.41	340.19	441.91	141.21	1561.86	1992.53
5101.59	1994.29	369.74	551.47	186.72	1899.34	2704.03
14530.99	7631.54	2164.43	2133.36	571.07	7195.24	5438.12
22460.77	11876.66	3521.36	3241.65	1205.58	10889.06	8972.97
17202.47	9008.64	2407.20	2241.32	883.51	8330.83	6616.72
4369.77	1815.30	392.30	551.82	180.86	1750.05	2025.22
6034.04	2994.25	812.22	837.79	284.22	2752.06	2537.77
2634.15	1056.03	181.62	320.68	101.08	1012.63	1220.26
18587.37	8257.58	1512.23	2363.71	931.71	7676.01	8355.02
8142.82	3387.30	677.51	939.83	343.91	3288.74	4036.15
7438.59	2762.38	526.66	797.71	245.07	2512.76	3640.01
4185.05	1676.68	350.25	560.83	160.87	1580.70	1994.23
23840.02	13078.16	3935.90	3967.51	1230.04	11950.52	8693.16
2681.12	1058.15	214.35	319.16	130.70	964.65	1331.13
674.08	244.65	49.81	55.24	18.78	251.57	280.57
2718.25	1273.50	266.61	333.12	114.77	1164.14	1099.82
6817.78	2874.35	544.00	858.09	290.40	2728.92	3103.79
2441.52	907.69	177.12	233.09	80.42	844.71	1320.13
3567.17	1451.73	175.57	471.24	116.54	1349.18	1546.83
108.60	27.60	6.14	6.04	2.18	26.06	68.90
4432.45	1782.22	380.51	486.51	168.85	1666.38	2282.93
2476.83	904.61	174.12	300.61	105.32	834.23	1377.05
987.44	313.99	49.40	64.74	18.98	293.34	603.74
864.05	346.87	63.14	96.52	36.91	333.11	446.32
2488.08	767.08	126.75	239.65	109.83	723.65	1533.71

1-B-2 续表 1

地 区	固定资产原价	生产经营用	累计折旧	本年折旧	固定资产净值	固定资产净值年平均余额
全 国	**125761.85**	**111772.39**	**43624.39**	**7478.74**	**82137.47**	**79749.41**
北 京	3922.18	3576.14	1383.41	219.55	2538.77	2377.08
天 津	3415.50	2905.61	1395.18	235.20	2020.32	2077.16
河 北	5539.57	5057.35	1891.22	306.54	3648.35	3528.84
山 西	3753.98	3205.77	1243.98	213.70	2510.01	2444.16
内蒙古	2202.36	1991.18	729.30	186.03	1473.06	1458.21
辽 宁	7543.08	6780.48	2883.26	416.30	4659.81	4558.09
吉 林	2795.66	2549.09	982.00	160.98	1813.66	1780.24
黑龙江	4386.10	3997.43	1890.36	252.47	2495.75	2453.96
上 海	8306.65	7496.18	3402.10	595.89	4904.56	4742.74
江 苏	11402.46	9634.65	3598.74	707.64	7803.72	7463.80
浙 江	8110.31	7684.03	2316.37	527.76	5793.94	5541.70
安 徽	2693.76	2423.58	896.12	152.97	1797.64	1722.33
福 建	3435.92	3094.53	1092.78	202.51	2343.14	2291.17
江 西	1589.21	1417.96	515.40	77.80	1073.80	1037.76
山 东	11088.37	10018.76	3791.68	639.80	7296.68	7055.25
河 南	5433.09	4862.15	1836.00	278.80	3597.09	3563.60
湖 北	4743.91	4215.97	1435.28	221.65	3308.63	3243.75
湖 南	2757.66	2477.07	926.90	158.56	1830.76	1758.47
广 东	12713.34	10353.04	4628.24	789.65	8085.10	7906.66
广 西	1713.65	1522.91	548.47	82.26	1165.18	1120.66
海 南	382.21	327.96	121.58	21.29	260.63	251.97
重 庆	1497.03	1350.00	523.18	78.07	973.85	931.50
四 川	4346.45	4006.63	1526.96	284.95	2819.49	2776.27
贵 州	1509.18	1366.58	480.16	79.13	1029.02	969.63
云 南	1998.93	1755.04	713.95	112.82	1284.98	1249.56
西 藏	75.40	62.19	15.96	2.42	59.44	56.24
陕 西	3050.64	2764.61	1037.58	178.27	2013.06	1954.25
甘 肃	1759.54	1522.19	553.74	80.07	1205.80	1149.88
青 海	727.33	654.63	202.07	33.50	525.26	520.86
宁 夏	556.98	504.38	181.22	34.22	375.76	369.73
新 疆	2311.41	2194.30	881.23	147.93	1430.18	1393.88

单位：亿元

负债合计	流动负债合计	应付账款	长期负债合计	所有者权益合计	实收资本	国家资本
124847.41	**94649.34**	**25420.32**	**28871.50**	**90286.70**	**58050.18**	**16946.87**
4143.01	3014.73	860.57	1128.26	7906.43	4599.76	2533.53
3163.48	2596.84	708.29	566.42	2449.79	1784.52	337.99
5154.59	3730.57	844.62	1338.02	3157.77	1936.54	836.80
3908.41	2559.30	560.78	1275.65	2031.56	1367.06	642.67
1958.81	1229.82	240.79	728.99	1347.16	926.14	288.91
6442.69	5036.77	1111.58	1372.94	4519.86	3316.46	1461.93
2486.06	1811.52	475.53	623.27	1780.22	1306.14	643.53
2907.67	2165.52	452.48	646.93	2184.39	1577.87	443.78
7432.88	6414.67	2237.37	944.91	7098.11	4397.44	450.08
13996.77	11783.06	3557.27	2213.63	8446.93	5646.57	547.09
10301.77	8376.09	1908.20	1885.48	6900.67	3933.83	334.99
2653.89	1851.10	410.67	759.03	1715.84	1095.25	465.00
3195.91	2571.75	752.12	603.12	2831.25	1884.91	293.53
1715.51	1192.08	223.74	499.13	916.90	757.74	301.96
11064.93	8452.65	1815.22	2467.19	7504.67	3949.60	1268.90
5084.36	3625.41	752.99	1342.17	3058.46	1956.24	673.20
4302.14	2663.88	617.42	1516.13	3136.46	2274.10	1107.43
2564.92	1737.35	381.21	752.38	1620.13	1095.64	399.03
13818.03	11526.65	4840.81	2141.97	10021.99	6752.68	493.44
1665.42	1142.82	264.63	502.72	1015.31	634.67	257.04
400.65	206.12	54.38	192.18	273.43	214.62	64.18
1653.74	1251.37	306.69	385.98	1064.51	682.14	195.85
4306.80	2970.85	548.67	1289.50	2510.37	1543.14	632.10
1595.06	958.45	199.45	626.20	838.08	621.02	331.17
1878.60	1288.46	220.10	590.14	1688.56	797.61	315.06
23.25	17.08	3.04	4.70	85.36	64.50	55.97
2897.75	1843.94	435.77	1003.93	1534.70	919.38	485.58
1582.85	995.64	250.05	575.22	893.98	851.20	479.09
661.64	328.83	75.61	325.59	288.78	208.61	80.41
560.47	361.03	75.89	196.47	303.58	227.35	111.23
1325.36	945.03	234.37	373.27	1161.47	727.45	415.38

1-B-2 续表 2

地 区						主营业务收入
	集体资本	法人资本	个人资本	港澳台资本	外商资本	
全 国	**1817.45**	**17557.96**	**7869.57**	**5186.69**	**8671.64**	**198908.87**
北 京	38.47	1409.16	174.12	68.79	375.68	5992.57
天 津	40.67	755.92	128.94	57.84	463.16	5862.15
河 北	90.71	406.22	395.26	66.35	141.20	8562.95
山 西	52.99	429.86	196.32	16.02	29.21	3760.22
内蒙古	15.06	473.14	121.03	10.23	17.78	2113.59
辽 宁	88.69	872.43	358.01	115.34	420.06	8540.71
吉 林	23.23	425.04	93.09	20.08	101.18	3155.10
黑龙江	23.56	923.22	126.61	8.08	52.62	3789.63
上 海	146.54	1561.42	315.53	370.20	1553.68	14688.85
江 苏	221.51	1327.34	996.57	763.54	1790.52	25969.82
浙 江	108.43	1131.20	1453.94	395.22	510.04	18333.50
安 徽	29.73	262.81	165.06	48.65	124.01	3638.06
福 建	30.14	292.84	327.91	510.10	430.38	6581.07
江 西	15.63	235.35	125.42	50.86	28.52	2186.59
山 东	286.53	1033.67	697.78	139.63	523.08	21809.79
河 南	124.02	682.99	375.96	43.20	56.87	7285.63
湖 北	48.17	653.03	197.05	44.90	223.52	4832.43
湖 南	30.29	403.31	172.44	35.63	54.94	3544.38
广 东	151.57	1847.51	559.90	2269.99	1430.27	28998.45
广 西	17.13	198.12	71.95	28.59	61.83	1994.23
海 南	5.23	74.20	10.87	7.25	52.88	411.16
重 庆	11.94	304.00	87.29	24.12	58.95	2108.84
四 川	31.93	455.37	317.71	26.00	80.03	4633.36
贵 州	6.73	190.90	71.71	10.57	9.94	1325.95
云 南	30.43	330.57	83.50	11.81	26.24	2050.29
西 藏	3.10	3.42	1.95	0.03	0.03	23.76
陕 西	26.69	274.56	86.08	19.31	27.16	2632.18
甘 肃	90.25	225.95	43.13	4.95	7.83	1599.06
青 海	14.73	96.22	14.26	1.16	1.82	372.42
宁 夏	3.35	53.99	46.03	0.52	12.24	528.69
新 疆	10.02	224.23	54.13	17.73	5.95	1583.44

单位：亿元

主营业务成本	主营业务税金及附加	其他业务收入	其他业务利润	营业费用	管理费用	税金
167246.40	**2616.25**	**5007.16**	**896.09**	**6045.35**	**9820.71**	**345.36**
5051.85	47.18	157.78	35.10	242.64	354.62	7.56
4978.87	53.52	102.44	51.54	189.40	226.78	5.96
7294.30	80.21	189.38	29.95	192.12	375.38	11.78
2911.93	48.63	96.48	10.77	180.20	274.60	9.65
1695.69	27.35	53.24	10.43	89.41	101.54	6.19
7264.61	99.44	244.77	34.45	199.85	476.29	23.15
2647.66	68.19	250.26	20.39	72.57	200.58	5.55
2610.88	108.56	166.33	12.37	96.05	206.88	12.82
12299.09	169.64	322.39	81.02	476.78	803.41	14.96
22831.98	170.35	732.10	98.76	687.24	1039.17	30.49
15822.75	190.35	392.05	66.46	467.81	766.43	25.76
2956.86	76.21	110.17	17.95	125.84	206.62	8.25
5608.84	70.87	71.00	25.30	210.53	261.87	11.68
1878.78	39.15	33.40	8.40	63.88	103.40	4.13
18441.20	208.43	481.96	85.32	579.92	935.64	48.84
6080.33	108.11	235.33	35.22	204.73	352.27	16.23
4010.30	90.96	159.29	28.27	168.77	286.18	12.23
2833.19	155.79	89.59	25.30	113.09	229.31	13.80
25024.52	207.84	432.88	104.52	984.25	1239.00	34.96
1638.25	32.24	45.52	12.07	67.75	124.15	4.10
324.08	9.16	3.03	3.93	24.63	19.64	0.62
1702.91	40.94	67.24	14.56	111.90	138.05	3.83
3766.61	72.58	199.94	26.73	193.15	331.01	10.13
1008.91	55.19	37.63	7.52	51.79	110.26	3.57
1408.92	227.22	110.96	15.80	64.74	148.01	4.36
15.96	0.38	0.78	0.66	2.36	3.35	0.11
1974.83	67.37	97.48	16.37	84.23	201.49	5.78
1310.17	48.60	38.00	1.83	37.10	133.71	3.85
277.69	4.74	3.48	0.80	9.16	21.43	0.55
445.43	5.51	25.80	5.42	16.58	39.70	1.00
1129.00	31.54	56.47	8.89	36.87	109.98	3.47

1-B-2 续表 3

地区	财务费用	利息支出	营业利润	投资收益	补贴收入	利润总额
全国	**2481.69**	**2255.89**	**11301.11**	**605.84**	**594.20**	**11929.30**
北京	58.45	50.65	272.92	102.09	24.26	397.41
天津	43.26	45.68	407.71	10.75	8.89	409.47
河北	120.25	110.82	530.64	20.33	14.06	528.54
山西	89.98	86.55	234.92	13.20	14.46	243.83
内蒙古	44.01	41.73	165.66	3.88	11.57	142.19
辽宁	120.15	112.83	406.58	23.46	34.39	430.78
吉林	44.25	43.93	120.13	43.27	20.60	184.30
黑龙江	44.24	42.39	745.64	4.50	17.04	744.58
上海	89.25	73.43	931.70	97.18	37.22	1052.77
江苏	258.30	229.27	1081.53	30.18	57.32	1126.58
浙江	253.80	232.08	900.78	32.55	73.80	999.73
安徽	52.83	48.08	208.79	-2.10	9.82	207.74
福建	74.74	61.61	328.61	22.00	14.00	382.00
江西	35.80	32.14	62.96	7.54	7.21	71.88
山东	278.14	232.19	1447.90	30.15	29.88	1407.86
河南	133.19	123.10	389.15	16.91	20.14	403.86
湖北	92.13	83.54	208.18	56.20	34.96	270.98
湖南	60.00	56.21	180.04	5.79	16.12	154.77
广东	198.15	166.28	1393.74	34.37	40.79	1449.96
广西	36.07	35.02	111.35	7.33	9.56	121.30
海南	6.69	6.88	29.12	0.36	1.01	28.54
重庆	33.58	32.22	84.05	18.84	14.96	115.59
四川	94.23	92.12	192.54	-10.24	21.15	188.57
贵州	32.21	31.89	63.36	2.45	10.20	61.99
云南	45.40	43.99	171.80	31.08	19.95	213.72
西藏	0.12	0.11	3.10	0.11	0.35	3.44
陕西	59.22	61.16	265.22	5.50	11.47	253.90
甘肃	29.28	28.07	68.13	-1.50	6.79	57.46
青海	16.55	14.22	40.07	0.21	1.24	33.88
宁夏	13.04	13.12	16.97	0.06	3.18	15.36
新疆	24.40	24.60	237.83	-0.59	7.81	226.32

单位：亿元

亏损企业亏损额	应交所得税	本年应付工资总额	主营业务应付工资总额	本年应付福利费总额	主营业务应付福利费总额	本年应交增值税	全部从业人员年平均人数（万人）
1747.92	**2102.58**	**9792.77**	**8957.19**	**1173.79**	**1041.56**	**6912.78**	**6622.09**
71.15	66.40	295.61	277.95	38.95	35.97	195.43	113.54
61.09	56.98	216.82	190.52	35.07	29.85	145.76	124.20
82.75	108.34	373.37	332.41	46.28	41.28	318.92	282.77
29.50	66.40	284.53	256.01	39.05	33.17	249.17	210.13
17.55	19.26	123.53	114.85	16.70	15.23	107.17	81.44
113.84	92.55	411.12	384.51	51.69	47.57	294.39	262.58
51.62	20.25	148.98	126.22	18.08	15.98	133.89	104.59
56.26	22.22	194.07	174.25	34.86	23.12	258.72	141.38
133.67	162.38	623.56	587.66	73.27	68.62	432.39	260.82
174.03	201.46	1066.81	1011.44	145.20	128.63	678.52	717.59
78.05	222.79	888.24	844.81	109.45	101.51	583.49	620.99
31.91	36.40	209.16	192.31	27.37	24.80	156.77	155.84
38.99	56.65	372.65	343.58	29.81	26.58	182.24	272.31
23.98	14.84	120.70	108.77	13.89	12.57	95.84	101.77
105.98	318.69	855.95	818.91	97.27	92.73	737.10	690.15
54.18	100.46	375.62	355.90	56.94	50.80	284.31	336.37
54.86	67.67	253.31	192.66	30.37	22.61	197.35	176.80
43.98	31.79	220.52	208.50	26.32	22.35	160.81	165.51
193.28	198.64	1543.53	1342.18	117.85	100.49	689.63	996.44
24.83	20.14	122.61	110.84	15.96	13.71	100.78	87.25
5.79	2.72	18.07	15.58	2.34	1.96	19.32	11.60
18.57	12.81	123.84	111.35	16.02	13.73	85.49	90.05
100.14	47.01	282.78	252.24	38.45	35.36	200.80	209.78
21.39	19.72	97.19	86.25	13.48	12.08	84.03	66.87
20.45	44.41	112.31	105.62	15.09	14.17	151.21	65.69
0.23	0.41	3.14	2.21	0.37	0.23	2.01	1.83
43.79	46.51	179.44	154.80	27.81	23.32	145.08	118.71
30.40	24.52	119.83	109.05	14.73	13.28	82.60	70.36
11.23	5.26	25.51	23.07	3.40	3.17	21.70	14.02
11.30	2.77	41.00	36.67	5.60	4.96	26.31	25.70
43.15	12.13	88.92	86.05	12.13	11.71	91.55	44.98

1-B-3 规模以上国有控股

地区	企业单位数（个）	亏损企业	工业总产值（当年价）	工业销售产值（当年价）	出口交货值
全国	**35597**	**13320**	**70228.99**	**69426.99**	**4433.82**
北京	2144	754	3231.99	3192.35	161.12
天津	1884	868	2045.09	2036.33	96.94
河北	1498	551	3359.50	3337.75	118.12
山西	1556	392	1950.51	1922.85	131.47
内蒙古	509	163	1110.21	1109.42	47.45
辽宁	2139	956	4881.66	4817.51	418.95
吉林	1258	489	2337.42	2327.55	42.41
黑龙江	1253	517	2881.81	2838.15	49.12
上海	1830	509	5395.41	5343.26	522.16
江苏	1172	377	3950.96	3911.26	355.73
浙江	1110	348	2803.50	2781.58	141.72
安徽	690	274	1922.71	1903.95	78.56
福建	900	332	1329.73	1310.92	79.13
江西	1228	487	1278.89	1263.85	43.87
山东	1496	492	6111.33	6006.47	361.35
河南	1715	607	3226.21	3189.56	161.50
湖北	1327	477	2643.32	2625.87	86.00
湖南	1474	574	1883.54	1867.13	89.39
广东	2080	757	6038.51	5932.63	977.57
广西	1426	648	1099.50	1077.98	42.12
海南	246	137	209.17	207.91	10.82
重庆	529	173	1178.19	1183.13	46.60
四川	1057	326	1916.14	1910.57	99.64
贵州	1101	439	950.75	929.33	42.09
云南	781	345	1434.75	1419.71	63.43
西藏	163	27	16.95	15.55	0.07
陕西	1248	531	1927.70	1884.12	72.84
甘肃	820	345	1248.14	1235.83	43.09
青海	186	75	303.67	301.36	22.94
宁夏	161	70	308.26	304.64	15.72
新疆	616	280	1253.49	1238.48	11.88

工业企业主要经济指标

单位：亿元

资产合计	流动资产合计	应收账款净额	存货	产成品	流动资产年平均余额	固定资产合计
109708.25	**39376.20**	**6540.97**	**10616.09**	**3025.98**	**37557.64**	**54204.05**
9796.64	1996.64	350.60	522.10	162.31	1975.45	2410.44
3014.90	1170.61	218.31	293.15	90.46	1121.72	1446.89
4724.69	1757.36	293.19	476.80	157.96	1678.83	2559.51
4018.99	1419.19	212.28	321.86	111.52	1331.60	2120.26
2160.63	646.37	108.06	147.34	46.01	588.65	1293.44
7265.01	2726.78	416.16	830.05	241.45	2662.61	3649.28
3213.26	1054.99	204.15	277.26	74.40	1075.99	1547.73
4049.60	1484.02	251.77	400.24	121.89	1444.61	2246.14
7236.94	3149.97	509.25	949.59	210.55	3054.28	3148.84
5035.04	2107.53	356.42	536.70	161.06	2009.30	2434.45
3523.66	1149.96	152.85	283.29	74.13	1127.39	2109.32
2821.17	1033.82	154.38	315.57	80.55	1032.82	1438.30
1750.38	639.12	102.95	189.25	46.98	623.75	939.68
1853.51	704.93	99.59	197.90	52.95	695.81	888.58
7743.46	3003.56	410.94	727.66	246.77	2734.42	3862.74
5096.81	1901.05	355.71	502.44	155.50	1891.29	2733.15
5382.99	1774.98	315.55	481.19	114.60	1625.85	2950.17
2754.79	1031.38	190.20	356.07	72.48	982.07	1413.37
6830.21	2826.90	562.46	669.57	195.63	2652.09	3481.68
1743.12	626.83	102.84	175.70	62.36	574.87	948.33
347.17	104.42	18.05	19.32	6.14	114.06	207.61
1849.04	818.79	139.15	211.59	65.26	744.69	785.78
3801.85	1405.99	218.59	379.94	87.18	1302.19	1989.28
2035.33	705.96	135.97	170.84	50.37	648.19	1147.34
2736.62	1088.79	106.11	355.80	64.82	1006.18	1191.25
94.45	20.27	5.17	4.82	1.69	19.45	65.19
3447.16	1315.12	275.25	349.62	107.09	1235.59	1869.10
1979.74	702.31	122.52	226.43	70.03	646.92	1137.51
861.51	265.44	39.26	45.49	10.24	251.59	543.18
571.43	207.66	31.36	47.06	14.89	205.03	318.74
1968.15	535.46	81.89	151.47	68.71	500.35	1326.74

1-B-3 续表 1

地 区	固定资产原价	生产经营用	累计折旧	本年折旧	固定资产净值	固定资产净值年平均余额
全 国	**76599.42**	**68252.30**	**28952.03**	**4403.08**	**47647.39**	**46283.30**
北 京	3094.27	2869.97	1114.39	165.11	1979.88	1847.56
天 津	2237.68	1951.84	973.52	140.29	1264.16	1240.45
河 北	3806.89	3504.23	1452.81	215.14	2354.08	2270.15
山 西	2836.70	2400.98	1067.83	163.35	1768.87	1713.85
内蒙古	1747.40	1579.09	618.70	153.18	1128.70	1121.00
辽 宁	5626.53	5083.36	2270.32	319.22	3356.21	3294.16
吉 林	2241.24	2053.84	852.52	131.10	1388.71	1368.54
黑龙江	3842.38	3506.31	1749.73	221.77	2092.65	2057.41
上 海	5059.92	4743.71	2297.94	350.80	2761.98	2703.79
江 苏	3291.53	2470.22	1236.31	190.44	2055.22	1988.72
浙 江	2659.00	2587.20	831.88	161.95	1827.12	1736.10
安 徽	1912.73	1726.33	664.99	106.38	1247.74	1192.67
福 建	1338.54	1248.59	474.73	74.00	863.81	828.13
江 西	1208.25	1081.36	438.32	58.06	769.93	746.81
山 东	5675.29	5165.67	2329.64	324.22	3345.65	3236.13
河 南	3790.67	3424.04	1402.81	196.84	2387.86	2390.50
湖 北	3775.95	3380.03	1122.48	172.68	2653.47	2602.89
湖 南	2019.11	1818.34	732.83	108.17	1286.28	1236.09
广 东	4910.54	3523.54	1790.38	255.08	3120.16	3034.82
广 西	1219.11	1071.45	404.22	57.03	814.88	779.28
海 南	266.72	228.29	81.45	15.45	185.26	180.76
重 庆	1117.59	1015.33	416.97	56.78	700.63	668.03
四 川	2896.33	2722.08	1116.63	207.04	1779.70	1758.57
贵 州	1308.55	1194.66	433.70	66.07	874.86	819.19
云 南	1520.82	1335.15	560.55	85.51	960.27	929.89
西 藏	70.80	59.25	14.95	2.20	55.85	52.70
陕 西	2530.56	2302.95	877.92	148.95	1652.64	1596.49
甘 肃	1478.48	1276.73	482.81	67.44	995.67	948.56
青 海	657.54	595.90	189.18	30.22	468.36	466.46
宁 夏	415.08	381.11	146.01	25.90	269.07	266.54
新 疆	2043.25	1950.71	805.53	132.73	1237.71	1207.07

单位：亿元

负债合计	流动负债合计	应付账款	长期负债合计	所有者权益合计	实收资本	国家资本
62005.79	**40771.99**	**8583.28**	**20500.94**	**47479.25**	**29109.91**	**16316.27**
2849.09	1833.90	405.48	1015.16	6947.56	3927.05	2521.30
1762.47	1289.87	247.28	472.60	1252.43	944.20	313.58
3029.70	1970.75	427.51	1037.95	1694.99	1086.52	817.00
2628.99	1519.62	310.74	1049.04	1354.27	920.62	633.36
1376.85	752.55	146.78	624.30	783.78	590.36	285.68
4217.99	3091.29	609.51	1109.71	2959.11	2153.52	1429.23
1906.61	1332.91	329.44	532.47	1306.65	986.06	631.71
2257.15	1637.92	320.06	530.70	1782.91	1288.40	431.70
3189.92	2641.72	568.51	514.96	4047.02	1986.84	416.98
2984.79	2137.07	466.82	847.72	2033.18	1130.26	473.61
2003.96	972.36	213.53	1029.42	1519.68	683.38	317.06
1723.02	1106.21	219.85	575.90	1098.12	643.49	450.96
981.24	682.52	119.56	296.40	762.26	427.74	272.25
1289.21	848.38	134.05	427.13	562.55	495.16	296.97
4653.67	3211.67	657.00	1395.93	3072.01	1609.66	1232.86
3284.11	2187.73	408.71	1012.22	1812.70	1134.20	647.31
3154.50	1730.71	362.56	1326.40	2228.49	1550.50	989.91
1808.22	1154.07	239.93	598.52	946.57	646.28	381.60
3658.67	2410.60	692.69	1218.89	3171.54	1720.49	436.68
1104.47	711.41	159.73	384.71	638.26	393.63	246.28
214.69	99.43	19.41	114.22	132.48	109.77	62.92
1117.83	826.29	189.06	280.97	731.21	476.96	192.27
2529.36	1566.75	251.74	948.90	1271.88	821.98	600.88
1352.71	775.49	147.81	572.21	675.40	507.64	327.40
1339.49	878.06	132.68	461.43	1397.13	601.21	307.43
19.61	14.91	2.49	3.54	74.84	59.25	55.40
2291.82	1414.52	325.10	841.95	1155.33	644.29	476.52
1297.39	788.36	197.67	500.07	682.36	663.33	467.51
595.39	278.86	60.62	310.05	229.09	159.31	77.77
367.36	214.61	40.96	150.25	204.06	150.75	108.70
1015.49	691.47	176.01	317.20	951.41	597.08	413.43

1-B-3 续表 2

地　区						主营业务收入
	集体资本	法人资本	个人资本	港澳台资本	外商资本	
全　国	**164.72**	**10556.03**	**779.19**	**400.56**	**893.15**	**71430.99**
北　京	4.95	1238.92	40.56	21.24	100.06	3516.45
天　津	2.79	544.86	20.38	8.17	54.42	2122.87
河　北	9.66	192.79	25.48	13.88	27.71	3451.68
山　西	5.49	248.10	18.70	4.35	10.62	2002.37
内蒙古	3.65	279.41	16.14	2.47	3.02	1170.58
辽　宁	2.23	635.77	27.66	10.40	48.24	4974.17
吉　林	1.66	280.52	23.66	3.51	45.00	2224.33
黑龙江	3.43	811.25	28.04	0.64	13.34	2978.39
上　海	26.47	1174.07	81.44	63.42	224.46	5593.99
江　苏	4.32	547.52	35.01	26.32	43.47	4001.50
浙　江	4.32	286.74	24.50	17.84	32.92	2837.37
安　徽	2.36	127.58	30.65	20.64	11.30	2001.98
福　建	3.08	113.80	18.16	9.51	10.94	1315.49
江　西	4.25	158.21	15.71	14.89	5.14	1276.68
山　东	7.11	277.40	40.93	10.92	40.44	6358.72
河　南	8.92	405.35	42.84	17.28	12.50	3206.03
湖　北	12.49	452.39	37.08	6.43	52.20	2661.35
湖　南	5.09	224.76	20.19	8.95	5.69	1868.56
广　东	9.13	1061.42	52.83	92.21	68.23	6030.74
广　西	3.31	114.23	12.47	6.73	10.61	1117.05
海　南	2.47	41.61	1.80	0.05	0.92	222.03
重　庆	2.23	216.64	16.43	16.01	33.38	1176.55
四　川	3.18	156.13	49.92	3.33	8.54	1925.02
贵　州	1.58	144.50	28.62	0.97	4.56	929.47
云　南	9.31	256.27	17.46	2.44	8.29	1407.84
西　藏	0.41	1.80	1.64			17.95
陕　西	6.16	134.89	17.30	4.55	4.86	1879.32
甘　肃	10.83	170.26	9.95	1.44	3.34	1274.96
青　海	0.73	76.55	2.38	0.75	1.14	306.60
宁　夏	0.06	29.73	7.21	0.04	5.00	303.00
新　疆	3.05	152.56	14.04	11.18	2.81	1277.96

单位：亿元

主营业务成本	主营业务税金及附加	其他业务收入	其他业务利润	营业费用	管理费用	税金
57187.96	**1921.90**	**2918.85**	**389.25**	**1692.23**	**4567.40**	**146.51**
3004.04	41.02	120.27	24.56	93.36	210.80	4.93
1746.39	40.53	45.33	14.55	36.85	113.41	2.58
2859.21	50.09	134.78	18.11	65.65	236.20	5.56
1501.18	26.73	78.94	-2.22	93.29	192.93	5.69
958.87	17.63	29.98	1.23	34.15	61.04	3.26
4216.31	78.80	156.00	19.24	67.74	289.33	13.89
1881.89	61.02	236.40	16.29	36.22	144.17	3.73
1933.48	101.07	154.20	8.97	54.10	162.47	11.05
4483.89	147.35	228.82	40.91	121.74	343.04	8.12
3342.15	94.22	224.51	22.41	89.84	234.07	4.88
2353.83	98.94	88.38	14.59	38.03	128.72	3.12
1568.67	64.26	73.47	10.79	46.94	137.95	4.79
1073.87	45.15	23.66	4.81	43.60	71.05	2.07
1081.32	32.14	27.13	5.39	30.64	69.61	2.55
5081.41	109.82	330.92	37.68	155.93	427.25	16.73
2619.62	72.54	173.95	23.11	66.04	230.90	8.02
2142.16	72.39	85.27	13.68	68.16	173.09	7.08
1458.98	121.72	69.74	15.57	45.96	146.65	5.75
5013.44	123.01	120.72	23.44	162.87	245.47	6.81
905.98	25.64	27.89	7.64	35.06	81.04	2.18
176.15	7.59	1.33	1.39	9.55	9.04	0.39
919.12	29.73	45.78	9.31	73.55	94.28	2.18
1507.94	48.93	143.41	16.61	56.97	158.71	4.74
695.50	48.81	29.61	5.80	28.38	90.59	2.70
878.35	223.05	88.48	10.61	39.40	108.85	3.03
12.33	0.31	0.76	0.56	1.51	2.92	0.06
1382.47	57.49	86.54	12.83	38.21	149.70	4.05
1038.15	44.58	30.26	0.17	24.14	115.18	2.66
221.29	4.14	2.38	0.56	5.18	17.37	0.39
251.48	4.02	19.78	4.34	6.70	30.99	0.59
878.47	29.20	40.18	6.33	22.49	90.59	2.94

1-B-3 续表 3

地 区	财务费用	利息支出	营业利润	投资收益	补贴收入	利润总额
全 国	**1209.36**	**1180.47**	**5133.40**	**455.82**	**305.46**	**5453.10**
北 京	42.31	39.18	149.47	96.50	17.46	263.89
天 津	23.11	29.48	151.14	9.51	3.45	151.11
河 北	65.24	63.02	193.39	11.88	9.02	182.62
山 西	55.91	55.74	118.77	11.70	10.26	129.35
内蒙古	31.52	29.80	68.28	5.88	6.61	64.16
辽 宁	70.85	69.34	262.13	20.01	21.34	271.02
吉 林	31.87	32.57	76.22	42.30	17.65	128.47
黑龙江	31.58	31.17	719.11	3.93	11.05	712.61
上 海	35.56	33.76	503.31	84.43	15.65	600.60
江 苏	54.09	59.78	209.55	16.55	14.36	227.32
浙 江	54.63	53.55	161.64	6.67	10.55	176.10
安 徽	30.83	27.98	137.20	-3.20	4.82	130.80
福 建	25.37	24.29	57.06	6.85	3.02	64.84
江 西	25.10	23.15	31.29	7.23	4.76	37.40
山 东	97.52	92.05	536.04	19.48	12.74	508.36
河 南	78.45	75.95	151.73	13.76	11.28	158.65
湖 北	68.11	60.36	147.82	48.22	29.19	197.31
湖 南	39.61	38.81	79.38	3.11	13.36	68.39
广 东	81.58	72.05	427.60	15.31	19.80	423.63
广 西	21.88	22.19	67.33	3.71	6.21	72.04
海 南	5.14	5.34	17.81	0.30	0.19	16.46
重 庆	22.38	21.39	39.68	17.00	10.13	64.91
四 川	49.84	51.61	109.26	-14.33	13.55	97.70
贵 州	27.00	27.14	37.87	2.47	5.50	41.58
云 南	33.31	32.78	135.48	29.86	11.00	168.79
西 藏	0.10	0.09	2.15	0.11	0.33	2.45
陕 西	44.12	46.98	212.20	4.64	9.81	203.27
甘 肃	22.54	22.15	56.32	-2.13	5.44	43.52
青 海	15.23	13.09	38.72	-0.12	0.59	31.34
宁 夏	8.07	8.66	9.76	-1.38	1.33	5.92
新 疆	16.50	17.02	225.67	-4.42	5.02	208.49

单位：亿元

亏损企业亏损额	应交所得税	本年应付工资总额	主营业务应付工资总额	本年应付福利费总额	主营业务应付福利费总额	本年应交增值税	全部从业人员年平均人数（万人）
836.73	**1063.91**	**3857.44**	**3476.64**	**551.34**	**481.67**	**3514.68**	**1973.20**
39.94	46.09	175.01	163.62	23.28	21.36	124.30	54.63
28.68	22.26	90.13	83.11	13.73	12.51	77.47	43.89
60.11	51.74	212.56	187.32	28.59	25.34	170.62	117.12
15.84	36.71	190.98	166.99	27.12	21.94	129.01	119.04
12.36	7.73	74.41	67.84	10.24	9.35	70.25	42.54
60.73	56.74	253.34	234.19	33.43	30.78	192.73	122.86
38.21	12.55	109.01	93.22	14.30	12.77	104.19	66.71
40.41	14.67	152.64	136.71	29.74	18.61	221.36	99.34
39.42	107.64	225.00	209.80	31.74	29.66	243.74	67.36
26.17	52.76	181.50	165.53	25.53	23.50	178.80	82.55
15.57	54.44	92.05	86.59	14.11	13.16	128.43	33.12
15.62	20.26	131.11	118.25	17.91	15.97	102.04	77.14
11.28	19.35	58.92	51.47	7.76	6.59	57.24	29.19
17.91	9.37	71.99	64.96	9.37	8.45	61.78	49.90
57.34	167.77	325.14	306.79	45.06	42.09	305.09	166.45
37.07	55.13	213.14	199.98	38.91	33.47	158.96	144.45
34.39	57.10	150.64	103.77	19.93	13.67	134.71	78.71
32.94	20.49	117.66	108.71	15.39	12.53	102.46	71.02
33.30	82.52	218.73	201.98	30.26	27.36	233.33	72.38
15.57	12.10	74.32	68.25	10.52	9.24	63.00	39.61
2.89	1.55	9.66	8.86	1.48	1.38	10.82	5.83
12.46	5.33	74.15	66.23	9.79	8.27	57.28	43.03
46.14	22.35	146.14	123.02	21.17	19.39	108.71	79.11
16.70	14.92	74.12	64.22	10.23	9.08	62.33	44.74
11.59	37.64	77.23	73.11	10.86	10.29	116.92	35.45
0.21	0.39	2.81	1.94	0.33	0.20	1.60	1.56
33.86	37.57	135.84	115.67	21.84	17.99	109.78	82.43
26.84	21.75	98.76	91.00	12.17	11.07	69.53	48.89
8.75	4.81	20.66	19.35	2.93	2.81	19.38	9.66
7.89	1.21	29.43	25.94	4.01	3.51	18.25	14.39
36.54	8.95	70.37	68.25	9.62	9.33	80.56	30.10

1-B-4 规模以上私营工业企业

地 区	企业单位数（个）	亏损企业	工业总产值（当年价）	工业销售产值（当年价）	出口交货值
全 国	**119357**	**17367**	**35141.25**	**34128.06**	**4532.36**
北 京	1706	348	340.77	325.54	21.81
天 津	1796	354	678.41	648.70	55.03
河 北	4025	436	2053.27	2010.63	92.73
山 西	1264	287	670.06	648.47	24.57
内蒙古	877	182	283.04	267.08	13.83
辽 宁	3863	924	1060.46	1032.07	97.91
吉 林	884	184	221.79	212.85	5.96
黑龙江	824	170	236.99	216.72	4.57
上 海	5623	612	1281.07	1252.85	145.88
江 苏	23137	3866	6488.87	6297.99	757.66
浙 江	24036	2488	6464.53	6281.71	1690.99
安 徽	2293	599	539.92	522.72	55.74
福 建	4296	537	1026.25	987.72	225.30
江 西	1597	276	373.75	362.57	29.87
山 东	11499	980	4317.72	4181.37	360.66
河 南	5214	352	1564.42	1530.89	43.49
湖 北	2404	558	617.05	594.93	37.62
湖 南	3380	422	736.33	729.32	56.50
广 东	11635	1776	3414.05	3312.94	652.94
广 西	1031	283	276.56	267.13	22.23
海 南	110	33	32.77	31.18	3.45
重 庆	1176	191	488.42	483.69	57.15
四 川	3374	568	980.41	986.06	35.32
贵 州	724	197	182.92	171.18	8.32
云 南	784	249	286.36	277.10	10.48
西 藏	5		2.44	2.32	0.03
陕 西	586	145	173.03	162.52	2.53
甘 肃	432	93	95.72	90.65	2.34
青 海	142	57	31.47	30.93	1.87
宁 夏	332	113	133.84	125.09	14.13
新 疆	308	87	88.57	83.17	1.46

主要经济指标

单位：亿元

资产合计	流动资产合计	应收账款净额	存货	产成品	流动资产年平均余额	固定资产合计
23724.80	**13080.46**	**3619.05**	**3860.66**	**1671.50**	**11978.21**	**8366.25**
369.64	229.79	55.18	77.25	30.73	208.78	105.33
388.88	237.01	58.42	72.88	29.01	209.50	125.17
1097.31	538.15	96.40	181.05	74.05	508.42	444.87
654.90	364.57	63.00	116.38	48.02	336.10	251.09
248.25	121.48	27.90	43.48	24.92	107.96	101.01
962.52	497.41	142.36	151.95	67.81	464.53	355.28
185.02	86.82	24.10	34.61	15.34	83.04	82.13
237.20	117.79	25.31	40.38	18.91	105.33	100.25
1015.01	654.00	225.74	179.80	64.99	605.87	261.71
4126.98	2515.70	807.11	696.28	322.16	2302.33	1323.04
5040.10	2856.90	825.95	675.15	288.59	2602.51	1686.27
402.37	213.23	68.91	70.83	31.01	196.42	147.20
646.34	358.82	109.19	112.01	49.78	330.61	232.01
262.24	120.29	31.40	44.84	19.31	108.09	112.29
2070.26	1001.78	225.07	326.67	153.42	941.52	872.34
774.26	396.53	89.68	115.69	50.65	367.25	323.43
443.30	200.16	48.31	70.35	30.78	185.41	178.48
447.90	199.84	48.61	66.55	29.39	187.11	188.87
2003.92	1214.93	383.23	388.13	147.08	1085.89	592.61
227.71	121.13	36.04	39.41	19.11	101.96	68.53
31.30	15.05	3.93	4.63	2.42	13.90	9.32
350.26	196.57	56.21	50.83	20.59	171.51	113.93
742.43	355.01	77.55	129.72	56.10	327.34	282.78
127.63	64.46	10.12	21.65	10.57	58.82	52.18
299.40	139.37	24.49	48.99	21.38	129.58	119.37
6.82	4.78	0.42	0.28	0.11	4.66	1.37
157.35	74.97	15.76	29.06	13.19	67.14	68.35
92.88	42.66	10.07	16.63	7.25	39.80	42.60
52.27	19.85	3.94	8.82	3.00	17.03	23.21
133.47	63.84	14.25	24.62	11.68	56.81	59.67
126.87	57.57	10.39	21.72	10.13	53.01	41.55

1-B-4 续表 1

地 区	固定资产原价	生产经营用	累计折旧	本年折旧	固定资产净值	固定资产净值年平均余额
全 国	**9992.56**	**8774.22**	**2359.68**	**619.08**	**7632.88**	**7467.75**
北 京	114.73	95.54	26.17	7.33	88.56	84.61
天 津	134.70	106.51	26.05	8.08	108.65	109.42
河 北	508.84	450.96	95.62	26.23	413.21	405.41
山 西	266.47	236.38	45.14	15.74	221.32	219.41
内蒙古	111.20	98.68	21.96	7.60	89.24	88.49
辽 宁	443.22	379.48	98.17	21.71	345.05	330.95
吉 林	96.37	82.03	16.34	5.03	80.03	77.55
黑龙江	106.19	92.59	16.54	4.44	89.66	86.68
上 海	316.93	257.10	77.64	20.93	239.29	230.02
江 苏	1623.57	1403.39	450.35	101.99	1173.22	1135.72
浙 江	1976.82	1839.85	487.78	135.62	1489.05	1436.89
安 徽	173.33	149.96	38.24	9.68	135.09	130.35
福 建	277.46	240.87	55.39	15.02	222.07	218.95
江 西	128.49	111.78	25.13	7.00	103.36	101.61
山 东	1020.77	906.88	217.30	63.97	803.47	804.42
河 南	380.23	319.52	68.68	19.05	311.55	304.87
湖 北	222.80	190.41	51.18	11.77	171.62	178.12
湖 南	231.31	203.99	48.71	15.30	182.60	178.26
广 东	782.54	671.12	227.12	58.71	555.42	554.82
广 西	87.42	73.81	23.27	5.63	64.15	61.95
海 南	13.32	11.34	4.26	0.63	9.06	8.69
重 庆	136.58	122.43	34.05	8.60	102.53	96.56
四 川	359.53	319.30	91.17	20.29	268.37	261.64
贵 州	60.00	50.14	13.67	4.67	46.33	46.51
云 南	153.33	128.44	43.72	9.39	109.61	107.21
西 藏	1.53	1.30	0.17	0.06	1.36	1.38
陕 西	74.00	66.18	15.06	3.97	58.94	61.29
甘 肃	48.64	43.31	9.06	2.25	39.58	38.09
青 海	27.35	23.55	5.42	1.72	21.93	20.86
宁 夏	65.33	53.12	14.70	3.91	50.62	49.73
新 疆	49.57	44.26	11.62	2.75	37.95	37.30

单位：亿元

负债合计	流动负债合计		长期负债合计	所有者权益		
		应付账款		合　计	实收资本	
						国家资本
14529.31	**12866.37**	**3217.50**	**1478.86**	**9195.48**	**5701.54**	**18.42**
205.29	189.99	63.04	15.30	164.36	94.37	0.13
247.76	231.65	58.23	15.90	141.11	101.92	0.10
595.96	512.54	124.21	64.86	501.35	278.76	0.02
415.72	362.34	98.08	50.23	239.19	148.67	0.28
149.47	126.75	28.57	22.72	98.78	66.97	0.21
569.17	506.03	119.43	59.34	393.35	247.19	0.03
100.49	84.82	25.94	10.95	84.54	55.28	0.19
125.73	111.96	32.92	11.02	111.47	76.80	2.59
607.21	553.64	179.82	38.97	407.81	246.48	0.90
2885.95	2655.38	670.97	230.56	1241.03	809.36	1.00
3256.44	2958.34	570.08	279.47	1783.66	1051.52	0.04
233.19	203.81	50.68	28.30	169.18	113.52	0.14
317.86	290.80	81.37	24.06	328.48	235.61	0.25
134.27	112.49	29.33	19.10	127.96	95.84	0.33
1140.54	982.23	219.28	117.40	929.73	491.74	0.03
393.87	318.04	85.35	65.71	380.39	271.71	2.22
251.29	193.06	49.79	49.90	192.02	134.26	1.25
218.18	168.43	41.39	42.62	229.71	152.21	4.42
1270.62	1146.12	391.53	106.87	733.29	451.05	0.99
132.30	112.21	30.81	17.82	95.41	49.63	0.42
18.46	15.79	7.06	1.96	12.84	7.11	0.02
221.67	189.97	51.65	28.71	128.59	67.44	0.11
441.26	364.31	83.92	63.82	301.16	184.17	0.57
74.71	60.22	16.27	11.36	52.92	40.01	0.11
196.31	157.42	38.57	38.88	103.09	58.51	0.38
1.43	0.78	0.02	0.65	5.39	1.07	0.11
91.99	67.23	19.50	21.97	65.36	47.83	0.26
49.90	40.24	10.34	8.99	42.98	28.04	0.11
29.62	21.28	8.44	7.65	22.65	17.95	0.67
86.98	72.73	17.15	13.98	46.49	36.66	
65.68	55.79	13.77	9.78	61.18	39.86	0.54

1-B-4 续表 2

地区	集体资本	法人资本	个人资本	港澳台资本	外商资本	主营业务收入
全国	**61.94**	**1449.65**	**4138.56**	**16.38**	**16.60**	**33487.25**
北京	0.37	19.95	73.03	0.38	0.51	334.94
天津	2.03	30.09	68.96	0.27	0.47	638.18
河北	0.35	38.40	237.35	0.11	2.53	1980.47
山西	2.45	50.20	95.72		0.02	645.64
内蒙古	0.18	8.23	58.35	0.01		266.51
辽宁	1.86	38.22	206.65	0.34	0.10	1018.14
吉林	0.34	23.70	31.03	0.01	0.01	206.71
黑龙江	0.53	24.12	49.51		0.05	230.02
上海	5.42	69.04	168.93	0.45	1.75	1255.53
江苏	11.51	131.86	652.76	4.75	7.49	6203.63
浙江	0.09	199.67	851.72			6191.97
安徽	1.19	29.24	82.67	0.19	0.08	517.78
福建	0.31	14.48	218.70	1.84	0.02	979.14
江西	1.66	26.39	67.11	0.20	0.16	348.51
山东	0.48	195.58	295.23	0.08	0.34	4002.02
河南	11.57	89.17	167.62	0.88	0.27	1472.63
湖北	2.98	49.84	79.56	0.48	0.15	571.65
湖南	3.14	51.28	92.14	0.77	0.46	686.36
广东	6.24	174.99	262.44	5.15	1.24	3314.97
广西	0.58	20.61	27.79	0.01	0.22	258.04
海南	0.31	3.65	3.13			31.14
重庆	0.52	22.41	43.82	0.20	0.38	474.02
四川	1.43	45.00	136.94	0.03	0.20	930.17
贵州	0.15	14.27	25.42	0.04		165.94
云南	2.49	16.92	38.56	0.02	0.14	278.74
西藏	0.24	0.52	0.17	0.03		2.41
陕西	0.49	18.66	28.42			157.68
甘肃	1.49	16.07	10.36		0.01	91.17
青海	0.82	8.54	7.93			28.96
宁夏	0.67	6.18	29.71	0.10		119.57
新疆	0.06	12.37	26.83	0.06		84.62

单位：亿元

主营业务成本	主营业务税金及附加	其他业务收入	其他业务利润	营业费用	管理费用	税金
29452.27	**257.14**	**397.57**	**107.06**	**895.78**	**1214.94**	**63.53**
274.30	1.46	5.14	1.34	19.11	24.25	0.42
593.11	1.71	13.39	2.85	8.74	12.92	0.54
1732.15	14.19	18.51	3.85	40.77	41.06	2.49
537.07	8.31	4.17	2.15	31.33	21.32	1.70
212.51	3.63	5.14	1.35	11.64	11.14	0.98
891.81	6.55	26.83	4.22	31.18	43.82	2.36
179.20	2.78	2.69	1.44	6.03	11.02	0.48
200.16	1.53	2.42	1.34	8.01	8.92	0.47
1074.98	6.80	12.28	6.56	33.09	65.08	1.16
5634.92	30.27	119.19	18.55	121.91	214.21	9.18
5475.53	44.66	70.12	15.92	131.35	235.88	9.80
449.62	3.33	7.80	1.50	23.50	18.86	1.11
859.18	8.49	5.13	4.06	27.68	36.57	2.01
307.31	3.45	2.00	1.05	12.18	13.00	0.84
3470.96	33.00	20.62	10.27	102.23	114.52	11.06
1236.63	16.20	9.54	2.95	51.15	36.47	3.74
497.29	5.01	4.66	4.93	21.53	25.50	1.75
564.27	16.18	5.33	3.88	24.54	29.28	3.91
2997.21	21.14	16.65	8.45	91.29	132.59	4.76
224.83	1.85	2.72	1.06	7.98	10.04	0.44
27.09	0.15	0.28	0.15	1.14	1.42	0.05
405.50	7.81	9.82	2.35	17.59	17.82	0.70
814.59	7.46	9.33	2.15	34.92	35.68	1.74
137.06	3.98	5.13	0.66	7.24	6.98	0.31
239.83	1.81	8.47	1.71	8.53	13.41	0.45
1.30	0.03			0.61	0.19	
135.09	2.74	1.95	0.88	6.43	18.62	0.44
77.02	1.16	0.95	0.17	4.59	4.93	0.27
23.70	0.28	0.43	0.06	2.24	1.57	0.08
105.26	0.71	1.29	0.69	4.62	4.06	0.17
72.80	0.46	5.61	0.55	2.61	3.78	0.12

1-B-4 续表 3

地区	财务费用	利息支出	营业利润	投资收益	补贴收入	利润总额
全国	**356.62**	**301.05**	**1397.97**	**30.56**	**77.20**	**1429.74**
北京	2.16	1.75	15.01	1.42	1.44	17.34
天津	5.04	3.85	26.75	0.10	0.46	27.32
河北	19.23	16.29	136.92	6.02	1.29	141.72
山西	12.69	11.50	30.51	0.16	1.42	31.73
内蒙古	3.30	3.15	25.64	-1.06	1.32	16.50
辽宁	13.30	12.19	35.70	1.98	4.30	40.50
吉林	2.15	2.04	6.41	0.24	0.60	7.46
黑龙江	2.81	2.43	9.15	-0.02	1.31	9.99
上海	8.45	7.16	73.68	2.21	3.32	74.65
江苏	59.10	48.37	161.76	3.68	12.25	162.96
浙江	82.49	74.66	246.00	4.16	19.16	267.94
安徽	5.43	4.69	17.88	0.12	0.96	19.17
福建	8.49	7.07	35.08	0.43	1.13	37.25
江西	4.05	3.38	10.05	0.24	1.02	11.35
山东	42.91	30.32	237.77	1.87	2.86	229.56
河南	16.75	13.22	99.57	0.90	1.69	99.26
湖北	6.70	6.07	13.66	0.04	1.04	14.52
湖南	7.66	6.21	39.89	0.51	1.01	31.21
广东	19.25	15.65	84.36	1.40	3.52	84.27
广西	2.92	2.42	8.23	1.67	0.52	8.76
海南	0.24	0.21	0.91	0.06	0.30	1.32
重庆	4.81	4.67	18.12	0.21	2.64	21.25
四川	12.59	11.21	27.07	0.92	2.89	30.41
贵州	1.26	1.06	10.09	-0.06	3.39	8.91
云南	4.57	4.21	12.29	0.52	4.46	16.03
西藏	-0.02	-0.02	0.67			0.80
陕西	2.37	2.12	5.71	0.07	0.27	4.00
甘肃	1.40	1.19	2.87	0.20	0.44	3.13
青海	0.57	0.47	-0.29	0.06	0.16	-0.23
宁夏	2.41	2.03	2.68	0.18	1.42	3.98
新疆	1.52	1.49	3.85	2.35	0.61	6.67

单位：亿元

亏损企业亏损额	应交所得税	本年应付工资总额	主营业务应付工资总额	本年应付福利费总额	主营业务应付福利费总额	本年应交增值税	全部从业人员年平均人数（万人）
140.65	**276.55**	**1602.69**	**1499.08**	**188.02**	**163.99**	**964.44**	**1515.43**
2.77	2.82	20.71	19.55	2.50	2.33	10.56	14.73
2.76	3.99	19.92	15.40	3.00	2.35	10.86	20.12
5.40	24.50	55.36	50.14	5.30	4.84	51.51	64.16
4.43	8.09	23.81	22.58	3.00	2.78	44.42	27.15
1.74	3.12	15.94	15.30	2.17	2.07	10.98	13.27
10.62	12.02	43.85	42.28	4.80	4.49	30.17	46.73
1.51	1.19	9.63	8.03	0.89	0.73	5.28	11.44
1.50	1.46	9.21	8.45	1.00	0.91	8.22	11.26
7.22	9.72	70.86	66.57	6.73	6.34	35.71	50.27
23.12	40.10	294.01	281.85	46.83	35.32	156.50	261.28
15.18	66.36	338.48	323.17	42.89	39.82	187.82	279.40
3.24	4.28	27.03	25.76	3.10	2.92	14.80	30.60
4.65	7.83	63.68	59.01	5.38	4.85	24.62	55.63
2.20	1.88	20.66	18.48	1.89	1.72	13.17	23.25
6.04	33.77	135.09	129.74	12.75	12.29	108.68	149.27
2.98	15.26	51.70	49.91	5.21	5.05	41.24	70.76
4.39	2.53	29.03	24.80	2.51	2.13	15.45	33.88
3.39	3.94	45.46	44.13	4.49	3.99	24.49	44.42
15.65	15.60	194.60	169.21	17.89	14.88	83.92	162.24
2.00	1.52	13.95	12.58	1.55	1.29	9.24	15.36
0.30	0.15	1.33	1.06	0.20	0.11	1.04	1.32
1.94	3.32	24.03	22.24	2.98	2.60	11.48	24.57
5.32	5.47	46.97	44.93	5.15	4.85	25.49	55.15
1.91	1.99	9.96	9.65	1.35	1.28	9.88	9.74
3.34	2.34	12.59	11.95	1.52	1.39	14.13	12.66
		0.07	0.06	0.01		0.25	0.05
1.82	1.25	8.51	7.45	0.93	0.82	4.76	9.17
0.79	0.42	4.45	3.87	0.49	0.43	2.77	5.54
1.44	0.14	2.04	1.75	0.15	0.14	0.70	2.04
1.68	0.92	5.66	5.27	0.83	0.76	4.14	6.23
1.32	0.57	4.10	3.93	0.55	0.50	2.19	3.70

1-B-5 规模以上港澳台商投资

地区	企业单位数（个）	亏损企业	工业总产值（当年价）	工业销售产值（当年价）	出口交货值
全国	**28399**	**8076**	**23747.99**	**23226.00**	**10316.07**
北京	372	112	512.23	500.08	66.40
天津	372	111	262.89	264.68	82.20
河北	307	72	552.01	542.11	44.46
山西	62	21	64.55	58.87	7.65
内蒙古	41	16	69.98	67.19	7.63
辽宁	488	159	478.54	470.50	71.91
吉林	67	26	65.62	62.50	2.48
黑龙江	58	24	34.74	33.01	4.67
上海	2015	555	2201.34	2185.12	859.45
江苏	4079	1293	3341.19	3242.60	1246.33
浙江	3406	753	2189.11	2117.89	817.87
安徽	178	69	205.42	199.51	17.16
福建	3111	593	2225.86	2156.13	1119.43
江西	252	69	138.53	134.74	42.42
山东	995	226	728.67	713.72	201.98
河南	210	50	206.31	201.44	28.30
湖北	279	97	196.28	191.02	25.40
湖南	239	57	184.61	183.93	17.68
广东	11151	3514	9556.42	9386.18	5594.50
广西	189	76	93.75	87.31	16.44
海南	50	16	20.66	21.39	5.55
重庆	61	15	134.38	130.90	6.00
四川	166	57	101.80	98.34	12.28
贵州	51	27	11.94	10.46	2.36
云南	91	31	51.43	50.12	3.91
西藏					
陕西	54	19	64.70	62.62	5.41
甘肃	22	10	21.31	20.90	1.91
青海	9	3	17.10	16.74	0.38
宁夏	7		4.17	4.25	0.25
新疆	17	5	12.44	11.73	3.66

工业企业主要经济指标

单位：亿元

资产合计	流动资产合计	应收账款净额	存货	产成品	流动资产年平均余额	固定资产合计
20918.37	**11487.11**	**3401.82**	**3527.83**	**1151.00**	**10422.49**	**7745.36**
443.39	276.17	84.02	61.10	25.03	274.63	136.26
275.90	157.37	47.57	42.27	13.45	142.69	105.68
487.11	234.95	28.15	78.61	24.37	221.48	216.87
99.39	46.12	10.79	19.07	10.09	48.23	42.30
174.62	82.82	8.10	8.67	4.42	58.49	23.15
548.75	270.18	60.64	74.66	27.72	258.14	245.67
134.39	45.60	8.88	13.31	5.36	48.02	72.48
49.07	20.10	6.89	7.55	2.88	19.72	25.25
1874.19	1049.55	355.85	318.96	95.92	949.14	615.57
3066.35	1638.06	534.85	472.76	160.98	1439.26	1276.85
2007.61	1146.08	274.31	308.14	123.19	1055.81	738.78
142.79	74.78	22.83	20.70	7.59	68.62	58.17
1668.26	995.50	310.70	303.27	106.58	889.97	541.69
119.48	59.57	16.04	15.96	6.50	51.91	46.63
585.56	295.16	76.16	101.04	39.27	269.50	232.59
257.62	130.34	25.22	29.36	12.05	134.46	111.07
215.52	103.21	26.22	28.17	12.36	96.31	80.52
172.43	69.86	15.06	21.50	7.39	66.40	80.76
7947.91	4482.43	1422.65	1502.46	426.10	4041.01	2807.16
121.56	57.46	12.74	18.76	9.89	52.00	51.93
22.04	12.86	5.06	3.22	0.98	11.88	6.78
111.43	54.30	8.11	21.94	6.29	49.64	54.40
135.43	66.05	15.48	19.01	7.73	64.16	54.56
17.67	8.69	2.37	2.66	0.94	8.68	7.94
67.38	33.81	6.64	12.77	5.49	33.12	30.38
81.72	34.32	7.96	6.81	2.64	32.07	42.43
28.19	16.23	4.67	7.16	3.53	15.34	10.97
39.51	12.84	0.96	2.86	0.76	9.73	19.26
4.80	3.64	1.28	1.60	0.45	3.14	0.83
18.31	9.05	1.63	3.49	1.05	8.95	8.44

1-B-5 续表 1

地区	固定资产原价		累计折旧		固定资产净值	固定资产净值年平均余额
		生产经营用		本年折旧		
全国	**11404.34**	**10322.68**	**4217.38**	**709.89**	**7186.96**	**7011.72**
北京	199.19	183.64	72.84	9.91	126.34	126.37
天津	147.83	117.85	56.12	9.42	91.71	93.22
河北	265.04	248.21	85.00	15.74	180.04	171.84
山西	44.20	40.15	10.04	2.14	34.16	34.27
内蒙古	26.27	25.19	5.71	1.77	20.56	20.87
辽宁	381.52	354.57	144.00	19.82	237.52	228.07
吉林	93.74	87.94	19.26	3.80	74.48	70.11
黑龙江	35.02	32.85	11.13	1.78	23.89	23.81
上海	1004.44	886.35	428.10	63.09	576.35	557.20
江苏	1612.15	1447.66	493.22	99.97	1118.94	1074.66
浙江	916.06	865.85	248.79	58.08	667.27	641.83
安徽	100.91	95.31	45.78	6.24	55.12	53.68
福建	787.01	693.88	278.40	48.50	508.61	506.69
江西	54.07	50.51	12.17	2.93	41.90	40.85
山东	317.67	289.44	105.18	20.66	212.49	208.27
河南	186.58	174.80	81.63	10.18	104.95	105.47
湖北	127.85	115.99	39.13	6.22	88.72	80.18
湖南	102.29	94.81	24.82	6.55	77.47	74.14
广东	4588.88	4137.93	1889.16	299.09	2699.72	2654.74
广西	63.20	57.25	19.89	3.21	43.31	43.24
海南	10.50	8.48	4.06	0.81	6.44	6.06
重庆	73.56	70.06	32.31	3.62	41.25	40.99
四川	68.93	62.11	19.99	3.96	48.94	49.19
贵州	10.30	8.25	3.40	0.49	6.89	6.47
云南	44.56	40.74	17.69	3.08	26.86	26.43
西藏						
陕西	87.57	85.30	46.18	6.10	41.39	43.54
甘肃	22.64	21.75	11.71	0.90	10.93	10.96
青海	15.85	10.08	4.02	0.72	11.83	9.46
宁夏	0.99	0.85	0.27	0.05	0.72	0.79
新疆	15.53	14.88	7.37	1.05	8.15	8.32

单位：亿元

负债合计	流动负债合计		长期负债合计	所有者权益		
		应付账款		合计	实收资本	
						国家资本
11865.61	**10176.59**	**3829.02**	**1595.67**	**9045.88**	**6836.76**	**294.14**
277.27	214.45	80.04	62.83	166.12	115.64	7.45
157.07	133.58	44.77	23.49	118.83	102.57	7.21
297.59	233.38	46.67	58.98	189.52	100.25	14.29
65.37	50.05	10.95	13.26	34.01	30.28	2.55
60.06	37.21	6.45	22.86	114.55	84.05	3.22
309.80	271.99	42.84	33.34	238.95	177.11	21.23
78.33	43.98	8.08	33.43	56.06	37.27	4.46
30.25	22.93	7.92	5.74	18.81	14.60	2.38
991.75	894.87	385.81	89.91	882.44	596.75	24.71
1804.96	1523.88	577.34	281.00	1261.39	973.42	25.54
1183.97	1047.35	254.18	135.19	823.64	600.12	10.12
81.50	65.22	23.89	16.20	61.30	48.47	3.85
862.37	790.10	295.43	63.95	799.01	585.73	17.54
60.17	47.10	15.83	11.38	59.31	50.83	1.71
340.63	291.79	72.25	45.72	244.93	175.37	12.28
165.60	141.61	27.04	23.45	92.02	65.07	13.74
132.93	99.29	23.24	22.94	82.59	66.36	2.59
89.81	61.89	17.50	26.84	82.62	53.15	5.13
4514.52	3915.96	1825.58	559.64	3433.39	2748.42	89.04
74.20	52.58	11.58	17.67	47.36	42.93	4.48
10.35	9.29	4.00	1.07	11.69	8.36	
58.12	47.40	13.11	10.72	53.31	22.62	7.39
84.79	73.01	13.07	10.21	50.64	37.97	3.78
9.36	7.34	2.33	1.98	8.31	8.35	1.41
35.97	28.10	8.52	7.87	31.41	27.25	2.97
36.72	28.46	5.97	7.95	45.01	36.76	1.93
16.27	15.38	1.53	0.69	11.92	12.00	2.51
23.65	19.87	1.06	3.78	15.87	6.24	
2.98	1.15	0.49	1.83	1.82	1.27	
9.25	7.42	1.54	1.77	9.06	7.54	0.62

1-B-5 续表 2

地 区						主营业务收入
	集体资本	法人资本	个人资本	港澳台资本	外商资本	
全 国	**141.70**	**1193.48**	**206.96**	**4756.58**	**243.90**	**23067.09**
北 京	1.53	34.56	5.09	66.38	0.64	530.97
天 津	2.29	44.77	1.08	41.35	5.87	269.21
河 北	5.00	21.76	4.73	54.49		543.46
山 西	1.36	12.15	1.64	12.58		59.66
内蒙古	0.21	73.30	0.15	6.89	0.28	66.33
辽 宁	20.39	26.11	6.37	102.49	0.52	461.21
吉 林	0.75	12.22	1.04	18.70	0.10	63.03
黑龙江	0.18	4.78	0.33	5.73	1.20	33.82
上 海	12.00	169.49	25.34	363.77	1.44	2224.83
江 苏	22.74	142.00	30.28	724.52	28.34	3229.42
浙 江	14.79	141.67	59.60	372.68	1.27	2102.95
安 徽	0.51	9.84	0.64	27.97	5.65	165.53
福 建	2.44	55.31	8.97	500.44	1.02	2144.94
江 西	2.89	5.39	3.01	36.92	0.91	149.64
山 东	6.50	32.54	8.07	115.63	0.34	668.49
河 南	1.33	14.65	4.12	23.58	7.66	194.10
湖 北	1.87	21.15	1.26	37.30	2.18	185.59
湖 南	1.05	12.73	2.19	30.05	2.00	173.66
广 东	39.43	297.39	37.29	2106.78	178.49	9297.01
广 西	0.47	9.40	1.06	26.28	1.25	88.96
海 南	0.12	1.55		6.41	0.27	20.98
重 庆	0.15	3.57	0.52	10.92	0.08	128.01
四 川	0.45	10.49	1.58	20.77	0.89	96.64
贵 州	0.37	2.53	0.02	3.98	0.05	10.03
云 南	1.85	8.78	1.62	10.89	1.13	50.44
西 藏						
陕 西	0.72	14.25	0.65	18.52	0.67	47.74
甘 肃		4.63	0.09	4.09	0.67	21.31
青 海	0.09	4.20	0.09	1.15	0.71	22.29
宁 夏	0.03	0.85	0.02	0.13	0.23	4.01
新 疆	0.20	1.41	0.10	5.19	0.02	12.84

单位：亿元

主营业务成本	主营业务税金及附加	其他业务收入	其他业务利润	营业费用	管理费用	税金
19964.22	**84.88**	**435.72**	**95.95**	**726.70**	**963.01**	**27.16**
444.23	0.28	9.33	1.56	40.16	21.59	0.41
228.18	0.79	5.43	1.00	11.58	12.85	0.36
466.04	1.84	10.97	0.94	10.59	16.86	0.51
48.82	0.37	7.32	0.19	5.31	2.72	0.07
53.16	0.03	9.55	4.57	0.73	2.28	0.07
390.84	2.19	7.88	1.53	14.27	19.34	0.78
48.50	0.67	0.82	0.22	5.24	5.46	0.11
28.29	0.22	0.99	0.14	1.52	2.25	0.04
1919.15	11.66	48.97	9.36	73.00	98.09	1.76
2851.97	3.74	63.50	14.21	78.20	118.17	3.26
1818.63	9.09	46.32	7.25	63.64	81.05	2.08
142.98	0.41	6.10	0.67	3.62	4.68	0.21
1871.17	9.04	25.21	8.29	74.06	74.31	3.78
134.90	0.41	0.43	0.72	4.48	3.74	0.09
577.37	3.50	10.74	2.70	20.44	24.12	0.99
165.20	0.63	6.73	0.54	8.02	6.91	0.17
150.05	0.91	2.98	0.44	16.38	7.77	0.30
137.83	3.73	1.19	0.67	5.33	7.10	0.82
8074.63	32.96	163.78	39.66	267.11	429.61	10.85
77.38	0.23	0.96	0.28	2.71	4.47	0.17
15.29	0.08	0.09	0.03	1.94	1.19	0.02
106.74	0.57	0.55	0.28	4.57	4.20	0.08
78.38	0.25	1.69	0.48	7.09	5.01	0.06
8.21	0.09	0.21	0.10	0.51	0.73	0.01
39.49	0.22	1.77	0.09	2.68	3.51	0.06
35.18	0.53	0.46	0.05	1.80	2.17	0.04
18.62	0.34	0.37	-0.12	0.54	0.98	0.01
19.11	0.07	0.02	0.01	0.56	1.17	0.03
3.42		0.02	0.01	0.10	0.13	
10.47	0.01	1.38	0.05	0.51	0.57	0.01

1-B-5 续表 3

地 区	财务费用		营业利润	投资收益	补贴收入	利润总额
		利息支出				
全 国	**193.31**	**164.17**	**1173.43**	**27.89**	**27.63**	**1253.35**
北 京	4.52	3.94	21.76	1.93	0.55	25.00
天 津	2.05	2.43	15.07	0.59	2.22	17.00
河 北	5.71	5.11	43.34	0.31	0.26	43.91
山 西	1.00	0.88	2.50	0.02	0.23	1.48
内蒙古	1.02	0.95	13.69	-0.01	0.86	14.26
辽 宁	8.03	6.78	28.08	0.10	0.57	28.26
吉 林	2.10	2.02	1.94	0.03	0.27	1.01
黑龙江	0.67	0.64	0.97	0.06	0.23	1.17
上 海	14.46	12.37	117.82	8.88	1.80	120.47
江 苏	28.43	23.80	163.13	0.24	2.73	162.13
浙 江	27.35	24.41	110.61	1.30	4.35	115.25
安 徽	2.00	1.78	12.24	-0.01	0.09	12.35
福 建	15.50	12.76	95.07	10.85	1.70	107.75
江 西	1.24	1.07	5.00	-0.09	0.13	5.14
山 东	8.46	6.52	37.21	-0.28	0.72	36.91
河 南	4.21	4.00	8.93	-0.19	0.17	9.46
湖 北	2.76	1.46	7.91	-0.05	0.24	8.81
湖 南	2.33	2.32	18.11	0.14	0.20	17.75
广 东	53.52	44.04	431.45	2.98	9.51	487.27
广 西	1.26	1.11	2.66	0.06	0.21	2.33
海 南	0.12	0.10	1.89	0.04	0.06	2.46
重 庆	1.31	1.26	10.77	0.10	0.08	10.73
四 川	1.51	1.46	4.88	0.22	0.06	3.85
贵 州	0.20	0.20	0.39		0.02	0.37
云 南	0.52	0.47	4.12	0.32	0.28	4.61
西 藏						
陕 西	0.88	0.84	7.86	0.01	0.02	7.20
甘 肃	0.36	0.34	0.47	0.01		0.45
青 海	1.48	0.79	4.20	0.32	0.02	4.54
宁 夏	0.09	0.08	0.29			0.29
新 疆	0.22	0.22	1.12		0.04	1.15

单位：亿元

亏损企业亏损额	应交所得税	本年应付工资总额	主营业务应付工资总额	本年应付福利费总额	主营业务应付福利费总额	本年应交增值税	全部从业人员年平均人数（万人）
208.79	**127.94**	**1287.50**	**1179.66**	**92.38**	**83.09**	**533.11**	**892.68**
5.86	2.61	20.68	20.16	2.87	2.84	17.92	7.27
4.35	1.62	13.36	11.17	2.03	1.72	6.32	7.82
2.18	5.35	18.06	16.82	3.13	2.97	19.93	12.01
1.26	0.24	3.16	2.96	0.35	0.34	3.50	2.83
0.87	0.86	1.70	1.63	0.32	0.23	2.79	1.10
6.65	3.35	16.83	16.24	1.67	1.46	16.22	11.42
4.42	0.43	2.47	2.23	0.51	0.49	3.39	1.83
0.89	0.15	1.74	1.68	0.11	0.10	1.22	1.68
19.84	14.73	93.89	88.13	7.58	7.09	53.54	41.62
32.92	15.98	148.01	140.91	17.18	16.57	72.26	94.88
14.86	13.10	117.99	112.91	9.10	8.47	55.05	78.77
1.33	0.88	6.10	5.97	0.65	0.64	5.76	5.17
8.93	11.31	133.41	126.81	7.34	6.68	41.65	101.55
0.65	0.55	6.99	6.48	0.45	0.44	4.10	8.29
4.85	4.03	28.18	27.34	2.22	2.17	19.61	26.95
1.98	3.23	9.25	9.09	0.94	0.93	7.67	6.91
2.32	1.13	8.01	7.00	0.79	0.70	7.44	7.02
1.65	1.55	7.63	7.49	0.54	0.49	6.79	6.12
84.18	42.36	623.99	550.42	32.10	26.61	164.93	451.76
2.26	0.68	5.51	4.97	0.34	0.30	2.93	5.61
0.22	0.09	0.89	0.75	0.06	0.02	1.04	0.59
1.09	0.54	5.73	5.49	0.66	0.65	6.05	2.41
2.04	0.56	4.68	4.51	0.57	0.42	3.52	3.45
0.38	0.06	0.83	0.72	0.07	0.06	0.59	0.70
1.43	0.59	2.77	2.70	0.24	0.24	2.51	1.59
0.73	1.02	2.62	2.27	0.35	0.29	3.79	1.81
0.29	0.13	1.15	1.07	0.09	0.08	0.90	0.65
0.24	0.61	1.05	0.89	0.05	0.04	1.11	0.29
	0.05	0.12	0.11	0.01	0.01	0.06	0.10
0.13	0.13	0.70	0.70	0.06	0.06	0.51	0.48

1-B-6 规模以上外商投资

地 区	企业单位数（个）	亏损企业	工业总产值（当年价）	工业销售产值（当年价）	出口交货值
全 国	**28766**	**7917**	**42247.22**	**41510.34**	**18667.50**
北 京	968	298	1756.86	1706.79	499.49
天 津	1285	392	2583.28	2575.97	1201.98
河 北	601	127	744.63	740.45	120.67
山 西	70	20	117.71	119.21	26.78
内蒙古	77	20	174.48	186.62	27.96
辽 宁	1672	544	1765.40	1708.15	743.66
吉 林	212	70	867.74	876.62	38.57
黑龙江	146	42	274.35	270.97	14.63
上 海	3647	1003	6357.87	6257.12	2707.72
江 苏	5024	1515	7385.12	7241.39	4064.97
浙 江	3483	765	2721.08	2701.67	1203.48
安 徽	261	87	392.02	388.43	66.32
福 建	1713	332	1813.55	1760.31	851.39
江 西	177	47	241.67	234.88	35.70
山 东	3320	833	3054.17	2977.55	1151.58
河 南	245	55	340.28	331.08	33.33
湖 北	291	87	856.96	845.16	57.97
湖 南	159	28	171.73	169.28	36.70
广 东	4385	1357	9306.15	9132.53	5660.08
广 西	168	48	319.86	305.68	21.15
海 南	41	13	52.92	50.99	6.98
重 庆	120	20	281.63	278.76	16.31
四 川	317	82	297.29	290.84	34.58
贵 州	65	31	46.79	42.66	11.48
云 南	82	21	86.88	86.31	6.57
西 藏	1		0.30	0.24	
陕 西	121	38	135.58	132.44	10.54
甘 肃	28	12	28.68	28.72	2.62
青 海	10	2	3.25	3.25	0.28
宁 夏	31	8	43.73	41.81	8.58
新 疆	46	20	25.24	24.47	5.42

工业企业主要经济指标

单位：亿元

资产合计	流动资产合计	应收账款净额	存货	产成品	流动资产年平均余额	固定资产合计
34683.42	**19128.04**	**6037.98**	**5474.23**	**1688.67**	**17844.36**	**13145.73**
1401.97	853.38	240.34	253.24	87.58	779.23	461.23
1757.41	1092.94	342.49	271.17	70.60	1096.00	580.22
766.42	311.69	68.43	92.49	24.58	277.38	419.93
206.74	58.69	13.14	15.72	4.28	55.83	143.06
195.08	95.75	14.45	33.35	15.53	82.95	59.51
1682.89	945.93	251.66	313.60	116.84	890.92	621.60
535.29	292.25	76.87	107.31	17.58	290.86	221.33
354.65	149.51	29.89	47.89	19.82	131.76	192.00
5787.17	3414.80	1090.61	915.23	238.78	3304.41	1988.04
5732.49	3070.71	1177.34	872.13	278.29	2780.99	2407.20
2457.27	1438.54	433.11	414.50	145.77	1330.18	866.70
413.99	213.49	69.71	50.89	18.39	190.44	167.69
1628.70	839.40	234.17	208.44	65.33	760.81	708.23
229.41	84.38	15.39	41.46	8.16	76.79	135.34
2453.04	1089.97	286.55	342.40	124.40	1050.08	1126.79
413.27	196.35	37.30	56.40	21.27	193.03	200.45
902.35	399.24	64.99	148.27	56.20	346.86	312.26
208.32	83.20	27.44	19.65	7.27	80.55	105.26
5897.20	3712.03	1382.42	1034.46	279.12	3357.75	1764.69
287.61	142.76	32.29	47.61	20.86	138.08	127.72
162.24	51.96	8.18	14.10	2.60	57.75	21.36
299.00	135.76	29.63	38.13	14.78	131.82	143.64
383.13	209.39	56.79	61.17	22.57	196.31	131.79
82.25	35.11	7.15	10.69	5.07	32.80	42.23
136.43	49.63	8.21	15.57	6.60	45.84	78.48
0.22	0.13	0.03	0.08	0.05	0.12	0.08
142.12	83.25	21.56	23.78	9.43	87.70	47.52
43.98	19.77	4.73	4.62	1.42	16.76	23.20
8.96	2.95	0.79	0.95	0.26	2.61	2.47
77.22	37.36	9.36	12.76	3.89	39.79	33.28
36.60	17.70	2.96	6.18	1.36	17.98	12.43

1-B-6 续表 1

地 区	固定资产原价	生产经营用	累计折旧	本年折旧	固定资产净值	固定资产净值年平均余额
全 国	**17983.58**	**16165.74**	**6083.17**	**1229.64**	**11900.41**	**11560.85**
北 京	609.30	524.22	237.88	41.04	371.42	339.65
天 津	865.06	717.21	327.59	75.76	537.47	597.75
河 北	585.13	559.81	192.64	33.16	392.49	386.86
山 西	186.38	177.63	51.16	14.25	135.22	139.07
内蒙古	69.92	56.82	17.63	6.00	52.30	46.10
辽 宁	955.04	868.96	365.83	57.58	589.21	577.52
吉 林	270.31	259.48	113.58	14.72	156.73	152.01
黑龙江	223.44	217.27	65.51	15.89	157.93	160.01
上 海	2966.59	2619.78	1150.20	241.77	1816.39	1743.14
江 苏	3021.26	2701.82	844.29	203.91	2176.97	2070.72
浙 江	1055.49	993.40	290.18	71.12	765.31	724.42
安 徽	222.47	199.87	64.83	15.83	157.65	150.19
福 建	922.14	822.84	285.15	59.66	637.00	629.66
江 西	186.15	173.93	61.52	7.09	124.64	121.88
山 东	1458.86	1362.01	448.70	84.38	1010.16	995.78
河 南	266.43	247.32	94.29	12.90	172.14	176.40
湖 北	426.02	387.03	164.86	25.44	261.16	246.22
湖 南	142.42	135.41	45.91	10.51	96.50	92.00
广 东	2624.27	2326.07	942.61	183.91	1681.65	1625.37
广 西	175.85	171.23	57.89	10.09	117.96	115.70
海 南	37.82	32.30	10.46	1.67	27.36	24.06
重 庆	196.11	180.76	87.43	10.93	108.68	110.06
四 川	191.40	173.51	64.36	13.13	127.04	124.13
贵 州	49.56	47.62	8.83	2.56	40.73	37.48
云 南	107.89	85.58	31.89	5.78	76.01	66.57
西 藏	0.09	0.09	0.01		0.08	0.08
陕 西	71.80	58.55	27.09	5.27	44.71	44.12
甘 肃	40.78	12.74	19.73	2.51	21.05	21.79
青 海	2.97	2.85	0.92	0.15	2.05	2.01
宁 夏	35.70	33.80	4.89	1.46	30.81	28.61
新 疆	16.92	15.83	5.31	1.17	11.61	11.52

单位：亿元

负债合计	流动负债合计	应付账款	长期负债合计	所有者权益合计	实收资本	国家资本
19412.73	**16523.92**	**6764.87**	**2795.60**	**15252.92**	**11573.34**	**654.80**
766.01	692.30	282.47	73.71	635.95	534.03	32.78
856.14	790.22	325.92	65.92	901.27	656.48	23.47
444.75	296.93	77.22	141.12	321.67	250.80	36.28
127.26	55.89	14.77	71.04	79.48	67.54	6.13
95.57	79.58	10.60	15.99	99.51	38.73	4.65
925.81	811.43	266.17	112.86	757.07	589.59	33.10
251.69	227.36	81.69	21.99	283.61	184.84	56.08
248.80	183.08	39.75	65.60	105.85	91.57	10.45
3147.19	2772.84	1196.82	359.54	2639.98	2089.69	48.97
3400.67	2975.07	1339.67	425.59	2331.82	1998.62	47.76
1383.66	1230.21	425.70	152.12	1073.61	780.81	26.74
241.39	175.35	50.43	65.86	172.59	144.87	10.10
870.88	681.71	228.64	184.09	757.82	514.54	29.35
110.85	62.36	12.90	47.86	118.56	68.26	3.13
1309.22	1025.39	290.46	271.06	1126.05	732.06	34.77
249.67	198.84	40.33	50.02	163.60	110.33	12.78
479.36	388.35	123.55	89.59	422.99	412.80	104.49
110.49	79.42	22.12	29.49	97.83	78.68	8.46
3436.72	3140.50	1738.31	258.87	2460.48	1680.98	63.53
157.20	122.16	43.44	34.64	130.41	85.57	10.22
99.52	39.59	13.34	59.40	62.72	55.83	0.60
173.40	107.36	33.65	65.30	125.60	89.60	7.41
216.46	179.46	53.51	34.69	166.67	137.28	11.49
51.69	30.15	8.98	21.54	30.55	27.93	6.47
76.74	40.36	9.24	36.38	59.70	52.15	4.29
0.12	0.08	0.06	0.03	0.10	0.07	
82.84	69.02	18.94	11.74	59.29	47.83	6.07
23.78	14.14	2.79	9.62	20.20	17.26	7.98
5.21	4.54	0.81	0.67	3.75	1.83	0.32
54.25	37.29	9.67	16.85	22.97	22.11	6.55
15.41	12.94	2.94	2.40	21.20	10.68	0.39

1-B-6 续表 2

地　区						主营业务收入
	集体资本	法人资本	个人资本	港澳台资本	外商资本	
全　国	**128.02**	**2086.17**	**226.70**	**252.81**	**8224.83**	**42038.76**
北　京	4.76	133.58	5.25	1.81	355.85	1720.42
天　津	4.92	153.49	2.95	15.93	455.72	2558.73
河　北	2.48	76.56	9.38	2.39	123.70	720.17
山　西	0.33	31.47	0.64		28.97	120.30
内蒙古	0.47	11.81	4.17	0.95	16.68	174.87
辽　宁	6.04	106.65	23.67	11.43	408.71	1690.17
吉　林	1.53	27.44	1.34	1.03	97.42	749.04
黑龙江	0.60	28.17	3.89	2.25	46.21	260.93
上　海	27.16	443.84	15.84	5.54	1548.33	6971.35
江　苏	15.92	180.04	27.22	10.28	1717.41	7217.27
浙　江	11.42	167.26	51.55	15.23	508.61	2807.15
安　徽	2.25	24.75	3.43	1.52	102.83	391.42
福　建	2.07	45.30	3.39	5.82	428.62	1765.56
江　西	0.90	21.82	6.36	12.81	23.23	233.01
山　东	19.92	144.59	27.96	3.66	501.18	2914.36
河　南	1.55	43.53	2.30	6.51	43.66	329.47
湖　北	1.51	83.11	3.06	5.18	215.46	817.43
湖　南	0.05	16.39	1.32	0.95	51.52	161.52
广　东	17.78	212.45	20.36	132.46	1234.40	9142.34
广　西	0.93	12.15	1.35	0.80	60.12	305.37
海　南		1.76	0.02	0.84	52.60	49.88
重　庆	0.41	36.62	0.91	2.41	41.85	278.78
四　川	1.24	38.31	4.75	2.80	78.69	300.59
贵　州	0.49	4.80	0.35	6.07	9.75	41.67
云　南	1.66	18.43	2.18	0.72	24.86	87.44
西　藏			0.04		0.03	0.24
陕　西	1.40	13.66	0.45	0.51	25.74	130.29
甘　肃	0.06	2.06	0.17	0.86	6.13	27.94
青　海	0.07	0.30	0.03		1.11	3.86
宁　夏	0.04	2.35	0.89	0.27	12.00	41.85
新　疆	0.06	3.48	1.49	1.80	3.45	25.37

单位：亿元

主营业务成本	主营业务税金及附加	其他业务收入	其他业务利润	营业费用	管理费用	税金
35685.32	**212.02**	**674.42**	**166.97**	**1699.55**	**1759.59**	**46.83**
1410.24	12.08	18.72	6.13	87.99	91.45	1.83
2137.17	13.20	28.30	29.30	133.24	83.21	2.31
586.86	2.53	6.90	1.80	20.58	23.31	0.63
92.20	0.89	0.27	1.21	8.17	4.93	0.06
129.40	0.33	1.97	0.91	22.10	6.52	0.26
1434.14	8.91	38.14	9.51	68.59	81.74	4.20
634.54	25.64	40.04	5.56	14.95	27.21	0.89
208.97	4.22	7.79	0.75	22.52	9.83	0.16
5817.26	44.18	109.85	25.69	300.96	357.90	6.22
6380.50	10.00	81.74	20.33	211.03	273.37	6.16
2387.51	10.21	69.59	9.34	100.81	130.90	3.69
315.35	4.34	12.45	2.14	25.43	19.14	0.89
1468.60	3.93	13.61	5.58	59.91	62.46	2.79
197.01	0.61	2.45	-1.05	4.80	6.91	0.40
2482.16	10.77	25.56	8.61	95.12	116.87	3.44
274.95	2.75	6.97	1.81	16.33	12.21	0.15
701.33	8.60	60.44	4.60	48.30	45.25	1.02
125.83	2.75	5.00	0.92	8.53	9.17	0.32
7901.56	34.03	119.15	27.82	355.06	323.94	9.60
241.15	2.25	3.00	1.99	19.07	15.70	0.48
36.54	0.82	0.64	0.09	5.51	3.38	0.06
214.06	5.10	3.48	0.96	16.41	14.91	0.44
236.87	2.05	10.41	1.33	22.75	17.58	0.35
32.36	0.30	0.39	0.19	2.45	3.27	0.05
69.29	0.35	0.75	0.15	4.84	4.61	0.16
0.20				0.02	0.01	
89.01	0.32	2.28	0.80	19.06	8.15	0.15
24.00	0.07	0.18	0.05	0.89	1.72	0.02
2.45	0.06	0.03		0.39	0.45	
35.90	0.39	3.21	0.29	2.04	1.93	0.08
17.88	0.35	1.09	0.18	1.70	1.56	0.03

1-B-6 续表 3

地 区	财务费用	利息支出	营业利润	投资收益	补贴收入	利润总额
全 国	**303.56**	**233.43**	**2513.21**	**50.42**	**53.98**	**2622.62**
北 京	10.73	7.13	114.05	4.88	1.08	118.77
天 津	9.70	6.86	212.53	-0.41	0.84	209.84
河 北	10.86	9.27	77.83	0.98	0.80	79.97
山 西	5.55	5.42	9.05	0.03	0.08	8.90
内蒙古	2.39	2.12	15.01	0.49	0.14	13.04
辽 宁	20.86	15.62	85.44	0.74	1.01	84.10
吉 林	5.88	4.27	36.04	-2.12	0.22	51.49
黑龙江	5.75	4.92	10.12	0.20	2.21	11.95
上 海	32.59	20.42	444.14	15.62	7.01	465.81
江 苏	49.21	36.43	313.48	1.76	10.32	323.58
浙 江	25.90	21.00	165.12	2.67	7.03	175.06
安 徽	6.09	5.75	22.93	0.34	0.63	24.36
福 建	20.23	13.23	127.59	2.74	7.52	156.89
江 西	3.76	3.29	18.57	0.04	0.14	18.35
山 东	31.09	24.29	198.39	4.50	2.64	201.98
河 南	6.44	5.87	17.88	0.27	0.68	18.38
湖 北	7.67	7.61	17.13	7.70	2.07	27.12
湖 南	2.58	2.43	14.19	0.03	0.32	13.11
广 东	25.92	18.88	513.16	9.25	4.84	517.21
广 西	4.19	4.32	25.13	0.07	0.40	24.17
海 南	0.37	0.39	3.61	-0.07	0.06	3.17
重 庆	3.97	3.31	26.04	0.39	1.96	28.47
四 川	4.60	3.81	18.06	0.05	0.80	19.14
贵 州	1.52	1.52	1.97	0.13	0.24	2.28
云 南	2.13	1.99	6.37	0.06	0.76	7.11
西 藏			0.01			0.01
陕 西	1.24	1.14	14.15	-0.02	0.05	13.02
甘 肃	0.90	0.78	1.04	-0.04	0.04	1.02
青 海	0.09	0.08	0.42	0.01	0.01	0.44
宁 夏	1.07	1.02	0.79		0.02	0.83
新 疆	0.28	0.27	2.96	0.12	0.06	3.06

单位：亿元

亏损企业亏损额	应交所得税	本年应付工资总额	主营业务应付工资总额	本年应付福利费总额	主营业务应付福利费总额	本年应交增值税	全部从业人员年平均人数（万人）
359.20	**276.36**	**1612.75**	**1479.23**	**172.62**	**159.47**	**975.56**	**862.58**
18.23	13.40	65.00	61.56	9.30	8.62	45.28	19.40
24.84	28.03	79.03	70.66	14.91	12.47	47.87	35.96
5.09	11.25	24.23	22.17	2.09	1.92	32.10	17.35
0.78	0.83	3.99	3.89	0.47	0.47	8.94	3.05
0.42	1.04	5.64	5.53	0.68	0.67	4.69	3.65
24.18	10.39	59.95	57.38	7.77	7.18	37.02	38.98
5.29	3.96	13.85	11.26	1.25	1.08	21.34	6.63
4.60	1.75	8.74	7.86	0.88	0.76	13.33	6.61
68.71	46.86	260.53	249.91	32.53	30.90	149.35	86.86
73.46	30.23	256.80	246.93	30.46	29.42	120.62	134.58
19.94	21.14	136.11	129.98	14.08	13.16	72.43	79.82
2.92	3.43	11.88	11.54	1.61	1.58	14.78	8.03
8.83	13.39	86.52	79.83	6.43	5.85	44.17	57.68
1.83	1.47	7.95	7.75	0.91	0.90	9.43	5.57
19.00	25.21	125.81	122.40	8.71	8.55	88.88	99.90
2.33	2.47	10.74	10.40	1.05	1.04	12.00	9.17
13.28	2.50	28.76	25.82	2.34	2.04	19.60	13.68
0.61	0.87	6.78	6.56	1.03	0.95	5.67	4.61
51.34	47.97	368.90	300.87	29.11	25.64	169.58	201.32
2.33	2.58	12.26	11.07	1.93	1.74	12.92	7.40
0.70	0.33	3.40	2.45	0.20	0.10	1.92	1.65
1.20	1.59	7.49	6.53	1.13	0.87	13.36	4.03
4.45	2.00	12.17	11.84	1.37	1.34	12.43	7.75
0.84	0.58	2.15	2.11	0.23	0.22	1.96	1.65
0.35	0.52	3.06	2.82	0.34	0.30	4.49	1.64
		0.01	0.01			0.01	0.01
1.87	1.56	6.34	5.67	1.45	1.35	7.27	2.83
0.39	0.30	1.00	0.95	0.18	0.17	1.83	0.62
		0.32	0.27	0.02	0.02	0.23	0.29
0.95	0.10	2.18	2.09	0.06	0.05	1.01	1.24
0.43	0.60	1.12	1.10	0.12	0.12	1.06	0.63

1-B-7 规模以上采矿业

地区	企业单位数（个）	亏损企业	工业总产值（当年价）	工业销售产值（当年价）	出口交货值
全国	**10755**	**1338**	**10788.60**	**10663.09**	**386.50**
北京	67	8	141.29	144.67	6.49
天津	18	3	379.65	379.19	23.65
河北	712	115	659.36	652.12	2.39
山西	1606	198	978.57	959.01	102.10
内蒙古	379	27	285.64	282.92	2.90
辽宁	569	82	542.34	535.94	10.87
吉林	216	45	196.50	194.03	0.33
黑龙江	184	47	1186.16	1179.86	12.20
上海	1		18.50	18.82	
江苏	194	26	217.09	213.43	1.66
浙江	396	34	82.63	81.42	2.49
安徽	235	54	262.71	261.11	1.65
福建	268	24	80.57	80.42	2.63
江西	293	39	115.21	113.77	0.76
山东	673	35	1873.30	1805.97	67.42
河南	1198	50	873.60	867.13	5.71
湖北	324	54	131.35	128.70	2.36
湖南	851	78	192.02	191.83	2.30
广东	290	49	436.31	445.66	86.27
广西	192	45	43.69	43.49	5.12
海南	36	7	21.48	22.65	0.03
重庆	184	15	63.51	66.96	1.50
四川	603	69	314.84	313.63	9.73
贵州	296	38	110.52	109.46	13.30
云南	198	43	97.13	97.34	1.30
西藏	16	5	2.34	2.44	
陕西	325	55	634.87	632.35	19.30
甘肃	170	28	134.30	131.35	0.07
青海	68	13	105.66	104.67	0.27
宁夏	55	12	52.06	52.00	1.33
新疆	138	40	555.41	550.72	0.38

工业企业主要经济指标

单位：亿元

资产合计	流动资产合计	应收账款净额	存货	产成品	流动资产年平均余额	固定资产合计
15404.58	**4967.00**	**827.95**	**778.27**	**289.19**	**4520.17**	**9083.39**
63.33	37.77	13.31	6.49	2.13	34.42	20.60
481.62	123.55	30.88	20.45	5.78	111.80	343.06
886.85	345.21	59.37	57.99	26.71	316.77	484.95
1755.15	716.51	112.21	110.76	41.88	638.78	828.23
576.14	182.54	32.25	36.71	14.32	166.22	327.28
819.23	245.97	53.74	36.60	15.40	240.18	544.78
382.59	115.87	28.97	10.32	3.93	100.79	253.58
1264.66	346.86	49.97	38.34	14.45	352.87	897.08
41.46	22.85	2.35	0.39	0.24	19.74	17.09
352.46	115.55	15.69	19.36	8.40	104.25	182.69
67.19	29.36	7.43	5.08	2.58	27.30	26.48
625.09	166.20	24.42	24.12	6.86	157.01	322.58
66.22	36.38	6.84	3.63	2.11	28.41	22.78
162.55	48.44	9.23	8.61	3.27	51.67	58.73
2258.25	786.86	99.29	100.63	38.32	673.80	1300.28
1156.93	399.05	69.02	71.61	23.15	370.95	660.32
176.24	61.41	15.21	11.70	2.88	59.39	96.48
133.73	53.81	12.36	10.46	4.15	48.96	66.52
224.72	64.01	9.71	11.91	6.04	59.47	98.76
56.26	25.18	5.81	5.62	2.99	24.13	24.45
27.34	12.98	2.37	3.20	1.46	10.93	10.96
85.88	32.57	5.08	4.21	1.57	28.79	43.07
492.53	150.22	27.14	27.25	6.35	138.45	305.23
275.15	84.13	12.99	15.10	6.00	76.94	161.69
236.25	82.75	9.97	11.85	5.81	77.95	83.53
13.67	6.37	2.05	1.32	0.88	6.31	4.58
1165.72	297.11	42.35	50.56	10.12	268.99	793.57
278.94	66.98	19.46	17.16	9.37	56.27	187.95
194.90	55.54	5.57	9.61	3.97	42.86	125.23
105.13	47.22	8.74	9.36	3.69	43.69	55.30
978.39	207.74	34.14	37.87	14.38	182.06	735.56

1-B-7 续表 1

地区	固定资产原价	生产经营用	累计折旧	本年折旧	固定资产净值	固定资产净值年平均余额
全国	**14552.93**	**13278.91**	**6294.24**	**969.32**	**8258.69**	**7988.21**
北京	34.82	30.34	14.73	2.15	20.10	18.24
天津	746.53	696.91	396.49	54.43	350.04	301.86
河北	809.90	725.20	356.29	49.12	453.61	440.09
山西	1034.71	883.87	382.44	65.93	652.27	630.20
内蒙古	411.26	359.45	131.93	27.24	279.32	267.94
辽宁	1047.57	979.09	508.06	66.85	539.52	532.33
吉林	418.17	382.54	165.68	30.52	252.50	241.02
黑龙江	1831.31	1780.27	961.74	117.67	869.57	851.95
上海	46.92	28.59	29.83	5.26	17.09	18.96
江苏	261.97	231.72	112.84	17.13	149.13	148.91
浙江	37.78	35.00	11.91	2.66	25.87	25.18
安徽	428.76	373.34	142.35	24.77	286.41	279.44
福建	31.62	24.62	10.55	1.83	21.07	20.56
江西	75.64	65.77	23.01	5.41	52.63	48.10
山东	2262.09	2054.87	1081.81	138.99	1180.27	1154.12
河南	982.65	876.06	410.77	56.57	571.87	570.33
湖北	164.48	144.14	70.62	9.06	93.86	92.23
湖南	94.86	78.83	32.59	5.64	62.26	61.80
广东	119.94	115.09	24.75	4.07	95.19	94.92
广西	34.44	26.77	12.93	1.46	21.51	20.24
海南	16.85	11.11	8.71	0.85	8.14	7.86
重庆	59.79	52.44	23.98	2.50	35.82	33.67
四川	568.65	536.15	296.49	84.19	272.16	264.26
贵州	195.19	164.09	52.95	8.70	142.24	139.03
云南	112.45	91.89	43.15	6.31	69.31	66.58
西藏	5.51	5.08	1.79	0.17	3.72	4.63
陕西	1103.71	1021.17	363.85	79.52	739.86	695.25
甘肃	224.53	173.77	51.66	5.61	172.88	168.51
青海	156.88	127.92	53.44	11.35	103.45	98.33
宁夏	60.79	47.03	19.71	3.12	41.08	38.20
新疆	1173.15	1155.78	497.22	80.23	675.93	653.47

单位：亿元

负债合计	流动负债合计		长期负债合计	所有者权益		
		应付账款		合计	实收资本	
						国家资本
7734.05	**5228.49**	**1187.42**	**2321.39**	**7601.10**	**5196.87**	**2706.66**
27.19	25.45	9.86	1.73	36.14	18.73	3.18
193.59	150.22	34.89	43.37	288.03	204.79	3.95
458.89	300.27	75.55	154.36	427.96	327.95	266.69
1081.88	689.25	137.49	364.21	656.49	385.95	230.38
303.42	192.34	33.34	111.08	272.72	203.42	36.83
379.41	250.15	77.22	127.29	439.83	446.73	264.60
189.00	131.63	34.56	56.62	193.58	187.68	105.75
352.31	327.53	93.46	24.40	908.33	621.71	77.40
13.17	3.31	0.16	9.86	28.29	9.00	
197.47	158.44	25.38	39.03	144.25	94.00	31.16
37.78	31.67	6.67	5.74	29.41	19.31	4.93
344.66	201.01	32.05	127.48	280.44	191.10	161.16
34.32	28.90	2.99	5.18	31.90	19.31	6.30
95.65	75.67	9.17	19.05	66.90	61.71	34.77
1203.16	861.45	169.32	331.38	1055.09	621.62	550.82
641.69	446.38	108.78	115.36	515.25	370.42	182.99
95.53	69.01	16.77	13.60	80.71	72.39	10.03
71.44	55.50	9.98	13.39	62.28	43.99	13.41
68.39	59.83	12.33	7.73	156.33	76.02	12.18
35.95	28.10	4.02	7.69	20.15	15.65	9.34
11.52	10.11	0.97	1.16	15.81	7.41	5.79
41.25	30.56	4.32	10.13	44.63	29.60	4.16
237.30	140.32	28.89	95.41	254.62	137.12	41.03
133.02	84.44	18.50	48.16	142.05	172.17	154.16
108.75	76.94	8.77	31.81	127.50	105.04	17.90
4.86	3.99	0.64	0.57	8.81	4.60	3.34
644.19	325.35	95.47	307.42	521.52	124.37	91.08
112.54	77.49	11.56	28.46	166.40	213.81	134.95
119.15	87.84	29.95	30.96	38.73	27.61	6.07
61.06	46.23	8.39	12.46	44.07	34.29	27.74
435.51	259.11	85.99	176.29	542.88	349.35	214.54

1-B-7 续表 2

地　区						主营业务收入
	集体资本	法人资本	个人资本	港澳台资本	外商资本	
全　国	**169.57**	**1976.79**	**255.56**	**63.48**	**24.81**	**10755.09**
北　京	0.57	14.34	0.55		0.09	147.86
天　津	0.02	198.73	1.04	1.06		377.43
河　北	6.81	25.75	27.64	0.43	0.63	683.91
山　西	24.95	97.43	28.58	0.59	4.02	1032.44
内蒙古	3.51	143.52	17.59	0.17	1.81	303.25
辽　宁	6.25	155.40	18.13	0.69	1.66	505.20
吉　林	0.61	72.79	5.16	0.01	3.37	203.50
黑龙江	3.55	534.31	6.09		0.35	1212.60
上　海		9.00				18.82
江　苏	0.94	56.93	3.47	1.12	0.38	214.69
浙　江	1.45	4.87	6.07	1.02	0.97	81.59
安　徽	4.02	18.87	6.12	0.01	0.91	297.49
福　建	1.04	5.37	5.56	0.58	0.47	80.26
江　西	0.50	19.58	6.37	0.14	0.35	110.97
山　东	16.62	36.80	14.82	0.38	2.18	1856.39
河　南	21.93	131.98	33.14	0.03	0.33	859.04
湖　北	5.11	51.81	4.94	0.39	0.11	137.68
湖　南	3.96	12.31	13.60	0.39	0.33	188.57
广　东	1.40	12.01	3.98	46.15	0.30	280.92
广　西	0.50	3.65	1.83	0.13	0.19	41.87
海　南		1.31	0.19	0.12		21.75
重　庆	0.41	22.65	2.38			66.00
四　川	2.69	72.05	20.74	0.06	0.55	332.21
贵　州	0.35	10.49	7.06	0.07	0.03	111.91
云　南	2.17	82.00	2.93	0.04		102.27
西　藏	0.01	0.44	0.81			5.51
陕　西	3.46	21.45	6.65		1.73	631.30
甘　肃	52.81	24.39	1.63		0.05	135.28
青　海	1.02	18.04	0.93	0.06	1.49	99.85
宁　夏	0.22	4.00	2.25		0.08	47.67
新　疆	2.67	114.53	5.33	9.83	2.44	566.85

单位：亿元

主营业务成本	主营业务税金及附加	其他业务收入	其他业务利润	营业费用	管理费用	税金
6495.12	**217.18**	**727.36**	**46.24**	**321.43**	**1064.78**	**41.72**
119.79	0.74	0.65	0.38	5.49	5.68	0.07
222.29	15.28	0.59	0.65	1.11	18.81	0.14
451.46	10.32	24.80	-0.77	15.00	81.58	1.37
654.81	18.04	41.18	-6.60	87.11	125.16	3.62
190.87	5.93	20.83	1.05	32.20	25.82	1.50
331.70	8.47	32.07	2.69	8.26	54.15	2.24
127.44	2.64	7.94	1.77	2.36	14.94	0.21
375.70	29.42	88.48	3.20	10.59	67.09	8.22
7.35	0.10			0.01	0.26	0.02
137.60	3.47	33.97	0.34	7.49	39.28	0.55
65.32	1.15	1.50	0.38	2.40	7.20	0.23
207.95	4.68	42.13	2.63	7.21	52.01	1.44
55.47	2.26	1.33	1.05	4.65	7.35	0.29
86.78	1.44	5.21	1.42	3.19	14.41	0.61
1164.97	28.42	184.03	15.34	54.10	203.59	8.67
614.43	13.01	88.52	5.31	16.69	90.58	3.83
97.42	3.24	6.33	1.32	4.86	16.25	0.98
147.03	4.47	6.04	2.03	6.75	16.60	1.42
116.21	13.27	1.47	0.47	4.18	12.67	0.21
29.25	0.42	1.05	0.81	2.39	5.91	0.08
12.52	0.55	0.29	0.65	1.22	1.33	0.10
47.83	0.98	5.35	1.16	2.40	8.62	0.18
257.43	6.15	33.66	2.55	9.11	26.51	1.03
81.22	2.72	5.47	0.07	6.02	14.26	0.42
72.05	1.30	7.86	1.23	4.11	15.37	0.37
3.41	0.10	0.05	0.07	0.59	1.06	0.02
362.60	14.25	49.81	3.92	7.32	44.98	0.76
95.60	11.58	11.15	-0.18	3.74	20.65	0.70
55.68	2.21	1.30	-0.79	2.22	7.51	0.14
35.26	0.36	5.77	1.38	2.11	10.91	0.18
267.67	10.21	18.53	2.70	6.54	54.27	2.11

1-B-7 续表 3

地 区	财务费用	利息支出	营业利润	投资收益	补贴收入	利润总额
全 国	**127.32**	**130.19**	**2426.62**	**33.51**	**39.59**	**2358.69**
北 京	0.08	0.14	16.45	-0.01	0.08	16.39
天 津	1.36	2.97	99.39	0.35	0.05	98.89
河 北	8.84	8.11	115.72	0.35	2.77	105.73
山 西	20.87	20.90	99.96	6.75	1.84	100.70
内蒙古	5.30	4.74	44.18	0.03	2.53	40.93
辽 宁	4.50	4.76	92.57	1.64	2.36	85.93
吉 林	2.15	2.45	47.59	0.38	2.36	40.52
黑龙江	1.34	1.10	718.84	-0.91	4.75	707.74
上 海	0.43	0.43	10.66	-0.01		10.66
江 苏	2.31	2.58	24.88	-0.60	0.71	18.99
浙 江	0.47	0.45	5.27	0.12	0.45	5.77
安 徽	3.33	3.24	24.81	-6.28	1.20	10.80
福 建	0.45	0.42	9.24	0.30	0.53	9.40
江 西	2.13	1.48	3.83	6.23	1.65	9.88
山 东	27.75	25.63	392.45	5.43	2.73	359.14
河 南	14.38	12.47	107.18	4.69	2.93	102.00
湖 北	2.35	2.21	12.87	0.95	0.26	8.99
湖 南	2.09	1.67	12.69	0.17	1.05	10.07
广 东	1.94	1.14	86.44	-0.45	0.09	133.53
广 西	0.66	0.62	3.49	0.15	0.41	3.08
海 南	0.23	0.26	6.52	0.01	0.03	5.71
重 庆	0.43	0.84	5.78	0.16	1.06	6.19
四 川	2.17	4.93	23.45	0.29	2.72	24.24
贵 州	2.42	2.32	5.35	0.15	1.27	4.36
云 南	1.65	1.58	9.02	10.53	0.84	19.50
西 藏	0.08	0.06	0.75	0.05	0.04	0.85
陕 西	10.72	14.95	185.28	1.02	2.71	173.72
甘 肃	2.86	2.36	28.55	0.11	0.52	27.64
青 海	1.81	1.85	26.15	0.38	0.05	18.92
宁 夏	-0.18	0.41	0.76	0.09	0.61	1.28
新 疆	2.39	3.14	206.51	1.42	0.98	197.17

单位：亿元

亏损企业亏损额	应交所得税	本年应付工资总额	主营业务应付工资总额	本年应付福利费总额	主营业务应付福利费总额	本年应交增值税	全部从业人员年平均人数（万人）
97.42	**316.53**	**1070.07**	**939.94**	**147.21**	**124.98**	**839.12**	**636.78**
0.17	2.72	5.91	5.25	0.73	0.65	3.60	2.91
2.18	7.08	18.62	18.14	2.60	2.54	12.42	6.73
19.22	18.75	72.55	61.16	9.69	8.05	48.12	42.70
5.58	31.50	137.05	116.33	19.28	14.68	79.43	86.24
1.08	7.30	29.02	23.80	3.91	3.22	24.79	19.50
5.89	7.87	58.51	50.66	7.88	6.63	42.88	36.62
0.97	2.05	24.55	22.69	3.11	2.83	17.18	16.47
1.00	7.69	56.55	50.56	7.91	6.95	154.28	37.90
	1.76	0.13	0.13	0.02	0.02	0.99	0.02
0.44	6.18	36.18	28.62	4.90	4.00	18.31	18.88
0.77	1.48	6.68	5.77	0.86	0.72	3.62	4.04
1.65	3.41	66.01	56.33	9.68	8.24	25.41	35.39
0.22	2.10	8.14	7.75	0.83	0.75	5.98	5.63
0.74	1.55	13.98	12.64	1.78	1.58	6.86	11.52
17.92	120.58	155.91	143.73	24.08	21.92	144.32	83.65
6.87	27.60	100.54	93.73	13.76	12.26	51.11	66.77
1.97	2.50	16.11	10.26	1.99	1.23	7.59	11.28
1.00	1.32	24.59	23.00	2.82	2.35	10.15	20.91
0.53	2.19	10.56	9.64	1.23	1.11	11.13	5.65
1.30	0.83	5.75	5.07	0.69	0.59	3.07	4.55
0.07	0.32	1.29	1.16	0.24	0.22	1.90	1.16
0.11	0.86	11.89	10.66	1.48	1.26	4.53	9.36
1.14	3.43	46.23	41.93	6.48	5.97	19.33	32.10
1.14	1.29	16.74	13.42	2.11	1.61	7.06	13.09
0.92	1.30	11.75	10.71	1.48	1.39	7.81	8.32
0.10	0.20	0.35	0.30	0.03	0.03	0.34	0.17
6.32	28.17	46.61	35.96	7.15	4.62	56.04	22.39
3.58	14.69	26.38	23.61	2.09	1.81	11.54	9.98
7.02	2.77	10.21	9.74	1.24	1.19	8.06	3.60
0.05	0.29	12.61	9.59	1.76	1.31	3.63	5.91
7.47	6.74	38.68	37.58	5.42	5.24	47.64	13.31

1-B-8 规模以上煤炭开采和洗选业

地 区	企业单位数（个）	亏损企业	工业总产值（当年价）	工业销售产值（当年价）	出口交货值
全 国	**5249**	**634**	**4066.35**	**4010.69**	**186.97**
北 京	34	3	120.78	124.03	6.49
天 津	5	1	24.38	27.14	9.48
河 北	178	32	219.34	218.32	2.17
山 西	1427	167	922.90	904.48	101.75
内蒙古	208	19	196.61	197.98	1.96
辽 宁	83	22	135.12	130.50	
吉 林	99	26	35.27	34.37	
黑龙江	102	28	134.08	129.46	
上 海					
江 苏	14	3	99.56	97.49	1.24
浙 江	4	2	3.16	3.17	
安 徽	80	15	222.97	221.50	0.78
福 建	84	7	29.53	30.31	
江 西	119	17	47.98	47.04	
山 东	241	9	788.97	761.16	54.04
河 南	732	29	466.00	462.56	4.29
湖 北	56	10	7.99	8.00	
湖 南	478	48	99.40	99.77	
广 东	33	10	8.66	8.83	
广 西	20	5	10.18	10.07	
海 南					
重 庆	143	14	43.56	43.84	
四 川	418	42	100.29	100.24	1.91
贵 州	231	25	66.07	65.93	1.49
云 南	78	16	28.93	28.73	
西 藏	1		0.06	0.11	
陕 西	165	26	137.56	138.22	0.03
甘 肃	66	15	38.17	38.22	
青 海	27	4	4.69	5.55	
宁 夏	54	12	51.26	51.19	1.33
新 疆	69	27	22.87	22.47	

工业企业主要经济指标

单位：亿元

资产合计	流动资产合计	应收账款净额	存货	产成品	流动资产年平均余额	固定资产合计
7065.57	**2705.60**	**389.77**	**377.70**	**137.57**	**2431.72**	**3625.97**
33.96	21.24	7.83	4.63	1.53	18.97	8.45
24.05	23.07	10.49	2.06	0.01	14.86	0.84
411.70	147.11	19.71	22.43	9.86	130.54	236.77
1710.61	697.85	107.08	105.60	38.72	622.23	807.40
446.76	145.41	23.44	28.52	9.54	132.89	249.86
263.73	86.46	15.75	11.37	3.46	88.64	172.09
78.38	32.54	4.67	3.76	1.95	31.60	40.53
312.39	107.06	29.72	22.16	7.01	114.90	192.10
196.38	65.01	5.78	10.94	4.06	59.24	90.20
5.90	0.57	0.35	0.07	0.06	0.60	2.47
471.61	130.10	17.71	15.27	5.04	121.25	280.18
28.84	14.44	1.16	0.72	0.46	12.34	10.83
60.18	20.67	4.72	3.45	1.13	23.57	33.89
1224.24	578.83	38.07	49.68	22.42	486.08	553.25
653.74	246.09	33.76	31.86	12.96	222.56	339.19
12.64	5.34	0.68	0.40	0.16	4.34	4.93
78.68	30.95	7.23	4.53	1.86	28.69	39.75
6.38	2.04	0.35	0.51	0.31	2.65	3.57
12.34	4.62	1.13	1.08	0.55	4.45	7.29
62.02	22.65	3.68	2.57	0.81	20.23	31.86
124.31	50.97	10.99	5.95	2.30	43.91	58.56
148.94	45.22	7.11	5.65	2.22	41.22	83.07
61.56	25.40	3.67	2.59	0.99	24.00	28.41
0.38	0.11	0.08	0.02	0.01	0.11	0.27
334.14	93.62	11.28	23.13	3.38	79.32	189.07
115.50	32.47	7.91	5.70	1.16	31.93	66.92
13.34	7.32	1.47	0.71	0.14	6.18	5.31
104.39	46.59	8.18	9.36	3.69	43.40	55.19
68.48	21.84	5.75	2.98	1.77	21.01	33.71

1-B-8 续表 1

地 区	固定资产原价	生产经营用	累计折旧	本年折旧	固定资产净值	固定资产净值年平均余额
全 国	**4716.83**	**3999.13**	**1601.94**	**265.21**	**3114.89**	**3013.83**
北 京	14.35	10.98	6.18	0.74	8.17	7.71
天 津	1.01	0.99	0.23	0.11	0.78	0.67
河 北	338.32	292.87	117.99	19.71	220.33	214.39
山 西	1010.32	862.67	376.99	64.30	633.32	612.14
内蒙古	302.74	260.20	90.71	19.87	212.04	203.83
辽 宁	245.78	208.50	79.66	12.64	166.12	165.12
吉 林	48.12	28.89	10.99	2.07	37.13	34.50
黑龙江	263.96	231.93	82.13	11.63	181.83	173.71
上 海						
江 苏	115.17	96.90	47.96	7.60	67.21	65.20
浙 江	4.58	3.89	2.31	0.16	2.27	2.27
安 徽	381.92	338.46	124.21	22.94	257.71	251.12
福 建	14.65	9.57	4.28	0.76	10.37	10.03
江 西	40.46	35.80	10.11	3.65	30.35	26.25
山 东	710.22	599.33	244.13	34.39	466.09	445.74
河 南	454.36	381.82	153.63	23.87	300.73	297.01
湖 北	5.98	5.14	1.53	0.23	4.45	4.45
湖 南	56.95	47.21	20.12	3.22	36.83	36.56
广 东	4.44	3.49	1.09	0.27	3.35	3.41
广 西	9.24	6.17	3.43	0.35	5.82	5.61
海 南						
重 庆	47.28	41.55	20.31	1.69	26.97	26.00
四 川	80.53	67.44	29.96	4.82	50.57	50.40
贵 州	101.19	87.60	30.60	4.32	70.60	67.54
云 南	35.17	27.50	13.81	1.79	21.37	18.62
西 藏	0.30	0.26	0.03		0.27	0.34
陕 西	235.05	203.54	66.24	16.21	168.82	166.18
甘 肃	83.36	59.24	25.87	2.77	57.48	55.23
青 海	5.85	5.66	1.69	0.20	4.16	3.94
宁 夏	60.65	46.89	19.68	3.10	40.97	38.07
新 疆	44.87	34.64	16.07	1.80	28.81	27.81

单位：亿元

负债合计	流动负债合计	应付账款	长期负债合计	所有者权益合计	实收资本	国家资本
4281.81	**2830.83**	**479.40**	**1381.79**	**2755.26**	**1902.71**	**1227.06**
15.99	14.82	5.15	1.17	17.96	6.38	2.43
21.82	21.82	8.30		2.23	1.32	
225.45	133.52	27.31	90.13	186.25	123.95	96.07
1056.25	668.11	131.82	360.23	637.57	372.86	228.44
250.65	150.40	21.88	100.26	196.10	168.69	26.58
144.92	116.58	26.07	27.34	118.80	128.84	80.77
45.40	38.14	5.02	6.65	32.99	20.89	16.98
250.81	227.98	32.59	22.73	60.62	83.59	74.54
111.67	89.06	13.53	22.62	73.97	41.96	21.85
3.27	2.67	0.56	0.60	2.63	2.76	2.50
300.11	159.67	24.95	124.31	171.50	114.98	93.27
14.46	12.55	0.67	1.77	14.38	9.73	3.90
40.13	30.38	4.17	9.61	20.05	21.57	4.14
775.95	507.02	63.26	268.12	448.29	150.28	126.76
347.13	262.56	43.57	81.25	306.61	233.54	141.01
10.18	7.01	2.74	3.15	2.46	3.96	2.01
42.54	32.22	5.74	8.29	36.14	25.21	10.98
4.02	3.46	0.42	0.33	2.36	1.66	0.07
7.56	5.76	0.56	1.80	4.78	4.45	4.24
29.59	21.44	3.22	8.08	32.43	23.70	1.22
71.23	53.92	8.72	17.05	53.08	42.68	26.02
62.41	44.73	10.14	17.29	86.52	117.62	108.30
40.16	22.83	2.90	17.33	21.40	17.03	10.95
0.04	0.04	0.02		0.34	0.33	0.32
247.81	83.61	17.66	152.82	86.34	69.66	46.54
59.95	42.06	4.83	17.80	55.55	49.14	45.49
7.74	6.03	1.35	1.43	5.60	5.02	3.06
60.42	45.59	7.81	12.46	43.97	34.19	27.74
34.15	26.86	4.44	7.18	34.33	26.70	20.88

1-B-8 续表 2

地区						主营业务收入
	集体资本	法人资本	个人资本	港澳台资本	外商资本	
全　国	**64.46**	**482.32**	**121.09**	**1.63**	**6.15**	**4157.91**
北　京	0.46	3.40	0.08			127.12
天　津		0.26		1.06		27.28
河　北	2.57	17.81	6.69	0.19	0.61	245.54
山　西	24.61	93.26	23.43	0.04	3.08	979.71
内蒙古	2.70	128.33	9.42		1.66	220.49
辽　宁	0.96	44.94	2.10		0.07	127.68
吉　林	0.28	1.73	1.90			34.85
黑龙江	1.03	3.28	4.58		0.16	135.70
上　海						
江　苏	0.43	19.51	0.18			102.62
浙　江		0.25				4.36
安　徽	2.97	16.42	2.33			245.83
福　建	0.40	3.79	1.58	0.05		29.97
江　西	0.30	14.44	2.61	0.08		42.67
山　东	6.38	12.12	4.77		0.25	781.14
河　南	12.06	56.97	23.48	0.01	0.01	443.87
湖　北	0.99	0.43	0.52			8.78
湖　南	2.82	4.55	6.82	0.05		95.97
广　东	0.07	0.32	1.13	0.07		8.86
广　西	0.04	0.11	0.06			9.13
海　南						
重　庆	0.36	20.66	1.45			43.62
四　川	0.70	4.81	11.15	0.01		102.63
贵　州	0.34	2.62	6.30	0.07		64.17
云　南	0.79	4.13	1.17			28.08
西　藏			0.02			0.11
陕　西	2.39	15.97	4.54		0.22	136.58
甘　肃	0.53	2.40	0.72			36.75
青　海		1.49	0.47			5.26
宁　夏	0.22	3.90	2.25		0.08	47.00
新　疆	0.06	4.42	1.34			22.12

单位：亿元

主营业务成本	主营业务税金及附加	其他业务收入	其他业务利润	营业费用	管理费用	税金
2796.24	**64.35**	**435.99**	**22.51**	**212.19**	**608.48**	**14.63**
106.86	0.42	0.34	0.13	4.83	3.32	0.06
26.65		0.03	0.03	0.02	0.10	0.01
172.92	3.10	16.75	-3.29	8.32	39.18	0.65
617.13	16.67	40.99	-6.74	85.75	121.62	3.31
140.01	4.57	18.39	-0.03	28.38	20.40	0.80
93.37	1.55	16.21	1.19	1.84	30.13	0.64
28.15	0.31	6.60	0.86	1.01	5.92	0.12
99.12	1.43	37.50	1.68	5.00	22.50	0.58
65.72	1.51	32.97	0.05	3.28	24.65	0.37
3.43	0.04	0.30	0.06	0.02	1.29	0.01
168.50	3.33	29.49	2.23	5.49	44.97	1.11
20.37	0.96	0.78	0.17	1.46	3.50	0.11
30.55	0.79	4.09	0.74	1.11	8.36	0.43
474.21	10.88	121.22	13.95	29.30	138.20	2.89
303.85	6.85	42.77	5.26	10.71	58.51	1.24
6.15	0.22	0.03		0.39	1.33	0.04
73.99	2.32	4.73	0.59	3.56	9.64	0.66
6.90	0.10	0.01	0.07	0.75	0.64	0.01
7.04	0.09	0.39	0.20	0.37	1.56	0.01
32.23	0.54	4.86	1.00	1.09	7.03	0.16
79.45	1.53	4.09	0.56	4.38	11.99	0.30
45.57	2.10	4.52	0.11	3.36	8.40	0.26
20.38	0.36	4.85	0.28	1.03	3.75	0.09
0.10					0.01	
99.34	3.54	30.13	1.53	4.76	16.39	0.39
21.90	0.49	4.83	0.03	2.12	8.78	0.16
3.35	0.08	0.14	0.06	1.07	0.79	0.01
34.60	0.36	5.64	1.37	2.11	10.89	0.17
14.40	0.23	3.32	0.41	0.69	4.59	0.06

1-B-8 续表 3

地 区	财务费用	利息支出	营业利润	投资收益	补贴收入	利润总额
全 国	**75.72**	**73.86**	**398.41**	**7.62**	**31.82**	**349.83**
北 京	0.08	0.07	11.75	0.01	0.03	11.72
天 津	0.22	0.23	0.34			0.32
河 北	4.68	4.55	13.82	0.14	2.55	6.54
山 西	20.08	20.09	90.73	6.73	1.77	92.22
内蒙古	4.08	3.55	23.02	0.10	2.37	20.74
辽 宁	1.10	1.26	0.87	-0.01	1.86	-1.44
吉 林	0.32	0.36	-0.56		2.02	0.84
黑龙江	4.90	4.73	4.34	-0.06	4.51	3.73
上 海						
江 苏	0.61	0.92	6.90	-0.67	0.47	5.37
浙 江	-0.10	-0.10	-0.33		0.27	-0.09
安 徽	2.95	2.88	22.85	-6.25	0.39	8.49
福 建	0.10	0.09	2.82	0.06	0.39	2.81
江 西	0.97	1.01	1.71	-0.04	1.19	2.15
山 东	15.17	14.39	127.31	2.41	1.32	104.69
河 南	8.22	7.23	59.69	4.78	2.43	60.16
湖 北	0.09	0.10	0.64	0.01	0.02	0.59
湖 南	1.04	0.79	7.38		0.84	5.61
广 东	0.10	0.12	0.40			0.39
广 西	0.13	0.13	0.10		0.30	0.30
海 南						
重 庆	0.18	0.55	2.20	0.04	1.03	2.70
四 川	1.19	1.12	4.65	0.09	2.54	5.86
贵 州	0.88	0.87	3.97	0.11	0.69	3.20
云 南	0.33	0.32	2.51		0.69	2.88
西 藏						
陕 西	6.44	6.38	8.06	0.14	2.49	6.43
甘 肃	1.56	1.33	0.94		0.52	0.93
青 海	0.17	0.04	-0.22			-0.24
宁 夏	-0.18	0.41	0.76	0.09	0.61	1.27
新 疆	0.40	0.45	1.76	-0.10	0.50	1.63

单位：亿元

亏损企业亏损额	应交所得税	本年应付工资总额	主营业务应付工资总额	本年应付福利费总额	主营业务应付福利费总额	本年应交增值税	全部从业人员年平均人数（万人）
29.31	**107.66**	**633.37**	**539.14**	**89.10**	**72.57**	**323.84**	**419.91**
0.03	1.61	4.49	3.84	0.54	0.47	2.71	2.30
0.02	0.03	0.02	0.02			0.20	0.01
7.89	4.79	41.68	32.10	5.54	4.17	17.21	23.91
5.11	28.97	134.31	113.73	18.99	14.42	75.42	83.41
0.86	4.55	22.87	18.13	3.19	2.55	17.47	14.45
4.73	1.16	26.25	22.53	3.51	2.97	10.22	18.28
0.75	0.23	6.95	5.67	0.92	0.72	2.24	8.52
0.52	0.38	25.25	20.16	3.36	2.69	12.43	27.22
0.06	1.71	22.12	16.09	2.95	2.26	10.15	11.06
0.25	0.05	1.15	0.76	0.16	0.10	0.27	0.55
1.43	3.08	57.57	50.09	8.38	7.36	22.96	30.34
0.02	0.37	4.97	4.71	0.45	0.39	2.85	3.25
0.32	0.49	8.35	7.40	1.05	0.95	3.42	7.10
1.61	33.96	86.64	79.44	14.48	13.06	61.09	51.21
0.62	19.96	69.08	62.82	9.48	8.18	36.00	48.95
0.10	0.14	1.89	1.77	0.18	0.18	0.62	1.83
0.84	0.87	17.06	16.07	2.14	1.78	5.81	15.01
0.08		2.46	2.10	0.26	0.22	0.61	1.42
0.03	0.07	1.98	1.74	0.27	0.22	0.81	1.43
0.10	0.34	9.61	8.50	1.20	1.11	3.00	7.91
0.55	1.13	21.06	19.25	2.41	2.18	7.07	18.96
0.24	0.78	13.34	10.33	1.66	1.24	5.26	10.71
0.25	0.18	4.44	3.95	0.56	0.50	2.51	3.48
		0.01				0.01	0.01
0.96	1.41	19.43	13.55	3.26	1.51	14.08	11.68
0.99	0.66	10.74	8.61	1.47	1.24	3.51	6.38
0.46	0.05	0.96	0.85	0.10	0.08	0.40	0.61
0.05	0.28	12.60	9.59	1.75	1.31	3.62	5.90
0.45	0.42	6.07	5.35	0.85	0.73	1.89	4.02

1-B-9 规模以上石油和天然气开采业

地 区	企业单位数 (个)	亏损企业	工业总产值 (当年价)	工业销售产值 (当年价)	出口交货值
全 国	**183**	**33**	**4601.50**	**4569.41**	**120.91**
北 京	2		7.40	7.40	
天 津	5	1	314.65	311.74	13.94
河 北	7	2	186.05	186.92	
山 西					
内蒙古	5		22.76	21.67	
辽 宁	6		289.16	290.10	4.65
吉 林	35	5	137.33	137.06	
黑龙江	29	7	1034.08	1032.38	12.15
上 海	1		18.50	18.82	
江 苏	2		35.96	35.88	
浙 江					
安 徽					
福 建					
江 西					
山 东	17	5	702.56	669.77	0.73
河 南	7	4	200.50	199.43	
湖 北	2	1	50.93	51.00	1.51
湖 南					
广 东	5		352.50	363.49	83.94
广 西					
海 南	1		2.89	2.86	
重 庆	2		3.06	3.02	
四 川	12	1	141.16	141.38	3.92
贵 州					
云 南	1	1	0.15	0.15	
西 藏					
陕 西	20	2	435.04	434.62	
甘 肃	6	1	70.40	69.37	0.07
青 海	3	1	84.53	83.09	
宁 夏	1		0.80	0.80	
新 疆	14	2	511.10	508.44	

工业企业主要经济指标

单位：亿元

资产合计	流动资产合计	应收账款净额	存货	产成品	流动资产年平均余额	固定资产合计
6033.04	**1300.85**	**240.65**	**205.87**	**58.38**	**1228.71**	**4508.52**
15.29	7.27	3.23	0.72	0.04	7.90	7.99
419.47	82.27	16.45	13.49	3.09	77.97	330.06
259.54	87.50	13.34	11.93	3.83	86.47	161.69
40.93	1.32	0.46	0.58	0.52	1.42	34.53
429.77	93.69	16.11	8.32	2.40	93.99	324.02
274.89	71.41	21.30	4.61	0.98	58.59	197.40
927.15	226.84	17.16	14.16	6.71	226.15	694.04
41.46	22.85	2.35	0.39	0.24	19.74	17.09
67.10	13.46	1.61	2.60	0.28	8.85	51.89
778.15	107.59	45.06	28.73	6.71	101.87	622.10
379.70	96.89	26.28	28.70	5.61	96.46	263.19
94.06	29.46	6.32	6.51	0.66	29.11	56.67
131.62	21.10	1.39	4.79	1.86	21.03	63.11
4.13	0.39	0.06	0.04	0.04	0.29	3.48
4.29	1.09	0.16	0.20	0.05	0.89	2.11
273.79	59.03	7.98	14.68	1.47	61.70	206.87
0.20	0.03	0.02			0.04	0.13
745.66	157.55	26.51	21.14	3.43	155.28	574.76
132.35	19.01	7.54	8.25	7.02	10.14	109.17
132.75	32.11	2.29	4.99	2.55	24.57	96.81
0.74	0.63	0.56			0.29	0.11
880.00	169.36	24.47	31.02	10.89	145.95	691.29

1-B-9 续表 1

地 区	固定资产原价		累计折旧			
		生产经营用		本年折旧	固定资产净值	固定资产净值年平均余额
全 国	**8585.78**	**8245.28**	**4280.83**	**635.02**	**4304.96**	**4149.45**
北 京	12.70	12.70	4.83	0.96	7.87	6.58
天 津	728.04	686.24	389.66	53.62	338.38	289.76
河 北	365.73	345.50	211.04	21.69	154.70	148.67
山 西						
内蒙古	62.61	57.20	30.49	4.02	32.13	29.23
辽 宁	737.36	713.80	408.76	50.80	328.60	324.87
吉 林	348.91	335.59	148.50	27.36	200.41	191.42
黑龙江	1552.18	1534.80	874.34	105.36	677.83	668.54
上 海	46.92	28.59	29.83	5.26	17.09	18.96
江 苏	92.25	91.50	44.94	6.56	47.31	48.30
浙 江						
安 徽						
福 建						
江 西						
山 东	1384.96	1314.88	783.42	95.45	601.54	597.94
河 南	454.88	430.67	238.87	29.63	216.02	218.49
湖 北	108.94	101.61	52.45	6.63	56.49	55.35
湖 南						
广 东	65.00	64.99	1.84	1.11	63.16	63.74
广 西						
海 南	3.08	2.06	0.66	0.33	2.41	2.21
重 庆	3.39	3.36	1.53	0.20	1.86	1.33
四 川	424.88	422.01	237.38	75.81	187.50	179.69
贵 州						
云 南	0.21	0.21	0.09	0.01	0.12	0.14
西 藏						
陕 西	823.19	779.17	279.29	61.09	543.90	501.90
甘 肃	125.31	101.33	19.31	1.45	106.00	104.14
青 海	131.35	109.35	47.11	10.11	84.24	82.09
宁 夏	0.14	0.14	0.03	0.02	0.11	0.12
新 疆	1113.74	1109.56	476.46	77.54	637.28	616.00

单位：亿元

负债合计	流动负债合计		长期负债合计	所有者权益		
		应付账款		合　　计	实收资本	国家资本
2238.47	**1431.62**	**536.58**	**705.03**	**3753.87**	**2572.15**	**1172.62**
4.25	4.25	3.26		11.05	8.50	
152.67	110.05	24.93	42.62	266.80	195.78	
105.53	60.05	23.85	45.48	154.01	152.51	152.28
4.86	3.43	3.16	1.44	36.07	6.61	6.58
159.43	68.28	35.00	90.65	270.34	287.04	179.55
129.29	81.70	27.14	47.58	145.60	154.41	85.94
87.27	86.82	57.01	0.45	836.82	531.72	0.66
13.17	3.31	0.16	9.86	28.29	9.00	
27.27	20.87	5.22	6.40	39.83	33.77	0.11
294.79	250.37	91.75	36.23	483.36	409.15	394.91
218.62	131.11	57.51	12.01	161.08	102.88	35.74
49.78	35.22	7.64	3.29	44.28	43.02	
20.56	18.43	5.99	2.13	111.06	47.36	0.08
0.26				3.88	0.50	
1.26	0.81	0.12	0.45	3.03	1.30	0.63
113.68	46.00	11.61	67.68	159.50	63.86	1.85
0.18	0.18	0.03		0.01	0.13	0.13
354.52	212.93	73.64	141.59	391.14	38.20	37.79
34.68	21.34	3.49	7.22	97.67	157.63	86.50
82.60	58.86	26.11	23.74	13.12	13.12	0.01
0.64	0.64	0.58		0.10	0.10	
383.17	216.96	78.38	166.21	496.83	315.57	189.86

1-B-9 续表 2

地 区						主营业务收入
	集体资本	法人资本	个人资本	港澳台资本	外商资本	
全 国	**54.86**	**1277.11**	**8.11**	**52.82**	**6.63**	**4500.47**
北 京		8.50				7.40
天 津		195.75	0.03			309.72
河 北	0.15	0.06	0.01			188.34
山 西						
内蒙古		0.03				21.68
辽 宁		107.38	0.12			264.01
吉 林	0.06	63.49	1.57		3.35	147.00
黑龙江	0.57	530.32	0.17			1059.04
上 海		9.00				18.82
江 苏		33.66				34.48
浙 江						
安 徽						
福 建						
江 西						
山 东	0.09	13.39	0.01		0.75	711.76
河 南	0.07	64.51	2.56			212.93
湖 北		43.02				59.55
湖 南						
广 东		4.14		43.06	0.08	196.87
广 西						
海 南		0.50				2.86
重 庆		0.67				2.98
四 川	0.13	61.87	0.01			158.35
贵 州						
云 南						0.14
西 藏						
陕 西		0.11	0.31			433.66
甘 肃	51.27	19.86				72.95
青 海		13.11				72.58
宁 夏		0.10				0.67
新 疆	2.53	107.66	3.31	9.76	2.44	524.65

单位：亿元

主营业务成本	主营业务税金及附加	其他业务收入	其他业务利润	营业费用	管理费用	税金
2164.68	**119.80**	**241.47**	**9.28**	**37.56**	**272.05**	**20.23**
4.70	0.08			0.05	0.83	
158.88	14.99		0.12	0.74	16.08	0.10
105.54	2.61	4.02	1.44	0.79	21.66	0.31
10.85	0.35			0.43	0.59	0.28
159.38	4.19	11.70	0.82	0.30	14.22	1.18
86.47	1.99	1.07	0.83	0.90	6.10	0.05
264.76	27.70	50.93	1.46	5.17	42.67	7.61
7.35	0.10			0.01	0.26	0.02
15.76	0.82	0.07		0.26	4.81	0.03
406.03	14.04	56.84	0.28	17.44	38.73	4.65
153.71	3.62	44.01	-0.66	1.74	24.56	2.17
39.76	1.59	5.31	0.23	1.22	7.72	0.50
54.74	12.23	0.21	0.01	0.10	3.19	0.01
1.09	0.05			0.01		
2.05	0.06	0.09	0.08	0.12	0.31	0.01
126.15	2.96	27.18	1.64	1.42	8.47	0.57
0.11				0.02	0.01	
231.80	10.11	18.52	2.17	1.38	19.49	0.25
55.36	10.73	5.61	-0.40	0.97	9.92	0.44
38.56	1.95	1.07	-0.86	0.34	4.92	0.11
0.66		0.13	0.01		0.02	
240.93	9.63	14.70	2.10	4.14	47.50	1.93

1-B-9 续表 3

地 区	财务费用	利息支出	营业利润	投资收益	补贴收入	利润总额
全 国	**22.98**	**32.21**	**1773.65**	**6.08**	**0.51**	**1744.71**
北 京	-0.09	-0.02	1.85	0.02		1.89
天 津	1.00	2.56	98.29	0.33		98.00
河 北	0.27	0.47	58.91	0.18		57.18
山 西						
内蒙古			9.46			9.78
辽 宁	1.83	2.02	76.67	0.50		71.12
吉 林	1.66	1.54	44.19	0.38	0.02	34.70
黑龙江	-3.71	-3.73	711.13	-0.85	0.01	700.50
上 海	0.43	0.43	10.66	-0.01		10.66
江 苏	0.87	0.93	11.96	0.06		8.80
浙 江						
安 徽						
福 建						
江 西						
山 东	7.83	7.84	227.53	2.66	0.02	217.06
河 南	3.93	3.30	19.05	-0.33	0.04	13.75
湖 北	1.26	1.28	6.87	0.84		3.32
湖 南						
广 东	0.97	0.20	77.88			125.56
广 西						
海 南			1.70			1.69
重 庆	0.02	0.02	0.50	0.18		0.66
四 川	0.13	2.99	10.92	0.09	0.02	10.74
贵 州						
云 南	0.01	0.01	-0.02			-0.01
西 藏						
陕 西	3.72	8.06	158.62	0.42	0.05	149.63
甘 肃	0.95	0.78	23.90	0.06		23.01
青 海	0.17	1.07	21.77	0.09	0.01	14.19
宁 夏						
新 疆	1.74	2.45	201.80	1.44	0.34	192.47

单位：亿元

亏损企业	应交所得税	本年应付		本年应付		本年应交	全部从业人员
亏 损 额		工资总额	主营业务应付工资总额	福利费总额	主营业务应付福利费总额	增 值 税	年平均人数（万人）
56.42	**153.79**	**283.17**	**263.14**	**38.83**	**35.83**	**410.18**	**96.12**
	0.16	0.59	0.59	0.08	0.08		0.08
2.13	6.85	16.44	16.03	2.26	2.23	11.21	5.39
10.29	2.45	16.86	16.85	2.44	2.43	14.28	7.24
	0.43	0.51	0.51	0.10	0.10	2.58	0.30
	2.80	23.16	19.60	3.25	2.72	25.37	9.35
0.10	0.83	14.91	14.79	1.85	1.85	13.59	5.66
0.38	6.01	29.68	28.97	4.35	4.07	140.96	9.28
	1.76	0.13	0.13	0.02	0.02	0.99	0.02
	3.51	5.95	5.42	0.83	0.76	4.04	1.85
15.45	78.22	52.04	47.65	7.44	6.82	72.76	17.56
6.06	4.24	24.45	24.31	3.46	3.41	11.14	9.79
1.07	0.95	7.25	4.20	1.01	0.59	2.67	3.29
	0.02	1.11	1.09	0.12	0.11	6.34	0.12
						0.25	
	0.15	0.24	0.20	0.03	0.03	0.18	0.13
0.32	0.56	16.98	14.70	2.81	2.58	7.35	7.06
0.01		0.01				0.02	0.01
4.93	24.10	21.50	17.05	3.07	2.38	38.85	7.27
2.42	12.79	13.36	13.36	0.36	0.36	6.88	1.57
6.36	2.10	7.33	7.26	1.03	1.02	6.44	2.05
		0.01				0.02	0.01
6.88	5.86	30.64	30.42	4.31	4.28	44.26	8.10

1-B-10 规模以上黑色金属矿采选业

地区	企业单位数(个)	亏损企业	工业总产值(当年价)	工业销售产值(当年价)	出口交货值
全国	**1664**	**210**	**725.36**	**708.33**	**4.95**
北京	10	1	10.05	10.22	
天津					
河北	419	65	226.32	218.91	
山西	142	20	46.52	45.76	
内蒙古	66	1	25.80	24.57	
辽宁	262	21	63.41	61.51	
吉林	28	2	14.62	13.68	
黑龙江	6	1	2.90	2.82	
上海					
江苏	13	2	24.15	23.84	
浙江	7	2	12.41	11.95	
安徽	52	11	20.12	19.92	
福建	46	4	21.44	21.04	
江西	37	7	10.95	10.69	
山东	85	5	51.34	49.13	1.08
河南	82	3	23.38	22.87	
湖北	85	12	33.29	31.90	
湖南	65	6	10.85	10.79	
广东	32	8	15.91	15.42	
广西	49	12	7.79	7.63	2.18
海南	8		12.81	13.99	
重庆	16		8.34	10.35	
四川	46	8	31.14	30.92	0.22
贵州	13	4	2.66	2.72	
云南	25	3	23.03	22.37	1.19
西藏	3		1.58	1.66	
陕西	25	3	7.82	7.83	
甘肃	14	4	3.66	3.45	
青海	7	2	2.19	2.16	0.27
宁夏					
新疆	21	3	10.89	10.22	

工业企业主要经济指标

单位：亿元

资产合计	流动资产合计	应收账款净额	存货	产成品	流动资产年平均余额	固定资产合计
840.30	**375.82**	**80.63**	**75.06**	**34.48**	**329.25**	**282.81**
8.77	6.02	1.22	0.85	0.47	4.43	2.64
159.18	89.78	20.82	19.16	10.36	80.79	55.78
31.25	15.26	4.48	4.03	2.47	13.41	12.64
29.56	16.12	4.14	2.72	1.89	13.67	10.68
50.80	25.72	9.14	6.32	2.84	23.04	19.95
17.42	7.65	1.87	0.79	0.35	6.56	9.06
5.28	1.36	0.28	0.35	0.12	1.17	3.83
22.53	11.26	1.03	1.86	1.40	9.94	8.57
8.89	5.02	0.20	1.63	0.65	3.82	2.95
131.64	26.75	4.23	6.63	0.70	27.51	31.48
14.12	8.97	2.48	0.96	0.57	6.82	3.90
5.59	2.78	1.27	0.47	0.21	2.46	2.62
53.25	29.52	4.76	6.57	2.46	22.94	20.65
14.43	6.99	0.85	1.21	0.69	6.29	5.71
21.87	10.73	3.79	2.22	0.82	9.40	10.45
6.87	2.59	0.42	0.73	0.38	2.45	3.48
27.22	15.82	1.42	1.99	1.41	12.02	7.95
8.67	4.92	2.10	1.08	0.49	4.07	2.93
16.90	10.11	1.61	2.75	1.27	8.34	4.33
9.34	4.84	0.70	1.09	0.56	4.01	4.00
29.03	14.70	1.81	2.32	1.03	11.32	12.31
19.45	7.38	2.44	2.11	0.32	7.12	8.35
103.68	26.80	2.24	2.93	1.13	25.76	25.33
9.17	4.86	1.56	1.01	0.71	4.82	3.42
9.85	4.81	0.70	0.66	0.36	4.34	2.17
7.87	4.93	1.79	0.56	0.08	4.61	2.39
1.68	0.99	0.49	0.31	0.17	0.47	0.49
16.02	9.16	2.79	1.73	0.57	7.67	4.73

1-B-10 续表 1

地区	固定资产原价	生产经营用	累计折旧	本年折旧	固定资产净值	固定资产净值年平均余额
全国	**381.01**	**300.62**	**128.73**	**21.69**	**252.28**	**248.38**
北京	5.19	4.27	2.62	0.35	2.58	2.48
天津						
河北	68.48	57.15	15.21	4.76	53.27	51.18
山西	14.91	13.21	3.31	0.98	11.60	11.23
内蒙古	11.86	11.19	2.02	0.87	9.84	9.83
辽宁	24.12	21.73	5.36	1.61	18.76	17.69
吉林	12.39	10.87	3.48	0.59	8.91	8.85
黑龙江	3.15	2.94	0.15	0.08	3.00	2.90
上海						
江苏	13.78	13.65	6.26	0.49	7.51	8.10
浙江	3.77	3.53	0.95	0.19	2.82	2.57
安徽	33.54	23.26	14.21	1.13	19.33	19.22
福建	4.71	4.13	1.54	0.34	3.16	3.16
江西	3.03	2.44	0.53	0.17	2.50	2.44
山东	29.04	20.17	9.98	2.06	19.06	19.36
河南	7.71	6.62	2.20	0.36	5.51	5.45
湖北	17.02	13.56	6.98	0.51	10.04	10.06
湖南	4.39	3.51	1.15	0.24	3.24	3.14
广东	11.16	10.39	4.12	0.70	7.04	6.61
广西	4.11	3.41	1.55	0.16	2.56	2.39
海南	10.47	7.00	7.09	0.45	3.38	3.28
重庆	5.02	4.37	1.14	0.34	3.88	3.42
四川	26.63	15.60	15.31	1.24	11.32	11.01
贵州	12.79	5.13	4.48	0.46	8.30	8.50
云南	36.53	28.36	13.22	2.38	23.31	23.48
西藏	3.77	3.77	1.30	0.12	2.47	3.27
陕西	3.21	3.09	1.50	0.29	1.71	1.78
甘肃	2.86	1.94	0.66	0.38	2.20	2.09
青海	0.58	0.53	0.08	0.03	0.50	0.43
宁夏						
新疆	6.80	4.81	2.31	0.41	4.49	4.47

单位：亿元

负债合计	流动负债合计		长期负债合计	所有者权益		
		应付账款		合　计	实收资本	
						国家资本
405.22	**347.30**	**79.28**	**53.31**	**434.91**	**290.82**	**114.86**
4.28	3.73	0.78	0.54	4.49	1.66	0.75
94.22	84.22	21.70	8.43	64.96	32.89	4.56
16.84	15.10	4.74	1.62	14.40	8.57	0.75
18.30	15.17	4.35	3.13	11.26	6.81	
30.88	28.59	9.17	2.15	19.91	12.86	0.81
6.23	6.05	1.30	0.18	11.19	9.16	1.56
2.40	2.20	0.76		2.88	0.46	0.13
14.84	8.18	1.39	6.67	7.69	3.60	3.30
4.12	3.48	1.17	0.64	4.77	2.10	1.15
31.67	31.22	5.35	0.45	99.97	70.10	66.79
8.35	6.67	1.21	1.64	5.77	3.11	0.98
3.31	3.20	0.98	0.03	2.28	1.70	0.24
27.18	24.84	3.46	1.36	26.07	17.50	8.92
7.88	7.32	1.79	0.47	6.56	4.98	1.11
9.78	8.54	3.29	0.47	12.08	9.48	0.15
3.56	3.24	0.67	0.19	3.30	2.33	0.76
15.18	14.11	2.28	1.02	12.04	6.42	1.80
4.68	3.76	0.97	0.88	3.82	2.18	1.26
7.93	7.03	0.47	0.91	8.97	4.98	4.79
4.34	4.00	0.54	0.26	5.00	2.34	1.94
15.65	12.54	3.37	2.83	13.37	9.69	8.02
22.78	13.13	3.89	9.63	-3.33	1.76	1.46
27.99	21.30	1.57	6.69	75.69	66.26	
2.91	2.58	0.53	0.34	6.25	2.49	1.29
4.62	3.63	0.58	0.98	5.24	1.79	0.32
5.18	5.03	1.06	0.15	2.69	1.53	0.67
0.63	0.63	0.30		1.06	0.55	
9.47	7.81	1.58	1.66	6.55	3.52	1.36

1-B-10 续表 2

地 区						主营业务收入
	集体资本	法人资本	个人资本	港澳台资本	外商资本	
全 国	**12.71**	**109.82**	**51.93**	**1.20**	**0.31**	**730.06**
北 京	0.09	0.56	0.27			9.96
天 津						
河 北	3.43	7.30	17.47	0.14		222.66
山 西	0.25	3.01	4.56	0.01		44.77
内蒙古	0.11	3.49	3.21			23.99
辽 宁	2.10	1.41	8.12	0.41	0.01	61.92
吉 林	0.06	6.64	0.90			13.49
黑龙江		0.17	0.16			2.70
上 海						
江 苏	0.01	0.13	0.15			22.61
浙 江		0.60	0.02	0.33		11.55
安 徽	0.37	0.78	1.98	0.01	0.16	30.99
福 建	0.08	0.48	1.42	0.16		21.44
江 西	0.03	0.08	1.29	0.05		10.65
山 东	1.34	2.81	4.40		0.03	50.86
河 南	0.34	2.31	1.19	0.02		22.75
湖 北	2.58	5.44	1.21		0.10	31.14
湖 南	0.07	0.39	1.10		0.02	10.04
广 东	0.40	3.49	0.73			16.46
广 西	0.07	0.70	0.16			7.57
海 南		0.07	0.12			13.09
重 庆	0.01	0.12	0.27			10.28
四 川	0.28	0.43	0.96			30.73
贵 州	0.01	0.17	0.12			3.03
云 南	0.03	65.86	0.36			25.69
西 藏		0.43	0.77			4.60
陕 西	0.68	0.51	0.29			7.74
甘 肃	0.37	0.49	0.01			6.30
青 海		0.29	0.20	0.06		2.10
宁 夏						
新 疆		1.68	0.48			10.94

单位：亿元

主营业务成本	主营业务税金及附加	其他业务收入	其他业务利润	营业费用	管理费用	税　金
507.04	**14.49**	**31.93**	**5.62**	**21.30**	**69.81**	**2.23**
5.52	0.22	0.20	0.16	0.47	1.07	0.01
155.04	3.48	3.74	0.85	3.87	16.97	0.36
31.08	1.29	0.15	0.13	0.82	2.85	0.29
15.05	0.45	0.98	0.84	1.51	1.35	0.07
42.50	1.76	2.29	0.29	3.06	4.48	0.21
7.13	0.29	0.19	0.03	0.17	1.38	0.02
1.88	0.02			0.04	0.19	
15.27	0.26	0.30	0.05	0.31	4.23	0.03
9.62	0.03	0.40	0.02	0.06	0.62	
24.11	0.94	12.48	0.33	0.50	5.10	0.30
14.20	0.58	0.29	0.31	1.27	1.68	0.08
8.95	0.14	0.17	0.39	0.28	0.51	0.01
33.55	0.61	4.32	0.04	0.86	8.24	0.15
18.22	0.65	0.15	0.04	0.63	0.94	0.05
23.46	0.56	0.66	0.75	0.86	3.15	0.10
8.32	0.30	0.18	0.16	0.45	0.69	0.08
8.07	0.37	0.54	0.02	0.93	3.08	0.04
5.66	0.07	0.11	0.07	0.32	0.64	0.01
6.79	0.43	0.22	0.54	0.66	1.07	0.09
7.03	0.18	0.40	0.09	0.27	0.76	0.01
23.17	0.88	1.37	0.09	1.01	2.29	0.02
2.47	0.03	0.36	-0.04	0.08	0.69	0.06
19.91	0.34	1.06	0.27	0.54	4.87	0.15
2.76	0.09	0.01		0.53	0.79	0.02
4.47	0.11	0.45	0.02	0.23	0.83	0.01
4.57	0.14	0.68	0.10	0.25	0.36	0.04
1.46	0.02	0.02		0.11	0.11	
6.78	0.25	0.24	0.06	1.21	0.86	0.02

1-B-10 续表 3

地 区	财务费用	利息支出	营业利润	投资收益	补贴收入	利润总额
全 国	**8.83**	**8.08**	**112.30**	**10.46**	**1.74**	**117.96**
北 京	0.09	0.09	2.76		0.01	2.72
天 津						
河 北	3.34	2.58	40.82	0.01	0.08	39.83
山 西	0.50	0.60	9.40	0.02	0.06	8.65
内蒙古	0.48	0.45	5.98	-0.11	0.06	4.77
辽 宁	0.50	0.48	9.93	0.01	0.17	9.86
吉 林	0.11	0.49	3.50	0.01	0.01	4.22
黑龙江	0.03	0.02	0.54			0.54
上 海						
江 苏	0.04	0.04	2.55	-0.01	0.14	1.95
浙 江	0.03	0.03	1.17	0.01		1.19
安 徽	0.11	0.10	0.59	-0.01	0.80	1.00
福 建	0.09	0.09	3.74	-0.03	0.11	3.85
江 西	0.08	0.07	0.70	0.03		0.72
山 东	0.63	0.56	7.01	-0.07	0.06	6.18
河 南	0.22	0.16	1.73	0.04	0.06	1.90
湖 北	0.25	0.12	2.16	0.09		2.17
湖 南	0.10	0.11	0.41			0.38
广 东	0.29	0.28	3.94			3.60
广 西	0.07	0.06	0.90	0.02	0.04	0.90
海 南	0.18	0.20	4.52	0.01		3.70
重 庆	0.13	0.11	2.08	-0.06	0.01	1.91
四 川	0.17	0.15	3.30	-0.02	0.04	3.22
贵 州	0.29	0.28	-0.58		0.04	-0.70
云 南	0.70	0.67	-0.40	10.45	0.01	10.17
西 藏	0.05	0.04	0.89	0.01	0.02	0.87
陕 西	0.14	0.14	1.98	0.01		1.95
甘 肃	0.08	0.04	1.00			0.70
青 海	0.02	0.02	0.41			0.38
宁 夏						
新 疆	0.14	0.13	1.28	0.07	0.02	1.32

单位：亿元

亏损企业亏损额	应交所得税	本年应付工资总额	主营业务应付工资总额	本年应付福利费总额	主营业务应付福利费总额	本年应交增值税	全部从业人员年平均人数（万人）
3.62	**27.45**	**53.60**	**45.27**	**7.24**	**5.83**	**49.07**	**38.81**
	0.89	0.58	0.58	0.07	0.07	0.80	0.31
0.86	11.05	10.46	9.31	1.29	1.12	14.83	8.47
0.12	2.47	2.16	2.02	0.25	0.21	3.75	2.07
0.03	1.41	1.73	1.64	0.22	0.21	2.02	1.60
0.33	2.64	4.16	4.04	0.45	0.43	4.23	4.35
	0.81	1.41	1.02	0.18	0.13	1.04	1.02
0.01	0.17	0.19	0.19	0.02	0.02	0.17	0.20
0.07	0.22	2.88	2.17	0.40	0.30	0.90	1.13
0.04	0.28	0.42	0.38	0.06	0.05	0.32	0.18
0.08	0.13	6.02	3.91	0.99	0.58	1.38	2.85
0.16	1.05	0.92	0.89	0.16	0.15	1.76	0.51
	0.21	0.80	0.72	0.10	0.09	0.63	0.66
0.07	1.42	3.98	3.65	0.51	0.42	3.27	2.49
0.03	0.24	1.07	0.94	0.09	0.07	0.99	0.96
0.20	0.53	3.27	1.24	0.52	0.22	1.92	2.57
0.08	0.03	0.69	0.66	0.05	0.05	0.52	0.67
0.09	1.24	1.47	1.46	0.17	0.16	1.59	0.72
0.05	0.31	0.68	0.64	0.08	0.07	0.36	0.69
	0.30	1.04	0.98	0.21	0.21	1.32	0.84
	0.20	1.21	1.14	0.18	0.06	0.85	0.62
0.10	0.72	3.87	3.79	0.73	0.70	2.36	2.39
0.88	0.05	0.51	0.51	0.06	0.06	0.24	0.53
0.32	0.24	1.80	1.47	0.21	0.21	1.75	1.36
	0.19	0.20	0.19	0.03	0.02	0.33	0.06
0.02	0.07	0.62	0.56	0.08	0.07	0.73	0.62
0.03	0.23	0.60	0.38	0.05	0.05	0.19	0.47
0.01	0.01	0.11	0.02			0.10	0.10
0.04	0.31	0.75	0.73	0.09	0.09	0.72	0.40

1-B-11 规模以上有色金属矿采选业

地区	企业单位数（个）	亏损企业	工业总产值（当年价）	工业销售产值（当年价）	出口交货值
全国	**1465**	**171**	**801.61**	**789.34**	**31.07**
北京	1		0.01		
天津	1		35.08	34.32	
河北	24	3	6.06	5.98	
山西	12	2	2.62	2.35	0.07
内蒙古	61	5	26.36	24.86	0.17
辽宁	124	15	39.00	38.23	4.81
吉林	20	4	6.29	5.92	
黑龙江	13	2	6.26	6.57	
上海					
江苏	8	1	4.21	4.27	
浙江	36	2	9.14	9.13	0.13
安徽	32	8	9.95	10.10	0.41
福建	47	3	9.63	9.44	
江西	75	8	44.88	44.54	
山东	84	3	200.77	199.06	
河南	249	11	151.55	150.68	1.38
湖北	27	4	10.39	10.24	
湖南	183	10	49.90	49.57	1.22
广东	31	3	21.58	21.20	0.09
广西	69	16	17.33	16.95	
海南	17	3	3.82	3.73	
重庆	1		0.02	0.02	
四川	59	10	23.51	22.43	3.53
贵州	27	7	3.15	3.04	0.09
云南	66	14	33.30	34.00	
西藏	9	4	0.53	0.53	
陕西	94	19	51.42	48.67	19.18
甘肃	54	6	16.43	15.23	
青海	23	5	10.71	10.93	
宁夏					
新疆	18	3	7.74	7.33	

工业企业主要经济指标

单位：亿元

资产合计	流动资产合计				流动资产年平均余额	固定资产合计
		应收账款净额	存货			
				产成品		
763.79	**302.64**	**43.53**	**64.03**	**26.55**	**264.92**	**326.08**
0.53	0.53				0.51	
10.90	4.79	0.03	2.07	0.35	5.77	2.86
8.79	3.48	0.42	0.66	0.35	3.16	4.56
6.81	1.19	0.16	0.42	0.33	1.00	4.30
31.31	10.20	2.30	2.88	1.48	9.37	17.22
42.26	23.36	7.14	7.16	4.37	21.10	15.11
7.83	2.23	0.30	0.58	0.17	2.16	4.64
9.57	5.28	0.73	0.76	0.24	4.77	3.30
3.80	2.10	0.37	0.16	0.11	1.82	1.31
6.66	3.86	0.98	0.65	0.42	3.36	2.10
8.75	4.24	0.77	1.11	0.46	3.60	3.78
9.73	6.20	1.31	0.88	0.30	3.81	2.59
88.89	21.12	2.16	3.98	1.50	22.17	19.16
135.50	39.64	3.57	8.17	1.88	34.15	73.22
89.99	40.56	6.09	8.21	2.76	36.73	43.37
12.00	3.16	0.57	0.56	0.26	2.99	6.99
30.48	12.55	2.37	3.62	1.04	10.65	14.86
17.72	7.03	0.89	1.37	0.92	6.79	8.64
22.29	9.95	1.58	2.31	1.34	9.70	8.76
1.39	0.94	0.40	0.18	0.09	0.80	0.43
0.04	0.01				0.01	0.03
27.43	12.28	3.05	2.25	0.76	9.82	12.99
2.73	1.08	0.14	0.26	0.11	1.01	1.30
48.36	22.23	2.87	4.89	2.98	20.27	18.41
2.04	0.82	0.23	0.18	0.13	0.72	0.48
71.52	38.80	2.98	5.17	2.67	27.90	25.52
18.53	8.28	1.32	1.85	0.52	7.40	7.53
39.43	12.34	0.53	2.68	0.57	9.04	18.70
8.53	4.37	0.28	1.00	0.45	4.32	3.93

1-B-11 续表 1

地区	固定资产原价		累计折旧		固定资产净值	固定资产净值年平均余额
		生产经营用		本年折旧		
全国	**437.10**	**369.16**	**150.85**	**22.70**	**286.25**	**279.31**
北京						
天津	3.94		1.72	0.17	2.22	2.51
河北	6.34	4.98	2.12	0.35	4.22	4.31
山西	5.05	4.20	1.48	0.44	3.57	3.32
内蒙古	19.38	18.01	4.56	1.10	14.82	15.09
辽宁	23.23	19.85	8.86	1.08	14.37	13.13
吉林	6.26	5.41	2.03	0.39	4.23	4.55
黑龙江	5.87	5.44	2.59	0.30	3.28	3.16
上海						
江苏	2.44	2.28	1.20	0.05	1.24	1.27
浙江	3.64	3.39	1.78	0.26	1.86	1.83
安徽	4.81	3.62	2.02	0.24	2.78	2.86
福建	4.73	4.49	2.33	0.37	2.40	2.54
江西	28.70	24.59	11.29	1.30	17.41	16.96
山东	96.53	84.41	31.28	4.97	65.24	62.02
河南	54.20	46.93	13.04	1.98	41.16	40.83
湖北	9.63	7.18	3.33	0.66	6.30	6.50
湖南	21.31	17.11	7.09	1.48	14.21	14.11
广东	14.64	14.16	6.94	0.77	7.70	7.42
广西	13.88	12.06	5.86	0.69	8.02	8.13
海南	0.91	0.79	0.51	0.03	0.40	0.41
重庆	0.07	0.06	0.04		0.02	0.03
四川	14.88	13.24	4.53	0.99	10.35	10.69
贵州	2.13	1.07	0.94	0.14	1.18	1.25
云南	23.59	19.20	8.62	1.10	14.97	15.06
西藏	0.88	0.50	0.29	0.05	0.59	0.64
陕西	40.08	34.04	16.42	1.87	23.66	23.66
甘肃	10.04	8.88	4.65	0.77	5.39	5.25
青海	14.79	8.66	3.71	0.83	11.07	8.41
宁夏						
新疆	5.17	4.61	1.59	0.34	3.58	3.39

单位：亿元

负债合计	流动负债合计	应付账款	长期负债合计	所有者权益合计	实收资本	国家资本
419.90	**316.42**	**44.24**	**100.60**	**343.89**	**196.49**	**89.13**
0.01	0.01			0.52	0.50	
3.28	3.24	1.07	0.05	7.61	2.80	
5.12	3.48	0.34	1.64	3.67	2.84	0.63
5.19	2.95	0.56	1.93	1.62	1.93	0.88
15.97	12.80	2.92	3.17	15.34	11.81	1.25
22.15	18.88	4.57	2.94	20.11	9.40	0.86
5.67	3.90	0.65	1.70	2.15	2.01	0.89
4.89	4.11	0.16	0.78	4.68	3.32	1.83
2.61	2.18	0.50	0.43	1.19	0.97	0.15
4.03	3.42	0.53	0.60	2.64	1.15	0.25
5.32	3.99	0.60	1.33	3.43	1.99	0.42
5.85	4.79	0.51	1.06	3.88	2.32	0.11
47.07	38.59	3.29	8.43	41.82	35.83	30.14
64.27	46.12	5.27	18.07	71.23	25.97	16.79
58.60	39.47	4.61	18.48	31.39	20.23	4.74
7.12	3.75	0.24	3.37	4.89	3.49	2.29
15.58	12.27	2.32	3.00	14.90	11.33	1.20
9.39	6.66	0.95	2.39	8.33	4.91	3.55
16.13	13.41	1.17	2.69	6.15	5.35	2.58
1.13	1.04	0.30	0.09	0.26	0.57	0.10
0.03	0.02		0.02	0.01	0.03	0.03
14.95	12.06	2.50	2.76	12.48	8.83	1.36
1.38	0.92	0.25	0.44	1.35	0.98	0.46
30.17	25.10	3.42	5.07	18.19	11.53	6.66
0.94	0.70	0.06	0.03	1.10	1.41	1.37
34.25	23.13	3.18	11.08	37.26	12.89	6.26
9.60	6.20	1.51	3.12	8.93	4.12	2.06
23.62	18.76	1.67	4.81	15.81	6.07	1.03
5.59	4.47	1.10	1.11	2.95	1.92	1.27

1-B-11 续表 2

地 区	集体资本	法人资本	个人资本	港澳台资本	外商资本	主营业务收入
全 国	**22.01**	**49.14**	**31.19**	**1.04**	**3.98**	**795.24**
北 京		0.50				0.39
天 津		1.80	1.00			34.32
河 北	0.42	0.06	1.64	0.10		6.17
山 西		0.81	0.24			2.20
内蒙古	0.49	8.16	1.81		0.10	24.63
辽 宁	1.83	0.82	5.04	0.19	0.66	36.02
吉 林	0.21	0.56	0.35			5.14
黑龙江	0.67	0.16	0.66			6.69
上 海						
江 苏		0.60	0.22			4.16
浙 江	0.01	0.26	0.63			8.93
安 徽	0.26	0.48	0.63		0.20	10.83
福 建	0.02	0.71	1.30	0.17	0.01	9.45
江 西	0.16	4.36	1.18			46.28
山 东	5.53	3.34	0.32			194.84
河 南	8.52	3.17	3.65		0.16	150.45
湖 北	0.14	0.75	0.32			10.56
湖 南	0.59	5.39	3.52	0.33	0.30	51.35
广 东	0.21	0.87	0.28			21.79
广 西	0.14	1.56	0.99	0.02	0.06	17.14
海 南		0.29	0.06	0.12		3.76
重 庆						0.02
四 川	0.34	3.51	3.60	0.01		22.10
贵 州		0.07	0.42		0.03	2.81
云 南	0.71	3.12	1.00	0.04		35.55
西 藏	0.01	0.01	0.02			0.65
陕 西	0.39	3.63	1.30		1.33	50.77
甘 肃	0.36	0.89	0.76		0.05	14.26
青 海	0.98	2.82	0.15		1.09	16.81
宁 夏						
新 疆	0.03	0.46	0.10	0.07		7.17

单位：亿元

主营业务成本	主营业务税金及附加	其他业务收入	其他业务利润	营业费用	管理费用	税　金
590.14	**6.34**	**10.01**	**4.31**	**13.90**	**66.26**	**2.49**
0.36					0.01	
32.80	0.02			0.08	0.87	0.01
4.71	0.04	0.04	0.04	0.08	0.76	0.01
1.61	0.05	0.03	-0.01	0.06	0.38	
16.97	0.23	1.08	0.22	0.79	2.24	0.29
25.56	0.43	1.39	0.22	1.75	3.35	0.10
3.55	0.02	0.08	0.01	0.03	1.19	0.02
3.09	0.06	0.03		0.05	0.84	0.02
3.38	0.02			0.09	0.50	
6.26	0.06	0.47	-0.03	0.22	0.91	0.03
8.44	0.13	0.04		0.29	0.95	0.01
6.95	0.16	0.09	0.18	0.15	0.88	0.01
38.89	0.31	0.90	0.24	0.34	5.03	0.14
152.71	0.99	0.59	0.65	2.19	12.92	0.66
116.02	0.85	0.72	0.39	2.25	5.23	0.22
6.49	0.17	0.22	0.09	0.17	1.34	0.04
39.49	1.00	0.95	0.93	1.26	4.40	0.51
15.97	0.17	0.23	0.26	0.44	3.07	0.05
11.41	0.16	0.21	0.05	0.37	2.72	0.04
3.44	0.02	0.02	0.06	0.19	0.09	0.01
0.01						
15.79	0.18	0.36	0.19	0.67	1.93	0.06
1.87	0.25	0.05	0.04	0.12	0.41	0.02
24.07	0.31	1.54	0.49	0.77	4.90	0.09
0.44	0.01	0.04	0.05	0.06	0.11	0.01
25.13	0.45	0.70	0.19	0.67	8.04	0.10
9.65	0.14	0.02		0.21	1.19	0.02
10.52	0.08	0.04	0.01	0.44	1.08	0.02
4.55	0.04	0.17	0.05	0.15	0.93	0.02

1-B-11 续表 3

地 区	财务费用	利息支出	营业利润	投资收益	补贴收入	利润总额
全 国	**11.17**	**8.62**	**109.67**	**9.22**	**3.97**	**115.70**
北 京			0.03			0.03
天 津	0.04	0.07	0.51	0.01	0.04	0.55
河 北	0.14	0.14	0.46	0.01	0.09	0.49
山 西	0.15	0.15	-0.05			-0.06
内蒙古	0.28	0.28	4.33		0.09	4.51
辽 宁	0.70	0.67	4.45	1.14	0.31	5.81
吉 林	0.04	0.03	0.32		0.25	0.49
黑龙江	0.06	0.04	2.62		0.23	2.77
上 海						
江 苏	0.04	0.04	0.13		0.03	0.07
浙 江	0.08	0.07	1.43			1.28
安 徽	0.15	0.15	0.77	-0.01	0.01	0.74
福 建	0.14	0.13	1.19	0.10	0.02	1.28
江 西	0.99	0.33	0.93	6.23	0.42	6.52
山 东	2.64	1.94	24.04	0.37	1.20	25.25
河 南	1.61	1.47	24.56	0.11	0.29	24.11
湖 北	0.26	0.26	2.05		0.21	2.11
湖 南	0.58	0.45	3.29	0.14	0.18	2.87
广 东	0.31	0.30	2.47	0.07	0.04	2.22
广 西	0.28	0.27	2.34	0.13	0.06	1.73
海 南	0.03	0.04	0.01			0.03
重 庆			0.01			0.01
四 川	0.18	0.17	3.54	0.11	0.02	3.23
贵 州	0.02	0.01	0.19		0.09	0.28
云 南	0.45	0.43	5.53		0.09	5.01
西 藏	0.02	0.02	-0.06		0.02	0.01
陕 西	0.35	0.30	16.63	0.45	0.16	15.72
甘 肃	0.21	0.16	2.58	0.03		2.80
青 海	1.38	0.66	3.91	0.31		4.30
宁 夏						
新 疆	0.05	0.06	1.47	0.01	0.10	1.53

单位：亿元

亏损企业亏损额	应交所得税	本年应付工资总额	主营业务应付工资总额	本年应付福利费总额	主营业务应付福利费总额	本年应交增值税	全部从业人员年平均人数（万人）
3.40	**20.50**	**52.13**	**48.73**	**6.44**	**5.78**	**27.28**	**39.17**
	0.01					0.01	
	0.19	0.05		0.03		0.15	0.32
0.03	0.11	0.74	0.67	0.09	0.08	0.29	0.58
0.11	0.02	0.33	0.32	0.03	0.03	0.11	0.43
0.14	0.71	2.85	2.64	0.31	0.28	1.91	2.15
0.17	0.89	2.96	2.65	0.44	0.31	1.77	2.65
0.09	0.16	0.97	0.93	0.12	0.11	0.21	0.83
	1.04	0.73	0.55	0.07	0.06	0.52	0.55
0.02	0.02	0.40	0.33	0.05	0.05	0.18	0.23
0.02	0.24	0.73	0.70	0.10	0.09	0.56	0.55
0.04	0.06	1.07	1.04	0.20	0.19	0.51	0.78
0.02	0.24	0.73	0.71	0.06	0.06	0.35	0.50
0.38	0.81	4.13	3.86	0.56	0.47	2.20	3.05
0.18	5.58	7.64	7.55	1.04	1.03	2.07	6.17
0.15	2.91	4.01	3.93	0.43	0.41	1.82	4.85
0.01	0.62	1.03	0.95	0.10	0.09	0.89	0.79
0.04	0.24	4.48	4.00	0.41	0.32	2.67	3.19
0.01	0.59	2.41	2.28	0.32	0.31	1.15	0.96
0.92	0.31	2.29	1.94	0.26	0.23	1.33	1.60
0.02	0.02	0.09	0.08	0.01	0.01	0.18	0.07
0.08	0.75	2.03	1.99	0.23	0.23	1.25	1.44
0.02	0.06	0.39	0.38	0.05	0.03	0.14	0.46
0.29	0.67	4.02	3.84	0.51	0.49	2.44	2.49
0.05		0.11	0.08			0.01	0.07
0.36	2.59	4.87	4.62	0.71	0.64	2.25	2.57
0.04	0.94	1.02	0.79	0.14	0.10	0.81	1.00
0.18	0.61	1.18	1.15	0.07	0.06	0.86	0.40
0.03	0.13	0.88	0.75	0.12	0.10	0.64	0.49

1-B-12 规模以上非金属矿采选业

地 区	企业单位数（个）	亏损企业	工业总产值（当年价）	工业销售产值（当年价）	出口交货值
全 国	**2182**	**289**	**587.98**	**579.57**	**42.38**
北 京	20	4	3.05	3.02	
天 津	7	1	5.54	5.99	0.23
河 北	84	13	21.59	21.98	0.22
山 西	25	9	6.53	6.42	0.28
内蒙古	39	2	14.11	13.83	0.77
辽 宁	92	23	15.43	15.37	1.19
吉 林	34	8	3.01	3.00	0.33
黑龙江	33	9	5.06	4.86	0.05
上 海					
江 苏	156	20	52.41	51.14	0.42
浙 江	349	28	57.91	57.16	2.35
安 徽	70	20	9.65	9.57	0.47
福 建	91	10	19.97	19.63	2.63
江 西	62	7	11.40	11.49	0.76
山 东	244	13	129.40	126.59	11.57
河 南	127	3	31.68	31.12	0.04
湖 北	153	27	28.75	27.56	0.84
湖 南	123	14	31.67	31.50	1.08
广 东	188	28	37.66	36.71	2.24
广 西	54	12	8.39	8.85	2.94
海 南	10	4	1.96	2.07	0.03
重 庆	22	1	8.53	9.72	1.50
四 川	68	8	18.74	18.66	0.14
贵 州	25	2	38.64	37.77	11.72
云 南	28	9	11.72	12.11	0.11
西 藏	3	1	0.17	0.13	
陕 西	21	5	3.04	3.01	0.10
甘 肃	30	2	5.64	5.07	
青 海	8	1	3.55	2.96	
宁 夏					
新 疆	16	5	2.81	2.27	0.37

工业企业主要经济指标

单位：亿元

资产合计	流动资产合计	应收账款净额	存货	产成品	流动资产年平均余额	固定资产合计
695.35	**278.18**	**72.29**	**55.54**	**32.16**	**261.77**	**337.52**
4.77	2.70	1.04	0.29	0.09	2.60	1.52
27.20	13.42	3.92	2.83	2.33	13.19	9.30
47.65	17.34	5.08	3.80	2.31	15.80	26.15
6.48	2.21	0.49	0.71	0.36	2.13	3.89
27.58	9.50	1.91	2.00	0.90	8.87	14.99
32.40	16.61	5.60	3.43	2.33	13.28	13.45
4.06	2.04	0.82	0.57	0.48	1.89	1.95
5.27	3.09	1.12	0.91	0.37	2.68	2.03
61.90	23.33	6.84	3.77	2.53	24.04	30.38
45.74	19.90	5.90	2.74	1.46	19.52	18.96
13.09	5.11	1.69	1.11	0.65	4.65	7.13
13.53	6.76	1.90	1.07	0.78	5.45	5.46
7.90	3.87	1.08	0.72	0.43	3.48	3.05
66.99	31.23	7.82	7.47	4.84	28.72	30.98
18.98	8.51	2.02	1.61	1.12	8.88	8.79
35.65	12.70	3.84	1.99	0.97	13.53	17.43
17.60	7.70	2.32	1.58	0.87	7.14	8.37
41.65	18.01	5.66	3.25	1.54	16.97	15.49
12.97	5.69	1.00	1.15	0.61	5.90	5.47
4.91	1.53	0.30	0.23	0.06	1.50	2.71
10.19	3.98	0.54	0.35	0.15	3.65	5.07
37.97	13.24	3.32	2.04	0.79	11.69	14.50
104.04	30.44	3.30	7.09	3.35	27.60	68.97
22.45	8.28	1.18	1.43	0.71	7.89	11.27
2.08	0.58	0.18	0.10	0.03	0.65	0.41
4.54	2.33	0.88	0.46	0.28	2.16	2.04
4.70	2.29	0.90	0.78	0.58	2.19	1.95
7.70	2.79	0.79	0.93	0.53	2.60	3.92
5.36	3.01	0.85	1.14	0.70	3.10	1.89

1-B-12 续表 1

地 区	固定资产原价	生产经营用	累计折旧	本年折旧	固定资产净值	固定资产净值年平均余额
全 国	**427.95**	**361.63**	**130.10**	**24.43**	**297.84**	**294.84**
北 京	2.58	2.38	1.10	0.10	1.48	1.47
天 津	13.54	9.68	4.88	0.53	8.66	8.92
河 北	31.02	24.70	9.94	2.62	21.08	21.54
山 西	4.44	3.79	0.66	0.22	3.78	3.52
内蒙古	14.67	12.86	4.16	1.38	10.50	9.96
辽 宁	16.88	15.03	5.36	0.71	11.52	11.39
吉 林	2.50	1.78	0.68	0.11	1.82	1.70
黑龙江	2.97	2.62	1.02	0.13	1.95	1.97
上 海						
江 苏	37.83	27.35	12.31	2.39	25.53	25.74
浙 江	25.79	24.18	6.87	2.06	18.92	18.51
安 徽	8.48	7.99	1.90	0.46	6.58	6.24
福 建	7.53	6.43	2.39	0.37	5.14	4.84
江 西	3.46	2.94	1.08	0.29	2.38	2.45
山 东	41.27	36.01	12.99	2.11	28.27	29.00
河 南	11.39	9.92	3.01	0.72	8.37	8.45
湖 北	22.89	16.64	6.32	1.04	16.57	15.87
湖 南	12.13	10.94	4.21	0.70	7.92	7.93
广 东	24.61	21.97	10.74	1.22	13.87	13.66
广 西	7.20	5.14	2.08	0.25	5.12	4.10
海 南	2.39	1.27	0.44	0.03	1.95	1.96
重 庆	4.04	3.10	0.95	0.26	3.09	2.90
四 川	21.72	17.86	9.31	1.32	12.41	12.47
贵 州	79.08	70.28	16.93	3.79	62.16	61.74
云 南	16.95	16.62	7.41	1.01	9.54	9.28
西 藏	0.56	0.55	0.17		0.39	0.38
陕 西	2.18	1.34	0.40	0.07	1.78	1.74
甘 肃	2.96	2.38	1.16	0.23	1.80	1.81
青 海	4.32	3.73	0.84	0.17	3.48	3.47
宁 夏						
新 疆	2.56	2.16	0.78	0.13	1.78	1.80

单位：亿元

负债合计	流动负债合计		长期负债合计	所有者权益		
		应付账款		合　计	实收资本	
						国家资本
383.98	**297.68**	**45.68**	**80.64**	**311.30**	**233.17**	**102.93**
2.65	2.64	0.68	0.02	2.11	1.68	
15.82	15.11	0.60	0.70	11.38	4.89	3.95
28.58	19.00	2.35	8.69	19.07	15.76	13.16
3.60	3.09	0.37	0.42	2.88	2.59	0.31
13.63	10.54	1.03	3.09	13.95	9.50	2.42
21.83	17.62	2.40	4.20	10.58	8.53	2.61
2.41	1.84	0.45	0.51	1.65	1.22	0.38
3.47	2.94	0.81	0.44	1.80	1.36	0.24
40.40	37.48	4.73	2.92	21.50	13.70	5.75
26.37	22.11	4.41	3.90	19.37	13.30	1.03
7.56	6.13	1.15	1.39	5.53	4.03	0.69
5.65	4.89	0.60	0.71	7.87	4.15	1.31
5.15	3.50	0.73	0.97	2.75	2.61	0.25
40.89	33.01	5.56	7.60	26.10	18.70	3.44
9.39	5.84	1.29	3.16	9.59	8.74	0.40
18.65	14.47	2.86	3.31	17.00	12.44	5.58
9.73	7.74	1.23	1.91	7.87	5.06	0.46
19.16	17.08	2.63	1.85	22.49	15.62	6.63
7.57	5.18	1.31	2.32	5.41	3.67	1.27
2.20	2.04	0.20	0.16	2.71	1.36	0.90
6.02	4.30	0.43	1.32	4.17	2.23	0.34
21.78	15.80	2.69	5.10	16.19	12.05	3.78
46.46	25.66	4.23	20.80	57.50	51.80	43.94
10.25	7.53	0.85	2.72	12.21	10.11	0.17
0.96	0.66	0.02	0.21	1.13	0.37	0.37
2.99	2.05	0.40	0.94	1.54	1.82	0.18
3.13	2.86	0.68	0.17	1.57	1.40	0.24
4.55	3.56	0.51	0.98	3.15	2.85	1.97
3.14	3.01	0.49	0.13	2.22	1.63	1.16

1-B-12 续表 2

地 区						主营业务收入
	集体资本	法人资本	个人资本	港澳台资本	外商资本	
全 国	**14.24**	**58.40**	**43.08**	**6.79**	**7.74**	**565.52**
北 京	0.02	1.37	0.20		0.09	2.98
天 津	0.02	0.91				6.10
河 北	0.24	0.52	1.83		0.02	21.21
山 西	0.09	0.36	0.35	0.55	0.94	5.76
内蒙古	0.20	3.51	3.15	0.17	0.05	12.46
辽 宁	1.35	0.86	2.72	0.09	0.91	15.34
吉 林	0.01	0.37	0.44	0.01	0.01	3.02
黑龙江	0.02	0.39	0.51		0.19	4.69
上 海						
江 苏	0.50	3.02	2.92	1.12	0.38	50.02
浙 江	1.45	3.75	5.42	0.69	0.97	56.75
安 徽	0.42	1.18	1.18		0.55	9.82
福 建	0.54	0.39	1.25	0.20	0.46	19.40
江 西		0.71	1.29		0.35	11.37
山 东	3.28	5.15	5.30	0.38	1.15	117.54
河 南	0.94	5.02	2.22		0.16	28.63
湖 北	1.38	2.18	2.90	0.39	0.01	27.64
湖 南	0.49	1.98	2.10	0.02	0.01	31.01
广 东	0.72	3.19	1.84	3.03	0.22	36.73
广 西	0.25	1.28	0.63	0.11	0.14	8.04
海 南		0.45	0.01			2.03
重 庆	0.04	1.20	0.66			9.09
四 川	1.23	1.43	5.02	0.05	0.55	18.39
贵 州	0.01	7.64	0.21			41.90
云 南	0.64	8.90	0.39			12.82
西 藏						0.15
陕 西	0.01	1.24	0.21		0.18	2.54
甘 肃	0.28	0.75	0.13			5.02
青 海	0.04	0.33	0.11		0.40	3.10
宁 夏						
新 疆	0.05	0.31	0.10			1.99

单位：亿元

主营业务成本	主营业务税金及附加	其他业务收入	其他业务利润	营业费用	管理费用	税　金
432.33	**12.01**	**7.95**	**4.52**	**36.38**	**47.52**	**2.14**
2.35	0.03	0.11	0.08	0.14	0.45	
3.96	0.27	0.56	0.51	0.26	1.76	0.03
13.25	1.09	0.25	0.19	1.93	3.00	0.04
4.99	0.03	0.01	0.01	0.48	0.30	0.01
7.99	0.33	0.38	0.02	1.08	1.25	0.06
10.73	0.54	0.48	0.17	1.29	1.94	0.11
2.14	0.03	0.01	0.04	0.25	0.35	0.01
3.85	0.08	0.01	0.06	0.33	0.32	0.01
36.80	0.85	0.63	0.23	3.51	5.06	0.10
46.01	1.03	0.33	0.33	2.11	4.37	0.19
6.90	0.29	0.11	0.07	0.92	0.98	0.01
13.94	0.57	0.17	0.39	1.77	1.28	0.09
8.39	0.21	0.05	0.05	1.46	0.51	0.03
98.29	1.86	1.06	0.42	4.30	5.48	0.32
22.24	1.05	0.87	0.29	1.36	1.34	0.16
21.55	0.71	0.11	0.25	2.22	2.70	0.30
25.12	0.84	0.17	0.35	1.46	1.86	0.18
30.34	0.39	0.48	0.11	1.97	2.69	0.10
5.14	0.10	0.33	0.50	1.34	0.98	0.02
1.20	0.05	0.05	0.05	0.36	0.18	0.01
6.50	0.20			0.93	0.52	0.01
12.87	0.59	0.67	0.08	1.63	1.84	0.08
31.32	0.33	0.55	-0.04	2.46	4.76	0.08
7.58	0.28	0.41	0.18	1.74	1.83	0.04
0.11			0.02		0.14	
1.86	0.04	0.01	0.01	0.28	0.23	0.01
4.11	0.08	0.02	0.09	0.18	0.40	0.04
1.79	0.09	0.03		0.26	0.60	
1.00	0.06	0.08	0.08	0.36	0.39	0.09

1-B-12 续表 3

地 区	财务费用	利息支出	营业利润	投资收益	补贴收入	利润总额
全 国	**8.56**	**7.40**	**32.44**	**0.13**	**1.54**	**30.32**
北 京	0.02	0.01	0.07	-0.03	0.03	0.04
天 津	0.11	0.11	0.25	0.01	0.01	0.01
河 北	0.41	0.38	1.71	0.01	0.04	1.68
山 西	0.13	0.05	-0.12			-0.11
内蒙古	0.45	0.45	1.38	0.04	0.01	1.12
辽 宁	0.36	0.32	0.65		0.02	0.57
吉 林	0.02	0.02	0.14	-0.01	0.06	0.27
黑龙江	0.03	0.03	0.13			0.11
上 海						
江 苏	0.73	0.65	3.31	0.01	0.07	2.77
浙 江	0.47	0.44	3.00	0.11	0.17	3.39
安 徽	0.12	0.11	0.59			0.55
福 建	0.13	0.11	1.48	0.16	0.02	1.46
江 西	0.10	0.07	0.49	0.01	0.03	0.48
山 东	1.48	0.91	6.55	0.06	0.14	5.96
河 南	0.41	0.33	2.13	0.09	0.11	2.06
湖 北	0.49	0.46	1.15	0.01	0.03	0.80
湖 南	0.36	0.32	1.61	0.02	0.02	1.19
广 东	0.28	0.23	1.75	-0.52	0.04	1.74
广 西	0.18	0.16	0.16		0.02	0.15
海 南	0.02	0.02	0.29		0.03	0.29
重 庆	0.10	0.16	0.99		0.02	0.93
四 川	0.50	0.50	1.04	0.01	0.10	1.19
贵 州	1.22	1.16	1.77	0.03	0.45	1.58
云 南	0.16	0.16	1.40	0.08	0.05	1.46
西 藏			-0.07	0.04		-0.03
陕 西	0.07	0.06	-0.01	0.01		-0.01
甘 肃	0.08	0.06	0.13	0.02		0.19
青 海	0.07	0.07	0.28	-0.02	0.04	0.29
宁 夏						
新 疆	0.06	0.06	0.19		0.02	0.20

单位：亿元

亏损企业亏损额	应交所得税	本年应付工资总额		本年应付福利费总额		本年应交增值税	全部从业人员年平均人数（万人）
			主营业务应付工资总额		主营业务应付福利费总额		
4.68	**7.09**	**47.55**	**43.42**	**5.51**	**4.89**	**28.68**	**42.59**
0.14	0.04	0.25	0.24	0.03	0.03	0.08	0.22
0.03	0.01	2.11	2.09	0.31	0.30	0.87	1.01
0.14	0.35	2.80	2.25	0.33	0.26	1.50	2.50
0.24	0.04	0.25	0.25	0.01	0.01	0.15	0.33
0.05	0.21	1.05	0.87	0.10	0.08	0.81	0.99
0.66	0.38	1.96	1.81	0.23	0.21	1.29	1.97
0.02	0.02	0.31	0.27	0.04	0.03	0.11	0.44
0.09	0.06	0.54	0.53	0.03	0.03	0.20	0.56
0.30	0.70	4.81	4.58	0.65	0.63	3.00	4.61
0.47	0.90	4.38	3.93	0.55	0.47	2.47	2.76
0.11	0.13	1.33	1.29	0.12	0.12	0.56	1.42
0.03	0.44	1.52	1.45	0.16	0.14	1.02	1.37
0.03	0.04	0.71	0.66	0.07	0.06	0.61	0.71
0.60	1.41	5.60	5.44	0.60	0.58	5.11	6.21
0.02	0.25	1.90	1.70	0.32	0.18	1.14	2.19
0.59	0.26	2.66	2.10	0.18	0.16	1.47	2.80
0.05	0.19	2.35	2.25	0.22	0.20	1.15	2.02
0.35	0.33	3.10	2.70	0.36	0.31	1.44	2.44
0.30	0.14	0.80	0.75	0.08	0.08	0.57	0.83
0.05		0.16	0.10	0.02	0.01	0.15	0.25
0.01	0.18	0.83	0.81	0.07	0.07	0.49	0.70
0.09	0.28	2.29	2.21	0.29	0.28	1.30	2.25
	0.41	2.51	2.20	0.34	0.28	1.42	1.40
0.04	0.22	1.48	1.45	0.20	0.20	1.10	0.98
0.05	0.01	0.04	0.03	0.01			0.03
0.04		0.19	0.19	0.02	0.02	0.13	0.24
0.10	0.08	0.66	0.46	0.06	0.06	0.15	0.57
		0.63	0.46	0.05	0.03	0.25	0.45
0.07	0.02	0.34	0.32	0.05	0.05	0.14	0.31

1-B-13 规模以上制造业工业企业

地区	企业单位数（个）	亏损企业	工业总产值（当年价）	工业销售产值（当年价）	出口交货值
全国	**256999**	**53234**	**175283.47**	**171550.13**	**40005.76**
北京	6680	1831	5057.03	4936.61	688.95
天津	6340	1908	5203.97	5145.63	1436.80
河北	8206	1451	7170.75	7048.87	472.24
山西	3170	831	2406.04	2341.42	131.74
内蒙古	1653	406	1487.01	1465.40	104.21
辽宁	9671	2937	7345.58	7192.55	1272.09
吉林	2847	815	2854.39	2817.69	104.41
黑龙江	2810	857	2119.80	2039.79	62.09
上海	15680	2940	13416.50	13231.37	4049.38
江苏	40301	8291	25238.33	24643.55	6886.32
浙江	40429	4931	17243.45	16814.35	4712.64
安徽	4348	1298	3077.53	3020.54	253.97
福建	11268	1904	6166.11	5973.87	2338.42
江西	3416	874	1842.59	1804.77	158.66
山东	22753	3189	19481.40	19074.09	2841.12
河南	9884	1399	5848.08	5733.71	317.05
湖北	5617	1537	4204.13	4118.95	232.61
湖南	6272	1269	3115.52	3080.25	233.55
广东	33530	7921	26872.04	26223.40	12795.99
广西	3203	1101	1739.62	1678.91	120.11
海南	486	203	331.93	323.47	28.81
重庆	2321	482	1907.50	1899.30	135.09
四川	6272	1327	3916.73	3926.59	252.82
贵州	1980	799	938.13	885.00	52.60
云南	1859	688	1739.55	1708.13	92.59
西藏	89	16	15.62	14.14	0.10
陕西	2463	835	1819.02	1752.44	84.74
甘肃	1488	494	1241.14	1217.00	61.68
青海	322	131	183.65	181.61	13.18
宁夏	564	193	389.55	375.72	40.55
新疆	1077	376	910.78	881.01	31.28

主要经济指标

单位：亿元

资产合计	流动资产合计				流动资产年平均余额	固定资产合计
		应收账款净额	存　货	产成品		
159577.66	**84521.54**	**20955.88**	**26295.83**	**9134.27**	**78732.28**	**58057.13**
5565.00	3042.81	697.40	930.33	331.80	2874.67	1714.89
4581.80	2543.06	644.26	715.00	225.60	2460.78	1531.90
6106.74	2944.74	503.99	1011.88	371.12	2777.78	2568.86
3183.73	1447.13	245.10	493.70	194.22	1359.32	1465.92
1737.50	796.58	132.50	249.95	109.89	704.96	699.47
8354.14	4106.65	859.32	1351.80	455.75	3928.77	3431.51
3247.94	1317.67	284.78	421.73	136.83	1333.37	1274.09
2864.61	1391.28	272.67	486.59	162.24	1291.04	1120.37
13119.86	7422.07	2125.22	2116.22	570.51	6965.07	4328.98
19726.98	11154.35	3423.42	3193.58	1193.96	10196.44	7142.26
14750.05	8461.76	2334.06	2202.47	880.18	7771.33	4853.98
3217.92	1540.02	333.24	520.85	173.52	1491.48	1324.18
4838.39	2709.27	763.81	822.94	281.99	2479.93	1686.09
1917.27	856.35	158.48	309.03	97.80	812.56	799.06
14201.63	7015.35	1347.86	2224.81	889.48	6571.91	5683.91
5183.91	2552.96	531.56	831.07	317.58	2480.71	2084.20
4820.82	2303.37	427.22	777.07	241.70	2083.81	1773.33
3163.24	1459.34	298.87	544.99	156.42	1365.40	1285.70
19641.60	11967.17	3778.44	3877.93	1220.14	10909.22	5920.08
1919.78	894.34	184.92	307.78	127.44	803.57	794.34
476.40	205.80	40.26	50.38	17.30	211.95	144.76
2118.03	1112.92	247.02	325.29	113.03	1019.03	737.27
4648.77	2392.96	457.10	815.76	282.89	2263.96	1623.65
1295.59	637.71	118.88	214.33	74.34	604.51	519.48
2556.73	1238.75	144.90	452.99	109.78	1135.98	862.24
44.39	15.83	2.90	4.18	1.28	14.65	20.94
2555.29	1343.28	308.49	430.44	158.59	1259.75	958.18
1713.85	771.52	133.69	279.71	95.88	716.41	789.67
339.97	137.94	23.67	49.27	14.69	133.33	153.67
530.72	241.79	49.19	84.98	33.20	234.06	234.55
1154.99	496.75	82.64	198.81	95.13	476.52	529.61

1-B-13 续表 1

地 区	固定资产原价	生产经营用	累计折旧	本年折旧	固定资产净值	固定资产净值年平均余额
全 国	**78457.16**	**69260.37**	**26846.27**	**4758.10**	**51610.89**	**49959.52**
北 京	2370.38	2082.66	948.31	129.63	1422.07	1361.12
天 津	2116.97	1717.01	786.63	148.65	1330.34	1441.63
河 北	3277.55	2933.42	998.29	169.81	2279.26	2195.91
山 西	1759.34	1414.47	531.62	93.12	1227.72	1209.26
内蒙古	925.25	849.59	335.69	112.92	589.56	588.59
辽 宁	4957.30	4306.97	1832.96	267.61	3124.34	3029.52
吉 林	1680.80	1500.16	555.95	97.64	1124.85	1096.30
黑龙江	1542.06	1349.67	553.98	82.69	988.07	962.08
上 海	6794.27	6039.88	2906.23	499.07	3888.04	3735.53
江 苏	9210.88	8190.05	2861.66	577.91	6349.22	6065.05
浙 江	5947.03	5564.69	1680.12	395.88	4266.91	4096.38
安 徽	1688.39	1528.21	530.00	96.59	1158.39	1083.17
福 建	2323.58	2038.52	737.84	138.90	1585.73	1554.34
江 西	1032.12	915.38	338.90	51.36	693.21	666.31
山 东	6951.04	6173.28	2054.42	390.81	4896.62	4690.55
河 南	2754.99	2423.98	895.92	134.04	1859.07	1820.48
湖 北	2577.09	2143.66	986.68	135.15	1590.41	1543.30
湖 南	1741.73	1521.80	587.08	108.40	1154.65	1101.46
广 东	8793.96	7723.37	3216.52	594.65	5577.45	5459.25
广 西	1057.91	928.47	356.13	54.27	701.78	684.50
海 南	217.08	178.76	71.04	13.49	146.04	142.65
重 庆	1005.93	901.41	364.44	54.35	641.49	612.71
四 川	2295.26	2058.09	800.84	126.75	1494.42	1441.70
贵 州	686.84	589.81	253.32	36.64	433.52	414.85
云 南	1205.57	1063.87	451.26	71.13	754.31	734.06
西 藏	18.32	12.42	4.86	0.62	13.46	13.13
陕 西	1259.39	1077.18	443.83	61.18	815.56	788.78
甘 肃	1011.49	898.30	334.31	46.26	677.18	626.16
青 海	199.18	173.38	61.78	8.54	137.40	128.70
宁 夏	285.56	256.35	91.52	16.62	194.04	191.55
新 疆	769.92	705.54	274.12	43.42	495.79	480.49

单位：亿元

负债合计	流动负债合计	应付账款	长期负债合计	所有者权益合计	实收资本	国家资本
95170.60	**80563.05**	**22456.77**	**13597.81**	**64255.93**	**41592.48**	**7649.38**
2996.10	2626.71	780.65	369.36	2568.91	1560.40	230.81
2649.03	2286.95	649.49	361.85	1932.77	1436.81	284.74
3905.85	3107.42	694.27	723.52	2200.89	1342.23	421.53
2088.75	1638.13	373.83	414.80	1076.03	713.07	223.26
953.09	754.96	145.11	198.13	784.40	480.40	143.22
5134.19	4331.32	940.27	778.11	3132.09	2223.28	776.81
1827.20	1509.35	395.41	278.61	1420.74	944.85	398.34
1935.14	1554.27	290.42	290.72	923.94	704.53	190.69
7009.84	6104.00	2177.89	832.82	6110.02	4040.55	349.94
12344.17	10939.44	3414.76	1404.65	7376.48	5067.51	336.93
8795.15	7870.73	1811.63	886.87	5954.88	3455.75	118.42
1915.36	1525.98	357.98	363.10	1302.56	770.62	238.49
2511.92	2226.50	709.34	267.18	2319.60	1582.70	143.36
1188.18	942.27	187.80	224.37	727.34	596.76	239.04
8627.20	7030.95	1517.88	1463.61	5556.65	2970.35	516.11
3264.96	2613.20	543.83	619.60	1918.95	1261.88	306.37
2728.25	2183.15	519.05	481.74	2092.56	1323.51	411.77
1886.22	1455.81	317.87	365.37	1277.02	831.82	246.44
11643.29	10486.82	4594.89	1016.75	7998.30	5508.79	271.96
1187.70	951.63	231.49	220.68	731.86	473.09	175.08
285.30	165.11	46.99	118.77	191.10	154.41	31.62
1301.17	1101.49	272.41	184.77	816.87	529.19	107.41
2847.53	2396.03	446.59	413.58	1801.24	1067.20	340.77
812.23	652.21	138.51	150.25	478.77	332.33	137.95
1266.59	1019.74	182.98	246.84	1290.14	496.42	191.92
15.38	10.38	1.94	4.10	29.02	14.29	7.14
1767.34	1345.40	300.62	386.48	787.95	635.77	291.03
1094.42	814.65	213.10	274.91	619.43	524.79	270.27
213.29	148.41	29.84	58.03	126.69	92.48	39.67
343.68	259.90	54.19	83.25	187.04	145.89	55.49
632.08	510.15	115.73	114.99	521.69	310.81	152.82

1-B-13 续表 2

地 区						主营业务收入
	集体资本	法人资本	个人资本	港澳台资本	外商资本	
全 国	**1522.73**	**11831.99**	**7430.68**	**4856.14**	**8301.57**	**171837.30**
北 京	36.47	697.66	171.91	64.45	359.11	5033.15
天 津	39.86	477.36	126.55	52.91	455.38	5196.72
河 北	82.27	290.25	363.75	62.91	121.53	6984.39
山 西	27.60	266.57	163.53	15.42	16.68	2334.80
内蒙古	9.62	203.95	99.20	8.44	15.97	1490.61
辽 宁	81.08	532.45	325.36	101.66	405.91	7316.63
吉 林	21.79	328.86	84.32	16.91	94.65	2660.57
黑龙江	18.92	325.66	110.77	6.87	51.63	2025.05
上 海	135.87	1332.22	312.95	370.01	1539.56	14099.26
江 苏	203.13	1052.87	986.41	724.28	1763.90	24532.78
浙 江	100.78	935.32	1433.86	376.01	491.37	16857.04
安 徽	25.43	203.75	158.13	38.03	106.78	2996.22
福 建	27.42	225.68	311.90	505.38	368.96	5965.40
江 西	14.62	150.94	113.98	50.00	28.17	1822.52
山 东	263.52	898.94	677.00	132.66	482.13	18719.24
河 南	97.27	461.69	330.65	23.94	41.96	5602.58
湖 北	38.35	428.31	189.46	37.93	217.68	4077.94
湖 南	22.92	333.84	149.93	28.62	50.05	3006.32
广 东	122.59	1073.40	546.32	2116.38	1378.14	26401.93
广 西	15.92	138.31	67.66	28.27	47.85	1697.95
海 南	4.96	48.65	10.05	7.02	52.11	331.89
重 庆	10.57	249.14	80.98	22.86	58.24	1861.50
四 川	25.57	322.76	278.20	24.27	75.62	3806.96
贵 州	5.32	128.72	44.33	6.10	9.91	869.78
云 南	23.20	172.23	75.55	11.77	21.75	1695.18
西 藏	3.06	2.91	1.13	0.03	0.03	13.77
陕 西	21.29	211.81	77.86	8.51	25.26	1723.12
甘 肃	32.21	172.16	39.55	4.95	5.64	1255.86
青 海	1.49	36.99	12.90	1.10	0.33	180.36
宁 夏	2.72	33.31	41.68	0.52	12.16	368.77
新 疆	6.91	95.25	44.80	7.90	3.11	909.03

单位：亿元

主营业务成本	主营业务税金及附加	其他业务收入	其他业务利润	营业费用	管理费用	税　金
146466.65	**2307.03**	**4068.86**	**767.65**	**5637.88**	**8118.59**	**278.04**
4169.07	42.99	148.43	31.35	236.08	333.77	6.73
4500.17	36.38	99.83	50.26	187.44	200.47	5.49
6063.24	65.01	156.83	28.83	171.78	263.03	9.63
1922.01	28.22	53.84	16.45	91.97	127.67	5.41
1241.88	19.24	28.43	7.69	54.34	62.14	3.97
6280.81	86.51	205.00	28.84	186.44	395.62	19.70
2247.62	63.86	235.88	17.79	68.45	177.89	5.01
1720.91	76.29	75.27	7.45	81.72	126.98	3.72
11756.79	166.76	291.12	72.44	473.97	793.34	14.52
21575.19	161.77	671.75	88.10	671.55	965.98	28.57
14541.93	181.49	374.34	57.89	459.34	696.72	23.81
2500.44	69.93	65.64	14.24	116.88	138.76	6.10
5101.10	66.33	66.31	22.98	203.83	230.27	10.74
1562.69	36.13	26.87	6.02	59.43	81.48	3.13
16178.24	173.98	286.80	64.29	519.54	676.82	37.70
4720.82	91.27	134.03	23.12	183.97	224.96	10.94
3399.07	82.97	145.82	23.37	162.03	248.98	9.76
2386.45	147.89	82.09	22.42	104.01	184.26	10.43
22910.80	183.23	420.21	97.84	970.10	1162.54	31.95
1392.35	30.41	42.64	9.66	63.53	102.97	3.66
261.14	8.21	2.15	3.02	22.10	15.66	0.42
1506.23	38.77	56.01	11.55	106.68	119.76	3.28
3120.49	62.31	156.36	20.51	179.98	274.16	8.03
637.26	50.01	30.78	6.41	44.99	84.14	2.54
1137.67	223.22	97.66	13.18	59.17	110.01	3.37
8.57	0.21	0.52	0.33	1.59	1.71	0.08
1362.98	51.40	36.25	10.15	75.33	145.40	4.62
1038.73	35.79	25.04	1.64	32.09	95.76	2.73
143.76	1.59	2.00	0.71	6.12	12.15	0.34
315.89	4.37	17.14	3.67	14.26	20.38	0.68
762.33	20.49	33.84	5.45	29.17	44.83	0.97

1-B-13 续表 3

地 区	财务费用	利息支出	营业利润	投资收益	补贴收入	利润总额
全 国	**1778.26**	**1570.38**	**8192.68**	**420.07**	**446.19**	**8662.08**
北 京	41.89	34.63	240.68	28.49	15.47	286.92
天 津	36.82	34.87	293.93	9.98	6.43	293.70
河 北	91.64	83.40	358.57	17.09	9.78	363.61
山 西	47.58	44.84	118.36	3.37	6.58	117.70
内蒙古	18.56	17.07	102.13	3.94	7.15	81.61
辽 宁	92.85	84.70	303.25	13.16	27.44	322.09
吉 林	30.26	29.69	76.49	42.13	12.40	138.99
黑龙江	28.68	27.88	25.40	4.04	10.67	32.73
上 海	83.28	67.48	897.56	91.23	34.35	1010.40
江 苏	228.79	197.80	1017.61	27.69	53.28	1061.87
浙 江	206.89	185.44	846.09	28.85	64.27	933.96
安 徽	40.14	35.96	140.65	4.11	8.08	148.81
福 建	54.22	42.03	290.75	17.81	12.98	340.01
江 西	24.37	22.21	61.07	1.00	5.50	64.32
山 东	218.88	177.75	1001.51	18.59	22.03	985.66
河 南	84.93	76.99	276.24	10.28	15.58	292.97
湖 北	46.28	41.52	155.35	33.72	17.83	185.71
湖 南	37.76	35.45	162.82	4.47	9.67	133.82
广 东	136.19	114.26	1127.45	31.79	29.31	1139.30
广 西	24.25	23.23	96.78	5.74	5.43	103.10
海 南	3.45	3.58	21.98	0.18	0.97	22.40
重 庆	23.69	23.50	71.95	17.34	10.96	99.48
四 川	54.31	48.59	136.19	-13.30	12.59	125.13
贵 州	14.71	14.32	45.11	0.31	8.54	43.29
云 南	28.59	27.49	149.71	19.76	16.45	178.33
西 藏	0.05	0.05	2.23	0.03	0.29	2.44
陕 西	35.41	33.18	73.38	3.97	6.79	74.17
甘 肃	18.78	18.19	33.42	-1.80	6.16	23.55
青 海	3.75	3.76	12.50	0.01	0.96	12.60
宁 夏	8.31	7.73	10.67	-1.77	2.44	7.31
新 疆	12.97	12.76	42.82	-2.17	5.82	36.11

单位：亿元

亏损企业亏损额	应交所得税	本年应付工资总额	主营业务应付工资总额	本年应付福利费总额	主营业务应付福利费总额	本年应交增值税	全部从业人员年平均人数（万人）
1431.19	**1591.35**	**7919.70**	**7277.41**	**918.02**	**815.37**	**5072.12**	**5667.34**
60.70	56.06	250.72	237.12	34.14	31.65	155.07	104.50
52.94	43.33	184.79	159.89	30.99	25.98	117.07	113.95
56.28	72.25	261.16	235.50	31.72	28.91	220.47	223.27
20.73	29.72	126.65	119.20	17.17	15.97	142.52	113.06
8.35	9.97	68.82	66.39	9.26	8.68	54.09	53.12
97.44	80.70	311.36	293.66	37.98	35.24	207.73	206.97
41.28	17.10	103.23	89.62	12.24	10.87	88.35	76.78
48.52	13.16	98.83	86.51	21.99	11.37	73.90	82.27
130.41	153.34	603.79	568.65	70.71	66.17	392.01	256.15
162.39	184.46	984.71	941.16	133.94	118.68	595.40	684.85
65.77	200.77	837.44	796.95	101.79	94.40	511.27	605.83
24.68	30.23	127.12	120.81	15.60	14.64	109.76	112.44
31.72	49.04	345.42	322.10	26.50	24.04	145.76	257.92
15.77	12.26	88.57	79.19	9.89	8.93	72.99	80.30
75.59	182.65	647.41	623.99	66.57	64.34	521.20	582.41
28.97	67.45	237.05	225.39	34.36	29.96	184.96	245.76
41.29	44.42	205.17	151.71	24.55	17.69	143.68	153.33
38.68	28.73	170.18	160.42	20.52	17.26	124.67	132.02
166.75	156.63	1445.87	1250.68	105.23	89.22	554.75	970.78
20.92	17.44	97.17	87.27	12.70	10.75	79.95	74.52
4.63	2.03	11.84	9.72	1.27	0.94	13.19	8.16
16.97	11.04	100.24	89.95	12.98	11.09	68.12	75.30
93.16	38.53	202.37	187.78	27.75	25.38	138.34	161.54
18.40	14.05	61.75	54.68	8.65	7.80	53.69	47.06
17.30	41.18	81.38	76.54	11.17	10.45	122.31	50.47
0.09	0.19	1.56	0.88	0.22	0.11	1.10	1.12
30.40	16.81	117.21	104.91	17.91	16.19	68.37	87.79
23.32	8.94	78.45	71.44	10.80	9.77	55.68	53.35
3.36	2.16	10.93	9.30	1.54	1.39	6.86	8.63
10.79	1.78	20.43	19.24	2.79	2.63	14.10	17.12
23.57	4.93	38.06	36.76	5.09	4.88	34.79	26.57

1-B-14 规模以上农副食品加工业

地 区	企业单位数（个）	亏损企业	工业总产值（当年价）	工业销售产值（当年价）	出口交货值
全 国	**14097**	**2740**	**8344.89**	**8154.99**	**990.56**
北 京	254	81	118.67	115.92	9.17
天 津	186	59	130.36	133.11	7.25
河 北	576	113	413.91	409.94	28.07
山 西	180	35	43.41	42.69	0.98
内蒙古	271	49	140.82	135.82	2.73
辽 宁	750	211	381.74	373.61	71.66
吉 林	281	63	216.26	207.36	23.03
黑龙江	363	74	225.36	220.41	8.07
上 海	194	54	163.16	154.39	13.48
江 苏	1039	213	614.49	597.85	42.94
浙 江	832	123	355.95	346.83	107.74
安 徽	457	96	167.37	161.19	7.72
福 建	608	119	313.72	303.42	95.77
江 西	344	58	95.70	94.76	9.11
山 东	2635	324	2262.07	2198.95	391.51
河 南	1298	127	616.88	603.55	20.43
湖 北	570	119	178.28	174.98	12.79
湖 南	468	72	185.76	184.70	5.75
广 东	712	203	645.00	655.31	95.82
广 西	354	98	293.19	274.90	3.59
海 南	77	35	41.31	38.52	5.60
重 庆	104	14	58.11	58.40	3.86
四 川	593	95	363.32	358.93	15.50
贵 州	150	58	24.19	22.79	0.04
云 南	155	57	86.05	85.16	2.18
西 藏	15	2	0.61	0.61	
陕 西	207	64	77.94	74.61	0.09
甘 肃	171	46	47.28	46.59	2.88
青 海	40	14	6.22	6.25	0.26
宁 夏	43	10	12.36	11.83	0.14
新 疆	170	54	65.39	61.61	2.43

工业企业主要经济指标

单位：亿元

资产合计	流动资产合计	应收账款净额	存货	产成品	流动资产年平均余额	固定资产合计
5107.77	**2605.67**	**470.64**	**908.00**	**394.33**	**2475.56**	**1904.61**
84.78	48.98	9.25	15.66	5.67	44.15	31.30
86.77	50.45	10.35	15.57	5.28	46.85	29.24
200.44	100.70	16.45	31.70	11.64	101.95	80.70
54.14	21.68	3.25	9.41	4.31	20.06	24.89
129.94	53.73	7.51	17.39	10.62	46.21	37.41
267.16	136.60	23.47	42.30	16.71	134.48	100.82
150.16	63.98	14.21	23.98	11.18	65.43	69.40
195.44	100.47	11.76	48.27	13.53	93.73	82.85
101.25	59.82	14.88	20.05	9.35	58.61	27.96
329.08	183.80	33.56	63.00	27.64	176.46	107.16
240.18	139.48	31.74	50.29	23.36	137.05	74.06
105.07	54.66	9.68	22.61	8.12	52.94	36.50
187.53	110.27	21.23	39.03	17.89	108.73	62.66
52.26	24.14	4.45	10.61	3.73	23.37	21.86
1129.68	572.45	97.85	202.15	89.13	543.79	448.45
292.92	142.86	23.90	41.59	18.45	140.01	112.80
115.17	54.69	9.91	23.07	9.90	55.57	45.72
120.41	58.00	7.81	19.38	5.93	52.59	41.60
408.80	234.95	52.47	67.94	29.69	217.15	125.68
288.56	134.30	25.90	41.39	26.65	107.09	117.32
41.08	19.96	4.96	5.71	3.35	18.90	15.08
27.51	13.37	1.71	5.13	1.69	12.19	12.10
140.08	72.89	11.63	26.77	10.69	69.46	43.45
19.29	9.22	1.24	4.26	2.35	8.33	8.84
108.08	39.05	5.15	10.35	3.61	43.19	54.00
4.14	1.13	0.25	0.31	0.26	0.84	2.35
45.82	22.77	2.92	10.72	4.41	21.24	18.22
84.94	31.34	7.28	13.23	6.19	28.99	38.33
8.18	3.57	0.54	1.76	0.96	3.14	3.73
11.53	4.27	0.70	1.99	0.79	3.47	6.35
77.40	42.10	4.64	22.41	11.24	39.61	23.76

1-B-14 续表 1

地区	固定资产原价		累计折旧		固定资产净值	固定资产净值年平均余额
		生产经营用		本年折旧		
全国	**2394.29**	**2061.95**	**649.45**	**119.73**	**1744.83**	**1705.36**
北京	36.86	32.31	11.82	1.77	25.03	23.56
天津	40.89	26.54	14.28	2.41	26.61	27.60
河北	93.09	80.95	20.73	4.07	72.36	70.48
山西	26.97	21.91	4.50	1.29	22.47	21.77
内蒙古	50.50	45.60	15.45	3.52	35.05	36.02
辽宁	124.21	103.93	28.02	4.87	96.19	93.38
吉林	91.74	85.31	23.42	3.69	68.32	65.78
黑龙江	89.01	77.80	16.40	3.28	72.61	71.45
上海	42.49	34.28	15.02	2.42	27.47	27.65
江苏	134.88	117.45	36.81	7.13	98.07	93.92
浙江	90.48	83.36	26.22	5.32	64.25	63.88
安徽	44.68	37.50	9.84	1.81	34.84	35.28
福建	87.09	76.92	26.31	4.28	60.78	56.93
江西	23.61	18.92	5.33	1.05	18.28	17.69
山东	532.43	466.75	126.46	26.20	405.97	396.83
河南	137.22	113.70	29.14	6.33	108.08	106.81
湖北	53.38	42.46	12.24	1.70	41.14	41.52
湖南	52.86	45.14	13.23	3.79	39.64	38.80
广东	180.08	152.19	65.06	11.77	115.02	114.98
广西	174.36	158.79	61.20	9.28	113.15	104.49
海南	20.21	16.03	6.83	1.01	13.38	13.32
重庆	12.77	11.34	3.15	0.63	9.62	9.71
四川	57.49	50.20	16.13	3.08	41.36	39.49
贵州	9.83	8.12	2.49	0.37	7.34	7.41
云南	79.49	68.39	30.79	3.74	48.70	49.80
西藏	2.38	0.81	0.38	0.03	2.00	1.84
陕西	23.08	19.19	5.97	1.23	17.10	16.89
甘肃	34.08	25.89	5.98	1.08	28.10	27.23
青海	5.10	3.50	1.43	0.13	3.68	3.66
宁夏	7.70	7.04	1.87	0.30	5.83	5.68
新疆	35.34	29.62	12.96	2.13	22.38	21.48

单位：亿元

负债合计	流动负债合计		长期负债合计	所有者权益		
		应付账款		合计	实收资本	
						国家资本
3187.96	**2759.93**	**536.13**	**384.96**	**1919.47**	**1323.09**	**150.00**
49.93	44.28	12.21	5.65	34.85	26.24	1.50
58.71	53.58	12.46	5.12	28.06	26.53	4.81
127.71	106.31	28.63	17.97	72.73	52.95	7.84
33.64	23.69	3.45	6.47	20.50	13.32	2.31
69.62	57.39	8.46	12.23	60.32	28.68	5.10
168.62	152.38	33.68	14.30	98.54	79.90	10.10
91.49	72.50	16.95	17.17	58.67	45.25	4.27
143.32	132.15	16.13	9.74	52.12	48.96	6.06
63.30	56.31	14.68	6.80	37.94	41.35	5.65
221.17	204.04	48.01	17.12	107.91	69.78	2.38
159.55	145.84	27.10	13.27	80.64	59.34	5.59
68.11	58.45	10.40	8.89	36.96	27.36	2.71
106.63	98.85	20.74	7.24	80.91	73.05	4.18
31.38	24.35	5.24	5.45	20.88	16.53	3.01
689.10	589.44	93.44	86.75	440.58	249.58	11.11
165.00	138.58	28.22	23.65	127.91	82.43	11.67
69.40	59.17	10.02	8.23	45.77	35.89	3.77
64.99	54.05	12.03	8.41	55.42	34.00	7.21
270.34	240.36	61.68	28.65	138.46	96.70	6.92
170.48	152.37	20.90	17.68	118.02	66.59	16.69
22.25	18.99	3.63	2.12	18.83	12.17	1.57
19.69	14.63	2.89	4.98	7.81	5.86	1.38
80.26	67.34	10.84	10.37	59.82	40.29	2.52
14.50	11.09	2.06	2.99	4.52	6.28	4.24
89.94	71.14	8.20	18.80	18.14	19.94	4.42
1.70	0.76	0.12	0.52	2.44	1.60	0.81
31.95	23.21	5.44	8.58	13.87	14.88	3.66
45.91	36.53	8.49	8.88	39.03	21.49	2.28
4.06	3.02	0.97	1.02	4.12	3.55	0.47
8.55	6.36	0.88	2.18	2.98	3.35	0.55
46.67	42.77	8.20	3.72	30.73	19.26	5.21

1-B-14 续表 2

地区						主营业务收入
	集体资本	法人资本	个人资本	港澳台资本	外商资本	
全 国	**62.28**	**368.41**	**388.82**	**112.22**	**241.36**	**8136.12**
北 京	0.35	11.70	5.37	0.67	6.65	119.11
天 津	0.13	6.22	3.49	5.69	6.19	136.44
河 北	3.04	9.55	20.09	2.55	9.88	409.72
山 西	0.35	5.70	4.43	0.06	0.47	41.88
内蒙古	0.93	8.91	10.02	2.47	1.25	133.25
辽 宁	3.72	15.31	21.87	9.61	19.29	369.59
吉 林	1.29	19.01	5.16	1.66	13.86	210.95
黑龙江	1.71	22.89	14.19	0.29	3.82	228.17
上 海	0.98	8.11	6.34	6.35	13.93	165.13
江 苏	4.18	9.72	25.90	5.68	21.92	591.18
浙 江	1.82	10.30	25.15	6.51	9.97	343.00
安 徽	0.47	10.98	10.87	0.56	1.77	157.85
福 建	0.92	11.10	21.10	19.76	16.00	301.52
江 西	0.70	4.51	5.64	1.47	1.21	92.03
山 东	23.97	67.65	79.55	13.60	53.71	2151.24
河 南	4.71	19.85	35.42	3.87	6.91	633.41
湖 北	2.35	13.77	11.30	0.87	3.83	180.01
湖 南	0.57	13.03	10.64	0.60	1.95	183.61
广 东	2.23	28.55	14.57	19.05	25.39	640.21
广 西	0.72	22.34	8.69	6.23	11.92	277.85
海 南	0.44	5.79	1.18	0.14	3.05	38.26
重 庆	0.28	1.06	1.75	0.04	1.35	57.37
四 川	0.61	11.75	20.28	0.90	4.22	358.07
贵 州	0.04	1.01	0.86	0.13		22.31
云 南	2.48	7.59	4.33	0.21	0.91	85.09
西 藏		0.59	0.17	0.03		0.79
陕 西	0.71	4.17	5.23		1.11	73.60
甘 肃	1.05	7.80	8.08	2.14	0.14	49.59
青 海	0.03	2.54	0.48	0.01	0.01	6.78
宁 夏	0.01	0.62	2.11		0.05	10.98
新 疆	1.50	6.32	4.56	1.05	0.61	67.13

单位：亿元

主营业务成本	主营业务税金及附加	其他业务收入	其他业务利润	营业费用	管理费用	税　金
7346.42	**33.79**	**122.92**	**22.75**	**212.14**	**206.84**	**10.49**
105.47	0.15	1.37	0.44	5.97	4.74	0.12
125.15	0.16	0.87	0.60	4.21	3.60	0.13
374.55	1.25	1.81	0.29	9.57	6.65	0.33
36.31	0.24	0.30	0.05	1.03	1.56	0.08
108.15	0.50	1.39	0.57	4.45	4.84	0.35
343.90	0.61	11.85	0.98	9.30	9.56	0.51
184.00	0.61	0.53	0.65	4.53	6.55	0.15
207.10	0.51	4.33	0.93	6.58	6.06	0.19
150.06	0.34	1.37	0.39	8.53	6.05	0.06
552.24	1.47	9.41	1.45	13.82	11.41	0.52
316.41	1.77	8.81	1.06	8.25	9.30	0.31
144.02	0.49	4.34	0.42	5.07	3.59	0.21
280.43	0.63	2.31	1.13	6.67	7.68	0.46
83.81	0.23	0.24	0.42	2.53	2.23	0.10
1935.19	9.67	12.53	5.55	43.79	44.20	2.56
564.08	3.24	4.30	1.37	17.55	11.18	0.87
163.58	0.88	2.35	0.86	5.12	4.86	0.37
154.63	3.74	2.77	1.17	7.13	7.37	0.68
601.06	2.33	35.99	1.67	16.64	17.56	0.85
229.36	1.25	4.31	1.12	6.70	13.09	0.56
33.07	0.12	0.33	0.22	0.93	1.99	0.03
52.66	0.13	0.45	0.14	1.57	1.48	0.04
330.51	0.67	4.85	0.28	10.38	6.86	0.30
19.91	0.30	0.27	0.13	0.62	1.07	0.03
67.71	0.58	2.66	0.35	4.02	5.67	0.24
0.70	0.01			0.07	0.07	
66.53	1.20	0.29	0.12	2.35	2.19	0.20
42.96	0.32	0.41		1.71	1.86	0.10
5.29	0.03	0.05	0.02	0.14	0.25	0.01
9.90	0.01	0.06	0.04	0.39	0.38	0.02
57.70	0.35	2.34	0.35	2.52	2.99	0.10

1-B-14 续表 3

地区	财务费用	利息支出	营业利润	投资收益	补贴收入	利润总额
全国	**86.53**	**74.97**	**242.03**	**5.37**	**21.16**	**248.23**
北京	0.64	0.56	2.58	0.38	1.41	3.61
天津	1.15	1.07	2.54	0.04	0.44	2.90
河北	4.69	3.94	13.30	0.30	0.52	14.07
山西	0.91	0.87	1.07		0.21	1.18
内蒙古	1.59	1.58	14.27	-0.35	0.92	4.88
辽宁	3.99	3.48	3.22	-0.98	1.62	3.11
吉林	2.36	2.65	3.36	0.11	0.95	13.46
黑龙江	3.62	3.53	3.91	0.03	0.75	4.65
上海	1.08	1.04	-0.55	-0.48	1.06	0.20
江苏	5.39	4.75	8.30	0.94	1.06	9.88
浙江	4.85	4.43	4.01	0.35	1.55	6.37
安徽	1.57	1.41	2.89	0.01	0.49	4.24
福建	3.03	2.47	2.02	-0.10	0.34	2.41
江西	0.69	0.57	2.56	-0.06	0.11	2.64
山东	22.84	17.98	97.28	1.31	1.56	91.10
河南	5.68	4.69	24.00	0.96	1.25	24.61
湖北	1.92	1.61	3.19	0.03	0.31	3.23
湖南	1.59	1.24	9.37	0.29	0.19	5.72
广东	5.29	4.54	4.83	1.41	3.00	8.63
广西	4.57	4.48	22.11	0.58	0.45	22.42
海南	0.33	0.26	0.81	-0.04	0.45	1.21
重庆	0.37	0.36	1.32		0.18	1.20
四川	2.60	2.03	7.33	0.60	0.88	8.13
贵州	0.25	0.23	0.29		0.11	0.03
云南	2.47	2.34	4.98	-0.08	0.29	4.55
西藏	0.01	0.02	0.03			0.05
陕西	0.88	0.79	0.22		0.17	0.12
甘肃	0.82	0.73	1.76	0.09	0.13	2.01
青海	0.05	0.05	-0.07		0.06	0.08
宁夏	0.18	0.17	0.17		0.11	0.27
新疆	1.12	1.09	0.91	0.03	0.61	1.26

单位：亿元

亏损企业亏损额	应交所得税	本年应付工资总额	主营业务应付工资总额	本年应付福利费总额	主营业务应付福利费总额	本年应交增值税	全部从业人员年平均人数（万人）
61.57	**36.13**	**197.55**	**184.77**	**21.02**	**19.43**	**111.09**	**196.51**
0.74	0.62	3.91	3.68	0.51	0.49	1.26	2.67
1.78	0.29	2.47	2.24	0.39	0.33	1.20	2.19
2.29	1.83	6.60	5.94	0.65	0.57	4.19	7.48
0.51	0.19	1.36	1.29	0.15	0.14	0.62	2.04
0.49	0.30	5.11	4.98	0.57	0.56	1.78	4.26
6.93	1.44	8.79	8.51	0.74	0.71	3.54	9.24
1.51	0.21	4.74	4.45	0.26	0.23	1.12	4.96
1.68	0.74	5.09	4.26	0.50	0.46	3.26	6.14
4.81	0.56	3.98	3.53	0.37	0.35	1.90	2.33
2.03	1.80	10.73	10.33	1.39	1.33	5.62	10.92
3.85	1.74	9.61	9.13	1.03	0.95	4.69	7.62
0.70	0.64	4.06	3.87	0.43	0.40	1.95	4.96
5.10	0.81	9.01	8.23	0.70	0.62	3.15	8.11
0.33	0.18	2.00	1.72	0.16	0.14	0.83	2.47
6.45	11.89	49.51	47.76	4.57	4.46	30.77	53.10
3.14	4.17	13.51	12.95	1.91	1.86	8.40	16.10
1.13	0.47	4.63	4.03	0.32	0.28	2.86	5.04
1.34	0.56	5.57	5.41	0.75	0.67	2.28	5.15
8.44	1.51	14.35	12.30	1.45	1.23	8.93	10.38
1.29	3.73	11.39	10.52	1.47	1.27	12.26	8.68
0.72	0.21	1.60	1.48	0.24	0.16	0.94	1.60
0.26	0.17	1.52	1.36	0.19	0.16	0.55	1.64
0.79	0.84	6.42	6.24	0.66	0.62	2.37	7.36
0.45	0.05	1.04	0.99	0.20	0.19	0.32	1.12
1.53	0.51	4.00	3.69	0.52	0.46	4.33	3.57
0.01		0.04	0.03				0.05
1.23	0.21	2.14	1.86	0.20	0.17	0.51	2.54
0.55	0.24	1.50	1.24	0.29	0.22	0.39	2.04
0.17	0.02	0.25	0.23	0.02	0.02	0.04	0.29
0.04	0.02	0.33	0.28	0.04	0.03	0.04	0.37
1.27	0.20	2.29	2.22	0.35	0.34	0.99	2.08

1-B-15 规模以上食品制造业

地区	企业单位数（个）	亏损企业	工业总产值（当年价）	工业销售产值（当年价）	出口交货值
全国	**5528**	**1347**	**2899.08**	**2813.01**	**330.38**
北京	219	70	116.16	115.13	5.27
天津	149	45	65.26	63.79	7.99
河北	224	52	180.52	178.69	4.48
山西	108	24	31.77	30.16	1.56
内蒙古	79	22	180.82	176.13	6.56
辽宁	223	79	60.64	58.18	8.36
吉林	94	29	22.28	20.88	0.38
黑龙江	142	41	113.88	109.37	2.23
上海	289	97	189.79	186.80	14.40
江苏	353	89	176.36	171.85	25.55
浙江	346	69	140.66	141.92	34.16
安徽	96	31	57.72	54.73	12.25
福建	340	92	146.54	141.66	41.12
江西	114	26	31.12	30.35	1.60
山东	715	95	434.50	419.78	87.95
河南	341	36	213.67	207.93	3.29
湖北	160	41	68.08	68.24	5.14
湖南	186	25	83.53	82.81	8.55
广东	561	141	331.33	317.68	34.59
广西	124	39	19.82	17.81	4.26
海南	26	10	14.96	15.16	0.62
重庆	49	4	22.04	22.44	1.18
四川	201	42	62.50	59.08	4.10
贵州	65	28	17.18	16.80	0.43
云南	44	15	12.38	12.14	1.04
西藏	3	1	0.26	0.23	
陕西	106	38	39.37	37.78	0.05
甘肃	44	17	14.15	12.97	2.02
青海	9	3	1.02	0.81	0.05
宁夏	34	15	12.79	12.51	0.02
新疆	84	31	37.97	29.20	11.18

工业企业主要经济指标

单位：亿元

资产合计	流动资产合计	应收账款净额	存货	产成品	流动资产年平均余额	固定资产合计
2851.35	**1356.17**	**300.67**	**371.44**	**163.53**	**1350.50**	**1105.08**
151.94	62.02	14.48	15.88	6.60	59.81	74.99
81.20	36.59	10.93	9.28	4.16	109.30	37.66
115.42	42.49	7.00	15.56	4.81	39.65	55.96
29.17	11.99	2.65	4.40	2.84	12.07	13.02
128.17	65.25	8.10	15.45	7.65	54.92	44.26
85.35	38.50	6.03	11.57	3.84	31.82	35.29
43.55	12.95	2.18	2.94	0.86	11.85	25.94
101.24	44.97	12.17	12.93	4.70	44.60	47.76
228.42	129.11	37.98	20.85	9.67	121.66	59.52
179.18	99.45	24.52	29.26	9.76	91.65	64.76
140.66	75.45	20.02	22.60	11.92	70.55	50.11
147.97	61.59	8.67	10.43	3.70	53.74	56.31
118.10	56.53	12.82	20.06	9.05	53.36	47.16
26.62	10.44	2.22	3.24	1.10	8.88	12.50
318.40	149.53	26.69	44.63	18.81	144.04	131.17
181.75	84.97	23.81	21.72	10.45	86.11	63.55
74.93	33.67	6.69	8.87	3.26	30.18	29.22
59.24	25.39	4.24	7.68	1.72	24.02	18.67
350.25	188.32	41.29	51.38	25.38	183.42	109.14
22.72	10.87	3.21	3.00	1.34	11.10	8.10
19.17	12.02	1.38	1.66	0.63	11.24	2.68
19.16	8.55	1.57	2.38	0.72	9.04	8.22
53.60	24.79	6.08	8.09	2.96	22.80	22.62
11.92	5.56	0.65	1.31	0.29	4.43	5.61
14.68	5.75	1.17	2.29	0.77	5.86	6.87
0.86	0.33	0.05	0.12	0.02	0.34	0.36
38.98	16.31	3.82	5.02	2.93	15.06	17.06
24.69	7.68	2.29	3.34	1.49	7.21	16.19
1.43	0.57	0.17	0.20	0.13	0.52	0.57
15.06	6.25	1.47	1.90	0.91	5.29	7.57
67.52	28.30	6.30	13.40	11.07	25.99	32.25

1-B-15 续表 1

地区	固定资产原价		累计折旧		固定资产净值	固定资产净值年平均余额
		生产经营用		本年折旧		
全 国	**1451.23**	**1246.81**	**446.85**	**81.50**	**1004.38**	**1059.89**
北 京	97.46	87.22	27.45	4.65	70.01	58.85
天 津	53.47	39.27	22.67	3.18	30.80	113.59
河 北	69.01	59.33	17.84	3.87	51.17	49.08
山 西	14.39	12.27	2.92	0.55	11.47	11.59
内蒙古	49.16	43.04	11.13	3.85	38.04	35.18
辽 宁	48.31	36.19	13.82	2.10	34.49	34.40
吉 林	27.24	24.97	2.22	0.51	25.02	24.28
黑龙江	58.36	51.99	16.51	6.45	41.85	40.99
上 海	97.09	83.97	39.13	5.51	57.96	56.26
江 苏	87.34	74.14	28.16	5.94	59.18	58.00
浙 江	66.53	62.17	24.61	4.38	41.92	41.21
安 徽	47.71	44.05	8.81	2.34	38.90	43.23
福 建	59.81	52.75	15.68	3.29	44.12	44.16
江 西	16.01	13.32	4.94	0.85	11.08	11.20
山 东	162.41	144.11	45.54	9.30	116.87	114.09
河 南	87.40	69.69	23.85	3.01	63.55	61.27
湖 北	43.54	37.37	14.13	2.09	29.41	28.31
湖 南	24.60	21.21	6.81	1.57	17.79	17.11
广 东	170.52	145.35	69.49	9.21	101.03	100.71
广 西	11.25	9.12	3.53	0.51	7.72	7.80
海 南	10.51	4.51	6.70	0.31	3.81	3.77
重 庆	13.30	12.81	5.65	0.56	7.66	7.33
四 川	31.05	26.80	10.62	2.09	20.43	20.03
贵 州	6.86	4.44	1.63	0.27	5.23	5.06
云 南	8.62	7.26	3.00	0.51	5.63	5.69
西 藏	0.40	0.25	0.07	0.01	0.33	0.38
陕 西	21.96	16.87	5.33	0.96	16.63	16.05
甘 肃	17.34	16.12	3.07	0.88	14.27	13.96
青 海	0.93	0.75	0.41	0.05	0.52	0.49
宁 夏	8.53	7.78	2.31	0.49	6.21	6.20
新 疆	40.12	37.70	8.84	2.21	31.28	29.61

单位：亿元

负债合计	流动负债合计	应付账款	长期负债合计	所有者权益合计	实收资本	国家资本
1616.80	**1365.27**	**308.35**	**237.67**	**1234.20**	**863.40**	**57.84**
80.78	68.06	13.26	12.72	71.16	68.47	1.50
46.85	41.86	16.84	4.98	34.35	33.38	3.31
56.47	46.72	14.58	8.31	58.95	41.47	3.09
18.10	13.06	2.40	4.47	11.06	14.61	0.71
65.28	53.83	16.75	11.45	62.89	19.85	0.65
50.01	41.23	6.15	8.38	35.33	26.60	2.92
24.03	15.37	3.28	8.25	19.52	9.40	0.58
60.67	47.10	11.64	12.51	40.57	31.98	3.50
130.17	120.46	33.92	9.40	98.24	96.54	1.09
105.93	96.23	18.46	9.70	73.26	54.08	2.63
82.57	75.04	18.79	7.08	58.08	35.08	1.66
102.60	90.55	12.39	11.97	45.37	17.32	4.34
62.54	55.27	11.75	6.36	55.56	45.09	4.19
13.07	9.68	2.17	3.28	13.55	10.97	0.99
178.97	149.40	29.85	26.65	139.43	86.46	2.93
115.13	86.97	12.47	27.17	66.62	37.34	6.11
40.30	35.26	7.54	4.59	34.63	23.77	2.20
29.92	26.56	5.47	3.14	29.32	20.48	0.63
178.84	149.61	36.17	27.56	171.41	103.04	5.07
14.98	11.66	2.09	2.81	7.66	7.42	1.60
8.90	8.54	2.08	0.35	10.26	3.82	0.94
10.68	8.59	1.36	2.05	8.49	5.55	1.36
27.99	24.28	6.11	3.37	25.61	19.25	0.75
5.31	3.71	0.60	1.58	6.57	3.32	1.17
9.20	7.91	2.09	1.29	5.47	4.57	0.44
0.31	0.09	0.06	0.22	0.55	0.38	0.02
21.08	16.00	3.74	4.33	17.90	13.90	0.92
13.69	8.18	3.02	5.45	11.00	7.06	0.51
1.14	0.76	0.10	0.35	0.28	0.29	0.11
10.01	7.60	2.07	2.36	5.05	8.89	0.22
51.27	45.71	11.14	5.53	16.02	13.02	1.69

1-B-15 续表 2

地 区						主营业务收入
	集体资本	法人资本	个人资本	港澳台资本	外商资本	
全 国	**34.83**	**244.79**	**159.56**	**96.29**	**270.11**	**2782.17**
北 京	0.52	12.05	5.32	4.33	44.75	114.78
天 津	1.19	7.76	1.73	2.44	16.94	65.08
河 北	2.16	15.31	10.43	0.95	9.54	174.02
山 西	0.79	10.12	1.92	0.73	0.32	29.86
内蒙古	0.72	8.57	6.10	0.24	3.57	167.68
辽 宁	0.47	4.17	6.54	6.45	6.04	59.53
吉 林	0.10	6.09	1.96	0.37	0.29	19.92
黑龙江	0.50	12.73	6.25	0.91	8.09	108.49
上 海	2.03	23.29	5.94	17.85	46.35	214.90
江 苏	3.22	8.47	8.32	5.54	25.89	171.97
浙 江	1.17	8.54	10.10	1.59	12.02	139.12
安 徽		7.16	3.91	0.89	1.02	58.68
福 建	0.90	4.84	15.14	8.88	11.14	140.75
江 西	0.15	5.75	3.30	0.60	0.18	27.45
山 东	9.48	24.48	21.63	2.89	25.05	415.91
河 南	4.68	9.98	13.37	1.56	1.64	183.02
湖 北	0.45	8.23	5.56	5.17	2.15	67.52
湖 南	0.13	11.65	3.74	3.72	0.62	73.71
广 东	0.79	18.72	10.13	27.80	40.53	316.30
广 西	0.17	2.33	0.94	0.33	2.05	17.93
海 南	0.03	1.05	0.30	0.67	0.83	14.98
重 庆	0.04	1.52	0.77		1.85	23.87
四 川	0.47	6.82	4.84	0.78	5.59	56.99
贵 州	0.16	0.30	0.97		0.71	15.71
云 南	0.58	1.53	1.36	0.17	0.50	12.75
西 藏		0.36				0.21
陕 西	1.11	6.19	2.40	1.13	2.15	36.78
甘 肃	2.64	2.28	1.60	0.03		13.09
青 海	0.02		0.15			0.63
宁 夏		7.34	1.31	0.01	0.01	11.72
新 疆	0.13	7.12	3.54	0.25	0.28	28.78

单位：亿元

主营业务成本	主营业务税金及附加	其他业务收入	其他业务利润	营业费用	管理费用	
						税　金
2188.67	**14.57**	**52.41**	**12.08**	**285.80**	**136.88**	**7.07**
75.35	0.16	3.06	0.55	26.74	11.47	0.28
50.09	0.10	4.74	0.76	7.71	3.40	0.10
146.76	0.84	0.74	0.18	12.76	5.00	0.29
24.12	0.17	0.35	0.30	3.51	1.06	0.05
128.45	0.33	0.30	0.17	21.40	3.95	0.19
48.22	0.18	1.20	0.26	5.07	3.66	0.14
17.08	0.10	0.23	0.12	1.11	1.11	0.03
80.50	0.31	4.24	0.13	17.26	4.55	0.11
156.36	0.53	7.63	1.08	40.09	14.33	0.20
135.24	0.52	4.96	0.65	18.60	8.17	0.26
114.31	0.52	6.59	0.57	10.19	6.93	0.21
49.35	0.17	0.29	0.14	2.94	3.02	0.29
121.61	0.72	1.32	0.90	8.30	6.08	0.34
21.62	0.32	0.11	0.08	2.25	1.45	0.05
351.76	2.48	6.05	1.17	15.33	15.25	0.98
154.44	0.97	0.57	0.43	8.60	5.43	0.33
51.96	0.52	1.55	0.20	8.99	4.16	0.32
57.91	3.34	1.25	0.13	6.44	3.37	0.63
221.25	0.77	3.46	1.38	45.32	20.97	1.86
14.45	0.12	0.16	0.19	1.57	1.67	0.07
10.92	0.10	0.05	2.05	2.47	1.13	0.01
19.13	0.14	0.83	0.05	2.27	1.11	0.03
45.58	0.34	0.50	0.12	5.17	3.55	0.11
10.85	0.12	0.20	0.10	1.18	0.97	0.03
10.69	0.05	0.16	0.09	1.24	0.72	0.04
0.15				0.03	0.03	
29.23	0.50	1.25	0.16	3.74	1.61	0.05
11.13	0.03	0.04	0.02	0.84	0.36	0.01
0.50	0.02	0.01	0.02	0.06	0.08	
9.58	0.02	0.14	0.04	1.65	0.42	0.02
20.08	0.10	0.42	0.05	2.98	1.87	0.05

1-B-15 续表 3

地 区	财务费用	利息支出	营业利润	投资收益	补贴收入	利润总额
全 国	**33.54**	**29.37**	**129.99**	**6.92**	**5.72**	**135.36**
北 京	1.00	0.83	0.62	-0.08	0.13	0.75
天 津	0.59	0.45	3.40		0.14	3.54
河 北	1.28	1.01	7.55	0.31	0.06	7.80
山 西	0.42	0.40	0.75		0.16	0.96
内蒙古	0.89	0.84	12.83	-0.34	0.07	10.58
辽 宁	1.11	0.92	1.55	0.03	0.22	2.07
吉 林	0.39	0.27	0.11		0.07	0.33
黑龙江	1.09	0.92	5.04	0.05	0.59	5.26
上 海	1.23	1.11	3.44	4.13	0.49	7.99
江 苏	1.37	1.16	8.73	-0.28	0.45	8.73
浙 江	1.88	1.77	5.84	0.48	0.71	7.22
安 徽	1.79	2.12	2.08	1.28	0.09	3.27
福 建	1.90	1.68	2.93	0.12	0.32	3.20
江 西	0.33	0.27	1.08		0.04	1.20
山 东	5.25	4.03	26.19	0.35	0.48	26.94
河 南	5.03	4.31	6.26	0.45	0.56	6.97
湖 北	0.58	0.49	2.49	0.02	0.16	2.19
湖 南	0.76	0.68	5.00		0.07	4.29
广 东	1.86	1.66	26.52	0.28	0.28	25.06
广 西	0.28	0.27	-0.08	-0.05	0.07	-0.15
海 南		0.06	0.34			0.09
重 庆	0.30	0.27	0.92	0.12	0.02	1.11
四 川	0.61	0.54	1.86	0.01	0.11	1.93
贵 州	0.48	0.47	2.21		0.14	2.11
云 南	0.11	0.10	0.04		0.06	0.10
西 藏			0.01			0.01
陕 西	0.38	0.37	1.21	0.01	0.01	0.83
甘 肃	0.63	0.42	0.10			0.11
青 海			-0.01			-0.01
宁 夏	0.23	0.23	-0.20	0.03	0.05	-0.15
新 疆	1.76	1.72	1.17	0.01	0.15	1.00

单位：亿元

亏损企业亏损额	应交所得税	本年应付工资总额	主营业务应付工资总额	本年应付福利费总额	主营业务应付福利费总额	本年应交增值税	全部从业人员年平均人数（万人）
37.14	**23.18**	**144.88**	**130.03**	**15.88**	**13.79**	**107.70**	**110.88**
4.53	1.02	9.30	7.92	1.21	0.96	6.79	3.71
1.29	0.33	3.85	2.47	0.46	0.37	2.42	2.41
0.67	1.82	5.34	4.95	0.53	0.48	4.50	6.22
0.14	0.16	1.34	1.28	0.14	0.13	0.58	1.69
0.35	1.30	5.58	5.48	0.75	0.66	5.18	2.79
1.17	0.34	3.40	3.23	0.33	0.23	1.81	3.20
0.31	0.05	0.91	0.77	0.10	0.08	0.51	1.10
2.71	1.36	5.05	4.48	0.58	0.47	6.45	3.63
7.61	1.53	14.02	13.44	1.91	1.80	11.16	5.34
2.26	1.29	8.10	7.69	1.10	1.05	6.47	5.70
1.11	1.73	7.59	7.20	0.85	0.78	5.05	5.56
0.20	1.06	2.82	2.47	0.33	0.29	1.22	3.55
1.35	0.76	7.41	6.78	0.48	0.41	3.40	6.33
0.29	0.16	1.57	1.52	0.17	0.17	1.16	1.83
0.97	3.79	15.09	14.43	1.43	1.38	11.55	16.37
2.46	1.09	9.69	9.27	0.98	0.94	3.71	10.16
1.58	0.51	3.63	3.26	0.44	0.41	2.94	3.71
0.13	0.39	4.68	4.45	0.40	0.35	2.55	3.87
3.19	3.14	21.58	16.33	1.61	1.36	22.07	10.43
1.02	0.09	1.45	1.26	0.13	0.11	0.74	1.71
0.30	0.16	0.85	0.78	0.11	0.09	0.88	0.50
0.14	0.12	1.34	1.30	0.48	0.14	1.07	1.35
0.54	0.26	3.23	3.11	0.48	0.33	1.77	3.48
0.24	0.36	0.98	0.92	0.12	0.11	0.70	0.90
0.38	0.06	0.92	0.82	0.09	0.08	0.46	0.79
		0.03	0.01			0.01	0.02
0.48	0.14	2.59	2.21	0.38	0.33	1.12	2.00
0.26	0.01	0.58	0.51	0.07	0.06	0.12	0.80
0.04		0.09	0.08	0.01	0.01	0.03	0.09
0.28	0.03	0.50	0.32	0.06	0.05	0.28	0.61
1.12	0.13	1.40	1.31	0.17	0.16	1.01	1.04

1-B-16 规模以上饮料制造业

地区	企业单位数（个）	亏损企业	工业总产值（当年价）	工业销售产值（当年价）	出口交货值
全国	**3469**	**862**	**2440.92**	**2389.40**	**106.62**
北京	86	38	90.07	89.92	3.67
天津	53	22	53.93	54.43	1.89
河北	152	45	119.86	116.38	1.13
山西	51	10	30.74	28.27	0.26
内蒙古	68	13	30.72	28.88	0.12
辽宁	131	36	63.88	62.29	0.46
吉林	111	35	52.23	51.28	0.03
黑龙江	117	28	55.81	55.73	0.97
上海	65	25	98.62	101.16	3.16
江苏	204	40	188.14	185.37	2.42
浙江	291	45	176.26	173.69	23.89
安徽	119	48	72.91	69.59	1.48
福建	191	36	75.64	74.19	4.19
江西	95	22	27.38	25.67	0.23
山东	354	58	309.66	306.04	20.79
河南	234	25	118.28	115.98	3.85
湖北	115	27	97.31	95.73	0.38
湖南	109	22	36.00	36.53	0.93
广东	198	63	252.26	254.36	9.93
广西	84	33	29.14	28.46	0.44
海南	27	16	18.61	19.03	0.15
重庆	40	9	23.97	23.96	0.71
四川	220	34	237.79	226.02	12.08
贵州	91	27	53.77	46.92	3.74
云南	62	31	19.57	18.85	1.01
西藏	2	1	2.01	1.71	
陕西	74	27	49.98	47.58	6.47
甘肃	63	22	25.33	23.35	1.91
青海	9	5	3.00	2.43	
宁夏	17	5	9.36	8.14	0.08
新疆	36	14	18.67	17.44	0.26

工业企业主要经济指标

单位：亿元

资产合计	流动资产合计	应收账款净额	存　货	产成品	流动资产年平均余额	固定资产合计
3251.98	**1537.24**	**212.15**	**531.80**	**173.69**	**1474.82**	**1266.85**
174.75	65.04	8.26	18.74	5.15	65.59	59.02
64.32	28.04	3.87	8.98	3.69	27.26	28.57
150.19	70.58	8.43	31.81	7.72	68.49	61.19
46.45	24.20	2.51	10.43	5.60	23.49	18.70
39.64	16.60	1.85	7.37	2.34	17.14	13.81
95.29	38.67	4.83	12.32	3.49	33.47	46.10
74.96	28.22	4.69	12.39	2.62	24.66	42.28
75.10	28.56	3.29	12.47	2.92	27.31	40.30
110.08	52.25	6.92	10.53	4.10	52.46	42.02
167.07	81.70	12.98	24.18	7.99	72.38	65.01
211.69	109.86	15.13	39.53	17.29	93.53	80.70
145.53	82.63	15.44	34.61	13.95	79.82	45.28
82.84	33.96	5.06	10.67	2.25	34.03	39.08
45.92	21.62	2.52	7.43	2.30	20.14	16.74
364.29	186.49	25.60	65.07	30.12	181.60	127.05
117.88	57.36	14.76	19.29	7.79	53.70	53.35
102.24	46.45	4.26	13.49	3.48	47.66	42.42
59.10	23.86	4.05	8.96	2.56	26.40	23.64
299.79	145.31	27.64	26.06	6.14	146.45	104.15
35.58	13.50	2.09	4.43	1.57	12.11	17.83
28.18	16.01	3.77	4.04	0.97	15.89	10.04
35.95	14.23	1.18	6.00	0.90	13.44	14.42
353.69	171.99	12.40	73.46	15.54	168.85	137.56
120.09	70.48	3.44	21.86	3.01	64.14	36.38
37.10	15.83	2.51	5.82	2.22	15.51	15.75
7.53	0.88	0.07	0.22	0.02	0.88	3.52
82.22	35.38	6.58	14.68	9.82	32.81	35.38
54.91	25.14	4.87	11.04	5.01	23.75	21.09
5.88	2.37	0.09	1.23	0.27	2.13	2.61
12.68	7.11	0.77	2.46	0.89	6.92	4.42
51.05	22.89	2.28	12.26	1.95	22.80	18.44

1-B-16 续表 1

地 区	固定资产原价	生产经营用	累计折旧	本年折旧	固定资产净值	固定资产净值年平均余额
全 国	**1774.04**	**1543.87**	**597.22**	**92.92**	**1176.82**	**1171.88**
北 京	81.45	64.09	27.41	4.48	54.04	52.62
天 津	39.52	34.26	13.35	2.08	26.17	27.51
河 北	86.65	71.71	29.31	2.95	57.34	55.54
山 西	25.99	23.30	9.11	0.99	16.88	16.52
内蒙古	19.72	15.34	7.30	1.03	12.42	12.40
辽 宁	64.58	56.20	20.16	3.12	44.42	43.95
吉 林	55.08	48.07	14.73	2.89	40.35	38.37
黑龙江	54.05	49.11	14.79	3.01	39.26	39.11
上 海	68.98	57.79	29.08	3.83	39.90	40.45
江 苏	95.45	83.55	33.74	6.25	61.71	61.85
浙 江	116.50	110.43	41.26	7.40	75.23	74.86
安 徽	64.98	46.83	20.42	2.89	44.56	42.31
福 建	59.59	56.36	22.24	3.49	37.34	37.32
江 西	22.45	18.51	7.25	0.98	15.20	15.53
山 东	180.93	159.06	62.05	8.75	118.88	119.64
河 南	55.71	46.43	14.68	3.06	41.04	46.25
湖 北	64.23	53.12	22.40	3.47	41.83	40.57
湖 南	30.57	27.29	9.01	2.29	21.56	21.25
广 东	177.35	161.82	78.15	10.05	99.20	101.25
广 西	28.07	26.98	10.84	1.52	17.22	17.45
海 南	14.85	13.40	5.15	0.63	9.70	9.77
重 庆	22.97	21.61	9.33	1.26	13.65	13.96
四 川	179.10	161.58	49.94	9.09	129.16	127.41
贵 州	36.65	22.85	9.98	1.69	26.68	23.91
云 南	20.16	18.10	5.85	1.20	14.31	14.45
西 藏	2.07	2.05	0.70	0.05	1.37	1.42
陕 西	45.63	40.63	11.79	1.60	33.84	33.10
甘 肃	26.56	22.97	7.76	0.91	18.80	19.26
青 海	3.41	2.33	0.98	0.12	2.43	2.45
宁 夏	5.29	4.63	1.19	0.27	4.10	4.02
新 疆	25.50	23.48	7.25	1.58	18.25	17.38

单位：亿元

负债合计	流动负债合计		长期负债合计	所有者权益		
		应付账款		合　计	实收资本	
						国家资本
1845.62	**1587.65**	**248.11**	**239.92**	**1406.13**	**964.25**	**168.76**
86.11	75.81	8.75	10.30	88.63	54.14	6.04
42.47	36.05	8.04	6.43	21.84	26.23	3.74
105.59	87.80	10.69	14.31	44.60	37.11	7.53
28.98	25.87	4.22	2.82	17.46	10.01	4.18
19.12	15.39	2.52	3.73	20.52	14.17	0.94
55.06	42.80	6.69	12.08	40.22	30.49	1.54
43.73	34.81	7.14	7.16	31.23	36.02	2.00
52.06	42.99	6.99	7.72	23.04	17.21	2.99
63.69	60.68	7.08	2.94	46.39	60.64	
99.02	91.95	12.72	7.07	68.05	54.26	7.60
124.35	109.87	21.19	14.20	87.34	56.57	3.43
88.20	78.89	9.29	9.31	57.34	27.41	13.10
38.81	35.09	6.51	3.11	44.03	34.25	1.97
29.14	24.22	2.67	4.57	16.78	16.86	4.37
217.42	185.73	28.17	30.33	146.88	77.17	18.47
76.87	62.56	13.11	12.33	41.01	31.34	4.79
55.84	46.17	7.78	8.46	46.40	49.35	16.88
27.69	23.00	3.73	3.69	31.41	18.24	4.41
159.90	137.56	32.91	20.38	139.89	104.73	7.05
18.04	14.69	2.50	3.13	17.50	15.59	1.40
12.55	11.91	2.13	0.64	15.63	15.03	1.26
20.24	16.88	1.74	3.14	15.71	10.14	1.80
163.80	144.48	17.14	18.76	189.89	84.50	29.13
53.38	48.49	3.85	4.81	66.51	13.82	9.49
23.77	18.19	3.88	5.58	13.34	11.64	0.29
0.63	0.59	0.01	0.04	6.90	1.56	0.81
56.37	46.58	7.51	9.21	25.85	22.06	4.47
39.39	34.01	3.87	5.06	15.52	14.89	3.14
3.83	3.40	0.18	0.43	2.04	1.83	0.87
8.59	7.29	1.08	1.11	4.08	2.71	1.00
30.96	23.90	4.01	7.07	20.09	14.28	4.04

1-B-16 续表 2

地区						主营业务收入
	集体资本	法人资本	个人资本	港澳台资本	外商资本	
全国	**27.74**	**281.02**	**139.73**	**101.30**	**245.70**	**2393.19**
北京	0.65	28.10	4.67	3.95	10.72	87.56
天津	0.17	10.08	0.71	5.25	6.28	52.54
河北	3.40	7.15	9.10	2.77	7.17	113.49
山西	1.30	1.96	1.44	0.10	1.04	30.98
内蒙古	0.17	5.02	7.90		0.14	27.71
辽宁	0.93	4.74	5.60	11.44	6.23	58.92
吉林	3.11	19.96	4.74	2.53	3.68	50.10
黑龙江	0.42	2.43	5.27	1.36	4.75	52.81
上海	1.75	21.61	0.94	4.48	31.86	98.13
江苏	1.18	7.89	6.29	8.06	23.24	181.06
浙江	1.70	19.12	8.83	9.90	13.59	231.76
安徽	0.48	4.83	1.91	0.81	6.28	72.95
福建	0.27	13.38	4.02	9.29	5.31	73.22
江西	0.24	4.92	5.58	0.16	1.59	25.04
山东	4.35	16.35	15.50	7.48	15.02	298.95
河南	1.63	13.80	6.13	1.61	3.38	106.48
湖北	1.18	4.46	4.69	1.82	20.33	87.37
湖南	0.61	7.16	2.29	0.85	2.92	33.66
广东	1.67	20.12	3.55	20.68	51.65	256.52
广西	0.20	5.27	2.39	0.02	6.31	26.60
海南		2.00	1.15		10.63	21.27
重庆		3.82	1.80	0.83	1.88	23.92
四川	1.37	25.18	20.82	3.43	4.57	222.15
贵州	0.09	2.37	1.52		0.36	43.95
云南	0.32	4.32	3.12	1.20	2.39	18.76
西藏		0.02	0.73			1.61
陕西	0.22	8.83	3.46	2.40	2.68	47.61
甘肃	0.04	8.35	2.05	0.28	1.03	23.45
青海	0.01	0.79	0.16			2.47
宁夏		0.83	0.63	0.10	0.14	6.57
新疆	0.29	6.17	2.75	0.49	0.54	15.58

单位：亿元

主营业务成本	主营业务税金及附加	其他业务收入	其他业务利润	营业费用	管理费用	税金
1643.77	**146.28**	**66.29**	**15.21**	**292.37**	**162.81**	**6.46**
58.97	5.89	7.50	0.83	11.83	6.93	0.12
33.88	2.19	0.90	0.16	10.44	3.06	0.12
89.30	5.75	0.42	0.07	8.31	4.76	0.27
19.55	3.56	0.11	0.69	3.07	3.07	0.10
16.03	3.31	0.39	0.06	2.37	2.37	0.18
40.14	4.35	1.16	0.27	5.47	4.40	0.23
36.48	2.95	0.93	0.32	5.77	3.08	0.15
36.87	4.17	0.53	0.12	6.34	4.73	0.10
55.73	1.76	1.01	0.29	22.49	10.75	0.56
137.36	8.58	6.69	0.69	18.77	7.74	0.29
180.73	6.70	19.50	1.04	26.19	9.58	0.22
49.30	7.34	1.15	0.27	8.94	5.44	0.32
54.25	4.44	1.34	0.65	8.34	3.60	0.20
15.82	2.28	0.11	0.09	1.82	2.77	0.07
220.50	16.57	5.81	1.27	22.83	15.85	0.81
81.51	4.67	0.84	0.15	8.56	4.22	0.27
64.21	7.49	0.47	3.74	16.25	4.34	0.17
23.29	2.06	1.28	0.81	3.39	2.92	0.26
164.19	13.13	6.41	1.74	41.27	15.51	0.47
19.44	1.81	0.39	0.12	1.95	1.65	0.07
13.87	1.09	0.06	0.17	3.96	1.70	0.08
15.07	1.49	0.27	0.10	3.85	1.86	0.08
127.31	18.89	6.70	0.43	30.93	16.01	0.70
10.71	8.28	0.25	0.09	6.01	4.77	0.32
14.08	0.72	0.41	0.10	1.88	1.31	0.05
0.92	0.01			0.05	0.12	
32.19	2.75	0.43	0.25	6.19	15.42	0.09
16.85	1.82	0.44	0.24	2.25	2.07	0.09
1.52	0.40	0.02	0.01	0.20	0.30	0.01
4.75	0.45	0.16	0.11	0.74	0.68	0.01
8.94	1.38	0.62	0.34	1.89	1.78	0.05

1-B-16 续表 3

地 区	财务费用	利息支出	营业利润	投资收益	补贴收入	利润总额
全 国	**31.62**	**29.19**	**148.50**	**7.83**	**5.66**	**155.16**
北 京	1.69	1.20	3.07	1.59	0.23	5.39
天 津	0.70	0.65	1.85	0.54	0.04	2.39
河 北	1.81	1.75	3.63	1.20	0.10	4.40
山 西	0.61	0.56	1.42	0.08	0.05	1.23
内蒙古	0.61	0.61	3.08	-0.01	0.19	2.88
辽 宁	0.80	0.77	4.03	0.03	0.05	3.44
吉 林	0.57	0.56	1.47	0.01	0.02	1.24
黑龙江	1.11	1.05	-0.06	-0.01	1.08	0.38
上 海	0.83	0.59	6.86	-0.05	0.06	6.06
江 苏	1.55	1.44	7.74	0.65	0.25	8.61
浙 江	1.67	1.65	11.29	0.38	0.20	11.91
安 徽	1.69	1.65	0.55	0.01	0.18	0.80
福 建	0.64	0.65	4.39	0.38	0.09	4.91
江 西	0.32	0.30	1.39	-0.02	0.02	1.32
山 东	4.33	3.98	19.82	1.32	0.36	21.01
河 南	1.98	1.61	5.32	0.40	1.43	5.70
湖 北	0.64	0.48	5.43	0.03	0.17	5.91
湖 南	0.71	0.59	1.84	0.13	0.14	1.61
广 东	1.76	1.88	16.60	0.26	0.11	16.69
广 西	0.38	0.37	1.52	0.19	0.03	1.38
海 南	0.16	0.17	0.51			0.49
重 庆	0.55	0.55	1.15	0.04	0.03	1.09
四 川	2.32	2.35	27.11	0.49	0.48	27.96
贵 州	0.62	0.61	13.65	0.06	0.04	13.84
云 南	0.49	0.46	0.37	0.03	0.14	0.52
西 藏	0.01	0.01	0.49		0.01	0.50
陕 西	1.05	0.70	2.93	-0.18	0.10	2.61
甘 肃	0.99	0.98	-0.15	-0.01	0.04	-0.28
青 海	0.12	0.12	-0.19			-0.21
宁 夏	0.15	0.14		0.09	0.02	0.15
新 疆	0.75	0.74	1.39	0.22	0.02	1.22

单位：亿元

亏损企业亏损额	应交所得税	本年应付工资总额	主营业务应付工资总额	本年应付福利费总额	主营业务应付福利费总额	本年应交增值税	全部从业人员年平均人数（万人）
39.97	**42.24**	**109.89**	**100.49**	**14.52**	**13.21**	**135.26**	**83.92**
1.99	0.93	4.46	4.29	0.72	0.66	5.68	2.29
2.33	0.94	3.01	2.41	0.85	0.80	4.08	1.26
2.17	1.14	3.20	3.04	0.72	0.69	4.29	4.00
0.68	1.01	1.71	1.67	0.59	0.59	2.15	1.66
0.20	0.69	1.72	1.67	0.22	0.22	1.93	1.89
0.84	0.70	3.11	3.09	0.54	0.45	4.19	2.51
1.43	0.15	2.59	2.13	0.26	0.20	2.27	2.39
1.84	0.51	2.68	2.13	0.25	0.16	3.16	2.67
4.20	1.33	5.66	5.50	1.09	1.04	7.56	1.52
2.81	1.74	8.65	8.10	1.17	1.05	7.59	6.14
1.06	2.20	8.36	7.22	0.95	0.75	9.49	4.07
1.64	0.66	4.30	3.69	0.44	0.43	3.82	4.69
1.29	1.50	3.27	3.14	0.29	0.28	4.06	2.30
0.22	0.25	1.50	1.21	0.20	0.16	1.50	1.50
2.58	4.62	10.67	10.32	1.27	1.25	14.86	11.70
0.33	0.72	4.18	4.03	0.41	0.41	3.14	5.74
1.57	1.23	3.32	2.31	0.34	0.21	4.04	2.78
0.53	0.25	2.25	2.20	0.24	0.23	1.74	1.65
4.86	3.51	12.66	11.66	1.19	1.10	16.88	4.44
0.91	0.53	1.73	1.04	0.19	0.11	1.69	1.28
0.29	0.07	0.57	0.50	0.08	0.07	1.11	0.34
0.47	0.23	1.40	1.32	0.16	0.16	1.57	0.96
0.61	9.36	8.78	8.52	1.13	1.10	16.65	7.29
0.90	6.84	2.87	2.62	0.33	0.30	5.37	2.12
0.56	0.16	1.24	1.21	0.10	0.10	0.90	1.22
	0.07	0.11	0.07	0.01	0.01	0.15	0.06
1.03	0.47	2.64	2.34	0.41	0.36	2.36	2.28
1.10	0.08	1.23	1.09	0.12	0.09	1.32	1.55
0.23	0.02	0.26	0.25	0.03	0.03	0.18	0.23
0.24		0.36	0.34	0.04	0.04	0.31	0.41
1.07	0.34	1.40	1.37	0.17	0.16	1.23	0.98

1-B-17 规模以上烟草制品业

地区	企业单位数（个）	亏损企业	工业总产值（当年价）	工业销售产值（当年价）	出口交货值
全国	**210**	**33**	**2596.03**	**2589.48**	**25.25**
北京	4		14.79	15.39	0.73
天津	1		9.28	9.44	
河北	4		45.59	45.72	
山西	2		11.02	11.15	
内蒙古	2		14.63	14.75	
辽宁	6		27.99	27.08	0.08
吉林	7	4	30.13	30.19	0.04
黑龙江	5		24.16	26.27	0.02
上海	2		197.44	190.57	5.94
江苏	6		166.71	163.20	0.36
浙江	6	2	154.26	154.42	1.15
安徽	11		106.61	105.29	0.01
福建	7	1	80.92	81.38	0.02
江西	6		50.44	52.00	0.08
山东	12	2	119.36	118.74	5.13
河南	20	4	123.69	123.60	0.96
湖北	13	5	117.18	111.36	0.15
湖南	9	3	233.65	231.35	0.74
广东	15	3	154.36	154.00	2.99
广西	3	1	46.87	46.33	0.06
海南	2	1	5.28	5.12	0.04
重庆	5		42.32	42.32	0.01
四川	10		73.04	76.87	0.23
贵州	15	4	98.08	98.96	0.05
云南	21		552.57	556.90	6.35
西藏					
陕西	9	1	52.99	53.33	0.09
甘肃	3		34.10	35.19	
青海					
宁夏	2	1	1.42	1.44	
新疆	2	1	7.14	7.13	

工业企业主要经济指标

单位：亿元

资产合计	流动资产合计	应收账款净额	存　货	产成品	流动资产年平均余额	固定资产合计
3014.85	**1865.54**	**152.60**	**909.42**	**44.82**	**1711.64**	**726.80**
12.41	8.72	1.58	4.83	0.12	8.45	3.25
10.25	6.12	0.18	4.30	0.10	7.06	4.12
43.31	27.80	2.33	18.29	0.22	25.33	15.16
10.54	5.30	0.24	2.80	0.23	5.36	5.19
14.56	8.84	0.73	3.11	0.10	8.28	4.68
29.85	19.77	1.80	12.04	0.80	19.70	9.18
33.92	20.82	3.80	7.04	0.77	13.00	10.40
32.53	20.23	5.08	13.20	2.37	21.80	11.16
343.50	190.09	7.20	44.91	2.51	158.53	42.09
127.87	94.51	5.39	49.18	0.54	83.34	31.29
121.95	87.96	5.39	41.24	1.49	83.27	31.41
83.99	48.62	2.76	31.08	0.95	52.92	33.14
81.89	47.61	6.85	33.01	0.84	44.87	28.45
43.97	27.64	2.65	17.35	1.13	26.89	11.46
139.91	86.53	4.01	54.71	0.91	81.88	34.33
133.82	82.58	8.31	52.29	1.65	87.45	47.40
139.11	96.20	12.04	58.25	3.77	85.43	34.51
201.05	122.59	4.80	77.29	0.71	122.44	47.88
113.68	73.87	5.84	42.05	0.47	68.55	35.26
48.89	21.78	2.78	14.65	0.31	23.15	24.53
4.94	2.66	0.25	1.06	0.12	2.64	1.71
50.86	32.28	3.32	17.96	0.55	30.50	16.87
94.06	57.99	8.46	36.90	1.06	57.99	14.59
110.91	67.93	11.94	38.63	1.93	66.53	39.54
881.20	533.44	31.35	195.97	20.41	470.59	160.09
59.98	42.13	8.83	21.70	0.68	43.36	15.74
35.27	24.74	4.09	12.57	0.02	5.57	9.58
1.66	1.27	0.03	0.27	0.05	1.29	0.40
8.97	5.54	0.58	2.73		5.47	3.38

1-B-17 续表 1

地 区	固定资产原价	生产经营用	累计折旧	本年折旧	固定资产净值	固定资产净值年平均余额
全 国	**1169.18**	**956.78**	**533.52**	**81.16**	**635.66**	**622.91**
北 京	5.64	5.59	2.42	0.36	3.22	3.02
天 津	6.45	6.45	2.42	0.27	4.03	3.83
河 北	24.92	16.34	10.74	1.22	14.19	14.01
山 西	6.52	4.18	1.67	0.28	4.85	4.94
内蒙古	6.21	5.52	2.65	0.76	3.56	3.48
辽 宁	12.67	12.35	4.16	0.77	8.52	8.15
吉 林	15.67	12.56	5.76	1.63	9.91	10.34
黑龙江	16.31	14.86	7.31	0.88	9.00	9.33
上 海	57.11	21.43	26.59	4.20	30.52	29.94
江 苏	48.00	43.46	20.11	3.63	27.89	28.95
浙 江	44.19	44.14	17.91	3.09	26.28	26.20
安 徽	45.62	37.73	19.36	3.30	26.26	21.78
福 建	42.00	37.50	15.32	2.78	26.68	25.82
江 西	13.82	11.81	6.39	1.13	7.43	7.43
山 东	63.78	56.05	32.33	3.21	31.45	31.39
河 南	72.68	62.56	31.47	4.72	41.21	40.58
湖 北	56.09	48.82	23.99	2.45	32.10	32.48
湖 南	83.02	63.31	45.47	7.77	37.55	37.47
广 东	56.41	50.42	28.76	3.86	27.65	26.50
广 西	25.71	9.07	5.27	1.85	20.44	18.19
海 南	2.80	2.26	1.53	0.20	1.27	1.28
重 庆	24.54	19.39	9.86	1.79	14.68	14.10
四 川	43.98	41.53	15.19	2.55	28.79	25.05
贵 州	60.21	51.36	23.70	3.73	36.51	33.92
云 南	293.71	242.67	154.94	21.88	138.77	141.42
西 藏						
陕 西	27.84	25.14	13.48	2.03	14.36	14.56
甘 肃	7.73	6.93	2.30	0.52	5.43	5.63
青 海						
宁 夏	1.00	0.52	0.61	0.06	0.40	0.42
新 疆	4.55	2.83	1.84	0.24	2.71	2.71

单位：亿元

负债合计	流动负债合计		长期负债合计	所有者权益		
		应付账款		合计	实收资本	
						国家资本
1119.13	**1059.74**	**224.62**	**52.46**	**1894.42**	**418.29**	**374.37**
3.37	3.29	0.06	0.07	9.04	4.79	0.01
9.48	9.48	1.22		0.78	2.63	2.63
30.75	29.55	12.73	1.20	12.56	5.35	5.34
2.86	2.86	1.45		7.68	6.68	3.68
4.49	4.03	0.59	0.46	10.07	7.47	7.47
17.54	17.48	4.98	0.03	12.31	11.10	6.78
26.84	26.53	3.61	0.31	7.07	5.95	5.39
20.52	19.70	3.39	0.83	12.01	8.24	8.11
17.84	17.79	8.62	0.05	325.66	18.10	15.20
35.45	35.35	9.37	0.10	92.42	9.23	8.24
14.98	15.10	2.93	-0.12	106.97	10.56	10.01
34.33	34.32	7.56	0.01	49.66	21.51	20.13
25.54	25.43	7.76	0.03	56.35	15.96	12.36
27.53	25.10	6.43	2.43	16.44	4.84	4.84
66.79	65.47	14.71	1.31	73.13	46.77	45.14
96.87	92.52	15.93	4.34	36.95	23.46	21.92
98.24	92.50	14.68	4.59	40.87	18.84	17.48
55.13	46.40	12.00	3.07	145.92	34.84	34.16
26.94	26.01	8.19	0.94	86.74	22.32	21.13
26.02	18.84	5.38	7.18	22.87	12.62	11.62
1.75	1.57	0.93	0.18	3.18	2.09	0.03
33.17	26.74	5.22	6.43	17.69	8.30	6.85
55.08	53.22	8.56	1.86	38.98	22.31	21.15
98.64	91.54	20.75	7.08	10.97	22.82	21.95
230.50	226.39	29.89	4.12	650.69	47.30	38.85
35.97	34.95	12.94	1.01	24.01	14.79	14.77
16.59	13.69	3.62	2.90	18.67	6.60	6.60
0.60	0.35	0.10	0.25	1.06	0.70	0.70
5.31	3.52	1.03	1.79	3.66	2.10	1.81

1-B-17 续表 2

地区						主营业务收入
	集体资本	法人资本	个人资本	港澳台资本	外商资本	
全 国	**1.76**	**39.00**	**0.62**	**1.26**	**1.29**	**2573.40**
北 京	0.01	4.75	0.03			15.29
天 津						9.37
河 北	0.01					45.48
山 西		3.00				11.30
内蒙古						14.73
辽 宁	0.09	4.22				27.04
吉 林		0.56				30.72
黑龙江			0.13			25.71
上 海		2.26		0.64		189.94
江 苏		0.98				163.11
浙 江	0.04	0.04	0.36	0.12		158.15
安 徽	0.88	0.28		0.22		105.20
福 建		2.79			0.81	91.59
江 西						50.65
山 东		1.13	0.02		0.49	116.40
河 南	0.35	0.91		0.28		124.13
湖 北		1.35				112.58
湖 南	0.08	0.56	0.04			230.46
广 东		1.19				154.09
广 西		1.00				46.29
海 南		2.06				5.12
重 庆		1.46				42.08
四 川	0.01	1.15	0.01			73.55
贵 州		0.87				97.34
云 南	0.28	8.15	0.03			536.89
西 藏						
陕 西		0.02				53.26
甘 肃						34.28
青 海						
宁 夏						1.43
新 疆		0.29				7.22

单位：亿元

主营业务成本	主营业务税金及附加	其他业务收入	其他业务利润	营业费用	管理费用	税金
942.51	**1018.48**	**111.73**	**9.31**	**85.83**	**184.68**	**4.04**
6.04	5.70	0.01	0.01	0.54	1.45	0.01
3.70	3.63	0.10	0.03	0.17	1.55	0.06
20.28	17.78	0.05	1.15	1.34	3.15	0.05
5.62	4.21			0.22	0.67	0.02
5.58	6.26	0.01	0.01	0.24	1.11	0.03
10.93	10.50	1.59	0.13	0.70	3.08	0.05
14.86	10.58	0.03	0.02	1.04	2.97	0.05
11.90	8.46	0.01	0.01	0.83	2.74	0.06
44.43	81.01	4.88	0.38	1.41	11.09	0.27
48.09	67.48	4.40	0.06	3.20	9.63	0.15
51.52	67.55	2.57	-0.03	9.18	4.91	0.17
41.48	41.45	0.19	-0.03	2.85	8.88	0.13
37.30	32.00	0.88	0.09	3.93	6.24	0.17
20.52	19.68	2.72	0.15	2.82	2.60	0.09
48.46	41.57	0.96	0.20	5.43	7.26	0.25
58.69	45.64	0.92	0.26	3.76	7.70	0.18
48.45	43.90	11.29	1.03	3.67	9.68	0.23
72.30	101.25	12.78	0.13	8.37	21.00	0.38
56.02	58.80	0.86	0.86	5.25	11.64	0.15
20.54	16.87	1.20	0.12	2.06	2.44	0.07
2.24	1.89	0.03	0.02	0.04	0.32	0.01
18.28	14.91	0.46	0.05	1.58	3.70	0.07
30.48	26.92	7.37	0.33	3.15	5.33	0.14
42.76	35.79	5.71	1.05	2.88	16.29	0.18
182.89	217.09	50.15	3.92	17.79	32.15	0.95
22.46	20.27	0.79	0.80	2.08	3.95	0.08
12.99	14.11	1.70	-1.43	1.05	2.33	0.02
0.73	0.51	0.03		0.01	0.15	
2.97	2.67	0.04	0.01	0.23	0.68	0.02

1-B-17 续表 3

地 区	财务费用	利息支出	营业利润	投资收益	补贴收入	利润总额
全 国	**19.63**	**19.74**	**329.72**	**34.61**	**12.85**	**366.20**
北 京	0.11	0.11	1.47		0.02	1.35
天 津	0.04	0.15	0.20		0.27	0.17
河 北	0.41	0.40	3.68		0.51	3.69
山 西	0.02	0.02	0.56			0.55
内蒙古	0.19	0.19	1.35		0.01	1.32
辽 宁	0.47	0.48	1.50		0.10	1.56
吉 林	0.41	0.43	0.91	0.01	0.16	0.23
黑龙江	0.64	0.64	1.14		0.47	1.70
上 海	-0.95	-0.94	53.32	22.20	0.06	72.54
江 苏		0.02	34.78	2.78	0.72	37.98
浙 江	-0.46	-0.47	25.42	0.10		25.02
安 徽	0.15	0.14	9.18	-0.08		8.86
福 建	0.36	0.38	12.04	0.45		12.67
江 西	0.89	0.89	4.56		0.52	5.09
山 东	1.35	1.34	12.54	0.05	0.32	11.17
河 南	2.33	2.23	6.17	0.03	0.01	6.33
湖 北	1.73	1.72	5.26	0.07	1.43	10.37
湖 南	0.78	0.76	26.93	-0.23	2.66	26.79
广 东	0.16	0.18	23.50	0.21	0.57	23.56
广 西	0.50	0.44	3.99		0.02	3.79
海 南	-0.01	-0.01	0.65			0.49
重 庆	1.09	1.10	2.72	-0.02	0.29	2.75
四 川	1.49	1.55	6.52	0.32	0.61	6.86
贵 州	2.52	2.52	-1.86	0.03	0.86	-1.17
云 南	3.97	4.03	86.91	8.50	2.70	94.37
西 藏						
陕 西	1.09	1.09	3.29	0.02	0.52	3.79
甘 肃	0.34	0.34	2.29	0.13		3.74
青 海						
宁 夏	-0.01	-0.01	0.05			0.04
新 疆	0.02	0.02	0.67		0.01	0.59

单位：亿元

亏损企业亏损额	应交所得税	本年应付工资总额	主营业务应付工资总额	本年应付福利费总额	主营业务应付福利费总额	本年应交增值税	全部从业人员年平均人数（万人）
7.71	**107.86**	**95.79**	**90.72**	**22.78**	**12.80**	**300.51**	**19.88**
	0.47	0.59	0.59	0.08	0.08	1.60	0.09
	0.07	0.87	0.87	0.10	0.10	1.08	0.17
	1.01	1.73	1.71	0.26	0.21	4.62	0.67
	0.13	0.46	0.46	0.06	0.06	1.21	0.16
	0.42	0.81	0.81	0.11	0.11	1.80	0.25
	0.45	1.24	1.24	0.19	0.19	2.97	0.30
1.08	0.38	1.40	1.39	0.24	0.24	2.85	0.41
	0.04	1.73	1.66	9.34	0.24	2.73	0.61
	17.02	4.43	4.43	0.63	0.63	24.95	0.43
	11.27	3.95	3.95	0.80	0.80	20.49	0.80
0.04	8.15	1.83	1.77	0.63	0.59	18.52	0.31
	2.72	3.20	2.97	0.54	0.50	11.56	1.15
	4.43	3.00	3.00	0.49	0.49	10.14	0.41
	1.53	1.46	1.28	0.18	0.18	5.52	0.71
0.17	3.31	13.77	13.76	0.49	0.49	12.91	1.03
0.06	1.04	6.87	6.78	0.94	0.93	13.49	1.79
1.04	3.10	5.08	2.64	0.76	0.43	10.92	1.49
0.20	8.25	5.56	5.56	0.76	0.76	28.66	1.01
0.05	7.48	6.58	5.96	1.24	1.15	18.11	0.83
0.03	1.06	1.46	1.26	0.25	0.09	4.51	0.26
	0.10	0.36	0.26	0.05	0.04	0.53	0.05
	0.75	1.93	1.78	0.26	0.23	4.64	0.58
	2.50	2.49	2.49	0.32	0.32	8.16	0.66
4.72	0.26	4.42	4.36	0.63	0.62	10.74	1.63
	29.79	16.97	16.31	2.95	2.86	67.62	2.66
0.26	1.03	2.58	2.40	0.35	0.33	5.85	0.69
	1.10	0.70	0.70	0.10	0.10	3.44	0.65
0.01	0.01	0.12	0.12	0.02	0.02	0.16	0.04
0.04	0.02	0.18	0.18	0.01	0.01	0.71	0.06

1-B-18 规模以上纺织业

地 区	企业单位数（个）	亏损企业	工业总产值（当年价）	工业销售产值（当年价）	出口交货值
全 国	**24192**	**5375**	**10355.52**	**10125.79**	**3040.34**
北 京	181	52	59.42	55.70	16.25
天 津	329	166	73.20	72.52	29.86
河 北	600	91	347.87	346.79	49.64
山 西	73	28	27.84	26.89	2.39
内蒙古	125	34	108.65	119.06	40.95
辽 宁	374	177	123.44	119.53	42.37
吉 林	73	30	30.92	29.74	7.47
黑龙江	92	37	35.28	33.62	7.58
上 海	1109	244	349.23	347.22	132.51
江 苏	6498	1508	2576.32	2507.84	620.36
浙 江	6647	1080	2470.11	2409.36	911.46
安 徽	344	142	151.22	147.81	30.89
福 建	796	125	376.65	362.34	97.51
江 西	261	76	76.70	73.56	21.12
山 东	2326	361	1568.17	1539.81	366.51
河 南	662	125	302.58	298.40	29.44
湖 北	559	215	249.76	241.86	36.88
湖 南	265	89	99.33	96.94	12.01
广 东	2040	470	953.20	935.45	525.81
广 西	98	47	31.35	30.59	3.24
海 南	10	5	10.54	10.27	5.09
重 庆	111	39	39.20	39.43	9.20
四 川	304	72	125.83	123.32	19.59
贵 州	32	14	3.58	3.45	0.11
云 南	24	11	6.27	5.62	1.46
西 藏	2	2	0.09	0.10	0.07
陕 西	98	61	59.27	57.14	9.96
甘 肃	51	20	11.15	11.12	0.57
青 海	9	3	3.77	3.09	1.22
宁 夏	26	7	25.02	22.20	5.13
新 疆	73	44	59.57	55.02	3.68

工业企业主要经济指标

单位：亿元

资产合计	流动资产合计	应收账款净额	存货	产成品	流动资产年平均余额	固定资产合计
9352.12	**4657.62**	**981.99**	**1587.23**	**693.81**	**4447.15**	**3794.64**
89.87	52.63	10.05	23.42	15.10	48.77	25.02
206.69	89.34	15.09	21.01	10.91	91.37	72.45
269.14	122.74	18.39	52.05	28.45	122.39	114.56
39.96	16.28	2.25	8.40	5.26	16.21	21.14
167.85	100.95	17.36	44.98	25.87	90.44	35.86
165.37	76.91	16.78	27.29	12.98	74.15	71.42
44.31	19.24	3.48	7.52	4.42	20.56	21.16
56.38	33.26	8.20	15.93	10.63	29.92	19.18
365.81	206.74	56.95	71.59	31.02	201.99	105.05
1980.46	1041.68	248.18	363.94	162.58	978.86	798.36
2232.20	1181.71	252.04	278.08	124.05	1108.97	871.77
163.54	72.08	11.76	29.95	12.77	71.09	73.26
336.54	161.00	42.24	51.00	19.46	143.34	150.04
61.45	28.01	5.02	11.58	5.00	27.15	24.63
1285.43	559.53	77.39	194.56	72.61	539.26	604.87
265.52	120.37	19.41	47.36	22.25	120.93	115.70
220.03	99.40	17.37	44.05	21.93	97.82	96.05
74.20	30.56	4.72	16.18	6.18	27.68	30.18
821.86	414.37	116.17	169.54	53.32	406.24	339.94
32.06	17.36	4.42	6.73	2.88	16.94	12.13
21.51	8.23	1.92	2.97	1.41	7.90	9.48
42.49	16.99	2.58	8.62	3.81	17.84	18.15
110.09	50.18	7.68	26.80	11.09	49.61	39.75
9.90	2.72	0.48	1.07	0.42	2.64	5.11
20.56	5.38	0.64	2.57	1.65	5.31	8.12
1.07	0.18		0.07	0.05	0.22	0.25
96.93	39.77	5.14	15.92	8.54	39.88	46.01
23.73	11.13	2.14	4.11	2.80	10.95	10.14
17.32	9.69	1.93	3.56	0.65	9.76	4.04
25.51	19.70	3.94	9.09	2.53	16.28	4.06
104.33	49.46	8.28	27.33	13.18	52.65	46.77

1-B-18 续表 1

地区	固定资产原价	生产经营用	累计折旧	本年折旧	固定资产净值	固定资产净值年平均余额
全国	**5042.50**	**4450.01**	**1588.64**	**293.24**	**3453.86**	**3365.22**
北京	39.22	31.42	17.74	1.84	21.47	22.37
天津	93.65	60.55	31.51	4.10	62.14	64.80
河北	159.42	134.29	52.99	6.02	106.43	107.72
山西	27.04	22.70	9.57	0.74	17.47	17.46
内蒙古	49.69	43.28	14.99	3.10	34.70	35.08
辽宁	98.08	81.13	29.27	4.05	68.81	67.85
吉林	27.58	23.63	8.34	1.37	19.23	18.72
黑龙江	28.25	26.55	8.98	0.91	19.27	18.01
上海	178.17	151.58	75.95	10.31	102.22	99.61
江苏	1080.06	952.45	343.05	67.74	737.00	717.52
浙江	1100.68	1027.01	302.89	76.17	797.80	771.08
安徽	101.54	91.25	34.86	5.53	66.68	62.09
福建	195.17	173.24	50.44	10.27	144.73	141.71
江西	32.07	27.70	9.36	1.37	22.72	22.90
山东	665.12	595.56	169.07	33.54	496.06	466.12
河南	160.13	136.76	52.59	6.09	107.54	106.61
湖北	128.75	112.73	44.45	7.03	84.29	81.99
湖南	41.80	36.69	12.42	2.34	29.37	29.64
广东	535.31	462.08	217.00	36.73	318.30	318.13
广西	17.28	15.81	6.47	0.72	10.82	11.07
海南	11.24	9.50	2.72	0.33	8.52	8.35
重庆	26.93	22.83	8.59	1.87	18.34	18.96
四川	58.89	51.88	18.43	3.78	40.47	39.88
贵州	5.77	2.83	0.91	0.10	4.87	5.03
云南	11.37	9.92	3.60	0.63	7.77	6.93
西藏	0.49	0.44	0.31	0.01	0.18	0.18
陕西	70.24	61.43	28.32	1.96	41.92	42.20
甘肃	14.09	12.36	4.09	0.39	9.99	10.09
青海	6.90	3.71	1.38	0.23	5.52	5.73
宁夏	5.24	4.53	0.96	0.23	4.28	4.50
新疆	72.32	64.15	27.38	3.72	44.94	42.87

单位：亿元

负债合计	流动负债合计		长期负债合计	所有者权益		
		应付账款		合　　计	实收资本	
						国家资本
5972.10	**5000.32**	**1007.96**	**912.53**	**3379.07**	**2429.61**	**231.20**
56.13	50.71	12.73	5.42	33.74	32.86	4.87
156.93	113.98	16.46	42.94	49.77	52.64	20.02
174.58	135.52	24.65	33.62	94.56	59.87	14.20
29.19	21.36	2.78	5.16	10.77	10.25	6.12
93.08	84.51	10.36	8.58	74.77	35.65	3.15
122.14	102.61	13.53	19.06	43.23	48.93	12.24
48.74	40.07	4.91	8.34	-4.43	12.09	6.09
47.49	38.47	8.38	7.95	8.89	11.47	2.37
197.65	179.18	53.78	16.68	168.16	124.14	2.93
1361.82	1176.44	254.86	185.37	618.65	437.75	28.00
1407.33	1249.04	194.39	149.92	824.87	526.45	6.32
106.12	81.60	13.48	24.18	57.42	41.20	6.79
139.77	125.29	24.72	11.85	196.77	150.38	3.28
39.63	31.93	5.38	5.07	21.82	18.54	4.99
792.76	598.37	113.12	187.96	492.66	249.98	20.40
182.61	141.36	22.53	40.52	82.91	61.87	17.86
150.40	112.70	18.68	36.46	69.63	55.68	6.46
49.63	40.43	7.63	8.24	24.57	21.50	2.53
457.97	410.64	158.14	43.32	363.89	331.68	9.67
23.47	19.99	2.56	3.40	8.60	6.73	1.67
12.95	5.97	1.25	6.98	8.56	4.47	0.10
34.60	20.97	2.74	8.42	7.89	11.07	5.04
68.64	57.36	9.96	8.37	41.45	25.86	4.62
6.69	4.58	0.45	2.12	2.25	3.18	2.48
15.81	14.06	0.62	1.75	4.75	3.65	1.25
0.21	0.18		0.03	0.86	0.27	0.27
80.32	57.95	6.77	16.53	16.60	29.53	16.43
14.28	12.43	3.01	1.85	9.45	10.01	3.62
10.45	3.40	2.30	1.04	6.87	3.07	0.74
15.72	12.43	1.72	3.29	9.80	10.00	0.13
74.96	56.79	16.04	18.12	29.37	38.83	16.57

1-B-18 续表 2

地区	集体资本	法人资本	个人资本	港澳台资本	外商资本	主营业务收入
全　国	**107.36**	**527.97**	**730.77**	**496.98**	**335.33**	**10021.11**
北　京	0.75	16.09	2.67	1.72	6.76	57.09
天　津	1.92	13.57	8.11	1.57	7.43	76.66
河　北	3.59	11.35	21.86	5.11	3.76	326.23
山　西	0.81	1.70	1.15	0.10	0.37	24.74
内蒙古	1.64	15.62	7.94	1.62	5.68	116.30
辽　宁	1.48	6.72	15.43	3.99	9.08	112.61
吉　林	0.05	1.00	1.49	0.02	3.44	28.14
黑龙江	0.76	4.25	3.26	0.66	0.18	33.55
上　海	7.90	41.97	15.51	24.33	31.51	353.64
江　苏	23.59	64.84	165.12	61.56	94.65	2496.59
浙　江	19.45	131.30	227.58	89.35	52.46	2400.65
安　徽	1.11	15.41	10.65	1.88	5.36	146.61
福　建	1.14	10.56	42.69	70.44	22.28	357.58
江　西	0.57	3.10	6.11	3.02	0.76	71.71
山　东	21.50	67.58	79.32	19.87	41.33	1545.44
河　南	5.14	14.82	22.17	1.43	0.45	283.06
湖　北	2.42	22.12	18.81	4.09	1.77	236.70
湖　南	0.39	7.12	8.61	2.07	0.79	87.27
广　东	7.78	35.39	37.16	196.35	45.34	912.01
广　西	0.23	2.61	1.67	0.35	0.20	30.43
海　南		2.94	0.10	0.63	0.70	9.95
重　庆	0.38	2.11	3.50	0.02	0.01	39.40
四　川	1.35	6.94	11.66	0.88	0.40	118.68
贵　州	0.31	0.06	0.24	0.09		2.97
云　南	0.35	0.55	1.45		0.05	5.52
西　藏						0.09
陕　西	0.88	8.61	2.40	1.01	0.20	55.96
甘　肃	0.73	3.67	1.98			11.60
青　海		1.20	1.11	0.01		4.73
宁　夏		1.33	8.14		0.40	19.45
新　疆	1.13	13.46	2.86	4.81		55.75

单位：亿元

主营业务成本	主营业务税金及附加	其他业务收入	其他业务利润	营业费用	管理费用	税金
9080.17	**41.13**	**242.26**	**42.04**	**171.85**	**365.99**	**16.54**
49.60	0.10	2.34	1.33	3.14	5.61	0.18
70.07	0.21	2.73	0.69	1.36	5.39	0.12
289.95	2.00	1.45	0.89	6.42	9.80	0.46
22.83	0.08	0.46	0.07	0.49	1.71	0.07
97.53	0.53	2.32	1.04	3.52	3.83	0.22
102.77	0.22	2.07	0.48	2.73	6.31	0.31
26.07	0.05	0.12	0.13	0.60	1.54	0.07
29.44	0.12	2.00	0.17	1.00	2.06	0.22
309.51	0.67	5.71	2.45	10.55	22.83	0.35
2302.95	6.96	139.57	11.43	36.01	82.35	3.26
2166.23	13.61	38.61	6.79	31.96	74.79	2.54
135.44	0.52	3.60	1.05	2.32	5.73	0.43
314.29	2.00	1.85	2.65	6.60	12.18	0.67
65.06	0.43	0.48	0.12	1.69	2.72	0.17
1378.47	5.91	13.03	5.29	26.96	45.92	3.29
254.00	2.02	5.82	0.83	4.83	9.69	0.90
218.55	0.94	1.49	0.39	4.77	8.86	0.56
79.53	0.60	1.74	0.46	2.00	3.82	0.25
843.90	2.46	6.41	3.07	17.58	39.70	1.53
28.12	0.13	1.16	0.10	0.33	1.42	0.06
7.38	0.03	0.03	0.02	1.01	0.91	0.02
36.30	0.18	1.21	0.27	0.55	3.18	0.10
109.34	0.36	2.16	0.35	2.06	3.69	0.21
2.80	0.02	0.12	0.06	0.03	0.36	0.02
4.99	0.01	1.48	1.02	0.16	1.23	0.07
0.08		0.01	0.01		0.06	
51.54	0.61	0.49	0.36	0.87	3.85	0.29
10.31	0.14	0.70	0.03	0.23	2.05	0.04
3.93	0.02	0.02		0.05	0.23	0.02
16.77	0.03	0.22	0.18	0.05	0.23	0.03
52.45	0.16	2.88	0.31	1.99	3.93	0.09

1-B-18 续表 3

地 区	财务费用	利息支出	营业利润	投资收益	补贴收入	利润总额
全 国	**143.58**	**127.07**	**251.02**	**6.64**	**15.43**	**272.62**
北 京	1.02	0.96	-1.06	0.48	0.05	1.44
天 津	0.90	0.88	0.09	1.22	0.32	2.23
河 北	4.33	4.14	14.61	-0.03	0.23	14.43
山 西	0.56	0.56	-0.83	0.01	0.02	-0.76
内蒙古	3.54	3.24	8.38	0.46	0.42	8.27
辽 宁	1.99	1.72	-0.93	0.02	0.21	-0.84
吉 林	0.62	0.61	-0.77		0.01	-0.95
黑龙江	0.63	0.96	0.12	0.02	0.08	-0.35
上 海	3.65	2.87	8.89	1.33	1.24	11.17
江 苏	33.31	29.98	46.44	0.51	4.18	48.74
浙 江	40.57	35.64	81.22	1.67	6.14	89.42
安 徽	2.75	2.45	0.98	0.39	0.17	1.32
福 建	4.17	3.55	14.85	0.16	0.15	15.86
江 西	0.73	0.55	1.00	-0.04	0.07	1.35
山 东	21.76	17.99	69.75	1.13	0.64	70.46
河 南	5.10	4.51	6.42	0.23	0.13	6.54
湖 北	3.57	3.07	0.31	0.01	0.24	0.08
湖 南	1.04	0.82	-0.42	0.10	0.07	-0.63
广 东	5.70	5.48	6.50	-0.20	0.43	13.20
广 西	0.46	0.43		0.04	0.05	-0.07
海 南	0.12	0.15	0.51		0.03	0.55
重 庆	0.71	0.69	-1.25		0.14	-1.51
四 川	2.10	2.02	1.48	0.34	0.14	1.90
贵 州	0.01	0.01	-0.19			-0.14
云 南	0.31	0.29	-0.16	0.01	0.08	-0.04
西 藏			-0.03	0.01		-0.01
陕 西	1.68	1.63	-2.21	0.01		-2.44
甘 肃	0.19	0.16	-1.65	-0.58	0.01	-4.01
青 海	0.19	0.19	0.25		0.02	0.28
宁 夏	0.51	0.24	1.64	0.02	0.01	1.13
新 疆	1.35	1.27	-2.92	-0.68	0.16	-4.01

单位：亿元

亏损企业亏损额	应交所得税	本年应付工资总额	主营业务应付工资总额	本年应付福利费总额	主营业务应付福利费总额	本年应交增值税	全部从业人员年平均人数（万人）
104.05	**60.92**	**599.33**	**565.74**	**72.87**	**58.41**	**247.48**	**587.92**
1.37	0.25	5.91	5.52	0.81	0.73	1.63	3.94
1.53	0.75	7.09	6.02	1.25	1.08	2.24	7.21
3.46	2.12	15.97	15.00	1.67	1.54	9.91	21.69
0.91	0.03	2.58	2.53	0.37	0.36	1.00	4.52
0.87	1.58	6.00	5.69	0.80	0.68	2.83	5.79
3.76	0.44	7.90	7.71	0.89	0.85	2.08	9.66
1.04	0.01	1.90	1.79	0.17	0.16	0.54	2.91
1.94	0.17	3.47	3.15	0.35	0.31	1.22	5.08
6.40	2.14	28.43	27.09	3.02	2.77	9.37	18.60
21.39	12.98	136.66	130.87	27.43	16.96	56.10	120.33
11.80	17.28	128.46	122.45	13.66	12.61	63.32	104.29
2.07	0.81	10.71	10.27	1.22	1.11	4.64	13.47
1.46	1.90	22.20	20.89	1.33	1.23	6.71	19.51
0.50	0.22	6.57	6.27	0.56	0.55	2.71	8.12
7.50	14.50	72.64	69.47	7.17	6.94	42.18	85.60
2.61	1.52	18.47	17.71	2.23	2.17	8.86	28.34
3.83	0.69	16.79	14.72	1.52	1.18	5.99	22.41
1.93	0.10	8.25	7.88	0.75	0.68	2.16	9.62
12.31	2.74	67.85	61.45	4.10	3.22	13.59	55.09
0.57	0.05	3.19	3.01	0.39	0.35	1.12	3.94
0.05	0.03	1.16	1.15	0.02	0.02	0.21	0.70
2.41	0.12	3.77	3.52	0.39	0.36	1.19	5.03
1.21	0.24	8.06	7.86	0.69	0.66	2.81	11.53
0.15		0.57	0.54	0.07	0.06	0.11	0.81
0.57	0.05	1.14	0.95	0.15	0.12	0.11	1.73
0.01		0.02	0.02	0.01	0.01	0.01	0.02
2.84	0.04	6.58	5.55	0.92	0.80	2.01	9.03
4.20	0.04	1.23	1.18	0.11	0.10	0.23	1.88
0.04	0.04	0.47	0.39	0.02	0.02	0.08	0.42
0.19	0.06	0.33	0.28	0.13	0.12	0.36	0.61
5.14	0.03	4.93	4.81	0.69	0.65	2.15	6.03

1-B-19 规模以上纺织服装、鞋、帽制造业

地区	企业单位数（个）	亏损企业	工业总产值（当年价）	工业销售产值（当年价）	出口交货值
全国	**12029**	**2760**	**3996.25**	**3889.16**	**2138.82**
北京	285	110	75.27	68.44	33.79
天津	251	87	61.03	58.11	34.99
河北	216	31	90.91	88.11	33.32
山西	19	5	4.10	3.98	0.06
内蒙古	26	4	7.53	6.88	0.56
辽宁	340	124	80.80	72.22	57.14
吉林	46	19	8.99	8.62	2.80
黑龙江	14	4	2.28	2.10	0.99
上海	1143	230	324.04	317.91	168.34
江苏	2475	617	904.32	886.58	419.07
浙江	2270	394	706.38	690.14	419.82
安徽	143	70	24.34	24.04	18.63
福建	985	143	343.10	332.15	206.78
江西	177	48	56.30	55.15	34.16
山东	775	157	365.01	362.25	195.43
河南	119	21	28.52	28.07	7.97
湖北	180	47	71.27	68.08	34.59
湖南	69	10	16.94	16.83	5.03
广东	2375	602	795.81	773.36	460.39
广西	13	4	1.50	1.54	0.82
海南	1		0.01	0.01	
重庆	19	4	5.85	5.17	0.64
四川	33	9	11.55	10.64	2.07
贵州	9	5	2.52	2.21	0.38
云南	5	1	0.79	0.71	0.12
西藏					
陕西	17	5	3.27	2.01	0.69
甘肃	10	3	1.38	1.37	
青海	3		1.29	1.36	0.24
宁夏	2	1	0.42	0.34	
新疆	9	5	0.73	0.76	

工业企业主要经济指标

单位：亿元

资产合计	流动资产合计	应收账款净额	存货	产成品	流动资产年平均余额	固定资产合计
2805.13	**1700.76**	**393.70**	**531.71**	**209.84**	**1556.53**	**827.05**
68.69	45.58	7.68	21.09	11.15	42.52	18.85
45.53	27.42	5.66	10.68	3.20	24.56	14.22
74.25	32.55	6.04	12.66	6.84	30.18	31.99
6.99	3.64	0.59	1.18	0.67	2.83	2.62
17.25	11.95	1.16	3.17	1.49	8.19	4.61
65.30	38.19	7.37	9.71	3.96	34.98	21.81
9.82	4.88	0.79	2.63	1.46	5.71	3.91
2.00	1.15	0.28	0.45	0.19	1.29	0.58
239.77	160.94	40.65	51.80	22.97	150.34	60.18
648.55	385.82	78.98	108.64	42.19	346.76	188.20
574.31	343.75	82.58	94.33	37.26	321.18	165.33
16.24	8.59	2.30	2.95	1.08	8.42	5.81
182.34	121.83	32.44	34.95	13.50	111.92	49.57
21.97	13.58	4.48	3.26	1.88	13.19	6.24
223.97	122.30	27.17	37.74	16.67	112.72	79.41
18.31	10.88	2.21	3.78	1.57	10.18	6.62
52.13	32.92	6.13	11.98	5.03	32.19	13.69
9.94	5.57	1.29	2.41	1.34	5.58	3.39
498.34	312.61	83.60	111.76	33.58	278.28	139.65
1.57	0.88	0.20	0.28	0.03	0.70	0.58
0.20	0.09	0.01	0.02	0.01	0.09	0.11
4.39	3.04	0.29	1.60	1.06	2.79	1.14
11.28	5.20	0.71	2.09	1.17	4.94	4.63
2.37	1.62	0.09	0.74	0.40	1.61	0.73
1.48	0.89	0.20	0.39	0.32	0.81	0.40
3.88	2.52	0.38	0.42	0.24	2.39	0.98
1.40	0.76	0.19	0.34	0.22	0.72	0.62
1.33	0.72	0.07	0.25	0.08	0.55	0.58
0.75	0.35	0.06	0.25	0.20	0.37	0.36
0.80	0.51	0.08	0.18	0.07	0.54	0.24

1-B-19 续表 1

地 区	固定资产原价	生产经营用	累计折旧	本年折旧	固定资产净值	固定资产净值年平均余额
全 国	**1097.63**	**939.61**	**351.70**	**72.97**	**745.93**	**732.25**
北 京	23.95	18.77	7.86	1.42	16.09	15.68
天 津	20.00	15.74	7.21	0.98	12.79	12.52
河 北	30.25	26.71	8.45	1.72	21.80	21.98
山 西	3.07	2.30	0.73	0.08	2.34	2.23
内蒙古	5.84	3.94	1.34	0.28	4.50	4.30
辽 宁	32.93	29.42	11.54	1.81	21.39	21.11
吉 林	4.84	4.57	1.28	0.21	3.56	3.67
黑龙江	0.89	0.72	0.31	0.05	0.58	0.59
上 海	92.48	75.94	34.05	5.90	58.43	58.01
江 苏	230.55	191.69	65.19	12.97	165.36	159.93
浙 江	197.91	182.61	51.67	12.22	146.24	142.17
安 徽	6.68	5.46	1.52	0.33	5.17	5.04
福 建	67.09	56.83	18.91	4.69	48.18	48.39
江 西	7.39	5.76	1.12	0.31	6.27	6.01
山 东	97.68	85.66	30.11	6.15	67.58	66.29
河 南	7.75	6.44	1.65	0.33	6.09	6.18
湖 北	24.44	19.63	8.65	1.37	15.78	15.25
湖 南	4.38	3.69	1.04	0.29	3.34	3.20
广 东	226.89	193.35	95.47	21.27	131.42	130.77
广 西	0.76	0.60	0.22	0.04	0.54	0.54
海 南	0.10	0.02	0.03		0.07	0.07
重 庆	1.17	0.84	0.30	0.08	0.87	0.82
四 川	5.20	4.74	1.32	0.26	3.88	3.87
贵 州	1.24	0.97	0.53	0.05	0.71	0.71
云 南	0.57	0.49	0.19	0.03	0.39	0.40
西 藏						
陕 西	1.30	0.77	0.47	0.07	0.83	0.83
甘 肃	0.79	0.68	0.19	0.02	0.61	0.61
青 海	0.59	0.56	0.05	0.01	0.54	0.50
宁 夏	0.44	0.39	0.12	0.01	0.32	0.32
新 疆	0.45	0.31	0.18	0.02	0.27	0.25

单位：亿元

负债合计	流动负债合计		长期负债合计	所有者权益		
		应付账款		合　计	实收资本	
						国家资本
1607.47	**1474.73**	**412.12**	**113.53**	**1197.66**	**795.20**	**22.73**
43.43	39.94	12.30	3.49	25.25	18.51	1.05
27.10	25.86	6.51	1.24	18.43	15.78	0.75
38.34	27.85	6.24	10.01	35.91	19.84	1.35
3.96	3.54	1.28	0.41	3.02	1.54	0.93
6.73	6.48	1.20	0.25	10.51	4.10	0.55
33.85	32.32	7.60	1.40	31.45	21.26	1.45
6.61	5.20	1.78	1.41	3.21	2.62	0.70
0.96	0.80	0.55	0.16	1.04	1.17	
136.39	126.12	41.17	8.43	103.38	77.07	0.48
371.98	344.83	85.06	27.15	276.56	148.14	3.72
344.04	326.16	67.17	16.32	230.26	135.11	0.52
11.19	10.30	2.55	0.86	5.05	4.22	0.08
77.05	71.72	23.82	1.91	105.28	71.35	0.65
11.63	10.08	2.07	0.72	10.34	9.08	0.22
137.39	118.85	29.74	15.02	86.57	53.77	2.73
10.44	9.04	1.85	1.11	7.87	6.75	0.44
33.76	28.71	6.42	3.96	18.37	15.58	2.21
4.64	3.72	1.41	0.46	5.29	3.42	0.21
290.16	268.65	109.94	16.14	208.19	177.22	2.03
0.68	0.59	0.15	0.09	0.89	0.53	0.15
0.12	0.12	0.05		0.08	0.05	0.05
2.69	2.48	0.97	0.09	1.70	1.29	
7.00	4.97	0.96	2.03	4.28	3.41	1.66
1.60	1.46	0.30	0.13	0.76	0.59	
1.12	1.03	0.27	0.10	0.36	0.35	0.17
1.96	1.70	0.30	0.25	1.92	1.23	0.16
0.84	0.79	0.16	0.05	0.56	0.55	0.05
0.67	0.40	0.09	0.27	0.66	0.27	0.09
0.52	0.48	0.08	0.04	0.23	0.07	0.03
0.58	0.56	0.13	0.02	0.21	0.34	0.27

1-B-19 续表 2

地区						主营业务收入
	集体资本	法人资本	个人资本	港澳台资本	外商资本	
全 国	**43.71**	**160.86**	**202.32**	**214.42**	**151.16**	**3802.17**
北 京	1.79	4.62	5.43	2.32	3.30	67.10
天 津	1.66	3.94	4.57	0.90	3.96	56.76
河 北	3.41	2.63	11.12	0.08	1.24	83.13
山 西	0.24	0.29	0.08			3.98
内蒙古	0.05	1.97	1.35	0.09	0.09	8.02
辽 宁	0.71	4.92	5.04	1.26	7.87	68.94
吉 林	0.10	0.57	0.60	0.31	0.34	8.20
黑龙江	0.14	0.75			0.27	1.93
上 海	8.70	12.09	12.21	12.61	30.98	317.90
江 苏	10.84	41.98	45.63	19.69	26.27	868.99
浙 江	3.92	35.22	53.51	23.95	18.00	688.04
安 徽	0.54	1.08	1.76	0.10	0.65	22.92
福 建	0.76	4.88	10.06	40.06	14.96	331.91
江 西	0.04	0.59	3.71	3.53	1.00	52.77
山 东	3.76	11.50	12.51	3.17	20.09	331.01
河 南	0.33	1.79	3.86	0.27	0.05	26.26
湖 北	0.53	6.46	5.03	0.38	0.96	56.40
湖 南	0.15	1.01	1.20	0.83	0.01	15.49
广 东	5.47	22.57	22.09	104.32	20.74	764.88
广 西	0.07	0.03	0.04	0.24		1.53
海 南						0.17
重 庆	0.04	0.52	0.31	0.11	0.32	4.96
四 川	0.25	0.32	1.09	0.06	0.03	10.79
贵 州	0.04	0.52	0.02	0.01		2.30
云 南		0.04	0.10	0.04		0.75
西 藏						
陕 西	0.06	0.02	0.90	0.08		3.52
甘 肃	0.09	0.38	0.03			1.36
青 海	0.02	0.12	0.04			0.97
宁 夏			0.04		0.01	0.39
新 疆		0.06	0.01			0.81

单位：亿元

主营业务成本	主营业务税金及附加	其他业务收入	其他业务利润	营业费用	管理费用	税　金
3306.53	**15.43**	**35.68**	**13.78**	**125.32**	**190.19**	**6.00**
55.22	0.18	1.32	0.55	5.18	5.78	0.10
50.27	0.67	0.74	0.18	1.56	2.49	0.07
71.62	0.28	0.39	0.29	2.65	2.30	0.10
3.48	0.02	0.25	0.07	0.08	0.42	0.01
6.85	0.02	0.10	0.08	0.29	0.69	0.03
59.04	0.13	0.39	0.19	2.13	4.57	0.19
7.06	0.03	0.02	0.04	0.22	0.65	0.03
1.72	0.01	0.01	0.01	0.04	0.24	
262.08	0.73	3.38	1.93	18.86	22.48	0.36
761.31	3.30	12.39	1.84	23.63	38.58	1.07
588.69	2.86	6.13	1.93	25.13	33.88	1.20
20.22	0.09	0.31	0.04	0.55	1.16	0.04
283.72	1.99	0.64	1.33	11.41	13.76	0.69
48.82	0.15	0.08	0.07	1.01	1.13	0.05
289.44	1.61	4.39	1.15	7.92	14.05	0.45
22.59	0.19	0.11	0.02	0.46	0.85	0.04
47.57	0.22	0.39	0.59	3.10	3.39	0.15
13.01	0.26	0.59	0.07	0.69	0.81	0.07
691.28	2.58	2.78	3.09	18.80	40.86	1.32
1.32		0.01	0.01	0.02	0.15	
0.13	0.01				0.04	
3.79	0.03	0.02	0.14	0.65	0.36	0.01
9.17	0.05	0.44	0.12	0.37	0.71	0.01
1.95		0.01	0.01	0.11	0.20	
0.68		0.68	0.02	0.03	0.04	
2.70	0.02	0.07	0.01	0.31	0.30	0.01
1.02	0.01	0.01	0.01	0.06	0.15	
0.77				0.02	0.05	
0.31		0.02		0.02	0.05	
0.70		0.01		0.02	0.07	

1-B-19 续表 3

地区	财务费用	利息支出	营业利润	投资收益	补贴收入	利润总额
全国	**28.88**	**23.34**	**150.55**	**3.97**	**4.63**	**154.60**
北京	0.67	0.46	0.62	0.02	0.04	0.81
天津	0.55	0.49	1.64	-0.01	0.10	1.87
河北	0.66	0.57	5.91		0.03	5.86
山西	0.01	0.01	0.02	0.03	0.08	0.18
内蒙古	0.06	0.04	0.20	0.05	0.01	0.17
辽宁	0.45	0.33	2.81	-0.17	0.21	2.74
吉林	0.09	0.07	0.21		0.02	0.23
黑龙江			-0.08			-0.11
上海	1.83	1.32	13.85	0.22	0.73	14.31
江苏	6.81	5.61	37.21	1.39	0.71	38.66
浙江	8.00	7.18	33.33	0.62	1.83	35.46
安徽	0.30	0.22	0.54		0.04	0.37
福建	1.80	1.27	17.15	0.06	0.09	17.22
江西	0.22	0.14	0.96		0.01	1.00
山东	2.75	1.96	16.39	0.05	0.22	15.54
河南	0.40	0.37	1.57	0.04	0.03	1.50
湖北	0.88	0.81	1.46		0.07	1.02
湖南	0.15	0.12	0.83		0.01	0.79
广东	3.01	2.16	14.89	1.60	0.25	15.71
广西			0.04		0.01	0.05
海南						
重庆	0.04	0.03	0.03	0.07	0.02	0.19
四川	0.10	0.09	0.51	0.01	0.09	0.55
贵州			0.05			0.04
云南			0.02			0.02
西藏						
陕西	0.01		0.19		0.02	0.21
甘肃	0.05	0.04	0.08			0.08
青海	0.01	0.01	0.11		0.02	0.13
宁夏	0.01	0.01	0.01			0.01
新疆	0.01	0.01	0.01			

单位：亿元

亏损企业亏损额	应交所得税	本年应付工资总额		本年应付福利费总额		本年应交增值税	全部从业人员年平均人数（万人）
			主营业务应付工资总额		主营业务应付福利费总额		
24.56	**26.73**	**389.33**	**360.53**	**31.79**	**29.06**	**90.78**	**331.91**
1.11	0.40	9.23	8.84	0.78	0.74	2.23	7.83
0.60	0.23	6.51	4.98	0.95	0.71	1.12	7.30
0.23	0.62	7.39	6.59	0.43	0.32	1.92	8.07
0.03	0.07	0.58	0.55	0.08	0.07	0.15	0.75
0.10	0.01	1.00	0.92	0.13	0.11	0.19	1.03
0.91	0.41	9.43	8.58	0.84	0.81	1.00	9.24
0.09	0.03	1.14	1.07	0.07	0.06	0.16	1.07
0.15		0.21	0.20	0.02	0.02	0.03	0.25
3.02	2.08	33.92	32.46	2.94	2.82	8.06	22.84
4.57	7.08	68.90	65.00	7.96	7.53	18.98	59.95
2.92	6.97	66.94	63.07	6.70	6.28	19.59	52.19
0.31	0.13	2.78	2.59	0.28	0.25	0.55	3.52
0.83	2.70	34.78	31.91	1.92	1.73	9.10	29.35
0.20	0.06	4.75	4.15	0.26	0.25	1.55	5.00
1.76	2.33	28.23	27.27	2.03	1.97	7.82	27.37
0.13	0.34	2.42	2.36	0.18	0.18	0.41	3.27
0.82	0.27	5.49	4.53	0.57	0.49	1.28	7.39
0.10	0.12	1.60	1.56	0.17	0.16	0.37	1.66
6.40	2.63	100.76	91.03	5.06	4.19	15.35	80.53
		0.26	0.24	0.05	0.03	0.05	0.32
		0.03	0.01				0.01
0.08	0.02	0.48	0.46	0.04	0.03	0.17	0.48
0.10	0.14	1.02	0.98	0.10	0.09	0.32	1.13
0.01	0.01	0.35	0.34	0.05	0.04	0.03	0.33
0.01		0.11	0.11	0.01	0.01	0.02	0.10
0.01	0.05	0.49	0.31	0.12	0.12	0.19	0.40
0.02	0.03	0.15	0.14	0.02	0.02	0.05	0.22
		0.18	0.13	0.01	0.01	0.04	0.14
		0.07	0.06			0.03	0.06
0.02		0.11	0.11	0.02	0.02	0.03	0.11

1-B-20 规模以上皮革、毛皮、羽毛(绒)及其制品业

地区	企业单位数(个)	亏损企业	工业总产值(当年价)	工业销售产值(当年价)	出口交货值
全国	**6393**	**1090**	**2766.38**	**2693.48**	**1566.66**
北京	46	12	7.16	7.03	4.35
天津	79	28	32.35	31.41	22.63
河北	289	14	171.60	167.24	48.94
山西	8		0.14	0.14	
内蒙古	11	1	3.09	2.70	1.26
辽宁	79	27	61.02	60.26	18.11
吉林	10		1.86	1.77	0.85
黑龙江	10	5	1.62	1.32	0.05
上海	264	70	103.15	100.99	65.81
江苏	512	110	188.90	184.00	120.62
浙江	1804	162	687.03	669.43	393.75
安徽	79	21	30.58	29.74	19.16
福建	835	68	366.72	356.11	223.24
江西	58	12	21.09	19.29	7.05
山东	393	102	289.18	277.18	146.53
河南	174	14	91.14	88.71	13.90
湖北	29	13	6.99	6.71	2.25
湖南	80	17	22.39	21.74	7.49
广东	1370	348	585.34	575.93	447.07
广西	51	20	14.87	14.46	10.23
海南	4		0.69	0.62	0.19
重庆	43	6	13.90	12.79	0.68
四川	123	25	48.72	47.92	11.51
贵州	4	1	0.31	0.31	
云南	1	1	0.93	0.91	0.34
西藏	1		0.05	0.04	
陕西	9	4	1.47	1.44	
甘肃	14	5	9.50	9.24	0.60
青海					
宁夏	7	3	0.78	0.67	0.03
新疆	6	1	3.83	3.36	

工业企业主要经济指标

单位：亿元

资产合计	流动资产合计				流动资产年平均余额	固定资产合计
		应收账款净额	存货	产成品		
1663.15	**1052.98**	**286.10**	**375.08**	**113.96**	**993.51**	**458.45**
5.53	3.84	0.65	1.63	0.84	3.92	1.30
24.32	16.48	5.57	6.08	1.40	14.46	7.20
58.00	35.68	6.03	14.29	5.65	34.09	18.39
0.18	0.12	0.05	0.06	0.04	0.11	0.05
3.18	1.90	0.98	0.54	0.25	1.69	1.26
24.45	15.87	4.40	6.52	3.54	15.95	6.86
1.10	0.67	0.15	0.33	0.03	0.68	0.24
1.81	0.68	0.34	0.21	0.06	0.27	0.37
80.16	54.20	16.16	12.48	3.86	51.88	20.13
125.99	83.64	20.57	29.71	9.51	78.62	30.64
401.80	262.46	72.74	76.68	21.27	240.77	105.17
17.21	9.25	2.97	3.68	1.16	10.00	5.04
217.55	135.76	43.20	38.01	12.14	131.73	70.18
19.62	12.86	1.49	7.51	5.51	12.36	3.54
139.73	76.34	16.56	34.23	12.43	74.10	38.50
52.99	35.07	6.65	15.47	6.84	34.08	15.12
4.10	2.78	0.75	1.41	0.46	2.65	1.15
12.27	6.54	1.30	3.17	1.71	6.01	4.30
410.56	260.22	77.82	106.81	22.01	244.24	111.51
6.61	3.56	0.96	1.15	0.41	3.19	2.31
0.41	0.37	0.09	0.06	0.03	0.36	0.02
5.21	2.96	0.75	1.33	0.60	2.89	1.05
27.80	17.83	2.83	7.38	1.97	15.52	6.99
0.52	0.27	0.04	0.04	0.03	0.24	0.17
3.45	2.41	0.58	1.45	0.37	2.51	0.83
0.55	0.31		0.16	0.04	0.29	0.23
5.59	3.06	0.12	1.93	0.32	3.33	2.33
7.56	4.99	1.17	1.62	0.89	4.55	1.67
0.85	0.52	0.14	0.30	0.13	0.46	0.28
4.05	2.33	1.05	0.83	0.45	2.57	1.63

1-B-20 续表 1

地 区	固定资产原价	生产经营用	累计折旧	本年折旧	固定资产净值	固定资产净值年平均余额
全 国	**619.07**	**524.55**	**190.98**	**36.42**	**428.09**	**421.50**
北 京	1.70	1.42	0.52	0.11	1.18	1.21
天 津	9.91	5.93	3.05	0.40	6.86	7.19
河 北	22.59	19.80	5.29	0.74	17.30	17.32
山 西	0.06	0.06	0.01		0.05	0.05
内蒙古	1.57	1.36	0.40	0.06	1.17	1.17
辽 宁	9.58	8.57	2.95	0.45	6.63	6.57
吉 林	0.27	0.24	0.06	0.03	0.22	0.23
黑龙江	1.19	1.16	0.14	0.01	1.05	1.25
上 海	29.18	23.23	8.74	1.46	20.44	19.76
江 苏	40.05	34.18	12.22	2.38	27.83	27.98
浙 江	117.20	107.49	26.32	6.86	90.88	85.56
安 徽	5.57	4.62	1.34	0.29	4.22	4.27
福 建	98.67	82.71	30.97	6.15	67.70	67.12
江 西	4.07	2.44	0.80	0.20	3.27	3.53
山 东	53.38	46.23	17.82	3.30	35.56	35.66
河 南	19.33	16.64	4.39	0.84	14.94	15.08
湖 北	1.51	1.39	0.43	0.09	1.09	1.01
湖 南	5.33	4.74	1.14	0.37	4.19	3.96
广 东	175.54	145.43	67.23	11.39	108.32	107.24
广 西	3.22	2.74	1.13	0.32	2.09	2.08
海 南	0.06	0.02	0.04		0.02	0.02
重 庆	1.35	1.11	0.34	0.08	1.01	1.02
四 川	9.32	7.46	2.81	0.59	6.51	6.49
贵 州	0.14	0.01	0.02		0.12	0.12
云 南	1.07	0.94	0.28	0.04	0.79	0.81
西 藏	0.35	0.22	0.11	0.01	0.23	0.24
陕 西	2.19	1.52	1.23	0.03	0.97	0.95
甘 肃	2.66	1.72	1.06	0.12	1.60	1.86
青 海						
宁 夏	0.30	0.24	0.02	0.01	0.27	0.29
新 疆	1.72	0.93	0.13	0.09	1.59	1.48

单位：亿元

负债合计	流动负债合计		长期负债合计	所有者权益		
		应付账款		合　计	实收资本	国家资本
986.53	**911.88**	**317.31**	**64.89**	**676.62**	**482.34**	**9.81**
3.48	3.16	0.80	0.32	2.05	2.39	0.03
16.69	15.11	6.31	1.59	7.63	5.85	0.28
31.94	29.29	5.45	2.31	26.06	15.81	1.45
0.15	0.14	0.04		0.04	0.03	
1.56	0.78	0.16	0.79	1.62	0.89	
17.59	12.00	3.43	5.47	6.85	5.53	0.73
0.78	0.57	0.25	0.21	0.32	0.13	0.01
1.65	1.54	0.31	0.09	0.15	0.40	0.09
55.81	49.96	16.44	5.76	24.35	18.75	1.04
79.42	73.73	23.79	5.69	46.57	30.21	0.21
244.31	234.08	50.73	9.61	157.49	98.33	0.29
8.97	7.83	2.35	1.09	8.24	4.96	0.02
100.52	95.81	35.20	3.25	117.03	78.56	0.44
16.81	15.54	2.57	1.13	2.82	4.89	2.10
82.67	72.75	26.07	7.40	57.06	34.10	0.50
30.02	26.06	6.23	3.66	22.96	13.38	0.10
2.69	2.05	1.03	0.64	1.42	1.11	0.06
7.99	6.21	1.94	1.37	4.28	3.41	
241.14	229.12	124.38	9.05	169.42	149.57	0.85
5.61	5.10	1.10	0.50	0.99	1.64	0.38
0.32	0.22	0.08		0.09	0.08	
2.64	2.41	0.44	0.21	2.57	1.18	0.01
19.37	17.32	5.19	1.88	8.43	5.77	0.05
0.62	0.53	0.07	0.09	-0.11	0.08	0.04
2.32	2.18	0.03	0.13	1.13	0.24	
0.20	0.17		0.02	0.35	0.21	0.21
4.03	2.06	0.27	1.53	1.56	1.92	
4.44	3.35	2.02	1.09	3.12	1.76	0.91
0.37	0.37	0.11		0.48	0.35	
2.43	2.43	0.53		1.62	0.82	

1-B-20 续表 2

地 区						主营业务收入
	集体资本	法人资本	个人资本	港澳台资本	外商资本	
全 国	**14.89**	**63.20**	**116.50**	**155.41**	**122.54**	**2657.03**
北 京	0.18	1.00	0.85	0.11	0.22	7.31
天 津	0.98	1.04	1.01	0.36	2.19	30.77
河 北	0.75	2.63	8.93	0.47	1.58	175.35
山 西	0.02		0.01			0.11
内蒙古		0.01	0.22	0.29	0.37	2.47
辽 宁	0.25	1.06	0.72	0.38	2.39	58.17
吉 林	0.03	0.01	0.04	0.01	0.03	1.55
黑龙江	0.01	0.03	0.26			1.37
上 海	0.83	5.08	1.95	2.63	7.22	100.65
江 苏	0.76	3.40	7.01	7.42	11.41	179.48
浙 江	2.22	18.52	52.35	9.17	15.78	662.03
安 徽	0.15	0.44	3.01	0.27	1.07	29.70
福 建	0.90	5.13	12.98	33.48	25.63	355.64
江 西	0.01	0.15	1.12	1.32	0.18	15.85
山 东	2.00	4.30	5.14	3.34	18.82	263.35
河 南	1.14	4.62	6.67	0.28	0.55	83.51
湖 北	0.14	0.25	0.38	0.11	0.17	5.43
湖 南	0.05	1.12	1.29	0.86	0.09	21.29
广 东	3.60	9.98	6.58	94.43	34.14	573.87
广 西	0.13	0.19	0.38	0.37	0.20	14.21
海 南			0.02		0.06	0.67
重 庆		0.37	0.77		0.02	12.64
四 川		1.68	3.58	0.10	0.36	45.50
贵 州			0.04			0.31
云 南			0.18		0.06	1.14
西 藏						0.05
陕 西	0.66	1.08	0.19			1.37
甘 肃	0.06	0.61	0.17		0.02	9.23
青 海						
宁 夏		0.04	0.30	0.01		0.64
新 疆	0.02	0.45	0.34			3.34

单位：亿元

主营业务成本	主营业务税金及附加	其他业务收入	其他业务利润	营业费用	管理费用	税金
2358.04	**11.62**	**13.60**	**6.09**	**57.30**	**110.80**	**4.12**
6.55	0.01	0.04	0.01	0.25	0.45	
26.58	0.38	0.05	0.06	0.58	1.19	0.02
149.42	1.57	0.40	0.23	5.08	2.88	0.18
0.11					0.01	
2.07		0.12	0.08	0.11	0.10	0.01
49.17	0.03	0.09	0.04	0.80	7.13	0.02
1.43				0.01	0.06	
1.08	0.01	0.02	0.01	0.02	0.06	
86.52	0.59	0.65	0.15	2.44	5.35	0.07
159.67	0.57	0.90	0.26	5.22	6.93	0.20
588.12	3.26	4.46	1.48	14.58	23.24	1.03
26.24	0.06	1.13	0.24	0.78	0.94	0.04
310.13	1.99	0.78	0.46	9.10	16.84	0.91
14.60	0.04	0.03	-0.03	0.45	0.58	0.05
239.62	0.67	0.58	0.87	4.45	8.53	0.29
71.31	0.79	0.26	0.08	1.67	1.72	0.31
5.03	0.02		0.01	0.11	0.23	0.01
18.83	0.29	0.17	0.05	0.31	0.64	0.02
519.87	1.11	1.89	1.41	9.25	31.37	0.83
13.47	0.02	0.07	0.17	0.13	0.31	0.03
0.57				0.05	0.01	
10.76	0.05	0.07	0.02	0.73	0.54	0.04
42.75	0.11	0.29	0.19	0.92	1.17	0.04
0.29					0.03	
0.94				0.05	0.03	
0.04					0.01	
1.20		0.09	0.05	0.04	0.15	
8.15	0.02	1.24	0.24	0.08	0.23	0.01
0.61					0.01	
2.91	0.01	0.27	0.01	0.08	0.07	

1-B-20 续表 3

地　区	财务费用	利息支出	营业利润	投资收益	补贴收入	利润总额
全　国	**19.24**	**15.18**	**98.33**	**1.56**	**3.22**	**100.32**
北　京	0.03	0.02	0.03		0.01	0.06
天　津	0.24	0.14	0.68		0.03	0.59
河　北	1.64	1.28	14.99	0.25	0.05	15.71
山　西						
内蒙古	0.04	0.03	0.24			0.16
辽　宁	0.37	0.21	0.71		0.04	0.71
吉　林	0.01	0.01	0.02			0.02
黑龙江	0.02	0.02	0.17			0.17
上　海	0.66	0.50	5.23	0.15	0.32	5.52
江　苏	1.78	1.55	5.57	0.09	0.37	5.72
浙　江	6.15	5.51	28.98	0.65	1.53	30.46
安　徽	0.26	0.17	1.07		0.05	1.13
福　建	1.91	1.33	14.42	0.04	0.09	14.52
江　西	0.10	0.07	0.23		0.01	0.24
山　东	2.00	1.24	8.96	0.23	0.07	8.67
河　南	1.42	1.05	5.68	0.15	0.02	5.66
湖　北	0.04	0.04	0.08			0.05
湖　南	0.23	0.21	0.60	0.01	0.01	0.52
广　东	1.36	0.95	9.20	-0.13	0.38	7.91
广　西	0.12	0.08	0.12	0.01	0.02	0.09
海　南						0.01
重　庆	0.08	0.08	0.68		0.03	0.74
四　川	0.35	0.31	0.38	0.04	0.08	0.70
贵　州			-0.02			
云　南	0.13	0.13	-0.01			
西　藏						
陕　西	0.08	0.05	-0.10	0.02		-0.06
甘　肃	0.09	0.09	0.22	0.04	0.11	0.84
青　海						
宁　夏	0.01	0.01	0.02			0.02
新　疆	0.11	0.11	0.17		0.01	0.17

单位：亿元

亏损企业亏损额	应交所得税	本年应付工资总额	主营业务应付工资总额	本年应付福利费总额	主营业务应付福利费总额	本年应交增值税	全部从业人员年平均人数（万人）
14.45	**15.28**	**234.56**	**218.68**	**16.79**	**15.32**	**53.35**	**211.22**
0.15	0.05	0.53	0.52	0.05	0.05	0.17	0.47
0.32	0.15	2.03	1.87	0.27	0.21	0.22	1.89
0.47	1.16	4.04	3.82	0.18	0.17	3.73	5.26
		0.01	0.01				0.02
	0.01	0.14	0.14	0.01	0.01	0.02	0.16
0.44	0.13	1.77	1.74	0.15	0.15	0.52	1.96
		0.09	0.08	0.01	0.01	0.01	0.10
0.03	0.07	0.12	0.07	0.01	0.01	0.06	0.11
1.73	0.42	8.79	8.49	0.73	0.71	1.69	5.72
0.99	0.81	15.77	15.25	1.75	1.68	4.74	12.85
1.17	5.98	49.89	47.98	5.15	4.79	18.20	40.23
0.16	0.27	1.76	1.70	0.14	0.14	0.58	2.02
1.24	2.59	43.33	40.77	2.34	2.12	8.47	39.74
0.09	0.02	1.27	0.96	0.09	0.09	0.48	1.86
1.31	0.99	14.14	13.74	0.64	0.62	3.61	14.37
0.10	0.83	2.34	2.17	0.23	0.20	1.50	3.14
0.06		0.42	0.39	0.03	0.02	0.13	0.65
0.12	0.09	1.18	1.15	0.14	0.11	0.41	1.45
5.37	1.39	82.29	73.44	4.35	3.77	6.99	74.18
0.16	0.03	0.66	0.61	0.07	0.05	0.30	0.96
		0.02	0.01			0.02	0.05
0.02	0.13	0.89	0.85	0.08	0.07	0.24	0.69
0.40	0.13	2.43	2.31	0.27	0.26	0.80	2.62
		0.01	0.01				0.01
		0.06	0.06	0.01	0.01	0.01	0.08
		0.01	0.01			0.01	0.01
0.06		0.17	0.16	0.06	0.02	0.03	0.15
0.04	0.02	0.28	0.27	0.03	0.03	0.24	0.34
		0.02	0.02			0.01	0.03
0.01	0.02	0.10	0.09	0.01	0.01	0.15	0.08

1-B-21 规模以上木材加工及木、竹、藤、棕、草制品业

地区	企业单位数（个）	亏损企业	工业总产值（当年价）	工业销售产值（当年价）	出口交货值
全国	**5017**	**909**	**1385.90**	**1346.82**	**315.41**
北京	43	9	12.00	11.31	1.27
天津	76	19	17.75	17.53	8.71
河北	96	6	48.26	48.18	1.84
山西	8	3	0.58	0.57	
内蒙古	34	5	9.03	8.41	0.23
辽宁	218	67	50.15	50.69	26.64
吉林	151	34	56.78	59.30	18.51
黑龙江	156	41	34.25	32.13	3.31
上海	207	39	85.90	85.55	18.15
江苏	744	128	228.84	221.06	47.21
浙江	672	100	182.70	177.02	41.62
安徽	169	34	38.56	36.54	5.44
福建	377	76	68.33	65.66	19.44
江西	148	28	22.37	21.23	1.43
山东	581	59	177.23	170.80	44.55
河南	227	9	55.79	54.54	5.60
湖北	89	20	24.65	23.76	0.98
湖南	286	26	45.28	45.04	1.47
广东	359	99	140.99	134.81	57.36
广西	147	31	32.75	31.02	5.82
海南	29	8	6.52	6.31	1.60
重庆	10		3.05	2.91	0.22
四川	75	16	22.46	21.73	2.09
贵州	29	12	3.55	2.89	0.03
云南	49	28	11.38	11.31	1.26
西藏	6	2	0.29	0.29	
陕西	10	2	1.75	1.67	0.19
甘肃	6	2	0.88	0.86	
青海	1				
宁夏	1	1	0.02	0.03	
新疆	13	5	3.83	3.69	0.44

工业企业主要经济指标

单位：亿元

资产合计	流动资产合计	应收账款净额	存货	产成品	流动资产年平均余额	固定资产合计
1214.62	**566.57**	**121.77**	**223.36**	**81.97**	**531.37**	**524.17**
24.31	11.33	1.30	5.04	1.57	10.63	11.03
14.87	9.35	2.15	3.03	1.11	8.65	4.19
22.42	8.45	1.35	3.73	1.59	8.09	11.03
0.97	0.46	0.06	0.21	0.04	0.60	0.48
11.15	4.14	0.66	1.81	0.99	3.87	6.25
52.09	23.79	6.13	10.93	4.09	21.99	23.30
77.38	32.46	5.71	14.63	5.63	32.46	39.45
51.21	21.28	4.00	8.73	3.64	19.09	26.79
108.29	58.47	23.21	24.28	4.97	60.85	33.16
157.62	82.02	15.96	31.39	12.98	72.63	67.60
122.36	66.22	13.33	26.12	10.45	61.51	41.57
27.81	12.93	2.78	5.50	2.07	12.47	13.54
59.01	26.49	5.34	10.03	3.77	24.41	24.09
31.34	10.32	2.01	2.97	1.43	10.21	18.34
101.88	45.21	8.76	17.44	6.98	41.98	48.56
38.60	16.39	3.51	4.42	1.91	15.23	18.83
26.03	9.33	1.74	3.11	1.06	8.82	12.07
29.93	10.06	2.37	3.77	1.71	9.38	16.84
137.58	69.90	12.83	29.90	8.66	63.34	51.14
37.69	15.52	2.64	4.18	1.61	14.15	17.89
8.33	2.75	0.55	0.91	0.53	2.68	4.74
2.17	0.95	0.28	0.23	0.10	1.04	0.80
27.47	13.11	2.23	4.92	2.28	12.90	10.95
3.82	1.38	0.26	0.52	0.31	1.21	1.94
28.10	10.09	1.70	3.61	1.76	9.42	13.33
1.54	0.55	0.18	0.04	0.02	0.52	0.95
4.71	1.41	0.23	0.65	0.18	1.16	2.00
1.93	0.54	0.16	0.27	0.17	0.54	1.35
0.01						0.01
0.07	0.04	0.01	0.01		0.04	0.01
3.93	1.64	0.30	0.99	0.38	1.49	1.93

1-B-21 续表 1

地 区	固定资产原价		累计折旧		固定资产净值	固定资产净值年平均余额
		生产经营用		本年折旧		
全 国	**645.10**	**557.66**	**167.86**	**34.58**	**477.23**	**469.43**
北 京	13.11	11.14	3.61	0.76	9.50	9.47
天 津	5.79	3.71	1.96	0.26	3.83	4.33
河 北	13.09	11.58	2.00	0.33	11.09	10.43
山 西	0.50	0.47	0.02		0.48	0.44
内蒙古	7.75	7.43	1.64	0.44	6.12	5.78
辽 宁	29.40	26.55	6.90	1.60	22.50	22.24
吉 林	54.37	49.31	17.39	2.50	36.97	38.21
黑龙江	32.77	28.35	6.00	0.99	26.77	26.71
上 海	42.67	33.93	9.81	2.12	32.85	32.23
江 苏	73.58	63.65	18.87	5.06	54.71	53.14
浙 江	50.16	47.00	12.06	3.41	38.09	36.55
安 徽	13.48	11.18	2.87	0.71	10.61	11.07
福 建	32.90	26.48	10.46	1.72	22.43	21.95
江 西	13.93	11.98	3.25	0.74	10.68	10.53
山 东	53.55	46.43	11.74	3.26	41.81	40.87
河 南	20.27	17.87	2.92	0.80	17.35	17.17
湖 北	16.21	13.32	4.12	0.70	12.09	12.20
湖 南	20.96	18.57	4.67	1.03	16.29	17.00
广 东	73.87	59.64	23.71	4.21	50.16	46.96
广 西	23.65	22.22	7.67	1.34	15.97	16.13
海 南	6.47	5.84	1.75	0.27	4.72	4.59
重 庆	1.04	1.01	0.29	0.07	0.75	0.74
四 川	15.14	13.02	4.66	0.73	10.49	10.73
贵 州	2.63	2.41	0.93	0.19	1.70	1.72
云 南	19.57	18.00	6.48	1.00	13.10	12.10
西 藏	1.29	0.35	0.36	0.05	0.93	0.97
陕 西	2.65	2.57	0.71	0.10	1.95	2.00
甘 肃	1.76	1.29	0.40	0.05	1.36	1.30
青 海	0.01				0.01	
宁 夏	0.03	0.03	0.02		0.01	0.01
新 疆	2.49	2.36	0.58	0.13	1.91	1.88

单位：亿元

负债合计	流动负债合计	应付账款	长期负债合计	所有者权益合计	实收资本	国家资本
711.99	**542.97**	**123.55**	**155.09**	**502.63**	**368.75**	**49.84**
13.42	10.68	3.00	2.74	10.89	8.12	1.10
8.92	8.70	2.71	0.22	5.95	4.40	1.07
12.80	10.12	2.29	2.65	9.62	7.14	1.98
0.60	0.60	0.12		0.37	0.35	0.03
6.22	4.93	1.08	1.30	4.93	4.08	1.96
32.51	24.31	8.14	7.43	19.58	20.41	0.96
41.03	29.58	3.51	7.90	36.35	26.50	12.56
34.58	21.63	5.41	12.56	16.64	13.71	1.86
62.60	53.10	14.24	6.05	45.70	29.93	1.46
95.28	78.95	19.00	16.33	62.34	38.31	
71.76	62.88	13.08	8.42	50.60	32.41	0.31
15.58	10.57	1.51	4.33	12.23	8.74	1.42
31.05	22.99	5.18	7.65	27.96	20.39	2.02
18.50	8.90	1.12	9.49	12.84	11.02	1.24
58.81	45.52	8.91	12.06	43.07	28.66	1.11
21.98	13.97	2.88	6.25	16.62	14.24	0.55
13.66	7.35	1.29	6.28	12.37	9.97	1.27
13.60	10.28	1.76	2.90	16.33	14.32	5.22
83.10	69.04	20.15	13.78	54.48	37.74	1.14
23.41	14.67	2.59	8.65	14.28	12.03	3.43
4.67	2.40	0.37	2.21	3.66	3.65	2.81
0.98	0.77	0.17	0.20	1.20	0.67	0.10
14.89	12.24	1.78	2.45	12.58	8.88	1.32
3.50	1.35	0.23	2.15	0.32	0.69	0.32
21.04	13.04	2.28	8.00	7.05	9.15	3.84
0.62	0.61		0.01	0.92	0.53	0.53
3.14	1.37	0.17	1.77	1.57	0.78	0.06
1.44	0.80	0.09	0.64	0.49	0.46	0.14
				0.01	0.01	0.01
0.03	0.03			0.04	0.03	0.03
2.29	1.61	0.48	0.68	1.64	1.46	

1-B-21 续表 2

地 区						主营业务收入
	集体资本	法人资本	个人资本	港澳台资本	外商资本	
全 国	**13.47**	**90.01**	**101.99**	**54.33**	**59.12**	**1329.22**
北 京	0.01	2.86	0.47	2.99	0.68	11.69
天 津	0.11	1.03	0.30	0.59	1.30	17.78
河 北	0.37	0.47	4.04	0.12	0.16	45.21
山 西		0.24	0.08			0.52
内蒙古	0.01	0.19	1.55	0.33	0.04	8.32
辽 宁	0.20	3.03	5.42	1.62	9.19	50.97
吉 林	0.20	3.89	2.58	3.03	4.23	55.10
黑龙江	0.59	6.51	3.26	0.91	0.58	30.09
上 海	1.15	7.67	9.51	3.04	7.10	90.26
江 苏	0.85	5.35	14.79	10.73	6.58	219.66
浙 江	0.38	10.56	13.29	5.25	2.63	184.27
安 徽	0.13	3.06	3.25	0.12	0.77	36.28
福 建	0.42	3.97	7.42	3.10	3.47	64.68
江 西	0.07	3.15	4.41	2.02	0.12	20.94
山 东	3.84	10.19	9.06	1.22	3.24	164.74
河 南	1.89	5.27	6.33	0.14	0.07	51.39
湖 北	0.97	2.16	3.30	0.48	1.78	23.43
湖 南	0.32	3.64	4.68	0.24	0.22	42.24
广 东	0.68	8.43	2.36	13.64	11.50	129.83
广 西	0.12	2.73	1.10	2.57	2.08	30.60
海 南		0.61	0.20	0.03		6.11
重 庆	0.21	0.28	0.07	0.01		2.72
四 川	0.14	2.54	2.41	0.08	2.38	21.71
贵 州		0.17	0.17	0.02	0.01	2.89
云 南	0.20	1.37	1.09	2.02	0.63	11.26
西 藏						0.36
陕 西	0.38	0.25	0.03		0.05	1.81
甘 肃	0.24	0.02	0.07			0.88
青 海						
宁 夏						0.03
新 疆		0.40	0.74		0.31	3.44

单位：亿元

主营业务成本	主营业务税金及附加	其他业务收入	其他业务利润	营业费用	管理费用	税　金
1170.98	**8.74**	**23.10**	**4.81**	**40.56**	**49.06**	**2.43**
10.76	0.01	0.25	0.09	0.43	0.71	0.02
15.68	0.02	0.23	0.10	0.53	0.60	0.01
40.11	0.30	0.11	0.07	1.34	0.76	0.05
0.39				0.01	0.03	
6.87	0.06	0.07	0.04	0.42	0.44	0.04
45.38	0.16	0.32	0.17	1.69	2.26	0.15
45.40	0.21	2.48	0.06	3.03	3.49	0.11
25.85	0.27	0.86	0.48	1.97	1.70	0.08
80.87	0.23	0.60	0.32	2.52	3.19	0.04
197.16	1.13	10.31	0.77	6.57	6.33	0.34
167.21	0.80	3.71	0.57	3.17	5.38	0.26
31.56	0.24	0.16	0.07	1.28	1.06	0.07
56.12	0.39	0.28	0.22	2.07	3.30	0.10
18.00	0.16	0.10	0.05	0.78	0.93	0.05
143.85	1.90	0.48	0.29	3.89	3.85	0.37
42.35	0.65	0.19	0.04	1.93	1.57	0.13
19.29	0.28	0.07	0.04	1.22	1.04	0.05
36.35	0.83	0.66	0.49	1.29	1.70	0.17
116.88	0.61	0.65	0.38	2.89	5.61	0.19
27.09	0.19	0.28	0.12	0.88	1.43	0.08
5.37	0.05	0.01	0.03	0.33	0.25	0.01
2.41	0.01	0.14	0.02	0.06	0.17	
18.06	0.08	0.12	0.02	1.30	1.24	0.03
2.58	0.02	0.02	0.01	0.18	0.22	
9.76	0.05	0.77	0.24	0.64	1.20	0.07
0.21	0.04	0.04	0.04	0.02	0.13	
1.52		0.09	0.06	0.03	0.17	0.01
0.77	0.01	0.02	0.01	0.02	0.08	
0.02						
3.10	0.01	0.07	0.01	0.08	0.20	0.01

1-B-21 续表 3

地 区	财务费用	利息支出	营业利润	投资收益	补贴收入	利润总额
全 国	**19.13**	**14.88**	**44.21**	**0.94**	**9.85**	**52.15**
北 京	0.11	0.08	-0.26		0.14	0.01
天 津	0.18	0.10	0.77	-0.02	0.15	0.89
河 北	0.44	0.26	2.33		0.17	2.77
山 西	0.01		0.03			0.04
内蒙古	0.11	0.10	0.47		0.28	0.65
辽 宁	0.83	0.58	0.83		0.24	1.07
吉 林	0.98	0.96	1.59	0.17	1.06	2.31
黑龙江	0.54	0.46	-0.34		0.33	0.11
上 海	1.54	1.43	2.22	0.22	0.64	3.14
江 苏	3.55	2.47	5.70	0.09	0.89	6.36
浙 江	2.16	1.95	6.59	0.14	0.82	7.62
安 徽	0.36	0.42	1.50	-0.01	0.41	1.87
福 建	0.85	0.71	1.90	0.08	0.62	2.54
江 西	0.74	0.33	0.42	0.01	0.32	0.67
山 东	2.29	1.15	9.15	0.06	0.35	8.91
河 南	0.75	0.59	3.49	0.04	0.36	3.71
湖 北	0.31	0.27	1.14		0.55	0.45
湖 南	0.50	0.45	2.11	0.02	0.32	1.53
广 东	1.05	0.85	3.99	0.09	0.70	5.36
广 西	0.69	0.66	0.44	0.02	0.50	1.15
海 南	0.07	0.05	0.09	0.01	0.10	0.20
重 庆	0.03	0.03	0.05		0.04	0.09
四 川	0.44	0.39	0.62		0.18	0.71
贵 州	0.09	0.07	-0.19		0.08	-0.12
云 南	0.31	0.30	-0.45	-0.01	0.52	-0.01
西 藏			0.03	0.01		0.02
陕 西	0.12	0.10	0.01	0.02		0.05
甘 肃	0.04	0.04	-0.02		0.02	-0.01
青 海						
宁 夏						
新 疆	0.06	0.06	0.01		0.06	0.08

单位：亿元

亏损企业 亏损额	应交所得税	本年应付 工资总额	主营业务 应付工资总额	本年应付 福利费总额	主营业务应付 福利费总额	本年应交 增值税	全部从业人员 年平均人数 (万人)
13.09	**8.32**	**73.42**	**67.20**	**6.82**	**6.05**	**36.03**	**76.80**
0.39	0.06	0.76	0.67	0.07	0.05	0.30	0.44
0.10	0.14	0.95	0.76	0.17	0.13	0.37	0.62
0.16	0.44	1.49	1.39	0.12	0.11	0.76	1.76
		0.05	0.04	0.01	0.01	0.01	0.06
0.05	0.02	0.58	0.56	0.11	0.11	0.40	0.82
0.90	0.38	2.38	2.33	0.22	0.22	0.89	2.52
0.82	0.16	5.67	4.62	0.62	0.48	1.73	7.58
0.97	0.09	2.11	1.85	0.20	0.18	0.98	3.49
0.58	0.48	3.57	3.44	0.32	0.31	1.21	2.28
1.62	1.33	9.85	9.14	0.90	0.87	5.94	10.16
0.64	1.48	9.34	8.81	1.02	0.85	4.96	7.81
0.31	0.39	2.22	2.12	0.23	0.20	1.10	2.88
0.38	0.37	4.93	4.53	0.45	0.40	1.79	4.78
0.62	0.23	1.70	1.44	0.13	0.10	0.91	2.08
0.85	0.95	7.27	6.98	0.62	0.60	3.79	8.03
0.02	0.38	2.33	2.27	0.18	0.17	1.34	3.53
1.32	0.17	1.06	0.98	0.09	0.07	1.21	1.27
0.43	0.18	3.18	3.04	0.28	0.25	1.33	3.20
1.59	0.67	8.01	6.88	0.44	0.37	3.37	7.01
0.16	0.09	2.35	2.12	0.17	0.14	1.50	2.57
0.02		0.29	0.26	0.02	0.02	0.17	0.35
	0.01	0.21	0.17	0.03	0.02	0.11	0.20
0.22	0.15	1.11	1.10	0.17	0.17	0.82	1.22
0.19	0.01	0.29	0.28	0.04	0.04	0.13	0.38
0.63	0.09	1.11	0.96	0.12	0.09	0.61	1.02
0.03		0.12	0.05	0.01	0.01	0.06	0.09
0.02	0.02	0.14	0.13	0.03	0.03	0.06	0.21
0.03	0.01	0.11	0.10	0.02	0.01	0.05	0.19
0.04	0.02	0.23	0.19	0.04	0.02	0.13	0.26

1-B-22 规模以上家具制造业

地区	企业单位数（个）	亏损企业	工业总产值（当年价）	工业销售产值（当年价）	出口交货值
全国	**3025**	**611**	**1154.79**	**1130.89**	**642.13**
北京	111	24	23.12	22.81	6.88
天津	73	17	36.48	35.99	27.00
河北	81	6	28.74	28.26	3.77
山西	8	1	0.58	0.57	
内蒙古	11	4	2.14	2.04	
辽宁	113	44	42.80	40.36	22.66
吉林	30	7	6.47	6.30	3.35
黑龙江	54	12	18.24	17.12	4.25
上海	253	66	124.30	121.20	55.77
江苏	186	51	77.07	75.25	52.85
浙江	450	62	174.60	167.21	110.60
安徽	25	4	4.22	4.05	0.30
福建	174	28	75.94	73.35	52.94
江西	25	7	3.14	3.06	0.63
山东	298	41	105.13	102.66	39.90
河南	112	3	25.22	24.71	0.86
湖北	31	4	8.08	7.94	1.65
湖南	55	1	13.50	13.42	0.05
广东	761	199	336.07	336.18	248.25
广西	15	5	1.88	1.86	0.76
海南	13	5	5.42	5.35	3.29
重庆	20	4	9.27	9.52	
四川	77	3	21.40	20.89	0.40
贵州	9	3	0.33	0.33	
云南	6	2	0.56	0.54	
西藏	2				
陕西	16	3	2.46	2.21	
甘肃	5	2	0.33	0.45	
青海	1		0.14	0.13	
宁夏	1		0.13	0.13	
新疆	9	3	7.06	6.99	5.95

工业企业主要经济指标

单位：亿元

资产合计	流动资产合计	应收账款净额	存　　货	产成品	流动资产年平均余额	固定资产合计
901.21	**526.81**	**132.22**	**202.49**	**57.39**	**470.57**	**285.74**
26.09	16.84	3.36	6.82	2.58	14.89	7.78
42.63	19.91	3.81	5.41	0.87	18.45	12.01
22.13	7.94	1.90	3.68	1.70	7.91	10.20
1.31	0.44	0.05	0.15	0.10	0.40	0.58
1.26	0.48	0.16	0.22	0.18	0.50	0.56
46.11	22.63	4.28	10.40	2.80	21.74	19.67
7.39	3.60	0.80	2.21	1.03	3.48	3.53
26.76	15.32	3.89	6.07	2.30	13.53	9.43
81.43	50.66	14.65	17.88	5.38	49.15	25.92
56.67	34.72	11.42	12.28	3.12	32.21	18.17
156.07	94.52	24.75	27.23	8.16	78.91	49.25
4.31	1.64	0.45	0.67	0.28	1.49	2.07
45.06	28.90	8.63	11.35	4.08	25.68	12.65
2.61	1.26	0.41	0.29	0.12	1.02	1.16
61.05	29.14	4.75	10.86	3.87	28.52	25.37
8.47	3.65	0.82	0.98	0.60	3.63	4.41
5.60	2.33	0.76	0.81	0.20	2.20	2.15
5.62	2.78	0.57	0.75	0.33	3.43	2.52
254.72	165.21	40.04	77.07	16.96	139.79	65.32
1.82	0.88	0.12	0.38	0.10	0.83	0.42
6.31	3.25	0.61	1.09	0.12	2.97	2.08
7.27	5.31	2.49	0.74	0.27	4.90	1.75
12.87	7.20	1.36	2.56	1.17	6.56	4.35
0.94	0.39	0.03	0.20	0.07	0.42	0.33
1.05	0.62	0.09	0.36	0.24	0.61	0.32
0.05	0.01		0.01			0.03
2.55	1.92	0.68	0.59	0.28	1.76	0.53
1.21	0.20	0.06	0.10	0.06	0.17	0.39
0.11	0.07	0.04	0.02	0.02	0.06	0.05
0.27	0.13	0.04	0.06	0.01	0.14	0.09
11.46	4.86	1.19	1.27	0.41	5.24	2.66

1-B-22 续表 1

地 区	固定资产原价		累计折旧		固定资产净值	固定资产净值年平均余额
		生产经营用		本年折旧		
全 国	**351.07**	**301.51**	**95.22**	**20.68**	**255.85**	**246.09**
北 京	9.92	8.06	3.56	0.55	6.35	6.21
天 津	14.82	10.83	4.09	0.82	10.74	11.02
河 北	12.94	11.07	2.80	0.50	10.14	9.70
山 西	0.91	0.76	0.23	0.02	0.68	0.66
内蒙古	0.61	0.53	0.08	0.03	0.53	0.53
辽 宁	23.99	21.36	6.74	1.02	17.26	16.70
吉 林	4.95	4.49	1.38	0.19	3.57	3.25
黑龙江	12.69	11.38	3.36	0.68	9.33	9.17
上 海	30.74	23.74	9.27	2.44	21.47	20.57
江 苏	22.24	19.33	6.27	1.22	15.97	15.32
浙 江	48.88	46.01	9.87	2.98	39.00	35.26
安 徽	2.39	1.81	0.31	0.08	2.08	2.14
福 建	16.69	14.08	4.20	1.15	12.49	12.08
江 西	1.27	1.04	0.21	0.04	1.06	1.05
山 东	30.68	28.07	7.02	1.68	23.66	22.67
河 南	5.22	4.11	0.94	0.33	4.27	4.34
湖 北	2.71	1.63	0.90	0.13	1.81	1.87
湖 南	3.04	2.68	0.60	0.26	2.44	2.43
广 东	89.31	75.21	28.40	5.58	60.92	59.12
广 西	0.55	0.51	0.19	0.04	0.36	0.36
海 南	2.81	2.56	0.96	0.16	1.84	1.75
重 庆	2.52	2.38	0.79	0.16	1.73	1.62
四 川	5.53	4.98	1.35	0.34	4.17	4.19
贵 州	0.48	0.33	0.19	0.01	0.29	0.29
云 南	0.51	0.43	0.20	0.03	0.31	0.33
西 藏	0.04	0.01	0.01		0.03	0.03
陕 西	0.82	0.63	0.32	0.04	0.50	0.46
甘 肃	0.49	0.34	0.11	0.02	0.38	0.36
青 海	0.02	0.02			0.01	0.01
宁 夏	0.09	0.07	0.05		0.03	0.03
新 疆	3.23	3.05	0.81	0.19	2.42	2.59

单位：亿元

负债合计	流动负债合计		长期负债合计	所有者权益		
		应付账款		合　计	实收资本	
						国家资本
527.38	**476.56**	**183.18**	**44.27**	**373.83**	**278.46**	**11.70**
16.82	15.99	3.85	0.83	9.27	7.52	0.09
21.41	18.87	3.92	2.54	21.22	17.42	6.73
11.28	6.92	1.55	3.79	10.85	5.65	0.16
0.95	0.47	0.05	0.32	0.37	0.33	0.12
0.50	0.50	0.06		0.76	0.40	0.04
20.86	18.22	4.43	2.60	25.25	14.42	0.22
4.61	3.87	0.84	0.75	2.78	2.17	0.02
16.77	16.01	3.90	0.74	9.99	7.55	1.28
46.42	41.26	16.24	3.89	35.01	25.50	0.69
32.16	31.23	12.49	0.93	24.51	20.70	0.41
99.30	93.71	25.97	5.45	56.77	40.92	
1.76	1.52	0.22	0.24	2.55	2.34	0.03
26.18	25.54	10.38	0.62	18.88	14.46	0.09
1.48	1.32	0.25	0.10	1.12	1.01	0.11
35.24	27.03	8.29	5.88	25.81	16.55	0.32
2.87	2.34	0.65	0.49	5.59	4.06	0.10
2.38	2.10	0.54	0.25	3.22	2.24	0.06
2.64	2.40	0.63	0.24	2.98	2.30	0.02
162.76	148.80	82.08	12.42	91.96	77.75	0.19
1.13	0.97	0.28	0.15	0.69	0.38	0.02
2.24	2.18	1.13	0.04	4.06	3.52	0.44
4.81	4.59	2.50	0.18	2.45	1.82	0.03
6.87	6.15	1.69	0.61	6.01	4.10	
0.55	0.51	0.05	0.04	0.39	0.42	0.27
0.82	0.72	0.08	0.10	0.22	0.37	0.06
0.03	0.03	0.03		0.02	0.01	
1.92	1.36	0.37	0.48	0.63	0.90	0.16
0.92	0.34	0.09	0.57	0.30	0.22	0.01
0.08	0.08	0.06		0.03	0.03	
0.16	0.16	0.06		0.11	0.10	
1.43	1.38	0.48	0.04	10.03	3.31	0.03

1-B-22 续表 2

地区						主营业务收入
	集体资本	法人资本	个人资本	港澳台资本	外商资本	
全　国	**7.56**	**59.50**	**57.30**	**73.64**	**68.76**	**1119.09**
北　京	0.24	2.51	3.21	0.15	1.33	24.30
天　津	0.22	7.49	0.66	0.99	1.33	36.27
河　北	0.20	1.24	2.99	0.19	0.86	26.19
山　西	0.02	0.19				0.49
内蒙古	0.10	0.12	0.14			1.75
辽　宁	0.21	4.11	2.21	1.08	6.58	40.06
吉　林	0.25	1.46	0.29	0.11	0.04	6.28
黑龙江	0.13	3.45	2.05	0.34	0.31	17.29
上　海	1.67	4.79	3.38	5.70	9.27	120.95
江　苏	0.05	1.29	2.27	8.50	8.18	75.46
浙　江	0.43	6.73	16.29	8.64	8.83	165.71
安　徽	0.56	0.65	1.09	0.01		4.14
福　建	0.09	1.08	2.47	7.54	3.18	72.35
江　西		0.38	0.11	0.30	0.11	2.89
山　东	1.17	5.49	4.79	1.26	3.52	97.12
河　南	0.04	2.60	1.22	0.02	0.09	24.23
湖　北	0.12	0.90	0.94	0.14	0.08	7.86
湖　南	0.12	0.91	0.96	0.01	0.29	13.20
广　东	1.33	8.93	7.41	36.12	23.76	335.38
广　西		0.05	0.31			1.92
海　南		0.89	0.08	2.01	0.10	5.36
重　庆	0.06	0.94	0.21		0.58	9.49
四　川	0.27	1.89	1.52	0.08	0.33	19.26
贵　州	0.03	0.07	0.05			0.33
云　南		0.05	0.26			0.52
西　藏			0.01			
陕　西	0.24	0.03	0.42	0.05		2.20
甘　肃		0.06	0.14			0.50
青　海		0.03				0.14
宁　夏			0.10			0.16
新　疆		1.16	1.73	0.39		7.28

单位：亿元

主营业务成本	主营业务税金及附加	其他业务收入	其他业务利润	营业费用	管理费用	税　金
959.97	**5.05**	**6.72**	**2.88**	**42.02**	**52.31**	**2.79**
19.82	0.06	0.44	0.17	2.39	1.65	0.04
31.10	0.03	0.30	0.15	0.99	2.03	0.05
21.55	0.18	0.07	0.02	0.90	1.00	0.05
0.42				0.02	0.05	
1.34	0.08	0.01		0.03	0.07	0.01
32.54	0.07	0.37	-0.02	1.53	2.38	0.19
5.35	0.04	0.01		0.32	0.33	0.01
14.24	0.11	0.25	0.04	0.91	0.76	0.03
101.42	0.28	0.77	0.59	3.38	6.50	0.09
66.99	0.08	0.53	0.14	1.96	2.90	0.12
142.07	0.92	0.93	0.28	6.09	6.69	0.20
3.42	0.03			0.18	0.20	0.01
62.58	0.30	0.06	0.19	3.14	3.08	0.13
2.52	0.03	0.01	0.02	0.18	0.12	
83.22	0.63	0.32	0.11	2.89	3.67	0.21
19.26	0.70	0.01	0.03	1.83	0.44	0.02
6.53	0.06		0.08	0.31	0.33	0.01
10.08	0.13	0.01	0.01	0.84	0.66	0.06
296.07	1.11	0.97	0.90	12.21	16.42	1.44
1.68	0.01		0.01	0.07	0.12	
4.09	0.02	0.02	0.01	0.12	0.27	0.01
8.44	0.03	0.13	0.04	0.19	0.73	0.03
16.47	0.13	0.09	0.04	1.02	0.99	0.05
0.27		0.02	0.02	0.02	0.06	0.01
0.44	0.01	0.09	-0.01	0.02	0.06	
1.63	0.01	0.02		0.17	0.12	0.01
0.41	0.01			0.01	0.06	
0.13				0.01	0.01	
0.13				0.01	0.01	
5.76		1.29	0.04	0.31	0.56	

1-B-22 续表 3

地 区	财务费用	利息支出	营业利润	投资收益	补贴收入	利润总额
全 国	**9.39**	**7.82**	**48.44**	**0.01**	**1.08**	**48.93**
北 京	0.24	0.22	0.31	0.07	0.07	0.48
天 津	0.21	0.38	2.15	-0.06	0.03	2.14
河 北	0.55	0.47	2.05	0.02	0.03	2.07
山 西	0.02	0.02	-0.01	0.01		0.01
内蒙古	0.01	0.01	0.23	-0.09		0.05
辽 宁	0.55	0.51	2.97		0.01	3.00
吉 林	0.13	0.12	0.13		0.01	0.17
黑龙江	0.33	0.29	0.63	0.02	0.13	0.88
上 海	0.46	0.39	9.49	-0.16	0.14	8.83
江 苏	0.58	0.45	3.10		0.02	3.03
浙 江	2.04	1.76	8.21	0.05	0.34	8.47
安 徽	0.05	0.04	0.26			0.23
福 建	0.45	0.24	2.18	0.01	0.03	2.23
江 西	0.03	0.02	0.12		0.01	0.06
山 东	1.15	0.82	5.67	0.01	0.03	5.53
河 南	0.32	0.26	1.67		0.03	1.71
湖 北	0.07	0.04	0.31			0.28
湖 南	0.46	0.44	0.78			0.42
广 东	1.39	1.01	6.29	-0.02	0.14	7.11
广 西	0.01	0.01	0.02			0.02
海 南	0.02	0.04	0.45	0.02		0.48
重 庆	0.02	0.02	0.14			0.13
四 川	0.16	0.14	0.52		0.01	0.60
贵 州	0.02	0.02	-0.02			-0.01
云 南	0.02	0.02	-0.03	-0.02		-0.06
西 藏						
陕 西	0.03	0.03	0.13			0.12
甘 肃	0.02	0.02	0.02	0.01		0.01
青 海						
宁 夏	0.01	0.01				
新 疆	0.03	0.03	0.67	0.13	0.04	0.93

单位：亿元

亏损企业亏损额	应交所得税	本年应付工资总额	主营业务应付工资总额	本年应付福利费总额	主营业务应付福利费总额	本年应交增值税	全部从业人员年平均人数（万人）
8.06	**6.14**	**78.83**	**73.01**	**5.51**	**5.07**	**20.47**	**64.94**
0.25	0.17	2.12	2.07	0.22	0.21	0.61	1.49
0.28	0.20	2.58	2.41	0.34	0.31	0.71	1.82
0.02	0.24	1.06	1.01	0.12	0.12	0.58	1.35
	0.01	0.08	0.08			0.02	0.06
	0.01	0.12	0.11	0.01	0.01	0.02	0.15
0.72	0.38	1.95	1.92	0.25	0.25	0.48	1.75
0.02	0.01	0.49	0.48	0.04	0.04	0.10	0.58
0.24	0.15	1.34	1.28	0.14	0.13	0.57	1.44
0.83	0.71	6.85	6.32	0.56	0.52	2.14	3.88
0.85	0.35	5.47	5.28	0.59	0.57	0.81	3.72
1.15	1.53	11.02	10.53	0.96	0.88	3.85	8.80
0.02	0.04	0.27	0.26	0.02	0.02	0.09	0.32
0.35	0.26	6.06	5.69	0.41	0.38	1.15	4.86
0.05	0.34	0.34	0.32	0.02	0.02	0.09	0.50
0.51	0.73	4.52	4.32	0.34	0.32	2.53	4.75
0.01	0.06	1.26	1.24	0.06	0.05	0.32	1.73
0.02	0.02	0.41	0.35	0.01	0.01	0.22	0.44
0.01	0.06	0.87	0.86	0.07	0.06	0.27	0.82
2.04	0.91	28.66	25.64	1.01	0.87	4.88	23.33
0.02	0.01	0.25	0.13	0.02	0.02	0.03	0.19
0.04	0.02	0.39	0.30	0.02	0.02	0.17	0.37
0.49	0.08	0.44	0.43	0.07	0.07	0.28	0.29
0.01	0.07	1.23	1.17	0.11	0.10	0.35	1.40
0.02		0.07	0.05	0.01	0.01	0.02	0.07
0.07		0.10	0.09	0.01	0.01	0.02	0.11
0.01	0.04	0.36	0.18	0.02	0.02	0.09	0.30
0.01		0.06	0.05	0.01	0.01	0.02	0.11
		0.01	0.01			0.01	0.01
		0.03	0.02			0.01	0.03
	0.08	0.42	0.42	0.04	0.04	0.02	0.27

1-B-23 规模以上造纸及纸制品业

地区	企业单位数（个）	亏损企业	工业总产值（当年价）	工业销售产值（当年价）	出口交货值
全国	**7473**	**1594**	**3371.94**	**3280.88**	**255.99**
北京	131	42	35.48	35.09	1.02
天津	169	51	46.28	43.13	0.97
河北	305	63	131.66	128.27	0.41
山西	35	5	6.12	5.99	
内蒙古	27	10	13.44	13.06	
辽宁	204	59	42.27	41.76	3.58
吉林	66	18	21.14	20.94	0.10
黑龙江	84	21	40.32	39.49	
上海	345	82	119.40	119.92	10.24
江苏	673	160	396.17	379.50	33.39
浙江	1220	192	403.52	390.85	18.55
安徽	115	44	40.97	39.91	0.78
福建	469	90	166.69	163.10	11.18
江西	112	45	24.33	23.88	0.20
山东	688	72	720.18	689.15	20.00
河南	417	42	191.26	188.60	0.07
湖北	192	58	70.85	69.43	0.42
湖南	260	52	97.06	96.87	0.09
广东	1252	261	575.79	571.19	152.16
广西	127	50	42.76	42.40	1.58
海南	15	5	2.79	2.12	0.66
重庆	58	15	19.65	19.50	0.01
四川	221	53	70.83	69.59	0.28
贵州	32	16	4.47	4.24	
云南	68	24	31.99	29.78	0.19
西藏					
陕西	95	29	23.16	21.44	0.10
甘肃	33	10	5.17	4.92	
青海	2	2	0.03	0.03	
宁夏	22	10	18.15	17.38	
新疆	36	13	10.03	9.33	

工业企业主要经济指标

单位：亿元

资产合计	流动资产合计	应收账款净额	存　　货	产成品	流动资产年平均余额	固定资产合计
4146.79	**1718.03**	**493.33**	**484.51**	**194.07**	**1647.44**	**2001.24**
44.47	24.02	5.52	8.02	3.89	22.48	16.93
62.76	25.83	7.28	6.82	2.46	24.76	32.46
100.66	39.85	10.58	16.35	9.07	38.00	49.89
9.86	4.44	0.96	0.84	0.45	4.01	5.09
15.12	6.56	1.18	2.83	1.61	6.53	8.12
88.68	43.54	14.85	8.58	3.13	41.07	40.68
38.11	10.41	2.90	3.82	1.52	11.02	21.49
100.94	41.58	9.37	10.29	3.81	42.43	48.57
148.26	67.53	27.24	15.47	5.31	64.61	70.64
602.42	210.86	61.26	52.92	21.41	204.38	366.31
477.22	244.60	78.35	48.02	21.95	223.32	180.12
48.14	20.00	5.06	5.85	2.70	19.89	22.26
197.98	91.54	34.19	19.81	6.84	87.32	85.02
28.45	11.38	3.06	3.23	1.37	13.62	13.93
765.59	279.15	56.70	91.78	40.33	266.61	425.34
131.69	52.68	11.93	16.69	8.41	50.67	69.44
78.00	33.04	9.24	11.42	4.38	34.05	33.30
149.55	61.79	15.50	21.37	4.79	58.49	69.40
595.05	293.43	108.12	86.09	30.01	276.80	252.07
85.04	24.77	5.35	7.28	2.09	22.98	51.02
106.72	24.63	0.42	7.64	0.09	30.77	0.54
18.09	8.96	2.69	3.21	1.76	8.85	6.60
94.19	36.06	9.07	12.73	4.94	34.71	47.19
6.75	3.41	1.02	1.20	0.56	3.47	2.37
53.23	20.12	4.66	7.36	3.43	18.99	28.06
29.75	11.91	2.52	5.26	3.22	11.27	15.71
9.53	3.03	0.69	1.01	0.61	3.01	6.07
0.11	0.06	0.01	0.03	0.02	0.02	0.05
35.44	11.60	1.15	4.28	1.31	12.50	22.59
25.02	11.24	2.41	4.30	2.62	10.83	9.97

1-B-23 续表 1

地区	固定资产原价		累计折旧		固定资产净值	固定资产净值年平均余额
		生产经营用		本年折旧		
全国	**2423.80**	**2189.21**	**644.41**	**128.11**	**1779.39**	**1722.90**
北京	20.92	18.37	6.11	1.06	14.80	15.17
天津	35.34	25.45	8.72	1.71	26.62	25.61
河北	66.89	56.10	20.63	3.00	46.26	47.54
山西	4.58	3.90	1.04	0.20	3.54	3.59
内蒙古	9.47	8.78	2.23	0.48	7.24	7.32
辽宁	54.46	42.12	15.82	1.68	38.64	38.86
吉林	24.67	24.14	5.01	2.72	19.66	19.84
黑龙江	59.60	51.30	15.25	2.58	44.34	44.73
上海	99.55	87.93	28.40	5.27	71.16	63.39
江苏	388.46	358.16	90.54	18.10	297.93	285.89
浙江	226.76	214.91	68.14	14.03	158.62	156.78
安徽	28.76	25.15	7.70	1.27	21.06	19.25
福建	129.81	116.31	47.25	6.96	82.56	83.88
江西	15.72	14.47	2.95	0.71	12.77	13.49
山东	440.66	404.58	93.53	27.52	347.13	329.64
河南	80.71	72.44	17.49	3.82	63.21	60.23
湖北	42.88	37.55	10.16	2.11	32.72	29.75
湖南	106.37	98.12	26.22	4.18	80.14	69.56
广东	351.31	313.23	113.22	19.76	238.09	239.80
广西	63.22	58.50	17.17	2.87	46.06	46.38
海南	8.07	5.54	0.51	0.05	7.56	4.26
重庆	7.43	6.53	1.78	0.43	5.66	5.49
四川	52.38	48.21	14.16	2.28	38.23	37.03
贵州	3.73	2.63	1.68	0.25	2.05	2.09
云南	41.10	38.52	14.07	2.36	27.03	28.11
西藏						
陕西	18.23	16.16	4.31	0.82	13.92	13.57
甘肃	7.18	6.91	1.43	0.26	5.75	5.70
青海	0.08	0.08	0.03	0.01	0.05	0.05
宁夏	22.00	21.14	4.41	1.07	17.59	17.18
新疆	13.44	11.97	4.43	0.58	9.00	8.74

单位：亿元

负债合计	流动负债合计	应付账款	长期负债合计	所有者权益		
				合计	实收资本	国家资本
2600.78	**1923.76**	**412.99**	**657.29**	**1525.33**	**1100.92**	**146.11**
27.40	24.86	6.49	2.54	17.07	13.05	0.30
38.73	29.52	8.80	9.22	24.02	23.18	3.96
61.74	44.75	8.55	15.17	38.92	28.95	7.00
6.92	3.67	0.69	3.24	2.94	2.07	0.36
9.26	8.30	2.50	0.97	5.85	5.24	0.82
57.22	50.49	13.38	5.50	31.46	20.90	7.26
27.74	16.69	3.99	10.88	10.37	7.83	4.49
96.17	68.00	7.25	25.90	2.00	18.48	10.36
90.56	73.76	20.31	15.77	57.71	55.77	2.18
407.69	314.70	55.41	92.99	194.73	196.14	2.07
299.47	251.09	46.28	47.94	177.75	115.73	5.92
25.01	18.07	4.87	6.79	23.13	10.84	2.10
98.98	78.88	21.73	19.99	99.00	73.98	10.01
19.19	15.89	3.36	3.16	9.25	9.63	0.36
481.92	327.69	49.56	150.81	265.89	96.33	16.02
71.19	50.14	10.33	18.90	60.49	41.86	3.86
45.70	37.27	8.67	5.98	32.29	19.08	0.59
87.92	63.74	14.40	23.69	61.63	38.36	19.66
340.28	278.30	89.72	60.04	254.76	192.09	24.16
57.00	25.71	6.21	31.28	28.03	27.18	6.56
72.70	19.27	5.50	53.43	34.01	33.75	0.11
11.78	8.69	2.64	2.22	6.31	4.83	0.28
65.63	52.54	8.57	12.89	28.56	20.75	1.61
5.87	4.88	1.25	0.92	0.74	1.26	0.57
28.76	15.43	4.95	13.33	24.47	25.33	11.20
20.29	11.74	2.38	8.05	9.46	7.40	0.61
5.89	3.55	0.49	2.11	3.64	2.35	0.01
0.09	0.08	0.03	0.01	0.01	0.02	0.01
24.79	14.01	2.13	10.78	10.65	3.40	1.14
14.84	12.05	2.59	2.79	10.17	5.13	2.53

1-B-23 续表 2

地区						主营业务收入
	集体资本	法人资本	个人资本	港澳台资本	外商资本	
全国	**59.26**	**229.55**	**204.84**	**144.69**	**316.48**	**3232.17**
北京	0.82	3.92	2.11	0.68	5.21	35.67
天津	2.37	11.63	1.89	0.43	2.90	42.47
河北	5.13	4.56	8.96	1.57	1.74	125.76
山西	0.15	0.40	1.16			5.74
内蒙古	0.07	1.10	2.72	0.03	0.49	13.00
辽宁	0.99	2.74	5.62	0.97	3.31	41.38
吉林	0.08	1.51	1.29		0.45	18.71
黑龙江	0.22	2.90	3.29	0.09	1.62	39.14
上海	2.23	6.26	3.56	6.81	34.73	120.24
江苏	2.61	20.01	9.56	15.75	146.14	375.48
浙江	2.65	38.80	51.18	8.30	8.88	384.80
安徽	0.92	1.91	4.16	0.48	1.27	39.31
福建	1.14	16.44	20.79	16.97	8.63	161.15
江西	1.64	2.61	4.14	0.31	0.57	22.52
山东	10.37	26.25	22.94	5.31	15.46	683.46
河南	14.26	8.71	14.58	0.33	0.13	173.03
湖北	0.43	10.54	5.17	0.79	1.56	66.86
湖南	1.42	7.25	5.46	0.35	4.23	101.28
广东	6.45	26.31	14.96	80.73	39.47	565.19
广西	0.60	15.39	2.28	1.39	0.97	41.94
海南	0.04	0.42	0.12		33.06	2.11
重庆	0.53	1.58	2.18	0.06	0.19	18.60
四川	0.72	6.13	8.40	2.58	1.29	68.14
贵州	0.14	0.33	0.17	0.06		4.23
云南	1.36	6.28	1.98	0.54	3.96	29.17
西藏						
陕西	1.56	1.57	3.45		0.21	20.98
甘肃	0.30	1.51	0.53			4.83
青海		0.01				0.02
宁夏		0.57	1.68		0.01	17.81
新疆	0.05	1.89	0.49	0.17		9.17

单位：亿元

主营业务成本	主营业务税金及附加	其他业务收入	其他业务利润	营业费用	管理费用	税　金
2797.43	**15.27**	**67.30**	**13.39**	**100.68**	**134.28**	**6.39**
28.89	0.05	0.99	0.26	1.47	2.05	0.05
44.33	0.27	0.69	0.31	1.14	2.74	0.08
109.31	0.73	1.04	0.34	2.70	5.54	0.20
4.62	0.04	0.03	0.03	0.28	0.32	0.02
11.25	0.05	0.46	0.39	0.43	0.68	0.04
35.55	0.19	2.84	0.37	1.54	3.14	0.23
16.14	0.09	0.03	-0.03	0.54	0.98	0.05
32.55	0.16	0.66	0.02	2.00	4.15	0.10
101.67	0.38	3.16	0.77	6.47	8.07	0.09
316.86	0.91	6.05	0.63	15.50	17.74	0.70
341.88	2.38	6.57	1.21	7.30	14.38	0.55
34.22	0.17	0.23	0.11	1.36	1.93	0.07
142.50	0.72	2.49	0.53	4.47	6.15	0.30
20.71	0.08	0.12	0.02	0.66	-1.72	0.03
578.42	3.06	21.92	1.62	22.09	20.52	1.56
146.82	1.57	0.72	0.34	4.77	3.95	0.41
55.08	0.47	0.80	0.24	3.52	3.30	0.17
84.44	1.05	5.56	1.17	3.79	5.40	0.28
506.18	1.85	8.20	4.14	13.59	23.31	0.86
37.18	0.19	0.71	0.35	1.02	2.35	0.12
1.77	0.01	0.03	0.01	0.04	0.11	
16.10	0.12	0.18	0.07	0.91	0.87	0.01
58.74	0.31	0.90	0.11	2.46	3.30	0.23
3.53	0.03	0.07	0.02	0.21	0.45	0.01
23.58	0.09	1.64	0.17	0.95	2.00	0.08
18.22	0.18	0.50	0.09	0.53	0.90	0.05
4.10	0.05	0.02	0.01	0.18	0.29	0.03
0.03					0.01	
15.30	0.04	0.09	0.01	0.35	0.66	0.06
7.45	0.05	0.61	0.06	0.41	0.73	0.02

1-B-23 续表 3·

地 区	财务费用	利息支出	营业利润	投资收益	补贴收入	利润总额
全 国	**67.45**	**60.12**	**139.98**	**5.22**	**8.75**	**153.86**
北 京	0.26	0.21	3.22	0.09	0.17	3.64
天 津	0.41	0.45	0.16	0.04	0.16	0.18
河 北	1.64	1.52	6.18	-0.02	0.16	6.54
山 西	0.12	0.10	0.25		0.02	0.30
内蒙古	0.29	0.29	0.70	-0.12	0.10	0.26
辽 宁	1.15	1.09	0.18		0.17	0.50
吉 林	1.17	1.16	-0.24	0.01	0.05	-0.24
黑龙江	2.47	2.47	-2.36	1.57	0.10	-1.52
上 海	1.29	0.99	3.14	0.04	0.54	3.06
江 苏	11.55	8.56	13.54	0.73	0.65	14.84
浙 江	8.07	7.84	12.74	1.01	1.90	15.20
安 徽	0.64	0.54	0.81	0.02	0.21	1.17
福 建	3.28	2.67	4.58	0.22	0.52	5.23
江 西	0.64	0.33	2.24	0.01	0.09	1.56
山 东	16.14	14.42	44.03	0.15	1.95	44.34
河 南	2.43	2.16	12.87	0.12	0.20	13.31
湖 北	1.18	0.95	3.02	0.24	0.34	3.44
湖 南	1.32	2.09	6.41	0.25	0.17	6.19
广 东	6.46	5.59	23.19	0.56	0.18	29.43
广 西	2.22	2.19	-0.88	0.07	0.18	-0.62
海 南		0.01	0.20		0.01	0.17
重 庆	0.28	0.23	0.66	0.03	0.18	0.89
四 川	1.85	1.80	1.58	0.05	0.30	1.91
贵 州	0.09	0.09	-0.06		0.03	-0.08
云 南	0.89	0.89	1.83	-0.01	0.27	2.09
西 藏						
陕 西	0.56	0.49	0.60	0.05	0.01	0.68
甘 肃	0.17	0.13	0.13		0.05	0.12
青 海						
宁 夏	0.62	0.62	0.92	0.01	0.02	0.78
新 疆	0.24	0.24	0.33	0.12	0.04	0.49

单位：亿元

亏损企业亏损额	应交所得税	本年应付工资总额	主营业务应付工资总额	本年应付福利费总额	主营业务应付福利费总额	本年应交增值税	全部从业人员年平均人数（万人）
35.62	**30.77**	**152.61**	**139.75**	**16.09**	**14.84**	**116.95**	**130.44**
0.49	0.94	1.82	1.71	0.19	0.17	1.65	1.19
1.71	0.30	2.61	1.76	0.44	0.37	1.22	1.93
1.57	1.21	6.05	5.53	0.52	0.46	3.77	6.59
0.04	0.02	0.41	0.40	0.04	0.04	0.20	0.62
0.16	0.02	0.95	0.94	0.12	0.12	0.54	1.04
1.50	0.39	2.54	2.45	0.28	0.27	1.85	3.16
0.79	0.09	1.21	1.05	0.12	0.11	0.94	1.21
4.21	0.58	2.45	2.17	0.51	0.49	1.82	3.04
3.68	0.70	6.37	5.84	0.65	0.59	4.85	3.34
3.89	1.13	17.50	15.49	1.96	1.80	12.64	9.48
2.03	3.65	16.70	15.52	1.98	1.81	14.97	13.08
0.40	0.28	2.04	1.90	0.26	0.24	1.53	2.12
1.90	0.99	7.61	7.28	0.76	0.72	5.99	6.24
0.59	0.13	1.16	1.05	0.10	0.10	0.78	1.37
2.78	10.36	22.49	21.84	2.37	2.31	25.44	21.70
0.53	2.71	7.33	7.08	0.80	0.78	7.36	9.79
1.02	1.01	3.39	2.82	0.33	0.27	2.72	3.53
0.46	1.21	6.05	5.82	0.71	0.67	3.78	4.70
3.31	3.31	29.05	25.82	2.11	1.89	15.04	20.62
1.85	0.32	2.54	2.27	0.27	0.25	2.06	2.75
0.02	0.13	1.00	0.16	0.11		0.04	0.30
0.23	0.18	0.91	0.82	0.10	0.10	0.68	0.92
0.86	0.39	3.98	3.84	0.46	0.45	2.80	4.65
0.20	0.02	0.42	0.38	0.05	0.05	0.22	0.42
0.63	0.38	1.47	1.43	0.19	0.19	1.70	1.20
0.47	0.15	1.95	1.85	0.19	0.16	0.60	2.58
0.12	0.06	0.41	0.40	0.04	0.04	0.23	0.58
		0.01	0.01				0.01
0.06	0.04	1.26	1.20	0.29	0.27	0.86	1.43
0.12	0.10	0.94	0.92	0.12	0.12	0.67	0.85

1-B-24 规模以上印刷业和记录媒介的复制

地区	企业单位数(个)	亏损企业	工业总产值(当年价)	工业销售产值(当年价)	出口交货值
全国	**5139**	**1279**	**1199.13**	**1167.97**	**115.34**
北京	415	142	78.64	77.01	0.34
天津	140	44	20.08	19.65	0.99
河北	112	34	27.44	27.44	0.25
山西	54	14	5.24	5.16	
内蒙古	19	5	1.90	1.97	
辽宁	185	85	18.02	17.87	1.11
吉林	68	21	5.81	5.75	0.12
黑龙江	60	24	6.18	5.62	
上海	412	61	126.90	124.71	9.29
江苏	444	89	101.34	97.92	6.95
浙江	628	60	129.07	127.32	11.74
安徽	65	20	12.71	12.10	
福建	205	46	41.29	40.03	4.36
江西	73	23	21.53	20.32	0.01
山东	261	54	69.26	67.25	1.05
河南	175	42	33.83	33.15	0.22
湖北	118	29	34.12	33.59	0.05
湖南	118	27	30.14	30.44	0.22
广东	942	196	302.22	291.89	78.60
广西	103	58	9.67	9.21	
海南	30	13	3.20	3.18	
重庆	49	13	9.52	9.71	
四川	148	36	40.01	38.83	0.03
贵州	63	25	5.15	4.69	
云南	81	37	33.69	32.97	0.01
西藏	9	1	0.61	0.60	
陕西	64	27	23.42	21.55	
甘肃	33	22	3.38	3.30	
青海	7	2	0.50	0.48	
宁夏	9	6	0.73	0.69	
新疆	49	23	3.52	3.58	

工业企业主要经济指标

单位：亿元

资产合计	流动资产合计	应收账款净额	存货	产成品	流动资产年平均余额	固定资产合计
1596.36	**756.96**	**221.26**	**180.63**	**59.51**	**720.20**	**683.92**
150.73	62.51	12.38	16.02	5.76	59.68	77.38
77.55	42.03	6.52	4.05	1.23	37.26	13.42
40.94	16.32	3.88	4.43	1.85	16.33	21.94
8.55	4.19	1.26	1.21	0.48	4.01	3.76
2.37	1.04	0.21	0.41	0.12	1.00	1.10
38.27	13.06	4.65	3.16	1.32	13.33	18.16
9.77	3.70	1.03	1.08	0.49	4.28	5.27
9.51	3.84	1.04	1.34	0.64	3.55	4.19
168.71	81.33	27.37	16.92	4.41	79.90	73.56
121.85	60.43	24.16	11.16	4.07	57.41	55.44
161.78	83.99	26.38	13.63	5.19	85.40	63.03
16.53	6.51	2.12	2.09	0.68	5.86	8.09
38.40	18.92	7.01	5.14	1.71	18.09	17.06
22.56	10.15	1.71	2.13	0.52	9.40	10.72
70.09	32.43	8.74	9.57	3.40	30.29	31.77
37.82	16.47	5.37	4.68	2.09	15.84	18.51
38.03	18.08	5.75	5.07	2.07	17.18	16.94
29.80	13.57	2.98	3.96	2.11	12.62	13.86
341.43	179.49	61.65	48.98	11.69	166.94	133.55
13.41	6.07	1.49	1.61	0.57	4.97	6.46
10.39	2.75	0.82	0.72	0.33	2.68	4.07
10.45	5.26	1.23	1.25	0.40	5.97	4.40
57.23	23.89	4.24	7.54	2.98	21.07	27.14
10.48	5.00	1.28	1.60	0.78	4.62	4.54
47.84	22.43	3.15	7.74	2.69	21.87	20.62
2.23	0.39	0.14	0.10	0.03	0.37	1.81
43.85	17.61	3.34	3.15	1.25	15.07	18.05
8.10	2.50	0.55	1.12	0.40	2.38	5.03
0.89	0.45	0.21	0.06	0.02	0.41	0.44
1.44	0.55	0.21	0.11	0.02	0.45	0.64
5.34	1.99	0.38	0.59	0.21	1.97	2.95

1-B-24 续表 1

地 区	固定资产原价	生产经营用	累计折旧	本年折旧	固定资产净值	固定资产净值年平均余额
全 国	**1004.58**	**890.14**	**367.77**	**67.86**	**636.82**	**619.20**
北 京	109.72	95.41	43.08	7.26	66.64	62.97
天 津	20.31	15.52	7.87	1.16	12.44	13.38
河 北	32.23	29.09	12.48	2.14	19.75	19.63
山 西	6.38	5.56	2.91	0.26	3.48	3.47
内蒙古	1.57	1.50	0.61	0.09	0.96	1.00
辽 宁	27.03	25.26	9.71	1.60	17.32	16.75
吉 林	6.83	5.98	2.07	0.46	4.76	4.52
黑龙江	6.89	5.49	2.53	0.58	4.36	4.31
上 海	107.89	95.44	41.52	7.21	66.36	64.21
江 苏	76.73	67.07	25.28	5.94	51.45	49.35
浙 江	81.58	76.31	23.30	5.69	58.28	55.73
安 徽	10.67	9.45	3.30	0.81	7.37	6.92
福 建	24.93	22.54	8.74	1.63	16.19	16.11
江 西	16.05	14.06	6.16	1.27	9.89	9.97
山 东	47.72	41.28	17.92	3.40	29.80	29.74
河 南	27.29	23.85	9.50	1.65	17.79	17.41
湖 北	26.26	22.99	9.66	1.78	16.60	15.62
湖 南	20.75	18.91	9.16	1.59	11.59	11.61
广 东	205.34	184.88	72.47	13.75	132.87	128.56
广 西	9.13	8.03	3.20	0.50	5.93	5.90
海 南	6.07	5.23	2.32	0.27	3.75	3.81
重 庆	6.07	5.48	2.26	0.46	3.81	3.83
四 川	42.21	38.29	16.59	3.02	25.63	25.62
贵 州	6.97	5.44	2.81	0.34	4.16	4.17
云 南	35.13	32.15	15.86	2.68	19.27	19.13
西 藏	1.91	1.37	0.50	0.05	1.41	1.41
陕 西	26.98	22.68	10.90	1.47	16.08	15.41
甘 肃	7.11	4.71	2.21	0.39	4.89	4.61
青 海	0.77	0.71	0.33	0.04	0.44	0.42
宁 夏	0.91	0.76	0.27	0.02	0.64	0.63
新 疆	5.16	4.72	2.24	0.33	2.92	2.98

单位：亿元

负债合计	流动负债合计	应付账款	长期负债合计	所有者权益合计	实收资本	国家资本
842.61	**722.30**	**188.55**	**111.37**	**753.51**	**518.43**	**118.09**
73.24	56.47	12.73	16.77	77.50	53.76	21.27
43.78	39.70	4.05	4.08	33.77	12.98	4.32
21.89	16.38	3.64	5.21	19.05	12.51	5.86
5.32	4.93	1.26	0.38	3.23	2.97	1.35
1.49	1.34	0.44	0.16	0.87	0.81	0.27
20.52	16.02	4.28	4.45	17.75	14.00	7.33
6.18	4.62	1.10	1.29	3.59	3.22	0.57
5.34	4.93	1.48	0.35	4.17	2.49	0.63
77.51	66.62	17.70	9.73	91.20	62.79	9.99
71.93	64.00	15.95	7.93	49.92	33.61	2.28
88.88	79.77	15.17	8.86	72.89	43.27	2.12
9.74	8.05	1.50	1.69	6.79	5.25	0.97
17.99	15.93	4.63	1.91	20.42	14.55	2.30
10.76	8.43	1.36	2.05	11.81	7.29	5.43
42.70	37.93	8.26	3.54	27.39	17.66	3.82
20.65	17.45	4.29	2.71	17.17	12.58	3.35
27.83	22.54	4.89	5.25	10.21	15.55	4.39
13.20	10.78	3.03	1.83	16.60	7.99	2.15
176.16	155.35	59.30	17.59	165.27	127.58	8.34
8.25	6.49	1.45	1.74	5.16	4.11	2.15
7.41	5.97	3.54	1.44	2.97	2.63	0.94
6.02	4.86	1.52	1.15	4.42	2.09	0.70
30.76	28.06	5.63	2.21	26.47	19.26	11.45
5.96	5.03	1.48	0.92	4.28	3.41	1.57
22.81	19.13	4.55	3.67	25.03	16.04	3.38
0.74	0.38	0.16	0.08	1.49	1.08	0.82
18.25	14.95	3.24	3.30	25.60	13.09	5.91
3.64	2.81	0.85	0.79	4.47	2.61	2.33
0.53	0.51	0.20	0.02	0.36	0.33	0.21
0.69	0.66	0.14	0.02	0.75	0.71	0.39
2.44	2.21	0.73	0.23	2.90	2.20	1.50

1-B-24 续表 2

地 区						主营业务收入
	集体资本	法人资本	个人资本	港澳台资本	外商资本	
全 国	**24.76**	**134.65**	**97.69**	**94.81**	**48.43**	**1165.99**
北 京	1.47	16.36	7.01	2.97	4.69	82.40
天 津	0.90	3.15	3.33	0.62	0.67	21.26
河 北	1.15	2.24	2.06	0.15	1.05	25.92
山 西	0.11	1.02	0.21		0.28	4.69
内蒙古		0.22	0.32			1.97
辽 宁	0.31	2.17	2.10	0.49	1.59	17.73
吉 林	0.25	1.99	0.41			5.36
黑龙江	0.62	0.57	0.55	0.12		6.06
上 海	3.50	22.96	5.02	10.09	11.22	126.16
江 苏	2.48	8.62	9.08	4.45	6.69	95.75
浙 江	1.49	12.12	21.90	2.03	3.60	127.26
安 徽	0.16	1.54	2.17	0.35	0.06	11.57
福 建	0.31	2.49	5.22	2.54	1.70	39.79
江 西	0.16	0.84	0.69	0.10	0.06	19.04
山 东	1.10	5.97	3.38	2.24	1.14	63.37
河 南	0.96	4.29	2.49	0.82	0.67	31.30
湖 北	0.60	5.50	3.12	1.81	0.13	32.72
湖 南	0.22	3.09	1.07	1.35	0.11	30.06
广 东	4.45	24.45	16.54	60.14	13.66	291.98
广 西	0.12	0.74	0.66	0.44		8.42
海 南	0.51	0.75	0.43			2.84
重 庆		0.61	0.65	0.11	0.02	9.00
四 川	0.55	4.35	1.84	0.53	0.55	39.45
贵 州	0.14	0.68	0.89	0.14		4.62
云 南	1.58	4.36	2.97	3.27	0.48	33.63
西 藏	0.24	0.01	0.01			0.66
陕 西	1.24	2.90	2.98	0.04	0.02	24.49
甘 肃	0.07	0.07	0.12		0.01	3.77
青 海	0.03	0.01	0.08			0.50
宁 夏		0.17	0.14			0.74
新 疆	0.04	0.42	0.24			3.51

单位：亿元

主营业务成本	主营业务税金及附加	其他业务收入	其他业务利润	营业费用	管理费用	
						税　金
945.29	**5.97**	**26.33**	**11.62**	**29.56**	**96.35**	**2.98**
62.54	0.46	4.64	2.02	2.15	12.07	0.28
18.06	0.22	4.06	1.34	0.54	1.88	0.04
19.81	0.19	0.55	0.21	0.60	2.94	0.07
3.89	0.04	0.06	0.04	0.08	0.56	0.03
1.61	0.01	0.01		0.02	0.29	0.01
14.41	0.10	0.38	0.19	0.43	2.29	0.08
3.91	0.04	0.26	0.09	0.11	0.73	0.05
4.46	0.04	0.04	0.13	0.12	0.68	0.02
97.02	0.41	2.47	1.09	3.20	13.12	0.47
76.83	0.43	1.69	0.57	2.60	6.91	0.18
106.49	0.74	2.56	0.58	2.69	6.82	0.22
9.46	0.09	0.09	0.09	0.29	0.87	0.04
32.72	0.24	0.37	0.14	0.65	2.76	0.18
14.80	0.24	0.07	0.08	0.25	1.60	0.05
51.61	0.37	0.62	0.46	2.39	4.47	0.14
25.24	0.25	0.65	0.38	1.56	2.04	0.08
26.84	0.15	0.62	0.16	0.99	2.66	0.09
22.60	0.21	0.44	0.21	0.53	1.73	0.06
252.41	0.86	2.83	2.54	7.65	17.28	0.55
6.87	0.05	0.10	0.06	0.13	0.93	0.02
2.16	0.02	0.04	0.02	0.11	0.46	0.01
7.68	0.06	0.11	0.28	0.29	0.80	0.02
31.22	0.24	1.79	0.31	0.68	4.23	0.09
3.72	0.03	0.07	0.05	0.10	0.60	0.02
25.04	0.09	0.97	0.22	0.46	2.84	0.07
0.68	0.01			0.05	0.18	0.01
16.71	0.29	0.43	0.18	0.64	2.88	0.07
2.88	0.05	0.15	0.03	0.18	0.81	0.01
0.38		0.01	0.01		0.13	
0.57		0.02	0.01		0.10	
2.67	0.02	0.21	0.14	0.08	0.70	0.01

1-B-24 续表 3

地 区	财务费用	利息支出	营业利润	投资收益	补贴收入	利润总额
全 国	**13.10**	**12.41**	**83.56**	**2.88**	**3.54**	**89.12**
北 京	0.60	0.49	6.60	0.13	0.17	7.51
天 津	0.17	0.95	0.85	0.01	0.05	0.73
河 北	0.38	0.38	2.25	0.03	0.08	2.28
山 西	0.06	0.04		0.02		0.03
内蒙古	0.03	0.03			0.01	0.09
辽 宁	0.29	0.31	0.40	0.17	0.19	0.86
吉 林	0.09	0.08	0.54		0.03	0.60
黑龙江	0.02	0.04	0.08		0.01	0.17
上 海	1.24	1.20	12.25	0.77	0.68	13.42
江 苏	1.34	1.13	8.21	0.14	0.52	8.66
浙 江	1.98	1.86	9.18	0.69	0.52	10.41
安 徽	0.18	0.17	0.75	0.02		0.75
福 建	0.41	0.36	2.93	0.02	0.07	3.05
江 西	0.21	0.22	1.95	0.01	0.01	1.89
山 东	0.99	0.87	4.01	0.19	0.05	3.92
河 南	0.44	0.40	1.90	0.01	0.06	1.94
湖 北	0.58	0.52	1.07	-0.02	0.34	2.01
湖 南	0.22	0.20	4.61	-0.01	0.01	4.54
广 东	1.98	1.62	14.14	0.32	0.17	13.68
广 西	0.12	0.11	0.46	0.04	0.01	0.40
海 南	0.08	0.03				0.09
重 庆	0.09	0.08	0.13	0.02	0.16	0.32
四 川	0.38	0.34	3.02	0.02	0.03	2.79
贵 州	0.16	0.16	0.07	0.01	0.03	0.15
云 南	0.63	0.59	4.80	-0.04	0.06	4.79
西 藏			0.02		0.23	0.04
陕 西	0.23	0.18	3.45	0.27		3.93
甘 肃	0.15	0.03	-0.20	0.02	0.04	-0.12
青 海			-0.02	0.01	0.01	
宁 夏	0.01	0.01	0.03	0.04		0.06
新 疆	0.03	0.03	0.07	0.01	0.02	0.10

单位：亿元

亏损企业亏损额	应交所得税	本年应付工资总额	主营业务应付工资总额	本年应付福利费总额	主营业务应付福利费总额	本年应交增值税	全部从业人员年平均人数（万人）
11.94	**17.96**	**94.48**	**84.41**	**10.71**	**9.39**	**51.33**	**63.50**
1.41	1.67	9.53	8.55	1.35	1.18	5.20	4.83
0.45	0.21	1.52	1.33	0.20	0.17	0.94	1.04
0.55	0.65	2.67	2.48	0.34	0.32	1.57	2.15
0.09	0.04	0.54	0.51	0.07	0.07	0.26	0.55
0.02	0.02	0.20	0.20	0.02	0.02	0.13	0.23
0.56	0.30	1.94	1.89	0.22	0.22	0.85	1.27
0.04	0.16	0.61	0.48	0.10	0.08	0.38	0.58
0.09	0.08	0.68	0.62	0.07	0.07	0.30	0.60
0.86	2.37	9.92	9.38	1.02	0.96	6.07	4.47
0.69	1.48	7.38	6.94	0.98	0.84	4.34	5.09
0.41	2.44	8.08	7.62	1.07	0.99	5.05	5.70
0.10	0.12	0.92	0.85	0.12	0.11	0.54	0.99
0.21	0.72	2.97	2.61	0.38	0.33	1.57	2.11
0.28	0.78	1.35	1.03	0.17	0.13	1.01	1.02
0.46	0.73	4.29	4.12	0.49	0.48	2.69	3.63
0.29	0.28	2.33	2.21	0.26	0.25	1.17	2.38
0.19	0.41	2.44	1.93	0.39	0.28	1.41	1.94
0.20	0.67	1.65	1.54	0.19	0.17	1.68	1.18
2.46	2.07	23.52	20.11	1.67	1.40	8.24	15.45
0.40	0.07	0.95	0.85	0.11	0.10	0.48	0.82
0.14	0.05	0.39	0.26	0.05	0.04	0.15	0.28
0.23	0.13	0.66	0.62	0.08	0.07	0.46	0.64
0.54	0.89	3.07	2.44	0.41	0.32	2.12	2.05
0.15	0.06	0.65	0.63	0.08	0.07	0.28	0.64
0.58	0.76	2.22	2.11	0.25	0.24	2.34	1.32
		0.29	0.11	0.04	0.02	0.03	0.12
0.29	0.76	2.27	1.73	0.37	0.27	1.66	1.29
0.13	0.66	0.66	0.54	0.08	0.07	0.18	0.53
		0.11	0.10	0.01	0.01	0.03	0.10
0.01	0.01	0.08	0.07	0.01	0.01	0.02	0.10
0.10	0.04	0.58	0.56	0.10	0.09	0.17	0.40

1-B-25 规模以上文教体育用品制造业

地区	企业单位数（个）	亏损企业	工业总产值（当年价）	工业销售产值（当年价）	出口交货值
全国	**3382**	**703**	**1216.94**	**1192.68**	**830.66**
北京	54	19	12.44	12.08	5.95
天津	60	16	27.42	26.53	13.25
河北	39	4	6.94	6.81	2.84
山西	15	3	4.63	4.38	1.43
内蒙古					
辽宁	39	11	11.69	11.28	8.78
吉林	5	1	0.44	0.43	0.03
黑龙江	8	2	1.56	1.40	0.51
上海	321	57	127.49	126.04	81.36
江苏	608	119	179.74	177.23	117.65
浙江	804	104	195.78	190.88	120.25
安徽	62	30	13.60	13.15	7.53
福建	163	33	53.83	52.58	40.72
江西	31	6	4.12	3.96	1.38
山东	240	54	140.89	137.30	67.20
河南	17	2	2.47	2.41	
湖北	17	4	4.05	3.78	1.48
湖南	14	2	1.83	1.79	0.10
广东	858	229	426.16	418.87	360.03
广西	5	1	0.27	0.25	0.09
海南					
重庆	3		0.14	0.12	
四川	10	2	1.00	0.99	
贵州	4	3	0.13	0.13	
云南	1		0.02	0.02	
西藏					
陕西	2		0.10	0.09	
甘肃	2	1	0.20	0.17	0.05
青海					
宁夏					
新疆					

工业企业主要经济指标

单位：亿元

资产合计	流动资产合计	应收账款净额	存货	产成品	流动资产年平均余额	固定资产合计
906.96	**535.93**	**158.62**	**192.07**	**58.93**	**498.92**	**281.88**
17.87	9.99	2.17	4.35	1.93	10.38	6.12
21.50	12.12	2.91	4.19	0.85	11.25	7.52
4.42	2.27	0.50	1.01	0.45	2.14	1.69
5.97	3.56	0.86	1.59	1.28	3.32	1.69
13.67	7.36	1.74	3.23	1.19	6.44	4.95
0.42	0.28	0.17	0.02	0.01	0.23	0.13
3.25	2.37	0.80	0.83	0.14	2.45	0.56
111.64	72.18	22.59	23.62	7.99	67.31	28.83
103.36	64.56	23.09	19.65	5.92	61.17	33.90
159.73	93.41	23.76	22.43	7.95	85.99	43.31
11.04	8.17	2.32	2.08	0.83	7.46	2.08
44.74	28.21	7.84	9.25	2.82	25.93	14.15
2.84	1.06	0.37	0.33	0.14	0.92	1.53
61.37	38.11	10.49	12.51	4.84	36.12	18.25
1.15	0.62	0.20	0.27	0.08	0.63	0.48
3.52	2.01	0.47	0.76	0.26	1.67	0.92
0.73	0.31	0.06	0.15	0.09	0.27	0.36
336.83	187.78	57.86	85.26	21.92	173.70	114.35
0.93	0.28	0.11	0.13	0.07	0.29	0.51
0.14	0.09		0.04	0.02	0.10	0.05
1.08	0.77	0.25	0.20	0.06	0.73	0.22
0.36	0.18	0.02	0.08	0.04	0.16	0.16
0.06	0.03	0.01	0.02	0.01	0.03	0.03
0.13	0.11	0.01	0.04	0.02	0.11	0.02
0.20	0.11	0.02	0.06	0.03	0.11	0.09

1-B-25 续表 1

地　区	固定资产原价	生产经营用	累计折旧	本年折旧	固定资产净值	固定资产净值年平均余额
全　国	**402.57**	**340.11**	**140.61**	**25.12**	**261.96**	**258.67**
北　京	6.76	6.43	2.28	0.32	4.48	4.11
天　津	13.42	10.33	6.30	0.77	7.12	8.65
河　北	2.17	1.93	0.46	0.10	1.71	1.66
山　西	2.30	2.05	0.80	0.13	1.51	1.53
内蒙古						
辽　宁	7.06	5.42	2.41	0.39	4.65	4.73
吉　林	0.14	0.14	0.02	0.01	0.13	0.11
黑龙江	1.09	0.87	0.48	0.04	0.61	0.65
上　海	40.22	34.39	13.36	2.41	26.85	26.25
江　苏	41.78	33.77	10.96	2.41	30.82	29.74
浙　江	50.61	46.40	11.78	3.10	38.82	37.26
安　徽	2.98	2.07	0.92	0.15	2.06	2.04
福　建	21.53	17.73	7.89	1.19	13.64	13.30
江　西	1.65	1.50	0.47	0.06	1.19	1.30
山　东	24.86	21.40	8.02	1.75	16.84	16.89
河　南	0.58	0.54	0.12	0.02	0.46	0.47
湖　北	0.92	0.79	0.13	0.05	0.80	0.69
湖　南	0.47	0.34	0.13	0.05	0.34	0.35
广　东	182.57	152.70	73.63	12.11	108.94	107.97
广　西	0.61	0.61	0.11	0.02	0.51	0.52
海　南						
重　庆	0.09	0.09	0.05		0.04	0.04
四　川	0.34	0.30	0.15	0.02	0.19	0.18
贵　州	0.17	0.13	0.06		0.11	0.09
云　南	0.03	0.03	0.01		0.03	0.03
西　藏						
陕　西	0.03	0.02	0.01		0.02	0.02
甘　肃	0.17	0.14	0.08	0.01	0.09	0.08
青　海						
宁　夏						
新　疆						

单位：亿元

负债合计	流动负债合计		长期负债合计	所有者权益		
		应付账款		合　计	实收资本	
						国家资本
489.66	**456.99**	**188.36**	**27.85**	**417.30**	**303.00**	**7.27**
12.03	11.09	2.26	0.93	5.84	4.02	0.27
8.44	8.06	3.09	0.38	13.06	8.94	0.69
1.88	1.75	0.61	0.12	2.54	1.63	
4.36	3.86	0.99	0.50	1.60	1.21	0.26
9.75	6.19	1.61	3.56	3.92	3.29	0.81
0.29	0.29	0.15		0.13	0.14	
2.36	2.35	0.87		0.88	0.95	0.02
64.50	60.74	27.21	2.56	47.14	34.36	1.62
62.57	60.37	22.76	2.21	40.79	27.76	0.05
85.16	80.39	21.25	4.45	74.58	41.07	0.30
8.00	7.62	1.69	0.38	3.04	2.64	0.22
21.81	21.22	8.75	0.54	22.93	20.10	0.02
1.30	1.01	0.32	0.10	1.54	1.12	0.02
36.07	32.92	12.01	2.95	25.30	16.01	0.89
0.35	0.34	0.27	0.01	0.80	0.57	
1.67	1.41	0.47	0.26	1.85	1.62	0.18
0.38	0.37	0.03	0.01	0.35	0.29	0.02
167.47	155.89	83.64	8.78	169.37	136.10	1.69
0.19	0.18	0.03	0.01	0.74	0.54	0.04
0.05	0.05	0.01		0.10	0.04	0.01
0.69	0.61	0.27	0.08	0.39	0.34	0.11
0.18	0.17	0.02	0.01	0.18	0.16	0.04
0.02	0.02			0.04	0.01	0.01
0.02	0.02			0.11	0.04	0.02
0.10	0.09	0.04	0.02	0.09	0.04	

1-B-25 续表 2

地 区	集体资本	法人资本	个人资本	港澳台资本	外商资本	主营业务收入
全 国	**7.90**	**37.59**	**46.49**	**135.33**	**68.42**	**1179.25**
北 京	0.54	1.91	0.36	0.20	0.75	12.95
天 津	0.81	1.40	0.39	1.92	3.72	25.98
河 北	0.22	0.23	0.56	0.20	0.42	6.32
山 西		0.22	0.60		0.13	4.60
内蒙古						
辽 宁	0.01	0.28	0.46	0.23	1.50	11.33
吉 林		0.02	0.01		0.11	0.43
黑龙江	0.40	0.01	0.01	0.01	0.49	1.39
上 海	1.38	8.24	4.14	7.03	11.95	129.42
江 苏	0.73	1.76	9.62	7.00	8.61	173.55
浙 江	0.18	8.22	16.18	8.47	7.71	188.16
安 徽	0.09	0.66	1.36	0.04	0.27	13.08
福 建	0.25	0.66	1.41	14.23	3.53	52.33
江 西		0.22	0.41	0.46		3.98
山 东	0.57	2.90	4.52	1.99	5.14	128.96
河 南	0.03	0.34	0.20			1.97
湖 北		0.47	0.78	0.14	0.05	3.69
湖 南	0.01	0.07	0.13	0.05		1.81
广 东	2.61	9.86	5.19	92.71	24.04	417.49
广 西			0.02	0.49		0.27
海 南						
重 庆			0.04			0.12
四 川		0.07	0.07	0.08		1.01
贵 州	0.04	0.02		0.06		0.13
云 南						0.02
西 藏						
陕 西		0.01				0.10
甘 肃	0.02	0.02				0.14
青 海						
宁 夏						
新 疆						

单位：亿元

主营业务成本	主营业务 税金及附加	其他业务收入	其他业务利润	营业费用	管理费用	税　金
1040.24	**4.18**	**9.75**	**6.23**	**33.85**	**67.15**	**1.91**
10.52	0.03	0.79	0.18	0.62	1.47	0.03
21.89	0.01	0.08	0.06	0.83	1.40	0.03
5.39	0.03			0.15	0.27	0.01
3.88	0.03	0.01	0.17	0.27	0.29	0.01
9.27	0.01	0.09	0.03	0.27	1.01	0.04
0.39				0.01	0.02	
1.29		0.02	0.02	0.04	0.09	
111.60	0.25	1.91	0.91	5.09	8.93	0.09
152.35	0.45	0.82	0.28	6.54	8.58	0.34
160.82	1.20	1.23	0.50	7.29	9.85	0.37
11.49	0.05	0.01	0.03	0.50	0.79	0.01
45.68	0.09	0.19	0.23	1.77	2.69	0.12
3.53	0.03		-0.01	0.13	0.08	
112.26	0.62	1.54	0.18	3.25	5.33	0.22
1.55	0.02	0.02		0.06	0.08	0.01
3.03	0.01	0.01		0.21	0.19	0.01
1.46	0.04			0.06	0.10	0.01
382.41	1.28	3.05	3.62	6.64	25.82	0.61
0.22			0.01	0.01	0.03	
0.08				0.01	0.02	
0.83	0.02			0.08	0.05	
0.11				0.01	0.03	
0.01						
0.08					0.01	
0.10				0.01	0.02	

1-B-25 续表 3

地 区	财务费用	利息支出	营业利润	投资收益	补贴收入	利润总额
全 国	**7.33**	**5.50**	**38.89**	**1.13**	**1.33**	**40.67**
北 京	0.21	0.19	0.29	0.04	0.01	0.52
天 津	0.14	0.11	1.78		0.01	1.73
河 北	0.04	0.03	0.45			0.45
山 西	0.10	0.09	0.22			0.15
内蒙古						
辽 宁	0.36	0.30	0.45			0.40
吉 林			0.04			0.04
黑龙江	0.06	0.05	0.03		0.01	0.02
上 海	0.89	0.61	3.58	0.37	0.50	4.31
江 苏	1.15	0.67	4.76	0.05	0.09	4.77
浙 江	1.98	1.69	8.28	0.58	0.39	9.42
安 徽	0.17	0.15	0.10		0.01	0.13
福 建	0.30	0.27	1.74	0.01	0.02	1.85
江 西	0.02	0.02	0.17			0.16
山 东	0.77	0.52	6.91	-0.06	0.15	6.75
河 南	0.02	0.02	0.08		0.01	0.09
湖 北	0.04	0.03	0.16			0.17
湖 南	0.01	0.01	0.07			0.07
广 东	1.06	0.72	9.75	0.13	0.12	9.61
广 西			0.01			0.01
海 南						
重 庆			0.01			0.01
四 川	0.01	0.01	0.03			0.03
贵 州			-0.02			-0.02
云 南						
西 藏						
陕 西						0.01
甘 肃						
青 海						
宁 夏						
新 疆						

单位：亿元

亏损企业亏损额	应交所得税	本年应付工资总额	主营业务应付工资总额	本年应付福利费总额	主营业务应付福利费总额	本年应交增值税	全部从业人员年平均人数（万人）
9.77	**7.43**	**124.52**	**114.31**	**8.71**	**7.74**	**19.41**	**107.54**
0.09	0.09	1.46	1.42	0.17	0.17	0.39	0.88
0.06	0.27	1.87	1.55	0.27	0.22	0.27	1.35
0.01	0.06	0.56	0.55	0.03	0.03	0.21	0.66
0.04	0.04	0.32	0.31	0.02	0.02	0.22	0.42
0.09	0.06	0.85	0.84	0.11	0.10	0.08	0.75
0.01		0.05	0.05				0.06
0.10	0.03	0.12	0.08			0.05	0.20
1.58	0.69	10.46	9.86	0.81	0.77	2.55	7.14
1.28	0.98	13.67	13.20	1.73	1.63	3.15	12.76
0.82	1.74	15.73	15.10	1.76	1.61	4.61	12.68
0.17	0.03	1.55	1.50	0.14	0.13	0.49	1.93
0.37	0.32	6.16	5.91	0.30	0.27	0.56	5.14
0.01		0.47	0.45	0.02	0.01	0.07	0.46
0.76	1.03	8.31	7.96	0.56	0.54	2.45	8.32
0.01		0.12	0.11	0.01	0.01	0.04	0.16
0.05		0.35	0.34	0.01	0.01	0.06	0.30
	0.01	0.17	0.17	0.01	0.01	0.05	0.20
4.30	2.04	62.06	54.65	2.73	2.16	4.07	53.87
		0.05	0.05			0.01	0.08
		0.02	0.02			0.01	0.01
	0.01	0.09	0.09	0.01	0.01	0.04	0.07
0.02		0.05	0.04			0.01	0.05
		0.02	0.02			0.01	0.01
		0.02	0.02				0.03

1-B-26 规模以上石油加工、炼焦及核燃料加工业

地 区	企业单位数（个）	亏损企业	工业总产值（当年价）	工业销售产值（当年价）	出口交货值
全 国	**2019**	**469**	**8926.51**	**8842.95**	**228.28**
北 京	56	19	274.57	275.46	4.29
天 津	46	13	257.95	256.45	4.82
河 北	95	20	364.62	360.10	1.01
山 西	400	94	495.44	494.74	54.83
内蒙古	72	23	66.24	60.66	
辽 宁	184	57	1329.11	1310.29	132.52
吉 林	26	5	46.21	45.53	
黑龙江	75	26	538.80	525.63	1.20
上 海	58	8	670.82	669.77	10.31
江 苏	161	33	429.18	425.87	6.04
浙 江	44	8	503.19	504.47	1.79
安 徽	15	6	131.44	129.37	0.22
福 建	16	2	110.75	110.19	0.17
江 西	20	9	127.31	126.94	0.28
山 东	197	22	933.83	931.72	2.99
河 南	78	18	254.36	251.59	0.18
湖 北	25	5	247.06	246.81	0.22
湖 南	28	4	238.66	238.03	0.48
广 东	88	15	789.92	782.17	5.88
广 西	16	7	26.08	25.59	
海 南	2		4.82	4.73	
重 庆	14	4	7.31	7.06	
四 川	57	8	47.54	45.88	
贵 州	62	14	9.57	9.18	0.05
云 南	32	6	15.68	15.48	
西 藏					
陕 西	52	17	232.70	228.17	
甘 肃	39	9	375.23	367.70	
青 海	1		0.26	0.10	
宁 夏	17	6	43.31	42.59	
新 疆	43	11	354.54	350.69	1.01

工业企业主要经济指标

单位：亿元

资产合计	流动资产合计	应收账款净额	存　货	产成品	流动资产年平均余额	固定资产合计
5118.22	**2121.54**	**284.35**	**874.68**	**270.69**	**1913.05**	**2658.21**
103.48	48.03	8.06	23.80	3.49	46.87	50.22
111.63	53.35	8.49	30.77	5.78	46.01	53.87
219.93	89.46	13.65	26.88	10.09	83.86	113.95
668.25	329.11	45.45	94.10	39.62	304.95	298.25
54.45	24.69	4.89	9.24	5.87	19.61	26.28
541.76	233.60	29.75	134.55	43.53	198.30	289.26
34.47	16.35	2.79	4.26	2.01	14.57	17.49
338.91	91.08	17.57	40.30	15.49	86.67	237.87
439.22	134.48	14.14	57.23	12.09	128.26	247.87
182.71	78.14	17.09	31.06	8.79	72.24	92.67
202.56	77.02	9.69	34.47	7.04	66.58	112.11
58.10	20.95	5.90	10.00	2.01	18.63	36.72
47.67	25.34	2.02	11.10	2.30	19.20	21.00
65.13	22.68	4.49	9.35	1.94	22.64	39.76
580.03	273.36	24.62	77.75	29.74	226.48	237.67
152.57	68.82	10.89	22.50	7.45	62.65	75.91
132.15	55.99	15.92	21.19	3.17	51.48	58.65
113.59	47.00	4.77	27.16	6.03	50.86	60.99
345.73	154.71	17.16	96.53	15.46	141.03	176.52
21.32	11.33	1.06	3.03	1.88	9.52	8.14
3.29	2.62	0.07	0.52	0.21	2.51	0.63
7.81	2.76	0.60	1.22	0.55	2.44	3.77
47.05	19.10	3.79	7.31	2.40	15.33	20.49
9.53	4.61	0.49	1.11	0.52	4.82	3.85
20.45	8.22	1.40	2.00	0.85	7.18	11.11
120.75	48.58	9.55	19.62	7.12	43.30	67.11
219.00	79.49	3.92	31.23	10.88	74.01	130.13
0.20	0.11	0.03	0.07	0.04	0.13	0.09
29.84	14.13	1.22	6.04	2.80	12.95	13.44
246.62	86.43	4.88	40.29	21.55	79.96	152.39

1-B-26 续表 1

地 区	固定资产原价	生产经营用	累计折旧	本年折旧	固定资产净值	固定资产净值年平均余额
全 国	**4265.04**	**4049.99**	**1798.69**	**233.63**	**2466.36**	**2358.19**
北 京	98.87	95.89	50.43	4.75	48.43	45.12
天 津	102.50	94.53	50.99	5.94	51.52	49.76
河 北	158.98	154.95	52.09	8.67	106.89	104.67
山 西	317.91	263.23	55.09	14.71	262.83	249.61
内蒙古	34.28	31.53	11.26	2.05	23.02	21.64
辽 宁	527.99	519.45	244.11	29.60	283.88	274.44
吉 林	26.42	25.85	11.48	1.23	14.94	12.58
黑龙江	411.88	386.97	196.58	24.77	215.30	206.62
上 海	452.64	433.09	222.48	28.67	230.16	220.73
江 苏	132.25	129.40	64.07	5.88	68.18	67.98
浙 江	169.09	163.96	65.12	9.95	103.97	99.27
安 徽	76.73	76.41	44.29	4.76	32.44	33.13
福 建	47.18	45.38	26.66	2.90	20.52	21.07
江 西	64.46	62.23	28.10	3.74	36.36	34.48
山 东	340.46	317.33	127.92	16.38	212.54	194.69
河 南	132.73	125.38	48.15	5.92	84.58	83.83
湖 北	112.31	108.42	56.94	5.52	55.37	50.15
湖 南	110.62	109.99	45.58	6.90	65.04	68.35
广 东	312.33	308.37	160.04	17.38	152.29	146.59
广 西	10.87	10.51	4.00	0.64	6.87	6.75
海 南	0.90	0.89	0.27	0.08	0.63	0.64
重 庆	4.42	4.28	1.23	0.58	3.19	2.68
四 川	21.38	18.33	3.05	1.35	18.33	16.51
贵 州	4.20	3.28	1.19	0.26	3.02	2.92
云 南	9.65	9.39	1.48	0.54	8.18	6.68
西 藏						
陕 西	81.47	68.93	26.29	5.10	55.18	47.29
甘 肃	206.69	202.30	79.01	8.87	127.68	120.45
青 海	0.12	0.12	0.03	0.01	0.09	0.09
宁 夏	19.96	16.10	5.82	0.90	14.15	13.61
新 疆	275.74	263.51	114.96	15.58	160.77	155.84

单位：亿元

负债合计	流动负债合计	应付账款	长期负债合计	所有者权益 合计	实收资本	国家资本
2761.30	**2193.20**	**502.88**	**478.94**	**2347.89**	**1290.61**	**466.67**
51.71	46.59	15.60	5.12	51.78	14.81	3.93
56.47	52.58	15.68	3.89	55.15	23.67	11.98
128.28	110.02	20.44	11.03	91.65	67.99	32.85
463.87	384.43	88.46	78.05	195.38	124.64	15.73
34.70	28.06	5.72	6.64	19.75	13.57	5.46
270.18	223.64	50.25	45.73	271.58	61.45	25.83
18.84	15.26	4.18	3.29	15.63	14.45	11.71
150.18	114.24	24.01	35.84	188.74	38.97	18.44
144.85	99.24	18.24	21.87	294.36	165.04	48.32
113.34	87.13	22.64	26.21	69.38	51.16	27.25
75.33	65.91	23.38	9.36	127.21	34.27	0.55
43.14	27.55	6.25	4.56	14.96	12.62	10.53
16.79	16.25	7.24	0.53	30.89	24.72	22.65
48.43	28.83	5.23	17.61	16.70	12.36	2.17
352.96	293.67	37.99	39.45	227.06	140.25	27.21
104.12	74.37	11.61	29.21	48.44	38.34	1.57
59.04	44.66	9.93	4.43	73.11	60.00	36.96
86.22	75.11	12.64	10.54	27.37	23.10	1.57
165.65	147.48	59.58	16.86	180.08	151.33	1.46
13.81	9.23	2.08	1.37	7.51	6.47	0.71
0.97	0.97	0.26		2.32	0.21	
2.97	2.31	0.96	0.66	4.84	3.26	0.03
27.67	22.64	4.25	4.99	19.38	8.69	0.43
6.14	4.03	0.77	1.90	3.39	3.29	0.26
15.00	9.30	1.94	5.69	5.45	3.25	0.40
76.46	60.35	15.26	16.12	44.28	24.36	13.99
115.95	67.40	21.41	48.33	103.05	104.32	92.43
0.08	0.08	0.02		0.12	0.07	
24.42	17.09	2.91	7.32	5.42	9.01	4.68
93.73	64.77	13.99	22.33	152.90	54.96	47.55

1-B-26 续表 2

地区						主营业务收入
	集体资本	法人资本	个人资本	港澳台资本	外商资本	
全国	**18.31**	**563.88**	**143.46**	**51.65**	**46.64**	**8994.46**
北京	0.10	9.47	1.00	0.22	0.09	278.09
天津	0.13	3.65	0.90	0.24	6.78	257.64
河北	1.35	17.06	13.87	2.55	0.30	362.72
山西	3.76	55.90	45.57	2.88	0.79	504.61
内蒙古	0.01	1.37	6.73			60.54
辽宁	3.38	16.59	8.47	3.34	3.84	1360.90
吉林	0.17	1.03	1.46		0.07	46.62
黑龙江	0.13	13.63	6.76			537.30
上海	0.37	83.93	8.07	23.33	1.01	675.73
江苏	1.21	9.74	4.46	2.90	5.60	429.27
浙江	0.04	20.87	0.32	7.86	4.63	509.52
安徽		0.35	0.81	0.83	0.10	129.79
福建	0.10	0.42	0.85	0.11	0.59	110.05
江西	0.17	9.43	0.59			126.38
山东	2.10	92.43	16.96	0.82	0.73	971.51
河南	1.22	24.76	4.86	1.42	4.50	250.10
湖北	0.08	18.87	3.08	0.17	0.85	254.72
湖南	0.21	20.51	0.73	0.02	0.06	246.85
广东	0.38	130.84	1.36	2.45	14.84	796.46
广西	0.03	2.66	0.15	1.72	1.20	28.06
海南		0.21				4.73
重庆	0.27	2.02	0.94			7.22
四川	0.02	4.02	3.96		0.26	43.82
贵州	0.05	0.91	2.05	0.01		9.04
云南	0.01	1.84	0.90		0.11	15.93
西藏						
陕西	0.74	6.13	3.50			229.33
甘肃	1.63	9.05	0.32	0.75	0.13	353.48
青海			0.07			0.10
宁夏	0.05	1.51	2.76			43.21
新疆	0.59	4.67	1.95	0.02	0.17	350.72

单位：亿元

主营业务成本	主营业务税金及附加	其他业务收入	其他业务利润	营业费用	管理费用	税　金
8011.43	**314.40**	**207.44**	**24.38**	**113.32**	**217.52**	**5.83**
256.86	7.98	8.54	-0.30	5.49	6.24	0.12
241.04	8.11	4.01	0.67	3.40	5.35	0.16
331.26	12.27	5.20	0.58	2.16	8.16	0.20
389.01	7.00	11.16	6.66	44.27	19.39	0.71
52.04	2.90	0.28	0.13	1.31	1.72	0.08
1243.33	40.20	14.85	1.55	9.10	26.33	0.56
44.06	2.51	1.81	0.36	0.39	1.97	0.06
474.18	56.39	10.13	-0.16	3.14	18.42	0.39
579.90	16.77	20.86	2.63	5.31	21.94	0.51
390.91	10.85	2.79	0.11	4.52	8.29	0.14
441.26	17.66	10.36	0.19	3.08	5.76	0.21
119.42	5.35	7.11	0.79	0.48	2.50	0.04
98.02	5.29	2.11	0.05	0.69	2.01	0.08
115.12	4.76	1.24	0.27	0.84	2.94	0.05
887.56	24.83	50.91	2.03	4.99	20.58	0.75
227.34	7.00	7.13	1.58	2.84	4.73	0.40
235.81	9.68	6.31	0.56	0.79	5.06	0.17
223.38	7.98	7.88	4.21	1.75	7.35	0.30
709.64	23.65	18.45	-0.90	4.56	16.01	0.23
25.69	1.08	2.67	0.04	0.42	0.73	0.01
4.02	0.05			0.03	0.05	
5.60	0.06	0.39	0.07	0.26	0.59	0.03
37.08	0.66	1.20	0.21	1.27	1.28	0.06
6.96	0.31	0.19	0.05	0.54	0.53	0.08
14.03	0.12	0.20	0.09	0.45	0.61	0.02
199.13	11.14	0.66	0.52	2.48	4.34	0.23
312.85	13.57	4.40	0.25	2.75	13.83	0.13
0.10						
39.59	2.05	0.19	0.04	0.44	0.96	0.05
306.24	14.20	6.38	2.09	5.58	9.81	0.07

1-B-26 续表 3

地 区	财务费用	利息支出	营业利润	投资收益	补贴收入	利润总额
全 国	**55.50**	**51.25**	**329.64**	**4.93**	**8.17**	**284.41**
北 京	1.01	0.88	0.21	0.72	1.40	1.71
天 津	2.60	1.13	-0.63	-0.30	0.03	-1.85
河 北	2.37	2.12	7.07		0.02	6.08
山 西	13.16	11.85	31.33	0.18	0.55	30.19
内蒙古	0.73	0.70	1.97		0.36	1.36
辽 宁	-0.23	-0.35	43.72	0.36	0.16	38.18
吉 林	0.13	0.16	-2.17	0.07	0.10	-2.62
黑龙江	2.89	3.21	17.20	0.15	0.06	14.86
上 海	3.83	3.57	50.62	3.58	1.56	52.25
江 苏	2.29	2.29	12.53	0.18	0.22	10.34
浙 江	1.32	1.08	40.63	0.37	0.68	40.66
安 徽	1.10	1.04	1.72			-0.44
福 建	0.04	0.03	4.31	-0.38	0.09	3.70
江 西	1.80	1.76	0.51	0.04	0.18	0.42
山 东	7.84	7.69	25.76	2.53	0.29	21.43
河 南	3.61	4.45	5.98	0.20	0.51	6.84
湖 北	0.94	0.53	3.11	0.08	0.04	2.65
湖 南	1.91	1.90	8.53	-0.03	0.11	1.80
广 东	3.32	3.19	38.13	0.90	0.20	36.46
广 西	0.14	0.14	-0.31	0.37	0.05	0.12
海 南	-0.02		0.60			0.60
重 庆	0.05	0.05	0.70	-0.01		0.58
四 川	0.78	0.68	2.96		0.01	2.87
贵 州	0.19	0.16	0.57			0.56
云 南	0.44	0.43	0.39		0.94	1.18
西 藏						
陕 西	1.24	1.15	12.52	0.02	0.13	11.58
甘 肃	0.62	0.65	6.37	-0.01	0.08	-1.58
青 海	0.01	0.01	0.01			0.01
宁 夏	0.57	0.31	-0.34	0.06	0.01	-0.52
新 疆	0.81	0.43	15.63	-4.14	0.39	4.97

单位：亿元

亏损企业亏损额	应交所得税	本年应付工资总额	主营业务应付工资总额	本年应付福利费总额	主营业务应付福利费总额	本年应交增值税	全部从业人员年平均人数（万人）
49.71	**67.58**	**137.78**	**124.53**	**18.81**	**17.14**	**284.66**	**67.97**
3.07	0.15	4.02	2.82	0.54	0.38	5.42	1.28
4.68	0.65	3.02	2.67	0.42	0.37	4.11	1.26
2.36	2.74	6.46	5.39	0.73	0.67	9.67	3.63
2.89	7.19	15.73	14.27	1.96	1.86	50.82	15.61
2.13	0.26	2.53	2.49	0.36	0.36	2.68	1.57
1.03	4.37	13.16	12.66	1.77	1.67	19.89	5.48
2.93	0.05	1.33	0.87	0.18	0.12	0.68	0.75
5.47	4.03	10.23	7.97	1.42	1.09	15.01	4.54
0.07	7.22	11.66	10.65	1.61	1.42	25.73	2.83
0.40	2.86	5.29	5.21	0.76	0.75	12.54	2.11
0.28	12.55	5.84	5.67	0.81	0.79	17.24	1.15
2.03	0.03	1.46	1.46	0.18	0.18	4.38	0.77
0.01	1.38	1.21	1.17	0.17	0.16	2.31	0.34
0.45	0.05	1.45	1.15	0.19	0.15	4.51	0.84
4.76	5.76	11.89	11.77	1.71	1.68	25.96	7.10
0.27	1.00	2.77	2.71	0.43	0.42	7.07	2.07
0.26	0.60	3.88	2.39	0.41	0.36	5.95	1.87
1.45	1.02	5.72	5.08	0.81	0.68	9.01	2.08
1.32	11.99	8.92	7.77	1.25	1.07	23.81	2.23
0.72	0.19	0.58	0.55	0.08	0.08	2.07	0.25
	0.07	0.05	0.05	0.01	0.01	0.61	0.02
0.02	0.04	0.40	0.40	0.05	0.05	0.35	0.33
0.18	0.49	1.14	1.07	0.16	0.15	3.00	1.09
0.23	0.15	0.93	0.91	0.07	0.06	0.69	0.72
0.07	0.19	0.56	0.53	0.08	0.08	1.56	0.48
1.09	1.83	3.39	3.25	0.46	0.45	9.11	1.77
2.36	0.19	7.42	7.10	1.28	1.22	8.90	2.99
0.64	0.01	1.06	1.06	0.14	0.14	1.28	0.75
8.51	0.52	5.68	5.43	0.78	0.75	10.31	2.06

1-B-27 规模以上化学原料及化学制品

地区	企业单位数(个)	亏损企业	工业总产值(当年价)	工业销售产值(当年价)	出口交货值
全国	**18759**	**3660**	**12952.69**	**12611.58**	**1251.09**
北京	458	109	398.97	394.68	12.27
天津	635	160	402.62	401.45	35.13
河北	655	101	474.91	468.08	38.65
山西	350	91	211.77	208.53	8.25
内蒙古	186	45	103.30	101.94	1.48
辽宁	684	177	451.91	446.80	27.76
吉林	232	62	398.58	392.81	5.57
黑龙江	216	70	105.99	101.03	1.21
上海	1063	190	778.47	771.98	89.38
江苏	3359	624	2441.27	2389.83	292.84
浙江	1710	222	1038.36	1008.43	172.00
安徽	310	93	229.75	225.17	9.37
福建	453	112	309.62	299.54	48.94
江西	325	62	108.76	106.10	9.74
山东	1975	233	1687.61	1654.49	112.00
河南	766	111	416.47	408.70	13.37
湖北	507	122	300.95	295.79	22.77
湖南	927	114	288.46	283.17	34.80
广东	1794	383	1465.73	1353.88	218.04
广西	346	117	135.00	130.83	19.02
海南	42	17	31.68	31.74	8.75
重庆	164	26	137.66	137.71	10.65
四川	590	102	407.46	396.51	24.93
贵州	214	72	115.61	111.92	4.49
云南	250	71	203.03	195.53	22.36
西藏	5	1	0.20	0.31	
陕西	178	58	96.48	90.55	1.25
甘肃	141	37	72.11	69.72	0.92
青海	49	19	29.68	27.83	0.02
宁夏	77	37	57.47	55.46	3.05
新疆	98	22	52.81	51.06	2.06

制造业工业企业主要经济指标

单位：亿元

资产合计	流动资产合计	应收账款净额	存货	产成品	流动资产年平均余额	固定资产合计
12744.02	**5699.11**	**1293.19**	**1615.64**	**665.67**	**5303.39**	**5582.31**
399.80	155.48	25.78	50.63	18.14	140.68	172.44
356.23	170.51	43.31	50.32	21.74	164.90	149.77
477.12	215.29	43.56	63.87	29.93	219.46	194.64
380.74	149.81	30.57	33.77	13.40	137.75	184.18
162.83	53.95	9.46	12.08	5.64	53.09	90.30
615.90	191.84	41.44	60.98	25.17	187.39	343.41
412.55	90.68	17.91	38.74	14.00	90.53	265.61
184.95	73.20	11.48	20.57	10.49	70.45	97.07
773.06	415.81	124.18	107.41	40.57	391.96	264.12
1908.77	962.98	244.35	281.97	113.03	862.80	789.64
861.47	486.62	121.26	123.86	60.92	435.88	277.15
246.65	122.22	36.02	30.27	14.14	107.93	101.88
371.44	124.03	24.59	35.79	13.48	115.04	199.64
133.68	52.37	12.96	15.88	6.72	50.14	62.97
1389.31	573.16	105.33	148.09	58.59	546.89	657.31
408.32	176.69	28.64	47.59	19.88	168.40	200.19
318.41	143.94	28.46	40.54	13.74	129.80	138.74
317.35	135.53	36.12	36.62	16.08	125.36	135.85
1107.36	631.24	178.12	194.08	76.55	589.71	360.84
170.31	75.01	15.85	23.47	10.21	60.33	72.01
58.75	20.71	3.87	3.11	1.15	19.80	32.52
185.38	73.69	11.98	17.68	7.83	67.76	87.55
513.82	220.88	33.71	71.25	24.04	210.22	234.94
158.40	69.06	10.74	16.24	7.70	63.57	66.59
298.83	113.32	18.02	34.98	16.66	109.02	136.47
1.18	0.71	0.15	0.50	0.25	0.20	0.44
166.06	58.19	12.00	14.36	6.89	54.63	86.15
124.13	49.46	10.12	16.19	7.96	47.01	62.11
84.24	34.43	3.35	7.13	2.13	29.79	43.00
76.03	23.50	3.92	7.47	3.13	20.35	39.82
80.94	34.81	5.96	10.22	5.50	32.56	34.95

1-B-27 续表 1

地 区	固定资产原价	生产经营用	累计折旧	本年折旧	固定资产净值	固定资产净值年平均余额
全 国	**7952.72**	**7102.90**	**2970.15**	**444.47**	**4982.57**	**4952.78**
北 京	324.85	313.77	161.88	20.67	162.97	167.35
天 津	206.27	165.12	82.99	16.74	123.28	180.32
河 北	293.53	260.29	101.25	14.36	192.28	186.62
山 西	242.14	189.82	88.00	10.45	154.13	148.42
内蒙古	104.92	96.01	29.80	6.54	75.12	74.24
辽 宁	519.01	471.68	207.33	22.39	311.68	311.31
吉 林	410.13	374.76	128.01	22.36	282.12	280.35
黑龙江	128.95	98.11	41.07	6.02	87.88	89.28
上 海	448.42	386.52	209.01	32.03	239.41	235.62
江 苏	1077.18	984.34	409.22	60.23	667.96	663.08
浙 江	363.31	343.88	118.05	24.21	245.26	229.63
安 徽	137.98	124.34	51.45	8.17	86.53	84.71
福 建	249.07	207.10	72.18	11.89	176.89	179.06
江 西	78.82	67.61	23.05	2.88	55.76	54.66
山 东	900.13	802.77	331.33	50.80	568.79	547.42
河 南	294.57	269.88	105.31	13.98	189.26	183.32
湖 北	191.90	175.32	74.99	10.49	116.90	114.52
湖 南	221.44	196.83	92.71	12.09	128.74	127.83
广 东	517.56	452.71	180.97	31.54	336.59	336.22
广 西	92.63	76.33	31.80	4.58	60.84	60.74
海 南	45.39	37.52	12.39	2.87	33.00	33.12
重 庆	134.35	122.22	61.86	7.80	72.49	66.91
四 川	326.54	304.29	123.99	17.66	202.55	196.66
贵 州	86.22	77.05	33.07	4.59	53.15	51.89
云 南	193.77	177.34	75.57	10.53	118.20	119.71
西 藏	0.44	0.23	0.06	0.01	0.38	0.38
陕 西	114.54	104.77	35.90	5.73	78.64	78.18
甘 肃	85.44	78.03	31.13	3.22	54.31	52.54
青 海	52.40	41.63	12.50	3.13	39.90	31.79
宁 夏	63.86	60.55	29.52	3.66	34.34	34.62
新 疆	46.94	42.10	13.73	2.86	33.21	32.28

单位：亿元

负债合计	流动负债合计		长期负债合计	所有者权益		
		应付账款		合　计	实收资本	
						国家资本
7220.46	**5609.11**	**1328.13**	**1497.88**	**5516.72**	**3755.20**	**803.50**
127.70	105.26	21.91	22.43	272.11	153.00	10.60
205.01	172.93	42.59	32.06	151.22	138.25	18.34
302.16	241.50	46.88	56.38	174.96	123.77	54.49
243.63	186.24	31.74	48.68	136.55	83.97	25.60
82.04	54.74	9.73	27.30	80.79	59.09	14.04
354.95	230.32	39.43	123.76	255.20	202.41	120.81
199.36	154.61	42.88	34.76	213.19	165.89	13.55
104.46	82.33	16.84	21.76	80.50	122.12	8.25
347.78	312.28	102.23	30.03	425.28	310.29	36.99
1138.79	945.08	272.91	193.71	769.73	479.06	24.52
504.67	440.18	97.77	58.08	356.80	190.68	19.57
157.69	115.55	25.06	42.02	88.96	69.55	20.76
191.78	148.31	26.59	41.47	179.66	110.16	14.73
92.04	68.95	10.05	22.04	41.64	34.80	8.41
782.00	597.51	114.57	176.15	607.31	346.24	120.23
274.91	184.33	37.58	82.63	133.41	112.69	31.38
199.58	147.33	32.08	41.85	118.83	75.52	19.18
195.82	133.48	28.06	37.56	121.53	102.34	15.87
599.72	504.55	175.82	80.94	507.64	324.68	19.59
99.05	67.90	14.64	30.42	71.26	39.86	14.47
35.04	19.16	2.49	15.83	23.71	19.40	14.67
96.99	69.32	11.09	24.35	88.39	53.70	24.78
289.82	220.68	36.47	66.86	224.01	116.41	26.51
84.12	60.56	13.82	22.41	74.02	44.46	22.63
186.40	130.99	27.69	55.41	112.43	79.79	19.87
0.40	0.20	0.06	0.19	0.78	0.33	0.29
128.62	65.37	11.25	63.20	37.44	40.31	20.14
66.64	54.69	13.49	11.75	57.49	75.12	15.58
46.69	27.13	6.64	18.92	37.56	25.43	11.87
40.45	33.68	7.51	6.70	35.58	28.99	19.02
42.17	33.93	8.26	8.24	38.77	26.90	16.78

1-B-27 续表 2

地区						主营业务收入
	集体资本	法人资本	个人资本	港澳台资本	外商资本	
全国	**111.74**	**1402.14**	**554.64**	**246.86**	**636.33**	**12681.44**
北京	1.24	104.33	11.62	2.87	22.35	394.59
天津	5.39	65.78	8.98	4.30	35.46	407.63
河北	8.03	31.64	24.37	1.76	3.48	457.82
山西	3.16	39.89	14.80	0.05	0.48	205.93
内蒙古	0.39	31.29	13.12	0.03	0.22	101.39
辽宁	3.50	42.80	19.71	4.53	11.05	445.91
吉林	2.19	141.33	4.19	0.27	4.36	386.39
黑龙江	1.06	106.35	5.74	0.61	0.09	107.51
上海	15.19	78.22	17.74	22.32	139.84	790.37
江苏	18.57	147.92	86.62	39.56	161.87	2403.67
浙江	5.68	56.42	63.30	15.38	30.33	1058.64
安徽	1.29	20.82	9.77	0.52	16.39	222.55
福建	1.01	20.33	13.24	30.70	30.15	295.79
江西	0.71	16.37	6.95	1.53	0.83	102.01
山东	16.99	98.73	69.84	6.97	33.48	1624.24
河南	5.14	49.91	24.00	1.29	0.97	393.59
湖北	2.01	22.11	23.63	3.37	5.21	290.28
湖南	2.91	57.60	18.77	3.10	4.10	287.60
广东	3.81	55.39	34.77	100.63	110.49	1383.12
广西	1.49	10.08	8.53	1.92	3.37	133.15
海南	0.76	2.51	0.78	0.34	0.34	31.69
重庆	1.03	16.29	6.03	0.56	5.02	138.05
四川	2.46	47.59	33.07	1.40	5.38	402.11
贵州	1.01	15.00	4.63	0.29	0.90	106.46
云南	2.04	39.69	10.35	0.95	6.89	201.13
西藏		0.04				0.37
陕西	0.90	13.75	5.40	0.01	0.11	90.08
甘肃	1.94	52.08	2.38	0.69	2.45	81.56
青海	0.03	9.08	4.18	0.23	0.03	27.37
宁夏	0.96	3.88	4.42	0.30	0.43	56.32
新疆	0.85	4.91	3.71	0.39	0.26	54.13

单位：亿元

主营业务成本	主营业务税金及附加	其他业务收入	其他业务利润	营业费用	管理费用	税　金
10328.71	**84.76**	**382.08**	**44.56**	**572.23**	**673.58**	**24.98**
287.55	3.30	5.41	0.90	14.45	22.79	0.43
338.40	1.63	6.94	1.41	11.53	23.79	0.64
379.61	2.23	8.40	1.71	17.29	25.05	0.73
170.51	1.18	5.63	0.66	6.92	14.28	0.60
80.79	0.78	1.07	0.04	4.44	6.04	0.59
373.33	5.00	14.98	-0.39	9.49	25.29	2.61
324.78	7.99	85.68	-0.27	3.44	24.43	0.77
94.47	0.56	1.95	0.86	1.93	7.66	0.36
622.89	5.32	23.62	5.08	53.51	60.68	1.40
2073.83	12.38	86.13	6.74	60.90	94.88	2.87
900.12	4.49	32.12	4.29	37.52	46.59	1.19
183.75	1.24	3.96	0.89	15.40	12.61	0.51
234.40	0.76	2.88	0.75	11.20	11.75	0.39
88.04	1.17	1.62	0.27	3.72	4.83	0.27
1367.98	9.00	32.63	4.45	43.38	67.26	3.94
329.60	2.92	3.84	1.52	10.09	17.40	1.10
237.00	1.75	4.25	2.51	19.43	18.48	0.54
236.83	5.23	7.50	1.92	9.80	19.01	1.24
972.15	8.91	19.20	4.08	179.14	74.83	1.69
109.21	1.09	3.58	0.99	6.65	8.33	0.31
20.05	0.22	0.27	0.14	1.14	1.25	0.07
105.44	0.84	2.60	0.57	8.13	10.60	0.42
317.05	1.91	11.94	2.33	19.81	28.31	0.79
82.34	0.56	1.41	0.35	3.94	6.99	0.20
157.60	1.23	7.00	1.35	7.59	15.25	0.32
0.25				0.02	0.03	
70.93	1.08	1.65	0.38	3.69	7.25	0.41
69.64	0.80	2.83	0.45	2.06	6.88	0.31
12.24	0.57	0.10	0.23	1.74	3.24	0.06
45.69	0.23	1.14	0.19	1.59	3.01	0.10
42.22	0.38	1.72	0.17	2.29	4.77	0.10

1-B-27 续表 3

地 区	财务费用	利息支出	营业利润	投资收益	补贴收入	利润总额
全 国	**170.29**	**153.29**	**859.83**	**34.47**	**43.44**	**883.28**
北 京	2.86	2.43	64.53	1.85	0.41	65.94
天 津	6.92	6.08	25.98	0.06	0.88	17.07
河 北	10.54	9.91	24.81	2.89	0.91	16.89
山 西	5.82	5.77	8.18	1.44	1.30	9.40
内蒙古	2.05	1.99	7.33	0.55	0.51	6.17
辽 宁	10.19	10.27	22.22	0.86	1.34	21.32
吉 林	5.27	4.97	20.67	0.53	6.31	26.17
黑龙江	0.90	0.79	2.25	-0.78	0.72	0.99
上 海	5.54	4.83	47.52	3.29	2.41	52.21
江 苏	23.98	20.32	144.44	3.42	4.52	146.76
浙 江	12.33	11.51	61.55	3.07	3.21	66.86
安 徽	3.67	3.56	7.05	-0.10	0.76	7.44
福 建	5.58	3.80	13.61	4.27	0.92	38.65
江 西	1.76	1.71	2.79	0.02	0.46	3.03
山 东	20.28	17.94	120.10	0.49	2.84	114.27
河 南	6.18	5.58	25.47	0.13	1.49	25.67
湖 北	5.14	4.93	7.07	0.18	1.15	8.53
湖 南	4.21	3.59	10.49	1.26	0.70	1.08
广 东	9.64	7.21	142.61	3.46	0.86	146.96
广 西	2.38	2.06	4.58	0.91	0.53	5.43
海 南	0.81	0.88	8.39	0.02	0.07	8.95
重 庆	2.23	1.84	11.99	2.15	1.63	14.32
四 川	6.85	6.49	30.50	1.18	2.68	31.47
贵 州	1.72	1.69	11.26	0.21	0.68	8.39
云 南	5.07	4.81	15.72	2.21	3.22	20.21
西 藏	0.01	0.01	0.06			0.06
陕 西	4.42	4.30	2.97	0.38	0.59	2.78
甘 肃	1.17	1.25	1.33	0.21	1.32	2.18
青 海	1.05	1.01	5.63	0.11	0.38	5.14
宁 夏	0.99	1.09	4.76	0.21	0.33	5.05
新 疆	0.73	0.69	3.98	0.01	0.32	3.88

单位：亿元

亏损企业亏损额	应交所得税	本年应付工资总额	主营业务应付工资总额	本年应付福利费总额	主营业务应付福利费总额	本年应交增值税	全部从业人员年平均人数（万人）
106.35	**154.37**	**483.19**	**446.77**	**64.84**	**58.89**	**452.93**	**326.35**
1.20	19.21	14.56	14.16	2.20	2.15	21.59	5.19
2.39	2.62	15.70	13.74	2.72	2.35	13.72	8.58
13.94	5.61	18.23	16.35	2.09	1.86	14.57	16.35
1.74	2.66	12.61	11.88	1.70	1.61	10.08	12.61
0.59	1.04	6.43	6.02	0.85	0.79	5.58	4.79
5.35	2.97	17.11	15.85	1.96	1.77	16.90	12.56
2.30	0.44	12.09	10.67	1.54	1.36	13.32	7.13
3.74	0.79	7.88	7.22	1.02	0.94	6.28	4.75
8.72	8.09	37.07	33.62	4.23	3.78	29.32	11.60
10.44	24.91	65.04	62.44	9.14	8.69	60.29	40.14
3.27	13.94	30.93	28.94	4.35	3.97	29.81	18.46
1.19	1.48	8.90	8.71	1.36	1.33	7.51	7.94
2.24	1.22	9.20	8.49	0.84	0.77	9.69	5.82
0.83	0.69	5.45	4.76	0.60	0.53	4.29	5.66
6.98	22.09	48.19	45.39	5.67	5.29	50.43	39.85
1.69	6.00	15.07	14.41	2.16	2.05	13.47	16.80
3.90	2.13	12.45	10.67	1.52	1.27	9.66	11.32
12.91	4.80	22.20	21.48	2.62	2.19	10.39	18.98
7.74	18.81	46.73	41.47	7.76	6.69	70.47	20.12
1.85	1.10	7.81	7.10	1.03	0.85	5.07	6.55
0.76	0.33	1.12	0.92	0.13	0.10	2.18	0.46
1.14	1.68	7.91	6.66	1.01	0.85	7.08	5.68
2.61	4.97	21.26	19.48	3.19	2.94	15.43	16.73
0.70	1.81	6.36	5.63	0.85	0.77	5.27	5.07
2.70	2.05	10.02	9.47	1.25	1.19	7.67	7.08
0.01		0.04	0.03				0.02
1.45	0.62	6.13	5.65	0.80	0.75	3.89	5.38
1.90	0.38	7.67	7.06	1.02	0.87	2.79	4.65
1.11	1.03	2.08	1.85	0.27	0.26	0.69	1.29
0.50	0.20	2.95	2.78	0.39	0.38	2.57	2.63
0.47	0.71	3.98	3.88	0.55	0.54	2.88	2.14

1-B-28 规模以上医药制造业

地区	企业单位数(个)	亏损企业	工业总产值(当年价)	工业销售产值(当年价)	出口交货值
全国	**4709**	**1232**	**3241.26**	**3067.47**	**343.44**
北京	196	57	119.72	116.01	3.08
天津	112	24	117.84	113.54	12.53
河北	148	45	171.98	169.84	28.53
山西	92	31	42.66	36.11	2.22
内蒙古	48	14	32.39	29.13	1.40
辽宁	169	66	84.70	77.91	20.32
吉林	204	61	117.87	103.14	2.07
黑龙江	96	20	94.39	89.13	2.51
上海	233	56	196.03	194.22	19.79
江苏	465	123	371.75	357.76	54.89
浙江	412	67	299.98	288.30	97.13
安徽	122	33	40.85	38.69	2.39
福建	79	24	52.11	48.40	7.63
江西	138	29	94.78	92.26	3.05
山东	355	69	317.16	303.88	32.29
河南	245	49	136.29	134.24	6.92
湖北	211	76	93.04	85.93	12.59
湖南	164	35	70.11	69.34	1.78
广东	304	86	258.84	226.68	13.32
广西	136	44	58.72	55.99	1.84
海南	50	18	27.53	24.38	0.15
重庆	51	6	53.51	54.31	3.41
四川	245	58	138.93	130.73	6.38
贵州	108	38	58.18	49.28	0.01
云南	76	15	41.94	39.26	1.73
西藏	14	1	4.10	3.35	0.03
陕西	153	65	109.22	102.80	2.73
甘肃	43	13	20.17	17.43	0.32
青海	16	3	5.88	5.55	
宁夏	9	2	7.44	6.60	2.16
新疆	15	4	3.16	3.23	0.23

工业企业主要经济指标

单位：亿元

资产合计	流动资产合计	应收账款净额	存货	产成品	流动资产年平均余额	固定资产合计
4719.03	**2284.43**	**605.73**	**544.80**	**239.36**	**2191.00**	**1670.60**
237.63	98.71	18.67	29.69	12.50	99.22	67.25
223.71	81.20	20.10	20.87	5.84	81.65	65.11
309.04	144.22	39.99	28.43	12.03	135.28	121.92
71.11	32.78	8.15	9.22	4.13	31.90	30.61
42.19	16.80	4.65	5.04	2.54	17.73	18.13
151.26	69.00	18.81	15.96	8.11	66.63	50.96
226.60	117.46	36.04	28.79	15.80	114.66	73.91
133.85	61.54	14.83	21.64	8.65	60.62	60.72
327.39	168.30	53.09	40.14	15.13	162.15	109.42
360.23	193.84	61.38	39.59	19.46	180.73	134.16
355.82	191.00	47.50	47.76	19.60	174.70	126.05
71.52	29.79	10.65	7.64	3.83	28.02	32.18
74.89	39.84	9.11	8.36	3.35	39.07	25.61
110.14	47.27	13.53	11.46	5.51	46.64	41.42
365.26	169.91	40.95	40.73	19.25	157.47	144.17
183.96	85.99	21.14	24.92	11.54	82.26	75.56
154.17	72.55	16.12	16.50	6.50	69.87	50.91
97.47	45.70	10.82	10.63	5.24	44.12	34.70
376.54	203.23	53.32	41.72	18.34	200.15	113.23
100.53	37.80	10.42	8.99	4.28	35.07	43.20
46.79	25.99	10.46	4.27	1.95	22.73	12.13
100.83	48.87	11.39	8.18	3.37	43.27	33.16
219.42	110.79	27.53	24.31	8.81	105.17	69.46
72.93	42.47	12.92	9.93	5.21	47.19	21.70
74.17	35.15	9.21	9.80	3.48	34.24	24.98
9.98	7.24	1.17	1.16	0.43	6.95	2.32
149.64	76.38	16.60	18.70	9.95	75.78	55.70
35.68	18.14	4.06	5.18	2.17	14.89	13.38
12.69	5.60	1.30	2.38	1.33	5.32	4.83
16.30	3.41	0.75	1.54	0.44	3.66	10.63
7.28	3.48	1.07	1.27	0.59	3.85	3.06

1-B-28 续表 1

地区	固定资产原价	生产经营用	累计折旧	本年折旧	固定资产净值	固定资产净值年平均余额
全国	**2013.20**	**1740.79**	**558.32**	**109.86**	**1454.88**	**1371.59**
北京	75.91	61.81	21.33	4.40	54.57	49.28
天津	78.54	68.58	26.24	4.77	52.30	49.29
河北	163.60	155.09	48.22	7.63	115.38	102.83
山西	31.42	25.00	6.45	1.78	24.97	25.46
内蒙古	18.82	17.80	4.33	1.02	14.49	14.25
辽宁	70.66	58.00	23.19	4.20	47.47	45.85
吉林	82.91	68.18	18.01	4.10	64.90	62.71
黑龙江	78.58	66.95	21.45	4.33	57.12	50.83
上海	149.74	124.74	51.48	8.56	98.26	96.70
江苏	175.03	153.93	51.39	11.09	123.64	118.14
浙江	147.06	136.35	40.09	9.61	106.97	100.22
安徽	35.27	30.29	8.61	1.70	26.66	24.33
福建	29.55	26.97	8.41	1.72	21.14	19.71
江西	43.59	33.73	9.46	2.31	34.13	31.97
山东	169.98	154.22	46.31	7.97	123.67	117.80
河南	91.49	76.77	24.13	3.88	67.36	64.54
湖北	61.46	52.49	14.49	2.86	46.97	40.98
湖南	39.25	35.41	9.10	2.29	30.15	27.87
广东	150.74	124.23	50.02	8.86	100.73	95.41
广西	44.58	38.89	8.63	2.03	35.95	33.32
海南	15.98	12.07	4.91	0.90	11.07	10.36
重庆	36.83	31.64	9.14	1.88	27.70	25.93
四川	81.29	69.48	19.17	4.18	62.12	60.60
贵州	22.95	18.16	4.56	1.36	18.39	17.44
云南	29.55	24.99	7.68	2.22	21.87	20.73
西藏	2.41	1.71	0.41	0.10	2.00	1.94
陕西	53.81	45.26	13.84	2.71	39.97	39.60
甘肃	16.32	14.30	4.35	0.69	11.98	10.77
青海	5.27	4.28	0.98	0.20	4.30	3.99
宁夏	7.50	6.83	1.30	0.41	6.20	6.03
新疆	3.11	2.62	0.66	0.12	2.45	2.72

单位：亿元

负债合计	流动负债合计		长期负债合计	所有者权益		
		应付账款		合　　计	实收资本	
						国家资本
2445.93	**2047.51**	**384.67**	**377.73**	**2270.00**	**1330.93**	**193.22**
87.94	77.17	17.46	10.77	149.69	65.06	6.02
86.98	77.03	9.79	9.95	136.73	76.37	26.84
187.38	156.89	39.36	29.43	121.66	73.88	16.65
45.41	33.29	5.45	11.85	25.70	20.06	5.84
23.99	17.50	2.65	6.49	18.20	13.99	4.15
86.35	71.27	11.58	14.87	64.91	47.52	14.44
108.31	94.85	16.81	12.12	118.29	70.80	6.99
71.20	55.16	13.56	15.39	62.65	34.94	6.41
181.09	164.84	32.41	15.12	146.30	113.69	8.23
174.32	153.90	36.10	20.42	183.43	110.37	7.39
191.83	163.72	27.33	27.44	163.98	85.69	6.52
39.63	32.01	5.77	7.53	31.89	20.99	4.09
38.07	32.18	5.25	5.85	36.82	20.39	2.83
55.44	44.26	8.89	9.10	54.70	31.27	2.54
203.14	168.82	29.56	33.72	162.11	84.64	10.06
95.50	75.11	14.52	19.38	88.46	56.24	6.63
73.65	59.06	11.09	10.96	80.52	48.70	6.65
46.65	34.55	5.84	11.53	50.83	26.53	2.74
193.69	170.51	26.12	22.81	182.85	111.78	14.22
53.80	43.49	6.97	9.76	46.73	24.73	3.06
18.16	15.73	5.15	2.43	28.63	14.51	1.82
56.01	46.84	6.47	8.88	44.82	22.86	6.03
121.05	102.05	15.29	16.80	98.37	56.71	8.78
39.78	30.39	7.92	8.26	32.53	14.54	0.55
33.39	24.33	3.66	9.06	40.77	19.68	3.11
3.09	1.79	0.18	1.27	6.90	2.75	1.34
90.91	72.09	14.38	16.07	58.73	41.82	3.76
16.93	12.61	3.04	4.29	18.75	10.08	4.42
6.30	5.26	0.69	1.04	6.39	5.36	0.09
11.27	6.57	0.65	4.70	5.03	2.81	0.10
4.66	4.25	0.71	0.41	2.62	2.18	0.92

1-B-28 续表 2

地区						主营业务收入
	集体资本	法人资本	个人资本	港澳台资本	外商资本	
全国	**55.49**	**515.18**	**297.29**	**67.73**	**202.02**	**3032.96**
北京	1.86	30.79	10.17	2.37	13.85	115.24
天津	0.97	30.07	4.30	0.80	13.40	131.51
河北	5.58	17.54	13.89	6.97	13.24	181.93
山西	0.48	3.31	5.50	0.57	4.36	34.32
内蒙古	1.05	6.55	1.63		0.61	29.19
辽宁	0.50	7.83	11.70	1.23	11.82	75.58
吉林	2.88	28.84	25.75	2.27	4.07	81.84
黑龙江	0.12	10.81	16.36	0.41	0.83	86.22
上海	7.38	57.25	6.64	5.93	28.26	214.90
江苏	3.70	28.57	18.02	5.28	47.42	360.44
浙江	3.08	30.71	30.76	4.39	10.23	285.86
安徽	0.30	9.76	5.13	0.69	1.02	39.79
福建	0.25	5.98	4.67	3.66	3.00	48.43
江西	0.35	14.03	10.42	0.62	3.31	94.82
山东	3.14	38.94	19.25	4.08	9.17	313.91
河南	13.02	14.19	19.44	0.94	2.02	122.87
湖北	2.61	24.99	10.15	2.63	1.65	84.45
湖南	0.04	13.16	9.64	0.63	0.33	56.64
广东	1.78	38.57	17.57	16.79	22.84	225.10
广西	0.44	10.17	8.21	1.55	1.31	50.87
海南	1.46	7.06	2.85	1.05	0.26	23.49
重庆	0.05	11.94	4.72		0.12	45.87
四川	0.48	25.28	16.71	2.29	3.17	123.64
贵州	0.07	7.06	6.10	0.67	0.09	43.26
云南	1.22	7.87	5.49	1.65	0.33	36.48
西藏	0.33	1.01	0.04		0.03	3.34
陕西	1.03	22.57	9.19	0.25	5.03	93.30
甘肃	0.10	4.95	0.57		0.06	16.20
青海	0.51	4.08	0.56	0.02	0.09	4.39
宁夏	0.70	0.61	1.39			5.93
新疆	0.01	0.68	0.47		0.10	3.13

单位：亿元

主营业务成本	主营业务税金及附加	其他业务收入	其他业务利润	营业费用	管理费用	税金
1961.13	**20.50**	**39.77**	**15.88**	**468.73**	**284.44**	**9.67**
60.41	0.64	2.20	1.41	24.56	14.82	0.29
84.88	0.51	3.49	1.38	20.95	13.27	0.27
136.34	0.61	2.90	0.73	15.19	13.58	0.42
20.73	0.21	0.14	0.06	5.28	3.36	0.08
19.96	0.23	0.19	0.14	3.39	2.66	0.10
48.76	0.28	0.35	0.17	10.01	9.65	0.35
42.76	1.23	0.54	0.52	15.01	9.92	0.38
52.59	0.73	0.39	0.32	17.38	9.65	0.42
145.90	1.90	4.97	2.65	30.65	23.83	0.39
211.18	1.99	4.71	1.31	80.61	29.25	0.56
195.84	1.35	5.42	1.60	32.06	25.89	0.54
29.77	0.22	0.32	0.05	4.26	3.41	0.16
31.05	0.21	0.56	0.08	6.58	4.69	0.15
64.57	0.67	0.45	0.46	16.02	7.02	0.13
234.50	1.80	2.92	1.21	30.03	18.97	2.28
93.86	0.68	0.69	0.26	9.04	7.43	0.31
61.53	0.72	0.83	0.56	9.99	8.29	0.33
35.54	1.25	0.23	0.24	8.48	5.61	0.56
138.44	1.64	2.67	1.33	36.12	25.06	0.68
27.89	0.52	0.31	0.14	9.84	6.90	0.19
11.40	0.27	0.24	0.10	5.26	2.51	0.03
27.25	0.45	0.84	0.16	7.34	5.97	0.15
73.62	0.82	1.97	0.44	25.34	12.38	0.38
22.00	0.45	0.65	0.08	10.90	4.45	0.14
18.04	0.25	0.35	0.15	8.51	4.56	0.09
1.36	0.06	0.38		1.09	0.47	0.02
53.47	0.51	0.82	0.19	20.48	6.70	0.19
9.35	0.22	0.07	0.01	2.81	2.31	0.04
2.36	0.03	0.03	0.01	0.48	0.71	
3.98	0.02		0.05	0.47	0.59	0.02
1.81	0.03	0.14	0.06	0.56	0.51	0.02

1-B-28 续表 3

地 区	财务费用	利息支出	营业利润	投资收益	补贴收入	利润总额
全 国	**55.19**	**51.73**	**255.07**	**16.36**	**8.67**	**274.98**
北 京	1.81	1.43	14.41	3.92	0.21	17.07
天 津	1.38	1.85	11.43	3.19	0.14	15.36
河 北	4.47	4.30	12.47	2.81	0.11	15.14
山 西	1.17	1.10	3.12		0.02	2.10
内蒙古	0.52	0.52	2.57	-0.39	0.07	1.67
辽 宁	2.03	1.97	5.02	-0.38	0.56	4.91
吉 林	2.47	2.43	11.19	0.24	0.51	11.63
黑龙江	1.25	1.45	4.47	0.05	0.27	5.51
上 海	3.74	3.36	11.53	3.11	0.92	17.92
江 苏	3.87	3.07	34.85	0.44	0.58	35.88
浙 江	4.74	4.23	27.97	0.33	1.63	29.21
安 徽	0.89	0.88	1.36	0.05	0.23	1.37
福 建	1.07	0.87	5.02	-0.18	0.16	4.57
江 西	1.35	1.17	5.42	0.05	0.15	6.49
山 东	5.50	5.00	24.07	0.09	0.38	23.50
河 南	2.39	2.19	7.33	0.03	0.17	7.59
湖 北	1.47	1.23	2.99	0.16	0.25	3.95
湖 南	0.96	0.81	5.33	0.52	0.13	4.96
广 东	4.28	4.39	22.40	0.05	0.30	21.19
广 西	1.27	1.54	4.56	-0.01	0.13	4.63
海 南	0.36	0.35	3.86	0.08	0.21	4.14
重 庆	1.15	1.04	3.45	0.19	0.15	3.92
四 川	2.86	2.59	9.07	0.80	0.36	10.16
贵 州	0.88	0.83	4.67	-0.07	0.25	3.18
云 南	0.62	0.52	4.65	0.56	0.43	5.57
西 藏	-0.02	-0.02	0.72		0.01	0.86
陕 西	2.05	1.96	8.49	0.64	0.09	8.95
甘 肃	0.24	0.23	1.20	-0.01	0.12	1.36
青 海	0.16	0.17	0.65	0.11	0.10	0.82
宁 夏	0.20	0.19	0.59	0.01	0.03	0.99
新 疆	0.06	0.06	0.21	-0.02	0.03	0.37

单位：亿元

亏损企业亏损额	应交所得税	本年应付工资总额	主营业务应付工资总额	本年应付福利费总额	主营业务应付福利费总额	本年应交增值税	全部从业人员年平均人数（万人）
39.54	**48.44**	**181.11**	**169.07**	**23.56**	**21.80**	**185.09**	**114.38**
2.63	2.41	11.79	11.19	1.61	1.52	9.52	3.49
0.89	2.29	8.63	8.26	1.41	1.29	8.33	3.53
1.66	1.92	9.04	8.75	1.18	1.14	8.10	6.77
0.51	0.44	2.49	2.39	0.31	0.30	2.39	2.54
0.35	0.07	1.42	1.38	0.18	0.15	1.48	1.36
1.66	1.19	5.24	5.17	0.82	0.80	3.90	3.27
1.01	2.23	3.84	3.27	0.45	0.38	6.09	4.14
0.25	1.25	5.66	5.06	0.99	0.86	6.99	4.17
4.17	2.76	15.22	14.47	2.13	2.07	12.45	5.21
3.14	6.75	16.80	15.92	2.10	1.95	23.93	9.46
2.30	6.84	14.23	13.48	1.68	1.54	16.42	7.88
0.85	0.44	2.57	2.43	0.31	0.29	1.74	2.65
1.07	1.09	3.00	2.87	0.30	0.27	2.37	1.74
0.66	0.93	4.42	3.82	0.57	0.50	5.62	4.12
3.86	4.07	12.45	12.03	1.39	1.34	14.28	10.73
0.74	1.92	6.27	5.91	0.81	0.77	4.91	7.92
2.00	1.00	5.41	4.54	0.52	0.41	3.83	4.89
0.93	0.48	3.47	3.27	0.38	0.28	3.70	2.74
2.54	3.77	18.43	16.27	1.91	1.69	15.50	7.46
1.74	1.18	5.23	4.77	0.74	0.65	4.62	2.93
0.31	0.29	0.89	0.80	0.08	0.06	2.17	0.58
0.53	0.51	2.94	2.82	0.43	0.41	3.06	1.97
2.45	1.31	6.83	6.62	0.96	0.90	7.79	5.68
0.48	0.74	2.94	2.92	0.49	0.47	3.34	2.15
0.65	0.70	2.78	2.71	0.34	0.32	3.30	1.43
	0.01	0.20	0.19	0.02	0.02	0.40	0.12
1.55	1.34	5.66	4.85	1.04	0.99	6.79	3.45
0.33	0.12	1.84	1.65	0.24	0.22	1.07	1.08
0.03	0.09	0.53	0.42	0.07	0.06	0.40	0.30
0.03	0.12	0.57	0.57	0.08	0.08	0.31	0.43
0.22	0.18	0.30	0.29	0.05	0.04	0.28	0.20

1-B-29 规模以上化学纤维制造业

地区	企业单位数（个）	亏损企业	工业总产值（当年价）	工业销售产值（当年价）	出口交货值
全国	**1536**	**450**	**1952.99**	**1905.33**	**85.50**
北京	14	5	2.42	2.34	0.25
天津	18	13	5.24	5.02	0.10
河北	22	7	34.86	33.92	2.80
山西	6	2	3.71	3.73	
内蒙古	2	2	0.79	0.63	
辽宁	33	18	53.28	53.42	0.52
吉林	9	2	31.07	29.85	1.68
黑龙江	6	5	17.95	17.42	
上海	60	12	76.10	73.95	9.62
江苏	588	193	521.23	511.39	9.96
浙江	382	77	731.04	708.80	16.68
安徽	17	4	21.80	21.43	1.30
福建	56	11	62.66	60.78	1.32
江西	13	7	21.78	21.27	0.05
山东	98	12	140.05	136.99	6.63
河南	29	7	74.18	73.88	9.59
湖北	24	10	20.45	19.96	0.72
湖南	17	5	22.29	21.85	0.43
广东	97	34	55.18	54.60	19.33
广西	7	2	0.38	0.39	
海南	4	3	6.40	6.40	
重庆	2		1.29	1.28	
四川	17	12	32.85	30.60	3.75
贵州	3	2	1.05	1.08	
云南	1		4.03	4.09	
西藏					
陕西	3	1	2.94	2.88	
甘肃	2	1	3.47	3.49	0.77
青海					
宁夏	2	2	0.31	0.33	
新疆	4	1	4.21	3.57	

工业企业主要经济指标

单位：亿元

资产合计	流动资产合计	应收账款净额	存货	产成品	流动资产年平均余额	固定资产合计
2122.46	**842.90**	**102.76**	**248.47**	**100.47**	**780.44**	**1071.31**
5.29	2.03	0.32	1.06	0.62	1.94	2.28
9.32	2.64	0.41	1.25	0.70	2.95	5.60
60.96	15.52	1.15	7.18	2.07	14.36	41.63
7.39	2.64	0.13	0.46	0.02	2.49	2.68
1.39	0.77	0.07	0.36	0.21	0.75	0.56
119.42	47.19	5.83	9.86	4.00	47.54	62.66
59.83	19.51	2.28	7.24	3.42	16.73	35.43
44.76	21.79	2.48	7.58	0.50	26.71	18.50
101.42	44.88	8.88	13.62	5.04	40.61	45.60
454.46	186.36	26.09	60.66	22.07	150.52	228.39
592.59	264.04	19.20	70.00	29.38	241.88	285.58
25.76	7.86	1.64	2.93	1.22	8.06	15.58
60.28	23.34	4.08	7.05	3.54	22.69	33.22
55.96	9.70	2.50	2.60	0.82	11.21	38.18
148.54	57.92	7.64	14.81	7.60	54.63	78.60
147.04	56.09	7.98	11.11	5.65	53.69	56.58
36.25	10.25	1.36	3.71	1.41	10.48	14.89
27.01	7.69	0.72	3.47	1.76	7.69	15.54
69.64	30.39	7.17	10.92	4.75	29.82	35.51
3.56	0.51	0.11	0.08	0.02	0.59	2.40
11.20	2.87	0.30	1.12	0.66	3.21	7.65
1.59	0.65	0.03	0.55	0.33	0.60	0.72
52.98	19.06	1.47	7.82	3.72	18.91	30.72
0.21	0.20	0.04	0.09	0.07	0.19	0.01
5.84	2.32	0.16	0.74	0.25	3.17	3.49
4.49	3.41	0.18	0.41	0.08	6.11	0.83
7.12	0.77	0.17	0.32	0.02	0.76	4.09
2.07	0.35	0.14	0.09	0.03	0.36	0.85
6.08	2.17	0.25	1.40	0.50	1.77	3.56

1-B-29 续表 1

地 区	固定资产原价	生产经营用	累计折旧	本年折旧	固定资产净值	固定资产净值年平均余额
全 国	**1422.53**	**1322.77**	**472.03**	**80.55**	**950.50**	**940.84**
北 京	2.59	2.54	0.39	0.09	2.20	2.01
天 津	6.61	6.42	1.18	0.40	5.43	8.53
河 北	52.25	49.94	17.72	3.01	34.53	34.05
山 西	4.62	4.08	2.03	0.01	2.59	2.59
内蒙古	0.65	0.48	0.29		0.36	0.27
辽 宁	105.45	77.00	48.37	4.19	57.08	57.96
吉 林	43.48	42.49	12.44	1.78	31.04	27.04
黑龙江	27.24	25.20	9.37	1.24	17.87	18.72
上 海	67.49	63.16	26.92	4.48	40.58	42.71
江 苏	327.92	315.46	126.99	18.75	200.93	199.76
浙 江	342.93	321.88	87.12	24.26	255.82	251.87
安 徽	18.11	17.82	4.97	0.96	13.14	12.35
福 建	42.91	40.77	10.35	1.93	32.56	32.61
江 西	44.39	42.29	10.62	1.04	33.77	31.48
山 东	88.39	76.25	22.79	5.98	65.60	64.81
河 南	87.27	85.23	37.92	3.81	49.35	49.22
湖 北	22.48	21.42	8.66	0.91	13.82	13.94
湖 南	24.06	23.53	8.67	1.23	15.39	15.70
广 东	44.36	42.24	15.60	2.56	28.76	27.19
广 西	4.08	3.66	1.72	0.19	2.36	2.47
海 南	12.34	11.90	3.66	0.37	8.69	8.24
重 庆	1.42	1.40	0.71	0.04	0.72	0.88
四 川	36.79	35.34	6.60	1.40	30.19	29.19
贵 州	0.02	0.02	0.01	0.01	0.01	0.01
云 南	3.68	3.46	2.46	0.29	1.22	1.21
西 藏						
陕 西	2.91	2.16	2.08	1.17	0.83	0.93
甘 肃	3.71	2.53	1.43	0.22	2.28	1.67
青 海						
宁 夏	1.50	1.43	0.65		0.85	0.86
新 疆	2.86	2.66	0.31	0.25	2.55	2.58

单位：亿元

负债合计	流动负债合计		长期负债合计	所有者权益		
		应付账款		合　　计	实收资本	
						国家资本
1269.08	**934.50**	**163.70**	**324.75**	**853.38**	**666.10**	**111.84**
2.82	1.85	0.17	0.98	2.46	1.32	0.03
8.30	4.41	0.50	3.89	1.02	1.53	0.20
40.01	22.07	4.27	15.07	20.94	20.08	14.45
13.35	7.55	0.17	3.79	-5.96	0.75	0.55
1.04	0.67	0.24	0.38	0.35	0.34	
48.90	44.81	9.29	3.99	70.53	125.16	24.51
33.31	19.25	3.04	14.06	26.53	11.69	5.59
47.96	44.74	1.17	3.22	-3.20	9.62	2.60
51.11	31.66	9.97	18.91	50.30	41.50	0.02
243.86	200.34	31.78	43.52	210.60	145.37	13.41
394.23	303.30	63.21	90.60	198.36	120.29	1.64
16.07	10.47	0.84	5.60	9.69	4.87	1.54
23.22	20.38	1.80	2.82	37.06	25.31	2.54
42.79	19.41	3.25	19.80	13.18	15.27	6.17
83.98	63.21	7.74	20.48	64.56	33.54	2.53
82.43	50.95	4.27	31.42	64.61	25.15	17.18
17.50	11.41	1.93	6.08	18.75	13.81	2.85
18.55	10.15	2.68	8.40	8.46	7.20	1.41
40.99	27.11	9.20	13.87	28.65	29.42	2.97
7.35	3.62	0.09	3.73	-3.79	0.63	0.44
5.12	1.75	0.09	3.37	6.08	5.77	1.31
1.13	0.77	0.16	0.36	0.46	0.05	
34.65	27.06	5.46	7.59	18.34	15.99	8.47
0.17	0.17	0.09		0.03	0.03	
0.47	0.47	0.29		5.37	3.81	
0.36	0.36	0.25		4.13	1.04	0.62
2.75	1.96	0.46	0.79	4.37	4.37	
2.80	1.28		1.52	-0.73	0.34	0.33
3.85	3.34	1.29	0.52	2.22	1.84	0.49

1-B-29 续表 2

地区						主营业务收入
	集体资本	法人资本	个人资本	港澳台资本	外商资本	
全国	**18.64**	**265.96**	**106.76**	**74.48**	**88.42**	**1893.84**
北京		0.96	0.25		0.08	2.31
天津	0.25	0.74	0.13	0.12	0.08	5.71
河北	0.56	4.70	0.36	0.02		32.19
山西		0.01	0.20			3.78
内蒙古		0.34				0.61
辽宁	0.72	96.24	2.49		1.20	55.60
吉林		1.59	3.14	1.38		31.33
黑龙江		2.57	1.84		2.61	16.42
上海	1.67	7.62	0.44	13.24	18.51	74.22
江苏	4.58	54.69	29.13	18.52	25.04	510.31
浙江	8.41	43.01	34.38	16.10	16.75	704.97
安徽		1.48	1.55		0.29	21.51
福建		1.05	7.35	13.82	0.55	60.32
江西	1.41	1.33	0.35	0.08	5.93	20.72
山东	0.87	12.24	13.82	0.51	3.57	131.82
河南	0.06	5.07	1.98	0.32	0.55	71.41
湖北		8.94	1.05	0.97		20.18
湖南	0.03	4.60	0.60	0.56		22.03
广东	0.07	6.08	1.28	8.43	10.60	53.55
广西		0.18		0.01		0.36
海南		3.88	0.58			6.37
重庆			0.05			1.20
四川		3.73	1.00	0.40	2.40	31.84
贵州		0.02	0.01			1.12
云南		2.66	1.14			4.09
西藏						
陕西		0.15	0.01		0.26	2.88
甘肃		0.82	3.55			3.46
青海						
宁夏			0.01			0.32
新疆		1.25	0.10			3.21

单位：亿元

主营业务成本	主营业务税金及附加	其他业务收入	其他业务利润	营业费用	管理费用	税　金
1734.61	**9.55**	**100.27**	**9.17**	**20.48**	**60.52**	**2.40**
2.01	0.01	0.04	0.02	0.05	0.16	
5.58	0.01	0.23	0.04	0.06	0.34	0.06
27.58	0.12	0.52	0.09	0.37	2.39	0.07
2.90	0.02	0.03	0.03	0.04	0.19	
0.60				0.02	0.07	
51.06	0.41	7.36	0.72	0.57	7.40	0.27
24.23	0.08	0.83	0.05	1.22	2.10	0.08
16.39	0.02	0.09	0.03	0.35	3.91	0.02
65.50	0.06	1.05	0.89	2.69	2.58	0.03
471.53	1.29	25.02	1.62	4.99	13.37	0.64
662.65	5.58	46.83	2.37	2.94	10.23	0.37
19.26	0.06	0.49	0.04	0.31	0.75	0.02
54.96	0.40	1.45	0.24	0.72	1.31	0.07
19.77	0.06	2.84	0.22	0.18	1.49	0.05
115.64	0.62	1.46	0.74	2.25	3.85	0.16
61.51	0.24	6.96	0.44	0.95	3.50	0.14
18.37	0.08	0.18	0.07	0.23	0.90	0.04
20.65	0.07	1.16	0.20	0.37	1.14	0.16
45.96	0.08	1.27	1.15	0.96	2.33	0.09
0.38		0.04	-0.07	0.01	0.16	0.01
6.21		0.07	0.07	0.09	0.10	0.01
1.03				0.03	0.04	
28.42	0.27	2.06	0.16	0.74	1.48	0.08
1.05	0.02			0.02	0.03	
3.18				0.01	0.29	
2.15				0.02	0.12	0.01
3.16	0.02	0.16	0.02	0.13	0.11	0.01
0.30		0.03	0.01		0.04	
2.57	0.01	0.09	0.03	0.19	0.15	

1-B-29 续表 3

地 区	财务费用	利息支出	营业利润	投资收益	补贴收入	利润总额
全 国	**30.37**	**26.77**	**43.27**	**1.36**	**4.27**	**45.75**
北 京	0.11	0.11				0.02
天 津	0.05	0.03	0.01			-0.26
河 北	1.47	0.59	0.35	0.01	0.03	0.33
山 西	0.41	0.41	0.24			0.24
内蒙古	0.02	0.02	-0.10			-0.10
辽 宁	0.49	0.46	-3.61	-0.12		-4.30
吉 林	0.99	1.01	2.75	0.17	0.19	3.02
黑龙江	0.91	0.84	-5.13	-0.03	0.02	-5.18
上 海	0.63	0.47	3.65	0.11	0.22	4.05
江 苏	5.95	5.67	14.81	0.33	0.79	14.13
浙 江	10.97	10.05	15.08	0.22	2.73	18.01
安 徽	0.53	0.53	0.63	0.03	0.15	0.78
福 建	0.76	0.53	2.36	0.07		2.64
江 西	0.54	0.63	-1.42	-0.43	0.02	-1.87
山 东	2.49	1.52	7.67	0.03	0.02	7.65
河 南	1.81	1.68	3.11	0.96	0.04	3.78
湖 北	0.35	0.32	0.16		0.01	0.18
湖 南	0.06	0.25	0.03		0.02	-0.12
广 东	0.43	0.39	1.54		0.01	1.71
广 西	0.26	0.27	-0.51			-0.51
海 南	0.28	0.29	-0.24			-0.25
重 庆	0.03	0.03	0.07		0.01	0.08
四 川	0.72	0.59	0.36			0.33
贵 州			0.01			0.01
云 南	-0.03	-0.03	0.65			0.65
西 藏						
陕 西	-0.03	-0.03	0.63			0.63
甘 肃	0.06	0.06				-0.03
青 海						
宁 夏			-0.07			-0.07
新 疆	0.10	0.08	0.23			0.23

单位：亿元

亏损企业亏损额	应交所得税	本年应付工资总额	主营业务应付工资总额	本年应付福利费总额	主营业务应付福利费总额	本年应交增值税	全部从业人员年平均人数（万人）
25.37	**10.36**	**54.92**	**48.58**	**7.83**	**6.96**	**43.80**	**39.19**
0.02	0.01	0.12	0.12	0.02	0.02	0.08	0.08
0.27		0.25	0.21	0.04	0.04	0.11	0.25
0.73	0.09	1.53	1.28	0.25	0.17	1.03	1.28
0.44	0.23	0.16	0.15	0.02	0.02	0.24	0.15
0.10	0.01	0.08	0.03				0.10
5.26	0.13	6.50	3.88	0.85	0.51	2.33	3.18
0.01	0.24	1.39	1.26	0.54	0.52	1.37	1.07
5.18		0.32	0.29	0.04	0.04	0.46	0.42
0.21	0.41	2.17	1.93	0.28	0.25	1.50	1.17
5.13	2.88	14.70	14.36	1.99	1.93	11.59	9.60
2.23	3.79	11.47	10.74	1.30	1.21	10.75	8.06
0.07	0.19	0.65	0.22	0.07	0.03	0.69	0.52
0.43	0.12	1.51	1.29	0.13	0.09	0.94	1.26
1.92	0.02	0.71	0.40	0.08	0.04	0.62	0.86
0.15	0.51	3.36	3.31	0.39	0.39	6.12	3.45
0.10	1.08	3.24	3.16	0.90	0.88	2.00	2.34
0.15	0.02	0.86	0.72	0.11	0.09	0.64	0.92
0.59	0.01	0.95	0.85	0.11	0.10	0.57	0.77
0.97	0.23	2.33	1.83	0.23	0.16	0.87	1.53
0.52		0.11	0.10	0.01	0.01	0.02	0.09
0.25		0.19	0.19	0.02	0.02	0.04	0.13
	0.05	0.04	0.04	0.01	0.01	0.03	0.05
0.50	0.15	1.41	1.39	0.18	0.18	1.06	1.29
0.01		0.04	0.04			0.02	0.04
	0.10	0.23	0.23	0.10	0.10	0.23	0.03
	0.10	0.10	0.10	0.06	0.06	0.18	0.03
0.04		0.34	0.34	0.04	0.04	0.18	0.34
0.07		0.03	0.02			0.01	0.02
0.05		0.14	0.14	0.02	0.02	0.13	0.15

1-B-30 规模以上橡胶制品业

地区	企业单位数（个）	亏损企业	工业总产值（当年价）	工业销售产值（当年价）	出口交货值
全国	**3168**	**625**	**1818.40**	**1786.75**	**465.54**
北京	42	10	18.17	17.71	6.15
天津	112	41	53.85	52.86	9.70
河北	195	20	63.08	60.95	10.21
山西	28	10	13.27	13.07	1.86
内蒙古	1	1	0.15	0.12	
辽宁	129	42	79.49	75.76	14.12
吉林	25	5	10.08	10.12	0.23
黑龙江	26	11	11.64	11.40	0.33
上海	275	61	129.71	128.96	44.99
江苏	446	97	199.60	193.70	59.96
浙江	467	45	190.53	185.80	52.72
安徽	46	15	61.10	60.59	18.24
福建	186	28	107.74	107.30	43.27
江西	36	5	11.34	10.00	3.24
山东	374	47	523.59	513.94	90.15
河南	118	8	68.63	68.46	8.00
湖北	50	24	12.14	11.62	0.76
湖南	59	21	15.46	15.28	1.10
广东	395	93	152.90	154.17	90.99
广西	20	5	4.11	4.28	1.13
海南	3	1	0.28	0.31	
重庆	26	5	10.94	10.95	0.31
四川	42	5	22.02	20.28	1.60
贵州	23	12	29.05	28.89	4.37
云南	9	6	1.66	1.87	
西藏					
陕西	24	3	5.27	5.14	0.10
甘肃	3	2	0.29	0.31	
青海					
宁夏	4	2	17.38	18.14	1.94
新疆	4		4.93	4.76	0.06

工业企业主要经济指标

单位：亿元

资产合计	流动资产合计	应收账款净额	存货	产成品	流动资产年平均余额	固定资产合计
1833.02	**926.61**	**274.95**	**274.84**	**127.53**	**854.16**	**748.96**
28.95	14.09	5.29	3.78	1.73	14.24	9.66
59.50	32.40	9.16	10.13	3.80	30.17	22.98
50.74	26.98	9.83	9.31	5.03	25.10	21.63
17.90	11.21	2.35	3.61	1.48	11.21	5.46
0.08	0.03		0.02	0.01	0.03	0.05
100.65	44.53	11.81	16.96	7.99	43.23	47.27
17.48	11.01	3.46	1.91	0.88	10.24	6.19
23.30	9.57	2.33	3.75	1.82	10.15	10.85
156.98	82.44	20.79	22.84	8.50	78.65	60.28
230.22	101.04	37.56	30.31	13.96	92.05	118.56
181.48	88.51	31.78	27.04	13.52	78.10	70.85
90.75	56.52	16.26	8.94	4.45	48.18	23.30
113.46	56.46	20.27	15.25	5.81	50.19	47.01
11.60	5.67	1.29	1.44	0.63	4.76	5.33
390.25	200.56	40.68	56.90	30.00	181.32	155.80
43.42	19.23	5.91	7.84	4.29	20.73	22.03
19.27	8.65	2.63	2.61	1.04	8.29	6.47
15.84	8.00	2.74	2.89	1.74	7.78	5.90
143.72	75.50	27.42	26.19	7.93	67.22	53.60
11.33	5.96	2.48	1.43	0.89	6.57	4.26
0.58	0.21	0.08	0.10	0.05	0.21	0.33
16.37	7.83	1.85	2.73	1.30	7.90	7.52
21.35	11.83	3.05	3.85	2.27	10.81	7.93
41.86	22.92	6.61	7.96	4.58	20.86	16.89
2.89	1.56	0.17	0.71	0.35	1.50	0.98
7.22	4.18	1.62	1.28	0.71	4.14	2.68
0.57	0.41	0.19	0.16	0.06	0.41	0.14
27.24	15.31	6.36	3.42	1.84	15.82	11.45
8.06	3.97	0.98	1.52	0.84	4.28	3.57

1-B-30 续表 1

地 区	固定资产原价	生产经营用	累计折旧	本年折旧	固定资产净值	固定资产净值年平均余额
全 国	**945.44**	**853.02**	**285.77**	**50.10**	**659.67**	**616.32**
北 京	15.12	12.60	7.00	0.77	8.12	8.14
天 津	32.14	26.17	11.68	2.02	20.46	19.91
河 北	26.62	22.83	6.68	1.06	19.94	19.43
山 西	4.63	4.18	2.01	0.28	2.62	2.71
内蒙古	0.07	0.07	0.02		0.05	0.05
辽 宁	61.98	51.61	18.64	2.75	43.34	37.86
吉 林	6.99	6.85	1.60	0.30	5.39	4.96
黑龙江	12.06	10.67	1.90	0.73	10.15	11.16
上 海	92.53	80.89	35.27	5.24	57.26	55.34
江 苏	131.53	122.18	31.90	7.42	99.63	90.80
浙 江	83.09	79.60	20.66	5.32	62.43	56.76
安 徽	37.66	34.96	12.83	2.51	24.83	24.19
福 建	66.35	58.64	22.80	4.10	43.55	39.70
江 西	7.40	6.51	1.19	0.36	6.20	5.75
山 东	179.54	165.30	47.28	8.07	132.26	124.32
河 南	22.45	20.85	7.83	1.07	14.62	13.16
湖 北	10.25	8.79	4.02	0.41	6.23	6.43
湖 南	8.50	8.10	2.72	0.38	5.79	5.45
广 东	81.47	74.37	29.74	4.31	51.73	49.55
广 西	6.19	4.79	3.07	0.19	3.12	3.15
海 南	0.26	0.18	0.07	0.01	0.19	0.20
重 庆	6.26	5.54	1.41	0.27	4.85	4.46
四 川	8.88	7.71	2.45	0.50	6.43	5.93
贵 州	23.86	22.23	8.05	1.12	15.81	14.38
云 南	1.56	1.36	0.71	0.07	0.85	0.79
西 藏						
陕 西	3.63	3.07	1.24	0.12	2.39	2.32
甘 肃	0.30	0.29	0.16	0.01	0.14	0.14
青 海						
宁 夏	10.70	10.21	1.15	0.57	9.55	7.51
新 疆	3.43	2.48	1.70	0.12	1.74	1.77

单位：亿元

负债合计	流动负债合计		长期负债合计	所有者权益		
		应付账款		合　　计	实收资本	国家资本
1124.64	**912.14**	**234.11**	**202.10**	**707.38**	**518.31**	**53.58**
20.55	16.52	2.90	4.03	8.40	6.84	0.50
40.64	32.15	8.47	8.49	18.86	16.20	1.94
28.91	24.37	6.62	4.25	21.82	13.54	1.74
11.93	8.86	2.59	3.07	5.97	4.97	1.56
0.07	0.03	0.02	0.04	0.01	0.01	
53.02	46.20	11.80	6.57	47.63	36.15	5.79
13.13	10.86	1.73	2.10	4.34	5.21	2.98
21.63	21.05	4.64	0.58	1.67	4.39	0.13
94.23	74.81	22.85	18.93	62.75	51.77	6.49
128.48	106.59	28.27	21.89	101.74	81.73	0.34
105.23	89.48	19.70	14.89	76.25	50.87	4.42
68.34	52.94	15.42	15.38	22.41	18.27	0.35
62.37	45.62	13.44	16.13	51.08	40.84	0.48
5.88	5.45	1.20	0.39	5.72	7.07	0.08
251.79	202.30	40.68	45.60	138.46	58.27	7.68
28.87	20.53	5.12	8.11	14.56	13.27	8.13
13.06	9.42	2.49	3.38	6.21	17.23	1.98
8.21	7.59	1.71	0.62	7.63	4.94	0.54
69.18	64.13	28.07	3.77	74.54	61.03	0.39
8.01	6.91	0.82	1.01	3.32	3.29	1.13
0.54	0.38	0.06	0.16	0.03	0.11	0.01
12.53	10.30	1.63	2.23	3.84	2.94	0.05
12.50	10.73	1.93	1.43	8.85	3.50	0.92
30.12	20.86	5.07	7.74	11.73	5.28	3.14
3.27	2.76	0.52	0.50	-0.38	0.78	0.48
5.31	4.41	0.59	0.85	1.91	2.26	0.85
0.43	0.30	0.10	0.13	0.14	0.05	
21.23	12.44	4.96	8.79	6.01	6.08	1.48
5.18	4.17	0.72	1.02	1.88	1.42	0.02

1-B-30 续表 2

地区						主营业务收入
	集体资本	法人资本	个人资本	港澳台资本	外商资本	
全　国	**16.37**	**119.91**	**70.85**	**81.10**	**176.48**	**1732.85**
北　京	0.17	4.55	0.28		1.34	18.39
天　津	0.81	2.03	1.94	1.10	8.37	53.35
河　北	0.23	2.93	7.44	0.08	1.13	58.38
山　西	0.08	1.02	0.15	1.54	0.62	11.75
内蒙古		0.01				0.09
辽　宁	0.52	5.37	4.42	0.15	19.90	76.20
吉　林	0.29	0.46	0.27	0.11	1.11	9.80
黑龙江	0.45	0.33	0.23		3.25	11.70
上　海	2.94	7.02	2.55	7.45	25.32	133.05
江　苏	1.01	12.83	7.81	17.16	42.57	192.72
浙　江	0.83	11.43	13.59	2.09	18.52	183.53
安　徽	0.13	0.77	2.08	0.08	14.85	71.36
福　建	0.15	1.50	3.02	21.34	14.35	103.56
江　西	0.17	0.72	0.51	5.22	0.36	9.81
山　东	5.27	23.13	14.91	1.42	5.85	462.16
河　南	0.85	1.36	2.93	0.01		65.32
湖　北	0.64	12.84	0.44	0.05	1.27	12.42
湖　南	0.44	2.84	1.12			15.24
广　东	0.96	24.19	2.55	21.32	11.63	150.63
广　西		0.18	0.08	1.89		4.32
海　南		0.07			0.03	0.28
重　庆		0.90	0.77	0.08	1.14	10.64
四　川	0.02	0.55	1.86		0.15	20.86
贵　州	0.12	0.49	1.31		0.21	29.58
云　南		0.22	0.07	0.01		1.74
西　藏						
陕　西	0.25	0.65	0.43		0.08	4.52
甘　肃	0.03		0.02			0.31
青　海						
宁　夏		0.15			4.45	16.48
新　疆		1.37	0.03			4.65

单位：亿元

主营业务成本	主营业务税金及附加	其他业务收入	其他业务利润	营业费用	管理费用	税金
1470.71	**19.01**	**29.34**	**7.73**	**64.58**	**91.96**	**4.08**
15.35	0.20	0.65	0.18	0.64	1.73	0.03
44.55	0.34	0.51	0.54	2.94	2.67	0.04
47.67	0.40	0.49	0.39	2.58	2.59	0.12
10.57	0.31	0.02	0.04	0.29	0.45	0.01
0.08					0.01	
57.77	0.45	1.58	0.46	5.86	6.46	1.16
8.46	0.43	0.12	0.02	0.20	0.51	0.02
10.55	0.31	0.57	0.05	0.24	1.99	0.02
110.06	1.03	1.27	1.30	6.49	9.40	0.19
158.85	1.98	2.42	0.69	9.01	12.27	0.34
153.87	1.54	3.19	0.67	6.15	8.22	0.55
63.25	1.14	2.22	0.42	2.27	2.50	0.10
91.10	1.71	0.66	0.24	3.60	3.96	0.23
8.38	0.11	0.08	0.01	0.46	0.43	0.02
402.68	4.61	5.65	1.57	12.70	17.53	0.63
54.31	1.83	0.66	0.19	2.35	2.99	0.11
10.51	0.10	0.02	0.05	0.59	2.22	0.06
13.00	0.10	0.35	0.12	0.62	0.94	0.05
131.08	0.78	2.00	0.43	3.50	9.55	0.23
3.64	0.06	0.02	0.01	0.23	0.63	
0.24				0.01	0.05	
8.72	0.08	0.13	0.04	0.42	0.78	0.02
17.72	0.23	0.40	0.04	0.58	0.85	0.02
24.71	0.81	0.73	0.09	1.61	1.58	0.05
1.62	0.01	0.04	0.02	0.06	0.34	0.02
3.46	0.04	0.11	0.01	0.22	0.62	0.02
0.26				0.02	0.03	
14.36	0.38	3.01	0.13	0.74	0.38	0.04
3.92	0.05	2.44	0.03	0.21	0.31	0.01

1-B-30 续表 3

地 区	财务费用	利息支出	营业利润	投资收益	补贴收入	利润总额
全 国	**25.06**	**22.16**	**72.44**	**1.50**	**2.32**	**74.32**
北 京	0.38	0.36	0.27	0.87	0.03	1.10
天 津	0.81	0.77	2.32	0.02	0.31	2.23
河 北	1.05	0.87	4.49	0.01	0.01	4.46
山 西	0.13	0.12		-0.10		-0.08
内蒙古						
辽 宁	0.95	0.79	5.17	0.16	0.18	5.41
吉 林	0.19	0.18	0.02			0.03
黑龙江	0.29	0.29	-1.41	-0.32	0.01	-2.16
上 海	2.10	1.71	5.28	0.11	0.32	5.13
江 苏	2.11	1.95	9.19		0.26	9.35
浙 江	2.86	2.75	11.58	0.53	0.40	12.34
安 徽	1.87	1.79	0.81	0.20	0.04	0.96
福 建	1.16	1.03	5.67		0.02	5.36
江 西	0.10	0.08	0.33	-0.05	0.02	0.32
山 东	6.22	5.11	19.99	0.50	0.08	20.10
河 南	0.93	0.82	2.62	0.01	0.03	2.81
湖 北	0.38	0.31	-0.39		0.01	-0.64
湖 南	0.18	0.16	0.42	-0.05	0.06	0.33
广 东	0.95	0.81	4.59	0.56	0.08	5.55
广 西	0.15	0.15	-0.11	0.01	0.08	-0.37
海 南			-0.01			-0.01
重 庆	0.32	0.27	0.25		0.05	0.26
四 川	0.32	0.28	1.19		0.10	1.33
贵 州	0.76	0.75	0.20	-0.94	0.11	0.38
云 南	0.10	0.09	-0.36			-0.31
西 藏						
陕 西	0.07	0.07	0.10		0.13	0.20
甘 肃	0.01	0.01	-0.01	0.01		-0.01
青 海						
宁 夏	0.56	0.54	0.19			0.21
新 疆	0.11	0.11	0.02			0.02

单位：亿元

亏损企业亏损额	应交所得税	本年应付工资总额	主营业务应付工资总额	本年应付福利费总额	主营业务应付福利费总额	本年应交增值税	全部从业人员年平均人数（万人）
20.39	**14.19**	**98.17**	**90.88**	**10.16**	**9.37**	**43.42**	**80.78**
0.13	0.16	1.46	1.44	0.17	0.17	0.51	0.91
0.88	0.33	2.96	2.22	0.48	0.37	1.66	2.49
0.32	0.70	2.68	2.35	0.29	0.26	1.77	3.46
0.26	0.03	0.78	0.74	0.08	0.08	0.37	0.77
		0.01	0.01			0.01	0.01
1.13	0.72	4.30	4.16	0.54	0.52	3.32	3.61
0.36	0.06	0.47	0.41	0.06	0.05	0.40	0.45
2.30	0.02	0.91	0.88	0.06	0.03	0.36	0.89
2.71	0.73	8.52	7.93	0.96	0.91	3.53	5.20
4.07	1.39	12.12	11.15	1.44	1.35	5.11	8.43
0.41	1.97	12.20	11.56	1.31	1.24	5.08	9.24
0.63	0.73	3.14	3.10	0.49	0.49	1.63	2.25
1.30	0.79	8.58	8.01	0.52	0.46	2.02	6.91
0.02	0.03	0.61	0.57	0.04	0.03	0.24	0.66
1.12	4.24	14.31	14.02	1.55	1.51	9.01	13.48
0.38	0.70	2.48	2.46	0.33	0.32	1.96	2.82
0.87	0.04	1.02	0.98	0.09	0.08	0.42	0.97
0.16	0.06	1.26	1.23	0.10	0.08	0.44	1.28
1.63	0.77	14.63	12.12	0.84	0.68	2.77	11.21
0.51	0.02	0.41	0.37	0.10	0.10	0.11	0.61
0.01		0.04	0.03			0.01	0.03
0.28	0.05	0.86	0.84	0.11	0.06	0.24	0.87
0.02	0.46	1.13	1.08	0.20	0.19	0.61	1.40
0.23	0.16	1.48	1.46	0.26	0.25	0.81	1.21
0.32		0.18	0.18	0.02	0.02	0.08	0.24
0.02	0.03	0.45	0.41	0.06	0.05	0.21	0.61
0.01		0.04	0.04	0.01	0.01	0.02	0.05
0.29		0.75	0.74	0.01	0.01	0.54	0.47
		0.38	0.38	0.05	0.05	0.18	0.26

1-B-31 规模以上塑料制品业

地区	企业单位数（个）	亏损企业	工业总产值（当年价）	工业销售产值（当年价）	出口交货值
全国	**12269**	**2538**	**4190.40**	**4118.41**	**1102.16**
北京	265	78	52.64	52.47	3.53
天津	287	87	105.53	108.32	18.56
河北	301	67	121.12	117.53	12.21
山西	47	13	8.14	7.62	
内蒙古	24	5	4.21	4.25	
辽宁	361	131	128.62	131.29	22.37
吉林	96	23	20.57	19.90	0.31
黑龙江	93	29	22.78	20.41	0.09
上海	955	185	324.41	319.98	73.21
江苏	1711	401	608.59	596.77	128.93
浙江	2326	224	703.42	686.03	148.07
安徽	196	55	104.85	103.52	5.96
福建	710	138	230.97	224.92	120.48
江西	76	20	11.76	11.50	0.27
山东	861	151	313.68	304.09	50.04
河南	278	28	100.83	101.09	0.04
湖北	203	44	53.59	50.75	2.90
湖南	160	40	34.27	32.87	0.94
广东	2596	590	1037.71	1017.31	510.64
广西	86	31	16.41	15.69	0.34
海南	19	9	3.43	4.36	0.16
重庆	71	20	12.57	12.68	
四川	215	49	92.53	99.28	0.13
贵州	50	22	6.72	6.66	
云南	75	30	15.83	15.64	0.01
西藏	1				
陕西	49	16	8.71	8.10	
甘肃	69	23	17.08	16.46	0.36
青海	4	2	0.16	0.17	
宁夏	16	6	3.37	3.44	
新疆	68	21	25.88	25.30	2.58

工业企业主要经济指标

单位：亿元

资产合计	流动资产合计	应收账款净额	存货		流动资产年平均余额	固定资产合计
				产成品		
3952.88	**2084.70**	**662.35**	**592.36**	**245.82**	**1929.60**	**1507.54**
62.37	34.58	8.97	12.00	6.28	32.77	22.69
119.75	60.03	21.01	17.57	7.30	53.15	51.94
123.80	55.47	12.16	18.36	8.24	55.16	56.64
12.07	6.27	1.76	2.21	1.17	6.00	4.62
5.50	2.79	0.97	0.64	0.33	2.60	1.70
200.87	105.45	24.11	25.35	12.37	102.09	83.35
26.75	14.25	3.67	3.75	2.22	13.69	9.49
43.06	17.77	5.44	6.21	4.15	17.28	19.71
367.70	187.23	67.85	50.94	15.58	173.90	134.29
535.17	279.34	108.48	67.06	26.76	252.48	215.82
579.57	323.28	108.01	69.71	30.38	297.61	209.17
114.45	47.88	12.06	13.87	6.04	49.43	47.34
161.68	98.44	33.93	32.27	12.21	91.69	52.86
15.53	7.06	1.73	2.12	0.99	6.32	7.30
175.54	89.10	21.94	29.27	13.06	85.31	70.54
67.57	31.97	5.04	12.91	7.48	23.42	28.71
63.54	31.64	7.92	9.41	3.95	30.06	25.03
46.94	19.29	6.06	4.77	2.26	17.56	19.82
931.17	516.38	181.92	166.97	58.11	475.93	328.73
11.78	6.55	1.70	2.18	0.95	6.44	4.05
6.87	5.40	1.43	0.62	0.37	3.48	1.35
16.47	7.94	2.24	2.60	1.32	7.72	6.69
114.72	61.68	9.05	16.35	9.78	54.26	43.34
10.97	5.06	1.44	1.40	0.70	4.85	3.58
21.92	12.27	2.35	4.61	2.58	11.57	8.33
0.05						
14.22	8.29	2.28	2.80	1.60	7.81	5.00
22.43	10.14	2.25	4.56	2.36	9.53	10.11
0.31	0.20	0.13	0.06	0.02	0.20	0.10
3.22	2.01	0.66	0.90	0.21	1.88	0.88
76.87	36.93	5.78	10.91	7.07	35.40	34.36

1-B-31 续表 1

地 区	固定资产原价		累计折旧		固定资产净值	固定资产净值年平均余额
		生产经营用		本年折旧		
全 国	**2032.51**	**1779.37**	**638.30**	**132.26**	**1394.21**	**1365.34**
北 京	33.47	28.86	12.27	2.05	21.21	21.19
天 津	64.04	52.75	19.31	4.03	44.73	43.39
河 北	66.32	51.85	17.75	2.76	48.57	46.43
山 西	5.85	5.20	1.39	0.24	4.46	4.48
内蒙古	1.73	1.38	0.29	0.19	1.44	1.40
辽 宁	109.38	97.99	30.46	5.96	78.92	79.71
吉 林	12.68	11.33	3.93	0.72	8.75	8.97
黑龙江	24.87	22.16	5.98	1.06	18.89	18.83
上 海	192.00	164.84	62.35	12.93	129.66	126.15
江 苏	278.70	246.41	80.98	18.69	197.73	189.59
浙 江	253.83	239.69	67.24	17.99	186.59	180.42
安 徽	59.38	55.02	15.23	4.32	44.16	40.32
福 建	79.57	68.98	29.37	5.11	50.20	49.59
江 西	8.94	7.80	2.15	0.36	6.79	6.36
山 东	88.24	78.45	24.65	5.96	63.59	64.35
河 南	36.08	31.78	8.58	2.02	27.49	26.68
湖 北	31.50	28.71	9.48	1.53	22.03	21.59
湖 南	22.20	20.40	5.14	1.33	17.06	16.53
广 东	507.75	435.84	194.60	35.44	313.15	315.03
广 西	6.19	5.45	2.30	0.36	3.89	3.91
海 南	1.95	1.85	0.73	0.11	1.22	1.48
重 庆	8.24	7.35	2.70	0.41	5.55	5.86
四 川	58.68	50.73	16.93	4.87	41.75	37.73
贵 州	6.61	5.41	3.23	0.23	3.38	3.31
云 南	13.39	11.85	5.20	0.72	8.18	8.32
西 藏	0.03	0.03			0.03	0.03
陕 西	6.55	5.84	1.86	0.33	4.68	4.84
甘 肃	13.04	11.36	2.74	0.55	10.30	10.33
青 海	0.10	0.07	0.02		0.08	0.08
宁 夏	1.34	1.08	0.49	0.11	0.85	0.77
新 疆	39.84	28.89	10.97	1.88	28.87	27.65

单位：亿元

负债合计	流动负债合计		长期负债合计	所有者权益		
		应付账款		合　计	实收资本	国家资本
2265.40	**1960.43**	**561.41**	**278.22**	**1687.48**	**1260.39**	**67.32**
36.54	34.07	9.42	2.47	25.83	22.44	2.18
69.10	55.22	17.97	13.88	50.65	36.97	5.07
81.43	65.47	11.34	15.10	42.37	28.34	5.33
7.91	6.39	1.14	1.35	4.16	3.54	0.36
2.82	2.13	0.74	0.69	2.68	1.98	
112.61	87.44	16.91	20.20	88.26	76.82	3.27
17.22	12.87	3.21	3.91	9.53	6.87	0.89
27.19	20.98	4.58	5.10	15.87	14.58	2.08
196.48	174.33	58.34	20.36	171.22	132.72	3.39
311.48	270.83	83.35	40.65	223.69	171.50	2.01
346.51	312.15	56.45	32.05	233.05	139.15	1.39
62.45	51.99	9.46	10.44	51.99	22.23	3.81
80.94	75.60	29.17	5.01	80.74	60.96	1.17
9.38	6.84	1.35	1.42	6.15	6.58	0.67
104.59	90.75	19.41	10.62	70.95	50.68	3.17
32.46	23.47	3.60	8.88	35.11	18.48	0.52
34.04	25.63	5.30	7.56	29.50	20.93	1.13
28.36	22.30	4.58	5.49	18.58	16.26	0.43
513.72	461.03	202.75	45.80	417.45	341.32	5.59
6.47	5.78	1.10	0.66	5.31	3.63	0.34
4.90	2.80	0.36	2.09	1.97	1.77	0.36
10.58	9.30	1.60	1.26	5.89	6.42	0.63
77.45	70.64	6.10	5.03	37.27	26.34	0.94
5.78	4.60	1.17	1.16	5.19	4.80	2.60
15.38	13.06	1.47	2.32	6.54	7.15	0.82
0.05						
10.49	7.46	1.65	3.00	3.73	4.54	0.29
14.17	11.43	2.08	2.73	8.26	7.92	1.24
0.24	0.22	0.04	0.02	0.06	0.07	
2.12	1.93	0.44	0.19	1.10	0.57	
42.53	33.73	6.32	8.78	34.34	24.84	17.64

1-B-31 续表 2

地 区						主营业务收入
	集体资本	法人资本	个人资本	港澳台资本	外商资本	
全 国	**66.78**	**250.27**	**265.17**	**319.65**	**291.20**	**4106.27**
北 京	1.38	7.66	2.71	1.96	6.55	53.93
天 津	1.44	11.61	3.12	1.28	14.44	105.66
河 北	2.44	7.46	8.99	0.85	3.26	118.50
山 西	0.42	1.33	1.10		0.33	7.61
内蒙古	0.28	0.38	1.23	0.05	0.04	4.17
辽 宁	11.39	10.55	14.62	11.44	25.56	130.84
吉 林	1.00	1.78	1.82	0.32	1.07	19.15
黑龙江	0.75	7.34	3.80	0.06	0.55	21.58
上 海	4.83	25.98	20.35	25.89	52.28	328.29
江 苏	7.59	26.30	33.54	41.56	60.50	591.46
浙 江	8.36	27.39	70.09	15.18	16.75	681.49
安 徽	1.20	5.96	8.22	2.29	0.75	105.57
福 建	1.28	6.69	11.38	23.21	17.23	224.25
江 西	0.56	3.76	0.82	0.03	0.73	11.01
山 东	5.74	11.02	14.18	5.60	10.97	278.94
河 南	1.35	8.09	7.60	0.71	0.22	99.08
湖 北	0.64	9.42	7.33	1.68	0.73	50.43
湖 南	1.12	5.74	4.12	2.35	2.50	32.17
广 东	9.97	43.53	31.44	180.31	70.48	1032.59
广 西	0.33	1.31	1.19	0.17	0.29	14.25
海 南	0.15	0.87	0.23	0.15	0.02	4.39
重 庆	0.76	0.65	1.83	2.21	0.34	12.30
四 川	1.17	13.44	7.27	0.99	2.52	85.57
贵 州	0.25	0.88	0.28	0.61	0.20	6.43
云 南	0.88	1.75	0.77	0.41	2.51	16.03
西 藏						
陕 西	0.41	2.35	1.15	0.18	0.14	7.86
甘 肃	0.95	2.75	2.69	0.14	0.16	15.70
青 海	0.03		0.04			0.17
宁 夏		0.39	0.17			3.20
新 疆	0.14	3.87	3.08		0.09	43.63

单位：亿元

主营业务成本	主营业务税金及附加	其他业务收入	其他业务利润	营业费用	管理费用	税　金
3606.47	**17.77**	**81.85**	**18.18**	**111.36**	**213.13**	**6.70**
46.98	0.08	2.60	0.39	1.58	3.65	0.08
88.51	1.27	4.05	1.31	10.48	5.40	0.12
103.42	0.47	1.13	0.36	3.88	4.08	0.15
6.69	0.02	0.27	0.01	0.21	0.34	0.01
3.16	0.04	0.03		0.12	0.27	0.02
113.20	0.21	1.53	0.28	3.82	6.48	0.34
16.29	0.07	0.37	0.06	0.43	1.10	0.08
18.67	0.09	0.52	0.17	0.84	1.65	0.04
281.35	0.55	7.22	2.44	9.33	21.26	0.47
520.19	1.88	10.25	2.23	14.67	27.06	0.76
591.90	4.73	8.93	1.45	15.12	25.58	1.24
94.09	0.25	5.74	0.26	2.94	2.97	0.18
199.62	0.66	1.44	0.99	5.41	8.73	0.32
9.81	0.04	0.16	0.10	0.36	0.55	0.04
243.52	1.54	2.64	0.80	8.59	8.95	0.55
87.82	0.56	7.00	0.38	2.14	1.92	0.16
42.27	0.34	0.81	0.32	2.14	2.88	0.14
27.36	1.86	0.28	0.19	0.77	1.98	0.12
930.13	2.17	20.20	5.65	22.77	78.93	1.57
12.49	0.08	0.28	0.05	0.37	0.74	0.02
3.71	0.01	0.04	-0.03	0.20	0.19	
10.88	0.03	0.08	0.03	0.43	0.74	0.02
72.38	0.26	3.24	0.29	2.23	3.09	0.10
5.68	0.05	0.21	0.05	0.21	0.54	0.01
14.20	0.02	1.03	0.09	0.42	1.03	0.03
6.68	0.04	0.28	0.03	0.25	0.56	0.03
14.16	0.25	0.36	0.05	0.30	0.64	0.03
0.16					0.01	
2.82	0.02	0.28	0.03	0.08	0.19	0.01
38.33	0.18	0.88	0.20	1.26	1.62	0.05

1-B-31 续表 3

地 区	财务费用	利息支出	营业利润	投资收益	补贴收入	利润总额
全 国	**44.27**	**38.96**	**170.06**	**4.01**	**6.98**	**174.90**
北 京	0.42	0.38	1.60	0.06	0.11	1.96
天 津	0.96	0.87	8.11	0.11	0.24	8.16
河 北	1.86	1.69	5.16	0.33	0.09	5.20
山 西	0.19	0.19	0.22		0.01	0.30
内蒙古	0.07	0.08	0.51	0.10	0.01	0.56
辽 宁	3.61	3.22	3.79	-0.01	0.18	3.91
吉 林	0.24	0.22	0.99		0.02	1.03
黑龙江	0.47	0.42	-0.28	0.02	0.05	-0.19
上 海	3.02	2.50	15.22	0.28	1.19	16.60
江 苏	5.70	4.74	24.19	0.64	0.98	24.60
浙 江	8.86	7.83	37.24	0.53	2.35	39.79
安 徽	1.65	1.57	3.92	0.27	0.06	4.20
福 建	1.44	1.25	6.91	0.02	0.13	7.34
江 西	0.14	0.09	0.17	0.04	0.01	0.19
山 东	3.10	2.10	13.66	-0.10	0.11	12.81
河 南	1.06	0.92	5.38	0.40	0.10	5.60
湖 北	0.83	0.74	2.37	0.02	0.15	2.77
湖 南	0.54	0.54	1.78	0.11	0.02	0.82
广 东	6.62	5.79	29.74	0.57	0.55	29.79
广 西	0.18	0.14	0.26		0.02	0.21
海 南	0.02	0.02	0.22	0.02	0.02	-0.18
重 庆	0.18	0.17	-0.07		0.07	-0.09
四 川	1.02	0.94	6.87	0.16	0.11	7.23
贵 州	0.08	0.08	-0.09		0.01	-0.07
云 南	0.32	0.30	0.14	-0.01	0.04	0.16
西 藏						
陕 西	0.23	0.23	0.30		0.06	0.22
甘 肃	0.66	0.65	-0.04	0.21	0.08	-0.06
青 海						
宁 夏	0.03	0.03	0.13	0.17		0.08
新 疆	0.78	1.26	1.65	0.07	0.20	1.96

单位：亿元

亏损企业亏损额	应交所得税	本年应付工资总额	本年应付工资总额：主营业务应付工资总额	本年应付福利费总额	本年应付福利费总额：主营业务应付福利费总额	本年应交增值税	全部从业人员年平均人数（万人）
41.91	**30.46**	**222.18**	**202.54**	**21.50**	**19.37**	**92.64**	**175.20**
0.95	0.38	3.38	3.25	0.41	0.39	1.52	2.25
1.61	1.23	6.06	5.13	0.76	0.57	3.07	4.18
1.25	1.03	4.11	3.77	0.56	0.52	2.65	4.79
0.07	0.05	0.43	0.40	0.05	0.04	0.25	0.64
	0.07	0.32	0.31	0.05	0.05	0.20	0.26
3.28	1.27	4.90	4.64	0.64	0.60	3.82	4.28
0.19	0.15	0.93	0.70	0.08	0.07	0.52	1.06
1.14	0.12	1.40	1.27	0.17	0.15	0.63	1.67
6.56	2.59	19.92	18.70	1.70	1.61	8.38	11.20
6.70	4.87	29.51	28.02	3.32	3.18	12.98	20.84
2.44	7.47	31.44	30.40	4.03	3.75	17.83	24.83
0.31	0.82	3.14	3.02	0.43	0.42	2.01	3.04
1.43	1.18	15.29	14.33	1.15	1.04	4.29	11.98
0.12	0.02	0.85	0.72	0.08	0.07	0.39	0.94
1.56	1.98	11.08	10.34	0.93	0.90	6.98	10.77
0.38	1.08	3.56	3.41	0.30	0.29	2.36	4.77
0.33	0.48	2.97	2.56	0.22	0.20	1.68	2.92
1.13	0.18	1.67	1.59	0.20	0.18	1.04	1.58
8.38	3.96	71.86	61.48	5.33	4.35	16.67	53.65
0.33	0.11	0.91	0.80	0.08	0.06	0.50	1.11
0.56	0.03	0.14	0.10	0.05	0.05	0.13	0.16
0.46	0.06	0.82	0.63	0.07	0.07	0.34	0.78
0.96	0.76	2.93	2.73	0.30	0.28	2.29	2.91
0.23	0.03	0.57	0.56	0.07	0.07	0.22	0.57
0.52	0.12	0.75	0.70	0.11	0.09	0.41	0.78
0.24	0.09	0.56	0.52	0.07	0.06	0.21	0.61
0.52	0.03	0.98	0.80	0.11	0.10	0.24	1.25
		0.01	0.01				0.02
0.03	0.03	0.26	0.23	0.04	0.03	0.07	0.32
0.22	0.27	1.45	1.42	0.20	0.20	0.95	1.07

1-B-32 规模以上非金属矿物制品业

地区	企业单位数（个）	亏损企业	工业总产值（当年价）	工业销售产值（当年价）	出口交货值
全国	**19960**	**4246**	**7459.87**	**7347.86**	**764.60**
北京	492	134	184.46	178.65	5.59
天津	238	70	78.47	75.06	17.31
河北	1038	196	392.35	386.58	37.47
山西	421	122	100.65	95.14	8.76
内蒙古	200	33	72.61	69.55	3.47
辽宁	838	265	267.57	261.71	58.64
吉林	257	63	82.98	81.31	5.17
黑龙江	236	73	60.35	58.57	1.71
上海	681	115	344.03	339.76	39.53
江苏	1842	384	739.63	725.78	80.20
浙江	1437	221	557.11	541.57	33.67
安徽	432	158	177.22	172.17	4.50
福建	1470	177	397.83	382.54	130.22
江西	443	120	117.65	115.69	2.43
山东	2220	206	1255.69	1276.94	84.58
河南	1492	191	617.18	605.08	17.06
湖北	573	136	172.55	168.12	4.32
湖南	839	208	183.06	180.63	12.80
广东	1973	434	886.90	871.53	181.74
广西	419	165	102.78	100.06	10.51
海南	41	17	14.11	13.83	
重庆	259	89	96.94	97.84	11.61
四川	828	210	246.06	235.93	6.68
贵州	282	126	40.69	38.92	2.68
云南	253	90	60.88	59.82	0.03
西藏	15	3	6.78	6.35	
陕西	280	99	66.61	76.26	0.70
甘肃	185	51	49.56	47.28	1.06
青海	61	29	13.56	12.79	
宁夏	95	20	25.65	24.92	2.18
新疆	120	41	47.96	47.47	

工业企业主要经济指标

单位：亿元

资产合计	流动资产合计	应收账款净额	存货	产成品	流动资产年平均余额	固定资产合计
9375.45	**4050.56**	**1094.29**	**1123.32**	**523.03**	**3801.97**	**4297.86**
339.66	171.34	74.30	47.52	23.77	164.61	130.17
133.53	65.30	19.25	21.60	8.88	59.27	56.50
538.58	205.71	46.79	61.93	32.46	193.50	278.57
235.22	103.11	28.92	30.05	16.60	97.69	112.16
120.39	39.50	9.84	14.82	6.60	37.98	67.08
463.58	219.01	74.10	57.90	28.05	197.90	185.74
158.99	65.38	17.78	19.38	6.64	62.63	72.29
112.20	47.31	16.13	13.52	5.08	45.23	56.04
448.26	244.47	84.93	68.22	33.13	228.07	155.16
837.38	401.48	113.07	97.20	46.13	363.18	373.23
725.05	325.36	74.49	70.38	34.16	302.85	329.00
269.97	92.32	15.43	22.46	9.09	85.89	135.61
423.28	195.94	59.10	56.08	25.60	178.19	169.93
182.39	66.08	11.13	18.61	9.35	60.50	97.88
1030.32	424.85	80.92	120.07	56.24	411.86	515.77
554.26	252.30	67.94	71.35	32.67	251.55	247.38
246.83	85.22	20.18	24.29	9.68	79.50	129.18
203.16	77.05	20.48	26.31	12.75	73.82	97.55
923.38	431.81	111.84	129.76	62.30	399.08	389.62
177.34	53.84	12.86	16.66	7.04	51.75	96.29
21.61	7.42	2.18	2.20	0.82	6.11	12.70
166.01	66.32	15.83	16.93	7.75	62.23	81.98
344.50	134.53	38.48	40.96	18.44	127.41	164.42
95.06	36.38	8.05	9.58	4.17	35.47	46.95
133.52	50.32	13.93	12.53	4.61	47.05	70.37
13.53	3.42	0.63	1.29	0.16	3.50	7.94
143.44	53.80	16.30	16.58	7.67	50.70	73.71
115.37	46.31	16.15	15.25	5.60	43.07	51.73
22.77	8.81	2.31	3.54	1.88	8.00	12.28
59.54	25.41	5.11	5.81	2.29	24.36	26.14
136.36	50.47	15.83	10.53	3.42	49.02	54.47

1-B-32 续表 1

地 区	固定资产原价	生产经营用	累计折旧	本年折旧	固定资产净值	固定资产净值年平均余额
全 国	**5690.38**	**5068.53**	**1755.59**	**314.09**	**3934.79**	**3849.30**
北 京	169.73	150.00	55.95	9.67	113.78	111.71
天 津	74.56	61.24	22.33	3.50	52.23	49.07
河 北	358.10	322.74	99.56	16.25	258.53	248.00
山 西	136.48	121.30	38.66	6.64	97.82	97.87
内蒙古	78.87	71.02	23.40	4.78	55.46	53.65
辽 宁	267.35	241.83	82.89	11.58	184.45	179.32
吉 林	92.92	81.89	26.93	5.41	65.99	63.59
黑龙江	78.98	73.52	24.59	3.17	54.39	52.20
上 海	232.75	206.15	88.26	14.88	144.48	144.02
江 苏	482.79	433.86	143.26	28.37	339.52	331.68
浙 江	396.93	372.69	114.35	26.32	282.58	272.24
安 徽	188.99	176.66	53.65	9.19	135.33	128.18
福 建	240.58	203.97	82.96	15.49	157.62	159.01
江 西	116.11	103.05	25.51	5.63	90.60	88.55
山 东	627.38	567.30	172.67	37.62	454.71	445.69
河 南	324.13	280.71	97.99	15.49	226.14	220.88
湖 北	171.75	150.00	49.82	8.09	121.93	116.72
湖 南	138.61	114.19	44.87	7.52	93.74	90.85
广 东	578.83	510.62	203.22	34.76	375.61	373.43
广 西	127.75	114.66	38.25	4.66	89.51	87.79
海 南	22.20	17.69	7.10	0.75	15.10	15.82
重 庆	98.99	88.09	30.23	5.59	68.76	66.49
四 川	228.74	203.97	74.84	13.15	153.90	151.91
贵 州	61.07	50.93	21.34	3.47	39.73	40.30
云 南	104.34	93.40	40.12	5.83	64.22	63.84
西 藏	5.68	4.39	1.81	0.26	3.87	3.62
陕 西	89.25	76.38	26.47	5.13	62.78	63.35
甘 肃	70.68	62.09	22.36	3.26	48.33	45.71
青 海	16.50	15.52	5.07	0.79	11.43	11.53
宁 夏	33.71	28.47	11.22	2.97	22.49	22.55
新 疆	75.66	70.21	25.90	3.85	49.76	49.72

单位：亿元

负债合计	流动负债合计	应付账款	长期负债合计	所有者权益合计	实收资本	国家资本
5674.86	**4357.30**	**1011.21**	**1240.58**	**3697.54**	**2693.24**	**413.99**
209.28	167.58	64.68	41.70	130.38	104.40	9.94
82.13	61.10	17.47	21.03	51.40	48.00	3.41
346.07	249.96	48.91	91.81	192.51	131.70	36.44
159.37	118.31	24.91	38.07	75.85	52.58	11.90
69.57	44.44	11.77	25.13	50.82	33.89	4.54
293.87	244.48	57.24	47.79	169.71	139.98	25.16
94.33	82.19	18.38	11.64	64.66	46.53	4.64
66.43	56.93	13.17	8.78	43.01	30.75	10.85
243.16	214.94	73.14	25.56	205.10	164.23	8.39
514.35	430.74	97.57	83.60	323.03	249.42	14.80
445.58	348.47	66.03	94.62	279.47	172.69	7.85
157.68	109.99	18.06	47.44	112.29	78.52	26.56
194.62	146.27	38.79	46.56	228.66	175.43	9.74
108.88	76.12	14.22	30.80	73.50	55.72	8.75
614.17	462.93	87.87	129.67	416.15	234.42	23.03
335.38	265.27	62.48	66.33	218.88	167.73	44.79
139.00	92.90	20.95	44.63	107.83	55.45	7.41
123.20	85.71	18.42	30.92	79.97	62.31	17.51
572.34	448.58	125.22	111.57	351.04	270.76	21.26
123.25	88.44	16.56	33.13	54.04	53.71	16.19
21.70	8.81	1.75	12.88	-0.09	7.72	3.20
106.84	70.37	11.72	35.25	59.17	43.32	2.75
192.77	150.77	32.90	36.87	151.73	102.66	22.71
61.54	44.45	7.67	16.86	33.27	31.32	15.43
91.08	63.20	11.96	27.88	42.44	36.51	3.48
6.87	5.13	1.15	1.65	6.65	4.62	1.48
106.72	70.65	17.01	34.13	36.71	39.83	10.43
71.20	55.63	11.70	13.81	44.16	34.40	18.86
21.27	12.44	2.99	8.78	1.50	7.77	3.55
26.03	20.49	6.41	5.54	33.51	21.25	10.47
76.16	60.03	10.11	16.13	60.20	35.61	8.49

1-B-32 续表 2

地 区						主营业务收入
	集体资本	法人资本	个人资本	港澳台资本	外商资本	
全 国	**167.91**	**817.17**	**677.86**	**242.39**	**373.93**	**7118.95**
北 京	5.78	46.85	22.36	4.01	15.47	179.89
天 津	1.21	19.08	4.57	1.45	18.29	75.11
河 北	9.46	28.28	39.13	3.15	15.25	370.31
山 西	3.91	22.77	13.52	0.27	0.22	93.94
内蒙古	1.23	17.77	9.86	0.24	0.24	68.38
辽 宁	8.54	24.21	57.56	3.91	20.59	258.40
吉 林	3.54	30.20	6.21	0.69	1.24	81.94
黑龙江	1.04	10.13	8.28	0.07	0.38	58.73
上 海	6.61	42.75	15.37	17.07	74.04	348.72
江 苏	11.52	51.29	56.63	57.24	57.94	707.89
浙 江	6.34	57.07	70.73	12.27	18.43	534.86
安 徽	2.61	21.69	19.05	3.13	5.48	168.07
福 建	7.31	32.69	51.97	38.57	35.15	386.36
江 西	2.96	14.19	18.47	10.38	0.97	109.24
山 东	25.76	78.42	65.52	11.88	29.81	1202.53
河 南	13.26	60.04	44.93	1.35	3.36	574.24
湖 北	5.65	16.96	17.47	1.51	6.45	158.75
湖 南	4.59	19.51	19.03	1.16	0.51	170.43
广 东	22.11	73.58	49.55	62.52	41.74	840.22
广 西	4.34	19.99	6.07	4.27	2.84	99.92
海 南	0.25	2.34	0.72	0.04	1.17	13.81
重 庆	1.36	17.56	12.79	2.05	6.81	93.99
四 川	2.96	32.11	29.92	2.69	12.27	229.48
贵 州	1.15	5.94	4.87	1.91	2.02	36.89
云 南	5.15	18.30	8.14	0.09	1.34	58.61
西 藏	2.21	0.86	0.07			5.56
陕 西	2.42	16.25	9.94	0.16	0.63	59.67
甘 肃	3.61	8.71	3.21	0.01		50.32
青 海	0.35	2.86	0.88	0.05	0.08	12.07
宁 夏	0.21	5.31	4.41		0.84	24.22
新 疆	0.48	19.45	6.61	0.25	0.34	46.41

单位：亿元

主营业务成本	主营业务税金及附加	其他业务收入	其他业务利润	营业费用	管理费用	税金
5904.42	**60.13**	**109.89**	**36.99**	**284.48**	**410.53**	**21.39**
148.84	0.61	3.66	1.33	7.22	16.31	0.36
63.18	0.35	0.88	0.63	2.57	5.55	0.14
301.88	2.88	1.70	1.52	16.24	21.72	1.20
75.53	1.01	2.46	0.50	5.20	8.22	0.46
51.91	1.08	4.38	0.30	3.32	4.66	0.41
202.27	1.83	6.04	1.15	19.46	17.96	0.89
65.97	0.68	2.11	0.83	3.15	6.01	0.46
49.45	0.46	0.69	0.27	2.83	5.73	0.15
290.05	1.20	9.52	2.48	15.02	23.60	0.49
595.26	3.86	7.65	2.70	24.25	37.29	1.18
444.20	3.55	4.46	1.29	17.62	27.57	0.75
128.13	1.26	2.35	0.23	7.17	8.33	0.63
317.54	4.24	9.59	1.93	15.26	19.85	0.92
93.79	0.98	0.80	0.30	4.57	6.11	0.27
1015.69	10.28	11.85	6.62	34.37	49.70	5.78
465.67	5.05	13.47	2.85	30.61	24.93	1.48
130.28	1.79	4.60	0.88	6.93	11.78	0.74
139.93	3.30	1.82	1.44	7.33	12.29	0.90
725.12	4.81	6.18	4.63	26.12	41.03	1.61
84.29	0.83	1.54	0.75	4.06	8.12	0.46
11.61	0.09	0.02	0.01	0.58	0.83	0.04
73.68	4.55	1.67	0.70	5.92	6.38	0.26
191.67	1.83	6.62	1.64	9.44	15.90	0.68
30.58	0.39	0.75	0.34	2.00	4.49	0.19
47.65	0.47	2.48	0.58	2.59	6.54	0.22
3.55	0.08	0.07	0.27	0.22	0.54	0.04
47.53	1.53	0.53	0.29	2.66	5.07	0.23
40.50	0.76	1.10	0.26	2.60	6.35	0.16
13.42	0.07	0.11	0.08	0.62	1.29	0.04
18.29	0.16	0.43	0.09	1.90	2.01	0.10
36.96	0.17	0.37	0.11	2.67	4.34	0.11

1-B-32 续表 3

地区	财务费用		营业利润	投资收益	补贴收入	利润总额
		利息支出				
全国	**127.17**	**112.07**	**359.29**	**16.45**	**69.32**	**418.88**
北京	3.40	2.62	4.85	0.37	4.70	9.43
天津	1.02	1.02	2.24	-0.02	0.45	2.42
河北	9.46	8.72	19.65	0.44	3.45	22.05
山西	3.37	3.06	0.74		0.53	0.51
内蒙古	1.76	1.70	5.94	0.56	1.35	6.60
辽宁	5.77	5.54	12.25	0.18	2.20	12.97
吉林	2.24	2.09	4.20	0.14	1.49	5.51
黑龙江	1.27	1.23	-0.67	0.02	2.10	1.14
上海	3.26	2.78	18.08	1.46	2.31	22.49
江苏	9.34	7.34	40.59	0.49	5.78	44.24
浙江	11.05	10.07	33.27	0.68	10.48	42.83
安徽	3.57	3.38	19.96	0.77	2.23	22.31
福建	4.95	4.25	24.34	5.10	0.86	29.32
江西	2.65	2.29	3.77	0.18	1.11	4.29
山东	18.26	14.63	77.40	1.29	6.61	81.08
河南	10.04	9.08	35.48	0.86	4.83	39.18
湖北	3.07	2.69	5.41	0.02	2.64	8.46
湖南	3.11	2.56	4.84	0.15	1.36	3.68
广东	7.95	6.94	31.52	0.38	1.23	33.11
广西	1.91	1.93	1.89	0.77	0.65	2.95
海南	0.43	0.41	0.35	0.05	0.03	0.02
重庆	2.80	2.61	4.69	0.14	1.43	5.74
四川	5.19	4.81	7.09	0.04	1.66	8.07
贵州	1.03	0.87	-1.25		0.80	-0.56
云南	2.46	2.33	-0.52	0.46	2.85	2.47
西藏	0.03	0.03	0.87		0.02	0.87
陕西	2.64	2.44	0.47	0.32	0.39	0.79
甘肃	2.00	1.41	-0.06	0.23	1.24	0.93
青海	0.27	0.26	0.14	0.02	0.29	0.28
宁夏	0.33	0.51	1.65	0.19	1.09	2.63
新疆	2.55	2.49	0.11	1.14	3.17	3.06

单位：亿元

亏损企业亏损额	应交所得税	本年应付工资总额	主营业务应付工资总额	本年应付福利费总额	主营业务应付福利费总额	本年应交增值税	全部从业人员年平均人数（万人）
83.20	**81.39**	**452.10**	**420.12**	**51.24**	**46.82**	**325.72**	**415.32**
3.66	1.51	12.45	11.76	1.58	1.47	7.13	7.67
1.60	0.47	4.02	3.59	0.84	0.74	2.53	2.76
6.01	4.73	22.18	20.91	2.18	2.06	15.28	25.82
2.61	0.81	10.61	9.89	1.45	1.22	6.30	12.77
0.34	0.65	5.84	5.46	0.82	0.77	4.10	4.66
5.78	4.36	15.22	14.55	1.88	1.71	12.11	16.44
1.42	1.07	5.30	4.41	0.49	0.44	4.81	5.56
1.57	0.49	5.28	5.00	0.59	0.56	4.03	5.53
5.85	3.14	19.37	18.47	2.05	1.94	13.38	8.84
5.84	6.83	39.43	37.82	5.11	4.83	30.21	30.16
4.53	10.81	29.32	28.02	3.57	3.27	28.67	21.74
1.72	5.03	9.54	9.17	1.26	1.18	10.80	9.72
2.05	4.10	29.56	27.68	2.10	1.86	14.08	21.80
1.87	1.13	8.29	6.83	0.85	0.74	6.00	9.49
4.69	13.79	52.96	50.92	5.73	5.50	49.12	52.71
3.24	8.30	28.93	27.65	4.73	4.60	26.34	34.49
1.04	1.73	10.90	9.44	1.13	0.99	8.38	12.28
3.25	1.02	17.53	16.80	1.74	1.60	8.18	18.91
7.33	5.11	55.93	48.54	4.61	3.75	30.60	41.60
2.01	0.70	10.57	9.85	1.07	0.99	6.35	12.64
0.65	0.06	0.71	0.62	0.07	0.06	0.75	0.68
1.42	0.79	8.11	7.39	1.07	0.88	5.49	8.02
4.07	1.95	19.14	18.11	2.38	2.24	12.02	21.03
2.02	0.35	5.15	4.78	0.68	0.59	2.32	5.84
1.36	0.51	6.68	5.91	0.82	0.75	4.65	5.47
0.02	0.10	0.56	0.28	0.11	0.03	0.42	0.41
2.50	0.59	6.19	5.04	0.76	0.62	3.52	6.88
1.41	0.44	4.88	4.53	0.62	0.58	2.99	5.30
0.48	0.08	1.47	1.13	0.15	0.13	0.72	1.35
0.11	0.41	1.99	1.82	0.28	0.24	1.67	1.69
2.75	0.36	3.97	3.78	0.53	0.49	2.76	3.04

1-B-33 规模以上黑色金属冶炼

地区	企业单位数（个）	亏损企业	工业总产值（当年价）	工业销售产值（当年价）	出口交货值
全国	**7141**	**1644**	**16948.86**	**16693.30**	**947.71**
北京	65	14	502.90	501.66	22.70
天津	334	74	769.44	757.34	26.20
河北	529	110	2614.98	2574.06	54.93
山西	366	78	863.03	841.32	19.42
内蒙古	187	71	375.64	380.36	15.36
辽宁	486	129	1485.64	1476.79	189.37
吉林	68	20	178.14	175.17	10.28
黑龙江	53	20	81.74	72.28	0.91
上海	167	19	1079.31	1072.48	122.75
江苏	1215	215	2350.18	2308.95	107.18
浙江	653	91	530.44	516.26	14.98
安徽	72	29	393.54	392.57	11.56
福建	156	43	277.71	265.12	9.48
江西	56	16	253.51	253.09	1.27
山东	387	64	1291.90	1256.50	95.46
河南	233	53	532.97	521.02	8.58
湖北	145	49	617.30	615.47	29.59
湖南	316	73	378.84	378.18	46.71
广东	273	35	539.64	525.71	66.15
广西	201	58	218.89	216.08	13.70
海南	6	2	7.51	7.67	
重庆	76	19	137.33	135.13	1.59
四川	331	69	587.01	591.38	29.25
贵州	271	116	177.29	166.56	13.50
云南	166	65	217.22	214.55	6.44
西藏					
陕西	79	25	108.87	102.62	4.26
甘肃	114	34	177.85	176.49	14.96
青海	34	16	37.54	37.51	1.75
宁夏	65	21	44.66	43.74	8.96
新疆	37	16	117.87	117.19	0.42

及压延加工业工业企业主要经济指标

单位：亿元

资产合计	流动资产合计	应收账款净额	存货	产成品	流动资产年平均余额	固定资产合计
15595.01	**6913.63**	**697.76**	**2434.55**	**657.43**	**6280.47**	**7322.69**
555.85	253.21	26.30	75.19	14.10	232.02	214.35
621.17	328.90	34.32	110.87	27.54	294.77	248.34
1944.89	961.24	57.27	333.41	84.63	869.45	837.46
764.49	325.63	27.76	136.74	42.32	309.63	369.65
454.94	193.18	23.96	42.90	13.57	155.13	203.15
1886.52	758.94	81.52	241.54	61.10	710.02	987.68
159.88	65.46	6.09	25.93	5.07	61.44	84.00
108.74	51.30	11.23	17.89	8.00	42.36	38.28
1220.48	418.59	51.38	181.23	33.96	339.51	711.81
1661.52	844.65	102.62	256.42	94.17	766.29	716.13
384.33	208.54	33.91	77.11	23.69	192.78	142.49
396.28	130.12	7.71	60.90	9.02	142.38	251.77
217.08	105.35	8.06	33.31	9.22	101.16	92.99
221.84	89.87	6.44	37.31	7.71	80.09	101.06
1044.35	533.04	54.91	176.05	53.19	465.55	420.90
456.16	210.36	15.50	78.23	23.32	208.57	167.32
811.22	330.87	21.43	118.08	29.66	282.64	425.71
415.80	153.24	10.20	66.59	11.10	132.16	237.54
446.41	203.82	29.89	82.46	19.76	190.55	219.42
175.33	85.90	6.96	40.82	9.84	73.67	80.04
5.97	3.06	0.18	2.13	0.63	3.24	2.46
106.53	50.72	5.91	23.19	5.63	42.63	53.20
518.71	199.01	30.18	79.35	25.44	193.16	247.66
159.22	78.36	9.84	27.23	12.58	72.01	66.47
273.12	88.27	7.98	30.49	7.39	79.39	105.21
104.32	54.65	7.17	17.09	5.94	51.38	41.64
285.55	110.94	10.51	32.36	9.40	116.29	153.32
63.83	26.15	5.03	10.15	2.49	25.68	27.97
34.56	12.60	1.97	4.72	2.84	11.85	17.63
95.91	37.68	1.51	14.87	4.14	34.67	57.06

1-B-33 续表 1

地 区	固定资产原价	生产经营用	累计折旧	本年折旧	固定资产净值	固定资产净值年平均余额
全 国	**9705.96**	**8677.15**	**3649.70**	**673.07**	**6056.27**	**5691.45**
北 京	343.67	328.76	175.15	13.34	168.52	169.16
天 津	288.14	256.12	96.84	16.12	191.30	181.78
河 北	961.60	906.23	271.91	62.48	689.70	651.37
山 西	461.13	333.98	155.19	36.37	305.95	311.90
内蒙古	317.73	315.34	154.66	60.16	163.06	174.04
辽 宁	1375.06	1144.50	543.69	100.13	831.37	794.48
吉 林	88.76	86.52	24.30	6.68	64.46	60.85
黑龙江	38.83	35.64	11.11	1.32	27.73	25.92
上 海	1359.91	1335.41	758.32	106.07	601.58	579.31
江 苏	853.77	800.63	225.25	50.54	628.51	546.29
浙 江	154.89	142.88	44.30	10.98	110.59	107.25
安 徽	313.09	301.33	91.76	20.54	221.34	201.52
福 建	110.16	104.93	23.27	5.93	86.89	78.00
江 西	136.96	117.10	52.80	9.82	84.16	72.24
山 东	464.92	392.36	137.89	28.71	327.03	278.30
河 南	219.83	188.25	89.36	14.94	130.47	123.40
湖 北	660.38	473.01	298.68	37.12	361.70	367.74
湖 南	262.07	218.88	78.74	18.63	183.33	157.68
广 东	235.37	221.24	64.01	12.04	171.36	154.10
广 西	88.95	73.20	21.90	4.81	67.04	64.78
海 南	4.33	4.16	1.91	0.21	2.43	2.54
重 庆	69.57	68.08	29.12	2.77	40.45	40.11
四 川	387.24	359.33	157.45	22.17	229.79	219.11
贵 州	84.45	73.11	30.76	5.53	53.69	52.37
云 南	107.27	95.73	14.54	7.20	92.74	84.52
西 藏						
陕 西	46.25	45.39	13.80	2.02	32.45	35.00
甘 肃	166.65	154.43	49.51	9.39	117.14	90.50
青 海	28.90	26.79	9.80	1.26	19.10	17.15
宁 夏	17.13	15.59	4.02	1.31	13.11	13.05
新 疆	58.92	58.22	19.66	4.51	39.27	37.01

单位：亿元

负债合计	流动负债合计		长期负债合计	所有者权益		
		应付账款		合　计	实收资本	
						国家资本
9412.83	**7555.78**	**1631.77**	**1820.93**	**6100.04**	**3190.74**	**1283.55**
306.44	235.95	51.28	70.50	249.40	114.54	70.34
430.71	346.87	67.70	83.84	190.47	150.39	46.82
1314.28	1009.08	231.34	288.22	630.61	254.51	96.64
441.97	351.06	101.11	88.16	322.43	156.54	58.62
249.42	198.48	23.11	50.94	205.52	156.77	75.17
1121.29	928.87	174.03	192.09	683.30	325.67	219.01
109.61	94.54	25.36	13.72	50.27	26.66	4.43
87.23	77.62	18.65	9.60	21.51	24.79	9.93
533.19	356.65	73.54	176.34	687.29	363.32	109.88
1062.24	937.17	172.51	125.07	599.28	361.78	12.89
223.27	190.71	37.41	32.34	161.06	99.04	0.31
186.50	144.40	40.18	42.07	209.77	94.33	52.96
126.94	114.36	20.36	12.57	90.14	50.44	7.95
153.59	143.90	26.20	9.60	68.22	53.29	44.15
704.56	555.57	123.05	147.43	339.79	144.54	63.61
249.90	225.27	53.36	24.34	206.25	88.47	26.38
438.33	344.25	67.15	93.76	372.90	149.80	88.97
269.81	184.34	36.15	84.25	145.99	58.05	41.65
293.07	216.48	51.63	75.72	153.35	80.63	8.76
89.71	80.17	20.32	8.73	85.62	38.10	25.49
8.33	3.14	0.78	5.19	-2.36	1.57	
53.25	45.35	10.38	7.72	53.28	24.43	13.17
331.88	261.71	56.95	65.14	186.83	98.58	54.85
106.37	87.08	27.82	17.11	52.76	54.29	19.07
143.65	109.55	27.77	34.10	129.47	87.43	70.90
72.37	55.15	12.83	15.67	31.96	23.26	10.74
195.51	163.21	59.70	32.23	90.04	55.20	21.73
42.78	37.28	5.81	5.50	21.05	13.36	5.31
22.62	18.42	4.43	4.15	11.93	7.73	1.31
44.01	39.17	10.85	4.84	51.90	33.24	22.51

1-B-33 续表 2

地　区						主营业务收入
	集体资本	法人资本	个人资本	港澳台资本	外商资本	
全　国	**104.68**	**993.40**	**485.78**	**134.51**	**188.81**	**17099.58**
北　京	0.85	36.75	4.49		2.11	404.06
天　津	2.40	79.23	18.36	0.50	3.07	797.14
河　北	7.59	48.31	70.92	20.90	10.15	2591.70
山　西	6.00	42.72	43.57	3.38	2.25	837.33
内蒙古	0.45	62.25	18.90			426.61
辽　宁	8.25	52.32	27.34	3.33	15.40	1599.02
吉　林	0.13	20.97	0.89		0.25	174.13
黑龙江	0.85	9.53	4.10		0.38	77.13
上　海	4.68	201.12	22.37	0.75	24.50	1086.68
江　苏	36.17	146.26	70.51	44.97	50.98	2349.31
浙　江	1.81	46.57	32.51	4.50	13.33	521.62
安　徽	0.38	7.10	12.13	17.46	4.30	391.67
福　建	2.01	7.40	8.56	4.64	19.88	263.70
江　西	0.19	3.91	4.39		0.65	268.24
山　东	10.38	39.05	24.57	1.23	5.70	1338.01
河　南	1.03	42.94	17.32	0.06	0.75	516.03
湖　北	0.47	28.82	11.39	0.84	19.31	645.03
湖　南	1.55	5.71	8.07	0.36	0.71	378.21
广　东	0.38	22.99	12.63	24.72	11.16	580.70
广　西	0.34	2.40	6.71	0.83	2.32	226.79
海　南	0.20	0.78	0.59			7.67
重　庆	0.59	1.33	4.94	4.22	0.17	136.02
四　川	2.31	13.97	26.67	0.78	0.02	608.79
贵　州	0.67	24.74	8.73	0.95	0.11	170.61
云　南	1.03	5.50	9.97	0.03		217.81
西　藏						
陕　西	1.85	5.02	4.40		1.24	100.56
甘　肃	11.49	20.79	1.18			184.15
青　海	0.01	6.41	1.63			37.42
宁　夏	0.25	2.17	3.97	0.03		44.14
新　疆	0.38	6.35	3.97		0.04	119.29

单位：亿元

主营业务成本	主营业务税金及附加	其他业务收入	其他业务利润	营业费用	管理费用	税金
14990.63	**82.05**	**571.77**	**69.48**	**175.61**	**619.71**	**25.00**
339.17	1.90	22.99	0.41	3.86	30.73	0.78
744.93	1.70	29.36	3.96	4.95	14.72	0.58
2341.09	9.21	99.28	14.15	17.06	70.81	2.26
731.35	7.86	12.76	3.43	7.11	31.11	2.07
384.44	2.37	2.11	0.18	3.84	12.19	0.90
1326.69	10.43	54.48	4.24	18.96	86.43	3.97
153.01	0.85	1.17	0.12	1.68	5.56	0.27
69.26	0.43	5.67	0.45	0.92	1.50	0.23
851.51	5.03	13.65	4.17	7.86	53.67	1.90
2141.88	6.14	75.12	9.78	17.37	47.48	1.99
474.13	2.12	25.27	2.27	3.98	11.81	0.65
326.29	2.33	1.34	0.55	2.78	16.46	0.58
240.06	0.72	8.20	1.37	2.00	5.47	0.31
251.12	1.18	3.69	1.61	1.52	8.48	0.41
1182.56	6.41	21.58	4.08	14.84	51.82	1.68
462.39	2.13	26.75	2.49	7.57	22.50	0.69
515.66	4.80	26.17	2.03	8.26	39.39	1.32
321.26	2.95	12.44	1.80	5.13	16.92	0.89
534.13	1.34	14.14	1.57	6.51	8.41	0.44
189.61	1.74	6.70	0.32	2.88	9.62	0.34
7.33	0.03	0.09	0.01	0.06	0.23	0.01
117.35	0.22	1.45	0.40	2.53	4.92	0.11
539.97	3.00	66.26	5.70	11.19	32.52	1.18
148.57	1.47	8.60	0.38	5.11	9.03	0.52
184.65	1.19	14.62	1.99	3.91	7.95	0.21
91.58	2.41	3.15	1.20	1.28	3.42	0.14
151.41	1.32	6.64	0.05	6.97	10.92	0.33
32.31	0.19	0.30	0.10	1.05	1.73	0.06
39.07	0.20	1.00	0.11	1.92	1.19	0.05
97.85	0.36	6.79	0.56	2.53	2.72	0.10

1-B-33 续表 3

地区	财务费用	利息支出	营业利润	投资收益	补贴收入	利润总额
全国	**187.67**	**172.24**	**1106.01**	**29.01**	**20.38**	**1105.86**
北京	7.02	6.77	21.78	-5.22	0.08	15.60
天津	6.62	7.86	28.09	0.45	0.09	26.12
河北	26.10	24.53	141.59	7.68	0.78	146.16
山西	10.38	9.89	47.95	1.57	0.48	47.17
内蒙古	1.93	1.89	22.01	3.86	0.57	16.93
辽宁	20.52	18.92	140.23	3.11	6.99	140.76
吉林	1.89	1.93	11.15	1.91	0.03	12.56
黑龙江	2.15	1.83	3.87	0.15	0.13	3.83
上海	10.69	9.79	162.09	1.77	0.36	166.42
江苏	24.76	22.92	121.46	0.70	2.78	120.03
浙江	3.97	3.94	28.68	0.66	0.90	29.52
安徽	4.54	1.79	40.01		0.08	39.93
福建	3.47	2.53	12.44	0.26		12.39
江西	2.71	2.83	5.71	0.58	0.07	5.94
山东	17.42	15.11	69.01	0.59	0.69	69.89
河南	2.98	2.82	20.39	-0.10	0.31	19.59
湖北	5.86	5.17	72.14	0.14	1.73	71.01
湖南	4.32	4.47	28.49	0.59	0.81	28.54
广东	6.99	6.70	23.79	0.68	0.03	23.18
广西	1.68	1.67	21.69	0.14	0.12	21.06
海南	0.01	0.01	0.01		0.01	0.03
重庆	1.23	1.18	9.93	-0.01	0.09	9.95
四川	8.24	5.54	19.57	3.76	0.73	21.83
贵州	1.29	1.23	5.53	0.01	0.87	3.75
云南	3.34	3.24	18.75	7.76	1.36	27.70
西藏						
陕西	1.74	1.77	1.49	0.06	0.05	1.28
甘肃	3.56	3.77	10.00	-2.10	0.12	6.76
青海	1.19	1.17	0.97	-0.05	0.03	0.85
宁夏	0.62	0.57	1.19	0.06	0.09	1.22
新疆	0.44	0.44	15.99	-0.02	0.01	15.84

单位：亿元

亏损企业亏损额	应交所得税	本年应付工资总额	主营业务应付工资总额	本年应付福利费总额	主营业务应付福利费总额	本年应交增值税	全部从业人员年平均人数（万人）
59.30	**243.71**	**564.80**	**496.08**	**73.30**	**63.42**	**652.89**	**277.27**
0.29	5.57	22.72	22.47	2.60	2.58	15.83	6.62
1.14	4.54	15.27	13.70	2.15	1.91	16.15	9.01
6.61	30.20	74.04	67.44	10.69	9.94	95.55	38.08
3.97	8.64	33.61	32.63	4.62	4.47	46.07	19.96
1.26	1.84	12.83	12.67	1.80	1.78	18.68	9.86
15.26	41.17	78.96	74.16	9.03	8.42	69.01	30.79
0.40	1.41	5.27	5.04	0.74	0.70	7.58	3.39
0.75	0.13	2.74	2.39	0.49	0.43	4.29	2.88
0.16	45.14	30.60	25.26	3.95	3.25	50.91	5.80
4.76	18.58	38.53	36.89	5.21	4.98	56.57	21.62
1.33	6.44	10.99	10.54	1.91	1.83	14.91	6.70
3.14	4.85	16.67	16.10	1.42	1.35	21.89	7.41
1.34	2.87	7.13	6.74	0.74	0.69	8.90	3.43
0.13	1.60	11.72	10.86	1.48	1.38	13.33	5.69
1.68	16.67	39.66	39.22	5.12	5.06	37.53	16.26
1.38	6.94	19.74	17.20	2.39	2.28	19.35	11.42
1.74	22.64	34.23	4.13	4.25	0.21	37.70	13.31
0.68	3.03	16.96	14.15	2.21	0.93	17.35	9.70
1.38	4.58	10.58	9.58	1.09	1.00	9.99	5.46
0.62	2.48	8.47	8.16	1.10	1.04	11.16	4.62
0.09		0.17	0.17	0.02	0.02	0.20	0.13
0.71	0.53	6.35	5.46	0.96	0.80	6.13	3.12
0.86	5.12	26.34	22.80	3.83	3.25	25.21	15.17
2.33	1.04	8.26	7.43	1.24	1.12	9.28	7.15
2.40	3.06	7.95	7.42	1.06	0.98	13.87	5.23
0.86	0.34	3.80	3.54	0.46	0.42	3.92	2.83
2.73	2.25	13.81	13.06	1.81	1.73	11.44	5.96
0.29	0.38	1.48	1.11	0.20	0.16	1.78	1.65
0.45	0.38	1.97	1.87	0.26	0.25	1.43	1.93
0.57	1.27	3.95	3.93	0.48	0.48	6.90	2.07

1-B-34 规模以上有色金属冶炼

地　区	企业单位数（个）	亏损企业	工业总产值（当年价）	工业销售产值（当年价）	出口交货值
全　国	**5300**	**1138**	**5986.81**	**5915.24**	**619.54**
北　京	95	18	46.57	44.66	7.13
天　津	124	32	101.50	99.52	4.62
河　北	154	28	139.82	135.10	6.48
山　西	133	49	186.86	176.44	10.50
内蒙古	76	17	127.14	125.07	16.95
辽　宁	229	66	211.82	210.03	19.60
吉　林	41	14	50.35	52.05	3.11
黑龙江	27	10	22.15	21.46	1.44
上　海	270	48	231.61	230.65	32.94
江　苏	903	192	671.03	657.47	51.49
浙　江	710	92	559.86	550.90	25.94
安　徽	81	26	175.41	180.67	9.39
福　建	97	24	97.29	94.53	18.66
江　西	135	17	254.98	246.03	28.78
山　东	221	46	464.82	461.26	29.22
河　南	270	39	528.66	518.73	75.69
湖　北	90	24	133.28	134.49	5.34
湖　南	321	43	268.49	265.44	35.61
广　东	510	97	465.95	453.01	86.01
广　西	112	40	147.92	141.76	19.97
海　南	5	3	1.03	0.91	
重　庆	67	11	90.16	88.57	9.51
四　川	152	32	141.51	173.92	23.24
贵　州	138	65	124.55	121.23	3.64
云　南	137	50	267.23	258.03	39.46
西　藏					
陕　西	98	24	76.98	73.68	3.80
甘　肃	52	14	256.90	254.95	28.55
青　海	14	7	63.97	66.56	8.88
宁　夏	20	6	62.08	60.94	13.33
新　疆	18	4	16.91	17.16	0.25

及压延加工业工业企业主要经济指标

单位：亿元

资产合计	流动资产合计	应收账款净额	存货	产成品	流动资产年平均余额	固定资产合计
5412.24	**2572.96**	**452.80**	**906.04**	**260.41**	**2367.46**	**2377.60**
44.50	23.45	6.55	6.18	3.40	23.00	10.13
60.78	43.52	6.14	13.11	2.02	36.03	12.49
91.74	42.59	11.26	17.26	5.97	39.01	42.39
286.52	101.75	14.31	32.78	10.23	94.70	162.77
126.88	50.60	6.40	20.84	8.87	50.00	63.27
298.63	162.23	26.59	54.14	13.03	151.33	119.83
52.65	23.43	5.33	7.50	2.80	21.48	27.15
36.39	20.05	5.68	6.41	1.24	19.28	14.71
159.64	94.23	28.04	30.72	8.49	87.13	50.86
304.35	200.96	61.48	57.37	22.11	189.09	86.93
289.39	180.55	46.23	53.28	17.57	161.61	73.28
194.33	87.17	8.94	37.91	7.02	83.86	75.39
114.40	48.46	9.58	15.48	6.29	46.39	44.85
185.85	84.41	15.03	46.96	10.23	75.02	88.36
504.77	195.23	23.82	55.00	19.40	182.04	283.20
485.67	208.19	32.35	68.34	17.31	190.71	260.11
120.11	54.54	6.14	17.07	3.76	48.17	60.02
218.85	99.90	11.58	41.08	12.38	90.08	87.31
332.69	193.25	54.82	62.97	21.44	169.90	100.00
164.47	57.63	8.40	24.40	7.67	52.01	95.55
1.28	0.72	0.07	0.20	0.09	0.72	0.46
81.90	45.72	7.05	13.06	3.04	45.43	26.50
164.91	68.22	8.05	21.39	6.67	59.82	72.49
146.65	39.96	5.88	13.96	3.49	35.04	94.15
295.31	133.79	8.58	68.94	15.07	119.95	134.89
101.00	51.53	6.17	17.67	6.56	46.70	41.49
356.42	182.03	17.75	71.06	17.62	164.31	159.73
80.74	26.93	4.68	10.91	1.78	29.60	39.32
90.77	43.46	4.67	17.45	4.18	46.92	39.83
20.66	8.43	1.22	2.58	0.69	8.12	10.15

1-B-34 续表 1

地 区	固定资产原价	生产经营用	累计折旧	本年折旧	固定资产净值	固定资产净值年平均余额
全 国	**2975.50**	**2696.57**	**930.45**	**155.55**	**2045.06**	**1944.48**
北 京	11.97	9.98	3.56	0.67	8.40	8.49
天 津	16.32	9.88	4.38	0.74	11.94	10.38
河 北	60.07	56.33	21.03	2.58	39.03	38.91
山 西	175.96	163.80	61.25	8.59	114.71	113.49
内蒙古	72.93	67.75	20.64	12.03	52.29	49.24
辽 宁	154.29	127.34	41.04	4.83	113.24	107.40
吉 林	34.78	32.68	15.67	1.98	19.11	19.47
黑龙江	22.40	11.98	9.44	0.41	12.96	13.05
上 海	61.76	53.92	19.92	3.68	41.84	39.73
江 苏	114.61	101.94	35.41	7.33	79.20	76.42
浙 江	85.07	79.25	23.08	5.49	62.00	58.91
安 徽	90.24	82.86	24.88	2.98	65.36	55.18
福 建	56.79	52.72	14.14	3.17	42.65	35.70
江 西	141.66	138.82	59.94	6.12	81.72	80.49
山 东	315.34	281.13	73.34	17.21	242.01	225.98
河 南	298.79	285.28	85.06	13.57	213.73	204.12
湖 北	75.69	65.88	22.76	3.64	52.93	48.58
湖 南	105.28	91.17	30.13	7.26	75.15	72.58
广 东	146.23	127.26	48.44	9.14	97.79	97.21
广 西	136.50	127.15	51.58	8.08	84.91	86.66
海 南	0.66	0.57	0.21	0.02	0.45	0.45
重 庆	60.73	60.03	26.27	1.61	34.46	34.44
四 川	85.62	74.74	20.28	4.43	65.35	58.65
贵 州	126.98	116.03	52.54	6.78	74.44	69.67
云 南	146.67	136.49	35.74	5.58	110.93	97.34
西 藏						
陕 西	49.83	42.35	17.39	2.26	32.44	31.72
甘 肃	209.70	188.85	71.88	10.24	137.82	128.64
青 海	63.93	61.04	24.23	2.07	39.70	42.54
宁 夏	40.24	36.18	10.80	2.12	29.44	29.85
新 疆	14.47	13.19	5.42	0.94	9.05	9.21

单位：亿元

负债合计	流动负债合计		长期负债合计	所有者权益		
		应付账款		合计	实收资本	
						国家资本
3496.91	**2699.11**	**504.84**	**767.62**	**1915.34**	**1267.98**	**359.21**
21.47	19.30	5.37	2.17	23.04	18.64	2.98
41.50	40.79	4.69	0.71	19.28	13.14	1.63
55.86	41.78	6.31	13.49	35.88	45.50	29.72
201.97	137.34	22.36	63.48	84.55	72.88	39.65
78.69	64.06	12.61	14.63	48.19	28.58	9.35
201.11	168.08	26.77	32.96	97.52	66.42	16.23
37.15	26.30	6.44	10.78	15.51	11.53	8.52
23.36	20.43	3.63	2.93	13.03	12.30	11.03
105.06	87.68	30.76	17.10	54.58	44.85	0.83
206.33	188.38	39.75	17.95	98.02	73.20	1.95
182.18	159.11	20.83	21.20	107.21	61.33	1.31
134.56	89.63	22.55	44.88	59.77	27.96	18.33
48.97	37.41	7.22	11.56	65.42	37.38	5.06
93.77	67.07	13.44	26.56	92.08	49.79	0.97
276.67	209.52	25.58	66.90	228.10	103.32	16.99
353.51	266.54	42.77	86.31	132.16	63.71	14.47
82.05	59.39	10.90	22.11	38.06	30.99	11.31
139.29	102.37	15.45	35.37	79.56	57.79	16.42
218.21	189.65	49.76	14.96	114.48	77.61	1.98
121.07	91.32	19.40	28.84	43.40	43.96	32.98
0.75	0.70	0.10	0.05	0.53	0.59	0.06
56.46	44.92	8.75	11.54	25.44	42.11	1.14
110.79	80.19	13.54	27.87	54.12	46.41	20.58
88.33	64.61	7.77	21.69	58.32	28.37	2.73
181.76	147.46	20.33	34.31	113.55	57.78	13.36
71.44	46.91	15.61	21.03	29.55	19.27	5.69
240.83	157.23	34.46	83.43	115.60	87.08	52.69
52.24	36.41	6.32	15.83	28.51	18.48	13.01
58.39	43.87	9.28	14.52	32.38	21.22	6.52
13.14	10.67	2.08	2.45	7.52	5.82	1.73

1-B-34 续表 2

地 区						主营业务收入
	集体资本	法人资本	个人资本	港澳台资本	外商资本	
全 国	**82.05**	**432.19**	**213.01**	**94.42**	**87.10**	**5934.67**
北 京	0.27	11.63	3.20	0.05	0.50	50.80
天 津	1.12	3.63	1.57	1.47	3.73	99.13
河 北	0.70	2.66	8.76	1.78	1.88	130.32
山 西	0.38	18.95	11.74	1.80	0.36	174.45
内蒙古	0.71	10.44	4.95	0.69	2.42	127.24
辽 宁	12.35	17.55	8.57	8.64	3.10	212.66
吉 林	0.16	1.82	0.29		0.75	47.82
黑龙江	0.18	0.72	0.23	0.01	0.13	21.42
上 海	3.95	14.64	3.78	5.18	16.48	237.90
江 苏	5.96	12.59	20.93	8.61	23.15	654.85
浙 江	2.67	14.52	35.12	3.58	4.13	549.58
安 徽	0.59	6.62	1.61	0.02	0.80	229.17
福 建	0.13	15.42	4.78	9.09	2.90	95.39
江 西	0.06	26.67	9.83	11.73	0.53	246.47
山 东	39.16	15.82	14.79	9.43	7.13	455.79
河 南	2.55	27.74	16.66	2.04	0.25	515.31
湖 北	0.44	12.98	4.46	1.69	0.11	128.29
湖 南	0.38	29.77	9.50	0.88	0.83	265.34
广 东	1.61	28.72	10.09	24.92	10.29	451.84
广 西	1.34	4.93	4.09	0.37	0.24	145.24
海 南	0.01	0.52				0.82
重 庆	0.16	38.45	2.24	0.11		86.10
四 川	0.26	19.77	4.80	0.58	0.41	138.92
贵 州	0.16	19.85	4.87	0.17	0.59	115.87
云 南	2.01	27.70	14.19	0.22	0.30	258.03
西 藏						
陕 西	0.41	10.55	1.93	0.04	0.63	69.58
甘 肃	3.88	24.89	4.47	0.51	0.63	282.63
青 海		4.12	0.60	0.75		64.91
宁 夏	0.26	5.30	4.32	0.05	4.77	62.07
新 疆	0.18	3.23	0.63		0.05	16.72

单位：亿元

主营业务成本	主营业务税金及附加	其他业务收入	其他业务利润	营业费用	管理费用	税　金
5273.63	**24.66**	**144.62**	**23.35**	**76.65**	**215.48**	**9.08**
46.49	0.10	1.94	0.17	0.89	1.93	0.03
96.16	0.68	1.11	1.69	0.75	1.84	0.04
118.83	0.33	2.57	0.27	2.99	3.87	0.13
138.28	0.85	3.87	1.11	2.76	8.52	0.24
112.99	0.30	1.93	0.18	1.86	4.83	0.31
195.37	0.58	7.57	0.55	2.50	7.14	0.42
42.00	0.71	0.63	0.15	0.83	3.72	0.07
19.28	0.06	3.43	0.29	0.39	1.29	0.05
218.86	0.20	30.85	1.44	2.63	7.81	0.15
613.30	1.71	11.20	0.81	6.46	14.39	0.57
517.22	2.68	11.43	0.97	3.13	8.68	0.41
212.94	0.94	1.07	2.22	1.49	5.57	0.17
79.31	0.20	1.19	0.26	1.50	4.26	0.15
216.76	0.26	3.18	-1.01	2.24	5.63	0.45
381.90	1.84	5.84	2.65	8.66	12.84	0.98
426.54	1.66	10.74	1.05	7.36	18.66	0.50
115.94	0.71	2.14	0.34	1.46	5.86	0.22
226.80	4.28	3.30	1.51	4.46	11.93	0.69
433.43	1.05	3.14	0.93	5.02	11.94	0.43
115.73	0.91	4.80	0.69	1.94	8.86	0.38
0.70				0.01	0.06	0.01
79.31	0.31	3.40	0.27	1.09	3.02	0.15
124.86	0.45	5.72	1.13	2.41	5.04	0.57
95.35	0.76	6.50	1.80	2.16	8.72	0.22
228.42	0.63	5.29	1.08	3.83	11.21	0.37
59.60	0.38	1.87	0.42	1.35	3.33	0.18
229.02	1.71	1.17	0.21	3.63	28.22	1.03
55.75	0.18	0.43	0.05	1.11	2.70	0.09
58.12	0.15	8.15	2.07	1.47	2.47	0.07
14.35	0.04	0.15	0.03	0.27	1.14	0.01

1-B-34 续表 3

地 区	财务费用	利息支出	营业利润	投资收益	补贴收入	利润总额
全 国	**86.21**	**78.44**	**292.44**	**4.41**	**29.92**	**305.40**
北 京	0.43	0.32	1.13	0.25	0.09	1.60
天 津	1.08	0.50	3.36	-0.67	0.86	2.52
河 北	2.69	2.58	1.88	0.15	0.34	2.00
山 西	3.88	3.78	21.02	-0.27	0.81	19.98
内蒙古	2.14	1.36	5.29	-0.85	0.75	4.12
辽 宁	6.29	6.07	1.33	0.02	1.78	3.41
吉 林	0.55	0.45	0.37	0.10	0.04	0.41
黑龙江	0.36	0.35	0.15	0.13	0.02	0.41
上 海	1.66	1.39	8.18	0.15	0.99	8.13
江 苏	6.46	5.55	13.34	0.44	2.41	14.31
浙 江	5.02	4.69	14.39	1.10	6.67	21.93
安 徽	3.84	3.68	6.34	0.04	0.97	7.26
福 建	0.99	1.02	9.26	1.81	0.04	10.74
江 西	3.25	3.11	17.17	0.32	0.59	16.63
山 东	7.15	5.71	45.74	-0.32	0.53	45.09
河 南	8.56	7.19	51.63	0.16	0.56	51.07
湖 北	2.01	1.95	2.72	0.02	0.98	3.40
湖 南	4.44	4.24	11.86	0.79	0.53	9.67
广 东	4.68	4.47	10.55	0.16	0.36	12.32
广 西	3.17	2.94	15.02	0.09	1.84	16.77
海 南	0.01	0.01		-0.01		0.06
重 庆	1.26	1.31	1.30	-0.06	1.10	2.10
四 川	2.35	2.26	4.93	-0.32	0.20	4.61
贵 州	1.18	1.18	9.50	-0.02	3.61	10.80
云 南	4.78	4.59	10.24	0.94	2.09	11.67
西 藏						
陕 西	1.56	1.36	4.00	-0.11	0.51	3.74
甘 肃	3.81	3.99	16.32	-0.09	0.71	14.08
青 海	0.47	0.46	4.69	-0.16	0.04	4.84
宁 夏	1.79	1.63	0.20	0.52	0.13	0.68
新 疆	0.34	0.33	0.53	0.11	0.35	1.01

单位：亿元

亏损企业亏损额	应交所得税	本年应付工资总额		本年应付福利费总额		本年应交增值税	全部从业人员年平均人数（万人）
			主营业务应付工资总额		主营业务应付福利费总额		
32.03	**64.38**	**193.86**	**175.25**	**28.98**	**23.55**	**188.64**	**127.33**
0.37	0.23	1.38	1.25	0.14	0.12	0.63	0.79
0.28	0.39	1.32	1.10	0.23	0.19	1.98	1.01
2.80	0.80	5.02	3.03	0.31	0.30	1.69	2.82
1.80	6.76	10.28	9.67	1.67	1.42	10.00	8.12
0.41	0.67	4.16	4.01	0.58	0.52	2.30	3.29
3.88	1.84	5.58	5.06	0.87	0.82	7.02	5.34
1.87	0.61	2.98	2.84	0.31	0.30	1.98	2.06
0.17	0.07	1.35	1.09	0.19	0.18	0.49	1.13
0.99	0.74	6.74	6.23	0.79	0.72	4.02	3.52
2.61	3.25	11.72	11.15	1.54	1.45	12.40	8.32
1.15	3.87	10.13	9.53	1.36	1.27	16.72	6.81
0.49	0.91	3.77	3.70	0.50	0.49	6.16	3.22
0.17	1.88	3.72	3.57	0.40	0.38	1.44	1.66
0.21	1.54	5.95	5.67	0.89	0.86	9.11	3.74
2.24	9.49	12.21	11.26	1.34	1.27	12.92	9.16
1.22	16.21	14.89	14.33	5.43	2.21	19.97	10.03
1.14	0.59	4.69	4.21	0.66	0.60	3.88	3.25
0.94	1.34	11.43	10.87	1.83	1.76	8.67	7.41
1.46	1.93	12.63	11.09	1.24	0.95	9.23	8.41
1.78	2.59	8.13	6.79	1.07	0.84	9.16	5.10
0.03	0.01	0.05	0.03			0.01	0.04
0.29	0.22	3.41	3.36	0.17	0.16	2.47	1.94
0.97	0.94	5.01	4.36	0.60	0.53	3.30	3.27
1.05	1.20	7.56	4.01	1.14	0.89	9.34	3.75
1.03	1.69	9.94	9.41	1.34	1.22	8.25	7.34
0.39	0.41	3.25	2.92	0.44	0.39	2.50	2.81
0.79	3.46	20.81	19.21	2.98	2.77	17.87	9.76
0.68	0.41	2.28	2.06	0.51	0.49	2.26	1.05
0.67	0.20	2.74	2.68	0.33	0.33	2.21	1.69
0.14	0.13	0.75	0.75	0.09	0.09	0.68	0.47

1-B-35 规模以上金属制品业

地区	企业单位数（个）	亏损企业	工业总产值（当年价）	工业销售产值（当年价）	出口交货值
全国	**14131**	**2506**	**5157.93**	**5033.14**	**1549.11**
北京	439	124	105.34	101.53	10.24
天津	520	125	204.50	208.57	62.79
河北	511	84	194.95	188.41	31.51
山西	121	34	25.65	24.57	1.54
内蒙古	34	8	9.56	9.13	0.45
辽宁	449	129	155.59	150.99	28.38
吉林	75	18	14.59	13.44	0.30
黑龙江	95	31	40.97	40.07	0.76
上海	1388	192	564.36	555.43	180.23
江苏	2543	447	908.04	882.97	189.24
浙江	2245	206	659.09	635.73	229.20
安徽	169	42	61.78	59.48	13.77
福建	326	62	114.28	111.80	46.51
江西	86	18	29.03	28.78	1.11
山东	961	156	464.17	452.33	105.08
河南	294	47	96.77	94.44	8.68
湖北	232	54	75.00	74.34	4.91
湖南	187	39	49.91	48.57	2.79
广东	2770	503	1189.26	1163.73	622.05
广西	64	20	9.85	9.57	0.74
海南	10	4	13.71	13.33	1.00
重庆	77	14	25.87	25.49	1.75
四川	226	48	66.62	64.27	3.10
贵州	37	12	15.28	14.62	2.01
云南	54	24	8.98	8.86	0.21
西藏	1		0.01	0.01	
陕西	72	22	22.16	21.57	0.65
甘肃	61	20	9.35	8.97	0.01
青海	14	5	3.48	3.22	
宁夏	18	4	7.30	7.29	0.11
新疆	52	14	12.52	11.62	

工业企业主要经济指标

单位：亿元

资产合计	流动资产合计	应收账款净额	存货	产成品	流动资产年平均余额	固定资产合计
4230.47	**2573.48**	**785.34**	**811.59**	**305.67**	**2352.80**	**1270.30**
157.52	91.33	17.42	30.33	11.73	83.55	52.00
164.34	111.74	32.21	36.72	15.00	100.82	42.90
177.95	86.83	24.37	34.27	15.27	80.43	55.80
29.87	19.62	4.11	9.73	4.53	19.60	7.50
11.38	5.99	1.45	1.78	0.72	5.84	4.23
145.20	88.94	27.80	24.31	9.05	84.34	43.83
20.16	11.14	3.22	4.16	2.11	10.95	7.62
60.24	36.47	11.08	12.50	6.05	32.63	18.49
480.89	310.28	102.16	92.74	30.06	282.00	134.18
701.89	446.40	147.11	126.83	50.32	413.44	212.34
526.49	332.83	106.17	82.57	32.72	303.94	140.91
48.13	28.66	11.29	8.18	4.19	27.33	15.01
95.45	60.61	21.48	18.92	3.81	55.76	28.77
27.13	14.73	3.35	6.09	1.91	13.76	8.38
300.69	163.85	46.21	55.14	24.51	150.73	109.42
65.56	37.99	9.32	11.08	5.59	35.07	24.47
94.58	52.60	12.64	14.69	5.05	41.57	28.42
54.34	24.02	5.94	8.37	4.11	24.42	20.38
831.10	519.79	168.21	187.18	57.01	466.87	242.24
8.66	5.21	1.16	2.33	1.09	4.80	2.96
10.07	5.96	0.98	1.77	0.58	5.51	3.81
29.01	17.01	3.64	5.01	1.65	14.92	8.80
63.81	35.90	8.50	13.56	5.90	34.83	16.60
26.91	17.89	3.11	4.16	2.41	13.39	8.28
10.02	5.91	1.03	2.70	1.70	5.90	3.00
0.27	0.11	0.02	0.02		0.11	0.09
39.32	18.56	4.54	7.62	4.10	18.21	11.22
11.87	6.75	2.23	2.71	1.53	6.35	4.65
9.25	2.39	0.35	1.23	0.63	2.45	5.32
16.14	6.62	1.80	1.95	0.90	6.44	4.92
12.26	7.37	2.43	2.93	1.44	6.82	3.77

1-B-35 续表 1

地 区	固定资产原价	生产经营用	累计折旧	本年折旧	固定资产净值	固定资产净值年平均余额
全 国	**1709.61**	**1458.57**	**536.02**	**99.49**	**1173.60**	**1136.33**
北 京	56.09	47.25	16.59	3.06	39.50	37.73
天 津	54.80	41.95	17.73	2.47	37.07	37.19
河 北	74.79	64.46	20.74	3.30	54.06	52.42
山 西	10.61	8.50	3.56	0.48	7.06	7.13
内蒙古	5.25	3.70	1.33	0.19	3.92	3.92
辽 宁	66.36	57.41	23.60	3.78	42.76	40.98
吉 林	10.28	8.54	2.87	0.24	7.41	7.40
黑龙江	25.41	20.47	8.52	0.89	16.89	15.44
上 海	202.32	161.14	74.55	12.45	127.78	121.38
江 苏	269.60	233.68	79.77	17.47	189.83	183.55
浙 江	161.80	150.13	41.00	10.32	120.80	116.10
安 徽	17.55	14.14	4.16	1.01	13.39	13.07
福 建	43.13	35.42	15.68	2.48	27.45	27.24
江 西	11.64	9.78	3.82	0.53	7.83	7.77
山 东	133.49	117.69	32.75	7.56	100.74	99.32
河 南	30.10	25.80	7.47	1.43	22.63	22.58
湖 北	39.30	33.67	11.10	2.01	28.20	24.96
湖 南	28.28	23.67	6.05	1.53	22.24	20.91
广 东	367.71	311.79	128.82	23.28	238.89	233.38
广 西	4.09	3.34	1.22	0.16	2.87	2.83
海 南	6.47	6.04	2.67	0.29	3.80	3.84
重 庆	12.25	11.47	4.15	0.94	8.10	7.61
四 川	25.48	22.07	9.26	1.38	16.22	15.89
贵 州	12.20	11.67	4.39	0.46	7.81	7.58
云 南	4.34	3.33	1.62	0.19	2.72	2.79
西 藏	0.10	0.08	0.01	0.01	0.09	0.10
陕 西	16.18	14.45	6.67	0.75	9.51	9.16
甘 肃	6.31	4.85	1.93	0.22	4.38	4.35
青 海	2.11	1.67	0.53	0.10	1.58	1.46
宁 夏	6.77	5.98	2.33	0.28	4.44	4.64
新 疆	4.79	4.45	1.14	0.24	3.65	3.60

单位：亿元

负债合计	流动负债合计		长期负债合计	所有者权益		
		应付账款		合　　计	实收资本	
						国家资本
2559.96	**2296.86**	**646.82**	**221.87**	**1670.51**	**1177.06**	**94.20**
93.45	84.69	19.36	8.76	64.07	46.81	2.52
118.76	101.63	36.62	17.13	45.58	38.04	7.51
107.32	83.48	17.16	9.60	70.63	43.92	5.02
21.85	19.39	4.83	2.13	8.03	7.08	1.37
7.18	6.29	1.05	0.89	4.20	3.53	1.20
93.11	82.02	20.44	8.89	52.09	41.46	10.61
14.25	13.62	2.73	0.59	5.92	4.97	2.09
49.34	43.93	13.26	4.69	10.90	13.24	4.68
262.88	242.09	83.85	18.52	218.01	148.51	9.40
446.15	420.95	103.39	25.20	255.74	171.66	4.98
314.57	297.67	64.07	15.12	211.92	126.83	0.35
27.97	23.99	6.43	3.87	20.16	14.60	1.01
48.54	45.73	12.85	2.27	46.91	37.78	0.34
14.56	12.56	2.36	1.65	12.57	10.96	1.90
171.94	147.06	35.39	19.30	128.75	77.82	3.42
44.54	36.59	8.03	5.93	21.02	17.78	0.83
51.80	35.71	6.71	14.26	42.78	25.46	4.83
34.53	28.30	6.81	5.40	19.81	16.04	4.14
492.81	449.24	175.31	36.72	338.29	262.61	8.73
5.26	4.57	1.43	0.53	3.40	2.63	0.52
5.89	3.23	1.68	2.65	4.19	2.21	0.08
17.65	16.15	2.34	1.32	11.36	8.61	0.20
37.87	34.80	7.35	2.71	25.94	19.04	4.26
17.01	12.05	1.70	4.85	9.90	8.14	5.92
6.66	6.01	1.33	0.64	3.36	3.09	0.72
0.05	0.05			0.23	0.17	
24.70	20.57	4.89	3.40	14.61	9.45	2.98
8.75	7.20	2.04	1.51	3.13	3.51	1.07
5.12	2.64	0.30	2.48	4.12	3.05	1.32
8.44	7.92	0.97	0.52	7.70	3.73	1.84
7.05	6.71	2.12	0.34	5.20	4.33	0.41

1-B-35 续表 2

地区						主营业务收入
	集体资本	法人资本	个人资本	港澳台资本	外商资本	
全国	**67.60**	**268.42**	**299.73**	**211.25**	**235.86**	**4990.34**
北京	2.35	16.59	10.39	5.83	9.13	110.44
天津	3.28	8.12	7.72	2.88	8.54	211.67
河北	4.74	9.48	15.96	2.04	6.67	184.14
山西	1.27	2.09	2.07	0.24	0.05	24.76
内蒙古	0.43	0.15	0.61	0.81	0.33	9.03
辽宁	1.85	5.91	12.21	2.00	8.89	147.94
吉林	0.48	1.28	1.03	0.04	0.04	13.60
黑龙江	0.40	3.28	4.59	0.01	0.29	39.29
上海	14.11	35.95	22.73	18.96	47.37	556.72
江苏	10.50	30.30	57.54	29.06	39.28	871.44
浙江	1.97	32.49	70.15	11.41	10.47	633.16
安徽	0.88	3.83	4.44	2.48	1.97	58.88
福建	0.87	4.12	4.52	14.84	13.10	111.16
江西	0.38	2.89	3.20	1.47	1.12	28.60
山东	7.70	22.89	24.76	3.58	15.46	426.92
河南	2.49	7.16	7.01	0.09	0.20	90.65
湖北	2.89	9.17	5.27	2.42	0.88	73.68
湖南	0.33	6.35	4.30	0.85	0.08	45.86
广东	5.68	47.83	21.40	111.49	67.48	1162.31
广西	0.23	0.60	1.01		0.26	9.62
海南	0.35	0.64	0.07		1.07	12.30
重庆	0.52	4.24	3.07	0.13	0.44	25.36
四川	1.19	4.02	7.68	0.37	1.52	64.98
贵州	0.09	1.20	0.42	0.03	0.47	15.47
云南	0.32	0.99	0.93	0.01	0.12	8.89
西藏	0.17					0.09
陕西	0.96	3.08	1.78	0.14	0.51	21.97
甘肃	0.48	1.01	0.96			8.63
青海	0.06	0.34	1.32			3.35
宁夏	0.01	0.25	1.62	0.01		7.24
新疆	0.60	2.16	0.96	0.07	0.12	12.21

单位：亿元

主营业务成本	主营业务税金及附加	其他业务收入	其他业务利润	营业费用	管理费用	税金
4357.44	**21.25**	**94.56**	**27.30**	**135.42**	**224.60**	**7.80**
93.29	0.40	5.69	0.82	4.65	7.75	0.14
190.61	0.37	3.23	1.37	4.63	6.60	0.19
159.95	0.79	3.13	0.54	5.76	6.65	0.21
21.86	0.11	0.38	0.22	0.54	1.43	0.04
7.42	0.02	0.11	0.02	0.21	0.60	0.03
128.97	0.46	5.75	0.83	3.91	8.66	0.28
12.04	0.10	0.23	0.04	0.26	0.97	0.03
36.03	0.16	0.61	0.22	0.55	3.60	0.08
476.14	1.22	7.55	3.81	14.74	30.08	0.52
760.20	3.17	29.72	4.90	22.96	37.33	1.26
552.08	3.77	9.36	2.16	16.47	25.65	1.01
51.17	0.20	2.25	0.50	2.45	2.40	0.12
98.24	0.26	1.52	0.39	2.64	4.09	0.16
24.72	0.16	0.45	0.12	0.93	1.30	0.04
371.11	2.60	4.99	1.60	10.83	16.43	0.95
80.66	0.50	1.00	0.32	2.50	2.81	0.15
61.96	0.53	0.82	0.20	2.92	4.30	0.14
36.30	0.59	1.88	0.32	2.11	3.46	0.70
1035.02	4.09	11.28	7.67	28.81	46.86	1.25
8.47	0.06	0.08	0.07	0.20	0.59	0.02
10.36	0.02	0.02	0.02	0.65	0.38	0.01
20.31	0.11	0.63	0.23	1.50	1.93	0.07
56.03	0.42	1.67	0.26	2.27	3.96	0.15
12.47	0.06	0.97	0.20	0.93	1.66	0.05
8.03	0.04	0.34	0.07	0.16	0.68	0.02
0.05			0.01		0.02	
16.61	0.87	0.29	0.21	0.87	2.15	0.07
7.57	0.08	0.14	0.04	0.24	0.76	0.05
2.71	0.01	0.03	0.03	0.06	0.14	
6.37	0.02	0.24	0.03	0.22	0.65	0.02
10.71	0.05	0.22	0.09	0.44	0.72	0.03

1-B-35 续表 3

地 区	财务费用		营业利润	投资收益	补贴收入	利润总额
		利息支出				
全 国	**47.77**	**39.87**	**226.90**	**5.89**	**9.03**	**234.01**
北 京	1.10	0.68	4.08	0.38	0.07	4.51
天 津	1.48	1.01	10.12	0.25	0.20	11.29
河 北	2.11	1.78	9.42	0.05	0.10	8.98
山 西	0.45	0.43	-0.03	0.02	0.04	0.02
内蒙古	0.11	0.10	0.68	-0.09	0.21	0.19
辽 宁	2.02	1.77	4.75	0.10	0.26	5.10
吉 林	0.13	0.12	0.27		0.01	0.28
黑龙江	0.66	0.66	-1.94	-0.06	0.31	-1.62
上 海	3.45	2.62	34.89	2.16	1.63	38.51
江 苏	10.05	8.34	42.63	0.34	3.08	41.49
浙 江	7.59	6.83	30.91	1.12	1.39	32.38
安 徽	0.62	0.54	2.27	0.01	0.04	2.33
福 建	0.95	0.73	5.37	0.09	0.05	5.41
江 西	0.23	0.23	1.00	0.01	0.01	1.01
山 东	4.93	3.82	22.63	0.06	0.18	22.60
河 南	1.17	1.10	2.86	0.02	0.04	2.87
湖 北	1.20	1.00	3.82	0.28	0.20	4.05
湖 南	0.67	0.56	2.75	0.01	0.08	2.25
广 东	6.24	5.06	45.50	0.52	0.69	47.44
广 西	0.10	0.10	0.23	0.01		0.21
海 南	0.14	0.11	0.76	0.02		0.78
重 庆	0.31	0.33	1.21	-0.02	0.08	1.38
四 川	0.81	0.71	1.76	0.52	0.05	1.15
贵 州	0.22	0.27	0.33	-0.01	0.04	0.38
云 南	0.09	0.08	-0.05	-0.01	0.05	-0.02
西 藏			0.02			0.02
陕 西	0.42	0.41	0.42	0.01	0.06	0.38
甘 肃	0.13	0.12	-0.18		0.10	-0.06
青 海	0.05	0.05	0.05			0.10
宁 夏	0.27	0.25	0.07	0.11	0.01	0.17
新 疆	0.07	0.07	0.32	0.01	0.04	0.41

单位：亿元

亏损企业亏损额	应交所得税	本年应付工资总额	主营业务应付工资总额	本年应付福利费总额	主营业务应付福利费总额	本年应交增值税	全部从业人员年平均人数（万人）
36.43	**41.14**	**277.69**	**254.71**	**29.25**	**26.16**	**115.75**	**213.11**
1.51	0.81	6.80	6.26	0.89	0.81	2.65	4.28
1.48	1.70	8.32	7.38	1.37	1.16	3.64	7.14
1.01	1.32	8.54	7.72	0.94	0.87	3.86	9.22
0.33	0.10	2.35	2.23	0.18	0.17	0.55	2.98
0.03	0.02	0.71	0.69	0.07	0.07	0.18	0.68
2.34	1.20	7.20	6.85	0.73	0.68	3.15	6.02
0.26	0.12	0.85	0.69	0.09	0.07	0.40	0.83
2.57	0.30	3.23	2.80	0.42	0.38	1.13	2.67
2.56	5.15	30.67	28.47	3.41	3.11	13.16	15.91
4.58	8.84	43.25	41.59	5.37	5.16	23.72	31.78
1.96	7.00	37.23	35.35	4.55	4.15	16.10	28.22
0.35	0.47	2.68	2.53	0.27	0.25	1.52	2.69
0.66	0.63	6.37	5.86	0.43	0.39	1.86	4.58
0.19	0.16	1.46	1.24	0.16	0.13	0.85	1.38
2.52	3.31	17.49	16.81	1.88	1.82	11.24	17.13
0.26	0.48	3.79	3.60	0.48	0.46	1.99	4.60
0.87	0.96	4.27	3.67	0.40	0.34	2.02	4.48
0.44	0.39	3.54	3.33	0.49	0.40	1.11	2.93
9.36	6.92	75.10	64.97	5.40	4.26	20.93	53.24
0.03	0.02	0.88	0.86	0.09	0.08	0.28	0.94
0.02	0.08	0.20	0.18	0.02	0.02	0.34	0.13
0.31	0.21	1.88	1.83	0.19	0.13	0.65	1.64
1.57	0.47	3.95	3.75	0.51	0.47	1.85	3.43
0.15	0.11	1.69	1.36	0.23	0.16	0.50	1.43
0.29	0.06	0.67	0.62	0.09	0.08	0.20	0.65
		0.02	0.01				0.01
0.42	0.18	2.07	1.94	0.29	0.27	0.93	1.71
0.23	0.03	0.73	0.54	0.11	0.06	0.27	0.99
0.01		0.30	0.29	0.03	0.03	0.07	0.27
0.02	0.03	0.61	0.51	0.09	0.07	0.28	0.56
0.08	0.06	0.83	0.80	0.09	0.09	0.31	0.60

1-B-36 规模以上通用设备制造业

地区	企业单位数（个）	亏损企业	工业总产值（当年价）	工业销售产值（当年价）	出口交货值
全国	**20568**	**3436**	**8523.89**	**8261.02**	**1389.33**
北京	483	129	186.70	183.13	27.84
天津	514	141	214.11	211.03	34.54
河北	647	94	214.72	207.23	26.00
山西	279	82	102.83	98.77	11.00
内蒙古	52	14	13.41	12.41	0.33
辽宁	1284	318	459.81	446.01	60.96
吉林	161	57	32.53	30.21	0.58
黑龙江	221	77	182.40	160.71	5.08
上海	1684	259	1029.10	985.94	186.31
江苏	4235	609	1665.55	1627.79	277.08
浙江	4382	340	1363.00	1317.80	420.46
安徽	355	86	128.91	125.40	12.64
福建	381	56	140.47	135.33	47.44
江西	169	70	40.51	39.22	0.62
山东	1889	212	1156.26	1112.87	89.40
河南	699	117	225.35	219.32	5.26
湖北	355	88	168.87	161.13	4.87
湖南	383	96	116.16	113.52	5.10
广东	1192	233	549.15	534.00	149.75
广西	121	51	38.65	37.60	1.53
海南	4	2	0.60	0.59	
重庆	141	29	87.12	85.80	5.21
四川	414	82	213.26	228.45	8.60
贵州	68	30	11.69	11.13	0.67
云南	72	36	17.44	16.07	0.64
西藏	1	1			
陕西	197	60	110.84	106.94	2.26
甘肃	102	41	21.26	20.79	2.20
青海	12	7	7.33	7.13	0.07
宁夏	31	9	18.24	17.36	2.82
新疆	40	10	7.63	7.34	0.05

工业企业主要经济指标

单位：亿元

资产合计	流动资产合计	应收账款净额	存货	产成品	流动资产年平均余额	固定资产合计
8889.28	**5608.06**	**1555.98**	**1759.49**	**609.58**	**5137.73**	**2342.99**
298.24	190.05	45.01	53.54	18.30	177.86	79.25
217.98	123.84	42.15	44.91	13.24	115.68	70.08
216.04	124.46	34.89	52.15	24.45	119.04	75.81
155.45	84.48	23.43	32.48	14.66	77.53	60.63
19.51	12.73	2.44	5.96	3.40	11.48	5.46
616.09	357.70	112.65	112.33	44.36	331.25	164.28
59.58	29.71	8.73	9.69	4.31	27.74	16.27
476.77	285.34	44.59	84.76	17.61	239.04	54.79
1131.25	802.52	201.68	252.92	58.99	721.10	250.31
1399.49	896.94	292.45	272.85	105.54	834.78	391.23
1184.01	752.75	251.63	194.31	74.41	680.56	326.67
137.62	76.82	22.36	26.99	12.76	73.04	47.38
125.93	77.55	24.31	28.65	8.96	72.29	37.96
56.71	27.54	7.52	11.85	4.50	27.81	18.39
776.59	468.86	113.51	155.13	61.33	436.22	237.08
246.19	147.58	44.06	55.54	26.02	145.02	71.08
234.87	148.57	37.17	46.47	13.54	134.73	56.58
143.79	77.94	21.10	23.75	8.67	70.25	39.53
511.02	319.45	99.53	113.75	34.70	304.31	140.07
64.15	36.96	10.98	14.25	4.82	36.59	18.41
1.02	0.48	0.11	0.27	0.15	0.42	0.33
109.46	67.04	18.64	21.08	7.48	60.74	30.49
369.55	287.43	45.36	71.77	15.48	239.12	57.12
26.24	15.99	4.40	5.70	2.61	15.34	8.69
34.40	18.37	3.03	8.87	4.48	18.20	8.96
163.89	113.55	22.82	36.74	14.09	106.38	40.73
43.58	23.57	8.78	7.91	3.65	22.08	15.97
20.90	10.77	2.39	3.86	0.98	10.53	5.93
32.99	20.48	7.48	8.11	4.54	20.61	9.80
15.95	8.55	2.76	2.88	1.54	8.00	3.70

1-B-36 续表 1

地 区	固定资产原价	生产经营用	累计折旧	本年折旧	固定资产净值	固定资产净值年平均余额
全 国	**3299.90**	**2845.77**	**1201.81**	**190.01**	**2098.09**	**2042.06**
北 京	97.03	82.21	34.36	5.00	62.66	61.37
天 津	93.11	75.68	34.28	4.88	58.82	58.10
河 北	103.77	85.58	36.51	4.01	67.27	65.17
山 西	80.96	63.84	27.63	2.78	53.32	52.41
内蒙古	10.84	9.13	5.60	0.59	5.24	5.19
辽 宁	248.31	219.77	95.56	12.20	152.75	150.19
吉 林	22.46	19.03	8.43	0.94	14.03	13.90
黑龙江	83.86	73.85	37.03	7.32	46.83	45.07
上 海	397.50	343.56	159.49	24.09	238.01	229.14
江 苏	525.54	447.09	174.37	33.47	351.17	338.35
浙 江	416.93	388.59	124.04	26.68	292.88	280.31
安 徽	63.33	53.20	23.41	3.76	39.92	37.10
福 建	52.32	42.01	18.15	3.13	34.17	34.75
江 西	25.23	19.98	8.77	0.98	16.46	16.40
山 东	317.20	273.30	107.46	19.70	209.74	207.20
河 南	99.61	82.96	34.57	4.05	65.04	67.74
湖 北	85.27	73.13	34.77	3.79	50.50	47.22
湖 南	58.83	50.53	23.56	3.04	35.27	34.82
广 东	214.03	187.28	83.39	15.07	130.64	128.97
广 西	26.82	22.98	12.10	1.21	14.72	14.90
海 南	0.67	0.41	0.33	0.03	0.34	0.33
重 庆	50.86	42.78	22.49	2.48	28.38	25.65
四 川	85.64	70.85	38.52	4.54	47.12	47.46
贵 州	13.30	11.41	5.43	0.47	7.87	7.36
云 南	13.39	11.58	6.05	0.59	7.34	7.54
西 藏						
陕 西	61.93	54.68	26.61	2.70	35.32	34.43
甘 肃	20.17	13.99	6.30	1.04	13.87	13.72
青 海	8.41	7.77	3.03	0.26	5.38	4.26
宁 夏	16.69	13.94	7.11	0.88	9.58	9.44
新 疆	5.87	4.65	2.43	0.31	3.44	3.58

单位：亿元

负债合计	流动负债合计	应付账款	长期负债合计	所有者权益合计	实收资本	国家资本
5646.21	**5033.42**	**1272.10**	**481.61**	**3234.97**	**2142.81**	**347.25**
182.11	164.24	40.82	17.86	116.13	90.00	7.48
136.34	117.90	39.91	18.44	81.65	67.89	10.05
139.72	119.25	26.45	18.82	76.32	57.22	16.33
108.57	88.70	20.22	17.34	39.75	35.68	18.23
13.47	12.48	3.91	0.99	6.03	5.68	1.23
377.60	338.62	86.90	37.55	238.50	159.18	44.94
48.43	33.33	7.04	4.72	11.15	10.33	6.07
325.64	231.68	31.05	17.66	151.14	75.85	33.76
711.19	670.93	169.94	33.20	420.06	296.45	12.75
895.86	815.10	244.65	80.68	502.73	312.87	21.87
698.01	653.22	166.36	43.31	486.01	275.19	11.48
72.25	62.72	16.48	9.28	65.38	33.83	6.02
66.23	60.44	23.11	5.48	59.70	49.35	5.64
43.02	36.26	6.00	6.44	13.69	16.19	5.47
488.39	423.44	118.50	55.60	288.20	167.73	27.42
153.54	133.37	32.24	19.25	92.65	71.87	17.22
146.04	128.46	23.52	15.32	88.83	59.94	29.07
91.91	82.26	16.04	9.16	51.88	38.12	12.98
293.62	273.38	92.72	17.16	217.41	145.84	5.80
49.02	43.40	9.68	5.25	15.13	17.77	6.17
0.76	0.71	0.21	0.05	0.25	0.09	0.08
70.65	60.20	17.90	9.04	38.81	30.53	5.15
295.26	277.46	34.80	13.26	74.29	49.03	10.36
20.28	16.05	2.70	3.69	5.90	7.50	3.86
23.45	20.95	4.07	2.51	10.95	7.38	2.58
120.23	104.87	24.00	9.15	43.67	32.93	17.17
30.57	24.38	4.60	5.99	13.01	9.97	4.21
11.83	10.28	1.99	1.51	9.07	6.92	1.36
23.82	21.33	3.91	2.49	9.17	7.04	2.27
8.43	8.01	2.37	0.41	7.52	4.44	0.21

1-B-36 续表 2

地区						主营业务收入
	集体资本	法人资本	个人资本	港澳台资本	外商资本	
全国	**101.23**	**582.80**	**495.48**	**141.52**	**474.53**	**8103.00**
北京	3.14	32.43	12.19	1.31	33.44	185.82
天津	4.69	20.47	7.83	3.51	21.34	209.86
河北	5.48	10.16	18.94	1.15	5.15	200.08
山西	2.25	6.15	4.74	0.05	4.25	94.06
内蒙古	0.44	2.39	1.60	0.01		12.88
辽宁	8.77	39.70	25.42	1.99	38.37	442.59
吉林	0.65	2.01	1.28		0.32	30.02
黑龙江	4.44	30.20	2.29	0.01	5.15	145.69
上海	12.85	100.28	33.09	19.07	118.41	989.02
江苏	12.45	58.41	91.53	30.83	97.78	1615.46
浙江	8.74	64.96	127.49	23.54	38.98	1301.86
安徽	1.47	9.54	11.46	0.15	5.17	121.51
福建	0.64	4.42	12.60	7.06	18.99	135.16
江西	0.68	4.57	4.09	0.42	0.95	37.99
山东	14.03	49.07	44.76	6.10	26.34	1070.11
河南	4.28	24.67	24.31	0.09	1.29	215.07
湖北	4.17	13.44	8.33	0.63	4.30	152.25
湖南	1.45	9.37	12.85	0.52	0.94	107.35
广东	2.70	35.87	17.94	43.51	40.02	538.58
广西	1.13	5.49	1.97	0.46	2.55	41.80
海南			0.01			0.57
重庆	0.69	17.15	2.93	0.09	4.52	83.76
四川	3.00	17.04	15.51	0.69	2.44	192.95
贵州	0.02	2.59	0.63	0.14	0.26	10.80
云南	0.41	1.82	1.59	0.07	0.91	16.43
西藏						
陕西	1.36	10.25	2.56	0.03	1.57	101.80
甘肃	0.70	3.09	1.88	0.05	0.04	19.35
青海	0.12	4.33	1.12			6.81
宁夏	0.15	1.47	2.12	0.01	1.03	16.02
新疆	0.33	1.47	2.40		0.02	7.34

单位：亿元

主营业务成本	主营业务税金及附加	其他业务收入	其他业务利润	营业费用	管理费用	税　　金
6766.52	**39.03**	**239.03**	**58.36**	**279.95**	**542.88**	**18.15**
150.34	0.48	8.49	3.17	9.62	19.24	0.44
174.72	0.83	11.22	9.72	6.64	15.82	0.27
162.89	1.21	5.50	0.89	8.68	12.93	0.57
80.01	0.42	3.57	1.10	4.64	7.82	0.25
10.82	0.10	0.52	0.13	0.14	1.47	0.10
365.37	1.71	12.49	2.67	17.67	33.30	3.02
24.91	0.13	1.29	0.51	1.04	3.69	0.12
131.78	0.38	6.00	0.82	2.56	10.62	0.35
814.25	1.79	26.72	7.31	32.35	73.87	1.09
1365.19	5.85	67.53	9.07	54.36	101.22	2.65
1093.15	7.74	21.43	5.79	36.49	70.92	2.35
98.80	0.48	2.99	1.07	5.59	8.94	0.39
114.78	0.62	1.58	0.50	4.61	7.57	0.36
31.94	0.22	0.69	0.18	1.53	3.43	0.16
905.00	7.38	16.62	5.59	33.69	53.59	2.58
181.18	1.50	14.05	1.16	9.59	13.07	0.48
125.66	0.77	3.34	0.95	5.83	13.28	0.43
87.08	1.75	2.78	0.55	5.24	8.68	0.35
456.50	1.45	10.59	3.02	19.93	31.29	0.78
32.82	0.16	1.93	0.63	1.89	4.36	0.19
0.44				0.02	0.06	
66.70	0.59	2.45	0.71	3.30	8.80	0.16
153.27	0.71	7.89	1.06	7.24	17.81	0.37
8.26	0.06	0.39	0.27	0.53	2.25	0.04
14.01	0.04	0.80	0.30	0.66	2.12	0.11
77.06	2.37	5.87	0.43	3.37	10.35	0.38
15.72	0.13	0.59	0.27	1.16	2.26	0.11
5.71	0.03	0.11	0.06	0.34	0.79	0.02
12.15	0.05	0.73	0.26	0.93	2.44	0.04
5.97	0.06	0.86	0.16	0.34	0.91	0.02

1-B-36 续表 3

地 区	财务费用	利息支出	营业利润	投资收益	补贴收入	利润总额
全 国	**81.17**	**69.52**	**444.76**	**17.10**	**17.89**	**469.75**
北 京	3.40	2.92	5.91	1.02	0.57	8.42
天 津	1.06	1.83	14.59	0.18	0.22	14.81
河 北	3.09	2.77	12.16	0.06	0.54	12.67
山 西	2.11	1.90	0.35	0.03	0.42	0.38
内蒙古	0.27	0.23	0.22		0.02	-0.04
辽 宁	6.89	6.40	20.33	4.02	1.37	25.22
吉 林	0.38	0.35	0.01	0.04	0.05	-0.10
黑龙江	1.59	1.36	-0.51	1.05	0.29	0.55
上 海	5.77	2.51	68.31	2.12	2.01	72.19
江 苏	12.96	10.93	84.96	2.12	2.38	87.16
浙 江	13.59	12.09	88.41	0.94	4.48	94.10
安 徽	1.29	1.24	7.33	0.23	0.32	7.77
福 建	1.20	0.96	6.81	0.13	0.09	6.97
江 西	0.60	0.62	0.57	0.01	0.17	0.63
山 东	10.60	8.10	65.31	2.54	0.69	64.10
河 南	3.53	3.36	5.52	-0.02	0.76	6.23
湖 北	1.72	1.39	6.79	0.19	0.44	5.68
湖 南	1.32	1.03	4.12	0.15	0.16	3.83
广 东	3.22	2.94	28.93	1.28	0.50	31.52
广 西	0.61	0.59	0.76	-0.06	0.04	0.21
海 南	0.01	0.01	0.03			0.03
重 庆	0.87	0.81	3.80	0.25	0.56	4.71
四 川	1.33	1.49	13.65	0.58	0.30	14.69
贵 州	0.33	0.34	-0.37	-0.03	0.11	-0.30
云 南	0.41	0.40	-0.52	0.02	0.10	-0.37
西 藏						
陕 西	1.86	1.76	6.84	0.25	0.44	7.53
甘 肃	0.48	0.46	-0.06	0.02	0.39	0.29
青 海	0.09	0.16	0.09	-0.04	0.01	0.04
宁 夏	0.50	0.47	0.23		0.49	0.59
新 疆	0.10	0.10	0.18	0.02	0.02	0.24

单位：亿元

亏损企业	应交所得税	本年应付		本年应付		本年应交	全部从业人员
亏 损 额		工资总额	主营业务应付工资总额	福利费总额	主营业务应付福利费总额	增 值 税	年平均人数（万人）
66.53	**84.87**	**494.82**	**463.57**	**62.75**	**57.95**	**255.55**	**343.74**
6.19	1.83	15.02	14.18	2.14	1.99	5.93	6.39
2.87	2.44	12.02	8.93	1.46	1.13	9.42	6.52
1.92	2.41	13.99	12.42	1.69	1.49	6.28	14.27
1.33	0.23	9.38	8.86	1.24	1.18	3.91	8.74
0.52	0.04	1.69	1.62	0.22	0.22	0.59	1.68
4.89	4.18	27.16	26.28	3.22	3.04	15.97	19.41
1.16	0.17	3.23	2.51	0.39	0.37	1.15	2.76
3.93	0.68	11.78	10.56	1.51	1.35	3.16	8.23
9.04	9.90	55.52	52.34	6.86	6.34	26.28	22.56
7.89	15.62	85.60	82.07	11.45	10.94	46.55	58.39
3.95	21.28	83.72	80.73	10.94	10.35	42.90	57.02
0.60	1.56	8.92	8.53	1.31	1.18	4.25	7.19
0.52	1.39	8.84	8.32	1.00	0.81	3.48	6.07
0.85	0.20	3.44	3.13	0.42	0.40	1.28	3.43
3.85	11.15	43.64	42.15	4.93	4.76	34.98	38.32
3.23	1.60	14.57	13.86	1.90	1.73	6.88	16.76
1.16	1.26	10.54	9.40	1.92	1.73	4.95	8.56
2.19	0.73	8.61	8.21	1.13	0.94	3.73	6.24
2.70	3.33	32.31	28.21	2.87	2.46	14.18	19.92
1.57	0.24	3.82	3.19	0.56	0.36	1.47	2.79
	0.01	0.11	0.11	0.01	0.01	0.04	0.07
0.33	0.55	6.57	6.22	0.96	0.90	3.70	4.64
0.88	2.05	14.26	13.45	1.99	1.92	5.91	9.33
0.72	0.07	1.76	1.67	0.23	0.22	0.56	1.76
0.88	0.05	1.99	1.80	0.26	0.23	0.71	1.77
1.54	1.54	10.01	9.08	1.37	1.22	4.89	5.79
0.81	0.08	2.42	1.96	0.31	0.25	0.87	2.55
0.21	0.05	0.77	0.74	0.12	0.11	0.36	0.67
0.64	0.15	2.20	2.17	0.22	0.22	0.75	1.31
0.16	0.09	0.94	0.88	0.11	0.11	0.44	0.62

1-B-37 规模以上专用设备制造业

地区	企业单位数（个）	亏损企业	工业总产值（当年价）	工业销售产值（当年价）	出口交货值
全国	**10925**	**2209**	**5066.36**	**4924.47**	**603.98**
北京	463	96	189.83	182.48	25.24
天津	307	96	102.77	101.02	14.26
河北	364	88	189.61	187.56	6.63
山西	131	45	85.37	85.58	4.37
内蒙古	23	6	70.29	68.94	9.08
辽宁	583	145	241.61	233.32	34.24
吉林	125	37	37.04	35.07	0.25
黑龙江	172	60	69.65	70.25	3.85
上海	897	169	381.28	369.79	54.19
江苏	2192	394	736.35	707.61	100.01
浙江	1304	112	414.45	398.65	82.34
安徽	161	37	83.26	80.71	6.99
福建	273	50	145.13	133.60	11.86
江西	85	22	24.47	23.65	0.85
山东	971	129	867.04	860.22	61.52
河南	573	107	342.12	329.67	6.07
湖北	207	57	65.16	62.84	3.01
湖南	233	64	148.53	147.33	3.99
广东	1064	229	457.06	437.77	155.15
广西	132	51	74.59	72.46	3.90
海南	11	6	1.39	1.40	0.03
重庆	50	13	56.11	66.40	3.63
四川	245	46	126.59	120.29	3.20
贵州	41	20	9.25	8.67	0.33
云南	55	25	27.54	27.00	0.71
西藏	2				
陕西	151	59	80.79	74.46	6.49
甘肃	65	24	24.92	24.50	1.72
青海	3	3	0.27	0.23	
宁夏	15	6	8.84	8.36	0.04
新疆	27	13	5.05	4.68	0.02

工业企业主要经济指标

单位：亿元

资产合计	流动资产合计	应收账款净额	存货	产成品	流动资产年平均余额	固定资产合计
5781.81	**3498.63**	**927.48**	**1222.25**	**450.30**	**3310.26**	**1613.52**
388.38	233.54	43.99	62.38	24.04	219.23	75.12
134.23	86.74	22.28	30.85	9.72	81.74	33.98
217.41	135.09	33.33	51.35	19.68	128.16	57.69
164.99	87.45	19.70	33.04	11.87	86.81	68.48
98.93	49.49	12.59	19.20	4.02	43.96	36.22
385.62	224.32	58.64	82.07	25.84	268.80	122.04
55.58	32.96	8.64	10.46	4.57	27.74	16.00
145.09	90.06	24.44	33.24	8.02	84.83	40.15
465.81	302.02	76.62	109.95	35.87	287.77	117.45
703.00	454.70	145.92	140.75	56.04	404.26	193.83
419.03	257.45	81.27	70.10	26.84	233.17	114.40
116.52	67.11	16.29	25.63	8.46	67.64	34.45
135.05	87.17	20.38	38.99	17.76	81.32	30.62
43.03	22.40	4.64	9.88	2.55	22.14	12.58
524.03	320.12	78.59	117.01	47.87	298.84	149.91
326.49	196.10	46.53	71.70	27.74	192.50	105.48
90.24	49.40	14.70	19.62	7.60	47.18	26.40
197.59	118.40	31.16	42.66	17.09	102.91	60.08
455.56	281.83	86.88	106.92	31.76	252.01	131.80
76.28	49.79	11.23	22.03	11.42	45.88	16.89
1.33	0.85	0.19	0.38	0.16	0.69	0.44
160.31	58.13	10.70	13.81	4.68	56.07	50.87
195.94	125.83	32.44	48.21	22.64	117.47	46.32
21.75	12.92	3.77	4.73	1.67	12.48	6.49
45.92	28.33	8.69	9.11	2.79	24.84	9.25
0.01						0.01
137.50	83.99	21.33	32.60	13.84	80.60	40.05
51.78	26.92	7.90	9.60	3.53	25.97	9.73
1.07	0.85	0.07	0.51	0.22	0.81	0.22
9.93	7.06	2.22	2.61	0.65	7.04	2.40
13.42	7.61	2.36	2.87	1.37	7.41	4.19

1-B-37 续表 1

地　区	固定资产原价	生产经营用	累计折旧	本年折旧	固定资产净值	固定资产净值年平均余额
全　国	**2241.87**	**1848.31**	**792.04**	**120.23**	**1449.83**	**1396.98**
北　京	94.21	79.22	30.23	4.11	63.98	60.12
天　津	51.66	35.45	21.68	2.62	29.98	30.90
河　北	85.63	65.96	33.32	3.70	52.31	52.52
山　西	89.24	70.82	29.99	2.91	59.24	56.33
内蒙古	47.04	30.56	16.53	8.54	30.51	28.72
辽　宁	163.74	125.75	52.01	5.87	111.73	108.11
吉　林	25.72	21.84	10.02	1.03	15.70	14.68
黑龙江	60.66	47.37	24.98	2.02	35.68	33.50
上　海	174.29	147.12	65.01	10.04	109.28	102.50
江　苏	261.71	220.59	82.35	15.89	179.37	171.24
浙　江	135.84	125.61	37.21	8.86	98.63	94.01
安　徽	40.79	35.08	12.97	2.43	27.82	26.57
福　建	40.70	35.67	13.05	2.26	27.65	26.98
江　西	17.03	13.75	5.00	0.53	12.03	11.86
山　东	201.27	175.96	68.91	12.32	132.37	127.35
河　南	154.00	119.07	58.82	5.71	95.17	92.94
湖　北	45.09	34.32	20.14	1.72	24.95	25.04
湖　南	73.27	60.30	25.06	4.02	48.21	46.07
广　东	191.47	157.08	68.13	12.58	123.34	120.32
广　西	27.10	24.13	11.94	1.40	15.15	14.69
海　南	0.62	0.50	0.29	0.02	0.33	0.36
重　庆	67.31	50.25	22.10	3.71	45.21	44.13
四　川	79.12	75.33	35.31	3.26	43.82	41.07
贵　州	10.23	8.81	4.85	0.42	5.39	5.52
云　南	14.55	13.25	6.05	0.67	8.50	8.05
西　藏	0.01	0.01			0.01	0.01
陕　西	63.87	52.75	26.06	2.45	37.80	37.72
甘　肃	15.19	11.92	5.64	0.62	9.56	9.71
青　海	0.25	0.25	0.03	0.01	0.22	0.22
宁　夏	3.67	3.36	1.74	0.19	1.92	1.65
新　疆	6.60	6.25	2.60	0.31	4.00	4.09

单位：亿元

负债合计	流动负债合计		长期负债合计	所有者权益		
		应付账款		合　计	实收资本	国家资本
3681.97	**3290.23**	**874.57**	**361.81**	**2097.64**	**1453.86**	**322.77**
197.60	179.50	42.36	18.10	190.78	94.29	22.11
81.45	74.59	22.49	6.80	52.78	38.43	10.39
167.97	150.40	32.74	16.90	49.45	49.22	18.34
113.19	91.62	21.36	20.77	49.64	45.25	8.68
65.38	48.80	15.44	16.57	33.55	15.94	3.96
272.35	240.90	43.09	30.32	113.24	94.46	44.25
42.70	37.58	7.49	3.96	12.88	12.50	8.53
114.17	102.84	19.40	11.32	30.91	38.09	7.62
278.33	260.78	82.96	16.51	187.48	148.05	10.50
431.71	401.19	131.90	30.52	271.29	190.20	7.95
234.49	220.28	63.55	13.74	184.54	92.28	4.21
66.78	56.06	9.18	10.71	49.74	29.56	11.89
71.08	68.36	20.03	2.64	63.97	37.51	6.10
24.76	21.54	4.77	3.00	18.26	12.24	5.14
317.89	282.79	86.28	31.80	206.15	107.98	16.23
218.58	188.98	47.20	28.10	107.91	85.79	33.94
61.07	51.73	11.00	7.82	29.17	27.17	8.48
140.60	112.68	26.65	14.76	56.99	33.66	12.69
247.03	228.72	84.67	16.78	208.53	142.67	5.35
47.53	43.60	11.96	3.71	28.75	16.46	8.29
0.93	0.82	0.36	0.09	0.39	0.39	0.19
127.97	115.89	16.70	12.08	32.34	26.08	7.23
149.86	134.33	33.65	13.28	46.08	33.05	14.99
15.61	13.83	2.67	1.77	6.15	7.22	4.62
34.72	31.40	6.30	3.32	11.19	9.98	2.13
				0.01	0.01	0.01
103.16	80.88	18.00	21.53	34.34	41.17	20.57
34.58	31.51	6.90	3.06	17.20	19.01	16.03
0.57	0.57	0.33		0.50	0.51	0.51
9.12	8.29	2.46	0.83	0.81	2.55	1.02
10.78	9.76	2.67	1.02	2.64	2.13	0.82

1-B-37 续表 2

地区						主营业务收入
	集体资本	法人资本	个人资本	港澳台资本	外商资本	
全国	**47.12**	**443.00**	**279.54**	**126.36**	**235.06**	**4903.23**
北京	1.14	42.97	12.41	4.42	11.23	209.95
天津	0.48	15.00	5.33	1.27	5.98	103.14
河北	2.83	12.45	9.76	0.59	5.25	187.30
山西	1.07	31.69	1.94	1.82	0.04	87.97
内蒙古	0.09	11.22	0.41		0.27	64.46
辽宁	1.77	16.97	19.02	0.61	11.84	225.78
吉林	0.57	1.32	1.75	0.13	0.20	34.29
黑龙江	1.14	23.03	4.25		2.05	62.76
上海	3.99	50.05	12.89	15.31	55.30	381.03
江苏	7.75	34.38	52.12	23.88	64.12	700.89
浙江	3.68	16.58	46.90	7.86	13.06	394.25
安徽	0.40	6.49	5.83	0.43	4.52	74.00
福建	0.17	5.48	11.73	7.74	6.28	132.13
江西	0.45	2.58	3.79		0.28	21.60
山东	10.29	36.91	28.74	1.83	13.98	836.89
河南	4.17	29.78	17.51	0.12	0.27	324.88
湖北	0.81	9.46	5.24	0.10	3.09	60.73
湖南	0.71	12.42	7.10	0.56	0.18	136.39
广东	1.74	32.04	15.23	58.32	30.00	443.02
广西	0.69	3.96	3.28	0.07	0.17	70.91
海南		0.18	0.01	0.01		1.35
重庆	0.02	17.68	0.89	0.25	0.02	64.39
四川	1.25	7.05	6.82	0.61	2.34	135.36
贵州	0.04	1.64	0.05		0.87	8.20
云南	0.99	5.75	0.98	0.13		26.20
西藏						
陕西	0.60	13.89	3.10	0.25	2.77	77.39
甘肃	0.21	0.57	1.29	0.05	0.86	23.25
青海						0.25
宁夏	0.07	0.45	1.01			8.95
新疆		1.02	0.18	0.01	0.10	5.55

单位：亿元

主营业务成本	主营业务税金及附加	其他业务收入	其他业务利润	营业费用	管理费用	税　金
4070.92	**21.94**	**130.96**	**37.10**	**199.03**	**383.83**	**10.94**
161.01	0.69	10.19	1.66	9.96	27.75	0.45
81.19	0.36	1.72	0.88	4.02	9.19	0.21
159.04	0.73	4.79	1.14	6.81	14.05	0.44
73.00	0.31	5.65	0.60	1.93	11.54	0.26
56.10	0.14	2.72	0.19	0.77	5.62	0.10
189.78	0.86	10.44	1.92	8.01	20.30	0.63
26.89	0.16	0.59	0.41	0.86	3.61	0.10
49.83	0.25	9.13	0.71	2.57	8.95	0.20
308.84	1.46	9.50	4.89	15.47	39.63	0.53
582.26	3.28	16.27	4.86	26.49	52.26	1.24
321.00	2.19	6.64	2.38	13.17	24.80	0.74
62.26	0.25	1.98	0.20	2.59	6.08	0.17
109.21	0.52	5.51	0.56	6.02	6.77	0.25
17.51	0.13	1.01	0.10	1.03	2.67	0.09
734.31	2.85	11.71	3.95	24.63	29.96	1.39
278.79	2.17	8.49	3.03	10.92	20.96	0.86
47.78	0.47	0.92	0.48	3.06	7.23	0.83
103.30	0.95	2.60	1.22	7.66	14.10	0.42
364.22	1.41	6.23	3.74	16.21	30.87	0.79
59.61	0.19	2.37	0.55	2.96	4.94	0.12
1.19		0.01	0.01	0.04	0.12	
53.34	1.00	3.24	0.53	20.83	11.18	0.13
112.37	0.65	2.71	1.24	7.36	10.58	0.34
6.14	0.04	0.36	0.09	0.43	1.89	0.05
21.97	0.20	1.38	0.34	0.46	3.66	0.14
58.30	0.53	1.48	0.94	3.42	10.00	0.36
19.35	0.08	1.44	0.35	0.74	3.06	0.07
0.21		0.01	0.01		0.07	
7.89	0.02	0.67	0.01	0.34	0.80	0.01
4.26	0.03	1.21	0.09	0.29	1.20	0.02

1-B-37 续表 3

地 区	财务费用	利息支出	营业利润	投资收益	补贴收入	利润总额
全 国	**54.52**	**49.20**	**224.15**	**19.18**	**16.39**	**259.67**
北 京	1.15	0.86	11.04	3.84	2.12	18.53
天 津	0.63	0.56	8.87	0.63	0.25	9.87
河 北	2.38	2.31	5.42	-0.28	0.30	5.35
山 西	1.42	1.45	0.30	0.05	1.49	1.74
内蒙古	0.78	0.85	1.25	0.27	0.34	0.98
辽 宁	4.67	4.49	4.08	-0.11	1.57	10.13
吉 林	0.47	0.45	0.76	0.45	0.11	1.25
黑龙江	1.51	1.54	0.22	0.42	0.88	1.17
上 海	3.32	2.43	17.20	1.64	0.87	18.16
江 苏	6.07	5.17	35.38	0.67	1.17	37.07
浙 江	4.24	3.86	30.53	1.68	1.66	34.54
安 徽	1.23	1.22	1.81	0.50	0.11	2.46
福 建	1.27	1.20	8.07	0.64	0.16	11.99
江 西	0.53	0.52	-0.20	0.01	0.09	0.01
山 东	5.92	5.09	43.18	0.88	0.42	41.22
河 南	4.02	3.82	8.78	0.59	0.81	10.87
湖 北	0.91	0.67	1.99	0.01	0.34	2.47
湖 南	1.74	1.50	10.77	-0.09	0.75	10.62
广 东	2.95	2.54	31.60	0.20	1.13	29.82
广 西	0.70	0.65	2.83	-0.18	0.11	2.83
海 南	0.01	0.01				0.01
重 庆	2.90	3.00	-6.01	6.67	0.45	1.04
四 川	2.48	2.09	3.17	0.17	0.37	3.69
贵 州	0.18	0.19	-0.38	0.09	0.19	-0.21
云 南	0.37	0.35	-0.11	0.01	0.41	0.35
西 藏						
陕 西	1.80	1.52	4.26	0.49	0.21	4.51
甘 肃	0.60	0.58	-0.12	0.05	0.01	-0.13
青 海			-0.04			-0.04
宁 夏	0.20	0.20	-0.32	-0.11	0.02	-0.45
新 疆	0.07	0.07	-0.18		0.07	-0.18

单位：亿元

亏损企业亏损额	应交所得税	本年应付工资总额	主营业务应付工资总额	本年应付福利费总额	主营业务应付福利费总额	本年应交增值税	全部从业人员年平均人数（万人）
55.91	**47.05**	**329.57**	**303.91**	**39.85**	**36.14**	**145.99**	**219.93**
2.36	2.90	16.01	14.78	2.36	2.11	7.62	5.65
1.28	1.12	7.61	6.79	1.29	1.00	3.64	4.17
2.85	1.74	12.52	11.21	1.53	1.38	4.75	9.98
1.06	0.34	9.12	8.32	1.01	0.89	2.16	7.70
0.11	0.05	6.91	6.70	0.98	0.90	0.85	4.13
3.77	2.53	15.45	15.10	2.10	2.03	6.63	11.21
0.88	0.27	3.02	2.63	0.30	0.26	1.44	2.77
1.49	0.46	7.47	6.57	0.77	0.67	1.78	6.05
8.55	3.63	29.26	27.59	2.97	2.82	12.43	12.21
6.98	6.60	45.46	42.91	5.80	5.51	22.39	27.91
1.01	6.94	24.76	23.53	3.50	3.21	14.84	15.64
1.86	0.46	4.66	4.33	0.69	0.65	1.86	4.33
0.36	1.64	6.79	6.28	0.69	0.65	3.28	3.98
1.31	0.24	2.12	1.96	0.25	0.24	0.80	2.35
3.56	8.82	28.79	27.68	3.50	3.39	20.58	26.17
1.29	2.10	18.41	17.73	2.41	2.31	9.62	17.19
1.52	0.38	5.07	4.23	0.67	0.56	2.44	3.99
1.75	0.88	11.24	10.29	1.16	0.96	3.28	7.46
3.13	3.43	37.15	31.39	2.69	2.08	11.97	21.09
1.03	0.52	4.08	3.53	0.55	0.42	1.80	2.59
0.02		0.10	0.09	0.02	0.01	0.03	0.12
2.72	0.12	8.07	7.32	0.87	0.78	1.26	4.67
1.31	0.87	9.58	8.51	1.47	1.31	5.08	6.94
0.57	0.03	1.34	1.24	0.18	0.17	0.24	1.19
0.47	0.09	3.26	3.16	0.41	0.40	0.79	1.80
2.23	0.72	7.10	6.30	1.09	0.94	3.07	5.34
1.00	0.11	2.75	2.34	0.38	0.32	0.73	2.30
0.04	0.04	0.04	0.04	0.01	0.01	0.01	0.07
0.69	0.02	0.89	0.84	0.10	0.10	0.32	0.53
0.72	0.06	0.56	0.51	0.08	0.08	0.31	0.39

1-B-38 规模以上交通运输设备制造业

地 区	企业单位数（个）	亏损企业	工业总产值（当年价）	工业销售产值（当年价）	出口交货值
全 国	**11824**	**2514**	**13795.51**	**13547.95**	**1352.59**
北 京	399	113	748.92	721.17	6.91
天 津	461	148	436.55	425.34	55.15
河 北	296	48	281.11	277.22	17.61
山 西	86	16	49.85	48.83	1.07
内蒙古	19	5	35.69	34.18	0.68
辽 宁	527	164	681.64	645.81	57.79
吉 林	420	137	1328.05	1335.79	8.95
黑龙江	185	68	211.36	211.27	5.78
上 海	759	130	1504.89	1499.56	186.93
江 苏	1687	325	1200.94	1164.92	253.01
浙 江	2075	185	926.10	889.62	211.85
安 徽	207	63	306.94	300.97	10.09
福 建	343	60	255.53	247.04	43.37
江 西	127	53	190.86	188.32	9.99
山 东	769	111	1020.65	992.34	98.97
河 南	355	71	271.90	267.11	9.72
湖 北	504	144	1016.61	992.25	14.99
湖 南	263	81	212.53	206.56	12.38
广 东	813	215	1252.12	1234.93	249.98
广 西	194	46	307.03	298.77	3.04
海 南	30	16	96.33	95.00	0.01
重 庆	620	98	788.67	784.52	63.43
四 川	354	99	290.22	316.29	10.51
贵 州	78	24	55.61	52.28	4.72
云 南	43	25	49.54	46.61	2.42
西 藏	5	1	0.46	0.44	
陕 西	111	33	254.03	249.42	13.13
甘 肃	54	18	10.37	10.08	0.08
青 海	16	7	2.20	2.61	0.02
宁 夏	4	1	0.18	0.18	
新 疆	20	9	8.67	8.51	

工业企业主要经济指标

单位：亿元

资产合计	流动资产合计	应收账款净额	存货	产成品	流动资产年平均余额	固定资产合计
14432.13	**8127.81**	**1642.90**	**2500.97**	**742.35**	**7757.01**	**4241.33**
567.15	350.58	68.95	133.92	52.81	312.35	179.61
470.84	262.76	68.40	52.94	15.48	253.16	144.16
286.51	178.42	41.54	53.46	18.31	171.34	92.02
77.12	40.50	10.68	15.76	4.87	37.58	28.29
54.83	33.72	8.48	13.38	4.55	31.73	16.13
1025.38	646.68	93.74	231.44	67.77	634.23	308.67
1341.38	560.77	112.78	164.37	35.33	612.94	345.41
261.19	127.96	18.97	43.91	17.21	131.32	90.29
1609.75	927.74	112.72	294.72	48.52	977.76	474.20
1254.21	736.87	188.47	232.68	70.30	658.88	397.11
893.23	526.11	148.58	133.38	53.46	487.93	257.42
318.19	172.03	20.53	63.16	19.54	179.60	118.56
240.32	144.77	31.30	56.92	14.67	140.97	74.86
283.19	142.66	20.21	36.43	8.84	140.55	90.46
803.98	477.23	93.96	131.50	52.21	455.20	212.71
238.42	140.14	31.98	42.44	15.53	129.71	68.02
1335.90	632.93	99.45	203.41	67.56	557.63	346.57
279.88	155.62	46.15	49.21	13.94	144.10	85.92
1015.25	645.55	136.44	183.43	36.89	554.86	286.32
242.21	154.57	33.36	47.20	22.59	142.36	62.54
48.07	28.42	2.21	5.05	1.61	39.76	15.93
749.21	443.64	110.34	117.60	44.84	403.14	224.92
363.23	201.34	51.61	67.64	20.81	199.18	115.93
130.60	65.75	16.48	23.10	9.46	64.23	45.46
69.41	39.14	4.12	15.53	5.21	37.32	19.77
0.77	0.44	0.18	0.18		0.32	0.22
430.08	269.75	65.12	80.54	17.38	237.40	126.97
25.79	12.26	4.12	4.23	1.29	11.48	9.39
4.29	1.96	0.62	0.84	0.06	2.06	1.16
0.22	0.18	0.03	0.02		0.17	0.03
11.53	7.32	1.37	2.59	1.32	7.76	2.30

1-B-38 续表 1

地 区	固定资产原价	生产经营用	累计折旧	本年折旧	固定资产净值	固定资产净值年平均余额
全 国	**5537.10**	**4828.08**	**1987.18**	**334.95**	**3549.92**	**3385.85**
北 京	216.61	192.05	71.52	11.09	145.09	130.78
天 津	219.89	169.66	87.82	15.56	132.07	119.41
河 北	111.61	93.00	38.78	5.76	72.83	71.27
山 西	37.84	27.91	13.06	1.24	24.79	24.13
内蒙古	17.26	16.72	4.82	2.54	12.44	12.24
辽 宁	403.88	361.42	130.65	18.65	273.24	262.52
吉 林	438.15	371.89	191.59	28.80	246.56	240.13
黑龙江	121.80	108.48	44.14	7.04	77.66	76.83
上 海	659.29	567.69	282.11	48.65	377.18	367.14
江 苏	517.43	458.86	169.25	32.26	348.18	337.81
浙 江	303.98	287.03	85.59	19.16	218.39	205.93
安 徽	122.22	111.83	34.28	8.71	87.93	74.12
福 建	99.87	87.57	30.45	7.08	69.42	67.46
江 西	109.71	99.02	41.54	5.68	68.17	66.37
山 东	255.16	209.00	73.01	13.17	182.15	176.19
河 南	93.48	81.62	31.25	5.04	62.24	60.41
湖 北	494.55	428.15	189.78	27.37	304.77	294.76
湖 南	108.12	96.99	41.27	6.91	66.85	66.57
广 东	378.49	335.53	121.19	23.63	257.31	241.19
广 西	87.99	80.51	38.39	5.21	49.59	48.47
海 南	17.64	16.24	6.70	4.32	10.94	11.29
重 庆	287.35	265.04	93.56	16.68	193.80	181.42
四 川	157.47	133.41	58.27	7.11	99.19	96.40
贵 州	69.12	62.83	28.23	3.32	40.89	39.12
云 南	26.68	23.91	8.83	1.36	17.85	18.05
西 藏	0.27	0.13	0.06	0.01	0.22	0.19
陕 西	161.01	130.00	63.08	7.76	97.92	83.94
甘 肃	14.39	6.72	5.52	0.56	8.87	8.35
青 海	1.71	1.19	0.56	0.08	1.15	1.10
宁 夏	0.07	0.04	0.03	0.01	0.03	0.03
新 疆	4.08	3.63	1.86	0.21	2.22	2.24

单位：亿元

负债合计	流动负债合计	应付账款	长期负债合计	所有者权益 合　计	实收资本	国家资本
8606.28	**7550.98**	**2293.88**	**1003.76**	**5821.31**	**3813.82**	**1173.61**
366.73	332.24	128.46	34.49	200.42	132.36	25.25
234.87	215.69	69.77	19.18	235.97	194.34	58.21
167.07	149.71	53.23	16.57	119.45	73.49	20.47
51.44	43.66	18.14	5.09	25.68	19.81	5.30
27.45	24.34	6.86	3.12	27.37	17.85	1.24
742.40	663.99	158.09	77.72	282.82	275.00	115.82
680.34	587.28	192.17	89.28	661.04	358.30	256.96
179.86	153.74	43.62	26.02	81.33	70.10	32.42
784.31	706.58	193.24	75.13	825.44	412.24	15.12
800.19	705.10	232.93	95.08	451.46	371.36	84.47
548.35	487.33	120.34	58.47	344.88	189.77	12.01
207.29	166.54	51.22	28.83	110.90	68.64	16.75
130.34	121.51	31.72	8.60	109.98	70.48	12.76
171.56	148.55	34.90	21.81	109.91	133.75	109.60
576.45	498.32	135.05	74.72	227.53	146.73	46.22
153.21	128.28	39.10	24.37	85.21	54.76	11.62
690.03	589.20	186.18	93.98	645.87	407.80	120.63
182.31	162.61	47.23	19.39	97.58	95.17	26.12
606.21	534.33	202.34	66.91	409.04	230.77	34.30
144.26	133.94	64.80	6.01	97.96	39.20	14.19
30.41	24.17	11.05	6.24	17.66	15.07	1.07
424.30	391.58	127.68	31.42	324.91	174.27	19.05
240.17	195.70	62.23	42.16	123.06	97.32	47.64
77.99	66.61	16.85	11.38	52.50	38.48	5.31
42.08	36.88	10.18	5.20	27.34	22.54	4.61
0.44	0.38	0.14	0.05	0.33	0.23	0.10
316.05	254.98	47.78	60.16	114.03	90.38	68.89
19.46	17.55	4.61	1.91	6.34	8.95	6.26
2.33	1.99	0.47	0.26	1.96	0.89	0.14
0.11	0.05		0.07	0.11	0.07	0.01
8.29	8.15	3.47	0.15	3.23	3.70	1.05

1-B-38 续表 2

地区						主营业务收入
	集体资本	法人资本	个人资本	港澳台资本	外商资本	
全　国	**69.28**	**1272.46**	**342.85**	**162.88**	**792.75**	**13454.62**
北　京	3.00	54.87	6.98	1.81	40.45	773.84
天　津	3.48	63.07	8.68	3.82	57.08	423.70
河　北	3.40	18.65	12.18	4.91	13.87	274.92
山　西	0.68	10.18	3.55	0.05	0.05	50.31
内蒙古	0.05	15.53	0.95	0.01	0.08	32.45
辽　宁	4.19	83.31	11.20	4.75	55.73	662.30
吉　林	2.86	28.03	13.91	3.48	53.07	1219.20
黑龙江	1.09	25.22	4.67	0.62	6.08	203.70
上　海	5.86	221.17	21.17	20.40	128.52	1568.21
江　苏	5.99	117.81	37.59	28.49	97.01	1136.93
浙　江	5.12	60.15	78.06	11.30	23.14	872.36
安　徽	0.51	33.56	9.70	1.77	6.36	288.81
福　建	0.74	10.19	8.92	20.76	17.11	235.71
江　西	0.44	12.23	6.37	1.13	3.98	199.25
山　东	8.80	49.49	18.31	2.12	21.80	974.99
河　南	3.38	24.21	9.32	0.70	5.53	260.02
湖　北	6.96	128.21	16.36	0.77	134.88	997.09
湖　南	0.81	51.66	6.23	3.78	6.57	206.23
广　东	4.45	57.13	23.52	38.88	72.49	1230.11
广　西	1.76	12.33	3.15	0.42	7.35	306.98
海　南	0.12	12.43		0.85	0.59	104.45
重　庆	2.59	90.91	21.53	11.22	28.96	775.60
四　川	1.30	25.89	12.17	0.64	9.67	282.37
贵　州	0.09	28.13	2.94	0.01	2.00	59.62
云　南	0.10	15.71	1.94	0.03	0.15	46.87
西　藏	0.01	0.02	0.10			0.55
陕　西	0.72	18.64	2.02		0.12	245.22
甘　肃	0.65	1.58	0.28	0.18		9.99
青　海	0.11	0.54	0.02		0.09	4.01
宁　夏	0.01	0.01	0.05			0.18
新　疆		1.61	0.99		0.05	8.65

单位：亿元

主营业务成本	主营业务税金及附加	其他业务收入	其他业务利润	营业费用	管理费用	
						税　金
11381.99	**203.71**	**633.41**	**91.79**	**409.61**	**795.58**	**20.39**
663.73	11.52	26.17	3.44	25.88	37.30	0.79
365.66	10.18	7.45	2.50	8.33	23.48	0.68
229.77	1.82	9.10	1.67	9.54	15.46	0.47
41.17	0.20	5.17	0.39	1.75	5.67	0.09
28.21	0.05	0.47	0.08	1.07	1.75	0.10
582.58	6.61	32.00	8.04	18.56	46.12	1.28
1064.68	33.88	134.57	13.24	21.09	79.64	1.65
178.59	1.96	19.61	1.06	6.75	14.57	0.28
1242.59	38.50	59.59	7.92	39.29	95.08	1.88
981.83	8.25	68.31	6.01	41.37	67.91	1.57
739.45	8.91	21.97	5.45	24.33	46.89	1.42
244.24	4.58	14.25	2.19	12.90	16.66	0.51
197.44	2.95	4.16	1.63	10.60	11.72	0.43
166.97	2.34	4.59	1.28	7.82	15.13	0.27
857.93	7.43	28.55	5.78	22.03	40.53	1.68
217.19	2.51	10.05	2.02	10.85	15.02	0.45
864.20	5.31	73.47	5.41	32.72	65.14	2.03
179.16	2.42	9.24	2.91	5.59	15.82	0.45
983.77	30.01	44.87	8.40	36.90	55.79	1.65
267.75	2.77	5.86	2.51	14.37	17.66	0.37
91.59	4.16	0.67	0.09	4.08	1.86	0.03
650.38	12.87	29.38	5.40	36.26	40.99	1.07
243.26	1.49	8.22	1.36	6.46	22.91	0.51
45.57	0.18	2.07	0.84	1.64	10.58	0.08
40.25	0.16	3.57	0.53	1.31	3.98	0.15
0.51		0.01		0.02	0.04	
194.39	2.59	6.30	1.35	7.40	24.99	0.44
7.83	0.04	0.45	0.06	0.18	1.75	0.01
3.36	0.01	0.39		0.14	0.20	0.01
0.13				0.01	0.02	
7.80	0.03	2.90	0.24	0.37	0.91	0.02

1-B-38 续表 3

地区	财务费用	利息支出	营业利润	投资收益	补贴收入	利润总额
全国	**106.15**	**96.42**	**633.18**	**132.51**	**43.44**	**784.61**
北京	2.65	2.31	36.21	1.17	0.83	39.71
天津	2.78	2.74	15.44	2.59	0.45	17.43
河北	1.99	1.67	18.00	0.36	0.71	18.92
山西	0.92	0.88	0.95	0.16	0.09	1.08
内蒙古	0.67	0.53	0.78	-0.07	0.05	0.71
辽宁	9.85	7.93	6.62	0.83	5.75	12.11
吉林	6.92	7.04	25.43	39.13	0.99	68.04
黑龙江	2.10	1.75	-1.54	1.02	1.74	1.16
上海	0.02	2.06	160.64	28.30	6.64	194.64
江苏	12.27	9.69	31.32	3.84	3.48	37.78
浙江	13.10	11.64	45.07	5.68	2.66	53.30
安徽	2.31	2.58	9.60	0.46	0.85	10.90
福建	2.32	2.22	12.20	0.41	0.15	12.81
江西	2.10	1.77	5.83	0.13	0.66	6.37
山东	10.32	6.40	43.14	3.47	0.93	45.74
河南	3.19	2.99	10.23	0.74	1.00	11.28
湖北	8.03	7.94	16.78	32.11	5.31	36.43
湖南	2.94	2.90	3.83	0.29	0.81	4.71
广东	4.45	3.93	123.68	1.17	2.84	125.61
广西	1.11	1.15	16.35	1.26	0.31	17.37
海南	0.61	0.72	3.62			3.59
重庆	4.98	5.63	28.84	7.22	3.67	41.85
四川	3.53	3.37	6.09	1.73	1.61	8.06
贵州	1.54	1.50	0.96	0.67	0.33	1.71
云南	0.58	0.50	1.11	-0.19	0.27	1.04
西藏				0.01		0.01
陕西	4.35	4.06	12.22	0.01	1.12	12.41
甘肃	0.39	0.39	-0.21		0.11	-0.13
青海	0.05	0.04	0.16	0.02		0.17
宁夏	0.01	0.01	0.02			0.02
新疆	0.08	0.08	-0.19		0.04	-0.21

单位：亿元

亏损企业亏损额	应交所得税	本年应付工资总额	主营业务应付工资总额	本年应付福利费总额	主营业务应付福利费总额	本年应交增值税	全部从业人员年平均人数（万人）
108.19	**96.19**	**604.33**	**562.83**	**85.74**	**79.60**	**379.54**	**341.31**
2.35	3.48	28.64	27.91	3.91	3.53	16.16	10.96
4.61	1.39	14.64	12.04	3.27	2.80	12.05	10.54
1.61	3.18	13.03	11.84	2.14	1.80	7.50	9.72
0.13	0.20	4.84	4.13	0.75	0.66	1.48	3.85
0.03	0.05	1.38	1.36	0.25	0.25	0.61	0.70
12.04	4.59	35.00	32.69	4.65	4.38	12.59	19.03
12.33	8.63	35.82	32.28	4.55	4.06	36.31	18.26
3.01	0.55	8.23	7.12	1.39	1.25	5.71	6.24
7.31	12.44	62.31	60.70	9.95	9.68	49.01	18.79
13.48	7.89	58.91	56.34	8.21	7.84	32.32	33.18
3.58	11.40	49.83	47.32	6.57	6.15	26.86	33.19
1.10	2.60	11.35	10.93	1.43	1.37	6.96	7.45
0.97	1.52	12.74	11.87	1.39	1.28	5.10	6.49
2.71	1.52	10.70	9.84	1.32	1.19	6.33	6.39
3.42	8.74	32.57	31.41	4.16	4.02	27.13	24.06
1.40	2.01	14.25	13.32	1.74	1.62	7.65	11.72
10.41	3.17	48.83	46.43	6.31	5.96	21.31	24.84
3.66	1.40	13.80	13.27	1.75	1.69	5.67	8.58
8.53	11.38	44.44	37.57	7.10	6.34	48.27	21.86
0.75	2.02	14.06	12.80	2.52	2.26	9.97	5.44
0.29	0.29	0.93	0.89	0.07	0.07	2.24	0.73
3.52	3.42	32.01	27.98	4.10	3.61	22.36	23.67
4.48	1.22	21.37	20.43	3.02	2.87	7.03	13.69
0.74	0.33	7.67	7.35	1.10	1.05	1.72	4.76
1.11	0.44	3.10	3.01	0.41	0.40	1.43	1.86
0.01		0.07	0.03	0.01	0.01	0.01	0.12
3.28	2.23	21.14	19.73	3.34	3.20	5.09	12.78
0.85	0.03	1.54	1.19	0.22	0.15	0.30	1.69
0.01		0.20	0.17	0.02	0.02	0.08	0.16
	0.01	0.02	0.02			0.01	0.01
0.48	0.07	0.89	0.84	0.09	0.08	0.27	0.53

1-B-39 规模以上电气机械及器材制造业

地 区	企业单位数（个）	亏损企业	工业总产值（当年价）	工业销售产值（当年价）	出口交货值
全 国	**16145**	**3116**	**11233.34**	**10954.22**	**3154.48**
北 京	417	92	197.53	192.05	17.99
天 津	395	109	312.64	300.64	111.39
河 北	345	47	203.36	197.14	6.61
山 西	77	21	31.59	28.46	0.66
内蒙古	27	8	8.11	8.14	2.20
辽 宁	589	160	286.07	282.49	70.21
吉 林	84	22	19.67	19.02	0.05
黑龙江	126	46	69.22	67.75	6.50
上 海	1301	211	917.80	906.20	273.02
江 苏	2631	509	1759.79	1715.81	371.81
浙 江	3257	324	1497.73	1458.33	419.78
安 徽	303	68	332.12	329.67	29.70
福 建	368	79	318.23	302.77	133.71
江 西	125	33	66.34	64.20	4.36
山 东	860	124	1320.49	1292.88	182.22
河 南	360	63	196.41	194.07	9.89
湖 北	226	73	108.09	104.26	7.07
湖 南	247	49	107.74	107.98	3.53
广 东	3536	817	2981.57	2905.84	1480.56
广 西	84	34	39.25	36.92	5.09
海 南	10	2	8.18	7.64	0.06
重 庆	100	23	75.30	70.47	1.53
四 川	274	65	159.15	154.09	5.37
贵 州	40	16	33.80	28.69	1.65
云 南	58	20	26.37	24.49	1.20
西 藏					
陕 西	168	50	96.86	94.65	7.46
甘 肃	78	33	30.18	30.36	0.69
青 海	5		0.81	0.67	0.01
宁 夏	16	3	5.00	4.90	
新 疆	38	15	23.93	23.61	0.13

工业企业主要经济指标

单位：亿元

资产合计	流动资产合计	应收账款净额	存货	产成品	流动资产年平均余额	固定资产合计
9484.16	**6101.36**	**2064.85**	**1745.94**	**693.48**	**5601.05**	**2309.64**
242.66	163.91	52.51	50.41	18.88	148.30	54.31
304.11	180.28	52.95	65.79	26.92	174.63	87.42
177.16	98.72	33.93	32.78	16.76	92.89	59.20
55.10	32.97	8.47	12.15	6.33	26.99	17.41
11.49	6.42	2.44	1.83	0.93	6.74	2.52
333.34	200.03	70.83	58.84	24.94	186.99	99.62
36.73	21.68	7.65	5.75	3.20	19.91	9.94
145.19	98.93	20.17	35.11	9.02	92.45	31.54
807.15	550.67	192.25	142.54	46.38	519.55	182.17
1408.10	952.05	403.11	217.72	90.62	876.77	339.89
1259.20	823.83	314.83	186.22	77.90	744.57	300.08
237.00	150.19	62.78	36.94	17.99	135.18	55.58
227.55	154.22	53.82	45.42	12.71	139.30	54.12
93.00	54.17	13.87	17.39	6.86	47.41	20.13
786.61	462.13	113.03	135.83	59.86	424.98	194.18
287.22	164.85	50.31	43.80	18.31	159.51	64.97
114.24	63.51	27.44	18.30	8.25	57.75	35.41
119.25	62.10	18.75	21.26	7.84	61.18	40.70
2146.26	1422.31	442.51	491.57	185.68	1296.15	506.02
65.59	36.35	8.93	8.22	3.62	33.42	14.38
6.32	4.70	2.38	1.46	0.75	4.17	1.44
69.78	50.86	13.17	14.28	5.21	39.35	14.77
212.41	141.51	33.14	34.59	13.49	121.20	40.19
30.23	20.78	7.02	5.39	2.89	21.53	6.30
33.13	21.13	5.41	8.75	4.78	19.68	8.27
157.48	91.29	28.93	30.51	11.47	82.88	42.33
60.78	40.10	15.14	14.50	7.53	38.46	15.36
1.12	0.61	0.13	0.42	0.32	0.61	0.38
8.18	5.15	1.97	1.78	1.12	5.30	2.42
47.80	25.92	6.98	6.38	2.91	23.20	8.59

1-B-39 续表 1

地 区	固定资产原价		累计折旧		固定资产净值	固定资产净值年平均余额
		生产经营用		本年折旧		
全 国	**3192.31**	**2751.43**	**1120.72**	**202.60**	**2071.60**	**2027.24**
北 京	68.21	51.64	27.16	4.93	41.05	41.57
天 津	117.27	100.12	39.14	7.80	78.12	78.24
河 北	74.53	63.52	20.35	3.22	54.18	52.00
山 西	22.93	16.92	9.00	1.41	13.93	14.49
内蒙古	4.43	4.26	1.95	0.17	2.48	2.42
辽 宁	152.02	129.40	56.84	6.81	95.18	93.93
吉 林	13.51	12.33	3.66	0.77	9.84	10.30
黑龙江	43.77	33.86	18.99	2.05	24.78	24.10
上 海	280.25	228.45	112.07	20.45	168.18	165.37
江 苏	455.36	392.58	150.00	30.45	305.37	297.07
浙 江	358.05	332.83	100.52	24.46	257.53	246.27
安 徽	76.40	64.84	25.09	3.45	51.31	49.84
福 建	76.92	67.54	25.60	5.11	51.32	49.81
江 西	26.72	24.88	8.89	1.25	17.83	16.93
山 东	252.74	231.59	83.44	14.67	169.30	165.00
河 南	80.08	70.75	27.76	4.25	52.31	51.12
湖 北	53.91	45.47	20.29	3.04	33.61	31.98
湖 南	54.28	43.28	17.40	2.73	36.88	33.90
广 东	757.77	654.91	284.24	53.70	473.53	469.98
广 西	17.36	13.04	5.80	0.73	11.56	11.60
海 南	2.10	1.66	0.76	0.11	1.33	1.19
重 庆	19.34	13.25	5.93	0.90	13.41	12.26
四 川	62.45	52.27	26.76	4.46	35.69	34.43
贵 州	9.39	8.05	3.84	0.49	5.55	5.56
云 南	13.20	11.32	5.42	0.59	7.78	7.83
西 藏						
陕 西	59.02	49.98	23.69	2.52	35.33	35.64
甘 肃	25.29	19.79	11.58	1.24	13.72	14.15
青 海	0.44	0.38	0.10	0.03	0.35	0.35
宁 夏	3.32	2.85	1.29	0.26	2.02	2.01
新 疆	11.27	9.66	3.14	0.55	8.14	7.90

单位：亿元

负债合计	流动负债合计		长期负债合计	所有者权益		
		应付账款		合计	实收资本	
						国家资本
5812.12	**5365.11**	**1791.38**	**396.24**	**3672.04**	**2363.17**	**213.11**
139.01	126.89	39.80	12.11	103.65	70.58	7.15
187.70	172.41	54.25	15.29	116.41	102.69	12.14
102.63	88.84	20.22	12.41	74.53	35.05	7.66
43.34	37.75	10.21	2.91	11.76	12.09	7.56
7.42	5.17	2.55	2.25	4.07	2.31	0.52
205.44	185.94	53.73	18.27	127.90	102.66	17.95
22.86	21.75	4.78	1.02	13.87	11.19	2.26
116.95	101.15	11.43	15.02	28.24	30.97	2.27
454.31	433.99	162.70	12.97	352.84	240.91	9.16
832.30	784.48	278.07	47.82	575.80	352.21	20.10
740.94	696.97	208.14	42.81	518.27	325.17	2.46
138.63	127.16	43.91	11.20	98.37	75.88	7.50
129.84	124.38	47.56	5.00	97.71	55.46	5.21
64.21	55.81	15.50	8.24	28.79	24.58	7.03
465.58	408.61	102.69	48.13	321.03	126.63	10.36
182.01	163.89	32.07	17.98	105.21	62.35	10.78
66.30	50.22	15.40	14.46	47.94	37.42	6.56
72.21	60.84	13.94	10.41	47.04	37.94	9.59
1365.35	1285.39	579.14	57.64	780.92	488.49	16.15
38.10	33.50	7.87	4.25	27.49	11.65	2.71
2.86	2.78	0.54	0.08	3.46	1.41	0.49
55.38	52.97	17.17	2.29	14.40	13.75	2.80
135.80	128.10	18.15	7.31	76.61	51.75	12.07
20.64	19.59	4.81	1.04	9.59	10.92	4.47
22.82	20.19	3.04	2.62	10.31	8.56	2.69
116.67	105.72	29.81	10.67	40.81	48.08	17.68
48.01	41.56	8.10	6.35	12.77	12.83	6.65
0.50	0.48	0.09	0.02	0.62	0.57	
6.35	4.52	1.29	1.73	1.82	1.72	0.61
27.98	24.06	4.42	3.92	19.82	7.31	0.53

1-B-39 续表 2

地区	集体资本	法人资本	个人资本	港澳台资本	外商资本	主营业务收入
全 国	**120.54**	**601.85**	**508.88**	**320.11**	**598.67**	**10871.43**
北 京	3.35	31.53	9.43	1.40	17.72	199.07
天 津	2.83	25.01	23.25	4.01	35.45	305.62
河 北	5.44	5.85	12.39	1.78	1.94	191.65
山 西	0.17	1.85	2.32	0.17	0.03	27.98
内蒙古	0.30	0.77	0.52	0.21		8.11
辽 宁	4.26	16.23	17.35	13.19	33.69	273.20
吉 林	0.31	5.46	2.62		0.54	19.32
黑龙江	1.49	18.79	4.02		4.41	62.43
上 海	13.19	72.89	27.50	14.62	103.55	910.06
江 苏	16.14	67.32	77.53	47.20	123.91	1686.78
浙 江	5.81	76.35	169.19	18.56	52.80	1432.60
安 徽	9.81	16.43	16.82	1.26	24.07	280.41
福 建	3.34	5.49	8.60	16.56	16.25	304.06
江 西	2.42	6.34	6.08	2.01	0.70	81.27
山 东	21.13	41.89	23.28	3.50	26.47	1246.20
河 南	8.30	26.83	12.09	0.01	4.34	201.94
湖 北	0.99	16.97	8.96	1.24	2.71	94.15
湖 南	3.88	13.40	4.63	0.02	6.40	94.84
广 东	11.53	85.72	54.75	188.96	131.39	2977.02
广 西	1.02	4.46	3.05	0.12	0.30	36.65
海 南	0.60	0.07	0.04		0.22	7.65
重 庆	0.60	4.82	2.32	0.51	2.70	71.04
四 川	1.12	20.38	10.22	2.44	5.53	150.27
贵 州	0.15	5.69	0.31	0.27	0.02	27.26
云 南	0.83	3.50	1.45	0.06	0.03	25.45
西 藏						
陕 西	0.75	18.18	6.08	1.94	3.45	97.53
甘 肃	0.57	4.10	1.41	0.06	0.03	28.56
青 海	0.04	0.47	0.06			0.63
宁 夏	0.04	0.36	0.69		0.03	4.78
新 疆	0.14	4.71	1.92		0.02	24.92

单位：亿元

主营业务成本	主营业务税金及附加	其他业务收入	其他业务利润	营业费用	管理费用	税金
9204.68	**32.87**	**196.39**	**52.65**	**514.65**	**535.60**	**16.68**
156.34	0.45	5.03	1.65	10.84	15.40	0.39
258.37	0.72	4.66	3.12	20.03	12.64	0.22
156.82	0.73	3.11	0.58	8.24	9.85	0.42
21.65	0.18	0.82	0.13	1.35	3.74	0.09
7.33	0.05	0.07	0.03	0.13	0.44	0.02
230.53	0.54	8.03	2.36	10.66	17.58	0.64
15.15	0.17	0.45	0.10	0.81	2.77	0.05
51.85	0.20	2.19	0.11	2.77	5.98	0.17
745.24	2.24	15.76	5.16	38.54	58.01	0.91
1437.04	4.64	35.85	7.08	84.51	79.19	2.44
1220.00	8.06	22.08	5.55	51.47	67.13	2.63
232.30	0.67	6.63	1.48	24.88	10.15	0.73
254.66	0.46	6.64	2.88	12.75	12.84	1.04
73.57	0.25	0.72	0.56	2.19	3.13	0.08
1078.92	3.74	5.80	2.39	58.30	45.76	1.63
167.17	0.85	3.29	1.27	12.97	10.86	0.29
78.41	0.43	0.71	0.45	6.19	6.59	0.39
76.91	0.84	1.99	0.57	5.03	6.99	0.35
2566.88	5.41	56.32	13.56	140.49	129.58	2.76
29.59	0.19	3.60	0.18	1.50	2.81	0.09
6.12	0.01	0.10	0.03	0.73	0.28	0.01
43.29	0.26	3.04	0.74	2.18	2.56	0.15
123.94	0.52	3.72	0.97	7.25	12.32	0.38
23.55	0.17	0.31	0.10	1.42	1.82	0.20
21.52	0.06	0.70	0.25	1.19	2.06	0.06
78.76	0.76	3.54	0.65	5.42	9.50	0.41
23.84	0.14	0.66	0.37	1.30	3.54	0.07
0.55		0.01		0.02	0.07	
3.77	0.02	0.19	0.18	0.19	0.51	0.02
20.60	0.10	0.39	0.13	1.29	1.50	0.05

1-B-39 续表 3

地 区	财务费用	利息支出	营业利润	投资收益	补贴收入	利润总额
全 国	**93.11**	**82.02**	**478.13**	**24.10**	**20.09**	**507.62**
北 京	1.16	0.84	16.51	0.30	0.34	17.47
天 津	2.36	2.36	12.16	0.75	0.28	13.30
河 北	3.34	2.99	13.24	0.29	0.25	13.44
山 西	0.83	0.81	0.32	0.03	0.11	0.38
内蒙古	0.06	0.06	0.13	0.13	0.02	0.23
辽 宁	3.48	2.99	12.78	0.73	0.48	14.42
吉 林	0.49	0.34	-0.54	0.10	0.01	-1.06
黑龙江	1.46	1.38	-0.05	0.19	0.17	-0.08
上 海	5.46	4.28	65.73	4.40	1.90	70.68
江 苏	13.06	13.56	75.43	1.69	5.14	80.13
浙 江	15.88	14.29	75.93	1.93	5.10	83.91
安 徽	2.25	2.02	11.02	-0.03	0.24	10.92
福 建	1.89	1.48	22.98	2.01	0.26	24.68
江 西	0.91	0.91	1.43	0.08	0.50	2.03
山 东	9.97	7.71	51.81	0.68	0.59	50.46
河 南	4.66	4.36	5.92	3.69	0.32	9.99
湖 北	1.32	1.21	1.52	0.04	0.35	1.73
湖 南	1.44	1.38	4.37	0.04	0.21	3.91
广 东	15.32	11.67	95.67	2.35	2.62	94.60
广 西	0.74	0.49	0.54	1.54	0.04	2.09
海 南	0.01	0.01	0.53		0.03	0.55
重 庆	0.67	0.69	2.81	0.17	0.25	2.94
四 川	1.57	1.45	5.63	1.16	0.19	6.64
贵 州	0.22	0.20	0.18	0.04	0.04	0.33
云 南	0.54	0.54	0.33	0.04	0.09	0.46
西 藏						
陕 西	2.14	2.06	1.66	1.05	0.47	2.56
甘 肃	0.99	1.02	-0.89	-0.14	0.06	-0.94
青 海			-0.01			0.02
宁 夏	0.11	0.11	0.14		0.01	0.11
新 疆	0.77	0.81	0.82	0.83	0.04	1.73

单位：亿元

亏损企业亏损额	应交所得税	本年应付工资总额	本年应付：主营业务应付工资总额	本年应付福利费总额	本年应付：主营业务应付福利费总额	本年应交增值税	全部从业人员年平均人数（万人）
79.81	**88.85**	**509.41**	**459.46**	**54.25**	**49.31**	**257.89**	**348.68**
1.90	2.58	11.14	10.60	1.55	1.41	8.16	4.74
2.57	2.39	10.25	8.91	1.96	1.70	5.45	6.23
1.11	2.47	6.90	5.76	0.80	0.76	4.73	5.91
0.53	0.25	3.25	3.07	0.40	0.38	0.91	2.48
0.12	0.06	0.80	0.70	0.06	0.05	0.26	0.60
2.99	2.66	12.83	12.47	1.55	1.47	6.17	9.46
1.53	0.21	2.86	1.41	0.20	0.18	0.83	1.39
2.06	0.27	4.55	3.84	0.53	0.48	1.97	3.39
9.53	9.56	44.37	42.03	5.11	4.88	23.11	21.31
13.94	15.64	67.17	64.21	8.35	8.02	41.79	44.18
3.80	19.22	72.76	69.14	9.15	8.48	39.65	50.59
3.53	2.55	7.42	6.94	1.03	0.95	7.79	6.66
0.85	2.72	18.89	17.56	2.09	1.92	6.92	12.12
0.47	0.35	2.82	2.66	0.36	0.34	1.83	2.93
5.64	9.30	27.26	26.36	2.86	2.76	29.52	23.14
1.23	1.38	7.86	7.49	0.97	0.88	5.47	8.57
1.76	0.44	4.42	3.43	0.47	0.39	2.94	3.68
0.88	1.10	5.40	5.19	0.81	0.72	3.17	4.55
17.18	12.70	169.25	141.54	11.36	9.36	52.70	117.19
0.67	0.17	2.31	1.87	0.28	0.21	1.45	1.73
0.02	0.04	0.21	0.17	0.04	0.04	0.18	0.18
0.37	0.40	2.84	2.28	0.44	0.41	2.03	2.05
2.27	1.12	8.78	8.36	1.78	1.63	3.96	5.38
0.43	0.13	1.34	1.30	0.18	0.18	0.74	1.11
0.36	0.14	1.73	1.68	0.22	0.22	0.62	1.16
2.25	0.72	7.39	6.31	1.13	0.95	3.54	4.27
1.46	0.10	3.11	2.87	0.40	0.36	1.22	2.75
		0.07	0.02	0.01	0.01	0.02	0.05
0.10	0.05	0.43	0.39	0.05	0.05	0.20	0.36
0.25	0.12	1.01	0.93	0.14	0.13	0.55	0.53

1-B-40 规模以上通信设备、计算机

地 区	企业单位数（个）	亏损企业	工业总产值（当年价）	工业销售产值（当年价）	出口交货值
全 国	**9161**	**2421**	**22260.33**	**21810.90**	**13752.15**
北 京	498	125	1235.58	1199.97	426.51
天 津	333	116	1368.10	1366.26	835.79
河 北	73	16	57.13	56.12	5.76
山 西	29	7	10.65	10.37	0.24
内蒙古	16	5	49.63	46.62	0.22
辽 宁	217	78	396.11	388.30	248.82
吉 林	33	16	21.82	20.53	7.97
黑龙江	30	10	16.05	13.31	1.15
上 海	695	158	2844.24	2804.30	2011.18
江 苏	1639	445	4358.78	4261.02	3174.68
浙 江	1015	138	909.18	920.05	333.34
安 徽	87	25	78.21	73.90	5.22
福 建	352	67	1178.53	1152.14	686.43
江 西	49	14	32.19	31.23	5.95
山 东	461	87	800.27	782.24	245.63
河 南	45	11	82.16	78.84	13.55
湖 北	92	29	142.36	143.43	18.68
湖 南	84	26	84.25	82.76	24.25
广 东	3027	940	8099.81	7909.70	5615.43
广 西	50	16	19.43	18.32	1.08
海 南	6	2	3.07	2.98	1.41
重 庆	24	5	37.58	33.64	0.92
四 川	183	40	242.21	240.89	54.11
贵 州	30	19	28.49	24.53	9.57
云 南	11	1	8.52	8.35	0.34
西 藏					
陕 西	66	19	138.97	124.93	21.38
甘 肃	13	5	9.86	9.28	1.54
青 海					
宁 夏	2	1	0.96	0.95	0.47
新 疆	1		6.19	5.93	0.51

及其他电子设备制造业工业企业主要经济指标

单位：亿元

资产合计	流动资产合计	应收账款净额	存货	产成品	流动资产年平均余额	固定资产合计
15759.06	**10185.53**	**3969.81**	**2518.75**	**791.64**	**9369.18**	**4223.66**
1087.59	664.67	186.37	169.03	50.61	654.95	224.49
773.03	521.27	176.42	88.18	18.88	493.25	202.59
74.84	33.12	9.63	9.06	4.19	33.09	35.44
25.35	12.69	1.46	4.89	1.19	12.11	11.35
32.69	29.06	3.94	2.01	1.06	24.74	2.58
395.79	231.03	70.34	52.75	17.53	221.80	83.80
67.89	24.10	5.85	7.43	2.97	22.66	32.81
62.54	28.46	2.39	2.70	0.75	16.42	28.68
2255.22	1351.51	627.79	263.06	51.72	1240.49	742.36
2828.53	1760.86	842.51	416.34	121.43	1610.25	927.87
841.03	556.00	207.63	152.27	60.97	527.85	203.66
65.30	41.13	13.92	7.38	3.13	37.47	20.13
678.21	505.88	187.99	105.23	38.73	423.63	125.17
41.89	21.69	6.58	6.57	2.71	21.73	12.03
501.97	304.58	104.61	96.35	42.85	295.23	129.79
152.49	79.54	17.22	14.70	7.17	82.49	64.53
139.75	99.63	31.85	30.17	8.37	89.77	28.29
128.70	48.41	17.14	10.08	4.21	46.85	61.88
4736.22	3366.52	1329.40	928.61	284.76	2995.16	1067.75
35.49	18.37	7.90	4.17	2.19	18.31	9.67
4.05	2.41	0.65	0.73	0.01	2.04	1.54
38.91	27.12	6.87	9.53	2.57	22.93	7.95
423.43	252.75	56.78	91.18	44.04	273.86	84.60
52.84	28.57	5.36	9.57	5.45	27.03	14.58
14.97	9.35	3.52	2.16	1.17	8.62	2.67
232.74	136.34	39.29	28.79	11.19	132.29	68.14
50.27	25.31	4.55	4.07	0.86	29.19	18.31
3.15	1.05	0.35	0.56	0.33	1.07	1.99
14.16	4.11	1.51	1.19	0.61	3.92	9.03

1-B-40 续表 1

地 区	固定资产原价		累计折旧			
		生产经营用		本年折旧	固定资产净值	固定资产净值年平均余额
全 国	**5804.23**	**5120.94**	**1957.14**	**483.37**	**3847.09**	**3642.38**
北 京	265.38	203.47	109.82	17.72	155.56	141.34
天 津	330.19	279.77	137.30	41.44	192.89	187.00
河 北	57.27	49.31	23.11	3.56	34.16	34.92
山 西	13.92	12.68	3.78	0.44	10.14	10.60
内蒙古	3.73	3.41	1.40	0.24	2.32	2.16
辽 宁	142.59	127.04	66.53	9.09	76.05	74.59
吉 林	42.15	40.22	10.75	4.14	31.41	30.78
黑龙江	6.53	5.48	1.85	0.21	4.68	4.63
上 海	1041.32	937.80	370.88	107.40	670.44	615.01
江 苏	1160.73	1001.47	308.23	92.81	852.49	785.69
浙 江	240.66	220.81	62.42	18.20	178.23	167.37
安 徽	22.79	21.82	7.37	1.47	15.42	14.67
福 建	187.28	173.19	65.53	14.56	121.75	120.52
江 西	16.55	14.70	5.90	0.73	10.66	10.48
山 东	172.37	154.59	55.80	11.36	116.57	117.20
河 南	84.07	80.72	35.37	6.06	48.69	51.52
湖 北	40.91	36.45	13.73	2.47	27.17	25.83
湖 南	80.63	77.42	22.74	6.16	57.89	54.97
广 东	1584.79	1414.48	543.86	128.44	1040.92	999.73
广 西	11.12	10.27	2.88	0.56	8.24	7.15
海 南	1.76	1.70	0.36	0.16	1.39	1.34
重 庆	9.18	7.50	4.04	0.58	5.14	4.72
四 川	133.23	117.41	51.89	7.65	81.33	79.00
贵 州	16.74	15.33	5.31	0.89	11.43	9.55
云 南	3.37	3.13	1.03	0.26	2.33	2.32
西 藏						
陕 西	97.97	83.67	35.65	5.36	62.32	61.90
甘 肃	23.47	13.53	6.24	0.80	17.23	17.80
青 海						
宁 夏	2.26	2.26	0.60	0.19	1.66	1.75
新 疆	11.32	11.31	2.75	0.43	8.58	7.84

单位：亿元

负债合计	流动负债合计	应付账款	长期负债合计	所有者权益 合　计	实收资本	国家资本
9766.20	**8787.33**	**4492.81**	**930.51**	**5985.85**	**3855.62**	**281.86**
581.58	535.15	203.60	46.42	506.02	277.11	14.34
332.89	311.50	134.29	21.38	440.14	238.65	13.09
37.74	31.11	5.23	6.42	37.09	25.57	7.70
16.15	11.55	1.10	4.56	9.20	6.06	1.80
7.27	7.05	4.01	0.22	25.42	3.34	0.22
239.72	214.56	61.71	24.45	156.07	135.18	24.19
46.70	40.03	8.34	5.88	21.19	31.81	24.64
45.89	12.18	1.71	32.26	16.66	13.81	0.99
1466.55	1226.58	743.81	237.01	788.67	671.82	20.63
1885.92	1717.81	968.41	168.12	942.49	729.60	31.02
498.87	465.04	212.94	33.59	342.17	187.22	6.75
37.69	31.07	13.95	6.62	27.61	15.14	3.56
464.20	428.85	212.73	34.16	207.13	111.21	3.65
20.80	14.50	4.25	5.62	21.09	12.14	5.80
288.07	262.27	98.03	23.06	213.90	117.67	12.41
108.21	89.86	18.63	18.33	44.29	32.56	9.46
81.37	61.05	25.45	8.56	58.38	32.62	8.25
69.68	46.76	14.22	22.39	59.02	43.80	3.99
3038.64	2871.41	1671.46	152.75	1697.58	988.53	28.91
21.93	16.66	6.05	4.72	13.56	9.63	2.12
2.34	2.26	1.21	0.08	1.72	1.38	0.02
25.85	22.69	7.48	3.02	13.06	10.80	3.06
223.76	191.65	37.51	31.32	199.66	74.68	27.30
29.54	24.99	4.85	4.55	23.30	12.96	2.51
6.25	4.51	2.07	1.74	8.72	3.75	0.91
141.81	112.70	24.83	20.93	90.93	54.08	17.06
33.93	27.01	3.82	6.07	16.34	12.78	6.96
2.52	0.65	0.23	1.84	0.62	0.70	0.50
10.32	5.89	0.89	4.43	3.84	1.03	

1-B-40 续表 2

地区						主营业务收入
	集体资本	法人资本	个人资本	港澳台资本	外商资本	
全国	**38.92**	**856.34**	**281.92**	**696.07**	**1700.51**	**22565.39**
北京	2.40	137.20	20.88	13.57	88.72	1268.34
天津	0.25	54.15	1.26	5.22	164.68	1339.71
河北	0.30	13.95	2.63	0.20	0.78	49.58
山西		2.43	0.23	1.60		9.17
内蒙古	0.51	1.14	0.07	1.26	0.14	45.57
辽宁	0.63	38.93	10.51	4.33	56.59	368.00
吉林	0.45	4.93	0.58	0.18	1.03	16.98
黑龙江		3.28	3.98	0.38	5.17	12.71
上海	4.15	146.69	22.87	49.54	427.95	3410.77
江苏	6.15	64.62	22.96	162.17	442.68	4265.48
浙江	1.33	53.48	42.28	33.26	50.11	962.36
安徽	0.18	7.06	2.57	1.09	0.67	66.23
福建	1.36	22.70	9.46	28.76	45.29	1165.70
江西		3.46	1.25	0.71	0.91	29.84
山东	2.87	32.33	13.06	7.85	49.15	791.69
河南		15.86	1.14	3.64	2.46	84.57
湖北	0.64	12.17	5.60	3.67	2.27	135.06
湖南	0.08	21.96	1.01	1.16	15.61	78.80
广东	14.22	146.73	90.84	373.32	334.51	7998.34
广西	0.07	4.53	0.60	1.13	1.17	16.11
海南		0.29		1.08		2.98
重庆	0.16	5.50	0.53	0.21	1.34	27.23
四川	1.72	16.52	21.17	0.75	7.21	238.31
贵州	0.30	6.72	2.15	0.29	0.99	26.10
云南	0.04	2.20	0.32	0.25	0.04	7.93
西藏						
陕西	0.75	31.41	3.37	0.45	1.05	126.91
甘肃	0.37	5.18	0.27			14.42
青海						
宁夏		0.18	0.02			0.82
新疆		0.74	0.29			5.65

单位：亿元

主营业务成本	主营业务税金及附加	其他业务收入	其他业务利润	营业费用	管理费用	税　金
20224.16	**21.68**	**281.17**	**68.61**	**615.23**	**843.74**	**16.83**
1132.60	1.31	18.00	7.16	46.96	56.41	0.91
1144.44	1.27	4.46	15.85	53.43	24.78	0.94
39.83	0.13	1.66	0.35	1.88	4.16	0.07
7.82	0.02	0.15	0.05	0.24	1.04	0.03
36.69	0.02	9.36	3.78	0.34	0.64	0.11
327.82	0.17	3.86	0.85	13.87	19.69	0.94
14.45	0.07	0.43	0.21	0.45	8.04	0.14
10.36	0.03	0.13	0.12	0.51	1.20	0.02
3148.21	1.17	18.06	5.75	60.09	109.67	1.13
3963.41	1.56	25.41	8.76	53.48	109.50	2.34
834.03	2.09	36.51	3.28	25.69	56.90	1.33
56.81	0.13	0.79	0.37	2.80	3.17	0.08
1025.72	0.79	5.31	1.66	43.85	27.07	1.14
24.04	0.06	0.84	0.30	0.58	1.88	0.06
680.57	2.37	12.91	1.54	39.60	34.36	0.96
66.19	0.16	4.51	0.27	4.79	4.68	0.10
112.64	0.32	1.32	0.69	11.58	7.84	0.20
63.74	0.14	0.97	0.41	2.93	5.79	0.17
7161.23	7.66	123.50	14.46	227.32	287.39	5.00
13.04	0.04	0.18	0.17	0.64	1.67	0.03
2.36		0.01		0.08	0.40	
23.06	0.04	2.14	0.12	0.98	2.22	0.02
190.36	0.82	7.02	1.23	16.98	55.95	0.46
20.44	0.04	0.66	0.11	1.89	3.17	0.06
6.51	0.05	0.10	0.04	0.28	0.64	0.01
101.05	1.08	2.20	0.81	3.39	12.22	0.51
12.36	0.09	0.15	0.12	0.40	2.58	0.05
0.86		0.01	0.02	0.03	0.10	
3.50	0.05	0.52	0.13	0.17	0.57	0.02

1-B-40 续表 3

地区	财务费用	利息支出	营业利润	投资收益	补贴收入	利润总额
全国	**107.16**	**83.85**	**822.06**	**28.61**	**40.97**	**837.54**
北京	7.80	6.06	30.42	14.95	1.37	46.56
天津	1.29	0.01	132.33	0.88	0.16	131.98
河北	0.53	0.47	3.40	0.23	0.10	3.18
山西	0.33	0.34	-0.27		0.18	-0.17
内蒙古	0.04	0.04	11.62	0.25	0.84	12.68
辽宁	3.40	3.02	3.91	4.26	0.43	5.82
吉林	0.92	0.87	-6.08	-1.07	0.04	-5.51
黑龙江	0.02	0.01	0.60	0.32	0.19	0.81
上海	15.83	10.97	81.55	8.68	3.58	91.98
江苏	18.91	16.42	127.38	4.52	8.86	140.26
浙江	6.53	4.81	40.95	2.27	2.72	45.96
安徽	0.48	0.39	3.25	0.05	0.31	3.61
福建	6.64	3.65	59.12	1.92	7.55	66.40
江西	0.24	0.27	0.94	0.03	0.07	0.98
山东	4.52	3.60	31.83	0.95	1.37	32.18
河南	3.19	2.98	5.82	-0.38	0.22	5.67
湖北	1.23	1.17	3.27	0.03	0.51	4.10
湖南	1.69	1.65	5.24	0.18	0.15	4.40
广东	24.87	18.71	303.61	14.71	10.70	287.98
广西	0.36	0.25	0.73		0.12	0.98
海南	0.02	0.02	0.15			0.14
重庆	0.47	0.43	0.71	0.04	0.05	1.06
四川	3.29	3.25	-27.91	-24.91	0.84	-51.95
贵州	0.73	0.75	-0.06	0.15	0.04	-0.08
云南	0.05	0.04	0.45	0.01	0.06	0.55
西藏						
陕西	2.87	2.76	9.60	0.25	0.43	8.24
甘肃	0.40	0.42	-1.25	0.31	0.09	-0.96
青海						
宁夏	0.02	0.02	-0.17			-0.16
新疆	0.48	0.44	0.93	-0.02		0.86

单位：亿元

亏损企业亏损额	应交所得税	本年应付工资总额	主营业务应付工资总额	本年应付福利费总额	主营业务应付福利费总额	本年应交增值税	全部从业人员年平均人数（万人）
221.55	**107.71**	**734.40**	**667.55**	**76.10**	**69.91**	**264.22**	**378.79**
18.92	6.47	39.93	37.98	6.40	6.09	18.73	10.02
14.89	17.38	33.28	31.29	5.99	4.80	13.38	12.40
0.24	0.57	2.94	2.79	0.43	0.41	2.09	2.16
0.57	0.02	0.94	0.81	0.13	0.12	0.20	0.92
0.10	0.73	0.57	0.55	0.06	0.06	1.68	0.43
10.12	1.39	12.06	11.44	1.88	1.66	2.85	6.81
7.29	0.09	1.67	1.15	0.16	0.12	0.36	1.17
0.28	0.08	0.49	0.44	0.05	0.05	0.23	0.45
26.28	8.34	73.40	70.99	8.23	7.76	27.27	23.66
25.56	12.07	120.86	117.26	13.33	13.01	43.97	65.36
4.66	6.65	36.82	35.11	6.59	6.24	24.68	21.45
0.59	0.50	3.15	3.06	0.37	0.36	1.45	2.24
2.93	7.50	30.42	27.65	3.39	3.24	18.07	15.81
0.57	0.12	2.15	2.12	0.32	0.23	0.62	2.20
2.05	4.80	21.25	20.75	1.94	1.88	14.67	14.83
1.44	2.29	4.09	4.06	0.48	0.48	3.05	1.75
1.34	0.80	5.08	3.39	0.63	0.40	3.03	2.77
1.53	0.22	3.24	3.13	0.50	0.42	2.03	2.36
32.97	32.75	311.71	266.01	20.12	17.93	75.03	172.65
0.29	0.06	1.25	1.13	0.16	0.15	0.47	0.89
0.01		0.18	0.18	0.01	0.01	0.01	0.08
0.20	0.12	1.17	1.00	0.22	0.19	0.46	0.70
64.18	1.57	15.20	13.61	2.08	1.83	3.97	8.99
1.29	0.25	1.95	1.90	0.21	0.21	0.47	1.14
0.02	0.06	0.56	0.54	0.05	0.05	0.08	0.19
1.53	2.67	8.23	7.63	2.11	2.00	4.58	5.84
1.56	0.09	1.11	0.87	0.14	0.11	0.22	1.22
0.16		0.16	0.16	0.02	0.02	0.02	0.08
	0.11	0.56	0.56	0.09	0.09	0.54	0.23

1-B-41 规模以上仪器仪表及文化、办公用

地 区	企业单位数(个)	亏损企业	工业总产值(当年价)	工业销售产值(当年价)	出口交货值
全 国	**3916**	**806**	**2193.15**	**2159.30**	**1185.22**
北 京	347	66	124.38	122.41	17.38
天 津	153	50	55.33	54.57	23.45
河 北	51	12	14.12	13.32	1.02
山 西	19	3	4.75	4.65	
内蒙古	1	1	0.07	0.06	
辽 宁	157	46	41.83	41.03	16.32
吉 林	31	8	7.77	7.55	0.25
黑龙江	30	8	10.13	9.62	0.61
上 海	361	64	250.91	249.62	122.01
江 苏	493	93	334.91	330.02	195.32
浙 江	696	54	207.41	198.04	77.59
安 徽	39	10	17.35	16.35	1.81
福 建	171	24	88.41	87.24	64.46
江 西	34	13	12.88	12.93	4.19
山 东	220	38	82.89	79.36	11.22
河 南	78	11	29.07	28.03	3.39
湖 北	56	11	18.55	18.08	1.36
湖 南	59	17	16.42	15.47	0.35
广 东	667	201	772.02	771.65	634.29
广 西	21	1	5.15	4.95	1.29
海 南	3	2	0.11	0.10	
重 庆	49	11	37.08	36.18	3.58
四 川	49	10	12.41	11.88	0.68
贵 州	20	11	3.61	3.20	0.11
云 南	35	12	5.88	5.90	2.16
西 藏					
陕 西	49	14	30.41	28.59	1.73
甘 肃	18	10	2.39	2.40	0.24
青 海	2		0.85	0.89	0.42
宁 夏	4	4	5.59	4.75	
新 疆	3	1	0.45	0.45	

机械制造业工业企业主要经济指标

单位：亿元

资产合计	流动资产合计	应收账款净额	存货	产成品	流动资产年平均余额	固定资产合计
1908.63	**1237.51**	**411.46**	**353.11**	**113.22**	**1157.95**	**478.88**
154.67	112.61	27.37	30.45	8.52	109.35	23.95
54.06	35.70	8.69	12.52	5.23	33.18	13.06
20.72	13.26	5.48	3.35	0.98	11.89	5.92
12.17	7.98	1.97	1.43	0.13	7.40	2.05
0.25	0.08	0.02	0.03	0.02	0.06	0.13
60.33	34.08	11.90	9.32	2.53	31.41	19.20
22.40	10.28	2.22	2.81	1.03	9.77	9.57
20.97	13.33	2.97	4.68	2.91	12.43	5.20
210.00	157.02	52.31	40.22	9.33	143.85	35.90
248.94	168.32	51.16	51.71	16.40	151.36	64.45
185.28	116.00	42.32	27.50	12.04	106.54	51.73
31.20	18.37	4.23	4.49	1.76	18.81	6.12
57.93	38.48	10.89	12.06	2.42	35.46	15.55
23.84	11.92	2.00	3.98	1.99	11.23	9.70
74.28	40.36	12.73	13.05	5.08	37.45	24.39
51.32	31.36	10.80	8.90	3.21	36.66	14.45
22.31	15.44	4.83	4.83	1.70	14.19	4.12
23.39	14.42	4.55	3.58	1.57	13.68	5.72
448.22	288.93	122.60	87.01	23.46	266.14	115.60
9.33	4.93	1.34	1.62	0.45	5.04	2.31
0.40	0.22	0.06	0.07	0.04	0.22	0.17
51.04	30.14	8.42	8.23	3.18	29.96	12.10
21.96	11.31	3.77	2.73	0.98	11.06	5.44
5.47	3.68	1.06	1.36	0.49	3.83	1.19
11.07	6.30	2.13	1.67	0.75	5.91	2.96
61.91	38.03	12.13	11.94	5.28	37.15	19.31
8.58	5.21	1.18	1.87	0.85	5.17	2.42
1.22	0.50	0.09	0.28	0.16	0.57	0.57
14.45	8.80	2.06	1.38	0.72	7.74	5.19
0.92	0.45	0.17	0.07	0.02	0.44	0.41

1-B-41 续表 1

地 区	固定资产原价	生产经营用	累计折旧	本年折旧	固定资产净值	固定资产净值年平均余额
全 国	**690.49**	**597.47**	**241.38**	**47.21**	**449.11**	**434.48**
北 京	32.22	26.00	11.69	1.79	20.53	19.19
天 津	18.02	12.48	6.99	1.05	11.03	11.83
河 北	8.36	6.40	3.07	0.31	5.28	5.40
山 西	1.98	1.42	0.45	0.07	1.52	1.58
内蒙古	0.14	0.14	0.01	0.01	0.13	0.13
辽 宁	28.95	24.05	10.79	1.25	18.16	17.62
吉 林	14.02	10.33	4.19	0.87	9.83	9.65
黑龙江	8.24	6.49	3.43	0.35	4.81	4.28
上 海	60.59	51.93	25.03	4.20	35.56	35.02
江 苏	84.45	69.98	25.60	6.07	58.86	56.11
浙 江	60.51	55.63	16.61	4.45	43.90	42.04
安 徽	8.10	7.01	2.73	0.83	5.37	4.87
福 建	23.38	20.06	8.24	1.83	15.14	14.55
江 西	11.72	9.97	3.18	0.54	8.54	7.48
山 东	32.21	28.27	11.01	2.23	21.19	21.53
河 南	19.28	17.43	5.81	1.26	13.48	12.14
湖 北	6.14	5.16	2.11	0.35	4.03	4.03
湖 南	7.86	6.70	2.43	0.47	5.43	5.62
广 东	190.63	174.47	68.08	15.85	122.55	118.74
广 西	4.62	4.07	2.38	0.17	2.24	2.13
海 南	0.21	0.17	0.06	0.02	0.15	0.15
重 庆	17.84	16.35	6.99	0.68	10.85	10.94
四 川	6.92	5.77	1.69	0.34	5.23	5.10
贵 州	1.53	1.04	0.55	0.06	0.98	0.95
云 南	4.37	3.69	1.87	0.20	2.50	2.46
西 藏						
陕 西	28.12	24.09	13.05	1.33	15.07	14.31
甘 肃	3.81	3.26	1.33	0.34	2.48	2.30
青 海	0.75	0.60	0.20	0.01	0.55	0.38
宁 夏	4.93	3.98	1.57	0.26	3.36	3.52
新 疆	0.60	0.52	0.23	0.04	0.37	0.41

单位：亿元

负债合计	流动负债合计		长期负债合计	所有者权益		
		应付账款		合　计	实收资本	国家资本
1107.83	**995.37**	**404.31**	**100.21**	**800.80**	**555.88**	**67.88**
81.66	75.54	22.18	6.11	73.01	38.88	4.66
36.93	31.34	10.73	5.45	17.13	13.43	4.27
12.12	10.67	2.43	1.43	8.60	5.65	1.05
6.05	5.60	0.67	0.45	6.13	2.18	0.43
0.05	0.05	0.03		0.19	0.20	
38.28	29.09	7.53	6.50	22.04	18.58	4.38
15.58	12.58	2.46	2.47	6.82	4.20	1.73
18.23	16.89	2.81	1.24	2.74	5.74	1.88
109.04	104.11	37.70	4.49	100.96	63.18	7.15
147.46	140.01	75.05	7.46	101.47	68.15	2.99
101.29	96.87	27.36	4.05	83.99	51.30	0.96
15.38	13.15	4.71	2.24	15.81	7.08	0.84
24.97	24.63	14.79	0.33	32.97	21.18	0.83
15.14	12.86	2.05	2.25	8.70	5.57	2.18
44.08	39.90	12.59	3.93	30.20	20.80	1.51
34.29	28.76	8.20	5.48	17.04	11.76	0.36
13.54	12.37	2.75	0.81	8.77	7.23	0.42
15.97	14.58	2.66	1.32	7.42	6.77	1.73
245.91	222.74	143.07	16.19	202.31	149.27	6.46
6.13	4.55	1.17	1.58	3.20	3.45	0.50
0.14	0.13	0.09	0.01	0.27	0.30	0.01
33.18	29.18	7.72	3.99	17.86	12.17	3.75
12.11	9.74	1.73	2.34	9.85	8.12	2.97
4.63	3.42	0.63	1.21	0.84	2.18	0.67
6.49	5.55	2.47	0.94	4.58	3.65	0.48
44.23	30.63	8.36	13.51	17.68	19.78	12.22
10.17	8.17	2.03	1.96	-1.60	3.23	2.33
0.94	0.74	0.02	0.20	0.28	0.20	
13.38	11.09	0.23	2.29	1.07	1.49	1.13
0.45	0.45	0.09		0.47	0.19	

1-B-41 续表 2

地 区						主营业务收入
	集体资本	法人资本	个人资本	港澳台资本	外商资本	
全 国	**10.82**	**129.95**	**79.95**	**102.17**	**165.11**	**2187.52**
北 京	1.77	16.83	5.24	4.24	6.13	126.90
天 津	0.11	4.98	1.06	0.14	2.86	57.60
河 北	0.05	1.37	1.95		1.24	13.29
山 西	0.01	0.60	0.91		0.23	4.55
内蒙古			0.15	0.05		0.06
辽 宁	0.29	3.74	2.71	0.63	6.84	40.63
吉 林	0.40	1.55	0.49		0.02	9.25
黑龙江	0.26	2.75	0.85			9.23
上 海	0.49	15.11	3.88	5.56	30.98	267.14
江 苏	1.50	10.13	9.52	7.13	36.89	328.06
浙 江	0.74	13.39	22.07	5.59	8.55	193.40
安 徽	0.07	3.87	1.05	0.07	1.17	16.83
福 建	0.27	0.98	2.31	11.67	5.13	86.58
江 西	0.03	1.58	1.13	0.52	0.13	20.13
山 东	1.02	5.10	4.38	0.18	8.61	77.04
河 南	0.44	7.05	2.74	0.10	1.07	30.57
湖 北	0.02	4.47	1.09	0.10	1.13	17.08
湖 南	0.20	2.13	1.14	1.58		14.35
广 东	2.01	15.19	9.32	64.14	52.16	777.02
广 西	0.26	1.89	0.80			4.74
海 南		0.08	0.20			0.10
重 庆	0.22	5.06	2.70	0.02	0.42	33.73
四 川	0.20	2.50	2.36		0.10	11.60
贵 州	0.06	1.08	0.04	0.25	0.08	2.69
云 南	0.27	2.48	0.23	0.15	0.04	6.21
西 藏						
陕 西	0.08	5.16	1.06	0.02	1.25	30.23
甘 肃		0.54	0.25	0.05	0.06	2.88
青 海		0.04	0.15		0.02	0.64
宁 夏		0.30	0.06			4.47
新 疆	0.05	0.02	0.12			0.52

单位：亿元

主营业务成本	主营业务税金及附加	其他业务收入	其他业务利润	营业费用	管理费用	
						税　金
1848.52	**5.22**	**30.24**	**15.30**	**74.24**	**156.95**	**3.99**
96.94	0.43	3.61	2.24	7.98	13.62	0.20
48.67	0.10	0.84	0.50	2.06	4.17	0.07
9.34	0.11	0.09	0.10	0.86	1.73	0.03
3.29	0.03	0.10	0.02	0.16	0.46	0.02
0.04					0.02	
32.26	0.13	0.54	0.19	1.42	4.58	0.15
6.85	0.06	0.31	0.02	0.22	2.09	0.02
6.60	0.07	1.11	0.02	0.77	1.79	0.04
214.58	0.45	5.74	3.58	11.85	23.46	0.19
282.30	0.51	3.40	1.73	9.90	20.48	0.33
156.95	0.99	3.16	1.14	8.51	14.34	0.54
11.98	0.07	0.62	0.51	0.94	1.92	0.03
73.17	0.14	0.63	0.26	3.32	4.98	0.09
17.57	0.04	0.44	0.16	0.50	1.52	0.03
61.23	0.44	0.95	0.57	3.14	5.97	0.19
23.66	0.09	0.85	0.31	1.65	3.31	0.05
12.46	0.13	0.22	0.49	1.43	3.84	0.02
9.22	0.12	0.15	0.11	1.48	1.97	0.10
707.23	0.84	4.80	1.90	11.43	28.92	1.59
3.39	0.02	0.14	0.15	0.19	0.79	0.01
0.08					0.02	
25.32	0.18	0.65	0.38	2.73	3.93	0.08
8.77	0.10	0.23	0.11	0.71	1.53	0.03
1.67	0.02	0.12	0.07	0.30	0.50	0.01
5.14	0.01	0.38	0.08	0.23	0.71	0.02
23.47	0.10	0.65	0.49	1.46	7.20	0.11
2.19	0.02	0.05	0.01	0.13	0.66	0.01
0.53		0.10	0.07	0.04	0.05	
3.38		0.33	0.07	0.67	2.31	
0.25		0.03	0.02	0.12	0.06	

1-B-41 续表 3

地 区	财务费用		营业利润	投资收益	补贴收入	利润总额
		利息支出				
全 国	**12.54**	**11.15**	**100.01**	**1.92**	**5.81**	**107.84**
北 京	0.37	0.21	9.79	1.28	0.58	11.04
天 津	0.25	0.17	2.57	0.12	0.10	2.78
河 北	0.19	0.18	1.16		0.08	1.30
山 西	0.10	0.10	0.32	0.12	0.01	0.45
内蒙古						
辽 宁	0.31	0.25	2.12	0.05	0.50	2.71
吉 林	0.13	0.13	0.02		0.12	0.77
黑龙江	0.30	0.29	-0.39	0.01	0.05	-0.20
上 海	0.51	0.60	19.87	1.24	0.61	22.50
江 苏	1.19	0.88	15.41	0.62	0.61	16.42
浙 江	2.26	1.86	11.83	0.20	0.81	12.84
安 徽	0.27	0.19	2.10	0.01	0.02	2.21
福 建	0.15	0.10	4.32	0.11	0.04	4.32
江 西	0.45	0.47	0.23	0.06	0.12	0.41
山 东	0.82	0.64	6.01	0.04	0.12	5.83
河 南	0.83	0.79	0.56	0.44	0.16	1.81
湖 北	0.17	0.13	0.96	0.06	0.07	1.11
湖 南	0.32	0.19	1.20		0.10	1.10
广 东	1.57	1.61	22.33	0.32	0.66	24.81
广 西	0.06	0.06	0.31		0.03	0.46
海 南			-0.01			-0.01
重 庆	0.60	0.60	1.21	0.33	0.20	2.03
四 川	0.12	0.11	0.49	-0.03	0.25	0.71
贵 州	0.05	0.04	0.23		0.07	0.31
云 南	0.12	0.12	0.08	0.05	0.30	0.16
西 藏						
陕 西	0.81	0.84	-2.37	0.04	0.15	-2.42
甘 肃	0.20	0.20	-0.35	0.01	0.02	-0.30
青 海	0.02	0.02	0.08			0.06
宁 夏	0.37	0.37	-0.17	-3.15	0.02	-5.48
新 疆			0.10		0.01	0.11

单位：亿元

亏损企业亏损额	应交所得税	本年应付工资总额	主营业务应付工资总额	本年应付福利费总额	主营业务应付福利费总额	本年应交增值税	全部从业人员年平均人数（万人）
28.42	**15.32**	**136.18**	**124.32**	**14.61**	**13.28**	**52.64**	**84.34**
2.12	1.55	8.70	8.29	1.13	1.07	5.36	3.00
0.57	0.36	3.18	2.84	0.41	0.36	1.40	1.71
0.14	0.24	1.34	1.19	0.17	0.15	0.55	1.03
0.03	0.05	0.24	0.23	0.03	0.03	0.04	0.24
		0.01	0.01				0.01
0.57	0.52	2.83	2.75	0.46	0.43	1.27	2.16
0.15	0.09	1.04	0.91	0.14	0.12	0.41	0.75
0.65	0.09	1.49	1.33	0.26	0.26	0.65	1.22
1.99	2.68	15.40	14.62	1.97	1.92	7.32	5.51
3.56	2.22	15.35	14.71	2.11	2.04	8.03	8.45
0.94	2.37	16.01	15.37	1.86	1.68	6.99	11.56
0.09	0.31	0.70	0.69	0.11	0.10	0.74	0.59
0.16	0.42	6.38	6.00	0.49	0.37	1.33	4.95
0.23	0.06	1.14	0.99	0.14	0.12	0.38	1.14
0.70	0.57	4.76	4.55	0.55	0.52	3.42	3.64
0.95	0.40	2.88	2.83	0.35	0.34	0.84	2.04
0.11	0.21	1.52	1.25	0.18	0.15	0.70	0.94
0.62	0.15	1.09	1.04	0.13	0.12	0.75	0.80
3.91	2.31	41.44	35.13	2.57	2.17	8.79	26.83
	0.05	0.66	0.59	0.09	0.08	0.16	0.47
0.01		0.02	0.01				0.04
0.36	0.24	2.95	2.76	0.37	0.35	1.34	2.05
0.26	0.09	0.80	0.74	0.13	0.12	0.47	0.68
0.10	0.02	0.39	0.38	0.04	0.04	0.20	0.31
0.14	0.03	0.73	0.65	0.11	0.10	0.11	0.71
4.06	0.23	3.75	3.30	0.57	0.43	0.87	2.26
0.53	0.05	0.63	0.47	0.04	0.04	0.12	0.60
	0.01	0.07	0.07			0.03	0.06
5.48		0.61	0.59	0.17	0.17	0.36	0.56
		0.07	0.06	0.01	0.01	0.02	0.05

1-B-42 规模以上工艺品及其他制造业

地 区	企业单位数（个）	亏损企业	工业总产值（当年价）	工业销售产值（当年价）	出口交货值
全 国	**5128**	**849**	**1644.60**	**1598.55**	**851.99**
北 京	111	40	23.55	23.04	3.15
天 津	172	50	36.35	35.36	14.91
河 北	86	7	24.58	23.74	10.12
山 西	21	5	3.29	3.18	0.33
内蒙古	11	1	4.90	4.39	0.18
辽 宁	83	23	24.79	23.94	9.20
吉 林	15	2	3.39	3.31	0.92
黑龙江	16	4	5.19	4.77	0.98
上 海	189	33	68.79	67.66	14.26
江 苏	398	68	112.60	110.20	44.12
浙 江	1225	112	301.58	293.14	180.36
安 徽	43	8	10.87	10.40	6.62
福 建	673	89	168.31	163.52	127.08
江 西	50	14	9.60	9.72	5.50
山 东	644	101	272.62	264.12	157.15
河 南	168	18	68.84	67.26	34.48
湖 北	30	7	25.12	24.86	1.74
湖 南	62	8	13.47	13.36	4.07
广 东	939	197	380.85	369.54	223.58
广 西	66	25	10.59	10.18	6.03
海 南	6	1	2.44	2.40	0.01
重 庆	15	1	3.06	2.80	1.43
四 川	28	3	11.16	10.34	3.41
贵 州	11	3	4.13	4.12	
云 南	11	4	3.41	3.49	0.67
西 藏	5		0.16	0.10	
陕 西	24	9	41.62	40.42	1.16
甘 肃	12	8	7.16	7.13	0.22
青 海	9	4	1.59	1.65	0.24
宁 夏	5	4	0.59	0.40	0.07
新 疆					

工业企业主要经济指标

单位：亿元

资产合计	流动资产合计	应收账款净额	存货	产成品	流动资产年平均余额	固定资产合计
1299.42	**734.31**	**185.04**	**249.16**	**82.88**	**675.80**	**461.44**
37.39	22.46	4.59	8.55	2.28	21.41	12.89
24.78	16.28	4.24	5.97	1.72	15.17	6.79
17.87	10.91	2.25	3.25	1.05	11.10	5.43
5.51	2.58	1.10	0.58	0.36	2.25	2.52
9.27	5.34	1.01	2.52	0.32	4.73	3.74
40.24	15.71	2.70	5.39	2.53	15.06	21.32
3.21	1.68	0.20	0.87	0.46	1.61	1.47
9.54	3.09	0.59	1.09	0.30	2.87	5.63
68.86	40.19	9.06	15.25	5.08	39.36	22.00
83.70	46.10	14.15	14.13	6.18	42.93	31.21
240.21	145.83	39.41	34.89	12.81	125.59	73.66
7.81	3.71	0.85	1.52	0.58	3.39	3.44
101.11	61.90	15.93	19.64	6.75	57.69	31.62
6.40	3.48	0.77	1.18	0.33	3.28	2.44
140.96	82.12	19.31	26.26	8.57	79.12	49.15
35.58	21.62	5.05	9.48	2.31	19.17	10.65
25.84	15.48	3.62	3.67	0.83	13.91	9.11
8.09	3.79	0.81	1.41	0.47	3.56	3.52
237.74	146.82	43.67	61.03	19.95	135.33	67.77
6.08	2.92	0.86	1.17	0.47	2.84	1.97
1.59	1.03	0.25	0.51	0.49	1.02	0.31
2.98	1.89	0.15	0.97	0.39	1.79	0.61
16.94	9.54	3.09	3.99	2.03	6.64	6.34
9.33	4.89	1.15	1.32	0.13	4.86	2.57
7.12	4.20	1.08	0.81	0.11	3.79	2.59
0.63	0.12	0.06	0.01	0.01	0.12	0.41
106.39	37.48	7.84	12.81	2.81	36.48	63.00
41.36	21.54	1.16	9.68	2.69	19.44	18.51
2.03	1.11	0.11	0.79	0.50	0.96	0.42
0.85	0.49	-0.03	0.42	0.36	0.33	0.36

1-B-42 续表 1

地区	固定资产原价		累计折旧		固定资产净值	固定资产净值
		生产经营用		本年折旧		年平均余额
全国	**579.86**	**497.74**	**169.67**	**30.53**	**410.19**	**393.44**
北京	16.44	15.17	4.88	0.87	11.56	10.63
天津	8.23	5.39	2.17	0.37	6.06	5.57
河北	7.23	6.01	2.48	0.49	4.75	4.77
山西	2.82	2.24	0.50	0.16	2.33	1.76
内蒙古	4.46	3.96	1.52	0.22	2.94	2.79
辽宁	27.48	23.82	5.57	0.84	21.90	18.24
吉林	1.71	1.67	0.27	0.07	1.43	1.42
黑龙江	6.80	2.81	1.46	0.27	5.34	5.21
上海	31.73	27.57	10.68	1.94	21.06	19.65
江苏	40.91	36.97	11.97	2.26	28.94	28.21
浙江	77.07	71.86	15.78	4.68	61.29	57.77
安徽	4.22	3.05	0.95	0.27	3.28	3.22
福建	42.32	33.95	12.54	2.58	29.78	29.61
江西	3.06	2.56	0.75	0.16	2.31	2.36
山东	58.74	52.32	16.21	3.03	42.52	43.29
河南	12.15	9.94	1.71	0.50	10.44	10.03
湖北	12.25	10.51	3.26	0.77	8.99	7.11
湖南	4.08	3.55	0.99	0.37	3.09	3.24
广东	105.16	91.31	37.88	5.77	67.28	67.29
广西	3.07	2.34	1.07	0.27	2.00	2.02
海南	0.39	0.29	0.09	0.01	0.31	0.31
重庆	0.70	0.67	0.13	0.03	0.56	0.55
四川	8.81	7.82	2.93	0.46	5.88	5.88
贵州	3.26	2.91	1.04	0.15	2.22	2.40
云南	3.11	2.26	0.82	0.13	2.29	2.24
西藏	0.46	0.36	0.07	0.02	0.38	0.41
陕西	82.01	65.70	27.28	3.44	54.73	52.35
甘肃	10.35	9.97	4.54	0.35	5.81	4.33
青海	0.46	0.39	0.09	0.02	0.37	0.43
宁夏	0.39	0.38	0.05	0.04	0.35	0.36
新疆						

单位：亿元

负债合计	流动负债合计		长期负债合计	所有者权益		
		应付账款		合计	实收资本	
						国家资本
737.79	**627.51**	**183.62**	**103.95**	**561.59**	**387.61**	**47.62**
22.02	18.79	6.49	3.22	15.37	14.63	2.65
16.68	15.43	5.24	1.25	8.10	7.26	0.54
11.88	9.80	1.66	1.93	5.99	4.43	0.84
3.61	2.24	0.61	1.29	1.90	1.52	0.03
5.14	3.19	0.54	1.95	4.13	1.99	1.18
16.31	14.07	3.52	2.15	23.93	17.93	7.27
2.13	1.46	0.82	0.65	1.08	0.39	0.07
3.26	2.46	0.48	0.75	6.28	1.35	0.06
35.31	32.32	8.65	2.67	33.55	23.42	0.34
48.03	43.91	10.60	4.12	35.67	23.96	1.38
147.71	139.47	26.65	7.28	92.50	52.91	0.19
3.16	2.51	0.62	0.64	4.66	2.56	0.09
45.95	43.94	15.46	1.70	55.17	41.55	0.11
3.26	2.76	1.16	0.49	3.14	3.32	0.30
79.06	71.15	20.35	6.40	61.90	35.81	0.61
19.23	16.06	4.16	2.39	16.34	10.65	0.35
18.58	11.85	3.92	6.72	7.26	4.39	1.53
5.09	4.19	0.70	0.80	2.99	2.41	0.83
120.64	113.21	47.81	5.88	117.09	93.37	1.61
2.83	2.58	0.75	0.21	3.25	2.43	0.07
0.59	0.41	0.10	0.17	1.00	0.67	0.02
1.61	1.26	0.23	0.26	1.36	0.81	0.05
12.81	8.90	1.51	3.74	4.13	4.01	2.57
7.36	5.56	1.07	1.78	1.93	2.49	2.02
3.79	1.84	0.41	1.96	3.33	1.81	1.47
0.04	0.03	0.03		0.59	0.52	0.43
62.26	40.21	10.97	22.03	44.14	22.47	20.79
37.34	16.21	8.80	21.14	4.02	7.89	0.22
1.52	1.20	0.20	0.31	0.52	0.41	
0.58	0.53	0.12	0.05	0.27	0.27	0.01

1-B-42 续表 2

地区						主营业务收入
	集体资本	法人资本	个人资本	港澳台资本	外商资本	
全国	**16.60**	**73.30**	**75.62**	**99.51**	**74.95**	**1577.92**
北京	0.32	6.06	0.73	0.29	4.58	24.87
天津	0.56	2.60	1.28	0.02	2.27	33.98
河北	0.64	0.39	2.00	0.02	0.54	22.63
山西	0.12	0.80	0.55	0.01		3.02
内蒙古		0.59	0.21			4.57
辽宁	0.66	0.74	0.85	0.06	8.35	23.39
吉林	0.01	0.20	0.05		0.06	3.08
黑龙江		1.08	0.05		0.17	4.92
上海	0.96	6.13	2.42	3.71	9.84	82.36
江苏	1.20	3.40	5.98	4.77	7.23	107.61
浙江	0.58	8.93	28.79	8.37	6.05	291.64
安徽	0.07	0.35	1.68	0.02	0.34	10.46
福建	0.63	3.41	4.64	26.37	6.39	163.52
江西	0.02	0.62	0.51	0.87	1.00	8.70
山东	6.16	7.62	7.41	3.17	10.84	248.54
河南	0.37	5.00	4.24	0.43	0.27	62.60
湖北	0.04	2.11	0.41	0.29	0.01	19.44
湖南	0.16	0.53	0.72	0.18		12.43
广东	2.01	13.92	10.74	49.31	15.78	366.21
广西	0.06	0.43	0.29	0.86	0.71	9.63
海南	0.02	0.21	0.40	0.01		2.41
重庆		0.38	0.38			2.65
四川	0.34	0.06	0.38	0.14	0.52	9.91
贵州	0.08	0.39				3.01
云南	0.01	0.01	0.08	0.25		3.52
西藏	0.09					0.09
陕西	0.99	0.05	0.32	0.32		42.20
甘肃	0.34	7.26	0.07			8.10
青海	0.14		0.24	0.03		1.91
宁夏		0.05	0.21			0.50
新疆						

单位：亿元

主营业务成本	主营业务税金及附加	其他业务收入	其他业务利润	营业费用	管理费用	税金
1367.93	**7.26**	**16.48**	**6.11**	**42.05**	**85.58**	**2.73**
20.17	0.08	0.46	0.26	0.73	3.42	0.05
31.55	0.05	0.15	0.24	0.54	1.38	0.04
19.73	0.09	0.24	0.05	0.43	0.91	0.06
2.16	0.06	0.06	0.01	0.21	0.29	0.03
3.53	0.01	0.04	0.03	0.06	0.77	0.01
19.32	0.07	0.69	0.06	0.90	2.29	0.06
2.59	0.02	0.06	0.01	0.05	0.21	
3.83	0.02	0.09	0.03	0.11	0.58	0.01
68.57	0.64	1.57	0.57	2.96	5.31	0.06
92.64	0.49	2.12	0.89	3.06	6.07	0.23
252.54	1.53	3.21	1.02	8.07	12.87	0.58
8.73	0.05	0.02	0.04	0.58	0.49	0.01
139.63	0.88	0.26	0.63	6.59	8.80	0.39
7.70	0.03	0.01	0.03	0.38	0.40	0.01
216.82	1.21	1.56	0.55	6.16	9.52	0.44
53.11	0.61	0.11	0.01	2.05	1.25	0.09
15.69	0.03	0.61	0.02	0.21	2.46	0.02
10.29	0.24	0.27	0.01	0.40	0.74	0.05
328.96	0.89	1.70	1.41	6.92	17.00	0.48
8.50	0.03	0.06	0.05	0.51	0.40	0.01
2.14	0.01		0.01	0.06	0.07	
1.92	0.01	0.05	0.01	0.07	0.22	
8.62	0.04	0.23	0.03	0.17	1.01	0.01
2.14	0.01	0.10	0.03	0.02	0.87	0.01
2.59	0.01	0.04	0.01	0.08	0.59	
0.08				0.01		
34.47	0.12	2.41	0.14	0.62	5.99	0.06
7.70	0.01	0.09	-0.04	0.06	1.54	
1.73	0.03	0.28	0.01	0.03	0.09	
0.46				0.03	0.04	0.01

1-B-42 续表 3

地 区	财务费用	利息支出	营业利润	投资收益	补贴收入	利润总额
全 国	**13.63**	**10.98**	**65.23**	**1.57**	**5.41**	**70.13**
北 京	0.19	0.11	0.52	0.01	0.11	0.69
天 津	0.19	0.19	0.81		0.02	1.16
河 北	0.13	0.15	1.38	0.02		1.39
山 西	0.08	0.08	0.12			0.11
内蒙古	0.04	0.04	0.18		0.06	0.23
辽 宁	0.27	0.28	0.60	0.01	0.59	1.18
吉 林	0.03	0.03	0.13			0.15
黑龙江	0.04	0.04	0.25		0.11	0.35
上 海	0.65	0.46	4.80	0.06	0.25	5.20
江 苏	1.24	1.03	5.00	0.15	0.28	5.25
浙 江	3.35	2.83	14.81	0.82	0.41	15.90
安 徽	0.10	0.08	0.70		0.02	0.57
福 建	1.22	0.81	6.79	0.08	0.13	6.96
江 西	0.06	0.04	0.18		0.01	0.20
山 东	1.88	1.28	13.49	0.08	0.02	13.39
河 南	0.86	0.67	3.58	0.12	0.15	3.89
湖 北	0.09	0.10	0.62	-0.03	0.07	0.51
湖 南	0.15	0.13	0.51		0.02	0.34
广 东	1.34	0.97	11.41	-0.05	0.25	10.89
广 西	0.05	0.03	0.15	0.01	0.02	0.16
海 南	0.01	0.01	0.14	0.02		0.16
重 庆	0.08	0.07	0.35		0.06	0.41
四 川	0.40	0.36	-0.30		0.21	0.05
贵 州	0.07	0.08	-0.07	0.11	0.08	0.06
云 南			0.27		0.12	0.38
西 藏			0.01			0.01
陕 西	1.10	1.08	0.04	0.35	1.11	0.90
甘 肃	-0.02	0.02	-1.22	-0.19	1.33	-0.34
青 海	0.03	0.03	0.02			0.02
宁 夏	0.01	0.01	-0.05			-0.05
新 疆						

单位：亿元

亏损企业亏损额	应交所得税	本年应付工资总额	其中：主营业务应付工资总额	本年应付福利费总额	其中：主营业务应付福利费总额	本年应交增值税	全部从业人员年平均人数（万人）
7.66	**11.39**	**144.71**	**132.82**	**11.17**	**10.09**	**36.78**	**124.22**
0.41	0.15	2.89	2.80	0.34	0.33	0.66	1.28
0.35	0.13	2.78	2.30	0.46	0.38	0.50	2.92
0.11	0.21	2.49	1.30	0.16	0.13	0.34	2.09
0.02	0.04	0.27	0.25	0.03	0.03	0.31	0.34
	0.05	0.92	0.86	0.11	0.10	0.06	0.57
0.19	0.11	2.44	2.31	0.27	0.25	0.46	2.13
	0.03	0.21	0.21	0.02	0.02	0.05	0.20
	0.03	0.74	0.73	0.10	0.10	0.10	0.78
0.40	0.68	4.68	4.46	0.42	0.39	2.18	2.66
0.82	0.91	8.00	7.59	0.95	0.89	3.37	6.79
0.63	2.97	25.01	23.95	2.45	2.28	8.61	19.99
0.06	0.14	1.54	1.46	0.18	0.17	0.31	1.91
0.74	1.25	25.02	23.62	0.83	0.68	3.55	20.07
0.06	0.02	1.10	1.06	0.09	0.09	0.16	1.53
0.63	2.13	14.41	13.83	0.91	0.88	6.69	15.50
0.08	0.81	3.31	2.99	0.36	0.35	2.23	4.22
0.04	0.07	1.59	1.56	0.21	0.21	0.16	1.02
0.12	0.04	1.03	0.99	0.09	0.08	0.28	1.12
1.83	1.18	34.08	29.53	1.80	1.47	4.94	29.41
0.08	0.01	1.55	1.43	0.04	0.04	0.51	2.16
		0.09	0.02			0.03	0.06
	0.10	0.20	0.19	0.02	0.02	0.08	0.28
0.29	0.03	1.25	1.10	0.15	0.14	0.26	1.00
0.08	0.01	0.59	0.58	0.08	0.08	0.05	0.37
0.01	0.05	0.65	0.64	0.04	0.04	0.12	0.38
		0.05	0.04				0.06
0.27	0.25	6.04	5.61	0.81	0.75	0.55	3.97
0.34		1.43	1.17	0.21	0.18	0.16	0.94
0.02		0.26	0.20	0.03	0.02	0.05	0.39
0.05		0.06	0.06	0.01		0.01	0.10

1-B-43 规模以上电力、燃气及水的生产

地 区	企业单位数(个)	亏损企业	工业总产值(当年价)	工业销售产值(当年价)	出口交货值
全 国	**8720**	**3631**	**15650.13**	**15591.92**	**91.91**
北 京	124	49	534.93	534.80	0.15
天 津	104	33	270.87	269.31	0.17
河 北	366	125	851.56	850.00	
山 西	237	94	386.44	389.24	0.53
内蒙古	243	90	323.29	323.04	
辽 宁	395	192	715.98	714.15	
吉 林	217	109	292.88	291.17	1.25
黑龙江	303	152	412.81	412.32	1.79
上 海	85	16	533.11	531.98	0.13
江 苏	353	149	1226.97	1222.57	0.04
浙 江	533	201	1401.91	1398.78	0.50
安 徽	195	101	319.91	319.50	
福 建	382	164	536.73	534.75	0.05
江 西	310	143	254.18	252.40	
山 东	489	183	1166.31	1158.11	2.60
河 南	392	176	853.90	848.53	19.93
湖 北	291	150	624.77	621.00	0.01
湖 南	400	187	346.53	344.86	0.13
广 东	764	347	2246.57	2233.24	51.41
广 西	354	159	242.18	242.25	
海 南	66	41	53.82	53.38	
重 庆	129	49	171.72	173.62	
四 川	538	129	485.29	482.58	0.23
贵 州	269	72	346.26	344.30	
云 南	275	119	255.37	254.20	0.33
西 藏	82	9	4.74	4.49	
陕 西	224	114	281.32	280.18	
甘 肃	269	92	207.16	205.39	
青 海	73	37	84.91	84.14	12.63
宁 夏	43	26	112.05	112.00	
新 疆	215	123	105.66	105.63	

和供应业工业企业主要经济指标

单位：亿元

资产合计	流动资产合计	应收账款净额	存货	产成品	流动资产年平均余额	固定资产合计
40376.23	**7695.21**	**1300.58**	**441.19**	**35.04**	**7536.05**	**25096.46**
6421.11	354.55	62.67	8.86	0.33	393.44	1309.71
549.84	117.04	21.05	5.56	0.27	110.40	400.90
1318.78	273.11	52.20	18.71	0.69	275.95	950.14
1036.82	244.97	29.08	13.20	1.94	242.03	668.82
992.33	189.18	27.89	9.25	0.52	162.34	674.18
1877.07	417.73	88.05	24.44	0.60	410.15	1050.69
635.75	129.87	26.44	9.86	0.46	127.69	464.86
972.33	256.15	47.09	26.53	10.03	255.43	686.58
1369.67	186.62	36.86	16.75	0.33	210.43	1092.05
2381.33	606.76	82.25	28.71	3.22	588.37	1648.02
2385.22	517.52	65.71	33.76	0.75	532.20	1736.25
526.76	109.08	34.64	6.84	0.49	101.56	378.46
1129.43	248.60	41.56	11.23	0.12	243.72	828.90
554.33	151.23	13.91	3.04	0.01	148.41	362.48
2127.50	455.36	65.08	38.27	3.90	430.29	1370.82
1801.98	435.29	76.93	37.15	3.18	437.08	1291.63
2441.54	397.59	84.23	8.94	0.49	369.56	1770.20
888.08	163.53	39.02	5.38	0.30	166.34	642.02
3973.71	1046.98	147.76	77.68	3.85	981.83	2674.31
705.07	138.63	23.62	5.76	0.28	136.95	512.33
170.34	25.87	7.17	1.66	0.02	28.69	124.85
514.34	128.02	14.50	3.62	0.17	116.32	319.48
1676.48	331.18	59.76	15.08	1.15	326.51	1174.90
870.77	185.85	45.24	3.67	0.07	163.26	638.96
774.19	130.23	20.71	6.40	0.95	135.24	601.05
50.54	5.40	1.19	0.55	0.02	5.10	43.38
711.44	141.83	29.67	5.51	0.14	137.63	531.18
484.04	66.11	20.97	3.75	0.08	61.56	399.43
452.57	120.50	20.15	5.87	0.33	117.15	324.84
228.19	57.85	5.20	2.19	0.02	55.36	156.47
354.70	62.58	9.97	2.96	0.32	65.07	268.55

1-B-43 续表 1

地 区	固定资产原价	生产经营用	累计折旧	本年折旧	固定资产净值	固定资产净值年平均余额
全 国	**32751.76**	**29233.10**	**10483.88**	**1751.33**	**22267.89**	**21801.68**
北 京	1516.98	1463.14	420.38	87.76	1096.61	997.72
天 津	552.00	491.70	212.06	32.11	339.94	333.67
河 北	1452.12	1398.73	536.64	87.61	915.48	892.84
山 西	959.93	907.44	329.91	54.65	630.02	604.70
内蒙古	865.85	782.13	261.68	45.86	604.17	601.69
辽 宁	1538.20	1494.42	542.25	81.84	995.96	996.25
吉 林	696.69	666.39	260.38	32.82	436.31	442.92
黑龙江	1012.74	867.49	374.63	52.11	638.10	639.93
上 海	1465.47	1427.71	466.03	91.56	999.44	988.24
江 苏	1929.61	1212.88	624.24	112.61	1305.36	1249.84
浙 江	2125.50	2084.34	624.34	129.22	1501.16	1420.14
安 徽	576.61	522.03	223.77	31.62	352.83	359.71
福 建	1080.72	1031.40	344.39	61.78	736.33	716.27
江 西	481.45	436.80	153.50	21.03	327.96	323.35
山 东	1875.24	1790.61	655.45	110.00	1219.79	1210.58
河 南	1695.45	1562.10	529.30	88.20	1166.15	1172.79
湖 北	2002.34	1928.17	377.98	77.45	1624.36	1608.22
湖 南	921.08	876.44	307.23	44.53	613.85	595.21
广 东	3799.44	2514.58	1386.98	190.93	2412.46	2352.49
广 西	621.30	567.66	179.41	26.53	441.89	415.93
海 南	148.28	138.09	41.82	6.95	106.46	101.46
重 庆	431.30	396.15	134.76	21.23	296.54	285.11
四 川	1482.54	1412.39	429.63	74.01	1052.91	1070.32
贵 州	627.16	612.68	173.89	33.79	453.26	415.74
云 南	680.91	599.28	219.54	35.39	461.37	448.92
西 藏	51.57	44.69	9.30	1.63	42.27	38.48
陕 西	687.55	666.27	229.90	37.56	457.64	470.22
甘 肃	523.51	450.11	167.77	28.20	355.74	355.21
青 海	371.26	353.33	86.85	13.62	284.42	293.82
宁 夏	210.63	201.00	69.99	14.47	140.64	139.99
新 疆	368.34	332.97	109.89	24.28	258.45	259.91

单位：亿元

负债合计	流动负债合计	应付账款	长期负债合计	所有者权益 合计	实收资本	国家资本
21942.77	**8857.80**	**1776.14**	**12952.30**	**18429.67**	**11260.83**	**6590.82**
1119.73	362.56	70.06	757.17	5301.38	3020.63	2299.54
320.86	159.66	23.90	161.20	228.98	142.91	49.30
789.85	322.88	74.80	460.14	528.93	266.35	148.58
737.78	231.92	49.47	496.65	299.05	268.04	189.03
702.30	282.53	62.34	419.77	290.03	242.32	108.85
929.09	455.30	94.10	467.54	947.94	646.45	420.52
469.85	170.54	45.56	288.04	165.90	173.61	139.45
620.21	283.72	68.61	331.81	352.11	251.63	175.68
409.87	307.37	59.33	102.23	959.80	347.90	100.14
1455.12	685.17	117.12	769.95	926.21	485.06	179.00
1468.83	473.69	89.90	992.88	916.39	458.77	211.64
393.88	124.11	20.63	268.45	132.85	133.53	65.35
649.68	316.35	39.78	330.76	479.75	282.90	143.87
431.67	174.14	26.77	255.71	122.66	99.27	28.14
1234.57	560.25	128.02	672.20	892.93	357.62	201.97
1177.71	565.83	100.38	607.21	624.27	323.94	183.84
1478.36	411.72	81.60	1020.79	963.18	878.19	685.62
607.26	226.04	53.37	373.62	280.82	219.83	139.18
2106.34	980.00	233.59	1117.48	1867.36	1167.86	209.30
441.77	163.08	29.13	274.35	263.30	145.92	72.62
103.83	30.91	6.41	72.25	66.52	52.80	26.77
311.33	119.32	29.97	191.08	203.01	123.35	84.29
1221.98	434.50	73.18	780.51	454.50	338.82	250.31
649.81	221.80	42.45	427.79	217.27	116.52	39.06
503.27	191.78	28.35	311.48	270.92	196.15	105.25
3.01	2.71	0.45	0.03	47.52	45.61	45.50
486.22	173.18	39.69	310.03	225.22	159.24	103.47
375.89	103.49	25.39	271.85	108.14	112.61	73.87
329.20	92.58	15.82	236.60	123.36	88.51	34.67
155.73	54.89	13.31	100.75	72.46	47.18	28.00
257.77	175.77	32.66	81.99	96.91	67.30	48.02

1-B-43 续表 2

地区						主营业务收入
	集体资本	法人资本	个人资本	港澳台资本	外商资本	
全国	**125.16**	**3749.19**	**183.32**	**267.08**	**345.26**	**16316.48**
北京	1.43	697.17	1.66	4.34	16.48	811.56
天津	0.79	79.83	1.35	3.87	7.78	288.00
河北	1.63	90.22	3.87	3.01	19.04	894.65
山西	0.44	65.85	4.21		8.51	392.98
内蒙古	1.93	125.67	4.24	1.62		319.73
辽宁	1.36	184.58	14.52	13.00	12.49	718.88
吉林	0.83	23.39	3.61	3.16	3.16	291.03
黑龙江	1.09	63.25	9.76	1.21	0.64	551.98
上海	10.67	220.19	2.58	0.19	14.12	570.77
江苏	17.43	217.55	6.69	38.13	26.25	1222.34
浙江	6.20	191.02	14.02	18.18	17.71	1394.87
安徽	0.27	40.19	0.80	10.60	16.32	344.35
福建	1.68	61.79	10.45	4.15	60.96	535.41
江西	0.52	64.82	5.07	0.72		253.10
山东	6.39	97.93	5.97	6.60	38.77	1234.16
河南	4.81	89.32	12.16	19.22	14.57	824.01
湖北	4.71	172.90	2.65	6.58	5.72	616.81
湖南	3.41	57.16	8.91	6.61	4.56	349.49
广东	27.58	762.09	9.60	107.46	51.82	2315.60
广西	0.71	56.16	2.46	0.19	13.79	254.42
海南	0.27	24.25	0.63	0.12	0.77	57.52
重庆	0.96	32.21	3.93	1.26	0.71	181.34
四川	3.67	60.56	18.77	1.66	3.86	494.20
贵州	1.05	51.69	20.32	4.40		344.26
云南	5.06	76.34	5.03		4.49	252.84
西藏	0.03	0.07	0.01			4.48
陕西	1.94	41.29	1.57	10.79	0.17	277.77
甘肃	5.23	29.41	1.95		2.15	207.92
青海	12.22	41.19	0.44			92.22
宁夏	0.40	16.68	2.10			112.25
新疆	0.44	14.44	4.00		0.40	107.56

单位：亿元

主营业务成本	主营业务税金及附加	其他业务收入	其他业务利润	营业费用	管理费用	税金
14284.63	**92.03**	**210.95**	**82.20**	**86.04**	**637.34**	**25.60**
762.99	3.45	8.70	3.37	1.06	15.17	0.75
256.41	1.86	2.02	0.63	0.85	7.51	0.32
779.60	4.88	7.75	1.89	5.34	30.78	0.79
335.11	2.37	1.46	0.92	1.12	21.78	0.62
262.93	2.19	3.97	1.69	2.88	13.58	0.71
652.10	4.46	7.71	2.92	5.15	26.52	1.21
272.59	1.69	6.44	0.82	1.76	7.75	0.33
514.27	2.85	2.58	1.72	3.74	12.81	0.87
534.95	2.77	31.27	8.57	2.80	9.81	0.41
1119.19	5.12	26.37	10.32	8.20	33.91	1.38
1215.50	7.71	16.21	8.19	6.06	62.52	1.71
248.47	1.59	2.41	1.08	1.75	15.85	0.71
452.26	2.27	3.36	1.27	2.04	24.24	0.66
229.31	1.57	1.32	0.96	1.27	7.51	0.39
1097.99	6.03	11.13	5.69	6.28	55.23	2.47
745.09	3.83	12.78	6.80	4.07	36.73	1.47
513.80	4.75	7.14	3.58	1.88	20.96	1.50
299.71	3.43	1.47	0.86	2.33	28.44	1.95
1997.51	11.34	11.20	6.21	9.98	63.79	2.80
216.65	1.42	1.83	1.60	1.83	15.27	0.36
50.42	0.40	0.59	0.26	1.32	2.64	0.10
148.85	1.19	5.89	1.85	2.81	9.67	0.36
388.69	4.12	9.92	3.67	4.06	30.34	1.08
290.43	2.47	1.38	1.03	0.78	11.86	0.61
199.20	2.71	5.44	1.39	1.46	22.63	0.62
3.98	0.08	0.21	0.26	0.18	0.58	
249.25	1.71	11.42	2.30	1.57	11.10	0.39
175.84	1.23	1.80	0.36	1.27	17.31	0.42
78.26	0.95	0.18	0.88	0.82	1.77	0.07
94.29	0.79	2.89	0.36	0.22	8.42	0.14
99.00	0.83	4.11	0.73	1.15	10.88	0.40

1-B-43 续表 3

地 区	财务费用	利息支出	营业利润	投资收益	补贴收入	利润总额
全 国	**576.10**	**555.31**	**681.81**	**152.26**	**108.42**	**908.52**
北 京	16.48	15.87	15.78	73.61	8.71	94.10
天 津	5.08	7.84	14.39	0.42	2.41	16.89
河 北	19.77	19.30	56.35	2.89	1.51	59.20
山 西	21.53	20.81	16.60	3.08	6.04	25.44
内蒙古	20.16	19.92	19.35	-0.09	1.89	19.65
辽 宁	22.80	23.36	10.76	8.65	4.58	22.76
吉 林	11.85	11.80	-3.95	0.77	5.84	4.80
黑龙江	14.21	13.41	1.39	1.37	1.62	4.11
上 海	5.54	5.52	23.47	5.96	2.87	31.71
江 苏	27.20	28.89	39.04	3.09	3.33	45.72
浙 江	46.44	46.19	49.42	3.58	9.09	60.01
安 徽	9.36	8.88	43.33	0.07	0.54	48.13
福 建	20.07	19.15	28.62	3.89	0.49	32.59
江 西	9.30	8.45	-1.94	0.30	0.06	-2.32
山 东	31.50	28.80	53.94	6.14	5.11	63.05
河 南	33.88	33.63	5.73	1.94	1.64	8.89
湖 北	43.50	39.80	39.95	21.53	16.87	76.28
湖 南	20.15	19.09	4.53	1.15	5.41	10.89
广 东	60.01	50.89	179.85	3.02	11.40	177.13
广 西	11.16	11.17	11.08	1.44	3.72	15.12
海 南	3.00	3.04	0.62	0.18	0.01	0.43
重 庆	9.46	7.88	6.32	1.33	2.94	9.92
四 川	37.76	38.60	32.91	2.76	5.83	39.20
贵 州	15.08	15.26	12.90	1.99	0.40	14.34
云 南	15.17	14.92	13.07	0.79	2.66	15.89
西 藏			0.11	0.03	0.02	0.16
陕 西	13.09	13.03	6.56	0.50	1.96	6.01
甘 肃	7.63	7.52	6.16	0.19	0.11	6.26
青 海	10.99	8.62	1.42	-0.18	0.23	2.36
宁 夏	4.91	4.97	5.54	1.73	0.13	6.77
新 疆	9.04	8.70	-11.50	0.15	1.01	-6.96

单位：亿元

亏损企业亏损额	应交所得税	本年应付工资总额	主营业务应付工资总额	本年应付福利费总额	主营业务应付福利费总额	本年应交增值税	全部从业人员年平均人数（万人）
219.31	**194.71**	**803.00**	**739.83**	**108.56**	**101.20**	**1001.54**	**317.97**
10.28	7.63	38.98	35.59	4.08	3.67	36.77	6.13
5.97	6.57	13.42	12.49	1.48	1.33	16.27	3.51
7.25	17.33	39.66	35.75	4.87	4.31	50.33	16.80
3.19	5.18	20.82	20.48	2.60	2.53	27.22	10.83
8.12	1.98	25.69	24.66	3.53	3.32	28.29	8.83
10.50	3.98	41.24	40.19	5.83	5.70	43.79	18.99
9.37	1.11	21.20	13.90	2.73	2.27	28.36	11.35
6.74	1.37	38.69	37.18	4.96	4.80	30.54	21.21
3.26	7.28	19.65	18.88	2.54	2.43	39.39	4.66
11.20	10.81	45.92	41.66	6.36	5.95	64.81	13.86
11.51	20.54	44.12	42.09	6.80	6.39	68.60	11.12
5.57	2.76	16.04	15.17	2.09	1.92	21.61	8.01
7.05	5.51	19.09	13.73	2.48	1.80	30.51	8.76
7.48	1.02	18.16	16.94	2.22	2.06	15.99	9.95
12.47	15.46	52.63	51.18	6.62	6.47	71.58	24.09
18.34	5.41	38.04	36.77	8.82	8.58	48.24	23.84
11.60	20.76	32.03	30.69	3.84	3.68	46.08	12.19
4.30	1.74	25.76	25.08	2.97	2.74	25.99	12.58
26.00	39.82	87.10	81.86	11.39	10.16	123.75	20.01
2.61	1.86	19.69	18.49	2.57	2.37	17.76	8.18
1.09	0.37	4.94	4.70	0.83	0.80	4.22	2.28
1.49	0.91	11.71	10.74	1.57	1.38	12.84	5.39
5.83	5.06	34.17	22.53	4.22	4.01	43.13	16.14
1.85	4.38	18.70	18.15	2.71	2.67	23.28	6.72
2.22	1.94	19.18	18.37	2.45	2.34	21.09	6.90
0.04	0.02	1.23	1.03	0.12	0.10	0.57	0.54
7.07	1.53	15.62	13.93	2.75	2.51	20.67	8.52
3.49	0.89	15.00	14.00	1.84	1.71	15.38	7.03
0.84	0.33	4.37	4.03	0.62	0.59	6.78	1.79
0.46	0.70	7.96	7.84	1.05	1.02	8.57	2.67
12.11	0.46	12.18	11.71	1.63	1.59	9.12	5.09

1-B-44 规模以上电力、热力的生产

地 区	企业单位数(个)	亏损企业	工业总产值(当年价)	工业销售产值(当年价)	出口交货值
全 国	**5531**	**2119**	**14718.14**	**14682.79**	**86.70**
北 京	81	36	492.80	492.71	0.15
天 津	70	22	239.13	237.84	
河 北	245	56	830.72	829.35	
山 西	118	38	375.21	378.41	0.53
内蒙古	170	60	303.64	303.58	
辽 宁	285	122	676.15	675.14	
吉 林	147	57	272.37	272.22	
黑龙江	208	93	390.70	392.96	1.79
上 海	25	2	479.27	479.25	
江 苏	182	83	1154.97	1152.12	0.04
浙 江	335	131	1339.89	1337.60	0.50
安 徽	125	60	304.63	304.35	
福 建	281	126	514.94	513.27	0.05
江 西	206	87	244.16	242.68	
山 东	311	98	1113.15	1106.99	
河 南	252	99	824.79	820.27	19.93
湖 北	177	85	605.83	603.20	0.01
湖 南	270	118	325.79	325.23	0.13
广 东	450	245	2027.79	2020.87	50.35
广 西	240	100	232.45	232.00	
海 南	37	25	48.95	48.80	
重 庆	70	28	148.11	148.57	
四 川	323	53	439.26	437.71	0.23
贵 州	171	26	330.35	329.16	
云 南	178	52	241.17	240.53	0.33
西 藏	75	9	4.10	3.87	
陕 西	107	47	265.11	263.85	
甘 肃	198	54	201.61	199.97	
青 海	39	19	83.47	82.74	12.63
宁 夏	24	12	108.93	108.82	
新 疆	131	76	98.71	98.71	

和供应业工业企业主要经济指标

单位：亿元

资产合计	流动资产合计	应收账款净额	存货	产成品	流动资产年平均余额	固定资产合计
36535.01	**6724.55**	**1169.55**	**372.47**	**26.05**	**6642.33**	**22586.13**
6055.67	291.04	55.86	7.74	0.17	327.98	1055.33
401.97	76.98	12.76	4.41		76.44	303.96
1208.30	236.12	48.62	15.85	0.24	239.99	882.99
994.92	233.64	27.11	12.84	1.90	230.14	646.06
941.93	180.15	26.12	7.85	0.04	154.73	634.84
1703.12	370.66	70.79	22.16	0.26	362.84	933.37
539.46	115.05	22.86	8.73	0.03	112.23	388.15
880.72	238.05	44.18	25.34	9.81	239.05	618.66
1081.32	116.13	28.81	7.49	0.07	139.54	885.50
2070.32	517.30	73.93	22.86	2.84	508.78	1443.62
2094.84	436.16	62.49	29.29	0.30	457.60	1556.78
465.09	90.67	31.60	5.54	0.28	85.98	339.80
1011.45	227.97	39.03	10.57	0.05	225.92	738.73
505.96	138.84	11.93	2.49		137.29	334.67
1901.60	393.25	54.98	32.10	2.84	377.17	1228.67
1672.35	397.20	72.45	35.33	3.10	401.27	1210.12
2323.48	375.37	80.42	7.34	0.46	349.15	1706.30
806.75	142.54	32.59	4.18	0.27	146.85	586.52
3459.98	899.22	132.07	63.75	1.12	849.77	2357.32
650.91	129.63	22.95	5.32	0.26	127.50	472.30
137.09	20.86	6.69	1.43		23.66	105.38
446.87	107.29	11.61	2.38	0.12	97.42	280.11
1521.82	292.56	55.36	11.31	1.05	288.47	1082.81
822.57	164.13	43.88	3.02	0.01	151.52	614.87
720.05	115.48	19.46	4.51	0.07	120.37	565.51
47.63	4.84	1.12	0.52	0.02	4.59	41.09
659.71	129.36	26.89	4.71	0.10	125.97	502.16
438.19	61.27	19.43	3.53	0.07	57.35	362.21
443.76	117.33	19.91	5.58	0.33	114.86	319.62
210.65	52.04	4.45	1.80	0.02	51.31	146.16
316.52	53.45	9.20	2.48	0.23	56.58	242.52

1-B-44 续表 1

地 区	固定资产原价	生产经营用	累计折旧	本年折旧	固定资产净值	固定资产净值年平均余额
全 国	**29722.15**	**26556.27**	**9596.68**	**1605.74**	**20125.47**	**19715.99**
北 京	1246.48	1221.79	349.24	76.38	897.24	811.19
天 津	453.12	408.03	180.35	28.57	272.77	271.57
河 北	1367.10	1327.32	511.97	83.66	855.14	838.60
山 西	925.93	880.28	317.16	53.17	608.77	583.93
内蒙古	820.40	738.62	250.30	40.66	570.10	564.66
辽 宁	1380.95	1350.63	490.73	76.44	890.22	890.27
吉 林	604.91	580.25	240.13	29.53	364.78	369.90
黑龙江	923.99	781.25	351.98	48.79	572.01	573.66
上 海	1219.36	1209.76	386.21	77.13	833.15	819.36
江 苏	1702.69	1005.26	570.27	102.04	1132.42	1085.35
浙 江	1924.68	1894.99	566.16	117.53	1358.52	1283.31
安 徽	520.88	469.66	204.11	28.08	316.78	324.39
福 建	975.04	947.72	315.51	55.28	659.54	644.60
江 西	447.51	407.75	143.41	19.65	304.10	298.66
山 东	1713.29	1646.10	614.34	103.52	1098.95	1095.95
河 南	1601.73	1477.82	506.40	83.63	1095.33	1101.83
湖 北	1921.16	1857.72	354.22	74.91	1566.94	1559.74
湖 南	854.99	821.53	285.74	41.58	569.26	552.26
广 东	3359.33	2125.42	1232.59	168.77	2126.73	2067.10
广 西	576.21	525.94	165.14	24.47	411.08	386.77
海 南	126.31	118.17	36.14	5.92	90.17	84.97
重 庆	383.83	360.91	121.37	19.09	262.46	252.39
四 川	1368.63	1321.37	398.90	68.47	969.74	988.54
贵 州	599.54	588.56	165.21	32.71	434.33	397.32
云 南	633.77	556.13	203.87	33.05	429.90	416.55
西 藏	48.83	42.10	8.84	1.49	39.99	36.58
陕 西	641.43	623.72	216.04	35.30	425.39	440.14
甘 肃	478.85	419.14	155.89	26.17	322.96	320.05
青 海	364.64	346.98	84.85	13.36	279.79	289.26
宁 夏	198.25	193.43	66.86	13.85	131.39	131.16
新 疆	338.34	307.91	102.77	22.56	235.57	235.96

单位：亿元

负债合计	流动负债合计	应付账款	长期负债合计	所有者权益合计	实收资本	国家资本
20184.87	**7889.02**	**1647.09**	**12181.29**	**16346.34**	**9925.72**	**5709.30**
1033.53	326.20	67.22	707.34	5022.14	2820.56	2195.43
253.54	128.66	19.31	124.89	148.43	89.55	25.01
727.92	283.70	71.06	438.32	480.37	227.05	113.48
720.54	221.49	48.07	489.84	274.37	252.67	174.00
687.63	275.34	60.79	412.29	254.30	222.13	101.74
860.22	408.18	85.40	445.80	842.85	577.66	363.15
430.54	146.23	41.22	273.13	108.92	125.83	98.05
576.60	263.63	65.43	308.53	304.12	214.65	144.46
293.66	218.52	45.11	74.99	787.66	207.34	25.94
1292.43	599.46	107.08	692.97	777.89	400.54	131.49
1320.45	394.92	82.81	923.48	774.39	381.50	160.54
367.28	111.24	18.84	254.80	97.78	111.67	47.67
595.15	282.14	38.67	310.91	416.30	226.25	92.30
413.15	163.77	25.74	247.71	92.82	80.57	16.98
1124.45	491.11	115.51	631.70	777.15	299.05	152.95
1098.74	522.88	95.59	571.23	573.61	289.35	155.93
1410.30	382.50	78.53	991.01	913.18	840.93	668.06
565.63	205.70	49.90	352.97	241.12	197.06	123.76
1876.56	832.63	210.58	1036.05	1583.42	1065.19	162.45
411.26	149.44	28.10	257.75	239.64	131.54	61.98
86.80	26.92	5.74	59.21	50.29	39.77	22.89
277.71	105.15	27.91	172.22	169.16	100.86	66.47
1140.07	395.07	68.46	740.33	381.75	292.50	215.95
617.16	211.34	41.25	405.68	201.71	101.88	25.96
479.00	177.52	27.32	301.48	241.05	174.13	87.76
2.77	2.47	0.35	0.02	44.86	44.29	44.18
459.37	159.24	37.91	298.19	200.34	138.38	83.41
353.90	96.74	24.39	256.79	84.29	91.14	53.64
323.75	90.75	15.41	232.98	120.01	86.86	33.86
145.50	51.48	12.45	94.02	65.15	40.48	21.70
239.24	164.61	30.94	74.62	77.26	54.34	38.10

1-B-44 续表 2

地区						主营业务收入
	集体资本	法人资本	个人资本	港澳台资本	外商资本	
全国	**96.35**	**3430.31**	**161.51**	**234.53**	**293.71**	**15280.56**
北京	0.50	603.57	1.33	4.00	15.74	740.09
天津	0.64	60.46	0.22		3.22	241.05
河北	1.53	89.71	3.69	2.12	16.52	871.78
山西	0.43	65.77	3.94		8.51	382.25
内蒙古	1.07	113.51	4.19	1.62		300.52
辽宁	1.01	177.45	13.36	12.72	9.97	678.73
吉林	0.83	19.75	1.69	2.35	3.16	271.67
黑龙江	0.93	60.65	7.76	0.21	0.64	531.06
上海	9.12	164.87	2.40		5.01	486.23
江苏	13.16	196.74	5.81	32.15	21.19	1151.75
浙江	4.46	170.90	12.48	16.73	16.40	1332.66
安徽	0.25	38.30	0.72	9.74	14.98	329.19
福建	1.42	58.97	10.13	3.71	59.72	512.87
江西	0.52	58.91	4.16			242.93
山东	5.53	95.36	5.07	2.22	37.92	1180.48
河南	4.30	86.84	12.02	17.27	12.98	794.04
湖北	4.56	156.12	2.34	4.13	5.72	598.68
湖南	2.73	53.74	8.89	5.85	2.10	330.08
广东	13.63	742.67	5.87	102.94	37.62	2075.32
广西	0.56	52.92	2.19	0.10	13.79	243.99
海南	0.25	16.02	0.61			48.34
重庆	0.08	29.98	3.62		0.71	156.63
四川	3.50	55.36	15.06	1.47	1.17	446.03
贵州	0.57	50.63	20.32	4.40		327.04
云南	4.98	71.99	4.91		4.49	238.64
西藏	0.03	0.07				3.96
陕西	1.83	40.86	1.48	10.79		261.51
甘肃	5.05	29.00	1.30		2.15	202.47
青海	12.22	40.35	0.44			90.92
宁夏	0.40	16.28	2.10			108.96
新疆	0.28	12.55	3.41			100.70

单位：亿元

主营业务成本	主营业务税金及附加	其他业务收入	其他业务利润	营业费用	管理费用	税金
13420.35	**82.08**	**144.51**	**57.09**	**42.18**	**514.82**	**20.45**
697.97	3.08	4.99	2.36	0.68	9.61	0.51
219.20	1.29	1.13	0.38	0.47	3.94	0.27
760.65	4.71	6.39	1.35	4.30	26.37	0.63
327.42	2.27	1.10	0.73	0.73	18.23	0.54
246.81	2.04	3.67	1.60	2.42	11.66	0.55
618.34	4.18	5.35	2.14	2.03	19.10	0.83
258.51	1.53	6.12	0.75	0.68	4.45	0.21
496.88	2.68	2.27	1.54	1.19	9.98	0.78
454.82	2.41	16.75	2.89	0.08	3.14	0.26
1064.38	4.70	19.23	7.65	0.97	25.49	1.13
1162.56	6.64	11.47	7.25	2.84	55.70	1.55
236.26	1.48	1.02	0.43	0.96	13.36	0.60
434.46	2.15	2.85	0.95	0.71	21.39	0.53
221.69	1.48	0.54	0.44	0.56	5.21	0.20
1052.97	5.66	8.83	4.18	4.62	46.19	2.13
720.12	3.58	11.16	6.09	3.06	31.90	1.30
497.57	4.61	5.00	2.84	0.89	17.60	1.23
285.71	3.27	0.54	0.27	1.63	24.31	1.69
1791.09	8.76	6.85	3.82	3.16	48.34	2.00
209.33	1.34	1.37	1.37	1.48	12.86	0.29
43.35	0.31	0.48	0.22	0.83	1.68	0.05
131.04	0.94	3.86	0.80	0.84	6.42	0.24
350.24	3.76	2.98	1.16	2.24	23.23	0.69
276.26	2.33	0.58	0.58	0.51	10.07	0.54
188.00	1.60	3.28	1.23	1.18	20.68	0.49
3.66	0.07	0.10	0.19	0.13	0.46	
235.82	1.58	10.76	2.05	0.66	8.62	0.29
171.50	1.17	1.65	0.29	1.16	16.24	0.36
77.35	0.94	0.12	0.87	0.73	1.45	0.06
92.42	0.72	2.70	0.30	0.03	7.91	0.12
93.96	0.80	1.36	0.38	0.37	9.27	0.36

1-B-44 续表 3

地 区	财务费用	利息支出	营业利润	投资收益	补贴收入	利润总额
全 国	**546.02**	**528.50**	**690.02**	**143.58**	**84.76**	**888.21**
北 京	15.68	15.17	15.42	69.43	3.81	84.45
天 津	4.64	7.30	9.69	0.36	1.44	11.23
河 北	18.97	18.58	58.29	2.83	0.84	60.68
山 西	21.29	20.59	17.60	2.95	5.84	26.27
内蒙古	19.89	19.68	18.97	-0.09	1.87	19.47
辽 宁	21.81	22.34	15.41	8.46	1.94	24.55
吉 林	11.09	11.13	-3.96	0.28	5.10	3.69
黑龙江	13.92	13.28	3.88	1.34	0.92	5.60
上 海	5.33	5.16	23.34	5.87	2.71	31.50
江 苏	24.99	26.80	38.87	3.01	2.27	44.89
浙 江	43.90	43.64	53.35	3.24	5.24	59.57
安 徽	9.00	8.53	43.76	0.15	0.13	48.42
福 建	18.81	18.24	29.15	3.76	0.16	32.64
江 西	9.02	8.12	-1.95	0.09	0.06	-2.53
山 东	29.47	26.85	56.89	5.97	1.77	62.83
河 南	31.98	31.84	8.14	1.26	0.66	9.58
湖 北	42.26	38.89	42.18	20.97	16.36	77.68
湖 南	19.15	18.18	4.57	1.12	5.17	10.85
广 东	54.90	46.25	172.67	2.41	10.85	169.50
广 西	10.44	10.42	11.21	1.39	3.68	15.21
海 南	2.43	2.47	0.15	0.08		0.18
重 庆	8.60	7.55	4.36	1.09	2.89	7.71
四 川	35.19	36.65	32.52	2.44	5.18	37.93
贵 州	14.05	14.52	12.64	1.96	0.04	14.09
云 南	14.78	14.56	13.62	0.75	2.59	16.44
西 藏			0.05	0.03	0.01	0.10
陕 西	12.70	12.76	7.08	0.51	1.82	6.43
甘 肃	7.41	7.32	6.65	0.19	0.09	6.91
青 海	10.86	8.50	1.54	-0.18	0.23	2.47
宁 夏	4.68	4.74	4.97	1.73	0.10	6.19
新 疆	8.79	8.45	-11.03	0.17	0.99	-6.32

单位：亿元

亏损企业亏损额	应交所得税	本年应付工资总额	主营业务应付工资总额	本年应付福利费总额	主营业务应付福利费总额	本年应交增值税	全部从业人员年平均人数（万人）
175.63	**182.44**	**697.91**	**645.13**	**94.49**	**88.89**	**960.63**	**255.08**
9.40	5.43	35.07	31.89	3.55	3.17	33.29	4.79
3.91	4.75	10.25	9.48	1.11	0.99	14.54	2.41
4.75	17.12	35.23	31.63	4.24	3.74	49.39	13.57
2.28	5.17	18.97	18.80	2.34	2.30	26.61	9.08
7.40	1.95	23.99	23.00	3.31	3.11	27.44	7.40
7.64	3.73	34.55	33.93	4.93	4.86	41.51	13.87
7.93	0.73	18.29	11.80	2.35	1.99	27.03	9.08
4.87	1.31	35.46	34.22	4.59	4.46	29.36	18.43
0.05	6.72	13.19	13.03	1.67	1.65	37.10	2.58
8.33	10.20	38.80	35.04	5.37	5.04	62.24	10.49
9.07	20.03	38.50	36.87	5.99	5.66	66.28	8.94
4.69	2.62	13.87	13.23	1.83	1.71	21.04	6.35
5.87	5.11	16.27	11.12	2.04	1.43	29.58	7.37
6.90	0.78	16.43	15.63	2.00	1.89	15.53	8.33
10.53	14.97	45.38	44.27	5.80	5.70	69.02	19.15
15.59	5.08	33.75	32.78	8.25	8.05	46.82	19.77
9.55	20.70	28.72	28.02	3.44	3.34	45.30	9.29
3.47	1.56	22.14	21.65	2.37	2.21	25.07	10.15
21.34	37.52	73.53	69.62	9.62	8.80	117.01	14.95
2.08	1.77	17.46	16.49	2.27	2.11	17.22	6.71
0.82	0.32	4.18	4.00	0.75	0.72	3.80	1.70
1.26	0.70	8.95	8.54	1.25	1.12	12.11	4.08
3.58	4.41	29.46	18.10	3.63	3.45	41.32	13.30
1.38	4.15	17.35	16.86	2.34	2.31	22.43	5.62
1.52	1.91	17.39	16.74	2.20	2.12	20.26	5.98
0.04	0.01	1.16	1.00	0.11	0.09	0.54	0.48
6.34	1.47	13.00	12.47	2.41	2.33	19.74	6.81
2.72	0.85	13.83	12.91	1.68	1.55	15.08	6.03
0.72	0.33	4.09	3.77	0.59	0.56	6.72	1.57
0.37	0.60	7.47	7.40	0.96	0.96	8.51	2.35
11.22	0.42	11.18	10.83	1.49	1.47	8.74	4.45

1-B-45 规模以上燃气生产和供应业

地区	企业单位数（个）	亏损企业	工业总产值（当年价）	工业销售产值（当年价）	出口交货值
全国	**497**	**196**	**418.80**	**413.51**	**4.46**
北京	15	5	16.48	16.49	
天津	13	5	12.64	12.58	0.17
河北	20	11	7.66	7.61	
山西	8	6	2.60	2.51	
内蒙古	5	2	14.74	14.69	
辽宁	24	11	13.08	13.11	
吉林	14	8	10.66	9.64	1.25
黑龙江	10	7	11.88	9.71	
上海	9	3	26.29	26.33	0.12
江苏	36	16	35.02	35.22	
浙江	26	11	20.53	20.21	
安徽	15	11	6.67	7.07	
福建	9	4	5.83	5.82	
江西	9	7	0.79	0.71	
山东	38	18	25.58	24.59	2.60
河南	22	10	14.89	14.86	
湖北	11	5	3.51	3.35	
湖南	13	4	3.88	3.63	
广东	42	15	104.84	102.69	0.33
广西	5	2	0.88	1.55	
海南	7	2	1.87	1.82	
重庆	22		15.04	16.42	
四川	87	17	30.28	29.54	
贵州	5	1	10.85	10.81	
云南	4	2	6.84	6.37	
西藏					
陕西	12	5	8.23	8.59	
甘肃	2	2	1.58	1.59	
青海	2	1	0.33	0.33	
宁夏	3	1	1.68	1.97	
新疆	9	4	3.64	3.69	

工业企业主要经济指标

单位：亿元

资产合计	流动资产合计	应收账款净额	存货	产成品	流动资产年平均余额	固定资产合计
1094.28	**316.69**	**39.49**	**41.39**	**7.14**	**297.72**	**638.51**
137.21	21.24	2.24	0.62	0.16	23.39	86.92
39.90	13.52	3.47	0.98	0.27	12.83	23.16
44.29	23.85	1.41	2.30	0.46	20.59	17.94
4.20	1.37	0.13	0.10	0.01	1.42	2.72
25.15	3.18	0.50	0.92	0.47	1.83	21.11
44.46	12.87	2.39	1.45	0.30	12.15	28.24
31.83	7.98	1.82	0.83	0.43	7.94	19.68
47.87	5.66	0.80	0.79	0.22	5.42	40.89
120.23	42.75	5.33	6.44	0.25	43.88	71.61
68.64	17.58	1.94	2.99	0.22	14.53	44.55
36.18	10.08	0.65	1.22	0.16	9.39	22.75
20.02	6.46	1.02	0.84	0.21	4.87	10.76
10.96	1.17	0.30	0.13		1.11	8.63
5.23	1.35	0.11	0.12		1.28	2.74
79.77	21.65	2.79	4.49	0.98	19.80	49.58
65.24	20.58	2.04	1.34	0.05	20.01	38.78
26.38	4.20	0.50	0.34	0.01	4.04	6.76
12.24	3.92	0.82	0.51	0.02	3.59	7.66
81.20	33.34	4.25	9.81	2.41	30.07	41.04
8.40	2.45	0.14	0.15	0.02	2.36	5.46
16.34	3.04	0.25	0.15	0.02	3.12	5.95
26.06	11.48	1.72	0.84	0.06	10.53	11.26
60.12	21.42	2.98	1.82	0.08	22.39	27.22
14.56	6.88	0.54	0.44	0.06	5.72	6.68
10.99	5.04	0.36	0.76	0.15	4.88	4.84
18.95	3.76	0.47	0.46	0.03	2.98	6.72
13.30	0.66	0.08	0.06		0.63	11.84
0.66	0.36	0.09	0.08		0.24	0.27
8.98	4.01	0.13	0.21		2.75	4.47
14.92	4.81	0.21	0.21	0.08	4.01	8.28

1-B-45 续表 1

地 区	固定资产原价	生产经营用	累计折旧	本年折旧	固定资产净值	固定资产净值年平均余额
全 国	**768.38**	**652.02**	**210.10**	**43.76**	**558.28**	**545.45**
北 京	104.26	101.01	29.29	4.86	74.97	67.93
天 津	34.25	26.25	12.99	1.30	21.25	19.42
河 北	22.65	16.94	6.39	0.99	16.26	16.15
山 西	3.82	3.20	1.32	0.15	2.49	2.52
内蒙古	23.07	22.95	6.24	4.37	16.83	20.90
辽 宁	40.70	32.24	13.47	1.50	27.22	27.15
吉 林	21.71	20.95	4.88	1.39	16.83	18.79
黑龙江	47.44	46.74	8.47	2.02	38.96	39.63
上 海	93.34	74.39	36.29	9.14	57.05	62.93
江 苏	46.75	44.72	9.02	1.82	37.73	33.90
浙 江	23.63	21.61	8.69	1.35	14.94	14.21
安 徽	14.38	13.64	4.61	0.73	9.76	8.70
福 建	10.62	10.56	2.79	0.41	7.83	7.50
江 西	2.79	2.60	0.37	0.09	2.42	2.34
山 东	50.18	43.33	10.35	1.90	39.83	37.14
河 南	37.47	35.03	5.00	1.46	32.48	32.61
湖 北	15.85	15.53	1.80	0.28	14.05	6.25
湖 南	6.14	5.28	1.54	0.21	4.60	4.41
广 东	48.28	33.51	13.94	2.31	34.34	35.11
广 西	4.15	3.64	0.72	0.17	3.43	3.21
海 南	8.66	7.50	2.69	0.48	5.97	6.10
重 庆	13.81	8.53	5.24	0.73	8.57	8.39
四 川	34.35	22.31	9.39	2.56	24.96	24.08
贵 州	9.15	9.01	3.21	0.33	5.94	6.02
云 南	9.87	9.45	5.47	0.54	4.40	4.73
西 藏						
陕 西	15.60	14.07	1.59	0.65	14.01	12.44
甘 肃	12.64	1.35	1.98	1.14	10.66	11.35
青 海	0.33	0.26	0.06	0.02	0.27	0.27
宁 夏	4.62	0.43	0.97	0.23	3.65	3.66
新 疆	7.89	5.00	1.32	0.64	6.57	7.60

单位：亿元

负债合计	流动负债合计		长期负债合计	所有者权益		
		应付账款		合　　计	实收资本	
						国家资本
512.71	**326.94**	**53.76**	**174.45**	**581.56**	**447.65**	**208.61**
12.08	10.85	0.78	1.23	125.13	92.56	0.09
19.69	14.66	2.86	5.02	20.21	16.33	7.08
29.67	22.96	2.86	6.71	14.62	11.44	8.41
3.42	1.74	0.26	1.68	0.78	1.29	1.25
5.05	3.69	1.14	1.37	20.10	14.60	1.88
18.65	15.11	1.29	3.53	25.81	19.26	15.84
19.39	15.74	2.80	3.61	12.43	12.07	6.48
25.48	8.18	2.48	17.30	22.39	19.32	17.40
47.91	40.66	5.64	7.25	72.33	56.56	35.95
36.47	18.72	3.20	17.75	32.17	23.31	8.26
12.96	8.12	1.30	4.84	23.22	15.63	5.78
10.29	4.24	0.76	6.05	9.73	8.45	4.96
7.47	6.05	0.11	1.42	3.50	6.42	5.51
3.29	1.59	0.18	1.70	1.94	1.94	1.18
34.93	24.68	5.35	9.89	44.84	17.35	11.64
46.70	23.38	3.08	23.32	18.54	12.69	7.64
16.65	3.38	0.70	4.37	9.74	10.30	4.59
6.14	2.82	0.38	3.33	6.10	5.73	2.00
54.28	45.58	10.63	8.70	26.92	27.35	10.85
5.54	1.57	0.07	3.93	2.85	2.15	1.24
5.82	1.11	0.47	4.71	10.52	8.72	0.55
11.00	7.25	1.66	3.75	15.06	9.73	8.22
31.19	20.59	2.56	8.63	28.93	18.48	12.56
11.03	4.34	0.36	6.69	3.53	5.34	4.86
4.07	4.05	0.41	0.02	6.91	7.93	4.29
10.81	6.92	0.62	3.89	8.14	7.36	6.91
7.92	2.57	0.31	5.36	5.37	7.18	7.13
0.72	0.40	0.14	0.32	-0.06	0.08	0.07
6.10	2.06	0.47	4.04	2.88	2.05	1.64
7.98	3.94	0.88	4.04	6.95	6.01	4.38

1-B-45 续表 2

地区	集体资本	法人资本	个人资本	港澳台资本	外商资本	主营业务收入
全国	**4.60**	**180.66**	**9.27**	**18.17**	**26.34**	**545.54**
北京	0.10	91.16	0.21	0.34	0.66	46.20
天津		7.16		0.47	1.63	27.77
河北		0.40	0.06	0.06	2.52	9.40
山西		0.04				2.50
内蒙古	0.65	12.04	0.03			14.48
辽宁		3.22	0.09		0.12	14.39
吉林		3.13	1.83	0.63		10.61
黑龙江		0.22	1.71			11.48
上海		20.55	0.06			58.09
江苏	0.27	4.30	0.26	5.32	4.90	35.72
浙江	0.05	8.05	0.26	0.46	1.04	21.32
安徽		1.29	0.01	0.86	1.33	7.32
福建		0.23	0.08		0.60	7.19
江西		0.41	0.35			0.85
山东	0.77	1.12	0.40	2.80	0.62	29.16
河南	0.24	1.88	0.01	1.34	1.59	16.77
湖北	0.05	3.03	0.18	2.45		5.59
湖南	0.04	0.97	0.02	0.24	2.46	4.17
广东	0.90	3.96	0.21	3.01	8.41	129.92
广西		0.91				1.75
海南		8.05		0.12		6.48
重庆	0.83	0.58	0.10			16.38
四川	0.11	2.96	2.73	0.08	0.05	32.35
贵州	0.48					13.07
云南		3.63				6.93
西藏						
陕西	0.11	0.26	0.09			8.55
甘肃		0.05				1.60
青海		0.01				0.28
宁夏		0.40				1.97
新疆		0.65	0.58		0.40	3.24

单位：亿元

主营业务成本	主营业务税金及附加	其他业务收入	其他业务利润	营业费用	管理费用	税金
491.52	**2.52**	**25.11**	**10.85**	**19.85**	**36.57**	**1.41**
39.82	0.27	3.00	0.55	0.18	2.95	0.11
25.15	0.14	0.58	0.16	0.12	1.65	0.02
8.34	0.07	1.11	0.42	0.34	1.54	0.05
2.17	0.02	0.20	0.08	0.14	0.29	0.01
12.66	0.10	0.08		0.22	0.78	0.09
12.05	0.12	1.60	0.41	1.56	2.70	0.17
7.47	0.07	0.14	-0.09	0.73	1.24	0.04
10.21	0.08	0.03	0.03	1.97	0.80	0.01
55.72	0.15	0.97	1.20	1.32	3.29	0.07
33.18	0.13	2.00	1.68	1.93	2.21	0.04
20.89	0.14	0.85	0.30	1.60	0.93	0.02
6.52	0.04	0.53	0.19	0.37	0.63	0.02
7.16	0.01	0.01	0.02	0.44	0.29	0.01
0.66	0.01	0.16	0.07	0.14	0.22	0.01
25.34	0.19	0.83	0.86	1.05	2.80	0.10
13.82	0.14	0.99	0.41	0.47	1.60	0.03
5.94	0.02	0.77	0.11	0.25	0.62	0.09
3.68	0.03	0.28	0.17	0.14	0.51	
126.34	0.08	1.20	1.20	2.18	2.11	0.08
1.44		0.16	0.09	0.09	0.17	
5.35	0.05	0.04	0.03	0.40	0.40	0.02
12.34	0.18	0.86	0.43	1.70	1.68	0.03
25.86	0.24	4.92	1.74	1.22	3.84	0.27
11.28	0.07	0.47	0.33	0.08	0.83	0.02
6.45	0.04	0.41	0.07	0.06	0.61	0.03
7.28	0.06	0.46	0.05	0.62	0.78	0.03
1.10	0.01	0.03	0.01		0.12	
0.22		0.02			0.05	
0.89	0.05		0.01	0.01	0.16	
2.21	0.01	2.40	0.30	0.50	0.78	0.01

1-B-45 续表 3

地 区	财务费用		营业利润	投资收益	补贴收入	利润总额
		利息支出				
全 国	**6.98**	**5.93**	**-1.04**	**5.27**	**11.11**	**13.95**
北 京	0.37	0.36	3.16	3.91	2.05	9.33
天 津	0.10	0.17	0.59	0.04	0.21	0.82
河 北	0.27	0.21	-0.74		0.62	-0.22
山 西	0.11	0.10	-0.17		0.06	-0.10
内蒙古	0.17	0.17	0.54			0.33
辽 宁	0.33	0.35	-1.95	0.03	1.60	-0.29
吉 林	0.40	0.31	0.64	0.49	0.49	1.69
黑龙江	0.11	0.02	-1.68		0.51	-1.26
上 海	-0.12	-0.08	-1.06	-0.20	0.09	-1.10
江 苏	0.27	0.20	-0.31	0.05	0.89	0.47
浙 江	0.04	0.03	-1.96	0.04	1.82	0.13
安 徽	0.12	0.11	-0.19	-0.11	0.36	-0.22
福 建	0.18	0.05	-0.89	0.03	0.27	-0.60
江 西	0.04	0.04	-0.04			-0.03
山 东	0.41	0.40	0.24		0.54	0.64
河 南	1.26	1.18	-0.21	0.51	0.05	0.25
湖 北	0.20	0.02	-0.46	0.02	0.49	0.01
湖 南	0.06	0.06	-0.10		0.23	0.04
广 东	0.50	0.43	-0.59	-0.03	0.22	-0.74
广 西	0.10	0.15	0.02			0.03
海 南	0.21	0.21	0.11	0.10	0.01	0.30
重 庆		0.05	1.00	0.07	0.03	1.15
四 川	0.68	0.62	2.26	0.31	0.07	2.61
贵 州	0.61	0.32	0.53	0.03	0.36	0.56
云 南	-0.02	-0.02	-0.14		0.06	-0.07
西 藏						
陕 西	0.20	0.10	-0.34	-0.01	0.10	-0.27
甘 肃	0.07	0.05	0.07			-0.09
青 海	0.03	0.02				
宁 夏	0.19	0.20	0.67			0.67
新 疆	0.09	0.09	-0.04			-0.06

单位：亿元

亏损企业亏损额	应交所得税	本年应付工资总额		本年应付福利费总额		本年应交增值税	全部从业人员年平均人数（万人）
			主营业务应付工资总额		主营业务应付福利费总额		
17.72	**4.83**	**29.43**	**26.58**	**3.89**	**3.47**	**16.49**	**15.60**
0.78	2.06	2.02	1.89	0.27	0.25	2.52	0.70
1.00	0.02	1.69	1.58	0.13	0.12	1.14	0.69
0.91	0.16	1.44	1.36	0.21	0.19	0.29	0.99
0.12	0.01	0.24	0.24	0.03	0.03	0.18	0.26
0.53	0.02	0.32	0.32	0.05	0.05	0.58	0.25
0.72	0.09	2.34	2.09	0.32	0.28	0.88	1.52
0.82	0.38	0.83	0.83	0.11	0.11	0.78	0.65
1.31	0.02	1.29	1.19	0.19	0.17	0.72	1.05
2.82	0.23	2.65	2.58	0.39	0.36	0.78	0.96
1.07	0.05	2.08	2.00	0.20	0.19	0.81	0.93
0.75	0.08	0.82	0.79	0.12	0.12	0.48	0.36
0.50	0.02	0.60	0.51	0.06	0.05	0.09	0.40
0.70	0.01	0.39	0.39	0.06	0.05	0.08	0.14
0.10		0.13	0.12	0.02	0.02	0.05	0.13
0.68	0.30	2.22	2.19	0.25	0.24	1.33	1.51
1.41	0.23	1.13	1.06	0.13	0.12	0.73	0.72
0.45	0.01	0.63	0.44	0.07	0.05	0.11	0.34
0.12		0.39	0.34	0.05	0.03	0.06	0.26
1.94	0.07	1.86	1.49	0.24	0.20	1.33	0.63
0.01		0.12	0.11	0.02	0.01	0.03	0.06
0.08	0.05	0.21	0.21	0.03	0.03	0.26	0.08
	0.19	1.40	0.94	0.15	0.09	0.43	0.51
0.14	0.54	2.33	2.15	0.29	0.27	1.05	1.23
0.01	0.16	0.46	0.46	0.24	0.24	0.62	0.30
0.11		0.57	0.55	0.08	0.08	0.43	0.22
0.35	0.01	0.67	0.22	0.09	0.03	0.47	0.40
0.09		0.14	0.14	0.02	0.02	0.09	0.09
		0.01				0.01	0.01
	0.10	0.12	0.09	0.02	0.01		0.04
0.18	0.03	0.33	0.28	0.05	0.04	0.17	0.15

1-B-46 规模以上水的生产和供应业

地区	企业单位数（个）	亏损企业	工业总产值（当年价）	工业销售产值（当年价）	出口交货值
全国	**2692**	**1316**	**513.20**	**495.62**	**0.75**
北京	28	8	25.65	25.60	
天津	21	6	19.10	18.89	
河北	101	58	13.19	13.04	
山西	111	50	8.63	8.33	
内蒙古	68	28	4.90	4.77	
辽宁	86	59	26.75	25.90	
吉林	56	44	9.85	9.31	
黑龙江	85	52	10.23	9.64	
上海	51	11	27.55	26.40	0.02
江苏	135	50	36.99	35.23	
浙江	172	59	41.48	40.97	
安徽	55	30	8.62	8.08	
福建	92	34	15.97	15.66	
江西	95	49	9.23	9.00	
山东	140	67	27.58	26.52	
河南	118	67	14.23	13.39	
湖北	103	60	15.43	14.46	
湖南	117	65	16.87	16.00	
广东	272	87	113.93	109.67	0.73
广西	109	57	8.85	8.70	
海南	22	14	3.00	2.76	
重庆	37	21	8.58	8.63	
四川	128	59	15.75	15.33	
贵州	93	45	5.06	4.33	
云南	93	65	7.36	7.30	
西藏	7		0.63	0.62	
陕西	105	62	7.98	7.75	
甘肃	69	36	3.97	3.83	
青海	32	17	1.11	1.07	
宁夏	16	13	1.44	1.21	
新疆	75	43	3.31	3.23	

工业企业主要经济指标

单位：亿元

资产合计	流动资产合计	应收账款净额	存货	产成品	流动资产年平均余额	固定资产合计
2746.95	**653.97**	**91.54**	**27.33**	**1.85**	**595.99**	**1871.82**
228.22	42.28	4.57	0.50		42.07	167.46
107.97	26.54	4.82	0.17		21.12	73.78
66.20	13.14	2.17	0.56		15.37	49.21
37.71	9.96	1.84	0.26	0.02	10.48	20.04
25.25	5.85	1.27	0.47	0.01	5.78	18.22
129.50	34.21	14.87	0.83	0.04	35.16	89.08
64.46	6.84	1.76	0.30		7.52	57.03
43.73	12.43	2.11	0.40	0.01	10.96	27.03
168.11	27.73	2.72	2.82		27.01	134.93
242.36	71.88	6.38	2.86	0.15	65.06	159.85
254.21	71.28	2.56	3.26	0.29	65.22	156.73
41.65	11.94	2.02	0.47		10.71	27.91
107.01	19.46	2.24	0.53	0.07	16.69	81.54
43.14	11.03	1.87	0.43		9.83	25.06
146.13	40.47	7.31	1.69	0.08	33.32	92.57
64.39	17.50	2.45	0.48	0.03	15.80	42.73
91.67	18.02	3.31	1.27	0.02	16.37	57.14
69.09	17.06	5.62	0.69	0.01	15.91	47.83
432.54	114.42	11.44	4.11	0.32	101.98	275.96
45.77	6.54	0.52	0.29		7.09	34.58
16.91	1.97	0.23	0.08		1.91	13.52
41.41	9.25	1.16	0.40		8.37	28.12
94.54	17.20	1.42	1.95	0.02	15.66	64.88
33.64	14.84	0.82	0.20	0.01	6.02	17.41
43.16	9.71	0.89	1.13	0.73	9.99	30.70
2.90	0.56	0.07	0.03		0.51	2.28
32.78	8.72	2.31	0.35	0.01	8.68	22.30
32.55	4.19	1.46	0.16	0.01	3.58	25.38
8.15	2.82	0.15	0.21		2.05	4.95
8.56	1.81	0.62	0.17		1.30	5.85
23.25	4.33	0.56	0.28		4.49	17.75

1-B-46 续表 1

地区	固定资产原价	生产经营用	累计折旧	本年折旧	固定资产净值	固定资产净值年平均余额
全国	**2261.23**	**2024.81**	**677.10**	**101.82**	**1584.14**	**1540.24**
北京	166.25	140.35	41.85	6.52	124.40	118.60
天津	64.64	57.41	18.72	2.24	45.92	42.68
河北	62.36	54.47	18.28	2.95	44.08	38.09
山西	30.19	23.96	11.43	1.34	18.75	18.25
内蒙古	22.38	20.56	5.14	0.84	17.24	16.13
辽宁	116.55	111.55	38.04	3.90	78.51	78.83
吉林	70.07	65.18	15.37	1.90	54.70	54.23
黑龙江	41.31	39.50	14.18	1.30	27.13	26.64
上海	152.76	143.56	43.52	5.29	109.24	105.96
江苏	180.17	162.90	44.95	8.75	135.21	130.60
浙江	177.19	167.74	49.49	10.34	127.70	122.63
安徽	41.35	38.74	15.05	2.81	26.29	26.62
福建	95.06	73.11	26.10	6.09	68.97	64.17
江西	31.16	26.45	9.71	1.29	21.44	22.35
山东	111.77	101.19	30.77	4.58	81.01	77.49
河南	56.26	49.26	17.91	3.11	38.35	38.35
湖北	65.34	54.92	21.96	2.26	43.38	42.24
湖南	59.94	49.63	19.95	2.74	39.99	38.54
广东	391.84	355.65	140.45	19.84	251.39	250.28
广西	40.93	38.08	13.55	1.89	27.38	25.94
海南	13.31	12.42	2.99	0.56	10.32	10.39
重庆	33.66	26.71	8.15	1.41	25.51	24.34
四川	79.56	68.71	21.34	2.98	58.22	57.69
贵州	18.47	15.11	5.47	0.74	13.00	12.41
云南	37.27	33.70	10.20	1.79	27.07	27.64
西藏	2.74	2.59	0.46	0.14	2.28	1.89
陕西	30.52	28.47	12.28	1.62	18.24	17.64
甘肃	32.03	29.62	9.90	0.89	22.12	23.82
青海	6.30	6.08	1.94	0.24	4.36	4.29
宁夏	7.76	7.14	2.16	0.39	5.60	5.17
新疆	22.12	20.05	5.80	1.08	16.32	16.35

单位：亿元

负债合计	流动负债合计		长期负债合计	所有者权益		
		应付账款		合　　计	实收资本	国家资本
1245.18	**641.84**	**75.30**	**596.57**	**1501.76**	**887.46**	**672.91**
74.12	25.51	2.06	48.60	154.11	107.51	104.03
47.63	16.34	1.73	31.30	60.34	37.03	17.21
32.26	16.22	0.88	15.11	33.94	27.86	26.70
13.81	8.68	1.14	5.12	23.90	14.09	13.78
9.62	3.50	0.40	6.12	15.63	5.59	5.23
50.22	32.00	7.41	18.20	79.27	49.53	41.53
19.92	8.57	1.55	11.30	44.54	35.71	34.92
18.13	11.90	0.70	5.98	25.61	17.66	13.83
68.30	48.19	8.58	19.99	99.81	84.00	38.25
126.22	66.99	6.84	59.23	116.15	61.22	39.25
135.42	70.65	5.79	64.56	118.79	61.64	45.33
16.31	8.63	1.04	7.59	25.34	13.41	12.72
47.06	28.16	1.00	18.43	59.95	50.22	46.06
15.24	8.78	0.84	6.29	27.90	16.76	9.98
75.19	44.47	7.16	30.60	70.94	41.22	37.38
32.27	19.57	1.70	12.65	32.12	21.90	20.27
51.41	25.84	2.37	25.42	40.26	26.97	12.97
35.49	17.53	3.09	17.32	33.60	17.04	13.43
175.51	101.80	12.37	72.73	257.03	75.32	36.00
24.96	12.07	0.95	12.67	20.80	12.22	9.39
11.21	2.87	0.21	8.33	5.71	4.31	3.33
22.61	6.92	0.40	15.11	18.80	12.76	9.59
50.72	18.84	2.16	31.55	43.82	27.84	21.80
21.62	6.13	0.83	15.41	12.02	9.30	8.24
20.19	10.21	0.62	9.98	22.96	14.10	13.19
0.24	0.24	0.11	0.01	2.66	1.32	1.31
16.03	7.02	1.16	7.95	16.75	13.50	13.16
14.07	4.19	0.70	9.70	18.48	14.28	13.09
4.73	1.43	0.27	3.30	3.42	1.57	0.74
4.13	1.35	0.39	2.69	4.43	4.65	4.65
10.55	7.23	0.84	3.32	12.70	6.94	5.54

1-B-46 续表 2

地 区						主营业务收入
	集体资本	法人资本	个人资本	港澳台资本	外商资本	
全 国	**24.20**	**138.22**	**12.54**	**14.38**	**25.21**	**490.38**
北 京	0.83	2.44	0.12		0.08	25.27
天 津	0.15	12.21	1.12	3.40	2.94	19.18
河 北	0.10	0.11	0.12	0.83		13.47
山 西	0.01	0.04	0.26			8.23
内蒙古	0.21	0.12	0.02			4.74
辽 宁	0.35	3.91	1.07	0.27	2.40	25.76
吉 林		0.50	0.10	0.18		8.76
黑龙江	0.16	2.38	0.29	1.00		9.45
上 海	1.55	34.77	0.12	0.19	9.11	26.45
江 苏	4.01	16.51	0.62	0.67	0.16	34.87
浙 江	1.70	12.07	1.29	0.99	0.27	40.89
安 徽	0.02	0.60	0.07			7.84
福 建	0.26	2.59	0.24	0.44	0.63	15.35
江 西		5.50	0.56	0.72		9.32
山 东	0.09	1.45	0.49	1.58	0.23	24.51
河 南	0.27	0.60	0.14	0.62		13.21
湖 北	0.11	13.75	0.13			12.53
湖 南	0.63	2.45		0.52		15.24
广 东	13.05	15.46	3.51	1.51	5.80	110.36
广 西	0.15	2.33	0.27	0.09		8.68
海 南	0.02	0.18	0.02		0.77	2.71
重 庆	0.05	1.65	0.21	1.26		8.33
四 川	0.06	2.24	0.98	0.11	2.64	15.82
贵 州		1.06				4.14
云 南	0.08	0.71	0.11			7.26
西 藏			0.01			0.52
陕 西		0.17			0.17	7.71
甘 肃	0.19	0.35	0.65			3.85
青 海		0.83				1.01
宁 夏						1.31
新 疆	0.16	1.24				3.62

单位：亿元

主营业务成本	主营业务税金及附加	其他业务收入	其他业务利润	营业费用	管理费用	税　金
372.76	**7.43**	**41.33**	**14.26**	**24.02**	**85.95**	**3.74**
25.20	0.10	0.70	0.46	0.20	2.61	0.12
12.05	0.43	0.32	0.09	0.25	1.92	0.03
10.61	0.10	0.24	0.13	0.70	2.87	0.10
5.53	0.08	0.16	0.11	0.25	3.26	0.07
3.46	0.04	0.22	0.09	0.24	1.14	0.06
21.72	0.17	0.75	0.37	1.56	4.72	0.21
6.62	0.09	0.18	0.16	0.34	2.06	0.08
7.18	0.09	0.28	0.14	0.58	2.03	0.07
24.41	0.21	13.56	4.49	1.40	3.38	0.08
21.63	0.29	5.15	0.99	5.30	6.22	0.21
32.05	0.93	3.90	0.64	1.63	5.89	0.14
5.70	0.08	0.86	0.46	0.41	1.87	0.09
10.63	0.12	0.50	0.30	0.89	2.57	0.12
6.96	0.08	0.62	0.45	0.56	2.08	0.18
19.68	0.18	1.46	0.65	0.61	6.24	0.24
11.15	0.10	0.63	0.30	0.54	3.22	0.13
10.28	0.12	1.37	0.63	0.74	2.73	0.18
10.31	0.13	0.64	0.41	0.56	3.62	0.25
80.08	2.50	3.15	1.19	4.64	13.34	0.72
5.88	0.08	0.30	0.14	0.26	2.24	0.07
1.72	0.04	0.06	0.02	0.08	0.56	0.04
5.48	0.07	1.16	0.62	0.27	1.57	0.08
12.59	0.12	2.02	0.77	0.60	3.27	0.12
2.90	0.07	0.32	0.12	0.19	0.97	0.04
4.75	1.07	1.75	0.09	0.22	1.34	0.10
0.33	0.01	0.11	0.06	0.05	0.13	
6.15	0.08	0.21	0.20	0.29	1.70	0.08
3.24	0.04	0.13	0.06	0.11	0.95	0.06
0.68	0.01	0.04	0.01	0.09	0.28	0.01
0.98	0.01	0.19	0.05	0.18	0.35	0.02
2.83	0.02	0.35	0.05	0.28	0.83	0.03

1-B-46 续表 3

地 区	财务费用	利息支出	营业利润	投资收益	补贴收入	利润总额
全 国	**23.10**	**20.88**	**-7.17**	**3.41**	**12.54**	**6.36**
北 京	0.43	0.35	-2.80	0.27	2.86	0.31
天 津	0.34	0.36	4.12	0.01	0.76	4.84
河 北	0.53	0.51	-1.20	0.05	0.04	-1.26
山 西	0.13	0.12	-0.83	0.12	0.14	-0.73
内蒙古	0.10	0.07	-0.15		0.02	-0.14
辽 宁	0.67	0.68	-2.70	0.16	1.04	-1.50
吉 林	0.35	0.36	-0.63		0.25	-0.58
黑龙江	0.18	0.11	-0.80	0.03	0.19	-0.23
上 海	0.33	0.43	1.19	0.29	0.08	1.31
江 苏	1.94	1.89	0.49	0.04	0.17	0.36
浙 江	2.50	2.52	-1.97	0.31	2.03	0.31
安 徽	0.25	0.25	-0.24	0.03	0.04	-0.07
福 建	1.09	0.86	0.37	0.10	0.06	0.55
江 西	0.24	0.28	0.04	0.21		0.25
山 东	1.62	1.55	-3.20	0.16	2.80	-0.42
河 南	0.64	0.62	-2.20	0.17	0.93	-0.94
湖 北	1.04	0.89	-1.77	0.54	0.02	-1.41
湖 南	0.94	0.86	0.06	0.02	0.01	
广 东	4.60	4.21	7.77	0.64	0.33	8.37
广 西	0.62	0.59	-0.15	0.05	0.04	-0.11
海 南	0.36	0.36	0.37			-0.05
重 庆	0.86	0.28	0.97	0.17	0.02	1.07
四 川	1.88	1.34	-1.87	0.02	0.59	-1.35
贵 州	0.42	0.42	-0.27		0.01	-0.31
云 南	0.40	0.37	-0.42	0.04	0.01	-0.47
西 藏			0.06		0.01	0.06
陕 西	0.19	0.17	-0.19	-0.01	0.04	-0.15
甘 肃	0.15	0.14	-0.56		0.02	-0.56
青 海	0.10	0.10	-0.12			-0.12
宁 夏	0.04	0.04	-0.10		0.03	-0.09
新 疆	0.17	0.16	-0.42	-0.01	0.02	-0.58

单位：亿元

亏损企业亏损额	应交所得税	本年应付工资总额	主营业务应付工资总额	本年应付福利费总额	主营业务应付福利费总额	本年应交增值税	全部从业人员年平均人数（万人）
25.96	**7.44**	**75.65**	**68.12**	**10.19**	**8.84**	**24.42**	**47.28**
0.09	0.14	1.89	1.81	0.26	0.25	0.95	0.64
1.06	1.80	1.48	1.44	0.24	0.22	0.59	0.42
1.60	0.05	3.00	2.77	0.42	0.38	0.66	2.24
0.79	0.01	1.62	1.44	0.23	0.20	0.43	1.49
0.19	0.02	1.38	1.35	0.16	0.16	0.27	1.18
2.15	0.15	4.35	4.16	0.58	0.56	1.40	3.60
0.62		2.08	1.28	0.27	0.17	0.54	1.62
0.56	0.04	1.94	1.77	0.19	0.17	0.46	1.73
0.38	0.32	3.80	3.27	0.49	0.43	1.51	1.11
1.80	0.56	5.04	4.63	0.78	0.71	1.76	2.44
1.68	0.43	4.81	4.43	0.69	0.62	1.84	1.82
0.38	0.12	1.57	1.42	0.20	0.16	0.48	1.25
0.48	0.39	2.43	2.22	0.38	0.31	0.84	1.25
0.48	0.25	1.60	1.19	0.20	0.16	0.42	1.49
1.26	0.19	5.03	4.72	0.57	0.53	1.23	3.43
1.34	0.10	3.16	2.94	0.43	0.41	0.69	3.35
1.60	0.04	2.67	2.23	0.33	0.29	0.67	2.56
0.70	0.17	3.22	3.08	0.55	0.49	0.86	2.18
2.72	2.22	11.71	10.75	1.53	1.15	5.41	4.43
0.51	0.08	2.12	1.89	0.28	0.25	0.50	1.42
0.19		0.55	0.49	0.05	0.05	0.16	0.50
0.23	0.02	1.36	1.26	0.18	0.17	0.30	0.81
2.11	0.10	2.38	2.27	0.30	0.29	0.76	1.61
0.46	0.07	0.89	0.83	0.13	0.12	0.23	0.79
0.59	0.02	1.23	1.08	0.16	0.14	0.39	0.69
	0.01	0.07	0.03	0.01	0.01	0.03	0.05
0.37	0.05	1.96	1.24	0.24	0.15	0.46	1.32
0.69	0.04	1.03	0.95	0.15	0.14	0.22	0.91
0.13		0.27	0.25	0.03	0.03	0.05	0.21
0.10	0.01	0.37	0.35	0.06	0.06	0.07	0.28
0.71	0.02	0.66	0.60	0.09	0.08	0.21	0.49

1-B-47 规模以下工业企业

地 区	企业单位数(个)	亏损企业	工业总产值(当年价)	工业销售产值(当年价)	出口交货值	年末存货
全 国	**1098789**	**188028**	**20593.73**	**19885.78**	**1045.13**	**2841.02**
北 京	24799	10958	241.45	224.94	6.00	152.58
天 津	19188	6196	264.59	254.05	12.69	82.59
河 北	55346	4797	1512.72	1448.42	21.16	146.13
山 西	23870	2547	402.89	382.59	4.60	61.62
内蒙古	9574	1372	231.55	219.25	1.92	31.42
辽 宁	43972	14132	536.71	517.65	27.42	125.17
吉 林	13083	2626	207.94	201.08	2.89	34.95
黑龙江	17006	3817	236.92	227.61	1.98	61.50
上 海	40040	8958	626.04	608.85	33.84	123.18
江 苏	147993	25945	2794.27	2703.06	94.19	392.51
浙 江	147561	20509	2499.22	2432.61	186.21	299.84
安 徽	34487	5443	576.24	556.68	13.09	62.45
福 建	37920	5915	732.63	708.80	86.68	86.89
江 西	25448	2017	524.71	512.23	14.75	35.10
山 东	96757	9861	2157.49	2088.31	87.77	218.32
河 南	65421	4049	1661.21	1618.83	8.13	118.26
湖 北	23030	4876	368.98	312.78	6.94	51.16
湖 南	36402	2405	687.81	674.88	8.02	38.07
广 东	103066	27566	1964.68	1919.17	400.82	320.57
广 西	15332	2619	216.78	207.73	8.56	28.23
海 南	1478	485	22.18	20.12	0.65	4.73
重 庆	17875	2695	456.12	445.81	3.18	43.60
四 川	36346	5989	586.79	569.15	2.90	85.24
贵 州	8576	2041	151.25	148.27	0.74	18.42
云 南	12071	3028	252.03	241.53	4.16	52.79
西 藏	169	24	2.15	2.03	0.00	0.47
陕 西	22773	2379	415.57	395.11	4.37	98.30
甘 肃	9736	1577	113.19	104.47	0.83	24.22
青 海	1736	507	13.91	12.72	0.11	5.03
宁 夏	3357	774	51.53	48.55	0.37	11.45
新 疆	4377	1921	84.18	78.52	0.14	26.24

注：规模以下企业指年主营业务收入在500万元以下的企业。

主要经济指标

单位：亿元

资产总计	固定资产原价	本年折旧	负债合计	实收资本		
					国家资本	集体资本
25348.30	**12378.01**	**902.70**	**11937.61**	**12522.08**	**528.31**	**1031.73**
1402.35	276.88	12.44	554.73	729.22	129.15	38.05
530.70	201.10	8.52	316.21	252.62	15.68	33.96
1250.27	731.25	54.81	529.87	607.47	13.52	58.48
714.76	388.33	16.77	339.29	285.93	9.90	58.64
342.10	166.01	13.14	137.61	158.88	7.40	13.77
1199.04	511.83	21.16	699.08	544.85	28.85	84.83
345.60	185.15	14.08	166.23	145.15	7.08	19.54
535.45	286.50	20.26	292.06	239.31	20.96	31.55
1043.42	404.54	36.16	601.41	510.89	12.10	45.39
2814.04	1200.99	94.26	1461.63	1305.37	12.26	75.07
3176.85	1130.14	80.15	1405.33	1583.52	10.47	57.83
594.94	343.00	29.23	300.01	274.39	31.16	25.72
902.96	477.09	37.80	287.69	586.63	8.70	32.96
478.60	291.49	18.65	165.89	278.48	7.68	16.13
1964.74	1043.76	85.85	866.62	881.23	14.65	65.34
988.03	553.24	43.85	406.00	496.22	8.55	46.49
543.44	489.66	20.24	283.29	265.31	27.17	31.48
561.77	347.18	31.28	231.72	313.89	0.91	36.05
2674.46	1425.70	104.97	1325.83	1551.86	38.83	92.86
314.79	172.87	10.79	144.71	137.58	12.12	18.53
61.61	25.83	2.11	23.51	20.85	1.86	1.47
391.72	221.16	19.37	185.48	173.45	14.22	17.86
732.22	412.14	31.68	357.80	347.97	16.29	40.03
233.33	124.48	9.35	98.48	127.09	2.52	10.45
441.80	292.83	19.71	228.31	190.07	14.18	22.44
6.99	4.16	0.20	2.75	4.52	0.29	1.67
535.78	331.81	42.72	251.89	242.45	15.21	30.99
197.10	118.47	9.12	97.88	94.56	8.72	13.38
53.05	35.58	1.53	25.69	31.12	2.29	2.38
88.25	43.02	2.81	41.49	42.43	3.08	2.38
228.15	141.81	9.71	109.12	98.77	32.49	6.02

1-B-47 续表

地区	法人资本	个人资本	港澳台资本	外商资本	产品销售收入	产品销售成本
全国	**2939.64**	**5860.06**	**1080.50**	**1081.86**	**19533.90**	**18155.23**
北京	261.64	154.60	37.82	107.97	232.70	192.60
天津	59.19	81.58	15.71	46.50	251.10	218.73
河北	177.70	328.10	12.17	17.49	1391.70	1133.63
山西	89.47	123.34	1.52	3.07	377.10	285.39
内蒙古	56.36	76.28	1.60	3.48	217.30	163.31
辽宁	101.99	249.12	14.91	65.15	511.70	431.39
吉林	59.19	50.47	1.63	7.24	199.40	154.78
黑龙江	78.38	100.36	2.71	5.36	223.00	178.97
上海	106.53	186.96	73.47	86.45	577.80	478.78
江苏	176.18	746.73	103.79	191.34	2669.60	2376.83
浙江	278.83	869.90	185.27	181.21	2385.70	2039.31
安徽	71.49	134.01	2.76	9.25	548.50	450.30
福建	52.33	321.75	103.56	67.33	706.00	576.27
江西	72.45	163.63	12.93	5.66	505.40	400.58
山东	253.29	432.46	20.26	95.22	2075.20	1692.29
河南	112.35	319.83	4.17	4.82	1610.80	1281.17
湖北	81.04	113.95	7.01	4.66	285.40	235.30
湖南	87.40	179.93	4.87	4.73	673.90	506.33
广东	309.32	515.23	445.79	149.83	1845.20	3532.66
广西	37.09	60.01	6.27	3.56	202.90	170.89
海南	8.88	5.86	1.60	1.18	20.40	17.06
重庆	51.24	84.08	2.16	3.91	443.10	371.73
四川	76.26	205.04	5.65	4.70	562.00	455.34
贵州	42.99	63.23	5.10	2.80	141.30	99.08
云南	63.13	85.07	2.35	2.90	240.30	207.62
西藏	1.58	0.85		0.12	1.80	1.11
陕西	83.58	106.08	3.32	3.28	393.90	305.53
甘肃	33.96	36.73	0.92	0.85	98.40	76.55
青海	17.93	7.70	0.46	0.36	12.70	10.07
宁夏	11.26	24.97	0.30	0.44	41.10	33.92
新疆	26.61	32.25	0.40	1.00	88.30	77.73

单位：亿元

产品销售税金及附加	费用合计	营业利润	利润总额	亏损企业亏损额	从业人员劳动报酬	劳动、待业保险费	全部从业人员年平均人数（人）
442.63	**2376.00**	**1280.92**	**1136.09**	**423.91**	**2218.83**	**75.50**	**2681.85**
1.68	71.45	-25.22	-7.56	29.80	46.64	0.48	44.49
3.36	45.13	2.11	-1.21	15.51	35.76	1.98	44.74
35.21	124.08	147.24	118.03	12.39	119.02	2.70	158.23
13.77	45.05	42.13	38.77	4.87	52.60	1.11	68.00
10.13	22.77	22.30	19.21	4.14	23.69	0.64	28.69
10.95	77.41	3.69	3.53	27.19	67.85	3.13	91.62
5.70	30.18	17.67	12.83	5.76	24.09	1.86	33.69
5.63	30.04	11.44	8.51	11.10	32.72	1.65	46.09
7.35	106.02	8.18	6.07	36.53	90.23	3.49	80.10
40.72	245.89	80.05	70.09	48.57	266.95	7.58	301.31
37.29	219.23	118.19	107.24	27.88	239.72	6.23	240.60
10.34	52.03	52.05	47.58	9.73	54.79	1.76	79.98
17.98	79.93	53.26	45.21	10.70	87.09	1.86	92.21
21.42	49.46	54.57	50.43	3.35	61.67	0.96	77.40
50.92	197.77	169.56	153.68	19.47	183.60	7.32	245.78
30.25	140.03	227.10	215.20	6.31	131.82	1.98	193.88
7.98	41.29	16.38	8.09	10.42	44.17	1.78	58.68
27.34	74.17	85.96	75.66	4.87	85.16	2.08	96.88
32.46	293.71	37.49	28.19	79.85	290.35	17.26	341.69
6.00	24.29	11.88	9.87	5.01	25.59	1.18	39.42
0.43	3.76	0.27	0.19	1.19	2.39	0.16	3.17
10.53	42.61	32.17	28.60	5.90	49.81	1.54	54.57
15.74	215.56	37.62	33.70	10.68	67.20	2.18	87.53
9.13	22.60	18.11	14.68	4.68	25.62	0.59	27.01
6.43	34.60	8.13	8.35	10.39	29.26	1.25	37.84
0.07	0.39	0.41	0.30	0.09	0.46	0.01	0.48
17.95	49.64	38.82	36.14	5.29	44.11	1.37	56.72
3.17	14.58	8.15	6.51	3.05	14.78	0.56	27.72
0.30	2.60	0.32	-0.14	1.09	2.68	0.08	4.08
0.79	5.65	2.03	1.60	1.50	4.89	0.13	7.41
1.60	14.08	-1.14	-3.26	6.62	14.14	0.62	11.84

第2篇

主要工业产品产量及能源消费量

A. 主要工业产品产量

2-A-1 全国工业主要产品产量

产品名称	计量单位	本年生产量	产品名称	计量单位	本年生产量
原煤	万吨	199232.36	羽绒服	万件	77013.54
洗煤	万吨	48671.06	轻革	万平方米	44142.08
天然原油	万吨	17587.33	皮鞋	万双	274393.13
天然气	亿立方米	414.60	皮革服装	万件	10287.71
铁矿石原矿	万吨	34634.27	毛皮服装	万件	1555.94
铜选矿产品含铜量	万吨	74.16	人造板	万立方米	10308.42
铅选矿产品含铅量	万吨	99.84	胶合板	万立方米	5190.59
锌选矿产品含锌量	万吨	240.78	纤维板	万立方米	2144.89
锡选矿产品含锡量	万吨	11.82	刨花板	万立方米	1178.78
锑选矿产品含锑量	万吨	12.61	木地板	万平方米	18464.15
钨精矿折合量	万吨	11.17	复合地板	万平方米	9772.57
钼精矿折合量	万吨	8.64	家具	万件	83589.21
硫铁矿石（折含硫35%）	万吨	1270.91	金属家具	万件	36425.87
磷矿石（折含五氧化二磷30%）	万吨	3726.53	软体家具	万件	3039.17
原盐	万吨	4043.44	纸浆	万吨	1462.87
小麦粉(面粉)	万吨	5959.63	机制纸及纸板	万吨	5413.27
大米	万吨	2477.18	新闻纸	万吨	335.19
配混合饲料	万吨	6788.70	纸制品	万吨	10904.21
精制食用植物油	万吨	1682.63	纸和纸板容器	万吨	9392.25
成品糖	万吨	1033.70	自来水笔（钢笔）	万支	18462.10
糕点	万吨	133.98	木杆铅笔	亿支	151.13
饼干	万吨	231.64	汽油	万吨	5277.99
糖果	万吨	141.23	煤油	万吨	980.13
方便面	万吨	381.09	柴油	万吨	10178.66
乳制品	万吨	1060.11	燃料油	万吨	2479.09
液体乳	万吨	965.43	润滑油	万吨	789.36
罐头	万吨	533.56	液化石油气	万吨	1516.02
味精	万吨	132.50	石油沥青	万吨	1245.02
酱油	万吨	355.35	焦炭	万吨	20618.63
冷冻饮品	万吨	256.72	其中：机械化焦炉生产的焦炭	万吨	18205.41
发酵酒精(折96度,商品量)	万千升	304.33	硫酸（折100%）	万吨	3928.89
饮料酒	万千升	4532.60	盐酸（氯化氢）（含量31%以上）	万吨	737.91
啤酒	万千升	2948.59	烧碱（折100%）	万吨	1041.12
碳酸饮料	万吨	890.56	离子膜法烧碱（折100%）	万吨	307.65
精制茶	万吨	217.03	纯碱（碳酸钠）	万吨	1334.70
卷烟	亿支	18736.35	电石(碳化钙)	万吨	796.15
纱	万吨	1291.34	乙烯	万吨	629.85
布	亿米	482.10	纯苯	万吨	262.77
合计中：1.棉布	亿米	242.00	精甲醇	万吨	519.70
2.棉混纺布	亿米	113.25	冰醋酸	万吨	106.84
3.化学纤维布	亿米	126.84	浓硝酸	万吨	184.79
印染布	亿米	427.57	合成氨	万吨	4135.06
绒线（俗称毛线）	万吨	61.78	农用氮、磷、钾化学肥料总计(折纯)	万吨	4804.82
毛机织物（呢绒）	万米	81689.47	氮肥（折含氮100%）	万吨	3357.73
丝	万吨	15.16	尿素（折含氮100%）	万吨	2007.32
丝织品（不包括混纺丝织品）	万米	161983.29	磷肥	万吨	1246.78
麻袋（混合数）	万条	12794.24	钾肥	万吨	200.31
帘子布	万吨	41.34	磷酸铵肥料(含一铵、二铵)	万吨	1118.36
无纺布	万吨	120.74	化学农药原药(折有效成分100%)	万吨	82.08
服装	万件	3751786.84	1.杀虫剂原药	万吨	48.53
针织服装	万件	1507409.15	2.杀菌剂原药	万吨	10.60
梭织服装（不包括针织服装）	万件	2244377.69	3.除草剂原药	万吨	21.51
西服及西服套装（套裙）	万件	86013.09	涂料（油漆）	万吨	847.08
衬衫	万件	137262.36	建筑涂料	万吨	420.45

2-A-1 续表 1

产品名称	计量单位	本年生产量	产品名称	计量单位	本年生产量
颜料	万吨	172.84	(1)轻轨	万吨	58.49
染料	万吨	122.68	(2)重轨	万吨	172.07
初级形态的塑料(塑料树脂及共聚物)	万吨	2533.27	大型型钢	万吨	809.46
聚氯乙烯树脂	万吨	545.88	中小型型钢	万吨	1365.55
聚丙烯树脂	万吨	526.32	棒材	万吨	2617.65
合成橡胶	万吨	184.04	钢筋	万吨	6654.61
顺丁橡胶	万吨	36.68	线材（盘条）	万吨	5148.51
合成纤维单体	万吨	694.92	特厚板	万吨	182.38
己内酰胺	万吨	17.05	厚钢板	万吨	832.85
合成纤维聚合物	万吨	878.73	中板	万吨	1652.54
其中：聚酯	万吨	783.52	热轧薄板	万吨	241.36
肥(香)皂	万吨	87.69	冷轧薄板	万吨	549.60
合成洗涤剂	万吨	465.17	中厚宽钢带	万吨	3103.66
其中：合成洗衣粉	万吨	303.63	热轧薄宽钢带	万吨	917.79
牙膏(折65克标准支)	亿支	54.46	热轧窄钢带	万吨	2275.94
化学药品原药	万吨	256.64	冷轧窄钢带	万吨	375.15
中成药	万吨	215.00	镀层板（带）	万吨	765.20
化纤浆粕	万吨	75.59	(1)镀锌板（带）	万吨	600.09
化学纤维	万吨	1699.80	(2)镀锡板（带）	万吨	131.20
粘胶纤维	万吨	88.89	涂层板（带）	万吨	150.69
合成纤维	万吨	1581.35	电工钢板（带）	万吨	197.18
1.锦纶纤维	万吨	76.36	无缝钢管	万吨	1005.65
2.涤纶纤维	万吨	1315.04	焊接钢管	万吨	1722.13
3.腈纶纤维	万吨	72.21	其它钢材	万吨	428.41
4.维纶纤维	万吨	3.72	铁合金	万吨	1173.76
5.丙纶纤维	万吨	35.80	十种有色金属	万吨	1441.12
橡胶轮胎外胎	万条	39058.33	精炼铜(电解铜)	万吨	220.21
其中：子午线轮胎外胎	万条	12070.56	铅	万吨	197.36
橡胶靴鞋	万双	293130.76	锌	万吨	273.57
塑料制品	万吨	3760.71	电解镍	万吨	7.69
日用塑料制品	万吨	2750.11	锡	万吨	11.50
水泥熟料	万吨	69203.71	锑	万吨	14.68
水泥	万吨	96681.99	原铝（电解铝）	万吨	669.04
商品混凝土	万立方米	19182.54	金属镁	万吨	46.34
水泥排水管	千米	35148.23	钛	万吨	0.48
水泥压力管	千米	14580.29	黄金	千克	251881.90
水泥电杆	万根	1370.79	白银	千克	6826957.63
石膏板	万平方米	55021.00	氧化铝	万吨	697.86
砖	亿块	7443.07	铝合金	万吨	91.79
瓦	亿片	114.25	铜材	万吨	470.72
天然大理石板材	万平方米	6956.23	铝材	万吨	533.17
天然花岗石板材	万平方米	27705.21	机床可互换工具(金属切削工具)	万件	677852.29
平板玻璃	万重量箱	37026.17	金属集装箱	万立方米	12939.05
钢化玻璃	万平方米	9530.07	电站锅炉	蒸发量吨	286380.00
夹层玻璃	万平方米	1223.48	工业锅炉	蒸发量吨	220710.54
中空玻璃	万平方米	1389.92	内燃机	万千瓦	38075.60
玻璃纤维纱	万吨	87.73	电站用汽轮机	万千瓦	4995.19
卫生陶瓷制品	万件	8977.43	电站水轮机	万千瓦	214.63
耐火材料制品	万吨	3831.93	金属切削机床	万台	48.72
石墨及炭素制品	万吨	986.36	数控机床	万台	8.01
生铁	万吨	26830.99	金属成形机床(锻压设备)	万吨	123.65
粗钢	万吨	28291.09	铸造机械	万台	69.66
钢材(包括外购钢材1958.3万吨)	万吨	31975.72	电焊机	万台	150.65
铁道用钢材	万吨	293.86	起重设备	万吨	565.54

2-A-1 续表 2

产品名称	计量单位	本年生产量	产品名称	计量单位	本年生产量
叉车	万台	8.93	通信及电子网络用电缆	万公里	5245.68
输送机械	万米	484.56	电力电缆	万千米	1115.16
气体压缩机（包括空调压缩机）	万台	7289.56	原电池及原电池组(一号电池)	亿只	282.74
阀门	万吨	630.32	家用电冰箱(家用冷冻冷藏箱)	万台	3007.59
液压元件	万件	16386.19	房间空气调节器	万台	6390.33
滚动轴承	亿套	163.43	家用电风扇	万台	18560.31
工业电炉	万台	12.38	家用吸排油烟机	万台	677.44
风机	万台	1215.24	电饭锅	万个	4616.82
制冷空调设备	万台（套）	1151.82	家用电热烘烤器具	万个	10781.90
电动工具	万台	23724.46	微波炉	万个	4353.33
离心机	万台	12.21	家用洗衣机	万台	2533.41
减速机	万台	276.16	家用电热水器	万台	552.24
粉末冶金制品	万吨	104.71	家用吸尘器	万台	5015.42
采矿设备	万吨	259.74	燃气灶具	万台	1592.09
挖掘、铲土运输机械	万台	21.87	燃气热水器	万台	638.51
压实机械	万台	10.07	程控交换机	万线	7625.22
水泥专用设备	万吨	42.08	数字式程控交换机	万线	7563.62
非金属矿物混合或搅拌机械	万台	26.71	电话单机	万台	19515.71
金属冶炼设备	万吨	41.97	传真机	万台	851.16
金属轧制设备	万吨	41.41	移动通信手持机（手机）	万台	23751.58
炼油、化工专用设备	万吨	61.35	电子计算机	台	97177.00
塑料加工设备	万吨	94.14	微型电子计算机	万台	5974.90
模具	万套	5347.88	其中：笔记本计算机	万台	3238.38
烟草加工机械	万台(套、条)	1.15	显示器	万台	14533.58
谷物、干豆加工机械	万台	252.94	打印机	万台	4519.26
饲料生产专用设备	万台	43.35	黑白显像管	万只	1061.90
造纸专用设备	万台	18.00	彩色显像管	万只	8708.20
印刷机	万吨	13.26	半导体器件	亿只	1956.43
缝纫机	万台	1122.51	集成电路	亿块	235.51
大中型拖拉机	万台	11.38	彩色电视机	万台	7431.83
小型拖拉机	万台	193.98	黑白电视机	万台	1037.13
农业运输机械	万辆	164.45	录放像一体机	万台	1963.43
收获机械	万台	33.24	激光视盘机	万台	11820.23
场上作业机械	万台	73.92	收音机	万台	8040.08
棉花加工机械	万台	5.86	收录放音组合机	万台	6670.37
铁路机车	万千瓦	442.24	组合音响	万台	5466.20
铁路客车	辆	2277.00	复读机	万台	500.77
铁路货车	辆	31715.00	自动化仪表及系统	万台(套)	1516.33
汽车	万辆	509.11	电工仪器仪表	万台	7515.71
基本型乘用车（轿车整车）	万辆	227.63	分析仪器及装置	万台	104.34
公路客车(10座以上整车)	万辆	48.17	试验机	万台	11.14
载货汽车(整车)	万辆	111.56	电气化教学设备	万台	76.14
改装汽车	万辆	59.41	钟	万只	65292.61
摩托车	万辆	1674.92	表	万只	50154.42
自行车	万辆	8512.68	眼镜成镜	万副	82188.34
民用钢质船舶	万载重吨	1308.44	照相机	万台	15236.36
发电机组	万千瓦	9233.01	数码照相机	万台	4207.59
1.水轮发电机组	万千瓦	1079.56	伞	万把	90455.11
2.汽轮发电机组	万千瓦	4756.05	发电量	亿千瓦小时	22033.09
交流电动机	万千瓦	19534.76	1.火电	亿千瓦小时	17955.88
变压器	万千伏安	240476.62	2.水电	亿千瓦小时	3535.44
高压开关板	万面	113.61	3.核电	亿千瓦小时	504.69
低压开关板	万面(台)	1469.06	煤气生产量	亿立方米	2068.19

2-A-2 全国规模以上工业主要产品生产能力

产品名称	计量单位	年末生产能力	产品名称	计量单位	年末生产能力
原煤（按核定能力填报）	万吨	174448.6	石墨及炭素制品	万吨	1002.4
洗煤	万处理吨	56873.4	生铁	万吨	35956.3
天然原油	万吨	18276.0	粗钢	万吨	35694.1
天然气	亿立方米	537.4	钢材	万吨	46317.3
铁矿石原矿	万实物吨	35082.9	锡冶炼能力	吨	133743.3
铜选矿产品含铜量	万吨	72.4	氧化铝生产能力	万吨	730.9
铅选矿产品含铅量	万吨	109.2	金属镁冶炼能力	万吨	71.8
锌选矿产品含锌量	万吨	218.8	铜材加工能力	万吨	683.4
锡选矿产品含锡量	万吨	10.8	铝材加工能力	万吨	821.8
钨精矿折合量	吨	115840.0	电站锅炉	蒸发量吨	318129.0
钼精矿折合量	吨	117685.7	工业锅炉	蒸发量吨	342979.4
硫铁矿石（折含硫 35%）	万折合吨	1436.4	叉车	台	144360.0
磷矿石（折含五氧化二磷30%）	万折合吨	3129.2	滚动轴承	亿套	102.1
原盐	万吨	4250.2	缝纫机	万台	1433.0
方便面	万吨	532.4	汽车	万辆	867.0
味精	万吨	186.8	汽轮发电机组	万千瓦	4351.1
卷烟	亿支	27983.6	家用电冰箱(家用冷冻冷藏箱)	万台	4377.0
纤维板	万立方米	2930.8	房间空气调节器	万台	9633.6
刨花板	万立方米	858.1	家用洗衣机	万台	3654.6
机械化焦炉生产的焦炭	万吨	27446.7	移动通信手持机（手机）	万台	43014.9
硫酸（折100%）	万吨	4562.8	电话单机	万台	26147.7
烧碱（折100%）	万吨	1266.0	传真机	万台	997.9
纯碱（碳酸钠）	万吨	1436.4	程控交换机	万线	9868.3
乙烯	万吨	603.4	台式微型计算机	万台	4493.1
纯苯	万吨	262.6	笔记本计算机	万台	5615.3
精甲醇	万吨	740.9	打印机	万台	5721.8
合成氨	万吨	5044.0	显示器	万台	21889.2
尿素（折含氮100%）	万吨	2852.6	彩色电视机	万台	12125.0
氯化钾（折含氧化钾100%）	万吨	242.6	黑白电视机	万台	1050.8
涂料（油漆）	万吨	700.6	激光视盘机	万台	20367.2
染料	万吨	170.4	组合音响	万台	12001.3
聚丙烯树脂	万吨	570.9	彩色显像管	万只	11620.9
合成橡胶	万吨	239.2	集成电路	亿块	299.3
合成纤维单体	万吨	738.7	照相机	万台	18431.0
橡胶轮胎外胎	万条	51462.1	其中：数码照相机	万台	5655.2
水泥熟料	万吨	79389.6	发电设备容量总计	万千瓦	42994.8
水泥	万吨	131226.2	1.火力发电设备容量	万千瓦	31606.0
平板玻璃	万重量箱	33311.3	2.水力发电设备容量	万千瓦	9746.8
耐火材料制品	万吨	2974.7	3.核能发电设备容量	万千瓦	700.0

2-A-3 分地区全国工业主要产品产量

地区	原煤（万吨）	天然原油（万吨）	天然气（亿立方米）	铁矿石原矿（万吨）	硫铁矿石（折含硫35%）（万吨）	磷矿石（折含五氧化二磷30%）（万吨）	小麦粉（面粉）（万吨）	精制食用植物油（万吨）	成品糖（万吨）	罐头（万吨）
全国	**199232.36**	**17587.33**	**414.60**	**34634.27**	**1270.91**	**3726.53**	**5959.63**	**1682.63**	**1033.70**	**533.56**
北京	1067.96			1657.59			31.92	3.97	0.02	0.56
天津		1446.21	8.72	0.46			37.13	52.71		3.09
河北	8651.97	537.78	6.63	10536.94		18.38	399.62	68.79	3.24	17.28
山西	48392.72			1942.09	63.04		38.87	13.31	0.45	4.25
内蒙古	21235.21	113.22	17.19	2149.36	23.24		42.72	16.27	10.67	0.15
辽宁	6641.94	1283.19	10.30	6900.24	90.29	0.65	32.86	85.68	0.75	10.74
吉林	2589.96	481.11	3.44	452.25	2.00		1.36	22.00		0.41
黑龙江	8476.49	4666.49	20.34	45.12		0.50	38.82	42.82	15.57	2.00
上海		31.86	5.73				20.61	67.99		5.03
江苏	2763.13	168.94	0.53	545.91	42.33	20.42	381.09	214.48		21.31
浙江	65.32			141.87	31.56		24.25	42.25		67.44
安徽	8147.86			1030.19	208.75	7.30	202.58	41.59		4.71
福建	1492.61			314.21	2.04		56.02	76.95	6.02	104.16
江西	2871.75			328.69	138.18	14.73	4.92	6.99	1.61	4.31
山东	14764.28	2590.19	9.25	1147.37	43.60	0.04	1472.94	470.66		88.30
河南	16829.42	523.41	18.55	918.85	14.06		2349.00	79.07		21.52
湖北	1016.62	165.02	1.08	851.74	9.81	885.15	64.76	62.41		12.91
湖南	6016.57			158.31	30.03	57.73	13.10	39.18	3.22	26.15
广东	557.35	1481.90	42.82	762.27	283.54		128.26	151.52	107.77	17.73
广西	589.19	3.59		90.54	17.85	1.75	19.17	43.51	592.90	17.06
海南		8.04	1.29	486.69			2.06		43.06	12.24
重庆	3654.61		4.69	115.16	3.19		10.38	3.32	0.72	3.33
四川	7651.35	14.62	114.03	1675.33	115.73	475.59	68.64	29.89	7.40	10.52
贵州	7953.02			119.00	3.40	866.18	2.87	6.85	2.08	0.58
云南	5045.03	0.09	0.18	451.57	24.44	1364.55	9.95	2.40	200.12	1.68
西藏	1.64			1.98			1.59	0.06		
陕西	13068.42	1531.51	74.46	860.65	78.20	13.56	124.79	9.68		0.69
甘肃	3539.98	77.04	0.20	553.94	31.41		104.72	1.15	0.84	13.46
青海	452.26	222.02	17.94	0.99			3.29	2.81		
宁夏	2432.70	4.10		28.57			193.32	0.96		0.17
新疆	3263.00	2237.00	57.23	366.39	14.22		78.02	23.36	37.26	61.78

2-A-3 续表 1

地 区	啤酒（万千升）	卷烟（亿支）	纱（万吨）	布（亿米）	印染布（亿米）	绒线（俗称毛线）（万吨）	丝（吨）	帘子布（万吨）	人造板（万立方米）	汽油（万吨）
全 国	**2948.59**	**18736.35**	**1291.34**	**482.10**	**427.57**	**61.78**	**151602.35**	**41.34**	**10308.42**	**5277.99**
北 京	138.46	123.94	2.46	0.41	0.43	0.06		0.02	15.64	169.77
天 津	17.12	110.00	7.57	3.43	2.25	0.29	26.00	0.06	15.26	130.89
河 北	124.42	560.04	74.14	30.34	13.01	13.78	3.00	0.09	930.57	210.79
山 西	18.53	125.00	10.98	3.01	0.63	0.01	175.00		62.90	0.03
内蒙古	51.55	152.50	2.22	0.42	0.03	0.64		0.05	73.01	40.20
辽 宁	158.48	229.32	17.19	4.31	11.83	0.18	6168.00	0.18	131.16	925.79
吉 林	87.89	242.50	5.65	1.32	0.10	0.12		0.01	197.95	155.48
黑龙江	142.32	352.72	6.25	1.46		0.01		0.03	137.36	405.27
上 海	62.88	791.70	18.39	4.17	6.28	0.42	300.05	0.41	97.73	290.56
江 苏	153.09	840.86	301.12	88.65	65.27	13.54	29734.00	15.83	1537.54	219.00
浙 江	225.45	639.34	90.22	97.82	158.92	4.68	55451.00	7.69	574.98	292.47
安 徽	131.19	956.24	36.97	7.25	2.30	0.21	5702.79	2.28	323.09	86.99
福 建	275.61	573.04	60.54	22.67	37.28	0.88	540.00	1.94	423.86	108.72
江 西	49.99	326.29	19.36	5.02	2.41	0.82	1750.00		298.85	83.19
山 东	378.21	1144.72	287.53	95.93	52.64	15.98	15348.00	5.73	2770.72	438.54
河 南	144.41	1424.73	118.90	20.95	8.53	1.15	1903.10	4.80	789.40	136.20
湖 北	122.92	1078.75	80.28	27.70	3.63	0.06	758.34	0.06	246.77	170.96
湖 南	43.70	1404.17	30.75	4.69	1.59	0.05	81.04		471.26	129.67
广 东	249.77	1018.29	29.42	27.55	49.54	7.49	1519.98	0.88	464.93	400.73
广 西	46.89	510.20	10.80	0.44	0.10	0.03	4501.75		245.05	16.24
海 南	9.79	59.00			0.12				23.89	
重 庆	46.21	386.32	7.59	14.58	1.65	0.09	6977.79	0.08	10.17	0.01
四 川	100.69	693.42	21.95	6.67	7.66	0.77	18223.00	0.84	291.10	18.33
贵 州	13.18	973.72	2.02	0.45	0.09	0.01	40.30		22.69	
云 南	20.55	3106.92	1.32	0.20	0.11	0.01	972.30		79.31	
西 藏	3.32									
陕 西	61.83	610.62	19.02	10.98	1.14		1362.00	0.35	23.65	310.54
甘 肃	36.31	220.50	2.17	0.41		0.39			18.68	226.94
青 海			0.35			0.01			0.60	26.32
宁 夏	9.22	11.50	0.26	0.01			26.00		1.60	48.51
新 疆	24.61	70.00	25.92	1.26	0.03	0.10	38.91	0.01	28.70	235.85

2-A-3 续表 2

地区	柴油（万吨）	燃料油（万吨）	润滑油（万吨）	液化石油气（万吨）	焦炭（万吨）	焦炭：机械化焦炉生产的焦炭	硫酸（折100%）（万吨）	盐酸（氯化氢）（含量31%以上）（万吨）	烧碱（折100%）（万吨）	纯碱（碳酸钠）（万吨）
全国	**10178.66**	**2479.09**	**789.36**	**1516.02**	**20618.63**	**18205.41**	**3928.89**	**737.91**	**1041.12**	**1334.70**
北京	180.74	73.36	74.88	43.43	362.04	361.08	5.57	14.88	18.76	0.01
天津	310.24	102.02	27.46	54.68	376.68	376.67	10.39	27.21	83.19	87.15
河北	374.98	41.53	18.34	58.39	1941.00	1700.18	121.58	33.32	56.88	167.18
山西	0.01		2.59		6582.31	5991.26	63.22	7.38	27.95	11.95
内蒙古	48.66	16.07	0.24	7.12	877.85	764.98	34.25	17.09	20.02	67.02
辽宁	1831.60	420.47	112.55	193.09	1013.77	1012.34	121.68	29.03	48.08	80.67
吉林	332.73	27.26	3.07	32.13	224.64	187.21	5.91	5.09	8.46	0.02
黑龙江	616.80	76.88	36.38	97.20	414.84	373.84	10.16	8.59	9.84	0.10
上海	637.89	118.63	41.53	106.31	746.58	746.58	37.61	24.79	44.11	2.65
江苏	544.96	217.44	95.32	142.40	490.54	439.50	341.14	108.32	109.01	194.71
浙江	688.46	160.89	10.22	140.51	57.79	53.01	91.67	47.25	54.48	13.88
安徽	181.39	10.69	2.33	0.05	438.15	435.04	180.01	8.71	10.87	21.34
福建	174.44	105.10	9.06	44.74	68.69	67.33	41.77	14.32	29.59	18.51
江西	137.25	58.95	1.36	21.91	340.54	340.19	113.04	20.72	24.32	
山东	875.31	429.98	53.98	121.18	1124.76	858.75	374.94	111.55	197.61	278.15
河南	250.51	47.54	17.49	39.50	833.63	828.85	106.83	35.54	68.10	108.03
湖北	298.38	35.70	75.94	88.51	469.36	419.11	342.75	30.01	29.48	69.37
湖南	240.60	32.80	1.35	38.24	410.12	343.22	176.89	15.37	34.13	19.10
广东	867.05	279.49	63.83	111.12	90.62	90.62	161.69	35.80	21.98	31.76
广西	27.93	17.47	21.63	6.32	152.17	152.17	147.49	18.14	18.89	0.57
海南							1.17			
重庆	0.38	0.06	5.49		196.62	176.01	137.78	2.36	4.90	10.28
四川	39.72	0.23	6.74	13.63	819.09	734.10	289.54	54.61	61.66	81.72
贵州			0.03		695.26	260.69	295.79	22.21	8.10	
云南		0.04	3.19		917.59	742.21	486.42	4.40	4.87	14.81
西藏										
陕西	453.62	98.19	1.38	62.86	573.39	420.55	85.32	11.90	7.45	18.90
甘肃	442.53	73.38	42.79	25.45	149.64	131.05	114.01	9.33	5.98	17.24
青海	36.14	2.75		7.40			3.88	1.56	1.11	7.66
宁夏	63.24	3.59	0.16	9.28	98.93	85.49	14.98	5.19	13.85	0.60
新疆	523.10	28.58	60.03	50.57	152.03	113.38	11.41	13.24	17.45	11.32

2-A-3 续表 3

地 区	乙 烯(万吨)	合成氨(万吨)	农用氮、磷、钾化学肥料总计(折纯)(万吨)	氮肥(折含氮100%)(万吨)	磷 肥(万吨)	化学农药原药(折有效成分100%)(万吨)	初级形态的塑料(塑料树脂及共聚物)(万吨)	合成橡胶(万吨)	中成药(万吨)	化学纤维(万吨)
全 国	**629.85**	**4135.06**	**4804.82**	**3357.73**	**1246.78**	**82.08**	**2533.27**	**184.04**	**215.00**	**1699.80**
北 京	98.22		1.72	1.71	0.01	0.14	135.60	25.96	2.58	2.85
天 津	22.81	18.43	17.74	14.63	3.11	0.45	120.96	0.57	0.69	21.10
河 北	0.83	317.07	231.73	198.02	33.71	3.93	56.80	1.37	2.18	21.47
山 西		290.60	219.14	201.90	17.24	0.74	16.16	1.69	1.05	3.68
内蒙古		67.01	57.87	56.35	1.52	0.67	13.58		1.29	0.51
辽 宁	48.23	103.80	88.14	85.36	2.78	2.76	129.52	2.30	0.73	30.33
吉 林	58.05	55.19	18.37	18.37		0.56	63.96	16.87	3.55	17.06
黑龙江	45.60	59.72	45.55	45.44	0.11	0.14	81.87	4.83		20.96
上 海	95.60	10.46	3.47	2.73	0.74	1.88	176.21	16.88	2.26	61.08
江 苏	81.76	220.55	214.34	144.81	69.53	24.59	434.66	30.71	4.19	472.83
浙 江		87.64	64.74	53.94	10.80	12.61	198.69	1.25	2.44	628.11
安 徽	0.04	219.11	248.65	165.34	83.31	2.76	18.55	0.38	2.96	11.55
福 建		95.63	61.26	54.52	6.74	1.07	242.33	3.05	7.14	79.65
江 西	0.13	51.62	70.60	38.31	32.29	1.39	17.26	0.18	4.68	37.49
山 东	45.79	552.94	497.24	447.45	49.79	10.03	207.98	25.79	72.99	139.99
河 南	21.90	431.35	401.38	351.97	49.41	2.24	83.72	5.09	9.79	41.46
湖 北	0.03	199.34	343.59	204.41	139.18		39.94	2.14	19.13	13.34
湖 南	0.09	170.81	263.08	225.33	37.75	6.94	42.76	24.61	17.62	10.01
广 东	61.35	5.89	26.68	2.85	23.83	1.76	247.24	5.48	16.72	49.07
广 西		41.89	123.36	90.43	32.93	1.59	6.40	0.48	7.70	0.33
海 南		82.16	65.01	64.61	0.40				0.42	5.60
重 庆		87.57	120.01	68.68	51.33	0.99	1.73	2.09	2.99	2.35
四 川		289.31	429.67	280.61	149.06	3.71	49.19	0.44	7.72	16.87
贵 州		102.44	218.19	85.73	132.46	0.01	10.95		3.65	0.79
云 南		160.68	313.53	122.32	191.21	0.06	4.40	0.10	1.00	1.64
西 藏									0.11	
陕 西		143.56	132.89	102.45	30.44	0.82	8.58	1.49	14.64	2.34
甘 肃	24.05	75.59	139.94	53.25	86.69	0.18	45.56	7.05	4.42	2.79
青 海			199.68		3.68		2.46	0.01	0.04	
宁 夏		93.14	100.29	95.36	4.93		14.10		0.09	0.27
新 疆	25.37	101.56	86.96	80.85	1.80	0.06	62.11	3.23	0.23	4.28

2-A-3 续表 4

地 区	橡胶轮胎外 胎(万条)	水 泥(万吨)	平板玻璃(万重量箱)	生 铁(万吨)	粗 钢(万吨)	钢材(包括外购钢材)(万吨)	大型型钢(万吨)	中小型型钢(万吨)	钢 筋(万吨)	线材(盘条)(万吨)
全 国	**39058.33**	**96681.99**	**37026.17**	**26830.99**	**28291.09**	**31975.72**	**809.46**	**1365.55**	**6654.61**	**5148.51**
北 京	277.91	1214.19	658.70	803.48	827.52	870.61	5.72	12.82	259.13	363.40
天 津	4434.77	522.25	436.14	524.63	788.67	1724.91	28.77	45.93	254.48	92.67
河 北	141.06	7585.47	7136.96	5453.91	5704.49	5056.95	81.06	434.07	937.48	675.99
山 西	141.34	2385.71	427.09	2328.49	1293.85	1127.63	22.40	3.46	277.31	226.37
内蒙古	2.90	1282.83	1073.84	678.46	626.54	604.62	28.71	2.76	31.01	55.89
辽 宁	935.67	2495.73	1785.17	2547.81	2612.79	2657.91	26.39	205.56	226.41	217.49
吉 林	189.26	1322.76	271.17	331.31	407.71	436.14	12.97	81.67	61.82	84.89
黑龙江	136.61	1159.93	480.84	144.85	233.92	201.39	23.31	0.74	76.52	0.92
上 海	896.42	970.96	856.17	1356.47	1818.74	1923.70	0.09	0.94	141.18	113.27
江 苏	4795.90	8804.98	4072.76	1826.33	2568.29	4200.53	8.45	112.18	1208.85	813.37
浙 江	2424.47	8772.93	2213.20	188.98	401.92	881.57	6.37	22.88	48.67	112.19
安 徽	1100.06	3464.52	485.81	969.91	953.62	997.36	157.10	59.61	258.22	162.59
福 建	3246.61	2382.61	539.39	315.82	324.55	541.19	0.01	29.57	183.22	176.46
江 西	323.54	3094.38	628.13	663.82	714.84	757.70		17.55	281.53	219.85
山 东	15573.00	12876.96	4467.45	2093.76	2074.18	2194.17	286.01	115.40	548.03	298.56
河 南	743.08	5295.14	3651.63	850.47	976.64	1129.25	16.19	47.11	248.55	303.73
湖 北	28.11	3631.92	1114.31	1196.65	1366.78	1398.98	54.80	13.19	130.89	162.44
湖 南	441.42	3385.79	1107.39	847.51	872.27	798.84	21.59	8.53	146.04	274.92
广 东	1783.19	7683.11	2203.36	441.34	737.83	1214.06	0.22	53.74	305.11	171.67
广 西	17.86	2777.05	486.65	344.85	340.64	394.41		35.76	143.25	92.09
海 南		425.37		0.43	0.01	13.80				3.08
重 庆	335.00	1992.13	163.22	252.93	270.38	301.62	9.39	13.76	37.92	49.17
四 川	352.41	3855.77	1157.13	968.16	1004.01	1161.71	8.05	14.86	293.90	99.63
贵 州	355.84	1429.80	59.27	233.49	212.21	208.35		0.04	109.63	76.77
云 南	1.36	2300.29	313.93	705.91	356.20	368.77	1.26	12.77	129.70	101.87
西 藏		101.20								
陕 西		2020.37	661.47	250.83	227.41	205.44	0.31	0.50	125.81	15.50
甘 肃		1326.37	306.67	295.97	279.96	298.17	0.02	2.41	71.12	87.27
青 海		340.97	78.40	0.26	47.23	37.96	9.83	8.60	0.02	0.38
宁 夏	293.57	580.23	67.27	20.28		14.07		1.07	11.09	1.84
新 疆	86.97	1200.27	122.65	193.88	247.89	253.91	0.44	8.07	107.72	94.24

2-A-3 续表 5

地区	热轧薄板（万吨）	中厚宽钢带（万吨）	无缝钢管（万吨）	焊接钢管（万吨）	铁合金（万吨）	铅（万吨）	锌（万吨）	原铝（电解铝）（万吨）	氧化铝（万吨）	机床可互换工具（金属切削工具）（万件）
全　国	**241.36**	**3103.66**	**1005.65**	**1722.13**	**1173.76**	**197.36**	**273.57**	**669.04**	**697.86**	**677852.29**
北　京			0.02	1.95	0.99		0.13	0.29		812.00
天　津	35.68	49.67	146.60	319.95	0.84	0.24	0.11	7.81		3623.34
河　北	17.56	789.52	6.95	464.27	12.46	6.18	0.68	3.74		5009.00
山　西	2.17	126.28	3.35	28.55	63.20	0.89	3.02	33.17	140.25	4249.00
内蒙古	0.31	216.48	79.39	22.33	99.69	2.88	4.86	39.72		1210.00
辽　宁	11.13	719.06	62.78	94.94	48.58	0.34	28.55	17.99		11338.47
吉　林	5.21		12.92	4.40	36.09	0.19	0.05	7.14		1342.83
黑龙江	0.07		3.93	16.31	10.20	0.16		1.05		7714.88
上　海	6.61	241.75	96.65	41.51	12.91	0.61				21394.87
江　苏	86.97	139.36	185.04	169.31	28.09	8.74	2.44	1.23		363167.00
浙　江	5.40	3.85	56.30	162.42	6.46	0.88	2.39	7.46		36875.00
安　徽	26.15	85.04	9.12	4.36	0.80	13.73	0.08	0.06		3606.82
福　建	0.51		4.14	12.05	10.65	0.21	0.42	4.74		5710.00
江　西	0.22		22.49	7.87	1.46	2.59	0.17	0.60		4165.00
山　东	3.83	42.71	85.85	96.24	10.81	0.51	0.18	76.90	103.87	133011.41
河　南	16.59	1.39	57.09	15.37	52.28	59.96	3.57	165.45	268.91	12774.05
湖　北	2.26	270.71	23.30	20.32	14.58	3.44		14.09		9458.09
湖　南	0.04	98.96	48.74	1.75	116.93	31.77	61.40	9.48		3153.68
广　东	5.97	78.71	6.05	100.78	4.55	8.55	18.01	0.28		33801.00
广　西	6.22	0.44		11.26	109.30	13.48	25.06	21.68	91.71	60.00
海　南										5.00
重　庆	1.36		7.70	7.93	32.56	1.23	0.01	6.06	5.33	563.01
四　川	4.47	194.26	71.68	52.74	112.89	0.83	21.25	32.19		8947.00
贵　州			1.68	0.45	130.05	0.91	14.39	42.29	87.79	2066.13
云　南	2.58	4.22	0.02	13.98	60.07	26.77	40.95	26.42		85.99
西　藏										
陕　西	0.05		2.08	33.91	21.31	1.10	22.18	9.69		2476.72
甘　肃		41.25	0.01	2.72	71.51	6.30	19.78	50.33		1231.00
青　海			11.03		32.48	2.18	3.16	56.42		
宁　夏				0.03	68.62	2.69	0.73	27.42		1.00
新　疆			0.74	14.43	3.40			5.34		

2-A-3 续表 6

地区	内燃机（万千瓦）	金属切削机床（万台）	大中型拖拉机（台）	汽车（万辆）	摩托车（万辆）	民用钢质船舶（万载重吨）	变压器（万千伏安）	家用电冰箱（家用冷冻冷藏箱）(万台)	房间空气调节器（万台）	家用电风扇（万台）
全　国	**38075.60**	**48.72**	**113782.00**	**509.11**	**1674.92**	**1308.44**	**240476.62**	**3007.59**	**6390.33**	**18560.31**
北　京	24.92	0.76		53.90	10.80		324.68	63.13	0.47	0.14
天　津	385.05	0.07	8703.00	22.92	124.97	14.17	0.06	28.25	384.12	2.04
河　北	8.00	0.34	16109.00	16.61	39.90		6058.46			0.13
山　西	2.61	0.26		0.07			193.81	0.07		0.20
内蒙古				0.60		0.02	124.98			
辽　宁	4626.50	9.44	245.00	14.28	0.16	196.50	3097.07	116.34	116.69	0.14
吉　林	4033.70	0.10		53.70	13.61		378.16	14.38	0.50	
黑龙江	39.56	0.55		23.60		0.04	381.00	0.10		
上　海	7901.65	2.24	8984.00	55.79	75.34	296.17	1665.74	33.31	413.34	65.85
江　苏	611.03	9.13	32527.00	25.80	133.62	289.00	17640.77	290.94	517.01	318.22
浙　江	597.96	6.22	9427.00	10.22	185.28	172.30	6051.53	184.17	455.72	616.28
安　徽	37.23	2.37		21.94		87.70	1617.87	325.74	524.24	9.52
福　建	1471.04	0.57	471.00	7.02	11.45	31.82	66667.27			244.58
江　西	242.72	0.53	1051.00	18.25	2.25	3.97	1407.81	26.02	43.98	32.47
山　东	4728.66	7.52	16854.00	17.06	117.87	59.44	11538.05	628.68	647.17	114.15
河　南	34.62	0.47	16170.00	3.71	54.51	34.68	566.01	147.45	39.56	1.77
湖　北	35.17	0.31	844.00	37.43	7.50	30.72	420.89	22.58	177.91	
湖　南	81.25	0.88		6.07	24.87	3.31	4163.74	65.53		2.25
广　东	6236.67	2.65		27.41	375.49	58.65	107416.34	942.02	2611.17	17088.57
广　西	3724.54	0.48	467.00	28.47		12.35	537.39			35.69
海　南	31.83			6.70	12.11		253.76			
重　庆	1368.25	0.46		40.86	477.28	15.64	3073.39		379.01	8.06
四　川	1745.40	0.88	1920.00	6.09	0.01	1.75	1063.20	34.08	79.43	17.44
贵　州	0.20	0.08		0.05		0.10	88.08	72.20		
云　南	12.57	0.68		5.46	0.07	0.11	930.09			
西　藏										
陕　西	92.75	1.21		4.88	7.82		3060.75	11.98	0.01	2.81
甘　肃		0.15			0.01		547.67	0.62		
青　海		0.07								
宁　夏	1.62	0.30					73.31			
新　疆	0.10		10.00	0.22			1134.74			

2-A-3 续表 7

地区	程控交换机（万线）	移动通信手持机（手机）（万台）	微型电子计算机（万台）	集成电路（万块）	彩色电视机（万台）	组合音响（万台）	照相机（万台）	发电量（亿千瓦小时）	火电	水电
全国	**7625.22**	**23751.58**	**5974.90**	**2355137.31**	**7431.83**	**5466.20**	**15236.36**	**22033.09**	**17955.88**	**3535.44**
北京	3224.92	3998.82	533.35	111363.00	0.27	0.60	116.81	203.89	198.07	3.96
天津	2.85	4880.60	2.43	113902.00	109.42	19.53	114.75	339.76	339.76	
河北	18.66					4.33	145.56	1255.56	1251.11	4.02
山西			0.43		9.94			1078.99	1058.00	21.00
内蒙古		206.55	0.73		237.49			816.44	805.84	8.49
辽宁	6.86	58.73	178.40	394.67	346.15		0.07	874.85	834.48	38.59
吉林	1.21		0.03	77.14	82.90			386.19	329.15	56.35
黑龙江	0.13		4.00	7134.00	1.31	0.22		501.83	484.98	13.96
上海	923.66	2370.23	1363.30	546380.00	137.53	16.95	1490.43	705.02	703.77	
江苏	92.53	197.12	1874.47	793261.25	497.50	227.67	910.20	1554.89	1550.78	3.00
浙江	415.16	2049.96	120.79	166560.00	106.03	62.59	60.92	1231.90	915.34	95.38
安徽	5.49		10.71	10.00	254.44	21.98		607.10	587.58	18.11
福建	69.91	883.64	300.36	13328.00	284.67	83.05	7558.35	674.64	489.52	184.84
江西	2.46		13.75	1284.00	70.57		21.01	378.98	303.43	75.55
山东	315.70	1116.48	57.45	3455.00	764.92	39.29	0.02	1688.19	1681.78	0.98
河南	0.24		0.43	44.00	165.45			1280.75	1200.87	78.36
湖北	90.59	464.19	8.91			7.65		1096.77	396.80	697.24
湖南	5.40		0.06	6.00				651.11	371.31	280.93
广东	2281.19	7494.76	1498.50	431921.00	3601.98	4943.06	4818.00	2141.23	1661.26	192.13
广西		0.47	4.63					378.49	192.02	185.41
海南								65.70	56.40	9.23
重庆			0.03					262.66	168.99	93.50
四川	0.82		0.47	640.00	688.54	8.08		934.49	313.79	620.57
贵州		30.03		13.25	62.22			720.46	490.40	226.05
云南	3.00							548.05	248.22	299.83
西藏								11.51	0.08	10.32
陕西	164.44		1.62		10.50	0.05	0.24	498.29	455.90	42.49
甘肃				165364.00		31.15		455.34	334.71	119.42
青海								172.51	61.21	111.30
宁夏			0.05					253.66	243.99	9.40
新疆								263.84	226.34	35.03

B. 能源消费量

2-B-1 中国能源平衡表

	能源合计		煤合计	原 煤
	(发电煤耗计算法)	(电热当量计算法)		
一、可供本地区消费的能源量	**203343.73**	**194104.38**	**137316.09**	**137335**
1.一次能源生产量	187341.15	177962.03	142311.70	142312
水电	12477.88	4345.06		
核电	1781.24	620.26		
2.回收能	2507.99	2507.99		
3.进 口 量	26045.95	25967.73	1444.68	811
4.我轮、机在外国加油量	546.74	546.74		
5.出 口 量(−)	-11159.24	-10941.26	-6296.41	-5774
6.外轮、机在我国加油量(−)	-486.79	-486.79		
7.库存增(−)、减(+)量	-1452.07	-1452.07	-143.89	-13.29
二、加工转换投入(−)产出(+)量	**-3683.59**	**-47622.04**	**-92017.76**	**-97151**
1.火力发电	0.00	-41305.20	-59662.31	-58504
2.供 热	0.00	-2633.25	-7936.42	-7820
3.洗 选 煤	-1326.65	-1326.65	-1326.65	-26281
4.炼 焦	-526.88	-526.88	-22021.99	-3842
5.炼 油	-1415.60	-1415.60		
6.制 气	-162.31	-162.31	-1014.60	-630
#焦炭再投入量(−)	-196.36	-196.36		
7.煤制品加工	-55.78	-55.78	-55.78	-75
三、损 失 量	**5439.16**	**2140.34**		
四、终端消费量	**194103.93**	**144227.22**	**46348.21**	**40957**
1.农、林、牧、渔、水利业	7679.89	5818.18	1805.16	1792
2.工 业	134442.37	98384.39	35990.13	31732
#用作原料.材料	8412.26	8412.26	2302.73	2107
3.建 筑 业	3258.61	2741.89	483.23	478
4.交通运输.仓储及邮电通迅业	14783.26	13732.18	668.35	666
5.批发和零售贸易业.餐饮业	4820.32	3098.56	696.11	682
6.生活消费	21280.66	15045.43	6134.59	5070
城 镇	12973.12	8994.90	1902.82	1395
乡 村	8307.54	6050.52	4231.77	3675
7.其他	7838.84	5406.60	570.64	537
五、平衡差额	**117.05**	**114.77**	**-1049.88**	**-773**
六、能源消费总量	**203226.68**	**193989.61**		

(标准量)

单位：万吨标准煤

洗精煤	其他洗煤	型　煤	焦　炭	焦炉煤气	其他煤气	其他焦化产　　品	油品合计
-36.23	**20.29**	**-3.10**	**-2015.08**		**1640.36**	**127.27**	**46042.22**
							25125.25
					1640.36		
614.66	18.99		0.52			160.56	24320.19
							546.74
-518.09	-0.91	-3.10	-1458.27			-33.28	-2712.32
							-486.79
-132.81	2.21		-557.34				-750.84
1638.95	**2810.85**	**683.66**	**19178.62**	**1838.78**	**16.13**	**328.50**	**-4662.64**
-140.92	-1017.22			-154.07	-333.01		-2671.73
-10.58	-105.71			-87.35	-229.58		-609.83
20312.69	4641.49						
-18146.40	-34.09		19068.37	2054.22	58.29	314.23	
							-1366.06
-375.84	-9.10		299.00	25.98	520.43	21.89	-15.01
			-188.74			-7.6164	
	-664.52	683.66					
							214.13
1798.16	**2904.90**	**688.15**	**16584.43**	**1827.69**	**1656.61**	**455.22**	**40507.03**
	13.02		95.86				2920.55
1795.37	2376.61	86.05	16306.73	1550.00	1358.80	455.22	15855.57
92.28	99.82	3.62	799.46	17.67		115.85	4123.16
2.79	2.38		16.31				1936.62
	2.75		1.74		0.60		12400.29
	5.79	7.84	51.83	11.24	18.52		1219.78
	472.10	592.50	102.15	252.93	278.68		2942.63
	180.19	327.48	53.08	252.93	275.44		2386.01
	291.91	265.01	49.07		3.25		556.61
	32.25	1.77	9.80	13.51			3231.60
-195.43	**-73.76**	**-7.59**	**579.11**	**11.10**	**-0.12**	**0.56**	**658.42**

2-B-1 续表

	原 油	汽 油	煤 油	柴 油
一、可供本地区消费的能源量	**41446.99**	**-835.87**	**135.68**	**152.75**
1.一次能源生产量	25125.25			
水电				
核电				
2.回收能				
3.进 口 量	17531.78		414.93	400.59
4.我轮、机在外国加油量			204.52	42.20
5.出 口 量(-)	-784.53	-795.60	-301.64	-92.74
6.外轮、机在我国加油量(-)			-186.13	-33.51
7.库存增(-)、减(+)量	-425.51	-40.27	3.99	-163.78
二、加工转换投入(-)产出(+)量	**-39651.59**	**7746.63**	**1415.84**	**13855.10**
1.火力发电	-25.77	-0.44		-488.01
2.供 热	-0.36	-0.22		
3.洗 选 煤				
4.炼 焦				
5.炼 油	-39625.46	7747.29	1415.84	14343.11
6.制 气				
#焦炭再投入量(-)				
7.煤制品加工				
三、损 失 量	**212.59**			
四、终端消费量	**1207.08**	**6908.68**	**1560.95**	**13930.22**
1.农、林、牧、渔、水利业		323.90	1.59	2585.34
2.工 业	1207.08	745.93	89.59	2433.21
#用作原料、材料	160.54	23.94	10.45	45.99
3.建 筑 业		230.26		485.40
4.交通运输、仓储及邮电通迅业		3396.67	1206.12	6093.94
5.批发和零售贸易业、餐饮业		411.70	5.34	610.51
6.生活消费		421.61	40.26	165.63
城 镇		329.48	3.03	121.98
乡 村		92.14	37.22	43.64
7.其他		1378.61	218.05	1556.18
五、平衡差额	**375.72**	**2.07**	**-9.43**	**77.63**
六、能源消费总量				

单位：万吨标准煤

燃料油	液化石油气	炼厂干气	其他石油制品	天然气	热力	电力	其他能源
4024.81	**1087.03**		**30.84**	**5189.66**		**4936.23**	**867.63**
				5514.18		5010.90	
						4345.06	
						620.26	
							867.63
4370.40	1098.87		503.62			41.79	
300.02							
-259.56	-5.47		-472.78	-324.52		-116.46	
-267.15							
-118.90	-6.37						
537.51	**2413.01**	**1060.13**	**7960.74**	**-524.02**	**6567.20**	**22067.78**	**-414.64**
-2041.74	-3.77	-47.58	-64.41	-253.10		22067.78	-298.75
-304.76	-12.34	-200.23	-91.91	-270.92	6567.20		-66.35
2899.03	2429.13	1307.94	8117.06				49.54
-15.01							
	1.54			**103.21**	**77.08**	**1745.92**	
4472.15	**3438.49**	**1050.72**	**7938.74**	**4649.13**	**6489.96**	**25256.91**	**452.04**
0.94	8.78				2.51	994.10	
2739.15	826.65	1050.72	6763.24	3359.58	4825.72	18230.61	452.04
132.76	90.19	17.29	3642.00	1015.06			38.33
30.51	14.93		1175.51	18.49	14.24	273.01	
1643.53	60.03			66.90	41.67	552.62	
35.69	156.53			122.08	75.25	903.75	
	2315.13			894.03	1411.56	3028.86	
	1931.52			890.04	1411.56	1823.02	
	383.61			3.99		1205.84	
22.33	56.43			188.06	119.01	1273.96	
90.17	**60.00**	**9.41**	**52.84**	**-86.70**	**0.16**	**1.18**	**0.95**

2-B-2 中国能源平衡表

	煤合计 (万吨)	原　煤 (万吨)	洗精煤 (万吨)	其他洗煤 (万吨)	型　煤 (万吨)
一、可供本地区消费的能源量	**192265.48**	**192272.20**	**-40.25**	**38.64**	**-5.10**
1.一次能源生产量	199232.40	199232.40			
水电					
核电					
2.回收能					
3.进 口 量	1861.40	1142.29	682.96	36.15	
4.我轮、机在外国加油量					
5.出 口 量(−)	-8666.36	-8083.88	-575.65	-1.73	-5.10
6.外轮、机在我国加油量(−)					
7.库存增(−)、减(+)量	-161.96	-18.61	-147.56	4.22	
二、加工转换投入(−)产出(+)量	**-134052.25**	**-142351.19**	**1821.06**	**5351.96**	**1125.92**
1.火力发电	-91961.56	-89868.15	-156.58	-1936.83	
2.供　　热	-11546.56	-11333.54	-11.75	-201.27	
3.洗 选 煤	-3633.89	-35041.11	22569.66	8837.56	
4.炼　　焦	-25349.58	-5122.00	-20162.67	-64.91	
5.炼　　油					
6.制　　气	-1316.43	-881.51	-417.60	-17.32	
#焦炭再投入量(−)					
7.煤制品加工	-244.23	-104.88		-1265.27	1125.92
三、损 失 量					
四、终端消费量	**59543.75**	**50881.44**	**1997.95**	**5531.04**	**1133.32**
1.农、林、牧、渔、水利业	2251.19	2226.39		24.80	
2.工　　业	46082.95	39421.24	1994.85	4525.15	141.71
#用作原料、材料	2916.13	2617.57	102.54	190.06	5.97
3.建 筑 业	601.53	593.89	3.10	4.54	
4.交通运输、仓储及邮电通迅业	832.12	826.89		5.23	
5.批发和零售贸易业、餐饮业	871.79	847.84		11.03	12.91
6.生活消费	8173.20	6298.52		898.89	975.78
城 镇	2615.63	1733.21		343.09	539.33
乡 村	5557.57	4565.31		555.80	436.45
7.其他	730.97	666.66		61.40	2.91
五、平衡差额	**-1330.52**	**-960.43**	**-217.14**	**-140.45**	**-12.50**
六、消费量合计	**193596.00**	**193232.63**	**22746.55**	**9016.64**	**1133.32**

(实物量)

焦　炭 (万吨)	焦炉煤气 (亿立方米)	其他煤气 (亿立方米)	其他焦化产　品 (万吨)	油品合计 (万吨)	原　油 (万吨)
-2074.41		**570.40**	**110.29**	**32116.21**	**29012.31**
				17587.32	17587.32
		570.40			
0.54			139.13	16913.35	12272.00
				377.97	
-1501.20			-28.84	-1904.08	-549.16
				-336.50	
-573.75				-521.85	-297.85
19743.28	**299.33**	**5.61**	**284.67**	**-3488.18**	**-27755.56**
	-25.08	-115.80		-1864.07	-18.04
	-14.22	-79.83		-418.47	-0.25
19629.78	334.40	20.27	272.30		
				-1195.13	-27737.27
307.80	4.23	180.97	18.97	-10.51	
-194.30			-6.60		
				149.71	**148.81**
17072.71	**297.52**	**576.05**	**394.47**	**28062.02**	**844.94**
98.69				2001.29	
16786.83	252.32	472.49	394.47	11344.10	844.94
823.00	2.88		100.39	3142.49	112.38
16.79				1422.31	
1.79		0.21		8495.88	
53.36	1.83	6.44		818.72	
105.16	41.17	96.91		1778.05	
54.65	41.17	95.78		1436.41	
50.51		1.13		341.64	
10.09	2.20			2201.68	
596.16	**1.81**	**-0.04**	**0.49**	**416.30**	**263.00**
17267.01	**336.82**	**771.68**	**401.07**	**31699.91**	**28749.31**

2-B-2 续表

	汽 油 (万吨)	煤 油 (万吨)	柴 油 (万吨)	燃料油 (万吨)
一、可供本地区消费的能源量	**-568.08**	**92.21**	**104.83**	**2817.31**
1.一次能源生产量				
水电				
核电				
2.回收能				
3.进 口 量		282.00	274.92	3059.22
4.我轮、机在外国加油量		139.00	28.96	210.01
5.出 口 量(-)	-540.71	-205.00	-63.65	-181.69
6.外轮、机在我国加油量(-)		-126.50	-23.00	-187.00
7.库存增(-)、减(+)量	-27.37	2.71	-112.40	-83.23
二、加工转换投入(-)产出(+)量	**5264.80**	**962.24**	**9508.68**	**376.25**
1.火力发电	-0.30		-334.92	-1429.19
2.供 热	-0.15			-213.33
3.洗 选 煤				
4.炼 焦				
5.炼 油	5265.25	962.24	9843.60	2029.28
6.制 气				-10.51
#焦炭再投入量(-)				
7.煤制品加工				
三、损 失 量				
四、终端消费量	**4695.31**	**1060.86**	**9560.23**	**3130.44**
1.农、林、牧、渔、水利业	220.13	1.08	1774.30	0.66
2.工 业	506.95	60.89	1669.90	1917.37
#用作原料、材料	16.27	7.10	31.56	115.04
3.建 筑 业	156.49		333.13	21.36
4.交通运输、仓储及邮电通迅业	2308.46	819.71	4182.24	1150.45
5.批发和零售贸易业、餐饮业	279.80	3.63	418.99	24.98
6.生活消费	286.54	27.36	113.67	
城 镇	223.92	2.06	83.72	
乡 村	62.62	25.30	29.95	
7.其他	936.94	148.19	1068.00	15.63
五、平衡差额	**1.41**	**-6.41**	**53.28**	**63.12**
六、消费量合计	**4695.76**	**1060.86**	**9895.15**	**4783.47**

液 化 石油气 (万吨)	炼厂干气 (万吨)	其他石油 制 品 (万吨)	天然气 (亿立方米)	热 力 (万百万千焦)	电 力 (亿千瓦小时)	其他能源 (万吨标煤)
634.09		**23.53**	**390.20**		**4016.46**	**867.63**
			414.60		4077.22	
					3535.44	
					504.69	
						867.63
641.00		384.21			34.00	
-3.19		-360.68	-24.40		-94.76	
-3.72						
1407.58	**674.64**	**6073.19**	**-39.40**	**192586.50**	**17955.88**	**-414.64**
-2.20	-30.28	-49.14	-19.03		17955.88	-298.75
-7.20	-127.42	-70.12	-20.37	192586.50		-66.35
1416.98	832.34	6192.45				-49.54
0.90			**7.76**	**2260.48**	**1420.60**	
2005.77	**668.65**	**6095.81**	**349.56**	**190321.46**	**20550.78**	**452.04**
5.12				73.60	808.87	
482.21	668.65	5193.19	252.60	141516.66	14833.69	452.04
52.61	11.00	2796.53	76.32			38.33
8.71		902.62	1.39	417.58	222.14	
35.02			5.03	1221.92	449.65	
91.31			9.18	2206.70	735.35	
1350.48			67.22	41394.86	2464.49	
1126.71			66.92	41394.86	1483.33	
223.77			0.30		981.15	
32.92			14.14	3490.14	1036.58	
35.00	**5.99**	**0.91**	**-6.52**	**4.57**	**0.96**	**0.95**
2016.07	**826.35**	**6215.07**	**396.72**	**192581.93**	**21971.38**	**866.68**

2-B-3 工业分行业终端能源

	终端消费合计		煤合计
	(发电煤耗计算法)	(电热当量计算法)	
工业	**134442.39**	**98384.41**	**35990.13**
(一)采掘业	**11336.94**	**8090.12**	**3852.56**
煤炭开采和洗选业	5612.54	4280.71	3352.23
石油和天然气开采业	3478.33	2579.58	108.29
黑色金属矿采选业	692.08	369.92	74.88
有色金属矿采选业	623.04	290.59	70.03
非金属矿采选业	856.83	541.45	245.80
其他采矿业	74.12	27.86	1.34
(二)制造业	**112450.97**	**84748.95**	**30150.96**
农副食品加工业	1820.78	1331.32	722.41
食品制造业	1026.11	756.11	439.03
饮料制造业	848.54	676.13	490.58
烟草制品业	238.16	163.01	99.80
纺织业	4550.25	2745.29	1270.72
纺织服装、鞋、帽制造业	472.82	298.16	125.09
皮革、毛皮、羽毛(绒)及其制品业	279.28	173.28	64.86
木材加工及木、竹、藤、棕、草制品业	552.48	400.64	272.33
家具制造业	110.94	63.03	20.68
造纸及纸制品业	3081.35	2145.02	1314.52
印刷业和记录媒介的复制	338.32	156.52	28.71
文教体育用品制造业	184.09	95.65	13.33
石油加工、炼焦及核燃料加工业	10371.46	9116.67	799.52
化学原料及化学制品制造业	20025.21	15237.80	5216.12
医药制造业	1040.60	689.21	356.79
化学纤维制造业	1303.03	716.29	162.34
橡胶制品业	883.72	528.97	249.53
塑料制品业	1129.29	596.02	175.77
非金属矿物制品业	18065.51	15275.11	11911.21
黑色金属冶炼及压延加工业	29192.81	24283.87	3928.95
有色金属冶炼及压延加工业	6312.95	3320.14	826.88
金属制品业	1966.62	968.51	203.07
通用设备制造业	1698.30	1045.01	227.16
专用设备制造业	1145.92	775.19	320.07
交通运输设备制造业	2078.30	1229.52	421.06
电气机械及器材制造业	1111.11	588.26	109.56
通信设备、计算机及其他电子设备制造业	1272.02	626.32	71.12
仪器仪表及文化、办公用机械制造业	171.55	88.88	15.99
工艺品及其他制造业	1149.10	640.49	289.29
废弃资源和废旧材料回收加工业	30.35	18.51	4.48
(三)电力、煤气及水生产和供应业	**10654.48**	**5545.34**	**1986.61**
电力、热力的生产和供应业	9509.67	4887.16	1900.87
燃气生产和供应业	491.40	408.28	61.93
水的生产和供应业	653.41	249.89	23.81

消费量(标准量)

单位：万吨标准煤

洗精煤	其他洗煤	焦　炭	焦炉煤气	其他煤气	其　他 焦化产品	油品合计
1795.36	**2376.61**	**16306.72**	**1549.98**	**1358.81**	**455.22**	**15855.57**
164.12	**147.91**	**104.49**	**6.91**	**7.65**	**2.39**	**1482.32**
145.36	144.36	23.65	4.56	7.48	2.39	135.01
0.05		0.21		0.01		1161.66
4.01	0.14	59.86	2.30	0.16		60.07
5.86	1.10	11.75	0.04			30.82
8.85	2.30	9.02				92.96
						1.81
1627.59	**2193.71**	**16195.03**	**1491.41**	**1340.07**	**446.74**	**14008.66**
6.12	32.08	5.62	0.07			133.79
6.10	2.66	3.77	0.02	0.40		70.78
8.99	2.84	1.34	0.02			47.46
1.23	1.33	0.00	0.12	0.52		12.28
8.86	6.38	2.10	3.18	0.26		203.66
3.07	1.14	0.94	0.19	0.12		62.06
0.17	0.51	0.28	0.09	0.06		48.22
3.01	1.09	1.38		0.00		24.66
0.06	0.19	1.13				14.21
26.50	43.47	6.62	0.73	0.03		102.87
0.10	0.07	0.11	0.00	0.20		24.71
0.04	0.11	3.11				31.40
163.51	43.71	51.79	117.58	14.35	58.73	6577.44
285.66	86.34	1088.79	39.51	16.19	144.72	3359.72
14.59	2.33	0.80	0.67	0.12		35.32
1.58	0.23	33.96				67.02
3.76	3.74	2.69	0.00	0.26		60.26
2.62	0.96	1.84	0.07			120.67
283.02	1864.00	197.91	21.07	33.88	44.76	1282.50
692.16	57.03	14086.61	1266.14	1169.67	176.32	461.27
51.32	25.22	248.46	27.66	57.92	22.20	301.78
6.67	2.49	70.94	1.36	0.52		143.78
8.00	2.94	248.61	3.62	5.98		174.05
28.42	0.89	55.93	2.74	29.16		103.11
6.94	4.69	57.34	3.13	4.28		192.45
3.32	0.78	14.44	2.98	5.21		145.07
1.52	0.19	0.75	0.37	0.35		130.87
0.03	1.03	2.03	0.06	0.12		23.08
10.21	4.03	3.67	0.03	0.06		49.15
0.02	1.24	2.08		0.43		5.01
3.64	**34.98**	**7.20**	**51.66**	**11.10**	**6.09**	**364.59**
3.48	34.88	5.59	6.27	3.11	2.66	187.02
0.15	0.08	1.55	45.40	7.99	3.43	168.96
0.01	0.02	0.06				8.61

2-B-3 续表

	原 油	汽 油	煤 油	柴 油	燃料油
工业合计	**1207.08**	**745.92**	**89.59**	**2433.22**	**2739.16**
(一)采 掘 业	**712.82**	**104.04**	**10.00**	**501.73**	**60.46**
煤炭开采和洗选业		26.02	6.43	91.03	8.78
石油和天然气开采业	712.82	53.80	0.25	256.69	48.33
黑色金属矿采选业		9.96	1.04	47.60	1.36
有色金属矿采选业		4.52	1.24	24.30	0.47
非金属矿采选业		9.69	1.03	80.37	1.50
其他采矿业		0.05	0.01	1.74	0.02
(二)制 造 业	**493.03**	**594.12**	**79.21**	**1812.30**	**2629.61**
农副食品加工业	0.21	23.65	0.49	62.16	16.89
食品制造业	0.29	11.48	0.49	29.79	20.80
饮料制造业	0.61	11.84	0.79	19.51	14.33
烟草制品业		1.37	0.05	9.29	1.53
纺织业	0.29	31.28	3.02	78.22	82.64
纺织服装、鞋、帽制造业	0.67	11.70	1.03	38.53	7.51
皮革、毛皮、羽毛(绒)及其制品业	0.10	5.96	0.54	25.27	15.47
木材加工及木、竹、藤、棕、草制品业	0.14	5.05	2.00	13.44	3.29
家具制造业	0.06	3.35	0.35	8.33	0.30
造纸及纸制品业	0.54	13.07	1.34	36.54	37.32
印刷业和记录媒介的复制		8.67	1.09	10.94	2.07
文教体育用品制造业	0.10	4.90	0.51	19.76	3.45
石油加工、炼焦及核燃料加工业	259.61	36.90	3.03	130.18	613.34
化学原料及化学制品制造业	198.00	67.27	12.80	194.72	510.08
医药制造业		11.29	0.77	14.21	8.07
化学纤维制造业	12.11	1.09	0.74	11.47	36.02
橡胶制品业	1.03	14.21	0.40	14.88	24.67
塑料制品业	0.14	21.78	1.09	61.67	22.88
非金属矿物制品业	16.60	50.63	4.50	337.24	683.44
黑色金属冶炼及压延加工业	0.16	32.57	2.83	121.90	284.95
有色金属冶炼及压延加工业	0.62	10.39	3.41	88.79	119.89
金属制品业	0.14	29.31	3.84	76.32	16.38
通用设备制造业	0.36	44.68	10.34	89.34	18.96
专用设备制造业	0.11	34.81	2.49	50.82	10.02
交通运输设备制造业	0.15	41.88	14.94	102.52	15.03
电气机械及器材制造业	0.23	30.44	2.35	68.38	15.76
通信设备、计算机及其他电子设备制造业	0.64	15.32	1.21	63.27	36.35
仪器仪表及文化、办公用机械制造业	0.08	7.87	1.66	11.73	0.26
工艺品及其他制造业	0.03	10.79	1.04	21.22	5.73
废弃资源和废旧材料回收加工业		0.60	0.07	1.89	2.18
(三)电力、煤气及水生产和供应业	**1.23**	**47.76**	**0.38**	**119.18**	**49.09**
电力、热力的生产和供应业	0.49	39.71	0.31	91.40	48.47
燃气生产和供应业	0.74	2.40	0.01	24.92	0.61
水的生产和供应业	0.01	5.65	0.06	2.86	0.01

单位：万吨标准煤

液　化 石油气	炼厂干气	其　　他 石油制品	天然气	热　力	电　力
826.65	**1050.71**	**6763.24**	**3359.61**	**4825.72**	**18230.61**
3.91	**58.44**	**30.93**	**702.54**	**229.89**	**1685.41**
0.36	0.00	2.39	15.20	16.14	708.09
3.21	58.44	28.13	686.10	182.16	441.15
0.01		0.09	0.51	0.04	172.11
0.22		0.07	0.33	0.00	177.62
0.11		0.26	0.40	31.54	161.74
0.00					24.72
684.43	**990.11**	**6725.85**	**2584.19**	**4241.88**	**13891.41**
6.06	18.86	5.48	2.66	61.65	248.29
6.68		1.26	19.79	99.37	122.96
0.37			7.48	47.26	81.99
0.04			3.76	8.13	38.41
4.51	0.20	3.50	6.60	374.73	884.04
1.06		1.56	1.33	19.25	89.19
0.52		0.35	0.27	3.67	55.85
0.49		0.26	1.10	25.51	75.66
1.81			0.36	1.36	25.31
13.69		0.38	4.96	273.68	441.62
1.54		0.40	2.66	3.81	96.32
2.44		0.23		0.72	47.10
273.83	873.26	4387.28	202.43	760.84	507.39
141.79	91.39	2143.67	1732.38	1330.68	2272.67
0.73		0.26	9.36	125.25	160.90
1.96	2.46	1.19	2.84	170.58	276.93
3.03		2.03	5.02	27.58	183.62
3.45		9.66	5.32	9.49	282.87
116.81	3.05	70.22	260.15	21.64	1486.17
11.80		7.07	101.61	403.57	2536.20
7.53		71.15	37.54	247.17	1546.00
16.77		1.02	10.64	6.31	531.90
6.34		4.02	17.56	24.17	343.85
3.27		1.58	26.20	50.78	187.19
14.85		3.09	46.83	64.85	439.58
24.15	0.88	2.87	11.97	25.07	273.97
14.02		0.07	62.19	19.99	340.69
0.31		1.17	0.80	3.36	43.45
4.54		5.81	0.40	31.22	265.05
0.02		0.26		0.22	6.28
138.31	**2.16**	**6.46**	**72.87**	**353.95**	**2653.80**
0.13	0.31	6.20	5.85	341.96	2396.37
138.17	1.84	0.26	66.47	10.36	42.19
0.02			0.55	1.64	215.23

2-B-4 工业分行业终端能源

	煤合计 (万吨)	原　煤 (万吨)	洗精煤 (万吨)	其他洗煤 (万吨)
工业	**46082.95**	**39421.24**	**1994.85**	**4525.15**
(一)采掘业	**4862.43**	**4398.44**	**182.36**	**281.63**
煤炭开采和洗选业	4240.98	3804.58	161.52	274.88
石油和天然气开采业	134.52	134.47	0.05	
黑色金属矿采选业	92.59	87.87	4.45	0.27
有色金属矿采选业	86.96	78.35	6.51	2.10
非金属矿采选业	305.72	291.51	9.83	4.38
其他采矿业	1.66	1.66		
(二)制造业	**38729.59**	**32603.60**	**1808.44**	**4176.91**
农副食品加工业	917.89	850.01	6.80	61.08
食品制造业	546.37	534.53	6.78	5.06
饮料制造业	610.15	594.76	9.99	5.41
烟草制品业	124.70	120.79	1.37	2.54
纺织业	1581.70	1559.71	9.84	12.15
纺织服装、鞋、帽制造业	155.75	150.17	3.41	2.17
皮革、毛皮、羽毛(绒)及其制品业	80.89	79.73	0.19	0.97
木材加工及木、竹、藤、棕、草制品业	338.65	333.24	3.34	2.07
家具制造业	25.80	25.37	0.07	0.36
造纸及纸制品业	1658.33	1546.12	29.44	82.76
印刷业和记录媒介的复制	35.70	35.46	0.11	0.13
文教体育用品制造业	16.63	16.38	0.04	0.21
石油加工、炼焦及核燃料加工业	1000.72	735.82	181.68	83.22
化学原料及化学制品制造业	6510.34	5985.25	317.40	164.39
医药制造业	442.87	422.23	16.21	4.43
化学纤维制造业	201.62	199.43	1.75	0.44
橡胶制品业	311.98	300.67	4.18	7.13
塑料制品业	218.65	213.92	2.91	1.82
非金属矿物制品业	16004.15	12098.33	314.47	3549.12
黑色金属冶炼及压延加工业	4833.93	3931.77	769.07	108.59
有色金属冶炼及压延加工业	1043.03	914.28	57.02	48.02
金属制品业	253.05	240.89	7.41	4.75
通用设备制造业	283.80	266.44	8.89	5.60
专用设备制造业	394.50	361.22	31.58	1.70
交通运输设备制造业	525.28	508.64	7.71	8.93
电气机械及器材制造业	136.18	131.01	3.69	1.48
通信设备、计算机及其他电子设备制造业	88.28	86.22	1.69	0.37
仪器仪表及文化、办公用机械制造业	20.54	18.55	0.03	1.96
工艺品及其他制造业	361.71	338.65	11.34	7.68
废弃资源和废旧材料回收加工业	6.39	4.00	0.02	2.37
(三)电力、煤气及水生产和供应业	**2490.93**	**2419.20**	**4.05**	**66.61**
电力、热力的生产和供应业	2384.37	2313.01	3.87	66.42
燃气生产和供应业	76.97	76.64	0.17	0.16
水的生产和供应业	29.59	29.55	0.01	0.03

消费量(实物量)

焦　炭 (万吨)	焦炉煤气 (亿立方米)	其他煤气 (亿立方米)	其　他 焦化产品 (万吨)	油品合计 (万吨)	原　油 (万吨)
16786.83	**252.32**	**472.50**	**394.47**	**11344.10**	**844.94**
107.56	**1.12**	**2.66**	**2.07**	**1026.34**	**498.96**
24.35	0.74	2.60	2.07	92.72	
0.21				806.35	498.96
61.62	0.38	0.06		41.18	
12.10	0.01			21.10	
9.29				63.76	
				1.24	
16671.85	**242.78**	**465.98**	**387.12**	**10081.00**	**345.11**
5.79	0.01			90.77	0.14
3.88		0.14		48.20	0.20
1.38				32.65	0.43
0.00	0.02	0.18		8.44	
2.16	0.52	0.09		140.49	0.20
0.96	0.03	0.04		42.64	0.47
0.29	0.01	0.02		33.24	0.07
1.42		0.00		16.90	0.10
1.16				9.54	0.04
6.81	0.12	0.01		69.64	0.38
0.11		0.07		16.80	
3.20				21.33	0.07
53.31	19.14	4.99	50.90	4811.79	181.72
1120.85	6.43	5.63	125.41	2470.60	138.60
0.82	0.11	0.04		24.22	
34.96				46.42	8.48
2.77		0.09		41.46	0.72
1.89	0.01			83.41	0.10
203.74	3.43	11.78	38.79	882.93	11.62
14501.35	206.11	406.73	152.79	319.59	0.11
255.78	4.50	20.14	19.23	213.70	0.44
73.03	0.22	0.18		97.04	0.10
255.93	0.59	2.08		119.02	0.25
57.57	0.45	10.14		70.45	0.08
59.03	0.51	1.49		130.63	0.10
14.87	0.49	1.81		97.26	0.16
0.78	0.06	0.12		88.77	0.45
2.09	0.01	0.04		15.85	0.06
3.78		0.02		33.74	0.02
2.15		0.15		3.48	
7.41	**8.41**	**3.86**	**5.28**	**236.76**	**0.86**
5.75	1.02	1.08	2.31	129.23	0.34
1.60	7.39	2.78	2.97	101.66	0.52
0.06				5.87	

2-B-4 续表

	汽 油 (万吨)	煤 油 (万吨)	柴 油 (万吨)	燃料油 (万吨)
工业	**506.95**	**60.89**	**1669.90**	**1917.37**
(一)采掘业	**70.71**	**6.80**	**344.33**	**42.32**
煤炭开采和洗选业	17.69	4.37	62.47	6.15
石油和天然气开采业	36.56	0.17	176.16	33.83
黑色金属矿采选业	6.77	0.71	32.67	0.95
有色金属矿采选业	3.07	0.84	16.68	0.33
非金属矿采选业	6.58	0.70	55.16	1.05
其他采矿业	0.03	0.01	1.19	0.01
(二)制造业	**403.78**	**53.83**	**1243.77**	**1840.69**
农副食品加工业	16.07	0.33	42.66	11.82
食品制造业	7.80	0.33	20.45	14.56
饮料制造业	8.05	0.54	13.39	10.03
烟草制品业	0.93	0.03	6.38	1.07
纺织业	21.26	2.05	53.68	57.85
纺织服装、鞋、帽制造业	7.95	0.70	26.44	5.26
皮革、毛皮、羽毛(绒)及其制品业	4.05	0.37	17.35	10.83
木材加工及木、竹、藤、棕、草制品业	3.43	1.36	9.22	2.30
家具制造业	2.28	0.24	5.72	0.21
造纸及纸制品业	8.88	0.91	25.07	26.12
印刷业和记录媒介的复制	5.89	0.74	7.51	1.45
文教体育用品制造业	3.33	0.35	13.56	2.42
石油加工、炼焦及核燃料加工业	25.08	2.06	89.34	429.33
化学原料及化学制品制造业	45.72	8.70	133.63	357.05
医药制造业	7.67	0.52	9.75	5.65
化学纤维制造业	0.74	0.50	7.87	25.21
橡胶制品业	9.66	0.27	10.21	17.27
塑料制品业	14.80	0.74	42.32	16.02
非金属矿物制品业	34.41	3.06	231.44	478.40
黑色金属冶炼及压延加工业	22.13	1.92	83.66	199.46
有色金属冶炼及压延加工业	7.06	2.32	60.93	83.92
金属制品业	19.92	2.61	52.38	11.47
通用设备制造业	30.37	7.03	61.31	13.27
专用设备制造业	23.66	1.69	34.88	7.01
交通运输设备制造业	28.46	10.16	70.36	10.52
电气机械及器材制造业	20.69	1.60	46.93	11.03
通信设备、计算机及其他电子设备制造业	10.41	0.82	43.42	25.44
仪器仪表及文化、办公用机械制造业	5.35	1.13	8.05	0.18
工艺品及其他制造业	7.33	0.70	14.56	4.01
废弃资源和废旧材料回收加工业	0.41	0.04	1.30	1.53
(三)电力、煤气及水生产和供应业	**32.46**	**0.26**	**81.79**	**34.36**
电力、热力的生产和供应业	26.99	0.21	62.72	33.93
燃气生产和供应业	1.63	0.01	17.11	0.43
水的生产和供应业	3.84	0.04	1.96	0.01

液化石油气(万吨)	炼厂干气(万吨)	其他石油制品(万吨)	天然气(亿立方米)	热力(万百万千焦)	电力(亿千瓦小时)
482.21	**668.65**	**5193.19**	**252.60**	**141516.66**	**14833.69**
2.28	**37.19**	**23.75**	**52.82**	**6741.50**	**1371.36**
0.21		1.83	1.14	473.38	576.15
1.87	37.19	21.60	51.59	5342.08	358.95
0.01		0.07	0.04	1.03	140.04
0.13		0.05	0.02	0.04	144.52
0.06		0.20	0.03	924.96	131.60
					20.11
399.25	**630.08**	**5164.48**	**194.30**	**124395.30**	**11303.02**
3.53	12.00	4.21	0.20	1807.77	202.03
3.90		0.97	1.49	2914.10	100.05
0.22			0.56	1385.90	66.71
0.02			0.28	238.34	31.25
2.63	0.13	2.69	0.50	10989.03	719.32
0.62		1.20	0.10	564.48	72.57
0.30		0.27	0.02	107.52	45.44
0.28		0.20	0.08	748.08	61.56
1.06			0.03	39.80	20.59
7.99		0.29	0.37	8025.75	359.33
0.90		0.31	0.20	111.59	78.37
1.42		0.18		20.98	38.32
159.73	555.72	3368.80	15.22	22312.00	412.85
82.71	58.16	1646.03	130.25	39022.97	1849.20
0.43		0.20	0.70	3673.14	130.92
1.15	1.56	0.91	0.21	5002.27	225.33
1.77		1.56	0.38	808.79	149.41
2.01		7.42	0.40	278.43	230.16
68.14	1.94	53.92	19.56	634.48	1209.25
6.88		5.43	7.64	11834.79	2063.63
4.39		54.63	2.82	7248.43	1257.93
9.78		0.78	0.80	184.92	432.79
3.70		3.09	1.32	708.93	279.78
1.91		1.21	1.97	1489.14	152.31
8.66		2.37	3.52	1901.76	357.67
14.09	0.56	2.20	0.90	735.09	222.92
8.18		0.05	4.68	586.22	277.21
0.18		0.90	0.06	98.61	35.35
2.65		4.46	0.03	915.40	215.66
0.01		0.20		6.59	5.11
80.68	**1.37**	**4.96**	**5.48**	**10379.85**	**2159.31**
0.08	0.20	4.76	0.44	10028.10	1949.86
80.60	1.17	0.20	5.00	303.75	34.33
0.01			0.04	48.00	175.13

2-B-5 分行业分品种能源消费总量(包括中间消费和损失量)

行业	煤合计(万吨)	原煤(万吨)	洗精煤(万吨)	其它洗煤(万吨)
总消费量	**193596.00**	**193232.63**	**22746.55**	**9016.64**
一、农、林、牧、渔业	**2251.19**	**2226.39**		**24.80**
二、工业合计	**180135.20**	**181772.43**	**22743.45**	**8010.75**
(一)采矿业	**11371.92**	**35014.42**	**2406.83**	**897.17**
煤炭开采和洗选业	10364.73	34034.82	2385.99	890.42
石油和天然气开采业	355.81	355.76	0.05	
黑色金属矿采选业	92.59	87.87	4.45	0.27
有色金属矿采选业	90.11	81.50	6.51	2.10
非金属矿采选业	467.02	452.81	9.83	4.38
其他采矿业	1.66	1.66		
(二)制造业	**73097.33**	**53432.35**	**19435.07**	**5667.67**
农副食品加工业	1064.15	996.27	6.80	61.08
食品制造业	770.98	759.14	6.78	5.06
饮料制造业	698.13	682.74	9.99	5.41
烟草制品业	126.01	122.10	1.37	2.54
纺织业	1991.36	1969.37	9.84	12.15
纺织服装、鞋、帽制造业	171.20	165.62	3.41	2.17
皮革、毛皮、羽毛(绒)及其制品业	84.41	83.25	0.19	0.97
木材加工及木、竹、藤、棕、草制品业	352.69	347.28	3.34	2.07
家具制造业	26.25	25.82	0.07	0.36
造纸及纸制品业	2713.93	2601.72	29.44	82.76
印刷业和记录媒介的复制	36.21	35.97	0.11	0.13
文教体育用品制造业	16.63	16.38	0.04	0.21
石油加工、炼焦及核燃料加工业	15792.68	11950.33	7821.72	135.36
化学原料及化学制品制造业	9960.73	8936.77	703.07	288.24
医药制造业	539.29	518.65	16.21	4.43
化学纤维制造业	778.88	776.69	1.75	0.44
橡胶制品业	354.33	343.02	4.18	7.13
塑料制品业	225.52	220.79	2.91	1.82
非金属矿物制品业	16304.84	12366.77	344.72	3551.21
黑色金属冶炼及压延加工业	16209.57	6103.98	10292.17	138.67
有色金属冶炼及压延加工业	2093.04	1943.27	75.94	50.12
金属制品业	269.45	257.29	7.41	4.75
通用设备制造业	340.35	325.59	8.89	17.11
专用设备制造业	450.60	387.49	57.69	5.42
交通运输设备制造业	802.90	783.71	10.26	8.93
电气机械及器材制造业	149.70	144.53	3.69	1.48
通信设备、计算机及其他电子设备制造业	137.62	135.56	1.69	0.37
仪器仪表及文化、办公用机械制造业	20.54	18.55	0.03	1.96
工艺品及其他制造业	608.94	409.70	11.34	1272.95
废弃资源和废旧材料回收加工业	6.39	4.00	0.02	2.37
(三)电力、燃气及水的生产和供应业	**95665.95**	**93325.66**	**901.54**	**1445.91**
电力、热力的生产和供应业	94452.96	92881.81	132.59	1445.72
燃气生产和供应业	1182.70	413.60	768.94	0.16
水的生产和供应业	30.29	30.25	0.01	0.03
三、建筑业	**601.53**	**593.89**	**3.10**	**4.54**
四、交通运输储运业和邮政业	**832.12**	**826.89**		**5.23**
五、批发、零售业和住宿、餐饮业	**871.79**	**847.84**		**11.03**
六、其他	**730.97**	**666.66**		**61.40**
七、生活消费	**8173.20**	**6298.52**		**898.89**

2-B-5 续表 1

行业	煤制品 (万吨)	焦炭 (万吨)	焦炉煤气 (亿立方米)	其它煤气 (亿立方米)
总消费量	**1133.32**	**17267.01**	**336.82**	**771.68**
一、农、林、牧、渔业		**98.69**		
二、工业合计	**141.71**	**16981.13**	**291.62**	**668.13**
(一)采矿业		**129.88**	**1.86**	**2.66**
煤炭开采和洗选业		46.67	1.48	2.60
石油和天然气开采业		0.21		0.00
黑色金属矿采选业		61.62	0.38	0.06
有色金属矿采选业		12.10	0.01	
非金属矿采选业		9.29		
其他采矿业				
(二)制造业	**140.64**	**16795.11**	**277.51**	**656.61**
农副食品加工业		5.79	0.01	
食品制造业		3.88	0.00	0.14
饮料制造业		1.38	0.00	
烟草制品业		0.00	0.02	0.18
纺织业		2.16	0.52	0.09
纺织服装、鞋、帽制造业		0.96	0.03	0.04
皮革、毛皮、羽毛(绒)及其制品业		0.29	0.01	0.02
木材加工及木、竹、藤、棕、草制品业		1.42		0.00
家具制造业		1.16		
造纸及纸制品业		6.81	0.12	0.01
印刷业和记录媒介的复制		0.11	0.00	0.07
文教体育用品制造业		3.20		
石油加工、炼焦及核燃料加工业		66.05	25.98	4.99
化学原料及化学制品制造业	43.30	1131.81	6.68	5.63
医药制造业		0.82	0.11	0.04
化学纤维制造业		34.96		
橡胶制品业		2.77	0.00	0.09
塑料制品业		1.89	0.01	
非金属矿物制品业	42.23	203.74	3.43	11.78
黑色金属冶炼及压延加工业	24.50	14596.00	233.75	597.36
有色金属冶炼及压延加工业	23.70	260.69	4.50	20.14
金属制品业		73.03	0.22	0.18
通用设备制造业	2.87	255.93	0.59	2.08
专用设备制造业		57.57	0.45	10.14
交通运输设备制造业		59.03	0.51	1.49
电气机械及器材制造业		14.87	0.49	1.81
通信设备、计算机及其他电子设备制造业		0.78	0.06	0.12
仪器仪表及文化、办公用机械制造业		2.09	0.01	0.04
工艺品及其他制造业	4.04	3.78	0.00	0.02
废弃资源和废旧材料回收加工业		2.15		0.15
(三)电力、燃气及水的生产和供应业	**1.07**	**56.13**	**12.24**	**8.86**
电力、热力的生产和供应业	1.07	5.75	4.85	6.08
燃气生产和供应业		50.32	7.39	2.78
水的生产和供应业		0.06		
三、建筑业		**16.79**		
四、交通运输储运业和邮政业		**1.79**		**0.21**
五、批发、零售业和住宿、餐饮业	**12.91**	**53.36**	**1.83**	**6.44**
六、其他	**2.91**	**10.09**	**2.20**	
七、生活消费	**975.78**	**105.16**	**41.17**	**96.91**

2-B-5 续表 2

行业	原油(万吨)	汽油(万吨)	煤油(万吨)	柴油(万吨)
总消费量	**28749.31**	**4695.76**	**1060.86**	**9895.16**
一、农、林、牧、渔业		**220.13**	**1.08**	**1774.30**
二、工业合计	**28625.49**	**507.40**	**60.89**	**2004.82**
(一)采矿业	**1313.74**	**70.81**	**6.80**	**347.22**
煤炭开采和洗选业		17.79	4.37	65.07
石油和天然气开采业	1313.74	36.56	0.17	176.45
黑色金属矿采选业		6.77	0.71	32.67
有色金属矿采选业	0.00	3.07	0.84	16.68
非金属矿采选业		6.58	0.70	55.16
其他采矿业		0.03	0.01	1.19
(二)制造业	**27302.48**	**403.89**	**53.83**	**1268.32**
农副食品加工业	0.14	16.07	0.33	42.96
食品制造业	0.20	7.80	0.33	20.95
饮料制造业	0.43	8.05	0.54	13.40
烟草制品业		0.93	0.03	6.38
纺织业	0.20	21.26	2.05	57.55
纺织服装、鞋、帽制造业	0.47	7.95	0.70	28.42
皮革、毛皮、羽毛(绒)及其制品业	0.07	4.05	0.37	18.10
木材加工及木、竹、藤、棕、草制品业	0.10	3.43	1.36	9.22
家具制造业	0.04	2.28	0.24	5.72
造纸及纸制品业	0.38	8.88	0.91	25.70
印刷业和记录媒介的复制		5.89	0.74	7.79
文教体育用品制造业	0.07	3.33	0.35	15.24
石油加工、炼焦及核燃料加工业	25480.02	25.10	2.06	90.92
化学原料及化学制品制造业	1797.67	45.72	8.70	134.15
医药制造业		7.67	0.52	9.75
化学纤维制造业	8.48	0.74	0.50	8.07
橡胶制品业	0.72	9.75	0.27	10.41
塑料制品业	0.10	14.80	0.74	45.10
非金属矿物制品业	11.62	34.41	3.06	231.84
黑色金属冶炼及压延加工业	0.11	22.13	1.92	84.10
有色金属冶炼及压延加工业	0.44	7.06	2.32	61.15
金属制品业	0.10	19.92	2.61	52.72
通用设备制造业	0.25	30.37	7.03	61.45
专用设备制造业	0.08	23.66	1.69	35.98
交通运输设备制造业	0.10	28.46	10.16	70.68
电气机械及器材制造业	0.16	20.69	1.60	51.22
通信设备、计算机及其他电子设备制造业	0.45	10.41	0.82	44.55
仪器仪表及文化、办公用机械制造业	0.06	5.35	1.13	8.96
工艺品及其他制造业	0.02	7.33	0.70	14.56
废弃资源和废旧材料回收加工业		0.41	0.04	1.30
(三)电力、燃气及水的生产和供应业	**9.26**	**32.70**	**0.26**	**389.29**
电力、热力的生产和供应业	8.74	27.23	0.21	370.21
燃气生产和供应业	0.52	1.63	0.01	17.11
水的生产和供应业	0.00	3.84	0.04	1.96
三、建筑业		**156.49**		**333.13**
四、交通运输储运业和邮政业	**123.82**	**2308.46**	**819.71**	**4182.24**
五、批发、零售业和住宿、餐饮业		**279.80**	**3.63**	**418.99**
六、其他		**936.94**	**148.19**	**1068.00**
七、生活消费		**286.54**	**27.36**	**113.67**

2-B-5 续表 3

行 业	燃料油 (万吨)	液化石油气 (万吨)	炼厂干气 (万吨)	天然气 (亿立方米)
总消费量	**4783.48**	**2016.07**	**826.35**	**396.72**
一、农、林、牧、渔业	**0.66**	**5.12**		
二、工业合计	**3570.40**	**491.61**	**826.35**	**293.63**
(一)采矿业	**44.65**	**2.28**	**39.69**	**77.07**
煤炭开采和洗选业	6.15	0.21	0.00	1.14
石油和天然气开采业	36.16	1.87	39.69	75.84
黑色金属矿采选业	0.95	0.01		0.04
有色金属矿采选业	0.33	0.13		0.02
非金属矿采选业	1.05	0.06		0.03
其他采矿业	0.01	0.00		
(二)制造业	**2049.85**	**408.65**	**776.50**	**198.75**
农副食品加工业	11.82	3.53	12.00	0.20
食品制造业	14.56	3.90		1.49
饮料制造业	10.03	0.22		0.56
烟草制品业	1.07	0.02		0.28
纺织业	72.72	2.63	0.13	0.50
纺织服装、鞋、帽制造业	5.49	0.62		0.10
皮革、毛皮、羽毛(绒)及其制品业	10.83	0.30		0.02
木材加工及木、竹、藤、棕、草制品业	2.30	0.28		0.08
家具制造业	0.21	1.06		0.03
造纸及纸制品业	26.85	7.99		0.37
印刷业和记录媒介的复制	1.45	0.90		0.20
文教体育用品制造业	2.42	1.42		
石油加工、炼焦及核燃料加工业	561.53	169.13	696.19	19.16
化学原料及化学制品制造业	406.14	82.71	61.06	130.63
医药制造业	5.69	0.43		0.70
化学纤维制造业	26.19	1.15	4.61	0.21
橡胶制品业	17.27	1.77		0.38
塑料制品业	16.51	2.01		0.40
非金属矿物制品业	481.04	68.14	1.94	19.56
黑色金属冶炼及压延加工业	201.27	6.88		7.64
有色金属冶炼及压延加工业	84.11	4.39		2.82
金属制品业	13.75	9.78		0.80
通用设备制造业	13.27	3.70		1.32
专用设备制造业	7.67	1.91		1.97
交通运输设备制造业	10.52	8.66		3.65
电气机械及器材制造业	12.57	14.09	0.56	0.90
通信设备、计算机及其他电子设备制造业	26.85	8.18		4.68
仪器仪表及文化、办公用机械制造业	0.18	0.18		0.06
工艺品及其他制造业	4.01	2.65		0.03
废弃资源和废旧材料回收加工业	1.53	0.01		
(三)电力、燃气及水的生产和供应业	**1475.90**	**80.68**	**10.15**	**17.81**
电力、热力的生产和供应业	1464.95	0.08	8.98	12.77
燃气生产和供应业	10.94	80.60	1.17	5.00
水的生产和供应业	0.01	0.01		0.04
三、建筑业	**21.36**	**8.71**		**1.39**
四、交通运输储运业和邮政业	**1150.44**	**35.92**		**11.16**
五、批发、零售业和住宿、餐饮业	**24.98**	**91.31**		**9.18**
六、其他	**15.63**	**32.92**		**14.14**
七、生活消费		**1350.48**		**67.22**

2-B-5 续表 4

行业	其它石油制品(万吨)	其它焦化产品(万吨)	热力(万百万千焦)	电力(亿千瓦时)	其它能源(万吨标煤)
总消费量	**6215.07**	**401.07**	**192581.94**	**21971.37**	**866.68**
一、农、林、牧、渔业			**73.60**	**808.87**	
二、工业合计	**5312.45**	**401.07**	**142496.94**	**16254.29**	**866.68**
(一)采矿业	**23.75**	**2.07**	**6741.50**	**1371.36**	**104.45**
煤炭开采和洗选业	1.83	2.07	473.38	576.15	104.45
石油和天然气开采业	21.60		5342.08	358.95	
黑色金属矿采选业	0.07		1.03	140.04	
有色金属矿采选业	0.05		0.04	144.52	
非金属矿采选业	0.20		924.96	131.60	
其他采矿业				20.11	
(二)制造业	**5278.45**	**393.72**	**124395.30**	**11303.02**	**530.28**
农副食品加工业	4.21		1807.77	202.03	210.98
食品制造业	0.97		2914.10	100.05	
饮料制造业			1385.90	66.71	
烟草制品业			238.34	31.25	
纺织业	2.69		10989.03	719.32	
纺织服装、鞋、帽制造业	1.20		564.48	72.57	
皮革、毛皮、羽毛(绒)及其制品业	0.27		107.52	45.44	
木材加工及木、竹、藤、棕、草制品业	0.20		748.08	61.56	
家具制造业			39.80	20.59	
造纸及纸制品业	0.29		8025.75	359.33	1.57
印刷业和记录媒介的复制	0.31		111.59	78.37	
文教体育用品制造业	0.18		20.98	38.32	
石油加工、炼焦及核燃料加工业	3457.29	57.50	22312.00	412.85	80.73
化学原料及化学制品制造业	1671.51	125.41	39022.97	1849.20	40.55
医药制造业	0.20		3673.14	130.92	
化学纤维制造业	0.91		5002.27	225.33	2.62
橡胶制品业	1.56		808.79	149.41	
塑料制品业	7.42		278.43	230.16	
非金属矿物制品业	53.92	38.79	634.48	1209.25	17.14
黑色金属冶炼及压延加工业	5.43	152.79	11834.79	2063.63	170.53
有色金属冶炼及压延加工业	54.63	19.23	7248.43	1257.93	4.52
金属制品业	0.78		184.92	432.79	0.00
通用设备制造业	3.09		708.93	279.78	
专用设备制造业	1.21		1489.14	152.31	
交通运输设备制造业	2.37		1901.76	357.67	
电气机械及器材制造业	2.20		735.09	222.92	
通信设备、计算机及其他电子设备制造业	0.05		586.22	277.21	
仪器仪表及文化、办公用机械制造业	0.90		98.61	35.35	
工艺品及其他制造业	4.46		915.40	215.66	1.63
废弃资源和废旧材料回收加工业	0.20		6.59	5.11	
(三)电力、燃气及水的生产和供应业	**10.25**	**5.28**	**11360.13**	**3579.91**	**231.95**
电力、热力的生产和供应业	10.05	2.31	11008.38	3370.46	231.95
燃气生产和供应业	0.20	2.97	303.75	34.33	
水的生产和供应业			48.00	175.13	
三、建筑业	**902.62**		**417.58**	**222.14**	
四、交通运输储运业和邮政业			**2502.12**	**449.65**	
五、批发、零售业和住宿、餐饮业			**2206.70**	**735.35**	
六、其他			**3490.14**	**1036.58**	
七、生活消费			**41394.86**	**2464.49**	

附 录

主要指标解释

工业企业生产经营及财务状况

工业总产值(当年价格) 指工业企业在本年内生产的以货币形式表现的工业最终产品和提供工业劳务活动的总价值量。

(1) 工业总产值计算应遵循的原则

①工业生产的原则。即凡是企业在本年内生产的最终产品和提供的劳务，均应包括在内。其中的最终产品，不管是否在本年内销售，只要是本年内生产的，就应包括在内。凡不是工业生产的产品，均不得计入工业总产值。

②最终产品的原则。即企业生产的成品价值必须是本企业生产的，经检验合格不需再进行任何加工的最终产品。企业对外销售的半成品也应视为最终产品计入工业总产值。而在本企业内各车间转移的半成品和在制品只能计算其期末期初差额价值。

③"工厂法"原则。即以法人工业企业作为一个整体计算工业总产值，是其本年内生产的最终产品和提供劳务的总价值量。

(2) 工业总产值的内容

包括三部分：生产的成品价值、对外加工费收入、自制半成品在制品期末期初差额价值。

①成品价值：指企业在本年内生产，并在本年内不再进行加工，经检验合格、包装入库的已经销售和准备销售的全部工业成品(包括半成品)价值合计。成品价值中包括企业生产的自制设备及提供给本企业在建工程、其他非工业部门和生活福利部门等单位使用的成品价值，但不包括用订货者来料加工的成品(半成品)价值。

工业总产值是按现行价格计算的。成品价值按成品实物量乘以本年不含应交增值税(销项税额)的产品实际销售平均单价计算。会计核算中按成本价格转帐的自制设备和自产自用的成品，按成本价格计算生产成品价值。

②对外加工费收入：指企业在本年内完成的对外承做的工业品加工(包括用订货者来料加工生产)的加工费收入和对外工业品修理作业所收取的加工费收入。对外加工费收入按不含应交增值税(销项税额)的价格计算，可根据会计"产品销售收入"科目的有关资料取得。

对于以对外加工生产为主，对外加工费收入所占比重较大的企业，如果对外加工费收入出现跨年度支付的情况，为保证总产值生产口径计算的准确性，则应将对外加工费收入按实际情况调整，记录本年应实际收取的对外加工费收入。

③自制半成品在制品期末期初差额价值。为了使工业总产值与工业中间投入中的物耗价值一致，以便同口径地计算工业增加值，规定本指标的计算原则是：凡是企业会计产品成本核算中计算半成品、在制品成本，则工业总产值中必须包括自制半成品在制品期末期初差额价值。反之则不包括。

自制半成品在制品期末期初差额价值等于自制半成品在制品期末价值减去期初价值后的余额，如果期末价值小于期初价值，该指标为负值，企业在计算产值时，应按负值计算，不能作为零处理。

(3) 工业总产值计算的几种具体规定

①凡自备原材料，不论其加工繁简程度如何，一律按全价，即包括自备原材料的价值，计算工业总产值。

②凡来料加工，加工企业一律按财务上结算的加工费计算工业总产值，即不包括定货者来料的价值。一般分两种情况：a、工业企业之间的来料加工，加工企业(即承包单位)按财务上结算的加工费计算工业总产值；委托加工的企业(即发包单位)按全价计算工业总产值。b、工业企业与非工业企业之间的来料加工，当工业企业作为加工企业时一律按加工费计算工业总产值。

③自制半成品、在制品期末期初差额价值，原则上应计入工业总产值，但如果会计产品成本核算中不计算自制半成品、在制品成本，则不计入工业总产值；如果会计产品成本核算中计算自制半成品、在制品成本的，则计入工业总产值。

工业销售产值(当年价格) 是以货币形式表现的，工业企业在本年内销售的本企业生产的工业产品或提供工业性劳务价值的总价值量。工业销售产值包括的内容为：

(1) 销售成品价值：指企业在报告期内实际销售(包括本期生产和非本期生产)的全部成品、半成品的总价值，即按报告期产品的实际销售数量乘以不含增值税(销项税额)的产品实际销售平均单价计算。销售成品价值包括为本企业在建工程，生活福利部门等提供的成品和自制设备价值，不包括用定货者来料加工的成品和半成品价值。

(2) 对外加工费收入：指企业在报告期内完成的对外承接的工业品加工(包括用定货者来料加工的产品)的加工费收入；对外工业品修理作业可收取的加工费收入和对内非工业部门提供的加工修理、设备安装等收入。对外加工费收入按不含增值税(销项税额)的价格计算。

出口交货值 指工业企业交给外贸部门或自营(委托)出口(包括销往香港、澳门、台湾)，用外汇价格结算的产品价值，以及外商来样、来料加工、来件装配和补偿贸易等生产的产品价值。在计算出口交货值时，要把外汇价格按交易时的汇率折成人民币计算。

资产总计 指企业拥有或控制的能以货币计量的经济资源，包括各种财产、债权和其他权利。资产按其流动性(即资产的变现能力和支付能力)划分为：流动资产、长期投资、固定资产、无形资产、递延资产和其他资产。根据会计"资产负债表"中"资产总计"项的年末数填列。

流动资产 指企业可以在一年内或者超过一年的一个生

产周期内变现或者耗用的资产，包括现金及各种存款、短期投资，应收及预付款项、存货等。根据会计“资产负债表”中“流动资产合计”项的年末数填列。

应收帐款 指企业因销售商品、产品、提供劳务等，应向购货单位或接受劳务单位收取款项。该指标根据会计“资产负债表”中“应收账款”项的年末数填报。未执行2001年《企业会计制度》的企业，用“应收帐款净额”年末数代替。

存货 指企业在生产经营过程中为销售或耗用而储备的各种资产，包括原材料、周转材料、包装物、低值易耗品、在产品、自制半成品、产成品等。根据会计“资产负债表”中“存货”项的年末数填列。“年初存货”根据会计“资产负债表”中“存货”项的年初数填列。

产成品 指企业报告期末已经加工生产并完成全部生产过程，可以对外销售的制成产品。根据企业会计“资产负债表”中“产成品”的年末数填报。

流动资产年平均余额 指企业在报告期内全部固定资产净值的平均余额。计算公式为:

$$\text{流动资产年平均余额}=\frac{\text{1至12月各月流动资产平均余额之和}}{12}$$

或:

$$\text{流动资产年平均余额}=\frac{\text{1至12月各月月初、月末流动资产之和}}{24}$$

其中:

$$\text{流动资产}=\frac{\text{月初流动资产合计}+\text{月末流动资产合计}}{2}$$

$$\text{流动资产季平均余额}=\frac{\text{季内各月流动资产平均余额}}{3}$$

固定资产 指企业使用期限超过一年的房屋、建筑物、机器、机械、运输工具以及其他与生产、经营有关的设备、器具、工具等。不属于生产经营主要设备的物品，单位价值在2000元以上，并且使用年限超过2年的，也应当作为固定资产。“固定资产合计”根据会计“资产负债表”中“固定资产合计”项的年末数填列。

固定资产原价 指企业在建造、购置、安装、改建、扩建、技术改造某项固定资产时所支出的全部货币总额。根据会计“资产负债表”中“固定资产原价”项的年末数填列。

生产经营用固定资产 固定资产按其经济用途和使用情况综合分为七大类：生产经营用固定资产、非生产经营用固定资产、租出固定资产、不需用固定资产、未使用固定资产、土地、融资租入固定资产。

生产经营用固定资产指直接服务于企业生产、经营过程的各种固定资产，包括生产经营用的房屋、建筑物、机器设备、器具、工具等。

累计折旧 指企业在报告期末提取的历年固定资产折旧累计数。根据会计“资产负债表”中“累计折旧”项的年末数填列。

本年折旧 指企业在报告年度内提取的固定资产折旧合计数。根据会计“财务状况变动表”中“固定资产折旧”项的数值填列。若企业执行2001年《企业会计制度》，该指标根据会计核算中《资产减值准备、投资及固定资产情况表》内“当年计提的固定资产折旧总额”项本年增加数填列。

固定资产净值年平均余额 固定资产净值指固定资产原价减去累计折旧后的净额，其平均余额指报告期内余额的平均数。计算公式为:

$$\text{固定资产净值年平均余额}=\frac{\text{1至12月各月固定资产净值平均余额之和}}{12}$$

或:

$$\text{固定资产净值年平均余额}=\frac{\text{1至12月各月月初、月末固定资产净值之和}}{24}$$

其中:

$$\text{固定资产净值月平均余额}=\frac{\text{月初固定资产净值}+\text{月末固定资产净额}}{2}$$

$$\text{固定资产净值季平均余额}=\frac{\text{季内各月固定资产净值平均余额}}{3}$$

流动负债合计 指企业在一年内或超过一年的一个营业周期内需要偿还的债务，包括短期借款、应付票据、应付帐款、预收帐款、应付工资、应交税金、应付利润、预提费用等。根据企业会计“资产负债表”中“流动负债合计”的年末数填报。

负债合计 指企业所承担的能以货币计量，将以资产或劳务偿付的债务，偿还形式包括货币、资产或提供劳务。负债一般按偿还期长短分为流动负债和长期负债。根据会计“资产负债表”中“负债合计”的年末数填列。

长期负债合计 指企业偿还期在一年以上或者超过一年的一个营业周期以上的债务，包括长期借款、长期应付款、应付债券等。根据会计“资产负债表”中的“长期负债合计”的年末数填报。

应付帐款 根据会计“资产负债表”中的“应付账款”的年末贷方余额填报。

所有者权益合计 指企业投资人对企业净资产的所有权。企业净资产为企业全部资产与企业全部负债的差额，包括实收资本、资本公积、盈余公积、未分配利润等。根据会计“资产负债表”中“所有者权益”项的年末数填列。

实收资本 指企业投资者实际投入的资本(或股本)，包括货币、实物、无形资产等各种形式的投入。实收资本按投资主体可分为国家资本、集体资本、法人资本、个人资本、港澳台资本和外商资本。根据会计“资产负债表”中“实收资本”项的年末数填列。

国家资本 指有权代表国家投资的政府部门或机构、直属事业单位对企业形成的资本金。根据会计“实收资本”科目计算填列。

集体资本 指由本企业职工等自然人集体投资或各种机构对企业进行扶持形成的集体性质的资本金。根据会计“实收资本”科目计算填列。

法人资本 指法人以其依法可支配的资产投入企业形成的资本金。根据会计“实收资本”科目计算填列。

个人资本 指自然人实际投入企业的资本金。根据会计

"实收资本"科目计算填列。

港澳台资本 指我国香港、澳门和台湾地区投资者实际投入企业的资本金。根据会计"实收资本"科目计算填列。

外商资本 指外国投资者实际投入企业的资本金。根据会计"实收资本"科目计算填列。

主营业务收入 根据会计"利润表"中对应指标计算填列。未执行2001年《企业会计制度》的企业，用"产品销售收入"年末数代替。

主营业务成本 根据会计"利润表"中对应指标计算填列。未执行2001年《企业会计制度》的企业，用"产品销售成本"年末数代替。

营业费用 根据会计"利润表"中对应指标年末数填列。未执行2001年《企业会计制度》的企业，用"产品销售费用"年末数代替。

主营业务税金及附加 未执行2001年《企业会计制度》的企业，用"产品销售税金及附加"年末数代替。

管理费用 指企业行政管理部门为组织和管理生产经营活动而发生的各项费用。根据会计"利润表"中对应指标年末数填列。

税金 指企业按规定从管理费用中支付的各种税金，包括房产税、土地使用税、车船使用税、印花税等。根据会计"管理费用"科目归纳年末数填列。

财务费用 指企业为筹集生产经营所需资金等而发生的费用，包括利息支出、汇兑损失以及相关的金融机构手续费等。根据会计"利润表"中对应指标年末数填列。

利息支出 指企业在生产经营期间利息支出扣除利息收入后的净额。根据会计"财务费用"科目归纳计算填列。

营业利润 指企业从事生产经营活动所产生的利润，即主营业务利润加其他业务利润扣除管理费用、财务费用后的净额。根据会计"利润表"中对应指标年末数填列。

投资收益 根据企业会计"利润表"中"投资收益"项的年末数填列。

补贴收入 指企业实际收到的补贴收入，包括实际收到的先征后返的增值税；企业按销量或工作量等，依据国家规定的补助定额计算并按期给予的定额补贴。根据"补贴收入"的发生额分析填列。

利润总额 指企业在生产经营过程中各种收入扣除各种耗费后的盈余，反映企业在报告期内实现的亏盈总额，包括营业利润、补贴收入、投资净收益和营业外收支净额。根据会计"利润表"中的对应指标年末数填列。

应交所得税 指企业按税法规定，应从生产经营等活动的所得中交纳的税金。根据会计"利润表"中的对应指标年末数填列。

本年应付工资总额 指企业在报告期内实际支付给职工的全部劳动报酬，它反映企业本期累计提取的应付工资总额，而不是会计"应付工资"科目的余额。根据会计"应付工资"科目的本期贷方累计发生额填列。

主营业务应付工资总额 指报告期内企业应付给与主营业务直接有关人员的工资。工业企业是指应付给与工业生产经营活动直接有关的职工工资总额，根据会计"应付工资"科目中本期转入"生产成本"、"制造费用"、"管理费用"、"产品销售费用"科目的贷方发生额(即本期应由上述科目负担的工资)归纳填列。建筑业企业是指应付给与建筑生产经营活动直接有关的职工工资总额，根据会计"应付工资"科目中与"工程施工"、"机械作业"、"辅助生产"、"采购保管费"、"管理费用"科目有关的"应付工资"贷方发生额归纳填列。

本年应付福利费总额 指企业在报告期内累计提取的职工福利费总额，它反映本期应付福利费的全部发生额，而不是会计"应付福利费"科目的余额。根据会计"应付福利费"科目的本期贷方累计发生额填列。

主营业务应付福利费总额 指报告期内企业应付给与主营业务直接有关人员福利费。工业企业是指应付给与工业生产经营活动直接有关的职工福利费总额，根据会计"应付福利费"科目的贷方发生额中从"生产成本"、"制造费用"、"管理费用"、"产品销售费用"科目中提取的福利费归纳填列。建筑业企业是指应付给与建筑生产经营活动直接有关的职工福利费总额，根据会计"应付福利费"科目中从"工程施工"、"机械作业"、"辅助生产"、"采购保管费"、"管理费用"科目中提取的福利费归纳填列。

本年应交增值税 指企业按税法规定，从事货物销售或提供加工、修理修配劳务等增加货物价值的活动本期应交纳的税金。指企业在报告期应交增值税额。计算公式为：

本年应交增值税=销项税额-(进项税额+上期留抵税额-进项税额转出)

-出口抵减内销产品应纳税额-减免税款+出口退税

全部从业人员年平均人数(94) 指年内每月平均拥有的人数，其计算公式为：

$$全部从业人员年平均人数=\frac{1月末从业人员数+2月末从业人员数+\cdots+12月末从业人员数}{12}$$

主要工业产品产量及能源消费量

能源生产总量 指一定时期内全国（地区）一次能源生产量的总和，是观察全国（地区）能源生产水平、规模、过程构成和发展速度的总量指标。一次能源生产量包括原煤、原油、天然气、水电及其他动力能（如风能、地热能等）发电量。不包括低热值燃料生产量、生物质能、太阳能等的利用和由一次能源加工转换而成的二次能源产量。

能源消费总量 指一定时期内全国（地区）各行业和居民生活消费的各种能源的总观察能源消费水平、构成和增长速度的总量指标。能源消费总量包括原煤、原油及其制品、天然气、电力。不包括低热值燃料、生物质能和太阳能等的利用。能源消费总量分为三部分，即终端能源消费量、能源加工转换损失量和损失量。

(1) **终端能源消费量** 指一定时期内全国（地区）各行业和居民生活消费的各种能源在扣除了用于加工转换二次能源消费量和损失量以后的数量。

(2) **能源加工转换损失量** 指一定时期内全国（地区）投入加工转换的各种能源数量之和与产出各种能源产品之和的差额。它是观察能源在加工转换过程中损失量变化的指标。

(3) **能源损失量** 指一定时期内能源在输送、分配、储存过程中发生的损失和由客观原因造成的各种损失量。不包括各种气体能源放空、放散量。

中国经济普查年鉴

China Economic Census Yearbook

2004

II

掌握國情國力

服務經濟建設

促進社会发展

曾培炎

二〇〇六年六月

曾培炎副总理在国务院第一次全国经济普查总结表彰电视电话会议上的讲话

（代　序）

2005年12月27日

在各地区、各部门和各级普查机构的共同努力下，历时两年的第一次全国经济普查，全面完成了各项任务。今天，国务院召开电视电话会议，主要是总结经济普查工作，表彰作出突出贡献的先进集体和先进个人，促进统计事业和普查工作更好地发展。

这次经济普查是在党中央、国务院的关怀和领导下进行的。国务院制定公布了《全国经济普查条例》，专门成立了普查领导小组及其办公室，多次召开会议研究部署普查工作。地方各级政府和有关部门也相应成立了普查领导机构和工作班子，保证了经济普查的顺利进行。2005年11月份，胡锦涛总书记、温家宝总理分别主持召开中央政治局常委会议、国务院常务会议，听取了第一次全国经济普查情况的汇报，对普查工作和普查成果给予了充分肯定。

这次经济普查是新时期我国一次重大的国情国力调查。目前，我国社会主义市场经济体制已经初步建立，全方位对外开放的格局已经形成。开展经济普查，主要是根据形势发展变化的要求，摸清经济底数，掌握真实情况，为国家及地方制定规划和政策提供准确而系统的数据。同时，普查还有利于推进统计调查与国民经济核算体系的综合改革，加强对市场经济各类主体的统计服务。

这次经济普查对国家普查项目设置和周期安排制度作了较大调整，并首次将第二、三产业和基本单位情况合并调查。普查涉及范围之广，参与部门之多，技术要求之高，工作难度之大，社会动员之广，是前所未有的。全国共动员组织了300多万名普查员、普查指导员和1000多万名机关、企事业单位的统计、财务人员，对在我国境内从事工业、建筑业和服务业的517万个法人单位、682万个产业活动单位、3922万个个体经营户，进行了规模空前的普查登记，掌握了内容翔实的第一手资料。

两年来，各级普查机构先后完成了经济普查的方案设计、单位清查、现场登记、质量抽查和审核汇总等工作。不久前，经济普查第一、二、三号公报和以普查资料为基础核算的2004年国内生产总值数据已经陆续发布，这标志着第一次全国经济普查取得丰硕成果。这次经济普查的主要成果表现在以下三个方面。

第一，掌握了我国基本经济单位的情况。通过经济普查，初步建立了全国基本单位名录库及其数据库系统。全国所有从事第二、三产业单位的基本数据，包括单位名称、通讯地址、行业类别、注册类型等，都已输入经济普查数据库，并建立统一的编号代码，数据检索和查询非常方便。不仅可以进行全国数据的汇总，而且可以根据需要调出按地区、按行业等不同类型分组的各种数据，具有很大的开发使用价值。

第二，查清了我国第二、三产业的“家底”。通过对不同规模多种所有制单位的系统调查，收集了大量基础信息，全面掌握了工业、建筑业、服务业发展的基本数据，包括单位数量、就业人数、财务收支、资产负债状况，企业主要生产经营活动、生产能力、主要原材料和能源消耗、科技开发投入等。普查涉及的内容相当广泛，客观地反映了我国第二、三产业发展的规模、结构和效益等情况。

第三，查实了国内生产总值和三次产业的比重。以经济普查资料为基础进行核算，2004年全国国内生产总值按现价计算为159878亿元，比年快报数增加了2.3万亿元；其中，第三产业增加了2.13万亿元，弥补了常规统计尤其是第三产业统计中的一些遗漏和不足。第一、二、三产业增加值的构成，由年快报数的15.2%、52.9%、31.9%，变为13.1%、46.2%、40.7%。过去总感觉到我国第三产业的比重过低，但没有依据，说不清低多少。通过这次经济普查有了答案，我国第三产业的比重提高了8.8个百分点，与发展中国家的水平比较接近。

全国经济普查的数据资料，客观地反映了改革开放以来我国现代化建设所取得的成果，反映了社会生产力、综合国力和人民生活水平提高的情况，反映了产业结构的现状和水平。普查数据公布之后，国内外媒体进行了积极报道，社会各界普遍认同。经济普查的结果，为加强和改善宏观调控、制定经济社会发展规划和政策提供了重要的基础信息，对于准确认识我国经济的总体规模和重大比例，正确处理速度、结构、质量和效益的关系，保持经济平稳较快发展、转变经济增长方式、促进产业结构优化升级，都具有重要的作用和影响。

第一次全国经济普查任务的顺利完成，是党中央、国务院科学决策、正确领导的结果，是广大人民群众和普查对象积极参与、密切配合的结果，是各地区、各部门、各级经济普查机构和普查人员团结奋斗、努力工作的结果。实践表明，我们这支经济普查队伍是一支能吃苦、能战斗、能奉献的队伍，有着良好的精神风貌和工作作风。

一是具有明确的指导思想。经济普查是我国经济生活中的一件大事，是和平时期的一项重大社会动员。各地区、各部门和广大普查工作者认真学习贯彻党的十六大和十六届三中、四中、五中全会精神，坚持以邓小平理论和“三个代表”重要思想为指导，全面落实科学发展观，把经济普查作为促进全面协调可持续发展的一个重大举措，作为检验共产党员先进性教育活动成效的一次重要实践。通过明确指导方针和原则，加强思想政治工作，有力地推动了经济普查工作。

二是具有团结协作的大局意识。经济普查是一项十分复杂的系统工程。各地区、各部门按照“全国统一领导、部门分工协作、地方分级负责、各方共同参与”的原则，自觉服从大局，主动开展工作，群策群力，通力协作。各级统计部门和普查机构有效地发挥了日常组织和综合协调的作用；财政、发展改革等部门在财力和物力上对普查工作给予支持和保障；宣传部门和新闻单位广泛深入地开展了社会宣传动员，为普查工作顺利进行创造了良好的舆论氛围；各级工商、税务、民政、机构编制和质检等部门认真地进行了单位核实、认定和督促检查工作；铁路、银行、证券、保险、邮政、军队、武警等部门很好地完成了本部门、本系统的经济普查任务。

三是具有开拓创新的进取精神。开展这样大规模的经济普查，在我国普查工作史上是第一次，在世界上也少有先例可循。普查在方案设计上，立足中国国情，借鉴国际经验，注意征求各方面意见，并在试点检验的基础上加以修改完善。在普查手段上，运用现代信息技术，统一开发数据处理软件，对数据录入、审核、汇总、传输和存储，全部进行电子化处理。广大普查工作者以积极进取、严谨求实的精神，克服了一个又一个困难，保证了经济普查各项任务的顺利完成。

四是具有依法普查的法治观念。各级普查机构和工作人员贯彻依法办事的原则，遵循有关法律法规，保证了普查工作依法进行。第一，认真贯彻执行《统计法》，公布实施了具有法律效力的《经济普查条例》。在这方面，国务院法制办做了大量工作。第二，有法必依，信守承诺，严守被调查者的商业秘密和个人隐私，保证普查资料不作为任何单位实施处罚的依据，解除了普查对象的思想顾虑。第三，执法必严，加大监督检查力度，对不配合普查登记或提供虚假数据的单位和个人，依法进行处理。在各方面的共同努力下，经济普查成为依法行政的一次重要实践。

五是具有注重质量的扎实作风。各级普查机构坚持质量第一的方针，建立数据质量控制岗位责任制，在各个环节实行严格的质量控制和检查验收。对于普查对象报送的普查表，基层普查机构组织有经验的财务和统计人员，认真进行人工审核。对于录入计算机的数据，各县、市（地）和省级普查机构运用统一软件，进行了校验。数据上报后，普查领导小组办公室又进行了审核、查询和纠错，并与相关部门进行核实，保证了普查数据的质量。

总之，在地方各级政府的统一领导和有关部门、单位的大力支持下，广大统计工作者和普查人员勤勤恳恳，兢兢业业，默默无闻，甘于奉献，做了大量卓有成效的工作，创造了优良的业绩。在此，我代表党中央、国务院，向荣获第一次全国经济普查先进称号的集体和个人表示热烈的祝贺！向全国统计工作者和全体普查人员表示亲切的慰问！向支持与配合统计普查工作的各界人士致以诚挚的谢意！

回顾这次经济普查工作，有许多好的做法。首先，成立了一个坚强有力的普查机构，各级党委和政府高度重视，有关部门协作配合，有效地发挥了国家的行政动员能力。第二，组建了一支能打硬仗的普查队伍，通过保障普查条件，狠抓业务培训，充分发挥了基层工作人员的积极性。第三，制定了一部可供遵循的普查条例，提出各方面的行为准则，保障原始数据真实可靠，促进了普查工作的顺利开展。第四，推广了一套先进适用的普查方法，充分利用现代技术，紧密结合工作实际，推进了统计普查的科学化和标准化。要认真总结经验，为今后开展统计普查提供借鉴。

这次经济普查获得的数据，是宝贵的信息资源和社会财富，一定要十分珍惜。不久前召开的中央经济工作会议明确指出，要以经济普查数据为基础，进行2005年国民经济核算，总结“十五”时期经济社会发展情况，制定“十一五”规划和2006年计划。各地区、各有关部门和全国统计系统要认真贯彻中央精神，按照全面落实科学发展观的要求，扎扎实实地做好经济普查后续工作和当前各项统计工作。下面，我提几点要求。

首先，要认真做好普查资料的开发应用工作。各地区要按照全国的统一部署，及时发布本地区经济普查公报。普查结果公布后，一些地区的生产总值会有所变化，要深入细致地做好宣传解释工作。同时，有关部门要相应调整“十一五”规划和2006年计划的基数，使发展建立在更加准确的数据基础上。要认真做好普查资料的分析研究工作，充分利用普查数据中蕴含的经济和社会信息，更好地为党政机关、人民群众和社会各界服务。对于普查资料中涉及的国家机密、商业秘密与个人隐私，各级普查机构和普查人员要一如既往地保守好秘密。

第二，要切实管理好基本单位数据库系统。在有关部门配合下，全国基本单位名录更新制度已经建立。统计部门要把管理和维护基本单位名录库及其数据库系统作为一项经常性重要工作来抓，努力做到覆盖范围全面、信息内容可靠、动态更新快捷、随机查询方便、系统运行安全，使其真正成为一个“活库”。从

2006年起，县级以上各级政府有关部门要按要求每半年向同级统计部门提供一次新增、变更和注销单位等资料情况。各地区、各部门要进一步明确职责分工，抓紧落实数据更新和管理工作。

第三，要不断改进统计制度和方法。改革开放以来，统计工作有了很大进步，但在许多方面还存在不足。这次经济普查的结果，反映了当前统计工作适应形势变化的能力还不强，在第三产业、非公有制经济等方面的日常统计还亟待完善。要在总结这次普查经验的基础上，认真研究借鉴国内外好的做法，深化统计方法制度改革，完善统计体制，健全指标体系，理顺数据采集渠道，改进统计手段和方法。要进一步推行抽样调查制度，完善部门报告制度，健全规模以下经济的统计调查，加强和改进常规统计工作。

第四，要统筹做好其他各项统计工作。深入贯彻执行《统计法》，坚持实事求是，不断提高数据质量，确保数据真实可信。抓紧研究建立经济社会发展的综合评价体系，促进发展切实转入以人为本、全面协调可持续发展的轨道。加强国民经济运行状况的统计监测，提高为宏观调控服务的水平。搞好全国1%人口抽样调查的数据审核、验收、汇总和发布，做好第二次农业普查方案制定、机构组建、业务培训等准备工作。稳步推进国家统计局直属调查队管理体制改革，及时研究新情况，解决新问题。各级政府要更加关心和支持统计工作，切实维护统计工作的统一性和权威性。

第一次全国经济普查圆满成功，但统计和普查事业任重道远。希望大家再接再厉，与时俱进，开拓创新，不断提高统计工作水平，为贯彻落实科学发展观、全面建设小康社会做出更大贡献。

编者说明

为便于社会各界共同分享第一次全国经济普查的成果，更方便地开发利用普查资料，我们将经济普查资料编辑整理，汇编成《中国经济普查年鉴—2004》一书。全书共三卷四册，即综合卷、第二产业卷（上、下册）和第三产业卷，并随书配送同版本电子光盘一张。《综合卷》为单位基本情况资料，卷中分综合篇、企业篇、事业、机关、社团、民办非企业篇、铁路运输业篇以及附录五个部分。《第二产业卷》按内容分为上、下两册。上册两篇：第一篇为“工业企业生产经营及财务状况”，第二篇为“主要工业产品产量及能源消费量”。下册两篇：第一篇为“规模以上工业企业科技情况”，第二篇为“建筑业企业生产经营及财务状况”。《第三产业卷》分六篇。第一篇为“交通运输、仓储和邮政业生产经营及财务状况”，第二篇为“批发和零售业商品销售和财务状况”，第三篇为“住宿和餐饮业生产经营及财务状况”，第四篇为“房地产业生产经营及财务状况”，第五篇为“其他服务业企业生产经营及财务状况”，第六篇为“行政事业单位财务状况”。

为使读者能够更好地使用本资料，现对有关问题做如下说明：

一、第一次全国经济普查的标准时点为2004年12月31日，时期资料为2004年度。

二、每卷后附有该卷详细的指标解释，使用时请仔细阅读。

三、综合卷中汇总表1-1的法人单位数包括了铁路运输业的数据，其余汇总表均不包括铁路运输业的数据。铁路运输业基本情况的分组资料单独列出。

四、本资料按在地原则汇总，即按单位实际所在地进行汇总。

五、本资料对部分数据由于计量单位取舍不同或四舍五入而产生的差数均未作调整。

六、表中“—”表示数据不足本表最小单位数，空格表示该项统计指标数据不详或无该项数据，“#”表示其中的主要项。

我们希望此书的面世，能使社会各界对我国第一次全国经济普查有一个全面概括的了解，更愿本书的内容，能为社会经济研究工作者提供有价值的参考。

第一次全国经济普查资料是全国普查工作者共同辛勤工作的成果，也是广大普查对象积极支持配合的结果。在此，我们向全国所有普查工作者、普查对象和所有参与和支持普查工作的人员致以崇高的敬意和衷心的感谢！

中国经济普查年鉴

China Economic Census Yearbook

2004

综合卷

国务院第一次全国经济普查领导小组办公室 编

中国统计出版社
China Statistics Press

(京)新登字041号

图书在版编目（CIP）数据

中国经济普查年鉴. 2004
/ 国务院第一次全国经济普查领导小组办公室编.
- 北京：中国统计出版社，2006. 5
ISBN 7-5037-4862-1

Ⅰ. 中…
Ⅱ. 国…
Ⅲ. 经济 - 普查 - 中国 -2004- 年鉴
Ⅳ. F123-54

中国版本图书馆CIP数据核字（2006）第020679号

中国经济普查年鉴—2004

作　　者 / 国务院第一次全国经济普查领导小组办公室编
责任编辑 / 陈悟朝　佘竞雄
装帧设计 / 黄俊杰　崔宝进
出版发行 / 中国统计出版社
通信地址 / 北京市西城区月坛南街75号
邮政编码 / 100826
办公地址 / 北京市丰台区西三环南路甲6号
电　　话 / （010）63459084　63266600-22500（发行部）
印　　刷 / 河北天普润印刷厂
经　　销 / 新华书店
开　　本 /880 × 1230毫米　1/16
字　　数 /4400千字
印　　张 /143
印　　数 /1—3800
版　　别 /2006年5月第1版
版　　次 /2006年5月第1次印刷
书　　号 /ISBN 7-5037-4862-1/F・2218
定　　价 /880.00元(全四册)

全套书附同版本CD-ROM一张，光盘内容以纸介质文本为准。
中国统计版图书，如有印装错误，本社发行部负责调换。

综合卷目录

第一篇 综合篇

第二篇 企业篇

第三篇 事业、机关、社团、民办非企业篇

第四篇　铁路运输业篇

第1篇

综合篇

1-1 按地区、行业（门类)分组的法人单位数

单位：个

地区	法人单位数	农、林、牧、渔业	采矿业	制造业	电力、煤气及水的生产和供应业	建筑业
全国	**5169037**	**1835**	**82357**	**1328971**	**39832**	**128196**
北京	220983	33	564	30869	271	5878
天津	93169		112	30064	205	3209
河北	209754	19	6345	58669	611	3419
山西	131830	43	8473	20806	479	2693
内蒙古	71225	70	2172	9758	463	1367
辽宁	211539	39	4280	57047	836	7984
吉林	80261	41	1188	15403	454	1767
黑龙江	101920	256	1605	18627	543	3162
上海	343848	15	2	62830	243	14591
江苏	430510	29	1792	197318	2577	12346
浙江	403997	41	2339	184111	3149	8050
安徽	158554		2918	35327	1430	3973
福建	166063	7	1683	47735	4435	3497
江西	114918	34	3866	26172	2415	2188
山东	371092		4645	118059	847	10456
河南	267535	64	6895	77127	886	5494
湖北	158458	31	2955	26315	1354	4185
湖南	180446	49	6916	35809	2742	3003
广东	435028	62	1963	139157	5631	9210
广西	120754	193	1502	16071	1580	1588
海南	23496	101	146	1915	216	861
重庆	85852	27	2680	17721	1074	2916
四川	257218	79	4795	38627	3618	5638
贵州	77994	7	3696	7482	675	1060
云南	93214	226	3167	11276	1056	2639
西藏	13135	1	29	243	85	156
陕西	152593	12	2875	22965	794	2628
甘肃	85302	71	1138	10489	520	1743
青海	20636	13	298	1756	163	487
宁夏	24028	19	561	3807	95	740
新疆	63685	253	757	5416	385	1268

注：农、林、牧、渔业为兼营第二、三产业的经济活动单位，下同。

1-1 续表 1

单位：个

地区	交通运输、仓储及邮政业	信息传输、计算机服务和软件业	批发和零售业	住宿和餐饮业	金融业
全国	**80570**	**72917**	**883654**	**92874**	**23793**
北京	3868	11612	65084	8708	673
天津	3807	1230	23713	1758	366
河北	2424	1413	24678	2796	1188
山西	1680	1074	20375	2159	435
内蒙古	954	376	9944	1446	468
辽宁	4530	2453	43698	4380	1827
吉林	1090	591	15746	1560	558
黑龙江	1712	939	18969	1992	142
上海	6578	9117	140559	7603	629
江苏	6605	5580	73000	5495	715
浙江	6998	6111	57855	5077	1339
安徽	2664	1636	18315	2652	2703
福建	2952	1998	24615	2340	818
江西	1883	576	10297	1933	439
山东	4642	2972	56939	6236	827
河南	2360	1517	26959	4350	1707
湖北	2335	1260	19983	2548	760
湖南	1560	1827	12796	2625	476
广东	8101	6797	93258	8211	1323
广西	1949	2302	14366	1919	1151
海南	421	403	5035	816	144
重庆	1717	1041	11819	1481	621
四川	3267	4775	26374	4152	1752
贵州	760	570	7392	969	314
云南	1315	1254	13006	2285	519
西藏	105	38	415	274	26
陕西	1502	1313	18409	3595	56
甘肃	1033	426	11179	1675	852
青海	330	265	2165	452	388
宁夏	328	335	4886	434	181
新疆	1100	1116	11825	953	396

1-1 续表 2 单位：个

地区	房地产业	租赁和商务服务业	科学研究、技术服务和地质勘查业	水利、环境和公共设施管理业	居民服务和其他服务业
全国	**129198**	**249196**	**136569**	**44352**	**83607**
北京	8782	32527	13828	1476	13001
天津	2196	5392	3379	759	4419
河北	2710	3997	2476	969	1313
山西	1967	4870	2784	1312	1559
内蒙古	1577	2066	1914	970	834
辽宁	6067	11212	6626	2111	3338
吉林	1593	3198	2646	861	1301
黑龙江	2757	3838	2979	1230	1412
上海	11918	38166	12863	2221	14214
江苏	8738	18391	8602	3369	6199
浙江	8237	17904	8537	2627	3439
安徽	3698	4358	2776	1291	1624
福建	4981	7486	4410	1596	2077
江西	3016	3306	2782	1193	907
山东	5572	10808	4503	1750	4473
河南	3322	5860	4109	1921	1827
湖北	4281	5683	5146	2190	2057
湖南	3518	4689	4186	2266	1118
广东	19931	31156	10566	3433	8633
广西	3189	4781	4905	1481	973
海南	1616	1599	691	241	275
重庆	3411	3544	2412	867	1152
四川	5535	9491	10085	2532	2353
贵州	2348	1793	1613	802	596
云南	2281	3851	3547	1611	934
西藏	38	80	148	25	38
陕西	1851	3096	2786	1451	1683
甘肃	1360	2054	2257	769	640
青海	506	602	604	215	179
宁夏	608	828	532	184	237
新疆	1594	2570	1877	629	802

1-1 续表 3 单位：个

地　区	教　育	卫生、社会保障和社会福利业	文化、体育和娱乐业	公共管理和社会组织	国际组织
全　国	**299584**	**181989**	**64750**	**1244793**	——
北　京	5423	1746	5860	10780	——
天　津	2522	1007	807	8224	——
河　北	17494	6651	1592	70990	——
山　西	7903	4194	1844	47180	——
内蒙古	4678	2904	1299	27965	——
辽　宁	9224	8319	2681	34887	——
吉　林	4590	3211	1238	23225	——
黑龙江	6411	3750	1348	30248	——
上　海	5232	2017	3870	11180	——
江　苏	12179	9519	4238	53818	——
浙　江	11703	6603	3766	66111	——
安　徽	20161	4718	1649	46661	——
福　建	10362	6115	2342	36614	——
江　西	8164	5994	1615	38138	——
山　东	14449	9463	2553	111898	——
河　南	16572	29795	2562	74208	——
湖　北	15213	5842	2449	53871	——
湖　南	10813	6027	2285	77741	——
广　东	27929	6839	4623	48205	——
广　西	17326	6266	2574	36638	——
海　南	2399	654	406	5557	——
重　庆	6389	3045	885	23050	——
四　川	16283	12751	4520	100591	——
贵　州	8623	3335	1073	34886	——
云　南	6266	3752	1941	32288	——
西　藏	484	236	129	10585	——
陕　西	15582	20828	1771	49396	——
甘　肃	8729	2921	1236	36210	——
青　海	940	688	330	10255	——
宁　夏	1053	687	283	8230	——
新　疆	4488	2112	981	25163	——

注：国际组织不在经济普查范围内。

1-2 按机构类型、人员组距、开业(成立)时间分组的法人单位数、产业活动单位数及就业人数

分组	法人单位 单位数(个)	单产业法人	多产业法人	就业人数(万人)	#女性	产业活动单位 单位数(个)	#多产业法人所属的产业活动单位数	就业人数(万人)
按机构类型分组	5168303	4819688	348615	21261.66	7842.48	6823994	2004306	21465.25
企业法人	3249342	3102883	146459	16693.01	6090.90	4014174	911291	16846.41
事业法人	663310	593177	70133	2721.55	1242.27	1224643	631466	2864.01
机关法人	236306	181032	55274	1027.42	254.25	401526	220494	937.60
社团法人	104854	101695	3159	102.15	31.98	121632	19937	106.61
民办非企业法人	88302	87395	907	123.76	70.05	87395		118.28
其他法人	826189	753506	72683	593.77	153.03	974624	221118	592.34
按从业人员分组	5168303	4819688	348615	21261.66	7842.48	6823994	2004306	21465.25
7人及以下	2220776	2156131	64645	862.25	264.71	3367323	1211192	1219.39
8-19人	1362234	1282437	79797	1598.35	539.08	1717082	434645	2010.27
20-49人	838853	765529	73324	2555.04	940.02	967093	201564	2927.05
50-99人	379601	327384	52217	2594.48	1019.98	405606	78222	2762.66
100-299人	265635	213928	51707	4287.41	1756.41	267794	53866	4304.53
300-499人	48846	37867	10979	1846.95	736.00	48698	10831	1840.44
500-999人	31455	23533	7922	2141.57	805.47	31227	7694	2126.01
1000-4999人	19318	12279	7039	3585.62	1236.31	18116	5837	3289.53
5000-9999人	1091	445	646	732.67	255.05	808	363	533.57
10000人及以上	494	155	339	1057.33	289.46	247	92	451.82
按开业年份分组	5168303	4819688	348615	21261.66	7842.48	6823994	2004306	21465.25
1949年及以前	106280	89740	16540	843.28	308.82	163723	73983	717.10
1950-1977年	643796	548306	95490	3928.14	1296.93	995311	447005	3638.44
1978-1991年	934730	842429	92301	3657.99	1258.78	1303967	461538	3690.17
1992-1995年	473615	438929	34686	2702.45	1041.62	634831	195902	2740.40
1996年	140065	131856	8209	690.12	266.49	186494	54638	696.68
1997年	147035	138961	8074	747.99	288.71	191456	52495	768.54
1998年	211759	200730	11029	1016.46	383.23	289722	88992	1037.72
1999年	229658	218520	11138	952.70	370.32	289373	70853	997.39
2000年	310128	296280	13848	1210.38	485.74	382482	86202	1253.03
2001年	379956	363683	16273	1402.85	538.30	464431	100748	1467.58
2002年	454913	438133	16780	1485.69	579.92	557435	119302	1586.12
2003年	539068	524781	14287	1454.90	573.84	654165	129384	1576.87
2004年	471853	463018	8835	1043.64	412.97	578794	115776	1162.53
年份不详	125447	124322	1125	125.06	36.82	131810	7488	132.68

1-3 按地区分组的法人单位数、产业活动单位数及就业人数

地 区	法人单位 单位数（个）	单产业法人	多产业法人	就业人数（万人）	#女 性	产业活动单位 单位数（个）	#多产业法人所属的产业活动单位数	就业人数（万人）
全 国	**5168303**	**4819688**	**348615**	**21261.66**	**7842.48**	**6823994**	**2004306**	**21465.25**
北 京	220956	209468	11488	697.02	264.30	253555	44087	701.42
天 津	93162	90080	3082	330.68	126.98	106063	15983	340.10
河 北	209740	200012	9728	963.39	327.27	262396	62384	982.31
山 西	131802	114466	17336	628.55	192.27	214625	100159	669.39
内蒙古	71196	65627	5569	306.82	110.15	101829	36202	308.10
辽 宁	211502	199611	11891	838.09	305.58	268741	69130	846.25
吉 林	80235	76088	4147	383.13	140.09	111350	35262	386.28
黑龙江	101889	92222	9667	532.97	190.79	148596	56374	502.66
上 海	343831	328124	15707	910.28	353.43	410593	82469	940.90
江 苏	430488	415449	15039	1882.67	739.80	497800	82351	1892.30
浙 江	403983	382231	21752	1570.19	616.28	476625	94394	1567.59
安 徽	158543	138595	19948	626.03	200.15	214588	75993	631.80
福 建	166053	154102	11951	675.95	295.26	218081	63979	685.43
江 西	114905	106850	8055	462.08	165.04	167146	60296	471.05
山 东	371066	344572	26494	1785.66	646.59	503425	158853	1807.45
河 南	267456	255078	12378	1205.16	403.41	367625	112547	1213.64
湖 北	158411	136958	21453	714.18	241.90	229743	92785	731.76
湖 南	180436	167852	12584	734.20	240.08	258477	90625	743.87
广 东	434974	412127	22847	2318.59	1065.29	552326	140199	2360.55
广 西	120704	106159	14545	407.29	154.48	184476	78317	413.82
海 南	23494	22024	1470	98.92	37.95	33097	11073	85.18
重 庆	85843	76092	9751	404.00	122.06	129894	53802	413.75
四 川	257182	241777	15405	883.65	271.29	325238	83461	887.75
贵 州	77987	71661	6326	277.48	83.57	117641	45980	281.75
云 南	93202	81943	11259	375.70	125.39	152267	70324	379.63
西 藏	13135	12094	1041	25.68	7.05	17958	5864	26.24
陕 西	152537	143178	9359	474.13	156.64	193395	50217	474.02
甘 肃	85276	76210	9066	310.47	94.38	128853	52643	313.90
青 海	20628	18364	2264	69.89	22.76	31057	12693	73.14
宁 夏	24022	22490	1532	87.26	29.95	34069	11579	86.63
新 疆	63665	58184	5481	281.55	112.32	112465	54281	246.62

1-4 按行业（中类)分组的法人单位数、产业活动单位数及就业人数

行业中类	代码	法人单位 单位数（个）	法人单位 单产业法人	法人单位 多产业法人	法人单位 就业人数（万人）	法人单位 #女性	产业活动单位 单位数（个）	产业活动单位 #多产业法人所属的产业活动单位数	产业活动单位 就业人数（万人）
总计	0000	**5168303**	**4819688**	**348615**	**21261.66**	**7842.48**	**6823994**	**2004306**	**21465.25**
农、林、牧、渔业	A	**1835**		**1835**	**161.38**	**64.37**	**18653**	**18653**	**17.93**
农业	0100	647		647	97.22	41.62	1131	1131	3.57
谷物及其他作物的种植	0110	499		499	87.62	37.34	325	325	2.14
蔬菜、园艺作物的种植	0120	42		42	3.50	1.67	127	127	0.23
水果、坚果、饮料和香料作物的种植	0130	101		101	6.01	2.58	669	669	1.19
中药材的种植	0140	5		5	0.09	0.03	10	10	0.01
林业	0200	465		465	54.53	19.19	1346	1346	2.26
林木的培育和种植	0210	275		275	9.35	2.76	1215	1215	1.74
木材和竹材的采运	0220	72		72	20.83	5.37	27	27	0.29
林产品的采集	0230	118		118	24.35	11.06	104	104	0.22
畜牧业	0300	161		161	5.81	2.31	359	359	1.33
牲畜的饲养	0310	83		83	4.44	1.73	123	123	0.54
猪的饲养	0320	34		34	0.41	0.14	98	98	0.21
家禽的饲养	0330	31		31	0.85	0.39	90	90	0.49
其他畜牧业	0390	13		13	0.11	0.04	48	48	0.09
渔业	0400	44		44	0.89	0.24	406	406	0.53
海洋渔业	0410	8		8	0.33	0.06	35	35	0.30
内陆渔业	0420	36		36	0.55	0.18	371	371	0.23
农、林、牧、渔服务业	0500	518		518	2.92	1.01	15411	15411	10.25
农业服务业	0510	320		320	2.13	0.80	6697	6697	4.76
林业服务业	0520	52		52	0.33	0.08	4075	4075	2.70
畜牧服务业	0530	140		140	0.44	0.12	4486	4486	2.70
渔业服务业	0540	6		6	0.03	0.01	153	153	0.09
采矿业	B	**82353**	**80686**	**1667**	**888.76**	**152.39**	**87785**	**7099**	**826.38**
煤炭开采和洗选业	0600	27741	26968	773	552.42	83.16	29893	2925	509.68
烟煤和无烟煤的开采洗选	0610	26704	25970	734	535.69	80.46	28681	2711	494.29
褐煤的开采洗选	0620	644	613	31	15.19	2.50	771	158	12.99
其他煤炭采选	0690	393	385	8	1.55	0.20	441	56	2.40
石油和天然气开采业	0700	510	456	54	99.38	31.73	862	406	66.28
天然原油和天然气开采	0710	223	192	31	49.83	15.99	392	200	40.20
与石油和天然气开采有关的服务活动	0790	287	264	23	49.55	15.75	470	206	26.08
黑色金属矿采选业	0800	10660	10470	190	62.33	9.39	11175	705	67.83
铁矿采选	0810	9514	9338	176	55.69	8.33	9998	660	61.24
其他黑色金属矿采选	0890	1146	1132	14	6.64	1.06	1177	45	6.58
有色金属矿采选业	0900	6535	6313	222	57.25	10.58	7027	714	63.26
常用有色金属矿采选	0910	4118	3986	132	29.11	5.36	4412	426	36.15
贵金属矿采选	0920	1653	1583	70	20.43	3.65	1791	208	19.55
稀有稀土金属矿采选	0930	764	744	20	7.71	1.56	824	80	7.57
非金属矿采选业	1000	36614	36187	427	116.58	17.38	38507	2320	118.47
土砂石开采	1010	30566	30291	275	79.60	9.40	32015	1724	82.08
化学矿采选	1020	1394	1327	67	9.32	1.85	1535	208	8.98
采盐	1030	840	806	34	13.91	3.58	959	153	13.30
石棉及其他非金属矿采选	1090	3814	3763	51	13.75	2.56	3998	235	14.10
其他采矿业	1100	293	292	1	0.79	0.14	321	29	0.86

1-4 续表 1

行业中类	代码	法人单位 单位数(个)	单产业法人	多产业法人	就业人数(万人)	#女性	产业活动单位 单位数(个)	#多产业法人所属的产业活动单位数	就业人数(万人)
制造业	C	**1328964**	**1305333**	**23631**	**8390.30**	**3753.38**	**1374681**	**69348**	**8440.44**
农副食品加工业	1300	73828	72472	1356	312.97	129.36	79143	6671	316.22
谷物磨制	1310	22958	22764	194	46.63	12.40	24426	1662	47.48
饲料加工	1320	8669	8533	136	30.30	8.09	8944	411	32.53
植物油加工	1330	7948	7802	146	30.78	8.11	8356	554	31.68
制糖	1340	645	581	64	18.23	6.41	689	108	17.54
屠宰及肉类加工	1350	10503	10021	482	70.19	32.27	12944	2923	68.62
水产品加工	1360	6589	6459	130	40.99	21.87	6823	364	40.62
蔬菜、水果和坚果加工	1370	9281	9184	97	43.31	26.33	9456	272	44.64
其他农副食品加工	1390	7235	7128	107	32.54	13.88	7505	377	33.11
食品制造业	1400	32174	31154	1020	169.97	89.58	33721	2567	168.73
焙烤食品制造	1410	6756	6351	405	27.98	16.04	7301	950	27.75
糖果、巧克力及蜜饯制造	1420	3929	3865	64	15.76	8.88	4027	162	15.94
方便食品制造	1430	4436	4357	79	30.47	17.20	4648	291	29.01
液体乳及乳制品制造	1440	1918	1825	93	21.56	10.16	2015	190	21.26
罐头制造	1450	2582	2548	34	21.98	14.58	2664	116	22.22
调味品、发酵制品制造	1460	5851	5690	161	25.48	11.08	6096	406	25.34
其他食品制造	1490	6702	6518	184	26.73	11.63	6970	452	27.22
饮料制造业	1500	27178	26272	906	127.62	52.70	28677	2405	127.60
酒精制造	1510	354	343	11	4.66	1.47	382	39	4.57
酒的制造	1520	11721	11394	327	77.32	31.71	12055	661	76.28
软饮料制造	1530	9336	8955	381	33.42	14.12	9907	952	33.25
精制茶加工	1540	5767	5580	187	12.22	5.40	6333	753	13.50
烟草制品业	1600	308	279	29	20.01	8.29	340	61	20.32
烟叶复烤	1610	97	91	6	2.97	1.46	112	21	3.45
卷烟制造	1620	127	107	20	16.32	6.50	139	32	16.08
其他烟草制品加工	1690	84	81	3	0.72	0.34	89	8	0.79
纺织业	1700	87342	85986	1356	790.74	535.64	88990	3004	794.80
棉、化纤纺织及印染精加工	1710	32861	32410	451	375.47	246.41	33385	975	375.97
毛纺织和染整精加工	1720	4546	4477	69	48.53	31.45	4636	159	49.82
麻纺织	1730	1080	1057	23	18.55	12.44	1109	52	17.75
丝绢纺织及精加工	1740	5812	5704	108	49.62	34.36	5969	265	49.95
纺织制成品制造	1750	18103	17835	268	97.58	63.56	18461	626	98.93
针织品、编织品及其制品制造	1760	24940	24503	437	200.98	147.42	25430	927	202.38
纺织服装、鞋、帽制造业	1800	52396	51230	1166	504.02	369.33	53875	2645	507.68
纺织服装制造	1810	48895	47772	1123	469.35	344.29	50305	2533	472.38
纺织面料鞋的制造	1820	2384	2353	31	23.80	16.66	2429	76	24.35
制帽	1830	1117	1105	12	10.87	8.37	1141	36	10.94
皮革、毛皮、羽毛(绒)及其制品业	1900	24197	23882	315	288.15	184.89	24705	823	292.46
皮革鞣制加工	1910	2581	2549	32	17.35	6.45	2655	106	17.39
皮革制品制造	1920	18901	18639	262	254.08	167.90	19277	638	258.11
毛皮鞣制及制品加工	1930	1570	1562	8	8.58	5.15	1607	45	8.70
羽毛(绒)加工及制品制造	1940	1145	1132	13	8.14	5.39	1166	34	8.25
木材加工及木、竹、藤、棕、草制品业	2000	41818	41401	417	168.53	71.12	43252	1851	166.92
锯材、木片加工	2010	12895	12789	106	33.79	11.59	13566	777	31.99

1-4 续表 2

行业中类	代码	法人单位 单位数（个）	单产业法人	多产业法人	就业人数（万人）	#女性	产业活动单位 单位数（个）	#多产业法人所属的产业活动单位数	就业人数（万人）
人造板制造	2020	13133	13035	98	76.17	32.60	13428	393	76.65
木制品制造	2030	10145	9985	160	36.62	14.73	10462	477	36.12
竹、藤、棕、草制品制造	2040	5645	5592	53	21.96	12.21	5796	204	22.16
家具制造业	2100	25378	24655	723	115.18	35.34	26075	1420	116.42
木质家具制造	2110	18954	18383	571	77.08	22.17	19463	1080	77.94
竹、藤家具制造	2120	392	388	4	1.85	0.81	407	19	1.86
金属家具制造	2130	3371	3314	57	23.50	7.49	3451	137	23.61
塑料家具制造	2140	327	319	8	1.60	0.66	339	20	1.61
其他家具制造	2190	2334	2251	83	11.15	4.20	2415	164	11.40
造纸及纸制品业	2200	41732	41289	443	210.12	87.23	42581	1292	212.62
纸浆制造	2210	628	617	11	6.42	1.88	642	25	7.05
造纸	2220	12095	11930	165	103.33	37.70	12305	375	103.18
纸制品制造	2230	29009	28742	267	100.37	47.66	29634	892	102.39
印刷业和记录媒介的复制	2300	42568	41789	779	131.82	64.09	44420	2631	135.95
印刷	2310	39221	38501	720	121.53	58.82	40829	2328	125.18
装订及其他印刷服务活动	2320	3139	3085	54	8.75	4.66	3375	290	9.18
记录媒介的复制	2330	208	203	5	1.54	0.61	216	13	1.59
文教体育用品制造业	2400	15424	15173	251	153.88	97.76	15967	794	160.88
文化用品制造	2410	4482	4393	89	21.75	12.86	4588	195	22.34
体育用品制造	2420	3128	3073	55	31.84	16.73	3218	145	32.70
乐器制造	2430	1039	1016	23	8.59	4.08	1062	46	8.63
玩具制造	2440	6100	6028	72	88.27	62.56	6423	395	94.06
游艺器材及娱乐用品制造	2450	675	663	12	3.44	1.53	676	13	3.16
石油加工、炼焦及核燃料加工业	2500	7697	7496	201	80.80	21.63	7990	494	80.66
化学原料及化学制品制造业	2600	79846	78228	1618	458.15	160.62	82176	3948	457.00
基础化学原料制造	2610	16091	15748	343	110.94	30.87	16672	924	113.98
肥料制造	2620	7061	6841	220	81.93	22.90	7369	528	79.69
农药制造	2630	2093	2039	54	17.71	6.16	2154	115	17.73
涂料、油墨、颜料及类似产品制造	2640	17255	16932	323	51.49	14.83	17583	651	52.08
合成材料制造	2650	5435	5347	88	36.67	12.07	5563	216	34.18
专用化学产品制造	2660	24093	23679	414	125.26	57.33	24819	1140	125.09
日用化学产品制造	2670	7818	7642	176	34.15	16.47	8016	374	34.25
医药制造业	2700	12213	11849	364	136.87	65.84	12715	866	136.83
化学药品原药制造	2710	1940	1882	58	30.17	12.00	2001	119	27.46
化学药品制剂制造	2720	1920	1839	81	36.15	18.14	2043	204	38.22
中药饮片加工	2730	1390	1357	33	7.07	3.22	1477	120	7.59
中成药制造	2740	2398	2304	94	37.62	19.05	2489	185	36.85
兽用药品制造	2750	1312	1274	38	6.37	2.84	1360	86	6.81
生物、生化制品的制造	2760	1562	1525	37	8.61	3.58	1595	70	8.82
卫生材料及医药用品制造	2770	1691	1668	23	10.89	7.02	1750	82	11.09
化学纤维制造业	2800	3592	3531	61	44.10	19.72	3646	115	43.38
纤维素纤维原料及纤维制造	2810	556	543	13	10.26	4.03	572	29	9.49
合成纤维制造	2820	3036	2988	48	33.84	15.69	3074	86	33.89
橡胶制品业	2900	16005	15772	233	113.89	51.23	16422	650	115.04
轮胎制造	2910	1456	1420	36	26.69	7.91	1517	97	26.75

1-4 续表 3

行业中类	代码	法人单位 单位数（个）	单产业法人	多产业法人	就业人数（万人）	#女性	产业活动单位 单位数（个）	#多产业法人所属的产业活动单位数	就业人数（万人）
橡胶板、管、带的制造	2920	3199	3148	51	16.82	6.71	3292	144	17.27
橡胶零件制造	2930	5296	5227	69	20.82	10.04	5396	169	21.06
再生橡胶制造	2940	879	872	7	3.14	1.05	894	22	3.18
日用及医用橡胶制品制造	2950	931	917	14	7.27	4.31	951	34	7.43
橡胶靴鞋制造	2960	1997	1970	27	30.18	17.26	2037	67	29.98
其他橡胶制品制造	2990	2247	2218	29	8.97	3.97	2335	117	9.38
塑料制品业	3000	73268	72434	834	302.18	150.89	75095	2661	309.88
塑料薄膜制造	3010	7089	6994	95	26.17	11.11	7253	259	25.85
塑料板、管、型材的制造	3020	11643	11484	159	40.31	15.19	11923	439	41.03
塑料丝、绳及编织品的制造	3030	8554	8443	111	41.95	25.64	8862	419	43.11
泡沫塑料制造	3040	4173	4137	36	13.96	5.56	4240	103	14.26
塑料人造革、合成革制造	3050	812	798	14	7.81	2.49	824	26	7.87
塑料包装箱及容器制造	3060	8558	8482	76	31.25	16.15	8732	250	31.87
塑料零件制造	3070	10171	10060	111	42.60	23.58	10374	314	43.46
日用塑料制造	3080	12521	12371	150	54.68	28.34	12764	393	55.81
其他塑料制品制造	3090	9747	9665	82	43.45	22.83	10123	458	46.62
非金属矿物制品业	3100	165563	163797	1766	872.49	254.58	171074	7277	888.85
水泥、石灰和石膏的制造	3110	13454	13034	420	167.27	42.37	14000	966	168.40
水泥及石膏制品制造	3120	34871	34557	314	87.92	14.79	36589	2032	92.64
砖瓦、石材及其他建筑材料制造	3130	80338	79837	501	364.45	97.89	82664	2827	371.47
玻璃及玻璃制品制造	3140	12142	11946	196	97.97	39.81	12388	442	98.91
陶瓷制品制造	3150	7157	7036	121	75.10	37.73	7331	295	74.67
耐火材料制品制造	3160	9174	9070	104	43.99	11.86	9387	317	44.70
石墨及其他非金属矿物制品制造	3190	8427	8317	110	35.79	10.14	8715	398	38.07
黑色金属冶炼及压延加工业	3200	21812	21377	435	312.61	68.46	22539	1162	273.43
炼铁	3210	5121	5051	70	48.25	9.18	5255	204	50.81
炼钢	3220	1154	1110	44	53.24	11.92	1217	107	55.33
钢压延加工	3230	12454	12195	259	180.38	41.02	12869	674	136.18
铁合金冶炼	3240	3083	3021	62	30.74	6.33	3198	177	31.11
有色金属冶炼及压延加工业	3300	16053	15727	326	151.67	42.53	16634	907	139.05
常用有色金属冶炼	3310	4618	4492	126	73.04	19.19	4874	382	64.39
贵金属冶炼	3320	484	458	26	6.37	1.36	520	62	6.46
稀有稀土金属冶炼	3330	842	826	16	8.04	2.01	878	52	7.69
有色金属合金制造	3340	1239	1218	21	7.38	2.15	1286	68	6.94
有色金属压延加工	3350	8870	8733	137	56.83	17.83	9076	343	53.56
金属制品业	3400	86383	85003	1380	363.52	121.83	89001	3998	374.77
结构性金属制品制造	3410	27708	27239	469	95.16	24.00	28760	1521	99.79
金属工具制造	3420	12200	12014	186	53.21	20.55	12493	479	54.24
集装箱及金属包装容器制造	3430	4649	4574	75	27.03	8.73	4788	214	27.92
金属丝绳及其制品的制造	3440	5085	4997	88	22.71	7.32	5196	199	23.37
建筑、安全用金属制品制造	3450	10462	10271	191	50.17	18.46	10744	473	50.50
金属表面处理及热处理加工	3460	8085	7995	90	31.64	11.40	8364	369	32.94
搪瓷制品制造	3470	800	789	11	5.81	2.17	811	22	5.74
不锈钢及类似日用金属制品制造	3480	8591	8446	145	44.96	17.46	8776	330	45.79
其他金属制品制造	3490	8803	8678	125	32.83	11.74	9069	391	34.47

1-4 续表 4

行业中类	代码	法人单位 单位数（个）	单产业法人	多产业法人	就业人数（万人）	#女性	产业活动单位 单位数（个）	#多产业法人所属的产业活动单位数	就业人数（万人）
通用设备制造业	3500	118987	116830	2157	543.88	158.13	122216	5386	560.91
锅炉及原动机制造	3510	5497	5331	166	46.72	12.79	5656	325	48.28
金属加工机械制造	3520	11881	11638	243	58.92	15.17	12294	656	60.19
起重运输设备制造	3530	4091	3966	125	34.74	8.83	4206	240	34.45
泵、阀门、压缩机及类似机械的制造	3540	16419	16054	365	79.68	23.65	16726	672	81.01
轴承、齿轮、传动和驱动部件的制造	3550	8758	8618	140	60.09	21.51	8887	269	59.12
烘炉、熔炉及电炉制造	3560	1275	1248	27	4.13	0.99	1307	59	4.40
风机、衡器、包装设备等通用设备制造	3570	14277	13937	340	70.97	23.18	14585	648	71.08
通用零部件制造及机械修理	3580	31798	31293	505	89.29	29.85	33128	1835	99.42
金属铸、锻加工	3590	24991	24745	246	99.36	22.15	25427	682	102.95
专用设备制造业	3600	58471	57275	1196	320.90	95.46	60451	3176	328.05
矿山、冶金、建筑专用设备制造	3610	9092	8851	241	71.14	18.08	9626	775	76.04
化工、木材、非金属加工专用设备制造	3620	14671	14456	215	60.33	16.57	15048	592	62.62
食品、饮料、烟草及饲料生产专用设备制造	3630	3175	3100	75	15.38	3.90	3256	156	15.68
印刷、制药、日化生产专用设备制造	3640	4095	4005	90	19.31	5.37	4199	194	20.06
纺织、服装和皮革工业专用设备制造	3650	7152	7036	116	35.64	11.01	7324	288	36.33
电子和电工机械专用设备制造	3660	3672	3571	101	36.79	14.35	3831	260	34.45
农、林、牧、渔专用机械制造	3670	5574	5471	103	36.42	9.34	5796	325	36.23
医疗仪器设备及器械制造	3680	3734	3627	107	19.55	10.01	3840	213	19.78
环保、社会公共安全及其他专用设备制造	3690	7306	7158	148	26.34	6.83	7531	373	26.87
交通运输设备制造业	3700	56531	55084	1447	443.59	135.60	59983	4899	444.91
铁路运输设备制造	3710	2151	1995	156	37.06	11.68	2355	360	35.90
汽车制造	3720	39497	38598	899	267.39	80.46	42212	3614	271.76
摩托车制造	3730	5566	5468	98	48.57	17.27	5693	225	48.93
自行车制造	3740	4104	4016	88	23.45	8.29	4165	149	23.38
船舶及浮动装置制造	3750	4065	3940	125	35.26	6.81	4342	402	35.53
航空航天器制造	3760	277	210	67	27.91	9.83	310	100	25.20
交通器材及其他交通运输设备制造	3790	871	857	14	3.94	1.27	906	49	4.20
电气机械及器材制造业	3900	63475	62167	1308	459.49	220.49	65124	2957	462.54
电机制造	3910	6495	6360	135	54.42	25.21	6624	264	54.03
输配电及控制设备制造	3920	21091	20733	358	127.14	61.19	21599	866	127.82
电线、电缆、光缆及电工器材制造	3930	11720	11431	289	73.42	32.51	12062	631	74.59
电池制造	3940	2716	2647	69	34.44	18.36	2772	125	34.83
家用电力器具制造	3950	7364	7193	171	84.25	38.61	7571	378	83.53
非电力家用器具制造	3960	2054	1998	56	8.94	3.15	2089	91	8.87
照明器具制造	3970	9832	9655	177	67.99	37.57	10037	382	68.70
其他电气机械及器材制造	3990	2203	2150	53	8.88	3.89	2370	220	10.16
通信设备、计算机及其他电子设备制造业	4000	29058	28533	525	457.89	275.23	29928	1395	460.53
通信设备制造	4010	3634	3541	93	54.20	27.87	3766	225	53.68
雷达及配套设备制造	4020	101	90	11	3.50	1.40	104	14	3.39
广播电视设备制造	4030	1394	1367	27	11.77	6.47	1436	69	12.56
电子计算机制造	4040	2855	2800	55	85.88	52.28	2953	153	86.38
电子器件制造	4050	4093	4018	75	63.24	37.02	4207	189	63.04

1-4 续表 5

行业中类	代码	法人单位 单位数（个）	单产业法人	多产业法人	就业人数（万人）	#女性	产业活动单位 单位数（个）	#多产业法人所属的产业活动单位数	就业人数（万人）
电子元件制造	4060	12249	12074	175	166.32	106.50	12558	484	167.17
家用视听设备制造	4070	2566	2508	58	59.04	35.87	2644	136	59.81
其他电子设备制造	4090	2166	2135	31	13.94	7.82	2260	125	14.50
仪器仪表及文化、办公用机械制造业	4100	17504	17058	446	119.00	60.85	18293	1235	122.91
通用仪器仪表制造	4110	8526	8321	205	37.28	15.10	8812	491	37.49
专用仪器仪表制造	4120	2653	2590	63	12.59	5.12	2734	144	12.42
钟表与计时仪器制造	4130	1597	1551	46	17.56	10.37	1799	248	19.86
光学仪器及眼镜制造	4140	2773	2694	79	28.16	15.49	2869	175	29.02
文化、办公用机械制造	4150	1270	1233	37	20.97	13.64	1323	90	21.29
其他仪器仪表的制造及修理	4190	685	669	16	2.44	1.12	756	87	2.84
工艺品及其他制造业	4200	34352	33816	536	207.45	122.13	35652	1836	211.44
工艺美术品制造	4210	22251	21885	366	147.81	90.85	23097	1212	150.98
日用杂品制造	4220	5789	5702	87	38.20	23.79	5924	222	39.36
煤制品制造	4230	3937	3907	30	5.04	1.10	4100	193	5.22
其他未列明的制造业	4290	2375	2322	53	16.40	6.39	2531	209	15.87
废弃资源和废旧材料回收加工业	4300	3811	3774	37	8.82	2.83	3996	222	9.66
金属废料和碎屑的加工处理	4310	1656	1633	23	5.22	1.61	1771	138	5.83
非金属废料和碎屑的加工处理	4320	2155	2141	14	3.60	1.22	2225	84	3.83
电力、燃气及水的生产和供应业	**D**	**39830**	**36969**	**2861**	**364.51**	**109.65**	**63435**	**26466**	**381.50**
电力、热力的生产和供应业	4400	26137	24151	1986	287.07	80.27	45488	21337	295.62
电力生产	4410	22296	21404	892	138.99	39.84	26303	4899	140.56
电力供应	4420	2225	1239	986	129.86	35.27	16872	15633	132.61
热力生产和供应	4430	1616	1508	108	18.22	5.17	2313	805	22.45
燃气生产和供应业	4500	1550	1387	163	17.91	6.06	1935	548	19.70
水的生产和供应业	4600	12143	11431	712	59.53	23.32	16012	4581	66.18
自来水的生产和供应	4610	11329	10638	691	57.03	22.50	15052	4414	62.09
污水处理及其再生利用	4620	673	654	19	2.28	0.74	782	128	2.92
其他水的处理、利用与分配	4690	141	139	2	0.22	0.07	178	39	1.17
建筑业	**E**	**128193**	**121723**	**6470**	**2792.55**	**321.59**	**149452**	**27729**	**2802.83**
房屋和土木工程建筑业	4700	56801	52369	4432	2344.87	258.30	71828	19459	2329.59
房屋工程建筑	4710	38022	34771	3251	1871.38	186.16	49671	14900	1856.69
土木工程建筑	4720	18779	17598	1181	473.49	72.14	22157	4559	472.90
建筑安装业	4800	23464	22559	905	246.97	36.42	26379	3820	262.98
建筑装饰业	4900	37494	36551	943	122.24	18.36	39869	3318	126.76
其他建筑业	5000	10434	10244	190	78.48	8.51	11376	1132	83.50
工程准备	5010	4401	4320	81	21.52	2.33	4660	340	22.40
提供施工设备服务	5020	840	823	17	8.65	0.74	1036	213	10.39
其他未列明的建筑活动	5090	5193	5101	92	48.30	5.44	5680	579	50.71
交通运输、仓储和邮政业	**F**	**80375**	**73148**	**7227**	**627.56**	**175.43**	**144330**	**71182**	**665.93**
道路运输业	5200	36027	32156	3871	245.29	64.21	57094	24938	262.48
公路旅客运输	5210	5295	4269	1026	88.94	28.52	8064	3795	79.55
道路货物运输	5220	21901	20497	1404	91.04	15.18	26194	5697	102.48
道路运输辅助活动	5230	8831	7390	1441	65.31	20.51	22836	15446	80.46
城市公共交通业	5300	5906	5193	713	125.01	37.76	7594	2401	125.33

1-4 续表 6

行业中类	代码	法人单位					产业活动单位		
		单位数（个）	单产业法人	多产业法人	就业人数（万人）	#女性	单位数（个）	#多产业法人所属的产业活动单位数	就业人数（万人）
公共电汽车客运	5310	1418	1148	270	78.24	30.22	2211	1063	76.66
轨道交通	5320	80	72	8	3.91	1.51	107	35	3.58
出租车客运	5330	4124	3713	411	39.29	4.96	4879	1166	41.50
城市轮渡	5340	60	56	4	0.90	0.22	97	41	0.84
其他城市公共交通	5390	224	204	20	2.68	0.85	300	96	2.75
水上运输业	5400	5247	4772	475	70.85	12.81	6591	1819	63.60
水上旅客运输	5410	645	595	50	4.15	1.14	884	289	4.52
水上货物运输	5420	2851	2589	262	38.77	6.15	3314	725	33.17
水上运输辅助活动	5430	1751	1588	163	27.94	5.52	2393	805	25.91
航空运输业	5500	479	390	89	20.90	7.63	820	430	19.99
航空客货运输	5510	123	91	32	12.59	4.81	265	174	12.33
通用航空服务	5520	104	93	11	0.47	0.17	142	49	0.56
航空运输辅助活动	5530	252	206	46	7.84	2.65	413	207	7.10
管道运输业	5600	39	36	3	1.56	0.48	61	25	2.69
装卸搬运和其他运输服务业	5700	19930	18844	1086	62.21	16.39	24078	5234	71.32
装卸搬运	5710	4614	4407	207	32.19	5.59	5558	1151	37.20
运输代理服务	5720	15316	14437	879	30.02	10.80	18520	4083	34.12
仓储业	5800	10828	10316	512	41.42	12.91	13177	2861	48.74
谷物、棉花等农产品仓储	5810	3203	2977	226	16.44	5.30	4246	1269	17.14
其他仓储	5890	7625	7339	286	24.99	7.61	8931	1592	31.60
邮政业	5900	1918	1441	477	58.65	22.64	34446	33005	60.80
国家邮政	5910	479	69	410	54.97	21.45	32595	32526	57.28
其他寄递服务	5990	1439	1372	67	3.68	1.18	1851	479	3.52
信息传输、计算机服务和软件业	**G**	**72913**	**70358**	**2555**	**238.51**	**89.05**	**107065**	**36707**	**252.48**
电信和其他信息传输服务业	6000	12816	11234	1582	163.88	64.76	44943	33709	176.92
电信	6010	2721	1531	1190	142.98	57.60	28454	26923	152.80
互联网信息服务	6020	5939	5821	118	8.41	3.45	6472	651	8.94
广播电视传输服务	6030	3984	3718	266	11.98	3.54	9798	6080	14.65
卫星传输服务	6040	172	164	8	0.52	0.17	219	55	0.52
计算机服务业	6100	38971	38454	517	32.68	11.49	40277	1823	33.45
计算机系统服务	6110	7643	7459	184	12.12	3.80	7936	477	12.36
数据处理	6120	888	878	10	1.91	1.01	992	114	2.01
计算机维修	6130	1583	1541	42	1.68	0.51	1737	196	1.79
其他计算机服务	6190	28857	28576	281	16.97	6.16	29612	1036	17.29
软件业	6200	21126	20670	456	41.95	12.80	21845	1175	42.11
公共软件服务	6210	16300	15955	345	33.71	9.99	16803	848	33.86
其他软件服务	6290	4826	4715	111	8.24	2.80	5042	327	8.25
批发和零售业	**H**	**883653**	**823001**	**60652**	**1382.47**	**608.68**	**1202555**	**379554**	**1437.45**
批发业	6300	530820	500418	30402	772.75	286.84	645138	144720	779.65
农畜产品批发	6310	29385	26563	2822	82.99	27.05	43529	16966	83.71
食品、饮料及烟草制品批发	6320	44401	40174	4227	116.66	42.86	59080	18906	115.85
纺织、服装及日用品批发	6330	53771	51525	2246	68.17	33.65	57627	6102	68.96
文化、体育用品及器材批发	6340	19668	18701	967	22.35	10.23	21449	2748	22.72
医药及医疗器材批发	6350	15484	13974	1510	43.74	20.29	19159	5185	42.42

1-4 续表 7

行业中类	代码	法人单位 单位数（个）	单产业法人	多产业法人	就业人数（万人）	#女性	产业活动单位 单位数（个）	#多产业法人所属的产业活动单位数	就业人数（万人）
矿产品、建材及化工产品批发	6360	174837	164547	10290	224.88	76.62	226809	62262	223.33
机械设备、五金交电及电子产品批发	6370	150457	144134	6323	167.24	60.08	162326	18192	173.23
贸易经纪与代理	6380	7865	7635	230	8.05	2.99	8319	684	8.47
其他批发	6390	34952	33165	1787	38.67	13.08	46840	13675	40.95
零售业	6500	352833	322583	30250	609.72	321.83	557417	234834	657.80
综合零售	6510	46378	37852	8526	229.58	141.93	99565	61713	235.14
食品、饮料及烟草制品专门零售	6520	32942	29306	3636	48.72	22.42	60954	31648	55.79
纺织、服装及日用品专门零售	6530	36822	33337	3485	51.03	32.57	56223	22886	57.27
文化、体育用品及器材专门零售	6540	27422	24972	2450	34.06	18.53	40156	15184	36.51
医药及医疗器材专门零售	6550	23913	21181	2732	43.00	25.86	64864	43683	49.92
汽车、摩托车、燃料及零配件专门零售	6560	47864	45197	2667	67.43	24.65	68693	23496	76.86
家用电器及电子产品专门零售	6570	55895	52933	2962	63.63	28.36	64038	11105	67.43
五金、家具及室内装修材料专门零售	6580	48943	46636	2307	40.76	16.51	59823	13187	43.78
无店铺及其他零售	6590	32654	31169	1485	31.52	11.01	43101	11932	35.11
住宿和餐饮业	**I**	**92869**	**85332**	**7537**	**429.15**	**246.20**	**124900**	**39568**	**465.83**
住宿业	6600	39295	35277	4018	218.29	127.28	51059	15782	224.95
旅游饭店	6610	12250	10145	2105	148.52	84.68	13847	3702	144.35
一般旅馆	6620	24078	22309	1769	62.53	38.26	32805	10496	71.47
其他住宿服务	6690	2967	2823	144	7.25	4.33	4407	1584	9.14
餐饮业	6700	53574	50055	3519	210.86	118.92	73841	23786	240.88
正餐服务	6710	43104	40372	2732	177.64	100.33	55125	14753	201.83
快餐服务	6720	3453	3054	399	20.85	11.70	7716	4662	23.41
饮料及冷饮服务	6730	2836	2714	122	3.82	2.27	3971	1257	4.25
其他餐饮服务	6790	4181	3915	266	8.54	4.62	7029	3114	11.39
金融业	**J**	**23793**	**12394**	**11399**	**374.54**	**184.56**	**176940**	**164546**	**400.43**
银行业	6800	16458	7145	9313	247.65	112.06	145279	138134	265.72
中央银行	6810	696	327	369	11.71	3.82	3045	2718	12.94
商业银行	6820	15086	6503	8583	227.58	104.95	137876	131373	243.01
其他银行	6890	676	315	361	8.36	3.29	4358	4043	9.77
证券业	6900	865	618	247	10.13	4.27	3885	3267	10.81
证券市场管理	6910	61	52	9	0.38	0.14	119	67	0.42
证券经纪与交易	6920	647	428	219	8.85	3.78	3450	3022	9.43
证券投资	6930	71	60	11	0.59	0.24	197	137	0.57
证券分析与咨询	6940	86	78	8	0.31	0.11	119	41	0.39
保险业	7000	3713	1964	1749	111.89	66.40	22978	21014	117.38
人寿保险	7010	1354	439	915	90.91	56.97	13059	12620	93.56
非人寿保险	7020	1387	592	795	17.83	7.83	8488	7896	20.54
保险辅助服务	7030	972	933	39	3.15	1.61	1431	498	3.29
其他金融活动	7100	2757	2667	90	4.87	1.82	4798	2131	6.51
金融信托与管理	7110	249	237	12	1.39	0.47	470	233	1.48
金融租赁	7120	28	26	2	0.08	0.03	39	13	0.09
财务公司	7130	105	103	2	0.36	0.16	130	27	0.39
邮政储蓄	7140	6	3	3	0.25	0.13	1388	1385	1.08
典当	7150	1172	1130	42	1.13	0.44	1240	110	1.17
其他未列明的金融活动	7190	1197	1168	29	1.67	0.59	1531	363	2.31

1-4 续表 8

行业中类	代码	法人单位 单位数（个）	法人单位 单产业法人	法人单位 多产业法人	法人单位 就业人数（万人）	法人单位 #女性	产业活动单位 单位数（个）	产业活动单位 #多产业法人所属的产业活动单位数	产业活动单位 就业人数（万人）
房地产业	K	**129197**	**121220**	**7977**	**395.72**	**142.35**	**152575**	**31355**	**381.64**
房地产业	7200	129197	121220	7977	395.72	142.35	152575	31355	381.64
房地产开发经营	7210	59281	57404	1877	158.57	48.64	61386	3982	158.42
物业管理	7220	31686	29057	2629	143.42	49.23	38728	9671	160.56
房地产中介服务	7230	20061	17681	2380	23.56	11.17	31883	14202	25.66
其他房地产活动	7290	18169	17078	1091	70.16	33.31	20578	3500	37.01
租赁和商务服务业	L	**249192**	**239990**	**9202**	**439.60**	**158.46**	**303726**	**63736**	**485.88**
租赁业	7300	9057	8730	327	12.44	3.33	10416	1686	14.80
机械设备租赁	7310	8337	8037	300	11.78	3.05	9407	1370	13.98
文化及日用品出租	7320	720	693	27	0.66	0.28	1009	316	0.83
商务服务业	7400	240135	231260	8875	427.16	155.13	293310	62050	471.07
企业管理服务	7410	51219	47872	3347	138.98	52.30	78652	30780	166.39
法律服务	7420	17641	17508	133	18.01	5.43	22345	4837	19.53
咨询与调查	7430	62252	61066	1186	62.88	27.64	66803	5737	65.65
广告业	7440	37569	36861	708	35.19	14.19	38882	2021	36.21
知识产权服务	7450	2422	2347	75	2.69	1.23	2561	214	2.72
职业中介服务	7460	11171	10742	429	37.01	14.61	13144	2402	39.45
市场管理	7470	13116	12260	856	35.10	13.08	18874	6614	39.09
旅行社	7480	12911	11804	1107	20.88	11.31	16282	4478	21.35
其他商务服务	7490	31834	30800	1034	76.43	15.36	35767	4967	80.68
科学研究、技术服务和地质勘查业	M	**136555**	**130275**	**6280**	**325.94**	**97.12**	**168713**	**38438**	**350.34**
研究与试验发展	7500	14598	13919	679	65.37	21.99	15855	1936	67.16
自然科学研究与试验发展	7510	1400	1331	69	9.42	3.16	1522	191	9.49
工程和技术研究与试验发展	7520	5499	5249	250	33.27	10.40	5880	631	34.82
农业科学研究与试验发展	7530	3805	3572	233	14.11	4.92	4351	779	14.12
医学研究与试验发展	7540	2329	2247	82	4.54	2.03	2412	165	4.55
社会人文科学研究与试验发展	7550	1565	1520	45	4.04	1.48	1690	170	4.19
专业技术服务业	7600	69403	67273	2130	163.36	47.66	79492	12219	172.23
气象服务	7610	3182	2883	299	5.25	1.84	3559	676	5.25
地震服务	7620	1148	1104	44	1.36	0.41	1338	234	1.45
海洋服务	7630	152	146	6	0.64	0.13	193	47	0.72
测绘服务	7640	1988	1946	42	5.01	1.42	2256	310	5.31
技术检测	7650	9963	9660	303	21.44	7.32	12426	2766	24.41
环境监测	7660	2125	2080	45	4.78	1.79	2755	675	5.46
工程技术与规划管理	7670	32454	31478	976	96.89	25.98	37111	5633	100.16
其他专业技术服务	7690	18391	17976	415	28.00	8.77	19854	1878	29.48
科技交流和推广服务业	7700	50139	47018	3121	65.13	19.69	70207	23189	75.55
技术推广服务	7710	37850	35039	2811	49.29	14.50	55945	20906	58.40
科技中介服务	7720	5691	5542	149	6.74	2.29	6437	895	7.12
其他科技服务	7790	6598	6437	161	9.11	2.90	7825	1388	10.03
地质勘查业	7800	2415	2065	350	32.08	7.79	3159	1094	35.40
矿产地质勘查	7810	911	743	168	15.24	3.61	1132	389	18.54
基础地质勘查	7820	657	528	129	8.37	2.02	1060	532	7.72
地质勘查技术服务	7830	847	794	53	8.47	2.16	967	173	9.14

1-4 续表 9

行业中类	代码	法人单位					产业活动单位		
		单位数（个）	单产业法人	多产业法人	就业人数（万人）	#女性	单位数（个）	#多产业法人所属的产业活动单位数	就业人数（万人）
水利、环境和公共设施管理业	**N**	**44352**	**41663**	**2689**	**184.03**	**72.00**	**61324**	**19661**	**196.66**
水利管理业	7900	18661	17389	1272	47.44	12.67	29717	12328	52.15
防洪管理	7910	2155	2014	141	5.84	1.49	3155	1141	6.34
水资源管理	7920	9180	8391	789	30.75	8.32	14198	5807	32.48
其他水利管理	7990	7326	6984	342	10.85	2.85	12364	5380	13.33
环境管理业	8000	9801	9307	494	68.02	33.00	13183	3876	73.12
自然保护	8010	1744	1575	169	5.17	1.51	2618	1043	5.47
环境治理	8020	8057	7732	325	62.85	31.49	10565	2833	67.65
公共设施管理业	8100	15890	14967	923	68.56	26.33	18424	3457	71.38
市政公共设施管理	8110	3849	3600	249	21.26	6.86	4934	1334	23.08
城市绿化管理	8120	6745	6477	268	22.23	8.49	7305	828	22.79
游览景区管理	8130	5296	4890	406	25.08	10.98	6185	1295	25.50
居民服务和其他服务业	**O**	**83606**	**79972**	**3634**	**136.05**	**57.68**	**104267**	**24295**	**157.55**
居民服务业	8200	41715	39310	2405	62.53	31.66	56464	17154	73.75
家庭服务	8210	1926	1847	79	2.69	1.44	2167	320	3.09
托儿所	8220	801	785	16	0.91	0.84	1125	340	1.19
洗染服务	8230	1568	1331	237	2.61	1.47	3177	1846	2.99
理发及美容保健服务	8240	10675	9902	773	10.87	7.34	14729	4827	12.79
洗浴服务	8250	6678	6470	208	16.67	8.67	8328	1858	18.92
婚姻服务	8260	1665	1623	42	0.77	0.49	1885	262	0.86
殡葬服务	8270	3406	3234	172	7.19	2.03	4182	948	7.70
摄影扩印服务	8280	4693	4250	443	5.10	2.94	6605	2355	5.85
其他居民服务	8290	10303	9868	435	15.73	6.44	14266	4398	20.35
其他服务业	8300	41891	40662	1229	73.51	26.02	47803	7141	83.80
修理与维护	8310	19115	18542	573	24.09	5.43	22311	3769	27.95
清洁服务	8320	5415	5306	109	16.12	9.09	5787	481	16.83
其他未列明的服务	8390	17361	16814	547	33.30	11.51	19705	2891	39.02
教育	**P**	**299418**	**263918**	**35500**	**1518.57**	**742.42**	**596719**	**332801**	**1624.33**
教育	8400	299418	263918	35500	1518.57	742.42	596719	332801	1624.33
学前教育	8410	39035	38218	817	62.58	56.30	58916	20698	73.72
初等教育	8420	141778	115152	26626	576.11	300.21	401294	286142	663.55
中等教育	8430	77057	71158	5899	635.65	280.01	87721	16563	646.12
高等教育	8440	5099	4462	637	164.61	70.83	6253	1791	160.27
其他教育	8490	36449	34928	1521	79.61	35.07	42535	7607	80.68
卫生、社会保障和社会福利业	**Q**	**181877**	**167303**	**14574**	**547.37**	**314.36**	**355704**	**188401**	**600.24**
卫生	8500	155773	141691	14082	519.45	301.01	317432	175741	567.48
医院	8510	17817	14293	3524	314.43	195.19	22180	7887	327.90
卫生院及社区医疗活动	8520	45542	36712	8830	119.57	59.55	74489	37777	117.53
门诊部医疗活动	8530	66857	66256	601	22.50	9.69	180617	114361	51.79
计划生育技术服务活动	8540	12644	12438	206	12.21	7.48	21843	9405	18.21
妇幼保健活动	8550	2983	2755	228	16.01	12.43	3307	552	15.98
专科疾病防治活动	8560	1694	1512	182	6.00	3.14	2170	658	6.12
疾病预防控制及防疫活动	8570	5140	4713	427	21.75	10.00	7610	2897	22.14
其他卫生活动	8590	3096	3012	84	6.98	3.52	5216	2204	7.80

1-4 续表 10

行业中类	代码	法人单位					产业活动单位		
		单位数（个）	单产业法人	多产业法人	就业人数（万人）	#女性	单位数（个）	#多产业法人所属的产业活动单位数	就业人数（万人）
社会保障业	8600	8892	8724	168	10.67	4.87	12715	3991	12.24
社会福利业	8700	17212	16888	324	17.25	8.49	25557	8669	20.52
提供住宿的社会福利	8710	13469	13260	209	14.01	7.12	19141	5881	16.26
不提供住宿的社会福利	8720	3743	3628	115	3.24	1.37	6416	2788	4.26
文化、体育和娱乐业	**R**	**64741**	**61836**	**2905**	**147.17**	**61.68**	**87376**	**25540**	**158.12**
新闻出版业	8800	5015	4654	361	28.02	11.28	5971	1317	27.81
新闻业	8810	587	558	29	2.76	0.93	795	237	3.11
出版业	8820	4428	4096	332	25.26	10.35	5176	1080	24.69
广播、电视、电影和音像业	8900	14002	12990	1012	40.33	14.68	22273	9283	44.13
广播	8910	3774	3616	158	8.50	3.09	7532	3916	9.68
电视	8920	4497	4143	354	19.47	6.77	7597	3454	21.39
电影	8930	4883	4399	484	11.42	4.38	6175	1776	12.04
音像制作	8940	848	832	16	0.94	0.44	969	137	1.03
文化艺术业	9000	27770	26897	873	43.31	19.47	36626	9729	45.99
文艺创作与表演	9010	3759	3670	89	13.00	5.32	3991	321	13.18
艺术表演场馆	9020	1047	990	57	2.89	1.21	1157	167	3.02
图书馆与档案馆	9030	4530	4416	114	7.18	4.31	5038	622	7.48
文物及文化保护	9040	2065	1984	81	2.91	1.16	2528	544	3.12
博物馆	9050	1499	1428	71	3.72	1.61	1634	206	3.78
烈士陵园、纪念馆	9060	751	725	26	1.17	0.51	966	241	1.26
群众文化活动	9070	10068	9709	359	9.19	4.01	16853	7144	10.81
文化艺术经纪代理	9080	1122	1100	22	0.96	0.39	1152	52	0.96
其他文化艺术	9090	2929	2875	54	2.29	0.94	3307	432	2.40
体育	9100	5531	5355	176	10.13	3.70	6340	985	10.79
体育组织	9110	2703	2618	85	5.02	1.69	2921	303	5.45
体育场馆	9120	1429	1368	61	3.00	1.21	1830	462	3.12
其他体育	9190	1399	1369	30	2.11	0.80	1589	220	2.22
娱乐业	9200	12423	11940	483	25.39	12.55	16166	4226	29.40
室内娱乐活动	9210	7461	7202	259	12.11	6.02	10125	2923	14.93
游乐园	9220	467	434	33	2.32	1.02	577	143	2.48
休闲健身娱乐活动	9230	2943	2799	144	8.55	4.43	3555	756	9.30
其他娱乐活动	9290	1552	1505	47	2.41	1.08	1909	404	2.70
公共管理和社会组织	**S**	**1244587**	**1104567**	**140020**	**1917.50**	**491.14**	**1543794**	**439227**	**1819.30**
中国共产党机关	9300	39719	37246	2473	57.84	11.57	42966	5720	56.39
国家机构	9400	330798	267975	62823	1273.04	343.26	578263	310288	1187.42
国家权力机构	9410	6106	5477	629	20.49	4.49	8713	3236	22.68
国家行政机构	9420	313387	252703	60684	1184.63	321.93	552153	299450	1095.77
人民法院和人民检察院	9430	6984	5919	1065	53.57	12.63	10570	4651	54.13
其他国家机构	9490	4321	3876	445	14.35	4.22	6827	2951	14.84
人民政协和民主党派	9500	5659	5560	99	8.54	2.01	5864	304	8.57
人民政协	9510	3243	3175	68	7.06	1.48	3410	235	7.07
民主党派	9520	2416	2385	31	1.48	0.53	2454	69	1.50
群众团体、社会团体和宗教组织	9600	140940	137402	3538	133.28	41.22	186160	48758	146.67
群众团体	9610	19568	18491	1077	16.69	7.16	22847	4356	17.42
社会团体	9620	82720	80865	1855	82.03	23.58	90772	9907	83.85
宗教组织	9630	38652	38046	606	34.56	10.48	72541	34495	45.40
基层群众自治组织	9700	727471	656384	71087	444.80	93.09	730541	74157	420.25
社区自治组织	9710	75560	71329	4231	53.33	29.90	76026	4697	51.40
村民自治组织	9720	651911	585055	66856	391.46	63.19	654515	69460	368.85

1-5 按东中西部地区、登记注册类型分组的法人单位数、产业活动单位数及就业人数

分组	法人单位 单位数（个）	单产业法人	多产业法人	就业人数（万人）	#女性	产业活动单位 单位数（个）	#多产业法人所属的产业活动单位数	就业人数（万人）
按东、中、西部地区分组	**5168303**	**4819688**	**348615**	**21261.66**	**7842.48**	**6823994**	**2004306**	**21465.25**
东部	2909249	2757800	151449	12071.44	4778.72	3582702	824902	12209.47
中部	1193677	1088109	105568	5286.31	1773.73	1712150	624041	5350.44
西部	1065377	973779	91598	3903.91	1290.04	1529142	555363	3905.34
按登记注册类型分组	**5168303**	**4819688**	**348615**	**21261.66**	**7842.48**	**6823994**	**2004306**	**21465.25**
内资	**5015933**	**4672100**	**343833**	**18927.61**	**6579.86**	**6636660**	**1964560**	**19084.82**
国有	1075343	927970	147373	6120.20	2235.06	1941735	1013765	6191.99
集体	439243	404750	34493	1659.63	550.93	729384	324634	1739.57
股份合作	109746	104740	5006	387.95	136.16	130022	25282	394.39
联营企业	18357	17482	875	91.47	29.94	24078	6596	92.05
国有联营	3030	2812	218	21.41	7.01	4384	1572	21.56
集体联营	6815	6581	234	24.12	7.49	8525	1944	24.50
国有与集体联营	3051	2853	198	21.17	7.64	3848	995	20.32
其他联营	5461	5236	225	24.76	7.80	7321	2085	25.67
有限责任公司	356115	332175	23940	3506.22	1061.90	457556	125381	3352.02
国有独资公司	9904	8104	1800	490.53	144.32	18918	10814	374.98
其他有限责任公司	346211	324071	22140	3015.69	917.57	438638	114567	2977.04
股份有限公司	61267	54657	6610	1060.47	380.67	131354	76697	1091.41
私营企业	2027190	1976380	50810	5375.11	1982.50	2148381	172001	5416.78
私营独资	699855	693306	6549	1441.68	561.05	722842	29536	1456.76
私营合伙	154262	152390	1872	371.99	127.20	160068	7678	375.74
私营有限责任公司	1100666	1060668	39998	3306.88	1209.65	1186611	125943	3326.79
私营股份有限公司	72407	70016	2391	254.56	84.60	78860	8844	257.49
其他内资	928672	853946	74726	726.56	202.72	1074150	220204	806.62
港澳台商投资	**74635**	**72533**	**2102**	**1188.22**	**646.50**	**87437**	**14904**	**1206.66**
与港澳台合资经营	23867	23050	817	360.71	180.12	27418	4368	369.25
与港澳台合作经营	5466	5246	220	82.67	44.31	6337	1091	83.75
港澳台商独资	44342	43353	989	718.32	411.13	51760	8407	723.96
港澳台商投资股份有限公司	960	884	76	26.51	10.94	1922	1038	29.69
外商投资	**77735**	**75055**	**2680**	**1145.83**	**616.13**	**99897**	**24842**	**1173.77**
中外合资经营	30459	29401	1058	452.41	216.70	35440	6039	470.45
中外合作经营	5051	4772	279	71.70	38.10	6665	1893	74.42
外资企业	40937	39687	1250	583.71	345.93	54841	15154	590.86
外商投资股份有限公司	1288	1195	93	38.02	15.41	2951	1756	38.04

1-6 按地区、机构类型分组的法人单位数

地 区	法人单位数(个)	企业法人	事业法人	机关法人	社团法人	民办非企业法人	其他法人
全 国	**5168303**	**3249342**	**663310**	**236306**	**104854**	**88302**	**826189**
北 京	220956	199481	8750	1319	2266	1222	7918
天 津	93162	78523	5323	1595	1040	817	5864
河 北	209740	109402	29631	11398	2613	2426	54270
山 西	131802	66315	20474	8358	3818	1994	30843
内蒙古	71196	31171	14040	7447	2354	577	15607
辽 宁	211502	149194	24904	8999	4944	3009	20452
吉 林	80235	45406	14146	5419	1642	777	12845
黑龙江	101889	56003	17867	9085	3178	1466	14290
上 海	343831	321355	7998	1830	2307	2644	7697
江 苏	430488	342231	37079	9616	8054	4746	28762
浙 江	403983	309470	24842	7250	9348	3180	49893
安 徽	158543	81743	30153	9144	2242	2179	33082
福 建	166053	105285	22969	7192	6186	2438	21983
江 西	114905	56593	21566	8506	3032	2976	22232
山 东	371066	228567	24627	11576	4626	9073	92597
河 南	267456	138379	33676	12541	2895	18489	61476
湖 北	158411	73898	37104	9146	4202	1597	32464
湖 南	180436	76159	33566	11624	4151	2040	52896
广 东	434974	337007	39600	10900	5603	6986	34878
广 西	120704	49590	37436	9799	3471	2926	17482
海 南	23494	14059	3864	1318	613	488	3152
重 庆	85843	49834	14556	4427	2466	1592	12968
四 川	257182	110426	52531	18571	10075	3610	61969
贵 州	77987	27558	17805	7129	1832	1193	22470
云 南	93202	44118	18239	10392	3438	1237	15778
西 藏	13135	1503	1271	3627	350		6384
陕 西	152537	63221	34031	9731	2245	6560	36749
甘 肃	85276	33315	18819	7221	2189	1011	22721
青 海	20628	7570	3107	2606	731	192	6422
宁 夏	24022	13258	2631	1456	846	192	5639
新 疆	63665	28708	10705	7084	2097	665	14406

1-7 按地区、机构类型分组的法人单位就业人数

地 区	就业人数（万人）	企业法人	事业法人	机关法人	社团法人	民办非企业法人	其他法人
全 国	**21261.66**	**16693.01**	**2721.55**	**1027.42**	**102.15**	**123.76**	**593.77**
北 京	697.02	578.43	80.27	20.59	2.60	4.10	11.03
天 津	330.68	278.99	34.08	10.86	0.63	1.42	4.71
河 北	963.39	726.88	135.49	59.16	5.43	4.35	32.07
山 西	628.55	473.01	88.46	35.16	4.77	5.47	21.68
内蒙古	306.82	204.88	62.92	27.68	1.76	1.18	8.39
辽 宁	838.09	667.36	110.87	39.26	4.42	3.94	12.23
吉 林	383.13	276.33	71.80	23.65	1.38	2.32	7.65
黑龙江	532.97	394.43	89.23	33.75	3.16	1.82	10.57
上 海	910.28	824.21	53.93	13.00	2.92	6.83	9.40
江 苏	1882.67	1649.61	151.24	44.07	4.11	8.66	24.97
浙 江	1570.19	1391.99	98.25	37.24	4.77	6.47	31.47
安 徽	626.03	459.56	96.47	37.87	3.54	4.40	24.20
福 建	675.95	551.68	72.37	25.54	4.88	3.57	17.91
江 西	462.08	327.45	82.08	32.09	2.69	4.01	13.77
山 东	1785.66	1451.05	180.01	80.80	5.15	9.52	59.13
河 南	1205.16	882.47	189.30	78.37	2.71	10.52	41.78
湖 北	714.18	505.88	132.52	43.33	4.72	3.05	24.69
湖 南	734.20	515.58	132.17	49.53	4.90	3.92	28.10
广 东	2318.59	2017.32	176.21	71.20	4.42	15.57	33.86
广 西	407.29	266.18	97.91	23.70	3.13	3.79	12.58
海 南	98.92	71.78	16.78	6.76	0.41	1.03	2.16
重 庆	404.00	323.86	51.86	16.50	2.47	2.19	7.12
四 川	883.65	643.77	145.42	49.65	8.81	4.75	31.25
贵 州	277.48	177.84	58.05	25.90	2.54	1.52	11.63
云 南	375.70	247.12	77.45	34.68	5.68	1.95	8.82
西 藏	25.68	9.74	4.80	7.35	0.35		3.44
陕 西	474.13	322.96	89.01	32.79	3.56	4.77	21.04
甘 肃	310.47	213.93	58.41	22.99	2.43	1.03	11.67
青 海	69.89	43.73	12.61	7.14	0.95	0.20	5.27
宁 夏	87.26	62.36	14.95	6.49	0.61	0.32	2.54
新 疆	281.55	132.62	56.64	30.32	2.25	1.07	58.65

1-8 按行业（大类）、地区

行业大类	代码	法人单位数（个）	北京	天津	河北	山西	内蒙古
总计	0000	**5168303**	**220946**	**93153**	**209737**	**131802**	**71196**
农、林、牧、渔业	A	**1835**	**33**		**19**	**43**	**70**
农业	0100	647	7			9	43
林业	0200	465	6		17	10	10
畜牧业	0300	161	8		1	9	9
渔业	0400	44	2		1	1	1
农、林、牧、渔服务业	0500	518	10			14	7
采矿业	B	**82353**	**564**	**112**	**6345**	**8473**	**2172**
煤炭开采和洗选业	0600	27741	176	12	1077	5852	961
石油和天然气开采业	0700	510	12	26	8		9
黑色金属矿采选业	0800	10660	20	7	3103	1292	404
有色金属矿采选业	0900	6535	14	8	287	91	219
非金属矿采选业	1000	36614	337	57	1854	1236	575
其他采矿业	1100	293	5	2	16	2	4
制造业	C	**1328964**	**30869**	**30062**	**58668**	**20806**	**9758**
农副食品加工业	1300	73828	875	802	4126	1132	1070
食品制造业	1400	32174	1026	844	1485	760	393
饮料制造业	1500	27178	410	291	834	463	428
烟草制品业	1600	308	6	4	4	2	3
纺织业	1700	87342	808	1289	4694	289	513
纺织服装、鞋、帽制造业	1800	52396	1664	1321	1315	219	182
皮革、毛皮、羽毛(绒)及其制品业	1900	24197	212	313	1168	60	81
木材加工及木、竹、藤、棕、草制品业	2000	41818	486	425	1092	182	314
家具制造业	2100	25378	1003	444	1164	251	129
造纸及纸制品业	2200	41732	810	991	2446	710	170
印刷业和记录媒介的复制	2300	42568	1460	829	1528	629	377
文教体育用品制造业	2400	15424	328	357	335	39	7
石油加工、炼焦及核燃料加工业	2500	7697	258	156	364	1142	319
化学原料及化学制品制造业	2600	79846	2347	2514	3556	1506	678
医药制造业	2700	12213	606	331	421	274	112
化学纤维制造业	2800	3592	46	56	90	13	6
橡胶制品业	2900	16005	190	530	1055	163	37
塑料制品业	3000	73268	1329	1566	3068	563	265
非金属矿物制品业	3100	165563	2571	1328	9279	5240	2025
黑色金属冶炼及压延加工业	3200	21812	265	863	1677	1342	519
有色金属冶炼及压延加工业	3300	16053	294	439	786	324	218
金属制品业	3400	86383	3244	3374	4059	955	514
通用设备制造业	3500	118987	2268	3131	5936	2603	569
专用设备制造业	3600	58471	2066	1568	2223	566	222
交通运输设备制造业	3700	56531	1248	2213	2137	490	247
电气机械及器材制造业	3900	63475	1600	1571	1975	353	173
通信设备、计算机及其他电子设备制造业	4000	29058	1516	882	348	67	45
仪器仪表及文化、办公用机械制造业	4100	17504	1176	699	326	102	21
工艺品及其他制造业	4200	34352	707	877	1007	344	105
废弃资源和废旧材料回收加工业	4300	3811	50	54	170	23	16
电力、燃气及水的生产和供应业	D	**39830**	**271**	**205**	**611**	**479**	**463**
电力、热力的生产和供应业	4400	26137	159	115	390	247	289
燃气生产和供应业	4500	1550	31	30	58	37	27
水的生产和供应业	4600	12143	81	60	163	195	147
建筑业	E	**128193**	**5877**	**3209**	**3418**	**2693**	**1367**
房屋和土木工程建筑业	4700	56801	1365	854	2086	1285	865
建筑安装业	4800	23464	1413	958	512	491	182
建筑装饰业	4900	37494	2574	936	634	665	253
其他建筑业	5000	10434	525	461	186	252	67
交通运输、仓储和邮政业	F	**80375**	**3855**	**3801**	**2415**	**1673**	**949**
道路运输业	5200	36027	1575	995	1299	1022	583
城市公共交通业	5300	5906	296	123	175	197	107

分组的法人单位数

辽 宁	吉 林	黑龙江	上 海	江 苏	浙 江	安 徽	福 建	江 西	山 东	代码
211501	**80234**	**101888**	**343826**	**430448**	**403954**	**158521**	**166050**	**114901**	**371063**	0000
39	**41**	**256**	**15**	**29**	**41**		**7**	**34**		A
4	17	122	6	3	13		1	11		0100
27	15	93	2	1	9		3	7		0200
1	4	24	5	4	8		1	6		0300
4	2	6		3	3			4		0400
3	3	11	2	18	8		2	6		0500
4278	**1188**	**1605**	**2**	**1791**	**2338**	**2918**	**1683**	**3866**	**4645**	B
941	349	1098		37	53	278	225	1200	487	0600
60	60	60	1	6	1				32	0700
906	68	21		64	14	295	153	237	423	0800
639	67	32		14	91	177	140	360	204	0900
1728	639	383		1663	2174	2154	1152	2067	3447	1000
4	5	11	1	7	5	14	13	2	52	1100
57045	**15403**	**18627**	**62829**	**197313**	**184110**	**35322**	**47735**	**26172**	**118059**	C
2913	1121	1882	667	5883	3948	4832	2230	2483	11777	1300
1433	543	767	1042	2486	1920	810	1536	735	3852	1400
1164	764	777	267	1948	2343	1376	1525	761	2247	1500
7	10	10	2	10	7	11	7	8	13	1600
1875	280	433	4197	23588	19940	1198	2584	1067	7713	1700
2077	278	241	4300	9369	8277	734	4351	862	3350	1800
399	80	82	854	1906	6272	297	2894	269	1477	1900
1490	1061	1650	1146	5951	3395	1921	2726	2245	4399	2000
728	262	412	2118	1939	2169	634	805	717	2540	2100
1449	354	456	1866	4606	6072	782	2000	746	3458	2200
1774	783	781	2176	4786	5978	979	1479	716	2645	2300
217	52	84	1216	2919	3774	427	533	234	1013	2400
709	104	273	147	735	208	51	71	62	809	2500
4016	1013	1039	3399	12761	6851	1748	1828	2872	7842	2600
600	464	297	521	1149	987	307	221	406	851	2700
98	21	29	158	1219	784	49	121	41	305	2800
831	175	170	990	2541	2336	289	766	169	1838	2900
2640	688	808	4095	10930	14195	1389	2805	664	6350	3000
5661	2102	2312	2558	14584	8242	9175	6421	5665	16169	3100
1392	178	200	413	3272	1801	252	505	393	1724	3200
780	111	103	696	3003	2195	222	296	354	854	3300
3411	693	938	7451	14756	11584	1331	1637	764	6659	3400
9091	1179	1607	6909	23779	23162	2024	2056	1041	11283	3500
3309	657	997	4338	12002	7883	976	1289	561	5143	3600
2982	1396	896	2370	8509	9955	1079	1532	824	4320	3700
3012	508	735	4406	10747	13965	1044	1341	624	3317	3900
787	120	169	1732	5510	4281	339	877	220	1256	4000
1146	186	239	1481	2490	3704	233	495	161	841	4100
940	203	216	1120	3329	7112	626	2701	443	3792	4200
114	17	24	194	606	770	187	103	65	222	4300
836	**454**	**543**	**243**	**2577**	**3149**	**1430**	**4435**	**2415**	**847**	D
573	294	352	29	277	2247	625	3926	2017	388	4400
50	36	27	10	110	77	57	24	40	129	4500
213	124	164	204	2190	825	748	485	358	330	4600
7984	**1767**	**3162**	**14591**	**12340**	**8049**	**3973**	**3497**	**2188**	**10455**	E
3075	865	1696	2636	5267	3307	1973	1227	1322	5922	4700
2020	468	702	3093	2313	1070	612	630	272	1607	4800
2406	315	550	7737	3434	2728	914	1160	475	2159	4900
483	119	214	1125	1326	944	474	480	119	767	5000
4518	**1085**	**1702**	**6574**	**6598**	**6990**	**2659**	**2946**	**1880**	**4633**	F
1628	638	818	1698	3058	3076	1355	1446	1172	1623	5200
391	84	176	216	359	342	263	146	150	257	5300

1-8 续表 1

行业大类	代码	法人单位数(个)	北京	天津	河北	山西	内蒙古
水上运输业	5400	5247	2	105	22	2	9
航空运输业	5500	479	21	7	7	15	14
管道运输业	5600	39	1	4	1		2
装卸搬运和其他运输服务业	5700	19930	1255	1882	414	190	75
仓储业	5800	10828	505	651	475	232	142
邮政业	5900	1918	200	34	22	15	17
信息传输、计算机服务和软件业	G	**72913**	**11611**	**1230**	**1413**	**1074**	**376**
电信和其他信息传输服务业	6000	12816	1378	156	213	338	98
计算机服务业	6100	38971	4513	699	1027	517	215
软件业	6200	21126	5720	375	173	219	63
批发和零售业	H	**883653**	**65084**	**23713**	**24677**	**20375**	**9944**
批发业	6300	530820	31590	14993	14152	9224	4751
零售业	6500	352833	33494	8720	10525	11151	5193
住宿和餐饮业	I	**92869**	**8706**	**1758**	**2796**	**2159**	**1446**
住宿业	6600	39295	2770	531	1323	1196	680
餐饮业	6700	53574	5936	1227	1473	963	766
金融业	J	**23793**	**672**	**366**	**1188**	**435**	**468**
银行业	6800	16458	234	236	1020	218	328
证券业	6900	865	57	61	33	8	12
保险业	7000	3713	177	47	104	95	55
其他金融活动	7100	2757	204	22	31	114	73
房地产业	K	**129197**	**8782**	**2196**	**2710**	**1967**	**1577**
房地产业	7200	129197	8782	2196	2710	1967	1577
租赁和商务服务业	L	**249192**	**32527**	**5392**	**3997**	**4870**	**2066**
租赁业	7300	9057	1440	249	137	212	66
商务服务业	7400	240135	31087	5143	3860	4658	2000
科学研究、技术服务和地质勘查业	M	**136555**	**13828**	**3378**	**2476**	**2784**	**1914**
研究与试验发展	7500	14598	1972	272	266	496	186
专业技术服务业	7600	69403	6591	1903	1531	1484	964
科技交流和推广服务业	7700	50139	5104	1176	593	694	690
地质勘查业	7800	2415	161	27	86	110	74
水利、环境和公共设施管理业	N	**44352**	**1476**	**759**	**969**	**1312**	**970**
水利管理业	7900	18661	222	268	391	668	502
环境管理业	8000	9801	413	204	162	256	247
公共设施管理业	8100	15890	841	287	416	388	221
居民服务和其他服务业	O	**83606**	**13001**	**4419**	**1313**	**1559**	**834**
居民服务业	8200	41715	5411	1891	813	763	470
其他服务业	8300	41891	7590	2528	500	796	364
教育	P	**299418**	**5423**	**2522**	**17493**	**7896**	**4678**
教育	8400	299418	5423	2522	17493	7896	4678
卫生、社会保障和社会福利业	Q	**181877**	**1745**	**1006**	**6650**	**4189**	**2898**
卫生	8500	155773	1329	752	5750	3436	2326
社会保障业	8600	8892	135	117	197	426	167
社会福利业	8700	17212	281	137	703	327	405
文化、体育和娱乐业	R	**64741**	**5856**	**807**	**1592**	**1844**	**1299**
新闻出版业	8800	5015	1094	105	81	226	123
广播、电视、电影和音像业	8900	14002	970	117	305	373	276
文化艺术业	9000	27770	2391	231	876	900	667
体育	9100	5531	474	109	137	128	80
娱乐业	9200	12423	927	245	193	217	153
公共管理和社会组织	S	**1244587**	**10766**	**8218**	**70987**	**47171**	**27947**
中国共产党机关	9300	39719	70	185	1842	1506	957
国家机构	9400	330798	2028	1592	13519	11067	9194
人民政协和民主党派	9500	5659	34	62	251	228	163
群众团体、社会团体和宗教组织	9600	140940	2283	1078	2962	4236	2720
基层群众自治组织	9700	727471	6351	5301	52413	30134	14913

辽 宁	吉 林	黑龙江	上 海	江 苏	浙 江	安 徽	福 建	江 西	山 东	代码
190	10	44	198	816	593	362	367	147	307	5400
15	15	19	13	24	21	9	26	5	18	5500
5	1	1	2	4					6	5600
1632	80	243	2462	1599	2388	322	701	216	1133	5700
596	239	400	1420	665	395	250	210	177	1227	5800
61	18	1	565	73	175	98	50	13	62	5900
2453	**591**	**939**	**9117**	**5580**	**6110**	**1636**	**1998**	**576**	**2972**	G
483	168	268	571	1020	722	470	493	236	797	6000
781	180	403	5663	3317	3784	917	1043	207	1617	6100
1189	243	268	2883	1243	1604	249	462	133	558	6200
43698	**15745**	**18969**	**140559**	**72984**	**57836**	**18313**	**24614**	**10295**	**56937**	H
28572	7897	9849	98259	46840	41129	10301	14850	5537	32841	6300
15126	7848	9120	42300	26144	16707	8012	9764	4758	24096	6500
4380	**1560**	**1992**	**7603**	**5495**	**5077**	**2652**	**2340**	**1933**	**6236**	I
1858	691	910	1559	1936	2711	1204	1284	1047	1528	6600
2522	869	1082	6044	3559	2366	1448	1056	886	4708	6700
1827	**558**	**142**	**629**	**715**	**1339**	**2703**	**818**	**439**	**827**	J
1360	409	26	307	216	823	2287	515	305	475	6800
94	11		92	32	43	55	29	5	35	6900
203	97		149	227	164	313	117	98	242	7000
170	41	116	81	240	309	48	157	31	75	7100
6067	**1593**	**2757**	**11918**	**8737**	**8236**	**3698**	**4981**	**3016**	**5572**	K
6067	1593	2757	11918	8737	8236	3698	4981	3016	5572	7200
11212	**3198**	**3838**	**38165**	**18387**	**17902**	**4354**	**7486**	**3305**	**10808**	L
363	104	128	1233	790	504	150	174	99	718	7300
10849	3094	3710	36932	17597	17398	4204	7312	3206	10090	7400
6626	**2646**	**2977**	**12860**	**8602**	**8537**	**2775**	**4410**	**2782**	**4503**	M
846	319	445	996	849	652	272	369	357	735	7500
3284	1240	1533	7882	4600	4736	1408	2510	1285	2333	7600
2326	1015	911	3940	3077	3098	1031	1449	1049	1325	7700
170	72	88	42	76	51	64	82	91	110	7800
2111	**861**	**1230**	**2221**	**3369**	**2627**	**1291**	**1596**	**1193**	**1750**	N
769	426	512	193	1583	653	602	586	529	620	7900
537	183	282	620	570	578	248	421	299	324	8000
805	252	436	1408	1216	1396	441	589	365	806	8100
3338	**1301**	**1412**	**14214**	**6197**	**3438**	**1623**	**2077**	**907**	**4473**	O
2106	707	854	6300	3208	2030	996	1104	515	2462	8200
1232	594	558	7914	2989	1408	627	973	392	2011	8300
9221	**4589**	**6411**	**5231**	**12178**	**11703**	**20158**	**10361**	**8163**	**14446**	P
9221	4589	6411	5231	12178	11703	20158	10361	8163	14446	8400
8317	**3206**	**3746**	**2016**	**9510**	**6599**	**4713**	**6114**	**5988**	**9459**	Q
6670	2193	2954	1077	7674	5341	4095	5295	4780	8274	8500
394	142	281	246	552	327	167	418	290	357	8600
1253	871	511	693	1284	931	451	401	918	828	8700
2680	**1238**	**1348**	**3870**	**4238**	**3766**	**1649**	**2342**	**1615**	**2553**	R
210	120	122	268	190	187	127	174	115	174	8800
562	294	300	476	1000	505	460	465	474	382	8900
1079	573	594	802	1745	1508	675	1018	688	1039	9000
355	123	167	505	310	742	133	149	85	192	9100
474	128	165	1819	993	824	254	536	253	766	9200
34871	**23210**	**30232**	**11169**	**53808**	**66107**	**46654**	**36610**	**38134**	**111888**	S
1573	611	1325	227	1997	1215	1302	979	1258	2154	9300
11105	8749	12282	3175	18848	10509	11354	10344	12805	14935	9400
226	126	218	149	234	286	202	207	203	266	9500
5682	2417	3714	2382	9066	14684	4697	8545	4372	5329	9600
16285	11307	12693	5236	23663	39413	29099	16535	19496	89204	9700

1-8 续表 2

行业大类	代码	河 南	湖 北	湖 南	广 东	广 西	海 南
总计	0000	**267456**	**158409**	**180435**	**434970**	**120704**	**23494**
农、林、牧、渔业	A	**64**	**31**	**49**	**62**	**193**	**101**
农业	0100	21	8	4	26	45	10
林业	0200	5	1	1	23	38	85
畜牧业	0300	9	3	4	1	19	1
渔业	0400	2	1		2	3	
农、林、牧、渔服务业	0500	27	18	40	10	88	5
采矿业	B	**6895**	**2955**	**6916**	**1963**	**1502**	**146**
煤炭开采和洗选业	0600	1920	694	2729	219	61	
石油和天然气开采业	0700	22	6		15		1
黑色金属矿采选业	0800	906	587	564	141	270	17
有色金属矿采选业	0900	817	129	865	151	281	60
非金属矿采选业	1000	3200	1529	2741	1423	883	66
其他采矿业	1100	30	10	17	14	7	2
制造业	C	**77127**	**26315**	**35809**	**139157**	**16069**	**1915**
农副食品加工业	1300	9537	2258	2698	2714	1070	222
食品制造业	1400	2349	638	1026	3100	603	145
饮料制造业	1500	1545	1026	793	1193	600	103
烟草制品业	1600	33	16	12	31	3	2
纺织业	1700	2310	1764	834	7927	596	25
纺织服装、鞋、帽制造业	1800	971	951	401	9761	249	66
皮革、毛皮、羽毛(绒)及其制品业	1900	1041	142	361	5046	202	8
木材加工及木、竹、藤、棕、草制品业	2000	4213	574	2472	2235	1295	120
家具制造业	2100	1913	417	683	4085	301	86
造纸及纸制品业	2200	2083	853	1682	5648	857	57
印刷业和记录媒介的复制	2300	1540	924	1042	6461	611	117
文教体育用品制造业	2400	160	81	138	3190	54	
石油加工、炼焦及核燃料加工业	2500	393	88	143	277	42	4
化学原料及化学制品制造业	2600	3966	1728	4074	6894	1424	130
医药制造业	2700	678	496	324	722	334	102
化学纤维制造业	2800	91	45	36	278	11	5
橡胶制品业	2900	598	220	231	1638	155	21
塑料制品业	3000	2527	1084	930	12047	642	89
非金属矿物制品业	3100	22354	5002	8516	7894	2654	197
黑色金属冶炼及压延加工业	3200	875	464	1217	768	468	13
有色金属冶炼及压延加工业	3300	760	217	862	1380	249	10
金属制品业	3400	2444	1262	1106	14041	545	71
通用设备制造业	3500	4573	1717	1916	5586	808	27
专用设备制造业	3600	3322	900	921	5489	541	41
交通运输设备制造业	3700	1946	1745	1239	3298	678	139
电气机械及器材制造业	3900	1606	784	885	11247	322	47
通信设备、计算机及其他电子设备制造业	4000	246	268	270	8833	128	22
仪器仪表及文化、办公用机械制造业	4100	417	280	194	2158	70	4
工艺品及其他制造业	4200	2473	292	697	4777	510	41
废弃资源和废旧材料回收加工业	4300	163	79	106	439	47	1
电力、燃气及水的生产和供应业	D	**886**	**1354**	**2742**	**5631**	**1578**	**216**
电力、热力的生产和供应业	4400	479	624	2138	4458	1116	132
燃气生产和供应业	4500	71	47	44	133	11	20
水的生产和供应业	4600	336	683	560	1040	451	64
建筑业	E	**5494**	**4184**	**3003**	**9209**	**1586**	**861**
房屋和土木工程建筑业	4700	3451	2044	2026	3273	873	221
建筑安装业	4800	631	559	386	2420	245	186
建筑装饰业	4900	1107	1149	412	2855	362	380
其他建筑业	5000	305	432	179	661	106	74
交通运输、仓储和邮政业	F	**2346**	**2330**	**1557**	**8086**	**1925**	**420**
道路运输业	5200	982	1235	733	3278	1021	157
城市公共交通业	5300	332	258	266	406	115	56

重 庆	四 川	贵 州	云 南	西 藏	陕 西	甘 肃	青 海	宁 夏	新 疆	代码
85841	**257182**	**77987**	**93201**	**13135**	**152537**	**85276**	**20628**	**24022**	**63665**	0000
27	**79**	**7**	**226**	**1**	**12**	**71**	**13**	**19**	**253**	A
3	2	2	53		4	18	4	15	196	0100
2	28	3	50	1	3	14	1	1	9	0200
	3	1	9			8	5		18	0300
		1	2			1			5	0400
22	46		112		5	30	3	3	25	0500
2680	**4795**	**3695**	**3167**	**29**	**2875**	**1138**	**298**	**561**	**757**	B
1335	2163	2456	1567	1	855	301	43	276	375	0600
7	23		2		77	7	4	40	31	0700
178	233	159	246	5	180	79	23	5	60	0800
19	326	226	613	13	365	194	47	1	85	0900
1129	2019	843	738	10	1390	554	180	239	203	1000
12	31	11	1		8	3	1		3	1100
17721	**38627**	**7482**	**11276**	**243**	**22965**	**10489**	**1756**	**3807**	**5414**	C
1181	3137	510	903	27	1315	1282	153	523	556	1300
571	1593	250	536	10	805	413	72	153	277	1400
812	2864	507	869	19	558	321	39	97	234	1500
7	15	18	28		12	19		3	5	1600
1123	902	78	194	7	575	206	30	104	199	1700
227	414	65	146	12	315	134	24	34	86	1800
220	443	30	47	5	85	121	6	42	34	1900
182	803	138	563	19	376	152	17	44	132	2000
369	924	89	173	9	644	191	15	56	108	2100
446	1078	184	351	1	1073	244	15	86	158	2200
673	1549	368	487	14	853	440	75	173	321	2300
49	92	16	18		61	16		4	8	2400
69	202	310	151		367	86	3	53	101	2500
831	2591	669	871	8	1168	679	132	287	423	2600
172	612	197	215	19	483	169	32	39	72	2700
8	38	4	3		16	7		4	10	2800
200	327	91	85		255	42	4	18	40	2900
624	1564	242	455	1	782	330	34	163	399	3000
2780	8030	1533	1966	28	5792	2932	519	1015	1018	3100
345	942	534	421		405	259	67	155	83	3200
216	516	244	393	2	309	110	28	49	33	3300
818	1712	264	582	3	971	582	121	161	328	3400
1163	2700	354	528	1	2015	443	74	201	240	3500
427	1223	137	232	3	919	253	23	95	144	3600
3079	1761	356	533	20	739	395	140	102	162	3700
465	1101	128	204		803	258	41	74	139	3900
98	579	43	25		350	31		8	7	4000
320	230	33	98		302	47	6	26	19	4100
194	549	79	155	35	553	313	78	34	50	4200
52	136	11	44		64	14	8	4	28	4300
1074	**3618**	**675**	**1056**	**85**	**794**	**520**	**163**	**95**	**385**	D
589	2200	472	794	78	328	384	109	51	257	4400
84	279	17	9		45	9	7	12	19	4500
401	1139	186	253	7	421	127	47	32	109	4600
2916	**5638**	**1060**	**2638**	**156**	**2628**	**1743**	**487**	**740**	**1268**	E
1611	3063	578	1439	141	1894	1088	284	420	647	4700
365	831	128	370	7	253	285	90	119	242	4800
710	1389	284	716	3	368	292	81	171	272	4900
230	355	70	113	5	113	78	32	30	107	5000
1715	**3261**	**758**	**1312**	**105**	**1499**	**1029**	**329**	**326**	**1096**	F
936	1864	472	737	65	865	604	190	175	727	5200
78	363	64	150	25	214	101	33	74	89	5300

1-8 续表 3

行业大类	代码	河 南	湖 北	湖 南	广 东	广 西	海 南
水上运输业	5400	40	279	137	806	276	71
航空运输业	5500	6	23	8	80	14	8
管道运输业	5600	1			5		
装卸搬运和其他运输服务业	5700	332	348	245	2400	206	94
仓储业	5800	631	164	153	835	273	16
邮政业	5900	22	23	15	276	20	18
信息传输、计算机服务和软件业	G	**1517**	**1260**	**1827**	**6797**	**2300**	**403**
电信和其他信息传输服务业	6000	261	389	393	1178	432	49
计算机服务业	6100	883	628	1090	2487	1701	225
软件业	6200	373	243	344	3132	167	129
批发和零售业	H	**26959**	**19983**	**12796**	**93257**	**14365**	**5035**
批发业	6300	14887	11705	6543	58389	8193	2572
零售业	6500	12072	8278	6253	34868	6172	2463
住宿和餐饮业	I	**4350**	**2548**	**2625**	**8211**	**1918**	**816**
住宿业	6600	1842	1305	1333	3567	1086	605
餐饮业	6700	2508	1243	1292	4644	832	211
金融业	J	**1707**	**760**	**476**	**1323**	**1151**	**144**
银行业	6800	1417	460	257	631	1027	49
证券业	6900	31	42	8	115	1	9
保险业	7000	171	130	125	391	69	20
其他金融活动	7100	88	128	86	186	54	66
房地产业	K	**3322**	**4281**	**3518**	**19930**	**3189**	**1616**
房地产业	7200	3322	4281	3518	19930	3189	1616
租赁和商务服务业	L	**5860**	**5683**	**4688**	**31154**	**4781**	**1599**
租赁业	7300	223	223	87	379	81	53
商务服务业	7400	5637	5460	4601	30775	4700	1546
科学研究、技术服务和地质勘查业	M	**4109**	**5146**	**4185**	**10564**	**4901**	**691**
研究与试验发展	7500	440	521	396	1620	348	130
专业技术服务业	7600	2232	2076	1812	6770	2149	396
科技交流和推广服务业	7700	1319	2453	1905	2056	2348	145
地质勘查业	7800	118	96	72	118	56	20
水利、环境和公共设施管理业	N	**1921**	**2190**	**2266**	**3433**	**1481**	**241**
水利管理业	7900	938	1031	1298	1163	821	80
环境管理业	8000	320	555	360	959	278	67
公共设施管理业	8100	663	604	608	1311	382	94
居民服务和其他服务业	O	**1827**	**2057**	**1118**	**8633**	**972**	**275**
居民服务业	8200	1120	941	704	4276	411	156
其他服务业	8300	707	1116	414	4357	561	119
教育	P	**16527**	**15183**	**10813**	**27908**	**17325**	**2399**
教育	8400	16527	15183	10813	27908	17325	2399
卫生、社会保障和社会福利业	Q	**29780**	**5833**	**6024**	**6833**	**6265**	**654**
卫生	8500	28330	4365	4922	5711	4811	566
社会保障业	8600	568	378	476	280	976	23
社会福利业	8700	882	1090	626	842	478	65
文化、体育和娱乐业	R	**2562**	**2447**	**2285**	**4623**	**2574**	**406**
新闻出版业	8800	131	185	121	329	127	54
广播、电视、电影和音像业	8900	716	544	667	860	1098	60
文化艺术业	9000	1413	1267	1002	1523	979	163
体育	9100	123	170	122	472	140	28
娱乐业	9200	179	281	373	1439	230	101
公共管理和社会组织	S	**74203**	**53869**	**77738**	**48196**	**36629**	**5556**
中国共产党机关	9300	1841	1370	1623	1419	2564	173
国家机构	9400	15881	17411	20168	13949	14294	1793
人民政协和民主党派	9500	242	205	228	302	225	42
群众团体、社会团体和宗教组织	9600	5219	4878	5024	6045	3582	623
基层群众自治组织	9700	51020	30005	50695	26481	15964	2925

重 庆	四 川	贵 州	云 南	西 藏	陕 西	甘 肃	青 海	宁 夏	新 疆	代码
194	177	26	30		27	2	2	3		5400
10	34	9	7	1	20	8	2	9	11	5500
1					2			1	2	5600
354	597	98	234	1	132	98	35	29	135	5700
138	194	76	131	4	236	198	54	29	112	5800
4	32	13	23	9	3	18	12	6	20	5900
1040	**4775**	**570**	**1254**	**38**	**1313**	**426**	**265**	**335**	**1116**	G
221	1085	196	249	15	502	117	75	92	151	6000
648	3206	312	836	23	562	236	178	212	860	6100
171	484	62	169		249	73	12	31	105	6200
11819	**26374**	**7392**	**13006**	**415**	**18409**	**11179**	**2165**	**4886**	**11825**	H
6686	15626	3837	7572	89	7469	5781	917	2553	7185	6300
5133	10748	3555	5434	326	10940	5398	1248	2333	4640	6500
1481	**4150**	**969**	**2285**	**274**	**3595**	**1675**	**452**	**434**	**953**	I
546	1817	567	1680	204	1464	936	280	225	610	6600
935	2333	402	605	70	2131	739	172	209	343	6700
621	**1752**	**314**	**519**	**26**	**56**	**852**	**388**	**181**	**396**	J
409	1438	183	363	19	12	756	345	104	229	6800
14	29	11	10	1	2	8	4	3	9	6900
156	193	59	90	4	3	65	26	19	104	7000
42	92	61	56	2	39	23	13	55	54	7100
3411	**5535**	**2348**	**2281**	**38**	**1851**	**1360**	**506**	**608**	**1594**	K
3411	5535	2348	2281	38	1851	1360	506	608	1594	7200
3544	**9491**	**1793**	**3851**	**80**	**3096**	**2054**	**602**	**828**	**2569**	L
227	493	120	162	7	241	109	43	69	173	7300
3317	8998	1673	3689	73	2855	1945	559	759	2396	7400
2412	**10085**	**1613**	**3546**	**148**	**2786**	**2256**	**604**	**532**	**1877**	M
174	682	138	253	25	332	252	35	49	171	7500
981	3685	700	1592	80	1125	879	275	307	1058	7600
1220	5590	719	1601	33	1222	1069	256	160	565	7700
37	128	56	100	10	107	56	38	16	83	7800
867	**2532**	**802**	**1611**	**25**	**1451**	**769**	**215**	**184**	**629**	N
353	1342	522	904	9	878	403	123	57	215	7900
212	570	112	333	9	230	167	46	40	199	8000
302	620	168	374	7	343	199	46	87	215	8100
1152	**2353**	**596**	**934**	**38**	**1683**	**640**	**179**	**237**	**802**	O
553	1195	327	440	25	996	343	112	95	390	8200
599	1158	269	494	13	687	297	67	142	412	8300
6389	**16275**	**8623**	**6266**	**484**	**15542**	**8727**	**939**	**1053**	**4488**	P
6389	16275	8623	6266	484	15542	8727	939	1053	4488	8400
3043	**12742**	**3334**	**3751**	**236**	**20818**	**2918**	**687**	**686**	**2109**	Q
2477	10334	3109	3185	223	20108	2676	562	623	1817	8500
134	984	86	228	3	280	92	58	30	80	8600
432	1424	139	338	10	430	150	67	33	212	8700
885	**4520**	**1073**	**1941**	**129**	**1771**	**1233**	**330**	**283**	**981**	R
71	215	62	104	10	81	77	19	17	96	8800
210	1118	309	310	65	433	250	78	56	268	8900
336	2327	527	1092	42	872	705	169	124	443	9000
60	257	50	132	6	118	60	26	29	49	9100
208	603	125	303	6	267	141	38	57	125	9200
23044	**100580**	**34883**	**32281**	**10585**	**49393**	**36197**	**10250**	**8227**	**25153**	S
782	3654	1246	1901	703	2270	1252	351	231	1138	9300
7574	27039	9566	11752	3179	13877	10258	2849	1696	7977	9400
119	391	132	225	48	192	192	60	67	134	9500
2469	11579	2181	4498	776	2826	6118	2563	3285	5105	9600
12100	57917	21758	13905	5879	30228	18377	4427	2948	10799	9700

1-9 按行业（大类）、地区

行业大类	代码	就业人数（万人）	北京	天津	河北	山西	内蒙古
总计	0000	**21261.66**	**696.60**	**330.24**	**963.21**	**628.55**	**306.82**
农、林、牧、渔业	A	**161.38**	**0.69**		**0.19**	**0.50**	**8.79**
农业	0100	97.22	0.04			0.22	6.38
林业	0200	54.53	0.04		0.15	0.07	1.05
畜牧业	0300	5.81	0.53			0.15	1.02
渔业	0400	0.89	0.01		0.04		0.12
农、林、牧、渔服务业	0500	2.92	0.07			0.06	0.22
采矿业	B	**888.76**	**4.14**	**7.39**	**59.22**	**114.69**	**27.66**
煤炭开采和洗选业	0600	552.42	3.02	0.02	29.71	106.54	19.77
石油和天然气开采业	0700	99.38	0.10	6.00	6.63		0.34
黑色金属矿采选业	0800	62.33	0.33		14.87	5.21	2.52
有色金属矿采选业	0900	57.25	0.02	0.27	1.51	0.61	2.83
非金属矿采选业	1000	116.58	0.68	1.10	6.48	2.33	2.20
其他采矿业	1100	0.79			0.02		0.01
制造业	C	**8390.30**	**148.73**	**152.52**	**381.34**	**168.18**	**76.07**
农副食品加工业	1300	312.97	3.56	2.78	15.03	3.93	6.09
食品制造业	1400	169.97	5.13	3.12	10.22	3.06	3.31
饮料制造业	1500	127.62	2.76	1.59	6.09	2.67	2.69
烟草制品业	1600	20.01	0.09	0.17	0.70	0.16	0.25
纺织业	1700	790.74	5.26	8.43	39.69	5.74	7.22
纺织服装、鞋、帽制造业	1800	504.02	11.75	10.88	15.59	1.33	1.50
皮革、毛皮、羽毛(绒)及其制品业	1900	288.15	0.82	2.49	8.84	0.23	0.35
木材加工及木、竹、藤、棕、草制品业	2000	168.53	1.04	1.05	5.37	0.43	1.72
家具制造业	2100	115.18	2.97	2.70	4.02	0.46	0.41
造纸及纸制品业	2200	210.12	2.49	3.33	13.01	2.28	1.40
印刷业和记录媒介的复制	2300	131.82	7.24	2.07	6.26	1.90	0.97
文教体育用品制造业	2400	153.88	1.44	1.98	1.63	0.50	0.01
石油加工、炼焦及核燃料加工业	2500	80.80	1.56	1.45	4.18	18.39	2.26
化学原料及化学制品制造业	2600	458.15	7.57	10.32	22.83	16.12	6.26
医药制造业	2700	136.87	4.30	4.09	7.57	3.21	1.65
化学纤维制造业	2800	44.10	0.14	0.28	1.58	0.60	0.11
橡胶制品业	2900	113.89	1.11	3.23	6.52	1.18	0.09
塑料制品业	3000	302.18	4.03	6.64	11.21	1.75	0.84
非金属矿物制品业	3100	872.49	11.46	5.32	58.21	28.92	11.05
黑色金属冶炼及压延加工业	3200	312.61	6.77	9.59	40.34	23.48	10.36
有色金属冶炼及压延加工业	3300	151.67	1.13	1.49	4.03	9.81	3.68
金属制品业	3400	363.52	9.17	10.89	18.80	5.54	1.65
通用设备制造业	3500	543.88	9.50	10.95	27.92	16.20	2.84
专用设备制造业	3600	320.90	8.57	6.15	16.13	9.17	4.53
交通运输设备制造业	3700	443.59	12.93	12.37	15.42	5.11	1.62
电气机械及器材制造业	3900	459.49	6.79	8.28	10.07	3.06	0.97
通信设备、计算机及其他电子设备制造业	4000	457.89	12.55	13.36	3.29	1.29	0.51
仪器仪表及文化、办公用机械制造业	4100	119.00	4.23	2.72	1.75	0.45	0.06
工艺品及其他制造业	4200	207.45	2.21	4.71	4.74	1.11	1.62
废弃资源和废旧材料回收加工业	4300	8.82	0.14	0.08	0.29	0.11	0.04
电力、燃气及水的生产和供应业	D	**364.51**	**7.79**	**3.46**	**16.59**	**11.53**	**10.11**
电力、热力的生产和供应业	4400	287.07	6.36	2.29	13.01	9.43	8.37
燃气生产和供应业	4500	17.91	0.75	0.69	1.08	0.39	0.28
水的生产和供应业	4600	59.53	0.68	0.48	2.50	1.72	1.46
建筑业	E	**2792.55**	**69.56**	**29.48**	**128.79**	**61.95**	**31.09**
房屋和土木工程建筑业	4700	2344.87	46.74	18.43	113.54	52.72	28.79
建筑安装业	4800	246.97	10.80	6.88	8.03	4.64	1.32
建筑装饰业	4900	122.24	8.86	2.18	3.39	2.40	0.63
其他建筑业	5000	78.48	3.16	2.00	3.83	2.19	0.35
交通运输、仓储和邮政业	F	**627.56**	**34.71**	**13.34**	**22.67**	**14.16**	**7.88**
道路运输业	5200	245.29	5.40	3.27	11.56	7.45	4.06
城市公共交通业	5300	125.01	17.03	2.07	2.50	2.29	1.37

分组的法人单位就业人数

辽 宁	吉 林	黑龙江	上 海	江 苏	浙 江	安 徽	福 建	江 西	山 东	代码
838.09	**383.12**	**532.47**	**910.28**	**1882.46**	**1570.13**	**625.65**	**675.94**	**462.08**	**1785.65**	**0000**
0.63	**2.21**	**48.14**	**0.02**	**0.15**	**0.27**		**0.14**	**0.38**		**A**
0.10	1.53	22.27	0.01	0.07	0.09			0.11		0100
0.30	0.55	23.72			0.11		0.01	0.13		0200
0.14	0.03	1.57		0.03	0.04		0.01	0.03		0300
0.09	0.09	0.10		0.01	0.01			0.10		0400
	0.01	0.48		0.03	0.02		0.12	0.02		0500
47.76	**20.69**	**48.88**	**0.02**	**23.16**	**7.69**	**37.73**	**9.03**	**23.74**	**93.47**	**B**
22.25	10.00	35.06		11.12	0.65	27.46	3.86	13.78	52.72	0600
8.36	6.42	10.91	0.02	1.79	0.01				17.57	0700
6.23	1.21	0.28		1.27	0.20	2.92	0.80	1.18	3.36	0800
5.32	1.06	0.65		0.22	0.72	1.39	0.73	4.16	6.53	0900
5.59	1.98	1.80		8.76	6.11	5.93	3.61	4.62	13.20	1000
0.02	0.03	0.18		0.01	0.01	0.04	0.02		0.09	1100
317.47	**113.73**	**129.87**	**345.86**	**1007.48**	**872.85**	**188.52**	**356.35**	**155.53**	**832.45**	**C**
13.99	7.22	10.16	2.92	18.80	11.79	10.24	11.47	6.16	74.97	1300
5.57	2.35	4.97	6.57	9.50	9.53	3.43	9.25	3.74	23.81	1400
4.21	4.20	4.36	1.77	9.09	6.70	6.95	4.35	3.02	15.49	1500
0.30	0.42	0.64	0.43	0.80	0.30	0.95	0.35	0.72	0.93	1600
15.64	3.75	6.72	26.44	159.65	133.08	17.18	26.28	13.63	106.94	1700
17.53	1.86	0.89	34.24	87.68	73.08	6.79	42.41	9.15	40.14	1800
2.98	0.28	0.42	7.50	17.23	54.05	2.60	51.42	3.36	20.57	1900
4.84	12.21	9.56	3.55	23.29	12.28	6.43	10.56	8.08	16.73	2000
3.11	1.04	2.52	6.84	6.54	12.65	1.28	6.47	2.03	9.51	2100
6.20	2.02	4.12	5.57	15.86	20.42	3.69	9.84	3.17	28.83	2200
3.62	1.87	1.79	7.52	11.05	13.15	2.67	4.35	2.34	8.15	2300
1.17	0.19	0.54	9.61	21.05	18.86	4.29	6.42	1.12	11.87	2400
6.26	0.96	5.08	2.83	2.75	1.29	0.71	0.40	0.96	8.82	2500
18.13	8.57	6.81	14.52	53.01	24.79	10.83	8.34	17.48	51.34	2600
4.95	5.23	4.97	5.70	11.02	8.93	3.45	2.01	5.08	12.25	2700
3.57	1.08	0.54	1.33	10.54	8.61	0.57	1.43	0.94	3.92	2800
4.97	0.77	1.32	6.46	12.25	12.72	3.02	8.92	1.11	17.39	2900
8.15	2.14	3.12	15.74	35.42	41.68	5.26	16.48	2.71	22.17	3000
31.85	13.09	13.43	12.42	66.62	38.19	38.75	33.67	26.71	95.65	3100
33.00	3.87	3.61	5.89	25.48	8.65	8.11	4.20	6.55	19.45	3200
6.75	2.26	1.32	4.23	11.52	8.74	3.58	2.14	4.22	10.61	3300
11.34	2.15	5.03	25.90	52.51	44.33	5.01	7.54	3.00	29.23	3400
35.32	5.18	11.98	31.30	91.08	88.81	10.90	9.03	5.76	58.09	3500
17.24	4.54	8.24	18.09	44.29	25.12	6.77	5.98	3.55	35.13	3600
25.29	20.68	8.70	22.19	46.02	46.78	8.90	8.81	7.92	31.73	3700
14.77	2.37	5.14	26.87	59.50	67.86	8.38	13.69	5.03	29.09	3900
8.51	1.31	0.74	27.10	79.02	28.73	2.99	17.24	3.15	17.98	4000
3.85	1.36	1.78	7.43	12.22	17.98	1.11	6.08	1.75	5.07	4100
3.98	0.62	1.32	4.53	12.79	32.20	3.04	27.05	2.92	26.13	4200
0.37	0.14	0.07	0.40	0.92	1.56	0.64	0.18	0.15	0.46	4300
20.74	**11.91**	**22.59**	**5.12**	**16.22**	**13.47**	**10.40**	**12.67**	**12.12**	**25.17**	**D**
15.39	9.44	19.10	2.62	10.57	10.46	7.81	10.81	10.11	19.78	4400
1.52	0.68	1.18	1.06	1.07	0.43	0.54	0.19	0.24	1.68	4500
3.83	1.78	2.31	1.44	4.58	2.58	2.05	1.67	1.77	3.72	4600
112.82	**39.20**	**52.08**	**93.15**	**330.35**	**280.28**	**107.15**	**63.40**	**62.20**	**247.84**	**E**
90.07	29.68	41.86	55.35	282.27	255.72	81.17	47.56	55.84	208.56	4700
14.22	7.20	7.46	18.92	25.89	9.16	13.71	5.72	3.68	25.51	4800
6.81	1.21	1.85	15.06	12.66	11.44	5.30	4.07	2.13	8.27	4900
1.72	1.12	0.91	3.82	9.52	3.97	6.98	6.05	0.54	5.50	5000
27.37	**13.71**	**13.74**	**45.37**	**43.25**	**31.89**	**24.49**	**19.77**	**15.82**	**36.75**	**F**
8.20	4.85	5.10	7.84	14.93	13.21	10.95	8.86	8.97	14.75	5200
6.15	2.10	2.07	15.11	6.13	5.11	4.49	2.75	1.93	5.68	5300

1-9 续表 1

行业大类	代码	就业人数(万人)	北京	天津	河北	山西	内蒙古
水上运输业	5400	70.85		2.46	2.25		0.02
航空运输业	5500	20.90	3.61	0.26	0.17	0.17	0.25
管道运输业	5600	1.56	0.01	0.02	0.12		0.01
装卸搬运和其他运输服务业	5700	62.21	3.12	2.49	1.91	1.20	0.52
仓储业	5800	41.42	1.58	1.97	1.52	1.24	0.62
邮政业	5900	58.65	3.96	0.81	2.63	1.80	1.03
信息传输、计算机服务和软件业	G	**238.51**	**28.51**	**2.81**	**8.86**	**7.36**	**2.60**
电信和其他信息传输服务业	6000	163.88	7.30	1.27	7.88	6.76	2.36
计算机服务业	6100	32.68	8.40	0.93	0.52	0.33	0.18
软件业	6200	41.95	12.82	0.60	0.46	0.26	0.06
批发和零售业	H	**1382.47**	**83.22**	**29.30**	**54.40**	**49.28**	**17.80**
批发业	6300	772.75	42.08	17.46	27.41	23.47	8.56
零售业	6500	609.72	41.14	11.84	26.99	25.81	9.24
住宿和餐饮业	I	**429.15**	**38.38**	**7.35**	**13.22**	**12.27**	**6.43**
住宿业	6600	218.29	16.43	2.82	8.02	6.87	3.42
餐饮业	6700	210.86	21.95	4.53	5.20	5.39	3.01
金融业	J	**374.54**	**15.00**	**5.05**	**18.45**	**14.50**	**7.70**
银行业	6800	247.65	7.27	3.56	12.28	9.24	6.28
证券业	6900	10.13	1.29	0.22	0.25	0.20	0.09
保险业	7000	111.89	5.09	1.24	5.88	4.89	1.04
其他金融活动	7100	4.87	1.35	0.03	0.05	0.17	0.29
房地产业	K	**395.72**	**31.86**	**6.89**	**9.05**	**5.53**	**4.04**
房地产业	7200	395.72	31.86	6.89	9.05	5.53	4.04
租赁和商务服务业	L	**439.60**	**63.78**	**9.42**	**9.65**	**10.80**	**4.79**
租赁业	7300	12.44	2.04	0.28	0.20	0.38	0.14
商务服务业	7400	427.16	61.74	9.14	9.45	10.42	4.65
科学研究、技术服务和地质勘查业	M	**325.94**	**38.87**	**9.05**	**11.89**	**7.94**	**5.80**
研究与试验发展	7500	65.37	11.86	1.48	1.75	1.75	0.88
专业技术服务业	7600	163.36	19.25	5.70	5.27	3.85	2.46
科技交流和推广服务业	7700	65.13	7.20	1.72	1.15	0.98	1.11
地质勘查业	7800	32.08	0.57	0.15	3.73	1.37	1.34
水利、环境和公共设施管理业	N	**184.03**	**7.45**	**3.52**	**6.17**	**5.84**	**4.59**
水利管理业	7900	47.44	0.76	0.80	1.55	1.66	1.69
环境管理业	8000	68.02	2.80	1.03	1.63	2.10	1.65
公共设施管理业	8100	68.56	3.90	1.68	3.00	2.08	1.24
居民服务和其他服务业	O	**136.05**	**19.57**	**7.07**	**2.34**	**2.91**	**1.72**
居民服务业	8200	62.53	6.37	2.68	1.44	1.42	0.94
其他服务业	8300	73.51	13.20	4.39	0.90	1.50	0.78
教育	P	**1518.57**	**38.71**	**17.82**	**79.19**	**47.66**	**32.52**
教育	8400	1518.57	38.71	17.82	79.19	47.66	32.52
卫生、社会保障和社会福利业	Q	**547.37**	**16.05**	**7.64**	**25.01**	**15.98**	**10.48**
卫生	8500	519.45	15.13	7.10	23.99	15.08	9.90
社会保障业	8600	10.67	0.28	0.23	0.34	0.54	0.24
社会福利业	8700	17.25	0.63	0.31	0.68	0.36	0.34
文化、体育和娱乐业	R	**147.17**	**16.22**	**2.22**	**4.75**	**4.88**	**3.06**
新闻出版业	8800	28.02	6.30	0.39	0.68	1.00	0.45
广播、电视、电影和音像业	8900	40.33	2.78	0.42	1.31	1.27	1.01
文化艺术业	9000	43.31	3.50	0.66	1.77	2.03	1.21
体育	9100	10.13	1.26	0.31	0.35	0.18	0.16
娱乐业	9200	25.39	2.39	0.44	0.65	0.41	0.23
公共管理和社会组织	S	**1917.50**	**33.35**	**15.91**	**111.42**	**72.61**	**43.70**
中国共产党机关	9300	57.84	0.81	0.34	3.27	2.25	1.47
国家机构	9400	1273.04	22.43	11.03	73.04	44.03	32.21
人民政协和民主党派	9500	8.54	0.20	0.08	0.44	0.31	0.30
群众团体、社会团体和宗教组织	9600	133.28	2.62	0.65	5.71	5.24	2.04
基层群众自治组织	9700	444.80	7.29	3.81	28.97	20.77	7.67

辽宁	吉林	黑龙江	上海	江苏	浙江	安徽	福建	江西	山东	代码
4.09	0.07	0.37	5.23	10.00	4.60	4.54	2.74	1.04	6.72	5400
1.16	0.31	0.27	2.73	0.61	0.52	0.22	0.76	0.14	0.48	5500
0.10		0.02	0.09	0.79					0.10	5600
3.48	0.62	1.94	6.49	5.39	4.35	1.38	2.32	1.08	2.59	5700
1.95	2.58	3.96	4.76	1.84	0.82	1.07	0.68	0.89	3.04	5800
2.24	3.19	0.01	3.12	3.56	3.29	1.84	1.65	1.76	3.39	5900
7.09	**6.65**	**13.12**	**14.94**	**14.43**	**12.80**	**3.51**	**4.85**	**5.22**	**12.41**	G
4.60	5.95	12.22	3.52	10.65	7.77	2.80	3.31	4.78	10.32	6000
0.65	0.23	0.46	4.82	1.87	2.14	0.38	0.71	0.17	1.07	6100
1.84	0.47	0.44	6.59	1.91	2.89	0.33	0.83	0.27	1.01	6200
55.81	**35.14**	**35.19**	**146.60**	**98.18**	**67.91**	**41.11**	**34.88**	**20.93**	**100.85**	H
30.44	22.95	19.22	96.32	53.44	44.34	22.62	20.74	11.17	53.07	6300
25.37	12.19	15.97	50.28	44.74	23.57	18.48	14.14	9.77	47.78	6500
16.52	**6.03**	**7.25**	**28.73**	**25.17**	**25.95**	**11.03**	**11.43**	**7.88**	**24.86**	I
8.12	3.32	3.76	9.96	10.10	15.26	6.08	7.34	4.47	8.89	6600
8.40	2.71	3.49	18.77	15.08	10.69	4.95	4.08	3.41	15.98	6700
21.01	**10.58**	**0.55**	**13.49**	**26.84**	**21.17**	**11.86**	**11.56**	**9.78**	**29.94**	J
15.12	8.41	0.45	6.34	15.08	13.73	8.90	7.87	6.89	18.92	6800
0.39	0.18		1.86	0.39	0.39	0.28	0.25	0.12	0.39	6900
5.34	1.89		4.96	11.12	6.78	2.62	3.28	2.72	10.56	7000
0.17	0.09	0.10	0.33	0.25	0.27	0.06	0.16	0.05	0.07	7100
14.29	**4.72**	**10.46**	**33.17**	**19.18**	**16.88**	**9.78**	**11.34**	**7.55**	**17.18**	K
14.29	4.72	10.46	33.17	19.18	16.88	9.78	11.34	7.55	17.18	7200
17.48	**7.08**	**9.74**	**52.94**	**26.63**	**25.29**	**7.63**	**10.47**	**7.45**	**19.32**	L
0.39	0.38	0.22	1.50	0.79	0.40	0.30	0.20	0.22	0.92	7300
17.08	6.70	9.51	51.43	25.84	24.89	7.34	10.27	7.23	18.40	7400
14.36	**7.33**	**7.91**	**23.91**	**16.99**	**15.29**	**7.75**	**7.06**	**7.14**	**11.15**	M
2.94	1.68	1.85	5.08	2.66	1.45	1.30	0.63	1.52	2.22	7500
7.41	3.47	3.64	13.02	8.99	9.72	3.85	4.49	2.63	5.93	7600
2.57	1.40	1.56	5.58	4.34	3.67	1.39	1.44	1.31	1.69	7700
1.44	0.78	0.86	0.23	0.99	0.44	1.21	0.50	1.68	1.31	7800
10.67	**4.80**	**6.28**	**7.36**	**11.30**	**8.77**	**5.46**	**4.25**	**4.40**	**10.43**	N
1.88	1.26	1.37	0.66	3.20	1.05	1.87	0.81	0.97	2.40	7900
4.60	2.18	2.83	3.40	3.81	3.98	1.59	1.66	2.09	3.77	8000
4.19	1.36	2.08	3.31	4.30	3.74	2.00	1.78	1.35	4.25	8100
4.58	**2.37**	**2.74**	**19.47**	**8.91**	**4.47**	**3.04**	**3.41**	**1.81**	**6.33**	O
3.00	1.43	1.43	7.49	4.80	2.69	1.73	1.74	0.84	2.98	8200
1.58	0.93	1.31	11.98	4.11	1.78	1.31	1.67	0.97	3.36	8300
54.59	**39.70**	**44.01**	**31.94**	**87.08**	**57.99**	**61.07**	**46.66**	**47.04**	**96.22**	P
54.59	39.70	44.01	31.94	87.08	57.99	61.07	46.66	47.04	96.22	8400
25.76	**14.33**	**18.70**	**15.69**	**33.21**	**24.61**	**18.72**	**12.61**	**14.78**	**40.75**	Q
23.67	13.37	17.79	14.05	31.47	23.26	18.08	11.97	13.88	39.37	8500
0.81	0.23	0.40	0.42	0.66	0.59	0.23	0.31	0.29	0.57	8600
1.28	0.73	0.50	1.23	1.08	0.75	0.41	0.32	0.61	0.81	8700
6.64	**3.42**	**3.95**	**7.72**	**7.60**	**6.44**	**3.46**	**4.55**	**3.18**	**6.62**	R
1.72	0.59	0.62	1.19	1.15	0.92	0.55	0.58	0.44	1.30	8800
1.66	1.05	1.20	1.44	2.44	1.80	1.02	1.45	1.04	2.03	8900
1.91	1.31	1.23	1.70	2.19	1.79	1.18	1.07	1.07	2.04	9000
0.58	0.28	0.36	0.96	0.39	0.58	0.27	0.30	0.16	0.42	9100
0.77	0.20	0.54	2.42	1.43	1.35	0.44	1.15	0.46	0.82	9200
62.50	**39.54**	**57.26**	**24.78**	**86.33**	**76.12**	**72.93**	**51.51**	**55.12**	**173.90**	S
2.35	1.03	1.75	0.48	3.15	1.80	1.84	1.27	1.58	4.29	9300
44.74	30.30	43.33	16.21	57.73	42.15	45.05	29.45	38.78	108.39	9400
0.32	0.20	0.28	0.10	0.35	0.29	0.29	0.23	0.29	0.50	9500
5.08	2.12	3.87	3.03	5.23	7.58	5.57	6.30	3.65	5.65	9600
10.01	5.88	8.04	4.97	19.87	24.31	20.19	14.26	10.82	55.07	9700

1-9 续表 2

行业大类	代码	河 南	湖 北	湖 南	广 东	广 西	海 南
总计	0000	**1205.16**	**714.18**	**734.20**	**2318.59**	**407.29**	**98.92**
农、林、牧、渔业	A	**1.41**	**0.61**	**0.26**	**2.09**	**6.27**	**22.05**
农业	0100	0.90	0.53	0.04	1.46	3.83	2.47
林业	0200	0.09			0.51	1.44	19.37
畜牧业	0300	0.18	0.02	0.11		0.60	0.01
渔业	0400	0.02			0.09	0.15	
农、林、牧、渔服务业	0500	0.21	0.07	0.11	0.03	0.26	0.20
采矿业	B	**88.40**	**18.99**	**41.34**	**9.92**	**7.90**	**1.38**
煤炭开采和洗选业	0600	58.66	5.02	26.39	2.59	1.99	
石油和天然气开采业	0700	11.02	3.01		0.14		
黑色金属矿采选业	0800	3.16	3.55	2.00	0.92	1.20	0.84
有色金属矿采选业	0900	6.65	1.16	5.27	1.22	2.19	0.12
非金属矿采选业	1000	8.83	6.23	7.62	5.02	2.51	0.42
其他采矿业	1100	0.08	0.03	0.05	0.03	0.01	
制造业	C	**439.80**	**212.16**	**216.81**	**1353.13**	**117.21**	**11.94**
农副食品加工业	1300	32.63	8.22	8.56	14.55	11.92	2.14
食品制造业	1400	16.40	5.35	6.34	15.66	2.85	0.79
饮料制造业	1500	9.22	4.54	2.99	6.19	2.30	0.53
烟草制品业	1600	2.13	1.52	0.97	0.81	0.23	0.05
纺织业	1700	35.92	27.92	12.67	82.95	7.02	0.78
纺织服装、鞋、帽制造业	1800	6.83	11.23	2.80	119.25	1.45	0.19
皮革、毛皮、羽毛(绒)及其制品业	1900	5.81	1.12	2.41	97.32	1.86	0.05
木材加工及木、竹、藤、棕、草制品业	2000	13.14	2.65	8.36	12.06	6.33	0.68
家具制造业	2100	5.00	1.03	1.79	35.94	0.86	0.50
造纸及纸制品业	2200	15.73	5.47	8.25	31.74	4.76	0.41
印刷业和记录媒介的复制	2300	5.52	3.49	2.90	27.71	1.81	0.42
文教体育用品制造业	2400	0.46	0.43	0.54	70.49	0.29	
石油加工、炼焦及核燃料加工业	2500	2.56	1.92	2.28	2.36	0.29	0.06
化学原料及化学制品制造业	2600	25.01	14.16	36.17	29.89	10.10	0.67
医药制造业	2700	9.73	5.66	3.29	8.60	3.71	0.72
化学纤维制造业	2800	2.63	0.94	0.82	2.15	0.23	0.17
橡胶制品业	2900	4.61	1.46	1.81	16.27	0.99	0.09
塑料制品业	3000	10.63	5.05	3.40	85.61	2.36	0.28
非金属矿物制品业	3100	103.81	27.39	41.42	59.44	21.00	1.17
黑色金属冶炼及压延加工业	3200	13.17	13.71	11.54	6.97	5.62	0.15
有色金属冶炼及压延加工业	3300	11.54	3.72	8.75	10.87	5.42	0.04
金属制品业	3400	10.04	6.67	5.47	85.62	1.98	0.25
通用设备制造业	3500	26.79	12.15	9.99	30.10	4.33	0.10
专用设备制造业	3600	24.87	5.66	9.09	34.12	3.62	0.18
交通运输设备制造业	3700	16.13	28.17	11.02	27.84	7.02	0.97
电气机械及器材制造业	3900	12.23	5.47	6.30	146.92	2.33	0.28
通信设备、计算机及其他电子设备制造业	4000	2.42	3.29	3.01	208.29	1.21	0.12
仪器仪表及文化、办公用机械制造业	4100	2.89	1.66	1.23	35.09	0.60	0.04
工艺品及其他制造业	4200	11.51	1.65	2.44	47.08	4.61	0.12
废弃资源和废旧材料回收加工业	4300	0.44	0.44	0.18	1.25	0.12	
电力、燃气及水的生产和供应业	D	**25.47**	**13.94**	**14.55**	**26.44**	**9.72**	**2.64**
电力、热力的生产和供应业	4400	20.70	10.30	11.55	20.11	7.91	1.95
燃气生产和供应业	4500	0.85	0.46	0.34	0.76	0.06	0.14
水的生产和供应业	4600	3.92	3.18	2.65	5.57	1.75	0.55
建筑业	E	**132.16**	**118.00**	**122.71**	**163.65**	**38.37**	**8.29**
房屋和土木工程建筑业	4700	109.82	100.50	110.21	134.86	31.78	6.69
建筑安装业	4800	14.03	8.44	8.65	15.60	3.24	0.75
建筑装饰业	4900	4.17	3.72	1.78	10.53	1.15	0.63
其他建筑业	5000	4.15	5.34	2.07	2.66	2.22	0.23
交通运输、仓储和邮政业	F	**35.43**	**28.81**	**20.17**	**53.37**	**15.94**	**4.17**
道路运输业	5200	18.01	10.01	9.03	17.08	7.70	1.57
城市公共交通业	5300	7.43	4.76	3.91	10.02	1.77	0.30

重 庆	四 川	贵 州	云 南	西 藏	陕 西	甘 肃	青 海	宁 夏	新 疆	代码
404.00	**883.65**	**277.48**	**375.69**	**25.68**	**474.13**	**310.47**	**69.89**	**87.26**	**281.55**	0000
0.07	**1.08**	**0.19**	**8.91**		**0.27**	**3.17**	**0.65**	**1.29**	**50.96**	A
0.03		0.10	3.35		0.25	1.83	0.45	1.26	49.87	0100
0.02	0.88	0.03	5.23		0.01	0.75		0.01	0.07	0200
	0.06	0.04	0.08			0.16	0.16		0.84	0300
		0.02	0.01						0.02	0400
0.03	0.14		0.24		0.01	0.42	0.03	0.01	0.16	0500
21.31	**51.04**	**28.98**	**22.48**	**0.18**	**29.74**	**13.91**	**3.78**	**6.91**	**17.22**	B
16.23	32.34	23.55	12.69		15.22	8.39	0.82	6.50	6.07	0600
0.16	6.97		0.01		7.32	1.51	1.76	0.03	9.32	0700
1.19	3.08	1.34	2.18	0.07	1.11	0.70	0.14		0.48	0800
0.04	2.29	1.27	5.06	0.06	3.36	1.53	0.34		0.69	0900
3.66	6.29	2.79	2.54	0.05	2.72	1.78	0.73	0.37	0.64	1000
0.04	0.06	0.04			0.02				0.01	1100
120.94	**234.92**	**61.60**	**78.11**	**1.50**	**143.43**	**79.60**	**11.99**	**24.00**	**35.81**	C
3.82	11.70	1.72	5.32	0.07	4.46	4.36	0.46	1.19	2.76	1300
2.44	5.95	1.17	1.77	0.04	3.62	1.63	0.19	0.83	1.40	1400
2.16	10.67	2.85	2.68	0.10	3.17	2.14	0.25	0.60	1.30	1500
0.57	0.71	1.63	3.12		0.76	0.22		0.04	0.07	1600
8.65	14.31	0.94	2.54	0.04	11.14	2.49	0.51	0.86	6.38	1700
1.24	2.33	0.44	0.50	0.03	1.71	0.61	0.20	0.11	0.30	1800
1.24	3.55	0.04	0.23	0.02	0.37	0.67	0.01	0.12	0.14	1900
0.50	2.55	0.56	2.38	0.14	0.95	0.48	0.03	0.08	0.52	2000
1.06	3.31	0.20	0.39	0.02	1.47	0.42	0.03	0.12	0.50	2100
2.10	6.96	0.76	2.01		5.69	1.24	0.05	1.60	1.11	2200
1.81	4.33	1.30	1.96	0.13	2.94	1.22	0.22	0.37	0.75	2300
0.10	0.26	0.08	0.04		0.11	0.07			0.14	2400
0.48	1.46	1.76	1.12		2.45	3.00	0.02	0.84	2.30	2500
7.68	21.43	6.25	8.60	0.03	7.86	5.96	1.57	3.19	2.65	2600
2.49	6.60	2.54	1.94	0.13	4.38	1.45	0.37	0.51	0.34	2700
0.06	1.26	0.04	0.04		0.07	0.24		0.03	0.18	2800
1.40	2.17	1.34	0.42		1.26	0.17	0.01	0.51	0.31	2900
2.01	5.75	1.00	1.59		2.17	1.93	0.09	0.64	2.34	3000
16.33	42.54	9.66	12.01	0.46	23.77	16.31	2.76	3.88	5.16	3100
3.88	16.77	8.49	7.00		3.75	6.79	1.37	2.13	1.94	3200
2.38	3.99	4.01	9.25	0.01	3.39	9.33	1.20	1.73	0.55	3300
3.64	6.19	1.88	1.63	0.01	3.70	2.02	0.48	0.77	1.02	3400
7.67	14.65	2.43	2.92		10.72	3.67	0.81	1.65	0.99	3500
6.01	8.41	1.48	2.22		7.10	3.09	0.13	0.71	0.70	3600
33.18	17.17	5.43	3.00	0.10	14.86	2.83	0.38	0.16	0.86	3700
3.19	7.02	1.37	1.51		6.29	3.47	0.16	0.42	0.66	3900
1.08	9.88	1.39	0.19		7.49	1.39		0.10	0.25	4000
2.94	1.03	0.36	0.78		2.99	0.76	0.07	0.65	0.07	4100
0.70	1.71	0.48	0.83	0.20	4.65	1.66	0.59	0.18	0.10	4200
0.16	0.29	0.03	0.14		0.14	0.02	0.03		0.04	4300
7.01	**20.38**	**8.46**	**8.20**	**0.54**	**9.37**	**7.45**	**1.98**	**2.87**	**5.62**	D
5.12	16.40	7.26	7.02	0.49	7.35	6.29	1.73	2.50	4.84	4400
0.64	1.51	0.29	0.24		0.49	0.10	0.02	0.07	0.17	4500
1.25	2.46	0.91	0.95	0.05	1.53	1.06	0.23	0.31	0.61	4600
91.78	**177.41**	**31.08**	**54.58**	**3.77**	**51.55**	**50.76**	**9.64**	**8.76**	**20.16**	E
81.16	158.44	26.53	49.56	3.58	46.06	44.35	7.97	7.91	17.14	4700
5.01	9.93	3.17	2.44	0.10	3.92	4.81	1.19	0.36	2.07	4800
3.47	4.41	0.80	1.86	0.04	1.14	1.16	0.27	0.38	0.46	4900
2.13	4.63	0.57	0.72	0.05	0.42	0.44	0.20	0.11	0.49	5000
16.52	**27.91**	**7.17**	**11.87**	**0.98**	**13.71**	**11.08**	**3.88**	**2.38**	**9.16**	F
6.54	14.34	3.61	6.88	0.40	8.00	5.84	1.00	1.16	4.73	5200
3.12	5.75	1.19	1.42	0.31	3.31	2.11	0.58	0.45	1.79	5300

1-9 续表 3

行业大类	代码	河 南	湖 北	湖 南	广 东	广 西	海 南
水上运输业	5400	0.84	7.60	1.26	9.47	2.33	0.94
航空运输业	5500	0.35	0.74	0.19	2.83	0.21	0.78
管道运输业	5600	0.02			0.13		
装卸搬运和其他运输服务业	5700	2.66	2.37	2.36	5.91	1.70	0.22
仓储业	5800	3.03	0.95	0.89	2.51	0.69	0.03
邮政业	5900	3.09	2.38	2.52	5.42	1.54	0.34
信息传输、计算机服务和软件业	G	**6.97**	**6.83**	**8.15**	**28.00**	**7.51**	**0.71**
电信和其他信息传输服务业	6000	5.81	5.80	6.47	19.01	6.48	0.44
计算机服务业	6100	0.52	0.48	0.63	3.10	0.78	0.15
软件业	6200	0.64	0.55	1.05	5.89	0.25	0.11
批发和零售业	H	**81.71**	**44.89**	**35.13**	**119.02**	**28.17**	**6.65**
批发业	6300	44.21	23.64	16.45	71.21	15.36	3.38
零售业	6500	37.50	21.25	18.68	47.81	12.81	3.27
住宿和餐饮业	I	**18.82**	**13.78**	**14.32**	**56.56**	**9.66**	**4.87**
住宿业	6600	11.13	6.89	8.18	27.65	6.30	4.02
餐饮业	6700	7.69	6.90	6.15	28.91	3.36	0.84
金融业	J	**23.67**	**15.58**	**14.97**	**35.01**	**9.00**	**2.04**
银行业	6800	16.67	10.41	10.25	22.28	6.54	1.36
证券业	6900	0.19	0.19	0.50	1.70	0.07	0.07
保险业	7000	6.69	4.81	4.10	10.69	2.34	0.56
其他金融活动	7100	0.12	0.17	0.13	0.33	0.06	0.05
房地产业	K	**10.39**	**13.38**	**12.74**	**88.53**	**7.61**	**3.34**
房地产业	7200	10.39	13.38	12.74	88.53	7.61	3.34
租赁和商务服务业	L	**14.38**	**12.32**	**9.65**	**56.46**	**9.16**	**2.03**
租赁业	7300	0.45	0.39	0.22	0.52	0.14	0.05
商务服务业	7400	13.93	11.94	9.43	55.94	9.02	1.98
科学研究、技术服务和地质勘查业	M	**13.94**	**12.75**	**9.91**	**21.34**	**8.23**	**1.67**
研究与试验发展	7500	2.79	2.45	1.97	3.55	1.56	0.53
专业技术服务业	7600	7.44	5.45	4.72	14.53	3.80	0.83
科技交流和推广服务业	7700	1.94	3.93	2.10	2.34	2.38	0.22
地质勘查业	7800	1.78	0.93	1.12	0.92	0.49	0.09
水利、环境和公共设施管理业	N	**11.57**	**9.46**	**8.55**	**15.67**	**4.88**	**1.86**
水利管理业	7900	3.39	3.49	3.12	3.22	1.32	0.36
环境管理业	8000	3.39	3.27	2.53	6.66	1.97	0.67
公共设施管理业	8100	4.79	2.69	2.90	5.79	1.59	0.82
居民服务和其他服务业	O	**3.95**	**4.27**	**2.89**	**14.87**	**1.99**	**0.40**
居民服务业	8200	2.36	1.78	1.73	5.70	0.69	0.28
其他服务业	8300	1.60	2.49	1.16	9.17	1.30	0.12
教育	P	**108.50**	**65.52**	**68.90**	**110.67**	**57.36**	**8.99**
教育	8400	108.50	65.52	68.90	110.67	57.36	8.99
卫生、社会保障和社会福利业	Q	**38.97**	**27.41**	**24.70**	**39.60**	**17.23**	**2.96**
卫生	8500	37.35	25.91	23.53	37.79	16.32	2.82
社会保障业	8600	0.81	0.46	0.61	0.54	0.46	0.04
社会福利业	8700	0.81	1.04	0.57	1.26	0.45	0.10
文化、体育和娱乐业	R	**7.48**	**6.11**	**5.85**	**13.19**	**3.94**	**1.31**
新闻出版业	8800	1.39	1.21	0.83	1.77	0.57	0.28
广播、电视、电影和音像业	8900	2.78	2.13	2.19	3.04	1.21	0.36
文化艺术业	9000	2.55	1.90	1.58	2.54	1.25	0.24
体育	9100	0.29	0.32	0.23	1.08	0.28	0.08
娱乐业	9200	0.46	0.55	1.02	4.78	0.63	0.35
公共管理和社会组织	S	**142.14**	**89.38**	**102.61**	**111.07**	**47.13**	**11.63**
中国共产党机关	9300	3.68	2.54	2.56	2.57	2.53	0.33
国家机构	9400	98.11	60.59	68.50	81.87	30.11	9.14
人民政协和民主党派	9500	0.51	0.35	0.37	0.38	0.25	0.05
群众团体、社会团体和宗教组织	9600	5.66	5.18	5.84	4.89	3.26	0.42
基层群众自治组织	9700	34.18	20.71	25.35	21.35	10.98	1.70

重 庆	四 川	贵 州	云 南	西 藏	陕 西	甘 肃	青 海	宁 夏	新 疆	代码
3.24	0.58	0.16	0.10		0.05	0.01		0.01		5400
0.44	1.12	0.28	0.62	0.06	0.67	0.32	0.06	0.10	0.48	5500
					0.09			0.01	0.06	5600
1.48	2.76	0.58	1.28	0.01	0.53	0.85	0.11	0.13	0.39	5700
0.63	0.66	0.40	0.35	0.01	1.05	1.07	0.14	0.13	0.37	5800
1.07	2.71	0.95	1.22	0.18	0.01	0.89	0.32	0.40	1.33	5900
3.35	**10.27**	**3.33**	**3.34**	**0.24**	**6.67**	**2.77**	**1.20**	**1.23**	**2.80**	G
2.20	8.06	3.06	2.60	0.23	5.48	2.34	1.10	1.09	2.21	6000
0.75	1.41	0.19	0.46	0.01	0.44	0.23	0.08	0.10	0.45	6100
0.39	0.79	0.08	0.28		0.75	0.19	0.02	0.04	0.13	6200
23.95	**45.60**	**16.05**	**25.00**	**0.93**	**36.40**	**20.94**	**4.09**	**6.38**	**16.94**	H
13.23	25.11	9.05	15.29	0.26	15.93	10.84	1.85	3.34	10.30	6300
10.72	20.49	7.00	9.71	0.67	20.47	10.10	2.24	3.05	6.64	6500
7.98	**17.25**	**4.47**	**9.33**	**1.00**	**14.02**	**6.27**	**1.67**	**2.00**	**4.65**	I
3.72	8.96	2.66	7.11	0.74	6.95	3.64	0.94	1.06	3.47	6600
4.26	8.29	1.81	2.22	0.26	7.07	2.62	0.72	0.95	1.18	6700
6.77	**19.05**	**5.31**	**8.66**	**0.42**	**0.37**	**6.53**	**1.40**	**2.50**	**5.76**	J
4.32	11.99	4.21	6.93	0.37	0.23	4.71	1.19	1.89	3.94	6800
0.12	0.26	0.04	0.35	0.01	0.04	0.08	0.03	0.05	0.14	6900
2.24	6.70	1.00	1.33	0.03	0.01	1.71	0.17	0.47	1.62	7000
0.09	0.09	0.07	0.05		0.09	0.02	0.01	0.09	0.05	7100
12.53	**17.09**	**5.50**	**5.40**	**0.24**	**5.64**	**4.00**	**1.44**	**1.90**	**4.06**	K
12.53	17.09	5.50	5.40	0.24	5.64	4.00	1.44	1.90	4.06	7200
6.55	**14.77**	**2.95**	**7.66**	**0.13**	**6.30**	**4.38**	**1.86**	**1.59**	**6.88**	L
0.35	0.54	0.13	0.16	0.01	0.40	0.28	0.05	0.14	0.24	7300
6.20	14.22	2.81	7.50	0.11	5.90	4.10	1.81	1.45	6.64	7400
5.48	**17.97**	**4.13**	**8.16**	**0.49**	**11.82**	**8.15**	**2.02**	**1.66**	**5.75**	M
0.95	3.86	0.62	1.15	0.07	3.95	1.78	0.20	0.23	0.68	7500
2.68	7.87	1.71	3.48	0.25	3.66	2.77	0.75	0.82	2.89	7600
1.40	4.43	0.94	2.24	0.06	2.32	1.77	0.49	0.37	1.10	7700
0.45	1.81	0.86	1.28	0.11	1.89	1.84	0.59	0.24	1.08	7800
2.88	**7.41**	**2.10**	**4.09**	**0.15**	**5.03**	**3.25**	**0.57**	**1.35**	**3.93**	N
0.53	2.01	0.46	0.89	0.02	2.34	1.71	0.22	0.47	1.96	7900
1.17	2.72	0.94	1.78	0.11	1.21	0.79	0.21	0.45	1.05	8000
1.17	2.69	0.71	1.43	0.02	1.48	0.75	0.14	0.43	0.91	8100
2.23	**3.62**	**1.70**	**1.95**	**0.06**	**3.44**	**2.09**	**0.33**	**0.32**	**1.16**	O
1.09	1.87	0.98	1.00	0.04	1.62	1.42	0.23	0.16	0.60	8200
1.14	1.75	0.72	0.96	0.02	1.82	0.66	0.11	0.16	0.56	8300
32.41	**82.96**	**36.84**	**44.76**	**1.93**	**48.80**	**27.12**	**5.04**	**7.38**	**29.18**	P
32.41	82.96	36.84	44.76	1.93	48.80	27.12	5.04	7.38	29.18	8400
9.54	**27.70**	**9.17**	**13.64**	**0.81**	**17.14**	**8.56**	**2.25**	**2.57**	**10.78**	Q
9.09	25.99	8.95	13.04	0.80	16.44	8.32	2.10	2.48	10.38	8500
0.13	0.59	0.06	0.22		0.25	0.09	0.05	0.04	0.16	8600
0.32	1.12	0.15	0.37	0.01	0.44	0.15	0.10	0.05	0.25	8700
2.39	**5.85**	**1.99**	**3.44**	**0.39**	**4.22**	**2.40**	**0.70**	**0.76**	**2.44**	R
0.87	0.96	0.28	0.32	0.03	0.50	0.39	0.09	0.14	0.50	8800
0.47	1.71	0.73	0.83	0.15	1.09	0.54	0.23	0.16	0.80	8900
0.56	1.85	0.55	1.16	0.16	1.90	1.01	0.25	0.31	0.84	9000
0.07	0.28	0.16	0.25	0.03	0.20	0.16	0.05	0.03	0.09	9100
0.41	1.06	0.28	0.88	0.02	0.52	0.30	0.08	0.11	0.22	9200
30.31	**101.39**	**46.44**	**56.11**	**11.92**	**66.22**	**48.06**	**15.41**	**11.42**	**48.29**	S
1.03	3.26	1.62	2.16	0.45	2.61	1.96	0.41	0.35	2.11	9300
20.44	59.83	30.98	39.90	7.77	42.17	32.22	8.94	8.04	34.57	9400
0.15	0.54	0.24	0.39	0.08	0.33	0.32	0.10	0.09	0.22	9500
2.47	12.61	2.91	6.41	1.16	4.62	4.62	3.37	1.61	3.91	9600
6.22	25.15	10.68	7.25	2.48	16.49	8.94	2.59	1.33	7.47	9700

1-10 按行业（大类）、开业

行业大类	代码	法人单位数（个）	1949及以前	1950-1977	1978-1991	1992-1995	1996
总计	0000	**5168303**	**106280**	**643796**	**934730**	**473615**	**140065**
农、林、牧、渔业	A	**1835**	**55**	**1164**	**260**	**59**	**26**
农业	0100	647	25	496	46	11	6
林业	0200	465	14	364	40	6	7
畜牧业	0300	161	11	66	15	10	5
渔业	0400	44	2	16	7	2	1
农、林、牧、渔服务业	0500	518	3	222	152	30	7
采矿业	B	**82353**	**102**	**2964**	**11389**	**8851**	**3149**
煤炭开采和洗选业	0600	27741	59	1528	5772	3942	1478
石油和天然气开采业	0700	510	2	15	30	57	16
黑色金属矿采选业	0800	10660	2	123	618	788	235
有色金属矿采选业	0900	6535	8	173	768	726	214
非金属矿采选业	1000	36614	31	1116	4172	3307	1190
其他采矿业	1100	293		9	29	31	16
制造业	C	**1328964**	**1659**	**37952**	**129221**	**156361**	**49189**
农副食品加工业	1300	73828	89	2540	6634	7591	2962
食品制造业	1400	32174	64	1201	2970	3783	1258
饮料制造业	1500	27178	97	1073	3269	2825	1072
烟草制品业	1600	308	31	59	88	37	7
纺织业	1700	87342	165	1648	5853	8024	2562
纺织服装、鞋、帽制造业	1800	52396	26	960	3368	5753	1578
皮革、毛皮、羽毛(绒)及其制品业	1900	24197	21	434	1853	3407	1117
木材加工及木、竹、藤、棕、草制品业	2000	41818	15	635	2660	3172	1257
家具制造业	2100	25378	8	557	1843	2797	1089
造纸及纸制品业	2200	41732	57	989	4287	5086	1740
印刷业和记录媒介的复制	2300	42568	175	1923	7015	6320	1729
文教体育用品制造业	2400	15424	15	233	1222	2025	560
石油加工、炼焦及核燃料加工业	2500	7697	10	114	627	842	272
化学原料及化学制品制造业	2600	79846	101	2187	7972	9542	3026
医药制造业	2700	12213	42	554	1161	1589	458
化学纤维制造业	2800	3592	1	47	260	366	94
橡胶制品业	2900	16005	20	501	1643	1979	668
塑料制品业	3000	73268	14	948	5675	8249	2664
非金属矿物制品业	3100	165563	136	5710	26194	23614	7421
黑色金属冶炼及压延加工业	3200	21812	23	466	1760	2266	686
有色金属冶炼及压延加工业	3300	16053	20	316	1410	1941	573
金属制品业	3400	86383	60	2420	7749	9933	2891
通用设备制造业	3500	118987	156	4112	11743	13856	4320
专用设备制造业	3600	58471	103	2561	4913	6395	1923
交通运输设备制造业	3700	56531	105	2167	5674	6971	2109
电气机械及器材制造业	3900	63475	59	1699	5175	7673	2322
通信设备、计算机及其他电子设备制造业	4000	29058	15	491	1572	3402	918
仪器仪表及文化、办公用机械制造业	4100	17504	20	593	1497	2530	640
工艺品及其他制造业	4200	34352	11	796	2908	4087	1181
废弃资源和废旧材料回收加工业	4300	3811		18	226	306	92
电力、燃气及水的生产和供应业	D	**39830**	**162**	**4102**	**8772**	**3839**	**1217**
电力、热力的生产和供应业	4400	26137	96	2851	5065	2251	712
燃气生产和供应业	4500	1550	9	28	160	158	64
水的生产和供应业	4600	12143	57	1223	3547	1430	441
建筑业	E	**128193**	**123**	**7039**	**15698**	**18350**	**4794**
房屋和土木工程建筑业	4700	56801	103	6281	11248	9245	2061
建筑安装业	4800	23464	15	517	2418	3549	983
建筑装饰业	4900	37494		95	1295	4423	1445
其他建筑业	5000	10434	5	146	737	1133	305
交通运输、仓储和邮政业	F	**80375**	**380**	**6979**	**9044**	**8772**	**2546**
道路运输业	5200	36027	170	3548	4417	3426	1013
城市公共交通业	5300	5906	13	308	463	1171	353

(成立)时间分组的法人单位数

1997	1998	1999	2000	2001	2002	2003	2004	开业时间不详	代码
147035	**211759**	**229658**	**310128**	**379956**	**454913**	**539068**	**471853**	**125447**	0000
27	**36**	**30**	**23**	**24**	**58**	**52**	**18**	**3**	A
4	7	13	3	9	15	7	5		0100
3	8	2	2	2	5	7	4	1	0200
6	9	6	5	5	7	12	3	1	0300
	1	3	6	1	2	1	2		0400
14	11	6	7	7	29	25	4	1	0500
2842	**4668**	**4017**	**5626**	**6685**	**7450**	**10719**	**10798**	**3093**	B
1253	1757	1285	1614	1867	1782	2374	2016	1014	0600
15	33	50	53	58	38	78	49	16	0700
233	356	383	586	776	903	1762	3204	691	0800
235	321	374	487	518	647	902	779	383	0900
1097	2182	1914	2865	3448	4041	5564	4712	975	1000
9	19	11	21	18	39	39	38	14	1100
51189	**77149**	**80705**	**111726**	**126575**	**149644**	**171097**	**138283**	**48214**	C
3087	5352	5045	7142	7204	7850	8983	7319	2030	1300
1398	2117	2080	2822	3174	3330	3785	2930	1262	1400
1228	1955	1938	2449	2573	2786	2957	2221	735	1500
8	9	11	11	10	7	16	9	5	1600
2952	4341	4883	8159	8718	12424	13221	11080	3312	1700
1800	2370	2872	4589	5289	6259	7564	7318	2650	1800
950	1301	1460	1823	2308	2730	3037	2907	849	1900
1347	2159	2498	4000	4388	5393	7115	6104	1075	2000
1138	1777	1692	2361	2427	2739	3145	2840	965	2100
1709	2514	2564	3400	3943	4652	5395	4267	1129	2200
1893	2603	2228	2923	3213	3993	4595	3397	561	2300
570	840	910	1226	1432	1797	2086	1793	715	2400
234	420	432	610	703	864	1148	1019	402	2500
3164	4884	5108	7045	8216	8833	9538	7006	3224	2600
475	729	710	959	1154	1210	1303	836	1033	2700
112	171	197	342	345	518	548	413	178	2800
643	981	1056	1328	1510	1777	1921	1502	476	2900
2755	4308	4743	6572	7711	9224	10018	7907	2480	3000
6604	10563	9908	12948	13086	14543	17532	13602	3702	3100
678	1049	1138	1649	1979	2307	3654	3140	1017	3200
615	910	940	1325	1706	1888	2096	1606	707	3300
3267	4811	5182	7191	8660	10083	11251	9162	3723	3400
4357	6557	7051	9570	11053	13531	15701	12759	4221	3500
2107	3157	3393	4714	5580	6812	7775	6272	2766	3600
2274	3124	3542	4287	5061	6390	7252	5473	2102	3700
2595	3561	4017	5118	6322	7510	8276	6329	2819	3900
1157	1488	1675	2348	3223	3728	4014	3160	1867	4000
713	984	1097	1486	1909	1876	2065	1432	662	4100
1257	1958	2160	3022	3294	4135	4447	3777	1319	4200
102	156	175	307	384	455	659	703	228	4300
1302	**1727**	**1699**	**2014**	**2320**	**2778**	**3657**	**3007**	**3234**	D
810	1083	1107	1247	1472	1872	2612	2258	2701	4400
69	88	99	122	144	170	186	125	128	4500
423	556	493	645	704	736	859	624	405	4600
4850	**7295**	**6972**	**8356**	**10524**	**12837**	**15231**	**12935**	**3189**	E
2031	3219	2786	3209	4311	4429	4061	3066	751	4700
1058	1526	1559	1719	2116	2495	2851	2176	482	4800
1435	2048	2087	2698	3185	4514	6498	6227	1544	4900
326	502	540	730	912	1399	1821	1466	412	5000
2813	**4254**	**4107**	**5243**	**6505**	**8263**	**9854**	**9393**	**2222**	F
1228	1686	1743	2357	2995	3976	4600	4078	790	5200
362	407	423	416	496	499	514	432	49	5300

1-10 续表

行业大类	代码	法人单位数（个）	1949及以前	1950-1977	1978-1991	1992-1995	1996
水上运输业	5400	5247	25	824	850	624	159
航空运输业	5500	479		21	50	85	18
管道运输业	5600	39		1	4	7	1
装卸搬运和其他运输服务业	5700	19930	38	841	1724	2010	667
仓储业	5800	10828	89	1413	1518	1406	307
邮政业	5900	1918	45	22	18	43	28
信息传输、计算机服务和软件业	**G**	**72913**	**52**	**776**	**1371**	**2458**	**844**
电信和其他信息传输服务业	6000	12816	49	748	899	912	240
计算机服务业	6100	38971	3	18	325	814	320
软件业	6200	21126		10	147	732	284
批发和零售业	**H**	**883653**	**2776**	**47206**	**48326**	**66428**	**23297**
批发业	6300	530820	944	23631	27176	39124	13669
零售业	6500	352833	1832	23575	21150	27304	9628
住宿和餐饮业	**I**	**92869**	**87**	**3026**	**9860**	**9824**	**3383**
住宿业	6600	39295	49	1958	7175	5642	1758
餐饮业	6700	53574	38	1068	2685	4182	1625
金融业	**J**	**23793**	**213**	**5944**	**6579**	**2179**	**1258**
银行业	6800	16458	145	5925	6147	1450	795
证券业	6900	865		1	52	262	54
保险业	7000	3713	67	14	237	168	332
其他金融活动	7100	2757	1	4	143	299	77
房地产业	**K**	**129197**	**74**	**3173**	**8213**	**18613**	**4104**
房地产业	7200	129197	74	3173	8213	18613	4104
租赁和商务服务业	**L**	**249192**	**436**	**5977**	**22371**	**24565**	**6673**
租赁业	7300	9057	6	183	394	813	267
商务服务业	7400	240135	430	5794	21977	23752	6406
科学研究、技术服务和地质勘查业	**M**	**136555**	**363**	**15962**	**28008**	**13522**	**3309**
研究与试验发展	7500	14598	93	2264	2869	1161	294
专业技术服务业	7600	69403	128	5370	12605	7212	1960
科技交流和推广服务业	7700	50139	126	7556	12083	4901	1010
地质勘查业	7800	2415	16	772	451	248	45
水利、环境和公共设施管理业	**N**	**44352**	**303**	**8393**	**12258**	**4540**	**1180**
水利管理业	7900	18661	166	6461	6456	1735	382
环境管理业	8000	9801	58	1066	2721	1044	331
公共设施管理业	8100	15890	79	866	3081	1761	467
居民服务和其他服务业	**O**	**83606**	**103**	**2311**	**5715**	**7246**	**2401**
居民服务业	8200	41715	81	1631	2764	2910	1129
其他服务业	8300	41891	22	680	2951	4336	1272
教育	**P**	**299418**	**33776**	**110615**	**57583**	**18281**	**5303**
教育	8400	299418	33776	110615	57583	18281	5303
卫生、社会保障和社会福利业	**Q**	**181877**	**2315**	**64326**	**46253**	**15008**	**4173**
卫生	8500	155773	2170	61525	36828	12031	3461
社会保障业	8600	8892	4	127	2149	1327	289
社会福利业	8700	17212	141	2674	7276	1650	423
文化、体育和娱乐业	**R**	**64741**	**1030**	**11659**	**17050**	**5658**	**1510**
新闻出版业	8800	5015	115	429	1725	880	146
广播、电视、电影和音像业	8900	14002	154	3703	4001	1503	284
文化艺术业	9000	27770	729	6670	9496	1754	475
体育	9100	5531	20	736	1216	488	190
娱乐业	9200	12423	12	121	612	1033	415
公共管理和社会组织	**S**	**1244587**	**62271**	**304228**	**496759**	**89061**	**21709**
中国共产党机关	9300	39719	3634	12250	15358	2568	717
国家机构	9400	330798	9740	67008	119411	35129	9147
人民政协和民主党派	9500	5659	265	1474	2877	265	76
群众团体、社会团体和宗教组织	9600	140940	6181	12416	45520	17961	5202
基层群众自治组织	9700	727471	42451	211080	313593	33138	6567

1997	1998	1999	2000	2001	2002	2003	2004	开业时间不详	代码
156	268	217	261	342	421	505	389	206	5400
22	36	25	19	39	40	48	55	21	5500
3	3	3	6	3	2	4		2	5600
629	893	1016	1331	1677	2230	2904	3231	739	5700
361	607	558	710	821	886	972	835	345	5800
52	354	122	143	132	209	307	373	70	5900
1146	**1910**	**2807**	**6022**	**8533**	**11569**	**17262**	**15344**	**2819**	G
266	397	601	974	1439	1612	2237	2068	374	6000
465	801	1167	2986	4513	6754	10521	9221	1063	6100
415	712	1039	2062	2581	3203	4504	4055	1382	6200
28357	**46267**	**52165**	**67950**	**84238**	**111476**	**145935**	**132991**	**26241**	H
16952	27611	31296	41040	52220	68511	90091	79518	19037	6300
11405	18656	20869	26910	32018	42965	55844	53473	7204	6500
3725	**5159**	**5700**	**7256**	**7826**	**9595**	**12495**	**13369**	**1564**	I
1762	2352	2371	2677	2715	3010	3641	3612	573	6600
1963	2807	3329	4579	5111	6585	8854	9757	991	6700
829	**646**	**488**	**500**	**604**	**1119**	**1839**	**1426**	**169**	J
429	339	260	189	207	116	191	262	3	6800
102	28	42	50	73	84	64	47	6	6900
202	124	37	76	146	542	990	707	71	7000
96	155	149	185	178	377	594	410	89	7100
4893	**7539**	**7828**	**11007**	**13234**	**15211**	**17841**	**12657**	**4810**	K
4893	7539	7828	11007	13234	15211	17841	12657	4810	7200
8355	**10643**	**13343**	**18560**	**22427**	**27503**	**38568**	**38058**	**11713**	L
314	451	458	688	930	1129	1604	1457	363	7300
8041	10192	12885	17872	21497	26374	36964	36601	11350	7400
3598	**4349**	**4821**	**6732**	**10231**	**12616**	**16119**	**12999**	**3926**	M
319	382	484	752	1097	1276	1622	1245	740	7500
2062	2491	2883	3755	5373	6902	9084	7576	2002	7600
1166	1407	1375	2132	3645	4304	5250	4041	1143	7700
51	69	79	93	116	134	163	137	41	7800
1391	**1484**	**1453**	**1874**	**2329**	**2887**	**3088**	**2239**	**933**	N
463	381	311	393	526	539	496	315	37	7900
357	395	344	470	565	793	763	669	225	8000
571	708	798	1011	1238	1555	1829	1255	671	8100
2758	**4019**	**5146**	**6093**	**7197**	**9945**	**14048**	**14059**	**2565**	O
1338	2079	2915	3038	3683	5127	7008	6907	1105	8200
1420	1940	2231	3055	3514	4818	7040	7152	1460	8300
5484	**6901**	**6789**	**9301**	**10650**	**11572**	**11689**	**10992**	**482**	P
5484	6901	6789	9301	10650	11572	11689	10992	482	8400
3771	**5066**	**4290**	**6276**	**6809**	**7750**	**8556**	**7072**	**212**	Q
3160	4311	3586	5177	5413	6387	6042	5503	179	8500
218	168	188	553	718	704	1665	778	4	8600
393	587	516	546	678	659	849	791	29	8700
1589	**1935**	**1993**	**2559**	**3322**	**4500**	**5926**	**4869**	**1141**	R
113	131	204	187	213	225	282	312	53	8800
264	363	286	412	675	871	752	563	171	8900
533	527	466	700	1135	1532	2014	1320	419	9000
175	202	205	285	333	483	614	493	91	9100
504	712	832	975	966	1389	2264	2181	407	9200
18116	**20712**	**25305**	**33010**	**49923**	**48140**	**35092**	**31344**	**8917**	S
685	442	301	564	1075	885	404	345	491	9300
8556	7315	6005	8411	16922	19117	12242	9433	2362	9400
114	81	61	89	98	89	68	51	51	9500
3982	5522	6187	6903	6030	7665	9054	8317		9600
4779	7352	12751	17043	25798	20384	13324	13198	6013	9700

1-11 按地区、开业(成立)时间

地区	法人单位数(个)	1949及以前	1950-1977	1978-1991	1992-1995	1996	1997
全国	**5168303**	**106280**	**643796**	**934730**	**473615**	**140065**	**147035**
北京	220956	931	4754	18349	21839	6003	6799
天津	93162	885	3913	12118	10994	3122	3322
河北	209740	20457	39489	41576	15257	5948	5376
山西	131802	6339	28229	29808	8884	2624	2866
内蒙古	71196	1714	16478	14579	4155	1564	1707
辽宁	211502	3537	20457	38823	20934	5845	6091
吉林	80235	2684	15723	15695	5761	1770	1769
黑龙江	101889	3102	18300	19908	7848	2479	2453
上海	343831	907	4217	16665	31459	8865	10581
江苏	430488	3052	24765	53107	36215	11137	12390
浙江	403983	6803	17056	55157	37981	12083	12188
安徽	158543	3226	28276	31607	18087	4249	4165
福建	166053	2889	18305	30742	17236	5207	5782
江西	114905	2190	22414	27270	7285	2493	2266
山东	371066	7476	31563	96929	26518	9306	9211
河南	267456	5489	45938	68205	24110	9128	8628
湖北	158411	3157	33307	37619	11633	4070	3828
湖南	180436	4523	34441	48821	17238	4411	3986
广东	434974	5182	31771	50886	53836	13699	16348
广西	120704	3986	25328	26883	12819	3858	3732
海南	23494	408	5548	3124	2684	584	514
重庆	85843	1391	9184	11272	8627	2220	2986
四川	257182	3731	58750	52447	25268	5828	6143
贵州	77987	1472	11298	19647	14386	1290	1474
云南	93202	1206	15396	18259	7255	2688	2854
西藏	13135	223	3494	5697	1053	205	181
陕西	152537	4309	34051	38208	11281	5255	5333
甘肃	85276	2741	20204	26025	5803	1719	1725
青海	20628	380	4926	5702	1598	326	364
宁夏	24022	344	3562	5324	1653	804	628
新疆	63665	1546	12659	14278	3918	1285	1345

分组的法人单位数

1998	1999	2000	2001	2002	2003	2004	开业时间不　详
211759	**229658**	**310128**	**379956**	**454913**	**539068**	**471853**	**125447**
10272	12207	17551	22815	28010	35935	25422	10069
4550	4972	6405	7783	8623	10779	12090	3606
8003	8016	10636	11771	14134	13818	12763	2496
5067	4600	5599	6807	9140	9403	9138	3298
2513	2418	3488	4808	5253	5667	5451	1401
9615	11458	13816	15735	18740	22720	18342	5389
2807	3415	4756	5681	6119	7139	6286	630
3932	4029	5496	8023	8299	8848	8429	743
14817	15582	23899	30705	43363	60702	59798	22271
19134	19924	32489	44988	50882	59281	48160	14964
17700	22140	28511	36763	47215	52441	43172	14773
5561	5766	9090	9311	11492	13471	13452	790
6988	8286	9775	10460	13666	16252	14810	5655
3404	3552	5607	7080	8874	11202	8567	2701
15810	16159	24637	27787	31262	36401	32315	5692
12758	12013	13926	14861	15421	19010	15674	2295
5132	4965	7411	9633	11852	12402	12638	764
6978	4826	8064	9998	11277	12836	11748	1289
20680	30695	27505	34362	42676	50874	44551	11909
3557	3447	4266	5568	8815	8793	7964	1688
711	790	1015	1396	1695	2096	2087	842
4263	3429	4623	9251	8082	9794	9171	1550
8772	8410	11711	16154	16076	22395	18301	3196
2013	2157	2749	4031	4634	6180	5532	1124
3458	3934	11377	5051	6418	7437	6044	1825
230	390	208	186	446	276	315	231
6496	5610	7118	8215	9482	8742	7369	1068
2666	2390	2955	4104	4851	5087	3803	1203
628	623	901	1289	1275	1202	1042	372
1012	997	1367	1366	1718	2416	2200	631
2232	2458	3177	3974	5123	5469	5219	982

1-12 按地区、学历分组的法人单位就业人数

地区	法人单位数（个）	就业人数（万人）	具有研究生及以上学历人员	具有大学本科学历人员	具有大专学历人员	具有高中学历人员	具有初中及以下学历人员
全国	**5168303**	**21261.66**	**151.94**	**1699.68**	**3334.03**	**7100.92**	**8973.93**
北京	220956	697.02	25.52	120.02	126.89	216.41	208.19
天津	93162	330.68	2.82	34.89	50.82	125.76	116.39
河北	209740	963.39	4.13	68.79	152.13	317.27	421.08
山西	131802	628.55	2.52	43.59	101.91	212.46	268.06
内蒙古	71196	306.82	1.35	29.50	66.24	113.08	96.64
辽宁	211502	838.09	8.72	86.58	162.06	235.58	345.15
吉林	80235	383.13	3.84	48.58	75.77	143.48	111.45
黑龙江	101889	532.97	4.12	57.67	104.25	196.35	170.58
上海	343831	910.28	16.05	88.09	123.62	271.95	410.59
江苏	430488	1882.67	8.51	110.42	225.87	636.30	901.57
浙江	403983	1570.19	5.58	78.67	150.13	424.58	911.21
安徽	158543	626.03	3.22	47.18	98.41	207.26	269.96
福建	166053	675.95	2.68	43.07	84.62	214.10	331.49
江西	114905	462.08	1.87	34.46	75.68	165.84	184.22
山东	371066	1785.66	7.49	133.64	253.20	611.11	778.80
河南	267456	1205.16	4.37	80.63	206.49	447.22	466.45
湖北	158411	714.18	7.02	70.68	136.98	262.83	236.66
湖南	180436	734.20	4.64	60.90	140.57	260.31	267.79
广东	434974	2318.59	15.95	142.99	288.08	796.55	1075.16
广西	120704	407.29	2.38	32.36	81.99	149.67	140.89
海南	23494	98.92	0.64	8.87	16.50	37.40	35.50
重庆	85843	404.00	2.74	35.51	67.58	134.35	163.83
四川	257182	883.65	5.55	75.54	162.58	278.45	361.52
贵州	77987	277.48	0.85	24.01	56.52	83.21	113.01
云南	93202	375.70	1.87	31.20	66.44	116.21	159.98
西藏	13135	25.68	0.11	1.70	3.89	6.83	13.16
陕西	152537	474.13	3.75	43.24	92.90	182.30	151.93
甘肃	85276	310.47	1.53	23.66	59.25	114.71	111.31
青海	20628	69.89	0.36	6.13	14.35	23.49	25.56
宁夏	24022	87.26	0.44	9.08	17.77	28.46	31.50
新疆	63665	281.55	1.32	28.03	70.53	87.38	94.29

1-13 按行业（大类）、学历分组的法人单位就业人数

行业大类	代码	法人单位数（个）	就业人数（万人）	具有研究生及以上学历人员	具有大学本科学历人员	具有大专学历人员	具有高中学历人员	具有初中及以下学历人员
总计	0000	**5168303**	**21261.66**	**151.94**	**1699.68**	**3334.03**	**7100.92**	**8973.93**
农、林、牧、渔业	A	**1835**	**161.38**	**0.06**	**3.36**	**13.56**	**48.64**	**95.76**
农业	0100	647	97.22	0.03	2.11	7.76	26.29	61.04
林业	0200	465	54.53	0.01	1.00	4.92	19.41	29.18
畜牧业	0300	161	5.81	0.01	0.15	0.46	1.41	3.80
渔业	0400	44	0.89		0.02	0.06	0.24	0.57
农、林、牧、渔服务业	0500	518	2.92		0.08	0.36	1.29	1.19
采矿业	B	**82353**	**888.76**	**1.05**	**25.69**	**57.77**	**254.50**	**549.75**
煤炭开采和洗选业	0600	27741	552.42	0.28	11.04	30.43	141.72	368.95
石油和天然气开采业	0700	510	99.38	0.46	11.36	16.27	49.54	21.75
黑色金属矿采选业	0800	10660	62.33	0.14	1.16	3.27	18.03	39.73
有色金属矿采选业	0900	6535	57.25	0.06	1.03	3.56	17.64	34.96
非金属矿采选业	1000	36614	116.58	0.10	1.09	4.19	27.35	83.85
其他采矿业	1100	293	0.79		0.01	0.04	0.21	0.52
制造业	C	**1328964**	**8390.30**	**21.64**	**268.77**	**620.11**	**2755.68**	**4724.07**
农副食品加工业	1300	73828	312.97	0.62	7.61	22.01	102.90	179.80
食品制造业	1400	32174	169.97	0.51	5.67	15.12	57.33	91.34
饮料制造业	1500	27178	127.62	0.31	4.81	13.20	48.49	60.68
烟草制品业	1600	308	20.01	0.11	1.44	3.06	7.92	7.48
纺织业	1700	87342	790.74	0.44	8.67	32.52	228.40	520.71
纺织服装、鞋、帽制造业	1800	52396	504.02	0.27	5.31	19.04	128.35	351.20
皮革、毛皮、羽毛(绒)及其制品业	1900	24197	288.15	0.15	2.33	9.40	68.37	207.90
木材加工及木、竹、藤、棕、草制品业	2000	41818	168.53	0.14	2.05	7.25	45.31	113.77
家具制造业	2100	25378	115.18	0.10	1.82	5.90	32.57	74.80
造纸及纸制品业	2200	41732	210.12	0.20	3.86	13.08	69.01	123.97
印刷业和记录媒介的复制	2300	42568	131.82	0.21	3.13	11.00	50.42	67.05
文教体育用品制造业	2400	15424	153.88	0.11	1.94	6.31	37.19	108.33
石油加工、炼焦及核燃料加工业	2500	7697	80.80	0.29	4.67	10.06	32.89	32.88
化学原料及化学制品制造业	2600	79846	458.15	1.88	20.62	46.20	168.66	220.79
医药制造业	2700	12213	136.87	1.33	12.95	22.94	57.78	41.88
化学纤维制造业	2800	3592	44.10	0.09	1.77	3.73	17.17	21.34
橡胶制品业	2900	16005	113.89	0.19	2.40	6.87	37.76	66.53
塑料制品业	3000	73268	302.18	0.41	5.86	18.54	94.00	183.38
非金属矿物制品业	3100	165563	872.49	0.89	11.45	38.45	234.90	586.79
黑色金属冶炼及压延加工业	3200	21812	312.61	0.68	14.31	32.78	120.88	144.09
有色金属冶炼及压延加工业	3300	16053	151.67	0.34	6.04	15.77	53.82	75.70
金属制品业	3400	86383	363.52	0.60	8.59	23.88	113.19	217.27
通用设备制造业	3500	118987	543.88	1.27	20.88	46.92	189.07	285.73
专用设备制造业	3600	58471	320.90	1.42	18.18	36.68	124.46	140.15
交通运输设备制造业	3700	56531	443.59	1.45	25.29	49.76	177.10	190.00
电气机械及器材制造业	3900	63475	459.49	1.73	20.54	42.15	164.88	230.19
通信设备、计算机及其他电子设备制造业	4000	29058	457.89	4.75	34.47	43.54	190.86	184.27
仪器仪表及文化、办公用机械制造业	4100	17504	119.00	0.97	8.94	13.88	43.68	51.52
工艺品及其他制造业	4200	34352	207.45	0.16	2.99	9.54	55.91	138.85
废弃资源和废旧材料回收加工业	4300	3811	8.82	0.02	0.16	0.53	2.41	5.70
电力、燃气及水的生产和供应业	D	**39830**	**364.51**	**1.52**	**27.64**	**70.32**	**158.13**	**106.90**
电力、热力的生产和供应业	4400	26137	287.07	1.32	23.52	56.96	124.00	81.27
燃气生产和供应业	4500	1550	17.91	0.06	1.27	3.40	7.89	5.29
水的生产和供应业	4600	12143	59.53	0.14	2.85	9.96	26.24	20.34
建筑业	E	**128193**	**2792.55**	**3.98**	**96.34**	**238.20**	**824.99**	**1628.28**
房屋和土木工程建筑业	4700	56801	2344.87	2.36	67.45	179.65	679.88	1414.78
建筑安装业	4800	23464	246.97	0.85	15.70	31.06	83.69	115.67
建筑装饰业	4900	37494	122.24	0.52	9.17	19.94	37.61	55.01
其他建筑业	5000	10434	78.48	0.25	4.02	7.55	23.82	42.83
交通运输、仓储和邮政业	F	**80375**	**627.56**	**1.40**	**27.41**	**78.49**	**262.95**	**257.01**
道路运输业	5200	36027	245.29	0.40	6.92	27.61	103.28	106.82
城市公共交通业	5300	5906	125.01	0.12	1.98	8.59	62.05	52.27

1-13 续表

行业大类	代码	法人单位数（个）	就业人数（万人）	具有研究生及以上学历人员	具有大学本科学历人员	具有大专学历人员	具有高中学历人员	具有初中及以下学历人员
水上运输业	5400	5247	70.85	0.14	3.87	8.60	24.40	33.83
航空运输业	5500	479	20.90	0.24	4.58	7.18	6.00	2.89
管道运输业	5600	39	1.56	0.01	0.22	0.41	0.59	0.33
装卸搬运和其他运输服务业	5700	19930	62.21	0.27	4.10	8.89	19.97	28.98
仓储业	5800	10828	41.42	0.12	1.82	6.22	17.71	15.55
邮政业	5900	1918	58.65	0.10	3.87	10.81	28.90	14.92
信息传输、计算机服务和软件业	**G**	**72913**	**238.51**	**8.55**	**58.50**	**67.27**	**83.78**	**20.41**
电信和其他信息传输服务业	6000	12816	163.88	2.38	28.66	46.21	70.33	16.30
计算机服务业	6100	38971	32.68	1.80	9.19	9.19	9.24	3.26
软件业	6200	21126	41.95	4.37	20.65	11.87	4.21	0.85
批发和零售业	**H**	**883653**	**1382.47**	**11.45**	**98.46**	**260.55**	**631.68**	**380.32**
批发业	6300	530820	772.75	9.09	68.00	157.00	328.24	210.42
零售业	6500	352833	609.72	2.36	30.46	103.55	303.45	169.90
住宿和餐饮业	**I**	**92869**	**429.15**	**0.64**	**10.43**	**44.45**	**188.12**	**185.50**
住宿业	6600	39295	218.29	0.39	5.96	26.46	102.68	82.80
餐饮业	6700	53574	210.86	0.25	4.47	17.99	85.45	102.70
金融业	**J**	**23793**	**374.54**	**6.00**	**67.01**	**137.80**	**139.70**	**24.03**
银行业	6800	16458	247.65	3.14	47.61	98.08	82.23	16.58
证券业	6900	865	10.13	1.28	3.90	3.46	1.29	0.20
保险业	7000	3713	111.89	1.22	14.07	34.69	54.95	6.97
其他金融活动	7100	2757	4.87	0.35	1.43	1.58	1.22	0.29
房地产业	**K**	**129197**	**395.72**	**3.51**	**38.26**	**84.07**	**146.52**	**123.29**
房地产业	7200	129197	395.72	3.51	38.26	84.07	146.52	123.29
租赁和商务服务业	**L**	**249192**	**439.60**	**9.07**	**65.79**	**106.38**	**146.39**	**111.97**
租赁业	7300	9057	12.44	0.06	0.71	1.95	5.20	4.51
商务服务业	7400	240135	427.16	9.00	65.08	104.43	141.18	107.46
科学研究、技术服务和地质勘查业	**M**	**136555**	**325.94**	**13.53**	**90.00**	**88.80**	**87.83**	**45.77**
研究与试验发展	7500	14598	65.37	6.20	21.41	13.60	14.14	10.02
专业技术服务业	7600	69403	163.36	4.99	51.69	50.13	40.22	16.33
科技交流和推广服务业	7700	50139	65.13	2.00	12.67	18.89	21.88	9.69
地质勘查业	7800	2415	32.08	0.34	4.23	6.18	11.60	9.73
水利、环境和公共设施管理业	**N**	**44352**	**184.03**	**0.67**	**10.66**	**28.89**	**63.26**	**80.55**
水利管理业	7900	18661	47.44	0.18	3.35	9.47	19.23	15.21
环境管理业	8000	9801	68.02	0.24	2.42	6.94	17.75	40.67
公共设施管理业	8100	15890	68.56	0.24	4.89	12.47	26.28	24.67
居民服务和其他服务业	**O**	**83606**	**136.05**	**0.71**	**6.99**	**18.55**	**53.11**	**56.69**
居民服务业	8200	41715	62.53	0.22	2.33	8.10	25.79	26.09
其他服务业	8300	41891	73.51	0.49	4.66	10.45	27.31	30.59
教育	**P**	**299418**	**1518.57**	**38.07**	**390.82**	**614.98**	**397.01**	**77.69**
教育	8400	299418	1518.57	38.07	390.82	614.98	397.01	77.69
卫生、社会保障和社会福利业	**Q**	**181877**	**547.37**	**6.80**	**72.34**	**147.06**	**248.36**	**72.81**
卫生	8500	155773	519.45	6.63	69.23	138.61	239.57	65.41
社会保障业	8600	8892	10.67	0.11	2.13	4.93	2.84	0.67
社会福利业	8700	17212	17.25	0.05	0.98	3.53	5.96	6.73
文化、体育和娱乐业	**R**	**64741**	**147.17**	**2.53**	**26.22**	**39.72**	**49.40**	**29.31**
新闻出版业	8800	5015	28.02	1.45	10.06	7.90	5.23	3.37
广播、电视、电影和音像业	8900	14002	40.33	0.48	7.81	12.75	13.52	5.77
文化艺术业	9000	27770	43.31	0.40	5.69	12.82	15.84	8.56
体育	9100	5531	10.13	0.09	1.54	2.93	3.44	2.12
娱乐业	9200	12423	25.39	0.11	1.12	3.32	11.36	9.48
公共管理和社会组织	**S**	**1244587**	**1917.50**	**20.77**	**314.99**	**617.05**	**560.88**	**403.82**
中国共产党机关	9300	39719	57.84	2.24	21.29	23.30	8.41	2.60
国家机构	9400	330798	1273.04	15.85	266.09	531.51	350.56	109.03
人民政协和民主党派	9500	5659	8.54	0.20	2.55	3.67	1.62	0.51
群众团体、社会团体和宗教组织	9600	140940	133.28	2.34	21.87	31.02	32.49	45.56
基层群众自治组织	9700	727471	444.80	0.13	3.19	27.55	167.80	246.12

1-14 按登记注册类型、学历分组的法人单位就业人数

登记注册类型	法人单位数（个）	就业人数（万人）	具有研究生及以上学历人员	具有大学本科学历人员	具有大专学历人员	具有高中学历人员	具有初中及以下学历人员
按登记注册类型分组	**5168303**	**21261.66**	**151.94**	**1699.68**	**3334.03**	**7100.92**	**8973.93**
内资	**5015933**	**18927.61**	**137.80**	**1571.44**	**3120.72**	**6300.01**	**7796.49**
国有	1075343	6120.20	81.07	968.01	1751.73	2017.00	1302.28
集体	439243	1659.63	2.45	42.00	149.23	558.54	907.31
股份合作	109746	387.95	1.51	15.00	35.27	124.88	211.29
联营企业	18357	91.47	0.45	5.26	10.05	30.21	45.50
国有联营	3030	21.41	0.17	1.88	3.20	8.51	7.65
集体联营	6815	24.12	0.05	0.72	1.90	7.28	14.17
国有与集体联营	3051	21.17	0.08	1.04	2.16	6.39	11.51
其他联营	5461	24.76	0.15	1.62	2.79	8.03	12.17
有限责任公司	356115	3506.22	17.72	209.14	439.67	1264.40	1574.53
国有独资公司	9904	490.53	2.34	38.64	73.02	183.14	193.38
其他有限责任公司	346211	3015.69	15.38	170.50	366.64	1081.26	1381.15
股份有限公司	61267	1060.47	7.53	83.56	165.51	418.21	385.50
私营企业	2027190	5375.11	23.47	211.54	490.06	1635.71	3014.33
私营独资	699855	1441.68	1.82	22.11	69.71	386.62	961.42
私营合伙	154262	371.99	1.73	12.46	23.16	97.07	237.58
私营有限责任公司	1100666	3306.88	18.84	165.71	370.33	1066.00	1685.99
私营股份有限公司	72407	254.56	1.08	11.26	26.86	86.02	129.34
其他内资	928672	726.56	3.61	36.92	79.20	251.06	355.77
港澳台商投资	**74635**	**1188.22**	**4.13**	**46.74**	**93.78**	**385.66**	**657.92**
与港澳台合资经营	23867	360.71	1.27	15.84	32.69	122.35	188.57
与港澳台合作经营	5466	82.67	0.27	3.07	6.54	27.07	45.71
港澳台商独资	44342	718.32	2.38	25.36	51.02	225.70	413.87
港澳台商投资股份有限公司	960	26.51	0.21	2.46	3.53	10.54	9.77
外商投资	**77735**	**1145.83**	**10.02**	**81.50**	**119.53**	**415.25**	**519.52**
中外合资经营	30459	452.41	3.22	30.42	48.74	161.45	208.57
中外合作经营	5051	71.70	0.50	4.30	7.83	24.67	34.40
外资企业	40937	583.71	5.81	42.88	56.46	214.74	263.81
外商投资股份有限公司	1288	38.02	0.49	3.90	6.50	14.40	12.74

1-15 按地区、技术职称分组的法人单位就业人数

地 区	法 人 单位数 (个)	就业人数 (万人)	#具有高级 技术职称 人 员	#具有中级 技术职称 人 员	#具有初级 技术职称 人 员
全 国	**5168303**	**21261.66**	**398.66**	**1535.36**	**2226.68**
北 京	220956	697.02	31.71	66.25	73.92
天 津	93162	330.68	8.53	20.63	27.13
河 北	209740	963.39	16.76	67.93	97.59
山 西	131802	628.55	10.54	50.43	70.60
内蒙古	71196	306.82	6.99	29.99	36.91
辽 宁	211502	838.09	24.84	76.53	82.01
吉 林	80235	383.13	11.33	39.00	47.11
黑龙江	101889	532.97	16.34	53.70	57.78
上 海	343831	910.28	16.26	54.78	66.74
江 苏	430488	1882.67	24.14	100.98	155.89
浙 江	403983	1570.19	15.91	71.18	126.78
安 徽	158543	626.03	11.47	47.63	68.38
福 建	166053	675.95	9.15	38.29	69.47
江 西	114905	462.08	9.00	36.64	57.91
山 东	371066	1785.66	31.64	117.71	183.77
河 南	267456	1205.16	19.43	87.63	126.56
湖 北	158411	714.18	21.43	81.25	91.11
湖 南	180436	734.20	13.80	68.03	87.09
广 东	434974	2318.59	26.42	107.78	177.76
广 西	120704	407.29	7.15	41.97	66.20
海 南	23494	98.92	1.57	6.72	12.18
重 庆	85843	404.00	8.02	32.41	51.34
四 川	257182	883.65	17.46	77.70	119.53
贵 州	77987	277.48	4.51	20.85	47.90
云 南	93202	375.70	7.23	35.50	61.63
西 藏	13135	25.68	0.28	1.18	2.32
陕 西	152537	474.13	11.50	39.02	60.38
甘 肃	85276	310.47	5.55	24.36	39.60
青 海	20628	69.89	1.37	6.28	9.68
宁 夏	24022	87.26	2.34	8.48	10.98
新 疆	63665	281.55	5.97	24.52	40.46

1-16 按行业（大类）、技术职称分组的法人单位就业人数

行业大类	代码	法人单位数（个）	就业人数（万人）	#具有高级技术职称人员	#具有中级技术职称人员	#具有初级技术职称人员
总计	0000	**5168303**	**21261.66**	**398.66**	**1535.36**	**2226.68**
农、林、牧、渔业	A	**1835**	**161.38**	**0.83**	**6.08**	**13.76**
农业	0100	647	97.22	0.43	2.67	7.30
林业	0200	465	54.53	0.33	2.97	5.64
畜牧业	0300	161	5.81	0.03	0.23	0.41
渔业	0400	44	0.89		0.04	0.05
农、林、牧、渔服务业	0500	518	2.92	0.02	0.18	0.35
采矿业	B	**82353**	**888.76**	**8.32**	**33.98**	**56.19**
煤炭开采和洗选业	0600	27741	552.42	4.51	18.20	33.28
石油和天然气开采业	0700	510	99.38	2.66	10.59	13.20
黑色金属矿采选业	0800	10660	62.33	0.38	1.63	2.37
有色金属矿采选业	0900	6535	57.25	0.43	1.85	3.15
非金属矿采选业	1000	36614	116.58	0.34	1.67	4.15
其他采矿业	1100	293	0.79	0.01	0.03	0.03
制造业	C	**1328964**	**8390.30**	**71.17**	**249.65**	**422.26**
农副食品加工业	1300	73828	312.97	1.72	7.46	14.92
食品制造业	1400	32174	169.97	1.13	4.37	8.09
饮料制造业	1500	27178	127.62	1.01	4.37	9.04
烟草制品业	1600	308	20.01	0.04	1.01	2.33
纺织业	1700	87342	790.74	2.74	11.96	27.27
纺织服装、鞋、帽制造业	1800	52396	504.02	1.08	4.79	12.10
皮革、毛皮、羽毛(绒)及其制品业	1900	24197	288.15	0.55	2.50	6.48
木材加工及木、竹、藤、棕、草制品业	2000	41818	168.53	0.60	2.74	5.54
家具制造业	2100	25378	115.18	0.45	1.77	3.91
造纸及纸制品业	2200	41732	210.12	1.02	4.33	9.12
印刷业和记录媒介的复制	2300	42568	131.82	0.84	3.66	6.15
文教体育用品制造业	2400	15424	153.88	0.41	1.56	3.50
石油加工、炼焦及核燃料加工业	2500	7697	80.80	1.22	4.78	6.26
化学原料及化学制品制造业	2600	79846	458.15	5.76	20.15	32.27
医药制造业	2700	12213	136.87	2.60	8.95	15.98
化学纤维制造业	2800	3592	44.10	0.37	1.45	2.21
橡胶制品业	2900	16005	113.89	0.67	2.43	4.73
塑料制品业	3000	73268	302.18	1.52	6.04	10.95
非金属矿物制品业	3100	165563	872.49	4.00	16.62	32.86
黑色金属冶炼及压延加工业	3200	21812	312.61	3.96	14.73	21.00
有色金属冶炼及压延加工业	3300	16053	151.67	1.92	7.37	10.39
金属制品业	3400	86383	363.52	2.69	9.64	17.01
通用设备制造业	3500	118987	543.88	6.96	22.98	34.55
专用设备制造业	3600	58471	320.90	5.69	17.90	23.79
交通运输设备制造业	3700	56531	443.59	7.82	24.67	35.35
电气机械及器材制造业	3900	63475	459.49	5.39	15.94	25.65
通信设备、计算机及其他电子设备制造业	4000	29058	457.89	5.87	16.33	26.41
仪器仪表及文化、办公用机械制造业	4100	17504	119.00	2.26	6.00	8.12
工艺品及其他制造业	4200	34352	207.45	0.84	3.01	6.05
废弃资源和废旧材料回收加工业	4300	3811	8.82	0.04	0.15	0.26
电力、燃气及水的生产和供应业	D	**39830**	**364.51**	**7.56**	**27.32**	**53.12**
电力、热力的生产和供应业	4400	26137	287.07	6.70	22.88	44.90
燃气生产和供应业	4500	1550	17.91	0.29	1.24	1.79
水的生产和供应业	4600	12143	59.53	0.57	3.20	6.43
建筑业	E	**128193**	**2792.55**	**29.27**	**161.34**	**293.26**
房屋和土木工程建筑业	4700	56801	2344.87	20.63	124.96	242.49
建筑安装业	4800	23464	246.97	4.73	19.38	28.77
建筑装饰业	4900	37494	122.24	2.46	11.09	13.10
其他建筑业	5000	10434	78.48	1.46	5.91	8.91
交通运输、仓储和邮政业	F	**80375**	**627.56**	**4.00**	**23.64**	**43.40**
道路运输业	5200	36027	245.29	1.35	8.23	17.22
城市公共交通业	5300	5906	125.01	0.35	2.11	3.97

1-16 续表

行业大类	代码	法人单位数（个）	就业人数（万人）	#具有高级技术职称人员	#具有中级技术职称人员	#具有初级技术职称人员
水上运输业	5400	5247	70.85	0.92	5.72	8.18
航空运输业	5500	479	20.90	0.30	2.20	2.97
管道运输业	5600	39	1.56	0.07	0.19	0.24
装卸搬运和其他运输服务业	5700	19930	62.21	0.27	1.67	2.98
仓储业	5800	10828	41.42	0.28	1.75	3.29
邮政业	5900	1918	58.65	0.44	1.71	4.37
信息传输、计算机服务和软件业	**G**	**72913**	**238.51**	**6.62**	**22.29**	**39.35**
电信和其他信息传输服务业	6000	12816	163.88	3.10	13.75	30.74
计算机服务业	6100	38971	32.68	1.32	3.05	2.92
软件业	6200	21126	41.95	2.20	5.48	5.69
批发和零售业	**H**	**883653**	**1382.47**	**14.32**	**63.66**	**102.87**
批发业	6300	530820	772.75	9.54	41.93	63.63
零售业	6500	352833	609.72	4.78	21.73	39.24
住宿和餐饮业	**I**	**92869**	**429.15**	**2.70**	**10.60**	**17.86**
住宿业	6600	39295	218.29	1.42	6.04	10.29
餐饮业	6700	53574	210.86	1.28	4.56	7.58
金融业	**J**	**23793**	**374.54**	**4.30**	**54.44**	**97.96**
银行业	6800	16458	247.65	3.10	46.63	88.56
证券业	6900	865	10.13	0.25	1.90	1.52
保险业	7000	3713	111.89	0.62	4.86	7.34
其他金融活动	7100	2757	4.87	0.34	1.06	0.54
房地产业	**K**	**129197**	**395.72**	**9.72**	**42.36**	**41.81**
房地产业	7200	129197	395.72	9.72	42.36	41.81
租赁和商务服务业	**L**	**249192**	**439.60**	**11.36**	**35.50**	**34.35**
租赁业	7300	9057	12.44	0.12	0.64	0.84
商务服务业	7400	240135	427.16	11.23	34.87	33.51
科学研究、技术服务和地质勘查业	**M**	**136555**	**325.94**	**38.25**	**66.17**	**61.79**
研究与试验发展	7500	14598	65.37	11.38	13.31	10.43
专业技术服务业	7600	69403	163.36	20.07	37.42	32.44
科技交流和推广服务业	7700	50139	65.13	4.57	10.59	13.95
地质勘查业	7800	2415	32.08	2.23	4.85	4.96
水利、环境和公共设施管理业	**N**	**44352**	**184.03**	**2.62**	**9.72**	**16.37**
水利管理业	7900	18661	47.44	1.11	4.00	7.38
环境管理业	8000	9801	68.02	0.57	1.72	2.65
公共设施管理业	8100	15890	68.56	0.95	4.01	6.34
居民服务和其他服务业	**O**	**83606**	**136.05**	**2.02**	**6.39**	**7.75**
居民服务业	8200	41715	62.53	0.69	2.24	3.04
其他服务业	8300	41891	73.51	1.33	4.15	4.70
教育	**P**	**299418**	**1518.57**	**121.28**	**474.76**	**537.21**
教育	8400	299418	1518.57	121.28	474.76	537.21
卫生、社会保障和社会福利业	**Q**	**181877**	**547.37**	**30.90**	**117.35**	**223.01**
卫生	8500	155773	519.45	30.52	114.82	220.01
社会保障业	8600	8892	10.67	0.19	1.47	1.83
社会福利业	8700	17212	17.25	0.18	1.05	1.17
文化、体育和娱乐业	**R**	**64741**	**147.17**	**8.68**	**21.33**	**23.15**
新闻出版业	8800	5015	28.02	3.07	4.99	4.09
广播、电视、电影和音像业	8900	14002	40.33	1.97	6.24	8.16
文化艺术业	9000	27770	43.31	3.10	8.51	9.08
体育	9100	5531	10.13	0.36	0.99	0.92
娱乐业	9200	12423	25.39	0.17	0.59	0.89
公共管理和社会组织	**S**	**1244587**	**1917.50**	**24.74**	**108.79**	**141.21**
中国共产党机关	9300	39719	57.84	0.53	1.46	1.10
国家机构	9400	330798	1273.04	18.57	94.46	125.60
人民政协和民主党派	9500	5659	8.54	0.16	0.29	0.14
群众团体、社会团体和宗教组织	9600	140940	133.28	4.75	8.84	6.66
基层群众自治组织	9700	727471	444.80	0.72	3.74	7.71

1-17 按登记注册类型、技术职称分组的法人单位就业人数

登记注册类型	法人单位数（个）	就业人数（万人）	#具有高级技术职称人员	#具有中级技术职称人员	#具有初级技术职称人员
按登记注册类型分组	**5168303**	**21261.66**	**398.66**	**1535.36**	**222.67**
内资	**5015933**	**18927.61**	**381.20**	**1474.89**	**212.14**
国有	1075343	6120.20	231.48	891.51	118.75
集体	439243	1659.63	12.76	72.39	15.57
股份合作	109746	387.95	4.43	16.75	2.91
联营企业	18357	91.47	1.38	4.82	0.69
国有联营	3030	21.41	0.47	1.57	0.19
集体联营	6815	24.12	0.22	0.82	0.14
国有与集体联营	3051	21.17	0.29	1.06	0.17
其他联营	5461	24.76	0.41	1.38	0.19
有限责任公司	356115	3506.22	53.23	205.18	32.18
国有独资公司	9904	490.53	10.54	36.82	5.35
其他有限责任公司	346211	3015.69	42.69	168.36	26.82
股份有限公司	61267	1060.47	14.89	67.24	10.67
私营企业	2027190	5375.11	52.88	190.85	28.26
私营独资	699855	1441.68	8.48	26.48	4.58
私营合伙	154262	371.99	3.00	9.29	1.38
私营有限责任公司	1100666	3306.88	38.05	142.76	20.52
私营股份有限公司	72407	254.56	3.34	12.32	1.78
其他内资	928672	726.56	10.14	26.15	3.11
港澳台商投资	**74635**	**1188.22**	**8.06**	**27.39**	**5.10**
与港澳台合资经营	23867	360.71	3.53	11.19	1.95
与港澳台合作经营	5466	82.67	0.45	1.78	0.33
港澳台商独资	44342	718.32	3.59	12.95	2.60
港澳台商投资股份有限公司	960	26.51	0.50	1.47	0.22
外商投资	**77735**	**1145.83**	**9.41**	**33.07**	**5.43**
中外合资经营	30459	452.41	4.65	16.62	2.58
中外合作经营	5051	71.70	0.62	2.02	0.31
外资企业	40937	583.71	3.60	12.40	2.19
外商投资股份有限公司	1288	38.02	0.54	2.04	0.35

1-18 按地区、技术等级分组的法人单位就业人数

地 区	法 人 单位数 (个)	就业人数 (万人)	#高级技师	#技 师	#高 级 工	#中 级 工
全 国	**5168303**	**21261.66**	**51.73**	**162.93**	**618.13**	**1090.98**
北 京	220956	697.02	2.00	5.20	20.86	33.52
天 津	93162	330.68	0.64	2.53	12.10	25.54
河 北	209740	963.39	1.99	7.30	40.66	57.88
山 西	131802	628.55	1.49	5.52	21.20	33.28
内蒙古	71196	306.82	1.06	3.30	12.06	11.91
辽 宁	211502	838.09	2.62	7.62	38.19	49.02
吉 林	80235	383.13	0.96	3.29	14.34	18.98
黑龙江	101889	532.97	1.95	8.39	25.34	31.18
上 海	343831	910.28	1.55	4.75	12.06	39.06
江 苏	430488	1882.67	3.45	11.11	36.67	99.66
浙 江	403983	1570.19	2.35	7.01	18.53	42.80
安 徽	158543	626.03	1.49	4.08	15.53	30.99
福 建	166053	675.95	1.23	3.54	11.45	22.35
江 西	114905	462.08	1.19	4.92	17.01	26.11
山 东	371066	1785.66	3.89	11.85	46.75	94.30
河 南	267456	1205.16	2.78	9.54	49.36	80.11
湖 北	158411	714.18	2.99	10.39	36.58	48.00
湖 南	180436	734.20	2.06	7.10	25.59	49.22
广 东	434974	2318.59	6.13	14.97	31.05	67.90
广 西	120704	407.29	0.79	2.27	10.30	22.21
海 南	23494	98.92	0.24	0.60	1.72	3.09
重 庆	85843	404.00	1.43	3.89	12.11	29.15
四 川	257182	883.65	2.68	9.27	33.35	62.14
贵 州	77987	277.48	0.58	1.87	7.48	12.05
云 南	93202	375.70	0.77	2.64	15.40	22.74
西 藏	13135	25.68	0.09	0.19	0.55	0.85
陕 西	152537	474.13	1.51	4.90	21.97	31.43
甘 肃	85276	310.47	0.72	2.22	13.36	22.66
青 海	20628	69.89	0.20	0.60	3.40	4.41
宁 夏	24022	87.26	0.17	0.49	2.52	3.48
新 疆	63665	281.55	0.70	1.59	10.66	14.97

1-19 按行业（大类）、技术等级分组的法人单位就业人数

行业大类	代码	法人单位数（个）	就业人数（万人）	#高级技师	#技师	#高级工	#中级工
总计	0000	**5168303**	**21261.66**	**51.73**	**162.93**	**618.13**	**1090.98**
农、林、牧、渔业	A	**1835**	**161.38**	**0.30**	**1.16**	**7.08**	**8.52**
农业	0100	647	97.22	0.21	0.72	3.83	5.04
林业	0200	465	54.53	0.07	0.36	2.65	2.85
畜牧业	0300	161	5.81	0.01	0.04	0.30	0.42
渔业	0400	44	0.89	0.01	0.02	0.02	0.03
农、林、牧、渔服务业	0500	518	2.92		0.02	0.28	0.19
采矿业	B	**82353**	**888.76**	**0.93**	**5.67**	**36.51**	**61.46**
煤炭开采和洗选业	0600	27741	552.42	0.46	3.41	15.29	32.92
石油和天然气开采业	0700	510	99.38	0.17	1.07	16.79	20.20
黑色金属矿采选业	0800	10660	62.33	0.10	0.39	1.65	2.84
有色金属矿采选业	0900	6535	57.25	0.09	0.40	1.27	2.34
非金属矿采选业	1000	36614	116.58	0.10	0.40	1.50	3.14
其他采矿业	1100	293	0.79			0.01	0.02
制造业	C	**1328964**	**8390.30**	**21.15**	**68.16**	**200.07**	**403.83**
农副食品加工业	1300	73828	312.97	0.69	2.21	3.57	8.57
食品制造业	1400	32174	169.97	0.41	1.19	2.10	5.01
饮料制造业	1500	27178	127.62	0.38	1.29	2.06	4.89
烟草制品业	1600	308	20.01	0.01	0.18	1.67	3.07
纺织业	1700	87342	790.74	0.89	3.97	8.03	23.00
纺织服装、鞋、帽制造业	1800	52396	504.02	0.48	1.80	3.57	11.72
皮革、毛皮、羽毛(绒)及其制品业	1900	24197	288.15	0.31	0.96	2.05	6.26
木材加工及木、竹、藤、棕、草制品业	2000	41818	168.53	0.24	0.85	1.57	3.35
家具制造业	2100	25378	115.18	0.23	0.66	1.26	3.12
造纸及纸制品业	2200	41732	210.12	0.34	1.36	2.90	7.49
印刷业和记录媒介的复制	2300	42568	131.82	0.34	1.19	3.75	7.37
文教体育用品制造业	2400	15424	153.88	0.23	0.51	0.90	2.88
石油加工、炼焦及核燃料加工业	2500	7697	80.80	0.18	0.83	5.38	8.98
化学原料及化学制品制造业	2600	79846	458.15	1.24	4.17	15.25	30.99
医药制造业	2700	12213	136.87	0.57	1.82	4.56	9.06
化学纤维制造业	2800	3592	44.10	0.08	0.30	1.11	2.90
橡胶制品业	2900	16005	113.89	0.21	0.72	1.84	5.38
塑料制品业	3000	73268	302.18	0.60	1.69	3.11	7.91
非金属矿物制品业	3100	165563	872.49	1.36	4.60	10.92	26.39
黑色金属冶炼及压延加工业	3200	21812	312.61	1.05	3.82	26.77	34.40
有色金属冶炼及压延加工业	3300	16053	151.67	0.46	1.93	7.86	11.04
金属制品业	3400	86383	363.52	1.02	3.06	6.09	15.11
通用设备制造业	3500	118987	543.88	2.13	7.10	20.05	41.91
专用设备制造业	3600	58471	320.90	1.57	5.02	17.09	30.52
交通运输设备制造业	3700	56531	443.59	1.90	6.58	23.67	43.87
电气机械及器材制造业	3900	63475	459.49	2.21	4.54	10.16	20.65
通信设备、计算机及其他电子设备制造业	4000	29058	457.89	1.28	3.48	6.67	13.91
仪器仪表及文化、办公用机械制造业	4100	17504	119.00	0.48	1.39	3.32	7.21
工艺品及其他制造业	4200	34352	207.45	0.28	0.92	2.74	6.69
废弃资源和废旧材料回收加工业	4300	3811	8.82	0.01	0.03	0.06	0.18
电力、燃气及水的生产和供应业	D	**39830**	**364.51**	**0.76**	**5.77**	**32.09**	**42.24**
电力、热力的生产和供应业	4400	26137	287.07	0.65	4.89	26.40	33.19
燃气生产和供应业	4500	1550	17.91	0.04	0.21	1.46	2.39
水的生产和供应业	4600	12143	59.53	0.08	0.67	4.23	6.66
建筑业	E	**128193**	**2792.55**	**10.17**	**36.27**	**121.57**	**293.37**
房屋和土木工程建筑业	4700	56801	2344.87	7.61	28.86	101.47	249.71
建筑安装业	4800	23464	246.97	1.44	4.37	13.27	25.25
建筑装饰业	4900	37494	122.24	0.78	1.98	3.26	7.81
其他建筑业	5000	10434	78.48	0.33	1.06	3.57	10.60
交通运输、仓储和邮政业	F	**80375**	**627.56**	**0.87**	**4.15**	**28.01**	**46.25**
道路运输业	5200	36027	245.29	0.44	2.18	13.54	18.11
城市公共交通业	5300	5906	125.01	0.06	0.59	3.74	10.70

1-19 续表

行业大类	代码	法人单位数(个)	就业人数(万人)	#高级技师	#技师	#高级工	#中级工
水上运输业	5400	5247	70.85	0.15	0.58	2.76	5.88
航空运输业	5500	479	20.90	0.05	0.07	0.70	0.56
管道运输业	5600	39	1.56	0.01	0.02	0.24	0.23
装卸搬运和其他运输服务业	5700	19930	62.21	0.04	0.14	0.49	1.25
仓储业	5800	10828	41.42	0.07	0.27	1.15	1.45
邮政业	5900	1918	58.65	0.05	0.28	5.06	7.60
信息传输、计算机服务和软件业	G	**72913**	**238.51**	**0.78**	**1.26**	**7.47**	**10.16**
电信和其他信息传输服务业	6000	12816	163.88	0.40	0.67	6.83	9.24
计算机服务业	6100	38971	32.68	0.15	0.27	0.31	0.40
软件业	6200	21126	41.95	0.23	0.32	0.34	0.52
批发和零售业	H	**883653**	**1382.47**	**3.33**	**7.57**	**16.73**	**34.02**
批发业	6300	530820	772.75	1.77	4.06	8.98	15.81
零售业	6500	352833	609.72	1.56	3.51	7.75	18.21
住宿和餐饮业	I	**92869**	**429.15**	**1.58**	**4.21**	**8.66**	**15.92**
住宿业	6600	39295	218.29	0.71	2.21	6.40	10.79
餐饮业	6700	53574	210.86	0.86	2.01	2.26	5.13
金融业	J	**23793**	**374.54**	**0.27**	**0.71**	**1.33**	**2.18**
银行业	6800	16458	247.65	0.19	0.53	1.11	1.32
证券业	6900	865	10.13	0.01	0.01	0.02	0.02
保险业	7000	3713	111.89	0.07	0.16	0.18	0.81
其他金融活动	7100	2757	4.87	0.01	0.02	0.03	0.04
房地产业	K	**129197**	**395.72**	**1.59**	**3.84**	**7.55**	**13.45**
房地产业	7200	129197	395.72	1.59	3.84	7.55	13.45
租赁和商务服务业	L	**249192**	**439.60**	**0.83**	**1.85**	**7.10**	**10.42**
租赁业	7300	9057	12.44	0.03	0.09	0.21	0.42
商务服务业	7400	240135	427.16	0.80	1.75	6.89	9.99
科学研究、技术服务和地质勘查业	M	**136555**	**325.94**	**1.28**	**3.40**	**20.51**	**21.12**
研究与试验发展	7500	14598	65.37	0.26	0.84	5.76	5.24
专业技术服务业	7600	69403	163.36	0.63	1.37	6.19	6.79
科技交流和推广服务业	7700	50139	65.13	0.34	0.73	2.66	3.49
地质勘查业	7800	2415	32.08	0.05	0.46	5.90	5.60
水利、环境和公共设施管理业	N	**44352**	**184.03**	**0.32**	**1.69**	**21.75**	**20.37**
水利管理业	7900	18661	47.44	0.10	0.57	7.13	7.17
环境管理业	8000	9801	68.02	0.06	0.33	5.10	5.21
公共设施管理业	8100	15890	68.56	0.15	0.78	9.52	7.99
居民服务和其他服务业	O	**83606**	**136.05**	**0.75**	**2.37**	**3.66**	**6.22**
居民服务业	8200	41715	62.53	0.37	1.38	1.51	2.16
其他服务业	8300	41891	73.51	0.39	0.99	2.15	4.06
教育	P	**299418**	**1518.57**	**3.02**	**4.31**	**29.25**	**24.98**
教育	8400	299418	1518.57	3.02	4.31	29.25	24.98
卫生、社会保障和社会福利业	Q	**181877**	**547.37**	**1.14**	**3.14**	**18.93**	**20.50**
卫生	8500	155773	519.45	1.09	2.95	17.29	19.16
社会保障业	8600	8892	10.67	0.02	0.04	0.38	0.45
社会福利业	8700	17212	17.25	0.03	0.14	1.25	0.89
文化、体育和娱乐业	R	**64741**	**147.17**	**0.32**	**1.01**	**6.54**	**6.87**
新闻出版业	8800	5015	28.02	0.06	0.14	1.20	1.03
广播、电视、电影和音像业	8900	14002	40.33	0.10	0.36	2.49	2.70
文化艺术业	9000	27770	43.31	0.09	0.21	1.97	2.17
体育	9100	5531	10.13	0.02	0.06	0.57	0.47
娱乐业	9200	12423	25.39	0.05	0.23	0.30	0.51
公共管理和社会组织	S	**1244587**	**1917.50**	**2.32**	**6.38**	**43.31**	**49.09**
中国共产党机关	9300	39719	57.84	0.09	0.40	1.77	1.23
国家机构	9400	330798	1273.04	1.89	5.04	39.54	45.35
人民政协和民主党派	9500	5659	8.54	0.03	0.10	0.43	0.28
群众团体、社会团体和宗教组织	9600	140940	133.28	0.20	0.51	1.38	1.42
基层群众自治组织	9700	727471	444.80	0.12	0.33	0.20	0.82

1-20 按登记注册类型、技术等级分组的法人单位就业人数

登记注册类型	法人单位数（个）	就业人数（万人）	#高级技师	#技师	#高级工	#中级工
按登记注册类型分组	**5168303**	**21261.66**	**51.73**	**162.93**	**61.81**	**1090.98**
内资	**5015933**	**18927.61**	**46.19**	**149.09**	**59.08**	**1022.41**
国有	1075343	6120.20	11.59	42.31	29.62	361.81
集体	439243	1659.63	3.32	10.70	2.69	74.82
股份合作	109746	387.95	1.14	3.26	0.63	16.34
联营企业	18357	91.47	0.23	0.75	0.27	5.57
国有联营	3030	21.41	0.06	0.27	0.13	1.53
集体联营	6815	24.12	0.05	0.16	0.03	0.98
国有与集体联营	3051	21.17	0.05	0.14	0.07	1.69
其他联营	5461	24.76	0.06	0.18	0.04	1.36
有限责任公司	356115	3506.22	10.40	37.31	14.41	283.40
国有独资公司	9904	490.53	0.74	5.77	4.02	60.34
其他有限责任公司	346211	3015.69	9.66	31.54	10.39	223.06
股份有限公司	61267	1060.47	3.17	11.44	4.70	88.70
私营企业	2027190	5375.11	15.61	41.46	6.43	185.64
私营独资	699855	1441.68	2.56	7.44	0.98	29.71
私营合伙	154262	371.99	0.73	1.93	0.24	8.04
私营有限责任公司	1100666	3306.88	11.20	29.05	4.75	134.93
私营股份有限公司	72407	254.56	1.13	3.03	0.45	12.96
其他内资	928672	726.56	0.74	1.86	0.34	6.14
港澳台商投资	**74635**	**1188.22**	**3.25**	**7.53**	**1.40**	**34.50**
与港澳台合资经营	23867	360.71	1.38	2.86	0.55	13.98
与港澳台合作经营	5466	82.67	0.19	0.52	0.09	2.05
港澳台商独资	44342	718.32	1.63	3.85	0.65	15.85
港澳台商投资股份有限公司	960	26.51	0.05	0.31	0.12	2.63
外商投资	**77735**	**1145.83**	**2.29**	**6.30**	**1.34**	**34.07**
中外合资经营	30459	452.41	1.14	3.22	0.75	18.36
中外合作经营	5051	71.70	0.15	0.39	0.08	2.18
外资企业	40937	583.71	0.90	2.33	0.39	11.13
外商投资股份有限公司	1288	38.02	0.10	0.38	0.12	2.41

1-21 按地区、单位工会成立状况及单位拥有计算机情况分组的法人单位数及就业人数

地区	法人单位数(个)	#已成立工会单位数	就业人数(万人)	#加入工会人数	期末在用计算机数(万台)	#微机
全国	**5168303**	**1166154**	**21261.66**	**12290.80**	**4166.56**	**3003.64**
北京	220956	35424	697.02	379.08	200.02	200.02
天津	93162	15708	330.68	170.97	68.82	55.46
河北	209740	52627	963.39	576.31	100.02	100.02
山西	131802	31478	628.55	418.12	70.87	62.55
内蒙古	71196	20515	306.82	202.12	44.71	40.79
辽宁	211502	60033	838.09	559.69	100.00	100.00
吉林	80235	18403	383.13	253.29	66.78	62.06
黑龙江	101889	28429	532.97	380.46	79.20	73.47
上海	343831	38761	910.28	414.46	200.00	200.00
江苏	430488	92114	1882.67	1015.24	400.03	200.03
浙江	403983	82646	1570.19	889.26	200.02	200.02
安徽	158543	38234	626.03	378.45	200.04	84.85
福建	166053	43193	675.95	384.10	200.00	100.00
江西	114905	29701	462.08	258.18	100.00	58.62
山东	371066	55477	1785.66	1000.15	300.00	200.00
河南	267456	51925	1205.16	682.70	300.00	100.00
湖北	158411	53821	714.18	505.43	100.01	100.01
湖南	180436	42270	734.20	431.15	300.00	95.80
广东	434974	82796	2318.59	1010.50	400.00	400.00
广西	120704	38454	407.29	251.44	100.00	75.04
海南	23494	6230	98.92	69.83	25.17	20.05
重庆	85843	21021	404.00	222.07	71.93	69.43
四川	257182	68357	883.65	554.10	100.00	100.00
贵州	77987	25195	277.48	191.88	45.09	41.24
云南	93202	39267	375.70	272.94	63.73	61.04
西藏	13135	4475	25.68	15.48	3.36	2.91
陕西	152537	33067	474.13	288.10	200.00	82.67
甘肃	85276	20845	310.47	191.18	44.95	42.16
青海	20628	6516	69.89	47.06	12.81	11.79
宁夏	24022	5397	87.26	59.71	18.87	17.63
新疆	63665	23775	281.55	217.36	50.35	46.19

1-22 按行业（大类）、单位工会成立状况及单位拥有计算机情况分组的法人单位数及就业人数

行业大类	代码	法人单位数（个）	#已成立工会单位数	就业人数（万人）	#加入工会人数	期末在用计算机数（万台）	#微机
总计	0000	**5168303**	**1166154**	**21261.66**	**12290.80**	**4987.47**	**3449.03**
农、林、牧、渔业	A	**1835**	**1327**	**161.38**	**154.72**	**6.64**	**6.49**
农业	0100	647	536	97.22	93.41	2.41	2.32
林业	0200	465	408	54.53	53.31	4.01	3.95
畜牧业	0300	161	95	5.81	4.93	0.12	0.12
渔业	0400	44	27	0.89	0.75	0.01	0.01
农、林、牧、渔服务业	0500	518	261	2.92	2.32	0.08	0.08
采矿业	B	**82353**	**14517**	**888.76**	**621.48**	**73.11**	**32.41**
煤炭开采和洗选业	0600	27741	9122	552.42	431.67	14.44	13.85
石油和天然气开采业	0700	510	192	99.38	93.79	16.53	14.84
黑色金属矿采选业	0800	10660	1175	62.33	27.96	2.16	1.07
有色金属矿采选业	0900	6535	1036	57.25	30.84	1.32	1.24
非金属矿采选业	1000	36614	2974	116.58	37.00	38.64	1.40
其他采矿业	1100	293	18	0.79	0.21	0.02	0.02
制造业	C	**1328964**	**234027**	**8390.30**	**4179.25**	**1119.24**	**516.59**
农副食品加工业	1300	73828	10296	312.97	136.41	22.59	10.17
食品制造业	1400	32174	5413	169.97	82.55	14.42	8.33
饮料制造业	1500	27178	4284	127.62	76.25	7.01	6.44
烟草制品业	1600	308	215	20.01	18.99	3.00	2.89
纺织业	1700	87342	17698	790.74	429.17	28.11	21.38
纺织服装、鞋、帽制造业	1800	52396	10004	504.02	213.38	19.75	16.64
皮革、毛皮、羽毛(绒)及其制品业	1900	24197	4716	288.15	136.23	9.11	8.06
木材加工及木、竹、藤、棕、草制品业	2000	41818	4100	168.53	49.24	4.05	3.61
家具制造业	2100	25378	3041	115.18	37.41	5.75	5.03
造纸及纸制品业	2200	41732	7020	210.12	96.22	9.52	8.47
印刷业和记录媒介的复制	2300	42568	7563	131.82	54.93	15.32	11.28
文教体育用品制造业	2400	15424	2762	153.88	67.00	7.84	6.80
石油加工、炼焦及核燃料加工业	2500	7697	1612	80.80	58.22	7.06	6.56
化学原料及化学制品制造业	2600	79846	16008	458.15	269.45	43.94	28.99
医药制造业	2700	12213	3797	136.87	94.19	15.09	13.41
化学纤维制造业	2800	3592	878	44.10	29.85	2.62	2.40
橡胶制品业	2900	16005	3352	113.89	63.60	5.62	5.00
塑料制品业	3000	73268	10912	302.18	104.87	150.94	16.44
非金属矿物制品业	3100	165563	23606	872.49	346.92	21.81	17.72
黑色金属冶炼及压延加工业	3200	21812	4189	312.61	223.41	18.17	14.90
有色金属冶炼及压延加工业	3300	16053	3407	151.67	100.86	9.06	7.99
金属制品业	3400	86383	14099	363.52	146.65	128.54	19.66
通用设备制造业	3500	118987	22803	543.88	288.15	99.85	40.31
专用设备制造业	3600	58471	11834	320.90	185.65	79.38	31.95
交通运输设备制造业	3700	56531	12408	443.59	293.32	47.07	43.89
电气机械及器材制造业	3900	63475	12757	459.49	232.38	137.53	44.72
通信设备、计算机及其他电子设备制造业	4000	29058	5956	457.89	198.22	176.84	88.01
仪器仪表及文化、办公用机械制造业	4100	17504	3803	119.00	58.38	18.29	16.65
工艺品及其他制造业	4200	34352	5152	207.45	84.78	9.25	8.56
废弃资源和废旧材料回收加工业	4300	3811	342	8.82	2.58	1.68	0.33
电力、燃气及水的生产和供应业	D	**39830**	**11380**	**364.51**	**320.79**	**97.41**	**63.91**
电力、热力的生产和供应业	4400	26137	6896	287.07	255.06	90.14	57.02
燃气生产和供应业	4500	1550	539	17.91	15.18	1.97	1.86
水的生产和供应业	4600	12143	3945	59.53	50.54	5.30	5.03
建筑业	E	**128193**	**31009**	**2792.55**	**1691.47**	**177.88**	**83.12**
房屋和土木工程建筑业	4700	56801	20696	2344.87	1488.71	66.80	51.05
建筑安装业	4800	23464	5303	246.97	140.01	90.14	16.59
建筑装饰业	4900	37494	3285	122.24	30.11	17.22	12.13
其他建筑业	5000	10434	1725	78.48	32.64	3.72	3.35
交通运输、仓储和邮政业	F	**80375**	**23230**	**627.56**	**455.90**	**85.62**	**64.92**
道路运输业	5200	36027	11056	245.29	164.55	31.73	14.28
城市公共交通业	5300	5906	2068	125.01	98.69	3.55	3.26

1-22 续表

行业大类	代码	法人单位数（个）	#成立工会单位数	就业人数（万人）	#加入工会人员	单位拥有计算机（万台）	#微机
水上运输业	5400	5247	1893	70.85	54.91	5.72	5.33
航空运输业	5500	479	241	20.90	19.25	10.15	9.23
管道运输业	5600	39	22	1.56	1.46	0.43	0.42
装卸搬运和其他运输服务业	5700	19930	3241	62.21	31.65	10.35	9.48
仓储业	5800	10828	4183	41.42	28.38	4.12	3.77
邮政业	5900	1918	525	58.65	55.35	19.48	19.06
信息传输、计算机服务和软件业	**G**	**72913**	**6580**	**238.51**	**160.20**	**296.17**	**269.19**
电信和其他信息传输服务业	6000	12816	3520	163.88	145.50	128.85	112.84
计算机服务业	6100	38971	1553	32.68	5.54	123.71	116.09
软件业	6200	21126	1507	41.95	9.16	43.61	40.26
批发和零售业	**H**	**883653**	**111299**	**1382.47**	**573.24**	**549.37**	**203.75**
批发业	6300	530820	65189	772.75	308.03	159.37	130.89
零售业	6500	352833	46110	609.72	265.21	390.00	72.86
住宿和餐饮业	**I**	**92869**	**17761**	**429.15**	**171.96**	**68.38**	**30.79**
住宿业	6600	39295	11505	218.29	118.20	43.55	22.24
餐饮业	6700	53574	6256	210.86	53.76	24.83	8.54
金融业	**J**	**23793**	**14837**	**374.54**	**323.04**	**296.61**	**229.30**
银行业	6800	16458	12121	247.65	231.43	183.00	125.38
证券业	6900	865	463	10.13	7.83	87.93	81.76
保险业	7000	3713	1758	111.89	81.08	22.68	19.42
其他金融活动	7100	2757	495	4.87	2.69	3.00	2.75
房地产业	**K**	**129197**	**28931**	**395.72**	**177.08**	**52.51**	**48.18**
房地产业	7200	129197	28931	395.72	177.08	52.51	48.18
租赁和商务服务业	**L**	**249192**	**39417**	**439.60**	**177.00**	**117.09**	**100.22**
租赁业	7300	9057	1104	12.44	4.08	1.49	1.43
商务服务业	7400	240135	38313	427.16	172.92	115.60	98.79
科学研究、技术服务和地质勘查业	**M**	**136555**	**43354**	**325.94**	**202.79**	**151.12**	**137.86**
研究与试验发展	7500	14598	5178	65.37	51.71	32.84	30.86
专业技术服务业	7600	69403	22102	163.36	91.54	72.73	67.81
科技交流和推广服务业	7700	50139	14490	65.13	29.47	19.28	13.21
地质勘查业	7800	2415	1584	32.08	30.07	26.27	25.98
水利、环境和公共设施管理业	**N**	**44352**	**20601**	**184.03**	**135.82**	**11.83**	**10.79**
水利管理业	7900	18661	9213	47.44	35.36	4.51	4.02
环境管理业	8000	9801	5082	68.02	53.18	2.47	2.30
公共设施管理业	8100	15890	6306	68.56	47.28	4.85	4.47
居民服务和其他服务业	**O**	**83606**	**9520**	**136.05**	**39.15**	**24.95**	**14.62**
居民服务业	8200	41715	4880	62.53	17.57	6.92	6.23
其他服务业	8300	41891	4640	73.51	21.58	18.03	8.40
教育	**P**	**299418**	**187742**	**1518.57**	**1287.01**	**1277.07**	**1129.83**
教育	8400	299418	187742	1518.57	1287.01	1277.07	1129.83
卫生、社会保障和社会福利业	**Q**	**181877**	**53090**	**547.37**	**436.83**	**112.11**	**69.14**
卫生	8500	155773	45042	519.45	422.34	102.90	62.50
社会保障业	8600	8892	4057	10.67	6.78	7.77	5.28
社会福利业	8700	17212	3991	17.25	7.70	1.44	1.36
文化、体育和娱乐业	**R**	**64741**	**23698**	**147.17**	**90.29**	**47.99**	**43.50**
新闻出版业	8800	5015	2504	28.02	21.58	17.07	15.90
广播、电视、电影和音像业	8900	14002	5995	40.33	30.35	10.28	9.35
文化艺术业	9000	27770	12271	43.31	27.61	9.59	9.09
体育	9100	5531	1747	10.13	5.71	1.45	1.35
娱乐业	9200	12423	1181	25.39	5.04	9.60	7.82
公共管理和社会组织	**S**	**1244587**	**293834**	**1917.50**	**1092.79**	**422.36**	**394.43**
中国共产党机关	9300	39719	25449	57.84	40.91	18.74	18.08
国家机构	9400	330798	207356	1273.04	983.74	373.65	348.71
人民政协和民主党派	9500	5659	3595	8.54	6.48	2.88	2.75
群众团体、社会团体和宗教组织	9600	140940	21158	133.28	23.49	13.75	12.75
基层群众自治组织	9700	727471	36276	444.80	38.17	13.34	12.14

1-23 按行业（大类)、经营性质分组的产业活动单位数及就业人数

行业大类	代码	产业活动单位数（个）	经营性单位	非经营性单位	就业人数（万人）	经营性单位	非经营性单位
总计	0000	**6823994**	**4014174**	**2809820**	**21465.25**	**16846.41**	**4618.84**
农、林、牧、渔业	A	**18653**	**2052**	**16601**	**17.93**	**6.76**	**11.17**
农业	0100	1131	522	609	3.57	2.56	1.01
林业	0200	1346	420	926	2.26	1.25	1.01
畜牧业	0300	359	257	102	1.33	1.05	0.28
渔业	0400	406	162	244	0.53	0.44	0.09
农、林、牧、渔服务业	0500	15411	691	14720	10.25	1.46	8.79
采矿业	B	**87785**	**87759**	**26**	**826.38**	**826.08**	**0.30**
煤炭开采和洗选业	0600	29893	29876	17	509.68	509.42	0.27
石油和天然气开采业	0700	862	862		66.28	66.28	
黑色金属矿采选业	0800	11175	11173	2	67.83	67.82	0.01
有色金属矿采选业	0900	7027	7027		63.26	63.26	
非金属矿采选业	1000	38507	38500	7	118.47	118.44	0.03
其他采矿业	1100	321	321		0.86	0.86	
制造业	C	**1374681**	**1374270**	**411**	**8440.44**	**8437.69**	**2.75**
农副食品加工业	1300	79143	79018	125	316.22	315.35	0.86
食品制造业	1400	33721	33700	21	168.73	168.67	0.07
饮料制造业	1500	28677	28658	19	127.60	127.46	0.14
烟草制品业	1600	340	340		20.32	20.32	
纺织业	1700	88990	88975	15	794.80	794.41	0.39
纺织服装、鞋、帽制造业	1800	53875	53875		507.68	507.68	
皮革、毛皮、羽毛(绒)及其制品业	1900	24705	24705		292.46	292.46	
木材加工及木、竹、藤、棕、草制品业	2000	43252	43250	2	166.92	166.92	0.01
家具制造业	2100	26075	26071	4	116.42	116.41	0.01
造纸及纸制品业	2200	42581	42571	10	212.62	212.57	0.05
印刷业和记录媒介的复制	2300	44420	44403	17	135.95	135.85	0.10
文教体育用品制造业	2400	15967	15967		160.88	160.88	
石油加工、炼焦及核燃料加工业	2500	7990	7989	1	80.66	80.61	0.05
化学原料及化学制品制造业	2600	82176	82152	24	457.00	456.92	0.08
医药制造业	2700	12715	12713	2	136.83	136.78	0.05
化学纤维制造业	2800	3646	3646		43.38	43.38	
橡胶制品业	2900	16422	16422		115.04	115.04	
塑料制品业	3000	75095	75061	34	309.88	309.72	0.16
非金属矿物制品业	3100	171074	170996	78	888.85	888.49	0.37
黑色金属冶炼及压延加工业	3200	22539	22539		273.43	273.43	
有色金属冶炼及压延加工业	3300	16634	16634		139.05	139.05	
金属制品业	3400	89001	88991	10	374.77	374.71	0.06
通用设备制造业	3500	122216	122210	6	560.91	560.76	0.16
专用设备制造业	3600	60451	60414	37	328.05	327.87	0.18
交通运输设备制造业	3700	59983	59979	4	444.91	444.90	0.01
电气机械及器材制造业	3900	65124	65124		462.54	462.54	
通信设备、计算机及其他电子设备制造业	4000	29928	29928		460.53	460.53	
仪器仪表及文化、办公用机械制造业	4100	18293	18293		122.91	122.91	
工艺品及其他制造业	4200	35652	35651	1	211.44	211.43	
废弃资源和废旧材料回收加工业	4300	3996	3995	1	9.66	9.65	0.01
电力、燃气及水的生产和供应业	D	**63435**	**61802**	**1633**	**381.50**	**378.44**	**3.06**
电力、热力的生产和供应业	4400	45488	44768	720	295.62	293.64	1.98
燃气生产和供应业	4500	1935	1918	17	19.70	19.65	0.05
水的生产和供应业	4600	16012	15116	896	66.18	65.15	1.04
建筑业	E	**149452**	**149282**	**170**	**2802.83**	**2800.72**	**2.11**
房屋和土木工程建筑业	4700	71828	71667	161	2329.59	2327.55	2.04
建筑安装业	4800	26379	26376	3	262.98	262.96	0.02
建筑装饰业	4900	39869	39867	2	126.76	126.75	
其他建筑业	5000	11376	11372	4	83.50	83.45	0.04
交通运输、仓储和邮政业	F	**144330**	**125543**	**18787**	**665.93**	**609.64**	**56.29**
道路运输业	5200	57094	40660	16434	262.48	213.36	49.12
城市公共交通业	5300	7594	7484	110	125.33	124.77	0.55

1-23 续表

行业大类	代码	产业活动单位数（个）	经营性单位	非经营性单位	就业人数（万人）	经营性单位	非经营性单位
水上运输业	5400	6591	5832	759	63.60	61.35	2.25
航空运输业	5500	820	790	30	19.99	19.68	0.31
管道运输业	5600	61	59	2	2.69	2.68	0.02
装卸搬运和其他运输服务业	5700	24078	23777	301	71.32	70.72	0.60
仓储业	5800	13177	12238	939	48.74	45.52	3.22
邮政业	5900	34446	34250	196	60.80	60.61	0.19
信息传输、计算机服务和软件业	**G**	**107065**	**96587**	**10478**	**252.48**	**241.68**	**10.80**
电信和其他信息传输服务业	6000	44943	36757	8186	176.92	167.81	9.11
计算机服务业	6100	40277	38164	2113	33.45	32.02	1.43
软件业	6200	21845	21666	179	42.11	41.86	0.25
批发和零售业	**H**	**1202555**	**1202374**	**181**	**1437.45**	**1437.11**	**0.34**
批发业	6300	645138	645008	130	779.65	779.39	0.26
零售业	6500	557417	557366	51	657.80	657.72	0.08
住宿和餐饮业	**I**	**124900**	**121983**	**2917**	**465.83**	**458.49**	**7.34**
住宿业	6600	51059	49783	1276	224.95	220.73	4.23
餐饮业	6700	73841	72200	1641	240.88	237.77	3.11
金融业	**J**	**176940**	**172988**	**3952**	**400.43**	**386.66**	**13.77**
银行业	6800	145279	141955	3324	265.72	253.16	12.56
证券业	6900	3885	3828	57	10.81	10.57	0.24
保险业	7000	22978	22749	229	117.38	116.89	0.49
其他金融活动	7100	4798	4456	342	6.51	6.04	0.47
房地产业	**K**	**152575**	**146283**	**6292**	**381.64**	**370.81**	**10.83**
房地产业	7200	152575	146283	6292	381.64	370.81	10.83
租赁和商务服务业	**L**	**303726**	**228161**	**75565**	**485.88**	**400.22**	**85.65**
租赁业	7300	10416	10033	383	14.80	14.35	0.45
商务服务业	7400	293310	218128	75182	471.07	385.87	85.20
科学研究、技术服务和地质勘查业	**M**	**168713**	**75546**	**93167**	**350.34**	**177.94**	**172.41**
研究与试验发展	7500	15855	8339	7516	67.16	22.55	44.61
专业技术服务业	7600	79492	45804	33688	172.23	114.71	57.52
科技交流和推广服务业	7700	70207	20181	50026	75.55	28.16	47.39
地质勘查业	7800	3159	1222	1937	35.40	12.52	22.88
水利、环境和公共设施管理业	**N**	**61324**	**13854**	**47470**	**196.66**	**41.75**	**154.91**
水利管理业	7900	29717	1400	28317	52.15	4.01	48.14
环境管理业	8000	13183	2772	10411	73.12	9.27	63.85
公共设施管理业	8100	18424	9682	8742	71.38	28.46	42.92
居民服务和其他服务业	**O**	**104267**	**89049**	**15218**	**157.55**	**135.90**	**21.65**
居民服务业	8200	56464	44880	11584	73.75	59.73	14.02
其他服务业	8300	47803	44169	3634	83.80	76.17	7.63
教育	**P**	**596719**	**14265**	**582454**	**1624.33**	**36.97**	**1587.36**
教育	8400	596719	14265	582454	1624.33	36.97	1587.36
卫生、社会保障和社会福利业	**Q**	**355704**	**24707**	**330997**	**600.24**	**44.31**	**555.93**
卫生	8500	317432	23789	293643	567.48	42.72	524.75
社会保障业	8600	12715	188	12527	12.24	0.84	11.40
社会福利业	8700	25557	730	24827	20.52	0.74	19.78
文化、体育和娱乐业	**R**	**87376**	**27655**	**59721**	**158.12**	**55.23**	**102.90**
新闻出版业	8800	5971	1967	4004	27.81	11.22	16.59
广播、电视、电影和音像业	8900	22273	5709	16564	44.13	10.47	33.67
文化艺术业	9000	36626	4729	31897	45.99	4.28	41.71
体育	9100	6340	1616	4724	10.79	2.26	8.52
娱乐业	9200	16166	13634	2532	29.40	27.00	2.40
公共管理和社会组织	**S**	**1543794**	**14**	**1543780**	**1819.30**	**0.02**	**1819.28**
中国共产党机关	9300	42966	1	42965	56.39		56.39
国家机构	9400	578263	13	578250	1187.42	0.02	1187.40
人民政协和民主党派	9500	5864		5864	8.57		8.57
群众团体、社会团体和宗教组织	9600	186160		186160	146.67		146.67
基层群众自治组织	9700	730541		730541	420.25		420.25

1-24 按地区、经营性质分组的产业活动单位数及就业人数

地 区	产业活动单位数（个）	经营性单位	非经营性单位	就业人数（万人）	经营性单位	非经营性单位
全 国	**6823994**	**4014174**	**2809820**	**21465.25**	**16846.41**	**4618.84**
北 京	253555	228359	25196	701.42	581.53	119.89
天 津	106063	87838	18225	340.10	285.16	54.93
河 北	262396	128677	133719	982.31	740.34	241.97
山 西	214625	95339	119286	669.39	510.77	158.62
内蒙古	101829	43565	58264	308.10	203.59	104.51
辽 宁	268741	178756	89985	846.25	673.39	172.86
吉 林	111350	58568	52782	386.28	275.58	110.70
黑龙江	148596	74204	74392	502.66	358.59	144.07
上 海	410593	377736	32857	940.90	850.33	90.56
江 苏	497800	394248	103552	1892.30	1657.98	234.32
浙 江	476625	359806	116819	1567.59	1387.32	180.27
安 徽	214588	98588	116000	631.80	463.46	168.33
福 建	218081	128952	89129	685.43	559.42	126.02
江 西	167146	76292	90854	471.05	333.95	137.10
山 东	503425	272442	230983	1807.45	1462.79	344.65
河 南	367625	179941	187684	1213.64	884.28	329.36
湖 北	229743	106536	123207	731.76	516.50	215.26
湖 南	258477	96733	161744	743.87	522.50	221.37
广 东	552326	414885	137441	2360.55	2055.55	305.00
广 西	184476	84716	99760	413.82	271.88	141.94
海 南	33097	17943	15154	85.18	55.75	29.43
重 庆	129894	73099	56795	413.75	332.71	81.04
四 川	325238	146229	179009	887.75	646.22	241.52
贵 州	117641	37231	80410	281.75	179.89	101.86
云 南	152267	63971	88296	379.63	249.05	130.59
西 藏	17958	2354	15604	26.24	10.23	16.00
陕 西	193395	72620	120775	474.02	319.46	154.57
甘 肃	128853	46870	81983	313.90	215.53	98.37
青 海	31057	10691	20366	73.14	45.92	27.22
宁 夏	34069	16360	17709	86.63	61.58	25.04
新 疆	112465	40625	71840	246.62	135.16	111.46

1-25 按地区分组的个体经营户经营情况

地 区	户 数 (户)	#有营业执照	就业人数 (万人)	营业收入 (亿元)	营业支出 (亿元)	#雇员报酬	#缴纳税费	固定资产原价 (亿元)
全 国	**39216016**	**21868197**	**9422.38**	**86909.32**	**65109.81**	**4064.59**	**1996.93**	**16372.55**
北 京	476947	317563	108.97	606.58	439.86	43.01	31.12	101.18
天 津	275394	140402	55.57	790.16	636.44	31.36	20.17	85.02
河 北	2618199	1424189	803.47	7811.21	6283.50	329.19	147.21	1554.33
山 西	813336	472751	176.78	1143.05	207.37	54.25	19.42	270.69
内蒙古	834205	623599	197.88	2129.76	1464.57	79.64	51.81	469.76
辽 宁	1551063	1117836	316.39	3735.06	2508.29	169.92	76.42	709.62
吉 林	759531	639487	170.64	1347.69	955.82	62.39	43.70	404.85
黑龙江	1089695	595272	242.34	2024.96	1218.65	65.03	103.75	502.56
上 海	331446	278526	49.06	272.71	185.70	22.30	9.39	59.09
江 苏	2516035	1532349	655.63	6840.94	5442.02	341.30	119.68	1216.23
浙 江	2762569	1658233	730.48	9949.33	8744.57	429.99	128.07	1437.11
安 徽	1571787	725942	336.19	2559.22	1935.60	107.85	69.94	795.25
福 建	1335559	590499	334.19	3338.36	2692.20	212.15	103.92	559.84
江 西	878603	651678	191.57	1760.62	1282.78	72.46	38.59	238.36
山 东	2908745	999491	749.03	9391.67	7044.99	335.72	142.83	1815.29
河 南	2790135	1837630	833.81	5965.10	3080.93	295.45	193.70	1053.15
湖 北	1669643	1045588	319.01	3060.64	2254.52	119.32	71.90	433.47
湖 南	1887428	1115272	379.97	3065.57	2412.27	188.77	74.66	546.47
广 东	2697692	1294392	799.62	8965.72	7158.57	557.96	147.57	975.43
广 西	1465667	1120639	313.87	2271.01	1626.75	100.68	143.77	413.66
海 南	274350	84445	66.96	266.32	197.69	13.19	9.38	62.92
重 庆	843810	527816	212.89	1505.18	1161.51	56.31	36.94	240.05
四 川	2463835	832688	530.79	3586.10	2835.73	162.56	98.48	1330.79
贵 州	762702	338236	125.67	623.26	469.21	26.59	20.57	158.37
云 南	1139525	677536	199.99	959.51	745.70	37.27	28.23	299.79
西 藏	64238	42454	26.99	56.14	18.17	1.71	1.71	13.96
陕 西	929170	315423	193.39	1317.99	1122.77	91.19	24.59	214.36
甘 肃	590041	301899	137.85	643.75	407.35	18.37	14.17	123.05
青 海	146723	101984	25.93	127.33	98.32	5.11	5.31	36.49
宁 夏	211096	142766	39.32	167.49	122.12	10.74	5.62	73.18
新 疆	556847	321612	98.12	626.91	355.84	22.84	14.33	178.26

1-26 按行业分组的个体经营户经营情况

行业类别	户 数（户）	#有营业执照	就业人数（万人）	营业收入（亿元）	营业支出（亿元）	#雇员报酬	#缴纳税费	固定资产原价（亿元）
总　计	**39216016**	**21868197**	**9422.38**	**86909.32**	**65109.81**	**4064.59**	**1996.93**	**16372.55**
工业	5322526	2173182	2565.75	25098.58	20342.48	1627.38	430.61	4240.27
建筑业	564832	115006	461.64	2142.08	1616.86	313.20	39.39	348.01
交通运输业	6216563	2984355	933.38	7701.70	4794.68	349.42	494.62	3973.74
批发业	2148486	1417923	503.01	13944.47	11347.18	213.31	157.76	885.15
零售业	16162166	10184854	2792.34	27444.88	20202.77	695.59	545.28	3421.83
住宿业	178238	131791	50.54	243.43	153.05	20.19	9.66	326.41
餐饮业	2760834	1608627	904.80	5346.33	3583.19	412.13	148.42	1254.19
房地产业	37594	17623	9.10	51.61	25.72	3.20	1.43	47.93
租赁和商务服务业	352035	212222	69.90	336.91	214.74	25.20	9.83	158.65
教育	143527	71908	47.42	148.34	93.78	25.03	3.62	93.96
卫生和福利业	829714	513401	146.74	615.20	381.99	34.84	15.37	241.11
居民服务业	2343882	1323888	502.35	1881.81	1154.46	200.25	54.53	657.51
文化、体育和娱乐	361705	197972	88.66	426.40	262.33	39.27	16.06	235.22
其他服务业	1793914	915445	346.74	1527.58	936.58	105.55	70.34	488.58

第2篇

企业篇

2-1 按行业（大类）、地区

行业大类	代码	企业法人单位数（个）	北京	天津	河北	山西	内蒙古
总计	0000	**3249342**	**199478**	**78519**	**109399**	**66315**	**31171**
农、林、牧、渔业	A	**1015**	**24**		**5**	**22**	**59**
农业	0100	443	6			8	43
林业	0200	309	4		3	2	5
畜牧业	0300	131	8		1	9	7
渔业	0400	41	2		1	1	1
农、林、牧、渔服务业	0500	91	4			2	3
采矿业	B	**82353**	**564**	**112**	**6345**	**8473**	**2172**
煤炭开采和洗选业	0600	27741	176	12	1077	5852	961
石油和天然气开采业	0700	510	12	26	8		9
黑色金属矿采选业	0800	10660	20	7	3103	1292	404
有色金属矿采选业	0900	6535	14	8	287	91	219
非金属矿采选业	1000	36614	337	57	1854	1236	575
其他采矿业	1100	293	5	2	16	2	4
制造业	C	**1328948**	**30868**	**30062**	**58667**	**20806**	**9758**
农副食品加工业	1300	73828	875	802	4126	1132	1070
食品制造业	1400	32174	1026	844	1485	760	393
饮料制造业	1500	27178	410	291	834	463	428
烟草制品业	1600	308	6	4	4	2	3
纺织业	1700	87342	808	1289	4694	289	513
纺织服装、鞋、帽制造业	1800	52396	1664	1321	1315	219	182
皮革、毛皮、羽毛(绒)及其制品业	1900	24197	212	313	1168	60	81
木材加工及木、竹、藤、棕、草制品业	2000	41818	486	425	1092	182	314
家具制造业	2100	25377	1003	444	1164	251	129
造纸及纸制品业	2200	41732	810	991	2446	710	170
印刷业和记录媒介的复制	2300	42559	1460	829	1527	629	377
文教体育用品制造业	2400	15424	328	357	335	39	7
石油加工、炼焦及核燃料加工业	2500	7697	258	156	364	1142	319
化学原料及化学制品制造业	2600	79845	2346	2514	3556	1506	678
医药制造业	2700	12213	606	331	421	274	112
化学纤维制造业	2800	3592	46	56	90	13	6
橡胶制品业	2900	16005	190	530	1055	163	37
塑料制品业	3000	73268	1329	1566	3068	563	265
非金属矿物制品业	3100	165562	2571	1328	9279	5240	2025
黑色金属冶炼及压延加工业	3200	21812	265	863	1677	1342	519
有色金属冶炼及压延加工业	3300	16053	294	439	786	324	218
金属制品业	3400	86383	3244	3374	4059	955	514
通用设备制造业	3500	118985	2268	3131	5936	2603	569
专用设备制造业	3600	58471	2066	1568	2223	566	222
交通运输设备制造业	3700	56529	1248	2213	2137	490	247
电气机械及器材制造业	3900	63475	1600	1571	1975	353	173
通信设备、计算机及其他电子设备制造业	4000	29058	1516	882	348	67	45
仪器仪表及文化、办公用机械制造业	4100	17504	1176	699	326	102	21
工艺品及其他制造业	4200	34352	707	877	1007	344	105
废弃资源和废旧材料回收加工业	4300	3811	50	54	170	23	16
电力、燃气及水的生产和供应业	D	**39652**	**250**	**191**	**600**	**476**	**462**
电力、热力的生产和供应业	4400	26048	145	104	388	246	289
燃气生产和供应业	4500	1544	30	30	57	36	27
水的生产和供应业	4600	12060	75	57	155	194	146
建筑业	E	**128177**	**5876**	**3208**	**3418**	**2693**	**1366**
房屋和土木工程建筑业	4700	56786	1364	853	2086	1285	864
建筑安装业	4800	23464	1413	958	512	491	182
建筑装饰业	4900	37493	2574	936	634	665	253
其他建筑业	5000	10434	525	461	186	252	67

分组的企业法人单位数

辽 宁	吉 林	黑龙江	上 海	江 苏	浙 江	安 徽	福 建	江 西	山 东	代码
149193	**45405**	**56003**	**321355**	**342197**	**309444**	**81731**	**105284**	**56591**	**228564**	0000
12	**36**	**213**	**15**	**14**	**32**		**5**	**30**		A
3	16	117	6	2	13		1	9		0100
4	15	70	2	1	6		2	7		0200
1	2	14	5	4	7			6		0300
4	2	6		2	3			3		0400
	1	6	2	5	3		2	5		0500
4278	**1188**	**1605**	**2**	**1791**	**2338**	**2918**	**1683**	**3866**	**4645**	B
941	349	1098		37	53	278	225	1200	487	0600
60	60	60	1	6	1				32	0700
906	68	21		64	14	295	153	237	423	0800
639	67	32		14	91	177	140	360	204	0900
1728	639	383		1663	2174	2154	1152	2067	3447	1000
4	5	11	1	7	5	14	13	2	52	1100
57042	**15403**	**18627**	**62829**	**197313**	**184105**	**35322**	**47735**	**26172**	**118059**	C
2913	1121	1882	667	5883	3948	4832	2230	2483	11777	1300
1433	543	767	1042	2486	1920	810	1536	735	3852	1400
1164	764	777	267	1948	2343	1376	1525	761	2247	1500
7	10	10	2	10	7	11	7	8	13	1600
1875	280	433	4197	23588	19940	1198	2584	1067	7713	1700
2077	278	241	4300	9369	8277	734	4351	862	3350	1800
399	80	82	854	1906	6272	297	2894	269	1477	1900
1490	1061	1650	1146	5951	3395	1921	2726	2245	4399	2000
728	262	412	2118	1939	2169	634	805	717	2540	2100
1449	354	456	1866	4606	6072	782	2000	746	3458	2200
1772	783	781	2176	4786	5976	979	1479	716	2645	2300
217	52	84	1216	2919	3774	427	533	234	1013	2400
709	104	273	147	735	208	51	71	62	809	2500
4016	1013	1039	3399	12761	6851	1748	1828	2872	7842	2600
600	464	297	521	1149	987	307	221	406	851	2700
98	21	29	158	1219	784	49	121	41	305	2800
831	175	170	990	2541	2336	289	766	169	1838	2900
2640	688	808	4095	10930	14195	1389	2805	664	6350	3000
5660	2102	2312	2558	14584	8242	9175	6421	5665	16169	3100
1392	178	200	413	3272	1801	252	505	393	1724	3200
780	111	103	696	3003	2195	222	296	354	854	3300
3411	693	938	7451	14756	11584	1331	1637	764	6659	3400
9091	1179	1607	6909	23779	23161	2024	2056	1041	11283	3500
3309	657	997	4338	12002	7883	976	1289	561	5143	3600
2982	1396	896	2370	8509	9953	1079	1532	824	4320	3700
3012	508	735	4406	10747	13965	1044	1341	624	3317	3900
787	120	169	1732	5510	4281	339	877	220	1256	4000
1146	186	239	1481	2490	3704	233	495	161	841	4100
940	203	216	1120	3329	7112	626	2701	443	3792	4200
114	17	24	194	606	770	187	103	65	222	4300
828	**454**	**540**	**243**	**2577**	**3140**	**1417**	**4428**	**2415**	**847**	D
567	294	350	29	277	2241	617	3920	2017	388	4400
50	36	27	10	110	77	56	24	40	129	4500
211	124	163	204	2190	822	744	484	358	330	4600
7983	**1767**	**3162**	**14591**	**12340**	**8049**	**3973**	**3497**	**2188**	**10454**	E
3074	865	1696	2636	5267	3307	1973	1227	1322	5921	4700
2020	468	702	3093	2313	1070	612	630	272	1607	4800
2406	315	550	7737	3434	2728	914	1160	475	2159	4900
483	119	214	1125	1326	944	474	480	119	767	5000

2-1 续表 1

行业大类	代码	企业法人单位数（个）	北京	天津	河北	山西	内蒙古
交通运输、仓储和邮政业	F	**73952**	**3839**	**3774**	**1900**	**1386**	**683**
道路运输业	5200	30945	1569	969	887	761	330
城市公共交通业	5300	5855	294	122	167	197	105
水上运输业	5400	4790	2	105	22	2	4
航空运输业	5500	462	21	7	6	15	12
管道运输业	5600	39	1	4	1		2
装卸搬运和其他运输服务业	5700	19791	1254	1882	404	190	75
仓储业	5800	10157	498	651	391	206	138
邮政业	5900	1912	200	34	22	15	17
信息传输、计算机服务和软件业	G	**67380**	**11536**	**1175**	**1295**	**993**	**298**
电信和其他信息传输服务业	6000	9351	1354	140	173	279	50
计算机服务业	6100	37041	4469	661	949	501	186
软件业	6200	20988	5713	374	173	213	62
批发和零售业	H	**883625**	**65083**	**23713**	**24677**	**20375**	**9944**
批发业	6300	530807	31589	14993	14152	9224	4751
零售业	6500	352818	33494	8720	10525	11151	5193
住宿和餐饮业	I	**91798**	**8664**	**1702**	**2742**	**2133**	**1427**
住宿业	6600	38667	2730	497	1295	1173	672
餐饮业	6700	53131	5934	1205	1447	960	755
金融业	J	**22831**	**663**	**364**	**1157**	**413**	**443**
银行业	6800	15691	231	234	992	199	306
证券业	6900	833	55	61	31	7	11
保险业	7000	3683	176	47	103	94	55
其他金融活动	7100	2624	201	22	31	113	71
房地产业	K	**125086**	**8678**	**2164**	**2542**	**1941**	**1559**
房地产业	7200	125086	8678	2164	2542	1941	1559
租赁和商务服务业	L	**201365**	**30441**	**4725**	**2643**	**3186**	**1354**
租赁业	7300	8833	1438	245	132	207	64
商务服务业	7400	192532	29003	4480	2511	2979	1290
科学研究、技术服务和地质勘查业	M	**70562**	**12725**	**2676**	**1068**	**1148**	**502**
研究与试验发展	7500	7865	1553	174	113	192	36
专业技术服务业	7600	42807	6195	1510	727	683	369
科技交流和推广服务业	7700	18850	4840	974	197	230	75
地质勘查业	7800	1040	137	18	31	43	22
水利、环境和公共设施管理业	N	**12287**	**986**	**197**	**279**	**253**	**103**
水利管理业	7900	1065	43	24	29	40	11
环境管理业	8000	2416	278	59	24	43	17
公共设施管理业	8100	8806	665	114	226	170	75
居民服务和其他服务业	O	**72869**	**12632**	**3827**	**1051**	**1341**	**569**
居民服务业	8200	33610	5207	1449	584	630	322
其他服务业	8300	39259	7425	2378	467	711	247
教育	P	**9916**	**1271**	**149**	**272**	**143**	**155**
教育	8400	9916	1271	149	272	143	155
卫生、社会保障和社会福利业	Q	**14875**	**582**	**97**	**434**	**187**	**115**
卫生	8500	14214	564	82	420	171	109
社会保障业	8600	132	8	9		1	1
社会福利业	8700	529	10	6	14	15	5
文化、体育和娱乐业	R	**22639**	**4796**	**383**	**304**	**346**	**202**
新闻出版业	8800	1661	571	50	14	28	10
广播、电视、电影和音像业	8900	4566	886	46	69	95	36
文化艺术业	9000	4399	2096	50	38	46	18
体育	9100	1278	336	23	11	15	3
娱乐业	9200	10735	907	214	172	162	135

辽 宁	吉 林	黑龙江	上 海	江 苏	浙 江	安 徽	福 建	江 西	山 东	代码
4289	**984**	**1400**	**6544**	**6419**	**6617**	**2588**	**2741**	**1499**	**4561**	F
1434	548	555	1688	2969	2868	1328	1272	839	1575	5200
391	84	172	215	359	339	261	145	150	257	5300
176	10	36	196	771	532	348	353	112	307	5400
13	15	19	13	21	17	8	26	4	18	5500
5	1	1	2	4					6	5600
1632	80	242	2453	1596	2300	321	701	215	1133	5700
577	228	374	1414	626	386	225	194	166	1203	5800
61	18	1	563	73	175	97	50	13	62	5900
2150	**526**	**836**	**9004**	**5033**	**5690**	**1445**	**1772**	**483**	**2782**	G
252	106	193	539	606	512	350	345	172	714	6000
720	177	378	5602	3193	3578	851	969	180	1511	6100
1178	243	265	2863	1234	1600	244	458	131	557	6200
43692	**15745**	**18969**	**140555**	**72984**	**57833**	**18313**	**24613**	**10295**	**56936**	H
28569	7897	9849	98256	46840	41128	10301	14850	5537	32841	6300
15123	7848	9120	42299	26144	16705	8012	9763	4758	24095	6500
4357	**1552**	**1956**	**7555**	**5451**	**5060**	**2611**	**2304**	**1876**	**6197**	I
1838	686	889	1546	1917	2698	1186	1256	1010	1509	6600
2519	866	1067	6009	3534	2362	1425	1048	866	4688	6700
1776	**540**	**114**	**619**	**692**	**1302**	**2619**	**751**	**408**	**789**	J
1332	392		305	199	799	2208	478	281	446	6800
92	11		89	31	41	54	29	4	33	6900
199	97		148	227	162	309	116	97	240	7000
153	40	114	77	235	300	48	128	26	70	7100
5774	**1556**	**2655**	**11842**	**8685**	**7796**	**3617**	**4866**	**2963**	**5495**	K
5774	1556	2655	11842	8685	7796	3617	4866	2963	5495	7200
8084	**2522**	**2658**	**36617**	**14490**	**14971**	**3225**	**5366**	**1879**	**8968**	L
360	102	126	1208	746	504	149	167	95	707	7300
7724	2420	2532	35409	13744	14467	3076	5199	1784	8261	7400
3176	**935**	**1069**	**12077**	**4402**	**5366**	**1158**	**1696**	**679**	**2465**	M
567	131	170	818	605	278	123	124	73	317	7500
1728	579	639	7543	2908	3234	765	1249	455	1510	7600
794	202	240	3677	859	1835	249	286	119	582	7700
87	23	20	39	30	19	21	37	32	56	7800
543	**167**	**207**	**1748**	**993**	**1431**	**313**	**496**	**202**	**584**	N
41	33	17	93	84	84	31	70	20	46	7900
89	32	33	377	194	229	43	96	20	98	8000
413	102	157	1278	715	1118	239	330	162	440	8100
2867	**1169**	**1106**	**13433**	**5336**	**2956**	**1321**	**1790**	**655**	**3683**	O
1664	586	599	5747	2649	1607	775	892	307	1870	8200
1203	583	507	7686	2687	1349	546	898	348	1813	8300
502	**205**	**329**	**408**	**750**	**785**	**220**	**339**	**159**	**438**	P
502	205	329	408	750	785	220	339	159	438	8400
975	**402**	**317**	**435**	**1306**	**522**	**202**	**514**	**508**	**730**	Q
921	379	299	374	1258	443	192	497	479	706	8500
18		6	17	14	13	3	6		9	8600
36	23	12	44	34	66	7	11	29	15	8700
865	**254**	**240**	**2838**	**1621**	**1451**	**469**	**685**	**314**	**931**	R
77	46	26	163	64	39	28	22	7	48	8800
177	65	49	349	385	271	131	129	90	197	8900
130	36	38	424	236	222	68	59	16	124	9000
58	15	9	225	71	131	16	30	4	30	9100
423	92	118	1677	865	788	226	445	197	532	9200

2-1 续表 2

行业大类	代码	河　南	湖　北	湖　南	广　东	广　西	海　南
总计	0000	**138379**	**73897**	**76158**	**337006**	**49590**	**14059**
农、林、牧、渔业	A	**38**	**12**	**13**	**46**	**80**	**100**
农业	0100	19	6	4	22	42	10
林业	0200	3	1	1	15	13	84
畜牧业	0300	9	3	4	1	18	1
渔业	0400	2	1		2	3	
农、林、牧、渔服务业	0500	5	1	4	6	4	5
采矿业	B	**6895**	**2955**	**6916**	**1963**	**1502**	**146**
煤炭开采和洗选业	0600	1920	694	2729	219	61	
石油和天然气开采业	0700	22	6		15		1
黑色金属矿采选业	0800	906	587	564	141	270	17
有色金属矿采选业	0900	817	129	865	151	281	60
非金属矿采选业	1000	3200	1529	2741	1423	883	66
其他采矿业	1100	30	10	17	14	7	2
制造业	C	**77127**	**26315**	**35808**	**139156**	**16069**	**1915**
农副食品加工业	1300	9537	2258	2698	2714	1070	222
食品制造业	1400	2349	638	1026	3100	603	145
饮料制造业	1500	1545	1026	793	1193	600	103
烟草制品业	1600	33	16	12	31	3	2
纺织业	1700	2310	1764	834	7927	596	25
纺织服装、鞋、帽制造业	1800	971	951	401	9761	249	66
皮革、毛皮、羽毛(绒)及其制品业	1900	1041	142	361	5046	202	8
木材加工及木、竹、藤、棕、草制品业	2000	4213	574	2472	2235	1295	120
家具制造业	2100	1913	417	683	4085	301	86
造纸及纸制品业	2200	2083	853	1682	5648	857	57
印刷业和记录媒介的复制	2300	1540	924	1042	6460	611	117
文教体育用品制造业	2400	160	81	138	3190	54	
石油加工、炼焦及核燃料加工业	2500	393	88	143	277	42	4
化学原料及化学制品制造业	2600	3966	1728	4074	6894	1424	130
医药制造业	2700	678	496	324	722	334	102
化学纤维制造业	2800	91	45	36	278	11	5
橡胶制品业	2900	598	220	231	1638	155	21
塑料制品业	3000	2527	1084	930	12047	642	89
非金属矿物制品业	3100	22354	5002	8516	7894	2654	197
黑色金属冶炼及压延加工业	3200	875	464	1217	768	468	13
有色金属冶炼及压延加工业	3300	760	217	862	1380	249	10
金属制品业	3400	2444	1262	1106	14041	545	71
通用设备制造业	3500	4573	1717	1915	5586	808	27
专用设备制造业	3600	3322	900	921	5489	541	41
交通运输设备制造业	3700	1946	1745	1239	3298	678	139
电气机械及器材制造业	3900	1606	784	885	11247	322	47
通信设备、计算机及其他电子设备制造业	4000	246	268	270	8833	128	22
仪器仪表及文化、办公用机械制造业	4100	417	280	194	2158	70	4
工艺品及其他制造业	4200	2473	292	697	4777	510	41
废弃资源和废旧材料回收加工业	4300	163	79	106	439	47	1
电力、燃气及水的生产和供应业	D	**886**	**1350**	**2736**	**5610**	**1565**	**215**
电力、热力的生产和供应业	4400	479	623	2137	4445	1115	132
燃气生产和供应业	4500	71	47	43	133	11	20
水的生产和供应业	4600	336	680	556	1032	439	63
建筑业	E	**5494**	**4182**	**3003**	**9208**	**1586**	**861**
房屋和土木工程建筑业	4700	3451	2042	2026	3273	873	221
建筑安装业	4800	631	559	386	2420	245	186
建筑装饰业	4900	1107	1149	412	2854	362	380
其他建筑业	5000	305	432	179	661	106	74

重 庆	四 川	贵 州	云 南	西 藏	陕 西	甘 肃	青 海	宁 夏	新 疆	代码
49834	**110426**	**27558**	**44117**	**1503**	**63221**	**33315**	**7570**	**13258**	**28708**	0000
3	**18**	**5**	**108**	**1**	**3**	**45**	**9**	**17**	**50**	A
3	1	2	51		3	16	4	13	23	0100
	7	1	42	1		10	1	1	8	0200
	3	1	6			6	3		12	0300
		1	2			1			4	0400
	7		7			12	1	3	3	0500
2680	**4795**	**3695**	**3167**	**29**	**2875**	**1138**	**298**	**561**	**757**	B
1335	2163	2456	1567	1	855	301	43	276	375	0600
7	23		2		77	7	4	40	31	0700
178	233	159	246	5	180	79	23	5	60	0800
19	326	226	613	13	365	194	47	1	85	0900
1129	2019	843	738	10	1390	554	180	239	203	1000
12	31	11	1		8	3	1		3	1100
17721	**38627**	**7482**	**11276**	**243**	**22965**	**10488**	**1756**	**3805**	**5413**	C
1181	3137	510	903	27	1315	1282	153	523	556	1300
571	1593	250	536	10	805	413	72	153	277	1400
812	2864	507	869	19	558	321	39	97	234	1500
7	15	18	28		12	19		3	5	1600
1123	902	78	194	7	575	206	30	104	199	1700
227	414	65	146	12	315	134	24	34	86	1800
220	443	30	47	5	85	121	6	42	34	1900
182	803	138	563	19	376	152	17	44	132	2000
369	924	89	173	9	644	191	15	56	107	2100
446	1078	184	351	1	1073	244	15	86	158	2200
673	1549	368	487	14	853	439	75	171	321	2300
49	92	16	18		61	16		4	8	2400
69	202	310	151		367	86	3	53	101	2500
831	2591	669	871	8	1168	679	132	287	423	2600
172	612	197	215	19	483	169	32	39	39	2700
8	38	4	3		16	7		4	10	2800
200	327	91	85		255	42	4	18	40	2900
624	1564	242	455	1	782	330	34	163	399	3000
2780	8030	1533	1966	28	5792	2932	519	1015	1018	3100
345	942	534	421		405	259	67	155	83	3200
216	516	244	393	2	309	110	28	49	33	3300
818	1712	264	582	3	971	582	121	161	328	3400
1163	2700	354	528	1	2015	443	74	201	240	3500
427	1223	137	232	3	919	253	23	95	144	3600
3079	1761	356	533	20	739	395	140	102	162	3700
465	1101	128	204		803	258	41	74	139	3900
98	579	43	25		350	31		8	7	4000
320	230	33	98		302	47	6	26	19	4100
194	549	79	155	35	553	313	78	34	50	4200
52	136	11	44		64	14	8	4	28	4300
1074	**3614**	**675**	**1052**	**83**	**794**	**492**	**160**	**95**	**383**	D
589	2200	472	794	76	328	369	109	51	257	4400
84	278	17	9		45	9	7	12	19	4500
401	1136	186	249	7	421	114	44	32	107	4600
2916	**5636**	**1060**	**2634**	**156**	**2628**	**1742**	**487**	**740**	**1267**	E
1611	3061	578	1435	141	1894	1087	284	420	646	4700
365	831	128	370	7	253	285	90	119	242	4800
710	1389	284	716	3	368	292	81	171	272	4900
230	355	70	113	5	113	78	32	30	107	5000

2-1 续表 3

行业大类	代码	河 南	湖 北	湖 南	广 东	广 西	海 南
交通运输、仓储和邮政业	F	**2135**	**2103**	**1309**	**7835**	**1316**	**384**
道路运输业	5200	854	1065	537	3113	552	126
城市公共交通业	5300	327	253	265	404	113	56
水上运输业	5400	33	251	106	768	235	66
航空运输业	5500	5	23	8	79	14	8
管道运输业	5600	1			5		
装卸搬运和其他运输服务业	5700	327	348	245	2392	204	94
仓储业	5800	566	141	133	799	178	16
邮政业	5900	22	22	15	275	20	18
信息传输、计算机服务和软件业	G	**1351**	**1023**	**1549**	**6490**	**1871**	**388**
电信和其他信息传输服务业	6000	171	196	228	961	206	44
计算机服务业	6100	812	591	980	2415	1504	218
软件业	6200	368	236	341	3114	161	126
批发和零售业	H	**26958**	**19983**	**12796**	**93255**	**14365**	**5035**
批发业	6300	14886	11705	6543	58388	8193	2572
零售业	6500	12072	8278	6253	34867	6172	2463
住宿和餐饮业	I	**4345**	**2506**	**2556**	**8091**	**1885**	**806**
住宿业	6600	1837	1278	1296	3499	1068	598
餐饮业	6700	2508	1228	1260	4592	817	208
金融业	J	**1652**	**721**	**442**	**1269**	**1119**	**140**
银行业	6800	1385	429	226	585	998	45
证券业	6900	28	41	8	111	1	9
保险业	7000	169	128	123	390	69	20
其他金融活动	7100	70	123	85	183	51	66
房地产业	K	**3196**	**4206**	**3449**	**18412**	**2944**	**1610**
房地产业	7200	3196	4206	3449	18412	2944	1610
租赁和商务服务业	L	**3618**	**3854**	**2519**	**25475**	**2693**	**1407**
租赁业	7300	208	209	84	369	79	53
商务服务业	7400	3410	3645	2435	25106	2614	1354
科学研究、技术服务和地质勘查业	M	**1147**	**1275**	**811**	**7766**	**1027**	**370**
研究与试验发展	7500	135	128	119	1238	68	54
专业技术服务业	7600	696	769	556	5318	744	261
科技交流和推广服务业	7700	274	346	124	1143	204	44
地质勘查业	7800	42	32	12	67	11	11
水利、环境和公共设施管理业	N	**303**	**307**	**257**	**1160**	**172**	**93**
水利管理业	7900	19	60	31	68	15	7
环境管理业	8000	31	43	25	324	32	23
公共设施管理业	8100	253	204	201	768	125	63
居民服务和其他服务业	O	**1325**	**1605**	**833**	**7090**	**793**	**251**
居民服务业	8200	751	645	512	3043	283	135
其他服务业	8300	574	960	321	4047	510	116
教育	P	**213**	**276**	**412**	**1034**	**143**	**79**
教育	8400	213	276	412	1034	143	79
卫生、社会保障和社会福利业	Q	**1341**	**733**	**225**	**949**	**108**	**30**
卫生	8500	1325	706	206	901	100	28
社会保障业	8600	2	2	1	5		
社会福利业	8700	14	25	18	43	8	2
文化、体育和娱乐业	R	**352**	**485**	**524**	**2197**	**352**	**229**
新闻出版业	8800	39	50	40	157	18	28
广播、电视、电影和音像业	8900	131	107	110	384	108	43
文化艺术业	9000	47	80	56	267	24	54
体育	9100	11	19	17	150	13	19
娱乐业	9200	124	229	301	1239	189	85

重庆	四川	贵州	云南	西藏	陕西	甘肃	青海	宁夏	新疆	代码
1642	**2780**	**565**	**1054**	**66**	**1185**	**842**	**251**	**282**	**977**	F
878	1482	300	497	30	615	429	119	135	621	5200
78	358	64	147	25	213	100	31	74	89	5300
189	104	16	25		13	2	2	2		5400
10	34	9	7	1	20	7	2	9	11	5500
1					2			1	2	5600
352	595	98	232	1	129	98	34	29	135	5700
130	175	65	123		190	188	51	26	99	5800
4	32	13	23	9	3	18	11	6	20	5900
970	**4185**	**472**	**1128**	**24**	**972**	**367**	**218**	**324**	**1029**	G
179	713	109	133	5	301	70	66	85	99	6000
626	2989	302	829	19	427	227	140	208	828	6100
165	483	61	166		244	70	12	31	102	6200
11819	**26370**	**7392**	**13001**	**415**	**18409**	**11179**	**2165**	**4886**	**11825**	H
6686	15624	3837	7571	89	7469	5781	917	2553	7185	6300
5133	10746	3555	5430	326	10940	5398	1248	2333	4640	6500
1459	**4110**	**953**	**2237**	**269**	**3518**	**1672**	**438**	**433**	**933**	I
536	1791	554	1638	200	1451	933	267	224	595	6600
923	2319	399	599	69	2067	739	171	209	338	6700
582	**1681**	**298**	**487**	**26**	**44**	**819**	**365**	**170**	**365**	J
375	1370	168	332	19	2	725	328	99	203	6800
13	29	11	9	1	2	7	3	2	8	6900
155	193	58	90	4	3	64	25	18	104	7000
39	89	61	56	2	37	23	9	51	50	7100
3393	**5416**	**2321**	**2153**	**38**	**1822**	**1314**	**495**	**598**	**1584**	K
3393	5416	2321	2153	38	1822	1314	495	598	1584	7200
2828	**6965**	**1137**	**2911**	**62**	**2041**	**1468**	**477**	**673**	**2098**	L
223	474	116	159	6	222	108	40	68	165	7300
2605	6491	1021	2752	56	1819	1360	437	605	1933	7400
916	**2237**	**368**	**956**	**28**	**813**	**574**	**193**	**235**	**703**	M
93	320	44	95	1	137	80	11	21	47	7500
576	1300	256	645	25	382	363	133	159	529	7600
230	565	51	163	2	249	110	41	49	96	7700
17	52	17	53		45	21	8	6	31	7800
260	**362**	**124**	**264**	**5**	**180**	**85**	**22**	**54**	**137**	N
52	36	29	16		32	8	3	1	22	7900
79	82	17	52		24	19	6	3	24	8000
129	244	78	196	5	124	58	13	50	91	8100
988	**1914**	**525**	**823**	**33**	**1368**	**560**	**138**	**213**	**670**	O
424	830	268	350	20	749	275	80	74	282	8200
564	1084	257	473	13	619	285	58	139	388	8300
153	**482**	**196**	**190**	**4**	**203**	**185**	**23**	**42**	**156**	P
153	482	196	190	4	203	185	23	42	156	8400
88	**383**	**88**	**220**	**11**	**3021**	**138**	**21**	**40**	**153**	Q
84	343	83	208	9	2996	134	20	36	141	8500
2	9	1	1		3			1		8600
2	31	4	11	2	22	4	1	3	12	8700
342	**851**	**202**	**456**	**10**	**380**	**207**	**54**	**90**	**208**	R
17	39	5	9		37	16	1	2	10	8800
64	179	67	117	3	112	54	18	21	72	8900
53	81	8	36	2	39	20	6	9	16	9000
12	14	5	15		8	9	2	4	3	9100
196	538	117	279	5	184	108	27	54	107	9200

2-2 按行业（大类）、地区

行业大类	代码	企业法人单位数(个)	北 京	天 津	河 北	山 西	内蒙古
总计	**0000**	**263109**	**18262**	**9160**	**9925**	**9387**	**3505**
农、林、牧、渔业	**A**	**800**	**11**		**4**	**12**	**57**
农业	0100	385	1			6	42
林业	0200	273			3	2	5
畜牧业	0300	68	5			4	6
渔业	0400	22	1		1		1
农、林、牧、渔服务业	0500	52	4				3
采矿业	**B**	**2801**	**51**	**15**	**107**	**403**	**79**
煤炭开采和洗选业	0600	1370	30	1	51	348	48
石油和天然气开采业	0700	122	2	4	6		4
黑色金属矿采选业	0800	187	4		11	21	2
有色金属矿采选业	0900	449	1	1	4	8	12
非金属矿采选业	1000	660	14	8	35	26	13
其他采矿业	1100	13		1			
制造业	**C**	**41202**	**2844**	**2567**	**1303**	**1351**	**394**
农副食品加工业	1300	3423	87	68	138	125	41
食品制造业	1400	1511	78	66	52	72	14
饮料制造业	1500	1286	58	38	40	30	19
烟草制品业	1600	183	3	1	3	2	2
纺织业	1700	1987	58	211	69	53	17
纺织服装、鞋、帽制造业	1800	685	49	50	10	14	13
皮革、毛皮、羽毛(绒)及其制品业	1900	284	11	30	11	13	1
木材加工及木、竹、藤、棕、草制品业	2000	700	26	40	6	6	7
家具制造业	2100	298	33	17	12	9	4
造纸及纸制品业	2200	824	38	47	25	17	7
印刷业和记录媒介的复制	2300	2381	263	114	39	74	33
文教体育用品制造业	2400	224	21	22		6	1
石油加工、炼焦及核燃料加工业	2500	345	26	14	19	28	7
化学原料及化学制品制造业	2600	3234	191	212	118	133	31
医药制造业	2700	1111	82	58	29	37	11
化学纤维制造业	2800	161	5	11	8	5	1
橡胶制品业	2900	392	18	40	13	10	
塑料制品业	3000	1061	81	107	43	22	3
非金属矿物制品业	3100	3861	203	118	165	181	52
黑色金属冶炼及压延加工业	3200	717	22	56	37	37	14
有色金属冶炼及压延加工业	3300	705	30	27	18	29	18
金属制品业	3400	1609	156	164	68	38	14
通用设备制造业	3500	3366	223	227	105	152	27
专用设备制造业	3600	2646	257	190	110	91	15
交通运输设备制造业	3700	3315	203	218	74	62	16
电气机械及器材制造业	3900	1884	141	155	47	58	13
通信设备、计算机及其他电子设备制造业	4000	1437	233	118	21	19	6
仪器仪表及文化、办公用机械制造业	4100	998	176	96	12	11	1
工艺品及其他制造业	4200	515	65	47	10	15	6
废弃资源和废旧材料回收加工业	4300	59	7	5	1	2	
电力、燃气及水的生产和供应业	**D**	**8003**	**96**	**93**	**328**	**238**	**240**
电力、热力的生产和供应业	4400	4789	63	59	214	109	158
燃气生产和供应业	4500	330	7	15	15	14	2
水的生产和供应业	4600	2884	26	19	99	115	80
建筑业	**E**	**14478**	**760**	**485**	**504**	**503**	**199**
房屋和土木工程建筑业	4700	9477	347	193	369	358	152
建筑安装业	4800	2476	168	134	77	70	33
建筑装饰业	4900	1392	175	98	29	23	4
其他建筑业	5000	1133	70	60	29	52	10

分组的国有控股企业法人单位数

辽 宁	吉 林	黑龙江	上 海	江 苏	浙 江	安 徽	福 建	江 西	山 东	代码
14050	**7249**	**9183**	**15105**	**12037**	**9927**	**9312**	**7685**	**7929**	**12058**	0000
8	**36**	**199**	**1**	**6**	**14**		**1**	**17**		A
2	16	117	1	2	5			5		0100
3	15	63		1	4			7		0200
1	2	11		1	3			1		0300
2	2	2			1			1		0400
	1	6		2	1		1	3		0500
74	**101**	**125**	**1**	**62**	**31**	**84**	**70**	**119**	**123**	B
27	43	65		12	2	25	25	41	60	0600
2	16	12	1	2					12	0700
7	7	1		4	4	6	10	3	8	0800
8	11	15		3	4	10	8	48	21	0900
29	23	29		40	21	43	27	27	22	1000
1	1	3		1						1100
2906	**1484**	**1740**	**2746**	**1422**	**910**	**1511**	**811**	**1385**	**1318**	C
179	112	162	36	89	61	269	74	202	152	1300
91	61	83	71	42	30	58	40	60	45	1400
48	50	64	26	32	41	72	46	67	47	1500
3	6	7	2	6	4	9	5	7	9	1600
123	52	68	226	121	77	70	14	57	74	1700
45	32	10	89	42	22	17	18	22	24	1800
24	12	10	17	9	5	2	3	15	6	1900
56	60	62	19	6	10	42	22	41	14	2000
14	9	23	26	4	3	11	3	17	13	2100
60	45	38	29	18	24	16	29	35	35	2200
143	81	107	138	72	58	96	73	78	69	2300
12	2	6	57	8	8	14	3	7	7	2400
40	12	27	11	6	5	5	4	7	19	2500
193	108	103	198	118	78	106	58	110	121	2600
60	57	49	95	36	22	41	21	44	22	2700
9	5	8	18	10	11	3	3	8	6	2800
40	18	14	33	9	9	11	6	7	12	2900
66	32	49	69	28	33	33	28	28	26	3000
207	152	164	127	96	52	163	85	126	117	3100
83	35	21	28	16	5	15	13	11	17	3200
45	14	18	49	18	10	11	11	31	10	3300
114	46	70	175	46	18	46	11	42	43	3400
367	109	166	323	130	83	98	43	88	111	3500
235	91	124	207	90	48	69	41	61	82	3600
293	181	147	214	134	64	110	67	95	116	3700
162	35	76	176	94	48	54	22	45	52	3900
101	32	19	128	78	44	30	40	27	31	4000
72	28	34	129	50	29	16	16	24	17	4100
19	7	9	25	14	8	22	8	22	20	4200
2		2	5			2	4	1	1	4300
315	**201**	**300**	**58**	**157**	**386**	**287**	**297**	**318**	**371**	D
207	126	194	20	60	229	160	195	205	213	4400
21	10	11	10	11	11	9	7	10	22	4500
87	65	95	28	86	146	118	95	103	136	4600
961	**445**	**475**	**641**	**746**	**405**	**460**	**348**	**472**	**903**	E
607	330	349	274	459	275	300	194	343	590	4700
192	76	102	136	114	56	74	61	74	153	4800
104	17	18	167	83	54	34	37	31	94	4900
58	22	6	64	90	20	52	56	24	66	5000

2-2 续表 1

行业大类	代码	企业法人单位数(个)	北 京	天 津	河 北	山 西	内蒙古
交通运输、仓储和邮政业	F	**13779**	**611**	**677**	**530**	**341**	**183**
道路运输业	5200	4710	141	179	215	168	42
城市公共交通业	5300	1144	78	46	31	18	10
水上运输业	5400	949	2	43	12	1	
航空运输业	5500	245	13	3	6	5	10
管道运输业	5600	27	1	3	1		2
装卸搬运和其他运输服务业	5700	2244	224	178	87	31	23
仓储业	5800	3943	146	209	165	104	81
邮政业	5900	516	6	16	13	14	15
信息传输、计算机服务和软件业	G	**3476**	**658**	**89**	**81**	**66**	**37**
电信和其他信息传输服务业	6000	1963	136	26	59	51	27
计算机服务业	6100	775	285	39	8	11	10
软件业	6200	738	237	24	14	4	
批发和零售业	H	**89116**	**4333**	**2403**	**4528**	**4193**	**1307**
批发业	6300	55984	2470	1490	2931	2318	835
零售业	6500	33132	1863	913	1597	1875	472
住宿和餐饮业	I	**15706**	**1461**	**306**	**733**	**485**	**277**
住宿业	6600	12268	1091	197	586	396	232
餐饮业	6700	3438	370	109	147	89	45
金融业	J	**7007**	**141**	**275**	**207**	**158**	**170**
银行业	6800	4226	25	202	138	82	118
证券业	6900	415	15	33	22	2	5
保险业	7000	1773	32	33	44	49	35
其他金融活动	7100	593	69	7	3	25	12
房地产业	K	**18283**	**1542**	**410**	**348**	**335**	**125**
房地产业	7200	18283	1542	410	348	335	125
租赁和商务服务业	L	**21294**	**2337**	**668**	**529**	**606**	**188**
租赁业	7300	724	109	36	12	32	2
商务服务业	7400	20570	2228	632	517	574	186
科学研究、技术服务和地质勘查业	M	**12750**	**1619**	**571**	**306**	**323**	**110**
研究与试验发展	7500	1226	146	31	35	34	12
专业技术服务业	7600	8018	929	351	189	215	76
科技交流和推广服务业	7700	2974	513	178	61	49	15
地质勘查业	7800	532	31	11	21	25	7
水利、环境和公共设施管理业	N	**2549**	**146**	**54**	**82**	**69**	**22**
水利管理业	7900	516	11	13	25	21	8
环境管理业	8000	463	50	12	5	11	2
公共设施管理业	8100	1570	85	29	52	37	12
居民服务和其他服务业	O	**4748**	**867**	**378**	**107**	**133**	**45**
居民服务业	8200	1807	196	136	45	68	21
其他服务业	8300	2941	671	242	62	65	24
教育	P	**1277**	**86**	**34**	**38**	**35**	**12**
教育	8400	1277	86	34	38	35	12
卫生、社会保障和社会福利业	Q	**1251**	**22**	**14**	**88**	**24**	**19**
卫生	8500	1069	19	10	84	20	18
社会保障业	8600	42	2	2			1
社会福利业	8700	140	1	2	4	4	
文化、体育和娱乐业	R	**4589**	**677**	**121**	**102**	**112**	**41**
新闻出版业	8800	1128	367	41	13	15	4
广播、电视、电影和音像业	8900	2102	121	36	56	71	27
文化艺术业	9000	542	94	7	12	12	4
体育	9100	168	32	5	2	4	
娱乐业	9200	649	63	32	19	10	6

辽 宁	吉 林	黑龙江	上 海	江 苏	浙 江	安 徽	福 建	江 西	山 东	代码
893	**432**	**594**	**811**	**600**	**605**	**578**	**498**	**401**	**588**	F
266	171	191	201	163	242	194	159	155	177	5200
73	27	26	90	40	53	49	46	39	54	5300
47	3	20	79	81	72	35	71	29	45	5400
12	7	6	12	8	12	7	10	3	8	5500
4		1	2	2					4	5600
183	24	60	223	122	118	46	96	28	123	5700
288	188	289	201	167	93	158	103	135	155	5800
20	12	1	3	17	15	89	13	12	22	5900
103	**76**	**113**	**212**	**158**	**147**	**108**	**54**	**99**	**122**	G
42	57	88	53	94	92	92	29	83	67	6000
24	7	16	65	34	18	8	12	9	26	6100
37	12	9	94	30	37	8	13	7	29	6200
4467	**2601**	**3281**	**4118**	**4169**	**2307**	**2824**	**2583**	**2652**	**4540**	H
3233	1653	1963	2472	2860	1601	1781	1654	1777	2760	6300
1234	948	1318	1646	1309	706	1043	929	875	1780	6500
767	**393**	**476**	**725**	**669**	**520**	**432**	**401**	**507**	**809**	I
584	288	386	480	460	417	343	343	401	463	6600
183	105	90	245	209	103	89	58	106	346	6700
259	**140**	**16**	**124**	**280**	**295**	**1064**	**191**	**154**	**299**	J
118	88		19	111	105	814	82	94	173	6800
47	6		43	20	25	37	10	4	15	6900
70	35		36	105	83	199	63	51	96	7000
24	11	16	26	44	82	14	36	5	15	7100
769	**266**	**562**	**1717**	**904**	**731**	**615**	**771**	**705**	**750**	K
769	266	562	1717	904	731	615	771	705	750	7200
961	**415**	**468**	**1674**	**1392**	**1910**	**542**	**845**	**518**	**992**	L
36	18	35	43	43	20	15	14	12	61	7300
925	397	433	1631	1349	1890	527	831	506	931	7400
791	**254**	**299**	**1027**	**681**	**944**	**404**	**432**	**273**	**554**	M
119	25	35	108	88	38	32	20	24	67	7500
464	176	201	530	451	588	300	330	181	363	7600
174	40	58	378	120	305	55	55	40	97	7700
34	13	5	11	22	13	17	27	28	27	7800
107	**61**	**62**	**216**	**154**	**276**	**77**	**84**	**57**	**132**	N
20	26	11	13	27	48	18	17	10	19	7900
15	8	17	67	38	40	10	10	6	19	8000
72	27	34	136	89	188	49	57	41	94	8100
223	**153**	**127**	**449**	**291**	**94**	**119**	**115**	**91**	**239**	O
116	84	71	152	116	51	50	59	22	95	8200
107	69	56	297	175	43	69	56	69	144	8300
71	**36**	**153**	**81**	**66**	**87**	**31**	**33**	**23**	**67**	P
71	36	153	81	66	87	31	33	23	67	8400
123	**56**	**115**	**35**	**59**	**48**	**31**	**37**	**58**	**51**	Q
106	53	106	26	51	18	29	28	51	45	8500
7		5	3	5	4		2		1	8600
10	3	4	6	3	26	2	7	7	5	8700
252	**99**	**78**	**469**	**221**	**217**	**145**	**114**	**80**	**200**	R
69	31	20	124	43	28	23	13	4	24	8800
89	41	37	142	84	103	92	68	63	133	8900
34	16	3	69	34	50	13	8	6	27	9000
14	3	3	27	14	10	3	5		3	9100
46	8	15	107	46	26	14	20	7	13	9200

2-2 续表 2

行业大类	代码	河　南	湖　北	湖　南	广　东	广　西	海　南
总计	0000	**11946**	**10803**	**9076**	**21196**	**8473**	**2801**
农、林、牧、渔业	A	**27**	**9**	**7**	**38**	**67**	**100**
农业	0100	17	6	2	19	40	10
林业	0200	3			14	13	84
畜牧业	0300	5	1	2		8	1
渔业	0400	1	1		2	3	
农、林、牧、渔服务业	0500	1	1	3	3	3	5
采矿业	B	**121**	**94**	**199**	**70**	**110**	**17**
煤炭开采和洗选业	0600	62	19	120	4	16	
石油和天然气开采业	0700	5	3		2		1
黑色金属矿采选业	0800	2	13	6	10	22	1
有色金属矿采选业	0900	37	8	32	20	38	6
非金属矿采选业	1000	15	48	41	32	34	9
其他采矿业	1100		3		2		
制造业	C	**1727**	**1852**	**1688**	**2777**	**1352**	**371**
农副食品加工业	1300	205	175	161	225	199	55
食品制造业	1400	66	45	48	120	81	14
饮料制造业	1500	57	50	46	95	60	35
烟草制品业	1600	14	13	7	12	3	2
纺织业	1700	106	107	67	149	37	7
纺织服装、鞋、帽制造业	1800	21	40	18	64	8	5
皮革、毛皮、羽毛(绒)及其制品业	1900	14	4	16	27	14	2
木材加工及木、竹、藤、棕、草制品业	2000	11	27	45	33	36	31
家具制造业	2100	7	10	7	17	5	6
造纸及纸制品业	2200	34	38	45	68	34	9
印刷业和记录媒介的复制	2300	79	95	86	150	93	26
文教体育用品制造业	2400	3	5	5	19	1	
石油加工、炼焦及核燃料加工业	2500	9	13	11	9	6	1
化学原料及化学制品制造业	2600	164	124	157	189	109	22
医药制造业	2700	41	50	37	68	43	13
化学纤维制造业	2800	12	7	3	8	7	2
橡胶制品业	2900	12	22	15	24	11	4
塑料制品业	3000	35	46	35	95	21	13
非金属矿物制品业	3100	203	216	225	248	191	42
黑色金属冶炼及压延加工业	3200	25	35	39	27	25	1
有色金属冶炼及压延加工业	3300	31	20	62	34	28	1
金属制品业	3400	42	79	57	121	21	12
通用设备制造业	3500	133	157	136	136	77	5
专用设备制造业	3600	127	86	101	143	80	16
交通运输设备制造业	3700	126	199	118	229	92	23
电气机械及器材制造业	3900	79	80	68	162	32	9
通信设备、计算机及其他电子设备制造业	4000	27	48	37	192	19	9
仪器仪表及文化、办公用机械制造业	4100	25	43	20	45	10	1
工艺品及其他制造业	4200	19	15	15	65	6	5
废弃资源和废旧材料回收加工业	4300		3	1	3	3	
电力、燃气及水的生产和供应业	D	**353**	**333**	**411**	**524**	**388**	**110**
电力、热力的生产和供应业	4400	206	168	281	384	240	74
燃气生产和供应业	4500	18	8	5	12	4	7
水的生产和供应业	4600	129	157	125	128	144	29
建筑业	E	**657**	**881**	**600**	**1150**	**310**	**116**
房屋和土木工程建筑业	4700	475	605	461	692	233	77
建筑安装业	4800	102	108	87	234	39	21
建筑装饰业	4900	36	51	28	139	17	8
其他建筑业	5000	44	117	24	85	21	10

重庆	四川	贵州	云南	西藏	陕西	甘肃	青海	宁夏	新疆	代码
4440	**8434**	**4848**	**5083**	**636**	**8274**	**5495**	**1357**	**1314**	**4134**	0000
	8	**5**	**79**		**3**	**30**	**8**	**14**	**39**	A
		2	37		3	15	4	12	21	0100
	5	1	35			8		1	6	0200
		1	3			2	3		8	0300
		1							3	0400
	3		4			5	1	1	1	0500
61	**97**	**85**	**67**	**18**	**180**	**89**	**41**	**16**	**90**	B
41	43	55	30	1	84	46	15	16	40	0600
3	9		1		21	5	3		8	0700
4	7	4	5	3	10	1	2		9	0800
1	18	13	18	8	46	25	13		12	0900
12	20	13	13	6	18	12	8		21	1000
					1					1100
723	**1172**	**862**	**792**	**85**	**1412**	**869**	**148**	**153**	**515**	C
55	111	94	72	12	111	63	20	10	59	1300
28	44	37	32	4	59	27	4	7	31	1400
18	45	55	49	5	39	27	2	6	19	1500
4	8	15	19		10	3		2	2	1600
25	40	25	13	2	62	22	1	2	32	1700
6	13	3	8		19	9	2	1	11	1800
1	5	3	3	3	11	10			2	1900
7	18	15	25	7	12	8	1	2	5	2000
5	10	6	3	1	13	5		1	4	2100
13	21	17	12		37	12	1	6	14	2200
30	80	50	62	8	70	43	10	11	50	2300
6	5	1	1		2					2400
3	3	10	4		19	12		3	12	2500
61	111	90	96	5	83	65	16	18	45	2600
24	34	8	25	11	45	29	5	1	13	2700
	4		2			1		1	3	2800
10	7	12	15		11	4	1	1	3	2900
10	18	29	14	1	29	30	1	5	31	3000
50	119	94	84	10	151	98	32	22	67	3100
15	28	29	22		18	19	8	5	11	3200
19	26	26	40		32	25	8	6	8	3300
24	36	18	29	1	51	44	4	4	14	3400
66	71	52	28	1	125	86	10	12	16	3500
37	51	40	43	2	115	54	3	9	27	3600
114	110	62	40	5	93	68	17	4	20	3700
35	40	17	25		81	59	1	4	14	3900
12	71	25	6		52	8		3	1	4000
36	22	17	13		31	19		5		4100
5	14	11	7	7	28	18	1	2		4200
4	7	1			3	1			1	4300
219	**506**	**271**	**301**	**82**	**223**	**269**	**67**	**54**	**207**	D
94	249	164	179	75	97	186	31	27	122	4400
21	53	5	4		6	3	1	4	4	4500
104	204	102	118	7	120	80	35	23	81	4600
238	**570**	**208**	**229**	**39**	**317**	**326**	**116**	**135**	**278**	E
162	402	155	173	36	225	224	95	111	211	4700
35	95	18	28	1	50	60	14	16	47	4800
23	31	16	11	1	20	21	1	6	15	4900
18	42	19	17	1	22	21	6	2	5	5000

2-2 续表 3

行业大类	代码	河 南	湖 北	湖 南	广 东	广 西	海 南
交通运输、仓储和邮政业	F	**588**	**489**	**410**	**1329**	**381**	**124**
道路运输业	5200	207	209	152	395	101	47
城市公共交通业	5300	43	54	60	108	22	12
水上运输业	5400	8	68	26	194	40	24
航空运输业	5500	5	14	6	27	9	3
管道运输业	5600	1			1		
装卸搬运和其他运输服务业	5700	33	50	46	244	56	13
仓储业	5800	272	77	105	314	138	9
邮政业	5900	19	17	15	46	15	16
信息传输、计算机服务和软件业	G	**60**	**97**	**148**	**275**	**121**	**15**
电信和其他信息传输服务业	6000	31	66	97	166	102	8
计算机服务业	6100	17	15	21	40	16	3
软件业	6200	12	16	30	69	3	4
批发和零售业	H	**5769**	**3563**	**2748**	**7407**	**3337**	**967**
批发业	6300	4119	2213	1639	5184	1957	563
零售业	6500	1650	1350	1109	2223	1380	404
住宿和餐饮业	I	**661**	**639**	**574**	**1029**	**504**	**214**
住宿业	6600	534	513	456	826	394	199
餐饮业	6700	127	126	118	203	110	15
金融业	J	**273**	**255**	**203**	**421**	**238**	**47**
银行业	6800	170	154	116	191	187	21
证券业	6900	11	24	3	41		5
保险业	7000	78	58	65	146	41	9
其他金融活动	7100	14	19	19	43	10	12
房地产业	K	**511**	**869**	**904**	**2121**	**560**	**345**
房地产业	7200	511	869	904	2121	560	345
租赁和商务服务业	L	**449**	**686**	**502**	**2274**	**526**	**170**
租赁业	7300	25	17	17	35	8	13
商务服务业	7400	424	669	485	2239	518	157
科学研究、技术服务和地质勘查业	M	**382**	**466**	**283**	**857**	**290**	**86**
研究与试验发展	7500	42	41	34	95	30	9
专业技术服务业	7600	252	250	199	585	194	63
科技交流和推广服务业	7700	69	153	40	132	58	7
地质勘查业	7800	19	22	10	45	8	7
水利、环境和公共设施管理业	N	**59**	**114**	**76**	**186**	**53**	**21**
水利管理业	7900	12	46	17	24	10	5
环境管理业	8000	5	9	7	31	7	6
公共设施管理业	8100	42	59	52	131	36	10
居民服务和其他服务业	O	**89**	**182**	**84**	**274**	**79**	**17**
居民服务业	8200	49	55	35	102	23	7
其他服务业	8300	40	127	49	172	56	10
教育	P	**40**	**31**	**37**	**88**	**23**	**8**
教育	8400	40	31	37	88	23	8
卫生、社会保障和社会福利业	Q	**31**	**81**	**54**	**55**	**22**	**15**
卫生	8500	27	71	50	46	18	15
社会保障业	8600		2		3		
社会福利业	8700	4	8	4	6	4	
文化、体育和娱乐业	R	**149**	**162**	**148**	**321**	**112**	**58**
新闻出版业	8800	34	37	28	92	15	16
广播、电视、电影和音像业	8900	93	71	83	107	81	28
文化艺术业	9000	15	36	10	38	5	7
体育	9100	1	5	4	19	1	2
娱乐业	9200	6	13	23	65	10	5

重 庆	四 川	贵 州	云 南	西 藏	陕 西	甘 肃	青 海	宁 夏	新 疆	代码
243	**404**	**210**	**175**	**37**	**304**	**306**	**126**	**78**	**231**	F
92	182	91	75	21	152	112	53	29	128	5200
20	46	12	14	5	32	13	5	5	13	5300
25	15	5	1			1				5400
6	13	7	3	1	12	4	2	4	7	5500
1					2			1	1	5600
33	52	29	27	1	18	28	10	15	23	5700
64	72	54	36		88	130	44	18	40	5800
2	24	12	19	9		18	11	6	19	5900
52	**227**	**61**	**44**	**3**	**126**	**28**	**39**	**20**	**37**	G
28	195	54	33	3	100	10	36	18	20	6000
15	20	7	7		14	12	3	2	11	6100
9	12		4		12	6			6	6200
1195	**2617**	**1764**	**1478**	**213**	**3688**	**2110**	**276**	**442**	**1234**	H
743	1669	996	909	54	1842	1120	106	230	842	6300
452	948	768	569	159	1846	990	170	212	392	6500
178	**594**	**338**	**525**	**71**	**646**	**340**	**80**	**65**	**287**	I
139	490	276	487	69	528	299	70	54	267	6600
39	104	62	38	2	118	41	10	11	20	6700
427	**368**	**136**	**219**	**24**	**7**	**237**	**168**	**27**	**184**	J
302	241	73	141	18		183	147	11	102	6800
6	22	3	6	1		4	1	1	3	6900
110	94	43	55	4	1	42	17	11	68	7000
9	11	17	17	1	6	8	3	4	11	7100
364	**418**	**377**	**267**	**15**	**385**	**189**	**74**	**81**	**253**	K
364	418	377	267	15	385	189	74	81	253	7200
310	**668**	**201**	**370**	**29**	**308**	**232**	**87**	**93**	**339**	L
9	24	11	10	1	27	17	2	4	16	7300
301	644	190	360	28	281	215	85	89	323	7400
209	**393**	**132**	**247**	**8**	**214**	**246**	**77**	**73**	**199**	M
13	28	16	23		24	32	3	7	15	7500
135	239	93	160	7	122	143	46	39	147	7600
54	96	11	38	1	49	56	22	22	28	7700
7	30	12	26		19	15	6	5	9	7800
90	**67**	**43**	**74**	**3**	**74**	**27**	**4**	**11**	**48**	N
36	14	16	9		23	5	2	1	9	7900
19	19	9	17		6	5	1	2	10	8000
35	34	18	48	3	45	17	1	8	29	8100
61	**93**	**58**	**47**	**5**	**169**	**63**	**10**	**20**	**65**	O
18	32	26	20		90	25	7	6	29	8200
43	61	32	27	5	79	38	3	14	36	8300
11	**32**	**19**	**34**		**24**	**37**	**6**	**5**	**29**	P
11	32	19	34		24	37	6	5	29	8400
6	**41**	**10**	**25**	**2**	**69**	**33**	**7**	**5**	**15**	Q
5	29	8	21		64	32	6	3	10	8500
	3				1			1		8600
1	9	2	4	2	4	1	1	1	5	8700
53	**159**	**68**	**110**	**2**	**125**	**64**	**23**	**22**	**84**	R
11	28	2	5		21	10	1	1	8	8800
28	105	61	72	2	79	36	17	14	61	8900
7	8	1	6		9	5	2	2	2	9000
3			5		2	1				9100
4	18	4	22		14	12	3	5	13	9200

2-3 按行业（大类）、地区

行业大类	代码	就业人数（万人）	北京	天津	河北	山西	内蒙古
总计	0000	**16693.01**	**578.02**	**278.86**	**726.70**	**473.01**	**204.88**
农、林、牧、渔业	A	**106.15**	**0.62**		**0.10**	**0.38**	**8.07**
农业	0100	48.27	0.03			0.22	6.38
林业	0200	50.83	0.01		0.06	0.01	0.60
畜牧业	0300	4.76	0.53			0.15	0.80
渔业	0400	0.86	0.01		0.04		0.12
农、林、牧、渔服务业	0500	1.44	0.04			0.01	0.17
采矿业	B	**888.76**	**4.14**	**7.39**	**59.22**	**114.69**	**27.66**
煤炭开采和洗选业	0600	552.42	3.02	0.02	29.71	106.54	19.77
石油和天然气开采业	0700	99.38	0.10	6.00	6.63		0.34
黑色金属矿采选业	0800	62.33	0.33		14.87	5.21	2.52
有色金属矿采选业	0900	57.25	0.02	0.27	1.51	0.61	2.83
非金属矿采选业	1000	116.58	0.68	1.10	6.48	2.33	2.20
其他采矿业	1100	0.79			0.02		0.01
制造业	C	**8390.13**	**148.73**	**152.52**	**381.33**	**168.18**	**76.07**
农副食品加工业	1300	312.97	3.56	2.78	15.03	3.93	6.09
食品制造业	1400	169.97	5.13	3.12	10.22	3.06	3.31
饮料制造业	1500	127.62	2.76	1.59	6.09	2.67	2.69
烟草制品业	1600	20.01	0.09	0.17	0.70	0.16	0.25
纺织业	1700	790.74	5.26	8.43	39.69	5.74	7.22
纺织服装、鞋、帽制造业	1800	504.02	11.75	10.88	15.59	1.33	1.50
皮革、毛皮、羽毛(绒)及其制品业	1900	288.15	0.82	2.49	8.84	0.23	0.35
木材加工及木、竹、藤、棕、草制品业	2000	168.53	1.04	1.05	5.37	0.43	1.72
家具制造业	2100	115.17	2.97	2.70	4.02	0.46	0.41
造纸及纸制品业	2200	210.12	2.49	3.33	13.01	2.28	1.40
印刷业和记录媒介的复制	2300	131.78	7.24	2.07	6.25	1.90	0.97
文教体育用品制造业	2400	153.88	1.44	1.98	1.63	0.50	0.01
石油加工、炼焦及核燃料加工业	2500	80.80	1.56	1.45	4.18	18.39	2.26
化学原料及化学制品制造业	2600	458.15	7.57	10.32	22.83	16.12	6.26
医药制造业	2700	136.87	4.30	4.09	7.57	3.21	1.65
化学纤维制造业	2800	44.10	0.14	0.28	1.58	0.60	0.11
橡胶制品业	2900	113.89	1.11	3.23	6.52	1.18	0.09
塑料制品业	3000	302.18	4.03	6.64	11.21	1.75	0.84
非金属矿物制品业	3100	872.48	11.46	5.32	58.21	28.92	11.05
黑色金属冶炼及压延加工业	3200	312.61	6.77	9.59	40.34	23.48	10.36
有色金属冶炼及压延加工业	3300	151.67	1.13	1.49	4.03	9.81	3.68
金属制品业	3400	363.52	9.17	10.89	18.80	5.54	1.65
通用设备制造业	3500	543.77	9.50	10.95	27.92	16.20	2.84
专用设备制造业	3600	320.90	8.57	6.15	16.13	9.17	4.53
交通运输设备制造业	3700	443.58	12.93	12.37	15.42	5.11	1.62
电气机械及器材制造业	3900	459.49	6.79	8.28	10.07	3.06	0.97
通信设备、计算机及其他电子设备制造业	4000	457.89	12.55	13.36	3.29	1.29	0.51
仪器仪表及文化、办公用机械制造业	4100	119.00	4.23	2.72	1.75	0.45	0.06
工艺品及其他制造业	4200	207.45	2.21	4.71	4.74	1.11	1.62
废弃资源和废旧材料回收加工业	4300	8.82	0.14	0.08	0.29	0.11	0.04
电力、燃气及水的生产和供应业	D	**363.38**	**7.58**	**3.39**	**16.50**	**11.50**	**10.10**
电力、热力的生产和供应业	4400	286.44	6.23	2.24	13.00	9.40	8.37
燃气生产和供应业	4500	17.88	0.74	0.69	1.08	0.38	0.28
水的生产和供应业	4600	59.06	0.60	0.45	2.42	1.72	1.45
建筑业	E	**2792.30**	**69.56**	**29.48**	**128.79**	**61.95**	**31.09**
房屋和土木工程建筑业	4700	2344.62	46.74	18.43	113.54	52.72	28.79
建筑安装业	4800	246.97	10.80	6.88	8.03	4.64	1.32
建筑装饰业	4900	122.23	8.86	2.18	3.39	2.40	0.63
其他建筑业	5000	78.48	3.16	2.00	3.83	2.19	0.35

分组的企业法人单位就业人数

辽宁	吉林	黑龙江	上海	江苏	浙江	安徽	福建	江西	山东	代码
667.36	**276.33**	**394.43**	**824.21**	**1649.52**	**1391.95**	**459.30**	**551.68**	**327.45**	**1451.04**	**0000**
0.35	**2.19**	**46.35**	**0.02**	**0.12**	**0.22**		**0.12**	**0.34**		**A**
0.10	1.52	22.05	0.01	0.07	0.09			0.08		0100
0.02	0.55	22.90			0.07			0.13		0200
0.14	0.01	1.27		0.03	0.04			0.03		0300
0.09	0.09	0.10			0.01			0.08		0400
	0.01	0.02		0.02			0.12	0.01		0500
47.76	**20.69**	**48.88**	**0.02**	**23.16**	**7.69**	**37.73**	**9.03**	**23.74**	**93.47**	**B**
22.25	10.00	35.06		11.12	0.65	27.46	3.86	13.78	52.72	0600
8.36	6.42	10.91	0.02	1.79	0.01				17.57	0700
6.23	1.21	0.28		1.27	0.20	2.92	0.80	1.18	3.36	0800
5.32	1.06	0.65		0.22	0.72	1.39	0.73	4.16	6.53	0900
5.59	1.98	1.80		8.76	6.11	5.93	3.61	4.62	13.20	1000
0.02	0.03	0.18		0.01	0.01	0.04	0.02		0.09	1100
317.45	**113.73**	**129.87**	**345.86**	**1007.48**	**872.73**	**188.52**	**356.35**	**155.53**	**832.45**	**C**
13.99	7.22	10.16	2.92	18.80	11.79	10.24	11.47	6.16	74.97	1300
5.57	2.35	4.97	6.57	9.50	9.53	3.43	9.25	3.74	23.81	1400
4.21	4.20	4.36	1.77	9.09	6.70	6.95	4.35	3.02	15.49	1500
0.30	0.42	0.64	0.43	0.80	0.30	0.95	0.35	0.72	0.93	1600
15.64	3.75	6.72	26.44	159.65	133.08	17.18	26.28	13.63	106.94	1700
17.53	1.86	0.89	34.24	87.68	73.08	6.79	42.41	9.15	40.14	1800
2.98	0.28	0.42	7.50	17.23	54.05	2.60	51.42	3.36	20.57	1900
4.84	12.21	9.56	3.55	23.29	12.28	6.43	10.56	8.08	16.73	2000
3.11	1.04	2.52	6.84	6.54	12.65	1.28	6.47	2.03	9.51	2100
6.20	2.02	4.12	5.57	15.86	20.42	3.69	9.84	3.17	28.83	2200
3.61	1.87	1.79	7.52	11.05	13.14	2.67	4.35	2.34	8.15	2300
1.17	0.19	0.54	9.61	21.05	18.86	4.29	6.42	1.12	11.87	2400
6.26	0.96	5.08	2.83	2.75	1.29	0.71	0.40	0.96	8.82	2500
18.13	8.57	6.81	14.52	53.01	24.79	10.83	8.34	17.48	51.34	2600
4.95	5.23	4.97	5.70	11.02	8.93	3.45	2.01	5.08	12.25	2700
3.57	1.08	0.54	1.33	10.54	8.61	0.57	1.43	0.94	3.92	2800
4.97	0.77	1.32	6.46	12.25	12.72	3.02	8.92	1.11	17.39	2900
8.15	2.14	3.12	15.74	35.42	41.68	5.26	16.48	2.71	22.17	3000
31.85	13.09	13.43	12.42	66.62	38.19	38.75	33.67	26.71	95.65	3100
33.00	3.87	3.61	5.89	25.48	8.65	8.11	4.20	6.55	19.45	3200
6.75	2.26	1.32	4.23	11.52	8.74	3.58	2.14	4.22	10.61	3300
11.34	2.15	5.03	25.90	52.51	44.33	5.01	7.54	3.00	29.23	3400
35.32	5.18	11.98	31.30	91.08	88.70	10.90	9.03	5.76	58.09	3500
17.24	4.54	8.24	18.09	44.29	25.12	6.77	5.98	3.55	35.13	3600
25.29	20.68	8.70	22.19	46.02	46.78	8.90	8.81	7.92	31.73	3700
14.77	2.37	5.14	26.87	59.50	67.86	8.38	13.69	5.03	29.09	3900
8.51	1.31	0.74	27.10	79.02	28.73	2.99	17.24	3.15	17.98	4000
3.85	1.36	1.78	7.43	12.22	17.98	1.11	6.08	1.75	5.07	4100
3.98	0.62	1.32	4.53	12.79	32.20	3.04	27.05	2.92	26.13	4200
0.37	0.14	0.07	0.40	0.92	1.56	0.64	0.18	0.15	0.46	4300
20.67	**11.91**	**22.54**	**5.12**	**16.22**	**13.44**	**10.35**	**12.66**	**12.12**	**25.17**	**D**
15.33	9.44	19.05	2.62	10.57	10.43	7.78	10.80	10.11	19.78	4400
1.52	0.68	1.18	1.06	1.07	0.43	0.54	0.19	0.24	1.68	4500
3.82	1.78	2.30	1.44	4.58	2.58	2.03	1.67	1.77	3.72	4600
112.78	**39.20**	**52.08**	**93.15**	**330.35**	**280.28**	**107.15**	**63.40**	**62.20**	**247.74**	**E**
90.03	29.68	41.86	55.35	282.27	255.72	81.17	47.56	55.84	208.46	4700
14.22	7.20	7.46	18.92	25.89	9.16	13.71	5.72	3.68	25.51	4800
6.81	1.21	1.85	15.06	12.66	11.44	5.30	4.07	2.13	8.27	4900
1.72	1.12	0.91	3.82	9.52	3.97	6.98	6.05	0.54	5.50	5000

2-3 续表 1

行业大类	代码	就业人数（万人）	北 京	天 津	河 北	山 西	内蒙古
交通运输、仓储和邮政业	F	**580.74**	**34.67**	**12.96**	**18.30**	**11.64**	**6.06**
道路运输业	5200	203.79	5.39	3.00	7.45	5.16	2.32
城市公共交通业	5300	124.53	17.03	1.95	2.47	2.29	1.37
水上运输业	5400	69.24		2.46	2.25		0.01
航空运输业	5500	20.72	3.61	0.26	0.16	0.17	0.24
管道运输业	5600	1.56	0.01	0.02	0.12		0.01
装卸搬运和其他运输服务业	5700	61.93	3.12	2.49	1.88	1.20	0.52
仓储业	5800	38.66	1.55	1.97	1.35	1.02	0.58
邮政业	5900	58.65	3.96	0.81	2.63	1.80	1.03
信息传输、计算机服务和软件业	G	**230.13**	**27.95**	**2.76**	**8.61**	**7.10**	**2.42**
电信和其他信息传输服务业	6000	157.08	7.10	1.25	7.65	6.53	2.20
计算机服务业	6100	31.35	8.07	0.91	0.50	0.32	0.17
软件业	6200	41.70	12.79	0.60	0.46	0.25	0.06
批发和零售业	H	**1382.42**	**83.22**	**29.30**	**54.40**	**49.28**	**17.80**
批发业	6300	772.73	42.08	17.46	27.41	23.47	8.56
零售业	6500	609.69	41.14	11.84	26.99	25.81	9.24
住宿和餐饮业	I	**424.42**	**37.90**	**7.17**	**13.05**	**12.12**	**6.35**
住宿业	6600	214.70	15.96	2.69	7.91	6.74	3.39
餐饮业	6700	209.72	21.94	4.48	5.15	5.38	2.96
金融业	J	**362.44**	**14.65**	**4.99**	**17.73**	**13.96**	**7.18**
银行业	6800	236.15	7.12	3.51	11.57	8.71	5.76
证券业	6900	9.91	1.25	0.22	0.24	0.20	0.09
保险业	7000	111.66	4.94	1.24	5.87	4.89	1.04
其他金融活动	7100	4.73	1.34	0.03	0.05	0.17	0.29
房地产业	K	**385.63**	**31.24**	**6.82**	**8.46**	**5.47**	**3.98**
房地产业	7200	385.63	31.24	6.82	8.46	5.47	3.98
租赁和商务服务业	L	**367.90**	**57.13**	**8.53**	**7.74**	**8.11**	**3.58**
租赁业	7300	12.11	2.04	0.28	0.19	0.37	0.09
商务服务业	7400	355.79	55.09	8.25	7.55	7.74	3.48
科学研究、技术服务和地质勘查业	M	**165.10**	**28.13**	**6.38**	**6.44**	**3.16**	**1.52**
研究与试验发展	7500	20.02	4.29	0.42	0.41	0.45	0.23
专业技术服务业	7600	110.45	17.12	4.56	3.25	2.12	1.08
科技交流和推广服务业	7700	26.50	6.40	1.37	0.56	0.27	0.09
地质勘查业	7800	8.13	0.32	0.04	2.21	0.31	0.11
水利、环境和公共设施管理业	N	**38.02**	**3.03**	**0.43**	**1.38**	**1.11**	**0.43**
水利管理业	7900	3.37	0.11	0.06	0.17	0.12	0.10
环境管理业	8000	8.25	1.13	0.13	0.08	0.22	0.06
公共设施管理业	8100	26.40	1.80	0.24	1.13	0.78	0.27
居民服务和其他服务业	O	**119.02**	**18.38**	**5.67**	**1.92**	**2.49**	**1.17**
居民服务业	8200	51.17	5.92	1.66	1.07	1.24	0.67
其他服务业	8300	67.85	12.46	4.01	0.85	1.26	0.50
教育	P	**20.32**	**1.81**	**0.27**	**0.58**	**0.42**	**0.31**
教育	8400	20.32	1.81	0.27	0.58	0.42	0.31
卫生、社会保障和社会福利业	Q	**26.37**	**1.45**	**0.11**	**0.93**	**0.57**	**0.74**
卫生	8500	25.23	1.44	0.09	0.90	0.55	0.74
社会保障业	8600	0.51		0.01			
社会福利业	8700	0.63	0.01	0.01	0.03	0.02	
文化、体育和娱乐业	R	**49.76**	**7.84**	**0.68**	**1.21**	**0.89**	**0.35**
新闻出版业	8800	10.34	2.19	0.14	0.28	0.19	0.03
广播、电视、电影和音像业	8900	9.90	1.42	0.10	0.19	0.25	0.08
文化艺术业	9000	4.03	1.40	0.03	0.07	0.06	0.02
体育	9100	2.10	0.48	0.04	0.06	0.03	0.01
娱乐业	9200	23.39	2.34	0.36	0.61	0.36	0.21

辽 宁	吉 林	黑龙江	上 海	江 苏	浙 江	安 徽	福 建	江 西	山 东	代码
25.04	**13.11**	**11.47**	**45.35**	**42.18**	**30.13**	**24.16**	**18.82**	**13.21**	**36.01**	F
6.01	4.37	3.05	7.83	14.27	11.84	10.78	8.00	6.50	14.14	5200
6.15	2.10	2.05	15.11	6.13	5.05	4.46	2.74	1.93	5.68	5300
4.05	0.07	0.35	5.23	9.72	4.41	4.50	2.71	0.98	6.72	5400
1.15	0.31	0.27	2.73	0.57	0.46	0.22	0.76	0.13	0.48	5500
0.10		0.02	0.09	0.79					0.10	5600
3.48	0.62	1.94	6.48	5.38	4.26	1.38	2.32	1.08	2.59	5700
1.84	2.46	3.78	4.75	1.77	0.81	0.98	0.64	0.83	2.90	5800
2.24	3.19	0.01	3.12	3.56	3.29	1.84	1.65	1.76	3.39	5900
6.58	**6.46**	**12.85**	**14.80**	**13.77**	**12.21**	**3.33**	**4.45**	**5.10**	**12.16**	G
4.16	5.76	12.00	3.48	10.05	7.31	2.63	2.94	4.69	10.11	6000
0.58	0.23	0.44	4.76	1.82	2.01	0.37	0.68	0.15	1.03	6100
1.83	0.47	0.41	6.57	1.90	2.89	0.33	0.83	0.26	1.01	6200
55.80	**35.14**	**35.19**	**146.59**	**98.18**	**67.91**	**41.11**	**34.88**	**20.93**	**100.85**	H
30.43	22.95	19.22	96.31	53.44	44.34	22.62	20.74	11.17	53.07	6300
25.37	12.19	15.97	50.28	44.74	23.56	18.48	14.14	9.77	47.78	6500
16.36	**5.95**	**7.10**	**28.61**	**25.06**	**25.88**	**10.86**	**11.31**	**7.62**	**24.53**	I
7.97	3.25	3.65	9.88	10.02	15.21	5.95	7.25	4.31	8.65	6600
8.39	2.70	3.45	18.74	15.04	10.67	4.90	4.06	3.31	15.88	6700
20.53	**10.27**	**0.10**	**13.32**	**26.38**	**20.76**	**11.45**	**11.20**	**9.26**	**29.36**	J
14.67	8.11		6.27	14.63	13.33	8.50	7.53	6.38	18.35	6800
0.38	0.18		1.80	0.39	0.38	0.28	0.25	0.12	0.38	6900
5.33	1.89		4.95	11.12	6.78	2.61	3.27	2.72	10.55	7000
0.15	0.09	0.10	0.31	0.24	0.27	0.06	0.15	0.04	0.07	7100
12.98	**4.61**	**10.07**	**33.05**	**18.95**	**15.88**	**9.58**	**11.20**	**7.39**	**16.90**	K
12.98	4.61	10.07	33.05	18.95	15.88	9.58	11.20	7.39	16.90	7200
13.48	**6.17**	**7.65**	**49.55**	**22.69**	**22.07**	**6.35**	**8.17**	**5.03**	**16.03**	L
0.39	0.37	0.21	1.48	0.75	0.40	0.30	0.19	0.22	0.89	7300
13.09	5.79	7.44	48.07	21.94	21.67	6.05	7.99	4.81	15.14	7400
6.85	**2.17**	**2.62**	**19.33**	**8.66**	**10.48**	**3.35**	**3.53**	**1.68**	**5.37**	M
1.29	0.25	0.39	2.16	1.01	0.42	0.36	0.11	0.17	0.61	7500
4.23	1.56	1.69	12.05	6.36	7.42	2.47	2.91	1.16	3.80	7600
1.02	0.28	0.48	4.96	1.13	2.49	0.35	0.39	0.17	0.70	7700
0.31	0.08	0.06	0.16	0.15	0.16	0.16	0.12	0.17	0.27	7800
1.55	**0.68**	**0.63**	**4.37**	**2.61**	**3.73**	**0.74**	**1.17**	**0.56**	**1.89**	N
0.21	0.21	0.04	0.16	0.21	0.19	0.03	0.07	0.02	0.09	7900
0.21	0.08	0.19	1.36	0.62	0.82	0.10	0.13	0.04	0.36	8000
1.12	0.38	0.41	2.85	1.77	2.72	0.61	0.97	0.50	1.44	8100
4.02	**2.04**	**2.26**	**18.40**	**7.78**	**3.90**	**2.37**	**3.02**	**1.43**	**5.31**	O
2.49	1.14	1.05	6.75	4.15	2.20	1.37	1.44	0.51	2.29	8200
1.53	0.90	1.21	11.65	3.63	1.70	1.00	1.57	0.93	3.02	8300
0.71	**0.49**	**1.87**	**1.18**	**1.24**	**1.37**	**0.49**	**0.47**	**0.23**	**0.95**	P
0.71	0.49	1.87	1.18	1.24	1.37	0.49	0.47	0.23	0.95	8400
2.41	**0.75**	**2.04**	**1.08**	**2.08**	**1.15**	**0.85**	**0.40**	**0.44**	**1.14**	Q
2.33	0.72	1.96	0.99	1.96	0.85	0.83	0.39	0.43	1.12	8500
0.03		0.06	0.03	0.08	0.24	0.01			0.01	8600
0.05	0.04	0.01	0.05	0.04	0.07	0.01		0.01	0.02	8700
2.03	**0.77**	**0.84**	**4.40**	**2.60**	**2.13**	**0.93**	**1.49**	**0.63**	**1.71**	R
0.81	0.24	0.14	0.69	0.52	0.11	0.12	0.08	0.01	0.35	8800
0.26	0.26	0.22	0.81	0.53	0.40	0.29	0.25	0.20	0.55	8900
0.10	0.06	0.02	0.34	0.22	0.23	0.09	0.04	0.03	0.15	9000
0.15	0.03	0.01	0.25	0.08	0.09	0.01	0.04		0.03	9100
0.72	0.18	0.45	2.31	1.26	1.31	0.42	1.07	0.40	0.62	9200

2-3 续表 2

行业大类	代码	河 南	湖 北	湖 南	广 东	广 西	海 南
总计	0000	**882.47**	**505.88**	**515.58**	**2017.32**	**266.18**	**71.78**
农、林、牧、渔业	A	**1.18**	**0.54**	**0.22**	**1.86**	**5.16**	**21.96**
农业	0100	0.88	0.51	0.04	1.32	3.80	2.47
林业	0200	0.05			0.42	0.51	19.28
畜牧业	0300	0.18	0.02	0.11		0.58	0.01
渔业	0400	0.02			0.09	0.15	
农、林、牧、渔服务业	0500	0.04		0.06	0.03	0.12	0.20
采矿业	B	**88.40**	**18.99**	**41.34**	**9.92**	**7.90**	**1.38**
煤炭开采和洗选业	0600	58.66	5.02	26.39	2.59	1.99	
石油和天然气开采业	0700	11.02	3.01		0.14		
黑色金属矿采选业	0800	3.16	3.55	2.00	0.92	1.20	0.84
有色金属矿采选业	0900	6.65	1.16	5.27	1.22	2.19	0.12
非金属矿采选业	1000	8.83	6.23	7.62	5.02	2.51	0.42
其他采矿业	1100	0.08	0.03	0.05	0.03	0.01	
制造业	C	**439.80**	**212.16**	**216.81**	**1353.12**	**117.21**	**11.94**
农副食品加工业	1300	32.63	8.22	8.56	14.55	11.92	2.14
食品制造业	1400	16.40	5.35	6.34	15.66	2.85	0.79
饮料制造业	1500	9.22	4.54	2.99	6.19	2.30	0.53
烟草制品业	1600	2.13	1.52	0.97	0.81	0.23	0.05
纺织业	1700	35.92	27.92	12.67	82.95	7.02	0.78
纺织服装、鞋、帽制造业	1800	6.83	11.23	2.80	119.25	1.45	0.19
皮革、毛皮、羽毛(绒)及其制品业	1900	5.81	1.12	2.41	97.32	1.86	0.05
木材加工及木、竹、藤、棕、草制品业	2000	13.14	2.65	8.36	12.06	6.33	0.68
家具制造业	2100	5.00	1.03	1.79	35.94	0.86	0.50
造纸及纸制品业	2200	15.73	5.47	8.25	31.74	4.76	0.41
印刷业和记录媒介的复制	2300	5.52	3.49	2.90	27.71	1.81	0.42
文教体育用品制造业	2400	0.46	0.43	0.54	70.49	0.29	
石油加工、炼焦及核燃料加工业	2500	2.56	1.92	2.28	2.36	0.29	0.06
化学原料及化学制品制造业	2600	25.01	14.16	36.17	29.89	10.10	0.67
医药制造业	2700	9.73	5.66	3.29	8.60	3.71	0.72
化学纤维制造业	2800	2.63	0.94	0.82	2.15	0.23	0.17
橡胶制品业	2900	4.61	1.46	1.81	16.27	0.99	0.09
塑料制品业	3000	10.63	5.05	3.40	85.61	2.36	0.28
非金属矿物制品业	3100	103.81	27.39	41.42	59.44	21.00	1.17
黑色金属冶炼及压延加工业	3200	13.17	13.71	11.54	6.97	5.62	0.15
有色金属冶炼及压延加工业	3300	11.54	3.72	8.75	10.87	5.42	0.04
金属制品业	3400	10.04	6.67	5.47	85.62	1.98	0.25
通用设备制造业	3500	26.79	12.15	9.98	30.10	4.33	0.10
专用设备制造业	3600	24.87	5.66	9.09	34.12	3.62	0.18
交通运输设备制造业	3700	16.13	28.17	11.02	27.84	7.02	0.97
电气机械及器材制造业	3900	12.23	5.47	6.30	146.92	2.33	0.28
通信设备、计算机及其他电子设备制造业	4000	2.42	3.29	3.01	208.29	1.21	0.12
仪器仪表及文化、办公用机械制造业	4100	2.89	1.66	1.23	35.09	0.60	0.04
工艺品及其他制造业	4200	11.51	1.65	2.44	47.08	4.61	0.12
废弃资源和废旧材料回收加工业	4300	0.44	0.44	0.18	1.25	0.12	
电力、燃气及水的生产和供应业	D	**25.47**	**13.94**	**14.51**	**26.26**	**9.70**	**2.63**
电力、热力的生产和供应业	4400	20.70	10.30	11.53	20.01	7.91	1.95
燃气生产和供应业	4500	0.85	0.46	0.34	0.76	0.06	0.14
水的生产和供应业	4600	3.92	3.18	2.64	5.48	1.73	0.55
建筑业	E	**132.16**	**117.99**	**122.71**	**163.65**	**38.37**	**8.29**
房屋和土木工程建筑业	4700	109.82	100.50	110.21	134.86	31.78	6.69
建筑安装业	4800	14.03	8.44	8.65	15.60	3.24	0.75
建筑装饰业	4900	4.17	3.72	1.78	10.53	1.15	0.63
其他建筑业	5000	4.15	5.34	2.07	2.66	2.22	0.23

重 庆	四 川	贵 州	云 南	西 藏	陕 西	甘 肃	青 海	宁 夏	新 疆	代码
323.86	**643.77**	**177.84**	**247.11**	**9.74**	**322.96**	**213.93**	**43.73**	**62.36**	**132.62**	0000
0.03	**0.43**	**0.17**	**8.60**		**0.25**	**2.84**	**0.59**	**1.20**	**2.27**	A
0.03		0.10	3.33		0.25	1.75	0.45	1.18	1.59	0100
	0.30	0.01	5.12			0.70		0.01	0.06	0200
	0.06	0.04	0.06			0.10	0.11		0.48	0300
		0.02	0.01						0.02	0400
	0.07		0.09			0.28	0.02	0.01	0.12	0500
21.31	**51.04**	**28.98**	**22.48**	**0.18**	**29.74**	**13.91**	**3.78**	**6.91**	**17.22**	B
16.23	32.34	23.55	12.69		15.22	8.39	0.82	6.50	6.07	0600
0.16	6.97		0.01		7.32	1.51	1.76	0.03	9.32	0700
1.19	3.08	1.34	2.18	0.07	1.11	0.70	0.14		0.48	0800
0.04	2.29	1.27	5.06	0.06	3.36	1.53	0.34		0.69	0900
3.66	6.29	2.79	2.54	0.05	2.72	1.78	0.73	0.37	0.64	1000
0.04	0.06	0.04			0.02				0.01	1100
120.94	**234.92**	**61.60**	**78.11**	**1.50**	**143.43**	**79.60**	**11.99**	**23.99**	**35.80**	C
3.82	11.70	1.72	5.32	0.07	4.46	4.36	0.46	1.19	2.76	1300
2.44	5.95	1.17	1.77	0.04	3.62	1.63	0.19	0.83	1.40	1400
2.16	10.67	2.85	2.68	0.10	3.17	2.14	0.25	0.60	1.30	1500
0.57	0.71	1.63	3.12		0.76	0.22		0.04	0.07	1600
8.65	14.31	0.94	2.54	0.04	11.14	2.49	0.51	0.86	6.38	1700
1.24	2.33	0.44	0.50	0.03	1.71	0.61	0.20	0.11	0.30	1800
1.24	3.55	0.04	0.23	0.02	0.37	0.67	0.01	0.12	0.14	1900
0.50	2.55	0.56	2.38	0.14	0.95	0.48	0.03	0.08	0.52	2000
1.06	3.31	0.20	0.39	0.02	1.47	0.42	0.03	0.12	0.49	2100
2.10	6.96	0.76	2.01		5.69	1.24	0.05	1.60	1.11	2200
1.81	4.33	1.30	1.96	0.13	2.94	1.22	0.22	0.37	0.75	2300
0.10	0.26	0.08	0.04		0.11	0.07			0.14	2400
0.48	1.46	1.76	1.12		2.45	3.00	0.02	0.84	2.30	2500
7.68	21.43	6.25	8.60	0.03	7.86	5.96	1.57	3.19	2.65	2600
2.49	6.60	2.54	1.94	0.13	4.38	1.45	0.37	0.51	0.34	2700
0.06	1.26	0.04	0.04		0.07	0.24		0.03	0.18	2800
1.40	2.17	1.34	0.42		1.26	0.17	0.01	0.51	0.31	2900
2.01	5.75	1.00	1.59		2.17	1.93	0.09	0.64	2.34	3000
16.33	42.54	9.66	12.01	0.46	23.77	16.31	2.76	3.88	5.16	3100
3.88	16.77	8.49	7.00		3.75	6.79	1.37	2.13	1.94	3200
2.38	3.99	4.01	9.25	0.01	3.39	9.33	1.20	1.73	0.55	3300
3.64	6.19	1.88	1.63	0.01	3.70	2.02	0.48	0.77	1.02	3400
7.67	14.65	2.43	2.92		10.72	3.67	0.81	1.65	0.99	3500
6.01	8.41	1.48	2.22		7.10	3.09	0.13	0.71	0.70	3600
33.18	17.17	5.43	3.00	0.10	14.86	2.83	0.38	0.16	0.86	3700
3.19	7.02	1.37	1.51		6.29	3.47	0.16	0.42	0.66	3900
1.08	9.88	1.39	0.19		7.49	1.39		0.10	0.25	4000
2.94	1.03	0.36	0.78		2.99	0.76	0.07	0.65	0.07	4100
0.70	1.71	0.48	0.83	0.20	4.65	1.66	0.59	0.18	0.10	4200
0.16	0.29	0.03	0.14		0.14	0.02	0.03		0.04	4300
7.01	**20.33**	**8.46**	**8.20**	**0.54**	**9.37**	**7.27**	**1.97**	**2.87**	**5.61**	D
5.12	16.40	7.26	7.02	0.49	7.35	6.19	1.73	2.50	4.84	4400
0.64	1.49	0.29	0.24		0.49	0.10	0.02	0.07	0.17	4500
1.25	2.44	0.91	0.94	0.05	1.53	0.99	0.22	0.31	0.60	4600
91.78	**177.36**	**31.08**	**54.55**	**3.77**	**51.55**	**50.75**	**9.64**	**8.76**	**20.15**	E
81.16	158.39	26.53	49.53	3.58	46.06	44.35	7.97	7.91	17.13	4700
5.01	9.93	3.17	2.44	0.10	3.92	4.81	1.19	0.36	2.07	4800
3.47	4.41	0.80	1.86	0.04	1.14	1.16	0.27	0.38	0.46	4900
2.13	4.63	0.57	0.72	0.05	0.42	0.44	0.20	0.11	0.49	5000

2-3 续表 3

行业大类	代码	河南	湖北	湖南	广东	广西	海南
交通运输、仓储和邮政业	F	**32.58**	**26.75**	**18.40**	**51.22**	**14.19**	**3.78**
道路运输业	5200	15.89	8.21	7.49	15.29	6.20	1.18
城市公共交通业	5300	7.37	4.75	3.90	10.00	1.72	0.30
水上运输业	5400	0.71	7.46	1.17	9.22	2.21	0.93
航空运输业	5500	0.33	0.74	0.19	2.83	0.21	0.78
管道运输业	5600	0.02			0.13		
装卸搬运和其他运输服务业	5700	2.57	2.37	2.36	5.90	1.69	0.22
仓储业	5800	2.61	0.85	0.78	2.44	0.61	0.03
邮政业	5900	3.09	2.38	2.52	5.42	1.54	0.34
信息传输、计算机服务和软件业	G	**6.73**	**6.53**	**7.85**	**27.33**	**7.22**	**0.68**
电信和其他信息传输服务业	6000	5.61	5.54	6.22	18.47	6.31	0.42
计算机服务业	6100	0.49	0.45	0.59	3.03	0.68	0.15
软件业	6200	0.63	0.54	1.04	5.83	0.24	0.11
批发和零售业	H	**81.71**	**44.89**	**35.13**	**119.00**	**28.17**	**6.65**
批发业	6300	44.21	23.64	16.45	71.20	15.36	3.38
零售业	6500	37.50	21.25	18.68	47.80	12.81	3.27
住宿和餐饮业	I	**18.77**	**13.57**	**14.05**	**55.80**	**9.55**	**4.84**
住宿业	6600	11.09	6.73	8.00	27.08	6.23	4.00
餐饮业	6700	7.69	6.84	6.05	28.71	3.32	0.84
金融业	J	**22.88**	**14.90**	**14.64**	**34.16**	**8.75**	**1.93**
银行业	6800	15.91	9.75	9.92	21.48	6.29	1.25
证券业	6900	0.17	0.18	0.50	1.65	0.07	0.07
保险业	7000	6.69	4.80	4.09	10.69	2.34	0.56
其他金融活动	7100	0.11	0.16	0.13	0.33	0.05	0.05
房地产业	K	**9.97**	**13.15**	**12.59**	**85.69**	**7.20**	**3.34**
房地产业	7200	9.97	13.15	12.59	85.69	7.20	3.34
租赁和商务服务业	L	**9.81**	**9.45**	**6.65**	**47.05**	**5.97**	**1.63**
租赁业	7300	0.44	0.35	0.22	0.50	0.14	0.05
商务服务业	7400	9.37	9.10	6.43	46.55	5.83	1.58
科学研究、技术服务和地质勘查业	M	**5.73**	**4.20**	**3.58**	**14.60**	**2.63**	**0.65**
研究与试验发展	7500	0.87	0.40	0.53	1.97	0.43	0.06
专业技术服务业	7600	3.77	2.92	2.65	11.07	1.90	0.55
科技交流和推广服务业	7700	0.53	0.59	0.27	1.31	0.26	0.03
地质勘查业	7800	0.57	0.29	0.14	0.26	0.03	0.01
水利、环境和公共设施管理业	N	**1.20**	**1.24**	**1.04**	**4.22**	**0.55**	**0.80**
水利管理业	7900	0.07	0.48	0.12	0.22	0.04	0.01
环境管理业	8000	0.18	0.17	0.09	1.21	0.07	0.14
公共设施管理业	8100	0.94	0.59	0.83	2.79	0.44	0.65
居民服务和其他服务业	O	**2.98**	**3.45**	**2.43**	**12.87**	**1.78**	**0.36**
居民服务业	8200	1.69	1.32	1.46	4.35	0.54	0.25
其他服务业	8300	1.29	2.13	0.97	8.52	1.24	0.12
教育	P	**0.50**	**0.59**	**0.79**	**1.95**	**0.34**	**0.12**
教育	8400	0.50	0.59	0.79	1.95	0.34	0.12
卫生、社会保障和社会福利业	Q	**1.04**	**1.81**	**0.80**	**1.56**	**0.26**	**0.06**
卫生	8500	1.01	1.78	0.79	1.43	0.25	0.06
社会保障业	8600	0.01			0.01		
社会福利业	8700	0.02	0.02	0.01	0.12		
文化、体育和娱乐业	R	**1.55**	**1.74**	**2.04**	**7.06**	**1.22**	**0.72**
新闻出版业	8800	0.62	0.63	0.47	1.20	0.25	0.11
广播、电视、电影和音像业	8900	0.44	0.49	0.46	0.55	0.28	0.17
文化艺术业	9000	0.10	0.07	0.14	0.31	0.09	0.05
体育	9100	0.02	0.05	0.04	0.47	0.02	0.07
娱乐业	9200	0.37	0.50	0.92	4.53	0.59	0.33

重 庆	四 川	贵 州	云 南	西 藏	陕 西	甘 肃	青 海	宁 夏	新 疆	代码
15.91	**24.18**	**6.25**	**9.54**	**0.70**	**11.42**	**9.57**	**3.39**	**2.01**	**7.67**	F
5.96	10.87	2.78	4.60	0.14	6.05	4.42	0.54	0.81	3.27	5200
3.12	5.70	1.19	1.41	0.31	3.31	2.10	0.58	0.45	1.79	5300
3.23	0.46	0.16	0.10		0.04	0.01				5400
0.44	1.12	0.28	0.62	0.06	0.67	0.30	0.06	0.10	0.48	5500
					0.09			0.01	0.06	5600
1.48	2.75	0.58	1.28	0.01	0.51	0.85	0.11	0.13	0.39	5700
0.62	0.58	0.31	0.31		0.74	1.00	0.11	0.11	0.35	5800
1.07	2.71	0.95	1.22	0.18	0.01	0.89	0.31	0.40	1.33	5900
3.11	**9.63**	**3.21**	**3.10**	**0.21**	**6.38**	**2.61**	**1.17**	**1.18**	**2.62**	G
1.98	7.49	2.94	2.38	0.20	5.27	2.20	1.09	1.05	2.06	6000
0.74	1.35	0.19	0.46	0.01	0.38	0.22	0.06	0.09	0.43	6100
0.38	0.79	0.08	0.27		0.74	0.19	0.02	0.04	0.13	6200
23.95	**45.60**	**16.05**	**25.00**	**0.93**	**36.40**	**20.94**	**4.09**	**6.38**	**16.94**	H
13.23	25.11	9.05	15.29	0.26	15.93	10.84	1.85	3.34	10.30	6300
10.72	20.49	7.00	9.71	0.67	20.47	10.10	2.24	3.05	6.64	6500
7.95	**17.08**	**4.45**	**9.17**	**0.99**	**13.89**	**6.24**	**1.64**	**1.99**	**4.55**	I
3.71	8.84	2.64	6.95	0.73	6.91	3.62	0.92	1.04	3.38	6600
4.24	8.25	1.81	2.21	0.26	6.97	2.62	0.72	0.95	1.18	6700
6.59	**18.51**	**5.01**	**8.16**	**0.42**	**0.18**	**6.07**	**1.30**	**2.37**	**5.43**	J
4.14	11.45	3.91	6.43	0.37	0.04	4.26	1.10	1.77	3.63	6800
0.12	0.26	0.04	0.35	0.01	0.04	0.08	0.02	0.05	0.13	6900
2.24	6.70	0.99	1.33	0.03	0.01	1.71	0.17	0.47	1.62	7000
0.09	0.09	0.07	0.05		0.08	0.02	0.01	0.09	0.05	7100
12.50	**16.91**	**5.47**	**5.19**	**0.24**	**5.58**	**3.90**	**1.42**	**1.87**	**4.04**	K
12.50	16.91	5.47	5.19	0.24	5.58	3.90	1.42	1.87	4.04	7200
5.65	**12.69**	**2.40**	**6.68**	**0.10**	**4.64**	**3.77**	**1.66**	**1.35**	**6.04**	L
0.35	0.53	0.11	0.15	0.01	0.39	0.28	0.05	0.13	0.23	7300
5.30	12.16	2.30	6.52	0.09	4.25	3.49	1.61	1.22	5.80	7400
2.87	**6.66**	**1.36**	**3.17**	**0.05**	**3.95**	**2.87**	**0.58**	**0.68**	**1.87**	M
0.36	0.61	0.16	0.24		0.96	0.65	0.05	0.09	0.07	7500
1.98	4.95	0.98	2.02	0.05	1.81	1.60	0.39	0.49	1.53	7600
0.37	0.69	0.10	0.32		0.75	0.35	0.08	0.06	0.14	7700
0.17	0.41	0.12	0.58		0.43	0.28	0.06	0.03	0.12	7800
0.70	**1.46**	**0.34**	**1.04**	**0.01**	**0.43**	**0.19**	**0.03**	**0.17**	**0.32**	N
0.10	0.29	0.05	0.04		0.04	0.03	0.01		0.08	7900
0.13	0.34	0.03	0.19		0.05	0.04	0.01	0.01	0.07	8000
0.47	0.83	0.27	0.80	0.01	0.34	0.11	0.01	0.15	0.17	8100
2.00	**3.05**	**1.56**	**1.82**	**0.05**	**3.05**	**1.92**	**0.26**	**0.30**	**0.93**	O
0.90	1.41	0.87	0.91	0.03	1.36	1.33	0.19	0.15	0.46	8200
1.11	1.64	0.70	0.91	0.02	1.69	0.58	0.07	0.16	0.47	8300
0.43	**0.89**	**0.51**	**0.47**	**0.01**	**0.46**	**0.40**	**0.04**	**0.05**	**0.36**	P
0.43	0.89	0.51	0.47	0.01	0.46	0.40	0.04	0.05	0.36	8400
0.26	**1.07**	**0.37**	**0.69**	**0.01**	**1.15**	**0.55**	**0.06**	**0.12**	**0.41**	Q
0.26	1.04	0.37	0.68	0.01	1.13	0.54	0.06	0.12	0.40	8500
	0.01									8600
	0.03		0.01		0.02				0.02	8700
0.88	**1.96**	**0.56**	**1.18**	**0.02**	**1.09**	**0.55**	**0.12**	**0.17**	**0.40**	R
0.20	0.25	0.12	0.06		0.28	0.14	0.01	0.01	0.12	8800
0.21	0.57	0.14	0.21		0.28	0.13	0.03	0.03	0.10	8900
0.06	0.11	0.01	0.08		0.09	0.03	0.01	0.01	0.01	9000
0.02	0.02	0.01	0.02		0.01	0.01		0.01		9100
0.40	1.02	0.28	0.81	0.02	0.42	0.25	0.07	0.10	0.16	9200

2-4 按行业（大类）、地区

行业大类	代码	就业人数（万人）	北京	天津	河北	山西	内蒙古
总计	0000	**4416.42**	**196.61**	**88.55**	**209.30**	**212.27**	**85.01**
农、林、牧、渔业	A	**104.48**	**0.57**		**0.10**	**0.27**	**8.05**
农业	0100	47.78				0.22	6.38
林业	0200	50.65			0.06	0.01	0.60
畜牧业	0300	4.09	0.53			0.04	0.79
渔业	0400	0.77	0.01		0.04		0.12
农、林、牧、渔服务业	0500	1.20	0.04				0.17
采矿业	B	**476.43**	**1.88**	**7.21**	**32.18**	**62.36**	**13.85**
煤炭开采和洗选业	0600	327.28	1.47		21.99	61.55	12.65
石油和天然气开采业	0700	97.19	0.08	5.96	6.58		0.29
黑色金属矿采选业	0800	14.21	0.23		1.50	0.47	0.02
有色金属矿采选业	0900	19.18		0.26	0.28	0.08	0.44
非金属矿采选业	1000	18.53	0.10	0.98	1.83	0.25	0.45
其他采矿业	1100	0.04					
制造业	C	**1298.56**	**48.72**	**34.33**	**72.99**	**55.80**	**22.33**
农副食品加工业	1300	36.15	0.94	0.49	1.58	0.88	0.50
食品制造业	1400	18.70	0.65	0.36	1.14	0.48	0.15
饮料制造业	1500	29.05	1.38	0.50	1.53	1.04	0.51
烟草制品业	1600	18.41	0.08	0.17	0.67	0.16	0.25
纺织业	1700	94.49	1.60	3.06	8.30	3.13	1.61
纺织服装、鞋、帽制造业	1800	14.76	0.66	0.60	0.71	0.32	0.55
皮革、毛皮、羽毛(绒)及其制品业	1900	4.13	0.09	0.25	0.34	0.10	
木材加工及木、竹、藤、棕、草制品业	2000	14.79	0.24	0.14	0.04	0.04	0.32
家具制造业	2100	2.65	0.32	0.12	0.12	0.03	0.01
造纸及纸制品业	2200	22.79	0.20	0.37	0.90	0.16	0.33
印刷业和记录媒介的复制	2300	21.52	2.68	0.65	0.98	0.55	0.20
文教体育用品制造业	2400	4.14	0.32	0.09		0.07	
石油加工、炼焦及核燃料加工业	2500	35.46	1.04	1.04	1.49	3.32	0.27
化学原料及化学制品制造业	2600	119.87	3.20	3.60	5.85	8.64	1.36
医药制造业	2700	37.60	1.84	2.12	4.24	1.05	0.47
化学纤维制造业	2800	14.12	0.03	0.08	1.22	0.44	0.08
橡胶制品业	2900	13.98	0.49	0.44	0.51	0.54	
塑料制品业	3000	12.08	0.52	0.69	1.20	0.18	0.03
非金属矿物制品业	3100	85.44	2.62	1.16	7.39	3.99	1.32
黑色金属冶炼及压延加工业	3200	140.97	6.02	5.40	13.30	7.19	5.49
有色金属冶炼及压延加工业	3300	59.62	0.28	0.16	1.11	4.19	2.04
金属制品业	3400	22.92	1.14	1.31	1.64	0.41	0.19
通用设备制造业	3500	93.82	2.83	1.79	4.61	6.37	0.95
专用设备制造业	3600	89.58	3.80	1.78	5.87	6.58	3.70
交通运输设备制造业	3700	161.39	8.11	3.77	5.23	3.00	0.54
电气机械及器材制造业	3900	44.49	1.61	1.30	1.53	1.84	0.30
通信设备、计算机及其他电子设备制造业	4000	54.30	3.81	1.75	0.99	0.92	0.07
仪器仪表及文化、办公用机械制造业	4100	18.69	1.51	0.80	0.27	0.12	
工艺品及其他制造业	4200	12.37	0.65	0.34	0.23	0.06	1.07
废弃资源和废旧材料回收加工业	4300	0.29	0.04		0.02	0.01	
电力、燃气及水的生产和供应业	D	**290.58**	**7.05**	**3.00**	**14.82**	**10.00**	**8.90**
电力、热力的生产和供应业	4400	231.61	5.88	1.96	11.75	8.17	7.50
燃气生产和供应业	4500	13.64	0.67	0.63	0.91	0.31	0.21
水的生产和供应业	4600	45.33	0.51	0.41	2.15	1.51	1.19
建筑业	E	**744.77**	**25.92**	**12.48**	**28.61**	**33.07**	**10.76**
房屋和土木工程建筑业	4700	644.97	20.67	9.44	24.99	30.77	10.30
建筑安装业	4800	74.36	3.72	2.14	3.11	1.40	0.42
建筑装饰业	4900	9.87	1.10	0.50	0.24	0.07	0.01
其他建筑业	5000	15.57	0.43	0.39	0.27	0.83	0.04

分组的国有控股企业法人单位就业人数

辽 宁	吉 林	黑龙江	上 海	江 苏	浙 江	安 徽	福 建	江 西	山 东	代码
228.43	**145.36**	**225.47**	**193.26**	**220.55**	**119.08**	**151.58**	**81.88**	**112.93**	**296.77**	0000
0.25	**2.19**	**46.27**		**0.08**	**0.16**		**0.11**	**0.30**		A
0.02	1.52	22.05		0.07	0.07			0.08		0100
0.01	0.55	22.87			0.07			0.13		0200
0.14	0.01	1.26			0.02			0.01		0300
0.08	0.09	0.07			0.01			0.08		0400
	0.01	0.02					0.11	0.01		0500
25.48	**14.51**	**39.15**	**0.02**	**16.11**	**1.22**	**24.79**	**3.05**	**9.04**	**65.99**	B
15.77	6.86	27.48		10.96	0.51	22.37	1.93	6.24	43.44	0600
8.22	6.02	10.48	0.02	1.78					17.33	0700
0.25	0.79	0.08		0.84	0.16	1.35	0.22	0.02	1.29	0800
0.56	0.57	0.44		0.11	0.09	0.44	0.07	2.51	2.88	0900
0.67	0.27	0.64		2.42	0.45	0.63	0.82	0.27	1.05	1000
0.01		0.02								1100
86.88	**48.09**	**51.85**	**64.13**	**57.55**	**23.40**	**42.33**	**18.97**	**34.70**	**80.43**	C
0.94	1.16	1.88	0.47	0.82	0.98	1.35	0.60	0.86	3.13	1300
0.69	0.30	1.83	1.26	0.60	0.71	0.78	0.60	0.69	0.82	1400
0.12	0.95	1.00	0.33	1.20	0.69	2.73	0.73	0.73	3.04	1500
0.27	0.38	0.57	0.43	0.79	0.27	0.89	0.33	0.71	0.87	1600
2.06	1.17	2.16	4.25	8.87	2.56	4.83	0.64	2.20	7.98	1700
0.77	0.41	0.03	1.45	1.22	0.61	0.14	0.76	0.20	1.14	1800
0.09	0.03	0.12	0.34	0.12	0.21	0.01	0.26	0.78	0.05	1900
0.20	8.10	1.00	0.29	0.02	0.09	0.24	0.36	0.28	0.17	2000
0.05	0.23	0.39	0.40	0.07	0.01	0.02	0.05	0.07	0.16	2100
1.41	0.78	2.21	0.34	0.37	0.39	0.43	0.97	0.25	4.14	2200
0.74	0.39	0.71	1.47	0.70	0.34	0.57	0.63	0.82	1.11	2300
0.30	0.01	0.24	1.40	0.05	0.08	0.30	0.02	0.02	0.42	2400
3.90	0.60	3.45	2.46	0.47	1.01	0.50	0.27	0.65	3.38	2500
7.03	4.77	3.41	4.13	7.47	2.40	3.86	1.87	2.51	10.02	2600
1.73	1.16	2.40	2.95	1.69	1.16	0.89	0.38	1.80	1.52	2700
2.34	0.88	0.44	0.34	1.84	0.39	0.31	0.28	0.81	0.79	2800
0.89	0.23	0.19	1.57	0.30	0.46	0.18	0.02	0.04	2.26	2900
0.33	0.23	0.43	0.83	0.26	0.23	0.62	0.29	0.31	0.25	3000
2.98	2.77	2.54	2.39	2.65	1.21	2.87	1.12	2.70	4.96	3100
24.08	2.30	1.86	3.99	2.81	0.75	6.34	1.22	4.20	7.63	3200
2.68	1.63	1.04	1.00	0.36	0.34	2.22	0.74	2.23	1.97	3300
0.80	0.37	2.15	1.82	1.06	0.22	0.60	0.05	0.51	0.67	3400
7.36	1.78	6.65	7.72	5.44	2.40	2.33	1.01	1.97	6.46	3500
6.41	2.33	5.09	3.86	2.65	0.97	2.75	1.12	0.95	6.03	3600
12.04	12.99	5.73	10.40	7.71	2.55	4.17	1.15	5.25	7.02	3700
2.39	0.30	2.59	3.23	2.96	0.59	1.07	0.81	0.93	1.89	3900
2.32	0.93	0.29	2.92	3.81	1.42	1.04	2.53	1.20	1.95	4000
0.90	0.89	1.08	1.79	0.98	0.31	0.23	0.11	0.99	0.39	4100
1.03	0.03	0.36	0.23	0.26	0.05	0.06	0.05	0.07	0.21	4200
0.01			0.09			0.01	0.01			4300
17.23	**10.91**	**20.14**	**4.40**	**9.96**	**8.96**	**8.53**	**7.47**	**9.52**	**20.79**	D
12.24	8.70	16.91	2.36	7.38	7.05	6.70	6.08	7.93	16.31	4400
1.44	0.58	1.13	1.06	0.58	0.28	0.31	0.16	0.12	1.18	4500
3.55	1.63	2.10	0.98	2.00	1.62	1.52	1.24	1.46	3.29	4600
35.08	**21.46**	**18.48**	**24.93**	**55.80**	**25.17**	**28.14**	**13.96**	**23.67**	**44.24**	E
30.56	17.76	15.50	18.37	49.88	22.76	23.81	11.57	21.32	38.43	4700
3.41	3.35	2.76	4.29	3.47	1.82	3.21	1.19	1.92	4.30	4800
0.56	0.09	0.08	1.64	0.60	0.33	0.28	0.21	0.24	0.47	4900
0.55	0.25	0.15	0.62	1.85	0.27	0.84	0.98	0.19	1.04	5000

2-4 续表 1

行业大类	代码	就业人数（万人）	北 京	天 津	河 北	山 西	内蒙古
交通运输、仓储和邮政业	F	**319.23**	**20.57**	**7.85**	**11.79**	**7.05**	**3.00**
道路运输业	5200	80.46	1.61	1.11	4.04	2.62	0.34
城市公共交通业	5300	75.84	10.12	1.62	1.46	1.45	0.83
水上运输业	5400	42.25		2.06	2.10		
航空运输业	5500	19.30	3.57	0.23	0.16	0.11	0.24
管道运输业	5600	1.51	0.01	0.02	0.12		0.01
装卸搬运和其他运输服务业	5700	17.87	1.15	0.79	0.35	0.41	0.16
仓储业	5800	24.14	0.75	1.29	0.95	0.66	0.45
邮政业	5900	56.19	3.35	0.73	2.62	1.80	0.98
信息传输、计算机服务和软件业	G	**102.07**	**5.74**	**1.03**	**2.04**	**4.02**	**1.86**
电信和其他信息传输服务业	6000	95.16	3.16	0.84	1.92	4.00	1.84
计算机服务业	6100	2.81	1.21	0.09	0.01	0.02	0.01
软件业	6200	4.10	1.36	0.10	0.11	0.01	
批发和零售业	H	**385.04**	**17.16**	**6.25**	**18.63**	**18.75**	**5.52**
批发业	6300	242.92	8.47	3.75	11.59	11.15	3.68
零售业	6500	142.12	8.69	2.51	7.04	7.60	1.84
住宿和餐饮业	I	**112.83**	**12.10**	**2.05**	**5.35**	**3.20**	**1.90**
住宿业	6600	91.76	9.27	1.47	4.64	2.70	1.65
餐饮业	6700	21.07	2.84	0.58	0.71	0.50	0.25
金融业	J	**245.31**	**8.86**	**4.22**	**10.35**	**10.10**	**5.43**
银行业	6800	168.27	5.54	2.91	7.36	5.65	4.26
证券业	6900	6.13	1.01	0.16	0.13	0.14	0.02
保险业	7000	68.30	1.20	1.13	2.86	4.24	0.92
其他金融活动	7100	2.60	1.12	0.02	0.01	0.07	0.23
房地产业	K	**78.00**	**8.56**	**1.71**	**2.06**	**1.37**	**0.45**
房地产业	7200	78.00	8.56	1.71	2.06	1.37	0.45
租赁和商务服务业	L	**117.54**	**19.77**	**3.17**	**3.56**	**3.07**	**1.55**
租赁业	7300	2.21	0.26	0.08	0.05	0.11	0.01
商务服务业	7400	115.33	19.51	3.09	3.51	2.95	1.54
科学研究、技术服务和地质勘查业	M	**73.36**	**12.05**	**3.42**	**4.44**	**1.59**	**0.59**
研究与试验发展	7500	10.77	2.54	0.29	0.30	0.22	0.15
专业技术服务业	7600	47.86	7.64	2.68	1.76	1.05	0.34
科技交流和推广服务业	7700	7.54	1.72	0.42	0.18	0.09	0.01
地质勘查业	7800	7.18	0.15	0.04	2.20	0.22	0.08
水利、环境和公共设施管理业	N	**14.07**	**0.98**	**0.20**	**0.74**	**0.28**	**0.15**
水利管理业	7900	2.30	0.04	0.05	0.17	0.08	0.09
环境管理业	8000	3.54	0.57	0.06	0.04	0.04	
公共设施管理业	8100	8.22	0.37	0.09	0.53	0.16	0.05
居民服务和其他服务业	O	**17.95**	**2.96**	**1.29**	**0.36**	**0.57**	**0.10**
居民服务业	8200	6.49	0.76	0.27	0.10	0.32	0.05
其他服务业	8300	11.46	2.20	1.01	0.26	0.25	0.05
教育	P	**5.58**	**0.44**	**0.04**	**0.15**	**0.15**	**0.01**
教育	8400	5.58	0.44	0.04	0.15	0.15	0.01
卫生、社会保障和社会福利业	Q	**10.71**	**0.22**	**0.02**	**0.45**	**0.19**	**0.45**
卫生	8500	10.19	0.22	0.01	0.44	0.18	0.45
社会保障业	8600	0.36					
社会福利业	8700	0.17			0.01	0.01	
文化、体育和娱乐业	R	**19.91**	**3.05**	**0.29**	**0.70**	**0.45**	**0.10**
新闻出版业	8800	8.94	1.92	0.13	0.28	0.17	0.02
广播、电视、电影和音像业	8900	7.32	0.62	0.09	0.17	0.23	0.06
文化艺术业	9000	1.07	0.20	0.01	0.02	0.02	
体育	9100	0.46	0.08	0.01	0.02	0.01	
娱乐业	9200	2.12	0.23	0.04	0.22	0.03	0.02

辽　宁	吉　林	黑龙江	上　海	江　苏	浙　江	安　徽	福　建	江　西	山　东	代码
16.33	**9.86**	**7.01**	**24.92**	**17.58**	**13.36**	**10.65**	**9.34**	**6.83**	**20.20**	F
2.53	2.23	1.61	2.84	3.26	3.91	4.09	2.54	2.23	5.75	5200
4.61	1.34	1.18	8.34	3.66	3.00	2.44	2.01	1.36	4.53	5300
3.60	0.06	0.30	4.82	4.09	1.84	1.05	1.15	0.47	4.42	5400
1.15	0.30	0.25	2.69	0.53	0.45	0.22	0.73	0.11	0.42	5500
0.10		0.02	0.09	0.78					0.10	5600
1.03	0.34	0.29	2.38	0.94	0.73	0.22	0.90	0.13	0.67	5700
1.14	2.40	3.34	1.34	0.82	0.38	0.81	0.42	0.77	0.95	5800
2.17	3.18	0.01	2.41	3.48	3.04	1.83	1.60	1.76	3.35	5900
0.63	**4.90**	**11.22**	**2.80**	**7.08**	**4.87**	**1.80**	**1.54**	**3.42**	**2.52**	G
0.51	4.79	11.12	2.02	6.68	4.64	1.76	1.46	3.40	2.17	6000
0.03	0.01	0.06	0.21	0.20	0.10	0.01	0.02	0.01	0.04	6100
0.08	0.10	0.04	0.58	0.20	0.12	0.02	0.05	0.01	0.31	6200
15.36	**17.13**	**16.06**	**22.13**	**17.18**	**10.06**	**15.06**	**8.98**	**9.43**	**26.06**	H
9.69	14.00	11.05	10.07	9.83	7.04	9.36	6.01	6.63	15.67	6300
5.66	3.13	5.00	12.07	7.35	3.02	5.69	2.97	2.80	10.39	6500
3.31	**2.08**	**2.17**	**7.45**	**5.60**	**4.34**	**3.21**	**2.91**	**2.20**	**7.07**	I
2.72	1.61	1.93	5.75	4.33	3.62	2.55	2.66	1.92	4.28	6600
0.59	0.47	0.25	1.69	1.28	0.72	0.66	0.25	0.28	2.79	6700
14.02	**7.33**	**0.02**	**8.42**	**20.08**	**14.99**	**7.76**	**8.10**	**6.93**	**17.71**	J
10.75	5.97		5.11	10.78	9.34	5.87	5.62	4.66	12.88	6800
0.27	0.12		0.98	0.36	0.17	0.26	0.11	0.12	0.30	6900
2.98	1.19		2.11	8.86	5.40	1.60	2.30	2.13	4.52	7000
0.03	0.05	0.02	0.22	0.09	0.08	0.04	0.07	0.03	0.01	7100
2.54	**1.36**	**3.95**	**9.30**	**2.92**	**2.14**	**2.62**	**2.51**	**2.00**	**3.31**	K
2.54	1.36	3.95	9.30	2.92	2.14	2.62	2.51	2.00	3.31	7200
4.23	**2.65**	**3.61**	**12.65**	**4.96**	**5.44**	**2.75**	**2.46**	**2.68**	**3.25**	L
0.10	0.10	0.07	0.20	0.13	0.03	0.12	0.03	0.03	0.17	7300
4.13	2.55	3.54	12.45	4.83	5.41	2.63	2.43	2.65	3.08	7400
3.73	**1.10**	**1.33**	**6.00**	**2.57**	**2.75**	**2.15**	**1.44**	**0.96**	**1.94**	M
0.82	0.15	0.24	1.05	0.32	0.10	0.26	0.03	0.11	0.29	7500
2.15	0.80	0.85	3.47	1.86	2.11	1.60	1.16	0.60	1.25	7600
0.52	0.07	0.20	1.35	0.25	0.40	0.14	0.13	0.08	0.18	7700
0.23	0.07	0.04	0.13	0.14	0.13	0.16	0.11	0.16	0.22	7800
0.63	**0.46**	**0.28**	**1.67**	**0.65**	**0.99**	**0.27**	**0.38**	**0.24**	**0.66**	N
0.16	0.21	0.03	0.03	0.11	0.11	0.02	0.04	0.01	0.05	7900
0.06	0.04	0.14	0.73	0.12	0.34	0.04	0.02	0.01	0.20	8000
0.41	0.21	0.11	0.91	0.42	0.53	0.21	0.32	0.22	0.41	8100
0.41	**0.32**	**0.27**	**2.25**	**0.74**	**0.28**	**0.47**	**0.25**	**0.45**	**1.02**	O
0.22	0.17	0.12	0.62	0.40	0.21	0.10	0.11	0.09	0.33	8200
0.19	0.16	0.14	1.63	0.34	0.07	0.38	0.14	0.36	0.70	8300
0.24	**0.12**	**1.54**	**0.32**	**0.13**	**0.22**	**0.13**	**0.07**	**0.05**	**0.32**	P
0.24	0.12	1.54	0.32	0.13	0.22	0.13	0.07	0.05	0.32	8400
1.39	**0.33**	**1.74**	**0.22**	**0.54**	**0.24**	**0.49**	**0.08**	**0.23**	**0.41**	Q
1.38	0.33	1.67	0.21	0.47	0.03	0.49	0.08	0.22	0.40	8500
		0.06		0.07	0.20					8600
0.01	0.01	0.01	0.01	0.01	0.01			0.01	0.01	8700
0.69	**0.56**	**0.39**	**1.64**	**1.02**	**0.49**	**0.42**	**0.27**	**0.28**	**0.85**	R
0.36	0.22	0.13	0.64	0.49	0.09	0.10	0.06	0.01	0.30	8800
0.17	0.24	0.20	0.59	0.30	0.30	0.25	0.16	0.18	0.47	8900
0.04	0.04		0.11	0.05	0.07	0.03		0.02	0.05	9000
0.04	0.02	0.01	0.10	0.04	0.01		0.02		0.01	9100
0.08	0.04	0.06	0.20	0.15	0.03	0.03	0.02	0.08	0.02	9200

2-4 续表 2

行业大类	代码	河 南	湖 北	湖 南	广 东	广 西	海 南
总计	0000	**276.74**	**198.70**	**168.36**	**258.37**	**101.67**	**43.93**
农、林、牧、渔业	A	**1.05**	**0.52**	**0.20**	**1.81**	**4.95**	**21.96**
农业	0100	0.85	0.51	0.04	1.30	3.79	2.47
林业	0200	0.05			0.42	0.51	19.28
畜牧业	0300	0.10	0.01	0.09		0.40	0.01
渔业	0400	0.02			0.09	0.15	
农、林、牧、渔服务业	0500	0.02		0.06		0.11	0.20
采矿业	B	**49.06**	**5.80**	**10.98**	**2.50**	**3.64**	**1.02**
煤炭开采和洗选业	0600	35.63	0.57	8.65	0.12	1.55	
石油和天然气开采业	0700	10.96	3.00		0.07		
黑色金属矿采选业	0800	0.10	1.01	0.15	0.34	0.38	0.74
有色金属矿采选业	0900	1.97	0.44	1.60	0.71	1.08	0.02
非金属矿采选业	1000	0.40	0.77	0.58	1.26	0.62	0.25
其他采矿业	1100						
制造业	C	**82.24**	**65.24**	**51.67**	**57.54**	**31.25**	**3.30**
农副食品加工业	1300	5.75	1.29	1.40	1.93	4.02	0.32
食品制造业	1400	1.80	0.74	0.62	1.31	0.34	0.18
饮料制造业	1500	1.70	0.67	0.61	1.01	0.49	0.26
烟草制品业	1600	1.61	1.48	0.90	0.73	0.23	0.05
纺织业	1700	10.96	4.88	2.76	3.22	1.95	0.12
纺织服装、鞋、帽制造业	1800	0.32	2.16	0.11	1.38	0.10	0.03
皮革、毛皮、羽毛(绒)及其制品业	1900	0.31	0.11	0.10	0.21	0.14	0.03
木材加工及木、竹、藤、棕、草制品业	2000	0.26	0.32	0.37	0.27	0.38	0.30
家具制造业	2100	0.03	0.04	0.03	0.19	0.01	0.02
造纸及纸制品业	2200	1.08	1.09	1.96	2.03	0.80	0.02
印刷业和记录媒介的复制	2300	0.94	1.08	0.56	1.24	0.67	0.20
文教体育用品制造业	2400	0.03	0.06	0.01	0.46	0.01	
石油加工、炼焦及核燃料加工业	2500	0.69	1.62	1.86	1.32	0.17	
化学原料及化学制品制造业	2600	6.40	4.23	5.63	3.36	2.36	0.25
医药制造业	2700	1.81	1.55	0.84	2.12	0.82	0.16
化学纤维制造业	2800	2.12	0.11	0.36	0.07	0.22	0.07
橡胶制品业	2900	1.01	0.36	0.55	0.97	0.50	0.02
塑料制品业	3000	0.49	0.47	0.22	1.38	0.17	0.06
非金属矿物制品业	3100	8.44	3.80	5.16	3.54	3.84	0.37
黑色金属冶炼及压延加工业	3200	5.60	10.48	5.80	1.77	2.03	
有色金属冶炼及压延加工业	3300	5.37	2.02	4.55	0.93	3.01	
金属制品业	3400	0.62	1.21	1.12	1.57	0.21	0.07
通用设备制造业	3500	5.92	5.11	3.02	2.04	1.80	0.07
专用设备制造业	3600	8.52	1.86	5.09	1.64	1.86	0.11
交通运输设备制造业	3700	6.11	14.02	4.79	5.24	3.66	0.50
电气机械及器材制造业	3900	2.12	1.33	1.91	4.66	0.76	0.04
通信设备、计算机及其他电子设备制造业	4000	1.19	1.80	0.78	11.81	0.44	0.04
仪器仪表及文化、办公用机械制造业	4100	0.91	0.58	0.38	0.43	0.23	
工艺品及其他制造业	4200	0.14	0.74	0.21	0.71	0.04	0.02
废弃资源和废旧材料回收加工业	4300		0.01		0.01		
电力、燃气及水的生产和供应业	D	**21.05**	**11.90**	**11.27**	**17.52**	**7.95**	**2.41**
电力、热力的生产和供应业	4400	17.09	9.03	9.07	14.15	6.48	1.80
燃气生产和供应业	4500	0.59	0.31	0.13	0.41	0.04	0.11
水的生产和供应业	4600	3.36	2.56	2.06	2.96	1.43	0.51
建筑业	E	**42.07**	**48.50**	**39.29**	**50.27**	**17.14**	**4.73**
房屋和土木工程建筑业	4700	35.37	41.80	34.25	43.93	15.18	4.34
建筑安装业	4800	5.26	3.97	4.19	4.78	1.62	0.22
建筑装饰业	4900	0.29	0.56	0.45	1.09	0.10	0.02
其他建筑业	5000	1.15	2.17	0.39	0.47	0.24	0.14

重 庆	四 川	贵 州	云 南	西 藏	陕 西	甘 肃	青 海	宁 夏	新 疆	代码
89.95	**172.00**	**86.84**	**88.45**	**4.73**	**146.37**	**96.83**	**21.21**	**26.10**	**68.47**	0000
	0.35	**0.17**	**8.28**		**0.25**	**2.68**	**0.59**	**1.19**	**2.12**	A
		0.10	3.16		0.25	1.75	0.45	1.18	1.49	0100
	0.28	0.01	5.04			0.70		0.01	0.06	0200
		0.04	0.03			0.05	0.11		0.45	0300
		0.02							0.01	0400
	0.07		0.05			0.19	0.02		0.10	0500
5.71	**17.25**	**9.72**	**4.70**	**0.13**	**18.96**	**8.15**	**2.93**	**5.68**	**13.35**	B
5.00	7.59	7.75	1.90		9.64	6.07	0.53	5.68	3.35	0600
0.14	6.93		0.01		7.15	1.33	1.75		9.08	0700
0.32	1.65	0.67	1.03	0.06	0.20	0.07	0.01		0.26	0800
	0.37	0.25	0.98	0.03	1.84	0.57	0.18		0.38	0900
0.24	0.72	1.05	0.78	0.04	0.12	0.10	0.46		0.28	1000
					0.01					1100
34.27	**50.92**	**28.44**	**26.50**	**0.82**	**60.67**	**37.22**	**4.64**	**6.33**	**14.62**	C
0.52	0.61	0.54	0.88	0.03	0.71	0.41	0.14	0.11	0.91	1300
0.44	0.39	0.36	0.23	0.01	0.40	0.20	0.06	0.08	0.47	1400
0.50	2.93	1.41	0.19	0.06	1.19	0.79	0.09	0.21	0.45	1500
0.46	0.61	1.62	2.92		0.70	0.20		0.04	0.07	1600
2.63	2.23	0.39	0.77	0.02	6.56	0.93	0.09	0.05	2.50	1700
0.06	0.34	0.15	0.13		0.08	0.09	0.07	0.05	0.15	1800
	0.02	0.01	0.03	0.01	0.17	0.21				1900
0.03	0.37	0.14	0.39	0.09	0.18	0.09		0.01	0.03	2000
0.02	0.02	0.05	0.04		0.12	0.01			0.03	2100
0.18	0.71	0.22	0.24		0.37	0.09		0.25	0.49	2200
0.30	1.00	0.42	0.53	0.10	1.01	0.51	0.09	0.04	0.33	2300
0.01	0.01	0.01			0.01					2400
0.12	0.02	0.09	0.08		1.14	2.50		0.40	1.59	2500
3.27	6.82	3.19	3.79	0.02	3.87	3.47	0.79	0.95	1.33	2600
1.36	1.01	0.05	0.41	0.09	0.83	0.70	0.12	0.16	0.16	2700
	0.83		0.03						0.03	2800
0.31	0.22	0.95	0.27		0.45	0.02	0.01		0.25	2900
0.06	0.44	0.23	0.14		0.28	0.31		0.03	1.39	3000
1.13	3.16	2.66	1.52	0.27	3.30	2.97	0.52	0.48	1.58	3100
2.09	7.88	3.03	2.13		0.63	4.65	0.80	0.27	1.22	3200
1.08	1.51	2.33	6.00		1.33	7.42	1.00	0.85	0.22	3300
0.43	0.61	1.26	0.30		1.16	0.73	0.10	0.39	0.12	3400
3.11	2.35	1.54	1.05		4.63	1.96	0.59	0.75	0.17	3500
4.64	2.45	0.90	1.44		3.94	2.32	0.07	0.41	0.45	3600
8.07	8.40	4.52	1.54	0.04	12.18	2.00	0.11		0.55	3700
1.23	2.00	0.51	0.68		3.25	2.37	0.01	0.17	0.11	3900
0.54	3.06	1.22	0.11		6.40	0.86		0.09	0.01	4000
1.59	0.33	0.29	0.42		2.06	0.59		0.52		4100
0.03	0.57	0.35	0.24	0.06	3.72	0.81		0.02		4200
0.05	0.02	0.01			0.01					4300
5.53	**13.11**	**7.67**	**6.47**	**0.54**	**7.74**	**6.61**	**1.71**	**2.74**	**4.72**	D
4.17	10.66	6.59	5.50	0.49	6.05	5.61	1.49	2.39	4.10	4400
0.48	0.87	0.28	0.23		0.34	0.09	0.01	0.05	0.12	4500
0.88	1.57	0.80	0.74	0.05	1.35	0.90	0.21	0.30	0.50	4600
14.53	**37.55**	**17.99**	**13.49**	**1.02**	**22.19**	**16.24**	**3.71**	**3.40**	**10.76**	E
12.49	32.87	15.35	12.25	1.00	19.78	13.61	3.32	3.29	10.00	4700
1.31	3.87	2.28	0.75		2.10	2.32	0.30	0.08	0.67	4800
0.23	0.25	0.09	0.04		0.12	0.14		0.03	0.04	4900
0.50	0.56	0.27	0.45	0.02	0.19	0.16	0.09	0.01	0.05	5000

2-4 续表 3

行业大类	代码	河　南	湖　北	湖　南	广　东	广　西	海　南
交通运输、仓储和邮政业	F	**16.93**	**18.36**	**10.99**	**28.57**	**6.45**	**2.56**
道路运输业	5200	8.61	4.01	3.79	5.74	1.77	0.94
城市公共交通业	5300	2.64	3.30	2.58	6.58	1.06	0.12
水上运输业	5400	0.07	6.50	0.49	5.76	0.43	0.81
航空运输业	5500	0.33	0.74	0.19	2.69	0.21	0.21
管道运输业	5600	0.02			0.10		
装卸搬运和其他运输服务业	5700	0.22	0.86	0.73	1.57	1.03	0.14
仓储业	5800	1.96	0.58	0.69	1.13	0.41	0.01
邮政业	5900	3.08	2.37	2.52	4.99	1.54	0.32
信息传输、计算机服务和软件业	G	**1.25**	**2.38**	**4.81**	**13.52**	**4.13**	**0.32**
电信和其他信息传输服务业	6000	1.18	2.24	4.55	12.89	4.09	0.31
计算机服务业	6100	0.04	0.03	0.07	0.15	0.03	0.01
软件业	6200	0.03	0.11	0.18	0.47		0.01
批发和零售业	H	**31.79**	**16.68**	**13.44**	**24.62**	**10.33**	**2.14**
批发业	6300	21.39	9.51	8.44	17.86	6.32	1.29
零售业	6500	10.40	7.18	5.01	6.75	4.00	0.84
住宿和餐饮业	I	**5.67**	**3.85**	**4.85**	**8.76**	**3.48**	**1.58**
住宿业	6600	5.03	3.39	3.88	6.89	2.90	1.47
餐饮业	6700	0.65	0.46	0.98	1.87	0.59	0.11
金融业	J	**13.70**	**10.88**	**9.40**	**21.66**	**6.42**	**1.48**
银行业	6800	9.78	7.92	6.62	14.95	4.58	1.01
证券业	6900	0.12	0.14	0.19	0.69		0.06
保险业	7000	3.76	2.77	2.53	5.85	1.83	0.39
其他金融活动	7100	0.03	0.05	0.06	0.17	0.01	0.02
房地产业	K	**2.01**	**4.06**	**3.80**	**9.46**	**1.56**	**0.96**
房地产业	7200	2.01	4.06	3.80	9.46	1.56	0.96
租赁和商务服务业	L	**3.58**	**4.06**	**2.80**	**13.24**	**2.06**	**0.56**
租赁业	7300	0.09	0.15	0.06	0.07	0.02	0.02
商务服务业	7400	3.50	3.92	2.74	13.17	2.04	0.54
科学研究、技术服务和地质勘查业	M	**4.01**	**2.71**	**2.28**	**4.16**	**1.12**	**0.22**
研究与试验发展	7500	0.74	0.27	0.38	0.40	0.21	0.01
专业技术服务业	7600	2.53	1.84	1.69	3.36	0.79	0.20
科技交流和推广服务业	7700	0.23	0.32	0.08	0.17	0.10	
地质勘查业	7800	0.51	0.28	0.13	0.23	0.03	0.01
水利、环境和公共设施管理业	N	**0.39**	**0.58**	**0.42**	**1.35**	**0.26**	**0.30**
水利管理业	7900	0.06	0.29	0.10	0.07	0.04	0.01
环境管理业	8000	0.05	0.11	0.02	0.37	0.02	0.10
公共设施管理业	8100	0.28	0.19	0.30	0.91	0.20	0.19
居民服务和其他服务业	O	**0.39**	**0.68**	**0.57**	**1.10**	**0.23**	**0.05**
居民服务业	8200	0.27	0.18	0.11	0.29	0.06	0.03
其他服务业	8300	0.12	0.50	0.46	0.81	0.17	0.01
教育	P	**0.15**	**0.26**	**0.11**	**0.27**	**0.06**	**0.02**
教育	8400	0.15	0.26	0.11	0.27	0.06	0.02
卫生、社会保障和社会福利业	Q	**0.35**	**1.17**	**0.36**	**0.17**	**0.11**	**0.04**
卫生	8500	0.34	1.16	0.36	0.16	0.11	0.04
社会保障业	8600				0.01		
社会福利业	8700	0.02	0.01		0.01		
文化、体育和娱乐业	R	**1.05**	**1.06**	**1.11**	**1.87**	**0.54**	**0.27**
新闻出版业	8800	0.60	0.60	0.45	1.07	0.24	0.07
广播、电视、电影和音像业	8900	0.38	0.40	0.40	0.31	0.25	0.15
文化艺术业	9000	0.06	0.02	0.07	0.12	0.01	0.01
体育	9100		0.01	0.01	0.03		0.03
娱乐业	9200	0.01	0.03	0.19	0.34	0.03	0.01

重 庆	四 川	贵 州	云 南	西 藏	陕 西	甘 肃	青 海	宁 夏	新 疆	代码
9.14	**10.97**	**4.20**	**5.07**	**0.42**	**5.48**	**4.63**	**2.92**	**1.07**	**5.07**	F
2.54	2.92	1.52	2.11	0.10	2.15	1.30	0.29	0.22	1.78	5200
2.46	2.79	0.91	0.63	0.08	1.99	1.00	0.43	0.18	1.11	5300
1.84	0.14	0.11	0.02			0.01				5400
0.42	1.09	0.25	0.60	0.06	0.56	0.16	0.06	0.09	0.47	5500
					0.09			0.01	0.05	5600
0.41	0.97	0.19	0.35	0.01	0.07	0.57	0.06	0.09	0.11	5700
0.41	0.36	0.27	0.13		0.61	0.71	0.10	0.08	0.21	5800
1.07	2.69	0.95	1.22	0.18		0.89	0.31	0.40	1.33	5900
1.46	**6.01**	**2.36**	**1.67**	**0.14**	**4.02**	**1.92**	**0.79**	**0.62**	**1.22**	G
1.34	5.79	2.35	1.63	0.14	3.92	1.81	0.79	0.62	1.18	6000
0.09	0.17	0.01	0.01		0.06	0.06			0.03	6100
0.02	0.04		0.03		0.04	0.06			0.01	6200
6.78	**10.30**	**7.46**	**7.66**	**0.64**	**14.64**	**7.05**	**1.13**	**1.76**	**4.85**	H
4.16	7.15	5.15	5.68	0.22	8.66	4.19	0.73	0.99	3.17	6300
2.62	3.15	2.31	1.98	0.41	5.98	2.86	0.40	0.77	1.68	6500
1.72	**3.65**	**1.65**	**3.07**	**0.38**	**4.38**	**1.92**	**0.42**	**0.43**	**2.06**	I
1.36	3.18	1.39	2.94	0.35	3.41	1.78	0.37	0.37	1.94	6600
0.36	0.47	0.27	0.13	0.02	0.98	0.14	0.05	0.06	0.12	6700
4.71	**10.72**	**3.86**	**5.69**	**0.41**	**0.03**	**4.83**	**0.99**	**1.81**	**4.39**	J
2.95	7.32	2.93	4.76	0.37		3.26	0.81	1.42	2.93	6800
0.09	0.18	0.01	0.34	0.01		0.05	0.02		0.07	6900
1.63	3.21	0.89	0.56	0.03	0.01	1.51	0.16	0.37	1.38	7000
0.04	0.02	0.03	0.02		0.02	0.01	0.01	0.02	0.01	7100
1.94	**1.91**	**1.04**	**0.83**	**0.14**	**1.41**	**0.70**	**0.23**	**0.30**	**0.85**	K
1.94	1.91	1.04	0.83	0.14	1.41	0.70	0.23	0.30	0.85	7200
1.94	**3.89**	**0.69**	**1.95**	**0.06**	**1.87**	**1.03**	**0.73**	**0.33**	**2.93**	L
0.02	0.09	0.02	0.02	0.01	0.05	0.03		0.01	0.07	7300
1.92	3.80	0.67	1.92	0.05	1.81	1.00	0.72	0.32	2.85	7400
1.34	**3.43**	**0.72**	**1.74**	**0.02**	**2.25**	**1.93**	**0.28**	**0.26**	**0.85**	M
0.22	0.15	0.12	0.14		0.56	0.59	0.01	0.05	0.04	7500
0.86	2.71	0.46	1.01	0.02	1.13	0.96	0.17	0.15	0.67	7600
0.12	0.20	0.02	0.05		0.21	0.13	0.05	0.03	0.07	7700
0.14	0.37	0.11	0.53		0.35	0.25	0.06	0.03	0.06	7800
0.27	**0.61**	**0.22**	**0.51**	**0.01**	**0.27**	**0.07**	**0.01**	**0.05**	**0.15**	N
0.06	0.26	0.03	0.04		0.03	0.02			0.05	7900
0.04	0.21	0.02	0.12		0.02	0.01		0.01	0.03	8000
0.17	0.13	0.17	0.36	0.01	0.23	0.03		0.04	0.07	8100
0.20	**0.25**	**0.21**	**0.23**	**0.01**	**0.91**	**1.12**	**0.04**	**0.04**	**0.17**	O
0.04	0.06	0.08	0.08		0.33	0.91	0.03	0.02	0.11	8200
0.16	0.19	0.13	0.15	0.01	0.58	0.21		0.02	0.06	8300
0.04	**0.07**	**0.07**	**0.09**		**0.21**	**0.17**	**0.02**	**0.01**	**0.11**	P
0.04	0.07	0.07	0.09		0.21	0.17	0.02	0.01	0.11	8400
0.05	**0.23**	**0.12**	**0.16**		**0.50**	**0.38**	**0.02**	**0.01**	**0.02**	Q
0.05	0.21	0.12	0.16		0.50	0.37	0.02	0.01	0.01	8500
										8600
	0.01								0.01	8700
0.33	**0.79**	**0.25**	**0.35**		**0.58**	**0.18**	**0.05**	**0.06**	**0.23**	R
0.15	0.23	0.11	0.05		0.27	0.05	0.01		0.12	8800
0.17	0.49	0.13	0.15		0.23	0.09	0.03	0.03	0.09	8900
	0.01		0.02		0.06	0.01				9000
			0.01							9100
0.01	0.06		0.12		0.02	0.02		0.03	0.02	9200

2-5 按行业（中类）、营业状态分组的企业法人单位数

行业中类	代码	企业法人单位数（个）	营业	停业（歇业）	筹建	当年关闭	当年破产	其他
总计	**0000**	**3249342**	**2831432**	**214498**	**120453**	**41411**	**6978**	**33374**
农、林、牧、渔业	**A**	**1015**	**986**	**17**	**3**	**3**		**6**
农业	0100	443	434	6		2		1
谷物及其他作物的种植	0110	321	318	2				1
蔬菜、园艺作物的种植	0120	32	30	1		1		
水果、坚果、饮料和香料作物的种植	0130	85	81	3		1		
中药材的种植	0140	5	5					
林业	0200	309	303	1	1			4
林木的培育和种植	0210	130	124	1	1			4
木材和竹材的采运	0220	62	62					
林产品的采集	0230	117	117					
畜牧业	0300	131	128	2	1			
牲畜的饲养	0310	62	60	1	1			
猪的饲养	0320	30	29	1				
家禽的饲养	0330	31	31					
其他畜牧业	0390	8	8					
渔业	0400	41	39	1		1		
海洋渔业	0410	7	6	1				
内陆渔业	0420	34	33			1		
农、林、牧、渔服务业	0500	91	82	7	1			1
农业服务业	0510	65	58	6	1			
林业服务业	0520	10	10					
畜牧服务业	0530	15	13	1				1
渔业服务业	0540	1	1					
采矿业	**B**	**82353**	**70594**	**6160**	**3203**	**1620**	**315**	**461**
煤炭开采和洗选业	0600	27741	24018	1916	1039	567	78	123
烟煤和无烟煤的开采洗选	0610	26704	23112	1844	996	553	77	122
褐煤的开采洗选	0620	644	569	41	27	5	1	1
其他煤炭采选	0690	393	337	31	16	9		
石油和天然气开采业	0700	510	431	43	17	3	6	10
天然原油和天然气开采	0710	223	202	13	5		1	2
与石油和天然气开采有关的服务活动	0790	287	229	30	12	3	5	8
黑色金属矿采选业	0800	10660	8847	813	711	194	38	57
铁矿采选	0810	9514	7928	717	616	182	27	44
其他黑色金属矿采选	0890	1146	919	96	95	12	11	13
有色金属矿采选业	0900	6535	5298	630	399	123	25	60
常用有色金属矿采选	0910	4118	3336	383	259	83	15	42
贵金属矿采选	0920	1653	1342	191	82	16	9	13
稀有稀土金属矿采选	0930	764	620	56	58	24	1	5
非金属矿采选业	1000	36614	31767	2729	1019	727	167	205
土砂石开采	1010	30566	26588	2214	816	632	145	171
化学矿采选	1020	1394	1123	163	61	26	10	11
采盐	1030	840	815	14	8		1	2
石棉及其他非金属矿采选	1090	3814	3241	338	134	69	11	21
其他采矿业	1100	293	233	29	18	6	1	6
制造业	**C**	**1328948**	**1161554**	**86600**	**49344**	**19177**	**4097**	**8175**
农副食品加工业	1300	73828	63751	5811	2105	1319	406	436
谷物磨制	1310	22958	20199	1683	309	511	164	92

2-5 续表 1

行业中类	代码	企业法人单位数(个)	营业	停业(歇业)	筹建	当年关闭	当年破产	其他
饲料加工	1320	8669	7333	768	286	168	52	62
植物油加工	1330	7948	6824	660	209	142	54	59
制糖	1340	645	518	73	20	21	3	10
屠宰及肉类加工	1350	10503	9101	814	319	157	52	60
水产品加工	1360	6589	5745	472	230	84	24	34
蔬菜、水果和坚果加工	1370	9281	7949	696	438	103	28	67
其他农副食品加工	1390	7235	6082	645	294	133	29	52
食品制造业	1400	32174	26563	3254	1307	590	166	294
焙烤食品制造	1410	6756	5565	706	232	142	37	74
糖果、巧克力及蜜饯制造	1420	3929	3445	315	92	51	8	18
方便食品制造	1430	4436	3680	421	162	89	42	42
液体乳及乳制品制造	1440	1918	1600	177	91	34	8	8
罐头制造	1450	2582	2110	320	82	39	9	22
调味品、发酵制品制造	1460	5851	4957	542	178	96	32	46
其他食品制造	1490	6702	5206	773	470	139	30	84
饮料制造业	1500	27178	22928	2721	763	454	128	184
酒精制造	1510	354	273	45	20	7	7	2
酒的制造	1520	11721	9494	1513	309	237	79	89
软饮料制造	1530	9336	7912	838	342	144	32	68
精制茶加工	1540	5767	5249	325	92	66	10	25
烟草制品业	1600	308	257	29	5	11	4	2
烟叶复烤	1610	97	81	9	1	3	2	1
卷烟制造	1620	127	112	7	1	5	2	
其他烟草制品加工	1690	84	64	13	3	3		1
纺织业	1700	87342	77423	4646	3349	1083	258	583
棉、化纤纺织及印染精加工	1710	32861	29512	1469	1268	319	96	197
毛纺织和染整精加工	1720	4546	3858	360	141	80	39	68
麻纺织	1730	1080	935	79	31	16	9	10
丝绢纺织及精加工	1740	5812	5162	342	201	65	15	27
纺织制成品制造	1750	18103	16026	1014	619	249	48	147
针织品、编织品及其制品制造	1760	24940	21930	1382	1089	354	51	134
纺织服装、鞋、帽制造业	1800	52396	44319	4049	2687	846	120	375
纺织服装制造	1810	48895	41261	3781	2577	804	110	362
纺织面料鞋的制造	1820	2384	2055	201	77	32	9	10
制帽	1830	1117	1003	67	33	10	1	3
皮革、毛皮、羽毛(绒)及其制品业	1900	24197	20658	1965	865	488	100	121
皮革鞣制加工	1910	2581	2138	290	63	60	20	10
皮革制品制造	1920	18901	16153	1470	742	372	66	98
毛皮鞣制及制品加工	1930	1570	1380	100	34	40	9	7
羽毛(绒)加工及制品制造	1940	1145	987	105	26	16	5	6
木材加工及木、竹、藤、棕、草制品业	2000	41818	36903	2724	1102	697	142	250
锯材、木片加工	2010	12895	11365	965	229	201	44	91
人造板制造	2020	13133	11818	661	393	164	45	52
木制品制造	2030	10145	8759	747	352	189	28	70
竹、藤、棕、草制品制造	2040	5645	4961	351	128	143	25	37
家具制造业	2100	25377	22126	1658	994	353	61	185
木质家具制造	2110	18953	16536	1268	688	269	49	143
竹、藤家具制造	2120	392	323	34	19	13	2	1

2-5 续表 2

行业中类	代码	企业法人单位数(个)	营业	停业(歇业)	筹建	当年关闭	当年破产	其他
金属家具制造	2130	3371	2995	185	131	35	8	17
塑料家具制造	2140	327	283	20	19	4		1
其他家具制造	2190	2334	1989	151	137	32	2	23
造纸及纸制品业	2200	41732	37013	2478	1159	716	143	223
纸浆制造	2210	628	485	75	33	23	7	5
造纸	2220	12095	10287	943	386	320	76	83
纸制品制造	2230	29009	26241	1460	740	373	60	135
印刷业和记录媒介的复制	2300	42559	39351	1917	592	412	106	181
印刷	2310	39212	36311	1712	547	383	99	160
装订及其他印刷服务活动	2320	3139	2850	192	43	28	6	20
记录媒介的复制	2330	208	190	13	2	1	1	1
文教体育用品制造业	2400	15424	13513	861	728	225	21	76
文化用品制造	2410	4482	3836	338	203	72	10	23
体育用品制造	2420	3128	2737	136	200	34	2	19
乐器制造	2430	1039	917	61	48	8		5
玩具制造	2440	6100	5454	279	234	100	9	24
游艺器材及娱乐用品制造	2450	675	569	47	43	11		5
石油加工、炼焦及核燃料加工业	2500	7697	6001	741	411	464	39	41
化学原料及化学制品制造业	2600	79845	68693	5919	3308	1120	305	500
基础化学原料制造	2610	16091	13767	1194	735	230	71	94
肥料制造	2620	7061	5624	811	375	128	69	54
农药制造	2630	2093	1733	198	96	31	15	20
涂料、油墨、颜料及类似产品制造	2640	17254	15168	1110	630	201	29	116
合成材料制造	2650	5435	4737	315	268	67	17	31
专用化学产品制造	2660	24093	21172	1598	805	320	73	125
日用化学产品制造	2670	7818	6492	693	399	143	31	60
医药制造业	2700	12213	9795	1000	1080	165	40	133
化学药品原药制造	2710	1940	1593	142	142	32	11	20
化学药品制剂制造	2720	1920	1570	139	161	25	4	21
中药饮片加工	2730	1390	1077	137	139	21	4	12
中成药制造	2740	2398	1949	177	210	26	7	29
兽用药品制造	2750	1312	1082	105	83	29	5	8
生物、生化制品的制造	2760	1562	1102	170	242	16	5	27
卫生材料及医药用品制造	2770	1691	1422	130	103	16	4	16
化学纤维制造业	2800	3592	3125	210	182	42	7	26
纤维素纤维原料及纤维制造	2810	556	469	35	40	5	2	5
合成纤维制造	2820	3036	2656	175	142	37	5	21
橡胶制品业	2900	16005	14171	1012	484	177	54	107
轮胎制造	2910	1456	1211	141	61	14	17	12
橡胶板、管、带的制造	2920	3199	2845	202	93	29	8	22
橡胶零件制造	2930	5296	4899	210	110	47	6	24
再生橡胶制造	2940	879	760	56	37	18	3	5
日用及医用橡胶制品制造	2950	931	820	54	29	8	5	15
橡胶靴鞋制造	2960	1997	1744	160	47	30	7	9
其他橡胶制品制造	2990	2247	1892	189	107	31	8	20
塑料制品业	3000	73268	64884	4375	2535	970	143	361
塑料薄膜制造	3010	7089	6355	370	224	90	15	35
塑料板、管、型材的制造	3020	11643	10161	792	461	138	19	72

2-5 续表 3

行业中类	代码	企业法人单位数(个)	营业	停业(歇业)	筹建	当年关闭	当年破产	其他
塑料丝、绳及编织品的制造	3030	8554	7613	600	140	136	35	30
泡沫塑料制造	3040	4173	3787	208	111	42	7	18
塑料人造革、合成革制造	3050	812	710	34	49	10	2	7
塑料包装箱及容器制造	3060	8558	7661	466	277	100	7	47
塑料零件制造	3070	10171	9190	429	389	117	11	35
日用塑料制造	3080	12521	11064	815	402	169	22	49
其他塑料制品制造	3090	9747	8343	661	482	168	25	68
非金属矿物制品业	3100	165562	146400	11010	3806	2795	719	832
水泥、石灰和石膏的制造	3110	13454	11780	885	345	270	90	84
水泥及石膏制品制造	3120	34871	30776	2468	701	597	137	192
砖瓦、石材及其他建筑材料制造	3130	80338	71904	4875	1406	1408	363	382
玻璃及玻璃制品制造	3140	12142	10612	806	471	154	36	63
陶瓷制品制造	3150	7157	6054	687	228	122	36	30
耐火材料制品制造	3160	9174	7983	678	313	135	23	42
石墨及其他非金属矿物制品制造	3190	8426	7291	611	342	109	34	39
黑色金属冶炼及压延加工业	3200	21812	18271	1740	1035	497	84	185
炼铁	3210	5121	4146	499	203	183	37	53
炼钢	3220	1154	914	114	70	39	5	12
钢压延加工	3230	12454	10703	880	510	228	29	104
铁合金冶炼	3240	3083	2508	247	252	47	13	16
有色金属冶炼及压延加工业	3300	16053	13906	1083	723	198	47	96
常用有色金属冶炼	3310	4618	3797	443	248	77	24	29
贵金属冶炼	3320	484	420	34	18	5	2	5
稀有稀土金属冶炼	3330	842	696	73	52	10	3	8
有色金属合金制造	3340	1239	1092	63	63	10	3	8
有色金属压延加工	3350	8870	7901	470	342	96	15	46
金属制品业	3400	86383	74931	5706	3785	1175	188	598
结构性金属制品制造	3410	27708	23586	2096	1361	397	58	210
金属工具制造	3420	12200	10535	832	530	148	44	111
集装箱及金属包装容器制造	3430	4649	4154	286	126	49	11	23
金属丝绳及其制品的制造	3440	5085	4545	265	137	91	15	32
建筑、安全用金属制品制造	3450	10462	9047	704	494	143	16	58
金属表面处理及热处理加工	3460	8085	7344	359	246	86	8	42
搪瓷制品制造	3470	800	664	74	39	12	1	10
不锈钢及类似日用金属制品制造	3480	8591	7452	526	418	119	15	61
其他金属制品制造	3490	8803	7604	564	434	130	20	51
通用设备制造业	3500	118985	106508	6136	4278	1198	243	622
锅炉及原动机制造	3510	5497	4883	344	158	47	28	37
金属加工机械制造	3520	11881	10361	701	572	115	24	108
起重运输设备制造	3530	4091	3708	183	137	33	7	23
泵、阀门、压缩机及类似机械的制造	3540	16419	14904	695	592	137	33	58
轴承、齿轮、传动和驱动部件的制造	3550	8757	8077	302	264	77	16	21
烘炉、熔炉及电炉制造	3560	1275	1146	73	28	20	1	7
风机、衡器、包装设备等通用设备制造	3570	14277	12570	721	727	173	14	72
通用零部件制造及机械修理	3580	31797	28229	1832	1182	330	45	179
金属铸、锻加工	3590	24991	22630	1285	618	266	75	117
专用设备制造业	3600	58471	50770	3584	2845	687	151	434
矿山、冶金、建筑专用设备制造	3610	9092	7987	535	403	93	16	58

2-5 续表 4

行业中类	代码	企业法人单位数(个)	营业	停业(歇业)	筹建	当年关闭	当年破产	其他
化工、木材、非金属加工专用设备制造	3620	14671	12989	687	733	166	20	76
食品、饮料、烟草及饲料生产专用设备制造	3630	3175	2770	224	97	41	18	25
印刷、制药、日化生产专用设备制造	3640	4095	3547	267	198	52	5	26
纺织、服装和皮革工业专用设备制造	3650	7152	6380	310	314	74	15	59
电子和电工机械专用设备制造	3660	3672	3076	245	255	53	5	38
农、林、牧、渔专用机械制造	3670	5574	4674	570	119	114	59	38
医疗仪器设备及器械制造	3680	3734	3201	201	265	24	2	41
环保、社会公共安全及其他专用设备制造	3690	7306	6146	545	461	70	11	73
交通运输设备制造业	3700	56529	50189	3130	2142	589	132	346
铁路运输设备制造	3710	2151	1946	122	52	21	5	5
汽车制造	3720	39496	35162	2140	1484	373	100	236
摩托车制造	3730	5566	5112	237	130	61	9	17
自行车制造	3740	4104	3443	282	242	81	7	49
船舶及浮动装置制造	3750	4065	3539	264	183	46	7	26
航空航天器制造	3760	277	242	11	16		2	6
交通器材及其他交通运输设备制造	3790	870	745	74	35	7	2	7
电气机械及器材制造业	3900	63475	55459	3833	2878	790	102	413
电机制造	3910	6495	5689	366	299	77	17	47
输配电及控制设备制造	3920	21091	18644	1137	927	217	30	136
电线、电缆、光缆及电工器材制造	3930	11720	10362	733	403	123	22	77
电池制造	3940	2716	2293	211	152	32	5	23
家用电力器具制造	3950	7364	6114	562	494	130	8	56
非电力家用器具制造	3960	2054	1756	132	117	36	5	8
照明器具制造	3970	9832	8739	541	365	129	12	46
其他电气机械及器材制造	3990	2203	1862	151	121	46	3	20
通信设备、计算机及其他电子设备制造业	4000	29058	25054	1523	1929	295	41	216
通信设备制造	4010	3634	3104	235	205	46	7	37
雷达及配套设备制造	4020	101	89	8	2		1	1
广播电视设备制造	4030	1394	1275	54	43	13	5	4
电子计算机制造	4040	2855	2450	164	188	15	5	33
电子器件制造	4050	4093	3475	187	358	36	5	32
电子元件制造	4060	12249	10689	550	807	132	7	64
家用视听设备制造	4070	2566	2207	172	132	25	3	27
其他电子设备制造	4090	2166	1765	153	194	28	8	18
仪器仪表及文化、办公用机械制造业	4100	17504	15516	980	683	156	33	136
通用仪器仪表制造	4110	8526	7627	463	297	61	17	61
专用仪器仪表制造	4120	2653	2317	154	120	30	2	30
钟表与计时仪器制造	4130	1597	1397	111	52	16	2	19
光学仪器及眼镜制造	4140	2773	2480	125	128	24	6	10
文化、办公用机械制造	4150	1270	1101	78	61	15	4	11
其他仪器仪表的制造及修理	4190	685	594	49	25	10	2	5
工艺品及其他制造业	4200	34352	29886	2208	1351	597	105	205
工艺美术品制造	4210	22251	19285	1462	955	364	41	144
日用杂品制造	4220	5789	5163	308	195	79	22	22
煤制品制造	4230	3937	3492	261	48	86	36	14
其他未列明的制造业	4290	2375	1946	177	153	68	6	25
废弃资源和废旧材料回收加工业	4300	3811	3190	297	233	68	9	14
金属废料和碎屑的加工处理	4310	1656	1355	141	116	34	3	7

2-5 续表 5

行业中类	代码	企业法人单位数(个)	营业	停业(歇业)	筹建	当年关闭	当年破产	其他
非金属废料和碎屑的加工处理	4320	2155	1835	156	117	34	6	7
电力、燃气及水的生产和供应业	D	**39652**	**35092**	**853**	**3327**	**138**	**42**	**199**
电力、热力的生产和供应业	4400	26048	22530	497	2763	89	26	143
电力生产	4410	22261	18995	420	2634	66	21	125
电力供应	4420	2216	2121	37	32	13	3	10
热力生产和供应	4430	1571	1414	40	97	10	2	8
燃气生产和供应业	4500	1544	1326	55	139	8	8	8
水的生产和供应业	4600	12060	11236	301	425	41	8	48
自来水的生产和供应	4610	11259	10749	236	198	37	7	31
污水处理及其再生利用	4620	660	387	51	204	3		15
其他水的处理、利用与分配	4690	141	100	14	23	1	1	2
建筑业	E	**128177**	**113653**	**8749**	**3465**	**1046**	**124**	**1140**
房屋和土木工程建筑业	4700	56786	52119	2981	830	399	80	377
房屋工程建筑	4710	38021	35254	1814	376	255	71	251
土木工程建筑	4720	18765	16865	1167	454	144	9	126
建筑安装业	4800	23464	21061	1497	538	177	24	167
建筑装饰业	4900	37493	31686	3340	1635	354	14	464
其他建筑业	5000	10434	8787	931	462	116	6	132
工程准备	5010	4401	3610	464	234	36		57
提供施工设备服务	5020	840	722	74	24	6	1	13
其他未列明的建筑活动	5090	5193	4455	393	204	74	5	62
交通运输、仓储和邮政业	F	**73952**	**65019**	**4014**	**2451**	**1603**	**132**	**679**
道路运输业	5200	30945	27287	1869	838	611	80	234
公路旅客运输	5210	5261	4930	171	65	41	26	26
道路货物运输	5220	21800	18926	1497	656	487	47	165
道路运输辅助活动	5230	3884	3431	201	117	83	7	43
城市公共交通业	5300	5855	5606	116	51	38	5	33
公共电汽车客运	5310	1407	1347	27	15	8	1	9
轨道交通	5320	74	68	1	4			1
出租车客运	5330	4102	3934	79	32	28	4	19
城市轮渡	5340	54	53					1
其他城市公共交通	5390	218	204	9		2		3
水上运输业	5400	4790	4122	324	217	74	6	46
水上旅客运输	5410	632	546	58	14	7	1	5
水上货物运输	5420	2835	2437	201	121	39	5	32
水上运输辅助活动	5430	1323	1139	65	82	28		9
航空运输业	5500	462	415	20	22	2		3
航空客货运输	5510	122	109	5	7	1		
通用航空服务	5520	102	93	4	4			1
航空运输辅助活动	5530	238	213	11	11	1		2
管道运输业	5600	39	35	2	2			
装卸搬运和其他运输服务业	5700	19791	17066	1022	862	547	22	262
装卸搬运	5710	4588	4017	349	86	89	7	39
运输代理服务	5720	15203	13049	673	776	458	15	223
仓储业	5800	10157	8747	604	387	308	19	87
谷物、棉花等农产品仓储	5810	2952	2628	195	28	58	10	33
其他仓储	5890	7205	6119	409	359	250	9	54
邮政业	5900	1912	1740	57	72	23		14

2-5 续表 6

行业中类	代码	企业法人 单位数(个)	营业	停业(歇业)	筹建	当年关闭	当年破产	其他
国家邮政	5910	477	473	1				2
其他寄递服务	5990	1435	1267	56	72	23		12
信息传输、计算机服务和软件业	G	**67380**	**59849**	**3369**	**2924**	**443**	**31**	**695**
电信和其他信息传输服务业	6000	9351	8422	333	384	80	9	101
电信	6010	2698	2456	81	87	44	2	27
互联网信息服务	6020	5471	4864	219	272	30	5	60
广播电视传输服务	6030	1050	984	29	20	3	2	12
卫星传输服务	6040	132	118	4	5	3		2
计算机服务业	6100	37041	33495	1830	1115	239	15	322
计算机系统服务	6110	7468	6356	595	376	35	3	94
数据处理	6120	585	501	36	35	2		10
计算机维修	6130	1552	1330	103	82	15		18
其他计算机服务	6190	27436	25308	1096	622	187	12	200
软件业	6200	20988	17932	1206	1425	124	7	272
公共软件服务	6210	16201	13947	903	1073	80	5	181
其他软件服务	6290	4787	3985	303	352	44	2	91
批发和零售业	H	**883625**	**769945**	**61757**	**27047**	**10847**	**1711**	**12317**
批发业	6300	530807	457750	38453	19566	6246	906	7885
农畜产品批发	6310	29382	24988	3083	446	390	168	307
食品、饮料及烟草制品批发	6320	44399	37727	4031	1216	646	112	667
纺织、服装及日用品批发	6330	53771	44766	4015	3016	591	70	1313
文化、体育用品及器材批发	6340	19666	17398	972	739	201	12	344
医药及医疗器材批发	6350	15482	14073	664	411	116	17	201
矿产品、建材及化工产品批发	6360	174836	151273	13488	5687	2063	286	2038
机械设备、五金交电及电子产品批发	6370	150456	133571	8073	5115	1401	162	2134
贸易经纪与代理	6380	7864	5575	1003	864	169	13	240
其他批发	6390	34951	28379	3124	2072	669	66	641
零售业	6500	352818	312195	23304	7481	4601	805	4432
综合零售	6510	46378	38744	5029	669	828	360	748
食品、饮料及烟草制品专门零售	6520	32936	27495	3673	554	648	104	462
纺织、服装及日用品专门零售	6530	36821	32224	2479	1031	509	62	516
文化、体育用品及器材专门零售	6540	27417	24938	1373	579	232	18	277
医药及医疗器材专门零售	6550	23913	22462	627	343	242	31	208
汽车、摩托车、燃料及零配件专门零售	6560	47862	43954	2057	889	522	49	391
家用电器及电子产品专门零售	6570	55895	50919	2430	1231	477	66	772
五金、家具及室内装修材料专门零售	6580	48943	42794	3481	1309	714	56	589
无店铺及其他零售	6590	32653	28665	2155	876	429	59	469
住宿和餐饮业	I	**91798**	**84410**	**3923**	**1625**	**1085**	**116**	**576**
住宿业	6600	38667	35913	1570	610	298	57	201
旅游饭店	6610	12076	11436	342	189	51	11	42
一般旅馆	6620	23702	21862	1088	361	220	39	122
其他住宿服务	6690	2889	2615	140	60	27	7	37
餐饮业	6700	53131	48497	2353	1015	787	59	375
正餐服务	6710	42759	39206	1804	754	643	50	272
快餐服务	6720	3432	3139	140	60	57	4	28
饮料及冷饮服务	6730	2813	2562	118	79	27	1	21
其他餐饮服务	6790	4127	3590	291	122	60	4	54

2-5 续表 7

行业中类	代码	企业法人单位数(个)	营业	停业(歇业)	筹建	当年关闭	当年破产	其他
金融业	J	**22831**	**22238**	**235**	**177**	**47**	**7**	**100**
银行业	6800	15691	15566	61	4	11	4	43
中央银行	6810	24	24					
商业银行	6820	15005	14892	54	3	10	3	41
其他银行	6890	662	650	7	1	1	1	2
证券业	6900	833	802	9	7	5		5
证券市场管理	6910	35	34	1				
证券经纪与交易	6920	643	631	4	3			1
证券投资	6930	71	61	3	1	5		1
证券分析与咨询	6940	84	76	1	3			3
保险业	7000	3683	3564	15	73	6	1	17
人寿保险	7010	1351	1332	2	10	2		1
非人寿保险	7020	1381	1359	2	14	1	1	3
保险辅助服务	7030	951	873	11	49	3		13
其他金融活动	7100	2624	2306	150	93	25	2	35
金融信托与管理	7110	234	192	27	7	2		6
金融租赁	7120	27	22	2	1	1		1
财务公司	7130	103	87	7		3		4
邮政储蓄	7140	6	6					
典当	7150	1155	1092	29	13	7	1	6
其他未列明的金融活动	7190	1099	907	85	72	12	1	18
房地产业	K	**125086**	**106998**	**9272**	**5057**	**842**	**136**	**2660**
房地产业	7200	125086	106998	9272	5057	842	136	2660
房地产开发经营	7210	59182	50034	4790	2511	338	36	1453
物业管理	7220	30959	27519	1501	1264	165	13	444
房地产中介服务	7230	19666	16722	1519	878	198	10	295
其他房地产活动	7290	15279	12723	1462	404	141	77	468
租赁和商务服务业	L	**201365**	**166492**	**16203**	**12143**	**2264**	**154**	**3600**
租赁业	7300	8833	7649	576	381	94	5	120
机械设备租赁	7310	8153	7067	516	362	81	5	115
文化及日用品出租	7320	680	582	60	19	13		5
商务服务业	7400	192532	158843	15627	11762	2170	149	3480
企业管理服务	7410	31926	24822	3494	1695	708	40	1127
法律服务	7420	4786	4544	80	47	19	1	75
咨询与调查	7430	56069	43073	6085	5102	566	26	1023
广告业	7440	37210	32697	1963	1663	293	16	464
知识产权服务	7450	2171	1938	99	96	5	1	29
职业中介服务	7460	7334	5911	658	514	108	7	112
市场管理	7470	10472	9577	397	290	76	33	90
旅行社	7480	12631	11724	430	294	57	3	77
其他商务服务	7490	29933	24557	2421	2061	338	22	483
科学研究、技术服务和地质勘查业	M	**70562**	**58945**	**5670**	**4083**	**600**	**29**	**1149**
研究与试验发展	7500	7865	5917	908	755	66	2	209
自然科学研究与试验发展	7510	671	478	87	77	9		18
工程和技术研究与试验发展	7520	4280	3380	420	354	29	1	93
农业科学研究与试验发展	7530	1010	722	140	98	15		33
医学研究与试验发展	7540	1715	1200	238	202	13	1	60

2-5 续表 8

行业中类	代码	企业法人单位数(个)	营业	停业(歇业)	筹建	当年关闭	当年破产	其他
社会人文科学研究与试验发展	7550	189	137	23	24			5
专业技术服务业	7600	42807	37279	2532	2073	292	13	555
气象服务	7610	374	351	15	2			5
地震服务	7620	49	43	5				1
海洋服务	7630	73	58	2	9	1		3
测绘服务	7640	1122	1043	28	37	5		9
技术检测	7650	3256	2965	123	125	16	1	21
环境监测	7660	433	367	18	37	5		5
工程技术与规划管理	7670	21172	18986	916	900	116	5	214
其他专业技术服务	7690	16328	13466	1425	963	149	7	297
科技交流和推广服务业	7700	18850	14838	2168	1214	235	14	368
技术推广服务	7710	10808	8632	1179	732	98	7	159
科技中介服务	7720	3566	2675	451	229	83	4	115
其他科技服务	7790	4476	3531	538	253	54	3	94
地质勘查业	7800	1040	911	62	41	7		17
矿产地质勘查	7810	350	296	19	25	1		8
基础地质勘查	7820	210	198	6	3	2		1
地质勘查技术服务	7830	480	417	37	13	4		8
水利、环境和公共设施管理业	**N**	**12287**	**10090**	**947**	**967**	**99**	**11**	**157**
水利管理业	7900	1065	934	67	39	9	2	14
防洪管理	7910	59	52	7				
水资源管理	7920	676	609	29	24	3	2	9
其他水利管理	7990	330	273	31	15	6		5
环境管理业	8000	2416	1941	173	238	20	3	37
自然保护	8010	186	148	15	16	2		4
环境治理	8020	2230	1793	158	222	18	3	33
公共设施管理业	8100	8806	7215	707	690	70	6	106
市政公共设施管理	8110	1069	926	66	42	12	2	20
城市绿化管理	8120	4750	3984	400	271	31	2	56
游览景区管理	8130	2987	2305	241	377	27	2	30
居民服务和其他服务业	**O**	**72869**	**63698**	**4211**	**2744**	**1187**	**42**	**840**
居民服务业	8200	33610	29856	1531	1171	635	19	321
家庭服务	8210	1737	1406	133	135	24	2	33
托儿所	8220	125	114	5	2	1		3
洗染服务	8230	1523	1383	61	36	21	3	14
理发及美容保健服务	8240	10159	9301	335	343	92	3	66
洗浴服务	8250	6388	5952	200	141	51	3	28
婚姻服务	8260	1101	906	96	78	5		12
殡葬服务	8270	895	808	37	38	8		4
摄影扩印服务	8280	4562	4275	147	66	31	3	29
其他居民服务	8290	7120	5711	517	332	402	5	132
其他服务业	8300	39259	33842	2680	1573	552	23	519
修理与维护	8310	18646	17000	787	427	229	14	158
清洁服务	8320	5135	4368	348	275	64	2	65
其他未列明的服务	8390	15478	12474	1545	871	259	7	296
教育	**P**	**9916**	**8643**	**451**	**495**	**117**	**8**	**176**
教育	8400	9916	8643	451	495	117	8	176

2-5 续表 9

行业中类	代码	企业法人单位数（个）	营业	停业（歇业）	筹建	当年关闭	当年破产	其他
学前教育	8410	1848	1707	42	42	22	2	28
初等教育	8420	397	369	6	7	2		11
中等教育	8430	621	529	27	29	15	2	17
高等教育	8440	110	84	3	13	6		3
其他教育	8490	6940	5954	373	404	72	4	117
卫生、社会保障和社会福利业	**Q**	**14875**	**14109**	**314**	**221**	**70**	**7**	**128**
卫生	8500	14214	13587	243	186	62	6	107
医院	8510	2390	2252	31	65	4	3	28
卫生院及社区医疗活动	8520	1585	1526	23	14	5	1	14
门诊部医疗活动	8530	9530	9187	153	73	45	2	59
计划生育技术服务活动	8540	55	53		1			1
妇幼保健活动	8550	38	33	1	2	2		
专科疾病防治活动	8560	159	147	8	3	1		
疾病预防控制及防疫活动	8570	102	93	2	5	1		1
其他卫生活动	8590	355	296	25	23	4		4
社会保障业	8600	132	109	11	6	1	1	3
社会福利业	8700	529	413	60	29	7		18
提供住宿的社会福利	8710	329	276	22	20			9
不提供住宿的社会福利	8720	200	137	38	9	7		9
文化、体育和娱乐业	**R**	**22639**	**19111**	**1753**	**1177**	**223**	**16**	**316**
新闻出版业	8800	1661	1531	51	53	8		17
新闻业	8810	48	38	5	3			2
出版业	8820	1613	1493	46	50	8		15
广播、电视、电影和音像业	8900	4566	3753	505	172	43	5	79
广播	8910	145	116	22	4			2
电视	8920	961	790	70	64	6	1	29
电影	8930	2739	2251	354	62	33	4	33
音像制作	8940	721	596	59	42	4		15
文化艺术业	9000	4399	3391	437	426	30	5	102
文艺创作与表演	9010	781	622	81	48	3	3	21
艺术表演场馆	9020	194	162	15	7	3	1	5
图书馆与档案馆	9030	42	40		1	1		
文物及文化保护	9040	78	63	6	7			2
博物馆	9050	107	78	11	14	2		1
烈士陵园、纪念馆	9060	17	14	2	1			
群众文化活动	9070	485	369	64	37	6		8
文化艺术经纪代理	9080	945	712	87	117	7		22
其他文化艺术	9090	1750	1331	171	194	8	1	43
体育	9100	1278	1036	108	97	7	1	27
体育组织	9110	320	235	38	34	2	1	9
体育场馆	9120	564	494	43	19	1		7
其他体育	9190	394	307	27	44	4		11
娱乐业	9200	10735	9400	652	429	135	5	91
室内娱乐活动	9210	6745	6063	358	171	79	3	54
游乐园	9220	398	317	43	27	4	1	4
休闲健身娱乐活动	9230	2542	2161	154	168	31		25
其他娱乐活动	9290	1050	859	97	63	21	1	8

2-6 按登记注册类型、营业状态分组的企业法人单位数

登记注册类型	代码	企业法人单位数(个)	营业	停业(歇业)	筹建	当年关闭	当年破产	其他
按登记注册类型分组	**022**	**3249342**	**2831432**	**214498**	**120453**	**41411**	**6978**	**33374**
内资	**023**	**3097559**	**2701438**	**207624**	**108194**	**40214**	**6855**	**32039**
国有	024	178751	147793	23000	824	2774	1292	3057
集体	025	342569	289383	39492	1633	6356	1666	4036
股份合作	026	107021	96107	7098	2016	896	135	769
联营企业	027	16499	14153	1569	231	268	54	224
国有联营	028	2834	2337	328	56	55	7	51
集体联营	029	6189	5356	598	54	96	24	61
国有与集体联营	030	2756	2348	287	29	34	5	53
其他联营	031	4720	4112	356	92	83	18	59
有限责任公司	032	355084	316072	19050	12147	2971	439	4009
国有独资公司	033	9725	8322	816	186	204	41	148
其他有限责任公司	034	345359	307750	18234	11961	2767	398	3861
股份有限公司	035	60865	54123	3066	2126	664	117	670
私营企业	036	1982108	1738508	109852	87896	24127	2907	18137
私营独资	037	667084	597736	36500	16152	11314	1864	3501
私营合伙	038	143970	127862	7492	5034	2153	359	1064
私营有限责任公司	039	1099228	950275	62104	62901	9912	586	12793
私营股份有限公司	040	71826	62635	3756	3809	748	98	779
其他内资	041	54662	45299	4497	1321	2158	245	1137
港澳台商投资	**042**	**74327**	**64490**	**3402**	**5156**	**652**	**65**	**562**
与港澳台合资经营	043	23707	20667	1253	1303	246	35	203
与港澳台合作经营	044	5429	4853	316	145	71	7	37
港澳台商独资	045	44236	38159	1774	3644	324	22	313
港澳台商投资股份有限公司	046	955	811	59	64	11	1	9
外商投资	**047**	**77456**	**65504**	**3472**	**7103**	**545**	**58**	**773**
中外合资经营	048	30392	26006	1587	2229	227	34	309
中外合作经营	049	4959	4358	256	253	35	3	54
外资企业	050	40830	34073	1576	4491	276	19	395
外商投资股份有限公司	051	1275	1067	53	130	7	2	15

2-7 按地区、营业状态分组的企业法人单位数

地区	企业法人单位数(个)	营业	停业(歇业)	筹建	当年关闭	当年破产	其他
全国	**3249342**	**2831432**	**214498**	**120453**	**41411**	**6978**	**33374**
北京	199481	167542	17891	10069	595	42	3342
天津	78523	58386	6096	4658	6243	96	2991
河北	109402	100632	5892	1306	455	343	692
山西	66315	54934	6677	3128	1117	263	196
内蒙古	31171	27653	1805	1194	204	126	163
辽宁	149194	120334	20892	5384	1187	421	954
吉林	45406	38634	5298	509	435	181	348
黑龙江	56003	48808	5431	708	359	127	487
上海	321355	262512	26145	22900	3998	56	5703
江苏	342231	307513	15486	14006	3762	266	1195
浙江	309470	279497	12555	14490	2708	92	128
安徽	81743	76016	3084	789	451	220	1183
福建	105285	90850	6302	5448	997	104	1419
江西	56593	47892	3569	2234	1945	664	289
山东	228567	212081	8249	4619	1479	494	1422
河南	138379	119802	10167	2416	4291	892	746
湖北	73898	64978	4955	1416	969	462	1106
湖南	76159	68344	4021	1193	1093	739	767
广东	337007	293628	20059	11958	4741	259	6140
广西	49590	43504	3599	1390	432	86	579
海南	14059	10230	1809	1014	81	15	860
重庆	49834	45389	2322	1393	401	120	207
四川	110426	97124	7702	2843	1585	355	786
贵州	27558	23581	2410	1023	211	50	280
云南	44118	38945	2804	1694	347	59	266
西藏	1503	1431	50	10	1	1	8
陕西	63221	57378	4127	691	398	135	441
甘肃	33315	30054	1955	452	306	196	349
青海	7570	6747	469	234	51	26	43
宁夏	13258	11694	809	579	125	14	27
新疆	28708	25319	1868	705	444	74	257

2-8 按行业（中类）、营业状态分组的国有控股企业法人单位数

行业中类	代码	企业法人单位数（个）	营业	停业（歇业）	筹建	当年关闭	当年破产	其他
总计	0000	**263280**	**222044**	**29262**	**2354**	**3708**	**1612**	**4298**
农、林、牧、渔业	A	**962**	**947**	**9**		**2**		**4**
农业	0100	541	535	5		1		
谷物及其他作物的种植	0110	459	457	2				
蔬菜、园艺作物的种植	0120	13	13					
水果、坚果、饮料和香料作物的种植	0130	66	62	3		1		
中药材的种植	0140	3	3					
林业	0200	273	270					3
林木的培育和种植	0210	102	99					3
木材和竹材的采运	0220	56	56					
林产品的采集	0230	115	115					
畜牧业	0300	74	72	2				
牲畜的饲养	0310	49	48	1				
猪的饲养	0320	14	13	1				
家禽的饲养	0330	7	7					
其他畜牧业	0390	4	4					
渔业	0400	22	20	1		1		
海洋渔业	0410	6	5	1				
内陆渔业	0420	16	15			1		
农、林、牧、渔服务业	0500	52	50	1				1
农业服务业	0510	34	34					
林业服务业	0520	8	8					
畜牧服务业	0530	10	8	1				1
采矿业	B	**2801**	**2371**	**289**	**60**	**37**	**23**	**21**
煤炭开采和洗选业	0600	1370	1225	79	36	13	9	8
烟煤和无烟煤的开采洗选	0610	1295	1165	70	31	12	9	8
褐煤的开采洗选	0620	59	49	6	3	1		
其他煤炭采选	0690	16	11	3	2			
石油和天然气开采业	0700	122	118	1		1	1	1
天然原油和天然气开采	0710	93	90	1			1	1
与石油和天然气开采有关的服务活动	0790	29	28			1		
黑色金属矿采选业	0800	187	147	32	3	2		3
铁矿采选	0810	143	118	20	3	2		
其他黑色金属矿采选	0890	44	29	12				3
有色金属矿采选业	0900	449	345	68	13	13	6	4
常用有色金属矿采选	0910	174	140	20	7	5	2	
贵金属矿采选	0920	209	157	40	3	2	3	4
稀有稀土金属矿采选	0930	66	48	8	3	6	1	
非金属矿采选业	1000	660	526	108	8	8	6	4
土砂石开采	1010	374	291	65	8	5	2	3
化学矿采选	1020	78	56	18		2	2	
采盐	1030	116	110	6				
石棉及其他非金属矿采选	1090	92	69	19		1	2	1
其他采矿业	1100	13	10	1			1	1
制造业	C	**41202**	**30822**	**7221**	**421**	**1000**	**667**	**1071**
农副食品加工业	1300	3423	2227	909	28	129	69	61
谷物磨制	1310	982	603	285	3	55	22	14
饲料加工	1320	469	243	181	2	21	11	11

2-8 续表 1

行业中类	代码	企业法人单位数（个）	营业	停业（歇业）	筹建	当年关闭	当年破产	其他
植物油加工	1330	352	176	142	4	16	7	7
制糖	1340	124	77	30		7	1	9
屠宰及肉类加工	1350	1001	805	146	6	19	19	6
水产品加工	1360	164	117	30	5	4	2	6
蔬菜、水果和坚果加工	1370	120	79	30	3	2	1	5
其他农副食品加工	1390	211	127	65	5	5	6	3
食品制造业	1400	1511	899	461	8	59	35	49
焙烤食品制造	1410	348	169	134	1	14	10	20
糖果、巧克力及蜜饯制造	1420	78	32	39		3	1	3
方便食品制造	1430	218	113	78	2	12	8	5
液体乳及乳制品制造	1440	147	113	25	1	5	2	1
罐头制造	1450	106	57	33	1	6	5	4
调味品、发酵制品制造	1460	317	210	82	1	10	4	10
其他食品制造	1490	297	205	70	2	9	5	6
饮料制造业	1500	1286	927	267	12	34	25	21
酒精制造	1510	39	25	8	1	1	3	1
酒的制造	1520	640	418	164	8	25	15	10
软饮料制造	1530	412	317	75	2	4	6	8
精制茶加工	1540	195	167	20	1	4	1	2
烟草制品业	1600	183	160	11	2	7	3	
烟叶复烤	1610	61	53	5	1	1	1	
卷烟制造	1620	101	91	4		4	2	
其他烟草制品加工	1690	21	16	2	1	2		
纺织业	1700	1987	1176	493	12	63	62	181
棉、化纤纺织及印染精加工	1710	797	491	184	4	23	20	75
毛纺织和染整精加工	1720	202	116	43	2	11	7	23
麻纺织	1730	57	33	12	1	5	4	2
丝绢纺织及精加工	1740	166	101	45	1	2	5	12
纺织制成品制造	1750	373	195	107	2	14	11	44
针织品、编织品及其制品制造	1760	392	240	102	2	8	15	25
纺织服装、鞋、帽制造业	1800	685	470	128	20	10	9	48
纺织服装制造	1810	646	452	112	17	9	8	48
纺织面料鞋的制造	1820	28	11	12	3	1	1	
制帽	1830	11	7	4				
皮革、毛皮、羽毛(绒)及其制品业	1900	284	124	125	1	10	11	13
皮革鞣制加工	1910	40	18	18			2	2
皮革制品制造	1920	182	86	76	1	8	6	5
毛皮鞣制及制品加工	1930	26	7	13		1	2	3
羽毛(绒)加工及制品制造	1940	36	13	18		1	1	3
木材加工及木、竹、藤、棕、草制品业	2000	700	470	179	11	18	7	15
锯材、木片加工	2010	242	169	60	3	5		5
人造板制造	2020	223	154	52	4	3	4	6
木制品制造	2030	194	120	56	3	9	2	4
竹、藤、棕、草制品制造	2040	41	27	11	1	1	1	
家具制造业	2100	298	212	62	2	7	7	8
木质家具制造	2110	220	158	45	1	6	5	5
竹、藤家具制造	2120	5	2	2			1	
金属家具制造	2130	48	35	9		1	1	2

2-8 续表 2

行业中类	代码	企业法人单位数（个）	营业	停业（歇业）	筹建	当年关闭	当年破产	其他
塑料家具制造	2140	5	2	2	1			
其他家具制造	2190	20	15	4				1
造纸及纸制品业	2200	824	550	187	10	29	22	26
纸浆制造	2210	45	25	14	1	4	1	
造纸	2220	399	244	96	4	16	17	22
纸制品制造	2230	380	281	77	5	9	4	4
印刷业和记录媒介的复制	2300	2381	2020	260	9	41	20	31
印刷	2310	2153	1834	227	8	40	18	26
装订及其他印刷服务活动	2320	177	140	28	1	1	2	5
记录媒介的复制	2330	51	46	5				
文教体育用品制造业	2400	224	167	44	2	7	1	3
文化用品制造	2410	108	79	24	2	1	1	1
体育用品制造	2420	45	34	6		4		1
乐器制造	2430	31	22	8		1		
玩具制造	2440	33	26	6				1
游艺器材及娱乐用品制造	2450	7	6			1		
石油加工、炼焦及核燃料加工业	2500	345	288	35	7	8	3	4
化学原料及化学制品制造业	2600	3234	2472	494	45	91	62	70
基础化学原料制造	2610	827	638	116	15	21	18	19
肥料制造	2620	625	453	115	9	16	22	10
农药制造	2630	160	121	31	1	2	4	1
涂料、油墨、颜料及类似产品制造	2640	363	279	50	2	15	1	16
合成材料制造	2650	201	163	24	6	4		4
专用化学产品制造	2660	809	644	108	12	25	7	13
日用化学产品制造	2670	249	174	50		8	10	7
医药制造业	2700	1111	910	135	26	15	11	14
化学药品原药制造	2710	174	140	21	5	2	4	2
化学药品制剂制造	2720	264	232	18	6	1	2	5
中药饮片加工	2730	85	58	17	5	2	2	1
中成药制造	2740	312	270	30	5	5		2
兽用药品制造	2750	93	70	17		3	1	2
生物、生化制品的制造	2760	117	93	15	5	1	1	2
卫生材料及医药用品制造	2770	66	47	17		1	1	
化学纤维制造业	2800	161	116	27	5	4	2	7
纤维素纤维原料及纤维制造	2810	38	28	5	2	1		2
合成纤维制造	2820	123	88	22	3	3	2	5
橡胶制品业	2900	392	270	84	4	2	15	17
轮胎制造	2910	81	48	24	1		7	1
橡胶板、管、带的制造	2920	89	63	17	1		4	4
橡胶零件制造	2930	83	67	11		2	1	2
再生橡胶制造	2940	14	7	6				1
日用及医用橡胶制品制造	2950	34	24	5			2	3
橡胶靴鞋制造	2960	48	33	13	1			1
其他橡胶制品制造	2990	43	28	8	1		1	5
塑料制品业	3000	1061	834	164	9	22	13	19
塑料薄膜制造	3010	145	111	19	3	6	3	3
塑料板、管、型材的制造	3020	242	202	30	2	2	2	4
塑料丝、绳及编织品的制造	3030	177	128	35	1	7	2	4

2-8 续表 3

行业中类	代码	企业法人单位数（个）	营业	停业（歇业）	筹建	当年关闭	当年破产	其他
泡沫塑料制造	3040	51	46	5				
塑料人造革、合成革制造	3050	16	11	5				
塑料包装箱及容器制造	3060	104	84	16	1	1	1	1
塑料零件制造	3070	88	74	11		2		1
日用塑料制造	3080	126	97	20	1	3	2	3
其他塑料制品制造	3090	112	81	23	1	1	3	3
非金属矿物制品业	3100	3861	2930	683	44	73	54	77
水泥、石灰和石膏的制造	3110	994	829	107	11	10	17	20
水泥及石膏制品制造	3120	803	629	137	10	9	6	12
砖瓦、石材及其他建筑材料制造	3130	1009	750	183	8	32	16	20
玻璃及玻璃制品制造	3140	354	236	92	2	8	3	13
陶瓷制品制造	3150	255	162	78	1	4	5	5
耐火材料制品制造	3160	174	121	40	2	2	4	5
石墨及其他非金属矿物制品制造	3190	272	203	46	10	8	3	2
黑色金属冶炼及压延加工业	3200	717	520	117	11	20	13	36
炼铁	3210	112	74	26	2	1	4	5
炼钢	3220	70	48	14	2	4		2
钢压延加工	3230	381	285	48	5	12	5	26
铁合金冶炼	3240	154	113	29	2	3	4	3
有色金属冶炼及压延加工业	3300	705	556	85	19	13	14	18
常用有色金属冶炼	3310	258	193	40	11	5	5	4
贵金属冶炼	3320	73	63	2	2	1	1	4
稀有稀土金属冶炼	3330	59	44	10	2	1	1	1
有色金属合金制造	3340	56	46	6		2	1	1
有色金属压延加工	3350	259	210	27	4	4	6	8
金属制品业	3400	1609	1209	272	11	48	23	46
结构性金属制品制造	3410	563	441	79	6	15	6	16
金属工具制造	3420	219	148	53	2	7	4	5
集装箱及金属包装容器制造	3430	183	142	29		7	4	1
金属丝绳及其制品的制造	3440	109	84	17		2	3	3
建筑、安全用金属制品制造	3450	126	90	19	2	6	4	5
金属表面处理及热处理加工	3460	117	99	9	1	4		4
搪瓷制品制造	3470	29	12	11				6
不锈钢及类似日用金属制品制造	3480	107	65	30		5	1	6
其他金属制品制造	3490	156	128	25		2	1	
通用设备制造业	3500	3366	2627	513	19	83	55	69
锅炉及原动机制造	3510	324	256	40	2	6	15	5
金属加工机械制造	3520	533	409	78	3	18	8	17
起重运输设备制造	3530	246	207	31	1	2	1	4
泵、阀门、压缩机及类似机械的制造	3540	466	366	67	5	13	12	3
轴承、齿轮、传动和驱动部件的制造	3550	257	195	43	2	11	3	3
烘炉、熔炉及电炉制造	3560	27	25	2				
风机、衡器、包装设备等通用设备制造	3570	412	329	65	2	5	3	8
通用零部件制造及机械修理	3580	688	511	122	2	22	8	23
金属铸、锻加工	3590	413	329	65	2	6	5	6
专用设备制造业	3600	2646	2050	420	21	48	37	70
矿山、冶金、建筑专用设备制造	3610	624	516	76	7	9	6	10
化工、木材、非金属加工专用设备制造	3620	316	249	48	1	8	3	7

2-8 续表 4

行业中类	代码	企业法人单位数(个)	营业	停业(歇业)	筹建	当年关闭	当年破产	其他
食品、饮料、烟草及饲料生产专用设备制造	3630	178	126	37	2	3	5	5
印刷、制药、日化生产专用设备制造	3640	142	114	18	1	6	2	1
纺织、服装和皮革工业专用设备制造	3650	215	153	27	1	7	4	23
电子和电工机械专用设备制造	3660	236	194	31	5	2	2	2
农、林、牧、渔专用机械制造	3670	392	231	134		6	13	8
医疗仪器设备及器械制造	3680	203	183	14				6
环保、社会公共安全及其他专用设备制造	3690	340	284	35	4	7	2	8
交通运输设备制造业	3700	3315	2800	342	27	50	41	55
铁路运输设备制造	3710	429	397	22		7	1	2
汽车制造	3720	2141	1776	247	20	35	31	32
摩托车制造	3730	120	100	12		3	3	2
自行车制造	3740	74	38	21	1	1	1	12
船舶及浮动装置制造	3750	352	304	34	4	4	1	5
航空航天器制造	3760	150	144	1	2		2	1
交通器材及其他交通运输设备制造	3790	49	41	5			2	1
电气机械及器材制造业	3900	1884	1443	319	23	44	16	39
电机制造	3910	252	198	36	5	5	5	3
输配电及控制设备制造	3920	738	604	92	4	18	6	14
电线、电缆、光缆及电工器材制造	3930	322	257	50	3	7		5
电池制造	3940	134	89	31	6			8
家用电力器具制造	3950	145	96	40	1	2	1	5
非电力家用器具制造	3960	43	27	12		3	1	
照明器具制造	3970	143	91	41	3	4	2	2
其他电气机械及器材制造	3990	107	81	17	1	5	1	2
通信设备、计算机及其他电子设备制造业	4000	1437	1182	165	14	16	19	41
通信设备制造	4010	348	303	28		4	6	7
雷达及配套设备制造	4020	39	35	2			1	1
广播电视设备制造	4030	59	43	12			3	1
电子计算机制造	4040	136	118	9	1	1	1	6
电子器件制造	4050	280	241	26	2	2	1	8
电子元件制造	4060	366	290	49	8	7	3	9
家用视听设备制造	4070	120	83	27			1	9
其他电子设备制造	4090	89	69	12	3	2	3	
仪器仪表及文化、办公用机械制造业	4100	998	809	124	4	24	12	25
通用仪器仪表制造	4110	494	405	59		7	8	15
专用仪器仪表制造	4120	225	201	15	4	1	1	3
钟表与计时仪器制造	4130	60	33	13		7	1	6
光学仪器及眼镜制造	4140	110	87	17		3	2	1
文化、办公用机械制造	4150	68	53	12		3		
其他仪器仪表的制造及修理	4190	41	30	8		3		
工艺品及其他制造业	4200	515	365	110	4	23	6	7
工艺美术品制造	4210	273	182	74	2	7	4	4
日用杂品制造	4220	33	17	11		1	1	3
煤制品制造	4230	59	49	8		1	1	
其他未列明的制造业	4290	150	117	17	2	14		
废弃资源和废旧材料回收加工业	4300	59	39	6	11	2		1
金属废料和碎屑的加工处理	4310	38	31	4		2		1
非金属废料和碎屑的加工处理	4320	21	8	2	11			

2-8 续表 5

行业中类	代码	企业法人单位数（个）	营业	停业（歇业）	筹建	当年关闭	当年破产	其他
电力、燃气及水的生产和供应业	D	**8003**	**7536**	**128**	**273**	**24**	**12**	**30**
电力、热力的生产和供应业	4400	4789	4490	98	156	20	7	18
电力生产	4410	2643	2401	77	139	8	6	12
电力供应	4420	1641	1619	8	5	6		3
热力生产和供应	4430	505	470	13	12	6	1	3
燃气生产和供应业	4500	330	300	6	18	2	3	1
水的生产和供应业	4600	2884	2746	24	99	2	2	11
自来水的生产和供应	4610	2715	2652	15	38	2	2	6
污水处理及其再生利用	4620	158	89	8	57			4
其他水的处理、利用与分配	4690	11	5	1	4			1
建筑业	E	**14481**	**13403**	**799**	**60**	**116**	**25**	**77**
房屋和土木工程建筑业	4700	9480	8841	468	37	62	21	50
房屋工程建筑	4710	4276	3974	225	9	32	17	19
土木工程建筑	4720	5204	4867	243	28	30	4	31
建筑安装业	4800	2476	2283	137	9	32	3	12
建筑装饰业	4900	1392	1252	117	2	12	1	8
其他建筑业	5000	1133	1027	77	12	10		7
工程准备	5010	432	401	20	6	2		3
提供施工设备服务	5020	102	89	12	1			
其他未列明的建筑活动	5090	599	537	45	5	8		4
交通运输、仓储和邮政业	F	**13779**	**12324**	**893**	**160**	**232**	**43**	**127**
道路运输业	5200	4710	4072	412	61	90	27	48
公路旅客运输	5210	1448	1351	63	11	7	12	4
道路货物运输	5220	1957	1556	292	20	48	11	30
道路运输辅助活动	5230	1305	1165	57	30	35	4	14
城市公共交通业	5300	1144	1102	24	2	9	1	6
公共电汽车客运	5310	510	494	10		2		4
轨道交通	5320	33	32		1			
出租车客运	5330	541	521	12	1	6	1	
城市轮渡	5340	16	15					1
其他城市公共交通	5390	44	40	2		1		1
水上运输业	5400	949	820	74	28	13	1	13
水上旅客运输	5410	99	83	12	1	1	1	1
水上货物运输	5420	440	368	46	7	10		9
水上运输辅助活动	5430	410	369	16	20	2		3
航空运输业	5500	245	229	7	7			2
航空客货运输	5510	80	74	3	3			
通用航空服务	5520	29	28					1
航空运输辅助活动	5530	136	127	4	4			1
管道运输业	5600	27	25	1	1			
装卸搬运和其他运输服务业	5700	2244	2038	128	20	42	4	12
装卸搬运	5710	423	356	42	7	11		7
运输代理服务	5720	1821	1682	86	13	31	4	5
仓储业	5800	3943	3525	246	41	77	10	44
谷物、棉花等农产品仓储	5810	2383	2156	143	14	35	5	30
其他仓储	5890	1560	1369	103	27	42	5	14
邮政业	5900	516	512	1		1		2

2-8 续表 6

行业中类	代码	企业法人单位数（个）	营业	停业（歇业）	筹建	当年关闭	当年破产	其他
国家邮政	5910	467	465					2
其他寄递服务	5990	49	47	1		1		
信息传输、计算机服务和软件业	**G**	**3476**	**3251**	**134**	**48**	**13**	**1**	**29**
电信和其他信息传输服务业	6000	1963	1869	47	24	8	1	14
电信	6010	1207	1158	22	13	6		8
互联网信息服务	6020	191	172	12	5	1		1
广播电视传输服务	6030	522	498	13	5		1	5
卫星传输服务	6040	43	41		1	1		
计算机服务业	6100	775	698	52	14	2		9
计算机系统服务	6110	340	310	21	5			4
数据处理	6120	35	33		1			1
计算机维修	6130	49	42	5				2
其他计算机服务	6190	351	313	26	8	2		2
软件业	6200	738	684	35	10	3		6
公共软件服务	6210	578	538	28	6	3		3
其他软件服务	6290	160	146	7	4			3
批发和零售业	**H**	**89117**	**71320**	**13734**	**250**	**1642**	**644**	**1527**
批发业	6300	55984	44537	8924	164	995	408	956
农畜产品批发	6310	13673	11725	1507	26	163	108	144
食品、饮料及烟草制品批发	6320	11897	9712	1664	20	232	59	210
纺织、服装及日用品批发	6330	2801	1974	623	9	57	34	104
文化、体育用品及器材批发	6340	1504	1342	121	9	6	3	23
医药及医疗器材批发	6350	2026	1761	192	7	37	9	20
矿产品、建材及化工产品批发	6360	13087	9676	2773	56	248	108	226
机械设备、五金交电及电子产品批发	6370	7282	5643	1266	23	152	65	133
贸易经纪与代理	6380	989	721	196	4	30	7	31
其他批发	6390	2725	1983	582	10	70	15	65
零售业	6500	33133	26783	4810	86	647	236	571
综合零售	6510	6048	4500	1166	18	141	91	132
食品、饮料及烟草制品专门零售	6520	9265	6953	1841	5	250	54	162
纺织、服装及日用品专门零售	6530	1950	1485	354	2	33	14	62
文化、体育用品及器材专门零售	6540	3714	3548	120	4	12	6	24
医药及医疗器材专门零售	6550	2679	2475	116	2	50	10	26
汽车、摩托车、燃料及零配件专门零售	6560	3262	2905	254	34	26	11	32
家用电器及电子产品专门零售	6570	1450	1228	165	5	18	10	24
五金、家具及室内装修材料专门零售	6580	2223	1649	419	4	66	24	61
无店铺及其他零售	6590	2542	2040	375	12	51	16	48
住宿和餐饮业	**I**	**15707**	**14469**	**881**	**58**	**148**	**37**	**114**
住宿业	6600	12269	11446	590	46	98	26	63
旅游饭店	6610	4920	4699	160	18	22	4	17
一般旅馆	6620	6521	5983	389	23	71	20	35
其他住宿服务	6690	828	764	41	5	5	2	11
餐饮业	6700	3438	3023	291	12	50	11	51
正餐服务	6710	2921	2588	234	10	40	9	40
快餐服务	6720	178	160	12		4	1	1
饮料及冷饮服务	6730	61	51	9		1		
其他餐饮服务	6790	278	224	36	2	5	1	10

2-8 续表 7

行业中类	代码	企业法人单位数(个)	营业	停业(歇业)	筹建	当年关闭	当年破产	其他
金融业	J	**7007**	**6888**	**63**	**21**	**9**	**2**	**24**
银行业	6800	4226	4191	20	1	1	1	12
中央银行	6810	21	21					
商业银行	6820	3778	3748	16	1	1	1	11
其他银行	6890	427	422	4				1
证券业	6900	415	407	4	1	2		1
证券市场管理	6910	22	21	1				
证券经纪与交易	6920	347	345	1	1			
证券投资	6930	36	31	2		2		1
证券分析与咨询	6940	10	10					
保险业	7000	1773	1757	1	10	1	1	3
人寿保险	7010	805	801		2	1		1
非人寿保险	7020	884	876	1	5		1	1
保险辅助服务	7030	84	80		3			1
其他金融活动	7100	593	533	38	9	5		8
金融信托与管理	7110	145	128	10	2	1		4
金融租赁	7120	12	10	2				
财务公司	7130	71	65	5		1		
邮政储蓄	7140	5	5					
典当	7150	105	99	4		1		1
其他未列明的金融活动	7190	255	226	17	7	2		3
房地产业	K	**18284**	**15915**	**1491**	**226**	**139**	**71**	**442**
房地产业	7200	18284	15915	1491	226	139	71	442
房地产开发经营	7210	8473	7406	685	138	40	9	195
物业管理	7220	4963	4607	208	54	27	9	58
房地产中介服务	7230	997	867	85	12	13	4	16
其他房地产活动	7290	3851	3035	513	22	59	49	173
租赁和商务服务业	L	**21295**	**18440**	**1760**	**363**	**140**	**62**	**529**
租赁业	7300	724	621	71	3	6	2	21
机械设备租赁	7310	671	581	58	3	6	2	21
文化及日用品出租	7320	53	40	13				
商务服务业	7400	20571	17819	1689	360	134	60	508
企业管理服务	7410	7943	6533	786	201	60	27	336
法律服务	7420	283	274	5	1	1		2
咨询与调查	7430	2506	2096	300	52	16	3	38
广告业	7440	1694	1544	108	14	10	2	16
知识产权服务	7450	125	112	8	2			3
职业中介服务	7460	944	809	95	21	4	2	13
市场管理	7470	1489	1338	82	16	16	22	15
旅行社	7480	2722	2574	113	11	10	1	13
其他商务服务	7490	2865	2539	192	42	17	3	72
科学研究、技术服务和地质勘查业	M	**12751**	**11573**	**804**	**169**	**75**	**4**	**126**
研究与试验发展	7500	1226	1051	114	26	10		25
自然科学研究与试验发展	7510	123	108	6	4	1		4
工程和技术研究与试验发展	7520	735	638	65	15	4		13
农业科学研究与试验发展	7530	221	179	29	4	4		5
医学研究与试验发展	7540	132	113	13	2	1		3

2-8 续表 8

行业中类	代码	企业法人 单位数 (个)	营业	停业 (歇业)	筹建	当年 关闭	当年 破产	其他
社会人文科学研究与试验发展	7550	15	13	1	1			
专业技术服务业	7600	8019	7529	305	93	33	3	56
气象服务	7610	221	214	7				
地震服务	7620	22	18	3				1
海洋服务	7630	20	18		1	1		
测绘服务	7640	339	327	6	3	2		1
技术检测	7650	988	944	26	13	2		3
环境监测	7660	82	75	4	2	1		
工程技术与规划管理	7670	4879	4612	153	62	16	2	34
其他专业技术服务	7690	1468	1321	106	12	11	1	17
科技交流和推广服务业	7700	2974	2504	356	45	30	1	38
技术推广服务	7710	1702	1446	200	22	15	1	18
科技中介服务	7720	640	518	93	9	11		9
其他科技服务	7790	632	540	63	14	4		11
地质勘查业	7800	532	489	29	5	2		7
矿产地质勘查	7810	180	168	5	3			4
基础地质勘查	7820	142	137	3		1		1
地质勘查技术服务	7830	210	184	21	2	1		2
水利、环境和公共设施管理业	**N**	**2550**	**2248**	**143**	**116**	**14**	**4**	**25**
水利管理业	7900	517	469	26	13	4		5
防洪管理	7910	33	29	4				
水资源管理	7920	343	318	11	10	1		3
其他水利管理	7990	141	122	11	3	3		2
环境管理业	8000	463	376	30	52	1	1	3
自然保护	8010	53	47	3	2			1
环境治理	8020	410	329	27	50	1	1	2
公共设施管理业	8100	1570	1403	87	51	9	3	17
市政公共设施管理	8110	357	314	22	9	4	2	6
城市绿化管理	8120	559	509	30	14	1	1	4
游览景区管理	8130	654	580	35	28	4		7
居民服务和其他服务业	**O**	**4748**	**4220**	**350**	**48**	**64**	**5**	**61**
居民服务业	8200	1807	1614	117	19	31	4	22
家庭服务	8210	62	56	3		1		2
托儿所	8220	7	7					
洗染服务	8230	84	75	5	1	1	1	1
理发及美容保健服务	8240	158	145	7	2	3		1
洗浴服务	8250	275	244	23	3	3		2
婚姻服务	8260	58	53	2	1	1		1
殡葬服务	8270	192	180	7	3			2
摄影扩印服务	8280	340	309	21	2	3	1	4
其他居民服务	8290	631	545	49	7	19	2	9
其他服务业	8300	2941	2606	233	29	33	1	39
修理与维护	8310	1141	1027	85	4	15		10
清洁服务	8320	223	195	20	2	3		3
其他未列明的服务	8390	1577	1384	128	23	15	1	26
教育	**P**	**1277**	**1154**	**72**	**16**	**15**	**4**	**16**
教育	8400	1277	1154	72	16	15	4	16

2-8 续表 9

行业中类	代码	企业法人单位数(个)	营业	停业(歇业)	筹建	当年关闭	当年破产	其他
学前教育	8410	141	137	2		1	1	
初等教育	8420	96	93					3
中等教育	8430	142	121	8	2	4	2	5
高等教育	8440	25	23			2		
其他教育	8490	873	780	62	14	8	1	8
卫生、社会保障和社会福利业	Q	**1251**	**1155**	**59**	**11**	**9**	**3**	**14**
卫生	8500	1069	1015	28	7	5	3	11
医院	8510	469	448	9	3		3	6
卫生院及社区医疗活动	8520	215	207	4		2		2
门诊部医疗活动	8530	270	254	11	1	1		3
计划生育技术服务活动	8540	28	28					
妇幼保健活动	8550	9	8			1		
专科疾病防治活动	8560	13	13					
疾病预防控制及防疫活动	8570	24	22	1		1		
其他卫生活动	8590	41	35	3	3			
社会保障业	8600	42	34	6	1	1		
社会福利业	8700	140	106	25	3	3		3
提供住宿的社会福利	8710	48	43	4	1			
不提供住宿的社会福利	8720	92	63	21	2	3		3
文化、体育和娱乐业	R	**4589**	**4008**	**432**	**54**	**29**	**5**	**61**
新闻出版业	8800	1128	1080	21	11	6		10
新闻业	8810	28	23	4				1
出版业	8820	1100	1057	17	11	6		9
广播、电视、电影和音像业	8900	2102	1768	276	10	13	4	31
广播	8910	68	61	5	1			1
电视	8920	294	257	24	2			11
电影	8930	1639	1365	235	5	12	4	18
音像制作	8940	101	85	12	2	1		1
文化艺术业	9000	542	461	53	15	1	1	11
文艺创作与表演	9010	86	73	9	2		1	1
艺术表演场馆	9020	84	69	11	2			2
图书馆与档案馆	9030	19	19					
文物及文化保护	9040	26	24	1	1			
博物馆	9050	31	24	3	3			1
烈士陵园、纪念馆	9060	6	5	1				
群众文化活动	9070	122	104	12	2	1		3
文化艺术经纪代理	9080	78	68	9	1			
其他文化艺术	9090	90	75	7	4			4
体育	9100	168	143	16	4	2		3
体育组织	9110	58	44	9	2	2		1
体育场馆	9120	73	65	5	2			1
其他体育	9190	37	34	2				1
娱乐业	9200	649	556	66	14	7		6
室内娱乐活动	9210	338	290	38	2	5		3
游乐园	9220	62	56	5	1			
休闲健身娱乐活动	9230	153	131	13	5	2		2
其他娱乐活动	9290	96	79	10	6			1

2-9 按行业（中类）、营业状态分组的企业法人单位就业人数

行业中类	代码	就业人数（万人）	营业	停业（歇业）	筹建	当年关闭	当年破产	其他
总计	**0000**	**16693.01**	**16155.51**	**287.44**	**116.90**	**42.09**	**25.04**	**63.66**
农、林、牧、渔业	**A**	**106.15**	**105.90**	**0.09**	**0.05**	**0.01**		**0.10**
农业	0100	48.27	48.20	0.05		0.01		
谷物及其他作物的种植	0110	42.72	42.69	0.03				
蔬菜、园艺作物的种植	0120	0.67	0.65			0.01		
水果、坚果、饮料和香料作物的种植	0130	4.80	4.77	0.02				
中药材的种植	0140	0.09	0.09					
林业	0200	50.83	50.69		0.05			0.09
林木的培育和种植	0210	6.08	5.94		0.05			0.09
木材和竹材的采运	0220	20.48	20.48					
林产品的采集	0230	24.27	24.27					
畜牧业	0300	4.76	4.75	0.01				
牲畜的饲养	0310	3.48	3.48					
猪的饲养	0320	0.38	0.37	0.01				
家禽的饲养	0330	0.85	0.85					
其他畜牧业	0390	0.05	0.05					
渔业	0400	0.86	0.85					
海洋渔业	0410	0.32	0.32					
内陆渔业	0420	0.53	0.53					
农、林、牧、渔服务业	0500	1.44	1.41	0.02				
农业服务业	0510	1.20	1.17	0.02				
林业服务业	0520	0.17	0.17					
畜牧服务业	0530	0.07	0.07					
渔业服务业	0540							
采矿业	**B**	**888.76**	**862.73**	**11.73**	**7.42**	**2.96**	**2.06**	**1.87**
煤炭开采和洗选业	0600	552.42	539.53	5.32	3.67	1.63	1.33	0.94
烟煤和无烟煤的开采洗选	0610	535.69	523.10	5.17	3.55	1.61	1.33	0.93
褐煤的开采洗选	0620	15.19	15.04	0.06	0.07	0.01		
其他煤炭采选	0690	1.55	1.39	0.10	0.04	0.02		
石油和天然气开采业	0700	99.38	99.22	0.10	0.02	0.02		0.03
天然原油和天然气开采	0710	49.83	49.73	0.07	0.01			0.01
与石油和天然气开采有关的服务活动	0790	49.55	49.49	0.03	0.01	0.02		0.01
黑色金属矿采选业	0800	62.33	58.92	1.34	1.56	0.30	0.07	0.14
铁矿采选	0810	55.69	52.70	1.13	1.40	0.27	0.06	0.13
其他黑色金属矿采选	0890	6.64	6.22	0.21	0.16	0.02	0.01	0.01
有色金属矿采选业	0900	57.25	54.31	1.13	0.95	0.15	0.43	0.29
常用有色金属矿采选	0910	29.11	27.52	0.60	0.58	0.13	0.09	0.19
贵金属矿采选	0920	20.43	19.77	0.38	0.18	0.01	0.02	0.07
稀有稀土金属矿采选	0930	7.71	7.03	0.15	0.19	0.01	0.31	0.03
非金属矿采选业	1000	116.58	110.09	3.76	1.19	0.87	0.23	0.45
土砂石开采	1010	79.60	75.08	2.46	0.88	0.73	0.14	0.32
化学矿采选	1020	9.32	8.63	0.46	0.07	0.03	0.07	0.07
采盐	1030	13.91	13.74	0.14	0.02			0.01

2-9 续表 1

行业中类	代码	就业人数（万人）	营业	停业（歇业）	筹建	当年关闭	当年破产	其他
石棉及其他非金属矿采选	1090	13.75	12.64	0.70	0.22	0.11	0.02	0.06
其他采矿业	1100	0.79	0.66	0.07	0.04			0.02
制造业	**C**	**8390.13**	**8095.90**	**162.97**	**59.88**	**27.85**	**16.92**	**26.60**
农副食品加工业	1300	312.97	298.02	9.17	2.71	1.32	0.67	1.08
谷物磨制	1310	46.63	43.13	2.45	0.31	0.39	0.13	0.23
饲料加工	1320	30.30	28.75	0.90	0.34	0.13	0.08	0.09
植物油加工	1330	30.78	28.17	1.78	0.28	0.17	0.17	0.20
制糖	1340	18.23	17.48	0.46	0.06	0.14		0.08
屠宰及肉类加工	1350	70.19	67.91	1.38	0.49	0.14	0.15	0.11
水产品加工	1360	40.99	40.04	0.57	0.22	0.05	0.05	0.06
蔬菜、水果和坚果加工	1370	43.31	41.78	0.80	0.43	0.07	0.05	0.18
其他农副食品加工	1390	32.54	30.75	0.82	0.60	0.23	0.03	0.11
食品制造业	1400	169.97	161.21	5.23	1.60	0.58	0.54	0.81
焙烤食品制造	1410	27.98	26.07	1.27	0.18	0.14	0.06	0.27
糖果、巧克力及蜜饯制造	1420	15.76	15.14	0.46	0.08	0.03	0.01	0.05
方便食品制造	1430	30.47	29.03	0.74	0.28	0.08	0.18	0.17
液体乳及乳制品制造	1440	21.56	20.86	0.36	0.17	0.12	0.01	0.03
罐头制造	1450	21.98	20.99	0.67	0.15	0.04	0.02	0.11
调味品、发酵制品制造	1460	25.48	24.22	0.78	0.21	0.08	0.12	0.07
其他食品制造	1490	26.73	24.89	0.95	0.53	0.10	0.14	0.13
饮料制造业	1500	127.62	121.49	3.93	1.09	0.45	0.31	0.35
酒精制造	1510	4.66	4.21	0.27	0.12	0.01	0.04	
酒的制造	1520	77.32	73.87	2.32	0.44	0.33	0.20	0.17
软饮料制造	1530	33.42	31.52	1.13	0.46	0.09	0.07	0.16
精制茶加工	1540	12.22	11.89	0.21	0.08	0.03		0.02
烟草制品业	1600	20.01	19.54	0.12	0.01	0.24	0.08	0.03
烟叶复烤	1610	2.97	2.88	0.06		0.01		0.02
卷烟制造	1620	16.32	16.01	0.02		0.22	0.08	
其他烟草制品加工	1690	0.72	0.65	0.04	0.01	0.02		0.01
纺织业	1700	790.74	764.27	14.34	3.71	2.45	2.96	3.01
棉、化纤纺织及印染精加工	1710	375.47	363.80	6.52	1.43	0.81	1.86	1.04
毛纺织和染整精加工	1720	48.53	46.09	1.25	0.25	0.36	0.10	0.48
麻纺织	1730	18.55	17.98	0.37	0.11	0.05	0.01	0.05
丝绢纺织及精加工	1740	49.62	48.10	0.88	0.15	0.12	0.28	0.09
纺织制成品制造	1750	97.58	93.19	2.28	0.50	0.50	0.38	0.73
针织品、编织品及其制品制造	1760	200.98	195.11	3.04	1.27	0.60	0.34	0.63
纺织服装、鞋、帽制造业	1800	504.02	490.75	6.37	3.33	1.49	0.86	1.21
纺织服装制造	1810	469.35	457.04	5.78	3.09	1.43	0.83	1.19
纺织面料鞋的制造	1820	23.80	23.07	0.44	0.20	0.04	0.03	0.02
制帽	1830	10.87	10.64	0.15	0.05	0.03		
皮革、毛皮、羽毛(绒)及其制品业	1900	288.15	280.91	4.06	1.25	0.83	0.46	0.64
皮革鞣制加工	1910	17.35	16.52	0.57	0.05	0.09	0.06	0.06

2-9 续表 2

行业中类	代码	就业人数(万人)	营业	停业(歇业)	筹建	当年关闭	当年破产	其他
皮革制品制造	1920	254.08	248.87	2.54	1.15	0.62	0.34	0.55
毛皮鞣制及制品加工	1930	8.58	8.13	0.30	0.03	0.06	0.04	0.02
羽毛(绒)加工及制品制造	1940	8.14	7.38	0.65	0.02	0.06	0.01	0.01
木材加工及木、竹、藤、棕、草制品业	2000	168.53	161.57	4.01	1.25	0.80	0.37	0.53
锯材、木片加工	2010	33.79	31.91	1.25	0.28	0.19	0.03	0.14
人造板制造	2020	76.17	73.48	1.50	0.48	0.26	0.29	0.15
木制品制造	2030	36.62	35.10	0.81	0.40	0.13	0.03	0.15
竹、藤、棕、草制品制造	2040	21.96	21.08	0.46	0.10	0.22	0.02	0.09
家具制造业	2100	115.17	111.77	1.94	0.88	0.22	0.07	0.30
木质家具制造	2110	77.08	74.49	1.49	0.64	0.17	0.05	0.24
竹、藤家具制造	2120	1.85	1.78	0.04	0.01	0.01		
金属家具制造	2130	23.50	23.11	0.23	0.09	0.02	0.01	0.04
塑料家具制造	2140	1.60	1.57	0.01	0.01			
其他家具制造	2190	11.15	10.82	0.17	0.12	0.02	0.01	0.02
造纸及纸制品业	2200	210.12	199.02	6.99	1.72	1.40	0.42	0.57
纸浆制造	2210	6.42	5.30	0.85	0.20	0.03	0.03	0.01
造纸	2220	103.33	97.08	4.03	0.77	0.87	0.27	0.32
纸制品制造	2230	100.37	96.65	2.11	0.75	0.50	0.13	0.24
印刷业和记录媒介的复制	2300	131.78	127.40	2.80	0.62	0.38	0.20	0.38
印刷	2310	121.49	117.52	2.54	0.59	0.36	0.15	0.33
装订及其他印刷服务活动	2320	8.75	8.40	0.24	0.03	0.02	0.02	0.04
记录媒介的复制	2330	1.54	1.48	0.02			0.03	
文教体育用品制造业	2400	153.88	150.88	1.49	0.66	0.51	0.02	0.32
文化用品制造	2410	21.75	21.13	0.37	0.16	0.05	0.01	0.04
体育用品制造	2420	31.84	31.10	0.23	0.17	0.19		0.14
乐器制造	2430	8.59	8.48	0.06	0.03			0.01
玩具制造	2440	88.27	86.83	0.81	0.28	0.23	0.01	0.10
游艺器材及娱乐用品制造	2450	3.44	3.34	0.02	0.02	0.04		0.02
石油加工、炼焦及核燃料加工业	2500	80.80	76.29	1.79	1.34	0.90	0.07	0.42
化学原料及化学制品制造业	2600	458.15	437.81	10.20	4.62	1.90	1.90	1.73
基础化学原料制造	2610	110.94	104.85	2.43	1.56	0.66	0.94	0.50
肥料制造	2620	81.93	78.53	1.85	0.60	0.34	0.39	0.22
农药制造	2630	17.71	16.85	0.47	0.19	0.10	0.03	0.07
涂料、油墨、颜料及类似产品制造	2640	51.49	49.00	1.31	0.57	0.24	0.12	0.26
合成材料制造	2650	36.67	35.21	0.59	0.51	0.17		0.19
专用化学产品制造	2660	125.26	121.16	2.54	0.86	0.29	0.04	0.36
日用化学产品制造	2670	34.15	32.21	1.00	0.32	0.10	0.38	0.14
医药制造业	2700	136.87	130.43	2.95	2.32	0.37	0.22	0.58
化学药品原药制造	2710	30.17	28.98	0.60	0.29	0.05	0.11	0.14
化学药品制剂制造	2720	36.15	34.37	1.07	0.49	0.08	0.01	0.12
中药饮片加工	2730	7.07	6.44	0.17	0.37	0.03	0.03	0.03
中成药制造	2740	37.62	36.26	0.54	0.58	0.08	0.03	0.13
兽用药品制造	2750	6.37	5.92	0.17	0.13	0.10	0.03	0.02
生物、生化制品的制造	2760	8.61	7.97	0.21	0.30	0.01		0.10

2-9 续表 3

行业中类	代码	就业人数（万人）	营业	停业（歇业）	筹建	当年关闭	当年破产	其他
卫生材料及医药用品制造	2770	10.89	10.49	0.20	0.15	0.02	0.01	0.03
化学纤维制造业	2800	44.10	41.93	1.20	0.36	0.08	0.06	0.48
纤维素纤维原料及纤维制造	2810	10.26	9.73	0.27	0.12	0.01		0.13
合成纤维制造	2820	33.84	32.20	0.93	0.24	0.07	0.06	0.35
橡胶制品业	2900	113.89	110.21	2.30	0.47	0.35	0.29	0.27
轮胎制造	2910	26.69	25.68	0.61	0.10	0.09	0.17	0.03
橡胶板、管、带的制造	2920	16.82	16.19	0.42	0.10	0.03	0.04	0.04
橡胶零件制造	2930	20.82	20.41	0.24	0.08	0.05		0.05
再生橡胶制造	2940	3.14	2.94	0.11	0.03	0.02		0.04
日用及医用橡胶制品制造	2950	7.27	7.11	0.08	0.04	0.01		0.03
橡胶靴鞋制造	2960	30.18	29.40	0.51	0.05	0.14	0.07	0.02
其他橡胶制品制造	2990	8.97	8.49	0.32	0.08	0.01	0.01	0.06
塑料制品业	3000	302.18	292.81	5.45	2.00	1.02	0.15	0.76
塑料薄膜制造	3010	26.17	25.29	0.46	0.22	0.12	0.02	0.06
塑料板、管、型材的制造	3020	40.31	38.65	0.99	0.38	0.14	0.02	0.12
塑料丝、绳及编织品的制造	3030	41.95	40.28	1.13	0.18	0.22	0.02	0.12
泡沫塑料制造	3040	13.96	13.53	0.27	0.09	0.03	0.01	0.04
塑料人造革、合成革制造	3050	7.81	7.50	0.20	0.07	0.02		0.03
塑料包装箱及容器制造	3060	31.25	30.17	0.57	0.22	0.20		0.09
塑料零件制造	3070	42.60	41.88	0.34	0.21	0.06	0.01	0.10
日用塑料制造	3080	54.68	53.27	0.89	0.28	0.11	0.02	0.10
其他塑料制品制造	3090	43.45	42.26	0.59	0.35	0.12	0.04	0.09
非金属矿物制品业	3100	872.48	837.43	20.64	5.44	4.25	1.74	2.98
水泥、石灰和石膏的制造	3110	167.27	161.34	3.16	0.84	0.84	0.57	0.52
水泥及石膏制品制造	3120	87.92	83.10	3.04	0.76	0.55	0.10	0.36
砖瓦、石材及其他建筑材料制造	3130	364.45	350.34	8.41	1.62	2.15	0.56	1.37
玻璃及玻璃制品制造	3140	97.97	94.44	1.99	0.85	0.37	0.11	0.22
陶瓷制品制造	3150	75.10	72.38	1.67	0.39	0.08	0.29	0.28
耐火材料制品制造	3160	43.99	42.02	1.26	0.49	0.09	0.05	0.08
石墨及其他非金属矿物制品制造	3190	35.78	33.80	1.12	0.49	0.17	0.06	0.15
黑色金属冶炼及压延加工业	3200	312.61	302.66	4.39	3.48	1.22	0.21	0.64
炼铁	3210	48.25	46.12	1.01	0.63	0.32	0.09	0.08
炼钢	3220	53.24	51.51	0.61	0.76	0.27		0.08
钢压延加工	3230	180.38	176.06	2.07	1.27	0.48	0.08	0.43
铁合金冶炼	3240	30.74	28.98	0.70	0.82	0.15	0.05	0.06
有色金属冶炼及压延加工业	3300	151.67	146.30	2.04	2.14	0.34	0.27	0.58
常用有色金属冶炼	3310	73.04	70.15	0.80	1.48	0.22	0.15	0.24
贵金属冶炼	3320	6.37	6.10	0.07	0.03	0.01	0.01	0.15
稀有稀土金属冶炼	3330	8.04	7.69	0.17	0.11	0.01	0.03	0.04
有色金属合金制造	3340	7.38	7.10	0.09	0.09	0.01	0.04	0.04
有色金属压延加工	3350	56.83	55.25	0.89	0.43	0.09	0.04	0.12
金属制品业	3400	363.52	348.86	8.52	3.03	1.12	0.59	1.41
结构性金属制品制造	3410	95.16	90.81	2.26	1.20	0.37	0.04	0.47

2-9 续表 4

行业中类	代码	就业人数(万人)	营业	停业(歇业)	筹建	当年关闭	当年破产	其他
金属工具制造	3420	53.21	50.93	1.45	0.30	0.08	0.15	0.30
集装箱及金属包装容器制造	3430	27.03	26.26	0.38	0.11	0.12	0.04	0.12
金属丝绳及其制品的制造	3440	22.71	21.64	0.59	0.08	0.10	0.19	0.10
建筑、安全用金属制品制造	3450	50.17	48.44	1.04	0.36	0.22	0.03	0.09
金属表面处理及热处理加工	3460	31.64	30.89	0.36	0.23	0.07		0.10
搪瓷制品制造	3470	5.81	5.34	0.39	0.05			0.02
不锈钢及类似日用金属制品制造	3480	44.96	43.38	0.89	0.38	0.09	0.13	0.10
其他金属制品制造	3490	32.83	31.17	1.15	0.31	0.07	0.01	0.11
通用设备制造业	3500	543.77	524.01	11.79	3.40	1.52	1.20	1.85
锅炉及原动机制造	3510	46.72	45.14	0.95	0.18	0.13	0.19	0.12
金属加工机械制造	3520	58.92	56.26	1.45	0.51	0.18	0.16	0.35
起重运输设备制造	3530	34.74	33.85	0.56	0.12	0.04	0.03	0.13
泵、阀门、压缩机及类似机械的制造	3540	79.68	76.78	1.84	0.43	0.31	0.15	0.17
轴承、齿轮、传动和驱动部件的制造	3550	59.98	58.24	1.21	0.20	0.10	0.16	0.08
烘炉、熔炉及电炉制造	3560	4.13	3.93	0.10	0.04	0.05	0.01	0.01
风机、衡器、包装设备等通用设备制造	3570	70.97	68.69	1.05	0.56	0.13	0.26	0.28
通用零部件制造及机械修理	3580	89.29	85.30	2.49	0.75	0.30	0.05	0.40
金属铸、锻加工	3590	99.36	95.80	2.15	0.62	0.29	0.19	0.31
专用设备制造业	3600	320.90	308.00	7.56	2.76	0.71	0.57	1.30
矿山、冶金、建筑专用设备制造	3610	71.14	68.06	2.03	0.60	0.09	0.13	0.23
化工、木材、非金属加工专用设备制造	3620	60.33	58.65	0.78	0.56	0.13	0.02	0.19
食品、饮料、烟草及饲料生产专用设备制造	3630	15.38	14.65	0.46	0.12	0.04	0.07	0.04
印刷、制药、日化生产专用设备制造	3640	19.31	18.37	0.43	0.24	0.04	0.06	0.17
纺织、服装和皮革工业专用设备制造	3650	35.64	34.50	0.70	0.20	0.09	0.02	0.14
电子和电工机械专用设备制造	3660	36.79	36.12	0.29	0.18	0.06		0.13
农、林、牧、渔专用机械制造	3670	36.42	33.78	1.84	0.12	0.19	0.25	0.24
医疗仪器设备及器械制造	3680	19.55	18.94	0.26	0.25	0.02		0.08
环保、社会公共安全及其他专用设备制造	3690	26.34	24.92	0.77	0.50	0.06	0.01	0.08
交通运输设备制造业	3700	443.58	431.24	6.50	2.31	0.85	1.45	1.23
铁路运输设备制造	3710	37.06	36.20	0.68	0.05	0.11	0.01	0.02
汽车制造	3720	267.39	259.55	4.04	1.69	0.52	0.92	0.67
摩托车制造	3730	48.57	47.23	0.55	0.13	0.16	0.16	0.36
自行车制造	3740	23.45	22.48	0.64	0.21	0.02		0.09
船舶及浮动装置制造	3750	35.26	34.37	0.44	0.19	0.04	0.16	0.07
航空航天器制造	3760	27.91	27.63	0.04	0.03		0.20	0.01
交通器材及其他交通运输设备制造	3790	3.94	3.78	0.11	0.02		0.01	0.01
电气机械及器材制造业	3900	459.49	446.92	7.24	2.89	0.87	0.49	1.10
电机制造	3910	54.42	52.90	1.04	0.24	0.04	0.12	0.09
输配电及控制设备制造	3920	127.14	123.42	1.96	0.85	0.33	0.13	0.46
电线、电缆、光缆及电工器材制造	3930	73.42	70.68	1.87	0.39	0.24	0.08	0.17
电池制造	3940	34.44	33.61	0.42	0.28	0.02	0.01	0.09
家用电力器具制造	3950	84.25	82.86	0.57	0.52	0.11	0.06	0.14
非电力家用器具制造	3960	8.94	8.65	0.14	0.12	0.02		0.01

2-9 续表 5

行业中类	代码	就业人数（万人）	营 业	停 业（歇业）	筹 建	当年关闭	当年破产	其 他
照明器具制造	3970	67.99	66.27	1.06	0.40	0.07	0.09	0.11
其他电气机械及器材制造	3990	8.88	8.53	0.19	0.10	0.03	0.01	0.02
通信设备、计算机及其他电子设备制造业	4000	457.89	449.04	4.56	2.56	0.46	0.23	1.05
通信设备制造	4010	54.20	52.02	1.66	0.22	0.17	0.08	0.05
雷达及配套设备制造	4020	3.50	3.44	0.02			0.01	0.03
广播电视设备制造	4030	11.77	11.51	0.11	0.05	0.02	0.07	0.02
电子计算机制造	4040	85.88	85.08	0.31	0.37	0.01	0.01	0.09
电子器件制造	4050	63.24	61.90	0.36	0.64	0.05	0.01	0.28
电子元件制造	4060	166.32	163.69	1.23	0.87	0.17	0.02	0.33
家用视听设备制造	4070	59.04	57.84	0.68	0.25	0.05	0.01	0.21
其他电子设备制造	4090	13.94	13.54	0.19	0.15		0.01	0.04
仪器仪表及文化、办公用机械制造业	4100	119.00	115.44	2.02	0.51	0.18	0.40	0.45
通用仪器仪表制造	4110	37.28	35.68	0.89	0.22	0.04	0.26	0.20
专用仪器仪表制造	4120	12.59	12.27	0.16	0.08	0.02		0.05
钟表与计时仪器制造	4130	17.56	16.86	0.45	0.05	0.03	0.01	0.16
光学仪器及眼镜制造	4140	28.16	27.57	0.33	0.08	0.03	0.12	0.02
文化、办公用机械制造	4150	20.97	20.74	0.12	0.07	0.04		0.01
其他仪器仪表的制造及修理	4190	2.44	2.31	0.08	0.01	0.03		
工艺品及其他制造业	4200	207.45	201.42	3.11	1.22	1.01	0.13	0.56
工艺美术品制造	4210	147.81	143.59	2.28	0.83	0.67	0.04	0.39
日用杂品制造	4220	38.20	37.22	0.47	0.23	0.11	0.06	0.12
煤制品制造	4230	5.04	4.73	0.17	0.03	0.06	0.04	0.02
其他未列明的制造业	4290	16.40	15.88	0.19	0.12	0.17		0.03
废弃资源和废旧材料回收加工业	4300	8.82	8.29	0.25	0.22	0.04	0.01	0.02
金属废料和碎屑的加工处理	4310	5.22	4.92	0.16	0.10	0.02	0.01	0.01
非金属废料和碎屑的加工处理	4320	3.60	3.36	0.09	0.12	0.02		0.01
电力、燃气及水的生产和供应业	**D**	**363.38**	**355.58**	**1.39**	**5.29**	**0.22**	**0.14**	**0.77**
电力、热力的生产和供应业	4400	286.44	280.04	1.08	4.47	0.20	0.08	0.57
电力生产	4410	138.79	133.04	0.90	4.11	0.13	0.08	0.52
电力供应	4420	129.79	129.58	0.09	0.08	0.01		0.03
热力生产和供应	4430	17.86	17.42	0.09	0.28	0.06		0.02
燃气生产和供应业	4500	17.88	17.49	0.10	0.27		0.01	0.02
水的生产和供应业	4600	59.06	58.05	0.21	0.54	0.02	0.05	0.18
自来水的生产和供应	4610	56.70	56.20	0.13	0.21	0.02	0.05	0.08
污水处理及其再生利用	4620	2.15	1.66	0.07	0.32			0.10
其他水的处理、利用与分配	4690	0.22	0.19	0.01	0.01			
建筑业	**E**	**2792.30**	**2761.64**	**16.25**	**3.99**	**2.11**	**0.90**	**7.41**
房屋和土木工程建筑业	4700	2344.62	2325.64	9.59	1.92	1.56	0.79	5.12
房屋工程建筑	4710	1871.38	1856.64	7.14	1.00	1.36	0.75	4.49
土木工程建筑	4720	473.24	469.00	2.45	0.91	0.20	0.04	0.63
建筑安装业	4800	246.97	241.71	2.75	0.56	0.32	0.09	1.53
建筑装饰业	4900	122.23	117.87	2.70	1.02	0.09	0.02	0.53
其他建筑业	5000	78.48	76.41	1.21	0.49	0.13		0.23

2-9 续表 6

行业中类	代码	就业人数（万人）	营业	停业（歇业）	筹建	当年关闭	当年破产	其他
工程准备	5010	21.52	20.87	0.32	0.15	0.10		0.09
提供施工设备服务	5020	8.65	8.43	0.13	0.06			0.02
其他未列明的建筑活动	5090	48.30	47.11	0.75	0.29	0.03		0.12
交通运输、仓储和邮政业	**F**	**580.74**	**569.43**	**6.13**	**1.98**	**0.85**	**0.33**	**1.73**
道路运输业	5200	203.79	198.53	3.01	0.81	0.33	0.22	0.75
公路旅客运输	5210	88.78	87.79	0.52	0.15	0.05	0.11	0.13
道路货物运输	5220	89.78	86.11	2.23	0.49	0.23	0.11	0.51
道路运输辅助活动	5230	25.23	24.63	0.26	0.17	0.04	0.01	0.11
城市公共交通业	5300	124.53	123.96	0.22	0.05	0.06		0.18
公共电汽车客运	5310	78.04	77.84	0.12	0.01	0.03		0.05
轨道交通	5320	3.78	3.77					0.01
出租车客运	5330	39.20	38.86	0.09	0.03	0.03		0.11
城市轮渡	5340	0.85	0.85					
其他城市公共交通	5390	2.67	2.65	0.01				0.01
水上运输业	5400	69.24	67.94	0.77	0.21	0.12		0.20
水上旅客运输	5410	4.10	3.85	0.19	0.02	0.02		0.02
水上货物运输	5420	38.73	37.93	0.50	0.09	0.08		0.12
水上运输辅助活动	5430	26.40	26.16	0.08	0.09	0.01		0.06
航空运输业	5500	20.72	20.64	0.02	0.04			0.03
航空客货运输	5510	12.58	12.56	0.01	0.01			
通用航空服务	5520	0.47	0.44		0.01			0.02
航空运输辅助活动	5530	7.67	7.64	0.01	0.02			
管道运输业	5600	1.56	1.55	0.01	0.01			
装卸搬运和其他运输服务业	5700	61.93	59.81	1.03	0.51	0.16	0.03	0.35
装卸搬运	5710	32.03	31.09	0.62	0.09	0.05	0.02	0.15
运输代理服务	5720	29.89	28.72	0.42	0.42	0.11	0.01	0.20
仓储业	5800	38.66	36.86	1.03	0.34	0.16	0.08	0.18
谷物、棉花等农产品仓储	5810	15.62	14.85	0.53	0.03	0.07	0.04	0.09
其他仓储	5890	23.05	22.01	0.49	0.31	0.09	0.04	0.09
邮政业	5900	58.65	58.48	0.04	0.03	0.02		0.04
国家邮政	5910	54.97	54.90					0.03
其他寄递服务	5990	3.68	3.58	0.04	0.03	0.02		0.01
信息传输、计算机服务和软件业	**G**	**230.13**	**226.01**	**1.61**	**1.69**	**0.10**	**0.01**	**0.65**
电信和其他信息传输服务业	6000	157.08	156.38	0.22	0.28	0.03		0.16
电信	6010	142.88	142.60	0.08	0.07	0.02		0.10
互联网信息服务	6020	8.01	7.69	0.09	0.17	0.01		0.04
广播电视传输服务	6030	5.85	5.75	0.04	0.04			0.02
卫星传输服务	6040	0.34	0.34					
计算机服务业	6100	31.35	29.77	0.78	0.53	0.04	0.01	0.22
计算机系统服务	6110	11.75	11.19	0.29	0.18	0.01		0.08
数据处理	6120	1.60	1.54	0.02	0.03			0.01
计算机维修	6130	1.65	1.53	0.06	0.03			0.03

2-9 续表 7

行业中类	代码	就业人数（万人）	营业	停业（歇业）	筹建	当年关闭	当年破产	其他
其他计算机服务	6190	16.35	15.51	0.41	0.29	0.03		0.10
软件业	6200	41.70	39.86	0.62	0.88	0.03	0.01	0.27
公共软件服务	6210	33.51	32.11	0.50	0.67	0.02	0.01	0.18
其他软件服务	6290	8.19	7.75	0.12	0.22	0.01		0.08
批发和零售业	**H**	**1382.42**	**1297.77**	**51.30**	**14.27**	**4.95**	**3.45**	**10.67**
批发业	6300	772.73	722.69	30.70	9.12	2.38	1.65	6.19
农畜产品批发	6310	82.98	77.57	3.98	0.25	0.26	0.42	0.51
食品、饮料及烟草制品批发	6320	116.66	110.28	4.13	0.60	0.39	0.37	0.89
纺织、服装及日用品批发	6330	68.17	62.97	2.82	1.17	0.22	0.10	0.89
文化、体育用品及器材批发	6340	22.35	21.27	0.49	0.35	0.05	0.01	0.18
医药及医疗器材批发	6350	43.74	42.29	0.74	0.29	0.07	0.09	0.26
矿产品、建材及化工产品批发	6360	224.88	208.82	10.35	3.04	0.71	0.34	1.61
机械设备、五金交电及电子产品批发	6370	167.24	157.63	5.37	2.28	0.49	0.23	1.24
贸易经纪与代理	6380	8.05	6.93	0.55	0.33	0.04	0.03	0.16
其他批发	6390	38.66	34.92	2.27	0.80	0.15	0.07	0.45
零售业	6500	609.69	575.08	20.60	5.16	2.57	1.80	4.49
综合零售	6510	229.58	217.82	7.02	1.22	1.11	1.14	1.26
食品、饮料及烟草制品专门零售	6520	48.71	43.14	3.97	0.32	0.42	0.20	0.66
纺织、服装及日用品专门零售	6530	51.03	47.35	2.28	0.50	0.21	0.12	0.56
文化、体育用品及器材专门零售	6540	34.03	32.83	0.68	0.29	0.06	0.01	0.16
医药及医疗器材专门零售	6550	43.00	41.81	0.54	0.25	0.16	0.05	0.19
汽车、摩托车、燃料及零配件专门零售	6560	67.43	65.00	1.16	0.71	0.16	0.04	0.35
家用电器及电子产品专门零售	6570	63.63	60.65	1.47	0.70	0.16	0.12	0.52
五金、家具及室内装修材料专门零售	6580	40.76	37.37	2.00	0.67	0.17	0.09	0.47
无店铺及其他零售	6590	31.51	29.09	1.48	0.48	0.10	0.05	0.31
住宿和餐饮业	**I**	**424.42**	**411.47**	**5.92**	**3.97**	**0.89**	**0.29**	**1.61**
住宿业	6600	214.70	208.80	3.03	1.73	0.34	0.12	0.60
旅游饭店	6610	146.40	143.46	1.36	1.00	0.17	0.05	0.34
一般旅馆	6620	61.24	58.69	1.54	0.57	0.15	0.06	0.19
其他住宿服务	6690	7.05	6.65	0.14	0.16	0.01	0.01	0.07
餐饮业	6700	209.72	202.67	2.89	2.24	0.55	0.17	1.02
正餐服务	6710	176.67	170.68	2.39	1.95	0.48	0.16	0.85
快餐服务	6720	20.80	20.50	0.13	0.09	0.02	0.01	0.04
饮料及冷饮服务	6730	3.79	3.59	0.09	0.07	0.01		0.02
其他餐饮服务	6790	8.46	7.89	0.28	0.12	0.04		0.11
金融业	**J**	**362.44**	**361.11**	**0.36**	**0.17**	**0.29**	**0.03**	**0.39**
银行业	6800	236.15	235.47	0.22	0.01	0.15	0.03	0.24
中央银行	6810	1.05	1.05					
商业银行	6820	226.87	226.26	0.20	0.01	0.10	0.03	0.24
其他银行	6890	8.24	8.16	0.02		0.05		0.01
证券业	6900	9.91	9.86	0.01	0.01	0.01		0.01
证券市场管理	6910	0.18	0.17					

2-9 续表 8

行业中类	代码	就业人数（万人）	营 业	停 业（歇业）	筹 建	当年关闭	当年破产	其 他
证券经纪与交易	6920	8.83	8.81		0.01			
证券投资	6930	0.59	0.58			0.01		
证券分析与咨询	6940	0.31	0.30					
保险业	7000	111.66	111.35	0.03	0.09	0.13		0.03
人寿保险	7010	90.90	90.74	0.01	0.01	0.12		
非人寿保险	7020	17.82	17.73	0.01	0.05			0.01
保险辅助服务	7030	2.94	2.88		0.03			0.01
其他金融活动	7100	4.73	4.43	0.10	0.06		0.01	0.12
金融信托与管理	7110	1.37	1.30	0.03				0.04
金融租赁	7120	0.08	0.08					
财务公司	7130	0.35	0.34					
邮政储蓄	7140	0.25	0.25					
典当	7150	1.11	1.08	0.02				0.01
其他未列明的金融活动	7190	1.57	1.39	0.05	0.05			0.07
房地产业	**K**	**385.63**	**363.53**	**11.20**	**4.83**	**0.53**	**0.39**	**4.91**
房地产业	7200	385.63	363.53	11.20	4.83	0.53	0.39	4.91
房地产开发经营	7210	158.15	147.58	5.36	2.72	0.19	0.07	2.18
物业管理	7220	139.26	134.72	1.77	1.42	0.09	0.02	1.07
房地产中介服务	7230	23.11	21.39	0.91	0.41	0.05	0.03	0.28
其他房地产活动	7290	65.12	59.82	3.16	0.27	0.21	0.27	1.38
租赁和商务服务业	**L**	**367.90**	**346.06**	**10.12**	**5.98**	**0.66**	**0.35**	**3.85**
租赁业	7300	12.11	11.25	0.40	0.18	0.02		0.25
机械设备租赁	7310	11.50	10.68	0.38	0.17	0.02		0.23
文化及日用品出租	7320	0.62	0.57	0.02				0.02
商务服务业	7400	355.79	334.80	9.72	5.80	0.63	0.35	3.61
企业管理服务	7410	105.03	97.67	3.84	1.18	0.23	0.25	1.76
法律服务	7420	6.29	6.10	0.05	0.02			0.08
咨询与调查	7430	56.92	51.65	2.37	2.03	0.09	0.02	0.48
广告业	7440	34.68	32.77	0.76	0.76	0.07	0.01	0.22
知识产权服务	7450	2.18	2.09	0.04	0.04			0.01
职业中介服务	7460	32.96	31.31	0.73	0.26	0.04		0.35
市场管理	7470	26.58	25.47	0.40	0.34	0.04	0.06	0.25
旅行社	7480	20.53	19.86	0.37	0.18	0.01	0.01	0.07
其他商务服务	7490	70.61	67.89	1.15	1.00	0.14	0.01	0.39
科学研究、技术服务和地质勘查业	**M**	**165.10**	**157.72**	**3.36**	**2.54**	**0.18**	**0.03**	**1.17**
研究与试验发展	7500	20.02	18.63	0.57	0.53	0.03		0.26
自然科学研究与试验发展	7510	1.95	1.78	0.05	0.06			0.05
工程和技术研究与试验发展	7520	13.62	12.95	0.28	0.24	0.01		0.13
农业科学研究与试验发展	7530	1.90	1.69	0.09	0.09	0.01		0.03
医学研究与试验发展	7540	2.28	1.96	0.14	0.13	0.01		0.04
社会人文科学研究与试验发展	7550	0.27	0.24	0.02	0.01			
专业技术服务业	7600	110.45	107.00	1.46	1.29	0.09	0.01	0.51
气象服务	7610	0.43	0.42	0.01				
地震服务	7620	0.09	0.09					
海洋服务	7630	0.19	0.15		0.03			
测绘服务	7640	1.98	1.91	0.03	0.02			0.02
技术检测	7650	7.97	7.76	0.08	0.08			0.02

2-9 续表 9

行业中类	代码	就业人数（万人）	营 业	停 业（歇业）	筹 建	当年关闭	当年破产	其 他
环境监测	7660	0.67	0.62	0.02	0.03			
工程技术与规划管理	7670	75.00	73.44	0.62	0.58	0.05		0.25
其他专业技术服务	7690	24.12	22.60	0.69	0.55	0.03	0.01	0.22
科技交流和推广服务业	7700	26.50	24.12	1.25	0.69	0.06	0.02	0.36
技术推广服务	7710	15.98	14.53	0.75	0.44	0.05		0.23
科技中介服务	7720	4.30	3.89	0.21	0.10		0.02	0.07
其他科技服务	7790	6.22	5.70	0.29	0.15	0.01		0.06
地质勘查业	7800	8.13	7.97	0.08	0.03			0.04
矿产地质勘查	7810	2.88	2.79	0.03	0.02			0.03
基础地质勘查	7820	1.47	1.44	0.03				
地质勘查技术服务	7830	3.78	3.74	0.02	0.01			0.01
水利、环境和公共设施管理业	N	**38.02**	**35.52**	**0.71**	**1.39**	**0.05**	**0.02**	**0.29**
水利管理业	7900	3.37	3.22	0.06	0.04	0.01		0.04
防洪管理	7910	0.18	0.17	0.01				
水资源管理	7920	2.33	2.25	0.02	0.03			0.04
其他水利管理	7990	0.86	0.80	0.04	0.01	0.01		
环境管理业	8000	8.25	7.54	0.12	0.51			0.06
自然保护	8010	0.96	0.86	0.01	0.09			0.01
环境治理	8020	7.29	6.68	0.11	0.42			0.06
公共设施管理业	8100	26.40	24.76	0.53	0.84	0.03	0.02	0.18
市政公共设施管理	8110	4.38	4.20	0.08	0.05			0.04
城市绿化管理	8120	10.56	9.98	0.23	0.23	0.01	0.02	0.07
游览景区管理	8130	11.46	10.58	0.22	0.56	0.02		0.07
居民服务和其他服务业	O	**119.02**	**113.32**	**2.53**	**1.75**	**0.26**	**0.05**	**0.89**
居民服务业	8200	51.17	48.73	0.95	0.84	0.13	0.03	0.36
家庭服务	8210	2.46	2.29	0.09	0.06	0.01		0.01
托儿所	8220	0.12	0.12					
洗染服务	8230	2.55	2.46	0.04	0.02		0.01	0.01
理发及美容保健服务	8240	10.32	9.90	0.14	0.17	0.02	0.01	0.06
洗浴服务	8250	16.14	15.36	0.24	0.36	0.07	0.01	0.03
婚姻服务	8260	0.53	0.48	0.03	0.02			
殡葬服务	8270	2.24	2.18	0.03	0.03			
摄影扩印服务	8280	5.00	4.84	0.08	0.03			0.03
其他居民服务	8290	11.81	11.10	0.31	0.15	0.02		0.20
其他服务业	8300	67.85	64.59	1.58	0.91	0.14	0.02	0.54
修理与维护	8310	23.46	22.51	0.45	0.26	0.06	0.01	0.13
清洁服务	8320	15.46	15.01	0.19	0.15	0.01		0.07
其他未列明的服务	8390	28.94	27.07	0.94	0.50	0.06	0.01	0.34
教育	P	**20.32**	**19.38**	**0.26**	**0.32**	**0.05**	**0.01**	**0.26**
教育	8400	20.32	19.38	0.26	0.32	0.05	0.01	0.26
学前教育	8410	2.61	2.50	0.02	0.03			0.04
初等教育	8420	1.96	1.90	0.01	0.01			0.04

2-9 续表 10

行业中类	代码	就业人数（万人）	营业	停业（歇业）	筹建	当年关闭	当年破产	其他
中等教育	8430	2.68	2.51	0.03	0.03	0.02	0.01	0.07
高等教育	8440	0.81	0.80	0.00	0.01	0.00	0.00	0.00
其他教育	8490	12.26	11.67	0.20	0.23	0.02	0.00	0.11
卫生、社会保障和社会福利业	Q	**26.37**	**25.61**	**0.20**	**0.25**	**0.04**	**0.02**	**0.18**
卫生	8500	25.23	24.56	0.17	0.23	0.04	0.01	0.15
医院	8510	17.80	17.43	0.09	0.12	0.00	0.01	0.09
卫生院及社区医疗活动	8520	2.14	2.06	0.01	0.03	0.02	0.00	0.01
门诊部医疗活动	8530	4.06	3.90	0.04	0.06	0.01	0.00	0.05
计划生育技术服务活动	8540	0.05	0.05	0.00	0.00	0.00	0.00	0.00
妇幼保健活动	8550	0.10	0.10	0.00	0.00	0.00	0.00	0.00
专科疾病防治活动	8560	0.20	0.19	0.00	0.00	0.00	0.00	0.00
疾病预防控制及防疫活动	8570	0.22	0.21	0.00	0.01	0.00	0.00	0.00
其他卫生活动	8590	0.67	0.63	0.02	0.02	0.00	0.00	0.00
社会保障业	8600	0.51	0.49	0.00	0.00	0.00	0.01	0.00
社会福利业	8700	0.63	0.55	0.02	0.01	0.00	0.00	0.03
提供住宿的社会福利	8710	0.46	0.41	0.01	0.01	0.00	0.00	0.03
不提供住宿的社会福利	8720	0.17	0.14	0.01	0.00	0.00	0.00	0.00
文化、体育和娱乐业	R	**49.76**	**46.84**	**1.31**	**1.12**	**0.10**	**0.02**	**0.31**
新闻出版业	8800	10.34	10.17	0.03	0.09	0.01	0.00	0.04
新闻业	8810	0.68	0.67	0.00	0.00	0.00	0.00	0.00
出版业	8820	9.67	9.51	0.03	0.09	0.01	0.00	0.03
广播、电视、电影和音像业	8900	9.90	9.13	0.54	0.09	0.03	0.01	0.10
广播	8910	0.58	0.55	0.01	0.01	0.00	0.00	0.00
电视	8920	2.18	2.06	0.06	0.03	0.00	0.00	0.02
电影	8930	6.46	5.87	0.45	0.03	0.02	0.01	0.07
音像制作	8940	0.69	0.64	0.02	0.02	0.00	0.00	0.01
文化艺术业	9000	4.03	3.56	0.20	0.18	0.00	0.01	0.07
文艺创作与表演	9010	1.05	0.95	0.05	0.03	0.00	0.01	0.01
艺术表演场馆	9020	0.32	0.28	0.03	0.01	0.00	0.00	0.00
图书馆与档案馆	9030	0.03	0.03	0.00	0.00	0.00	0.00	0.00
文物及文化保护	9040	0.13	0.12	0.00	0.00	0.00	0.00	0.00
博物馆	9050	0.14	0.13	0.00	0.01	0.00	0.00	0.00
烈士陵园、纪念馆	9060	0.07	0.07	0.00	0.00	0.00	0.00	0.00
群众文化活动	9070	0.46	0.41	0.03	0.01	0.00	0.00	0.01
文化艺术经纪代理	9080	0.63	0.55	0.03	0.05	0.00	0.00	0.01
其他文化艺术	9090	1.19	1.03	0.06	0.07	0.00	0.00	0.03
体育	9100	2.10	1.95	0.06	0.06	0.00	0.00	0.02
体育组织	9110	0.51	0.47	0.02	0.02	0.00	0.00	0.01
体育场馆	9120	0.94	0.90	0.03	0.01	0.00	0.00	0.01
其他体育	9190	0.65	0.59	0.01	0.04	0.00	0.00	0.01
娱乐业	9200	23.39	22.02	0.48	0.70	0.06	0.00	0.09
室内娱乐活动	9210	11.34	10.72	0.21	0.28	0.03	0.00	0.06
游乐园	9220	2.07	1.94	0.06	0.06	0.00	0.00	0.00
休闲健身娱乐活动	9230	8.18	7.66	0.16	0.32	0.01	0.00	0.02
其他娱乐活动	9290	1.79	1.70	0.04	0.04	0.01	0.00	0.00

2-10 按登记注册类型、营业状态分组的企业法人单位就业人数

登记注册类型	代码	就业人数（个）						
			营业	停业（歇业）	筹建	当年关闭	当年破产	其他
按登记注册类型分组	**022**	**16693.01**	**16155.51**	**287.44**	**116.9**	**42.09**	**25.04**	**63.66**
内资	**023**	**14361.43**	**13863.52**	**275.05**	**97.05**	**39.47**	**24.41**	**59.55**
国有	024	2408.83	2311.9	66.41	2.37	5.65	10.78	11.67
集体	025	1515.48	1428.92	64.12	1.93	6.7	4.57	9.22
股份合作	026	378.89	364.88	8.29	2.44	1.42	0.36	1.49
联营企业	027	86.42	81.3	3.11	0.53	0.55	0.19	0.72
国有联营	028	20.41	19.02	0.95	0.24	0.04	0.03	0.13
集体联营	029	23.32	21.74	0.98	0.1	0.33	0.05	0.11
国有与集体联营	030	20.07	19.02	0.56	0.02	0.07		0.39
其他联营	031	22.62	21.53	0.63	0.15	0.11	0.1	0.1
有限责任公司	032	3502.33	3427.44	32.82	19.83	5.1	3.74	12.4
国有独资公司	033	489.43	482.98	3.61	0.63	0.49	1.24	0.45
其他有限责任公司	034	3012.9	2944.46	29.22	19.2	4.61	2.5	11.95
股份有限公司	035	1058.77	1040.8	9	4.4	0.88	0.77	2.69
私营企业	036	5304.51	5110.9	86.59	64.28	18.48	3.64	19.55
私营独资	037	1394.97	1337.58	31.65	11.37	7.94	1.93	4.46
私营合伙	038	352.9	335.32	8.55	4.66	2.39	0.5	1.47
私营有限责任公司	039	3303.85	3195.23	42.57	44.17	7.23	1.03	12.59
私营股份有限公司	040	252.79	242.76	3.82	4.07	0.92	0.18	1.03
其他内资	041	106.2	97.39	4.71	1.28	0.68	0.34	1.81
港澳台商投资	**042**	**1187.03**	**1167.7**	**7.53**	**8.26**	**1.39**	**0.43**	**1.71**
与港澳台合资经营	043	360.26	353.41	2.79	2.72	0.48	0.2	0.65
与港澳台合作经营	044	82.41	81.07	0.83	0.32	0.09	0.01	0.1
港澳台商独资	045	717.88	707.11	3.71	5.13	0.8	0.22	0.9
港澳台商投资股份有限公司	046	26.48	26.11	0.2	0.1	0.02		0.06
外商投资	**047**	**1144.56**	**1124.29**	**4.85**	**11.59**	**1.23**	**0.19**	**2.4**
中外合资经营	048	452.08	442.48	2.69	5.03	0.61	0.1	1.18
中外合作经营	049	71.3	69.92	0.42	0.66	0.1	0.01	0.18
外资企业	050	583.21	574.34	1.69	5.57	0.52	0.07	1.02
外商投资股份有限公司	051	37.97	37.54	0.05	0.33		0.02	0.02

2-11 按行业（中类）、开业

行业中类	代码	企业法人单位数（个）	1949及以前	1950-1977	1978-1991	1992-1995	1996
总计	0000	**3249342**	**5800**	**124799**	**266786**	**329902**	**103577**
农、林、牧、渔业	A	**1015**	**46**	**642**	**99**	**33**	**19**
农业	0100	443	23	309	36	10	6
谷物及其他作物的种植	0110	321	22	256	22	5	5
蔬菜、园艺作物的种植	0120	32		6		2	
水果、坚果、饮料和香料作物的种植	0130	85	1	45	13	3	1
中药材的种植	0140	5		2	1		
林业	0200	309	11	238	26	3	6
林木的培育和种植	0210	130	3	83	17	2	4
木材和竹材的采运	0220	62	8	44	7		1
林产品的采集	0230	117		111	2	1	1
畜牧业	0300	131	9	40	14	10	4
牲畜的饲养	0310	62	8	30	1	2	2
猪的饲养	0320	30		6	4	4	1
家禽的饲养	0330	31		3	9	4	1
其他畜牧业	0390	8	1	1			
渔业	0400	41	2	15	5	2	1
海洋渔业	0410	7		4	1	1	
内陆渔业	0420	34	2	11	4	1	1
农、林、牧、渔服务业	0500	91	1	40	18	8	2
农业服务业	0510	65		27	12	3	2
林业服务业	0520	10	1	9			
畜牧服务业	0530	15		4	6	4	
渔业服务业	0540	1				1	
采矿业	B	**82353**	**102**	**2964**	**11389**	**8851**	**3149**
煤炭开采和洗选业	0600	27741	59	1528	5772	3942	1478
烟煤和无烟煤的开采洗选	0610	26704	58	1456	5608	3819	1434
褐煤的开采洗选	0620	644	1	43	100	85	32
其他煤炭采选	0690	393		29	64	38	12
石油和天然气开采业	0700	510	2	15	30	57	16
天然原油和天然气开采	0710	223	1	6	18	33	11
与石油和天然气开采有关的服务活动	0790	287	1	9	12	24	5
黑色金属矿采选业	0800	10660	2	123	618	788	235
铁矿采选	0810	9514	2	93	536	719	200
其他黑色金属矿采选	0890	1146		30	82	69	35
有色金属矿采选业	0900	6535	8	173	768	726	214
常用有色金属矿采选	0910	4118	4	92	383	395	128
贵金属矿采选	0920	1653	3	40	302	263	55
稀有稀土金属矿采选	0930	764	1	41	83	68	31
非金属矿采选业	1000	36614	31	1116	4172	3307	1190
土砂石开采	1010	30566	12	760	3214	2724	964
化学矿采选	1020	1394	5	71	205	153	60
采盐	1030	840	9	156	298	67	27
石棉及其他非金属矿采选	1090	3814	5	129	455	363	139
其他采矿业	1100	293		9	29	31	16
制造业	C	**1328948**	**1659**	**37947**	**129212**	**156360**	**49189**
农副食品加工业	1300	73828	89	2540	6634	7591	2962
谷物磨制	1310	22958	35	847	2257	2634	1071

(成立)时间分组的企业法人单位数

1997	1998	1999	2000	2001	2002	2003	2004	开业时间不详	代码
113869	**173535**	**188138**	**255421**	**302496**	**377158**	**474461**	**416875**	**116525**	0000
14	**22**	**26**	**18**	**16**	**35**	**28**	**14**	**3**	A
3	6	12	3	8	15	7	5		0100
	1	2		1	4	3			0110
1		6	3	5	7	1	1		0120
2	5	4		2	3	2	4		0130
					1	1			0140
3	1	2	2	1	5	6	4	1	0200
2		1	2	1	5	6	3	1	0210
	1	1							0220
1							1		0230
6	9	6	5	5	7	12	3	1	0300
1	2	1	1	1	3	7	2	1	0310
3	4	2	1	2	1	2			0320
1	2	3	2	1	3	2			0330
1	1		1	1		1	1		0390
	1	3	6	1	2	1	2		0400
			1						0410
	1	3	5	1	2	1	2		0420
2	5	3	2	1	6	2		1	0500
2	5	3	2	1	5	2		1	0510
									0520
					1				0530
									0540
2842	**4668**	**4017**	**5626**	**6685**	**7450**	**10719**	**10798**	**3093**	B
1253	1757	1285	1614	1867	1782	2374	2016	1014	0600
1198	1697	1236	1543	1788	1701	2273	1920	973	0610
39	35	30	39	38	48	72	55	27	0620
16	25	19	32	41	33	29	41	14	0690
15	33	50	53	58	38	78	49	16	0700
10	18	31	20	20	11	29	11	4	0710
5	15	19	33	38	27	49	38	12	0790
233	356	383	586	776	903	1762	3204	691	0800
216	335	357	525	685	801	1559	2889	597	0810
17	21	26	61	91	102	203	315	94	0890
235	321	374	487	518	647	902	779	383	0900
142	221	248	327	342	445	604	544	243	0910
62	61	98	107	117	133	185	145	82	0920
31	39	28	53	59	69	113	90	58	0930
1097	2182	1914	2865	3448	4041	5564	4712	975	1000
902	1800	1595	2432	2910	3501	4882	4089	781	1010
60	83	54	104	133	124	153	130	59	1020
11	36	21	46	46	41	44	30	8	1030
124	263	244	283	359	375	485	463	127	1090
9	19	11	21	18	39	39	38	14	1100
51189	**77149**	**80705**	**111725**	**126575**	**149644**	**171097**	**138283**	**48214**	C
3087	5352	5045	7142	7204	7850	8983	7319	2030	1300
1062	1917	1639	2371	2236	2127	2457	2003	302	1310

2-11 续表 1

行业中类	代码	企业法人单位数(个)	1949及以前	1950-1977	1978-1991	1992-1995	1996
饲料加工	1320	8669	5	69	686	904	379
植物油加工	1330	7948	28	493	919	683	220
制糖	1340	645	1	80	112	66	24
屠宰及肉类加工	1350	10503	7	759	926	964	412
水产品加工	1360	6589	3	82	679	917	299
蔬菜、水果和坚果加工	1370	9281	4	59	493	782	308
其他农副食品加工	1390	7235	6	151	562	641	249
食品制造业	1400	32174	64	1201	2970	3783	1258
焙烤食品制造	1410	6756	14	321	650	787	256
糖果、巧克力及蜜饯制造	1420	3929	3	79	341	618	181
方便食品制造	1430	4436	4	162	393	511	183
液体乳及乳制品制造	1440	1918	3	82	115	115	48
罐头制造	1450	2582	5	55	275	326	82
调味品、发酵制品制造	1460	5851	28	392	648	611	236
其他食品制造	1490	6702	7	110	548	815	272
饮料制造业	1500	27178	97	1073	3269	2825	1072
酒精制造	1510	354	3	17	38	32	16
酒的制造	1520	11721	85	537	1671	1276	481
软饮料制造	1530	9336	4	79	507	881	361
精制茶加工	1540	5767	5	440	1053	636	214
烟草制品业	1600	308	31	59	88	37	7
烟叶复烤	1610	97		11	27	17	1
卷烟制造	1620	127	31	40	26	10	1
其他烟草制品加工	1690	84		8	35	10	5
纺织业	1700	87342	165	1648	5853	8024	2562
棉、化纤纺织及印染精加工	1710	32861	83	684	2192	2465	873
毛纺织和染整精加工	1720	4546	14	87	457	575	191
麻纺织	1730	1080	2	33	105	78	27
丝绢纺织及精加工	1740	5812	18	128	378	520	125
纺织制成品制造	1750	18103	27	410	1272	1786	633
针织品、编织品及其制品制造	1760	24940	21	306	1449	2600	713
纺织服装、鞋、帽制造业	1800	52396	26	960	3368	5753	1578
纺织服装制造	1810	48895	21	824	3087	5283	1436
纺织面料鞋的制造	1820	2384	2	102	207	303	107
制帽	1830	1117	3	34	74	167	35
皮革、毛皮、羽毛(绒)及其制品业	1900	24197	21	434	1853	3407	1117
皮革鞣制加工	1910	2581	3	53	240	474	142
皮革制品制造	1920	18901	13	318	1409	2659	892
毛皮鞣制及制品加工	1930	1570	4	41	77	144	46
羽毛(绒)加工及制品制造	1940	1145	1	22	127	130	37
木材加工及木、竹、藤、棕、草制品业	2000	41818	15	635	2660	3172	1257
锯材、木片加工	2010	12895	6	266	1022	885	339
人造板制造	2020	13133	7	95	404	754	342
木制品制造	2030	10145	2	189	879	1012	385
竹、藤、棕、草制品制造	2040	5645		85	355	521	191
家具制造业	2100	25377	8	557	1842	2797	1089
木质家具制造	2110	18953	5	432	1415	2145	863
竹、藤家具制造	2120	392		13	50	45	6

1997	1998	1999	2000	2001	2002	2003	2004	开业时间不详	代码
436	715	708	831	860	955	1002	846	273	1320
262	469	428	701	730	818	1084	914	199	1330
18	29	17	44	61	52	72	49	20	1340
439	717	675	951	939	1100	1236	1067	311	1350
272	467	468	627	631	675	722	528	219	1360
341	581	624	874	970	1226	1386	1206	427	1370
257	457	486	743	777	897	1024	706	279	1390
1398	2117	2080	2822	3174	3330	3785	2930	1262	1400
253	435	436	584	650	688	811	650	221	1410
201	302	248	329	386	386	434	331	90	1420
180	275	285	408	402	458	537	481	157	1430
54	114	122	174	263	255	274	209	90	1440
137	134	157	233	251	297	308	243	79	1450
260	419	385	503	546	575	625	448	175	1460
313	438	447	591	676	671	796	568	450	1490
1228	1955	1938	2449	2573	2786	2957	2221	735	1500
15	30	23	21	31	36	41	32	19	1510
584	900	808	1031	1069	1086	1108	785	300	1520
433	657	748	953	997	1142	1259	986	329	1530
196	368	359	444	476	522	549	418	87	1540
8	9	11	11	10	7	16	9	5	1600
4	4	9	6	3	2	7	5	1	1610
2	3	1	2	3		5	2	1	1620
2	2	1	3	4	5	4	2	3	1690
2952	4341	4883	8159	8718	12424	13221	11080	3312	1700
1081	1498	1617	3061	3318	5151	5492	4102	1244	1710
200	335	313	422	418	511	503	379	141	1720
33	40	56	100	87	137	185	166	31	1730
161	278	297	597	624	776	1007	703	200	1740
649	1007	1188	1706	1803	2411	2457	2142	612	1750
828	1183	1412	2273	2468	3438	3577	3588	1084	1760
1800	2370	2872	4589	5289	6259	7564	7318	2650	1800
1657	2179	2690	4260	4936	5922	7123	6936	2541	1810
106	144	128	209	244	209	285	262	76	1820
37	47	54	120	109	128	156	120	33	1830
950	1301	1460	1823	2308	2730	3037	2907	849	1900
131	204	167	160	225	230	270	220	62	1910
724	986	1156	1427	1749	2150	2356	2334	728	1920
53	61	67	116	174	216	277	261	33	1930
42	50	70	120	160	134	134	92	26	1940
1347	2159	2498	4000	4388	5393	7115	6104	1075	2000
409	692	793	1349	1304	1548	2105	1953	224	2010
376	590	802	1229	1503	1912	2586	2154	379	2020
394	571	589	850	1006	1228	1478	1217	345	2030
168	306	314	572	575	705	946	780	127	2040
1138	1777	1692	2361	2427	2739	3145	2840	965	2100
889	1350	1275	1830	1799	1971	2281	2032	666	2110
7	18	25	27	37	47	53	45	19	2120

2-11 续表 2

行业中类	代码	企业法人单位数(个)	1949及以前	1950-1977	1978-1991	1992-1995	1996
金属家具制造	2130	3371	3	89	244	333	125
塑料家具制造	2140	327		1	19	43	9
其他家具制造	2190	2334		22	114	231	86
造纸及纸制品业	2200	41732	57	989	4287	5086	1740
纸浆制造	2210	628	1	28	71	82	28
造纸	2220	12095	41	491	1523	1583	552
纸制品制造	2230	29009	15	470	2693	3421	1160
印刷业和记录媒介的复制	2300	42559	175	1919	7010	6320	1729
印刷	2310	39212	169	1785	6439	5771	1592
装订及其他印刷服务活动	2320	3139	6	124	539	524	130
记录媒介的复制	2330	208		10	32	25	7
文教体育用品制造业	2400	15424	15	233	1222	2025	560
文化用品制造	2410	4482	9	138	390	535	167
体育用品制造	2420	3128	3	33	204	402	123
乐器制造	2430	1039	2	27	88	117	32
玩具制造	2440	6100	1	32	504	911	221
游艺器材及娱乐用品制造	2450	675		3	36	60	17
石油加工、炼焦及核燃料加工业	2500	7697	10	114	627	842	272
化学原料及化学制品制造业	2600	79845	101	2187	7971	9542	3026
基础化学原料制造	2610	16091	22	507	1907	1951	644
肥料制造	2620	7061	6	528	517	637	292
农药制造	2630	2093	3	98	293	285	92
涂料、油墨、颜料及类似产品制造	2640	17254	22	210	1488	2175	622
合成材料制造	2650	5435	6	89	486	645	224
专用化学产品制造	2660	24093	19	613	2556	2728	785
日用化学产品制造	2670	7818	23	142	724	1121	367
医药制造业	2700	12213	42	554	1161	1589	458
化学药品原药制造	2710	1940	9	76	182	234	83
化学药品制剂制造	2720	1920	16	161	198	329	62
中药饮片加工	2730	1390	2	39	130	123	42
中成药制造	2740	2398	7	180	252	333	110
兽用药品制造	2750	1312	2	43	161	165	46
生物、生化制品的制造	2760	1562	4	18	75	194	61
卫生材料及医药用品制造	2770	1691	2	37	163	211	54
化学纤维制造业	2800	3592	1	47	260	366	94
纤维素纤维原料及纤维制造	2810	556		16	55	74	19
合成纤维制造	2820	3036	1	31	205	292	75
橡胶制品业	2900	16005	20	501	1643	1979	668
轮胎制造	2910	1456	3	91	101	153	65
橡胶板、管、带的制造	2920	3199	4	119	325	373	121
橡胶零件制造	2930	5296	2	127	639	637	244
再生橡胶制造	2940	879	1	26	90	99	32
日用及医用橡胶制品制造	2950	931	1	25	83	132	39
橡胶靴鞋制造	2960	1997	7	54	192	308	85
其他橡胶制品制造	2990	2247	2	59	213	277	82
塑料制品业	3000	73268	14	948	5675	8249	2664
塑料薄膜制造	3010	7089	4	151	543	776	268
塑料板、管、型材的制造	3020	11643	3	157	759	1259	408

1997	1998	1999	2000	2001	2002	2003	2004	开业时间不　详	代码
141	199	239	282	338	424	445	379	130	2130
12	15	22	27	32	48	45	36	18	2140
89	195	131	195	221	249	321	348	132	2190
1709	2514	2564	3400	3943	4652	5395	4267	1129	2200
24	36	36	46	45	51	70	79	31	2210
519	686	790	929	1022	1128	1376	1076	379	2220
1166	1792	1738	2425	2876	3473	3949	3112	719	2230
1893	2603	2228	2923	3213	3993	4595	3397	561	2300
1733	2428	2013	2718	2986	3695	4230	3133	520	2310
145	158	194	186	213	283	345	253	39	2320
15	17	21	19	14	15	20	11	2	2330
570	840	910	1226	1432	1797	2086	1793	715	2400
171	284	304	403	402	525	543	413	198	2410
117	173	168	241	313	377	405	371	198	2420
44	50	74	82	123	121	125	108	46	2430
212	295	336	455	536	708	873	786	230	2440
26	38	28	45	58	66	140	115	43	2450
234	420	432	610	703	864	1148	1019	402	2500
3164	4884	5108	7045	8216	8833	9538	7006	3224	2600
607	962	956	1285	1529	1610	1892	1499	720	2610
239	433	431	573	668	768	898	708	363	2620
95	135	149	165	182	170	196	139	91	2630
753	1088	1191	1531	1760	2077	2199	1522	616	2640
209	334	333	489	524	638	715	481	262	2650
866	1375	1503	2335	2817	2801	2850	2058	787	2660
395	557	545	667	736	769	788	599	385	2670
475	729	710	959	1154	1210	1303	836	1033	2700
79	117	107	143	180	224	240	132	134	2710
74	116	97	136	172	176	139	93	151	2720
38	64	87	113	119	144	213	141	135	2730
105	153	123	183	199	187	219	145	202	2740
38	105	111	118	141	128	95	78	81	2750
66	83	93	132	169	149	174	112	232	2760
75	91	92	134	174	202	223	135	98	2770
112	171	197	342	345	518	548	413	178	2800
20	24	31	49	57	71	58	43	39	2810
92	147	166	293	288	447	490	370	139	2820
643	981	1056	1328	1510	1777	1921	1502	476	2900
49	99	82	138	117	162	182	155	59	2910
140	204	227	270	316	333	387	288	92	2920
197	308	349	451	518	601	655	459	109	2930
36	54	47	65	83	94	113	102	37	2940
35	70	62	87	84	101	104	80	28	2950
104	129	137	146	163	228	204	194	46	2960
82	117	152	171	229	258	276	224	105	2990
2755	4308	4743	6572	7711	9224	10018	7907	2480	3000
260	421	415	659	724	935	992	725	216	3010
367	699	835	1084	1254	1535	1619	1208	456	3020

2-11 续表 3

行业中类	代码	企业法人单位数（个）	1949及以前	1950-1977	1978-1991	1992-1995	1996
塑料丝、绳及编织品的制造	3030	8554		137	843	946	328
泡沫塑料制造	3040	4173		31	318	517	149
塑料人造革、合成革制造	3050	812		18	68	99	32
塑料包装箱及容器制造	3060	8558	1	126	618	910	324
塑料零件制造	3070	10171	1	94	745	1114	358
日用塑料制造	3080	12521	3	135	939	1502	469
其他塑料制品制造	3090	9747	2	99	842	1126	328
非金属矿物制品业	3100	165562	136	5710	26193	23614	7421
水泥、石灰和石膏的制造	3110	13454	21	1260	2301	1820	502
水泥及石膏制品制造	3120	34871	9	655	4572	5131	1763
砖瓦、石材及其他建筑材料制造	3130	80338	43	2639	15567	12174	3744
玻璃及玻璃制品制造	3140	12142	20	274	1035	1432	378
陶瓷制品制造	3150	7157	26	396	700	969	313
耐火材料制品制造	3160	9174	11	299	1172	1156	344
石墨及其他非金属矿物制品制造	3190	8426	6	187	846	932	377
黑色金属冶炼及压延加工业	3200	21812	23	466	1760	2266	686
炼铁	3210	5121	1	113	480	560	144
炼钢	3220	1154	4	40	86	126	37
钢压延加工	3230	12454	18	258	933	1375	424
铁合金冶炼	3240	3083		55	261	205	81
有色金属冶炼及压延加工业	3300	16053	20	316	1410	1941	573
常用有色金属冶炼	3310	4618	5	106	374	499	191
贵金属冶炼	3320	484	1	24	45	63	14
稀有稀土金属冶炼	3330	842		19	44	101	32
有色金属合金制造	3340	1239	2	28	122	134	47
有色金属压延加工	3350	8870	12	139	825	1144	289
金属制品业	3400	86383	60	2420	7749	9933	2891
结构性金属制品制造	3410	27708	8	463	2142	3003	842
金属工具制造	3420	12200	12	743	1037	1269	404
集装箱及金属包装容器制造	3430	4649	4	171	566	633	175
金属丝绳及其制品的制造	3440	5085	8	170	472	626	182
建筑、安全用金属制品制造	3450	10462	4	217	843	1244	386
金属表面处理及热处理加工	3460	8085		255	1273	993	277
搪瓷制品制造	3470	800	5	37	86	77	25
不锈钢及类似日用金属制品制造	3480	8591	14	179	575	1073	307
其他金属制品制造	3490	8803	5	185	755	1015	293
通用设备制造业	3500	118985	156	4111	11743	13856	4320
锅炉及原动机制造	3510	5497	21	380	668	721	230
金属加工机械制造	3520	11881	40	563	1056	1232	374
起重运输设备制造	3530	4091	12	228	393	505	141
泵、阀门、压缩机及类似机械的制造	3540	16419	38	659	1380	1918	559
轴承、齿轮、传动和驱动部件的制造	3550	8757	4	271	682	877	325
烘炉、熔炉及电炉制造	3560	1275		36	114	141	49
风机、衡器、包装设备等通用设备制造	3570	14277	17	446	1152	1625	557
通用零部件制造及机械修理	3580	31797	12	752	3176	3565	1105
金属铸、锻加工	3590	24991	12	776	3122	3272	980
专用设备制造业	3600	58471	103	2561	4913	6395	1923
矿山、冶金、建筑专用设备制造	3610	9092	31	510	845	1096	300

1997	1998	1999	2000	2001	2002	2003	2004	开业时间不详	代码
367	584	571	826	885	962	1095	874	136	3030
173	240	288	346	459	526	572	444	110	3040
29	47	67	56	72	89	98	88	49	3050
329	490	523	787	897	1124	1195	966	268	3060
373	530	625	846	1136	1346	1482	1141	380	3070
471	742	862	1165	1304	1565	1660	1311	393	3080
386	555	557	803	980	1142	1305	1150	472	3090
6604	10563	9908	12948	13086	14543	17532	13602	3702	3100
473	815	677	936	893	1051	1269	1105	331	3110
1557	2710	2309	3128	2887	3221	3698	2556	675	3120
3141	4888	4557	5924	5885	6466	7778	6159	1373	3130
432	684	762	1016	1220	1372	1706	1351	460	3140
289	416	468	593	647	716	819	582	223	3150
369	556	578	647	743	829	1226	937	307	3160
343	494	557	704	811	888	1036	912	333	3190
678	1049	1138	1649	1979	2307	3654	3140	1017	3200
136	250	233	332	440	548	883	802	199	3210
32	48	54	74	82	124	215	164	68	3220
438	640	693	1054	1164	1369	2025	1563	500	3230
72	111	158	189	293	266	531	611	250	3240
615	910	940	1325	1706	1888	2096	1606	707	3300
173	248	277	426	425	488	645	519	242	3310
20	28	25	45	48	48	54	51	18	3320
42	55	40	63	94	92	121	88	51	3330
36	70	70	116	145	140	163	105	61	3340
344	509	528	675	994	1120	1113	843	335	3350
3267	4811	5182	7191	8660	10083	11251	9162	3723	3400
1026	1527	1633	2287	2883	3440	3928	3188	1338	3410
456	701	709	1069	1163	1372	1494	1245	526	3420
197	283	288	338	433	532	526	380	123	3430
220	307	356	440	473	545	615	537	134	3440
407	573	642	873	1098	1227	1365	1092	491	3450
303	404	461	650	736	832	977	684	240	3460
27	45	44	74	101	74	102	64	39	3470
338	514	528	754	867	1031	1091	914	406	3480
293	457	521	706	906	1030	1153	1058	426	3490
4357	6557	7051	9569	11053	13531	15701	12759	4221	3500
223	388	352	408	429	493	535	492	157	3510
371	604	606	951	1094	1334	1708	1381	567	3520
172	243	215	278	384	478	497	411	134	3530
642	965	999	1361	1633	1926	2094	1660	585	3540
315	440	511	739	947	1106	1273	1010	257	3550
54	65	80	99	107	161	176	166	27	3560
578	762	929	1199	1381	1657	1862	1396	716	3570
1066	1626	1867	2576	2965	3783	4431	3704	1169	3580
936	1464	1492	1958	2113	2593	3125	2539	609	3590
2107	3157	3393	4714	5580	6812	7775	6272	2766	3600
318	500	496	669	769	971	1181	1010	396	3610

2-11 续表 4

行业中类	代码	企业法人单位数(个)	1949及以前	1950-1977	1978-1991	1992-1995	1996
化工、木材、非金属加工专用设备制造	3620	14671	8	267	929	1388	452
食品、饮料、烟草及饲料生产专用设备制造	3630	3175	1	262	315	413	134
印刷、制药、日化生产专用设备制造	3640	4095	5	150	321	486	159
纺织、服装和皮革工业专用设备制造	3650	7152	13	231	586	733	222
电子和电工机械专用设备制造	3660	3672	9	117	252	397	95
农、林、牧、渔专用机械制造	3670	5574	22	709	735	511	196
医疗仪器设备及器械制造	3680	3734	9	129	320	479	136
环保、社会公共安全及其他专用设备制造	3690	7306	5	186	610	892	229
交通运输设备制造业	3700	56529	105	2167	5673	6970	2109
铁路运输设备制造	3710	2151	25	123	494	318	83
汽车制造	3720	39496	47	1407	4069	4931	1467
摩托车制造	3730	5566	2	100	386	697	261
自行车制造	3740	4104	3	93	193	383	104
船舶及浮动装置制造	3750	4065	24	327	442	531	158
航空航天器制造	3760	277	3	83	16	31	3
交通器材及其他交通运输设备制造	3790	870	1	34	73	79	33
电气机械及器材制造业	3900	63475	59	1699	5175	7673	2322
电机制造	3910	6495	6	248	467	687	209
输配电及控制设备制造	3920	21091	23	717	1941	2567	742
电线、电缆、光缆及电工器材制造	3930	11720	10	277	1126	1605	476
电池制造	3940	2716	10	106	196	317	88
家用电力器具制造	3950	7364	2	100	464	837	309
非电力家用器具制造	3960	2054		38	124	206	87
照明器具制造	3970	9832	6	164	642	1212	349
其他电气机械及器材制造	3990	2203	2	49	215	242	62
通信设备、计算机及其他电子设备制造业	4000	29058	15	491	1572	3402	918
通信设备制造	4010	3634	7	85	188	521	137
雷达及配套设备制造	4020	101	1	21	4	9	3
广播电视设备制造	4030	1394		25	93	161	39
电子计算机制造	4040	2855	1	18	88	302	69
电子器件制造	4050	4093	2	92	210	413	112
电子元件制造	4060	12249	4	188	730	1441	415
家用视听设备制造	4070	2566		38	158	321	72
其他电子设备制造	4090	2166		24	101	234	71
仪器仪表及文化、办公用机械制造业	4100	17504	20	593	1497	2530	640
通用仪器仪表制造	4110	8526	12	290	732	1171	328
专用仪器仪表制造	4120	2653	2	137	231	337	86
钟表与计时仪器制造	4130	1597	1	56	181	367	70
光学仪器及眼镜制造	4140	2773	4	63	170	362	84
文化、办公用机械制造	4150	1270	1	33	90	197	49
其他仪器仪表的制造及修理	4190	685		14	93	96	23
工艺品及其他制造业	4200	34352	11	796	2908	4087	1181
工艺美术品制造	4210	22251	4	517	1890	2706	714
日用杂品制造	4220	5789	3	128	418	636	240
煤制品制造	4230	3937		73	371	460	153
其他未列明的制造业	4290	2405	4	78	235	291	74
废弃资源和废旧材料回收加工业	4300	3811		18	226	306	92
金属废料和碎屑的加工处理	4310	1656		8	132	141	46

1997	1998	1999	2000	2001	2002	2003	2004	开业时间不详	代码
467	709	792	1240	1520	1899	2313	1966	721	3620
115	218	200	260	306	285	324	248	94	3630
153	254	256	336	393	459	513	420	190	3640
242	314	389	695	737	996	986	702	306	3650
115	166	200	255	374	433	522	494	243	3660
226	374	334	402	447	513	552	438	115	3670
153	213	252	297	323	401	460	309	253	3680
318	409	474	560	711	855	924	685	448	3690
2274	3124	3542	4287	5061	6390	7252	5473	2102	3700
62	127	130	145	159	158	169	109	49	3710
1599	2176	2433	2967	3436	4443	5144	3924	1453	3720
292	358	461	527	521	683	685	465	128	3730
141	177	216	318	513	607	661	456	239	3740
137	220	238	236	321	379	442	427	183	3750
8	12	15	14	18	23	23	13	15	3760
35	54	49	80	93	97	128	79	35	3790
2595	3561	4017	5118	6322	7510	8276	6329	2819	3900
234	370	398	518	613	777	892	779	297	3910
880	1157	1388	1676	1993	2421	2679	2007	900	3920
539	751	779	938	1214	1297	1354	964	390	3930
94	154	152	211	255	295	408	285	145	3940
297	363	451	602	755	967	972	755	490	3950
78	99	121	155	247	279	274	231	115	3960
386	558	583	847	1007	1240	1402	1073	363	3970
87	109	145	171	238	234	295	235	119	3990
1157	1488	1675	2348	3223	3728	4014	3160	1867	4000
168	216	238	297	415	437	440	288	197	4010
3	5	4	4	7	15	10	13	2	4020
63	81	87	138	161	194	179	132	41	4030
113	148	204	275	357	389	393	318	180	4040
147	182	196	312	529	533	564	452	349	4050
468	618	685	950	1286	1574	1737	1367	786	4060
116	134	150	199	252	310	373	318	125	4070
79	104	111	173	216	276	318	272	187	4090
713	984	1097	1486	1909	1876	2065	1432	662	4100
356	549	570	732	917	901	1035	646	287	4110
89	140	176	224	285	294	308	227	117	4120
86	66	90	112	139	131	141	107	50	4130
117	125	160	244	345	340	346	290	123	4140
40	52	72	110	153	144	165	104	60	4150
25	52	29	64	70	66	70	58	25	4190
1257	1958	2160	3022	3294	4135	4447	3777	1319	4200
781	1203	1343	1880	2030	2693	3024	2535	931	4210
216	328	372	537	610	741	739	631	190	4220
176	321	311	444	436	421	395	329	47	4230
84	106	134	161	218	280	289	282	151	4290
102	156	175	307	384	455	659	703	228	4300
51	62	69	102	156	165	291	320	113	4310

2-11 续表 5

行业中类	代码	企业法人单位数（个）	1949及以前	1950-1977	1978-1991	1992-1995	1996
非金属废料和碎屑的加工处理	4320	2155		10	94	165	46
电力、燃气及水的生产和供应业	**D**	**39652**	**162**	**4080**	**8704**	**3813**	**1209**
电力、热力的生产和供应业	4400	26048	96	2841	5028	2237	706
电力生产	4410	22261	47	2089	4267	1883	632
电力供应	4420	2216	48	733	552	173	38
热力生产和供应	4430	1571	1	19	209	181	36
燃气生产和供应业	4500	1544	9	28	159	157	64
水的生产和供应业	4600	12060	57	1211	3517	1419	439
自来水的生产和供应	4610	11259	57	1204	3487	1360	425
污水处理及其再生利用	4620	660		5	22	44	10
其他水的处理、利用与分配	4690	141		2	8	15	4
建筑业	**E**	**128177**	**123**	**7033**	**15690**	**18349**	**4794**
房屋和土木工程建筑业	4700	56786	103	6276	11240	9244	2061
房屋工程建筑	4710	38021	78	5090	8387	6206	1430
土木工程建筑	4720	18765	25	1186	2853	3038	631
建筑安装业	4800	23464	15	517	2418	3549	983
建筑装饰业	4900	37493		94	1295	4423	1445
其他建筑业	5000	10434	5	146	737	1133	305
工程准备	5010	4401	2	49	250	483	106
提供施工设备服务	5020	840	1	14	53	93	26
其他未列明的建筑活动	5090	5193	2	83	434	557	173
交通运输、仓储和邮政业	**F**	**73952**	**315**	**5063**	**7040**	**8059**	**2343**
道路运输业	5200	30945	117	2026	2700	2836	845
公路旅客运输	5210	5261	59	808	540	505	143
道路货物运输	5220	21800	39	962	1767	1845	529
道路运输辅助活动	5230	3884	19	256	393	486	173
城市公共交通业	5300	5855	12	299	462	1159	350
公共电汽车客运	5310	1407	7	223	156	151	46
轨道交通	5320	74	1		8	16	5
出租车客运	5330	4102	3	46	254	969	291
城市轮渡	5340	54	1	13	18	5	
其他城市公共交通	5390	218		17	26	18	8
水上运输业	5400	4790	21	676	705	590	152
水上旅客运输	5410	632	2	100	98	76	14
水上货物运输	5420	2835	7	471	421	318	94
水上运输辅助活动	5430	1323	12	105	186	196	44
航空运输业	5500	462		20	47	81	17
航空客货运输	5510	122		8	19	25	3
通用航空服务	5520	102		3	4	20	7
航空运输辅助活动	5530	238		9	24	36	7
管道运输业	5600	39		1	4	7	1
装卸搬运和其他运输服务业	5700	19791	38	833	1713	2005	665
装卸搬运	5710	4588	37	721	1026	566	115
运输代理服务	5720	15203	1	112	687	1439	550
仓储业	5800	10157	83	1185	1392	1338	285
谷物、棉花等农产品仓储	5810	2952	72	902	466	320	60
其他仓储	5890	7205	11	283	926	1018	225
邮政业	5900	1912	44	22	17	43	28

1997	1998	1999	2000	2001	2002	2003	2004	开业时间不详	代码
51	94	106	205	228	290	368	383	115	4320
1293	**1722**	**1692**	**2008**	**2316**	**2774**	**3646**	**3000**	**3233**	D
806	1080	1104	1244	1470	1871	2608	2256	2701	4400
723	942	897	1044	1255	1630	2247	2030	2575	4410
42	80	130	79	74	66	106	66	29	4420
41	58	77	121	141	175	255	160	97	4430
69	88	98	121	144	169	186	125	127	4500
418	554	490	643	702	734	852	619	405	4600
397	522	462	594	632	651	735	549	184	4610
16	27	19	42	57	69	97	53	199	4620
5	5	9	7	13	14	20	17	22	4690
4850	**7295**	**6971**	**8356**	**10524**	**12837**	**15231**	**12935**	**3189**	E
2031	3219	2785	3209	4311	4429	4061	3066	751	4700
1390	2133	1723	2011	2861	2735	2036	1596	345	4710
641	1086	1062	1198	1450	1694	2025	1470	406	4720
1058	1526	1559	1719	2116	2495	2851	2176	482	4800
1435	2048	2087	2698	3185	4514	6498	6227	1544	4900
326	502	540	730	912	1399	1821	1466	412	5000
111	185	196	311	361	542	900	685	220	5010
24	34	35	58	82	132	132	138	18	5020
191	283	309	361	469	725	789	643	174	5090
2624	**4000**	**3945**	**5097**	**6324**	**8039**	**9681**	**9200**	**2222**	F
1077	1524	1628	2244	2868	3808	4481	4001	790	5200
207	310	253	404	559	571	497	349	56	5210
645	950	1111	1604	2022	2845	3519	3344	618	5220
225	264	264	236	287	392	465	308	116	5230
360	401	420	413	496	493	512	429	49	5300
61	80	95	103	115	112	130	114	14	5310
8	5	10	7	3	5	2		4	5320
286	305	302	289	349	348	343	286	31	5330
1	3	1	3	2	1	3	3		5340
4	8	12	11	27	27	34	26		5390
144	253	207	255	321	400	485	375	206	5400
24	27	26	33	49	69	61	39	14	5410
67	138	123	141	171	256	279	233	116	5420
53	88	58	81	101	75	145	103	76	5430
22	36	25	19	37	35	47	55	21	5500
4	7	5	3	11	5	13	13	6	5510
6	10	5	4	10	9	10	10	4	5520
12	19	15	12	16	21	24	32	11	5530
3	3	3	6	3	2	4		2	5600
626	888	1016	1328	1672	2229	2898	3141	739	5700
127	175	184	242	264	310	384	358	79	5710
499	713	832	1086	1408	1919	2514	2783	660	5720
340	541	524	690	795	863	949	827	345	5800
69	210	169	126	161	135	124	110	28	5810
271	331	355	564	634	728	825	717	317	5890
52	354	122	142	132	209	305	372	70	5900

2-11 续表 6

行业中类	代码	企业法人单位数（个）	1949及以前	1950-1977	1978-1991	1992-1995	1996
国家邮政	5910	477	44	21	11	6	2
其他寄递服务	5990	1435		1	6	37	26
信息传输、计算机服务和软件业	G	**67380**	**40**	**53**	**403**	**1818**	**700**
电信和其他信息传输服务业	6000	9351	37	37	111	369	119
电信	6010	2698	35	32	36	157	32
互联网信息服务	6020	5471		1	17	78	51
广播电视传输服务	6030	1050	2	4	56	115	32
卫星传输服务	6040	132			2	19	4
计算机服务业	6100	37041	3	9	162	730	299
计算机系统服务	6110	7468	1	7	67	288	131
数据处理	6120	585			8	33	11
计算机维修	6130	1552			16	73	32
其他计算机服务	6190	27436	2	2	71	336	125
软件业	6200	20988		7	130	719	282
公共软件服务	6210	16201		6	89	548	224
其他软件服务	6290	4787		1	41	171	58
批发和零售业	H	**883625**	**2775**	**47202**	**48318**	**66427**	**23297**
批发业	6300	530807	944	23629	27171	39124	13669
农畜产品批发	6310	29382	272	7468	4294	2223	559
食品、饮料及烟草制品批发	6320	44399	135	4673	4459	3411	1191
纺织、服装及日用品批发	6330	53771	35	840	1692	3389	1285
文化、体育用品及器材批发	6340	19666	80	282	597	1329	521
医药及医疗器材批发	6350	15482	5	858	766	1138	386
矿产品、建材及化工产品批发	6360	174836	368	7245	8408	13917	4590
机械设备、五金交电及电子产品批发	6370	150456	20	1324	4251	10269	4028
贸易经纪与代理	6380	7864	4	107	382	772	207
其他批发	6390	34951	25	832	2322	2676	902
零售业	6500	352818	1831	23573	21147	27303	9628
综合零售	6510	46378	1045	12305	5704	3408	1008
食品、饮料及烟草制品专门零售	6520	32936	95	5259	3475	2692	762
纺织、服装及日用品专门零售	6530	36821	91	1565	2183	2481	1011
文化、体育用品及器材专门零售	6540	27417	533	1388	1312	2126	745
医药及医疗器材专门零售	6550	23913	28	1107	1081	1318	480
汽车、摩托车、燃料及零配件专门零售	6560	47862	4	365	1938	5148	1668
家用电器及电子产品专门零售	6570	55895	3	188	1028	2745	1361
五金、家具及室内装修材料专门零售	6580	48943	15	671	2419	4328	1601
无店铺及其他零售	6590	32653	17	725	2007	3057	992
住宿和餐饮业	I	**91798**	**82**	**2893**	**9650**	**9717**	**3328**
住宿业	6600	38667	44	1842	6999	5561	1725
旅游饭店	6610	12076	21	583	1810	1820	637
一般旅馆	6620	23702	19	1146	4599	3287	938
其他住宿服务	6690	2889	4	113	590	454	150
餐饮业	6700	53131	38	1051	2651	4156	1603
正餐服务	6710	42759	31	795	2264	3528	1343
快餐服务	6720	3432	3	58	144	265	112
饮料及冷饮服务	6730	2813		11	32	59	27
其他餐饮服务	6790	4127	4	187	211	304	121

1997	1998	1999	2000	2001	2002	2003	2004	开业时间不详	代码
13	305	33	23	3	5	4	7		5910
39	49	89	119	129	204	301	365	70	5990
1001	**1761**	**2663**	**5762**	**8062**	**10953**	**16629**	**14716**	**2819**	G
164	288	526	853	1207	1342	2055	1869	374	6000
74	124	278	227	415	330	480	394	84	6010
64	105	178	504	582	873	1421	1331	266	6020
23	53	62	107	199	124	135	119	19	6030
3	6	8	15	11	15	19	25	5	6040
428	767	1105	2857	4285	6425	10095	8813	1063	6100
174	292	375	704	858	1079	1556	1578	358	6110
14	27	38	67	65	85	115	89	33	6120
40	63	84	123	168	219	306	348	80	6130
200	385	608	1963	3194	5042	8118	6798	592	6190
409	706	1032	2052	2570	3186	4479	4034	1382	6200
321	549	796	1564	2004	2442	3478	3133	1047	6210
88	157	236	488	566	744	1001	901	335	6290
28357	**46266**	**52165**	**67948**	**84237**	**111470**	**145932**	**132990**	**26241**	H
16952	27611	31296	41038	52220	68508	90090	79518	19037	6300
630	1410	1470	1504	1802	2243	2783	2286	438	6310
1348	2696	2702	3106	3718	4671	5967	5135	1187	6320
1686	2446	2900	4225	5679	7561	9938	9158	2937	6330
725	1006	1197	1662	2043	2650	3653	3208	713	6340
536	864	1010	1227	1495	1860	2744	2202	391	6350
5662	9043	10440	13807	17311	22695	29602	26228	5520	6360
5066	8189	9500	12527	16464	21886	28044	23917	4971	6370
263	304	317	445	619	1090	1277	1236	841	6380
1036	1653	1760	2535	3089	3852	6082	6148	2039	6390
11405	18655	20869	26910	32017	42962	55842	53472	7204	6500
1067	1646	1766	2475	2888	3533	4679	4199	655	6510
893	1959	1868	2173	2317	2851	3968	4092	532	6520
1227	1866	2121	2859	3381	4437	6114	6515	970	6530
901	1344	1586	2118	2413	3572	4657	4177	545	6540
527	966	1092	1314	1860	3854	4974	4981	331	6550
2042	3192	3563	4404	5029	6404	7266	5978	861	6560
1758	2851	3546	4936	6267	8318	11160	10544	1190	6570
1790	2904	3185	4030	4884	6094	7949	7800	1273	6580
1200	1927	2142	2601	2978	3899	5075	5186	847	6590
3692	**5117**	**5666**	**7181**	**7756**	**9523**	**12387**	**13242**	**1564**	I
1742	2327	2352	2646	2683	2987	3601	3585	573	6600
667	816	827	906	879	947	1098	888	177	6610
960	1337	1374	1540	1599	1851	2278	2434	340	6620
115	174	151	200	205	189	225	263	56	6690
1950	2790	3314	4535	5073	6536	8786	9657	991	6700
1612	2302	2717	3698	4106	5227	6865	7531	740	6710
137	166	203	307	348	443	546	642	58	6720
56	120	137	209	265	423	677	723	74	6730
145	202	257	321	354	443	698	761	119	6790

2-11 续表 7

行业中类	代码	企业法人单位数（个）	1949及以前	1950-1977	1978-1991	1992-1995	1996
金融业	J	**22831**	**98**	**5798**	**6333**	**2117**	**1237**
银行业	6800	15691	30	5779	5919	1427	783
中央银行	6810	24	2	4	12	4	
商业银行	6820	15005	28	5642	5799	1365	568
其他银行	6890	662		133	108	58	215
证券业	6900	833		1	49	256	54
证券市场管理	6910	35		1	1	9	3
证券经纪与交易	6920	643			41	210	39
证券投资	6930	71			7	19	3
证券分析与咨询	6940	84				18	9
保险业	7000	3683	67	14	234	166	331
人寿保险	7010	1351	18	3	39	46	211
非人寿保险	7020	1381	49	11	193	112	116
保险辅助服务	7030	951			2	8	4
其他金融活动	7100	2624	1	4	131	268	69
金融信托与管理	7110	234		1	46	25	2
金融租赁	7120	27			12	5	2
财务公司	7130	103			25	33	5
邮政储蓄	7140	6	1		1		
典当	7150	1155		1	32	176	50
其他未列明的金融活动	7190	1099		2	15	29	10
房地产业	K	**125086**	**58**	**2799**	**7202**	**17667**	**3968**
房地产业	7200	125086	58	2799	7202	17667	3968
房地产开发经营	7210	59182	7	71	2915	11815	1974
物业管理	7220	30959	1	266	716	2829	1239
房地产中介服务	7230	19666	2	84	200	837	336
其他房地产活动	7290	15279	48	2378	3371	2186	419
租赁和商务服务业	L	**201365**	**125**	**2283**	**9228**	**18163**	**5011**
租赁业	7300	8833	6	138	353	798	263
机械设备租赁	7310	8153	6	130	318	732	251
文化及日用品出租	7320	680		8	35	66	12
商务服务业	7400	192532	119	2145	8875	17365	4748
企业管理服务	7410	31926	93	1512	4027	5140	870
法律服务	7420	4786		7	465	710	202
咨询与调查	7430	56069	4	20	741	2808	805
广告业	7440	37210	1	28	433	3064	1059
知识产权服务	7450	2171			17	88	30
职业中介服务	7460	7334		26	370	544	154
市场管理	7470	10472	11	281	770	1243	491
旅行社	7480	12631	4	52	728	1289	409
其他商务服务	7490	29933	6	219	1324	2479	728
科学研究、技术服务和地质勘查业	M	**70562**	**18**	**989**	**3811**	**7466**	**1726**
研究与试验发展	7500	7865	4	198	364	719	151
自然科学研究与试验发展	7510	671		27	24	49	9
工程和技术研究与试验发展	7520	4280		127	246	442	79
农业科学研究与试验发展	7530	1010	2	33	59	92	24
医学研究与试验发展	7540	1715	2	8	30	122	36

1997	1998	1999	2000	2001	2002	2003	2004	开业时间不详	代码
812	**624**	**442**	**489**	**584**	**1095**	**1735**	**1298**	**169**	J
421	326	246	188	203	109	106	151	3	6800
2									6810
335	317	224	183	198	99	100	144	3	6820
84	9	22	5	5	10	6	7		6890
101	27	26	50	72	82	63	46	6	6900
4			6	4	4		3		6910
69	22	20	31	55	71	51	31	3	6920
7	3	2	6	8	6	5	4	1	6930
21	2	4	7	5	1	7	8	2	6940
201	122	37	73	136	542	987	702	71	7000
102	49	19	39	59	293	329	134	10	7010
99	72	16	22	37	179	272	189	14	7020
	1	2	12	40	70	386	379	47	7030
89	149	133	178	173	362	579	399	89	7100
7	9	17	41	9	16	31	23	7	7110
			1		2	1	3	1	7120
7	1	1	3	6	8	6	8		7130
	2						2		7140
68	114	65	50	37	221	235	93	13	7150
7	23	50	83	121	115	306	270	68	7190
4746	**7353**	**7729**	**10708**	**12893**	**15005**	**17635**	**12513**	**4810**	K
4746	7353	7729	10708	12893	15005	17635	12513	4810	7200
2452	3949	3813	5569	6413	6754	7122	3957	2371	7210
1406	2002	2468	3038	3598	4105	4896	3174	1221	7220
454	665	888	1311	2019	2980	4544	4524	822	7230
434	737	560	790	863	1166	1073	858	396	7290
6374	**8523**	**10987**	**15830**	**18359**	**23651**	**35500**	**35618**	**11713**	L
310	438	451	679	912	1116	1577	1429	363	7300
280	395	416	633	850	1036	1428	1334	344	7310
30	43	35	46	62	80	149	95	19	7320
6064	8085	10536	15151	17447	22535	33923	34189	11350	7400
1545	1539	1909	1905	2354	2758	3748	2884	1642	7410
173	266	319	550	735	496	436	383	44	7420
1008	1492	2894	4882	4754	7255	11907	12572	4927	7430
1376	1867	2120	2991	3660	4707	6748	7561	1595	7440
42	45	76	112	215	256	671	526	93	7450
125	277	273	500	532	829	1451	1775	478	7460
492	745	746	868	977	1100	1451	1010	287	7470
469	678	817	1261	1593	1376	1883	1789	283	7480
834	1176	1382	2082	2627	3758	5628	5689	2001	7490
1943	**2719**	**3465**	**5170**	**7128**	**9133**	**12353**	**10715**	**3926**	M
194	265	367	613	875	1030	1334	1011	740	7500
12	23	37	51	79	77	117	90	76	7510
105	132	198	321	455	534	735	559	347	7520
31	48	53	83	108	124	151	108	94	7530
45	56	75	146	219	263	294	220	199	7540

2-11 续表 8

行业中类	代码	企业法人单位数（个）	1949及以前	1950–1977	1978–1991	1992–1995	1996
社会人文科学研究与试验发展	7550	189		3	5	14	3
专业技术服务业	7600	42807	11	502	2227	4427	1148
气象服务	7610	374		4	11	40	10
地震服务	7620	49		1	4	11	1
海洋服务	7630	73		2	8	12	1
测绘服务	7640	1122		5	51	104	21
技术检测	7650	3256	1	34	234	413	108
环境监测	7660	433			22	37	9
工程技术与规划管理	7670	21172	7	389	1463	2512	689
其他专业技术服务	7690	16328	3	67	434	1298	309
科技交流和推广服务业	7700	18850	3	221	1071	2155	404
技术推广服务	7710	10808	3	158	655	1302	246
科技中介服务	7720	3566		11	235	403	59
其他科技服务	7790	4476		52	181	450	99
地质勘查业	7800	1040		68	149	165	23
矿产地质勘查	7810	350		30	41	47	7
基础地质勘查	7820	210		21	47	47	6
地质勘查技术服务	7830	480		17	61	71	10
水利、环境和公共设施管理业	**N**	**12287**	**12**	**256**	**696**	**1148**	**326**
水利管理业	7900	1065	4	182	188	127	33
防洪管理	7910	59		5	10	1	4
水资源管理	7920	676	2	156	138	76	19
其他水利管理	7990	330	2	21	40	50	10
环境管理业	8000	2416	3	24	87	186	70
自然保护	8010	186		8	12	18	9
环境治理	8020	2230	3	16	75	168	61
公共设施管理业	8100	8806	5	50	421	835	223
市政公共设施管理	8110	1069	1	16	108	160	41
城市绿化管理	8120	4750	1	11	143	373	98
游览景区管理	8130	2987	3	23	170	302	84
居民服务和其他服务业	**O**	**72869**	**63**	**972**	**3833**	**6160**	**2078**
居民服务业	8200	33610	51	609	1474	2149	901
家庭服务	8210	1737		2	31	61	21
托儿所	8220	125		2	15	7	3
洗染服务	8230	1523	4	17	74	113	48
理发及美容保健服务	8240	10159	7	187	207	361	158
洗浴服务	8250	6388	15	80	168	292	187
婚姻服务	8260	1101			19	55	34
殡葬服务	8270	895	3	23	97	170	49
摄影扩印服务	8280	4562	16	161	391	503	216
其他居民服务	8290	7120	6	137	472	587	185
其他服务业	8300	39259	12	363	2359	4011	1177
修理与维护	8310	18646	6	207	1329	2226	685
清洁服务	8320	5135		12	124	310	93
其他未列明的服务	8390	15478	6	144	906	1475	399
教育	**P**	**9916**	**7**	**196**	**629**	**794**	**239**
教育	8400	9916	7	196	629	794	239

1997	1998	1999	2000	2001	2002	2003	2004	开业时间不详	代码
1	6	4	12	14	32	37	34	24	7550
1225	1655	2129	3041	4341	5646	7706	6747	2002	7600
12	15	22	40	33	43	83	59	2	7610
1	2	2	8	4	4	7	4		7620
3	1	3	4	4	9	11	6	9	7630
27	37	32	58	133	163	262	193	36	7640
108	142	158	206	288	391	567	481	125	7650
7	16	21	22	23	60	94	86	36	7660
633	867	1171	1565	2181	2641	3368	2810	876	7670
434	575	720	1138	1675	2335	3314	3108	918	7690
499	757	916	1460	1832	2360	3187	2842	1143	7700
303	459	566	848	1022	1348	1762	1445	691	7710
80	140	173	276	361	426	603	579	220	7720
116	158	177	336	449	586	822	818	232	7790
25	42	53	56	80	97	126	115	41	7800
5	15	17	16	30	27	39	51	25	7810
7	6	13	10	13	14	15	8	3	7820
13	21	23	30	37	56	72	56	13	7830
383	**577**	**703**	**1000**	**1206**	**1579**	**1988**	**1480**	**933**	**N**
26	44	56	59	56	78	104	71	37	7900
2	3	6	5	8	6	7	2		7910
10	19	35	32	27	41	56	42	23	7920
14	22	15	22	21	31	41	27	14	7990
65	121	127	199	234	320	385	370	225	8000
7	13	8	13	14	23	20	25	16	8010
58	108	119	186	220	297	365	345	209	8020
292	412	520	742	916	1181	1499	1039	671	8100
40	53	68	64	87	111	155	127	38	8110
145	195	282	432	552	726	922	610	260	8120
107	164	170	246	277	344	422	302	373	8130
2432	**3576**	**4528**	**5424**	**6394**	**8925**	**12887**	**13032**	**2565**	**O**
1100	1728	2395	2507	3052	4334	6070	6135	1105	8200
26	55	83	127	163	222	394	423	129	8210
8	6	5	10	15	25	16	11	2	8220
52	78	101	147	174	225	256	198	36	8230
219	393	486	618	967	1589	2259	2380	328	8240
263	508	553	567	567	771	1157	1127	133	8250
39	59	75	78	80	140	194	252	76	8260
60	57	50	72	55	64	93	66	36	8270
222	268	332	379	417	519	548	525	65	8280
211	304	710	509	614	779	1153	1153	300	8290
1332	1848	2133	2917	3342	4591	6817	6897	1460	8300
759	974	1143	1433	1566	2036	2909	2963	410	8310
139	217	259	408	526	717	1038	1029	263	8320
434	657	731	1076	1250	1838	2870	2905	787	8390
264	**443**	**581**	**753**	**935**	**1281**	**1574**	**1741**	**479**	**P**
264	443	581	753	935	1281	1574	1741	479	8400

2-11 续表 9

行业中类	代码	企业法人单位数(个)	1949及以前	1950-1977	1978-1991	1992-1995	1996
教育	8400	9916	7	196	629	794	239
学前教育	8410	1848		71	178	156	65
初等教育	8420	397	3	50	35	21	11
中等教育	8430	621	1	46	81	67	13
高等教育	8440	110	1	4	11	8	2
其他教育	**8490**	**6940**	**2**	**25**	**324**	**542**	**148**
卫生、社会保障和社会福利业	Q	14875	35	2593	2679	1125	338
卫生	8500	14214	35	2563	2557	1086	327
医院	8510	2390	24	246	229	187	45
卫生院及社区医疗活动	8520	1585	5	340	243	86	43
门诊部医疗活动	8530	9530	6	1951	2023	751	222
计划生育技术服务活动	8540	55			10	4	3
妇幼保健活动	8550	38		3	3	4	1
专科疾病防治活动	8560	159		7	15	18	2
疾病预防控制及防疫活动	8570	102		6	18	5	5
其他卫生活动	8590	355		10	16	31	6
社会保障业	8600	132		2	13	5	2
社会福利业	8700	529		28	109	34	9
提供住宿的社会福利	8710	329		25	70	20	8
不提供住宿的社会福利	**8720**	**200**		**3**	**39**	**14**	**1**
文化、体育和娱乐业	R	22639	80	1033	1868	1834	626
新闻出版业	8800	1661	21	68	380	281	42
新闻业	8810	48	1	1	5	13	3
出版业	8820	1613	20	67	375	268	39
广播、电视、电影和音像业	8900	4566	50	845	964	373	90
广播	8910	145		3	10	18	3
电视	8920	961	1	8	29	109	26
电影	8930	2739	49	832	890	181	44
音像制作	8940	721		2	35	65	17
文化艺术业	9000	4399	7	94	200	232	79
文艺创作与表演	9010	781	2	15	31	65	19
艺术表演场馆	9020	194	4	39	38	10	6
图书馆与档案馆	9030	42		2	6	7	
文物及文化保护	9040	78		2	9	11	4
博物馆	9050	107		1	7	6	1
烈士陵园、纪念馆	9060	17			2	5	
群众文化活动	9070	485	1	27	69	40	10
文化艺术经纪代理	9080	945		6	15	40	15
其他文化艺术	9090	1750		2	23	48	24
体育	9100	1278	1	2	35	62	40
体育组织	9110	320			4	14	7
体育场馆	9120	564	1	1	16	31	15
其他体育	9190	394		1	15	17	18
娱乐业	9200	10735	1	24	289	886	375
室内娱乐活动	9210	6745	1	15	193	581	229
游乐园	9220	398			27	45	14
休闲健身娱乐活动	9230	2542		5	38	185	95
其他娱乐活动	9290	1050		4	31	75	37

1997	1998	1999	2000	2001	2002	2003	2004	开业时间不详	代码
264	443	581	753	935	1281	1574	1741	479	8400
75	114	145	175	170	236	211	210	42	8410
16	22	28	38	35	43	43	45	7	8420
15	26	43	44	41	61	73	83	27	8430
2	4	4	6	9	13	14	19	13	8440
156	**277**	**361**	**490**	**680**	**928**	**1233**	**1384**	**390**	**8490**
363	681	571	717	777	1352	1621	1811	212	Q
343	611	528	666	724	1291	1541	1763	179	8500
42	52	61	99	149	315	446	434	61	8510
20	41	52	86	68	105	130	352	14	8520
269	494	387	435	452	777	841	851	71	8530
3	2	2	4	5	5	3	13	1	8540
1		2	4	1	1	9	7	2	8550
1	3	2	12	11	23	36	26	3	8560
3	3	9	5	7	14	14	9	4	8570
4	16	13	21	31	51	62	71	23	8590
6	4	5	9	13	17	31	21	4	8600
14	66	38	42	40	44	49	27	29	8700
8	31	18	29	28	25	26	21	20	8710
6	**35**	**20**	**13**	**12**	**19**	**23**	**6**	**9**	**8720**
690	1038	1281	1609	1725	2412	3816	3487	1140	R
36	59	94	86	108	123	158	152	53	8800
2	1		1	1	4	3	10	3	8810
34	58	94	85	107	119	155	142	50	8820
90	129	163	245	269	344	446	388	170	8900
4	3	5	7	16	12	28	33	3	8910
23	45	48	88	96	136	161	127	64	8920
44	53	75	86	79	102	125	117	62	8930
19	28	35	64	78	94	132	111	41	8940
85	135	180	288	415	585	910	770	419	9000
17	26	45	63	67	93	156	136	46	9010
3	4	8	7	6	9	27	27	6	9020
2	2		2	5	6	7	2	1	9030
1	1	6	5	5	8	11	8	7	9040
3	4	6	7	17	12	16	13	14	9050
2		1		2	2	2		1	9060
11	20	16	27	40	55	61	72	36	9070
16	34	30	51	102	135	205	179	117	9080
30	44	68	126	171	265	425	333	191	9090
36	60	74	103	112	170	266	226	91	9100
8	21	26	29	35	42	61	40	33	9110
16	23	34	48	49	75	120	116	19	9120
12	16	14	26	28	53	85	70	39	9190
443	655	770	887	821	1190	2036	1951	407	9200
294	434	524	572	455	687	1308	1291	161	9210
21	22	26	37	40	45	40	54	27	9220
101	142	158	183	224	305	505	444	157	9230
27	57	62	95	102	153	183	162	62	9290

2-12 按地区、开业(成立)时间

地区	企业法人单位数(个)	1949及以前	1950-1977	1978-1991	1992-1995	1996	1997
全 国	**3249342**	**5800**	**124799**	**266786**	**329902**	**103577**	**113869**
北 京	199481	111	1679	10524	19739	5592	6443
天 津	78523	176	1986	5822	9981	2833	3049
河 北	109402	496	7215	11745	11488	4214	4125
山 西	66315	321	5649	8626	6340	2058	2233
内蒙古	31171	110	1632	2291	2171	803	1073
辽 宁	149194	710	6379	16589	16838	4572	5120
吉 林	45406	453	3148	4677	3584	1220	1361
黑龙江	56003	583	4080	5580	5483	1769	1835
上 海	321355	374	1825	10743	29052	8051	9632
江 苏	342231	283	8320	26807	30454	9419	10757
浙 江	309470	172	4212	18127	30060	10326	10393
安 徽	81743	173	4916	8479	7927	2890	3112
福 建	105285	68	4195	8130	12483	3994	4103
江 西	56593	107	4490	5414	4014	1449	1434
山 东	228567	401	5591	16906	20281	7406	7674
河 南	138379	300	9827	16331	16426	6444	6123
湖 北	73898	191	5712	8339	6500	2261	2408
湖 南	76159	90	4902	7884	7029	2215	2242
广 东	337007	133	7328	30117	44724	11313	13942
广 西	49590	41	4681	5621	5579	1453	1668
海 南	14059	2	1212	1285	1759	379	404
重 庆	49834	78	2338	4316	5371	1782	2496
四 川	110426	87	6181	10324	11553	3741	4027
贵 州	27558	28	2688	2310	2351	811	1085
云 南	44118	40	3252	4274	4765	1813	1893
西 藏	1503	1	274	171	136	45	46
陕 西	63221	169	5622	7976	6514	2274	2487
甘 肃	33315	66	3133	4198	3761	1159	1197
青 海	7570	11	674	617	481	220	243
宁 夏	13258	9	609	872	1081	405	496
新 疆	28708	16	1049	1691	1977	666	768

分组的企业法人单位数

1998	1999	2000	2001	2002	2003	2004	开业时间不详
173535	**188138**	**255421**	**302496**	**377158**	**474461**	**416875**	**116525**
9735	11628	16398	21511	26758	34566	24728	10069
4253	4551	5653	6510	8136	10338	11670	3565
6828	6983	9301	10192	11535	12288	11709	1283
3867	3759	4367	4801	5942	7719	7507	3126
1835	1878	2648	2925	3519	4507	4585	1194
8371	9428	11194	13025	15700	19963	15921	5384
2319	2969	4022	4568	4941	6088	5547	509
3191	3303	4357	5129	5981	7117	6887	708
13953	14743	22708	29292	41514	59144	58316	22008
17043	17736	27337	33642	45914	55618	44895	14006
15362	20022	25820	31282	42178	48119	38907	14490
4228	4259	6608	7011	9006	11781	10564	789
5664	6666	7918	8996	10827	13840	13097	5304
2500	2631	4365	5478	6783	8573	7124	2231
14140	14748	22190	23380	27673	33790	29775	4612
9648	9317	10273	10897	11716	15342	13565	2170
3660	3727	5029	6567	8240	10254	10347	663
4304	3759	6429	7528	8263	10501	9822	1191
16672	20468	24646	30354	37045	46936	41660	11669
2487	2337	3213	3881	4912	6352	6017	1348
577	653	864	1130	1379	1823	1873	719
3405	2744	3732	4349	5250	7008	5574	1391
6345	6379	8900	10517	11907	15252	12441	2772
1449	1629	2113	2494	2770	3590	3258	982
2656	2613	3256	3549	4122	5409	4788	1688
67	71	84	127	131	167	178	5
4284	4020	5165	5421	5725	6825	6048	691
1958	1890	2402	2889	3199	3951	3060	452
495	463	707	884	851	907	790	227
813	845	1131	1173	1393	2018	1834	579
1426	1919	2591	2994	3848	4675	4388	700

2-13 按地区、营业状态分组的

地 区	企业法人单位数（个）	营 业	停 业（歇业）
全 国	**263280**	**222044**	**29262**
北 京	18262	16020	1671
天 津	9164	6878	901
河 北	9927	8613	1031
山 西	9387	7640	1491
内蒙古	3505	3250	162
辽 宁	14053	10342	3159
吉 林	7249	5698	1226
黑龙江	9183	7677	1245
上 海	15105	13301	1106
江 苏	12045	10544	1083
浙 江	9928	9116	550
安 徽	9321	8380	635
福 建	7685	6576	723
江 西	7929	6464	936
山 东	12058	10931	788
河 南	11946	10122	1198
湖 北	10804	8809	1368
湖 南	9077	7337	1050
广 东	21196	16922	3014
广 西	8473	6833	1344
海 南	2801	1962	570
重 庆	4440	3960	330
四 川	8436	7267	787
贵 州	4848	3969	716
云 南	5084	4458	415
西 藏	636	620	14
陕 西	8274	7136	963
甘 肃	5495	4901	390
青 海	1357	1241	83
宁 夏	1314	1205	78
新 疆	4298	3872	235

国有控股企业法人单位数

筹 建	当 年 关 闭	当 年 破 产	其 他
2354	**3708**	**1612**	**4298**
194	98	10	269
125	559	17	684
40	55	92	96
130	61	34	31
40	10	29	14
103	163	98	188
23	167	66	69
28	93	38	102
187	118	2	391
133	121	34	130
194	40	1	27
38	67	51	150
88	76	9	213
53	289	132	55
75	62	75	127
90	279	133	124
70	204	150	203
45	259	254	131
159	444	74	583
61	61	26	148
39	47	8	175
65	35	26	24
88	117	97	80
55	28	14	66
77	59	29	45
1		1	
44	47	19	65
38	48	59	59
16	3	5	9
12	13	4	2
43	85	25	38

2-14 按行业（中类）、登记注册类型

行业中类	代码	企业法人单位数（个）	内资企业	国有企业	集体企业	股份合作	联营
总计	0000	**3249342**	**3097559**	**178751**	**342569**	**107021**	**16499**
农、林、牧、渔业	A	**1015**	**1012**	**761**	**51**	**10**	**2**
农业	0100	443	443	370	6	2	1
谷物及其他作物的种植	0110	321	321	300	1	1	
蔬菜、园艺作物的种植	0120	32	32	7	3		1
水果、坚果、饮料和香料作物的种植	0130	85	85	60	2	1	
中药材的种植	0140	5	5	3			
林业	0200	309	308	267	15	3	
林木的培育和种植	0210	130	129	98	10	3	
木材和竹材的采运	0220	62	62	55	4		
林产品的采集	0230	117	117	114	1		
畜牧业	0300	131	130	56	10	3	1
牲畜的饲养	0310	62	62	39	4	1	
猪的饲养	0320	30	30	10	3		
家禽的饲养	0330	31	30	4	3	2	1
其他畜牧业	0390	8	8	3			
渔业	0400	41	41	20	3	1	
海洋渔业	0410	7	7	6			
内陆渔业	0420	34	34	14	3	1	
农、林、牧、渔服务业	0500	91	90	48	17	1	
农业服务业	0510	65	65	30	12	1	
林业服务业	0520	10	10	8	1		
畜牧服务业	0530	15	14	10	3		
渔业服务业	0540	1	1		1		
采矿业	B	**82353**	**81759**	**1643**	**15380**	**1977**	**732**
煤炭开采和洗选业	0600	27741	27662	880	7325	863	356
烟煤和无烟煤的开采洗选	0610	26704	26634	829	7084	818	350
褐煤的开采洗选	0620	644	641	40	159	40	5
其他煤炭采选	0690	393	387	11	82	5	1
石油和天然气开采业	0700	510	499	56	35	19	6
天然原油和天然气开采	0710	223	217	37	10	3	2
与石油和天然气开采有关的服务活动	0790	287	282	19	25	16	4
黑色金属矿采选业	0800	10660	10615	105	980	192	58
铁矿采选	0810	9514	9474	75	832	169	49
其他黑色金属矿采选	0890	1146	1141	30	148	23	9
有色金属矿采选业	0900	6535	6447	257	1111	163	106
常用有色金属矿采选	0910	4118	4053	94	540	93	50
贵金属矿采选	0920	1653	1640	127	468	52	49
稀有稀土金属矿采选	0930	764	754	36	103	18	7
非金属矿采选业	1000	36614	36249	340	5882	734	204
土砂石开采	1010	30566	30285	184	4671	629	168
化学矿采选	1020	1394	1379	44	305	21	10
采盐	1030	840	830	69	337	10	5
石棉及其他非金属矿采选	1090	3814	3755	43	569	74	21
其他采矿业	1100	293	287	5	47	6	2
制造业	C	**1328948**	**1216768**	**20589**	**126667**	**48042**	**5735**
农副食品加工业	1300	73828	69962	2286	5760	1712	333
谷物磨制	1310	22958	22800	696	1664	355	88

分组的企业法人单位数

有限责任公司	股份有限公司	私营	其他内资	港、澳、台商投资企业	外商投资企业	代码
355084	**60865**	**1982108**	**54662**	**74327**	**77456**	**0000**
54	**20**	**108**	**6**	**1**	**2**	**A**
22	6	33	3			0100
11	2	5	1			0110
7	2	11	1			0120
4	2	15	1			0130
		2				0140
7	1	15			1	0200
6		12			1	0210
1		2				0220
	1	1				0230
12	6	39	3		1	0300
3	4	10	1			0310
6	1	10				0320
3		15	2		1	0330
	1	4				0390
6	2	9				0400
		1				0410
6	2	8				0420
7	5	12		1		0500
7	5	10				0510
		1				0520
		1		1		0530
						0540
3713	**864**	**55659**	**1791**	**301**	**293**	**B**
1423	262	16196	357	48	31	0600
1350	239	15626	338	44	26	0610
62	21	304	10	1	2	0620
11	2	266	9	3	3	0690
109	45	222	7	4	7	0700
44	36	82	3	2	4	0710
65	9	140	4	2	3	0790
600	160	8359	161	31	14	0800
542	141	7526	140	28	12	0810
58	19	833	21	3	2	0890
507	146	4022	135	37	51	0900
298	81	2822	75	28	37	0910
146	52	698	48	4	9	0920
63	13	502	12	5	5	0930
1058	245	26672	1114	180	185	1000
710	165	22737	1021	143	138	1010
108	21	858	12	6	9	1020
73	19	308	9	1	9	1030
167	40	2769	72	30	29	1090
16	6	188	17	1	5	1100
99442	**16503**	**876928**	**22862**	**57869**	**54311**	**C**
5321	1173	51589	1788	1267	2599	1300
962	238	18144	653	57	101	1310

2-14 续表 1

行业中类	代码	企业法人单位数(个)					
			内资企业				
				国有企业	集体企业	股份合作	联 营
饲料加工	1320	8669	8216	297	450	267	49
植物油加工	1330	7948	7752	200	915	157	31
制糖	1340	645	618	69	36	13	7
屠宰及肉类加工	1350	10503	10096	742	1179	285	67
水产品加工	1360	6589	5545	93	555	324	37
蔬菜、水果和坚果加工	1370	9281	8151	68	415	164	29
其他农副食品加工	1390	7235	6784	121	546	147	25
食品制造业	1400	32174	29454	907	2345	909	137
焙烤食品制造	1410	6756	6187	243	506	198	30
糖果、巧克力及蜜饯制造	1420	3929	3639	46	208	97	10
方便食品制造	1430	4436	4088	126	318	113	19
液体乳及乳制品制造	1440	1918	1803	64	81	53	9
罐头制造	1450	2582	2280	70	203	71	10
调味品、发酵制品制造	1460	5851	5484	204	532	175	24
其他食品制造	1490	6702	5973	154	497	202	35
饮料制造业	1500	27178	25964	664	3383	744	155
酒精制造	1510	354	339	25	37	11	2
酒的制造	1520	11721	11340	347	1044	351	44
软饮料制造	1530	9336	8639	174	784	263	59
精制茶加工	1540	5767	5646	118	1518	119	50
烟草制品业	1600	308	297	140	60	4	2
烟叶复烤	1610	97	94	40	16	3	
卷烟制造	1620	127	123	85	18		1
其他烟草制品加工	1690	84	80	15	26	1	1
纺织业	1700	87342	77919	915	4716	2102	218
棉、化纤纺织及印染精加工	1710	32861	30475	380	1619	743	73
毛纺织和染整精加工	1720	4546	4009	82	306	116	20
麻纺织	1730	1080	993	29	95	30	4
丝绢纺织及精加工	1740	5812	5380	77	292	98	16
纺织制成品制造	1750	18103	16110	174	1176	509	45
针织品、编织品及其制品制造	1760	24940	20952	173	1228	606	60
纺织服装、鞋、帽制造业	1800	52396	42327	286	3537	1299	114
纺织服装制造	1810	48895	39381	273	3250	1143	108
纺织面料鞋的制造	1820	2384	2079	10	210	117	4
制帽	1830	1117	867	3	77	39	2
皮革、毛皮、羽毛(绒)及其制品业	1900	24197	19421	139	1328	1081	56
皮革鞣制加工	1910	2581	2189	22	169	250	4
皮革制品制造	1920	18901	14857	78	1003	794	44
毛皮鞣制及制品加工	1930	1570	1373	16	92	15	3
羽毛(绒)加工及制品制造	1940	1145	1002	23	64	22	5
木材加工及木、竹、藤、棕、草制品业	2000	41818	39843	355	3286	677	126
锯材、木片加工	2010	12895	12691	155	1399	170	48
人造板制造	2020	13133	12577	100	460	176	29
木制品制造	2030	10145	9335	84	1011	242	33
竹、藤、棕、草制品制造	2040	5645	5240	16	416	89	16
家具制造业	2100	25377	23072	119	1717	519	71
木质家具制造	2110	18953	17421	84	1285	345	49
竹、藤家具制造	2120	392	345		34	6	

有限责任公司	股份有限公司	私营	其他内资	港、澳、台商投资企业	外商投资企业	代码
936	190	5840	187	168	285	1320
627	153	5461	208	63	133	1330
141	34	310	8	18	9	1340
1001	246	6321	255	160	247	1350
532	60	3846	98	317	727	1360
644	122	6515	194	328	802	1370
478	130	5152	185	156	295	1390
3034	599	20866	657	1106	1614	1400
523	74	4472	141	255	314	1410
309	44	2875	50	160	130	1420
351	87	2943	131	142	206	1430
398	106	1071	21	38	77	1440
209	42	1641	34	103	199	1450
493	111	3799	146	124	243	1460
751	135	4065	134	284	445	1490
2444	580	17299	695	487	727	1500
57	9	194	4	7	8	1510
1099	290	7880	285	141	240	1520
1055	227	5877	200	277	420	1530
233	54	3348	206	62	59	1540
48	9	31	3	5	6	1600
21	2	11	1	2	1	1610
15	2	2		1	3	1620
12	5	18	2	2	2	1690
5167	797	62884	1120	5528	3895	1700
2221	360	24663	416	1514	872	1710
384	60	2984	57	346	191	1720
94	29	705	7	53	34	1730
403	45	4416	33	289	143	1740
888	148	12909	261	984	1009	1750
1177	155	17207	346	2342	1646	1760
2910	376	33047	758	5389	4680	1800
2743	349	30831	684	5074	4440	1810
118	12	1548	60	177	128	1820
49	15	668	14	138	112	1830
1350	145	14979	343	2607	2169	1900
146	32	1531	35	208	184	1910
1029	77	11573	259	2244	1800	1920
96	28	1084	39	78	119	1930
79	8	791	10	77	66	1940
1441	350	32582	1026	1023	952	2000
276	94	10120	429	109	95	2010
583	132	10850	247	321	235	2020
465	93	7206	201	383	427	2030
117	31	4406	149	210	195	2040
1318	192	18442	694	1239	1066	2100
903	142	14063	550	808	724	2110
13	1	273	18	24	23	2120

2-14 续表 2

行业中类	代码	企业法人单位数（个）	内资企业	国有企业	集体企业	股份合作	联营
金属家具制造	2130	3371	3000	27	283	115	10
塑料家具制造	2140	327	274	3	14	10	
其他家具制造	2190	2334	2032	5	101	43	12
造纸及纸制品业	2200	41732	39175	397	4350	1583	167
纸浆制造	2210	628	602	18	52	11	5
造纸	2220	12095	11408	201	1487	380	60
纸制品制造	2230	29009	27165	178	2811	1192	102
印刷业和记录媒介的复制	2300	42559	41110	1518	7156	2372	228
印刷	2310	39212	37916	1405	6569	2167	205
装订及其他印刷服务活动	2320	3139	3032	96	570	204	22
记录媒介的复制	2330	208	162	17	17	1	1
文教体育用品制造业	2400	15424	12026	89	877	391	44
文化用品制造	2410	4482	3931	48	355	170	17
体育用品制造	2420	3128	2244	16	152	59	7
乐器制造	2430	1039	814	13	63	28	7
玩具制造	2440	6100	4438	10	286	113	13
游艺器材及娱乐用品制造	2450	675	599	2	21	21	
石油加工、炼焦及核燃料加工业	2500	7697	7387	146	632	262	37
化学原料及化学制品制造业	2600	79845	73838	1501	8477	3235	425
基础化学原料制造	2610	16091	15285	362	2151	638	104
肥料制造	2620	7061	6720	350	667	225	42
农药制造	2630	2093	1957	83	230	102	14
涂料、油墨、颜料及类似产品制造	2640	17254	15644	149	1553	742	65
合成材料制造	2650	5435	4737	53	481	218	16
专用化学产品制造	2660	24093	22723	384	2725	995	149
日用化学产品制造	2670	7818	6772	120	670	315	35
医药制造业	2700	12213	10602	427	755	407	79
化学药品原药制造	2710	1940	1705	53	123	79	14
化学药品制剂制造	2720	1920	1553	92	69	38	18
中药饮片加工	2730	1390	1269	34	90	57	8
中成药制造	2740	2398	2092	124	120	71	13
兽用药品制造	2750	1312	1240	56	160	66	9
生物、生化制品的制造	2760	1562	1260	39	49	40	6
卫生材料及医药用品制造	2770	1691	1483	29	144	56	11
化学纤维制造业	2800	3592	3109	57	194	83	16
纤维素纤维原料及纤维制造	2810	556	469	10	38	12	4
合成纤维制造	2820	3036	2640	47	156	71	12
橡胶制品业	2900	16005	14459	177	1630	774	59
轮胎制造	2910	1456	1298	30	135	39	7
橡胶板、管、带的制造	2920	3199	3002	42	327	142	16
橡胶零件制造	2930	5296	4940	33	593	280	14
再生橡胶制造	2940	879	846	6	102	42	5
日用及医用橡胶制品制造	2950	931	781	17	86	40	4
橡胶靴鞋制造	2960	1997	1638	30	125	157	3
其他橡胶制品制造	2990	2247	1954	19	262	74	10
塑料制品业	3000	73268	65733	405	5617	2873	191
塑料薄膜制造	3010	7089	6329	63	577	235	19
塑料板、管、型材的制造	3020	11643	10661	70	835	344	30

有限责任公司	股份有限公司	私营	其他内资	港、澳、台商投资企业	外商投资企业	代码
220	23	2277	45	209	162	2130
25	7	210	5	36	17	2140
157	19	1619	76	162	140	2190
2718	396	28839	725	1625	932	2200
57	15	427	17	16	10	2210
959	159	7944	218	422	265	2220
1702	222	20468	490	1187	657	2230
3411	498	25296	631	902	547	2300
3111	457	23451	551	808	488	2310
249	35	1779	77	70	37	2320
51	6	66	3	24	22	2330
667	77	9680	201	2054	1344	2400
232	18	3038	53	319	232	2410
141	29	1801	39	475	409	2420
57	9	618	19	68	157	2430
198	19	3717	82	1153	509	2440
39	2	506	8	39	37	2450
820	220	5142	128	129	181	2500
7818	1440	49925	1017	2842	3165	2600
1904	355	9568	203	347	459	2610
934	241	4174	87	152	189	2620
313	103	1077	35	63	73	2630
1447	209	11227	252	843	767	2640
522	93	3291	63	331	367	2650
1976	326	15872	296	627	743	2660
722	113	4716	81	479	567	2670
2580	720	5512	122	647	964	2700
421	103	897	15	102	133	2710
576	163	584	13	143	224	2720
248	50	765	17	50	71	2730
655	236	844	29	161	145	2740
205	43	684	17	24	48	2750
293	79	740	14	87	215	2760
182	46	998	17	80	128	2770
306	61	2364	28	283	200	2800
59	17	322	7	47	40	2810
247	44	2042	21	236	160	2820
1250	191	10119	259	830	716	2900
138	30	900	19	59	99	2910
290	50	2081	54	95	102	2920
338	40	3570	72	185	171	2930
55	10	601	25	21	12	2940
71	17	537	9	69	81	2950
219	14	1063	27	222	137	2960
139	30	1367	53	179	114	2990
4817	642	49888	1300	4612	2923	3000
516	81	4701	137	456	304	3010
947	156	8073	206	504	478	3020

2-14 续表 3

行业中类	代码	企业法人单位数（个）	内资企业	国有企业	集体企业	股份合作	联 营
塑料丝、绳及编织品的制造	3030	8554	8196	89	946	429	29
泡沫塑料制造	3040	4173	3783	15	336	172	13
塑料人造革、合成革制造	3050	812	663	7	56	21	1
塑料包装箱及容器制造	3060	8558	7713	41	665	297	18
塑料零件制造	3070	10171	9068	33	574	395	17
日用塑料制造	3080	12521	11246	46	932	710	34
其他塑料制品制造	3090	9747	8074	41	696	270	30
非金属矿物制品业	3100	165562	160846	1894	23951	4676	1103
水泥、石灰和石膏的制造	3110	13454	13141	558	2059	392	132
水泥及石膏制品制造	3120	34871	34262	358	3538	776	198
砖瓦、石材及其他建筑材料制造	3130	80338	78943	471	14518	2288	591
玻璃及玻璃制品制造	3140	12142	11112	150	957	398	44
陶瓷制品制造	3150	7157	6386	148	711	206	28
耐火材料制品制造	3160	9174	8975	87	1269	346	44
石墨及其他非金属矿物制品制造	3190	8426	8027	122	899	270	66
黑色金属冶炼及压延加工业	3200	21812	21011	318	2057	701	124
炼铁	3210	5121	5057	53	457	121	31
炼钢	3220	1154	1098	37	121	26	10
钢压延加工	3230	12454	11853	147	1176	467	52
铁合金冶炼	3240	3083	3003	81	303	87	31
有色金属冶炼及压延加工业	3300	16053	15010	264	1592	616	90
常用有色金属冶炼	3310	4618	4406	98	505	141	28
贵金属冶炼	3320	484	468	31	73	12	9
稀有稀土金属冶炼	3330	842	785	19	72	34	5
有色金属合金制造	3340	1239	1131	22	126	56	5
有色金属压延加工	3350	8870	8220	94	816	373	43
金属制品业	3400	86383	80199	704	8853	3487	339
结构性金属制品制造	3410	27708	26317	231	2854	1030	121
金属工具制造	3420	12200	11357	106	1357	371	53
集装箱及金属包装容器制造	3430	4649	4238	83	544	200	23
金属丝绳及其制品的制造	3440	5085	4799	61	549	195	17
建筑、安全用金属制品制造	3450	10462	9623	58	844	470	31
金属表面处理及热处理加工	3460	8085	7542	43	1143	553	38
搪瓷制品制造	3470	800	741	16	89	31	2
不锈钢及类似日用金属制品制造	3480	8591	7595	44	650	325	17
其他金属制品制造	3490	8803	7987	62	823	312	37
通用设备制造业	3500	118985	113221	1720	12281	5840	469
锅炉及原动机制造	3510	5497	5270	170	754	281	26
金属加工机械制造	3520	11881	11185	285	1177	514	62
起重运输设备制造	3530	4091	3758	130	378	193	26
泵、阀门、压缩机及类似机械的制造	3540	16419	15423	250	1314	1123	57
轴承、齿轮、传动和驱动部件的制造	3550	8757	8232	131	592	334	36
烘炉、熔炉及电炉制造	3560	1275	1201	13	116	55	4
风机、衡器、包装设备等通用设备制造	3570	14277	13101	199	1168	720	46
通用零部件制造及机械修理	3580	31797	30690	338	3796	1490	112
金属铸、锻加工	3590	24991	24361	204	2986	1130	100
专用设备制造业	3600	58471	53345	1390	4828	2732	223
矿山、冶金、建筑专用设备制造	3610	9092	8725	350	1061	397	32

有限责任公司	股份有限公司	私营	其他内资	港、澳、台商投资企业	外商投资企业	代码
647	94	5772	190	156	202	3030
275	38	2853	81	248	142	3040
59	3	510	6	87	62	3050
551	77	5924	140	510	335	3060
467	30	7486	66	644	459	3070
797	98	8461	168	801	474	3080
558	65	6108	306	1206	467	3090
8259	1685	114924	4354	2284	2432	3100
1540	351	7837	272	169	144	3110
1638	342	26264	1148	294	315	3120
2082	442	56269	2282	658	737	3130
966	192	8243	162	488	542	3140
553	102	4551	87	443	328	3150
732	125	6088	284	73	126	3160
748	131	5672	119	159	240	3190
2069	375	15028	339	389	412	3200
388	95	3816	96	27	37	3210
135	16	732	21	30	26	3220
1056	178	8590	187	290	311	3230
490	86	1890	35	42	38	3240
1657	312	10258	221	562	481	3300
474	126	2939	95	95	117	3310
67	21	249	6	8	8	3320
141	30	479	5	22	35	3330
155	21	728	18	53	55	3340
820	114	5863	97	384	266	3350
5849	865	58564	1538	3555	2629	3400
2333	363	18879	506	761	630	3410
749	95	8363	263	450	393	3420
399	55	2870	64	209	202	3430
238	61	3600	78	132	154	3440
670	101	7278	171	424	415	3450
383	45	5200	137	376	167	3460
70	10	509	14	31	28	3470
495	71	5874	119	627	369	3480
512	64	5991	186	545	271	3490
9008	1335	80978	1590	2355	3409	3500
593	137	3240	69	60	167	3510
1041	160	7761	185	314	382	3520
500	69	2418	44	128	205	3530
1650	233	10643	153	332	664	3540
685	94	6282	78	185	340	3550
109	10	874	20	30	44	3560
1225	169	9451	123	488	688	3570
1876	238	22362	478	555	552	3580
1329	225	17947	440	263	367	3590
5583	875	36978	736	2377	2749	3600
1145	194	5443	103	118	249	3610

2-14 续表 4

行业中类	代码	企业法人单位数（个）	内资企业	国有企业	集体企业	股份合作	联营
化工、木材、非金属加工专用设备制造	3620	14671	12818	159	848	650	36
食品、饮料、烟草及饲料生产专用设备制造	3630	3175	2996	119	303	193	13
印刷、制药、日化生产专用设备制造	3640	4095	3721	67	334	203	18
纺织、服装和皮革工业专用设备制造	3650	7152	6608	80	386	393	21
电子和电工机械专用设备制造	3660	3672	3143	101	273	133	15
农、林、牧、渔专用机械制造	3670	5574	5420	259	786	192	37
医疗仪器设备及器械制造	3680	3734	3186	99	237	175	20
环保、社会公共安全及其他专用设备制造	3690	7306	6728	156	600	396	31
交通运输设备制造业	3700	56529	52957	1795	6518	2731	300
铁路运输设备制造	3710	2151	2101	318	619	88	15
汽车制造	3720	39496	37009	1093	4670	2019	215
摩托车制造	3730	5566	5325	40	361	309	14
自行车制造	3740	4104	3668	30	219	89	11
船舶及浮动装置制造	3750	4065	3814	201	542	199	38
航空航天器制造	3760	277	232	79	6	3	2
交通器材及其他交通运输设备制造	3790	870	808	34	101	24	5
电气机械及器材制造业	3900	63475	56135	826	5208	2924	288
电机制造	3910	6495	5890	106	441	314	35
输配电及控制设备制造	3920	21091	18986	333	2090	1276	112
电线、电缆、光缆及电工器材制造	3930	11720	10379	139	1159	498	60
电池制造	3940	2716	2303	60	231	71	14
家用电力器具制造	3950	7364	6258	53	402	176	19
非电力家用器具制造	3960	2054	1912	13	104	45	7
照明器具制造	3970	9832	8411	69	534	452	27
其他电气机械及器材制造	3990	2203	1996	53	247	92	14
通信设备、计算机及其他电子设备制造业	4000	29058	20384	451	1146	778	121
通信设备制造	4010	3634	2759	101	140	84	25
雷达及配套设备制造	4020	101	93	20	2	3	2
广播电视设备制造	4030	1394	1122	28	67	42	7
电子计算机制造	4040	2855	1577	35	63	24	10
电子器件制造	4050	4093	2659	75	158	103	22
电子元件制造	4060	12249	8810	125	535	423	29
家用视听设备制造	4070	2566	1709	38	82	49	17
其他电子设备制造	4090	2166	1655	29	99	50	9
仪器仪表及文化、办公用机械制造业	4100	17504	14755	427	1354	1013	101
通用仪器仪表制造	4110	8526	7736	206	694	514	51
专用仪器仪表制造	4120	2653	2362	116	253	125	18
钟表与计时仪器制造	4130	1597	1019	26	149	43	8
光学仪器及眼镜制造	4140	2773	2180	39	108	254	3
文化、办公用机械制造	4150	1270	845	22	65	41	17
其他仪器仪表的制造及修理	4190	685	613	18	85	36	4
工艺品及其他制造业	4200	34352	29588	253	2717	1383	90
工艺美术品制造	4210	22251	18569	137	1776	996	60
日用杂品制造	4220	5789	4985	14	333	229	5
煤制品制造	4230	3937	3925	28	328	66	16
其他未列明的制造业	4290	2375	2109	74	280	92	9
废弃资源和废旧材料回收加工业	4300	3811	3619	19	342	134	29
金属废料和碎屑的加工处理	4310	1656	1524	9	197	37	16

有限责任公司	股份有限公司	私营	其他内资	港、澳、台商投资企业	外商投资企业	代码
1019	113	9755	238	1026	827	3620
270	69	1991	38	68	111	3630
433	56	2552	58	203	171	3640
530	59	5084	55	293	251	3650
432	62	2081	46	254	275	3660
465	95	3483	103	41	113	3670
454	74	2095	32	180	368	3680
835	153	4494	63	194	384	3690
5518	847	34454	794	1402	2170	3700
250	38	763	10	17	33	3710
4009	651	23749	603	870	1617	3720
606	57	3880	58	122	119	3730
207	29	3020	63	254	182	3740
299	42	2450	43	100	151	3750
70	14	52	6	9	36	3760
77	16	540	11	30	32	3790
6859	857	38546	627	3974	3366	3900
640	98	4196	60	270	335	3910
2892	338	11754	191	1070	1035	3920
1247	176	6983	117	775	566	3930
281	48	1578	20	211	202	3940
748	76	4705	79	599	507	3950
165	31	1509	38	65	77	3960
643	57	6534	95	888	533	3970
243	33	1287	27	96	111	3990
3066	372	14192	258	4416	4258	4000
539	73	1774	23	397	478	4010
26	3	36	1	3	5	4020
145	20	805	8	138	134	4030
322	52	1053	18	666	612	4040
465	66	1752	18	623	811	4050
1064	96	6406	132	1775	1664	4060
240	22	1237	24	530	327	4070
265	40	1129	34	284	227	4090
2177	243	9304	136	1343	1406	4100
1232	140	4834	65	261	529	4110
379	48	1402	21	104	187	4120
111	6	658	18	446	132	4130
270	20	1475	11	294	299	4140
103	13	575	9	204	221	4150
82	16	360	12	34	38	4190
1695	235	22527	688	2564	2200	4200
1085	152	13931	432	1947	1735	4210
288	27	4037	52	491	313	4220
99	26	3201	161	3	9	4230
223	30	1358	43	123	143	4290
282	36	2691	86	73	119	4300
187	23	1023	32	46	86	4310

2-14 续表 5

行业中类	代码	企业法人单位数(个)	内资企业	国有企业	集体企业	股份合作	联营
非金属废料和碎屑的加工处理	4320	2155	2095	10	145	97	13
电力、燃气及水的生产和供应业	D	**39652**	**38707**	**5498**	**10394**	**1589**	**602**
电力、热力的生产和供应业	4400	26048	25427	3107	5480	1264	435
电力生产	4410	22261	21700	1513	5024	1207	376
电力供应	4420	2216	2198	1272	302	13	35
热力生产和供应	4430	1571	1529	322	154	44	24
燃气生产和供应业	4500	1544	1370	174	100	46	16
水的生产和供应业	4600	12060	11910	2217	4814	279	151
自来水的生产和供应	4610	11259	11161	2122	4690	259	140
污水处理及其再生利用	4620	660	616	92	108	14	9
其他水的处理、利用与分配	4690	141	133	3	16	6	2
建筑业	E	**128177**	**126561**	**8962**	**14914**	**2667**	**553**
房屋和土木工程建筑业	4700	56786	56466	6053	9693	1339	297
房屋工程建筑	4710	38021	37859	2572	7378	971	185
土木工程建筑	4720	18765	18607	3481	2315	368	112
建筑安装业	4800	23464	23074	1490	2776	510	108
建筑装饰业	4900	37493	36707	722	1510	617	96
其他建筑业	5000	10434	10314	697	935	201	52
工程准备	5010	4401	4357	280	349	87	20
提供施工设备服务	5020	840	818	59	70	12	1
其他未列明的建筑活动	5090	5193	5139	358	516	102	31
交通运输、仓储和邮政业	F	**73952**	**71619**	**9727**	**9791**	**2588**	**679**
道路运输业	5200	30945	30316	3137	4105	1111	264
公路旅客运输	5210	5261	5202	1000	587	228	67
道路货物运输	5220	21800	21435	1248	2748	720	141
道路运输辅助活动	5230	3884	3679	889	770	163	56
城市公共交通业	5300	5855	5712	739	567	261	54
公共电汽车客运	5310	1407	1352	372	100	48	15
轨道交通	5320	74	60	14	2	1	3
出租车客运	5330	4102	4030	314	401	198	36
城市轮渡	5340	54	52	13	18	1	
其他城市公共交通	5390	218	218	26	46	13	
水上运输业	5400	4790	4569	534	1073	159	49
水上旅客运输	5410	632	608	46	178	26	7
水上货物运输	5420	2835	2781	256	702	98	24
水上运输辅助活动	5430	1323	1180	232	193	35	18
航空运输业	5500	462	436	132	18	5	7
航空客货运输	5510	122	110	43		1	2
通用航空服务	5520	102	99	16	8		1
航空运输辅助活动	5530	238	227	73	10	4	4
管道运输业	5600	39	32	7	2	2	
装卸搬运和其他运输服务业	5700	19791	19117	1345	2832	801	178
装卸搬运	5710	4588	4542	265	2045	224	45
运输代理服务	5720	15203	14575	1080	787	577	133
仓储业	5800	10157	9550	3342	1174	203	120
谷物、棉花等农产品仓储	5810	2952	2929	2292	126	21	10
其他仓储	5890	7205	6621	1050	1048	182	110
邮政业	5900	1912	1886	490	20	46	7

有限责任公司	股份有限公司	私营	其他内资	港、澳、台商投资企业	外商投资企业	代码
95	13	1668	54	27	33	4320
4145	**937**	**14880**	**662**	**479**	**466**	D
2877	729	11146	389	331	290	4400
2027	598	10588	367	299	262	4410
397	71	93	15	10	8	4420
453	60	465	7	22	20	4430
345	55	612	22	79	95	4500
923	153	3122	251	69	81	4600
741	139	2843	227	47	51	4610
159	12	201	21	18	26	4620
23	2	78	3	4	4	4690
26691	**3933**	**66888**	**1953**	**840**	**776**	E
13880	2389	21533	1282	138	182	4700
9162	1806	14656	1129	67	95	4710
4718	583	6877	153	71	87	4720
5024	570	12383	213	180	210	4800
5784	721	26946	311	475	311	4900
2003	253	6026	147	47	73	5000
687	74	2808	52	18	26	5010
175	24	470	7	11	11	5020
1141	155	2748	88	18	36	5090
11338	**2190**	**34299**	**1007**	**1093**	**1240**	F
5042	1105	15121	431	331	298	5200
1231	354	1686	49	36	23	5210
3091	599	12553	335	198	167	5220
720	152	882	47	97	108	5230
1356	388	2274	73	81	62	5300
325	85	393	14	40	15	5310
20	5	15		6	8	5320
966	278	1783	54	33	39	5330
7		11	2	2		5340
38	20	72	3			5390
821	166	1714	53	109	112	5400
100	31	212	8	12	12	5410
514	91	1066	30	27	27	5420
207	44	436	15	70	73	5430
132	38	101	3	7	19	5500
34	15	14	1	2	10	5510
30	9	34	1	1	2	5520
68	14	53	1	4	7	5530
11	7	3		2	5	5600
2763	316	10599	283	300	374	5700
377	64	1433	89	21	25	5710
2386	252	9166	194	279	349	5720
1074	148	3341	148	257	350	5800
120	17	318	25	10	13	5810
954	131	3023	123	247	337	5890
139	22	1146	16	6	20	5900

2-14 续表 6

行业中类	代码	企业法人单位数（个）	内资企业	国有企业	集体企业	股份合作	联 营
国家邮政	5910	477	477	461	1	2	1
其他寄递服务	5990	1435	1409	29	19	44	6
信息传输、计算机服务和软件业	**G**	**67380**	**63595**	**1666**	**617**	**970**	**144**
电信和其他信息传输服务业	6000	9351	8759	1102	191	140	37
电信	6010	2698	2217	725	52	34	14
互联网信息服务	6020	5471	5377	65	42	79	12
广播电视传输服务	6030	1050	1040	290	96	23	10
卫星传输服务	6040	132	125	22	1	4	1
计算机服务业	6100	37041	36341	348	303	555	61
计算机系统服务	6110	7468	7118	135	89	101	18
数据处理	6120	585	524	15	12	9	
计算机维修	6130	1552	1521	32	24	56	7
其他计算机服务	6190	27436	27178	166	178	389	36
软件业	6200	20988	18495	216	123	275	46
公共软件服务	6210	16201	14227	164	94	186	36
其他软件服务	6290	4787	4268	52	29	89	10
批发和零售业	**H**	**883625**	**873829**	**69559**	**85479**	**26152**	**4383**
批发业	6300	530807	522681	44355	39641	10808	2350
农畜产品批发	6310	29382	29205	12653	3699	506	147
食品、饮料及烟草制品批发	6320	44399	43812	10409	2937	965	188
纺织、服装及日用品批发	6330	53771	52602	1731	2240	838	168
文化、体育用品及器材批发	6340	19666	19320	1119	902	506	63
医药及医疗器材批发	6350	15482	15259	1516	436	346	70
矿产品、建材及化工产品批发	6360	174836	173246	9079	18740	3659	848
机械设备、五金交电及电子产品批发	6370	150456	147520	5152	6517	3089	638
贸易经纪与代理	6380	7864	7341	692	209	100	73
其他批发	6390	34951	34376	2004	3961	799	155
零售业	6500	352818	351148	25204	45838	15344	2033
综合零售	6510	46378	46134	3901	18076	1759	246
食品、饮料及烟草制品专门零售	6520	32936	32778	8378	4578	1685	194
纺织、服装及日用品专门零售	6530	36821	36513	1375	4295	1592	159
文化、体育用品及器材专门零售	6540	27417	27303	3125	2636	1908	124
医药及医疗器材专门零售	6550	23913	23851	2071	1777	1350	188
汽车、摩托车、燃料及零配件专门零售	6560	47862	47733	1846	4322	1674	566
家用电器及电子产品专门零售	6570	55895	55622	937	1707	1875	160
五金、家具及室内装修材料专门零售	6580	48943	48782	1650	4790	2168	184
无店铺及其他零售	6590	32653	32432	1921	3657	1333	212
住宿和餐饮业	**I**	**91798**	**88372**	**12858**	**12757**	**3890**	**686**
住宿业	6600	38667	37360	10190	7581	1366	406
旅游饭店	6610	12076	11107	3863	1146	276	152
一般旅馆	6620	23702	23411	5636	5683	980	216
其他住宿服务	6690	2889	2842	691	752	110	38
餐饮业	6700	53131	51012	2668	5176	2524	280
正餐服务	6710	42759	41147	2311	4160	1815	222
快餐服务	6720	3432	3152	109	300	223	17
饮料及冷饮服务	6730	2813	2711	40	137	186	11
其他餐饮服务	6790	4127	4002	208	579	300	30

有限责任公司	股份有限公司	私营	其他内资	港、澳、台商投资企业	外商投资企业	代码
11		1				5910
128	22	1145	16	6	20	5990
7896	**1038**	**49969**	**1295**	**1114**	**2671**	G
1631	324	5127	207	272	320	6000
593	143	632	24	235	246	6010
721	83	4220	155	32	62	6020
271	90	233	27	1	9	6030
46	8	42	1	4	3	6040
2730	331	31039	974	203	497	6100
1130	122	5475	48	108	242	6110
100	14	371	3	11	50	6120
169	27	1191	15	8	23	6130
1331	168	24002	908	76	182	6190
3535	383	13803	114	639	1854	6200
2723	297	10648	79	508	1466	6210
812	86	3155	35	131	388	6290
103864	**16477**	**557154**	**10761**	**3168**	**6628**	H
64619	9092	347034	4782	2493	5633	6300
2345	488	8967	400	50	127	6310
5180	772	22883	478	181	406	6320
5169	641	41533	282	363	806	6330
2120	220	14264	126	121	225	6340
3264	559	8927	141	62	161	6350
22062	3209	113859	1790	483	1107	6360
18963	2435	109760	966	890	2046	6370
1360	172	4658	77	153	370	6380
4156	596	22183	522	190	385	6390
39245	7385	210120	5979	675	995	6500
4011	965	16429	747	88	156	6510
2771	536	13993	643	56	102	6520
3516	566	24400	610	151	157	6530
3038	489	15630	353	48	66	6540
3116	677	14144	528	23	39	6550
6575	1447	30448	855	44	85	6560
7662	1176	41423	682	110	163	6570
5127	889	33192	782	67	94	6580
3429	640	20461	779	88	133	6590
7900	**1682**	**46552**	**2047**	**1493**	**1933**	I
3664	821	12681	651	697	610	6600
1830	403	3316	121	522	447	6610
1632	343	8471	450	152	139	6620
202	75	894	80	23	24	6690
4236	861	33871	1396	796	1323	6700
3515	736	27252	1136	649	963	6710
236	35	2133	99	69	211	6720
182	28	2079	48	34	68	6730
303	62	2407	113	44	81	6790

2-14 续表 7

行业中类	代码	企业法人单位数（个）	内资企业	国有企业	集体企业	股份合作	联营
金融业	J	**22831**	**22506**	**2956**	**11235**	**894**	**56**
银行业	6800	15691	15499	2387	11126	728	28
中央银行	6810	24	24	19	3		
商业银行	6820	15005	14815	1995	10880	716	28
其他银行	6890	662	660	373	243	12	
证券业	6900	833	810	106	4	21	7
证券市场管理	6910	35	35	7	1		
证券经纪与交易	6920	643	623	87	1	19	6
证券投资	6930	71	69	11	2	1	
证券分析与咨询	6940	84	83	1		1	1
保险业	7000	3683	3605	236	9	80	1
人寿保险	7010	1351	1308	65	3	37	
非人寿保险	7020	1381	1359	155	2	32	
保险辅助服务	7030	951	938	16	4	11	1
其他金融活动	7100	2624	2592	227	96	65	20
金融信托与管理	7110	234	233	68	13	1	1
金融租赁	7120	27	20	4			
财务公司	7130	103	96	15	10		2
邮政储蓄	7140	6	6	5	1		
典当	7150	1155	1155	45	37	44	8
其他未列明的金融活动	7190	1099	1082	90	35	20	9
房地产业	K	**125086**	**117719**	**11088**	**10420**	**2547**	**767**
房地产业	7200	125086	117719	11088	10420	2547	767
房地产开发经营	7210	59182	53431	4705	2386	767	346
物业管理	7220	30959	29999	2665	2267	600	249
房地产中介服务	7230	19666	19344	633	511	407	52
其他房地产活动	7290	15279	14945	3085	5256	773	120
租赁和商务服务业	L	**201365**	**196891**	**13716**	**21456**	**6046**	**907**
租赁业	7300	8833	8742	461	716	323	48
机械设备租赁	7310	8153	8074	418	620	281	43
文化及日用品出租	7320	680	668	43	96	42	5
商务服务业	7400	192532	188149	13255	20740	5723	859
企业管理服务	7410	31926	31107	4748	9930	530	202
法律服务	7420	4786	4753	217	278	200	29
咨询与调查	7430	56069	53515	1559	1807	1878	127
广告业	7440	37210	36981	999	813	595	86
知识产权服务	7450	2171	2143	77	49	61	5
职业中介服务	7460	7334	7290	618	1205	252	47
市场管理	7470	10472	10405	1028	3340	399	161
旅行社	7480	12631	12538	1993	789	461	78
其他商务服务	7490	29933	29417	2016	2529	1347	124
科学研究、技术服务和地质勘查业	M	**70562**	**68359**	**9207**	**5166**	**2636**	**345**
研究与试验发展	7500	7865	7373	881	431	507	45
自然科学研究与试验发展	7510	671	624	93	31	31	4
工程和技术研究与试验发展	7520	4280	4010	547	246	197	20
农业科学研究与试验发展	7530	1010	981	164	97	52	8
医学研究与试验发展	7540	1715	1572	64	50	172	13

有限责任公司	股份有限公司	私营	其他内资	港、澳、台商投资企业	外商投资企业	代码
2068	**3740**	**1441**	**116**	**62**	**263**	J
67	1123	5	35	40	152	6800
1	1					6810
61	1096	4	35	39	151	6820
5	26	1		1	1	6890
436	167	58	11	4	19	6900
15	11	1				6910
343	142	15	10	4	16	6920
36	11	8			2	6930
42	3	34	1		1	6940
438	2298	514	29	9	69	7000
54	1138	2	9	3	40	7010
57	1099	10	4	3	19	7020
327	61	502	16	3	10	7030
1127	152	864	41	9	23	7100
104	10	34	2		1	7110
9	5	1	1	1	6	7120
54	3	9	3	2	5	7130
						7140
506	79	414	22			7150
454	55	406	13	6	11	7190
33973	**5230**	**52650**	**1044**	**4567**	**2800**	K
33973	5230	52650	1044	4567	2800	7200
18651	3129	23332	115	3641	2110	7210
10508	1329	11947	434	560	400	7220
2878	415	14270	178	173	149	7230
1936	357	3101	317	193	141	7290
30035	**3945**	**116658**	**4128**	**1499**	**2975**	L
1291	257	5483	163	37	54	7300
1229	237	5115	131	30	49	7310
62	20	368	32	7	5	7320
28744	3688	111175	3965	1462	2921	7400
6472	694	7522	1009	267	552	7410
178	27	2958	866	22	11	7420
7217	724	39639	564	797	1757	7430
5469	705	27979	335	91	138	7440
308	39	1581	23	8	20	7450
1034	154	3802	178	11	33	7460
1592	224	3353	308	36	31	7470
2898	620	5546	153	41	52	7480
3576	501	18795	529	189	327	7490
11589	**1721**	**36886**	**809**	**638**	**1565**	M
1182	197	4009	121	148	344	7500
87	18	345	15	9	38	7510
616	98	2242	44	95	175	7520
149	39	445	27	8	21	7530
311	39	901	22	36	107	7540

2-14 续表 8

行业中类	代码	企业法人单位数（个）	内资企业	国有企业	集体企业	股份合作	联　营
社会人文科学研究与试验发展	7550	189	186	13	7	55	
专业技术服务业	7600	42807	41611	5705	2521	1299	207
气象服务	7610	374	373	147	70	14	4
地震服务	7620	49	48	17	7	1	
海洋服务	7630	73	63	15	6	4	
测绘服务	7640	1122	1119	275	116	31	4
技术检测	7650	3256	3133	750	452	149	41
环境监测	7660	433	425	63	27	15	6
工程技术与规划管理	7670	21172	20718	3505	1043	525	100
其他专业技术服务	7690	16328	15732	933	800	560	52
科技交流和推广服务业	7700	18850	18370	2178	2150	805	87
技术推广服务	7710	10808	10520	1241	1419	474	51
科技中介服务	7720	3566	3472	493	418	153	18
其他科技服务	7790	4476	4378	444	313	178	18
地质勘查业	7800	1040	1005	443	64	25	6
矿产地质勘查	7810	350	323	141	19	6	1
基础地质勘查	7820	210	208	126	12	1	
地质勘查技术服务	7830	480	474	176	33	18	5
水利、环境和公共设施管理业	**N**	**12287**	**12005**	**1701**	**1389**	**297**	**92**
水利管理业	7900	1065	1054	408	239	21	9
防洪管理	7910	59	59	22	10		
水资源管理	7920	676	668	273	180	10	4
其他水利管理	7990	330	327	113	49	11	5
环境管理业	8000	2416	2334	295	270	61	21
自然保护	8010	186	173	40	6	5	2
环境治理	8020	2230	2161	255	264	56	19
公共设施管理业	8100	8806	8617	998	880	215	62
市政公共设施管理	8110	1069	1041	234	187	24	5
城市绿化管理	8120	4750	4714	346	294	79	21
游览景区管理	8130	2987	2862	418	399	112	36
居民服务和其他服务业	**O**	**72869**	**71654**	**3153**	**8126**	**4382**	**418**
居民服务业	8200	33610	32972	1244	3540	2396	213
家庭服务	8210	1737	1732	32	148	112	4
托儿所	8220	125	122	5	20		
洗染服务	8230	1523	1462	43	129	112	10
理发及美容保健服务	8240	10159	9971	94	483	987	34
洗浴服务	8250	6388	6239	211	590	366	42
婚姻服务	8260	1101	1091	48	112	83	7
殡葬服务	8270	895	862	127	284	30	42
摄影扩印服务	8280	4562	4417	260	477	363	21
其他居民服务	8290	7120	7076	424	1297	343	53
其他服务业	8300	39259	38682	1909	4586	1986	205
修理与维护	8310	18646	18422	783	2402	1154	121
清洁服务	8320	5135	5064	129	353	180	12
其他未列明的服务	8390	15478	15196	997	1831	652	72
教育	**P**	**9916**	**9734**	**1019**	**875**	**651**	**97**
教育	8400	9916	9734	1019	875	651	97

有限责任公司	股份有限公司	私营	其他内资	港、澳、台商投资企业	外商投资企业	代码
19	3	76	13		3	7550
7569	1191	22723	396	350	846	7600
85	14	30	9		1	7610
6	3	13	1		1	7620
10	2	26		2	8	7630
173	56	456	8	1	2	7640
583	87	1044	27	25	98	7650
79	6	220	9	2	6	7660
4633	788	9932	192	128	326	7670
2000	235	11002	150	192	404	7690
2656	309	9904	281	137	343	7700
1534	179	5467	155	82	206	7710
508	58	1762	62	23	71	7720
614	72	2675	64	32	66	7790
182	24	250	11	3	32	7800
72	7	70	7	1	26	7810
28	6	34	1	1	1	7820
82	11	146	3	1	5	7830
2329	**410**	**5552**	**235**	**119**	**163**	N
141	20	186	30	4	7	7900
17	2	7	1			7910
82	8	90	21	2	6	7920
42	10	89	8	2	1	7990
487	72	1075	53	32	50	8000
32	9	72	7	5	8	8010
455	63	1003	46	27	42	8020
1701	318	4291	152	83	106	8100
263	23	282	23	8	20	8110
877	125	2916	56	13	23	8120
561	170	1093	73	62	63	8130
6635	**1481**	**45608**	**1851**	**526**	**689**	O
2479	850	21238	1012	298	340	8200
186	25	1164	61	2	3	8210
6		75	16	2	1	8220
137	26	976	29	21	40	8230
446	116	7591	220	76	112	8240
434	99	4313	184	73	76	8250
70	14	717	40	2	8	8260
117	36	199	27	21	12	8270
370	83	2749	94	89	56	8280
713	451	3454	341	12	32	8290
4156	631	24370	839	228	349	8300
1593	324	11642	403	98	126	8310
572	72	3679	67	28	43	8320
1991	235	9049	369	102	180	8390
715	**169**	**5117**	**1091**	**70**	**112**	P
715	169	5117	1091	70	112	8400

2-14 续表 9

行业中类	代码	企业法人单位数（个）	内资企业	国有企业	集体企业	股份合作	联 营
学前教育	8410	1848	1809	110	184	40	18
初等教育	8420	397	391	88	14	7	9
中等教育	8430	621	615	127	41	38	4
高等教育	8440	110	107	17	2	7	2
其他教育	8490	6940	6812	677	634	559	64
卫生、社会保障和社会福利业	Q	**14875**	**14765**	**975**	**5705**	**500**	**145**
卫生	8500	14214	14108	830	5481	487	138
医院	8510	2390	2339	401	187	195	27
卫生院及社区医疗活动	8520	1585	1578	156	587	29	20
门诊部医疗活动	8530	9530	9499	186	4576	221	82
计划生育技术服务活动	8540	55	55	26	20		1
妇幼保健活动	8550	38	36	7	7	3	
专科疾病防治活动	8560	159	156	8	22	15	1
疾病预防控制及防疫活动	8570	102	101	20	32	1	
其他卫生活动	8590	355	344	26	50	23	7
社会保障业	8600	132	132	29	41	1	2
社会福利业	8700	529	525	116	183	12	5
提供住宿的社会福利	8710	329	325	37	113	9	4
不提供住宿的社会福利	8720	200	200	79	70	3	1
文化、体育和娱乐业	R	**22639**	**21692**	**3672**	**2144**	**1182**	**156**
新闻出版业	8800	1661	1653	1019	111	47	18
新闻业	8810	48	48	23	2	1	1
出版业	8820	1613	1605	996	109	46	17
广播、电视、电影和音像业	8900	4566	4505	1732	616	131	34
广播	8910	145	142	39	9	3	1
电视	8920	961	946	155	76	43	3
电影	8930	2739	2709	1475	498	52	25
音像制作	8940	721	708	63	33	33	5
文化艺术业	9000	4399	4353	392	251	435	16
文艺创作与表演	9010	781	774	63	48	45	1
艺术表演场馆	9020	194	189	72	29	9	1
图书馆与档案馆	9030	42	42	16	18		
文物及文化保护	9040	78	76	18	16	5	2
博物馆	9050	107	104	21	12	4	2
烈士陵园、纪念馆	9060	17	16	5	4		2
群众文化活动	9070	485	485	110	66	55	1
文化艺术经纪代理	9080	945	935	47	22	80	4
其他文化艺术	9090	1750	1732	40	36	237	3
体育	9100	1278	1220	105	79	96	7
体育组织	9110	320	310	31	8	37	2
体育场馆	9120	564	538	50	50	23	4
其他体育	9190	394	372	24	21	36	1
娱乐业	9200	10735	9961	424	1087	473	81
室内娱乐活动	9210	6745	6429	240	789	291	58
游乐园	9220	398	348	36	57	11	5
休闲健身娱乐活动	9230	2542	2194	87	153	145	12
其他娱乐活动	9290	1050	990	61	88	26	6

有限责任公司	股份有限公司	私营	其他内资	港、澳、台商投资企业	外商投资企业	代码
29	7	1059	362	24	15	8410
9	2	210	52	4	2	8420
24	9	262	110	2	4	8430
15	5	43	16	2	1	8440
638	146	3543	551	38	90	8490
330	**104**	**4510**	**2496**	**32**	**78**	**Q**
287	95	4368	2422	31	75	8500
149	56	1203	121	14	37	8510
14	9	507	256	4	3	8520
70	23	2337	2004	10	21	8530
1		4	3			8540
4		15		1	1	8550
3	2	97	8		3	8560
13		27	8		1	8570
33	5	178	22	2	9	8590
22	5	23	9			8600
21	4	119	65	1	3	8700
15	2	99	46	1	3	8710
6	2	20	19			8720
2366	**421**	**11246**	**505**	**456**	**491**	**R**
181	14	233	30	3	5	8800
6	1	12	2			8810
175	13	221	28	3	5	8820
570	119	1253	50	36	25	8900
30	10	50		1	2	8910
196	63	402	8	8	7	8920
231	25	366	37	23	7	8930
113	21	435	5	4	9	8940
533	86	2578	62	22	24	9000
103	18	479	17	6	1	9010
16	5	56	1	3	2	9020
1		7				9030
9	2	23	1		2	9040
15	3	45	2	1	2	9050
2		3		1		9060
35	5	195	18			9070
140	14	624	4	3	7	9080
212	39	1146	19	8	10	9090
167	31	697	38	22	36	9100
56	14	153	9	3	7	9110
55	9	331	16	11	15	9120
56	8	213	13	8	14	9190
915	171	6485	325	373	401	9200
468	88	4291	204	171	145	9210
52	15	163	9	22	28	9220
293	50	1390	64	149	199	9230
102	18	641	48	31	29	9290

2-15 按地区、登记注册类型

地 区	企业法人单位数（个）	内资企业	国有企业	集体企业	股份合作	联 营	有限责任公 司
全 国	**3249342**	**3097559**	**178751**	**342569**	**107021**	**16499**	**355084**
北 京	199481	192416	10138	14602	22110	574	31428
天 津	78523	72662	5070	10621	1173	407	8408
河 北	109402	107296	7801	17503	2639	520	10911
山 西	66315	65866	7328	11878	1519	401	9171
内蒙古	31171	30805	2570	2723	727	115	6324
辽 宁	149194	141427	11484	27431	5872	584	15886
吉 林	45406	44521	5597	7843	837	141	5693
黑龙江	56003	55235	6595	8703	2536	381	8797
上 海	321355	302719	6976	18215	4721	2231	20100
江 苏	342231	324036	7670	24953	9740	1042	23795
浙 江	309470	296756	5616	16445	20426	758	32695
安 徽	81743	80665	6087	12390	2080	542	7953
福 建	105285	94015	4993	10749	2354	890	10400
江 西	56593	55036	6149	6662	2474	350	4931
山 东	228567	217748	8864	17721	2876	728	23250
河 南	138379	137158	9851	20336	2143	689	13829
湖 北	73898	72264	7042	10561	1814	611	10839
湖 南	76159	75076	5692	9506	2102	351	7749
广 东	337007	295274	13915	34413	8810	2490	35580
广 西	49590	48304	6496	8783	1075	315	5481
海 南	14059	13386	2243	1018	192	183	3217
重 庆	49834	49095	2600	5043	1462	256	8610
四 川	110426	109023	5695	13705	2585	592	16693
贵 州	27558	27158	3620	3373	701	259	5161
云 南	44118	43471	3481	6289	1148	238	4869
西 藏	1503	1480	537	248	20	22	119
陕 西	63221	62518	6074	11455	1348	438	9382
甘 肃	33315	33046	4077	5636	962	194	5876
青 海	7570	7469	928	1000	316	53	1295
宁 夏	13258	13142	872	985	65	45	1614
新 疆	28708	28492	2690	1779	194	99	5028

分组的企业法人单位数

股份有限公司	私营	其他内资	港、澳、台商投资企业	外商投资企业
60865	**1982108**	**54662**	**74327**	**77456**
3788	109273	503	2249	4816
1653	41443	3887	1651	4210
3415	62107	2400	715	1391
1703	33359	507	201	248
1233	16492	621	129	237
2197	76755	1218	1698	6069
1538	22127	745	219	666
2841	23826	1556	227	541
1388	247028	2060	6117	12519
3504	248593	4739	8643	9552
1555	218604	657	6225	6489
2189	47759	1665	440	638
1549	61101	1979	6989	4281
1696	31806	968	901	656
4916	151381	8012	2316	8503
3187	83224	3899	580	641
2970	36791	1636	831	803
2360	46203	1113	662	421
3870	190416	5780	30571	11162
1416	23518	1220	673	613
465	5789	279	362	311
1829	28343	952	345	394
3846	63392	2515	546	857
888	12594	562	193	207
1466	25395	585	305	342
57	461	16	2	21
1871	28081	3869	255	448
873	15081	347	119	150
157	3576	144	45	56
88	9409	64	38	78
357	18181	164	80	136

2-16 按行业（中类）、登记注册类型

行业中类	代码	就业人数（万人）					
			内资企业	国有企业	集体企业	股份合作	联 营
总计	0000	**16693.01**	**14361.43**	**2408.83**	**1515.48**	**378.89**	**86.42**
农、林、牧、渔业	A	**106.15**	**106.08**	**98.62**	**0.35**	**0.04**	**0.32**
农业	0100	48.27	48.27	42.92	0.20		
谷物及其他作物的种植	0110	42.72	42.72	37.77	0.15		
蔬菜、园艺作物的种植	0120	0.67	0.67	0.54	0.02		
水果、坚果、饮料和香料作物的种植	0130	4.80	4.80	4.53	0.03		
中药材的种植	0140	0.09	0.09	0.08			
林业	0200	50.83	50.78	50.55	0.06	0.01	
林木的培育和种植	0210	6.08	6.03	5.91	0.05	0.01	
木材和竹材的采运	0220	20.48	20.48	20.41			
林产品的采集	0230	24.27	24.27	24.22	0.01		
畜牧业	0300	4.76	4.74	3.42	0.04	0.02	0.32
牲畜的饲养	0310	3.48	3.48	3.16	0.03		
猪的饲养	0320	0.38	0.38	0.16	0.01		
家禽的饲养	0330	0.85	0.83	0.08		0.02	0.32
其他畜牧业	0390	0.05	0.05	0.01			
渔业	0400	0.86	0.86	0.63		0.01	
海洋渔业	0410	0.32	0.32	0.32			
内陆渔业	0420	0.53	0.53	0.31		0.01	
农、林、牧、渔服务业	0500	1.44	1.44	1.10	0.05		
农业服务业	0510	1.20	1.20	0.89	0.04		
林业服务业	0520	0.17	0.17	0.15			
畜牧服务业	0530	0.07	0.07	0.06			
渔业服务业	0540						
采矿业	B	**888.76**	**883.95**	**205.03**	**116.06**	**12.49**	**5.89**
煤炭开采和洗选业	0600	552.42	551.01	127.13	76.23	8.46	3.78
烟煤和无烟煤的开采洗选	0610	535.69	534.31	120.90	74.27	8.21	3.77
褐煤的开采洗选	0620	15.19	15.17	6.13	1.60	0.23	0.01
其他煤炭采选	0690	1.55	1.54	0.09	0.36	0.02	
石油和天然气开采业	0700	99.38	99.24	48.14	0.46	0.08	0.01
天然原油和天然气开采	0710	49.83	49.74	8.00	0.07	0.02	
与石油和天然气开采有关的服务活动	0790	49.55	49.50	40.14	0.40	0.05	0.01
黑色金属矿采选业	0800	62.33	61.78	7.76	7.11	0.85	0.35
铁矿采选	0810	55.69	55.26	6.29	6.11	0.74	0.34
其他黑色金属矿采选	0890	6.64	6.51	1.47	1.00	0.11	0.01
有色金属矿采选业	0900	57.25	56.59	11.80	9.40	1.05	0.73
常用有色金属矿采选	0910	29.11	28.56	4.93	3.63	0.58	0.26
贵金属矿采选	0920	20.43	20.37	4.76	5.07	0.39	0.45
稀有稀土金属矿采选	0930	7.71	7.65	2.10	0.70	0.08	0.02
非金属矿采选业	1000	116.58	114.57	10.18	22.61	2.04	1.01
土砂石开采	1010	79.60	78.43	2.35	16.68	1.59	0.83
化学矿采选	1020	9.32	9.27	2.46	1.46	0.06	0.04
采盐	1030	13.91	13.68	4.25	2.25	0.17	0.06
石棉及其他非金属矿采选	1090	13.75	13.18	1.12	2.22	0.22	0.07
其他采矿业	1100	0.79	0.77	0.01	0.25	0.01	
制造业	C	**8390.13**	**6353.90**	**515.92**	**597.61**	**196.56**	**38.10**
农副食品加工业	1300	312.97	260.78	17.79	17.36	6.68	1.32
谷物磨制	1310	46.63	45.73	3.78	2.23	1.03	0.15

分组的企业法人单位就业人数

有限责任公司	股份有限公司	私营	其他内资	港、澳、台商投资企业	外商投资企业	代码
3502.33	**1058.77**	**5304.51**	**106.20**	**1187.03**	**1144.56**	**0000**
1.51	**4.26**	**0.89**	**0.10**		**0.07**	**A**
0.83	3.93	0.35	0.04			0100
0.78	3.90	0.08	0.04			0110
0.04	0.01	0.04	0.01			0120
0.01	0.01	0.23				0130
		0.01				0140
0.11	0.02	0.04			0.05	0200
0.04		0.02			0.05	0210
0.06						0220
	0.02	0.02				0230
0.33	0.19	0.37	0.06		0.02	0300
0.08	0.12	0.06	0.03			0310
0.07	0.06	0.08				0320
0.18		0.20	0.03		0.02	0330
	0.01	0.03				0390
0.17	0.01	0.04				0400
		0.01				0410
0.17	0.01	0.03				0420
0.08	0.11	0.10				0500
0.08	0.11	0.07				0510
		0.02				0520
						0530
						0540
276.54	**47.03**	**216.37**	**4.56**	**2.22**	**2.58**	**B**
211.84	17.48	104.48	1.62	0.56	0.84	0600
206.21	17.24	102.15	1.56	0.55	0.82	0610
5.46	0.23	1.48	0.04		0.02	0620
0.18	0.01	0.85	0.01	0.01		0690
28.36	21.64	0.54	0.01	0.09	0.04	0700
19.78	21.60	0.26	0.01	0.05	0.03	0710
8.58	0.04	0.28	0.01	0.04	0.01	0790
12.17	1.50	31.48	0.55	0.39	0.17	0800
11.53	1.36	28.40	0.49	0.37	0.06	0810
0.64	0.14	3.08	0.06	0.02	0.11	0890
10.85	3.83	18.59	0.34	0.32	0.35	0900
4.98	1.85	12.12	0.21	0.28	0.27	0910
4.24	1.77	3.58	0.11	0.01	0.05	0920
1.63	0.21	2.89	0.02	0.03	0.03	0930
13.27	2.56	60.89	2.01	0.86	1.16	1000
4.68	0.99	49.48	1.83	0.59	0.58	1010
2.26	0.23	2.74	0.03	0.02	0.03	1020
4.67	1.07	1.17	0.03	0.06	0.18	1030
1.66	0.28	7.50	0.11	0.19	0.38	1090
0.05	0.02	0.39	0.04		0.02	1100
1363.46	**449.84**	**3136.51**	**55.91**	**1060.46**	**975.76**	**C**
54.95	17.10	142.61	2.97	16.32	35.87	1300
6.04	1.52	30.16	0.82	0.34	0.55	1310

2-16 续表 1

行业中类	代码	就业人数（万人）					
			内资企业	国有企业	集体企业	股份合作	联　营
饲料加工	1320	30.30	25.85	1.17	1.09	0.82	0.19
植物油加工	1330	30.78	28.21	2.03	2.42	0.83	0.13
制糖	1340	18.23	16.77	1.67	0.37	0.17	0.17
屠宰及肉类加工	1350	70.19	58.33	5.79	3.68	1.36	0.41
水产品加工	1360	40.99	26.50	1.89	3.85	1.33	0.07
蔬菜、水果和坚果加工	1370	43.31	31.69	0.64	1.15	0.48	0.09
其他农副食品加工	1390	32.54	27.70	0.82	2.58	0.67	0.10
食品制造业	1400	169.97	133.76	8.72	9.07	4.34	0.80
焙烤食品制造	1410	27.98	20.01	1.24	1.43	0.60	0.11
糖果、巧克力及蜜饯制造	1420	15.76	11.55	0.39	0.50	0.21	0.03
方便食品制造	1430	30.47	23.52	0.66	2.19	0.42	0.07
液体乳及乳制品制造	1440	21.56	18.79	1.08	0.45	0.32	0.06
罐头制造	1450	21.98	16.92	1.20	0.78	1.30	0.26
调味品、发酵制品制造	1460	25.48	21.15	2.55	2.06	0.81	0.08
其他食品制造	1490	26.73	21.82	1.60	1.66	0.68	0.18
饮料制造业	1500	127.62	107.90	12.22	7.85	2.79	0.64
酒精制造	1510	4.66	4.28	0.69	0.22	0.21	0.02
酒的制造	1520	77.32	67.64	9.92	3.21	1.66	0.33
软饮料制造	1530	33.42	24.26	0.83	1.92	0.52	0.16
精制茶加工	1540	12.22	11.73	0.79	2.50	0.40	0.13
烟草制品业	1600	20.01	19.77	15.23	0.92	0.08	0.01
烟叶复烤	1610	2.97	2.80	1.50	0.14	0.07	
卷烟制造	1620	16.32	16.27	13.58	0.51		0.01
其他烟草制品加工	1690	0.72	0.70	0.15	0.27	0.01	
纺织业	1700	790.74	618.67	39.96	35.22	14.39	2.30
棉、化纤纺织及印染精加工	1710	375.47	323.82	26.31	15.91	6.40	0.97
毛纺织和染整精加工	1720	48.53	37.43	2.57	2.57	1.01	0.22
麻纺织	1730	18.55	16.18	1.89	0.78	0.23	0.06
丝绢纺织及精加工	1740	49.62	43.83	2.15	2.23	0.94	0.09
纺织制成品制造	1750	97.58	72.77	3.27	5.63	1.95	0.58
针织品、编织品及其制品制造	1760	200.98	124.65	3.78	8.09	3.87	0.39
纺织服装、鞋、帽制造业	1800	504.02	292.04	6.58	26.44	6.87	1.15
纺织服装制造	1810	469.35	274.00	6.42	24.95	5.99	1.13
纺织面料鞋的制造	1820	23.80	12.80	0.15	1.10	0.61	0.01
制帽	1830	10.87	5.24	0.01	0.38	0.27	
皮革、毛皮、羽毛(绒)及其制品业	1900	288.15	134.04	2.14	10.79	4.29	0.73
皮革鞣制加工	1910	17.35	11.50	0.16	1.30	0.63	0.04
皮革制品制造	1920	254.08	110.97	1.32	8.69	3.54	0.67
毛皮鞣制及制品加工	1930	8.58	6.04	0.24	0.45	0.04	0.01
羽毛(绒)加工及制品制造	1940	8.14	5.53	0.41	0.35	0.07	0.01
木材加工及木、竹、藤、棕、草制品业	2000	168.53	147.19	9.44	9.97	2.46	0.42
锯材、木片加工	2010	33.79	32.24	3.93	2.71	0.34	0.10
人造板制造	2020	76.17	68.34	3.94	2.42	0.87	0.21
木制品制造	2030	36.62	27.97	1.41	2.96	0.65	0.07
竹、藤、棕、草制品制造	2040	21.96	18.63	0.16	1.88	0.59	0.04
家具制造业	2100	115.17	69.79	0.74	4.59	1.28	0.29
木质家具制造	2110	77.08	50.20	0.55	3.17	0.85	0.20
竹、藤家具制造	2120	1.85	0.98		0.08	0.01	

有限责任公司	股份有限公司	私营	其他内资	港、澳、台商投资企业	外商投资企业	代码
5.37	1.19	15.70	0.32	1.71	2.74	1320
5.67	1.52	15.32	0.28	0.53	2.03	1330
7.64	3.13	3.61	0.02	0.80	0.66	1340
16.71	5.58	24.31	0.50	2.82	9.03	1350
4.70	1.38	13.09	0.18	4.35	10.15	1360
4.65	1.26	22.94	0.49	4.22	7.40	1370
4.16	1.53	17.48	0.35	1.54	3.31	1390
31.90	10.81	66.77	1.35	14.34	21.87	1400
3.19	0.43	12.72	0.29	3.66	4.31	1410
1.75	0.51	8.09	0.07	1.61	2.60	1420
6.41	1.83	11.48	0.47	2.96	4.00	1430
6.92	4.79	5.12	0.05	0.66	2.11	1440
3.10	0.87	9.28	0.11	2.03	3.04	1450
5.00	1.34	9.13	0.18	1.34	2.98	1460
5.53	1.04	10.94	0.18	2.08	2.83	1490
27.64	14.01	41.69	1.05	7.38	12.34	1500
1.76	0.18	1.20	0.01	0.09	0.29	1510
19.55	10.46	22.01	0.50	3.61	6.08	1520
5.43	3.07	12.00	0.32	3.48	5.68	1530
0.89	0.31	6.49	0.22	0.20	0.30	1540
3.25	0.15	0.11	0.02	0.09	0.15	1600
0.99	0.03	0.07		0.04	0.13	1610
2.10	0.05	0.01		0.03	0.02	1620
0.16	0.07	0.03	0.01	0.02		1690
142.73	35.38	344.48	4.22	106.02	66.04	1700
97.51	21.12	154.19	1.41	34.62	17.03	1710
7.29	3.68	19.88	0.22	7.00	4.10	1720
4.15	2.77	6.00	0.31	1.51	0.87	1730
8.51	1.41	28.39	0.11	3.89	1.90	1740
10.10	3.81	46.84	0.59	12.91	11.91	1750
15.17	2.60	89.17	1.58	46.09	30.25	1760
37.24	13.48	197.63	2.64	122.47	89.51	1800
35.11	12.32	185.80	2.27	112.36	82.99	1810
1.51	0.92	8.14	0.34	6.78	4.22	1820
0.62	0.23	3.69	0.04	3.33	2.30	1830
20.23	1.94	92.49	1.44	86.63	67.48	1900
1.50	0.53	7.25	0.08	3.05	2.80	1910
16.72	1.02	77.80	1.22	81.43	61.67	1920
0.76	0.12	4.29	0.12	0.97	1.57	1930
1.25	0.28	3.15	0.02	1.18	1.43	1940
11.69	5.53	105.34	2.33	11.30	10.04	2000
1.15	2.01	21.15	0.85	0.94	0.61	2010
7.07	2.38	50.64	0.82	4.64	3.18	2020
2.74	0.59	19.23	0.31	4.17	4.48	2030
0.73	0.56	14.32	0.35	1.55	1.77	2040
7.52	2.01	52.17	1.20	26.00	19.38	2100
5.23	1.34	37.94	0.92	15.74	11.13	2110
0.06	0.01	0.80	0.03	0.71	0.16	2120

2-16 续表 2

行业中类	代码	就业人数（万人）	内资企业	国有企业	集体企业	股份合作	联 营
金属家具制造	2130	23.50	12.02	0.17	1.08	0.31	0.04
塑料家具制造	2140	1.60	0.95	0.01	0.04	0.04	
其他家具制造	2190	11.15	5.64	0.02	0.21	0.08	0.04
造纸及纸制品业	2200	210.12	173.51	7.78	21.54	6.16	0.78
纸浆制造	2210	6.42	5.38	1.50	0.25	0.08	0.01
造纸	2220	103.33	89.08	4.39	10.91	2.54	0.34
纸制品制造	2230	100.37	79.05	1.88	10.38	3.54	0.43
印刷业和记录媒介的复制	2300	131.78	112.13	14.83	15.99	5.80	0.81
印刷	2310	121.49	103.63	13.99	14.64	5.21	0.75
装订及其他印刷服务活动	2320	8.75	7.43	0.67	1.26	0.58	0.06
记录媒介的复制	2330	1.54	1.08	0.17	0.09		
文教体育用品制造业	2400	153.88	65.69	1.41	7.17	1.52	0.21
文化用品制造	2410	21.75	13.67	0.19	1.09	0.40	0.06
体育用品制造	2420	31.84	11.31	0.26	0.78	0.25	0.03
乐器制造	2430	8.59	4.36	0.31	0.24	0.09	0.04
玩具制造	2440	88.27	34.13	0.66	4.97	0.73	0.09
游艺器材及娱乐用品制造	2450	3.44	2.22		0.08	0.05	
石油加工、炼焦及核燃料加工业	2500	80.80	75.42	9.65	4.44	1.05	0.31
化学原料及化学制品制造业	2600	458.15	411.37	45.83	35.20	13.67	2.05
基础化学原料制造	2610	110.94	104.21	13.93	10.22	3.27	0.65
肥料制造	2620	81.93	79.19	13.84	2.23	2.05	0.11
农药制造	2630	17.71	15.86	1.35	1.02	0.71	0.06
涂料、油墨、颜料及类似产品制造	2640	51.49	40.70	1.22	4.74	2.16	0.22
合成材料制造	2650	36.67	29.91	2.29	2.28	0.77	0.07
专用化学产品制造	2660	125.26	116.40	11.13	13.09	4.07	0.80
日用化学产品制造	2670	34.15	25.11	2.07	1.63	0.64	0.14
医药制造业	2700	136.87	114.52	9.75	4.27	3.01	0.72
化学药品原药制造	2710	30.17	26.72	3.29	0.89	1.03	0.26
化学药品制剂制造	2720	36.15	29.45	2.19	0.97	0.37	0.19
中药饮片加工	2730	7.07	6.03	0.25	0.34	0.41	0.07
中成药制造	2740	37.62	31.86	2.28	0.74	0.59	0.10
兽用药品制造	2750	6.37	5.84	0.32	0.52	0.29	0.06
生物、生化制品的制造	2760	8.61	6.59	1.13	0.12	0.11	0.01
卫生材料及医药用品制造	2770	10.89	8.02	0.29	0.69	0.20	0.03
化学纤维制造业	2800	44.10	35.37	4.72	2.28	0.72	0.23
纤维素纤维原料及纤维制造	2810	10.26	8.86	0.61	0.16	0.11	0.02
合成纤维制造	2820	33.84	26.52	4.11	2.12	0.61	0.21
橡胶制品业	2900	113.89	77.28	4.19	8.63	4.15	0.42
轮胎制造	2910	26.69	17.14	0.72	1.59	0.86	0.15
橡胶板、管、带的制造	2920	16.82	14.69	1.02	1.70	0.64	0.13
橡胶零件制造	2930	20.82	14.93	0.46	1.76	0.82	0.04
再生橡胶制造	2940	3.14	2.89	0.06	0.29	0.11	0.05
日用及医用橡胶制品制造	2950	7.27	4.28	0.26	0.74	0.09	0.01
橡胶靴鞋制造	2960	30.18	17.58	1.50	1.51	1.46	0.01
其他橡胶制品制造	2990	8.97	5.76	0.17	1.05	0.18	0.03
塑料制品业	3000	302.18	202.88	3.91	20.62	7.80	0.99
塑料薄膜制造	3010	26.17	19.08	0.38	2.00	0.74	0.14
塑料板、管、型材的制造	3020	40.31	31.23	0.79	3.08	1.00	0.16

有限责任公司	股份有限公司	私营	其他内资	港、澳、台商投资企业	外商投资企业	代码
1.39	0.48	8.44	0.11	6.60	4.88	2130
0.14	0.02	0.70	0.01	0.44	0.21	2140
0.69	0.16	4.30	0.13	2.52	3.00	2190
30.78	12.09	92.77	1.62	21.09	15.52	2200
1.55	0.43	1.50	0.05	0.69	0.35	2210
19.37	10.40	40.52	0.61	6.68	7.57	2220
9.86	1.25	50.75	0.95	13.73	7.60	2230
17.12	3.11	53.39	1.09	13.43	6.22	2300
15.74	2.98	49.40	0.91	12.23	5.63	2310
0.83	0.08	3.76	0.18	0.97	0.35	2320
0.55	0.05	0.22		0.23	0.23	2330
7.38	1.10	46.05	0.84	59.96	28.23	2400
1.16	0.14	10.52	0.12	4.98	3.10	2410
1.78	0.67	7.43	0.11	12.64	7.89	2420
0.99	0.06	2.61	0.03	1.50	2.73	2430
3.23	0.23	23.66	0.56	40.22	13.92	2440
0.23		1.83	0.02	0.63	0.59	2450
19.34	18.04	22.36	0.23	3.31	2.06	2500
108.97	41.59	161.98	2.09	20.72	26.05	2600
32.54	10.13	33.08	0.40	2.87	3.87	2610
30.73	9.77	20.21	0.25	1.06	1.68	2620
4.39	3.24	5.00	0.09	0.63	1.22	2630
7.76	2.54	21.71	0.36	5.50	5.29	2640
7.49	8.15	8.77	0.10	2.97	3.79	2650
20.15	4.99	61.42	0.75	4.25	4.61	2660
5.92	2.77	11.79	0.15	3.45	5.59	2670
40.40	28.19	27.80	0.37	8.87	13.49	2700
9.99	6.55	4.67	0.04	1.38	2.07	2710
12.86	8.01	4.80	0.07	2.46	4.24	2720
1.64	0.63	2.64	0.04	0.36	0.68	2730
11.36	10.28	6.41	0.10	3.17	2.59	2740
1.44	0.46	2.71	0.05	0.10	0.43	2750
1.71	1.28	2.20	0.02	0.52	1.50	2760
1.40	0.99	4.38	0.05	0.88	1.98	2770
9.98	5.53	11.87	0.05	5.98	2.74	2800
3.96	2.97	1.01		0.74	0.66	2810
6.02	2.55	10.86	0.05	5.24	2.09	2820
18.28	4.90	36.07	0.63	17.85	18.76	2900
5.61	1.96	6.22	0.04	2.92	6.63	2910
3.32	0.78	6.99	0.11	1.05	1.07	2920
2.20	0.72	8.79	0.14	3.08	2.80	2930
0.30	0.29	1.75	0.04	0.21	0.04	2940
0.89	0.34	1.93	0.03	0.99	2.00	2950
5.33	0.57	7.08	0.12	7.83	4.77	2960
0.63	0.25	3.30	0.15	1.76	1.46	2990
30.64	5.97	130.07	2.88	61.69	37.61	3000
4.02	1.35	10.16	0.28	3.93	3.16	3010
5.36	1.97	18.50	0.36	4.99	4.09	3020

2-16 续表 3

行业中类	代码	就业人数（万人）	内资企业	国有企业	集体企业	股份合作	联 营
塑料丝、绳及编织品的制造	3030	41.95	37.66	1.23	4.46	1.89	0.17
泡沫塑料制造	3040	13.96	10.24	0.10	1.04	0.39	0.08
塑料人造革、合成革制造	3050	7.81	5.59	0.13	0.62	0.07	0.01
塑料包装箱及容器制造	3060	31.25	21.11	0.37	2.24	0.77	0.05
塑料零件制造	3070	42.60	23.06	0.29	1.96	0.95	0.04
日用塑料制造	3080	54.68	33.86	0.26	3.04	1.46	0.25
其他塑料制品制造	3090	43.45	21.06	0.36	2.18	0.54	0.10
非金属矿物制品业	3100	872.48	808.28	38.63	128.82	27.24	7.22
水泥、石灰和石膏的制造	3110	167.27	160.46	17.28	18.96	5.16	1.57
水泥及石膏制品制造	3120	87.92	82.06	4.14	8.43	1.88	0.60
砖瓦、石材及其他建筑材料制造	3130	364.45	351.67	5.97	78.91	12.59	3.89
玻璃及玻璃制品制造	3140	97.97	81.20	3.72	5.98	2.13	0.41
陶瓷制品制造	3150	75.10	57.18	4.20	5.83	2.95	0.12
耐火材料制品制造	3160	43.99	42.42	1.39	6.99	1.60	0.22
石墨及其他非金属矿物制品制造	3190	35.78	33.29	1.93	3.73	0.94	0.41
黑色金属冶炼及压延加工业	3200	312.61	292.73	43.03	18.63	3.81	3.12
炼铁	3210	48.25	46.06	2.21	2.52	0.66	0.62
炼钢	3220	53.24	49.43	12.65	1.71	0.25	0.26
钢压延加工	3230	180.38	167.77	26.46	12.29	2.22	2.02
铁合金冶炼	3240	30.74	29.47	1.71	2.12	0.68	0.22
有色金属冶炼及压延加工业	3300	151.67	135.44	17.21	9.63	3.04	0.81
常用有色金属冶炼	3310	73.04	68.43	11.69	4.30	1.17	0.22
贵金属冶炼	3320	6.37	6.21	1.04	0.52	0.07	0.19
稀有稀土金属冶炼	3330	8.04	7.28	0.65	0.36	0.18	
有色金属合金制造	3340	7.38	6.37	0.44	0.46	0.16	0.12
有色金属压延加工	3350	56.83	47.16	3.39	3.99	1.46	0.27
金属制品业	3400	363.52	285.45	12.32	34.34	12.10	1.55
结构性金属制品制造	3410	95.16	82.20	3.62	10.29	2.86	0.49
金属工具制造	3420	53.21	43.14	2.59	4.59	1.68	0.18
集装箱及金属包装容器制造	3430	27.03	18.62	1.15	2.48	1.01	0.15
金属丝绳及其制品的制造	3440	22.71	19.65	2.09	2.40	0.79	0.10
建筑、安全用金属制品制造	3450	50.17	39.12	0.54	4.33	1.80	0.13
金属表面处理及热处理加工	3460	31.64	25.95	0.30	4.50	2.16	0.24
搪瓷制品制造	3470	5.81	5.16	0.25	0.63	0.12	0.02
不锈钢及类似日用金属制品制造	3480	44.96	27.58	0.46	2.12	0.85	0.04
其他金属制品制造	3490	32.83	24.03	1.34	2.99	0.81	0.20
通用设备制造业	3500	543.77	476.31	42.01	50.27	20.38	2.96
锅炉及原动机制造	3510	46.72	41.87	7.56	3.80	1.41	0.52
金属加工机械制造	3520	58.92	53.83	8.95	4.12	1.57	0.26
起重运输设备制造	3530	34.74	29.39	4.13	2.34	1.13	0.25
泵、阀门、压缩机及类似机械的制造	3540	79.68	67.48	5.02	5.67	4.08	0.36
轴承、齿轮、传动和驱动部件的制造	3550	59.98	51.52	4.69	3.88	1.81	0.31
烘炉、熔炉及电炉制造	3560	4.13	3.43	0.11	0.40	0.19	0.01
风机、衡器、包装设备等通用设备制造	3570	70.97	57.34	3.74	5.29	2.38	0.20
通用零部件制造及机械修理	3580	89.29	80.35	4.21	12.49	3.81	0.55
金属铸、锻加工	3590	99.36	91.10	3.59	12.28	4.01	0.52
专用设备制造业	3600	320.90	272.32	38.30	20.82	9.72	1.53
矿山、冶金、建筑专用设备制造	3610	71.14	67.74	16.15	6.86	1.56	0.14

有限责任公司	股份有限公司	私营	其他内资	港、澳、台商投资企业	外商投资企业	代码
6.23	0.97	22.01	0.70	1.91	2.39	3030
1.33	0.33	6.85	0.13	2.45	1.28	3040
0.82	0.11	3.83		1.47	0.75	3050
2.84	0.46	14.11	0.27	6.59	3.54	3060
3.07	0.16	16.40	0.19	10.97	8.57	3070
3.85	0.27	24.41	0.32	14.37	6.45	3080
3.12	0.35	13.79	0.61	15.00	7.39	3090
115.27	37.23	440.61	13.26	33.37	30.82	3100
41.52	14.71	60.43	0.83	3.99	2.83	3110
12.20	2.64	50.31	1.86	3.20	2.66	3120
16.38	4.19	221.01	8.75	7.07	5.71	3130
19.28	4.66	44.46	0.57	7.64	9.12	3140
9.83	5.89	28.10	0.25	10.08	7.85	3150
9.06	1.90	20.51	0.76	0.38	1.19	3160
6.99	3.25	15.79	0.24	1.02	1.47	3190
108.29	29.79	85.13	0.92	11.22	8.65	3200
10.96	6.94	21.92	0.23	1.12	1.07	3210
24.19	0.66	9.67	0.05	2.23	1.57	3220
65.02	19.76	39.47	0.53	7.19	5.42	3230
8.13	2.44	14.07	0.11	0.68	0.59	3240
42.78	21.24	40.25	0.49	8.28	7.95	3300
24.28	12.37	14.22	0.18	1.33	3.29	3310
1.62	1.42	1.33	0.01	0.05	0.12	3320
1.86	1.02	3.20	0.01	0.19	0.58	3330
2.66	0.34	2.13	0.06	0.56	0.45	3340
12.35	6.09	19.38	0.24	6.16	3.52	3350
39.56	10.49	172.01	3.08	46.68	31.39	3400
12.56	2.76	48.75	0.87	7.50	5.45	3410
6.39	1.90	25.45	0.37	5.83	4.24	3420
3.90	0.34	9.49	0.11	4.42	3.99	3430
2.41	1.86	9.86	0.13	1.51	1.56	3440
5.26	1.55	25.18	0.33	6.20	4.85	3450
1.99	0.37	16.05	0.34	4.11	1.59	3460
0.81	0.19	3.09	0.06	0.36	0.29	3470
3.17	0.65	20.05	0.23	10.63	6.76	3480
3.08	0.85	14.10	0.66	6.14	2.66	3490
98.05	24.63	234.96	3.05	23.17	44.28	3500
11.02	4.75	12.62	0.19	1.01	3.84	3510
14.66	3.39	20.49	0.39	2.30	2.78	3520
9.36	1.57	10.46	0.14	1.12	4.22	3530
14.62	4.86	32.60	0.27	3.71	8.49	3540
11.87	3.36	25.44	0.16	2.58	5.89	3550
0.64	0.04	1.96	0.07	0.37	0.33	3560
11.63	2.99	30.86	0.26	5.12	8.50	3570
11.58	1.04	45.91	0.76	4.30	4.63	3580
12.66	2.63	54.61	0.80	2.65	5.60	3590
77.70	19.60	103.11	1.55	23.59	24.99	3600
19.09	5.57	18.06	0.32	0.97	2.42	3610

2-16 续表 4

行业中类	代码	就业人数（万人）	内资企业	国有企业	集体企业	股份合作	联 营
化工、木材、非金属加工专用设备制造	3620	60.33	41.77	2.54	2.79	1.63	0.30
食品、饮料、烟草及饲料生产专用设备制造	3630	15.38	14.13	1.51	1.32	0.83	0.15
印刷、制药、日化生产专用设备制造	3640	19.31	16.07	1.18	1.28	0.80	0.13
纺织、服装和皮革工业专用设备制造	3650	35.64	29.28	3.03	1.69	1.68	0.16
电子和电工机械专用设备制造	3660	36.79	30.12	6.42	1.13	0.37	0.07
农、林、牧、渔专用机械制造	3670	36.42	34.96	3.82	2.53	0.84	0.31
医疗仪器设备及器械制造	3680	19.55	14.42	1.01	0.81	0.74	0.13
环保、社会公共安全及其他专用设备制造	3690	26.34	23.83	2.64	2.40	1.27	0.16
交通运输设备制造业	3700	443.58	369.47	69.49	31.27	11.39	1.88
铁路运输设备制造	3710	37.06	36.58	17.26	6.68	0.69	0.17
汽车制造	3720	267.39	214.18	28.46	17.49	7.87	1.33
摩托车制造	3730	48.57	42.43	2.06	2.60	1.35	0.09
自行车制造	3740	23.45	13.65	0.53	0.99	0.38	0.08
船舶及浮动装置制造	3750	35.26	32.54	10.71	3.12	1.03	0.21
航空航天器制造	3760	27.91	26.65	10.24	0.04	0.01	0.01
交通器材及其他交通运输设备制造	3790	3.94	3.44	0.23	0.36	0.06	
电气机械及器材制造业	3900	459.49	299.22	14.90	29.24	10.71	1.66
电机制造	3910	54.42	39.62	3.58	2.86	1.51	0.16
输配电及控制设备制造	3920	127.14	88.05	5.95	10.35	3.98	0.79
电线、电缆、光缆及电工器材制造	3930	73.42	49.37	2.49	6.26	2.31	0.27
电池制造	3940	34.44	19.48	1.20	1.02	0.37	0.06
家用电力器具制造	3950	84.25	48.87	0.58	5.13	0.63	0.14
非电力家用器具制造	3960	8.94	6.69	0.09	0.36	0.15	0.02
照明器具制造	3970	67.99	40.58	0.77	2.52	1.52	0.16
其他电气机械及器材制造	3990	8.88	6.56	0.23	0.73	0.24	0.05
通信设备、计算机及其他电子设备制造业	4000	457.89	154.60	12.12	11.37	2.81	1.51
通信设备制造	4010	54.20	24.54	2.38	0.51	0.24	0.48
雷达及配套设备制造	4020	3.50	3.32	1.18	0.01	0.01	0.07
广播电视设备制造	4030	11.77	6.70	1.09	0.46	0.19	0.03
电子计算机制造	4040	85.88	12.57	0.35	1.02	0.09	0.03
电子器件制造	4050	63.24	20.15	1.33	1.31	0.32	0.17
电子元件制造	4060	166.32	59.86	4.82	5.55	1.67	0.40
家用视听设备制造	4070	59.04	20.41	0.35	2.11	0.19	0.30
其他电子设备制造	4090	13.94	7.04	0.62	0.41	0.10	0.04
仪器仪表及文化、办公用机械制造业	4100	119.00	68.74	7.01	6.16	3.11	0.50
通用仪器仪表制造	4110	37.28	30.79	2.12	2.25	1.53	0.24
专用仪器仪表制造	4120	12.59	10.26	2.63	0.82	0.37	0.06
钟表与计时仪器制造	4130	17.56	6.68	0.58	1.05	0.14	0.03
光学仪器及眼镜制造	4140	28.16	14.59	1.07	1.03	0.87	0.01
文化、办公用机械制造	4150	20.97	4.78	0.50	0.84	0.11	0.15
其他仪器仪表的制造及修理	4190	2.44	1.65	0.11	0.18	0.08	0.01
工艺品及其他制造业	4200	207.45	131.39	5.93	13.22	5.00	1.03
工艺美术品制造	4210	147.81	89.69	1.48	10.13	3.99	0.98
日用杂品制造	4220	38.20	22.86	0.04	1.42	0.81	0.01
煤制品制造	4230	5.04	5.02	0.10	0.77	0.07	0.02
其他未列明的制造业	4290	16.40	13.82	4.31	0.90	0.13	0.02
废弃资源和废旧材料回收加工业	4300	8.82	7.81	0.07	1.48	0.21	0.14
金属废料和碎屑的加工处理	4310	5.22	4.42	0.06	1.05	0.07	0.09

有限责任公司	股份有限公司	私营	其他内资	港、澳、台商投资企业	外商投资企业	代码
8.23	2.05	23.79	0.44	10.25	8.32	3620
3.19	1.06	6.02	0.05	0.40	0.85	3630
3.61	1.72	7.27	0.08	1.75	1.50	3640
6.01	2.02	14.60	0.10	3.82	2.54	3650
15.75	1.23	4.99	0.16	3.66	3.01	3660
13.42	3.43	10.36	0.26	0.40	1.06	3670
3.43	0.96	7.27	0.06	1.54	3.59	3680
4.98	1.57	10.74	0.08	0.80	1.70	3690
101.43	31.21	121.35	1.46	21.50	52.60	3700
6.40	2.65	2.70	0.03	0.15	0.33	3710
61.32	22.94	73.74	1.02	11.59	41.61	3720
10.28	1.64	24.26	0.15	1.60	4.55	3730
1.35	0.27	9.96	0.09	6.40	3.40	3740
6.65	1.38	9.29	0.14	1.19	1.53	3750
15.11	1.12	0.12	0.01	0.30	0.96	3760
0.32	1.19	1.27	0.02	0.27	0.22	3790
76.95	27.14	137.04	1.59	87.16	73.11	3900
10.76	5.26	15.39	0.10	4.35	10.45	3910
25.79	5.55	35.13	0.50	20.07	19.03	3920
11.85	3.38	22.56	0.25	13.25	10.81	3930
5.77	1.70	9.32	0.05	7.87	7.09	3940
12.42	8.51	21.18	0.27	21.82	13.57	3950
1.44	0.32	4.27	0.04	1.22	1.03	3960
7.01	2.09	26.15	0.35	17.62	9.79	3970
1.92	0.33	3.04	0.03	0.98	1.34	3990
41.76	20.44	63.28	1.33	130.98	172.31	4000
8.99	4.47	7.41	0.07	10.92	18.74	4010
1.89	0.07	0.08		0.16	0.03	4020
0.96	0.50	3.44	0.04	2.71	2.35	4030
3.24	2.72	5.06	0.07	25.34	47.96	4040
6.26	3.87	6.83	0.08	15.48	27.61	4050
13.43	4.11	29.07	0.81	49.48	56.98	4060
5.55	4.15	7.56	0.21	22.04	16.59	4070
1.43	0.56	3.82	0.06	4.85	2.05	4090
20.22	3.57	27.69	0.48	25.91	24.35	4100
10.21	2.43	11.87	0.15	2.27	4.22	4110
2.27	0.44	3.63	0.05	0.93	1.40	4120
1.56	0.15	2.98	0.19	8.10	2.79	4130
4.71	0.27	6.60	0.03	7.61	5.96	4140
1.05	0.21	1.88	0.04	6.59	9.60	4150
0.43	0.07	0.73	0.02	0.41	0.38	4190
19.89	3.49	81.24	1.60	44.81	31.25	4200
11.69	2.86	57.34	1.22	33.37	24.75	4210
2.95	0.44	17.04	0.16	9.94	5.40	4220
0.26	0.05	3.58	0.16	0.01	0.02	4230
5.00	0.13	3.28	0.06	1.49	1.08	4290
1.53	0.09	4.19	0.10	0.32	0.70	4300
1.21	0.05	1.86	0.04	0.23	0.57	4310

2-16 续表 5

行业中类	代码	就业人数（万人）	内资企业	国有企业	集体企业	股份合作	联　营
非金属废料和碎屑的加工处理	4320	3.60	3.39	0.02	0.43	0.14	0.05
电力、燃气及水的生产和供应业	**D**	**363.38**	**346.56**	**198.91**	**15.98**	**3.38**	**2.36**
电力、热力的生产和供应业	4400	286.44	272.92	155.18	8.86	2.64	1.74
电力生产	4410	138.79	125.88	53.90	7.29	2.31	1.06
电力供应	4420	129.79	129.65	94.50	0.75	0.13	0.51
热力生产和供应	4430	17.86	17.39	6.79	0.81	0.21	0.16
燃气生产和供应业	4500	17.88	15.80	7.27	0.33	0.25	0.37
水的生产和供应业	4600	59.06	57.84	36.46	6.79	0.48	0.26
自来水的生产和供应	4610	56.70	55.64	35.86	6.47	0.45	0.21
污水处理及其再生利用	4620	2.15	2.00	0.59	0.29	0.03	0.04
其他水的处理、利用与分配	4690	0.22	0.19		0.02	0.01	0.01
建筑业	**E**	**2792.30**	**2775.15**	**448.55**	**360.70**	**70.72**	**15.01**
房屋和土木工程建筑业	4700	2344.62	2337.02	385.45	317.28	59.38	12.67
房屋工程建筑	4710	1871.38	1866.61	227.48	289.37	52.99	8.14
土木工程建筑	4720	473.24	470.41	157.97	27.91	6.39	4.53
建筑安装业	4800	246.97	244.04	48.59	31.98	6.30	1.31
建筑装饰业	4900	122.23	116.34	4.78	5.75	2.74	0.74
其他建筑业	5000	78.48	77.75	9.73	5.69	2.30	0.29
工程准备	5010	21.52	21.26	4.31	1.42	0.58	0.10
提供施工设备服务	5020	8.65	8.50	0.80	0.35	0.08	0.01
其他未列明的建筑活动	5090	48.30	47.99	4.62	3.91	1.65	0.18
交通运输、仓储和邮政业	**F**	**580.74**	**552.51**	**213.29**	**58.61**	**13.05**	**5.11**
道路运输业	5200	203.79	198.91	49.37	22.52	6.90	2.37
公路旅客运输	5210	88.78	88.22	29.53	5.99	3.15	1.20
道路货物运输	5220	89.78	87.36	11.68	14.07	3.16	0.79
道路运输辅助活动	5230	25.23	23.33	8.16	2.46	0.59	0.39
城市公共交通业	5300	124.53	115.60	46.74	5.04	2.35	0.43
公共电汽车客运	5310	78.04	72.46	39.93	1.89	0.61	0.19
轨道交通	5320	3.78	3.71	1.26	0.01		0.01
出租车客运	5330	39.20	35.99	3.88	2.70	1.70	0.22
城市轮渡	5340	0.85	0.79	0.39	0.07		
其他城市公共交通	5390	2.67	2.67	1.29	0.37	0.03	
水上运输业	5400	69.24	65.42	24.61	10.01	0.83	0.53
水上旅客运输	5410	4.10	3.88	0.66	0.83	0.09	0.08
水上货物运输	5420	38.73	37.70	14.35	8.27	0.61	0.30
水上运输辅助活动	5430	26.40	23.84	9.59	0.90	0.13	0.15
航空运输业	5500	20.72	17.20	5.78	0.04	0.01	0.51
航空客货运输	5510	12.58	10.14	2.85			0.46
通用航空服务	5520	0.47	0.33	0.14	0.01		
航空运输辅助活动	5530	7.67	6.73	2.78	0.03	0.01	0.04
管道运输业	5600	1.56	1.48	0.24	0.01		
装卸搬运和其他运输服务业	5700	61.93	58.39	9.44	17.42	2.27	0.94
装卸搬运	5710	32.03	31.68	4.07	15.20	1.29	0.33
运输代理服务	5720	29.89	26.72	5.37	2.22	0.98	0.61
仓储业	5800	38.66	36.16	20.17	3.52	0.55	0.30
谷物、棉花等农产品仓储	5810	15.62	15.56	14.10	0.24	0.05	0.02
其他仓储	5890	23.05	20.60	6.07	3.28	0.49	0.28
邮政业	5900	58.65	57.67	55.27	0.05	0.13	0.03

有限责任公司	股份有限公司	私营	其他内资	港、澳、台商投资企业	外商投资企业	代码
0.32	0.05	2.33	0.06	0.08	0.13	4320
87.11	**19.99**	**18.05**	**0.78**	**7.58**	**9.24**	D
72.05	18.31	13.65	0.49	6.24	7.28	4400
34.72	14.49	11.74	0.37	5.86	7.05	4410
31.03	2.48	0.17	0.08	0.10	0.03	4420
6.30	1.34	1.75	0.04	0.28	0.19	4430
5.91	0.52	1.10	0.04	0.96	1.13	4500
9.14	1.16	3.30	0.26	0.38	0.84	4600
8.39	1.14	2.90	0.23	0.31	0.74	4610
0.72	0.02	0.29	0.03	0.05	0.10	4620
0.04		0.11		0.02		4690
957.81	**186.66**	**727.04**	**8.66**	**7.71**	**9.44**	E
824.27	168.21	563.18	6.56	2.95	4.64	4700
650.98	143.75	487.97	5.91	2.06	2.71	4710
173.29	24.46	75.22	0.65	0.89	1.93	4720
77.15	11.50	66.29	0.92	1.14	1.79	4800
29.08	3.08	69.70	0.49	3.27	2.62	4900
27.30	3.86	27.87	0.70	0.34	0.39	5000
6.28	0.39	8.03	0.15	0.16	0.10	5010
3.14	0.37	3.68	0.07	0.11	0.04	5020
17.88	3.11	16.16	0.48	0.07	0.24	5090
130.83	**36.70**	**91.64**	**3.29**	**12.60**	**15.64**	F
55.63	12.34	48.22	1.55	2.46	2.43	5200
29.55	6.76	11.68	0.36	0.33	0.23	5210
19.10	3.25	34.22	1.09	1.23	1.19	5220
6.98	2.33	2.32	0.11	0.90	1.01	5230
35.23	9.76	15.45	0.60	4.49	4.43	5300
20.59	5.67	3.50	0.08	3.85	1.73	5310
2.29	0.11	0.02		0.04	0.03	5320
11.64	3.81	11.53	0.51	0.54	2.67	5330
0.30		0.02		0.06		5340
0.41	0.17	0.39	0.01			5390
17.67	4.21	7.19	0.38	2.40	1.42	5400
1.24	0.50	0.45	0.01	0.13	0.10	5410
6.54	1.77	5.54	0.33	0.76	0.27	5420
9.90	1.93	1.20	0.04	1.51	1.05	5430
4.47	6.22	0.14	0.04	0.83	2.68	5500
1.65	5.15	0.01	0.01	0.29	2.15	5510
0.11	0.01	0.06			0.13	5520
2.72	1.05	0.07	0.03	0.54	0.40	5530
0.45	0.77			0.05	0.04	5600
11.99	2.32	13.53	0.49	1.53	2.00	5700
4.38	1.12	4.97	0.31	0.12	0.24	5710
7.61	1.20	8.55	0.18	1.41	1.77	5720
4.86	0.81	5.72	0.22	0.82	1.68	5800
0.56	0.05	0.50	0.03	0.02	0.03	5810
4.30	0.76	5.22	0.19	0.80	1.65	5890
0.53	0.27	1.38	0.01	0.02	0.96	5900

2-16 续表 6

行业中类	代码	就业人数（万人）					
			内资企业	国有企业	集体企业	股份合作	联　营
国家邮政	5910	54.97	54.97	54.80		0.07	0.01
其他寄递服务	5990	3.68	2.70	0.48	0.05	0.06	0.02
信息传输、计算机服务和软件业	G	**230.13**	**163.97**	**40.28**	**1.01**	**1.11**	**0.65**
电信和其他信息传输服务业	6000	157.08	105.39	38.46	0.56	0.36	0.36
电信	6010	142.88	92.83	36.45	0.35	0.17	0.24
互联网信息服务	6020	8.01	6.46	0.29	0.05	0.08	0.05
广播电视传输服务	6030	5.85	5.79	1.62	0.16	0.11	0.07
卫星传输服务	6040	0.34	0.32	0.10		0.01	
计算机服务业	6100	31.35	27.44	1.07	0.29	0.41	0.10
计算机系统服务	6110	11.75	9.99	0.64	0.10	0.12	0.05
数据处理	6120	1.60	0.91	0.08	0.01		
计算机维修	6130	1.65	1.36	0.03	0.05	0.03	
其他计算机服务	6190	16.35	15.18	0.32	0.13	0.25	0.04
软件业	6200	41.70	31.14	0.75	0.16	0.34	0.20
公共软件服务	6210	33.51	24.93	0.59	0.13	0.26	0.18
其他软件服务	6290	8.19	6.21	0.16	0.03	0.07	0.02
批发和零售业	H	**1382.42**	**1343.54**	**260.44**	**143.52**	**30.35**	**7.82**
批发业	6300	772.73	753.72	177.60	69.83	13.48	4.05
农畜产品批发	6310	82.98	82.64	52.05	11.30	0.76	0.25
食品、饮料及烟草制品批发	6320	116.66	114.89	59.08	5.97	1.77	0.42
纺织、服装及日用品批发	6330	68.17	65.16	5.15	4.19	0.99	0.39
文化、体育用品及器材批发	6340	22.35	21.65	3.88	0.99	0.39	0.09
医药及医疗器材批发	6350	43.74	42.71	9.18	0.84	0.99	0.14
矿产品、建材及化工产品批发	6360	224.88	222.41	29.82	32.33	4.67	1.57
机械设备、五金交电及电子产品批发	6370	167.24	159.20	12.39	8.29	2.93	0.90
贸易经纪与代理	6380	8.05	7.64	1.48	0.21	0.08	0.10
其他批发	6390	38.66	37.41	4.56	5.71	0.91	0.18
零售业	6500	609.69	589.83	82.84	73.69	16.87	3.77
综合零售	6510	229.58	215.15	25.00	43.07	5.16	1.01
食品、饮料及烟草制品专门零售	6520	48.71	48.21	19.58	6.09	1.82	0.33
纺织、服装及日用品专门零售	6530	51.03	49.30	4.16	6.47	1.63	0.22
文化、体育用品及器材专门零售	6540	34.03	33.71	11.36	2.08	1.24	0.15
医药及医疗器材专门零售	6550	43.00	42.62	8.11	1.43	1.68	0.40
汽车、摩托车、燃料及零配件专门零售	6560	67.43	67.13	4.65	4.31	1.78	0.82
家用电器及电子产品专门零售	6570	63.63	62.76	2.43	1.99	1.33	0.46
五金、家具及室内装修材料专门零售	6580	40.76	39.98	3.29	4.28	1.29	0.15
无店铺及其他零售	6590	31.51	30.97	4.25	3.97	0.93	0.24
住宿和餐饮业	I	**424.42**	**369.69**	**80.45**	**30.79**	**10.76**	**3.26**
住宿业	6600	214.70	187.47	66.95	20.12	4.54	2.44
旅游饭店	6610	146.40	121.32	45.44	8.91	2.51	1.92
一般旅馆	6620	61.24	59.34	19.51	9.87	1.85	0.41
其他住宿服务	6690	7.05	6.81	1.99	1.34	0.18	0.12
餐饮业	6700	209.72	182.22	13.50	10.67	6.22	0.82
正餐服务	6710	176.67	164.13	12.43	9.54	5.36	0.67
快餐服务	6720	20.80	6.93	0.34	0.34	0.29	0.02
饮料及冷饮服务	6730	3.79	3.29	0.13	0.12	0.16	0.01
其他餐饮服务	6790	8.46	7.87	0.61	0.67	0.41	0.12

有限责任公司	股份有限公司	私营	其他内资	港、澳、台商投资企业	外商投资企业	代码
0.07		0.02				5910
0.46	0.27	1.36	0.01	0.02	0.96	5990
63.19	**15.55**	**41.35**	**0.84**	**29.75**	**36.40**	G
48.37	11.81	5.20	0.28	26.25	25.44	6000
44.22	9.99	1.26	0.15	25.16	24.89	6010
2.08	0.35	3.48	0.10	1.07	0.47	6020
1.93	1.46	0.40	0.03		0.06	6030
0.14	0.01	0.06		0.02	0.01	6040
5.41	1.15	18.64	0.37	0.98	2.93	6100
2.74	0.70	5.59	0.05	0.43	1.33	6110
0.30	0.04	0.47	0.01	0.27	0.42	6120
0.27	0.03	0.94	0.01	0.04	0.25	6130
2.11	0.38	11.64	0.30	0.25	0.93	6190
9.42	2.59	17.50	0.19	2.52	8.04	6200
7.71	2.11	13.79	0.15	2.02	6.56	6210
1.71	0.48	3.71	0.04	0.50	1.48	6290
260.33	**89.50**	**542.08**	**9.51**	**11.90**	**26.97**	H
128.73	41.57	314.34	4.11	5.32	13.69	6300
6.36	1.58	9.84	0.50	0.14	0.20	6310
18.81	3.42	24.90	0.53	0.41	1.35	6320
11.10	1.82	41.26	0.25	0.93	2.09	6330
3.78	0.44	11.98	0.10	0.34	0.36	6340
14.23	4.02	13.13	0.18	0.42	0.61	6350
34.92	24.39	93.35	1.34	0.64	1.83	6360
30.88	4.52	98.54	0.76	2.03	6.01	6370
1.86	0.25	3.60	0.06	0.12	0.28	6380
6.80	1.12	17.73	0.40	0.30	0.95	6390
131.60	47.93	227.74	5.40	6.58	13.28	6500
58.42	27.85	53.03	1.62	4.22	10.21	6510
6.90	1.23	11.80	0.45	0.14	0.36	6520
9.02	1.78	25.38	0.64	0.96	0.76	6530
6.11	0.69	11.88	0.20	0.08	0.25	6540
12.95	3.57	14.05	0.42	0.31	0.08	6550
13.75	8.92	32.29	0.62	0.12	0.18	6560
13.68	1.98	40.41	0.50	0.49	0.38	6570
5.85	1.09	23.54	0.49	0.10	0.68	6580
4.93	0.83	15.36	0.47	0.16	0.38	6590
63.90	**13.13**	**162.40**	**4.99**	**23.57**	**31.16**	I
35.78	7.55	48.28	1.81	15.77	11.46	6600
27.76	5.78	28.15	0.85	14.62	10.46	6610
7.22	1.47	18.16	0.85	1.02	0.88	6620
0.80	0.30	1.96	0.11	0.13	0.12	6690
28.11	5.59	114.12	3.19	7.81	19.70	6700
25.14	5.15	103.01	2.84	6.17	6.38	6710
1.48	0.11	4.20	0.15	1.33	12.54	6720
0.33	0.04	2.46	0.05	0.08	0.42	6730
1.16	0.29	4.46	0.15	0.23	0.35	6790

2-16 续表 7

行业中类	代码	就业人数（万人）					
			内资企业	国有企业	集体企业	股份合作	联 营
金融业	J	**362.44**	**356.32**	**123.42**	**59.83**	**9.28**	**0.41**
银行业	6800	236.15	235.25	117.54	59.69	7.58	0.35
中央银行	6810	1.05	1.05	0.89	0.01		
商业银行	6820	226.87	225.97	110.72	58.41	7.29	0.35
其他银行	6890	8.24	8.23	5.93	1.26	0.29	
证券业	6900	9.91	9.61	0.96	0.01	0.06	0.03
证券市场管理	6910	0.18	0.18	0.06			
证券经纪与交易	6920	8.83	8.57	0.86	0.01	0.05	0.03
证券投资	6930	0.59	0.58	0.05			
证券分析与咨询	6940	0.31	0.28				
保险业	7000	111.66	106.78	4.16	0.02	1.58	
人寿保险	7010	90.90	86.62	2.23	0.01	1.26	
非人寿保险	7020	17.82	17.28	1.89		0.13	
保险辅助服务	7030	2.94	2.88	0.03		0.20	
其他金融活动	7100	4.73	4.69	0.76	0.12	0.06	0.02
金融信托与管理	7110	1.37	1.37	0.32	0.04		
金融租赁	7120	0.08	0.07	0.02			
财务公司	7130	0.35	0.34	0.04	0.01		
邮政储蓄	7140	0.25	0.25	0.25			
典当	7150	1.11	1.11	0.06	0.04	0.04	0.02
其他未列明的金融活动	7190	1.57	1.55	0.08	0.04	0.02	
房地产业	K	**385.63**	**357.70**	**42.94**	**40.59**	**8.88**	**2.37**
房地产业	7200	385.63	357.70	42.94	40.59	8.88	2.37
房地产开发经营	7210	158.15	142.53	15.99	5.85	2.20	0.69
物业管理	7220	139.26	130.37	16.86	8.24	2.24	1.39
房地产中介服务	7230	23.11	20.93	1.10	0.71	0.39	0.08
其他房地产活动	7290	65.12	63.88	8.99	25.78	4.05	0.21
租赁和商务服务业	L	**367.90**	**355.54**	**77.50**	**52.63**	**9.02**	**2.05**
租赁业	7300	12.11	11.87	1.39	1.09	0.46	0.05
机械设备租赁	7310	11.50	11.29	1.32	1.00	0.42	0.05
文化及日用品出租	7320	0.62	0.58	0.07	0.10	0.04	
商务服务业	7400	355.79	343.67	76.10	51.53	8.56	2.00
企业管理服务	7410	105.03	101.05	29.71	21.82	1.85	0.61
法律服务	7420	6.29	6.23	0.14	0.38	0.26	0.04
咨询与调查	7430	56.92	51.67	2.35	2.03	1.38	0.17
广告业	7440	34.68	33.77	1.64	0.83	0.56	0.09
知识产权服务	7450	2.18	2.13	0.13	0.07	0.07	
职业中介服务	7460	32.96	32.88	4.10	6.11	1.44	0.14
市场管理	7470	26.58	26.29	3.63	6.84	1.07	0.38
旅行社	7480	20.53	20.18	4.80	1.21	0.60	0.10
其他商务服务	7490	70.61	69.48	29.59	12.24	1.33	0.48
科学研究、技术服务和地质勘查业	M	**165.10**	**157.89**	**54.95**	**10.17**	**3.74**	**0.77**
研究与试验发展	7500	20.02	18.43	8.67	0.62	0.64	0.05
自然科学研究与试验发展	7510	1.95	1.85	1.20	0.03	0.06	
工程和技术研究与试验发展	7520	13.62	12.54	6.54	0.43	0.32	0.03
农业科学研究与试验发展	7530	1.90	1.85	0.53	0.11	0.06	0.01
医学研究与试验发展	7540	2.28	1.93	0.32	0.05	0.15	0.01

有限责任公司	股份有限公司	私营	其他内资	港、澳、台商投资企业	外商投资企业	代码
13.79	**146.75**	**2.32**	**0.53**	**1.02**	**5.09**	J
2.98	46.86	0.10	0.16	0.22	0.68	6800
0.01	0.14					6810
2.92	46.02	0.10	0.16	0.21	0.68	6820
0.05	0.70					6890
5.70	2.56	0.17	0.11	0.17	0.12	6900
0.10	0.02					6910
5.02	2.46	0.03	0.11	0.17	0.09	6920
0.47	0.05	0.01			0.01	6930
0.12	0.03	0.13			0.03	6940
2.56	96.99	1.25	0.22	0.63	4.25	7000
1.21	81.80		0.11	0.60	3.68	7010
0.41	14.73	0.02	0.09	0.01	0.53	7020
0.94	0.46	1.24	0.01	0.02	0.04	7030
2.55	0.35	0.79	0.04	0.01	0.04	7100
0.89	0.07	0.04	0.01			7110
0.02	0.03				0.01	7120
0.28	0.01	0.01			0.01	7130
						7140
0.54	0.06	0.35	0.02			7150
0.82	0.18	0.40	0.01		0.02	7190
127.49	**21.29**	**111.20**	**2.96**	**17.11**	**10.81**	K
127.49	21.29	111.20	2.96	17.11	10.81	7200
51.72	10.50	55.28	0.30	9.56	6.05	7210
56.90	5.66	37.65	1.43	5.19	3.69	7220
4.32	0.61	13.56	0.16	1.48	0.70	7230
14.54	4.52	4.71	1.07	0.87	0.37	7290
80.70	**13.66**	**113.79**	**6.19**	**4.06**	**8.30**	L
2.92	0.42	5.42	0.11	0.08	0.17	7300
2.85	0.38	5.17	0.10	0.07	0.14	7310
0.07	0.04	0.24	0.02	0.01	0.03	7320
77.78	13.24	108.38	6.08	3.98	8.13	7400
27.72	5.99	11.70	1.64	1.00	2.98	7410
0.46	0.03	4.06	0.86	0.02	0.03	7420
11.24	0.88	33.05	0.57	1.86	3.39	7430
6.46	0.75	23.17	0.26	0.27	0.65	7440
0.40	0.06	1.37	0.02	0.01	0.04	7450
12.08	0.86	7.77	0.36	0.02	0.06	7460
5.58	1.33	6.57	0.89	0.19	0.11	7470
5.68	1.67	5.94	0.18	0.23	0.12	7480
8.17	1.66	14.74	1.28	0.37	0.75	7490
36.02	**7.03**	**43.90**	**1.31**	**2.03**	**5.18**	M
3.15	1.05	4.09	0.15	0.45	1.14	7500
0.15	0.08	0.29	0.03	0.01	0.10	7510
2.04	0.67	2.47	0.04	0.37	0.71	7520
0.44	0.22	0.43	0.05	0.01	0.05	7530
0.49	0.08	0.81	0.02	0.07	0.28	7540

2-16 续表 8

行业中类	代码	就业人数（万人）					
			内资企业	国有企业	集体企业	股份合作	联　营
社会人文科学研究与试验发展	7550	0.27	0.27	0.07	0.01	0.05	
专业技术服务业	7600	110.45	106.11	34.14	5.32	2.31	0.54
气象服务	7610	0.43	0.43	0.16	0.07	0.02	
地震服务	7620	0.09	0.09	0.04		0.01	
海洋服务	7630	0.19	0.18	0.07	0.01	0.03	
测绘服务	7640	1.98	1.98	0.75	0.23	0.04	0.01
技术检测	7650	7.97	7.04	2.16	1.13	0.29	0.10
环境监测	7660	0.67	0.65	0.11	0.04	0.02	0.04
工程技术与规划管理	7670	75.00	73.62	27.41	2.23	1.42	0.28
其他专业技术服务	7690	24.12	22.11	3.44	1.61	0.48	0.10
科技交流和推广服务业	7700	26.50	25.27	5.32	4.06	0.75	0.16
技术推广服务	7710	15.98	15.25	3.50	2.70	0.44	0.09
科技中介服务	7720	4.30	4.10	0.87	0.63	0.13	0.01
其他科技服务	7790	6.22	5.92	0.96	0.73	0.18	0.06
地质勘查业	7800	8.13	8.09	6.82	0.18	0.05	0.01
矿产地质勘查	7810	2.88	2.85	2.42	0.08	0.01	
基础地质勘查	7820	1.47	1.47	1.24	0.02		
地质勘查技术服务	7830	3.78	3.77	3.16	0.08	0.04	0.01
水利、环境和公共设施管理业	**N**	**38.02**	**36.28**	**8.82**	**3.47**	**0.66**	**0.43**
水利管理业	7900	3.37	3.29	1.64	0.30	0.06	0.06
防洪管理	7910	0.18	0.18	0.06	0.03		
水资源管理	7920	2.33	2.26	1.28	0.19	0.02	0.06
其他水利管理	7990	0.86	0.85	0.30	0.07	0.05	0.01
环境管理业	8000	8.25	7.83	2.08	0.77	0.11	0.09
自然保护	8010	0.96	0.74	0.34	0.01		0.02
环境治理	8020	7.29	7.09	1.74	0.76	0.11	0.07
公共设施管理业	8100	26.40	25.16	5.11	2.41	0.48	0.28
市政公共设施管理	8110	4.38	4.20	1.48	0.56	0.06	0.02
城市绿化管理	8120	10.56	10.48	1.32	0.87	0.17	0.12
游览景区管理	8130	11.46	10.49	2.30	0.98	0.26	0.14
居民服务和其他服务业	**O**	**119.02**	**113.49**	**10.16**	**16.19**	**5.03**	**0.85**
居民服务业	8200	51.17	48.64	4.17	5.95	2.31	0.45
家庭服务	8210	2.46	2.34	0.14	0.41	0.06	0.03
托儿所	8220	0.12	0.11		0.03		
洗染服务	8230	2.55	2.29	0.10	0.31	0.08	0.04
理发及美容保健服务	8240	10.32	9.89	0.19	0.43	0.66	0.04
洗浴服务	8250	16.14	15.41	1.34	0.96	0.75	0.11
婚姻服务	8260	0.53	0.51	0.03	0.07	0.03	0.01
殡葬服务	8270	2.24	2.14	0.31	0.57	0.07	0.12
摄影扩印服务	8280	5.00	4.38	0.53	0.34	0.35	0.02
其他居民服务	8290	11.81	11.59	1.52	2.84	0.31	0.08
其他服务业	8300	67.85	64.85	5.98	10.24	2.72	0.41
修理与维护	8310	23.46	22.84	1.65	2.99	1.12	0.23
清洁服务	8320	15.46	13.89	0.46	1.16	0.35	0.07
其他未列明的服务	8390	28.94	28.12	3.88	6.09	1.25	0.11
教育	**P**	**20.32**	**19.76**	**4.67**	**2.29**	**0.95**	**0.36**
教育	8400	20.32	19.76	4.67	2.29	0.95	0.36

有限责任公司	股份有限公司	私营	其他内资	港、澳、台商投资企业	外商投资企业	代码
0.04		0.09	0.01		0.01	7550
27.05	5.06	30.80	0.89	1.21	3.13	7600
0.13	0.01	0.03	0.01			7610
0.02		0.01				7620
0.04		0.02			0.01	7630
0.26	0.09	0.60	0.01			7640
1.63	0.18	1.52	0.03	0.20	0.73	7650
0.13	0.03	0.28			0.01	7660
20.32	3.70	17.55	0.72	0.34	1.03	7670
4.53	1.05	10.79	0.12	0.66	1.35	7690
5.24	0.87	8.63	0.24	0.37	0.86	7700
2.72	0.64	5.01	0.16	0.23	0.51	7710
1.04	0.10	1.30	0.02	0.06	0.14	7720
1.49	0.13	2.32	0.06	0.08	0.21	7790
0.57	0.06	0.38	0.03		0.03	7800
0.22	0.02	0.08	0.02		0.03	7810
0.11	0.02	0.08				7820
0.24	0.01	0.22			0.01	7830
9.68	**1.95**	**10.73**	**0.54**	**0.86**	**0.87**	**N**
0.74	0.09	0.37	0.03	0.06	0.01	7900
0.05	0.01	0.02	0.01			7910
0.53	0.05	0.11	0.02	0.05	0.01	7920
0.15	0.02	0.24	0.01	0.01		7990
2.39	0.20	1.99	0.20	0.19	0.23	8000
0.17	0.04	0.14	0.02	0.07	0.15	8010
2.22	0.16	1.86	0.17	0.12	0.08	8020
6.55	1.66	8.37	0.31	0.61	0.63	8100
1.25	0.12	0.64	0.09	0.05	0.14	8110
2.62	0.35	4.89	0.13	0.04	0.04	8120
2.68	1.19	2.84	0.10	0.52	0.46	8130
19.22	**2.77**	**57.04**	**2.23**	**2.72**	**2.81**	**O**
7.38	1.31	25.91	1.16	1.32	1.21	8200
0.39	0.05	1.20	0.07		0.11	8210
0.01		0.07	0.01	0.01		8220
0.43	0.10	1.19	0.03	0.13	0.14	8230
0.93	0.13	7.29	0.21	0.19	0.24	8240
1.73	0.37	9.81	0.33	0.40	0.33	8250
0.04	0.01	0.32	0.01	0.01	0.02	8260
0.39	0.16	0.49	0.03	0.06	0.04	8270
0.59	0.14	2.36	0.05	0.47	0.15	8280
2.88	0.35	3.18	0.43	0.05	0.18	8290
11.84	1.46	31.13	1.07	1.40	1.60	8300
2.79	0.62	13.09	0.35	0.30	0.32	8310
2.84	0.21	8.57	0.23	0.81	0.76	8320
6.20	0.63	9.47	0.49	0.30	0.52	8390
1.92	**0.42**	**7.52**	**1.63**	**0.33**	**0.22**	**P**
1.92	0.42	7.52	1.63	0.33	0.22	8400

2-16 续表 9

行业中类	代码	就业人数（万人）	内资企业	国有企业	集体企业	股份合作	联 营
学前教育	8410	2.61	2.47	0.36	0.34	0.09	0.03
初等教育	8420	1.96	1.87	0.92	0.04	0.02	0.05
中等教育	8430	2.68	2.60	1.14	0.13	0.10	0.01
高等教育	8440	0.81	0.81	0.52			0.02
其他教育	8490	12.26	12.00	1.73	1.77	0.74	0.25
卫生、社会保障和社会福利业	**Q**	**26.37**	**25.77**	**9.07**	**2.95**	**1.66**	**0.25**
卫生	8500	25.23	24.64	8.66	2.76	1.65	0.24
医院	8510	17.80	17.38	7.67	0.86	1.06	0.14
卫生院及社区医疗活动	8520	2.14	2.13	0.53	0.59	0.16	0.04
门诊部医疗活动	8530	4.06	3.99	0.25	1.00	0.35	0.06
计划生育技术服务活动	8540	0.05	0.05	0.02	0.02		
妇幼保健活动	8550	0.10	0.06	0.03	0.01		
专科疾病防治活动	8560	0.20	0.19	0.01	0.03	0.03	
疾病预防控制及防疫活动	8570	0.22	0.22	0.07	0.09		
其他卫生活动	8590	0.67	0.61	0.09	0.15	0.06	0.01
社会保障业	8600	0.51	0.51	0.28	0.06		
社会福利业	8700	0.63	0.62	0.13	0.13	0.01	0.01
提供住宿的社会福利	8710	0.46	0.46	0.06	0.09	0.01	0.01
不提供住宿的社会福利	8720	0.17	0.17	0.07	0.04		
文化、体育和娱乐业	**R**	**49.76**	**43.26**	**15.84**	**2.72**	**1.21**	**0.40**
新闻出版业	8800	10.34	10.28	7.87	0.60	0.08	0.11
新闻业	8810	0.68	0.68	0.55			
出版业	8820	9.67	9.60	7.32	0.59	0.08	0.10
广播、电视、电影和音像业	8900	9.90	9.70	5.77	0.51	0.15	0.08
广播	8910	0.58	0.57	0.25	0.01		0.01
电视	8920	2.18	2.14	0.68	0.10	0.09	0.03
电影	8930	6.46	6.33	4.75	0.36	0.04	0.03
音像制作	8940	0.69	0.66	0.09	0.04	0.02	0.01
文化艺术业	9000	4.03	3.93	0.77	0.23	0.24	0.02
文艺创作与表演	9010	1.05	1.04	0.19	0.07	0.03	
艺术表演场馆	9020	0.32	0.31	0.14	0.02	0.01	
图书馆与档案馆	9030	0.03	0.03	0.02	0.01		
文物及文化保护	9040	0.13	0.13	0.04	0.02		
博物馆	9050	0.14	0.14	0.04	0.01		
烈士陵园、纪念馆	9060	0.07	0.07	0.05			
群众文化活动	9070	0.46	0.46	0.16	0.05	0.03	
文化艺术经纪代理	9080	0.63	0.62	0.06	0.01	0.03	
其他文化艺术	9090	1.19	1.14	0.06	0.02	0.13	
体育	9100	2.10	1.79	0.26	0.08	0.14	0.01
体育组织	9110	0.51	0.45	0.05	0.01	0.06	
体育场馆	9120	0.94	0.82	0.17	0.05	0.06	0.01
其他体育	9190	0.65	0.51	0.04	0.02	0.02	
娱乐业	9200	23.39	17.57	1.17	1.30	0.60	0.18
室内娱乐活动	9210	11.34	9.78	0.30	0.73	0.33	0.07
游乐园	9220	2.07	1.52	0.48	0.13	0.02	0.06
休闲健身娱乐活动	9230	8.18	4.69	0.28	0.27	0.21	0.03
其他娱乐活动	9290	1.79	1.57	0.11	0.17	0.04	0.02

有限责任公司	股份有限公司	私营	其他内资	港、澳、台商投资企业	外商投资企业	代码
0.08	0.01	1.19	0.36	0.09	0.05	8410
0.10	0.01	0.57	0.17	0.07	0.02	8420
0.09	0.03	0.80	0.31	0.04	0.04	8430
0.04	0.04	0.12	0.06			8440
1.61	0.33	4.83	0.73	0.13	0.12	8490
1.87	**0.70**	**7.79**	**1.47**	**0.16**	**0.44**	Q
1.74	0.58	7.60	1.41	0.16	0.43	8500
1.44	0.50	5.06	0.65	0.14	0.28	8510
0.07	0.04	0.54	0.17		0.01	8520
0.14	0.03	1.62	0.55	0.01	0.05	8530
						8540
0.01		0.02			0.04	8550
0.01		0.11	0.01		0.01	8560
0.02		0.03				8570
0.06	0.01	0.22	0.03		0.05	8590
0.02	0.12	0.03	0.01			8600
0.11	0.01	0.16	0.06			8700
0.10		0.14	0.05			8710
0.01	0.01	0.02	0.01			8720
6.98	**1.53**	**13.88**	**0.70**	**2.93**	**3.57**	R
1.17	0.10	0.27	0.08	0.01	0.06	8800
0.07		0.02	0.03			8810
1.10	0.10	0.26	0.04	0.01	0.06	8820
1.63	0.36	1.13	0.08	0.09	0.11	8900
0.16	0.09	0.04				8910
0.69	0.13	0.42		0.02	0.02	8920
0.64	0.10	0.36	0.05	0.06	0.06	8930
0.14	0.04	0.31	0.03	0.01	0.02	8940
0.67	0.14	1.79	0.08	0.07	0.03	9000
0.19	0.04	0.48	0.03	0.01		9010
0.04	0.01	0.07		0.01		9020
						9030
0.02	0.01	0.03				9040
0.04		0.04			0.01	9050
0.01						9060
0.04	0.01	0.13	0.04			9070
0.13	0.02	0.36		0.01	0.01	9080
0.20	0.04	0.68	0.02	0.04	0.01	9090
0.32	0.32	0.62	0.03	0.14	0.17	9100
0.10	0.09	0.14		0.05	0.01	9110
0.14	0.11	0.27	0.01	0.05	0.07	9120
0.08	0.12	0.20	0.01	0.05	0.09	9190
3.19	0.62	10.07	0.43	2.62	3.20	9200
1.39	0.21	6.52	0.23	0.85	0.71	9210
0.34	0.07	0.41	0.02	0.36	0.20	9220
1.07	0.32	2.39	0.13	1.26	2.22	9230
0.39	0.03	0.77	0.06	0.14	0.08	9290

2-17 按地区、登记注册类型

地 区	就业人数（万人）	内资企业	国有企业	集体企业	股份合作	联 营	有限责任公 司
全 国	**16693.01**	**14361.43**	**2408.83**	**1515.48**	**378.89**	**86.42**	**3502.33**
北 京	578.43	512.78	90.08	40.10	28.33	2.51	152.56
天 津	278.99	224.40	40.96	30.39	4.80	1.72	51.65
河 北	726.88	686.05	114.69	84.15	12.25	3.58	177.55
山 西	473.01	464.05	112.46	71.73	8.31	2.92	140.21
内蒙古	204.88	198.49	40.90	11.82	3.01	0.44	70.73
辽 宁	667.36	592.73	129.30	92.41	15.64	1.72	135.44
吉 林	276.33	264.39	93.45	27.17	3.51	0.68	58.65
黑龙江	394.43	382.69	150.59	33.53	6.11	1.95	98.36
上 海	824.21	635.65	68.66	50.83	17.76	10.09	134.76
江 苏	1649.61	1373.41	100.53	112.40	44.56	5.13	305.35
浙 江	1391.99	1205.48	52.06	51.98	56.18	2.63	299.55
安 徽	459.56	442.78	68.56	56.99	12.46	4.94	118.23
福 建	551.68	365.31	45.54	30.51	14.76	3.98	68.99
江 西	327.45	305.18	69.63	36.37	10.10	1.27	54.99
山 东	1451.05	1280.77	148.52	145.46	32.14	5.87	371.00
河 南	882.47	856.95	161.15	115.19	15.06	5.95	191.62
湖 北	505.88	476.66	116.44	53.45	9.95	4.89	111.33
湖 南	515.58	498.74	103.22	65.04	13.28	2.49	101.96
广 东	2017.32	1161.99	135.78	161.22	19.34	12.13	238.64
广 西	266.18	245.34	64.34	34.17	4.07	0.93	51.99
海 南	71.78	66.77	37.52	4.03	0.63	0.57	10.91
重 庆	323.86	312.87	40.39	24.37	8.40	1.11	98.26
四 川	643.77	625.83	101.26	58.61	14.95	2.75	160.82
贵 州	177.84	173.84	57.09	14.52	3.33	1.19	40.30
云 南	247.12	240.20	54.34	28.97	5.43	1.20	51.08
西 藏	9.74	9.59	3.80	1.13	0.22	0.16	0.98
陕 西	322.96	314.51	93.05	37.12	5.94	1.89	80.03
甘 肃	213.93	211.15	55.28	28.77	6.01	0.89	53.26
青 海	43.73	42.61	11.64	3.71	1.26	0.21	11.27
宁 夏	62.36	60.40	11.26	2.82	0.50	0.19	18.67
新 疆	132.62	129.83	36.34	6.51	0.61	0.44	43.20

分组的企业法人单位就业人数

股份有限公司	私营	其他内资	港、澳、台商投资企业	外商投资企业
1058.77	**5304.51**	**106.20**	**1187.03**	**1144.56**
39.35	159.21	0.66	20.35	45.30
14.69	75.63	4.56	11.54	43.05
57.58	230.28	5.98	18.20	22.63
26.80	100.55	1.06	4.39	4.58
19.13	51.30	1.16	1.81	4.58
40.04	176.07	2.11	18.98	55.65
27.23	52.08	1.62	3.05	8.89
31.73	57.84	2.58	2.54	9.20
26.69	323.95	2.91	61.20	127.36
80.34	717.42	7.67	114.69	161.52
63.47	678.94	0.67	91.98	94.53
34.37	143.67	3.56	6.60	10.18
22.42	176.61	2.51	117.54	68.84
21.55	108.95	2.33	14.06	8.20
109.91	451.70	16.18	39.27	131.01
66.11	293.03	8.83	9.32	16.21
53.24	122.96	4.40	10.36	18.86
45.33	163.28	4.14	8.91	7.94
70.18	508.89	15.80	600.07	255.27
20.32	66.98	2.55	8.79	12.05
3.15	9.56	0.40	1.69	3.32
20.14	118.09	2.11	4.29	6.70
68.31	215.88	3.25	6.45	11.49
12.11	44.21	1.10	1.25	2.75
20.28	77.54	1.36	3.29	3.63
0.86	2.40	0.03	0.02	0.13
19.93	71.02	5.53	2.72	5.72
20.47	45.79	0.68	1.55	1.23
4.54	9.81	0.18	0.46	0.66
5.32	21.50	0.13	0.34	1.63
13.20	29.37	0.16	1.33	1.46

2-18 按行业（中类）、登记注册

行业中类	代码	全年营业收入（亿元）	内资企业	国有企业	集体企业	股份合作	联营
总计	0000	**440976.46**	**354206.23**	**71113.35**	**18486.13**	**6143.98**	**2914.97**
农、林、牧、渔业	A	**260.83**	**260.56**	**190.99**	**2.14**	**0.34**	**8.13**
农业	0100	118.96	118.96	90.81	1.33	0.01	
谷物及其他作物的种植	0110	109.04	109.04	84.12	0.48		
蔬菜、园艺作物的种植	0120	2.10	2.10	0.60	0.59		
水果、坚果、饮料和香料作物的种植	0130	7.70	7.70	5.98	0.27	0.01	
中药材的种植	0140	0.11	0.11	0.10			
林业	0200	91.78	91.78	89.27	0.29	0.08	
林木的培育和种植	0210	10.32	10.32	8.94	0.15	0.08	
木材和竹材的采运	0220	34.19	34.19	33.82	0.02		
林产品的采集	0230	47.28	47.28	46.51	0.12		
畜牧业	0300	38.60	38.37	6.41	0.20	0.24	8.13
牲畜的饲养	0310	14.95	14.95	5.00	0.05	0.01	
猪的饲养	0320	5.45	5.45	1.28	0.03		
家禽的饲养	0330	18.03	17.80	0.05	0.13	0.23	8.13
其他畜牧业	0390	0.17	0.17	0.08			
渔业	0400	3.88	3.88	2.55	0.03	0.01	
海洋渔业	0410	1.64	1.64	1.53			
内陆渔业	0420	2.24	2.24	1.02	0.03	0.01	
农、林、牧、渔服务业	0500	7.62	7.57	1.96	0.29		
农业服务业	0510	7.26	7.26	1.69	0.27		
林业服务业	0520	0.20	0.20	0.18			
畜牧服务业	0530	0.15	0.11	0.08	0.01		
渔业服务业	0540						
采矿业	B	**13072.36**	**12709.60**	**2475.63**	**1036.47**	**94.62**	**51.45**
煤炭开采和洗选业	0600	5241.74	5164.81	1101.76	519.19	53.77	25.61
烟煤和无烟煤的开采洗选	0610	5062.21	5012.91	1032.13	510.15	51.68	25.50
褐煤的开采洗选	0620	148.23	142.59	69.06	7.59	2.06	0.08
其他煤炭采选	0690	31.29	9.31	0.57	1.44	0.03	0.02
石油和天然气开采业	0700	4783.64	4582.50	1030.98	8.59	1.05	0.08
天然原油和天然气开采	0710	3902.36	3707.01	279.36	2.83	0.65	0.05
与石油和天然气开采有关的服务活动	0790	881.28	875.50	751.62	5.76	0.40	0.03
黑色金属矿采选业	0800	1005.58	993.54	123.80	95.43	12.57	5.08
铁矿采选	0810	943.62	932.64	110.72	89.23	12.03	5.00
其他黑色金属矿采选	0890	61.97	60.90	13.08	6.20	0.54	0.08
有色金属矿采选业	0900	913.21	886.50	133.34	215.24	8.81	11.44
常用有色金属矿采选	0910	347.93	325.81	66.54	32.73	5.42	2.09
贵金属矿采选	0920	439.73	438.36	32.06	176.65	2.47	9.05
稀有稀土金属矿采选	0930	125.55	122.33	34.75	5.86	0.92	0.30
非金属矿采选业	1000	1117.86	1072.24	85.52	193.39	18.40	9.23
土砂石开采	1010	761.21	733.97	18.58	149.70	12.93	6.90
化学矿采选	1020	101.43	99.86	37.01	8.42	0.34	0.23
采盐	1030	131.31	124.93	23.49	19.27	3.00	0.33
石棉及其他非金属矿采选	1090	123.91	113.48	6.44	16.00	2.12	1.77
其他采矿业	1100	10.33	10.01	0.23	4.62	0.03	0.03
制造业	C	**194086.70**	**128942.16**	**13111.03**	**8320.07**	**3087.24**	**855.27**
农副食品加工业	1300	9511.26	6967.38	327.88	444.81	173.24	37.49
谷物磨制	1310	1391.28	1333.10	82.44	43.75	24.98	4.70

类型分组的全年营业收入

有限责任公司	股份有限公司	私营	其他内资	港、澳、台商投资企业	外商投资企业	代码
101115.75	**54133.07**	**99159.47**	**1139.51**	**30985.57**	**55784.66**	0000
12.81	**32.08**	**13.43**	**0.66**	**0.05**	**0.23**	A
5.36	20.03	1.42	0.01			0100
4.84	19.30	0.30				0110
0.46	0.21	0.24				0120
0.06	0.52	0.87				0130
		0.01				0140
1.39	0.14	0.62				0200
1.06		0.08				0210
0.32		0.03				0220
	0.14	0.51				0230
4.50	9.04	9.21	0.65		0.23	0300
0.41	7.99	1.38	0.12			0310
1.40	1.05	1.70				0320
2.69		6.05	0.53		0.23	0330
		0.09				0390
0.77	0.04	0.49				0400
		0.10				0410
0.77	0.04	0.38				0420
0.79	2.84	1.70		0.05		0500
0.79	2.84	1.67				0510
		0.01				0520
		0.02		0.05		0530
						0540
4867.89	**2090.61**	**2057.42**	**35.51**	**279.75**	**83.01**	B
2470.49	222.78	761.98	9.24	31.36	45.57	0600
2431.36	219.41	733.70	8.98	4.26	45.04	0610
37.04	3.32	23.22	0.20	5.15	0.48	0620
2.10	0.05	5.06	0.05	21.95	0.04	0690
1831.33	1704.09	6.24	0.14	198.17	2.96	0700
1717.14	1703.18	3.73	0.07	193.11	2.24	0710
114.19	0.91	2.51	0.07	5.07	0.72	0790
224.49	31.31	494.19	6.67	11.11	0.94	0800
216.93	25.74	466.64	6.35	10.46	0.52	0810
7.57	5.57	27.55	0.31	0.65	0.42	0890
203.58	98.93	213.37	1.80	19.61	7.10	0900
67.12	28.67	122.22	1.01	17.18	4.94	0910
114.67	61.38	41.37	0.72	0.06	1.32	0920
21.79	8.88	49.78	0.06	2.37	0.84	0930
137.04	33.43	577.86	17.37	19.49	26.13	1000
51.85	9.99	467.98	16.03	12.39	14.86	1010
29.32	2.59	21.78	0.18	0.99	0.58	1020
44.58	18.14	15.94	0.17	2.13	4.25	1030
11.30	2.70	72.16	0.99	3.98	6.44	1090
0.95	0.07	3.77	0.30	0.01	0.31	1100
36617.09	**20752.61**	**45719.37**	**479.49**	**23009.34**	**42135.20**	C
1983.82	634.26	3328.65	37.22	737.08	1806.79	1300
248.27	49.71	864.95	14.28	26.39	31.79	1310

2-18 续表 1

行业中类	代码	全年营业收入(亿元)	内资企业	国有企业	集体企业	股份合作	联营
饲料加工	1320	1368.81	1037.63	30.00	37.22	36.17	9.01
植物油加工	1330	2009.01	1191.26	43.83	47.79	23.85	2.44
制糖	1340	328.81	292.96	24.26	3.83	1.43	3.48
屠宰及肉类加工	1350	1936.08	1542.38	98.96	69.60	29.12	14.11
水产品加工	1360	1144.93	711.09	32.86	160.95	39.75	1.96
蔬菜、水果和坚果加工	1370	614.12	385.04	4.78	13.33	5.08	0.58
其他农副食品加工	1390	718.21	473.94	10.75	68.35	12.87	1.20
食品制造业	1400	3222.66	2058.42	105.48	136.93	51.47	7.63
焙烤食品制造	1410	380.02	212.73	6.15	14.86	7.60	0.67
糖果、巧克力及蜜饯制造	1420	265.10	131.18	1.60	5.11	1.78	0.34
方便食品制造	1430	545.17	313.45	4.87	31.35	5.05	0.84
液体乳及乳制品制造	1440	717.94	500.79	16.72	18.38	5.11	2.58
罐头制造	1450	249.57	177.48	9.78	7.70	6.61	1.25
调味品、发酵制品制造	1460	515.48	354.31	29.77	31.48	12.55	0.40
其他食品制造	1490	549.38	368.47	36.60	28.05	12.77	1.54
饮料制造业	1500	2743.95	1765.77	175.70	109.23	31.23	6.63
酒精制造	1510	107.57	88.28	11.52	3.87	1.27	0.60
酒的制造	1520	1442.98	1111.42	154.46	40.30	18.87	2.35
软饮料制造	1530	1041.60	422.48	5.37	45.78	7.44	2.81
精制茶加工	1540	151.79	143.58	4.35	19.27	3.65	0.87
烟草制品业	1600	2703.28	2694.11	2218.26	23.91	0.82	0.20
烟叶复烤	1610	67.64	64.57	41.65	0.44	0.64	
卷烟制造	1620	2621.51	2616.40	2174.23	20.43		0.20
其他烟草制品加工	1690	14.13	13.15	2.38	3.05	0.18	
纺织业	1700	11497.04	8643.86	331.82	475.45	222.70	23.45
棉、化纤纺织及印染精加工	1710	6150.92	4959.28	207.72	252.35	103.15	12.62
毛纺织和染整精加工	1720	812.73	568.14	13.00	48.95	15.41	1.59
麻纺织	1730	178.17	141.51	11.77	5.29	2.25	0.52
丝绢纺织及精加工	1740	856.87	715.16	34.98	33.39	10.86	0.94
纺织制成品制造	1750	1443.30	991.01	32.19	60.71	24.40	3.93
针织品、编织品及其制品制造	1760	2055.05	1268.76	32.15	74.76	66.63	3.85
纺织服装、鞋、帽制造业	1800	4493.23	2534.28	48.24	262.39	54.21	8.52
纺织服装制造	1810	4254.15	2403.59	47.13	252.86	46.36	8.33
纺织面料鞋的制造	1820	162.23	95.17	1.10	8.07	5.87	0.20
制帽	1830	76.85	35.52	0.01	1.46	1.98	
皮革、毛皮、羽毛(绒)及其制品业	1900	3024.73	1526.37	12.20	99.92	50.33	5.09
皮革鞣制加工	1910	528.64	298.59	1.51	36.99	16.50	0.06
皮革制品制造	1920	2147.18	1023.88	7.26	51.83	31.49	4.68
毛皮鞣制及制品加工	1930	134.22	88.53	1.31	5.43	0.30	0.06
羽毛(绒)加工及制品制造	1940	214.69	115.37	2.11	5.67	2.04	0.30
木材加工及木、竹、藤、棕、草制品业	2000	1951.09	1570.39	52.26	79.72	22.22	3.47
锯材、木片加工	2010	310.76	288.40	13.83	18.47	2.88	0.91
人造板制造	2020	1060.26	886.25	31.25	26.10	9.99	1.65
木制品制造	2030	407.55	263.64	6.21	25.19	4.68	0.57
竹、藤、棕、草制品制造	2040	172.51	132.10	0.97	9.95	4.67	0.33
家具制造业	2100	1457.89	743.36	5.94	34.96	12.74	1.37
木质家具制造	2110	832.30	498.65	4.24	21.96	7.37	0.81
竹、藤家具制造	2120	14.58	7.11		0.21	0.05	

有限责任公司	股份有限公司	私营	其他内资	港、澳、台商投资企业	外商投资企业	代码
292.16	91.10	537.69	4.27	133.72	197.46	1320
423.44	112.99	533.00	3.93	146.28	671.47	1330
140.73	64.84	54.26	0.13	18.35	17.51	1340
581.51	203.95	539.42	5.70	94.92	298.79	1350
136.87	51.45	284.88	2.38	135.94	297.89	1360
68.88	27.23	261.64	3.53	88.23	140.85	1370
91.96	32.99	252.83	2.99	93.24	151.02	1390
596.52	326.08	813.87	20.45	400.89	763.35	1400
40.47	5.27	135.57	2.14	68.26	99.03	1410
30.11	7.83	83.76	0.66	27.20	106.72	1420
86.64	32.72	138.30	13.69	94.96	136.76	1430
171.90	199.28	86.45	0.36	59.16	157.99	1440
38.24	27.34	85.95	0.61	33.60	38.48	1450
113.44	32.64	132.52	1.51	42.06	119.10	1460
115.72	21.00	151.32	1.47	75.65	105.26	1490
504.85	426.99	500.77	10.37	281.65	696.53	1500
43.46	3.57	23.92	0.08	4.86	14.43	1510
336.97	306.49	247.31	4.66	95.70	235.87	1520
108.27	113.84	135.44	3.52	178.20	440.92	1530
16.15	3.09	94.10	2.11	2.89	5.31	1540
438.62	11.74	0.49	0.07	3.61	5.56	1600
16.52	5.06	0.23	0.02	1.10	1.98	1610
419.10	2.30	0.14		1.55	3.57	1620
3.00	4.38	0.12	0.05	0.96	0.01	1690
2203.86	586.20	4771.14	29.24	1721.73	1131.45	1700
1577.78	330.31	2461.84	13.50	825.15	366.50	1710
106.19	71.66	310.47	0.86	138.07	106.52	1720
33.77	28.46	56.34	3.11	22.01	14.65	1730
104.42	28.83	501.14	0.61	98.67	43.03	1740
178.57	83.22	602.87	5.13	222.94	229.36	1750
203.13	43.73	838.48	6.03	414.90	371.39	1760
377.99	259.99	1511.20	11.73	1121.26	837.69	1800
363.37	250.23	1424.71	10.60	1058.46	792.11	1810
10.02	6.63	62.32	0.97	38.94	28.12	1820
4.60	3.13	24.18	0.16	23.86	17.47	1830
350.27	35.22	967.06	6.29	730.97	767.39	1900
43.68	15.37	183.72	0.76	99.74	130.31	1910
260.62	13.76	649.90	4.34	567.27	556.02	1920
19.89	0.68	59.86	1.00	16.99	28.70	1930
26.08	5.41	73.58	0.18	46.97	52.35	1940
200.93	68.40	1126.91	16.48	199.77	180.93	2000
13.85	18.46	213.10	6.89	13.11	9.25	2010
156.09	39.71	616.40	5.05	99.73	74.29	2020
25.72	5.99	192.80	2.48	66.63	77.28	2030
5.27	4.24	104.61	2.06	20.31	20.10	2040
90.18	27.39	559.55	11.24	335.85	378.68	2100
57.27	17.55	380.73	8.71	164.87	168.78	2110
0.48	0.05	6.22	0.11	5.98	1.49	2120

2-18 续表 2

行业中类	代码	全年营业收入(亿元)	内资企业	国有企业	集体企业	股份合作	联营
金属家具制造	2130	403.03	162.20	1.52	10.52	3.98	0.40
塑料家具制造	2140	20.76	11.89		0.81	0.51	
其他家具制造	2190	187.21	63.50	0.18	1.45	0.82	0.16
造纸及纸制品业	2200	3898.64	2711.55	105.21	274.24	95.84	10.33
纸浆制造	2210	100.03	91.17	25.34	2.84	0.53	0.34
造纸	2220	2253.19	1573.85	65.15	147.74	43.79	3.90
纸制品制造	2230	1545.42	1046.53	14.73	123.66	51.52	6.09
印刷业和记录媒介的复制	2300	1716.40	1301.73	180.70	121.99	57.56	7.86
印刷	2310	1587.99	1209.00	163.84	114.00	52.70	7.26
装订及其他印刷服务活动	2320	90.03	70.53	14.00	7.59	4.86	0.59
记录媒介的复制	2330	38.37	22.19	2.86	0.40		
文教体育用品制造业	2400	1391.72	630.19	7.45	58.88	14.88	1.02
文化用品制造	2410	262.20	159.28	1.10	15.84	3.36	0.25
体育用品制造	2420	360.65	141.05	2.54	6.80	4.63	0.36
乐器制造	2430	104.63	47.93	3.03	2.36	0.59	0.18
玩具制造	2440	616.35	252.63	0.75	33.43	5.41	0.23
游艺器材及娱乐用品制造	2450	47.90	29.30	0.02	0.44	0.88	
石油加工、炼焦及核燃料加工业	2500	9337.10	8398.09	1582.16	95.32	28.55	9.41
化学原料及化学制品制造业	2600	14104.89	10706.96	1357.59	657.53	300.16	41.74
基础化学原料制造	2610	3511.72	3122.53	759.62	191.05	73.52	11.10
肥料制造	2620	1897.91	1780.58	241.23	29.20	47.68	1.34
农药制造	2630	493.88	410.49	18.40	24.72	19.07	1.57
涂料、油墨、颜料及类似产品制造	2640	1517.60	932.49	19.40	101.36	54.87	4.30
合成材料制造	2650	2993.63	2062.24	117.42	97.52	17.93	1.86
专用化学产品制造	2660	2374.53	1825.84	178.72	187.47	75.76	19.18
日用化学产品制造	2670	1315.61	572.81	22.80	26.21	11.32	2.39
医药制造业	2700	3199.08	2447.46	174.22	68.95	61.35	13.96
化学药品原药制造	2710	823.00	694.17	73.17	17.57	22.09	5.64
化学药品制剂制造	2720	1009.12	685.83	37.85	15.70	12.24	2.79
中药饮片加工	2730	128.13	98.72	2.83	6.04	8.39	1.49
中成药制造	2740	781.32	655.99	31.61	16.70	11.20	3.05
兽用药品制造	2750	92.98	77.23	2.84	2.79	4.81	0.63
生物、生化制品的制造	2760	208.69	133.73	18.74	1.11	1.30	0.15
卫生材料及医药用品制造	2770	155.85	101.79	7.18	9.05	1.31	0.21
化学纤维制造业	2800	2035.99	1460.63	92.62	124.19	33.15	11.04
纤维素纤维原料及纤维制造	2810	253.66	195.26	17.35	4.12	4.60	0.30
合成纤维制造	2820	1782.34	1265.36	75.27	120.07	28.56	10.75
橡胶制品业	2900	1981.97	1232.66	37.12	114.94	64.55	6.44
轮胎制造	2910	950.21	514.88	6.31	25.59	28.53	3.20
橡胶板、管、带的制造	2920	231.73	193.88	10.10	18.92	7.87	0.85
橡胶零件制造	2930	230.33	154.13	3.37	15.51	8.71	0.86
再生橡胶制造	2940	45.19	40.20	0.43	2.87	1.96	0.77
日用及医用橡胶制品制造	2950	123.09	80.05	3.01	35.05	1.49	0.24
橡胶靴鞋制造	2960	275.01	178.00	12.96	8.88	14.25	0.10
其他橡胶制品制造	2990	126.41	71.52	0.94	8.13	1.74	0.41
塑料制品业	3000	5230.28	3274.33	41.80	278.33	148.03	23.33
塑料薄膜制造	3010	813.12	525.26	8.71	36.41	42.58	9.38
塑料板、管、型材的制造	3020	972.52	689.24	6.29	48.36	17.25	2.21

有限责任公司	股份有限公司	私营	其他内资	港、澳、台商投资企业	外商投资企业	代码
18.68	8.07	117.78	1.25	115.67	125.16	2130
1.78	0.21	8.47	0.12	5.33	3.54	2140
11.98	1.51	46.35	1.05	43.99	79.72	2190
605.66	315.44	1291.16	13.67	518.74	668.35	2200
33.73	7.58	19.60	1.21	6.23	2.63	2210
415.75	287.03	607.40	3.11	260.30	419.04	2220
156.19	20.83	664.16	9.36	252.21	246.68	2230
256.71	53.78	615.34	7.80	262.77	151.90	2300
235.78	51.88	576.70	6.84	245.64	133.34	2310
7.18	0.92	34.49	0.91	11.05	8.45	2320
13.75	0.98	4.16	0.04	6.08	10.10	2330
89.19	16.10	430.94	11.73	438.30	323.23	2400
14.44	3.90	119.81	0.57	52.06	50.86	2410
30.28	6.90	88.90	0.64	108.69	110.91	2420
18.06	0.23	23.18	0.29	13.63	43.08	2430
23.13	5.05	174.47	10.14	254.11	109.61	2440
3.28	0.01	24.58	0.08	9.82	8.78	2450
1131.65	4798.91	749.00	3.09	543.26	395.75	2500
3150.57	2159.79	3017.98	21.60	1183.78	2214.15	2600
964.97	391.89	725.50	4.87	136.73	252.47	2610
761.48	347.71	350.41	1.54	33.43	83.91	2620
127.66	109.43	108.75	0.90	27.57	55.82	2630
234.29	72.45	441.70	4.11	232.04	353.08	2640
398.22	990.15	438.09	1.04	301.08	630.31	2650
438.60	175.94	742.98	7.19	198.35	350.34	2660
225.35	72.22	210.55	1.95	254.59	488.21	2670
960.63	733.98	431.23	3.15	224.86	526.75	2700
290.90	182.39	101.98	0.43	49.21	79.61	2710
336.37	208.22	71.84	0.81	81.22	242.07	2720
32.73	9.89	36.94	0.43	8.08	21.33	2730
217.71	274.94	100.05	0.73	58.66	66.67	2740
27.86	5.14	32.96	0.20	1.15	14.59	2750
30.39	39.37	42.45	0.21	13.69	61.27	2760
24.67	14.02	45.00	0.35	12.84	41.22	2770
451.50	219.48	528.02	0.62	434.70	140.66	2800
81.73	64.51	22.65	0.01	22.62	35.77	2810
369.77	154.97	505.37	0.61	412.08	104.89	2820
406.58	106.74	491.37	4.91	247.99	501.33	2900
233.54	71.63	145.66	0.41	111.00	324.33	2910
41.08	10.58	103.41	1.06	11.68	26.17	2920
26.66	7.43	90.42	1.17	33.57	42.63	2930
4.00	1.87	27.81	0.47	3.60	1.40	2940
11.73	5.80	22.66	0.08	11.71	31.32	2950
78.50	4.09	58.70	0.52	56.55	40.45	2960
11.06	5.33	42.72	1.19	19.87	35.02	2990
683.87	191.68	1883.39	23.90	1058.46	897.49	3000
162.94	65.59	197.09	2.56	155.91	131.95	3010
160.08	86.04	365.60	3.42	140.76	142.51	3020

2-18 续表 3

行业中类	代码	全年营业收入（亿元）	内资企业	国有企业	集体企业	股份合作	联营
塑料丝、绳及编织品的制造	3030	457.02	391.80	6.75	39.52	21.29	1.63
泡沫塑料制造	3040	288.20	177.50	2.08	16.40	5.95	3.66
塑料人造革、合成革制造	3050	262.01	174.71	1.34	21.77	0.67	0.31
塑料包装箱及容器制造	3060	524.26	308.68	3.56	24.33	12.24	0.55
塑料零件制造	3070	654.54	315.69	3.65	23.08	20.67	0.43
日用塑料制造	3080	697.43	413.37	2.53	47.89	19.38	2.28
其他塑料制品制造	3090	561.19	278.08	6.89	20.58	8.01	2.90
非金属矿物制品业	3100	9626.31	8144.14	355.22	908.79	243.38	66.36
水泥、石灰和石膏的制造	3110	2487.18	2271.72	183.18	211.15	56.09	22.85
水泥及石膏制品制造	3120	1423.30	1179.22	46.37	100.58	19.51	10.74
砖瓦、石材及其他建筑材料制造	3130	2480.09	2181.66	30.21	348.35	91.63	20.92
玻璃及玻璃制品制造	3140	1401.00	993.64	47.61	57.31	23.51	2.35
陶瓷制品制造	3150	610.08	414.25	13.81	50.83	18.93	0.75
耐火材料制品制造	3160	618.70	566.00	14.63	84.85	19.94	2.89
石墨及其他非金属矿物制品制造	3190	605.96	537.64	19.41	55.72	13.77	5.87
黑色金属冶炼及压延加工业	3200	18013.05	15819.47	2156.55	778.09	132.52	336.47
炼铁	3210	1486.59	1354.30	77.92	62.93	8.75	17.10
炼钢	3220	3512.03	2972.79	695.46	61.44	12.81	8.13
钢压延加工	3230	12126.43	10659.94	1343.40	589.66	95.05	305.54
铁合金冶炼	3240	888.00	832.44	39.78	64.05	15.91	5.69
有色金属冶炼及压延加工业	3300	6330.51	5308.75	529.31	388.98	151.14	25.03
常用有色金属冶炼	3310	2847.30	2514.24	422.80	107.45	36.53	15.33
贵金属冶炼	3320	211.59	208.87	8.95	13.60	18.69	2.75
稀有稀土金属冶炼	3330	281.31	240.27	15.26	25.27	3.49	0.03
有色金属合金制造	3340	249.30	203.21	6.23	20.23	5.73	2.98
有色金属压延加工	3350	2741.00	2142.16	76.07	222.43	86.70	3.94
金属制品业	3400	6227.66	4246.15	203.50	402.82	164.41	28.71
结构性金属制品制造	3410	1708.07	1340.29	43.94	118.89	44.71	6.87
金属工具制造	3420	656.70	472.35	13.44	37.25	14.89	1.67
集装箱及金属包装容器制造	3430	882.87	301.92	10.23	30.84	13.19	3.95
金属丝绳及其制品的制造	3440	607.05	499.36	93.63	46.75	18.88	3.09
建筑、安全用金属制品制造	3450	672.09	470.79	3.84	36.06	25.00	1.70
金属表面处理及热处理加工	3460	453.47	336.00	4.87	57.50	22.13	7.41
搪瓷制品制造	3470	77.96	64.28	0.31	16.54	1.25	0.13
不锈钢及类似日用金属制品制造	3480	632.50	367.39	2.85	18.88	9.98	0.85
其他金属制品制造	3490	536.95	393.78	30.40	40.11	14.38	3.05
通用设备制造业	3500	10015.10	7513.10	517.49	569.34	319.15	40.70
锅炉及原动机制造	3510	1153.33	916.69	146.31	47.39	18.30	3.15
金属加工机械制造	3520	902.77	767.92	90.79	41.01	23.65	2.94
起重运输设备制造	3530	1193.28	728.27	51.12	35.35	27.03	9.21
泵、阀门、压缩机及类似机械的制造	3540	1468.67	1001.06	45.65	67.65	63.18	2.64
轴承、齿轮、传动和驱动部件的制造	3550	824.21	642.09	36.56	39.80	21.49	3.67
烘炉、熔炉及电炉制造	3560	79.08	49.48	1.27	3.43	2.91	0.05
风机、衡器、包装设备等通用设备制造	3570	1672.42	1080.12	56.35	66.49	36.70	2.39
通用零部件制造及机械修理	3580	1179.99	975.33	35.12	107.93	60.50	6.99
金属铸、锻加工	3590	1541.34	1352.14	54.31	160.29	65.38	9.65
专用设备制造业	3600	5768.89	4412.42	439.32	241.52	130.96	33.12
矿山、冶金、建筑专用设备制造	3610	1581.90	1319.90	200.98	83.19	25.74	2.20

有限责任公司	股份有限公司	私营	其他内资	港、澳、台商投资企业	外商投资企业	代码
71.90	9.22	237.08	4.42	28.92	36.31	3030
25.43	5.59	116.90	1.49	69.22	41.48	3040
35.73	4.53	110.32	0.05	59.30	28.00	3050
67.16	10.75	187.64	2.47	125.85	89.73	3060
61.25	2.25	202.98	1.39	149.10	189.75	3070
51.02	3.47	284.24	2.55	182.79	101.27	3080
48.36	4.25	181.54	5.56	146.61	136.50	3090
1759.13	679.60	4036.65	95.02	658.85	823.32	3100
677.38	312.08	800.80	8.20	115.70	99.76	3110
272.85	57.91	651.85	19.41	120.89	123.19	3120
207.08	48.91	1383.40	51.16	149.71	148.73	3130
288.47	98.72	471.18	4.49	164.50	242.85	3140
86.12	51.06	191.37	1.38	82.04	113.80	3150
107.56	34.26	294.08	7.80	6.85	45.85	3160
119.67	76.66	243.97	2.58	19.17	49.15	3190
6725.23	2419.60	3242.29	28.73	1266.52	927.06	3200
392.36	255.86	536.67	2.72	92.02	40.26	3210
1675.45	38.16	480.99	0.35	449.41	89.83	3220
4396.34	2044.49	1861.62	23.84	705.46	761.04	3230
261.09	81.08	363.02	1.82	19.63	35.93	3240
1716.51	1003.60	1485.53	8.66	365.93	655.83	3300
866.06	573.26	488.24	4.57	59.26	273.80	3310
43.51	67.11	54.17	0.10	2.09	0.63	3320
57.05	47.44	91.47	0.27	9.53	31.51	3330
80.23	11.42	75.86	0.54	15.90	30.20	3340
669.66	304.38	775.79	3.19	279.16	319.68	3350
711.17	227.93	2482.27	25.33	1019.24	962.27	3400
255.67	62.42	799.03	8.76	152.74	215.04	3410
68.85	29.07	303.77	3.41	99.90	84.46	3420
81.05	5.19	156.64	0.81	285.02	295.93	3430
67.84	58.34	208.11	2.74	64.89	42.80	3440
65.90	25.13	309.59	3.56	95.84	105.47	3450
36.09	5.16	200.94	1.89	78.16	39.31	3460
12.20	1.51	31.97	0.39	4.41	9.26	3470
39.59	15.52	278.25	1.46	151.33	113.78	3480
83.99	25.58	193.98	2.30	86.95	56.22	3490
1964.20	631.42	3443.11	27.69	586.91	1915.10	3500
276.21	227.19	197.04	1.08	39.85	196.79	3510
270.17	47.54	288.85	2.97	52.81	82.04	3520
336.40	48.82	219.30	1.03	37.35	427.66	3530
242.58	99.55	477.48	2.33	107.37	360.25	3540
175.42	46.70	316.93	1.50	44.46	137.66	3550
11.78	0.42	29.18	0.43	17.56	12.04	3560
257.35	101.44	557.57	1.83	160.02	432.28	3570
159.37	23.14	575.21	7.07	78.83	125.83	3580
234.91	36.62	781.54	9.44	48.66	140.55	3590
1472.25	623.25	1458.94	13.06	454.54	901.93	3600
416.21	253.08	335.32	3.18	38.43	223.57	3610

2-18 续表 4

行业中类	代码	全年 营业收入 (亿元)	内资企业	国有企业	集体企业	股份合作	联营
化工、木材、非金属加工专用设备制造	3620	946.76	599.73	31.80	31.08	20.84	4.82
食品、饮料、烟草及饲料生产专用设备制造	3630	224.78	192.77	12.93	19.23	11.79	3.72
印刷、制药、日化生产专用设备制造	3640	278.44	207.28	9.62	12.09	10.54	1.27
纺织、服装和皮革工业专用设备制造	3650	681.29	451.87	34.55	17.57	17.60	4.21
电子和电工机械专用设备制造	3660	522.39	386.30	65.46	5.95	4.23	2.76
农、林、牧、渔专用机械制造	3670	736.80	691.51	39.39	39.42	12.92	9.11
医疗仪器设备及器械制造	3680	332.27	176.29	9.43	5.95	5.43	0.64
环保、社会公共安全及其他专用设备制造	3690	464.27	386.78	35.15	27.04	21.88	4.38
交通运输设备制造业	3700	14820.42	8804.73	1453.48	340.22	168.83	30.51
铁路运输设备制造	3710	602.57	573.52	266.71	40.38	6.88	1.44
汽车制造	3720	11067.78	5865.51	780.18	218.99	116.54	23.05
摩托车制造	3730	1186.54	872.95	17.54	32.29	16.68	1.40
自行车制造	3740	482.59	218.35	1.02	10.70	4.79	2.20
船舶及浮动装置制造	3750	895.28	752.71	263.70	34.00	23.34	2.32
航空航天器制造	3760	512.34	458.54	122.16	0.20	0.22	0.04
交通器材及其他交通运输设备制造	3790	73.32	63.14	2.17	3.66	0.39	0.05
电气机械及器材制造业	3900	11855.17	7496.19	272.91	996.86	219.21	27.09
电机制造	3910	1174.81	736.91	51.23	41.26	19.58	2.86
输配电及控制设备制造	3920	2651.97	1765.88	138.47	118.90	61.73	10.54
电线、电缆、光缆及电工器材制造	3930	2624.82	1885.54	51.77	224.91	91.08	8.02
电池制造	3940	812.28	327.32	10.93	18.35	6.54	0.83
家用电力器具制造	3950	3388.16	2096.89	10.24	562.53	18.08	2.88
非电力家用器具制造	3960	173.96	113.68	0.52	1.51	3.15	0.18
照明器具制造	3970	893.73	488.31	7.84	23.63	16.32	1.53
其他电气机械及器材制造	3990	135.45	81.66	1.90	5.79	2.73	0.25
通信设备、计算机及其他电子设备制造业	4000	23185.22	4128.19	203.00	64.13	40.73	24.53
通信设备制造	4010	4983.67	1378.98	94.08	6.04	2.99	6.23
雷达及配套设备制造	4020	63.98	61.30	23.02	0.02	0.10	1.29
广播电视设备制造	4030	202.83	108.21	3.15	3.47	4.26	1.03
电子计算机制造	4040	8815.43	614.59	4.18	3.70	2.44	0.93
电子器件制造	4050	2683.33	356.40	12.95	9.75	3.04	4.18
电子元件制造	4060	3358.63	713.05	59.26	32.87	21.38	5.98
家用视听设备制造	4070	2859.72	802.13	3.94	5.47	5.26	4.72
其他电子设备制造	4090	217.64	93.54	2.43	2.82	1.25	0.17
仪器仪表及文化、办公用机械制造业	4100	2426.08	880.46	60.96	53.32	36.88	10.06
通用仪器仪表制造	4110	717.97	484.06	19.93	23.20	21.50	4.08
专用仪器仪表制造	4120	201.85	126.60	25.58	10.53	4.29	0.60
钟表与计时仪器制造	4130	132.80	53.92	1.47	5.94	1.65	0.22
光学仪器及眼镜制造	4140	348.40	139.29	10.84	10.48	7.33	0.09
文化、办公用机械制造	4150	983.52	58.35	2.64	1.72	0.85	4.57
其他仪器仪表的制造及修理	4190	41.53	18.25	0.51	1.45	1.27	0.48
工艺品及其他制造业	4200	2061.08	1343.97	61.35	90.33	52.79	11.79
工艺美术品制造	4210	1377.37	874.21	6.61	67.80	37.91	11.13
日用杂品制造	4220	420.30	240.01	0.09	10.19	10.59	0.06
煤制品制造	4230	66.77	66.33	0.53	5.58	1.54	0.46
其他未列明的制造业	4290	196.64	163.41	54.12	6.76	2.75	0.14
废弃资源和废旧材料回收加工业	4300	256.01	177.05	1.29	24.00	4.20	1.92
金属废料和碎屑的加工处理	4310	201.91	129.51	1.14	19.81	1.61	1.41

有限责任公司	股份有限公司	私营	其他内资	港、澳、台商投资企业	外商投资企业	代码
141.93	59.66	306.31	3.27	166.40	180.63	3620
50.47	14.99	79.15	0.47	7.26	24.76	3630
44.51	30.02	98.43	0.80	27.51	43.65	3640
124.44	62.08	190.58	0.84	112.72	116.70	3650
212.90	31.51	62.73	0.76	51.44	84.66	3660
340.54	95.73	152.39	2.02	9.37	35.92	3670
46.98	26.35	80.47	1.03	21.27	134.71	3680
94.27	49.82	153.55	0.69	20.15	57.34	3690
3325.90	1547.26	1924.09	14.45	715.50	5300.19	3700
109.45	100.18	48.24	0.25	8.94	20.11	3710
2321.69	1278.52	1115.63	10.91	444.47	4757.80	3720
276.68	69.61	457.21	1.54	41.47	272.11	3730
25.96	5.82	167.05	0.81	150.97	113.26	3740
277.78	33.68	117.16	0.73	54.18	88.39	3750
307.24	27.48	1.14	0.06	10.13	43.67	3760
7.10	31.96	17.66	0.15	5.33	4.85	3790
2171.20	1300.49	2493.28	15.15	1579.51	2779.48	3900
226.41	118.19	276.72	0.67	100.22	337.68	3910
646.84	226.34	557.57	5.48	288.71	597.38	3920
587.62	179.73	738.64	3.78	318.15	421.12	3930
121.80	37.42	131.30	0.17	169.43	315.53	3940
436.19	694.16	370.18	2.63	448.50	842.77	3950
31.43	7.95	68.56	0.37	26.44	33.84	3960
93.11	33.20	310.93	1.75	219.04	186.37	3970
27.81	3.50	39.38	0.30	9.00	44.79	3990
1680.13	1205.76	904.88	5.03	5003.29	14053.74	4000
663.14	443.63	162.60	0.27	492.27	3112.43	4010
33.26	2.83	0.78		0.73	1.95	4020
19.28	20.63	56.29	0.11	28.63	66.00	4030
205.10	260.21	137.82	0.20	1970.70	6230.14	4040
117.08	121.72	87.56	0.13	585.43	1741.49	4050
209.08	63.97	317.72	2.79	870.28	1775.30	4060
405.07	277.64	98.87	1.17	971.84	1085.75	4070
28.12	15.12	43.25	0.37	83.42	40.68	4090
291.85	77.21	347.47	2.72	467.44	1078.19	4100
166.07	59.63	188.26	1.40	54.49	179.42	4110
31.50	7.57	45.94	0.59	17.35	57.90	4120
16.62	1.34	26.47	0.21	52.88	26.01	4130
55.62	3.23	51.35	0.34	111.20	97.92	4140
16.91	3.98	27.60	0.09	228.71	696.47	4150
5.12	1.48	7.84	0.10	2.81	20.47	4190
270.13	63.38	785.00	9.19	409.43	307.69	4200
168.84	53.51	523.07	5.36	294.87	208.29	4210
35.91	4.03	178.27	0.87	96.37	83.92	4220
3.57	4.85	47.57	2.23	0.09	0.35	4230
61.82	0.99	36.09	0.74	18.10	15.13	4290
45.99	0.94	97.81	0.91	36.52	42.43	4300
41.77	0.54	62.86	0.36	35.26	37.15	4310

2-18 续表 5

行业中类	代码	全年营业收入(亿元)					
			内资企业	国有企业	集体企业	股份合作	联营
非金属废料和碎屑的加工处理	4320	54.09	47.55	0.14	4.19	2.58	0.51
电力、燃气及水的生产和供应业	D	**16802.71**	**14940.04**	**9584.78**	**178.40**	**49.70**	**114.15**
电力、热力的生产和供应业	4400	15607.10	13954.00	9187.86	88.39	37.82	90.61
电力生产	4410	5886.08	4261.70	1755.97	58.03	32.35	66.12
电力供应	4420	9423.18	9412.54	7340.60	23.56	2.15	21.71
热力生产和供应	4430	297.84	279.76	91.29	6.80	3.32	2.78
燃气生产和供应业	4500	592.54	431.34	135.79	8.83	9.12	19.83
水的生产和供应业	4600	603.07	554.69	261.13	81.18	2.76	3.71
自来水的生产和供应	4610	568.72	529.76	256.73	79.08	2.49	1.73
污水处理及其再生利用	4620	32.23	23.00	4.36	1.92	0.23	1.97
其他水的处理、利用与分配	4690	2.12	1.93	0.03	0.19	0.03	0.01
建筑业	E	**30212.82**	**29802.66**	**7279.31**	**2173.51**	**535.31**	**162.41**
房屋和土木工程建筑业	4700	24989.88	24826.92	6197.02	1833.66	434.97	135.27
房屋工程建筑	4710	16327.41	16229.51	2827.32	1584.93	349.96	60.42
土木工程建筑	4720	8662.47	8597.41	3369.70	248.74	85.01	74.85
建筑安装业	4800	3279.35	3195.70	859.09	265.42	63.43	16.21
建筑装饰业	4900	1272.52	1128.30	78.15	45.97	18.81	8.93
其他建筑业	5000	671.07	651.74	145.05	28.46	18.10	2.01
工程准备	5010	226.78	223.71	68.61	8.14	11.65	0.95
提供施工设备服务	5020	63.78	57.85	14.83	2.15	0.32	0.15
其他未列明的建筑活动	5090	380.51	370.18	61.62	18.17	6.13	0.90
交通运输、仓储和邮政业	F	**10097.70**	**8626.14**	**3325.17**	**350.15**	**109.48**	**118.69**
道路运输业	5200	2776.38	2575.92	488.43	188.60	64.21	37.99
公路旅客运输	5210	709.72	700.03	200.86	35.18	27.38	20.47
道路货物运输	5220	1522.90	1452.58	156.45	136.88	33.38	13.34
道路运输辅助活动	5230	543.77	423.31	131.11	16.53	3.44	4.18
城市公共交通业	5300	685.36	628.23	222.12	25.37	13.26	2.46
公共电汽车客运	5310	414.05	377.62	185.92	8.47	3.86	0.69
轨道交通	5320	32.39	29.62	5.49	0.05	0.17	0.07
出租车客运	5330	221.95	205.79	23.83	15.71	9.15	1.70
城市轮渡	5340	5.38	3.61	1.50	0.58	0.02	
其他城市公共交通	5390	11.59	11.59	5.39	0.57	0.06	
水上运输业	5400	2140.40	1866.42	1025.41	55.57	8.69	7.96
水上旅客运输	5410	46.83	31.44	3.49	3.16	0.77	0.68
水上货物运输	5420	1521.80	1410.93	858.07	47.26	7.24	4.43
水上运输辅助活动	5430	571.76	424.05	163.85	5.15	0.68	2.84
航空运输业	5500	1437.35	1024.90	279.21	0.47	0.03	45.63
航空客货运输	5510	1218.90	863.87	224.00		0.02	44.72
通用航空服务	5520	27.39	11.93	5.61	0.27		0.01
航空运输辅助活动	5530	191.05	149.10	49.60	0.20	0.02	0.90
管道运输业	5600	101.78	94.40	20.17	0.05	0.01	
装卸搬运和其他运输服务业	5700	1396.15	1027.96	256.34	45.83	16.58	12.65
装卸搬运	5710	132.01	113.22	20.26	30.12	4.12	1.39
运输代理服务	5720	1264.14	914.75	236.08	15.71	12.46	11.26
仓储业	5800	925.37	808.64	449.86	34.08	6.19	11.96
谷物、棉花等农产品仓储	5810	402.70	401.16	352.75	4.38	0.76	0.11
其他仓储	5890	522.67	407.49	97.12	29.70	5.43	11.85
邮政业	5900	613.01	577.75	561.72	0.17	0.51	0.04

有限责任公司	股份有限公司	私营	其他内资	港、澳、台商投资企业	外商投资企业	代码
4.22	0.39	34.95	0.56	1.26	5.29	4320
4133.12	**697.56**	**175.61**	**6.72**	**823.62**	**1039.05**	**D**
3766.05	652.01	127.50	3.76	756.13	896.97	4400
1673.25	570.78	102.72	2.46	736.29	888.09	4410
1965.26	55.03	3.97	0.27	8.65	1.99	4420
127.54	26.20	20.81	1.02	11.19	6.89	4430
211.18	26.00	20.21	0.38	58.34	102.86	4500
155.89	19.55	27.90	2.58	9.16	39.22	4600
144.90	19.37	23.37	2.09	8.51	30.46	4610
10.59	0.13	3.34	0.47	0.47	8.76	4620
0.39	0.05	1.19	0.03	0.18	0.01	4690
11588.86	**2066.62**	**5933.42**	**63.21**	**164.52**	**245.64**	**E**
9830.55	1893.47	4456.32	45.65	52.09	110.87	4700
6506.74	1343.07	3518.10	38.97	34.00	63.90	4710
3323.81	550.39	938.22	6.68	18.09	46.97	4720
1179.22	116.29	687.61	8.44	31.57	52.09	4800
355.22	24.92	592.42	3.87	72.36	71.85	4900
223.87	31.95	197.06	5.25	8.50	10.84	5000
54.65	6.68	71.71	1.33	2.28	0.79	5010
18.95	3.80	17.53	0.13	4.34	1.59	5020
150.27	21.47	107.83	3.78	1.87	8.46	5090
2354.67	**1103.12**	**1221.71**	**43.14**	**609.27**	**862.29**	**F**
924.01	194.85	658.16	19.68	106.20	94.26	5200
262.72	63.45	87.35	2.63	4.01	5.67	5210
497.89	49.72	549.13	15.79	36.34	33.98	5220
163.41	81.68	21.68	1.27	65.84	54.62	5230
217.34	59.69	83.03	4.95	33.30	23.84	5300
119.42	34.92	24.09	0.25	25.31	11.12	5310
22.39	1.33	0.13		1.65	1.12	5320
71.48	22.27	57.16	4.49	4.56	11.60	5330
1.46		0.06		1.77		5340
2.59	1.17	1.60	0.20			5390
371.11	274.45	117.95	5.27	181.62	92.36	5400
16.37	4.49	2.45	0.03	5.07	10.32	5410
160.64	225.86	103.52	3.91	79.71	31.16	5420
194.10	44.10	11.98	1.33	96.84	50.87	5430
243.08	452.93	2.71	0.84	83.46	329.00	5500
193.05	402.02	0.06	0.01	54.88	300.16	5510
3.76	0.11	2.18		0.01	15.46	5520
46.27	50.80	0.47	0.83	28.57	13.39	5530
34.74	39.20	0.23		1.41	5.97	5600
397.98	33.81	256.38	8.39	177.47	190.72	5700
24.48	6.68	24.33	1.84	3.83	14.96	5710
373.50	27.13	232.05	6.55	173.64	175.75	5720
159.25	47.53	95.81	3.96	25.57	91.15	5800
29.25	0.43	12.90	0.57	0.28	1.26	5810
130.00	47.10	82.91	3.39	25.30	89.89	5890
7.16	0.66	7.43	0.05	0.26	35.00	5900

2-18 续表 6

行业中类	代码	全年营业收入（亿元）	内资企业	国有企业	集体企业	股份合作	联营
国家邮政	5910	559.70	559.70	558.76	0.02	0.13	0.02
其他寄递服务	5990	53.31	18.05	2.96	0.16	0.38	0.02
信息传输、计算机服务和软件业	G	**11101.45**	**5668.48**	**1308.01**	**12.40**	**24.71**	**13.44**
电信和其他信息传输服务业	6000	9167.66	4299.89	1264.38	5.49	11.17	6.34
电信	6010	8911.99	4085.07	1239.06	2.97	9.62	3.42
互联网信息服务	6020	151.26	122.73	6.95	0.42	0.51	0.81
广播电视传输服务	6030	92.61	80.47	16.14	2.09	0.99	2.11
卫星传输服务	6040	11.80	11.61	2.23	0.01	0.05	
计算机服务业	6100	913.70	706.53	32.46	4.54	5.10	2.71
计算机系统服务	6110	461.57	344.34	17.03	1.24	3.28	2.30
数据处理	6120	23.59	11.91	2.15	0.10	0.01	
计算机维修	6130	30.48	27.75	0.37	0.33	0.21	0.06
其他计算机服务	6190	398.06	322.53	12.90	2.87	1.60	0.34
软件业	6200	1020.10	662.07	11.17	2.38	8.43	4.40
公共软件服务	6210	834.69	563.69	8.91	2.00	7.58	4.25
其他软件服务	6290	185.41	98.38	2.26	0.38	0.85	0.14
批发和零售业	H	**111916.05**	**104154.52**	**20663.97**	**3748.12**	**1341.39**	**988.87**
批发业	6300	92946.95	86483.48	19012.97	2719.37	999.23	708.66
农畜产品批发	6310	2960.14	2924.09	1446.27	225.23	24.41	22.25
食品、饮料及烟草制品批发	6320	9749.10	9432.20	5824.22	150.41	86.12	55.42
纺织、服装及日用品批发	6330	7243.23	6813.08	680.86	144.11	45.61	62.50
文化、体育用品及器材批发	6340	1580.50	1383.98	337.60	22.04	18.87	7.50
医药及医疗器材批发	6350	3298.52	3128.09	479.12	31.36	52.16	13.06
矿产品、建材及化工产品批发	6360	45798.55	44843.21	7832.54	1450.61	465.52	378.50
机械设备、五金交电及电子产品批发	6370	17644.43	13679.68	1622.40	389.50	166.67	122.48
贸易经纪与代理	6380	1129.16	1091.24	250.43	16.43	8.21	10.57
其他批发	6390	3543.32	3187.91	539.52	289.68	131.65	36.40
零售业	6500	18969.10	17671.04	1650.99	1028.75	342.16	280.21
综合零售	6510	5618.88	4665.79	393.28	486.99	86.24	14.63
食品、饮料及烟草制品专门零售	6520	696.21	687.45	227.18	77.20	19.12	24.07
纺织、服装及日用品专门零售	6530	718.99	668.38	32.32	63.24	16.00	4.96
文化、体育用品及器材专门零售	6540	719.07	713.89	312.87	24.96	14.69	4.19
医药及医疗器材专门零售	6550	896.23	882.80	147.86	18.89	20.61	9.76
汽车、摩托车、燃料及零配件专门零售	6560	6306.65	6266.25	387.27	197.27	126.73	96.18
家用电器及电子产品专门零售	6570	2504.19	2344.60	49.13	37.32	24.17	117.14
五金、家具及室内装修材料专门零售	6580	819.55	771.36	30.00	58.17	20.08	2.90
无店铺及其他零售	6590	689.32	670.52	71.08	64.72	14.52	6.37
住宿和餐饮业	I	**3071.82**	**2405.00**	**510.58**	**152.82**	**61.41**	**25.92**
住宿业	6600	1524.93	1186.47	434.32	95.66	22.92	19.85
旅游饭店	6610	1212.84	887.17	336.57	54.87	14.95	17.65
一般旅馆	6620	276.41	264.91	87.97	36.02	7.20	1.67
其他住宿服务	6690	35.68	34.39	9.79	4.78	0.76	0.53
餐饮业	6700	1546.88	1218.54	76.26	57.16	38.50	6.07
正餐服务	6710	1246.31	1121.98	70.77	52.59	34.76	4.73
快餐服务	6720	227.25	36.99	1.84	1.42	1.34	0.14
饮料及冷饮服务	6730	20.14	13.92	0.58	0.57	0.70	0.04
其他餐饮服务	6790	53.19	45.64	3.07	2.58	1.70	1.16

有限责任公司	股份有限公司	私营	其他内资	港、澳、台商投资企业	外商投资企业	代码
0.66		0.11				5910
6.50	0.66	7.32	0.05	0.26	35.00	5990
2982.66	**700.61**	**615.14**	**11.52**	**2792.55**	**2640.42**	G
2441.03	491.44	77.83	2.21	2634.05	2233.72	6000
2348.15	460.18	20.74	0.94	2617.44	2209.48	6010
51.06	10.63	51.63	0.71	16.44	12.09	6020
33.18	20.55	4.86	0.56	0.01	12.13	6030
8.64	0.07	0.60		0.16	0.02	6040
273.89	107.94	277.35	2.54	46.85	160.32	6100
113.38	58.99	147.35	0.76	38.58	78.65	6110
3.62	1.57	4.40	0.06	3.57	8.11	6120
6.16	0.19	20.36	0.07	0.62	2.11	6130
150.73	47.19	105.24	1.66	4.08	71.45	6190
267.74	101.23	259.96	6.77	111.65	246.38	6200
236.07	85.97	213.00	5.90	90.26	180.74	6210
31.67	15.26	46.95	0.87	21.39	65.64	6290
28322.68	**13425.75**	**35342.57**	**321.17**	**1490.08**	**6271.45**	H
23192.70	10925.47	28697.67	227.40	1073.17	5390.29	6300
682.53	105.14	408.79	9.48	8.29	27.76	6310
1864.49	275.16	1158.19	18.20	28.44	288.46	6320
2540.22	786.43	2544.63	8.71	112.77	317.38	6330
399.07	29.45	566.79	2.66	46.63	149.89	6340
1396.71	414.14	731.14	10.40	24.12	146.31	6350
10620.07	8450.23	15525.46	120.29	216.05	739.28	6360
4424.02	669.42	6247.39	37.79	559.74	3405.02	6370
455.18	91.99	256.49	1.95	5.93	31.99	6380
810.42	103.52	1258.77	17.94	71.21	284.20	6390
5129.97	2500.28	6644.90	93.77	416.91	881.16	6500
1674.20	1179.94	810.59	19.93	222.59	730.50	6510
139.63	26.24	168.40	5.60	1.55	7.21	6520
153.62	21.93	369.54	6.77	23.52	27.10	6530
142.65	28.00	183.89	2.63	1.46	3.72	6540
297.42	133.25	250.63	4.38	11.64	1.80	6550
1808.12	969.85	2652.73	28.10	19.37	21.04	6560
634.25	94.16	1376.24	12.19	131.27	28.32	6570
151.08	24.21	477.05	7.86	1.81	46.38	6580
128.98	22.70	355.84	6.30	3.71	15.08	6590
475.40	**103.11**	**1048.89**	**26.87**	**299.78**	**367.04**	I
277.25	62.80	264.43	9.24	200.90	137.56	6600
231.26	51.05	175.41	5.41	194.31	131.37	6610
41.60	6.51	80.46	3.48	5.96	5.54	6620
4.38	5.24	8.56	0.35	0.63	0.66	6690
198.16	40.31	784.46	17.63	98.87	229.47	6700
178.37	37.78	726.77	16.22	66.73	57.59	6710
8.87	0.60	22.17	0.62	28.64	161.61	6720
1.24	0.14	10.50	0.16	0.88	5.34	6730
9.68	1.79	25.02	0.63	2.61	4.93	6790

2-18 续表 7

行业中类	代码	全年营业收入（亿元）	内资企业	国有企业	集体企业	股份合作	联营
金融业	J	**23133.14**	**22856.40**	**8175.93**	**1241.00**	**482.40**	**417.56**
银行业	6800	16073.02	15932.48	7727.31	1232.79	455.36	414.43
中央银行	6810	33.40	33.40	28.28	0.11		
商业银行	6820	15085.06	14945.02	6806.32	1212.51	447.37	414.43
其他银行	6890	954.57	954.06	892.70	20.18	7.99	
证券业	6900	444.66	420.85	69.59	0.87	1.26	2.92
证券市场管理	6910	4.27	4.27	1.02			
证券经纪与交易	6920	406.60	388.60	59.89	0.86	1.18	2.92
证券投资	6930	24.38	23.58	8.65	0.01	0.08	
证券分析与咨询	6940	9.41	4.40	0.03			
保险业	7000	6244.67	6137.45	319.30	0.18	25.14	0.01
人寿保险	7010	4735.20	4652.73	64.67	0.12	19.73	
非人寿保险	7020	1447.83	1425.01	253.68	0.05	5.34	
保险辅助服务	7030	61.63	59.72	0.95	0.01	0.08	0.01
其他金融活动	7100	370.79	365.61	59.73	7.15	0.64	0.21
金融信托与管理	7110	94.46	94.22	37.01	0.14		0.01
金融租赁	7120	12.41	11.20	2.66			
财务公司	7130	118.37	116.34	10.52	0.06		
邮政储蓄	7140	10.76	10.76	4.76	6.00		
典当	7150	15.23	15.23	0.73	0.36	0.41	0.17
其他未列明的金融活动	7190	119.56	117.86	4.05	0.59	0.23	0.03
房地产业	K	**14821.78**	**12708.01**	**1263.92**	**467.18**	**171.74**	**91.16**
房地产业	7200	14821.78	12708.01	1263.92	467.18	171.74	91.16
房地产开发经营	7210	13445.25	11500.03	1083.86	317.53	120.32	76.96
物业管理	7220	691.86	602.01	103.64	42.98	11.50	10.55
房地产中介服务	7230	211.48	180.11	9.98	4.95	1.96	0.90
其他房地产活动	7290	473.19	425.85	66.44	101.71	37.97	2.75
租赁和商务服务业	L	**7050.44**	**6228.74**	**1290.67**	**574.95**	**91.00**	**37.34**
租赁业	7300	121.12	112.25	11.64	6.13	3.45	1.29
机械设备租赁	7310	116.53	108.35	11.13	5.81	3.31	1.28
文化及日用品出租	7320	4.59	3.90	0.51	0.32	0.14	0.01
商务服务业	7400	6929.33	6116.49	1279.03	568.82	87.55	36.05
企业管理服务	7410	3610.11	3177.41	800.60	371.74	29.51	17.80
法律服务	7420	69.16	68.03	1.10	2.76	2.46	0.24
咨询与调查	7430	662.92	505.45	31.85	26.64	8.62	2.98
广告业	7440	790.77	629.04	42.53	11.24	6.22	2.47
知识产权服务	7450	22.63	21.27	2.23	0.75	0.59	0.04
职业中介服务	7460	171.86	169.59	31.63	24.22	2.94	2.28
市场管理	7470	281.72	272.60	31.98	47.69	8.62	4.12
旅行社	7480	806.60	786.77	208.53	37.97	18.93	4.21
其他商务服务	7490	513.57	486.33	128.56	45.81	9.66	1.91
科学研究、技术服务和地质勘查业	M	**2926.03**	**2692.96**	**1123.64**	**84.50**	**37.24**	**10.56**
研究与试验发展	7500	399.86	345.60	160.52	9.19	5.43	0.47
自然科学研究与试验发展	7510	39.22	27.62	20.61	0.39	0.70	0.01
工程和技术研究与试验发展	7520	298.75	262.53	132.72	7.96	2.59	0.30
农业科学研究与试验发展	7530	31.55	31.13	3.10	0.65	0.19	0.09
医学研究与试验发展	7540	26.62	21.04	2.08	0.13	1.83	0.08

有限责任公司	股份有限公司	私营	其他内资	港、澳、台商投资企业	外商投资企业	代码
1024.57	**11448.13**	**45.06**	**21.74**	**46.68**	**230.07**	J
173.81	5917.19	4.77	6.83	21.63	118.91	6800
0.25	4.76					6810
170.57	5882.22	4.77	6.83	21.62	118.41	6820
2.98	30.21				0.50	6890
229.43	109.33	4.26	3.19	10.44	13.38	6900
2.64	0.60					6910
213.45	106.74	0.38	3.19	10.44	7.56	6920
11.34	1.87	1.63			0.80	6930
2.00	0.12	2.24			5.01	6940
353.92	5403.69	24.94	10.27	14.34	92.87	7000
311.80	4253.96		2.44	12.63	69.85	7010
21.73	1136.52	0.08	7.61	1.30	21.53	7020
20.39	13.21	24.86	0.22	0.42	1.50	7030
267.42	17.93	11.09	1.45	0.27	4.91	7100
54.30	2.16	0.18	0.42		0.24	7110
2.91	3.96	1.64	0.02		1.21	7120
102.23	3.52	0.01	0.01	0.14	1.89	7130
						7140
8.92	0.51	3.86	0.27			7150
99.06	7.77	5.40	0.73	0.13	1.57	7190
5264.98	**984.78**	**4433.31**	**30.95**	**1150.62**	**963.14**	K
5264.98	984.78	4433.31	30.95	1150.62	963.14	7200
4836.78	920.04	4131.92	12.63	1047.63	897.59	7210
260.54	27.80	139.83	5.18	46.18	43.67	7220
43.73	5.39	111.61	1.59	20.85	10.52	7230
123.93	31.55	49.96	11.56	35.97	11.36	7290
2243.13	**475.04**	**1460.45**	**56.18**	**166.41**	**655.29**	L
32.43	4.89	51.48	0.94	3.92	4.95	7300
31.97	4.76	49.33	0.76	3.74	4.44	7310
0.46	0.13	2.15	0.19	0.18	0.51	7320
2210.70	470.15	1408.96	55.23	162.49	650.34	7400
1350.15	351.13	231.70	24.78	44.95	387.75	7410
10.59	0.60	44.01	6.26	0.54	0.59	7420
131.17	5.24	295.31	3.65	46.58	110.89	7430
153.78	20.18	387.48	5.13	46.06	115.66	7440
6.53	0.31	10.66	0.15	0.06	1.30	7450
83.53	2.51	21.99	0.49	1.17	1.10	7460
76.78	12.25	86.76	4.39	2.93	6.19	7470
275.11	60.63	178.11	3.29	11.56	8.27	7480
123.06	17.30	152.93	7.10	8.65	18.59	7490
755.13	**175.76**	**497.57**	**8.57**	**49.02**	**184.05**	M
80.55	36.15	52.28	1.01	14.19	40.07	7500
2.27	0.94	2.46	0.23	0.01	11.60	7510
61.08	17.44	40.22	0.23	14.01	22.21	7520
7.27	16.47	2.94	0.41	0.03	0.39	7530
9.54	1.28	5.97	0.13	0.13	5.45	7540

2-18 续表 8

行业中类	代码	全年营业收入(亿元)					
			内资企业	国有企业	集体企业	股份合作	联营
社会人文科学研究与试验发展	7550	3.72	3.29	2.00	0.05	0.13	
专业技术服务业	7600	1873.07	1730.15	761.94	51.77	25.26	7.98
气象服务	7610	5.87	5.86	2.80	0.39	0.08	0.03
地震服务	7620	1.14	1.13	0.68	0.02	0.04	
海洋服务	7630	4.21	4.05	3.07	0.03	0.61	
测绘服务	7640	21.51	21.16	7.91	2.64	0.29	0.10
技术检测	7650	93.36	73.71	26.71	7.65	2.53	1.25
环境监测	7660	8.01	5.97	0.98	0.19	0.12	0.38
工程技术与规划管理	7670	1247.20	1210.43	618.98	22.56	15.58	4.82
其他专业技术服务	7690	491.77	407.84	100.81	18.29	6.01	1.41
科技交流和推广服务业	7700	497.38	461.90	61.82	22.36	6.12	2.05
技术推广服务	7710	339.06	318.54	36.35	14.05	4.23	1.16
科技中介服务	7720	61.81	56.19	11.78	4.49	0.64	0.13
其他科技服务	7790	96.50	87.17	13.69	3.83	1.26	0.75
地质勘查业	7800	155.72	155.31	139.36	1.18	0.42	0.06
矿产地质勘查	7810	46.70	46.58	41.44	0.33	0.01	0.02
基础地质勘查	7820	19.00	18.87	16.07	0.08	0.08	
地质勘查技术服务	7830	90.02	89.86	81.85	0.76	0.33	0.04
水利、环境和公共设施管理业	**N**	**464.11**	**404.40**	**95.55**	**27.61**	**4.56**	**2.78**
水利管理业	7900	83.57	49.91	21.45	2.82	0.39	0.13
防洪管理	7910	2.29	2.29	0.66	0.24		
水资源管理	7920	54.03	20.37	10.03	1.76	0.24	0.08
其他水利管理	7990	27.26	27.25	10.76	0.81	0.15	0.05
环境管理业	8000	61.39	52.60	12.03	3.99	0.74	0.51
自然保护	8010	8.74	5.22	2.17	0.01	0.01	0.22
环境治理	8020	52.65	47.38	9.87	3.98	0.73	0.29
公共设施管理业	8100	319.15	301.90	62.07	20.80	3.43	2.14
市政公共设施管理	8110	102.70	96.35	32.15	8.40	0.42	0.23
城市绿化管理	8120	142.04	140.85	18.19	7.37	1.44	0.98
游览景区管理	8130	74.41	64.70	11.73	5.02	1.56	0.93
居民服务和其他服务业	**O**	**956.89**	**893.44**	**219.89**	**78.99**	**28.69**	**8.72**
居民服务业	8200	251.75	232.26	22.80	25.06	8.56	6.26
家庭服务	8210	5.82	5.52	0.71	1.25	0.15	0.02
托儿所	8220	0.35	0.30	0.08	0.04		
洗染服务	8230	12.03	10.65	0.63	1.18	0.23	0.33
理发及美容保健服务	8240	30.07	28.00	0.29	1.02	1.63	0.24
洗浴服务	8250	66.93	62.23	2.70	3.06	2.05	0.52
婚姻服务	8260	2.23	2.01	0.22	0.20	0.09	0.02
殡葬服务	8270	34.30	31.76	5.26	6.96	1.82	4.70
摄影扩印服务	8280	32.94	25.92	2.61	1.45	1.44	0.09
其他居民服务	8290	67.10	65.87	10.32	9.90	1.17	0.33
其他服务业	8300	705.14	661.17	197.09	53.93	20.13	2.46
修理与维护	8310	185.59	170.58	17.54	15.54	5.36	1.60
清洁服务	8320	39.17	35.12	3.43	3.74	0.72	0.09
其他未列明的服务	8390	480.38	455.48	176.11	34.65	14.05	0.77
教育	**P**	**114.12**	**106.81**	**27.85**	**11.72**	**5.13**	**3.23**
教育	8400	114.12	106.81	27.85	11.72	5.13	3.23

有限责任公司	股份有限公司	私营	其他内资	港、澳、台商投资企业	外商投资企业	代码
0.39	0.01	0.69	0.01		0.42	7550
424.99	117.65	334.97	5.59	27.58	115.35	7600
2.25	0.05	0.21	0.06			7610
0.09	0.01	0.29			0.01	7620
0.21	0.01	0.12		0.01	0.16	7630
3.63	0.60	5.96	0.03		0.35	7640
20.52	1.89	12.60	0.57	6.71	12.94	7650
1.44	0.03	2.75	0.09		2.04	7660
308.03	68.24	168.10	4.11	7.20	29.57	7670
88.82	46.82	144.95	0.74	13.65	70.29	7690
239.20	21.36	107.14	1.85	7.04	28.44	7700
178.16	16.96	66.12	1.51	4.13	16.39	7710
26.26	0.46	12.31	0.14	1.30	4.32	7720
34.78	3.95	28.70	0.20	1.60	7.73	7790
10.39	0.59	3.18	0.13	0.22	0.18	7800
3.63	0.25	0.84	0.05		0.12	7810
2.24	0.07	0.33		0.13		7820
4.52	0.27	2.02	0.08	0.09	0.06	7830
141.45	**21.87**	**107.86**	**2.72**	**44.09**	**15.62**	**N**
17.03	2.14	5.82	0.14	33.13	0.54	7900
1.17	0.14	0.07				7910
5.48	1.71	0.95	0.12	33.13	0.53	7920
10.37	0.28	4.80	0.02		0.01	7990
19.69	1.36	13.81	0.47	3.42	5.37	8000
1.73	0.14	0.86	0.08	1.36	2.16	8010
17.96	1.22	12.94	0.39	2.06	3.21	8020
104.74	18.38	88.24	2.11	7.54	9.71	8100
43.97	0.66	9.90	0.61	1.69	4.66	8110
41.05	5.41	65.22	1.17	0.41	0.78	8120
19.72	12.30	13.11	0.33	5.43	4.27	8130
193.29	**23.54**	**328.22**	**12.09**	**27.25**	**36.20**	**O**
42.96	10.30	110.78	5.53	11.66	7.83	8200
0.66	0.10	2.54	0.09	0.08	0.22	8210
0.03		0.11	0.04	0.04	0.01	8220
1.89	1.32	4.88	0.19	0.64	0.75	8230
3.31	0.32	20.50	0.69	1.07	0.99	8240
7.22	2.35	42.85	1.50	2.29	2.40	8250
0.14	0.03	1.00	0.32	0.05	0.17	8260
5.92	1.93	4.82	0.36	1.70	0.83	8270
3.51	0.52	15.97	0.32	5.41	1.60	8280
20.28	3.74	18.12	2.02	0.37	0.86	8290
150.33	13.24	217.44	6.56	15.60	28.37	8300
29.53	5.31	92.10	3.60	7.26	7.74	8310
7.78	0.36	18.67	0.32	1.84	2.22	8320
113.01	7.57	106.67	2.64	6.49	18.42	8390
15.65	**2.98**	**32.66**	**7.60**	**4.17**	**3.14**	**P**
15.65	2.98	32.66	7.60	4.17	3.14	8400

2-18 续表 9

行业中类	代码	全年					
		营业收入（亿元）	内资企业	国有企业	集体企业	股份合作	联营
学前教育	8410	6.53	5.69	0.87	0.85	0.26	0.07
初等教育	8420	5.47	5.17	2.24	0.27	0.04	0.25
中等教育	8430	11.94	11.49	5.50	1.15	0.55	0.02
高等教育	8440	9.35	9.25	6.50			0.55
其他教育	8490	80.82	75.19	12.74	9.45	4.28	2.34
卫生、社会保障和社会福利业	**Q**	**195.64**	**183.37**	**81.19**	**14.78**	**11.15**	**1.39**
卫生	8500	186.36	174.10	73.92	14.17	11.11	1.36
医院	8510	146.35	139.50	68.37	7.09	7.17	0.87
卫生院及社区医疗活动	8520	8.73	8.68	1.89	2.55	1.06	0.11
门诊部医疗活动	8530	19.90	17.81	1.17	3.08	2.38	0.30
计划生育技术服务活动	8540	0.17	0.17	0.06	0.09		
妇幼保健活动	8550	1.90	0.23	0.06	0.13		
专科疾病防治活动	8560	1.86	1.76	0.64	0.11	0.25	
疾病预防控制及防疫活动	8570	2.08	2.08	1.19	0.63	0.01	
其他卫生活动	8590	5.38	3.87	0.54	0.49	0.24	0.07
社会保障业	8600	7.37	7.37	6.76	0.15		0.02
社会福利业	8700	1.91	1.90	0.51	0.46	0.03	0.01
提供住宿的社会福利	8710	1.23	1.22	0.23	0.35	0.02	0.01
不提供住宿的社会福利	8720	0.68	0.68	0.28	0.11	0.01	
文化、体育和娱乐业	**R**	**691.85**	**622.95**	**385.26**	**11.31**	**7.88**	**3.89**
新闻出版业	8800	373.09	369.85	322.76	2.57	0.64	1.01
新闻业	8810	8.33	8.33	7.28	0.02		
出版业	8820	364.76	361.51	315.48	2.55	0.64	1.01
广播、电视、电影和音像业	8900	119.66	114.46	37.61	2.36	2.12	0.59
广播	8910	18.78	18.77	5.07	0.12		0.01
电视	8920	45.98	43.66	8.42	0.78	1.29	0.16
电影	8930	44.52	42.13	22.57	1.11	0.73	0.26
音像制作	8940	10.38	9.89	1.55	0.35	0.09	0.16
文化艺术业	9000	31.65	30.78	6.55	1.01	0.94	0.12
文艺创作与表演	9010	6.44	6.19	1.34	0.12	0.11	
艺术表演场馆	9020	2.14	1.85	0.50	0.09	0.03	0.01
图书馆与档案馆	9030	0.23	0.23	0.10	0.09		
文物及文化保护	9040	1.06	1.06	0.57	0.16	0.06	
博物馆	9050	1.76	1.57	0.33	0.04	0.01	0.07
烈士陵园、纪念馆	9060	0.67	0.66	0.40	0.07		0.02
群众文化活动	9070	2.29	2.29	1.22	0.21	0.06	
文化艺术经纪代理	9080	6.98	6.94	0.49	0.07	0.15	0.01
其他文化艺术	9090	10.08	10.00	1.60	0.14	0.52	0.02
体育	9100	23.82	19.89	8.54	0.54	0.78	0.31
体育组织	9110	7.75	6.92	2.12	0.02	0.46	0.10
体育场馆	9120	9.75	8.28	5.02	0.24	0.25	0.20
其他体育	9190	6.33	4.69	1.40	0.27	0.07	
娱乐业	9200	143.62	87.97	9.80	4.83	3.40	1.87
室内娱乐活动	9210	55.18	43.11	1.07	2.51	1.59	0.21
游乐园	9220	20.14	14.57	5.89	0.65	0.09	0.52
休闲健身娱乐活动	9230	56.98	20.63	1.79	0.82	1.50	0.20
其他娱乐活动	9290	11.32	9.66	1.06	0.85	0.22	0.94

有限责任公司	股份有限公司	私营	其他内资	港、澳、台商投资企业	外商投资企业	代码
0.18	0.01	2.62	0.84	0.34	0.50	8410
0.26	0.09	1.29	0.73	0.27	0.03	8420
0.29	0.14	2.83	1.02	0.12	0.34	8430
0.73	0.32	0.76	0.38	0.09	0.01	8440
14.18	2.42	25.15	4.63	3.36	2.27	8490
16.65	**3.42**	**46.57**	**8.22**	**1.93**	**10.34**	Q
16.12	3.24	46.06	8.12	1.93	10.33	8500
13.78	2.91	33.90	5.41	1.51	5.34	8510
0.20	0.05	2.12	0.69	0.01	0.04	8520
1.18	0.17	7.83	1.71	0.39	1.70	8530
		0.01				8540
0.01		0.03			1.67	8550
0.14	0.05	0.55	0.03		0.10	8560
0.16		0.08				8570
0.64	0.07	1.54	0.28	0.02	1.50	8590
0.19	0.15	0.08	0.01			8600
0.33	0.03	0.44	0.09			8700
0.24		0.32	0.06			8710
0.10	0.03	0.12	0.03			8720
105.74	**25.49**	**80.21**	**3.16**	**26.43**	**42.46**	R
37.29	1.77	2.95	0.86	0.91	2.33	8800
0.48		0.06	0.49			8810
36.81	1.77	2.89	0.37	0.91	2.33	8820
38.77	17.29	15.54	0.18	3.14	2.06	8900
4.19	9.28	0.10				8910
22.04	4.43	6.55	0.01	1.53	0.79	8920
10.72	1.58	5.07	0.09	1.48	0.90	8930
1.81	2.01	3.83	0.08	0.13	0.37	8940
9.55	0.72	11.60	0.30	0.60	0.26	9000
1.86	0.11	2.55	0.09	0.25		9010
0.66	0.12	0.43		0.26	0.04	9020
		0.04				9030
0.06	0.04	0.18				9040
0.85		0.26			0.19	9050
0.16		0.01		0.01		9060
0.15	0.10	0.38	0.17			9070
3.00	0.17	3.05		0.04	0.01	9080
2.80	0.19	4.71	0.03	0.05	0.03	9090
3.70	3.06	2.85	0.11	0.92	3.02	9100
2.01	1.53	0.66	0.02	0.37	0.45	9110
1.15	0.42	0.92	0.08	0.34	1.13	9120
0.54	1.11	1.27	0.02	0.20	1.44	9190
16.44	2.65	47.26	1.72	20.86	34.79	9200
7.28	0.98	28.68	0.79	5.88	6.19	9210
3.22	0.37	3.64	0.20	3.63	1.94	9220
4.20	1.04	10.72	0.37	10.52	25.83	9230
1.75	0.26	4.22	0.37	0.82	0.83	9290

2-19 按地区、登记注册

地区	全年营业收入（亿元）	内资企业	国有企业	集体企业	股份合作	联营	有限责任公司
全国	**440976.46**	**354206.23**	**71113.35**	**18486.13**	**6143.98**	**2914.97**	**101115.75**
北京	29007.93	23962.97	5617.11	661.67	380.40	69.25	8776.33
天津	12607.15	9176.82	2432.14	484.27	118.23	69.70	2548.81
河北	15638.92	13958.90	2878.98	1041.88	166.15	67.68	4143.67
山西	8155.29	7818.81	2219.60	569.00	103.89	23.25	2658.40
内蒙古	4339.64	4046.74	823.12	116.94	31.72	4.06	1518.13
辽宁	17568.77	14769.60	3296.09	726.23	216.21	22.00	3500.13
吉林	7410.67	6012.23	2164.51	220.39	40.19	6.21	1666.01
黑龙江	6993.24	6560.74	1713.65	258.30	55.29	16.87	2670.92
上海	46523.78	31073.55	6194.93	1174.55	642.23	405.82	8623.55
江苏	48275.16	36689.67	4217.58	2357.22	788.94	171.06	9782.71
浙江	40142.70	34341.47	3380.52	967.76	950.87	135.47	10471.11
安徽	8740.48	8005.68	1796.97	485.14	183.70	46.18	2334.29
福建	13138.57	8706.33	1737.34	380.10	172.96	174.10	1863.19
江西	5019.81	4495.27	1035.18	250.26	105.77	11.33	1186.74
山东	36181.93	31556.03	4437.14	3005.94	725.95	458.71	10205.90
河南	16299.02	15473.73	3604.90	1254.97	230.33	70.68	3437.07
湖北	11070.17	9648.30	2806.94	380.61	114.70	92.58	2226.59
湖南	8602.42	8058.48	2196.97	483.56	174.00	29.36	1915.26
广东	56682.15	34295.76	6331.59	1671.86	385.12	493.66	8889.55
广西	4886.01	4322.82	1116.09	319.01	51.71	12.77	1196.39
海南	1347.98	1144.44	279.05	27.13	9.31	13.36	489.26
重庆	5729.81	5175.14	815.51	190.58	101.19	10.99	1808.03
四川	11457.75	10752.33	2279.63	479.60	186.07	31.91	3085.81
贵州	2991.28	2872.98	1213.03	98.01	30.37	13.35	718.79
云南	6203.13	5956.82	2107.19	255.31	53.50	429.38	1186.22
西藏	143.06	137.06	67.14	7.28	1.98	0.38	18.87
陕西	6037.07	5729.70	2017.69	263.32	59.38	18.74	1764.36
甘肃	3708.96	3608.89	1041.14	192.27	38.49	7.17	848.69
青海	763.08	723.87	217.89	24.14	12.92	0.94	157.36
宁夏	1200.80	1124.56	232.79	38.16	6.31	2.94	327.62
新疆	4109.73	4006.54	840.91	100.65	6.12	5.08	1095.98

类型分组的全年营业收入

			港、澳、台商投资企业	外商投资企业
股份有限公司	私营	其他内资		
54133.07	**99159.47**	**1139.51**	**30985.57**	**55784.66**
4690.82	3763.27	4.12	1137.00	3907.97
1339.91	2123.87	59.89	436.37	2993.96
1503.30	4081.98	75.24	786.41	893.61
720.01	1518.07	6.60	109.83	226.65
672.61	870.52	9.65	83.90	209.00
3853.34	3134.78	20.85	748.61	2050.56
1028.33	864.78	21.81	96.74	1301.70
989.90	839.64	16.17	57.98	374.52
3441.89	10495.27	95.30	3697.35	11752.88
4086.57	15198.42	87.16	3785.92	7799.57
3914.92	14513.43	7.39	2721.16	3080.07
1351.96	1772.54	34.88	218.72	516.08
1274.09	3082.15	22.41	2412.81	2019.43
828.85	1058.40	18.73	258.66	265.87
4040.58	8507.73	174.08	1138.45	3487.45
3006.62	3781.03	88.13	250.95	574.33
2241.63	1738.33	46.92	307.36	1114.51
1404.45	1816.09	38.79	214.31	329.64
5663.95	10708.73	151.29	11686.94	10699.45
705.79	906.80	14.27	113.68	449.52
158.75	159.65	7.92	38.57	164.98
712.76	1502.23	33.85	180.73	373.94
1957.55	2698.76	33.00	192.01	513.41
343.07	451.72	4.63	20.36	97.93
745.90	1163.57	15.75	79.30	167.01
21.66	19.65	0.10	0.48	5.52
739.92	823.50	42.77	79.13	228.24
1043.57	433.67	3.89	51.07	49.00
209.19	100.40	1.03	26.13	13.07
169.20	346.29	1.27	12.07	64.17
1272.00	684.20	1.60	42.59	60.60

2-20 按行业（中类）、登记注册

行业中类	代码	资产总额（亿元）	内资企业	国有企业	集体企业	股份合作	联　营
总计	0000	**967366.85**	**863252.45**	**300972.55**	**51605.73**	**18607.91**	**5068.27**
农、林、牧、渔业	A	**779.06**	**777.38**	**607.12**	**4.27**	**1.99**	**4.65**
农业	0100	377.52	377.52	279.24	2.21	0.02	
谷物及其他作物的种植	0110	339.51	339.51	256.82	1.46	0.02	
蔬菜、园艺作物的种植	0120	7.42	7.42	1.56	0.35		
水果、坚果、饮料和香料作物的种植	0130	30.35	30.35	20.65	0.41		
中药材的种植	0140	0.24	0.24	0.21			
林业	0200	307.18	305.87	298.30	0.60	0.93	
林木的培育和种植	0210	65.01	63.70	59.74	0.28	0.93	
木材和竹材的采运	0220	147.96	147.96	146.27	0.15		
林产品的采集	0230	94.21	94.21	92.28	0.17		
畜牧业	0300	68.29	67.91	19.15	0.80	1.00	4.65
牲畜的饲养	0310	21.64	21.64	12.30	0.45	0.01	
猪的饲养	0320	26.99	26.99	3.41	0.14		
家禽的饲养	0330	18.84	18.47	3.29	0.22	0.99	4.65
其他畜牧业	0390	0.82	0.82	0.16			
渔业	0400	8.63	8.63	5.52	0.02	0.04	
海洋渔业	0410	2.51	2.51	2.35			
内陆渔业	0420	6.13	6.13	3.18	0.02	0.04	
农、林、牧、渔服务业	0500	17.44	17.44	4.90	0.62		
农业服务业	0510	15.84	15.84	3.95	0.51		
林业服务业	0520	1.16	1.16	0.71			
畜牧服务业	0530	0.44	0.44	0.24	0.11		
渔业服务业	0540						
采矿业	B	**17013.48**	**16662.47**	**4103.60**	**744.39**	**92.79**	**58.45**
煤炭开采和洗选业	0600	7809.66	7721.73	1924.39	447.09	58.79	37.64
烟煤和无烟煤的开采洗选	0610	7477.50	7414.63	1725.69	438.96	56.45	37.51
褐煤的开采洗选	0620	303.58	298.88	198.03	7.09	2.29	0.12
其他煤炭采选	0690	28.58	8.22	0.66	1.04	0.05	0.01
石油和天然气开采业	0700	6111.75	5969.45	1562.68	17.55	2.44	0.28
天然原油和天然气开采	0710	4775.21	4647.35	463.35	2.23	1.70	0.18
与石油和天然气开采有关的服务活动	0790	1336.55	1322.10	1099.33	15.32	0.74	0.10
黑色金属矿采选业	0800	1063.65	1051.89	149.90	55.82	8.78	4.36
铁矿采选	0810	986.05	975.10	115.50	51.31	8.06	4.25
其他黑色金属矿采选	0890	77.59	76.79	34.40	4.51	0.73	0.11
有色金属矿采选业	0900	899.90	848.44	244.42	101.08	8.61	10.42
常用有色金属矿采选	0910	445.14	401.80	131.96	24.65	5.02	4.15
贵金属矿采选	0920	332.12	327.69	64.26	70.16	2.60	6.05
稀有稀土金属矿采选	0930	122.64	118.95	48.20	6.27	0.99	0.22
非金属矿采选业	1000	1117.58	1060.41	222.03	117.34	14.09	5.73
土砂石开采	1010	545.09	508.89	35.50	73.43	10.30	4.55
化学矿采选	1020	212.26	209.70	105.50	11.21	0.49	0.41
采盐	1030	236.47	227.03	63.17	16.92	1.37	0.45
石棉及其他非金属矿采选	1090	123.76	114.80	17.86	15.77	1.94	0.33
其他采矿业	1100	10.93	10.55	0.18	5.50	0.08	0.02
制造业	C	**186143.52**	**130808.72**	**21944.96**	**6892.97**	**2628.66**	**913.76**
农副食品加工业	1300	6300.57	4712.80	414.40	260.70	122.09	24.16
谷物磨制	1310	781.47	730.15	100.95	26.19	18.11	2.04

类型分组的企业资产总额

有限责任公司	股份有限公司	私营	其他内资	港、澳、台商投资企业	外商投资企业	代码
194799.74	**203423.71**	**87006.34**	**1768.20**	**42351.62**	**61762.78**	0000
33.04	**104.80**	**21.13**	**0.39**		**1.68**	A
18.49	69.65	7.89	0.02			0100
17.89	62.29	1.03				0110
0.46	0.78	4.26				0120
0.14	6.57	2.57	0.01			0130
		0.03				0140
3.73	1.37	0.93			1.31	0200
2.25		0.51			1.31	0210
1.49		0.04				0220
	1.37	0.38				0230
7.83	24.99	9.11	0.37		0.37	0300
0.73	4.92	3.07	0.16			0310
1.52	19.93	1.98				0320
5.58		3.53	0.21		0.37	0330
	0.13	0.53				0390
1.74	0.43	0.88				0400
		0.16				0410
1.74	0.43	0.72				0420
1.24	8.36	2.31				0500
1.24	8.36	1.77				0510
		0.45				0520
		0.09				0530
						0540
6843.02	**3150.99**	**1640.31**	**28.92**	**235.76**	**115.25**	B
4243.86	314.64	682.44	12.87	28.61	59.31	0600
4180.79	309.03	654.16	12.02	4.47	58.40	0610
61.01	5.17	24.77	0.41	3.90	0.80	0620
2.07	0.43	3.51	0.44	20.25	0.11	0690
1712.41	2663.84	10.03	0.23	133.05	9.26	0700
1511.47	2662.20	6.14	0.09	120.12	7.74	0710
200.95	1.63	3.89	0.14	12.93	1.52	0790
411.48	39.07	377.81	4.67	10.16	1.60	0800
402.47	30.80	358.26	4.46	9.90	1.06	0810
9.01	8.27	19.55	0.21	0.26	0.54	0890
220.96	81.66	178.91	2.36	39.66	11.81	0900
89.93	31.75	112.92	1.40	36.94	6.40	0910
107.94	43.37	32.45	0.86	0.03	4.40	0920
23.09	6.54	33.54	0.10	2.68	1.01	0930
253.28	51.65	387.65	8.64	24.24	32.93	1000
74.48	9.27	293.93	7.43	18.34	17.86	1010
64.06	4.09	23.82	0.12	1.29	1.27	1020
93.39	35.11	16.22	0.39	1.84	7.61	1030
21.35	3.18	53.67	0.70	2.78	6.19	1090
1.03	0.14	3.47	0.14	0.03	0.35	1100
41977.15	**21374.51**	**34704.40**	**372.31**	**20828.36**	**34506.44**	C
1449.49	552.49	1864.69	24.77	457.41	1130.35	1300
176.34	40.71	357.77	8.04	23.03	28.29	1310

2-20 续表 1

行业中类	代码	资产总额（亿元）					
			内资企业	国有企业	集体企业	股份合作	联 营
饲料加工	1320	698.45	528.91	35.59	27.43	25.56	3.90
植物油加工	1330	1203.24	797.70	61.30	55.38	14.81	1.38
制糖	1340	497.23	455.17	43.22	6.18	2.62	3.34
屠宰及肉类加工	1350	1248.15	1027.33	99.60	29.83	27.16	8.74
水产品加工	1360	764.26	443.23	43.76	64.74	19.27	1.75
蔬菜、水果和坚果加工	1370	543.13	336.41	8.29	13.66	4.06	1.05
其他农副食品加工	1390	564.64	393.90	21.69	37.29	10.51	1.97
食品制造业	1400	3441.92	2265.56	227.07	129.41	46.18	10.71
焙烤食品制造	1410	346.16	179.30	20.13	15.17	5.34	1.35
糖果、巧克力及蜜饯制造	1420	277.96	118.81	4.68	5.44	1.83	1.03
方便食品制造	1430	495.27	303.78	12.21	36.00	3.17	1.45
液体乳及乳制品制造	1440	649.13	488.70	19.86	11.23	3.95	1.53
罐头制造	1450	306.73	226.74	31.63	6.48	6.46	1.70
调味品、发酵制品制造	1460	710.42	503.67	88.21	25.82	12.64	1.19
其他食品制造	1490	656.25	444.56	50.36	29.29	12.79	2.47
饮料制造业	1500	3791.86	2639.73	467.17	119.58	41.35	19.05
酒精制造	1510	134.80	115.13	19.79	3.29	4.95	4.10
酒的制造	1520	2373.35	1840.61	414.10	62.65	23.92	10.69
软饮料制造	1530	1137.31	551.52	23.76	36.82	8.90	3.45
精制茶加工	1540	146.39	132.47	9.52	16.82	3.57	0.82
烟草制品业	1600	3040.85	3025.03	2240.54	27.04	2.14	0.45
烟叶复烤	1610	135.72	130.19	85.35	2.06	1.98	
卷烟制造	1620	2884.07	2875.61	2151.63	21.41		0.45
其他烟草制品加工	1690	21.07	19.24	3.56	3.58	0.17	
纺织业	1700	10861.58	7849.40	716.90	438.98	167.85	28.39
棉、化纤纺织及印染精加工	1710	5660.53	4377.32	398.16	225.74	80.53	15.17
毛纺织和染整精加工	1720	929.74	629.52	64.85	45.91	13.10	2.84
麻纺织	1730	204.48	162.05	25.40	6.41	1.27	0.43
丝绢纺织及精加工	1740	842.33	684.11	74.84	36.62	10.65	1.67
纺织制成品制造	1750	1341.73	899.56	75.03	58.42	21.18	3.41
针织品、编织品及其制品制造	1760	1882.77	1096.84	78.62	65.87	41.12	4.88
纺织服装、鞋、帽制造业	1800	3594.79	2094.46	71.53	277.71	39.71	8.28
纺织服装制造	1810	3416.53	2002.45	69.50	269.45	35.67	8.21
纺织面料鞋的制造	1820	118.33	64.98	1.87	6.48	2.66	0.08
制帽	1830	59.93	27.04	0.15	1.77	1.38	
皮革、毛皮、羽毛(绒)及其制品业	1900	2030.85	936.91	33.08	70.97	27.00	6.18
皮革鞣制加工	1910	361.37	179.41	4.09	17.56	8.52	0.35
皮革制品制造	1920	1426.59	625.31	16.80	43.96	17.28	5.33
毛皮鞣制及制品加工	1930	102.77	55.61	4.24	4.35	0.28	0.10
羽毛(绒)加工及制品制造	1940	140.11	76.57	7.95	5.09	0.92	0.40
木材加工及木、竹、藤、棕、草制品业	2000	1726.35	1284.25	119.75	77.43	18.80	2.34
锯材、木片加工	2010	238.86	204.91	32.20	16.65	2.43	0.59
人造板制造	2020	1005.38	777.99	74.69	30.82	8.88	0.85
木制品制造	2030	375.74	222.55	11.97	21.93	5.64	0.73
竹、藤、棕、草制品制造	2040	106.38	78.80	0.90	8.04	1.85	0.18
家具制造业	2100	1260.41	627.06	16.43	39.22	13.94	2.06
木质家具制造	2110	779.79	433.36	13.67	24.69	8.24	1.64
竹、藤家具制造	2120	10.66	5.21		0.22	0.07	

有限责任公司	股份有限公司	私营	其他内资	港、澳、台商投资企业	外商投资企业	代码
132.13	53.37	248.08	2.85	68.93	100.60	1320
280.37	64.95	315.86	3.66	61.30	344.24	1330
214.47	113.55	71.71	0.08	24.69	17.37	1340
396.19	142.40	320.42	2.98	61.10	159.72	1350
89.53	42.44	179.43	2.32	88.33	232.69	1360
72.51	38.05	195.66	3.12	74.11	132.61	1370
87.96	57.01	175.75	1.72	55.90	114.84	1390
809.34	336.94	696.61	9.29	399.14	777.23	1400
38.77	6.31	90.71	1.52	63.23	103.63	1410
35.98	4.78	64.69	0.37	38.99	120.17	1420
80.36	55.50	112.46	2.63	71.22	120.28	1430
200.60	157.83	93.29	0.41	47.87	112.55	1440
68.86	38.78	72.12	0.73	38.75	41.24	1450
227.47	37.65	109.05	1.66	58.32	148.43	1460
157.29	36.09	154.30	1.98	80.76	130.93	1490
822.21	594.93	561.27	14.17	388.66	763.46	1500
52.34	5.78	24.86	0.02	5.26	14.42	1510
557.32	470.18	292.23	9.52	160.37	372.38	1520
193.06	113.20	168.86	3.46	217.09	368.70	1530
19.50	5.77	75.31	1.17	5.95	7.97	1540
744.23	8.37	1.36	0.90	7.01	8.81	1600
35.30	5.10	0.24	0.16	1.60	3.93	1610
701.25	0.72	0.16		3.60	4.86	1620
7.68	2.56	0.95	0.74	1.81	0.02	1690
2168.75	743.21	3559.92	25.39	1792.72	1219.47	1700
1492.20	336.48	1817.28	11.77	847.05	436.16	1710
152.38	87.44	260.43	2.57	183.44	116.79	1720
38.07	40.00	48.01	2.47	25.38	17.05	1730
104.67	46.04	409.28	0.34	105.17	53.05	1740
180.28	150.46	407.14	3.62	211.71	230.47	1750
201.14	82.79	617.78	4.63	419.97	365.95	1760
345.09	326.02	1008.04	18.08	877.08	623.25	1800
334.06	317.12	952.17	16.26	822.28	591.80	1810
7.19	5.53	39.40	1.76	34.56	18.79	1820
3.83	3.37	16.46	0.06	20.24	12.66	1830
231.85	24.97	539.15	3.73	554.69	539.25	1900
28.99	11.90	107.19	0.80	72.46	109.50	1910
175.08	9.99	354.66	2.22	433.75	367.53	1920
7.38	0.78	37.89	0.58	16.01	31.15	1930
20.40	2.30	39.40	0.12	32.47	31.07	1940
254.10	97.59	704.51	9.73	218.51	223.59	2000
12.40	27.57	109.73	3.35	18.06	15.89	2010
200.04	60.24	398.64	3.83	122.01	105.37	2020
35.70	7.91	137.00	1.67	64.20	88.98	2030
5.96	1.86	59.14	0.87	14.24	13.34	2040
94.92	36.27	417.86	6.34	311.82	321.54	2100
70.63	20.31	289.26	4.93	170.77	175.66	2110
0.65	0.15	4.08	0.04	3.78	1.67	2120

2-20 续表 2

行业中类	代码	资产总额(亿元)	内资企业	国有企业	集体企业	股份合作	联营
金属家具制造	2130	297.58	122.61	2.18	12.13	2.86	0.39
塑料家具制造	2140	18.05	9.63	0.32	0.43	0.40	
其他家具制造	2190	154.33	56.24	0.25	1.76	2.37	0.03
造纸及纸制品业	2200	4984.73	2996.27	284.73	239.26	89.59	9.87
纸浆制造	2210	335.89	205.31	77.21	1.83	0.27	0.24
造纸	2220	3181.99	1914.61	181.62	130.65	40.85	5.16
纸制品制造	2230	1466.85	876.35	25.90	106.79	48.46	4.47
印刷业和记录媒介的复制	2300	2212.98	1653.19	348.93	138.55	62.57	10.48
印刷	2310	2009.59	1516.17	319.57	128.60	57.26	9.81
装订及其他印刷服务活动	2320	107.13	77.33	20.30	9.31	5.22	0.67
记录媒介的复制	2330	96.25	59.69	9.06	0.64	0.09	
文教体育用品制造业	2400	1142.69	488.35	20.21	34.62	11.87	6.61
文化用品制造	2410	238.06	138.80	5.90	10.95	3.97	5.95
体育用品制造	2420	304.45	101.56	6.85	6.05	2.86	0.16
乐器制造	2430	106.03	55.72	6.24	1.94	0.85	0.14
玩具制造	2440	452.95	164.24	1.16	14.94	3.16	0.37
游艺器材及娱乐用品制造	2450	41.20	28.02	0.06	0.73	1.03	
石油加工、炼焦及核燃料加工业	2500	5376.36	4644.56	827.42	69.93	43.95	18.06
化学原料及化学制品制造业	2600	17025.01	13780.77	4621.05	495.48	278.92	44.10
基础化学原料制造	2610	6501.25	6046.77	3565.99	145.18	77.16	10.44
肥料制造	2620	2619.39	2505.97	435.27	28.99	57.86	1.91
农药制造	2630	563.64	469.50	29.75	17.45	14.59	1.69
涂料、油墨、颜料及类似产品制造	2640	1413.59	859.39	38.55	84.63	45.53	5.09
合成材料制造	2650	2527.44	1667.21	191.15	56.50	13.52	0.98
专用化学产品制造	2660	2289.31	1671.34	279.54	138.99	59.20	17.97
日用化学产品制造	2670	1110.40	560.59	80.79	23.74	11.06	6.03
医药制造业	2700	5334.51	4270.84	404.72	88.54	90.00	25.34
化学药品原药制造	2710	1281.34	1105.73	184.17	19.36	29.78	6.54
化学药品制剂制造	2720	1534.78	1145.83	89.58	23.64	12.98	4.69
中药饮片加工	2730	219.52	173.38	5.10	12.33	10.59	3.19
中成药制造	2740	1509.11	1282.32	52.43	20.57	26.05	7.72
兽用药品制造	2750	117.57	97.86	4.90	4.02	4.65	1.16
生物、生化制品的制造	2760	475.63	329.39	59.50	2.94	4.02	1.79
卫生材料及医药用品制造	2770	196.56	136.33	9.05	5.69	1.95	0.26
化学纤维制造业	2800	2272.42	1557.61	201.57	84.11	19.35	10.75
纤维素纤维原料及纤维制造	2810	394.19	302.87	28.73	4.79	1.36	1.05
合成纤维制造	2820	1878.23	1254.74	172.84	79.33	17.99	9.70
橡胶制品业	2900	2105.04	1195.88	86.87	86.96	52.05	5.40
轮胎制造	2910	1092.87	512.88	20.29	21.78	23.43	2.08
橡胶板、管、带的制造	2920	247.65	198.54	16.79	24.32	7.69	0.96
橡胶零件制造	2930	246.15	152.66	12.54	15.02	9.62	0.70
再生橡胶制造	2940	30.42	26.89	0.66	2.22	1.28	0.37
日用及医用橡胶制品制造	2950	102.71	55.39	5.65	6.86	1.66	0.38
橡胶靴鞋制造	2960	253.12	175.77	27.53	7.34	6.98	0.09
其他橡胶制品制造	2990	132.12	73.74	3.41	9.40	1.39	0.82
塑料制品业	3000	5115.56	2888.05	102.51	250.25	108.92	20.69
塑料薄膜制造	3010	876.77	495.63	12.44	40.51	25.16	5.33
塑料板、管、型材的制造	3020	1093.28	725.49	23.67	54.42	13.78	3.61

有限责任公司	股份有限公司	私营	其他内资	港、澳、台商投资企业	外商投资企业	代码
13.93	8.79	81.60	0.73	88.99	85.98	2130
1.38	0.67	6.41	0.04	5.00	3.42	2140
8.32	6.35	36.52	0.61	43.27	54.82	2190
795.10	511.76	1056.49	9.48	701.72	1286.75	2200
88.75	15.40	20.68	0.95	21.99	108.59	2210
545.30	473.61	535.05	2.36	413.38	854.01	2220
161.05	22.75	500.76	6.17	266.35	324.15	2230
370.87	100.69	613.62	7.46	349.65	210.15	2300
323.89	95.21	575.40	6.44	317.06	176.36	2310
9.20	3.10	28.53	1.00	18.55	11.26	2320
37.79	2.39	9.69	0.03	14.03	22.53	2330
93.07	33.39	284.35	4.24	401.73	252.61	2400
16.97	8.82	85.68	0.55	55.19	44.07	2410
21.84	8.83	54.24	0.73	113.93	88.96	2420
27.31	0.23	18.90	0.12	11.95	38.36	2430
20.68	15.48	105.81	2.64	215.19	73.52	2440
6.27	0.02	19.71	0.19	5.48	7.71	2450
983.24	1986.40	713.12	2.44	474.87	256.93	2500
3865.49	2223.30	2232.20	20.22	1066.34	2177.91	2600
1219.84	482.85	540.79	4.52	138.98	315.49	2610
1210.37	461.74	307.65	2.17	36.25	77.18	2620
159.87	146.44	98.54	1.17	26.93	67.21	2630
247.24	98.63	336.86	2.86	198.39	355.81	2640
400.14	730.99	272.68	1.25	271.31	588.92	2650
463.28	192.89	513.24	6.23	194.30	423.66	2660
164.75	109.76	162.44	2.02	200.18	349.63	2670
1581.34	1402.06	670.24	8.60	354.59	709.07	2700
453.17	283.59	126.84	2.28	63.29	112.32	2710
511.50	355.47	144.55	3.42	120.16	268.79	2720
66.64	21.15	53.98	0.41	15.99	30.15	2730
398.37	585.40	190.50	1.29	103.79	122.99	2740
33.91	9.45	39.35	0.42	2.40	17.31	2750
85.79	106.26	68.55	0.54	33.37	112.87	2760
31.94	40.74	46.46	0.25	15.59	44.64	2770
571.77	295.36	374.24	0.47	458.29	256.51	2800
146.57	101.78	18.54	0.05	35.13	56.19	2810
425.20	193.58	355.70	0.41	423.16	200.32	2820
467.47	131.93	360.36	4.84	281.42	627.75	2900
265.77	80.66	97.78	1.10	142.95	437.04	2910
59.47	14.39	74.12	0.81	13.72	35.39	2920
28.42	10.58	74.22	1.56	35.98	57.51	2930
4.69	1.72	15.68	0.26	2.30	1.23	2940
13.06	6.99	20.73	0.05	16.90	30.42	2950
84.60	5.29	43.50	0.42	48.78	28.57	2960
11.45	12.30	34.33	0.64	20.80	37.58	2990
760.62	257.87	1369.92	17.28	1205.11	1022.40	3000
180.30	82.90	147.22	1.79	196.66	184.49	3010
228.79	104.87	292.90	3.46	175.93	191.86	3020

2-20 续表 3

行业中类	代码	资产总额（亿元）	内资企业	国有企业	集体企业	股份合作	联　营
塑料丝、绳及编织品的制造	3030	379.36	310.63	27.82	34.36	14.12	4.11
泡沫塑料制造	3040	230.48	127.40	5.05	13.94	4.68	1.52
塑料人造革、合成革制造	3050	224.52	140.34	4.10	12.96	0.79	0.35
塑料包装箱及容器制造	3060	637.25	310.30	9.36	26.18	10.26	0.51
塑料零件制造	3070	622.42	278.27	5.83	23.86	16.81	0.74
日用塑料制造	3080	551.99	293.30	6.78	26.18	16.39	2.16
其他塑料制品制造	3090	499.48	206.69	7.47	17.85	6.95	2.37
非金属矿物制品业	3100	11711.37	9427.72	871.13	784.82	227.84	65.16
水泥、石灰和石膏的制造	3110	4009.41	3510.92	386.65	235.35	67.98	24.94
水泥及石膏制品制造	3120	1559.34	1246.83	94.13	90.63	25.76	10.86
砖瓦、石材及其他建筑材料制造	3130	2109.96	1714.45	95.00	236.23	62.93	13.91
玻璃及玻璃制品制造	3140	1982.79	1274.50	129.94	64.60	22.60	3.39
陶瓷制品制造	3150	695.15	470.01	83.39	33.76	12.79	1.80
耐火材料制品制造	3160	629.39	568.40	34.61	77.16	21.71	2.59
石墨及其他非金属矿物制品制造	3190	725.32	642.62	47.40	47.08	14.06	7.68
黑色金属冶炼及压延加工业	3200	16236.23	14376.12	2654.37	488.42	94.63	298.20
炼铁	3210	1210.07	1105.59	76.51	41.45	8.40	13.15
炼钢	3220	3255.50	2804.38	897.05	30.52	8.39	41.61
钢压延加工	3230	11137.93	9875.18	1636.09	380.73	67.46	240.44
铁合金冶炼	3240	632.74	590.97	44.73	35.72	10.39	3.00
有色金属冶炼及压延加工业	3300	5726.36	4780.17	768.15	200.24	70.69	18.44
常用有色金属冶炼	3310	3050.88	2711.25	580.02	79.99	26.19	5.10
贵金属冶炼	3320	147.27	143.97	18.52	5.18	1.50	2.82
稀有稀土金属冶炼	3330	255.66	225.47	19.16	9.85	4.25	0.02
有色金属合金制造	3340	190.67	149.67	10.59	9.52	3.06	3.03
有色金属压延加工	3350	2081.88	1549.81	139.86	95.70	35.68	7.48
金属制品业	3400	5576.78	3784.55	333.86	385.75	130.14	29.53
结构性金属制品制造	3410	1673.41	1323.70	73.55	117.14	41.42	8.39
金属工具制造	3420	611.38	428.34	42.15	42.08	16.72	2.09
集装箱及金属包装容器制造	3430	735.31	299.86	26.76	31.29	10.88	3.54
金属丝绳及其制品的制造	3440	524.56	415.75	114.38	31.12	9.19	2.14
建筑、安全用金属制品制造	3450	582.13	381.78	7.41	60.38	16.00	1.99
金属表面处理及热处理加工	3460	384.88	251.82	5.25	41.20	16.91	4.50
搪瓷制品制造	3470	72.15	57.83	6.89	9.67	0.88	0.05
不锈钢及类似日用金属制品制造	3480	528.28	302.96	10.88	21.94	7.65	0.55
其他金属制品制造	3490	464.68	322.50	46.60	30.93	10.49	6.27
通用设备制造业	3500	11320.09	8712.75	1131.35	524.27	255.59	51.52
锅炉及原动机制造	3510	1906.92	1565.12	333.59	50.90	16.77	8.81
金属加工机械制造	3520	1089.22	929.40	203.58	45.82	18.31	7.29
起重运输设备制造	3530	1113.67	664.29	97.65	33.32	22.75	4.62
泵、阀门、压缩机及类似机械的制造	3540	2179.60	1735.76	114.36	69.15	53.38	3.63
轴承、齿轮、传动和驱动部件的制造	3550	1012.66	761.22	110.60	43.06	22.12	3.23
烘炉、熔炉及电炉制造	3560	65.68	45.49	2.15	4.53	2.71	0.06
风机、衡器、包装设备等通用设备制造	3570	1696.08	1187.63	105.71	65.85	28.19	9.54
通用零部件制造及机械修理	3580	1068.36	833.72	85.17	98.80	47.23	6.57
金属铸、锻加工	3590	1187.90	990.13	78.54	112.84	44.14	7.77
专用设备制造业	3600	6910.38	5394.05	861.25	225.26	131.28	32.64
矿山、冶金、建筑专用设备制造	3610	1916.71	1679.28	374.23	64.34	23.50	3.20

有限责任公司	股份有限公司	私营	其他内资	港、澳、台商投资企业	外商投资企业	代码
65.64	11.74	150.05	2.80	35.62	33.10	3030
22.39	6.30	72.74	0.78	63.37	39.72	3040
32.30	5.45	84.37	0.02	60.88	23.30	3050
86.35	31.70	144.12	1.84	191.41	135.54	3060
62.34	2.25	165.56	0.87	161.79	182.37	3070
46.21	3.92	189.52	2.16	164.29	94.41	3080
36.30	8.74	123.46	3.56	155.17	137.61	3090
2830.36	1167.01	3412.98	68.43	1035.31	1248.34	3100
1228.88	628.54	931.11	7.45	262.82	235.67	3110
368.50	87.14	557.84	11.96	137.84	174.66	3120
253.44	61.42	959.51	32.01	205.21	190.30	3130
524.39	143.73	379.33	6.52	291.96	416.33	3140
106.29	85.03	145.08	1.87	102.24	122.91	3150
155.84	31.68	238.11	6.70	9.47	51.52	3160
193.02	129.48	202.00	1.90	25.76	56.94	3190
6451.99	2469.28	1906.42	12.81	898.62	961.48	3200
306.82	317.71	339.67	1.87	53.30	51.18	3210
1435.15	39.79	351.37	0.50	315.07	136.05	3220
4509.15	2035.23	998.07	8.03	512.47	750.27	3230
200.86	76.56	217.31	2.40	17.78	23.99	3240
1740.44	1149.79	828.06	4.35	391.22	554.97	3300
1057.05	684.43	276.89	1.57	72.67	266.97	3310
29.26	61.80	24.81	0.08	1.43	1.86	3320
58.94	75.39	57.71	0.14	5.07	25.12	3330
65.65	16.30	40.77	0.75	16.07	24.93	3340
529.54	311.86	427.88	1.80	295.97	236.10	3350
720.46	295.00	1871.15	18.66	918.20	874.03	3400
282.99	83.01	710.05	7.15	146.38	203.33	3410
82.03	28.13	212.52	2.63	93.31	89.74	3420
85.93	6.80	133.50	1.16	222.26	213.18	3430
56.37	82.54	119.21	0.81	56.33	52.48	3440
61.49	21.71	210.41	2.40	96.41	103.94	3450
33.44	3.58	145.24	1.70	87.24	45.83	3460
10.75	1.84	27.56	0.19	4.44	9.88	3470
52.68	27.97	180.33	0.96	129.37	95.95	3480
54.78	39.43	132.33	1.67	82.48	59.70	3490
2526.08	952.83	3249.11	21.99	596.84	2010.50	3500
617.21	370.43	166.13	1.28	57.50	284.30	3510
341.13	71.54	238.34	3.40	53.52	106.30	3520
282.26	40.10	182.71	0.89	37.09	412.29	3530
290.39	190.98	1012.01	1.86	95.39	348.45	3540
244.67	71.60	264.50	1.45	62.39	189.05	3550
13.71	0.73	21.22	0.38	7.62	12.57	3560
362.39	143.77	470.10	2.07	142.58	365.87	3570
164.47	17.33	409.47	4.66	90.15	144.50	3580
209.84	46.35	484.64	6.00	50.60	147.17	3590
2035.77	769.22	1324.24	14.38	570.94	945.38	3600
645.92	284.66	280.77	2.66	38.62	198.81	3610

2-20 续表 4

行业中类	代码	资产总额（亿元）	内资企业	国有企业	集体企业	股份合作	联　营
化工、木材、非金属加工专用设备制造	3620	1125.39	681.02	57.58	35.20	22.71	3.78
食品、饮料、烟草及饲料生产专用设备制造	3630	262.31	230.09	27.36	19.46	12.00	4.89
印刷、制药、日化生产专用设备制造	3640	389.00	287.23	37.38	12.18	11.97	1.79
纺织、服装和皮革工业专用设备制造	3650	735.90	476.45	61.71	17.22	18.06	3.49
电子和电工机械专用设备制造	3660	819.52	689.15	149.01	9.51	4.23	2.04
农、林、牧、渔专用机械制造	3670	590.74	550.20	70.67	20.36	7.11	5.31
医疗仪器设备及器械制造	3680	407.73	252.68	19.56	9.58	6.72	0.80
环保、社会公共安全及其他专用设备制造	3690	663.08	547.96	63.76	37.41	24.98	7.33
交通运输设备制造业	3700	15499.50	10524.23	2726.37	329.48	153.52	35.42
铁路运输设备制造	3710	726.48	693.00	333.34	49.47	10.26	2.52
汽车制造	3720	10676.44	6445.94	1499.15	202.67	114.65	27.14
摩托车制造	3730	1010.72	777.60	64.25	29.55	11.86	1.36
自行车制造	3740	379.14	177.76	16.62	10.65	5.39	1.28
船舶及浮动装置制造	3750	1488.19	1306.05	517.39	31.36	10.49	3.04
航空航天器制造	3760	1159.61	1074.37	291.46	0.18	0.27	0.02
交通器材及其他交通运输设备制造	3790	58.92	49.52	4.15	5.59	0.60	0.05
电气机械及器材制造业	3900	10690.42	7145.21	604.91	762.76	198.63	43.11
电机制造	3910	1193.78	833.36	115.32	29.23	18.06	3.04
输配电及控制设备制造	3920	2938.64	2181.55	291.51	134.08	66.63	12.93
电线、电缆、光缆及电工器材制造	3930	2167.81	1509.54	91.61	144.06	64.19	7.24
电池制造	3940	789.62	377.35	32.02	16.53	5.74	1.87
家用电力器具制造	3950	2533.92	1647.48	45.40	401.07	20.21	15.48
非电力家用器具制造	3960	149.11	89.80	3.38	4.17	1.96	0.73
照明器具制造	3970	774.84	416.57	20.07	27.08	16.08	1.60
其他电气机械及器材制造	3990	142.71	89.57	5.60	6.55	5.76	0.22
通信设备、计算机及其他电子设备制造业	4000	16693.04	5273.36	442.56	97.69	47.16	66.98
通信设备制造	4010	3718.71	1722.62	111.02	10.35	4.19	41.74
雷达及配套设备制造	4020	136.55	133.51	57.24	0.02	0.09	1.68
广播电视设备制造	4030	229.44	138.32	15.19	5.72	1.48	1.12
电子计算机制造	4040	3957.60	684.46	21.58	5.25	2.21	2.76
电子器件制造	4050	3379.53	717.49	51.48	16.93	6.22	6.45
电子元件制造	4060	3162.26	948.57	142.14	45.86	26.87	7.43
家用视听设备制造	4070	1805.97	777.76	35.63	10.78	4.51	4.32
其他电子设备制造	4090	302.99	150.60	8.28	2.78	1.60	1.47
仪器仪表及文化、办公用机械制造业	4100	2256.15	1240.07	175.54	55.08	41.93	11.47
通用仪器仪表制造	4110	897.97	672.27	53.03	29.85	25.09	4.41
专用仪器仪表制造	4120	281.08	202.66	57.42	10.39	4.77	0.99
钟表与计时仪器制造	4130	160.86	76.44	21.98	5.84	2.20	0.31
光学仪器及眼镜制造	4140	356.04	173.64	27.92	5.22	6.49	0.08
文化、办公用机械制造	4150	523.12	93.09	13.61	2.42	1.26	5.04
其他仪器仪表的制造及修理	4190	37.08	21.97	1.58	1.36	2.12	0.65
工艺品及其他制造业	4200	1740.41	1125.10	168.73	89.95	38.60	5.87
工艺美术品制造	4210	986.63	591.46	15.75	64.93	26.33	5.05
日用杂品制造	4220	347.08	170.93	0.66	9.82	9.52	0.19
煤制品制造	4230	41.34	39.28	1.91	5.51	0.88	0.41
其他未列明的制造业	4290	365.36	323.42	150.40	9.68	1.86	0.21
废弃资源和废旧材料回收加工业	4300	164.30	114.67	1.83	20.50	2.36	2.47
金属废料和碎屑的加工处理	4310	98.17	60.56	0.72	17.08	0.55	1.48

有限责任公司	股份有限公司	私营	其他内资	港、澳、台商投资企业	外商投资企业	代码
200.23	71.36	287.18	2.98	213.17	231.20	3620
73.27	22.47	70.04	0.60	7.17	25.05	3630
81.11	48.90	93.34	0.55	38.03	63.75	3640
143.59	70.48	161.44	0.46	155.07	104.38	3650
413.05	49.81	60.74	0.75	51.03	79.34	3660
261.30	86.92	96.70	1.83	9.60	30.95	3670
75.07	43.11	94.16	3.69	30.22	124.83	3680
142.23	91.52	179.87	0.86	28.04	87.08	3690
4050.80	1716.03	1500.98	11.62	714.78	4260.49	3700
142.42	112.05	42.58	0.36	7.50	25.98	3710
2375.74	1291.80	926.19	8.60	450.79	3779.72	3720
272.08	92.97	304.66	0.86	48.38	184.73	3730
29.39	8.58	105.40	0.45	122.48	78.90	3740
557.20	82.02	103.43	1.11	65.44	116.71	3750
663.90	116.03	2.48	0.03	15.44	69.80	3760
10.07	12.58	16.25	0.22	4.76	4.64	3790
2281.07	1294.90	1946.42	13.41	1377.91	2167.30	3900
296.53	177.48	192.58	1.12	85.44	274.98	3910
833.61	278.31	559.97	4.51	275.35	481.73	3920
497.04	172.80	529.89	2.70	269.93	388.34	3930
155.89	69.27	95.03	1.00	174.10	238.17	3940
354.65	530.80	277.93	1.94	342.61	543.83	3950
26.36	6.88	45.90	0.43	23.90	35.41	3960
87.78	54.47	208.00	1.49	197.36	160.92	3970
29.21	4.89	37.12	0.22	9.22	43.92	3990
2163.48	1679.77	770.38	5.34	3311.19	8108.49	4000
872.92	523.02	159.11	0.27	357.52	1638.56	4010
68.45	5.29	0.74	0.01	0.58	2.45	4020
44.55	22.82	47.37	0.06	29.67	61.45	4030
187.27	360.32	104.65	0.41	959.13	2314.00	4040
300.36	254.36	81.24	0.44	507.21	2154.83	4050
310.81	141.54	271.67	2.25	887.54	1326.15	4060
315.44	346.04	59.43	1.61	502.02	526.19	4070
63.66	26.37	46.16	0.29	67.53	84.86	4090
444.90	171.52	332.60	7.02	335.24	680.83	4100
251.32	124.49	182.40	1.69	54.40	171.30	4110
52.31	22.41	53.61	0.76	19.08	59.35	4120
20.83	2.13	19.60	3.56	59.89	24.53	4130
84.26	6.16	42.89	0.62	92.09	90.31	4140
28.84	14.17	27.47	0.28	107.06	322.97	4150
7.35	2.15	6.63	0.11	2.73	12.38	4190
287.69	44.62	483.28	6.36	353.59	261.73	4200
121.22	31.95	322.30	3.93	230.66	164.50	4210
33.83	5.36	111.02	0.53	100.39	75.76	4220
4.32	3.34	21.84	1.05	0.32	1.74	4230
128.31	3.98	28.11	0.85	22.22	19.72	4290
35.18	1.00	50.82	0.51	23.76	25.87	4300
15.14	0.75	24.64	0.21	17.90	19.71	4310

2-20 续表 5

行业中类	代码	资产总额（亿元）					
			内资企业	国有企业	集体企业	股份合作	联　营
非金属废料和碎屑的加工处理	4320	66.13	54.11	1.12	3.42	1.81	0.99
电力、燃气及水的生产和供应业	D	**42378.99**	**37918.75**	**21786.64**	**491.50**	**150.77**	**410.21**
电力、热力的生产和供应业	4400	38130.03	34121.13	20097.98	239.70	130.10	382.91
电力生产	4410	17895.99	13972.40	4798.79	201.32	114.87	349.68
电力供应	4420	19068.58	19035.87	14957.61	21.48	3.06	24.02
热力生产和供应	4430	1165.45	1112.86	341.58	16.90	12.17	9.22
燃气生产和供应业	4500	1190.83	979.09	311.30	7.34	7.62	10.05
水的生产和供应业	4600	3058.13	2818.53	1377.36	244.46	13.05	17.24
自来水的生产和供应	4610	2692.17	2506.87	1320.33	228.12	10.19	7.00
污水处理及其再生利用	4620	361.87	307.85	57.00	15.84	2.80	10.19
其他水的处理、利用与分配	4690	4.10	3.81	0.02	0.51	0.05	0.05
建筑业	E	**31764.60**	**31243.72**	**8199.96**	**2344.61**	**580.72**	**178.91**
房屋和土木工程建筑业	4700	25404.18	25171.62	6992.21	1902.81	459.39	145.82
房屋工程建筑	4710	15559.98	15439.12	3179.14	1538.88	341.48	66.28
土木工程建筑	4720	9844.20	9732.50	3813.07	363.93	117.91	79.54
建筑安装业	4800	3832.80	3737.50	838.15	345.96	81.18	22.01
建筑装饰业	4900	1547.74	1388.87	83.52	57.85	20.36	7.27
其他建筑业	5000	979.88	945.73	286.08	37.99	19.79	3.81
工程准备	5010	371.87	365.29	126.05	14.22	11.86	2.46
提供施工设备服务	5020	121.11	111.38	49.67	4.06	0.73	0.29
其他未列明的建筑活动	5090	486.90	469.05	110.36	19.72	7.21	1.06
交通运输、仓储和邮政业	F	**25803.04**	**22480.57**	**8634.89**	**464.05**	**187.14**	**191.92**
道路运输业	5200	9353.09	8404.62	2669.16	189.90	123.78	52.49
公路旅客运输	5210	1161.58	1142.33	349.65	44.55	35.55	27.48
道路货物运输	5220	1547.42	1461.16	199.02	115.78	33.42	9.43
道路运输辅助活动	5230	6644.09	5801.13	2120.50	29.57	54.81	15.58
城市公共交通业	5300	1870.15	1733.33	680.51	40.31	19.08	4.84
公共电汽车客运	5310	693.96	647.47	362.65	11.64	5.02	1.33
轨道交通	5320	563.30	555.16	248.02	0.23	0.19	0.24
出租车客运	5330	582.68	502.30	56.70	26.21	13.74	3.27
城市轮渡	5340	11.17	9.35	4.35	0.66	0.03	
其他城市公共交通	5390	19.04	19.04	8.80	1.56	0.11	
水上运输业	5400	4744.86	3977.96	1650.92	75.24	12.91	13.23
水上旅客运输	5410	118.11	90.68	18.38	5.00	1.84	1.50
水上货物运输	5420	2035.18	1804.30	889.62	61.42	9.16	9.10
水上运输辅助活动	5430	2591.58	2082.97	742.92	8.82	1.91	2.63
航空运输业	5500	3814.62	2948.98	591.52	0.57	0.03	56.02
航空客货运输	5510	2601.14	1871.44	324.67		0.01	53.58
通用航空服务	5520	43.98	38.06	25.06	0.17		0.01
航空运输辅助活动	5530	1169.50	1039.49	241.79	0.41	0.02	2.43
管道运输业	5600	662.39	622.60	39.55	0.05	0.08	
装卸搬运和其他运输服务业	5700	1597.08	1317.30	308.82	56.17	13.77	47.42
装卸搬运	5710	279.95	227.20	45.88	27.11	3.95	23.99
运输代理服务	5720	1317.13	1090.10	262.94	29.07	9.82	23.42
仓储业	5800	2573.76	2312.20	1558.41	101.64	17.36	17.16
谷物、棉花等农产品仓储	5810	1412.97	1410.25	1259.97	8.57	2.38	0.72
其他仓储	5890	1160.79	901.96	298.44	93.07	14.98	16.44
邮政业	5900	1141.13	1117.62	1090.02	0.15	0.13	0.76

有限责任公司	股份有限公司	私营	其他内资	港、澳、台商投资企业	外商投资企业	代码
20.04	0.25	26.18	0.29	5.86	6.16	4320
12134.74	**2214.37**	**686.81**	**43.71**	**1886.30**	**2573.95**	D
10604.73	2059.37	573.46	32.87	1759.42	2249.48	4400
6173.07	1815.84	492.51	26.33	1699.87	2223.72	4410
3882.15	137.07	7.59	2.87	27.93	4.79	4420
549.51	106.45	73.36	3.68	31.62	20.97	4430
557.23	51.19	32.73	1.62	85.30	126.44	4500
972.79	103.82	80.62	9.21	41.58	198.02	4600
773.19	100.96	58.97	8.11	35.00	150.30	4610
197.96	2.83	20.18	1.05	6.32	47.70	4620
1.64	0.03	1.46	0.06	0.26	0.02	4690
11889.17	**2017.35**	**5969.67**	**63.32**	**237.67**	**283.21**	E
9770.25	1763.17	4096.65	41.30	95.12	137.45	4700
6135.71	1067.92	3079.72	29.98	58.26	62.59	4710
3634.54	695.25	1016.94	11.32	36.86	74.85	4720
1422.88	180.45	835.19	11.67	38.64	56.66	4800
410.41	36.41	768.26	4.80	85.95	72.92	4900
285.62	37.32	269.56	5.55	17.97	16.18	5000
90.85	6.33	112.10	1.43	4.15	2.43	5010
28.59	6.35	21.50	0.19	5.56	4.17	5020
166.18	24.64	135.96	3.93	8.26	9.59	5090
7576.21	**3973.48**	**1405.53**	**47.35**	**1365.23**	**1957.24**	F
3559.83	1111.25	675.74	22.46	499.92	448.55	5200
456.17	93.73	132.06	3.16	9.60	9.64	5210
520.27	118.68	450.89	13.66	46.92	39.34	5220
2583.39	898.84	92.80	5.64	443.39	399.56	5230
683.10	152.84	146.98	5.66	53.52	83.30	5300
182.52	56.05	27.80	0.46	34.23	12.26	5310
298.09	7.61	0.78		5.13	3.00	5320
194.68	86.90	116.08	4.73	12.33	68.04	5330
4.12		0.17	0.02	1.82		5340
3.69	2.28	2.16	0.45			5390
1429.12	607.33	183.91	5.29	471.24	295.66	5400
35.06	22.96	5.92	0.03	13.62	13.81	5410
325.53	353.73	152.10	3.64	141.13	89.75	5420
1068.54	230.64	25.90	1.62	316.49	192.11	5430
841.19	1453.19	4.05	2.41	137.61	728.03	5500
281.11	1210.98	0.10	0.99	37.54	692.17	5510
5.18	5.13	2.50		0.04	5.88	5520
554.90	237.07	1.45	1.42	100.04	29.98	5530
154.71	427.89	0.31		9.88	29.91	5600
500.72	158.30	227.16	4.94	103.05	176.72	5700
88.39	13.64	22.91	1.32	17.65	35.10	5710
412.32	144.67	204.25	3.62	85.41	141.62	5720
392.33	62.09	156.66	6.55	89.89	171.66	5800
119.28	6.30	11.92	1.10	0.57	2.15	5810
273.05	55.79	144.74	5.45	89.32	169.51	5890
15.22	0.59	10.71	0.04	0.12	23.39	5900

2-20 续表 6

行业中类	代码	资产总额（亿元）	内资企业	国有企业	集体企业	股份合作	联 营
国家邮政	5910	1084.87	1084.87	1080.98	0.03	0.05	0.07
其他寄递服务	5990	56.26	32.75	9.04	0.13	0.08	0.69
信息传输、计算机服务和软件业	G	**28865.29**	**19907.78**	**8048.12**	**22.22**	**58.67**	**25.62**
电信和其他信息传输服务业	6000	25590.27	17299.96	7908.90	8.87	23.73	15.60
电信	6010	24766.63	16519.38	7748.93	5.33	17.17	8.16
互联网信息服务	6020	326.83	294.21	25.18	0.46	2.73	2.66
广播电视传输服务	6030	363.07	355.11	58.31	3.07	3.71	4.77
卫星传输服务	6040	133.74	131.26	76.49	0.01	0.12	0.01
计算机服务业	6100	1359.28	1134.29	63.48	6.81	5.42	2.55
计算机系统服务	6110	699.56	564.63	32.81	1.62	2.78	2.07
数据处理	6120	48.69	32.99	12.61	0.39	0.02	
计算机维修	6130	36.19	32.29	1.11	0.35	0.22	0.05
其他计算机服务	6190	574.84	504.38	16.95	4.45	2.40	0.44
软件业	6200	1915.74	1473.52	75.74	6.54	29.53	7.46
公共软件服务	6210	1338.37	993.15	55.34	5.53	27.88	7.13
其他软件服务	6290	577.37	480.37	20.40	1.01	1.65	0.33
批发和零售业	H	**62197.16**	**58408.91**	**15780.56**	**3215.85**	**692.14**	**449.35**
批发业	6300	48718.60	45708.24	13928.75	2246.70	446.64	325.80
农畜产品批发	6310	5418.85	5375.04	3238.32	605.07	26.57	21.00
食品、饮料及烟草制品批发	6320	5786.70	5586.62	3488.40	114.11	36.86	22.91
纺织、服装及日用品批发	6330	3810.03	3529.98	594.10	135.01	20.03	39.71
文化、体育用品及器材批发	6340	1076.25	948.63	321.31	18.73	8.51	7.70
医药及医疗器材批发	6350	1909.57	1792.31	298.28	17.05	24.18	7.58
矿产品、建材及化工产品批发	6360	17219.00	16769.00	3484.67	955.69	189.33	100.89
机械设备、五金交电及电子产品批发	6370	9782.45	8225.62	1278.69	256.38	102.22	100.10
贸易经纪与代理	6380	1587.08	1528.58	446.50	19.04	6.21	13.71
其他批发	6390	2128.68	1952.45	778.48	125.63	32.72	12.21
零售业	6500	13478.56	12700.68	1851.81	969.15	245.50	123.55
综合零售	6510	4533.96	4035.54	467.41	502.89	65.82	24.66
食品、饮料及烟草制品专门零售	6520	905.54	897.71	434.00	92.38	20.66	7.59
纺织、服装及日用品专门零售	6530	791.53	743.86	82.51	84.59	18.72	7.14
文化、体育用品及器材专门零售	6540	730.30	719.29	308.82	28.13	14.44	3.33
医药及医疗器材专门零售	6550	648.37	606.54	108.05	12.54	16.26	4.16
汽车、摩托车、燃料及零配件专门零售	6560	2948.54	2932.77	211.85	76.56	67.33	29.65
家用电器及电子产品专门零售	6570	1393.00	1298.87	56.96	38.83	16.72	31.36
五金、家具及室内装修材料专门零售	6580	833.35	794.04	79.87	67.24	14.86	6.47
无店铺及其他零售	6590	693.97	672.06	102.36	65.99	10.69	9.19
住宿和餐饮业	I	**6915.82**	**5339.38**	**1673.82**	**379.00**	**120.38**	**69.02**
住宿业	6600	5185.91	3928.26	1491.87	297.09	80.25	59.88
旅游饭店	6610	4166.79	3017.89	1183.67	185.28	55.44	50.47
一般旅馆	6620	907.87	806.17	281.40	98.57	21.57	6.32
其他住宿服务	6690	111.25	104.20	26.79	13.23	3.25	3.10
餐饮业	6700	1729.91	1411.12	181.96	81.91	40.12	9.14
正餐服务	6710	1500.47	1295.50	170.26	76.06	34.89	7.43
快餐服务	6720	133.22	35.53	2.19	1.70	1.46	0.09
饮料及冷饮服务	6730	24.09	19.09	0.70	0.76	0.71	0.04
其他餐饮服务	6790	72.14	61.01	8.80	3.40	3.05	1.58

有限责任公司	股份有限公司	私营	其他内资	港、澳、台商投资企业	外商投资企业	代码
3.53		0.22				5910
11.69	0.59	10.49	0.04	0.12	23.39	5990
9156.44	**1617.41**	**955.31**	**24.00**	**5023.76**	**3933.75**	**G**
7919.55	1275.61	133.59	14.13	4812.64	3477.67	6000
7528.40	1149.58	54.47	7.35	4789.13	3458.12	6010
168.24	19.93	69.30	5.72	20.35	12.27	6020
171.31	104.26	8.64	1.05	0.99	6.97	6030
51.60	1.85	1.18		2.16	0.31	6040
498.06	164.69	390.45	2.83	46.55	178.43	6100
255.35	105.45	163.78	0.77	30.49	104.43	6110
11.02	2.16	6.73	0.05	4.14	11.56	6120
6.04	7.21	17.22	0.10	1.32	2.58	6130
225.65	49.87	202.72	1.91	10.60	59.86	6190
738.82	177.11	431.28	7.04	164.57	277.65	6200
402.52	148.65	340.66	5.46	123.89	221.32	6210
336.31	28.46	90.62	1.58	40.67	56.33	6290
15603.88	**6016.42**	**16453.18**	**197.54**	**841.13**	**2947.12**	**H**
12120.20	4181.98	12334.04	124.13	546.53	2463.83	6300
1086.84	102.35	282.64	12.26	10.75	33.07	6310
1128.93	175.26	610.21	9.94	15.92	184.16	6320
1133.60	391.07	1211.95	4.51	76.22	203.83	6330
267.16	20.12	302.93	2.17	24.61	103.00	6340
755.71	252.56	430.78	6.17	33.48	83.78	6350
4097.71	2338.85	5543.78	58.09	96.03	353.97	6360
2807.90	431.04	3228.76	20.54	239.16	1317.67	6370
432.65	400.73	207.14	2.60	8.78	49.72	6380
409.69	70.02	515.85	7.85	41.59	134.64	6390
3483.68	1834.44	4119.14	73.41	294.60	483.28	6500
1203.30	1165.95	587.99	17.52	167.47	330.95	6510
166.00	36.01	136.42	4.66	1.40	6.43	6520
192.84	30.89	319.29	7.89	21.02	26.65	6530
153.33	25.25	184.31	1.68	2.01	9.01	6540
185.66	104.62	171.78	3.47	36.23	5.60	6550
851.93	361.46	1318.47	15.51	6.94	8.83	6560
370.96	61.61	715.41	7.03	52.71	41.41	6570
181.47	27.67	405.93	10.52	2.41	36.90	6580
178.19	20.97	279.53	5.15	4.42	17.49	6590
1253.47	**291.86**	**1510.53**	**41.29**	**858.89**	**717.54**	**I**
949.17	228.41	796.88	24.72	716.19	541.45	6600
804.85	193.46	528.14	16.59	657.75	491.14	6610
123.84	26.53	240.99	6.93	54.80	46.89	6620
20.47	8.42	27.75	1.20	3.63	3.42	6690
304.31	63.45	713.66	16.57	142.70	176.09	6700
277.71	59.38	654.53	15.23	121.81	83.16	6710
10.68	0.50	18.47	0.44	14.30	83.39	6720
2.55	0.15	13.90	0.28	0.92	4.08	6730
13.36	3.42	26.76	0.62	5.68	5.45	6790

2-20 续表 7

行业中类	代码	资产总额（亿元）	内资企业	国有企业	集体企业	股份合作	联　营
金融业	J	**408302.12**	**401801.57**	**173149.13**	**31071.92**	**12590.33**	**1882.44**
银行业	6800	355407.09	349566.12	168063.48	31025.41	12527.36	1859.22
中央银行	6810	678.62	678.62	586.16	2.85		
商业银行	6820	324061.31	318237.08	138358.21	30575.21	12292.17	1859.22
其他银行	6890	30667.16	30650.42	29119.12	447.34	235.19	
证券业	6900	7302.93	7137.03	1676.49	21.37	30.09	10.39
证券市场管理	6910	43.96	43.96	10.66			
证券经纪与交易	6920	6737.76	6604.38	1529.84	21.37	30.00	10.28
证券投资	6930	479.66	475.81	135.99		0.09	
证券分析与咨询	6940	41.55	12.87	0.01			0.11
保险业	7000	19593.26	19288.51	1025.26	0.16	21.63	0.01
人寿保险	7010	14336.86	14095.41	216.33	0.02	18.10	
非人寿保险	7020	4029.04	3968.23	799.20	0.10	3.34	
保险辅助服务	7030	1227.36	1224.87	9.72	0.04	0.19	0.01
其他金融活动	7100	25998.85	25809.91	2383.90	24.98	11.27	12.82
金融信托与管理	7110	15743.44	15743.42	1734.99	5.72	0.01	
金融租赁	7120	333.67	278.08	56.34			
财务公司	7130	4915.10	4815.96	362.38	5.37		10.59
邮政储蓄	7140	6.33	6.33	4.33	2.00		
典当	7150	116.64	116.64	5.09	1.90	2.97	1.24
其他未列明的金融活动	7190	4883.67	4849.49	220.77	9.99	8.29	0.99
房地产业	K	**68999.85**	**55694.38**	**8456.17**	**1978.85**	**754.55**	**418.50**
房地产业	7200	68999.85	55694.38	8456.17	1978.85	754.55	418.50
房地产开发经营	7210	61934.09	49630.30	7089.41	1201.95	449.71	326.72
物业管理	7220	2686.77	2152.40	450.62	194.39	47.12	45.71
房地产中介服务	7230	708.82	615.46	80.32	28.95	8.30	8.68
其他房地产活动	7290	3670.17	3296.21	835.83	553.56	249.42	37.39
租赁和商务服务业	L	**71202.26**	**66930.68**	**22290.57**	**3412.71**	**546.14**	**371.25**
租赁业	7300	587.26	517.01	75.19	31.78	26.51	16.99
机械设备租赁	7310	567.12	503.42	72.35	30.22	26.21	16.98
文化及日用品出租	7320	20.14	13.60	2.84	1.56	0.30	
商务服务业	7400	70615.00	66413.66	22215.38	3380.93	519.62	354.27
企业管理服务	7410	63076.50	59507.33	20736.63	2843.45	397.11	299.06
法律服务	7420	98.99	98.34	8.65	6.53	1.23	0.15
咨询与调查	7430	2913.12	2650.74	679.93	142.89	22.51	24.01
广告业	7440	748.67	625.15	40.72	18.57	6.86	4.42
知识产权服务	7450	40.83	36.93	5.60	0.70	0.68	0.19
职业中介服务	7460	165.38	163.16	45.80	22.23	1.66	1.38
市场管理	7470	1228.32	1176.96	143.70	196.49	39.26	17.99
旅行社	7480	574.81	543.46	186.71	32.36	6.21	2.77
其他商务服务	7490	1768.38	1611.58	367.65	117.73	44.11	4.30
科学研究、技术服务和地质勘查业	M	**7305.95**	**6767.95**	**2888.24**	**146.94**	**97.92**	**39.18**
研究与试验发展	7500	1093.14	985.21	502.62	14.35	18.01	4.31
自然科学研究与试验发展	7510	131.09	114.14	76.97	0.59	4.56	1.74
工程和技术研究与试验发展	7520	709.07	654.37	394.57	10.76	7.50	0.76
农业科学研究与试验发展	7530	112.36	108.47	17.77	1.53	0.82	1.41
医学研究与试验发展	7540	136.56	104.70	11.95	1.43	5.02	0.41

有限责任公司	股份有限公司	私营	其他内资	港、澳、台商投资企业	外商投资企业	代码
31269.93	**150964.13**	**564.06**	**309.62**	**1067.31**	**5433.24**	J
2626.09	133064.84	176.43	223.29	905.44	4935.53	6800
7.96	81.65					6810
2576.95	132175.80	176.23	223.29	903.45	4920.78	6820
41.18	807.39	0.20		1.99	14.75	6890
3623.23	1713.76	11.02	50.68	107.90	58.00	6900
26.63	6.67					6910
3287.94	1668.41	5.90	50.66	107.90	25.48	6920
299.34	37.76	2.63			3.85	6930
9.32	0.92	2.49	0.03		28.67	6940
2301.43	15842.13	92.34	5.56	47.78	256.97	7000
2047.00	11812.98	0.02	0.96	39.09	202.37	7010
161.54	3001.16	0.52	2.37	7.99	52.82	7020
92.90	1027.99	91.79	2.24	0.70	1.79	7030
22719.19	343.41	284.27	30.08	6.19	182.74	7100
13885.69	85.86	14.26	16.89		0.02	7110
68.28	102.72	50.35	0.39		55.59	7120
4328.22	108.74	0.54	0.12	5.28	93.86	7130
						7140
66.58	5.73	30.83	2.30			7150
4370.42	40.36	188.28	10.39	0.91	33.27	7190
23725.71	**4210.29**	**15996.30**	**154.01**	**7936.97**	**5368.50**	K
23725.71	4210.29	15996.30	154.01	7936.97	5368.50	7200
21743.61	3868.33	14892.69	57.89	7396.16	4907.62	7210
837.63	113.97	447.73	15.24	246.02	288.35	7220
188.53	23.22	273.05	4.42	50.66	42.70	7230
955.94	204.77	382.83	76.47	244.13	129.83	7290
28296.30	**6702.51**	**4934.24**	**376.96**	**1296.89**	**2974.70**	L
158.24	31.43	173.75	3.12	23.07	47.18	7300
156.53	30.74	167.41	2.97	22.08	41.62	7310
1.71	0.69	6.34	0.15	0.99	5.56	7320
28138.05	6671.08	4760.50	373.84	1273.82	2927.52	7400
25873.19	6382.04	2670.47	305.37	1059.47	2509.70	7410
45.81	0.12	31.44	4.42	0.24	0.41	7420
898.06	58.63	801.16	23.57	72.45	189.92	7430
183.41	33.44	334.31	3.42	52.39	71.13	7440
16.91	0.56	12.16	0.13	1.51	2.38	7450
63.74	5.93	21.93	0.49	0.63	1.58	7460
374.51	44.13	345.71	15.18	17.28	34.07	7470
160.61	73.73	78.85	2.23	21.79	9.57	7480
521.81	72.50	464.47	19.03	48.06	108.74	7490
2277.15	**455.57**	**835.41**	**27.54**	**121.66**	**416.34**	M
227.53	72.21	139.44	6.75	29.86	78.07	7500
13.33	8.02	7.51	1.43	0.46	16.49	7510
117.17	36.93	82.96	3.73	19.35	35.35	7520
57.77	17.93	10.44	0.80	0.38	3.51	7530
38.55	9.30	37.30	0.76	9.68	22.17	7540

2-20 续表 8

行业中类	代码	资产总额(亿元)	内资企业	国有企业	集体企业	股份合作	联营
社会人文科学研究与试验发展	7550	4.06	3.52	1.36	0.03	0.12	
专业技术服务业	7600	4368.69	4071.20	1678.05	85.28	50.57	29.29
气象服务	7610	19.32	19.31	14.36	0.27	0.06	0.05
地震服务	7620	1.47	1.44	1.01	0.03	0.01	
海洋服务	7630	6.73	6.45	2.11	0.03	0.31	
测绘服务	7640	44.87	43.87	9.53	2.53	0.20	0.09
技术检测	7650	143.12	113.48	35.15	13.94	4.02	2.29
环境监测	7660	14.91	9.69	3.18	0.49	0.15	0.49
工程技术与规划管理	7670	3058.13	2956.45	1341.37	36.85	40.11	22.59
其他专业技术服务	7690	1080.14	920.52	271.35	31.14	5.70	3.78
科技交流和推广服务业	7700	1404.50	1275.02	307.42	45.72	28.90	5.23
技术推广服务	7710	812.83	756.89	170.01	32.77	22.04	2.04
科技中介服务	7720	286.90	227.27	55.88	7.14	1.19	2.07
其他科技服务	7790	304.76	290.85	81.53	5.80	5.67	1.12
地质勘查业	7800	439.62	436.52	400.15	1.60	0.44	0.35
矿产地质勘查	7810	287.12	284.48	263.97	0.37	0.16	0.25
基础地质勘查	7820	23.86	23.69	20.79	0.07	0.02	
地质勘查技术服务	7830	128.64	128.35	115.39	1.16	0.27	0.10
水利、环境和公共设施管理业	**N**	**4138.49**	**3632.31**	**1293.25**	**95.63**	**16.62**	**18.51**
水利管理业	7900	908.48	602.32	280.28	10.32	0.85	1.12
防洪管理	7910	44.99	44.99	16.00	5.35		
水资源管理	7920	713.62	407.48	177.34	3.68	0.70	0.47
其他水利管理	7990	149.88	149.86	86.94	1.29	0.15	0.65
环境管理业	8000	403.97	337.59	74.04	5.37	2.57	4.35
自然保护	8010	70.67	28.67	6.57	0.85	1.71	1.23
环境治理	8020	333.30	308.92	67.47	4.53	0.85	3.12
公共设施管理业	8100	2826.04	2692.39	938.93	79.93	13.20	13.04
市政公共设施管理	8110	1900.46	1846.76	802.03	26.16	0.45	0.57
城市绿化管理	8120	264.70	257.00	32.93	9.96	1.41	1.09
游览景区管理	8130	660.88	588.63	103.97	43.81	11.34	11.38
居民服务和其他服务业	**O**	**2704.79**	**2555.52**	**1065.31**	**256.65**	**39.09**	**18.96**
居民服务业	8200	532.36	489.40	83.02	70.96	18.19	11.02
家庭服务	8210	9.69	9.57	1.77	1.56	0.14	0.02
托儿所	8220	0.59	0.44	0.04	0.13		
洗染服务	8230	38.81	37.13	2.33	21.26	0.65	0.49
理发及美容保健服务	8240	37.84	33.79	1.23	1.18	1.93	0.11
洗浴服务	8250	129.45	117.27	9.70	5.98	4.69	0.82
婚姻服务	8260	2.18	2.03	0.12	0.36	0.06	0.04
殡葬服务	8270	108.30	97.51	13.01	18.47	5.68	8.69
摄影扩印服务	8280	47.98	42.96	12.98	2.36	2.07	0.16
其他居民服务	8290	157.53	148.70	41.83	19.65	2.96	0.70
其他服务业	8300	2172.43	2066.13	982.29	185.69	20.89	7.94
修理与维护	8310	240.21	206.26	18.65	22.67	6.32	3.50
清洁服务	8320	41.82	38.98	5.01	4.83	0.56	0.04
其他未列明的服务	8390	1890.40	1820.90	958.63	158.20	14.02	4.40
教育	**P**	**306.66**	**279.64**	**57.13**	**24.44**	**8.00**	**5.38**
教育	8400	306.66	279.64	57.13	24.44	8.00	5.38

有限责任公司	股份有限公司	私营	其他内资	港、澳、台商投资企业	外商投资企业	代码
0.71	0.04	1.23	0.03		0.54	7550
1504.45	275.51	439.36	8.70	64.83	232.66	7600
3.79	0.07	0.68	0.03		0.01	7610
0.12	0.02	0.24	0.01		0.04	7620
0.94	0.36	2.70		0.06	0.22	7630
23.64	0.54	7.27	0.08	0.05	0.95	7640
34.88	2.82	19.64	0.74	15.73	13.92	7650
2.12	0.13	3.04	0.09	0.02	5.20	7660
1093.85	200.30	214.62	6.76	15.85	85.83	7670
345.12	71.27	191.18	0.99	33.12	126.50	7690
516.52	106.71	252.57	11.96	26.79	102.69	7700
285.02	69.13	164.75	11.13	21.92	34.02	7710
121.72	1.75	36.91	0.63	1.93	57.69	7720
109.79	35.83	50.91	0.20	2.93	10.98	7790
28.66	1.13	4.05	0.13	0.18	2.92	7800
17.65	0.82	1.19	0.07		2.64	7810
2.38	0.05	0.37		0.15	0.02	7820
8.63	0.26	2.49	0.06	0.03	0.26	7830
1705.47	**100.72**	**387.70**	**14.40**	**372.87**	**133.31**	**N**
269.37	16.26	23.66	0.47	302.85	3.31	7900
22.61	0.90	0.08	0.05			7910
206.97	14.87	3.11	0.33	302.84	3.30	7920
39.79	0.48	20.47	0.09		0.01	7990
115.00	7.29	125.99	2.98	22.08	44.30	8000
9.06	1.49	6.52	1.24	13.76	28.24	8010
105.95	5.80	119.46	1.74	8.32	16.06	8020
1321.10	77.17	238.06	10.96	47.95	85.70	8100
983.08	2.79	26.96	4.72	15.56	38.13	8110
108.38	8.24	92.85	2.12	5.89	1.81	8120
229.64	66.14	118.24	4.11	26.50	45.75	8130
522.10	**80.11**	**546.26**	**27.05**	**61.03**	**88.24**	**O**
96.26	27.12	174.74	8.07	21.56	21.41	8200
2.55	0.06	3.40	0.07	0.09	0.03	8210
0.05	0.18	0.04		0.16		8220
3.99	1.55	6.74	0.10	0.74	0.94	8230
3.84	0.34	24.57	0.59	1.94	2.12	8240
17.51	4.61	71.62	2.34	7.42	4.75	8250
0.18	0.06	1.17	0.03	0.02	0.13	8260
25.27	5.47	19.60	1.31	6.34	4.45	8270
5.41	1.71	17.99	0.29	3.12	1.90	8280
37.46	13.32	29.49	3.30	1.74	7.09	8290
425.84	52.98	371.52	18.97	39.47	66.83	8300
32.55	5.34	109.16	8.08	19.31	14.64	8310
7.48	0.41	20.31	0.33	1.46	1.38	8320
385.81	47.24	242.05	10.56	18.70	50.80	8390
62.27	**14.73**	**85.25**	**22.44**	**13.61**	**13.40**	**P**
62.27	14.73	85.25	22.44	13.61	13.40	8400

2-20 续表 9

行业中类	代码	资产总额（亿元）	内资企业	国有企业	集体企业	股份合作	联　营
学前教育	8410	13.56	12.53	1.55	1.84	0.54	0.44
初等教育	8420	12.58	10.42	1.85	0.52	0.05	0.42
中等教育	8430	59.32	57.71	5.94	6.24	1.33	0.04
高等教育	8440	32.92	31.60	17.06	0.01	0.02	1.75
其他教育	8490	188.28	167.39	30.73	15.83	6.06	2.74
卫生、社会保障和社会福利业	**Q**	**347.75**	**311.05**	**120.79**	**20.47**	**16.13**	**2.04**
卫生	8500	322.62	286.40	108.25	17.18	15.70	1.79
医院	8510	262.97	232.35	98.75	9.02	11.66	1.13
卫生院及社区医疗活动	8520	13.49	13.36	2.89	3.06	1.41	0.21
门诊部医疗活动	8530	24.97	22.72	1.82	2.59	1.91	0.37
计划生育技术服务活动	8540	0.66	0.66	0.13	0.52		
妇幼保健活动	8550	1.46	0.55	0.07	0.17	0.01	
专科疾病防治活动	8560	4.01	3.91	1.97	0.30	0.32	
疾病预防控制及防疫活动	8570	2.62	2.62	1.54	0.54	0.01	
其他卫生活动	8590	12.43	10.24	1.09	0.98	0.39	0.08
社会保障业	8600	11.93	11.93	10.15	0.29		0.21
社会福利业	8700	13.20	12.72	2.39	3.00	0.43	0.04
提供住宿的社会福利	8710	9.02	8.53	0.91	2.41	0.42	0.04
不提供住宿的社会福利	8720	4.18	4.18	1.47	0.59	0.01	
文化、体育和娱乐业	**R**	**2197.91**	**1731.57**	**872.30**	**39.18**	**25.88**	**10.10**
新闻出版业	8800	633.44	629.73	554.85	1.82	0.65	0.49
新闻业	8810	15.26	15.26	14.10	0.02		
出版业	8820	618.18	614.47	540.75	1.80	0.65	0.49
广播、电视、电影和音像业	8900	451.19	435.18	160.11	8.89	11.09	1.77
广播	8910	83.47	83.44	15.16	0.26	0.24	0.03
电视	8920	135.51	130.27	26.49	1.72	7.95	0.80
电影	8930	205.42	195.46	115.87	6.24	2.79	0.70
音像制作	8940	26.79	26.01	2.58	0.66	0.11	0.24
文化艺术业	9000	154.04	145.01	47.59	3.15	2.14	0.28
文艺创作与表演	9010	18.07	13.85	3.50	0.19	0.19	0.01
艺术表演场馆	9020	14.16	13.15	3.16	0.27	0.02	0.03
图书馆与档案馆	9030	1.86	1.86	0.06	0.07		
文物及文化保护	9040	8.86	8.86	3.36	0.82	0.09	0.01
博物馆	9050	11.39	10.94	1.61	0.11	0.10	0.07
烈士陵园、纪念馆	9060	2.06	1.99	1.41	0.24		0.06
群众文化活动	9070	19.25	19.25	8.34	1.02	0.60	
文化艺术经纪代理	9080	23.04	22.12	2.45	0.27	0.32	0.01
其他文化艺术	9090	55.36	52.99	23.69	0.16	0.84	0.10
体育	9100	177.80	151.77	56.37	1.87	3.43	2.51
体育组织	9110	49.78	44.77	4.36	0.57	1.93	1.94
体育场馆	9120	96.57	86.05	48.18	0.77	1.24	0.56
其他体育	9190	31.46	20.94	3.83	0.54	0.27	
娱乐业	9200	781.44	369.87	53.38	23.45	8.56	5.06
室内娱乐活动	9210	151.50	105.39	6.88	6.29	2.53	0.92
游乐园	9220	143.08	106.41	22.12	6.04	0.37	2.03
休闲健身娱乐活动	9230	412.75	99.64	10.43	4.92	3.50	1.49
其他娱乐活动	9290	74.10	58.43	13.95	6.20	2.16	0.63

有限责任公司	股份有限公司	私营	其他内资	港、澳、台商投资企业	外商投资企业	代码
0.42	0.05	6.24	1.45	0.62	0.42	8410
2.29	0.63	3.70	0.95	1.89	0.27	8420
13.88	0.31	19.32	10.65	0.84	0.78	8430
5.42	1.99	4.22	1.13	1.30	0.01	8440
40.26	11.75	51.76	8.25	8.97	11.92	8490
38.10	**11.89**	**91.91**	**9.72**	**8.62**	**28.08**	Q
34.26	11.36	88.46	9.40	8.62	27.59	8500
24.96	10.39	69.57	6.86	8.04	22.58	8510
0.46	0.46	4.17	0.70	0.05	0.07	8520
3.47	0.40	10.59	1.57	0.47	1.78	8530
		0.01				8540
0.22		0.08			0.92	8550
0.23	0.01	1.06	0.04		0.11	8560
0.34		0.16	0.02			8570
4.57	0.11	2.81	0.22	0.05	2.14	8590
0.66	0.49	0.10	0.02			8600
3.17	0.05	3.34	0.30		0.49	8700
2.38		2.18	0.20		0.49	8710
0.80	0.05	1.17	0.10			8720
435.59	**122.57**	**218.33**	**7.62**	**195.56**	**270.79**	R
64.21	2.75	3.86	1.10	1.01	2.70	8800
0.34		0.09	0.71			8810
63.87	2.75	3.77	0.39	1.01	2.70	8820
150.47	71.75	30.57	0.54	8.67	7.34	8900
28.28	38.83	0.64		0.01	0.02	8910
67.31	13.71	12.25	0.04	1.90	3.35	8920
49.16	8.50	11.74	0.46	6.54	3.42	8930
5.72	10.71	5.95	0.04	0.23	0.55	8940
51.83	13.21	26.39	0.42	7.70	1.33	9000
4.23	0.56	5.04	0.12	4.21	0.01	9010
8.72	0.10	0.84		0.86	0.15	9020
1.70		0.02				9030
0.66	2.13	1.75	0.05			9040
7.92	0.01	1.12		0.20	0.25	9050
0.23		0.06		0.06		9060
0.45	7.22	1.44	0.18			9070
11.32	0.78	6.97	0.01	0.34	0.57	9080
16.60	2.41	9.15	0.05	2.03	0.34	9090
50.10	21.73	15.38	0.39	5.68	20.35	9100
13.59	14.00	8.35	0.04	2.50	2.50	9110
26.77	3.28	4.98	0.28	1.46	9.05	9120
9.74	4.45	2.05	0.07	1.72	8.80	9190
118.98	13.14	142.13	5.17	172.50	239.07	9200
26.24	4.40	56.49	1.64	29.47	16.65	9210
37.84	3.08	34.45	0.48	17.86	18.81	9220
36.21	5.10	37.19	0.80	115.46	197.65	9230
18.68	0.56	14.00	2.25	9.71	5.96	9290

2-21 按地区、登记注册

地 区	资产总额（亿元）	内资企业	国有企业	集体企业	股份合作	联 营	有限责任公 司
全 国	**967366.85**	**863252.45**	**300972.55**	**51605.73**	**18607.91**	**5068.27**	**194799.74**
北 京	184008.26	174015.63	61004.14	1623.60	2937.46	133.03	45042.92
天 津	24588.10	21125.15	7875.92	1231.28	211.22	77.06	5547.99
河 北	28147.88	26001.51	12534.08	2753.35	223.05	114.57	4703.58
山 西	18118.57	17561.32	7373.44	1789.77	187.52	37.51	4592.96
内蒙古	9122.08	8552.47	3076.74	835.20	50.71	4.87	2381.81
辽 宁	40059.19	35969.96	14833.54	2378.90	421.12	58.45	6702.96
吉 林	15767.19	14778.55	6263.06	877.44	104.71	13.27	2220.59
黑龙江	10574.54	9898.23	3378.89	327.80	99.11	31.20	3886.81
上 海	96542.50	77978.22	22070.51	1879.29	3921.81	522.60	16852.93
江 苏	68352.65	57329.19	16494.70	3939.24	884.10	183.54	13432.44
浙 江	66107.63	59743.14	17144.03	4177.68	1709.72	351.64	14320.54
安 徽	17534.84	16624.90	5772.70	1222.56	754.53	75.14	3902.65
福 建	23681.71	18591.00	5748.22	1032.36	177.51	216.30	2970.89
江 西	11611.63	10874.72	3822.03	998.90	428.42	24.01	1747.67
山 东	52628.04	47394.83	14344.61	4840.17	1766.36	352.80	11427.06
河 南	28821.31	27420.60	9830.96	3079.93	786.47	64.09	5341.17
湖 北	25350.17	23484.10	10816.01	1423.30	349.65	132.19	3894.67
湖 南	17711.04	16905.66	6655.49	1533.88	620.70	57.55	3180.55
广 东	112803.29	88610.48	30326.51	8543.36	937.19	873.59	17816.49
广 西	12249.10	11398.18	4379.93	1149.87	73.34	26.01	2330.90
海 南	4517.21	3793.53	1520.67	140.39	78.36	42.93	981.35
重 庆	14652.97	13801.93	5088.27	189.40	1111.66	15.45	3340.27
四 川	25590.39	24412.94	7369.78	2144.99	262.35	31.52	5739.18
贵 州	7924.54	7671.50	3704.36	436.95	71.33	14.83	1487.78
云 南	17299.79	16814.40	7215.86	1012.63	164.44	1557.77	2881.59
西 藏	618.28	600.45	459.43	15.23	5.40	1.91	23.45
陕 西	9164.15	8711.02	3009.56	361.84	108.73	26.13	3106.01
甘 肃	8455.61	8282.87	3210.42	687.42	112.40	10.83	1466.27
青 海	2403.02	2310.99	879.83	103.10	23.51	2.08	689.51
宁 夏	2791.95	2661.85	607.70	381.41	7.14	5.10	651.12
新 疆	10169.22	9933.13	4161.14	494.48	17.89	10.27	2135.62

类型分组的企业资产总额

股份有限公司	私营	其他内资	港、澳、台商投资企业	外商投资企业
203423.71	**87006.34**	**1768.20**	**42351.62**	**61762.78**
58267.64	4988.78	18.05	3556.83	6435.80
4265.95	1850.07	65.63	704.49	2758.47
2978.52	2634.16	60.20	1029.50	1116.88
1838.54	1731.01	10.56	225.97	331.28
1356.40	823.84	22.89	305.29	264.31
7154.87	4379.32	40.81	1421.97	2667.26
4427.34	844.54	27.59	236.29	752.35
1106.61	1040.13	27.69	140.60	535.71
23419.15	9195.51	116.42	4605.05	13959.24
11294.43	11020.64	80.11	4224.10	6799.36
9604.99	12426.45	8.09	3151.13	3213.36
3060.15	1627.19	209.98	283.95	626.00
5917.20	2491.46	37.07	2633.70	2457.00
2882.25	953.27	18.18	420.97	315.94
8931.90	5429.98	301.95	1791.42	3441.79
5823.99	2439.33	54.65	416.80	983.91
5061.25	1743.75	63.28	573.10	1292.98
3383.32	1423.92	50.24	343.19	462.18
20146.76	9649.66	316.92	14320.01	9872.80
2477.32	942.40	18.41	279.89	571.03
729.55	280.95	19.33	186.40	537.27
2517.35	1505.64	33.88	350.64	500.39
5962.70	2819.32	83.10	433.68	743.77
1387.74	557.93	10.57	69.58	183.47
2668.21	1294.76	19.13	193.76	291.63
54.98	39.58	0.47	2.09	15.75
1198.97	861.97	37.81	151.62	301.52
2318.05	472.17	5.30	101.23	71.50
430.63	180.88	1.44	57.25	34.78
567.25	440.06	2.06	22.61	107.49
2189.68	917.65	6.40	118.52	117.57

2-22 按行业（中类）、就业人数

行业中类	代码	企业法人单位数（个）	7人及以下	8-19人	20-49人	50-99人
总计	0000	**3249342**	**1149592**	**950612**	**609857**	**262583**
农、林、牧、渔业	A	**1015**	**59**	**77**	**102**	**108**
农业	0100	443	17	32	32	37
谷物及其他作物的种植	0110	321	6	12	18	26
蔬菜、园艺作物的种植	0120	32	4	9	7	5
水果、坚果、饮料和香料作物的种植	0130	85	7	10	7	5
中药材的种植	0140	5		1		1
林业	0200	309	11	18	17	28
林木的培育和种植	0210	130	9	14	17	21
木材和竹材的采运	0220	62	2	4		4
林产品的采集	0230	117				3
畜牧业	0300	131	9	14	20	27
牲畜的饲养	0310	62	3	5	7	15
猪的饲养	0320	30	3	4	4	7
家禽的饲养	0330	31	2	4	7	2
其他畜牧业	0390	8	1	1	2	3
渔业	0400	41	5	2	10	9
海洋渔业	0410	7			1	2
内陆渔业	0420	34	5	2	9	7
农、林、牧、渔服务业	0500	91	17	11	23	7
农业服务业	0510	65	13	7	15	6
林业服务业	0520	10		1	1	1
畜牧服务业	0530	15	4	2	7	
渔业服务业	0540	1		1		
采矿业	B	**82353**	**10522**	**22686**	**25126**	**13253**
煤炭开采和洗选业	0600	27741	1752	2665	8287	8183
烟煤和无烟煤的开采洗选	0610	26704	1648	2455	7917	7993
褐煤的开采洗选	0620	644	54	87	238	130
其他煤炭采选	0690	393	50	123	132	60
石油和天然气开采业	0700	510	97	125	101	44
天然原油和天然气开采	0710	223	40	42	22	23
与石油和天然气开采有关的服务活动	0790	287	57	83	79	21
黑色金属矿采选业	0800	10660	1090	3409	3828	1287
铁矿采选	0810	9514	930	3026	3492	1157
其他黑色金属矿采选	0890	1146	160	383	336	130
有色金属矿采选业	0900	6535	757	1571	2116	977
常用有色金属矿采选	0910	4118	492	1038	1429	593
贵金属矿采选	0920	1653	176	323	491	289
稀有稀土金属矿采选	0930	764	89	210	196	95
非金属矿采选业	1000	36614	6759	14795	10721	2741
土砂石开采	1010	30566	5761	12750	8929	2096
化学矿采选	1020	1394	270	381	432	148
采盐	1030	840	72	262	219	101
石棉及其他非金属矿采选	1090	3814	656	1402	1141	396
其他采矿业	1100	293	67	121	73	21
制造业	C	**1328948**	**257428**	**403165**	**348208**	**161010**
农副食品加工业	1300	73828	18243	25895	17276	6669
谷物磨制	1310	22958	6899	10044	4377	1026

组距分组的企业法人单位数

100-299人	300-499人	500-999人	1000-2999人	3000-4999人	5000人及以上	代码
141743	**88345**	**27433**	**15495**	**2158**	**1524**	**0000**
115	**150**	**112**	**181**	**67**	**44**	A
52	61	78	92	29	13	0100
38	49	56	77	26	13	0110
3	1	1	1	1		0120
9	11	20	14	2		0130
2		1				0140
31	45	18	77	34	30	0200
22	30	7	4	2	4	0210
4	8	2	6	14	18	0220
5	7	9	67	18	8	0230
18	24	7	7	4	1	0300
7	10	5	6	3	1	0310
7	3	2				0320
4	10		1	1		0330
	1					0390
2	7	4	2			0400
	1	2	1			0410
2	6	2	1			0420
12	13	5	3			0500
8	9	4	3			0510
4	2	1				0520
	2					0530
						0540
6477	**2789**	**789**	**474**	**86**	**151**	B
4228	1705	455	299	66	101	0600
4147	1654	442	288	65	95	0610
61	44	12	11	1	6	0620
20	7	1				0690
50	29	11	18	1	34	0700
34	17	9	15	1	20	0710
16	12	2	3		14	0790
616	293	88	37	3	9	0800
543	248	71	36	3	8	0810
73	45	17	1		1	0890
581	344	111	66	10	2	0900
301	176	58	25	6		0910
182	119	35	34	3	1	0920
98	49	18	7	1	1	0930
994	417	123	53	6	5	1000
691	268	56	15			1010
91	47	14	8	2	1	1020
71	51	32	24	4	4	1030
141	51	21	6			1090
8	1	1	1			1100
86448	**50481**	**13847**	**6818**	**922**	**621**	C
3248	1848	407	209	18	15	1300
438	152	13	9			1310

2-22 续表 1

行业中类	代码	企业法人单位数(个)	7人及以下	8-19人	20-49人	50-99人
饲料加工	1320	8669	1904	3069	2198	893
植物油加工	1330	7948	2088	2473	1890	837
制糖	1340	645	118	87	100	51
屠宰及肉类加工	1350	10503	2413	3173	2612	1145
水产品加工	1360	6589	1505	1940	1649	647
蔬菜、水果和坚果加工	1370	9281	1895	2599	2608	1239
其他农副食品加工	1390	7235	1421	2510	1842	831
食品制造业	1400	32174	7815	10014	8074	3109
焙烤食品制造	1410	6756	1715	2156	1682	653
糖果、巧克力及蜜饯制造	1420	3929	729	1346	1264	341
方便食品制造	1430	4436	1157	1375	1003	403
液体乳及乳制品制造	1440	1918	294	407	516	288
罐头制造	1450	2582	498	580	665	350
调味品、发酵制品制造	1460	5851	1595	2096	1273	446
其他食品制造	1490	6702	1827	2054	1671	628
饮料制造业	1500	27178	8244	8878	5914	2016
酒精制造	1510	354	58	57	63	69
酒的制造	1520	11721	3372	3349	2705	1020
软饮料制造	1530	9336	2815	3292	2064	617
精制茶加工	1540	5767	1999	2180	1082	310
烟草制品业	1600	308	32	26	32	31
烟叶复烤	1610	97	11	4	11	10
卷烟制造	1620	127	7	2	5	5
其他烟草制品加工	1690	84	14	20	16	16
纺织业	1700	87342	12638	21141	23591	13427
棉、化纤纺织及印染精加工	1710	32861	4111	7842	9239	4946
毛纺织和染整精加工	1720	4546	558	882	1217	831
麻纺织	1730	1080	143	185	239	202
丝绢纺织及精加工	1740	5812	892	1354	1358	904
纺织制成品制造	1750	18103	3167	5717	4863	2284
针织品、编织品及其制品制造	1760	24940	3767	5161	6675	4260
纺织服装、鞋、帽制造业	1800	52396	8497	8475	13101	9198
纺织服装制造	1810	48895	8082	7796	12061	8584
纺织面料鞋的制造	1820	2384	302	479	749	388
制帽	1830	1117	113	200	291	226
皮革、毛皮、羽毛(绒)及其制品业	1900	24197	3637	4264	5828	4220
皮革鞣制加工	1910	2581	459	651	675	352
皮革制品制造	1920	18901	2716	2902	4406	3500
毛皮鞣制及制品加工	1930	1570	270	370	459	236
羽毛(绒)加工及制品制造	1940	1145	192	341	288	132
木材加工及木、竹、藤、棕、草制品业	2000	41818	7282	14153	12540	4657
锯材、木片加工	2010	12895	2834	5404	3600	719
人造板制造	2020	13133	1125	3298	4629	2336
木制品制造	2030	10145	2483	3513	2472	972
竹、藤、棕、草制品制造	2040	5645	840	1938	1839	630
家具制造业	2100	25377	5640	9304	6051	2265
木质家具制造	2110	18953	4224	7314	4430	1578
竹、藤家具制造	2120	392	80	136	103	31

100-299人	300-499人	500-999人	1000-2999人	3000-4999人	5000人及以上	代码
423	151	21	9	1		1320
432	186	29	11	2		1330
36	127	91	33	1	1	1340
577	415	88	59	11	10	1350
409	304	86	45	3	1	1360
565	311	43	19		2	1370
368	202	36	24		1	1390
1656	1031	309	145	8	13	1400
313	170	46	20		1	1410
139	76	23	10	1		1420
233	172	60	26		7	1430
197	143	44	22	4	3	1440
243	168	48	28	2		1450
236	139	40	24		2	1460
295	163	48	15	1		1490
1014	718	267	108	11	8	1500
54	37	11	4	1		1510
535	448	193	82	10	7	1520
293	176	56	22		1	1530
132	57	7				1540
35	44	40	56	10	2	1600
14	26	18	3			1610
11	12	20	53	10	2	1620
10	6	2				1690
8599	5502	1536	731	130	47	1700
3208	2246	688	452	98	31	1710
566	335	98	47	7	5	1720
131	101	43	28	5	3	1730
710	439	115	38	1	1	1740
1191	649	175	49	4	4	1750
2793	1732	417	117	15	3	1760
6931	4718	1078	352	32	14	1800
6516	4482	1012	325	27	10	1810
243	152	44	20	4	3	1820
172	84	22	7	1	1	1830
3172	2133	564	311	40	28	1900
255	143	38	6	2		1910
2673	1842	502	294	38	28	1920
153	71	9	2			1930
91	77	15	9			1940
2121	846	151	50	11	7	2000
250	58	18	6	2	4	2010
1179	463	70	23	7	3	2020
431	214	46	13	1		2030
261	111	17	8	1		2040
1178	670	157	98	11	3	2100
819	425	97	58	6	2	2110
29	11		2			2120

2-22 续表 2

行业中类	代码	企业法人单位数(个)	7人及以下	8-19人	20-49人	50-99人
金属家具制造	2130	3371	665	992	866	413
塑料家具制造	2140	327	87	87	81	31
其他家具制造	2190	2334	584	775	571	212
造纸及纸制品业	2200	41732	6948	13983	12248	4662
纸浆制造	2210	628	116	152	196	78
造纸	2220	12095	1745	2958	3477	1860
纸制品制造	2230	29009	5087	10873	8575	2724
印刷业和记录媒介的复制	2300	42559	10565	16262	10250	3250
印刷	2310	39212	9709	15041	9480	2926
装订及其他印刷服务活动	2320	3139	825	1179	730	285
记录媒介的复制	2330	208	31	42	40	39
文教体育用品制造业	2400	15424	2576	3297	4067	2378
文化用品制造	2410	4482	1011	1275	1198	561
体育用品制造	2420	3128	538	692	783	471
乐器制造	2430	1039	193	243	281	124
玩具制造	2440	6100	672	890	1638	1145
游艺器材及娱乐用品制造	2450	675	162	197	167	77
石油加工、炼焦及核燃料加工业	2500	7697	1650	2514	1825	619
化学原料及化学制品制造业	2600	79845	16769	25761	20178	8737
基础化学原料制造	2610	16091	2624	5138	4376	1965
肥料制造	2620	7061	1247	1857	2032	757
农药制造	2630	2093	318	474	595	337
涂料、油墨、颜料及类似产品制造	2640	17254	4760	6455	3853	1297
合成材料制造	2650	5435	1041	1930	1406	563
专用化学产品制造	2660	24093	4585	7286	6175	3182
日用化学产品制造	2670	7818	2194	2621	1741	636
医药制造业	2700	12213	1967	2281	2869	2005
化学药品原药制造	2710	1940	253	324	516	334
化学药品制剂制造	2720	1920	215	188	291	359
中药饮片加工	2730	1390	271	334	404	211
中成药制造	2740	2398	294	283	440	460
兽用药品制造	2750	1312	209	348	392	205
生物、生化制品的制造	2760	1562	413	391	356	193
卫生材料及医药用品制造	2770	1691	312	413	470	243
化学纤维制造业	2800	3592	525	1007	854	467
纤维素纤维原料及纤维制造	2810	556	108	154	131	59
合成纤维制造	2820	3036	417	853	723	408
橡胶制品业	2900	16005	2796	5019	4271	1825
轮胎制造	2910	1456	212	333	413	179
橡胶板、管、带的制造	2920	3199	525	1017	908	395
橡胶零件制造	2930	5296	1018	2029	1390	484
再生橡胶制造	2940	879	148	289	299	94
日用及医用橡胶制品制造	2950	931	133	263	263	117
橡胶靴鞋制造	2960	1997	249	318	457	318
其他橡胶制品制造	2990	2247	511	770	541	238
塑料制品业	3000	73268	15600	25807	18529	7387
塑料薄膜制造	3010	7089	1522	2689	1804	597
塑料板、管、型材的制造	3020	11643	2489	4491	2925	1014

100-299人	300-499人	500-999人	1000-2999人	3000-4999人	5000人及以上	代码
216	148	40	27	3	1	2130
17	21	3				2140
97	65	17	11	2		2190
2281	1132	305	150	12	11	2200
34	25	17	7	2	1	2210
1104	616	203	115	9	8	2220
1143	491	85	28	1	2	2230
1349	702	141	37	2	1	2300
1235	649	134	35	2	1	2310
76	36	6	2			2320
38	17	1				2330
1523	1049	333	161	30	10	2400
258	128	36	13	2		2410
312	218	69	37	7	1	2420
111	59	19	9			2430
802	618	206	99	21	9	2440
40	26	3	3			2450
458	355	143	89	26	18	2500
4634	2536	757	389	46	38	2600
1061	633	168	99	16	11	2610
376	417	223	127	13	12	2620
197	106	45	19	2		2630
554	258	57	20			2640
251	142	49	37	10	6	2650
1844	793	158	60	4	6	2660
351	187	57	27	1	3	2670
1589	1037	294	146	16	9	2700
240	164	55	47	3	4	2710
384	333	103	41	4	2	2720
115	43	10	2			2730
462	322	89	37	9	2	2740
110	40	7	1			2750
126	64	10	9			2760
152	71	20	9		1	2770
335	258	89	41	7	9	2800
38	34	10	13	4	5	2810
297	224	79	28	3	4	2820
1063	688	205	107	18	13	2900
120	93	42	47	9	8	2910
203	119	18	12	2		2920
205	131	31	5	2	1	2930
32	14	2	1			2940
76	51	18	10			2950
309	233	75	29	5	4	2960
118	47	19	3			2990
3491	1878	425	131	13	7	3000
270	168	29	7	1	2	3010
454	198	55	16		1	3020

2-22 续表 3

行业中类	代码	企业法人单位数(个)	7人及以下	8-19人	20-49人	50-99人
塑料丝、绳及编织品的制造	3030	8554	1309	2493	2468	1348
泡沫塑料制造	3040	4173	719	1538	1228	436
塑料人造革、合成革制造	3050	812	111	176	150	136
塑料包装箱及容器制造	3060	8558	1802	3136	2187	870
塑料零件制造	3070	10171	2517	3717	2277	838
日用塑料制造	3080	12521	2815	4208	3206	1230
其他塑料制品制造	3090	9747	2316	3359	2284	918
非金属矿物制品业	3100	165562	25169	44297	49949	28250
水泥、石灰和石膏的制造	3110	13454	1796	2825	2312	1627
水泥及石膏制品制造	3120	34871	8146	15880	7346	2115
砖瓦、石材及其他建筑材料制造	3130	80338	9232	15166	30006	19485
玻璃及玻璃制品制造	3140	12142	1932	2981	3075	1977
陶瓷制品制造	3150	7157	1187	1455	1929	1037
耐火材料制品制造	3160	9174	1380	3004	2831	1177
石墨及其他非金属矿物制品制造	3190	8426	1496	2986	2450	832
黑色金属冶炼及压延加工业	3200	21812	3341	5878	5809	2975
炼铁	3210	5121	731	1472	1327	676
炼钢	3220	1154	157	256	292	143
钢压延加工	3230	12454	2079	3713	3443	1439
铁合金冶炼	3240	3083	374	437	747	717
有色金属冶炼及压延加工业	3300	16053	2794	4879	4229	1943
常用有色金属冶炼	3310	4618	827	1279	1195	546
贵金属冶炼	3320	484	58	135	126	60
稀有稀土金属冶炼	3330	842	105	181	214	155
有色金属合金制造	3340	1239	189	390	388	150
有色金属压延加工	3350	8870	1615	2894	2306	1032
金属制品业	3400	86383	19065	28871	22395	8855
结构性金属制品制造	3410	27708	7017	9644	6818	2477
金属工具制造	3420	12200	2695	4055	3322	1116
集装箱及金属包装容器制造	3430	4649	746	1411	1309	619
金属丝绳及其制品的制造	3440	5085	956	1773	1432	506
建筑、安全用金属制品制造	3450	10462	2191	3364	2656	1194
金属表面处理及热处理加工	3460	8085	1341	2704	2381	1020
搪瓷制品制造	3470	800	165	185	187	118
不锈钢及类似日用金属制品制造	3480	8591	1858	2594	2124	1022
其他金属制品制造	3490	8803	2096	3141	2166	783
通用设备制造业	3500	118985	22794	42170	32353	11724
锅炉及原动机制造	3510	5497	895	1679	1451	646
金属加工机械制造	3520	11881	2551	4084	3175	1048
起重运输设备制造	3530	4091	518	1154	1163	569
泵、阀门、压缩机及类似机械的制造	3540	16419	2957	5714	4434	1679
轴承、齿轮、传动和驱动部件的制造	3550	8757	1245	2533	2603	1193
烘炉、熔炉及电炉制造	3560	1275	281	480	313	124
风机、衡器、包装设备等通用设备制造	3570	14277	2982	4845	3620	1442
通用零部件制造及机械修理	3580	31797	7911	12669	7596	2304
金属铸、锻加工	3590	24991	3454	9012	7998	2719
专用设备制造业	3600	58471	12386	19513	14905	6116
矿山、冶金、建筑专用设备制造	3610	9092	1453	2806	2648	1040

100-299人	300-499人	500-999人	1000-2999人	3000-4999人	5000人及以上	代码
593	286	42	14		1	3030
175	65	10	2			3040
125	99	12	2	1		3050
356	157	35	13	2		3060
437	275	83	23	4		3070
599	350	79	30	3	1	3080
482	280	80	24	2	2	3090
11354	4938	1106	438	44	17	3100
2512	1800	419	148	12	3	3110
951	356	55	21	1		3120
5139	1102	155	47	4	2	3130
1179	690	192	103	8	5	3140
702	575	179	78	9	6	3150
464	234	56	20	7	1	3160
407	181	50	21	3		3190
1904	1225	347	212	55	66	3200
435	323	104	41	8	4	3210
93	82	40	60	19	12	3220
884	587	147	87	25	50	3230
492	233	56	24	3		3240
1128	663	226	129	30	32	3300
352	222	90	61	23	23	3310
43	31	15	15	1		3320
105	61	11	9	1		3330
75	37	3	3	2	2	3340
553	312	107	41	3	7	3350
4340	2139	504	185	23	6	3400
1097	504	107	40	4		3410
592	307	81	25	5	2	3420
326	166	50	20	1	1	3430
248	122	35	8	4	1	3440
632	326	67	25	6	1	3450
432	168	30	8	1		3460
95	33	13	3		1	3470
549	330	80	33	1		3480
369	183	41	23	1		3490
5625	3063	845	362	34	15	3500
387	279	88	57	11	4	3510
548	312	101	54	6	2	3520
364	216	66	37	1	3	3530
917	518	141	57	2		3540
629	387	123	35	4	5	3550
52	21	3	1			3560
757	447	123	54	7		3570
848	348	85	35		1	3580
1123	535	115	32	3		3590
3050	1714	458	261	46	22	3600
577	345	123	78	12	10	3610

2-22 续表 4

行业中类	代码	企业法人单位数(个)	7人及以下	8-19人	20-49人	50-99人
化工、木材、非金属加工专用设备制造	3620	14671	3451	4956	3617	1495
食品、饮料、烟草及饲料生产专用设备制造	3630	3175	615	1056	850	356
印刷、制药、日化生产专用设备制造	3640	4095	815	1382	1035	460
纺织、服装和皮革工业专用设备制造	3650	7152	1464	2526	1702	785
电子和电工机械专用设备制造	3660	3672	869	1150	874	375
农、林、牧、渔专用机械制造	3670	5574	1241	1781	1452	536
医疗仪器设备及器械制造	3680	3734	731	1230	948	392
环保、社会公共安全及其他专用设备制造	3690	7306	1747	2626	1779	677
交通运输设备制造业	3700	56529	10403	18234	14661	6273
铁路运输设备制造	3710	2151	274	561	550	306
汽车制造	3720	39496	7495	13525	10133	4071
摩托车制造	3730	5566	750	1377	1587	868
自行车制造	3740	4104	844	1322	1057	409
船舶及浮动装置制造	3750	4065	806	1123	1102	477
航空航天器制造	3760	277	23	40	35	36
交通器材及其他交通运输设备制造	3790	870	211	286	197	106
电气机械及器材制造业	3900	63475	12673	18409	16143	7503
电机制造	3910	6495	1245	1852	1697	764
输配电及控制设备制造	3920	21091	4273	6423	5382	2418
电线、电缆、光缆及电工器材制造	3930	11720	2021	3375	3292	1459
电池制造	3940	2716	472	628	628	377
家用电力器具制造	3950	7364	1699	1966	1611	846
非电力家用器具制造	3960	2054	545	680	496	175
照明器具制造	3970	9832	1840	2778	2502	1262
其他电气机械及器材制造	3990	2203	578	707	535	202
通信设备、计算机及其他电子设备制造业	4000	29058	5165	6335	6530	4023
通信设备制造	4010	3634	725	844	829	474
雷达及配套设备制造	4020	101	13	18	18	13
广播电视设备制造	4030	1394	222	375	361	191
电子计算机制造	4040	2855	516	522	564	370
电子器件制造	4050	4093	744	845	889	610
电子元件制造	4060	12249	2013	2727	2848	1724
家用视听设备制造	4070	2566	385	441	523	377
其他电子设备制造	4090	2166	547	563	498	264
仪器仪表及文化、办公用机械制造业	4100	17504	3573	5245	4428	1980
通用仪器仪表制造	4110	8526	1851	3051	2085	842
专用仪器仪表制造	4120	2653	637	814	705	242
钟表与计时仪器制造	4130	1597	248	278	391	257
光学仪器及眼镜制造	4140	2773	410	569	821	430
文化、办公用机械制造	4150	1270	255	282	272	148
其他仪器仪表的制造及修理	4190	685	172	251	154	61
工艺品及其他制造业	4200	34352	7365	9723	8610	4266
工艺美术品制造	4210	22251	4222	5494	6128	3103
日用杂品制造	4220	5789	1005	1509	1524	914
煤制品制造	4230	3937	1480	1964	379	75
其他未列明的制造业	4290	2375	658	756	579	174
废弃资源和废旧材料回收加工业	4300	3811	1276	1530	698	180
金属废料和碎屑的加工处理	4310	1656	570	571	323	96

100-299人	300-499人	500-999人	1000-2999人	3000-4999人	5000人及以上	代码
672	361	82	36	1		3620
167	89	29	13			3630
227	130	35	11			3640
376	219	46	29	5		3650
205	106	34	30	20	9	3660
286	186	53	30	6	3	3670
259	127	26	20	1		3680
281	151	30	14	1		3690
3437	2177	712	496	70	66	3700
197	156	47	30	17	13	3710
2132	1348	449	285	26	32	3720
509	329	82	54	8	2	3730
242	161	46	20	1	2	3740
288	153	52	52	6	6	3750
16	16	35	54	12	10	3760
53	14	1	1		1	3790
4407	2904	882	466	44	44	3900
441	306	110	65	6	9	3910
1411	846	214	105	11	8	3920
853	508	134	76	2		3930
269	219	62	50	5	6	3940
531	415	174	87	16	19	3950
77	56	15	10			3960
719	501	157	67	4	2	3970
106	53	16	6			3990
2895	2295	967	666	103	79	4000
299	254	110	81	7	11	4010
7	8	14	8	2		4020
129	75	25	15		1	4030
278	282	154	118	27	24	4040
402	331	143	101	19	9	4050
1322	957	376	227	33	22	4060
309	278	126	104	12	11	4070
149	110	19	12	3	1	4090
1146	758	223	128	13	10	4100
396	219	60	18	3	1	4110
134	89	20	12			4120
206	144	45	27	1		4130
267	177	56	37	2	4	4140
120	108	40	33	7	5	4150
23	21	2	1			4190
2410	1425	362	161	19	11	4200
1818	1094	261	113	13	5	4210
472	262	72	27	3	1	4220
25	14					4230
95	55	29	21	3	5	4290
75	35	14	3			4300
50	30	14	2			4310

2-22 续表 5

行业中类	代码	企业法人单位数(个)	7人及以下	8-19人	20-49人	50-99人
非金属废料和碎屑的加工处理	4320	2155	706	959	375	84
电力、燃气及水的生产和供应业	D	**39652**	**16013**	**10208**	**5297**	**2643**
电力、热力的生产和供应业	4400	26048	10703	6695	3232	1480
电力生产	4410	22261	10325	6183	2629	1052
电力供应	4420	2216	240	167	190	156
热力生产和供应	4430	1571	138	345	413	272
燃气生产和供应业	4500	1544	307	464	327	183
水的生产和供应业	4600	12060	5003	3049	1738	980
自来水的生产和供应	4610	11259	4749	2802	1547	907
污水处理及其再生利用	4620	660	189	207	164	65
其他水的处理、利用与分配	4690	141	65	40	27	8
建筑业	E	**128177**	**25265**	**25455**	**23444**	**14322**
房屋和土木工程建筑业	4700	56786	4626	6217	8259	6712
房屋工程建筑	4710	38021	2215	3288	4790	4006
土木工程建筑	4720	18765	2411	2929	3469	2706
建筑安装业	4800	23464	4602	5271	5531	3324
建筑装饰业	4900	37493	13349	11252	7378	3026
其他建筑业	5000	10434	2688	2715	2276	1260
工程准备	5010	4401	1367	1252	856	448
提供施工设备服务	5020	840	186	213	171	116
其他未列明的建筑活动	5090	5193	1135	1250	1249	696
交通运输、仓储和邮政业	F	**73952**	**24903**	**18515**	**13867**	**7184**
道路运输业	5200	30945	9255	7877	6455	3265
公路旅客运输	5210	5261	756	879	1145	863
道路货物运输	5220	21800	7190	6204	4597	1905
道路运输辅助活动	5230	3884	1309	794	713	497
城市公共交通业	5300	5855	1394	1037	1045	790
公共电汽车客运	5310	1407	109	141	282	220
轨道交通	5320	74	7	9	23	17
出租车客运	5330	4102	1210	838	676	523
城市轮渡	5340	54	7	11	15	8
其他城市公共交通	5390	218	61	38	49	22
水上运输业	5400	4790	1123	998	1055	607
水上旅客运输	5410	632	163	152	152	78
水上货物运输	5420	2835	644	544	598	384
水上运输辅助活动	5430	1323	316	302	305	145
航空运输业	5500	462	113	84	55	57
航空客货运输	5510	122	24	14	8	21
通用航空服务	5520	102	29	34	21	8
航空运输辅助活动	5530	238	60	36	26	28
管道运输业	5600	39	4	6	4	6
装卸搬运和其他运输服务业	5700	19791	9394	5102	2755	1280
装卸搬运	5710	4588	947	1027	1138	713
运输代理服务	5720	15203	8447	4075	1617	567
仓储业	5800	10157	2800	2989	2360	1112
谷物、棉花等农产品仓储	5810	2952	498	734	804	492
其他仓储	5890	7205	2302	2255	1556	620
邮政业	5900	1912	820	422	138	67

100-299人	300-499人	500-999人	1000-2999人	3000-4999人	5000人及以上	代码
25	5		1			4320
2121	**2001**	**838**	**447**	**40**	**44**	D
1291	1520	700	355	33	39	4400
806	695	306	235	20	10	4410
273	709	343	99	10	29	4420
212	116	51	21	3		4430
96	84	42	36	4	1	4500
734	397	96	56	3	4	4600
713	384	95	55	3	4	4610
20	13	1	1			4620
1						4690
12366	**14245**	**7054**	**4956**	**674**	**396**	E
7847	11390	6237	4518	610	370	4700
5196	8813	5208	3720	493	292	4710
2651	2577	1029	798	117	78	4720
2246	1560	551	313	49	17	4800
1531	783	126	43	4	1	4900
742	512	140	82	11	8	5000
273	160	33	11		1	5010
76	51	15	8	3	1	5020
393	301	92	63	8	6	5090
4645	**3052**	**920**	**668**	**110**	**88**	F
2085	1401	352	214	27	14	5200
703	567	181	134	21	12	5210
1074	633	132	60	4	1	5220
308	201	39	20	2	1	5230
661	516	186	150	37	39	5300
179	199	108	109	29	31	5310
5	5	2	2	2	2	5320
453	289	68	35	4	6	5330
5	4	2	2			5340
19	19	6	2	2		5390
464	314	135	68	7	19	5400
47	24	14	2			5410
322	214	77	41	4	7	5420
95	76	44	25	3	12	5430
38	26	35	41	8	5	5500
9	7	9	20	5	5	5510
7	2		1			5520
22	17	26	20	3		5530
5	8	2	2	2		5600
719	407	95	33	6		5700
424	250	62	23	4		5710
295	157	33	10	2		5720
571	285	34	6			5800
275	135	14				5810
296	150	20	6			5890
102	95	81	154	23	10	5900

2-22 续表 6

行业中类	代码	企业法人单位数(个)	7人及以下	8-19人	20-49人	50-99人
国家邮政	5910	477	9	13	18	21
其他寄递服务	5990	1435	811	409	120	46
信息传输、计算机服务和软件业	G	**67380**	**42194**	**15024**	**6057**	**1974**
电信和其他信息传输服务业	6000	9351	4510	1879	1094	590
电信	6010	2698	537	454	371	288
互联网信息服务	6020	5471	3634	1129	472	136
广播电视传输服务	6030	1050	294	260	220	150
卫星传输服务	6040	132	45	36	31	16
计算机服务业	6100	37041	28026	6621	1710	423
计算机系统服务	6110	7468	3807	2507	788	236
数据处理	6120	585	280	161	90	29
计算机维修	6130	1552	1059	350	107	21
其他计算机服务	6190	27436	22880	3603	725	137
软件业	6200	20988	9658	6524	3253	961
公共软件服务	6210	16201	7210	5124	2584	788
其他软件服务	6290	4787	2448	1400	669	173
批发和零售业	H	**883625**	**491544**	**268626**	**80718**	**25178**
批发业	6300	530807	282640	176567	48752	13827
农畜产品批发	6310	29382	11586	8495	5653	2098
食品、饮料及烟草制品批发	6320	44399	19793	13784	6263	2434
纺织、服装及日用品批发	6330	53771	30770	17157	4081	1117
文化、体育用品及器材批发	6340	19666	11569	6075	1443	385
医药及医疗器材批发	6350	15482	5785	5262	2559	1012
矿产品、建材及化工产品批发	6360	174836	95997	59719	13608	3386
机械设备、五金交电及电子产品批发	6370	150456	82372	52789	11665	2502
贸易经纪与代理	6380	7864	4803	2255	613	140
其他批发	6390	34951	19965	11031	2867	753
零售业	6500	352818	208904	92059	31966	11351
综合零售	6510	46378	19469	10876	7923	3846
食品、饮料及烟草制品专门零售	6520	32936	19470	7993	3662	1111
纺织、服装及日用品专门零售	6530	36821	22715	9144	3236	1043
文化、体育用品及器材专门零售	6540	27417	17939	6075	2184	842
医药及医疗器材专门零售	6550	23913	15262	5086	1879	829
汽车、摩托车、燃料及零配件专门零售	6560	47862	26362	14616	4585	1692
家用电器及电子产品专门零售	6570	55895	33633	16645	4115	953
五金、家具及室内装修材料专门零售	6580	48943	33772	12175	2166	546
无店铺及其他零售	6590	32653	20282	9449	2216	489
住宿和餐饮业	I	**91798**	**22595**	**24886**	**22561**	**11314**
住宿业	6600	38667	10360	8896	8311	5160
旅游饭店	6610	12076	741	1316	2556	2736
一般旅馆	6620	23702	8503	6759	5154	2190
其他住宿服务	6690	2889	1116	821	601	234
餐饮业	6700	53131	12235	15990	14250	6154
正餐服务	6710	42759	7944	12721	12249	5679
快餐服务	6720	3432	1147	1158	724	204
饮料及冷饮服务	6730	2813	1404	858	461	70
其他餐饮服务	6790	4127	1740	1253	816	201

100-299人	300-499人	500-999人	1000-2999人	3000-4999人	5000人及以上	代码
73	83	79	149	22	10	5910
29	12	2	5	1		5990
974	**606**	**250**	**208**	**43**	**50**	G
432	371	194	189	42	50	6000
284	312	182	180	41	49	6010
66	21	8	4		1	6020
78	38	4	5	1		6030
4						6040
170	64	18	8	1		6100
85	30	10	5			6110
10	13	1	1			6120
9	5		1			6130
66	16	7	1	1		6190
372	171	38	11			6200
318	135	33	9			6210
54	36	5	2			6290
10695	**5101**	**1171**	**531**	**43**	**18**	H
5816	2454	518	213	14	6	6300
1014	436	72	25	3		6310
1285	625	151	59	2	3	6320
417	192	32	4		1	6330
120	59	12	3			6340
552	249	50	11	2		6350
1339	545	144	93	4	1	6360
787	273	49	15	3	1	6370
43	9		1			6380
259	66	8	2			6390
4879	2647	653	318	29	12	6500
2058	1498	435	237	24	12	6510
483	181	28	8			6520
434	201	34	13	1		6530
257	90	23	7			6540
542	259	42	12	2		6550
404	135	41	27			6560
336	165	35	11	2		6570
198	74	10	2			6580
167	44	5	1			6590
6539	**3338**	**475**	**74**	**8**	**8**	I
3411	2153	347	29			6600
2495	1876	329	27			6610
836	242	16	2			6620
80	35	2				6690
3128	1185	128	45	8	8	6700
2950	1089	99	27	1		6710
91	55	20	18	7	8	6720
15	2	3				6730
72	39	6				6790

2-22 续表 7

行业中类	代码	企业法人单位数(个)	7人及以下	8-19人	20-49人	50-99人
金融业	J	**22831**	**3998**	**6645**	**4958**	**2038**
银行业	6800	15691	2236	4757	3655	1420
中央银行	6810	24	1		3	5
商业银行	6820	15005	2181	4624	3498	1303
其他银行	6890	662	54	133	154	112
证券业	6900	833	75	231	286	97
证券市场管理	6910	35	6	10	15	
证券经纪与交易	6920	643	31	174	237	77
证券投资	6930	71	16	16	18	12
证券分析与咨询	6940	84	22	31	16	8
保险业	7000	3683	388	710	765	442
人寿保险	7010	1351	35	88	212	161
非人寿保险	7020	1381	42	209	402	245
保险辅助服务	7030	951	311	413	151	36
其他金融活动	7100	2624	1299	947	252	79
金融信托与管理	7110	234	65	49	50	44
金融租赁	7120	27	6	9	7	4
财务公司	7130	103	32	18	38	12
邮政储蓄	7140	6	1		1	1
典当	7150	1155	569	509	68	7
其他未列明的金融活动	7190	1099	626	362	88	11
房地产业	K	**125086**	**37814**	**41430**	**31199**	**9076**
房地产业	7200	125086	37814	41430	31199	9076
房地产开发经营	7210	59182	10940	23436	18859	4155
物业管理	7220	30959	6615	9190	8417	3794
房地产中介服务	7230	19666	12502	4845	1720	377
其他房地产活动	7290	15279	7757	3959	2203	750
租赁和商务服务业	L	**201365**	**115823**	**56360**	**19531**	**5337**
租赁业	7300	8833	5076	2466	907	240
机械设备租赁	7310	8153	4577	2347	861	232
文化及日用品出租	7320	680	499	119	46	8
商务服务业	7400	192532	110747	53894	18624	5097
企业管理服务	7410	31926	16371	7916	4429	1573
法律服务	7420	4786	1912	2054	712	96
咨询与调查	7430	56069	35903	14115	4684	957
广告业	7440	37210	21790	12382	2539	365
知识产权服务	7450	2171	1336	601	185	29
职业中介服务	7460	7334	4732	1396	521	253
市场管理	7470	10472	4022	3255	1988	758
旅行社	7480	12631	6062	4600	1318	377
其他商务服务	7490	29933	18619	7575	2248	689
科学研究、技术服务和地质勘查业	M	**70562**	**31960**	**21855**	**10801**	**3460**
研究与试验发展	7500	7865	3888	2362	1007	291
自然科学研究与试验发展	7510	671	342	192	81	26
工程和技术研究与试验发展	7520	4280	1995	1305	550	193
农业科学研究与试验发展	7530	1010	501	308	140	31
医学研究与试验发展	7540	1715	927	515	218	39

100-299人	300-499人	500-999人	1000-2999人	3000-4999人	5000人及以上	代码
1674	**1857**	**892**	**631**	**92**	**46**	J
1144	1355	636	415	55	18	6800
1	7	4	3			6810
1028	1279	618	402	54	18	6820
115	69	14	10	1		6890
43	52	34	13	1	1	6900
1	3					6910
35	44	31	12	1	1	6920
3	2	3	1			6930
4	3					6940
453	445	219	199	35	27	7000
182	264	167	181	34	27	7010
250	170	49	13	1		7020
21	11	3	5			7030
34	5	3	4	1		7100
22	2		1	1		7110
1						7120
2		1				7130
	1	1	1			7140
1	1					7150
8	1	1	2			7190
3542	**1551**	**300**	**121**	**23**	**30**	K
3542	1551	300	121	23	30	7200
1214	465	74	35	3	1	7210
1870	846	171	51	2	3	7220
130	71	18	3			7230
328	169	37	32	18	26	7290
2305	**1365**	**357**	**229**	**35**	**23**	L
98	38	5	3			7300
92	36	5	3			7310
6	2					7320
2207	1327	352	226	35	23	7400
778	562	172	99	20	6	7410
8	2		2			7420
295	93	16	6			7430
96	33	2	3			7440
17	3					7450
178	148	43	46	10	7	7460
313	116	14	4	1	1	7470
180	77	14	3			7480
342	293	91	63	4	9	7490
1471	**732**	**204**	**68**	**8**	**3**	M
163	95	42	15	2		7500
14	7	6	3			7510
113	81	32	9	2		7520
24	3	1	2			7530
10	3	2	1			7540

2-22 续表 8

行业中类	代码	企业法人单位数(个)	7人及以下	8-19人	20-49人	50-99人
社会人文科学研究与试验发展	7550	189	123	42	18	2
专业技术服务业	7600	42807	17188	13557	7728	2598
气象服务	7610	374	191	135	36	9
地震服务	7620	49	19	17	10	1
海洋服务	7630	73	35	19	12	2
测绘服务	7640	1122	397	451	213	40
技术检测	7650	3256	1013	1192	726	214
环境监测	7660	433	190	166	53	18
工程技术与规划管理	7670	21172	6644	6517	4859	1843
其他专业技术服务	7690	16328	8699	5060	1819	471
科技交流和推广服务业	7700	18850	10640	5613	1820	484
技术推广服务	7710	10808	6037	3217	1070	301
科技中介服务	7720	3566	2215	940	293	75
其他科技服务	7790	4476	2388	1456	457	108
地质勘查业	7800	1040	244	323	246	87
矿产地质勘查	7810	350	94	94	80	27
基础地质勘查	7820	210	28	52	62	27
地质勘查技术服务	7830	480	122	177	104	33
水利、环境和公共设施管理业	**N**	**12287**	**4531**	**3593**	**2410**	**979**
水利管理业	7900	1065	422	277	206	101
防洪管理	7910	59	18	16	13	10
水资源管理	7920	676	279	169	120	65
其他水利管理	7990	330	125	92	73	26
环境管理业	8000	2416	932	720	423	159
自然保护	8010	186	68	55	22	10
环境治理	8020	2230	864	665	401	149
公共设施管理业	8100	8806	3177	2596	1781	719
市政公共设施管理	8110	1069	316	297	257	93
城市绿化管理	8120	4750	1912	1478	859	307
游览景区管理	8130	2987	949	821	665	319
居民服务和其他服务业	**O**	**72869**	**38385**	**21617**	**9020**	**2393**
居民服务业	8200	33610	18990	8832	4005	1152
家庭服务	8210	1737	1199	323	134	43
托儿所	8220	125	67	43	14	1
洗染服务	8230	1523	876	354	190	63
理发及美容保健服务	8240	10159	6408	2597	915	175
洗浴服务	8250	6388	1952	2235	1467	488
婚姻服务	8260	1101	935	140	22	3
殡葬服务	8270	895	311	271	198	79
摄影扩印服务	8280	4562	2839	1194	392	90
其他居民服务	8290	7120	4403	1675	673	210
其他服务业	8300	39259	19395	12785	5015	1241
修理与维护	8310	18646	8862	6624	2601	435
清洁服务	8320	5135	2414	1484	692	271
其他未列明的服务	8390	15478	8119	4677	1722	535
教育	**P**	**9916**	**4619**	**2784**	**1696**	**526**
教育	8400	9916	4619	2784	1696	526

100-299人	300-499人	500-999人	1000-2999人	3000-4999人	5000人及以上	代码
2	1	1				7550
1063	498	130	38	5	2	7600
3						7610
2						7620
2	3					7630
14	7					7640
78	26	6	1			7650
3	3					7660
782	380	109	32	4	2	7670
179	79	15	5	1		7690
174	91	17	11			7700
112	55	8	8			7710
22	15	5	1			7720
40	21	4	2			7790
71	48	15	4	1	1	7800
26	19	6	3	1		7810
22	13	6				7820
23	16	3	1		1	7830
505	**209**	**44**	**16**			**N**
37	17	3	2			7900
1	1					7910
25	14	3	1			7920
11	2		1			7990
119	44	13	6			8000
18	11	2				8010
101	33	11	6			8020
349	148	28	8			8100
66	31	7	2			8110
149	39	5	1			8120
134	78	16	5			8130
920	**405**	**90**	**33**	**4**	**2**	**O**
432	157	26	15		1	8200
23	10	2	3			8210
						8220
27	11	2				8230
46	17		1			8240
191	49	4	1		1	8250
1						8260
25	10	1				8270
35	10	2				8280
84	50	15	10			8290
488	248	64	18	4	1	8300
101	22		1			8310
158	80	26	7	2	1	8320
229	146	38	10	2		8390
192	**83**	**11**	**5**			**P**
192	83	11	5			8400

2-22 续表 9

行业中类	代码	企业法人单位数(个)	7人及以下	8-19人	20-49人	50-99人
学前教育	8410	1848	858	584	345	50
初等教育	8420	397	66	116	115	76
中等教育	8430	621	186	153	141	67
高等教育	8440	110	45	25	14	7
其他教育	8490	6940	3464	1906	1081	326
卫生、社会保障和社会福利业	**Q**	**14875**	**10517**	**1836**	**1474**	**573**
卫生	8500	14214	10115	1673	1404	559
医院	8510	2390	309	471	793	408
卫生院及社区医疗活动	8520	1585	1034	260	212	57
门诊部医疗活动	8530	9530	8364	790	302	59
计划生育技术服务活动	8540	55	43	6	4	2
妇幼保健活动	8550	38	23	5	3	6
专科疾病防治活动	8560	159	84	38	32	5
疾病预防控制及防疫活动	8570	102	55	20	17	7
其他卫生活动	8590	355	203	83	41	15
社会保障业	8600	132	78	38	6	1
社会福利业	8700	529	324	125	64	13
提供住宿的社会福利	8710	329	182	90	45	9
不提供住宿的社会福利	8720	200	142	35	19	4
文化、体育和娱乐业	**R**	**22639**	**11419**	**5845**	**3384**	**1215**
新闻出版业	8800	1661	472	489	315	192
新闻业	8810	48	19	12	8	4
出版业	8820	1613	453	477	307	188
广播、电视、电影和音像业	8900	4566	1983	1260	903	296
广播	8910	145	62	39	23	7
电视	8920	961	465	249	143	65
电影	8930	2739	1016	765	676	216
音像制作	8940	721	440	207	61	8
文化艺术业	9000	4399	2974	1016	308	76
文艺创作与表演	9010	781	461	200	79	29
艺术表演场馆	9020	194	70	64	51	8
图书馆与档案馆	9030	42	29	11	1	1
文物及文化保护	9040	78	36	23	12	6
博物馆	9050	107	67	19	15	5
烈士陵园、纪念馆	9060	17	6	6	4	
群众文化活动	9070	485	325	112	33	12
文化艺术经纪代理	9080	945	688	204	46	5
其他文化艺术	9090	1750	1292	377	67	10
体育	9100	1278	783	290	119	49
体育组织	9110	320	186	79	37	9
体育场馆	9120	564	362	117	39	26
其他体育	9190	394	235	94	43	14
娱乐业	9200	10735	5207	2790	1739	602
室内娱乐活动	9210	6745	3436	1716	1091	354
游乐园	9220	398	121	109	86	39
休闲健身娱乐活动	9230	2542	1060	713	425	171
其他娱乐活动	9290	1050	590	252	137	38

100-299人	300-499人	500-999人	1000-2999人	3000-4999人	5000人及以上	代码
8	2	1				8410
14	6	2	2			8420
52	20	1	1			8430
5	12	1	1			8440
113	43	6	1			8490
293	**131**	**30**	**20**	**1**		Q
287	129	27	19	1		8500
256	107	26	19	1		8510
12	9	1				8520
11	4					8530
						8540
	1					8550
						8560
1	2					8570
7	6					8590
4	2	2	1			8600
2		1				8700
2		1				8710
						8720
461	**249**	**49**	**15**	**2**		R
83	79	22	7	2		8800
	3	1		1		8810
83	76	21	7	1		8820
82	31	9	2			8900
8	4	2				8910
24	14	1				8920
46	12	6	2			8930
4	1					8940
17	8					9000
7	5					9010
1						9020
						9030
1						9040
1						9050
	1					9060
2	1					9070
2						9080
3	1					9090
25	9	2	1			9100
6	3					9110
16	2	2				9120
3	4		1			9190
254	122	16	5			9200
114	31	3				9210
18	21	2	2			9220
97	64	9	3			9230
25	6	2				9290

2-23 按地区、就业人数

地区	企业法人单位数(个)	7人及以下	8-19人	20-49人	50-99人	100-299人
全国	**3249342**	**1149592**	**950612**	**609857**	**262583**	**141743**
北京	199481	99777	54672	27331	9553	4515
天津	78523	30354	26131	12798	4796	2300
河北	109402	21651	35374	29003	12061	5779
山西	66315	19257	18535	14176	6866	3903
内蒙古	31171	9594	8924	6443	3029	1560
辽宁	149194	64263	40308	24527	9949	5144
吉林	45406	17129	11549	8398	3851	2232
黑龙江	56003	20804	15164	9976	4612	2791
上海	321355	153752	106385	34853	13541	7035
江苏	342231	113909	109145	63954	27513	14746
浙江	309470	111725	91751	56338	24810	13618
安徽	81743	23062	26703	17059	7483	3699
福建	105285	35215	29013	21237	9517	5343
江西	56593	16479	14593	13629	5943	3154
山东	228567	63485	71229	49591	20798	11307
河南	138379	25472	43886	38773	16031	7821
湖北	73898	22912	20668	14800	7090	4020
湖南	76159	15758	23449	19359	8529	4644
广东	337007	133193	79796	58834	28224	17968
广西	49590	15311	14522	10627	4479	2323
海南	14059	6529	3626	2042	879	475
重庆	49834	13729	13883	11870	4808	2724
四川	110426	40707	29269	20918	9093	4971
贵州	27558	7286	7844	6182	3171	1652
云南	44118	15254	12040	8448	3990	2176
西藏	1503	353	392	353	158	131
陕西	63221	20835	18909	13593	5313	2273
甘肃	33315	10772	9446	6708	3152	1592
青海	7570	2512	2201	1498	610	378
宁夏	13258	5471	3753	2159	928	462
新疆	28708	13042	7452	4380	1806	1007

组距分组的企业法人单位数

300–499人	500–999人	1000–2999人	3000–4999人	5000人及以上
88345	**27433**	**15495**	**2158**	**1524**
2503	642	375	64	49
1490	373	227	33	21
3382	1206	796	83	67
2301	718	425	77	57
1001	335	222	39	24
3263	1025	563	78	74
1498	411	268	34	36
1674	508	318	88	68
4002	1145	517	64	61
8670	2471	1492	197	134
7880	2076	1034	125	113
2334	891	429	49	34
3416	959	490	57	38
1884	571	287	33	20
7778	2593	1449	204	133
4119	1335	728	135	79
2737	937	629	65	40
2870	908	524	80	38
12480	3971	2045	308	188
1521	496	264	29	18
301	79	96	22	10
1796	593	352	52	27
3330	1224	777	77	60
934	284	162	21	22
1466	465	223	33	23
93	13	10		
1428	475	306	47	42
991	345	256	29	24
236	92	30	6	7
322	87	61	13	2
645	205	140	16	15

2-24 按登记注册类型、就业人数

登记注册类型	企业法人单位数（个）	7人及以下	8-19人	20-49人	50-99人
按登记注册类型分组	**3249342**	**1149592**	**950612**	**609857**	**262583**
内资	**3097559**	**1124152**	**927896**	**579218**	**237951**
国有	178751	46658	40624	37340	20625
集体	342569	128059	85250	67908	32291
股份合作	107021	43111	29515	19308	8001
联营企业	16499	5348	4275	3460	1776
国有联营	2834	829	718	613	290
集体联营	6189	2199	1633	1240	666
国有与集体联营	2756	753	661	599	342
其他联营	4720	1567	1263	1008	478
有限责任公司	355084	98730	95474	71524	36253
国有独资公司	9725	2112	1867	1985	1051
其他有限责任公司	345359	96618	93607	69539	35202
股份有限公司	60865	14847	15248	11831	6112
私营企业	1982108	762251	641703	358382	130001
私营独资	667084	234518	229712	141112	42955
私营合伙	143970	46086	46108	34074	12504
私营有限责任公司	1099228	454180	344582	170185	69219
私营股份有限公司	71826	27467	21301	13011	5323
其他内资	54662	25148	15807	9465	2892
港澳台商投资	**74327**	**10975**	**10002**	**14897**	**12854**
与港澳台合资经营	23707	3230	3279	4678	4161
与港澳台合作经营	5429	753	784	1102	890
港澳台商独资	44236	6847	5790	8960	7645
港澳台商投资股份有限公司	955	145	149	157	158
外商投资	**77456**	**14465**	**12714**	**15742**	**11778**
中外合资经营	30392	4486	4669	6337	4990
中外合作经营	4959	773	722	1045	815
外资企业	40830	8950	7096	8125	5829
外商投资股份有限公司	1275	256	227	235	144

组距分组的企业法人单位数

100-299人	300-499人	500-999人	1000-2999人	3000-4999人	5000人及以上
141743	**88345**	**27433**	**15495**	**2158**	**1524**
120597	**70434**	**21579**	**12637**	**1796**	**1299**
14269	10754	4242	3244	565	430
16036	9043	2663	1145	120	54
4032	2238	541	243	23	9
903	518	125	81	7	6
182	143	33	24	1	1
278	125	32	14	2	
221	123	35	17	1	4
222	127	25	26	3	1
23651	17934	6397	3984	625	512
789	728	387	492	147	167
22862	17206	6010	3492	478	345
4283	4233	2141	1694	255	221
56511	25384	5393	2221	196	66
14300	3917	453	113	3	1
4001	1037	124	34	2	
35480	19009	4451	1887	175	60
2730	1421	365	187	16	5
912	330	77	25	5	1
11219	**9521**	**3150**	**1437**	**176**	**96**
3723	3166	1006	404	41	19
851	705	224	106	10	4
6530	5518	1874	890	116	66
115	132	46	37	9	7
9927	**8390**	**2704**	**1421**	**186**	**129**
4415	3727	1134	540	58	36
707	622	188	71	8	8
4664	3915	1327	740	110	74
141	126	55	70	10	11

2-25 按行业（中类）、全年营业收入

行业中类	代码	企业法人单位数（个）	50万元及以下	50-100万元
总计	0000	**3249342**	**1274058**	**330689**
农、林、牧、渔业	A	**1015**	**152**	**69**
农业	0100	443	56	31
谷物及其他作物的种植	0110	321	30	14
蔬菜、园艺作物的种植	0120	32	9	6
水果、坚果、饮料和香料作物的种植	0130	85	16	10
中药材的种植	0140	5	1	1
林业	0200	309	39	17
林木的培育和种植	0210	130	30	15
木材和竹材的采运	0220	62	5	2
林产品的采集	0230	117	4	
畜牧业	0300	131	22	5
牲畜的饲养	0310	62	10	4
猪的饲养	0320	30	3	
家禽的饲养	0330	31	5	
其他畜牧业	0390	8	4	1
渔业	0400	41	3	6
海洋渔业	0410	7	1	
内陆渔业	0420	34	2	6
农、林、牧、渔服务业	0500	91	32	10
农业服务业	0510	65	18	7
林业服务业	0520	10	4	1
畜牧服务业	0530	15	9	2
渔业服务业	0540	1	1	
采矿业	B	**82353**	**20835**	**7795**
煤炭开采和洗选业	0600	27741	4181	1893
烟煤和无烟煤的开采洗选	0610	26704	3943	1783
褐煤的开采洗选	0620	644	104	53
其他煤炭采选	0690	393	134	57
石油和天然气开采业	0700	510	111	41
天然原油和天然气开采	0710	223	18	9
与石油和天然气开采有关的服务活动	0790	287	93	32
黑色金属矿采选业	0800	10660	2107	711
铁矿采选	0810	9514	1731	582
其他黑色金属矿采选	0890	1146	376	129
有色金属矿采选业	0900	6535	1750	526
常用有色金属矿采选	0910	4118	1163	346
贵金属矿采选	0920	1653	427	145
稀有稀土金属矿采选	0930	764	160	35
非金属矿采选业	1000	36614	12575	4591
土砂石开采	1010	30566	10651	3926
化学矿采选	1020	1394	535	172
采盐	1030	840	111	79
石棉及其他非金属矿采选	1090	3814	1278	414
其他采矿业	1100	293	111	33
制造业	C	**1328948**	**373711**	**142995**
农副食品加工业	1300	73828	19047	6339
谷物磨制	1310	22958	5013	1991

组距分组的企业法人单位数

100-500万元	500-1000万元	1000-5000万元	5000万元-1亿元	1亿元以上	代码
1042206	**211622**	**278995**	**54150**	**57622**	**0000**
241	**139**	**284**	**79**	**51**	**A**
113	63	127	32	21	0100
79	48	101	28	21	0110
8	2	6	1		0120
24	12	20	3		0130
2	1				0140
59	36	101	34	23	0200
46	22	11	5	1	0210
7	4	20	9	15	0220
6	10	70	20	7	0230
34	22	32	9	7	0300
21	7	12	6	2	0310
5	8	11	2	1	0320
6	6	9	1	4	0330
2	1				0390
15	8	8	1		0400
1	1	3	1		0410
14	7	5			0420
20	10	16	3		0500
12	9	16	3		0510
4	1				0520
4					0530
					0540
41674	**4807**	**5463**	**940**	**839**	**B**
15414	2748	2692	417	396	0600
14915	2688	2597	402	376	0610
321	50	85	13	18	0620
178	10	10	2	2	0690
165	32	52	24	85	0700
70	19	33	13	61	0710
95	13	19	11	24	0790
5959	659	910	177	137	0800
5503	571	831	168	128	0810
456	88	79	9	9	0890
2783	415	753	172	136	0900
1812	266	406	81	44	0910
619	98	219	69	76	0920
352	51	128	22	16	0930
17214	950	1051	149	84	1000
14414	701	749	97	28	1010
502	68	92	14	11	1020
479	42	79	16	34	1030
1819	139	131	22	11	1090
139	3	5	1	1	1100
555183	**87853**	**120394**	**24214**	**24598**	**C**
34423	4243	6589	1600	1587	1300
12722	1213	1560	282	177	1310

2-25 续表 1

行业中类	代码	企业法人单位数(个)	50万元及以下	50-100万元
饲料加工	1320	8669	2216	681
植物油加工	1330	7948	2301	563
制糖	1340	645	168	29
屠宰及肉类加工	1350	10503	3037	864
水产品加工	1360	6589	1505	563
蔬菜、水果和坚果加工	1370	9281	2489	817
其他农副食品加工	1390	7235	2318	831
食品制造业	1400	32174	11485	3317
焙烤食品制造	1410	6756	2615	725
糖果、巧克力及蜜饯制造	1420	3929	1139	460
方便食品制造	1430	4436	1534	450
液体乳及乳制品制造	1440	1918	477	136
罐头制造	1450	2582	693	237
调味品、发酵制品制造	1460	5851	2365	672
其他食品制造	1490	6702	2662	637
饮料制造业	1500	27178	12241	2976
酒精制造	1510	354	100	11
酒的制造	1520	11721	4956	1223
软饮料制造	1530	9336	4628	1088
精制茶加工	1540	5767	2557	654
烟草制品业	1600	308	64	9
烟叶复烤	1610	97	17	6
卷烟制造	1620	127	12	
其他烟草制品加工	1690	84	35	3
纺织业	1700	87342	18623	7510
棉、化纤纺织及印染精加工	1710	32861	5806	2422
毛纺织和染整精加工	1720	4546	929	343
麻纺织	1730	1080	205	88
丝绢纺织及精加工	1740	5812	928	343
纺织制成品制造	1750	18103	4581	2054
针织品、编织品及其制品制造	1760	24940	6174	2260
纺织服装、鞋、帽制造业	1800	52396	15956	4709
纺织服装制造	1810	48895	15071	4367
纺织面料鞋的制造	1820	2384	613	227
制帽	1830	1117	272	115
皮革、毛皮、羽毛(绒)及其制品业	1900	24197	5825	1796
皮革鞣制加工	1910	2581	448	109
皮革制品制造	1920	18901	4738	1468
毛皮鞣制及制品加工	1930	1570	371	144
羽毛(绒)加工及制品制造	1940	1145	268	75
木材加工及木、竹、藤、棕、草制品业	2000	41818	11916	5001
锯材、木片加工	2010	12895	4059	1679
人造板制造	2020	13133	2416	1172
木制品制造	2030	10145	3677	1280
竹、藤、棕、草制品制造	2040	5645	1764	870
家具制造业	2100	25377	9065	3165
木质家具制造	2110	18953	6939	2434
竹、藤家具制造	2120	392	159	77

100-500万元	500-1000万元	1000-5000万元	5000万元-1亿元	1亿元以上	代码
3586	540	1000	322	324	1320
3514	376	747	185	262	1330
136	32	118	70	92	1340
4256	670	1102	267	307	1350
2964	410	699	214	234	1360
4308	630	836	121	80	1370
2937	372	527	139	111	1390
12181	1807	2336	528	520	1400
2591	334	358	75	58	1410
1933	162	162	40	33	1420
1769	215	302	78	88	1430
627	186	287	89	116	1440
1002	221	321	71	37	1450
2061	264	324	67	98	1460
2198	425	582	108	90	1490
8775	1114	1280	307	485	1500
102	38	58	22	23	1510
3834	574	689	153	292	1520
2745	288	319	104	164	1530
2094	214	214	28	6	1540
36	17	48	25	109	1600
17	5	20	17	15	1610
3	1	16	5	90	1620
16	11	12	3	4	1690
36716	7884	12313	2328	1968	1700
14231	2874	5153	1187	1188	1710
1841	405	689	189	150	1720
422	111	181	36	37	1730
2162	697	1369	172	141	1740
7807	1343	1789	331	198	1750
10253	2454	3132	413	254	1760
19447	4355	6376	1033	520	1800
17920	4053	6011	975	498	1810
1082	178	229	41	14	1820
445	124	136	17	8	1830
9981	2146	3295	605	549	1900
1212	196	391	114	111	1910
7653	1757	2508	411	366	1920
698	105	190	43	19	1930
418	88	206	37	53	1940
19889	2250	2242	318	202	2000
6608	298	209	28	14	2010
6824	1148	1254	190	129	2020
4058	497	501	81	51	2030
2399	307	278	19	8	2040
10063	1095	1508	281	200	2100
7669	738	908	161	104	2110
111	21	20	2	2	2120

2-25 续表 2

行业中类	代码	企业法人单位数（个）	50万元及以下	50-100万元
金属家具制造	2130	3371	955	342
塑料家具制造	2140	327	109	33
其他家具制造	2190	2334	903	279
造纸及纸制品业	2200	41732	10554	5019
纸浆制造	2210	628	193	41
造纸	2220	12095	2981	1027
纸制品制造	2230	29009	7380	3951
印刷业和记录媒介的复制	2300	42559	15275	5884
印刷	2310	39212	13908	5446
装订及其他印刷服务活动	2320	3139	1331	422
记录媒介的复制	2330	208	36	16
文教体育用品制造业	2400	15424	4287	1533
文化用品制造	2410	4482	1443	460
体育用品制造	2420	3128	831	288
乐器制造	2430	1039	329	116
玩具制造	2440	6100	1457	595
游艺器材及娱乐用品制造	2450	675	227	74
石油加工、炼焦及核燃料加工业	2500	7697	1917	496
化学原料及化学制品制造业	2600	79845	21739	7558
基础化学原料制造	2610	16091	3465	1345
肥料制造	2620	7061	2093	514
农药制造	2630	2093	550	136
涂料、油墨、颜料及类似产品制造	2640	17254	5429	1833
合成材料制造	2650	5435	1265	491
专用化学产品制造	2660	24093	5880	2449
日用化学产品制造	2670	7818	3057	790
医药制造业	2700	12213	3639	778
化学药品原药制造	2710	1940	423	102
化学药品制剂制造	2720	1920	454	77
中药饮片加工	2730	1390	482	88
中成药制造	2740	2398	632	114
兽用药品制造	2750	1312	468	111
生物、生化制品的制造	2760	1562	654	116
卫生材料及医药用品制造	2770	1691	526	170
化学纤维制造业	2800	3592	679	244
纤维素纤维原料及纤维制造	2810	556	128	50
合成纤维制造	2820	3036	551	194
橡胶制品业	2900	16005	4076	1798
轮胎制造	2910	1456	355	91
橡胶板、管、带的制造	2920	3199	683	350
橡胶零件制造	2930	5296	1470	786
再生橡胶制造	2940	879	216	75
日用及医用橡胶制品制造	2950	931	220	86
橡胶靴鞋制造	2960	1997	413	131
其他橡胶制品制造	2990	2247	719	279
塑料制品业	3000	73268	19822	8646
塑料薄膜制造	3010	7089	1665	755
塑料板、管、型材的制造	3020	11643	3105	1214

100-500万元	500-1000万元	1000-5000万元	5000万元-1亿元	1亿元以上	代码
1328	217	387	75	67	2130
117	22	35	10	1	2140
838	97	158	33	26	2190
18628	2731	3533	702	565	2200
281	22	61	10	20	2210
4725	1006	1637	378	341	2220
13622	1703	1835	314	204	2230
17004	2069	1833	292	202	2300
15757	1957	1696	260	188	2310
1183	92	92	11	8	2320
64	20	45	21	6	2330
6134	1338	1626	289	217	2400
1799	358	338	51	33	2410
1189	266	418	74	62	2420
360	98	96	22	18	2430
2567	550	700	134	97	2440
219	66	74	8	7	2450
3102	505	889	266	522	2500
31883	6028	8659	1874	2104	2600
6585	1404	2267	503	522	2610
2591	518	755	239	351	2620
690	189	331	94	103	2630
6656	1206	1587	289	254	2640
1981	475	713	188	322	2650
10770	1795	2406	412	381	2660
2610	441	600	149	171	2670
3236	1282	2099	584	595	2700
474	247	424	124	146	2710
348	215	453	171	202	2720
467	133	170	33	17	2730
522	305	531	143	151	2740
437	121	138	26	11	2750
373	117	207	49	46	2760
615	144	176	38	22	2770
1124	377	682	161	325	2800
195	55	66	21	41	2810
929	322	616	140	284	2820
6964	1207	1427	282	251	2900
587	98	164	47	114	2910
1490	270	314	57	35	2920
2340	347	278	56	19	2930
455	56	62	8	7	2940
385	88	108	22	22	2950
820	203	334	59	37	2960
887	145	167	33	17	2990
32194	4892	5948	1007	759	3000
3271	505	602	139	152	3010
5179	809	1029	178	129	3020

2-25 续表 3

行业中类	代码	企业法人单位数（个）	50万元及以下	50-100万元
塑料丝、绳及编织品的制造	3030	8554	1876	913
泡沫塑料制造	3040	4173	869	448
塑料人造革、合成革制造	3050	812	159	53
塑料包装箱及容器制造	3060	8558	2303	1051
塑料零件制造	3070	10171	2926	1530
日用塑料制造	3080	12521	3660	1479
其他塑料制品制造	3090	9747	3259	1203
非金属矿物制品业	3100	165562	45900	21308
水泥、石灰和石膏的制造	3110	13454	2662	884
水泥及石膏制品制造	3120	34871	12741	4511
砖瓦、石材及其他建筑材料制造	3130	80338	20968	12395
玻璃及玻璃制品制造	3140	12142	3106	1137
陶瓷制品制造	3150	7157	1928	553
耐火材料制品制造	3160	9174	2374	951
石墨及其他非金属矿物制品制造	3190	8426	2121	877
黑色金属冶炼及压延加工业	3200	21812	4434	1375
炼铁	3210	5121	1086	314
炼钢	3220	1154	241	66
钢压延加工	3230	12454	2518	893
铁合金冶炼	3240	3083	589	102
有色金属冶炼及压延加工业	3300	16053	3330	1261
常用有色金属冶炼	3310	4618	1004	283
贵金属冶炼	3320	484	96	20
稀有稀土金属冶炼	3330	842	162	36
有色金属合金制造	3340	1239	246	89
有色金属压延加工	3350	8870	1822	833
金属制品业	3400	86383	26636	9808
结构性金属制品制造	3410	27708	9775	3196
金属工具制造	3420	12200	3718	1370
集装箱及金属包装容器制造	3430	4649	1067	452
金属丝绳及其制品的制造	3440	5085	1075	468
建筑、安全用金属制品制造	3450	10462	3021	1129
金属表面处理及热处理加工	3460	8085	2213	1158
搪瓷制品制造	3470	800	222	55
不锈钢及类似日用金属制品制造	3480	8591	2626	919
其他金属制品制造	3490	8803	2919	1061
通用设备制造业	3500	118985	31112	13820
锅炉及原动机制造	3510	5497	1476	563
金属加工机械制造	3520	11881	3534	1423
起重运输设备制造	3530	4091	810	361
泵、阀门、压缩机及类似机械的制造	3540	16419	3775	1972
轴承、齿轮、传动和驱动部件的制造	3550	8757	1770	964
烘炉、熔炉及电炉制造	3560	1275	347	204
风机、衡器、包装设备等通用设备制造	3570	14277	3914	1617
通用零部件制造及机械修理	3580	31797	10526	4306
金属铸、锻加工	3590	24991	4960	2410
专用设备制造业	3600	58471	17812	6808
矿山、冶金、建筑专用设备制造	3610	9092	2120	852

100-500万元	500-1000万元	1000-5000万元	5000万元-1亿元	1亿元以上	代码
4211	667	765	85	37	3030
1984	343	440	55	34	3040
238	50	159	87	66	3050
3785	572	677	100	70	3060
4170	645	673	121	106	3070
5456	810	896	136	84	3080
3900	491	707	106	81	3090
78595	6819	9683	1897	1360	3100
4477	1384	3040	553	454	3110
15011	777	1271	358	202	3120
42417	2028	1954	374	202	3130
5082	1050	1281	238	248	3140
3234	508	713	127	94	3150
4459	503	682	133	72	3160
3915	569	742	114	88	3190
8649	1613	3281	944	1516	3200
2567	246	491	173	244	3210
423	81	127	40	176	3220
4809	922	1852	540	920	3230
850	364	811	191	176	3240
6018	1310	2386	764	984	3300
1748	350	647	247	339	3310
163	47	84	28	46	3320
235	81	209	54	65	3330
485	123	193	47	56	3340
3387	709	1253	388	478	3350
35613	5524	6820	1147	835	3400
10613	1614	1935	331	244	3410
5383	735	800	122	72	3420
1920	398	588	106	118	3430
2452	335	552	113	90	3440
4431	711	935	162	73	3450
3504	583	507	66	54	3460
304	85	109	13	12	3470
3414	583	821	128	100	3480
3592	480	573	106	72	3490
53452	8256	9375	1574	1396	3500
2230	391	567	111	159	3510
4955	752	923	155	139	3520
1537	446	662	127	148	3530
7254	1366	1529	280	243	3540
3969	769	986	173	126	3550
530	84	87	14	9	3560
5732	1071	1384	282	277	3570
13923	1445	1324	157	116	3580
13322	1932	1913	275	179	3590
23196	3996	4899	880	880	3600
3975	713	955	226	251	3610

2-25 续表 4

行业中类	代码	企业法人单位数（个）	50万元及以下	50-100万元
化工、木材、非金属加工专用设备制造	3620	14671	4755	1901
食品、饮料、烟草及饲料生产专用设备制造	3630	3175	959	346
印刷、制药、日化生产专用设备制造	3640	4095	1181	449
纺织、服装和皮革工业专用设备制造	3650	7152	1846	929
电子和电工机械专用设备制造	3660	3672	1262	426
农、林、牧、渔专用机械制造	3670	5574	1782	525
医疗仪器设备及器械制造	3680	3734	1352	472
环保、社会公共安全及其他专用设备制造	3690	7306	2555	908
交通运输设备制造业	3700	56529	16647	6587
铁路运输设备制造	3710	2151	421	253
汽车制造	3720	39496	12411	4847
摩托车制造	3730	5566	1037	525
自行车制造	3740	4104	1241	431
船舶及浮动装置制造	3750	4065	1214	441
航空航天器制造	3760	277	57	12
交通器材及其他交通运输设备制造	3790	870	266	78
电气机械及器材制造业	3900	63475	16707	6445
电机制造	3910	6495	1596	623
输配电及控制设备制造	3920	21091	5464	2445
电线、电缆、光缆及电工器材制造	3930	11720	2364	943
电池制造	3940	2716	779	230
家用电力器具制造	3950	7364	2347	690
非电力家用器具制造	3960	2054	795	220
照明器具制造	3970	9832	2600	1016
其他电气机械及器材制造	3990	2203	762	278
通信设备、计算机及其他电子设备制造业	4000	29058	7893	2630
通信设备制造	4010	3634	979	302
雷达及配套设备制造	4020	101	29	4
广播电视设备制造	4030	1394	310	143
电子计算机制造	4040	2855	796	195
电子器件制造	4050	4093	1192	340
电子元件制造	4060	12249	3039	1206
家用视听设备制造	4070	2566	724	208
其他电子设备制造	4090	2166	824	232
仪器仪表及文化、办公用机械制造业	4100	17504	5015	2020
通用仪器仪表制造	4110	8526	2394	1053
专用仪器仪表制造	4120	2653	836	316
钟表与计时仪器制造	4130	1597	487	165
光学仪器及眼镜制造	4140	2773	645	288
文化、办公用机械制造	4150	1270	389	109
其他仪器仪表的制造及修理	4190	685	264	89
工艺品及其他制造业	4200	34352	10732	3666
工艺美术品制造	4210	22251	6897	2348
日用杂品制造	4220	5789	1347	564
煤制品制造	4230	3937	1595	507
其他未列明的制造业	4290	2375	893	247
废弃资源和废旧材料回收加工业	4300	3811	1283	489
金属废料和碎屑的加工处理	4310	1656	537	203

100-500 万元	500-1000 万元	1000-5000 万元	5000万元- 1亿元	1亿元 以 上	代码
5703	926	1076	162	148	3620
1253	275	264	46	32	3630
1696	289	369	65	46	3640
3022	517	646	77	115	3650
1316	236	296	54	82	3660
2423	316	359	84	85	3670
1209	249	337	60	55	3680
2599	475	597	106	66	3690
21620	3696	5259	1192	1528	3700
860	211	274	56	76	3710
14865	2319	3279	783	992	3720
2332	592	779	133	168	3730
1538	252	456	99	87	3740
1616	243	352	81	118	3750
35	24	38	30	81	3760
374	55	81	10	6	3790
24000	5249	7493	1669	1912	3900
2545	526	811	167	227	3910
8173	1823	2293	440	453	3920
4655	1082	1631	489	556	3930
861	251	349	106	140	3940
2319	521	927	224	336	3950
712	118	142	29	38	3960
3949	786	1159	178	144	3970
786	142	181	36	18	3990
9233	2452	4030	951	1869	4000
1087	304	534	136	292	4010
24	3	13	8	20	4020
546	126	189	40	40	4030
664	246	446	136	372	4040
1149	364	587	151	310	4050
4390	1043	1663	346	562	4060
713	211	378	96	236	4070
660	155	220	38	37	4090
6644	1402	1780	328	315	4100
3330	682	800	144	123	4110
983	202	243	45	28	4120
544	137	208	34	22	4130
1192	243	310	44	51	4140
352	101	176	54	89	4150
243	37	43	7	2	4190
14775	2062	2494	348	275	4200
9431	1438	1715	244	178	4210
2705	449	592	77	55	4220
1764	35	31	3	2	4230
875	140	156	24	40	4290
1608	134	211	38	48	4300
619	78	142	31	46	4310

2-25 续表 5

行业中类	代码	企业法人单位数(个)	50万元及以下	50-100万元
非金属废料和碎屑的加工处理	4320	2155	746	286
电力、燃气及水的生产和供应业	D	**39652**	**20464**	**4176**
电力、热力的生产和供应业	4400	26048	13803	2825
电力生产	4410	22261	13228	2659
电力供应	4420	2216	298	57
热力生产和供应	4430	1571	277	109
燃气生产和供应业	4500	1544	413	115
水的生产和供应业	4600	12060	6248	1236
自来水的生产和供应	4610	11259	5816	1186
污水处理及其再生利用	4620	660	354	36
其他水的处理、利用与分配	4690	141	78	14
建筑业	E	**128177**	**39365**	**11956**
房屋和土木工程建筑业	4700	56786	9325	3290
房屋工程建筑	4710	38021	5188	1921
土木工程建筑	4720	18765	4137	1369
建筑安装业	4800	23464	6964	2406
建筑装饰业	4900	37493	18944	5021
其他建筑业	5000	10434	4132	1239
工程准备	5010	4401	1912	562
提供施工设备服务	5020	840	312	107
其他未列明的建筑活动	5090	5193	1908	570
交通运输、仓储和邮政业	F	**73952**	**30434**	**8027**
道路运输业	5200	30945	10943	3373
公路旅客运输	5210	5261	1251	530
道路货物运输	5220	21800	7830	2475
道路运输辅助活动	5230	3884	1862	368
城市公共交通业	5300	5855	1895	655
公共电汽车客运	5310	1407	261	159
轨道交通	5320	74	13	10
出租车客运	5330	4102	1506	447
城市轮渡	5340	54	21	5
其他城市公共交通	5390	218	94	34
水上运输业	5400	4790	1579	460
水上旅客运输	5410	632	325	70
水上货物运输	5420	2835	834	244
水上运输辅助活动	5430	1323	420	146
航空运输业	5500	462	163	24
航空客货运输	5510	122	30	7
通用航空服务	5520	102	41	10
航空运输辅助活动	5530	238	92	7
管道运输业	5600	39	8	
装卸搬运和其他运输服务业	5700	19791	11290	2265
装卸搬运	5710	4588	2239	717
运输代理服务	5720	15203	9051	1548
仓储业	5800	10157	3456	1112
谷物、棉花等农产品仓储	5810	2952	715	200
其他仓储	5890	7205	2741	912
邮政业	5900	1912	1100	138

100-500万元	500-1000万元	1000-5000万元	5000万元-1亿元	1亿元以上	代码
989	56	69	7	2	4320
8455	**1435**	**2597**	**936**	**1589**	D
4764	760	1727	780	1389	4400
3924	523	864	328	735	4410
267	86	543	376	589	4420
573	151	320	76	65	4430
512	110	232	58	104	4500
3179	565	638	98	96	4600
2963	518	587	96	93	4610
174	43	48	2	3	4620
42	4	3			4690
30337	**11694**	**24048**	**6048**	**4729**	E
11800	6382	17020	4960	4009	4700
7330	4357	12840	3826	2559	4710
4470	2025	4180	1134	1450	4720
6688	2480	3724	702	500	4800
8983	1981	2220	200	144	4900
2866	851	1084	186	76	5000
1156	314	370	70	17	5010
218	70	106	18	9	5020
1492	467	608	98	50	5090
19463	**5825**	**7515**	**1377**	**1311**	F
9363	2871	3509	509	377	5200
1714	564	907	158	137	5210
6768	2064	2231	280	152	5220
881	243	371	71	88	5230
1754	596	688	134	133	5300
404	144	258	87	94	5310
21	10	8	8	4	5320
1259	429	397	33	31	5330
15	2	7	2	2	5340
55	11	18	4	2	5390
1262	410	714	169	196	5400
135	23	58	11	10	5410
743	288	502	110	114	5420
384	99	154	48	72	5430
96	30	45	17	87	5500
24	6	11	2	42	5510
32	10	3	1	5	5520
40	14	31	14	40	5530
6	5	8	1	11	5600
3733	912	1106	238	247	5700
1202	235	157	24	14	5710
2531	677	949	214	233	5720
3042	929	1278	220	120	5800
797	344	713	127	56	5810
2245	585	565	93	64	5890
207	72	167	89	139	5900

2-25 续表 6

行业中类	代码	企业法人单位数（个）	50万元及以下	50-100万元
国家邮政	5910	477	22	10
其他寄递服务	5990	1435	1078	128
信息传输、计算机服务和软件业	G	**67380**	**47490**	**5037**
电信和其他信息传输服务业	6000	9351	5401	634
电信	6010	2698	752	158
互联网信息服务	6020	5471	4232	350
广播电视传输服务	6030	1050	355	116
卫星传输服务	6040	132	62	10
计算机服务业	6100	37041	29809	2285
计算机系统服务	6110	7468	4201	815
数据处理	6120	585	343	63
计算机维修	6130	1552	1075	144
其他计算机服务	6190	27436	24190	1263
软件业	6200	20988	12280	2118
公共软件服务	6210	16201	9327	1627
其他软件服务	6290	4787	2953	491
批发和零售业	H	**883625**	**363828**	**83343**
批发业	6300	530807	184728	45003
农畜产品批发	6310	29382	9657	2333
食品、饮料及烟草制品批发	6320	44399	16375	3607
纺织、服装及日用品批发	6330	53771	21847	4542
文化、体育用品及器材批发	6340	19666	8549	1814
医药及医疗器材批发	6350	15482	4747	1447
矿产品、建材及化工产品批发	6360	174836	51562	12890
机械设备、五金交电及电子产品批发	6370	150456	51809	14752
贸易经纪与代理	6380	7864	4801	534
其他批发	6390	34951	15381	3084
零售业	6500	352818	179100	38340
综合零售	6510	46378	21293	4645
食品、饮料及烟草制品专门零售	6520	32936	19820	3228
纺织、服装及日用品专门零售	6530	36821	22156	4276
文化、体育用品及器材专门零售	6540	27417	16393	2804
医药及医疗器材专门零售	6550	23913	14334	2606
汽车、摩托车、燃料及零配件专门零售	6560	47862	13829	4801
家用电器及电子产品专门零售	6570	55895	26442	6186
五金、家具及室内装修材料专门零售	6580	48943	27556	5925
无店铺及其他零售	6590	32653	17277	3869
住宿和餐饮业	I	**91798**	**39687**	**12604**
住宿业	6600	38667	17762	4693
旅游饭店	6610	12076	1809	1065
一般旅馆	6620	23702	14166	3257
其他住宿服务	6690	2889	1787	371
餐饮业	6700	53131	21925	7911
正餐服务	6710	42759	15480	6415
快餐服务	6720	3432	1799	571
饮料及冷饮服务	6730	2813	2041	360
其他餐饮服务	6790	4127	2605	565

100-500 万元	500-1000 万元	1000-5000 万元	5000万元-1亿元	1亿元 以 上	代码
34	51	142	85	133	5910
173	21	25	4	6	5990
8678	**2172**	**2502**	**456**	**1045**	G
1277	448	617	189	785	6000
356	192	355	147	738	6010
556	143	138	23	29	6020
333	96	118	17	15	6030
32	17	6	2	3	6040
3357	623	743	112	112	6100
1535	330	442	75	70	6110
115	24	33	2	5	6120
234	47	42	5	5	6130
1473	222	226	30	32	6190
4044	1101	1142	155	148	6200
3209	865	924	128	121	6210
835	236	218	27	27	6290
257568	**68446**	**81398**	**13328**	**15714**	H
160106	52511	65039	10548	12872	6300
8452	3728	4407	461	344	6310
12610	4106	5216	942	1543	6320
15294	4648	5367	880	1193	6330
5641	1549	1659	232	222	6340
4218	1543	2383	546	598	6350
52197	20081	27409	4729	5968	6360
51210	13728	14640	2065	2252	6370
1301	380	517	113	218	6380
9183	2748	3441	580	534	6390
97462	15935	16359	2780	2842	6500
13467	2763	2693	565	952	6510
7660	1167	912	97	52	6520
8428	982	808	110	61	6530
5515	1190	1349	119	47	6540
4904	811	964	161	133	6550
17693	3603	5470	1208	1258	6560
17360	2870	2461	327	249	6570
13173	1344	792	97	56	6580
9262	1205	910	96	34	6590
27180	**6110**	**5526**	**492**	**199**	I
10089	2802	2876	325	120	6600
4241	2035	2496	314	116	6610
5237	689	340	10	3	6620
611	78	40	1	1	6690
17091	3308	2650	167	79	6700
15142	3084	2463	140	35	6710
792	111	102	19	38	6720
371	28	9	2	2	6730
786	85	76	6	4	6790

2-25 续表 7

行业中类	代码	企业法人单位数（个）	50万元及以下	50-100万元
金融业	J	**22831**	**3633**	**2300**
银行业	6800	15691	1271	1815
中央银行	6810	24	1	1
商业银行	6820	15005	1220	1765
其他银行	6890	662	50	49
证券业	6900	833	120	23
证券市场管理	6910	35	7	1
证券经纪与交易	6920	643	53	12
证券投资	6930	71	25	2
证券分析与咨询	6940	84	35	8
保险业	7000	3683	734	147
人寿保险	7010	1351	63	19
非人寿保险	7020	1381	64	20
保险辅助服务	7030	951	607	108
其他金融活动	7100	2624	1508	315
金融信托与管理	7110	234	93	12
金融租赁	7120	27	10	3
财务公司	7130	103	31	9
邮政储蓄	7140	6		1
典当	7150	1155	625	177
其他未列明的金融活动	7190	1099	749	113
房地产业	K	**125086**	**67920**	**9250**
房地产业	7200	125086	67920	9250
房地产开发经营	7210	59182	26039	1991
物业管理	7220	30959	17146	3985
房地产中介服务	7230	19666	15380	1524
其他房地产活动	7290	15279	9355	1750
租赁和商务服务业	L	**201365**	**131341**	**21542**
租赁业	7300	8833	5877	1050
机械设备租赁	7310	8153	5330	994
文化及日用品出租	7320	680	547	56
商务服务业	7400	192532	125464	20492
企业管理服务	7410	31926	18542	3011
法律服务	7420	4786	2804	690
咨询与调查	7430	56069	41715	5153
广告业	7440	37210	24404	4640
知识产权服务	7450	2171	1582	222
职业中介服务	7460	7334	5533	553
市场管理	7470	10472	5399	1498
旅行社	7480	12631	4104	1635
其他商务服务	7490	29933	21381	3090
科学研究、技术服务和地质勘查业	M	**70562**	**41012**	**8287**
研究与试验发展	7500	7865	5224	685
自然科学研究与试验发展	7510	671	474	43
工程和技术研究与试验发展	7520	4280	2573	407
农业科学研究与试验发展	7530	1010	714	88
医学研究与试验发展	7540	1715	1324	125

100-500万元	500-1000万元	1000-5000万元	5000万元-1亿元	1亿元以 上	代码
6900	**2014**	**3796**	**1343**	**2845**	J
5789	1475	2648	854	1839	6800
2	2	5	3	10	6810
5646	1414	2464	785	1711	6820
141	59	179	66	118	6890
218	191	150	40	91	6900
8	10	7	2		6910
173	166	124	33	82	6920
14	7	12	3	8	6930
23	8	7	2	1	6940
390	255	899	410	848	7000
96	64	346	222	541	7010
132	166	519	183	297	7020
162	25	34	5	10	7030
503	93	99	39	67	7100
40	13	31	19	26	7110
2		6	2	4	7120
5	2	20	12	24	7130
	1			4	7140
288	46	18	1		7150
168	31	24	5	9	7190
20103	**7997**	**13386**	**3261**	**3169**	K
20103	7997	13386	3261	3169	7200
8324	5435	11298	3048	3047	7210
6879	1594	1212	101	42	7220
2028	359	320	41	14	7230
2872	609	556	71	66	7290
33480	**6850**	**6331**	**926**	**895**	L
1474	226	180	16	10	7300
1417	214	173	15	10	7310
57	12	7	1		7320
32006	6624	6151	910	885	7400
5851	1571	2042	406	503	7410
1025	171	91	4	1	7420
7080	1153	834	77	57	7430
5954	1062	952	108	90	7440
279	48	35	5		7450
847	187	171	23	20	7460
2503	568	433	50	21	7470
4497	1136	972	149	138	7480
3970	728	621	88	55	7490
14372	**3103**	**2993**	**410**	**385**	M
1208	283	326	59	80	7500
98	12	30	4	10	7510
738	206	245	48	63	7520
155	26	22	1	4	7530
197	36	25	6	2	7540

2-25 续表 8

行业中类	代码	企业法人单位数（个）	50万元及以下	50-100万元
社会人文科学研究与试验发展	7550	189	139	22
专业技术服务业	7600	42807	22589	5607
气象服务	7610	374	234	54
地震服务	7620	49	28	7
海洋服务	7630	73	36	10
测绘服务	7640	1122	525	178
技术检测	7650	3256	1553	459
环境监测	7660	433	256	59
工程技术与规划管理	7670	21172	9453	3008
其他专业技术服务	7690	16328	10504	1832
科技交流和推广服务业	7700	18850	12787	1887
技术推广服务	7710	10808	7300	1034
科技中介服务	7720	3566	2530	349
其他科技服务	7790	4476	2957	504
地质勘查业	7800	1040	412	108
矿产地质勘查	7810	350	153	18
基础地质勘查	7820	210	55	25
地质勘查技术服务	7830	480	204	65
水利、环境和公共设施管理业	**N**	**12287**	**6523**	**1504**
水利管理业	7900	1065	600	128
防洪管理	7910	59	29	5
水资源管理	7920	676	403	76
其他水利管理	7990	330	168	47
环境管理业	8000	2416	1384	318
自然保护	8010	186	111	21
环境治理	8020	2230	1273	297
公共设施管理业	8100	8806	4539	1058
市政公共设施管理	8110	1069	451	113
城市绿化管理	8120	4750	2344	598
游览景区管理	8130	2987	1744	347
居民服务和其他服务业	**O**	**72869**	**52981**	**7750**
居民服务业	8200	33610	26249	3012
家庭服务	8210	1737	1556	82
托儿所	8220	125	109	9
洗染服务	8230	1523	1142	156
理发及美容保健服务	8240	10159	8950	648
洗浴服务	8250	6388	4125	855
婚姻服务	8260	1101	1018	49
殡葬服务	8270	895	357	109
摄影扩印服务	8280	4562	3486	466
其他居民服务	8290	7120	5506	638
其他服务业	8300	39259	26732	4738
修理与维护	8310	18646	12598	2532
清洁服务	8320	5135	3811	561
其他未列明的服务	8390	15478	10323	1645
教育	**P**	**9916**	**6879**	**1033**
教育	8400	9916	6879	1033

100-500万元	500-1000万元	1000-5000万元	5000万元-1亿元	1亿元以上	代码
20	3	4		1	7550
9855	2195	2048	274	239	7600
72	7	4	2	1	7610
10	2	2			7620
20	3	1	1	2	7630
309	71	39			7640
910	176	142	8	8	7650
84	19	13	1	1	7660
5707	1335	1302	191	176	7670
2743	582	545	71	51	7690
3016	539	512	58	51	7700
1759	345	300	34	36	7710
528	64	81	7	7	7720
729	130	131	17	8	7790
293	86	107	19	15	7800
92	32	41	8	6	7810
67	17	37	5	4	7820
134	37	29	6	5	7830
2797	**680**	**655**	**77**	**51**	**N**
231	48	42	7	9	7900
12	6	6	1		7910
134	27	25	6	5	7920
85	15	11		4	7990
493	102	100	13	6	8000
28	3	17	6		8010
465	99	83	7	6	8020
2073	530	513	57	36	8100
248	86	131	23	17	8110
1203	305	267	23	10	8120
622	139	115	11	9	8130
9620	**1366**	**994**	**90**	**68**	**O**
3462	516	340	22	9	8200
85	8	5	1		8210
6	1				8220
188	21	14	1	1	8230
486	56	17	1	1	8240
1159	164	79	5	1	8250
29	1	4			8260
246	90	87	5	1	8270
499	64	43	4		8280
764	111	91	5	5	8290
6158	850	654	68	59	8300
2967	319	199	21	10	8310
626	79	55	3		8320
2565	452	400	44	49	8390
1565	**246**	**178**	**13**	**2**	**P**
1565	246	178	13	2	8400

2-25 续表 9

行业中类	代码	企业法人单位数(个)	50万元及以下	50-100万元
学前教育	8410	1848	1572	150
初等教育	8420	397	223	41
中等教育	8430	621	345	90
高等教育	8440	110	62	14
其他教育	8490	6940	4677	738
卫生、社会保障和社会福利业	**Q**	**14875**	**12095**	**829**
卫生	8500	14214	11554	772
医院	8510	2390	806	327
卫生院及社区医疗活动	8520	1585	1297	125
门诊部医疗活动	8530	9530	8927	260
计划生育技术服务活动	8540	55	46	3
妇幼保健活动	8550	38	27	4
专科疾病防治活动	8560	159	113	12
疾病预防控制及防疫活动	8570	102	70	13
其他卫生活动	8590	355	268	28
社会保障业	8600	132	89	14
社会福利业	8700	529	452	43
提供住宿的社会福利	8710	329	278	31
不提供住宿的社会福利	8720	200	174	12
文化、体育和娱乐业	**R**	**22639**	**15696**	**2192**
新闻出版业	8800	1661	556	178
新闻业	8810	48	22	7
出版业	8820	1613	534	171
广播、电视、电影和音像业	8900	4566	3048	476
广播	8910	145	78	14
电视	8920	961	532	107
电影	8930	2739	1929	286
音像制作	8940	721	509	69
文化艺术业	9000	4399	3508	349
文艺创作与表演	9010	781	590	69
艺术表演场馆	9020	194	127	27
图书馆与档案馆	9030	42	30	8
文物及文化保护	9040	78	46	10
博物馆	9050	107	76	14
烈士陵园、纪念馆	9060	17	8	2
群众文化活动	9070	485	416	37
文化艺术经纪代理	9080	945	754	72
其他文化艺术	9090	1750	1461	110
体育	9100	1278	972	110
体育组织	9110	320	233	28
体育场馆	9120	564	440	45
其他体育	9190	394	299	37
娱乐业	9200	10735	7612	1079
室内娱乐活动	9210	6745	4900	689
游乐园	9220	398	233	41
休闲健身娱乐活动	9230	2542	1704	261
其他娱乐活动	9290	1050	775	88

100-500 万元	500-1000 万元	1000-5000 万元	5000万元- 1亿元	1亿元 以 上	代码
109	10	7			8410
114	12	7			8420
126	38	21		1	8430
12	5	13	3	1	8440
1204	181	130	10		8490
1343	**267**	**287**	**31**	**23**	Q
1295	259	282	31	21	8500
785	196	229	27	20	8510
132	19	11	1		8520
287	30	25	1		8530
6					8540
5	1			1	8550
28	5		1		8560
13	1	4	1		8570
39	7	13			8590
22	2	3		2	8600
26	6	2			8700
16	2	2			8710
10	4				8720
3247	**618**	**648**	**129**	**109**	R
409	138	230	68	82	8800
10	2	6		1	8810
399	136	224	68	81	8820
694	163	151	21	13	8900
36	7	4	2	4	8910
195	57	53	11	6	8920
356	79	81	6	2	8930
107	20	13	2	1	8940
431	59	47	5		9000
98	13	10	1		9010
34	2	4			9020
2	2				9030
17	4	1			9040
7	5	5			9050
5		2			9060
23	5	4			9070
95	13	10	1		9080
150	15	11	3		9090
132	28	28	4	4	9100
35	10	12	1	1	9110
57	11	8	1	2	9120
40	7	8	2	1	9190
1581	230	192	31	10	9200
963	119	70	4		9210
75	19	17	10	3	9220
390	80	86	14	7	9230
153	12	19	3		9290

2-26 按地区、全年营业收入

地 区	企业法人单位数(个)	50万元及以下	50-100万元
全 国	**3249342**	**1274058**	**330689**
北 京	199481	112648	17708
天 津	78523	40488	7164
河 北	109402	27054	10299
山 西	66315	29553	6768
内蒙古	31171	10688	3255
辽 宁	149194	75045	15812
吉 林	45406	18724	4711
黑龙江	56003	26251	6065
上 海	321355	161331	33349
江 苏	342231	106156	35919
浙 江	309470	99209	32325
安 徽	81743	31268	10930
福 建	105285	40059	9944
江 西	56593	20809	5800
山 东	228567	56392	23228
河 南	138379	36662	11042
湖 北	73898	31636	7910
湖 南	76159	20800	8361
广 东	337007	138882	32638
广 西	49590	20967	5565
海 南	14059	8363	1209
重 庆	49834	18057	4673
四 川	110426	46575	11694
贵 州	27558	12498	2704
云 南	44118	19412	4963
西 藏	1503	578	201
陕 西	63221	25314	6836
甘 肃	33315	15405	4100
青 海	7570	3806	983
宁 夏	13258	6016	1604
新 疆	28708	13412	2929

组距分组的企业法人单位数

100-500 万元	500-1000 万元	1000-5000 万元	5000万元- 1亿元	1亿元 以上
1042206	**211622**	**278995**	**54150**	**57622**
40530	10744	12531	2222	3098
17826	4333	5845	1246	1621
53447	5933	8615	2040	2014
19267	3684	4966	933	1144
10838	2110	3127	601	552
36052	8298	9982	1939	2066
14021	2440	4187	638	685
15432	2897	3831	750	777
74042	18234	23767	4691	5941
127271	26152	33891	6456	6386
107452	25980	32295	5994	6215
24993	5547	6816	1121	1068
33421	7843	10155	1890	1973
22116	2792	3809	635	632
102715	15072	21440	4725	4995
67407	8758	10600	2063	1847
19831	4958	6793	1421	1349
32262	5500	6854	1248	1134
94116	22928	34011	6932	7500
14823	3084	3762	648	741
2381	677	1010	203	216
16761	3783	4729	984	847
32162	7106	9482	1795	1612
7062	2070	2407	383	434
11476	2859	3813	789	806
370	111	191	26	26
23149	2976	3653	579	714
8873	1818	2336	381	402
1636	404	553	89	99
3524	739	996	198	181
6950	1792	2548	530	547

2-27 按登记注册类型、全年营业收入

登记注册类型	企业法人单位数（个）	50万元及以下	50-100万元
按登记注册类型分组	**3249342**	**1274058**	**330689**
内资	**3097559**	**1238390**	**322534**
国有	178751	64271	14868
集体	342569	156142	37162
股份合作	107021	47883	11054
联营企业	16499	6186	1609
国有联营	2834	976	231
集体联营	6189	2588	687
国有与集体联营	2756	869	200
其他联营	4720	1753	491
有限责任公司	355084	113156	29552
国有独资公司	9725	2774	543
其他有限责任公司	345359	110382	29009
股份有限公司	60865	19026	4802
私营企业	1982108	803017	217681
私营独资	667084	264156	83528
私营合伙	143970	55997	17495
私营有限责任公司	1099228	452835	109478
私营股份有限公司	71826	30029	7180
其他内资	54662	28709	5806
港澳台商投资	**74327**	**16710**	**4396**
与港澳台合资经营	23707	4610	958
与港澳台合作经营	5429	1187	299
港澳台商独资	44236	10673	3079
港澳台商投资股份有限公司	955	240	60
外商投资	**77456**	**18958**	**3759**
中外合资经营	30392	6599	1353
中外合作经营	4959	1015	226
外资企业	40830	10964	2106
外商投资股份有限公司	1275	380	74

组距分组的企业法人单位数

100-500 万元	500-1000 万元	1000-5000 万元	5000万元- 1亿元	1亿元 以 上
1042206	**211622**	**278995**	**54150**	**57622**
1006684	**195265**	**244429**	**44744**	**45513**
43218	16872	25109	5701	8712
103059	18642	21875	3558	2131
32601	6381	7176	1101	825
4955	1164	1863	351	371
678	228	449	113	159
2045	353	410	55	51
730	273	517	81	86
1502	310	487	102	75
97813	33023	53198	12955	15387
1848	846	1692	588	1434
95965	32177	51506	12367	13953
15737	4921	8389	2526	5464
691529	113128	125775	18443	12535
280001	20109	16817	1772	701
59787	5377	4619	503	192
329284	82702	98699	15244	10986
22457	4940	5640	924	656
17772	1134	1044	109	88
18066	**8332**	**17372**	**4482**	**4969**
4771	2760	6595	1882	2131
1253	607	1367	378	338
11833	4890	9246	2165	2350
209	75	164	57	150
17456	**8025**	**17194**	**4924**	**7140**
6490	3311	7428	2164	3047
1062	541	1326	361	428
9643	4075	8261	2332	3449
261	98	179	67	216

2-28 按行业（中类）、资产总额

行业中类	代码	企业法人单位数（个）	50万元及以下	50-100万元
总计	0000	**3249342**	**1020120**	**633810**
农、林、牧、渔业	A	**1015**	**66**	**38**
农业	0100	443	27	17
谷物及其他作物的种植	0110	321	11	12
蔬菜、园艺作物的种植	0120	32	7	2
水果、坚果、饮料和香料作物的种植	0130	85	9	3
中药材的种植	0140	5		
林业	0200	309	9	6
林木的培育和种植	0210	130	6	6
木材和竹材的采运	0220	62	3	
林产品的采集	0230	117		
畜牧业	0300	131	7	8
牲畜的饲养	0310	62	4	4
猪的饲养	0320	30	2	
家禽的饲养	0330	31	1	3
其他畜牧业	0390	8		1
渔业	0400	41	2	1
海洋渔业	0410	7		
内陆渔业	0420	34	2	1
农、林、牧、渔服务业	0500	91	21	6
农业服务业	0510	65	11	4
林业服务业	0520	10	2	1
畜牧服务业	0530	15	7	1
渔业服务业	0540	1	1	
采矿业	B	**82353**	**22909**	**12235**
煤炭开采和洗选业	0600	27741	2884	2668
烟煤和无烟煤的开采洗选	0610	26704	2624	2536
褐煤的开采洗选	0620	644	79	65
其他煤炭采选	0690	393	181	67
石油和天然气开采业	0700	510	62	84
天然原油和天然气开采	0710	223	8	30
与石油和天然气开采有关的服务活动	0790	287	54	54
黑色金属矿采选业	0800	10660	2153	1695
铁矿采选	0810	9514	1776	1486
其他黑色金属矿采选	0890	1146	377	209
有色金属矿采选业	0900	6535	1437	868
常用有色金属矿采选	0910	4118	951	584
贵金属矿采选	0920	1653	354	188
稀有稀土金属矿采选	0930	764	132	96
非金属矿采选业	1000	36614	16257	6856
土砂石开采	1010	30566	14216	5845
化学矿采选	1020	1394	475	239
采盐	1030	840	78	84
石棉及其他非金属矿采选	1090	3814	1488	688
其他采矿业	1100	293	116	64
制造业	C	**1328948**	**357302**	**249223**
农副食品加工业	1300	73828	21980	13330
谷物磨制	1310	22958	8080	5115

组距分组的企业法人单位数

100-500万元	500-1000万元	1000-5000万元	5000万元-1亿元	1亿元以上	代码
926521	**234955**	**293388**	**60892**	**79656**	**0000**
170	**107**	**295**	**144**	**195**	A
61	40	144	62	92	0100
36	25	103	49	85	0110
9	3	7	3	1	0120
12	12	33	10	6	0130
4		1			0140
56	31	62	60	85	0200
43	21	28	13	13	0210
6	3	9	2	39	0220
7	7	25	45	33	0230
29	14	47	12	14	0300
12	8	25	2	7	0310
5	3	15	2	3	0320
9	1	6	7	4	0330
3	2	1	1		0390
12	3	18	4	1	0400
1		4	2		0410
11	3	14	2	1	0420
12	19	24	6	3	0500
8	13	20	6	3	0510
	3	4			0520
4	3				0530
					0540
32473	**7492**	**5587**	**697**	**960**	B
14496	4122	2789	311	471	0600
14095	4005	2704	296	444	0610
286	104	72	13	25	0620
115	13	13	2	2	0690
129	44	69	18	104	0700
46	15	38	11	75	0710
83	29	31	7	29	0790
4568	1083	924	112	125	0800
4162	1014	857	104	115	0810
406	69	67	8	10	0890
2488	680	771	151	140	0900
1615	429	400	75	64	0910
581	161	256	53	60	0920
292	90	115	23	16	0930
10698	1553	1028	103	119	1000
8673	1111	643	49	29	1010
424	103	112	14	27	1020
404	95	114	21	44	1030
1197	244	159	19	19	1090
94	10	6	2	1	1100
448987	**105770**	**121036**	**22307**	**24323**	C
24592	5662	6235	1110	919	1300
7416	1125	974	165	83	1310

2-28 续表 1

行业中类	代码	企业法人单位数（个）	50万元及以下	50-100万元
饲料加工	1320	8669	2113	1656
植物油加工	1330	7948	2437	1124
制糖	1340	645	131	59
屠宰及肉类加工	1350	10503	3155	1619
水产品加工	1360	6589	1183	933
蔬菜、水果和坚果加工	1370	9281	2306	1606
其他农副食品加工	1390	7235	2575	1218
食品制造业	1400	32174	10061	5798
焙烤食品制造	1410	6756	2444	1274
糖果、巧克力及蜜饯制造	1420	3929	1266	889
方便食品制造	1430	4436	1572	739
液体乳及乳制品制造	1440	1918	284	221
罐头制造	1450	2582	602	411
调味品、发酵制品制造	1460	5851	2031	1126
其他食品制造	1490	6702	1862	1138
饮料制造业	1500	27178	9757	5002
酒精制造	1510	354	68	27
酒的制造	1520	11721	3967	1928
软饮料制造	1530	9336	3142	2013
精制茶加工	1540	5767	2580	1034
烟草制品业	1600	308	35	12
烟叶复烤	1610	97	8	5
卷烟制造	1620	127	7	
其他烟草制品加工	1690	84	20	7
纺织业	1700	87342	17307	14685
棉、化纤纺织及印染精加工	1710	32861	5516	5367
毛纺织和染整精加工	1720	4546	638	486
麻纺织	1730	1080	203	100
丝绢纺织及精加工	1740	5812	775	678
纺织制成品制造	1750	18103	4552	3666
针织品、编织品及其制品制造	1760	24940	5623	4388
纺织服装、鞋、帽制造业	1800	52396	13990	9145
纺织服装制造	1810	48895	13027	8492
纺织面料鞋的制造	1820	2384	692	437
制帽	1830	1117	271	216
皮革、毛皮、羽毛(绒)及其制品业	1900	24197	5494	3952
皮革鞣制加工	1910	2581	398	375
皮革制品制造	1920	18901	4536	3121
毛皮鞣制及制品加工	1930	1570	338	289
羽毛(绒)加工及制品制造	1940	1145	222	167
木材加工及木、竹、藤、棕、草制品业	2000	41818	16799	8134
锯材、木片加工	2010	12895	6631	2532
人造板制造	2020	13133	3908	2432
木制品制造	2030	10145	3663	2155
竹、藤、棕、草制品制造	2040	5645	2597	1015
家具制造业	2100	25377	9476	5095
木质家具制造	2110	18953	7522	3834
竹、藤家具制造	2120	392	198	64

100-500万元	500-1000万元	1000-5000万元	5000万元-1亿元	1亿元以上	代码
2921	758	968	152	101	1320
2437	739	865	152	194	1330
109	28	111	76	131	1340
3437	907	1033	189	163	1350
2640	703	832	179	119	1360
3554	855	804	104	52	1370
2078	547	648	93	76	1390
9907	2373	2915	577	543	1400
2094	408	415	63	58	1410
1265	209	227	33	40	1420
1325	280	352	87	81	1430
586	232	376	107	112	1440
837	245	368	74	45	1450
1712	380	420	78	104	1460
2088	619	757	135	103	1490
7697	1736	1879	422	685	1500
98	36	79	15	31	1510
3257	877	1028	271	393	1520
2738	537	540	120	246	1530
1604	286	232	16	15	1540
39	13	46	16	147	1600
14	4	13	5	48	1610
3	2	18	6	91	1620
22	7	15	5	8	1690
31483	9298	10736	1942	1891	1700
11855	3584	4460	972	1107	1710
1659	647	797	150	169	1720
400	127	172	30	48	1730
2146	808	1074	189	142	1740
6303	1574	1596	225	187	1750
9120	2558	2637	376	238	1760
17970	5139	5157	601	394	1800
16727	4828	4868	577	376	1810
848	193	191	12	11	1820
395	118	98	12	7	1830
8832	2511	2706	373	329	1900
981	315	387	54	71	1910
6885	1898	1968	277	216	1920
571	181	161	18	12	1930
395	117	190	24	30	1940
12474	2093	1816	286	216	2000
3175	288	214	37	18	2010
4611	986	878	168	150	2020
3116	552	539	75	45	2030
1572	267	185	6	3	2040
7258	1589	1559	208	192	2100
5249	1091	1016	132	109	2110
89	19	19	2	1	2120

2-28 续表 2

行业中类	代码	企业法人单位数（个）	50万元及以下	50-100万元
金属家具制造	2130	3371	858	606
塑料家具制造	2140	327	84	66
其他家具制造	2190	2334	814	525
造纸及纸制品业	2200	41732	10266	8201
纸浆制造	2210	628	187	104
造纸	2220	12095	2721	1834
纸制品制造	2230	29009	7358	6263
印刷业和记录媒介的复制	2300	42559	12450	9056
印刷	2310	39212	11345	8257
装订及其他印刷服务活动	2320	3139	1082	779
记录媒介的复制	2330	208	23	20
文教体育用品制造业	2400	15424	3960	2805
文化用品制造	2410	4482	1203	905
体育用品制造	2420	3128	700	518
乐器制造	2430	1039	253	195
玩具制造	2440	6100	1647	1060
游艺器材及娱乐用品制造	2450	675	157	127
石油加工、炼焦及核燃料加工业	2500	7697	1580	1104
化学原料及化学制品制造业	2600	79845	18136	14270
基础化学原料制造	2610	16091	2804	2513
肥料制造	2620	7061	1479	1063
农药制造	2630	2093	337	199
涂料、油墨、颜料及类似产品制造	2640	17254	4521	3430
合成材料制造	2650	5435	1061	928
专用化学产品制造	2660	24093	5714	4701
日用化学产品制造	2670	7818	2220	1436
医药制造业	2700	12213	1864	1135
化学药品原药制造	2710	1940	223	126
化学药品制剂制造	2720	1920	208	83
中药饮片加工	2730	1390	285	174
中成药制造	2740	2398	253	149
兽用药品制造	2750	1312	253	178
生物、生化制品的制造	2760	1562	307	159
卫生材料及医药用品制造	2770	1691	335	266
化学纤维制造业	2800	3592	492	379
纤维素纤维原料及纤维制造	2810	556	108	66
合成纤维制造	2820	3036	384	313
橡胶制品业	2900	16005	3646	3098
轮胎制造	2910	1456	252	199
橡胶板、管、带的制造	2920	3199	629	596
橡胶零件制造	2930	5296	1338	1280
再生橡胶制造	2940	879	208	157
日用及医用橡胶制品制造	2950	931	194	144
橡胶靴鞋制造	2960	1997	391	235
其他橡胶制品制造	2990	2247	634	487
塑料制品业	3000	73268	18838	15036
塑料薄膜制造	3010	7089	1719	1465
塑料板、管、型材的制造	3020	11643	2759	2236

100-500万元	500-1000万元	1000-5000万元	5000万元-1亿元	1亿元以上	代码
1173	304	328	48	54	2130
104	29	37	7		2140
643	146	159	19	28	2190
15375	3143	3546	594	607	2200
191	36	62	17	31	2210
3998	1226	1614	305	397	2220
11186	1881	1870	272	179	2230
15526	2427	2362	402	336	2300
14476	2288	2197	358	291	2310
999	122	128	17	12	2320
51	17	37	27	33	2330
5441	1335	1460	251	172	2400
1630	346	317	53	28	2410
1109	306	372	69	54	2420
353	88	118	17	15	2430
2076	546	596	104	71	2440
273	49	57	8	4	2450
2641	665	980	245	482	2500
28004	7282	8449	1704	2000	2600
5946	1754	2133	446	495	2610
2398	676	855	245	345	2620
647	308	413	81	108	2630
5876	1412	1508	264	243	2640
1831	523	665	164	263	2650
8770	2008	2159	367	374	2660
2536	601	716	137	172	2670
2932	1276	2962	989	1055	2700
483	254	510	147	197	2710
224	126	631	287	361	2720
420	165	251	49	46	2730
355	198	800	351	292	2740
464	163	209	28	17	2750
395	180	317	89	115	2760
591	190	244	38	27	2770
1192	433	615	146	335	2800
179	60	82	16	45	2810
1013	373	533	130	290	2820
5847	1404	1488	261	261	2900
523	149	175	45	113	2910
1254	296	334	49	41	2920
1917	339	338	53	31	2930
389	65	54	5	1	2940
350	93	97	30	23	2950
710	273	305	52	31	2960
704	189	185	27	21	2990
26331	5693	5656	952	762	3000
2489	582	541	119	174	3010
4125	1012	1160	192	159	3020

2-28 续表 3

行业中类	代码	企业法人单位数（个）	50万元及以下	50-100万元
塑料丝、绳及编织品的制造	3030	8554	1954	1687
泡沫塑料制造	3040	4173	880	842
塑料人造革、合成革制造	3050	812	123	100
塑料包装箱及容器制造	3060	8558	2091	1839
塑料零件制造	3070	10171	2635	2341
日用塑料制造	3080	12521	3560	2575
其他塑料制品制造	3090	9747	3117	1951
非金属矿物制品业	3100	165562	57359	33637
水泥、石灰和石膏的制造	3110	13454	3310	1375
水泥及石膏制品制造	3120	34871	16825	6210
砖瓦、石材及其他建筑材料制造	3130	80338	28812	19536
玻璃及玻璃制品制造	3140	12142	2712	2036
陶瓷制品制造	3150	7157	1698	1210
耐火材料制品制造	3160	9174	2083	1690
石墨及其他非金属矿物制品制造	3190	8426	1919	1580
黑色金属冶炼及压延加工业	3200	21812	4252	2887
炼铁	3210	5121	1368	728
炼钢	3220	1154	206	107
钢压延加工	3230	12454	2278	1851
铁合金冶炼	3240	3083	400	201
有色金属冶炼及压延加工业	3300	16053	2925	2387
常用有色金属冶炼	3310	4618	904	605
贵金属冶炼	3320	484	65	41
稀有稀土金属冶炼	3330	842	104	88
有色金属合金制造	3340	1239	201	182
有色金属压延加工	3350	8870	1651	1471
金属制品业	3400	86383	24023	17108
结构性金属制品制造	3410	27708	8014	5498
金属工具制造	3420	12200	3534	2507
集装箱及金属包装容器制造	3430	4649	891	779
金属丝绳及其制品的制造	3440	5085	1184	1010
建筑、安全用金属制品制造	3450	10462	2762	2053
金属表面处理及热处理加工	3460	8085	2268	1673
搪瓷制品制造	3470	800	175	133
不锈钢及类似日用金属制品制造	3480	8591	2461	1602
其他金属制品制造	3490	8803	2734	1853
通用设备制造业	3500	118985	28579	25056
锅炉及原动机制造	3510	5497	1094	1015
金属加工机械制造	3520	11881	2985	2565
起重运输设备制造	3530	4091	557	563
泵、阀门、压缩机及类似机械的制造	3540	16419	3080	3328
轴承、齿轮、传动和驱动部件的制造	3550	8757	1568	1651
烘炉、熔炉及电炉制造	3560	1275	305	287
风机、衡器、包装设备等通用设备制造	3570	14277	3066	2814
通用零部件制造及机械修理	3580	31797	10220	7705
金属铸、锻加工	3590	24991	5704	5128
专用设备制造业	3600	58471	13754	11248
矿山、冶金、建筑专用设备制造	3610	9092	1654	1465

100-500万元	500-1000万元	1000-5000万元	5000万元-1亿元	1亿元以上	代码
3523	740	550	67	33	3030
1668	356	357	44	26	3040
179	91	198	89	32	3050
3107	687	634	99	101	3060
3581	694	673	142	105	3070
4497	899	836	90	64	3080
3162	632	707	110	68	3090
51464	8719	10651	1971	1761	3100
2796	1446	3197	633	697	3110
8147	1128	1841	478	242	3120
26529	2711	2254	285	211	3130
4432	1181	1249	219	313	3140
2606	721	679	137	106	3150
3747	760	699	104	91	3160
3207	772	732	115	101	3190
7421	2301	3184	683	1084	3200
1741	424	554	123	183	3210
372	101	167	42	159	3220
4340	1239	1698	398	650	3230
968	537	765	120	92	3240
5597	1709	2264	487	684	3300
1568	488	652	147	254	3310
173	55	96	25	29	3320
237	112	211	42	48	3330
474	150	159	38	35	3340
3145	904	1146	235	318	3350
30203	6639	6696	936	778	3400
9327	2120	2192	334	223	3410
4431	834	716	95	83	3420
1721	465	564	103	126	3430
1914	414	418	70	75	3440
3853	813	804	101	76	3450
2906	593	551	51	43	3460
279	95	92	14	12	3470
2869	706	789	86	78	3480
2903	599	570	82	62	3490
43667	9276	9414	1517	1476	3500
1905	511	648	143	181	3510
4134	897	961	153	186	3520
1515	480	689	137	150	3530
6305	1491	1680	273	262	3540
3348	835	1010	175	170	3550
465	97	99	12	10	3560
4968	1359	1516	283	271	3570
10627	1658	1307	160	120	3580
10400	1948	1504	181	126	3590
20375	5157	5830	1041	1066	3600
3489	937	1041	213	293	3610

2-28 续表 4

行业中类	代码	企业法人单位数（个）	50万元及以下	50-100万元
化工、木材、非金属加工专用设备制造	3620	14671	3895	3059
食品、饮料、烟草及饲料生产专用设备制造	3630	3175	752	576
印刷、制药、日化生产专用设备制造	3640	4095	942	745
纺织、服装和皮革工业专用设备制造	3650	7152	1528	1588
电子和电工机械专用设备制造	3660	3672	890	712
农、林、牧、渔专用机械制造	3670	5574	1746	998
医疗仪器设备及器械制造	3680	3734	818	707
环保、社会公共安全及其他专用设备制造	3690	7306	1529	1398
交通运输设备制造业	3700	56529	15394	10386
铁路运输设备制造	3710	2151	336	333
汽车制造	3720	39496	11629	7204
摩托车制造	3730	5566	994	1056
自行车制造	3740	4104	1020	861
船舶及浮动装置制造	3750	4065	1157	758
航空航天器制造	3760	277	31	16
交通器材及其他交通运输设备制造	3790	870	227	158
电气机械及器材制造业	3900	63475	12896	11305
电机制造	3910	6495	1301	1174
输配电及控制设备制造	3920	21091	4075	3898
电线、电缆、光缆及电工器材制造	3930	11720	1852	1778
电池制造	3940	2716	511	433
家用电力器具制造	3950	7364	1643	1298
非电力家用器具制造	3960	2054	616	427
照明器具制造	3970	9832	2306	1875
其他电气机械及器材制造	3990	2203	592	422
通信设备、计算机及其他电子设备制造业	4000	29058	5208	4204
通信设备制造	4010	3634	546	478
雷达及配套设备制造	4020	101	16	10
广播电视设备制造	4030	1394	236	231
电子计算机制造	4040	2855	414	310
电子器件制造	4050	4093	724	519
电子元件制造	4060	12249	2248	1916
家用视听设备制造	4070	2566	512	359
其他电子设备制造	4090	2166	512	381
仪器仪表及文化、办公用机械制造业	4100	17504	3571	3273
通用仪器仪表制造	4110	8526	1588	1731
专用仪器仪表制造	4120	2653	582	487
钟表与计时仪器制造	4130	1597	336	229
光学仪器及眼镜制造	4140	2773	582	520
文化、办公用机械制造	4150	1270	257	167
其他仪器仪表的制造及修理	4190	685	226	139
工艺品及其他制造业	4200	34352	11731	6666
工艺美术品制造	4210	22251	7019	4353
日用杂品制造	4220	5789	1492	1231
煤制品制造	4230	3937	2467	626
其他未列明的制造业	4290	2375	753	456
废弃资源和废旧材料回收加工业	4300	3811	1479	829
金属废料和碎屑的加工处理	4310	1656	521	374

100-500万元	500-1000万元	1000-5000万元	5000万元-1亿元	1亿元以上	代码
4825	1174	1326	207	185	3620
1127	308	317	50	45	3630
1457	400	398	89	64	3640
2553	569	693	104	117	3650
1181	332	386	78	93	3660
1871	375	426	70	88	3670
1229	342	473	97	68	3680
2643	720	770	133	113	3690
17940	4480	5503	1128	1698	3700
812	251	282	47	90	3710
12141	2975	3645	768	1134	3720
2029	554	656	131	146	3730
1369	304	400	81	69	3740
1292	268	384	77	129	3750
33	24	36	13	124	3760
264	104	100	11	6	3790
21832	6285	7794	1590	1773	3900
2277	616	753	166	208	3910
7381	2128	2587	527	495	3920
4284	1271	1715	389	431	3930
799	292	425	104	152	3940
2255	716	920	216	316	3950
622	157	180	25	27	3960
3457	918	1016	137	123	3970
757	187	198	26	21	3990
8832	2943	4646	1177	2048	4000
981	382	699	204	344	4010
21	7	13	10	24	4020
496	141	206	35	49	4030
709	272	574	192	384	4040
1139	399	727	199	386	4050
4078	1259	1766	378	604	4060
691	272	406	112	214	4070
717	211	255	47	43	4090
6031	1724	2124	373	408	4100
3091	854	944	152	166	4110
895	270	319	48	52	4120
564	170	224	46	28	4130
930	269	344	60	68	4140
348	110	239	58	91	4150
203	51	54	9	3	4190
11033	2288	2133	300	201	4200
7510	1626	1444	190	109	4210
2056	441	459	71	39	4220
723	69	48	3	1	4230
744	152	182	36	52	4290
1051	177	230	25	20	4300
485	103	144	19	10	4310

2-28 续表 5

行业中类	代码	企业法人单位数（个）	50万元及以下	50-100万元
非金属废料和碎屑的加工处理	4320	2155	958	455
电力、燃气及水的生产和供应业	D	**39652**	**9768**	**5231**
电力、热力的生产和供应业	4400	26048	5897	3289
电力生产	4410	22261	5529	3131
电力供应	4420	2216	229	68
热力生产和供应	4430	1571	139	90
燃气生产和供应业	4500	1544	233	171
水的生产和供应业	4600	12060	3638	1771
自来水的生产和供应	4610	11259	3390	1686
污水处理及其再生利用	4620	660	196	57
其他水的处理、利用与分配	4690	141	52	28
建筑业	E	**128177**	**21228**	**20848**
房屋和土木工程建筑业	4700	56786	7113	3917
房屋工程建筑	4710	38021	5129	2120
土木工程建筑	4720	18765	1984	1797
建筑安装业	4800	23464	3330	3731
建筑装饰业	4900	37493	9026	11202
其他建筑业	5000	10434	1759	1998
工程准备	5010	4401	767	921
提供施工设备服务	5020	840	128	152
其他未列明的建筑活动	5090	5193	864	925
交通运输、仓储和邮政业	F	**73952**	**20656**	**11607**
道路运输业	5200	30945	7743	5082
公路旅客运输	5210	5261	658	573
道路货物运输	5220	21800	5815	4064
道路运输辅助活动	5230	3884	1270	445
城市公共交通业	5300	5855	900	748
公共电汽车客运	5310	1407	116	139
轨道交通	5320	74	5	2
出租车客运	5330	4102	702	564
城市轮渡	5340	54	9	8
其他城市公共交通	5390	218	68	35
水上运输业	5400	4790	877	550
水上旅客运输	5410	632	196	90
水上货物运输	5420	2835	424	312
水上运输辅助活动	5430	1323	257	148
航空运输业	5500	462	68	56
航空客货运输	5510	122	14	12
通用航空服务	5520	102	17	16
航空运输辅助活动	5530	238	37	28
管道运输业	5600	39	2	1
装卸搬运和其他运输服务业	5700	19791	8493	3609
装卸搬运	5710	4588	2325	786
运输代理服务	5720	15203	6168	2823
仓储业	5800	10157	1634	1214
谷物、棉花等农产品仓储	5810	2952	224	155
其他仓储	5890	7205	1410	1059
邮政业	5900	1912	939	347

100-500万元	500-1000万元	1000-5000万元	5000万元-1亿元	1亿元以上	代码
566	74	86	6	10	4320
12066	**3213**	**4589**	**1562**	**3223**	D
8344	2061	2782	1128	2547	4400
7798	1764	1903	592	1544	4410
196	88	456	406	773	4420
350	209	423	130	230	4430
416	126	306	97	195	4500
3306	1026	1501	337	481	4600
3157	961	1355	291	419	4610
110	55	135	45	62	4620
39	10	11	1		4690
30055	**17247**	**28269**	**5399**	**5131**	E
8608	8873	19751	4303	4221	4700
4528	6063	14694	2924	2563	4710
4080	2810	5057	1379	1658	4720
7210	3540	4327	681	645	4800
10396	3624	2868	235	142	4900
3841	1210	1323	180	123	5000
1628	452	523	61	49	5010
308	97	120	22	13	5020
1905	661	680	97	61	5090
20842	**7161**	**9068**	**1942**	**2676**	F
10088	3148	3475	601	808	5200
1716	717	1122	218	257	5210
7437	2097	1946	276	165	5220
935	334	407	107	386	5230
1957	789	1047	186	228	5300
442	190	311	81	128	5310
10	8	25	6	18	5320
1418	570	683	89	76	5330
18	7	5	4	3	5340
69	14	23	6	3	5390
1390	478	889	208	398	5400
186	36	81	16	27	5410
821	338	619	134	187	5420
383	104	189	58	184	5430
88	27	62	26	135	5500
14	6	18	5	53	5510
35	10	12	3	9	5520
39	11	32	18	73	5530
3	4	5	3	21	5600
4303	1511	1402	230	243	5700
998	219	187	35	38	5710
3305	1292	1215	195	205	5720
2851	1163	2074	600	621	5800
647	372	821	328	405	5810
2204	791	1253	272	216	5890
162	41	114	88	221	5900

2-28 续表 6

行业中类	代码	企业法人单位数（个）	50万元及以下	50-100万元
国家邮政	5910	477	17	15
其他寄递服务	5990	1435	922	332
信息传输、计算机服务和软件业	G	**67380**	**36246**	**11681**
电信和其他信息传输服务业	6000	9351	4080	1227
电信	6010	2698	498	222
互联网信息服务	6020	5471	3317	856
广播电视传输服务	6030	1050	236	126
卫星传输服务	6040	132	29	23
计算机服务业	6100	37041	24681	6053
计算机系统服务	6110	7468	2511	1884
数据处理	6120	585	211	137
计算机维修	6130	1552	880	352
其他计算机服务	6190	27436	21079	3680
软件业	6200	20988	7485	4401
公共软件服务	6210	16201	5613	3395
其他软件服务	6290	4787	1872	1006
批发和零售业	H	**883625**	**289921**	**220712**
批发业	6300	530807	135975	137549
农畜产品批发	6310	29382	7677	3563
食品、饮料及烟草制品批发	6320	44399	11584	10010
纺织、服装及日用品批发	6330	53771	13606	15818
文化、体育用品及器材批发	6340	19666	5503	6230
医药及医疗器材批发	6350	15482	3285	3021
矿产品、建材及化工产品批发	6360	174836	41993	42903
机械设备、五金交电及电子产品批发	6370	150456	37215	45665
贸易经纪与代理	6380	7864	2453	1196
其他批发	6390	34951	12659	9143
零售业	6500	352818	153946	83163
综合零售	6510	46378	16721	8227
食品、饮料及烟草制品专门零售	6520	32936	16218	6313
纺织、服装及日用品专门零售	6530	36821	18411	9088
文化、体育用品及器材专门零售	6540	27417	13457	6124
医药及医疗器材专门零售	6550	23913	14183	3921
汽车、摩托车、燃料及零配件专门零售	6560	47862	15663	10181
家用电器及电子产品专门零售	6570	55895	22893	16212
五金、家具及室内装修材料专门零售	6580	48943	22763	14351
无店铺及其他零售	6590	32653	13637	8746
住宿和餐饮业	I	**91798**	**36754**	**13790**
住宿业	6600	38667	11867	4567
旅游饭店	6610	12076	963	710
一般旅馆	6620	23702	9626	3416
其他住宿服务	6690	2889	1278	441
餐饮业	6700	53131	24887	9223
正餐服务	6710	42759	18365	7559
快餐服务	6720	3432	2086	538
饮料及冷饮服务	6730	2813	1861	471
其他餐饮服务	6790	4127	2575	655

100-500万元	500-1000万元	1000-5000万元	5000万元-1亿元	1亿元以上	代码
27	22	99	86	211	5910
135	19	15	2	10	5990
11017	**2667**	**3513**	**750**	**1506**	G
1410	432	836	309	1057	6000
360	128	356	208	926	6010
737	190	264	41	66	6020
286	103	189	54	56	6030
27	11	27	6	9	6040
4213	813	940	170	171	6100
1922	430	531	87	103	6110
131	50	40	10	6	6120
240	46	22	8	4	6130
1920	287	347	65	58	6190
5394	1422	1737	271	278	6200
4219	1139	1400	223	212	6210
1175	283	337	48	66	6290
246681	**53163**	**54873**	**9209**	**9066**	H
164308	38039	40601	7047	7288	6300
7569	3690	4979	1014	890	6310
12820	3583	4438	883	1081	6320
16348	3411	3394	580	614	6330
5628	1061	931	168	145	6340
4880	1599	2032	350	315	6350
57876	13494	13600	2431	2539	6360
47945	8644	8530	1212	1245	6370
2264	691	921	152	187	6380
8978	1866	1776	257	272	6390
82373	15124	14272	2162	1778	6500
13812	3247	2981	627	763	6510
7014	1740	1432	140	79	6520
7031	1143	929	129	90	6530
5330	1126	1196	121	63	6540
4030	808	776	115	80	6550
13970	2972	3963	679	434	6560
13365	1801	1327	169	128	6570
9694	1140	808	104	83	6580
8127	1147	860	78	58	6590
23858	**6531**	**8141**	**1463**	**1261**	I
10666	3797	5540	1172	1058	6600
2974	1746	3713	992	978	6610
6957	1836	1642	158	67	6620
735	215	185	22	13	6690
13192	2734	2601	291	203	6700
11539	2510	2365	258	163	6710
572	82	103	21	30	6720
408	43	26	4		6730
673	99	107	8	10	6790

2-28 续表 7

行业中类	代码	企业法人单位数(个)	50万元及以下	50-100万元
金融业	J	**22831**	**1341**	**766**
银行业	6800	15691	509	205
中央银行	6810	24	1	
商业银行	6820	15005	489	197
其他银行	6890	662	19	8
证券业	6900	833	59	13
证券市场管理	6910	35	4	1
证券经纪与交易	6920	643	31	6
证券投资	6930	71	10	1
证券分析与咨询	6940	84	14	5
保险业	7000	3683	432	445
人寿保险	7010	1351	94	127
非人寿保险	7020	1381	105	90
保险辅助服务	7030	951	233	228
其他金融活动	7100	2624	341	103
金融信托与管理	7110	234	33	8
金融租赁	7120	27	3	
财务公司	7130	103	12	
邮政储蓄	7140	6		
典当	7150	1155	131	43
其他未列明的金融活动	7190	1099	162	52
房地产业	K	**125086**	**24980**	**13509**
房地产业	7200	125086	24980	13509
房地产开发经营	7210	59182	2488	437
物业管理	7220	30959	7962	7860
房地产中介服务	7230	19666	10987	3528
其他房地产活动	7290	15279	3543	1684
租赁和商务服务业	L	**201365**	**94296**	**37874**
租赁业	7300	8833	2933	1864
机械设备租赁	7310	8153	2501	1760
文化及日用品出租	7320	680	432	104
商务服务业	7400	192532	91363	36010
企业管理服务	7410	31926	7348	2670
法律服务	7420	4786	3382	576
咨询与调查	7430	56069	31872	10535
广告业	7440	37210	16555	11125
知识产权服务	7450	2171	1336	420
职业中介服务	7460	7334	4814	1031
市场管理	7470	10472	2892	1307
旅行社	7480	12631	6918	2236
其他商务服务	7490	29933	16246	6110
科学研究、技术服务和地质勘查业	M	**70562**	**27794**	**15430**
研究与试验发展	7500	7865	2973	1397
自然科学研究与试验发展	7510	671	258	115
工程和技术研究与试验发展	7520	4280	1504	796
农业科学研究与试验发展	7530	1010	410	170
医学研究与试验发展	7540	1715	674	285

100-500万元	500-1000万元	1000-5000万元	5000万元-1亿元	1亿元以上	代码
2087	**1514**	**5888**	**2634**	**8601**	J
835	583	4285	2073	7201	6800
		2	1	20	6810
806	556	4169	2011	6777	6820
29	27	114	61	404	6890
48	49	205	174	285	6900
1	3	9	9	8	6910
22	28	158	152	246	6920
1	5	17	9	28	6930
24	13	21	4	3	6940
767	312	700	247	780	7000
195	72	193	87	583	7010
285	165	409	148	179	7020
287	75	98	12	18	7030
437	570	698	140	335	7100
26	7	31	7	122	7110
1	2	4	2	15	7120
1	7	12	3	68	7130
2				4	7140
197	443	309	23	9	7150
210	111	342	105	117	7190
21066	**12086**	**29698**	**9483**	**14264**	K
21066	12086	29698	9483	14264	7200
4388	7315	23314	8223	13017	7210
9050	2371	2777	483	456	7220
3372	700	798	166	115	7230
4256	1700	2809	611	676	7290
37243	**9020**	**13128**	**3520**	**6284**	L
2588	618	632	104	94	7300
2491	600	610	100	91	7310
97	18	22	4	3	7320
34655	8402	12496	3416	6190	7400
5326	2704	6418	2360	5100	7410
667	93	50	6	12	7420
9231	1725	1980	332	394	7430
7787	922	661	77	83	7440
304	58	38	9	6	7450
1027	215	197	25	25	7460
3128	1175	1471	273	226	7470
2342	446	506	95	88	7480
4843	1064	1175	239	256	7490
17579	**3904**	**4071**	**803**	**981**	M
1906	504	712	175	198	7500
158	36	57	19	28	7510
1054	292	394	108	132	7520
256	55	88	19	12	7530
417	119	168	27	25	7540

2-28 续表 8

行业中类	代码	企业法人单位数(个)	50万元及以下	50-100万元
社会人文科学研究与试验发展	7550	189	127	31
专业技术服务业	7600	42807	16277	9819
气象服务	7610	374	233	68
地震服务	7620	49	21	14
海洋服务	7630	73	25	17
测绘服务	7640	1122	542	211
技术检测	7650	3256	1064	639
环境监测	7660	433	182	112
工程技术与规划管理	7670	21172	6975	4745
其他专业技术服务	7690	16328	7235	4013
科技交流和推广服务业	7700	18850	8276	4071
技术推广服务	7710	10808	4534	2292
科技中介服务	7720	3566	1844	708
其他科技服务	7790	4476	1898	1071
地质勘查业	7800	1040	268	143
矿产地质勘查	7810	350	73	35
基础地质勘查	7820	210	44	29
地质勘查技术服务	7830	480	151	79
水利、环境和公共设施管理业	**N**	**12287**	**3353**	**2101**
水利管理业	7900	1065	299	147
防洪管理	7910	59	15	6
水资源管理	7920	676	184	96
其他水利管理	7990	330	100	45
环境管理业	8000	2416	904	427
自然保护	8010	186	58	17
环境治理	8020	2230	846	410
公共设施管理业	8100	8806	2150	1527
市政公共设施管理	8110	1069	257	156
城市绿化管理	8120	4750	1197	1063
游览景区管理	8130	2987	696	308
居民服务和其他服务业	**O**	**72869**	**45084**	**12998**
居民服务业	8200	33610	23158	4585
家庭服务	8210	1737	1492	126
托儿所	8220	125	96	15
洗染服务	8230	1523	945	297
理发及美容保健服务	8240	10159	8544	967
洗浴服务	8250	6388	3235	1129
婚姻服务	8260	1101	985	88
殡葬服务	8270	895	237	80
摄影扩印服务	8280	4562	2941	791
其他居民服务	8290	7120	4683	1092
其他服务业	8300	39259	21926	8413
修理与维护	8310	18646	11293	3759
清洁服务	8320	5135	3329	1140
其他未列明的服务	8390	15478	7304	3514
教育	**P**	**9916**	**6018**	**1324**
教育	8400	9916	6018	1324

100-500万元	500-1000万元	1000-5000万元	5000万元-1亿元	1亿元以上	代码
21	2	5	2	1	7550
11147	2399	2245	387	533	7600
56	6	7	1	3	7610
10	3		1		7620
17	5	5	3	1	7630
272	58	31	5	3	7640
1062	252	211	17	11	7650
100	17	19		3	7660
6276	1319	1259	233	365	7670
3354	739	713	127	147	7690
4192	896	983	210	222	7700
2544	555	620	123	140	7710
658	136	149	32	39	7720
990	205	214	55	43	7790
334	105	131	31	28	7800
112	43	49	22	16	7810
63	24	42	3	5	7820
159	38	40	6	7	7830
3551	**1202**	**1355**	**278**	**447**	N
313	87	116	33	70	7900
12	7	6	3	10	7910
189	59	79	25	44	7920
112	21	31	5	16	7990
609	149	206	50	71	8000
42	20	20	11	18	8010
567	129	186	39	53	8020
2629	966	1033	195	306	8100
236	95	133	51	141	8110
1569	489	370	32	30	8120
824	382	530	112	135	8130
10698	**1870**	**1684**	**283**	**252**	O
4303	739	680	90	55	8200
93	11	11	4		8210
13		1			8220
234	21	21	1	4	8230
544	67	36	1		8240
1519	283	193	22	7	8250
26	1	1			8260
241	85	203	31	18	8270
699	81	47	1	2	8280
934	190	167	30	24	8290
6395	1131	1004	193	197	8300
2905	406	246	24	13	8310
530	89	41	4	2	8320
2960	636	717	165	182	8390
1773	**365**	**327**	**65**	**44**	P
1773	365	327	65	44	8400

2-28 续表 9

行业中类	代码	企业法人单位数（个）	50万元及以下	50-100万元
学前教育	8410	1848	1376	200
初等教育	8420	397	246	37
中等教育	8430	621	330	80
高等教育	8440	110	50	11
其他教育	8490	6940	4016	996
卫生、社会保障和社会福利业	Q	**14875**	**11363**	**983**
卫生	8500	14214	10945	906
医院	8510	2390	532	316
卫生院及社区医疗活动	8520	1585	1218	149
门诊部医疗活动	8530	9530	8769	325
计划生育技术服务活动	8540	55	43	5
妇幼保健活动	8550	38	21	6
专科疾病防治活动	8560	159	83	34
疾病预防控制及防疫活动	8570	102	67	13
其他卫生活动	8590	355	212	58
社会保障业	8600	132	82	10
社会福利业	8700	529	336	67
提供住宿的社会福利	8710	329	204	38
不提供住宿的社会福利	8720	200	132	29
文化、体育和娱乐业	R	**22639**	**11031**	**3460**
新闻出版业	8800	1661	509	246
新闻业	8810	48	18	7
出版业	8820	1613	491	239
广播、电视、电影和音像业	8900	4566	1544	691
广播	8910	145	53	23
电视	8920	961	305	121
电影	8930	2739	833	407
音像制作	8940	721	353	140
文化艺术业	9000	4399	2630	742
文艺创作与表演	9010	781	452	148
艺术表演场馆	9020	194	64	25
图书馆与档案馆	9030	42	36	2
文物及文化保护	9040	78	29	6
博物馆	9050	107	47	16
烈士陵园、纪念馆	9060	17	3	1
群众文化活动	9070	485	321	64
文化艺术经纪代理	9080	945	539	172
其他文化艺术	9090	1750	1139	308
体育	9100	1278	719	160
体育组织	9110	320	166	34
体育场馆	9120	564	335	66
其他体育	9190	394	218	60
娱乐业	9200	10735	5629	1621
室内娱乐活动	9210	6745	3866	1059
游乐园	9220	398	92	44
休闲健身娱乐活动	9230	2542	1138	365
其他娱乐活动	9290	1050	533	153

100-500 万元	500-1000 万元	1000-5000 万元	5000万元- 1亿元	1亿元 以 上	代码
216	37	19			8410
69	20	20	3	2	8420
109	44	40	9	9	8430
15	4	13	9	8	8440
1364	260	235	44	25	8490
1554	**403**	**447**	**77**	**48**	Q
1448	381	420	67	47	8500
808	285	350	56	43	8510
168	24	23	3		8520
365	43	26	1	1	8530
5	1	1			8540
7	2	1	1		8550
29	8	4		1	8560
13	3	5	1		8570
53	15	10	5	2	8590
25	3	7	4	1	8600
81	19	20	6		8700
53	15	16	3		8710
28	4	4	3		8720
4820	**1239**	**1419**	**276**	**394**	R
356	120	242	70	118	8800
13	2	3	3	2	8810
343	118	239	67	116	8820
1413	394	399	62	63	8900
36	8	14	1	10	8910
286	84	118	22	25	8920
941	264	233	34	27	8930
150	38	34	5	1	8940
711	135	139	21	21	9000
139	12	25	3	2	9010
71	17	15		2	9020
3				1	9030
23	7	7	4	2	9040
21	7	13	1	2	9050
8	1	3		1	9060
70	16	10	1	3	9070
160	41	25	5	3	9080
216	34	41	7	5	9090
221	53	70	20	35	9100
60	18	18	6	18	9110
94	15	35	10	9	9120
67	20	17	4	8	9190
2119	537	569	103	157	9200
1281	259	242	24	14	9210
105	43	66	13	35	9220
525	173	191	55	95	9230
208	62	70	11	13	9290

2-29 按地区、资产总额

地 区	企业法人单位数（个）	50万元及以下	50-100万元
全 国	**3249342**	**1020120**	**633810**
北 京	199481	83144	34455
天 津	78523	31174	12634
河 北	109402	28790	19869
山 西	66315	20691	10299
内蒙古	31171	9078	5285
辽 宁	149194	53253	27213
吉 林	45406	15359	8034
黑龙江	56003	19129	9966
上 海	321355	91867	103209
江 苏	342231	93287	74300
浙 江	309470	79565	62219
安 徽	81743	30244	14804
福 建	105285	30006	17689
江 西	56593	21490	8788
山 东	228567	61853	45218
河 南	138379	43279	26379
湖 北	73898	23092	12622
湖 南	76159	25360	12408
广 东	337007	110411	53572
广 西	49590	16510	8416
海 南	14059	3622	2165
重 庆	49834	16243	9240
四 川	110426	40188	18819
贵 州	27558	7974	4182
云 南	44118	12166	6996
西 藏	1503	304	145
陕 西	63221	25145	10179
甘 肃	33315	10671	6266
青 海	7570	2440	1286
宁 夏	13258	4445	2352
新 疆	28708	9340	4801

组距分组的企业法人单位数

100-500 万元	500-1000 万元	1000-5000 万元	5000万元- 1亿元	1亿元 以 上
926521	**234955**	**293388**	**60892**	**79656**
45599	11705	15331	3346	5901
19263	5080	6717	1430	2225
37960	8862	9587	2046	2288
19870	5993	6635	1261	1566
9458	2549	3310	636	855
38674	10362	13409	2750	3533
11776	3018	4847	1054	1318
15118	3922	5105	1237	1526
73592	17963	22348	4828	7548
109625	24647	28121	5484	6767
99963	24329	29474	6059	7861
20797	5007	7446	1575	1870
33070	8949	10993	2164	2414
15748	3982	4604	925	1056
75336	17425	20118	3913	4704
44050	9563	10528	2162	2418
20625	5655	8071	1744	2089
22656	5675	7057	1283	1720
93279	26501	35313	7708	10223
13444	3694	5101	1114	1311
4271	1183	1844	437	537
13249	3726	4765	1072	1539
27421	7640	11207	2409	2742
8501	2586	3054	519	742
13581	4039	4939	1012	1385
413	186	322	64	69
16908	4342	4583	908	1156
9122	2596	3293	601	766
1855	637	926	181	245
3687	948	1279	263	284
7610	2191	3061	707	998

2-30 按登记注册类型、资产总额

登记注册类型	企业法人单位数（个）	50万元及以下	50-100万元
按登记注册类型分组	**3249342**	**1020120**	**633810**
内资	**3097559**	**1003714**	**625650**
国有	178751	37081	15529
集体	342569	130572	48561
股份合作	107021	44852	16587
联营企业	16499	4788	2086
国有联营	2834	546	238
集体联营	6189	2307	888
国有与集体联营	2756	504	290
其他联营	4720	1431	670
有限责任公司	355084	63169	54010
国有独资公司	9725	1082	474
其他有限责任公司	345359	62087	53536
股份有限公司	60865	12496	8816
私营企业	1982108	680101	471547
私营独资	667084	317320	137252
私营合伙	143970	60088	30984
私营有限责任公司	1099228	280431	288271
私营股份有限公司	71826	22262	15040
其他内资	54662	30655	8514
港澳台商投资	**74327**	**7662**	**3641**
与港澳台合资经营	23707	1774	658
与港澳台合作经营	5429	507	226
港澳台商独资	44236	5246	2705
港澳台商投资股份有限公司	955	135	52
外商投资	**77456**	**8744**	**4519**
中外合资经营	30392	2615	1384
中外合作经营	4959	388	194
外资企业	40830	5521	2842
外商投资股份有限公司	1275	220	99

组距分组的企业法人单位数

100-500万元	500-1000万元	1000-5000万元	5000万元-1亿元	1亿元以上
926521	**234955**	**293388**	**60892**	**79656**
887372	**213196**	**252907**	**50414**	**64306**
44792	20780	35315	9625	15629
96209	25429	29839	5637	6322
28815	6791	7445	1199	1332
4852	1557	2219	512	485
735	314	600	182	219
1892	461	497	82	62
831	358	562	102	109
1394	424	560	146	95
99809	38020	62461	15891	21724
1489	764	2042	833	3041
98320	37256	60419	15058	18683
15015	5491	9083	2756	7208
585933	113408	105157	14567	11395
180588	20248	10565	751	360
43661	5772	3180	192	93
339737	81938	85825	12790	10236
21947	5450	5587	834	706
11947	1720	1388	227	211
19294	**11347**	**20625**	**5008**	**6750**
4611	3577	7845	2266	2976
1226	791	1496	415	768
13222	6876	11097	2281	2809
235	103	187	46	197
19855	**10412**	**19856**	**5470**	**8600**
7106	4378	8785	2362	3762
1023	720	1403	433	798
11438	5183	9451	2606	3789
288	131	217	69	251

2-31 按地区、学历分组的企业法人单位就业人数

地区	企业法人单位数（个）	就业人数（万人）	具有研究生及以上学历人员	具有大学本科学历人员	具有大专学历人员	具有高中学历人员	具有初中及以下学历人员
全国	**3249342**	**16693.01**	**76.42**	**842.89**	**1823.18**	**5709.15**	**8240.22**
北京	199481	578.43	15.19	84.26	98.32	191.32	189.34
天津	78523	278.99	1.38	22.31	35.09	110.41	109.80
河北	109402	726.88	1.51	27.10	68.98	243.62	385.68
山西	66315	473.01	1.04	19.80	50.01	163.19	238.97
内蒙古	31171	204.88	0.45	10.70	28.54	81.59	83.60
辽宁	149194	667.36	4.03	46.86	97.30	196.81	322.36
吉林	45406	276.33	1.19	20.05	39.76	114.48	100.85
黑龙江	56003	394.43	1.39	23.99	53.26	158.62	157.16
上海	321355	824.21	11.97	66.41	101.28	250.64	393.91
江苏	342231	1649.61	4.12	58.80	147.27	569.00	870.42
浙江	309470	1391.99	2.88	41.00	99.01	376.49	872.60
安徽	81743	459.56	1.25	17.08	45.94	152.34	242.96
福建	105285	551.68	1.30	22.09	46.89	171.31	310.09
江西	56593	327.45	0.53	12.01	31.56	119.13	164.20
山东	228567	1451.05	3.06	59.75	144.91	515.40	726.51
河南	138379	882.47	1.54	31.39	93.46	331.34	424.74
湖北	73898	505.88	2.93	30.04	67.88	197.48	207.54
湖南	76159	515.58	2.28	24.56	63.41	189.97	235.36
广东	337007	2017.32	9.78	92.50	187.38	696.46	1031.35
广西	49590	266.18	0.77	12.82	32.19	98.51	121.90
海南	14059	71.78	0.33	4.43	8.51	26.92	31.58
重庆	49834	323.86	1.25	16.50	39.46	113.81	152.84
四川	110426	643.77	2.56	33.85	81.57	211.56	314.24
贵州	27558	177.84	0.31	9.63	22.28	51.64	94.10
云南	44118	247.12	0.67	11.38	25.24	72.10	137.75
西藏	1503	9.74	0.03	0.31	0.87	2.92	5.62
陕西	63221	322.96	1.44	18.91	42.02	131.80	128.79
甘肃	33315	213.93	0.48	9.41	26.96	82.62	94.46
青海	7570	43.73	0.12	2.24	6.04	16.50	18.85
宁夏	13258	62.36	0.21	3.66	9.58	21.57	27.33
新疆	28708	132.62	0.47	9.04	28.19	49.59	45.33

2-32 按行业（中类）、学历分组的企业法人单位就业人数

行业中类	代码	企业法人单位数（个）	就业人数（万人）	具有研究生及以上学历人员	具有大学本科学历人员	具有大专学历人员	具有高中学历人员	具有初中及以下学历人员
总计	0000	**3249342**	**16693.01**	**76.42**	**842.89**	**1823.18**	**5709.15**	**8240.22**
农、林、牧、渔业	A	**1015**	**106.15**	**0.04**	**2.15**	**8.48**	**33.38**	**62.11**
农业	0100	443	48.27	0.02	1.05	3.45	13.06	30.69
谷物及其他作物的种植	0110	321	42.72	0.01	0.99	3.17	12.02	26.53
蔬菜、园艺作物的种植	0120	32	0.67		0.01	0.04	0.12	0.50
水果、坚果、饮料和香料作物的种植	0130	85	4.80		0.05	0.24	0.90	3.61
中药材的种植	0140	5	0.09				0.03	0.05
林业	0200	309	50.83	0.01	0.92	4.51	18.40	26.98
林木的培育和种植	0210	130	6.08		0.14	0.69	2.31	2.93
木材和竹材的采运	0220	62	20.48	0.01	0.61	2.57	8.87	8.43
林产品的采集	0230	117	24.27		0.17	1.25	7.22	15.62
畜牧业	0300	131	4.76	0.01	0.13	0.34	1.18	3.10
牲畜的饲养	0310	62	3.48		0.06	0.21	0.81	2.40
猪的饲养	0320	30	0.38		0.01	0.06	0.10	0.21
家禽的饲养	0330	31	0.85		0.06	0.07	0.26	0.46
其他畜牧业	0390	8	0.05			0.01	0.02	0.03
渔业	0400	41	0.86		0.02	0.06	0.23	0.54
海洋渔业	0410	7	0.32		0.01	0.02	0.10	0.19
内陆渔业	0420	34	0.53		0.01	0.04	0.13	0.36
农、林、牧、渔服务业	0500	91	1.44		0.02	0.12	0.50	0.79
农业服务业	0510	65	1.20		0.01	0.10	0.43	0.66
林业服务业	0520	10	0.17		0.01	0.02	0.05	0.09
畜牧服务业	0530	15	0.07				0.02	0.04
渔业服务业	0540	1						
采矿业	B	**82353**	**888.76**	**1.05**	**25.69**	**57.77**	**254.50**	**549.75**
煤炭开采和洗选业	0600	27741	552.42	0.28	11.04	30.43	141.72	368.95
烟煤和无烟煤的开采洗选	0610	26704	535.69	0.27	10.60	29.10	137.27	358.45
褐煤的开采洗选	0620	644	15.19	0.02	0.40	1.29	4.16	9.32
其他煤炭采选	0690	393	1.55		0.04	0.04	0.28	1.18
石油和天然气开采业	0700	510	99.38	0.46	11.36	16.27	49.54	21.75
天然原油和天然气开采	0710	223	49.83	0.31	5.36	7.01	28.30	8.85
与石油和天然气开采有关的服务活动	0790	287	49.55	0.14	6.00	9.26	21.24	12.90
黑色金属矿采选业	0800	10660	62.33	0.14	1.16	3.27	18.03	39.73
铁矿采选	0810	9514	55.69	0.13	1.09	2.99	16.32	35.16
其他黑色金属矿采选	0890	1146	6.64	0.01	0.07	0.28	1.71	4.57
有色金属矿采选业	0900	6535	57.25	0.06	1.03	3.56	17.64	34.96
常用有色金属矿采选	0910	4118	29.11	0.03	0.51	1.62	7.86	19.09
贵金属矿采选	0920	1653	20.43	0.02	0.37	1.45	7.13	11.46
稀有稀土金属矿采选	0930	764	7.71	0.01	0.16	0.49	2.65	4.41
非金属矿采选业	1000	36614	116.58	0.10	1.09	4.19	27.35	83.85
土砂石开采	1010	30566	79.60	0.08	0.48	1.93	17.13	59.99
化学矿采选	1020	1394	9.32	0.01	0.20	0.61	2.37	6.14
采盐	1030	840	13.91	0.01	0.29	1.06	4.35	8.21
石棉及其他非金属矿采选	1090	3814	13.75	0.01	0.13	0.59	3.51	9.52
其他采矿业	1100	293	0.79		0.01	0.04	0.21	0.52
制造业	C	**1328948**	**8390.13**	**21.64**	**268.73**	**620.07**	**2755.63**	**4724.03**
农副食品加工业	1300	73828	312.97	0.62	7.61	22.01	102.90	179.80
谷物磨制	1310	22958	46.63	0.04	0.67	2.63	15.35	27.95

2-32 续表 1

行业中类	代码	企业法人单位数（个）	就业人数（万人）	具有研究生及以上学历人员	具有大学本科学历人员	具有大专学历人员	具有高中学历人员	具有初中及以下学历人员
饲料加工	1320	8669	30.30	0.28	2.15	4.36	9.98	13.53
植物油加工	1330	7948	30.78	0.04	0.96	2.72	11.65	15.41
制糖	1340	645	18.23	0.01	0.27	1.23	7.54	9.18
屠宰及肉类加工	1350	10503	70.19	0.08	1.43	4.86	23.86	39.95
水产品加工	1360	6589	40.99	0.07	0.70	2.01	11.11	27.07
蔬菜、水果和坚果加工	1370	9281	43.31	0.05	0.66	2.15	12.60	27.86
其他农副食品加工	1390	7235	32.54	0.05	0.78	2.05	10.81	18.86
食品制造业	1400	32174	169.97	0.51	5.67	15.12	57.33	91.34
焙烤食品制造	1410	6756	27.98	0.05	0.63	2.07	9.60	15.64
糖果、巧克力及蜜饯制造	1420	3929	15.76	0.05	0.43	0.92	4.73	9.64
方便食品制造	1430	4436	30.47	0.06	0.81	2.34	9.65	17.62
液体乳及乳制品制造	1440	1918	21.56	0.08	1.20	3.17	8.85	8.25
罐头制造	1450	2582	21.98	0.03	0.36	1.06	5.77	14.77
调味品、发酵制品制造	1460	5851	25.48	0.06	0.81	2.52	9.57	12.51
其他食品制造	1490	6702	26.73	0.19	1.42	3.05	9.15	12.92
饮料制造业	1500	27178	127.62	0.31	4.81	13.20	48.49	60.68
酒精制造	1510	354	4.66	0.01	0.12	0.52	1.99	1.89
酒的制造	1520	11721	77.32	0.15	2.62	7.64	29.79	37.12
软饮料制造	1530	9336	33.42	0.14	1.88	4.34	13.24	13.83
精制茶加工	1540	5767	12.22	0.02	0.19	0.70	3.47	7.84
烟草制品业	1600	308	20.01	0.11	1.44	3.06	7.92	7.48
烟叶复烤	1610	97	2.97		0.09	0.27	0.73	1.88
卷烟制造	1620	127	16.32	0.11	1.33	2.70	6.92	5.27
其他烟草制品加工	1690	84	0.72		0.03	0.08	0.28	0.33
纺织业	1700	87342	790.74	0.44	8.67	32.52	228.40	520.71
棉、化纤纺织及印染精加工	1710	32861	375.47	0.21	4.23	16.53	116.50	238.01
毛纺织和染整精加工	1720	4546	48.53	0.03	0.68	2.36	13.52	31.94
麻纺织	1730	1080	18.55	0.01	0.20	0.74	6.36	11.25
丝绢纺织及精加工	1740	5812	49.62	0.02	0.43	1.61	13.63	33.93
纺织制成品制造	1750	18103	97.58	0.07	1.32	4.50	28.10	63.57
针织品、编织品及其制品制造	1760	24940	200.98	0.10	1.81	6.77	50.29	142.01
纺织服装、鞋、帽制造业	1800	52396	504.02	0.27	5.31	19.04	128.35	351.20
纺织服装制造	1810	48895	469.35	0.26	4.94	17.89	120.01	326.40
纺织面料鞋的制造	1820	2384	23.80		0.26	0.78	5.93	16.84
制帽	1830	1117	10.87		0.12	0.37	2.42	7.96
皮革、毛皮、羽毛(绒)及其制品业	1900	24197	288.15	0.15	2.33	9.40	68.37	207.90
皮革鞣制加工	1910	2581	17.35	0.02	0.29	0.93	5.37	10.73
皮革制品制造	1920	18901	254.08	0.10	1.85	7.80	58.60	185.72
毛皮鞣制及制品加工	1930	1570	8.58	0.01	0.10	0.33	2.29	5.84
羽毛(绒)加工及制品制造	1940	1145	8.14	0.01	0.09	0.33	2.10	5.61
木材加工及木、竹、藤、棕、草制品业	2000	41818	168.53	0.14	2.05	7.25	45.31	113.77
锯材、木片加工	2010	12895	33.79	0.03	0.40	1.45	9.60	22.32
人造板制造	2020	13133	76.17	0.07	0.95	3.49	20.48	51.17
木制品制造	2030	10145	36.62	0.04	0.59	1.84	10.43	23.72
竹、藤、棕、草制品制造	2040	5645	21.96	0.01	0.11	0.48	4.80	16.56
家具制造业	2100	25377	115.17	0.10	1.82	5.90	32.57	74.79
木质家具制造	2110	18953	77.08	0.06	1.13	3.88	21.48	50.53
竹、藤家具制造	2120	392	1.85		0.01	0.05	0.40	1.39

2-32 续表 2

行业中类	代码	企业法人单位数（个）	就业人数（万人）	具有研究生及以上学历人员	具有大学本科学历人员	具有大专学历人员	具有高中学历人员	具有初中及以下学历人员
金属家具制造	2130	3371	23.50	0.02	0.44	1.29	7.11	14.65
塑料家具制造	2140	327	1.60		0.02	0.09	0.44	1.04
其他家具制造	2190	2334	11.15	0.02	0.21	0.60	3.14	7.18
造纸及纸制品业	2200	41732	210.12	0.20	3.86	13.08	69.01	123.97
纸浆制造	2210	628	6.42	0.01	0.29	0.52	2.38	3.22
造纸	2220	12095	103.33	0.10	2.02	7.13	37.16	56.91
纸制品制造	2230	29009	100.37	0.09	1.55	5.43	29.47	63.84
印刷业和记录媒介的复制	2300	42559	131.78	0.21	3.13	11.00	50.40	67.04
印刷	2310	39212	121.49	0.19	2.80	9.95	46.69	61.86
装订及其他印刷服务活动	2320	3139	8.75	0.01	0.19	0.71	3.08	4.76
记录媒介的复制	2330	208	1.54	0.01	0.14	0.33	0.64	0.42
文教体育用品制造业	2400	15424	153.88	0.11	1.94	6.31	37.19	108.33
文化用品制造	2410	4482	21.75	0.03	0.35	1.14	5.84	14.39
体育用品制造	2420	3128	31.84	0.03	0.58	1.65	9.65	19.92
乐器制造	2430	1039	8.59	0.01	0.16	0.44	2.43	5.54
玩具制造	2440	6100	88.27	0.03	0.76	2.84	18.35	66.28
游艺器材及娱乐用品制造	2450	675	3.44	0.01	0.09	0.23	0.91	2.20
石油加工、炼焦及核燃料加工业	2500	7697	80.80	0.29	4.67	10.06	32.89	32.88
化学原料及化学制品制造业	2600	79845	458.15	1.88	20.62	46.20	168.66	220.79
基础化学原料制造	2610	16091	110.94	0.29	4.68	11.34	43.99	50.65
肥料制造	2620	7061	81.93	0.20	3.22	8.85	33.58	36.08
农药制造	2630	2093	17.71	0.12	1.09	2.24	7.02	7.24
涂料、油墨、颜料及类似产品制造	2640	17254	51.49	0.33	2.69	5.47	18.24	24.76
合成材料制造	2650	5435	36.67	0.22	2.50	4.59	15.04	14.31
专用化学产品制造	2660	24093	125.26	0.49	4.50	9.83	38.56	71.89
日用化学产品制造	2670	7818	34.15	0.22	1.94	3.88	12.25	15.86
医药制造业	2700	12213	136.87	1.33	12.95	22.94	57.78	41.88
化学药品原药制造	2710	1940	30.17	0.19	2.46	4.45	13.15	9.92
化学药品制剂制造	2720	1920	36.15	0.38	3.92	6.39	16.14	9.32
中药饮片加工	2730	1390	7.07	0.06	0.49	1.04	2.90	2.58
中成药制造	2740	2398	37.62	0.29	3.63	7.08	16.27	10.35
兽用药品制造	2750	1312	6.37	0.07	0.58	1.03	2.58	2.12
生物、生化制品的制造	2760	1562	8.61	0.28	1.43	1.98	3.05	1.86
卫生材料及医药用品制造	2770	1691	10.89	0.05	0.44	0.97	3.69	5.74
化学纤维制造业	2800	3592	44.10	0.09	1.77	3.73	17.17	21.34
纤维素纤维原料及纤维制造	2810	556	10.26	0.02	0.34	0.97	4.66	4.27
合成纤维制造	2820	3036	33.84	0.07	1.43	2.76	12.51	17.07
橡胶制品业	2900	16005	113.89	0.19	2.40	6.87	37.76	66.53
轮胎制造	2910	1456	26.69	0.03	0.81	2.05	12.11	11.69
橡胶板、管、带的制造	2920	3199	16.82	0.07	0.44	1.30	5.81	9.05
橡胶零件制造	2930	5296	20.82	0.05	0.46	1.26	6.59	12.46
再生橡胶制造	2940	879	3.14		0.05	0.18	0.97	1.94
日用及医用橡胶制品制造	2950	931	7.27	0.01	0.14	0.39	1.79	4.94
橡胶靴鞋制造	2960	1997	30.18	0.01	0.27	1.06	7.52	21.32
其他橡胶制品制造	2990	2247	8.97	0.02	0.23	0.62	2.96	5.14
塑料制品业	3000	73268	302.18	0.41	5.86	18.54	94.00	183.38
塑料薄膜制造	3010	7089	26.17	0.06	0.83	2.27	9.29	13.72
塑料板、管、型材的制造	3020	11643	40.31	0.09	1.31	3.78	13.86	21.25

2-32 续表 3

行业中类	代码	企业法人单位数（个）	就业人数（万人）	具有研究生及以上学历人员	具有大学本科学历人员	具有大专学历人员	具有高中学历人员	具有初中及以下学历人员
塑料丝、绳及编织品的制造	3030	8554	41.95	0.04	0.47	1.74	11.54	28.16
泡沫塑料制造	3040	4173	13.96	0.02	0.26	0.81	4.33	8.54
塑料人造革、合成革制造	3050	812	7.81	0.01	0.15	0.47	2.58	4.61
塑料包装箱及容器制造	3060	8558	31.25	0.05	0.57	2.00	9.70	18.94
塑料零件制造	3070	10171	42.60	0.05	0.86	2.69	14.21	24.80
日用塑料制造	3080	12521	54.68	0.04	0.71	2.54	15.27	36.12
其他塑料制品制造	3090	9747	43.45	0.05	0.71	2.24	13.21	27.24
非金属矿物制品业	3100	165562	872.48	0.89	11.45	38.45	234.90	586.79
水泥、石灰和石膏的制造	3110	13454	167.27	0.10	2.74	10.95	59.22	94.26
水泥及石膏制品制造	3120	34871	87.92	0.10	1.53	4.85	24.80	56.65
砖瓦、石材及其他建筑材料制造	3130	80338	364.45	0.23	1.95	7.70	70.52	284.05
玻璃及玻璃制品制造	3140	12142	97.97	0.13	2.36	6.38	33.57	55.52
陶瓷制品制造	3150	7157	75.10	0.14	0.92	3.40	22.19	48.46
耐火材料制品制造	3160	9174	43.99	0.10	0.89	2.32	12.16	28.53
石墨及其他非金属矿物制品制造	3190	8426	35.78	0.09	1.06	2.85	12.45	19.33
黑色金属冶炼及压延加工业	3200	21812	312.61	0.68	14.31	32.78	120.88	144.09
炼铁	3210	5121	48.25	0.06	0.92	2.86	16.43	27.98
炼钢	3220	1154	53.24	0.12	3.21	6.41	23.49	20.13
钢压延加工	3230	12454	180.38	0.47	9.63	21.48	70.11	78.69
铁合金冶炼	3240	3083	30.74	0.03	0.56	2.03	10.84	17.29
有色金属冶炼及压延加工业	3300	16053	151.67	0.34	6.04	15.77	53.82	75.70
常用有色金属冶炼	3310	4618	73.04	0.12	3.05	8.78	26.72	34.36
贵金属冶炼	3320	484	6.37	0.01	0.19	0.54	2.41	3.22
稀有稀土金属冶炼	3330	842	8.04	0.04	0.31	0.75	2.94	4.00
有色金属合金制造	3340	1239	7.38	0.03	0.37	0.76	2.70	3.52
有色金属压延加工	3350	8870	56.83	0.14	2.12	4.94	19.05	30.59
金属制品业	3400	86383	363.52	0.60	8.59	23.88	113.19	217.27
结构性金属制品制造	3410	27708	95.16	0.20	3.11	8.18	32.19	51.48
金属工具制造	3420	12200	53.21	0.06	1.06	3.27	16.95	31.86
集装箱及金属包装容器制造	3430	4649	27.03	0.04	0.82	1.89	9.14	15.13
金属丝绳及其制品的制造	3440	5085	22.71	0.04	0.50	1.49	6.97	13.71
建筑、安全用金属制品制造	3450	10462	50.17	0.07	1.08	2.78	13.95	32.29
金属表面处理及热处理加工	3460	8085	31.64	0.04	0.44	1.40	8.55	21.21
搪瓷制品制造	3470	800	5.81	0.01	0.11	0.42	1.96	3.31
不锈钢及类似日用金属制品制造	3480	8591	44.96	0.05	0.71	2.34	13.13	28.74
其他金属制品制造	3490	8803	32.83	0.08	0.76	2.11	10.35	19.53
通用设备制造业	3500	118985	543.77	1.26	20.85	46.90	189.05	285.71
锅炉及原动机制造	3510	5497	46.72	0.13	2.73	5.53	17.45	20.87
金属加工机械制造	3520	11881	58.92	0.18	2.85	6.52	22.40	26.97
起重运输设备制造	3530	4091	34.74	0.12	2.24	4.44	12.44	15.50
泵、阀门、压缩机及类似机械的制造	3540	16419	79.68	0.21	3.38	7.09	28.51	40.48
轴承、齿轮、传动和驱动部件的制造	3550	8757	59.98	0.07	1.51	4.28	21.31	32.81
烘炉、熔炉及电炉制造	3560	1275	4.13	0.02	0.24	0.41	1.46	2.01
风机、衡器、包装设备等通用设备制造	3570	14277	70.97	0.30	4.12	7.50	26.21	32.83
通用零部件制造及机械修理	3580	31797	89.29	0.13	2.14	6.17	30.21	50.64
金属铸、锻加工	3590	24991	99.36	0.10	1.64	4.96	29.06	63.59
专用设备制造业	3600	58471	320.90	1.42	18.18	36.68	124.46	140.15
矿山、冶金、建筑专用设备制造	3610	9092	71.14	0.27	4.39	8.54	27.47	30.46

2-32 续表 4

行业中类	代码	企业法人单位数（个）	就业人数（万人）	具有研究生及以上学历人员	具有大学本科学历人员	具有大专学历人员	具有高中学历人员	具有初中及以下学历人员
化工、木材、非金属加工专用设备制造	3620	14671	60.33	0.15	2.56	6.29	24.72	26.61
食品、饮料、烟草及饲料生产专用设备制造	3630	3175	15.38	0.06	0.72	1.55	5.84	7.21
印刷、制药、日化生产专用设备制造	3640	4095	19.31	0.07	0.94	2.03	7.67	8.60
纺织、服装和皮革工业专用设备制造	3650	7152	35.64	0.07	1.12	3.02	12.74	18.68
电子和电工机械专用设备制造	3660	3672	36.79	0.17	2.91	5.63	15.08	13.01
农、林、牧、渔专用机械制造	3670	5574	36.42	0.05	1.24	3.25	15.08	16.80
医疗仪器设备及器械制造	3680	3734	19.55	0.30	1.78	2.53	6.34	8.59
环保、社会公共安全及其他专用设备制造	3690	7306	26.34	0.29	2.51	3.84	9.52	10.18
交通运输设备制造业	3700	56529	443.58	1.45	25.29	49.76	177.09	189.99
铁路运输设备制造	3710	2151	37.06	0.09	2.67	4.92	15.78	13.61
汽车制造	3720	39496	267.39	0.98	14.71	29.41	109.15	113.13
摩托车制造	3730	5566	48.57	0.10	1.78	4.35	18.87	23.48
自行车制造	3740	4104	23.45	0.02	0.39	1.31	8.22	13.51
船舶及浮动装置制造	3750	4065	35.26	0.07	1.72	3.19	12.47	17.81
航空航天器制造	3760	277	27.91	0.18	3.88	6.27	11.28	6.30
交通器材及其他交通运输设备制造	3790	870	3.94	0.02	0.14	0.32	1.32	2.15
电气机械及器材制造业	3900	63475	459.49	1.73	20.54	42.15	164.88	230.19
电机制造	3910	6495	54.42	0.15	2.42	5.09	20.14	26.63
输配电及控制设备制造	3920	21091	127.14	0.71	7.11	14.30	46.40	58.63
电线、电缆、光缆及电工器材制造	3930	11720	73.42	0.24	2.55	6.49	27.05	37.10
电池制造	3940	2716	34.44	0.16	1.68	2.95	12.85	16.80
家用电力器具制造	3950	7364	84.25	0.28	4.39	7.41	32.14	40.02
非电力家用器具制造	3960	2054	8.94	0.03	0.41	0.92	3.25	4.34
照明器具制造	3970	9832	67.99	0.10	1.47	4.01	19.70	42.70
其他电气机械及器材制造	3990	2203	8.88	0.05	0.52	0.99	3.34	3.98
通信设备、计算机及其他电子设备制造业	4000	29058	457.89	4.75	34.47	43.54	190.86	184.27
通信设备制造	4010	3634	54.20	2.27	9.88	7.08	18.16	16.80
雷达及配套设备制造	4020	101	3.50	0.03	0.45	0.75	1.33	0.95
广播电视设备制造	4030	1394	11.77	0.10	0.75	1.42	3.99	5.52
电子计算机制造	4040	2855	85.88	0.90	8.31	8.77	44.45	23.45
电子器件制造	4050	4093	63.24	0.72	5.28	7.21	30.81	19.21
电子元件制造	4060	12249	166.32	0.36	5.80	12.10	66.61	81.45
家用视听设备制造	4070	2566	59.04	0.20	2.85	4.64	20.85	30.51
其他电子设备制造	4090	2166	13.94	0.18	1.16	1.57	4.66	6.37
仪器仪表及文化、办公用机械制造业	4100	17504	119.00	0.97	8.94	13.88	43.68	51.52
通用仪器仪表制造	4110	8526	37.28	0.55	4.41	6.30	13.85	12.17
专用仪器仪表制造	4120	2653	12.59	0.19	1.49	2.28	4.85	3.78
钟表与计时仪器制造	4130	1597	17.56	0.03	0.31	1.08	5.50	10.65
光学仪器及眼镜制造	4140	2773	28.16	0.10	1.33	2.21	9.58	14.94
文化、办公用机械制造	4150	1270	20.97	0.09	1.16	1.67	9.01	9.05
其他仪器仪表的制造及修理	4190	685	2.44	0.02	0.25	0.35	0.89	0.93
工艺品及其他制造业	4200	34352	207.45	0.16	2.99	9.54	55.91	138.85
工艺美术品制造	4210	22251	147.81	0.08	1.44	5.88	39.33	101.08
日用杂品制造	4220	5789	38.20	0.03	0.36	1.30	9.03	27.48
煤制品制造	4230	3937	5.04	0.01	0.05	0.17	1.24	3.58
其他未列明的制造业	4290	2375	16.40	0.05	1.14	2.18	6.31	6.71
废弃资源和废旧材料回收加工业	4300	3811	8.82	0.02	0.16	0.53	2.41	5.70
金属废料和碎屑的加工处理	4310	1656	5.22	0.01	0.08	0.33	1.47	3.33

2-32 续表 5

行业中类	代码	企业法人单位数（个）	就业人数（万人）	具有研究生及以上学历人员	具有大学本科学历人员	具有大专学历人员	具有高中学历人员	具有初中及以下学历人员
非金属废料和碎屑的加工处理	4320	2155	3.60	0.01	0.08	0.21	0.94	2.37
电力、燃气及水的生产和供应业	D	**39652**	**363.38**	**1.51**	**27.59**	**70.15**	**157.63**	**106.50**
电力、热力的生产和供应业	4400	26048	286.44	1.32	23.51	56.88	123.73	81.01
电力生产	4410	22261	138.79	0.49	10.05	26.06	62.07	40.13
电力供应	4420	2216	129.79	0.77	12.43	27.73	54.26	34.60
热力生产和供应	4430	1571	17.86	0.06	1.03	3.10	7.40	6.28
燃气生产和供应业	4500	1544	17.88	0.06	1.27	3.39	7.88	5.29
水的生产和供应业	4600	12060	59.06	0.13	2.82	9.88	26.02	20.21
自来水的生产和供应	4610	11259	56.70	0.11	2.53	9.35	25.06	19.65
污水处理及其再生利用	4620	660	2.15	0.03	0.27	0.48	0.88	0.49
其他水的处理、利用与分配	4690	141	0.22		0.02	0.04	0.08	0.07
建筑业	E	**128177**	**2792.30**	**3.98**	**96.33**	**238.17**	**824.94**	**1628.12**
房屋和土木工程建筑业	4700	56786	2344.62	2.36	67.44	179.63	679.83	1414.61
房屋工程建筑	4710	38021	1871.38	1.29	38.37	119.50	537.31	1174.68
土木工程建筑	4720	18765	473.24	1.07	29.07	60.13	142.52	239.93
建筑安装业	4800	23464	246.97	0.85	15.70	31.06	83.69	115.67
建筑装饰业	4900	37493	122.23	0.52	9.17	19.94	37.61	55.01
其他建筑业	5000	10434	78.48	0.25	4.02	7.55	23.82	42.83
工程准备	5010	4401	21.52	0.07	1.38	2.27	6.99	10.81
提供施工设备服务	5020	840	8.65	0.01	0.30	0.71	2.25	5.38
其他未列明的建筑活动	5090	5193	48.30	0.17	2.34	4.57	14.59	26.64
交通运输、仓储和邮政业	F	**73952**	**580.74**	**1.25**	**24.80**	**68.73**	**246.01**	**239.66**
道路运输业	5200	30945	203.79	0.25	4.60	18.97	88.45	91.27
公路旅客运输	5210	5261	88.78	0.07	1.50	7.47	39.86	39.62
道路货物运输	5220	21800	89.78	0.11	1.97	7.70	37.12	42.88
道路运输辅助活动	5230	3884	25.23	0.08	1.12	3.80	11.47	8.77
城市公共交通业	5300	5855	124.53	0.12	1.97	8.54	61.81	52.09
公共电汽车客运	5310	1407	78.04	0.04	1.00	5.12	39.60	32.27
轨道交通	5320	74	3.78	0.02	0.42	0.89	1.91	0.53
出租车客运	5330	4102	39.20	0.05	0.50	2.31	18.88	17.46
城市轮渡	5340	54	0.85		0.01	0.04	0.26	0.53
其他城市公共交通	5390	218	2.67		0.03	0.17	1.15	1.31
水上运输业	5400	4790	69.24	0.14	3.76	8.23	23.91	33.20
水上旅客运输	5410	632	4.10	0.01	0.10	0.37	1.66	1.96
水上货物运输	5420	2835	38.73	0.07	2.03	4.15	12.37	20.11
水上运输辅助活动	5430	1323	26.40	0.06	1.63	3.70	9.88	11.13
航空运输业	5500	462	20.72	0.24	4.54	7.11	5.95	2.88
航空客货运输	5510	122	12.58	0.16	3.23	4.69	3.40	1.10
通用航空服务	5520	102	0.47		0.07	0.17	0.18	0.05
航空运输辅助活动	5530	238	7.67	0.08	1.24	2.25	2.37	1.73
管道运输业	5600	39	1.56	0.01	0.22	0.41	0.59	0.33
装卸搬运和其他运输服务业	5700	19791	61.93	0.27	4.10	8.86	19.87	28.82
装卸搬运	5710	4588	32.03	0.01	0.31	1.29	8.22	22.21
运输代理服务	5720	15203	29.89	0.26	3.79	7.57	11.66	6.62
仓储业	5800	10157	38.66	0.11	1.69	5.63	16.49	14.74
谷物、棉花等农产品仓储	5810	2952	15.62	0.03	0.55	2.41	7.46	5.17
其他仓储	5890	7205	23.05	0.08	1.14	3.22	9.03	9.57
邮政业	5900	1912	58.65	0.10	3.87	10.81	28.90	14.92

2-32 续表 6

行业中类	代码	企业法人单位数（个）	就业人数（万人）	具有研究生及以上学历人员	具有大学本科学历人员	具有大专学历人员	具有高中学历人员	具有初中及以下学历人员
国家邮政	5910	477	54.97	0.08	3.51	10.15	27.33	13.86
其他寄递服务	5990	1435	3.68	0.02	0.36	0.66	1.57	1.07
信息传输、计算机服务和软件业	G	**67380**	**230.13**	**8.36**	**56.99**	**64.74**	**80.69**	**19.35**
电信和其他信息传输服务业	6000	9351	157.08	2.31	27.68	44.08	67.64	15.37
电信	6010	2698	142.88	1.85	23.96	39.57	63.32	14.18
互联网信息服务	6020	5471	8.01	0.37	2.79	2.64	1.77	0.43
广播电视传输服务	6030	1050	5.85	0.06	0.79	1.77	2.48	0.75
卫星传输服务	6040	132	0.34	0.03	0.14	0.10	0.06	0.01
计算机服务业	6100	37041	31.35	1.70	8.77	8.85	8.88	3.14
计算机系统服务	6110	7468	11.75	0.93	4.58	3.53	2.09	0.63
数据处理	6120	585	1.60	0.09	0.48	0.48	0.46	0.10
计算机维修	6130	1552	1.65	0.04	0.38	0.68	0.46	0.09
其他计算机服务	6190	27436	16.35	0.66	3.33	4.16	5.87	2.33
软件业	6200	20988	41.70	4.34	20.54	11.80	4.18	0.84
公共软件服务	6210	16201	33.51	3.57	16.57	9.48	3.24	0.66
其他软件服务	6290	4787	8.19	0.78	3.97	2.32	0.94	0.18
批发和零售业	H	**883625**	**1382.42**	**11.45**	**98.46**	**260.54**	**631.66**	**380.30**
批发业	6300	530807	772.73	9.09	68.00	157.00	328.23	210.41
农畜产品批发	6310	29382	82.98	0.41	2.78	10.30	38.65	30.85
食品、饮料及烟草制品批发	6320	44399	116.66	0.48	6.14	20.52	52.95	36.56
纺织、服装及日用品批发	6330	53771	68.17	2.99	6.73	14.70	29.42	14.35
文化、体育用品及器材批发	6340	19666	22.35	0.25	2.58	5.93	9.32	4.27
医药及医疗器材批发	6350	15482	43.74	0.43	4.82	11.54	19.73	7.21
矿产品、建材及化工产品批发	6360	174836	224.88	1.49	16.10	40.13	96.33	70.84
机械设备、五金交电及电子产品批发	6370	150456	167.24	2.48	24.19	44.90	64.34	31.32
贸易经纪与代理	6380	7864	8.05	0.22	1.64	2.43	2.62	1.13
其他批发	6390	34951	38.66	0.35	3.03	6.55	14.86	13.87
零售业	6500	352818	609.69	2.36	30.46	103.54	303.44	169.89
综合零售	6510	46378	229.58	0.35	6.53	29.21	121.93	71.56
食品、饮料及烟草制品专门零售	6520	32936	48.71	0.09	1.24	5.65	23.20	18.53
纺织、服装及日用品专门零售	6530	36821	51.03	0.22	2.14	7.79	26.73	14.14
文化、体育用品及器材专门零售	6540	27417	34.03	0.20	2.41	8.11	17.14	6.17
医药及医疗器材专门零售	6550	23913	43.00	0.22	2.75	9.47	23.53	7.04
汽车、摩托车、燃料及零配件专门零售	6560	47862	67.43	0.25	3.84	12.86	30.20	20.28
家用电器及电子产品专门零售	6570	55895	63.63	0.69	7.51	18.44	27.85	9.14
五金、家具及室内装修材料专门零售	6580	48943	40.76	0.15	2.02	6.68	19.21	12.70
无店铺及其他零售	6590	32653	31.51	0.19	2.01	5.33	13.66	10.32
住宿和餐饮业	I	**91798**	**424.42**	**0.63**	**10.31**	**43.94**	**185.99**	**183.55**
住宿业	6600	38667	214.70	0.39	5.86	26.01	100.99	81.45
旅游饭店	6610	12076	146.40	0.28	4.44	19.10	70.97	51.61
一般旅馆	6620	23702	61.24	0.09	1.23	6.11	26.86	26.95
其他住宿服务	6690	2889	7.05	0.02	0.20	0.79	3.16	2.89
餐饮业	6700	53131	209.72	0.24	4.45	17.92	85.00	102.11
正餐服务	6710	42759	176.67	0.19	2.83	12.54	70.37	90.74
快餐服务	6720	3432	20.80	0.02	1.31	4.30	9.69	5.47
饮料及冷饮服务	6730	2813	3.79	0.01	0.11	0.40	1.78	1.50
其他餐饮服务	6790	4127	8.46	0.02	0.19	0.68	3.17	4.40

2-32 续表 7

行业中类	代码	企业法人单位数（个）	就业人数（万人）					
				具有研究生及以上学历人员	具有大学本科学历人员	具有大专学历人员	具有高中学历人员	具有初中及以下学历人员
金融业	J	**22831**	**362.44**	**5.60**	**62.84**	**133.38**	**137.20**	**23.44**
银行业	6800	15691	236.15	2.90	43.67	93.77	79.81	15.99
中央银行	6810	24	1.05		0.26	0.40	0.34	0.05
商业银行	6820	15005	226.87	2.69	41.25	90.22	77.33	15.37
其他银行	6890	662	8.24	0.20	2.16	3.15	2.15	0.58
证券业	6900	833	9.91	1.18	3.81	3.43	1.28	0.20
证券市场管理	6910	35	0.18	0.01	0.08	0.07	0.01	
证券经纪与交易	6920	643	8.83	1.03	3.36	3.06	1.18	0.19
证券投资	6930	71	0.59	0.09	0.24	0.20	0.05	0.01
证券分析与咨询	6940	84	0.31	0.05	0.12	0.10	0.04	
保险业	7000	3683	111.66	1.17	13.95	34.66	54.91	6.96
人寿保险	7010	1351	90.90	0.70	9.64	26.11	48.39	6.06
非人寿保险	7020	1381	17.82	0.30	3.62	7.35	5.68	0.86
保险辅助服务	7030	951	2.94	0.16	0.69	1.20	0.84	0.05
其他金融活动	7100	2624	4.73	0.35	1.40	1.52	1.19	0.28
金融信托与管理	7110	234	1.37	0.15	0.57	0.40	0.21	0.03
金融租赁	7120	27	0.08	0.01	0.04	0.02	0.01	
财务公司	7130	103	0.35	0.04	0.16	0.10	0.04	0.02
邮政储蓄	7140	6	0.25		0.02	0.06	0.14	0.03
典当	7150	1155	1.11	0.02	0.16	0.40	0.40	0.13
其他未列明的金融活动	7190	1099	1.57	0.12	0.46	0.55	0.38	0.07
房地产业	K	**125086**	**385.63**	**3.46**	**37.56**	**81.92**	**142.98**	**119.64**
房地产业	7200	125086	385.63	3.46	37.56	81.92	142.98	119.64
房地产开发经营	7210	59182	158.15	2.56	25.80	48.21	52.69	28.86
物业管理	7220	30959	139.26	0.41	6.18	19.85	58.52	54.30
房地产中介服务	7230	19666	23.11	0.31	3.64	8.07	8.64	2.45
其他房地产活动	7290	15279	65.12	0.18	1.93	5.80	23.13	34.03
租赁和商务服务业	L	**201365**	**367.90**	**7.24**	**53.33**	**86.09**	**124.17**	**97.08**
租赁业	7300	8833	12.11	0.06	0.70	1.88	5.09	4.38
机械设备租赁	7310	8153	11.50	0.06	0.64	1.75	4.82	4.22
文化及日用品出租	7320	680	0.62		0.05	0.13	0.27	0.16
商务服务业	7400	192532	355.79	7.17	52.63	84.20	119.09	92.69
企业管理服务	7410	31926	105.03	2.21	14.25	21.32	35.26	32.00
法律服务	7420	4786	6.29	0.50	3.08	2.00	0.52	0.18
咨询与调查	7430	56069	56.92	2.63	16.93	20.94	12.66	3.77
广告业	7440	37210	34.68	0.60	7.14	13.37	10.33	3.24
知识产权服务	7450	2171	2.18	0.13	0.80	0.76	0.41	0.08
职业中介服务	7460	7334	32.96	0.31	1.94	4.50	13.69	12.52
市场管理	7470	10472	26.58	0.07	0.96	3.68	10.88	10.99
旅行社	7480	12631	20.53	0.17	2.67	7.48	8.07	2.14
其他商务服务	7490	29933	70.61	0.54	4.86	10.15	27.28	27.77
科学研究、技术服务和地质勘查业	M	**70562**	**165.10**	**7.48**	**54.38**	**45.88**	**38.24**	**19.12**
研究与试验发展	7500	7865	20.02	1.84	7.21	4.51	4.12	2.34
自然科学研究与试验发展	7510	671	1.95	0.21	0.68	0.43	0.40	0.24
工程和技术研究与试验发展	7520	4280	13.62	1.19	5.18	3.02	2.71	1.52
农业科学研究与试验发展	7530	1010	1.90	0.10	0.40	0.42	0.54	0.44
医学研究与试验发展	7540	1715	2.28	0.33	0.84	0.57	0.41	0.13

2-32 续表 8

行业中类	代码	企业法人单位数（个）	就业人数（万人）	具有研究生及以上学历人员	具有大学本科学历人员	具有大专学历人员	具有高中学历人员	具有初中及以下学历人员
社会人文科学研究与试验发展	7550	189	0.27	0.02	0.10	0.07	0.06	0.02
专业技术服务业	7600	42807	110.45	3.85	38.36	32.21	24.66	11.37
气象服务	7610	374	0.43	0.01	0.10	0.14	0.14	0.04
地震服务	7620	49	0.09	0.01	0.03	0.03	0.02	
海洋服务	7630	73	0.19		0.04	0.03	0.05	0.07
测绘服务	7640	1122	1.98	0.05	0.37	0.63	0.71	0.23
技术检测	7650	3256	7.97	0.20	1.77	2.01	2.81	1.18
环境监测	7660	433	0.67	0.03	0.23	0.17	0.16	0.07
工程技术与规划管理	7670	21172	75.00	2.38	28.81	22.74	14.20	6.87
其他专业技术服务	7690	16328	24.12	1.16	7.00	6.47	6.57	2.91
科技交流和推广服务业	7700	18850	26.50	1.62	7.44	6.80	7.07	3.58
技术推广服务	7710	10808	15.98	0.99	4.45	3.93	4.31	2.31
科技中介服务	7720	3566	4.30	0.23	1.23	1.26	1.15	0.42
其他科技服务	7790	4476	6.22	0.40	1.75	1.61	1.61	0.85
地质勘查业	7800	1040	8.13	0.17	1.38	2.36	2.39	1.83
矿产地质勘查	7810	350	2.88	0.07	0.50	0.53	1.04	0.75
基础地质勘查	7820	210	1.47	0.03	0.30	0.27	0.51	0.36
地质勘查技术服务	7830	480	3.78	0.07	0.59	1.56	0.84	0.72
水利、环境和公共设施管理业	**N**	**12287**	**38.02**	**0.28**	**2.96**	**5.86**	**12.94**	**15.97**
水利管理业	7900	1065	3.37	0.03	0.42	0.69	1.12	1.11
防洪管理	7910	59	0.18		0.03	0.04	0.05	0.06
水资源管理	7920	676	2.33	0.02	0.22	0.44	0.80	0.85
其他水利管理	7990	330	0.86	0.02	0.17	0.21	0.27	0.19
环境管理业	8000	2416	8.25	0.12	0.70	0.99	2.16	4.29
自然保护	8010	186	0.96	0.01	0.07	0.15	0.43	0.30
环境治理	8020	2230	7.29	0.11	0.63	0.84	1.73	3.98
公共设施管理业	8100	8806	26.40	0.14	1.84	4.19	9.67	10.57
市政公共设施管理	8110	1069	4.38	0.03	0.44	0.88	1.60	1.43
城市绿化管理	8120	4750	10.56	0.07	0.93	1.67	3.13	4.77
游览景区管理	8130	2987	11.46	0.03	0.48	1.64	4.94	4.37
居民服务和其他服务业	**O**	**72869**	**119.02**	**0.64**	**5.84**	**15.11**	**46.56**	**50.87**
居民服务业	8200	33610	51.17	0.19	1.74	5.86	21.18	22.20
家庭服务	8210	1737	2.46	0.01	0.08	0.29	0.87	1.21
托儿所	8220	125	0.12		0.01	0.04	0.05	0.02
洗染服务	8230	1523	2.55	0.01	0.07	0.24	1.00	1.24
理发及美容保健服务	8240	10159	10.32	0.02	0.25	0.94	4.32	4.79
洗浴服务	8250	6388	16.14	0.05	0.30	1.16	6.54	8.08
婚姻服务	8260	1101	0.53		0.04	0.15	0.26	0.07
殡葬服务	8270	895	2.24	0.02	0.10	0.33	0.81	0.98
摄影扩印服务	8280	4562	5.00	0.02	0.23	1.02	2.64	1.09
其他居民服务	8290	7120	11.81	0.06	0.65	1.68	4.70	4.72
其他服务业	8300	39259	67.85	0.45	4.10	9.25	25.38	28.67
修理与维护	8310	18646	23.46	0.07	1.01	3.24	10.16	8.97
清洁服务	8320	5135	15.46	0.03	0.29	0.88	3.83	10.43
其他未列明的服务	8390	15478	28.94	0.34	2.80	5.13	11.39	9.28
教育	**P**	**9916**	**20.32**	**0.39**	**3.73**	**5.32**	**7.56**	**3.33**
教育	8400	9916	20.32	0.39	3.73	5.32	7.56	3.33

2-32 续表 9

行业中类	代码	企业法人单位数（个）	就业人数（万人）	具有研究生及以上学历人员	具有大学本科学历人员	具有大专学历人员	具有高中学历人员	具有初中及以下学历人员
学前教育	8410	1848	2.61	0.01	0.15	0.76	1.33	0.36
初等教育	8420	397	1.96	0.01	0.37	0.82	0.57	0.18
中等教育	8430	621	2.68	0.04	1.04	0.85	0.49	0.27
高等教育	8440	110	0.81	0.10	0.33	0.14	0.17	0.08
其他教育	8490	6940	12.26	0.23	1.84	2.75	5.00	2.43
卫生、社会保障和社会福利业	**Q**	**14875**	**26.37**	**0.43**	**4.50**	**7.58**	**10.40**	**3.46**
卫生	8500	14214	25.23	0.43	4.45	7.35	9.94	3.06
医院	8510	2390	17.80	0.32	3.41	5.38	6.69	2.00
卫生院及社区医疗活动	8520	1585	2.14	0.01	0.21	0.57	1.04	0.31
门诊部医疗活动	8530	9530	4.06	0.06	0.61	1.05	1.83	0.51
计划生育技术服务活动	8540	55	0.05		0.01	0.01	0.02	
妇幼保健活动	8550	38	0.10		0.03	0.03	0.03	0.01
专科疾病防治活动	8560	159	0.20	0.01	0.03	0.06	0.07	0.03
疾病预防控制及防疫活动	8570	102	0.22	0.01	0.04	0.06	0.06	0.04
其他卫生活动	8590	355	0.67	0.02	0.12	0.18	0.19	0.16
社会保障业	8600	132	0.51		0.02	0.15	0.23	0.10
社会福利业	8700	529	0.63		0.03	0.07	0.23	0.30
提供住宿的社会福利	8710	329	0.46		0.02	0.04	0.15	0.25
不提供住宿的社会福利	8720	200	0.17		0.01	0.03	0.07	0.05
文化、体育和娱乐业	**R**	**22639**	**49.76**	**1.00**	**6.70**	**9.45**	**18.66**	**13.95**
新闻出版业	8800	1661	10.34	0.68	3.61	2.59	1.95	1.52
新闻业	8810	48	0.68	0.01	0.11	0.15	0.19	0.21
出版业	8820	1613	9.67	0.67	3.50	2.44	1.75	1.31
广播、电视、电影和音像业	8900	4566	9.90	0.13	1.26	2.48	3.94	2.10
广播	8910	145	0.58	0.02	0.14	0.19	0.18	0.04
电视	8920	961	2.18	0.05	0.51	0.74	0.66	0.21
电影	8930	2739	6.46	0.03	0.44	1.29	2.90	1.79
音像制作	8940	721	0.69	0.02	0.16	0.26	0.20	0.06
文化艺术业	9000	4399	4.03	0.09	0.65	1.15	1.39	0.74
文艺创作与表演	9010	781	1.05	0.01	0.12	0.23	0.42	0.27
艺术表演场馆	9020	194	0.32		0.01	0.06	0.16	0.09
图书馆与档案馆	9030	42	0.03		0.01	0.01	0.01	
文物及文化保护	9040	78	0.13		0.01	0.03	0.05	0.04
博物馆	9050	107	0.14		0.02	0.04	0.05	0.03
烈士陵园、纪念馆	9060	17	0.07		0.01	0.02	0.03	0.02
群众文化活动	9070	485	0.46	0.01	0.05	0.11	0.16	0.14
文化艺术经纪代理	9080	945	0.63	0.02	0.15	0.22	0.18	0.05
其他文化艺术	9090	1750	1.19	0.04	0.27	0.43	0.34	0.11
体育	9100	1278	2.10	0.03	0.26	0.35	0.86	0.60
体育组织	9110	320	0.51	0.01	0.07	0.11	0.21	0.12
体育场馆	9120	564	0.94	0.01	0.11	0.11	0.39	0.31
其他体育	9190	394	0.65	0.01	0.08	0.13	0.26	0.17
娱乐业	9200	10735	23.39	0.08	0.91	2.88	10.52	8.98
室内娱乐活动	9210	6745	11.34	0.03	0.31	1.20	5.33	4.48
游乐园	9220	398	2.07	0.01	0.11	0.31	0.92	0.72
休闲健身娱乐活动	9230	2542	8.18	0.04	0.43	1.11	3.46	3.14
其他娱乐活动	9290	1050	1.79	0.01	0.07	0.25	0.82	0.65

2-33 按登记注册类型、学历分组的企业法人单位就业人数

登记注册类型	企业法人单位数（个）	就业人数（万人）	具有研究生及以上学历人员	具有大学本科学历人员	具有大专学历人员	具有高中学历人员	具有初中及以下学历人员
按登记注册类型分组	**3249342**	**16693.01**	**76.42**	**842.89**	**1823.18**	**5709.15**	**8240.22**
内资	**3097559**	**14361.43**	**62.41**	**715.42**	**1610.52**	**4908.79**	**7063.14**
国有	178751	2408.83	11.36	177.09	376	932.26	912
集体	342569	1515.48	1.87	29.2	112.15	497.83	874.32
股份合作	107021	378.89	1.35	12.57	32.53	122.26	210.18
联营企业	16499	86.42	0.36	4.05	8.67	28.7	44.63
国有联营	2834	20.41	0.14	1.57	2.89	8.26	7.56
集体联营	6189	23.32	0.04	0.59	1.68	7	14
国有与集体联营	2756	20.07	0.07	0.77	1.84	6.08	11.3
其他联营	4720	22.62	0.11	1.12	2.26	7.37	11.78
有限责任公司	355084	3502.33	17.65	208.37	438.75	1263.29	1573.52
国有独资公司	9725	489.43	2.32	38.3	72.67	182.88	193.26
其他有限责任公司	345359	3012.9	15.33	170.07	366.08	1080.41	1380.25
股份有限公司	60865	1058.77	7.49	83.23	165.13	417.57	385.21
私营企业	1982108	5304.51	21.93	196.9	467.41	1612.83	3005.44
私营独资	667084	1394.97	1.24	13.85	54.58	370.11	955.18
私营合伙	143970	352.9	0.84	7.19	17.09	92.06	235.71
私营有限责任公司	1099228	3303.85	18.79	164.97	369.43	1065.18	1685.49
私营股份有限公司	71826	252.79	1.05	10.89	26.31	85.48	129.06
其他内资	54662	106.2	0.4	4.02	9.88	34.06	57.84
港澳台商投资	**74327**	**1187.03**	**4.09**	**46.42**	**93.44**	**385.34**	**657.75**
与港澳台合资经营	23707	360.26	1.26	15.71	32.55	122.24	188.5
与港澳台合作经营	5429	82.41	0.26	3	6.47	27.01	45.69
港澳台商独资	44236	717.88	2.36	25.26	50.89	225.56	413.81
港澳台商投资股份有限公司	955	26.48	0.21	2.45	3.52	10.53	9.76
外商投资	**77456**	**1144.56**	**9.92**	**81.05**	**119.23**	**415.01**	**519.33**
中外合资经营	30392	452.08	3.22	30.32	48.64	161.37	208.52
中外合作经营	4959	71.3	0.47	4.17	7.72	24.59	34.35
外资企业	40830	583.21	5.76	42.68	56.38	214.67	263.73
外商投资股份有限公司	1275	37.97	0.48	3.88	6.48	14.39	12.73

2-34 按地区、技术职称分组的企业法人单位就业人数

地区	企业法人单位数（个）	就业人数（万人）	#具有高级技术职称人员	#具有中级技术职称人员	#具有初级技术职称人员
全国	**3249342**	**16693.01**	**195.34**	**767.42**	**1242.68**
北京	199481	578.43	18.69	44.38	52.96
天津	78523	278.99	4.42	11.52	18.16
河北	109402	726.88	7.41	29.77	49.35
山西	66315	473.01	5.66	26.34	37.32
内蒙古	31171	204.88	2.98	12.31	16.28
辽宁	149194	667.36	12.03	41.57	55.01
吉林	45406	276.33	4.86	16.33	24.16
黑龙江	56003	394.43	7.32	26.39	33.50
上海	321355	824.21	10.30	37.24	49.26
江苏	342231	1649.61	12.58	56.13	103.68
浙江	309470	1391.99	8.75	41.46	85.41
安徽	81743	459.56	4.44	20.30	33.29
福建	105285	551.68	4.02	19.15	35.54
江西	56593	327.45	3.19	14.79	26.56
山东	228567	1451.05	13.62	60.00	112.29
河南	138379	882.47	8.76	39.97	61.01
湖北	73898	505.88	9.77	36.37	52.38
湖南	76159	515.58	6.15	29.05	43.34
广东	337007	2017.32	16.43	60.51	109.98
广西	49590	266.18	2.69	13.94	25.51
海南	14059	71.78	0.66	3.07	5.77
重庆	49834	323.86	4.60	19.35	30.01
四川	110426	643.77	8.86	37.54	63.12
贵州	27558	177.84	2.03	8.66	17.96
云南	44118	247.12	2.70	14.02	27.73
西藏	1503	9.74	0.12	0.55	0.99
陕西	63221	322.96	5.88	19.16	27.77
甘肃	33315	213.93	2.71	11.71	18.93
青海	7570	43.73	0.66	2.76	4.76
宁夏	13258	62.36	1.01	4.10	5.50
新疆	28708	132.62	2.05	8.99	15.16

2-35 按行业（中类）、技术职称分组的企业法人单位就业人数

行业中类	代码	企业法人单位数（个）	就业人数（万人）	#具有高级技术职称人员	#具有中级技术职称人员	#具有初级技术职称人员
总计	0000	**3249342**	**16693.01**	**195.34**	**767.42**	**1242.68**
农、林、牧、渔业	A	**1015**	**106.15**	**0.60**	**4.57**	**9.30**
农业	0100	443	48.27	0.24	1.47	3.55
谷物及其他作物的种植	0110	321	42.72	0.22	1.34	3.22
蔬菜、园艺作物的种植	0120	32	0.67	0.01	0.03	0.05
水果、坚果、饮料和香料作物的种植	0130	85	4.80	0.01	0.10	0.28
中药材的种植	0140	5	0.09			
林业	0200	309	50.83	0.32	2.81	5.25
林木的培育和种植	0210	130	6.08	0.04	0.37	0.79
木材和竹材的采运	0220	62	20.48	0.24	1.77	2.25
林产品的采集	0230	117	24.27	0.04	0.67	2.20
畜牧业	0300	131	4.76	0.03	0.19	0.34
牲畜的饲养	0310	62	3.48	0.02	0.16	0.23
猪的饲养	0320	30	0.38		0.01	0.03
家禽的饲养	0330	31	0.85	0.01	0.02	0.08
其他畜牧业	0390	8	0.05			
渔业	0400	41	0.86		0.04	0.05
海洋渔业	0410	7	0.32		0.01	0.01
内陆渔业	0420	34	0.53		0.03	0.04
农、林、牧、渔服务业	0500	91	1.44	0.01	0.05	0.11
农业服务业	0510	65	1.20	0.01	0.04	0.07
林业服务业	0520	10	0.17		0.01	0.03
畜牧服务业	0530	15	0.07		0.01	0.01
渔业服务业	0540	1				
采矿业	B	**82353**	**888.76**	**8.32**	**33.98**	**56.19**
煤炭开采和洗选业	0600	27741	552.42	4.51	18.20	33.28
烟煤和无烟煤的开采洗选	0610	26704	535.69	4.26	17.26	32.08
褐煤的开采洗选	0620	644	15.19	0.24	0.91	1.14
其他煤炭采选	0690	393	1.55		0.03	0.06
石油和天然气开采业	0700	510	99.38	2.66	10.59	13.20
天然原油和天然气开采	0710	223	49.83	1.38	4.49	5.77
与石油和天然气开采有关的服务活动	0790	287	49.55	1.27	6.10	7.43
黑色金属矿采选业	0800	10660	62.33	0.38	1.63	2.37
铁矿采选	0810	9514	55.69	0.36	1.50	2.15
其他黑色金属矿采选	0890	1146	6.64	0.02	0.13	0.22
有色金属矿采选业	0900	6535	57.25	0.43	1.85	3.15
常用有色金属矿采选	0910	4118	29.11	0.23	0.95	1.58
贵金属矿采选	0920	1653	20.43	0.13	0.60	1.07
稀有稀土金属矿采选	0930	764	7.71	0.07	0.31	0.50
非金属矿采选业	1000	36614	116.58	0.34	1.67	4.15
土砂石开采	1010	30566	79.60	0.17	0.75	2.18
化学矿采选	1020	1394	9.32	0.05	0.32	0.66
采盐	1030	840	13.91	0.07	0.39	0.88
石棉及其他非金属矿采选	1090	3814	13.75	0.04	0.20	0.43
其他采矿业	1100	293	0.79	0.01	0.03	0.03
制造业	C	**1328948**	**8390.13**	**71.15**	**249.62**	**422.23**
农副食品加工业	1300	73828	312.97	1.72	7.46	14.92
谷物磨制	1310	22958	46.63	0.21	1.00	1.96

2-35 续表 1

行业中类	代码	企业法人单位数(个)	就业人数(万人)	#具有高级技术职称人员	#具有中级技术职称人员	#具有初级技术职称人员
饲料加工	1320	8669	30.30	0.41	1.44	2.02
植物油加工	1330	7948	30.78	0.20	0.92	1.83
制糖	1340	645	18.23	0.05	0.44	1.48
屠宰及肉类加工	1350	10503	70.19	0.35	1.57	3.35
水产品加工	1360	6589	40.99	0.14	0.72	1.49
蔬菜、水果和坚果加工	1370	9281	43.31	0.17	0.67	1.39
其他农副食品加工	1390	7235	32.54	0.18	0.70	1.39
食品制造业	1400	32174	169.97	1.13	4.37	8.09
焙烤食品制造	1410	6756	27.98	0.12	0.56	0.94
糖果、巧克力及蜜饯制造	1420	3929	15.76	0.05	0.25	0.51
方便食品制造	1430	4436	30.47	0.13	0.50	1.04
液体乳及乳制品制造	1440	1918	21.56	0.22	0.86	1.61
罐头制造	1450	2582	21.98	0.08	0.38	0.74
调味品、发酵制品制造	1460	5851	25.48	0.19	0.80	1.60
其他食品制造	1490	6702	26.73	0.33	1.01	1.64
饮料制造业	1500	27178	127.62	1.01	4.37	9.04
酒精制造	1510	354	4.66	0.03	0.16	0.38
酒的制造	1520	11721	77.32	0.60	2.83	6.08
软饮料制造	1530	9336	33.42	0.28	1.07	1.92
精制茶加工	1540	5767	12.22	0.09	0.31	0.65
烟草制品业	1600	308	20.01	0.04	1.01	2.33
烟叶复烤	1610	97	2.97	0.01	0.07	0.21
卷烟制造	1620	127	16.32	0.04	0.92	2.08
其他烟草制品加工	1690	84	0.72		0.02	0.04
纺织业	1700	87342	790.74	2.74	11.96	27.27
棉、化纤纺织及印染精加工	1710	32861	375.47	1.58	6.75	14.43
毛纺织和染整精加工	1720	4546	48.53	0.23	0.90	2.03
麻纺织	1730	1080	18.55	0.06	0.33	0.61
丝绢纺织及精加工	1740	5812	49.62	0.17	0.73	1.96
纺织制成品制造	1750	18103	97.58	0.31	1.52	3.67
针织品、编织品及其制品制造	1760	24940	200.98	0.39	1.72	4.59
纺织服装、鞋、帽制造业	1800	52396	504.02	1.08	4.79	12.10
纺织服装制造	1810	48895	469.35	1.00	4.52	11.46
纺织面料鞋的制造	1820	2384	23.80	0.04	0.18	0.45
制帽	1830	1117	10.87	0.03	0.08	0.20
皮革、毛皮、羽毛(绒)及其制品业	1900	24197	288.15	0.55	2.50	6.48
皮革鞣制加工	1910	2581	17.35	0.08	0.35	0.72
皮革制品制造	1920	18901	254.08	0.43	1.96	5.39
毛皮鞣制及制品加工	1930	1570	8.58	0.03	0.11	0.22
羽毛(绒)加工及制品制造	1940	1145	8.14	0.01	0.08	0.15
木材加工及木、竹、藤、棕、草制品业	2000	41818	168.53	0.60	2.74	5.54
锯材、木片加工	2010	12895	33.79	0.11	0.60	1.24
人造板制造	2020	13133	76.17	0.33	1.28	2.51
木制品制造	2030	10145	36.62	0.13	0.72	1.34
竹、藤、棕、草制品制造	2040	5645	21.96	0.03	0.14	0.44
家具制造业	2100	25377	115.17	0.45	1.77	3.91
木质家具制造	2110	18953	77.08	0.31	1.23	2.74
竹、藤家具制造	2120	392	1.85		0.01	0.03

2-35 续表 2

行业中类	代码	企业法人单位数（个）	就业人数（万人）	#具有高级技术职称人员	#具有中级技术职称人员	#具有初级技术职称人员
金属家具制造	2130	3371	23.50	0.08	0.31	0.66
塑料家具制造	2140	327	1.60	0.01	0.02	0.03
其他家具制造	2190	2334	11.15	0.05	0.19	0.45
造纸及纸制品业	2200	41732	210.12	1.02	4.33	9.12
纸浆制造	2210	628	6.42	0.07	0.21	0.43
造纸	2220	12095	103.33	0.58	2.49	5.43
纸制品制造	2230	29009	100.37	0.38	1.63	3.26
印刷业和记录媒介的复制	2300	42559	131.78	0.84	3.66	6.15
印刷	2310	39212	121.49	0.77	3.35	5.67
装订及其他印刷服务活动	2320	3139	8.75	0.05	0.21	0.36
记录媒介的复制	2330	208	1.54	0.02	0.09	0.13
文教体育用品制造业	2400	15424	153.88	0.41	1.56	3.50
文化用品制造	2410	4482	21.75	0.08	0.29	0.64
体育用品制造	2420	3128	31.84	0.09	0.44	0.96
乐器制造	2430	1039	8.59	0.03	0.13	0.26
玩具制造	2440	6100	88.27	0.18	0.62	1.51
游艺器材及娱乐用品制造	2450	675	3.44	0.03	0.09	0.13
石油加工、炼焦及核燃料加工业	2500	7697	80.80	1.22	4.78	6.26
化学原料及化学制品制造业	2600	79845	458.15	5.76	20.15	32.27
基础化学原料制造	2610	16091	110.94	1.41	5.44	8.66
肥料制造	2620	7061	81.93	0.92	3.80	7.11
农药制造	2630	2093	17.71	0.28	0.98	1.72
涂料、油墨、颜料及类似产品制造	2640	17254	51.49	0.73	2.14	3.14
合成材料制造	2650	5435	36.67	0.64	2.02	2.84
专用化学产品制造	2660	24093	125.26	1.42	4.49	6.97
日用化学产品制造	2670	7818	34.15	0.36	1.28	1.84
医药制造业	2700	12213	136.87	2.60	8.95	15.98
化学药品原药制造	2710	1940	30.17	0.61	1.87	3.41
化学药品制剂制造	2720	1920	36.15	0.59	2.42	4.47
中药饮片加工	2730	1390	7.07	0.12	0.45	0.85
中成药制造	2740	2398	37.62	0.69	2.55	4.72
兽用药品制造	2750	1312	6.37	0.14	0.43	0.60
生物、生化制品的制造	2760	1562	8.61	0.34	0.86	1.19
卫生材料及医药用品制造	2770	1691	10.89	0.11	0.38	0.74
化学纤维制造业	2800	3592	44.10	0.37	1.45	2.21
纤维素纤维原料及纤维制造	2810	556	10.26	0.07	0.33	0.51
合成纤维制造	2820	3036	33.84	0.30	1.12	1.69
橡胶制品业	2900	16005	113.89	0.67	2.43	4.73
轮胎制造	2910	1456	26.69	0.15	0.69	1.39
橡胶板、管、带的制造	2920	3199	16.82	0.15	0.54	0.88
橡胶零件制造	2930	5296	20.82	0.14	0.47	0.83
再生橡胶制造	2940	879	3.14	0.02	0.05	0.12
日用及医用橡胶制品制造	2950	931	7.27	0.04	0.14	0.23
橡胶靴鞋制造	2960	1997	30.18	0.10	0.32	0.84
其他橡胶制品制造	2990	2247	8.97	0.08	0.22	0.44
塑料制品业	3000	73268	302.18	1.52	6.04	10.95
塑料薄膜制造	3010	7089	26.17	0.17	0.74	1.43
塑料板、管、型材的制造	3020	11643	40.31	0.34	1.36	2.11

2-35 续表 3

行业中类	代码	企业法人单位数（个）	就业人数（万人）	#具有高级技术职称人员	#具有中级技术职称人员	#具有初级技术职称人员
塑料丝、绳及编织品的制造	3030	8554	41.95	0.16	0.61	1.38
泡沫塑料制造	3040	4173	13.96	0.07	0.26	0.49
塑料人造革、合成革制造	3050	812	7.81	0.04	0.16	0.36
塑料包装箱及容器制造	3060	8558	31.25	0.15	0.63	1.14
塑料零件制造	3070	10171	42.60	0.19	0.67	1.30
日用塑料制造	3080	12521	54.68	0.18	0.75	1.44
其他塑料制品制造	3090	9747	43.45	0.22	0.86	1.30
非金属矿物制品业	3100	165562	872.48	3.99	16.62	32.86
水泥、石灰和石膏的制造	3110	13454	167.27	0.95	5.33	11.64
水泥及石膏制品制造	3120	34871	87.92	0.60	2.39	4.21
砖瓦、石材及其他建筑材料制造	3130	80338	364.45	0.70	2.95	6.65
玻璃及玻璃制品制造	3140	12142	97.97	0.55	2.43	4.33
陶瓷制品制造	3150	7157	75.10	0.44	1.20	2.35
耐火材料制品制造	3160	9174	43.99	0.38	1.06	1.68
石墨及其他非金属矿物制品制造	3190	8426	35.78	0.38	1.26	1.99
黑色金属冶炼及压延加工业	3200	21812	312.61	3.96	14.73	21.00
炼铁	3210	5121	48.25	0.26	1.27	2.46
炼钢	3220	1154	53.24	0.90	3.07	3.99
钢压延加工	3230	12454	180.38	2.62	9.46	12.97
铁合金冶炼	3240	3083	30.74	0.18	0.93	1.59
有色金属冶炼及压延加工业	3300	16053	151.67	1.92	7.37	10.39
常用有色金属冶炼	3310	4618	73.04	0.96	3.94	5.66
贵金属冶炼	3320	484	6.37	0.08	0.30	0.47
稀有稀土金属冶炼	3330	842	8.04	0.11	0.40	0.51
有色金属合金制造	3340	1239	7.38	0.12	0.39	0.51
有色金属压延加工	3350	8870	56.83	0.65	2.35	3.25
金属制品业	3400	86383	363.52	2.69	9.64	17.01
结构性金属制品制造	3410	27708	95.16	1.01	3.70	6.02
金属工具制造	3420	12200	53.21	0.33	1.32	2.34
集装箱及金属包装容器制造	3430	4649	27.03	0.29	0.91	1.56
金属丝绳及其制品的制造	3440	5085	22.71	0.14	0.53	1.13
建筑、安全用金属制品制造	3450	10462	50.17	0.27	1.00	1.92
金属表面处理及热处理加工	3460	8085	31.64	0.16	0.48	0.93
搪瓷制品制造	3470	800	5.81	0.04	0.17	0.28
不锈钢及类似日用金属制品制造	3480	8591	44.96	0.16	0.65	1.33
其他金属制品制造	3490	8803	32.83	0.28	0.88	1.49
通用设备制造业	3500	118985	543.77	6.94	22.95	34.53
锅炉及原动机制造	3510	5497	46.72	1.00	3.09	4.13
金属加工机械制造	3520	11881	58.92	1.01	3.30	4.40
起重运输设备制造	3530	4091	34.74	0.61	2.19	3.19
泵、阀门、压缩机及类似机械的制造	3540	16419	79.68	1.07	3.50	5.49
轴承、齿轮、传动和驱动部件的制造	3550	8757	59.98	0.57	2.00	3.23
烘炉、熔炉及电炉制造	3560	1275	4.13	0.09	0.23	0.27
风机、衡器、包装设备等通用设备制造	3570	14277	70.97	1.12	3.42	4.95
通用零部件制造及机械修理	3580	31797	89.29	0.76	2.73	4.37
金属铸、锻加工	3590	24991	99.36	0.71	2.50	4.51
专用设备制造业	3600	58471	320.90	5.69	17.90	23.79
矿山、冶金、建筑专用设备制造	3610	9092	71.14	1.56	4.74	5.60

2-35 续表 4

行业中类	代码	企业法人单位数（个）	就业人数（万人）	#具有高级技术职称人员	#具有中级技术职称人员	#具有初级技术职称人员
化工、木材、非金属加工专用设备制造	3620	14671	60.33	0.75	2.36	3.51
食品、饮料、烟草及饲料生产专用设备制造	3630	3175	15.38	0.23	0.88	1.27
印刷、制药、日化生产专用设备制造	3640	4095	19.31	0.28	0.98	1.37
纺织、服装和皮革工业专用设备制造	3650	7152	35.64	0.37	1.46	2.10
电子和电工机械专用设备制造	3660	3672	36.79	0.89	2.76	3.67
农、林、牧、渔专用机械制造	3670	5574	36.42	0.38	1.62	2.60
医疗仪器设备及器械制造	3680	3734	19.55	0.38	1.03	1.31
环保、社会公共安全及其他专用设备制造	3690	7306	26.34	0.85	2.07	2.36
交通运输设备制造业	3700	56529	443.58	7.82	24.67	35.35
铁路运输设备制造	3710	2151	37.06	0.84	2.48	2.94
汽车制造	3720	39496	267.39	4.32	14.56	21.14
摩托车制造	3730	5566	48.57	0.44	1.78	2.95
自行车制造	3740	4104	23.45	0.09	0.41	0.77
船舶及浮动装置制造	3750	4065	35.26	0.64	1.83	3.40
航空航天器制造	3760	277	27.91	1.43	3.49	3.95
交通器材及其他交通运输设备制造	3790	870	3.94	0.04	0.13	0.19
电气机械及器材制造业	3900	63475	459.49	5.39	15.94	25.65
电机制造	3910	6495	54.42	0.75	2.39	3.14
输配电及控制设备制造	3920	21091	127.14	2.02	6.11	9.01
电线、电缆、光缆及电工器材制造	3930	11720	73.42	0.76	2.52	4.03
电池制造	3940	2716	34.44	0.81	1.06	2.20
家用电力器具制造	3950	7364	84.25	0.50	2.01	4.03
非电力家用器具制造	3960	2054	8.94	0.12	0.31	0.49
照明器具制造	3970	9832	67.99	0.30	1.11	2.16
其他电气机械及器材制造	3990	2203	8.88	0.14	0.43	0.58
通信设备、计算机及其他电子设备制造业	4000	29058	457.89	5.87	16.33	26.41
通信设备制造	4010	3634	54.20	2.09	4.81	5.76
雷达及配套设备制造	4020	101	3.50	0.16	0.43	0.52
广播电视设备制造	4030	1394	11.77	0.16	0.43	0.77
电子计算机制造	4040	2855	85.88	0.81	2.67	4.93
电子器件制造	4050	4093	63.24	0.89	2.43	3.88
电子元件制造	4060	12249	166.32	1.08	3.44	7.00
家用视听设备制造	4070	2566	59.04	0.46	1.44	2.73
其他电子设备制造	4090	2166	13.94	0.23	0.67	0.82
仪器仪表及文化、办公用机械制造业	4100	17504	119.00	2.26	6.00	8.12
通用仪器仪表制造	4110	8526	37.28	1.16	2.99	3.68
专用仪器仪表制造	4120	2653	12.59	0.50	1.16	1.37
钟表与计时仪器制造	4130	1597	17.56	0.10	0.37	0.70
光学仪器及眼镜制造	4140	2773	28.16	0.27	0.78	1.45
文化、办公用机械制造	4150	1270	20.97	0.17	0.55	0.77
其他仪器仪表的制造及修理	4190	685	2.44	0.06	0.15	0.16
工艺品及其他制造业	4200	34352	207.45	0.84	3.01	6.05
工艺美术品制造	4210	22251	147.81	0.38	1.58	3.47
日用杂品制造	4220	5789	38.20	0.11	0.34	0.81
煤制品制造	4230	3937	5.04	0.02	0.05	0.12
其他未列明的制造业	4290	2375	16.40	0.34	1.04	1.65
废弃资源和废旧材料回收加工业	4300	3811	8.82	0.04	0.15	0.26
金属废料和碎屑的加工处理	4310	1656	5.22	0.01	0.08	0.14

2-35 续表 5

行业中类	代码	企业法人单位数（个）	就业人数（万人）	#具有高级技术职称人员	#具有中级技术职称人员	#具有初级技术职称人员
非金属废料和碎屑的加工处理	4320	2155	3.60	0.02	0.07	0.11
电力、燃气及水的生产和供应业	D	**39652**	**363.38**	**7.55**	**27.26**	**53.01**
电力、热力的生产和供应业	4400	26048	286.44	6.70	22.85	44.84
电力生产	4410	22261	138.79	2.75	11.13	20.77
电力供应	4420	2216	129.79	3.70	10.59	22.26
热力生产和供应	4430	1571	17.86	0.24	1.13	1.81
燃气生产和供应业	4500	1544	17.88	0.29	1.24	1.78
水的生产和供应业	4600	12060	59.06	0.56	3.18	6.39
自来水的生产和供应	4610	11259	56.70	0.50	2.99	6.12
污水处理及其再生利用	4620	660	2.15	0.06	0.17	0.26
其他水的处理、利用与分配	4690	141	0.22	0.01	0.01	0.01
建筑业	E	**128177**	**2792.30**	**29.27**	**161.33**	**293.25**
房屋和土木工程建筑业	4700	56786	2344.62	20.63	124.95	242.47
房屋工程建筑	4710	38021	1871.38	12.76	89.82	185.16
土木工程建筑	4720	18765	473.24	7.87	35.13	57.31
建筑安装业	4800	23464	246.97	4.73	19.38	28.77
建筑装饰业	4900	37493	122.23	2.46	11.09	13.10
其他建筑业	5000	10434	78.48	1.46	5.91	8.91
工程准备	5010	4401	21.52	0.56	1.78	2.63
提供施工设备服务	5020	840	8.65	0.11	0.54	0.59
其他未列明的建筑活动	5090	5193	48.30	0.79	3.59	5.69
交通运输、仓储和邮政业	F	**73952**	**580.74**	**3.60**	**21.22**	**38.99**
道路运输业	5200	30945	203.79	1.00	6.18	13.40
公路旅客运输	5210	5261	88.78	0.38	2.83	6.65
道路货物运输	5220	21800	89.78	0.40	2.48	5.08
道路运输辅助活动	5230	3884	25.23	0.21	0.87	1.67
城市公共交通业	5300	5855	124.53	0.35	2.09	3.95
公共电汽车客运	5310	1407	78.04	0.15	0.98	2.32
轨道交通	5320	74	3.78	0.07	0.19	0.28
出租车客运	5330	4102	39.20	0.13	0.86	1.20
城市轮渡	5340	54	0.85		0.02	0.04
其他城市公共交通	5390	218	2.67	0.01	0.05	0.11
水上运输业	5400	4790	69.24	0.90	5.57	7.96
水上旅客运输	5410	632	4.10	0.03	0.27	0.35
水上货物运输	5420	2835	38.73	0.52	3.63	4.83
水上运输辅助活动	5430	1323	26.40	0.35	1.66	2.78
航空运输业	5500	462	20.72	0.30	2.16	2.93
航空客货运输	5510	122	12.58	0.23	1.49	1.97
通用航空服务	5520	102	0.47	0.02	0.05	0.08
航空运输辅助活动	5530	238	7.67	0.06	0.62	0.88
管道运输业	5600	39	1.56	0.07	0.19	0.24
装卸搬运和其他运输服务业	5700	19791	61.93	0.27	1.66	2.97
装卸搬运	5710	4588	32.03	0.07	0.41	0.90
运输代理服务	5720	15203	29.89	0.20	1.25	2.08
仓储业	5800	10157	38.66	0.26	1.58	2.99
谷物、棉花等农产品仓储	5810	2952	15.62	0.14	0.77	1.62
其他仓储	5890	7205	23.05	0.12	0.81	1.37
邮政业	5900	1912	58.65	0.44	1.71	4.37

2-35 续表 6

行业中类	代码	企业法人单位数（个）	就业人数（万人）	#具有高级技术职称人员	#具有中级技术职称人员	#具有初级技术职称人员
国家邮政	5910	477	54.97	0.43	1.66	4.30
其他寄递服务	5990	1435	3.68	0.01	0.05	0.07
信息传输、计算机服务和软件业	G	**67380**	**230.13**	**6.23**	**21.24**	**37.79**
电信和其他信息传输服务业	6000	9351	157.08	2.87	12.99	29.42
电信	6010	2698	142.88	2.55	11.86	27.65
互联网信息服务	6020	5471	8.01	0.19	0.60	0.78
广播电视传输服务	6030	1050	5.85	0.11	0.48	0.93
卫星传输服务	6040	132	0.34	0.03	0.05	0.05
计算机服务业	6100	37041	31.35	1.18	2.82	2.73
计算机系统服务	6110	7468	11.75	0.60	1.49	1.42
数据处理	6120	585	1.60	0.07	0.15	0.13
计算机维修	6130	1552	1.65	0.04	0.13	0.16
其他计算机服务	6190	27436	16.35	0.47	1.04	1.03
软件业	6200	20988	41.70	2.17	5.43	5.64
公共软件服务	6210	16201	33.51	1.75	4.48	4.58
其他软件服务	6290	4787	8.19	0.42	0.95	1.06
批发和零售业	H	**883625**	**1382.42**	**14.32**	**63.66**	**102.87**
批发业	6300	530807	772.73	9.53	41.93	63.63
农畜产品批发	6310	29382	82.98	1.03	4.37	8.12
食品、饮料及烟草制品批发	6320	44399	116.66	0.77	4.97	10.03
纺织、服装及日用品批发	6330	53771	68.17	0.62	3.03	4.34
文化、体育用品及器材批发	6340	19666	22.35	0.31	1.26	1.52
医药及医疗器材批发	6350	15482	43.74	0.69	3.73	8.69
矿产品、建材及化工产品批发	6360	174836	224.88	2.44	11.37	16.19
机械设备、五金交电及电子产品批发	6370	150456	167.24	2.96	10.66	11.48
贸易经纪与代理	6380	7864	8.05	0.28	0.80	0.74
其他批发	6390	34951	38.66	0.43	1.75	2.53
零售业	6500	352818	609.69	4.78	21.73	39.24
综合零售	6510	46378	229.58	0.80	4.72	11.33
食品、饮料及烟草制品专门零售	6520	32936	48.71	0.29	1.41	2.87
纺织、服装及日用品专门零售	6530	36821	51.03	0.31	1.37	2.23
文化、体育用品及器材专门零售	6540	27417	34.03	0.44	1.58	2.11
医药及医疗器材专门零售	6550	23913	43.00	0.57	3.33	9.12
汽车、摩托车、燃料及零配件专门零售	6560	47862	67.43	0.75	3.09	4.12
家用电器及电子产品专门零售	6570	55895	63.63	0.95	3.44	3.71
五金、家具及室内装修材料专门零售	6580	48943	40.76	0.27	1.29	1.86
无店铺及其他零售	6590	32653	31.51	0.39	1.48	1.89
住宿和餐饮业	I	**91798**	**424.42**	**2.67**	**10.48**	**17.67**
住宿业	6600	38667	214.70	1.39	5.94	10.13
旅游饭店	6610	12076	146.40	0.99	4.23	7.37
一般旅馆	6620	23702	61.24	0.35	1.51	2.51
其他住宿服务	6690	2889	7.05	0.05	0.19	0.25
餐饮业	6700	53131	209.72	1.28	4.54	7.54
正餐服务	6710	42759	176.67	1.16	4.08	6.85
快餐服务	6720	3432	20.80	0.06	0.22	0.33
饮料及冷饮服务	6730	2813	3.79	0.01	0.06	0.07
其他餐饮服务	6790	4127	8.46	0.04	0.18	0.29

2-35 续表 7

行业中类	代码	企业法人单位数（个）	就业人数（万人）	#具有高级技术职称人员	#具有中级技术职称人员	#具有初级技术职称人员
金融业	J	**22831**	**362.44**	**3.90**	**49.74**	**94.14**
银行业	6800	15691	236.15	2.77	42.09	84.82
中央银行	6810	24	1.05	0.01	0.26	0.31
商业银行	6820	15005	226.87	2.38	39.80	82.12
其他银行	6890	662	8.24	0.38	2.02	2.39
证券业	6900	833	9.91	0.23	1.83	1.50
证券市场管理	6910	35	0.18		0.04	0.02
证券经纪与交易	6920	643	8.83	0.19	1.62	1.33
证券投资	6930	71	0.59	0.02	0.14	0.13
证券分析与咨询	6940	84	0.31	0.01	0.05	0.02
保险业	7000	3683	111.66	0.57	4.79	7.29
人寿保险	7010	1351	90.90	0.25	2.20	4.01
非人寿保险	7020	1381	17.82	0.22	2.34	2.97
保险辅助服务	7030	951	2.94	0.10	0.25	0.31
其他金融活动	7100	2624	4.73	0.33	1.03	0.52
金融信托与管理	7110	234	1.37	0.16	0.44	0.20
金融租赁	7120	27	0.08	0.01	0.03	0.02
财务公司	7130	103	0.35	0.04	0.11	0.06
邮政储蓄	7140	6	0.25		0.01	
典当	7150	1155	1.11	0.03	0.12	0.09
其他未列明的金融活动	7190	1099	1.57	0.09	0.32	0.15
房地产业	K	**125086**	**385.63**	**9.62**	**41.70**	**40.71**
房地产业	7200	125086	385.63	9.62	41.70	40.71
房地产开发经营	7210	59182	158.15	7.53	30.57	27.01
物业管理	7220	30959	139.26	1.35	7.40	8.74
房地产中介服务	7230	19666	23.11	0.34	1.77	1.70
其他房地产活动	7290	15279	65.12	0.40	1.96	3.26
租赁和商务服务业	L	**201365**	**367.90**	**9.40**	**28.83**	**27.23**
租赁业	7300	8833	12.11	0.12	0.61	0.80
机械设备租赁	7310	8153	11.50	0.11	0.58	0.76
文化及日用品出租	7320	680	0.62	0.01	0.03	0.04
商务服务业	7400	192532	355.79	9.28	28.22	26.44
企业管理服务	7410	31926	105.03	3.50	10.18	10.66
法律服务	7420	4786	6.29	0.23	0.70	0.61
咨询与调查	7430	56069	56.92	3.61	9.90	5.32
广告业	7440	37210	34.68	0.52	2.04	2.02
知识产权服务	7450	2171	2.18	0.19	0.27	0.19
职业中介服务	7460	7334	32.96	0.22	1.10	1.81
市场管理	7470	10472	26.58	0.14	0.74	1.16
旅行社	7480	12631	20.53	0.24	1.17	2.48
其他商务服务	7490	29933	70.61	0.63	2.11	2.17
科学研究、技术服务和地质勘查业	M	**70562**	**165.10**	**21.51**	**34.44**	**26.17**
研究与试验发展	7500	7865	20.02	3.02	3.71	2.72
自然科学研究与试验发展	7510	671	1.95	0.37	0.40	0.28
工程和技术研究与试验发展	7520	4280	13.62	2.21	2.69	1.92
农业科学研究与试验发展	7530	1010	1.90	0.13	0.21	0.19
医学研究与试验发展	7540	1715	2.28	0.28	0.37	0.30

2-35 续表 8

行业中类	代码	企业法人单位数（个）	就业人数（万人）	#具有高级技术职称人员	#具有中级技术职称人员	#具有初级技术职称人员
社会人文科学研究与试验发展	7550	189	0.27	0.03	0.04	0.03
专业技术服务业	7600	42807	110.45	15.24	25.60	19.23
气象服务	7610	374	0.43	0.03	0.10	0.12
地震服务	7620	49	0.09	0.02	0.02	0.01
海洋服务	7630	73	0.19	0.01	0.02	0.03
测绘服务	7640	1122	1.98	0.11	0.32	0.40
技术检测	7650	3256	7.97	0.62	1.10	1.16
环境监测	7660	433	0.67	0.07	0.12	0.09
工程技术与规划管理	7670	21172	75.00	12.47	20.70	14.69
其他专业技术服务	7690	16328	24.12	1.91	3.23	2.73
科技交流和推广服务业	7700	18850	26.50	2.54	3.79	2.91
技术推广服务	7710	10808	15.98	1.54	2.32	1.81
科技中介服务	7720	3566	4.30	0.42	0.60	0.46
其他科技服务	7790	4476	6.22	0.58	0.86	0.63
地质勘查业	7800	1040	8.13	0.71	1.34	1.31
矿产地质勘查	7810	350	2.88	0.28	0.46	0.42
基础地质勘查	7820	210	1.47	0.14	0.27	0.27
地质勘查技术服务	7830	480	3.78	0.29	0.62	0.62
水利、环境和公共设施管理业	**N**	**12287**	**38.02**	**0.74**	**2.31**	**2.93**
水利管理业	7900	1065	3.37	0.13	0.36	0.47
防洪管理	7910	59	0.18	0.01	0.02	0.02
水资源管理	7920	676	2.33	0.07	0.21	0.29
其他水利管理	7990	330	0.86	0.06	0.13	0.17
环境管理业	8000	2416	8.25	0.18	0.43	0.47
自然保护	8010	186	0.96	0.02	0.04	0.08
环境治理	8020	2230	7.29	0.16	0.38	0.39
公共设施管理业	8100	8806	26.40	0.43	1.52	1.99
市政公共设施管理	8110	1069	4.38	0.11	0.36	0.49
城市绿化管理	8120	4750	10.56	0.24	0.85	0.99
游览景区管理	8130	2987	11.46	0.09	0.30	0.52
居民服务和其他服务业	**O**	**72869**	**119.02**	**1.73**	**5.43**	**6.46**
居民服务业	8200	33610	51.17	0.53	1.75	2.31
家庭服务	8210	1737	2.46	0.01	0.05	0.07
托儿所	8220	125	0.12		0.01	0.01
洗染服务	8230	1523	2.55	0.02	0.07	0.10
理发及美容保健服务	8240	10159	10.32	0.22	0.53	0.72
洗浴服务	8250	6388	16.14	0.06	0.29	0.50
婚姻服务	8260	1101	0.53	0.01	0.02	0.02
殡葬服务	8270	895	2.24	0.02	0.07	0.08
摄影扩印服务	8280	4562	5.00	0.08	0.22	0.26
其他居民服务	8290	7120	11.81	0.11	0.50	0.56
其他服务业	8300	39259	67.85	1.20	3.68	4.16
修理与维护	8310	18646	23.46	0.54	1.75	2.01
清洁服务	8320	5135	15.46	0.07	0.22	0.34
其他未列明的服务	8390	15478	28.94	0.59	1.71	1.80
教育	**P**	**9916**	**20.32**	**1.10**	**2.80**	**1.96**
教育	8400	9916	20.32	1.10	2.80	1.96

2-35 续表 9

行业中类	代码	企业法人单位数(个)	就业人数(万人)	#具有高级技术职称人员	#具有中级技术职称人员	#具有初级技术职称人员
学前教育	8410	1848	2.61	0.03	0.17	0.27
初等教育	8420	397	1.96	0.15	0.58	0.31
中等教育	8430	621	2.68	0.33	0.74	0.41
高等教育	8440	110	0.81	0.13	0.17	0.11
其他教育	8490	6940	12.26	0.45	1.13	0.86
卫生、社会保障和社会福利业	**Q**	**14875**	**26.37**	**2.00**	**5.28**	**8.01**
卫生	8500	14214	25.23	1.99	5.23	7.89
医院	8510	2390	17.80	1.55	3.99	6.08
卫生院及社区医疗活动	8520	1585	2.14	0.09	0.33	0.65
门诊部医疗活动	8530	9530	4.06	0.28	0.72	0.91
计划生育技术服务活动	8540	55	0.05		0.01	0.02
妇幼保健活动	8550	38	0.10		0.01	0.02
专科疾病防治活动	8560	159	0.20	0.02	0.02	0.04
疾病预防控制及防疫活动	8570	102	0.22	0.02	0.06	0.07
其他卫生活动	8590	355	0.67	0.04	0.09	0.10
社会保障业	8600	132	0.51		0.03	0.09
社会福利业	8700	529	0.63	0.01	0.02	0.03
提供住宿的社会福利	8710	329	0.46		0.01	0.03
不提供住宿的社会福利	8720	200	0.17		0.01	
文化、体育和娱乐业	**R**	**22639**	**49.76**	**1.63**	**3.54**	**3.75**
新闻出版业	8800	1661	10.34	1.08	1.67	1.36
新闻业	8810	48	0.68	0.01	0.06	0.04
出版业	8820	1613	9.67	1.07	1.62	1.32
广播、电视、电影和音像业	8900	4566	9.90	0.31	1.01	1.30
广播	8910	145	0.58	0.04	0.08	0.11
电视	8920	961	2.18	0.06	0.19	0.30
电影	8930	2739	6.46	0.18	0.66	0.84
音像制作	8940	721	0.69	0.02	0.06	0.05
文化艺术业	9000	4399	4.03	0.10	0.29	0.24
文艺创作与表演	9010	781	1.05	0.04	0.07	0.06
艺术表演场馆	9020	194	0.32		0.03	0.02
图书馆与档案馆	9030	42	0.03			
文物及文化保护	9040	78	0.13		0.01	0.01
博物馆	9050	107	0.14		0.01	0.01
烈士陵园、纪念馆	9060	17	0.07			
群众文化活动	9070	485	0.46		0.03	0.03
文化艺术经纪代理	9080	945	0.63	0.02	0.06	0.04
其他文化艺术	9090	1750	1.19	0.03	0.09	0.07
体育	9100	1278	2.10	0.03	0.10	0.10
体育组织	9110	320	0.51	0.01	0.03	0.02
体育场馆	9120	564	0.94	0.01	0.03	0.04
其他体育	9190	394	0.65	0.01	0.03	0.04
娱乐业	9200	10735	23.39	0.11	0.48	0.75
室内娱乐活动	9210	6745	11.34	0.03	0.17	0.28
游乐园	9220	398	2.07	0.01	0.07	0.09
休闲健身娱乐活动	9230	2542	8.18	0.06	0.21	0.32
其他娱乐活动	9290	1050	1.79	0.01	0.04	0.06

2-36 按登记注册类型、技术职称分组的企业法人单位就业人数

登记注册类型	企业法人单位数（个）	就业人数（万人）	#具有高级技术职称人员	#具有中级技术职称人员	#具有初级技术职称人员
按登记注册类型分组	**3249342**	**16693.01**	**195.34**	**767.42**	**1242.68**
内资	**3097559**	**14361.43**	**178.04**	**707.27**	**1137.67**
国有	178751	2408.83	46.65	180.87	288.06
集体	342569	1515.48	9.04	50.67	111.13
股份合作	107021	378.89	3.75	15.14	27.20
联营企业	16499	86.42	1.03	3.91	6.00
国有联营	2834	20.41	0.39	1.35	1.68
集体联营	6189	23.32	0.17	0.69	1.27
国有与集体联营	2756	20.07	0.22	0.84	1.45
其他联营	4720	22.62	0.26	1.02	1.59
有限责任公司	355084	3502.33	52.95	204.58	321.17
国有独资公司	9725	489.43	10.41	36.53	53.32
其他有限责任公司	345359	3012.90	42.54	168.05	267.85
股份有限公司	60865	1058.77	14.79	66.98	106.40
私营企业	1982108	5304.51	48.82	181.72	272.94
私营独资	667084	1394.97	5.76	20.48	39.42
私营合伙	143970	352.90	1.98	6.86	11.21
私营有限责任公司	1099228	3303.85	37.86	142.33	204.78
私营股份有限公司	71826	252.79	3.22	12.06	17.52
其他内资	54662	106.20	1.01	3.40	4.78
港澳台商投资	**74327**	**1187.03**	**7.97**	**27.21**	**50.80**
与港澳台合资经营	23707	360.26	3.50	11.11	19.42
与港澳台合作经营	5429	82.41	0.42	1.74	3.20
港澳台商独资	44236	717.88	3.56	12.90	25.95
港澳台商投资股份有限公司	955	26.48	0.49	1.46	2.23
外商投资	**77456**	**1144.56**	**9.33**	**32.94**	**54.20**
中外合资经营	30392	452.08	4.61	16.57	25.70
中外合作经营	4959	71.30	0.59	1.97	3.06
外资企业	40830	583.21	3.58	12.38	21.91
外商投资股份有限公司	1275	37.97	0.54	2.02	3.53

2-37 按地区、技术等级分组的企业法人单位就业人数

地 区	企业法人单位数（个）	就业人数（万人）	#高级技师	#技 师	#高 级 工	#中 级 工
全 国	**3249342**	**16693.01**	**44.18**	**144.31**	**469.22**	**941.28**
北 京	199481	578.43	1.86	4.74	15.93	28.81
天 津	78523	278.99	0.60	2.36	8.24	23.64
河 北	109402	726.88	1.70	6.22	28.22	50.41
山 西	66315	473.01	1.25	4.66	16.49	27.93
内蒙古	31171	204.88	0.74	2.04	7.87	9.93
辽 宁	149194	667.36	2.30	6.86	31.78	44.21
吉 林	45406	276.33	0.83	2.75	12.05	16.30
黑龙江	56003	394.43	1.52	5.96	21.05	28.56
上 海	321355	824.21	1.46	4.49	11.36	35.89
江 苏	342231	1649.61	3.17	10.48	29.70	93.14
浙 江	309470	1391.99	2.17	6.43	15.79	40.65
安 徽	81743	459.56	1.15	3.76	11.65	28.07
福 建	105285	551.68	1.04	3.35	8.42	18.85
江 西	56593	327.45	0.96	4.29	12.16	21.43
山 东	228567	1451.05	3.21	11.13	39.13	87.80
河 南	138379	882.47	2.32	8.59	31.42	56.47
湖 北	73898	505.88	2.52	8.36	29.10	42.02
湖 南	76159	515.58	1.68	6.28	17.16	38.66
广 东	337007	2017.32	5.79	14.38	26.26	62.17
广 西	49590	266.18	0.56	2.03	6.95	17.26
海 南	14059	71.78	0.21	0.52	1.35	2.54
重 庆	49834	323.86	1.29	3.72	9.56	26.43
四 川	110426	643.77	2.31	8.39	25.26	52.96
贵 州	27558	177.84	0.44	1.70	5.55	10.42
云 南	44118	247.12	0.61	2.44	10.84	17.54
西 藏	1503	9.74	0.07	0.18	0.35	0.64
陕 西	63221	322.96	1.20	4.14	15.74	24.92
甘 肃	33315	213.93	0.57	2.03	9.52	17.70
青 海	7570	43.73	0.16	0.53	2.72	3.60
宁 夏	13258	62.36	0.14	0.44	1.69	2.42
新 疆	28708	132.62	0.37	1.06	5.92	9.91

2-38 按行业（中类）、技术等级分组的企业法人单位就业人数

行业中类	代码	企业法人单位数（个）	就业人数（万人）	#高级技师	#技　师	#高级工	#中级工
总计	**0000**	**3249342**	**16693.01**	**44.18**	**144.31**	**469.22**	**941.28**
农、林、牧、渔业	**A**	**1015**	**106.15**	**0.25**	**1.03**	**5.03**	**5.61**
农业	0100	443	48.27	0.17	0.62	2.34	2.68
谷物及其他作物的种植	0110	321	42.72	0.17	0.62	2.14	2.43
蔬菜、园艺作物的种植	0120	32	0.67			0.01	0.03
水果、坚果、饮料和香料作物的种植	0130	85	4.80			0.19	0.22
中药材的种植	0140	5	0.09				
林业	0200	309	50.83	0.06	0.34	2.35	2.46
林木的培育和种植	0210	130	6.08	0.02	0.04	0.22	0.29
木材和竹材的采运	0220	62	20.48	0.04	0.19	0.35	0.47
林产品的采集	0230	117	24.27		0.11	1.78	1.70
畜牧业	0300	131	4.76	0.01	0.04	0.28	0.40
牲畜的饲养	0310	62	3.48	0.01	0.04	0.26	0.35
猪的饲养	0320	30	0.38			0.01	0.03
家禽的饲养	0330	31	0.85			0.01	0.01
其他畜牧业	0390	8	0.05				
渔业	0400	41	0.86	0.01	0.02	0.02	0.03
海洋渔业	0410	7	0.32		0.01	0.01	0.01
内陆渔业	0420	34	0.53		0.01	0.01	0.01
农、林、牧、渔服务业	0500	91	1.44		0.01	0.04	0.05
农业服务业	0510	65	1.20		0.01	0.02	0.04
林业服务业	0520	10	0.17			0.02	0.01
畜牧服务业	0530	15	0.07				
渔业服务业	0540	1					
采矿业	**B**	**82353**	**888.76**	**0.93**	**5.67**	**36.51**	**61.46**
煤炭开采和洗选业	0600	27741	552.42	0.46	3.41	15.29	32.92
烟煤和无烟煤的开采洗选	0610	26704	535.69	0.45	3.28	14.68	31.71
褐煤的开采洗选	0620	644	15.19	0.01	0.13	0.60	1.18
其他煤炭采选	0690	393	1.55		0.01	0.01	0.02
石油和天然气开采业	0700	510	99.38	0.17	1.07	16.79	20.20
天然原油和天然气开采	0710	223	49.83	0.09	0.54	9.39	11.94
与石油和天然气开采有关的服务活动	0790	287	49.55	0.08	0.53	7.40	8.27
黑色金属矿采选业	0800	10660	62.33	0.10	0.39	1.65	2.84
铁矿采选	0810	9514	55.69	0.09	0.37	1.57	2.71
其他黑色金属矿采选	0890	1146	6.64	0.01	0.01	0.08	0.13
有色金属矿采选业	0900	6535	57.25	0.09	0.40	1.27	2.34
常用有色金属矿采选	0910	4118	29.11	0.05	0.20	0.46	1.06
贵金属矿采选	0920	1653	20.43	0.03	0.15	0.54	0.92
稀有稀土金属矿采选	0930	764	7.71	0.01	0.05	0.27	0.35
非金属矿采选业	1000	36614	116.58	0.10	0.40	1.50	3.14
土砂石开采	1010	30566	79.60	0.07	0.22	0.35	1.23
化学矿采选	1020	1394	9.32	0.01	0.05	0.22	0.38
采盐	1030	840	13.91	0.01	0.08	0.85	1.22
石棉及其他非金属矿采选	1090	3814	13.75	0.02	0.04	0.08	0.31
其他采矿业	1100	293	0.79			0.01	0.02
制造业	**C**	**1328948**	**8390.13**	**21.15**	**68.16**	**200.03**	**403.81**
农副食品加工业	1300	73828	312.97	0.69	2.21	3.57	8.57
谷物磨制	1310	22958	46.63	0.10	0.35	0.57	1.33

2-38 续表 1

行业中类	代码	企业法人单位数（个）	就业人数（万人）				
				#高级技师	#技　师	#高级工	#中级工
饲料加工	1320	8669	30.30	0.13	0.33	0.39	0.75
植物油加工	1330	7948	30.78	0.09	0.28	0.54	1.19
制糖	1340	645	18.23	0.02	0.08	0.34	1.08
屠宰及肉类加工	1350	10503	70.19	0.14	0.60	0.77	1.94
水产品加工	1360	6589	40.99	0.07	0.17	0.33	0.70
蔬菜、水果和坚果加工	1370	9281	43.31	0.08	0.19	0.27	0.71
其他农副食品加工	1390	7235	32.54	0.06	0.20	0.36	0.88
食品制造业	1400	32174	169.97	0.41	1.19	2.10	5.01
焙烤食品制造	1410	6756	27.98	0.06	0.20	0.26	0.71
糖果、巧克力及蜜饯制造	1420	3929	15.76	0.03	0.07	0.15	0.37
方便食品制造	1430	4436	30.47	0.05	0.16	0.30	0.77
液体乳及乳制品制造	1440	1918	21.56	0.08	0.20	0.36	0.74
罐头制造	1450	2582	21.98	0.04	0.13	0.20	0.49
调味品、发酵制品制造	1460	5851	25.48	0.06	0.22	0.44	1.02
其他食品制造	1490	6702	26.73	0.09	0.22	0.39	0.91
饮料制造业	1500	27178	127.62	0.38	1.29	2.06	4.89
酒精制造	1510	354	4.66	0.01	0.07	0.08	0.27
酒的制造	1520	11721	77.32	0.24	0.88	1.47	3.47
软饮料制造	1530	9336	33.42	0.08	0.24	0.36	0.83
精制茶加工	1540	5767	12.22	0.04	0.11	0.14	0.32
烟草制品业	1600	308	20.01	0.01	0.18	1.67	3.07
烟叶复烤	1610	97	2.97		0.01	0.07	0.19
卷烟制造	1620	127	16.32	0.01	0.16	1.58	2.85
其他烟草制品加工	1690	84	0.72			0.01	0.02
纺织业	1700	87342	790.74	0.89	3.97	8.03	23.00
棉、化纤纺织及印染精加工	1710	32861	375.47	0.45	2.27	4.94	13.57
毛纺织和染整精加工	1720	4546	48.53	0.09	0.26	0.56	1.53
麻纺织	1730	1080	18.55	0.03	0.12	0.27	1.01
丝绢纺织及精加工	1740	5812	49.62	0.06	0.19	0.27	1.03
纺织制成品制造	1750	18103	97.58	0.13	0.54	0.89	2.70
针织品、编织品及其制品制造	1760	24940	200.98	0.14	0.59	1.10	3.16
纺织服装、鞋、帽制造业	1800	52396	504.02	0.48	1.80	3.57	11.72
纺织服装制造	1810	48895	469.35	0.45	1.65	3.40	11.13
纺织面料鞋的制造	1820	2384	23.80	0.02	0.12	0.11	0.37
制帽	1830	1117	10.87	0.01	0.03	0.05	0.22
皮革、毛皮、羽毛(绒)及其制品业	1900	24197	288.15	0.31	0.96	2.05	6.26
皮革鞣制加工	1910	2581	17.35	0.04	0.11	0.15	0.46
皮革制品制造	1920	18901	254.08	0.24	0.73	1.65	5.35
毛皮鞣制及制品加工	1930	1570	8.58	0.02	0.08	0.15	0.28
羽毛(绒)加工及制品制造	1940	1145	8.14	0.01	0.03	0.10	0.17
木材加工及木、竹、藤、棕、草制品业	2000	41818	168.53	0.24	0.85	1.57	3.35
锯材、木片加工	2010	12895	33.79	0.03	0.15	0.25	0.55
人造板制造	2020	13133	76.17	0.13	0.44	0.89	1.71
木制品制造	2030	10145	36.62	0.06	0.19	0.31	0.74
竹、藤、棕、草制品制造	2040	5645	21.96	0.02	0.08	0.12	0.35
家具制造业	2100	25377	115.17	0.23	0.66	1.26	3.12
木质家具制造	2110	18953	77.08	0.17	0.48	0.98	2.37
竹、藤家具制造	2120	392	1.85			0.01	0.02

2-38 续表 2

行业中类	代码	企业法人单位数（个）	就业人数（万人）	#高级技师	#技师	#高级工	#中级工
金属家具制造	2130	3371	23.50	0.03	0.10	0.16	0.49
塑料家具制造	2140	327	1.60	0.01		0.01	0.02
其他家具制造	2190	2334	11.15	0.02	0.07	0.10	0.23
造纸及纸制品业	2200	41732	210.12	0.34	1.36	2.90	7.49
纸浆制造	2210	628	6.42	0.01	0.03	0.15	0.40
造纸	2220	12095	103.33	0.19	0.77	1.95	4.77
纸制品制造	2230	29009	100.37	0.14	0.56	0.80	2.32
印刷业和记录媒介的复制	2300	42559	131.78	0.34	1.19	3.74	7.35
印刷	2310	39212	121.49	0.32	1.10	3.53	6.90
装订及其他印刷服务活动	2320	3139	8.75	0.02	0.07	0.18	0.40
记录媒介的复制	2330	208	1.54		0.01	0.03	0.06
文教体育用品制造业	2400	15424	153.88	0.23	0.51	0.90	2.88
文化用品制造	2410	4482	21.75	0.03	0.08	0.12	0.37
体育用品制造	2420	3128	31.84	0.05	0.12	0.27	0.74
乐器制造	2430	1039	8.59	0.02	0.07	0.12	0.45
玩具制造	2440	6100	88.27	0.12	0.22	0.35	1.25
游艺器材及娱乐用品制造	2450	675	3.44	0.01	0.02	0.03	0.07
石油加工、炼焦及核燃料加工业	2500	7697	80.80	0.18	0.83	5.38	8.98
化学原料及化学制品制造业	2600	79845	458.15	1.24	4.17	15.25	30.99
基础化学原料制造	2610	16091	110.94	0.24	1.05	5.03	10.01
肥料制造	2620	7061	81.93	0.17	0.76	3.02	7.40
农药制造	2630	2093	17.71	0.07	0.22	0.66	1.31
涂料、油墨、颜料及类似产品制造	2640	17254	51.49	0.21	0.54	0.82	2.11
合成材料制造	2650	5435	36.67	0.11	0.40	1.80	3.63
专用化学产品制造	2660	24093	125.26	0.34	0.95	3.39	5.40
日用化学产品制造	2670	7818	34.15	0.09	0.26	0.51	1.14
医药制造业	2700	12213	136.87	0.57	1.82	4.56	9.06
化学药品原药制造	2710	1940	30.17	0.10	0.38	1.18	2.25
化学药品制剂制造	2720	1920	36.15	0.14	0.41	1.44	2.74
中药饮片加工	2730	1390	7.07	0.03	0.10	0.11	0.36
中成药制造	2740	2398	37.62	0.18	0.60	1.22	2.62
兽用药品制造	2750	1312	6.37	0.04	0.09	0.18	0.33
生物、生化制品的制造	2760	1562	8.61	0.06	0.13	0.25	0.33
卫生材料及医药用品制造	2770	1691	10.89	0.03	0.10	0.17	0.43
化学纤维制造业	2800	3592	44.10	0.08	0.30	1.11	2.90
纤维素纤维原料及纤维制造	2810	556	10.26	0.01	0.09	0.43	0.86
合成纤维制造	2820	3036	33.84	0.06	0.22	0.68	2.04
橡胶制品业	2900	16005	113.89	0.21	0.72	1.84	5.38
轮胎制造	2910	1456	26.69	0.04	0.20	0.77	2.51
橡胶板、管、带的制造	2920	3199	16.82	0.05	0.18	0.45	0.79
橡胶零件制造	2930	5296	20.82	0.05	0.14	0.24	0.63
再生橡胶制造	2940	879	3.14	0.01	0.01	0.03	0.09
日用及医用橡胶制品制造	2950	931	7.27	0.02	0.03	0.08	0.24
橡胶靴鞋制造	2960	1997	30.18	0.03	0.08	0.19	0.89
其他橡胶制品制造	2990	2247	8.97	0.01	0.07	0.08	0.23
塑料制品业	3000	73268	302.18	0.60	1.69	3.11	7.91
塑料薄膜制造	3010	7089	26.17	0.05	0.17	0.34	0.80
塑料板、管、型材的制造	3020	11643	40.31	0.13	0.33	0.53	1.42

2-38 续表 3

行业中类	代码	企业法人单位数(个)	就业人数(万人)	#高级技师	#技师	#高级工	#中级工
塑料丝、绳及编织品的制造	3030	8554	41.95	0.05	0.20	0.59	1.35
泡沫塑料制造	3040	4173	13.96	0.03	0.07	0.10	0.31
塑料人造革、合成革制造	3050	812	7.81	0.02	0.05	0.09	0.31
塑料包装箱及容器制造	3060	8558	31.25	0.07	0.18	0.37	0.84
塑料零件制造	3070	10171	42.60	0.08	0.23	0.35	0.91
日用塑料制造	3080	12521	54.68	0.08	0.22	0.33	0.93
其他塑料制品制造	3090	9747	43.45	0.09	0.24	0.40	1.04
非金属矿物制品业	3100	165562	872.48	1.36	4.60	10.91	26.38
水泥、石灰和石膏的制造	3110	13454	167.27	0.32	1.37	3.91	8.67
水泥及石膏制品制造	3120	34871	87.92	0.19	0.54	1.30	2.81
砖瓦、石材及其他建筑材料制造	3130	80338	364.45	0.25	0.89	1.39	4.94
玻璃及玻璃制品制造	3140	12142	97.97	0.26	0.75	1.80	3.94
陶瓷制品制造	3150	7157	75.10	0.10	0.37	0.97	2.87
耐火材料制品制造	3160	9174	43.99	0.13	0.32	0.60	1.31
石墨及其他非金属矿物制品制造	3190	8426	35.78	0.11	0.35	0.94	1.84
黑色金属冶炼及压延加工业	3200	21812	312.61	1.05	3.82	26.77	34.40
炼铁	3210	5121	48.25	0.10	0.34	1.45	3.38
炼钢	3220	1154	53.24	0.20	0.82	6.62	6.26
钢压延加工	3230	12454	180.38	0.66	2.43	17.94	23.06
铁合金冶炼	3240	3083	30.74	0.08	0.24	0.75	1.71
有色金属冶炼及压延加工业	3300	16053	151.67	0.46	1.93	7.86	11.04
常用有色金属冶炼	3310	4618	73.04	0.22	1.10	5.82	7.08
贵金属冶炼	3320	484	6.37	0.01	0.03	0.09	0.23
稀有稀上金属冶炼	3330	842	8.04	0.02	0.08	0.27	0.39
有色金属合金制造	3340	1239	7.38	0.02	0.09	0.37	0.51
有色金属压延加工	3350	8870	56.83	0.18	0.62	1.31	2.83
金属制品业	3400	86383	363.52	1.02	3.06	6.09	15.11
结构性金属制品制造	3410	27708	95.16	0.38	1.04	2.13	5.10
金属工具制造	3420	12200	53.21	0.13	0.47	0.93	2.48
集装箱及金属包装容器制造	3430	4649	27.03	0.10	0.27	0.57	1.38
金属丝绳及其制品的制造	3440	5085	22.71	0.05	0.16	0.42	1.18
建筑、安全用金属制品制造	3450	10462	50.17	0.12	0.37	0.68	1.50
金属表面处理及热处理加工	3460	8085	31.64	0.06	0.18	0.28	0.74
搪瓷制品制造	3470	800	5.81	0.01	0.03	0.08	0.22
不锈钢及类似日用金属制品制造	3480	8591	44.96	0.07	0.24	0.38	1.08
其他金属制品制造	3490	8803	32.83	0.09	0.29	0.63	1.41
通用设备制造业	3500	118985	543.77	2.13	7.10	20.03	41.90
锅炉及原动机制造	3510	5497	46.72	0.21	0.82	2.84	6.10
金属加工机械制造	3520	11881	58.92	0.26	1.08	3.61	5.96
起重运输设备制造	3530	4091	34.74	0.16	0.61	2.00	3.88
泵、阀门、压缩机及类似机械的制造	3540	16419	79.68	0.34	1.04	2.90	6.43
轴承、齿轮、传动和驱动部件的制造	3550	8757	59.98	0.18	0.67	2.23	4.95
烘炉、熔炉及电炉制造	3560	1275	4.13	0.03	0.07	0.11	0.30
风机、衡器、包装设备等通用设备制造	3570	14277	70.97	0.34	0.95	2.05	4.71
通用零部件制造及机械修理	3580	31797	89.29	0.32	0.97	2.10	4.43
金属铸、锻加工	3590	24991	99.36	0.28	0.87	2.20	5.15
专用设备制造业	3600	58471	320.90	1.57	5.02	17.09	30.52
矿山、冶金、建筑专用设备制造	3610	9092	71.14	0.33	1.27	5.06	8.60

2-38 续表 4

行业中类	代码	企业法人单位数（个）	就业人数（万人）	#高级技师	#技师	#高级工	#中级工
化工、木材、非金属加工专用设备制造	3620	14671	60.33	0.34	0.93	1.98	3.70
食品、饮料、烟草及饲料生产专用设备制造	3630	3175	15.38	0.08	0.28	0.87	1.24
印刷、制药、日化生产专用设备制造	3640	4095	19.31	0.10	0.33	0.75	1.59
纺织、服装和皮革工业专用设备制造	3650	7152	35.64	0.13	0.34	1.18	2.88
电子和电工机械专用设备制造	3660	3672	36.79	0.14	0.54	4.06	4.81
农、林、牧、渔专用机械制造	3670	5574	36.42	0.11	0.53	1.72	4.88
医疗仪器设备及器械制造	3680	3734	19.55	0.09	0.20	0.36	0.86
环保、社会公共安全及其他专用设备制造	3690	7306	26.34	0.26	0.61	1.11	1.96
交通运输设备制造业	3700	56529	443.58	1.90	6.58	23.67	43.87
铁路运输设备制造	3710	2151	37.06	0.08	0.49	3.78	5.18
汽车制造	3720	39496	267.39	1.32	3.98	11.77	24.75
摩托车制造	3730	5566	48.57	0.18	0.59	1.26	3.04
自行车制造	3740	4104	23.45	0.04	0.12	0.16	0.65
船舶及浮动装置制造	3750	4065	35.26	0.12	0.55	2.37	4.90
航空航天器制造	3760	277	27.91	0.12	0.82	4.26	5.12
交通器材及其他交通运输设备制造	3790	870	3.94	0.03	0.04	0.07	0.22
电气机械及器材制造业	3900	63475	459.49	2.21	4.54	10.16	20.65
电机制造	3910	6495	54.42	0.15	0.57	1.96	4.02
输配电及控制设备制造	3920	21091	127.14	0.54	1.51	3.24	6.62
电线、电缆、光缆及电工器材制造	3930	11720	73.42	0.27	0.74	1.60	3.26
电池制造	3940	2716	34.44	0.82	0.55	0.82	1.67
家用电力器具制造	3950	7364	84.25	0.20	0.59	1.35	2.65
非电力家用器具制造	3960	2054	8.94	0.05	0.10	0.14	0.31
照明器具制造	3970	9832	67.99	0.13	0.37	0.75	1.67
其他电气机械及器材制造	3990	2203	8.88	0.05	0.11	0.29	0.46
通信设备、计算机及其他电子设备制造业	4000	29058	457.89	1.28	3.48	6.67	13.91
通信设备制造	4010	3634	54.20	0.23	0.79	1.08	2.07
雷达及配套设备制造	4020	101	3.50	0.01	0.08	0.44	0.61
广播电视设备制造	4030	1394	11.77	0.04	0.11	0.14	0.42
电子计算机制造	4040	2855	85.88	0.22	0.53	1.02	1.66
电子器件制造	4050	4093	63.24	0.18	0.49	1.27	2.72
电子元件制造	4060	12249	166.32	0.41	0.99	1.82	4.33
家用视听设备制造	4070	2566	59.04	0.15	0.37	0.73	1.73
其他电子设备制造	4090	2166	13.94	0.05	0.12	0.17	0.38
仪器仪表及文化、办公用机械制造业	4100	17504	119.00	0.48	1.39	3.32	7.21
通用仪器仪表制造	4110	8526	37.28	0.23	0.62	1.42	2.66
专用仪器仪表制造	4120	2653	12.59	0.08	0.19	0.56	1.18
钟表与计时仪器制造	4130	1597	17.56	0.04	0.13	0.26	0.62
光学仪器及眼镜制造	4140	2773	28.16	0.07	0.25	0.76	1.75
文化、办公用机械制造	4150	1270	20.97	0.05	0.16	0.25	0.88
其他仪器仪表的制造及修理	4190	685	2.44	0.01	0.03	0.08	0.12
工艺品及其他制造业	4200	34352	207.45	0.28	0.92	2.74	6.69
工艺美术品制造	4210	22251	147.81	0.20	0.54	1.06	3.87
日用杂品制造	4220	5789	38.20	0.02	0.09	0.20	0.59
煤制品制造	4230	3937	5.04	0.01	0.01	0.02	0.08
其他未列明的制造业	4290	2375	16.40	0.05	0.28	1.46	2.15
废弃资源和废旧材料回收加工业	4300	3811	8.82	0.01	0.03	0.06	0.18
金属废料和碎屑的加工处理	4310	1656	5.22	0.01	0.01	0.04	0.12

2-38 续表 5

行业中类	代码	企业法人单位数（个）	就业人数（万人）	#高级技师	#技　师	#高级工	#中级工
非金属废料和碎屑的加工处理	4320	2155	3.60	0.01	0.02	0.02	0.05
电力、燃气及水的生产和供应业	**D**	**39652**	**363.38**	**0.76**	**5.77**	**31.93**	**42.06**
电力、热力的生产和供应业	4400	26048	286.44	0.65	4.89	26.31	33.11
电力生产	4410	22261	138.79	0.37	2.35	12.61	17.64
电力供应	4420	2216	129.79	0.23	2.33	12.26	13.79
热力生产和供应	4430	1571	17.86	0.04	0.22	1.45	1.68
燃气生产和供应业	4500	1544	17.88	0.04	0.21	1.46	2.39
水的生产和供应业	4600	12060	59.06	0.08	0.67	4.16	6.57
自来水的生产和供应	4610	11259	56.70	0.07	0.65	4.03	6.40
污水处理及其再生利用	4620	660	2.15	0.01	0.02	0.13	0.17
其他水的处理、利用与分配	4690	141	0.22			0.01	0.01
建筑业	**E**	**128177**	**2792.30**	**10.17**	**36.26**	**121.53**	**293.35**
房屋和土木工程建筑业	4700	56786	2344.62	7.61	28.86	101.44	249.68
房屋工程建筑	4710	38021	1871.38	5.73	21.47	67.27	203.24
土木工程建筑	4720	18765	473.24	1.87	7.39	34.17	46.45
建筑安装业	4800	23464	246.97	1.44	4.37	13.27	25.25
建筑装饰业	4900	37493	122.23	0.78	1.98	3.26	7.81
其他建筑业	5000	10434	78.48	0.33	1.06	3.57	10.60
工程准备	5010	4401	21.52	0.09	0.23	0.92	1.38
提供施工设备服务	5020	840	8.65	0.02	0.11	0.45	1.10
其他未列明的建筑活动	5090	5193	48.30	0.22	0.72	2.19	8.12
交通运输、仓储和邮政业	**F**	**73952**	**580.74**	**0.82**	**3.66**	**19.60**	**37.84**
道路运输业	5200	30945	203.79	0.40	1.72	5.88	10.37
公路旅客运输	5210	5261	88.78	0.17	0.88	3.23	5.37
道路货物运输	5220	21800	89.78	0.17	0.69	1.84	3.64
道路运输辅助活动	5230	3884	25.23	0.05	0.15	0.81	1.36
城市公共交通业	5300	5855	124.53	0.06	0.58	3.65	10.65
公共电汽车客运	5310	1407	78.04	0.02	0.41	2.99	7.56
轨道交通	5320	74	3.78		0.03	0.23	0.58
出租车客运	5330	4102	39.20	0.02	0.13	0.38	2.26
城市轮渡	5340	54	0.85		0.01	0.02	0.12
其他城市公共交通	5390	218	2.67		0.01	0.04	0.11
水上运输业	5400	4790	69.24	0.15	0.57	2.55	5.68
水上旅客运输	5410	632	4.10	0.01	0.06	0.06	0.19
水上货物运输	5420	2835	38.73	0.12	0.32	1.18	2.74
水上运输辅助活动	5430	1323	26.40	0.02	0.19	1.30	2.75
航空运输业	5500	462	20.72	0.05	0.07	0.70	0.56
航空客货运输	5510	122	12.58	0.04	0.03	0.53	0.37
通用航空服务	5520	102	0.47		0.01		0.01
航空运输辅助活动	5530	238	7.67	0.01	0.03	0.16	0.18
管道运输业	5600	39	1.56	0.01	0.02	0.24	0.23
装卸搬运和其他运输服务业	5700	19791	61.93	0.04	0.14	0.48	1.23
装卸搬运	5710	4588	32.03	0.02	0.09	0.34	0.82
运输代理服务	5720	15203	29.89	0.02	0.06	0.14	0.42
仓储业	5800	10157	38.66	0.06	0.25	0.71	1.07
谷物、棉花等农产品仓储	5810	2952	15.62	0.03	0.16	0.41	0.55
其他仓储	5890	7205	23.05	0.03	0.09	0.30	0.52
邮政业	5900	1912	58.65	0.05	0.28	5.06	7.60

2-38 续表 6

行业中类	代码	企业法人单位数（个）	就业人数（万人）				
				#高级技师	#技 师	#高 级 工	#中 级 工
国家邮政	5910	477	54.97	0.05	0.28	5.03	7.55
其他寄递服务	5990	1435	3.68			0.03	0.05
信息传输、计算机服务和软件业	G	**67380**	**230.13**	**0.75**	**1.20**	**6.96**	**9.62**
电信和其他信息传输服务业	6000	9351	157.08	0.38	0.61	6.35	8.73
电信	6010	2698	142.88	0.32	0.51	6.08	8.28
互联网信息服务	6020	5471	8.01	0.03	0.05	0.05	0.06
广播电视传输服务	6030	1050	5.85	0.03	0.05	0.21	0.37
卫星传输服务	6040	132	0.34				0.01
计算机服务业	6100	37041	31.35	0.15	0.26	0.28	0.37
计算机系统服务	6110	7468	11.75	0.08	0.11	0.13	0.17
数据处理	6120	585	1.60	0.01		0.01	0.01
计算机维修	6130	1552	1.65	0.02	0.06	0.05	0.04
其他计算机服务	6190	27436	16.35	0.05	0.09	0.09	0.16
软件业	6200	20988	41.70	0.23	0.32	0.33	0.52
公共软件服务	6210	16201	33.51	0.19	0.27	0.27	0.38
其他软件服务	6290	4787	8.19	0.04	0.06	0.06	0.13
批发和零售业	H	**883625**	**1382.42**	**3.33**	**7.57**	**16.72**	**34.01**
批发业	6300	530807	772.73	1.77	4.06	8.97	15.81
农畜产品批发	6310	29382	82.98	0.21	0.73	2.00	2.94
食品、饮料及烟草制品批发	6320	44399	116.66	0.15	0.46	1.77	2.92
纺织、服装及日用品批发	6330	53771	68.17	0.09	0.24	0.28	0.51
文化、体育用品及器材批发	6340	19666	22.35	0.03	0.09	0.41	0.54
医药及医疗器材批发	6350	15482	43.74	0.11	0.28	0.54	1.16
矿产品、建材及化工产品批发	6360	174836	224.88	0.40	0.82	2.13	4.00
机械设备、五金交电及电子产品批发	6370	150456	167.24	0.66	1.25	1.53	2.92
贸易经纪与代理	6380	7864	8.05	0.02	0.03	0.04	0.18
其他批发	6390	34951	38.66	0.08	0.16	0.27	0.65
零售业	6500	352818	609.69	1.56	3.51	7.75	18.21
综合零售	6510	46378	229.58	0.40	0.77	2.27	7.78
食品、饮料及烟草制品专门零售	6520	32936	48.71	0.08	0.21	0.55	1.35
纺织、服装及日用品专门零售	6530	36821	51.03	0.09	0.18	0.34	0.82
文化、体育用品及器材专门零售	6540	27417	34.03	0.06	0.16	1.48	1.83
医药及医疗器材专门零售	6550	23913	43.00	0.12	0.38	0.72	1.72
汽车、摩托车、燃料及零配件专门零售	6560	47862	67.43	0.36	0.86	1.26	2.44
家用电器及电子产品专门零售	6570	55895	63.63	0.27	0.59	0.52	0.98
五金、家具及室内装修材料专门零售	6580	48943	40.76	0.08	0.17	0.28	0.64
无店铺及其他零售	6590	32653	31.51	0.11	0.20	0.33	0.65
住宿和餐饮业	I	**91798**	**424.42**	**1.56**	**4.18**	**8.26**	**15.52**
住宿业	6600	38667	214.70	0.71	2.18	6.04	10.42
旅游饭店	6610	12076	146.40	0.55	1.66	4.42	8.04
一般旅馆	6620	23702	61.24	0.14	0.45	1.47	2.17
其他住宿服务	6690	2889	7.05	0.02	0.06	0.15	0.21
餐饮业	6700	53131	209.72	0.86	2.00	2.22	5.10
正餐服务	6710	42759	176.67	0.81	1.85	2.07	4.63
快餐服务	6720	3432	20.80	0.02	0.05	0.07	0.25
饮料及冷饮服务	6730	2813	3.79	0.01	0.03	0.01	0.03
其他餐饮服务	6790	4127	8.46	0.02	0.06	0.08	0.19

2-38 续表 7

行业中类	代码	企业法人单位数(个)	就业人数(万人)				
				#高级技师	#技师	#高级工	#中级工
金融业	J	**22831**	**362.44**	**0.23**	**0.61**	**1.17**	**2.05**
银行业	6800	15691	236.15	0.15	0.43	0.96	1.22
中央银行	6810	24	1.05			0.01	0.01
商业银行	6820	15005	226.87	0.14	0.39	0.91	1.17
其他银行	6890	662	8.24	0.01	0.04	0.05	0.05
证券业	6900	833	9.91	0.01		0.01	0.02
证券市场管理	6910	35	0.18				
证券经纪与交易	6920	643	8.83	0.01		0.01	0.02
证券投资	6930	71	0.59				
证券分析与咨询	6940	84	0.31				
保险业	7000	3683	111.66	0.07	0.16	0.18	0.78
人寿保险	7010	1351	90.90	0.05	0.10	0.13	0.70
非人寿保险	7020	1381	17.82	0.01	0.05	0.04	0.07
保险辅助服务	7030	951	2.94				0.01
其他金融活动	7100	2624	4.73	0.01	0.02	0.02	0.03
金融信托与管理	7110	234	1.37			0.01	
金融租赁	7120	27	0.08				
财务公司	7130	103	0.35				
邮政储蓄	7140	6	0.25				0.01
典当	7150	1155	1.11			0.01	0.01
其他未列明的金融活动	7190	1099	1.57		0.01	0.01	0.01
房地产业	K	**125086**	**385.63**	**1.58**	**3.78**	**6.70**	**12.71**
房地产业	7200	125086	385.63	1.58	3.78	6.70	12.71
房地产开发经营	7210	59182	158.15	1.11	2.30	3.35	6.16
物业管理	7220	30959	139.26	0.35	1.06	2.55	5.13
房地产中介服务	7230	19666	23.11	0.04	0.14	0.16	0.29
其他房地产活动	7290	15279	65.12	0.08	0.28	0.64	1.14
租赁和商务服务业	L	**201365**	**367.90**	**0.71**	**1.46**	**3.91**	**7.07**
租赁业	7300	8833	12.11	0.03	0.09	0.19	0.40
机械设备租赁	7310	8153	11.50	0.03	0.09	0.17	0.37
文化及日用品出租	7320	680	0.62			0.02	0.02
商务服务业	7400	192532	355.79	0.68	1.37	3.72	6.67
企业管理服务	7410	31926	105.03	0.18	0.56	2.32	3.46
法律服务	7420	4786	6.29		0.01		0.01
咨询与调查	7430	56069	56.92	0.21	0.20	0.29	0.50
广告业	7440	37210	34.68	0.09	0.21	0.22	0.47
知识产权服务	7450	2171	2.18	0.01	0.01	0.01	0.01
职业中介服务	7460	7334	32.96	0.03	0.06	0.27	0.92
市场管理	7470	10472	26.58	0.03	0.07	0.18	0.33
旅行社	7480	12631	20.53	0.03	0.05	0.12	0.26
其他商务服务	7490	29933	70.61	0.10	0.20	0.31	0.71
科学研究、技术服务和地质勘查业	M	**70562**	**165.10**	**0.80**	**1.51**	**5.18**	**6.36**
研究与试验发展	7500	7865	20.02	0.12	0.21	0.93	0.97
自然科学研究与试验发展	7510	671	1.95	0.01	0.03	0.18	0.16
工程和技术研究与试验发展	7520	4280	13.62	0.07	0.14	0.66	0.72
农业科学研究与试验发展	7530	1010	1.90	0.02	0.02	0.06	0.06
医学研究与试验发展	7540	1715	2.28	0.02	0.02	0.03	0.03

2-38 续表 8

行业中类	代码	企业法人单位数（个）	就业人数（万人）	#高级技师	#技 师	#高 级 工	#中 级 工
社会人文科学研究与试验发展	7550	189	0.27				
专业技术服务业	7600	42807	110.45	0.46	0.89	2.62	3.38
气象服务	7610	374	0.43	0.01	0.01	0.01	0.01
地震服务	7620	49	0.09				0.01
海洋服务	7630	73	0.19				0.03
测绘服务	7640	1122	1.98	0.01	0.02	0.08	0.11
技术检测	7650	3256	7.97	0.05	0.11	0.27	0.42
环境监测	7660	433	0.67	0.01	0.01	0.01	0.01
工程技术与规划管理	7670	21172	75.00	0.26	0.51	1.76	1.99
其他专业技术服务	7690	16328	24.12	0.13	0.24	0.49	0.80
科技交流和推广服务业	7700	18850	26.50	0.20	0.32	0.73	1.01
技术推广服务	7710	10808	15.98	0.12	0.20	0.48	0.64
科技中介服务	7720	3566	4.30	0.02	0.05	0.12	0.15
其他科技服务	7790	4476	6.22	0.05	0.07	0.13	0.21
地质勘查业	7800	1040	8.13	0.02	0.08	0.90	1.00
矿产地质勘查	7810	350	2.88	0.01	0.02	0.33	0.40
基础地质勘查	7820	210	1.47	0.01	0.02	0.22	0.19
地质勘查技术服务	7830	480	3.78	0.01	0.05	0.35	0.41
水利、环境和公共设施管理业	**N**	**12287**	**38.02**	**0.14**	**0.39**	**1.54**	**2.49**
水利管理业	7900	1065	3.37	0.01	0.08	0.34	0.38
防洪管理	7910	59	0.18		0.01	0.01	0.01
水资源管理	7920	676	2.33	0.01	0.02	0.28	0.27
其他水利管理	7990	330	0.86	0.01	0.05	0.05	0.10
环境管理业	8000	2416	8.25	0.02	0.05	0.25	0.43
自然保护	8010	186	0.96		0.01	0.02	0.04
环境治理	8020	2230	7.29	0.02	0.04	0.23	0.39
公共设施管理业	8100	8806	26.40	0.10	0.26	0.94	1.68
市政公共设施管理	8110	1069	4.38	0.01	0.03	0.32	0.49
城市绿化管理	8120	4750	10.56	0.06	0.16	0.39	0.71
游览景区管理	8130	2987	11.46	0.03	0.07	0.24	0.48
居民服务和其他服务业	**O**	**72869**	**119.02**	**0.70**	**2.18**	**2.37**	**4.94**
居民服务业	8200	33610	51.17	0.33	1.26	0.68	1.30
家庭服务	8210	1737	2.46		0.01	0.01	0.04
托儿所	8220	125	0.12				
洗染服务	8230	1523	2.55	0.02	0.03	0.05	0.09
理发及美容保健服务	8240	10159	10.32	0.17	0.52	0.19	0.38
洗浴服务	8250	6388	16.14	0.05	0.47	0.07	0.23
婚姻服务	8260	1101	0.53				
殡葬服务	8270	895	2.24	0.01	0.01	0.03	0.05
摄影扩印服务	8280	4562	5.00	0.05	0.14	0.14	0.15
其他居民服务	8290	7120	11.81	0.03	0.09	0.19	0.37
其他服务业	8300	39259	67.85	0.37	0.92	1.69	3.63
修理与维护	8310	18646	23.46	0.27	0.63	1.06	2.37
清洁服务	8320	5135	15.46	0.01	0.05	0.09	0.15
其他未列明的服务	8390	15478	28.94	0.08	0.24	0.54	1.11
教育	**P**	**9916**	**20.32**	**0.10**	**0.21**	**0.46**	**0.62**
教育	8400	9916	20.32	0.10	0.21	0.46	0.62

2-38 续表 9

行业中类	代码	企业法人单位数（个）	就业人数（万人）	#高级技师	#技 师	#高 级 工	#中 级 工
学前教育	8410	1848	2.61		0.01	0.01	0.03
初等教育	8420	397	1.96			0.01	0.05
中等教育	8430	621	2.68	0.01	0.02	0.06	0.07
高等教育	8440	110	0.81		0.01	0.03	0.02
其他教育	8490	6940	12.26	0.08	0.17	0.35	0.45
卫生、社会保障和社会福利业	**Q**	**14875**	**26.37**	**0.09**	**0.28**	**0.24**	**0.33**
卫生	8500	14214	25.23	0.09	0.28	0.23	0.31
医院	8510	2390	17.80	0.06	0.21	0.20	0.24
卫生院及社区医疗活动	8520	1585	2.14	0.01	0.01	0.01	0.02
门诊部医疗活动	8530	9530	4.06	0.01	0.04	0.02	0.04
计划生育技术服务活动	8540	55	0.05				
妇幼保健活动	8550	38	0.10				
专科疾病防治活动	8560	159	0.20				
疾病预防控制及防疫活动	8570	102	0.22				
其他卫生活动	8590	355	0.67		0.01		
社会保障业	8600	132	0.51				
社会福利业	8700	529	0.63			0.01	0.01
提供住宿的社会福利	8710	329	0.46				
不提供住宿的社会福利	8720	200	0.17				0.01
文化、体育和娱乐业	**R**	**22639**	**49.76**	**0.11**	**0.40**	**1.06**	**1.45**
新闻出版业	8800	1661	10.34	0.01	0.04	0.35	0.33
新闻业	8810	48	0.68			0.01	0.03
出版业	8820	1613	9.67	0.01	0.04	0.33	0.31
广播、电视、电影和音像业	8900	4566	9.90	0.03	0.10	0.45	0.57
广播	8910	145	0.58			0.02	0.02
电视	8920	961	2.18	0.01	0.01	0.05	0.08
电影	8930	2739	6.46	0.02	0.09	0.38	0.46
音像制作	8940	721	0.69				
文化艺术业	9000	4399	4.03	0.01	0.01	0.05	0.09
文艺创作与表演	9010	781	1.05			0.01	0.02
艺术表演场馆	9020	194	0.32			0.01	0.02
图书馆与档案馆	9030	42	0.03				
文物及文化保护	9040	78	0.13				
博物馆	9050	107	0.14				0.01
烈士陵园、纪念馆	9060	17	0.07				
群众文化活动	9070	485	0.46			0.01	0.02
文化艺术经纪代理	9080	945	0.63			0.01	0.01
其他文化艺术	9090	1750	1.19			0.01	0.02
体育	9100	1278	2.10	0.01	0.02	0.04	0.07
体育组织	9110	320	0.51				
体育场馆	9120	564	0.94			0.02	0.03
其他体育	9190	394	0.65	0.01	0.01	0.02	0.05
娱乐业	9200	10735	23.39	0.05	0.22	0.17	0.38
室内娱乐活动	9210	6745	11.34	0.01	0.07	0.05	0.11
游乐园	9220	398	2.07		0.02	0.03	0.05
休闲健身娱乐活动	9230	2542	8.18	0.03	0.12	0.07	0.19
其他娱乐活动	9290	1050	1.79		0.01	0.02	0.03

2-39 按登记注册类型、技术等级分组的企业法人单位就业人数

登记注册类型	企业法人单位数（个）	就业人数（万人）	#高级技师	#技 师	#高 级 工	#中 级 工
按登记注册类型分组	**3249342**	**16693.01**	**44.18**	**144.31**	**469.22**	**941.28**
内资	**3097559**	**14361.43**	**38.65**	**130.49**	**441.90**	**872.73**
国有	178751	2408.83	5.08	25.82	152.22	219.49
集体	342569	1515.48	3.07	10.15	24.67	71.42
股份合作	107021	378.89	1.11	3.22	6.18	16.23
联营企业	16499	86.42	0.21	0.71	2.64	5.47
国有联营	2834	20.41	0.06	0.26	1.29	1.49
集体联营	6189	23.32	0.05	0.16	0.32	0.97
国有与集体联营	2756	20.07	0.05	0.14	0.66	1.67
其他联营	4720	22.62	0.05	0.16	0.37	1.34
有限责任公司	355084	3502.33	10.39	37.28	144.07	283.32
国有独资公司	9725	489.43	0.74	5.76	40.16	60.30
其他有限责任公司	345359	3012.90	9.65	31.52	103.91	223.02
股份有限公司	60865	1058.77	3.16	11.43	46.98	88.65
私营企业	1982108	5304.51	15.34	41.05	63.85	184.94
私营独资	667084	1394.97	2.38	7.14	9.56	29.21
私营合伙	143970	352.90	0.66	1.85	2.32	7.89
私营有限责任公司	1099228	3303.85	11.18	29.04	47.47	134.90
私营股份有限公司	71826	252.79	1.12	3.02	4.51	12.94
其他内资	54662	106.20	0.30	0.83	1.28	3.21
港澳台商投资	**74327**	**1187.03**	**3.25**	**7.53**	**13.96**	**34.49**
与港澳台合资经营	23707	360.26	1.38	2.86	5.46	13.97
与港澳台合作经营	5429	82.41	0.19	0.52	0.87	2.05
港澳台商独资	44236	717.88	1.63	3.85	6.47	15.84
港澳台商投资股份有限公司	955	26.48	0.05	0.31	1.16	2.63
外商投资	**77456**	**1144.56**	**2.28**	**6.29**	**13.36**	**34.06**
中外合资经营	30392	452.08	1.13	3.21	7.46	18.36
中外合作经营	4959	71.30	0.15	0.39	0.83	2.18
外资企业	40830	583.21	0.90	2.32	3.91	11.12
外商投资股份有限公司	1275	37.97	0.10	0.38	1.16	2.41

第3篇

事业、机关、社团民办非企业篇

3-1 按行业（中类)分组的事业法人单位数及就业人数

行业中类	代码	事业法人单位数(个)	单产业法人	多产业法人	就业人数(万人)	#女性
总计	0000	**663310**	**593177**	**70133**	**2721.55**	**1242.27**
农、林、牧、渔业	A	**627**		**627**	**6.16**	**2.08**
农业	0100	26		26	0.42	0.15
谷物及其他作物的种植	0110	20		20	0.36	0.13
水果、坚果、饮料和香料作物的种植	0130	6		6	0.06	0.02
林业	0200	153		153	3.55	1.14
林木的培育和种植	0210	143		143	3.21	1.03
木材和竹材的采运	0220	9		9	0.25	0.09
林产品的采集	0230	1		1	0.09	0.02
畜牧业	0300	23		23	0.69	0.26
牲畜的饲养	0310	14		14	0.60	0.23
猪的饲养	0320	4		4	0.03	0.01
其他畜牧业	0390	5		5	0.07	0.02
渔业	0400	2		2	0.02	0.01
内陆渔业	0420	2		2	0.02	0.01
农、林、牧、渔服务业	0500	423		423	1.48	0.52
农业服务业	0510	253		253	0.92	0.37
林业服务业	0520	42		42	0.16	0.04
畜牧服务业	0530	123		123	0.37	0.10
渔业服务业	0540	5		5	0.03	0.01
制造业	C	**16**	**16**		**0.17**	**0.06**
家具制造业	2100	1	1			
木质家具制造	2110	1	1			
印刷业和记录媒介的复制	2300	9	9		0.04	0.02
印刷	2310	9	9		0.04	0.02
化学原料及化学制品制造业	2600	1	1			
涂料、油墨、颜料及类似产品制造	2640	1	1			
非金属矿物制品业	3100	1	1		0.01	
石墨及其他非金属矿物制品制造	3190	1	1		0.01	
通用设备制造业	3500	2	2		0.11	0.03
轴承、齿轮、传动和驱动部件的制造	3550	1	1		0.11	0.03
通用零部件制造及机械修理	3580	1	1			
交通运输设备制造业	3700	2	2		0.01	
汽车制造	3720	1	1			
交通器材及其他交通运输设备制造	3790	1	1			
电力、燃气及水的生产和供应业	D	**138**	**129**	**9**	**1.05**	**0.33**
电力、热力的生产和供应业	4400	72	67	5	0.59	0.16
电力生产	4410	21	20	1	0.19	0.05
电力供应	4420	7	6	1	0.04	0.01
热力生产和供应	4430	44	41	3	0.36	0.09

3-1 续表 1

行业中类	代码	事业法人单位数(个)	单产业法人	多产业法人	就业人数(万人)	#女性
燃气生产和供应业	4500	4	4		0.03	0.01
水的生产和供应业	4600	62	58	4	0.43	0.16
自来水的生产和供应	4610	49	46	3	0.30	0.12
污水处理及其再生利用	4620	13	12	1	0.13	0.04
建筑业	E	**16**	**14**	**2**	**0.25**	**0.04**
房屋和土木工程建筑业	4700	15	13	2	0.25	0.04
房屋工程建筑	4710	1	1			
土木工程建筑	4720	14	12	2	0.25	0.04
建筑装饰业	4900	1	1			
交通运输、仓储和邮政业	F	**5899**	**4791**	**1108**	**44.67**	**12.83**
道路运输业	5200	4886	3864	1022	39.95	11.56
公路旅客运输	5210	13	9	4	0.06	0.03
道路货物运输	5220	17	16	1	0.06	0.02
道路运输辅助活动	5230	4856	3839	1017	39.82	11.51
城市公共交通业	5300	24	20	4	0.37	0.12
公共电汽车客运	5310	7	5	2	0.15	0.05
轨道交通	5320	4	4		0.13	0.05
出租车客运	5330	6	4	2	0.04	
城市轮渡	5340	2	2		0.04	0.01
其他城市公共交通	5390	5	5		0.01	
水上运输业	5400	427	382	45	1.55	0.32
水上旅客运输	5410	4	4		0.03	0.01
水上货物运输	5420	7	6	1	0.02	
水上运输辅助活动	5430	416	372	44	1.50	0.31
航空运输业	5500	15	14	1	0.16	0.04
航空客货运输	5510	1	1		0.01	
通用航空服务	5520	2	2			
航空运输辅助活动	5530	12	11	1	0.15	0.04
装卸搬运和其他运输服务业	5700	11	10	1	0.07	0.02
运输代理服务	5720	11	10	1	0.07	0.02
仓储业	5800	535	500	35	2.56	0.76
谷物、棉花等农产品仓储	5810	229	218	11	0.74	0.21
其他仓储	5890	306	282	24	1.82	0.55
邮政业	5900	1	1			
国家邮政	5910	1	1			
信息传输、计算机服务和软件业	G	**3848**	**3690**	**158**	**7.62**	**2.40**
电信和其他信息传输服务业	6000	3175	3023	152	6.60	2.03
电信	6010	10	10		0.08	0.03
互联网信息服务	6020	248	246	2	0.31	0.12

3-1 续表 2

行业中类	代码	事业法人单位数（个）	单产业法人	多产业法人	就业人数（万人）	#女性
广播电视传输服务	6030	2878	2732	146	6.03	1.83
卫星传输服务	6040	39	35	4	0.17	0.05
计算机服务业	6100	593	589	4	0.83	0.30
计算机系统服务	6110	145	145		0.32	0.12
数据处理	6120	296	296		0.31	0.11
计算机维修	6130	17	16	1	0.02	
其他计算机服务	6190	135	132	3	0.18	0.06
软件业	6200	80	78	2	0.20	0.07
公共软件服务	6210	62	60	2	0.17	0.05
其他软件服务	6290	18	18		0.03	0.01
批发和零售业	H	**23**	**19**	**4**	**0.04**	**0.02**
批发业	6300	11	10	1	0.02	0.01
农畜产品批发	6310	3	3			
食品、饮料及烟草制品批发	6320	2	2			
文化、体育用品及器材批发	6340	2	1	1		
医药及医疗器材批发	6350	2	2			
机械设备、五金交电及电子产品批发	6370	1	1			
贸易经纪与代理	6380	1	1			
零售业	6500	12	9	3	0.03	0.01
食品、饮料及烟草制品专门零售	6520	5	5			
纺织、服装及日用品专门零售	6530	1	1			
文化、体育用品及器材专门零售	6540	4	1	3	0.02	0.01
汽车、摩托车、燃料及零配件专门零售	6560	1	1			
无店铺及其他零售	6590	1	1			
住宿和餐饮业	I	**405**	**361**	**44**	**3.26**	**1.72**
住宿业	6600	358	317	41	2.93	1.55
旅游饭店	6610	138	113	25	1.96	1.00
一般旅馆	6620	190	175	15	0.84	0.47
其他住宿服务	6690	30	29	1	0.13	0.07
餐饮业	6700	47	44	3	0.32	0.17
正餐服务	6710	43	40	3	0.30	0.16
快餐服务	6720	2	2		0.01	
饮料及冷饮服务	6730	1	1			
其他餐饮服务	6790	1	1		0.01	
金融业	J	**398**	**258**	**140**	**3.40**	**1.08**
银行业	6800	269	133	136	2.86	0.90
中央银行	6810	245	120	125	2.54	0.78
商业银行	6820	18	9	9	0.29	0.11
其他银行	6890	6	4	2	0.04	0.01

3-1 续表 3

行业中类	代码	事业法人单位数（个）	单产业法人	多产业法人	就业人数（万人）	#女性
证券业	6900	31	29	2	0.22	0.06
证券市场管理	6910	26	24	2	0.21	0.06
证券经纪与交易	6920	4	4		0.02	
证券分析与咨询	6940	1	1			
保险业	7000	24	23	1	0.22	0.07
人寿保险	7010	1	1			
非人寿保险	7020	3	3		0.01	
保险辅助服务	7030	20	19	1	0.21	0.07
其他金融活动	7100	74	73	1	0.10	0.04
金融信托与管理	7110	14	13	1	0.02	0.01
金融租赁	7120	1	1			
财务公司	7130	2	2		0.01	
典当	7150	2	2			
其他未列明的金融活动	7190	55	55		0.07	0.03
房地产业	**K**	**2369**	**2216**	**153**	**6.96**	**2.66**
房地产业	7200	2369	2216	153	6.96	2.66
房地产开发经营	7210	75	69	6	0.35	0.13
物业管理	7220	414	372	42	2.15	0.77
房地产中介服务	7230	290	287	3	0.38	0.17
其他房地产活动	7290	1590	1488	102	4.09	1.59
租赁和商务服务业	**L**	**31911**	**30741**	**1170**	**50.06**	**17.02**
租赁业	7300	73	62	11	0.16	0.06
机械设备租赁	7310	62	51	11	0.15	0.05
文化及日用品出租	7320	11	11		0.02	0.01
商务服务业	7400	31838	30679	1159	49.90	16.96
企业管理服务	7410	14657	13993	664	26.65	8.46
法律服务	7420	5304	5274	30	3.31	1.08
咨询与调查	7430	4991	4953	38	4.71	1.95
广告业	7440	102	100	2	0.31	0.12
知识产权服务	7450	213	210	3	0.48	0.23
职业中介服务	7460	3226	3132	94	3.42	1.35
市场管理	7470	1869	1577	292	7.36	2.75
旅行社	7480	155	150	5	0.19	0.08
其他商务服务	7490	1321	1290	31	3.47	0.94
科学研究、技术服务和地质勘查业	**M**	**63239**	**59003**	**4236**	**156.90**	**48.72**
研究与试验发展	7500	5860	5422	438	44.24	15.05
自然科学研究与试验发展	7510	647	595	52	7.35	2.45
工程和技术研究与试验发展	7520	1084	963	121	19.29	6.09
农业科学研究与试验发展	7530	2546	2351	195	11.95	4.19

3-1 续表 4

行业中类	代码	事业法人单位数（个）			就业人数（万人）	
			单产业法人	多产业法人		#女性
医学研究与试验发展	7540	341	308	33	2.02	1.00
社会人文科学研究与试验发展	7550	1242	1205	37	3.63	1.33
专业技术服务业	7600	25862	24950	912	51.50	16.63
气象服务	7610	2789	2498	291	4.79	1.69
地震服务	7620	1085	1043	42	1.26	0.39
海洋服务	7630	73	69	4	0.45	0.10
测绘服务	7640	843	824	19	2.97	0.84
技术检测	7650	6580	6380	200	13.24	4.53
环境监测	7660	1670	1632	38	4.07	1.58
工程技术与规划管理	7670	10975	10716	259	21.07	6.34
其他专业技术服务	7690	1847	1788	59	3.64	1.17
科技交流和推广服务业	7700	30163	27549	2614	37.49	11.20
技术推广服务	7710	26338	23852	2486	32.64	9.56
科技中介服务	7720	1889	1832	57	2.19	0.78
其他科技服务	7790	1936	1865	71	2.65	0.86
地质勘查业	7800	1354	1082	272	23.67	5.85
矿产地质勘查	7810	552	424	128	12.22	2.91
基础地质勘查	7820	442	334	108	6.87	1.71
地质勘查技术服务	7830	360	324	36	4.58	1.22
水利、环境和公共设施管理业	N	**31140**	**28991**	**2149**	**143.31**	**57.43**
水利管理业	7900	17255	16047	1208	43.44	11.56
防洪管理	7910	2061	1924	137	5.56	1.43
水资源管理	7920	8265	7525	740	28.06	7.54
其他水利管理	7990	6929	6598	331	9.81	2.59
环境管理业	8000	7115	6693	422	58.58	29.28
自然保护	8010	1496	1338	158	4.15	1.15
环境治理	8020	5619	5355	264	54.42	28.13
公共设施管理业	8100	6770	6251	519	41.29	16.59
市政公共设施管理	8110	2715	2515	200	16.71	5.57
城市绿化管理	8120	1947	1801	146	11.56	5.15
游览景区管理	8130	2108	1935	173	13.03	5.87
居民服务和其他服务业	O	**5268**	**5028**	**240**	**11.61**	**4.10**
居民服务业	8200	3624	3462	162	7.22	2.55
家庭服务	8210	44	42	2	0.08	0.04
托儿所	8220	134	131	3	0.30	0.27
洗染服务	8230	5	5		0.02	0.01
理发及美容保健服务	8240	52	48	4	0.15	0.07
洗浴服务	8250	42	38	4	0.11	0.06
婚姻服务	8260	159	155	4	0.11	0.07

3-1 续表 5

行业中类	代码	事业法人单位数（个）	单产业法人	多产业法人	就业人数（万人）	#女性
殡葬服务	8270	1945	1858	87	4.04	1.04
摄影扩印服务	8280	10	9	1	0.01	
其他居民服务	8290	1233	1176	57	2.41	0.97
其他服务业	8300	1644	1566	78	4.39	1.56
修理与维护	8310	98	92	6	0.32	0.12
清洁服务	8320	188	183	5	0.49	0.21
其他未列明的服务	8390	1358	1291	67	3.58	1.23
教育	**P**	**236763**	**202474**	**34289**	**1384.43**	**665.96**
教育	8400	236763	202474	34289	1384.43	665.96
学前教育	8410	11908	11333	575	34.85	31.45
初等教育	8420	134784	108256	26528	554.36	287.34
中等教育	8430	69407	63683	5724	594.51	260.70
高等教育	8440	4128	3534	594	153.34	65.68
其他教育	8490	16536	15668	868	47.38	20.79
卫生、社会保障和社会福利业	**Q**	**103453**	**89691**	**13762**	**489.36**	**283.28**
卫生	8500	86741	73333	13408	469.13	273.78
医院	8510	13524	10264	3260	286.79	178.02
卫生院及社区医疗活动	8520	39059	30447	8612	113.58	56.38
门诊部医疗活动	8530	10341	9908	433	7.89	3.95
计划生育技术服务活动	8540	12460	12257	203	12.06	7.40
妇幼保健活动	8550	2809	2581	228	15.80	12.28
专科疾病防治活动	8560	1371	1195	176	5.59	2.94
疾病预防控制及防疫活动	8570	4942	4520	422	21.43	9.83
其他卫生活动	8590	2235	2161	74	5.99	3.00
社会保障业	8600	8510	8349	161	9.92	4.53
社会福利业	8700	8202	8009	193	10.30	4.97
提供住宿的社会福利	8710	5751	5632	119	8.14	4.00
不提供住宿的社会福利	8720	2451	2377	74	2.17	0.98
文化、体育和娱乐业	**R**	**37624**	**35914**	**1710**	**92.52**	**37.42**
新闻出版业	8800	3196	2968	228	16.81	6.62
新闻业	8810	511	489	22	2.05	0.66
出版业	8820	2685	2479	206	14.76	5.97
广播、电视、电影和音像业	8900	9155	8550	605	29.93	10.79
广播	8910	3592	3445	147	7.86	2.90
电视	8920	3483	3174	309	17.20	5.97
电影	8930	1968	1821	147	4.66	1.78
音像制作	8940	112	110	2	0.22	0.13
文化艺术业	9000	22011	21297	714	37.54	16.99
文艺创作与表演	9010	2651	2578	73	11.30	4.61

3-1 续表 6

行业中类	代码	事业法人单位数（个）	单产业法人	多产业法人	就业人数（万人）	#女性
艺术表演场馆	9020	818	783	35	2.48	1.04
图书馆与档案馆	9030	4424	4315	109	7.10	4.27
文物及文化保护	9040	1860	1781	79	2.66	1.07
博物馆	9050	1301	1238	63	3.51	1.52
烈士陵园、纪念馆	9060	666	642	24	1.01	0.45
群众文化活动	9070	9145	8828	317	8.23	3.57
文化艺术经纪代理	9080	127	122	5	0.27	0.10
其他文化艺术	9090	1019	1010	9	0.96	0.37
体育	9100	2547	2417	130	6.97	2.46
体育组织	9110	1022	955	67	3.85	1.35
体育场馆	9120	798	751	47	1.98	0.71
其他体育	9190	727	711	16	1.14	0.40
娱乐业	9200	715	682	33	1.27	0.56
室内娱乐活动	9210	261	250	11	0.41	0.18
游乐园	9220	50	45	5	0.22	0.11
休闲健身娱乐活动	9230	128	125	3	0.15	0.05
其他娱乐活动	9290	276	262	14	0.50	0.21
公共管理和社会组织	S	**140173**	**129841**	**10332**	**319.76**	**105.11**
中国共产党机关	9300	1216	1180	36	1.33	0.45
国家机构	9400	138809	128515	10294	318.31	104.63
国家权力机构	9410	366	344	22	0.82	0.23
国家行政机构	9420	136151	126039	10112	311.01	102.29
人民法院和人民检察院	9430	186	174	12	0.97	0.31
其他国家机构	9490	2106	1958	148	5.51	1.80
人民政协和民主党派	9500	134	132	2	0.12	0.03
人民政协	9510	43	43		0.05	0.01
民主党派	9520	91	89	2	0.06	0.02
群众团体、社会团体和宗教组织	9600	14	14		0.01	
群众团体	9610	10	10		0.01	
社会团体	9620	4	4			

3-2 按地区分组的事业法人单位数及就业人数

地 区	事业法人单位数（个）	单产业法人	多产业法人	就业人数（万人）	#女性
全 国	**663310**	**593177**	**70133**	**2721.55**	**1242.27**
北 京	8750	8240	510	80.27	41.65
天 津	5323	4842	481	34.08	17.51
河 北	29631	26391	3240	135.49	71.35
山 西	20474	17420	3054	88.46	44.55
内蒙古	14040	12584	1456	62.92	29.88
辽 宁	24904	22639	2265	110.87	56.1
吉 林	14146	12828	1318	71.8	36.08
黑龙江	17867	15627	2240	89.23	44.1
上 海	7998	7449	549	53.93	29.09
江 苏	37079	34547	2532	151.24	66.55
浙 江	24842	21713	3129	98.25	48.06
安 徽	30153	27038	3115	96.47	36.38
福 建	22969	21231	1738	72.37	32.65
江 西	21566	18874	2692	82.08	31.42
山 东	24627	20693	3934	180.01	78.33
河 南	33676	30428	3248	189.3	86.79
湖 北	37104	33253	3851	132.52	53.75
湖 南	33566	28436	5130	132.17	55.15
广 东	39600	36335	3265	176.21	87.21
广 西	37436	34500	2936	97.91	44.3
海 南	3864	3464	400	16.78	7.03
重 庆	14556	11430	3126	51.86	21.77
四 川	52531	48665	3866	145.42	59.81
贵 州	17805	15519	2286	58.05	23.04
云 南	18239	15116	3123	77.45	35
西 藏	1271	1069	202	4.8	1.92
陕 西	34031	31847	2184	89.01	38.52
甘 肃	18819	16596	2223	58.41	21.76
青 海	3107	2566	541	12.61	5.58
宁 夏	2631	2284	347	14.95	6.83
新 疆	10705	9553	1152	56.64	30.1

3-3 按行业（中类）、地区

行业中类	代码	事业法人单位数（个）	北京	天津	河北	山西	内蒙古
总计	0000	**663310**	**8746**	**5319**	**29631**	**20474**	**14040**
农、林、牧、渔业	A	**627**	**9**		**14**	**21**	**11**
农业	0100	26	1			1	
谷物及其他作物的种植	0110	20	1			1	
水果、坚果、饮料和香料作物的种植	0130	6					
林业	0200	153	2		14	8	5
林木的培育和种植	0210	143	2		14	8	4
木材和竹材的采运	0220	9					1
林产品的采集	0230	1					
畜牧业	0300	23					2
牲畜的饲养	0310	14					2
猪的饲养	0320	4					
其他畜牧业	0390	5					
渔业	0400	2					
内陆渔业	0420	2					
农、林、牧、渔服务业	0500	423	6			12	4
农业服务业	0510	253	5			5	
林业服务业	0520	42				1	1
畜牧服务业	0530	123				6	3
渔业服务业	0540	5	1				
制造业	C	**16**	**1**		**1**		
家具制造业	2100	1					
木质家具制造	2110	1					
印刷业和记录媒介的复制	2300	9			1		
印刷	2310	9			1		
化学原料及化学制品制造业	2600	1	1				
涂料、油墨、颜料及类似产品制造	2640	1	1				
非金属矿物制品业	3100	1					
石墨及其他非金属矿物制品制造	3190	1					
通用设备制造业	3500	2					
轴承、齿轮、传动和驱动部件的制造	3550	1					
通用零部件制造及机械修理	3580	1					
交通运输设备制造业	3700	2					
汽车制造	3720	1					
交通器材及其他交通运输设备制造	3790	1					
电力、燃气及水的生产和供应业	D	**138**	**21**	**14**	**10**	**2**	**1**
电力、热力的生产和供应业	4400	72	14	11	2		
电力生产	4410	21					
电力供应	4420	7	2				
热力生产和供应	4430	44	12	11	2		
燃气生产和供应业	4500	4	1			1	
水的生产和供应业	4600	62	6	3	8	1	1
自来水的生产和供应	4610	49	4	3	6	1	1
污水处理及其再生利用	4620	13	2		2		
建筑业	E	**16**	**1**	**1**			**1**

分组的事业法人单位数

辽 宁	吉 林	黑龙江	上 海	江 苏	浙 江	安 徽	福 建	江 西	山 东	代码
24904	**14146**	**17867**	**7995**	**37076**	**24840**	**30146**	**22967**	**21565**	**24627**	**0000**
27	**4**	**42**		**14**	**9**		**2**	**4**		**A**
1		5		1				2		0100
1		5		1				2		0110
										0130
23		23			3		1			0200
23		22			3		1			0210
		1								0220
										0230
	2	9			1		1			0300
		8								0310
							1			0320
	2	1			1					0390
								1		0400
								1		0420
3	2	5		13	5			1		0500
		5		11	1			1		0510
2	2				1					0520
1				2	3					0530
										0540
3					**5**					**C**
										2100
										2110
2					2					2300
2					2					2310
										2600
										2640
1										3100
1										3190
					1					3500
					1					3550
										3580
					2					3700
					1					3720
					1					3790
8		**3**			**5**	**7**	**4**			**D**
6		2			5	6	3			4400
		1			5	4	3			4410
						2				4420
6		1								4430
						1				4500
2		1					1			4600
2		1					1			4610
										4620
1									**1**	**E**

3-3 续表 1

行业中类	代码	事业法人单位数(个)	北京	天津	河北	山西	内蒙古
房屋和土木工程建筑业	4700	15	1	1			1
房屋工程建筑	4710	1		1			
土木工程建筑	4720	14	1				1
建筑装饰业	4900	1					
交通运输、仓储和邮政业	F	**5899**	**15**	**27**	**390**	**281**	**261**
道路运输业	5200	4886	5	26	366	258	251
公路旅客运输	5210	13				1	
道路货物运输	5220	17		1	1		
道路运输辅助活动	5230	4856	5	25	365	257	251
城市公共交通业	5300	24	2	1	3		
公共电汽车客运	5310	7			1		
轨道交通	5320	4		1	1		
出租车客运	5330	6	2		1		
城市轮渡	5340	2					
其他城市公共交通	5390	5					
水上运输业	5400	427					5
水上旅客运输	5410	4					
水上货物运输	5420	7					
水上运输辅助活动	5430	416					5
航空运输业	5500	15			1		1
航空客货运输	5510	1					
通用航空服务	5520	2					
航空运输辅助活动	5530	12			1		1
装卸搬运和其他运输服务业	5700	11	1		2		
运输代理服务	5720	11	1		2		
仓储业	5800	535	7		18	23	4
谷物、棉花等农产品仓储	5810	229			3	9	
其他仓储	5890	306	7		15	14	4
邮政业	5900	1					
国家邮政	5910	1					
信息传输、计算机服务和软件业	G	**3848**	**64**	**49**	**41**	**70**	**72**
电信和其他信息传输服务业	6000	3175	24	15	39	51	46
电信	6010	10	3		1		
互联网信息服务	6020	248	10	3	4	8	3
广播电视传输服务	6030	2878	11	12	33	40	41
卫星传输服务	6040	39			1	3	2
计算机服务业	6100	593	36	33	2	15	25
计算机系统服务	6110	145	8	23	2	5	3
数据处理	6120	296	11	1		10	19
计算机维修	6130	17	1	1			
其他计算机服务	6190	135	16	8			3
软件业	6200	80	4	1		4	1
公共软件服务	6210	62	2	1		3	
其他软件服务	6290	18	2			1	1

辽 宁	吉 林	黑龙江	上 海	江 苏	浙 江	安 徽	福 建	江 西	山 东	代码
1									1	4700
										4710
1									1	4720
										4900
226	**101**	**287**	**1**	**163**	**276**	**54**	**197**	**365**	**60**	F
191	90	257		83	203	24	170	320	41	5200
1		2		1			1	1	1	5210
		8				1				5220
190	90	247		82	203	23	169	319	40	5230
		2			2	1				5300
		1			1					5310
										5320
					1					5330
						1				5340
		1								5390
14		7	1	43	60	3	11	35		5400
								2		5410
										5420
14		7	1	43	60	3	11	33		5430
2				3	4	1				5500
				1						5510
2										5520
				2	4	1				5530
										5700
										5720
19	11	21		34	7	24	16	10	19	5800
2		4		12	2	5	11	4	11	5810
17	11	17		22	5	19	5	6	8	5890
						1				5900
						1				5910
297	**63**	**89**	**47**	**429**	**356**	**107**	**140**	**72**	**77**	G
226	61	72	22	402	208	100	120	55	67	6000
						1				6010
54	2	5	8	10	17	3	4	6	2	6020
169	59	62	14	391	191	94	114	49	63	6030
3		5		1		2	2		2	6040
60	2	16	17	21	144	6	17	16	10	6100
3	2	4	3	5	46	2	2	4	1	6110
45		7	5	4	88	1	3	5	3	6120
7			1	2	3				1	6130
5		5	8	10	7	3	12	7	5	6190
11		1	8	6	4	1	3	1		6200
9		1	7	4	4	1	2	1		6210
2			1	2			1			6290

3-3 续表 2

行业中类	代码	事业法人单位数(个)	北 京	天 津	河 北	山 西	内蒙古
批发和零售业	H	**23**	**1**				
批发业	6300	11	1				
农畜产品批发	6310	3					
食品、饮料及烟草制品批发	6320	2					
文化、体育用品及器材批发	6340	2	1				
医药及医疗器材批发	6350	2					
机械设备、五金交电及电子产品批发	6370	1					
贸易经纪与代理	6380	1					
零售业	6500	12					
食品、饮料及烟草制品专门零售	6520	5					
纺织、服装及日用品专门零售	6530	1					
文化、体育用品及器材专门零售	6540	4					
汽车、摩托车、燃料及零配件专门零售	6560	1					
无店铺及其他零售	6590	1					
住宿和餐饮业	I	**405**	**40**	**25**	**25**	**20**	**4**
住宿业	6600	358	39	25	24	18	3
旅游饭店	6610	138	20	8	6	2	1
一般旅馆	6620	190	16	12	17	13	1
其他住宿服务	6690	30	3	5	1	3	1
餐饮业	6700	47	1		1	2	1
正餐服务	6710	43	1		1	2	1
快餐服务	6720	2					
饮料及冷饮服务	6730	1					
其他餐饮服务	6790	1					
金融业	J	**398**	**6**		**11**	**5**	**11**
银行业	6800	269	1		8	2	8
中央银行	6810	245	1		6	2	8
商业银行	6820	18			2		
其他银行	6890	6					
证券业	6900	31	2		2	1	1
证券市场管理	6910	26	1		1	1	1
证券经纪与交易	6920	4			1		
证券分析与咨询	6940	1	1				
保险业	7000	24	1		1	1	
人寿保险	7010	1					
非人寿保险	7020	3					
保险辅助服务	7030	20	1		1	1	
其他金融活动	7100	74	2			1	2
金融信托与管理	7110	14					2
金融租赁	7120	1					
财务公司	7130	2					
典当	7150	2					
其他未列明的金融活动	7190	55	2			1	
房地产业	K	**2369**	**95**	**23**	**149**	**26**	**17**

辽 宁	吉 林	黑龙江	上 海	江 苏	浙 江	安 徽	福 建	江 西	山 东	代码
6			**2**		**2**		**1**			H
3			2		1					6300
1										6310
			1							6320
										6340
1			1							6350
					1					6370
1										6380
3					1		1			6500
										6520
1										6530
2							1			6540
										6560
					1					6590
21	**4**	**13**	**5**	**10**	**12**	**10**	**22**	**24**	**26**	I
19	4	12	5	5	10	9	19	19	14	6600
9	2	6	2	4	3	3	4	9	8	6610
10	1	5	1	1	7	6	14	9	5	6620
	1	1	2				1	1	1	6690
2		1		5	2	1	3	5	12	6700
2		1		4	1		3	5	12	6710
				1		1				6720
										6730
					1					6790
40	**6**	**13**	**9**	**3**	**17**	**42**	**17**	**18**	**14**	J
19	5	13	1	2	7	38	9	12	7	6800
19	5	13	1	2	7	31	9	12	7	6810
						6				6820
						1				6890
2			3		2	1		1	2	6900
2			2		2	1		1	1	6910
			1						1	6920
										6940
2			1		2	3	1	1	1	7000
						1				7010
						1				7020
2			1		2	1	1	1	1	7030
17	1		4	1	6		7	4	4	7100
1					1			1	2	7110
							1			7120
										7130
										7150
16	1		4	1	5		6	3	2	7190
292	**29**	**92**	**37**	**40**	**433**	**71**	**108**	**45**	**61**	K

3-3 续表 3

行业中类	代码	事业法人单位数(个)	北京	天津	河北	山西	内蒙古
房地产业	7200	2369	95	23	149	26	17
房地产开发经营	7210	75			2	1	
物业管理	7220	414	42	9	39	7	4
房地产中介服务	7230	290	11	7	15	12	3
其他房地产活动	7290	1590	42	7	93	6	10
租赁和商务服务业	L	**31911**	**776**	**477**	**834**	**1479**	**573**
租赁业	7300	73	1	1		2	2
机械设备租赁	7310	62		1		2	2
文化及日用品出租	7320	11	1				
商务服务业	7400	31838	775	476	834	1477	571
企业管理服务	7410	14657	354	205	316	718	176
法律服务	7420	5304	49	53	272	176	125
咨询与调查	7430	4991	134	103	59	244	143
广告业	7440	102	3	3	5	3	3
知识产权服务	7450	213	17	7	2	8	3
职业中介服务	7460	3226	114	42	101	147	62
市场管理	7470	1869	15	16	48	93	12
旅行社	7480	155	2	1	1	12	5
其他商务服务	7490	1321	87	46	30	76	42
科学研究、技术服务和地质勘查业	M	**63239**	**1034**	**660**	**1346**	**1510**	**1398**
研究与试验发展	7500	5860	398	92	132	220	143
自然科学研究与试验发展	7510	647	68	13	13	9	25
工程和技术研究与试验发展	7520	1084	109	19	37	40	11
农业科学研究与试验发展	7530	2546	53	33	60	96	63
医学研究与试验发展	7540	341	42	13	8	11	3
社会人文科学研究与试验发展	7550	1242	126	14	14	64	41
专业技术服务业	7600	25862	384	367	790	791	594
气象服务	7610	2789	32	29	146	123	118
地震服务	7620	1085	10	3	55	70	41
海洋服务	7630	73	4	4	1		1
测绘服务	7640	843	17	9	28	32	15
技术检测	7650	6580	159	111	267	165	130
环境监测	7660	1670	14	10	39	75	37
工程技术与规划管理	7670	10975	83	112	246	274	218
其他专业技术服务	7690	1847	65	89	8	52	34
科技交流和推广服务业	7700	30163	228	192	369	433	609
技术推广服务	7710	26338	129	129	314	342	504
科技中介服务	7720	1889	50	24	37	58	42
其他科技服务	7790	1936	49	39	18	33	63
地质勘查业	7800	1354	24	9	55	66	52
矿产地质勘查	7810	552	8	4	23	27	20
基础地质勘查	7820	442	9	2	19	19	19
地质勘查技术服务	7830	360	7	3	13	20	13
水利、环境和公共设施管理业	N	**31140**	**483**	**555**	**675**	**1052**	**860**

辽 宁	吉 林	黑龙江	上 海	江 苏	浙 江	安 徽	福 建	江 西	山 东	代码
292	29	92	37	40	433	71	108	45	61	7200
		4			4	7	7		9	7210
106	8	24		12	44	9	5	15	16	7220
14	1	11	2	5	20	14	12	9	6	7230
172	20	53	35	23	365	41	84	21	30	7290
2592	**522**	**791**	**643**	**2478**	**1900**	**771**	**1663**	**1123**	**870**	L
1	2	2	2	19			1		2	7300
1	2	1	1	18			1		2	7310
		1	1	1						7320
2591	520	789	641	2459	1900	771	1662	1123	868	7400
1425	222	290	251	1109	1039	216	753	590	320	7410
425	141	156	102	327	170	302	204	131	220	7420
260	50	158	104	447	302	110	305	197	107	7430
5	2	8	1	6	4	4	6	3	10	7440
17	2	4	11	16	18	5	8	10	12	7450
250	56	64	107	321	213	58	157	72	77	7460
146	21	77	6	128	79	41	115	77	40	7470
12	2	2	14	11	4	3	12	6	3	7480
51	24	30	45	94	71	32	102	37	79	7490
3419	**1676**	**1828**	**606**	**3998**	**2863**	**1561**	**2580**	**2040**	**1708**	M
264	176	231	149	213	230	142	200	272	268	7500
17	23	19	18	19	13	13	29	40	36	7510
83	46	64	51	58	41	36	22	36	54	7520
101	51	106	23	77	79	61	104	137	116	7530
10	9	11	20	10	15	14	9	14	20	7540
53	47	31	37	49	82	18	36	45	42	7550
1553	655	876	252	1638	1452	629	1224	799	773	7600
96	70	87	15	87	130	72	79	93	99	7610
60	24	35	3	81	7	28	39	15	46	7620
5		1	3	5	7		2	1	10	7630
36	19	33	18	58	54	24	32	28	22	7640
555	240	267	61	372	353	156	224	204	163	7650
135	44	72	23	91	91	48	87	61	24	7660
614	221	353	109	829	805	258	602	348	310	7670
52	37	28	20	115	5	43	159	49	99	7690
1519	797	653	202	2103	1149	748	1113	910	614	7700
1359	725	592	131	1821	1009	688	828	721	448	7710
127	23	32	41	155	131	29	183	100	54	7720
33	49	29	30	127	9	31	102	89	112	7790
83	48	68	3	44	32	42	43	59	53	7800
41	28	29		16	9	20	12	28	22	7810
21	13	17	1	12	11	11	16	22	17	7820
21	7	22	2	16	12	11	15	9	14	7830
1558	**683**	**1001**	**409**	**2321**	**1118**	**940**	**1054**	**969**	**1129**	N

3-3 续表 4

行业中类	代码	事业法人单位数(个)	北 京	天 津	河 北	山 西	内蒙古
水利管理业	7900	17255	179	240	357	626	489
防洪管理	7910	2061	17	40	46	45	44
水资源管理	7920	8265	103	95	223	430	261
其他水利管理	7990	6929	59	105	88	151	184
环境管理业	8000	7115	133	143	137	213	229
自然保护	8010	1496	9	5	14	28	60
环境治理	8020	5619	124	138	123	185	169
公共设施管理业	8100	6770	171	172	181	213	142
市政公共设施管理	8110	2715	42	86	79	80	68
城市绿化管理	8120	1947	71	64	51	67	51
游览景区管理	8130	2108	58	22	51	66	23
居民服务和其他服务业	O	**5268**	**327**	**368**	**152**	**147**	**236**
居民服务业	8200	3624	174	257	145	68	125
家庭服务	8210	44	10	2			4
托儿所	8220	134	3			3	2
洗染服务	8230	5	1				
理发及美容保健服务	8240	52	2	1		2	3
洗浴服务	8250	42				2	2
婚姻服务	8260	159	5	2	9	4	6
殡葬服务	8270	1945	42	23	117	25	77
摄影扩印服务	8280	10			2	1	
其他居民服务	8290	1233	111	229	17	31	31
其他服务业	8300	1644	153	111	7	79	111
修理与维护	8310	98	6	3	3	9	2
清洁服务	8320	188	4	4	1	3	1
其他未列明的服务	8390	1358	143	104	3	67	108
教育	P	**236763**	**3149**	**1778**	**15686**	**6297**	**4065**
教育	8400	236763	3149	1778	15686	6297	4065
学前教育	8410	11908	375	215	691	319	238
初等教育	8420	134784	677	542	9930	2905	1934
中等教育	8430	69407	893	516	4295	2297	1399
高等教育	8440	4128	191	99	195	184	64
其他教育	8490	16536	1013	406	575	592	430
卫生、社会保障和社会福利业	Q	**103453**	**940**	**738**	**4894**	**3691**	**2574**
卫生	8500	86741	644	550	4280	3022	2157
医院	8510	13524	228	212	665	506	377
卫生院及社区医疗活动	8520	39059	198	181	2726	1552	1182
门诊部医疗活动	8530	10341	82	14	350	335	30
计划生育技术服务活动	8540	12460	7	46	108	231	185
妇幼保健活动	8550	2809	19	25	168	123	107
专科疾病防治活动	8560	1371	12	11	15	23	42
疾病预防控制及防疫活动	8570	4942	42	21	224	151	151
其他卫生活动	8590	2235	56	40	24	101	83
社会保障业	8600	8510	124	104	197	422	166

辽 宁	吉 林	黑龙江	上 海	江 苏	浙 江	安 徽	福 建	江 西	山 东	代码
725	387	493	95	1487	541	554	496	502	569	7900
91	48	114	28	203	86	119	78	74	39	7910
295	182	248	37	606	257	335	233	231	373	7920
339	157	131	30	678	198	100	185	197	157	7990
443	149	241	208	356	319	197	314	271	217	8000
105	25	35	7	25	27	29	135	46	33	8010
338	124	206	201	331	292	168	179	225	184	8020
390	147	267	106	478	258	189	244	196	343	8100
156	67	139	58	201	94	79	57	78	119	8110
124	47	68	29	113	91	48	75	57	99	8120
110	33	60	19	164	73	62	112	61	125	8130
256	**87**	**167**	**134**	**398**	**231**	**177**	**164**	**132**	**295**	O
234	81	139	83	201	190	112	127	111	181	8200
1			1	2		3			3	8210
3	2	1	15	9	10	1	7	4	7	8220
							1			8230
1				1	1	1	1	3		8240
		1		1		1	1	23	2	8250
30	9		2	8	2	3	2	3	15	8260
166	40	104	18	123	128	77	78	56	93	8270
1				1					1	8280
32	30	33	47	56	49	26	37	22	60	8290
22	6	28	51	197	41	65	37	21	114	8300
6		1	4	10	1	3	3	4	7	8310
3		1	8	21	37	6	2	6	4	8320
13	6	26	39	166	3	56	32	11	103	8390
6369	**4034**	**4843**	**2789**	**9013**	**7625**	**17965**	**8426**	**6277**	**9456**	P
6369	4034	4843	2789	9013	7625	17965	8426	6277	9456	8400
463	155	184	754	1064	601	498	396	195	666	8410
2265	1705	1836	667	3282	3120	13075	5201	3057	4028	8420
2612	1628	2045	924	3305	2874	3891	2104	2465	3819	8430
189	115	187	113	265	189	138	152	86	193	8440
840	431	591	331	1097	841	363	573	474	750	8490
4236	**1930**	**2909**	**927**	**4443**	**3554**	**3675**	**2752**	**3493**	**3899**	Q
3171	1608	2443	550	3420	2882	3284	2082	2893	3274	8500
736	341	646	170	569	460	486	310	450	869	8510
1022	833	892	219	1416	1829	1817	907	1459	1543	8520
276	48	144	25	360	88	233	59	77	139	8530
294	103	285	15	522	114	358	521	427	207	8540
140	61	118	18	108	87	106	84	97	130	8550
96	52	97	13	39	24	53	29	82	99	8560
491	126	190	27	282	211	174	94	235	183	8570
116	44	71	63	124	69	57	78	66	104	8590
374	132	252	194	528	306	157	408	280	318	8600

3-3 续表 5

行业中类	代码	事业法人单位数(个)	北 京	天 津	河 北	山 西	内蒙古
社会福利业	8700	8202	172	84	417	247	251
提供住宿的社会福利	8710	5751	121	60	364	129	135
不提供住宿的社会福利	8720	2451	51	24	53	118	116
文化、体育和娱乐业	R	**37624**	**967**	**358**	**1175**	**1413**	**1077**
新闻出版业	8800	3196	509	50	65	196	111
新闻业	8810	511	6	3	3	64	29
出版业	8820	2685	503	47	62	132	82
广播、电视、电影和音像业	8900	9155	80	68	230	276	240
广播	8910	3592	11	12	24	82	96
电视	8920	3483	31	13	74	105	86
电影	8930	1968	33	32	131	85	56
音像制作	8940	112	5	11	1	4	2
文化艺术业	9000	22011	277	166	792	823	640
文艺创作与表演	9010	2651	38	23	107	152	104
艺术表演场馆	9020	818	10	12	30	37	22
图书馆与档案馆	9030	4424	45	49	254	213	177
文物及文化保护	9040	1860	38	8	117	119	70
博物馆	9050	1301	45	12	22	59	35
烈士陵园、纪念馆	9060	666	2	11	51	30	7
群众文化活动	9070	9145	77	34	195	140	195
文化艺术经纪代理	9080	127	4	5	4	6	2
其他文化艺术	9090	1019	18	12	12	67	28
体育	9100	2547	85	61	72	84	70
体育组织	9110	1022	41	34	21	40	35
体育场馆	9120	798	23	22	21	21	16
其他体育	9190	727	21	5	30	23	19
娱乐业	9200	715	16	13	16	34	16
室内娱乐活动	9210	261	3	6	7	17	7
游乐园	9220	50	3	3			
休闲健身娱乐活动	9230	128	4		2	7	5
其他娱乐活动	9290	276	6	4	7	10	4
公共管理和社会组织	S	**140173**	**817**	**246**	**4228**	**4460**	**2879**
中国共产党机关	9300	1216				90	10
国家机构	9400	138809	817	246	4228	4353	2869
国家权力机构	9410	366		1		3	10
国家行政机构	9420	136151	792	245	4217	4244	2767
人民法院和人民检察院	9430	186				4	8
其他国家机构	9490	2106	25		11	102	84
人民政协和民主党派	9500	134				17	
人民政协	9510	43					
民主党派	9520	91				17	
群众团体、社会团体和宗教组织	9600	14					
群众团体	9610	10					
社会团体	9620	4					

辽 宁	吉 林	黑龙江	上 海	江 苏	浙 江	安 徽	福 建	江 西	山 东	代码
691	190	214	183	495	366	234	262	320	307	8700
547	112	160	91	353	228	194	158	262	258	8710
144	78	54	92	142	138	40	104	58	49	8720
1639	**928**	**1035**	**662**	**2288**	**1649**	**1038**	**1473**	**1231**	**1233**	**R**
132	73	94	94	115	142	97	137	106	118	8800
12	12	20	7	18	11	12	48	21	23	8810
120	61	74	87	97	131	85	89	85	95	8820
385	224	249	112	573	227	316	322	373	174	8900
129	80	72	38	163	68	183	87	132	45	8910
94	72	83	43	249	138	79	141	166	72	8920
160	72	90	28	150	20	51	86	70	52	8930
2		4	3	11	1	3	8	5	5	8940
933	524	539	303	1387	1127	552	891	657	797	9000
95	84	82	43	146	76	91	110	94	137	9010
24	36	31	18	19	38	34	28	38	61	9020
243	121	131	58	183	154	124	161	160	198	9030
61	32	56	16	53	41	48	66	37	76	9040
44	24	28	22	90	80	29	77	66	72	9050
19	19	17	16	62	28	25	28	33	50	9060
410	184	176	107	772	652	176	358	202	154	9070
2	4	3	6	10	2	8	4	2	3	9080
35	20	15	17	52	56	17	59	25	46	9090
155	89	120	128	151	133	56	92	65	106	9100
51	44	40	39	38	47	25	32	33	56	9110
49	24	29	63	74	49	17	20	15	36	9120
55	21	51	26	39	37	14	40	17	14	9190
34	18	33	25	62	20	17	31	30	38	9200
11	5	19	11	25	3	5	8	16	8	9210
				4	6	2	5	2	3	9220
2	3	5	3	9		3	6	8	4	9230
21	10	9	11	24	11	7	12	4	23	9290
3914	**4079**	**4754**	**1724**	**11478**	**4785**	**3728**	**4364**	**5772**	**5798**	**S**
13	46	37	11	60	86	11	53	62	68	9300
3900	4033	4711	1707	11403	4682	3717	4298	5705	5729	9400
	16	12	5	6	2	6	25	26	11	9410
3884	3978	4603	1686	11244	4655	3692	4122	5588	5588	9420
2	6	29		4	14		9	13	3	9430
14	33	67	16	149	11	19	142	78	127	9490
1		6	6	15	3		13	5	1	9500
		5	4	8	1		2	2		9510
1		1	2	7	2		11	3	1	9520
					14					9600
					10					9610
					4					9620

3-3 续表 6

行业中类	代码	河　南	湖　北	湖　南	广　东	广　西	海　南
总计	0000	**33676**	**37103**	**33566**	**39597**	**37436**	**3864**
农、林、牧、渔业	A	**26**	**18**	**35**	**13**	**109**	**1**
农业	0100	2	2		1	2	
谷物及其他作物的种植	0110	2	1				
水果、坚果、饮料和香料作物的种植	0130		1		1	2	
林业	0200	2			8	23	1
林木的培育和种植	0210	2			4	21	
木材和竹材的采运	0220				4	2	
林产品的采集	0230						1
畜牧业	0300					1	
牲畜的饲养	0310						
猪的饲养	0320					1	
其他畜牧业	0390						
渔业	0400						
内陆渔业	0420						
农、林、牧、渔服务业	0500	22	16	35	4	83	
农业服务业	0510	14	1	32	2	42	
林业服务业	0520	2	1			21	
畜牧服务业	0530	6	14	2	2	19	
渔业服务业	0540			1		1	
制造业	C			**1**	**1**		
家具制造业	2100						
木质家具制造	2110						
印刷业和记录媒介的复制	2300				1		
印刷	2310				1		
化学原料及化学制品制造业	2600						
涂料、油墨、颜料及类似产品制造	2640						
非金属矿物制品业	3100						
石墨及其他非金属矿物制品制造	3190						
通用设备制造业	3500			1			
轴承、齿轮、传动和驱动部件的制造	3550						
通用零部件制造及机械修理	3580			1			
交通运输设备制造业	3700						
汽车制造	3720						
交通器材及其他交通运输设备制造	3790						
电力、燃气及水的生产和供应业	D			**3**	**13**	**6**	**1**
电力、热力的生产和供应业	4400			1	6	1	
电力生产	4410			1	6	1	
电力供应	4420						
热力生产和供应	4430						
燃气生产和供应业	4500						
水的生产和供应业	4600			2	7	5	1
自来水的生产和供应	4610			2	2	5	1
污水处理及其再生利用	4620				5		
建筑业	E		**2**		**1**		

重 庆	四 川	贵 州	云 南	西 藏	陕 西	甘 肃	青 海	宁 夏	新 疆	代码
14555	**52531**	**17805**	**18239**	**1271**	**34031**	**18819**	**3107**	**2631**	**10705**	**0000**
24	**60**	**2**	**116**		**9**	**25**	**4**	**2**	**26**	**A**
	1		1		1	1		2	2	0100
	1		1		1	1		1	1	0110
								1	1	0130
2	20	2	8		3	4			1	0200
2	20	2	7		3	4			1	0210
			1							0220
										0230
			3			2	2			0300
						2	2			0310
			2							0320
			1							0390
									1	0400
									1	0420
22	39		104		5	18	2		22	0500
6	17		77		3	9	1		21	0510
	2		2			7				0520
16	20		25		1	2	1			0530
					1				1	0540
						1		**2**	**1**	**C**
									1	2100
									1	2110
						1		2		2300
						1		2		2310
										2600
										2640
										3100
										3190
										3500
										3550
										3580
										3700
										3720
										3790
	4		**3**	**1**		**27**	**3**		**2**	**D**
				1		14				4400
										4410
				1		2				4420
						12				4430
	1									4500
	3		3			13	3		2	4600
	2		2			12	3		1	4610
	1		1			1			1	4620
	2		**4**			**1**			**1**	**E**

3-3 续表 7

行业中类	代码	河南	湖北	湖南	广东	广西	海南
房屋和土木工程建筑业	4700		2				
房屋工程建筑	4710						
土木工程建筑	4720		2				
建筑装饰业	4900				1		
交通运输、仓储和邮政业	F	**198**	**206**	**234**	**206**	**593**	**36**
道路运输业	5200	121	160	184	141	459	31
公路旅客运输	5210	2		1			
道路货物运输	5220			1	1	2	
道路运输辅助活动	5230	119	160	182	140	457	31
城市公共交通业	5300	4			2	2	
公共电汽车客运	5310	2				1	
轨道交通	5320						
出租车客运	5330				1		
城市轮渡	5340				1		
其他城市公共交通	5390	2				1	
水上运输业	5400	6	28	31	32	40	5
水上旅客运输	5410						
水上货物运输	5420	1	2		3	1	
水上运输辅助活动	5430	5	26	31	29	39	5
航空运输业	5500	1			1		
航空客货运输	5510						
通用航空服务	5520						
航空运输辅助活动	5530	1			1		
装卸搬运和其他运输服务业	5700	2			1	2	
运输代理服务	5720	2			1	2	
仓储业	5800	64	18	19	29	90	
谷物、棉花等农产品仓储	5810	24	8	7	21	68	
其他仓储	5890	40	10	12	8	22	
邮政业	5900						
国家邮政	5910						
信息传输、计算机服务和软件业	G	**107**	**184**	**196**	**231**	**243**	**11**
电信和其他信息传输服务业	6000	83	177	158	191	216	4
电信	6010	3					
互联网信息服务	6020	3	9	18	10	21	1
广播电视传输服务	6030	75	164	139	180	194	3
卫星传输服务	6040	2	4	1	1	1	
计算机服务业	6100	21	5	37	27	24	5
计算机系统服务	6110	3	1	1	12	1	2
数据处理	6120	14	2	30	6	22	3
计算机维修	6130				1		
其他计算机服务	6190	4	2	6	8	1	
软件业	6200	3	2	1	13	3	2
公共软件服务	6210	2	1	1	9	2	2
其他软件服务	6290	1	1		4	1	

重庆	四川	贵州	云南	西藏	陕西	甘肃	青海	宁夏	新疆	代码
	2		4			1			1	4700
										4710
	2		4			1			1	4720
										4900
61	**466**	**193**	**249**	**38**	**296**	**182**	**76**	**44**	**116**	**F**
53	378	172	235	34	247	172	70	40	104	5200
							1	1		5210
	1						1			5220
53	377	172	235	34	247	172	68	39	104	5230
			1		1	1	2			5300
							1			5310
			1			1				5320
					1					5330
										5340
							1			5390
5	71	10	5		13			1		5400
	1							1		5410
										5420
5	70	10	5		13					5430
						1				5500
										5510
										5520
						1				5530
			1		1		1			5700
			1		1		1			5720
3	17	11	7	4	34	8	3	3	12	5800
1	1	2	1	4	19	2			8	5810
2	16	9	6		15	6	3	3	4	5890
										5900
										5910
36	**370**	**89**	**109**	**10**	**167**	**54**	**9**	**7**	**52**	**G**
29	352	86	102	10	155	47	9	6	42	6000
		1			1					6010
5	22	2	4		7	5			2	6020
24	325	82	97	10	146	42	8	6	40	6030
	5	1	1		1		1			6040
5	18	2	4		9	6		1	9	6100
	4	1	3			2		1	1	6110
	6	1			4	1			5	6120
										6130
5	8		1		5	3			3	6190
2		1	3		3	1			1	6200
2			3		3	1			1	6210
		1								6290

3-3 续表 8

行业中类	代码	河南	湖北	湖南	广东	广西	海南
批发和零售业	H	**1**			**2**		
批发业	6300	1			1		
农畜产品批发	6310	1					
食品、饮料及烟草制品批发	6320						
文化、体育用品及器材批发	6340				1		
医药及医疗器材批发	6350						
机械设备、五金交电及电子产品批发	6370						
贸易经纪与代理	6380						
零售业	6500				1		
食品、饮料及烟草制品专门零售	6520						
纺织、服装及日用品专门零售	6530						
文化、体育用品及器材专门零售	6540				1		
汽车、摩托车、燃料及零配件专门零售	6560						
无店铺及其他零售	6590						
住宿和餐饮业	I	**4**	**16**	**23**	**30**	**8**	**1**
住宿业	6600	4	13	22	27	8	1
旅游饭店	6610	1	8	8	10	3	
一般旅馆	6620	3	5	12	14	4	
其他住宿服务	6690			2	3	1	1
餐饮业	6700		3	1	3		
正餐服务	6710		3	1	3		
快餐服务	6720						
饮料及冷饮服务	6730						
其他餐饮服务	6790						
金融业	J	**32**	**20**	**11**	**22**	**10**	**2**
银行业	6800	18	13	11	15	9	2
中央银行	6810	16	6	11	12	9	1
商业银行	6820	2	4		3		
其他银行	6890		3				1
证券业	6900	3	1		4		
证券市场管理	6910	3	1		3		
证券经纪与交易	6920				1		
证券分析与咨询	6940						
保险业	7000	2	2		1		
人寿保险	7010						
非人寿保险	7020	1	1				
保险辅助服务	7030	1	1		1		
其他金融活动	7100	9	4		2	1	
金融信托与管理	7110	2	1				
金融租赁	7120						
财务公司	7130	1				1	
典当	7150				2		
其他未列明的金融活动	7190	6	3				
房地产业	K	**124**	**56**	**51**	**78**	**239**	**1**

重 庆	四 川	贵 州	云 南	西 藏	陕 西	甘 肃	青 海	宁 夏	新 疆	代码
	3		**5**							H
	1		1							6300
	1									6310
			1							6320
										6340
										6350
										6370
										6380
	2		4							6500
	1		4							6520
										6530
										6540
	1									6560
										6590
4	**12**	**4**	**25**		**2**	**3**	**3**	**1**	**8**	I
3	11	3	24		2	3	3	1	8	6600
	2		9		1	3		1	5	6610
3	7	3	15		1		2		3	6620
	2						1			6690
1	1	1	1							6700
1	1		1							6710
										6720
		1								6730
										6790
12	**12**	**8**	**14**		**6**	**16**	**10**	**6**	**5**	J
8	11	7	13		6	14	6	1	3	6800
8	10	7	13		6	14	6	1	2	6810
									1	6820
	1									6890
1			1			1	1	1	1	6900
1			1			1	1	1	1	6910
										6920
										6940
1		1				1	1	1		7000
										7010
										7020
1		1				1	1	1		7030
2	1						2	3	1	7100
2							2			7110
										7120
										7130
										7150
	1							3	1	7190
12	**108**	**21**	**69**		**22**	**43**	**8**	**9**	**10**	K

3-3 续表 9

行业中类	代码	河南	湖北	湖南	广东	广西	海南
房地产业	7200	124	56	51	78	239	1
房地产开发经营	7210	1	3	8	5	10	
物业管理	7220	3	9	4	29	4	1
房地产中介服务	7230	15	10	7	17	39	
其他房地产活动	7290	105	34	32	27	186	
租赁和商务服务业	L	**1830**	**1425**	**1853**	**2186**	**1777**	**118**
租赁业	7300	13	5	1	1	1	
机械设备租赁	7310	11	5		1	1	
文化及日用品出租	7320	2		1			
商务服务业	7400	1817	1420	1852	2185	1776	118
企业管理服务	7410	647	512	1100	1121	1134	43
法律服务	7420	276	314	188	246	153	15
咨询与调查	7430	478	219	174	251	88	29
广告业	7440	4	4	5	15	2	
知识产权服务	7450	11	13	7	16	5	3
职业中介服务	7460	158	180	148	285	204	9
市场管理	7470	172	118	186	105	136	7
旅行社	7480	6	6	6	17	8	2
其他商务服务	7490	65	54	38	129	46	10
科学研究、技术服务和地质勘查业	M	**2872**	**3707**	**3303**	**2645**	**3792**	**303**
研究与试验发展	7500	279	367	269	344	270	73
自然科学研究与试验发展	7510	26	51	17	29	25	4
工程和技术研究与试验发展	7520	32	52	37	57	22	7
农业科学研究与试验发展	7530	125	187	175	181	134	51
医学研究与试验发展	7540	12	20	4	28	10	4
社会人文科学研究与试验发展	7550	84	57	36	49	79	7
专业技术服务业	7600	1505	1252	1233	1404	1362	127
气象服务	7610	117	118	93	127	121	19
地震服务	7620	45	26	21	43	54	10
海洋服务	7630	1	2		23	1	2
测绘服务	7640	43	38	55	73	41	11
技术检测	7650	343	397	281	365	283	36
环境监测	7660	101	62	69	120	86	12
工程技术与规划管理	7670	726	545	506	551	674	30
其他专业技术服务	7690	129	64	208	102	102	7
科技交流和推广服务业	7700	1013	2024	1742	847	2116	95
技术推广服务	7710	914	1786	1571	686	1931	77
科技中介服务	7720	63	81	78	91	89	7
其他科技服务	7790	36	157	93	70	96	11
地质勘查业	7800	75	64	59	50	44	8
矿产地质勘查	7810	34	20	21	20	14	2
基础地质勘查	7820	19	19	17	18	18	2
地质勘查技术服务	7830	22	25	21	12	12	4
水利、环境和公共设施管理业	N	**1580**	**1841**	**1906**	**2174**	**1286**	**142**

重 庆	四 川	贵 州	云 南	西 藏	陕 西	甘 肃	青 海	宁 夏	新 疆	代码
12	108	21	69		22	43	8	9	10	7200
	2	3	3		2	4				7210
1	2	4	3		1	8	2		3	7220
1	25	2	9		7	5	3	3	5	7230
10	79	12	54		12	26	3	6	2	7290
387	**1898**	**593**	**646**	**15**	**727**	**442**	**96**	**89**	**335**	L
	5		2	1	1		2		6	7300
	4		1	1	1		1		5	7310
	1		1				1		1	7320
387	1893	593	644	14	726	442	94	89	329	7400
127	730	375	290	5	266	121	36	38	126	7410
150	352	73	176		245	168	23	17	55	7420
50	564	81	75	5	112	72	13	5	52	7430
	3		1		1	1				7440
2	6		1	1	2			1	5	7450
26	138	41	51		51	38	11	10	35	7460
6	52	13	36	1	31	32	8	12	40	7470
	4	1	3		2	5	2	1	2	7480
26	44	9	11	2	16	5	1	5	14	7490
1451	**7712**	**1229**	**2556**	**118**	**1855**	**1626**	**400**	**288**	**1154**	M
71	340	84	144	23	147	154	24	22	119	7500
8	36	18	24	2	22	11	4	2	13	7510
8	48	4	19	3	31	39	1	3	14	7520
40	161	51	50	16	58	70	12	10	65	7530
2	14	1	7		12	9	2		7	7540
13	81	10	44	2	24	25	5	7	20	7550
394	2348	441	931	55	721	506	137	146	522	7600
42	242	88	135	29	108	91	48	23	112	7610
9	69	4	113	1	51	65	7	17	33	7620
										7630
12	54	6	20	1	32	12	2	7	11	7640
104	623	69	145	5	171	134	24	32	141	7650
38	111	16	68	1	50	32	9	5	39	7660
147	1078	247	420	16	264	145	31	44	168	7670
42	171	11	30	2	45	27	16	18	18	7690
967	4949	666	1434	30	927	933	210	110	461	7700
886	4367	630	1372	25	814	854	188	99	398	7710
26	159	12	34	3	58	58	11	7	26	7720
55	423	24	28	2	55	21	11	4	37	7790
19	75	38	47	10	60	33	29	10	52	7800
5	27	20	22	4	25	15	18	3	15	7810
8	29	12	17	4	21	12	8	4	25	7820
6	19	6	8	2	14	6	3	3	12	7830
593	**2100**	**655**	**1338**	**14**	**1231**	**676**	**188**	**129**	**480**	N

3-3 续表 10

行业中类	代码	河南	湖北	湖南	广东	广西	海南
水利管理业	7900	910	954	1185	1075	799	72
防洪管理	7910	102	206	217	146	64	2
水资源管理	7920	424	444	537	531	398	63
其他水利管理	7990	384	304	431	398	337	7
环境管理业	8000	282	501	326	601	234	41
自然保护	8010	33	94	63	100	60	12
环境治理	8020	249	407	263	501	174	29
公共设施管理业	8100	388	386	395	498	253	29
市政公共设施管理	8110	164	142	201	230	95	14
城市绿化管理	8120	107	121	88	123	87	11
游览景区管理	8130	117	123	106	145	71	4
居民服务和其他服务业	**O**	**295**	**252**	**181**	**530**	**71**	**13**
居民服务业	8200	190	166	111	338	55	12
家庭服务	8210		2	1	5	4	1
托儿所	8220	2		6	7	3	
洗染服务	8230				1		
理发及美容保健服务	8240	7	6		11	4	
洗浴服务	8250	2		2	1		
婚姻服务	8260	8	12	11	7	3	
殡葬服务	8270	139	84	52	117	34	6
摄影扩印服务	8280	1			2	1	
其他居民服务	8290	31	62	39	187	6	5
其他服务业	8300	105	86	70	192	16	1
修理与维护	8310	1	9	2	10	1	1
清洁服务	8320	3	13	8	48	11	
其他未列明的服务	8390	101	64	60	134	4	
教育	**P**	**12708**	**13438**	**8365**	**20188**	**15239**	**1857**
教育	8400	12708	13438	8365	20188	15239	1857
学前教育	8410	425	560	268	1086	357	45
初等教育	8420	6347	8883	3761	14085	11434	1329
中等教育	8430	4659	3113	3470	4003	2805	385
高等教育	8440	223	166	181	334	118	16
其他教育	8490	1054	716	685	680	525	82
卫生、社会保障和社会福利业	**Q**	**6439**	**4300**	**5425**	**4495**	**4643**	**534**
卫生	8500	5356	3341	4524	3809	3434	480
医院	8510	908	475	617	779	344	63
卫生院及社区医疗活动	8520	1751	1229	2412	1394	1325	308
门诊部医疗活动	8530	1452	548	106	589	360	5
计划生育技术服务活动	8540	780	618	797	436	1026	11
妇幼保健活动	8550	144	83	131	99	106	21
专科疾病防治活动	8560	43	137	90	112	57	36
疾病预防控制及防疫活动	8570	183	182	274	223	136	23
其他卫生活动	8590	95	69	97	177	80	13
社会保障业	8600	553	362	463	258	975	20

重 庆	四 川	贵 州	云 南	西 藏	陕 西	甘 肃	青 海	宁 夏	新 疆	代码
296	1267	481	883	7	830	391	119	56	190	7900
20	61	7	28	2	86	23	13	5	7	7910
160	631	86	277	3	367	219	37	35	144	7920
116	575	388	578	2	377	149	69	16	39	7990
128	471	84	281	5	201	148	36	37	169	8000
24	137	14	117	2	66	66	23	13	89	8010
104	334	70	164	3	135	82	13	24	80	8020
169	362	90	174	2	200	137	33	36	121	8100
82	104	39	45	2	90	28	13	12	51	8110
25	110	13	43		45	45	9	17	48	8120
62	148	38	86		65	64	11	7	22	8130
69	**222**	**35**	**90**	**3**	**91**	**46**	**17**	**9**	**73**	O
54	179	26	74	3	74	36	14	7	57	8200
	2		1						2	8210
3	1	2	11	1	6	1	2	1	21	8220
					2					8230
	3		1		1	3				8240
	2		1		1					8250
3	4		1		7		1	1	1	8260
36	145	22	54		38	20	6	5	20	8270
										8280
12	22	2	5	2	19	12	5		13	8290
15	43	9	16		17	10	3	2	16	8300
	3		3		2	3			1	8310
	1	1			1		1			8320
15	39	8	13		14	7	2	2	15	8390
4757	**12863**	**7507**	**5005**	**473**	**13458**	**7771**	**782**	**864**	**3712**	P
4757	12863	7507	5005	473	13458	7771	782	864	3712	8400
243	614	265	273	15	454	220	47	38	184	8410
2683	6924	5073	2024	341	9813	5398	334	405	1723	8420
1382	4088	1890	2098	91	2532	1748	288	338	1449	8430
85	125	69	87	4	155	89	22	19	75	8440
364	1112	210	523	22	504	316	91	64	281	8490
2583	**10661**	**2801**	**3082**	**216**	**8298**	**2443**	**593**	**457**	**1820**	Q
2281	9206	2635	2674	209	7772	2269	485	411	1587	8500
232	932	281	391	104	452	316	128	60	409	8510
1149	4685	1289	1398	34	1849	1245	215	267	733	8520
70	455	23	14	1	4323	78	7	10	40	8530
665	2399	782	461	5	550	349	23	10	125	8540
41	180	87	145	8	148	103	18	20	84	8550
20	73	10	30	2	32	19	6	7	10	8560
52	256	99	175	44	341	122	58	27	145	8570
52	226	64	60	11	77	37	30	10	41	8590
126	967	85	225	2	259	90	56	29	78	8600

3-3 续表 11

行业中类	代码	河南	湖北	湖南	广东	广西	海南
社会福利业	8700	530	597	438	428	234	34
提供住宿的社会福利	8710	317	459	312	294	123	18
不提供住宿的社会福利	8720	213	138	126	134	111	16
文化、体育和娱乐业	R	**2031**	**1828**	**1578**	**1992**	**2126**	**153**
新闻出版业	8800	91	123	76	158	108	19
新闻业	8810	6	33	13	25	17	3
出版业	8820	85	90	63	133	91	16
广播、电视、电影和音像业	8900	571	421	538	427	974	16
广播	8910	238	133	122	132	613	6
电视	8920	197	226	332	162	305	7
电影	8930	134	57	78	121	55	3
音像制作	8940	2	5	6	12	1	
文化艺术业	9000	1273	1135	838	1132	936	101
文艺创作与表演	9010	196	110	97	161	138	18
艺术表演场馆	9020	52	55	45	52	27	2
图书馆与档案馆	9030	188	168	168	215	197	32
文物及文化保护	9040	146	48	121	50	62	6
博物馆	9050	60	94	28	118	49	13
烈士陵园、纪念馆	9060	38	43	26	17	17	
群众文化活动	9070	524	582	316	463	362	21
文化艺术经纪代理	9080	18	2	6	9	12	
其他文化艺术	9090	51	33	31	47	72	9
体育	9100	69	114	96	199	94	8
体育组织	9110	28	44	38	94	26	4
体育场馆	9120	20	39	28	76	24	
其他体育	9190	21	31	30	29	44	4
娱乐业	9200	27	35	30	76	14	9
室内娱乐活动	9210	10	7	7	21	6	4
游乐园	9220	1	3	4	5		1
休闲健身娱乐活动	9230	7	15	5	10	3	1
其他娱乐活动	9290	9	10	14	40	5	3
公共管理和社会组织	S	**5429**	**9810**	**10401**	**4790**	**7294**	**691**
中国共产党机关	9300	7	80	66	38	91	8
国家机构	9400	5421	9725	10329	4736	7197	679
国家权力机构	9410	6	30	11	44	51	4
国家行政机构	9420	5407	9472	10157	4518	7034	638
人民法院和人民检察院	9430	2	15	14	4	5	5
其他国家机构	9490	6	208	147	170	107	32
人民政协和民主党派	9500	1	5	6	16	6	4
人民政协	9510	1	3	4	4	1	1
民主党派	9520		2	2	12	5	3
群众团体、社会团体和宗教组织	9600						
群众团体	9610						
社会团体	9620						

重 庆	四 川	贵 州	云 南	西 藏	陕 西	甘 肃	青 海	宁 夏	新 疆	代码
176	488	81	183	5	267	84	52	17	155	8700
146	300	55	129	4	214	60	35	12	101	8710
30	188	26	54	1	53	24	17	5	54	8720
491	**3471**	**846**	**1423**	**113**	**1272**	**968**	**256**	**182**	**728**	R
49	172	53	93	9	37	58	17	15	79	8800
9	44	11	19	2	9	17	3	2	9	8810
40	128	42	74	7	28	41	14	13	70	8820
143	929	242	189	62	313	194	58	35	194	8900
57	511	124	57	9	154	105	8	4	97	8910
59	349	98	70	25	72	44	22	14	55	8920
22	64	19	61	28	83	43	27	17	40	8930
5	5	1	1		4	2	1		2	8940
271	2192	505	1046	36	801	653	155	114	415	9000
24	104	38	93	8	109	78	14	13	68	9010
12	34	4	13	2	44	21	3	3	11	9020
71	290	92	220	8	157	126	52	39	130	9030
37	205	34	83	3	136	31	12	17	31	9040
11	45	11	20	1	60	56	11	10	9	9050
7	62	7	8		30	8	2		3	9060
92	1357	290	527	12	244	299	50	20	154	9070
2	4		1		1	1		2	4	9080
15	91	29	81	2	20	33	11	10	5	9090
28	149	39	78	6	94	42	21	15	28	9100
11	57	24	27	4	39	24	9	6	11	9110
11	39	8	26	1	30	2	3	5	7	9120
6	53	7	25	1	25	16	9	4	10	9190
	29	7	17		27	21	5	3	12	9200
	13	6	5		17	10	1		3	9210
			2		1	4			1	9220
	9	1	4		4	4	2	1	1	9230
	7		6		5	3	2	2	7	9290
4075	**12567**	**3822**	**3505**	**270**	**6597**	**4495**	**662**	**542**	**2182**	S
20	103	20	25	9	135	26	12	5	24	9300
4055	12455	3802	3480	261	6451	4463	648	537	2157	9400
	7		3	1	73	5	3		5	9410
3953	12278	3749	3438	255	6216	4445	622	525	2125	9420
	8	3	5	3	17	1	4		8	9430
102	162	50	34	2	145	12	19	12	19	9490
	9				11	6	2		1	9500
	3				3		1			9510
	6				8	6	1		1	9520
										9600
										9610
										9620

3-4 按行业（中类）、地区

行业中类	代码	就业人数（万人）	北京	天津	河北	山西	内蒙古
总计	0000	**2721.55**	**80.26**	**34.05**	**135.49**	**88.46**	**62.92**
农、林、牧、渔业	A	**6.16**	**0.06**		**0.09**	**0.11**	**0.72**
农业	0100	0.42	0.01				
谷物及其他作物的种植	0110	0.36	0.01				
水果、坚果、饮料和香料作物的种植	0130	0.06					
林业	0200	3.55	0.02		0.09	0.06	0.45
林木的培育和种植	0210	3.21	0.02		0.09	0.06	0.37
木材和竹材的采运	0220	0.25					0.07
林产品的采集	0230	0.09					
畜牧业	0300	0.69					0.22
牲畜的饲养	0310	0.60					0.22
猪的饲养	0320	0.03					
其他畜牧业	0390	0.07					
渔业	0400	0.02					
内陆渔业	0420	0.02					
农、林、牧、渔服务业	0500	1.48	0.02			0.05	0.05
农业服务业	0510	0.92	0.02			0.01	
林业服务业	0520	0.16					0.01
畜牧服务业	0530	0.37				0.03	0.04
渔业服务业	0540	0.03					
制造业	C	**0.17**			**0.01**		
家具制造业	2100						
木质家具制造	2110						
印刷业和记录媒介的复制	2300	0.04			0.01		
印刷	2310	0.04			0.01		
化学原料及化学制品制造业	2600						
涂料、油墨、颜料及类似产品制造	2640						
非金属矿物制品业	3100	0.01					
石墨及其他非金属矿物制品制造	3190	0.01					
通用设备制造业	3500	0.11					
轴承、齿轮、传动和驱动部件的制造	3550	0.11					
通用零部件制造及机械修理	3580						
交通运输设备制造业	3700	0.01					
汽车制造	3720						
交通器材及其他交通运输设备制造	3790						
电力、燃气及水的生产和供应业	D	**1.05**	**0.22**	**0.07**	**0.09**	**0.01**	**0.01**
电力、热力的生产和供应业	4400	0.59	0.13	0.05	0.01		
电力生产	4410	0.19					
电力供应	4420	0.04					
热力生产和供应	4430	0.36	0.13	0.05	0.01		
燃气生产和供应业	4500	0.03					
水的生产和供应业	4600	0.43	0.08	0.02	0.09		0.01
自来水的生产和供应	4610	0.30	0.06	0.02	0.05		0.01
污水处理及其再生利用	4620	0.13	0.01		0.04		

分组的事业法人单位就业人数

辽 宁	吉 林	黑龙江	上 海	江 苏	浙 江	安 徽	福 建	江 西	山 东	代码
110.87	**71.80**	**89.23**	**53.92**	**151.22**	**98.24**	**96.45**	**72.37**	**82.08**	**180.01**	0000
0.29	**0.02**	**1.79**		**0.01**	**0.05**		**0.02**	**0.05**		A
		0.22						0.02		0100
		0.22						0.02		0110
										0130
0.28		0.82			0.03		0.01			0200
0.28		0.80			0.03		0.01			0210
		0.01								0220
										0230
	0.02	0.30					0.01			0300
		0.27								0310
							0.01			0320
	0.02	0.03								0390
								0.02		0400
								0.02		0420
		0.45		0.01	0.01					0500
		0.45		0.01						0510
					0.01					0520
										0530
										0540
0.01					**0.13**					C
										2100
										2110
0.01					0.01					2300
0.01					0.01					2310
										2600
										2640
0.01										3100
0.01										3190
					0.11					3500
					0.11					3550
										3580
					0.01					3700
										3720
										3790
0.07		**0.06**			**0.03**	**0.03**	**0.01**			D
0.06		0.05			0.03	0.03	0.01			4400
					0.03	0.03	0.01			4410
										4420
0.06		0.05								4430
										4500
0.01		0.01								4600
0.01		0.01								4610
										4620

3-4 续表 1

行业中类	代码	就业人数（万人）	北 京	天 津	河 北	山 西	内蒙古
建筑业	E	**0.25**					
房屋和土木工程建筑业	4700	0.25					
土木工程建筑	4720	0.25					
建筑装饰业	4900						
交通运输、仓储和邮政业	F	**44.67**	**0.04**	**0.39**	**3.24**	**2.48**	**1.80**
道路运输业	5200	39.95	0.02	0.27	3.08	2.27	1.74
公路旅客运输	5210	0.06				0.01	
道路货物运输	5220	0.06			0.01		
道路运输辅助活动	5230	39.82	0.02	0.27	3.07	2.27	1.74
城市公共交通业	5300	0.37		0.12	0.02		
公共电汽车客运	5310	0.15					
轨道交通	5320	0.13		0.12			
出租车客运	5330	0.04			0.02		
城市轮渡	5340	0.04					
其他城市公共交通	5390	0.01					
水上运输业	5400	1.55					0.01
水上旅客运输	5410	0.03					
水上货物运输	5420	0.02					
水上运输辅助活动	5430	1.50					0.01
航空运输业	5500	0.16			0.02		
航空客货运输	5510	0.01					
通用航空服务	5520						
航空运输辅助活动	5530	0.15			0.02		
装卸搬运和其他运输服务业	5700	0.07			0.01		
运输代理服务	5720	0.07			0.01		
仓储业	5800	2.56	0.02		0.11	0.21	0.05
谷物、棉花等农产品仓储	5810	0.74			0.02	0.06	
其他仓储	5890	1.82	0.02		0.09	0.15	0.05
邮政业	5900						
国家邮政	5910						
信息传输、计算机服务和软件业	G	**7.62**	**0.55**	**0.04**	**0.23**	**0.25**	**0.18**
电信和其他信息传输服务业	6000	6.60	0.20	0.02	0.23	0.23	0.16
电信	6010	0.08	0.04		0.02		
互联网信息服务	6020	0.31	0.07				
广播电视传输服务	6030	6.03	0.09	0.02	0.19	0.22	0.15
卫星传输服务	6040	0.17			0.02	0.01	
计算机服务业	6100	0.83	0.33	0.02		0.02	0.01
计算机系统服务	6110	0.32	0.21	0.01		0.01	
数据处理	6120	0.31	0.05			0.01	0.01
计算机维修	6130	0.02					
其他计算机服务	6190	0.18	0.06	0.01			
软件业	6200	0.20	0.03				
公共软件服务	6210	0.17	0.02				
其他软件服务	6290	0.03	0.01				

辽 宁	吉 林	黑龙江	上 海	江 苏	浙 江	安 徽	福 建	江 西	山 东	代码
0.04									**0.10**	E
0.04									0.10	4700
0.04									0.10	4720
										4900
2.33	**0.60**	**2.22**		**0.99**	**1.65**	**0.30**	**0.92**	**2.58**	**0.71**	F
2.18	0.48	2.00		0.65	1.35	0.16	0.85	2.45	0.59	5200
		0.03								5210
		0.04								5220
2.18	0.48	1.93		0.64	1.35	0.16	0.85	2.44	0.58	5230
		0.01			0.05	0.02				5300
		0.01			0.03					5310
										5320
					0.02					5330
						0.02				5340
										5390
0.04		0.02		0.26	0.19	0.03	0.03	0.06		5400
								0.03		5410
										5420
0.04		0.02		0.26	0.19	0.03	0.03	0.03		5430
				0.04	0.05					5500
				0.01						5510
										5520
				0.03	0.05					5530
										5700
										5720
0.10	0.12	0.18		0.05	0.01	0.09	0.04	0.07	0.12	5800
0.01		0.04		0.03		0.03	0.03	0.02	0.09	5810
0.10	0.12	0.14		0.03	0.01	0.06	0.01	0.05	0.03	5890
										5900
										5910
0.51	**0.19**	**0.26**	**0.09**	**0.62**	**0.56**	**0.16**	**0.36**	**0.10**	**0.21**	G
0.43	0.19	0.22	0.04	0.60	0.46	0.15	0.35	0.08	0.20	6000
										6010
0.06			0.01		0.01	0.01				6020
0.36	0.19	0.21	0.03	0.60	0.45	0.14	0.27	0.08	0.18	6030
0.01		0.01					0.08		0.02	6040
0.07		0.02	0.04	0.02	0.10		0.01	0.01	0.01	6100
			0.01		0.02					6110
0.06		0.02	0.01		0.07			0.01		6120
0.01										6130
			0.02	0.01			0.01		0.01	6190
0.01		0.02	0.02	0.01				0.01		6200
0.01		0.02	0.02					0.01		6210
										6290

3-4 续表 2

行业中类	代码	就业人数（万人）	北京	天津	河北	山西	内蒙古
批发和零售业	H	**0.04**					
批发业	6300	0.02					
农畜产品批发	6310						
食品、饮料及烟草制品批发	6320						
文化、体育用品及器材批发	6340						
医药及医疗器材批发	6350						
机械设备、五金交电及电子产品批发	6370						
贸易经纪与代理	6380						
零售业	6500	0.03					
食品、饮料及烟草制品专门零售	6520						
纺织、服装及日用品专门零售	6530						
文化、体育用品及器材专门零售	6540	0.02					
汽车、摩托车、燃料及零配件专门零售	6560						
无店铺及其他零售	6590						
住宿和餐饮业	I	**3.26**	**0.48**	**0.13**	**0.10**	**0.12**	**0.03**
住宿业	6600	2.93	0.48	0.13	0.10	0.11	0.02
旅游饭店	6610	1.96	0.38	0.06	0.05	0.02	
一般旅馆	6620	0.84	0.08	0.06	0.05	0.08	0.01
其他住宿服务	6690	0.13	0.01	0.01		0.01	
餐饮业	6700	0.32				0.02	0.01
正餐服务	6710	0.30				0.02	0.01
快餐服务	6720	0.01					
饮料及冷饮服务	6730						
其他餐饮服务	6790	0.01					
金融业	J	**3.40**	**0.23**		**0.11**	**0.02**	**0.06**
银行业	6800	2.86	0.03		0.10	0.01	0.05
中央银行	6810	2.54	0.03		0.04	0.01	0.05
商业银行	6820	0.29			0.06		
其他银行	6890	0.04					
证券业	6900	0.22	0.04				
证券市场管理	6910	0.21	0.04				
证券经纪与交易	6920	0.02					
证券分析与咨询	6940						
保险业	7000	0.22	0.15				
人寿保险	7010						
非人寿保险	7020	0.01					
保险辅助服务	7030	0.21	0.15				
其他金融活动	7100	0.10	0.01				
金融信托与管理	7110	0.02					
金融租赁	7120						
财务公司	7130	0.01					
典当	7150						
其他未列明的金融活动	7190	0.07	0.01				
房地产业	K	**6.96**	**0.60**	**0.04**	**0.55**	**0.05**	**0.05**

辽宁	吉林	黑龙江	上海	江苏	浙江	安徽	福建	江西	山东	代码
0.01					**0.01**					H
										6300
										6310
										6320
										6340
										6350
										6370
										6380
										6500
										6520
										6530
										6540
										6560
										6590
0.15	**0.06**	**0.10**	**0.07**	**0.06**	**0.06**	**0.12**	**0.09**	**0.19**	**0.30**	I
0.15	0.06	0.09	0.07	0.04	0.04	0.11	0.07	0.12	0.23	6600
0.12	0.03	0.06	0.07	0.04	0.02	0.08	0.02	0.09	0.16	6610
0.03		0.03			0.03	0.04	0.04	0.02	0.06	6620
	0.03							0.01	0.01	6690
				0.02	0.02	0.01	0.01	0.07	0.07	6700
				0.01	0.01		0.01	0.07	0.07	6710
						0.01				6720
										6730
					0.01					6790
0.32	**0.03**	**0.14**	**0.11**	**0.02**	**0.09**	**0.19**	**0.04**	**0.15**	**0.05**	J
0.28	0.03	0.14	0.02	0.01	0.07	0.18	0.04	0.14	0.05	6800
0.28	0.03	0.14	0.02	0.01	0.07	0.17	0.04	0.14	0.05	6810
						0.01				6820
										6890
0.01			0.07		0.01					6900
0.01			0.05		0.01					6910
			0.02							6920
										6940
0.01					0.01	0.01				7000
										7010
										7020
0.01					0.01					7030
0.02			0.02	0.01	0.01					7100
										7110
										7120
										7130
										7150
0.02			0.02	0.01						7190
1.31	**0.11**	**0.38**	**0.09**	**0.22**	**1.00**	**0.20**	**0.13**	**0.15**	**0.23**	K

3-4 续表 3

行业中类	代码	就业人数（万人）	北 京	天 津	河 北	山 西	内蒙古
房地产业	7200	6.96	0.60	0.04	0.55	0.05	0.05
房地产开发经营	7210	0.35			0.01		
物业管理	7220	2.15	0.29	0.02	0.30	0.02	0.03
房地产中介服务	7230	0.38	0.02		0.01	0.02	0.01
其他房地产活动	7290	4.09	0.29	0.03	0.23	0.01	0.02
租赁和商务服务业	L	**50.06**	**3.79**	**0.61**	**1.41**	**2.46**	**1.09**
租赁业	7300	0.16					0.04
机械设备租赁	7310	0.15					0.04
文化及日用品出租	7320	0.02					
商务服务业	7400	49.90	3.79	0.61	1.41	2.46	1.04
企业管理服务	7410	26.65	2.33	0.34	0.75	1.57	0.65
法律服务	7420	3.31	0.09	0.05	0.17	0.11	0.08
咨询与调查	7430	4.71	0.48	0.09	0.06	0.29	0.14
广告业	7440	0.31	0.01		0.01	0.01	
知识产权服务	7450	0.48	0.32	0.01		0.01	
职业中介服务	7460	3.42	0.22	0.04	0.15	0.16	0.07
市场管理	7470	7.36	0.05	0.03	0.17	0.17	0.02
旅行社	7480	0.19		0.01		0.01	0.01
其他商务服务	7490	3.47	0.31	0.05	0.10	0.14	0.08
科学研究、技术服务和地质勘查业	M	**156.90**	**10.64**	**2.60**	**5.37**	**4.65**	**4.27**
研究与试验发展	7500	44.24	7.55	1.05	1.32	1.19	0.64
自然科学研究与试验发展	7510	7.35	1.94	0.29	0.12	0.19	0.17
工程和技术研究与试验发展	7520	19.29	4.02	0.53	0.75	0.48	0.04
农业科学研究与试验发展	7530	11.95	0.36	0.07	0.36	0.38	0.32
医学研究与试验发展	7540	2.02	0.38	0.10	0.02	0.03	0.01
社会人文科学研究与试验发展	7550	3.63	0.86	0.05	0.06	0.11	0.10
专业技术服务业	7600	51.50	2.08	1.10	2.00	1.72	1.38
气象服务	7610	4.79	0.14	0.06	0.22	0.18	0.25
地震服务	7620	1.26	0.07	0.05	0.07	0.06	0.03
海洋服务	7630	0.45	0.04	0.04	0.01		
测绘服务	7640	2.97	0.06	0.07	0.10	0.09	0.09
技术检测	7650	13.24	0.90	0.28	0.59	0.36	0.33
环境监测	7660	4.07	0.09	0.05	0.16	0.17	0.12
工程技术与规划管理	7670	21.07	0.44	0.43	0.82	0.73	0.47
其他专业技术服务	7690	3.64	0.34	0.13	0.02	0.13	0.10
科技交流和推广服务业	7700	37.49	0.76	0.35	0.55	0.69	1.02
技术推广服务	7710	32.64	0.42	0.21	0.48	0.59	0.84
科技中介服务	7720	2.19	0.14	0.04	0.04	0.05	0.07
其他科技服务	7790	2.65	0.20	0.09	0.02	0.04	0.11
地质勘查业	7800	23.67	0.25	0.11	1.52	1.05	1.22
矿产地质勘查	7810	12.22	0.08	0.08	0.65	0.69	0.51
基础地质勘查	7820	6.87	0.11	0.02	0.45	0.21	0.46
地质勘查技术服务	7830	4.58	0.06	0.02	0.41	0.15	0.26
水利、环境和公共设施管理业	N	**143.31**	**4.33**	**3.07**	**4.77**	**4.72**	**4.12**

辽　宁	吉　林	黑龙江	上　海	江　苏	浙　江	安　徽	福　建	江　西	山　东	代码
1.31	0.11	0.38	0.09	0.22	1.00	0.20	0.13	0.15	0.23	7200
		0.02			0.02	0.03	0.01		0.07	7210
0.53	0.04	0.17		0.14	0.27	0.03		0.05	0.07	7220
0.02		0.01			0.02	0.02	0.01	0.02	0.02	7230
0.76	0.07	0.19	0.09	0.07	0.69	0.12	0.11	0.09	0.07	7290
3.13	**0.80**	**1.59**	**1.39**	**2.63**	**2.21**	**0.90**	**1.81**	**1.97**	**2.15**	L
	0.01	0.01		0.01					0.02	7300
	0.01	0.01		0.01					0.02	7310
										7320
3.13	0.79	1.58	1.38	2.62	2.21	0.90	1.81	1.97	2.13	7400
1.95	0.47	1.10	0.69	1.43	1.11	0.35	0.90	1.42	1.14	7410
0.25	0.09	0.09	0.10	0.17	0.12	0.16	0.11	0.07	0.19	7420
0.20	0.05	0.11	0.17	0.37	0.20	0.11	0.20	0.12	0.17	7430
0.01		0.01	0.02	0.01		0.01		0.01	0.02	7440
0.01			0.01	0.01	0.01		0.01	0.01	0.02	7450
0.20	0.06	0.04	0.24	0.23	0.16	0.06	0.12	0.07	0.16	7460
0.21	0.06	0.17	0.01	0.18	0.41	0.11	0.34	0.17	0.13	7470
0.02			0.01	0.02	0.01		0.01	0.01		7480
0.28	0.04	0.04	0.12	0.21	0.18	0.09	0.11	0.11	0.30	7490
7.48	**5.05**	**5.16**	**4.27**	**8.09**	**4.58**	**4.26**	**3.32**	**5.25**	**5.46**	M
1.63	1.37	1.38	2.84	1.64	0.95	0.91	0.48	1.32	1.50	7500
0.27	0.26	0.15	0.65	0.10	0.08	0.13	0.09	0.38	0.33	7510
0.74	0.51	0.43	1.64	0.94	0.26	0.42	0.04	0.24	0.44	7520
0.50	0.49	0.65	0.23	0.38	0.35	0.29	0.28	0.57	0.44	7530
0.02	0.02	0.04	0.16	0.08	0.06	0.03	0.02	0.05	0.16	7540
0.10	0.09	0.10	0.17	0.13	0.20	0.04	0.04	0.09	0.12	7550
3.18	1.89	1.94	0.86	2.53	2.24	1.36	1.47	1.31	2.06	7600
0.18	0.14	0.14	0.04	0.15	0.20	0.14	0.14	0.13	0.17	7610
0.05	0.01	0.05	0.02	0.04	0.01	0.03	0.02	0.01	0.07	7620
0.01			0.01	0.03	0.03		0.01		0.04	7630
0.11	0.14	0.13	0.10	0.13	0.14	0.10	0.05	0.07	0.06	7640
1.22	0.56	0.41	0.33	0.64	0.58	0.31	0.27	0.26	0.40	7650
0.34	0.11	0.13	0.13	0.25	0.20	0.14	0.13	0.12	0.13	7660
1.20	0.79	1.03	0.18	1.06	1.07	0.59	0.64	0.66	1.04	7670
0.07	0.14	0.04	0.05	0.23	0.01	0.05	0.23	0.07	0.15	7690
1.55	1.11	1.05	0.50	3.08	1.10	0.98	1.00	1.11	0.86	7700
1.38	1.00	0.97	0.33	2.69	0.98	0.90	0.73	0.88	0.64	7710
0.10	0.03	0.03	0.08	0.24	0.11	0.04	0.10	0.12	0.08	7720
0.07	0.07	0.04	0.09	0.15	0.01	0.04	0.17	0.11	0.15	7790
1.13	0.68	0.80	0.07	0.83	0.29	1.01	0.37	1.52	1.04	7800
0.53	0.38	0.32		0.55	0.13	0.62	0.23	1.01	0.52	7810
0.45	0.21	0.09		0.09	0.03	0.23	0.08	0.43	0.31	7820
0.15	0.09	0.39	0.07	0.19	0.12	0.16	0.06	0.07	0.21	7830
9.12	**4.09**	**5.57**	**2.74**	**8.55**	**4.84**	**4.63**	**2.92**	**3.62**	**8.36**	N

3-4 续表 4

行业中类	代码	就业人数（万人）	北 京	天 津	河 北	山 西	内蒙古
水利管理业	7900	43.44	0.65	0.73	1.36	1.54	1.56
防洪管理	7910	5.56	0.05	0.12	0.12	0.09	0.06
水资源管理	7920	28.06	0.47	0.31	0.98	1.16	1.11
其他水利管理	7990	9.81	0.13	0.30	0.26	0.29	0.39
环境管理业	8000	58.58	1.67	0.90	1.55	1.89	1.58
自然保护	8010	4.15	0.02	0.01	0.09	0.11	0.15
环境治理	8020	54.42	1.65	0.89	1.46	1.78	1.44
公共设施管理业	8100	41.29	2.01	1.44	1.87	1.30	0.97
市政公共设施管理	8110	16.71	0.24	0.93	0.75	0.54	0.48
城市绿化管理	8120	11.56	0.59	0.34	0.69	0.48	0.37
游览景区管理	8130	13.03	1.19	0.18	0.42	0.28	0.12
居民服务和其他服务业	**O**	**11.61**	**1.10**	**1.13**	**0.29**	**0.37**	**0.52**
居民服务业	8200	7.22	0.39	0.81	0.27	0.14	0.26
家庭服务	8210	0.08	0.02				0.01
托儿所	8220	0.30				0.01	
洗染服务	8230	0.02	0.01				
理发及美容保健服务	8240	0.15	0.01			0.01	0.02
洗浴服务	8250	0.11				0.01	
婚姻服务	8260	0.11			0.01		
殡葬服务	8270	4.04	0.18	0.09	0.21	0.04	0.12
摄影扩印服务	8280	0.01					
其他居民服务	8290	2.41	0.16	0.71	0.05	0.07	0.10
其他服务业	8300	4.39	0.71	0.32	0.02	0.23	0.27
修理与维护	8310	0.32	0.02	0.01		0.02	
清洁服务	8320	0.49	0.02	0.02	0.01	0.02	0.01
其他未列明的服务	8390	3.58	0.67	0.30		0.19	0.25
教育	**P**	**1384.43**	**32.98**	**16.44**	**74.62**	**42.54**	**31.08**
教育	8400	1384.43	32.98	16.44	74.62	42.54	31.08
学前教育	8410	34.85	1.65	0.78	1.43	1.10	0.85
初等教育	8420	554.36	5.38	3.93	29.82	18.64	13.43
中等教育	8430	594.51	10.54	5.78	35.52	16.70	13.26
高等教育	8440	153.34	11.66	3.71	6.37	4.26	2.47
其他教育	8490	47.38	3.75	2.25	1.47	1.85	1.07
卫生、社会保障和社会福利业	**Q**	**489.36**	**14.06**	**7.14**	**23.06**	**14.82**	**9.54**
卫生	8500	469.13	13.31	6.69	22.28	14.02	9.06
医院	8510	286.79	11.12	5.46	13.71	8.12	5.16
卫生院及社区医疗活动	8520	113.58	0.94	0.64	5.42	3.67	2.14
门诊部医疗活动	8530	7.89	0.13	0.02	0.25	0.25	0.05
计划生育技术服务活动	8540	12.06	0.01	0.07	0.24	0.33	0.22
妇幼保健活动	8550	15.80	0.29	0.11	1.09	0.55	0.43
专科疾病防治活动	8560	5.59	0.05	0.04	0.10	0.08	0.15
疾病预防控制及防疫活动	8570	21.43	0.48	0.22	1.31	0.77	0.77
其他卫生活动	8590	5.99	0.29	0.13	0.16	0.24	0.14
社会保障业	8600	9.92	0.27	0.22	0.34	0.54	0.24

辽 宁	吉 林	黑龙江	上 海	江 苏	浙 江	安 徽	福 建	江 西	山 东	代码
1.66	1.04	1.33	0.50	2.96	0.83	1.80	0.68	0.94	2.28	7900
0.19	0.07	0.22	0.15	0.49	0.13	0.42	0.09	0.15	0.33	7910
1.10	0.70	0.93	0.26	1.49	0.52	1.13	0.45	0.63	1.63	7920
0.37	0.27	0.18	0.08	0.98	0.18	0.26	0.15	0.16	0.32	7990
4.39	2.09	2.61	1.87	3.11	3.02	1.46	1.51	1.83	3.33	8000
0.26	0.05	0.10	0.03	0.06	0.07	0.07	0.09	0.09	0.08	8010
4.13	2.05	2.51	1.84	3.05	2.95	1.39	1.42	1.75	3.24	8020
3.07	0.96	1.62	0.38	2.48	0.99	1.38	0.73	0.84	2.76	8100
1.30	0.29	0.90	0.22	0.90	0.29	0.58	0.24	0.42	1.02	8110
0.99	0.32	0.36	0.07	0.51	0.43	0.34	0.20	0.25	0.90	8120
0.78	0.35	0.37	0.09	1.08	0.27	0.46	0.30	0.18	0.84	8130
0.46	**0.24**	**0.34**	**0.37**	**0.73**	**0.36**	**0.51**	**0.27**	**0.23**	**0.61**	**O**
0.41	0.22	0.26	0.24	0.37	0.31	0.24	0.22	0.21	0.35	8200
						0.01				8210
			0.06	0.01	0.02	0.01	0.01	0.02	0.01	8220
										8230
							0.01	0.01		8240
		0.01						0.05	0.02	8250
0.02	0.01			0.01	0.01	0.01			0.01	8260
0.36	0.09	0.22	0.06	0.26	0.23	0.18	0.15	0.08	0.20	8270
										8280
0.03	0.12	0.03	0.12	0.08	0.05	0.03	0.05	0.05	0.11	8290
0.04	0.03	0.08	0.14	0.36	0.05	0.27	0.05	0.02	0.26	8300
0.01			0.01	0.08		0.01			0.03	8310
			0.06	0.05	0.04	0.01			0.03	8320
0.03	0.03	0.08	0.06	0.23	0.01	0.25	0.04	0.01	0.20	8390
50.87	**36.95**	**40.06**	**24.58**	**79.30**	**49.81**	**56.45**	**42.68**	**43.06**	**87.51**	**P**
50.87	36.95	40.06	24.58	79.30	49.81	56.45	42.68	43.06	87.51	8400
1.08	0.56	0.68	2.30	2.57	1.83	0.84	1.09	0.59	1.87	8410
18.33	15.79	14.34	4.60	28.31	17.49	26.58	19.23	20.17	25.69	8420
22.29	13.57	16.93	9.33	34.66	22.79	23.60	17.91	17.77	47.26	8430
7.45	5.57	5.62	7.14	11.65	6.36	4.53	3.37	3.55	8.94	8440
1.73	1.46	2.49	1.21	2.12	1.33	0.90	1.08	0.98	3.74	8490
22.01	**12.91**	**16.14**	**13.29**	**27.68**	**21.71**	**16.82**	**11.21**	**13.36**	**36.96**	**Q**
20.40	12.40	15.50	12.53	26.57	20.98	16.36	10.66	12.81	36.01	8500
15.26	7.96	10.89	8.82	15.41	14.40	8.90	6.42	7.19	20.69	8510
2.22	2.72	2.35	2.55	7.92	4.89	5.32	2.62	3.60	10.98	8520
0.19	0.07	0.31	0.30	0.54	0.06	0.32	0.14	0.14	0.73	8530
0.24	0.11	0.21	0.03	0.57	0.18	0.33	0.39	0.32	0.51	8540
0.58	0.40	0.51	0.15	0.68	0.61	0.39	0.30	0.49	0.94	8550
0.40	0.30	0.27	0.16	0.16	0.12	0.22	0.18	0.23	0.44	8560
1.17	0.68	0.76	0.31	0.91	0.56	0.74	0.46	0.69	1.32	8570
0.34	0.15	0.19	0.22	0.38	0.17	0.16	0.14	0.16	0.41	8590
0.78	0.23	0.33	0.35	0.58	0.35	0.19	0.31	0.28	0.53	8600

3-4 续表 5

行业中类	代码	就业人数（万人）	北京	天津	河北	山西	内蒙古
社会福利业	8700	10.30	0.48	0.23	0.44	0.27	0.24
提供住宿的社会福利	8710	8.14	0.40	0.19	0.38	0.17	0.17
不提供住宿的社会福利	8720	2.17	0.08	0.04	0.05	0.10	0.08
文化、体育和娱乐业	R	**92.52**	**8.24**	**1.49**	**3.37**	**3.89**	**2.70**
新闻出版业	8800	16.81	4.09	0.24	0.40	0.81	0.42
新闻业	8810	2.05	0.56	0.01	0.01	0.24	0.05
出版业	8820	14.76	3.53	0.23	0.38	0.56	0.38
广播、电视、电影和音像业	8900	29.93	1.35	0.31	1.11	1.02	0.93
广播	8910	7.86	0.46	0.08	0.21	0.26	0.32
电视	8920	17.20	0.72	0.08	0.64	0.59	0.48
电影	8930	4.66	0.16	0.11	0.26	0.15	0.11
音像制作	8940	0.22	0.01	0.04		0.01	0.02
文化艺术业	9000	37.54	2.06	0.62	1.62	1.91	1.18
文艺创作与表演	9010	11.30	0.69	0.20	0.43	0.69	0.41
艺术表演场馆	9020	2.48	0.05	0.02	0.08	0.13	0.06
图书馆与档案馆	9030	7.10	0.42	0.15	0.33	0.28	0.27
文物及文化保护	9040	2.66	0.11	0.01	0.29	0.25	0.10
博物馆	9050	3.51	0.43	0.06	0.07	0.19	0.09
烈士陵园、纪念馆	9060	1.01	0.02	0.04	0.09	0.04	0.02
群众文化活动	9070	8.23	0.27	0.10	0.32	0.25	0.21
文化艺术经纪代理	9080	0.27	0.01	0.01		0.01	
其他文化艺术	9090	0.96	0.07	0.03	0.01	0.07	0.03
体育	9100	6.97	0.70	0.25	0.22	0.13	0.15
体育组织	9110	3.85	0.47	0.20	0.09	0.06	0.11
体育场馆	9120	1.98	0.18	0.04	0.04	0.03	0.02
其他体育	9190	1.14	0.05	0.01	0.09	0.03	0.02
娱乐业	9200	1.27	0.04	0.07	0.03	0.03	0.01
室内娱乐活动	9210	0.41	0.02	0.02	0.01	0.02	0.01
游乐园	9220	0.22	0.01	0.05			
休闲健身娱乐活动	9230	0.15				0.01	
其他娱乐活动	9290	0.50	0.01		0.02	0.01	
公共管理和社会组织	S	**319.76**	**2.92**	**0.88**	**18.19**	**11.95**	**6.76**
中国共产党机关	9300	1.33				0.08	0.01
国家机构	9400	318.31	2.92	0.88	18.19	11.86	6.75
国家权力机构	9410	0.82				0.01	0.04
国家行政机构	9420	311.01	2.81	0.88	18.14	11.16	6.53
人民法院和人民检察院	9430	0.97					0.03
其他国家机构	9490	5.51	0.11		0.04	0.69	0.14
人民政协和民主党派	9500	0.12				0.01	
人民政协	9510	0.05					
民主党派	9520	0.06				0.01	
群众团体、社会团体和宗教组织	9600	0.01					
群众团体	9610	0.01					
社会团体	9620						

辽　宁	吉　林	黑龙江	上　海	江　苏	浙　江	安　徽	福　建	江　西	山　东	代码
0.83	0.28	0.31	0.41	0.53	0.38	0.27	0.25	0.27	0.42	8700
0.69	0.20	0.25	0.31	0.44	0.30	0.23	0.19	0.23	0.35	8710
0.14	0.08	0.06	0.10	0.09	0.08	0.04	0.06	0.05	0.07	8720
4.46	**2.60**	**3.02**	**3.07**	**4.65**	**3.86**	**2.33**	**2.88**	**2.46**	**4.51**	**R**
0.90	0.34	0.48	0.50	0.55	0.70	0.43	0.48	0.43	0.83	8800
0.12	0.02	0.05	0.02	0.04	0.03	0.03	0.08	0.17	0.23	8810
0.79	0.33	0.43	0.48	0.51	0.67	0.40	0.40	0.25	0.59	8820
1.40	0.76	0.97	0.62	1.87	1.39	0.72	1.17	0.82	1.45	8900
0.36	0.19	0.23	0.08	0.64	0.29	0.30	0.18	0.19	0.40	8910
0.84	0.42	0.57	0.47	1.00	1.04	0.31	0.77	0.47	0.90	8920
0.19	0.16	0.16	0.06	0.21	0.06	0.10	0.21	0.16	0.14	8930
		0.01		0.01			0.01		0.02	8940
1.78	1.25	1.17	1.28	1.85	1.43	0.98	0.95	1.03	1.78	9000
0.45	0.32	0.34	0.32	0.50	0.34	0.38	0.38	0.31	0.49	9010
0.10	0.18	0.19	0.10	0.08	0.07	0.10	0.06	0.10	0.17	9020
0.44	0.27	0.21	0.26	0.30	0.25	0.15	0.17	0.20	0.35	9030
0.09	0.11	0.04	0.02	0.05	0.05	0.05	0.04	0.07	0.16	9040
0.16	0.08	0.07	0.11	0.17	0.15	0.06	0.07	0.11	0.18	9050
0.03	0.02	0.03	0.07	0.09	0.02	0.02	0.02	0.05	0.06	9060
0.47	0.23	0.26	0.36	0.59	0.52	0.19	0.17	0.19	0.30	9070
	0.02	0.01	0.01	0.02		0.02				9080
0.03	0.03	0.02	0.03	0.06	0.04	0.01	0.04	0.02	0.06	9090
0.33	0.23	0.33	0.64	0.26	0.30	0.19	0.25	0.15	0.35	9100
0.14	0.15	0.21	0.31	0.07	0.18	0.15	0.13	0.09	0.20	9110
0.10	0.05	0.06	0.24	0.12	0.07	0.02	0.06	0.03	0.11	9120
0.10	0.03	0.06	0.09	0.06	0.05	0.03	0.06	0.02	0.04	9190
0.04	0.01	0.07	0.04	0.12	0.04	0.02	0.04	0.03	0.11	9200
0.02	0.01	0.02	0.01	0.02		0.01		0.01	0.03	9210
				0.05	0.02			0.01	0.01	9220
		0.01		0.01				0.01	0.01	9230
0.02	0.01	0.03	0.02	0.04	0.02	0.01	0.03	0.01	0.07	9290
8.31	**8.17**	**12.41**	**3.84**	**17.66**	**7.31**	**9.54**	**5.70**	**8.91**	**32.86**	**S**
0.01	0.03	0.04	0.01	0.07	0.06	0.01	0.04	0.05	0.11	9300
8.30	8.14	12.37	3.83	17.58	7.25	9.54	5.66	8.86	32.75	9400
	0.03	0.02	0.01	0.01			0.03	0.10	0.04	9410
8.26	8.02	12.15	3.81	17.27	7.19	9.40	5.28	8.50	32.27	9420
0.01	0.02	0.11		0.03	0.03		0.04	0.03	0.03	9430
0.03	0.06	0.09	0.01	0.27	0.03	0.13	0.30	0.23	0.43	9490
		0.01		0.02			0.01			9500
		0.01		0.01						9510
										9520
					0.01					9600
					0.01					9610
										9620

3-4 续表 6

行业中类	代码	河　南	湖　北	湖　南	广　东	广　西	海　南
总计	**0000**	**189.30**	**132.52**	**132.17**	**176.20**	**97.91**	**16.78**
农、林、牧、渔业	**A**	**0.23**	**0.08**	**0.04**	**0.10**	**0.99**	**0.09**
农业	0100	0.03	0.01			0.01	
谷物及其他作物的种植	0110	0.03	0.01				
水果、坚果、饮料和香料作物的种植	0130					0.01	
林业	0200	0.04			0.09	0.83	0.09
林木的培育和种植	0210	0.04			0.04	0.76	
木材和竹材的采运	0220				0.05	0.07	
林产品的采集	0230						0.09
畜牧业	0300					0.02	
牲畜的饲养	0310						
猪的饲养	0320					0.02	
其他畜牧业	0390						
渔业	0400						
内陆渔业	0420						
农、林、牧、渔服务业	0500	0.17	0.07	0.04		0.14	
农业服务业	0510	0.06	0.01	0.02		0.07	
林业服务业	0520	0.03				0.03	
畜牧服务业	0530	0.08	0.05	0.01		0.03	
渔业服务业	0540			0.01			
制造业	**C**				**0.01**		
家具制造业	2100						
木质家具制造	2110						
印刷业和记录媒介的复制	2300				0.01		
印刷	2310				0.01		
化学原料及化学制品制造业	2600						
涂料、油墨、颜料及类似产品制造	2640						
非金属矿物制品业	3100						
石墨及其他非金属矿物制品制造	3190						
通用设备制造业	3500						
轴承、齿轮、传动和驱动部件的制造	3550						
通用零部件制造及机械修理	3580						
交通运输设备制造业	3700						
汽车制造	3720						
交通器材及其他交通运输设备制造	3790						
电力、燃气及水的生产和供应业	**D**			**0.02**	**0.18**	**0.01**	
电力、热力的生产和供应业	4400			0.02	0.10		
电力生产	4410			0.02	0.10		
电力供应	4420						
热力生产和供应	4430						
燃气生产和供应业	4500						
水的生产和供应业	4600				0.09	0.01	
自来水的生产和供应	4610				0.04	0.01	
污水处理及其再生利用	4620				0.05		

重 庆	四 川	贵 州	云 南	西 藏	陕 西	甘 肃	青 海	宁 夏	新 疆	代码
51.86	**145.42**	**58.05**	**77.45**	**4.80**	**89.01**	**58.41**	**12.61**	**14.95**	**56.64**	0000
0.04	**0.60**	**0.02**	**0.30**		**0.02**	**0.25**	**0.06**	**0.09**	**0.05**	A
			0.01					0.09		0100
			0.01					0.05		0110
								0.04		0130
0.02	0.53	0.02	0.11		0.01	0.04			0.01	0200
0.02	0.53	0.02	0.07		0.01	0.04			0.01	0210
			0.04							0220
										0230
			0.03			0.06	0.05			0300
						0.06	0.05			0310
										0320
			0.02							0390
										0400
										0420
0.03	0.06		0.15		0.01	0.14	0.01		0.04	0500
	0.01		0.10			0.09	0.01		0.03	0510
	0.03					0.05				0520
0.02	0.03		0.05							0530
					0.01					0540
								0.01		C
										2100
										2110
								0.01		2300
								0.01		2310
										2600
										2640
										3100
										3190
										3500
										3550
										3580
										3700
										3720
										3790
	0.04		**0.01**			**0.17**			**0.01**	D
						0.10				4400
										4410
						0.04				4420
						0.07				4430
	0.02									4500
	0.02		0.01			0.07			0.01	4600
						0.07				4610
	0.02								0.01	4620

3-4 续表 7

行业中类	代码	河 南	湖 北	湖 南	广 东	广 西	海 南
建筑业	E						
房屋和土木工程建筑业	4700						
土木工程建筑	4720						
建筑装饰业	4900						
交通运输、仓储和邮政业	F	**2.73**	**1.97**	**1.74**	**1.99**	**1.72**	**0.40**
道路运输业	5200	2.05	1.74	1.53	1.65	1.47	0.39
公路旅客运输	5210	0.01					
道路货物运输	5220			0.01			
道路运输辅助活动	5230	2.04	1.74	1.52	1.65	1.47	0.39
城市公共交通业	5300	0.06			0.03	0.05	
公共电汽车客运	5310	0.05				0.05	
轨道交通	5320						
出租车客运	5330						
城市轮渡	5340				0.03		
其他城市公共交通	5390	0.01					
水上运输业	5400	0.13	0.14	0.09	0.25	0.12	0.01
水上旅客运输	5410						
水上货物运输	5420		0.01		0.01		
水上运输辅助活动	5430	0.13	0.13	0.09	0.23	0.12	0.01
航空运输业	5500	0.02					
航空客货运输	5510						
通用航空服务	5520						
航空运输辅助活动	5530	0.02					
装卸搬运和其他运输服务业	5700	0.06					
运输代理服务	5720	0.06					
仓储业	5800	0.42	0.10	0.11	0.06	0.08	
谷物、棉花等农产品仓储	5810	0.10	0.03	0.02	0.04	0.06	
其他仓储	5890	0.32	0.07	0.09	0.02	0.02	
邮政业	5900						
国家邮政	5910						
信息传输、计算机服务和软件业	G	**0.21**	**0.24**	**0.25**	**0.60**	**0.22**	**0.02**
电信和其他信息传输服务业	6000	0.19	0.23	0.23	0.51	0.17	0.02
电信	6010	0.01					
互联网信息服务	6020			0.02	0.02	0.02	
广播电视传输服务	6030	0.18	0.23	0.21	0.49	0.15	0.02
卫星传输服务	6040	0.01					
计算机服务业	6100	0.02		0.02	0.03	0.04	
计算机系统服务	6110				0.01	0.01	
数据处理	6120	0.01		0.01	0.01	0.03	
计算机维修	6130						
其他计算机服务	6190				0.01		
软件业	6200				0.05	0.01	
公共软件服务	6210				0.04		
其他软件服务	6290				0.01		

重 庆	四 川	贵 州	云 南	西 藏	陕 西	甘 肃	青 海	宁 夏	新 疆	代码
	0.05		**0.03**						**0.02**	E
	0.05		0.03						0.02	4700
	0.05		0.03						0.02	4720
										4900
0.60	**3.65**	**0.92**	**2.32**	**0.28**	**2.24**	**1.49**	**0.49**	**0.37**	**1.48**	F
0.58	3.46	0.83	2.27	0.26	1.95	1.41	0.46	0.35	1.47	5200
										5210
										5220
0.58	3.46	0.83	2.27	0.26	1.95	1.41	0.46	0.35	1.47	5230
						0.01	0.01			5300
										5310
						0.01				5320
										5330
										5340
										5390
0.01	0.12	0.01			0.02					5400
										5410
										5420
0.01	0.11	0.01			0.02					5430
						0.03				5500
										5510
										5520
						0.03				5530
										5700
										5720
0.01	0.08	0.09	0.04	0.01	0.28	0.05	0.02	0.02	0.01	5800
		0.01	0.01	0.01	0.13				0.01	5810
0.01	0.08	0.07	0.04		0.15	0.05	0.02	0.02		5890
										5900
										5910
0.22	**0.56**	**0.12**	**0.23**	**0.03**	**0.22**	**0.15**	**0.01**	**0.05**	**0.16**	G
0.22	0.56	0.11	0.22	0.03	0.19	0.14	0.01	0.04	0.15	6000
		0.01								6010
	0.01	0.01	0.02						0.01	6020
0.21	0.55	0.08	0.20	0.03	0.18	0.13	0.01	0.04	0.14	6030
										6040
	0.01				0.01	0.01			0.01	6100
										6110
										6120
										6130
					0.01	0.01			0.01	6190
			0.01		0.01					6200
			0.01		0.01					6210
										6290

3-4 续表 8

行业中类	代码	河　南	湖　北	湖　南	广　东	广　西	海　南
批发和零售业	H				**0.02**		
批发业	6300						
农畜产品批发	6310						
食品、饮料及烟草制品批发	6320						
文化、体育用品及器材批发	6340						
医药及医疗器材批发	6350						
机械设备、五金交电及电子产品批发	6370						
贸易经纪与代理	6380						
零售业	6500				0.01		
食品、饮料及烟草制品专门零售	6520						
纺织、服装及日用品专门零售	6530						
文化、体育用品及器材专门零售	6540				0.01		
汽车、摩托车、燃料及零配件专门零售	6560						
无店铺及其他零售	6590						
住宿和餐饮业	I	**0.04**	**0.16**	**0.15**	**0.45**	**0.05**	
住宿业	6600	0.04	0.14	0.13	0.41	0.05	
旅游饭店	6610	0.02	0.12	0.08	0.28	0.04	
一般旅馆	6620	0.02	0.02	0.04	0.11	0.01	
其他住宿服务	6690			0.01	0.02		
餐饮业	6700		0.02	0.02	0.04		
正餐服务	6710		0.02	0.02	0.04		
快餐服务	6720						
饮料及冷饮服务	6730						
其他餐饮服务	6790						
金融业	J	**0.37**	**0.31**	**0.10**	**0.36**	**0.06**	**0.01**
银行业	6800	0.34	0.29	0.10	0.30	0.06	0.01
中央银行	6810	0.34	0.16	0.10	0.20	0.06	
商业银行	6820		0.12		0.10		
其他银行	6890						0.01
证券业	6900	0.02	0.01		0.05		
证券市场管理	6910	0.02	0.01		0.05		
证券经纪与交易	6920						
证券分析与咨询	6940						
保险业	7000		0.01				
人寿保险	7010						
非人寿保险	7020						
保险辅助服务	7030						
其他金融活动	7100	0.01	0.01				
金融信托与管理	7110						
金融租赁	7120						
财务公司	7130	0.01					
典当	7150						
其他未列明的金融活动	7190		0.01				
房地产业	K	**0.42**	**0.19**	**0.12**	**0.18**	**0.41**	

重 庆	四 川	贵 州	云 南	西 藏	陕 西	甘 肃	青 海	宁 夏	新 疆	代码
										H
										6300
										6310
										6320
										6340
										6350
										6370
										6380
										6500
										6520
										6530
										6540
										6560
										6590
0.01	**0.09**	**0.01**	**0.11**		**0.01**	**0.03**	**0.01**	**0.02**	**0.07**	I
	0.09	0.01	0.11		0.01	0.03	0.01	0.02	0.07	6600
	0.06		0.07			0.03		0.02	0.05	6610
	0.02	0.01	0.05				0.01		0.02	6620
	0.01									6690
	0.01									6700
	0.01									6710
										6720
										6730
										6790
0.04	**0.10**	**0.15**	**0.11**		**0.10**	**0.09**	**0.04**	**0.02**	**0.01**	J
0.03	0.10	0.15	0.11		0.10	0.08	0.04	0.01	0.01	6800
0.03	0.07	0.15	0.11		0.10	0.08	0.04	0.01	0.01	6810
										6820
	0.02									6890
										6900
										6910
										6920
										6940
										7000
										7010
										7020
										7030
										7100
										7110
										7120
										7130
										7150
										7190
0.03	**0.16**	**0.02**	**0.12**		**0.04**	**0.10**	**0.01**	**0.02**	**0.02**	K

3-4 续表 9

行业中类	代码	河　南	湖　北	湖　南	广　东	广　西	海　南
房地产业	7200	0.42	0.19	0.12	0.18	0.41	
房地产开发经营	7210		0.07	0.04	0.02	0.02	
物业管理	7220	0.01	0.03	0.01	0.09	0.01	
房地产中介服务	7230	0.05	0.01	0.02	0.03	0.03	
其他房地产活动	7290	0.36	0.07	0.05	0.04	0.35	
租赁和商务服务业	**L**	**3.87**	**2.35**	**2.70**	**4.70**	**2.78**	**0.30**
租赁业	7300	0.01	0.03		0.01		
机械设备租赁	7310		0.03		0.01		
文化及日用品出租	7320						
商务服务业	7400	3.86	2.32	2.69	4.69	2.78	0.30
企业管理服务	7410	1.39	1.42	1.32	2.26	1.14	0.09
法律服务	7420	0.20	0.15	0.11	0.21	0.06	0.02
咨询与调查	7430	0.51	0.15	0.14	0.27	0.07	0.08
广告业	7440	0.03	0.03	0.01	0.10	0.02	
知识产权服务	7450	0.01	0.01	0.01	0.01		
职业中介服务	7460	0.17	0.13	0.13	0.48	0.16	0.01
市场管理	7470	1.25	0.32	0.77	0.98	1.25	0.07
旅行社	7480	0.01	0.01		0.02	0.01	
其他商务服务	7490	0.28	0.10	0.21	0.36	0.08	0.02
科学研究、技术服务和地质勘查业	**M**	**8.07**	**8.19**	**6.23**	**6.53**	**5.47**	**0.97**
研究与试验发展	7500	1.88	1.91	1.43	1.52	1.11	0.47
自然科学研究与试验发展	7510	0.27	0.27	0.05	0.23	0.10	0.01
工程和技术研究与试验发展	7520	0.66	0.63	0.37	0.43	0.12	0.02
农业科学研究与试验发展	7530	0.70	0.74	0.87	0.58	0.62	0.43
医学研究与试验发展	7540	0.07	0.13	0.06	0.14	0.10	0.01
社会人文科学研究与试验发展	7550	0.19	0.14	0.07	0.14	0.18	0.01
专业技术服务业	7600	3.64	2.40	2.03	3.37	1.81	0.26
气象服务	7610	0.22	0.18	0.16	0.21	0.20	0.03
地震服务	7620	0.09	0.01	0.02	0.06	0.02	0.02
海洋服务	7630	0.01			0.20		
测绘服务	7640	0.16	0.12	0.13	0.20	0.12	0.04
技术检测	7650	0.97	0.72	0.37	0.92	0.32	0.06
环境监测	7660	0.38	0.12	0.14	0.28	0.17	0.04
工程技术与规划管理	7670	1.47	1.12	0.86	1.33	0.79	0.05
其他专业技术服务	7690	0.34	0.11	0.36	0.16	0.19	0.01
科技交流和推广服务业	7700	1.35	3.24	1.79	0.99	2.09	0.18
技术推广服务	7710	1.20	2.90	1.61	0.80	1.94	0.15
科技中介服务	7720	0.09	0.08	0.08	0.12	0.08	
其他科技服务	7790	0.06	0.26	0.09	0.07	0.07	0.03
地质勘查业	7800	1.21	0.64	0.98	0.66	0.45	0.07
矿产地质勘查	7810	0.63	0.17	0.42	0.33	0.16	0.02
基础地质勘查	7820	0.37	0.21	0.25	0.21	0.24	0.02
地质勘查技术服务	7830	0.21	0.26	0.31	0.12	0.05	0.03
水利、环境和公共设施管理业	**N**	**10.20**	**8.06**	**7.39**	**11.16**	**4.31**	**1.03**

重 庆	四 川	贵 州	云 南	西 藏	陕 西	甘 肃	青 海	宁 夏	新 疆	代码
0.03	0.16	0.02	0.12		0.04	0.10	0.01	0.02	0.02	7200
	0.02				0.01	0.01				7210
					0.01	0.02			0.01	7220
	0.02		0.01		0.01	0.01			0.01	7230
0.03	0.12	0.01	0.10		0.02	0.06	0.01	0.02		7290
0.49	**1.49**	**0.47**	**0.62**	**0.02**	**0.88**	**0.48**	**0.15**	**0.16**	**0.65**	L
										7300
										7310
										7320
0.49	1.49	0.47	0.61	0.02	0.88	0.48	0.15	0.16	0.65	7400
0.26	0.77	0.28	0.37	0.01	0.40	0.20	0.09	0.07	0.37	7410
0.08	0.17	0.04	0.08		0.17	0.07	0.03	0.02	0.04	7420
0.05	0.27	0.06	0.05	0.01	0.11	0.08	0.01	0.01	0.06	7430
	0.01									7440
										7450
0.03	0.10	0.04	0.04		0.06	0.04	0.01	0.01	0.03	7460
0.01	0.11	0.04	0.05		0.07	0.08	0.01	0.04	0.08	7470
										7480
0.05	0.05	0.01	0.02		0.06			0.01	0.06	7490
2.57	**11.19**	**2.74**	**4.97**	**0.44**	**7.63**	**5.23**	**1.39**	**0.96**	**3.86**	M
0.58	3.24	0.45	0.91	0.07	2.94	1.11	0.15	0.11	0.59	7500
0.01	0.45	0.10	0.14	0.01	0.29	0.12	0.04		0.12	7510
0.33	2.01	0.03	0.27	0.02	2.30	0.53	0.01	0.01	0.06	7520
0.15	0.52	0.28	0.35	0.03	0.22	0.32	0.07	0.07	0.33	7530
0.04	0.09		0.03		0.07	0.04	0.02		0.03	7540
0.04	0.16	0.03	0.10	0.01	0.06	0.11	0.02	0.02	0.06	7550
0.69	2.87	0.72	1.44	0.20	1.82	1.16	0.32	0.33	1.35	7600
0.07	0.28	0.15	0.18	0.09	0.17	0.18	0.13	0.04	0.26	7610
0.01	0.08	0.01	0.12		0.10	0.04	0.01	0.01	0.06	7620
										7630
0.05	0.12	0.07	0.06		0.31	0.03	0.02	0.03	0.08	7640
0.15	0.79	0.13	0.28	0.01	0.34	0.23	0.05	0.09	0.37	7650
0.04	0.16	0.04	0.09		0.11	0.12	0.02	0.02	0.10	7660
0.33	1.25	0.29	0.68	0.09	0.53	0.50	0.08	0.11	0.46	7670
0.05	0.19	0.04	0.03		0.26	0.06	0.02	0.04	0.03	7690
1.01	3.68	0.84	1.92	0.06	1.55	1.41	0.41	0.31	0.96	7700
0.92	3.21	0.77	1.82	0.05	1.37	1.30	0.38	0.30	0.87	7710
0.03	0.18	0.01	0.04		0.07	0.08	0.01	0.01	0.04	7720
0.07	0.29	0.05	0.05	0.01	0.10	0.03	0.02	0.01	0.05	7790
0.28	1.40	0.73	0.70	0.11	1.32	1.56	0.52	0.21	0.96	7800
0.17	0.82	0.43	0.44	0.08	0.90	0.47	0.44	0.11	0.33	7810
0.10	0.41	0.21	0.14	0.02	0.25	0.72	0.04	0.08	0.44	7820
0.01	0.18	0.09	0.13	0.01	0.17	0.37	0.03	0.02	0.19	7830
2.16	**5.85**	**1.68**	**3.04**	**0.13**	**4.53**	**3.06**	**0.53**	**1.18**	**3.56**	N

3-4 续表 10

行业中类	代码	河南	湖北	湖南	广东	广西	海南
水利管理业	7900	3.24	2.94	2.98	2.95	1.27	0.35
防洪管理	7910	0.57	0.85	0.63	0.34	0.05	
水资源管理	7920	1.99	1.47	1.75	1.98	0.97	0.33
其他水利管理	7990	0.68	0.61	0.60	0.63	0.25	0.01
环境管理业	8000	3.15	3.06	2.42	5.32	1.89	0.53
自然保护	8010	0.16	0.27	0.11	0.16	0.13	0.03
环境治理	8020	2.99	2.79	2.31	5.15	1.75	0.50
公共设施管理业	8100	3.81	2.06	1.99	2.89	1.15	0.15
市政公共设施管理	8110	1.85	0.69	0.81	1.37	0.41	0.08
城市绿化管理	8120	1.05	0.55	0.47	0.67	0.33	0.05
游览景区管理	8130	0.91	0.82	0.72	0.85	0.40	0.03
居民服务和其他服务业	**O**	**0.73**	**0.54**	**0.33**	**1.12**	**0.12**	**0.03**
居民服务业	8200	0.45	0.31	0.18	0.69	0.09	0.03
家庭服务	8210						
托儿所	8220	0.01		0.01	0.01		
洗染服务	8230				0.01		
理发及美容保健服务	8240	0.02	0.01		0.04		
洗浴服务	8250	0.01		0.01			
婚姻服务	8260		0.01		0.01		
殡葬服务	8270	0.33	0.20	0.10	0.33	0.08	0.01
摄影扩印服务	8280						
其他居民服务	8290	0.08	0.10	0.06	0.27		0.02
其他服务业	8300	0.28	0.23	0.15	0.43	0.03	
修理与维护	8310		0.02		0.04		
清洁服务	8320	0.05	0.02	0.01	0.11	0.02	
其他未列明的服务	8390	0.23	0.19	0.14	0.28	0.01	
教育	**P**	**99.67**	**61.58**	**63.95**	**93.04**	**53.39**	**7.83**
教育	8400	99.67	61.58	63.95	93.04	53.39	7.83
学前教育	8410	1.79	1.39	0.77	4.25	1.06	0.18
初等教育	8420	38.26	21.35	22.68	42.65	27.89	3.71
中等教育	8430	48.80	28.40	31.07	36.33	20.50	2.94
高等教育	8440	6.60	8.77	6.94	8.17	2.90	0.55
其他教育	8490	4.22	1.67	2.49	1.63	1.04	0.45
卫生、社会保障和社会福利业	**Q**	**32.74**	**24.54**	**23.51**	**36.22**	**16.39**	**2.79**
卫生	8500	31.38	23.44	22.44	34.90	15.61	2.66
医院	8510	17.76	12.21	12.75	23.38	8.73	1.55
卫生院及社区医疗活动	8520	7.31	7.51	6.26	7.31	3.79	0.74
门诊部医疗活动	8530	0.81	0.62	0.28	0.54	0.22	0.02
计划生育技术服务活动	8540	1.99	0.55	0.68	0.52	1.03	0.04
妇幼保健活动	8550	1.07	0.86	0.82	1.15	0.85	0.11
专科疾病防治活动	8560	0.29	0.56	0.39	0.50	0.14	0.09
疾病预防控制及防疫活动	8570	1.83	0.89	1.08	1.11	0.68	0.11
其他卫生活动	8590	0.32	0.24	0.19	0.39	0.17	0.02
社会保障业	8600	0.79	0.44	0.60	0.51	0.46	0.04

重 庆	四 川	贵 州	云 南	西 藏	陕 西	甘 肃	青 海	宁 夏	新 疆	代码
0.43	1.65	0.40	0.84	0.02	2.27	1.68	0.21	0.46	1.87	7900
0.01	0.05	0.02	0.03		0.16	0.08	0.02	0.02	0.03	7910
0.27	1.22	0.16	0.44	0.01	1.34	1.16	0.06	0.41	1.64	7920
0.15	0.38	0.22	0.37	0.01	0.77	0.44	0.13	0.03	0.20	7990
1.04	2.37	0.84	1.59	0.10	1.15	0.75	0.20	0.44	0.95	8000
0.06	0.30	0.05	0.57	0.09	0.29	0.26	0.12	0.09	0.18	8010
0.98	2.07	0.79	1.02	0.01	0.85	0.48	0.08	0.35	0.77	8020
0.69	1.82	0.44	0.61	0.01	1.11	0.63	0.13	0.27	0.74	8100
0.27	0.62	0.19	0.10	0.01	0.51	0.26	0.05	0.13	0.29	8110
0.14	0.38	0.07	0.16		0.22	0.18	0.03	0.11	0.32	8120
0.28	0.83	0.18	0.34		0.38	0.19	0.05	0.04	0.13	8130
0.12	**0.34**	**0.09**	**0.12**	**0.01**	**0.19**	**0.14**	**0.02**	**0.01**	**0.18**	O
0.09	0.25	0.07	0.08	0.01	0.10	0.06	0.02	0.01	0.11	8200
	0.01									8210
0.01		0.01	0.01		0.01		0.01		0.05	8220
										8230
	0.01					0.01				8240
										8250
										8260
0.07	0.20	0.06	0.06		0.07	0.04			0.04	8270
										8280
0.01	0.02				0.02	0.02	0.01		0.02	8290
0.02	0.09	0.02	0.04		0.09	0.08	0.01	0.01	0.07	8300
	0.01		0.01		0.01	0.01				8310
		0.01								8320
0.02	0.07	0.01	0.03		0.08	0.07		0.01	0.07	8390
29.90	**77.77**	**34.78**	**42.52**	**1.83**	**44.09**	**25.74**	**4.83**	**7.05**	**27.54**	P
29.90	77.77	34.78	42.52	1.83	44.09	25.74	4.83	7.05	27.54	8400
0.50	1.47	0.57	1.04	0.07	0.90	0.58	0.12	0.20	0.74	8410
13.43	36.77	19.73	21.56	0.85	17.63	10.90	1.46	3.01	10.73	8420
12.07	30.30	12.10	15.22	0.72	18.92	10.89	2.42	3.01	12.89	8430
3.07	7.35	1.85	2.78	0.14	5.44	2.45	0.58	0.67	2.44	8440
0.82	1.87	0.54	1.92	0.05	1.20	0.92	0.25	0.15	0.74	8490
8.95	**25.37**	**8.55**	**12.58**	**0.79**	**13.72**	**7.85**	**2.14**	**2.32**	**10.15**	Q
8.62	24.38	8.35	12.06	0.78	13.15	7.66	2.00	2.25	9.80	8500
4.36	13.45	4.42	7.02	0.65	6.97	4.33	1.41	1.45	6.81	8510
2.99	7.29	2.09	3.17	0.02	2.95	1.86	0.21	0.47	1.63	8520
0.26	0.17	0.06	0.03		1.07	0.15	0.01	0.01	0.12	8530
0.28	0.93	0.77	0.37		0.55	0.37	0.04	0.02	0.19	8540
0.22	0.89	0.34	0.55	0.02	0.52	0.35	0.10	0.14	0.30	8550
0.14	0.24	0.02	0.09	0.01	0.06	0.06	0.03	0.01	0.05	8560
0.25	1.05	0.45	0.75	0.07	0.63	0.46	0.16	0.14	0.62	8570
0.12	0.36	0.19	0.08	0.01	0.40	0.09	0.04	0.02	0.09	8590
0.12	0.58	0.06	0.22		0.24	0.09	0.05	0.04	0.16	8600

3-4 续表 11

行业中类	代码	河　南	湖　北	湖　南	广　东	广　西	海　南
社会福利业	8700	0.57	0.66	0.47	0.81	0.31	0.09
提供住宿的社会福利	8710	0.39	0.52	0.37	0.64	0.23	0.08
不提供住宿的社会福利	8720	0.18	0.14	0.10	0.17	0.08	0.01
文化、体育和娱乐业	**R**	**5.68**	**3.98**	**3.54**	**5.60**	**2.64**	**0.47**
新闻出版业	8800	0.77	0.35	0.34	0.56	0.32	0.07
新闻业	8810	0.03	0.07	0.01	0.05	0.02	
出版业	8820	0.74	0.28	0.33	0.51	0.30	0.07
广播、电视、电影和音像业	8900	2.32	1.61	1.67	2.38	0.91	0.19
广播	8910	0.58	0.30	0.23	0.63	0.33	0.12
电视	8920	1.24	1.06	1.10	1.34	0.43	0.04
电影	8930	0.50	0.24	0.34	0.39	0.15	0.03
音像制作	8940		0.01	0.01	0.02		
文化艺术业	9000	2.31	1.77	1.30	1.99	1.15	0.18
文艺创作与表演	9010	0.72	0.46	0.34	0.56	0.42	0.08
艺术表演场馆	9020	0.15	0.19	0.13	0.06	0.06	
图书馆与档案馆	9030	0.35	0.30	0.25	0.43	0.23	0.04
文物及文化保护	9040	0.24	0.06	0.17	0.07	0.05	0.01
博物馆	9050	0.19	0.19	0.06	0.26	0.07	0.01
烈士陵园、纪念馆	9060	0.06	0.08	0.04	0.04	0.03	
群众文化活动	9070	0.52	0.46	0.26	0.52	0.24	0.03
文化艺术经纪代理	9080	0.05	0.01	0.01	0.02	0.01	
其他文化艺术	9090	0.05	0.02	0.04	0.05	0.05	0.01
体育	9100	0.23	0.21	0.16	0.53	0.24	0.01
体育组织	9110	0.11	0.10	0.08	0.25	0.15	
体育场馆	9120	0.05	0.06	0.06	0.23	0.04	
其他体育	9190	0.07	0.05	0.02	0.04	0.05	
娱乐业	9200	0.05	0.04	0.06	0.14	0.02	0.01
室内娱乐活动	9210	0.02	0.01	0.01	0.03	0.01	
游乐园	9220		0.01	0.03	0.01		
休闲健身娱乐活动	9230	0.01	0.01	0.01	0.03		
其他娱乐活动	9290	0.02	0.01	0.02	0.06	0.01	0.01
公共管理和社会组织	**S**	**24.33**	**20.34**	**22.11**	**13.95**	**9.35**	**2.85**
中国共产党机关	9300	0.01	0.17	0.19	0.05	0.07	0.01
国家机构	9400	24.32	20.16	21.91	13.89	9.27	2.83
国家权力机构	9410	0.01	0.05	0.02	0.16	0.07	0.03
国家行政机构	9420	24.30	19.41	21.37	13.26	9.04	2.45
人民法院和人民检察院	9430		0.11	0.05	0.02	0.03	0.05
其他国家机构	9490	0.01	0.59	0.47	0.46	0.14	0.30
人民政协和民主党派	9500		0.01		0.01	0.01	
人民政协	9510		0.01				
民主党派	9520				0.01		
群众团体、社会团体和宗教组织	9600						
群众团体	9610						
社会团体	9620						

重 庆	四 川	贵 州	云 南	西 藏	陕 西	甘 肃	青 海	宁 夏	新 疆	代码
0.21	0.41	0.13	0.30	0.01	0.33	0.10	0.09	0.03	0.19	8700
0.18	0.31	0.10	0.24	0.01	0.25	0.08	0.08	0.03	0.16	8710
0.02	0.10	0.03	0.06		0.07	0.03	0.01	0.01	0.03	8720
1.47	**3.74**	**1.40**	**2.22**	**0.36**	**2.95**	**1.78**	**0.56**	**0.59**	**2.00**	R
0.67	0.71	0.15	0.26	0.03	0.17	0.25	0.08	0.13	0.36	8800
0.01	0.06	0.02	0.01	0.01	0.02	0.06	0.01		0.02	8810
0.65	0.65	0.14	0.25	0.02	0.15	0.19	0.07	0.13	0.34	8820
0.26	1.12	0.59	0.61	0.15	0.80	0.42	0.19	0.13	0.69	8900
0.08	0.34	0.11	0.16	0.03	0.30	0.16	0.04	0.01	0.25	8910
0.10	0.63	0.39	0.37	0.08	0.34	0.20	0.13	0.09	0.34	8920
0.08	0.14	0.08	0.09	0.03	0.16	0.06	0.02	0.03	0.09	8930
0.01	0.01				0.01				0.01	8940
0.50	1.68	0.53	1.07	0.15	1.75	0.93	0.23	0.30	0.81	9000
0.12	0.38	0.19	0.33	0.06	0.58	0.32	0.08	0.10	0.33	9010
0.03	0.07	0.02	0.04	0.01	0.11	0.10	0.01		0.04	9020
0.11	0.31	0.12	0.23	0.01	0.24	0.17	0.05	0.07	0.14	9030
0.03	0.13	0.02	0.05	0.04	0.23	0.04	0.01	0.03	0.04	9040
0.05	0.19	0.03	0.06	0.01	0.25	0.07	0.02	0.03	0.03	9050
0.03	0.03	0.01	0.01		0.06	0.01				9060
0.11	0.48	0.13	0.29	0.03	0.25	0.19	0.05	0.05	0.20	9070
	0.03		0.01			0.01			0.02	9080
0.02	0.05	0.02	0.05		0.03	0.02	0.01	0.01	0.01	9090
0.04	0.21	0.14	0.21	0.03	0.17	0.14	0.05	0.02	0.08	9100
0.02	0.10	0.09	0.09	0.02	0.08	0.12	0.03	0.01	0.04	9110
0.02	0.07	0.04	0.10		0.07		0.01	0.01	0.02	9120
0.01	0.05	0.01	0.02		0.03	0.02	0.01		0.02	9190
	0.02		0.07		0.06	0.04		0.01	0.05	9200
	0.01		0.05		0.01	0.01			0.04	9210
						0.02				9220
										9230
	0.01		0.01		0.04	0.01		0.01	0.01	9290
5.26	**14.41**	**7.09**	**8.15**	**0.92**	**12.39**	**11.84**	**2.35**	**2.11**	**6.87**	S
0.01	0.05	0.02	0.02	0.01	0.14	0.02	0.01	0.01	0.02	9300
5.25	14.35	7.07	8.13	0.90	12.23	11.83	2.34	2.11	6.85	9400
	0.02		0.01	0.04	0.11	0.01	0.01		0.01	9410
5.14	14.04	6.89	8.06	0.86	11.69	11.80	2.30	2.08	6.62	9420
	0.05	0.03	0.02		0.10	0.01	0.01		0.17	9430
0.11	0.24	0.15	0.04		0.33	0.01	0.03	0.03	0.04	9490
	0.01				0.02					9500
	0.01									9510
					0.02					9520
										9600
										9610
										9620

3-5 按地区、学历分组的事业法人单位就业人数

地 区	事业法人单位数（个）	就业人数（万人）	具有研究生及以上学历人员	具有大学本科学历人员	具有大专学历人员	具有高中学历人员	具有初中及以下学历人员
全 国	**663310**	**2721.55**	**53.08**	**544.82**	**952.05**	**864.99**	**306.61**
北 京	8750	80.27	8.15	24.28	18.39	18.02	11.43
天 津	5323	34.08	1.18	8.39	9.76	10.92	3.81
河 北	29631	135.49	1.89	28.26	52.68	40.08	12.59
山 西	20474	88.46	0.99	15.31	32.23	29.26	10.67
内蒙古	14040	62.92	0.62	11.91	23.10	20.22	7.08
辽 宁	24904	110.87	2.92	25.41	39.64	27.42	15.48
吉 林	14146	71.80	1.93	19.31	24.19	20.37	6.01
黑龙江	17867	89.23	1.66	20.82	32.75	26.56	7.44
上 海	7998	53.93	3.20	13.92	13.52	13.27	10.01
江 苏	37079	151.24	3.38	34.75	51.60	44.90	16.61
浙 江	24842	98.25	1.99	24.76	30.18	26.80	14.54
安 徽	30153	96.47	1.35	18.64	32.70	34.75	9.04
福 建	22969	72.37	0.97	12.89	24.70	26.32	7.49
江 西	21566	82.08	0.88	13.99	27.02	30.51	9.69
山 东	24627	180.01	3.13	45.67	65.48	50.64	15.08
河 南	33676	189.30	1.81	31.70	71.98	68.72	15.10
湖 北	37104	132.52	2.88	26.82	44.62	42.19	16.02
湖 南	33566	132.17	1.74	23.03	49.40	43.86	14.12
广 东	39600	176.21	4.06	31.15	60.33	58.89	21.77
广 西	37436	97.91	0.98	11.92	35.58	38.68	10.75
海 南	3864	16.78	0.18	2.64	4.81	6.65	2.51
重 庆	14556	51.86	0.98	11.59	19.30	13.90	6.08
四 川	52531	145.42	2.10	25.55	53.74	44.59	19.44
贵 州	17805	58.05	0.33	8.49	21.20	21.23	6.80
云 南	18239	77.45	0.81	11.93	25.17	29.64	9.90
西 藏	1271	4.80	0.03	0.74	1.16	1.36	1.52
陕 西	34031	89.01	1.46	14.99	32.44	31.00	9.13
甘 肃	18819	58.41	0.71	8.91	21.23	20.75	6.81
青 海	3107	12.61	0.11	2.23	4.79	3.86	1.61
宁 夏	2631	14.95	0.15	3.40	5.26	4.42	1.72
新 疆	10705	56.64	0.51	11.43	23.12	15.21	6.37

3-6 按行业（中类）、学历分组的事业法人单位就业人数

行业中类	代码	事业法人单位数（个）	就业人数（万人）	具有研究生及以上学历人员	具有大学本科学历人员	具有大专学历人员	具有高中学历人员	具有初中及以下学历人员
总计	0000	**663310**	**2721.55**	**53.08**	**544.82**	**952.05**	**864.99**	**306.61**
农、林、牧、渔业	A	**627**	**6.16**		**0.15**	**0.72**	**2.07**	**3.23**
农业	0100	26	0.42			0.02	0.12	0.27
谷物及其他作物的种植	0110	20	0.36			0.01	0.11	0.23
水果、坚果、饮料和香料作物的种植	0130	6	0.06				0.01	0.04
林业	0200	153	3.55		0.07	0.39	0.99	2.09
林木的培育和种植	0210	143	3.21		0.06	0.35	0.85	1.95
木材和竹材的采运	0220	9	0.25		0.01	0.04	0.09	0.11
林产品的采集	0230	1	0.09			0.01	0.05	0.03
畜牧业	0300	23	0.69		0.01	0.06	0.17	0.45
牲畜的饲养	0310	14	0.60		0.01	0.06	0.13	0.41
猪的饲养	0320	4	0.03				0.01	0.02
其他畜牧业	0390	5	0.07				0.03	0.03
渔业	0400	2	0.02					0.02
内陆渔业	0420	2	0.02					0.02
农、林、牧、渔服务业	0500	423	1.48		0.06	0.24	0.79	0.39
农业服务业	0510	253	0.92		0.04	0.14	0.53	0.22
林业服务业	0520	42	0.16		0.01	0.02	0.06	0.07
畜牧服务业	0530	123	0.37		0.02	0.07	0.19	0.09
渔业服务业	0540	5	0.03			0.01	0.01	0.01
制造业	C	**16**	**0.17**	**0.01**	**0.04**	**0.04**	**0.05**	**0.04**
家具制造业	2100	1						
木质家具制造	2110	1						
印刷业和记录媒介的复制	2300	9	0.04			0.01	0.02	0.01
印刷	2310	9	0.04			0.01	0.02	0.01
化学原料及化学制品制造业	2600	1						
涂料、油墨、颜料及类似产品制造	2640	1						
非金属矿物制品业	3100	1	0.01					
石墨及其他非金属矿物制品制造	3190	1	0.01					
通用设备制造业	3500	2	0.11	0.01	0.04	0.03	0.02	0.02
轴承、齿轮、传动和驱动部件的制造	3550	1	0.11	0.01	0.04	0.02	0.02	0.02
通用零部件制造及机械修理	3580	1						
交通运输设备制造业	3700	2	0.01					
汽车制造	3720	1						
交通器材及其他交通运输设备制造	3790	1						
电力、燃气及水的生产和供应业	D	**138**	**1.05**		**0.05**	**0.17**	**0.46**	**0.37**
电力、热力的生产和供应业	4400	72	0.59		0.02	0.08	0.25	0.25
电力生产	4410	21	0.19			0.02	0.08	0.08
电力供应	4420	7	0.04			0.01	0.02	0.01
热力生产和供应	4430	44	0.36		0.01	0.05	0.14	0.15
燃气生产和供应业	4500	4	0.03			0.01	0.01	0.01
水的生产和供应业	4600	62	0.43		0.03	0.08	0.20	0.12
自来水的生产和供应	4610	49	0.30		0.01	0.05	0.13	0.10
污水处理及其再生利用	4620	13	0.13		0.02	0.03	0.07	0.02
建筑业	E	**16**	**0.25**			**0.03**	**0.05**	**0.17**

3-6 续表 1

行业中类	代码	事业法人单位数(个)	就业人数(万人)	具有研究生及以上学历人员	具有大学本科学历人员	具有大专学历人员	具有高中学历人员	具有初中及以下学历人员
房屋和土木工程建筑业	4700	15	0.25			0.03	0.05	0.17
房屋工程建筑	4710	1						
土木工程建筑	4720	14	0.25			0.03	0.05	0.17
建筑装饰业	4900	1						
交通运输、仓储和邮政业	**F**	**5899**	**44.67**	**0.16**	**2.58**	**9.62**	**15.92**	**16.39**
道路运输业	5200	4886	39.95	0.14	2.30	8.55	14.04	14.91
公路旅客运输	5210	13	0.06			0.02	0.03	0.02
道路货物运输	5220	17	0.06			0.01	0.03	0.01
道路运输辅助活动	5230	4856	39.82	0.14	2.30	8.52	13.98	14.87
城市公共交通业	5300	24	0.37		0.01	0.04	0.17	0.15
公共电汽车客运	5310	7	0.15			0.01	0.05	0.08
轨道交通	5320	4	0.13			0.01	0.08	0.03
出租车客运	5330	6	0.04			0.01	0.01	0.02
城市轮渡	5340	2	0.04			0.01	0.02	0.01
其他城市公共交通	5390	5	0.01				0.01	
水上运输业	5400	427	1.55		0.11	0.38	0.48	0.58
水上旅客运输	5410	4	0.03				0.01	0.02
水上货物运输	5420	7	0.02			0.01	0.01	0.01
水上运输辅助活动	5430	416	1.50		0.11	0.36	0.46	0.56
航空运输业	5500	15	0.16		0.04	0.07	0.04	0.01
航空客货运输	5510	1	0.01					
通用航空服务	5520	2						
航空运输辅助活动	5530	12	0.15		0.04	0.07	0.04	0.01
装卸搬运和其他运输服务业	5700	11	0.07			0.02	0.04	0.01
运输代理服务	5720	11	0.07			0.02	0.04	0.01
仓储业	5800	535	2.56	0.01	0.12	0.56	1.14	0.73
谷物、棉花等农产品仓储	5810	229	0.74		0.02	0.15	0.36	0.21
其他仓储	5890	306	1.82		0.09	0.41	0.78	0.52
邮政业	5900	1						
国家邮政	5910	1						
信息传输、计算机服务和软件业	**G**	**3848**	**7.62**	**0.18**	**1.43**	**2.36**	**2.72**	**0.93**
电信和其他信息传输服务业	6000	3175	6.60	0.07	0.96	2.07	2.60	0.90
电信	6010	10	0.08		0.01	0.03	0.03	0.01
互联网信息服务	6020	248	0.31	0.02	0.13	0.10	0.05	0.01
广播电视传输服务	6030	2878	6.03	0.05	0.79	1.89	2.46	0.85
卫星传输服务	6040	39	0.17		0.04	0.05	0.06	0.02
计算机服务业	6100	593	0.83	0.09	0.38	0.24	0.09	0.03
计算机系统服务	6110	145	0.32	0.06	0.14	0.07	0.04	0.01
数据处理	6120	296	0.31	0.02	0.15	0.10	0.03	0.01
计算机维修	6130	17	0.02		0.01	0.01		
其他计算机服务	6190	135	0.18	0.01	0.08	0.06	0.02	0.01
软件业	6200	80	0.20	0.02	0.09	0.05	0.02	0.01
公共软件服务	6210	62	0.17	0.02	0.08	0.04	0.02	0.01
其他软件服务	6290	18	0.03		0.01	0.01		

3-6 续表 2

行业中类	代码	事业法人单位数（个）	就业人数（万人）	具有研究生及以上学历人员	具有大学本科学历人员	具有大专学历人员	具有高中学历人员	具有初中及以下学历人员
批发和零售业	H	**23**	**0.04**			**0.01**	**0.02**	**0.01**
批发业	6300	11	0.02				0.01	
农畜产品批发	6310	3						
食品、饮料及烟草制品批发	6320	2						
文化、体育用品及器材批发	6340	2						
医药及医疗器材批发	6350	2						
机械设备、五金交电及电子产品批发	6370	1						
贸易经纪与代理	6380	1						
零售业	6500	12	0.03			0.01	0.01	0.01
食品、饮料及烟草制品专门零售	6520	5						
纺织、服装及日用品专门零售	6530	1						
文化、体育用品及器材专门零售	6540	4	0.02			0.01	0.01	0.01
汽车、摩托车、燃料及零配件专门零售	6560	1						
无店铺及其他零售	6590	1						
住宿和餐饮业	I	**405**	**3.26**	**0.01**	**0.11**	**0.42**	**1.57**	**1.15**
住宿业	6600	358	2.93	0.01	0.10	0.38	1.41	1.03
旅游饭店	6610	138	1.96		0.06	0.24	0.97	0.68
一般旅馆	6620	190	0.84		0.03	0.12	0.39	0.31
其他住宿服务	6690	30	0.13		0.01	0.02	0.05	0.04
餐饮业	6700	47	0.32		0.01	0.03	0.16	0.12
正餐服务	6710	43	0.30		0.01	0.03	0.15	0.10
快餐服务	6720	2	0.01					0.01
饮料及冷饮服务	6730	1						
其他餐饮服务	6790	1	0.01					
金融业	J	**398**	**3.40**	**0.25**	**1.37**	**1.16**	**0.51**	**0.11**
银行业	6800	269	2.86	0.09	1.15	1.07	0.45	0.11
中央银行	6810	245	2.54	0.08	1.10	0.92	0.35	0.08
商业银行	6820	18	0.29		0.03	0.14	0.09	0.03
其他银行	6890	6	0.04		0.01	0.01	0.01	
证券业	6900	31	0.22	0.10	0.09	0.02	0.01	
证券市场管理	6910	26	0.21	0.10	0.08	0.02	0.01	
证券经纪与交易	6920	4	0.02		0.01			
证券分析与咨询	6940	1						
保险业	7000	24	0.22	0.05	0.11	0.02	0.03	
人寿保险	7010	1						
非人寿保险	7020	3	0.01					
保险辅助服务	7030	20	0.21	0.05	0.11	0.02	0.03	
其他金融活动	7100	74	0.10	0.01	0.03	0.04	0.02	
金融信托与管理	7110	14	0.02		0.01	0.01		
金融租赁	7120	1						
财务公司	7130	2	0.01					
典当	7150	2						
其他未列明的金融活动	7190	55	0.07	0.01	0.02	0.03	0.01	
房地产业	K	**2369**	**6.96**	**0.05**	**0.65**	**1.97**	**2.57**	**1.73**

3-6 续表 3

行业中类	代码	事业法人单位数（个）	就业人数（万人）	具有研究生及以上学历人员	具有大学本科学历人员	具有大专学历人员	具有高中学历人员	具有初中及以下学历人员
房地产业	7200	2369	6.96	0.05	0.65	1.97	2.57	1.73
房地产开发经营	7210	75	0.35		0.05	0.12	0.12	0.06
物业管理	7220	414	2.15		0.09	0.37	0.82	0.86
房地产中介服务	7230	290	0.38		0.05	0.15	0.14	0.03
其他房地产活动	7290	1590	4.09	0.04	0.45	1.33	1.50	0.77
租赁和商务服务业	**L**	**31911**	**50.06**	**0.73**	**7.57**	**15.59**	**16.98**	**9.20**
租赁业	7300	73	0.16		0.01	0.04	0.05	0.06
机械设备租赁	7310	62	0.15		0.01	0.04	0.05	0.05
文化及日用品出租	7320	11	0.02			0.01		0.01
商务服务业	7400	31838	49.90	0.73	7.56	15.55	16.92	9.14
企业管理服务	7410	14657	26.65	0.23	3.23	7.61	9.72	5.85
法律服务	7420	5304	3.31	0.11	1.17	1.51	0.47	0.06
咨询与调查	7430	4991	4.71	0.17	1.36	2.03	0.95	0.19
广告业	7440	102	0.31		0.07	0.12	0.08	0.03
知识产权服务	7450	213	0.48	0.09	0.26	0.09	0.04	0.01
职业中介服务	7460	3226	3.42	0.06	0.68	1.35	1.05	0.27
市场管理	7470	1869	7.36	0.01	0.39	2.04	3.33	1.58
旅行社	7480	155	0.19		0.03	0.07	0.06	0.02
其他商务服务	7490	1321	3.47	0.05	0.37	0.71	1.22	1.13
科学研究、技术服务和地质勘查业	**M**	**63239**	**156.90**	**5.89**	**34.51**	**41.88**	**48.54**	**26.07**
研究与试验发展	7500	5860	44.24	4.27	13.84	8.83	9.76	7.54
自然科学研究与试验发展	7510	647	7.35	1.25	2.42	1.39	1.32	0.97
工程和技术研究与试验发展	7520	1084	19.29	1.64	6.87	3.78	4.28	2.73
农业科学研究与试验发展	7530	2546	11.95	0.55	2.49	2.21	3.23	3.47
医学研究与试验发展	7540	341	2.02	0.21	0.58	0.52	0.49	0.22
社会人文科学研究与试验发展	7550	1242	3.63	0.62	1.48	0.93	0.45	0.15
专业技术服务业	7600	25862	51.50	1.09	12.83	17.50	15.23	4.85
气象服务	7610	2789	4.79	0.11	1.04	1.60	1.72	0.32
地震服务	7620	1085	1.26	0.05	0.35	0.46	0.30	0.09
海洋服务	7630	73	0.45	0.02	0.11	0.11	0.14	0.07
测绘服务	7640	843	2.97	0.05	0.59	0.86	1.06	0.41
技术检测	7650	6580	13.24	0.30	3.06	4.70	4.04	1.13
环境监测	7660	1670	4.07	0.10	1.18	1.43	1.03	0.33
工程技术与规划管理	7670	10975	21.07	0.35	5.59	7.31	5.81	2.00
其他专业技术服务	7690	1847	3.64	0.11	0.89	1.03	1.12	0.49
科技交流和推广服务业	7700	30163	37.49	0.36	5.03	11.79	14.45	5.87
技术推广服务	7710	26338	32.64	0.21	3.90	10.28	13.04	5.22
科技中介服务	7720	1889	2.19	0.08	0.58	0.73	0.56	0.24
其他科技服务	7790	1936	2.65	0.08	0.55	0.78	0.85	0.40
地质勘查业	7800	1354	23.67	0.17	2.81	3.77	9.10	7.82
矿产地质勘查	7810	552	12.22	0.07	1.22	1.74	4.75	4.43
基础地质勘查	7820	442	6.87	0.04	0.87	1.20	2.72	2.03
地质勘查技术服务	7830	360	4.58	0.05	0.71	0.83	1.64	1.35
水利、环境和公共设施管理业	**N**	**31140**	**143.31**	**0.37**	**7.53**	**22.68**	**49.57**	**63.16**

3-6 续表 4

行业中类	代码	事业法人单位数(个)	就业人数(万人)	具有研究生及以上学历人员	具有大学本科学历人员	具有大专学历人员	具有高中学历人员	具有初中及以下学历人员
水利管理业	7900	17255	43.44	0.15	2.86	8.68	17.91	13.85
防洪管理	7910	2061	5.56	0.02	0.46	1.23	2.33	1.53
水资源管理	7920	8265	28.06	0.07	1.61	5.16	11.35	9.88
其他水利管理	7990	6929	9.81	0.06	0.79	2.30	4.23	2.43
环境管理业	8000	7115	58.58	0.12	1.67	5.86	15.38	35.54
自然保护	8010	1496	4.15	0.04	0.35	0.84	1.41	1.51
环境治理	8020	5619	54.42	0.08	1.32	5.02	13.98	34.03
公共设施管理业	8100	6770	41.29	0.10	3.00	8.14	16.28	13.77
市政公共设施管理	8110	2715	16.71	0.04	1.32	3.64	6.42	5.29
城市绿化管理	8120	1947	11.56	0.03	0.84	2.13	4.53	4.04
游览景区管理	8130	2108	13.03	0.04	0.84	2.37	5.33	4.45
居民服务和其他服务业	O	**5268**	**11.61**	**0.05**	**0.93**	**2.69**	**4.40**	**3.54**
居民服务业	8200	3624	7.22	0.02	0.45	1.67	2.91	2.17
家庭服务	8210	44	0.08		0.01	0.02	0.03	0.01
托儿所	8220	134	0.30		0.01	0.08	0.11	0.09
洗染服务	8230	5	0.02					0.02
理发及美容保健服务	8240	52	0.15		0.02	0.08	0.04	0.01
洗浴服务	8250	42	0.11			0.02	0.08	0.01
婚姻服务	8260	159	0.11		0.02	0.05	0.04	0.01
殡葬服务	8270	1945	4.04	0.01	0.15	0.79	1.65	1.44
摄影扩印服务	8280	10	0.01					
其他居民服务	8290	1233	2.41	0.01	0.24	0.63	0.95	0.58
其他服务业	8300	1644	4.39	0.03	0.48	1.02	1.49	1.37
修理与维护	8310	98	0.32		0.05	0.07	0.12	0.08
清洁服务	8320	188	0.49		0.03	0.07	0.12	0.28
其他未列明的服务	8390	1358	3.58	0.03	0.41	0.89	1.25	1.01
教育	P	**236763**	**1384.43**	**35.26**	**357.71**	**571.94**	**356.29**	**63.23**
教育	8400	236763	1384.43	35.26	357.71	571.94	356.29	63.23
学前教育	8410	11908	34.85	0.08	2.51	15.14	13.45	3.67
初等教育	8420	134784	554.36	0.69	40.78	252.52	241.04	19.34
中等教育	8430	69407	594.51	4.12	229.92	264.57	72.76	23.14
高等教育	8440	4128	153.34	28.97	69.23	23.88	17.85	13.42
其他教育	8490	16536	47.38	1.40	15.28	15.84	11.19	3.66
卫生、社会保障和社会福利业	Q	**103453**	**489.36**	**6.19**	**65.20**	**132.61**	**223.40**	**61.95**
卫生	8500	86741	469.13	6.04	62.34	125.32	216.92	58.50
医院	8510	13524	286.79	5.50	51.14	79.83	116.38	33.93
卫生院及社区医疗活动	8520	39059	113.58	0.09	3.78	23.71	67.67	18.33
门诊部医疗活动	8530	10341	7.89	0.05	0.65	1.88	4.16	1.14
计划生育技术服务活动	8540	12460	12.06	0.02	0.74	4.42	6.13	0.74
妇幼保健活动	8550	2809	15.80	0.06	1.68	5.10	7.86	1.10
专科疾病防治活动	8560	1371	5.59	0.05	0.66	1.62	2.65	0.61
疾病预防控制及防疫活动	8570	4942	21.43	0.20	2.73	6.82	9.74	1.93
其他卫生活动	8590	2235	5.99	0.07	0.95	1.94	2.31	0.72
社会保障业	8600	8510	9.92	0.11	2.08	4.71	2.52	0.50

3-6 续表 5

行业中类	代码	事业法人单位数（个）	就业人数（万人）					
				具有研究生及以上学历人员	具有大学本科学历人员	具有大专学历人员	具有高中学历人员	具有初中及以下学历人员
社会福利业	8700	8202	10.30	0.04	0.78	2.58	3.97	2.95
提供住宿的社会福利	8710	5751	8.14	0.02	0.51	1.84	3.18	2.58
不提供住宿的社会福利	8720	2451	2.17	0.01	0.27	0.73	0.79	0.37
文化、体育和娱乐业	**R**	**37624**	**92.52**	**1.46**	**18.75**	**29.17**	**29.06**	**14.08**
新闻出版业	8800	3196	16.81	0.74	6.17	5.11	3.05	1.73
新闻业	8810	511	2.05	0.06	0.65	0.57	0.34	0.43
出版业	8820	2685	14.76	0.67	5.53	4.55	2.71	1.30
广播、电视、电影和音像业	8900	9155	29.93	0.35	6.51	10.16	9.36	3.55
广播	8910	3592	7.86	0.09	1.85	2.84	2.32	0.76
电视	8920	3483	17.20	0.24	4.39	6.36	4.75	1.45
电影	8930	1968	4.66	0.01	0.23	0.87	2.22	1.33
音像制作	8940	112	0.22		0.04	0.09	0.07	0.02
文化艺术业	9000	22011	37.54	0.30	4.87	11.36	13.86	7.16
文艺创作与表演	9010	2651	11.30	0.04	0.81	1.84	5.05	3.57
艺术表演场馆	9020	818	2.48		0.17	0.52	1.12	0.68
图书馆与档案馆	9030	4424	7.10	0.08	1.64	3.13	1.81	0.43
文物及文化保护	9040	1860	2.66	0.03	0.34	0.89	0.92	0.49
博物馆	9050	1301	3.51	0.07	0.66	1.21	1.05	0.52
烈士陵园、纪念馆	9060	666	1.01		0.10	0.31	0.39	0.22
群众文化活动	9070	9145	8.23	0.05	0.91	3.05	3.13	1.09
文化艺术经纪代理	9080	127	0.27		0.02	0.06	0.12	0.08
其他文化艺术	9090	1019	0.96	0.02	0.23	0.36	0.27	0.09
体育	9100	2547	6.97	0.05	1.05	2.22	2.26	1.39
体育组织	9110	1022	3.85	0.03	0.60	1.23	1.21	0.76
体育场馆	9120	798	1.98	0.01	0.22	0.53	0.73	0.50
其他体育	9190	727	1.14	0.01	0.23	0.46	0.32	0.13
娱乐业	9200	715	1.27	0.02	0.16	0.32	0.53	0.25
室内娱乐活动	9210	261	0.41	0.01	0.05	0.10	0.16	0.09
游乐园	9220	50	0.22		0.01	0.03	0.11	0.06
休闲健身娱乐活动	9230	128	0.15		0.02	0.04	0.06	0.02
其他娱乐活动	9290	276	0.50	0.01	0.07	0.14	0.20	0.08
公共管理和社会组织	**S**	**140173**	**319.76**	**2.47**	**46.22**	**119.01**	**110.80**	**41.26**
中国共产党机关	9300	1216	1.33	0.05	0.44	0.52	0.24	0.08
国家机构	9400	138809	318.31	2.42	45.74	118.44	110.53	41.18
国家权力机构	9410	366	0.82	0.01	0.14	0.28	0.27	0.12
国家行政机构	9420	136151	311.01	2.32	44.33	115.92	108.25	40.19
人民法院和人民检察院	9430	186	0.97	0.02	0.34	0.35	0.12	0.13
其他国家机构	9490	2106	5.51	0.07	0.93	1.88	1.89	0.74
人民政协和民主党派	9500	134	0.12		0.03	0.05	0.03	0.01
人民政协	9510	43	0.05		0.01	0.03	0.01	
民主党派	9520	91	0.06		0.02	0.02	0.02	
群众团体、社会团体和宗教组织	9600	14	0.01					
群众团体	9610	10	0.01					
社会团体	9620	4						

3-7 按地区、技术职称分组的事业法人单位就业人数

地 区	事业法人单位数（个）	就业人数（万人）	#具有高级技术职称的人员	#具有中级技术职称的人员	#具有初级技术职称的人员
全 国	**663310**	**2721.55**	**175.48**	**674.43**	**869.70**
北 京	8750	80.27	11.36	19.28	18.17
天 津	5323	34.08	3.66	8.53	8.55
河 北	29631	135.49	8.31	34.56	43.70
山 西	20474	88.46	4.06	20.39	29.79
内蒙古	14040	62.92	3.55	15.84	18.68
辽 宁	24904	110.87	11.61	31.98	24.08
吉 林	14146	71.80	5.98	21.09	21.08
黑龙江	17867	89.23	7.80	24.06	21.14
上 海	7998	53.93	4.65	14.10	14.79
江 苏	37079	151.24	10.08	38.97	45.76
浙 江	24842	98.25	6.10	25.27	35.00
安 徽	30153	96.47	6.09	24.13	30.98
福 建	22969	72.37	4.32	16.56	30.67
江 西	21566	82.08	4.95	19.21	27.92
山 东	24627	180.01	15.28	48.49	59.63
河 南	33676	189.30	9.05	41.46	58.05
湖 北	37104	132.52	10.15	39.02	33.34
湖 南	33566	132.17	6.60	34.74	39.31
广 东	39600	176.21	8.61	41.54	59.61
广 西	37436	97.91	3.62	24.47	36.38
海 南	3864	16.78	0.76	3.17	5.77
重 庆	14556	51.86	2.81	11.45	19.60
四 川	52531	145.42	7.50	36.20	52.02
贵 州	17805	58.05	2.16	10.96	27.28
云 南	18239	77.45	4.09	19.69	30.62
西 藏	1271	4.80	0.12	0.55	1.15
陕 西	34031	89.01	4.60	17.31	29.50
甘 肃	18819	58.41	2.54	11.59	19.24
青 海	3107	12.61	0.63	3.05	4.10
宁 夏	2631	14.95	1.15	3.78	4.70
新 疆	10705	56.64	3.26	12.97	19.08

3-8 按行业（中类）、技术职称分组的事业法人单位就业人数

行业中类	代码	事业法人单位数（个）	就业人数（万人）	#具有高级技术职称的人员	#具有中级技术职称的人员	#具有初级技术职称的人员
总计	0000	**663310**	**2721.55**	**175.48**	**674.43**	**869.70**
农、林、牧、渔业	A	**627**	**6.16**	**0.03**	**0.30**	**0.66**
农业	0100	26	0.42		0.01	0.02
谷物及其他作物的种植	0110	20	0.36		0.01	0.02
水果、坚果、饮料和香料作物的种植	0130	6	0.06			
林业	0200	153	3.55	0.01	0.14	0.37
林木的培育和种植	0210	143	3.21	0.01	0.13	0.35
木材和竹材的采运	0220	9	0.25			0.01
林产品的采集	0230	1	0.09			0.01
畜牧业	0300	23	0.69	0.01	0.02	0.03
牲畜的饲养	0310	14	0.60	0.01	0.01	0.02
猪的饲养	0320	4	0.03			
其他畜牧业	0390	5	0.07			0.01
渔业	0400	2	0.02			
内陆渔业	0420	2	0.02			
农、林、牧、渔服务业	0500	423	1.48	0.01	0.13	0.24
农业服务业	0510	253	0.92	0.01	0.05	0.11
林业服务业	0520	42	0.16		0.01	0.02
畜牧服务业	0530	123	0.37		0.06	0.10
渔业服务业	0540	5	0.03			
制造业	C	**16**	**0.17**	**0.02**	**0.03**	**0.03**
家具制造业	2100	1				
木质家具制造	2110	1				
印刷业和记录媒介的复制	2300	9	0.04			
印刷	2310	9	0.04			
化学原料及化学制品制造业	2600	1				
涂料、油墨、颜料及类似产品制造	2640	1				
非金属矿物制品业	3100	1	0.01			
石墨及其他非金属矿物制品制造	3190	1	0.01			
通用设备制造业	3500	2	0.11	0.02	0.03	0.03
轴承、齿轮、传动和驱动部件的制造	3550	1	0.11	0.02	0.03	0.03
通用零部件制造及机械修理	3580	1				
交通运输设备制造业	3700	2	0.01			
汽车制造	3720	1				
交通器材及其他交通运输设备制造	3790	1				
电力、燃气及水的生产和供应业	D	**138**	**1.05**	**0.01**	**0.05**	**0.10**
电力、热力的生产和供应业	4400	72	0.59		0.03	0.06
电力生产	4410	21	0.19		0.01	0.03
电力供应	4420	7	0.04			
热力生产和供应	4430	44	0.36		0.02	0.03
燃气生产和供应业	4500	4	0.03			
水的生产和供应业	4600	62	0.43		0.02	0.04
自来水的生产和供应	4610	49	0.30		0.01	0.03
污水处理及其再生利用	4620	13	0.13		0.01	0.01
建筑业	E	**16**	**0.25**		**0.01**	**0.02**

3-8 续表 1

行业中类	代码	事业法人单位数（个）	就业人数（万人）	#具有高级技术职称的人员	#具有中级技术职称的人员	#具有初级技术职称的人员
房屋和土木工程建筑业	4700	15	0.25		0.01	0.02
房屋工程建筑	4710	1				
土木工程建筑	4720	14	0.25		0.01	0.02
建筑装饰业	4900	1				
交通运输、仓储和邮政业	F	**5899**	**44.67**	**0.40**	**2.39**	**4.37**
道路运输业	5200	4886	39.95	0.35	2.04	3.79
公路旅客运输	5210	13	0.06			0.01
道路货物运输	5220	17	0.06			
道路运输辅助活动	5230	4856	39.82	0.35	2.03	3.78
城市公共交通业	5300	24	0.37		0.01	0.02
公共电汽车客运	5310	7	0.15			
轨道交通	5320	4	0.13			0.01
出租车客运	5330	6	0.04			
城市轮渡	5340	2	0.04			0.01
其他城市公共交通	5390	5	0.01			
水上运输业	5400	427	1.55	0.03	0.14	0.22
水上旅客运输	5410	4	0.03			
水上货物运输	5420	7	0.02			
水上运输辅助活动	5430	416	1.50	0.03	0.14	0.22
航空运输业	5500	15	0.16		0.04	0.04
航空客货运输	5510	1	0.01			
通用航空服务	5520	2				
航空运输辅助活动	5530	12	0.15		0.03	0.04
装卸搬运和其他运输服务业	5700	11	0.07			
运输代理服务	5720	11	0.07			
仓储业	5800	535	2.56	0.02	0.17	0.29
谷物、棉花等农产品仓储	5810	229	0.74		0.05	0.08
其他仓储	5890	306	1.82	0.02	0.12	0.21
邮政业	5900	1				
国家邮政	5910	1				
信息传输、计算机服务和软件业	G	**3848**	**7.62**	**0.38**	**1.01**	**1.53**
电信和其他信息传输服务业	6000	3175	6.60	0.22	0.75	1.30
电信	6010	10	0.08		0.01	0.02
互联网信息服务	6020	248	0.31	0.03	0.06	0.08
广播电视传输服务	6030	2878	6.03	0.19	0.64	1.18
卫星传输服务	6040	39	0.17	0.01	0.03	0.03
计算机服务业	6100	593	0.83	0.13	0.21	0.18
计算机系统服务	6110	145	0.32	0.07	0.10	0.07
数据处理	6120	296	0.31	0.04	0.07	0.07
计算机维修	6130	17	0.02			
其他计算机服务	6190	135	0.18	0.02	0.04	0.04
软件业	6200	80	0.20	0.03	0.05	0.05
公共软件服务	6210	62	0.17	0.02	0.04	0.04
其他软件服务	6290	18	0.03		0.01	0.01

3-8 续表 2

行业中类	代码	事业法人单位数（个）	就业人数（万人）	#具有高级技术职称的人员	#具有中级技术职称的人员	#具有初级技术职称的人员
批发和零售业	H	**23**	**0.04**			
批发业	6300	11	0.02			
农畜产品批发	6310	3				
食品、饮料及烟草制品批发	6320	2				
文化、体育用品及器材批发	6340	2				
医药及医疗器材批发	6350	2				
机械设备、五金交电及电子产品批发	6370	1				
贸易经纪与代理	6380	1				
零售业	6500	12	0.03			
食品、饮料及烟草制品专门零售	6520	5				
纺织、服装及日用品专门零售	6530	1				
文化、体育用品及器材专门零售	6540	4	0.02			
汽车、摩托车、燃料及零配件专门零售	6560	1				
无店铺及其他零售	6590	1				
住宿和餐饮业	I	**405**	**3.26**	**0.03**	**0.08**	**0.14**
住宿业	6600	358	2.93	0.03	0.07	0.13
旅游饭店	6610	138	1.96	0.01	0.04	0.07
一般旅馆	6620	190	0.84	0.01	0.03	0.06
其他住宿服务	6690	30	0.13			
餐饮业	6700	47	0.32		0.01	0.01
正餐服务	6710	43	0.30		0.01	0.01
快餐服务	6720	2	0.01			
饮料及冷饮服务	6730	1				
其他餐饮服务	6790	1	0.01			
金融业	J	**398**	**3.40**	**0.18**	**1.40**	**0.99**
银行业	6800	269	2.86	0.11	1.25	0.91
中央银行	6810	245	2.54	0.10	1.19	0.77
商业银行	6820	18	0.29		0.04	0.13
其他银行	6890	6	0.04		0.01	0.01
证券业	6900	31	0.22	0.02	0.06	0.02
证券市场管理	6910	26	0.21	0.02	0.06	0.02
证券经纪与交易	6920	4	0.02		0.01	
证券分析与咨询	6940	1				
保险业	7000	24	0.22	0.05	0.07	0.05
人寿保险	7010	1				
非人寿保险	7020	3	0.01			
保险辅助服务	7030	20	0.21	0.05	0.07	0.05
其他金融活动	7100	74	0.10	0.01	0.02	0.01
金融信托与管理	7110	14	0.02		0.01	
金融租赁	7120	1				
财务公司	7130	2	0.01			
典当	7150	2				
其他未列明的金融活动	7190	55	0.07		0.02	0.01
房地产业	K	**2369**	**6.96**	**0.09**	**0.61**	**1.00**

3-8 续表 3

行业中类	代码	事业法人单位数（个）	就业人数（万人）	#具有高级技术职称的人员	#具有中级技术职称的人员	#具有初级技术职称的人员
房地产业	7200	2369	6.96	0.09	0.61	1.00
房地产开发经营	7210	75	0.35	0.01	0.06	0.07
物业管理	7220	414	2.15	0.02	0.10	0.22
房地产中介服务	7230	290	0.38	0.01	0.04	0.07
其他房地产活动	7290	1590	4.09	0.05	0.40	0.64
租赁和商务服务业	**L**	**31911**	**50.06**	**1.39**	**5.28**	**5.75**
租赁业	7300	73	0.16		0.02	0.03
机械设备租赁	7310	62	0.15		0.02	0.03
文化及日用品出租	7320	11	0.02			
商务服务业	7400	31838	49.90	1.38	5.26	5.72
企业管理服务	7410	14657	26.65	0.66	2.93	3.15
法律服务	7420	5304	3.31	0.11	0.36	0.40
咨询与调查	7430	4991	4.71	0.32	0.94	0.92
广告业	7440	102	0.31	0.02	0.06	0.07
知识产权服务	7450	213	0.48	0.05	0.06	0.06
职业中介服务	7460	3226	3.42	0.08	0.36	0.42
市场管理	7470	1869	7.36	0.07	0.31	0.45
旅行社	7480	155	0.19		0.01	0.02
其他商务服务	7490	1321	3.47	0.07	0.23	0.22
科学研究、技术服务和地质勘查业	**M**	**63239**	**156.90**	**16.30**	**31.05**	**35.04**
研究与试验发展	7500	5860	44.24	8.20	9.42	7.58
自然科学研究与试验发展	7510	647	7.35	1.77	1.72	1.12
工程和技术研究与试验发展	7520	1084	19.29	3.51	4.16	3.66
农业科学研究与试验发展	7530	2546	11.95	1.40	2.03	1.91
医学研究与试验发展	7540	341	2.02	0.40	0.53	0.45
社会人文科学研究与试验发展	7550	1242	3.63	1.12	0.97	0.43
专业技术服务业	7600	25862	51.50	4.64	11.53	12.95
气象服务	7610	2789	4.79	0.30	1.46	1.70
地震服务	7620	1085	1.26	0.16	0.27	0.21
海洋服务	7630	73	0.45	0.05	0.08	0.11
测绘服务	7640	843	2.97	0.19	0.54	0.81
技术检测	7650	6580	13.24	1.22	2.86	3.41
环境监测	7660	1670	4.07	0.38	0.87	0.92
工程技术与规划管理	7670	10975	21.07	1.97	4.80	5.08
其他专业技术服务	7690	1847	3.64	0.38	0.66	0.71
科技交流和推广服务业	7700	30163	37.49	1.95	6.65	10.91
技术推广服务	7710	26338	32.64	1.50	5.68	9.78
科技中介服务	7720	1889	2.19	0.22	0.46	0.48
其他科技服务	7790	1936	2.65	0.24	0.51	0.64
地质勘查业	7800	1354	23.67	1.50	3.45	3.60
矿产地质勘查	7810	552	12.22	0.66	1.63	1.77
基础地质勘查	7820	442	6.87	0.43	1.06	1.10
地质勘查技术服务	7830	360	4.58	0.41	0.76	0.73
水利、环境和公共设施管理业	**N**	**31140**	**143.31**	**1.85**	**7.33**	**13.29**

3-8 续表 4

行业中类	代码	事业法人单位数（个）	就业人数（万人）	#具有高级技术职称的人员	#具有中级技术职称的人员	#具有初级技术职称的人员
水利管理业	7900	17255	43.44	0.97	3.60	6.84
防洪管理	7910	2061	5.56	0.11	0.49	0.87
水资源管理	7920	8265	28.06	0.55	2.02	4.07
其他水利管理	7990	6929	9.81	0.31	1.09	1.90
环境管理业	8000	7115	58.58	0.38	1.27	2.13
自然保护	8010	1496	4.15	0.12	0.31	0.59
环境治理	8020	5619	54.42	0.26	0.96	1.54
公共设施管理业	8100	6770	41.29	0.50	2.46	4.32
市政公共设施管理	8110	2715	16.71	0.23	1.17	1.99
城市绿化管理	8120	1947	11.56	0.14	0.65	1.25
游览景区管理	8130	2108	13.03	0.13	0.64	1.09
居民服务和其他服务业	**O**	**5268**	**11.61**	**0.22**	**0.77**	**1.03**
居民服务业	8200	3624	7.22	0.12	0.38	0.58
家庭服务	8210	44	0.08		0.01	0.01
托儿所	8220	134	0.30		0.05	0.05
洗染服务	8230	5	0.02			
理发及美容保健服务	8240	52	0.15	0.01	0.04	0.06
洗浴服务	8250	42	0.11		0.02	0.07
婚姻服务	8260	159	0.11		0.01	0.01
殡葬服务	8270	1945	4.04	0.07	0.13	0.17
摄影扩印服务	8280	10	0.01			
其他居民服务	8290	1233	2.41	0.03	0.12	0.20
其他服务业	8300	1644	4.39	0.10	0.40	0.46
修理与维护	8310	98	0.32	0.01	0.04	0.06
清洁服务	8320	188	0.49	0.01	0.02	0.03
其他未列明的服务	8390	1358	3.58	0.09	0.33	0.36
教育	**P**	**236763**	**1384.43**	**111.25**	**453.83**	**519.06**
教育	8400	236763	1384.43	111.25	453.83	519.06
学前教育	8410	11908	34.85	0.83	8.84	11.24
初等教育	8420	134784	554.36	14.24	196.61	244.44
中等教育	8430	69407	594.51	55.35	192.67	225.77
高等教育	8440	4128	153.34	35.86	42.60	27.40
其他教育	8490	16536	47.38	4.97	13.10	10.21
卫生、社会保障和社会福利业	**Q**	**103453**	**489.36**	**27.66**	**107.68**	**207.10**
卫生	8500	86741	469.13	27.33	105.68	204.49
医院	8510	13524	286.79	22.72	75.15	119.26
卫生院及社区医疗活动	8520	39059	113.58	1.34	14.70	59.59
门诊部医疗活动	8530	10341	7.89	0.32	1.37	3.01
计划生育技术服务活动	8540	12460	12.06	0.25	1.63	3.14
妇幼保健活动	8550	2809	15.80	0.74	4.43	7.00
专科疾病防治活动	8560	1371	5.59	0.31	1.37	2.31
疾病预防控制及防疫活动	8570	4942	21.43	1.31	5.78	8.30
其他卫生活动	8590	2235	5.99	0.36	1.25	1.88
社会保障业	8600	8510	9.92	0.18	1.44	1.73

3-8 续表 5

行业中类	代码	事业法人单位数（个）	就业人数（万人）	#具有高级技术职称的人员	#具有中级技术职称的人员	#具有初级技术职称的人员
社会福利业	8700	8202	10.30	0.14	0.56	0.88
提供住宿的社会福利	8710	5751	8.14	0.10	0.40	0.70
不提供住宿的社会福利	8720	2451	2.17	0.04	0.16	0.19
文化、体育和娱乐业	**R**	**37624**	**92.52**	**6.86**	**17.33**	**18.98**
新闻出版业	8800	3196	16.81	1.93	3.19	2.61
新闻业	8810	511	2.05	0.24	0.31	0.28
出版业	8820	2685	14.76	1.69	2.88	2.32
广播、电视、电影和音像业	8900	9155	29.93	1.65	5.19	6.78
广播	8910	3592	7.86	0.54	1.38	1.83
电视	8920	3483	17.20	0.97	3.17	4.23
电影	8930	1968	4.66	0.13	0.58	0.68
音像制作	8940	112	0.22	0.01	0.05	0.04
文化艺术业	9000	22011	37.54	2.94	8.07	8.72
文艺创作与表演	9010	2651	11.30	1.39	2.97	2.85
艺术表演场馆	9020	818	2.48	0.19	0.50	0.49
图书馆与档案馆	9030	4424	7.10	0.47	1.84	1.99
文物及文化保护	9040	1860	2.66	0.11	0.34	0.50
博物馆	9050	1301	3.51	0.29	0.66	0.73
烈士陵园、纪念馆	9060	666	1.01	0.03	0.08	0.12
群众文化活动	9070	9145	8.23	0.38	1.49	1.86
文化艺术经纪代理	9080	127	0.27	0.02	0.05	0.05
其他文化艺术	9090	1019	0.96	0.07	0.14	0.14
体育	9100	2547	6.97	0.30	0.79	0.76
体育组织	9110	1022	3.85	0.18	0.40	0.37
体育场馆	9120	798	1.98	0.04	0.15	0.15
其他体育	9190	727	1.14	0.07	0.25	0.24
娱乐业	9200	715	1.27	0.04	0.09	0.11
室内娱乐活动	9210	261	0.41	0.02	0.04	0.04
游乐园	9220	50	0.22		0.01	0.02
休闲健身娱乐活动	9230	128	0.15		0.01	0.01
其他娱乐活动	9290	276	0.50	0.02	0.03	0.04
公共管理和社会组织	**S**	**140173**	**319.76**	**8.81**	**45.26**	**60.62**
中国共产党机关	9300	1216	1.33	0.07	0.14	0.10
国家机构	9400	138809	318.31	8.74	45.11	60.51
国家权力机构	9410	366	0.82	0.04	0.08	0.11
国家行政机构	9420	136151	311.01	8.43	44.04	59.26
人民法院和人民检察院	9430	186	0.97	0.04	0.14	0.17
其他国家机构	9490	2106	5.51	0.23	0.84	0.96
人民政协和民主党派	9500	134	0.12	0.01	0.02	0.01
人民政协	9510	43	0.05			
民主党派	9520	91	0.06	0.01	0.01	
群众团体、社会团体和宗教组织	9600	14	0.01			
群众团体	9610	10	0.01			
社会团体	9620	4				

3-9 按地区、技术等级分组的事业法人单位就业人数

地区	事业法人单位数（个）	就业人数（万人）	#高级技师	#技师	#高级工	#中级工
全国	**663310**	**2721.55**	**5.30**	**12.93**	**120.62**	**116.90**
北京	8750	80.27	0.10	0.38	4.42	4.14
天津	5323	34.08	0.03	0.15	3.51	1.61
河北	29631	135.49	0.18	0.69	9.34	5.24
山西	20474	88.46	0.17	0.54	3.44	3.65
内蒙古	14040	62.92	0.21	1.00	3.50	1.60
辽宁	24904	110.87	0.24	0.55	5.73	4.32
吉林	14146	71.80	0.10	0.37	1.94	2.29
黑龙江	17867	89.23	0.30	1.95	3.82	2.10
上海	7998	53.93	0.06	0.14	0.59	2.83
江苏	37079	151.24	0.20	0.47	6.16	5.71
浙江	24842	98.25	0.13	0.34	2.22	1.76
安徽	30153	96.47	0.26	0.22	3.06	2.32
福建	22969	72.37	0.14	0.13	2.37	2.72
江西	21566	82.08	0.15	0.42	3.85	3.70
山东	24627	180.01	0.47	0.40	5.79	4.48
河南	33676	189.30	0.29	0.60	14.02	17.61
湖北	37104	132.52	0.34	1.55	6.54	5.01
湖南	33566	132.17	0.29	0.59	7.12	8.64
广东	39600	176.21	0.26	0.39	3.80	4.45
广西	37436	97.91	0.19	0.19	2.98	4.32
海南	3864	16.78	0.02	0.05	0.29	0.48
重庆	14556	51.86	0.09	0.09	2.15	2.26
四川	52531	145.42	0.27	0.55	6.87	7.65
贵州	17805	58.05	0.11	0.11	1.54	1.23
云南	18239	77.45	0.13	0.13	3.41	3.80
西藏	1271	4.80	0.01	0.01	0.10	0.13
陕西	34031	89.01	0.20	0.46	5.14	5.16
甘肃	18819	58.41	0.12	0.12	3.06	3.99
青海	3107	12.61	0.03	0.04	0.50	0.63
宁夏	2631	14.95	0.02	0.03	0.65	0.80
新疆	10705	56.64	0.18	0.27	2.71	2.28

3-10 按行业（中类）、技术等级分组的事业法人单位就业人数

行业中类	代码	事业法人单位数（个）	就业人数（万人）	#高级技师	#技 师	#高级工	#中级工
总计	0000	**663310**	**2721.55**	**5.30**	**12.93**	**120.62**	**116.90**
农、林、牧、渔业	A	**627**	**6.16**	**0.01**	**0.03**	**0.58**	**0.56**
农业	0100	26	0.42			0.06	0.06
谷物及其他作物的种植	0110	20	0.36			0.04	0.04
水果、坚果、饮料和香料作物的种植	0130	6	0.06			0.02	0.02
林业	0200	153	3.55	0.01	0.02	0.26	0.34
林木的培育和种植	0210	143	3.21	0.01	0.02	0.26	0.32
木材和竹材的采运	0220	9	0.25				0.01
林产品的采集	0230	1	0.09			0.01	0.01
畜牧业	0300	23	0.69			0.02	0.02
牲畜的饲养	0310	14	0.60				0.01
猪的饲养	0320	4	0.03				0.01
其他畜牧业	0390	5	0.07			0.01	0.01
渔业	0400	2	0.02				
内陆渔业	0420	2	0.02				
农、林、牧、渔服务业	0500	423	1.48		0.01	0.24	0.14
农业服务业	0510	253	0.92			0.22	0.09
林业服务业	0520	42	0.16			0.01	0.03
畜牧服务业	0530	123	0.37			0.01	0.02
渔业服务业	0540	5	0.03				
制造业	C	**16**	**0.17**			**0.04**	**0.02**
家具制造业	2100	1					
木质家具制造	2110	1					
印刷业和记录媒介的复制	2300	9	0.04			0.01	0.01
印刷	2310	9	0.04			0.01	0.01
化学原料及化学制品制造业	2600	1					
涂料、油墨、颜料及类似产品制造	2640	1					
非金属矿物制品业	3100	1	0.01				
石墨及其他非金属矿物制品制造	3190	1	0.01				
通用设备制造业	3500	2	0.11			0.02	0.01
轴承、齿轮、传动和驱动部件的制造	3550	1	0.11			0.02	0.01
通用零部件制造及机械修理	3580	1					
交通运输设备制造业	3700	2	0.01				
汽车制造	3720	1					
交通器材及其他交通运输设备制造	3790	1					
电力、燃气及水的生产和供应业	D	**138**	**1.05**		**0.01**	**0.16**	**0.18**
电力、热力的生产和供应业	4400	72	0.59			0.09	0.09
电力生产	4410	21	0.19			0.03	0.02
电力供应	4420	7	0.04			0.01	0.01
热力生产和供应	4430	44	0.36			0.05	0.05
燃气生产和供应业	4500	4	0.03			0.01	0.01
水的生产和供应业	4600	62	0.43			0.07	0.08
自来水的生产和供应	4610	49	0.30			0.05	0.06
污水处理及其再生利用	4620	13	0.13			0.02	0.02
建筑业	E	**16**	**0.25**		**0.01**	**0.03**	**0.03**

3-10 续表 1

行业中类	代码	事业法人单位数（个）	就业人数（万人）	#高级技师	#技　师	#高级工	#中级工
房屋和土木工程建筑业	4700	15	0.25		0.01	0.03	0.03
房屋工程建筑	4710	1					
土木工程建筑	4720	14	0.25		0.01	0.03	0.03
建筑装饰业	4900	1					
交通运输、仓储和邮政业	**F**	**5899**	**44.67**	**0.05**	**0.49**	**8.37**	**8.35**
道路运输业	5200	4886	39.95	0.04	0.45	7.63	7.71
公路旅客运输	5210	13	0.06				0.01
道路货物运输	5220	17	0.06				
道路运输辅助活动	5230	4856	39.82	0.04	0.45	7.62	7.70
城市公共交通业	5300	24	0.37			0.08	0.05
公共电汽车客运	5310	7	0.15				
轨道交通	5320	4	0.13			0.05	0.04
出租车客运	5330	6	0.04			0.02	
城市轮渡	5340	2	0.04			0.02	0.01
其他城市公共交通	5390	5	0.01				
水上运输业	5400	427	1.55		0.01	0.21	0.20
水上旅客运输	5410	4	0.03				
水上货物运输	5420	7	0.02			0.01	
水上运输辅助活动	5430	416	1.50		0.01	0.20	0.20
航空运输业	5500	15	0.16				
航空客货运输	5510	1	0.01				
通用航空服务	5520	2					
航空运输辅助活动	5530	12	0.15				
装卸搬运和其他运输服务业	5700	11	0.07			0.01	0.02
运输代理服务	5720	11	0.07			0.01	0.02
仓储业	5800	535	2.56		0.02	0.44	0.37
谷物、棉花等农产品仓储	5810	229	0.74			0.05	0.04
其他仓储	5890	306	1.82		0.02	0.39	0.33
邮政业	5900	1					
国家邮政	5910	1					
信息传输、计算机服务和软件业	**G**	**3848**	**7.62**	**0.03**	**0.06**	**0.50**	**0.52**
电信和其他信息传输服务业	6000	3175	6.60	0.03	0.05	0.47	0.50
电信	6010	10	0.08			0.01	0.02
互联网信息服务	6020	248	0.31			0.01	0.02
广播电视传输服务	6030	2878	6.03	0.03	0.05	0.43	0.44
卫星传输服务	6040	39	0.17			0.01	0.02
计算机服务业	6100	593	0.83			0.02	0.02
计算机系统服务	6110	145	0.32			0.01	0.01
数据处理	6120	296	0.31			0.01	
计算机维修	6130	17	0.02				
其他计算机服务	6190	135	0.18				
软件业	6200	80	0.20			0.01	
公共软件服务	6210	62	0.17			0.01	
其他软件服务	6290	18	0.03				

3-10 续表 2

行业中类	代码	事业法人单位数（个）	就业人数（万人）	#高级技师	#技师	#高级工	#中级工
批发和零售业	H	**23**	**0.04**				
批发业	6300	11	0.02				
农畜产品批发	6310	3					
食品、饮料及烟草制品批发	6320	2					
文化、体育用品及器材批发	6340	2					
医药及医疗器材批发	6350	2					
机械设备、五金交电及电子产品批发	6370	1					
贸易经纪与代理	6380	1					
零售业	6500	12	0.03				
食品、饮料及烟草制品专门零售	6520	5					
纺织、服装及日用品专门零售	6530	1					
文化、体育用品及器材专门零售	6540	4	0.02				
汽车、摩托车、燃料及零配件专门零售	6560	1					
无店铺及其他零售	6590	1					
住宿和餐饮业	I	**405**	**3.26**		**0.02**	**0.37**	**0.36**
住宿业	6600	358	2.93		0.02	0.34	0.33
旅游饭店	6610	138	1.96		0.02	0.23	0.23
一般旅馆	6620	190	0.84			0.09	0.09
其他住宿服务	6690	30	0.13			0.02	0.01
餐饮业	6700	47	0.32			0.03	0.03
正餐服务	6710	43	0.30			0.03	0.03
快餐服务	6720	2	0.01				
饮料及冷饮服务	6730	1					
其他餐饮服务	6790	1	0.01				
金融业	J	**398**	**3.40**		**0.01**	**0.03**	**0.05**
银行业	6800	269	2.86		0.01	0.02	0.01
中央银行	6810	245	2.54		0.01	0.02	0.01
商业银行	6820	18	0.29				
其他银行	6890	6	0.04				
证券业	6900	31	0.22				
证券市场管理	6910	26	0.21				
证券经纪与交易	6920	4	0.02				
证券分析与咨询	6940	1					
保险业	7000	24	0.22				0.03
人寿保险	7010	1					
非人寿保险	7020	3	0.01				
保险辅助服务	7030	20	0.21				0.03
其他金融活动	7100	74	0.10				
金融信托与管理	7110	14	0.02				
金融租赁	7120	1					
财务公司	7130	2	0.01				
典当	7150	2					
其他未列明的金融活动	7190	55	0.07				
房地产业	K	**2369**	**6.96**	**0.01**	**0.05**	**0.83**	**0.71**

3-10 续表 3

行业中类	代码	事业法人单位数（个）	就业人数（万人）	#高级技师	#技　师	#高级工	#中级工
房地产业	7200	2369	6.96	0.01	0.05	0.83	0.71
房地产开发经营	7210	75	0.35		0.01	0.03	0.02
物业管理	7220	414	2.15		0.02	0.37	0.28
房地产中介服务	7230	290	0.38			0.02	0.03
其他房地产活动	7290	1590	4.09	0.01	0.02	0.41	0.38
租赁和商务服务业	**L**	**31911**	**50.06**	**0.10**	**0.35**	**3.05**	**3.14**
租赁业	7300	73	0.16			0.02	0.02
机械设备租赁	7310	62	0.15			0.02	0.02
文化及日用品出租	7320	11	0.02				
商务服务业	7400	31838	49.90	0.10	0.35	3.03	3.12
企业管理服务	7410	14657	26.65	0.06	0.27	2.16	1.82
法律服务	7420	5304	3.31			0.03	0.05
咨询与调查	7430	4991	4.71	0.01	0.02	0.13	0.16
广告业	7440	102	0.31			0.01	0.01
知识产权服务	7450	213	0.48				0.01
职业中介服务	7460	3226	3.42	0.01	0.02	0.12	0.14
市场管理	7470	1869	7.36	0.01	0.01	0.37	0.76
旅行社	7480	155	0.19			0.01	0.01
其他商务服务	7490	1321	3.47		0.03	0.20	0.17
科学研究、技术服务和地质勘查业	**M**	**63239**	**156.90**	**0.45**	**1.84**	**15.16**	**14.59**
研究与试验发展	7500	5860	44.24	0.13	0.61	4.80	4.24
自然科学研究与试验发展	7510	647	7.35	0.01	0.07	0.68	0.56
工程和技术研究与试验发展	7520	1084	19.29	0.06	0.32	2.26	2.01
农业科学研究与试验发展	7530	2546	11.95	0.05	0.19	1.64	1.51
医学研究与试验发展	7540	341	2.02	0.01	0.02	0.11	0.08
社会人文科学研究与试验发展	7550	1242	3.63	0.01	0.02	0.11	0.08
专业技术服务业	7600	25862	51.50	0.15	0.47	3.52	3.36
气象服务	7610	2789	4.79	0.01	0.02	0.08	0.09
地震服务	7620	1085	1.26	0.01	0.01	0.07	0.05
海洋服务	7630	73	0.45			0.05	0.03
测绘服务	7640	843	2.97	0.01	0.03	0.35	0.25
技术检测	7650	6580	13.24	0.05	0.19	0.91	0.95
环境监测	7660	1670	4.07	0.01	0.03	0.29	0.29
工程技术与规划管理	7670	10975	21.07	0.05	0.15	1.42	1.37
其他专业技术服务	7690	1847	3.64	0.01	0.03	0.35	0.32
科技交流和推广服务业	7700	30163	37.49	0.13	0.39	1.89	2.45
技术推广服务	7710	26338	32.64	0.12	0.34	1.61	2.13
科技中介服务	7720	1889	2.19	0.01	0.03	0.12	0.14
其他科技服务	7790	1936	2.65	0.01	0.02	0.17	0.18
地质勘查业	7800	1354	23.67	0.03	0.37	4.95	4.54
矿产地质勘查	7810	552	12.22	0.01	0.16	2.80	2.48
基础地质勘查	7820	442	6.87	0.01	0.09	1.32	1.32
地质勘查技术服务	7830	360	4.58	0.01	0.11	0.83	0.74
水利、环境和公共设施管理业	**N**	**31140**	**143.31**	**0.18**	**1.27**	**20.00**	**17.73**

3-10 续表 4

行业中类	代码	事业法人单位数（个）	就业人数（万人）	#高级技师	#技　师	#高级工	#中级工
水利管理业	7900	17255	43.44	0.09	0.49	6.68	6.72
防洪管理	7910	2061	5.56	0.01	0.08	0.94	0.86
水资源管理	7920	8265	28.06	0.05	0.29	4.53	4.61
其他水利管理	7990	6929	9.81	0.03	0.12	1.21	1.26
环境管理业	8000	7115	58.58	0.04	0.28	4.81	4.76
自然保护	8010	1496	4.15	0.01	0.04	0.56	0.57
环境治理	8020	5619	54.42	0.03	0.24	4.25	4.19
公共设施管理业	8100	6770	41.29	0.05	0.51	8.50	6.25
市政公共设施管理	8110	2715	16.71	0.02	0.18	3.26	2.33
城市绿化管理	8120	1947	11.56	0.01	0.18	2.52	1.88
游览景区管理	8130	2108	13.03	0.01	0.15	2.72	2.04
居民服务和其他服务业	**O**	**5268**	**11.61**	**0.03**	**0.10**	**1.18**	**1.11**
居民服务业	8200	3624	7.22	0.02	0.06	0.76	0.75
家庭服务	8210	44	0.08				
托儿所	8220	134	0.30			0.02	0.04
洗染服务	8230	5	0.02				
理发及美容保健服务	8240	52	0.15				
洗浴服务	8250	42	0.11				
婚姻服务	8260	159	0.11				0.01
殡葬服务	8270	1945	4.04	0.01	0.04	0.54	0.50
摄影扩印服务	8280	10	0.01				
其他居民服务	8290	1233	2.41	0.01	0.01	0.19	0.19
其他服务业	8300	1644	4.39	0.01	0.05	0.41	0.37
修理与维护	8310	98	0.32			0.03	0.04
清洁服务	8320	188	0.49			0.03	0.04
其他未列明的服务	8390	1358	3.58	0.01	0.04	0.34	0.29
教育	**P**	**236763**	**1384.43**	**2.54**	**3.50**	**27.97**	**23.22**
教育	8400	236763	1384.43	2.54	3.50	27.97	23.22
学前教育	8410	11908	34.85	0.06	0.11	1.49	1.39
初等教育	8420	134784	554.36	0.88	0.44	2.84	4.30
中等教育	8430	69407	594.51	1.22	1.56	12.02	10.42
高等教育	8440	4128	153.34	0.28	1.08	9.53	5.38
其他教育	8490	16536	47.38	0.11	0.32	2.09	1.73
卫生、社会保障和社会福利业	**Q**	**103453**	**489.36**	**0.96**	**2.65**	**18.40**	**19.71**
卫生	8500	86741	469.13	0.92	2.48	16.89	18.47
医院	8510	13524	286.79	0.44	1.44	11.43	10.41
卫生院及社区医疗活动	8520	39059	113.58	0.32	0.58	2.79	4.87
门诊部医疗活动	8530	10341	7.89	0.03	0.06	0.17	0.22
计划生育技术服务活动	8540	12460	12.06	0.02	0.06	0.31	0.76
妇幼保健活动	8550	2809	15.80	0.03	0.08	0.53	0.61
专科疾病防治活动	8560	1371	5.59	0.01	0.05	0.24	0.24
疾病预防控制及防疫活动	8570	4942	21.43	0.05	0.17	1.10	1.05
其他卫生活动	8590	2235	5.99	0.01	0.05	0.32	0.33
社会保障业	8600	8510	9.92	0.02	0.04	0.38	0.44

3-10 续表 5

行业中类	代码	事业法人单位数（个）	就业人数（万人）				
				#高级技师	#技　师	#高级工	#中级工
社会福利业	8700	8202	10.30	0.02	0.12	1.13	0.79
提供住宿的社会福利	8710	5751	8.14	0.01	0.10	0.94	0.63
不提供住宿的社会福利	8720	2451	2.17	0.01	0.02	0.19	0.16
文化、体育和娱乐业	**R**	**37624**	**92.52**	**0.21**	**0.59**	**5.38**	**5.29**
新闻出版业	8800	3196	16.81	0.05	0.10	0.84	0.67
新闻业	8810	511	2.05		0.02	0.11	0.08
出版业	8820	2685	14.76	0.05	0.08	0.73	0.59
广播、电视、电影和音像业	8900	9155	29.93	0.07	0.26	2.01	2.08
广播	8910	3592	7.86	0.02	0.06	0.51	0.47
电视	8920	3483	17.20	0.04	0.13	0.95	1.02
电影	8930	1968	4.66	0.01	0.07	0.53	0.58
音像制作	8940	112	0.22			0.02	0.01
文化艺术业	9000	22011	37.54	0.07	0.19	1.89	2.03
文艺创作与表演	9010	2651	11.30	0.02	0.03	0.27	0.43
艺术表演场馆	9020	818	2.48	0.01	0.02	0.16	0.21
图书馆与档案馆	9030	4424	7.10	0.01	0.03	0.32	0.30
文物及文化保护	9040	1860	2.66		0.01	0.20	0.22
博物馆	9050	1301	3.51	0.01	0.03	0.29	0.23
烈士陵园、纪念馆	9060	666	1.01		0.01	0.12	0.10
群众文化活动	9070	9145	8.23	0.02	0.04	0.48	0.49
文化艺术经纪代理	9080	127	0.27			0.01	0.02
其他文化艺术	9090	1019	0.96			0.04	0.04
体育	9100	2547	6.97	0.01	0.04	0.51	0.39
体育组织	9110	1022	3.85		0.02	0.22	0.13
体育场馆	9120	798	1.98	0.01	0.02	0.23	0.21
其他体育	9190	727	1.14		0.01	0.07	0.05
娱乐业	9200	715	1.27		0.01	0.13	0.12
室内娱乐活动	9210	261	0.41			0.04	0.03
游乐园	9220	50	0.22			0.03	0.03
休闲健身娱乐活动	9230	128	0.15			0.01	0.01
其他娱乐活动	9290	276	0.50			0.05	0.04
公共管理和社会组织	**S**	**140173**	**319.76**	**0.72**	**1.94**	**18.58**	**21.34**
中国共产党机关	9300	1216	1.33		0.01	0.06	0.06
国家机构	9400	138809	318.31	0.72	1.93	18.51	21.28
国家权力机构	9410	366	0.82		0.01	0.04	0.05
国家行政机构	9420	136151	311.01	0.71	1.87	18.01	20.81
人民法院和人民检察院	9430	186	0.97			0.08	0.04
其他国家机构	9490	2106	5.51	0.01	0.05	0.38	0.38
人民政协和民主党派	9500	134	0.12				
人民政协	9510	43	0.05				
民主党派	9520	91	0.06				
群众团体、社会团体和宗教组织	9600	14	0.01				
群众团体	9610	10	0.01				
社会团体	9620	4					

3-11 按地区分组的机关法人单位数及就业人数

地 区	机关法人单位数(个)	单产业法人	多产业法人	就业人数(万人)	#女 性
全 国	**236306**	**181032**	**55274**	**1027.42**	**254.25**
北 京	1319	1163	156	20.59	6.36
天 津	1595	1366	229	10.86	2.58
河 北	11398	9518	1880	59.16	16.30
山 西	8358	5928	2430	35.16	9.28
内蒙古	7447	5633	1814	27.68	7.91
辽 宁	8999	7223	1776	39.26	9.55
吉 林	5419	4226	1193	23.65	6.12
黑龙江	9085	6719	2366	33.75	9.22
上 海	1830	1593	237	13.00	3.67
江 苏	9616	8688	928	44.07	8.75
浙 江	7250	5524	1726	37.24	8.25
安 徽	9144	6548	2596	37.87	8.40
福 建	7192	5508	1684	25.54	5.36
江 西	8506	6070	2436	32.09	6.93
山 东	11576	7376	4200	80.80	19.63
河 南	12541	9683	2858	78.37	20.73
湖 北	9146	7152	1994	43.33	10.22
湖 南	11624	8262	3362	49.53	11.83
广 东	10900	8455	2445	71.20	17.13
广 西	9799	8334	1465	23.70	5.79
海 南	1318	1014	304	6.76	1.65
重 庆	4427	3339	1088	16.50	3.91
四 川	18571	15591	2980	49.65	12.80
贵 州	7129	4803	2326	25.90	6.61
云 南	10392	7426	2966	34.68	9.42
西 藏	3627	3000	627	7.35	1.58
陕 西	9731	7472	2259	32.79	7.31
甘 肃	7221	5193	2028	22.99	5.38
青 海	2606	1869	737	7.14	1.99
宁 夏	1456	964	492	6.49	1.66
新 疆	7084	5392	1692	30.32	7.95

3-12 按地区、就业人数

地 区	机关法人单位数（个）	7人及以下	8-19人	20-49人	50-99人
全 国	**236306**	**48710**	**67646**	**66262**	**31983**
北 京	1319	40	102	376	359
天 津	1595	392	278	423	258
河 北	11398	1512	2489	3487	2450
山 西	8358	1217	2298	2687	1478
内蒙古	7447	1184	2383	2342	1062
辽 宁	8999	1840	2673	2446	1236
吉 林	5419	951	1584	1670	706
黑龙江	9085	2369	2614	2374	1074
上 海	1830	487	464	423	174
江 苏	9616	1833	3004	2775	1145
浙 江	7250	1113	1824	2406	1104
安 徽	9144	1776	2724	2528	1346
福 建	7192	2041	1925	1660	1095
江 西	8506	1936	2049	2669	1236
山 东	11576	1276	2891	2999	1971
河 南	12541	1465	2868	3620	2221
湖 北	9146	1864	2529	2739	1120
湖 南	11624	2139	3068	3716	1634
广 东	10900	1822	2847	2877	1724
广 西	9799	2994	3804	2047	606
海 南	1318	225	359	365	219
重 庆	4427	886	1371	1414	461
四 川	18571	5304	6515	4702	1285
贵 州	7129	1414	2051	2146	1071
云 南	10392	2302	3221	2955	1381
西 藏	3627	1975	934	496	141
陕 西	9731	2131	3249	2571	1190
甘 肃	7221	1610	2223	2274	769
青 海	2606	666	979	683	193
宁 夏	1456	227	397	435	267
新 疆	7084	1719	1929	1957	1007

组距分组的机关法人单位数

100-299人	300-499人	500-999人	1000-2999人	3000-4999人	5000人及以上
14653	**5756**	**960**	**300**	**28**	**8**
220	161	39	16	4	2
150	69	13	11		1
1098	322	34	6		
502	150	22	4		
344	108	19	5		
517	231	41	14	1	
343	132	28	5		
435	185	25	7	2	
165	90	5	19	2	1
537	238	59	22	3	
497	233	57	16		
513	224	29	3	1	
338	109	20	4		
449	145	18	4		
1622	678	119	20		
1700	580	74	12	1	
511	310	59	11	2	1
749	279	32	7		
1020	438	118	48	5	1
236	93	15	4		
97	42	10		1	
198	80	14	2		1
538	192	24	9	2	
328	105	10	4		
369	144	13	7		
43	23	8	7		
430	145	10	4		1
243	87	12	2	1	
60	20	2	2	1	
89	35	5	1		
312	108	26	24	2	

3-13 按地区、学历分组的机关法人单位就业人数

地区	机关法人单位数（个）	就业人数（万人）	具有研究生及以上学历人员	具有大学本科学历人员	具有大专学历人员	具有高中学历人员	具有初中及以下学历人员
全国	**236306**	**1027.42**	**15.96**	**246.31**	**442.35**	**251.50**	**71.29**
北京	1319	20.59	1.36	7.89	7.06	2.89	1.39
天津	1595	10.86	0.20	3.22	4.84	2.15	0.45
河北	11398	59.16	0.58	11.69	25.92	17.11	3.88
山西	8358	35.16	0.27	6.33	15.70	10.35	2.52
内蒙古	7447	27.68	0.24	5.97	12.85	6.89	1.73
辽宁	8999	39.26	1.41	11.25	19.54	5.33	1.74
吉林	5419	23.65	0.58	7.35	9.72	4.93	1.08
黑龙江	9085	33.75	0.75	10.69	14.84	5.97	1.50
上海	1830	13.00	0.36	4.01	4.95	2.83	0.86
江苏	9616	44.07	0.75	13.00	19.65	8.70	1.97
浙江	7250	37.24	0.48	9.36	15.14	9.25	3.00
安徽	9144	37.87	0.47	9.19	15.95	9.68	2.58
福建	7192	25.54	0.20	5.89	9.89	7.54	2.02
江西	8506	32.09	0.36	6.63	14.03	8.98	2.09
山东	11576	80.80	0.94	23.30	33.22	18.99	4.35
河南	12541	78.37	0.80	14.76	34.05	24.18	4.59
湖北	9146	43.33	0.83	10.93	19.16	10.08	2.33
湖南	11624	49.53	0.41	10.68	22.95	12.72	2.77
广东	10900	71.20	1.72	14.75	30.77	19.34	4.63
广西	9799	23.70	0.53	6.27	11.30	4.57	1.03
海南	1318	6.76	0.11	1.39	2.53	2.22	0.51
重庆	4427	16.50	0.34	6.06	6.76	2.58	0.77
四川	18571	49.65	0.65	13.01	21.55	10.06	4.38
贵州	7129	25.90	0.18	5.03	11.61	6.90	2.18
云南	10392	34.68	0.30	6.87	14.29	10.06	3.16
西藏	3627	7.35	0.04	0.56	1.71	2.14	2.90
陕西	9731	32.79	0.42	6.94	14.46	9.03	1.94
甘肃	7221	22.99	0.27	4.61	9.65	6.60	1.86
青海	2606	7.14	0.10	1.46	3.03	1.84	0.72
宁夏	1456	6.49	0.07	1.70	2.53	1.60	0.59
新疆	7084	30.32	0.27	5.53	12.70	6.02	5.79

3-14 按地区、技术职称分组的机关法人单位就业人数

地区	机关法人单位数（个）	就业人数（万人）	#具有高级技术职称的人员	#具有中级技术职称的人员	#具有初级技术职称的人员
全国	**236306**	**1027.42**	**10.66**	**54.10**	**68.80**
北京	1319	20.59	0.38	1.13	1.61
天津	1595	10.86	0.03	0.09	0.13
河北	11398	59.16	0.61	2.70	3.39
山西	8358	35.16	0.29	2.31	2.11
内蒙古	7447	27.68	0.29	1.53	1.66
辽宁	8999	39.26	0.42	1.70	1.70
吉林	5419	23.65	0.27	1.12	1.35
黑龙江	9085	33.75	0.51	2.20	2.28
上海	1830	13.00	0.15	0.97	1.03
江苏	9616	44.07	0.51	3.46	3.08
浙江	7250	37.24	0.30	2.38	3.37
安徽	9144	37.87	0.38	1.87	2.53
福建	7192	25.54	0.19	1.44	1.93
江西	8506	32.09	0.29	1.36	2.10
山东	11576	80.80	1.47	6.06	8.42
河南	12541	78.37	0.84	3.75	4.36
湖北	9146	43.33	0.59	3.38	3.20
湖南	11624	49.53	0.49	2.72	3.09
广东	10900	71.20	0.40	2.59	3.93
广西	9799	23.70	0.45	2.47	3.01
海南	1318	6.76	0.04	0.25	0.37
重庆	4427	16.50	0.21	0.87	1.02
四川	18571	49.65	0.37	1.82	2.20
贵州	7129	25.90	0.14	0.89	2.24
云南	10392	34.68	0.20	1.34	2.79
西藏	3627	7.35	0.03	0.07	0.15
陕西	9731	32.79	0.28	1.11	1.31
甘肃	7221	22.99	0.15	0.73	1.07
青海	2606	7.14	0.05	0.38	0.71
宁夏	1456	6.49	0.10	0.46	0.68
新疆	7084	30.32	0.25	0.96	2.01

3-15 按地区、技术等级分组的机关法人单位就业人数

地 区	机关法人单位数（个）	就业人数（万人）	#高级技师	#技 师	#高 级 工	#中 级 工
全 国	**236306**	**1027.42**	**1.31**	**3.69**	**23.28**	**25.60**
北 京	1319	20.59		0.03	0.43	0.44
天 津	1595	10.86	0.01	0.01	0.32	0.18
河 北	11398	59.16	0.09	0.34	2.91	2.05
山 西	8358	35.16	0.05	0.24	0.94	1.39
内蒙古	7447	27.68	0.10	0.24	0.66	0.36
辽 宁	8999	39.26	0.06	0.14	0.62	0.42
吉 林	5419	23.65	0.02	0.13	0.30	0.33
黑龙江	9085	33.75	0.08	0.36	0.37	0.43
上 海	1830	13.00			0.04	0.12
江 苏	9616	44.07	0.03	0.10	0.66	0.61
浙 江	7250	37.24	0.03	0.18	0.43	0.28
安 徽	9144	37.87	0.06	0.06	0.74	0.51
福 建	7192	25.54	0.02	0.03	0.55	0.65
江 西	8506	32.09	0.04	0.12	0.87	0.84
山 东	11576	80.80	0.14	0.19	1.62	1.74
河 南	12541	78.37	0.11	0.18	3.57	5.49
湖 北	9146	43.33	0.07	0.31	0.61	0.65
湖 南	11624	49.53	0.05	0.16	1.12	1.64
广 东	10900	71.20	0.03	0.04	0.74	0.86
广 西	9799	23.70	0.02	0.02	0.28	0.46
海 南	1318	6.76	0.01	0.02	0.06	0.05
重 庆	4427	16.50	0.01	0.03	0.33	0.36
四 川	18571	49.65	0.05	0.23	1.06	1.28
贵 州	7129	25.90	0.03	0.05	0.36	0.36
云 南	10392	34.68	0.02	0.05	1.10	1.33
西 藏	3627	7.35	0.01		0.09	0.08
陕 西	9731	32.79	0.05	0.19	0.89	1.02
甘 肃	7221	22.99	0.02	0.05	0.72	0.88
青 海	2606	7.14		0.03	0.16	0.16
宁 夏	1456	6.49	0.01	0.01	0.16	0.23
新 疆	7084	30.32	0.10	0.15	0.54	0.42

3-16 按地区分组的社团法人单位数及就业人数

地 区	社团法人单位数（个）	单产业法人	多产业法人	就业人数（万人）	#女 性
全 国	**104854**	**101695**	**3159**	**102.15**	**31.98**
北 京	2266	2149	117	2.60	1.05
天 津	1040	1019	21	0.63	0.23
河 北	2613	2557	56	5.43	0.83
山 西	3818	3712	106	4.77	1.38
内蒙古	2354	2323	31	1.76	0.57
辽 宁	4944	4881	63	4.42	1.45
吉 林	1642	1616	26	1.38	0.45
黑龙江	3178	3104	74	3.16	1.03
上 海	2307	2250	57	2.92	1.14
江 苏	8054	7966	88	4.11	1.00
浙 江	9348	9139	209	4.77	1.48
安 徽	2242	1511	731	3.54	0.83
福 建	6186	5989	197	4.88	1.54
江 西	3032	2956	76	2.69	0.77
山 东	4626	4491	135	5.15	1.33
河 南	2895	2852	43	2.71	0.95
湖 北	4202	4087	115	4.72	1.23
湖 南	4151	4070	81	4.90	1.34
广 东	5603	5448	155	4.42	1.59
广 西	3471	3362	109	3.13	0.93
海 南	613	598	15	0.41	0.14
重 庆	2466	2389	77	2.47	0.74
四 川	10075	9919	156	8.81	2.84
贵 州	1832	1789	43	2.54	0.72
云 南	3438	3326	112	5.68	3.78
西 藏	350	341	9	0.35	0.15
陕 西	2245	2170	75	3.56	0.90
甘 肃	2189	2082	107	2.43	0.49
青 海	731	714	17	0.95	0.21
宁 夏	846	829	17	0.61	0.17
新 疆	2097	2056	41	2.25	0.72

3-17 按地区、就业人数

地 区	社团法人单位数(个)	7人及以下	8-19人	20-49人	50-99人
全 国	**104854**	**84602**	**13453**	**4036**	**1630**
北 京	2266	1417	584	182	61
天 津	1040	853	137	27	17
河 北	2613	1861	454	164	94
山 西	3818	2944	589	160	72
内蒙古	2354	1847	355	99	39
辽 宁	4944	4044	584	181	83
吉 林	1642	1286	237	88	16
黑龙江	3178	2496	445	131	59
上 海	2307	1732	351	129	44
江 苏	8054	6943	747	316	27
浙 江	9348	8222	845	173	59
安 徽	2242	1674	357	118	35
福 建	6186	5266	596	167	83
江 西	3032	2461	370	122	49
山 东	4626	3406	804	261	100
河 南	2895	2097	577	163	37
湖 北	4202	3252	622	197	75
湖 南	4151	3342	516	148	87
广 东	5603	4519	760	196	76
广 西	3471	2891	386	110	49
海 南	613	496	78	27	9
重 庆	2466	2013	294	73	48
四 川	10075	8664	870	312	129
贵 州	1832	1391	276	87	47
云 南	3438	2900	402	73	37
西 藏	350	280	33	22	9
陕 西	2245	1618	399	104	78
甘 肃	2189	1669	323	103	60
青 海	731	594	71	34	19
宁 夏	846	653	160	24	6
新 疆	2097	1771	231	45	26

组距分组的社团法人单位数

100-299人	300-499人	500-999人	1000-2999人	3000-4999人	5000人及以上
679	**315**	**74**	**52**	**10**	**3**
12	8	2			
4	2				
25	8	3	2		2
34	10	4	4	1	
10	4				
35	11	3	3		
9	4	2			
30	14	2	1		
32	14	3	2		
14	6	1			
39	7	2	1		
35	13	7	3		
42	27	3	2		
16	10	2	2		
32	13	6	4		
10	7	4			
25	22	6	2	1	
28	22	4	2	2	
32	14	6			
20	10	2	2	1	
3					
25	10	1	2		
59	26	4	9	2	
20	7	2	1	1	
14	10			1	1
4	2				
23	19	1	2	1	
25	6	1	2		
9	1	1	2		
2		1			
11	8	1	4		

3-18 按地区、学历分组的社团法人单位就业人数

地区	社团法人单位数（个）	就业人数（万人）	具有研究生及以上学历人员	具有大学本科学历人员	具有大专学历人员	具有高中学历人员	具有初中及以下学历人员
全国	**104854**	**102.15**	**2.29**	**21.38**	**30.02**	**27.02**	**21.44**
北京	2266	2.60	0.23	1.17	0.76	0.33	0.11
天津	1040	0.63	0.02	0.20	0.25	0.12	0.05
河北	2613	5.43	0.05	0.48	0.96	3.37	0.58
山西	3818	4.77	0.15	0.92	1.29	1.45	0.96
内蒙古	2354	1.76	0.03	0.48	0.66	0.37	0.22
辽宁	4944	4.42	0.16	1.24	1.71	0.91	0.41
吉林	1642	1.38	0.07	0.45	0.53	0.22	0.12
黑龙江	3178	3.16	0.17	0.88	1.06	0.61	0.43
上海	2307	2.92	0.11	0.66	0.84	0.79	0.53
江苏	8054	4.11	0.09	1.02	1.47	1.01	0.52
浙江	9348	4.77	0.10	1.09	1.54	1.25	0.79
安徽	2242	3.54	0.06	0.84	0.89	0.86	0.88
福建	6186	4.88	0.07	0.96	1.20	1.27	1.38
江西	3032	2.69	0.04	0.60	1.02	0.63	0.40
山东	4626	5.15	0.11	1.38	1.55	1.33	0.78
河南	2895	2.71	0.06	0.73	1.03	0.69	0.20
湖北	4202	4.72	0.18	1.15	1.79	1.13	0.48
湖南	4151	4.90	0.07	1.07	1.87	1.26	0.62
广东	5603	4.42	0.12	0.98	1.45	1.22	0.65
广西	3471	3.13	0.06	0.56	0.94	0.96	0.61
海南	613	0.41	0.01	0.12	0.14	0.11	0.03
重庆	2466	2.47	0.06	0.54	0.61	0.57	0.69
四川	10075	8.81	0.07	1.47	2.68	2.18	2.40
贵州	1832	2.54	0.02	0.42	0.53	0.58	1.00
云南	3438	5.68	0.03	0.38	0.74	0.96	3.58
西藏	350	0.35	0.01	0.07	0.12	0.09	0.06
陕西	2245	3.56	0.07	0.51	0.89	1.14	0.95
甘肃	2189	2.43	0.02	0.31	0.54	0.81	0.74
青海	731	0.95	0.01	0.10	0.17	0.15	0.51
宁夏	846	0.61	0.01	0.18	0.16	0.10	0.15
新疆	2097	2.25	0.04	0.42	0.64	0.54	0.61

3-19 按地区、技术职称分组的社团法人单位就业人数

地 区	社团法人单位数（个）	就业人数（万人）	#具有高级技术职称的人员	#具有中级技术职称的人员	#具有初级技术职称的人员
全 国	**104854**	**102.15**	**4.70**	**9.04**	**6.53**
北 京	2266	2.60	0.58	0.39	0.20
天 津	1040	0.63	0.04	0.09	0.03
河 北	2613	5.43	0.06	0.16	0.18
山 西	3818	4.77	0.21	0.43	0.37
内蒙古	2354	1.76	0.05	0.08	0.04
辽 宁	4944	4.42	0.19	0.36	0.23
吉 林	1642	1.38	0.07	0.13	0.10
黑龙江	3178	3.16	0.24	0.32	0.13
上 海	2307	2.92	0.16	0.36	0.25
江 苏	8054	4.11	0.26	0.43	0.28
浙 江	9348	4.77	0.25	0.46	0.30
安 徽	2242	3.54	0.18	0.37	0.27
福 建	6186	4.88	0.22	0.45	0.30
江 西	3032	2.69	0.09	0.27	0.23
山 东	4626	5.15	0.33	0.42	0.33
河 南	2895	2.71	0.11	0.24	0.16
湖 北	4202	4.72	0.30	0.70	0.40
湖 南	4151	4.90	0.16	0.44	0.31
广 东	5603	4.42	0.16	0.40	0.49
广 西	3471	3.13	0.13	0.46	0.42
海 南	613	0.41	0.02	0.03	0.04
重 庆	2466	2.47	0.18	0.25	0.16
四 川	10075	8.81	0.31	1.00	0.63
贵 州	1832	2.54	0.06	0.08	0.12
云 南	3438	5.68	0.06	0.12	0.09
西 藏	350	0.35	0.01	0.01	0.02
陕 西	2245	3.56	0.11	0.24	0.21
甘 肃	2189	2.43	0.04	0.13	0.11
青 海	731	0.95	0.01	0.02	0.02
宁 夏	846	0.61	0.05	0.08	0.02
新 疆	2097	2.25	0.08	0.11	0.10

3-20 按地区、技术等级分组的社团法人单位就业人数

地 区	社团法人单位数（个）	就业人数（万人）	#高级技师	#技 师	#高 级 工	#中 级 工
全 国	**104854**	**102.15**	**0.20**	**0.49**	**1.34**	**1.37**
北 京	2266	2.60			0.04	0.03
天 津	1040	0.63			0.01	0.01
河 北	2613	5.43		0.01	0.09	0.05
山 西	3818	4.77	0.01	0.05	0.29	0.23
内蒙古	2354	1.76			0.01	0.01
辽 宁	4944	4.42	0.01	0.02	0.03	0.02
吉 林	1642	1.38		0.02	0.01	0.01
黑龙江	3178	3.16	0.02	0.04	0.02	0.02
上 海	2307	2.92	0.01	0.06	0.02	0.07
江 苏	8054	4.11	0.02	0.01	0.04	0.04
浙 江	9348	4.77	0.01	0.01	0.03	0.02
安 徽	2242	3.54	0.01	0.01	0.03	0.02
福 建	6186	4.88		0.01	0.05	0.05
江 西	3032	2.69	0.02	0.05	0.07	0.03
山 东	4626	5.15	0.01	0.01	0.07	0.06
河 南	2895	2.71		0.01	0.08	0.09
湖 北	4202	4.72	0.02	0.05	0.08	0.10
湖 南	4151	4.90	0.01	0.02	0.04	0.05
广 东	5603	4.42	0.01	0.01	0.06	0.10
广 西	3471	3.13	0.01	0.01	0.02	0.04
海 南	613	0.41				
重 庆	2466	2.47	0.01	0.01	0.03	0.04
四 川	10075	8.81	0.01	0.03	0.07	0.08
贵 州	1832	2.54			0.01	0.01
云 南	3438	5.68		0.01	0.03	0.04
西 藏	350	0.35				
陕 西	2245	3.56	0.01	0.03	0.04	0.08
甘 肃	2189	2.43		0.01	0.03	0.04
青 海	731	0.95			0.01	
宁 夏	846	0.61			0.01	0.01
新 疆	2097	2.25		0.01	0.02	0.01

3-21 按地区分组的民办非企业法人单位数及就业人数

地区	民办非企业法人单位数（个）	单产业法人	多产业法人	就业人数（万人）	#女性
全国	**88302**	**87395**	**907**	**123.76**	**70.05**
北京	1222	1210	12	4.10	2.30
天津	817	799	18	1.42	0.85
河北	2426	2417	9	4.35	2.52
山西	1994	1958	36	5.47	3.20
内蒙古	577	566	11	1.18	0.71
辽宁	3009	2972	37	3.94	2.32
吉林	777	770	7	2.32	1.18
黑龙江	1466	1440	26	1.82	1.16
上海	2644	2559	85	6.83	4.26
江苏	4746	4635	111	8.66	4.61
浙江	3180	3123	57	6.47	3.94
安徽	2179	2125	54	4.40	2.06
福建	2438	2413	25	3.57	2.16
江西	2976	2957	19	4.01	1.89
山东	9073	9028	45	9.52	4.99
河南	18489	18467	22	10.52	5.07
湖北	1597	1566	31	3.05	1.63
湖南	2040	2016	24	3.92	2.10
广东	6986	6911	75	15.57	10.37
广西	2926	2878	48	3.79	2.17
海南	488	486	2	1.03	0.61
重庆	1592	1543	49	2.19	1.26
四川	3610	3561	49	4.75	2.64
贵州	1193	1188	5	1.52	0.82
云南	1237	1223	14	1.95	1.23
西藏					
陕西	6560	6552	8	4.77	2.38
甘肃	1011	998	13	1.03	0.54
青海	192	186	6	0.20	0.13
宁夏	192	189	3	0.32	0.21
新疆	665	659	6	1.07	0.73

3-22 按地区、就业人数

地区	民办非企业法人单位数(个)	7人及以下	8-19人	20-49人	50-99人
全国	**88302**	**57232**	**16242**	**9777**	**3260**
北京	1222	499	279	235	118
天津	817	410	213	123	47
河北	2426	1321	521	369	138
山西	1994	644	594	454	195
内蒙古	577	218	177	122	46
辽宁	3009	1921	675	265	104
吉林	777	500	149	65	32
黑龙江	1466	987	271	129	57
上海	2644	851	812	656	219
江苏	4746	2782	898	710	186
浙江	3180	1531	842	546	145
安徽	2179	845	758	389	115
福建	2438	1474	530	297	87
江西	2976	2206	354	232	117
山东	9073	7074	1051	598	208
河南	18489	16085	1311	751	236
湖北	1597	782	471	226	78
湖南	2040	945	620	295	121
广东	6986	2805	2017	1454	501
广西	2926	1833	663	313	82
海南	488	161	180	110	19
重庆	1592	965	376	174	50
四川	3610	2434	703	305	107
贵州	1193	634	329	181	41
云南	1237	647	327	193	50
西藏					
陕西	6560	5519	572	323	100
甘肃	1011	659	223	93	24
青海	192	105	63	23	1
宁夏	192	97	55	27	8
新疆	665	298	208	119	28

组距分组的民办非企业法人单位数

100-299人	300-499人	500-999人	1000-2999人	3000-4999人
1305	**390**	**75**	**20**	**1**
64	19	7	1	
19	5			
66	10	1		
84	22	1		
11	3			
29	14		1	
17	9		5	
18	2	2		
78	25	3		
128	36	5	1	
76	36	4		
59	12	1		
37	10	2	1	
51	10	4	2	
86	42	13	1	
81	22	2	1	
28	7	5		
44	14		1	
158	38	13		
25	9			1
16	2			
18	7	2		
41	15	2	3	
6	2			
11	8	1		
30	7	6	3	
10	2			
4	1			
10	1	1		

3-23 按地区、学历分组的民办非企业法人单位就业人数

地区	民办非企业法人单位数（个）	就业人数（万人）	具有研究生及以上学历人员	具有大学本科学历人员	具有大专学历人员	具有高中学历人员	具有初中及以下学历人员
全国	**88302**	**123.76**	**2.39**	**28.83**	**38.19**	**38.86**	**15.48**
北京	1222	4.10	0.21	1.35	1.11	0.95	0.47
天津	817	1.42	0.02	0.57	0.40	0.35	0.08
河北	2426	4.35	0.07	0.85	1.67	1.33	0.43
山西	1994	5.47	0.06	1.06	1.97	1.72	0.65
内蒙古	577	1.18	0.01	0.30	0.46	0.31	0.10
辽宁	3009	3.94	0.14	1.26	1.19	0.86	0.48
吉林	777	2.32	0.05	1.00	0.81	0.29	0.17
黑龙江	1466	1.82	0.05	0.63	0.62	0.38	0.14
上海	2644	6.83	0.28	2.38	1.78	1.32	1.08
江苏	4746	8.66	0.13	2.19	2.63	2.55	1.16
浙江	3180	6.47	0.07	1.60	1.78	2.05	0.97
安徽	2179	4.40	0.06	1.01	1.51	1.30	0.52
福建	2438	3.57	0.07	0.79	0.91	1.26	0.55
江西	2976	4.01	0.06	0.91	1.23	1.23	0.59
山东	9073	9.52	0.17	2.32	3.17	2.88	0.98
河南	18489	10.52	0.07	1.24	3.18	4.72	1.31
湖北	1597	3.05	0.10	0.81	0.90	0.88	0.35
湖南	2040	3.92	0.09	1.08	1.40	1.00	0.35
广东	6986	15.57	0.19	2.52	4.67	5.84	2.36
广西	2926	3.79	0.02	0.54	1.15	1.67	0.42
海南	488	1.03	0.01	0.19	0.33	0.37	0.14
重庆	1592	2.19	0.07	0.52	0.68	0.64	0.28
四川	3610	4.75	0.10	1.13	1.52	1.40	0.60
贵州	1193	1.52	0.01	0.32	0.43	0.54	0.23
云南	1237	1.95	0.04	0.45	0.44	0.73	0.29
西藏							
陕西	6560	4.77	0.19	1.19	1.33	1.53	0.53
甘肃	1011	1.03	0.04	0.26	0.33	0.30	0.10
青海	192	0.20		0.03	0.06	0.08	0.02
宁夏	192	0.32		0.08	0.09	0.10	0.04
新疆	665	1.07	0.01	0.24	0.43	0.29	0.10

3-24 按地区、技术职称分组的民办非企业法人单位就业人数

地区	民办非企业法人单位数（个）	就业人数（万人）	#具有高级技术职称的人员	#具有中级技术职称的人员	#具有初级技术职称的人员
全国	**88302**	**123.76**	**9.06**	**18.52**	**18.81**
北京	1222	4.10	0.58	0.71	0.49
天津	817	1.42	0.30	0.30	0.14
河北	2426	4.35	0.26	0.50	0.57
山西	1994	5.47	0.28	0.80	0.77
内蒙古	577	1.18	0.10	0.16	0.15
辽宁	3009	3.94	0.47	0.52	0.39
吉林	777	2.32	0.12	0.20	0.23
黑龙江	1466	1.82	0.25	0.26	0.26
上海	2644	6.83	0.87	1.66	0.84
江苏	4746	8.66	0.59	1.49	1.90
浙江	3180	6.47	0.36	0.95	1.21
安徽	2179	4.40	0.29	0.60	0.64
福建	2438	3.57	0.28	0.42	0.54
江西	2976	4.01	0.37	0.67	0.72
山东	9073	9.52	0.66	1.63	1.65
河南	18489	10.52	0.44	1.32	1.74
湖北	1597	3.05	0.31	0.57	0.42
湖南	2040	3.92	0.32	0.72	0.58
广东	6986	15.57	0.63	1.99	2.39
广西	2926	3.79	0.19	0.40	0.55
海南	488	1.03	0.07	0.15	0.16
重庆	1592	2.19	0.18	0.33	0.33
四川	3610	4.75	0.32	0.81	0.71
贵州	1193	1.52	0.09	0.18	0.16
云南	1237	1.95	0.16	0.22	0.23
西藏					
陕西	6560	4.77	0.37	0.63	0.71
甘肃	1011	1.03	0.09	0.13	0.13
青海	192	0.20	0.01	0.02	0.02
宁夏	192	0.32	0.02	0.04	0.04
新疆	665	1.07	0.09	0.14	0.13

3-25 按地区、技术等级分组的民办非企业法人单位就业人数

地区	民办非企业法人单位数（个）	就业人数（万人）	#高级技师	#技师	#高级工	#中级工
全国	**88302**	**123.76**	**0.43**	**0.68**	**0.84**	**1.24**
北京	1222	4.10	0.01	0.02	0.02	0.03
天津	817	1.42		0.01	0.01	0.02
河北	2426	4.35	0.01	0.02	0.03	0.04
山西	1994	5.47	0.01	0.02	0.03	0.03
内蒙古	577	1.18				0.01
辽宁	3009	3.94	0.02	0.02	0.02	0.02
吉林	777	2.32	0.01	0.01	0.02	0.02
黑龙江	1466	1.82	0.02	0.01	0.01	0.01
上海	2644	6.83	0.02	0.03	0.03	0.06
江苏	4746	8.66	0.03	0.03	0.05	0.07
浙江	3180	6.47	0.01	0.01	0.03	0.04
安徽	2179	4.40	0.01	0.01	0.02	0.02
福建	2438	3.57	0.02	0.01	0.01	0.02
江西	2976	4.01	0.01	0.02	0.02	0.03
山东	9073	9.52	0.04	0.08	0.08	0.10
河南	18489	10.52	0.03	0.08	0.11	0.15
湖北	1597	3.05	0.02	0.04	0.03	0.04
湖南	2040	3.92	0.02	0.03	0.04	0.07
广东	6986	15.57	0.03	0.09	0.12	0.17
广西	2926	3.79	0.01	0.02	0.02	0.04
海南	488	1.03			0.01	0.01
重庆	1592	2.19	0.01	0.02	0.03	0.04
四川	3610	4.75	0.02	0.03	0.03	0.06
贵州	1193	1.52		0.01		0.01
云南	1237	1.95		0.01		0.01
西藏						
陕西	6560	4.77	0.04	0.05	0.05	0.09
甘肃	1011	1.03	0.01	0.01	0.02	0.04
青海	192	0.20				
宁夏	192	0.32				
新疆	665	1.07			0.01	

第4篇

铁路运输业篇

4-1 按地区分组的法人单位及产业活动单位数

单位：个

地 区	法人单位数			产业活动单位数	
	合 计	单产业法人单位数	多产业法人单位数	合 计	#多产业法人所属的产业活动单位数
全 国	**734**	**644**	**90**	**3032**	**2388**
北 京	27	22	5	90	68
天 津	7	6	1	34	28
河 北	14	13	1	83	70
山 西	28	25	3	113	88
内蒙古	29	25	4	156	131
辽 宁	37	33	4	198	165
吉 林	26	23	3	157	134
黑龙江	31	26	5	200	174
上 海	17	15	2	60	45
江 苏	22	19	3	95	76
浙 江	14	12	2	56	44
安 徽	11	9	2	63	54
福 建	10	9	1	38	29
江 西	13	12	1	76	64
山 东	26	22	4	129	107
河 南	79	72	7	198	126
湖 北	47	45	2	115	70
湖 南	10	7	3	157	150
广 东	54	47	7	169	122
广 西	50	43	7	151	108
海 南	2	1	1	9	8
重 庆	9	8	1	46	38
四 川	36	32	4	139	107
贵 州	7	6	1	50	44
云 南	12	11	1	52	41
陕 西	56	53	3	130	77
甘 肃	26	21	5	109	88
青 海	8	7	1	32	25
宁 夏	6	5	1	26	21
新 疆	20	15	5	101	86

4-2 按行业（门类）分组的法人单位及产业活动单位数

单位：个

行业门类	代码	法人单位数			产业活动单位数	
		合计	单产业法人单位数	多产业法人单位数	合计	#多产业法人所属的产业活动单位数
总计		**734**	**644**	**90**	**3032**	**2388**
农、林、牧、渔业	A				25	25
采矿业	B	4	4		13	9
制造业	C	7	7		10	3
电力、燃气及水的生产和供应业	D	2	1	1	9	8
建筑业	E	3	3		3	
交通运输、仓储和邮政业	F	195	113	82	1775	1662
信息传输、计算机服务和软件业	G	4	4		26	22
批发和零售业	H	1	1		3	2
住宿和餐饮业	I	5	5		23	18
金融业	J				81	81
房地产业	K	1	1		44	43
租赁和商务服务业	L	4	3	1	199	196
科学研究、技术服务和地质勘查业	M	14	13	1	105	92
居民服务和其他服务业	O	1	1		4	3
教育	P	166	166		269	103
卫生、社会保障和社会福利业	Q	112	109	3	172	63
文化、体育和娱乐业	R	9	9		55	46
公共管理和社会组织	S	206	204	2	216	12

4-3 按登记注册类型、开业(成立)时间分组的法人单位数

单位：个

分　组	全部法人	企业法人	事业法人	机关法人	社团法人	其他法人
总计	**734**	**523**	**16**	**192**	**2**	**1**
一、按登记注册类型分组						
内资企业	732	521	16	192	2	1
国有企业	648	440	16	189	2	1
集体企业	1	1				
股份合作企业	1	1				
联营企业	2	2				
国有联营企业	2	2				
有限责任公司	73	71		2		
国有独资公司	24	24				
其他有限责任公司	49	47		2		
股份有限公司	4	4				
私营企业	2	2				
私营独资企业	1	1				
私营有限责任公司	1	1				
其他内资企业	1			1		
港、澳、台商投资企业	2	2				
与港澳台商合资经营	2	2				
二、按开业(成立)时间分组						
1949年以前	89	62	1	26		
1950-1977年	264	226	7	30	1	
1978-1991年	228	100	6	120	1	1
1992-1995年	46	36	1	9		
1996年	14	13		1		
1997年	16	14		2		
1998年	13	9	1	3		
1999年	8	8				
2000年	8	8				
2001年	14	14				
2002年	11	11				
2003年	9	8		1		
2004年	14	14				

4-4 按地区、机构类型分组的法人单位数

单位：个

地 区	全部法人	企业法人	事业法人	机关法人	社团法人	其他法人
全 国	**734**	**523**	**16**	**192**	**2**	**1**
北 京	27	14	6	6	1	
天 津	7	4		3		
河 北	14	9	2	3		
山 西	28	19		9		
内蒙古	29	12		17		
辽 宁	37	22		15		
吉 林	26	11		15		
黑龙江	31	16		15		
上 海	17	11		6		
江 苏	22	16		6		
浙 江	14	11		3		
安 徽	11	7	1	3		
福 建	10	8		2		
江 西	13	10		3		
山 东	26	16	1	9		
河 南	79	73	1	5		
湖 北	47	43	2	2		
湖 南	10	7		3		
广 东	54	45	2	6		1
广 西	50	41		9		
海 南	2	1		1		
重 庆	9	6		3		
四 川	36	27		9		
贵 州	7	4		3		
云 南	12	5		7		
陕 西	56	53		3		
甘 肃	26	15	1	9	1	
青 海	8	3		5		
宁 夏	6	3		3		
新 疆	20	11		9		

4-5 按地区、机构类型分组的法人单位就业人数

单位：人

地 区	全部法人	企业法人	事业法人	机关法人	社团法人	其他法人
全 国	**2004747**	**1922560**	**4547**	**76981**	**377**	**282**
北 京	67563	62247	2256	3060		
天 津	32982	31200		1782		
河 北	100011	98336	135	1540		
山 西	102718	99720		2998		
内蒙古	107802	102472		5330		
辽 宁	133931	129306		4625		
吉 林	107746	104494		3252		
黑龙江	185128	178149		6672	307	
上 海	29063	27417		1646		
江 苏	51158	48670		2488		
浙 江	29642	28521		1121		
安 徽	46131	44745	52	1334		
福 建	28979	28899		80		
江 西	60759	57229		3530		
山 东	78439	73820	1053	3566		
河 南	141587	137342	64	4130	51	
湖 北	83109	79351	591	3148	19	
湖 南	89060	85372		3688		
广 东	69897	66105	188	3322		282
广 西	63461	60949		2512		
海 南	5039	4890		149		
重 庆	24072	22631		1441		
四 川	66009	63280		2729		
贵 州	37827	36377		1450		
云 南	34966	32833		2133		
陕 西	82553	79817		2736		
甘 肃	61170	58532	208	2430		
青 海	18026	17076		950		
宁 夏	17067	16271		796		
新 疆	48852	46509		2343		

附 录

主要指标解释及分类规定

主要指标解释

法人单位 指具备以下条件的单位：(1)依法成立，有自己的名称、组织机构和场所，能够独立承担民事责任；(2)独立拥有和使用(或授权使用)资产，承担负债，有权与其他单位签订合同；(3)会计上独立核算，能够编制资产负债表。法人单位包括企业法人、事业单位法人、机关法人、社会团体法人和其他法人。

企业法人 指依据《中华人民共和国企业法人登记管理条例》、《中华人民共和国公司登记管理条例》等，经各级工商行政管理机关登记注册，领取《企业法人营业执照》，取得法人资格的企业。包括：

公司和非公司制企业法人。

依据《个人独资企业法》及《合伙企业法》，经各级工商行政管理机关登记注册、领取《营业执照》的不具有法人资格的个人独资企业、合伙企业视同非公司制企业法人。

事业单位法人 指经国务院机构编制管理部门批准、国家事业单位登记管理部门登记或备案；或经地方县级以上机构编制管理部门批准、地方县级以上事业单位登记管理部门登记或备案，领取《事业单位法人证书》，取得法人资格的事业单位。包括：(1)各级党委、政府直属事业单位；(2)党中央、国务院直属事业单位举办的事业单位；(3)各级人大、政协机关，人民法院、人民检察院和各民主党派机关举办的事业单位；(4)各级党委部门和政府部门举办的事业单位；(5)使用财政性经费的社会团体举办的事业单位；(6)国有企业及其他组织利用国有资产举办的事业单位；(7)依照法律或有关规定，应当由各级登记管理机关登记的其他事业单位。

机关法人 指各级政党机关和国家机关。包括：(1)县级以上各级中国共产党委员会及其所属各工作部门；(2)县级以上各级人民代表大会机关；(3)县级以上各级人民政府及其所属各工作部门，以及地区行政行署；(4)县级以上各级政治协商会议机关；(5)县级以上各级人民法院、检察院机关；(6)县级以上各民主党派机关；(7)乡、镇中国共产党委员会和人民政府。

社会团体法人 指依据《社会团体登记管理条例》，经国务院民政部门和县级以上地方各级人民政府民政部门登记注册或备案、领取《社会团体法人登记证书》的各类社会团体；以及依法不需要办理法人登记、由机构编制管理部门管理其机关机构编制的群众团体。包括：

(1)学术性社团：各类学会、研究会等；(2)行业性社团：各类协会、商会等；(3)专业性社团：各类从事专业业务的促进会等；(4)联合性社团：各类联合会、联谊会(同学会、校友会)等；(5)其他群众团体：工会、共青团等。

其他法人 指除企业法人、事业单位法人、机关法人和社会团体法人以外的其他符合法人条件的单位。包括：(1)依据《中华人民共和国居民委员会组织法》和《中华人民共和国村民委员会组织法》批准设立的居民委员会和村民委员会。(2)基金会：依据《基金会管理条例》规定，由民政部和省级民政部门核准登记、领取《基金会法人登记证书》的单位。(3)依据《民办非企业单位登记管理暂行条例》，经国务院民政部门和县级以上地方各级人民政府民政部门核准登记，领取《民办非企业单位(法人)登记证书》的民办非企业单位。

法人单位所属的产业活动单位 指具备以下条件的单位：(1)在一个场所从事一种或主要从事一种社会经济活动；(2)相对独立组织生产经营或业务活动；(3)能够掌握收入和支出等业务核算资料。

单产业法人 法人单位只位于一个场所并主要从事一种社会经济活动，称为单产业法人。单产业法人本身也是一个产业活动单位。

多产业法人 法人单位从事多种经济活动，或者位于多个地点，称为多产业法人。多产业法人由两个或两个以上产业活动单位组成。

产业活动单位总数 是指单产业法人数与多产业法人所属的产业活动单位数之和。

就业人数 是指2004年12月31日在单位和个体经营户在岗的就业人员。未包括上述范围之外的就业人员。

企业实收资本 指企业投资者实际投入的资本（或股本），包括货币、实物、无形资产等各种形式的投入。按投资主体分为六种：（1）国家资本：是指有权代表国家投资的政府部门或机构、直属事业单位对企业形成的资本金。（2）集体资本：是指由本企业职工等自然人集体投资或各种机构对企业进行扶持形成的集体性质的资本金。（3）法人资本：是指法人以其依法可支配的资产投入企业形成的资本金。（4）个人资本：是指自然人实际投入企业的资本金。（5）港澳台资本：是指我国香港、澳门和台湾地区投资者实际投入企业的资本金。（6）外商资本：是指外国投资者实际投入企业的资本金。

全年营业收入合计 是指企业(单位)全年生产经营活动中通过销售商品或提供劳务以及让渡资产取得的收入。营业收入合计分为主营业务收入和其他业务收入。主营业务收入指企业在销售商品、提供劳务等日常活动中所产生的收入总额。其他业务收入指各类企业主营业务以外其他业务的收入。

分类规定

行业分类　本资料行业分类采用的是《国民经济行业分类》（GB/T4754--2002）标准。

三次产业　（1）第一产业：是指农、林、牧、渔业，行业代码为01-05。（2）第二产业：是指采矿业，制造业，电力、燃气及水的生产和供应业，建筑业，行业代码为06-50。（3）第三产业：是指除第一、二产业以外的其他行业。包括：交通运输 、仓储和邮政业，信息传输、计算机服务和软件业，批发和零售业，住宿和餐饮业，金融业，房地产业，租赁和商务服务业，科学研究、技术服务和地质勘查业，水利、环境和公共设施管理业，居民服务和其他服务业，教育，卫生、社会保障和社会福利业，文化、体育和娱乐业，公共管理和社会组织，国际组织，行业代码为51-98。

东、中、西部地区　（1）东部地区包括：北京、天津、河北、辽宁、上海、江苏、浙江、福建、山东、广东和海南；（2）中部地区包括：山西、吉林、黑龙江、安徽、江西、河南、湖北和湖南；（3）西部地区包括：内蒙、广西、重庆、四川、贵州、云南、西藏、陕西、甘肃、青海、宁夏和新疆。

登记注册类型　工商行政管理部门对企业(单位)登记注册的类型分为以下几种：

（1）国有企业：指企业全部资产归国家所有，并按《中华人民共和国企业法人登记管理条例》规定登记注册的非公司制的经济组织。不包括有限责任公司中的国有独资公司。

（2）集体企业：指企业资产归集体所有，并按《中华人民共和国企业法人登记管理条例》规定登记注册的经济组织。

（3）股份合作企业：指以合作制为基础，由企业职工共同出资入股，吸收一定比例的社会资产投资组建，实行自主经营，自负盈亏，共同劳动，民主管理，按劳分配与按股分红相结合的一种集体经济组织。

（4）联营企业：两个及两个以上相同或不同所有制性质的企业法人或事业单位法人，按自愿、平等、互利的原则，共同投资组成的经济组织称为联营企业。联营企业包括国有联营企业、集体联营企业、国有与集体联营企业和其他联营企业。

（5）有限责任公司：根据《中华人民共和国公司登记管理条例》规定登记注册，由两个以上，五十个以下的股东共同出资，每个股东以其所认缴的出资额对公司承担有限责任，公司以其全部资产对其债务承担责任的经济组织称为有限责任公司。有限责任公司分为国有独资公司以及其他有限责任公司。国有独资公司是指国家授权的投资机构或者国家授权的部门单独投资设立的有限责任公司。其他有限责任公司是指国有独资公司以外的其他有限责任公司。

（6）股份有限公司：指根据《中华人民共和国公司登记管理条例》规定登记注册，其全部注册资本由等额股份构成并通过发行股票筹集资本，股东以其认购的股份对公司承担有限责任，公司以其全部资产对其债务承担责任的经济组织。

（7）私营企业：由自然人投资设立或由自然人控股，以雇佣劳动为基础的营利性经济组织称为私营企业。包括按照《公司法》、《合伙企业法》、《私营企业暂行条例》以及《个人独资企业法》规定登记注册的私营独资企业、私营有限责任公司、私营股份有限公司、私营合伙企业和个人独资企业。

私营独资企业是指按《私营企业暂行条例》的规定，由一名自然人投资经营，以雇佣劳动为基础，投资者对企业债务承担无限责任的企业。

个人独资企业是指按《个人独资企业法》、《个人独资企业登记管理办法》的规定，由一个自然人投资，财产为投资人个人所有，投资人以其个人财产对企业债务承担无限责任的经营实体。个人独资企业填表时归入私营独资企业。

私营合伙企业是指按《合伙企业法》或《私营企业暂行条例》的规定，由两个以上自然人按照协议共同投资、共同经营、共负盈亏，以雇佣劳动为基础，对债务承担无限责任的企业。

私营有限责任公司是指按《公司法》、《私营企业暂行条例》的规定，由两个以上自然人投资或由单个自然人控股的有限责任公司。

私营股份有限公司是指按《公司法》的规定，由五个以上自然人投资，或由单个自然人控股的股份有限公司。

（8）其他内资企业：是指上述第(1)条至第(7)条之外的其他内资经济组织。

（9）与港澳台商合资经营企业：是指港澳台地区投资者与内地的企业依照《中华人民共和国中外合资经营企业法》及有关法律的规定，按合同规定的比例投资设立，分享利润和分担风险的企业。

（10）与港澳台商合作经营企业：是指港澳台地区投资者与内地企业依照《中华人民共和国中外合作经营企业法》及有关法律的规定，依照合作合同的约定进行投资或提供条件设立，分配利润、分担风险和亏损的企业。

（11）港澳台商独资经营企业：是指依照《中华人民共和国外资企业法》及有关法律的规定，在内地设立的由港澳台地区投资者在内地全额投资设立的企业。

（12）港澳台商投资股份有限公司：是指根据国家有关规定，经商务部(包括原外经贸部)批准设立，并且其中港、澳、台商的股本占公司注册资本的比例达25%以上的股份有限公司。凡其中港、澳、台商的股本占公司注册资本的比例小于25%的，属于内资中的股份有限公司。

（13）中外合资经营企业：是指外国企业或外国人与中国内地企业依照《中华人民共和国中外合资经营企业法》及

有关法律的规定，按合同规定的比例投资设立，分享利润和分担风险的企业。

（14）中外合作经营企业：是指外国企业或外国人与中国内地企业依照《中华人民共和国中外合作经营企业法》及有关法律的规定，依照合作合同的约定进行投资或提供条件设立，分配利润、分担风险和亏损的企业。

（15）外资企业：是指依照《中华人民共和国外资企业法》及有关法律的规定，在中国内地设立的由外国投资者全额投资设立的企业。

（16）外商投资股份有限公司：是指根据国家有关规定，经商务部(包括原外经贸部)批准设立，并且其中外资的股本占公司注册资本的比例达25%以上的股份有限公司。凡其中外资股本占公司注册资本的比例小于25%的，属于内资中的股份有限公司。

控股情况 (1)国有绝对控股是指在企业的全部资本中，国家资本(股本)所占的比例大于 50%的企业。(2)国有相对控股(含协议控制)是指在企业的全部资本中，国家资本(股本)所占的比例虽未大于50%，但相对大于企业中的其他经济成分所占比例的企业(相对控制)；或者虽不大于其他经济成分，但根据协议规定，由国家拥有实际控制权的企业(协议控制)。(3)其他是指除以上两种情况以外的企业法人。

第三产业卷编辑委员会

第一篇

主　　编　任才方

副 主 编　刘富江　许剑毅　耿　勤

编辑人员　（以姓氏笔画为序）

于卫宁　于建勋　于新华　王晓辉　刘玉麒　刘耀东
孙如皎　朱　虹　江　源　邢俊玲　何　平　张　昕
张　琪　张卫华　李晓冬　陈　星　周学文　孟合合
武　斌　陶　全　常文莉　隋秀芹　彭　华

数据处理　张　琪　刘玉麒

校　　对　张　琪　刘玉麒

第二篇、第三篇

主　　编　翟志宏

副 主 编　王克臣

编辑人员　（以姓氏笔画为序）

王贵銮　王　智　龙　玲　叶　盛　严先溥　杜　燕
李　敏　陈群林　杨　壮　罗卫华　孟　好　赵则勇
袁海英　崔晓红　黄大中　黄雅萍

数据处理　杜　燕

校　　对　罗卫华　叶　盛　杨　壮

第四篇

主　　编　汲凤翔

副 主 编　金桂芳　耿春普　贾　海

编辑人员　翟善清　许春伟　李万茂　李　皎　高　毅　李俊波
罗毅飞　赵培亚　王明亮　俞家红　陈宝顺　刘校文

数据处理　许春伟

校　　对　翟善清　许春伟

第五篇、第六篇

主　　编　李　纲

副 主 编　杨宽宽　杜希双

编辑人员　（以姓氏笔画为序）

戈闻喜　王　纬　王伟宇　王艳玲　方　健　邓筱林
冯晓静　史会学　田小青　田志宏　刘　立　冶静怡
宋雪清　张行杰　张丽娟　张翠娜　沈　纳　李　涛
李惠生　杜德军　侯俊华　赵延光　徐苏玲　徐雄飞

数据处理　方　健　沈　纳

校　　对　田志宏　史会学

中国经济普查年鉴 2004

China Economic Census Yearbook

第三产业卷

国务院第一次全国经济普查领导小组办公室　编

中国统计出版社
China Statistics Press

第三产业卷目录

第一篇 交通运输、仓储和邮政业生产经营及财务状况

A 、交通运输业

B、仓储业

C、邮政业

第二篇　批发和零售业商品销售和财务状况

A、批发和零售业法人单位商品销售情况

B、批发和零售业法人单位主要财务状况

C 、其他行业法人单位附属的批发和零售业产业活动单位商品销售情况

第三篇 住宿和餐饮业经营及财务状况

A 、住宿和餐饮业法人单位经营情况

B 、住宿和餐饮业法人单位主要财务状况

C、其他行业法人单位附属的住宿和餐饮业产业活动单位经营情况

第四篇 房地产业生产经营及财务状况

A、房地产开发企业

B、物业管理企业

C、中介服务企业

D、其他房地产业企业

第五篇　其他服务业企业生产经营及财务状况

第六篇　行政事业单位财务状况

第1篇

交通运输、仓储和邮政业生产经营及财务状况

A. 交通运输业

1-A-1.1 分行业交通运输、仓储和邮政业资产负债

单位：万元

行业类别	固定资产原价	本年折旧	资产总计	负债合计	所有者权益
全国总计	**273232113**	**13761706**	**357632244**	**170501777**	**187130468**
铁路运输业	100813423	2775780	99724748	26567200	73157549
道路运输业	64059777	4143979	91813278	51903690	39909588
公路旅客运输	9436532	1274529	11569472	6584992	4984480
道路货物运输	10485327	1029719	13675337	6824547	6850790
道路运输辅助活动	44137919	1839731	66568469	38494150	28074318
城市公共交通业	12996465	1359179	18641123	10060041	8581082
公共电汽车客运	6387862	841909	6920297	3741727	3178570
轨道交通	2868748	45214	5635354	3125286	2510068
出租车客运	3469997	453244	5776228	3056175	2720053
城市轮渡	114277	4765	118846	40030	78815
其他城市公共交通	155581	14047	190399	96822	93576
水上运输业	33618933	2048040	47363975	24516317	22847658
水上旅客运输	923759	96116	1120888	700654	420234
水上货物运输	16284383	1162001	20329956	11679949	8650007
水上运输辅助活动	16410791	789924	25913131	12135714	13777417
航空运输业	31066647	1626341	37714426	23698314	14016113
航空客货运输	22510343	1141399	26019047	20202700	5816347
通用航空服务	249094	17375	424924	165602	259322
航空运输辅助活动	8307209	467567	11270455	3330012	7940443
管道运输业	3837959	195934	6621493	3413334	3208159
管道运输业	3837959	195934	6621493	3413334	3208159
装卸搬运和其他运输服务业	6211620	466730	17289697	9312064	7977633
装卸搬运	1995959	155921	2747556	1341774	1405783
运输代理服务	4215661	310809	14542141	7970291	6571850
仓储业	9649545	642557	25779583	17914427	7865156
谷物、棉花等农产品仓储	3801394	252444	14231268	12136831	2094437
其他仓储	5848152	390113	11548315	5777596	5770720
邮政业	10977745	503166	12683921	3116391	9567531
国家邮政	10857644	487376	12190735	2971039	9219696
其他寄递服务	120101	15790	493186	145352	347835

1-A-1.2 分行业交通运输、仓储和邮政业实收资本

单位：万元

行业类别	实收资本						
		国家资本	集体资本	法人资本	个人资本	港澳台资本	外商资本
全国总计	**142068428**	**101354687**	**2544712**	**23073136**	**7986867**	**3430821**	**3678204**
铁路运输业	71069682	68059802		2829882	12177	5538	162283
道路运输业	23890064	10985409	1160956	6155893	3603758	1241348	742699
公路旅客运输	3358334	1130311	398485	794584	944754	56340	33860
道路货物运输	5271911	812888	571167	1553497	2083063	144703	106594
道路运输辅助活动	15259818	9042210	191304	3807812	575941	1040306	602245
城市公共交通业	5883720	2677906	306577	1852105	756620	167303	123209
公共电汽车客运	2121947	1225139	64809	454429	210214	129799	37556
轨道交通	1908089	1241925	4123	642776	5821	7087	6356
出租车客运	1723889	150658	230568	709681	525226	28559	79197
城市轮渡	67160	27833	3467	32142	1910	1808	
其他城市公共交通	62635	32352	3610	13076	13448	50	100
水上运输业	14299869	6200295	310009	4407081	1359872	1228885	793728
水上旅客运输	393674	149799	40496	104832	54909	16531	27107
水上货物运输	6083245	1762100	219821	2535328	1076523	172236	317238
水上运输辅助活动	7822950	4288396	49692	1766921	228441	1040118	449383
航空运输业	8964529	4678665	30835	2944973	353930	192343	763784
航空客货运输	3959761	1179235	20220	1876305	117822	55018	711161
通用航空服务	263298	61782	611	94458	105785	438	225
航空运输辅助活动	4741471	3437648	10004	974210	130323	136887	52398
管道运输业	1521576	807400	113	556224	56088	14300	87451
管道运输业	1521576	807400	113	556224	56088	14300	87451
装卸搬运和其他运输服务业	6020286	1562779	306840	2326641	1117225	259500	447302
装卸搬运	956595	352455	112598	286908	132455	50564	21616
运输代理服务	5063692	1210324	194242	2039733	984770	208937	425686
仓储业	6568213	2676037	425786	1907124	691971	320918	546377
谷物、棉花等农产品仓储	2142186	1557555	47613	463871	64512	2452	6183
其他仓储	4426027	1118481	378174	1443253	627460	318466	540194
邮政业	3850490	3706396	3597	93215	35227	685	11371
国家邮政	3697135	3697135					
其他寄递服务	153355	9261	3597	93215	35227	685	11371

1-A-1.3 分行业交通运输、仓储和邮政业营业状况

单位：万元

行业类别	营业收入合计	主营业务收入	主营业务成本	主营业务税金及附加	费用合计
全国总计	**122800995**	**116610603**	**87202063**	**3472885**	**37734368**
铁路运输业	24120906	21260663	16206406	665497	19578670
道路运输业	26042270	24810395	17147930	1046462	5748610
公路旅客运输	7040666	6351720	4766062	253005	1348599
道路货物运输	13288201	12872557	9714048	535742	2666041
道路运输辅助活动	5713402	5586118	2667820	257715	1733970
城市公共交通业	6713405	6472599	4818461	273815	1552938
公共电汽车客运	4105030	3957284	3244720	150053	828056
轨道交通	324099	310285	265260	17230	137214
出租车客运	2112866	2040561	1201397	100228	537344
城市轮渡	56128	52642	29243	1788	21114
其他城市公共交通	115283	111826	77841	4516	29210
水上运输业	21359205	20488216	14612550	494474	2725897
水上旅客运输	413537	393981	266890	13163	109274
水上货物运输	15214927	14856161	11694321	312009	1082612
水上运输辅助活动	5730741	5238074	2651339	169302	1534010
航空运输业	14375005	14062811	10736680	416396	2486642
航空客货运输	12189098	12012880	9436578	345039	2012740
通用航空服务	274042	271840	219617	7164	38220
航空运输辅助活动	1911865	1778091	1080486	64193	435682
管道运输业	1017676	1012097	761678	24779	125363
管道运输业	1017676	1012097	761678	24779	125363
装卸搬运和其他运输服务业	14078237	13895264	11348425	224682	2077536
装卸搬运	1290747	1261600	750525	44305	377298
运输代理服务	12787490	12633665	10597900	180377	1700238
仓储业	9241604	8970109	7384554	142249	1978386
谷物、棉花等农产品仓储	4062744	3946741	3681493	26499	907331
其他仓储	5178860	5023368	3703061	115750	1071054
邮政业	5852687	5638449	4185380	184530	1460329
国家邮政	5339767	5130488	4003781	168664	1277219
其他寄递服务	512920	507961	181599	15866	183110

1-A-1.3 续表 单位：万元

行业类别	营业利润	利润总额	从业人员劳动报酬	劳动、失业保险费	全部从业人员年平均人数（人）
全国总计	**9131238**	**10224232**	**14287711**	**2063500**	**7581198**
铁路运输业	1299946	773805	4300049	809488	1725115
道路运输业	2707902	3092595	2600813	326228	2037132
公路旅客运输	467825	687913	968327	170343	861070
道路货物运输	1112892	962193	1230969	114706	899395
道路运输辅助活动	1127185	1442490	401517	41178	276667
城市公共交通业	105599	258328	1674598	188479	1235736
公共电汽车客运	-95422	16692	1134832	149181	766985
轨道交通	-95301	-62246	89935	11330	35161
出租车客运	286859	291683	405075	20263	394303
城市轮渡	2619	5735	17022	3500	14672
其他城市公共交通	6844	6463	27734	4205	24615
水上运输业	3347560	3721651	1682018	213281	687625
水上旅客运输	31649	22606	64828	6635	40798
水上货物运输	1943476	1992144	856875	60345	398423
水上运输辅助活动	1372434	1706901	760315	146301	248404
航空运输业	777249	984027	1009656	85868	207385
航空客货运输	468612	569763	699766	51307	124767
通用航空服务	10796	10059	19352	2719	5913
航空运输辅助活动	297842	404205	290539	31842	76705
管道运输业	139073	158478	59351	11686	15205
管道运输业	139073	158478	59351	11686	15205
装卸搬运和其他运输服务业	850453	1109328	970226	82170	609395
装卸搬运	181982	169973	330282	29271	313844
运输代理服务	668471	939355	639944	52899	295551
仓储业	-10943	236015	517419	72055	392646
谷物、棉花等农产品仓储	-371733	-126285	160166	32732	158679
其他仓储	360790	362301	357253	39323	233967
邮政业	-85601	-109994	1473581	274246	670959
国家邮政	-219051	-258992	1404861	272022	639936
其他寄递服务	133450	148998	68720	2224	31023

1-A-2.1 分地区交通运输、仓储和邮政业资产负债

单位：万元

地 区	固定资产原价	本年折旧	资产总计	负债合计	所有者权益
全 国	**273232113**	**13761706**	**357632244**	**170501777**	**187130468**
北 京	54584565	1918834	88935436	38714851	50220585
天 津	27652176	1320525	46120471	23381600	22738872
河 北	54129536	2512381	68245026	42837916	25407110
山 西	28333546	2798222	33658592	17521198	16137394
内蒙古	7020094	448954	9218170	3735244	5482926
辽 宁	22551826	1837481	34615645	18934382	15681263
吉 林	10624350	779025	10054608	5557367	4497240
黑龙江	8229893	600815	11622357	6590766	5031591
上 海	43614484	1921591	85345199	47269915	38075284
江 苏	53095456	3296722	117505079	58184129	59320950
浙 江	69527106	3610895	83592619	49207127	34385491
安 徽	21577111	1716217	30308654	15138937	15169717
福 建	27834381	2086554	37661958	17754473	19907485
江 西	41321200	1328509	27464437	11972435	15492002
山 东	40969448	3246938	60805130	33591517	27213613
河 南	40771517	3037244	59387750	32319350	27068400
湖 北	32791664	3200824	42827222	24884070	17943152
湖 南	38790911	3030141	60802122	32618368	28183755
广 东	140028143	8157641	203456704	120072035	83384669
广 西	16697939	1382972	25901658	12673054	13228604
海 南	9766439	419189	12562559	7766418	4796141
重 庆	23854761	1202486	34703164	20495828	14207337
四 川	40972089	2312112	91264557	50808052	40456506
贵 州	6471008	423516	7809729	2418061	5391668
云 南	10131213	534092	15281275	8655314	6625961
西 藏	419265	27033	557752	227286	330466
陕 西	14010157	751123	15849284	6932112	8917172
甘 肃	7336962	413546	8478153	3789180	4688973
青 海	1213776	98804	1720095	819796	900299
宁 夏	2072127	95744	2448460	851431	1597029
新 疆	9044563	733370	10435070	5736793	4698278

1–A–2.2 分地区交通运输、仓储和邮政业实收资本

单位：万元

地 区	实收资本	国家资本	集体资本	法人资本	个人资本	港澳台资本	外商资本
全 国	**142068428**	**101354687**	**2544712**	**23073136**	**7986867**	**3430821**	**3678204**
北 京	33104742	13170582	532533	13456835	2268997	571512	3104283
天 津	18022952	6377926	443972	5601839	2373334	2156711	1069169
河 北	18807419	14299912	593483	2199939	1320047	237256	156782
山 西	10810995	7775335	335976	1583602	708148	65125	342809
内蒙古	4010061	2352590	336065	660652	654669	4730	1356
辽 宁	13856119	7358157	721177	2241782	2990845	95573	448586
吉 林	3612424	2088912	260319	763117	448682	37920	13475
黑龙江	4806208	2987074	205322	1108912	445370	55395	4135
上 海	25412361	6202229	1203581	11605602	3353029	1272337	1775584
江 苏	27803844	16535750	849056	4659119	3885913	1500915	373090
浙 江	21477314	8113579	492292	6581345	4547580	1141213	601306
安 徽	10669111	4925791	712036	1561607	2611413	831679	26585
福 建	11989315	5114147	443473	2945820	2624623	589432	271820
江 西	11642483	8612775	110868	970067	1699703	163627	85443
山 东	16312378	9333782	859710	3295462	2361152	205143	257129
河 南	18838183	12797844	935413	3561658	1419823	120215	3230
湖 北	11259749	6921220	707884	1539814	1227130	608534	255167
湖 南	10121644	6739963	531449	1309249	869826	566099	105058
广 东	53894714	16508483	2862235	19019760	5711503	4934982	4857751
广 西	9008278	4673619	374042	1995860	1343045	548931	72780
海 南	3017031	1264526	15293	1277466	370575	21305	67866
重 庆	11259696	5986286	348559	3681942	1093316	19545	130048
四 川	29988753	21929521	618735	4231943	1980013	920725	307815
贵 州	4697352	3509429	94887	389620	480492	216824	6100
云 南	5724461	3981334	252003	657593	795826	20211	17494
西 藏	268395	232590	3663	2974	29168		
陕 西	8320912	5948631	354189	790668	1226035	515	875
甘 肃	4104348	2720893	218051	383208	761629	18620	1946
青 海	870632	659447	77362	64135	60189	9399	100
宁 夏	1505348	965000	100243	185611	254302	192	
新 疆	5015605	3172300	161003	1088736	559339	3795	30433

1-A-2.3 分地区交通运输、仓储和邮政业营业状况

单位：万元

地区	营业收入合计	主营业务收入	主营业务成本	主营业务税金及附加	费用合计
全国	**122800995**	**116610603**	**87202063**	**3472885**	**37734368**
北京	28165808	27625908	20037326	566932	7857698
天津	16456143	15921783	11962526	346730	2914272
河北	19988974	19232572	12319114	995358	4961925
山西	10668344	9644377	6235507	391130	3198925
内蒙古	4340425	4214203	2974372	184356	1586906
辽宁	14333729	13406381	10160529	356225	3625435
吉林	5356584	5218390	3908224	180540	1587747
黑龙江	5574620	5091125	3736746	144313	1948795
上海	81510047	80057884	69326267	1378130	10124297
江苏	31003787	29470348	21167353	1056491	6161760
浙江	37739622	36784138	27873453	979048	6331527
安徽	14359575	13920598	10189799	534729	2557301
福建	18026850	17707181	11450160	835230	3625323
江西	8715072	8415435	5937956	371978	2010742
山东	28929778	27456380	21857257	1005045	4879924
河南	19494003	18617331	12856910	954307	3659098
湖北	11821254	11266442	8422169	409515	2915469
湖南	8833529	8217817	5574027	285079	2902438
广东	54425581	53502509	34789984	1729464	11917167
广西	8572013	7685941	5287454	289719	2420610
海南	2821771	2744387	2008529	92989	712435
重庆	9464463	8885141	6488805	379185	2159861
四川	14182338	13316776	9584372	476265	4070539
贵州	2634537	2359371	1576042	88587	1037114
云南	7204556	6001869	4715852	189833	1643307
西藏	193358	185990	95338	16725	66889
陕西	7347255	7051085	4529116	290534	7543269
甘肃	4364262	4189958	2858074	169125	1425325
青海	512463	501603	363653	22179	281101
宁夏	1071996	820353	745966	30335	338653
新疆	5636743	5343546	4466670	159094	1632208

1-A-2.3 续表 单位：万元

地 区	营业利润	利润总额	从业人员劳动报酬	劳动、失业保险费
全 国	**9131238**	**10224232**	**14287711**	**2063500**
北 京	1264054	3539230	2269159	99186
天 津	1284128	1501470	1276549	138082
河 北	3545085	4755229	1361392	262463
山 西	817231	702868	820124	89897
内蒙古	326776	259243	517764	72672
辽 宁	385434	343148	1526570	301556
吉 林	269782	182504	731622	158352
黑龙江	251529	63399	827475	146134
上 海	4695915	5147472	4192591	141386
江 苏	2903140	3997542	3630079	521919
浙 江	2904997	2833508	2978631	425567
安 徽	1630428	1629077	1652754	194060
福 建	2651082	2612280	1982536	151175
江 西	974363	1218560	1111182	84048
山 东	1876234	2024546	2625615	408510
河 南	2986485	2789101	1959334	393375
湖 北	512488	2975404	1833612	168072
湖 南	603607	558226	1167592	101970
广 东	7132695	7924425	5684219	678523
广 西	668443	619431	1160362	156095
海 南	153297	114589	252357	42937
重 庆	581599	393384	952016	231144
四 川	695002	524298	1704891	259757
贵 州	217696	192411	428089	61898
云 南	438109	127349	788521	111288
西 藏	40988	11640	129511	10555
陕 西	937225	886669	1037855	96481
甘 肃	428387	362925	667697	68672
青 海	-2013	-24082	120438	23721
宁 夏	68250	69267	143169	13488
新 疆	6645	-203709	860001	122535

1-A-3.1 分地区铁路运输业资产负债

单位：万元

地　区	固定资产原价	本年折旧	资产总计	负债合计	所有者权益
全　国	**100813423**	**2775780**	**99724748**	**26567200**	**73157549**
北　京	4444806	235869	6089180	1114613	4974568
天　津	1501041	37320	1568606	298700	1269906
河　北	5059590	137988	4649066	1303513	3345554
山　西	4857889	134906	5124994	1327754	3797239
内蒙古	3373083	88529	2873843	1050573	1823270
辽　宁	5685942	176429	5090181	1453242	3636939
吉　林	2563319	68170	1965078	960237	1004841
黑龙江	3842810	117210	3190889	1681247	1509642
上　海	1202385	57168	1520873	440167	1080705
江　苏	3262864	71685	3368459	1174019	2194440
浙　江	1796593	42210	2147771	651708	1496063
安　徽	2396313	61762	2136718	454172	1682546
福　建	2271431	48898	2078466	610636	1467830
江　西	4471702	110776	4193447	651696	3541751
山　东	4595830	114834	4616136	1198833	3417303
河　南	5707992	205491	5474364	1127270	4347094
湖　北	3968465	93079	3410611	704978	2705633
湖　南	4788828	134938	4679134	1203884	3475250
广　东	4537176	120521	6323049	2020057	4302992
广　西	3782958	92856	3652334	812625	2839708
海　南	172840	18431	527423	295072	232351
重　庆	1755613	36159	1502746	228586	1274160
四　川	4370663	116507	4280871	910583	3370288
贵　州	3533727	67145	3148307	440248	2708058
云　南	2789538	72424	2619702	614709	2004994
西　藏					
陕　西	6719444	145187	6124167	1165046	4959121
甘　肃	2697058	56982	3065216	1276300	1788916
青　海	547326	12847	484973	208657	276315
宁　夏	1025648	28828	887608	100954	786654
新　疆	3090551	70631	2930538	1087120	1843418

1-A-3.2 分地区铁路运输业实收资本

单位：万元

地 区	实收资本	国家资本	集体资本	法人资本	个人资本	港澳台资本	外商资本
全 国	**71069682**	**68059802**		**2829882**	**12177**	**5538**	**162283**
北 京	4167116	3983567		183549			
天 津	1112143	1112143					
河 北	2952993	2894769		57625	599		
山 西	2873704	2734379		139325			
内蒙古	1968183	1938183		30000			
辽 宁	3576493	3574493			2000		
吉 林	1344971	1334695		2683	7594		
黑龙江	2118171	2114644		3527			
上 海	972653	972653					
江 苏	2285544	2285544					
浙 江	1227852	1217965		9887			
安 徽	1668356	1544500		121892	1964		
福 建	1586949	1514129		72820			
江 西	3554545	3545315		9230			
山 东	3460035	3229146		230889			
河 南	4169680	4099177		70483	20		
湖 北	2695955	2695623		332			
湖 南	3674900	3589440		85459			
广 东	3260908	2027316		1065770		5538	162283
广 西	2635818	2516336		119482			
海 南	253934	253934					
重 庆	1258068	1258068					
四 川	3295359	2668430		626929			
贵 州	2677824	2677824					
云 南	2221344	2221344					
西 藏							
陕 西	4818569	4818569					
甘 肃	1921370	1921370					
青 海	343541	343541					
宁 夏	801576	801576					
新 疆	2171128	2171128					

1-A-3.3 分地区铁路运输业营业状况

单位：万元

地 区	营业收入合 计	主营业务收 入	主营业务成 本	主营业务税金及附加	费用合计
全 国	**24120906**	**21260663**	**16206406**	**665497**	**19578670**
北 京	2209550	2133891	1836024	66674	2040944
天 津	391194	375172	272107	11728	328577
河 北	1229342	1179676	730416	37561	896568
山 西	1013489	936727	659374	28821	800253
内蒙古	950370	896778	665917	28788	758520
辽 宁	1458451	967724	783614	30737	831944
吉 林	772421	703431	577995	22225	644212
黑龙江	1547368	1151206	872585	35561	1017429
上 海	485978	402888	297736	12632	403641
江 苏	696733	613669	478876	13991	626307
浙 江	517648	460816	337376	14721	462394
安 徽	605097	571177	433504	17868	493836
福 建	375590	355794	270159	11238	340354
江 西	908912	857496	661151	26979	796105
山 东	1022580	870890	627119	32968	867431
河 南	1336661	1191907	867845	36883	986896
湖 北	916498	763955	571435	24087	748536
湖 南	858916	766891	657698	24950	840507
广 东	1114561	1035011	745030	31414	967276
广 西	909821	680328	490604	21661	690409
海 南	13492	13469	16802	441	25503
重 庆	281257	240797	184670	7256	244745
四 川	774199	697996	540297	20824	686255
贵 州	445694	371853	296508	11497	406719
云 南	452527	409275	315456	12007	390192
西 藏					
陕 西	979177	906194	689621	28261	753267
甘 肃	666357	648423	457736	20969	558306
青 海	173633	173633	144067	5491	166684
宁 夏	182294	181481	134336	5881	153748
新 疆	831099	702118	590349	21386	651113

1-A-3.3 续表

单位：万元

地 区	营业利润	利润总额	从业人员劳动报酬	劳动、失业保险费
全 国	**1299946**	**773805**	**4300049**	**809488**
北 京	72816	87612	190045	33875
天 津	32428	17833	86500	18431
河 北	264564	250239	164332	34957
山 西	107453	98190	210370	36375
内蒙古	65304	68096	172633	41449
辽 宁	-36203	-35529	187895	74207
吉 林	-16928	-37338	105786	44063
黑龙江	30080	-42748	286920	59152
上 海	36369	26330	138160	19496
江 苏	24799	8999	152362	14218
浙 江	36864	35566	150128	17486
安 徽	44987	35025	120889	17585
福 建	9511	-66	52117	11386
江 西	47189	25138	127242	27690
山 东	71044	42148	161521	34862
河 南	128537	104264	323699	55911
湖 北	62879	41158	156600	32392
湖 南	-46608	-66612	205104	20131
广 东	84508	68355	200358	25562
广 西	75372	54471	124561	19410
海 南	-10809	-17490	5336	936
重 庆	15228	6819	63086	10092
四 川	38940	13342	153910	23042
贵 州	8958	-1082	83746	15594
云 南	31770	-7168	112796	14237
西 藏				
陕 西	71159	53121	190934	39190
甘 肃	63450	23788	129433	26292
青 海	-5997	-19036	45670	10364
宁 夏	15860	10517	39410	7026
新 疆	-23579	-70135	158510	24078

1-A-4.1 分地区道路运输业资产负债

单位：万元

地区	固定资产原价	本年折旧	资产总计	负债合计	所有者权益
全国	**64059777**	**4143979**	**91813278**	**51903690**	**39909588**
北京	39199632	1152180	48874040	23065353	25808687
天津	20187201	855229	28038422	13817655	14220767
河北	31030382	1406292	38615382	25107747	13507635
山西	22205248	2536406	25756092	14832068	10924024
内蒙古	2891720	300681	5035661	1752609	3283052
辽宁	7393169	953709	10008690	5840215	4168475
吉林	7094350	634736	6180002	3266684	2913318
黑龙江	2573896	326008	3949883	1763992	2185891
上海	18052867	1010750	25152660	14224889	10927771
江苏	39117528	2352972	94375472	45732044	48643428
浙江	61126309	2984086	67676069	39879520	27796549
安徽	17058801	1449494	25024012	13089371	11934641
福建	20376215	1518870	26538586	13118014	13420572
江西	35933735	1149327	21779806	10515815	11263991
山东	26985892	2492645	41435110	24452938	16982172
河南	33443750	2706370	50701314	29393043	21308271
湖北	23697767	2391890	32357678	20041841	12315837
湖南	31931822	2717955	52765777	29779318	22986459
广东	108401313	6121990	146345082	92971356	53373726
广西	9168772	1107249	16261888	9686051	6575837
海南	6100493	273401	7341121	4223704	3117417
重庆	20135854	1006233	29038856	17210835	11828021
四川	33293494	1972664	82123311	47089124	35034187
贵州	2217325	296831	3553857	1507685	2046172
云南	5519375	337728	10119826	6751240	3368586
西藏	204246	17059	342907	135761	207146
陕西	5256924	462016	6818378	3412818	3405560
甘肃	3776713	288310	4048789	1690721	2358068
青海	426565	52389	794384	324110	470274
宁夏	838898	44023	1139390	565115	574275
新疆	4957516	520300	5940332	3795262	2145070

1-A-4.2 分地区道路运输业实收资本

单位：万元

地区	实收资本	国家资本	集体资本	法人资本	个人资本	港澳台资本	外商资本
全国	**23890064**	**10985409**	**1160956**	**6155893**	**3603758**	**1241348**	**742699**
北京	17359970	8064268	337050	6603622	1418323	151879	784828
天津	11044473	3691964	314626	3482262	1113554	1686500	755567
河北	9606724	6033778	511931	1590904	1138757	235420	95934
山西	7105321	4711734	254187	1144419	589934	65125	339922
内蒙古	1717517	220278	322073	540414	633522	1230	
辽宁	4092350	1329033	450394	830562	1302732	3900	175729
吉林	1887487	490142	243871	702325	403299	36920	10930
黑龙江	1807738	359610	143691	928184	371854	999	3400
上海	8615647	1110375	568367	4783947	1524731	340303	287924
江苏	18784809	11525118	491721	2608445	2713304	1347015	99206
浙江	16051762	5535815	330634	5426813	3270879	990391	497230
安徽	7746656	2929830	621910	1171222	2188410	810430	24854
福建	6898767	2385078	357415	1723547	2070659	249962	112106
江西	7642161	4780774	65413	884657	1664250	162617	84450
山东	7926106	4374427	686779	1258391	1489499	108010	9000
河南	13805396	8363584	848070	3215736	1258806	119200	
湖北	6364400	2899632	544260	1100446	982889	585869	251304
湖南	5420338	2621187	430408	949992	771657	547094	100000
广东	33916476	10102590	1990765	11577598	3483056	3449945	3312522
广西	3901462	984974	302299	1216387	995286	340396	62120
海南	1559024	554205	10965	693125	280696	1400	18633
重庆	8575811	4230893	189855	3128971	909392	12500	104200
四川	25213289	18394824	525340	3409722	1711633	906120	265650
贵州	1621293	630020	71722	239308	457319	216824	6100
云南	2631541	1297348	211248	525978	566702	12883	17382
西藏	171372	151557	2510	310	16995		
陕西	2519606	594048	281215	474710	1169423	210	
甘肃	1720840	512593	201923	254931	732773	18620	
青海	385096	201142	73855	49169	51731	9199	
宁夏	552859	65526	97864	153095	236374		
新疆	2254344	707745	127202	889734	519142	2520	8001

1-A-4.3 分地区道路运输业营业状况

单位：万元

地区	营业收入合计	主营业务收入	主营业务成本	主营业务税金及附加	费用合计
全国	**26042270**	**24810395**	**17147930**	**1046462**	**5748610**
北京	7536545	7275600	4414174	210307	2862688
天津	6670603	6426960	4540914	192256	1127900
河北	13306836	12683554	8417332	874083	2946966
山西	8021429	7130541	4648042	326859	1833899
内蒙古	2356936	2304638	1480628	137110	619627
辽宁	4462995	4343393	3139602	162813	1242914
吉林	3546244	3488668	2520515	138994	719029
黑龙江	2663450	2616237	1871236	75005	490708
上海	15746160	15001047	11431149	595116	2834661
江苏	19707047	18639932	12735477	761892	3794214
浙江	20572628	20056472	13868736	734093	4205213
安徽	11593732	11221871	8174752	448818	1693344
福建	13489015	13232505	8388934	672570	2381651
江西	7110556	6874792	4755468	321639	1046765
山东	18633532	17466331	14217017	635099	2471355
河南	15946847	15267886	10438383	845362	2182855
湖北	7087805	6868448	4963513	294002	1570421
湖南	6441572	5952122	3832035	203994	1688974
广东	31485371	30958111	18691081	1194556	7002858
广西	5730254	5135153	3487386	213745	1255658
海南	1205692	1169942	876290	42698	377344
重庆	7072664	6570422	4592636	331987	1575893
四川	10513067	9918955	7136842	365783	2644218
贵州	1613447	1441535	920057	55486	432685
云南	5131452	4012263	3274170	137275	828601
西藏	134251	128113	54204	12700	44678
陕西	5051520	4853443	2924122	223736	6050744
甘肃	2743957	2614605	1776124	123532	668665
青海	204750	197877	119214	13295	64699
宁夏	717765	471661	526353	19010	108543
新疆	3924574	3780874	3262914	100805	718333

1-A-4.3 续表 单位：万元

地区	营业利润	利润总额	从业人员劳动报酬	劳动、失业保险费	全部从业人员年平均人数（人）
全国	**2707902**	**3092595**	**2600813**	**326228**	**2037132**
北京	-122627	802997	831073	18384	52542
天津	696532	932029	496495	40429	31807
河北	2175476	2107671	822260	173264	85327
山西	601323	456042	446098	39663	51945
内蒙古	273522	188428	235651	18901	24124
辽宁	12499	-61617	545056	95222	51112
吉林	263527	226835	461573	98635	39951
黑龙江	287435	129906	306627	28569	37425
上海	1046675	835339	1347270	43212	80679
江苏	2299928	3361553	2254089	321303	143605
浙江	1969236	1871212	1728774	251967	111920
安徽	1439560	1443573	1225727	145146	127415
福建	2270320	2234741	1352636	83194	81574
江西	918272	1186845	839583	44465	66690
山东	1066205	1315927	1722524	246224	139884
河南	2710117	2551022	1338738	298425	135046
湖北	298409	2877005	1171836	89459	78799
湖南	594433	582951	643717	52439	73206
广东	4953438	5449598	2996861	417117	155118
广西	500505	471946	723260	103676	57480
海南	49393	16342	155990	28640	11904
重庆	513777	344999	652738	155131	58859
四川	466160	332601	1161048	187015	107053
贵州	192660	180869	233073	28141	26821
云南	351306	88584	449690	76913	45941
西藏	32350	21270	114445	7446	1302
陕西	848500	797652	684374	40093	63332
甘肃	253839	230046	393037	30780	49867
青海	24852	10637	42444	9545	5607
宁夏	40661	40622	74774	5640	8347
新疆	50739	-101672	556670	83241	32450

1-A-5.1 分地区城市公共交通运输业资产负债

单位：万元

地 区	固定资产原价	本年折旧	资产总计	负债合计	所有者权益
全 国	**12996465**	**1359179**	**18641123**	**10060041**	**8581082**
北 京	1962678	181261	2373061	1148482	1224579
天 津	556337	26682	857819	643496	214323
河 北	109551	10899	93113	55573	37540
山 西	99386	7877	126075	71534	54541
内蒙古	68190	6122	74529	45660	28870
辽 宁	547585	73293	629654	388178	241475
吉 林	240693	34391	297783	174513	123270
黑龙江	178342	31104	208104	140002	68102
上 海	2266397	149973	3577814	2067952	1509862
江 苏	588479	67650	1278129	946922	331206
浙 江	522646	62889	640548	403112	237436
安 徽	284289	28792	323537	150747	172790
福 建	220752	46235	213741	103746	109995
江 西	127363	19228	146187	93920	52267
山 东	441434	71357	535245	298546	236699
河 南	194705	28707	233412	136414	96998
湖 北	327693	82747	539018	342295	196723
湖 南	261954	35962	361772	166877	194895
广 东	2534267	176034	3932029	1580587	2351442
广 西	141503	23489	153817	69433	84385
海 南	32149	3666	49799	35655	14144
重 庆	189679	31702	599198	308517	290681
四 川	366804	63288	569818	285040	284779
贵 州	63194	10300	86945	59046	27899
云 南	116355	14811	196227	103529	92698
西 藏	25106	3531	23546	2063	21483
陕 西	207374	23157	190517	72163	118354
甘 肃	138424	13710	146285	66824	79461
青 海	30161	8167	41167	21309	19859
宁 夏	20855	1862	25473	8332	17141
新 疆	132121	20294	116764	69576	47188

1-A-5.2 分地区城市公共交通运输业实收资本

单位：万元

地区	实收资本	国家资本	集体资本	法人资本	个人资本	港澳台资本	外商资本
全 国	**5883720**	**2677906**	**306577**	**1852105**	**756620**	**167303**	**123209**
北 京	738739	321970	26495	284252	72766	6881	26375
天 津	259251	14256	1489	232982	7699	2300	525
河 北	33958	15524	5107	4037	8664		626
山 西	49418	21453	3318	12326	12321		
内蒙古	23978	10975	1256	7230	4518		
辽 宁	239056	119611	11429	24316	42400	27990	13310
吉 林	87267	66163	359	13053	4247	1000	2445
黑龙江	73693	29585	6407	13981	23720		
上 海	1020850	87940	124803	706964	53884	17918	29341
江 苏	274249	132165	22788	50989	47922	5453	14933
浙 江	161959	73412	9448	37131	41288	681	
安 徽	140432	39147	4462	37301	49749	8100	1674
福 建	79213	30881	1964	7938	30928	1188	6314
江 西	39333	14369	1505	9080	12676	710	993
山 东	116209	55206	8372	23746	25695	118	3072
河 南	74423	34258	4526	12982	20838	992	827
湖 北	218920	68198	7741	106245	31618	5117	
湖 南	132635	54633	5250	22671	38274	8753	3055
广 东	1322588	1084147	18825	98928	69428	50072	1189
广 西	48825	21685	1319	7294	8444	2550	7533
海 南	22481	4524	1806	12646	2685	820	
重 庆	278871	222283	3611	28049	14001	5878	5050
四 川	159050	47097	13185	22005	58207	13455	5102
贵 州	27440	15814	3037	2384	6205		
云 南	61228	24672	590	21262	7376	7328	
西 藏	20406	5921	1153	2664	10669		
陕 西	77962	23044	6230	24687	23157		845
甘 肃	45107	18316	2566	12086	12140		
青 海	11405	2931	616	2825	5033		
宁 夏	15382	5763	100	2555	6965		
新 疆	29391	11963	6824	7497	3108		

1-A-5.3 分地区城市公共交通运输业营业状况

单位：万元

地区	营业收入合计	主营业务收入	主营业务成本	主营业务税金及附加	费用合计
全国	**6713405**	**6472599**	**4818461**	**273815**	**1552938**
北京	895360	863239	718652	43492	218387
天津	89461	87876	94815	5807	51616
河北	67847	67201	51172	2244	14928
山西	63146	62795	40818	2370	21015
内蒙古	30942	30107	25041	963	7220
辽宁	268534	253166	183184	10783	87444
吉林	99016	98573	92124	3145	15371
黑龙江	61588	61060	45295	3153	25863
上海	937345	912361	665060	31875	231658
江苏	371659	351145	286009	13327	90806
浙江	324504	311377	250726	10640	62112
安徽	243194	241944	171491	9915	33140
福建	205422	196889	155154	11498	31971
江西	90932	90133	68176	3661	16109
山东	270305	259443	196990	11110	59942
河南	140386	131319	99158	17798	24761
湖北	228861	224568	86507	8947	56732
湖南	223535	219869	149401	8918	40241
广东	1049025	1029348	752823	32545	210738
广西	86925	81459	59173	2867	21860
海南	14705	14251	10240	636	4330
重庆	147885	145932	110321	5453	29198
四川	299288	256389	168556	9796	72305
贵州	54051	49183	39057	1727	12636
云南	81624	77688	53732	2788	32368
西藏	30811	30716	18368	3039	1117
陕西	155006	154101	103874	6231	31748
甘肃	67702	63796	46192	2787	13673
青海	17148	16724	11566	585	5555
宁夏	17688	16845	11846	449	9024
新疆	79509	73106	52943	5268	19069

1-A-5.3 续表

单位：万元

地　区	营业利润	利润总额	从业人员劳动报酬	劳动、失业保险费	全部从业人员年平均人数（人）
全　国	**105599**	**258328**	**1674598**	**188479**	**1235736**
北　京	-90031	23945	274272	16010	174433
天　津	-62540	-56157	26808	3998	18995
河　北	-354	1155	19323	4300	19106
山　西	281	3801	12684	1398	22290
内蒙古	-1736	-223	11537	1630	12873
辽　宁	-7849	-6855	59644	14638	58148
吉　林	2738	1542	38657	2399	18913
黑龙江	-10458	-5132	14832	1255	20742
上　海	23453	87543	226054	3932	191301
江　苏	-9962	5170	85195	20337	53834
浙　江	3419	-3749	86997	11061	42992
安　徽	32601	28044	62595	4131	52066
福　建	6649	6384	42024	3900	27684
江　西	5051	6064	21486	1984	19243
山　东	7153	8269	69676	12364	63870
河　南	8166	6876	33450	5063	40993
湖　北	78834	4913	49757	9829	50801
湖　南	28051	25636	38249	2755	36601
广　东	8026	52293	257001	31119	105132
广　西	6201	6232	23841	3217	16341
海　南	-134	-190	2645	424	2742
重　庆	3185	6796	39644	6786	30084
四　川	20032	16746	59272	13103	46414
贵　州	912	1022	12767	2919	11808
云　南	10223	11249	15323	521	13491
西　藏	25418	4613	4176	768	3081
陕　西	14692	18583	36562	1841	33783
甘　肃	3374	2626	18531	2381	19955
青　海	-856	-589	5282	767	4994
宁　夏	1004	1013	4424	373	3931
新　疆	56	707	21890	3276	19095

1-A-6.1 分地区水上运输业资产负债

单位：万元

地区	固定资产原价	本年折旧	资产总计	负债合计	所有者权益
全 国	**33618933**	**2048040**	**47363975**	**24516317**	**22847658**
北 京	42608	3084	34724	24644	10080
天 津	2357360	274345	3422566	1661210	1761356
河 北	2231827	141413	2453327	1386734	1066592
山 西					
内蒙古	2314	275	3146	2426	720
辽 宁	3000830	124890	4233321	2511682	1721638
吉 林	21416	3764	30387	26706	3681
黑龙江	50368	5715	43692	35126	8567
上 海	8236562	197102	11519627	5065037	6454591
江 苏	2203447	200048	2914548	1551699	1362848
浙 江	1740969	151971	2395897	1389136	1006761
安 徽	619075	58042	675208	247483	427726
福 建	1327950	157318	2136608	853707	1282900
江 西	97224	7204	108577	66064	42513
山 东	2978896	187186	4156551	2379408	1777143
河 南	33711	879	40162	13079	27084
湖 北	1890366	105257	2557338	1936391	620947
湖 南	84923	12796	96568	82017	14551
广 东	5394659	304889	8652349	3703802	4948546
广 西	190088	19249	267629	188214	79415
海 南	356076	15538	510906	192880	318027
重 庆	700514	71028	1048655	1160553	-111898
四 川	39175	5155	43178	24854	18324
贵 州	12430	218	8417	8721	-304
云 南	3175	314	6794	3152	3642
西 藏					
陕 西	1302	56	1255	44	1211
甘 肃	1479	297	2373	1503	870
青 海					
宁 夏	190	8	174	47	126
新 疆					

1-A-6.2 分地区水上运输业实收资本

单位：万元

地区	实收资本	国家资本	集体资本	法人资本	个人资本	港澳台资本	外商资本
全国	**14299869**	**6200295**	**310009**	**4407081**	**1359872**	**1228885**	**793728**
北京	2746	50		2696			
天津	1111730	687194	790	203150	54514	127739	38344
河北	512474	242395		255582	7199	949	6349
山西							
内蒙古	3000	150	1450	1400			
辽宁	1291685	897541	2854	228196	50915	911	111268
吉林	6922	1070	1999	2857	896		100
黑龙江	28049	16522	375	10812	340		
上海	3478458	787149	4456	1897359	104071	404061	281362
江苏	986397	290239	34598	382161	162380	70904	46114
浙江	700232	225715	15084	159229	239193	39181	21829
安徽	373394	51795	22767	54674	243796	305	57
福建	802516	238140	34965	263026	129818	82154	54413
江西	43604	21730	9143	7968	4762		
山东	1058919	734700	17320	155780	108089	14895	28135
河南	19553	795	1179	1399	16180		
湖北	602574	498707	25512	42046	24862	8163	3284
湖南	43997	16194	13975	6187	7640		
广东	2543643	1147450	65521	581242	78439	468881	202109
广西	171237	66024	29011	23194	47946	4699	363
海南	202119	120296	279	60250	16419	4875	
重庆	282370	135666	23818	64718	57002	1167	
四川	25052	15670	3347	2154	3881		
贵州	5233	4951	81	51	150		
云南	3035		1426	386	1223		
西藏							
陕西	650		61	563	26		
甘肃	123	93			30		
青海							
宁夏	160	58			102		
新疆							

1-A-6.3 分地区水上运输业营业状况

单位：万元

地　区	营业收入合　计	主营业务收　入	主营业务成　本	主营业务税金及附加	费用合计
全　国	**21359205**	**20488216**	**14612550**	**494474**	**2725897**
北　京	19010	18740	15022	416	1683
天　津	2372359	2169972	1711488	20986	184322
河　北	575850	521817	323534	14576	127252
山　西					
内蒙古	435	435	294	19	42
辽　宁	790433	724202	456849	18639	165680
吉　林	780	780	467	45	389
黑龙江	11431	10142	7216	386	3970
上　海	7717158	7559947	5738323	142445	650034
江　苏	1260639	1218800	870277	38730	221343
浙　江	1013459	992627	619698	31305	156556
安　徽	432975	425880	259598	22537	68944
福　建	638081	635437	377086	53591	111330
江　西	37512	37139	27791	1261	7737
山　东	1459858	1423450	1019222	35060	224633
河　南	26625	25369	15414	1385	2183
湖　北	1605123	1475975	1227469	24354	195440
湖　南	40463	38832	27421	1180	10131
广　东	2680988	2575970	1408782	65871	490418
广　西	120620	107685	91466	5277	23708
海　南	212558	201082	139616	5512	25053
重　庆	316993	299069	254128	9946	50065
四　川	20652	19861	17692	674	3228
贵　州	2618	2430	2379	78	717
云　南	1467	1457	546	154	694
西　藏					
陕　西	575	574	476	16	36
甘　肃	456	456	250	25	267
青　海					
宁　夏	89	89	44	5	43
新　疆					

1-A-6.3 续表 单位：万元

地区	营业利润	利润总额	从业人员劳动报酬	劳动、失业保险费	全部从业人员年平均人数（人）
全国	**3347560**	**3721651**	**1682018**	**213281**	**687625**
北京	1871	1871	298	3	40
天津	302459	322020	134276	19589	26913
河北	75521	53822	78230	19769	21567
山西					
内蒙古	80	80	59		61
辽宁	122053	154456	99595	12247	36412
吉林	-2	-162	449	104	719
黑龙江	-407	-390	2603	539	3380
上海	1338288	1422307	204937	5258	40342
江苏	132403	174711	208227	35192	100506
浙江	217954	225872	118184	15456	41576
安徽	85019	85533	56410	4818	47259
福建	100742	128791	56626	3849	26643
江西	1936	1424	6583	529	8831
山东	155545	197772	162634	40146	67706
河南	6978	5291	2841	89	4717
湖北	52818	26902	145019	4253	85619
湖南	1758	96	9444	2192	11709
广东	711047	881567	322249	38482	94185
广西	2407	-530	17422	1370	19958
海南	34390	40196	13021	667	9049
重庆	6226	2570	37865	8284	32916
四川	-1458	-1940	3532	380	4437
贵州	-124	-641	614	13	1540
云南	98	95	490	37	976
西藏					
陕西	46	27	239	13	399
甘肃	-86	-86	143		114
青海					
宁夏	-3	-2	30	4	51
新疆					

1-A-7.1 分地区航空运输业资产负债

单位：万元

地 区	固定资产原价	本年折旧	资产总计	负债合计	所有者权益
全 国	**31066647**	**1626341**	**37714426**	**23698314**	**14016113**
北 京	5975498	162499	8486937	5477705	3009232
天 津	287960	7731	301018	201887	99131
河 北	58175	3330	61947	13017	48929
山 西	116164	11387	175336	87237	88099
内蒙古	97448	13928	122553	3072	119481
辽 宁	314959	31272	1521711	1056343	465367
吉 林	104358	1201	141549	69318	72231
黑龙江	258538	11629	221294	79217	142077
上 海	5855866	80152	7806017	4627626	3178391
江 苏	472870	29243	708809	368532	340277
浙 江	378767	33849	429772	192519	237253
安 徽	72315	9826	90612	21666	68946
福 建	1062265	63371	923551	511238	412314
江 西	121944	4996	141682	26925	114757
山 东	2525031	12518	623978	411606	212372
河 南	163322	7996	179952	55859	124094
湖 北	400917	99704	484264	145325	338938
湖 南	107632	13843	125539	30712	94827
广 东	5403525	721376	7132461	4344499	2787962
广 西	260252	11499	228358	87571	140787
海 南	2141171	81220	2858760	2291183	567577
重 庆	483806	17793	524132	302329	221803
四 川	1640157	48730	1845657	1424177	421480
贵 州	183312	9350	180648	50565	130082
云 南	1001640	43296	749692	379661	370031
西 藏	59610	2694	65271	12350	52921
陕 西	1022151	38773	957315	1182295	-224980
甘 肃	204530	15835	224788	132376	92412
青 海	30698	10409	27943	7134	20809
宁 夏	39621	11301	41144	11999	29146
新 疆	222148	15593	331739	92372	239367

1-A-7.2 分地区航空运输业实收资本

单位：万元

地区	实收资本	国家资本	集体资本	法人资本	个人资本	港澳台资本	外商资本
全国	**8964529**	**4678665**	**30835**	**2944973**	**353930**	**192343**	**763784**
北京	1811467	295505	65	1040552	193	191006	284146
天津	67856			67856			
河北	52009	52009					
山西	89992	57222		32300	470		
内蒙古	20187	19326		335	527		
辽宁	269124	184322		84802			
吉林	32683	29256	10	3193	225		
黑龙江	137451	132397		1140	3914		
上海	1442679	855030	20000	253852	135696		178101
江苏	292645	181714	250	110407	274		
浙江	220347	219563	74	510	200		
安徽	76937	76922			15		
福建	222643	129552	139	80398	12554		
江西	105024	101024		4000			
山东	190908	116579		59396	915	18	14000
河南	52692	16232		36459	1		
湖北	319813	206642		21983	91188		
湖南	45943	42491	10	3412	30		
广东	1229015	642456	1482	294026	64779	1127	225146
广西	42453	24707		17560	186		
海南	360736	49522		232855	37196		41164
重庆	183420	800	300	181270	1050		
四川	393935	336348	70	35646	1348		20522
贵州	133635	50225		83410			
云南	254857	251343	1448		2066		
西藏	53293	53293					
陕西	450949	227142	6817	216467	523		
甘肃	124177	122951	20	500			706
青海	20335	20335					
宁夏	15185	14435		288	270	192	
新疆	252142	169324	150	82357	311		

1-A-7.3 分地区航空运输业营业状况

单位：万元

地 区	营业收入合计	主营业务收入	主营业务成本	主营业务税金及附加	费用合计
全 国	**14375005**	**14062811**	**10736680**	**416396**	**2486642**
北 京	2016619	1926944	1471141	48546	316223
天 津	159025	158613	111732	4788	23403
河 北	87396	87353	71818	2590	7044
山 西	79657	79622	68659	2593	10081
内蒙古	7792	7718	10237	232	4930
辽 宁	552367	548439	417108	16067	126433
吉 林	159423	159364	122777	4916	25395
黑龙江	36449	26446	28875	1159	7377
上 海	2928410	2891086	2148550	81048	508317
江 苏	229511	212700	161058	6462	47716
浙 江	69591	55764	39529	1741	24064
安 徽	118368	117513	108050	3449	15589
福 建	497119	491440	377254	15881	83962
江 西	22858	22851	14974	902	8231
山 东	289559	284868	216360	8046	54016
河 南	182174	181406	141490	5446	28240
湖 北	338409	337792	264030	10903	56653
湖 南	141163	139987	107204	4056	18036
广 东	2651951	2641533	2075926	81607	419639
广 西	132110	130738	27328	3992	76777
海 南	1105032	1091505	833250	34021	191655
重 庆	182082	180931	117808	5643	27760
四 川	1028155	948300	719316	29895	133708
贵 州	98369	97270	82562	3313	16960
云 南	378857	377640	290367	12193	57143
西 藏	6495	6072	5504	187	4860
陕 西	446422	434540	342483	11879	107774
甘 肃	106159	105925	92498	3480	21136
青 海	2458	2407	3655	80	638
宁 夏	5589	4706	4847	1093	2273
新 疆	315436	311340	260292	10189	60612

1-A-7.3 续表 单位：万元

地 区	营业利润	利润总额	从业人员劳动报酬	劳动、失业保险费	全部从业人员年平均人数（人）
全 国	**777249**	**984027**	**1009656**	**85868**	**207385**
北 京	143732	166335	163979	3971	32395
天 津	19703	18719	14066	3161	2925
河 北	5921	7476	6859	1669	1599
山 西	-1675	-1636	4626	342	1667
内蒙古	-7520	-3897	4729	166	2449
辽 宁	-7914	6537	53949	8488	11359
吉 林	6554	6226	9001	253	3217
黑龙江	-8912	-9047	7739	1704	2686
上 海	244335	399081	228466	2369	30148
江 苏	9595	7729	22706	2479	6058
浙 江	1221	2932	15500	2710	5298
安 徽	-8848	-8558	6866	116	2217
福 建	25192	31401	40493	6748	6864
江 西	-1248	-1918	4243	479	1389
山 东	12938	6158	15164	1130	4884
河 南	6893	6518	14254	1073	3535
湖 北	6578	7264	20236	2377	7568
湖 南	11553	11132	4868	961	1907
广 东	100202	150054	188693	24754	30445
广 西	24086	23587	10392	631	2068
海 南	46249	46790	31326	5640	7062
重 庆	33628	18660	11281	1864	4112
四 川	143571	141102	27370	2148	10681
贵 州	-4319	-5181	8287	660	2677
云 南	19154	16555	11392	912	5604
西 藏	-4057	-4374	2207		629
陕 西	-23402	-8736	33933	5142	6516
甘 肃	-5435	-11506	13662	1023	2923
青 海	-1927	-2132	1525	40	588
宁 夏	-1766	-2370	1682	70	955
新 疆	-6834	-30873	30167	2788	4960

1-A-8.1 分地区管道运输业资产负债

单位：万元

地 区	固定资产原价	本年折旧	资产总计	负债合计	所有者权益
全 国	**3837959**	**195934**	**6621493**	**3413334**	**3208159**
北 京	628324	34276	1073327	798963	274364
天 津	74679	4426	77368	28265	49103
河 北	152900	7736	1677896	726164	951732
山 西					
内蒙古	66563	42	73168	57968	15200
辽 宁	110717	5427	43081	1848	41233
吉 林	26	2	61	61	
黑龙江					
上 海	777070	34890	894620	171351	723270
江 苏	1253724	40931	2045424	1272929	772495
浙 江					
安 徽					
福 建					
江 西					
山 东	48720	2516	47751	9654	38097
河 南	27909	1115	27237		27237
湖 北					
湖 南					
广 东	434283	24971	281504	51269	230235
广 西					
海 南					
重 庆	3241	227	2503	302	2201
四 川					
贵 州					
云 南					
西 藏					
陕 西	156849	9060	190433	159975	30458
甘 肃					
青 海					
宁 夏	8666	2183	8787	1968	6818
新 疆	94288	28133	178333	132618	45715

1-A-8.2 分地区管道运输业实收资本

单位：万元

地区	实收资本						
		国家资本	集体资本	法人资本	个人资本	港澳台资本	外商资本
全　国	**1521576**	**807400**	**113**	**556224**	**56088**	**14300**	**87451**
北　京	198883			198883			
天　津	49205	10796		38406	3		
河　北							
山　西							
内蒙古	15200			15200			
辽　宁	240	100	90	50			
吉　林	23		23				
黑龙江							
上　海	338440	98776		183578	56085		
江　苏	705212	667967		19080		8277	9889
浙　江							
安　徽							
福　建							
江　西							
山　东	38053	17143		20910			
河　南							
湖　北							
湖　南							
广　东	109804	2582		46069		6024	55130
广　西							
海　南							
重　庆	500			500			
四　川							
贵　州							
云　南							
西　藏							
陕　西	28912	1812		27100			
甘　肃							
青　海							
宁　夏	2634			2634			
新　疆	34470	8224		3815			22432

1-A-8.3 分地区管道运输业营业状况

单位：万元

地 区	营业收入合计	主营业务收入	主营业务成本	主营业务税金及附加	费用合计
全 国	**1017676**	**1012097**	**761678**	**24779**	**125363**
北 京	155282	154306	58923	5092	10481
天 津	10627	10602	2315	352	6489
河 北	77268	75620	106374	2520	30078
山 西					
内蒙古					
辽 宁	1120	710	17510	16	216
吉 林	28	28	17	1	8
黑龙江					
上 海	248447	248447	200373	1062	7411
江 苏	312346	310042	250742	10383	47062
浙 江					
安 徽					
福 建					
江 西					
山 东	5093	5092	9023	141	2146
河 南	1598	1598	1293	20	1267
湖 北					
湖 南					
广 东	97943	97874	39539	3358	7060
广 西					
海 南					
重 庆	116	116	259	4	20
四 川					
贵 州					
云 南					
西 藏					
陕 西	85964	85964	64291	1191	7221
甘 肃					
青 海					
宁 夏	4220	4220	2042	139	369
新 疆	17626	17478	8980	499	5535

1-A-8.3 续表 单位：万元

地区	营业利润	利润总额	从业人员劳动报酬	劳动、失业保险费	全部从业人员年平均人数（人）
全国	**139073**	**158478**	**59351**	**11686**	**15205**
北京	80786	80612	847	170	118
天津	1463	1463	750	25	210
河北	-41226	-31642	5535	1278	1175
山西					
内蒙古			134	4	47
辽宁	-13866	-16847	2414	39	853
吉林	2	15	8	2	20
黑龙江					
上海	39602	49272	14841	109	900
江苏	13236	15288	23901	8306	8306
浙江					
安徽					
福建					
江西					
山东	-5283	-5288	1987	143	592
河南	-982	-982	781	1	184
湖北					
湖南					
广东	47965	48229	4846	1100	1271
广西					
海南					
重庆	-167	-167	13		14
四川					
贵州					
云南					
西藏					
陕西	13262	13320	1657	469	894
甘肃					
青海					
宁夏	1670	1670	211		58
新疆	2611	3534	1426	41	563

1-A-9.1 分地区装卸搬运和其他运输服务业资产负债

单位：万元

地区	固定资产原价	本年折旧	资产总计	负债合计	所有者权益
全国	**6211620**	**466730**	**17289697**	**9312064**	**7977633**
北京	1472493	107839	20207423	6222687	13984736
天津	1800122	82626	10181123	5806176	4374947
河北	14874077	767220	19483870	13480973	6002897
山西	662759	81021	1703696	674281	1029415
内蒙古	194320	18174	352695	269258	83437
辽宁	3981320	366591	10143169	5828489	4314680
吉林	79882	7638	161491	65340	96151
黑龙江	325837	44696	810758	324390	486368
上海	5478582	316691	31771586	19343898	12427688
江苏	4878858	451538	10863767	6314370	4549397
浙江	2820291	279107	8404952	5930572	2474380
安徽	703029	86612	1065284	496623	568661
福建	1713046	212653	4617524	2156797	2460727
江西	147367	13463	250163	144911	105252
山东	2297501	300775	7480635	3866837	3613798
河南	467707	39044	1016915	430301	586614
湖北	1977075	402843	2505591	1216561	1289030
湖南	1074167	83085	1775941	723882	1052059
广东	11221276	568488	27677107	14257318	13419789
广西	2704923	104697	4535454	1397533	3137921
海南	850920	21892	1140373	693443	446930
重庆	333317	26678	1559504	984253	575251
四川	658453	72371	1554742	610732	944010
贵州	266723	28746	518731	183005	335726
云南	344094	44205	1108933	548291	560642
西藏	68123	1165	67100	66429	671
陕西	206334	46661	888634	571486	317148
甘肃	216676	20577	360318	149599	210719
青海	88460	8745	201958	135316	66642
宁夏	27166	1868	117066	43996	73070
新疆	181300	59595	370464	182894	187570

1-A-9.2 分地区装卸搬运和其他运输服务业实收资本

单位：万元

地 区	实收资本	国家资本	集体资本	法人资本	个人资本	港澳台资本	外商资本
全 国	**6020286**	**1562779**	**306840**	**2326641**	**1117225**	**259500**	**447302**
北 京	8336257	326018	134181	4936371	751230	201847	1986610
天 津	3776426	628293	78676	1357023	1142835	323306	246293
河 北	5408708	4926786	69031	249770	142816	385	19920
山 西	536909	111038	75257	246698	101041		2875
内蒙古	111949	24270	9357	61980	12617	3500	225
辽 宁	3790171	858469	241982	977198	1536730	57455	118337
吉 林	74434	9493	8407	29159	27375		
黑龙江	385719	121569	49352	119298	40369	54396	735
上 海	8494245	2028362	304881	3484865	1341967	436579	897591
江 苏	3888039	1162380	283923	1390964	888198	28742	133832
浙 江	2435873	446741	132635	772875	934089	87188	62345
安 徽	488354	155330	57806	146697	122639	5882	
福 建	1973465	541939	46710	731054	369926	242816	41020
江 西	107774	16314	33284	41414	16762		
山 东	3016889	606618	131873	1423719	625884	69282	159513
河 南	493112	149689	67693	172023	102804		903
湖 北	801951	365388	126542	220628	80934	8459	
湖 南	543605	189001	71583	224112	46657	10252	2000
广 东	10444830	1039435	754604	5085675	1956981	850017	758118
广 西	2000177	890999	38233	583127	288481	199337	
海 南	550407	216093	2243	276860	32932	14210	8069
重 庆	568677	69511	125583	250988	105943		16652
四 川	682036	262611	75044	124616	202074	1150	16541
贵 州	144366	73781	19995	34819	15771		
云 南	446511	113306	35900	88222	208983		100
西 藏	1739	235			1504		
陕 西	266960	150083	58406	37483	20988		
甘 肃	155381	46136	9033	84770	14202		1240
青 海	70390	56301	539	10445	2805	200	100
宁 夏	40876	8000	722	26091	6063		
新 疆	166631	33598	24920	77464	30649		

1-A-9.3 分地区装卸搬运和其他运输服务业营业状况

单位：万元

地 区	营业收入合计	主营业务收入	主营业务成本	主营业务税金及附加	费用合计
全 国	**14078237**	**13895264**	**11348425**	**224682**	**2077536**
北 京	14367700	14315980	10984888	166749	2123189
天 津	5948878	5916801	4582074	98663	1051167
河 北	4070197	4059050	2142846	50705	831925
山 西	1201646	1161361	610369	24436	440469
内蒙古	763549	748867	615465	11569	124936
辽 宁	5852659	5638130	4348425	104700	1036753
吉 林	266581	263249	172259	6293	70526
黑龙江	374427	357817	173188	14065	166039
上 海	51752585	51397933	47674578	471723	5149042
江 苏	7501688	7225368	5688079	186350	1162398
浙 江	14577049	14256253	12253528	171434	1296535
安 徽	958965	948933	713179	24246	169308
福 建	2476091	2461946	1645127	60499	590184
江 西	259907	252555	166063	12050	73643
山 东	6269481	6183792	4829710	259495	1001898
河 南	1112436	1083138	696865	32578	279326
湖 北	1325237	1296117	1066761	39892	201492
湖 南	826016	807823	568357	32472	214868
广 东	14017182	13892286	10102675	285250	2541536
广 西	1357045	1324923	940078	38236	296777
海 南	227847	213218	103565	8460	73910
重 庆	1228649	1218981	1034868	14871	186919
四 川	1266284	1205189	782679	43923	442555
贵 州	295027	282922	137826	13971	120913
云 南	1008740	982300	657987	22401	284093
西 藏	7110	7110	668	440	5953
陕 西	408076	405593	246208	13932	536003
甘 肃	581909	570031	310887	14848	108740
青 海	68260	67266	42289	2055	26489
宁 夏	92151	92151	20150	2964	46327
新 疆	319001	315560	172604	17551	121446

1-A-9.3 续表 单位：万元

地区	营业利润	利润总额	从业人员劳动报酬	劳动、失业保险费	全部从业人员年平均人数（人）
全国	**850453**	**1109328**	**970226**	**82170**	**609395**
北京	1070390	2241046	678674	10979	29473
天津	275247	226831	457235	42610	26123
河北	1076808	2370166	203586	15938	20322
山西	127646	150934	103608	5065	11706
内蒙古	12841	18616	55146	4861	5774
辽宁	358762	316218	508253	80103	33996
吉林	23946	17038	62372	1876	6043
黑龙江	36934	41176	130615	39846	16472
上海	1793336	2157370	1852425	51980	65758
江苏	396930	379545	766199	86106	53074
浙江	653061	663295	789355	108394	42103
安徽	51315	42963	134578	10922	16057
福建	223661	194227	374294	32349	21990
江西	15868	10811	73594	2562	10534
山东	532911	428446	389433	55967	23626
河南	128382	108568	157640	11464	22243
湖北	28552	24769	229480	19994	23017
湖南	36229	27582	199824	12840	22736
广东	1190453	1234593	1483625	113115	57885
广西	71357	68393	222204	19429	16486
海南	37040	32616	32367	4572	2175
重庆	17490	14326	118781	44363	14968
四川	55364	46725	236973	21378	25885
贵州	33433	31275	65891	8042	6134
云南	57025	49715	160812	7990	13177
西藏	49	49	793	372	62
陕西	16213	12516	47732	2410	5585
甘肃	149439	146083	81202	2342	8265
青海	-2427	41	14546	684	2496
宁夏	22741	22612	14310	39	1299
新疆	13531	14733	56715	3104	3931

B. 仓储业

1-B-1 分地区仓储业资产负债

单位：万元

地 区	固定资产原价	本年折旧	资产总计	负债合计	所有者权益
全 国	**9649545**	**642557**	**25779583**	**17914427**	**7865156**
北 京	371947	15356	1204461	638190	566271
天 津	730877	23903	1445520	827529	617991
河 北	258909	20020	831691	672011	159680
山 西	185135	16205	487095	396389	90706
内蒙古	128843	12167	496801	461688	35113
辽 宁	1123463	88732	2583180	1751146	832034
吉 林	241272	16735	1016726	956296	60430
黑龙江	406176	35051	2607309	2400509	206799
上 海	1244972	50753	2552097	1223053	1329044
江 苏	576681	48422	1133714	729045	404668
浙 江	500241	30306	1172516	600370	572146
安 徽	181137	10174	722052	601564	120488
福 建	272900	17913	518445	294010	224436
江 西	142016	12415	491865	432665	59200
山 东	576004	40965	1346365	808468	537898
河 南	340617	30601	1246328	1063474	182855
湖 北	205772	10632	631021	433459	197561
湖 南	146849	12078	502305	385267	117038
广 东	889633	65754	1728273	933024	795250
广 西	225258	13712	542443	404375	138069
海 南	9394	253	23756	7553	16203
重 庆	98159	5221	267463	223016	44447
四 川	170922	13193	445976	326118	119858
贵 州	68881	5036	193071	141618	51453
云 南	118140	8156	242162	163108	79054
西 藏	1993		2515	4030	-1516
陕 西	110247	12538	311288	214076	97212
甘 肃	142065	9688	462895	367639	95255
青 海	32443	3577	105671	92306	13365
宁 夏	42171	5356	149510	105121	44389
新 疆	106427	7647	315069	257311	57758

1-B-2 分地区仓储业实收资本

单位：万元

地 区	实收资本	国家资本	集体资本	法人资本	个人资本	港澳台资本	外商资本
全 国	**6568213**	**2676037**	**425786**	**1907124**	**691971**	**320918**	**546377**
北 京	347780	57498	32576	200347	23932	19899	13528
天 津	533880	189526	48353	197296	54258	16808	27640
河 北	173319	67497	7334	42022	22012	502	33953
山 西	101902	85771	3214	8523	4382		12
内蒙古	76631	65993	1929	4093	3486		1131
辽 宁	484564	283293	14306	96527	55180	5316	29942
吉 林	109824	89499	5651	9828	4847		
黑龙江	170548	127907	5497	31971	5173		
上 海	906827	142524	180730	290525	119076	73396	100577
江 苏	398599	103223	15771	96968	72998	40524	69116
浙 江	518830	237144	4335	174246	59432	23772	19901
安 徽	124944	78286	5091	29820	4785	6962	
福 建	218170	67951	2270	66886	9784	13311	57968
江 西	87491	70698	1524	13717	1252	300	
山 东	381909	78131	15356	121857	110606	12820	43141
河 南	174240	85133	13946	52565	21073	23	1500
湖 北	166688	97841	3829	47915	15599	925	579
湖 南	117652	84443	10223	17416	5568		3
广 东	702245	164067	30301	214105	50505	102832	140435
广 西	151020	112168	3180	28267	2693	1949	2764
海 南	22978	20706		1730	541		
重 庆	67688	24795	5393	27445	5910		4146
四 川	114300	99019	1750	10771	2760		
贵 州	51351	20606	52	29648	1045		
云 南	58221	25615	1392	21745	9457		12
西 藏	477	477					
陕 西	70447	47135	1461	9658	11858	305	30
甘 肃	98627	60712	4510	30921	2484		
青 海	21674	17005	2353	1696	620		
宁 夏	64176	57143	1557	949	4528		
新 疆	51212	14235	1907	27667	6129	1275	

1-B-3 分地区仓储业营业状况

单位：万元

地区	营业收入合计	主营业务收入	主营业务成本	主营业务税金及附加	费用合计
全国	**9241604**	**8970109**	**7384554**	**142249**	**1978386**
北京	334160	315356	243124	6107	110246
天津	679535	645209	557759	8124	112300
河北	363964	352596	320860	3970	60398
山西	167130	154033	119111	2106	64895
内蒙古	144669	143391	110807	2944	40528
辽宁	755399	742808	678794	6209	127427
吉林	403678	400476	338717	1420	89829
黑龙江	662245	656334	583965	8027	177990
上海	1323666	1287140	918495	30399	274276
江苏	506993	492452	391498	11572	88730
浙江	379215	375131	289628	6014	68554
安徽	241566	234881	210738	2707	42247
福建	133999	129717	82934	3168	35634
江西	136349	134323	138869	690	28568
山东	641896	630060	500056	12173	109059
河南	473911	466358	395265	5919	94311
湖北	138290	123033	111736	1458	36082
湖南	133047	127496	117473	4136	37943
广东	740813	721981	550589	16088	155130
广西	137866	132473	120274	869	31124
海南	6329	6324	4754	50	1828
重庆	143737	141366	126175	1293	20957
四川	107958	101726	87804	2049	28000
贵州	66073	57910	52665	647	23882
云南	68158	65404	54350	492	15339
西藏	3243	3243	3243		1360
陕西	77675	74010	54699	840	21506
甘肃	138275	129984	119716	1610	30037
青海	28538	26759	23535	114	9719
宁夏	30199	28514	26667	109	11075
新疆	73027	69620	50256	946	29413

1-B-3 续表 单位：万元

地 区	营业利润	利润总额	从业人员劳动报酬	劳动、失业保险费	全部从业人员年平均人数（人）
全 国	**-10943**	**236015**	**517419**	**72055**	**392646**
北 京	-29826	-1779	30210	2988	15713
天 津	7555	11731	36217	6580	21057
河 北	-11023	1429	14673	2056	13808
山 西	-16172	-1754	9857	1531	10427
内蒙古	106	4874	6641	622	6006
辽 宁	-44594	-14115	24230	5540	17717
吉 林	-6287	-27929	18276	4668	23879
黑龙江	-77519	-45507	26360	4124	39293
上 海	145385	144230	93802	2029	47845
江 苏	26655	34567	28251	4145	17836
浙 江	18884	32238	17530	3204	7979
安 徽	-10237	7134	11601	2264	11021
福 建	15072	18236	11138	1943	7287
江 西	-16262	-12344	7097	1018	7998
山 东	44640	53287	30613	3347	28468
河 南	-2305	10516	24264	4706	27053
湖 北	-8806	-29	9942	2016	8755
湖 南	-17843	-20560	12919	1482	8251
广 东	26689	35681	50428	5923	23904
广 西	-8740	3328	8928	1848	6110
海 南	-300	-284	347	74	264
重 庆	-565	3702	6418	694	6353
四 川	-3860	1497	6699	1489	5853
贵 州	-2997	1342	3732	706	3088
云 南	-3164	-1740	3866	3677	3329
西 藏	-1345	-1345	199	65	56
陕 西	-934	2689	6914	912	7457
甘 肃	-13490	-4923	7725	1361	10302
青 海	-5984	-2406	1562	327	1114
宁 夏	-5975	1644	1694	179	1180
新 疆	-7700	2609	5288	540	3243

C. 邮政业

1-C-1 分地区邮政业资产负债

单位：万元

地 区	固定资产原价	本年折旧	资产总计	负债合计	所有者权益
全 国	**10977745**	**503166**	**12683921**	**3116391**	**9567531**
北 京	486579	26469	592284	224215	368069
天 津	156597	8264	228029	96681	131349
河 北	354125	17485	378735	92184	286551
山 西	206966	10420	285305	131935	153370
内蒙古	197613	9036	185774	91990	93784
辽 宁	393841	17139	362659	103238	259421
吉 林	279034	12388	261531	38213	223318
黑龙江	593926	29403	590429	166284	424145
上 海	499784	24114	549905	105944	443961
江 苏	741005	34233	816757	94567	722190
浙 江	641290	26477	725093	160190	564903
安 徽	262151	11516	271231	77311	193919
福 建	589822	21297	635037	106326	528712
江 西	279850	11101	352710	40439	312271
山 东	520139	24142	563359	165228	398131
河 南	391805	17041	468065	99911	368154
湖 北	323610	14671	341702	63220	278482
湖 南	394736	19484	495088	246412	248676
广 东	1212010	53619	1384851	210124	1174727
广 西	224186	10222	259735	27252	232483
海 南	103398	4789	110420	26928	83492
重 庆	154578	7446	160108	77436	82671
四 川	432422	20203	401004	137424	263580
贵 州	125416	5891	119753	27172	92581
云 南	238896	13158	237940	91625	146315
西 藏	60188	2584	56414	6653	49761
陕 西	329532	13674	367297	154209	213088
甘 肃	160016	8146	167490	104218	63272
青 海	58123	2669	63999	30965	33035
宁 夏	68912	315	79308	13899	65409
新 疆	260214	11177	251832	119640	132192

1-C-2 分地区邮政业实收资本

单位：万元

地　区	实收资本	国家资本	集体资本	法人资本	个人资本	港澳台资本	外商资本
全　国	**3850490**	**3706396**	**3597**	**93215**	**35227**	**685**	**11371**
北　京	141784	121706	2166	6562	2554		8796
天　津	67988	43754	39	22865	472	59	800
河　北	67234	67154	80				
山　西	53749	53739		10			
内蒙古	73415	73415					
辽　宁	112435	111294	122	130	889		
吉　林	68814	68594		20	200		
黑龙江	84839	84839					
上　海	142563	119420	344	4512	17518	80	688
江　苏	188350	187401	6	105	838		
浙　江	160461	157225	83	654	2499		
安　徽	50038	49982		1	55		
福　建	207592	206477	10	152	954		
江　西	62552	62552					
山　东	123351	121833	10	774	465		269
河　南	49087	48975		10	102		
湖　北	89448	89189		219	40		
湖　南	142575	142575					
广　东	365204	298440	737	56347	8315	546	819
广　西	57288	56728		550	10		
海　南	45352	45246			106		
重　庆	44290	44271			19		
四　川	105733	105522		100	111		
贵　州	36210	36208			2		
云　南	47724	47706			18		
西　藏	21107	21107					
陕　西	86858	86798			60		
甘　肃	38722	38722					
青　海	18191	18191					
宁　夏	12500	12500					
新　疆	56287	56084		203			

1-C-3 分地区邮政业营业状况

单位：万元

地区	营业收入合计	主营业务收入	主营业务成本	主营业务税金及附加	费用合计
全国	**5852687**	**5638449**	**4185380**	**184530**	**1460329**
北京	631582	621852	295379	19549	173857
天津	134462	130578	89322	4026	28498
河北	210275	205705	154762	7109	46766
山西	121847	119299	89135	3945	28313
内蒙古	85732	82270	65983	2730	31102
辽宁	191771	187809	135444	6263	6624
吉林	108413	103821	83354	3501	22989
黑龙江	217662	211883	154387	6957	59420
上海	370299	357036	252003	11830	65259
江苏	417172	406240	305338	13785	83186
浙江	285529	275698	214232	9099	56098
安徽	165678	158399	118487	5189	40893
福建	211532	203454	153512	6784	50236
江西	148046	146146	105465	4796	33584
山东	337475	332455	241759	10954	89444
河南	273364	268351	201197	8915	59260
湖北	181030	176554	130718	5872	50113
湖南	168817	164797	114438	5373	51739
广东	587746	550395	423538	18775	122514
广西	97374	93181	71145	3072	24297
海南	36115	34595	24013	1170	12813
重庆	91081	87527	67940	2733	24304
四川	172736	168361	131187	3322	60270
贵州	59258	56270	44989	1869	22603
云南	81732	75842	69245	2523	34877
西藏	11448	10736	13351	359	8920
陕西	142839	136667	103342	4449	34971
甘肃	59448	56739	54671	1874	24501
青海	17676	16937	19328	560	7317
宁夏	22001	20685	19681	685	7251
新疆	76472	73450	68333	2452	26686

1-C-3 续表　　　　单位：万元

地 区	营业利润	利润总额	从业人员劳动报酬	劳动、失业保险费	全部从业人员年平均人数（人）
全 国	**-85601**	**-109994**	**1473581**	**274246**	**670959**
北 京	136941	136590	99762	12807	38453
天 津	11280	27001	24203	3260	11060
河 北	-602	-5088	46594	9232	33270
山 西	-1625	-2709	32881	5523	20300
内蒙古	-15821	-16731	31234	5038	15088
辽 宁	2545	899	45533	11072	23488
吉 林	-3769	-3722	35501	6352	17104
黑龙江	-5624	-4858	51779	10945	32789
上 海	28474	26001	86637	13001	30839
江 苏	9556	9980	89148	29834	32237
浙 江	4358	6142	72164	15290	31595
安 徽	-3969	-4637	34089	9078	24570
福 建	-66	-1435	53208	7806	19743
江 西	3556	2540	31355	5320	18088
山 东	-8919	-22173	72063	14328	43233
河 南	700	-2972	63668	16644	34436
湖 北	-6776	-6577	50743	7752	25723
湖 南	-3967	-1998	53467	9170	22915
广 东	10368	4055	180159	21352	57745
广 西	-2744	-7996	29755	6514	15515
海 南	-2531	-3390	11325	1984	3752
重 庆	-7204	-4321	22190	3929	10914
四 川	-23746	-25775	56087	11203	25833
贵 州	-10827	-15193	19979	5823	10800
云 南	-28302	-29941	34152	7001	13591
西 藏	-11427	-8573	7692	1904	1551
陕 西	-2311	-2503	35511	6412	20609
甘 肃	-22705	-23102	23964	4492	12535
青 海	-9675	-10597	9409	1994	3811
宁 夏	-5942	-6439	6634	157	3582
新 疆	-22180	-22614	29335	5467	13470

第2篇

批发和零售业商品销售和财务状况

A.批发和零售业法人单位商品销售情况

2-A-1 按登记注册类型分批发和零售业法人单位商品销售情况

单位：万元

指标名称	法人单位(个)	从业人数(人)	销售合计	批发额	零售额
总计	**883578**	**13867337**	**1231524813.4**	**1008568963.5**	**222955849.9**
内资企业	**873786**	**13481946**	**1148370670.6**	**937802584.1**	**210568086.5**
国有企业	69563	2621395	226939764.4	204790323.6	22149440.8
集体企业	85461	1435928	40651503.1	29093399.0	11558104.1
股份合作企业	26152	311667	14661693.6	10764558.6	3897135.0
联营企业	4383	78358	10107172.9	8284445.6	1822727.3
国有联营企业	841	26993	5083954.4	4358974.7	724979.7
集体联营企业	1456	17752	1136513.3	909993.6	226519.7
国有与集体联营企业	734	12940	2338016.2	1823448.5	514567.7
其他联营企业	1352	20673	1548689.0	1192028.8	356660.2
有限责任公司	103857	2587278	310620086.3	250967672.1	59652414.2
国有独资公司	2244	120942	27254781.5	25813254.6	1441526.9
其他有限责任公司	101613	2466336	283365304.8	225154417.5	58210887.3
股份有限公司	16475	873816	150589435.7	115890859.6	34698576.1
私营企业	557135	5462374	391318160.9	315681575.5	75636585.4
私营独资企业	95013	671568	21707574.5	14003378.7	7704195.8
私营合伙企业	21468	187834	7922329.0	5842272.0	2080057.0
私营有限责任公司	416629	4330255	346484393.6	284637880.1	61846513.5
私营股份有限公司	24025	272717	15203863.8	11198044.7	4005819.1
其他企业	10760	111130	3482853.7	2329750.1	1153103.6
港、澳、台商投资企业	**3164**	**114894**	**15564728.6**	**11487717.8**	**4077010.8**
合资经营企业(港或澳、台资)	849	57397	5823366.1	2549041.0	3274325.1
合作经营企业(港或澳、台资)	134	7641	947146.1	467982.3	479163.8
港、澳、台商独资经营企业	2112	44636	8463862.4	8173927.2	289935.2
港、澳、台商投资股份有限公司	69	5220	330354.0	296767.3	33586.7
外商投资企业	**6628**	**270497**	**67589414.2**	**59278661.6**	**8310752.6**
中外合资经营企业	1636	127769	19760958.9	14750467.3	5010491.6
中外合作经营企业	205	31096	9284045.5	7402961.3	1881084.2
外资企业	4642	105929	37291912.7	35898641.8	1393270.9
外商投资股份有限公司	145	5703	1252497.1	1226591.2	25905.9

2-A-2　按登记注册类型分批发业法人单位商品销售情况

单位：万元

指标名称	法人单位（个）	从业人数（人）	销售合计	批发额	零售额
批发业合计	**530760**	**7552419**	**1020424100.9**	**977230317.5**	**43193783.4**
内资企业	**522637**	**7364578**	**950836306.8**	**908255282.7**	**42581024.1**
国有企业	44351	1741420	208582160.4	201643415.3	6938745.1
集体企业	39623	675796	29450260.5	27048879.1	2401381.4
股份合作企业	10808	130903	10953743.7	10263544.3	690199.4
联营企业	2350	40648	7674318.8	7346399.6	327919.2
国有联营企业	490	14773	4192150.5	4045392.4	146758.1
集体联营企业	717	8579	904292.7	879662.4	24630.3
国有与集体联营企业	408	7096	1370978.5	1290924.2	80054.3
其他联营企业	735	10200	1206897.1	1130420.6	76476.5
有限责任公司	64613	1239496	251853537.9	243107284.5	8746253.4
国有独资公司	1642	89139	25891144.7	25515436.3	375708.4
其他有限责任公司	62971	1150357	225962393.2	217591848.2	8370545.0
股份有限公司	9090	354920	121964769.2	109604581.2	12360188.0
私营企业	347020	3134863	317948686.9	307000099.1	10948587.8
私营独资企业	41063	283317	14623127.3	13510461.9	1112665.4
私营合伙企业	10690	87386	5937302.3	5634486.3	302816.0
私营有限责任公司	281310	2627824	286180252.9	277134403.9	9045849.0
私营股份有限公司	13957	136336	11208004.4	10720747.0	487257.4
其他企业	4782	46532	2408829.4	2241079.6	167749.8
港、澳、台商投资企业	**2490**	**52623**	**11541177.2**	**11298058.0**	**243119.2**
合资经营企业(港或澳、台资)	550	12350	2584297.8	2452376.1	131921.7
合作经营企业(港或澳、台资)	72	2416	441886.1	424984.4	16901.7
港、澳、台商独资经营企业	1820	34039	8216413.8	8129717.9	86695.9
港、澳、台商投资股份有限公司	48	3818	298579.5	290979.6	7599.9
外商投资企业	**5633**	**135218**	**58046616.9**	**57676976.8**	**369640.1**
中外合资经营企业	1130	33187	14675113.7	14434088.5	241025.2
中外合作经营企业	111	4903	6180340.5	6162006.1	18334.4
外资企业	4285	92616	35958146.7	35855319.5	102827.2
外商投资股份有限公司	107	4512	1233016.0	1225562.7	7453.3

2-A-3 按登记注册类型分零售业法人单位商品销售情况

单位：万元

指标名称	法人单位（个）	从业人数（人）	销售合计	批发额	零售额
零售业合计	**352818**	**6314918**	**211100712.5**	**31338646.0**	**179762066.5**
内资企业	**351149**	**6117368**	**197534363.8**	**29547301.4**	**167987062.4**
国有企业	25212	879975	18357604.0	3146908.3	15210695.7
集体企业	45838	760132	11201242.6	2044519.9	9156722.7
股份合作企业	15344	180764	3707949.9	501014.3	3206935.6
联营企业	2033	37710	2432854.1	938046.0	1494808.1
国有联营企业	351	12220	891803.9	313582.3	578221.6
集体联营企业	739	9173	232220.6	30331.2	201889.4
国有与集体联营企业	326	5844	967037.7	532524.3	434513.4
其他联营企业	617	10473	341791.9	61608.2	280183.7
有限责任公司	39244	1347782	58766548.4	7860387.6	50906160.8
国有独资公司	602	31803	1363636.8	297818.3	1065818.5
其他有限责任公司	38642	1315979	57402911.6	7562569.3	49840342.3
股份有限公司	7385	518896	28624666.5	6286278.4	22338388.1
私营企业	210115	2327511	73369474.0	8681476.4	64687997.6
私营独资企业	53950	388251	7084447.2	492916.8	6591530.4
私营合伙企业	10778	100448	1985026.7	207785.7	1777241.0
私营有限责任公司	135319	1702431	60304140.7	7503476.2	52800664.5
私营股份有限公司	10068	136381	3995859.4	477297.7	3518561.7
其他企业	5978	64598	1074024.3	88670.5	985353.8
港、澳、台商投资企业	**674**	**62271**	**4023551.4**	**189659.8**	**3833891.6**
合资经营企业(港或澳、台资)	299	45047	3239068.3	96664.9	3142403.4
合作经营企业(港或澳、台资)	62	5225	505260.0	42997.9	462262.1
港、澳、台商独资经营企业	292	10597	247448.6	44209.3	203239.3
港、澳、台商投资股份有限公司	21	1402	31774.5	5787.7	25986.8
外商投资企业	**995**	**135279**	**9542797.3**	**1601684.8**	**7941112.5**
中外合资经营企业	506	94582	5085845.2	316378.8	4769466.4
中外合作经营企业	94	26193	3103705.0	1240955.2	1862749.8
外资企业	357	13313	1333766.0	43322.3	1290443.7
外商投资股份有限公司	38	1191	19481.1	1028.5	18452.6

2-A-4　按行业分批发和零售业法人单位商品销售情况

单位：万元

指标名称	法人单位（个）	从业人数（人）	销售合计	批发额	零售额
总计	**883578**	**13867337**	**1231524813.4**	**1008568963.5**	**222955849.9**
一、批发业	**530760**	**7552419**	**1020424100.9**	**977230317.5**	**43193783.4**
农畜产品批发	29375	822322	30922945.7	29969730.8	953214.9
谷物、豆及薯类批发	12567	486141	15564807.6	14974424.8	590382.8
种子、饲料批发	8897	114720	3434386.1	3330286.2	104099.9
棉、麻批发	2996	130457	7331358.6	7263687.0	67671.6
牲畜批发	841	17017	641512.3	590102.2	51410.1
其他农畜产品批发	4074	73987	3950881.1	3811230.6	139650.5
食品、饮料及烟草制品批发	44392	1120512	108056903.1	104168487.0	3888416.1
米、面制品及食用油批发	9591	238076	13822235.5	13034620.4	787615.1
糕点、糖果及糖批发	2646	40508	3316354.7	3213761.1	102593.6
果品、蔬菜批发	3275	67915	2930429.2	2658533.7	271895.5
肉、禽、蛋及水产品批发	4480	126547	6142839.9	5698384.5	444455.4
盐及调味品批发	2896	96131	2921364.0	2843341.2	78022.8
饮料及茶叶批发	7939	122670	7610775.8	7302249.4	308526.4
烟草制品批发	2402	283196	60661280.9	59838165.1	823115.8
其他食品批发	11163	145469	10651623.1	9579431.6	1072191.5
纺织、服装及日用品批发	53769	675908	77971964.1	76735291.8	1236672.3
纺织品、针织品及原料批发	18274	199052	34948207.4	34654711.6	293495.8
服装批发	12411	214022	24604017.5	24164543.3	439474.2
鞋帽批发	1743	26186	3512875.5	3477175.2	35700.3
厨房、卫生间用具及日用杂货批发	4538	50670	2702094.5	2591185.5	110909.0
化妆品及卫生用品批发	4725	63630	3364201.6	3283407.6	80794.0
其他日用品批发	12078	122348	8840567.6	8564268.6	276299.0
文化、体育用品及器材批发	19667	220786	17729418.2	16885851.3	843566.9
文具用品批发	7051	60841	5498756.4	5309654.7	189101.7
体育用品批发	1363	13536	794694.2	759692.9	35001.3
图书批发	3101	56570	4536304.9	4181722.5	354582.4
报刊批发	216	9256	167337.5	149737.4	17600.1
音像制品及电子出版物批发	877	12298	823345.4	762563.2	60782.2
首饰、工艺品及收藏品批发	3154	32911	3074675.7	3008716.7	65959.0
其他文化用品批发	3905	35374	2834304.1	2713763.9	120540.2
医药及医疗器材批发	15484	417355	36496912.8	31263033.1	5233879.7
西药批发	5022	231019	24622415.4	20377767.0	4244648.4
中药材及中成药批发	2694	97565	6592988.7	5836578.1	756410.6
医疗用品及器材批发	7768	88771	5281508.7	5048688.0	232820.7
矿产品、建材及化工产品批发	174818	2154108	510315568.8	489686932.9	20628635.9
煤炭及制品批发	11971	254776	36174036.7	35305169.5	868867.2
石油及制品批发	14451	390346	164706308.8	151012864.2	13693444.6
非金属矿及制品批发	2347	26658	3361676.0	3255487.3	106188.7
金属及金属矿批发	48697	474746	192082001.2	189600304.5	2481696.7
建材批发	40934	364566	27905700.3	26675018.6	1230681.7
化肥批发	16152	251387	15206547.8	14212162.1	994385.7
农药批发	3726	33826	2486888.1	2440439.2	46448.9
农用薄膜批发	386	4492	491158.6	474445.0	16713.6
其他化工产品批发	36154	353311	67901251.3	66711042.5	1190208.8

2-A-4 续表 1 单位：万元

指标名称	法人单位(个)	从业人数(人)	销售合计	批发额	零售额
机械设备、五金交电及电子产品批发	150448	1666010	193809602.3	184316618.4	9492983.9
农业机械批发	5120	71080	3872627.0	3648128.8	224498.2
汽车、摩托车及零配件批发	15952	221703	47831975.7	43556086.4	4275889.3
五金、交电批发	36479	319930	19383655.7	18509664.2	873991.5
家用电器批发	8153	148860	21178736.4	20067862.1	1110874.3
计算机、软件及辅助设备批发	14147	153776	19906239.6	18755964.6	1150275.0
通讯及广播电视设备批发	6518	113427	22196205.4	21760529.9	435675.5
其他机械设备及电子产品批发	64079	637234	59440162.5	58018382.4	1421780.1
贸易经纪与代理	7858	81689	8389806.2	8282916.5	106889.7
贸易经纪与代理	7858	81689	8389806.2	8282916.5	106889.7
其他批发	34949	393729	36730979.7	35921455.7	809524.0
再生物资回收与批发	14454	174814	15617550.6	15354769.6	262781.0
其他未列明的批发	20495	218915	21113429.1	20566686.1	546743.0
二、零售业	**352818**	**6314918**	**211100712.5**	**31338646.0**	**179762066.5**
综合零售	46377	2273833	64370581.1	6638848.0	57731733.1
百货零售	18232	1089031	33211257.1	2482070.4	30729186.7
超级市场零售	6863	782986	26128118.5	3181633.6	22946484.9
其他综合零售	21282	401816	5031205.5	975144.0	4056061.5
食品、饮料及烟草制品专门零售	32938	516920	7354657.3	1623730.7	5730926.6
粮油零售	9046	162662	2114850.7	514601.6	1600249.1
糕点、面包零售	1646	31382	255360.3	16480.0	238880.3
果品、蔬菜零售	1461	26449	253618.1	36075.1	217543.0
肉、禽、蛋及水产品零售	3202	68359	986346.6	135486.2	850860.4
饮料及茶叶零售	5232	49008	542174.2	110732.7	431441.5
烟草制品零售	2360	41949	1456461.4	570513.6	885947.8
其他食品零售	9991	137111	1745846.0	239841.5	1506004.5
纺织、服装及日用品专门零售	36821	540646	8098875.4	1092592.1	7006283.3
纺织品及针织品零售	5441	75668	1140310.5	188209.7	952100.8
服装零售	13017	249529	4012232.4	438751.8	3573480.6
鞋帽零售	2182	41960	524244.3	88218.6	436025.7
钟表、眼镜零售	2749	39959	674208.1	110136.3	564071.8
化妆品及卫生用品零售	3806	30975	491951.0	80355.1	411595.9
其他日用品零售	9626	102555	1255929.1	186920.6	1069008.5
文化、体育用品及器材专门零售	27422	350994	7985108.1	997787.7	6987320.4
文具用品零售	6977	50505	817915.0	94412.8	723502.2
体育用品零售	1834	19805	338741.4	34017.1	304724.3
图书零售	5358	146727	4196446.4	489292.1	3707154.3
报刊零售	384	12126	226776.8	11775.9	215000.9
音像制品及电子出版物零售	2265	17762	173613.8	19399.2	154214.6
珠宝首饰零售	3482	44523	1215302.0	200374.9	1014927.1
工艺美术品及收藏品零售	3387	29377	273406.8	22503.1	250903.7
照相器材零售	671	7075	315018.0	70380.7	244637.3
其他文化用品零售	3064	23094	427887.9	55631.9	372256.0

2-A-4 续表 2 单位：万元

指标名称	法人单位（个）	从业人数（人）	销售合计	批发额	零售额
医药及医疗器材专门零售	23913	490018	10044375.2	2315955.2	7728420.0
药品零售	18419	432576	8508655.5	1955065.9	6553589.6
医疗用品及器材零售	5494	57442	1535719.7	360889.3	1174830.4
汽车、摩托车、燃料及零配件专门零售	47863	740191	70249484.8	11920612.7	58328872.1
汽车零售	12135	268763	45552855.7	5928152.6	39624703.1
汽车零配件零售	11993	93010	2952901.7	434824.5	2518077.2
摩托车及零配件零售	6561	64255	2273995.6	157182.6	2116813.0
机动车燃料零售	17174	314163	19469731.8	5400453.0	14069278.8
家用电器及电子产品专门零售	55893	657073	26292292.0	3871548.5	22420743.5
家用电器零售	13892	262985	13230798.0	1776128.2	11454669.8
计算机、软件及辅助设备零售	22055	185307	6601149.7	1075432.5	5525717.2
通信设备零售	7955	110473	3960929.3	612169.8	3348759.5
其他电子产品零售	11991	98308	2499415.0	407818.0	2091597.0
五金、家具及室内装修材料专门零售	48940	416467	9204492.5	1502804.6	7701687.9
五金零售	26128	203309	4304634.2	854801.7	3449832.5
家具零售	5401	72720	1424622.5	94679.6	1329942.9
涂料零售	2257	14629	365342.6	102761.5	262581.1
其他室内装修材料零售	15154	125809	3109893.2	450561.8	2659331.4
无店铺及其他零售	32651	328776	7500846.1	1374766.5	6126079.6
流动货摊零售	125	1743	67408.4	7009.6	60398.8
邮购及电子销售	277	3811	128048.2	12161.1	115887.1
生活用燃料零售	7485	98234	2392074.3	458193.6	1933880.7
花卉零售	1718	19689	187891.8	24846.5	163045.3
旧货零售	446	4933	76660.1	5599.1	71061.0
其他未列明的零售	22600	200366	4648763.3	866956.6	3781806.7

2-A-5 按行业分批发和零售业法人单位商品销售情况

（按登记注册类型分）

内资企业 单位：万元

指标名称	法人单位（个）	从业人数（人）	销售合计	批发额	零售额
总计	**873786**	**13481946**	**1148370670.6**	**937802584.1**	**210568086.5**
一、批发业	**522637**	**7364578**	**950836306.8**	**908255282.7**	**42581024.1**
农畜产品批发	29198	818826	30557970.7	29640749.7	917221.0
食品、饮料及烟草制品批发	43805	1102055	104639373.9	100787005.3	3852368.6
纺织、服装及日用品批发	52600	646578	73213043.8	72017605.5	1195438.3
文化、体育用品及器材批发	19321	213961	15549942.8	14721731.2	828211.6
医药及医疗器材批发	15261	407343	34694368.8	29542796.4	5151572.4
矿产品、建材及化工产品批发	173229	2129764	499771621.2	479312962.3	20458658.9
机械设备、五金交电及电子产品批发	147514	1588172	151282911.1	142007099.6	9275811.5
贸易经纪与代理	7335	77589	8125296.1	8020088.3	105207.8
其他批发	34374	380290	33001778.4	32205244.4	796534.0
二、零售业	**351149**	**6117368**	**197534363.8**	**29547301.4**	**167987062.4**
综合零售	46133	2133846	53885724.4	5187197.7	48698526.7
食品、饮料及烟草制品专门零售	32781	511966	7275668.6	1616451.2	5659217.4
纺织、服装及日用品专门零售	36513	522339	7518438.0	985876.5	6532561.5
文化、体育用品及器材专门零售	27308	347644	7929147.1	993164.8	6935982.3
医药及医疗器材专门零售	23851	485763	9891945.6	2279380.9	7612564.7
汽车、摩托车、燃料及零配件专门零售	47734	736936	69802704.4	11828134.1	57974570.3
家用电器及电子产品专门零售	55620	647696	25246498.5	3858452.9	21388045.6
五金、家具及室内装修材料专门零售	48779	408553	8679141.8	1489955.0	7189186.8
无店铺及其他零售	32430	322625	7305095.4	1308688.3	5996407.1

2-A-5 续表 1 国有企业

单位：万元

指标名称	法人单位（个）	从业人数（人）	销售合计	批发额	零售额
总计	**69563**	**2621395**	**226939764.4**	**204790323.6**	**22149440.8**
一、批发业	**44351**	**1741420**	**208582160.4**	**201643415.3**	**6938745.1**
农畜产品批发	12653	523107	15059974.0	14500878.0	559096.0
食品、饮料及烟草制品批发	10405	573969	64203372.4	62256570.4	1946802.0
纺织、服装及日用品批发	1731	49659	7005206.3	6918924.9	86281.4
文化、体育用品及器材批发	1120	38459	4063305.3	3733321.0	329984.3
医药及医疗器材批发	1518	83501	5251617.7	4215902.2	1035715.5
矿产品、建材及化工产品批发	9077	287924	87923004.5	85552714.7	2370289.8
机械设备、五金交电及电子产品批发	5151	123480	17694021.8	17178117.0	515904.8
贸易经纪与代理	692	14970	1656406.1	1638764.5	17641.6
其他批发	2004	46351	5725252.3	5648222.6	77029.7
二、零售业	**25212**	**879975**	**18357604.0**	**3146908.3**	**15210695.7**
综合零售	3901	246910	4519064.9	421877.4	4097187.5
食品、饮料及烟草制品专门零售	8380	207220	2354054.3	587618.9	1766435.4
纺织、服装及日用品专门零售	1376	44636	394085.9	47118.2	346967.7
文化、体育用品及器材专门零售	3129	118279	3459299.0	328592.9	3130706.1
医药及医疗器材专门零售	2071	94757	1636151.6	473313.8	1162837.8
汽车、摩托车、燃料及零配件专门零售	1846	64408	4325114.4	991443.5	3333670.9
家用电器及电子产品专门零售	937	24403	562603.0	123774.5	438828.5
五金、家具及室内装修材料专门零售	1650	33046	326415.3	43839.1	282576.2
无店铺及其他零售	1922	46316	780815.6	129330.0	651485.6

2-A-5 续表 2 集体企业 单位：万元

指标名称	法人单位（个）	从业人数（人）	销售合计	批发额	零售额
总计	**85461**	**1435928**	**40651503.1**	**29093399.0**	**11558104.1**
一、批发业	**39623**	**675796**	**29450260.5**	**27048879.1**	**2401381.4**
农畜产品批发	3698	108418	2443657.3	2326671.3	116986.0
食品、饮料及烟草制品批发	2935	57186	1799086.3	1537493.1	261593.2
纺织、服装及日用品批发	2240	38602	1551239.9	1413860.4	137379.5
文化、体育用品及器材批发	902	10379	246541.6	212475.9	34065.7
医药及医疗器材批发	436	8832	342622.0	303143.9	39478.1
矿产品、建材及化工产品批发	18733	307108	15322729.2	13899434.1	1423295.1
机械设备、五金交电及电子产品批发	6513	82257	4611980.5	4353946.4	258034.1
贸易经纪与代理	207	2164	115656.6	110607.6	5049.0
其他批发	3959	60850	3016747.1	2891246.4	125500.7
二、零售业	**45838**	**760132**	**11201242.6**	**2044519.9**	**9156722.7**
综合零售	18076	418671	5413785.6	1115069.0	4298716.6
食品、饮料及烟草制品专门零售	4578	67951	819370.0	158039.1	661330.9
纺织、服装及日用品专门零售	4294	73512	669021.3	124417.1	544604.2
文化、体育用品及器材专门零售	2636	23039	266483.9	33442.5	233041.4
医药及医疗器材专门零售	1777	19821	200986.1	26727.1	174259.0
汽车、摩托车、燃料及零配件专门零售	4324	45884	2125397.3	287172.0	1838225.3
家用电器及电子产品专门零售	1707	21217	403154.1	44041.4	359112.7
五金、家具及室内装修材料专门零售	4789	47213	626150.1	133397.8	492752.3
无店铺及其他零售	3657	42824	676894.2	122213.9	554680.3

2-A-5 续表 3 股份合作企业 单位：万元

指标名称	法人单位（个）	从业人数（人）	销售合计	批发额	零售额
总计	**26152**	**311667**	**14661693.6**	**10764558.6**	**3897135.0**
一、批发业	**10808**	**130903**	**10953743.7**	**10263544.3**	**690199.4**
农畜产品批发	506	7495	250076.7	239068.9	11007.8
食品、饮料及烟草制品批发	965	17085	1168714.7	1062978.4	105736.3
纺织、服装及日用品批发	838	9723	503993.4	485903.2	18090.2
文化、体育用品及器材批发	506	3928	209711.1	197965.8	11745.3
医药及医疗器材批发	346	8698	581249.8	547507.5	33742.3
矿产品、建材及化工产品批发	3659	44962	5173634.8	4859045.0	314589.8
机械设备、五金交电及电子产品批发	3089	29032	1873747.1	1689394.9	184352.2
贸易经纪与代理	100	821	86105.9	85914.2	191.7
其他批发	799	9159	1106510.2	1095766.4	10743.8
二、零售业	**15344**	**180764**	**3707949.9**	**501014.3**	**3206935.6**
综合零售	1759	55661	932274.6	133465.4	798809.2
食品、饮料及烟草制品专门零售	1685	18588	202479.1	30370.2	172108.9
纺织、服装及日用品专门零售	1592	18364	170501.4	9012.7	161488.7
文化、体育用品及器材专门零售	1908	12618	155052.4	13293.7	141758.7
医药及医疗器材专门零售	1350	19731	223722.2	31186.0	192536.2
汽车、摩托车、燃料及零配件专门零售	1674	19152	1386803.9	195600.7	1191203.2
家用电器及电子产品专门零售	1875	13792	268464.0	29654.8	238809.2
五金、家具及室内装修材料专门零售	2168	13172	214824.1	41316.2	173507.9
无店铺及其他零售	1333	9686	153828.2	17114.6	136713.6

2-A-5 续表 4 联营企业 单位：万元

指标名称	法人单位（个）	从业人数（人）	销售合计	批发额	零售额
总计	**4383**	**78358**	**10107172.9**	**8284445.6**	**1822727.3**
一、批发业	**2350**	**40648**	**7674318.8**	**7346399.6**	**327919.2**
农畜产品批发	147	2204	227317.4	225172.3	2145.1
食品、饮料及烟草制品批发	188	4437	713080.8	617004.4	96076.4
纺织、服装及日用品批发	168	3856	660509.8	658969.4	1540.4
文化、体育用品及器材批发	63	880	81402.4	80225.8	1176.6
医药及医疗器材批发	70	1982	141866.2	139082.8	2783.4
矿产品、建材及化工产品批发	848	15519	4069662.4	3945814.3	123848.1
机械设备、五金交电及电子产品批发	638	9019	1298917.7	1205949.4	92968.3
贸易经纪与代理	73	883	76342.9	72472.6	3870.3
其他批发	155	1868	405219.2	401708.6	3510.6
二、零售业	**2033**	**37710**	**2432854.1**	**938046.0**	**1494808.1**
综合零售	246	9547	159457.0	5947.7	153509.3
食品、饮料及烟草制品专门零售	194	3532	246689.5	197222.9	49466.6
纺织、服装及日用品专门零售	159	2387	56397.3	5623.3	50774.0
文化、体育用品及器材专门零售	124	1836	44058.4	2826.5	41231.9
医药及医疗器材专门零售	188	4544	103220.6	12033.5	91187.1
汽车、摩托车、燃料及零配件专门零售	566	9185	1061837.3	360551.9	701285.4
家用电器及电子产品专门零售	160	2365	662503.3	344967.5	317535.8
五金、家具及室内装修材料专门零售	184	1635	31245.4	1964.4	29281.0
无店铺及其他零售	212	2679	67445.3	6908.3	60537.0

2-A-5 续表 5 国有联营企业

单位：万元

指标名称	法人单位(个)	从业人数(人)	销售合计	批发额	零售额
总计	**841**	**26993**	**5083954.4**	**4358974.7**	**724979.7**
一、批发业	**490**	**14773**	**4192150.5**	**4045392.4**	**146758.1**
农畜产品批发	27	549	20343.7	19819.9	523.8
食品、饮料及烟草制品批发	43	1673	399673.7	342505.8	57167.9
纺织、服装及日用品批发	33	1471	139712.6	139693.1	19.5
文化、体育用品及器材批发	12	235	29537.5	29517.7	19.8
医药及医疗器材批发	21	1027	58116.1	56036.6	2079.5
矿产品、建材及化工产品批发	180	6603	2760826.2	2689251.6	71574.6
机械设备、五金交电及电子产品批发	119	2186	403995.7	389419.2	14576.5
贸易经纪与代理	26	332	49294.9	49202.0	92.9
其他批发	29	697	330650.1	329946.5	703.6
二、零售业	**351**	**12220**	**891803.9**	**313582.3**	**578221.6**
综合零售	29	3517	84502.6	2529.9	81972.7
食品、饮料及烟草制品专门零售	38	1291	218519.5	194646.6	23872.9
纺织、服装及日用品专门零售	19	472	19180.0	5143.4	14036.6
文化、体育用品及器材专门零售	20	360	6140.7	180.0	5960.7
医药及医疗器材专门零售	36	1675	57229.6	6056.0	51173.6
汽车、摩托车、燃料及零配件专门零售	138	3319	447142.0	101394.1	345747.9
家用电器及电子产品专门零售	19	315	24750.5	2048.8	22701.7
五金、家具及室内装修材料专门零售	12	241	4288.2	380.9	3907.3
无店铺及其他零售	40	1030	30050.8	1202.6	28848.2

2-A-5 续表 6 集体联营企业 单位：万元

指标名称	法人单位（个）	从业人数（人）	销售合计	批发额	零售额
总计	**1456**	**17752**	**1136513.3**	**909993.6**	**226519.7**
一、批发业	**717**	**8579**	**904292.7**	**879662.4**	**24630.3**
农畜产品批发	50	627	98827.3	98353.9	473.4
食品、饮料及烟草制品批发	60	832	68787.9	66563.9	2224.0
纺织、服装及日用品批发	36	700	19202.2	18826.4	375.8
文化、体育用品及器材批发	10	59	15541.4	15150.6	390.8
医药及医疗器材批发	13	210	8203.7	7916.3	287.4
矿产品、建材及化工产品批发	288	3233	491972.0	477604.2	14367.8
机械设备、五金交电及电子产品批发	197	2295	181475.6	175725.8	5749.8
贸易经纪与代理	9	158	3010.7	2828.7	182.0
其他批发	54	465	17271.9	16692.6	579.3
二、零售业	**739**	**9173**	**232220.6**	**30331.2**	**201889.4**
综合零售	124	3039	44569.6	2345.3	42224.3
食品、饮料及烟草制品专门零售	70	805	5953.8	519.4	5434.4
纺织、服装及日用品专门零售	66	925	5976.1	189.8	5786.3
文化、体育用品及器材专门零售	51	493	5791.5	409.1	5382.4
医药及医疗器材专门零售	47	348	4402.0	149.7	4252.3
汽车、摩托车、燃料及零配件专门零售	154	1716	123530.9	18062.6	105468.3
家用电器及电子产品专门零售	53	533	16322.7	3534.4	12788.3
五金、家具及室内装修材料专门零售	103	629	15795.7	833.4	14962.3
无店铺及其他零售	71	685	9878.3	4287.5	5590.8

2-A-5 续表 7 国有与集体联营企业 单位：万元

指标名称	法人单位（个）	从业人数（人）	销售合计	批发额	零售额
总计	**734**	**12940**	**2338016.2**	**1823448.5**	**514567.7**
一、批发业	**408**	**7096**	**1370978.5**	**1290924.2**	**80054.3**
农畜产品批发	21	541	70675.0	70336.6	338.4
食品、饮料及烟草制品批发	28	761	62683.3	60433.7	2249.6
纺织、服装及日用品批发	31	619	281247.4	281111.0	136.4
文化、体育用品及器材批发	13	177	11836.1	11480.8	355.3
医药及医疗器材批发	12	300	24001.3	24001.3	
矿产品、建材及化工产品批发	155	2493	551406.5	526401.9	25004.6
机械设备、五金交电及电子产品批发	123	1910	331777.5	280050.6	51726.9
贸易经纪与代理	4	22			
其他批发	21	273	37351.4	37108.3	243.1
二、零售业	**326**	**5844**	**967037.7**	**532524.3**	**434513.4**
综合零售	25	645	2661.4	77.5	2583.9
食品、饮料及烟草制品专门零售	23	823	7503.5	880.9	6622.6
纺织、服装及日用品专门零售	20	200	9742.8	34.6	9708.2
文化、体育用品及器材专门零售	20	178	7649.7	844.0	6805.7
医药及医疗器材专门零售	24	627	12464.8	2661.6	9803.2
汽车、摩托车、燃料及零配件专门零售	147	2232	314677.0	190634.5	124042.5
家用电器及电子产品专门零售	18	641	594640.8	336238.8	258402.0
五金、家具及室内装修材料专门零售	17	130	2404.4	386.8	2017.6
无店铺及其他零售	32	368	15293.3	765.6	14527.7

2-A-5 续表 8 其他联营企业 单位：万元

指标名称	法人单位（个）	从业人数（人）	销售合计	批发额	零售额
总计	**1352**	**20673**	**1548689.0**	**1192028.8**	**356660.2**
一、批发业	**735**	**10200**	**1206897.1**	**1130420.6**	**76476.5**
农畜产品批发	49	487	37471.4	36661.9	809.5
食品、饮料及烟草制品批发	57	1171	181935.9	147501.0	34434.9
纺织、服装及日用品批发	68	1066	220347.6	219338.9	1008.7
文化、体育用品及器材批发	28	409	24487.4	24076.7	410.7
医药及医疗器材批发	24	445	51545.1	51128.6	416.5
矿产品、建材及化工产品批发	225	3190	265457.7	252556.6	12901.1
机械设备、五金交电及电子产品批发	199	2628	381668.9	360753.8	20915.1
贸易经纪与代理	34	371	24037.3	20441.9	3595.4
其他批发	51	433	19945.8	17961.2	1984.6
二、零售业	**617**	**10473**	**341791.9**	**61608.2**	**280183.7**
综合零售	68	2346	27723.4	995.0	26728.4
食品、饮料及烟草制品专门零售	63	613	14712.7	1176.0	13536.7
纺织、服装及日用品专门零售	54	790	21498.4	255.5	21242.9
文化、体育用品及器材专门零售	33	805	24476.5	1393.4	23083.1
医药及医疗器材专门零售	81	1894	29124.2	3166.2	25958.0
汽车、摩托车、燃料及零配件专门零售	127	1918	176487.4	50460.7	126026.7
家用电器及电子产品专门零售	70	876	26789.3	3145.5	23643.8
五金、家具及室内装修材料专门零售	52	635	8757.1	363.3	8393.8
无店铺及其他零售	69	596	12222.9	652.6	11570.3

2-A-5 续表 9 有限责任公司 单位：万元

指标名称	法人单位(个)	从业人数(人)	销售合计	批发额	零售额
总计	**103857**	**2587278**	**310620086.3**	**250967672.1**	**59652414.2**
一、批发业	**64613**	**1239496**	**251853537.9**	**243107284.5**	**8746253.4**
农畜产品批发	2344	58683	7150483.5	7088945.8	61537.7
食品、饮料及烟草制品批发	5179	164612	20627653.2	20013598.4	614054.8
纺织、服装及日用品批发	5169	111543	26778604.5	26480808.9	297795.6
文化、体育用品及器材批发	2120	36296	4396632.7	4265615.9	131016.8
医药及医疗器材批发	3264	135971	15606021.7	13554073.9	2051947.8
矿产品、建材及化工产品批发	22061	338491	116694760.9	114309728.2	2385032.7
机械设备、五金交电及电子产品批发	18962	306836	49184910.6	46227295.7	2957614.9
贸易经纪与代理	1358	19854	3113679.0	3099970.6	13708.4
其他批发	4156	67210	8300791.8	8067247.1	233544.7
二、零售业	**39244**	**1347782**	**58766548.4**	**7860387.6**	**50906160.8**
综合零售	4011	583623	19531682.5	1092379.6	18439302.9
食品、饮料及烟草制品专门零售	2771	73274	1514758.2	345614.5	1169143.7
纺织、服装及日用品专门零售	3516	97745	1737145.9	288617.5	1448528.4
文化、体育用品及器材专门零售	3038	60261	1568093.3	244372.1	1323721.2
医药及医疗器材专门零售	3116	145167	3363493.3	777012.5	2586480.8
汽车、摩托车、燃料及零配件专门零售	6575	139720	20899213.0	3279887.5	17619325.5
家用电器及电子产品专门零售	7661	138989	7016582.8	1266223.0	5750359.8
五金、家具及室内装修材料专门零售	5127	59678	1686876.6	272658.2	1414218.4
无店铺及其他零售	3429	49325	1448702.8	293622.7	1155080.1

2-A-5 续表 10 国有独资公司 单位：万元

指标名称	法人单位（个）	从业人数（人）	销售合计	批发额	零售额
总计	**2244**	**120942**	**27254781.5**	**25813254.6**	**1441526.9**
一、批发业	**1642**	**89139**	**25891144.7**	**25515436.3**	**375708.4**
农畜产品批发	251	10817	1549437.3	1543910.6	5526.7
食品、饮料及烟草制品批发	417	39610	4810774.2	4735705.3	75068.9
纺织、服装及日用品批发	124	6927	2973522.4	2952521.0	21001.4
文化、体育用品及器材批发	62	3196	1103085.2	1080331.4	22753.8
医药及医疗器材批发	42	4746	455846.1	365999.1	89847.0
矿产品、建材及化工产品批发	393	13792	12814916.4	12713762.0	101154.4
机械设备、五金交电及电子产品批发	229	6875	1549293.3	1500610.6	48682.7
贸易经纪与代理	45	1337	139489.0	139489.0	
其他批发	79	1839	494780.8	483107.3	11673.5
二、零售业	**602**	**31803**	**1363636.8**	**297818.3**	**1065818.5**
综合零售	71	10231	214660.5	15912.8	198747.7
食品、饮料及烟草制品专门零售	157	5502	166788.3	15281.6	151506.7
纺织、服装及日用品专门零售	21	2409	30503.0	1551.1	28951.9
文化、体育用品及器材专门零售	109	5452	307879.6	98403.4	209476.2
医药及医疗器材专门零售	33	1397	51658.8	10313.6	41345.2
汽车、摩托车、燃料及零配件专门零售	76	2436	397146.9	107944.4	289202.5
家用电器及电子产品专门零售	44	1673	122709.9	28292.7	94417.2
五金、家具及室内装修材料专门零售	41	827	12017.2	495.0	11522.2
无店铺及其他零售	50	1876	60272.6	19623.7	40648.9

2-A-5 续表 11 其他有限责任公司 单位：万元

指标名称	法人单位（个）	从业人数（人）	销售合计	批发额	零售额
总计	**101613**	**2466336**	**283365304.8**	**225154417.5**	**58210887.3**
一、批发业	**62971**	**1150357**	**225962393.2**	**217591848.2**	**8370545.0**
农畜产品批发	2093	47866	5601046.2	5545035.2	56011.0
食品、饮料及烟草制品批发	4762	125002	15816879.0	15277893.1	538985.9
纺织、服装及日用品批发	5045	104616	23805082.1	23528287.9	276794.2
文化、体育用品及器材批发	2058	33100	3293547.5	3185284.5	108263.0
医药及医疗器材批发	3222	131225	15150175.6	13188074.8	1962100.8
矿产品、建材及化工产品批发	21668	324699	103879844.5	101595966.2	2283878.3
机械设备、五金交电及电子产品批发	18733	299961	47635617.3	44726685.1	2908932.2
贸易经纪与代理	1313	18517	2974190.0	2960481.6	13708.4
其他批发	4077	65371	7806011.0	7584139.8	221871.2
二、零售业	**38642**	**1315979**	**57402911.6**	**7562569.3**	**49840342.3**
综合零售	3940	573392	19317022.0	1076466.8	18240555.2
食品、饮料及烟草制品专门零售	2614	67772	1347969.9	330332.9	1017637.0
纺织、服装及日用品专门零售	3495	95336	1706642.9	287066.4	1419576.5
文化、体育用品及器材专门零售	2929	54809	1260213.7	145968.7	1114245.0
医药及医疗器材专门零售	3083	143770	3311834.5	766698.9	2545135.6
汽车、摩托车、燃料及零配件专门零售	6499	137284	20502066.1	3171943.1	17330123.0
家用电器及电子产品专门零售	7617	137316	6893872.9	1237930.3	5655942.6
五金、家具及室内装修材料专门零售	5086	58851	1674859.4	272163.2	1402696.2
无店铺及其他零售	3379	47449	1388430.2	273999.0	1114431.2

2-A-5 续表 12 股份有限公司

单位：万元

指标名称	法人单位（个）	从业人数（人）	销售合计	批发额	零售额
总计	**16475**	**873816**	**150589435.7**	**115890859.6**	**34698576.1**
一、批发业	**9090**	**354920**	**121964769.2**	**109604581.2**	**12360188.0**
农畜产品批发	488	14234	1052629.9	1020980.6	31649.3
食品、饮料及烟草制品批发	772	32527	3107333.3	2868295.8	239037.5
纺织、服装及日用品批发	641	18392	8556797.5	8507925.9	48871.6
文化、体育用品及器材批发	220	3706	315468.3	298467.1	17001.2
医药及医疗器材批发	559	37422	4521636.7	3003345.2	1518291.5
矿产品、建材及化工产品批发	3207	192080	95455238.7	85623990.4	9831248.3
机械设备、五金交电及电子产品批发	2435	41697	7251184.5	6601068.0	650116.5
贸易经纪与代理	172	2521	683888.3	682479.2	1409.1
其他批发	596	12341	1020592.0	998029.0	22563.0
二、零售业	**7385**	**518896**	**28624666.5**	**6286278.4**	**22338388.1**
综合零售	965	265488	14239031.0	2077091.8	12161939.2
食品、饮料及烟草制品专门零售	536	13739	242870.3	59033.4	183836.9
纺织、服装及日用品专门零售	566	18902	259596.1	37377.1	222219.0
文化、体育用品及器材专门零售	489	8109	320982.3	136644.9	184337.4
医药及医疗器材专门零售	677	38960	1555547.5	486749.5	1068798.0
汽车、摩托车、燃料及零配件专门零售	1447	126803	10431010.2	3245828.4	7185181.8
家用电器及电子产品专门零售	1176	26315	1070797.1	127019.0	943778.1
五金、家具及室内装修材料专门零售	889	11127	273136.5	62458.5	210678.0
无店铺及其他零售	640	9453	231695.5	54075.8	177619.7

2-A-5 续表 13 私营企业 单位：万元

指标名称	法人单位（个）	从业人数（人）	销售合计	批发额	零售额
总计	**557135**	**5462374**	**391318160.9**	**315681575.5**	**75636585.4**
一、批发业	**347020**	**3134863**	**317948686.9**	**307000099.1**	**10948587.8**
农畜产品批发	8962	99411	4282667.6	4152074.0	130593.6
食品、饮料及烟草制品批发	22883	245693	12832149.8	12269976.2	562173.6
纺织、服装及日用品批发	41531	412107	28064252.7	27463930.2	600322.5
文化、体育用品及器材批发	14264	119211	6208433.5	5909457.9	298975.6
医药及医疗器材批发	8927	128652	8130744.9	7680303.6	450441.3
矿产品、建材及化工产品批发	113854	928606	173865884.5	169908710.7	3957173.8
机械设备、五金交电及电子产品批发	109760	987335	68961255.9	64381528.1	4579727.8
贸易经纪与代理	4656	35744	2373630.9	2311971.4	61659.5
其他批发	22183	178104	13229667.1	12922147.0	307520.1
二、零售业	**210115**	**2327511**	**73369474.0**	**8681476.4**	**64687997.6**
综合零售	16429	535420	8880294.9	333108.0	8547186.9
食品、饮料及烟草制品专门零售	13993	122044	1839454.8	232414.1	1607040.7
纺织、服装及日用品专门零售	24400	258562	4160896.7	470648.9	3690247.8
文化、体育用品及器材专门零售	15631	121362	2087946.9	233177.9	1854769.0
医药及医疗器材专门零售	14144	155843	2751931.6	458259.5	2293672.1
汽车、摩托车、燃料及零配件专门零售	30447	325047	29195888.9	3435409.6	25760479.3
家用电器及电子产品专门零售	41422	414367	15135568.2	1912177.3	13223390.9
五金、家具及室内装修材料专门零售	33191	237490	5438018.5	925838.8	4512179.7
无店铺及其他零售	20458	157376	3879473.5	680442.3	3199031.2

2-A-5 续表 14 私营独资企业 单位：万元

指标名称	法人单位（个）	从业人数（人）	销售合计	批发额	零售额
总计	**95013**	**671568**	**21707574.5**	**14003378.7**	**7704195.8**
一、批发业	**41063**	**283317**	**14623127.3**	**13510461.9**	**1112665.4**
农畜产品批发	2979	24931	734153.9	674668.8	59485.1
食品、饮料及烟草制品批发	3563	29340	1075242.7	974879.6	100363.1
纺织、服装及日用品批发	3034	19524	859237.3	802866.4	56370.9
文化、体育用品及器材批发	987	5596	198568.3	182920.5	15647.8
医药及医疗器材批发	845	6914	246803.5	225217.3	21586.2
矿产品、建材及化工产品批发	15938	103101	7261182.8	6712333.4	548849.4
机械设备、五金交电及电子产品批发	9072	64545	2839138.6	2581122.5	258016.1
贸易经纪与代理	292	2084	65907.9	59769.5	6138.4
其他批发	4353	27282	1342892.3	1296683.9	46208.4
二、零售业	**53950**	**388251**	**7084447.2**	**492916.8**	**6591530.4**
综合零售	5708	96505	955671.9	34074.8	921597.1
食品、饮料及烟草制品专门零售	4385	25215	342585.3	27983.3	314602.0
纺织、服装及日用品专门零售	6286	43818	452336.0	35803.2	416532.8
文化、体育用品及器材专门零售	2934	13954	176805.1	11547.7	165257.4
医药及医疗器材专门零售	5568	29054	302796.5	10410.5	292386.0
汽车、摩托车、燃料及零配件专门零售	10437	67720	2536465.9	170095.2	2366370.7
家用电器及电子产品专门零售	5536	38925	910055.5	45076.6	864978.9
五金、家具及室内装修材料专门零售	8047	43479	808419.8	93140.7	715279.1
无店铺及其他零售	5049	29581	599311.2	64784.8	534526.4

2-A-5 续表 15 私营合伙企业 单位：万元

指标名称	法人单位（个）	从业人数（人）	销售合计	批发额	零售额
总计	**21468**	**187834**	**7922329.0**	**5842272.0**	**2080057.0**
一、批发业	**10690**	**87386**	**5937302.3**	**5634486.3**	**302816.0**
农畜产品批发	765	10046	257116.3	249439.2	7677.1
食品、饮料及烟草制品批发	880	8203	300128.3	280754.6	19373.7
纺织、服装及日用品批发	950	7938	323445.6	312417.4	11028.2
文化、体育用品及器材批发	396	2771	130836.5	123593.5	7243.0
医药及医疗器材批发	211	2102	114656.7	106526.3	8130.4
矿产品、建材及化工产品批发	3740	28272	3472563.9	3304336.8	168227.1
机械设备、五金交电及电子产品批发	2754	20514	978188.4	906352.7	71835.7
贸易经纪与代理	175	1273	39444.7	38914.9	529.8
其他批发	819	6267	320921.9	312150.9	8771.0
二、零售业	**10778**	**100448**	**1985026.7**	**207785.7**	**1777241.0**
综合零售	1232	29861	389141.8	9875.5	379266.3
食品、饮料及烟草制品专门零售	825	5708	72121.1	9362.1	62759.0
纺织、服装及日用品专门零售	1144	11976	133002.9	12357.6	120645.3
文化、体育用品及器材专门零售	833	4810	57978.4	6347.3	51631.1
医药及医疗器材专门零售	798	6178	68680.6	5541.6	63139.0
汽车、摩托车、燃料及零配件专门零售	1800	13561	643623.1	65013.7	578609.4
家用电器及电子产品专门零售	1467	11198	231641.4	30192.6	201448.8
五金、家具及室内装修材料专门零售	1551	9477	186239.3	42179.1	144060.2
无店铺及其他零售	1128	7679	202598.1	26916.2	175681.9

2-A-5 续表 16 私营有限责任公司

单位：万元

指标名称	法人单位（个）	从业人数（人）	销售合计	批发额	零售额
总计	**416629**	**4330255**	**346484393.6**	**284637880.1**	**61846513.5**
一、批发业	**281310**	**2627824**	**286180252.9**	**277134403.9**	**9045849.0**
农畜产品批发	4770	58333	3086291.2	3029165.3	57125.9
食品、饮料及烟草制品批发	17365	195359	10898790.4	10489016.9	409773.5
纺织、服装及日用品批发	36303	373893	26229015.0	25718958.6	510056.4
文化、体育用品及器材批发	12302	105499	5637453.8	5372203.4	265250.4
医药及医疗器材批发	7401	111527	7291328.9	6893014.0	398314.9
矿产品、建材及化工产品批发	89611	755969	157197835.8	154141051.4	3056784.4
机械设备、五金交电及电子产品批发	93555	861463	62685169.5	58625459.5	4059710.0
贸易经纪与代理	3858	29650	2119621.9	2067202.2	52419.7
其他批发	16145	136131	11034746.4	10798332.6	236413.8
二、零售业	**135319**	**1702431**	**60304140.7**	**7503476.2**	**52800664.5**
综合零售	8764	369654	7007594.7	266159.8	6741434.9
食品、饮料及烟草制品专门零售	8091	85074	1343048.2	179508.9	1163539.3
纺织、服装及日用品专门零售	15961	189456	3412700.6	397662.7	3015037.9
文化、体育用品及器材专门零售	11006	95294	1742325.7	195726.3	1546599.4
医药及医疗器材专门零售	7113	111013	2237194.2	423923.4	1813270.8
汽车、摩托车、燃料及零配件专门零售	16706	225242	24466016.0	2995813.6	21470202.4
家用电器及电子产品专门零售	32341	343345	13006194.6	1745507.7	11260686.9
五金、家具及室内装修材料专门零售	22018	171950	4204042.8	737945.4	3466097.4
无店铺及其他零售	13319	111403	2885023.9	561228.4	2323795.5

2-A-5 续表 17 私营股份有限公司 单位：万元

指标名称	法人单位（个）	从业人数（人）	销售合计	批发额	零售额
总计	**24025**	**272717**	**15203863.8**	**11198044.7**	**4005819.1**
一、批发业	**13957**	**136336**	**11208004.4**	**10720747.0**	**487257.4**
农畜产品批发	448	6101	205106.2	198800.7	6305.5
食品、饮料及烟草制品批发	1075	12791	557988.4	525325.1	32663.3
纺织、服装及日用品批发	1244	10752	652554.8	629687.8	22867.0
文化、体育用品及器材批发	579	5345	241574.9	230740.5	10834.4
医药及医疗器材批发	470	8109	477955.8	455546.0	22409.8
矿产品、建材及化工产品批发	4565	41264	5934302.0	5750989.1	183312.9
机械设备、五金交电及电子产品批发	4379	40813	2458759.4	2268593.4	190166.0
贸易经纪与代理	331	2737	148656.4	146084.8	2571.6
其他批发	866	8424	531106.5	514979.6	16126.9
二、零售业	**10068**	**136381**	**3995859.4**	**477297.7**	**3518561.7**
综合零售	725	39400	527886.5	22997.9	504888.6
食品、饮料及烟草制品专门零售	692	6047	81700.2	15559.8	66140.4
纺织、服装及日用品专门零售	1009	13312	162857.2	24825.4	138031.8
文化、体育用品及器材专门零售	858	7304	110837.7	19556.6	91281.1
医药及医疗器材专门零售	665	9598	143260.3	18384.0	124876.3
汽车、摩托车、燃料及零配件专门零售	1504	18524	1549783.9	204487.1	1345296.8
家用电器及电子产品专门零售	2078	20899	987676.7	91400.4	896276.3
五金、家具及室内装修材料专门零售	1575	12584	239316.6	52573.6	186743.0
无店铺及其他零售	962	8713	192540.3	27512.9	165027.4

2-A-5 续表 18 其他企业 单位：万元

指标名称	法人单位（个）	从业人数（人）	销售合计	批发额	零售额
总计	**10760**	**111130**	**3482853.7**	**2329750.1**	**1153103.6**
一、批发业	**4782**	**46532**	**2408829.4**	**2241079.6**	**167749.8**
农畜产品批发	400	5274	91164.3	86958.8	4205.5
食品、饮料及烟草制品批发	478	6546	187983.4	161088.6	26894.8
纺织、服装及日用品批发	282	2696	92439.7	87282.6	5157.1
文化、体育用品及器材批发	126	1102	28447.9	24201.8	4246.1
医药及医疗器材批发	141	2285	118609.8	99437.3	19172.5
矿产品、建材及化工产品批发	1790	15074	1266706.2	1213524.9	53181.3
机械设备、五金交电及电子产品批发	966	8516	406893.0	369800.1	37092.9
贸易经纪与代理	77	632	19586.4	17908.2	1678.2
其他批发	522	4407	196998.7	180877.3	16121.4
二、零售业	**5978**	**64598**	**1074024.3**	**88670.5**	**985353.8**
综合零售	746	18526	210133.9	8258.8	201875.1
食品、饮料及烟草制品专门零售	644	5618	55992.4	6138.1	49854.3
纺织、服装及日用品专门零售	610	8231	70793.4	3061.7	67731.7
文化、体育用品及器材专门零售	353	2140	27230.9	814.3	26416.6
医药及医疗器材专门零售	528	6940	56892.7	14099.0	42793.7
汽车、摩托车、燃料及零配件专门零售	855	6737	377439.4	32240.5	345198.9
家用电器及电子产品专门零售	682	6248	126826.0	10595.4	116230.6
五金、家具及室内装修材料专门零售	781	5192	82475.3	8482.0	73993.3
无店铺及其他零售	779	4966	66240.3	4980.7	61259.6

2-A-5 续表 19 港、澳、台商投资企业

单位：万元

指标名称	法人单位（个）	从业人数（人）	销售合计	批发额	零售额
总计	**3164**	**114894**	**15564728.6**	**11487717.8**	**4077010.8**
一、批发业	**2490**	**52623**	**11541177.2**	**11298058.0**	**243119.2**
农畜产品批发	50	1376	83287.4	77587.7	5699.7
食品、饮料及烟草制品批发	181	4097	305643.2	299719.0	5924.2
纺织、服装及日用品批发	363	8734	1234962.8	1206386.6	28576.2
文化、体育用品及器材批发	121	3251	517607.8	504493.4	13114.4
医药及医疗器材批发	62	3472	250724.5	250265.9	458.6
矿产品、建材及化工产品批发	482	6598	2531184.9	2463737.3	67447.6
机械设备、五金交电及电子产品批发	888	19956	5850828.1	5732165.9	118662.2
贸易经纪与代理	153	1192	36635.4	35833.4	802.0
其他批发	190	3947	730303.1	727868.8	2434.3
二、零售业	**674**	**62271**	**4023551.4**	**189659.8**	**3833891.6**
综合零售	88	37549	2601174.6	50782.4	2550392.2
食品、饮料及烟草制品专门零售	55	1607	16558.0	2924.9	13633.1
纺织、服装及日用品专门零售	151	9864	270527.2	40040.4	230486.8
文化、体育用品及器材专门零售	48	779	16935.3	3613.3	13322.0
医药及医疗器材专门零售	23	3288	132985.4	33948.4	99037.0
汽车、摩托车、燃料及零配件专门零售	44	1275	203878.4	46513.0	157365.4
家用电器及电子产品专门零售	110	4998	721646.3	7598.3	714048.0
五金、家具及室内装修材料专门零售	67	1140	19384.3	135.7	19248.6
无店铺及其他零售	88	1771	40461.9	4103.4	36358.5

2-A-5 续表 20 合资经营企业(港或澳、台资) 单位：万元

指标名称	法人单位(个)	从业人数(人)	销售合计	批发额	零售额
总计	**849**	**57397**	**5823366.1**	**2549041.0**	**3274325.1**
一、批发业	**550**	**12350**	**2584297.8**	**2452376.1**	**131921.7**
农畜产品批发	14	185	12068.7	8020.1	4048.6
食品、饮料及烟草制品批发	54	1300	64384.1	62136.9	2247.2
纺织、服装及日用品批发	85	2563	278935.5	269257.1	9678.4
文化、体育用品及器材批发	28	1338	42472.1	41932.2	539.9
医药及医疗器材批发	21	431	29435.8	29343.0	92.8
矿产品、建材及化工产品批发	117	2525	957954.1	900139.8	57814.3
机械设备、五金交电及电子产品批发	164	3514	1060166.6	1003031.5	57135.1
贸易经纪与代理	28	143	926.7	925.7	1.0
其他批发	39	351	137954.2	137589.8	364.4
二、零售业	**299**	**45047**	**3239068.3**	**96664.9**	**3142403.4**
综合零售	55	32042	2250159.8	50510.5	2199649.3
食品、饮料及烟草制品专门零售	13	559	7801.6	1838.9	5962.7
纺织、服装及日用品专门零售	78	3415	103481.5	5781.2	97700.3
文化、体育用品及器材专门零售	19	333	8028.3	1188.8	6839.5
医药及医疗器材专门零售	14	3034	119916.9	33153.2	86763.7
汽车、摩托车、燃料及零配件专门零售	19	399	25430.2	636.7	24793.5
家用电器及电子产品专门零售	42	4134	699464.9	1456.1	698008.8
五金、家具及室内装修材料专门零售	21	440	6551.4	84.7	6466.7
无店铺及其他零售	38	691	18233.7	2014.8	16218.9

2-A-5 续表 21 合作经营企业(港或澳、台资) 单位：万元

指标名称	法人单位（个）	从业人数（人）	销售合计	批发额	零售额
总计	**134**	**7641**	**947146.1**	**467982.3**	**479163.8**
一、批发业	**72**	**2416**	**441886.1**	**424984.4**	**16901.7**
农畜产品批发	1	60	582.5	582.5	
食品、饮料及烟草制品批发	10	253	19954.8	19852.5	102.3
纺织、服装及日用品批发	6	87	100965.5	88385.1	12580.4
文化、体育用品及器材批发	4	67	4529.9	4529.9	
医药及医疗器材批发	1	80	7747.4	7747.4	
矿产品、建材及化工产品批发	24	358	43339.8	39335.2	4004.6
机械设备、五金交电及电子产品批发	20	1413	210895.1	210726.8	168.3
贸易经纪与代理	1	1			
其他批发	5	97	53871.1	53825.0	46.1
二、零售业	**62**	**5225**	**505260.0**	**42997.9**	**462262.1**
综合零售	18	2936	303051.8		303051.8
食品、饮料及烟草制品专门零售	4	166	1055.1	90.0	965.1
纺织、服装及日用品专门零售	10	1034	33328.3	92.7	33235.6
文化、体育用品及器材专门零售	2	13	787.5	7.5	780.0
医药及医疗器材专门零售	1	15	10.9		10.9
汽车、摩托车、燃料及零配件专门零售	13	709	152463.3	42807.7	109655.6
家用电器及电子产品专门零售	4	25	105.6		105.6
五金、家具及室内装修材料专门零售	5	138	3711.1		3711.1
无店铺及其他零售	5	189	10746.4		10746.4

2-A-5 续表 22 港、澳、台商独资经营企业

单位：万元

指标名称	法人单位（个）	从业人数（人）	销售合计	批发额	零售额
总计	**2112**	**44636**	**8463862.4**	**8173927.2**	**289935.2**
一、批发业	**1820**	**34039**	**8216413.8**	**8129717.9**	**86695.9**
农畜产品批发	34	573	22079.3	20428.2	1651.1
食品、饮料及烟草制品批发	114	2496	218054.7	214548.8	3505.9
纺织、服装及日用品批发	266	5969	808144.0	803979.0	4165.0
文化、体育用品及器材批发	86	1771	467492.3	454917.8	12574.5
医药及医疗器材批发	37	795	150527.6	150161.8	365.8
矿产品、建材及化工产品批发	334	3654	1500476.5	1494949.1	5527.4
机械设备、五金交电及电子产品批发	687	14302	4480579.1	4424497.7	56081.4
贸易经纪与代理	120	1034	34068.1	33267.1	801.0
其他批发	142	3445	534992.2	532968.4	2023.8
二、零售业	**292**	**10597**	**247448.6**	**44209.3**	**203239.3**
综合零售	14	1704	28157.0	271.9	27885.1
食品、饮料及烟草制品专门零售	36	860	7663.1	996.0	6667.1
纺织、服装及日用品专门零售	59	5156	133322.9	34122.8	99200.1
文化、体育用品及器材专门零售	27	433	8119.5	2417.0	5702.5
医药及医疗器材专门零售	6	226	13033.6	795.2	12238.4
汽车、摩托车、燃料及零配件专门零售	11	116	23975.4	3068.6	20906.8
家用电器及电子产品专门零售	60	743	14079.7	398.2	13681.5
五金、家具及室内装修材料专门零售	40	552	8920.4	51.0	8869.4
无店铺及其他零售	39	807	10177.0	2088.6	8088.4

2-A-5 续表 23 港、澳、台商投资股份有限公司

单位：万元

指标名称	法人单位（个）	从业人数（人）	销售合计	批发额	零售额
总计	**69**	**5220**	**330354.0**	**296767.3**	**33586.7**
一、批发业	**48**	**3818**	**298579.5**	**290979.6**	**7599.9**
农畜产品批发	1	558	48556.9	48556.9	
食品、饮料及烟草制品批发	3	48	3249.6	3180.8	68.8
纺织、服装及日用品批发	6	115	46917.8	44765.4	2152.4
文化、体育用品及器材批发	3	75	3113.5	3113.5	
医药及医疗器材批发	3	2166	63013.7	63013.7	
矿产品、建材及化工产品批发	7	61	29414.5	29313.2	101.3
机械设备、五金交电及电子产品批发	17	727	99187.3	93909.9	5277.4
贸易经纪与代理	4	14	1640.6	1640.6	
其他批发	4	54	3485.6	3485.6	
二、零售业	**21**	**1402**	**31774.5**	**5787.7**	**25986.8**
综合零售	1	867	19806.0		19806.0
食品、饮料及烟草制品专门零售	2	22	38.2		38.2
纺织、服装及日用品专门零售	4	259	394.5	43.7	350.8
文化、体育用品及器材专门零售					
医药及医疗器材专门零售	2	13	24.0		24.0
汽车、摩托车、燃料及零配件专门零售	1	51	2009.5		2009.5
家用电器及电子产品专门零售	4	96	7996.1	5744.0	2252.1
五金、家具及室内装修材料专门零售	1	10	201.4		201.4
无店铺及其他零售	6	84	1304.8		1304.8

2-A-5 续表 24 外商投资企业

单位：万元

指标名称	法人单位（个）	从业人数（人）	销售合计	批发额	零售额
总计	**6628**	**270497**	**67589414.2**	**59278661.6**	**8310752.6**
一、批发业	**5633**	**135218**	**58046616.9**	**57676976.8**	**369640.1**
农畜产品批发	127	2120	281687.6	251393.4	30294.2
食品、饮料及烟草制品批发	406	14360	3111886.0	3081762.7	30123.3
纺织、服装及日用品批发	806	20596	3523957.5	3511299.7	12657.8
文化、体育用品及器材批发	225	3574	1661867.6	1659626.7	2240.9
医药及医疗器材批发	161	6540	1551819.5	1469970.8	81848.7
矿产品、建材及化工产品批发	1107	17746	8012762.7	7910233.3	102529.4
机械设备、五金交电及电子产品批发	2046	57882	36675863.1	36577352.9	98510.2
贸易经纪与代理	370	2908	227874.7	226994.8	879.9
其他批发	385	9492	2998898.2	2988342.5	10555.7
二、零售业	**995**	**135279**	**9542797.3**	**1601684.8**	**7941112.5**
综合零售	156	102438	7883682.1	1400867.9	6482814.2
食品、饮料及烟草制品专门零售	102	3347	62430.7	4354.6	58076.1
纺织、服装及日用品专门零售	157	8443	309910.2	66675.2	243235.0
文化、体育用品及器材专门零售	66	2571	39025.7	1009.6	38016.1
医药及医疗器材专门零售	39	967	19444.2	2625.9	16818.3
汽车、摩托车、燃料及零配件专门零售	85	1980	242902.0	45965.6	196936.4
家用电器及电子产品专门零售	163	4379	324147.2	5497.3	318649.9
五金、家具及室内装修材料专门零售	94	6774	505966.4	12713.9	493252.5
无店铺及其他零售	133	4380	155288.8	61974.8	93314.0

2-A-5 续表 25 中外合资经营企业

单位：万元

指标名称	法人单位（个）	从业人数（人）	销售合计	批发额	零售额
总计	**1636**	**127769**	**19760958.9**	**14750467.3**	**5010491.6**
一、批发业	**1130**	**33187**	**14675113.7**	**14434088.5**	**241025.2**
农畜产品批发	45	879	50689.9	50367.2	322.7
食品、饮料及烟草制品批发	131	6536	1044607.0	1021935.0	22672.0
纺织、服装及日用品批发	143	6194	1039206.4	1033410.8	5795.6
文化、体育用品及器材批发	38	526	61161.4	60611.3	550.1
医药及医疗器材批发	44	2336	340529.4	259112.0	81417.4
矿产品、建材及化工产品批发	255	5421	2718881.9	2636340.6	82541.3
机械设备、五金交电及电子产品批发	340	9231	9102499.2	9056526.5	45972.7
贸易经纪与代理	53	354	9934.1	9609.0	325.1
其他批发	81	1710	307604.4	306176.1	1428.3
二、零售业	**506**	**94582**	**5085845.2**	**316378.8**	**4769466.4**
综合零售	103	77927	4237894.2	236106.6	4001787.6
食品、饮料及烟草制品专门零售	41	727	11673.7	2205.6	9468.1
纺织、服装及日用品专门零售	63	3385	37383.1	27.4	37355.7
文化、体育用品及器材专门零售	36	1968	30450.7	530.7	29920.0
医药及医疗器材专门零售	16	665	12613.1	71.3	12541.8
汽车、摩托车、燃料及零配件专门零售	50	1074	144260.4	20500.4	123760.0
家用电器及电子产品专门零售	70	2478	267868.8	4023.4	263845.4
五金、家具及室内装修材料专门零售	59	3920	254029.1	12226.8	241802.3
无店铺及其他零售	68	2438	89672.1	40686.6	48985.5

2-A-5 续表 26 中外合作经营企业 单位：万元

指标名称	法人单位（个）	从业人数（人）	销售合计	批发额	零售额
总计	**205**	**31096**	**9284045.5**	**7402961.3**	**1881084.2**
一、批发业	**111**	**4903**	**6180340.5**	**6162006.1**	**18334.4**
农畜产品批发	13	169	7491.6	6622.9	868.7
食品、饮料及烟草制品批发	20	717	600920.7	599296.4	1624.3
纺织、服装及日用品批发	23	2007	35819.3	34802.9	1016.4
文化、体育用品及器材批发	4	31	1681.0	1147.8	533.2
医药及医疗器材批发	1	11	190.9	190.9	
矿产品、建材及化工产品批发	18	598	47208.7	33040.0	14168.7
机械设备、五金交电及电子产品批发	22	922	5240285.8	5240162.7	123.1
贸易经纪与代理	2	5			
其他批发	8	443	246742.5	246742.5	
二、零售业	**94**	**26193**	**3103705.0**	**1240955.2**	**1862749.8**
综合零售	28	19480	2527757.8	1164761.3	1362996.5
食品、饮料及烟草制品专门零售	6	329	22413.0		22413.0
纺织、服装及日用品专门零售	13	2507	214405.3	51356.3	163049.0
文化、体育用品及器材专门零售	2	14	55.0		55.0
医药及医疗器材专门零售	3	79	30.7		30.7
汽车、摩托车、燃料及零配件专门零售	13	627	74447.4	24787.6	49659.8
家用电器及电子产品专门零售	5	74	904.7		904.7
五金、家具及室内装修材料专门零售	9	2222	241182.5	50.0	241132.5
无店铺及其他零售	15	861	22508.6		22508.6

2-A-5 续表 27 外资企业　　单位：万元

指标名称	法人单位（个）	从业人数（人）	销售合计	批发额	零售额
总计	**4642**	**105929**	**37291912.7**	**35898641.8**	**1393270.9**
一、批发业	**4285**	**92616**	**35958146.7**	**35855319.5**	**102827.2**
农畜产品批发	66	1026	223299.7	194196.9	29102.8
食品、饮料及烟草制品批发	246	6004	1441381.9	1437112.6	4269.3
纺织、服装及日用品批发	615	11899	2356566.7	2351078.8	5487.9
文化、体育用品及器材批发	176	2939	1535325.6	1534738.0	587.6
医药及医疗器材批发	115	4188	1210817.4	1210386.1	431.3
矿产品、建材及化工产品批发	810	9857	4311422.3	4306502.3	4920.0
机械设备、五金交电及电子产品批发	1654	46834	22218761.5	22170411.3	48350.2
贸易经纪与代理	312	2541	216513.4	215958.6	554.8
其他批发	291	7328	2444058.2	2434934.9	9123.3
二、零售业	**357**	**13313**	**1333766.0**	**43322.3**	**1290443.7**
综合零售	22	4655	1109432.6		1109432.6
食品、饮料及烟草制品专门零售	50	2172	26597.4	1649.0	24948.4
纺织、服装及日用品专门零售	69	2438	53168.2	14963.5	38204.7
文化、体育用品及器材专门零售	23	456	8410.0	478.9	7931.1
医药及医疗器材专门零售	19	215	6742.0	2554.6	4187.4
汽车、摩托车、燃料及零配件专门零售	18	224	22900.9	677.6	22223.3
家用电器及电子产品专门零售	83	1683	53835.8	1273.4	52562.4
五金、家具及室内装修材料专门零售	23	389	9571.0	437.1	9133.9
无店铺及其他零售	50	1081	43108.1	21288.2	21819.9

2-A-5 续表 28 外商投资股份有限公司

单位：万元

指标名称	法人单位（个）	从业人数（人）	销售合计	批发额	零售额
总计	**145**	**5703**	**1252497.1**	**1226591.2**	**25905.9**
一、批发业	**107**	**4512**	**1233016.0**	**1225562.7**	**7453.3**
农畜产品批发	3	46	206.4	206.4	
食品、饮料及烟草制品批发	9	1103	24976.4	23418.7	1557.7
纺织、服装及日用品批发	25	496	92365.1	92007.2	357.9
文化、体育用品及器材批发	7	78	63699.6	63129.6	570.0
医药及医疗器材批发	1	5	281.8	281.8	
矿产品、建材及化工产品批发	24	1870	935249.8	934350.4	899.4
机械设备、五金交电及电子产品批发	30	895	114316.6	110252.4	4064.2
贸易经纪与代理	3	8	1427.2	1427.2	
其他批发	5	11	493.1	489.0	4.1
二、零售业	**38**	**1191**	**19481.1**	**1028.5**	**18452.6**
综合零售	3	376	8597.5		8597.5
食品、饮料及烟草制品专门零售	5	119	1746.6	500.0	1246.6
纺织、服装及日用品专门零售	12	113	4953.6	328.0	4625.6
文化、体育用品及器材专门零售	5	133	110.0		110.0
医药及医疗器材专门零售	1	8	58.4		58.4
汽车、摩托车、燃料及零配件专门零售	4	55	1293.3		1293.3
家用电器及电子产品专门零售	5	144	1537.9	200.5	1337.4
五金、家具及室内装修材料专门零售	3	243	1183.8		1183.8
无店铺及其他零售					

2-A-6 各地区批发和零售业法人单位商品销售情况

单位：万元

地 区	法人单位（个）	从业人数（人）	销售合计	批发额	零售额
全 国	**883578**	**13867337**	**1231524813.4**	**1008568963.5**	**222955849.9**
北 京	65084	846247	107225698.9	89196503.5	18029195.4
天 津	23713	305001	40951528.5	35667377.9	5284150.6
河 北	24678	548082	26811694.8	19517425.2	7294269.6
山 西	20375	490988	20627805.7	15165792.5	5462013.2
内蒙古	9942	180882	10125775.1	7353495.9	2772279.2
辽 宁	43697	555624	49939547.9	41338645.9	8600902.0
吉 林	15746	355741	24915965.4	20904869.9	4011095.5
黑龙江	18968	363324	14644285.6	10645277.5	3999008.1
上 海	140559	1438587	212181021.5	188643222.0	23537799.5
江 苏	72991	971353	119635458.0	98379644.3	21255813.7
浙 江	57855	676384	118461523.5	103534469.4	14927054.1
安 徽	18315	405296	23617406.4	18737407.3	4879999.1
福 建	24609	357240	34902231.0	29240466.7	5661764.3
江 西	10297	211704	10041635.7	7440076.9	2601558.8
山 东	56937	1012799	64382098.2	46648666.0	17733432.2
河 南	26959	811602	31132089.2	22504642.2	8627447.0
湖 北	19973	459203	28370430.8	21388691.9	6981738.9
湖 南	12796	356662	18994939.2	13764577.8	5230361.4
广 东	93230	1224881	140753804.8	115500551.2	25253253.6
广 西	14355	287744	13928661.4	10389120.7	3539540.7
海 南	5035	67590	4111286.4	3358628.3	752658.1
重 庆	11819	236343	13700546.0	9996208.4	3704337.6
四 川	26374	447287	28155963.0	21513095.4	6642867.6
贵 州	7392	164901	7295378.1	5281129.5	2014248.6
云 南	13006	245819	21092847.4	17774687.5	3318159.9
西 藏	415	9604	408192.8	174985.0	233207.8
陕 西	18407	359989	16753619.5	11691112.2	5062507.3
甘 肃	11177	209077	10473001.2	8521932.3	1951068.9
青 海	2163	40835	1519600.8	966164.4	553436.4
宁 夏	4886	63590	2864578.7	2155447.6	709131.1
新 疆	11825	162958	13506197.9	11174648.2	2331549.7

2-A-7 各地区批发业法人单位商品销售情况

单位：万元

地 区	法人单位（个）	从业人数（人）	销售合计	批发额	零售额
全 国	**530760**	**7552419**	**1020424100.9**	**977230317.5**	**43193783.4**
北 京	31590	413253	86962752.9	85176975.1	1785777.8
天 津	14993	178305	36733596.5	34914030.0	1819566.5
河 北	14153	270132	19789700.4	17935530.4	1854170.0
山 西	9224	234303	15730135.0	14700066.9	1030068.1
内蒙古	4749	82784	7510774.4	6839692.5	671081.9
辽 宁	28571	295967	41795202.0	40536353.8	1258848.2
吉 林	7897	229241	21113329.4	20600718.4	512611.0
黑龙江	9848	193273	11441393.9	10383056.0	1058337.9
上 海	98259	942358	186803031.4	183007673.5	3795357.9
江 苏	46842	520008	99980504.0	96710986.0	3269518.0
浙 江	41144	428149	104848477.5	102151376.2	2697101.3
安 徽	10302	217281	19579272.7	18393545.7	1185727.0
福 建	14846	198985	29813173.8	28496908.2	1316265.6
江 西	5539	107234	8058767.3	7294736.3	764031.0
山 东	32839	526134	47581915.4	44340115.7	3241799.7
河 南	14887	428028	23377146.9	20349360.0	3027786.9
湖 北	11697	238434	21727722.4	20558829.3	1168893.1
湖 南	6543	163407	14230953.3	13286606.2	944347.1
广 东	58372	700604	117268813.0	112068090.9	5200722.1
广 西	8183	146633	10829794.0	9907335.8	922458.2
海 南	2572	32630	3449098.6	3303605.4	145493.2
重 庆	6686	125590	10228734.9	9487538.7	741196.2
四 川	15626	238544	21815208.3	20670369.0	1144839.3
贵 州	3837	92229	5468152.7	4985405.7	482747.0
云 南	7572	141180	18078053.7	17404603.2	673450.5
西 藏	89	2657	198338.3	161187.5	37150.8
陕 西	7468	154171	12590186.6	11254952.6	1335234.0
甘 肃	5779	106557	8776720.1	8332546.6	444173.5
青 海	915	17743	1106687.0	894845.7	211841.3
宁 夏	2553	31934	2229054.2	2079032.0	150022.2
新 疆	7185	94671	11307410.3	11004244.2	303166.1

2-A-8 各地区零售业法人单位商品销售情况

单位：万元

地区	法人单位（个）	从业人数（人）	销售合计	批发额	零售额
全国	**352818**	**6314918**	**211100712.5**	**31338646.0**	**179762066.5**
北京	33494	432994	20262946.0	4019528.4	16243417.6
天津	8720	126696	4217932.0	753347.9	3464584.1
河北	10525	277950	7021994.4	1581894.8	5440099.6
山西	11151	256685	4897670.7	465725.6	4431945.1
内蒙古	5193	98098	2615000.7	513803.4	2101197.3
辽宁	15126	259657	8144345.9	802292.1	7342053.8
吉林	7849	126500	3802636.0	304151.5	3498484.5
黑龙江	9120	170051	3202891.7	262221.5	2940670.2
上海	42300	496229	25377990.1	5635548.5	19742441.6
江苏	26149	451345	19654954.0	1668658.3	17986295.7
浙江	16711	248235	13613046.0	1383093.2	12229952.8
安徽	8013	188015	4038133.7	343861.6	3694272.1
福建	9763	158255	5089057.2	743558.5	4345498.7
江西	4758	104470	1982868.4	145340.6	1837527.8
山东	24098	486665	16800182.8	2308550.3	14491632.5
河南	12072	383574	7754942.3	2155282.2	5599660.1
湖北	8276	220769	6642708.4	829862.6	5812845.8
湖南	6253	193255	4763985.9	477971.6	4286014.3
广东	34858	524277	23484991.8	3432460.3	20052531.5
广西	6172	141111	3098867.4	481784.9	2617082.5
海南	2463	34960	662187.8	55022.9	607164.9
重庆	5133	110753	3471811.1	508669.7	2963141.4
四川	10748	208743	6340754.7	842726.4	5498028.3
贵州	3555	72672	1827225.4	295723.8	1531501.6
云南	5434	104639	3014793.7	370084.3	2644709.4
西藏	326	6947	209854.5	13797.5	196057.0
陕西	10939	205818	4163432.9	436159.6	3727273.3
甘肃	5398	102520	1696281.1	189385.7	1506895.4
青海	1248	23092	412913.8	71318.7	341595.1
宁夏	2333	31656	635524.5	76415.6	559108.9
新疆	4640	68287	2198787.6	170404.0	2028383.6

2-A-9 批发和零售业法人单位分类商品销售情况

单位：万元

指标名称	销售合计	批发额	零售额
总　计	**1231524813.4**	**1008568963.5**	**222955849.9**
1.食品、饮料、烟酒类	147964601.3	118008986.0	29955615.3
(1)粮油类	32674094.6	27383882.9	5290211.7
(2)肉禽蛋类	8113835.8	4790546.9	3323288.9
(3)其他食品类	29571187.3	18017751.1	11553436.2
(4)饮料类	6486519.3	3301439.5	3185079.8
(5)烟酒类	71118964.3	64515365.6	6603598.7
2.服装、鞋帽、针纺织品类	76907386.9	56327087.3	20580299.6
(1)服装类	37843219.8	24541490.7	13301729.1
(2)鞋帽类	8610731.9	4920584.5	3690147.4
(3)针、纺织品类	30453435.2	26865012.1	3588423.1
3.化妆品类	6374111.8	3202088.9	3172022.9
4.金银珠宝类	4034098.7	1213253.6	2820845.1
5.日用品类	21309883.4	13351271.3	7958612.1
其中：洗涤用品类	4424828.4	2049226.2	2375602.2
儿童玩具类	1142438.3	696414.5	446023.8
6.五金、电料类	20821044.8	16649591.8	4171453.0
7.体育、娱乐用品类	4777782.7	3052122.5	1725660.2
8.书报杂志类	10743364.4	6413589.2	4329775.2
9.电子出版物及音像制品类	2049553.6	1328532.6	721021.0
10.家用电器和音像器材类	42568982.4	25010901.6	17558080.8
11.中西药品类	41710519.9	29273315.1	12437204.8
其中：西药	28480191.8	19842557.5	8637634.3
中草药及中成药	8673661.6	6082789.8	2590871.8
12.文化办公用品类	29655668.2	22003899.9	7651768.3
13.家具类	3262788.6	1502539.9	1760248.7
14.通讯器材类	29194450.1	23569890.7	5624559.4
15.煤炭及制品类	39085953.9	37739737.2	1346216.7
16.木材及制品类	4471258.5	4082515.2	388743.3
17.石油及制品类	184840500.3	155463893.6	29376606.7
18.化工材料及制品类	89594946.1	87419809.5	2175136.6
其中：化肥类	15042833.5	14676250.4	366583.1
19.金属材料类	203435805.1	199241785.0	4194020.1
20.建筑及装潢材料类	21188142.2	17831968.3	3356173.9
21.机电产品及设备类	69036859.8	62935742.2	6101117.6
其中：农机类	3741682.8	3521321.5	220361.3
22.汽车类	92245916.1	46648335.5	45597580.6
23.种子饲料类	4214270.6	4061329.6	152941.0
24.棉麻类	8522780.7	8440787.5	81993.2
25.其他类	73514143.3	63795989.5	9718153.8

2-A-10 批发业法人单位分类商品销售情况

单位：万元

指标名称	销售合计	批发额	零售额
总 计	**1020424100.9**	**977230317.5**	**43193783.4**
1.食品、饮料、烟酒类	118397050.6	113968422.7	4428627.9
(1)粮油类	27881317.7	26631732.7	1249585.0
(2)肉禽蛋类	4954738.2	4550035.6	404702.6
(3)其他食品类	17389814.6	16575122.5	814692.1
(4)饮料类	3368162.8	2888367.6	479795.2
(5)烟酒类	64803017.3	63323164.3	1479853.0
2.服装、鞋帽、针纺织品类	56204730.1	55233997.1	970733.0
(1)服装类	24427571.7	23870476.7	557095.0
(2)鞋帽类	4876396.0	4768295.2	108100.8
(3)针、纺织品类	26900762.4	26595225.2	305537.2
3.化妆品类	3032312.2	2901721.0	130591.2
4.金银珠宝类	1054230.1	994122.7	60107.4
5.日用品类	12748727.9	12313431.6	435296.3
其中：洗涤用品类	1908242.0	1792961.6	115280.4
儿童玩具类	706005.8	682838.2	23167.6
6.五金、电料类	16984694.4	16046962.5	937731.9
7.体育、娱乐用品类	3195759.2	2879610.2	316149.0
8.书报杂志类	6397142.9	5918274.4	478868.5
9.电子出版物及音像制品类	1340824.7	1258117.4	82707.3
10.家用电器和音像器材类	23820643.0	22568585.8	1252057.2
11.中西药品类	32270959.2	27158240.9	5112718.3
其中：西药	22393369.8	18452434.4	3940935.4
中草药及中成药	6558565.2	5598058.6	960506.6
12.文化办公用品类	22056927.9	20789959.8	1266968.1
13.家具类	1456439.7	1378657.2	77782.5
14.通讯器材类	23200856.8	22703714.8	497142.0
15.煤炭及制品类	38420082.2	37637624.4	782457.8
16.木材及制品类	4201771.2	4039565.7	162205.5
17.石油及制品类	163352387.8	149541295.8	13811092.0
18.化工材料及制品类	87382367.7	86299779.0	1082588.7
其中：化肥类	14075162.8	13921125.4	154037.4
19.金属材料类	201354732.5	198602723.8	2752008.7
20.建筑及装潢材料类	18229675.9	17455525.4	774150.5
21.机电产品及设备类	63344040.5	61928966.4	1415074.1
其中：农机类	3568518.3	3462229.8	106288.5
22.汽车类	45054118.3	40676658.7	4377459.6
23.种子饲料类	4075395.2	4003214.1	72181.1
24.棉麻类	8445168.5	8411611.4	33557.1
25.其他类	64403062.4	62519534.7	1883527.7

2-A-11 零售业法人单位分类商品销售情况

单位：万元

指标名称	销售合计	批发额	零售额
总　计	**211100712.5**	**31338646.0**	**179762066.5**
1.食品、饮料、烟酒类	29567550.7	4040563.3	25526987.4
(1)粮油类	4792776.9	752150.2	4040626.7
(2)肉禽蛋类	3159097.6	240511.3	2918586.3
(3)其他食品类	12181372.7	1442628.6	10738744.1
(4)饮料类	3118356.5	413071.9	2705284.6
(5)烟酒类	6315947.0	1192201.3	5123745.7
2.服装、鞋帽、针纺织品类	20702656.8	1093090.2	19609566.6
(1)服装类	13415648.1	671014.0	12744634.1
(2)鞋帽类	3734335.9	152289.3	3582046.6
(3)针、纺织品类	3552672.8	269786.9	3282885.9
3.化妆品类	3341799.6	300367.9	3041431.7
4.金银珠宝类	2979868.6	219130.9	2760737.7
5.日用品类	8561155.5	1037839.7	7523315.8
其中：洗涤用品类	2516586.4	256264.6	2260321.8
儿童玩具类	436432.5	13576.3	422856.2
6.五金、电料类	3836350.4	602629.3	3233721.1
7.体育、娱乐用品类	1582023.5	172512.3	1409511.2
8.书报杂志类	4346221.5	495314.8	3850906.7
9.电子出版物及音像制品类	708728.9	70415.2	638313.7
10.家用电器和音像器材类	18748339.4	2442315.8	16306023.6
11.中西药品类	9439560.7	2115074.2	7324486.5
其中：西药	6086822.0	1390123.1	4696698.9
中草药及中成药	2115096.4	484731.2	1630365.2
12.文化办公用品类	7598740.3	1213940.1	6384800.2
13.家具类	1806348.9	123882.7	1682466.2
14.通讯器材类	5993593.3	866175.9	5127417.4
15.煤炭及制品类	665871.7	102112.8	563758.9
16.木材及制品类	269487.3	42949.5	226537.8
17.石油及制品类	21488112.5	5922597.8	15565514.7
18.化工材料及制品类	2212578.4	1120030.5	1092547.9
其中：化肥类	967670.7	755125.0	212545.7
19.金属材料类	2081072.6	639061.2	1442011.4
20.建筑及装潢材料类	2958466.3	376442.9	2582023.4
21.机电产品及设备类	5692819.3	1006775.8	4686043.5
其中：农机类	173164.5	59091.7	114072.8
22.汽车类	47191797.8	5971676.8	41220121.0
23.种子饲料类	138875.4	58115.5	80759.9
24.棉麻类	77612.2	29176.1	48436.1
25.其他类	9111080.9	1276454.8	7834626.1

2-A-12 批发和零售业法人单位分类商品销售情况

(按登记注册类型分)

内资企业 单位：万元

指标名称	销售合计	批发额	零售额
总 计	**1148370670.6**	**937802584.1**	**210568086.5**
1.食品、饮料、烟酒类	140556837.4	114168976.9	26387860.5
(1)粮油类	31576953.1	26773252.3	4803700.8
(2)肉禽蛋类	7325636.2	4442103.1	2883533.1
(3)其他食品类	26453979.7	16725478.6	9728501.1
(4)饮料类	5230145.8	2414121.7	2816024.1
(5)烟酒类	69970122.6	63814021.2	6156101.4
2.服装、鞋帽、针纺织品类	71968188.8	54075535.4	17892653.4
(1)服装类	34671938.1	23376373.8	11295564.3
(2)鞋帽类	8062013.9	4782724.5	3279289.4
(3)针、纺织品类	29234236.8	25916437.1	3317799.7
3.化妆品类	4599385.7	2037922.1	2561463.6
4.金银珠宝类	3734092.0	1138037.5	2596054.5
5.日用品类	18716859.4	11861429.4	6855430.0
其中：洗涤用品类	3915648.2	1835459.9	2080188.3
儿童玩具类	1041866.9	659713.1	382153.8
6.五金、电料类	19321898.8	15254888.8	4067010.0
7.体育、娱乐用品类	4115485.7	2541273.7	1574212.0
8.书报杂志类	10662366.9	6373402.7	4288964.2
9.电子出版物及音像制品类	1644566.9	992699.0	651867.9
10.家用电器和音像器材类	36691983.4	20560010.4	16131973.0
11.中西药品类	40753902.2	28532762.1	12221140.1
其中：西药	27926853.9	19446966.9	8479887.0
中草药及中成药	8570947.2	6029323.7	2541623.5
12.文化办公用品类	25566461.0	18205458.5	7361002.5
13.家具类	2858525.0	1288187.2	1570337.8
14.通讯器材类	22852631.6	17487328.4	5365303.2
15.煤炭及制品类	38546347.6	37203582.5	1342765.1
16.木材及制品类	4381694.2	4010468.7	371225.5
17.石油及制品类	181648700.3	152706394.9	28942305.4
18.化工材料及制品类	84859398.0	82696133.0	2163265.0
其中：化肥类	14854159.2	14487979.9	366179.3
19.金属材料类	201059806.9	196876501.1	4183305.8
20.建筑及装潢材料类	20101550.9	17073047.7	3028503.2
21.机电产品及设备类	56082291.1	50066377.9	6015913.2
其中：农机类	3434010.4	3218513.0	215497.4
22.汽车类	78654479.0	33233820.3	45420658.7
23.种子饲料类	4028348.8	3878383.7	149965.1
24.棉麻类	8477169.7	8395309.9	81859.8
25.其他类	66487699.3	57144652.3	9343047.0

2-A-12 续表 1 国有企业 单位：万元

指标名称	销售合计	批发额	零售额
总　计	**226939764.4**	**204790323.6**	**22149440.8**
1.食品、饮料、烟酒类	74816663.3	69685080.1	5131583.2
(1)粮油类	17569953.8	15512901.0	2057052.8
(2)肉禽蛋类	1971650.3	1442235.8	529414.5
(3)其他食品类	3719322.2	2979976.1	739346.1
(4)饮料类	657407.6	164000.8	493406.8
(5)烟酒类	50898329.4	49585966.4	1312363.0
2.服装、鞋帽、针纺织品类	6551713.0	4982829.1	1568883.9
(1)服装类	3355401.0	2401880.0	953521.0
(2)鞋帽类	1002774.8	699275.0	303499.8
(3)针、纺织品类	2193537.2	1881674.1	311863.1
3.化妆品类	233067.4	45496.3	187571.1
4.金银珠宝类	273942.6	77839.7	196102.9
5.日用品类	2000962.3	1480755.8	520206.5
其中：洗涤用品类	238133.4	138103.9	100029.5
儿童玩具类	68864.9	38279.5	30585.4
6.五金、电料类	1486709.3	1178477.9	308231.4
7.体育、娱乐用品类	402230.7	290383.3	111847.4
8.书报杂志类	6102484.4	2924815.7	3177668.7
9.电子出版物及音像制品类	290703.7	161425.8	129277.9
10.家用电器和音像器材类	1737854.6	998029.2	739825.4
11.中西药品类	6418762.6	4302537.8	2116224.8
其中：西药	4431636.5	2905120.6	1526515.9
中草药及中成药	1490024.1	1002760.5	487263.6
12.文化办公用品类	1167621.7	896962.6	270659.1
13.家具类	368616.1	267812.2	100803.9
14.通讯器材类	1351074.5	1179300.7	171773.8
15.煤炭及制品类	11383441.5	11219535.7	163905.8
16.木材及制品类	612699.8	584200.9	28498.9
17.石油及制品类	45092260.7	41074954.3	4017306.4
18.化工材料及制品类	8831160.6	8676486.8	154673.8
其中：化肥类	1982828.4	1966072.3	16756.1
19.金属材料类	23741141.4	23601124.2	140017.2
20.建筑及装潢材料类	2592483.0	2528733.0	63750.0
21.机电产品及设备类	6897369.5	6625693.6	271675.9
其中：农机类	565949.8	538640.0	27309.8
22.汽车类	8846935.4	7116613.9	1730321.5
23.种子饲料类	1006411.5	971614.8	34796.7
24.棉麻类	1781587.1	1779531.9	2055.2
25.其他类	12951867.7	12140088.3	811779.4

2-A-12 续表 2 集体企业

单位：万元

指标名称	销售合计	批发额	零售额
总 计	**40651503.1**	**29093399.0**	**11558104.1**
1.食品、饮料、烟酒类	4174398.9	1801126.0	2373272.9
(1)粮油类	566416.0	283109.4	283306.6
(2)肉禽蛋类	356199.8	175162.3	181037.5
(3)其他食品类	1618268.5	786078.9	832189.6
(4)饮料类	371160.1	97795.6	273364.5
(5)烟酒类	1262354.5	458979.8	803374.7
2.服装、鞋帽、针纺织品类	2275881.9	1020780.5	1255101.4
(1)服装类	1163962.8	538518.9	625443.9
(2)鞋帽类	338112.7	59830.0	278282.7
(3)针、纺织品类	773806.4	422431.6	351374.8
3.化妆品类	279904.5	86216.3	193688.2
4.金银珠宝类	119394.8	9624.8	109770.0
5.日用品类	1146598.4	332727.2	813871.2
其中：洗涤用品类	292628.5	60449.2	232179.3
儿童玩具类	56376.7	9289.1	47087.6
6.五金、电料类	1289301.3	694644.5	594656.8
7.体育、娱乐用品类	111755.7	58714.4	53041.3
8.书报杂志类	196004.7	96794.9	99209.8
9.电子出版物及音像制品类	52003.7	20195.2	31808.5
10.家用电器和音像器材类	1875787.0	1256982.0	618805.0
11.中西药品类	507964.6	269616.4	238348.2
其中：西药	311033.5	171438.4	139595.1
中草药及中成药	133551.9	68340.8	65211.1
12.文化办公用品类	462557.8	241911.2	220646.6
13.家具类	140884.1	14008.6	126875.5
14.通讯器材类	181486.8	69697.9	111788.9
15.煤炭及制品类	1354891.6	1171784.5	183107.1
16.木材及制品类	120017.3	80619.8	39397.5
17.石油及制品类	3857983.8	2035888.3	1822095.5
18.化工材料及制品类	9052134.1	8546726.4	505407.7
其中：化肥类	5659029.8	5395737.0	263292.8
19.金属材料类	3544795.6	3375646.8	169148.8
20.建筑及装潢材料类	644327.4	446837.8	197489.6
21.机电产品及设备类	1815240.7	1557461.4	257779.3
其中：农机类	120360.1	104565.0	15795.1
22.汽车类	821092.0	370284.5	450807.5
23.种子饲料类	207357.2	185898.0	21459.2
24.棉麻类	1775434.5	1738420.0	37014.5
25.其他类	4644304.7	3610791.6	1033513.1

2-A-12 续表 3 股份合作企业 单位：万元

指标名称	销售合计	批发额	零售额
总 计	**14661693.6**	**10764558.6**	**3897135.0**
1.食品、饮料、烟酒类	1759755.6	1183179.7	576575.9
(1)粮油类	234741.5	184239.8	50501.7
(2)肉禽蛋类	389304.7	318580.5	70724.2
(3)其他食品类	696600.6	434680.2	261920.4
(4)饮料类	117043.9	65148.7	51895.2
(5)烟酒类	322064.9	180530.5	141534.4
2.服装、鞋帽、针纺织品类	725479.4	413770.3	311709.1
(1)服装类	353491.1	177224.1	176267.0
(2)鞋帽类	142118.8	85213.7	56905.1
(3)针、纺织品类	229869.5	151332.5	78537.0
3.化妆品类	69893.7	27160.1	42733.6
4.金银珠宝类	73443.6	2784.5	70659.1
5.日用品类	443891.3	286722.6	157168.7
其中：洗涤用品类	88252.3	33286.5	54965.8
儿童玩具类	10957.3	4223.7	6733.6
6.五金、电料类	430776.3	296589.0	134187.3
7.体育、娱乐用品类	46892.1	25451.7	21440.4
8.书报杂志类	56185.9	26514.1	29671.8
9.电子出版物及音像制品类	10981.3	4204.0	6777.3
10.家用电器和音像器材类	401925.7	206048.1	195877.6
11.中西药品类	782975.6	553719.0	229256.6
其中：西药	542052.1	389718.7	152333.4
中草药及中成药	188916.4	133131.6	55784.8
12.文化办公用品类	317264.9	188576.2	128688.7
13.家具类	32211.4	10263.8	21947.6
14.通讯器材类	59128.6	28657.5	30471.1
15.煤炭及制品类	409266.8	379983.2	29283.6
16.木材及制品类	42118.1	36774.1	5344.0
17.石油及制品类	1437985.4	914345.0	523640.4
18.化工材料及制品类	1311568.3	1258364.1	53204.2
其中：化肥类	250859.0	238410.3	12448.7
19.金属材料类	1991106.8	1898595.7	92511.1
20.建筑及装潢材料类	237713.4	178903.5	58809.9
21.机电产品及设备类	935553.8	830680.0	104873.8
其中：农机类	88190.1	83726.7	4463.4
22.汽车类	1429098.8	597794.7	831304.1
23.种子饲料类	62764.6	60419.0	2345.6
24.棉麻类	39987.9	38412.6	1575.3
25.其他类	1553724.3	1316646.1	237078.2

2-A-12 续表 4 联营企业

单位：万元

指标名称	销售合计	批发额	零售额
总　计	**10107172.9**	**8284445.6**	**1822727.3**
1.食品、饮料、烟酒类	1075060.5	857706.6	217353.9
(1)粮油类	256079.2	217003.7	39075.5
(2)肉禽蛋类	50488.5	37672.2	12816.3
(3)其他食品类	102311.8	50288.9	52022.9
(4)饮料类	16205.8	8171.4	8034.4
(5)烟酒类	649975.2	544570.4	105404.8
2.服装、鞋帽、针纺织品类	556660.6	496320.1	60340.5
(1)服装类	181051.4	142368.6	38682.8
(2)鞋帽类	66232.3	57781.2	8451.1
(3)针、纺织品类	309376.9	296170.3	13206.6
3.化妆品类	11542.4	4297.3	7245.1
4.金银珠宝类	35368.3	17665.1	17703.2
5.日用品类	102751.0	71269.3	31481.7
其中：洗涤用品类	9559.3	4884.3	4675.0
儿童玩具类	3152.3	2350.2	802.1
6.五金、电料类	85765.6	56000.5	29765.1
7.体育、娱乐用品类	13773.1	9589.6	4183.5
8.书报杂志类	80269.5	72151.5	8118.0
9.电子出版物及音像制品类	12502.5	9364.5	3138.0
10.家用电器和音像器材类	689425.4	492135.3	197290.1
11.中西药品类	287867.6	141500.6	146367.0
其中：西药	150210.5	87884.7	62325.8
中草药及中成药	41724.1	17757.1	23967.0
12.文化办公用品类	150135.7	87779.5	62356.2
13.家具类	15233.9	9479.1	5754.8
14.通讯器材类	143088.9	86918.3	56170.6
15.煤炭及制品类	277960.1	275262.9	2697.2
16.木材及制品类	7505.8	7205.4	300.4
17.石油及制品类	2169109.9	1648104.3	521005.6
18.化工材料及制品类	958171.6	941173.0	16998.6
其中：化肥类	89210.3	87683.6	1526.7
19.金属材料类	1279015.4	1274195.3	4820.1
20.建筑及装潢材料类	154091.8	143574.3	10517.5
21.机电产品及设备类	791987.7	750714.1	41273.6
其中：农机类	4540.4	4292.1	248.3
22.汽车类	527287.8	198457.3	328830.5
23.种子饲料类	83523.6	81995.4	1528.2
24.棉麻类	127613.5	127136.7	476.8
25.其他类	471460.7	424449.6	47011.1

2-A-12 续表 5 国有联营企业 单位：万元

指标名称	销售合计	批发额	零售额
总 计	**5083954.4**	**4358974.7**	**724979.7**
1.食品、饮料、烟酒类	710338.5	568905.2	141433.3
(1)粮油类	59126.5	54839.3	4287.2
(2)肉禽蛋类	24532.8	16215.4	8317.4
(3)其他食品类	46404.3	7034.2	39370.1
(4)饮料类	7428.6	2237.5	5191.1
(5)烟酒类	572846.3	488578.8	84267.5
2.服装、鞋帽、针纺织品类	109804.7	94865.9	14938.8
(1)服装类	35884.4	29575.3	6309.1
(2)鞋帽类	24187.3	23508.0	679.3
(3)针、纺织品类	49733.0	41782.6	7950.4
3.化妆品类	3024.9	1548.8	1476.1
4.金银珠宝类	9905.8	8313.5	1592.3
5.日用品类	44590.1	27676.2	16913.9
其中：洗涤用品类	2037.0	0.2	2036.8
儿童玩具类	2532.5	2316.9	215.6
6.五金、电料类	12565.5	11929.3	636.2
7.体育、娱乐用品类	1686.4	184.3	1502.1
8.书报杂志类	14103.6	13043.1	1060.5
9.电子出版物及音像制品类	455.2	375.4	79.8
10.家用电器和音像器材类	64791.3	58308.5	6482.8
11.中西药品类	125021.0	51799.4	73221.6
其中：西药	83761.7	42095.6	41666.1
中草药及中成药	15913.4	4947.4	10966.0
12.文化办公用品类	25074.2	18412.3	6661.9
13.家具类	668.9	109.5	559.4
14.通讯器材类	10939.8	10147.6	792.2
15.煤炭及制品类	174319.7	173922.8	396.9
16.木材及制品类	3311.5	3073.6	237.9
17.石油及制品类	1367627.9	1138964.9	228663.0
18.化工材料及制品类	627667.4	619099.7	8567.7
其中：化肥类	4770.9	4559.6	211.3
19.金属材料类	798235.3	798215.4	19.9
20.建筑及装潢材料类	83314.3	79153.2	4161.1
21.机电产品及设备类	377478.6	364002.9	13475.7
其中：农机类	755.2	755.2	
22.汽车类	274393.6	84886.2	189507.4
23.种子饲料类	17257.6	16497.7	759.9
24.棉麻类	6851.6	6391.6	460.0
25.其他类	220527.0	209147.7	11379.3

2-A-12 续表 6 集体联营企业 单位：万元

指标名称	销售合计	批发额	零售额
总 计	**1136513.3**	**909993.6**	**226519.7**
1.食品、饮料、烟酒类	87137.5	72824.4	14313.1
(1)粮油类	40024.1	38165.3	1858.8
(2)肉禽蛋类	5842.8	3858.7	1984.1
(3)其他食品类	32165.6	27861.0	4304.6
(4)饮料类	3344.6	2055.5	1289.1
(5)烟酒类	5760.4	883.9	4876.5
2.服装、鞋帽、针纺织品类	35076.0	11301.3	23774.7
(1)服装类	21626.8	4138.7	17488.1
(2)鞋帽类	4573.7	475.1	4098.6
(3)针、纺织品类	8875.5	6687.5	2188.0
3.化妆品类	2411.4	51.8	2359.6
4.金银珠宝类	4679.3		4679.3
5.日用品类	11739.2	7562.5	4176.7
其中：洗涤用品类	4070.2	2673.1	1397.1
儿童玩具类	379.1	27.0	352.1
6.五金、电料类	42419.6	18528.0	23891.6
7.体育、娱乐用品类	1393.8	1.0	1392.8
8.书报杂志类	2161.4	452.6	1708.8
9.电子出版物及音像制品类	182.9	32.6	150.3
10.家用电器和音像器材类	76884.4	69089.0	7795.4
11.中西药品类	10752.9	7898.3	2854.6
其中：西药	6953.6	5334.6	1619.0
中草药及中成药	2209.1	1566.5	642.6
12.文化办公用品类	24662.5	20918.0	3744.5
13.家具类	2557.6	20.0	2537.6
14.通讯器材类	6241.6	4590.4	1651.2
15.煤炭及制品类	53266.7	52509.8	756.9
16.木材及制品类	89.9	77.9	12.0
17.石油及制品类	175644.9	91825.9	83819.0
18.化工材料及制品类	107274.0	104072.9	3201.1
其中：化肥类	56709.9	55426.9	1283.0
19.金属材料类	256250.5	253935.0	2315.5
20.建筑及装潢材料类	21486.7	19350.1	2136.6
21.机电产品及设备类	26745.5	23171.7	3573.8
其中：农机类	1714.9	1709.9	5.0
22.汽车类	56335.6	29731.1	26604.5
23.种子饲料类	1153.8	1012.2	141.6
24.棉麻类	92490.3	92473.5	16.8
25.其他类	37475.3	28563.6	8911.7

2-A-12 续表 7 国有与集体联营企业

单位：万元

指标名称	销售合计	批发额	零售额
总 计	**2338016.2**	**1823448.5**	**514567.7**
1.食品、饮料、烟酒类	78200.8	68408.2	9792.6
(1)粮油类	6164.9	5216.4	948.5
(2)肉禽蛋类	6392.0	5079.6	1312.4
(3)其他食品类	10251.5	7932.1	2319.4
(4)饮料类	1451.9	1227.8	224.1
(5)烟酒类	53940.5	48952.3	4988.2
2.服装、鞋帽、针纺织品类	264401.4	261936.8	2464.6
(1)服装类	52795.6	51127.3	1668.3
(2)鞋帽类	26756.6	26678.5	78.1
(3)针、纺织品类	184849.2	184131.0	718.2
3.化妆品类	1269.3	130.8	1138.5
4.金银珠宝类	6383.7	4605.1	1778.6
5.日用品类	35082.5	27735.1	7347.4
其中：洗涤用品类	1936.1	1690.4	245.7
儿童玩具类	39.0	6.3	32.7
6.五金、电料类	19554.3	17993.7	1560.6
7.体育、娱乐用品类	1287.2	1056.1	231.1
8.书报杂志类	59745.5	56070.8	3674.7
9.电子出版物及音像制品类	2078.2	103.7	1974.5
10.家用电器和音像器材类	452451.3	278754.4	173696.9
11.中西药品类	34670.5	24867.9	9802.6
其中：西药	14615.1	13517.1	1098.0
中草药及中成药	17747.9	9889.1	7858.8
12.文化办公用品类	70396.9	35866.8	34530.1
13.家具类	877.3	849.8	27.5
14.通讯器材类	100003.1	59165.7	40837.4
15.煤炭及制品类	40846.2	40801.2	45.0
16.木材及制品类	3178.1	3127.6	50.5
17.石油及制品类	436516.8	302806.0	133710.8
18.化工材料及制品类	141248.6	140530.4	718.2
其中：化肥类	3394.3	3370.7	23.6
19.金属材料类	137187.2	136398.3	788.9
20.建筑及装潢材料类	13448.9	12309.5	1139.4
21.机电产品及设备类	162035.4	159776.4	2259.0
其中：农机类	1295.8	1295.8	
22.汽车类	116187.1	45315.9	70871.2
23.种子饲料类	44899.4	44899.4	
24.棉麻类	18169.7	18169.7	
25.其他类	97896.8	81769.2	16127.6

2-A-12 续表 8 其他联营企业 单位：万元

指标名称	销售合计	批发额	零售额
总 计	**1548689.0**	**1192028.8**	**356660.2**
1.食品、饮料、烟酒类	199383.7	147568.8	51814.9
(1)粮油类	150763.7	118782.7	31981.0
(2)肉禽蛋类	13720.9	12518.5	1202.4
(3)其他食品类	13490.4	7461.6	6028.8
(4)饮料类	3980.7	2650.6	1330.1
(5)烟酒类	17428.0	6155.4	11272.6
2.服装、鞋帽、针纺织品类	147378.5	128216.1	19162.4
(1)服装类	70744.6	57527.3	13217.3
(2)鞋帽类	10714.7	7119.6	3595.1
(3)针、纺织品类	65919.2	63569.2	2350.0
3.化妆品类	4836.8	2565.9	2270.9
4.金银珠宝类	14399.5	4746.5	9653.0
5.日用品类	11339.2	8295.5	3043.7
其中：洗涤用品类	1516.0	520.6	995.4
儿童玩具类	201.7		201.7
6.五金、电料类	11226.2	7549.5	3676.7
7.体育、娱乐用品类	9405.7	8348.2	1057.5
8.书报杂志类	4259.0	2585.0	1674.0
9.电子出版物及音像制品类	9786.2	8852.8	933.4
10.家用电器和音像器材类	95298.4	85983.4	9315.0
11.中西药品类	117423.2	56935.0	60488.2
其中：西药	44880.1	26937.4	17942.7
中草药及中成药	5853.7	1354.1	4499.6
12.文化办公用品类	30002.1	12582.4	17419.7
13.家具类	11130.1	8499.8	2630.3
14.通讯器材类	25904.4	13014.6	12889.8
15.煤炭及制品类	9527.5	8029.1	1498.4
16.木材及制品类	926.3	926.3	
17.石油及制品类	189320.3	114507.5	74812.8
18.化工材料及制品类	81981.6	77470.0	4511.6
其中：化肥类	24335.2	24326.4	8.8
19.金属材料类	87342.4	85646.6	1695.8
20.建筑及装潢材料类	35841.9	32761.5	3080.4
21.机电产品及设备类	225728.2	203763.1	21965.1
其中：农机类	774.5	531.2	243.3
22.汽车类	80371.5	38524.1	41847.4
23.种子饲料类	20212.8	19586.1	626.7
24.棉麻类	10101.9	10101.9	
25.其他类	115561.6	104969.1	10592.5

2-A-12 续表 9 有限责任公司 单位：万元

指标名称	销售合计	批发额	零售额
总 计	**310620086.3**	**250967672.1**	**59652414.2**
1.食品、饮料、烟酒类	32781563.8	23444104.2	9337459.6
(1)粮油类	7844309.3	6543339.9	1300969.4
(2)肉禽蛋类	2026937.3	919876.3	1107061.0
(3)其他食品类	9400030.3	5425489.5	3974540.8
(4)饮料类	1830623.1	841820.8	988802.3
(5)烟酒类	11679663.8	9713577.7	1966086.1
2.服装、鞋帽、针纺织品类	25446480.7	20174091.2	5272389.5
(1)服装类	13465453.6	10068278.7	3397174.9
(2)鞋帽类	2804588.1	1854628.1	949960.0
(3)针、纺织品类	9176439.0	8251184.4	925254.6
3.化妆品类	1687245.7	754370.3	932875.4
4.金银珠宝类	1184231.2	396582.1	787649.1
5.日用品类	6613190.2	4340070.8	2273119.4
其中：洗涤用品类	1349101.0	555109.5	793991.5
儿童玩具类	454314.8	328618.5	125696.3
6.五金、电料类	5072056.0	4365312.8	706743.2
7.体育、娱乐用品类	1276284.5	686073.5	590211.0
8.书报杂志类	2620267.4	1994086.2	626181.2
9.电子出版物及音像制品类	333770.9	178563.3	155207.6
10.家用电器和音像器材类	15543895.8	9721296.4	5822599.4
11.中西药品类	18080168.8	13474629.1	4605539.7
其中：西药	12387127.0	9259138.4	3127988.6
中草药及中成药	3837542.8	2758374.3	1079168.5
12.文化办公用品类	6484375.1	5140784.8	1343590.3
13.家具类	801078.5	425235.9	375842.6
14.通讯器材类	7568399.8	6328555.8	1239844.0
15.煤炭及制品类	12120560.6	11862057.4	258503.2
16.木材及制品类	1282182.1	1168528.0	113654.1
17.石油及制品类	23354553.7	20598903.7	2755650.0
18.化工材料及制品类	22039998.5	21724336.1	315662.4
其中：化肥类	4026419.1	4004944.7	21474.4
19.金属材料类	57287529.7	56479649.2	807880.5
20.建筑及装潢材料类	4804469.7	4076079.5	728390.2
21.机电产品及设备类	16886995.2	15763621.5	1123373.7
其中：农机类	867986.3	834857.4	33128.9
22.汽车类	27541751.5	10126160.4	17415591.1
23.种子饲料类	1025000.3	990712.6	34287.7
24.棉麻类	2893732.8	2880012.4	13720.4
25.其他类	15890303.8	13873854.9	2016448.9

2-A-12 续表 10 国有独资公司 单位：万元

指标名称	销售合计	批发额	零售额
总 计	**27254781.5**	**25813254.6**	**1441526.9**
1.食品、饮料、烟酒类	6254297.5	5961691.7	292605.8
(1)粮油类	2619454.3	2530371.3	89083.0
(2)肉禽蛋类	137707.4	109145.2	28562.2
(3)其他食品类	521852.9	497955.1	23897.8
(4)饮料类	12343.0	4860.1	7482.9
(5)烟酒类	2962939.9	2819360.0	143579.9
2.服装、鞋帽、针纺织品类	2284515.9	2202570.9	81945.0
(1)服装类	1573625.1	1528492.1	45133.0
(2)鞋帽类	272655.0	253756.4	18898.6
(3)针、纺织品类	438235.8	420322.4	17913.4
3.化妆品类	60439.7	35161.8	25277.9
4.金银珠宝类	78849.4	66956.5	11892.9
5.日用品类	528129.3	507744.2	20385.1
其中：洗涤用品类	14865.5	9947.1	4918.4
儿童玩具类	63446.8	60353.6	3093.2
6.五金、电料类	241507.6	235462.5	6045.1
7.体育、娱乐用品类	47968.4	45108.4	2860.0
8.书报杂志类	1183975.1	976390.8	207584.3
9.电子出版物及音像制品类	23040.6	11255.1	11785.5
10.家用电器和音像器材类	233438.8	116336.6	117102.2
11.中西药品类	578012.0	430431.2	147580.8
其中：西药	305294.8	225237.1	80057.7
中草药及中成药	193409.9	143950.4	49459.5
12.文化办公用品类	64552.2	55131.2	9421.0
13.家具类	37272.3	36811.5	460.8
14.通讯器材类	59848.5	51087.1	8761.4
15.煤炭及制品类	1946826.8	1927950.3	18876.5
16.木材及制品类	44642.7	44309.6	333.1
17.石油及制品类	1551306.7	1387772.5	163534.2
18.化工材料及制品类	706123.0	702263.4	3859.6
其中：化肥类	74067.9	74067.9	
19.金属材料类	7865556.8	7847942.3	17614.5
20.建筑及装潢材料类	355460.9	343231.5	12229.4
21.机电产品及设备类	1214287.9	1196652.5	17635.4
其中：农机类	37616.1	33143.1	4473.0
22.汽车类	776182.5	523667.8	252514.7
23.种子饲料类	216470.8	216166.0	304.8
24.棉麻类	93595.4	93595.4	
25.其他类	808480.7	797563.8	10916.9

2-A-12 续表 11 其他有限责任公司 单位：万元

指标名称	销售合计	批发额	零售额
总　计	**283365304.8**	**225154417.5**	**58210887.3**
1.食品、饮料、烟酒类	26527266.3	17482412.5	9044853.8
(1)粮油类	5224855.0	4012968.6	1211886.4
(2)肉禽蛋类	1889229.9	810731.1	1078498.8
(3)其他食品类	8878177.4	4927534.4	3950643.0
(4)饮料类	1818280.1	836960.7	981319.4
(5)烟酒类	8716723.9	6894217.7	1822506.2
2.服装、鞋帽、针纺织品类	23161964.8	17971520.3	5190444.5
(1)服装类	11891828.5	8539786.6	3352041.9
(2)鞋帽类	2531933.1	1600871.7	931061.4
(3)针、纺织品类	8738203.2	7830862.0	907341.2
3.化妆品类	1626806.0	719208.5	907597.5
4.金银珠宝类	1105381.8	329625.6	775756.2
5.日用品类	6085060.9	3832326.6	2252734.3
其中：洗涤用品类	1334235.5	545162.4	789073.1
儿童玩具类	390868.0	268264.9	122603.1
6.五金、电料类	4830548.4	4129850.3	700698.1
7.体育、娱乐用品类	1228316.1	640965.1	587351.0
8.书报杂志类	1436292.3	1017695.4	418596.9
9.电子出版物及音像制品类	310730.3	167308.2	143422.1
10.家用电器和音像器材类	15310457.0	9604959.8	5705497.2
11.中西药品类	17502156.8	13044197.9	4457958.9
其中：西药	12081832.2	9033901.3	3047930.9
中草药及中成药	3644132.9	2614423.9	1029709.0
12.文化办公用品类	6419822.9	5085653.6	1334169.3
13.家具类	763806.2	388424.4	375381.8
14.通讯器材类	7508551.3	6277468.7	1231082.6
15.煤炭及制品类	10173733.8	9934107.1	239626.7
16.木材及制品类	1237539.4	1124218.4	113321.0
17.石油及制品类	21803247.0	19211131.2	2592115.8
18.化工材料及制品类	21333875.5	21022072.7	311802.8
其中：化肥类	3952351.2	3930876.8	21474.4
19.金属材料类	49421972.9	48631706.9	790266.0
20.建筑及装潢材料类	4449008.8	3732848.0	716160.8
21.机电产品及设备类	15672707.3	14566969.0	1105738.3
其中：农机类	830370.2	801714.3	28655.9
22.汽车类	26765569.0	9602492.6	17163076.4
23.种子饲料类	808529.5	774546.6	33982.9
24.棉麻类	2800137.4	2786417.0	13720.4
25.其他类	15081823.1	13076291.1	2005532.0

2-A-12 续表 12 股份有限公司 单位：万元

指标名称	销售合计	批发额	零售额
总 计	**150589435.7**	**115890859.6**	**34698576.1**
1.食品、饮料、烟酒类	6739806.4	3763954.3	2975852.1
(1)粮油类	730143.4	432049.9	298093.5
(2)肉禽蛋类	840020.8	483076.9	356943.9
(3)其他食品类	3002343.6	1537637.3	1464706.3
(4)饮料类	465362.5	177489.2	287873.3
(5)烟酒类	1701936.1	1133701.0	568235.1
2.服装、鞋帽、针纺织品类	10580598.6	6092144.5	4488454.1
(1)服装类	6665242.0	3580061.6	3085180.4
(2)鞋帽类	1235200.3	435100.5	800099.8
(3)针、纺织品类	2680156.3	2076982.4	603173.9
3.化妆品类	728221.8	198545.5	529676.3
4.金银珠宝类	933046.4	178843.8	754202.6
5.日用品类	2214308.6	1099552.9	1114755.7
其中：洗涤用品类	416383.9	149157.0	267226.9
儿童玩具类	127272.0	79558.4	47713.6
6.五金、电料类	1001454.8	769300.8	232154.0
7.体育、娱乐用品类	443578.1	186922.1	256656.0
8.书报杂志类	202401.0	141257.5	61143.5
9.电子出版物及音像制品类	76086.6	44919.4	31167.2
10.家用电器和音像器材类	3609432.7	1280852.5	2328580.2
11.中西药品类	6081483.9	3484260.8	2597223.1
其中：西药	4780388.8	2686237.8	2094151.0
中草药及中成药	1092481.8	701565.9	390915.9
12.文化办公用品类	847541.3	381527.3	466014.0
13.家具类	175541.4	74679.5	100861.9
14.通讯器材类	1792523.1	1211710.7	580812.4
15.煤炭及制品类	1121638.5	1072826.2	48812.3
16.木材及制品类	277542.7	270511.1	7031.6
17.石油及制品类	86647321.1	71542088.8	15105232.3
18.化工材料及制品类	7538505.7	7426450.6	112055.1
其中：化肥类	980045.4	969686.2	10359.2
19.金属材料类	7629140.8	7478210.1	150930.7
20.建筑及装潢材料类	786386.0	690602.2	95783.8
21.机电产品及设备类	2601336.7	2442225.2	159111.5
其中：农机类	153571.3	139402.3	14169.0
22.汽车类	4398182.3	2447184.9	1950997.4
23.种子饲料类	205735.3	201632.3	4103.0
24.棉麻类	354306.6	353727.4	579.2
25.其他类	3603315.3	3056929.2	546386.1

2-A-12 续表 13 私营企业 单位：万元

指标名称	销售合计	批发额	零售额
总　计	**391318160.9**	**315681575.5**	**75636585.4**
1.食品、饮料、烟酒类	18864235.6	13260019.5	5604216.1
(1)粮油类	4272884.1	3534252.4	738631.7
(2)肉禽蛋类	1640488.4	1036518.9	603969.5
(3)其他食品类	7808067.3	5463725.7	2344341.6
(4)饮料类	1746635.2	1050947.3	695687.9
(5)烟酒类	3396160.6	2174575.2	1221585.4
2.服装、鞋帽、针纺织品类	25689771.1	20833882.2	4855888.9
(1)服装类	9417392.4	6444694.6	2972697.8
(2)鞋帽类	2453254.1	1585780.2	867473.9
(3)针、纺织品类	13819124.6	12803407.4	1015717.2
3.化妆品类	1569076.7	918158.4	650918.3
4.金银珠宝类	1100127.7	453806.4	646321.3
5.日用品类	6146735.3	4235622.9	1911112.4
其中：洗涤用品类	1505935.9	892220.5	613715.4
儿童玩具类	315873.5	194941.6	120931.9
6.五金、电料类	9853426.6	7853539.4	1999887.2
7.体育、娱乐用品类	1813279.3	1281197.1	532082.2
8.书报杂志类	1392489.9	1111839.5	280650.4
9.电子出版物及音像制品类	863356.9	571277.9	292079.0
10.家用电器和音像器材类	12668766.6	6501407.5	6167359.1
11.中西药品类	8429989.3	6199461.2	2230528.1
其中：西药	5216620.1	3880419.2	1336200.9
中草药及中成药	1758496.2	1330119.3	428376.9
12.文化办公用品类	16092147.4	11250171.4	4841976.0
13.家具类	1308954.6	484167.3	824787.3
14.通讯器材类	11717212.5	8566549.2	3150663.3
15.煤炭及制品类	11778778.5	11131411.1	647367.4
16.木材及制品类	2016157.3	1842621.7	173535.6
17.石油及制品类	18918067.5	14822472.4	4095595.1
18.化工材料及制品类	34867209.5	33880510.8	986698.7
其中：化肥类	1791543.4	1753977.5	37565.9
19.金属材料类	104784160.2	101993262.2	2790898.0
20.建筑及装潢材料类	10798052.3	8948220.0	1849832.3
21.机电产品及设备类	26006986.6	21996576.1	4010410.5
其中：农机类	1620064.2	1501733.1	118331.1
22.汽车类	34809497.2	12302390.7	22507106.5
23.种子饲料类	1409360.9	1359430.1	49930.8
24.棉麻类	1481958.2	1456086.9	25871.3
25.其他类	26938363.2	22427493.6	4510869.6

2-A-12 续表 14 私营独资企业　　单位：万元

指标名称	销售合计	批发额	零售额
总　计	**21707574.5**	**14003378.7**	**7704195.8**
1.食品、饮料、烟酒类	2063479.4	1176729.2	886750.2
(1)粮油类	457509.4	294745.6	162763.8
(2)肉禽蛋类	177501.6	90264.7	87236.9
(3)其他食品类	821787.3	528075.0	293712.3
(4)饮料类	208202.0	93282.7	114919.3
(5)烟酒类	398479.1	170361.2	228117.9
2.服装、鞋帽、针纺织品类	1104899.8	615665.7	489234.1
(1)服装类	392479.2	120405.9	272073.3
(2)鞋帽类	139445.0	41920.6	97524.4
(3)针、纺织品类	572975.6	453339.2	119636.4
3.化妆品类	117252.9	32917.0	84335.9
4.金银珠宝类	77820.0	16411.3	61408.7
5.日用品类	351187.8	141729.8	209458.0
其中：洗涤用品类	108044.2	31435.1	76609.1
儿童玩具类	24493.2	6387.2	18106.0
6.五金、电料类	782868.3	444454.2	338414.1
7.体育、娱乐用品类	64359.3	36547.7	27811.6
8.书报杂志类	64525.1	40460.9	24064.2
9.电子出版物及音像制品类	32332.7	11376.7	20956.0
10.家用电器和音像器材类	893776.0	276132.6	617643.4
11.中西药品类	474636.8	181599.8	293037.0
其中：西药	278252.7	87494.9	190757.8
中草药及中成药	152038.8	77302.7	74736.1
12.文化办公用品类	441238.0	263618.5	177619.5
13.家具类	204726.9	29492.5	175234.4
14.通讯器材类	285944.4	164386.9	121557.5
15.煤炭及制品类	926573.1	773211.8	153361.3
16.木材及制品类	128038.6	98044.8	29993.8
17.石油及制品类	2592864.5	877870.3	1714994.2
18.化工材料及制品类	1438503.2	1318205.1	120298.1
其中：化肥类	337176.0	325349.2	11826.8
19.金属材料类	3575673.3	3359997.1	215676.2
20.建筑及装潢材料类	903821.9	632967.0	270854.9
21.机电产品及设备类	1313645.5	855342.1	458303.4
其中：农机类	208963.1	194223.8	14739.3
22.汽车类	1469011.1	777845.4	691165.7
23.种子饲料类	169278.4	162071.6	7206.8
24.棉麻类	136095.4	132997.7	3097.7
25.其他类	2095022.1	1583303.0	511719.1

2-A-12 续表 15 私营合伙企业 单位：万元

指标名称	销售合计	批发额	零售额
总 计	**7922329.0**	**5842272.0**	**2080057.0**
1.食品、饮料、烟酒类	605414.7	339932.9	265481.8
(1)粮油类	116786.7	71987.2	44799.5
(2)肉禽蛋类	75816.1	47239.9	28576.2
(3)其他食品类	261514.2	164577.1	96937.1
(4)饮料类	57324.3	25681.7	31642.6
(5)烟酒类	93973.4	30447.0	63526.4
2.服装、鞋帽、针纺织品类	412809.8	242573.3	170236.5
(1)服装类	186399.3	84732.5	101666.8
(2)鞋帽类	60151.0	17826.3	42324.7
(3)针、纺织品类	166259.5	140014.5	26245.0
3.化妆品类	40320.3	8340.7	31979.6
4.金银珠宝类	29590.7	10182.1	19408.6
5.日用品类	113869.6	46539.4	67330.2
其中：洗涤用品类	37914.5	10664.1	27250.4
儿童玩具类	7532.9	2047.5	5485.4
6.五金、电料类	234207.6	159497.5	74710.1
7.体育、娱乐用品类	29997.4	18451.5	11545.9
8.书报杂志类	23718.9	14056.3	9662.6
9.电子出版物及音像制品类	24343.9	19220.6	5123.3
10.家用电器和音像器材类	190442.0	73528.5	116913.5
11.中西药品类	156155.6	89845.1	66310.5
其中：西药	78939.7	47015.0	31924.7
中草药及中成药	49474.6	26249.7	23224.9
12.文化办公用品类	220121.3	138390.4	81730.9
13.家具类	32052.1	6026.9	26025.2
14.通讯器材类	105098.4	70294.3	34804.1
15.煤炭及制品类	292217.1	254527.3	37689.8
16.木材及制品类	39943.8	32828.2	7115.6
17.石油及制品类	587468.1	237904.1	349564.0
18.化工材料及制品类	559664.7	516455.3	43209.4
其中：化肥类	45163.3	43057.2	2106.1
19.金属材料类	2260567.1	2157532.1	103035.0
20.建筑及装潢材料类	249014.9	187431.2	61583.7
21.机电产品及设备类	470486.2	369576.3	100909.9
其中：农机类	40423.7	32599.7	7824.0
22.汽车类	419269.3	165109.7	254159.6
23.种子饲料类	23225.9	20926.4	2299.5
24.棉麻类	157201.4	155049.3	2152.1
25.其他类	645128.2	508052.6	137075.6

2-A-12 续表 16 私营有限责任公司 单位：万元

指标名称	销售合计	批发额	零售额
总 计	**346484393.6**	**284637880.1**	**61846513.5**
1.食品、饮料、烟酒类	15351651.4	11173946.3	4177705.1
(1)粮油类	3556461.2	3058319.6	498141.6
(2)肉禽蛋类	1270682.0	807322.9	463359.1
(3)其他食品类	6382963.9	4545116.7	1837847.2
(4)饮料类	1406789.1	893964.3	512824.8
(5)烟酒类	2734755.2	1869222.8	865532.4
2.服装、鞋帽、针纺织品类	23484098.9	19534210.6	3949888.3
(1)服装类	8520534.2	6078616.1	2441918.1
(2)鞋帽类	2161211.7	1472174.3	689037.4
(3)针、纺织品类	12802353.0	11983420.2	818932.8
3.化妆品类	1330398.8	829313.4	501085.4
4.金银珠宝类	938388.4	423459.5	514928.9
5.日用品类	5472719.1	3924096.4	1548622.7
其中：洗涤用品类	1313224.5	828766.9	484457.6
儿童玩具类	270612.2	178579.4	92032.8
6.五金、电料类	8462035.5	6978129.2	1483906.3
7.体育、娱乐用品类	1666819.3	1193439.6	473379.7
8.书报杂志类	1237305.3	1001171.5	236133.8
9.电子出版物及音像制品类	783528.8	523373.7	260155.1
10.家用电器和音像器材类	10913734.1	5884008.9	5029725.2
11.中西药品类	7228504.8	5502626.1	1725878.7
其中：西药	4451805.9	3415771.8	1036034.1
中草药及中成药	1483894.9	1185454.3	298440.6
12.文化办公用品类	14988428.7	10571193.5	4417235.2
13.家具类	1038489.1	437489.8	600999.3
14.通讯器材类	10780288.8	8067858.8	2712430.0
15.煤炭及制品类	9989997.3	9580584.7	409412.6
16.木材及制品类	1757410.6	1623104.0	134306.6
17.石油及制品类	15129058.7	13275303.7	1853755.0
18.化工材料及制品类	31524558.4	30751263.2	773295.2
其中：化肥类	1304716.1	1283254.1	21462.0
19.金属材料类	95758598.1	93385993.7	2372604.4
20.建筑及装潢材料类	9105852.3	7669501.7	1436350.6
21.机电产品及设备类	23176864.0	20015500.7	3161363.3
其中：农机类	1261570.4	1173356.9	88213.5
22.汽车类	31092944.7	10707756.8	20385187.9
23.种子饲料类	1167283.4	1129955.5	37327.9
24.棉麻类	1108218.3	1096259.6	11958.7
25.其他类	22997216.8	19358339.2	3638877.6

2-A-12 续表 17 私营股份有限公司 单位：万元

指标名称	销售合计	批发额	零售额
总 计	**15203863.8**	**11198044.7**	**4005819.1**
1.食品、饮料、烟酒类	843690.1	569411.1	274279.0
(1)粮油类	142126.8	109200.0	32926.8
(2)肉禽蛋类	116488.7	91691.4	24797.3
(3)其他食品类	341801.9	225956.9	115845.0
(4)饮料类	74319.8	38018.6	36301.2
(5)烟酒类	168952.9	104544.2	64408.7
2.服装、鞋帽、针纺织品类	687962.6	441432.6	246530.0
(1)服装类	317979.7	160940.1	157039.6
(2)鞋帽类	92446.4	53859.0	38587.4
(3)针、纺织品类	277536.5	226633.5	50903.0
3.化妆品类	81104.7	47587.3	33517.4
4.金银珠宝类	54328.6	3753.5	50575.1
5.日用品类	208958.8	123257.3	85701.5
其中：洗涤用品类	46752.7	21354.4	25398.3
儿童玩具类	13235.2	7927.5	5307.7
6.五金、电料类	374315.2	271458.5	102856.7
7.体育、娱乐用品类	52103.3	32758.3	19345.0
8.书报杂志类	66940.6	56150.8	10789.8
9.电子出版物及音像制品类	23151.5	17306.9	5844.6
10.家用电器和音像器材类	670814.5	267737.5	403077.0
11.中西药品类	570692.1	425390.2	145301.9
其中：西药	407621.8	330137.5	77484.3
中草药及中成药	73087.9	41112.6	31975.3
12.文化办公用品类	442359.4	276969.0	165390.4
13.家具类	33686.5	11158.1	22528.4
14.通讯器材类	545880.9	264009.2	281871.7
15.煤炭及制品类	569991.0	523087.3	46903.7
16.木材及制品类	90764.3	88644.7	2119.6
17.石油及制品类	608676.2	431394.3	177281.9
18.化工材料及制品类	1344483.2	1294587.2	49896.0
其中：化肥类	104488.0	102317.0	2171.0
19.金属材料类	3189321.7	3089739.3	99582.4
20.建筑及装潢材料类	539363.2	458320.1	81043.1
21.机电产品及设备类	1045990.9	756157.0	289833.9
其中：农机类	109107.0	101552.7	7554.3
22.汽车类	1828272.1	651678.8	1176593.3
23.种子饲料类	49573.2	46476.6	3096.6
24.棉麻类	80443.1	71780.3	8662.8
25.其他类	1200996.1	977798.8	223197.3

2-A-12 续表 18 其他企业 单位：万元

指标名称	销售合计	批发额	零售额
总 计	**3482853.7**	**2329750.1**	**1153103.6**
1.食品、饮料、烟酒类	345353.3	173806.5	171546.8
(1)粮油类	102425.8	66356.2	36069.6
(2)肉禽蛋类	50546.4	28980.2	21566.2
(3)其他食品类	107035.4	47602.0	59433.4
(4)饮料类	25707.6	8747.9	16959.7
(5)烟酒类	59638.1	22120.2	37517.9
2.服装、鞋帽、针纺织品类	141603.5	61717.5	79886.0
(1)服装类	69943.8	23347.3	46596.5
(2)鞋帽类	19732.8	5115.8	14617.0
(3)针、纺织品类	51926.9	33254.4	18672.5
3.化妆品类	20433.5	3677.9	16755.6
4.金银珠宝类	14537.4	891.1	13646.3
5.日用品类	48422.3	14707.9	33714.4
其中：洗涤用品类	15653.9	2249.0	13404.9
儿童玩具类	5055.4	2452.1	2603.3
6.五金、电料类	102408.9	41023.9	61385.0
7.体育、娱乐用品类	7692.2	2942.0	4750.2
8.书报杂志类	12264.1	5943.3	6320.8
9.电子出版物及音像制品类	5161.3	2748.9	2412.4
10.家用电器和音像器材类	164895.6	103259.4	61636.2
11.中西药品类	164689.8	107037.2	57652.6
其中：西药	107785.4	67009.1	40776.3
中草药及中成药	28209.9	17274.2	10935.7
12.文化办公用品类	44817.1	17745.5	27071.6
13.家具类	16005.0	2540.8	13464.2
14.通讯器材类	39717.4	15938.3	23779.1
15.煤炭及制品类	99810.0	90721.5	9088.5
16.木材及制品类	23471.1	20007.7	3463.4
17.石油及制品类	171418.2	69638.1	101780.1
18.化工材料及制品类	260649.7	242085.2	18564.5
其中：化肥类	74223.8	71468.3	2755.5
19.金属材料类	802917.0	775817.6	27099.4
20.建筑及装潢材料类	84027.3	60097.4	23929.9
21.机电产品及设备类	146820.9	99406.0	47414.9
其中：农机类	13348.2	11296.4	2051.8
22.汽车类	280634.0	74933.9	205700.1
23.种子饲料类	28195.4	26681.5	1513.9
24.棉麻类	22549.1	21982.0	567.1
25.其他类	434359.6	294399.0	139960.6

2-A-12 续表 19 港、澳、台商投资企业 单位：万元

指标名称	销售合计	批发额	零售额
总 计	**15564728.6**	**11487717.8**	**4077010.8**
1.食品、饮料、烟酒类	1080824.2	388002.4	692821.8
(1)粮油类	72207.8	32028.2	40179.6
(2)肉禽蛋类	149504.3	80027.9	69476.4
(3)其他食品类	595860.8	173502.9	422357.9
(4)饮料类	151001.1	66099.4	84901.7
(5)烟酒类	112250.2	36344.0	75906.2
2.服装、鞋帽、针纺织品类	1846372.6	763697.7	1082674.9
(1)服装类	1306130.2	486450.0	819680.2
(2)鞋帽类	246324.9	76441.2	169883.7
(3)针、纺织品类	293917.5	200806.5	93111.0
3.化妆品类	165365.8	3460.1	161905.7
4.金银珠宝类	172652.9	41135.6	131517.3
5.日用品类	513741.2	188235.8	325505.4
其中：洗涤用品类	55614.6	10346.5	45268.1
儿童玩具类	29275.1	14724.2	14550.9
6.五金、电料类	136201.1	99515.8	36685.3
7.体育、娱乐用品类	71145.3	20324.7	50820.6
8.书报杂志类	15115.0	6573.1	8541.9
9.电子出版物及音像制品类	59696.8	38629.3	21067.5
10.家用电器和音像器材类	1364812.0	670727.2	694084.8
11.中西药品类	282256.3	172166.2	110090.1
其中：西药	211185.8	139156.3	72029.5
中草药及中成药	40289.5	9631.1	30658.4
12.文化办公用品类	1374835.3	1284718.9	90116.4
13.家具类	35804.2	22836.3	12967.9
14.通讯器材类	1011835.5	835743.1	176092.4
15.煤炭及制品类	503655.0	501292.7	2362.3
16.木材及制品类	6441.1	5539.1	902.0
17.石油及制品类	559970.6	364460.0	195510.6
18.化工材料及制品类	1082488.5	1079109.8	3378.7
其中：化肥类	13808.3	13604.5	203.8
19.金属材料类	484255.5	481940.6	2314.9
20.建筑及装潢材料类	186098.2	178407.7	7690.5
21.机电产品及设备类	1985730.4	1977956.5	7773.9
其中：农机类	15012.4	14996.4	16.0
22.汽车类	677595.3	567924.3	109671.0
23.种子饲料类	25240.9	24280.5	960.4
24.棉麻类	18056.0	17922.6	133.4
25.其他类	1904538.9	1753117.8	151421.1

2-A-12 续表 20 合资经营企业(港或澳、台资) 单位：万元

指标名称	销售合计	批发额	零售额
总 计	**5823366.1**	**2549041.0**	**3274325.1**
1.食品、饮料、烟酒类	701387.6	88512.2	612875.4
(1)粮油类	38597.9	7224.4	31373.5
(2)肉禽蛋类	64434.5	3727.1	60707.4
(3)其他食品类	410523.8	34069.7	376454.1
(4)饮料类	111206.3	35888.1	75318.2
(5)烟酒类	76625.1	7602.9	69022.2
2.服装、鞋帽、针纺织品类	957876.7	185148.9	772727.8
(1)服装类	726100.9	160547.1	565553.8
(2)鞋帽类	131012.5	2683.0	128329.5
(3)针、纺织品类	100763.3	21918.8	78844.5
3.化妆品类	125917.0	1484.9	124432.1
4.金银珠宝类	126622.7	4235.0	122387.7
5.日用品类	311352.6	30053.5	281299.1
其中：洗涤用品类	36199.2	8631.7	27567.5
儿童玩具类	14769.9	3060.6	11709.3
6.五金、电料类	12002.3	1138.6	10863.7
7.体育、娱乐用品类	48070.2	2960.1	45110.1
8.书报杂志类	14917.3	6573.1	8344.2
9.电子出版物及音像制品类	32115.8	11605.8	20510.0
10.家用电器和音像器材类	753370.8	77231.2	676139.6
11.中西药品类	164831.1	58496.0	106335.1
其中：西药	111614.2	43322.8	68291.4
中草药及中成药	39914.6	9273.1	30641.5
12.文化办公用品类	364722.2	292893.8	71828.4
13.家具类	5593.9	354.3	5239.6
14.通讯器材类	284956.8	118851.9	166104.9
15.煤炭及制品类	487018.1	484655.8	2362.3
16.木材及制品类	1017.1	166.7	850.4
17.石油及制品类	310214.0	217457.7	92756.3
18.化工材料及制品类	97806.0	96255.3	1550.7
其中：化肥类	10311.4	10183.0	128.4
19.金属材料类	46437.6	45436.0	1001.6
20.建筑及装潢材料类	41820.1	39464.8	2355.3
21.机电产品及设备类	95678.2	91778.1	3900.1
其中：农机类	108.8	92.8	16.0
22.汽车类	324586.6	271698.2	52888.4
23.种子饲料类	4830.9	4830.9	
24.棉麻类	5939.2	5805.8	133.4
25.其他类	504281.3	411952.4	92328.9

2-A-12 续表 21 合作经营企业(港或澳、台资) 单位：万元

指标名称	销售合计	批发额	零售额
总　计	**947146.1**	**467982.3**	**479163.8**
1.食品、饮料、烟酒类	67538.7	19942.5	47596.2
(1)粮油类	5831.7	3541.3	2290.4
(2)肉禽蛋类	15573.9	11111.2	4462.7
(3)其他食品类	33126.4	1446.4	31680.0
(4)饮料类	7697.3	3843.6	3853.7
(5)烟酒类	5309.4		5309.4
2.服装、鞋帽、针纺织品类	285757.2	88477.8	197279.4
(1)服装类	234624.9	86939.5	147685.4
(2)鞋帽类	38804.4	914.3	37890.1
(3)针、纺织品类	12327.9	624.0	11703.9
3.化妆品类	35277.0		35277.0
4.金银珠宝类	10956.4	4036.7	6919.7
5.日用品类	32279.5	470.6	31808.9
其中：洗涤用品类	15353.7		15353.7
儿童玩具类	1463.1	470.6	992.5
6.五金、电料类	24875.7	2738.8	22136.9
7.体育、娱乐用品类	4245.1		4245.1
8.书报杂志类	116.9		116.9
9.电子出版物及音像制品类	3581.6	3343.5	238.1
10.家用电器和音像器材类	186396.3	176109.9	10286.4
11.中西药品类	11477.3	7747.4	3729.9
其中：西药	11477.3	7747.4	3729.9
中草药及中成药			
12.文化办公用品类	19258.3	17385.2	1873.1
13.家具类	5108.7		5108.7
14.通讯器材类	7217.5		7217.5
15.煤炭及制品类	186.9	186.9	
16.木材及制品类			
17.石油及制品类	174145.4	78048.9	96096.5
18.化工材料及制品类	1271.6	1006.2	265.4
其中：化肥类	171.6	96.2	75.4
19.金属材料类	460.0	460.0	
20.建筑及装潢材料类	1326.1	1074.3	251.8
21.机电产品及设备类	4775.8	4775.8	
其中：农机类	1097.7	1097.7	
22.汽车类	12167.3	6399.7	5767.6
23.种子饲料类			
24.棉麻类			
25.其他类	58726.8	55778.1	2948.7

2-A-12 续表 22 港、澳、台商独资经营企业 单位：万元

指标名称	销售合计	批发额	零售额
总 计	**8463862.4**	**8173927.2**	**289935.2**
1.食品、饮料、烟酒类	258309.8	231591.6	26718.2
(1)粮油类	25088.6	18641.7	6446.9
(2)肉禽蛋类	24510.8	20414.3	4096.5
(3)其他食品类	148244.2	137986.8	10257.4
(4)饮料类	30716.5	25807.7	4908.8
(5)烟酒类	29749.7	28741.1	1008.6
2.服装、鞋帽、针纺织品类	544150.0	445492.8	98657.2
(1)服装类	289347.1	194406.6	94940.5
(2)鞋帽类	73998.0	72843.9	1154.1
(3)针、纺织品类	180804.9	178242.3	2562.6
3.化妆品类	2417.8	1975.2	442.6
4.金银珠宝类	34567.8	32863.9	1703.9
5.日用品类	169760.2	157400.5	12359.7
其中：洗涤用品类	4061.7	1714.8	2346.9
儿童玩具类	13042.1	11193.0	1849.1
6.五金、电料类	97844.3	94159.6	3684.7
7.体育、娱乐用品类	18628.6	17364.6	1264.0
8.书报杂志类	80.8		80.8
9.电子出版物及音像制品类	23999.4	23680.0	319.4
10.家用电器和音像器材类	354240.3	350520.4	3719.9
11.中西药品类	42910.2	42909.1	1.1
其中：西药	31281.1	31280.4	0.7
中草药及中成药	69.6	69.2	0.4
12.文化办公用品类	990142.1	974439.9	15702.2
13.家具类	25101.6	22482.0	2619.6
14.通讯器材类	715065.2	712295.2	2770.0
15.煤炭及制品类	16450.0	16450.0	
16.木材及制品类	5424.0	5372.4	51.6
17.石油及制品类	70999.7	67154.5	3845.2
18.化工材料及制品类	968568.1	967005.5	1562.6
其中：化肥类	3325.3	3325.3	
19.金属材料类	423914.4	422601.1	1313.3
20.建筑及装潢材料类	142952.0	137868.6	5083.4
21.机电产品及设备类	1872332.1	1868458.3	3873.8
其中：农机类	13805.9	13805.9	
22.汽车类	329975.0	282116.9	47858.1
23.种子饲料类	16628.4	15668.0	960.4
24.棉麻类	12116.8	12116.8	
25.其他类	1327283.8	1271940.3	55343.5

2-A-12 续表 23 港、澳、台商投资股份有限公司 单位：万元

指标名称	销售合计	批发额	零售额
总　计	**330354.0**	**296767.3**	**33586.7**
1.食品、饮料、烟酒类	53588.1	47956.1	5632.0
(1)粮油类	2689.6	2620.8	68.8
(2)肉禽蛋类	44985.1	44775.3	209.8
(3)其他食品类	3966.4		3966.4
(4)饮料类	1381.0	560.0	821.0
(5)烟酒类	566.0		566.0
2.服装、鞋帽、针纺织品类	58588.7	44578.2	14010.5
(1)服装类	56057.3	44556.8	11500.5
(2)鞋帽类	2510.0		2510.0
(3)针、纺织品类	21.4	21.4	
3.化妆品类	1754.0		1754.0
4.金银珠宝类	506.0		506.0
5.日用品类	348.9	311.2	37.7
其中：洗涤用品类			
儿童玩具类			
6.五金、电料类	1478.8	1478.8	
7.体育、娱乐用品类	201.4		201.4
8.书报杂志类			
9.电子出版物及音像制品类			
10.家用电器和音像器材类	70804.6	66865.7	3938.9
11.中西药品类	63037.7	63013.7	24.0
其中：西药	56813.2	56805.7	7.5
中草药及中成药	305.3	288.8	16.5
12.文化办公用品类	712.7		712.7
13.家具类			
14.通讯器材类	4596.0	4596.0	
15.煤炭及制品类			
16.木材及制品类			
17.石油及制品类	4611.5	1798.9	2812.6
18.化工材料及制品类	14842.8	14842.8	
其中：化肥类			
19.金属材料类	13443.5	13443.5	
20.建筑及装潢材料类			
21.机电产品及设备类	12944.3	12944.3	
其中：农机类			
22.汽车类	10866.4	7709.5	3156.9
23.种子饲料类	3781.6	3781.6	
24.棉麻类			
25.其他类	14247.0	13447.0	800.0

2-A-12 续表 24 外商投资企业 单位：万元

指标名称	销售合计	批发额	零售额
总 计	**67589414.2**	**59278661.6**	**8310752.6**
1.食品、饮料、烟酒类	6326939.7	3452006.7	2874933.0
(1)粮油类	1024933.7	578602.4	446331.3
(2)肉禽蛋类	638695.3	268415.9	370279.4
(3)其他食品类	2521346.8	1118769.6	1402577.2
(4)饮料类	1105372.4	821218.4	284154.0
(5)烟酒类	1036591.5	665000.4	371591.1
2.服装、鞋帽、针纺织品类	3092825.5	1487854.2	1604971.3
(1)服装类	1865151.5	678666.9	1186484.6
(2)鞋帽类	302393.1	61418.8	240974.3
(3)针、纺织品类	925280.9	747768.5	177512.4
3.化妆品类	1609360.3	1160706.7	448653.6
4.金银珠宝类	127353.8	34080.5	93273.3
5.日用品类	2079282.8	1301606.1	777676.7
其中：洗涤用品类	453565.6	203419.8	250145.8
儿童玩具类	71296.3	21977.2	49319.1
6.五金、电料类	1362944.9	1295187.2	67757.7
7.体育、娱乐用品类	591151.7	490524.1	100627.6
8.书报杂志类	65882.5	33613.4	32269.1
9.电子出版物及音像制品类	345289.9	297204.3	48085.6
10.家用电器和音像器材类	4512187.0	3780164.0	732023.0
11.中西药品类	674361.4	568386.8	105974.6
其中：西药	342152.1	256434.3	85717.8
中草药及中成药	62424.9	43835.0	18589.9
12.文化办公用品类	2714371.9	2513722.5	200649.4
13.家具类	368459.4	191516.4	176943.0
14.通讯器材类	5329983.0	5246819.2	83163.8
15.煤炭及制品类	35951.3	34862.0	1089.3
16.木材及制品类	83123.2	66507.4	16615.8
17.石油及制品类	2631829.4	2393038.7	238790.7
18.化工材料及制品类	3653059.6	3644566.7	8492.9
其中：化肥类	174866.0	174666.0	200.0
19.金属材料类	1891742.7	1883343.3	8399.4
20.建筑及装潢材料类	900493.1	580512.9	319980.2
21.机电产品及设备类	10968838.3	10891407.8	77430.5
其中：农机类	292660.0	287812.1	4847.9
22.汽车类	12913841.8	12846590.9	67250.9
23.种子饲料类	160680.9	158665.4	2015.5
24.棉麻类	27555.0	27555.0	
25.其他类	5121905.1	4898219.4	223685.7

2-A-12 续表 25 中外合资经营企业 单位：万元

指标名称	销售合计	批发额	零售额
总 计	**19760958.9**	**14750467.3**	**5010491.6**
1.食品、饮料、烟酒类	2578954.6	896047.6	1682907.0
(1)粮油类	529642.8	267154.0	262488.8
(2)肉禽蛋类	378838.7	171451.7	207387.0
(3)其他食品类	1150184.1	319604.6	830579.5
(4)饮料类	256729.5	75565.2	181164.3
(5)烟酒类	263559.5	62272.1	201287.4
2.服装、鞋帽、针纺织品类	1257383.2	292539.0	964844.2
(1)服装类	865108.3	172554.7	692553.6
(2)鞋帽类	161412.7	12022.7	149390.0
(3)针、纺织品类	230862.2	107961.6	122900.6
3.化妆品类	473893.8	234116.2	239777.6
4.金银珠宝类	82943.0	6615.9	76327.1
5.日用品类	962464.4	466422.1	496042.3
其中：洗涤用品类	289294.1	166280.6	123013.5
儿童玩具类	35096.2	4187.2	30909.0
6.五金、电料类	699345.6	668099.0	31246.6
7.体育、娱乐用品类	72704.1	2971.8	69732.3
8.书报杂志类	23504.8	563.7	22941.1
9.电子出版物及音像制品类	50771.0	21153.7	29617.3
10.家用电器和音像器材类	951889.1	442949.2	508939.9
11.中西药品类	306765.1	205864.1	100901.0
其中：西药	254781.9	171345.3	83436.6
中草药及中成药	45353.6	28554.3	16799.3
12.文化办公用品类	479609.1	396981.7	82627.4
13.家具类	35847.4	1650.6	34196.8
14.通讯器材类	553731.3	494380.4	59350.9
15.煤炭及制品类	24546.9	24544.8	2.1
16.木材及制品类	14758.6	9207.6	5551.0
17.石油及制品类	1572280.7	1406235.5	166045.2
18.化工材料及制品类	246954.8	242863.4	4091.4
其中：化肥类	6460.9	6260.9	200.0
19.金属材料类	420710.6	420238.2	472.4
20.建筑及装潢材料类	256555.2	40647.9	215907.3
21.机电产品及设备类	1165910.5	1110586.9	55323.6
其中：农机类	2171.8	1648.9	522.9
22.汽车类	6621343.3	6591395.6	29947.7
23.种子饲料类	80944.9	80776.4	168.5
24.棉麻类	22912.0	22912.0	
25.其他类	804234.9	670704.0	133530.9

2-A-12 续表 26 中外合作经营企业 单位：万元

指标名称	销售合计	批发额	零售额
总 计	**9284045.5**	**7402961.3**	**1881084.2**
1.食品、饮料、烟酒类	1710415.1	1148103.4	562311.7
(1)粮油类	80952.4	30444.5	50507.9
(2)肉禽蛋类	118149.2	53883.9	64265.3
(3)其他食品类	618632.5	313216.0	305416.5
(4)饮料类	696983.9	635734.7	61249.2
(5)烟酒类	195697.1	114824.3	80872.8
2.服装、鞋帽、针纺织品类	629702.0	147830.4	481871.6
(1)服装类	474058.4	108985.3	365073.1
(2)鞋帽类	84245.4	11668.7	72576.7
(3)针、纺织品类	71398.2	27176.4	44221.8
3.化妆品类	185198.6	61437.1	123761.5
4.金银珠宝类	15197.0		15197.0
5.日用品类	412024.7	275992.5	136032.2
其中：洗涤用品类	52868.2	13144.0	39724.2
儿童玩具类	12433.7	1368.3	11065.4
6.五金、电料类	53028.3	25072.3	27956.0
7.体育、娱乐用品类	40281.1	22639.8	17641.3
8.书报杂志类	8921.9	7165.1	1756.8
9.电子出版物及音像制品类	15928.8	10025.2	5903.6
10.家用电器和音像器材类	218168.1	105103.5	113064.6
11.中西药品类	3540.3	1772.3	1768.0
其中：西药	1552.0	805.9	746.1
中草药及中成药	61.6	41.5	20.1
12.文化办公用品类	82329.6	67089.8	15239.8
13.家具类	184854.4	53446.8	131407.6
14.通讯器材类	98043.0	78925.6	19117.4
15.煤炭及制品类	2961.0	2043.3	917.7
16.木材及制品类	10912.4		10912.4
17.石油及制品类	154020.0	96943.0	57077.0
18.化工材料及制品类	11158.2	9512.8	1645.4
其中：化肥类			
19.金属材料类	11.9		11.9
20.建筑及装潢材料类	107387.4	5641.3	101746.1
21.机电产品及设备类	14843.9	11332.6	3511.3
其中：农机类			
22.汽车类	5253073.4	5242626.8	10446.6
23.种子饲料类	4828.9	3968.9	860.0
24.棉麻类			
25.其他类	67215.5	26288.8	40926.7

2-A-12 续表 27 外资企业 单位：万元

指标名称	销售合计	批发额	零售额
总 计	**37291912.7**	**35898641.8**	**1393270.9**
1.食品、饮料、烟酒类	2009492.0	1385637.0	623855.0
(1)粮油类	412856.2	281003.9	131852.3
(2)肉禽蛋类	141379.1	43080.1	98299.0
(3)其他食品类	728790.0	464230.5	264559.5
(4)饮料类	150172.4	109418.5	40753.9
(5)烟酒类	576294.3	487904.0	88390.3
2.服装、鞋帽、针纺织品类	1124375.2	970803.6	153571.6
(1)服装类	455653.8	331191.3	124462.5
(2)鞋帽类	51978.3	33077.1	18901.2
(3)针、纺织品类	616743.1	606535.2	10207.9
3.化妆品类	947208.8	862322.9	84885.9
4.金银珠宝类	17745.7	16000.1	1745.6
5.日用品类	697132.0	552691.2	144440.8
其中：洗涤用品类	104539.8	18065.6	86474.2
儿童玩具类	23628.2	16421.7	7206.5
6.五金、电料类	606857.8	598339.4	8518.4
7.体育、娱乐用品类	478128.2	464912.5	13215.7
8.书报杂志类	33436.7	25884.6	7552.1
9.电子出版物及音像制品类	278460.9	265965.5	12495.4
10.家用电器和音像器材类	3279248.2	3174561.7	104686.5
11.中西药品类	364056.0	360750.4	3305.6
其中：西药	85818.2	84283.1	1535.1
中草药及中成药	17009.7	15239.2	1770.5
12.文化办公用品类	2129295.9	2027098.7	102197.2
13.家具类	146354.7	135161.2	11193.5
14.通讯器材类	4672021.6	4667385.5	4636.1
15.煤炭及制品类	8443.4	8273.9	169.5
16.木材及制品类	31463.7	31311.3	152.4
17.石油及制品类	676703.0	662774.1	13928.9
18.化工材料及制品类	3330676.6	3327920.5	2756.1
其中：化肥类	109528.3	109528.3	
19.金属材料类	888918.1	881003.0	7915.1
20.建筑及装潢材料类	531611.9	530099.6	1512.3
21.机电产品及设备类	9756564.5	9739818.3	16746.2
其中：农机类	290488.2	286163.2	4325.0
22.汽车类	1036237.1	1009695.7	26541.4
23.种子饲料类	74730.7	73743.7	987.0
24.棉麻类	4643.0	4643.0	
25.其他类	4168107.0	4121844.4	46262.6

2-A-12 续表 28 外商投资股份有限公司 单位：万元

指标名称	销售合计	批发额	零售额
总　计	**1252497.1**	**1226591.2**	**25905.9**
1.食品、饮料、烟酒类	28078.0	22218.7	5859.3
(1)粮油类	1482.3		1482.3
(2)肉禽蛋类	328.3	0.2	328.1
(3)其他食品类	23740.2	21718.5	2021.7
(4)饮料类	1486.6	500.0	986.6
(5)烟酒类	1040.6		1040.6
2.服装、鞋帽、针纺织品类	81365.1	76681.2	4683.9
(1)服装类	70331.0	65935.6	4395.4
(2)鞋帽类	4756.7	4650.3	106.4
(3)针、纺织品类	6277.4	6095.3	182.1
3.化妆品类	3059.1	2830.5	228.6
4.金银珠宝类	11468.1	11464.5	3.6
5.日用品类	7661.7	6500.3	1161.4
其中：洗涤用品类	6863.5	5929.6	933.9
儿童玩具类	138.2		138.2
6.五金、电料类	3713.2	3676.5	36.7
7.体育、娱乐用品类	38.3		38.3
8.书报杂志类	19.1		19.1
9.电子出版物及音像制品类	129.2	59.9	69.3
10.家用电器和音像器材类	62881.6	57549.6	5332.0
11.中西药品类			
其中：西药			
中草药及中成药			
12.文化办公用品类	23137.3	22552.3	585.0
13.家具类	1402.9	1257.8	145.1
14.通讯器材类	6187.1	6127.7	59.4
15.煤炭及制品类			
16.木材及制品类	25988.5	25988.5	
17.石油及制品类	228825.7	227086.1	1739.6
18.化工材料及制品类	64270.0	64270.0	
其中：化肥类	58876.8	58876.8	
19.金属材料类	582102.1	582102.1	
20.建筑及装潢材料类	4938.6	4124.1	814.5
21.机电产品及设备类	31519.4	29670.0	1849.4
其中：农机类			
22.汽车类	3188.0	2872.8	315.2
23.种子饲料类	176.4	176.4	
24.棉麻类			
25.其他类	82347.7	79382.2	2965.5

B. 批发和零售业法人单位主要财务状况

2-B-1 按登记注册类型分批发和零售业法人单位资产负债状况

单位：万元

指标名称	资产总计	负债合计	所有者权益
总计	**617959798.1**	**428709463.7**	**189250334.4**
内资企业	**580211894.8**	**402521045.3**	**177690849.5**
国有企业	156302243.8	125956861.1	30345382.7
集体企业	31809829.2	26011397.8	5798431.4
股份合作企业	6897133.5	4987718.1	1909415.4
联营企业	4436835.2	3248992.2	1187843.0
国有联营企业	1829550.7	1389370.6	440180.1
集体联营企业	623322.7	455428.6	167894.1
国有与集体联营企业	862308.0	641857.8	220450.2
其他联营企业	1121653.8	762335.2	359318.6
有限责任公司	155329208.1	108256458.8	47072749.3
国有独资公司	20337785.7	13931172.7	6406613.0
其他有限责任公司	134991422.4	94325286.1	40666136.3
股份有限公司	60059545.4	34648754.4	25410791.0
私营企业	163457688.5	98327470.4	65130218.1
私营独资企业	8971453.4	3790668.8	5180784.6
私营合伙企业	3051624.7	1491540.1	1560084.6
私营有限责任公司	144677993.5	89100161.9	55577831.6
私营股份有限公司	6756616.9	3945099.6	2811517.3
其他企业	1919411.1	1083392.5	836018.6
港、澳、台商投资企业	**8383618.7**	**6063159.6**	**2320459.1**
合资经营企业(港或澳、台资)	3507837.8	2528090.6	979747.2
合作经营企业(港或澳、台资)	464999.6	322600.5	142399.1
港、澳、台商独资经营企业	4055962.7	3061244.4	994718.3
港、澳、台商投资股份有限公司	354818.6	151224.1	203594.5
外商投资企业	**29364284.6**	**20125258.8**	**9239025.8**
中外合资经营企业	7918226.0	5451437.7	2466788.3
中外合作经营企业	2203477.9	1934087.4	269390.5
外资企业	18608878.8	12249953.0	6358925.8
外商投资股份有限公司	633701.9	489780.7	143921.2

2-B-2 按登记注册类型分批发业法人单位资产负债状况

单位：万元

指标名称	资产总计	负债合计	所有者权益
批发业合计	**484207431.3**	**339569409.0**	**144638022.3**
内资企业	**454155665.5**	**318809830.2**	**135345835.3**
国有企业	137972228.2	110587082.7	27385145.5
集体企业	22236970.5	18999377.7	3237592.8
股份合作企业	4453120.5	3328809.9	1124310.6
联营企业	3242877.4	2390802.7	852074.7
国有联营企业	1420444.0	1113797.7	306646.3
集体联营企业	464924.2	352327.6	112596.6
国有与集体联营企业	499783.9	335478.7	164305.2
其他联营企业	857725.3	589198.7	268526.6
有限责任公司	120723755.8	83602921.7	37120834.1
国有独资公司	18789893.2	12833092.5	5956800.7
其他有限责任公司	101933862.6	70769829.2	31164033.4
股份有限公司	41766733.9	23858411.7	17908322.2
私营企业	122531540.3	75295383.3	47236157.0
私营独资企业	5272558.5	2455920.9	2816637.6
私营合伙企业	2011049.0	1064636.2	946412.8
私营有限责任公司	110758445.2	69119824.5	41638620.7
私营股份有限公司	4489487.6	2655001.7	1834485.9
其他企业	1228438.9	747040.5	481398.4
港、澳、台商投资企业	**5445304.4**	**3938030.9**	**1507273.5**
合资经营企业(港或澳、台资)	1060684.4	707138.6	353545.8
合作经营企业(港或澳、台资)	203966.2	145469.0	58497.2
港、澳、台商独资经营企业	3836735.7	2941029.8	895705.9
港、澳、台商投资股份有限公司	343918.1	144393.5	199524.6
外商投资企业	**24606461.4**	**16821547.9**	**7784913.5**
中外合资经营企业	5041535.3	3649949.3	1391586.0
中外合作经营企业	1042271.4	968820.9	73450.5
外资企业	17903154.6	11721765.7	6181388.9
外商投资股份有限公司	619500.1	481012.0	138488.1

2-B-3 按登记注册类型分零售业法人单位资产负债状况

单位：万元

指标名称	资产总计	负债合计	所有者权益
零售业合计	**133752366.8**	**89140054.7**	**44612312.1**
内资企业	**126056229.3**	**83711215.1**	**42345014.2**
国有企业	18330015.6	15369778.4	2960237.2
集体企业	9572858.7	7012020.1	2560838.6
股份合作企业	2444013.0	1658908.2	785104.8
联营企业	1193957.8	858189.5	335768.3
国有联营企业	409106.7	275572.9	133533.8
集体联营企业	158398.5	103101.0	55297.5
国有与集体联营企业	362524.1	306379.1	56145.0
其他联营企业	263928.5	173136.5	90792.0
有限责任公司	34605452.3	24653537.1	9951915.2
国有独资公司	1547892.5	1098080.2	449812.3
其他有限责任公司	33057559.8	23555456.9	9502102.9
股份有限公司	18292811.5	10790342.7	7502468.8
私营企业	40926148.2	23032087.1	17894061.1
私营独资企业	3698894.9	1334747.9	2364147.0
私营合伙企业	1040575.7	426903.9	613671.8
私营有限责任公司	33919548.3	19980337.4	13939210.9
私营股份有限公司	2267129.3	1290097.9	977031.4
其他企业	690972.2	336352.0	354620.2
港、澳、台商投资企业	**2938314.3**	**2125128.7**	**813185.6**
合资经营企业(港或澳、台资)	2447153.4	1820952.0	626201.4
合作经营企业(港或澳、台资)	261033.4	177131.5	83901.9
港、澳、台商独资经营企业	219227.0	120214.6	99012.4
港、澳、台商投资股份有限公司	10900.5	6830.6	4069.9
外商投资企业	**4757823.2**	**3303710.9**	**1454112.3**
中外合资经营企业	2876690.7	1801488.4	1075202.3
中外合作经营企业	1161206.5	965266.5	195940.0
外资企业	705724.2	528187.3	177536.9
外商投资股份有限公司	14201.8	8768.7	5433.1

2-B-4 按行业分批发和零售业法人单位资产负债状况

单位：万元

指标名称	资产总计	负债合计	所有者权益
总计	**617959798.1**	**428709463.7**	**189250334.4**
一、批发业	**484207431.3**	**339569409.0**	**144638022.3**
农畜产品批发	53930252.6	50765600.5	3164652.1
谷物、豆及薯类批发	33690988.0	33411943.2	279044.8
种子、饲料批发	3660512.3	2478034.6	1182477.7
棉、麻批发	12454314.0	11587911.0	866403.0
牲畜批发	387314.2	234077.6	153236.6
其他农畜产品批发	3737124.1	3053634.1	683490.0
食品、饮料及烟草制品批发	57621724.7	37645638.2	19976086.5
米、面制品及食用油批发	16105419.7	15073888.9	1031530.8
糕点、糖果及糖批发	2706396.7	1862592.4	843804.3
果品、蔬菜批发	1493262.6	826075.6	667187.0
肉、禽、蛋及水产品批发	3789695.8	2690153.4	1099542.4
盐及调味品批发	2152489.3	1227114.1	925375.2
饮料及茶叶批发	4325674.6	2912235.2	1413439.4
烟草制品批发	20917147.4	8787277.9	12129869.5
其他食品批发	6131638.6	4266300.7	1865337.9
纺织、服装及日用品批发	37822332.5	25741454.1	12080878.4
纺织品、针织品及原料批发	17208084.9	12115458.1	5092626.8
服装批发	10779238.6	6929249.7	3849988.9
鞋帽批发	1459145.2	982551.3	476593.9
厨房、卫生间用具及日用杂货批发	1655474.9	1105534.7	549940.2
化妆品及卫生用品批发	1612280.7	1138438.7	473842.0
其他日用品批发	5108108.2	3470221.6	1637886.6
文化、体育用品及器材批发	10727772.3	6735472.0	3992300.3
文具用品批发	2926774.0	2062480.8	864293.2
体育用品批发	441569.5	288275.2	153294.3
图书批发	3066362.0	1674082.8	1392279.2
报刊批发	139054.0	77975.7	61078.3
音像制品及电子出版物批发	528397.6	315820.5	212577.1
首饰、工艺品及收藏品批发	2269259	1518698.1	750560.9
其他文化用品批发	1356356.2	798138.9	558217.3
医药及医疗器材批发	19056221.8	13905305.8	5150916.0
西药批发	11373099.9	8833796.9	2539303.0
中药材及中成药批发	4317567.1	2925782.7	1391784.4
医疗用品及器材批发	3365554.8	2145726.2	1219828.6

2-B-4 续表 1 单位：万元

指标名称	资产总计	负债合计	所有者权益
矿产品、建材及化工产品批发	170913520.5	115413360.0	55500160.5
煤炭及制品批发	14763827.7	9808123.9	4955703.8
石油及制品批发	37675139.0	22778223.2	14896915.8
非金属矿及制品批发	1866036.4	1220245.9	645790.5
金属及金属矿批发	63443584.6	45615647.9	17827936.7
建材批发	18285777.4	11781410.2	6504367.2
化肥批发	9368474.8	7371422.3	1997052.5
农药批发	1380353.2	1042739.1	337614.1
农用薄膜批发	254823.3	190412.6	64410.7
其他化工产品批发	23875504.1	15605134.9	8270369.2
机械设备、五金交电及电子产品批发	97281657.3	66643733.8	30637923.5
农业机械批发	1904022.7	1679275.8	224746.9
汽车、摩托车及零配件批发	18210352.7	13872781.4	4337571.3
五金、交电批发	14217642.3	7632099.7	6585542.6
家用电器批发	9618616.5	7543803.4	2074813.1
计算机、软件及辅助设备批发	7990727.3	5113164.9	2877562.4
通讯及广播电视设备批发	10243070.4	6579534.4	3663536.0
其他机械设备及电子产品批发	35097225.4	24223074.2	10874151.2
贸易经纪与代理	15787479.7	9007730.2	6779749.5
贸易经纪与代理	15787479.7	9007730.2	6779749.5
其他批发	21066469.9	13711114.4	7355355.5
再生物资回收与批发	3627031.0	2626164.8	1000866.2
其他未列明的批发	17439438.9	11084949.6	6354489.3
二、零售业	**133752366.8**	**89140054.7**	**44612312.1**
综合零售	44919333.3	32381225.2	12538108.1
百货零售	28033966.5	19717035.2	8316931.3
超级市场零售	12304340.1	8997550.6	3306789.5
其他综合零售	4581026.7	3666639.4	914387.3
食品、饮料及烟草制品专门零售	8918166.3	6982913.2	1935253.1
粮油零售	4133553.8	4331214.1	-197660.3
糕点、面包零售	224800.7	128730.3	96070.4
果品、蔬菜零售	361061.7	226461.7	134600.0
肉、禽、蛋及水产品零售	790074.8	513801.5	276273.3
饮料及茶叶零售	561868.6	311720.6	250148.0
烟草制品零售	963675.5	388107.3	575568.2
其他食品零售	1883131.2	1082877.7	800253.5
纺织、服装及日用品专门零售	7814104.8	5206682.4	2607422.4
纺织品及针织品零售	1259448.8	927317.9	332130.9
服装零售	3846608.1	2613272.1	1233336.0
鞋帽零售	390892.4	252664.3	138228.1
钟表、眼镜零售	485477.3	289092.4	196384.9
化妆品及卫生用品零售	352268.8	172556.4	179712.4
其他日用品零售	1479409.4	951779.3	527630.1

2-B-4 续表 2 单位：万元

指标名称	资产总计	负债合计	所有者权益
文化、体育用品及器材专门零售	7281314.4	4005339.3	3275975.1
文具用品零售	665814.1	344851.9	320962.2
体育用品零售	298394.0	187484.5	110909.5
图书零售	3622561.0	2055619.8	1566941.2
报刊零售	258357.1	141484.4	116872.7
音像制品及电子出版物零售	202341.4	111794.0	90547.4
珠宝首饰零售	1100535.8	648126.8	452409.0
工艺美术品及收藏品零售	606139.3	280100.6	326038.7
照相器材零售	125507.6	62375.9	63131.7
其他文化用品零售	401664.1	173501.4	228162.7
医药及医疗器材专门零售	6468087.7	4369318.0	2098769.7
药品零售	4994502.4	3415574.2	1578928.2
医疗用品及器材零售	1473585.3	953743.8	519841.5
汽车、摩托车、燃料及零配件专门零售	29363847.3	18539132.9	10824714.4
汽车零售	19871233.8	13652951.7	6218282.1
汽车零配件零售	1935175.2	1082241.5	852933.7
摩托车及零配件零售	1080144.4	581089.1	499055.3
机动车燃料零售	6477293.9	3222850.6	3254443.3
家用电器及电子产品专门零售	13848216.9	9120285.9	4727931.0
家用电器零售	6824922.7	5178836.3	1646086.4
计算机、软件及辅助设备零售	3398319.3	1973755.3	1424564.0
通信设备零售	1792106.8	1002938.3	789168.5
其他电子产品零售	1832868.1	964756.0	868112.1
五金、家具及室内装修材料专门零售	8264177.0	4732232.4	3531944.6
五金零售	3474077.2	2049149.1	1424928.1
家具零售	1554610.9	895613.1	658997.8
涂料零售	234505.0	104876.9	129628.1
其他室内装修材料零售	3000983.9	1682593.3	1318390.6
无店铺及其他零售	6875119.1	3802925.4	3072193.7
流动货摊零售	22364.4	10302.4	12062.0
邮购及电子销售	125876.3	113824.9	12051.4
生活用燃料零售	2377429.9	1304462.1	1072967.8
花卉零售	352689.7	159670.3	193019.4
旧货零售	71168.2	37908.9	33259.3
其他未列明的零售	3925590.6	2176756.8	1748833.8

2-B-5 按行业分批发和零售业法人单位资产负债状况

（按登记注册类型分）

内资企业　　　　单位：万元

指标名称	资产总计	负债合计	所有者权益
总计	**580211894.8**	**402521045.3**	**177690849.5**
一、批发业	**454155665.5**	**318809830.2**	**135345835.3**
农畜产品批发	53492137.3	50480657.9	3011479.4
食品、饮料及烟草制品批发	55623793.3	36154498.2	19469295.1
纺织、服装及日用品批发	35022848.8	23811065.7	11211783.1
文化、体育用品及器材批发	9452163.3	5881420.6	3570742.7
医药及医疗器材批发	17883661.6	13120945.1	4762716.5
矿产品、建材及化工产品批发	166422899.7	112673618.6	53749281.1
机械设备、五金交电及电子产品批发	81731372.3	55496541.0	26234831.3
贸易经纪与代理	15217940.3	8800499.0	6417441.3
其他批发	19308848.9	12390584.1	6918264.8
二、零售业	**126056229.3**	**83711215.1**	**42345014.2**
综合零售	40011424.9	28885705.7	11125719.2
食品、饮料及烟草制品专门零售	8839921.8	6940483.5	1899438.3
纺织、服装及日用品专门零售	7337582.4	4985532.4	2352050.0
文化、体育用品及器材专门零售	7171326.8	3940188.8	3231138.0
医药及医疗器材专门零售	6049964.2	4025484.0	2024480.2
汽车、摩托车、燃料及零配件专门零售	29208186.6	18468368.2	10739818.4
家用电器及电子产品专门零售	12908454.3	8322099.3	4586355.0
五金、家具及室内装修材料专门零售	7871605.1	4454324.8	3417280.3
无店铺及其他零售	6657763.2	3689028.4	2968734.8

2-B-5 续表 1 国有企业 单位：万元

指标名称	资产总计	负债合计	所有者权益
总计	**156302243.8**	**125956861.1**	**30345382.7**
一、批发业	**137972228.2**	**110587082.7**	**27385145.5**
农畜产品批发	32238727.4	32700413.8	-461686.4
食品、饮料及烟草制品批发	34750385.3	23164720.7	11585664.6
纺织、服装及日用品批发	5841114.2	5145261.8	695852.4
文化、体育用品及器材批发	3205543.1	2045450.1	1160093.0
医药及医疗器材批发	2979183.8	2479416.3	499767.5
矿产品、建材及化工产品批发	34244426.7	24499170.0	9745256.7
机械设备、五金交电及电子产品批发	12591724.0	11521661.7	1070062.3
贸易经纪与代理	4431646.0	3637392.8	794253.2
其他批发	7689477.7	5393595.5	2295882.2
二、零售业	**18330015.6**	**15369778.4**	**2960237.2**
综合零售	4626301.8	4071282.8	555019.0
食品、饮料及烟草制品专门零售	4259564.0	4280523.7	-20959.7
纺织、服装及日用品专门零售	799567.5	792731.3	6836.2
文化、体育用品及器材专门零售	3091595.6	1812629.9	1278965.7
医药及医疗器材专门零售	1076419.5	908978.1	167441.4
汽车、摩托车、燃料及零配件专门零售	2107152.3	1534677.3	572475.0
家用电器及电子产品专门零售	562693.1	476818.2	85874.9
五金、家具及室内装修材料专门零售	787555.8	729008.2	58547.6
无店铺及其他零售	1019166.0	763128.9	256037.1

2-B-5 续表 2 集体企业 单位：万元

指标名称	资产总计	负债合计	所有者权益
总计	**31809829.2**	**26011397.8**	**5798431.4**
一、批发业	**22236970.5**	**18999377.7**	**3237592.8**
农畜产品批发	6017125.2	6425650.6	-408525.4
食品、饮料及烟草制品批发	1120921.7	860298.2	260623.5
纺织、服装及日用品批发	1312032.4	1004602.1	307430.3
文化、体育用品及器材批发	186725.5	127626.6	59098.9
医药及医疗器材批发	168463.9	123401.9	45062.0
矿产品、建材及化工产品批发	9468158.1	7388499.2	2079658.9
机械设备、五金交电及电子产品批发	2538030.4	1931919.6	606110.8
贸易经纪与代理	188005.1	134289.8	53715.3
其他批发	1237508.2	1003089.7	234418.5
二、零售业	**9572858.7**	**7012020.1**	**2560838.6**
综合零售	4953249.0	3839001.9	1114247.1
食品、饮料及烟草制品专门零售	912728.4	562654.6	350073.8
纺织、服装及日用品专门零售	834699.8	723908.5	110791.3
文化、体育用品及器材专门零售	280149.8	171875.4	108274.4
医药及医疗器材专门零售	125066.9	71595.6	53471.3
汽车、摩托车、燃料及零配件专门零售	761320.9	465058.2	296262.7
家用电器及电子产品专门零售	386385.0	294729.8	91655.2
五金、家具及室内装修材料专门零售	664074.8	432457.5	231617.3
无店铺及其他零售	655184.1	450738.6	204445.5

2-B-5 续表 3 股份合作企业

单位：万元

指标名称	资产总计	负债合计	所有者权益
总计	**6897133.5**	**4987718.1**	**1909415.4**
一、批发业	**4453120.5**	**3328809.9**	**1124310.6**
农畜产品批发	265014.9	162285.7	102729.2
食品、饮料及烟草制品批发	366618.7	227879.4	138739.3
纺织、服装及日用品批发	200167.8	145546.8	54621.0
文化、体育用品及器材批发	85077.2	55808.4	29268.8
医药及医疗器材批发	241135.4	163445.7	77689.7
矿产品、建材及化工产品批发	1889039.2	1308854.3	580184.9
机械设备、五金交电及电子产品批发	1019294.6	906554.7	112739.9
贸易经纪与代理	61185.6	40455.0	20730.6
其他批发	325587.1	317979.9	7607.2
二、零售业	**2444013.0**	**1658908.2**	**785104.8**
综合零售	654019.8	487028.8	166991.0
食品、饮料及烟草制品专门零售	205532.2	155973.9	49558.3
纺织、服装及日用品专门零售	186484.4	144592.7	41891.7
文化、体育用品及器材专门零售	144113.4	89275.7	54837.7
医药及医疗器材专门零售	162235.4	105242.5	56992.9
汽车、摩托车、燃料及零配件专门零售	671800.3	427015.0	244785.3
家用电器及电子产品专门零售	166912.0	104595.6	62316.4
五金、家具及室内装修材料专门零售	146183.9	88546.1	57637.8
无店铺及其他零售	106731.6	56637.9	50093.7

2-B-5 续表 4 联营企业 单位：万元

指标名称	资产总计	负债合计	所有者权益
总计	**4436835.2**	**3248992.2**	**1187843.0**
一、批发业	**3242877.4**	**2390802.7**	**852074.7**
农畜产品批发	209973.9	188163.8	21810.1
食品、饮料及烟草制品批发	225179.0	130864.5	94314.5
纺织、服装及日用品批发	397037.1	295822.6	101214.5
文化、体育用品及器材批发	77024.5	73008.7	4015.8
医药及医疗器材批发	75845.8	58526.7	17319.1
矿产品、建材及化工产品批发	1000010.0	645318.8	354691.2
机械设备、五金交电及电子产品批发	1000183.3	819798.7	180384.6
贸易经纪与代理	135617.3	92287.2	43330.1
其他批发	122006.5	87011.7	34994.8
二、零售业	**1193957.8**	**858189.5**	**335768.3**
综合零售	246622.3	203520.6	43101.7
食品、饮料及烟草制品专门零售	75852.6	26421.8	49430.8
纺织、服装及日用品专门零售	41353.1	39516.0	1837.1
文化、体育用品及器材专门零售	33327.6	19783.9	13543.7
医药及医疗器材专门零售	41592.3	32302.2	9290.1
汽车、摩托车、燃料及零配件专门零售	294198.4	162170.1	132028.3
家用电器及电子产品专门零售	313552.3	217065.3	96487.0
五金、家具及室内装修材料专门零售	64679.5	106812.9	-42133.4
无店铺及其他零售	82779.7	50596.7	32183.0

2-B-5 续表 5 国有联营企业

单位：万元

指标名称	资产总计	负债合计	所有者权益
总计	**1829550.7**	**1389370.6**	**440180.1**
一、批发业	**1420444.0**	**1113797.7**	**306646.3**
农畜产品批发	18533.0	14288.7	4244.3
食品、饮料及烟草制品批发	111589.7	53385.7	58204.0
纺织、服装及日用品批发	138624.8	133123.1	5501.7
文化、体育用品及器材批发	17266.7	16230.9	1035.8
医药及医疗器材批发	21137.4	16461.1	4676.3
矿产品、建材及化工产品批发	592211.5	385137.9	207073.6
机械设备、五金交电及电子产品批发	373629.2	378443.3	-4814.1
贸易经纪与代理	72848.9	51326.8	21522.1
其他批发	74602.8	65400.2	9202.6
二、零售业	**409106.7**	**275572.9**	**133533.8**
综合零售	75041.7	55052.2	19989.5
食品、饮料及烟草制品专门零售	43903.6	13012.9	30890.7
纺织、服装及日用品专门零售	14750.7	15377.0	-626.3
文化、体育用品及器材专门零售	8146.4	1916.0	6230.4
医药及医疗器材专门零售	21727.6	19267.3	2460.3
汽车、摩托车、燃料及零配件专门零售	141904.0	92031.2	49872.8
家用电器及电子产品专门零售	28656.8	24655.6	4001.2
五金、家具及室内装修材料专门零售	14239.9	12786.8	1453.1
无店铺及其他零售	60736.0	41473.9	19262.1

2-B-5 续表 6 集体联营企业

单位：万元

指标名称	资产总计	负债合计	所有者权益
总计	**623322.7**	**455428.6**	**167894.1**
一、批发业	**464924.2**	**352327.6**	**112596.6**
农畜产品批发	129048.3	121853.2	7195.1
食品、饮料及烟草制品批发	29956.7	14233.4	15723.3
纺织、服装及日用品批发	28644.3	21654.7	6989.6
文化、体育用品及器材批发	16145.2	16113.1	32.1
医药及医疗器材批发	9401.1	8207.1	1194.0
矿产品、建材及化工产品批发	100196.3	56095.9	44100.4
机械设备、五金交电及电子产品批发	122713.9	90966.9	31747.0
贸易经纪与代理	22684.7	19875.1	2809.6
其他批发	6133.7	3328.2	2805.5
二、零售业	**158398.5**	**103101.0**	**55297.5**
综合零售	74937.0	64944.4	9992.6
食品、饮料及烟草制品专门零售	6002.9	2267.5	3735.4
纺织、服装及日用品专门零售	7677.0	5519.7	2157.3
文化、体育用品及器材专门零售	3807.6	1820.2	1987.4
医药及医疗器材专门零售	2749.6	500.4	2249.2
汽车、摩托车、燃料及零配件专门零售	39452.6	20538.4	18914.2
家用电器及电子产品专门零售	6900.5	2215.7	4684.8
五金、家具及室内装修材料专门零售	10547.0	2514.2	8032.8
无店铺及其他零售	6324.3	2780.5	3543.8

2-B-5 续表 7 国有与集体联营企业

单位：万元

指标名称	资产总计	负债合计	所有者权益
总计	**862308.0**	**641857.8**	**220450.2**
一、批发业	**499783.9**	**335478.7**	**164305.2**
农畜产品批发	46353.5	42185.3	4168.2
食品、饮料及烟草制品批发	11184.5	8244.9	2939.6
纺织、服装及日用品批发	59916.5	49126.8	10789.7
文化、体育用品及器材批发	12202.4	8679.9	3522.5
医药及医疗器材批发	12492.2	9096.9	3395.3
矿产品、建材及化工产品批发	149578.6	93001.1	56577.5
机械设备、五金交电及电子产品批发	172640.8	109793.5	62847.3
贸易经纪与代理	6802.4	1811.8	4990.6
其他批发	28613.0	13538.5	15074.5
二、零售业	**362524.1**	**306379.1**	**56145.0**
综合零售	4749.0	3409.0	1340.0
食品、饮料及烟草制品专门零售	5466.2	4843.5	622.7
纺织、服装及日用品专门零售	13160.1	15556.4	-2396.3
文化、体育用品及器材专门零售	4882.6	1764.7	3117.9
医药及医疗器材专门零售	4632.9	2573.9	2059.0
汽车、摩托车、燃料及零配件专门零售	44192.8	19622.6	24570.2
家用电器及电子产品专门零售	257085.0	176999.9	80085.1
五金、家具及室内装修材料专门零售	22350.3	79504.6	-57154.3
无店铺及其他零售	6005.2	2104.5	3900.7

2-B-5 续表 8 其他联营企业

单位：万元

指标名称	资产总计	负债合计	所有者权益
总计	**1121653.8**	**762335.2**	**359318.6**
一、批发业	**857725.3**	**589198.7**	**268526.6**
农畜产品批发	16039.1	9836.6	6202.5
食品、饮料及烟草制品批发	72448.1	55000.5	17447.6
纺织、服装及日用品批发	169851.5	91918.0	77933.5
文化、体育用品及器材批发	31410.2	31984.8	-574.6
医药及医疗器材批发	32815.1	24761.6	8053.5
矿产品、建材及化工产品批发	158023.6	111083.9	46939.7
机械设备、五金交电及电子产品批发	331199.4	240595.0	90604.4
贸易经纪与代理	33281.3	19273.5	14007.8
其他批发	12657.0	4744.8	7912.2
二、零售业	**263928.5**	**173136.5**	**90792.0**
综合零售	91894.6	80115.0	11779.6
食品、饮料及烟草制品专门零售	20479.9	6297.9	14182.0
纺织、服装及日用品专门零售	5765.3	3062.9	2702.4
文化、体育用品及器材专门零售	16491.0	14283.0	2208.0
医药及医疗器材专门零售	12482.2	9960.6	2521.6
汽车、摩托车、燃料及零配件专门零售	68649.0	29977.9	38671.1
家用电器及电子产品专门零售	20910.0	13194.1	7715.9
五金、家具及室内装修材料专门零售	17542.3	12007.3	5535.0
无店铺及其他零售	9714.2	4237.8	5476.4

2-B-5 续表 9 有限责任公司 单位：万元

指标名称	资产总计	负债合计	所有者权益
总计	**155329208.1**	**108256458.8**	**47072749.3**
一、批发业	**120723755.8**	**83602921.7**	**37120834.1**
农畜产品批发	10805403.8	8847133.4	1958270.4
食品、饮料及烟草制品批发	11278531.6	6870478.7	4408052.9
纺织、服装及日用品批发	11308897.3	7963271.0	3345626.3
文化、体育用品及器材批发	2669973.3	1787731.8	882241.5
医药及医疗器材批发	7543573.9	5647203.5	1896370.4
矿产品、建材及化工产品批发	40789747.3	28835562.6	11954184.7
机械设备、五金交电及电子产品批发	27946821.0	18108981.7	9837839.3
贸易经纪与代理	4314642.3	3032897.3	1281745.0
其他批发	4066165.3	2509661.7	1556503.6
二、零售业	34605452.3	24653537.1	9951915.2
综合零售	11902813.9	9588555.0	2314258.9
食品、饮料及烟草制品专门零售	1656793.5	1032874.9	623918.6
纺织、服装及日用品专门零售	1926275.7	1316410.8	609864.9
文化、体育用品及器材专门零售	1520383.0	860701.9	659681.1
医药及医疗器材专门零售	1851513.3	1291168.1	560345.2
汽车、摩托车、燃料及零配件专门零售	8497709.1	5728753.7	2768955.4
家用电器及电子产品专门零售	3684907.6	2690539.7	994367.9
五金、家具及室内装修材料专门零售	1808155.0	1147892.7	660262.3
无店铺及其他零售	1756901.2	996640.3	760260.9

2-B-5 续表 10 国有独资公司　　单位：万元

指标名称	资产总计	负债合计	所有者权益
总计	**20337785.7**	**13931172.7**	**6406613.0**
一、批发业	**18789893.2**	**12833092.5**	**5956800.7**
农畜产品批发	2280980.7	1746770.2	534210.5
食品、饮料及烟草制品批发	4215214.0	2478660.7	1736553.3
纺织、服装及日用品批发	2488425.8	1616409.1	872016.7
文化、体育用品及器材批发	567242.8	370056.4	197186.4
医药及医疗器材批发	389938.3	271045.2	118893.1
矿产品、建材及化工产品批发	4958576.1	3549185.3	1409390.8
机械设备、五金交电及电子产品批发	2433709.0	1853886.1	579822.9
贸易经纪与代理	1135038.1	690163.8	444874.3
其他批发	320768.4	256915.7	63852.7
二、零售业	**1547892.5**	**1098080.2**	**449812.3**
综合零售	411676.8	336125.7	75551.1
食品、饮料及烟草制品专门零售	361442.4	249571.7	111870.7
纺织、服装及日用品专门零售	60620.6	55140.5	5480.1
文化、体育用品及器材专门零售	342199.7	191025.3	151174.4
医药及医疗器材专门零售	26602.4	18425.2	8177.2
汽车、摩托车、燃料及零配件专门零售	230504.7	180149.3	50355.4
家用电器及电子产品专门零售	67907.6	45445.2	22462.4
五金、家具及室内装修材料专门零售	12483.2	9636.7	2846.5
无店铺及其他零售	34455.1	12560.6	21894.5

2-B-5 续表 11 其他有限责任公司 单位：万元

指标名称	资产总计	负债合计	所有者权益
总计	**134991422.4**	**94325286.1**	**40666136.3**
一、批发业	**101933862.6**	**70769829.2**	**31164033.4**
农畜产品批发	8524423.1	7100363.2	1424059.9
食品、饮料及烟草制品批发	7063317.6	4391818.0	2671499.6
纺织、服装及日用品批发	8820471.5	6346861.9	2473609.6
文化、体育用品及器材批发	2102730.5	1417675.4	685055.1
医药及医疗器材批发	7153635.6	5376158.3	1777477.3
矿产品、建材及化工产品批发	35831171.2	25286377.3	10544793.9
机械设备、五金交电及电子产品批发	25513112.0	16255095.6	9258016.4
贸易经纪与代理	3179604.2	2342733.5	836870.7
其他批发	3745396.9	2252746.0	1492650.9
二、零售业	**33057559.8**	**23555456.9**	**9502102.9**
综合零售	11491137.1	9252429.3	2238707.8
食品、饮料及烟草制品专门零售	1295351.1	783303.2	512047.9
纺织、服装及日用品专门零售	1865655.1	1261270.3	604384.8
文化、体育用品及器材专门零售	1178183.3	669676.6	508506.7
医药及医疗器材专门零售	1824910.9	1272742.9	552168.0
汽车、摩托车、燃料及零配件专门零售	8267204.4	5548604.4	2718600.0
家用电器及电子产品专门零售	3617000.0	2645094.5	971905.5
五金、家具及室内装修材料专门零售	1795671.8	1138256.0	657415.8
无店铺及其他零售	1722446.1	984079.7	738366.4

2-B-5 续表 12 股份有限公司 单位：万元

指标名称	资产总计	负债合计	所有者权益
总计	**60059545.4**	**34648754.4**	**25410791.0**
一、批发业	**41766733.9**	**23858411.7**	**17908322.2**
农畜产品批发	1021908.6	659033.7	362874.9
食品、饮料及烟草制品批发	1749601.7	1141024.0	608577.7
纺织、服装及日用品批发	3908957.0	2115181.5	1793775.5
文化、体育用品及器材批发	198505.3	130491.2	68014.1
医药及医疗器材批发	2523702.7	1790249.1	733453.6
矿产品、建材及化工产品批发	23356967.5	13870974.0	9485993.5
机械设备、五金交电及电子产品批发	4304644.6	2956144.7	1348499.9
贸易经纪与代理	4003884.3	757790.8	3246093.5
其他批发	698562.2	437522.7	261039.5
二、零售业	**18292811.5**	**10790342.7**	**7502468.8**
综合零售	11629995.4	6741523.8	4888471.6
食品、饮料及烟草制品专门零售	358443.4	232771.2	125672.2
纺织、服装及日用品专门零售	308661.6	209316.7	99344.9
文化、体育用品及器材专门零售	252265.3	155601.6	96663.7
医药及医疗器材专门零售	1045220.3	637123.4	408096.9
汽车、摩托车、燃料及零配件专门零售	3600852.0	2170490.9	1430361.1
家用电器及电子产品专门零售	612494.4	410967.1	201527.3
五金、家具及室内装修材料专门零售	276135.1	138479.2	137655.9
无店铺及其他零售	208744.0	94068.8	114675.2

2-B-5 续表 13 私营企业 单位：万元

指标名称	资产总计	负债合计	所有者权益
总计	**163457688.5**	**98327470.4**	**65130218.1**
一、批发业	**122531540.3**	**75295383.3**	**47236157.0**
农畜产品批发	2811635.1	1401959.7	1409675.4
食品、饮料及烟草制品批发	6033892.5	3704872.6	2329019.9
纺织、服装及日用品批发	12009789.0	7114839.2	4894949.8
文化、体育用品及器材批发	3007639.6	1652237.8	1355401.8
医药及医疗器材批发	4290136.0	2815872.2	1474263.8
矿产品、建材及化工产品批发	55103775.6	35778014.3	19325761.3
机械设备、五金交电及电子产品批发	32126324.6	19126696.6	12999628.0
贸易经纪与代理	2056980.9	1090139.6	966841.3
其他批发	5091367.0	2610751.3	2480615.7
二、零售业	**40926148.2**	**23032087.1**	**17894061.1**
综合零售	5854480.2	3874962.7	1979517.5
食品、饮料及烟草制品专门零售	1324881.9	626554.0	698327.9
纺织、服装及日用品专门零售	3169973.8	1708448.4	1461525.4
文化、体育用品及器材专门零售	1832710.8	826000.2	1006710.6
医药及医疗器材专门零售	1713319.5	962749.2	750570.3
汽车、摩托车、燃料及零配件专门零售	13122229.7	7904566.6	5217663.1
家用电器及电子产品专门零售	7111409.5	4097848.0	3013561.5
五金、家具及室内装修材料专门零售	4019756.1	1772203.5	2247552.6
无店铺及其他零售	2777386.7	1258754.5	1518632.2

2-B-5 续表 14 私营独资企业

单位：万元

指标名称	资产总计	负债合计	所有者权益
总计	**8971453.4**	**3790668.8**	**5180784.6**
一、批发业	**5272558.5**	**2455920.9**	**2816637.6**
农畜产品批发	322070.9	99255.3	222815.6
食品、饮料及烟草制品批发	401824.6	173489.4	228335.2
纺织、服装及日用品批发	327287.5	149327.4	177960.1
文化、体育用品及器材批发	71395.6	31910.1	39485.5
医药及医疗器材批发	115101.2	54400.1	60701.1
矿产品、建材及化工产品批发	2289876.6	1159211.1	1130665.5
机械设备、五金交电及电子产品批发	1274416.5	584822.3	689594.2
贸易经纪与代理	51253.1	21641.7	29611.4
其他批发	419332.5	181863.5	237469.0
二、零售业	**3698894.9**	**1334747.9**	**2364147.0**
综合零售	637128.6	247656.2	389472.4
食品、饮料及烟草制品专门零售	178816.7	51202.3	127614.4
纺织、服装及日用品专门零售	295675.8	98556.9	197118.9
文化、体育用品及器材专门零售	122251.7	37431.3	84820.4
医药及医疗器材专门零售	176294.0	42652.6	133641.4
汽车、摩托车、燃料及零配件专门零售	1071519.0	411143.7	660375.3
家用电器及电子产品专门零售	426382.2	192410.9	233971.3
五金、家具及室内装修材料专门零售	433050.2	138271.0	294779.2
无店铺及其他零售	357776.7	115423.0	242353.7

2-B-5 续表 15 私营合伙企业

单位：万元

指标名称	资产总计	负债合计	所有者权益
总计	**3051624.7**	**1491540.1**	**1560084.6**
一、批发业	**2011049.0**	**1064636.2**	**946412.8**
农畜产品批发	134681.4	49871.0	84810.4
食品、饮料及烟草制品批发	116716.8	58724.7	57992.1
纺织、服装及日用品批发	156342.2	81287.2	75055.0
文化、体育用品及器材批发	58243.9	27645.4	30598.5
医药及医疗器材批发	55301.5	32956.4	22345.1
矿产品、建材及化工产品批发	971717.4	576545.2	395172.2
机械设备、五金交电及电子产品批发	411091.9	200081.0	211010.9
贸易经纪与代理	18432.4	9334.1	9098.3
其他批发	88521.5	28191.2	60330.3
二、零售业	**1040575.7**	**426903.9**	**613671.8**
综合零售	237588.3	101534.3	136054.0
食品、饮料及烟草制品专门零售	38718.0	17608.1	21109.9
纺织、服装及日用品专门零售	79886.2	26818.4	53067.8
文化、体育用品及器材专门零售	40348.3	14120.3	26228.0
医药及医疗器材专门零售	42375.3	15524.7	26850.6
汽车、摩托车、燃料及零配件专门零售	288500.3	136801.7	151698.6
家用电器及电子产品专门零售	113963.8	45228.9	68734.9
五金、家具及室内装修材料专门零售	110157.3	38074.1	72083.2
无店铺及其他零售	89038.2	31193.4	57844.8

2-B-5 续表 16 私营有限责任公司 单位：万元

指标名称	资产总计	负债合计	所有者权益
总计	**144677993.5**	**89100161.9**	**55577831.6**
一、批发业	**110758445.2**	**69119824.5**	**41638620.7**
农畜产品批发	2207915.8	1191481.1	1016434.7
食品、饮料及烟草制品批发	5263020.3	3317224.9	1945795.4
纺织、服装及日用品批发	11171698.7	6718578.2	4453120.5
文化、体育用品及器材批发	2757933.4	1528588.0	1229345.4
医药及医疗器材批发	3875954.4	2553693.7	1322260.7
矿产品、建材及化工产品批发	50054538.0	32932011.1	17122526.9
机械设备、五金交电及电子产品批发	29176389.5	17584295.6	11592093.9
贸易经纪与代理	1863016.4	983318.2	879698.2
其他批发	4387978.7	2310633.7	2077345.0
二、零售业	**33919548.3**	**19980337.4**	**13939210.9**
综合零售	4634164.2	3307065.8	1327098.4
食品、饮料及烟草制品专门零售	1028074.5	520206.7	507867.8
纺织、服装及日用品专门零售	2661160.1	1515498.9	1145661.2
文化、体育用品及器材专门零售	1552895.1	712914.3	839980.8
医药及医疗器材专门零售	1405267.4	858761.0	546506.4
汽车、摩托车、燃料及零配件专门零售	11053963.7	6936983.8	4116979.9
家用电器及电子产品专门零售	6143380.2	3592070.9	2551309.3
五金、家具及室内装修材料专门零售	3277607.5	1505920.9	1771686.6
无店铺及其他零售	2163035.6	1030915.1	1132120.5

2-B-5 续表 17 私营股份有限公司 单位：万元

指标名称	资产总计	负债合计	所有者权益
总计	**6756616.9**	**3945099.6**	**2811517.3**
一、批发业	**4489487.6**	**2655001.7**	**1834485.9**
农畜产品批发	146967.0	61352.3	85614.7
食品、饮料及烟草制品批发	252330.8	155433.6	96897.2
纺织、服装及日用品批发	354460.6	165646.4	188814.2
文化、体育用品及器材批发	120066.7	64094.3	55972.4
医药及医疗器材批发	243778.9	174822.0	68956.9
矿产品、建材及化工产品批发	1787643.6	1110246.9	677396.7
机械设备、五金交电及电子产品批发	1264426.7	757497.7	506929.0
贸易经纪与代理	124279.0	75845.6	48433.4
其他批发	195534.3	90062.9	105471.4
二、零售业	**2267129.3**	**1290097.9**	**977031.4**
综合零售	345599.1	218706.4	126892.7
食品、饮料及烟草制品专门零售	79272.7	37536.9	41735.8
纺织、服装及日用品专门零售	133251.7	67574.2	65677.5
文化、体育用品及器材专门零售	117215.7	61534.3	55681.4
医药及医疗器材专门零售	89382.8	45810.9	43571.9
汽车、摩托车、燃料及零配件专门零售	708246.7	419637.4	288609.3
家用电器及电子产品专门零售	427683.3	268137.3	159546.0
五金、家具及室内装修材料专门零售	198941.1	89937.5	109003.6
无店铺及其他零售	167536.2	81223.0	86313.2

2-B-5 续表 18 其他企业 单位：万元

指标名称	资产总计	负债合计	所有者权益
总计	**1919411.1**	**1083392.5**	**836018.6**
一、批发业	**1228438.9**	**747040.5**	**481398.4**
农畜产品批发	122348.4	96017.2	26331.2
食品、饮料及烟草制品批发	98662.8	54360.1	44302.7
纺织、服装及日用品批发	44854.0	26540.7	18313.3
文化、体育用品及器材批发	21674.8	9066.0	12608.8
医药及医疗器材批发	61620.1	42829.7	18790.4
矿产品、建材及化工产品批发	570775.3	347225.4	223549.9
机械设备、五金交电及电子产品批发	204349.8	124783.3	79566.5
贸易经纪与代理	25978.8	15246.5	10732.3
其他批发	78174.9	30971.6	47203.3
二、零售业	**690972.2**	**336352.0**	**354620.2**
综合零售	143942.5	79830.1	64112.4
食品、饮料及烟草制品专门零售	46125.8	22709.4	23416.4
纺织、服装及日用品专门零售	70566.5	50608.0	19958.5
文化、体育用品及器材专门零售	16781.3	4320.2	12461.1
医药及医疗器材专门零售	34597.0	16324.9	18272.1
汽车、摩托车、燃料及零配件专门零售	152923.9	75636.4	77287.5
家用电器及电子产品专门零售	70100.4	29535.6	40564.8
五金、家具及室内装修材料专门零售	105064.9	38924.7	66140.2
无店铺及其他零售	50869.9	18462.7	32407.2

2-B-5 续表 19 港、澳、台商投资企业 单位：万元

指标名称	资产总计	负债合计	所有者权益
总计	**8383618.7**	**6063159.6**	**2320459.1**
一、批发业	**5445304.4**	**3938030.9**	**1507273.5**
农畜产品批发	107444.6	42547.1	64897.5
食品、饮料及烟草制品批发	157906.1	122912.7	34993.4
纺织、服装及日用品批发	761746.5	521215.6	240530.9
文化、体育用品及器材批发	246131.5	152433.3	93698.2
医药及医疗器材批发	334776.2	169351.3	165424.9
矿产品、建材及化工产品批发	952257.6	587461.1	364796.5
机械设备、五金交电及电子产品批发	2391348.0	1967577.4	423770.6
贸易经纪与代理	78683.7	56339.9	22343.8
其他批发	415010.2	318192.5	96817.7
二、零售业	**2938314.3**	**2125128.7**	**813185.6**
综合零售	1668129.9	1192826.6	475303.3
食品、饮料及烟草制品专门零售	13900.1	7190.5	6709.6
纺织、服装及日用品专门零售	210007.4	102353.6	107653.8
文化、体育用品及器材专门零售	19922.8	15006.6	4916.2
医药及医疗器材专门零售	362255.8	298654.8	63601.0
汽车、摩托车、燃料及零配件专门零售	69422.6	37878.2	31544.4
家用电器及电子产品专门零售	527146.8	445801.5	81345.3
五金、家具及室内装修材料专门零售	23627.7	9654.3	13973.4
无店铺及其他零售	43901.2	15762.6	28138.6

2-B-5 续表 20 合资经营企业(港或澳、台资) 单位: 万元

指标名称	资产总计	负债合计	所有者权益
总计	**3507837.8**	**2528090.6**	**979747.2**
一、批发业	**1060684.4**	**707138.6**	**353545.8**
农畜产品批发	23798.0	8712.8	15085.2
食品、饮料及烟草制品批发	45030.9	24508.6	20522.3
纺织、服装及日用品批发	100281.2	71248.1	29033.1
文化、体育用品及器材批发	39131.8	28438.7	10693.1
医药及医疗器材批发	22320.4	17166.9	5153.5
矿产品、建材及化工产品批发	301241.5	176245.8	124995.7
机械设备、五金交电及电子产品批发	394549.8	294785.8	99764.0
贸易经纪与代理	5231.0	1496.1	3734.9
其他批发	129099.8	84535.8	44564.0
二、零售业	**2447153.4**	**1820952.0**	**626201.4**
综合零售	1486752.4	1049906.7	436845.7
食品、饮料及烟草制品专门零售	3514.0	1877.5	1636.5
纺织、服装及日用品专门零售	71048.3	45420.0	25628.3
文化、体育用品及器材专门零售	9950.0	6494.9	3455.1
医药及医疗器材专门零售	342195.1	282319.0	59876.1
汽车、摩托车、燃料及零配件专门零售	15575.0	5185.3	10389.7
家用电器及电子产品专门零售	487405.7	420488.2	66917.5
五金、家具及室内装修材料专门零售	9498.2	3792.8	5705.4
无店铺及其他零售	21214.7	5467.6	15747.1

2-B-5 续表 21 合作经营企业(港或澳、台资) 单位：万元

指标名称	资产总计	负债合计	所有者权益
总计	**464999.6**	**322600.5**	**142399.1**
一、批发业	**203966.2**	**145469.0**	**58497.2**
农畜产品批发	533.4	397.3	136.1
食品、饮料及烟草制品批发	5844.5	1483.6	4360.9
纺织、服装及日用品批发	57436.4	38564.7	18871.7
文化、体育用品及器材批发	4251.7	4411.1	-159.4
医药及医疗器材批发	4947.4	4850.2	97.2
矿产品、建材及化工产品批发	32941.3	14044.2	18897.1
机械设备、五金交电及电子产品批发	76292.8	66481.5	9811.3
贸易经纪与代理			
其他批发	21718.7	15236.4	6482.3
二、零售业	**261033.4**	**177131.5**	**83901.9**
综合零售	156802.7	126961.8	29840.9
食品、饮料及烟草制品专门零售	869.6	965.7	-96.1
纺织、服装及日用品专门零售	50766.1	19350.4	31415.7
文化、体育用品及器材专门零售	1096.8	694.3	402.5
医药及医疗器材专门零售	2800.0	1947.0	853.0
汽车、摩托车、燃料及零配件专门零售	39761.6	24436.5	15325.1
家用电器及电子产品专门零售	741.9	98.0	643.9
五金、家具及室内装修材料专门零售	3620.6	609.0	3011.6
无店铺及其他零售	4574.1	2068.8	2505.3

2-B-5 续表 22 港、澳、台商独资经营企业 单位：万元

指标名称	资产总计	负债合计	所有者权益
总计	**4055962.7**	**3061244.4**	**994718.3**
一、批发业	**3836735.7**	**2941029.8**	**895705.9**
农畜产品批发	30684.7	25524.1	5160.6
食品、饮料及烟草制品批发	106578.4	96609.2	9969.2
纺织、服装及日用品批发	554748.6	363878.5	190870.1
文化、体育用品及器材批发	199437.1	118222.7	81214.4
医药及医疗器材批发	121787.9	83198.5	38589.4
矿产品、建材及化工产品批发	591041.4	390924.2	200117.2
机械设备、五金交电及电子产品批发	1897530.8	1591369.9	306160.9
贸易经纪与代理	71935.9	53746.0	18189.9
其他批发	262990.9	217556.7	45434.2
二、零售业	**219227.0**	**120214.6**	**99012.4**
综合零售	23784.8	14938.1	8846.7
食品、饮料及烟草制品专门零售	9134.5	4347.3	4787.2
纺织、服装及日用品专门零售	87852.4	37306.9	50545.5
文化、体育用品及器材专门零售	8876.0	7817.4	1058.6
医药及医疗器材专门零售	17110.3	14388.8	2721.5
汽车、摩托车、燃料及零配件专门零售	10655.5	6672.5	3983.0
家用电器及电子产品专门零售	37635.6	22601.3	15034.3
五金、家具及室内装修材料专门零售	10356.8	5100.4	5256.4
无店铺及其他零售	13821.1	7041.9	6779.2

2-B-5 续表 23 港、澳、台商投资股份有限公司

单位：万元

指标名称	资产总计	负债合计	所有者权益
总计	**354818.6**	**151224.1**	**203594.5**
一、批发业	**343918.1**	**144393.5**	**199524.6**
农畜产品批发	52428.5	7912.9	44515.6
食品、饮料及烟草制品批发	452.3	311.3	141.0
纺织、服装及日用品批发	49280.3	47524.3	1756.0
文化、体育用品及器材批发	3310.9	1360.8	1950.1
医药及医疗器材批发	185720.5	64135.7	121584.8
矿产品、建材及化工产品批发	27033.4	6246.9	20786.5
机械设备、五金交电及电子产品批发	22974.6	14940.2	8034.4
贸易经纪与代理	1516.8	1097.8	419.0
其他批发	1200.8	863.6	337.2
二、零售业	**10900.5**	**6830.6**	**4069.9**
综合零售	790.0	1020.0	-230.0
食品、饮料及烟草制品专门零售	382.0		382.0
纺织、服装及日用品专门零售	340.6	276.3	64.3
文化、体育用品及器材专门零售			
医药及医疗器材专门零售	150.4		150.4
汽车、摩托车、燃料及零配件专门零售	3430.5	1583.9	1846.6
家用电器及电子产品专门零售	1363.6	2614.0	-1250.4
五金、家具及室内装修材料专门零售	152.1	152.1	
无店铺及其他零售	4291.3	1184.3	3107.0

2-B-5 续表 24 外商投资企业 单位：万元

指标名称	资产总计	负债合计	所有者权益
总计	**29364284.6**	**20125258.8**	**9239025.8**
一、批发业	**24606461.4**	**16821547.9**	**7784913.5**
农畜产品批发	330670.7	242395.5	88275.2
食品、饮料及烟草制品批发	1840025.3	1368227.3	471798.0
纺织、服装及日用品批发	2037737.2	1409172.8	628564.4
文化、体育用品及器材批发	1029477.5	701618.1	327859.4
医药及医疗器材批发	837784.0	615009.4	222774.6
矿产品、建材及化工产品批发	3538363.2	2152280.3	1386082.9
机械设备、五金交电及电子产品批发	13158937.0	9179615.4	3979321.6
贸易经纪与代理	490855.7	150891.3	339964.4
其他批发	1342610.8	1002337.8	340273.0
二、零售业	**4757823.2**	**3303710.9**	**1454112.3**
综合零售	3239778.5	2302692.9	937085.6
食品、饮料及烟草制品专门零售	64344.4	35239.2	29105.2
纺织、服装及日用品专门零售	266515.0	118796.4	147718.6
文化、体育用品及器材专门零售	90064.8	50143.9	39920.9
医药及医疗器材专门零售	55867.7	45179.2	10688.5
汽车、摩托车、燃料及零配件专门零售	86238.1	32886.5	53351.6
家用电器及电子产品专门零售	412615.8	352385.1	60230.7
五金、家具及室内装修材料专门零售	368944.2	268253.3	100690.9
无店铺及其他零售	173454.7	98134.4	75320.3

2-B-5 续表 25 中外合资经营企业 单位：万元

指标名称	资产总计	负债合计	所有者权益
总计	**7918226.0**	**5451437.7**	**2466788.3**
一、批发业	**5041535.3**	**3649949.3**	**1391586.0**
农畜产品批发	76757.0	48113.8	28643.2
食品、饮料及烟草制品批发	952617.0	733176.9	219440.1
纺织、服装及日用品批发	416480.7	336816.5	79664.2
文化、体育用品及器材批发	45944.6	26114.3	19830.3
医药及医疗器材批发	171442.7	104503.3	66939.4
矿产品、建材及化工产品批发	1088438.0	591031.2	497406.8
机械设备、五金交电及电子产品批发	2125833.9	1727627.6	398206.3
贸易经纪与代理	61781.1	30516.3	31264.8
其他批发	102240.3	52049.4	50190.9
二、零售业	**2876690.7**	**1801488.4**	**1075202.3**
综合零售	1903857.8	1211620.6	692237.2
食品、饮料及烟草制品专门零售	12402.8	5675.4	6727.4
纺织、服装及日用品专门零售	108701.1	26613.8	82087.3
文化、体育用品及器材专门零售	44068.7	31366.8	12701.9
医药及医疗器材专门零售	47329.4	39110.0	8219.4
汽车、摩托车、燃料及零配件专门零售	38055.9	11793.9	26262.0
家用电器及电子产品专门零售	374053.6	271964.4	102089.2
五金、家具及室内装修材料专门零售	234199.1	155580.0	78619.1
无店铺及其他零售	114022.3	47763.5	66258.8

2-B-5 续表 26 中外合作经营企业

单位：万元

指标名称	资产总计	负债合计	所有者权益
总计	**2203477.9**	**1934087.4**	**269390.5**
一、批发业	**1042271.4**	**968820.9**	**73450.5**
农畜产品批发	5664.3	2795.8	2868.5
食品、饮料及烟草制品批发	127038.5	103194.7	23843.8
纺织、服装及日用品批发	26659.5	11125.1	15534.4
文化、体育用品及器材批发	516.4	297.6	218.8
医药及医疗器材批发	7072.8	3991.7	3081.1
矿产品、建材及化工产品批发	39036.8	24752.2	14284.6
机械设备、五金交电及电子产品批发	730794.7	720434.1	10360.6
贸易经纪与代理	219.5	86.6	132.9
其他批发	105268.9	102143.1	3125.8
二、零售业	**1161206.5**	**965266.5**	**195940.0**
综合零售	856640.1	736777.6	119862.5
食品、饮料及烟草制品专门零售	7298.7	3192.1	4106.6
纺织、服装及日用品专门零售	125073.9	70579.6	54494.3
文化、体育用品及器材专门零售	358.5	193.8	164.7
医药及医疗器材专门零售	994.1	317.4	676.7
汽车、摩托车、燃料及零配件专门零售	35465.4	18603.7	16861.7
家用电器及电子产品专门零售	1524.7	1216.2	308.5
五金、家具及室内装修材料专门零售	112757.6	106462.2	6295.4
无店铺及其他零售	21093.5	27923.9	-6830.4

2-B-5 续表 27 外资企业

单位：万元

指标名称	资产总计	负债合计	所有者权益
总计	**18608878.8**	**12249953.0**	**6358925.8**
一、批发业	**17903154.6**	**11721765.7**	**6181388.9**
农畜产品批发	247421.9	191120.6	56301.3
食品、饮料及烟草制品批发	723560.0	509894.1	213665.9
纺织、服装及日用品批发	1268677.8	828233.6	440444.2
文化、体育用品及器材批发	942619.8	637351.0	305268.8
医药及医疗器材批发	659101.5	506352.8	152748.7
矿产品、建材及化工产品批发	2254775.0	1416690.0	838085.0
机械设备、五金交电及电子产品批发	10244658.4	6664206.3	3580452.1
贸易经纪与代理	427650.3	119929.1	307721.2
其他批发	1134689.9	847988.2	286701.7
二、零售业	**705724.2**	**528187.3**	**177536.9**
综合零售	474624.3	349100.2	125524.1
食品、饮料及烟草制品专门零售	44132.1	25724.5	18407.6
纺织、服装及日用品专门零售	29907.0	20372.6	9534.4
文化、体育用品及器材专门零售	42312.7	17822.6	24490.1
医药及医疗器材专门零售	7542.2	5706.8	1835.4
汽车、摩托车、燃料及零配件专门零售	11315.5	2423.8	8891.7
家用电器及电子产品专门零售	36279.3	78506.5	-42227.2
五金、家具及室内装修材料专门零售	21272.2	6083.3	15188.9
无店铺及其他零售	38338.9	22447.0	15891.9

2-B-5 续表 28 外商投资股份有限公司

单位：万元

指标名称	资产总计	负债合计	所有者权益
总计	**633701.9**	**489780.7**	**143921.2**
一、批发业	**619500.1**	**481012.0**	**138488.1**
农畜产品批发	827.5	365.3	462.2
食品、饮料及烟草制品批发	36809.8	21961.6	14848.2
纺织、服装及日用品批发	325919.2	232997.6	92921.6
文化、体育用品及器材批发	40396.7	37855.2	2541.5
医药及医疗器材批发	167.0	161.6	5.4
矿产品、建材及化工产品批发	156113.4	119806.9	36306.5
机械设备、五金交电及电子产品批发	57650.0	67347.4	-9697.4
贸易经纪与代理	1204.8	359.3	845.5
其他批发	411.7	157.1	254.6
二、零售业	**14201.8**	**8768.7**	**5433.1**
综合零售	4656.3	5194.5	-538.2
食品、饮料及烟草制品专门零售	510.8	647.2	-136.4
纺织、服装及日用品专门零售	2833.0	1230.4	1602.6
文化、体育用品及器材专门零售	3324.9	760.7	2564.2
医药及医疗器材专门零售	2.0	45.0	-43.0
汽车、摩托车、燃料及零配件专门零售	1401.3	65.1	1336.2
家用电器及电子产品专门零售	758.2	698.0	60.2
五金、家具及室内装修材料专门零售	715.3	127.8	587.5
无店铺及其他零售			

2-B-6 各地区批发和零售业法人单位资产负债状况

单位：万元

地 区	资产总计	负债合计	所有者权益
全 国	**617959798.1**	**428709463.7**	**189250334.4**
北 京	81029841.6	53179574.7	27850266.9
天 津	17941086.1	13308242.9	4632843.2
河 北	15907864.4	10671528.6	5236335.8
山 西	12738264.2	9371037.4	3367226.8
内蒙古	5665843.0	3798601.1	1867241.9
辽 宁	24896118.2	19771055.1	5125063.1
吉 林	12938203.4	11262121.5	1676081.9
黑龙江	12230325.8	9574064.9	2656260.9
上 海	84693663.7	51578627.0	33115036.7
江 苏	42075488.1	28131570.9	13943917.2
浙 江	43731738.2	28391349.9	15340388.3
安 徽	11404070.5	9080868.0	2323202.5
福 建	16834378.3	9862881.8	6971496.5
江 西	5932330.3	4547286.9	1385043.4
山 东	31365557.0	21700065.8	9665491.2
河 南	17810733.4	15292649.2	2518084.2
湖 北	17620661.8	13980505.9	3640155.9
湖 南	10707199.4	8033749.3	2673450.1
广 东	72366509.9	48999280.1	23367229.8
广 西	7666105.5	5573794.5	2092311.0
海 南	3190315.7	2067419.9	1122895.8
重 庆	7254087.9	5559537.3	1694550.6
四 川	15774697.4	11238778.8	4535918.6
贵 州	4694827.1	3705223.2	989603.9
云 南	12339377.2	8389198.2	3950179.0
西 藏	435319.6	244505.1	190814.5
陕 西	9253975.3	6816659.3	2437316.0
甘 肃	5651151.8	4084270.9	1566880.9
青 海	991889.3	576717.3	415172.0
宁 夏	1837871.5	1294565.5	543306.0
新 疆	10980302.5	8623732.7	2356569.8

2-B-7 各地区批发业法人单位资产负债状况

单位：万元

地 区	资产总计	负债合计	所有者权益
全 国	**484207431.3**	**339569409.0**	**144638022.3**
北 京	65998892.7	43567307.1	22431585.6
天 津	14971121.0	11434521.9	3536599.1
河 北	11785095.1	7696531.3	4088563.8
山 西	8962928.3	6657706.1	2305222.2
内蒙古	3931808.1	2796721.7	1135086.4
辽 宁	18700481.2	15536655.6	3163825.6
吉 林	10472128.6	9749278.3	722850.3
黑龙江	9649932.9	7879277.3	1770655.6
上 海	69379373.7	42161879.2	27217494.5
江 苏	32522264.1	21903153.1	10619111.0
浙 江	36690748.7	24007161.6	12683587.1
安 徽	8801880.5	7116927.6	1684952.9
福 建	13832206.6	8194199.9	5638006.7
江 西	4553653.3	3644786.0	908867.3
山 东	21436873.0	14902839.0	6534034.0
河 南	12912982.3	11546260.2	1366722.1
湖 北	13641826.1	11182897.7	2458928.4
湖 南	7612115.0	5809820.4	1802294.6
广 东	58386910.1	39434822.6	18952087.5
广 西	5424853.4	4007836.5	1417016.9
海 南	2434280.8	1528142.6	906138.2
重 庆	5344538.3	4268564.3	1075974.0
四 川	11696747.0	8475903.7	3220843.3
贵 州	3428224.8	2730904.7	697320.1
云 南	10041108.1	6735617.5	3305490.6
西 藏	180985.0	95936.4	85048.6
陕 西	6085774.7	4763949.1	1321825.6
甘 肃	4197705.5	3026276.9	1171428.6
青 海	625009.5	343390.2	281619.3
宁 夏	1326416.1	1004239.9	322176.2
新 疆	9178566.8	7365900.6	1812666.2

2-B-8 各地区零售业法人单位资产负债状况

单位：万元

地区	资产总计	负债合计	所有者权益
全国	**133752366.8**	**89140054.7**	**44612312.1**
北京	15030948.9	9612267.6	5418681.3
天津	2969965.1	1873721.0	1096244.1
河北	4122769.3	2974997.3	1147772.0
山西	3775335.9	2713331.3	1062004.6
内蒙古	1734034.9	1001879.4	732155.5
辽宁	6195637.0	4234399.5	1961237.5
吉林	2466074.8	1512843.2	953231.6
黑龙江	2580392.9	1694787.6	885605.3
上海	15314290.0	9416747.8	5897542.2
江苏	9553224.0	6228417.8	3324806.2
浙江	7040989.5	4384188.3	2656801.2
安徽	2602190.0	1963940.4	638249.6
福建	3002171.7	1668681.9	1333489.8
江西	1378677.0	902500.9	476176.1
山东	9928684.0	6797226.8	3131457.2
河南	4897751.1	3746389.0	1151362.1
湖北	3978835.7	2797608.2	1181227.5
湖南	3095084.4	2223928.9	871155.5
广东	13979599.8	9564457.5	4415142.3
广西	2241252.1	1565958.0	675294.1
海南	756034.9	539277.3	216757.6
重庆	1909549.6	1290973.0	618576.6
四川	4077950.4	2762875.1	1315075.3
贵州	1266602.3	974318.5	292283.8
云南	2298269.1	1653580.7	644688.4
西藏	254334.6	148568.7	105765.9
陕西	3168200.6	2052710.2	1115490.4
甘肃	1453446.3	1057994.0	395452.3
青海	366879.8	233327.1	133552.7
宁夏	511455.4	290325.6	221129.8
新疆	1801735.7	1257832.1	543903.6

2-B-9 按登记注册类型分批发和零售业法人单位损益状况

单位：万元

指标名称	主营业务收入	主营业务成本	主营业务税金及附加	利润总额
总　计	**1109245991.0**	**1012347259.8**	**3867652.0**	**21495755.8**
内资企业	**1032508997.1**	**945473567.0**	**3778915.8**	**19226340.3**
国有企业	204782358.4	185491197.9	564527.3	4845136.4
集体企业	36926667.2	33741884.8	266895.9	500213.4
股份合作企业	13154677.8	12043899.3	63290.2	127702.6
联营企业	9819630.1	9137715.7	26221.2	181390.7
国有联营企业	4710165.3	4359007.8	11336.1	126563.8
集体联营企业	1034218.5	967808.6	4943.2	5227.3
国有与集体联营企业	2722897.0	2584357.8	3170.7	30996.7
其他联营企业	1352349.3	1226541.5	6771.2	18602.9
有限责任公司	280353002.8	259464092.5	721625.1	4826313.4
国有独资公司	25429933.5	23147538.6	63036.8	834467.5
其他有限责任公司	254923069.3	236316553.9	658588.3	3991845.9
股份有限公司	133528469.3	123045570.8	294556.2	2919057.7
私营企业	350754750.9	319745534.7	1802457.3	5701331.1
私营独资企业	19870148.3	17360253.8	318594.8	897323.4
私营合伙企业	7200106.3	6460500.7	65624.6	184254.2
私营有限责任公司	309991978.2	283317477.0	1312576.6	4465507.0
私营股份有限公司	13692518.1	12607303.2	105661.3	154246.5
其他企业	3189440.6	2803671.3	39342.6	125195.0
港、澳、台商投资企业	**14815306.4**	**13018626.1**	**26360.0**	**433316.8**
合资经营企业(港或澳、台资)	5752669.2	5044925.5	11089.6	125046.4
合作经营企业(港或澳、台资)	921451.9	792510.1	984.6	34792.3
港、澳、台商独资经营企业	7830431.4	6954110.9	13198.3	243670.1
港、澳、台商投资股份有限公司	310753.9	227079.6	1087.5	29808.0
外商投资企业	**61921687.5**	**53855066.7**	**62376.2**	**1836098.7**
中外合资经营企业	18076674.4	16069746.2	13099.0	281943.7
中外合作经营企业	8004729.1	7590614.0	3501.3	39332.4
外资企业	34611289.6	29024981.2	42540.2	1557237.4
外商投资股份有限公司	1228994.4	1169725.3	3235.7	-42414.8

2-B-10 按登记注册类型分批发业法人单位损益状况

单位：万元

指标名称	主营业务收入	主营业务成本	主营业务税金及附加	利润总额
批发业合计	**922426621.7**	**847893708.5**	**2655633.9**	**19001055.8**
内资企业	**858321337.9**	**791756305.5**	**2589578.3**	**17043946.9**
国有企业	188610208.1	171765899.5	455979.6	4887596.6
集体企业	26882956.2	24950354.0	151418.3	284044.4
股份合作企业	9790279.5	9092295.6	33432.1	111640.6
联营企业	7028337.0	6541521.5	18193.5	130739.4
国有联营企业	3872091.9	3597608.7	9437.6	92500.4
集体联营企业	828759.2	789056.6	2750.5	4159.3
国有与集体联营企业	1291708.5	1207969.7	2075.9	17372.3
其他联营企业	1035777.4	946886.5	3929.5	16707.4
有限责任公司	229869378.2	214270561.3	499070.9	4517133.0
国有独资公司	24204558.0	22096309.7	58525.3	813267.3
其他有限责任公司	205664820.2	192174251.6	440545.6	3703865.7
股份有限公司	108865431.3	101540270.0	161222.2	2299792.7
私营企业	285016882.4	261566134.5	1249124.7	4737346.7
私营独资企业	13303852.5	11855212.2	169202.0	525344.0
私营合伙企业	5408313.7	4919239.3	38394.1	121403.5
私营有限责任公司	256073561.2	235264521.4	983947.0	3983730.7
私营股份有限公司	10231155.0	9527161.6	57581.6	106868.5
其他企业	2257865.2	2029269.1	21137.0	75653.5
港、澳、台商投资企业	**10672620.1**	**9565528.7**	**15955.2**	**286220.5**
合资经营企业(港或澳、台资)	2366052.3	2191773.4	2324.1	32793.1
合作经营企业(港或澳、台资)	416681.2	359662.4	488.9	8798.1
港、澳、台商独资经营企业	7610675.8	6815296.6	12080.7	214766.4
港、澳、台商投资股份有限公司	279210.8	198796.3	1061.5	29862.9
外商投资企业	**53432663.7**	**46571874.3**	**50100.4**	**1670888.4**
中外合资经营企业	13686499.4	12320620.8	8423.5	181346.2
中外合作经营企业	5297348.6	5184520.8	857.7	-11032.0
外资企业	33237545.9	27910165.6	38526.7	1544095.7
外商投资股份有限公司	1211269.8	1156567.1	2292.5	-43521.5

2-B-11 按登记注册类型分零售业法人单位损益状况

单位：万元

指标名称	主营业务收入	主营业务成本	主营业务税金及附加	利润总额
零售业合计	**186819369.3**	**164453551.3**	**1212018.1**	**2494700.0**
内资企业	**174187659.2**	**153717261.5**	**1189337.5**	**2182393.4**
国有企业	16172150.3	13725298.4	108547.7	-42460.2
集体企业	10043711.0	8791530.8	115477.6	216169.0
股份合作企业	3364398.3	2951603.7	29858.1	16062.0
联营企业	2791293.1	2596194.2	8027.7	50651.3
国有联营企业	838073.4	761399.1	1898.5	34063.4
集体联营企业	205459.3	178752.0	2192.7	1068.0
国有与集体联营企业	1431188.5	1376388.1	1094.8	13624.4
其他联营企业	316571.9	279655.0	2841.7	1895.5
有限责任公司	50483624.6	45193531.2	222554.2	309180.4
国有独资公司	1225375.5	1051228.9	4511.5	21200.2
其他有限责任公司	49258249.1	44142302.3	218042.7	287980.2
股份有限公司	24663038.0	21505300.8	133334.0	619265.0
私营企业	65737868.5	58179400.2	553332.6	963984.4
私营独资企业	6566295.8	5505041.6	149392.8	371979.4
私营合伙企业	1791792.6	1541261.4	27230.5	62850.7
私营有限责任公司	53918417.0	48052955.6	328629.6	481776.3
私营股份有限公司	3461363.1	3080141.6	48079.7	47378.0
其他企业	931575.4	774402.2	18205.6	49541.5
港、澳、台商投资企业	**4142686.3**	**3453097.4**	**10404.8**	**147096.3**
合资经营企业(港或澳、台资)	3386616.9	2853152.1	8765.5	92253.3
合作经营企业(港或澳、台资)	504770.7	432847.7	495.7	25994.2
港、澳、台商独资经营企业	219755.6	138814.3	1117.6	28903.7
港、澳、台商投资股份有限公司	31543.1	28283.3	26.0	-54.9
外商投资企业	**8489023.8**	**7283192.4**	**12275.8**	**165210.3**
中外合资经营企业	4390175.0	3749125.4	4675.5	100597.5
中外合作经营企业	2707380.5	2406093.2	2643.6	50364.4
外资企业	1373743.7	1114815.6	4013.5	13141.7
外商投资股份有限公司	17724.6	13158.2	943.2	1106.7

2-B-12 按行业分批发和零售业法人单位损益状况

单位：万元

指标名称	主营业务收入	主营业务成本	主营业务税金及附加	利润总额
总计	**1109245991.0**	**1012347259.8**	**3867652.0**	**21495755.8**
一、批发业	**922426621.7**	**847893708.5**	**2655633.9**	**19001055.8**
农畜产品批发	29216759.9	26942428.9	109692.1	-975819.0
谷物、豆及薯类批发	15173081.2	14240657.7	52173.5	-1079948.3
种子、饲料批发	3283349.6	2831139.3	19685.6	46658.3
棉、麻批发	6680189.4	6271478.1	15059.4	-56826.0
牲畜批发	645467.0	574410.2	3788.9	6927.0
其他农畜产品批发	3434672.7	3024743.6	18984.7	107370.0
食品、饮料及烟草制品批发	96652926.0	82973279.7	385966.2	5936863.1
米、面制品及食用油批发	13045061.4	12271187.7	43083.2	-322423.9
糕点、糖果及糖批发	2920469.2	2685745.1	7125.6	38747.4
果品、蔬菜批发	2142547.9	1977837.5	24061.5	64776.3
肉、禽、蛋及水产品批发	5282596.7	4829468.0	28626.3	41565.8
盐及调味品批发	2724610.8	2092619.5	24762.1	102071.6
饮料及茶叶批发	6923273.7	5919598.5	29966.7	187602.0
烟草制品批发	54607551.7	45283726.4	190524.2	5729572.9
其他食品批发	9006814.6	7913097.0	37816.6	94951.0
纺织、服装及日用品批发	71914120.5	65505020.1	215980.8	898266.4
纺织品、针织品及原料批发	32054747.1	29803742.3	95261.8	403802.9
服装批发	22996790.8	21029056.3	41715.4	301587.8
鞋帽批发	3395976.0	3146362.3	8920.0	42222.4
厨房、卫生间用具及日用杂货批发	2450327.3	2176844.9	8861.7	32731.2
化妆品及卫生用品批发	2967260.5	2337590.6	9616.8	-13970.4
其他日用品批发	8049018.8	7011423.7	51605.1	131892.5
文化、体育用品及器材批发	15583262.3	13676156.8	50849.3	344095.7
文具用品批发	4862408.0	4491067.1	13671.1	42035.2
体育用品批发	752056.4	657176.9	3850.6	93497.8
图书批发	3713577.7	2990408.4	11942.5	112309.5
报刊批发	146667.8	122861.4	1207.1	-6177.1
音像制品及电子出版物批发	646927.8	568420.1	2158.6	-595.0
首饰、工艺品及收藏品批发	2926025.3	2580136.7	9913.8	62836.2
其他文化用品批发	2535599.3	2266086.2	8105.6	40189.1
医药及医疗器材批发	32828868.7	29731711.9	86861.8	350094.1
西药批发	22104767.2	20550663.6	43205.6	142889.8
中药材及中成药批发	5921194.7	5267848.6	19435.6	48781.6
医疗用品及器材批发	4802906.8	3913199.7	24220.6	158422.7

2-B-12 续表 1 单位：万元

指标名称	主营业务收入	主营业务成本	主营业务税金及附加	利润总额
矿产品、建材及化工产品批发	455276353.7	426753722.4	1095621.4	8718583.4
煤炭及制品批发	33421520.7	29351613.2	180208.8	1170943.4
石油及制品批发	145372622.0	137009053.7	226205.0	2731066.4
非金属矿及制品批发	3073400.9	2714210.6	23070.9	121480.4
金属及金属矿批发	170082909.8	161695398.8	294322.6	2908006.1
建材批发	25597438.7	23529736.8	140573.7	406547.2
化肥批发	14631215.9	13653912.5	59677.5	236292.0
农药批发	2430580.8	2279024.9	6828.7	23453.0
农用薄膜批发	442256.1	339809.7	1221.9	9331.9
其他化工产品批发	60224408.8	56180962.2	163512.3	1111463.0
机械设备、五金交电及电子产品批发	174973108.1	159722934.5	536363.8	2812597.8
农业机械批发	3241269.1	2984129.4	19704.6	34128.3
汽车、摩托车及零配件批发	43361775.2	40845601.6	95577.0	298674.5
五金、交电批发	17687694.1	15562054.2	96573.0	337875.1
家用电器批发	18795731.7	17222211.3	42362.3	-8025.5
计算机、软件及辅助设备批发	17788118.0	16705205.0	44387.5	52748.2
通讯及广播电视设备批发	20141339.1	18034480.3	42143.5	740282.9
其他机械设备及电子产品批发	53957180.9	48369252.7	195615.9	1356914.3
贸易经纪与代理	11042989.4	10153117.9	36586.4	277563.3
贸易经纪与代理	11042989.4	10153117.9	36586.4	277563.3
其他批发	34938233.1	32435336.3	137712.1	638811.0
再生物资回收与批发	14982748.0	14336796.9	60305.7	212471.7
其他未列明的批发	19955485.1	18098539.4	77406.4	426339.3
二、零售业	**186819369.3**	**164453551.3**	**1212018.1**	**2494700.0**
综合零售	54729473.9	47007478.1	350812.8	723444.2
百货零售	27503076.4	23035021.2	205219.6	542684.9
超级市场零售	22717749.8	20075121.2	97413.5	134898.2
其他综合零售	4508647.7	3897335.7	48179.7	45861.1
食品、饮料及烟草制品专门零售	6817026.1	5768729.0	68644.0	18971.4
粮油零售	2023742.7	1830437.8	15233.5	-169080.6
糕点、面包零售	238015.0	168857.5	3835.6	10507.4
果品、蔬菜零售	220535.9	184193.2	3653.6	4918.4
肉、禽、蛋及水产品零售	937454.2	794141.0	12705.6	14320.2
饮料及茶叶零售	505408.1	391883.1	9104.3	12336.7
烟草制品零售	1347543.5	1122999.4	6661.6	113313.8
其他食品零售	1544326.7	1276217.0	17449.8	32655.5
纺织、服装及日用品专门零售	7071341.7	5556775.3	89065.6	154481.2
纺织品及针织品零售	980785.6	802344.5	12142.3	14294.5
服装零售	3467525.3	2653734.1	42087.0	61158.4
鞋帽零售	461422.5	348356.2	8501.4	16509.9
钟表、眼镜零售	595598.5	430151.9	6829.8	23462.9
化妆品及卫生用品零售	448912.9	337122.2	5705.4	17376.0
其他日用品零售	1117096.9	985066.4	13799.7	21679.5

2-B-12 续表 2 单位：万元

指标名称	主营业务收入	主营业务成本	主营业务税金及附加	利润总额
文化、体育用品及器材专门零售	7049574.9	5415628.6	81729.9	156452.2
文具用品零售	719113.3	599397.0	8744.0	14640.7
体育用品零售	306094.1	245247.9	3320.5	-3601.4
图书零售	3674075.1	2699950.9	22614.5	92193.6
报刊零售	201554.4	148724.0	1884.9	8592.1
音像制品及电子出版物零售	156605.8	123274.4	2175.7	-3778.3
珠宝首饰零售	1092126.5	867434.8	31713.2	31787.2
工艺美术品及收藏品零售	252660.9	168801.3	4625.9	8916.2
照相器材零售	258619.2	238525.5	1455.2	787.8
其他文化用品零售	388725.6	324272.8	5196.0	6914.3
医药及医疗器材专门零售	8906495.3	7644348.6	70328.2	58726.8
药品零售	7524135.9	6488024.1	44631.2	48476.6
医疗用品及器材零售	1382359.4	1156324.5	25697.0	10250.2
汽车、摩托车、燃料及零配件专门零售	62735192.7	58113077.2	216711.4	732636.2
汽车零售	40243156.3	38110530.1	75971.7	110522.9
汽车零配件零售	2638751.3	2369786.0	22143.7	51684.7
摩托车及零配件零售	2121771.8	1887890.4	24964.4	66406.9
机动车燃料零售	17731513.3	15744870.7	93631.6	504021.7
家用电器及电子产品专门零售	24676093.2	22379969.9	143618.0	263638.5
家用电器零售	12887925.3	11835489.5	50647.4	151888.0
计算机、软件及辅助设备零售	5896070.7	5353233.5	39330.7	54911.8
通信设备零售	3655640.7	3298891.8	29809.6	38295.9
其他电子产品零售	2236456.5	1892355.1	23830.3	18542.8
五金、家具及室内装修材料专门零售	8059552.5	6755727.4	107908.8	216687.3
五金零售	3685278.5	3164021.3	46752.4	121211.2
家具零售	1212073.3	905326.3	24179.6	27319.8
涂料零售	341747.6	291600.9	4031.4	14055.1
其他室内装修材料零售	2820453.1	2394778.9	32945.4	54101.2
无店铺及其他零售	6774619.0	5811817.2	83199.4	169662.2
流动货摊零售	62515.4	54221.9	909.4	3942.0
邮购及电子销售	122921.1	104806.0	635.7	370.2
生活用燃料零售	2178588.5	1895447.4	23703.9	52767.0
花卉零售	172391.2	130930.5	3166.4	10987.4
旧货零售	73754.0	64476.6	1214.9	2439.0
其他未列明的零售	4164448.8	3561934.8	53569.1	99156.6

2-B-13 按行业分批发和零售业法人单位损益状况

(按登记注册类型分)

内资企业 单位：万元

指标名称	主营业务收入	主营业务成本	主营业务税金及附加	利润总额
总计	**1032508997.1**	**945473567.0**	**3778915.8**	**19226340.3**
一、批发业	**858321337.9**	**791756305.5**	**2589578.3**	**17043946.9**
农畜产品批发	28858574.8	26634753.9	109046.1	-980960.1
食品、饮料及烟草制品批发	93501827.6	80382624.6	379627.9	5883770.0
纺织、服装及日用品批发	67651303.8	62137922.0	209088.4	826255.0
文化、体育用品及器材批发	13635209.1	11895393.9	48552.5	249986.4
医药及医疗器材批发	31132078.5	28424425.6	85345.6	271101.4
矿产品、建材及化工产品批发	445804915.4	418199876.6	1085002.7	8349754.8
机械设备、五金交电及电子产品批发	135651054.1	124933948.1	503400.9	1650673.3
贸易经纪与代理	10672037.1	9851966.7	34740.5	251575.9
其他批发	31414337.5	29295394.1	134773.7	541790.2
二、零售业	**174187659.2**	**153717261.5**	**1189337.5**	**2182393.4**
综合零售	45512536.8	39123233.4	337485.5	509961.6
食品、饮料及烟草制品专门零售	6729935.2	5718180.0	67109.2	12556.0
纺织、服装及日用品专门零售	6568490.6	5215848.6	86443.2	119025.0
文化、体育用品及器材专门零售	7000675.1	5382774.5	81455.5	169832.4
医药及医疗器材专门零售	8773243.9	7533914.2	69841.1	68453.0
汽车、摩托车、燃料及零配件专门零售	62332636.7	57732896.6	216213.4	726834.8
家用电器及电子产品专门零售	23084247.6	20973652.9	141813.3	195851.1
五金、家具及室内装修材料专门零售	7595257.3	6376687.3	106818.2	214861.6
无店铺及其他零售	6590636.0	5660074.0	82158.1	165017.9

2-B-13 续表 1 国有企业

单位：万元

指标名称	主营业务收入	主营业务成本	主营业务税金及附加	利润总额
总计	**204782358.4**	**185491197.9**	**564527.3**	**4845136.4**
一、批发业	**188610208.1**	**171765899.5**	**455979.6**	**4887596.6**
农畜产品批发	14280040.9	13156011.5	51741.4	-1065640.0
食品、饮料及烟草制品批发	57844580.3	48665229.4	220897.6	4647714.2
纺织、服装及日用品批发	6725461.5	6373805.3	6047.2	-63050.2
文化、体育用品及器材批发	3277632.6	2698936.9	9913.3	118302.2
医药及医疗器材批发	4768370.1	4452795.2	12627.4	-26103.7
矿产品、建材及化工产品批发	77821364.5	73739054.0	114458.6	1071335.1
机械设备、五金交电及电子产品批发	16080046.9	15157339.4	25466.8	57173.4
贸易经纪与代理	2464191.5	2266706.7	6619.6	67318.8
其他批发	5348519.8	5256021.1	8207.7	80546.8
二、零售业	**16172150.3**	**13725298.4**	**108547.7**	**-42460.2**
综合零售	3830704.7	3225933.8	32158.2	-9853.3
食品、饮料及烟草制品专门零售	2207123.1	1974988.3	16509.0	-158597.6
纺织、服装及日用品专门零售	310422.4	293705.1	4222.5	-5018.3
文化、体育用品及器材专门零售	3060372.1	2239782.3	19978.9	92863.3
医药及医疗器材专门零售	1467722.4	1273354.9	6932.7	-5230.4
汽车、摩托车、燃料及零配件专门零售	3838295.5	3491166.1	14079.5	64595.6
家用电器及电子产品专门零售	472384.0	402054.5	4167.9	-6861.3
五金、家具及室内装修材料专门零售	287711.7	234093.2	4434.9	-6437.7
无店铺及其他零售	697414.4	590220.2	6064.1	-7920.5

2-B-13 续表 2 集体企业 单位：万元

指标名称	主营业务收入	主营业务成本	主营业务 税金及附加	利润总额
总计	**36926667.2**	**33741884.8**	**266895.9**	**500213.4**
一、批发业	**26882956.2**	**24950354.0**	**151418.3**	**284044.4**
农畜产品批发	2228538.2	2080769.4	10584.8	-54298.2
食品、饮料及烟草制品批发	1477134.7	1299938.6	14027.2	34386.5
纺织、服装及日用品批发	1430395.7	1287372.4	8439.8	32065.4
文化、体育用品及器材批发	213730.1	185311.5	2087.6	2894.6
医药及医疗器材批发	311556.3	279319.2	1582.1	5050.9
矿产品、建材及化工产品批发	14364580.8	13379457.7	77129.5	191090.3
机械设备、五金交电及电子产品批发	3846443.9	3557920.3	25392.5	48948.3
贸易经纪与代理	162401.1	153080.0	498.1	1433.2
其他批发	2848175.4	2727184.9	11676.7	22473.4
二、零售业	**10043711.0**	**8791530.8**	**115477.6**	**216169.0**
综合零售	4735148.8	4157921.9	52707.0	106334.0
食品、饮料及烟草制品专门零售	755529.2	641592.5	9693.1	24451.0
纺织、服装及日用品专门零售	608628.4	513481.7	9151.4	11775.4
文化、体育用品及器材专门零售	243778.8	184912.8	4940.0	11148.1
医药及医疗器材专门零售	186469.9	152213.7	2531.4	6832.1
汽车、摩托车、燃料及零配件专门零售	1954410.6	1782801.2	14411.2	34199.0
家用电器及电子产品专门零售	361743.0	316176.0	4330.5	-13547.0
五金、家具及室内装修材料专门零售	567570.0	496741.5	9030.8	18445.2
无店铺及其他零售	630432.3	545689.5	8682.2	16531.2

2-B-13 续表 3 股份合作企业 单位：万元

指标名称	主营业务收入	主营业务成本	主营业务税金及附加	利润总额
总计	**13154677.8**	**12043899.3**	**63290.2**	**127702.6**
一、批发业	**9790279.5**	**9092295.6**	**33432.1**	**111640.6**
农畜产品批发	242225.0	214673.3	1443.9	2872.6
食品、饮料及烟草制品批发	848845.3	776227.8	4956.8	14929.3
纺织、服装及日用品批发	454583.1	416058.6	1401.5	2416.7
文化、体育用品及器材批发	186987.6	173260.2	794.3	1167.5
医药及医疗器材批发	512925.5	482108.6	1244.9	3338.5
矿产品、建材及化工产品批发	4634837.9	4320452.5	14536.8	54520.4
机械设备、五金交电及电子产品批发	1656316.0	1523128.0	6296.2	20318.9
贸易经纪与代理	81331.2	74919.6	307.2	937.7
其他批发	1172227.9	1111467.0	2450.5	11139.0
二、零售业	**3364398.3**	**2951603.7**	**29858.1**	**16062.0**
综合零售	845548.7	743121.1	5592.7	-8466.8
食品、饮料及烟草制品专门零售	185132.9	157655.5	2238.3	-170.2
纺织、服装及日用品专门零售	155004.9	119184.3	3067.3	811.5
文化、体育用品及器材专门零售	144137.2	106257.3	3171.8	1915.3
医药及医疗器材专门零售	205278.9	167478.9	2386.0	-201.4
汽车、摩托车、燃料及零配件专门零售	1251603.2	1143586.3	5330.1	10875.4
家用电器及电子产品专门零售	236033.6	207205.5	3357.8	4275.2
五金、家具及室内装修材料专门零售	197604.2	164863.6	2686.8	3274.7
无店铺及其他零售	144054.7	142251.2	2027.3	3748.3

2-B-13 续表 4 联营企业 单位：万元

指标名称	主营业务收入	主营业务成本	主营业务税金及附加	利润总额
总计	**9819630.1**	**9137715.7**	**26221.2**	**181390.7**
一、批发业	**7028337.0**	**6541521.5**	**18193.5**	**130739.4**
农畜产品批发	207952.5	196263.0	805.1	-4290.0
食品、饮料及烟草制品批发	551435.4	480714.0	1847.2	46624.0
纺织、服装及日用品批发	623088.5	579255.2	583.5	11787.2
文化、体育用品及器材批发	74226.8	64082.0	129.0	3159.8
医药及医疗器材批发	130571.0	117959.5	206.3	694.6
矿产品、建材及化工产品批发	3767453.8	3539919.5	10112.3	57969.8
机械设备、五金交电及电子产品批发	1212071.1	1135386.1	2291.7	8324.9
贸易经纪与代理	100670.1	90742.2	417.1	1289.6
其他批发	360867.8	337200.0	1801.3	5179.5
二、零售业	**2791293.1**	**2596194.2**	**8027.7**	**50651.3**
综合零售	142202.9	112622.5	1203.5	-5570.1
食品、饮料及烟草制品专门零售	239772.0	197663.3	1128.3	29385.0
纺织、服装及日用品专门零售	48539.9	40767.0	410.9	787.8
文化、体育用品及器材专门零售	41886.7	35213.5	430.6	1051.1
医药及医疗器材专门零售	97508.8	81693.5	486.3	1393.9
汽车、摩托车、燃料及零配件专门零售	958415.7	917583.5	2281.7	12223.1
家用电器及电子产品专门零售	1170818.4	1135462.3	1108.5	8230.7
五金、家具及室内装修材料专门零售	28878.5	23846.9	441.8	1281.6
无店铺及其他零售	63270.2	51341.7	536.1	1868.2

2-B-13 续表 5 国有联营企业 单位：万元

指标名称	主营业务收入	主营业务成本	主营业务税金及附加	利润总额
总计	**4710165.3**	**4359007.8**	**11336.1**	**126563.8**
一、批发业	**3872091.9**	**3597608.7**	**9437.6**	**92500.4**
农畜产品批发	21678.6	20097.9	27.7	-644.7
食品、饮料及烟草制品批发	362885.3	302163.5	1126.5	41715.7
纺织、服装及日用品批发	129769.3	119741.8	155.1	2294.9
文化、体育用品及器材批发	27571.1	22255.8	20.4	1006.2
医药及医疗器材批发	51728.2	46819.8	103.4	364.0
矿产品、建材及化工产品批发	2549874.6	2401594.8	6948.0	42939.8
机械设备、五金交电及电子产品批发	386793.5	364735.0	469.8	1477.6
贸易经纪与代理	55696.2	49851.1	237.2	143.9
其他批发	286095.1	270349.0	349.5	3203.0
二、零售业	**838073.4**	**761399.1**	**1898.5**	**34063.4**
综合零售	82162.5	67846.9	233.3	-375.0
食品、饮料及烟草制品专门零售	214936.9	178182.0	653.2	27638.5
纺织、服装及日用品专门零售	16464.2	14582.6	103.9	92.7
文化、体育用品及器材专门零售	5859.3	4843.1	96.4	99.2
医药及医疗器材专门零售	55737.3	46308.7	157.8	80.0
汽车、摩托车、燃料及零配件专门零售	406270.4	402101.4	423.9	6578.6
家用电器及电子产品专门零售	23959.8	22468.2	84.1	-939.0
五金、家具及室内装修材料专门零售	4600.1	3801.1	56.3	16.7
无店铺及其他零售	28082.9	21265.1	89.6	871.7

2-B-13 续表 6 集体联营企业 单位：万元

指标名称	主营业务收入	主营业务成本	主营业务税金及附加	利润总额
总计	**1034218.5**	**967808.6**	**4943.2**	**5227.3**
一、批发业	**828759.2**	**789056.6**	**2750.5**	**4159.3**
农畜产品批发	92625.6	90166.7	200.9	-4143.8
食品、饮料及烟草制品批发	61003.5	66438.1	312.9	-13.8
纺织、服装及日用品批发	18037.9	15831.0	150.1	53.9
文化、体育用品及器材批发	13420.1	12620.2	4.5	41.7
医药及医疗器材批发	7145.7	5850.1	45.1	-6.0
矿产品、建材及化工产品批发	441833.9	419044.0	1277.2	6660.1
机械设备、五金交电及电子产品批发	162736.5	149451.7	637.1	896.2
贸易经纪与代理	15679.5	15141.8	13.6	-61.8
其他批发	16276.5	14513.0	109.1	732.8
二、零售业	**205459.3**	**178752.0**	**2192.7**	**1068.0**
综合零售	32532.0	23459.9	541.4	-2856.3
食品、饮料及烟草制品专门零售	5971.3	4771.1	235.7	341.7
纺织、服装及日用品专门零售	5332.7	3965.0	157.5	303.8
文化、体育用品及器材专门零售	5530.9	4038.8	63.2	706.4
医药及医疗器材专门零售	4929.0	4054.0	136.7	558.1
汽车、摩托车、燃料及零配件专门零售	112699.9	105163.0	572.5	715.5
家用电器及电子产品专门零售	15063.3	13527.7	173.2	87.1
五金、家具及室内装修材料专门零售	14050.5	11761.6	211.6	910.5
无店铺及其他零售	9349.7	8010.9	100.9	301.2

2-B-13 续表 7 国有与集体联营企业 单位: 万元

指标名称	主营业务收入	主营业务成本	主营业务税金及附加	利润总额
总计	**2722897.0**	**2584357.8**	**3170.7**	**30996.7**
一、批发业	**1291708.5**	**1207969.7**	**2075.9**	**17372.3**
农畜产品批发	58641.0	53719.1	372.8	-483.0
食品、饮料及烟草制品批发	54165.6	46789.1	183.0	3772.8
纺织、服装及日用品批发	270816.8	257111.1	158.9	2120.6
文化、体育用品及器材批发	10231.7	8926.5	24.7	1509.7
医药及医疗器材批发	22331.2	20968.7	16.0	-232.6
矿产品、建材及化工产品批发	523276.6	486425.7	921.5	6007.7
机械设备、五金交电及电子产品批发	309143.8	293407.1	314.7	3809.8
贸易经纪与代理	4989.9	4601.5	20.8	182.9
其他批发	38111.9	36020.9	63.5	684.4
二、零售业	**1431188.5**	**1376388.1**	**1094.8**	**13624.4**
综合零售	2624.2	1904.5	40.4	-16.4
食品、饮料及烟草制品专门零售	5957.9	4639.3	44.9	235.0
纺织、服装及日用品专门零售	8418.1	6735.6	63.2	-103.8
文化、体育用品及器材专门零售	6991.1	6102.9	39.3	24.0
医药及医疗器材专门零售	10972.4	8742.8	38.9	364.1
汽车、摩托车、燃料及零配件专门零售	274488.5	256969.1	518.9	3515.6
家用电器及电子产品专门零售	1105330.5	1076533.1	260.3	9436.8
五金、家具及室内装修材料专门零售	2150.0	1860.9	23.1	15.6
无店铺及其他零售	14255.8	12899.9	65.8	153.5

2-B-13 续表 8 其他联营企业 单位：万元

指标名称	主营业务收入	主营业务成本	主营业务税金及附加	利润总额
总计	**1352349.3**	**1226541.5**	**6771.2**	**18602.9**
一、批发业	**1035777.4**	**946886.5**	**3929.5**	**16707.4**
农畜产品批发	35007.3	32279.3	203.7	981.5
食品、饮料及烟草制品批发	73381.0	65323.3	224.8	1149.3
纺织、服装及日用品批发	204464.5	186571.3	119.4	7317.8
文化、体育用品及器材批发	23003.9	20279.5	79.4	602.2
医药及医疗器材批发	49365.9	44320.9	41.8	569.2
矿产品、建材及化工产品批发	252468.7	232855.0	965.6	2362.2
机械设备、五金交电及电子产品批发	353397.3	327792.3	870.1	2141.3
贸易经纪与代理	24304.5	21147.8	145.5	1024.6
其他批发	20384.3	16317.1	1279.2	559.3
二、零售业	**316571.9**	**279655.0**	**2841.7**	**1895.5**
综合零售	24884.2	19411.2	388.4	-2322.4
食品、饮料及烟草制品专门零售	12905.9	10070.9	194.5	1169.8
纺织、服装及日用品专门零售	18324.9	15483.8	86.3	495.1
文化、体育用品及器材专门零售	23505.4	20228.7	231.7	221.5
医药及医疗器材专门零售	25870.1	22588.0	152.9	391.7
汽车、摩托车、燃料及零配件专门零售	164956.9	153350.0	766.4	1413.4
家用电器及电子产品专门零售	26464.8	22933.3	590.9	-354.2
五金、家具及室内装修材料专门零售	8077.9	6423.3	150.8	338.8
无店铺及其他零售	11581.8	9165.8	279.8	541.8

2-B-13 续表 9 有限责任公司 单位：万元

指标名称	主营业务收入	主营业务成本	主营业务税金及附加	利润总额
总计	**280353002.8**	**259464092.5**	**721625.1**	**4826313.4**
一、批发业	**229869378.2**	**214270561.3**	**499070.9**	**4517133.0**
农畜产品批发	6705230.3	6327586.3	8920.5	8492.2
食品、饮料及烟草制品批发	18459349.2	16257851.5	47468.1	946487.5
纺织、服装及日用品批发	25207801.1	23499271.9	48579.9	374369.4
文化、体育用品及器材批发	3949423.2	3508985.2	8230.2	48918.3
医药及医疗器材批发	13917832.2	12744466.6	26069.2	144964.5
矿产品、建材及化工产品批发	105264069.0	99174911.7	227751.2	2193303.3
机械设备、五金交电及电子产品批发	43934481.0	41086081.3	97245.0	493845.0
贸易经纪与代理	4392701.6	4104545.6	13895.2	169678.2
其他批发	8038490.6	7566861.2	20911.6	137074.6
二、零售业	**50483624.6**	**45193531.2**	**222554.2**	**309180.4**
综合零售	16329025.5	14188388.3	73473.8	54616.2
食品、饮料及烟草制品专门零售	1367503.3	1133253.4	9353.8	56439.2
纺织、服装及日用品专门零售	1507976.1	1179582.1	14921.2	7221.8
文化、体育用品及器材专门零售	1386405.2	1090362.2	17734.4	22539.4
医药及医疗器材专门零售	2959116.8	2564587.6	12094.8	-518.6
汽车、摩托车、燃料及零配件专门零售	17983933.5	16972469.2	39293.5	132536.9
家用电器及电子产品专门零售	6212241.8	5710966.0	28559.1	10155.5
五金、家具及室内装修材料专门零售	1474714.2	1264877.9	15057.6	903.0
无店铺及其他零售	1262708.2	1089044.5	12066.0	25287.0

2-B-13 续表 10 国有独资公司 单位：万元

指标名称	主营业务收入	主营业务成本	主营业务税金及附加	利润总额
总计	**25429933.5**	**23147538.6**	**63036.8**	**834467.5**
一、批发业	**24204558.0**	**22096309.7**	**58525.3**	**813267.3**
农畜产品批发	1468144.6	1422368.8	457.6	-13394.9
食品、饮料及烟草制品批发	4422601.0	3795156.8	9452.0	332526.7
纺织、服装及日用品批发	2911614.6	2730877.6	25010.4	35893.8
文化、体育用品及器材批发	930958.6	773487.2	1428.9	32495.4
医药及医疗器材批发	391214.7	343059.0	583.0	10126.6
矿产品、建材及化工产品批发	11891316.1	11009012.7	18568.7	369509.1
机械设备、五金交电及电子产品批发	1390278.4	1305958.7	1229.0	11211.3
贸易经纪与代理	315018.3	272510.0	1395.9	53364.4
其他批发	483411.7	443878.9	399.8	-18465.1
二、零售业	**1225375.5**	**1051228.9**	**4511.5**	**21200.2**
综合零售	178466.1	154903.7	853.3	-4135.3
食品、饮料及烟草制品专门零售	163830.1	121480.9	882.6	16572.3
纺织、服装及日用品专门零售	29704.5	24008.2	196.3	-1228.9
文化、体育用品及器材专门零售	269671.4	212157.6	992.3	9175.5
医药及医疗器材专门零售	41446.9	37951.3	58.4	-352.6
汽车、摩托车、燃料及零配件专门零售	371419.4	345672.6	1050.8	2571.8
家用电器及电子产品专门零售	105440.5	99602.9	144.1	-1096.1
五金、家具及室内装修材料专门零售	11471.5	10387.9	87.9	-94.4
无店铺及其他零售	53925.1	45063.8	245.8	-212.1

2-B-13 续表 11 其他有限责任公司 单位：万元

指标名称	主营业务收入	主营业务成本	主营业务税金及附加	利润总额
总计	**254923069.3**	**236316553.9**	**658588.3**	**3991845.9**
一、批发业	**205664820.2**	**192174251.6**	**440545.6**	**3703865.7**
农畜产品批发	5237085.7	4905217.5	8462.9	21887.1
食品、饮料及烟草制品批发	14036748.2	12462694.7	38016.1	613960.8
纺织、服装及日用品批发	22296186.5	20768394.3	23569.5	338475.6
文化、体育用品及器材批发	3018464.6	2735498.0	6801.3	16422.9
医药及医疗器材批发	13526617.5	12401407.6	25486.2	134837.9
矿产品、建材及化工产品批发	93372752.9	88165899.0	209182.5	1823794.2
机械设备、五金交电及电子产品批发	42544202.6	39780122.6	96016.0	482633.7
贸易经纪与代理	4077683.3	3832035.6	12499.3	116313.8
其他批发	7555078.9	7122982.3	20511.8	155539.7
二、零售业	**49258249.1**	**44142302.3**	**218042.7**	**287980.2**
综合零售	16150559.4	14033484.6	72620.5	58751.5
食品、饮料及烟草制品专门零售	1203673.2	1011772.5	8471.2	39866.9
纺织、服装及日用品专门零售	1478271.6	1155573.9	14724.9	8450.7
文化、体育用品及器材专门零售	1116733.8	878204.6	16742.1	13363.9
医药及医疗器材专门零售	2917669.9	2526636.3	12036.4	-166.0
汽车、摩托车、燃料及零配件专门零售	17612514.1	16626796.6	38242.7	129965.1
家用电器及电子产品专门零售	6106801.3	5611363.1	28415.0	11251.6
五金、家具及室内装修材料专门零售	1463242.7	1254490.0	14969.7	997.4
无店铺及其他零售	1208783.1	1043980.7	11820.2	25499.1

2-B-13 续表 12 股份有限公司

单位：万元

指标名称	主营业务收入	主营业务成本	主营业务税金及附加	利润总额
总计	**133528469.3**	**123045570.8**	**294556.2**	**2919057.7**
一、批发业	**108865431.3**	**101540270.0**	**161222.2**	**2299792.7**
农畜产品批发	1041669.0	928302.8	2625.8	24425.7
食品、饮料及烟草制品批发	2684168.1	2391497.3	8665.9	82638.1
纺织、服装及日用品批发	7853842.1	7258879.5	21343.5	160253.3
文化、体育用品及器材批发	291020.4	260652.8	714.7	3010.0
医药及医疗器材批发	4111017.7	3803781.9	8161.7	40318.4
矿产品、建材及化工产品批发	84365355.3	78939167.1	97183.0	1900587.8
机械设备、五金交电及电子产品批发	6590636.1	6186982.0	17791.3	74335.4
贸易经纪与代理	899203.7	835211.7	1378.8	-3737.5
其他批发	1028518.9	935794.9	3357.5	17961.5
二、零售业	**24663038.0**	**21505300.8**	**133334.0**	**619265.0**
综合零售	11566824.9	9888740.9	87190.5	306362.3
食品、饮料及烟草制品专门零售	260771.5	204745.2	2819.5	16107.9
纺织、服装及日用品专门零售	214177.1	159767.5	2496.2	7609.3
文化、体育用品及器材专门零售	278921.0	236936.0	4564.2	10273.6
医药及医疗器材专门零售	1322935.8	1180497.7	3938.4	11266.4
汽车、摩托车、燃料及零配件专门零售	9645077.3	8615210.6	20703.7	236432.8
家用电器及电子产品专门零售	924754.0	833448.9	6382.0	19335.2
五金、家具及室内装修材料专门零售	238396.4	203240.0	2910.2	7031.2
无店铺及其他零售	211180.0	182714.0	2329.3	4846.3

2-B-13 续表 13 私营企业 单位：万元

指标名称	主营业务收入	主营业务成本	主营业务税金及附加	利润总额
总计	**350754750.9**	**319745534.7**	**1802457.3**	**5701331.1**
一、批发业	**285016882.4**	**261566134.5**	**1249124.7**	**4737346.7**
农畜产品批发	4058867.6	3651409.1	31349.1	102419.8
食品、饮料及烟草制品批发	11455353.8	10350558.3	79832.6	104461.3
纺织、服装及日用品批发	25269429.1	22652145.6	121448.3	301574.0
文化、体育用品及器材批发	5615662.7	4983196.4	25957.7	70890.8
医药及医疗器材批发	7276254.4	6458059.5	34540.5	100247.9
矿产品、建材及化工产品批发	154393226.7	144011880.1	535597.3	2844154.8
机械设备、五金交电及电子产品批发	61956966.8	55950310.0	324862.9	937752.7
贸易经纪与代理	2552093.9	2310147.8	11513.0	14016.2
其他批发	12439027.4	11198427.7	84023.3	261829.2
二、零售业	**65737868.5**	**58179400.2**	**553332.6**	**963984.4**
综合零售	7865170.8	6641210.9	81971.6	57665.1
食品、饮料及烟草制品专门零售	1658530.8	1363521.0	23966.3	41489.1
纺织、服装及日用品专门零售	3656731.7	2859262.6	50270.5	91472.8
文化、体育用品及器材专门零售	1818890.5	1469243.8	29757.6	28541.8
医药及医疗器材专门零售	2490685.7	2080069.8	40531.7	53006.7
汽车、摩托车、燃料及零配件专门零售	26420728.0	24562127.1	115989.2	224367.1
家用电器及电子产品专门零售	13585144.4	12268735.8	91822.5	166794.7
五金、家具及室内装修材料专门零售	4722119.6	3928203.8	69916.1	184359.9
无店铺及其他零售	3519867.0	3007025.4	49107.1	116287.2

2-B-13 续表 14 私营独资企业 单位：万元

指标名称	主营业务收入	主营业务成本	主营业务税金及附加	利润总额
总计	**19870148.3**	**17360253.8**	**318594.8**	**897323.4**
一、批发业	**13303852.5**	**11855212.2**	**169202.0**	**525344.0**
农畜产品批发	709205.7	611244.0	10146.3	45078.8
食品、饮料及烟草制品批发	978781.4	840182.4	17659.3	51292.6
纺织、服装及日用品批发	722731.5	640428.3	8212.0	24062.9
文化、体育用品及器材批发	180437.4	157408.4	2196.2	6545.4
医药及医疗器材批发	228915.3	202391.7	3558.1	4054.6
矿产品、建材及化工产品批发	6598290.7	5960690.8	81023.1	226403.9
机械设备、五金交电及电子产品批发	2543452.7	2229036.6	31526.7	114024.1
贸易经纪与代理	72872.9	64565.3	1071.8	684.3
其他批发	1269164.9	1149264.7	13808.5	53197.4
二、零售业	**6566295.8**	**5505041.6**	**149392.8**	**371979.4**
综合零售	906306.5	733821.0	29834.0	46795.9
食品、饮料及烟草制品专门零售	314976.0	251602.2	6883.8	23812.1
纺织、服装及日用品专门零售	424048.4	320141.0	11236.8	32822.9
文化、体育用品及器材专门零售	164905.0	128797.1	4513.3	11021.9
医药及医疗器材专门零售	286390.0	223932.2	8009.6	22704.5
汽车、摩托车、燃料及零配件专门零售	2311763.9	2022248.2	40154.4	107591.1
家用电器及电子产品专门零售	860995.5	754228.5	14608.3	38235.9
五金、家具及室内装修材料专门零售	729695.1	600900.8	17981.0	51610.0
无店铺及其他零售	567215.4	469370.6	16171.6	37385.1

2-B-13 续表 15 私营合伙企业 单位：万元

指标名称	主营业务收入	主营业务成本	主营业务税金及附加	利润总额
总计	**7200106.3**	**6460500.7**	**65624.6**	**184254.2**
一、批发业	**5408313.7**	**4919239.3**	**38394.1**	**121403.5**
农畜产品批发	248946.0	215409.4	3814.9	10967.8
食品、饮料及烟草制品批发	267113.2	237184.0	3266.0	7924.6
纺织、服装及日用品批发	295213.6	263488.0	1896.1	2652.7
文化、体育用品及器材批发	119114.3	106435.5	855.8	2047.2
医药及医疗器材批发	102465.1	90086.2	942.8	1867.1
矿产品、建材及化工产品批发	3124566.4	2901696.6	14801.6	62971.2
机械设备、五金交电及电子产品批发	891704.0	795178.5	7178.4	25400.2
贸易经纪与代理	38463.4	34765.7	252.2	870.7
其他批发	320727.7	274995.4	5386.3	6702.0
二、零售业	**1791792.6**	**1541261.4**	**27230.5**	**62850.7**
综合零售	351757.0	292583.6	5889.4	13922.1
食品、饮料及烟草制品专门零售	67943.3	56217.7	1231.2	3227.7
纺织、服装及日用品专门零售	116290.4	92423.7	2191.8	4978.1
文化、体育用品及器材专门零售	53371.3	42408.5	940.1	1690.3
医药及医疗器材专门零售	66105.2	52867.3	2303.7	2822.3
汽车、摩托车、燃料及零配件专门零售	583883.2	527447.7	6937.5	14682.5
家用电器及电子产品专门零售	216254.3	191202.2	2631.1	6092.4
五金、家具及室内装修材料专门零售	171009.5	144840.9	2696.3	7965.7
无店铺及其他零售	165178.4	141269.8	2409.4	7469.6

2-B-13 续表 16 私营有限责任公司 单位：万元

指标名称	主营业务收入	主营业务成本	主营业务税金及附加	利润总额
总计	**309991978.2**	**283317477.0**	**1312576.6**	**4465507.0**
一、批发业	**256073561.2**	**235264521.4**	**983947.0**	**3983730.7**
农畜产品批发	2900993.0	2646937.1	15052.1	39224.1
食品、饮料及烟草制品批发	9689559.9	8740964.8	54102.2	40309.3
纺织、服装及日用品批发	23656070.2	21217154.3	109148.4	285995.3
文化、体育用品及器材批发	5093413.9	4519963.6	21721.7	59808.4
医药及医疗器材批发	6516769.6	5773177.5	27217.2	87768.7
矿产品、建材及化工产品批发	139286609.5	130112100.0	414070.9	2481058.7
机械设备、五金交电及电子产品批发	56273389.8	50863637.2	271697.9	782630.9
贸易经纪与代理	2280483.6	2062655.1	9436.7	13324.8
其他批发	10376271.7	9327931.8	61499.9	193610.5
二、零售业	**53918417.0**	**48052955.6**	**328629.6**	**481776.3**
综合零售	6170685.9	5245477.6	42284.6	-12007.5
食品、饮料及烟草制品专门零售	1208723.1	999362.5	14689.4	13597.9
纺织、服装及日用品专门零售	2965560.2	2325883.1	32461.7	49569.8
文化、体育用品及器材专门零售	1498443.9	1216437.1	22078.5	14634.6
医药及医疗器材专门零售	2015763.2	1703753.5	13688.3	23175.6
汽车、摩托车、燃料及零配件专门零售	22081969.6	20673343.5	61304.2	89600.8
家用电器及电子产品专门零售	11772460.6	10652865.7	67389.4	118493.9
五金、家具及室内装修材料专门零售	3601268.9	2997291.5	46151.5	119563.9
无店铺及其他零售	2603541.6	2238541.1	28582.0	65147.3

2-B-13 续表 17 私营股份有限公司

单位：万元

指标名称	主营业务收入	主营业务成本	主营业务税金及附加	利润总额
总计	**13692518.1**	**12607303.2**	**105661.3**	**154246.5**
一、批发业	**10231155.0**	**9527161.6**	**57581.6**	**106868.5**
农畜产品批发	199722.9	177818.6	2335.8	7149.1
食品、饮料及烟草制品批发	519899.3	532227.1	4805.1	4934.8
纺织、服装及日用品批发	595413.8	531075.0	2191.8	-11136.9
文化、体育用品及器材批发	222697.1	199388.9	1184.0	2489.8
医药及医疗器材批发	428104.4	392404.1	2822.4	6557.5
矿产品、建材及化工产品批发	5383760.1	5037392.7	25701.7	73721.0
机械设备、五金交电及电子产品批发	2248420.3	2062457.7	14459.9	15697.5
贸易经纪与代理	160274.0	148161.7	752.3	-863.6
其他批发	472863.1	446235.8	3328.6	8319.3
二、零售业	**3461363.1**	**3080141.6**	**48079.7**	**47378.0**
综合零售	436421.4	369328.7	3963.6	8954.6
食品、饮料及烟草制品专门零售	66888.4	56338.6	1161.9	851.4
纺织、服装及日用品专门零售	150832.7	120814.8	4380.2	4102.0
文化、体育用品及器材专门零售	102170.3	81601.1	2225.7	1195.0
医药及医疗器材专门零售	122427.3	99516.8	16530.1	4304.3
汽车、摩托车、燃料及零配件专门零售	1443111.3	1339087.7	7593.1	12492.7
家用电器及电子产品专门零售	735434.0	670439.4	7193.7	3972.5
五金、家具及室内装修材料专门零售	220146.1	185170.6	3087.3	5220.3
无店铺及其他零售	183931.6	157843.9	1944.1	6285.2

2-B-13 续表 18 其他企业 单位：万元

指标名称	主营业务收入	主营业务成本	主营业务税金及附加	利润总额
总计	**3189440.6**	**2803671.3**	**39342.6**	**125195.0**
一、批发业	**2257865.2**	**2029269.1**	**21137.0**	**75653.5**
农畜产品批发	94051.3	79738.5	1575.5	5057.8
食品、饮料及烟草制品批发	180960.8	160607.7	1932.5	6529.1
纺织、服装及日用品批发	86702.7	71133.5	1244.7	6839.2
文化、体育用品及器材批发	26525.7	20968.9	725.7	1643.2
医药及医疗器材批发	103551.3	85935.1	913.5	2590.3
矿产品、建材及化工产品批发	1194027.4	1095034.0	8234.0	36793.3
机械设备、五金交电及电子产品批发	374092.3	336801.0	4054.5	9974.7
贸易经纪与代理	19444.0	16613.1	111.5	639.7
其他批发	178509.7	162437.3	2345.1	5586.2
二、零售业	**931575.4**	**774402.2**	**18205.6**	**49541.5**
综合零售	197910.5	165294.0	3188.2	8874.2
食品、饮料及烟草制品专门零售	55572.4	44760.8	1400.9	3451.6
纺织、服装及日用品专门零售	67010.1	50098.3	1903.2	4364.7
文化、体育用品及器材专门零售	26283.6	20066.6	878.0	1499.8
医药及医疗器材专门零售	43525.6	34018.1	939.8	1904.3
汽车、摩托车、燃料及零配件专门零售	280172.9	247952.6	4124.5	11604.9
家用电器及电子产品专门零售	121128.4	99603.9	2085.0	7468.1
五金、家具及室内装修材料专门零售	78262.7	60820.4	2340.0	6003.7
无店铺及其他零售	61709.2	51787.5	1346.0	4370.2

2-B-13 续表 19 港、澳、台商投资企业

单位：万元

指标名称	主营业务收入	主营业务成本	主营业务税金及附加	利润总额
总计	**14815306.4**	**13018626.1**	**26360.0**	**433316.8**
一、批发业	**10672620.1**	**9565528.7**	**15955.2**	**286220.5**
农畜产品批发	82817.1	74160.1	201.1	3334.1
食品、饮料及烟草制品批发	282003.8	240712.1	3527.1	4965.9
纺织、服装及日用品批发	1119247.2	900225.5	4495.8	75981.6
文化、体育用品及器材批发	463861.6	399829.5	298.2	24308.7
医药及医疗器材批发	240931.7	161902.1	510.9	13196.4
矿产品、建材及化工产品批发	2151186.5	1967593.9	1850.1	62296.4
机械设备、五金交电及电子产品批发	5563983.3	5122937.2	4269.3	83251.3
贸易经纪与代理	57522.8	46384.4	109.3	-946.1
其他批发	711066.1	651783.9	693.4	19832.2
二、零售业	**4142686.3**	**3453097.4**	**10404.8**	**147096.3**
综合零售	2205219.8	1808097.1	7052.2	88946.8
食品、饮料及烟草制品专门零售	15228.0	9069.8	337.9	701.9
纺织、服装及日用品专门零售	232605.0	144343.8	635.3	40859.7
文化、体育用品及器材专门零售	14405.4	9925.6	112.8	-199.1
医药及医疗器材专门零售	115386.3	96406.4	374.1	-8426.0
汽车、摩托车、燃料及零配件专门零售	193617.1	181361.1	84.9	1576.1
家用电器及电子产品专门零售	1312365.9	1159005.1	1080.2	21767.4
五金、家具及室内装修材料专门零售	17905.0	14143.3	524.3	467.5
无店铺及其他零售	35953.8	30745.2	203.1	1402.0

2-B-13 续表 20 合资经营企业(港或澳、台资) 单位：万元

指标名称	主营业务收入	主营业务成本	主营业务税金及附加	利润总额
总计	**5752669.2**	**5044925.5**	**11089.6**	**125046.4**
一、批发业	**2366052.3**	**2191773.4**	**2324.1**	**32793.1**
农畜产品批发	11961.3	10934.3	34.4	10.4
食品、饮料及烟草制品批发	60227.9	47593.8	607.4	5014.8
纺织、服装及日用品批发	261701.0	243273.1	172.8	-1759.5
文化、体育用品及器材批发	38843.1	33647.8	20.4	-1129.1
医药及医疗器材批发	28378.8	23541.5	54.6	274.1
矿产品、建材及化工产品批发	855053.6	793801.1	554.2	22315.5
机械设备、五金交电及电子产品批发	977266.0	913689.5	794.0	7099.4
贸易经纪与代理	1028.7	898.0	0.9	-213.2
其他批发	131591.9	124394.3	85.4	1180.7
二、零售业	**3386616.9**	**2853152.1**	**8765.5**	**92253.3**
综合零售	1844788.6	1502880.9	6562.5	68715.3
食品、饮料及烟草制品专门零售	6887.7	4165.9	56.4	342.9
纺织、服装及日用品专门零售	88191.4	72952.8	486.1	4115.0
文化、体育用品及器材专门零售	6526.4	4150.5	25.1	282.5
医药及医疗器材专门零售	103982.6	87525.3	370.2	-6176.8
汽车、摩托车、燃料及零配件专门零售	22974.8	20725.3	57.8	145.8
家用电器及电子产品专门零售	1291094.5	1141520.1	891.9	24642.7
五金、家具及室内装修材料专门零售	6129.1	4938.2	260.0	198.9
无店铺及其他零售	16041.8	14293.1	55.5	-13.0

2-B-13 续表 21 合作经营企业(港或澳、台资) 单位：万元

指标名称	主营业务收入	主营业务成本	主营业务税金及附加	利润总额
总计	**921451.9**	**792510.1**	**984.6**	**34792.3**
一、批发业	**416681.2**	**359662.4**	**488.9**	**8798.1**
农畜产品批发	549.5	405.8		66.4
食品、饮料及烟草制品批发	18889.0	17050.1	28.5	116.0
纺织、服装及日用品批发	86521.3	65439.9	109.0	2162.4
文化、体育用品及器材批发	4510.5	4261.3		-0.3
医药及医疗器材批发	6621.7	6456.5		9.1
矿产品、建材及化工产品批发	38734.7	35912.3	204.8	86.2
机械设备、五金交电及电子产品批发	207104.2	184570.5	125.5	962.3
贸易经纪与代理				
其他批发	53750.3	45566.0	21.1	5396.0
二、零售业	**504770.7**	**432847.7**	**495.7**	**25994.2**
综合零售	314005.2	264084.8	351.6	20693.3
食品、饮料及烟草制品专门零售	1039.8	919.5	5.7	-8.9
纺织、服装及日用品专门零售	28535.6	17968.5	5.3	2643.2
文化、体育用品及器材专门零售	757.5	587.3	1.8	17.8
医药及医疗器材专门零售	10.9			-97.3
汽车、摩托车、燃料及零配件专门零售	147670.0	138786.8	20.5	2158.3
家用电器及电子产品专门零售	105.6	74.1	2.8	6.4
五金、家具及室内装修材料专门零售	3193.2	2230.4	82.0	468.2
无店铺及其他零售	9452.9	8196.3	26.0	113.2

2-B-13 续表 22 港、澳、台商独资经营企业 单位：万元

指标名称	主营业务收入	主营业务成本	主营业务税金及附加	利润总额
总计	**7830431.4**	**6954110.9**	**13198.3**	**243670.1**
一、批发业	**7610675.8**	**6815296.6**	**12080.7**	**214766.4**
农畜产品批发	21749.4	19836.9	166.3	225.7
食品、饮料及烟草制品批发	200028.1	174149.7	2682.5	-283.9
纺织、服装及日用品批发	730924.2	570881.7	4213.9	64465.1
文化、体育用品及器材批发	417578.1	359198.1	277.8	25565.5
医药及医疗器材批发	143777.6	107524.4	456.3	1426.5
矿产品、建材及化工产品批发	1230164.3	1113731.8	1088.0	38235.1
机械设备、五金交电及电子产品批发	4289123.9	3946991.3	2500.9	72699.7
贸易经纪与代理	55091.9	44270.4	108.2	-783.1
其他批发	522238.3	478712.3	586.8	13215.8
二、零售业	**219755.6**	**138814.3**	**1117.6**	**28903.7**
综合零售	26620.0	23931.4	126.1	-241.8
食品、饮料及烟草制品专门零售	7015.7	3751.4	274.5	360.9
纺织、服装及日用品专门零售	115484.9	53097.6	138.9	34069.7
文化、体育用品及器材专门零售	7121.5	5187.8	85.9	-499.4
医药及医疗器材专门零售	11371.5	8863.5	3.4	-2140.2
汽车、摩托车、燃料及零配件专门零售	21254.7	20257.2	6.6	-1097.9
家用电器及电子产品专门零售	13169.7	9629.3	185.3	-2726.4
五金、家具及室内装修材料专门零售	8464.9	6885.7	181.8	-206.4
无店铺及其他零售	9252.7	7210.4	115.1	1385.2

2-B-13 续表 23 港、澳、台商投资股份有限公司 单位：万元

指标名称	主营业务收入	主营业务成本	主营业务税金及附加	利润总额
总计	**310753.9**	**227079.6**	**1087.5**	**29808.0**
一、批发业	**279210.8**	**198796.3**	**1061.5**	**29862.9**
农畜产品批发	48556.9	42983.1	0.4	3031.6
食品、饮料及烟草制品批发	2858.8	1918.5	208.7	119.0
纺织、服装及日用品批发	40100.7	20630.8	0.1	11113.6
文化、体育用品及器材批发	2929.9	2722.3		-127.4
医药及医疗器材批发	62153.6	24379.7		11486.7
矿产品、建材及化工产品批发	27233.9	24148.7	3.1	1659.6
机械设备、五金交电及电子产品批发	90489.2	77685.9	848.9	2489.9
贸易经纪与代理	1402.2	1216.0	0.2	50.2
其他批发	3485.6	3111.3	0.1	39.7
二、零售业	**31543.1**	**28283.3**	**26.0**	**-54.9**
综合零售	19806.0	17200.0	12.0	-220.0
食品、饮料及烟草制品专门零售	284.8	233.0	1.3	7.0
纺织、服装及日用品专门零售	393.1	324.9	5.0	31.8
文化、体育用品及器材专门零售				
医药及医疗器材专门零售	21.3	17.6	0.5	-11.7
汽车、摩托车、燃料及零配件专门零售	1717.6	1591.8		369.9
家用电器及电子产品专门零售	7996.1	7781.6	0.2	-155.3
五金、家具及室内装修材料专门零售	117.8	89.0	0.5	6.8
无店铺及其他零售	1206.4	1045.4	6.5	-83.4

2-B-13 续表 24 外商投资企业 单位：万元

指标名称	主营业务收入	主营业务成本	主营业务税金及附加	利润总额
总计	**61921687.5**	**53855066.7**	**62376.2**	**1836098.7**
一、批发业	**53432663.7**	**46571874.3**	**50100.4**	**1670888.4**
农畜产品批发	275368.0	233514.9	444.9	1807.0
食品、饮料及烟草制品批发	2869094.6	2349943.0	2811.2	48127.2
纺织、服装及日用品批发	3143569.5	2466872.6	2396.6	-3970.2
文化、体育用品及器材批发	1484191.6	1380933.4	1998.6	69800.6
医药及医疗器材批发	1455858.5	1145384.2	1005.3	65796.3
矿产品、建材及化工产品批发	7320251.8	6586251.9	8768.6	306532.2
机械设备、五金交电及电子产品批发	33758070.7	29666049.2	28693.6	1078673.2
贸易经纪与代理	313429.5	254766.8	1736.6	26933.5
其他批发	2812829.5	2488158.3	2245.0	77188.6
二、零售业	**8489023.8**	**7283192.4**	**12275.8**	**165210.3**
综合零售	7011717.3	6076147.6	6275.1	124535.8
食品、饮料及烟草制品专门零售	71862.9	41479.2	1196.9	5713.5
纺织、服装及日用品专门零售	270246.1	196582.9	1987.1	-5403.5
文化、体育用品及器材专门零售	34494.4	22928.5	161.6	-13181.1
医药及医疗器材专门零售	17865.1	14028.0	113.0	-1300.2
汽车、摩托车、燃料及零配件专门零售	208938.9	198819.5	413.1	4225.3
家用电器及电子产品专门零售	279479.7	247311.9	724.5	46020.0
五金、家具及室内装修材料专门零售	446390.2	364896.8	566.3	1358.2
无店铺及其他零售	148029.2	120998.0	838.2	3242.3

2-B-13 续表 25 中外合资经营企业

单位：万元

指标名称	主营业务收入	主营业务成本	主营业务税金及附加	利润总额
总计	**18076674.4**	**16069746.2**	**13099.0**	**281943.7**
一、批发业	**13686499.4**	**12320620.8**	**8423.5**	**181346.2**
农畜产品批发	49380.0	44332.0	9.3	200.6
食品、饮料及烟草制品批发	1007434.8	893207.8	792.4	5581.4
纺织、服装及日用品批发	894703.9	731516.9	493.1	14185.9
文化、体育用品及器材批发	54916.3	47030.4	1204.6	-0.1
医药及医疗器材批发	293729.1	274315.6	176.2	4612.7
矿产品、建材及化工产品批发	2464491.0	2234664.1	2660.8	126011.8
机械设备、五金交电及电子产品批发	8628193.8	7832749.3	2619.2	23406.8
贸易经纪与代理	17357.8	14138.8	45.7	474.9
其他批发	276292.7	248665.9	422.2	6872.2
二、零售业	**4390175.0**	**3749125.4**	**4675.5**	**100597.5**
综合零售	3641873.6	3097632.0	3223.9	73456.4
食品、饮料及烟草制品专门零售	10641.1	8395.2	67.5	-242.3
纺织、服装及日用品专门零售	33662.0	23512.5	137.7	-10946.0
文化、体育用品及器材专门零售	26939.3	16722.8	124.7	-9076.8
医药及医疗器材专门零售	11578.5	9696.2	24.0	-999.1
汽车、摩托车、燃料及零配件专门零售	128597.9	116089.9	326.7	2519.8
家用电器及电子产品专门零售	229693.9	212094.6	169.4	50318.6
五金、家具及室内装修材料专门零售	220726.0	190298.6	273.8	-3976.1
无店铺及其他零售	86462.7	74683.6	327.8	-457.0

2-B-13 续表 26 中外合作经营企业

单位：万元

指标名称	主营业务收入	主营业务成本	主营业务税金及附加	利润总额
总计	**8004729.1**	**7590614.0**	**3501.3**	**39332.4**
一、批发业	**5297348.6**	**5184520.8**	**857.7**	**-11032.0**
农畜产品批发	7210.1	5979.7	19.0	26.9
食品、饮料及烟草制品批发	519656.6	484697.8	138.6	12036.6
纺织、服装及日用品批发	32180.8	20148.1	42.3	-351.8
文化、体育用品及器材批发	1514.2	1297.8		-6.4
医药及医疗器材批发	163.2	167.8		-32.7
矿产品、建材及化工产品批发	45296.7	40634.6	69.2	-1972.8
机械设备、五金交电及电子产品批发	4479527.8	4428322.0	37.0	-23742.0
贸易经纪与代理	63.8	11.2	3.1	12.9
其他批发	211735.4	203261.8	548.5	2997.3
二、零售业	**2707380.5**	**2406093.2**	**2643.6**	**50364.4**
综合零售	2193073.2	1999868.5	2215.5	40596.3
食品、饮料及烟草制品专门零售	22313.0	15195.2	106.9	2222.4
纺织、服装及日用品专门零售	184456.2	143731.4	3.4	2092.9
文化、体育用品及器材专门零售	55.1	96.7	0.5	8.9
医药及医疗器材专门零售	30.1	13.1	0.8	-48.7
汽车、摩托车、燃料及零配件专门零售	70610.1	65323.7	76.3	-739.2
家用电器及电子产品专门零售	819.1	634.0	10.7	-128.1
五金、家具及室内装修材料专门零售	216482.2	168598.7	124.8	5536.8
无店铺及其他零售	19541.5	12631.9	104.7	823.1

2-B-13 续表 27 外资企业 单位：万元

指标名称	主营业务收入	主营业务成本	主营业务税金及附加	利润总额
总计	**34611289.6**	**29024981.2**	**42540.2**	**1557237.4**
一、批发业	**33237545.9**	**27910165.6**	**38526.7**	**1544095.7**
农畜产品批发	218581.4	183028.4	414.6	1750.9
食品、饮料及烟草制品批发	1317898.8	957577.5	1018.9	27584.8
纺织、服装及日用品批发	2126327.4	1632117.1	1711.0	30774.3
文化、体育用品及器材批发	1371607.9	1278680.7	710.0	70142.9
医药及医疗器材批发	1161717.2	870718.5	815.2	61214.1
矿产品、建材及化工产品批发	3876998.1	3405072.2	5079.1	178775.6
机械设备、五金交电及电子产品批发	20545456.3	17307853.4	25842.4	1080008.1
贸易经纪与代理	294650.3	239323.4	1687.8	26480.6
其他批发	2324308.5	2035794.4	1247.7	67364.4
二、零售业	**1373743.7**	**1114815.6**	**4013.5**	**13141.7**
综合零售	1169288.4	971764.2	814.5	11130.3
食品、饮料及烟草制品专门零售	37162.3	16987.4	974.5	3308.4
纺织、服装及日用品专门零售	47753.0	27480.6	998.2	2174.5
文化、体育用品及器材专门零售	7438.3	6075.7	35.7	-3850.1
医药及医疗器材专门零售	6198.1	4281.6	88.2	-261.2
汽车、摩托车、燃料及零配件专门零售	8244.6	16014.7	4.5	2518.4
家用电器及电子产品专门零售	47464.6	33302.1	542.6	-4463.0
五金、家具及室内装修材料专门零售	8169.4	5226.8	149.6	-291.8
无店铺及其他零售	42025.0	33682.5	405.7	2876.2

2-B-13 续表 28 外商投资股份有限公司 单位：万元

指标名称	主营业务收入	主营业务成本	主营业务税金及附加	利润总额
总计	**1228994.4**	**1169725.3**	**3235.7**	**-42414.8**
一、批发业	**1211269.8**	**1156567.1**	**2292.5**	**-43521.5**
农畜产品批发	196.5	174.8	2.0	-171.4
食品、饮料及烟草制品批发	24104.4	14459.9	861.3	2924.4
纺织、服装及日用品批发	90357.4	83090.5	150.2	-48578.6
文化、体育用品及器材批发	56153.2	53924.5	84.0	-335.8
医药及医疗器材批发	249.0	182.3	13.9	2.2
矿产品、建材及化工产品批发	933466.0	905881.0	959.5	3717.6
机械设备、五金交电及电子产品批发	104892.8	97124.5	195.0	-999.7
贸易经纪与代理	1357.6	1293.4		-34.9
其他批发	492.9	436.2	26.6	-45.3
二、零售业	**17724.6**	**13158.2**	**943.2**	**1106.7**
综合零售	7482.1	6882.9	21.2	-647.2
食品、饮料及烟草制品专门零售	1746.5	901.4	48.0	425.0
纺织、服装及日用品专门零售	4374.9	1858.4	847.8	1275.1
文化、体育用品及器材专门零售	61.7	33.3	0.7	-263.1
医药及医疗器材专门零售	58.4	37.1		8.8
汽车、摩托车、燃料及零配件专门零售	1486.3	1391.2	5.6	-73.7
家用电器及电子产品专门零售	1502.1	1281.2	1.8	292.5
五金、家具及室内装修材料专门零售	1012.6	772.7	18.1	89.3
无店铺及其他零售				

2-B-14 各地区批发和零售业法人单位损益状况

单位：万元

地　区	主营业务收入	主营业务成本	主营业务税金及附加	利润总额
全　国	**1109245991.0**	**1012347259.8**	**3867652.0**	**21495755.8**
北　京	96362433.3	87956404.0	147845.1	2217386.2
天　津	36351041.5	34132357.4	67840.9	432967.7
河　北	24624546.6	21807054.3	111666.9	511548.9
山　西	19668996.0	17423928.4	101859.2	361439.8
内蒙古	9600315.4	8067291.4	115413.5	425297.6
辽　宁	43957113.2	40787706.0	117360.2	129502.1
吉　林	22318061.9	20440585.7	103408.2	87454.0
黑龙江	13586136.0	12268096.2	62077.4	73642.0
上　海	189605424.1	171393018.6	498673.9	4620759.9
江　苏	105527379.6	96014737.4	504243.7	3489130.0
浙　江	104240502.4	97836135.3	223560.4	1898982.8
安　徽	21374260.6	19626288.0	82872.2	423426.7
福　建	31997619.0	29597063.7	71886.1	563690.7
江　西	9202719.9	8325970.8	50494.0	200287.2
山　东	58883529.4	53520556.1	350197.1	1394891.8
河　南	27005826.3	24690740.6	90449.0	34007.1
湖　北	25789036.1	23778713.0	157650.4	12334.9
湖　南	17102091.9	15083830.5	115199.2	334651.4
广　东	129903133.9	119922385.5	330099.0	1891366.1
广　西	12408949.8	11234126.1	46786.5	224457.2
海　南	4003862.5	3584887.3	10883.0	88896.3
重　庆	12569105.5	11294782.6	64044.7	233454.8
四　川	25252413.0	22727665.8	123007.3	497467.7
贵　州	6725966.1	5939229.3	24177.0	112205.7
云　南	18975722.6	16898958.4	82661.7	684668.5
西　藏	398409.9	327520.1	4117.1	22272.9
陕　西	15069056.4	13389028.1	125205.0	313029.4
甘　肃	10434743.9	9601193.8	39229.4	119217.2
青　海	1510350.3	1334692.6	7044.5	47492.0
宁　夏	2503935.1	2268983.7	11907.1	33348.5
新　疆	12293308.8	11073329.1	25792.3	16478.7

2-B-15 各地区批发业法人单位损益状况

单位：万元

地区	主营业务收入	主营业务成本	主营业务税金及附加	利润总额
全国	**922426621.7**	**847893708.5**	**2655633.9**	**19001055.8**
北京	78976494.1	72582299.5	101775.5	2163055.9
天津	32526336.2	30810920.1	32573.4	391138.9
河北	18419919.7	16353970.7	71932.9	383301.0
山西	15086998.9	13405343.6	70695.3	352641.0
内蒙古	7119068.6	6015601.4	85412.0	349845.1
辽宁	37093790.8	34690470.0	80060.5	144050.7
吉林	19042734.2	17670437.6	76837.7	11700.2
黑龙江	10713334.0	9798694.8	38327.6	60377.9
上海	166832816.8	151636993.9	362988.9	4054652.9
江苏	88433624.6	81009217.8	377602.0	3116643.5
浙江	92600969.7	87243715.8	175151.6	1758076.2
安徽	17643573.5	16304132.2	57657.5	386091.3
福建	27353184.9	25465058.8	44821.7	515058.1
江西	7368121.6	6694804.3	24514.8	168816.6
山东	43978711.0	40236489.0	232670.9	1069477.4
河南	20547697.7	18899255.3	55948.0	-5429.3
湖北	20529049.0	19201757.9	92365.6	11703.4
湖南	12852695.6	11490692.3	72256.8	271703.0
广东	108185323.3	100693070.4	230408.6	1652096.4
广西	9676872.7	8802901.4	29227.2	193988.0
海南	3382442.1	3035476.9	7245.2	93150.6
重庆	9533101.1	8622445.5	44978.8	190933.4
四川	19678797.8	17795689.9	83173.0	447246.3
贵州	5075593.4	4465202.7	15412.3	119340.8
云南	16220808.8	14429027.1	67082.2	662985.5
西藏	201949.5	171360.3	1969.6	19249.3
陕西	11231432.2	10164131.7	69690.8	187089.2
甘肃	8766213.8	8158310.7	23984.2	103377.1
青海	1102102.4	970882.5	4775.4	46444.8
宁夏	1956063.6	1787384.1	8134.1	29098.0
新疆	10296800.1	9287970.3	15959.8	53152.6

2-B-16 各地区零售业法人单位损益状况

单位：万元

地 区	主营业务收入	主营业务成本	主营业务税金及附加	利润总额
全 国	**186819369.3**	**164453551.3**	**1212018.1**	**2494700.0**
北 京	17385939.2	15374104.5	46069.6	54330.3
天 津	3824705.3	3321437.3	35267.5	41828.8
河 北	6204626.9	5453083.6	39734.0	128247.9
山 西	4581997.1	4018584.8	31163.9	8798.8
内蒙古	2481246.8	2051690.0	30001.5	75452.5
辽 宁	6863322.4	6097236.0	37299.7	-14548.6
吉 林	3275327.7	2770148.1	26570.5	75753.8
黑龙江	2872802.0	2469401.4	23749.8	13264.1
上 海	22772607.3	19756024.7	135685.0	566107.0
江 苏	17093755.0	15005519.6	126641.7	372486.5
浙 江	11639532.7	10592419.5	48408.8	140906.6
安 徽	3730687.1	3322155.8	25214.7	37335.4
福 建	4644434.1	4132004.9	27064.4	48632.6
江 西	1834598.3	1631166.5	25979.2	31470.6
山 东	14904818.4	13284067.1	117526.2	325414.4
河 南	6458128.6	5791485.3	34501.0	39436.4
湖 北	5259987.1	4576955.1	65284.8	631.5
湖 南	4249396.3	3593138.2	42942.4	62948.4
广 东	21717810.6	19229315.1	99690.4	239269.7
广 西	2732077.1	2431224.7	17559.3	30469.2
海 南	621420.4	549410.4	3637.8	-4254.3
重 庆	3036004.4	2672337.1	19065.9	42521.4
四 川	5573615.2	4931975.9	39834.3	50221.4
贵 州	1650372.7	1474026.6	8764.7	-7135.1
云 南	2754913.8	2469931.3	15579.5	21683.0
西 藏	196460.4	156159.8	2147.5	3023.6
陕 西	3837624.2	3224896.4	55514.2	125940.2
甘 肃	1668530.1	1442883.1	15245.2	15840.1
青 海	408247.9	363810.1	2269.1	1047.2
宁 夏	547871.5	481599.6	3773.0	4250.5
新 疆	1996508.7	1785358.8	9832.5	-36673.9

C. 其他行业法人单位附属的批发和零售业产业活动单位商品销售情况

2-C-1 其他行业法人单位附属批发和零售业产业活动单位商品销售情况

(按登记注册类型分)

单位：万元

指标名称	产业活动单位(个)	从业人数(人)	销售合计	批发额	零售额
总计	**51519**	**497089**	**39480500.6**	**31192839.6**	**8287661.0**
内资企业	**47807**	**433758**	**32229360.5**	**27338969.0**	**4890391.5**
国有企业	9721	144241	11406796.2	10328457.9	1078338.3
集体企业	11840	63680	1073660.1	574663.4	498996.7
股份合作企业	1145	8988	493783.6	271577.3	222206.3
联营企业	537	2913	76719.3	51987.3	24732.0
国有联营企业	81	502	23143.6	13520.1	9623.5
集体联营企业	145	744	17162.7	13229.5	3933.2
国有与集体联营企业	86	364	3381.4	669.8	2711.6
其他联营企业	225	1303	33031.6	24567.9	8463.7
有限责任公司	5301	82498	6361390.5	5189189.3	1172201.2
国有独资公司	284	13958	1072446.5	966642.6	105803.9
其他有限责任公司	5017	68540	5288944.0	4222546.7	1066397.3
股份有限公司	1670	36106	8867692.8	8515280.1	352412.7
私营企业	15193	83935	3442311.3	2160741.4	1281569.9
私营独资企业	3339	12405	297247.2	133204.5	164042.7
私营合伙企业	751	3614	426303.9	72189.5	354114.4
私营有限责任公司	10378	61721	2590292.2	1883778.0	706514.2
私营股份有限公司	725	6195	128468.0	71569.4	56898.6
其他企业	2400	11397	507006.7	247072.3	259934.4
港、澳、台商投资企业	**1858**	**31931**	**1902959.1**	**1319515.0**	**583444.1**
合资经营企业(港或澳、台资)	773	15540	915913.4	596718.0	319195.4
合作经营企业(港或澳、台资)	328	2559	69353.0	48245.3	21107.7
港、澳、台商独资经营企业	713	11455	595081.1	472156.9	122924.2
港、澳、台商投资股份有限公司	44	2377	322611.6	202394.8	120216.8
外商投资企业	**1854**	**31400**	**5348181.0**	**2534355.6**	**2813825.4**
中外合资经营企业	581	8948	1029025.6	886944.9	142080.7
中外合作经营企业	450	5994	2329777.6	99406.8	2230370.8
外资企业	773	14567	1516864.6	1086629.1	430235.5
外商投资股份有限公司	50	1891	472513.2	461374.8	11138.4

2-C-2 其他行业法人单位附属批发和零售业产业活动单位商品销售情况

(按行业分)

单位：万元

指标名称	产业活动单位(个)	从业人数(人)	销售合计	批发额	零售额
总计	**51519**	**497089**	**39480500.6**	**31192839.6**	**8287661.0**
一、批发业	**19966**	**236710**	**31859188.2**	**30388214.7**	**1470973.5**
农畜产品批发	2430	14455	342870.7	304393.5	38477.2
谷物、豆及薯类批发	227	4312	141520.3	125061.9	16458.4
种子、饲料批发	1726	6752	106182.8	96361.1	9821.7
棉、麻批发	63	566	34600.3	28879.6	5720.7
牲畜批发	40	722	26728.1	20949.7	5778.4
其他农畜产品批发	374	2103	33839.2	33141.2	698.0
食品、饮料及烟草制品批发	2021	36976	5298361.4	5156845.0	141516.4
米、面制品及食用油批发	432	6186	743489.1	731422.4	12066.7
糕点、糖果及糖批发	101	1824	123813.4	120942.2	2871.2
果品、蔬菜批发	115	2035	64995.1	47266.1	17729.0
肉、禽、蛋及水产品批发	262	4386	256957.3	239698.4	17258.9
盐及调味品批发	156	6318	149259.5	148555.8	703.7
饮料及茶叶批发	562	10532	1344605.0	1277996.7	66608.3
烟草制品批发	45	671	2162702.1	2162507.1	195.0
其他食品批发	348	5024	452539.9	428456.3	24083.6
纺织、服装及日用品批发	1235	13078	646844.4	605697.2	41147.2
纺织品、针织品及原料批发	258	3297	188212.7	181334.3	6878.4
服装批发	365	3586	122065.3	110007.6	12057.7
鞋帽批发	159	784	6259.2	6159.5	99.7
厨房、卫生间用具及日用杂货批发	117	1066	102668.6	101505.4	1163.2
化妆品及卫生用品批发	86	1579	102217.7	101800.4	417.3
其他日用品批发	250	2766	125420.9	104890.0	20530.9
文化、体育用品及器材批发	606	6399	353210.1	317366.9	35843.2
文具用品批发	236	1245	64367.0	60716.1	3650.9
体育用品批发	21	364	1638.4	1436.6	201.8
图书批发	100	970	96687.5	93341.2	3346.3
报刊批发	77	2422	53427.7	32534.7	20893.0
音像制品及电子出版物批发	21	194	7468.0	7241.1	226.9
首饰、工艺品及收藏品批发	70	529	85580.9	83911.7	1669.2
其他文化用品批发	81	675	44040.6	38185.5	5855.1
医药及医疗器材批发	318	6818	581282.7	553926.5	27356.2
西药批发	172	2335	124811.3	111250.6	13560.7
中药材及中成药批发	69	3702	351270.2	337813.6	13456.6
医疗用品及器材批发	77	781	105201.2	104862.3	338.9

2-C-2 续表 1

单位：万元

指标名称	产业活动单位（个）	从业人数（人）	销售合计	批发额	零售额
矿产品、建材及化工产品批发	7710	77634	17103940.3	16415629.8	688310.5
煤炭及制品批发	278	15985	1482635.7	1441424.2	41211.5
石油及制品批发	595	9543	1796760.8	1690530.3	106230.5
非金属矿及制品批发	72	1851	464335.5	464019.9	315.6
金属及金属矿批发	1013	15439	8946044.9	8858369.9	87675.0
建材批发	1295	17698	851142.4	771332.9	79809.5
化肥批发	2532	8228	436747.7	424334.0	12413.7
农药批发	1217	2826	82537.4	72647.7	9889.7
农用薄膜批发	41	188	1869.6	1163.3	706.3
其他化工产品批发	667	5876	3041866.3	2691807.6	350058.7
机械设备、五金交电及电子产品批发	4102	62733	6350434.7	6014965.0	335469.7
农业机械批发	172	1607	80018.1	75841.1	4177.0
汽车、摩托车及零配件批发	434	9016	1882248.4	1836233.5	46014.9
五金、交电批发	1041	10979	757591.2	689958.5	67632.7
家用电器批发	364	7546	1365131.4	1288703.2	76428.2
计算机、软件及辅助设备批发	215	2873	130850.3	120621.5	10228.8
通讯及广播电视设备批发	162	11118	525608.3	523929.6	1678.7
其他机械设备及电子产品批发	1714	19594	1608987.0	1479677.6	129309.4
贸易经纪与代理	178	2993	454042.0	372112.9	81929.1
贸易经纪与代理	178	2993	454042.0	372112.9	81929.1
其他批发	1366	15624	728201.9	647277.9	80924.0
再生物资回收与批发	688	5796	192127.6	173459.5	18668.1
其他未列明的批发	678	9828	536074.3	473818.4	62255.9
二、零售业	**31553**	**260379**	**7621312.4**	**804624.9**	**6816687.5**
综合零售	4915	76793	624579.8	30557.1	594022.7
百货零售	1280	17439	364545.3	14188.6	350356.7
超级市场零售	420	8098	85024.6	1904.5	83120.1
其他综合零售	3215	51256	175009.9	14464.0	160545.9
食品、饮料及烟草制品专门零售	7860	40489	979451.6	156827.1	822624.5
粮油零售	867	5353	142501.8	3620.3	138881.5
糕点、面包零售	2106	10622	118993.9	29283.9	89710.0
果品、蔬菜零售	155	916	8450.8	460.3	7990.5
肉、禽、蛋及水产品零售	648	2945	60883.7	6413.9	54469.8
饮料及茶叶零售	1231	7278	121463.6	38663.2	82800.4
烟草制品零售	416	1785	30797.8	840.7	29957.1
其他食品零售	2437	11590	496360.0	77544.8	418815.2

2-C-2 续表 2 单位：万元

指标名称	产业活动单位（个）	从业人数（人）	销售合计	批发额	零售额
纺织、服装及日用品专门零售	4371	31822	806877.0	86885.8	719991.2
纺织品及针织品零售	526	4149	59276.5	1738.7	57537.8
服装零售	2009	15780	324361.7	57096.7	267265.0
鞋帽零售	408	3197	24336.2	1501.6	22834.6
钟表、眼镜零售	247	1354	12613.0	45.2	12567.8
化妆品及卫生用品零售	231	1957	291642.5	9328.5	282314.0
其他日用品零售	950	5385	94647.1	17175.1	77472.0
文化、体育用品及器材专门零售	2234	14066	203554.9	9382.4	194172.5
文具用品零售	632	2257	26852.2	1177.4	25674.8
体育用品零售	100	618	3421.6	55.8	3365.8
图书零售	275	2118	38418.5	1071.4	37347.1
报刊零售	264	2701	22680.2	5239.2	17441.0
音像制品及电子出版物零售	136	515	5371.7	166.0	5205.7
珠宝首饰零售	205	2240	49379.6	114.7	49264.9
工艺美术品及收藏品零售	377	2507	37546.6	612.0	36934.6
照相器材零售	58	368	8061.6	671.6	7390.0
其他文化用品零售	187	742	11822.9	274.3	11548.6
医药及医疗器材专门零售	1464	8738	116816.5	12016.1	104800.4
药品零售	1336	7677	110230.6	11659.3	98571.3
医疗用品及器材零售	128	1061	6585.9	356.8	6229.1
汽车、摩托车、燃料及零配件专门零售	2511	28342	1381888.5	240225.9	1141662.6
汽车零售	262	4804	414977.1	38065.7	376911.4
汽车零配件零售	808	8705	315101.6	132320.1	182781.5
摩托车及零配件零售	126	920	24299.8	4242.2	20057.6
机动车燃料零售	1315	13913	627510.0	65597.9	561912.1
家用电器及电子产品专门零售	1757	16771	577128.7	39496.6	537632.1
家用电器零售	533	5854	268480.0	15589.4	252890.6
计算机、软件及辅助设备零售	599	4665	133175.4	11206.4	121969.0
通信设备零售	374	3974	103387.2	11088.2	92299.0
其他电子产品零售	251	2278	72086.1	1612.6	70473.5
五金、家具及室内装修材料专门零售	3749	21080	492084.7	66510.4	425574.3
五金零售	1438	9605	163412.2	47791.0	115621.2
家具零售	1045	4202	79913.0	8591.2	71321.8
涂料零售	246	939	96509.1	1775.3	94733.8
其他室内装修材料零售	1020	6334	152250.4	8352.9	143897.5
无店铺及其他零售	2692	22278	2438930.7	162723.5	2276207.2
流动货摊零售	14	60	387.8	9.4	378.4
邮购及电子销售	19	269	5299.7	109.6	5190.1
生活用燃料零售	630	6633	180602.7	12697.5	167905.2
花卉零售	142	2146	5727.6	83.9	5643.7
旧货零售	23	279	2629.6		2629.6
其他未列明的零售	1864	12891	2244283.3	149823.1	2094460.2

2-C-3 其他行业法人单位附属批发和零售业产业活动单位商品销售情况

（按法人单位行业分）

单位：万元

指标名称	产业活动单位（个）	从业人数（人）	销售合计	批发额	零售额
总计	**51519**	**497089**	**39480500.6**	**31192839.6**	**8287661.0**
1.工业法人	18752	267315	28735238.2	24005385.7	4729852.5
2.建筑业法人	1093	17151	836393.7	596712.8	239680.9
3.房地产业法人	987	9766	286140.3	62868.9	223271.4
4.交通运输电信业法人	1677	24565	985655.0	382708.5	602946.5
5.批发零售业法人	-	-	-	-	-
6.住宿餐饮业法人	1693	12600	348994.2	36209.9	312784.3
7.服务业法人	6389	47486	3572863.2	2989467.4	583395.8
8.行政事业法人	10322	44005	597804.2	304933.8	292870.4
9.农业法人	1315	12193	393260.3	339245.9	54014.4
10.其他	9291	62008	3724151.5	2475306.7	1248844.8

2-C-4 其他行业法人单位附属批发和零售业产业活动单位商品销售情况

（按地区分）

单位：万元

地 区	产业活动单位（个）	从业人数（人）	销售合计	批发额	零售额
全 国	**51519**	**497089**	**39480500.6**	**31192839.6**	**8287661.0**
北 京	1930	23974	4000586.7	3494989.0	505597.7
天 津	606	7469	448333.1	347369.3	100963.8
河 北	864	11713	600669.8	329469.2	271200.6
山 西	1143	14818	506560.4	329169.8	177390.6
内蒙古	547	9960	1266740.7	1178327.9	88412.8
辽 宁	1714	19137	4492324.4	4249606.3	242718.1
吉 林	447	6556	352298.3	276555.0	75743.3
黑龙江	1097	16736	711101.5	566312.6	144788.9
上 海	11294	72667	4134641.2	2572344.0	1562297.2
江 苏	3948	27791	2087152.9	1458376.0	628776.9
浙 江	4056	22147	2288859.6	1601688.5	687171.1
安 徽	1033	41335	458391.0	317198.2	141192.8
福 建	1108	6847	457849.2	188422.0	269427.2
江 西	647	6265	239485.1	153904.3	85580.8
山 东	1859	27003	2113808.2	1646051.1	467757.1
河 南	1242	18377	1981826.0	1770306.0	211520.0
湖 北	2158	19575	768172.7	511694.5	256478.2
湖 南	1101	10198	317344.9	208478.6	108866.3
广 东	4339	39728	3571609.8	2846087.8	725522.0
广 西	2009	11894	526154.3	348649.2	177505.1
海 南	133	4415	69222.8	16780.8	52442.0
重 庆	1508	12103	1146714.0	986796.9	159917.1
四 川	2074	20715	1287695.7	903896.3	383799.4
贵 州	330	3830	1082706.8	1003566.2	79140.6
云 南	1569	10554	1759502.3	1548948.4	210553.9
西 藏	97	339	3318.1	1237.8	2080.3
陕 西	693	6649	1277027.8	1151301.5	125726.3
甘 肃	814	11511	479227.2	387514.0	91713.2
青 海	255	2175	95308.2	50899.9	44408.3
宁 夏	190	1351	60639.4	18508.5	42130.9
新 疆	714	9257	895228.5	728390.0	166838.5

2-C-5 其他行业法人单位附属批发和零售业产业活动单位分类商品销售情况

单位：万元

指标名称	销售合计	批发额	零售额
总　计	**39480500.6**	**31192839.6**	**8287661.0**
1.食品、饮料、烟酒类	7666112.0	5430338.1	2235773.9
2.服装、鞋帽、针纺织品类	897697.2	333104.1	564593.1
3.化妆品类	677999.7	75462.9	602536.8
4.金银珠宝类	141987.7	64021.1	77966.6
5.日用品类	869178.3	279922.7	589255.6
6.五金、电料类	602838.7	463591.9	139246.8
7.体育、娱乐用品类	29609.0	5228.8	24380.2
8.书报杂志类	192745.8	130312.4	62433.4
9.电子出版物及音像制品类	72387.4	13284.8	59102.6
10.家用电器和音像器材类	1731669.9	1329872.8	401797.1
11.中西药品类	601071.1	467847.5	133223.6
12.文化办公用品类	313028.3	171792.8	141235.5
13.家具类	131617.2	53884.6	77732.6
14.通讯器材类	625302.5	488787.7	136514.8
15.煤炭及制品类	1533498.1	1475283.8	58214.3
16.木材及制品类	188745.3	172754.9	15990.4
17.石油及制品类	2881904.7	2056877.0	825027.7
18.化工材料及制品类	3512780.5	2998116.2	514664.3
19.金属材料类	7853968.9	7667317.2	186651.7
20.建筑及装潢材料类	676353.1	470302.2	206050.9
21.机电产品及设备类	2596207.9	2437439.3	158768.6
22.汽车类	1835830.0	1319021.1	516808.9
23.种子饲料类	114838.5	103002.8	11835.7
24.棉麻类	62420.3	61360.0	1060.3
25.其他类	3670708.5	3123912.9	546795.6

第3篇

住宿和餐饮业生产经营及财务状况

A. 住宿和餐饮业法人单位经营情况

3-A-1 按登记注册类型分住宿和餐饮业法人单位经营情况

单位：万元

指标名称	法人单位（个）	从业人数（人）	营业额	#客房收入	#餐费收入
总计	**92820**	**4290497**	**31066515.1**	**8749358.9**	**19132716.4**
内资企业	**89387**	**3739554**	**24409996.6**	**7025955.0**	**14955837.3**
国有企业	13293	836357	5335698.3	2555246.1	2089445.0
集体企业	12861	308686	1625213.0	647325.0	786775.3
股份合作企业	3905	108126	610455.7	140575.5	423298.8
联营企业	697	34869	260074.9	119476.1	111648.4
国有联营企业	150	15087	123810.6	64377.3	42000.8
集体联营企业	251	6115	33082.2	10181.0	18895.0
国有与集体联营企业	119	6364	57569.8	30149.9	21027.8
其他联营企业	177	7303	45612.3	14767.9	29724.8
有限责任公司	7909	626254	4686185.7	1493164.8	2638788.3
国有独资公司	240	27820	280162.4	130526.5	106310.3
其他有限责任公司	7669	598434	4406023.3	1362638.3	2532478.0
股份有限公司	1684	132802	1016214.4	350534.9	516294.3
私营企业	46892	1636594	10591714.5	1661010.1	8188561.3
私营独资企业	21925	485486	2805644.7	433593.5	2180965.2
私营合伙企业	3845	108296	627381.7	115180.4	476030.6
私营有限责任公司	18880	941996	6571588.3	1012859.8	5094666.8
私营股份有限公司	2242	100816	587099.8	99376.4	436898.7
其他企业	2146	55866	284440.1	58622.5	201025.9
港、澳、台商投资企业	**1495**	**235295**	**2986737.1**	**968320.6**	**1524629.7**
合资经营企业(港或澳、台资)	706	133130	1877537.9	665077.8	840566.7
合作经营企业(港或澳、台资)	222	48386	633509.0	222336.1	314810.2
港、澳、台商独资经营企业	542	52068	464108.5	75084.7	364525.6
港、澳、台商投资股份有限公司	25	1711	11581.7	5822.0	4727.2
外商投资企业	**1938**	**315648**	**3669781.4**	**755083.3**	**2652249.4**
中外合资经营企业	817	140739	1624900.9	429666.7	1061546.7
中外合作经营企业	304	71425	830165.6	172973.0	579261.0
外资企业	759	99471	1191916.0	146638.0	996892.8
外商投资股份有限公司	58	4013	22798.9	5805.6	14548.9

3-A-2 按登记注册类型、行业分住宿业法人单位经营情况

单位：万元

指标名称	法人单位（个）	从业人数（人）	营业额	#客房收入	#餐费收入
住宿业	**39262**	**2056024**	**15669791.6**	**7947945.0**	**5464237.5**
1.按登记注册类型分					
内资企业	**37953**	**1804359**	**12294495.1**	**6296690.5**	**4365925.0**
国有企业	10567	672914	4568274.2	2397208.2	1576085.9
集体企业	7650	193602	1062938.6	593254.8	315802.4
股份合作企业	1374	43362	228686.0	121982.4	82832.0
联营企业	413	23901	198231.5	111792.6	60467.9
国有联营企业	104	10913	108958.7	60753.6	31524.6
集体联营企业	147	3890	19603.5	9569.1	7089.9
国有与集体联营企业	88	5380	50234.3	29583.6	15068.7
其他联营企业	74	3718	19435.0	11886.3	6784.7
有限责任公司	3667	326268	2720443.0	1330403.8	1007143.1
国有独资公司	185	23095	251667.1	128341.2	84340.7
其他有限责任公司	3482	303173	2468775.9	1202062.6	922802.4
股份有限公司	824	70695	629767.4	318341.4	202391.4
私营企业	12780	454760	2790078.4	1374883.9	1086825.3
私营独资企业	6093	131133	694621.5	350097.2	265010.8
私营合伙企业	1257	30154	191774.6	100790.9	76975.8
私营有限责任公司	4792	261716	1721579.8	842683.2	668742.6
私营股份有限公司	638	31757	182102.5	81312.6	76096.1
其他企业	678	18857	96076.0	48823.4	34377.0
港、澳、台商投资企业	**698**	**142927**	**2001197.9**	**926676.3**	**644653.4**
合资经营企业(港或澳、台资)	404	90286	1373354.9	637369.9	403014.6
合作经营企业(港或澳、台资)	114	32208	468550.9	214609.5	176820.6
港、澳、台商独资经营企业	163	19128	148922.2	68995.3	61163.5
港、澳、台商投资股份有限公司	17	1305	10369.9	5701.6	3654.7
外商投资企业	**611**	**108738**	**1374098.6**	**724578.2**	**453659.1**
中外合资经营企业	330	60205	762732.9	410422.4	241710.0
中外合作经营企业	123	28576	331595.8	166345.9	111883.7
外资企业	138	18532	263589.3	142209.7	91050.2
外商投资股份有限公司	20	1425	16180.6	5600.2	9015.2
2.按行业分					
旅游饭店	12244	1369675	12261693.2	5933556.9	4503553.4
一般旅馆	24058	613587	2994974.7	1781045.6	863485.2
其他住宿服务	2960	72762	413123.7	233342.5	97198.9

3-A-3 按登记注册类型、行业分住宿业法人单位经营情况

（按星级分）

五星 单位：万元

指标名称	法人单位（个）	营业额	#客房收入	#餐费收入
住宿业	**289**	**2355115.9**	**1185279.3**	**813182.5**
1.按登记注册类型分				
内资企业	**160**	**902900.5**	**435715.4**	**332233.3**
国有企业	50	377207.1	187138.0	133450.3
集体企业	14	16392.5	9227.5	5298.9
股份合作企业	2	7234.5	3875.7	2941.9
联营企业	2	14198.4	9244.0	4345.9
国有联营企业	1	560.9	305.4	66.9
集体联营企业				
国有与集体联营企业	1	13637.5	8938.6	4279.0
其他联营企业				
有限责任公司	40	242056.0	119728.2	88318.3
国有独资公司	4	80883.1	41272.6	25686.9
其他有限责任公司	36	161172.9	78455.6	62631.4
股份有限公司	11	115909.6	50268.7	48443.1
私营企业	40	128548.1	55420.6	49004.3
私营独资企业	12	21211.5	11130.1	5388.0
私营合伙企业	1	16.0	16.0	
私营有限责任公司	26	105640.1	43536.8	42673.5
私营股份有限公司	1	1680.5	737.7	942.8
其他企业	1	1354.3	812.7	430.6
港、澳、台商投资企业	**71**	**816432.1**	**419839.7**	**278484.6**
合资经营企业(港或澳、台资)	50	562545.0	297139.6	187994.1
合作经营企业(港或澳、台资)	14	223526.3	108069.1	78445.9
港、澳、台商独资经营企业	6	25263.6	12184.3	10178.2
港、澳、台商投资股份有限公司	1	5097.2	2446.7	1866.4
外商投资企业	**58**	**635783.3**	**329724.2**	**202464.6**
中外合资经营企业	30	347103.4	179522.1	107656.7
中外合作经营企业	12	130008.6	65386.0	42075.0
外资企业	16	158671.3	84816.1	52732.9
外商投资股份有限公司				
2.按行业分				
旅游饭店	263	2291554.9	1157998.4	790446.9
一般旅馆	19	57565.3	23922.3	20837.4
其他住宿服务	7	5995.7	3358.6	1898.2

3-A-3 续表 1 四星 单位：万元

指标名称	法人单位(个)	营业额	#客房收入	#餐费收入
住宿业	**1008**	**3297675.8**	**1530353.6**	**1163262.9**
1.按登记注册类型分				
内资企业	**793**	**2201280.3**	**1036185.0**	**849587.0**
国有企业	277	780280.7	392282.7	282248.7
集体企业	43	71004.1	29915.7	28834.3
股份合作企业	14	26531.4	12315.6	11526.5
联营企业	12	57390.3	30724.6	17546.1
国有联营企业	7	40430.3	21742.5	11830.3
集体联营企业	1	1344.0	720.3	623.7
国有与集体联营企业	4	15616.0	8261.8	5092.1
其他联营企业				
有限责任公司	232	768870.6	342756.6	313517.0
国有独资公司	9	30804.5	14162.0	12441.6
其他有限责任公司	223	738066.1	328594.6	301075.4
股份有限公司	50	161717.7	87221.8	46956.3
私营企业	154	314681.1	131985.3	141170.4
私营独资企业	17	32505.3	15005.2	13037.2
私营合伙企业	8	7228.0	3215.4	2447.4
私营有限责任公司	118	249809.0	101113.3	116552.7
私营股份有限公司	11	25138.8	12651.4	9133.1
其他企业	11	20804.4	8982.7	7787.7
港、澳、台商投资企业	**120**	**684285.5**	**266461.0**	**172468.4**
合资经营企业(港或澳、台资)	79	510070.6	182340.6	114852.7
合作经营企业(港或澳、台资)	23	123691.1	59448.1	40631.3
港、澳、台商独资经营企业	18	50523.8	24672.3	16984.4
港、澳、台商投资股份有限公司				
外商投资企业	**95**	**412110.0**	**227707.6**	**141207.5**
中外合资经营企业	52	224001.6	126264.9	73734.3
中外合作经营企业	30	121715.0	65300.3	43434.8
外资企业	11	54756.7	32746.6	17087.4
外商投资股份有限公司	2	11636.7	3395.8	6951.0
2.按行业分				
旅游饭店	957	3243062.7	1506391.8	1139981.5
一般旅馆	40	41197.4	17036.5	17770.7
其他住宿服务	11	13415.7	6925.3	5510.7

3-A-3 续表 2 三星 单位：万元

指标名称	法人单位(个)	营业额	#客房收入	#餐费收入
住宿业	**3653**	**4173644.2**	**1941683.7**	**1654545.1**
1.按登记注册类型分				
内资企业	**3291**	**3649911.9**	**1697740.3**	**1445304.7**
国有企业	1274	1486482.5	725565.3	556346.3
集体企业	260	264943.6	114901.7	106686.8
股份合作企业	66	65626.9	28291.1	28982.4
联营企业	56	75371.0	41893.1	22652.8
国有联营企业	31	50853.0	28722.4	14727.0
集体联营企业	10	5431.4	2278.1	1741.3
国有与集体联营企业	9	11888.2	6684.4	3399.1
其他联营企业	6	7198.4	4208.2	2785.4
有限责任公司	667	872373.9	411131.8	337844.9
国有独资公司	45	91796.3	46706.9	31863.5
其他有限责任公司	622	780577.6	364424.9	305981.4
股份有限公司	145	156843.6	71311.9	60036.1
私营企业	806	709605.9	296097.6	326474.9
私营独资企业	183	105265.1	42265.1	50745.8
私营合伙企业	42	27746.3	9352.9	14795.5
私营有限责任公司	520	522715.6	224774.4	233023.3
私营股份有限公司	61	53878.9	19705.2	27910.3
其他企业	17	18664.5	8547.8	6280.5
港、澳、台商投资企业	**211**	**324454.2**	**151764.2**	**135594.3**
合资经营企业(港或澳、台资)	128	189515.7	96774.6	70006.2
合作经营企业(港或澳、台资)	40	90582.4	36728.4	42611.1
港、澳、台商独资经营企业	37	39781.9	15382.5	21465.8
港、澳、台商投资股份有限公司	6	4574.2	2878.7	1511.2
外商投资企业	**151**	**199278.1**	**92179.2**	**73646.1**
中外合资经营企业	94	123178.1	60335.4	44175.4
中外合作经营企业	30	54626.2	23326.6	18291.3
外资企业	26	20606.6	8257.0	10574.6
外商投资股份有限公司	1	867.2	260.2	604.8
2.按行业分				
旅游饭店	3331	3941242.4	1837950.1	1558905.4
一般旅馆	266	199150.8	88158.7	85146.6
其他住宿服务	56	33251.0	15574.9	10493.1

3-A-3 续表 3 二星 单位：万元

指标名称	法人单位(个)	营业额	#客房收入	#餐费收入
住宿业	**3922**	**1583929.1**	**774955.6**	**625135.9**
1.按登记注册类型分				
内资企业	**3802**	**1516559.5**	**743357.8**	**599455.0**
国有企业	1423	577889.4	300798.7	209779.2
集体企业	413	158313.7	78288.5	58759.1
股份合作企业	112	43744.2	23773.8	16048.9
联营企业	41	16863.6	8737.0	6554.3
国有联营企业	14	4997.5	3078.3	1561.1
集体联营企业	10	5001.0	1635.0	2731.5
国有与集体联营企业	11	4676.6	2867.2	1451.8
其他联营企业	6	2188.5	1156.5	809.9
有限责任公司	517	261658.2	126797.6	96183.2
国有独资公司	34	18453.0	9215.1	5263.1
其他有限责任公司	483	243205.2	117582.5	90920.1
股份有限公司	123	56334.3	28857.5	21661.1
私营企业	1145	394621.3	171246.3	188826.9
私营独资企业	430	99441.3	40185.1	50892.9
私营合伙企业	94	53257.5	22860.0	28357.6
私营有限责任公司	549	216930.1	97724.5	97047.8
私营股份有限公司	72	24992.4	10476.7	12528.6
其他企业	28	7134.8	4858.4	1642.3
港、澳、台商投资企业	**54**	**42132.2**	**17691.5**	**17374.0**
合资经营企业(港或澳、台资)	32	22186.3	9873.1	7026.1
合作经营企业(港或澳、台资)	9	10035.8	3917.6	4840.8
港、澳、台商独资经营企业	13	9910.1	3900.8	5507.1
港、澳、台商投资股份有限公司				
外商投资企业	**66**	**25237.4**	**13906.3**	**8306.9**
中外合资经营企业	36	15030.6	8543.8	4556.9
中外合作经营企业	13	4825.0	2610.2	1300.8
外资企业	15	4579.2	2487.2	2006.2
外商投资股份有限公司	2	802.6	265.1	443.0
2.按行业分				
旅游饭店	3429	1407618.0	688206.9	550325.8
一般旅馆	445	165827.9	82150.3	69754.8
其他住宿服务	48	10483.2	4598.4	5055.3

3-A-3 续表 4 一星 单位：万元

指标名称	法人单位（个）	营业额	#客房收入	#餐费收入
住宿业	**469**	**138739.9**	**70447.0**	**52634.2**
1.按登记注册类型分				
内资企业	**458**	**132626.8**	**67124.8**	**51160.7**
国有企业	171	53939.2	26937.7	19773.5
集体企业	59	10256.5	5227.1	4382.7
股份合作企业	12	3657.5	1517.9	2075.2
联营企业	8	3248.0	1821.0	1315.6
国有联营企业	1	1808.8	1092.9	623.9
集体联营企业	3	606.1	265.5	338.5
国有与集体联营企业	1	402.7	232.2	153.2
其他联营企业	3	430.4	230.4	200.0
有限责任公司	45	29172.9	15635.0	9856.8
国有独资公司	3	574.9	426.4	146.4
其他有限责任公司	42	28598.0	15208.6	9710.4
股份有限公司	14	1238.8	1042.4	122.6
私营企业	144	30550.1	14683.0	13396.3
私营独资企业	67	8308.8	3671.6	3930.4
私营合伙企业	14	2286.8	943.8	993.0
私营有限责任公司	53	17765.0	8910.1	7531.6
私营股份有限公司	10	2189.5	1157.5	941.3
其他企业	5	563.8	260.7	238.0
港、澳、台商投资企业	**4**	**1450.4**	**720.0**	**464.3**
合资经营企业(港或澳、台资)	2	1015.4	510.0	254.3
合作经营企业(港或澳、台资)	1	435.0	210.0	210.0
港、澳、台商独资经营企业	1			
港、澳、台商投资股份有限公司				
外商投资企业	**7**	**4662.7**	**2602.2**	**1009.2**
中外合资经营企业	5	4165.6	2390.0	814.4
中外合作经营企业				
外资企业	2	497.1	212.2	194.8
外商投资股份有限公司				
2.按行业分				
旅游饭店	361	117613.4	57259.4	45978.5
一般旅馆	98	19655.4	12454.1	6112.4
其他住宿服务	10	1471.1	733.5	543.3

3-A-3 续表 5 其它 单位：万元

指标名称	法人单位(个)	营业额	#客房收入	#餐费收入
住宿业	**29921**	**4120686.7**	**2445225.8**	**1155476.9**
1.按登记注册类型分				
内资企业	**29449**	**3891216.1**	**2316567.2**	**1088184.3**
国有企业	7372	1292475.3	764485.8	374487.9
集体企业	6861	542028.2	355694.3	111840.6
股份合作企业	1168	81891.5	52208.3	21257.1
联营企业	294	31160.2	19372.9	8053.2
国有联营企业	50	10308.2	5812.1	2715.4
集体联营企业	123	7221.0	4670.2	1654.9
国有与集体联营企业	62	4013.3	2599.4	693.5
其他联营企业	59	9617.7	6291.2	2989.4
有限责任公司	2166	546311.4	314354.6	161422.9
国有独资公司	90	29155.3	16558.2	8939.2
其他有限责任公司	2076	517156.1	297796.4	152483.7
股份有限公司	481	137723.4	79639.1	25172.2
私营企业	10491	1212071.9	705451.1	367952.5
私营独资企业	5384	427889.5	237840.1	141016.5
私营合伙企业	1098	101240.0	64402.8	30382.3
私营有限责任公司	3526	608720.0	366624.1	171913.7
私营股份有限公司	483	74222.4	36584.1	24640.0
其他企业	616	47554.2	25361.1	17997.9
港、澳、台商投资企业	**238**	**132443.5**	**70199.9**	**40267.8**
合资经营企业(港或澳、台资)	113	88021.9	50732.0	22881.2
合作经营企业(港或澳、台资)	27	20280.3	6236.3	10081.5
港、澳、台商独资经营企业	88	23442.8	12855.4	7028.0
港、澳、台商投资股份有限公司	10	698.5	376.2	277.1
外商投资企业	**234**	**97027.1**	**58458.7**	**27024.8**
中外合资经营企业	113	49253.6	33366.2	10772.3
中外合作经营企业	38	20421.0	9722.8	6781.8
外资企业	68	24478.4	13690.6	8454.3
外商投资股份有限公司	15	2874.1	1679.1	1016.4
2.按行业分				
旅游饭店	3903	1260601.8	685750.3	417915.3
一般旅馆	23190	2511577.9	1557323.7	663863.3
其他住宿服务	2828	348507.0	202151.8	73698.3

3-A-4 按登记注册类型、行业分餐饮业法人单位经营情况

单位：万元

指标名称	法人单位(个)	从业人数(人)	营业额	#客房收入	#餐费收入
餐饮业	**53558**	**2234473**	**15396723.5**	**801413.9**	**13668478.9**
1.按登记注册类型分					
内资企业	**51434**	**1935195**	**12115501.5**	**729264.5**	**10589912.3**
国有企业	2726	163443	767424.1	158037.9	513359.1
集体企业	5211	115084	562274.4	54070.2	470972.9
股份合作企业	2531	64764	381769.7	18593.1	340466.8
联营企业	284	10968	61843.4	7683.5	51180.5
国有联营企业	46	4174	14851.9	3623.7	10476.2
集体联营企业	104	2225	13478.7	611.9	11805.1
国有与集体联营企业	31	984	7335.5	566.3	5959.1
其他联营企业	103	3585	26177.3	2881.6	22940.1
有限责任公司	4242	299986	1965742.7	162761.0	1631645.2
国有独资公司	55	4725	28495.3	2185.3	21969.6
其他有限责任公司	4187	295261	1937247.4	160575.7	1609675.6
股份有限公司	860	62107	386447.0	32193.5	313902.9
私营企业	34112	1181834	7801636.1	286126.2	7101736.0
私营独资企业	15832	354353	2111023.2	83496.3	1915954.4
私营合伙企业	2588	78142	435607.1	14389.5	399054.8
私营有限责任公司	14088	680280	4850008.5	170176.6	4425924.2
私营股份有限公司	1604	69059	404997.3	18063.8	360802.6
其他企业	1468	37009	188364.1	9799.1	166648.9
港、澳、台商投资企业	**797**	**92368**	**985539.2**	**41644.3**	**879976.3**
合资经营企业(港或澳、台资)	302	42844	504183.0	27707.9	437552.1
合作经营企业(港或澳、台资)	108	16178	164958.1	7726.6	137989.6
港、澳、台商独资经营企业	379	32940	315186.3	6089.4	303362.1
港、澳、台商投资股份有限公司	8	406	1211.8	120.4	1072.5
外商投资企业	**1327**	**206910**	**2295682.8**	**30505.1**	**2198590.3**
中外合资经营企业	487	80534	862168.0	19244.3	819836.7
中外合作经营企业	181	42849	498569.8	6627.1	467377.3
外资企业	621	80939	928326.7	4428.3	905842.6
外商投资股份有限公司	38	2588	6618.3	205.4	5533.7
2.按行业分					
正餐服务	43093	1888701	12403362.2	776338.5	10837080.6
快餐服务	3452	218345	2267737.6	5981.9	2213835.7
饮料及冷饮服务	2834	38726	203893.9	461.4	181274.2
其他餐饮服务	4179	88701	521729.8	18632.1	436288.4

3-A-5 按行业分住宿和餐饮业法人单位经营情况

(按登记注册类型分)

内资企业 单位：万元

指标名称	法人单位(个)	从业人数(人)	营业额	#客房收入	#餐费收入
总计	**89387**	**3739554**	**24409996.6**	**7025955.0**	**14955837.3**
一、住宿业	**37953**	**1804359**	**12294495.1**	**6296690.5**	**4365925.0**
旅游饭店	11273	1140326	9010473.1	4346398.7	3445931.5
一般旅馆	23767	594926	2883731.8	1723568.9	827209.1
其他住宿服务	2913	69107	400290.2	226722.9	92784.4
二、餐饮业	**51434**	**1935195**	**12115501.5**	**729264.5**	**10589912.3**
正餐服务	41477	1743165	11163761.3	704571.0	9765852.1
快餐服务	3171	75043	362980.8	5858.1	336001.7
饮料及冷饮服务	2732	34792	142069.3	461.4	121498.8
其他餐饮服务	4054	82195	446690.1	18374.0	366559.7

3-A-5 续表 1 国有企业 单位：万元

指标名称	法人单位(个)	从业人数(人)	营业额	#客房收入	#餐费收入
总计	**13293**	**836357**	**5335698.3**	**2555246.1**	**2089445.0**
一、住宿业	**10567**	**672914**	**4568274.2**	**2397208.2**	**1576085.9**
旅游饭店	4001	449512	3540587.4	1804459.0	1258739.0
一般旅馆	5842	202485	925121.7	536302.7	288077.4
其他住宿服务	724	20917	102565.1	56446.5	29269.5
二、餐饮业	**2726**	**163443**	**767424.1**	**158037.9**	**513359.1**
正餐服务	2361	150982	715443.6	154447.8	476559.2
快餐服务	112	4309	18869.5	1049.5	15819.7
饮料及冷饮服务	40	1318	4297.5	57.5	3364.9
其他餐饮服务	213	6834	28813.5	2483.1	17615.3

3-A-5 续表 2 集体企业 单位：万元

指标名称	法人单位（个）	从业人数（人）	营业额		
				#客房收入	#餐费收入
总计	**12861**	**308686**	**1625213.0**	**647325.0**	**786775.3**
一、住宿业	**7650**	**193602**	**1062938.6**	**593254.8**	**315802.4**
旅游饭店	1156	84111	558614.5	262471.4	213124.2
一般旅馆	5731	96511	421180.7	284547.4	87541.7
其他住宿服务	763	12980	83143.4	46236.0	15136.5
二、餐饮业	**5211**	**115084**	**562274.4**	**54070.2**	**470972.9**
正餐服务	4188	103109	518072.9	53197.7	430168.4
快餐服务	302	4056	14381.7	309.4	13590.6
饮料及冷饮服务	139	1453	5640.6	0.0	5149.2
其他餐饮服务	582	6466	24179.2	563.1	22064.7

3-A-5 续表 3 股份合作企业 单位：万元

指标名称	法人单位（个）	从业人数（人）	营业额		
				#客房收入	#餐费收入
总计	**3905**	**108126**	**610455.7**	**140575.5**	**423298.8**
一、住宿业	**1374**	**43362**	**228686.0**	**121982.4**	**82832.0**
旅游饭店	277	23385	149172.6	71791.9	63720.0
一般旅馆	986	18023	71921.3	45718.1	17263.4
其他住宿服务	111	1954	7592.1	4472.4	1848.6
二、餐饮业	**2531**	**64764**	**381769.7**	**18593.1**	**340466.8**
正餐服务	1818	55758	344241.6	17722.9	305985.1
快餐服务	223	3001	13338.6	386.5	12187.6
饮料及冷饮服务	186	1746	6784.3	166.0	6170.4
其他餐饮服务	304	4259	17405.2	317.7	16123.7

3-A-5 续表 4 联营企业

单位：万元

指标名称	法人单位（个）	从业人数（人）	营业额	#客房收入	#餐费收入
总计	**697**	**34869**	**260074.9**	**119476.1**	**111648.4**
一、住宿业	**413**	**23901**	**198231.5**	**111792.6**	**60467.9**
旅游饭店	152	18752	176861.9	99092.3	54505.1
一般旅馆	222	3966	15995.7	9887.0	3991.2
其他住宿服务	39	1183	5373.9	2813.3	1971.6
二、餐饮业	**284**	**10968**	**61843.4**	**7683.5**	**51180.5**
正餐服务	225	9390	48415.7	5401.0	40191.1
快餐服务	17	269	1393.0	5.0	1310.0
饮料及冷饮服务	11	101	396.4	6.0	390.4
其他餐饮服务	31	1208	11638.3	2271.5	9289.0

3-A-5 续表 5 国有联营企业

单位：万元

指标名称	法人单位（个）	从业人数（人）	营业额	#客房收入	#餐费收入
总计	**150**	**15087**	**123810.6**	**64377.3**	**42000.8**
一、住宿业	**104**	**10913**	**108958.7**	**60753.6**	**31524.6**
旅游饭店	56	9029	98913.2	55420.2	27879.5
一般旅馆	40	1111	6018.3	3336.7	1865.5
其他住宿服务	8	773	4027.2	1996.7	1779.6
二、餐饮业	**46**	**4174**	**14851.9**	**3623.7**	**10476.2**
正餐服务	34	4025	14321.0	3623.7	10001.7
快餐服务	3	55	185.3		159.3
饮料及冷饮服务	2	16	72.1		72.1
其他餐饮服务	7	78	273.5		243.1

3-A-5 续表 6 集体联营企业

单位：万元

指标名称	法人单位（个）	从业人数（人）	营业额	#客房收入	#餐费收入
总计	**251**	**6115**	**33082.2**	**10181.0**	**18895.0**
一、住宿业	**147**	**3890**	**19603.5**	**9569.1**	**7089.9**
旅游饭店	36	2134	13727.6	5568.6	6018.6
一般旅馆	96	1560	5191.7	3523.6	1019.3
其他住宿服务	15	196	684.2	476.9	52.0
二、餐饮业	**104**	**2225**	**13478.7**	**611.9**	**11805.1**
正餐服务	84	1952	12241.4	593.9	10626.7
快餐服务	6	84	635.4		613.4
饮料及冷饮服务	3	26	115.1		115.1
其他餐饮服务	11	163	486.8	18.0	449.9

3-A-5 续表 7 国有与集体联营企业

单位：万元

指标名称	法人单位（个）	从业人数（人）	营业额	#客房收入	#餐费收入
总计	**119**	**6364**	**57569.8**	**30149.9**	**21027.8**
一、住宿业	**88**	**5380**	**50234.3**	**29583.6**	**15068.7**
旅游饭店	31	4536	47110.6	27629.3	14583.4
一般旅馆	43	700	2709.8	1706.3	485.1
其他住宿服务	14	144	413.9	248.0	0.2
二、餐饮业	**31**	**984**	**7335.5**	**566.3**	**5959.1**
正餐服务	27	849	4691.8	566.3	3343.6
快餐服务	1	32	192.8		192.8
饮料及冷饮服务					
其他餐饮服务	3	103	2450.9		2422.7

3-A-5 续表 8 其他联营企业 单位：万元

指标名称	法人单位(个)	从业人数(人)	营业额	#客房收入	#餐费收入
总计	**177**	**7303**	**45612.3**	**14767.9**	**29724.8**
一、住宿业	**74**	**3718**	**19435.0**	**11886.3**	**6784.7**
旅游饭店	29	3053	17110.5	10474.2	6023.6
一般旅馆	43	595	2075.9	1320.4	621.3
其他住宿服务	2	70	248.6	91.7	139.8
二、餐饮业	**103**	**3585**	**26177.3**	**2881.6**	**22940.1**
正餐服务	80	2564	17161.5	617.1	16219.1
快餐服务	7	98	379.5	5.0	344.5
饮料及冷饮服务	6	59	209.2	6.0	203.2
其他餐饮服务	10	864	8427.1	2253.5	6173.3

3-A-5 续表 9 有限责任公司 单位：万元

指标名称	法人单位(个)	从业人数(人)	营业额	#客房收入	#餐费收入
总计	**7909**	**626254**	**4686185.7**	**1493164.8**	**2638788.3**
一、住宿业	**3667**	**326268**	**2720443.0**	**1330403.8**	**1007143.1**
旅游饭店	1830	248527	2282148.3	1077857.4	883467.0
一般旅馆	1634	69673	396445.5	228622.1	113659.1
其他住宿服务	203	8068	41849.2	23924.3	10017.0
二、餐饮业	**4242**	**299986**	**1965742.7**	**162761.0**	**1631645.2**
正餐服务	3517	268993	1775796.2	156302.3	1494996.3
快餐服务	238	14865	82373.8	3132.3	70823.7
饮料及冷饮服务	183	3705	12186.2	50.4	8106.0
其他餐饮服务	304	12423	95386.5	3276.0	57719.2

3-A-5 续表 10 国有独资公司 单位：万元

指标名称	法人单位（个）	从业人数（人）	营业额	#客房收入	#餐费收入
总计	**240**	**27820**	**280162.4**	**130526.5**	**106310.3**
一、住宿业	**185**	**23095**	**251667.1**	**128341.2**	**84340.7**
旅游饭店	113	18717	189852.1	100652.5	63423.5
一般旅馆	66	4275	61564.8	27479.6	20894.8
其他住宿服务	6	103	250.2	209.1	22.4
二、餐饮业	**55**	**4725**	**28495.3**	**2185.3**	**21969.6**
正餐服务	49	2948	15521.9	2043.3	12506.1
快餐服务	3	1687	11478.6	142.0	8230.2
饮料及冷饮服务					
其他餐饮服务	3	90	1494.8		1233.3

3-A-5 续表 11 其他有限责任公司 单位：万元

指标名称	法人单位（个）	从业人数（人）	营业额	#客房收入	#餐费收入
总计	**7669**	**598434**	**4406023.3**	**1362638.3**	**2532478.0**
一、住宿业	**3482**	**303173**	**2468775.9**	**1202062.6**	**922802.4**
旅游饭店	1717	229810	2092296.2	977204.9	820043.5
一般旅馆	1568	65398	334880.7	201142.5	92764.3
其他住宿服务	197	7965	41599.0	23715.2	9994.6
二、餐饮业	**4187**	**295261**	**1937247.4**	**160575.7**	**1609675.6**
正餐服务	3468	266045	1760274.3	154259.0	1482490.2
快餐服务	235	13178	70895.2	2990.3	62593.5
饮料及冷饮服务	183	3705	12186.2	50.4	8106.0
其他餐饮服务	301	12333	93891.7	3276.0	56485.9

3-A-5 续表 12 股份有限公司 单位：万元

指标名称	法人单位（个）	从业人数（人）	营业额	#客房收入	#餐费收入
总计	**1684**	**132802**	**1016214.4**	**350534.9**	**516294.3**
一、住宿业	**824**	**70695**	**629767.4**	**318341.4**	**202391.4**
旅游饭店	404	52835	506937.6	247715.2	180975.5
一般旅馆	343	14908	74852.8	47664.4	16331.1
其他住宿服务	77	2952	47977.0	22961.8	5084.8
二、餐饮业	**860**	**62107**	**386447.0**	**32193.5**	**313902.9**
正餐服务	735	57262	361329.9	31541.5	290824.4
快餐服务	35	1357	5995.1	54.3	5881.0
饮料及冷饮服务	28	416	1248.0	1.0	985.0
其他餐饮服务	62	3072	17874.0	596.7	16212.5

3-A-5 续表 13 私营企业 单位：万元

指标名称	法人单位（个）	从业人数（人）	营业额	#客房收入	#餐费收入
总计	**46892**	**1636594**	**10591714.5**	**1661010.1**	**8188561.3**
一、住宿业	**12780**	**454760**	**2790078.4**	**1374883.9**	**1086825.3**
旅游饭店	3327	254888	1741663.5	756567.1	772777.6
一般旅馆	8543	180063	940104.0	550180.7	286102.0
其他住宿服务	910	19809	108310.9	68136.1	27945.7
二、餐饮业	**34112**	**1181834**	**7801636.1**	**286126.2**	**7101736.0**
正餐服务	27443	1064931	7225842.1	276513.5	6572157.6
快餐服务	2143	45419	220703.8	843.6	210934.6
饮料及冷饮服务	2092	25537	109944.9	172.5	95971.3
其他餐饮服务	2434	45947	245145.3	8596.6	222672.5

3-A-5 续表 14 私营独资企业

单位：万元

指标名称	法人单位（个）	从业人数（人）	营业额	#客房收入	#餐费收入
总计	**21925**	**485486**	**2805644.7**	**433593.5**	**2180965.2**
一、住宿业	**6093**	**131133**	**694621.5**	**350097.2**	**265010.8**
旅游饭店	1139	57279	322035.2	134171.2	152710.2
一般旅馆	4488	66964	327914.4	184601.2	103210.0
其他住宿服务	466	6890	44671.9	31324.8	9090.6
二、餐饮业	**15832**	**354353**	**2111023.2**	**83496.3**	**1915954.4**
正餐服务	12995	318241	1944822.4	80989.5	1761531.4
快餐服务	928	13562	65974.7	433.8	63779.8
饮料及冷饮服务	837	8036	33007.9	63.5	29196.1
其他餐饮服务	1072	14514	67218.2	2009.5	61447.1

3-A-5 续表 15 私营合伙企业

单位：万元

指标名称	法人单位（个）	从业人数（人）	营业额	#客房收入	#餐费收入
总计	**3845**	**108296**	**627381.7**	**115180.4**	**476030.6**
一、住宿业	**1257**	**30154**	**191774.6**	**100790.9**	**76975.8**
旅游饭店	262	13976	70835.4	29982.5	33325.9
一般旅馆	914	14599	115436.6	67495.0	41922.3
其他住宿服务	81	1579	5502.6	3313.4	1727.6
二、餐饮业	**2588**	**78142**	**435607.1**	**14389.5**	**399054.8**
正餐服务	2017	69742	404691.1	14217.3	370134.9
快餐服务	156	2608	9556.7		9465.1
饮料及冷饮服务	199	2414	9182.8	38.8	7742.8
其他餐饮服务	216	3378	12176.5	133.4	11712.0

3-A-5 续表 16 私营有限责任公司 单位：万元

指标名称	法人单位（个）	从业人数（人）	营业额	#客房收入	#餐费收入
总计	**18880**	**941996**	**6571588.3**	**1012859.8**	**5094666.8**
一、住宿业	**4792**	**261716**	**1721579.8**	**842683.2**	**668742.6**
旅游饭店	1699	165325	1224628.6	540129.2	529458.3
一般旅馆	2776	86459	445825.2	273013.3	124119.5
其他住宿服务	317	9932	51126.0	29540.7	15164.8
二、餐饮业	**14088**	**680280**	**4850008.5**	**170176.6**	**4425924.2**
正餐服务	11201	614553	4502437.3	163477.6	4109399.5
快餐服务	941	26449	130861.4	409.8	123768.2
饮料及冷饮服务	968	13764	63956.6	70.2	55531.5
其他餐饮服务	978	25514	152753.2	6219.0	137225.0

3-A-5 续表 17 私营股份有限公司 单位：万元

指标名称	法人单位（个）	从业人数（人）	营业额	#客房收入	#餐费收入
总计	**2242**	**100816**	**587099.8**	**99376.4**	**436898.7**
一、住宿业	**638**	**31757**	**182102.5**	**81312.6**	**76096.1**
旅游饭店	227	18308	124164.3	52284.2	57283.2
一般旅馆	365	12041	50927.8	25071.2	16850.2
其他住宿服务	46	1408	7010.4	3957.2	1962.7
二、餐饮业	**1604**	**69059**	**404997.3**	**18063.8**	**360802.6**
正餐服务	1230	62395	373891.3	17829.1	331091.8
快餐服务	118	2800	14311.0		13921.5
饮料及冷饮服务	88	1323	3797.6		3500.9
其他餐饮服务	168	2541	12997.4	234.7	12288.4

3-A-5 续表 18 其他企业 单位：万元

指标名称	法人单位（个）	从业人数（人）	营业额	#客房收入	#餐费收入
总计	**2146**	**55866**	**284440.1**	**58622.5**	**201025.9**
一、住宿业	**678**	**18857**	**96076.0**	**48823.4**	**34377.0**
旅游饭店	126	8316	54487.3	26444.4	18623.1
一般旅馆	466	9297	38110.1	20646.5	14243.2
其他住宿服务	86	1244	3478.6	1732.5	1510.7
二、餐饮业	**1468**	**37009**	**188364.1**	**9799.1**	**166648.9**
正餐服务	1190	32740	174619.3	9444.3	154970.0
快餐服务	101	1767	5925.3	77.5	5454.5
饮料及冷饮服务	53	516	1571.4	8.0	1361.6
其他餐饮服务	124	1986	6248.1	269.3	4862.8

3-A-5 续表 19 港、澳、台商投资企业 单位：万元

指标名称	法人单位（个）	从业人数（人）	营业额	#客房收入	#餐费收入
总计	**1495**	**235295**	**2986737.1**	**968320.6**	**1524629.7**
一、住宿业	**698**	**142927**	**2001197.9**	**926676.3**	**644653.4**
旅游饭店	523	131673	1937828.2	896038.4	624456.6
一般旅馆	152	9787	57252.4	27626.4	18431.5
其他住宿服务	23	1467	6117.3	3011.5	1765.3
二、餐饮业	**797**	**92368**	**985539.2**	**41644.3**	**879976.3**
正餐服务	650	74419	665133.4	41353.8	565279.8
快餐服务	69	14797	286372.0	123.8	283267.1
饮料及冷饮服务	34	759	8413.9		8296.8
其他餐饮服务	44	2393	25619.9	166.7	23132.6

3-A-5 续表 20 合资经营企业(港或澳、台资) 单位：万元

指标名称	法人单位(个)	从业人数(人)	营业额	#客房收入	#餐费收入
总计	**706**	**133130**	**1877537.9**	**665077.8**	**840566.7**
一、住宿业	**404**	**90286**	**1373354.9**	**637369.9**	**403014.6**
旅游饭店	320	84198	1336095.1	619748.8	391773.7
一般旅馆	74	5353	34938.5	16156.2	10709.4
其他住宿服务	10	735	2321.3	1464.9	531.5
二、餐饮业	**302**	**42844**	**504183.0**	**27707.9**	**437552.1**
正餐服务	258	36429	317117.9	27417.4	255153.7
快餐服务	22	5392	173292.4	123.8	170933.3
饮料及冷饮服务	8	228	4301.7		4294.8
其他餐饮服务	14	795	9471.0	166.7	7170.3

3-A-5 续表 21 合作经营企业(港或澳、台资) 单位：万元

指标名称	法人单位(个)	从业人数(人)	营业额	#客房收入	#餐费收入
总计	**222**	**48386**	**633509.0**	**222336.1**	**314810.2**
一、住宿业	**114**	**32208**	**468550.9**	**214609.5**	**176820.6**
旅游饭店	93	30330	458745.1	211480.0	171707.8
一般旅馆	17	1643	7685.5	2276.0	4055.7
其他住宿服务	4	235	2120.3	853.5	1057.1
二、餐饮业	**108**	**16178**	**164958.1**	**7726.6**	**137989.6**
正餐服务	91	14900	143920.4	7726.6	117113.6
快餐服务	7	793	16992.9		16973.5
饮料及冷饮服务	5	140	1627.9		1565.6
其他餐饮服务	5	345	2416.9		2336.9

3-A-5 续表 22 港、澳、台商独资经营企业

单位：万元

指标名称	法人单位（个）	从业人数（人）	营业额	#客房收入	#餐费收入
总计	**542**	**52068**	**464108.5**	**75084.7**	**364525.6**
一、住宿业	**163**	**19128**	**148922.2**	**68995.3**	**61163.5**
旅游饭店	98	15968	133030.2	59347.9	57447.7
一般旅馆	57	2710	14272.0	8974.6	3574.4
其他住宿服务	8	450	1620.0	672.8	141.4
二、餐饮业	**379**	**32940**	**315186.3**	**6089.4**	**303362.1**
正餐服务	293	22694	202883.3	6089.4	191940.0
快餐服务	40	8602	96086.7		95360.3
饮料及冷饮服务	21	391	2484.3		2436.4
其他餐饮服务	25	1253	13732.0		13625.4

3-A-5 续表 23 港、澳、台商投资股份有限公司

单位：万元

指标名称	法人单位（个）	从业人数（人）	营业额	#客房收入	#餐费收入
总计	**25**	**1711**	**11581.7**	**5822.0**	**4727.2**
一、住宿业	**17**	**1305**	**10369.9**	**5701.6**	**3654.7**
旅游饭店	12	1177	9957.8	5461.7	3527.4
一般旅馆	4	81	356.4	219.6	92.0
其他住宿服务	1	47	55.7	20.3	35.3
二、餐饮业	**8**	**406**	**1211.8**	**120.4**	**1072.5**
正餐服务	8	406	1211.8	120.4	1072.5
快餐服务					
饮料及冷饮服务					
其他餐饮服务					

3-A-5 续表 24 外商投资企业

单位：万元

指标名称	法人单位（个）	从业人数（人）	营业额	#客房收入	#餐费收入
总计	**1938**	**315648**	**3669781.4**	**755083.3**	**2652249.4**
一、住宿业	**611**	**108738**	**1374098.6**	**724578.2**	**453659.1**
旅游饭店	448	97676	1313391.9	691119.8	433165.3
一般旅馆	139	8874	53990.5	29850.3	17844.6
其他住宿服务	24	2188	6716.2	3608.1	2649.2
二、餐饮业	**1327**	**206910**	**2295682.8**	**30505.1**	**2198590.3**
正餐服务	966	71117	574467.5	30413.7	505948.7
快餐服务	212	128505	1618384.8		1594566.9
饮料及冷饮服务	68	3175	53410.7		51478.6
其他餐饮服务	81	4113	49419.8	91.4	46596.1

3-A-5 续表 25 中外合资经营企业

单位：万元

指标名称	法人单位（个）	从业人数（人）	营业额	#客房收入	#餐费收入
总计	**817**	**140739**	**1624900.9**	**429666.7**	**1061546.7**
一、住宿业	**330**	**60205**	**762732.9**	**410422.4**	**241710.0**
旅游饭店	257	55559	737097.4	395395.7	233337.1
一般旅馆	65	4296	23313.9	13170.0	8001.9
其他住宿服务	8	350	2321.6	1856.7	371.0
二、餐饮业	**487**	**80534**	**862168.0**	**19244.3**	**819836.7**
正餐服务	382	29626	211300.9	19244.3	173500.7
快餐服务	55	48075	600533.7		598338.1
饮料及冷饮服务	19	1190	20611.5		19053.5
其他餐饮服务	31	1643	29721.9		28944.4

3-A-5　续表 26　中外合作经营企业

单位：万元

指标名称	法人单位（个）	从业人数（人）	营业额	#客房收入	#餐费收入
总计	**304**	**71425**	**830165.6**	**172973.0**	**579261.0**
一、住宿业	**123**	**28576**	**331595.8**	**166345.9**	**111883.7**
旅游饭店	93	25571	315021.2	157649.1	106672.6
一般旅馆	23	2136	13803.9	7532.3	3866.4
其他住宿服务	7	869	2770.7	1164.5	1344.7
二、餐饮业	**181**	**42849**	**498569.8**	**6627.1**	**467377.3**
正餐服务	129	18757	189866.3	6535.7	172862.5
快餐服务	34	21932	271062.1		258711.7
饮料及冷饮服务	8	1030	26968.7		26903.3
其他餐饮服务	10	1130	10672.7	91.4	8899.8

3-A-5　续表 27　外资企业

单位：万元

指标名称	法人单位（个）	从业人数（人）	营业额	#客房收入	#餐费收入
总计	**759**	**99471**	**1191916.0**	**146638.0**	**996892.8**
一、住宿业	**138**	**18532**	**263589.3**	**142209.7**	**91050.2**
旅游饭店	88	15598	247529.5	133715.9	85184.7
一般旅馆	43	2025	14930.0	7947.0	5386.0
其他住宿服务	7	909	1129.8	546.8	479.5
二、餐饮业	**621**	**80939**	**928326.7**	**4428.3**	**905842.6**
正餐服务	427	21075	167634.5	4428.3	154871.1
快餐服务	118	57729	746248.5		736976.6
饮料及冷饮服务	39	914	5776.7		5468.0
其他餐饮服务	37	1221	8667.0		8526.9

3-A-5 续表 28 外商投资股份有限公司 单位：万元

指标名称	法人单位（个）	从业人数（人）	营业额	#客房收入	#餐费收入
总计	**58**	**4013**	**22798.9**	**5805.6**	**14548.9**
一、住宿业	**20**	**1425**	**16180.6**	**5600.2**	**9015.2**
旅游饭店	10	948	13743.8	4359.1	7970.9
一般旅馆	8	417	1942.7	1201.0	590.3
其他住宿服务	2	60	494.1	40.1	454.0
二、餐饮业	**38**	**2588**	**6618.3**	**205.4**	**5533.7**
正餐服务	28	1659	5665.8	205.4	4714.4
快餐服务	5	769	540.5		540.5
饮料及冷饮服务	2	41	53.8		53.8
其他餐饮服务	3	119	358.2		225.0

3-A-6 各地区住宿和餐饮业法人单位经营情况

单位：万元

地 区	法人单位(个)	从业人数(人)	营业额	#客房收入	#餐费收入
全 国	**92820**	**4290497**	**31066515**	**8749359**	**19132716**
北 京	8706	393660	3589449	1003637	2132633
天 津	1743	73472	567761	104598	386279
河 北	2796	135554	638638	183966	402785
山 西	2159	123333	541491	159665	340273
内蒙古	1446	64606	330068	108830	187030
辽 宁	4379	161059	1128890	300040	734395
吉 林	1560	62817	405005	118654	248640
黑龙江	1992	74639	391079	106173	229659
上 海	7603	280212	3399204	830388	2304627
江 苏	5494	249663	2202891	571175	1474105
浙 江	5077	247340	2576151	768752	1480923
安 徽	2652	110297	589473	162507	352170
福 建	2335	113208	832740	235488	523585
江 西	1929	78876	400003	139572	216527
山 东	6236	250668	1838772	438959	1213622
河 南	4350	186336	889091	243607	532779
湖 北	2543	139524	804974	212346	508298
湖 南	2625	143890	915437	322538	506516
广 东	8206	573801	4655754	1193552	2963564
广 西	1916	97448	487070	189725	256741
海 南	814	48713	268772	146834	104604
重 庆	1481	78183	473609	133559	302366
四 川	4150	170433	996630	336726	548182
贵 州	969	44721	186495	67091	100712
云 南	2285	91971	442431	197253	185721
西 藏	274	10000	51913	23763	19459
陕 西	3593	139286	769108	208167	502473
甘 肃	1674	62916	258192	84724	148373
青 海	446	16702	58037	22132	31676
宁 夏	434	19886	85567	24998	46276
新 疆	953	47283	291818	109942	147726

3-A-7 各地区住宿业法人单位经营情况

单位：万元

地 区	法人单位(个)	从业人数(人)	营业额	#客房收入	#餐费收入
全 国	**39262**	**2056024**	**15669792**	**7947945**	**5464238**
北 京	2770	163030	1853635	987833	506994
天 津	516	27129	198811	104598	55566
河 北	1323	77766	394944	166638	189165
山 西	1196	67818	300407	144851	126664
内蒙古	680	33302	197466	96979	71977
辽 宁	1857	78002	539357	272038	201839
吉 林	691	33909	221744	96484	96299
黑龙江	910	37194	182049	101555	61056
上 海	1559	96634	1379491	808338	358392
江 苏	1936	100416	884990	448723	341209
浙 江	2711	93274	1577361	707984	577737
安 徽	1204	58910	300996	145522	120999
福 建	1282	71647	503823	228588	213689
江 西	1044	42415	213223	121881	70209
山 东	1528	89223	691948	327418	276590
河 南	1842	102735	509478	227503	215034
湖 北	1304	69275	392242	193938	133614
湖 南	1333	79209	539051	286808	197649
广 东	3565	256598	2224197	1047888	806847
广 西	1084	61290	324647	176690	117820
海 南	604	37462	225528	146197	62789
重 庆	546	34337	229330	115217	89282
四 川	1817	87778	525397	311759	150570
贵 州	567	26522	111790	63694	36603
云 南	1680	70360	337391	191696	97475
西 藏	204	7414	40173	21536	11243
陕 西	1464	68560	326044	176723	122364
甘 肃	935	35150	145506	80084	45231
青 海	275	9426	30899	19733	7224
宁 夏	225	10233	41251	22014	13366
新 疆	610	29006	226626	107038	88739

3-A-8 各地区餐饮业法人单位经营情况

单位：万元

地 区	法人单位(个)	从业人数(人)	营业额	#客房收入	#餐费收入
全 国	**53558**	**2234473**	**15396723.5**	**801413.9**	**13668478.9**
北 京	5936	230630	1735814.5	15804.5	1625639.6
天 津	1227	46343	368949.6		330713.0
河 北	1473	57788	243694.1	17328.5	213620.8
山 西	963	55515	241084.2	14813.7	213608.9
内蒙古	766	31304	132602.6	11850.9	115052.6
辽 宁	2522	83057	589532.8	28002.1	532556.0
吉 林	869	28908	183260.9	22169.9	152341.3
黑龙江	1082	37445	209029.7	4618.2	168602.6
上 海	6044	183578	2019713.3	22049.8	1946234.4
江 苏	3558	149247	1317901.4	122452.2	1132896.3
浙 江	2366	154066	998789.5	60768.4	903185.5
安 徽	1448	51387	288477.5	16985.5	231171.0
福 建	1053	41561	328917.0	6899.6	309895.6
江 西	885	36461	186780.6	17690.9	146317.9
山 东	4708	161445	1146823.8	111541.1	937031.6
河 南	2508	83601	379613.6	16103.8	317745.5
湖 北	1239	70249	412732.4	18408.0	374683.6
湖 南	1292	64681	376385.7	35729.7	308866.5
广 东	4641	317203	2431557.7	145663.8	2156716.8
广 西	832	36158	162423.7	13034.8	138921.1
海 南	210	11251	43244.4	637.4	41814.3
重 庆	935	43846	244279.9	18342.2	213083.3
四 川	2333	82655	471232.3	24967.0	397612.2
贵 州	402	18199	74705.1	3397.4	64108.7
云 南	605	21611	105040.3	5557.1	88245.2
西 藏	70	2586	11739.5	2227.0	8215.6
陕 西	2129	70726	443064.3	31443.6	380108.8
甘 肃	739	27766	112686.6	4640.1	103141.7
青 海	171	7276	27137.8	2399.7	24451.8
宁 夏	209	9653	44316.5	2983.6	32909.7
新 疆	343	18277	65192.2	2903.4	58987.0

3-A-9 按行业分住宿和餐饮业法人单位设施状况

指标名称	客房数(万间)	床位数(万个)	餐位数(万位)
总计	**593.1**	**1080.1**	**2410.6**
一、住宿业	**530.4**	**974.1**	**980.5**
旅游饭店	387.6	676.8	761.2
一般旅馆	126.8	263.3	202.1
其他住宿服务	16.0	34.0	17.2
二、餐饮业	**62.7**	**106.0**	**1430.1**
正餐服务	53.7	99.9	1258.2
快餐服务	0.4	0.7	91.6
饮料及冷饮服务		0.3	37.0
其他餐饮服务	8.6	5.1	43.3

3-A-10 各地区住宿和餐饮业法人单位设施状况

地 区	客 房 数 (万间)	床 位 数 (万个)	餐 位 数 (万位)
全 国	**593.1**	**1080.1**	**2410.6**
北 京	19.0	38.6	123.1
天 津	3.9	25.9	18.8
河 北	23.5	30.4	140.6
山 西	6.5	13.4	53.9
内蒙古	6.9	14.8	31.5
辽 宁	18.1	34.9	104.7
吉 林	7.0	14.8	42.4
黑龙江	4.4	10.0	34.1
上 海	68.6	104.0	234.7
江 苏	14.1	26.5	116.1
浙 江	19.0	36.7	95.9
安 徽	6.3	13.1	41.2
福 建	10.0	18.5	48.2
江 西	13.4	25.0	92.2
山 东	21.6	44.3	115.7
河 南	17.1	34.1	88.9
湖 北	19.6	36.0	62.4
湖 南	19.8	35.3	98.0
广 东	144.5	238.9	244.1
广 西	21.1	42.8	84.2
海 南	41.8	71.2	154.6
重 庆	8.6	16.6	60.3
四 川	30.4	56.0	125.9
贵 州	5.4	10.5	21.3
云 南	18.6	36.6	52.7
西 藏	1.0	2.3	2.2
陕 西	10.3	21.6	60.1
甘 肃	5.2	12.0	24.4
青 海	1.6	3.2	5.1
宁 夏	1.2	3.0	8.5
新 疆	4.6	9.1	24.8

3-A-11 各地区住宿业法人单位设施状况

地区	客房数（万间）	床位数（万个）	餐位数（万位）
全国	**530.4**	**974.1**	**980.5**
北京	18.3	37.3	28.0
天津	3.9	25.9	
河北	22.6	28.6	114.9
山西	5.6	11.5	16.0
内蒙古	6.2	13.1	16.5
辽宁	16.8	31.9	38.5
吉林	6.5	13.5	29.1
黑龙江	4.1	9.2	11.7
上海	59.2	98.9	110.7
江苏	10.7	20.0	31.4
浙江	16.6	31.2	41.3
安徽	5.5	11.2	16.5
福建	9.7	17.9	19.9
江西	12.0	22.5	73.3
山东	15.8	32.9	23.6
河南	13.2	26.2	28.6
湖北	18.6	34.0	29.9
湖南	18.4	32.8	59.5
广东	128.9	215.6	70.9
广西	20.1	40.8	23.1
海南	39.8	67.0	49.9
重庆	6.5	12.4	18.7
四川	28.5	51.8	43.4
贵州	4.8	9.6	6.9
云南	18.0	35.3	35.6
西藏	1.0	2.2	1.5
陕西	7.6	16.0	15.8
甘肃	4.7	10.7	10.3
青海	1.5	2.9	1.9
宁夏	1.0	2.5	2.6
新疆	4.3	8.7	10.5

3-A-12 各地区餐饮业法人单位设施状况

地 区	客房数（万间）	床位数（万个）	餐位数（万位）
全 国	**62.7**	**106.0**	**1430.1**
北 京	0.7	1.3	95.1
天 津			18.8
河 北	0.9	1.8	25.7
山 西	0.9	1.9	37.9
内蒙古	0.7	1.7	15.0
辽 宁	1.3	3.0	66.2
吉 林	0.5	1.3	13.3
黑龙江	0.3	0.8	22.4
上 海	9.4	5.1	124.0
江 苏	3.4	6.5	84.7
浙 江	2.4	5.5	54.6
安 徽	0.8	1.9	24.7
福 建	0.3	0.6	28.3
江 西	1.4	2.5	18.9
山 东	5.8	11.4	92.1
河 南	3.9	7.9	60.3
湖 北	1.0	2.0	32.5
湖 南	1.4	2.5	38.5
广 东	15.6	23.3	173.2
广 西	1.0	2.0	61.1
海 南	2.0	4.2	104.7
重 庆	2.1	4.2	41.6
四 川	1.9	4.2	82.5
贵 州	0.6	0.9	14.4
云 南	0.6	1.3	17.1
西 藏		0.1	0.7
陕 西	2.7	5.6	44.3
甘 肃	0.5	1.3	14.1
青 海	0.1	0.3	3.2
宁 夏	0.2	0.5	5.9
新 疆	0.3	0.4	14.3

B. 住宿和餐饮业法人单位主要财务状况

3-B-1 按登记注册类型分住宿和餐饮业法人单位资产负债状况

单位：万元

指标名称	资产总计	负债合计	所有者权益
总计	**69758692.7**	**42222364.1**	**27536328.6**
内资企业	**54101464.8**	**29778736.5**	**24322728.3**
国有企业	17712240.3	9176862.2	8535378.1
集体企业	3794543.4	2229938.5	1564604.9
股份合作企业	1203559.6	686044.0	517515.6
联营企业	690898.4	400664.1	290234.3
国有联营企业	352303.4	206524.9	145778.5
集体联营企业	72332.3	33768.3	38564
国有与集体联营企业	184961.3	121921.8	63039.5
其他联营企业	81301.4	38449.1	42852.3
有限责任公司	12452835.4	7292402.5	5160432.9
国有独资公司	855421.9	328781.8	526640.1
其他有限责任公司	11597413.5	6963620.7	4633792.8
股份有限公司	2915970	1512992.4	1402977.6
私营企业	14912963.3	8291296.7	6621666.6
私营独资企业	3662464.1	1391395.5	2271068.6
私营合伙企业	613625.9	235576.0	378049.9
私营有限责任公司	9656763.1	6072747.7	3584015.4
私营股份有限公司	980110.2	591577.5	388532.7
其他企业	418454.4	188536.1	229918.3
港、澳、台商投资企业	**8530978.9**	**6999893.3**	**1531085.6**
合资经营企业(港或澳、台资)	5629184.1	4831856.3	797327.8
合作经营企业(港或澳、台资)	1749911.2	1378075.4	371835.8
港、澳、台商独资经营企业	1089983.4	755615.3	334368.1
港、澳、台商投资股份有限公司	61900.2	34346.3	27553.9
外商投资企业	**7126249**	**5443734.3**	**1682514.7**
中外合资经营企业	3780582.7	2810608.0	969974.7
中外合作经营企业	1722183.9	1400413.7	321770.2
外资企业	1555112.9	1176069.7	379043.2
外商投资股份有限公司	68369.5	56642.9	11726.6

3-B-2 按登记注册类型、行业分住宿业法人单位资产负债状况

单位：万元

指标名称	资产总计	负债合计	所有者权益
住宿业合计	**52583283.8**	**32249298.0**	**20333985.8**
1.按登记注册类型分			
内资企业	**40108329.5**	**21865941.1**	**18242388.4**
国有企业	15883486.0	8177939.0	7705547.0
集体企业	2966002.9	1755683.5	1210319.4
股份合作企业	803833.6	457244.0	346589.6
联营企业	599275.3	347973.5	251301.8
国有联营企业	313710.4	181299.3	132411.1
集体联营企业	59225.1	29404.7	29820.4
其他联营企业	172690.9	114422.2	58268.7
其他联营企业	53648.9	22847.3	30801.6
有限责任公司	9419554.0	5460958.5	3958595.5
国有独资公司	782830.6	298767.4	484063.2
其他有限责任公司	8636723.4	5162191.1	3474532.3
股份有限公司	2285813.2	1151913.8	1133899.4
私营企业	7900581.4	4396274.6	3504306.8
私营独资企业	1815252.1	706444.6	1108807.5
私营合伙企业	299602.7	113314.8	186287.9
私营有限责任公司	5171392.2	3211218.4	1960173.8
私营股份有限公司	614334.4	365296.8	249037.6
其他企业	249783.1	117954.2	131828.9
港、澳、台商投资企业	**7105907.4**	**6010795.1**	**1095112.3**
合资经营企业(港或澳、台资)	4899528.4	4291174.6	608353.8
合作经营企业(港或澳、台资)	1424916.7	1148660.7	276256.0
港、澳、台商独资经营企业	723959.7	538935.4	185024.3
港、澳、台商投资股份有限公司	57502.6	32024.4	25478.2
外商投资企业	**5369046.9**	**4372561.8**	**996485.1**
中外合资经营企业	3046931.7	2386267.3	660664.4
中外合作经营企业	1325944.0	1147064.8	178879.2
外资企业	945768.9	794076.7	151692.2
外商投资股份有限公司	50402.3	45153.0	5249.3
2.按行业分			
旅游饭店	42230577.3	26981887.6	15248689.7
一般旅馆	9229373.6	4707346.5	4522027.1
其他住宿服务	1123332.9	560063.9	563269.0

3-B-3 按登记注册类型、行业分餐饮业法人单位资产负债状况

单位：万元

指标名称	资产总计	负债合计	所有者权益
餐饮业合计	**17175408.9**	**9973066.1**	**7202342.8**
1.按登记注册类型分			
内资企业	**13993135.3**	**7912795.4**	**6080339.9**
国有企业	1828754.3	998923.2	829831.1
集体企业	828540.5	474255.0	354285.5
股份合作企业	399726.0	228800.0	170926.0
联营企业	91623.1	52690.6	38932.5
国有联营企业	38593.0	25225.6	13367.4
集体联营企业	13107.2	4363.6	8743.6
其他联营企业	12270.4	7499.6	4770.8
其他联营企业	27652.5	15601.8	12050.7
有限责任公司	3033281.4	1831444.0	1201837.4
国有独资公司	72591.3	30014.4	42576.9
其他有限责任公司	2960690.1	1801429.6	1159260.5
股份有限公司	630156.8	361078.6	269078.2
私营企业	7012381.9	3895022.1	3117359.8
私营独资企业	1847212.0	684950.9	1162261.1
私营合伙企业	314023.2	122261.2	191762.0
私营有限责任公司	4485370.9	2861529.3	1623841.6
私营股份有限公司	365775.8	226280.7	139495.1
其他企业	168671.3	70581.9	98089.4
港、澳、台商投资企业	**1425071.5**	**989098.2**	**435973.3**
合资经营企业(港或澳、台资)	729655.7	540681.7	188974.0
合作经营企业(港或澳、台资)	324994.5	229414.7	95579.8
港、澳、台商独资经营企业	366023.7	216679.9	149343.8
港、澳、台商投资股份有限公司	4397.6	2321.9	2075.7
外商投资企业	**1757202.1**	**1071172.5**	**686029.6**
中外合资经营企业	733651.0	424340.7	309310.3
中外合作经营企业	396239.9	253348.9	142891.0
外资企业	609344.0	381993.0	227351.0
外商投资股份有限公司	17967.2	11489.9	6477.3
2.按行业分			
正餐服务	14906744.0	8744314.7	6162429.3
快餐服务	1331382.3	797381.4	534000.9
饮料及冷饮服务	241250.0	115572.0	125678.0
其他餐饮服务	696032.6	315798.0	380234.6

3-B-4 住宿和餐饮业法人单位分行业资产负债状况

（按登记注册类型分）

内资企业 单位：万元

指标名称	资产总计	负债合计	所有者权益
总计	**54101464.8**	**29778736.5**	**24322728.3**
一、住宿业	**40108329.5**	**21865941.1**	**18242388.4**
旅游饭店	30837706.6	17359721.6	13477985.0
一般旅馆	8216048.2	3982718.6	4233329.6
其他住宿服务	1054574.7	523500.9	531073.8
二、餐饮业	**13993135.3**	**7912795.4**	**6080339.9**
正餐服务	12861178.0	7387749.1	5473428.9
快餐服务	354554.9	180462.4	174092.5
饮料及冷饮服务	191250.2	88537.0	102713.2
其他餐饮服务	586152.2	256046.9	330105.3

3-B-4 续表 1 国有企业 单位：万元

指标名称	资产总计	负债合计	所有者权益
总计	**17712240.3**	**9176862.2**	**8535378.1**
一、住宿业	**15883486.0**	**8177939.0**	**7705547.0**
旅游饭店	12596158.9	6566469.8	6029689.1
一般旅馆	3007738.8	1493454.7	1514284.1
其他住宿服务	279588.3	118014.5	161573.8
二、餐饮业	**1828754.3**	**998923.2**	**829831.1**
正餐服务	1734223.6	954789.6	779434.0
快餐服务	21839.9	11811.5	10028.4
饮料及冷饮服务	7001.2	3910.1	3091.1
其他餐饮服务	65689.6	28412.0	37277.6

3-B-4 续表 2 集体企业 单位：万元

指标名称	资产总计	负债合计	所有者权益
总计	**3794543.4**	**2229938.5**	**1564604.9**
一、住宿业	**2966002.9**	**1755683.5**	**1210319.4**
旅游饭店	1847898.6	1190054.8	657843.8
一般旅馆	985803.4	487722.1	498081.3
其他住宿服务	132300.9	77906.6	54394.3
二、餐饮业	**828540.5**	**474255.0**	**354285.5**
正餐服务	770318.0	450758.3	319559.7
快餐服务	17174.1	8642.8	8531.3
饮料及冷饮服务	7039.8	1853.1	5186.7
其他餐饮服务	34008.6	13000.8	21007.8

3-B-4 续表 3 股份合作企业 单位：万元

指标名称	资产总计	负债合计	所有者权益
总计	**1203559.6**	**686044.0**	**517515.6**
一、住宿业	**803833.6**	**457244.0**	**346589.6**
旅游饭店	554440.9	326023.3	228417.6
一般旅馆	215938.6	111395.9	104542.7
其他住宿服务	33454.1	19824.8	13629.3
二、餐饮业	**399726.0**	**228800.0**	**170926.0**
正餐服务	348105.2	206335.5	141769.7
快餐服务	14626.6	9016.9	5609.7
饮料及冷饮服务	6148.1	3571.8	2576.3
其他餐饮服务	30846.1	9875.8	20970.3

3-B-4 续表 4 联营企业 单位：万元

指标名称	资产总计	负债合计	所有者权益
总计	**690898.4**	**400664.1**	**290234.3**
一、住宿业	**599275.3**	**347973.5**	**251301.8**
旅游饭店	504665.2	307036.8	197628.4
一般旅馆	63603.8	32239.1	31364.7
其他住宿服务	31006.3	8697.6	22308.7
二、餐饮业	**91623.1**	**52690.6**	**38932.5**
正餐服务	74500.5	44108.7	30391.8
快餐服务	874.7	406.6	468.1
饮料及冷饮服务	446.9	415.6	31.3
其他餐饮服务	15801.0	7759.7	8041.3

3-B-4 续表 5 国有联营企业 单位：万元

指标名称	资产总计	负债合计	所有者权益
总计	**352303.4**	**206524.9**	**145778.5**
一、住宿业	**313710.4**	**181299.3**	**132411.1**
旅游饭店	265958.4	162305.0	103653.4
一般旅馆	24454.9	14533.6	9921.3
其他住宿服务	23297.1	4460.7	18836.4
二、餐饮业	**38593.0**	**25225.6**	**13367.4**
正餐服务	37182.8	24681.1	12501.7
快餐服务	165.8	72.6	93.2
饮料及冷饮服务	45.9	4.8	41.1
其他餐饮服务	1198.5	467.1	731.4

3-B-4 续表 6 集体联营企业 单位：万元

指标名称	资产总计	负债合计	所有者权益
总计	**72332.3**	**33768.3**	**38564.0**
一、住宿业	**59225.1**	**29404.7**	**29820.4**
旅游饭店	39998.8	22496.1	17502.7
一般旅馆	15001.0	4717.8	10283.2
其他住宿服务	4225.3	2190.8	2034.5
二、餐饮业	**13107.2**	**4363.6**	**8743.6**
正餐服务	12056.7	4056.2	8000.5
快餐服务	292.7	132.9	159.8
饮料及冷饮服务	108.7	102.4	6.3
其他餐饮服务	649.1	72.1	577.0

3-B-4 续表 7 国有与集体联营企业 单位：万元

指标名称	资产总计	负债合计	所有者权益
总计	**184961.3**	**121921.8**	**63039.5**
一、住宿业	**172690.9**	**114422.2**	**58268.7**
旅游饭店	159721.4	106174.9	53546.5
一般旅馆	10699.4	6255.0	4444.4
其他住宿服务	2270.1	1992.3	277.8
二、餐饮业	**12270.4**	**7499.6**	**4770.8**
正餐服务	10349.5	5756.6	4592.9
快餐服务	153.0	104.6	48.4
饮料及冷饮服务			
其他餐饮服务	1767.9	1638.4	129.5

3-B-4 续表 8 其他联营企业 单位：万元

指标名称	资产总计	负债合计	所有者权益
总计	**81301.4**	**38449.1**	**42852.3**
一、住宿业	**53648.9**	**22847.3**	**30801.6**
旅游饭店	38986.6	16060.8	22925.8
一般旅馆	13448.5	6732.7	6715.8
其他住宿服务	1213.8	53.8	1160.0
二、餐饮业	**27652.5**	**15601.8**	**12050.7**
正餐服务	14911.5	9614.8	5296.7
快餐服务	263.2	96.5	166.7
饮料及冷饮服务	292.3	308.4	-16.1
其他餐饮服务	12185.5	5582.1	6603.4

3-B-4 续表 9 有限责任公司 单位：万元

指标名称	资产总计	负债合计	所有者权益
总计	**12452835.4**	**7292402.5**	**5160432.9**
一、住宿业	**9419554.0**	**5460958.5**	**3958595.5**
旅游饭店	7994514.2	4706944.7	3287569.5
一般旅馆	1226505.3	665723.7	560781.6
其他住宿服务	198534.5	88290.1	110244.4
二、餐饮业	**3033281.4**	**1831444.0**	**1201837.4**
正餐服务	2767684.3	1692486.1	1075198.2
快餐服务	106644.7	54863.8	51780.9
饮料及冷饮服务	25517.5	14845.0	10672.5
其他餐饮服务	133434.9	69249.1	64185.8

3-B-4 续表 10 国有独资公司 单位：万元

指标名称	资产总计	负债合计	所有者权益
总计	**855421.9**	**328781.8**	**526640.1**
一、住宿业	**782830.6**	**298767.4**	**484063.2**
旅游饭店	700635.4	266541.7	434093.7
一般旅馆	81343.8	31938.1	49405.7
其他住宿服务	851.4	287.6	563.8
二、餐饮业	**72591.3**	**30014.4**	**42576.9**
正餐服务	53081.4	23122.4	29959.0
快餐服务	16500.1	6603.0	9897.1
饮料及冷饮服务			
其他餐饮服务	3009.8	289.0	2720.8

3-B-4 续表 11 其他有限责任公司 单位：万元

指标名称	资产总计	负债合计	所有者权益
总计	**11597413.5**	**6963620.7**	**4633792.8**
一、住宿业	**8636723.4**	**5162191.1**	**3474532.3**
旅游饭店	7293878.8	4440403.0	2853475.8
一般旅馆	1145161.5	633785.6	511375.9
其他住宿服务	197683.1	88002.5	109680.6
二、餐饮业	**2960690.1**	**1801429.6**	**1159260.5**
正餐服务	2714602.9	1669363.7	1045239.2
快餐服务	90144.6	48260.8	41883.8
饮料及冷饮服务	25517.5	14845.0	10672.5
其他餐饮服务	130425.1	68960.1	61465.0

3-B-4 续表 12 股份有限公司 单位：万元

指标名称	资产总计	负债合计	所有者权益
总计	**2915970.0**	**1512992.4**	**1402977.6**
一、住宿业	**2285813.2**	**1151913.8**	**1133899.4**
旅游饭店	1932921.1	983096.0	949825.1
一般旅馆	265347.5	125092.3	140255.2
其他住宿服务	87544.6	43725.5	43819.1
二、餐饮业	**630156.8**	**361078.6**	**269078.2**
正餐服务	589490.2	349727.0	239763.2
快餐服务	4954.1	4393.2	560.9
饮料及冷饮服务	1517.4	527.5	989.9
其他餐饮服务	34195.1	6430.9	27764.2

3-B-4 续表 13 私营企业 单位：万元

指标名称	资产总计	负债合计	所有者权益
总计	**14912963.3**	**8291296.7**	**6621666.6**
一、住宿业	**7900581.4**	**4396274.6**	**3504306.8**
旅游饭店	5239487.9	3198944.8	2040543.1
一般旅馆	2380726.7	1039998.0	1340728.7
其他住宿服务	280366.8	157331.8	123035.0
二、餐饮业	**7012381.9**	**3895022.1**	**3117359.8**
正餐服务	6421855.7	3624061.2	2797794.5
快餐服务	184051.8	90169.0	93882.8
饮料及冷饮服务	140712.2	61770.9	78941.3
其他餐饮服务	265762.2	119021.0	146741.2

3-B-4 续表 14 私营独资企业 单位：万元

指标名称	资产总计	负债合计	所有者权益
总计	**3662464.1**	**1391395.5**	**2271068.6**
一、住宿业	**1815252.1**	**706444.6**	**1108807.5**
旅游饭店	982205.1	435857.4	546347.7
一般旅馆	756290.5	240087.2	516203.3
其他住宿服务	76756.5	30500.0	46256.5
二、餐饮业	**1847212.0**	**684950.9**	**1162261.1**
正餐服务	1697243.9	647273.9	1049970.0
快餐服务	46872.1	14256.2	32615.9
饮料及冷饮服务	35511.9	10455.6	25056.3
其他餐饮服务	67584.1	12965.2	54618.9

3-B-4 续表 15 私营合伙企业 单位：万元

指标名称	资产总计	负债合计	所有者权益
总计	**613625.9**	**235576.0**	**378049.9**
一、住宿业	**299602.7**	**113314.8**	**186287.9**
旅游饭店	153668.6	68400.8	85267.8
一般旅馆	134460.3	42020.4	92439.9
其他住宿服务	11473.8	2893.6	8580.2
二、餐饮业	**314023.2**	**122261.2**	**191762.0**
正餐服务	289831.4	115554.8	174276.6
快餐服务	5952.9	1409.7	4543.2
饮料及冷饮服务	8100.3	2645.0	5455.3
其他餐饮服务	10138.6	2651.7	7486.9

3-B-4 续表 16 私营有限责任公司 单位：万元

指标名称	资产总计	负债合计	所有者权益
总计	**9656763.1**	**6072747.7**	**3584015.4**
一、住宿业	**5171392.2**	**3211218.4**	**1960173.8**
旅游饭店	3669008.5	2410256.0	1258752.5
一般旅馆	1326454.5	684374.9	642079.6
其他住宿服务	175929.2	116587.5	59341.7
二、餐饮业	**4485370.9**	**2861529.3**	**1623841.6**
正餐服务	4091757.8	2644398.0	1447359.8
快餐服务	124148.8	72092.5	52056.3
饮料及冷饮服务	92847.0	47403.7	45443.3
其他餐饮服务	176617.3	97635.1	78982.2

3-B-4 续表 17 私营股份有限公司 单位：万元

指标名称	资产总计	负债合计	所有者权益
总计	**980110.2**	**591577.5**	**388532.7**
一、住宿业	**614334.4**	**365296.8**	**249037.6**
旅游饭店	434605.7	284430.6	150175.1
一般旅馆	163521.4	73515.5	90005.9
其他住宿服务	16207.3	7350.7	8856.6
二、餐饮业	**365775.8**	**226280.7**	**139495.1**
正餐服务	343022.6	216834.5	126188.1
快餐服务	7078.0	2410.6	4667.4
饮料及冷饮服务	4253.0	1266.6	2986.4
其他餐饮服务	11422.2	5769.0	5653.2

3-B-4 续表 18 其他企业 单位：万元

指标名称	资产总计	负债合计	所有者权益
总计	**418454.4**	**188536.1**	**229918.3**
一、住宿业	**249783.1**	**117954.2**	**131828.9**
旅游饭店	167619.8	81151.4	86468.4
一般旅馆	70384.1	27092.8	43291.3
其他住宿服务	11779.2	9710.0	2069.2
二、餐饮业	**168671.3**	**70581.9**	**98089.4**
正餐服务	155000.5	65482.7	89517.8
快餐服务	4389.0	1158.6	3230.4
饮料及冷饮服务	2867.1	1643.0	1224.1
其他餐饮服务	6414.7	2297.6	4117.1

3-B-4 续表 19 港、澳、台商投资企业 单位：万元

指标名称	资产总计	负债合计	所有者权益
总计	**8530978.9**	**6999893.3**	**1531085.6**
一、住宿业	**7105907.4**	**6010795.1**	**1095112.3**
旅游饭店	6523026.7	5609679.3	913347.4
一般旅馆	548047.7	382809.2	165238.5
其他住宿服务	34833.0	18306.6	16526.4
二、餐饮业	**1425071.5**	**989098.2**	**435973.3**
正餐服务	1217550.6	863252.9	354297.7
快餐服务	142866.1	85298.2	57567.9
饮料及冷饮服务	9162.2	5631.4	3530.8
其他餐饮服务	55492.6	34915.7	20576.9

3-B-4 续表 20 合资经营企业(港或澳、台资) 单位：万元

指标名称	资产总计	负债合计	所有者权益
总计	**5629184.1**	**4831856.3**	**797327.8**
一、住宿业	**4899528.4**	**4291174.6**	**608353.8**
旅游饭店	4546753.7	4032937.5	513816.2
一般旅馆	347064.5	253271.3	93793.2
其他住宿服务	5710.2	4965.8	744.4
二、餐饮业	**729655.7**	**540681.7**	**188974.0**
正餐服务	638990.3	489196.8	149793.5
快餐服务	71400.6	38513.0	32887.6
饮料及冷饮服务	3080.3	1305.8	1774.5
其他餐饮服务	16184.5	11666.1	4518.4

3-B-4 续表 21 合作经营企业(港或澳、台资) 单位：万元

指标名称	资产总计	负债合计	所有者权益
总计	**1749911.2**	**1378075.4**	**371835.8**
一、住宿业	**1424916.7**	**1148660.7**	**276256.0**
旅游饭店	1364081.4	1116578.8	247502.6
一般旅馆	50902.9	29291.5	21611.4
其他住宿服务	9932.4	2790.4	7142.0
二、餐饮业	**324994.5**	**229414.7**	**95579.8**
正餐服务	283427.8	206623.9	76803.9
快餐服务	12620.5	5532.6	7087.9
饮料及冷饮服务	1666.4	1263.7	402.7
其他餐饮服务	27279.8	15994.5	11285.3

3-B-4 续表 22 港、澳、台商独资经营企业

单位：万元

指标名称	资产总计	负债合计	所有者权益
总计	**1089983.4**	**755615.3**	**334368.1**
一、住宿业	**723959.7**	**538935.4**	**185024.3**
旅游饭店	558684.4	429599.4	129085.0
一般旅馆	146096.2	98882.6	47213.6
其他住宿服务	19179.1	10453.4	8725.7
二、餐饮业	**366023.7**	**216679.9**	**149343.8**
正餐服务	290734.9	165110.3	125624.6
快餐服务	58845.0	41252.6	17592.4
饮料及冷饮服务	4415.5	3061.9	1353.6
其他餐饮服务	12028.3	7255.1	4773.2

3-B-4 续表 23 港、澳、台商投资股份有限公司

单位：万元

指标名称	资产总计	负债合计	所有者权益
总计	**61900.2**	**34346.3**	**27553.9**
一、住宿业	**57502.6**	**32024.4**	**25478.2**
旅游饭店	53507.2	30563.6	22943.6
一般旅馆	3984.1	1363.8	2620.3
其他住宿服务	11.3	97.0	-85.7
二、餐饮业	**4397.6**	**2321.9**	**2075.7**
正餐服务	4397.6	2321.9	2075.7
快餐服务			
饮料及冷饮服务			
其他餐饮服务			

3-B-4 续表 24 外商投资企业 单位：万元

指标名称	资产总计	负债合计	所有者权益
总计	**7126249.0**	**5443734.3**	**1682514.7**
一、住宿业	**5369046.9**	**4372561.8**	**996485.1**
旅游饭店	4869844.0	4012486.7	857357.3
一般旅馆	465277.7	341818.7	123459.0
其他住宿服务	33925.2	18256.4	15668.8
二、餐饮业	**1757202.1**	**1071172.5**	**686029.6**
正餐服务	828015.4	493312.7	334702.7
快餐服务	833961.3	531620.8	302340.5
饮料及冷饮服务	40837.6	21403.6	19434.0
其他餐饮服务	54387.8	24835.4	29552.4

3-B-4 续表 25 中外合资经营企业 单位：万元

指标名称	资产总计	负债合计	所有者权益
总计	**3780582.7**	**2810608.0**	**969974.7**
一、住宿业	**3046931.7**	**2386267.3**	**660664.4**
旅游饭店	2783781.0	2187049.6	596731.4
一般旅馆	249360.4	188158.1	61202.3
其他住宿服务	13790.3	11059.6	2730.7
二、餐饮业	**733651.0**	**424340.7**	**309310.3**
正餐服务	394237.3	242001.9	152235.4
快餐服务	285437.5	163318.6	122118.9
饮料及冷饮服务	16357.8	6338.4	10019.4
其他餐饮服务	37618.4	12681.8	24936.6

3-B-4 续表 26 中外合作经营企业

单位：万元

指标名称	资产总计	负债合计	所有者权益
总计	**1722183.9**	**1400413.7**	**321770.2**
一、住宿业	**1325944.0**	**1147064.8**	**178879.2**
旅游饭店	1183315.6	1041946.7	141368.9
一般旅馆	125089.6	99284.0	25805.6
其他住宿服务	17538.8	5834.1	11704.7
二、餐饮业	**396239.9**	**253348.9**	**142891.0**
正餐服务	225891.0	141411.5	84479.5
快餐服务	152340.7	96591.1	55749.6
饮料及冷饮服务	13245.1	10454.7	2790.4
其他餐饮服务	4763.1	4891.6	-128.5

3-B-4 续表 27 外资企业

单位：万元

指标名称	资产总计	负债合计	所有者权益
总计	**1555112.9**	**1176069.7**	**379043.2**
一、住宿业	**945768.9**	**794076.7**	**151692.2**
旅游饭店	857631.4	740450.2	117181.2
一般旅馆	86390.0	52289.9	34100.1
其他住宿服务	1747.5	1336.6	410.9
二、餐饮业	**609344.0**	**381993.0**	**227351.0**
正餐服务	191831.1	99844.4	91986.7
快餐服务	395630.6	271489.5	124141.1
饮料及冷饮服务	11134.3	4596.7	6537.6
其他餐饮服务	10748.0	6062.4	4685.6

3-B-4 续表 28 外商投资股份有限公司

单位：万元

指标名称	资产总计	负债合计	所有者权益
总计	**68369.5**	**56642.9**	**11726.6**
一、住宿业	**50402.3**	**45153.0**	**5249.3**
旅游饭店	45116.0	43040.2	2075.8
一般旅馆	4437.7	2086.7	2351.0
其他住宿服务	848.6	26.1	822.5
二、餐饮业	**17967.2**	**11489.9**	**6477.3**
正餐服务	16056.0	10054.9	6001.1
快餐服务	552.5	221.6	330.9
饮料及冷饮服务	100.4	13.8	86.6
其他餐饮服务	1258.3	1199.6	58.7

3-B-5 各地区住宿和餐饮业法人单位资产负债状况

单位：万元

地 区	资产总计	负债合计	所有者权益
全 国	**69758692.7**	**42222364.1**	**27536328.6**
北 京	7779370.1	5102426.6	2676943.5
天 津	1207815.1	847839.0	359976.1
河 北	1917272.2	1071626.7	845645.5
山 西	1130267.3	618428.8	511838.5
内蒙古	681790.8	308006.8	373784.0
辽 宁	3599926.1	2455500.5	1144425.6
吉 林	1080053.5	621974.4	458079.1
黑龙江	1174886.2	654601.0	520285.2
上 海	5226538.4	3126882.4	2099656.0
江 苏	4364865.9	2767022.4	1597843.5
浙 江	5279860.2	3319497.0	1960363.2
安 徽	1266844.1	656509.3	610334.8
福 建	1707270.8	1026315.6	680955.2
江 西	942169.1	413571.5	528597.6
山 东	3768236.4	2330554.2	1437682.2
河 南	1937644.5	1195247.0	742397.5
湖 北	1801309.8	1091618.9	709690.9
湖 南	2329506.2	1291169.9	1038336.3
广 东	8897597.9	5415256.0	3482341.9
广 西	1229629.5	872985.4	356644.1
海 南	1435204.4	787171.7	648032.7
重 庆	1143092.4	733647.6	409444.8
四 川	3154347.8	1804299.3	1350048.5
贵 州	571341.9	295851.8	275490.1
云 南	2006674.1	1011335.9	995338.2
西 藏	288288.2	89666.5	198621.7
陕 西	1764408.6	1262341.5	502067.1
甘 肃	713360.4	351166.4	362194.0
青 海	218276.6	95745.9	122530.7
宁 夏	259369.6	127990.7	131378.9
新 疆	881474.6	476113.4	405361.2

3-B-6 各地区住宿业法人单位资产负债状况

单位：万元

地区	资产总计	负债合计	所有者权益
全国	**52583283.8**	**32249298.0**	**20333985.8**
北京	6348344.4	4094070.7	2254273.7
天津	753359.1	574455.1	178904.0
河北	1620678.9	904133.7	716545.2
山西	829795.7	445935.1	383860.6
内蒙古	494707.4	212906.1	281801.3
辽宁	2607637.0	1851705.1	755931.9
吉林	819916.4	519271.6	300644.8
黑龙江	912862.2	559719.2	353143.0
上海	3751895.3	2132380.6	1619514.7
江苏	2745926.5	1823672.5	922254.0
浙江	4236093.7	2674220.5	1561873.2
安徽	923684.6	488729.2	434955.4
福建	1426156.8	896833.9	529322.9
江西	697115.1	317971.6	379143.5
山东	2069738.3	1410506.7	659231.6
河南	1574534.1	1006904.0	567630.1
湖北	1376156.8	829554.2	546602.6
湖南	1730146.6	956117.5	774029.1
广东	6588988.1	4008189.9	2580798.2
广西	1038345.1	776830.9	261514.2
海南	1375250.3	766024.6	609225.7
重庆	795859.9	531698.1	264161.8
四川	2393443.5	1381815.2	1011628.3
贵州	440509.8	233950.2	206559.6
云南	1818042.3	900714.8	917327.5
西藏	267774.3	83426.7	184347.6
陕西	1209029.6	973143.8	235885.8
甘肃	578431.2	285786.2	292645.0
青海	173265.2	81380.9	91884.3
宁夏	187025.3	91442.7	95582.6
新疆	798570.3	435806.7	362763.6

3-B-7 各地区餐饮业法人单位资产负债状况

单位：万元

地 区	资产总计	负债合计	所有者权益
全 国	**17175408.9**	**9973066.1**	**7202342.8**
北 京	1431025.7	1008355.9	422669.8
天 津	454456.0	273383.9	181072.1
河 北	296593.3	167493.0	129100.3
山 西	300471.6	172493.7	127977.9
内蒙古	187083.4	95100.7	91982.7
辽 宁	992289.1	603795.4	388493.7
吉 林	260137.1	102702.8	157434.3
黑龙江	262024.0	94881.8	167142.2
上 海	1474643.1	994501.8	480141.3
江 苏	1618939.4	943349.9	675589.5
浙 江	1043766.5	645276.5	398490.0
安 徽	343159.5	167780.1	175379.4
福 建	281114.0	129481.7	151632.3
江 西	245054.0	95599.9	149454.1
山 东	1698498.1	920047.5	778450.6
河 南	363110.4	188343.0	174767.4
湖 北	425153.0	262064.7	163088.3
湖 南	599359.6	335052.4	264307.2
广 东	2308609.8	1407066.1	901543.7
广 西	191284.4	96154.5	95129.9
海 南	59954.1	21147.1	38807.0
重 庆	347232.5	201949.5	145283.0
四 川	760904.3	422484.1	338420.2
贵 州	130832.1	61901.6	68930.5
云 南	188631.8	110621.1	78010.7
西 藏	20513.9	6239.8	14274.1
陕 西	555379.0	289197.7	266181.3
甘 肃	134929.2	65380.2	69549.0
青 海	45011.4	14365.0	30646.4
宁 夏	72344.3	36548.0	35796.3
新 疆	82904.3	40306.7	42597.6

3-B-8 按登记注册类型分住宿和餐饮业法人单位损益状况

单位：万元

指标名称	主营业务收入	主营业务成本	主营业务税金及附加	利润总额
总计	**30403138.0**	**12874369.0**	**1675480.5**	**-211925.2**
内资企业	**23810185.1**	**10732160.2**	**1345226.5**	**-272816.8**
国有企业	5178805.2	1821074.2	277462.4	-278461.1
集体企业	1486740.6	665580.3	84800.7	-12391.9
股份合作企业	601146.9	294124.4	35010.9	-4602.0
联营企业	256089.3	79183.7	13640.4	922.0
国有联营企业	122496.4	31005.2	6579.5	2687.0
集体联营企业	32664.2	16517.0	1806.2	-455.6
国有与集体联营企业	55753.8	12855.0	2740.4	986.5
其他联营企业	45174.9	18806.5	2514.3	-2295.9
有限责任公司	4655582.9	1832830.0	260896.4	-118786.5
国有独资公司	274603.7	77542.8	13502.4	9152.6
其他有限责任公司	4380979.2	1755287.2	247394.0	-127939.1
股份有限公司	1008976.9	382065.0	53118.3	8589.5
私营企业	10352953.7	5507846.7	604394.7	123987.7
私营独资企业	2725070.8	1630788.9	150236.2	197969.5
私营合伙企业	573188.2	318617.8	34134.1	21591.9
私营有限责任公司	6474666.5	3264453.0	386596.7	-94685.3
私营股份有限公司	580028.2	293987.0	33427.7	-888.4
其他企业	269889.6	149455.9	15902.7	7925.5
港、澳、台商投资企业	**2946020.9**	**921344.1**	**144721.6**	**-45881.4**
合资经营企业(港或澳、台资)	1837972.6	556011.7	88002.2	-22546.9
合作经营企业(港或澳、台资)	632748.4	168176.6	31345.6	-10337.3
港、澳、台商独资经营企业	463312.4	194538.0	24769.6	-10512.9
港、澳、台商投资股份有限公司	11987.5	2617.8	604.2	-2484.3
外商投资企业	**3646932.0**	**1220864.7**	**185532.4**	**106773.0**
中外合资经营企业	1613010.2	518658.3	81914.5	32749.6
中外合作经营企业	831623.7	270279.7	43097.5	-5388.3
外资企业	1179799.8	423129.5	59245.1	46455.2
外商投资股份有限公司	22498.3	8797.2	1275.3	32956.5

3-B-9 按登记注册类型、行业分住宿业法人单位损益状况

单位：万元

指标名称	主营业务收入	主营业务成本	主营业务税金及附加	利润总额
住宿业合计	**15094195.6**	**4766585.2**	**829492.5**	**-483252.6**
1.按登记注册类型分				
内资企业	**11764581.8**	**3979115.1**	**664437.4**	**-410001.5**
国有企业	4426246.7	1440022.0	240365.6	-261526.2
集体企业	925830.4	341551.7	54006.0	-26253.8
股份合作企业	223017.7	80879.2	14264.0	-10529.6
联营企业	195793.9	46931.9	10515.8	2361.4
国有联营企业	107950.0	25086.6	5799.6	3350.5
集体联营企业	19144.6	8542.1	1020.9	-707.1
其他联营企业	49522.0	8169.3	2583.3	1199.0
其他联营企业	19177.3	5133.9	1112.0	-1481.0
有限责任公司	2712693.6	820673.7	154332.4	-91517.6
国有独资公司	246204.8	58574.6	12417.1	7873.1
其他有限责任公司	2466488.8	762099.1	141915.3	-99390.7
股份有限公司	611306.3	176156.1	31133.8	-4239.3
私营企业	2577582.5	1030791.7	154778.8	-13997.3
私营独资企业	626050.6	309269.9	36676.1	29204.6
私营合伙企业	137336.4	65264.1	7752.9	4774.7
私营有限责任公司	1637692.8	589287.0	99975.0	-45391.7
私营股份有限公司	176502.7	66970.7	10374.8	-2584.9
其他企业	92110.7	42108.8	5041.0	-4299.1
港、澳、台商投资企业	**1970357.0**	**492192.3**	**94884.3**	**-30119.7**
合资经营企业(港或澳、台资)	1343771.8	348552.9	62611.8	-20015.2
合作经营企业(港或澳、台资)	468150.7	98873.7	23782.2	4407.1
港、澳、台商独资经营企业	147809.3	42602.4	7976.0	-12394.6
港、澳、台商投资股份有限公司	10625.2	2163.3	514.3	-2117.0
外商投资企业	**1359256.8**	**295277.8**	**70170.8**	**-43131.4**
中外合资经营企业	753332.2	147152.8	38710.5	-7761.2
中外合作经营企业	327831.0	75252.5	16743.6	-17411.3
外资企业	262215.9	67777.5	13833.6	-16998.5
外商投资股份有限公司	15877.7	5095.0	883.1	-960.4
2.按行业分				
旅游饭店	12047364.1	3521983.6	656059.5	-434967.0
一般旅馆	2699736.2	1109205.4	156529.7	-36918.1
其他住宿服务	347095.3	135396.2	16903.3	-11367.5

3-B-10 按登记注册类型、行业分餐饮业法人单位损益状况

单位：万元

指标名称	主营业务收入	主营业务成本	主营业务税金及附加	利润总额
餐饮业合计	**15308942.4**	**8107783.8**	**845988.0**	**271327.4**
1.按登记注册类型分				
内资企业	**12045603.3**	**6753045.1**	**680789.1**	**137184.7**
国有企业	752558.5	381052.2	37096.8	-16934.9
集体企业	560910.2	324028.6	30794.7	13861.9
股份合作企业	378129.2	213245.2	20746.9	5927.6
联营企业	60295.4	32251.8	3124.6	-1439.4
国有联营企业	14546.4	5918.6	779.9	-663.5
集体联营企业	13519.6	7974.9	785.3	251.5
其他联营企业	6231.8	4685.7	157.1	-212.5
其他联营企业	25997.6	13672.6	1402.3	-814.9
有限责任公司	1942889.3	1012156.3	106564.0	-27268.9
国有独资公司	28398.9	18968.2	1085.3	1279.5
其他有限责任公司	1914490.4	993188.1	105478.7	-28548.4
股份有限公司	397670.6	205908.9	21984.5	12828.8
私营企业	7775371.2	4477055.0	449615.9	137985.0
私营独资企业	2099020.2	1321519.0	113560.1	168764.9
私营合伙企业	435851.8	253353.7	26381.2	16817.2
私营有限责任公司	4836973.7	2675166.0	286621.7	-49293.6
私营股份有限公司	403525.5	227016.3	23052.9	1696.5
其他企业	177778.9	107347.1	10861.7	12224.6
港、澳、台商投资企业	**975663.9**	**429151.8**	**49837.3**	**-15761.7**
合资经营企业(港或澳、台资)	494200.8	207458.8	25390.4	-2531.7
合作经营企业(港或澳、台资)	164597.7	69302.9	7563.4	-14744.4
港、澳、台商独资经营企业	315503.1	151935.6	16793.6	1881.7
港、澳、台商投资股份有限公司	1362.3	454.5	89.9	-367.3
外商投资企业	**2287675.2**	**925586.9**	**115361.6**	**149904.4**
中外合资经营企业	859678.0	371505.5	43204.0	40510.8
中外合作经营企业	503792.7	195027.2	26353.9	12023.0
外资企业	917583.9	355352.0	45411.5	63453.7
外商投资股份有限公司	6620.6	3702.2	392.2	33916.9
2.按行业分				
正餐服务	12326103.6	6778371.9	697967.7	90880.9
快餐服务	2255444.1	939018.5	112320.7	168996.0
饮料及冷饮服务	199444.2	88702.3	11856.5	-8374.1
其他餐饮服务	527950.5	301691.1	23843.1	19824.6

3-B-11 住宿和餐饮业法人单位分行业损益状况

（按登记注册类型分）

内资企业 单位：万元

指标名称	主营业务收入	主营业务成本	主营业务税金及附加	利润总额
总计	**23810185.1**	**10732160.2**	**1345226.5**	**-272816.8**
一、住宿业	**11764581.8**	**3979115.1**	**664437.4**	**-410001.5**
旅游饭店	8841206.1	2772659.3	497855.9	-375472.7
一般旅馆	2588553.3	1074042.8	150489.7	-25873.9
其他住宿服务	334822.4	132413.0	16091.8	-8654.9
二、餐饮业	**12045603.3**	**6753045.1**	**680789.1**	**137184.7**
正餐服务	11095364.6	6225791.5	633144.2	111791.9
快餐服务	359809.4	203887.1	18290.4	11556.6
饮料及冷饮服务	137691.5	63894.0	8613.0	-6423.6
其他餐饮服务	452737.8	259472.5	20741.5	20259.8

3-B-11 续表 1 国有企业 单位：万元

指标名称	主营业务收入	主营业务成本	主营业务税金及附加	利润总额
总计	**5178805.2**	**1821074.2**	**277462.4**	**-278461.1**
一、住宿业	**4426246.7**	**1440022.0**	**240365.6**	**-261526.2**
旅游饭店	3436641.4	1033077.6	187533.6	-213902.1
一般旅馆	889286.2	361138.1	47876.1	-44364.5
其他住宿服务	100319.1	45806.3	4955.9	-3259.6
二、餐饮业	**752558.5**	**381052.2**	**37096.8**	**-16934.9**
正餐服务	699077.0	348814.0	34669.1	-18689.7
快餐服务	18311.1	10653.2	849.1	235.2
饮料及冷饮服务	5791.7	1800.6	322.2	232.9
其他餐饮服务	29378.7	19784.4	1256.4	1286.7

3-B-11 续表 2 集体企业 单位：万元

指标名称	主营业务收入	主营业务成本	主营业务税金及附加	利润总额
总计	**1486740.6**	**665580.3**	**84800.7**	**-12391.9**
一、住宿业	**925830.4**	**341551.7**	**54006.0**	**-26253.8**
旅游饭店	541375.2	180064.2	30998.2	-28051.4
一般旅馆	338968.5	143321.1	20313.0	603.3
其他住宿服务	45486.7	18166.4	2694.8	1194.3
二、餐饮业	**560910.2**	**324028.6**	**30794.7**	**13861.9**
正餐服务	516025.0	298032.5	28429.2	11166.9
快餐服务	14079.1	7995.1	794.0	865.3
饮料及冷饮服务	5464.0	2632.4	271.8	222.9
其他餐饮服务	25342.1	15368.6	1299.7	1606.8

3-B-11 续表 3 股份合作企业 单位：万元

指标名称	主营业务收入	主营业务成本	主营业务税金及附加	利润总额
总计	**601146.9**	**294124.4**	**35010.9**	**-4602.0**
一、住宿业	**223017.7**	**80879.2**	**14264.0**	**-10529.6**
旅游饭店	147237.1	50332.1	8263.5	-7757.6
一般旅馆	68364.4	27786.4	5545.6	-2789.6
其他住宿服务	7416.2	2760.7	454.9	17.6
二、餐饮业	**378129.2**	**213245.2**	**20746.9**	**5927.6**
正餐服务	341270.9	193976.6	19076.3	4393.8
快餐服务	13033.3	6793.1	625.9	797.9
饮料及冷饮服务	6848.3	2835.2	338.5	16.9
其他餐饮服务	16976.7	9640.3	706.2	719.0

3-B-11 续表 4 联营企业

单位：万元

指标名称	主营业务收入	主营业务成本	主营业务税金及附加	利润总额
总计	**256089.3**	**79183.7**	**13640.4**	**922.0**
一、住宿业	**195793.9**	**46931.9**	**10515.8**	**2361.4**
旅游饭店	174296.4	37546.7	9345.3	2566.9
一般旅馆	16156.6	7580.9	841.7	-445.1
其他住宿服务	5340.9	1804.3	328.8	239.6
二、餐饮业	**60295.4**	**32251.8**	**3124.6**	**-1439.4**
正餐服务	46885.1	24351.2	2528.8	-1490.7
快餐服务	1392.7	597.5	51.2	169.9
饮料及冷饮服务	429.4	181.3	62.0	-86.4
其他餐饮服务	11588.2	7121.8	482.6	-32.2

3-B-11 续表 5 国有联营企业

单位：万元

指标名称	主营业务收入	主营业务成本	主营业务税金及附加	利润总额
总计	**122496.4**	**31005.2**	**6579.5**	**2687.0**
一、住宿业	**107950.0**	**25086.6**	**5799.6**	**3350.5**
旅游饭店	97987.5	20951.7	5254.8	3643.6
一般旅馆	5945.3	2666.7	311.6	-574.9
其他住宿服务	4017.2	1468.2	233.2	281.8
二、餐饮业	**14546.4**	**5918.6**	**779.9**	**-663.5**
正餐服务	13990.3	5652.3	752.5	-749.8
快餐服务	196.3	86.9	3.3	62.7
饮料及冷饮服务	89.5	34.4	4.9	0.2
其他餐饮服务	270.3	145.0	19.2	23.4

3-B-11 续表 6 集体联营企业

单位：万元

指标名称	主营业务收入	主营业务成本	主营业务税金及附加	利润总额
总计	**32664.2**	**16517.0**	**1806.2**	**-455.6**
一、住宿业	**19144.6**	**8542.1**	**1020.9**	**-707.1**
旅游饭店	13234.7	5792.8	682.1	-1099.0
一般旅馆	5248.2	2596.6	277.3	388.4
其他住宿服务	661.7	152.7	61.5	3.5
二、餐饮业	**13519.6**	**7974.9**	**785.3**	**251.5**
正餐服务	12302.0	7351.6	689.9	172.5
快餐服务	634.4	249.2	26.9	52.1
饮料及冷饮服务	115.1	30.0	47.9	-1.7
其他餐饮服务	468.1	344.1	20.6	28.6

3-B-11 续表 7 国有与集体联营企业

单位：万元

指标名称	主营业务收入	主营业务成本	主营业务税金及附加	利润总额
总计	**55753.8**	**12855.0**	**2740.4**	**986.5**
一、住宿业	**49522.0**	**8169.3**	**2583.3**	**1199.0**
旅游饭店	46072.4	6736.2	2382.9	1247.1
一般旅馆	3036.2	1384.4	178.2	-50.6
其他住宿服务	413.4	48.7	22.2	2.5
二、餐饮业	**6231.8**	**4685.7**	**157.1**	**-212.5**
正餐服务	3616.3	2093.3	151.1	-87.4
快餐服务	192.8	64.3	0.2	3.9
饮料及冷饮服务				
其他餐饮服务	2422.7	2528.1	5.8	-129.0

3-B-11　续表 8　其他联营企业　　单位：万元

指标名称	主营业务收入	主营业务成本	主营业务税金及附加	利润总额
总计	**45174.9**	**18806.5**	**2514.3**	**-2295.9**
一、住宿业	**19177.3**	**5133.9**	**1112.0**	**-1481.0**
旅游饭店	17001.8	4066.0	1025.5	-1224.8
一般旅馆	1926.9	933.2	74.6	-208.0
其他住宿服务	248.6	134.7	11.9	-48.2
二、餐饮业	**25997.6**	**13672.6**	**1402.3**	**-814.9**
正餐服务	16976.5	9254.0	935.3	-826.0
快餐服务	369.2	197.1	20.8	51.2
饮料及冷饮服务	224.8	116.9	9.2	-84.9
其他餐饮服务	8427.1	4104.6	437.0	44.8

3-B-11　续表 9　有限责任公司　　单位：万元

指标名称	主营业务收入	主营业务成本	主营业务税金及附加	利润总额
总计	**4655582.9**	**1832830.0**	**260896.4**	**-118786.5**
一、住宿业	**2712693.6**	**820673.7**	**154332.4**	**-91517.6**
旅游饭店	2270318.8	675851.6	126940.6	-84920.2
一般旅馆	399865.8	132125.7	25282.1	-3264.0
其他住宿服务	42509.0	12696.4	2109.7	-3333.4
二、餐饮业	**1942889.3**	**1012156.3**	**106564.0**	**-27268.9**
正餐服务	1753204.9	910925.0	98177.5	-33592.6
快餐服务	81475.2	44663.1	3830.5	858.9
饮料及冷饮服务	12169.2	5304.0	754.7	-557.0
其他餐饮服务	96040.0	51264.2	3801.3	6021.8

3-B-11 续表 10 国有独资公司 单位：万元

指标名称	主营业务收入	主营业务成本	主营业务税金及附加	利润总额
总计	**274603.7**	**77542.8**	**13502.4**	**9152.6**
一、住宿业	**246204.8**	**58574.6**	**12417.1**	**7873.1**
旅游饭店	184804.6	46287.7	9229.1	-2954.9
一般旅馆	61159.7	12268.5	3173.6	11062.7
其他住宿服务	240.5	18.4	14.4	-234.7
二、餐饮业	**28398.9**	**18968.2**	**1085.3**	**1279.5**
正餐服务	15425.5	8419.3	845.5	870.6
快餐服务	11478.6	10040.2	191.6	-41.2
饮料及冷饮服务				
其他餐饮服务	1494.8	508.7	48.2	450.1

3-B-11 续表 11 其他有限责任公司 单位：万元

指标名称	主营业务收入	主营业务成本	主营业务税金及附加	利润总额
总计	**4380979.2**	**1755287.2**	**247394.0**	**-127939.1**
一、住宿业	**2466488.8**	**762099.1**	**141915.3**	**-99390.7**
旅游饭店	2085514.2	629563.9	117711.5	-81965.3
一般旅馆	338706.1	119857.2	22108.5	-14326.7
其他住宿服务	42268.5	12678.0	2095.3	-3098.7
二、餐饮业	**1914490.4**	**993188.1**	**105478.7**	**-28548.4**
正餐服务	1737779.4	902505.7	97332.0	-34463.2
快餐服务	69996.6	34622.9	3638.9	900.1
饮料及冷饮服务	12169.2	5304.0	754.7	-557.0
其他餐饮服务	94545.2	50755.5	3753.1	5571.7

3-B-11 续表 12 股份有限公司

单位：万元

指标名称	主营业务收入	主营业务成本	主营业务税金及附加	利润总额
总计	**1008976.9**	**382065.0**	**53118.3**	**8589.5**
一、住宿业	**611306.3**	**176156.1**	**31133.8**	**-4239.3**
旅游饭店	499590.2	143938.3	27140.7	-2195.1
一般旅馆	62539.2	22597.4	3209.6	-1310.8
其他住宿服务	49176.9	9620.4	783.5	-733.4
二、餐饮业	**397670.6**	**205908.9**	**21984.5**	**12828.8**
正餐服务	373140.2	192585.6	20507.1	11708.5
快餐服务	5864.9	3543.7	344.1	27.2
饮料及冷饮服务	1386.7	759.1	98.5	-48.4
其他餐饮服务	17278.8	9020.5	1034.8	1141.5

3-B-11 续表 13 私营企业

单位：万元

指标名称	主营业务收入	主营业务成本	主营业务税金及附加	利润总额
总计	**10352953.7**	**5507846.7**	**604394.7**	**123987.7**
一、住宿业	**2577582.5**	**1030791.7**	**154778.8**	**-13997.3**
旅游饭店	1717676.4	629292.4	104520.8	-35239.0
一般旅馆	778812.5	361423.6	45682.1	23753.1
其他住宿服务	81093.6	40075.7	4575.9	-2511.4
二、餐饮业	**7775371.2**	**4477055.0**	**449615.9**	**137985.0**
正餐服务	7202059.3	4158856.2	419608.3	127379.7
快餐服务	219615.9	125563.9	11494.7	7901.4
饮料及冷饮服务	103894.8	49489.0	6666.0	-6125.8
其他餐饮服务	249801.2	143145.9	11846.9	8829.7

3-B-11 续表 14 私营独资企业 单位：万元

指标名称	主营业务收入	主营业务成本	主营业务税金及附加	利润总额
总计	**2725070.8**	**1630788.9**	**150236.2**	**197969.5**
一、住宿业	**626050.6**	**309269.9**	**36676.1**	**29204.6**
旅游饭店	316854.2	139789.1	19292.7	735.2
一般旅馆	280975.1	154090.8	15757.9	25771.6
其他住宿服务	28221.3	15390.0	1625.5	2697.8
二、餐饮业	**2099020.2**	**1321519.0**	**113560.1**	**168764.9**
正餐服务	1931076.7	1220417.3	105363.5	151178.1
快餐服务	66517.4	40309.1	3256.8	7938.1
饮料及冷饮服务	32030.8	17290.0	2077.4	874.5
其他餐饮服务	69395.3	43502.6	2862.4	8774.2

3-B-11 续表 15 私营合伙企业 单位：万元

指标名称	主营业务收入	主营业务成本	主营业务税金及附加	利润总额
总计	**573188.2**	**318617.8**	**34134.1**	**21591.9**
一、住宿业	**137336.4**	**65264.1**	**7752.9**	**4774.7**
旅游饭店	69464.5	31395.9	4003.4	631.9
一般旅馆	62424.8	31049.8	3429.6	3698.5
其他住宿服务	5447.1	2818.4	319.9	444.3
二、餐饮业	**435851.8**	**253353.7**	**26381.2**	**16817.2**
正餐服务	404371.0	235632.7	24871.2	14801.8
快餐服务	9474.9	5636.2	393.3	787.3
饮料及冷饮服务	9463.9	4853.2	524.4	369.5
其他餐饮服务	12542.0	7231.6	592.3	858.6

3-B-11　续表 16　私营有限责任公司　　单位：万元

指标名称	主营业务收入	主营业务成本	主营业务税金及附加	利润总额
总计	**6474666.5**	**3264453.0**	**386596.7**	**-94685.3**
一、住宿业	**1637692.8**	**589287.0**	**99975.0**	**-45391.7**
旅游饭店	1211278.7	415146.4	74170.8	-33529.4
一般旅馆	385470.3	154831.9	23626.0	-5328.0
其他住宿服务	40943.8	19308.7	2178.2	-6534.3
二、餐饮业	**4836973.7**	**2675166.0**	**286621.7**	**-49293.6**
正餐服务	4494346.6	2492275.5	268011.4	-39671.0
快餐服务	129230.6	71899.7	7132.2	-962.9
饮料及冷饮服务	58556.8	25552.9	3830.5	-7277.3
其他餐饮服务	154839.7	85437.9	7647.6	-1382.4

3-B-11　续表 17　私营股份有限公司　　单位：万元

指标名称	主营业务收入	主营业务成本	主营业务税金及附加	利润总额
总计	**580028.2**	**293987.0**	**33427.7**	**-888.4**
一、住宿业	**176502.7**	**66970.7**	**10374.8**	**-2584.9**
旅游饭店	120079.0	42961.0	7053.9	-3076.7
一般旅馆	49942.3	21451.1	2868.6	-389.0
其他住宿服务	6481.4	2558.6	452.3	880.8
二、餐饮业	**403525.5**	**227016.3**	**23052.9**	**1696.5**
正餐服务	372265.0	210530.7	21362.2	1070.8
快餐服务	14393.0	7718.9	712.4	138.9
饮料及冷饮服务	3843.3	1792.9	233.7	-92.5
其他餐饮服务	13024.2	6973.8	744.6	579.3

3-B-11 续表 18 其他企业 单位：万元

指标名称	主营业务收入	主营业务成本	主营业务税金及附加	利润总额
总计	**269889.6**	**149455.9**	**15902.7**	**7925.5**
一、住宿业	**92110.7**	**42108.8**	**5041.0**	**-4299.1**
旅游饭店	54070.6	22556.4	3113.2	-5974.2
一般旅馆	34560.1	18069.6	1739.5	1943.7
其他住宿服务	3480.0	1482.8	188.3	-268.6
二、餐饮业	**177778.9**	**107347.1**	**10861.7**	**12224.6**
正餐服务	163702.2	98250.4	10147.9	10916.0
快餐服务	6037.2	4077.5	300.9	700.8
饮料及冷饮服务	1707.4	892.4	99.3	-78.7
其他餐饮服务	6332.1	4126.8	313.6	686.5

3-B-11 续表 19 港、澳、台商投资企业 单位：万元

指标名称	主营业务收入	主营业务成本	主营业务税金及附加	利润总额
总计	**2946020.9**	**921344.1**	**144721.6**	**-45881.4**
一、住宿业	**1970357.0**	**492192.3**	**94884.3**	**-30119.7**
旅游饭店	1907026.2	473634.6	91297.6	-21985.6
一般旅馆	57325.6	17643.5	3157.7	-6984.9
其他住宿服务	6005.2	914.2	429.0	-1149.2
二、餐饮业	**975663.9**	**429151.8**	**49837.3**	**-15761.7**
正餐服务	656682.0	299011.8	33907.7	-31393.8
快餐服务	284623.3	114685.8	13958.1	16569.1
饮料及冷饮服务	8424.8	2914.3	629.8	-475.7
其他餐饮服务	25933.8	12539.9	1341.7	-461.3

3-B-11 续表 20 合资经营企业(港或澳、台资) 单位：万元

指标名称	主营业务收入	主营业务成本	主营业务税金及附加	利润总额
总计	**1837972.6**	**556011.7**	**88002.2**	**-22546.9**
一、住宿业	**1343771.8**	**348552.9**	**62611.8**	**-20015.2**
旅游饭店	1307451.6	337323.5	60584.1	-17764.5
一般旅馆	34304.6	11050.4	1905.3	-1819.9
其他住宿服务	2015.6	179.0	122.4	-430.8
二、餐饮业	**494200.8**	**207458.8**	**25390.4**	**-2531.7**
正餐服务	308312.4	137560.4	15922.6	-15120.2
快餐服务	172238.2	63839.3	8547.7	14328.0
饮料及冷饮服务	4301.7	1393.1	418.2	328.6
其他餐饮服务	9348.5	4666.0	501.9	-2068.1

3-B-11 续表 21 合作经营企业(港或澳、台资) 单位：万元

指标名称	主营业务收入	主营业务成本	主营业务税金及附加	利润总额
总计	**632748.4**	**168176.6**	**31345.6**	**-10337.3**
一、住宿业	**468150.7**	**98873.7**	**23782.2**	**4407.1**
旅游饭店	458204.8	95052.8	23271.5	6480.3
一般旅馆	7825.6	3438.6	396.7	-1688.2
其他住宿服务	2120.3	382.3	114.0	-385.0
二、餐饮业	**164597.7**	**69302.9**	**7563.4**	**-14744.4**
正餐服务	143649.2	61388.9	6724.2	-17099.8
快餐服务	16973.5	5947.6	626.2	2681.1
饮料及冷饮服务	1627.9	587.6	88.7	-42.7
其他餐饮服务	2347.1	1378.8	124.3	-283.0

3-B-11 续表 22 港、澳、台商独资经营企业　　单位：万元

指标名称	主营业务收入	主营业务成本	主营业务税金及附加	利润总额
总计	**463312.4**	**194538.0**	**24769.6**	**-10512.9**
一、住宿业	**147809.3**	**42602.4**	**7976.0**	**-12394.6**
旅游饭店	131322.6	39335.4	6975.9	-8680.7
一般旅馆	14673.9	2928.8	810.6	-3415.5
其他住宿服务	1812.8	338.2	189.5	-298.4
二、餐饮业	**315503.1**	**151935.6**	**16793.6**	**1881.7**
正餐服务	203358.1	99608.0	11171.0	1193.5
快餐服务	95411.6	44898.9	4784.2	-440.0
饮料及冷饮服务	2495.2	933.6	122.9	-761.6
其他餐饮服务	14238.2	6495.1	715.5	1889.8

3-B-11 续表 23 港、澳、台商投资股份有限公司　　单位：万元

指标名称	主营业务收入	主营业务成本	主营业务税金及附加	利润总额
总计	**11987.5**	**2617.8**	**604.2**	**-2484.3**
一、住宿业	**10625.2**	**2163.3**	**514.3**	**-2117.0**
旅游饭店	10047.2	1922.9	466.1	-2020.7
一般旅馆	521.5	225.7	45.1	-61.3
其他住宿服务	56.5	14.7	3.1	-35.0
二、餐饮业	**1362.3**	**454.5**	**89.9**	**-367.3**
正餐服务	1362.3	454.5	89.9	-367.3
快餐服务				
饮料及冷饮服务				
其他餐饮服务				

3-B-11 续表 24 外商投资企业

单位：万元

指标名称	主营业务收入	主营业务成本	主营业务税金及附加	利润总额
总计	**3646932.0**	**1220864.7**	**185532.4**	**106773.0**
一、住宿业	**1359256.8**	**295277.8**	**70170.8**	**-43131.4**
旅游饭店	1299131.8	275689.7	66906.0	-37508.7
一般旅馆	53857.3	17519.1	2882.3	-4059.3
其他住宿服务	6267.7	2069.0	382.5	-1563.4
二、餐饮业	**2287675.2**	**925586.9**	**115361.6**	**149904.4**
正餐服务	574057.0	253568.6	30915.8	10482.8
快餐服务	1611011.4	620445.6	80072.2	140870.3
饮料及冷饮服务	53327.9	21894.0	2613.7	-1474.8
其他餐饮服务	49278.9	29678.7	1759.9	26.1

3-B-11 续表 25 中外合资经营企业

单位：万元

指标名称	主营业务收入	主营业务成本	主营业务税金及附加	利润总额
总计	**1613010.2**	**518658.3**	**81914.5**	**32749.6**
一、住宿业	**753332.2**	**147152.8**	**38710.5**	**-7761.2**
旅游饭店	729218.1	139875.9	37442.6	-10610.1
一般旅馆	22110.9	6877.2	1124.2	3490.6
其他住宿服务	2003.2	399.7	143.7	-641.7
二、餐饮业	**859678.0**	**371505.5**	**43204.0**	**40510.8**
正餐服务	210536.8	97487.4	11252.3	-16001.3
快餐服务	598947.4	243177.7	30190.6	55014.0
饮料及冷饮服务	20528.7	11570.9	981.4	-487.6
其他餐饮服务	29665.1	19269.5	779.7	1985.7

3-B-11 续表 26 中外合作经营企业 单位：万元

指标名称	主营业务收入	主营业务成本	主营业务税金及附加	利润总额
总计	**831623.7**	**270279.7**	**43097.5**	**-5388.3**
一、住宿业	**327831.0**	**75252.5**	**16743.6**	**-17411.3**
旅游饭店	309924.7	69269.7	15859.2	-14726.5
一般旅馆	15262.1	5066.8	752.8	-1794.3
其他住宿服务	2644.2	916.0	131.6	-890.5
二、餐饮业	**503792.7**	**195027.2**	**26353.9**	**12023.0**
正餐服务	189261.7	71573.3	10539.2	-1145.3
快餐服务	276915.2	108885.6	13943.2	13611.5
饮料及冷饮服务	26968.7	8136.4	1354.3	1040.2
其他餐饮服务	10647.1	6431.9	517.2	-1483.4

3-B-11 续表 27 外资企业 单位：万元

指标名称	主营业务收入	主营业务成本	主营业务税金及附加	利润总额
总计	**1179799.8**	**423129.5**	**59245.1**	**46455.2**
一、住宿业	**262215.9**	**67777.5**	**13833.6**	**-16998.5**
旅游饭店	246548.0	62534.6	12864.9	-11016.9
一般旅馆	14541.7	4778.6	911.1	-5939.2
其他住宿服务	1126.2	464.3	57.6	-42.4
二、餐饮业	**917583.9**	**355352.0**	**45411.5**	**63453.7**
正餐服务	168590.4	81424.0	8784.4	-6746.6
快餐服务	734608.3	267969.7	35929.5	72391.3
饮料及冷饮服务	5776.7	2160.4	270.7	-1991.2
其他餐饮服务	8608.5	3797.9	426.9	-199.8

3-B-11 续表 28 外商投资股份有限公司

单位：万元

指标名称	主营业务收入	主营业务成本	主营业务税金及附加	利润总额
总计	**22498.3**	**8797.2**	**1275.3**	**32956.5**
一、住宿业	**15877.7**	**5095.0**	**883.1**	**-960.4**
旅游饭店	13441.0	4009.5	739.3	-1155.2
一般旅馆	1942.6	796.5	94.2	183.6
其他住宿服务	494.1	289.0	49.6	11.2
二、餐饮业	**6620.6**	**3702.2**	**392.2**	**33916.9**
正餐服务	5668.1	3083.9	339.9	34376.0
快餐服务	540.5	412.6	8.9	-146.5
饮料及冷饮服务	53.8	26.3	7.3	-36.2
其他餐饮服务	358.2	179.4	36.1	-276.4

3-B-12 各地区住宿和餐饮业法人单位损益状况

单位：万元

地 区	主营业务收入	主营业务成本	主营业务税金及附加	利润总额
全 国	**30403138.0**	**12874369.0**	**1675480.5**	**-211925.2**
北 京	3615189.3	1210277.3	189127.9	-2809.8
天 津	553319.8	235739.3	31405.8	16.8
河 北	651127.7	328503.4	36852.3	-15447.8
山 西	527246.5	251207.7	31331.7	-10236.9
内蒙古	286322.9	132654.0	15388.4	15271.5
辽 宁	1099818.7	484212.4	61875.6	-54010.4
吉 林	379839.1	181309.7	21088.7	4469.1
黑龙江	394904.7	187430.2	23870.7	-10318.5
上 海	3366866.3	1304897.1	175636.4	138342.4
江 苏	2190019.5	999647.1	117693.3	-18469.0
浙 江	2512661.4	1096765.0	128712.3	34901.6
安 徽	576609.1	294676.0	29077.3	-4333.3
福 建	826167.6	369779.2	50675.2	-44037.1
江 西	395439.7	185174.8	21893.4	8786.5
山 东	1802549.2	923877.0	87929.0	55013.4
河 南	850529.6	422290.8	45060.3	-15095.0
湖 北	794030.6	342405.7	50685.3	-35888.0
湖 南	852229.9	378865.8	50139.4	-7966.6
广 东	4505619.9	1776814.1	265838.4	-44778.7
广 西	462273.6	174689.1	26135.5	-32137.5
海 南	257629.5	62498.0	14710.4	-44639.3
重 庆	451016.7	205967.2	25515.4	-13832.0
四 川	953220.7	399952.5	53741.3	-36798.6
贵 州	188078.7	76618.8	11017.6	-12612.8
云 南	423052.6	160317.2	25020.2	-48564.2
西 藏	51251.1	20227.4	3876.6	1342.5
陕 西	767918.8	374094.1	39818.0	19564.5
甘 肃	249811.5	116395.2	15530.2	-9259.0
青 海	57153.5	24679.4	3373.4	-2617.0
宁 夏	84038.3	41559.6	4798.1	-6247.7
新 疆	277201.5	110843.9	17662.4	-19534.3

3-B-13 各地区住宿业法人单位损益状况

单位：万元

地 区	主营业务收入	主营业务成本	主营业务税金及附加	利润总额
全 国	**15094195.6**	**4766585.2**	**829492.5**	**-483252.6**
北 京	1870943.8	346894.6	97380.2	26871.3
天 津	198102.7	54761.6	10306.8	-17647.9
河 北	401603.9	176025.7	22201.0	-26651.0
山 西	286069.9	116964.6	16890.0	-13059.7
内蒙古	155662.6	59943.3	8268.2	6196.9
辽 宁	523601.7	179874.0	28384.5	-40208.3
吉 林	197671.0	77443.9	10824.1	-7817.1
黑龙江	182674.7	63040.6	9746.3	-21210.9
上 海	1336169.5	321163.6	66689.4	95420.3
江 苏	880043.7	286919.5	46969.1	-49476.6
浙 江	1533542.3	571022.2	75508.4	2890.5
安 徽	293940.4	116694.9	15808.7	-8602.0
福 建	496634.4	178088.2	30539.3	-51039.8
江 西	208349.4	79865.6	12381.6	-4954.9
山 东	674228.6	251175.0	33800.0	-14426.8
河 南	482652.9	197743.9	26426.9	-30595.7
湖 北	384398.2	116290.8	18285.6	-28116.5
湖 南	461276.4	170645.0	29324.4	-15786.5
广 东	2097284.1	613202.2	129602.7	-36817.3
广 西	302463.1	89871.6	16589.9	-35853.2
海 南	216887.3	40805.2	12212.1	-44226.6
重 庆	215571.6	76775.2	11889.7	-18190.4
四 川	481941.4	151071.4	27414.4	-40750.0
贵 州	113840.8	36339.5	6692.2	-11892.9
云 南	320493.8	105054.5	19131.0	-49594.4
西 藏	39891.5	14644.6	3052.9	-127.4
陕 西	320162.6	122549.7	17457.5	-11019.2
甘 肃	136982.2	55717.2	8222.1	-8920.3
青 海	29847.0	8677.3	1855.1	-3097.3
宁 夏	40432.3	16238.4	2289.2	-5869.9
新 疆	210831.8	71081.4	13349.2	-18679.0

3-B-14 各地区餐饮业法人单位损益状况

单位：万元

地 区	主营业务收入	主营业务成本	主营业务税金及附加	利润总额
全 国	**15308942.4**	**8107783.8**	**845988.0**	**271327.4**
北 京	1744245.5	863382.7	91747.7	-29681.1
天 津	355217.1	180977.7	21099.0	17664.7
河 北	249523.8	152477.7	14651.3	11203.2
山 西	241176.6	134243.1	14441.7	2822.8
内蒙古	130660.3	72710.7	7120.2	9074.6
辽 宁	576217.0	304338.4	33491.1	-13802.1
吉 林	182168.1	103865.8	10264.6	12286.2
黑龙江	212230.0	124389.6	14124.4	10892.4
上 海	2030696.8	983733.5	108947.0	42922.1
江 苏	1309975.8	712727.6	70724.2	31007.6
浙 江	979119.1	525742.8	53203.9	32011.1
安 徽	282668.7	177981.1	13268.6	4268.7
福 建	329533.2	191691.0	20135.9	7002.7
江 西	187090.3	105309.2	9511.8	13741.4
山 东	1128320.6	672702.0	54129.0	69440.2
河 南	367876.7	224546.9	18633.4	15500.7
湖 北	409632.4	226114.9	32399.7	-7771.5
湖 南	390953.5	208220.8	20815.0	7819.9
广 东	2408335.8	1163611.9	136235.7	-7961.4
广 西	159810.5	84817.5	9545.6	3715.7
海 南	40742.2	21692.8	2498.3	-412.7
重 庆	235445.1	129192.0	13625.7	4358.4
四 川	471279.3	248881.1	26326.9	3951.4
贵 州	74237.9	40279.3	4325.4	-719.9
云 南	102558.8	55262.7	5889.2	1030.2
西 藏	11359.6	5582.8	823.7	1469.9
陕 西	447756.2	251544.4	22360.5	30583.7
甘 肃	112829.3	60678.0	7308.1	-338.7
青 海	27306.5	16002.1	1518.3	480.3
宁 夏	43606.0	25321.2	2508.9	-377.8
新 疆	66369.7	39762.5	4313.2	-855.3

C. 其他行业法人单位附属住宿和餐饮业产业活动单位经营情况

3-C-1 其他行业法人单位附属住宿和餐饮业产业活动单位经营情况

(按登记注册类型分)

单位：万元

指标名称	产业活动单位(个)	从业人数(人)	营业额	#客房收入	#餐费收入
总计	**19577**	**366004**	**3878270.0**	**1602138.3**	**2017933.3**
内资企业	**19331**	**346851**	**3523863.1**	**1403380.6**	**1895565.8**
国有企业	6200	133862	1332756.7	811905.1	471183.3
集体企业	5922	51953	979287.2	109914.3	783162.3
股份合作企业	465	6573	32759.8	16928.4	14322.2
联营企业	147	1825	5528.9	2284.6	3127.3
国有联营企业	45	636	2064.1	1353.5	673.0
集体联营企业	32	462	840.3	281.7	510.4
国有与集体联营企业	18	227	862.7	177.8	655.2
其他联营企业	52	500	1761.8	471.6	1288.7
有限责任公司	2254	71352	652932.1	274149.4	315261.1
国有独资公司	231	10799	106468.8	54816.0	46623.5
其他有限责任公司	2023	60553	546463.3	219333.4	268637.6
股份有限公司	432	16260	161547.1	72663.2	82562.8
私营企业	2867	51015	270486.0	87636.0	172032.1
私营独资企业	880	10756	50904.8	7050.1	39924.2
私营合伙企业	143	1604	16087.0	5460.6	10413.5
私营有限责任公司	1679	34989	183939.5	68233.5	109835.3
私营股份有限公司	165	3666	19554.7	6891.8	11859.1
其他企业	1044	14011	88565.3	27899.6	53914.7
港、澳、台商投资企业	**105**	**10794**	**235517.2**	**152607.8**	**58167.9**
合资经营企业(港或澳、台资)	53	6446	83505.9	47588.6	27918.0
合作经营企业(港或澳、台资)	14	1982	47652.0	26655.9	18391.0
港、澳、台商独资经营企业	29	747	54534.6	51638.4	2396.2
港、澳、台商投资股份有限公司	9	1619	49824.7	26724.9	9462.7
外商投资企业	**141**	**8359**	**118889.7**	**46149.9**	**64199.6**
中外合资经营企业	54	5041	68437.7	29600.5	30918.8
中外合作经营企业	22	1872	29072.8	16323.2	12245.4
外资企业	62	1307	21224.5	174.1	20934.5
外商投资股份有限公司	3	139	154.7	52.1	100.9

3-C-2 其他行业法人单位附属住宿和餐饮业产业活动单位经营情况

（按行业分）

单位：万元

指标名称	产业活动单位（个）	从业人数（人）	营业额	#客房收入	#餐费收入
总计	**19577**	**366004**	**3878270.0**	**1602138.3**	**2017933.3**
一、住宿业	**9588**	**192044**	**2072889.9**	**1431051.1**	**524929.8**
旅游饭店	1115	73177	775972.5	439133.6	267244.5
一般旅馆	7175	100389	609064.5	463837.7	106569.4
其他住宿服务	1298	18478	687852.9	528079.8	151115.9
二、餐饮业	**9989**	**173960**	**1805380.1**	**171087.2**	**1493003.5**
正餐服务	6417	129307	1631692.9	159984.9	1335507.0
快餐服务	1122	15670	66981.9	3342.0	62331.5
饮料及冷饮服务	523	3758	24854.0	85.7	23707.3
其他餐饮服务	1927	25225	81851.3	7674.6	71457.7

3-C-3 其他行业法人单位附属住宿和餐饮业产业活动单位经营情况

（按法人单位行业分）

单位：万元

指标名称	产业活动单位（个）	从业人数（人）	营业额
总计	**19577**	**366004**	**3878270.0**
1.工业法人	2644	76927	425485.8
2.建筑业法人	658	15285	113297.5
3.房地产业法人	901	31474	1392530.5
4.交通运输电信业法人	928	19715	79012.7
5.住宿餐饮业法人	6229	72054	388230.1
6.住宿餐饮业法人	-	-	-
7.服务业法人	2922	75334	736777.4
8.行政事业单位法人	4298	58326	622909.1
9.农业法人	363	5376	27881.6
10.其他	634	11513	92145.3

3-C-4 其他行业法人单位附属住宿和餐饮业产业活动单位经营情况

(按地区分)

单位：万元

地区	产业活动单位(个)	从业人数(人)	营业额	#客房收入	#餐费收入
全国	**19577**	**366004**	**3878270.0**	**1602138.3**	**2017933.3**
北京	866	23047	256611.4	129476.6	94464.7
天津	140	4537	5774.6	1192.1	4327.4
河北	579	10911	76874.3	13614.5	61741.7
山西	689	16188	77705.4	20024.5	54529.9
内蒙古	355	7197	76675.1	61044.1	14542.1
辽宁	652	11826	58173.6	21462.5	32166.8
吉林	238	3764	18282.3	7438.0	10030.5
黑龙江	634	9540	22457.8	6761.9	14910.5
上海	1363	28203	368610.0	169873.6	176563.6
江苏	871	16207	124439.9	42220.5	70453.2
浙江	827	12251	94835.7	35348.0	55643.3
安徽	531	6762	48564.9	15864.3	31473.6
福建	427	4858	170742.6	153430.4	16453.4
江西	467	5409	19945.8	7312.4	12208.0
山东	1179	22070	123255.3	34090.9	79227.2
河南	974	20642	74861.5	28301.4	40518.7
湖北	1015	21592	450339.8	315359.2	127303.5
湖南	417	13062	54476.6	20885.6	29312.0
广东	1161	27122	1087560.6	150091.2	826473.7
广西	822	11175	201789.7	138396.4	60512.6
海南	159	2868	62318.4	55246.8	6429.4
重庆	999	13452	58260.6	15077.8	39627.7
四川	1200	20507	104365.5	40259.3	56903.5
贵州	254	5191	29404.1	15170.5	11113.9
云南	1039	16201	92117.1	42973.6	38430.2
西藏	100	1117	3335.7	2124.7	958.0
陕西	434	8604	23763.9	10012.9	12450.4
甘肃	625	10292	46012.1	27220.3	17021.0
青海	135	2127	7212.0	4231.8	2593.5
宁夏	75	1834	4395.0	2075.6	2121.5
新疆	350	7448	35108.7	15556.9	17427.8

第4篇

房地产业生产经营及财务状况

A. 房地产开发企业

4-A-1 各地区按登记注册类型分房地产开发企业个数

单位：个

地区	总计	内资					
			国有	集体	股份合作	国有联营	集体联营
全国	**59242**	**53495**	**4775**	**2390**	**766**	**114**	**55**
北京	2733	2402	147	31	5	2	1
天津	1007	891	129	40	6	5	3
河北	1653	1574	101	16	41		
山西	1053	1027	132	34	13		
内蒙古	958	947	28	12	10	1	
辽宁	2867	2566	150	49	53	1	
吉林	807	769	78	4	3		
黑龙江	1009	974	118	15	16		1
上海	5000	4491	409	273	32	34	14
江苏	4100	3655	251	214	59	10	2
浙江	3685	3488	178	82	25	8	3
安徽	2013	1901	181	65	51	6	1
福建	2693	1887	253	99	29	9	3
江西	1756	1581	178	49	51		1
山东	3201	2983	291	194	59	6	1
河南	2047	1927	194	67	20		
湖北	1917	1701	229	52	36	3	3
湖南	2112	1933	211	52	46	4	1
广东	5982	4940	541	726	45	14	9
广西	1674	1488	215	54	22	3	3
海南	832	695	105	27	11	5	3
重庆	1828	1714	71	24	17		
四川	2753	2636	147	84	47	2	
贵州	1480	1414	99	38	19		
云南	969	924	88	11	15		2
西藏	28	27	5		2		
陕西	967	931	116	24	15		2
甘肃	800	745	82	37	8		2
青海	291	271	7	7	10	1	
宁夏	318	315	9	3			
新疆	709	698	32	7			

4-A-1 续表 1 单位：个

地 区	内			资			
	国有与集体联营	其他联营	国有独资公司	其他有限责任公司	股份有限公司	私营独资	私营合伙
全 国	**63**	**114**	**447**	**18208**	**3130**	**529**	**327**
北 京	2	1	26	1318	103		
天 津	3		9	272	43	4	5
河 北			2	536	203	9	7
山 西	1	8	3	375	10	29	7
内蒙古			1	409	53	11	9
辽 宁	1	2	17	820	125	45	7
吉 林			12	281	90	7	5
黑龙江		2	4	400	137	6	5
上 海	18	21	52	1393	76	20	27
江 苏	4	3	26	1105	192	38	20
浙 江	2	1	38	1339	61	6	8
安 徽	1	6	15	529	159	30	20
福 建	3	4	23	519	82	15	27
江 西	1	3	4	401	155	61	36
山 东	2	5	11	1168	228	46	10
河 南		2	10	716	161	19	19
湖 北	5	5	14	511	167	24	16
湖 南		2	43	711	190	19	7
广 东	11	31	35	1347	190	50	31
广 西		4	10	386	97	13	15
海 南	4	3	5	241	40	9	4
重 庆		6	19	611	57	5	3
四 川	1	3	10	842	233	11	7
贵 州	1	1	16	416	69	19	14
云 南	3		4	277	59	8	6
西 藏				7	2	1	
陕 西			8	385	79	9	2
甘 肃			3	371	53	9	3
青 海		1	8	102	3	5	2
宁 夏			14	108	5		2
新 疆			5	312	8	1	3

4-A-1 续表 2

单位：个

地 区	内资			港澳台商投资		
	私营有限责任公司	私营股份有限公司	其他内资企业		合资经营	合作经营
全 国	**20553**	**1908**	**116**	**3639**	**1686**	**582**
北 京	726	40		185	77	101
天 津	340	28	4	60	42	5
河 北	571	85	3	49	40	2
山 西	378	35	2	21	13	1
内蒙古	376	36	1	5	5	
辽 宁	1157	131	8	159	115	12
吉 林	243	43	3	23	15	
黑龙江	222	42	6	23	17	1
上 海	2054	67	1	293	156	22
江 苏	1619	111	1	296	186	30
浙 江	1672	65		112	86	2
安 徽	742	89	6	56	32	5
福 建	742	78	1	515	101	20
江 西	490	151		114	52	3
山 东	885	76	1	135	77	11
河 南	656	63		68	41	2
湖 北	541	85	10	137	74	6
湖 南	521	107	19	124	71	4
广 东	1820	88	2	757	198	327
广 西	608	48	10	118	69	12
海 南	211	19	8	80	18	
重 庆	798	87	16	83	55	2
四 川	1119	130		73	42	8
贵 州	632	80	10	43	18	1
云 南	397	50	4	33	27	2
西 藏	10					
陕 西	271	20		23	19	2
甘 肃	159	18		31	23	
青 海	99	26		16	11	1
宁 夏	168	6		1	1	
新 疆	326	4		6	5	

4-A-1 续表 3 单位：个

地 区	港澳台商投资		外商投资				
	独 资	股份有限		合资经营	合作经营	独 资	股份有限
全 国	**1325**	**46**	**2108**	**1030**	**380**	**661**	**37**
北 京	7		146	57	80	7	2
天 津	13		56	38	6	12	
河 北	5	2	30	25	2	2	1
山 西	7		5	5			
内蒙古			6	4		2	
辽 宁	28	4	142	99	11	29	3
吉 林	8		15	13		2	
黑龙江	5		12	7		5	
上 海	111	4	216	107	27	79	3
江 苏	77	3	149	78	16	52	3
浙 江	24		85	64	2	19	
安 徽	19		56	35	2	16	3
福 建	386	8	291	68	27	191	5
江 西	58	1	61	35	2	21	3
山 东	46	1	83	55	9	19	
河 南	23	2	52	37	1	13	1
湖 北	54	3	79	42	1	33	3
湖 南	45	4	55	28	7	19	1
广 东	225	7	285	74	161	47	3
广 西	35	2	68	37	18	13	
海 南	60	2	57	18	1	35	3
重 庆	26		31	21		9	1
四 川	22	1	44	30	1	13	
贵 州	24		23	9	1	12	1
云 南	3	1	12	9	2	1	
西 藏			1	1			
陕 西	2		13	12	1		
甘 肃	8		24	14	1	8	1
青 海	3	1	4	3		1	
宁 夏			2		1	1	
新 疆	1		5	5			

4-A-2 各地区按资质等级分房地产开发企业个数

单位：个

地 区	总 计	一 级	二 级	三 级	四 级	暂 定	其 他
全 国	**59242**	**532**	**3995**	**17739**	**12529**	**17169**	**7278**
北 京	2733	65	108	104	34	1932	490
天 津	1007	20	69	152	472	221	73
河 北	1653	3	64	220	861	448	57
山 西	1053	2	55	222	428	304	42
内蒙古	958		49	185	523	123	78
辽 宁	2867	32	159	1240	111	793	532
吉 林	807	8	47	178	368	192	14
黑龙江	1009	15	123	603	69	169	30
上 海	5000	51	220	604	23	2596	1506
江 苏	4100	38	454	2124	410	765	309
浙 江	3685	36	265	1435	756	824	369
安 徽	2013	17	149	641	566	542	98
福 建	2693	17	78	640	563	1033	362
江 西	1756	3	152	583	558	376	84
山 东	3201	28	133	707	940	1032	361
河 南	2047	14	125	590	452	673	193
湖 北	1917	12	240	662	479	482	42
湖 南	2112	11	121	1211	327	374	68
广 东	5982	83	355	1191	1419	1105	1829
广 西	1674	3	28	370	274	894	105
海 南	832	4	55	71	126	253	323
重 庆	1828	16	271	936	194	380	31
四 川	2753	15	258	1608	436	321	115
贵 州	1480	4	57	277	758	352	32
云 南	969	7	52	152	401	307	50
西 藏	28	1	6	5	9	6	1
陕 西	967	8	112	353	356	105	33
甘 肃	800	2	44	321	183	220	30
青 海	291	3	60	101	78	33	16
宁 夏	318	6	34	86	117	70	5
新 疆	709	8	52	167	238	244	

4-A-3 各地区按登记注册类型分房地产开发企业从业人数

单位：人

地区	总计	内资					
			国有	集体	股份合作	国有联营	集体联营
全国	**1585428**	**1429291**	**163495**	**58514**	**22022**	**1851**	**980**
北京	83032	67921	6911	1134	193	79	11
天津	32167	27844	4157	1008	126	107	37
河北	51472	49395	5409	393	968		
山西	29295	28625	5641	1067	458		
内蒙古	24290	23924	676	179	304	35	
辽宁	59960	54269	4803	712	978	5	
吉林	24708	23323	6034	55	29		
黑龙江	33076	32225	4199	403	699		12
上海	113406	92245	9151	4184	452	580	186
江苏	90000	80694	7866	3951	1054	103	23
浙江	72385	68744	4712	1230	548	214	30
安徽	52305	49930	6033	2942	2278	70	40
福建	54856	40117	11893	1360	746	103	58
江西	48625	44260	5930	1425	1335		15
山东	111595	105290	13537	9513	1858	118	103
河南	55885	51912	7505	1389	538		
湖北	68970	62802	10058	2313	1271	33	29
湖南	75573	69376	6790	5235	1901	62	4
广东	147856	123661	13436	12532	1395	226	156
广西	39407	34986	5000	697	445	34	82
海南	15009	11761	1915	297	130	54	26
重庆	70708	64903	3648	859	696		
四川	87813	84659	5150	2440	2084	22	
贵州	32966	31720	2803	725	404		
云南	22576	21324	1673	254	217		110
西藏	1226	1221	212		53		
陕西	31834	30558	5044	714	500		36
甘肃	21524	19991	2162	1099	126		22
青海	8447	7906	202	245	236		
宁夏	9028	8765	184	28			
新疆	15434	14940	761	131			

4-A-3 续表 1 单位：人

地区	内资						
	国有与集体	其他联营	国有独资	其他有限	股份有限	私营独资	私营合伙
全国	**1453**	**2646**	**16972**	**500611**	**105097**	**12427**	**6970**
北京	39	3	1589	36129	3648		
天津	22		853	7511	2770	113	93
河北			63	16146	7435	278	127
山西	15	205	139	10245	250	616	233
内蒙古			34	9502	1715	702	633
辽宁	23	3	667	17563	3185	931	101
吉林			361	6654	2732	134	103
黑龙江		125	100	14060	5489	154	164
上海	636	331	1767	32390	4745	226	486
江苏	68	78	496	26689	4381	393	372
浙江	54	9	886	28382	1976	65	136
安徽	43	145	815	14269	3416	829	300
福建	57	75	644	9573	1412	323	428
江西	8	151	65	11506	4286	1659	799
山东	66	69	668	41209	8711	1208	265
河南		50	245	18757	4361	551	280
湖北	123	374	407	18239	7521	581	373
湖南		30	1840	25337	6642	380	165
广东	202	665	1035	37581	10073	729	688
广西		87	255	9254	2355	504	262
海南	19	29	269	5186	587	81	23
重庆		149	1809	25287	2930	140	72
四川	14	36	256	28784	6963	208	176
贵州	31	6	365	9629	1992	658	229
云南	33		80	6698	1517	127	257
西藏				440	173	38	
陕西			184	11142	2202	270	30
甘肃			105	9243	1248	450	87
青海		26	265	2623	52	74	35
宁夏			507	3003	207		7
新疆			203	7580	123	5	46

4-A-3 续表 2 单位：人

地 区	内资			港澳台商		
	私营有限	私营股份	其他内资		合资经营	合作经营
全 国	**486623**	**46622**	**3008**	**95646**	**47662**	**16174**
北 京	17452	733		8291	2501	5396
天 津	10392	585	70	2410	1646	172
河 北	16335	2189	52	1444	1256	29
山 西	8902	758	96	549	401	12
内蒙古	9497	640	7	243	243	
辽 宁	22549	2642	107	2807	1931	383
吉 林	5971	1175	75	600	366	
黑龙江	4843	1609	368	379	245	5
上 海	35701	1409	1	10065	5597	820
江 苏	33261	1949	10	6296	3977	590
浙 江	29299	1203		2124	1555	34
安 徽	16700	1985	65	1154	727	85
福 建	12316	1126	3	9777	1829	287
江 西	13894	3187		2832	1397	39
山 东	25290	2665	10	3680	2464	175
河 南	16368	1868		1929	1099	115
湖 北	19128	2051	301	3935	2111	452
湖 南	15390	5008	592	4983	3541	203
广 东	43255	1672	16	17197	5355	6485
广 西	14911	822	278	2838	1701	254
海 南	2800	217	128	2207	752	
重 庆	25634	3140	539	4168	3088	153
四 川	34888	3638		1438	695	189
贵 州	13177	1481	220	813	430	21
云 南	9386	902	70	956	714	151
西 藏	305					
陕 西	10057	379		756	609	92
甘 肃	4808	641		1055	823	
青 海	3449	693		370	269	32
宁 夏	4615	214		18	18	
新 疆	6050	41		332	322	

4-A-3 续表 3

单位：人

地区	港澳台商投资		外商投资				
	独资	股份有限		合资经营	合作经营	独资	股份有限
全国	**29920**	**1890**	**60491**	**30922**	**13105**	**15138**	**1326**
北京	394		6820	3011	3068	255	486
天津	592		1913	1020	345	548	
河北	126	33	633	534	42	42	15
山西	136		121	121			
内蒙古			123	96		27	
辽宁	364	129	2884	2327	153	354	50
吉林	234		785	708		77	
黑龙江	129		472	225		247	
上海	3530	118	11096	4420	3747	2689	240
江苏	1682	47	3010	1793	197	973	47
浙江	535		1517	1171	31	315	
安徽	342		1221	851	34	307	29
福建	7465	196	4962	1119	395	3303	145
江西	1386	10	1533	822	69	584	58
山东	1021	20	2625	1770	317	538	
河南	680	35	2044	1559	17	449	19
湖北	1281	91	2233	1343	7	862	21
湖南	1091	148	1214	557	134	501	22
广东	5246	111	6998	1954	3767	1148	129
广西	797	86	1583	1082	272	229	
海南	603	852	1041	490	94	447	10
重庆	927		1637	1351		259	27
四川	544	10	1716	1215	44	457	
贵州	362		433	104	55	258	16
云南	90	1	296	151	57	88	
西藏			5	5			
陕西	55		520	505	15		
甘肃	232		478	295	20	151	12
青海	66	3	171	161		10	
宁夏			245		225	20	
新疆	10		162	162			

4-A-4 各地区按资质等级分房地产开发企业从业人数

单位：人

地区	总计	一级	二级	三级	四级	暂定	其他
全国	**1585428**	**62571**	**214260**	**529421**	**288563**	**374837**	**115776**
北京	83032	6978	5835	4605	1201	54604	9809
天津	32167	2576	5316	5428	11801	5976	1070
河北	51472	672	5836	8383	24505	10546	1530
山西	29295	110	4098	9022	9987	5597	481
内蒙古	24290		2087	6248	10987	3037	1931
辽宁	59960	3352	6194	26542	2185	14076	7611
吉林	24708	737	2333	6736	11097	3448	357
黑龙江	33076	2636	6166	16414	1763	5060	1037
上海	113406	5734	12866	16066	789	53826	24125
江苏	90000	2321	16165	46236	6717	15254	3307
浙江	72385	2504	10275	32420	10684	12630	3872
安徽	52305	1179	6768	18751	13826	10236	1545
福建	54856	1905	4050	14517	7879	23028	3477
江西	48625	81	7725	18390	13227	7909	1293
山东	111595	4376	10772	33727	26786	28272	7662
河南	55885	919	7217	19346	9477	14137	4789
湖北	68970	1727	14167	22291	17620	12328	837
湖南	75573	2232	9414	44638	7954	10048	1287
广东	147856	13401	16683	34641	30870	21076	31185
广西	39407	394	3048	11317	4935	18339	1374
海南	15009	45	1292	2519	3512	5061	2580
重庆	70708	3197	21053	31441	4494	9921	602
四川	87813	1358	13374	55037	8972	7611	1461
贵州	32966	577	2907	8780	14873	5314	515
云南	22576	498	3046	4819	8751	4959	503
西藏	1226	18	403	136	462	197	10
陕西	31834	703	6145	11452	10584	2256	694
甘肃	21524	133	2481	10286	3924	4182	518
青海	8447	165	2404	2775	2177	685	241
宁夏	9028	668	1909	2623	2531	1224	73
新疆	15434	1375	2231	3835	3993	4000	

4-A-5 各地区按用途分房地产开发企业的施工房屋面积

单位：平方米

地区	施工房屋面积	住宅	#别墅、高档公寓	#经济适用房屋	办公楼	商业营业用房	其他
全国	**1476828970**	**1131190089**	**85173364**	**98743768**	**63001678**	**198619813**	**84017390**
北京	107300784	74559777	8183015	7592718	12032968	7552850	13155189
天津	30562688	24130722	2682101	5568345	1585399	3801538	1045029
河北	37530542	30773187	404028	4950621	1048023	4824458	884874
山西	17787006	12717207	438138	3153249	1020577	3623672	425550
内蒙古	14463821	9683983	22000	1375334	611753	3615110	552975
辽宁	62946094	47302224	1643562	1562670	1563706	9257347	4822817
吉林	15430259	11576669	261213	1843590	745914	2626151	481525
黑龙江	22550629	15830527	237641	3099605	800083	5014827	905192
上海	100126953	79161250	17737028		5879076	8136931	6949696
江苏	132774455	106564146	8309517	5695208	3988262	16483429	5738618
浙江	140300356	107599438	7046861	7106058	6394508	15892414	10413996
安徽	44548159	34782304	869239	2682828	1320617	6956964	1488274
福建	56666542	44831177	2207206	2131720	1478293	6788732	3568340
江西	35947078	27141680	600946	2915700	575695	6887548	1342155
山东	94902076	74497454	3409045	6705326	2883522	14161435	3359665
河南	41520349	33903014	2414498	3747507	1064280	5742195	810860
湖北	40985868	33430318	1910227	3069948	1142390	4753616	1659544
湖南	47254036	34667845	3559568	5994557	1377176	8931923	2277092
广东	140606645	106074800	10374083	2853113	6377696	17062502	11091647
广西	34279411	26760466	1946048	870427	503971	5211263	1803711
海南	7485147	6357477	910402	1257148	138527	778059	211084
重庆	62292602	45305480	1430215	3112095	2202568	10409388	4375166
四川	74891605	57087407	4155468	3430299	2058788	12847351	2898059
贵州	25615861	19221121	560976	3094683	1225288	4024120	1145332
云南	18471584	15667819	2070998	2677335	290978	1877451	635336
西藏	605862	492510	146750	313760	2244	106381	4727
陕西	27780184	21764118	527038	4676902	2409113	3074454	532499
甘肃	13354004	10476376	91627	2063647	446209	1725093	706326
青海	5110185	3781664	460061	1096780	504937	677431	146153
宁夏	9407891	6416017	163936	997119	424184	2199920	367770
新疆	13330294	8631912	399929	3105476	904933	3575260	218189

4-A-6 各地区按用途分房地产开发企业的竣工房屋面积

单位：平方米

地区	竣工房屋面积	住宅	#别墅、高档公寓	#经济适用房屋	办公楼	商业营业用房	其他
全国	**526378615**	**426197156**	**25426857**	**44016866**	**14590456**	**62921690**	**22669313**
北京	34302877	26670350	1973622	3045982	2173643	1951429	3507455
天津	11196485	9935468	786100	2068655	363583	581982	315452
河北	15368512	13185752	89516	1969249	257013	1579380	346367
山西	5665737	4566813	115155	1202952	227674	780765	90485
内蒙古	6842320	5290010		774924	228088	1246825	77397
辽宁	23036397	18918003	528494	560791	465166	2848980	804248
吉林	7102486	5724869	21168	1264907	253866	932166	191585
黑龙江	11132574	8323312	127941	1753718	231200	2222841	355221
上海	37122223	31892044	4996550		1251649	1976326	2002204
江苏	49960596	41639122	2588436	3601871	750764	5537325	2033385
浙江	35637288	28005155	1430550	2040833	1396333	4233815	2001985
安徽	18785137	14829571	409377	1255316	476250	2990970	488346
福建	17378274	14309931	531291	855294	343534	1852408	872401
江西	16664138	12861418	316506	1430982	215952	3037253	549515
山东	38379525	31026103	1239254	2513476	1050547	5034084	1268791
河南	13475575	11247929	527795	1669696	212186	1787009	228451
湖北	17763033	14977536	829151	1552766	388646	1863107	533744
湖南	19250740	15124557	1458092	3854115	511125	2824021	791037
广东	44703520	35638954	2728115	913919	1145761	5117118	2801687
广西	10560528	8839013	699745	373660	87358	1178813	455344
海南	1689546	1515947	333739	449329	5000	147859	20740
重庆	15802846	12228634	183270	1205674	424132	2291242	858838
四川	30597957	24226954	1698295	1672720	669251	4798366	903386
贵州	9311804	7536183	293308	1084475	223245	1263316	289060
云南	7108827	6065885	893941	1149198	91144	768960	182838
西藏	513975	410763	103550	277303	2244	99321	1647
陕西	8214815	6841333	20783	1567985	375472	793459	204551
甘肃	4779472	3939515	30528	1059454	163191	580720	96046
青海	2405953	1860698	157966	444414	221607	263088	60560
宁夏	4583000	3449189	84762	527042	99548	773391	260872
新疆	7042455	5116145	229857	1876166	285284	1565351	75675

4-A-7 各地区按用途分房地产开发企业的新开工房屋面积

单位：平方米

地区	新开工房屋面积	住宅	#别墅、高档公寓	#经济适用房屋	办公楼	商业营业用房	其他
全国	**622210052**	**489972751**	**30646989**	**45889469**	**18280109**	**82167288**	**31789904**
北京	31745865	23218928	1676571	2119811	2407069	2330594	3789274
天津	12749956	10015070	1100472	2653582	497385	1786880	450621
河北	18133833	15327254	146074	2298727	426465	1930875	449239
山西	8790925	6698999	97979	1485960	416757	1433244	241925
内蒙古	8746510	6113778	22000	756871	327699	2072986	232047
辽宁	28282365	22189045	329841	954583	624580	3476060	1992680
吉林	10071186	8013417	205481	1122695	337199	1433289	287281
黑龙江	11931656	9365363	105000	2024998	270039	1927622	368632
上海	35526498	28459135	4932487		1243851	3270514	2552998
江苏	66028745	53563687	4546649	3223481	1369463	8597600	2497995
浙江	55442153	43116495	2951674	2974482	2138350	6365010	3822298
安徽	22575530	18048133	318636	1455527	460245	3201996	865156
福建	18068999	14344501	693670	920303	206671	2420517	1097310
江西	16940950	12744992	234575	1107529	201520	3432238	562200
山东	46915625	37646055	1354819	3652955	1110787	6299045	1859738
河南	18992193	15390775	1144867	1477955	534322	2711450	355646
湖北	18319574	15363458	642545	1765369	412153	1671131	872832
湖南	20234285	15376811	1357707	2205780	332963	3773494	751017
广东	48664839	38338802	3749774	1238560	1791028	4722841	3812168
广西	14270654	10628217	585237	282989	226403	2623607	792427
海南	2389001	2158455	381609	306085	3583	145198	81765
重庆	21909911	16916264	814486	966964	571355	2932431	1489861
四川	32630042	25571997	1664875	1767164	814681	5355968	887396
贵州	9902285	7596901	109998	1517464	294564	1614382	396438
云南	9219804	7692475	986734	1290218	147497	1027997	351835
西藏	363263	341346	15880	259556		21917	
陕西	12097331	10118030	59498	2081596	405018	1374701	199582
甘肃	5682033	4501046	20173	1106014	71787	781344	327856
青海	1998642	1697753	106371	474975	84200	175981	40708
宁夏	5870651	3908979	127953	485832	224008	1472200	265464
新疆	7714748	5506590	163354	1911444	328467	1784176	95515

4-A-8 各地区按资质等级分房地产开发企业的施工房屋面积

单位：平方米

地区	总计	一级	二级	三级	四级	暂定	其他
全国	**1476828970**	**86844271**	**276793113**	**508032150**	**187948875**	**352933469**	**64277092**
北京	107300784	14239337	11677813	5936150	559005	69567832	5320647
天津	30562688	2630878	6292749	5976430	10818376	4698167	146088
河北	37530542	672824	6604184	9171410	15741025	4701874	639225
山西	17787006	213029	3218066	5565570	6469353	2209096	111892
内蒙古	14463821		2274590	3673341	5972411	1705460	838019
辽宁	62946094	2974089	7077920	25272651	1458964	20510869	5651601
吉林	15430259	893229	2315831	4133953	4806601	3201616	79029
黑龙江	22550629	1320085	5698664	12095672	630493	2059685	746030
上海	100126953	8485082	12013855	17144316	110388	55565556	6807756
江苏	132774455	6195035	36910424	60332969	4370892	23077333	1887802
浙江	140300356	8085421	27866672	63867997	14109553	21503875	4866838
安徽	44548159	1658952	8262495	16005358	7671889	9637570	1311895
福建	56666542	2524681	6947800	16502587	8501702	21351755	838017
江西	35947078	53499	8107859	14178348	7601520	5760069	245783
山东	94902076	3867940	12059106	29979008	23224090	22674914	3097018
河南	41520349	1808664	8905247	15762571	3837757	8552595	2653515
湖北	40985868	2198077	12354241	14135938	5333380	6379857	584375
湖南	47254036	804996	8598994	29932534	3676243	3767048	474221
广东	140606645	13737385	20314158	38617946	21222279	22102769	24612108
广西	34279411	685216	3402903	12145610	2457258	14882894	705530
海南	7485147	21870	791843	1444123	1874787	2932422	420102
重庆	62292602	4841397	22420128	25314253	2597814	6720421	398589
四川	74891605	1609433	17508572	42560881	6455596	6266112	491011
贵州	25615861	698300	3652924	7751363	10232348	3084857	196069
云南	18471584	1789214	3525367	5071406	5501515	2408628	175454
西藏	605862	18000	282768	149541	91653	60800	3100
陕西	27780184	1360192	7773653	11331122	4959251	1876330	479636
甘肃	13354004	382126	2848607	5942584	1896584	2146631	137472
青海	5110185	634532	1840504	1614857	567315	368662	84315
宁夏	9407891	890927	2274715	2738666	2264490	965138	273955
新疆	13330294	1549861	2970461	3682995	2934343	2192634	

4-A-9 各地区按资质等级分房地产开发企业的竣工房屋面积

单位：平方米

地区	总计	一级	二级	三级	四级	暂定	其他
全国	**526378615**	**34781004**	**100915483**	**192215488**	**80777944**	**95885115**	**21803581**
北京	34302877	6256071	3701433	2555068	274688	19628512	1887105
天津	11196485	1020379	2364244	3172563	3580911	983030	75358
河北	15368512	346736	2442251	4165306	6511510	1709286	193423
山西	5665737	52219	1028509	1785039	2329556	389488	80926
内蒙古	6842320		942537	1906938	2749799	796988	446058
辽宁	23036397	1389430	2806976	9880562	883822	6408101	1667506
吉林	7102486	436006	960694	1985110	2224090	1451557	45029
黑龙江	11132574	787889	2355224	5926981	484428	990931	587121
上海	37122223	4226265	5867496	8179777	61598	16891288	1895799
江苏	49960596	2320082	13229451	25672729	2569233	5601301	567800
浙江	35637288	2152688	7125688	17244864	4763311	3598153	752584
安徽	18785137	698582	3804622	6602584	4283737	2946421	449191
福建	17378274	895976	1923093	5836060	3083153	5281910	358082
江西	16664138	11726	4145275	6760678	4269243	1307044	170172
山东	38379525	1701259	5503426	12972152	9861328	6811384	1529976
河南	13475575	596782	3148731	5316268	1745942	2006705	661147
湖北	17763033	892422	5265844	6702079	3090118	1691070	121500
湖南	19250740	427762	4834546	10615402	1838993	1274792	259245
广东	44703520	4443392	4757616	11176407	8867483	6734183	8724439
广西	10560528	204109	1812530	3725070	1078558	3454532	285729
海南	1689546		130764	338238	697324	363183	160037
重庆	15802846	1458440	5699566	6796612	829282	998557	20389
四川	30597957	788688	7430453	17704938	2577712	1858797	237369
贵州	9311804	249130	1057259	3492346	3973382	510039	29648
云南	7108827	834927	1436876	1949476	2269475	563358	54715
西藏	513975	18000	280678	99511	61213	51473	3100
陕西	8214815	685186	2284765	2930530	1840998	336992	136344
甘肃	4779472	216267	848803	2364888	920807	316355	112352
青海	2405953	306506	846334	918144	290931	26556	17482
宁夏	4583000	402947	1206976	1471510	1048080	179532	273955
新疆	7042455	961138	1672823	1967658	1717239	723597	

4-A-10 各地区按资质等级分房地产开发企业的新开工房屋面积

单位：平方米

地 区	总 计	一 级	二 级	三 级	四 级	暂 定	其 他
全 国	**622210052**	**35128989**	**109333810**	**210548535**	**84666884**	**158793898**	**23737936**
北 京	31745865	4343821	3402251	2017659	91967	20891481	998686
天 津	12749956	1231680	3329357	2175926	3842676	2170317	
河 北	18133833	241802	2851673	4389935	7587985	2659959	402479
山 西	8790925		1520291	2203486	3408882	1627214	31052
内蒙古	8746510		1154544	1980888	3828297	1109417	673364
辽 宁	28282365	1803456	3167946	10369701	1109928	9285305	2546029
吉 林	10071186	558253	1623409	2766107	3100910	1953478	69029
黑龙江	11931656	587763	2915323	5859245	538014	1537589	493722
上 海	35526498	3264653	2755900	6507482	48790	20697261	2252412
江 苏	66028745	3316943	16570574	29974810	2620688	12599127	946603
浙 江	55442153	2803330	8830872	23912190	6147694	12087772	1660295
安 徽	22575530	880670	3782566	7872522	3593330	5658354	788088
福 建	18068999	429215	2172118	5953101	1911041	7351554	251970
江 西	16940950	41773	3092810	5852283	4230985	3604788	118311
山 东	46915625	1548081	6139987	14837550	11363813	11343248	1682946
河 南	18992193	901385	3671044	6148065	1769152	5006679	1495868
湖 北	18319574	772946	5630699	5501954	2627173	3436297	350505
湖 南	20234285	293546	3067368	12409460	1955068	2324296	184547
广 东	48664839	5943708	6141977	12656349	6666626	10069046	7187133
广 西	14270654	166434	898319	4036476	928106	7865739	375580
海 南	2389001	21870	186240	351393	559973	1129689	139836
重 庆	21909911	1271711	7000271	8867284	966544	3525634	278467
四 川	32630042	753571	7729758	18325689	2753125	2853137	214762
贵 州	9902285	390600	1521321	2752827	3578996	1635199	23342
云 南	9219804	908813	2183061	2206764	2481173	1338664	101329
西 藏	363263	18000	206050	7500	78913	52800	
陕 西	12097331	648508	2949979	4387016	2997974	911655	202199
甘 肃	5682033	165859	1032387	2014277	952435	1479375	37700
青 海	1998642	395469	528012	647712	187857	178905	60687
宁 夏	5870651	563812	1524376	1675897	1196315	739256	170995
新 疆	7714748	861317	1753327	1886987	1542454	1670663	

4-A-11 各地区按用途分房地产开发企业竣工房屋价值

单位：万元

地区	竣工房屋价值	住宅	#别墅、高档公寓	#经济适用房屋	办公楼	商业营业用房	其他
全国	**70083956**	**53958021**	**5314146**	**4122033**	**3256900**	**9336981**	**3532054**
北京	6714908	4904481	605957	383581	603928	450455	756044
天津	1363960	1130251	110661	255420	74697	109762	49250
河北	1725713	1432308	13266	189561	25837	234327	33241
山西	725518	545513	37099	106250	40177	129810	10018
内蒙古	694201	495852		66196	28638	161305	8406
辽宁	2805817	2227836	104806	55439	69326	402662	105993
吉林	789688	575177	2487	119992	39759	149259	25493
黑龙江	1169674	795478	19498	146606	37342	287008	49846
上海	8951434	7329908	1762007		621816	500649	499061
江苏	6183545	4961821	461999	368630	111533	859614	250577
浙江	5232424	3893819	275413	304728	328964	720176	289465
安徽	1818836	1354985	53775	84767	60826	355915	47110
福建	2146092	1701672	93209	73900	58978	280181	105261
江西	1349875	976888	33532	77333	16859	303048	53080
山东	4328594	3291350	151592	234827	212421	648379	176444
河南	1260183	993148	76041	105390	19457	225475	22103
湖北	2307120	1841324	141357	125118	68889	334400	62507
湖南	1805527	1272458	156140	253848	73199	380769	79101
广东	8378754	6583929	533934	96586	345979	928812	520034
广西	976495	767274	92324	22940	8341	152398	48482
海南	272860	242361	59417	61669	1103	26442	2954
重庆	1594663	1137837	49252	119729	54991	293116	108719
四川	2598077	1851732	221187	122500	99318	561461	85566
贵州	826854	617217	59757	88882	27626	150264	31747
云南	845052	705429	112740	117760	22363	99526	17734
西藏	79917	68847	16750	48472	340	10650	80
陕西	1142903	892177	4361	150708	72380	138946	39400
甘肃	527257	389823	2087	87704	30641	94953	11840
青海	267381	187417	20801	40134	34931	35888	9145
宁夏	421410	302007	15027	41584	10322	84990	24091
新疆	779224	487702	27670	171779	55919	226341	9262

4-A-12 各地区房地产开发企业建造的房屋面积和造价

地区	施工房屋面积(平方米)	竣工房屋面积(平方米)	房屋建筑面积竣工率(%)	竣工房屋价值(万元)	竣工房屋造价(元/平方米)
全国	**1476828970**	**526378615**	**35.6**	**70083956**	**1331**
北京	107300784	34302877	32.0	6714908	1958
天津	30562688	11196485	36.6	1363960	1218
河北	37530542	15368512	40.9	1725713	1123
山西	17787006	5665737	31.9	725518	1281
内蒙古	14463821	6842320	47.3	694201	1015
辽宁	62946094	23036397	36.6	2805817	1218
吉林	15430259	7102486	46.0	789688	1112
黑龙江	22550629	11132574	49.4	1169674	1051
上海	100126953	37122223	37.1	8951434	2411
江苏	132774455	49960596	37.6	6183545	1238
浙江	140300356	35637288	25.4	5232424	1468
安徽	44548159	18785137	42.2	1818836	968
福建	56666542	17378274	30.7	2146092	1235
江西	35947078	16664138	46.4	1349875	810
山东	94902076	38379525	40.4	4328594	1128
河南	41520349	13475575	32.5	1260183	935
湖北	40985868	17763033	43.3	2307120	1299
湖南	47254036	19250740	40.7	1805527	938
广东	140606645	44703520	31.8	8378754	1874
广西	34279411	10560528	30.8	976495	925
海南	7485147	1689546	22.6	272860	1615
重庆	62292602	15802846	25.4	1594663	1009
四川	74891605	30597957	40.9	2598077	849
贵州	25615861	9311804	36.4	826854	888
云南	18471584	7108827	38.5	845052	1189
西藏	605862	513975	84.8	79917	1555
陕西	27780184	8214815	29.6	1142903	1391
甘肃	13354004	4779472	35.8	527257	1103
青海	5110185	2405953	47.1	267381	1111
宁夏	9407891	4583000	48.7	421410	920
新疆	13330294	7042455	52.8	779224	1106

4-A-13 各地区按用途分商品房屋实际销售面积

单位：万平方米

地 区	商品房销售面积	住 宅	#别墅、高档公寓	#经济适用房屋	办公楼	商业营业用房	其 他
全 国	**453612085**	**397226809**	**24316457**	**39683043**	**9266645**	**39807492**	**7311139**
北 京	27708088	25525867	1909604	3077396	1172321	715784	294116
天 津	8581174	7833203	634849	2012715	239252	351099	157620
河 北	14409670	12747361	111097	1652216	120707	1333032	208570
山 西	4826269	4133803	33388	1077468	77316	557877	57273
内蒙古	7081115	5752704	69199	1046822	105762	1173764	48885
辽 宁	20135338	17984190	522633	722557	172466	1639751	338931
吉 林	7016498	6010273	14408	1341007	137436	774344	94445
黑龙江	9846508	7900508	46261	1966795	127929	1562776	255295
上 海	36420467	33372874	6387906		1098658	1516973	431962
江 苏	38351474	33093163	2427033	2872183	774077	3876163	608071
浙 江	30513831	25653054	1134335	1622938	1070145	2847342	943290
安 徽	15289311	12835657	279773	1003042	303163	1970618	179873
福 建	15181612	13190992	527066	738479	378127	1267397	345096
江 西	13853173	11523746	320227	840958	86442	1926500	316485
山 东	33042237	27659512	792731	2454367	541273	4428045	413407
河 南	11967789	10710263	364776	1787080	116583	1065255	75688
湖 北	15918082	14561460	1320025	1438113	224132	930266	202224
湖 南	16196631	13792262	921946	2525176	299598	1661197	443574
广 东	40119138	36027839	3077757	1094009	591862	2450066	1049371
广 西	9336260	8402030	475336	350011	78704	722563	132963
海 南	1818782	1669123	358944	498705	2965	140433	6261
重 庆	13237393	11532650	159018	1077785	296254	1245674	162815
四 川	26165162	22828108	1031249	1226559	442436	2601055	293563
贵 州	7019384	6216576	134334	991409	160140	576713	65955
云 南	7324924	6556521	857249	915629	77565	611317	79521
西 藏	388811	367489	90896	241883	6400	14922	
陕 西	7119051	6541611	59601	1294539	222786	323360	31294
甘 肃	3737085	3374158	20765	956985	83307	259413	20207
青 海	1457579	1250463	51098	430983	86546	111847	8723
宁 夏	3193949	2796016	21898	374286	35958	339296	22679
新 疆	6355300	5383333	161055	2050948	136335	812650	22982

4-A-14 各地区按资质等级分房地产开发企业商品房实际销售面积

单位：平方米

地 区	总 计	一 级	二 级	三 级	四 级	暂 定	其 他
全 国	**453612085**	**28976589**	**85619506**	**164585934**	**72229748**	**82216453**	**19983855**
北 京	27708088	5087425	3175348	2407259	275949	15256457	1505650
天 津	8581174	627781	1564188	2289818	3027228	1045584	26575
河 北	14409670	356861	2373711	3463454	6420286	1625640	169718
山 西	4826269	54210	817533	1486166	2141735	271185	55440
内蒙古	7081115		964095	1882357	3124907	745272	364484
辽 宁	20135338	1097494	2537881	9565154	837511	4492895	1604403
吉 林	7016498	437236	905404	2312703	2307137	996968	57050
黑龙江	9846508	736469	2224617	5234070	413562	722457	515333
上 海	36420467	2649417	5518193	7088071	51441	19398679	1714666
江 苏	38351474	1637475	10000050	20720730	1994560	3552485	446174
浙 江	30513831	2035294	6226434	14449493	4343091	2727194	732325
安 徽	15289311	651654	3171436	5595394	3414478	2109339	347010
福 建	15181612	544040	1807887	4538715	2784457	5187278	319235
江 西	13853173	29308	3328325	5487641	3845226	1037350	125323
山 东	33042237	1325331	4565998	10755959	8379786	5677684	2337479
河 南	11967789	672411	3092264	4564298	1574716	1376554	687546
湖 北	15918082	1231203	4644006	5528598	2942146	1503255	68874
湖 南	16196631	375360	3485085	9834088	1334510	1062795	104793
广 东	40119138	4325958	4136567	9985059	8260369	5539931	7871254
广 西	9336260	205247	1573800	3423912	915593	3084156	133552
海 南	1818782	345	203373	298468	687432	496131	133033
重 庆	13237393	936183	5051209	5835853	663150	733992	17006
四 川	26165162	507590	6208758	15564864	2227446	1426351	230153
贵 州	7019384	162877	566309	2653714	3229398	366797	40289
云 南	7324924	825834	1462672	1773473	2495392	725350	42203
西 藏	388811	18000	210850	108437	25673	22751	3100
陕 西	7119051	471514	2054839	2697169	1605864	171890	117775
甘 肃	3737085	151789	798276	1705549	773073	239456	68942
青 海	1457579	106037	447484	654382	187363	38051	24262
宁 夏	3193949	283986	976397	1010985	700691	101682	120208
新 疆	6355300	1432260	1526517	1670101	1245578	480844	

4-A-15 各地区按用途分房地产开发企业商品房预售面积

单位：平方米

地区	商品房预售面积	住宅	#别墅、高档公寓	#经济适用房屋	办公楼	商业营业用房	其他
全国	**222279405**	**197637119**	**16521230**	**12743425**	**5225774**	**16795384**	**2621128**
北京	14882794	13416159	1160552	3120452	921408	317068	228159
天津	4357499	3952738	529871	691110	56563	300144	48054
河北	4558789	4208021	44744	582460	13475	308847	28446
山西	1391645	1212480	69423	248269	11751	167414	
内蒙古	666882	438827		93670	16279	211776	
辽宁	4249392	3816914	228540	110612	22402	381989	28087
吉林	637914	554333		39335	3944	68528	11109
黑龙江	1851231	1460577	979	225167	58883	322812	8959
上海	22723381	21467560	4969313		467501	699917	88403
江苏	23442424	20804763	1396912	459801	648277	1808662	180722
浙江	28805641	24808229	2077899	845243	1066402	2142099	788911
安徽	6377612	5577717	160814	230977	124478	648384	27033
福建	11299541	10056278	623228	400822	130537	867875	244851
江西	3972250	3220099	140191	70939	74768	576042	101341
山东	12619725	10365300	552256	1006534	201169	2026227	27029
河南	5385629	4794792	292981	452993	57776	482170	50891
湖北	4947493	4599238	234178	335742	96935	215639	35681
湖南	5628599	4878238	269268	556504	87235	601822	61304
广东	20393631	18597327	1910943	557215	554630	1034171	207503
广西	6630628	6052901	264811	101630	73674	433379	70674
海南	1053443	885268	160949	126113	8125	150154	9896
重庆	8986058	8165385	405455	295939	84992	649712	85969
四川	12798311	11456182	575331	398440	108214	1189286	44629
贵州	4552937	3862603	51345	371121	169659	472477	48198
云南	3744422	3421683	304022	336209	10135	163282	149322
西藏	17880	9750	6000	3750	3750	4380	
陕西	2938954	2693363	7665	378131	47586	198005	
甘肃	1169367	971687		141753	65071	111832	20777
青海	642838	573864	74357	193161	28961	34333	5680
宁夏	810530	744907	883	212663		46123	19500
新疆	741965	569936	8320	156670	11194	160835	

4-A-16 各地区按用途分房地产开发企业商品房出租面积

单位：平方米

地区	商品房出租面积	住宅	#别墅、高档公寓	#经济适用房屋	办公楼	商业营业用房	其他
全国	**43882016**	**6746730**	**1524694**	**177466**	**8697769**	**19602749**	**8834768**
北京	4221048	576784	462593		2020508	1277291	346465
天津	820748	196567	37568		94788	263506	265887
河北	384244	86859		2500	14519	260215	22651
山西	191280	2170	409		44214	138165	6731
内蒙古	198453	14720		1380	15909	128672	39152
辽宁	830201	164117	39846		157035	406458	102591
吉林	370252	125131		1148	40586	197652	6883
黑龙江	162076	5300			63011	89334	4431
上海	9184058	1070633	764372		2961815	2215219	2936391
江苏	2510929	271832	12510	7300	230029	963111	1045957
浙江	1612950	165316	19555	2400	239637	815184	392813
安徽	633293	44997			67877	427617	92802
福建	1823775	342860	412	13766	174358	948114	358443
江西	325621	38554			13006	267161	6900
山东	1076185	52485		350	155668	628975	239057
河南	622005	76984	3639	2184	78742	448327	17952
湖北	1021837	444748	30000	21023	95181	460977	20931
湖南	1565510	299758	48786	31481	96208	943244	226300
广东	8446394	1252745	71119	4542	1371647	3971469	1850533
广西	726859	55610		11775	14360	617261	39628
海南	646245	107003	31480		18528	54784	465930
重庆	1531379	104948	748		109266	1219189	97976
四川	2711243	806217	304	3400	190289	1587184	127553
贵州	503355	166168		39800	58545	260701	17941
云南	451184	33754		4197	176993	224329	16108
西藏	15254					15254	
陕西	151941	68880		2155	30133	45004	7924
甘肃	292336	12160		505	11967	221174	47035
青海	104693	5290	1353	1341	27030	72173	200
宁夏	93702	6164			4012	81689	1837
新疆	652966	147976		26219	121908	353316	29766

4-A-17　各地区按用途分房地产开发企业商品房实际销售额

单位：万元

地　区	商品房销售额	住　宅	#别墅、高档公寓	#经济适用房屋	办公楼	商业营业用房	其他
全　国	**126012123**	**103595565**	**13559475**	**5881054**	**5323161**	**15459522**	**1633875**
北　京	14527998	12691023	1812764	914617	1115642	588341	132992
天　津	2707117	2322591	219555	513802	135734	190510	58282
河　北	2323197	1889007	21158	199960	25920	384823	23447
山　西	857690	634091	13743	117624	27025	189835	6739
内蒙古	983424	700224	13363	124877	17365	258337	7498
辽　宁	4866124	4165674	264484	138291	50524	564718	85208
吉　林	1189469	930730	3460	202983	34195	204009	20535
黑龙江	1873625	1315782	12204	277166	36577	450912	70354
上　海	24179502	21228830	6109345		1407716	1338990	203966
江　苏	10022929	7933452	883532	407978	395558	1601821	92098
浙　江	9483043	7058451	466504	377558	567751	1633598	223243
安　徽	2676669	2041547	63949	105219	81046	534335	19741
福　建	3932046	3076767	166364	95604	121436	671028	62815
江　西	1914060	1400843	70579	70908	8976	465991	38250
山　东	6570141	5132304	218402	306684	259333	1091311	87193
河　南	1906891	1533020	88051	197873	31407	335107	7357
湖　北	3103639	2765232	337972	151046	61090	246455	30862
湖　南	2371053	1713233	194556	242675	65795	546510	45515
广　东	15097742	12958978	1336315	166729	424826	1442665	271273
广　西	1891514	1522678	157784	34042	25560	316936	26340
海　南	420399	359579	108807	63094	653	59193	974
重　庆	2323874	1814068	83024	148088	71961	409219	28626
四　川	4166990	3085063	321747	133421	128733	915468	37726
贵　州	967538	718942	40301	105183	34121	202689	11786
云　南	1468340	1233001	213110	104372	29111	183824	22404
西　藏	324805	306373	253898	48330	165	18267	
陕　西	1314058	1148604	25039	172688	71379	85664	8411
甘　肃	604011	490188	3331	89733	22373	89428	2022
青　海	241004	183485	11035	53384	22682	33500	1337
宁　夏	597088	457397	6151	50367	12536	124182	2973
新　疆	1106143	784408	38948	266758	35971	281856	3908

4-A-18 各地区按资质等级分房地产开发企业商品房销售额

单位：万元

地 区	总 计	一 级	二 级	三 级	四 级	暂 定	其 他
全 国	**126012123**	**12185809**	**24267913**	**38085643**	**12067236**	**32124000**	**7281522**
北 京	14527998	2498465	1454009	1132737	108418	8441274	893095
天 津	2707117	230191	513354	641963	799916	512987	8706
河 北	2323197	96375	474742	534104	929577	265126	23273
山 西	857690	14047	200789	264596	331125	37678	9455
内蒙古	983424		130969	268880	429265	115679	38631
辽 宁	4866124	333801	702261	2256010	111463	1130784	331805
吉 林	1189469	99804	184149	393915	331333	175447	4821
黑龙江	1873625	174012	483466	996062	45717	98850	75518
上 海	24179502	2157810	3515158	4248808	37842	12981669	1238215
江 苏	10022929	479566	3043911	5125232	276950	957989	139281
浙 江	9483043	839656	2204839	4339966	987179	785456	325947
安 徽	2676669	136340	657703	966323	487032	387991	41280
福 建	3932046	200590	470347	1049787	874651	1251926	84745
江 西	1914060	3676	615938	804400	366578	109984	13484
山 东	6570141	416304	1088962	2081470	1425896	1140558	416951
河 南	1906891	141335	520781	756848	188241	196256	103430
湖 北	3103639	285006	1205993	1051535	250077	302725	8303
湖 南	2371053	50238	593116	1443210	118102	157245	9142
广 东	15097742	2944714	2025068	3468922	1691784	1593622	3373632
广 西	1891514	48093	401657	687724	109224	624633	20183
海 南	420399	44	51922	73589	179854	103975	11015
重 庆	2323874	190953	1093093	848444	72755	116820	1809
四 川	4166990	93073	1067335	2350363	342724	258780	54715
贵 州	967538	36000	86922	386586	407633	46508	3889
云 南	1468340	149669	325892	332828	528267	127663	4021
西 藏	324805	1761	43684	254582	3611	19952	1215
陕 西	1314058	137136	427998	478432	204336	48708	17448
甘 肃	604011	42464	144196	300219	89791	22620	4721
青 海	241004	23241	87179	96935	24624	6690	2335
宁 夏	597088	79603	205652	168470	107712	15194	20457
新 疆	1106143	281842	246828	282703	205559	89211	

4-A-19 各地区按用途分商品房屋平均销售价格

单位：元/平方米

地 区	房屋销售价格	住 宅	#别墅、高档公寓	#经济适用房屋	办公楼	商业营业用房	其 他
全 国	**2778**	**2608**	**5576**	**1482**	**5744**	**3884**	**2235**
北 京	5243	4972	9493	2972	9517	8220	4522
天 津	3155	2965	3458	2553	5673	5426	3698
河 北	1612	1482	1904	1210	2147	2887	1124
山 西	1777	1534	4116	1092	3495	3403	1177
内蒙古	1389	1217	1931	1193	1642	2201	1534
辽 宁	2417	2316	5061	1914	2930	3444	2514
吉 林	1695	1549	2401	1514	2488	2635	2174
黑龙江	1903	1665	2638	1409	2859	2885	2756
上 海	6639	6361	9564		12813	8827	4722
江 苏	2613	2397	3640	1420	5110	4132	1515
浙 江	3108	2752	4113	2326	5305	5737	2367
安 徽	1751	1591	2286	1049	2673	2712	1097
福 建	2590	2332	3156	1295	3212	5295	1820
江 西	1382	1216	2204	843	1038	2419	1209
山 东	1988	1856	2755	1250	4791	2465	2109
河 南	1593	1431	2414	1107	2694	3146	972
湖 北	1950	1899	2560	1050	2726	2649	1526
湖 南	1464	1242	2110	961	2196	3290	1026
广 东	3763	3597	4342	1524	7178	5888	2585
广 西	2026	1812	3319	973	3248	4386	1981
海 南	2311	2154	3031	1265	2202	4215	1556
重 庆	1756	1573	5221	1374	2429	3285	1758
四 川	1593	1351	3120	1088	2910	3520	1285
贵 州	1378	1156	3000	1061	2131	3515	1787
云 南	2005	1881	2486	1140	3753	3007	2817
西 藏							
陕 西	1846	1756	4201	1334	3204	2649	2688
甘 肃	1616	1453	1604	938	2686	3447	1001
青 海	1653	1467	2160	1239	2621	2995	1533
宁 夏	1869	1636	2809	1346	3486	3660	1311
新 疆	1741	1457	2418	1301	2638	3468	1700

4-A-20 各地区房地产开发企业商品房屋空置情况

单位：平方米

地　区	空置面积 合　计	空　置 一年以下	空　置 一年以上	空置一年以上 占比重（%）
全　国	**142936406**	**65394438**	**77541968**	**54.2**
北　京	10699456	3306656	7392800	69.1
天　津	1899367	338296	1561071	82.2
河　北	3829936	2256812	1573124	41.1
山　西	1901537	1185793	715744	37.6
内蒙古	2299713	1091718	1207995	52.5
辽　宁	14828709	5461505	9367204	63.2
吉　林	5367828	2488940	2878888	53.6
黑龙江	6658962	3271485	3387477	50.9
上　海	4159508	2440433	1719075	41.3
江　苏	6405250	3084609	3320641	51.8
浙　江	4229927	2571911	1658016	39.2
安　徽	2720834	1397705	1323129	48.6
福　建	4585759	1888998	2696761	58.8
江　西	2920480	1705985	1214495	41.6
山　东	6243635	3222457	3021178	48.4
河　南	3727567	1877569	1849998	49.6
湖　北	3626444	1808095	1818349	50.1
湖　南	2872732	1592948	1279784	44.5
广　东	22591372	8317855	14273517	63.2
广　西	2174530	1481284	693246	31.9
海　南	1358514	217768	1140746	84.0
重　庆	5430835	2527696	2903139	53.5
四　川	7160943	3251847	3909096	54.6
贵　州	2764482	1486625	1277857	46.2
云　南	1200054	384446	815608	68.0
西　藏	20950	20950		
陕　西	2162325	1084627	1077698	49.8
甘　肃	1956952	1101801	855151	43.7
青　海	597029	377562	219467	36.8
宁　夏	2536767	1994250	542517	21.4
新　疆	4004009	2155812	1848197	46.2

4-A-21 各地区按用途分房地产开发企业商品房屋空置情况

单位：平方米

地区	房屋空置面积合计	住宅	#别墅、高档公寓	#经济适用房屋	办公楼	商业营业用房	其他
全国	**142936406**	**85959883**	**7447946**	**7261361**	**9259379**	**37282586**	**10434558**
北京	10699456	7567054	1434223	239288	1162518	1252217	717667
天津	1899367	1285103	274235	233856	158433	309632	146199
河北	3829936	2694002	38842	231727	209043	862754	64137
山西	1901537	1192129	102985	138422	160986	459125	89297
内蒙古	2299713	1466478	41158	288255	80072	693104	60059
辽宁	14828709	10901723	527815	271029	391946	3029741	505299
吉林	5367828	3810666	20160	808557	235527	1102617	219018
黑龙江	6658962	4266515	17443	1030400	120321	2063157	208969
上海	4159508	1576528	452532		718421	751748	1112811
江苏	6405250	3677598	401316	182199	377989	1935758	413905
浙江	4229927	1770577	216707	41506	335100	1736709	387541
安徽	2720834	1372183	56736	24235	168332	1084492	95827
福建	4585759	1699083	106054	37922	440101	1736783	709792
江西	2920480	1397329	35630	100017	127816	1272418	122917
山东	6243635	4082844	170644	281890	426158	1533000	201633
河南	3727567	2843853	125269	351765	135952	677359	70403
湖北	3626444	2501220	375974	220191	243655	799386	82183
湖南	2872732	1674752	140127	183565	135335	830712	231933
广东	22591372	12934310	1442747	440447	1513120	5544443	2599499
广西	2174530	1327928	87968	49062	66731	495513	284358
海南	1358514	1063618	746689	88396	70777	144761	79358
重庆	5430835	1805922	62425	55921	471964	2239312	913637
四川	7160943	3389509	219791	148879	507557	2738064	525813
贵州	2764482	1538350	23967	105429	168408	904305	153419
云南	1200054	592932	115699	110546	117317	376118	113687
西藏	20950	20400	20400			550	
陕西	2162325	1525893	24653	273429	258071	316146	62215
甘肃	1956952	1404075	15038	184583	111150	395643	46084
青海	597029	441015	8007	126797	70780	79947	5287
宁夏	2536767	1652505	64403	158282	114811	663990	105461
新疆	4004009	2483789	78309	854766	160988	1253082	106150

4-A-22 各地区房地产开发企业土地开发及其购置情况

地 区	本年完成开发土地面积（平方米）	待开发土地面积（平方米）	本年购置土地面积（平方米）	本年土地成交价款（万元）
全 国	**280163945**	**396352788**	**488946455**	**35299475**
北 京	15597712	38037223	27623253	3149642
天 津	10152720	5928924	13181321	780913
河 北	6457950	4205396	12469300	563001
山 西	2927230	2804247	5033799	288300
内蒙古	2679996	587951	5788532	172359
辽 宁	10187730	5828107	22568792	1779227
吉 林	1782270	419600	4941544	276099
黑龙江	4353913	2187420	5691027	315054
上 海	9906330	7350046	13326018	1622615
江 苏	28365075	59455128	51206029	4745052
浙 江	18615359	26662005	30235973	5512394
安 徽	11098642	14279173	24050089	1234711
福 建	9300138	8409716	15895074	2026359
江 西	11405421	12516415	15268983	538174
山 东	24329157	33727963	47330537	2001294
河 南	8571954	8177806	17252288	880041
湖 北	12356004	17641398	21470234	871125
湖 南	13879762	15438561	21654902	2143984
广 东	34821494	62037985	33774776	1844662
广 西	6588635	15903688	13512482	474792
海 南	824433	6670412	8524276	102180
重 庆	8520159	13937702	11376127	730169
四 川	7928991	11677433	24551964	1642456
贵 州	3569258	6034979	7769192	241942
云 南	4021964	3397390	7727857	449162
西 藏	466490	298290	2960306	62755
陕 西	3985737	4849401	7796076	329630
甘 肃	1932552	1691199	3055860	138664
青 海	1030194	570277	1302874	49831
宁 夏	524285	1580763	4611743	190256
新 疆	3982390	4046190	6995227	142632

4-A-23 各地区按登记注册类型分房地产开发企业资产总计

单位：万元

地区	总计	内资					
			国有	集体	股份合作	国有联营	集体联营
全国	**617891877**	**495108919**	**71237705**	**11758198**	**4468951**	**1453617**	**224788**
北京	87524068	63108273	8729322	632156	179541	67172	1000
天津	16279658	13711889	2252207	323939	32019	119539	6509
河北	7761168	7188392	614481	64845	120192		
山西	4157690	3727908	476353	70120	132408		
内蒙古	2044004	1965588	61242	20435	13173	4509	
辽宁	21678342	17761536	936189	91120	192916		
吉林	5246135	4700804	388246	3020	2752		
黑龙江	6703702	6217984	867894	39710	129762		1399
上海	121359898	95125115	24334177	2176203	415284	629417	60548
江苏	44591906	38032921	4511415	749072	420332	122711	1433
浙江	53183606	49947218	3050018	601273	336040	180764	9900
安徽	10062523	9204352	1253303	97309	166942	11814	787
福建	20976402	12411798	3241129	400164	152525	109274	12672
江西	6590995	5327280	682386	77347	61965		507
山东	22986422	20328493	2791316	717434	458771	22232	28503
河南	8276947	6727126	749643	93152	27211		
湖北	13713617	11087442	1987075	140452	158034	14528	2307
湖南	11590953	10174280	931347	153682	166379	2535	260
广东	81413158	56325444	7011723	4044945	596993	108258	44172
广西	7968606	6349680	986947	169665	55157	25073	10969
海南	5427701	4361254	743995	330720	45031	32604	9595
重庆	14982564	12415522	794434	83295	144859		
四川	16426235	14579916	1499626	286979	231403	1828	
贵州	4403069	3982039	293850	67177	15763		
云南	5606618	4997059	274222	18270	43807		29162
西藏	139865	139357	42855		2260		
陕西	7241898	6691951	1203163	169735	125470		4315
甘肃	2659931	2224913	235013	87734	16724		753
青海	1336615	1258946	74612	30742	25238	1361	
宁夏	1740110	1691375	99455	7179			
新疆	3817473	3343067	120069	10326			

4-A-23 续表 1

单位：万元

地 区	内			资			
	国有与集体联营	其他联营	国有独资公司	其他有限责任公司	股份有限公司	私营独资	私营合伙
全 国	**628869**	**934161**	**18911249**	**198099389**	**38624106**	**1464565**	**1173580**
北 京	32913	3702	2885890	34975202	6220261		
天 津	47640		1109625	4360745	1272403	20291	35840
河 北			10511	2629848	1156051	23813	45033
山 西	4283	22085	11906	1432925	25016	86954	8615
内蒙古			4138	828360	133280	7424	7796
辽 宁	3000		309312	6696058	1465265	193733	9815
吉 林			747622	1831508	364415	25797	4866
黑龙江		7973	10166	2522661	895629	15667	32944
上 海	336275	214841	5792801	34230122	5176169	67785	195732
江 苏	40227	20532	554818	14452064	2096211	133194	94653
浙 江	29270	510	1075838	25345797	1980771	14120	22146
安 徽	1804	51221	364555	2365796	844826	80191	44874
福 建	9395	29014	468311	2975326	833679	90178	203239
江 西	1100	3956	108078	2006630	461447	74229	34609
山 东	21217	14671	237974	8960975	1934623	94178	32606
河 南		7312	155172	2726898	464936	44508	20349
湖 北	11676	7969	290512	3918379	1424148	87392	65673
湖 南		3807	1163284	4643768	759236	30860	35917
广 东	59003	495722	932491	18367568	5552802	128623	152788
广 西		9544	86919	1798433	403820	19631	40833
海 南	18375	16165	247253	1453917	676675	29123	7266
重 庆		10818	893411	4894249	948403	25881	2839
四 川		13800	204483	5024461	1285736	32307	4783
贵 州	5772	326	162276	1296258	351633	17286	22300
云 南	6920		34744	2033304	792454	35632	25021
西 藏				31598	1503	5749	
陕 西			358071	2531465	834775	52388	5465
甘 肃			45502	1241995	204296	19279	5735
青 海		195	363877	397329	2389	8355	7325
宁 夏			64226	536514	40911		640
新 疆			217484	1589234	20343		3877

4-A-23 续表 2

单位：万元

地区	内资			港澳台商投资		
	私营有限责任公司	私营股份有限公司	其他内资企业		合资经营	合作经营
全国	**136661876**	**8884343**	**583522**	**73825741**	**30304213**	**20548312**
北京	9125127	255988		14027626	3650951	9545987
天津	3817552	258503	55077	1165324	620127	311333
河北	2188140	328815	6662	366658	230656	6193
山西	1367822	80335	9086	375602	254679	638
内蒙古	808667	75528	1036	50189	50189	
辽宁	7214951	618474	30703	2105172	1319043	344923
吉林	1144804	159188	28586	345433	200615	
黑龙江	1515382	158473	20323	302752	178730	3687
上海	20661289	834471		12249155	6894597	924895
江苏	13967500	868405	355	4236503	2948564	339303
浙江	16528748	772023		1999750	1395867	24104
安徽	3568395	342436	10102	383413	260110	18633
福建	3559378	327085	432	5928794	1018429	233036
江西	1496504	318522		954472	428672	12893
山东	4605267	407382	1345	1628449	1015284	162812
河南	2239602	198344		849848	341569	88456
湖北	2530148	323705	125444	1906300	716674	325792
湖南	1800074	368739	114393	976030	602452	62407
广东	18249516	576562	4279	17353311	3938712	7526059
广西	2577253	148676	16759	1020421	577915	192634
海南	657622	61047	31866	681916	218580	
重庆	4061918	475744	79670	1892432	1291379	139668
四川	5518748	475762		1094790	600521	188059
贵州	1585800	127689	35909	286528	142982	21341
云南	1559737	132292	11495	500747	415195	34265
西藏	55393					
陕西	1352186	54919		395939	322162	39047
甘肃	347774	20108		306355	249226	
青海	248867	98657		48010	30275	2149
宁夏	930437	12014		1089	1089	
新疆	1377277	4457		392732	388970	

4-A-23 续表 3　　单位：万元

地区	港澳台商投资		外商投资				
	独　资	股份有限		合资经营	合作经营	独　资	股份有限
全　国	**22049964**	**923251**	**48957218**	**23330868**	**12426334**	**10433832**	**2766183**
北　京	830689		10388168	3288736	5414509	346202	1338722
天　津	233864		1402445	905828	124604	372013	
河　北	121680	8129	206118	176204	12175	10444	7295
山　西	120285		54180	54180			
内蒙古			28227	25251		2976	
辽　宁	381359	59846	1811634	1292433	205520	269064	44618
吉　林	144819		199898	184781		15117	
黑龙江	120335		182966	70957		112009	
上　海	4185855	243809	13985628	7727860	1602564	3551086	1104118
江　苏	879641	68995	2322482	1428156	149750	677901	66674
浙　江	579779		1236638	879899	37336	319403	
安　徽	104670		474759	313345	5981	145048	10385
福　建	4571424	105905	2635811	599897	249634	1747615	38665
江　西	512177	730	309243	199317	31103	75601	3224
山　东	449697	655	1029481	731805	161147	136529	
河　南	410674	9150	699973	337014	2709	356443	3807
湖　北	784631	79203	719875	345252	23174	348292	3158
湖　南	288210	22961	440642	231526	38194	161570	9353
广　东	5703275	185264	7734404	2506176	4061871	1092914	73442
广　西	241385	8487	598505	353439	149898	95167	
海　南	336887	126450	384531	179714	20373	165721	18722
重　庆	461385		674610	525501		118191	30918
四　川	303376	2834	751529	543165	22500	185864	
贵　州	122205		134502	25920	25198	71586	11798
云　南	51288		108811	63814	37233	7765	
西　藏			508	508			
陕　西	34730		154008	149517	4492		
甘　肃	57130		128663	80156	8201	39019	1288
青　海	14753	833	29659	28844		815	
宁　夏			47646		38169	9477	
新　疆	3762		81674	81674			

4-A-24 各地区按登记注册类型分房地产开发企业负债总计

单位：万元

地区	总计	内资	国有	集体	股份合作	国有联营	集体联营
全国	**457836253**	**367471113**	**52739146**	**9244422**	**3300556**	**1132762**	**267940**
北京	68442157	48830371	7454158	517401	126775	56979	
天津	11966566	9828012	1660283	265012	25254	105036	5436
河北	5704234	5260344	486028	50404	86056		
山西	2945051	2592436	416203	46503	114917		
内蒙古	1382094	1318345	52610	15503	10612	2485	
辽宁	17069465	14054436	860092	73690	152916		
吉林	4028783	3610444	330551	922	1919		
黑龙江	4737458	4400647	623929	26092	80823		444
上海	83451203	66289808	14628502	1757045	324172	433714	49217
江苏	35103869	30303772	3545541	608671	341551	115437	1253
浙江	43767229	41534762	2498119	491420	280212	149847	9583
安徽	7034484	6415422	987103	56444	113599	6376	878
福建	14752979	8705671	2500611	331341	117358	90985	12037
江西	4530181	3590846	530230	57898	30893		200
山东	17241041	15210363	2413321	474568	368884	15524	28704
河南	5938250	4696564	607641	67351	14659		
湖北	9463411	7236197	1348301	95409	77459	14241	1172
湖南	7817115	6763609	698312	98447	104081	497	60
广东	61760020	43416333	5881602	3224895	426686	92570	115362
广西	5836732	4532252	834315	127272	33050	7189	7212
海南	3619956	2965833	663090	289101	33150	41250	4583
重庆	10479621	8483538	693473	52506	108284		
四川	11252737	9893637	1201962	192149	173219	70	
贵州	3434371	3092067	264823	54342	7056		
云南	4357735	3910075	255248	16545	34088		27522
西藏	95556	95256	34743		714		
陕西	5071541	4620472	879923	146520	87918		3928
甘肃	1855285	1501686	194194	74437	12437		352
青海	780669	740360	14590	20068	11817	561	
宁夏	1307701	1282234	92079	4254			
新疆	2608758	2295322	87570	8209			

4-A-24 续表 1

单位：万元

地 区	内资						
	国有与集体联营	其他联营	国有独资公司	其他有限责任公司	股份有限公司	私营独资	私营合伙
全 国	**506633**	**722108**	**13074728**	**152840922**	**25612790**	**975900**	**826364**
北 京	33696	2714	2438957	27585450	4167487		
天 津	25135		795129	3376495	808225	11604	24470
河 北			9410	2023828	841534	17542	38050
山 西	3552	3515	11330	1038703	17897	53667	3441
内蒙古			3715	582208	95140	4338	4970
辽 宁			290430	5407384	1029395	145310	7296
吉 林			536209	1411308	286742	19644	907
黑龙江		2627	4938	1836158	673522	7769	20869
上 海	282839	156369	3432583	25887416	3020810	49645	128047
江 苏	31204	9979	435575	11549404	1562687	107728	72562
浙 江	26117	10	927321	21590831	1679190	9332	12510
安 徽	1004	44526	309156	1688103	560893	44340	33147
福 建	7876	18117	326572	2085688	501980	61448	173384
江 西	699	2025	82679	1414226	284472	27289	19388
山 东	17910	12220	172539	6627886	1449721	50361	3786
河 南		4931	111828	1899342	307000	29943	10620
湖 北	5176	1330	96643	2720307	871694	53481	47748
湖 南		3937	704813	3327003	385130	16211	27984
广 东	44480	425414	694003	14656028	3292829	109104	112389
广 西		5666	53729	1210973	317572	2869	27064
海 南	15193	13136	166284	871271	420189	24244	1006
重 庆		5286	433084	3609517	607181	20147	234
四 川		10307	135680	3388789	874839	13627	3519
贵 州	5382		165413	999327	248562	10141	14864
云 南	6369		25054	1576281	621254	30436	19977
西 藏				15976		4447	
陕 西			276806	1781426	511902	31764	4738
甘 肃			34250	825966	135110	15338	4375
青 海			209536	273244	120	4135	6536
宁 夏			40486	408536	25111		20
新 疆			150576	1171846	14604		2465

4-A-24 续表 2

单位：万元

地区	内资			港澳台商投资		
	私营有限责任公司	私营股份有限公司	其他内资企业		合资经营	合作经营
全 国	**99531105**	**6288781**	**406956**	**55061631**	**22236166**	**15986490**
北 京	6292992	153763		11422241	2769282	7912684
天 津	2490701	205076	30158	1010000	500041	306130
河 北	1460679	241926	4888	289813	172514	4838
山 西	834176	45835	2698	323098	214531	
内蒙古	499574	46199	992	46990	46990	
辽 宁	5616525	440093	31306	1613865	986921	302985
吉 林	878957	117347	25939	254058	160680	
黑龙江	998028	109924	15525	238549	124448	1175
上 海	15444841	694607		8265651	4625377	641836
江 苏	11238581	683375	225	3200296	2313503	211330
浙 江	13239024	621246		1456765	983163	15064
安 徽	2360135	204567	5151	285790	204141	10497
福 建	2276656	201616		4184881	621471	130716
江 西	952410	188438		756817	345297	9261
山 东	3282645	291794	502	1195991	722447	135210
河 南	1515910	127339		646619	293728	69464
湖 北	1584255	211326	107656	1630558	544323	315310
湖 南	1108684	209016	79433	726557	464094	32834
广 东	13926909	413318	745	12575095	2911365	5371103
广 西	1775613	121342	8386	838358	471760	184530
海 南	365694	37584	20059	378462	140458	
重 庆	2612569	307726	33530	1479585	1023544	82582
四 川	3603230	296246		810447	473395	167301
贵 州	1192883	99166	30106	224413	98458	20661
云 南	1195384	92259	9658	373977	295957	28522
西 藏	39376					
陕 西	860966	34581		332231	278307	32277
甘 肃	196198	9030		245478	205685	
青 海	126021	73733		18702	10311	181
宁 夏	703459	8290		445	445	
新 疆	858029	2024		235899	233532	

4-A-24 续表 3

单位：万元

地区	港澳台商投资		外商投资				
	独资	股份有限		合资经营	合作经营	独资	股份有限
全国	**16215151**	**623823**	**35303509**	**17360992**	**9518950**	**7095087**	**1328479**
北京	740275		8189546	2706673	4321513	273179	888181
天津	203829		1128554	730187	103189	295178	
河北	106017	6444	154078	135536	7297	4719	6526
山西	108567		29516	29516			
内蒙古			16759	14645		2114	
辽宁	289749	34209	1401164	1055246	144665	163038	38215
吉林	93378		164281	153535		10747	
黑龙江	112927		98262	37764		60497	
上海	2851918	146520	8895744	5364178	1166081	2107940	257545
江苏	623765	51698	1599800	1027756	108798	456772	6474
浙江	458538		775702	526242	27430	222030	
安徽	71153		333272	232512	3166	93515	4079
福建	3341121	91573	1862428	404680	199186	1236123	22439
江西	402259		182518	133803	8835	39690	190
山东	338060	275	834686	597965	126210	110511	
河南	278509	4917	595067	261607	990	329232	3239
湖北	699238	71688	596656	263370	32923	297452	2910
湖南	205779	23850	326949	168031	32282	119107	7530
广东	4121960	170667	5768592	1957958	3006404	772796	31434
广西	177561	4508	466123	287208	108148	70767	
海南	222437	15567	275661	126868	14525	110635	23633
重庆	373460		516498	400080		89377	27041
四川	167914	1838	548654	406598	16160	125896	
贵州	105294		117891	17057	26252	66414	8169
云南	49497		73683	36920	35923	840	
西藏			300	300			
陕西	21647		118838	117368	1471		
甘肃	39793		108121	68271	7560	31414	876
青海	8140	70	21608	21582		26	
宁夏			25021		19943	5079	
新疆	2367		77537	77537			

4-A-25　各地区按登记注册类型分房地产开发企业所有者权益

单位：万元

地　区	总　计	内　资					
			国　有	集　体	股份合作	国有联营	集体联营
全　国	**160055624**	**127637806**	**18498559**	**2513777**	**1168395**	**320855**	**-43152**
北　京	19081910	14277902	1275164	114755	52766	10192	1000
天　津	4313091	3883877	591924	58927	6766	14503	1073
河　北	2056934	1928048	128452	14441	34136		
山　西	1212639	1135472	60150	23617	17492		
内蒙古	661910	647243	8632	4932	2562	2024	
辽　宁	4608877	3707099	76097	17430	40000		
吉　林	1217352	1090360	57695	2098	833		
黑龙江	1966244	1817337	243965	13618	48940		955
上　海	37908695	28835307	9705675	419158	91113	195703	11331
江　苏	9488037	7729149	965875	140401	78781	7274	180
浙　江	9416378	8412456	551899	109853	55828	30917	317
安　徽	3028039	2788930	266199	40865	53343	5437	-91
福　建	6223423	3706127	740518	68822	35167	18288	635
江　西	2060814	1736434	152156	19448	31072		307
山　东	5745382	5118129	377995	242866	89887	6708	-202
河　南	2338698	2030562	142002	25800	12552		
湖　北	4250206	3851244	638774	45043	80575	287	1135
湖　南	3773837	3410671	233035	55235	62297	2038	200
广　东	19653138	12909110	1130121	820049	170307	15688	-71190
广　西	2131873	1817429	152633	42392	22107	17884	3757
海　南	1807745	1395421	80905	41619	11881	-8646	5012
重　庆	4502943	3931984	100961	30789	36575		
四　川	5173498	4686279	297664	94830	58184	1758	
贵　州	968698	889972	29028	12835	8707		
云　南	1248883	1086984	18974	1725	9719		1640
西　藏	44309	44101	8111		1546		
陕　西	2170357	2071479	323240	23215	37551		388
甘　肃	804646	723226	40819	13297	4287		401
青　海	555946	518586	60022	10675	13421	800	
宁　夏	432409	409141	7375	2924			
新　疆	1208714	1047745	32499	2117			

4-A-25 续表 1 单位：万元

地区	内资						
	国有与集体联营	其他联营	国有独资公司	其他有限责任公司	股份有限公司	私营独资	私营合伙
全国	**122237**	**212053**	**5836521**	**45258467**	**13011316**	**488664**	**347216**
北京	-783	988	446933	7389752	2052774		
天津	22505		314496	984250	464178	8687	11371
河北			1101	606021	314518	6272	6983
山西	731	18570	576	394222	7120	33287	5174
内蒙古			423	246152	38141	3086	2826
辽宁	3000		18883	1288673	435869	48423	2519
吉林			211413	420200	77674	6153	3960
黑龙江		5347	5228	686504	222107	7898	12076
上海	53436	58471	2360218	8342706	2155359	18139	67686
江苏	9023	10553	119243	2902660	533523	25466	22091
浙江	3152	500	148517	3754966	301581	4787	9636
安徽	800	6695	55399	677693	283933	35851	11726
福建	1519	10897	141738	889638	331699	28730	29855
江西	401	1932	25399	592404	176975	46941	15221
山东	3307	2451	65435	2333089	484902	43817	28820
河南		2380	43344	827557	157937	14565	9729
湖北	6500	6639	193869	1198072	552454	33912	17926
湖南		-131	458471	1316765	374106	14649	7933
广东	14523	70308	238488	3711539	2259974	19519	40399
广西		3879	33190	587460	86248	16761	13769
海南	3182	3029	80969	582646	256486	4879	6260
重庆		5532	460327	1284732	341222	5734	2605
四川		3493	68802	1635672	410897	18681	1265
贵州	389	326	-3137	296930	103071	7145	7436
云南	551		9690	457023	171199	5196	5044
西藏				15621	1503	1302	
陕西			81264	750039	322872	20624	728
甘肃			11252	416029	69186	3941	1361
青海		195	154341	124085	2269	4220	789
宁夏			23740	127978	15801		620
新疆			66909	417388	5739		1412

4-A-25 续表 2 单位：万元

地区	内资			港澳台商投资		
	私营有限责任公司	私营股份有限公司	其他内资企业		合资经营	合作经营
全国	**37130771**	**2595562**	**176565**	**18764109**	**8068047**	**4561822**
北京	2832135	102225		2605386	881669	1633303
天津	1326852	53428	24918	155324	120086	5203
河北	727461	86889	1775	76846	58143	1355
山西	533646	34500	6388	52504	40147	638
内蒙古	309093	29329	44	3199	3199	
辽宁	1598426	178382	-602	491307	332122	41938
吉林	265847	41842	2647	91375	39935	
黑龙江	517354	48550	4798	64202	54282	2513
上海	5216447	139865		3983504	2269220	283059
江苏	2728919	185031	130	1036207	635061	127972
浙江	3289724	150777		542985	412704	9040
安徽	1208259	137869	4951	97622	55969	8137
福建	1282721	125469	432	1743913	396959	102319
江西	544094	130084		197655	83375	3632
山东	1322621	115588	843	432457	292837	27602
河南	723692	71004		203230	47841	18992
湖北	945893	112379	17788	275742	172352	10483
湖南	691390	159723	34960	249473	138358	29573
广东	4322607	163244	3534	4778216	1027348	2154956
广西	801640	27334	8373	182063	106155	8104
海南	291928	23464	11807	303454	78122	
重庆	1449348	168018	46140	412847	267836	57086
四川	1915518	179516		284343	127126	20758
贵州	392917	28523	5803	62115	44524	680
云南	364354	40033	1838	126771	119238	5742
西藏	16017					
陕西	491220	20338		63708	43855	6770
甘肃	151575	11078		60877	43540	
青海	122846	24925		29308	19964	1968
宁夏	226979	3724		644	644	
新疆	519248	2433		156833	155438	

4-A-25 续表 3

单位：万元

地区	港澳台商投资		外商投资				
	独资	股份有限		合资经营	合作经营	独资	股份有限
全国	**5834813**	**299428**	**13653709**	**5969876**	**2907384**	**3338745**	**1437704**
北京	90414		2198622	582063	1092996	73023	450540
天津	30035		273890	175641	21415	76835	
河北	15663	1685	52040	40667	4879	5725	769
山西	11718		24664	24664			
内蒙古			11468	10606		862	
辽宁	91611	25637	410470	237187	60855	106025	6403
吉林	51441		35617	31246		4370	
黑龙江	7408		84705	33193		51512	
上海	1333937	97288	5089884	2363682	436484	1443145	846573
江苏	255876	17298	722681	400400	40952	221129	60200
浙江	121241		460936	353657	9907	97373	
安徽	33517		141487	80833	2815	51534	6306
福建	1230303	14332	773383	195217	50448	511492	16226
江西	109918	730	126726	65514	22267	35911	3034
山东	111637	381	194795	133840	34937	26019	
河南	132165	4232	104907	75408	1720	27211	568
湖北	85393	7515	123219	81881	-9750	50840	248
湖南	82431	-889	113694	63495	5913	42463	1823
广东	1581315	14597	1965812	548218	1055467	320118	42008
广西	63825	3980	132382	66231	41750	24400	
海南	114450	110882	108870	52847	5849	55086	-4911
重庆	87926		158112	125421		28814	3877
四川	135462	997	202875	136567	6340	59969	
贵州	16911		16611	8863	-1054	5172	3630
云南	1791		35128	26893	1309	6925	
西藏			208	208			
陕西	13084		35170	32149	3021		
甘肃	17337		20542	11885	641	7604	412
青海	6614	763	8051	7263		789	
宁夏			22624		18226	4399	
新疆	1394		4137	4137			

4-A-26 各地区房地产开发企业主营业务收入及其构成

单位：万元

地 区	主营业务收入总计	土地转让收入	商品房屋销售收入	房屋出租收入	其他收入
全 国	**133144608**	**4100917**	**117522041**	**3055765**	**8465884**
北 京	15182988	623418	13406702	553476	599392
天 津	3594425	27757	2364139	77566	1124962
河 北	2524616	14650	2307248	29792	172926
山 西	942621	14938	772921	9011	145752
内蒙古	1071289	19706	994897	11393	45294
辽 宁	5347879	91369	5075229	76381	104900
吉 林	1188065	11459	1138858	7225	30523
黑龙江	1619658	255	1599001	6389	14013
上 海	23478481	1378195	18936517	1144503	2019266
江 苏	9995701	173923	8953589	92920	775269
浙 江	10411674	37321	10086601	80610	207142
安 徽	2477207	20554	2346942	13449	96261
福 建	4502330	119688	4122803	117362	142477
江 西	1723588	39352	1569451	14595	100190
山 东	7198080	311261	6556146	84410	246263
河 南	2020881	15111	1918109	38611	49049
湖 北	2741960	32730	2539708	30345	139177
湖 南	2841606	222422	2340700	43215	235268
广 东	17306972	540339	15391290	366564	1008779
广 西	1644806	97923	1448104	13079	85701
海 南	525781	38779	435754	6762	44487
重 庆	3087249	48307	2758192	65653	215097
四 川	5075689	113126	4650438	64263	247862
贵 州	917059	14216	833107	41418	28317
云 南	1648748	34420	1562347	19118	32864
西 藏	54104	15796	36513	804	990
陕 西	1597316	37814	1091447	11315	456739
甘 肃	610160	1686	569836	12248	26391
青 海	221306	1725	156354	6189	57038
宁 夏	563198	28	552754	2926	7490
新 疆	1029175	2650	1006345	14176	6004

4-A-27 各地区按登记注册类型分房地产开发企业营业利润

单位：万元

地区	总计	内资					
			国有	集体	股份合作	国有联营	集体联营
全国	**8579651**	**6939897**	**92235**	**218042**	**65597**	**29769**	**10516**
北京	866111	832903	-27488	5969	4452	1918	
天津	217374	237413	2822	1493	1413	1803	335
河北	89618	88481	-768	225	-292		
山西	8695	9909	-2798	-101	-3892		
内蒙古	89937	86508	2768	371	231	878	
辽宁	82848	79611	-4422	2622	4212		
吉林	-2908	-1139	-4118	-15	-156		
黑龙江	7813	12491	6586	166	557		-153
上海	2843888	2057713	43038	65548	22013	14026	1314
江苏	516509	449057	19432	8252	8724	-1334	-21
浙江	1076027	949433	55283	35186	3407	8063	3
安徽	46615	45381	5547	930	2799	-29	-63
福建	332619	155708	24561	1178	-290	4525	5
江西	88944	82796	422	325	2062		106
山东	509015	460777	3092	30612	7330	885	-335
河南	29943	33026	1650	-1613	175		
湖北	63769	66341	6589	-528	-1281	-260	24
湖南	53917	60471	9531	633	3862	66	57
广东	1286009	964360	-7493	71307	8960	1133	7619
广西	50104	41093	-3389	-988	1172	43	281
海南	-82429	-76213	-26106	-291	-2501	-1957	459
重庆	135141	97535	-6964	786	-159		
四川	199090	148492	-3160	2663	1978	11	
贵州	1221	1471	2539	2031	78		
云南	29256	23906	-7955	-412	462		905
西藏	4851	4917	3831		-3		
陕西	-10150	-5370	477	-8671	763		-19
甘肃	1658	-5096	-1036	28	-34		-1
青海	-8512	-8891	463	172	-446	-1	
宁夏	11528	12021	1739				
新疆	41149	34791	-2436	164			

4-A-27 续表 1　　单位：万元

地 区	内资						
	国有与集体联营	其他联营	国有独资公司	其他有限责任公司	股份有限公司	私营独资	私营合伙
全 国	**-2025**	**36180**	**32274**	**3219581**	**691870**	**39260**	**-12029**
北 京	-321	-28	3479	479938	100192		
天 津	-2353		5933	65402	25117	1308	-595
河 北			787	26712	20232	-479	44
山 西	-77	-569	-118	17065	1213	1331	-176
内蒙古			391	59145	6128	441	154
辽 宁			4824	-3249	20869	10816	11
吉 林			-2016	-2085	401	614	179
黑龙江		518	123	-4642	4044	-233	-1223
上 海	-92	9958	-8900	886153	112945	395	8761
江 苏	731	-324	5080	233676	66107	-3288	-1133
浙 江	1009		-579	516508	62482	-197	2353
安 徽	-92	503	777	11924	8719	-313	-419
福 建	-84	5600	868	48026	-10495	586	-23442
江 西		-41	24	29455	7231	10742	1379
山 东	-578	392	17669	234865	73193	13276	568
河 南		79	141	8990	8007	-64	-413
湖 北	94	52	-1133	32684	25989	430	167
湖 南		7938	2679	33932	3554	-456	-33
广 东	35	12441	2290	485915	102705	3841	454
广 西		109	5478	7225	767	578	1135
海 南	-73	-68	-188	-34333	-3853	-331	-100
重 庆		-26	-1119	37335	12621	2	12
四 川		-245	-2170	31583	38704	1	-66
贵 州	-163	-110	-1056	-2659	1267	60	-57
云 南	-63		280	11870	-2331	-1278	194
西 藏				216	-25	42	
陕 西			860	-9408	5061	814	-33
甘 肃			31	-4819	-754	708	89
青 海			-1455	-1480	-60	-88	48
宁 夏			-824	7097	1839		
新 疆			119	16539			112

4-A-27 续表 2　　　　单位：万元

地　区	内资			港澳台商投　资		
	私营有限责任公司	私营股份有限公司	其他内资企　业		合资经营	合作经营
全　国	**2459557**	**56315**	**2756**	**673602**	**308479**	**42205**
北　京	258576	6215		-60863	15134	-73431
天　津	143492	-9163	406	-4544	-1163	-4630
河　北	45402	-3393	11	911	2570	81
山　西	-629	-1150	-187	-465	-285	-11
内蒙古	15406	598	-2	3663	3663	
辽　宁	38087	7262	-1423	3299	-5757	459
吉　林	4904	1230	-78	-1204	-387	
黑龙江	8482	-463	-1271	-3824	-2106	-2
上　海	891850	10703		147432	58363	35638
江　苏	112228	902	25	45375	30230	3427
浙　江	259005	6910		55672	31789	6928
安　徽	16406	-1576	267	1009	3229	243
福　建	97841	6833	-6	132983	24527	32347
江　西	26369	4722		1867	6068	1020
山　东	73662	6039	106	31195	21624	4777
河　南	17798	-1724		-517	-576	-260
湖　北	7732	-2801	-1419	3678	6805	950
湖　南	2524	-2139	-1676	-2280	-4464	111
广　东	268054	6917	183	254870	68284	40339
广　西	31860	-1876	-1303	-4572	-2097	-708
海　南	-6732	-48	-92	335	1321	
重　庆	42303	2589	10155	35378	33458	-1811
四　川	61805	17388		14735	5736	-2500
贵　州	208	85	-752	-191	-817	169
云　南	19008	3414	-189	5410	4417	576
西　藏	856					
陕　西	5244	-459		-3806	-1563	-1481
甘　肃	638	53		8073	771	
青　海	-5743	-299		611	428	-23
宁　夏	2236	-64		-34	-34	
新　疆	20686	-393		9404	9313	

4-A-27 续表 3

单位：万元

地区	港澳台商投资		外商投资				
	独资	股份有限		合资经营	合作经营	独资	股份有限
全国	**328337**	**-5420**	**966151**	**483790**	**228232**	**179513**	**74616**
北京	-2565		94071	55166	45220	1625	-7940
天津	1249		-15495	-10969	4158	-8685	
河北	-1581	-160	225	310	-120	158	-123
山西	-169		-749	-749			
内蒙古			-233	-118		-115	
辽宁	8726	-129	-61	-541	976	306	-803
吉林	-817		-566	-25		-540	
黑龙江	-1716		-854	-159		-695	
上海	58944	-5512	638743	319086	130990	113902	74765
江苏	12256	-538	22077	5845	3672	12702	-142
浙江	16955		70922	52408	785	17729	
安徽	-2462		225	-1128	-82	1545	-110
福建	77761	-1651	43928	6485	-3056	34501	5998
江西	-5239	18	4281	2453	-335	1877	287
山东	4796	-2	17042	8655	9290	-902	
河南	477	-157	-2566	-452	613	-2660	-68
湖北	-3938	-140	-6249	3408	-11850	2023	169
湖南	2183	-110	-4274	-2744	-1149	1393	-1774
广东	146333	-86	66779	8418	42005	8979	7378
广西	-1930	163	13584	7486	5613	484	
海南	-4810	3825	-6551	-1824	-88	-2263	-2377
重庆	3731		2228	2911		-341	-342
四川	12439	-939	35863	34835	-270	1298	
贵州	456		-59	-263	2270	-1758	-308
云南	417		-60	235	-357	62	
西藏			-66	-66			
陕西	-761		-974	-979	4		
甘肃	7303		-1319	-628	-70	-626	5
青海	208	-1	-232	-221		-11	
宁夏			-460		11	-471	
新疆	92		-3045	-3045			

4-A-28 各地区按登记注册类型分房地产开发企业利润总额

单位：万元

地区	总计	内资					
			国有	集体	股份合作	国有联营	集体联营
全国	**10351780**	**8523108**	**337070**	**229463**	**70872**	**35897**	**11351**
北京	1070071	1022253	-9364	10060	4482	2131	
天津	232167	251115	8459	2069	1399	1801	335
河北	102743	99056	1153	206	1108		
山西	9970	10781	-1687	-38	-3923		
内蒙古	88227	84796	2826	333	235	855	
辽宁	88536	79928	-6278	2993	4158		
吉林	-10508	-8593	-4656	-17	-156		
黑龙江	7613	11988	6154	-792	557		-153
上海	3833259	2971579	229824	74812	23865	23158	1391
江苏	615248	525897	12685	8127	9079	-1719	-21
浙江	1191486	1049997	69065	36822	3320	8342	3
安徽	53919	50877	5719	875	3182	-26	-311
福建	345387	169282	32317	1070	-314	4890	5
江西	87482	83239	651	311	2096		106
山东	502048	454680	580	29912	11277	624	-396
河南	26208	29865	328	-1824	136		
湖北	70653	72045	14055	-566	-4046	-122	24
湖南	57153	64573	9990	692	4370	78	57
广东	1520815	1161861	3369	70071	9663	-1755	8905
广西	44108	39098	-5767	-1588	896	5	271
海南	-77968	-66284	-23641	-669	-2503	-2372	464
重庆	172964	112115	-5257	834	-191		
四川	217032	162626	-2569	2480	1496	11	
贵州	-1452	-1267	1833	2038	78		
云南	42626	36957	-7140	-480	466		696
西藏	5068	5134	4030		-4		
陕西	-6422	-1360	1969	-8602	813		-25
甘肃	443	-5676	-991	8	-123		-1
青海	4836	4375	463	170	-547	-1	
宁夏	13061	13604	1725	-6			
新疆	45007	38565	-2777	162			

4-A-28 续表 1 单位：万元

地区	内			资			
	国有与集体联营	其他联营	国有独资公司	其他有限责任公司	股份有限公司	私营独资	私营合伙
全国	**-19942**	**40231**	**215856**	**3857792**	**951229**	**37668**	**-11230**
北京	-334	-28	22817	540521	145098		
天津	-1488		10754	65959	25770	1307	-570
河北			918	27963	22055	-479	44
山西	-77	-573	-102	16978	1377	1307	-177
内蒙古			391	57563	6237	447	154
辽宁			8205	-6024	20626	11302	111
吉林			-2142	-4249	96	611	197
黑龙江		514	100	-3926	4671	-249	-1295
上海	-19183	10070	109285	1273392	220951	699	9296
江苏	1006	-166	4563	291001	84389	-3303	-1173
浙江	1001		1809	577054	67035	-197	2397
安徽	-95	342	950	12307	11956	-387	-305
福建	-75	4390	3155	49974	-7801	551	-23453
江西		-41	24	30715	7923	10899	1504
山东	-578	392	18520	239068	75802	11216	568
河南		79	27	9290	7883	-133	-191
湖北	101	52	-1250	35020	23455	391	51
湖南		7938	4807	34457	3945	-456	-61
广东	79	17622	16230	515378	161092	3707	458
广西		106	5473	10527	33	574	1074
海南	-73	-68	-167	-26849	-1669	-331	-100
重庆		-33	251	43678	12659	-21	-9
四川		-255	-1153	42451	40575	90	-73
贵州	-163	-110	-1214	-3329	1403	-47	-59
云南	-63		207	16703	7153	-1278	178
西藏				216	-25	42	
陕西			808	-8554	7571	817	-34
甘肃			30	-4976	-789	680	90
青海			11863	-1246	-60	-91	50
宁夏			-266	6969	1825		
新疆			964	19762	-6		100

4-A-28 续表 2

单位：万元

地区	内资			港澳台商投资		
	私营有限责任公司	私营股份有限公司	其他内资企业		合资经营	合作经营
全国	**2693437**	**70122**	**3292**	**743237**	**393358**	**23388**
北京	300442	6428		-62759	26156	-86214
天津	142226	-7391	485	-3653	413	-4512
河北	49611	-3537	14	2008	3494	55
山西	-1124	-993	-187	-146	-27	-11
内蒙古	15101	657	-2	3644	3644	
辽宁	38956	7248	-1368	3994	-4735	402
吉林	641	1171	-90	-1221	-294	
黑龙江	7675	-158	-1110	-3501	-1705	-2
上海	1001044	12976		158956	61626	35567
江苏	119317	2087	25	52596	38090	2908
浙江	274566	8781		69501	43221	6796
安徽	17580	-1176	267	462	3263	241
福建	98003	6576	-6	133258	32763	31690
江西	24530	4520		-106	4308	1020
山东	63148	4449	97	29737	20725	4546
河南	16028	-1759		-927	-847	-266
湖北	8949	-2650	-1419	2558	5898	758
湖南	3142	-2666	-1719	-2425	-4357	17
广东	341327	15539	174	276489	87882	36482
广西	30919	-2081	-1344	-7208	-4649	-739
海南	-8537	157	73	625	2971	
重庆	46873	3142	10190	56676	56019	-1986
四川	62791	16783		15435	6366	-2604
贵州	-1074	-40	-584	-428	-1029	167
云南	17529	3190	-202	5865	5300	576
西藏	875					
陕西	4250	-373		-3857	-1615	-1480
甘肃	348	49		7592	688	
青海	-5904	-321		618	428	-23
宁夏	3453	-96		-40	-40	
新疆	20753	-393		9492	9400	

4-A-28 续表 3

单位：万元

地区	港澳台商投资		外商投资				
	独资	股份有限		合资经营	合作经营	独资	股份有限
全国	**336638**	**-10147**	**1085435**	**544422**	**243964**	**199650**	**97398**
北京	-2700		110577	54865	48819	2174	4719
天津	446		-15295	-10827	4238	-8706	
河北	-1510	-31	1678	1828	-121	158	-187
山西	-108		-665	-665			
内蒙古			-213	-112		-101	
辽宁	8499	-171	4613	4288	902	227	-803
吉林	-926		-694	-152		-542	
黑龙江	-1794		-875	-179		-695	
上海	72060	-10296	702724	355871	132350	125645	88858
江苏	12097	-499	36754	14562	3586	18748	-142
浙江	19484		71988	54091	767	17129	
安徽	-3042		2580	1458	-83	1315	-111
福建	70248	-1443	42847	7279	-3178	32766	5981
江西	-5452	18	4349	2400	-336	1862	422
山东	4468	-2	17631	9107	9537	-1013	
河南	349	-163	-2731	-756	600	-2507	-68
湖北	-3958	-141	-3949	5997	-11859	1744	169
湖南	2025	-111	-4994	-3497	-1184	1461	-1774
广东	152293	-168	82464	15276	53141	10303	3745
广西	-1981	161	12219	6745	5399	75	
海南	-5988	3643	-12309	-7360	-87	-2275	-2587
重庆	2643		4173	4718		-32	-513
四川	12614	-941	38971	34867	-270	4375	
贵州	433		242	-262	2178	-1358	-316
云南	-11		-197	92	-367	79	
西藏			-66	-66			
陕西	-762		-1205	-1210	4		
甘肃	6904		-1472	-741	-70	-666	5
青海	215	-1	-157	-146		-11	
宁夏			-503			-503	
新疆	92		-3050	-3050			

B. 物业管理企业

4-B-1 各地区按登记注册类型分物业管理企业个数

单位：个

地区	总计	内资					
			国有	集体	股份合作	国有联营	集体联营
全国	**31682**	**30717**	**3071**	**2401**	**700**	**76**	**52**
北京	3219	3089	397	278	97	5	2
天津	657	626	51	57	11		
河北	549	546	90	33	15	2	
山西	463	460	58	19	2		
内蒙古	433	430	23	13	7		1
辽宁	1861	1797	312	170	65		
吉林	599	598	77	16	14		
黑龙江	829	824	90	30	27	1	
上海	2645	2465	224	262	32	16	10
江苏	1972	1930	123	141	31	3	2
浙江	1518	1502	131	61	7		2
安徽	1002	994	104	68	27	5	2
福建	1074	992	76	68	12	3	4
江西	397	390	96	25	12		
山东	1395	1377	151	169	23	2	4
河南	661	656	59	41	9	1	2
湖北	1066	1047	149	116	22	1	2
湖南	596	586	60	68	13		
广东	4868	4622	367	541	183	32	15
广西	539	523	24	13	2		
海南	416	400	43	19	11	1	
重庆	974	961	39	32	11	2	
四川	1572	1552	55	55	38	2	
贵州	406	399	37	16	4		
云南	372	365	15	14	4		1
西藏	8	8	4				
陕西	432	425	61	15	8		1
甘肃	383	381	46	31	5		3
青海	168	166	25	10	6		1
宁夏	177	177	17	9	1		
新疆	431	429	67	11	1		

4-B-1 续表 1 单位：个

地 区	内						资
	国有与集体联营	其他联营	国有独资公司	其他有限责任公司	股份有限公司	私营独资	私营合伙
全 国	**54**	**70**	**213**	**10299**	**1332**	**527**	**274**
北 京	9	4	30	1111	85	15	9
天 津		1	1	199	20	11	2
河 北	1			190	52	10	6
山 西			2	215		7	8
内蒙古		2		158	29	8	6
辽 宁			8	478	60	81	15
吉 林		1	6	176	33	35	4
黑龙江	2	1	7	334	107	9	5
上 海	16	5	20	841	29	21	30
江 苏	2	4	8	634	82	37	22
浙 江	1	2	8	642	19	11	6
安 徽	2		12	338	57	21	13
福 建	3	3	9	290	43	9	12
江 西				101	26	12	5
山 东	1	1	4	478	103	33	11
河 南			6	246	34	5	6
湖 北	5	2	8	326	68	22	16
湖 南		1	6	200	63	12	8
广 东	10	34	31	1281	111	68	42
广 西			3	196	23	7	2
海 南		2	1	135	18	12	6
重 庆	1		7	290	60	26	10
四 川		4	8	533	98	24	13
贵 州		1	6	136	27	5	4
云 南	1		3	120	21	3	7
西 藏			1	3			
陕 西		2	6	150	35	10	5
甘 肃			1	182	21	6	1
青 海			3	66	1	5	
宁 夏			2	92	3	1	
新 疆			6	158	4	1	

4-B-1 续表 2

单位：个

地区	内资			港澳台商投资		
	私营有限责任公司	私营股份有限公司	其他内资企业		合资经营	合作经营
全国	**10326**	**843**	**479**	**563**	**238**	**66**
北京	977	63	7	74	51	11
天津	206	15	52	13	4	1
河北	117	20	10	3	1	
山西	127	22		2	2	
内蒙古	158	17	8	2		
辽宁	547	53	8	29	18	2
吉林	212	18	6			
黑龙江	166	24	21	2	1	
上海	894	34	31	102	51	12
江苏	760	53	28	26	9	5
浙江	593	16	3	13	10	2
安徽	287	33	25	3	2	
福建	411	36	13	52	7	2
江西	88	20	5	5	3	
山东	337	21	39	9	4	1
河南	228	8	11	1		
湖北	261	27	22	12	4	1
湖南	120	28	7	7	1	
广东	1738	94	75	160	51	26
广西	230	16	7	10	7	
海南	128	13	11	8	1	1
重庆	390	70	23	11		1
四川	627	68	27	9	6	
贵州	137	22	4	2	1	
云南	152	18	6	3	1	
西藏						
陕西	102	10	20	3	2	1
甘肃	70	11	4			
青海	41	6	2	1	1	
宁夏	48	3	1			
新疆	174	4	3	1		

4-B-1 续表 3　　　　单位：个

地区	港澳台商投资		外商投资				
	独　资	股份有限		合资经营	合作经营	独　资	股份有限
全　国	**247**	**12**	**402**	**190**	**62**	**135**	**15**
北　京	11	1	56	27	13	16	
天　津	7	1	18	9	2	6	1
河　北	2						
山　西			1	1			
内蒙古	2		1			1	
辽　宁	9		35	24	1	10	
吉　林			1	1			
黑龙江		1	3	2	1		
上　海	38	1	78	35	17	24	2
江　苏	12		16	7		8	1
浙　江	1		3			3	
安　徽	1		5	3			2
福　建	42	1	30	9	1	18	2
江　西	2		2			1	1
山　东	3	1	9	6		3	
河　南	1		4	2		2	
湖　北	7		7	3		3	1
湖　南	5	1	3	2		1	
广　东	81	2	86	37	23	23	3
广　西	2	1	6	4		2	
海　南	5	1	8	2	1	5	
重　庆	9	1	2	1		1	
四　川	3		11	5		4	2
贵　州	1		5	3	1	1	
云　南	2		4	3		1	
西　藏							
陕　西			4	3	1		
甘　肃			2			2	
青　海			1		1		
宁　夏							
新　疆	1		1	1			

4-B-2 各地区按登记注册类型分物业管理企业从业人员数

单位：人

地 区	总 计	内 资					
			国 有	集 体	股份合作	国有联营	集体联营
全 国	**1434219**	**1345168**	**190317**	**93058**	**22888**	**5189**	**1313**
北 京	184130	164436	24512	11865	2647	223	62
天 津	29746	28447	1739	2211	180		
河 北	25902	25662	6613	1100	366	52	
山 西	17579	17509	2429	597	18		
内蒙古	13005	12971	1704	270	619		5
辽 宁	59579	56284	14331	3951	1616		
吉 林	19083	19068	4276	435	499		
黑龙江	52947	52158	19150	5119	752	13	
上 海	164683	140327	18880	11480	2139	728	175
江 苏	70646	68542	5738	3930	991	144	88
浙 江	64199	63790	7726	2806	342		14
安 徽	32317	32020	4401	1708	408	182	10
福 建	42651	37763	3827	2537	470	72	66
江 西	13829	13692	4847	636	310		
山 东	44800	44151	7584	4860	601	42	51
河 南	30370	30023	2717	1980	322	10	13
湖 北	37281	36374	10228	1899	404	23	38
湖 南	26163	25869	4265	1911	676		
广 东	278921	253417	21734	23791	6447	3534	641
广 西	20321	19795	1178	490	16		
海 南	12509	12183	2044	461	463	5	
重 庆	41699	40709	2724	993	330	94	
四 川	62231	61416	4283	1866	1379	67	
贵 州	12002	11856	1200	896	185		
云 南	16190	15874	1071	978	107		10
西 藏	1121	1121	806				
陕 西	13286	13095	2836	399	160		77
甘 肃	16233	15917	2138	2261	78		41
青 海	5218	5160	990	395	334		22
宁 夏	8238	8238	1083	597	13		
新 疆	17340	17301	3263	636	16		

4-B-2 续表 1　　单位：人

地区	内资						
	国有与集体联营	其他联营	国有独资公司	其他有限责任公司	股份有限公司	私营独资	私营合伙
全国	**2488**	**4899**	**22673**	**553746**	**56693**	**10057**	**5268**
北京	342	1892	2325	79150	4281	143	117
天津		46		13173	677	386	63
河北	278			11112	1522	164	160
山西			257	9839		124	175
内蒙古		11		5340	1055	132	41
辽宁			681	16808	1529	1091	204
吉林		3	837	6122	735	892	25
黑龙江	32	65	1502	14107	4466	170	114
上海	693	405	2399	66785	892	990	585
江苏	55	104	383	27143	3178	359	648
浙江	50	25	427	31572	326	632	79
安徽	23		5339	10129	1376	251	137
福建	89	15	385	13604	1454	337	281
江西				3921	1034	203	61
山东	17	5	255	16867	3467	276	94
河南			1225	9054	739	54	137
湖北	261	25	417	10950	1708	385	413
湖南		10	342	9693	1991	449	219
广东	454	1758	3893	106132	15096	1235	915
广西			445	8835	672	146	42
海南		17	5	4771	756	457	61
重庆	37		173	14214	3097	528	182
四川		441	522	25228	3331	291	214
贵州		3	129	4581	988	48	61
云南	157		44	6234	745	16	117
西藏			40	275			
陕西		74	173	4749	733	134	77
甘肃			22	8116	653	48	46
青海			52	2375	26	76	
宁夏			43	5021	103	25	
新疆			358	7846	63	15	

4-B-2 续表 2

单位：人

地 区	内 资			港澳台商投 资		
	私营有限责任公司	私营股份有限公司	其他内资企 业		合资经营	合作经营
全 国	**337485**	**24264**	**14830**	**51977**	**26037**	**5794**
北 京	34536	2031	310	12019	8350	2017
天 津	6742	416	2814	578	358	56
河 北	3599	451	245	240	84	
山 西	3616	454		32	32	
内蒙古	3375	308	111	29		
辽 宁	13637	1635	801	1177	625	191
吉 林	4624	548	72			
黑龙江	4966	526	1176	610	573	
上 海	31462	1089	1625	14782	7674	1320
江 苏	23476	1280	1025	1261	860	50
浙 江	19224	528	39	368	268	94
安 徽	6867	692	497	137	127	
福 建	13328	1071	227	3142	466	85
江 西	2229	368	83	126	33	
山 东	8851	418	763	370	145	21
河 南	13328	171	273	61		
湖 北	8160	1100	363	429	137	34
湖 南	5086	944	283	171	21	
广 东	63973	2157	1657	14092	5389	1387
广 西	7025	723	223	392	327	
海 南	2609	423	111	156	93	19
重 庆	15518	2098	721	943		489
四 川	21166	2089	539	480	325	
贵 州	3220	452	93	37	26	
云 南	4801	1313	281	226	60	
西 藏						
陕 西	3239	211	233	84	53	31
甘 肃	2197	222	95			
青 海	678	101	111	11	11	
宁 夏	1253	82	18			
新 疆	4700	363	41	24		

4-B-2 续表 3

单位：人

地区	港澳台商投资		外商投资				
	独资	股份有限		合资经营	合作经营	独资	股份有限
全国	**18935**	**1211**	**37074**	**24624**	**4998**	**6874**	**578**
北京	888	764	7675	5757	1350	568	
天津	96	68	721	398	78	235	10
河北	156						
山西			38	38			
内蒙古	29		5			5	
辽宁	361		2118	1790	40	288	
吉林			15	15			
黑龙江		37	179	139	40		
上海	5771	17	9574	6803	699	2041	31
江苏	351		843	653		188	2
浙江	6		41			41	
安徽	10		160	49			111
福建	2526	65	1746	639	11	1024	72
江西	93		11			6	5
山东	179	25	279	258		21	
河南	61		286	248		38	
湖北	258		478	180		229	69
湖南	100	50	123	73		50	
广东	7155	161	11412	7071	2605	1487	249
广西	64	1	134	81		53	
海南	28	16	170	37	100	33	
重庆	447	7	47	28		19	
四川	155		335	127		179	29
贵州	11		109	58	16	35	
云南	166		90	72		18	
西藏							
陕西			107	95	12		
甘肃			316			316	
青海			47		47		
宁夏							
新疆	24		15	15			

4-B-3 各地区按资质等级分物业管理企业个数

单位：个

地区	总计	一级	二级	三级	其它
全国	**31682**	**357**	**1427**	**13914**	**15984**
北京	3219	51	112	1268	1788
天津	657	21	30	348	258
河北	549	3	34	174	338
山西	463		4	226	233
内蒙古	433	3	11	73	346
辽宁	1861	29	41	539	1252
吉林	599		13	251	335
黑龙江	829	8	41	569	211
上海	2645	33	140	1122	1350
江苏	1972	13	99	1032	828
浙江	1518	17	60	779	662
安徽	1002	2	20	515	465
福建	1074	6	38	563	467
江西	397	1	47	108	241
山东	1395		53	763	579
河南	661	7	25	234	395
湖北	1066	9	47	453	557
湖南	596	6	49	313	228
广东	4868	96	225	1287	3260
广西	539	1	8	276	254
海南	416	4	25	228	159
重庆	974	32	137	579	226
四川	1572	5	36	926	605
贵州	406	1	10	270	125
云南	372	1	10	249	112
西藏	8		1	2	5
陕西	432		22	156	254
甘肃	383	3	17	224	139
青海	168	1	44	60	63
宁夏	177		10	41	126
新疆	431	4	18	286	123

4-B-4 各地区按资质等级分物业管理企业从业人员数

单位：人

地 区	总 计	一 级	二 级	三 级	其 它
全 国	**1434219**	**103084**	**227825**	**621482**	**481828**
北 京	184130	13559	22871	83121	64579
天 津	29746	6093	3192	14432	6029
河 北	25902	52	6164	6065	13621
山 西	17579		455	9095	8029
内蒙古	13005	98	1253	2743	8911
辽 宁	59579	3389	3886	19414	32890
吉 林	19083		492	9005	9586
黑龙江	52947	3796	17057	21466	10628
上 海	164683	20282	29918	78184	36299
江 苏	70646	1934	11758	38491	18463
浙 江	64199	2734	6422	38090	16953
安 徽	32317	355	6916	14541	10505
福 建	42651	1190	5565	26756	9140
江 西	13829	4	4629	3038	6158
山 东	44800		6792	24396	13612
河 南	30370	744	5395	11279	12952
湖 北	37281	2685	3899	14980	15717
湖 南	26163	145	5820	13103	7095
广 东	278921	36128	48381	69710	124702
广 西	20321	286	1316	12494	6225
海 南	12509	607	2114	7281	2507
重 庆	41699	7177	11707	17744	5071
四 川	62231	1324	7011	37791	16105
贵 州	12002	80	944	8260	2718
云 南	16190	33	1258	11795	3104
西 藏	1121		108	167	846
陕 西	13286		1996	4997	6293
甘 肃	16233	55	3708	8747	3723
青 海	5218	196	1857	1558	1607
宁 夏	8238		1388	2636	4214
新 疆	17340	138	3553	10103	3546

4-B-5　各地区物业管理企业主要指标完成情况

单位：平方米

地　区	在管物业占地面积	在管房屋建筑面积	住　宅	办公用房	商业营业用房	厂　房
全　国	**1765615680**	**2882522107**	**2149598932**	**249981375**	**211406476**	**131431718**
北　京	179492598	255512908	189197582	35681133	10762080	3591470
天　津	41184420	64714629	47713775	4893680	3098511	2688679
河　北	39350124	47157139	37893184	1585940	2347326	299460
山　西	23493080	31870525	26453161	2100444	1546574	528849
内蒙古	20446035	26196678	20692013	1230045	3107068	270902
辽　宁	97435693	170993667	142662109	11540953	13019647	3102158
吉　林	25839106	46605285	34587024	5086960	3268265	182724
黑龙江	86938707	123412006	97700229	7528282	9082402	5743628
上　海	194012643	410850773	333814291	31684948	16119501	13827287
江　苏	145446212	208233060	156174676	16689387	10917636	15959774
浙　江	115839674	207992287	150817556	19131753	14834438	7805148
安　徽	68556861	77484325	59516049	4724990	9371959	2374968
福　建	46342896	90164705	56871289	7965243	7259600	3318973
江　西	16571023	23984379	15894688	2630062	3308733	1463288
山　东	85306640	104103224	79218698	9706762	8975506	2539646
河　南	36075343	46919261	38370169	3728067	2406247	593533
湖　北	37594230	55179300	38676045	4439048	4281069	3710598
湖　南	32434603	42011900	29645544	4617114	4316199	1858421
广　东	234591503	430202359	278462908	40577486	42643817	49948672
广　西	29196331	40819071	30911092	3138941	3497818	1782990
海　南	14321911	24023050	18171840	2641888	1493184	1203165
重　庆	29189562	86781172	61812471	7274140	11920170	2110554
四　川	49332308	98680287	73697808	8425490	10115458	2136569
贵　州	8459854	22504366	16053810	2036750	2056879	202635
云　南	24243745	32141404	23651348	2578236	2301041	2292875
西　藏	56612	136393	81111	12974	42308	
陕　西	13785774	20151313	16036183	1873833	1512916	345042
甘　肃	13896367	29096253	23540200	2412096	2276377	305540
青　海	6040969	6249047	4778750	463615	681290	194717
宁　夏	17584512	22326754	17458239	1163662	2014123	535261
新　疆	32556344	36024587	29045090	2417453	2828334	514192

4-B-6 各地区物业管理企业资产负债情况

单位：万元

地 区	固定资产原价	本年折旧	资产总计	负债合计	实收资本
全 国	**10888183**	**703803**	**27795871**	**17360802**	**8924655**
北 京	3275791	116379	7272964	4840788	2080578
天 津	109395	3727	390854	269189	142241
河 北	79886	6403	338340	245909	72085
山 西	66074	5238	147894	81855	65645
内蒙古	33807	2423	86341	53585	36710
辽 宁	644355	37889	1385885	758420	540205
吉 林	80233	6784	224110	147877	61405
黑龙江	327322	61332	668553	387790	302179
上 海	594054	48815	2468124	1636436	674239
江 苏	268852	29170	907480	541940	393289
浙 江	234019	10089	999438	566775	236226
安 徽	181752	12253	367287	148794	215807
福 建	119043	8330	390804	171692	199874
江 西	69182	4564	163837	93527	66563
山 东	262289	14182	836940	559747	251550
河 南	77469	8753	201558	149216	93280
湖 北	284420	16782	964260	566540	258480
湖 南	109349	6903	224607	145078	108594
广 东	2944973	214021	6983287	4225904	1963328
广 西	69185	10316	179546	184926	98721
海 南	52402	6674	209696	103489	108048
重 庆	123789	12499	542536	402513	230573
四 川	330308	21313	771054	459721	260501
贵 州	51206	3615	110718	59531	52377
云 南	94858	6041	177326	126384	57130
西 藏	25223	972	38031	15889	11260
陕 西	81232	6008	190175	118163	104841
甘 肃	108932	7414	179095	88017	81461
青 海	43779	5344	112513	58428	44689
宁 夏	19753	1916	31856	15322	21663
新 疆	125254	7655	230763	137358	91111

4-B-7 各地区按登记注册类型分物业管理企业利润总额

单位：万元

地 区	总 计	内 资					
			国 有	集 体	股份合作	国有联营	集体联营
全 国	**411907**	**348816**	**61988**	**50568**	**22124**	**-373**	**685**
北 京	71178	36034	21370	5155	1704	605	4
天 津	-5437	-6441	-744	-764	-21		
河 北	2138	2260	-220	-390	-10	3	
山 西	-966	-945	-717	-41	37		
内蒙古	1802	1818	401	-4	158		
辽 宁	-1972	-3322	5302	-2938	-516		
吉 林	14393	14342	1419	-392	457		
黑龙江	-5992	-5282	-2812	-889	-68	38	
上 海	87318	76115	9419	2214	1091	538	-3
江 苏	15088	15308	-1565	-632	96	-105	18
浙 江	12270	12562	1706	841	26		11
安 徽	2660	3625	1363	358	547	-13	
福 建	3316	3216	747	956	16	-7	-14
江 西	1003	994	752	108	-16		
山 东	26372	24945	7387	1789	-157	18	-32
河 南	-5251	-4934	-82	584	-1		4
湖 北	30850	30958	3100	671	77	1	
湖 南	11373	11566	2715	931	217		
广 东	156877	143560	15282	42041	19402	-1514	553
广 西	-551	-689	-3	208	-1		
海 南	-3361	-3210	-1032	2	219	-18	
重 庆	-718	-3554	-2033	42	-268	96	
四 川	-692	-1172	-1393	-88	-703	-16	
贵 州	-1826	-1360	107	-137	-58		
云 南	5213	5945	1168	686	-6		
西 藏	613	613	519				
陕 西	3942	3643	1531	206	57		67
甘 肃	-6958	-6984	179	69	20		77
青 海	2369	2420	972	-110	-166		-1
宁 夏	-2454	-2454	-1977	99	-7		
新 疆	-691	-761	-874	-7	-4		

4-B-7 续表 1

单位：万元

地区	内资						
	国有与集体联营	其他联营	国有独资公司	其他有限责任公司	股份有限公司	私营独资	私营合伙
全国	**-1949**	**2479**	**-6913**	**114674**	**38274**	**8430**	**470**
北京	21	-64	85	8522	2517	169	-26
天津		8		-2457	-439	-90	-19
河北	122			-115	806	52	4
山西			-204	184		28	112
内蒙古		2		592	-170	2	-5
辽宁			200	-4933	690	32	-54
吉林		18	623	2213	519	544	38
黑龙江	28	21	-622	-2984	426	188	-21
上海	-2232	-3	2175	40105	-153	3478	-117
江苏	1	163	-27	8713	2636	302	-96
浙江	-188	12	19	7881	-170	-30	-11
安徽	12		-3989	3912	8	19	44
福建	-41		75	1025	281	-31	2
江西				-354	-105	224	40
山东	1	4	-35	9200	1279	448	37
河南			-2531	-526	-47	-64	-23
湖北	-5	34	-30	6487	18372	1530	-349
湖南		1	-6	4633	813	128	53
广东	329	2280	-2471	38106	12842	995	240
广西			-116	702	-3467	-11	1
海南		-1	-9	-1267	-194	-61	23
重庆	3		49	-250	87	53	538
四川		4	54	-438	530	349	-33
贵州			-92	-555	-44	-42	2
云南	1		15	1634	545	1	22
西藏			-22	115			
陕西			130	520	498	149	79
甘肃			-140	-8463	155	33	-11
青海			42	1348	-7	46	
宁夏			16	-724	-50		
新疆			-104	1848	117	-10	

4-B-7 续表 2

单位：万元

地 区	内资			港澳台商投资		
	私营有限责任公司	私营股份有限公司	其他内资企业		合资经营	合作经营
全 国	**53772**	**669**	**3916**	**10440**	**4549**	**1283**
北 京	-3101	-989	61	-3732	-3186	-800
天 津	-2787	-180	1053	1284	1671	-438
河 北	2093	-158	73	-122		
山 西	-276	-68		39	39	
内蒙古	943	-95	-7	5		
辽 宁	-1189	211	-129	-2266	-3000	1987
吉 林	9334	-237	-194			
黑龙江	791	75	548	18	35	
上 海	18847	-14	768	7830	2277	439
江 苏	5740	235	-172	-368	-188	-309
浙 江	2237	200	27	-189	-162	-11
安 徽	677	339	348	-723		
福 建	219	-27	14	104	52	-19
江 西	330	10	5	-2	-4	
山 东	4394	443	169	212	-201	
河 南	-2202	-27	-21	24		
湖 北	804	145	123	2201	-118	-16
湖 南	1627	283	172	-306	-58	
广 东	14250	-928	2154	3602	7641	-2810
广 西	1977	-3	23	-682	-485	
海 南	-829	-10	-34	-140	-38	-15
重 庆	-1741	122	-252	2831		3049
四 川	1510	248	-1196	529	228	
贵 州	-445	-46	-50	-10	-9	
云 南	1735	377	-231	24	-15	
西 藏						
陕 西	-334	126	612	298	69	228
甘 肃	511	506	81			
青 海	328	-43	12			
宁 夏	196	-3	-3			
新 疆	-1869	179	-37	-20		

4-B-7 续表 3　　　　单位：万元

地区	港澳台商投资		外商投资				
	独资	股份有限		合资经营	合作经营	独资	股份有限
全国	**3738**	**869**	**52652**	**45410**	**3125**	**4071**	**46**
北京	-312	566	38876	36065	-76	2887	
天津	15	37	-280	-46	-326	55	36
河北	-122						
山西			-61	-61			
内蒙古	5		-21			-21	
辽宁	-1253		3616	2736	-18	898	
吉林			51	51			
黑龙江		-17	-728	-330	-398		
上海	5098	16	3374	4035	513	-1704	530
江苏	129		148	70		76	2
浙江	-16		-102			-102	
安徽	-723		-242	-197			-45
福建	41	31	-3	35	30	-73	5
江西	3		10			8	2
山东	386	26	1215	200		1015	
河南	24		-340	-215		-125	
湖北	2336		-2309	-64		-2236	-10
湖南	-248		113	120		-7	
广东	-1632	402	9716	3902	3523	2145	146
广西	-10	-187	821	230		591	
海南	-82	-4	-11	33	-58	14	
重庆	-218		4			4	
四川	300		-48	-61		633	-620
贵州	-1		-457	-434	-14	-9	
云南	39		-755	-750		-6	
西藏							
陕西			1	1			
甘肃			26			26	
青海			-51		-51		
宁夏							
新疆	-20		90	90			

4-B-8 各地区按资质等级分物业管理企业利润总额

单位：万元

地区	总计	一级	二级	三级	其它
全国	**411907**	**37960**	**73568**	**55415**	**244965**
北京	71178	6020	13352	-10742	62548
天津	-5437	1053	-541	-3545	-2404
河北	2138	-101	988	160	1091
山西	-966		291	-1214	-43
内蒙古	1802	145	1271	132	254
辽宁	-1972	1708	-1235	-1680	-765
吉林	14393		-6	2641	11758
黑龙江	-5992	555	1455	-4721	-3281
上海	87318	8256	22399	31882	24781
江苏	15088	-18	3561	6204	5340
浙江	12270	777	1226	2236	8031
安徽	2661	30	-2998	4103	1526
福建	3316	117	352	562	2284
江西	1003		-305	-241	1550
山东	26372		2395	10132	13844
河南	-5251	-238	126	-4753	-386
湖北	30851	4438	-150	9062	17501
湖南	11373	-3	1847	4551	4979
广东	156877	14651	21475	25915	94836
广西	-551	-74	-268	-2862	2653
海南	-3361	-23	-587	-1418	-1334
重庆	-719	119	2798	-879	-2757
四川	-692	279	2808	-1742	-2038
贵州	-1826	-1	-58	-1181	-585
云南	5213	-6	811	3238	1170
西藏	613		76	39	498
陕西	3942		226	544	3171
甘肃	-6958	-22	112	-8287	1239
青海	2369	364	573	785	648
宁夏	-2454		306	-1985	-775
新疆	-691	-66	1266	-1522	-369

4-B-9 各地区按资质等级分物业管理企业营业利润

单位：万元

地 区	总 计	一 级	二 级	三 级	其 它
全 国	**140800**	**19953**	**35134**	**-26213**	**111926**
北 京	19071	3620	4438	-20898	31911
天 津	-4473	1163	-674	-2452	-2510
河 北	-2157	6	-790	-60	-1313
山 西	-2205		-57	-1539	-609
内蒙古	379	145	674	-354	-86
辽 宁	-15742	-3077	-1286	-2991	-8387
吉 林	-322		-386	-1245	1310
黑龙江	-8015	-20	1402	-6527	-2869
上 海	72687	4545	15674	29545	22923
江 苏	4578	-52	1192	1245	2193
浙 江	9829	323	429	-625	9703
安 徽	-7434	55	-3919	-1467	-2103
福 建	2912	119	481	571	1740
江 西	1179	4	85	97	992
山 东	1265		-591	-1568	3425
河 南	-4182	-87	78	-3286	-887
湖 北	-9466	3874	-2023	-3927	-7391
湖 南	-1206	-1	-2449	72	1172
广 东	109070	9055	16754	11231	72029
广 西	-2163	-74	-252	-1979	143
海 南	-2542	-28	-459	-1691	-365
重 庆	1445	-32	4671	-77	-3117
四 川	-3478	338	2399	-2707	-3508
贵 州	-2184	-1	-70	-1178	-935
云 南	281	-6	38	330	-82
西 藏	384		-8	-31	424
陕 西	26		-423	-671	1120
甘 肃	-7281	-19	164	-8488	1061
青 海	-2162	182	-335	-1241	-768
宁 夏	-3678		46	-2262	-1462
新 疆	-3616	-79	333	-2039	-1831

C. 中介服务企业

4-C-1 各地区按登记注册类型分中介服务企业个数

单位：个

地 区	总 计	内 资					
			国 有	集 体	股份合作	国有联营	集体联营
全 国	**20040**	**19717**	**912**	**523**	**412**	**14**	**9**
北 京	1809	1767	49	30	45		1
天 津	458	442	33	22	3	1	
河 北	254	254	28	12	10	1	
山 西	232	232	18	5	5		
内蒙古	65	65	4	2			
辽 宁	757	755	43	16	17	1	
吉 林	106	105	7	3	1		
黑龙江	319	319	25	3	10		
上 海	4070	3947	53	47	30	5	3
江 苏	1799	1783	57	42	19	2	
浙 江	1855	1850	60	13	85		
安 徽	376	375	42	26	17		
福 建	544	534	18	11	2		
江 西	200	200	35	8	13		
山 东	761	755	44	29	12	1	
河 南	327	327	50	27	6		2
湖 北	562	559	50	27	16		
湖 南	153	151	27	9	6		
广 东	2864	2788	83	93	62	3	1
广 西	359	358	50	20	6		
海 南	105	104	1	4	3		
重 庆	311	306	9	6	10		
四 川	700	694	45	18	13		
贵 州	123	123	21	15	3		
云 南	441	437	22	24	9		2
西 藏							
陕 西	107	105	12	2	2		
甘 肃	106	106	5	6	4		
青 海	32	32	8	1	2		
宁 夏	67	66	4				
新 疆	178	178	9	2	1		

4-C-1 续表 1 单位：个

地区	内资						
	国有与集体联营	其他联营	国有独资公司	其他有限责任公司	股份有限公司	私营独资	私营合伙
全国	**9**	**20**	**36**	**2852**	**417**	**1599**	**798**
北京			3	290	22	10	20
天津	2			85	12	31	8
河北			2	60	17	9	7
山西		1		63		5	12
内蒙古		1		21	3	1	5
辽宁			1	108	16	26	15
吉林			1	21	7	1	1
黑龙江		1	1	84	43	8	4
上海	4	1	2	295	14	1030	102
江苏		2	1	180	34	128	45
浙江			4	218	7	53	370
安徽		1	2	63	15	10	13
福建			2	79	9	36	10
江西		1		42	20	1	9
山东		1	1	115	19	37	13
河南	1			62	10	3	11
湖北		2	2	83	30	27	24
湖南			1	41	8	4	4
广东	1	5	6	381	34	105	67
广西			1	66	16	7	16
海南		1		28	4	2	2
重庆	1			91	9	14	4
四川			2	148	27	23	13
贵州		1		29	2	9	5
云南		1	1	65	21	10	4
西藏							
陕西				42	9	2	4
甘肃				51	7		6
青海			1	5			1
宁夏				9		5	2
新疆		1	2	27	2	2	1

4-C-1 续表 2

单位：个

地区	内资			港澳台商投资	合资经营	合作经营
	私营有限责任公司	私营股份有限公司	其他内资企业			
全国	**11257**	**676**	**183**	**174**	**47**	**16**
北京	1232	65		19	9	3
天津	218	13	14	7	3	
河北	86	19	3			
山西	108	15				
内蒙古	26	1	1			
辽宁	479	28	5	1		
吉林	58	4	1			
黑龙江	108	25	7			
上海	2274	61	26	68	18	4
江苏	1218	45	10	8	1	
浙江	997	42	1	5	2	
安徽	161	19	6			
福建	343	16	8	6		1
江西	57	12	2			
山东	444	25	14	1		
河南	118	12	25			
湖北	258	36	4	2		
湖南	39	7	5	1		
广东	1803	120	24	45	12	7
广西	161	11	4			
海南	52	4	3	1		
重庆	147	11	4	3		
四川	367	34	4	4	2	1
贵州	34	4				
云南	246	29	3	1		
西藏						
陕西	24	3	5	2		
甘肃	19	5	3			
青海	9	4	1			
宁夏	46					
新疆	125	6				

4-C-1 续表 3 单位：个

地区	港澳台商投资		外商投资				
	独资	股份有限		合资经营	合作经营	独资	股份有限
全国	**108**	**3**	**149**	**59**	**17**	**70**	**3**
北京	7		23	8	1	13	1
天津	4		9	6		3	
河北							
山西							
内蒙古							
辽宁	1		1	1			
吉林			1	1			
黑龙江							
上海	45	1	55	13	6	36	
江苏	5	2	8	2		5	1
浙江	3						
安徽			1	1			
福建	5		4	3			1
江西							
山东	1		5	3		2	
河南							
湖北	2		1	1			
湖南	1		1	1			
广东	26		31	13	10	8	
广西			1	1			
海南	1						
重庆	3		2	1		1	
四川	1		2	1		1	
贵州							
云南	1		3	2		1	
西藏							
陕西	2						
甘肃							
青海							
宁夏			1	1			
新疆							

4-C-2 各地区按登记注册类型分中介服务企业从业人员数

单位：人

地 区	总 计	内 资					
			国 有	集 体	股份合作	国有联营	集体联营
全 国	**235470**	**213650**	**14794**	**7297**	**3885**	**228**	**60**
北 京	23697	22289	787	197	370		4
天 津	6308	5434	449	150	19	11	
河 北	3359	3359	475	232	69	5	
山 西	2413	2413	278	95	42		
内蒙古	851	851	81	11			
辽 宁	6704	6622	516	215	147	34	
吉 林	1842	1817	37	34	2		
黑龙江	2521	2521	201	19	75		
上 海	48515	40388	915	648	257	60	27
江 苏	15271	14752	807	328	183	34	
浙 江	14721	14447	676	157	309		
安 徽	5570	5539	853	452	262		
福 建	6314	6171	466	67	10		
江 西	2916	2916	780	49	341		
山 东	8505	8338	758	774	112	10	
河 南	5856	5856	1474	294	104		15
湖 北	7049	7016	1338	889	180		
湖 南	2751	2693	742	249	52		
广 东	38865	29502	1285	1314	751	74	8
广 西	5224	5208	547	266	33		
海 南	1032	992	12	30	17		
重 庆	5492	4931	144	66	220		
四 川	8900	8866	379	280	137		
贵 州	1737	1737	257	248	41		
云 南	2962	2921	138	146	73		
西 藏							
陕 西	1330	1319	104	3	13		
甘 肃	1089	1089	67	45	44		
青 海	574	574	36	8	14		
宁 夏	692	679	21				
新 疆	2410	2410	171	31	8		

4-C-2 续表 1 单位：人

地 区	内				资		
	国有与集体联营	其他联营	国有独资公司	其他有限责任公司	股份有限公司	私营独资	私营合伙
全 国	**94**	**417**	**484**	**42745**	**6114**	**6665**	**4188**
北 京			5	5268	212	45	133
天 津	3			1462	105	110	24
河 北			10	1261	177	46	20
山 西		9		830		19	87
内蒙古		1		230	33	6	50
辽 宁			91	1000	114	84	93
吉 林			30	456	207	1	1
黑龙江		53	3	779	358	27	12
上 海	11	3	9	5225	1015	3813	781
江 苏		5	1	2893	280	353	211
浙 江			31	2721	61	237	1173
安 徽		22	19	1009	107	54	78
福 建			30	1018	71	181	80
江 西		7		664	193	3	73
山 东		6	4	1784	190	188	88
河 南	27			776	867	16	146
湖 北		28	23	934	284	111	139
湖 南			16	773	245	11	27
广 东		192	114	4585	504	928	497
广 西			1	941	235	33	147
海 南		7		421	69	7	14
重 庆	47			1618	129	55	70
四 川			65	2569	311	127	67
贵 州		69		468	85	51	81
云 南		4	8	462	90	83	10
西 藏							
陕 西				819	48	8	19
甘 肃				637	95		29
青 海			7	233			9
宁 夏				186		42	21
新 疆		11	17	723	29	26	8

4-C-2 续表 2

单位：人

地 区	内资			港澳台商投资		
	私营有限责任公司	私营股份有限公司	其他内资企业		合资经营	合作经营
全 国	**118556**	**6424**	**1699**	**14787**	**3961**	**2158**
北 京	14622	646		909	511	37
天 津	2944	100	57	195	45	
河 北	863	170	31			
山 西	938	115				
内蒙古	429	5	5			
辽 宁	4123	181	24	55		
吉 林	922	121	6			
黑龙江	779	184	31			
上 海	26560	925	139	5305	561	154
江 苏	9323	266	68	202	38	
浙 江	8546	532	4	274	14	
安 徽	2346	277	60			
福 建	3980	199	69	101		44
江 西	653	143	10			
山 东	4190	142	92	130		
河 南	1746	125	266			
湖 北	2661	289	140	29		
湖 南	488	53	37	18		
广 东	18066	950	228	7240	2781	1915
广 西	2809	149	47			
海 南	320	35	60	40		
重 庆	2312	166	104	233		
四 川	4616	286	29	26	11	8
贵 州	384	53				
云 南	1641	139	121	19		
西 藏						
陕 西	239	21	45	11		
甘 肃	124	26	22			
青 海	201	62	4			
宁 夏	409					
新 疆	1322	64				

4-C-2 续表 3

单位：人

地区	港澳台商投资		外商投资				
	独资	股份有限		合资经营	合作经营	独资	股份有限
全国	**8593**	**75**	**7033**	**1921**	**579**	**4498**	**35**
北京	361		499	121	23	349	6
天津	150		679	663		16	
河北							
山西							
内蒙古							
辽宁	55		27	27			
吉林			25	25			
黑龙江							
上海	4566	24	2822	470	123	2229	
江苏	113	51	317	28		281	8
浙江	260						
安徽			31	31			
福建	57		42	21			21
江西							
山东	130		37	33		4	
河南							
湖北	29		4	4			
湖南	18		40	40			
广东	2544		2123	387	433	1303	
广西			16	16			
海南	40						
重庆	233		328	29		299	
四川	7		8	2		6	
贵州							
云南	19		22	11		11	
西藏							
陕西	11						
甘肃							
青海							
宁夏			13	13			
新疆							

4-C-3 各地区中介服务企业主要指标完成情况

地 区	房屋代理销售			房屋代理出租		
	成交合同面积(平方米)	成交合同数(个)	成交合同金额(万元)	成交合同面积(平方米)	成交合同数(个)	成交合同金额(万元)
全 国	**86619829**	**816211**	**50522537**	**42470991**	**482538**	**2875561**
北 京	9948923	82021	45221223	3428722	43734	121582
天 津	2121715	32976	5980611	662145	10581	9097
河 北	358468	4215	4046310	365232	9201	35074
山 西	174544	1420	166640	276443	2217	976
内蒙古	80703	478	57791	6900	97	658
辽 宁	2304823	28544	3262394	1391478	22884	11209
吉 林	160567	1502	445282	36616	769	1211
黑龙江	710856	8068	964581	264010	5755	31260
上 海	20661665	187212	259048263	13118582	108874	1592454
江 苏	6458480	67810	18767432	2790816	39646	46073
浙 江	9244682	85276	42507128	2791913	37777	66359
安 徽	3098135	27454	4278949	462537	4813	8046
福 建	2564975	23917	5957807	869396	9500	31827
江 西	526853	5004	827571	528569	4473	646
山 东	1909134	23894	11892300	757488	12303	26568
河 南	694572	6409	872332	501581	7817	97243
湖 北	753938	10965	1915248	360035	5299	18828
湖 南	1413253	13448	497526	363926	4811	10435
广 东	13721071	97868	65589827	10355452	106945	380422
广 西	2489445	26103	4170324	116703	1459	16465
海 南	195456	1999	6829681	18849	262	549
重 庆	2571958	31113	12494662	539067	5756	133759
四 川	1627981	19732	4041018	1096994	12806	185527
贵 州	424257	5553	542575	362101	9925	21159
云 南	1111206	7748	1540745	404909	5889	4642
西 藏						
陕 西	578628	4557	1269878	175637	1281	2856
甘 肃	190029	4836	1171899	163164	2243	16004
青 海	75652	2026	42414	39696	1493	620
宁 夏	102058	1080	207682	72451	1406	2147
新 疆	345802	2983	615278	149579	2522	1866

4-C-4 各地区按登记注册类型分中介服务企业利润总额

单位：万元

地区	总计	内资					
			国有	集体	股份合作	国有联营	集体联营
全国	**465581**	**417936**	**29091**	**4247**	**1832**	**535**	**89**
北京	29007	30259	4085	-64	-23		
天津	1637	-180	-15	19	-8	-7	
河北	1717	1717	387	75	-47		
山西	-171	-171	125	49	19		
内蒙古	118	118	189	45			
辽宁	-211	939	39	71	27	-30	
吉林	2245	2245	-19	43	3		
黑龙江	1222	1222	226	30	25		
上海	286367	259752	612	1187	671	845	40
江苏	18130	18437	2618	2069	403	55	
浙江	29760	27513	1199	165	92		
安徽	1929	2005	517	-212	-161		
福建	4425	3971	313	163	-20		
江西	1696	1696	81	665	153		
山东	10143	9220	1759	731	81		
河南	4259	4259	3000	155	176		3
湖北	3650	3637	1323	491	558		
湖南	2179	2135	422	64	8		
广东	56913	38819	10539	-1944	565	-328	-2
广西	2756	2741	421	205	81		
海南	-670	-577	62	-14	14		
重庆	282	391	-497	80	-102		
四川	1119	747	610	66	-889		
贵州	688	688	498	1	72		
云南	2033	2029	416	82	18		49
西藏							
陕西	882	879	34		10		
甘肃	104	104	23	75	30		
青海	505	505	30	2	78		
宁夏	540	510	-2				
新疆	2328	2328	96	-51	-1		

4-C-4 续表 1

单位：万元

地区	内资						
	国有与集体联营	其他联营	国有独资公司	其他有限责任公司	股份有限公司	私营独资	私营合伙
全国	**150**	**409**	**1176**	**82443**	**6152**	**2730**	**2670**
北京			5	1897	637	1	793
天津				-1197	-4	-44	-12
河北			-6	1596	-771	12	109
山西		1		-380		2	7
内蒙古		2		49	17		4
辽宁			17	361	80	-14	46
吉林			295	980	194		
黑龙江			11	327	445	7	-2
上海	3		59	54369	2138	-1782	-77
江苏		173		4073	-32	139	326
浙江			201	386	104	181	1176
安徽		175	6	132	212	69	69
福建			-59	750	-38	11	-50
江西		1		508	180		12
山东			17	1080	174	197	66
河南	61			713	305	138	-37
湖北		3	198	723	54	3137	58
湖南			372	87	165	5	5
广东	-5	53	165	11783	1375	383	37
广西				209	637	44	-39
海南		6		-365	3	14	5
重庆	91			370	74	4	-7
四川			-65	413	159	77	138
贵州		-3		42	-26	9	8
云南				175	63	13	6
西藏							
陕西				467	30	3	20
甘肃				-17	-25		9
青海				101			1
宁夏				132		134	
新疆		-1	-39	2678	-1	-7	

4-C-4 续表 2

单位：万元

地 区	内资			港澳台商投资		
	私营有限责任公司	私营股份有限公司	其他内资企业		合资经营	合作经营
全 国	**268697**	**7631**	**10084**	**24550**	**9320**	**3065**
北 京	23200	-273		1507	1034	-274
天 津	1101	-1	-13	-222	28	
河 北	80	261	22			
山 西	-4	10				
内蒙古	-197	-1	10			
辽 宁	-81	441	-18	-1147		
吉 林	460	285	5			
黑龙江	-20	129	44			
上 海	188835	3946	8905	13349	3066	-240
江 苏	8325	220	68	-377	60	
浙 江	23065	945	-2	2248	2316	
安 徽	595	551	52			
福 建	2828	5	68	442		357
江 西	18	75	4			
山 东	4794	140	180			
河 南	-290	-30	66			
湖 北	-3203	228	68	-3		
湖 南	732	131	145	38		
广 东	15449	273	478	8317	2834	3223
广 西	1073	106	5			
海 南	-285	-1	-17	-94		
重 庆	457	-38	-41	103		
四 川	172	91	-24	381	-18	-1
贵 州	100	-14				
云 南	1116	90	2	4		
西 藏						
陕 西	219	51	44	3		
甘 肃	-5	-6	20			
青 海	315	-37	14			
宁 夏	246					
新 疆	-400	54				

4-C-4 续表3

单位：万元

地区	港澳台商投资		外商投资				
	独资	股份有限		合资经营	合作经营	独资	股份有限
全国	**12245**	**-81**	**23095**	**11460**	**1222**	**10453**	**-40**
北京	747		-2759	-221	117	-2639	-17
天津	-250		2039	2158		-119	
河北							
山西							
内蒙古							
辽宁	-1147		-3	-3			
吉林							
黑龙江							
上海	10598	-75	13266	883	759	11624	
江苏	-431	-6	70	15		108	-52
浙江	-68						
安徽			-76	-76			
福建	86		11	-18			29
江西							
山东			924	936		-13	
河南							
湖北	-3		17	17			
湖南	38		6	6			
广东	2260		9778	7809	346	1623	
广西			14	14			
海南	-94						
重庆	103		-212	-80		-132	
四川	400		-9	-9			
贵州							
云南	4						
西藏							
陕西	3						
甘肃							
青海							
宁夏			30	30			
新疆							

4-C-5 各地区按登记注册类型分中介服务企业营业利润

单位：万元

地 区	总 计	内 资					
			国 有	集 体	股份合作	国有联营	集体联营
全 国	**391159**	**356567**	**20994**	**4869**	**994**	**422**	**54**
北 京	25422	26715	2417	15	-48		
天 津	4637	2495	-65	51	-8	-13	
河 北	679	679	-85	31	-42		
山 西	476	476	28	22	18		
内蒙古	59	59	189	38			
辽 宁	-2035	-1204	-123	58	-36	-30	
吉 林	1445	1445	-29	21	3		
黑龙江	502	502	203	30	12		
上 海	261356	236788	192	1297	682	709	12
江 苏	16494	17348	3407	872	495	-2	
浙 江	25228	22977	1453	558	95		
安 徽	195	271	89	-203	-234		
福 建	4664	4244	212	112	-20		
江 西	1362	1362	73	428	78		
山 东	4057	3204	567	420	44	-1	
河 南	2605	2605	2287	90	-51		1
湖 北	-1288	-1278	494	80	41		
湖 南	10	-13	-562	62	6		
广 东	40114	32985	8866	662	-98	-241	-2
广 西	2921	2918	579	72	123		
海 南	-627	-627	62	-8	23		
重 庆	96	214	-418	77	-119		
四 川	-408	-776	617	59	-10		
贵 州	354	354	275	12	25		
云 南	728	735	218	69			43
西 藏							
陕 西	-612	-612			10		
甘 肃	10	10	18	-6	-4		
青 海	-84	-84	-19	2	10		
宁 夏	383	358	2				
新 疆	2418	2418	46	-51			

4-C-5 续表 1

单位：万元

地区	内资						
	国有与集体联营	其他联营	国有独资公司	其他有限责任公司	股份有限公司	私营独资	私营合伙
全国	**46**	**1639**	**405**	**60250**	**2118**	**12165**	**4257**
北京			5	2229	644	-1	1107
天津				227	17	-33	-7
河北			-6	1361	-778	12	89
山西				-450		4	65
内蒙古		2		7	5	8	4
辽宁			23	-45	19		11
吉林			108	806	21		
黑龙江		-72	11	46	339	-13	-22
上海	3	3	61	36924	1915	10208	1329
江苏		180		3357	-40	118	426
浙江			202	213	149	178	1134
安徽		55	1	-128	79	28	54
福建			-78	860	-40	24	-50
江西		1		471	84		-1
山东			17	-331	66	66	15
河南	-43			316	293	121	-37
湖北		2	115	14	-2730	1027	-6
湖南			-229	48	86	2	1
广东	-5	1468	281	11950	1102	237	-16
广西				260	580	39	-1
海南		6		-329	-81	14	5
重庆	91			157	76	34	-2
四川			-65	193	165	76	138
贵州		-4		10	-26	17	5
云南				187	26	17	2
西藏							
陕西				-768	11	3	7
甘肃				28	-22		9
青海				-53			1
宁夏				156		-15	3
新疆		-1	-39	2536	154	-7	-5

4-C-5 续表 2

单位：万元

地区	内资			港澳台商投资		
	私营有限责任公司	私营股份有限公司	其他内资企业		合资经营	合作经营
全国	**236138**	**2393**	**9821**	**19721**	**4936**	**2987**
北京	20647	-300		1453	1040	-330
天津	2329	-1	-2	85	97	
河北	-201	276	22			
山西	816	-28				
内蒙古	-195	-1	3			
辽宁	-1548	469	-3	-410		
吉林	454	62				
黑龙江	-76	7	36			
上海	174661	-137	8931	12590	3075	-244
江苏	8272	220	44	-462	59	
浙江	18125	872	-2	2251	2316	
安徽	116	459	-44			
福建	3147	6	70	411		358
江西	179	45	4			
山东	2063	143	135	-42		
河南	-361	-36	23			
湖北	-292	39	-62	-12		
湖南	301	128	145	23		
广东	8248	43	490	3366	-1628	3203
广西	1162	99	6			
海南	-299	-16	-4			
重庆	340	-25	3	99		
四川	-1928	5	-24	376	-23	-1
贵州	53	-14				
云南	109	62	2	-7		
西藏						
陕西	83	4	38			
甘肃	-6	-5	-2			
青海	-2	-37	14			
宁夏	212					
新疆	-270	56				

4-C-5 续表 3

单位：万元

地区	港澳台商投资		外商投资				
	独资	股份有限		合资经营	合作经营	独资	股份有限
全国	**11879**	**-81**	**14870**	**4930**	**1161**	**8821**	**-42**
北京	743		-2746	-160	57	-2626	-17
天津	-12		2057	2176		-118	
河北							
山西							
内蒙古							
辽宁	-410		-422	-422			
吉林							
黑龙江							
上海	9834	-75	11978	882	687	10410	
江苏	-515	-6	-393	14		-355	-52
浙江	-65						
安徽			-76	-76			
福建	54		9	-18			27
江西							
山东	-42		894	907		-13	
河南							
湖北	-12		3	3			
湖南	23						
广东	1790		3763	1686	417	1660	
广西			3	3			
海南							
重庆	99		-217	-80		-137	
四川	400		-9	-9			
贵州							
云南	-7						
西藏							
陕西							
甘肃							
青海							
宁夏			25	25			
新疆							

D. 其他房地产业企业

4-D-1 各地区按登记注册类型分其他房地产业企业个数

单位：个

地 区	总 计	内 资					
			国 有	集 体	股份合作	国有联营	集体联营
全 国	**18079**	**17743**	**4568**	**6227**	**797**	**39**	**37**
北 京	1021	1001	203	165	74	2	1
天 津	74	74	19	9			
河 北	254	253	162	59			
山 西	219	217	62	44	8		2
内蒙古	113	113	35	12	1		
辽 宁	582	552	290	137	14	1	
吉 林	81	79	44	2	2		
黑龙江	600	598	258	130	20		
上 海	203	198	59	13	6		1
江 苏	861	829	111	216	10	1	
浙 江	1179	1164	470	208	46	1	
安 徽	307	304	117	87	14		1
福 建	596	564	214	201	13	3	4
江 西	660	653	343	227	2		
山 东	214	213	81	49	2		
河 南	287	285	180	37	4		1
湖 北	731	722	182	223	62	2	
湖 南	657	652	368	166	10	2	1
广 东	6195	6060	296	3450	404	17	18
广 西	611	608	353	137	9	1	4
海 南	263	249	83	64	2	6	
重 庆	295	292	56	94	8	1	1
四 川	505	498	132	93	12		
贵 州	330	329	154	97	15		1
云 南	497	494	98	164	44		2
西 藏	2	2	1			1	
陕 西	342	341	102	86	9		
甘 肃	70	70	33	6	2		
青 海	12	12	3	1	1		
宁 夏	46	46	13	10	1		
新 疆	272	271	46	40	2	1	

4-D-1 续表 1　　　　单位：个

地区	内			资			
	国有与集体联营	其他联营	国有独资公司	其他有限责任公司	股份有限公司	私营独资	私营合伙
全　国	**28**	**23**	**112**	**1831**	**357**	**215**	**132**
北　京	4		7	187	15	3	4
天　津			2	14		2	
河　北				9	6	7	
山　西	1		2	38		2	3
内蒙古				26	4	1	4
辽　宁			2	29	6	16	2
吉　林			1	10	7	1	
黑龙江	2	2	6	79	25	14	2
上　海	1			53	1	3	2
江　苏	3	1	5	97	17	24	37
浙　江			10	147	3	29	10
安　徽			4	32	4	3	2
福　建	1		6	41	9	7	3
江　西			1	29	8	5	3
山　东			1	33	4	2	
河　南			3	27	4	2	1
湖　北	4		3	98	35	6	4
湖　南			7	48	18	3	3
广　东	10	13	19	407	107	40	19
广　西	1		2	36	9	4	1
海　南	1	3	1	36	15	4	3
重　庆		1	14	48	11		2
四　川		1	6	92	22	9	9
贵　州			3	28	4	4	
云　南			2	50	10	7	5
西　藏							
陕　西		2	1	55	8	7	9
甘　肃				12	3	3	1
青　海							
宁　夏				12			1
新　疆			4	58	2	7	2

4-D-1 续表 2 单位：个

地 区	内资			港澳台商投资		
	私营有限责任公司	私营股份有限公司	其他内资企业		合资经营	合作经营
全 国	**2547**	**210**	**620**	**194**	**82**	**30**
北 京	310	25	1	12	9	1
天 津	12	1	15			
河 北	6	2	2	1		
山 西	48	7		1	1	
内蒙古	30					
辽 宁	51	1	3	14	10	2
吉 林	10	2		1		
黑龙江	47	7	6			
上 海	55	1	3	4	1	
江 苏	283	15	9	17	4	4
浙 江	229	10	1	6	4	1
安 徽	32	3	5			
福 建	57	5		19	2	
江 西	19	8	8	3	3	
山 东	37	2	2			
河 南	17	3	6	2	2	
湖 北	76	14	13	7	3	
湖 南	19	3	4	4	2	
广 东	694	53	513	85	35	21
广 西	45	4	2	2	1	
海 南	27	2	2	9	3	
重 庆	45	8	3	1	1	
四 川	106	11	5	4		1
贵 州	16	6	1	1		
云 南	99	7	6			
西 藏						
陕 西	50	6	6			
甘 肃	6		4			
青 海	6	1				
宁 夏	9					
新 疆	106	3		1	1	

4-D-1 续表 3 单位：个

地 区	港澳台商投资		外商投资				
	独 资	股份有限		合资经营	合作经营	独 资	股份有限
全 国	**78**	**4**	**142**	**61**	**25**	**56**	
北 京	1	1	8	4	2	2	
天 津							
河 北	1						
山 西			1	1			
内蒙古							
辽 宁	2		16	9	5	2	
吉 林	1		1			1	
黑龙江			2	2			
上 海	3		1			1	
江 苏	8	1	15	5	2	8	
浙 江	1		9	2		7	
安 徽			3	1		2	
福 建	15	2	13	2		11	
江 西			4	1		3	
山 东			1	1			
河 南							
湖 北	4		2		1	1	
湖 南	2		1	1			
广 东	29		50	23	15	12	
广 西	1		1			1	
海 南	6		5	2		3	
重 庆			2	2			
四 川	3		3	2		1	
贵 州	1						
云 南			3	3			
西 藏							
陕 西			1			1	
甘 肃							
青 海							
宁 夏							
新 疆							

4-D-2 各地区按登记注册类型分其他房地产业企业从业人员数

单位：人

地区	总计	内资					
			国有	集体	股份合作	国有联营	集体联营
全国	**700604**	**688172**	**128899**	**265299**	**41300**	**596**	**350**
北京	27717	23102	7293	4367	1802	4	12
天津	664	664	423	31			
河北	9778	9738	6709	1631			
山西	5978	5937	1741	1625	139		23
内蒙古	2210	2210	593	248	7		
辽宁	16674	15968	10156	2304	549	10	
吉林	1563	1538	1000	31	27		
黑龙江	16088	16070	9994	3299	216		
上海	5104	4623	1464	410	223		1
江苏	15858	15003	3448	3555	42	21	
浙江	17476	17147	8365	2817	338	29	
安徽	7650	7594	3581	2243	208		20
福建	8670	8335	2994	3542	218	77	19
江西	10117	9878	6515	1740	34		
山东	6839	6836	3799	1203	37		
河南	11796	11729	7213	1465	59		28
湖北	20498	20273	8043	5736	847	63	
湖南	22874	22764	12576	4166	148	81	11
广东	419550	415806	7642	210113	33114	159	114
广西	11148	11090	6840	1630	190	8	58
海南	4881	4755	2481	877	41	72	
重庆	7436	7293	1674	1958	725	3	13
四川	11833	11683	3353	2444	283		
贵州	8257	8244	4191	1676	247		16
云南	12270	12234	1904	3151	1610		35
西藏	92	92	27			65	
陕西	9893	9887	2646	2251	165		
甘肃	1155	1155	779	41	17		
青海	174	174	104	7	2		
宁夏	1000	1000	417	158	3		
新疆	5361	5350	934	580	9	4	

4-D-2 续表 1

单位：人

地 区	内			资			
	国有与集体联营	其他联营	国有独资公司	其他有限责任公司	股份有限公司	私营独资	私营合伙
全 国	**406**	**752**	**3446**	**142122**	**45181**	**1789**	**1286**
北 京	70		193	3859	762	17	32
天 津				141		6	
河 北				607	255	50	
山 西	16		198	880		46	84
内蒙古				371	65	5	179
辽 宁			230	1296	238	111	30
吉 林			7	116	93	5	
黑龙江	25	45	107	962	469	163	14
上 海	10			1808	8	33	41
江 苏	24	10	143	1869	183	148	188
浙 江			177	2832	86	105	41
安 徽			83	799	193	33	10
福 建	6		90	585	155	29	5
江 西			2	411	609	16	12
山 东			23	840	209	12	
河 南			47	2242	83	18	21
湖 北	107		284	2707	898	78	23
湖 南			148	1028	472	29	134
广 东	137	182	526	105860	37744	513	151
广 西	7		205	1117	151	14	28
海 南	4	22	4	434	181	48	20
重 庆		57	227	1095	292		28
四 川		10	205	2537	753	122	67
贵 州			52	554	167	20	
云 南			275	2516	802	80	37
西 藏							
陕 西		426	173	2349	230	40	89
甘 肃				158	28	9	5
青 海							
宁 夏				276			39
新 疆			47	1873	55	39	8

4-D-2 续表 2

单位：人

地区	内资			港澳台商投资		
	私营有限责任公司	私营股份有限公司	其他内资企业		合资经营	合作经营
全 国	**38689**	**5419**	**12638**	**8751**	**2494**	**757**
北 京	4409	267	15	4037	315	11
天 津	30	6	27			
河 北	426	46	14	40		
山 西	1113	72		3	3	
内蒙古	742					
辽 宁	734	14	296	376	337	36
吉 林	137	122		23		
黑龙江	556	172	48			
上 海	589	2	34	479	170	
江 苏	4257	139	976	374	50	267
浙 江	2315	40	2	64	54	8
安 徽	341	27	56			
福 建	600	15		174	73	
江 西	393	84	62	62	62	
山 东	354	4	355			
河 南	371	93	89	67	67	
湖 北	1165	250	72	213	93	
湖 南	243	47	3681	73	40	
广 东	10484	3030	6037	2504	1148	416
广 西	767	60	15	8	5	
海 南	549	15	7	106	46	
重 庆	1017	169	35	20	20	
四 川	1696	172	41	104		19
贵 州	716	65	540	13		
云 南	1606	93	125			
西 藏						
陕 西	1037	396	85			
甘 肃	92		26			
青 海	58	3				
宁 夏	107					
新 疆	1785	16		11	11	

4-D-2 续表 3 单位：人

地 区	港澳台商投资		外商投资				
	独 资	股份有限		合资经营	合作经营	独 资	股份有限
全 国	**2150**	**3350**	**3681**	**2059**	**519**	**1103**	
北 京	372	3339	578	225	113	240	
天 津							
河 北	40						
山 西			38	38			
内蒙古							
辽 宁	3		330	189	124	17	
吉 林	23		2			2	
黑龙江			18	18			
上 海	309		2			2	
江 苏	53	4	481	427	10	44	
浙 江	2		265	206		59	
安 徽			56	11		45	
福 建	94	7	161	37		124	
江 西			177	4		173	
山 东			3	3			
河 南							
湖 北	120		12		5	7	
湖 南	33		37	37			
广 东	940		1240	656	267	317	
广 西	3		50			50	
海 南	60		20	6		14	
重 庆			123	123			
四 川	85		46	43		3	
贵 州	13						
云 南			36	36			
西 藏							
陕 西			6			6	
甘 肃							
青 海							
宁 夏							
新 疆							

4-D-3 各地区按登记注册类型分其他房地产业企业利润总额

单位：万元

地区	总计	内资					
			国有	集体	股份合作	国有联营	集体联营
全国	**1024585**	**986950**	**223154**	**367018**	**114652**	**257**	**2117**
北京	91306	33053	1353	-1765	2515	-14	-30
天津	4076	4076	3851	277			
河北	-576	-395	-1721	483			
山西	2708	2604	158	212	7		63
内蒙古	841	841	434	116			
辽宁	-27640	-13086	-3476	-226	-4962	-630	
吉林	698	695	301	-5	-2		
黑龙江	-6476	-6480	-6176	-229	-3		
上海	21323	21907	11322	883	367		-1
江苏	31623	33575	-1016	6897	73		
浙江	70729	69684	65580	115	-366	60	
安徽	-606	-475	-1632	-218	135		-5
福建	-2622	-1753	-2981	-490	23	305	26
江西	6014	5997	-1022	2893	8		
山东	210148	209925	180050	-139	-17		
河南	-3772	-3762	-4585	42	-95		-1
湖北	2397	3139	-1666	361	428	-101	
湖南	6403	6065	2996	380	77	453	40
广东	623733	626892	-5450	354501	112242	1354	1726
广西	-6589	-6594	-6829	-1104	169	-785	225
海南	-9603	-9212	-1294	-427	32	-403	
重庆	-5335	-5983	-1732	-52	-27		-8
四川	3947	4357	2175	1644	62		
贵州	-2089	-2085	-3227	75	7		-2
云南	11452	11482	-882	4105	3729		82
西藏	48	48	1			47	
陕西	4792	4782	-115	-398	245		
甘肃	1168	1168	751	3	-2		
青海	135	135		30	5		
宁夏	445	445	334	-41	1		
新疆	-4093	-4094	-2346	-905	-1	-29	

4-D-3 续表 1　　　　单位：万元

地　区	内			资			
	国有与集体联　营	其他联营	国有独资公　司	其他有限责任公司	股份有限公　司	私营独资	私营合伙
全　国	**-752**	**2895**	**-4748**	**99541**	**53845**	**1735**	**2854**
北　京	-26		-775	-5601	33923	8	-14
天　津				62		16	
河　北				581	-37	101	
山　西	45		-231	450		135	85
内蒙古				10	-44	3	47
辽　宁				-2300	-120	93	3
吉　林				52	125	6	
黑龙江	82	113	-242	-1637	357	400	19
上　海	7			3767	192	118	-44
江　苏	-924		808	26533	-815	-202	673
浙　江			3232	-111	189	14	110
安　徽			172	872	-240	281	1
福　建			77	580	22	82	56
江　西				266	2142	215	165
山　东				-4876	243	12	
河　南			18	646	-212	5	1
湖　北	253		-38	-946	518	108	9
湖　南			-1007	1713	1076	-103	30
广　东	-187	2451	78	73756	20657	736	673
广　西	2		-367	849	63	24	268
海　南	-4	-50	-11	-2169	-4247	28	-2
重　庆		-15	-5908	1777	69		-5
四　川		-38	-320	624	-47	-16	97
贵　州			38	338	-19	31	
云　南			346	455	-248	-144	127
西　藏							
陕　西		434	-571	1579	307	163	536
甘　肃				-38	17		18
青　海							
宁　夏				166			-13
新　疆			-47	2142	-26	-379	14

4-D-3 续表 2 单位：万元

地区	内资			港澳台商投资		
	私营有限责任公司	私营股份有限公司	其他内资企业		合资经营	合作经营
全国	**30442**	**5306**	**88635**	**34096**	**-39**	**-4928**
北京	3531	-52		31612	5459	-407
天津	-159	54	-25			
河北	-459	668	-11	-181		
山西	1639	40		138	138	
内蒙古	276					
辽宁	-1611	144		-634	-634	
吉林	62	156		3		
黑龙江	787	34	16			
上海	5235		60	-587	-406	
江苏	2047	598	-1098	-1873	-104	-1591
浙江	900	-39		67	-7	74
安徽	31	-27	155			
福建	483	63		-97	47	
江西	1029	24	277	-24	-24	
山东	1135	14	33502			
河南	138	290	-9	-10	-10	
湖北	3752	445	16	-726	-549	
湖南	181	-4	233	429	173	
广东	8590	947	54816	6523	-3739	-2946
广西	812	80	-1	13	8	
海南	18	-2	-680	-306	-328	
重庆	-417	335		-63	-63	
四川	199	62	-84	-182		-57
贵州	471	27	175	-4		
云南	2446	235	1231			
西藏						
陕西	1326	1225	54			
甘肃	412		6			
青海	98	2				
宁夏	-1					
新疆	-2506	-11		1	1	

4-D-3 续表 3

单位：万元

地区	港澳台商投资		外商投资				
	独资	股份有限		合资经营	合作经营	独资	股份有限
全国	**12001**	**27062**	**3538**	**-12478**	**-9233**	**25249**	
北京	-518	27078	26640	-475	-159	27274	
天津							
河北	-181						
山西			-33	-33			
内蒙古							
辽宁			-13920	-9169	-4873	122	
吉林	3						
黑龙江			4	4			
上海	-182		4			4	
江苏	-178	-1	-79	344	79	-501	
浙江			978	58		920	
安徽			-131	-114		-17	
福建	-129	-15	-772	-41		-731	
江西			42			42	
山东			223	223			
河南							
湖北	-177		-15		-7	-9	
湖南	256		-90	-90			
广东	13208		-9682	-3626	-4273	-1782	
广西	5		-7			-7	
海南	21		-85	-39		-46	
重庆			711	711			
四川	-125		-228	-201		-27	
贵州	-4						
云南			-29	-29			
西藏							
陕西			9			9	
甘肃							
青海							
宁夏							
新疆							

第5篇

其他服务业企业生产经营及财务状况

5-1 按行业(中类)分组的

行业中类	代码	固定资产原价	本年折旧	资产总计	负债合计
总计	**0000**	**35119.95**	**2797.14**	**112813.80**	**49878.06**
信息传输、计算机服务和软件业	**G**	**16693.20**	**1808.79**	**22896.40**	**9067.22**
电信和其他信息传输服务业	6000	16166.97	1740.10	19622.76	7613.92
电信	6010	15776.71	1702.25	18789.80	7297.04
互联网信息服务	6020	99.07	10.22	327.16	128.85
广播电视传输服务	6030	241.68	24.16	372.06	158.25
卫星传输服务	6040	49.52	3.46	133.73	29.77
计算机服务业	6100	248.49	28.63	1364.86	676.82
计算机系统服务	6110	105.10	11.47	699.67	319.18
数据处理	6120	14.45	2.42	50.33	21.78
计算机维修	6130	4.47	0.53	36.31	21.90
其他计算机服务	6190	124.47	14.21	578.54	313.96
软件业	6200	277.73	40.07	1908.79	776.49
公共软件服务	6210	221.50	31.79	1329.90	609.97
其他软件服务	6290	56.23	8.28	578.89	166.52
租赁和商务服务业	**L**	**9442.11**	**528.99**	**71722.39**	**31560.12**
租赁业	7300	278.02	31.97	589.82	358.28
机械设备租赁	7310	269.42	31.22	569.38	347.06
文化及日用品出租	7320	8.60	0.75	20.44	11.22
商务服务业	7400	9164.09	497.02	71132.57	31201.83
企业管理服务	7410	6353.90	332.91	63377.11	27183.04
法律服务	7420	46.16	6.13	150.55	78.20
咨询与调查	7430	414.95	32.88	3022.50	1583.05
广告业	7440	992.24	19.06	750.50	405.97
知识产权服务	7450	16.09	0.80	40.47	20.97
职业中介服务	7460	38.91	3.55	167.19	102.66
市场管理	7470	639.00	45.36	1252.72	738.21
旅行社	7480	192.41	16.08	578.15	292.51
其他商务服务	7490	470.43	40.26	1793.40	797.23
科学研究、技术服务和地质勘查业	**M**	**1811.56**	**143.37**	**7413.97**	**3873.06**
研究与试验发展	7500	274.75	23.12	1120.89	548.43
自然科学研究与试验发展	7510	36.94	2.06	133.14	59.34
工程和技术研究与试验发展	7520	176.31	16.75	731.86	387.19
农业科学研究与试验发展	7530	34.01	1.64	113.70	47.95
医学研究与试验发展	7540	25.53	2.47	137.12	50.84
社会人文科学研究与试验发展	7550	1.95	0.20	5.08	3.11
专业技术服务业	7600	1098.63	86.30	4421.79	2505.20
气象服务	7610	3.57	0.38	19.36	3.21
地震服务	7620	0.82	0.09	1.48	0.51
海洋服务	7630	2.24	0.16	5.96	2.18
测绘服务	7640	9.23	1.26	45.66	28.48
技术检测	7650	65.51	8.22	156.72	61.90
环境监测	7660	4.63	0.33	17.60	7.73

其他服务业企业财务状况

单位：亿元

实收资本	国家资本	集体资本	法人资本	个人资本	港澳台资本	外商资本	代码
41400.06	**20157.13**	**1707.36**	**11241.31**	**4444.08**	**1239.20**	**2610.98**	0000
8123.08	**3145.94**	**56.67**	**2493.90**	**621.94**	**755.62**	**1049.01**	G
6662.35	3050.74	11.23	1982.83	66.28	678.75	872.51	6000
6241.86	2898.55	6.88	1789.38	15.62	667.02	864.41	6010
173.32	18.38	2.54	94.32	41.94	9.60	6.55	6020
159.73	94.35	1.81	55.25	6.70	0.29	1.32	6030
87.43	39.46		43.88	2.01	1.84	0.23	6040
654.60	45.37	30.55	205.99	285.16	22.09	65.45	6100
326.54	20.52	9.52	107.71	142.91	10.80	35.07	6110
36.02	13.08	0.91	7.74	5.34	1.92	7.04	6120
17.07	0.99	0.34	6.68	6.60	0.16	2.30	6130
274.97	10.78	19.77	83.85	130.31	9.21	21.03	6190
806.13	49.83	14.89	305.08	270.50	54.77	111.05	6200
635.92	36.70	11.47	242.28	211.83	42.81	90.82	6210
170.22	13.13	3.42	62.80	58.67	11.96	20.23	6290
26945.20	**14640.17**	**1362.02**	**6972.37**	**2492.83**	**270.82**	**1206.99**	L
217.75	31.44	19.04	76.20	78.48	4.26	8.33	7300
211.09	30.87	18.31	74.49	75.47	3.75	8.20	7310
6.66	0.57	0.73	1.71	3.01	0.51	0.13	7320
26727.45	14608.72	1342.98	6896.17	2414.35	266.56	1198.66	7400
23945.35	14081.05	1109.79	5989.06	1508.58	191.50	1065.37	7410
45.10	17.14	3.26	8.21	15.99	0.07	0.43	7420
1102.76	155.23	59.18	380.50	401.41	30.35	76.09	7430
302.80	25.09	9.80	94.23	160.50	7.58	5.60	7440
28.33	3.25	0.68	11.69	10.35	1.00	1.35	7450
55.48	19.98	5.87	15.12	13.67	0.28	0.56	7460
386.28	65.42	97.43	99.50	99.85	5.78	18.29	7470
236.74	75.92	13.72	86.33	45.16	9.06	6.54	7480
624.60	165.64	43.24	211.52	158.83	20.95	24.42	7490
2627.84	**833.85**	**69.92**	**944.41**	**586.27**	**51.60**	**141.79**	M
446.61	137.71	8.79	159.06	78.25	18.08	44.73	7500
54.88	20.46	0.31	16.21	5.31	0.53	12.07	7510
259.39	91.31	5.31	90.36	38.10	8.68	25.64	7520
48.32	19.08	1.69	14.55	11.00	0.21	1.78	7530
81.96	6.67	1.45	37.05	23.27	8.66	4.87	7540
2.06	0.20	0.04	0.88	0.57		0.37	7550
1421.57	511.62	37.80	435.14	355.26	27.00	54.74	7600
2.60	1.89	0.09	0.38	0.21	0.02		7610
0.72	0.07		0.46	0.18			7620
3.16	0.45	0.02	1.27	1.32	0.03	0.07	7630
9.14	2.44	0.33	2.83	3.22	0.01	0.32	7640
55.32	18.87	4.96	14.68	11.56	1.20	4.04	7650
7.22	0.90	0.22	2.49	1.93	0.02	1.65	7660

5-1 续表 1

行业中类	代码	固定资产原价	本年折旧	资产总计	负债合计
工程技术与规划管理	7670	795.18	57.67	3091.35	1811.64
其他专业技术服务	7690	217.43	18.20	1083.66	589.55
科技交流和推广服务业	7700	264.80	18.25	1418.85	598.24
技术推广服务	7710	148.46	10.49	823.08	359.93
科技中介服务	7720	59.00	3.32	288.31	102.13
其他科技服务	7790	57.34	4.43	307.46	136.18
地质勘查业	7800	173.39	15.70	452.44	221.20
矿产地质勘查	7810	56.54	4.38	294.44	167.21
基础地质勘查	7820	11.03	1.03	25.62	13.73
地质勘查技术服务	7830	105.82	10.29	132.39	40.26
水利、环境和公共设施管理业	**N**	**1609.06**	**95.66**	**4062.23**	**2285.42**
水利管理业	7900	523.50	22.43	1097.14	557.53
防洪管理	7910	14.97	0.65	47.20	20.94
水资源管理	7920	459.55	18.93	878.43	461.19
其他水利管理	7990	48.99	2.86	171.51	75.39
环境管理业	8000	140.38	9.14	347.07	149.63
自然保护	8010	45.82	3.37	72.14	40.44
环境治理	8020	94.57	5.77	274.93	109.19
公共设施管理业	8100	945.17	64.09	2618.02	1578.26
市政公共设施管理	8110	612.26	38.28	1666.95	1071.63
城市绿化管理	8120	43.71	3.66	265.87	153.60
游览景区管理	8130	289.20	22.15	685.21	353.03
居民服务和其他服务业	**O**	**779.02**	**61.04**	**2748.64**	**1278.69**
居民服务业	8200	282.81	25.18	557.81	284.39
家庭服务	8210	3.28	0.28	9.80	4.92
托儿所	8220	1.17	0.10	1.34	0.27
洗染服务	8230	10.79	1.02	18.65	9.85
理发及美容保健服务	8240	17.70	1.93	38.91	16.21
洗浴服务	8250	78.60	7.11	130.23	68.51
婚姻服务	8260	1.02	0.11	2.35	0.78
殡葬服务	8270	52.30	4.29	134.71	70.51
摄影扩印服务	8280	27.14	3.45	48.44	28.42
其他居民服务	8290	90.80	6.89	173.38	84.92
其他服务业	8300	496.21	35.86	2190.83	994.30
修理与维护	8310	86.34	10.00	243.69	111.89
清洁服务	8320	15.56	1.79	41.96	15.59
其他未列明的服务	8390	394.31	24.07	1905.17	866.83
教育	**P**	**471.58**	**31.02**	**717.15**	**288.92**
教育	8400	471.58	31.02	717.15	288.92
学前教育	8410	55.42	3.55	65.86	15.40
初等教育	8420	52.37	3.80	68.39	33.56
中等教育	8430	143.25	7.53	208.37	76.81
高等教育	8440	57.26	2.46	112.54	45.21

单位：亿元

实收资本	国家资本	集体资本	法人资本	个人资本	港澳台资本	外商资本	代码
827.49	395.35	17.02	276.69	116.69	11.83	9.90	7670
515.92	91.65	15.14	136.35	220.14	13.89	38.76	7690
602.72	106.76	22.33	278.48	149.25	6.51	39.39	7700
352.59	64.48	14.58	141.62	97.96	4.09	29.86	7710
123.62	17.00	4.04	79.47	17.11	1.05	4.95	7720
126.50	25.28	3.71	57.39	34.18	1.36	4.58	7790
156.95	77.76	1.00	71.73	3.50	0.02	2.93	7800
87.31	64.92	0.49	17.64	1.57		2.68	7810
8.98	6.58	0.07	1.96	0.35	0.01	0.02	7820
60.66	6.26	0.45	52.13	1.58		0.23	7830
1280.26	**743.56**	**59.61**	**220.90**	**128.91**	**31.27**	**96.01**	N
441.86	333.00	4.96	25.16	9.80	2.50	66.44	7900
16.22	11.37	0.39	4.01	0.45			7910
363.13	275.26	3.39	14.81	3.64	0.01	66.02	7920
62.51	46.37	1.18	6.34	5.71	2.49	0.41	7990
127.66	44.33	5.90	34.71	25.09	8.47	9.16	8000
21.57	3.13	1.88	5.55	2.21	5.34	3.46	8010
106.09	41.20	4.02	29.15	22.88	3.14	5.70	8020
710.73	366.22	48.75	161.03	94.01	20.30	20.42	8100
376.34	280.96	15.16	59.10	11.41	4.82	4.91	8110
89.88	13.52	9.35	24.30	40.64	1.62	0.43	8120
244.52	71.74	24.25	77.63	41.96	13.86	15.08	8130
990.51	**365.12**	**76.56**	**241.25**	**258.71**	**27.03**	**21.84**	O
236.27	34.81	26.47	56.58	98.70	11.01	8.69	8200
5.06	0.75	0.63	1.19	2.46	0.01	0.02	8210
1.17	0.03	0.15	0.18	0.46	0.35	0.01	8220
9.74	0.35	0.56	2.94	4.65	0.56	0.69	8230
27.30	0.66	0.91	5.21	16.68	2.13	1.71	8240
62.40	3.73	5.59	16.10	31.53	3.89	1.57	8250
1.95	0.06	0.24	0.36	1.11	0.09	0.09	8260
40.64	7.63	7.08	9.68	13.38	2.17	0.70	8270
22.04	2.50	1.41	4.89	10.91	1.54	0.78	8280
65.97	19.10	9.90	16.03	17.52	0.28	3.13	8290
754.24	330.31	50.08	184.67	160.01	16.01	13.15	8300
110.25	8.07	8.66	30.70	52.52	6.89	3.41	8310
22.32	0.94	1.64	5.94	12.29	0.75	0.76	8320
621.67	321.30	39.78	148.03	95.20	8.38	8.98	8390
333.72	**37.24**	**26.94**	**121.28**	**125.92**	**11.31**	**11.02**	P
333.72	37.24	26.94	121.28	125.92	11.31	11.02	8400
40.22	1.98	4.44	8.96	23.48	1.08	0.28	8410
32.79	1.93	2.23	10.86	16.83	0.59	0.35	8420
99.97	9.54	10.68	41.90	35.77	0.84	1.23	8430
31.67	6.04	0.34	13.36	7.27	1.26	3.39	8440

5-1 续表 2

行业中类	代码	固定资产原价	本年折旧	资产总计	负债合计
其他教育	8490	163.29	13.68	261.99	117.93
卫生、社会保障和社会福利业	**Q**	**3171.89**	**29.83**	**581.79**	**270.82**
卫生	8500	3150.58	28.70	476.58	188.56
医院	8510	3088.87	23.84	373.67	159.44
卫生院及社区医疗活动	8520	22.09	1.40	29.98	7.76
门诊部医疗活动	8530	29.85	2.45	47.54	12.30
计划生育技术服务活动	8540	0.26	0.03	0.38	0.10
妇幼保健活动	8550	0.81	0.06	2.06	1.02
专科疾病防治活动	8560	3.17	0.34	5.52	1.00
疾病预防控制及防疫活动	8570	1.31	0.12	2.84	1.53
其他卫生活动	8590	4.22	0.46	14.59	5.41
社会保障业	8600	1.36	0.07	75.36	71.21
社会福利业	8700	19.95	1.06	29.85	11.05
提供住宿的社会福利	8710	17.10	0.93	24.48	7.97
不提供住宿的社会福利	8720	2.85	0.12	5.37	3.08
文化、体育和娱乐业	**R**	**1141.53**	**98.42**	**2671.21**	**1253.81**
新闻出版业	8800	365.32	35.09	1054.79	356.41
新闻业	8810	16.97	1.58	27.78	11.33
出版业	8820	348.35	33.51	1027.01	345.08
广播、电视、电影和音像业	8900	186.58	18.34	470.97	212.22
广播	8910	19.88	2.89	85.68	37.78
电视	8920	53.95	5.79	141.65	57.57
电影	8930	105.48	8.72	216.65	107.65
音像制作	8940	7.27	0.94	27.00	9.22
文化艺术业	9000	72.69	4.56	177.70	88.64
文艺创作与表演	9010	10.61	1.34	19.15	7.69
艺术表演场馆	9020	8.71	0.45	15.18	4.45
图书馆与档案馆	9030	0.11	0.01	1.96	1.79
文物及文化保护	9040	4.14	0.25	13.63	5.49
博物馆	9050	20.69	0.80	24.83	14.47
烈士陵园、纪念馆	9060	0.90	0.11	2.63	1.30
群众文化活动	9070	8.85	0.40	20.73	11.50
文化艺术经纪代理	9080	3.87	0.34	23.38	11.02
其他文化艺术	9090	14.84	0.86	56.20	30.93
体育	9100	83.45	5.41	181.71	114.35
体育组织	9110	13.79	1.05	50.37	28.06
体育场馆	9120	49.77	1.54	99.42	71.52
其他体育	9190	19.88	2.83	31.92	14.77
娱乐业	9200	433.49	35.02	786.04	482.18
室内娱乐活动	9210	95.50	8.37	152.58	79.93
游乐园	9220	86.24	6.09	143.14	93.14
休闲健身娱乐活动	9230	212.64	17.78	414.77	262.53
其他娱乐活动	9290	39.11	2.78	75.56	46.59

单位：亿元

实收资本	国家资本	集体资本	法人资本	个人资本	港澳台资本	外商资本	代码
129.06	17.74	9.25	46.19	42.57	7.54	5.77	8490
277.85	**80.15**	**25.15**	**53.74**	**106.58**	**4.74**	**7.50**	Q
263.04	76.12	21.27	51.34	102.28	4.62	7.41	8500
179.67	71.19	12.16	40.18	47.65	4.06	4.43	8510
16.83	1.73	4.36	2.35	6.67	0.08	1.64	8520
55.95	1.38	4.17	5.18	43.93	0.43	0.86	8530
0.22	0.12	0.06	0.02	0.03			8540
0.93	0.19	0.08	0.29	0.37			8550
1.77	0.16	0.11	0.52	0.96	0.01	0.01	8560
1.49	1.02	0.06	0.20	0.22			8570
6.17	0.34	0.26	2.61	2.44	0.04	0.48	8590
1.78	1.35	0.11	0.17	0.15			8600
13.03	2.68	3.76	2.23	4.15	0.12	0.09	8700
11.26	1.93	3.48	1.91	3.72	0.12	0.09	8710
1.77	0.74	0.27	0.33	0.43			8720
821.61	**311.11**	**30.50**	**193.45**	**122.92**	**86.82**	**76.81**	R
162.22	138.33	1.26	19.62	2.39	0.18	0.44	8800
4.46	4.20	0.01	0.20	0.06			8810
157.75	134.13	1.25	19.42	2.33	0.18	0.44	8820
180.80	99.30	9.35	43.71	22.25	4.33	1.85	8900
21.61	14.11	0.31	5.32	1.81	0.02	0.03	8910
67.12	37.24	4.42	15.87	8.01	1.44	0.13	8920
78.48	43.99	4.17	18.60	7.62	2.58	1.51	8930
13.59	3.96	0.44	3.92	4.80	0.29	0.18	8940
69.84	21.74	3.56	20.31	18.02	4.21	1.99	9000
9.14	1.39	0.79	2.89	2.50	1.56	0.02	9010
4.50	2.50	0.20	0.72	0.32	0.70	0.06	9020
0.09	0.03	0.02	0.03	0.01			9030
5.94	1.91	0.28	1.80	1.50	0.43		9040
9.62	4.95	0.19	1.56	1.15	0.02	1.75	9050
1.05	0.32	0.11	0.42	0.16	0.05		9060
5.36	2.47	0.78	1.05	1.05	0.02		9070
13.72	3.05	0.55	5.96	4.02	0.12	0.02	9080
20.43	5.13	0.64	5.88	7.31	1.31	0.15	9090
57.45	23.43	1.88	16.05	8.21	3.36	4.52	9100
20.81	5.55	0.84	10.52	3.16	0.57	0.16	9110
24.91	15.37	0.76	2.91	3.27	1.25	1.34	9120
11.74	2.50	0.29	2.63	1.77	1.53	3.02	9190
351.30	28.30	14.44	93.75	72.06	74.75	68.00	9200
94.65	4.91	5.99	20.11	36.90	18.57	8.16	9210
57.05	11.44	2.59	20.17	8.86	6.06	7.92	9220
169.53	6.50	3.79	46.10	19.26	43.45	50.43	9230
30.07	5.44	2.06	7.36	7.03	6.67	1.50	9290

5-1 续表 3

行业中类	代码	营业收入 合　　计	#主营业务 收　　入	主营业务 成　　本	主营业务 税金及附加
总计	0000	**20903.87**	**20295.31**	**12417.17**	**600.29**
信息传输、计算机服务和软件业	G	**7749.11**	**7606.83**	**4195.83**	**219.17**
电信和其他信息传输服务业	6000	5809.35	5710.96	2891.35	183.38
电信	6010	5548.42	5455.44	2753.20	174.18
互联网信息服务	6020	151.26	148.31	79.49	5.09
广播电视传输服务	6030	97.88	96.08	50.64	3.76
卫星传输服务	6040	11.78	11.13	8.02	0.35
计算机服务业	6100	917.17	901.86	665.03	16.84
计算机系统服务	6110	461.69	452.81	336.18	7.09
数据处理	6120	24.69	24.22	13.30	0.75
计算机维修	6130	30.58	29.93	22.30	0.49
其他计算机服务	6190	400.20	394.90	293.25	8.50
软件业	6200	1022.60	994.02	639.45	18.95
公共软件服务	6210	836.55	811.85	535.70	14.77
其他软件服务	6290	186.05	182.17	103.75	4.18
租赁和商务服务业	L	**7205.89**	**6955.60**	**4550.77**	**196.39**
租赁业	7300	123.75	119.02	66.74	6.02
机械设备租赁	7310	119.09	114.64	65.26	5.80
文化及日用品出租	7320	4.66	4.39	1.48	0.22
商务服务业	7400	7082.14	6836.58	4484.03	190.37
企业管理服务	7410	3637.12	3452.13	2315.40	78.26
法律服务	7420	158.54	157.98	42.90	9.65
咨询与调查	7430	674.68	659.74	292.76	30.96
广告业	7440	792.59	784.29	571.24	27.59
知识产权服务	7450	23.25	23.08	7.84	1.14
职业中介服务	7460	174.02	170.81	123.84	4.73
市场管理	7470	289.59	278.43	109.56	12.76
旅行社	7480	809.85	803.03	720.72	6.73
其他商务服务	7490	522.50	507.08	299.78	18.55
科学研究、技术服务和地质勘查业	M	**2986.00**	**2878.56**	**1904.44**	**93.98**
研究与试验发展	7500	407.47	392.65	276.14	6.82
自然科学研究与试验发展	7510	39.52	37.90	28.46	0.63
工程和技术研究与试验发展	7520	304.86	292.82	217.96	5.10
农业科学研究与试验发展	7530	32.10	31.70	13.79	0.38
医学研究与试验发展	7540	27.06	26.37	13.26	0.58
社会人文科学研究与试验发展	7550	3.93	3.86	2.67	0.14
专业技术服务业	7600	1908.25	1829.84	1127.07	75.08
气象服务	7610	5.98	5.92	2.49	0.39
地震服务	7620	1.15	1.15	0.70	0.05
海洋服务	7630	2.56	2.56	1.91	0.09
测绘服务	7640	22.05	21.80	9.79	1.28
技术检测	7650	99.77	97.73	40.17	4.67
环境监测	7660	8.62	8.49	4.99	0.31

单位：亿元

费用合计	营业利润	利润总额	从业人员劳动报酬	劳动、失业保险费	全部从业人员年平均人数（万人）	代码
5995.70	**2108.51**	**3642.67**	**2070.09**	**208.85**	**1045.67**	0000
2056.05	**1320.65**	**1673.91**	**595.76**	**71.88**	**175.44**	G
1546.16	1219.76	1558.47	373.06	57.77	104.62	6000
1457.30	1194.71	1530.53	342.29	55.93	90.55	6010
53.39	13.28	15.31	17.69	0.72	7.71	6020
32.72	11.62	12.46	11.90	1.09	6.05	6030
2.74	0.16	0.16	1.19	0.04	0.32	6040
188.18	41.70	41.75	85.09	4.76	30.78	6100
87.59	28.38	26.50	44.92	2.81	11.37	6110
10.91	0.14	0.05	5.09	0.63	1.52	6120
7.05	0.62	1.24	2.24	0.21	1.59	6130
82.62	12.56	13.96	32.83	1.10	16.31	6190
321.71	59.19	73.70	137.61	9.35	40.03	6200
258.78	40.77	52.44	112.52	8.11	32.11	6210
62.93	18.42	21.26	25.10	1.24	7.92	6290
2222.54	**391.24**	**1485.06**	**649.48**	**61.08**	**374.06**	L
46.48	6.44	7.11	13.65	1.34	11.92	7300
43.90	6.13	6.80	13.04	1.18	11.26	7310
2.58	0.32	0.31	0.61	0.16	0.66	7320
2176.07	384.79	1477.95	635.83	59.74	362.14	7400
1226.16	141.17	1248.14	246.27	30.30	109.56	7410
58.83	50.19	44.81	35.71	1.83	13.29	7420
296.75	50.11	54.44	121.10	8.18	54.90	7430
157.41	45.30	46.65	52.72	3.34	33.97	7440
11.98	2.20	1.04	3.83	0.25	2.12	7450
40.74	8.22	8.04	43.05	3.43	32.52	7460
137.75	34.91	26.91	29.96	3.57	26.42	7470
74.97	11.56	8.06	26.89	3.03	20.17	7480
171.47	41.13	39.86	76.29	5.81	69.18	7490
734.27	**220.36**	**271.60**	**389.26**	**37.74**	**166.62**	M
115.26	9.01	27.79	52.45	6.77	20.98	7500
15.49	-5.42	1.02	5.11	1.12	2.05	7510
77.77	3.21	14.92	39.70	5.05	14.15	7520
6.31	12.06	12.73	2.10	0.15	1.84	7530
14.57	-0.91	-0.90	4.94	0.43	2.64	7540
1.12	0.07	0.02	0.61	0.02	0.30	7550
488.04	186.31	195.05	271.07	26.05	110.76	7600
1.54	1.62	1.61	0.72	0.02	0.48	7610
0.27	0.14	0.13	0.18	0.02	0.09	7620
0.67	-0.01	-0.06	0.34	0.01	0.17	7630
7.50	3.86	4.87	3.61	0.27	2.01	7640
41.08	14.69	14.19	16.26	1.65	8.21	7650
2.22	1.16	1.12	1.12	0.07	0.71	7660

5-1 续表 4

行业中类	代码	营业收入 合计	#主营业务收入	主营业务成本	主营业务税金及附加
工程技术与规划管理	7670	1273.77	1211.07	735.49	55.42
其他专业技术服务	7690	494.34	481.13	331.54	12.86
科技交流和推广服务业	7700	504.16	492.12	362.25	8.79
技术推广服务	7710	342.96	334.96	254.19	4.65
科技中介服务	7720	63.68	61.86	41.13	2.02
其他科技服务	7790	97.52	95.30	66.92	2.12
地质勘查业	7800	166.12	163.95	138.97	3.30
矿产地质勘查	7810	53.09	51.66	46.68	1.20
基础地质勘查	7820	19.79	19.51	14.81	0.76
地质勘查技术服务	7830	93.24	92.78	77.48	1.34
水利、环境和公共设施管理业	**N**	**501.58**	**487.09**	**323.68**	**14.21**
水利管理业	7900	103.72	101.14	62.76	1.21
防洪管理	7910	2.52	2.38	1.69	0.08
水资源管理	7920	70.57	68.69	37.24	0.69
其他水利管理	7990	30.64	30.06	23.83	0.44
环境管理业	8000	65.07	62.87	42.13	1.70
自然保护	8010	8.97	8.52	3.14	0.28
环境治理	8020	56.10	54.35	38.99	1.42
公共设施管理业	8100	332.79	323.09	218.79	11.30
市政公共设施管理	8110	109.66	106.34	78.94	3.15
城市绿化管理	8120	142.78	139.42	108.41	5.07
游览景区管理	8130	80.35	77.33	31.43	3.08
居民服务和其他服务业	**O**	**983.43**	**937.96**	**607.73**	**25.85**
居民服务业	8200	269.98	264.06	142.26	10.49
家庭服务	8210	5.98	5.91	2.25	0.28
托儿所	8220	0.89	0.87	0.35	0.02
洗染服务	8230	11.49	11.12	5.52	0.50
理发及美容保健服务	8240	31.15	30.57	12.12	1.88
洗浴服务	8250	68.96	67.98	41.18	3.75
婚姻服务	8260	2.43	2.40	0.82	0.12
殡葬服务	8270	43.31	42.43	20.69	0.43
摄影扩印服务	8280	33.52	32.91	17.44	1.38
其他居民服务	8290	72.24	69.88	41.88	2.13
其他服务业	8300	713.45	673.90	465.47	15.37
修理与维护	8310	187.14	182.84	130.59	3.75
清洁服务	8320	39.43	38.78	20.07	1.82
其他未列明的服务	8390	486.88	452.27	314.82	9.79
教育	**P**	**260.50**	**253.49**	**122.50**	**5.79**
教育	8400	260.50	253.49	122.50	5.79
学前教育	8410	29.51	28.82	11.84	0.53
初等教育	8420	24.33	23.75	12.36	0.23
中等教育	8430	51.97	50.20	25.25	0.56
高等教育	8440	29.87	28.96	18.09	0.17

单位：亿元

费用合计	营业利润	利润总额	从业人员劳动报酬	劳动、失业保险费	全部从业人员年平均人数（万人）	代码
316.64	133.42	138.58	194.53	20.18	75.45	7670
118.13	31.44	34.61	54.32	3.83	23.67	7690
107.18	20.91	27.83	45.77	2.99	25.62	7700
65.73	13.12	13.73	27.74	1.96	15.27	7710
18.08	2.81	2.67	7.00	0.38	4.17	7720
23.37	4.98	11.43	11.03	0.65	6.19	7790
23.79	4.13	20.94	19.97	1.93	9.25	7800
12.23	-3.79	13.86	6.56	0.74	3.59	7810
2.88	1.43	1.54	2.80	0.57	1.63	7820
8.67	6.49	5.53	10.62	0.62	4.03	7830
161.69	**13.83**	**23.22**	**57.55**	**5.77**	**42.38**	**N**
38.04	2.30	3.45	9.68	1.36	6.61	7900
0.69	0.08	0.16	0.42	0.04	0.24	7910
32.19	1.00	1.86	7.57	1.13	5.07	7920
5.16	1.22	1.43	1.69	0.19	1.30	7990
24.71	-2.69	0.16	13.01	0.99	8.70	8000
7.11	-1.53	-1.59	1.58	0.16	1.00	8010
17.60	-1.16	1.76	11.42	0.83	7.70	8020
98.94	14.22	19.60	34.87	3.42	27.07	8100
30.65	-1.67	5.09	8.18	1.20	4.58	8110
22.36	7.64	8.01	13.01	1.02	10.54	8120
45.93	8.24	6.50	13.68	1.19	11.96	8130
283.49	**76.42**	**67.89**	**129.46**	**9.94**	**120.28**	**O**
122.26	21.14	14.58	51.19	4.02	52.97	8200
3.49	0.13	0.05	2.03	0.09	2.54	8210
0.41	0.13	0.09	0.35	0.02	0.42	8220
4.87	0.70	0.06	2.44	0.18	2.49	8230
17.55	1.28	0.13	9.07	0.78	10.08	8240
35.34	4.11	2.07	14.11	0.59	15.83	8250
1.46	0.08	0.07	0.48	0.03	0.60	8260
15.39	8.61	7.52	4.17	0.36	2.82	8270
19.23	1.87	1.28	5.05	0.63	4.95	8280
24.51	4.23	3.30	13.50	1.33	13.23	8290
161.23	55.28	53.31	78.27	5.92	67.31	8300
46.72	9.19	6.84	24.27	1.83	23.13	8310
15.32	2.43	1.99	14.29	0.86	15.24	8320
99.19	43.66	44.48	39.70	3.23	28.95	8390
119.64	**22.60**	**47.13**	**75.73**	**3.85**	**61.55**	**P**
119.64	22.60	47.13	75.73	3.85	61.55	8400
14.67	3.71	2.40	13.91	0.75	14.89	8410
12.95	0.87	-0.40	10.79	0.42	9.10	8420
22.42	5.32	3.20	18.49	0.85	12.78	8430
9.80	3.90	3.04	6.18	0.38	3.24	8440

5-1 续表 5

行业中类	代码	营业收入 合 计	#主营业务收入	主营业务成本	主营业务税金及附加
其他教育	8490	124.82	121.75	54.96	4.30
卫生、社会保障和社会福利业	**Q**	**299.75**	**293.44**	**198.22**	**4.68**
卫生	8500	286.06	280.01	189.05	4.48
医院	8510	208.10	203.72	146.93	2.45
卫生院及社区医疗活动	8520	19.27	18.61	11.36	0.25
门诊部医疗活动	8530	44.42	43.99	24.36	0.96
计划生育技术服务活动	8540	0.23	0.23	0.10	
妇幼保健活动	8550	2.24	2.23	0.52	0.01
专科疾病防治活动	8560	2.42	2.40	1.04	0.32
疾病预防控制及防疫活动	8570	2.32	1.85	0.98	0.07
其他卫生活动	8590	7.04	6.98	3.75	0.41
社会保障业	8600	7.74	7.71	6.36	0.07
社会福利业	8700	5.96	5.73	2.81	0.13
提供住宿的社会福利	8710	4.73	4.53	2.23	0.07
不提供住宿的社会福利	8720	1.23	1.20	0.59	0.06
文化、体育和娱乐业	**R**	**917.61**	**882.34**	**514.01**	**40.21**
新闻出版业	8800	586.20	563.60	357.45	19.41
新闻业	8810	16.22	15.80	8.74	0.86
出版业	8820	569.98	547.80	348.71	18.55
广播、电视、电影和音像业	8900	125.34	119.26	72.30	5.08
广播	8910	20.45	20.24	13.03	1.01
电视	8920	47.81	47.09	28.31	2.14
电影	8930	46.70	41.73	24.23	1.45
音像制作	8940	10.38	10.20	6.73	0.49
文化艺术业	9000	35.22	33.61	16.42	1.43
文艺创作与表演	9010	7.01	6.24	3.18	0.29
艺术表演场馆	9020	2.35	2.15	0.99	0.10
图书馆与档案馆	9030	0.24	0.24	0.11	0.01
文物及文化保护	9040	2.05	1.99	0.48	0.12
博物馆	9050	2.35	2.14	0.59	0.06
烈士陵园、纪念馆	9060	0.83	0.80	0.14	0.02
群众文化活动	9070	3.01	2.93	1.18	0.14
文化艺术经纪代理	9080	7.09	7.00	4.31	0.25
其他文化艺术	9090	10.30	10.12	5.43	0.43
体育	9100	25.35	24.53	15.30	1.22
体育组织	9110	8.04	7.70	6.43	0.36
体育场馆	9120	10.80	10.65	5.53	0.56
其他体育	9190	6.50	6.18	3.34	0.30
娱乐业	9200	145.51	141.33	52.54	13.07
室内娱乐活动	9210	56.35	55.37	22.23	6.48
游乐园	9220	20.22	19.89	5.92	0.95
休闲健身娱乐活动	9230	57.26	54.70	18.85	5.00
其他娱乐活动	9290	11.67	11.38	5.54	0.64

单位：亿元

费用合计	营业利润	利润总额	从业人员劳动报酬	劳动、失业保险费	全部从业人员年平均人数（万人）	代码
59.80	8.80	38.90	26.35	1.45	21.53	8490
94.33	**17.58**	**11.95**	**63.04**	**7.83**	**45.85**	Q
90.47	16.75	11.20	60.61	5.59	43.07	8500
64.15	4.81	2.42	42.60	4.75	24.88	8510
6.09	3.50	1.82	5.63	0.36	4.46	8520
14.15	6.85	5.84	10.04	0.28	12.05	8530
0.07	0.06	0.04	0.06		0.07	8540
1.57	0.14	0.10	0.35	0.01	0.18	8550
0.88	0.45	0.13	0.37	0.04	0.31	8560
0.96	0.29	0.31	0.38	0.11	0.29	8570
2.59	0.66	0.55	1.19	0.05	0.83	8590
0.92	0.59	0.61	0.65	2.16	0.55	8600
2.95	0.24	0.14	1.78	0.07	2.23	8700
2.41	0.18	0.08	1.51	0.05	1.93	8710
0.53	0.06	0.06	0.28	0.02	0.29	8720
323.69	**45.82**	**61.91**	**109.81**	**10.76**	**59.51**	R
149.63	59.71	73.10	58.33	6.45	18.20	8800
5.42	1.23	2.15	2.24	0.26	1.24	8810
144.20	58.48	70.96	56.10	6.18	16.96	8820
49.30	-0.22	3.99	15.81	2.30	10.96	8900
5.99	0.66	2.70	1.18	0.15	0.58	8910
16.00	1.81	3.03	5.20	0.32	2.47	8920
23.90	-2.59	-1.77	8.32	1.76	7.21	8930
3.40	-0.09	0.03	1.12	0.08	0.69	8940
21.93	-3.56	-2.22	5.84	0.41	4.95	9000
3.35	0.38	0.69	1.45	0.16	1.42	9010
1.52	-0.14	-0.15	0.45	0.05	0.40	9020
0.09	0.03	0.04	0.05		0.04	9030
3.55	-2.08	-2.18	0.20	0.02	0.19	9040
1.87	-0.20	-0.03	0.31	0.01	0.18	9050
0.57	0.10	0.09	0.13	0.02	0.09	9060
1.92	-0.16	-0.13	0.77	0.06	0.72	9070
3.61	-0.53	-0.48	0.90	0.04	0.66	9080
5.44	-0.96	-0.04	1.59	0.05	1.25	9090
13.87	-4.15	-2.99	4.12	0.20	2.39	9100
5.06	-3.15	-2.78	1.51	0.06	0.64	9110
6.07	-0.98	-0.25	1.71	0.12	1.08	9120
2.74	-0.02	0.04	0.89	0.02	0.67	9190
88.96	-5.97	-9.98	25.70	1.41	23.02	9200
30.52	-0.76	-2.45	10.36	0.58	11.35	9210
12.47	1.16	0.80	3.13	0.16	2.07	9220
39.82	-6.10	-8.01	10.42	0.60	7.87	9230
6.15	-0.26	-0.32	1.79	0.07	1.73	9290

5-2 按地区分组的

地 区	固定资产原价	本年折旧	资产总计	负债合计
全 国	**35119.95**	**2797.14**	**112813.80**	**49878.06**
北 京	3358.70	235.62	32151.44	12810.75
天 津	795.52	34.36	3068.29	1526.66
河 北	1060.30	93.60	1479.19	847.36
山 西	575.46	46.98	1155.07	459.86
内蒙古	478.29	107.55	787.57	365.63
辽 宁	1093.75	227.64	2281.22	1134.58
吉 林	648.10	44.10	1061.53	436.84
黑龙江	703.04	54.07	1069.71	512.82
上 海	2578.21	214.51	15829.25	5983.52
江 苏	1960.44	165.64	5141.93	2490.09
浙 江	2120.11	171.64	8452.25	4193.17
安 徽	734.85	56.56	1859.10	825.77
福 建	1017.51	87.79	2344.80	969.59
江 西	451.56	38.94	702.54	394.31
山 东	1443.60	130.33	2819.84	1583.14
河 南	1029.36	73.72	1475.42	658.62
湖 北	892.26	88.60	1801.95	1004.39
湖 南	761.31	87.74	1690.82	883.69
广 东	5619.33	407.60	16416.37	7195.69
广 西	3385.35	44.58	1142.36	513.40
海 南	179.62	17.25	498.62	273.83
重 庆	528.97	41.12	1588.14	798.94
四 川	1199.41	87.44	2600.43	1332.78
贵 州	296.73	31.06	759.77	405.30
云 南	608.30	48.10	1475.25	727.03
西 藏	54.02	19.29	51.08	6.93
陕 西	559.09	46.94	1099.75	566.66
甘 肃	337.43	32.86	520.51	261.39
青 海	116.72	10.87	239.61	107.35
宁 夏	102.66	11.17	174.04	81.58
新 疆	429.93	39.44	1075.94	526.38

其他服务业企业财务状况

单位：亿元

实收资本	国家资本	集体资本	法人资本	个人资本	港澳台资本	外商资本
41400.06	**20157.13**	**1707.36**	**11241.31**	**4444.08**	**1239.20**	**2610.98**
12798.24	7686.13	187.39	2444.16	1066.79	606.87	806.89
1022.35	702.26	25.93	156.05	85.09	16.38	36.64
468.88	176.73	27.71	175.40	39.98	3.12	45.94
556.30	367.00	21.79	78.97	60.50	0.12	27.92
350.87	156.72	6.46	123.88	34.12	29.56	0.13
814.35	411.00	42.13	113.59	167.85	8.53	71.25
441.69	253.67	10.12	98.42	44.72	1.13	33.63
418.81	177.67	8.86	132.02	50.43	1.83	48.00
7092.59	2429.05	307.60	2892.62	671.69	98.28	693.35
1649.64	737.97	171.20	456.15	213.48	19.96	50.89
2488.55	1062.16	184.16	725.50	446.52	42.16	28.06
612.56	372.92	21.66	124.02	46.83	1.89	45.23
811.43	411.60	19.66	202.64	93.54	16.23	67.77
250.83	129.95	7.30	52.03	27.75	2.69	31.09
918.09	441.08	86.10	238.12	102.40	34.09	16.32
461.39	215.56	19.85	82.38	87.04	8.69	47.87
688.53	349.78	36.95	155.15	95.71	5.63	45.32
538.46	257.19	17.75	150.45	63.67	3.38	46.02
4911.27	1953.16	382.26	1574.99	592.98	221.79	186.10
423.15	213.34	9.23	126.40	34.69	7.92	31.57
184.64	45.30	11.24	70.59	28.90	18.11	10.50
515.61	241.21	6.43	179.14	52.95	2.59	33.29
915.64	388.48	23.57	237.37	133.98	53.17	79.07
297.40	176.06	2.15	82.16	10.97	0.29	25.78
534.67	202.82	34.93	203.06	40.67	5.79	47.40
15.41	1.18	0.12	3.31	0.70	1.61	8.49
393.38	242.95	12.78	79.20	51.03	4.22	3.21
190.66	70.63	8.02	71.67	22.40	17.63	0.32
125.40	48.82	1.42	57.11	6.39	2.50	9.15
75.45	25.20	2.64	28.60	11.41	0.20	7.41
433.82	209.56	9.95	126.17	58.92	2.85	26.37

5-2 续表

地区	营业收入		主营业务	主营业务
	合计	#主营业务收入	成本	税金及附加
全国	**20903.87**	**20295.31**	**12417.17**	**600.29**
北京	4014.85	3869.18	2578.28	91.61
天津	357.63	352.51	212.64	10.96
河北	546.15	531.46	347.85	12.93
山西	280.53	268.40	159.07	8.35
内蒙古	169.57	166.28	100.76	6.12
辽宁	582.83	566.61	336.51	17.65
吉林	259.55	257.25	147.84	12.76
黑龙江	287.61	281.47	174.03	7.81
上海	2974.09	2902.26	1944.29	77.83
江苏	1257.41	1207.02	718.94	39.23
浙江	1433.29	1391.57	789.44	50.86
安徽	339.14	331.96	184.23	9.67
福建	449.08	435.92	264.69	16.01
江西	213.59	208.15	128.93	6.30
山东	896.60	848.26	495.57	26.67
河南	566.77	557.24	354.39	13.33
湖北	429.11	418.69	283.95	14.09
湖南	436.95	425.27	258.82	15.53
广东	3021.41	2955.18	1533.70	89.11
广西	265.95	259.26	142.87	8.44
海南	91.99	88.79	54.77	2.77
重庆	293.87	288.59	183.03	8.18
四川	545.82	526.53	318.11	18.61
贵州	122.12	118.03	67.92	4.28
云南	295.89	287.12	178.58	8.43
西藏	14.31	14.14	10.89	0.68
陕西	346.43	339.96	199.27	9.27
甘肃	129.87	126.92	79.67	4.12
青海	36.33	34.06	23.83	1.32
宁夏	46.12	43.97	25.28	1.36
新疆	199.01	193.26	119.01	6.01

单位：亿元

费用合计	营业利润	利润总额	从业人员劳动报酬	劳动、失业保险费	全部从业人员年平均人数（万人）
5995.70	**2108.51**	**3642.67**	**2070.09**	**208.85**	**1045.67**
1378.82	-89.67	892.79	425.63	15.32	149.69
106.10	38.81	49.86	45.24	4.44	25.82
110.48	72.26	59.64	44.45	5.68	29.57
80.09	31.68	34.07	28.26	2.94	23.15
43.60	20.85	22.23	16.60	3.07	11.75
172.69	60.50	58.60	68.35	9.06	40.32
71.24	32.54	39.17	27.12	3.30	18.85
82.23	26.01	15.60	42.17	7.25	24.65
798.31	199.65	633.35	279.32	29.27	111.86
310.83	187.90	180.92	121.22	14.84	62.38
370.09	227.19	254.22	114.75	16.06	56.03
92.02	55.81	94.00	31.44	3.77	22.41
134.39	54.18	80.37	48.24	5.18	25.57
62.28	21.60	15.62	22.34	2.41	15.86
227.79	126.72	118.37	74.36	9.97	46.12
132.40	67.67	63.90	54.49	5.83	40.50
120.65	40.41	22.73	46.25	5.79	29.43
115.83	67.59	50.37	46.49	5.59	24.45
856.34	658.59	722.96	276.32	28.06	118.98
82.22	29.02	30.40	28.84	2.29	19.88
28.82	6.77	9.19	8.62	1.00	5.57
86.00	20.14	24.49	28.41	2.68	17.76
162.53	50.66	51.06	51.11	7.79	35.70
44.35	9.97	7.79	13.99	1.66	9.31
91.28	20.07	36.79	30.26	3.91	19.52
6.39	-2.61	-2.78	1.99	0.26	0.52
90.88	49.67	49.93	36.44	4.47	23.81
40.96	8.61	9.45	16.96	2.00	13.81
16.09	1.93	3.50	5.87	0.99	3.92
15.69	3.06	3.78	5.89	0.48	4.03
64.31	10.95	10.31	28.66	3.49	14.45

5-3 按登记注册类型分组的

登记注册类型	固定资产原价	本年折旧	资产总计	负债合计
按登记注册类型分组	**35119.95**	**2797.14**	**112813.80**	**49878.06**
内资	**27121.74**	**1820.06**	**99992.33**	**43486.52**
国有	6894.91	548.58	36146.03	14621.77
集体	1543.15	106.35	4452.54	2290.22
股份合作	3070.68	18.88	844.05	403.06
联营企业	123.29	11.22	496.99	255.09
国有联营	58.95	3.44	259.23	121.64
集体联营	31.55	4.36	64.67	22.99
国有与集体联营	17.62	1.96	94.08	63.63
其他联营	15.16	1.46	79.01	46.83
有限责任公司	11038.88	855.50	40897.68	18730.45
国有独资公司	3225.26	213.91	20289.74	8676.85
其他有限责任公司	7813.62	641.59	20607.94	10053.60
股份有限公司	1290.87	90.68	8117.72	3285.77
私营企业	2747.19	161.69	8139.44	3534.62
私营独资产	338.87	26.44	532.05	177.50
私营合伙	111.96	10.43	242.76	91.70
私营有限责任公司	2166.69	116.42	6946.20	3102.91
私营股份有限公司	129.66	8.39	418.42	162.51
其他内资	412.78	27.15	897.89	365.54
港澳台商投资	**4080.87**	**550.21**	**5688.32**	**3145.82**
与港澳台合资经营	223.50	20.92	962.95	600.96
与港澳台合作经营	146.40	12.40	455.00	217.89
港澳台商独资	3678.66	515.81	4152.93	2299.09
港澳台商投资股份有限公司	32.31	1.08	117.44	27.87
外商投资	**3917.34**	**426.88**	**7133.15**	**3245.72**
中外合资经营	437.69	43.89	1346.84	598.76
中外合作经营	296.19	31.95	488.46	271.14
外资企业	2810.84	317.93	4833.56	2185.20
外商投资股份有限公司	372.62	33.10	464.29	190.62

其他服务业企业财务状况

单位：亿元

实收资本	国家资本	集体资本	法人资本	个人资本	港澳台资本	外商资本
41400.06	**20157.13**	**1707.36**	**11241.31**	**4444.08**	**1239.20**	**2610.98**
36528.02	**19400.27**	**1692.22**	**10758.87**	**4347.92**	**63.46**	**265.29**
12184.35	10577.72	40.30	1550.78	13.38	0.81	1.36
1092.35	38.31	920.38	93.18	38.80	0.34	1.35
340.15	35.80	61.29	144.95	97.37	0.61	0.13
175.73	26.73	22.39	116.98	9.44	0.04	0.14
106.24	18.29	0.44	86.82	0.68		
19.14	0.32	11.62	5.34	1.87		
21.00	5.71	7.91	6.18	1.20		
29.36	2.42	2.42	18.64	5.69	0.04	0.14
15841.91	7775.08	447.20	6538.13	991.92	26.63	62.95
8112.30	6554.94	3.51	1533.07	1.90	18.64	0.23
7729.61	1220.14	443.68	5005.06	990.02	7.99	62.72
2750.10	910.85	60.21	1139.36	437.64	21.70	180.35
3805.92	18.28	43.88	1050.43	2663.87	10.89	18.57
292.33	3.78	5.13	66.32	215.64	1.23	0.23
119.05	0.82	3.05	26.91	87.20	0.64	0.42
3188.12	12.48	30.78	883.38	2237.00	6.91	17.58
206.43	1.20	4.93	73.81	124.02	2.11	0.34
337.52	17.49	96.57	125.06	95.51	2.44	0.44
1996.14	**577.52**	**8.50**	**233.82**	**17.72**	**1022.30**	**136.29**
336.01	27.97	7.15	121.23	5.63	99.55	74.48
122.78	5.75	1.17	34.06	2.69	75.35	3.75
1498.05	536.24	0.02	74.89	2.25	829.33	55.33
39.30	7.56	0.15	3.64	7.15	18.08	2.73
2875.90	**179.35**	**6.64**	**248.61**	**78.44**	**153.45**	**2209.40**
527.57	113.06	3.19	139.89	66.79	31.65	172.99
189.61	27.04	2.95	30.63	4.21	42.38	82.40
1941.41	31.74	0.19	4.79	2.47	74.33	1827.89
217.31	7.50	0.32	73.30	4.98	5.09	126.12

5-3 续表

登记注册类型	营业收入		主营业务	主营业务
	合　计	#主营业务收　入	成　本	税金及附加
按登记注册类型分组	**20903.87**	**20295.31**	**12417.17**	**600.29**
内资	**15976.80**	**15451.36**	**10075.40**	**458.36**
国有	4298.89	4097.33	2752.25	127.72
集体	923.83	852.10	463.87	25.04
股份合作	216.16	209.57	119.35	6.88
联营企业	86.70	82.68	50.27	3.55
国有联营	31.78	29.28	18.18	1.87
集体联营	12.74	12.08	6.29	0.43
国有与集体联营	24.87	24.46	15.83	0.74
其他联营	17.30	16.86	9.97	0.50
有限责任公司	5879.25	5737.10	3852.16	150.96
国有独资公司	1190.51	1149.90	853.01	19.01
其他有限责任公司	4688.74	4587.20	2999.15	131.95
股份有限公司	1000.76	980.63	664.03	23.69
私营企业	3339.61	3270.21	2067.12	113.83
私营独资产	270.11	264.57	143.65	9.94
私营合伙	222.04	219.89	84.62	12.02
私营有限责任公司	2696.51	2638.09	1749.42	87.05
私营股份有限公司	150.95	147.66	89.43	4.81
其他内资	231.61	221.74	106.35	6.68
港澳台商投资	**2023.81**	**1991.38**	**968.47**	**58.26**
与港澳台合资经营	161.41	158.80	82.89	4.07
与港澳台合作经营	75.19	73.20	37.93	3.32
港澳台商独资	1769.67	1742.07	838.92	50.00
港澳台商投资股份有限公司	17.53	17.30	8.73	0.88
外商投资	**2903.26**	**2852.57**	**1373.29**	**83.68**
中外合资经营	471.86	467.61	256.23	12.98
中外合作经营	145.46	143.90	81.86	5.92
外资企业	2096.07	2052.67	945.04	60.77
外商投资股份有限公司	189.88	188.39	90.16	4.00

单位：亿元

费用合计	营业利润	利润总额	从业人员劳动报酬	劳动、失业保险费	全部从业人员年平均人数（万人）
5995.70	**2108.51**	**3642.67**	**2070.09**	**208.85**	**1045.67**
4446.24	**1140.84**	**2520.64**	**1676.06**	**172.90**	**963.19**
1265.51	136.24	1042.46	496.38	67.83	226.08
256.41	171.52	160.61	115.92	9.31	103.43
76.18	15.57	17.80	32.53	1.97	25.45
27.85	4.83	9.51	11.02	0.82	6.54
8.93	0.94	1.93	3.95	0.32	1.78
4.76	1.30	1.44	1.84	0.11	1.63
7.34	1.81	5.82	2.44	0.23	1.23
6.82	0.78	0.32	2.79	0.16	1.90
1461.99	464.09	855.78	490.65	59.39	209.30
305.16	22.20	268.66	85.34	11.97	25.49
1156.84	441.89	587.12	405.31	47.42	183.82
269.99	46.67	135.27	71.73	7.49	35.48
1000.61	256.56	261.71	413.35	23.68	316.68
84.56	39.38	63.14	53.64	1.96	58.25
79.49	51.95	47.17	47.34	2.25	27.81
789.00	152.48	139.79	293.06	18.51	215.68
47.57	12.74	11.61	19.31	0.96	14.94
87.69	45.36	37.51	44.48	2.41	40.22
654.13	**393.35**	**519.61**	**131.94**	**15.38**	**33.91**
67.60	8.53	15.03	16.87	1.26	5.67
35.63	-1.45	34.38	11.29	0.66	3.00
546.05	383.20	464.67	102.13	13.34	24.29
4.85	3.08	5.53	1.65	0.12	0.96
895.33	**574.31**	**602.41**	**262.09**	**20.56**	**48.57**
154.07	59.69	78.26	48.19	3.17	11.51
48.58	9.81	9.88	16.23	1.03	4.00
637.64	458.36	460.52	185.87	14.54	30.23
55.04	46.46	53.75	11.80	1.82	2.84

5-4 按行业(中类)分组的

行业中类	代码	固定资产原价	本年折旧	资产总计	负债合计
总计	0000	**17002.77**	**1333.50**	**74057.87**	**30587.27**
信息传输、计算机服务和软件业	G	**9345.08**	**883.46**	**13890.14**	**4713.93**
电信和其他信息传输服务业	6000	9242.10	872.62	13000.04	4382.88
电信	6010	8961.15	848.44	12485.55	4204.14
互联网信息服务	6020	42.43	3.54	105.56	27.39
广播电视传输服务	6030	191.42	17.49	286.22	125.85
卫星传输服务	6040	47.10	3.14	122.71	25.49
计算机服务业	6100	48.82	5.56	356.65	173.18
计算机系统服务	6110	36.41	3.73	217.87	79.36
数据处理	6120	3.88	0.40	21.67	11.00
计算机维修	6130	0.81	0.14	10.41	6.92
其他计算机服务	6190	7.72	1.30	106.70	75.89
软件业	6200	54.17	5.28	533.46	157.88
公共软件服务	6210	43.95	4.09	231.03	98.00
其他软件服务	6290	10.21	1.20	302.43	59.88
租赁和商务服务业	L	**4587.19**	**231.94**	**50336.77**	**20750.80**
租赁业	7300	64.72	6.73	153.44	107.15
机械设备租赁	7310	62.81	6.50	150.41	104.86
文化及日用品出租	7320	1.92	0.23	3.03	2.29
商务服务业	7400	4522.47	225.20	50183.33	20643.66
企业管理服务	7410	3904.40	177.08	47547.51	19185.44
法律服务	7420	4.16	0.16	40.51	20.77
咨询与调查	7430	88.06	6.47	989.99	592.58
广告业	7440	30.12	3.14	151.68	81.52
知识产权服务	7450	1.53	0.16	16.83	11.04
职业中介服务	7460	22.43	1.88	93.99	61.00
市场管理	7470	146.13	9.55	281.09	170.00
旅行社	7480	108.22	8.84	337.94	173.07
其他商务服务	7490	217.41	17.92	723.78	348.24
科学研究、技术服务和地质勘查业	M	**1264.48**	**91.37**	**4722.38**	**2626.15**
研究与试验发展	7500	167.15	13.80	646.05	339.17
自然科学研究与试验发展	7510	27.71	1.45	92.64	43.75
工程和技术研究与试验发展	7520	124.49	11.32	490.18	275.90
农业科学研究与试验发展	7530	9.51	0.44	39.82	11.79
医学研究与试验发展	7540	4.90	0.54	21.92	6.68
社会人文科学研究与试验发展	7550	0.52	0.06	1.50	1.05
专业技术服务业	7600	792.87	54.13	3037.18	1805.19
气象服务	7610	3.17	0.32	17.73	2.39
地震服务	7620	0.72	0.08	1.14	0.43
海洋服务	7630	0.51	0.10	1.44	0.71
测绘服务	7640	4.93	0.62	33.02	23.59
技术检测	7650	25.48	3.40	55.87	24.09
环境监测	7660	2.19	0.05	7.30	2.93

国有控股其他服务业企业财务状况

单位：亿元

实收资本							代码
	国家资本	集体资本	法人资本	个人资本	港澳台资本	外商资本	
26723.53	**18775.76**	**135.74**	**7111.05**	**355.41**	**73.62**	**271.95**	0000
4426.80	**2477.58**	**9.70**	**1897.64**	**32.51**	**2.56**	**6.80**	G
4183.19	2394.54	5.34	1779.94	2.58	0.20	0.59	6000
3911.27	2257.58	4.42	1647.92	1.21		0.15	6010
68.55	14.47	0.19	53.00	0.54		0.35	6020
123.66	83.13	0.73	38.75	0.79	0.20	0.07	6030
79.71	39.37		40.28	0.04		0.02	6040
125.45	40.98	1.86	63.11	17.97	0.26	1.29	6100
61.01	18.65	1.73	34.68	5.39	0.19	0.35	6110
16.89	12.34	0.01	4.09	0.22		0.24	6120
3.50	0.70	0.03	1.26	0.78	0.04	0.69	6130
44.06	9.28	0.09	23.08	11.58	0.03	0.01	6190
118.15	42.06	2.50	54.59	11.96	2.11	4.92	6200
90.74	31.37	1.45	42.19	10.16	2.04	3.52	6210
27.41	10.69	1.05	12.40	1.80	0.06	1.41	6290
19404.26	**14310.91**	**82.30**	**4444.75**	**268.32**	**53.25**	**244.73**	L
46.96	21.94	1.03	20.93	1.64	0.16	1.26	7300
46.31	21.54	0.99	20.73	1.63	0.16	1.26	7310
0.65	0.40	0.04	0.20				7320
19357.30	14288.97	81.27	4423.82	266.69	53.09	243.47	7400
18609.75	13821.86	64.77	4206.11	243.75	46.70	226.56	7410
16.36	16.15	0.04	0.13	0.04			7420
222.26	136.49	2.87	71.11	9.09	1.10	1.60	7430
42.32	21.06	0.33	16.14	1.47	1.80	1.51	7440
4.70	2.64	0.11	1.72	0.21		0.01	7450
27.57	19.12	0.39	7.10	0.92	0.04	0.01	7460
90.90	49.89	8.11	26.41	4.20	0.09	2.18	7470
114.62	70.94	2.24	35.32	3.16	2.72	0.23	7480
228.83	150.82	2.39	59.78	3.84	0.63	11.38	7490
1360.26	**777.20**	**10.31**	**523.02**	**35.37**	**5.21**	**9.15**	M
200.93	127.50	1.48	65.46	4.09	0.25	2.14	7500
30.83	19.57	0.10	9.88	0.19		1.08	7510
136.09	85.28	0.99	47.09	2.16	0.07	0.49	7520
22.13	18.29	0.19	2.64	0.96	0.05		7530
11.49	4.23	0.19	5.60	0.78	0.13	0.57	7540
0.40	0.13		0.26				7550
767.99	482.11	5.39	250.69	19.85	4.08	5.87	7600
1.94	1.62	0.04	0.25	0.02			7610
0.46	0.07		0.38				7620
0.54	0.45		0.08				7630
4.56	2.17	0.05	2.05	0.06		0.23	7640
20.13	14.30	0.39	4.69	0.48	0.03	0.25	7650
2.56	0.52	0.01	1.50	0.05		0.48	7660

5-4 续表 1

行业中类	代码	固定资产原价	本年折旧	资产总计	负债合计
工程技术与规划管理	7670	624.94	40.69	2397.64	1430.81
其他专业技术服务	7690	130.93	8.87	523.05	320.24
科技交流和推广服务业	7700	142.05	8.99	620.76	274.06
技术推广服务	7710	70.05	4.94	324.46	150.11
科技中介服务	7720	40.60	1.96	121.68	45.14
其他科技服务	7790	31.39	2.09	174.62	78.81
地质勘查业	7800	162.42	14.45	418.39	207.73
矿产地质勘查	7810	50.48	3.68	276.52	161.67
基础地质勘查	7820	9.90	0.95	22.40	12.10
地质勘查技术服务	7830	102.04	9.82	119.46	33.96
水利、环境和公共设施管理业	**N**	**880.40**	**54.55**	**2227.90**	**1218.40**
水利管理业	7900	220.02	9.07	547.75	245.70
防洪管理	7910	8.35	0.29	31.17	14.65
水资源管理	7920	185.58	7.77	390.28	173.54
其他水利管理	7990	26.08	1.00	126.30	57.51
环境管理业	8000	72.41	4.38	150.70	58.73
自然保护	8010	9.41	0.62	16.32	8.85
环境治理	8020	63.00	3.77	134.38	49.88
公共设施管理业	8100	587.97	41.10	1529.44	913.97
市政公共设施管理	8110	493.96	30.70	1192.49	711.36
城市绿化管理	8120	11.40	1.05	94.61	73.02
游览景区管理	8130	82.61	9.35	242.34	129.60
居民服务和其他服务业	**O**	**294.32**	**17.95**	**1373.95**	**660.44**
居民服务业	8200	52.87	4.88	121.48	67.03
家庭服务	8210	0.61	0.06	2.01	0.84
托儿所	8220	0.03		0.05	0.02
洗染服务	8230	2.33	0.18	5.46	3.86
理发及美容保健服务	8240	1.13	0.10	2.30	1.44
洗浴服务	8250	5.28	0.44	11.08	5.22
婚姻服务	8260	0.13	0.01	0.22	0.10
殡葬服务	8270	10.73	1.18	27.77	12.58
摄影扩印服务	8280	4.32	0.54	14.35	11.40
其他居民服务	8290	28.30	2.37	58.23	31.58
其他服务业	8300	241.44	13.07	1252.47	593.41
修理与维护	8310	12.37	1.52	27.04	15.96
清洁服务	8320	2.23	0.29	7.13	2.74
其他未列明的服务	8390	226.84	11.26	1218.29	574.71
教育	**P**	**54.51**	**4.73**	**91.70**	**33.48**
教育	8400	54.51	4.73	91.70	33.48
学前教育	8410	2.32	0.11	1.82	0.48
初等教育	8420	2.04	0.35	2.31	1.27
中等教育	8430	12.89	0.82	23.32	4.08
高等教育	8440	7.39	0.32	19.35	3.59

单位：亿元

实收资本	国家资本	集体资本	法人资本	个人资本	港澳台资本	外商资本	代码
591.55	377.11	4.02	188.46	16.64	3.88	1.43	7670
146.27	85.86	0.87	53.28	2.58	0.17	3.49	7690
251.95	95.70	3.07	140.31	10.90	0.87	1.10	7700
123.51	58.08	1.98	56.72	5.60	0.69	0.44	7710
70.50	14.61	0.74	54.63	0.24	0.16	0.13	7720
57.94	23.01	0.35	28.96	5.06	0.01	0.54	7790
139.39	71.89	0.37	66.56	0.53		0.04	7800
76.16	61.36	0.10	14.47	0.20		0.03	7810
7.97	6.00		1.88	0.08			7820
55.26	4.53	0.27	50.21	0.25		0.01	7830
696.69	**570.26**	**16.93**	**94.32**	**4.86**	**3.46**	**6.86**	N
230.41	209.22	1.31	18.08	1.80			7900
12.66	9.81	0.01	2.84				7910
178.63	166.09	0.56	10.20	1.78			7920
39.12	33.32	0.74	5.04	0.02			7990
48.17	37.33	1.58	7.76	0.46	0.48	0.56	8000
5.84	2.01	1.14	2.07	0.06		0.56	8010
42.34	35.33	0.44	5.69	0.39	0.48		8020
418.10	323.70	14.04	68.47	2.61	2.97	6.30	8100
310.82	254.98	9.33	44.20	0.70	1.38	0.23	8110
16.75	11.60	0.27	4.07	0.76		0.05	8120
90.53	57.11	4.44	20.21	1.15	1.59	6.02	8130
430.00	**346.65**	**5.07**	**68.76**	**5.37**	**2.89**	**1.26**	O
39.30	27.71	2.08	7.60	1.17	0.43	0.31	8200
0.76	0.53	0.01	0.16	0.06			8210
0.02	0.02						8220
1.48	0.30	0.08	0.85	0.06	0.09	0.09	8230
0.86	0.51	0.12	0.10	0.06	0.03	0.04	8240
4.11	3.18	0.07	0.65	0.20	0.01		8250
0.10	0.05	0.04	0.01	0.01			8260
6.75	4.06	1.16	0.82	0.44	0.26		8270
3.11	2.20	0.15	0.57	0.16	0.02	0.01	8280
22.11	16.88	0.45	4.42	0.18	0.01	0.17	8290
390.70	318.94	2.99	61.17	4.19	2.46	0.95	8300
10.86	6.48	0.64	3.02	0.55	0.08	0.09	8310
1.72	0.73	0.15	0.66	0.10	0.07	0.02	8320
378.12	311.73	2.20	57.48	3.55	2.31	0.85	8390
40.22	**20.72**	**2.86**	**15.65**	**0.92**	**0.06**	**0.02**	P
40.22	20.72	2.86	15.65	0.92	0.06	0.02	8400
1.38	1.00	0.11	0.11	0.16			8410
0.89	0.64	0.02	0.11	0.11		0.01	8420
16.27	5.48	1.82	8.71	0.26			8430
5.09	3.63		1.46				8440

5-4 续表 2

行业中类	代码	固定资产原价	本年折旧	资产总计	负债合计
其他教育	8490	29.86	3.13	44.90	24.06
卫生、社会保障和社会福利业	Q	**105.78**	**11.46**	**146.28**	**62.43**
卫生	8500	102.96	11.33	132.50	53.44
医院	8510	97.18	10.81	120.11	49.49
卫生院及社区医疗活动	8520	2.74	0.25	3.52	1.06
门诊部医疗活动	8530	1.43	0.08	2.05	0.71
计划生育技术服务活动	8540	0.04		0.13	0.04
妇幼保健活动	8550	0.04		0.07	0.01
专科疾病防治活动	8560	0.30	0.03	2.16	0.05
疾病预防控制及防疫活动	8570	0.86	0.08	1.75	1.17
其他卫生活动	8590	0.36	0.08	2.72	0.92
社会保障业	8600	0.76	0.03	10.90	7.82
社会福利业	8700	2.05	0.10	2.88	1.17
提供住宿的社会福利	8710	1.08	0.08	1.31	0.46
不提供住宿的社会福利	8720	0.98	0.02	1.58	0.71
文化、体育和娱乐业	R	**471.02**	**38.05**	**1268.76**	**521.62**
新闻出版业	8800	180.95	16.43	611.10	177.62
新闻业	8810	8.84	0.77	14.20	5.07
出版业	8820	172.12	15.67	596.89	172.55
广播、电视、电影和音像业	8900	133.75	13.10	349.52	155.09
广播	8910	17.31	2.66	78.39	36.01
电视	8920	32.14	3.72	95.09	34.43
电影	8930	80.33	6.15	161.15	80.05
音像制作	8940	3.97	0.57	14.90	4.60
文化艺术业	9000	29.34	1.86	92.83	48.44
文艺创作与表演	9010	3.53	0.59	5.03	2.32
艺术表演场馆	9020	5.92	0.25	11.10	2.56
图书馆与档案馆	9030	0.04	0.01	1.77	1.71
文物及文化保护	9040	0.94	0.03	5.99	1.91
博物馆	9050	1.65	0.16	4.21	1.97
烈士陵园、纪念馆	9060	0.24	0.07	1.63	0.90
群众文化活动	9070	6.17	0.26	15.78	9.59
文化艺术经纪代理	9080	1.91	0.14	11.89	6.51
其他文化艺术	9090	8.93	0.34	35.43	20.97
体育	9100	53.51	1.48	113.34	73.47
体育组织	9110	6.89	0.48	29.70	12.83
体育场馆	9120	38.91	0.84	71.24	56.52
其他体育	9190	7.71	0.17	12.40	4.12
娱乐业	9200	73.47	5.17	101.97	67.00
室内娱乐活动	9210	12.01	0.98	16.69	8.79
游乐园	9220	33.43	2.52	32.08	21.14
休闲健身娱乐活动	9230	21.90	1.18	30.96	20.98
其他娱乐活动	9290	6.13	0.49	22.24	16.10

单位：亿元

实收资本	国家资本	集体资本	法人资本	个人资本	港澳台资本	外商资本	代码
16.59	9.97	0.90	5.26	0.39	0.06	0.01	8490
62.40	**48.66**	**2.12**	**9.77**	**1.15**	**0.62**	**0.08**	Q
59.70	46.25	2.07	9.62	1.12	0.62	0.03	8500
54.12	43.15	1.90	7.48	0.98	0.61		8510
1.34	1.02	0.11	0.13	0.08			8520
0.84	0.65	0.04	0.09	0.04		0.03	8530
0.06	0.06	0.01					8540
0.06	0.06						8550
0.16	0.14				0.01		8560
1.01	1.00						8570
2.11	0.18		1.92	0.02			8590
1.20	1.10		0.07	0.02			8600
1.50	1.31	0.05	0.09	0.01		0.05	8700
0.82	0.68	0.01	0.08			0.05	8710
0.68	0.63	0.04					8720
302.91	**223.77**	**6.45**	**57.14**	**6.91**	**5.57**	**3.06**	R
87.75	77.09	0.19	9.80	0.35	0.07	0.26	8800
2.63	2.63						8810
85.12	74.46	0.19	9.80	0.35	0.07	0.26	8820
120.77	87.21	4.48	23.10	3.48	2.35	0.15	8900
19.12	13.19	0.06	4.26	1.57	0.01	0.03	8910
43.85	31.09	3.34	7.90	0.34	1.07	0.10	8920
52.39	39.26	1.03	10.21	0.67	1.22		8930
5.41	3.66	0.04	0.73	0.89	0.07	0.01	8940
24.24	15.07	0.22	8.02	0.70	0.21	0.01	9000
2.69	1.25	0.01	1.36	0.08			9010
2.29	2.02	0.01	0.23	0.02			9020
0.05	0.02	0.01	0.02				9030
2.62	0.83	0.01	1.44	0.35			9040
1.81	1.21		0.59				9050
0.44	0.06	0.01	0.36	0.01			9060
2.60	2.15	0.02	0.39	0.03			9070
4.88	2.87		1.96	0.05			9080
6.85	4.67	0.15	1.65	0.16	0.21	0.01	9090
26.06	20.29	0.06	4.26	1.38	0.05	0.02	9100
9.72	5.23	0.02	3.37	1.06	0.03	0.02	9110
13.37	12.64	0.03	0.62	0.07			9120
2.97	2.43	0.01	0.27	0.25	0.02		9190
44.09	24.11	1.50	11.96	1.01	2.89	2.63	9200
8.35	4.23	0.33	1.51	0.81	0.52	0.94	9210
15.57	10.80	0.43	2.99	0.04	0.69	0.63	9220
11.94	4.39	0.19	5.43	0.09	1.19	0.65	9230
8.23	4.69	0.55	2.02	0.06	0.49	0.41	9290

5-4 续表 3

行业中类	代码	营业收入		主营业务	主营业务
		合　计	#主营业务收　入	成　本	税金及附加
总计	0000	**8664.90**	**8372.91**	**5607.67**	**233.78**
信息传输、计算机服务和软件业	G	**2893.57**	**2844.31**	**1722.54**	**90.45**
电信和其他信息传输服务业	6000	2540.60	2498.42	1443.52	85.89
电信	6010	2441.76	2401.57	1390.68	82.21
互联网信息服务	6020	28.63	28.19	14.73	1.04
广播电视传输服务	6030	60.26	59.29	31.24	2.34
卫星传输服务	6040	9.95	9.38	6.87	0.30
计算机服务业	6100	211.08	208.26	180.19	2.06
计算机系统服务	6110	82.56	80.27	60.14	1.35
数据处理	6120	5.11	5.06	3.56	0.13
计算机维修	6130	2.00	1.92	1.57	0.03
其他计算机服务	6190	121.41	121.01	114.91	0.56
软件业	6200	141.89	137.63	98.83	2.51
公共软件服务	6210	126.56	122.69	90.65	2.19
其他软件服务	6290	15.33	14.95	8.18	0.32
租赁和商务服务业	L	**2998.27**	**2892.78**	**2045.41**	**66.60**
租赁业	7300	26.11	24.88	16.04	1.96
机械设备租赁	7310	25.50	24.34	15.91	1.93
文化及日用品出租	7320	0.61	0.54	0.13	0.03
商务服务业	7400	2972.16	2867.90	2029.37	64.64
企业管理服务	7410	2017.25	1933.75	1341.31	43.30
法律服务	7420	3.52	3.45	2.02	0.10
咨询与调查	7430	64.97	62.36	32.26	2.65
广告业	7440	163.15	160.91	118.85	5.31
知识产权服务	7450	5.38	5.33	2.20	0.28
职业中介服务	7460	102.64	101.56	79.80	1.74
市场管理	7470	59.60	57.06	21.06	2.54
旅行社	7480	373.11	368.60	333.49	2.87
其他商务服务	7490	182.54	174.87	98.38	5.85
科学研究、技术服务和地质勘查业	M	**1647.77**	**1567.32**	**1120.67**	**49.09**
研究与试验发展	7500	207.72	197.53	147.75	3.74
自然科学研究与试验发展	7510	22.43	20.86	15.29	0.43
工程和技术研究与试验发展	7520	175.27	167.19	126.19	3.08
农业科学研究与试验发展	7530	3.89	3.66	2.59	0.05
医学研究与试验发展	7540	4.03	3.74	2.11	0.08
社会人文科学研究与试验发展	7550	2.11	2.09	1.56	0.10
专业技术服务业	7600	1085.45	1021.54	679.26	39.84
气象服务	7610	4.70	4.67	1.90	0.29
地震服务	7620	0.76	0.75	0.43	0.03
海洋服务	7630	1.65	1.64	1.31	0.07
测绘服务	7640	10.04	9.88	4.92	0.63
技术检测	7650	36.74	35.39	16.57	1.58
环境监测	7660	2.92	2.88	1.99	0.10

单位：亿元

费用合计	营业利润	利润总额	从业人员劳动报酬	劳动、失业保险费	全部从业人员年平均人数（万人）	代码
2302.57	**519.87**	**1882.71**	**791.94**	**110.01**	**317.68**	0000
698.08	**366.91**	**805.07**	**232.72**	**38.44**	**65.28**	G
642.68	355.94	781.42	207.21	36.81	58.44	6000
609.80	346.53	769.84	194.92	35.87	53.00	6010
9.49	3.39	4.38	3.40	0.16	1.05	6020
21.81	5.32	6.51	8.05	0.75	4.23	6030
1.58	0.69	0.69	0.83	0.03	0.16	6040
21.80	5.79	14.81	9.33	0.74	2.77	6100
13.08	6.69	14.38	6.11	0.51	1.60	6110
0.99	0.40	0.41	0.73	0.03	0.19	6120
0.77	-0.36	0.16	0.26	0.02	0.09	6130
6.96	-0.93	-0.15	2.24	0.19	0.89	6190
33.61	5.18	8.85	16.17	0.89	4.07	6200
27.08	4.94	8.03	13.70	0.81	3.38	6210
6.52	0.24	0.82	2.47	0.08	0.69	6290
966.41	**-28.43**	**817.96**	**224.86**	**28.95**	**113.08**	L
10.92	-2.24	-1.61	3.15	0.62	2.10	7300
10.44	-2.21	-1.59	3.05	0.51	2.02	7310
0.48	-0.03	-0.02	0.09	0.11	0.08	7320
955.49	-26.19	819.57	221.71	28.33	110.98	7400
755.53	-78.91	762.04	132.70	20.01	48.97	7410
1.12	0.31	0.37	0.36	0.02	0.24	7420
28.03	4.74	5.14	9.32	0.83	3.95	7430
24.07	14.54	15.14	7.91	0.73	3.01	7440
1.68	1.23	1.25	0.84	0.06	0.27	7450
18.85	4.15	4.49	17.86	1.32	10.88	7460
29.24	7.63	6.29	7.13	1.09	5.56	7470
34.06	3.11	4.17	11.76	1.57	7.40	7480
62.92	17.02	20.69	33.82	2.70	30.71	7490
339.94	**101.35**	**159.70**	**209.55**	**25.12**	**71.68**	M
59.40	-4.19	13.03	29.82	5.20	11.12	7500
10.86	-4.81	0.99	3.54	1.03	1.40	7510
44.44	0.85	11.82	23.85	3.88	8.41	7520
1.57	0.07	0.11	0.82	0.08	0.63	7530
2.14	-0.37	0.05	1.28	0.20	0.59	7540
0.39	0.06	0.06	0.33	0.01	0.10	7550
227.90	99.36	115.83	147.50	16.75	46.57	7600
1.06	1.49	1.48	0.50	0.01	0.29	7610
0.17	0.12	0.12	0.13	0.02	0.05	7620
0.32	0.04	0.04	0.22	0.01	0.08	7630
3.13	1.60	2.72	1.87	0.17	0.88	7640
12.95	5.72	5.38	6.34	0.70	2.91	7650
0.65	0.25	0.23	0.29	0.03	0.15	7660

5-4 续表 4

行业中类	代码	营业收入		主营业务	主营业务
		合计	#主营业务收入	成本	税金及附加
工程技术与规划管理	7670	839.50	782.52	509.12	33.35
其他专业技术服务	7690	189.13	183.81	143.02	3.79
科技交流和推广服务业	7700	210.07	205.33	169.71	2.87
技术推广服务	7710	154.46	151.42	130.31	1.50
科技中介服务	7720	18.13	17.27	11.59	0.64
其他科技服务	7790	37.47	36.64	27.82	0.73
地质勘查业	7800	144.54	142.92	123.95	2.63
矿产地质勘查	7810	43.52	42.40	39.71	0.94
基础地质勘查	7820	17.23	16.95	13.15	0.66
地质勘查技术服务	7830	83.79	83.57	71.09	1.04
水利、环境和公共设施管理业	**N**	**193.17**	**186.94**	**129.92**	**4.84**
水利管理业	7900	37.27	36.58	28.41	0.56
防洪管理	7910	1.05	0.98	0.83	0.04
水资源管理	7920	15.76	15.43	11.37	0.30
其他水利管理	7990	20.47	20.17	16.21	0.21
环境管理业	8000	23.07	22.19	17.42	0.48
自然保护	8010	3.38	3.08	1.38	0.10
环境治理	8020	19.69	19.10	16.04	0.38
公共设施管理业	8100	132.82	128.17	84.09	3.80
市政公共设施管理	8110	66.63	64.15	49.06	1.63
城市绿化管理	8120	37.22	36.11	27.92	1.15
游览景区管理	8130	28.98	27.91	7.11	1.02
居民服务和其他服务业	**O**	**315.52**	**288.12**	**203.87**	**4.54**
居民服务业	8200	39.89	38.63	19.73	1.05
家庭服务	8210	0.81	0.79	0.21	0.04
托儿所	8220	0.08	0.08	0.06	
洗染服务	8230	3.19	3.07	1.26	0.11
理发及美容保健服务	8240	1.00	0.98	0.25	0.07
洗浴服务	8250	3.50	3.40	1.82	0.10
婚姻服务	8260	0.24	0.24	0.09	0.01
殡葬服务	8270	9.69	9.54	4.13	0.10
摄影扩印服务	8280	3.84	3.77	1.92	0.15
其他居民服务	8290	17.55	16.75	10.00	0.47
其他服务业	8300	275.62	249.49	184.14	3.49
修理与维护	8310	24.58	23.52	17.95	0.32
清洁服务	8320	6.51	6.43	3.50	0.24
其他未列明的服务	8390	244.54	219.54	162.69	2.94
教育	**P**	**35.16**	**33.67**	**23.78**	**0.79**
教育	8400	35.16	33.67	23.78	0.79
学前教育	8410	1.11	1.07	0.61	0.03
初等教育	8420	2.39	2.33	2.71	0.01
中等教育	8430	6.00	5.85	4.70	0.02
高等教育	8440	6.94	6.42	5.53	0.02

单位：亿元

费用合计	营业利润	利润总额	从业人员劳动报酬	劳动、失业保险费	全部从业人员年平均人数（万人）	代码
177.88	77.72	91.31	119.38	13.63	36.34	7670
31.73	12.40	14.56	18.76	2.18	5.87	7690
32.98	4.20	12.18	15.44	1.60	6.79	7700
20.09	2.03	3.65	9.32	1.11	4.16	7710
4.96	1.02	1.34	2.16	0.17	1.03	7720
7.93	1.16	7.19	3.96	0.32	1.60	7790
19.67	1.98	18.66	16.79	1.58	7.19	7800
10.58	-4.65	12.94	4.91	0.54	2.55	7810
2.43	0.98	1.09	2.39	0.50	1.34	7820
6.66	5.65	4.63	9.48	0.54	3.30	7830
60.01	**-0.60**	**8.74**	**22.06**	**2.64**	**13.71**	**N**
7.93	0.78	1.78	3.23	0.34	2.29	7900
0.14	0.04	0.05	0.14	0.01	0.08	7910
4.64	-0.22	0.67	2.57	0.30	1.84	7920
3.15	0.96	1.05	0.52	0.03	0.36	7990
7.87	-2.56	0.20	6.05	0.49	3.31	8000
1.80	0.07	0.05	0.76	0.07	0.43	8010
6.07	-2.62	0.15	5.29	0.42	2.88	8020
44.20	1.18	6.76	12.78	1.81	8.11	8100
20.65	-4.46	2.00	4.33	0.80	2.19	8110
6.67	1.67	1.80	3.59	0.49	2.20	8120
16.88	3.97	2.96	4.86	0.53	3.72	8130
67.82	**27.55**	**31.87**	**25.13**	**2.94**	**17.69**	**O**
21.95	3.86	3.62	7.88	0.96	6.33	8200
0.54	0.07	0.07	0.21	0.01	0.25	8210
0.02			0.01		0.01	8220
1.19	0.57	0.13	0.54	0.07	0.40	8230
0.68	0.02	0.03	0.31	0.05	0.29	8240
1.90	-0.18	-0.18	1.44	0.11	1.50	8250
0.13	0.01	0.01	0.03	0.01	0.04	8260
3.17	2.35	2.47	1.00	0.15	0.50	8270
7.85			0.74	0.18	0.67	8280
6.47	1.01	1.09	3.60	0.39	2.69	8290
45.87	23.69	28.25	17.25	1.98	11.36	8300
5.88	0.71	0.01	3.04	0.42	2.43	8310
2.26	0.54	0.57	1.81	0.09	1.62	8320
37.74	22.44	27.66	12.40	1.46	7.31	8390
11.92	**0.39**	**-0.35**	**10.25**	**1.04**	**5.52**	**P**
11.92	0.39	-0.35	10.25	1.04	5.52	8400
0.54	-0.04	-0.01	0.52	0.11	0.46	8410
0.78	-0.70	-1.08	1.98	0.19	1.00	8420
1.15	0.25	0.11	2.50	0.18	1.22	8430
1.66	0.53	0.11	1.37	0.10	0.53	8440

5-4 续表 5

行业中类	代码	营业收入		主营业务	主营业务
		合　计	#主营业务收　入	成　本	税金及附加
其他教育	8490	18.72	18.00	10.23	0.72
卫生、社会保障和社会福利业	Q	**94.95**	**92.07**	**74.94**	**1.03**
卫生	8500	87.45	84.62	68.65	0.94
医院	8510	80.55	78.27	64.32	0.54
卫生院及社区医疗活动	8520	2.31	2.25	1.49	0.03
门诊部医疗活动	8530	1.52	1.49	1.58	0.01
计划生育技术服务活动	8540	0.07	0.07	0.05	
妇幼保健活动	8550	0.06	0.06	0.01	
专科疾病防治活动	8560	0.69	0.69	0.10	0.29
疾病预防控制及防疫活动	8570	1.36	0.90	0.56	0.03
其他卫生活动	8590	0.89	0.89	0.53	0.05
社会保障业	8600	6.92	6.90	5.98	0.05
社会福利业	8700	0.58	0.55	0.31	0.05
提供住宿的社会福利	8710	0.27	0.25	0.17	0.01
不提供住宿的社会福利	8720	0.31	0.30	0.14	0.04
文化、体育和娱乐业	R	**486.48**	**467.70**	**286.54**	**16.43**
新闻出版业	8800	357.19	344.10	217.16	10.94
新闻业	8810	7.31	6.98	4.20	0.32
出版业	8820	349.88	337.12	212.96	10.62
广播、电视、电影和音像业	8900	86.15	81.66	48.57	3.44
广播	8910	18.10	17.92	12.34	0.86
电视	8920	31.50	31.04	16.97	1.51
电影	8930	32.34	28.55	16.26	0.90
音像制作	8940	4.21	4.15	3.00	0.19
文化艺术业	9000	13.24	12.78	6.44	0.43
文艺创作与表演	9010	1.67	1.53	0.74	0.06
艺术表演场馆	9020	1.19	1.08	0.56	0.04
图书馆与档案馆	9030	0.10	0.10	0.02	0.01
文物及文化保护	9040	0.65	0.65	0.27	0.02
博物馆	9050	0.80	0.72	0.08	0.02
烈士陵园、纪念馆	9060	0.54	0.53	0.06	0.01
群众文化活动	9070	1.41	1.39	0.54	0.07
文化艺术经纪代理	9080	3.09	3.04	2.20	0.09
其他文化艺术	9090	3.80	3.75	1.97	0.13
体育	9100	12.52	12.39	8.66	0.47
体育组织	9110	4.96	4.93	3.83	0.19
体育场馆	9120	5.85	5.76	3.64	0.25
其他体育	9190	1.72	1.69	1.19	0.03
娱乐业	9200	17.39	16.77	5.71	1.16
室内娱乐活动	9210	3.01	2.85	1.33	0.30
游乐园	9220	8.41	8.37	2.49	0.38
休闲健身娱乐活动	9230	3.65	3.33	1.12	0.37
其他娱乐活动	9290	2.31	2.22	0.77	0.10

单位：亿元

费用合计	营业利润	利润总额	从业人员劳动报酬	劳动、失业保险费	全部从业人员年平均人数（万人）	代码
7.79	0.35	0.52	3.89	0.46	2.32	8490
20.61	**4.04**	**1.61**	**19.66**	**5.18**	**10.88**	Q
19.86	3.58	1.13	19.16	3.03	10.38	8500
17.21	1.90	0.99	17.58	2.83	9.11	8510
0.72	1.26	0.06	0.67	0.05	0.66	8520
0.58	0.14	0.09	0.48	0.04	0.30	8530
0.01	0.01		0.02		0.02	8540
0.02	0.03		0.02		0.02	8550
0.26	0.26	0.03	0.03		0.02	8560
0.69	0.05	0.04	0.19	0.09	0.09	8570
0.36	-0.05	-0.08	0.17	0.01	0.15	8590
0.46	0.48	0.50	0.36	2.14	0.35	8600
0.29	-0.03	-0.03	0.14	0.01	0.15	8700
0.14	-0.02	-0.03	0.06		0.07	8710
0.15	-0.01		0.07	0.01	0.08	8720
137.77	**48.66**	**58.11**	**47.72**	**5.69**	**19.84**	R
83.01	47.43	51.42	31.22	3.44	9.10	8800
2.31	0.46	1.43	0.76	0.04	0.56	8810
80.70	46.97	49.99	30.47	3.40	8.54	8820
31.12	3.42	7.13	10.33	1.74	7.20	8900
4.75	0.35	2.37	0.78	0.09	0.46	8910
8.58	4.76	5.52	3.06	0.18	1.35	8920
16.75	-1.67	-0.92	6.20	1.43	5.24	8930
1.04	-0.02	0.16	0.29	0.04	0.14	8940
7.21	-0.27	0.74	1.93	0.20	1.08	9000
0.98	-0.12		0.40	0.06	0.26	9010
0.87	-0.21	-0.18	0.24	0.04	0.17	9020
0.05	0.02	0.02	0.03		0.02	9030
0.28	0.13	0.09	0.09	0.01	0.07	9040
0.36	0.32	0.32	0.07	0.01	0.04	9050
0.41	0.06	0.06	0.08	0.01	0.05	9060
0.96	-0.16	-0.16	0.32	0.04	0.18	9070
1.40	-0.09	0.01	0.30	0.01	0.11	9080
1.90	-0.21	0.58	0.42	0.02	0.18	9090
5.76	-2.29	-0.71	1.35	0.07	0.45	9100
2.30	-1.31	-0.68	0.57	0.02	0.13	9110
2.96	-0.99	-0.06	0.66	0.05	0.26	9120
0.50	0.02	0.03	0.12		0.06	9190
10.68	0.37	-0.47	2.89	0.23	2.01	9200
1.62	0.14	-0.37	0.64	0.06	0.55	9210
4.53	1.15	0.89	1.28	0.11	0.67	9220
3.07	-0.86	-0.91	0.60	0.05	0.54	9230
1.45	-0.06	-0.08	0.37	0.02	0.24	9290

5-5 按地区分组的

地 区	固定资产原价	本年折旧	资产总计	负债合计
全 国	**17002.77**	**1333.50**	**74057.87**	**30587.27**
北 京	2102.23	147.74	24299.85	8638.43
天 津	572.57	19.75	2433.20	1217.52
河 北	337.93	28.00	750.87	473.10
山 西	320.22	20.68	732.60	262.03
内蒙古	344.37	85.29	521.77	240.47
辽 宁	221.56	13.54	960.32	437.72
吉 林	475.30	29.94	798.47	319.36
黑龙江	598.78	44.22	715.52	382.21
上 海	1544.72	106.48	10342.20	3536.33
江 苏	1101.88	81.88	3018.37	1480.86
浙 江	1110.76	78.37	4770.89	2365.18
安 徽	484.57	33.57	1465.75	671.44
福 建	633.87	45.23	1689.38	687.91
江 西	261.55	19.97	422.16	263.96
山 东	403.93	42.27	1364.52	753.43
河 南	346.63	23.24	711.75	281.27
湖 北	239.65	16.66	956.70	418.58
湖 南	519.39	56.61	1132.34	620.16
广 东	2296.13	184.89	9615.46	3882.59
广 西	367.19	27.22	794.03	347.24
海 南	117.58	11.33	221.16	122.63
重 庆	356.45	25.63	1175.63	603.11
四 川	636.38	39.46	1448.10	705.02
贵 州	207.89	20.92	641.31	350.84
云 南	386.66	26.91	1077.95	546.48
西 藏	37.60	17.45	33.21	1.97
陕 西	352.61	32.91	724.72	394.18
甘 肃	245.03	24.29	350.95	183.70
青 海	78.18	4.75	147.14	62.59
宁 夏	54.97	4.35	88.46	42.53
新 疆	246.16	19.98	653.08	294.44

国有控股其他服务业企业财务状况

单位：亿元

实收资本	国家资本	集体资本	法人资本	个人资本	港澳台资本	外商资本
26723.53	**18775.76**	**135.74**	**7111.05**	**355.41**	**73.62**	**271.95**
8799.05	7124.74	10.83	1381.02	74.62	7.16	200.68
765.48	685.31	2.09	65.93	8.21	1.39	2.55
230.48	132.71	1.96	92.85	1.64	0.61	0.71
371.49	356.15	3.68	7.28	4.32	0.06	
237.71	147.04	0.09	86.34	4.23		
418.59	389.30	1.08	20.43	5.65	0.23	1.89
322.27	243.68	1.43	71.19	5.95	0.02	
244.55	165.39	1.26	75.64	1.38	0.53	0.35
4975.45	2378.51	15.35	2413.56	105.08	24.33	38.61
1007.86	681.84	19.02	297.03	6.53	1.84	1.59
1365.42	997.29	8.91	349.85	8.70	0.44	0.23
429.50	335.59	2.54	89.68	1.25	0.36	0.07
546.01	387.53	3.23	146.79	7.93	0.26	0.27
133.71	104.69	1.74	26.71	0.55	0.02	0.01
464.11	363.16	6.38	85.93	7.70	0.21	0.73
221.04	182.12	1.55	31.68	5.59	0.04	0.06
342.74	264.67	6.28	49.55	20.48	0.23	1.52
330.93	242.03	1.41	78.39	8.08	0.47	0.55
2985.21	1879.40	25.72	979.01	52.06	33.00	16.02
289.86	199.03	1.41	86.69	2.68	0.06	
68.14	40.87	1.40	14.89	5.12	0.27	5.59
349.94	232.30	0.83	115.62	1.17		0.03
474.97	358.32	3.32	107.42	5.05	0.47	0.39
241.63	173.27	0.37	67.72	0.24	0.01	0.03
355.65	188.71	5.84	158.50	1.31	1.26	0.03
3.86	0.74		3.11			
225.41	192.35	6.13	24.53	2.15	0.22	0.02
115.74	61.95	1.18	50.21	2.40		
84.47	45.37	0.06	39.00	0.05		
34.24	20.35		13.81	0.09		
288.04	201.36	0.66	80.67	5.20	0.12	0.03

5-5 续表

地区	营业收入 合计	#主营业务收入	主营业务成本	主营业务税金及附加
全国	**8664.9**	**8372.91**	**5607.67**	**233.78**
北京	1654.67	1578.49	1180.15	33.57
天津	165.48	163.04	100.07	5.33
河北	233	228.37	178.27	3.64
山西	127.71	122.39	75.19	3.64
内蒙古	87.55	86.08	55.27	2.6
辽宁	151.45	144.52	102.64	4.63
吉林	142.12	141.38	83.25	9.09
黑龙江	170.71	165.74	108.25	4.29
上海	1111.48	1092.21	834.08	20.08
江苏	479.57	451.51	295.97	12.66
浙江	547.43	529.69	294.95	25.71
安徽	187.52	182.83	104.47	5.04
福建	199.84	195.27	121.12	6.29
江西	87.67	86.21	51.83	2.52
山东	313.39	275.41	166.3	7.58
河南	278.28	273.41	208.49	4.87
湖北	155.52	152.16	118.29	4.62
湖南	236.15	230.02	146.29	8.46
广东	1179.24	1160.51	680.46	34.33
广西	135.18	130.75	75.6	3.73
海南	43.41	41.63	27.52	1.14
重庆	127.06	123.38	77.81	3.5
四川	238.89	225.54	136.78	8.34
贵州	67.75	65.71	41.1	2.3
云南	157.2	150.93	98.1	3.99
西藏	7.11	6.95	7.36	0.24
陕西	179.74	175.34	110.55	5.26
甘肃	78.82	77.39	52.4	2.48
青海	18.4	16.54	13.54	0.73
宁夏	13.94	13.72	8.14	0.44
新疆	88.63	85.81	53.43	2.68

单位：亿元

费用合计	营业利润	利润总额	从业人员劳动报酬	劳动、失业保险费	全部从业人员年平均人数（万人）
2302.57	**519.87**	**1882.71**	**791.94**	**110.01**	**317.68**
589.22	-185.55	582.72	146.41	9.97	43.88
48.24	13.84	33.31	21.82	2.96	8.08
33.91	16.33	12.93	19.89	2.68	11.66
37.18	11.2	18.37	14.21	1.19	8.44
24.44	5.42	11.29	7.5	2.54	4.56
44.53	2.71	0.48	22.8	3.42	12.34
38.66	14.4	23.16	16.58	2.48	9.3
49.11	9.84	8.52	27.01	6.56	13.03
257.09	6.15	377.62	88.25	10.21	26.27
107.8	55.95	61.73	42.71	6.32	14.42
117.3	112.92	111.84	38.73	8.13	13.27
47.89	30.8	40.86	16.73	2.76	8.95
53.77	23.11	53.21	17.96	3.07	6.54
26.87	9.65	5.63	11.13	1.79	6.77
81.86	35.74	39.05	19.48	3.3	10.76
43.12	21.62	21.6	21.33	2.89	10.95
41.04	3.02	-5.03	20.66	2.72	10.83
63.75	23.92	23.05	24.82	3.65	10.19
253.08	231.91	344.03	88.34	12.17	28.41
40.36	10.89	13.36	14.59	1.34	6.3
12.65	3.09	3.56	4.1	0.58	1.78
38.16	7.79	16.08	12.31	1.99	5.51
64.94	21.55	29.97	21.42	4.58	10.66
26.23	2.47	0.77	8.03	1.19	3.36
44.73	7.72	24.65	15.67	2.88	6.61
3.34	-3.37	-3.38	1.11	0.24	0.25
46.84	16.88	17.5	21.01	3.16	9.27
24.45	2.71	4.37	11.08	1.61	6.79
9.89	1.04	2.68	3.41	0.79	1.69
5.59	0	0.53	2.34	0.33	1.23
26.54	6.12	8.25	10.49	2.51	5.58

5-6 按登记注册类型分组的

登记注册类型	固定资产原价	本年折旧	资产总计	负债合计
按登记注册类型分组	**17002.77**	**1333.50**	**74057.87**	**30587.27**
内资	**16404.85**	**1275.11**	**72831.94**	**30079.92**
国有	6244.31	505.53	34694.81	13844.86
集体	80.95	6.22	284.68	232.00
股份合作	47.13	2.90	146.17	74.50
联营企业	72.52	4.79	336.95	179.20
国有联营	58.07	3.31	257.60	120.54
集体联营	0.26	0.02	1.75	0.65
国有与集体联营	11.03	1.06	67.62	50.98
其他联营	3.16	0.40	9.97	7.03
有限责任公司	9047.30	694.92	31354.17	13524.30
国有独资公司	3215.83	213.37	20197.45	8628.01
其他有限责任公司	5831.47	481.54	11156.72	4896.29
股份有限公司	905.44	59.78	5977.88	2211.46
私营企业	0.01		0.11	0.03
私营独资				
私营合伙				
私营有限责任公司	0.01		0.11	0.03
私营股份有限公司				
其他内资	7.18	0.98	37.18	13.58
港澳台商投资	**98.61**	**10.42**	**353.42**	**175.11**
与港澳台合资经营	60.63	8.53	272.39	148.31
与港澳台合作经营	16.14	1.21	28.03	19.43
港澳台商独资				
港澳台商投资股份有限公司	21.84	0.68	53.00	7.37
外商投资	**499.31**	**47.97**	**872.51**	**332.23**
中外合资经营	251.24	24.81	539.45	185.18
中外合作经营	111.69	14.83	156.54	83.37
外资企业				
外商投资股份有限公司	136.38	8.33	176.52	63.69

国有控股其他服务业企业财务状况

单位：亿元

实收资本	国家资本	集体资本	法人资本	个人资本	港澳台资本	外商资本
26723.53	**18775.76**	**135.74**	**7111.05**	**355.41**	**73.62**	**271.95**
26227.71	**18627.09**	**133.50**	**6918.42**	**325.43**	**29.17**	**194.11**
11730.80	10201.35	35.67	1479.97	11.93	0.57	1.29
58.15	10.01	38.77	7.16	2.19		0.01
60.22	21.36	3.98	23.15	11.70		0.02
124.98	23.6	6.81	92.41	2.16		
105.31	17.85	0.42	86.43	0.60		
0.31	0.07	0.12	0.10	0.04		
16.25	4.53	5.82	4.90	1.01		
3.10	1.15	0.45	0.98	0.52		
12200.78	7487.88	38.67	4562.41	76.02	19.76	16.04
8097.52	6541.16	3.51	1532.08	1.89	18.64	0.23
4103.27	946.72	35.16	3030.33	74.13	1.11	15.81
2040.11	878.77	8.83	746.34	220.65	8.79	176.74
0.06				0.06		
0.06				0.06		
12.62	4.11	0.76	6.97	0.71	0.04	0.01
143.12	**27.82**	**0.82**	**82.44**	**4.57**	**21.65**	**5.81**
118.10	19.93	0.80	78.92	0.05	12.63	5.77
8.13	0.55	0.02	3.50	0.65	3.37	0.04
16.89	7.34		0.03	3.88	5.65	
352.71	**120.85**	**1.41**	**110.19**	**25.41**	**22.81**	**72.03**
215.14	98.72	0.23	45.62	20.80	7.08	42.70
46.22	15.22	1.13	9.59	0.25	11.23	8.80
91.35	6.91	0.06	54.99	4.35	4.50	20.54

5-6 续表

登记注册类型	营业收入合计	#主营业务收入	主营业务成本	主营业务税金及附加
按登记注册类型分组	**8664.90**	**8372.91**	**5607.67**	**233.78**
内资	**8308.31**	**8018.90**	**5394.42**	**224.51**
国有	3888.53	3702.58	2491.55	114.27
集体	64.25	61.99	36.93	2.09
股份合作	38.24	37.22	26.69	0.76
联营企业	44.75	42.03	26.32	2.23
国有联营	29.32	26.87	16.64	1.74
集体联营	0.23	0.22	0.12	0.01
国有与集体联营	12.58	12.37	7.95	0.42
其他联营	2.63	2.57	1.60	0.06
有限责任公司	3650.89	3564.79	2379.56	90.28
国有独资公司	1185.22	1144.64	849.75	18.88
其他有限责任公司	2465.68	2420.15	1529.81	71.40
股份有限公司	611.73	600.77	427.14	14.62
私营企业	0.10	0.09	0.07	
私营独资				
私营合伙				
私营有限责任公司	0.10	0.09	0.07	
私营股份有限公司				
其他内资	9.82	9.43	6.17	0.26
港澳台商投资	**42.06**	**40.99**	**24.85**	**1.47**
与港澳台合资经营	29.04	28.28	17.26	0.99
与港澳台合作经营	5.02	4.90	3.00	0.25
港澳台商独资				
港澳台商投资股份有限公司	7.99	7.81	4.59	0.23
外商投资	**314.53**	**313.02**	**188.40**	**7.79**
中外合资经营	199.35	198.41	112.70	4.73
中外合作经营	59.45	58.97	43.97	1.69
外资企业				
外商投资股份有限公司	55.73	55.64	31.74	1.37

单位：亿元

费用合计	营业利润	利润总额	从业人员劳动报酬	劳动、失业保险费	全部从业人员年平均人数（万人）
2302.57	**519.87**	**1882.71**	**791.94**	**110.01**	**317.68**
2206.99	**474.04**	**1814.92**	**769.33**	**107.81**	**312.12**
1131.99	125.63	1019.34	431.91	59.67	195.73
18.62	7.52	7.27	8.36	0.79	7.31
8.97	1.20	4.26	4.82	0.33	2.21
13.74	1.53	6.61	5.29	0.46	2.48
8.03	1.03	2.12	3.35	0.31	1.60
0.07	0.03	0.01	0.05		0.09
4.53	0.46	4.62	1.55	0.14	0.60
1.11	0.01	-0.14	0.34	0.02	0.18
872.83	324.68	678.02	277.32	41.81	88.99
302.86	22.39	268.83	84.74	11.88	25.15
569.96	302.29	409.19	192.57	29.94	63.85
157.45	13.28	99.16	40.08	4.53	14.45
0.02	0.01		0.01		0.01
0.02	0.01		0.01		0.01
3.38	0.19	0.26	1.54	0.20	0.93
13.65	**3.56**	**7.10**	**4.76**	**0.36**	**1.45**
10.88	1.41	3.51	4.06	0.26	1.18
1.78	-0.03	-0.01	0.35	0.03	0.17
0.99	2.18	3.60	0.35	0.06	0.11
81.94	**42.26**	**60.69**	**17.84**	**1.84**	**4.10**
54.47	27.99	40.72	10.14	1.10	2.84
10.30	3.96	4.16	2.29	0.14	0.46
17.17	10.32	15.81	5.42	0.60	0.80

第6篇

行政事业单位财务状况

6-1 按行业(中类)分组的

行业中类	代码	年末资产	#固定资产原价	上年结余	本年收入合计
总计	0000	**64093.13**	**37862.04**	**2574.93**	**27285.31**
交通运输、仓储和邮政业	F	**747.64**	**339.92**	**14.71**	**288.31**
道路运输业	5200	630.49	278.12	13.53	254.72
公路旅客运输	5210	0.07		0.03	0.04
道路货物运输	5220	0.01	0.01		
道路运输辅助活动	5230	630.40	278.10	13.49	254.68
城市公共交通业	5300	0.01	0.01		0.01
公共电汽车客运	5310	0.01	0.01		0.01
水上运输业	5400	34.43	20.08	0.62	12.73
水上运输辅助活动	5430	34.43	20.08	0.62	12.73
航空运输业	5500	2.95	2.10		1.66
航空运输辅助活动	5530	2.95	2.10		1.66
装卸搬运和其他运输服务业	5700				
运输代理服务	5720				
仓储业	5800	79.72	39.57	0.57	19.18
谷物、棉花等农产品仓储	5810	40.44	15.14	0.58	9.94
其他仓储	5890	39.28	24.43	-0.01	9.24
邮政业	5900	0.04	0.04		0.01
其他寄递服务	5990	0.04	0.04		0.01
信息传输、计算机服务和软件业	G	**250.62**	**141.09**	**10.00**	**80.93**
电信和其他信息传输服务业	6000	165.13	114.13	5.96	60.30
互联网信息服务	6020	11.54	7.87	1.12	5.37
广播电视传输服务	6030	147.63	101.97	4.95	53.02
卫星传输服务	6040	5.96	4.29	-0.11	1.91
计算机服务业	6100	75.58	21.44	3.22	16.47
计算机系统服务	6110	29.86	9.72	0.76	8.17
数据处理	6120	11.97	7.35	2.08	5.11
计算机维修	6130	0.55	0.14	0.05	0.23
其他计算机服务	6190	33.21	4.23	0.33	2.95
软件业	6200	9.91	5.52	0.82	4.17
公共软件服务	6210	8.00	4.90	0.51	3.11
其他软件服务	6290	1.91	0.63	0.31	1.05
批发和零售业	H	**0.77**	**0.61**	**0.02**	**0.21**
批发业	6300	0.54	0.43	0.01	0.16
矿产品、建材及化工产品批发	6360	0.01			0.02
机械设备、五金交电及电子产品批发	6370				
其他批发	6390	0.54	0.43		0.14
零售业	6500	0.22	0.18	0.01	0.04
综合零售	6510	0.18	0.15		
纺织、服装及日用品专门零售	6530	0.01	0.01		
家用电器及电子产品专门零售	6570	0.01	0.01		
无店铺及其他零售	6590	0.02	0.01	0.01	0.03
住宿和餐饮业	I	**1.77**	**1.03**	**-0.12**	**0.48**
住宿业	6600	1.77	1.03	-0.12	0.48
旅游饭店	6610	0.58	0.53		0.17
一般旅馆	6620	0.95	0.38	-0.12	0.20

行政事业单位财务状况

单位：亿元

#财政拨款	#上级补助收入	#事业收入	#经营收入	本年支出 合计	#人员支出	#公用支出	代码
12961.60	**1394.04**	**8373.23**	**2176.59**	**26224.01**	**8448.72**	**11496.39**	**0000**
83.65	**79.61**	**83.50**	**23.59**	**268.18**	**67.97**	**82.72**	**F**
73.50	74.18	75.53	15.69	236.95	59.73	70.53	5200
				0.04	0.01	0.02	5210
							5220
73.49	74.18	75.53	15.68	236.91	59.72	70.50	5230
			0.01	0.01	0.01		5300
			0.01	0.01	0.01		5310
4.42	3.74	3.38	0.74	11.98	3.50	4.67	5400
4.42	3.74	3.38	0.74	11.98	3.50	4.67	5430
	0.36	1.23		1.14	0.31	0.75	5500
	0.36	1.23		1.14	0.31	0.75	5530
							5700
							5720
5.73	1.33	3.36	7.15	18.09	4.41	6.77	5800
2.06	0.65	1.41	5.02	8.85	1.75	2.51	5810
3.68	0.68	1.95	2.13	9.24	2.66	4.27	5890
0.01				0.01			5900
0.01				0.01			5990
26.06	**11.46**	**28.98**	**8.77**	**76.44**	**16.56**	**44.14**	**G**
17.69	8.19	25.77	6.68	57.91	13.21	34.76	6000
3.79	0.12	0.54	0.73	5.44	0.80	3.49	6020
13.58	8.00	24.15	5.53	50.79	11.94	30.25	6030
0.32	0.06	1.08	0.43	1.68	0.48	1.03	6040
7.54	2.50	2.51	1.01	15.20	2.80	6.95	6100
2.36	1.19	1.80	0.16	7.36	1.31	3.17	6110
3.35	0.49	0.44	0.67	5.19	0.83	2.62	6120
0.22		0.01		0.17	0.03	0.07	6130
1.61	0.82	0.27	0.18	2.49	0.63	1.10	6190
0.83	0.77	0.69	1.08	3.33	0.54	2.43	6200
0.77	0.55	0.64	1.01	2.68	0.47	1.89	6210
0.06	0.21	0.05	0.07	0.65	0.07	0.53	6290
0.06		**0.14**	**0.01**	**0.23**	**0.11**	**0.10**	**H**
0.03		0.12	0.01	0.19	0.09	0.08	6300
0.01		0.01		0.02	0.01	0.01	6360
							6370
0.02		0.12		0.16	0.07	0.08	6390
0.02		0.02		0.04	0.02	0.01	6500
							6510
							6530
							6570
0.02		0.02		0.03	0.02	0.01	6590
0.05		**0.11**	**0.30**	**0.41**	**0.15**	**0.08**	**I**
0.05		0.11	0.30	0.41	0.15	0.08	6600
0.03		0.03	0.10	0.11	0.07	0.03	6610
0.02		0.04	0.14	0.20	0.07	0.02	6620

6-1 续表 1

行业中类	代码	年末资产	#固定资产原价	上年结余	本年收入合计
其他住宿服务	6690	0.25	0.12		0.11
房地产业	K	**3.05**	**0.65**	**0.05**	**0.50**
房地产业	7200	3.05	0.65	0.05	0.50
房地产开发经营	7210				
物业管理	7220				
房地产中介服务	7230	0.01	0.01		0.01
其他房地产活动	7290	3.04	0.64	0.05	0.49
租赁和商务服务业	L	**2553.00**	**659.77**	**78.46**	**452.18**
租赁业	7300	3.48	2.07	-0.01	0.82
机械设备租赁	7310	3.30	1.96		0.76
文化及日用品出租	7320	0.18	0.10	-0.01	0.06
商务服务业	7400	2549.51	657.70	78.47	451.37
企业管理服务	7410	1995.45	422.81	51.20	262.69
法律服务	7420	30.93	15.89	3.50	30.41
咨询与调查	7430	190.54	43.47	5.97	40.68
广告业	7440	5.17	2.61	0.11	7.33
知识产权服务	7450	31.17	12.58	2.11	16.41
职业中介服务	7460	66.74	32.25	5.15	31.80
市场管理	7470	144.97	97.50	-2.37	34.06
旅行社	7480	2.87	0.95	0.33	2.36
其他商务服务	7490	81.67	29.64	12.47	25.63
科学研究、技术服务和地质勘查业	M	**3369.48**	**1341.47**	**143.10**	**1522.49**
研究与试验发展	7500	1657.10	685.24	61.39	687.30
自然科学研究与试验发展	7510	353.95	162.15	25.01	140.93
工程和技术研究与试验发展	7520	992.93	356.06	25.15	411.58
农业科学研究与试验发展	7530	185.62	96.45	4.06	73.11
医学研究与试验发展	7540	60.46	31.74	2.14	23.70
社会人文科学研究与试验发展	7550	64.15	38.83	5.04	37.97
专业技术服务业	7600	1115.43	381.89	66.94	517.00
气象服务	7610	72.16	49.42	2.67	37.93
地震服务	7620	17.92	12.03	1.44	9.92
海洋服务	7630	15.55	9.91	0.93	5.80
测绘服务	7640	43.97	23.49	1.80	31.39
技术检测	7650	184.09	103.04	14.23	108.10
环境监测	7660	45.31	30.47	4.07	28.52
工程技术与规划管理	7670	562.46	118.03	36.46	260.69
其他专业技术服务	7690	173.97	35.49	5.33	34.65
科技交流和推广服务业	7700	320.67	156.30	13.97	164.62
技术推广服务	7710	203.80	103.64	9.33	117.50
科技中介服务	7720	53.20	16.84	2.75	25.99
其他科技服务	7790	63.67	35.81	1.89	21.14
地质勘查业	7800	276.29	118.04	0.79	153.57
矿产地质勘查	7810	133.42	58.36	-0.30	73.96
基础地质勘查	7820	79.57	35.26	1.17	45.26
地质勘查技术服务	7830	63.29	24.42	-0.08	34.36
水利、环境和公共设施管理业	N	**3288.51**	**2076.44**	**7.14**	**712.35**

单位：亿元

#财政拨款	#上级补助收入	#事业收入	#经营收入	本年支出合计	#人员支出	#公用支出	代码
		0.04	0.06	0.10	0.01	0.03	6690
0.09	**0.01**	**0.33**	**0.06**	**0.50**	**0.18**	**0.21**	K
0.09	0.01	0.33	0.06	0.50	0.18	0.21	7200
							7210
							7220
		0.01		0.01	0.01		7230
0.09	0.01	0.32	0.06	0.49	0.17	0.21	7290
151.93	**27.21**	**139.38**	**89.61**	**409.22**	**100.84**	**182.46**	L
0.19	0.01	0.03	0.58	0.68	0.16	0.34	7300
0.18	0.01	0.03	0.54	0.61	0.14	0.31	7310
0.01			0.04	0.06	0.02	0.02	7320
151.74	27.20	139.35	89.04	408.54	100.68	182.12	7400
96.69	19.21	69.06	46.31	240.90	53.29	101.60	7410
5.96	0.81	15.28	7.40	26.82	8.89	12.86	7420
19.77	2.85	10.19	5.45	37.23	10.09	17.75	7430
0.28	0.01	5.85	1.11	6.33	0.88	4.55	7440
6.46	0.09	5.15	4.42	12.75	2.15	6.36	7450
11.42	1.92	11.42	4.85	28.69	8.99	14.71	7460
3.66	0.98	14.54	10.96	32.30	10.28	13.32	7470
0.21	0.03	0.14	1.83	1.23	0.38	0.54	7480
7.29	1.30	7.72	6.72	22.29	5.72	10.44	7490
556.15	**52.41**	**548.73**	**237.17**	**1437.06**	**353.25**	**627.08**	M
210.82	11.94	350.24	82.51	653.19	136.68	333.06	7500
71.87	3.32	48.32	9.93	138.29	28.87	76.03	7510
60.12	2.97	268.02	63.95	386.23	67.01	199.96	7520
41.96	3.55	17.40	6.00	71.21	23.89	29.34	7530
11.02	0.68	9.10	1.12	21.54	6.04	11.29	7540
25.85	1.43	7.41	1.50	35.91	10.87	16.44	7550
179.84	23.67	149.28	81.34	478.98	122.85	190.24	7600
25.85	2.59	1.51	5.05	31.77	10.86	13.49	7610
7.55	0.51	0.70	0.30	9.23	3.12	3.77	7620
3.08	0.32	1.21	0.34	5.68	1.43	2.91	7630
10.35	0.86	11.20	8.25	28.72	8.56	13.70	7640
42.07	3.86	47.31	9.55	98.97	34.00	48.28	7650
18.30	2.13	4.49	1.77	26.94	9.38	12.13	7660
60.40	11.78	70.80	50.01	247.97	47.56	80.72	7670
12.24	1.63	12.06	6.07	29.71	7.94	15.23	7690
80.05	12.52	36.25	25.79	158.27	56.19	53.85	7700
62.16	9.57	22.29	16.13	114.74	46.52	36.75	7710
9.91	2.13	7.21	5.87	24.37	4.88	10.31	7720
7.98	0.83	6.75	3.78	19.16	4.79	6.80	7790
85.44	4.28	12.95	47.54	146.62	37.52	49.93	7800
40.10	2.01	5.27	25.41	71.20	18.40	22.86	7810
25.75	1.14	4.43	12.63	43.96	11.60	14.71	7820
19.59	1.12	3.25	9.49	31.46	7.52	12.36	7830
332.09	**62.73**	**164.48**	**99.79**	**703.63**	**228.63**	**267.04**	N

6-1 续表 2

行业中类	代码	年末资产	#固定资产原价	上年结余	本年收入合计
水利管理业	7900	1938.84	1521.14	-18.89	195.33
防洪管理	7910	343.34	264.39	5.54	35.59
水资源管理	7920	1318.21	1049.47	-31.99	110.73
其他水利管理	7990	277.29	207.28	7.56	49.01
环境管理业	8000	543.35	217.04	11.52	196.17
自然保护	8010	57.81	28.57	2.46	18.47
环境治理	8020	485.53	188.46	9.06	177.71
公共设施管理业	8100	806.32	338.25	14.50	320.84
市政公共设施管理	8110	456.08	157.09	11.39	167.52
城市绿化管理	8120	105.69	42.81	4.19	72.56
游览景区管理	8130	244.56	138.35	-1.07	80.76
居民服务和其他服务业	**O**	**305.16**	**131.23**	**5.63**	**115.03**
居民服务业	8200	204.81	98.21	3.77	81.11
家庭服务	8210	0.58	0.42	0.03	0.30
托儿所	8220	3.08	1.61	0.10	1.65
洗染服务	8230	0.27	0.22		0.12
理发及美容保健服务	8240	1.34	1.19	-0.05	0.82
洗浴服务	8250	0.64	0.49		0.44
婚姻服务	8260	0.71	0.42	0.11	0.54
殡葬服务	8270	123.76	73.36	1.99	49.61
摄影扩印服务	8280	0.09	0.08	0.01	0.08
其他居民服务	8290	74.34	20.43	1.57	27.53
其他服务业	8300	100.35	33.02	1.86	33.91
修理与维护	8310	5.47	3.44	0.13	2.65
清洁服务	8320	3.50	1.40	0.17	2.98
其他未列明的服务	8390	91.38	28.18	1.56	28.28
教育	**P**	**15601.43**	**11654.06**	**521.15**	**6472.21**
教育	8400	15601.43	11654.06	521.15	6472.21
学前教育	8410	266.35	220.57	7.31	147.94
初等教育	8420	2731.16	2335.65	40.13	1415.37
中等教育	8430	5528.54	4494.49	96.27	2397.08
高等教育	8440	6340.10	4077.02	345.54	2172.65
其他教育	8490	735.29	526.33	31.89	339.16
卫生、社会保障和社会福利业	**Q**	**6848.63**	**4418.20**	**85.28**	**4505.25**
卫生	8500	6447.81	4175.91	45.07	4257.17
医院	8510	5227.47	3343.59	27.26	3345.15
卫生院及社区医疗活动	8520	597.89	419.24	-0.32	463.69
门诊部医疗活动	8530	62.48	41.98	1.29	49.47
计划生育技术服务活动	8540	61.79	44.58	4.82	45.99
妇幼保健活动	8550	142.00	98.48	1.39	107.96
专科疾病防治活动	8560	50.99	33.26	0.92	36.84
疾病预防控制及防疫活动	8570	183.66	119.85	6.92	141.05
其他卫生活动	8590	121.54	74.93	2.80	67.02
社会保障业	8600	154.43	91.71	21.99	142.93
社会福利业	8700	246.39	150.59	18.22	105.16
提供住宿的社会福利	8710	190.54	123.40	8.30	79.49

单位：亿元

#财政拨款	#上级补助收入	#事业收入	#经营收入	本年支出 合　计	#人员支出	#公用支出	代码
67.98	12.62	40.59	53.82	202.29	63.81	79.09	7900
15.73	2.48	5.96	4.67	36.91	10.63	12.65	7910
33.37	6.78	26.23	35.83	117.71	37.37	49.20	7920
18.89	3.36	8.41	13.32	47.68	15.81	17.24	7990
122.47	16.65	38.96	8.49	191.40	85.61	67.71	8000
8.91	2.72	2.96	2.28	18.11	6.06	7.22	8010
113.56	13.93	35.99	6.21	173.29	79.56	60.50	8020
141.63	33.47	84.93	37.49	309.94	79.20	120.24	8100
74.81	18.31	37.83	22.52	163.26	30.52	60.57	8110
42.58	8.61	11.98	4.52	69.93	22.53	27.88	8120
24.24	6.55	35.12	10.45	76.75	26.15	31.78	8130
20.00	**7.75**	**58.78**	**17.20**	**109.55**	**26.73**	**46.61**	O
9.66	4.27	44.81	13.08	77.11	17.97	33.20	8200
0.14	0.02	0.10	0.02	0.27	0.14	0.11	8210
0.44	0.06	0.67	0.32	1.54	0.87	0.48	8220
		0.05	0.07	0.11	0.04	0.05	8230
0.29	0.01	0.25	0.03	0.57	0.32	0.20	8240
0.02	0.01	0.18	0.22	0.44	0.14	0.21	8250
0.11	0.05	0.19	0.17	0.56	0.21	0.25	8260
3.41	0.94	33.83	9.06	45.39	11.20	23.86	8270
0.03		0.04	0.01	0.08	0.02	0.04	8280
5.22	3.18	9.52	3.18	28.15	5.04	7.99	8290
10.35	3.48	13.97	4.12	32.45	8.76	13.41	8300
0.45	0.07	1.78	0.34	2.32	0.54	1.60	8310
0.92	0.14	1.67	0.16	2.81	1.19	1.36	8320
8.98	3.27	10.52	3.63	27.32	7.03	10.45	8390
3283.42	**201.39**	**2378.38**	**163.65**	**6347.28**	**2865.42**	**2311.69**	P
3283.42	201.39	2378.38	163.65	6347.28	2865.42	2311.69	8400
58.39	5.39	60.89	15.02	145.40	81.64	44.78	8410
1019.81	58.89	256.34	21.96	1403.82	897.09	307.43	8420
1254.97	95.62	886.93	50.77	2376.27	1198.33	823.57	8430
808.18	23.48	1047.51	41.03	2097.17	572.77	996.11	8440
142.06	18.01	126.71	34.87	324.63	115.58	139.79	8490
578.85	**80.51**	**3242.55**	**442.24**	**4321.69**	**1232.70**	**2575.97**	Q
436.05	64.52	3210.08	433.31	4084.97	1153.32	2514.68	8500
249.14	43.35	2659.07	310.80	3209.41	846.83	2056.80	8510
57.13	9.19	294.45	86.03	448.91	165.18	234.15	8520
4.26	0.71	29.99	12.34	48.02	14.64	24.02	8530
21.24	3.68	16.45	2.70	43.05	16.39	21.38	8540
18.65	1.37	81.16	5.33	100.90	36.16	55.39	8550
12.18	0.64	20.69	2.40	35.86	12.83	18.10	8560
58.97	3.99	65.62	7.42	135.80	45.64	67.70	8570
14.48	1.60	42.66	6.30	63.01	15.65	37.13	8590
75.71	6.08	17.71	3.73	137.72	52.62	29.95	8600
67.09	9.90	14.77	5.21	99.00	26.76	31.34	8700
55.39	7.76	8.65	3.33	77.38	21.76	23.41	8710

6-1 续表 3

行业中类	代码	年末资产	#固定资产原价	上年结余	本年收入合计
不提供住宿的社会福利	8720	55.85	27.19	9.92	25.66
文化、体育和娱乐业	R	**2112.42**	**1352.33**	**51.14**	**915.43**
新闻出版业	8800	276.97	140.82	10.47	173.17
新闻业	8810	62.87	39.70	0.20	19.05
出版业	8820	214.09	101.12	10.27	154.12
广播、电视、电影和音像业	8900	1012.33	608.08	15.02	441.41
广播	8910	158.17	112.02	3.23	79.51
电视	8920	798.82	458.86	10.82	341.49
电影	8930	52.42	35.51	0.93	18.77
音像制作	8940	2.92	1.69	0.03	1.64
文化艺术业	9000	526.01	398.92	17.32	206.08
文艺创作与表演	9010	60.85	43.61	1.92	46.52
艺术表演场馆	9020	45.51	34.91	0.58	11.61
图书馆与档案馆	9030	145.57	118.33	5.70	43.33
文物及文化保护	9040	33.13	21.95	1.45	15.05
博物馆	9050	109.83	76.65	5.09	34.28
烈士陵园、纪念馆	9060	29.86	25.74	0.93	6.59
群众文化活动	9070	89.00	70.47	1.16	39.73
文化艺术经纪代理	9080	2.59	1.35	0.02	2.20
其他文化艺术	9090	9.68	5.91	0.48	6.77
体育	9100	220.21	174.51	7.28	65.23
体育组织	9110	82.60	57.64	4.70	42.41
体育场馆	9120	118.97	101.62	1.92	15.57
其他体育	9190	18.63	15.24	0.66	7.26
娱乐业	9200	76.91	30.00	1.05	29.54
室内娱乐活动	9210	7.25	4.25	0.26	1.56
游乐园	9220	3.21	2.86	0.03	0.64
休闲健身娱乐活动	9230	3.15	2.39	0.02	0.82
其他娱乐活动	9290	63.30	20.51	0.73	26.52
公共管理和社会组织	S	**29010.64**	**15745.25**	**1658.40**	**12219.96**
中国共产党机关	9300	499.77	351.25	42.05	418.95
国家机构	9400	20632.11	11341.29	1098.30	10071.25
国家权力机构	9410	257.98	178.23	14.11	179.13
国家行政机构	9420	19128.91	10509.35	1039.82	9367.67
人民法院和人民检察院	9430	703.98	509.51	30.62	365.03
其他国家机构	9490	541.25	144.20	13.75	159.41
人民政协和民主党派	9500	90.38	72.54	6.29	73.53
人民政协	9510	77.95	62.66	5.34	62.46
民主党派	9520	12.43	9.88	0.94	11.06
群众团体、社会团体和宗教组织	9600	1038.00	490.33	157.31	414.84
群众团体	9610	221.25	113.02	34.75	171.39
社会团体	9620	502.45	117.54	98.41	202.58
宗教组织	9630	314.30	259.77	24.15	40.88
基层群众自治组织	9700	6750.37	3489.85	354.46	1241.38
社区自治组织	9710	901.59	481.18	63.54	184.61
村民自治组织	9720	5848.78	3008.67	290.92	1056.77

单位：亿元

#财政拨款	#上级补助收入	#事业收入	#经营收入	本年支出合计	#人员支出	#公用支出	代码
11.70	2.14	6.12	1.89	21.61	5.00	7.92	8720
225.82	**37.66**	**446.90**	**162.63**	**864.72**	**204.48**	**460.46**	R
22.99	3.89	43.75	95.18	160.56	28.98	68.26	8800
8.82	0.70	6.28	1.72	16.74	5.33	6.40	8810
14.17	3.19	37.46	93.46	143.82	23.65	61.86	8820
44.38	13.14	314.31	49.31	415.30	80.27	263.04	8900
20.03	4.31	45.37	6.48	72.31	21.41	39.29	8910
20.71	8.23	257.46	38.96	323.74	53.28	213.11	8920
3.26	0.43	10.66	3.60	17.58	5.07	9.84	8930
0.37	0.17	0.81	0.27	1.66	0.51	0.81	8940
123.07	11.25	49.33	11.96	199.29	73.08	84.96	9000
29.35	2.72	9.71	1.86	46.58	19.72	16.24	9010
5.50	0.46	3.28	1.56	11.59	3.82	5.75	9020
34.13	1.74	4.65	1.08	42.63	16.04	20.04	9030
5.71	1.35	6.36	0.77	13.61	4.52	7.21	9040
18.85	1.48	11.31	1.50	31.90	8.65	14.55	9050
3.40	0.40	1.97	0.54	5.80	2.19	2.54	9060
21.73	2.44	9.39	3.82	38.54	15.65	14.38	9070
1.00	0.20	0.57	0.40	2.18	0.46	1.18	9080
3.39	0.46	2.08	0.42	6.47	2.04	3.06	9090
33.38	8.73	15.03	4.97	61.75	19.26	28.03	9100
23.47	6.67	8.13	1.94	39.48	11.11	18.44	9110
5.65	1.29	5.48	2.57	15.22	5.39	6.95	9120
4.25	0.77	1.42	0.46	7.04	2.75	2.63	9190
2.01	0.65	24.49	1.20	27.83	2.90	16.17	9200
0.72	0.09	0.53	0.18	1.69	0.58	0.72	9210
0.15	0.01	0.37	0.07	0.69	0.29	0.34	9220
0.32	0.06	0.21	0.19	0.82	0.30	0.32	9230
0.82	0.50	23.37	0.76	24.64	1.74	14.79	9290
7703.42	**833.31**	**1280.98**	**931.56**	**11685.10**	**3351.72**	**4897.83**	S
371.78	8.64	7.67	2.00	411.38	124.20	204.51	9300
6954.34	678.95	1048.60	359.92	9753.18	2883.81	3934.70	9400
145.48	6.71	6.07	1.87	177.75	49.74	81.66	9410
6398.38	657.46	1013.47	328.37	9056.15	2656.30	3620.90	9420
317.32	7.69	10.50	2.45	361.48	141.10	170.80	9430
93.15	7.10	18.57	27.23	157.78	36.67	61.35	9490
69.52	0.58	0.21	0.27	72.88	21.52	37.63	9500
59.29	0.53	0.16	0.15	61.97	17.87	32.66	9510
10.23	0.05	0.06	0.12	10.91	3.65	4.97	9520
165.56	23.19	89.86	56.42	364.25	81.03	188.06	9600
108.94	10.40	15.14	4.64	146.16	30.33	77.24	9610
54.68	11.60	63.17	40.81	184.33	42.87	91.46	9620
1.95	1.19	11.55	10.98	33.77	7.84	19.36	9630
142.21	121.94	134.63	512.95	1083.41	241.17	532.93	9700
32.54	13.58	22.39	83.01	163.72	49.20	70.76	9710
109.68	108.36	112.24	429.95	919.69	191.96	462.16	9720

6-1 续表 4

行业中类	代码	#福利费	#劳务费	#就业补助费	#取暖费	#差旅费
总计	0000	**426.43**	**333.89**	**46.59**	**194.17**	**373.59**
交通运输、仓储和邮政业	F	**4.72**	**6.53**	**0.39**	**1.63**	**2.97**
道路运输业	5200	4.11	5.50	0.34	1.41	2.56
公路旅客运输	5210					
道路货物运输	5220					
道路运输辅助活动	5230	4.11	5.50	0.34	1.41	2.56
城市公共交通业	5300					
公共电汽车客运	5310					
水上运输业	5400	0.26	0.17		0.04	0.17
水上运输辅助活动	5430	0.26	0.17		0.04	0.17
航空运输业	5500	0.04			0.01	0.04
航空运输辅助活动	5530	0.04			0.01	0.04
装卸搬运和其他运输服务业	5700					
运输代理服务	5720					
仓储业	5800	0.31	0.87	0.05	0.17	0.20
谷物、棉花等农产品仓储	5810	0.07	0.05		0.04	0.07
其他仓储	5890	0.24	0.81	0.05	0.13	0.13
邮政业	5900					
其他寄递服务	5990					
信息传输、计算机服务和软件业	G	**0.91**	**1.61**	**0.03**	**0.43**	**0.81**
电信和其他信息传输服务业	6000	0.73	0.94	0.03	0.33	0.59
互联网信息服务	6020	0.05	0.03		0.03	0.05
广播电视传输服务	6030	0.66	0.90	0.03	0.29	0.52
卫星传输服务	6040	0.03	0.02		0.01	0.02
计算机服务业	6100	0.16	0.61		0.09	0.18
计算机系统服务	6110	0.10	0.11		0.05	0.07
数据处理	6120	0.03	0.36		0.02	0.07
计算机维修	6130					
其他计算机服务	6190	0.03	0.15		0.01	0.04
软件业	6200	0.02	0.06		0.01	0.04
公共软件服务	6210	0.02	0.05		0.01	0.03
其他软件服务	6290					
批发和零售业	H	**0.01**				
批发业	6300	0.01				
矿产品、建材及化工产品批发	6360					
机械设备、五金交电及电子产品批发	6370					
其他批发	6390	0.01				
零售业	6500					
综合零售	6510					
纺织、服装及日用品专门零售	6530					
家用电器及电子产品专门零售	6570					
无店铺及其他零售	6590					
住宿和餐饮业	I	**0.01**			**0.01**	
住宿业	6600	0.01			0.01	
旅游饭店	6610					
一般旅馆	6620	0.01				

单位：亿元

#各种设备、交通工具及图书资料购置费	#对个人和家庭补助支出	#助学金	#抚恤和生活补助	收支结余	经营税金	全部从业人员年平均人数（万人）	代码
1567.40	**2134.89**	**126.43**	**290.19**	**3644.23**	**183.97**	**4352.96**	0000
9.17	**12.90**	**0.06**	**1.54**	**34.83**	**1.33**	**40.90**	F
8.06	10.92	0.04	1.43	31.30	1.16	37.00	5200
				0.03		0.01	5210
							5220
8.06	10.92	0.04	1.43	31.26	1.16	36.99	5230
						0.01	5300
							5310
0.49	0.80	0.01	0.04	1.36	0.03	1.40	5400
0.49	0.80	0.01	0.04	1.36	0.03	1.40	5430
0.23	0.08			0.52	0.05	0.06	5500
0.23	0.08			0.52	0.05	0.06	5530
							5700
							5720
0.38	1.10	0.01	0.07	1.66	0.09	2.43	5800
0.12	0.12		0.01	1.66	0.02	0.67	5810
0.26	0.98	0.01	0.06		0.07	1.76	5890
							5900
							5990
8.82	**2.72**	**0.04**	**0.17**	**14.49**	**1.23**	**7.08**	G
6.62	1.67	0.01	0.15	8.34	1.06	6.09	6000
0.67	0.07			1.04	0.04	0.27	6020
5.59	1.57		0.15	7.18	0.96	5.63	6030
0.37	0.03		0.01	0.13	0.06	0.19	6040
1.59	0.96	0.04	0.01	4.48	0.07	0.81	6100
0.26	0.69	0.03		1.57	0.03	0.32	6110
0.96	0.17			2.00	0.04	0.30	6120
0.03				0.11		0.01	6130
0.34	0.10			0.80	0.01	0.17	6190
0.62	0.09		0.01	1.66	0.09	0.18	6200
0.59	0.09			0.94	0.08	0.16	6210
0.03	0.01			0.72	0.01	0.02	6290
0.02	**0.02**					**0.03**	H
0.02	0.02			-0.02		0.02	6300
							6360
							6370
0.02	0.01			-0.02		0.02	6390
				0.01		0.01	6500
							6510
							6530
							6570
				0.01			6590
	0.02			**-0.05**	**0.02**	**0.09**	I
	0.02			-0.05	0.02	0.09	6600
	0.01			0.05	0.01	0.04	6610
	0.01			-0.11	0.01	0.05	6620

6-1 续表 5

行业中类	代码	#福利费	#劳务费	#就业补助费	#取暖费	#差旅费
其他住宿服务	6690					
房地产业	K	**0.02**	**0.01**			**0.01**
房地产业	7200	0.02	0.01			0.01
房地产开发经营	7210					
物业管理	7220					
房地产中介服务	7230					
其他房地产活动	7290	0.02	0.01			0.01
租赁和商务服务业	L	**8.28**	**6.78**	**1.34**	**3.99**	**6.21**
租赁业	7300	0.02	0.12		0.01	0.01
机械设备租赁	7310	0.02	0.12			0.01
文化及日用品出租	7320					
商务服务业	7400	8.26	6.66	1.34	3.98	6.21
企业管理服务	7410	5.17	1.98	0.38	2.95	2.93
法律服务	7420	0.60	0.61	0.03	0.11	0.80
咨询与调查	7430	0.56	1.02	0.04	0.29	0.89
广告业	7440	0.06	0.04		0.01	0.04
知识产权服务	7450	0.09	1.24		0.07	0.28
职业中介服务	7460	0.50	0.88	0.81	0.14	0.59
市场管理	7470	0.76	0.55	0.05	0.18	0.30
旅行社	7480	0.16	0.01			0.03
其他商务服务	7490	0.38	0.34	0.03	0.24	0.35
科学研究、技术服务和地质勘查业	M	**27.30**	**30.27**	**1.65**	**10.90**	**30.57**
研究与试验发展	7500	14.31	12.64	0.50	5.82	13.74
自然科学研究与试验发展	7510	1.70	2.99	0.03	1.38	4.25
工程和技术研究与试验发展	7520	11.16	7.18	0.33	2.83	6.71
农业科学研究与试验发展	7530	0.90	1.16	0.06	0.68	1.56
医学研究与试验发展	7540	0.21	0.44		0.17	0.32
社会人文科学研究与试验发展	7550	0.34	0.86	0.08	0.76	0.90
专业技术服务业	7600	7.64	11.63	0.84	3.06	11.64
气象服务	7610	0.32	0.31	0.02	0.38	0.70
地震服务	7620	0.08	0.20		0.14	0.28
海洋服务	7630	0.11	0.91		0.05	0.13
测绘服务	7640	0.71	1.36	0.03	0.20	1.05
技术检测	7650	1.78	1.79	0.12	0.93	3.39
环境监测	7660	0.44	0.55	0.02	0.22	0.64
工程技术与规划管理	7670	3.70	5.75	0.17	0.92	4.88
其他专业技术服务	7690	0.50	0.77	0.47	0.24	0.56
科技交流和推广服务业	7700	2.10	2.26	0.14	0.83	2.65
技术推广服务	7710	1.58	1.38	0.12	0.64	2.02
科技中介服务	7720	0.24	0.64	0.01	0.08	0.36
其他科技服务	7790	0.27	0.24	0.01	0.12	0.27
地质勘查业	7800	3.25	3.74	0.17	1.18	2.54
矿产地质勘查	7810	1.75	2.03	0.11	0.60	1.20
基础地质勘查	7820	0.89	0.95	0.05	0.35	0.84
地质勘查技术服务	7830	0.62	0.76	0.01	0.23	0.51
水利、环境和公共设施管理业	N	**11.14**	**12.06**	**0.97**	**3.92**	**6.34**

单位：亿元

#各种设备、交通工具及图书资料购置费	#对个人和家庭补助支出	#助学金	#抚恤和生活补助	收支结余	经营税金	全部从业人员年平均人数（万人）	代码
				0.01		0.01	6690
0.03	**0.01**			**0.04**	**0.02**	**0.08**	K
0.03	0.01			0.04	0.02	0.08	7200
							7210
							7220
							7230
0.03	0.01			0.04	0.02	0.08	7290
18.15	**20.83**	**0.54**	**2.41**	**121.42**	**6.51**	**49.90**	L
0.08	0.04		0.03	0.13	0.02	0.17	7300
0.08	0.04		0.03	0.15	0.02	0.15	7310
				-0.02		0.01	7320
18.06	20.79	0.54	2.38	121.29	6.49	49.73	7400
9.56	14.14	0.47	2.06	72.99	2.27	25.34	7410
1.20	0.52	0.01	0.03	7.09	1.06	4.46	7420
2.42	3.60	0.02	0.07	9.42	0.41	4.89	7430
0.21	0.12			1.11	0.39	0.27	7440
1.17	0.19			5.78	0.48	0.47	7450
1.51	0.97	0.01	0.13	8.26	0.41	3.60	7460
1.08	0.62	0.01	0.07	-0.61	1.09	7.40	7470
0.05	0.01			1.45	0.01	0.12	7480
0.87	0.63	0.02	0.03	15.81	0.37	3.18	7490
79.01	**122.21**	**3.05**	**6.45**	**228.52**	**15.00**	**155.30**	M
37.66	55.55	2.64	1.91	95.50	3.98	44.72	7500
15.34	17.04	2.07	0.54	27.64	0.77	7.43	7510
14.10	20.61	0.40	0.51	50.50	2.63	19.35	7520
3.82	10.59	0.06	0.61	5.96	0.29	12.16	7530
2.11	2.35	0.05	0.06	4.30	0.09	2.05	7540
2.29	4.96	0.06	0.18	7.10	0.20	3.71	7550
31.88	27.44	0.26	1.95	104.96	7.99	50.41	7600
2.31	3.49	0.02	0.16	8.83	0.32	4.86	7610
0.55	1.33		0.03	2.13	0.07	1.28	7620
0.34	0.58		0.01	1.05	0.04	0.46	7630
2.47	2.11	0.01	0.13	4.47	0.99	2.91	7640
10.79	6.54	0.04	0.54	23.35	1.23	13.52	7650
2.94	1.90	0.03	0.08	5.65	0.18	4.04	7660
10.32	9.35	0.07	0.89	49.18	4.52	19.72	7670
2.16	2.14	0.09	0.10	10.27	0.65	3.62	7690
5.59	10.22	0.07	0.82	20.32	1.24	37.23	7700
4.00	8.02	0.06	0.73	12.09	0.39	32.33	7710
0.86	1.10		0.04	4.37	0.65	2.23	7720
0.73	1.10		0.06	3.86	0.20	2.67	7790
3.88	29.01	0.08	1.77	7.74	1.78	22.95	7800
1.73	14.51	0.01	0.68	2.45	0.88	11.42	7810
0.86	9.00	0.02	0.48	2.46	0.52	6.75	7820
1.29	5.50	0.05	0.61	2.83	0.38	4.79	7830
30.73	**39.25**	**0.39**	**3.07**	**15.86**	**5.01**	**143.32**	N

6-1 续表 6

行业中类	代码	#福利费	#劳务费	#就业补助费	#取暖费	#差旅费
水利管理业	7900	4.24	4.34	0.33	1.21	2.67
防洪管理	7910	0.64	0.68	0.04	0.14	0.39
水资源管理	7920	2.84	2.32	0.22	0.85	1.47
其他水利管理	7990	0.75	1.34	0.07	0.22	0.81
环境管理业	8000	3.11	3.09	0.24	1.19	1.48
自然保护	8010	0.29	0.26	0.03	0.22	0.41
环境治理	8020	2.82	2.83	0.21	0.97	1.06
公共设施管理业	8100	3.79	4.63	0.40	1.51	2.19
市政公共设施管理	8110	1.89	3.09	0.27	0.57	0.88
城市绿化管理	8120	0.74	0.84	0.08	0.38	0.47
游览景区管理	8130	1.17	0.70	0.05	0.56	0.83
居民服务和其他服务业	**O**	**1.83**	**1.44**	**0.21**	**0.95**	**0.89**
居民服务业	8200	1.29	1.12	0.12	0.49	0.60
家庭服务	8210	0.01				
托儿所	8220	0.11	0.03	0.01	0.01	0.02
洗染服务	8230					
理发及美容保健服务	8240	0.01	0.02			0.01
洗浴服务	8250	0.01				
婚姻服务	8260	0.02	0.01		0.01	0.01
殡葬服务	8270	0.80	0.80	0.05	0.30	0.43
摄影扩印服务	8280					
其他居民服务	8290	0.34	0.25	0.06	0.17	0.12
其他服务业	8300	0.53	0.32	0.09	0.46	0.29
修理与维护	8310	0.04	0.08	0.04	0.02	0.01
清洁服务	8320	0.07	0.04			0.03
其他未列明的服务	8390	0.42	0.20	0.05	0.44	0.26
教育	**P**	**88.12**	**90.07**	**7.12**	**64.80**	**76.07**
教育	8400	88.12	90.07	7.12	64.80	76.07
学前教育	8410	3.11	1.57	0.24	1.37	1.25
初等教育	8420	21.69	8.56	1.13	10.82	10.54
中等教育	8430	39.65	26.53	3.28	25.01	22.22
高等教育	8440	18.62	45.49	1.72	23.28	37.27
其他教育	8490	5.05	7.92	0.75	4.32	4.78
卫生、社会保障和社会福利业	**Q**	**39.52**	**37.27**	**3.50**	**23.36**	**20.75**
卫生	8500	36.68	35.81	2.76	21.33	18.87
医院	8510	25.03	23.76	1.75	16.25	11.03
卫生院及社区医疗活动	8520	6.44	5.99	0.53	2.36	2.95
门诊部医疗活动	8530	0.62	0.68	0.04	0.30	0.35
计划生育技术服务活动	8540	0.78	0.69	0.08	0.27	0.86
妇幼保健活动	8550	1.21	1.49	0.10	0.60	0.70
专科疾病防治活动	8560	0.36	0.47	0.05	0.21	0.33
疾病预防控制及防疫活动	8570	1.48	1.97	0.16	0.93	1.89
其他卫生活动	8590	0.75	0.76	0.05	0.41	0.75
社会保障业	8600	0.99	0.65	0.57	0.42	1.05
社会福利业	8700	1.85	0.81	0.17	1.61	0.83
提供住宿的社会福利	8710	1.61	0.52	0.08	1.44	0.58

单位：亿元

#各种设备、交通工具及图书资料购置费	#对个人和家庭补助支出			收支结余	经营税金	全部从业人员年平均人数（万人）	代码
		#助学金	#抚恤和生活补助				
9.35	9.71	0.10	1.13	-25.85	1.14	40.85	7900
2.04	2.20	0.01	0.17	4.22	0.16	5.58	7910
5.56	4.67	0.05	0.73	-38.96	0.69	25.70	7920
1.75	2.84	0.03	0.23	8.89	0.29	9.57	7990
10.28	14.09	0.06	1.02	16.29	1.20	60.79	8000
0.86	1.07	0.01	0.12	2.81	0.14	4.11	8010
9.41	13.02	0.05	0.91	13.48	1.06	56.68	8020
11.11	15.45	0.24	0.92	25.41	2.67	41.68	8100
4.41	5.23	0.03	0.51	15.64	0.99	16.65	8110
2.32	4.44	0.05	0.22	6.82	0.30	11.95	8120
4.37	5.77	0.16	0.19	2.94	1.38	13.08	8130
6.82	**5.11**	**0.06**	**0.65**	**11.10**	**0.74**	**12.22**	O
5.27	3.13	0.06	0.52	7.78	0.45	8.17	8200
0.02	0.01			0.06		0.10	8210
0.08	0.12	0.02	0.01	0.21	0.01	0.49	8220
				0.02		0.02	8230
0.04	0.04			0.20		0.15	8240
0.01	0.02			0.01		0.12	8250
0.03	0.02			0.10	0.01	0.14	8260
3.84	1.54	0.02	0.19	6.21	0.20	4.34	8270
				0.02		0.01	8280
1.26	1.37	0.01	0.31	0.96	0.24	2.79	8290
1.55	1.98	0.01	0.13	3.32	0.29	4.05	8300
0.08	0.11			0.47	0.02	0.29	8310
0.29	0.09		0.01	0.33	0.02	0.52	8320
1.18	1.77	0.01	0.13	2.52	0.25	3.24	8390
520.47	**652.52**	**103.87**	**32.86**	**646.08**	**94.17**	**1458.21**	P
520.47	652.52	103.87	32.86	646.08	94.17	1458.21	8400
9.46	10.04	0.11	0.51	9.85	1.06	47.83	8410
67.38	150.64	4.97	13.19	51.68	87.99	571.10	8420
189.57	200.30	17.00	12.46	117.09	1.99	621.33	8430
229.63	264.09	80.09	4.66	421.03	1.32	160.66	8440
24.42	27.44	1.69	2.04	46.42	1.81	57.27	8490
246.56	**238.48**	**2.32**	**16.36**	**268.85**	**2.79**	**498.87**	Q
239.29	183.45	1.01	8.29	217.27	2.54	473.86	8500
181.27	139.17	0.65	5.12	163.00	1.46	289.10	8510
25.76	20.51	0.14	1.84	14.46	0.54	113.02	8520
2.48	1.89	0.01	0.10	2.74	0.12	10.23	8530
3.70	1.65	0.02	0.25	7.75	0.03	12.50	8540
7.49	5.03	0.02	0.18	8.44	0.07	15.72	8550
1.65	2.67	0.02	0.09	1.89	0.04	5.68	8560
10.63	9.97	0.05	0.55	12.17	0.13	21.48	8570
6.31	2.56	0.10	0.15	6.81	0.14	6.15	8590
3.77	27.09	1.05	3.07	27.20	0.06	10.21	8600
3.50	27.95	0.25	5.00	24.38	0.18	14.81	8700
2.65	24.26	0.12	3.58	10.41	0.10	12.14	8710

6-1 续表 7

行业中类	代码	#福利费	#劳务费	#就业补助费	#取暖费	#差旅费
不提供住宿的社会福利	8720	0.24	0.29	0.08	0.17	0.25
文化、体育和娱乐业	**R**	**10.96**	**15.83**	**0.79**	**5.77**	**13.96**
新闻出版业	8800	2.53	3.21	0.22	0.99	2.47
新闻业	8810	0.13	0.15		0.31	0.65
出版业	8820	2.40	3.06	0.22	0.68	1.82
广播、电视、电影和音像业	8900	5.03	7.85	0.22	1.87	6.39
广播	8910	1.20	2.47	0.10	0.55	1.26
电视	8920	3.55	5.14	0.11	1.18	4.99
电影	8930	0.26	0.22	0.01	0.12	0.11
音像制作	8940	0.02	0.03		0.01	0.02
文化艺术业	9000	2.59	3.60	0.18	2.15	2.80
文艺创作与表演	9010	0.50	1.09	0.04	0.45	0.82
艺术表演场馆	9020	0.26	0.18	0.02	0.15	0.14
图书馆与档案馆	9030	0.57	0.25	0.04	0.52	0.51
文物及文化保护	9040	0.20	0.47	0.02	0.12	0.24
博物馆	9050	0.30	0.28	0.01	0.40	0.49
烈士陵园、纪念馆	9060	0.10	0.12	0.01	0.06	0.06
群众文化活动	9070	0.56	1.05	0.03	0.40	0.41
文化艺术经纪代理	9080	0.01	0.05		0.01	0.03
其他文化艺术	9090	0.08	0.09	0.01	0.04	0.10
体育	9100	0.65	0.69	0.09	0.69	2.10
体育组织	9110	0.29	0.36	0.06	0.43	1.68
体育场馆	9120	0.29	0.24	0.02	0.18	0.25
其他体育	9190	0.07	0.09	0.01	0.08	0.17
娱乐业	9200	0.16	0.48	0.08	0.07	0.19
室内娱乐活动	9210	0.03	0.05		0.03	0.03
游乐园	9220	0.03	0.02		0.01	0.01
休闲健身娱乐活动	9230	0.01	0.01		0.01	0.01
其他娱乐活动	9290	0.09	0.40	0.07	0.03	0.15
公共管理和社会组织	**S**	**233.61**	**132.02**	**30.61**	**78.43**	**215.02**
中国共产党机关	9300	5.18	2.24	0.46	3.21	13.14
国家机构	9400	125.93	80.69	20.49	66.55	173.61
国家权力机构	9410	1.98	0.94	0.25	1.10	5.54
国家行政机构	9420	117.08	76.38	19.53	61.26	153.55
人民法院和人民检察院	9430	4.86	2.38	0.33	3.39	12.32
其他国家机构	9490	2.01	0.99	0.37	0.81	2.20
人民政协和民主党派	9500	1.02	0.35	0.38	0.67	2.56
人民政协	9510	0.89	0.30	0.17	0.48	2.23
民主党派	9520	0.13	0.05	0.21	0.19	0.33
群众团体、社会团体和宗教组织	9600	5.79	6.18	1.38	2.18	8.18
群众团体	9610	1.96	0.94	0.60	0.86	2.59
社会团体	9620	2.97	4.46	0.70	0.85	5.09
宗教组织	9630	0.85	0.77	0.08	0.46	0.50
基层群众自治组织	9700	95.71	42.56	7.90	5.82	17.53
社区自治组织	9710	15.42	4.83	1.25	0.78	1.95
村民自治组织	9720	80.29	37.73	6.65	5.04	15.58

单位：亿元

#各种设备、交通工具及图书资料购置费	#对个人和家庭补助支出	#助学金	#抚恤和生活补助	收支结余	经营税金	全部从业人员年平均人数（万人）	代码
0.85	3.69	0.13	1.42	13.97	0.08	2.67	8720
73.03	**42.07**	**1.02**	**2.26**	**101.85**	**31.60**	**88.10**	R
5.77	4.73	0.02	0.32	23.08	6.60	10.37	8800
1.07	1.80		0.12	2.51	0.14	1.53	8810
4.69	2.93	0.02	0.19	20.57	6.46	8.84	8820
45.55	11.03	0.04	0.86	41.13	22.45	29.82	8900
6.88	3.63	0.02	0.50	10.43	2.84	7.85	8910
38.02	6.32	0.02	0.30	28.57	18.72	17.74	8920
0.58	0.95	0.01	0.04	2.12	0.85	4.01	8930
0.08	0.13		0.01	0.01	0.04	0.22	8940
18.06	21.11	0.09	0.90	24.11	1.61	38.99	9000
2.18	7.75	0.02	0.28	1.86	0.32	11.57	9010
1.66	1.28	0.01	0.05	0.60	0.32	2.47	9020
9.36	3.92	0.01	0.14	6.41	0.18	7.37	9030
0.72	0.74		0.05	2.89	0.06	2.70	9040
1.85	3.27	0.01	0.17	7.47	0.19	3.89	9050
0.27	0.38		0.03	1.72	0.02	1.16	9060
1.72	3.12	0.03	0.16	2.34	0.44	8.56	9070
0.04	0.21		0.01	0.04	0.02	0.27	9080
0.25	0.45		0.02	0.78	0.06	1.01	9090
2.62	4.70	0.85	0.17	10.77	0.62	7.54	9100
1.41	3.01	0.50	0.07	7.63	0.20	4.25	9110
0.82	1.02	0.11	0.06	2.27	0.38	1.92	9120
0.39	0.68	0.23	0.03	0.88	0.04	1.37	9190
1.02	0.50	0.01	0.03	2.76	0.32	1.37	9200
0.10	0.19	0.01	0.01	0.14	0.03	0.42	9210
0.03	0.04			-0.02	0.04	0.22	9220
0.05	0.05			0.02	0.01	0.19	9230
0.84	0.21		0.01	2.61	0.24	0.54	9290
574.60	**998.74**	**15.08**	**224.42**	**2201.26**	**25.56**	**1898.86**	S
24.69	34.97	0.37	3.48	49.63	0.18	58.60	9300
469.85	862.01	9.77	190.91	1424.36	17.63	1278.24	9400
11.08	17.56	0.29	2.27	15.49	0.06	20.81	9410
423.34	807.35	9.10	185.28	1359.33	16.81	1188.07	9420
30.46	25.99	0.23	1.68	34.17	0.09	54.60	9430
4.96	11.11	0.15	1.68	15.37	0.67	14.77	9490
4.93	8.54	0.05	0.61	6.93	0.01	8.59	9500
4.36	7.11	0.04	0.50	5.83		7.18	9510
0.57	1.42	0.01	0.10	1.10		1.42	9520
16.49	18.41	0.94	3.25	207.90	1.84	103.34	9600
4.62	7.58	0.22	1.20	59.98	0.23	15.71	9610
8.66	9.93	0.64	1.74	116.66	1.58	55.94	9620
3.21	0.91	0.08	0.31	31.27	0.03	31.69	9630
58.64	74.80	3.94	26.17	512.44	5.90	450.08	9700
7.89	11.70	0.71	4.55	84.44	1.80	53.09	9710
50.76	63.10	3.23	21.63	428.00	4.10	396.98	9720

6-2 按地区分组的

地 区	年末资产	#固定资产原 价	上年结余	本年收入合 计
全 国	**64093.13**	**37862.04**	**2574.93**	**27285.31**
北 京	4858.12	2336.02	353.52	2149.73
天 津	1040.13	454.91	31.49	438.36
河 北	2205.10	1481.06	67.16	980.00
山 西	1109.51	762.01	34.95	545.48
内蒙古	687.78	465.11	29.14	427.40
辽 宁	2192.73	1389.84	32.28	1013.49
吉 林	1099.87	778.19	24.82	480.92
黑龙江	1259.24	905.18	37.21	622.11
上 海	2751.78	1243.90	197.22	1396.03
江 苏	5199.61	3156.85	166.27	2109.17
浙 江	4761.05	2271.03	315.12	2197.36
安 徽	1561.78	995.31	45.17	750.92
福 建	1702.72	1108.27	84.67	750.06
江 西	1080.96	675.11	46.46	557.29
山 东	6609.01	3489.75	153.09	1887.65
河 南	2466.44	1632.12	19.95	1050.69
湖 北	2497.76	1503.26	80.33	960.17
湖 南	2150.89	1340.47	42.55	1001.02
广 东	7298.42	4673.16	427.42	2787.93
广 西	1276.32	816.03	61.97	615.91
海 南	328.62	214.99	16.33	149.53
重 庆	1165.72	557.34	37.69	512.61
四 川	2507.58	1646.75	54.03	1190.84
贵 州	1099.18	388.26	32.96	387.84
云 南	1427.68	978.30	62.64	636.14
西 藏	159.16	131.52	4.32	68.07
陕 西	1318.08	815.50	51.10	560.56
甘 肃	690.76	501.11	15.02	337.53
青 海	319.59	283.68	7.52	117.66
宁 夏	187.16	140.31	7.70	118.87
新 疆	1080.38	726.68	34.82	483.98

行政事业单位财务状况

单位：亿元

				本年支出		
#财政拨款	#上级补助收入	#事业收入	#经营收入	合计	#人员支出	#公用支出
12961.60	**1394.04**	**8373.23**	**2176.59**	**26224.01**	**8448.72**	**11496.39**
1004.24	65.22	790.86	107.02	1983.84	395.44	1000.12
98.33	10.17	162.47	41.83	424.74	122.38	171.38
468.89	53.41	270.17	87.34	954.44	334.41	401.83
308.91	24.81	132.77	54.18	528.33	195.44	229.28
285.70	20.39	67.75	23.92	415.15	161.73	165.43
556.05	52.68	287.96	93.95	955.08	293.49	446.77
265.08	20.06	134.14	32.97	472.01	173.07	208.95
340.77	38.57	176.82	41.15	592.79	219.31	262.34
572.55	53.43	504.88	90.32	1311.30	417.49	618.75
869.62	107.78	711.20	201.98	2012.59	638.90	798.75
895.88	127.95	688.41	131.65	2088.73	579.17	983.19
363.07	37.79	224.28	54.96	730.33	247.00	287.85
363.58	44.28	224.01	49.30	722.13	232.51	303.45
268.92	31.08	184.56	43.10	546.77	188.70	249.13
771.23	117.17	553.45	232.44	1825.39	593.52	783.01
527.43	60.05	323.67	79.66	1037.95	355.93	440.40
382.64	56.45	352.73	97.70	941.78	328.91	411.82
429.26	73.70	336.43	97.29	981.07	352.46	446.72
1303.40	117.01	883.27	253.00	2686.57	855.21	1183.17
319.68	35.22	192.75	28.39	602.49	209.91	255.26
90.08	5.78	37.73	7.43	143.85	52.48	61.92
238.12	34.00	144.76	64.52	481.89	138.52	222.17
613.00	75.59	340.58	89.26	1153.25	371.28	491.74
239.85	21.64	85.45	22.64	375.40	130.09	153.90
408.18	23.59	139.51	31.31	617.72	228.72	252.23
53.83	3.93	4.92	2.41	66.55	33.16	20.57
271.53	26.49	182.17	46.90	538.01	197.42	235.71
204.13	17.48	77.28	21.74	328.86	137.50	131.86
82.93	6.69	18.09	6.57	116.43	48.76	40.17
73.64	6.36	26.37	6.44	117.14	39.86	48.63
291.07	25.27	113.80	35.20	471.47	175.96	189.87

6-2 续表

地区	#福利费	#劳务费	#就业补助费	#取暖费	#差旅费
全 国	**426.43**	**333.89**	**46.59**	**194.17**	**373.59**
北 京	14.98	18.95	4.01	25.91	24.45
天 津	4.36	3.06	0.20	4.45	3.36
河 北	12.11	12.74	1.72	15.99	12.70
山 西	9.71	7.96	1.31	9.90	8.73
内蒙古	6.24	5.44	1.18	8.28	8.38
辽 宁	11.75	11.00	1.39	25.07	14.51
吉 林	3.78	6.11	0.90	12.81	8.59
黑龙江	7.18	5.12	1.64	17.44	11.41
上 海	12.56	16.81	0.88	0.95	11.71
江 苏	40.53	26.06	2.16	3.76	23.70
浙 江	44.56	26.25	1.48	0.60	26.20
安 徽	9.65	8.01	1.88	1.44	12.30
福 建	13.08	6.79	0.51	0.94	10.30
江 西	10.71	6.53	1.18	1.15	9.73
山 东	36.98	26.35	5.50	20.93	23.61
河 南	21.41	15.72	2.59	6.87	16.33
湖 北	19.69	14.87	2.38	2.82	15.93
湖 南	28.47	17.96	3.45	3.49	17.04
广 东	54.41	31.71	2.47	1.77	29.19
广 西	8.06	7.95	0.77	0.49	9.02
海 南	1.90	1.94	0.17	0.11	2.47
重 庆	6.36	7.55	0.77	0.58	9.76
四 川	16.56	14.75	2.55	2.11	19.89
贵 州	4.21	5.04	0.82	1.28	5.33
云 南	5.26	6.12	0.32	0.39	8.02
西 藏	0.53	0.44	0.28	0.63	1.66
陕 西	8.62	8.33	1.37	6.35	10.15
甘 肃	5.37	5.30	1.04	5.65	6.25
青 海	0.79	0.94	0.22	1.90	2.04
宁 夏	1.03	1.53	0.34	1.47	1.59
新 疆	5.58	6.57	1.11	8.65	9.25

单位：亿元

#各种设备、交通工具及图书资料购置费	#对个人和家庭补助支出	#助学金	#抚恤和生活补助	收支结余	经营税金	全部从业人员年平均人数（万人）
1567.40	**2134.89**	**126.43**	**290.19**	**3644.23**	**183.97**	**4352.96**
104.38	168.82	12.06	9.06	519.41	16.81	107.45
18.24	49.40	2.24	0.97	45.11	1.88	52.85
54.41	66.79	5.44	10.68	100.72	1.90	238.42
37.98	47.98	3.06	9.79	52.10	1.34	151.48
25.95	42.42	2.15	7.35	41.38	0.73	100.46
55.53	111.04	3.99	11.39	90.69	2.87	163.98
32.12	46.92	3.60	8.12	33.73	0.97	105.90
50.04	62.14	3.65	7.89	66.54	1.20	134.97
72.36	50.28	6.30	7.15	281.95	4.87	79.65
104.69	158.16	8.48	17.17	262.85	6.99	224.60
113.20	154.83	7.56	15.26	423.75	4.88	168.04
47.12	80.06	4.12	10.67	65.76	1.80	161.49
43.55	61.90	3.89	7.79	112.61	5.90	121.20
37.00	41.81	2.82	8.10	56.99	1.59	129.50
113.47	126.56	9.39	20.69	215.35	5.33	328.35
66.48	81.73	6.27	14.37	32.69	2.36	308.42
64.15	71.31	4.34	10.06	98.73	90.12	203.68
59.58	64.35	4.26	13.29	62.50	3.36	216.53
161.62	177.98	8.40	27.26	528.77	14.15	278.53
39.94	56.69	2.39	7.30	75.40	2.37	134.62
7.84	9.10	0.55	2.11	22.00	0.40	26.13
27.69	45.95	2.21	7.39	68.41	1.04	77.91
67.12	111.83	5.73	17.67	91.63	3.85	227.93
24.99	40.28	1.62	6.90	45.40	1.75	98.14
32.98	61.22	2.78	9.85	81.07	1.24	119.92
4.29	6.93	0.95	0.76	5.84	0.23	13.11
39.98	34.89	3.60	6.50	73.66	1.88	142.09
23.17	34.75	2.18	5.27	23.69	0.78	93.95
6.93	13.82	0.53	1.93	8.75	0.34	25.39
6.12	9.80	0.36	1.94	9.43	0.33	24.41
24.49	45.15	1.53	5.48	47.33	0.73	93.88

6-3 按登记注册类型分组的

登记注册类型	年末资产	#固定资产原价	上年结余	本年收入合计
按登记注册类型分组	**64093.13**	**37862.04**	**2574.93**	**27285.31**
内资	**64042.11**	**37828.26**	**2576.32**	**27266.70**
国有	53304.98	32329.23	2065.57	24766.55
集体	1250.95	715.15	39.73	562.84
股份合作	118.93	71.84	1.25	47.85
联营企业	60.88	36.29	1.26	18.87
国有联营	12.38	7.58	0.04	3.74
集体联营	4.98	3.34	0.09	1.73
国有与集体联营	12.34	7.56	0.32	4.88
其他联营	31.17	17.81	0.81	8.52
有限责任公司	330.69	26.93	2.51	47.38
国有独资公司	284.48	12.78	2.06	37.93
其他有限责任公司	46.21	14.16	0.45	9.45
股份有限公司	16.44	6.16	0.64	5.33
私营企业	376.20	271.76	4.05	113.40
私营独资	279.82	203.79	1.50	77.91
私营合伙	61.36	46.61	2.13	25.11
私营有限责任公司	22.58	12.99	0.25	6.23
私营股份有限公司	12.43	8.37	0.17	4.15
其他内资	8583.05	4370.89	461.30	1704.48
港澳台商投资	**19.29**	**14.37**	**-0.56**	**4.85**
与港澳台合资经营	5.90	3.29	-0.90	2.00
与港澳台合作经营	4.65	3.80	0.11	1.22
港澳台商独资	8.44	7.03	0.23	1.44
港澳台商投资股份有限公司	0.30	0.25		0.19
外商投资	**31.73**	**19.41**	**-0.83**	**13.76**
中外合资经营	6.61	5.91	-1.10	0.49
中外合作经营	12.61	6.90	0.14	4.36
外资企业	12.34	6.49	0.15	8.82
外商投资股份有限公司	0.16	0.11	-0.01	0.09

行政事业单位财务状况

单位：亿元

				本年支出		
#财政拨款	#上级补助收入	#事业收入	#经营收入	合计	#人员支出	#公用支出
12961.60	**1394.04**	**8373.23**	**2176.59**	**26224.01**	**8448.72**	**11496.39**
12961.51	**1393.94**	**8365.91**	**2165.92**	**26205.17**	**8441.44**	**11488.28**
12593.70	1224.55	7631.92	1391.86	23936.01	7796.44	10390.62
130.16	23.63	270.15	99.66	542.30	204.49	244.33
0.72	0.30	26.75	6.89	44.79	12.04	24.21
1.71	0.68	12.93	2.25	16.86	5.87	8.05
0.49	0.06	2.73	0.31	3.43	1.31	1.45
0.22	0.09	0.69	0.63	1.58	0.59	0.84
0.65	0.05	3.14	0.50	4.78	1.73	2.12
0.35	0.48	6.36	0.80	7.08	2.24	3.65
4.96	1.14	4.47	30.28	37.18	3.36	30.83
2.59	1.05	1.04	28.09	29.18	1.52	25.87
2.37	0.09	3.43	2.19	8.00	1.83	4.95
0.05	0.09	2.67	2.00	5.45	1.65	2.96
1.59	1.90	68.62	34.75	112.25	41.35	53.11
0.94	1.69	49.28	21.79	77.64	27.79	37.05
0.31	0.15	13.91	9.15	24.17	9.87	11.21
0.27	0.05	3.58	1.70	6.39	2.26	3.05
0.07	0.02	1.86	2.11	4.05	1.42	1.80
228.62	141.65	348.41	598.23	1510.34	376.24	734.16
0.06		**3.65**	**0.83**	**4.64**	**1.79**	**2.05**
0.03		1.66	0.30	1.90	0.74	0.82
		0.94	0.23	1.21	0.56	0.61
0.03		0.86	0.30	1.39	0.43	0.55
		0.18		0.14	0.07	0.07
0.03	**0.10**	**3.66**	**9.84**	**14.20**	**5.49**	**6.06**
	0.01	0.39	0.07	0.76	0.21	0.53
0.01	0.01	0.85	3.44	5.27	1.73	3.22
0.01	0.08	2.35	6.33	8.09	3.49	2.28
0.01		0.07		0.08	0.05	0.03

6-3 续表

登记注册类型	#福利费	#劳务费	#就业补助费	#取暖费	#差旅费
按登记注册类型分组	**426.43**	**333.89**	**46.59**	**194.17**	**373.59**
内资	**425.96**	**333.50**	**46.59**	**193.99**	**373.32**
国有	305.11	268.10	36.30	179.58	342.07
集体	10.57	10.22	0.86	2.87	4.39
股份合作	0.88	0.62	0.04	0.27	0.39
联营企业	0.33	0.31	0.07	0.13	0.18
国有联营	0.07	0.03	0.03	0.03	0.04
集体联营	0.02	0.02		0.01	0.02
国有与集体联营	0.08	0.12		0.05	0.04
其他联营	0.16	0.14	0.04	0.05	0.08
有限责任公司	0.34	0.31	0.03	0.12	0.26
国有独资公司	0.14	0.06	0.01	0.06	0.16
其他有限责任公司	0.20	0.25	0.01	0.06	0.10
股份有限公司	0.07	0.05		0.04	0.05
私营企业	2.64	2.59	0.39	1.22	1.83
私营独资	1.76	1.80	0.28	0.91	1.20
私营合伙	0.63	0.64	0.06	0.25	0.51
私营有限责任公司	0.14	0.11	0.04	0.04	0.08
私营股份有限公司	0.11	0.04	0.01	0.03	0.05
其他内资	106.03	51.29	8.91	9.76	24.14
港澳台商投资	**0.09**	**0.24**		**0.03**	**0.07**
与港澳台合资经营	0.03	0.10		0.03	0.04
与港澳台合作经营	0.02	0.12			0.02
港澳台商独资	0.04	0.01		0.01	0.01
港澳台商投资股份有限公司	0.01				
外商投资	**0.38**	**0.16**		**0.15**	**0.21**
中外合资经营	0.03	0.02		0.03	0.02
中外合作经营	0.20	0.08		0.03	0.08
外资企业	0.14	0.07		0.09	0.11
外商投资股份有限公司					

单位：亿元

#各种设备、交通工具及图书资料购置费	#对个人和家庭补助支出			收支结余	经营税金	全部从业人员年平均人数（万人）
		#助学金	#抚恤和生活补助			
1567.40	**2134.89**	**126.43**	**290.19**	**3644.23**	**183.97**	**4352.96**
1566.16	**2134.66**	**126.41**	**290.16**	**3645.85**	**183.68**	**4351.62**
1407.74	2015.15	118.25	256.81	2904.11	171.93	3604.71
31.77	22.21	0.80	2.77	60.27	2.09	124.39
10.47	1.60	0.32	0.60	4.30	0.19	5.98
1.54	0.52	0.12	0.06	3.27	0.06	3.85
0.42	0.12	0.02	0.01	0.35	0.01	0.73
0.17	0.04			0.25	0.01	0.56
0.25	0.15	0.02	0.03	0.42	0.03	1.04
0.71	0.22	0.08	0.02	2.25	0.02	1.52
1.11	0.18	0.01	0.02	12.71	0.19	1.67
0.43	0.11		0.01	10.81	0.04	0.74
0.68	0.07	0.01		1.91	0.15	0.93
0.43	0.06	0.01	0.01	0.53	0.02	0.92
16.31	1.50	0.59	0.31	5.20	1.23	33.96
11.48	1.02	0.44	0.23	1.77	0.92	23.96
3.06	0.34	0.13	0.05	3.06	0.27	7.81
0.94	0.11	0.01	0.02	0.10	0.03	1.32
0.84	0.04	0.01		0.27	0.01	0.87
96.77	93.43	6.31	29.59	655.45	7.96	576.16
0.39	**0.03**	**0.01**	**0.01**	**-0.35**	**0.02**	**0.68**
0.14				-0.79	0.01	0.27
0.13	0.01		0.01	0.12		0.17
0.12	0.01	0.01		0.28	0.01	0.21
				0.05		0.03
0.85	**0.20**	**0.01**	**0.01**	**-1.27**	**0.28**	**0.65**
0.08	0.01		0.01	-1.38		0.14
0.59	0.06		0.01	-0.77	0.02	0.24
0.17	0.14	0.01		0.88	0.25	0.24
0.01						0.03

附 录

主要指标解释

批发和零售业

商品销售总额 指售予本企业以外的单位和个人的商品金额(含增值税)。销售总额包括零售额和批发额两部分，其中零售额包括：售予居民和社会集团商品的金额；批发额包括：售予生产经营单位商品的金额和出口商品的金额。这个指标反映批发零售业在国内市场上销售商品以及出口商品的总量。

商品销售总额具体包括：

(1)售予城乡居民和社会集团的商品；

(2)售予国民经济各行业用于生产、经营用的商品；

(3)售予批发零售业作为转卖或加工后转卖的商品；

(4)对国(境)外直接出口的商品。

商品销售总额不包括：

(1)未通过买卖行为付出的商品，如随机构变动移交给其他企业单位的商品、借出的商品、归还受其他单位委托代保管的商品、付出的加工原料和赠送给其他单位的样品等；

(2)经本单位介绍，由买卖双方直接结算，本单位只收取手续费的业务；

(3)购货退回的商品；

(4)商品损耗和损失；

(5)出售本单位自用的废旧物资。

批发额 指批发零售企业单位向生产经营企业单位销售的商品金额。具体包括：

(l)售予国民经济各行业用于生产经营、勘察设计、科研试验等的商品；加油站售予生产及营运用的运输工具的石油及制品类商品；售予民政部门救灾用的商品。

(2)售予批发零售业、餐饮业和其他服务行业用于转卖的商品。

(3)直接向境外出口的商品和委托外贸部门代理出口的商品。不包括售给外贸部门出口或加工后出口的商品以及在境内市场以外币销售的商品。外贸企业只统计自主出口的商品，不包括代理出口的商品。

零售额 指批发和零售业售予城乡居民用于生活消费和社会集团用于公共消费的商品金额。具体包括：

(1)售予城乡居民的各种生活消费品；

(2)售予入境旅游的外国人、华侨、港澳台同胞的各类商品；

(3)售予行政事业单位、社会团体、军队和武警等机构的商品，以及以零售方式售予各类企业的商品。具体包括：用于非生产和社会交往的办公用品，如通讯设备、计算器具和设备、电讯网络设备、文印设备、音像视听器材和设备、纸张、本册、文具及装订文印材料、家具、日用电器、针纺织品、清洁卫生用品、文体用品、奖品、纪念品、礼品等；供内部人员乘坐的交通工具和燃料；用于办公设施修缮的各类配件、材料、工具等；用于取暖和防暑降温的设备、燃料、材料及食品等；专用于教学的用品和设备；非营利医疗机构的中、西药品、中药材和医疗设备器材；非专用的劳动保护用品；不对外营业的内部食堂用的餐具、炊具、设备、清洁卫生工具和食品、燃料等；军队、武警用于其人员生活的衣着品和个人用品；其他各类非生产性设备和用品。

不包括：

(1)售予城乡居民已确知是用于生产、经营的商品；

(2)售予各类农业生产者的生产资料类商品；

(3)售予企业单位生产上专用的劳动保护用品。

资产总计 指企业拥有或控制的能以货币计量的经济资源，包括各种财产、债权和其他权利。资产按其流动性(即资产的变现能力和支付能力)划分为：流动资产、长期投资、固定资产、无形资产、递延资产和其他资产。

负债合计 指企业所承担的能以货币计量，将以资产或劳务偿付的债务，偿还形式包括货币、资产或提供劳务。负债一般按偿还期长短分为流动负债和长期负债。

主营业务收入 指企业在销售商品、提供劳务等日常活动中所产生的收入总额。根据会计“利润表”中商品销售收入等项目发生额的年末累计数填列。

利润总额 指企业在生产经营过程中各种收入扣除各种耗费后的盈余，反映企业在报告期内实现的亏盈总额，包括营业利润、补贴收入、投资净收益和营业外收支净额。根据会计“损益表”中的对应指标年末累计数填列。

住宿和餐饮业

营业额 指住宿和餐饮业法人企业、产业活动单位在经营活动中因提供服务或销售商品等取得的收入。包括：客房收入、餐费收入、商品销售收入和其他收入。

客房收入 指住宿和餐饮业法人企业、产业活动单位在经营活动中因提供住宿服务取得的客房收入。

餐费收入 指住宿和餐饮业法人企业、产业活动单位因为顾客提供就餐服务取得的收入。包括：经烹饪、调制加工后出售的各种食品，如主食、炒菜、凉拌菜等的收入。

客房数　指宾馆、饭店、酒店、旅馆等用于或主要用于旅客就寝的房间数，不包括宾馆、饭店、酒店、旅馆等内作其他用途的房间，如办公用房、储藏室，会议室等。

床位数　指宾馆、饭店、酒店、旅馆等供应旅客使用的床位数，不包括临时加的床位和宾馆、饭店、酒店、旅馆等内部工作人员使用的床位。

餐位数　指住宿和餐饮业法人企业、产业活动单位为顾客提供就餐服务时，正常可同时容纳就餐人员的餐位数量，不包括临时加的餐位。

资产总计　指企业拥有或控制的能以货币计量的经济资源，包括各种财产、债权和其他权利。资产按其流动性(即资产的变现能力和支付能力)划分为：流动资产、长期投资、固定资产、无形资产、递延资产和其他资产。

负债合计　指企业所承担的能以货币计量，将以资产或劳务偿付的债务，偿还形式包括货币、资产或提供劳务。负债一般按偿还期长短分为流动负债和长期负债。

主营业务收入　指企业在销售商品、提供劳务等日常活动中所产生的收入总额。

利润总额　指企业在生产经营过程中各种收入扣除各种耗费后的盈余，反映企业在报告期内实现的亏盈总额，包括营业利润、补贴收入、投资净收益和营业外收支净额。

房地产业

房地产业生产经营及财务状况包括房地产开发、物业管理、中介服务以及其他房地产业四部分内容：

房地产开发企业主要反映的是企业个数、从业人员数以及房地产企业规模、开竣工面积以及土地开发与购置，商品房销售与空置情况，房地产开发企业主要财务指标完成情况等。

物业管理、中介服务以及其他房地产业的普查数据是首次发布，主要反映了企业规模和主要财务指标的完成情况。

因调查口径存在差异，普查数据不宜于以往年度数据直接进行对比。

一、房地产开发主要统计指标解释

住宅　指专供居住的房屋，包括别墅、公寓、职工家属宿舍和集体宿舍(包括职工单身宿舍和学生宿舍)等。但不包括住宅楼中作为人防用、不住人的地下室等。

别墅、高档公寓：一般指单位建筑面积造价高于当地同等地段商品住宅平均造价一倍以上的公寓或别墅，或者经有权审批房地产投资计划的审批单位审定为高档公寓、别墅的房地产投资项目。

经济适用房：指根据国家经济适用房计划安排建设的住宅。由国家统一下达计划，地方政府统一组织建设；用地一般实行行政划拨的方式，免收土地出让金，对各种经批准的收费实行减半征收；出售价格实行政府指导价，按保本微利的原则确定。

办公楼　指企业、事业、机关、团体、学校、医院等单位使用的各类办公用房(又称写字楼)。

商业营业用房　指商业、粮食、供销、饮食服务业等部门对外营业的用房，如度假村、饭店、商店、门市部、粮店、书店、供销店、饮食店、菜店、加油站、日杂等房屋。

其他　凡不属于上述各项用途的房屋建筑物，如中小学教学用房、托儿所、幼儿园、图书馆、体育馆等。三、土地购置和开发情况

本年完成开发土地面积　指报告期内对土地进行开发并已完成七通一平等前期开发工程，具备进行房屋建筑物施工或出让条件的土地面积。

待开发土地面积　指经有关部门批准，通过各种方式获得土地使用权，但尚未进行开发的土地面积。

本年购置土地面积　指在本年内通过各种方式获得土地使用权的土地面积。

本年土地成交价款　指进行土地使用权交易活动的最终金额。在土地一级市场，是指土地最后的划拨款和出让价；在土地二级市场是指土地转让、出租、抵押等最后确定的合同价格。土地成交价款与土地购置面积同口径，目的是正确计算平均土地购置价格。

房屋施工面积　指报告期内施工的全部房屋建筑面积。包括本期新开工的面积和上年开工跨入本期继续施工的房屋面积，以及上期已停建在本期恢复施工的房屋面积。本期竣工和本期施工后又停建缓建的房屋面积仍包括在施工面积中，多层建筑应填各层建筑面积之和。

房屋新开工面积　指在报告期内新开工建设的房屋面积。不包括上期跨入报告期继续施工的房屋面积和上期停缓建而在本期恢复施工的房屋面积。房屋的开工应以房屋正式开始破土刨槽(地基处理或打永久桩)的日期为准。

房屋竣工面积　指报告期内房屋建筑按照设计要求已全部完工，达到住人和使用条件，经验收鉴定合格或达到竣工验收标准(实行房地产开发小区综合验收的城市，应经小区综合验收合格)，可正式移交使用的各栋房屋建筑面积的总和。

竣工房屋价值　指在报告期内竣工房屋本身的建造价值。竣工房屋的价值一般按房屋设计和预算规定的内容计算。包括竣工房屋本身的基础、结构、屋面、装修以及水、电、卫等附属工程的建筑价值，也包括作为房屋建筑组成部分而列入房屋建筑工程预算内的设备(如电梯、通风设备等)的购置和安装费用；不包括厂房内的工艺设备、工艺管线的购置和安装，工艺设备基础的建造；办公和生活用家具的购置等费用；购置土地的费用；迁移补偿费和场地平整的费用及城

市建设配套投资。竣工房屋价值一般按结算价格计算。

实际销售面积 指报告期已竣工的房屋面积中已正式交付给购房者或已签订(正式)销售合同的商品房屋面积。不包括已签订预售合同正在建设的商品房屋面积，但包括报告期或报告期以前签订了预售合同，在报告期又竣工的商品房屋面积。

预售面积 指报告期末仍未竣工交付使用，但已签订预售合同的正在建设的商品房屋面积。报告期预售又在报告期转正式或协议销售的商品房屋的面积应列入实际销售面积，同时统计为销售收入。

空置面积 指报告期末已竣工的可供销售或出租的商品房屋建筑面积中，尚未销售或出租的商品房屋建筑面积，包括以前年度竣工和本期竣工的房屋面积，但不包括报告期已竣工的拆迁还建、统建代建、公共配套建筑、房地产公司自用及周转房等不可销售或出租的房屋面积。注意：未竣工的烂尾楼不能算空置面积。另外，报告期没有开发投资项目，有空置商品房屋的房地产开发企业，应该填报经济普查表。

出租面积 指在报告期期末房屋开发单位出租的商品房屋的全部面积。

实际销售额 指报告期内出售房屋的总收入(即双方签署的正式买卖合同中所确定的合同总价)。该指标与实际销售面积同口径，包括正式交付的商品房屋在建设前期预收的定金、预收的款项及结算尾款和拖欠款。不包括未交付的商品房所预收的款项。收取的外汇按当时外汇调节市场价折算在其中。如果商品房是跨年完成的，应包括以前年度所收的定金及预收款。

二、物业管理主要统计指标解释

在管物业占地面积 指报告期末物业管理单位正在进行管理的物业所占用的全部土地面积。

在管房屋建筑面积 指报告期末物业管理单位正在进行管理的已竣工交付使用的全部房屋建筑面积。

住宅 指专供居住的房屋，包括别墅、公寓、职工家属宿舍和集体宿舍(包括职工单身宿舍和学生宿舍)等。但不包括住宅楼中作为人防用、不住人的地下室等。

办公用房 指企业、事业、机关、团体、学校、医院等单位使用的各类办公用房(又称写字楼)。

商业营业用房 指商业、粮食、供销、饮食服务业等部门对外营业的用房，如度假村、饭店、商店、门市部、粮店、书店、供销店、饮食店、菜店、加油站、日杂等房屋。

厂房 指直接用于生产或为生产配套的各种房屋，包括主要车间、辅助用房及附属设施用房。凡工业、农业、建筑业、交通运输业、商业等单位中的厂房都包括在内。

三、房地产中介服务主要统计指标解释

房屋代理销售成交合同面积 指经房地产中介服务机构代理，并签订销售合同的商品房及以外的所有房屋的成交面积。

房屋代理销售成交合同数 指房地产中介服务机构代理销售商品房及以外的所有房屋，并签订销售合同的业务笔数。

房屋代理销售成交合同金额 指房地产中介服务机构对商品房及以外的所有房产进行销售，并签订销售合同的商品房成交金额。

房屋代理出租成交合同面积 指经房地产中介服务机构代理，并签订租赁合同的商品房及以外的所有出租房屋的总面积。

房屋代理出租成交合同数 指房地产中介服务机构代理出租商品房及以外的所有房屋，并签订租赁合同的业务笔数。

房屋代理出租成交合同金额 指房地产中介服务机构对商品房及以外的所有房产进行租赁，并签订租赁合同的商品房成交金额。

四、房地产开发、物业管理、中介服务及其他房地产业企业财务状况指标解释

资产总计 指企业拥有或控制的能以货币计量的经济资源，包括各种财产、债权和其他权利。资产按其流动性(即资产的变现能力和支付能力)划分为：流动资产、长期投资、固定资产、无形资产、递延资产和其他资产。根据会计“资产负债表”中“资产总计”项的年末数填列。

固定资产折旧 指对固定资产由于磨损和损耗而转移到产品中去的那一部分价值的补偿。一般根据固定资产原价(选用双倍余额递减法计提折旧的企业，为固定资产帐面净值)和确定的折旧率计算。“累计折旧”：指企业在报告期末提取的历年固定资产折旧累计数。根据会计“资产负债表”中“累计折旧”项的年末数填列。“本年折旧”：指企业在报告年度内提取的固定资产折旧合计数。根据会计“财务状况变动表”中“固定资产折旧”项的数值填列。若企业执行2001年《企业会计制度》，该指标根据会计核算中《资产减值准备、投资及固定资产情况表》内“当年计提的固定资产折旧总额”项本年增加数填列。

负债合计 指企业所承担的能以货币计量，将以资产或劳务偿付的债务，偿还形式包括货币、资产或提供劳务。负债一般按偿还期长短分为流动负债和长期负债。根据会计“资产负债表”中“负债合计”的年末数填列。

所有者权益合计 指企业投资人对企业净资产的所有权。企业净资产为企业全部资产与企业全部负债的差额，包括实收资本、资本公积、盈余公积、未分配利润等。根据会计“资产负债表”中“所有者权益”项的年末数填列。

实收资本 指企业投资者实际投入的资本(或股本)，包括货币、实物、无形资产等各种形式的投入。实收资本按投资主体可分为国家资本、集体资本、法人资本、个人资本、港澳台资本和外商资本。根据会计“资产负债表”中“实收资本”项的年末数填列。

土地转让收入 指房地产开发企业(单位)按国家规定转让经开发的土地和未经开发的土地所得到的收入。根据会计“利润表”和相关核算资料计算填列。

商品房屋销售收入 指房地产开发企业(单位)在报告期售出商品房屋的收入，一次收清的，一次全部计入销售收入，按合同规定分期收款的，可按合同规定的时间分次计入收入。

根据会计“利润表”和相关核算资料计算填列。

房屋出租收入 指房地产开发企业(单位)在报告期内，在不改变现有财产所有权关系的条件下，将企业的全部或部分房屋出租给其他单位或个人使用所得到的租金收入。根据会计“利润表”和相关核算资料计算填列。

其他收入(47) 指房地产开发企业(单位)在报告期内从事除以上收入外的收入，包括配套设施销售收入、代建工程结算收入、出租产品租金收入等。根据会计“利润表”和相关核算资料计算填列。

主营业务利润(商品销售利润)(51) 根据会计“利润表”中对应指标年末数填列。

其他业务收入 根据会计“利润表”中对应指标年末数填列。

其他业务利润 根据会计“利润表”中对应指标年末数填列。

利润 是企业在一定会计期间的经营成果，它是企业在一定会计期间内实现的收入减去费用后的净额。企业利润包括营业利润、投资收益、补贴收入、营业外收入和支出、所得税等组成部分。

营业利润 指企业从事生产经营活动所产生的利润，即主营业务利润加其他业务利润扣除管理费用、财务费用后的净额。根据会计“利润表”中对应指标年末数填列。

利润总额 指企业在生产经营过程中各种收入扣除各种耗费后的盈余，反映企业在报告期内实现的亏盈总额，包括营业利润、补贴收入、投资净收益和营业外收支净额。根据会计“利润表”中的对应指标年末数填列。